高邮市志

1986~2005

（上册）

高邮市地方志年鉴编纂委员会　编

GAOYOU
SHIZHI
1986~2005

方志出版社

图书在版编目（CIP）数据

高邮市志：1986—2005/高邮市地方志年鉴编纂委员会编. —北京：方志出版社，2016.12
ISBN 978-7-5144-2284-9

Ⅰ.①高… Ⅱ.①高… Ⅲ.①高邮—地方志—1986—2005 Ⅳ.①K295.34

中国版本图书馆CIP数据核字（2016）第320253号

高邮市志（1986—2005）

编　　者：高邮市地方志年鉴编纂委员会
责任编辑：李　静

出 版 人：冀祥德
出 版 者：方志出版社
地址　北京市朝阳区潘家园东里9号（国家方志馆4层）
邮编　100021
网址　http://www.fzph.org
发　　行：方志出版社发行中心
电话（010）67110500
经　　销：各地新华书店
印　　刷：南京凯德印刷有限公司

开　　本：889×1194　1/16
印　　张：98
字　　数：3251千字
版　　次：2017年12月第1版　2017年12月第1次印刷
印　　数：0001～4000册

ISBN 978-7-5144-2284-9　**定价**：980.00元

高邮市地方志年鉴编纂委员会

（2006～2017年，名单以任职时间先后排序）

《高邮市志（1986～2005）》编纂人员

《高邮市志(1986～2005)》主要审稿人员

(以篇章为序,一人审稿多篇章仅载一次)

刘春龙	张立中	瞿登友	顾权斌	吴　华	仇家春	朱小平	卢金贵
潘玉华	陆鹏海	张学雷	胡朝霞	金　锋	宋　健	秦　超	高　凌
顾　宏	朱其庭	葛正春	窦启平	郭登明	万兆良	王庆东	周建峰
刘定明	姜黎明	张家驷	时玉康	张　锋	冯国庆	陈富广	王瑞峰
肖　斌	王瑞珏	宋长龙	吴桂余	马向阳	郑宏章	陆　炜	徐晓君
张拥军	吕士桃	王步金	孙海山	汤权松	韩晓震	薛朝勤	孙　坚
翁德海	樊秉柏	刘　嵬	王　军	曹德平	赵　波	许永慧	周宜春
王家扬	詹惜文	徐攀泰	仲崇文	徐　志	姜永顺	蒋琪彬	张仲林
方　震	朱　宏	周建伟	朱海涛	戚小梅	孙建中	居晓波	杨海蔚
张曰兴	顾卫东	胡行球	孙德明	郭建新	陈　军	金晓云	黄　平
杨建国	居永平	钱宝祥	朱耀洲	蒋杏朝	李　生	居育明	高金海
詹　刚	万豪海	张龙香	林荣岩	居远松	吴绍良	陈满祥	张方俊
刘　玲	谈　竞	孙　刚	王学朴	石文俊	陈广山	顾永华	姚学仁
邹建华	王　齐	王家斌	任春铭	刘春林	吕长生	顾　勇	时金泉
王　刚	纪士文	许广宏	杨和兴	缪　新	汪爱智	陈立柱	陈德顺
赵德清	朱　光	王　鸿	蒋庆中	高　健	孔祥鹏	谭　旭	蒋延林
唐以军	戚维斌	周　琳	王　勤	陆忠场	濮国华	潘寿田	居云保
张贞明	杨少荣	李深红	姜国权	夏瑞林	李德华	毛礼良	薛　斌
戴少清	张爱方	孙玉林	韦恒林				

2003年建成的市行政中心暨海潮市民广场

2011年拍摄的市行政中心周边城区鸟瞰图

1

3

4

7

1 2002 年建成的蝶园市民广场
2 2009 年建成的北澄子河风光带
3 2010年建成的文游台广场
4 2010 年建成的大淖广场
5 2009 年建成的沿河风光带
6 1997 年建成的邮驿之路雕塑
7 2011 年建成的净土寺塔广场

1 2001 年建成的新华园安居工程示范小区
2 2007 年建成的瑞和·阳光城第二期工程
3 2005 年建成的新加坡花园
4 2004 年建成的府前街第三期改造工程
5 2005 年建成的薇风大道第一期工程
6 2009 年建成的新河改造工程
7 2010 年拍摄的北澄子河城区段两岸住宅区

新加坡花园
福康苑
裕廊苑
莱佛苑
圣淘沙苑
物业管理处
曲溪休閑廣場
新加坡花园
3

6

1

2

3

回民小区
4

5

1 2011年拍摄的车逻镇太丰村居民集中居住区

2 2008年拍摄的高邮经济开发区农民集中居住区

3 2010年建成的郭集镇润扬名居

4 2011年拍摄的菱塘集镇回民小区

5 2011年拍摄的卸甲镇园林小城镇建设工程

6 2002年建成的菱塘回族乡街心花园

7 2002年拍摄的湖滨农民住宅区

1 群鸟聚集的高邮湖湿地
2 马棚东湖度假村奇观——野鸭放飞
3 珠湖渔歌
4 临泽生态旅游度假村
5 秋染镇国寺
6 果园春来早
7 马棚省级森林公园保护区
8 高邮湖芦苇荡

4

5

6

7

1

2

1 高邮镇绿色稻米标准化生产示范方
2 油菜丰产方
3 村民在神居山上采摘茶叶
4 界首连标葡萄园
5 小型遥控飞机为麦苗喷药作业
6 司徒国家农业综合开发高新科技项目区
7 八桥现代农业产业园花木基地
8 扬州朝晖农业产业发展有限公司大棚蔬菜
9 马棚镇稻鸭共作项目试验基地
10 麦田机械化作业

3

4

5

9

6

7

8

10

原产地域
绿色食品
LB－21－0201105001
产品保护

1

2

3

1 原产地域绿色食品保护标志
2 高邮双黄鸭蛋
3 鸭蛋加工制作车间
4 在内河、浅滩养殖的高邮鸭
5 蚕茧生产
6 江苏高志产业股份有限公司养鸡场
7 水上牧鹅
8 生猪养殖场
9 林地牧羊

4

5

6

7

8

9

1 罗氏沼虾捕捞现场
2 鱼鸭混养
3 高邮湖围网养殖基地
4 市湖畔水产专业合作社养殖的“王鲜记”生态大闸蟹
5 捕鱼归来
6 罗氏沼虾养殖国家农业标准化示范区
7 鸬鹚捕鱼
8 撒网捕鱼

7

8

1 2010年改造后的大滹河
2 1994年改造后的护城河
3 2009年改造后的北澄子河城区段
4 2005年整治后的农村河道
5 京杭大运河高邮段的高邮运河二桥
6 自流灌溉渠
7 2003年改造后的南关干渠
8 灌排泵站
9 2011年建成的三垛镇末级渠道改造工程
10 2004年竣工后的三阳河三垛段工程

1 扬州曙光电缆有限公司生产车间

2 扬州曙光电缆有限公司生产的部分产品

3 扬州曙光电缆有限公司外貌

4 江苏华能电缆有限公司生产车间

5 江苏赛德电气有限公司门景及生产车间、办公楼

4

江蘇賽德電氣有限公司
扬州北郊生产基地
江蘇賽德科技集团
JIANGSU SAIDE SCIENCE AND TECHNOLOGY GROUP

5

① 市水泵厂有限责任公司生产的水泵
② 江苏精佳集团生产的轮毂
③ 电焊作业
④ 江苏金飞达电动工具有限公司生产车间

3

6

5 江苏金飞达电动工具有限公司门景

6 市华兴石油机械制造有限公司生产的石油钻机整机产品

7 扬州和益电动工具有限公司生产的电动工具

①

②

③

1 沙龙集团有限公司服装生产车间

2 扬州光华皮件制品有限公司生产车间

3 2006年建成投产的江苏波司登制衣有限公司生产区内景

4 江苏华信轻工制造有限公司制鞋车间

5 市经纬纺织有限公司生产车间

6 扬州永辉丙纶纺织有限公司生产车间

7 时装表演

8 服装展示

3

5

1 灯具产品展示
2 无极灯研发车间
3 江苏华富控股集团有限公司生产的电池参加江苏省新产品展览
4 扬州宏远电子有限公司低压电极箔生产车间
5 江苏顺大半导体发展有限公司生产车间
6 江苏传艺科技有限公司生产车间
7 市双兔米业有限公司米乳汁生产线
8 扬州日欣生物科技股份有限公司生产车间
9 扬州一洋制药有限公司生产车间

9

1. 由江苏弘盛建设工程集团有限公司承建的北京奥体中心体育馆装饰工程获2008年度全国建筑工程装饰奖
2. 由八桥建筑安装工程公司承建的北京市芍药居楼获1999年度北京市优质工程奖
3. 由江苏弘盛建设工程集团有限公司承建的天津市天娇园获2007年度省外“扬子杯”优质工程奖
4. 由八桥建筑安装工程公司承建的首都机场航站楼获1996年度国优“鲁班奖”
5. 由江苏弘盛建设工程集团有限公司承建的南京市突发公共卫生事件应急处置指挥中心大楼获2007年度省“扬子杯”优质工程奖
6. 由江苏弘盛建设工程集团有限公司承建的重庆市沙坪坝区时代菁英A栋获2007年度省外“扬子杯”优质工程奖
7. 由市建筑安装基础工程公司承建的工商行高邮市支行营业办公楼获1998年度省优质工程奖

4

5

6

7

1

2

1 2001 年改制后的阳光超市高邮第一百货商店大楼

2 2008 年改造升级后的人民商城

3 2005 年开业的苏宁电器高邮店

4 2008 年开业的加洲阳光大酒店

5 2005 年开业的华润苏果超市高邮购物广场

6 2007 年开业的华侨国际大酒店

7 2003 年开业的润扬邨假日酒店

8 2003 年建成的商业步行街

9 2003 年建成的商贸一条街——琵琶路夜景

10 2009 年改造后的北海农贸市场

11 商品丰富的超市

12 具有浓郁地方特色的菜肴

5

6

8

9

10

4

7

11

12

1

2

3

4

5

8

1 1998年建成通行的高邮运河大桥
2 2000年12月建成通车的京沪高速公路高邮段
3 2008年实施“三改二”工程后的大运河高邮城区段
4 2004年建成通车的淮江公路高邮绕城段
5 1996年大修后的高邮运西船闸
6 2008年建成后的高邮港口码头
7 省级公路管理示范路——淮江公路高邮段
8 2005年改造后的文游中路
9 2005年城区文游路、海潮路交会处夜景

1

2

1 高邮110千伏变电所职工检测生产设备
2 500千伏扬州北输变电工程现场
3 中国联通高邮分公司营业大厅
4 网吧
5 市邮政局营业办公大楼
6 2005年建成的220千伏秦邮变电所
7 省电信有限公司高邮分公司营业大楼
8 江苏移动通信有限责任公司高邮分公司营业办公大楼

6

7

中国邮政
5

收银
CASHIER
欢迎使用中国联通电信业务
SHARE COMMUNICATION WITH CHINA UNICOM BUSINESS
业务受理
BUSINESS ACCEPTAECE
联通新时空
CDMA
3

4

中国移动通信
CHINA MOBILE
中国移动通信
CHINA MOBILE
8

1 2007年建成的高邮经济开发区科技产业园

2 2006年落户高邮经济开发区的波司登制衣有限公司

3 2007年开业的中国纺织服装城、中国羽绒城

4 2005年高邮鸭业园区鸟瞰图

5 2007年8月扬州菱塘光电科技产业园区成立揭牌仪式

6 2004年建成投产的江苏顺大半导体发展有限公司

7 2006年高邮经济开发区一角

4

扬州菱塘光电科技产业园区管理委员会
扬州菱塘光电科技产业园区工作委员会
5

SHUNDA
SHUNDA
SHUNDA
江苏顺大半导体发展有限公司
6

江苏省高邮第一中学

热烈欢迎各位

①2001年建成的高邮中学教学大楼
②1998年建成的市第一中学教学楼
③2005年拍摄的市职业技术教育中心教学楼
④2000年建成的三垛中学教学楼
⑤2005年拍摄的市南海中学教学楼
⑥2005年拍摄的蓓蕾学校教学楼
⑦2005年拍摄的市第一小学教学楼
⑧2005年拍摄的城北小学教学楼
⑨2005年拍摄的车逻镇中心小学教学楼

高邮之歌
专场文艺晚会

1 2005年举办的“《高邮之歌》专场文艺晚会”演出现场

2 暑期学生在书店读书

3 2006年举办的“相约·中国羽绒服装城”大型文艺演出现场

4 2004年建成的高邮广播电视中心大楼

5 2007年建成的邮都文化广场

6 2007年，高邮市被命名为“中国民歌之乡”。图为授牌仪式

7 横泾镇农民演唱原生态民歌

8 民间文艺表演——舞龙

9 2003年建成的高邮大剧院

10 周巷镇文化活动中心夜景

① 2001年，龙虬庄遗址被公布为全国重点文物保护单位

② 龙虬庄遗址出土被放大的仿古刻文陶片

③ 1997年，高邮龙虬庄遗址暨江淮地区古文化研讨会会场

④ 1997年，国内外专家学者参观龙虬庄遗址出土的文物

⑤ 龙虬庄遗址出土的墓葬

⑥ 龙虬庄遗址考古挖掘现场

1 '95邮驿文化国际学术讨论会开幕式

2 '97中国邮文化节学术讨论会会场

3 邮驿博物馆揭牌仪式

4 1997年举办的中国邮文化节文艺演出现场

第二届中国邮文化节·第23届全国最佳邮票评选颁奖晚会
邮城欢迎你
1

第三届中国邮文化节开幕式
暨全国第二批青少年集邮示范基地授牌仪式
《中华集邮人物风采录》首发式
2

3

邮政编码
中国邮文化節
第二届中国郵
4

1. 2003年举办的第二届邮文化节·第23届全国最佳邮票评选颁奖晚会
2. 2005年举办的第三届中国邮文化节开幕式
3. 第三届中国邮文化节邮资封揭幕仪式
4. 与邮文化活动相关的邮票、邮资封
5. 2003年，高邮市被命名为“中国集邮之乡”。图为授牌仪式
6. 第二届邮文化节邮票展览
7. 第三届邮文化节个性化小版邮票发行仪式
8. 文献集邮研究会于2006年举办的捐赠拍卖现场
9. 2007年举办的第四届中国邮文化节开幕式
10. 2009年举办的“美哉！高邮—《珠湖》特刊发行　风光风情摄影展览　百人书邮活动”开幕式

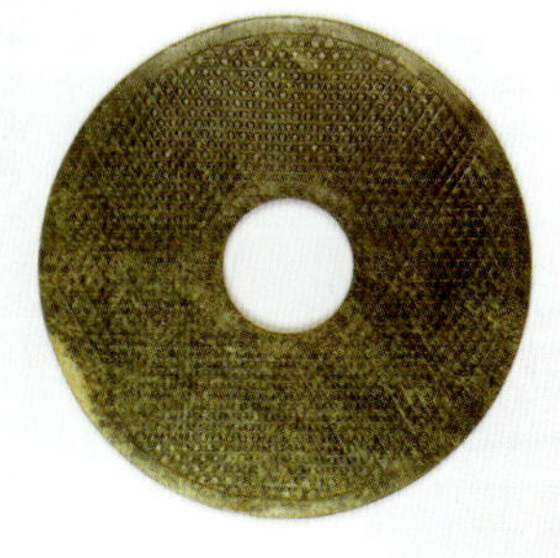
西汉蚕纹青玉璧（二级藏品）

新石器时代石斧（二级藏品）

东汉环绕式神兽纹铜镜（二级藏品）

西周乳丁纹青铜铙（二级藏品）

西汉青黄釉席纹陶罐（三级藏品）

西汉青釉水波纹陶壶（三级藏品）

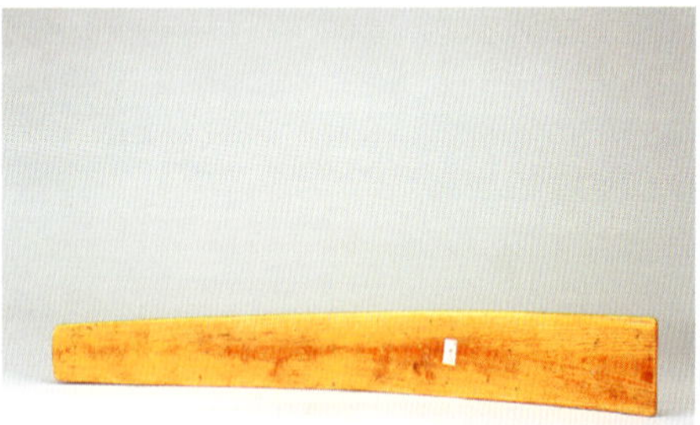
明象牙笏板（三级藏品）

西汉弦纹双系陶瓿（三级藏品）

明龙泉窑青釉莲瓣纹碗（三级藏品）

战国铜矛（三级藏品）

唐瑞兽鸾凤纹菱花铜镜（三级藏品）

明鎏金铜冠（三级藏品）

明龙首青玉带钩（三级藏品）

宋吉州窑油滴斑黑釉瓷碗
（三级藏品）

唐海马葡萄纹铜镜（三级藏品）

清康熙仿明嘉靖青花狮子牡丹纹碗（三级藏品）

南宋“绍兴杭样”铁权（三级藏品）

西汉蚕纹青玉璧（三级藏品）

明龙纹单耳玉杯（三级藏品）

明竹节形三足玉炉（三级藏品）

新石器时代穿孔石斧（三级藏品）

明青玉杂宝纹磬饰（三级藏品）

西汉谷纹青玉璧（三级藏品）

龙虬庄遗址出土的彩陶壶

龙虬庄遗址出土的二三流壶

龙虬庄遗址出土的猪形罐

龙虬庄遗址出土的炭化稻

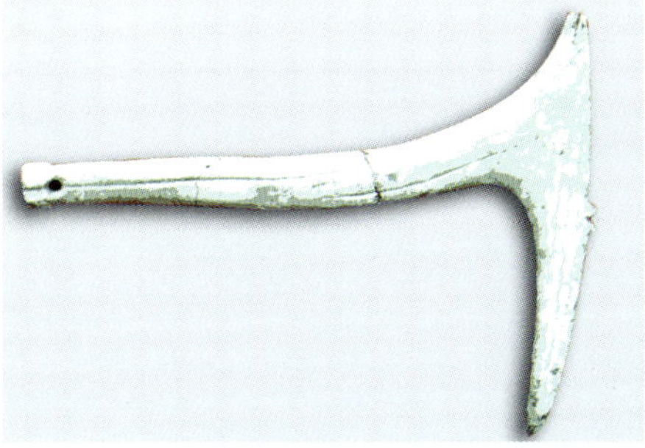
龙虬庄遗址出土的角镐

世界文化遺產
中國大運河·高郵明清運河故道
1

2

3

4

5

1 2006年被公布为全国重点文物保护单位的京杭大运河高邮明清运河故道

2 1982年被公布为省文物保护单位的镇国寺塔

3 2002年被公布为省文物保护单位的奎楼及宋城墙

4 1996年被公布为全国重点文物保护单位的盂城驿

5 2006年被公布为全国重点文物保护单位的高邮当铺

6 AAA级景区——镇国寺风景区

6

1 2006年被公布为省文物保护单位的净土寺塔
2 王氏父子故居中的王念孙、王引子塑像
3 2006年被公布为省文物保护单位的清真寺
4 1995年被公布为省文物保护单位的文游台
5 2005年拍摄的市人民医院门诊大楼
6 市人民医院医生正在为患者做手术
7 2008年建成的市人民医院病房楼
8 2005年拍摄的市中医医院门诊楼
9 2005年拍摄的市第二人民医院门诊楼

高邮市人民医院
高邮市人民醫院
5

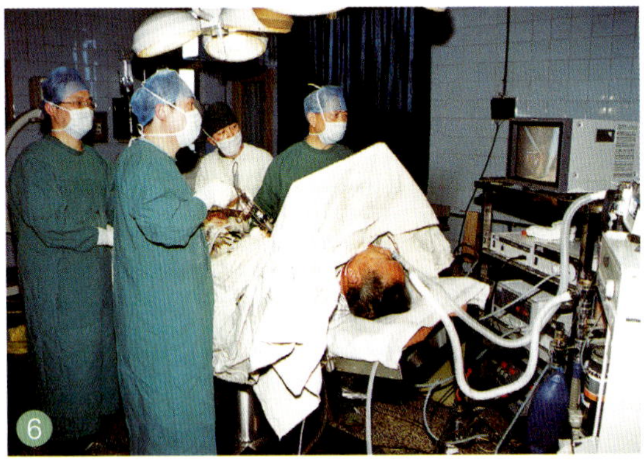
6

高邮市中医院
4610120
高邮市中醫院
8

7

第二人民医院
高邮市第二人民医院
高邮市皮肤病防治院
高邮市精神病防治院
高邮市性病监测中心
山东大学白癜风研究所临床医院
9

1 2007年举办的市第三届体育运动会开幕式团体操表演现场

2 1993年，应邀到高邮体育馆作表演的中、德、日和江苏国际艺术体操队入场式

3 2006年举办的元旦健身长跑活动

4 在蝶园市民广场表演太极拳

5 学生做课间操

6 高邮市首批共有产权经济适用住房钥匙暨2007年廉租住房租赁补贴证书发放仪式

7 慈善超市挂牌仪式

8 农民成股民

9 2005年企业用工招聘会现场

邮市首批共有产权经济适用住房钥匙
暨2007年廉租住房租赁补贴证书发放仪
完善住房保障
6

慈善超市"挂牌
ENTRANCE
诚信单位
文明单位
7

高邮市周巷镇陈甸村
三源土地股份合作社
股
权
证
8

9

1 百岁伉俪过大寿
2 百岁老人讲故事
3 老有所养
4 美好瞬间
5 爷孙对弈
6 老有所乐
7 空竹表演
8 市民晨练

4

5

7

1 OK，我的奥运
2 快乐的星期天
3 公园里的老戏迷
4 踊跃参加社会保险
5 村健身广场
6 在居民小区回廊里纳凉

高邮市行政区划图

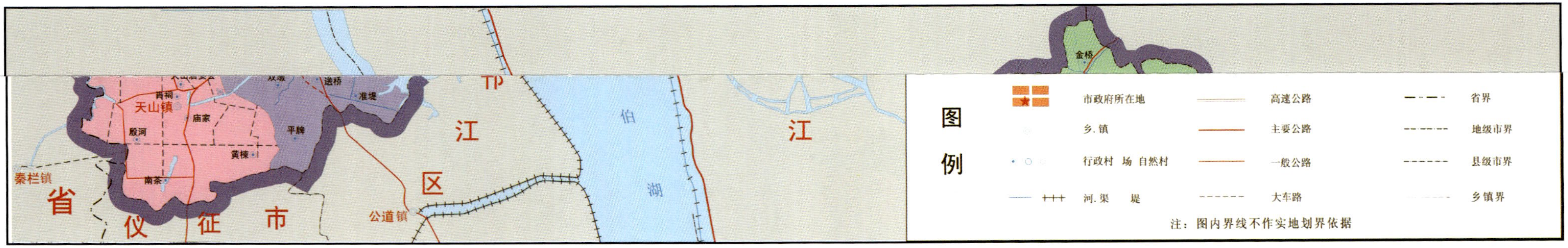

高邮市城乡规划设计院 制　　资料截止日期：2005 年 12 月　　审图号：苏 K（2016）004 号　　

高邮市城区图

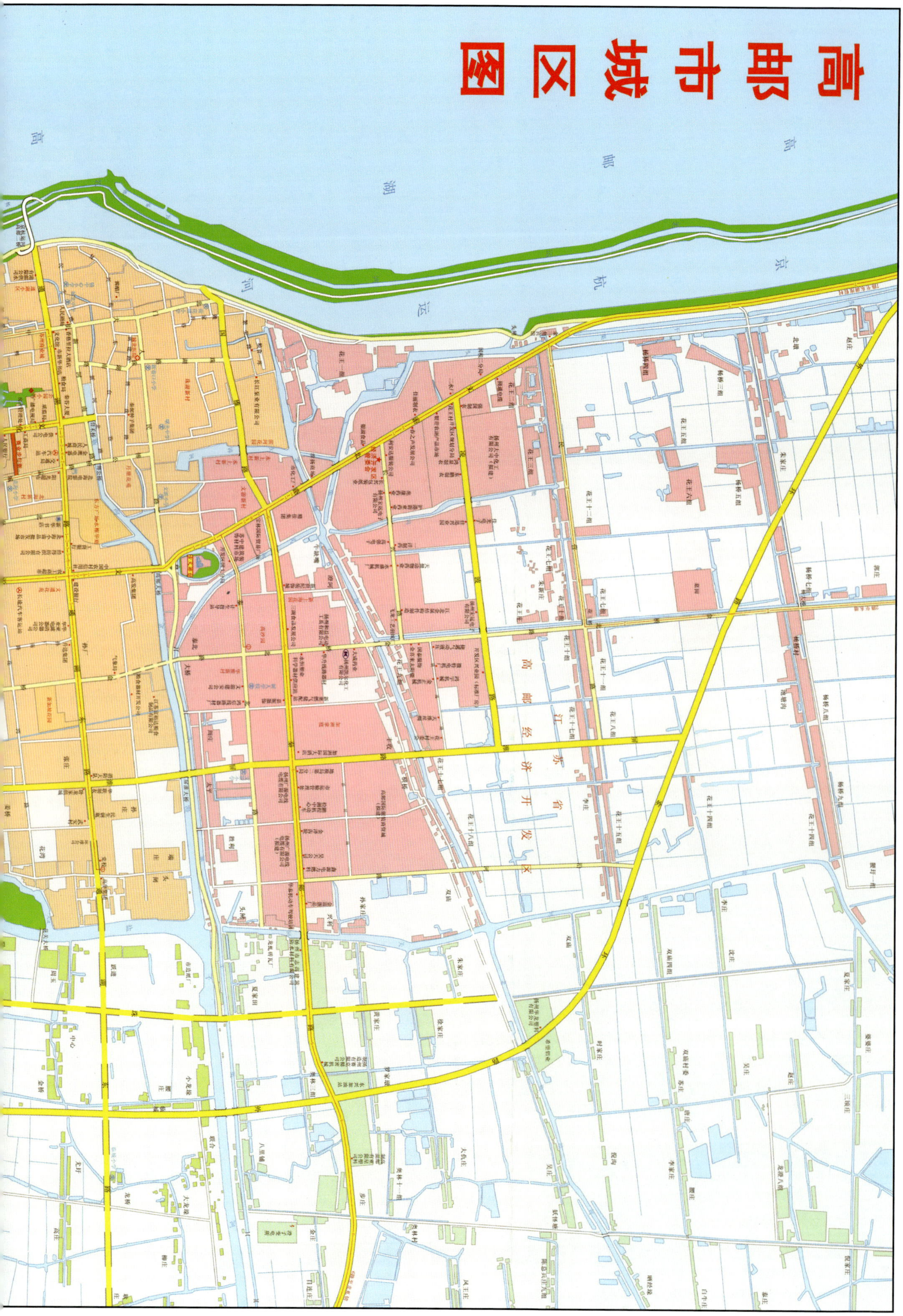

序

从2006年起，经过全市上下共同努力，历经11个寒暑，《高邮市志（1986～2005）》终于付梓面世。这是我市秉承历代修志优良传统、推进当今文化建设的一项丰硕成果，是全市城乡发展和改革开放历史征程中一段珍贵记录，也是高邮市作为国家历史文化名城向世人呈献的一份文化厚礼。

1986～2005年，是高邮全面融入我国改革开放和社会主义现代化建设大潮、经济社会发展实现新起步进而驶入快车道的20年。在这20年中，历届市委、市政府团结带领全市人民，坚持以邓小平理论、"三个代表"重要思想和科学发展观为指导，认真贯彻中央、省委和扬州市委一系列决策与部署，稳步地推进农村改革、企业改革、科教文卫改革、机关和事业单位改革、社会保障制度改革等各项改革，在周边地区产生一定的积极影响；打造经济开发区和各类园区等平台，推出举办"邮文化节""中国双黄鸭蛋节"等举措，出台优惠政策性措施，逐步扩大招商引资和发展外向型经济，推动全市经济不断跃上新台阶；各项社会事业和城乡居民生活均提升到一个新的水平。2005年，全市实现地区生产总值104.8亿元，财政收入10.03亿元，城镇职工年人均工资1.42万元，农民年人均纯收入4938元，分别是1986年的12.86倍、26.39倍、13.96倍、9.33倍。其间，高邮市先后获国务院、国家部委和江苏省授予的各种全市性荣誉称号多达88项（次）。

《高邮市志（1986～2005）》坚持马克思主义唯物史观，采用述、记、志、传、图、表、录等多种形式，全志分类科学、编排得当、体例严谨、资料翔实、内容丰富、文风朴实，真实客观地记述1986～2005年全市改革发展的生动实践，并彰显鲜明的时代特征和浓郁的地方特色。借此，谨向参与编纂志书的全体人员致以崇高的敬意和衷心的感谢！

习近平总书记强调“要高度重视修史修志”，李克强总理提出“修志问道，以启未来”，对地方志工作提出了新的更高的要求。各级党委、政府和社会各界要继续重视和支持编史修志，在开展读志、用志的同时，组织、规划好乡镇志、部门（专业）志、单位志的编纂工作。市地方志工作部门和全市修志工作者要继续秉持崇高信念，以更加饱满的热情、以求真存实的作风进一步做好志书编修工作，多出存史垂鉴、彰往昭来、资政育人的精品力作，为弘扬我市优秀传统文化、服务全市经济社会发展做出新的贡献。

中共高邮市委书记

高邮市人民政府市长

2017年10月

凡 例

一、本志以马克思列宁主义、毛泽东思想、邓小平理论、“三个代表”重要思想、科学发展观、习近平新时代中国特色社会主义思想为指导，全面、系统、客观地记述断限内高邮的自然、政治、经济、文化、社会的历史和现状，力求达到思想性、科学性、资料性的统一，突出时代特征和地方特点。

二、本志是1990年出版的高邮市首部社会主义新方志——《高邮县志》续志。上限1986年，与前志相衔接；下限至2005年。为保持事物发展连续性和完整性，本志在《附录》中载有《〈高邮县志〉（1990年版）提要》《〈高邮县志〉（1990年版）补遗与勘误》，并在部分内容中视情适当上溯，前志缺载事物记自发端。《总述》《大事记》和照片分别延至2010年、2011年。志中所称“现”“今”均指2005年。

三、本志记述地域范围为2005年高邮市行政区域范围。记述内容采取市（县）、乡镇（园区）一体，以市（县）级为主，宏观综合，注重特色的方法。所称“全市（县）”含所有乡镇（园区），城区一般指高邮镇、高邮经济开发区所辖非农村村、庄的区域。鉴于高邮于1991年4月撤县设市，此前称“县”，此后称“市”；统称时只称“市”，其后不再括注“县”。所称“境内”指高邮市（县）境内。

四、本志采用中篇章节体结构。志首设图照、序言、凡例、目录、总述、特载、大事记，主体设各专业志共35篇，志末置附录、索引、编后记。专业志按自然、经济、政治、文化、社会、人物等六大部类排序，设篇、章、节、目等4个基本层次，子目及以下用条目体编排，篇首设无题概述，章下设无题序，节下不求一律。

五、本志采用述、记、志、传、图、表、录诸体裁，以志体为主。大事记以编年体为主，辅以纪事本末体。

六、本志人物篇由传略、简介、表录组成。人物传略坚持“生不立传”原则，以高邮籍人物为主；人物简介收录全国劳动模范、部分全国先进人物和对社会经济发展做出突出贡献的人物；人物表录辑录先进模范人物、中青年专家、高级专业技术人员、在外乡贤、能工巧匠、非物质文化遗产传承人和行政14级以上、军队师职以上离休干部等。

七、本志采用规范语体文、记述体。除引用原文外，均以第三人称记述。

八、本志纪年，清代及清代以前，采用纪年并括注公元纪年；民国时期，同一段落首次出现时，括注公元纪年，其后不加括注；中华人民共和国成立后，采用公元纪年。志中所使用的年代，属20世纪的不再在文中注明。

九、本志使用的数字和标点符号，执行《出版物上数字用法的规定》（GBT 15835-2011）和《标点符号用法》（GBT 15834-2011）；计量单位原则上使用法定计量单位。

十、本志述及的人名，除引文及为反映某一历史事实必须冠以职务外，一律直书姓名。高邮市地名以市政府命名和市地名管理委员会公布的为准。外国国名、地名、人名和机构、书刊等译名，使用新华社译名或专业工具书通用译名。组织机构、法律法规、文件、会议等专有名称，在各篇使用时首次为全称并括注简称，其后一般使用简称。文中所称“市（县）”“省”，分别系指“高邮市（县）”“江苏省”。

十一、本志采用的统计数据，凡列入市统计局统计的，以该局公布的为准。未列入该局统计的，采用业务主管部门提供的统计数据。为尊重历史事实，需兼记反映同一重大事项的不同口径重要数据时，注明其来源。

十二、本志所用资料主要由各有关部门和单位提供，部分资料为编者查阅档案、书报刊及其他文献所获，一般不注明出处。

总 目 录

上 册

下 册

Main Contents

目 录

（上 册）

第一篇 建置区划 自然环境

第二篇 环境保护

第三篇 人 口

第四篇 国土资源管理

第五篇 城乡建设

第六篇 交通 电力

第七篇 水 利

第八篇 邮政 通信 信息化建设

第九篇　经济体制改革和经济发展

第十篇　开放　开发

第十一篇　农　业

第十二篇 高邮鸭业

第十三篇 工 业

第十四篇 建筑业 房地产业

第十五篇 商贸服务业 旅游业

第十六篇 金 融

第十七篇 财政 税务

第十八篇 经济综合管理

第十九篇 中共地方组织

第二十篇　地方人民代表大会

总 述

高邮为全国唯一以“邮”命名的城市。地处长江三角洲、淮河下游、江苏省中部和里下河西缘，位于上海经济圈、南京都市圈双重辐射区，是苏中、苏北重要门户。地理坐标北纬32° 38′～33° 05′、东经119° 13′～119° 50′。东邻泰州市兴化市，南连江都市、仪征市和扬州市邗江区，西接淮安市金湖县和安徽省天长市，北界宝应县。市境南至北50.04千米，东至西57.65千米。地域总面积1962.05平方千米，其中江苏省第三大淡水湖——高邮湖在境内水域面积420.84平方千米。陆地面积1175平方千米、水域面积787.05平方千米，分别占59.9%、40.1%。地势西南略高，属仪六低山丘陵尾端，海拔15～49.5米；东北偏低，系古泻湖淤积与海退成陆的里下河浅洼平原，海拔0.75～4.8米。土地肥沃，河渠成网，素称“鱼米之乡”。2005年，全市总人口82.72万人，人口密度每平方千米421.6人。

（一）

高邮为帝尧故里、尧文化发祥地，是江淮文明、运河文化、邮文化重要区域。7000多年前的新石器时代，境内便有先民聚居，并出现早期稻作农业、手工艺品生产和图文记录等。秦王政二十四年（前223），在境内“始筑台，置邮亭，故称秦邮”。约汉高帝六年（前201）始设县。吴王刘濞续开邗沟以通运，高邮遂成扬楚间盐、粮集散地。汉成帝建始元年（前32）至隋初的600多年间，因战乱，高邮被分分合合，几易其名。自隋恢复高邮地名后，因高邮位居军事战略要地和地处经济运脉要道，先后改县为军、州、路、府。明至清代，置州，辖兴化、宝应两县。时称高邮为“江左名区，广陵首邑”。民国以后，复设县。中华人民共和国成立后，仍设县。1986年，全县设5个区、33个乡镇、6个场圃。1991年2月，经国务院批准，撤县设市（县级）。是年4月1日，高邮市设立。2000年，实施撤乡并镇，全市调整为19个镇、1个乡。2005年，全市辖19个镇、菱塘回族乡和高邮经济开发区。至2010年，全市设20个乡镇和2个经济开发区。

宋至清代，高邮籍进士有177人（原为175人，1995年确定为177人）、举人428人。代表人物有北宋文学家、婉约派词宗秦观和文学家孙觉，南宋诗词家陈造，明右丞相汪广洋、散曲家王磐和诗词家张綖，明清之际唯物主义哲学家王夫之，清“海内无匹”的训诂学家王念孙、王引之父子和数学家李惇。高邮籍的中国共产党早期革命烈士有张廷仁、葛耀山。当代名人有曾任文化部副部长徐平羽、全国政协外事委员会副主任秦华孙、全国人大外事委员会主任委员姜恩柱、国际电信联盟副秘书长赵厚麟、古生物学家孙云铸、棉花专家孙恩麟、蚕桑专家赵鸿基、黑热病防治专家孙志戎、历史学家王绳祖、教育家沈亦珍、作家汪曾祺、全国重大典型人物吴登云和中国工程院院士谢友柏、乔登江等。

清代文学家蒲松龄称，“秦邮文物，素号名区”。1987年，县政府公布文物保护单位59处。至2005年，全市文物保护单位增加到64处。其中，全国重点文物保护单位有新石器时代龙虬庄遗址、明盂城驿等2处，省文物保护单位有天山汉墓、唐镇国寺塔、宋文游台、宋城墙、明奎楼、清当铺等6处，市文物保护单位56处。有馆藏文物2200多件。龙虬庄遗址被称为龙虬庄文化，系“人类文明的摇篮之一”。盂城驿是“全国现存规模最大、保存完好，有代表性的古代邮文物”。至2010年，全市文物保护单位增加到96处。其中，全国重点文物保护单位增加明清里运河故道、清当铺等2处，省文物保护单位增加商周时期周邶墩遗址、明净土寺塔、清菱塘清真寺等3处。融古代文化和现代文明为一体的东湖湿地公园、三垛秦观故里亭、界首芦苇场渔家乐生态旅游区、八桥渌洋湖森林公园和城区蝶园市民广场、海潮市民广场、邮都广场、文游台广场、大淖广场、北澄子河风光带、净土寺塔广场等陆续开发建成，镇国寺景区被批准为国家AAA级景区。

高邮双黄鸭蛋名扬中外，于清宣统元年（1909）在南洋劝业会上参展，1992年获首届中国农业博览会全国蛋品唯一最高奖——银质奖。2002年，高邮鸭蛋被国家质量监督检验检疫总局批准为实施原产地域保护产品。高邮麻鸭、高邮咸鸭蛋、高邮松花蛋风味独特、营养丰富，被列为国家绿色食品。其他特产还有界首茶干、秦邮董糖、临泽水晶月饼、三垛方酥、菱塘鹅等。特色水产品有“高邮湖”大闸蟹、罗氏沼虾、“海陵溪”甲鱼、“金荡”鲫鱼、银鱼、黄颡鱼等。2003～2006年，经市名店、名师、名宴、名菜评定委员会评定，推出“汪氏家宴”“少游宴”“全鸭宴”“珠湖鱼宴”“清真宴”“盂城驿宴”“少游虾宴”等七大名宴和“璧合珠联”“珠湖雪浪”“地久天长”“金宝大发”“霞蔚凤仙”“雏凤迎春”“金裹银装”“玉珠藏丹”“文游玉带”“三阳开泰”等十大名菜。还有十大秦邮名点食品，深受人们喜爱。地方特产多为食品，故有“食在高邮”之誉。

（二）

1986～2010年，是高邮人民弘扬和践行改革开放主旋律的25年。高邮人跳出传统守旧的思维方式、计划经济的管理模式，全面走向改革开放。这25年，是全市历史上经济发展最快、城乡面貌变化最大、人民思想观念发生深刻变化的时期。

1978～1984年，高邮农村改革先后经过联产到组、联产到劳、包干到户的逐步探索，全面实行以农户家庭联产承包责任制为主要形式、集体经营和家庭经营相结合的双层经营新体制。1984～1997年，完成第一轮土地经营权承包。1998年起，转入第二轮承包，全市签约、发证承包土地面积5.72万公顷，占耕地总面积78.2%。2004年，开展以推行“三大股份合作”为主要内容的村（社区）级经济体制改革。至2010年，全市先后建成农民专业合作经济组织356个、农村土地股份合作社307个、社区股份合作社161个、新型农村合作经济组织4个。同时，建成扬州市以上农业龙头企业13家。全市形成以农业产业化龙头企业为载体、以农产品生产基地为依托、以农村合作经济组织为纽带的农业产业化经营的新格局。

1984～1986年，全县县属企业大面积推行经济承包责任制和实行厂长（经理）负责制，在乡镇企业普遍推行以“一包三改”（推行经济承包责任制，改干部任命制为选聘制、改工人固定录用制为合同制、改固定工资制为浮动工资制）为主要内容的改革。1987～1992年，在城乡企业全面推行以全员风险抵押承包、选档达标承包和招标承包为主要形式的企业承包经营责任制。1993～1999年，进行以推行股份制和股份合作制改造为主、多种形式并存的企业改制探索，乡镇企业基本实现民营化。2000年以后，重点在市属企业实行公退民进、经济裁员、资产重组的新一轮产权制度改革，推进市属国有企业、集体企业民营化。至2005年，全市被列入改制的市属企业177家，其中改制结束的企业145家，账面总资产29.8亿元，职工总数4.74万人，其中4.34万人实现身份置换，共付出改制成本6.18亿元。此后，加大对因债务多、产权模糊、资产难以兑现的企业改制力度，探索建立比较规范的法人治理结构，开展清理乡镇、部门所属集体企业脱钩改制工作。至2010年，全市形成以非公有制经济为主体、以股份制企业为骨干、多种经济成分并存的经济格局。

80年代起，全县围绕农村改革和企业改革积极推进各项配套改革。1984～1985年，县委、县政府采取一系列简政放权的政策性措施，主要是对企业实行计划、人事、用工、分配等方面改革，搞活企业经营。2001年起，市委、市政府全面实施税费改革，并在乡镇、村、组配套实施“四减”（减人、减事、减费、减债）措施，搞活农村经济。2002年，进行行政审批制度改革，建成扬州市首家行政服务中心。至2010年，全市加快构筑现代市场体系和推进社会保障制度改革步伐，并实施计划、财税、金融、投资、外贸、科技、教育、卫生体制和党政机构等方面改革。高邮农村改革曾在周边地区、全省乃至全国产生积极影响，被誉为“高邮模式”“高邮经验”进行推介。

80年代，全县有外贸公司1家、外贸出口额100万元以上企业18家，首批外派科威特建筑劳务人员60人。进入90年代，启动招商引资工作。1992年，市经济技术开发区建立。1993年，举办首届中国高邮双黄鸭蛋节。2002年、2007年，相继建成高邮鸭业园区、扬州菱塘光电科技产业园区。至2010年，全市外贸公司发展到6家、自营出口生产企业65家、有进出口经营权的独资和合资企业31家，完成外贸进出口总额3.51亿美元，其中自营出口额3.21亿美元；外派劳务231人，涉及23个国家，实现外经营业额354.3万美元。至是年末，全市共建成省级经济开发区1个、市级经济开发区2个、扬州市乡镇工业示范园区6个、乡镇工业集中区20个，累计完成基础设施投入30.23亿元、入园企业2351家、招商引资入园项目总投入567.5亿元、安排就业12.62万人。全市共举办6届中国高邮双黄鸭蛋节、5届中国邮文化节、2届中国羽绒服装节，累计引进项目799项，协议引进外资和中国港澳台资以及市外民资257.56亿元。高邮市先后与国内外16个县（市、区）结为友好城市。

（三）

高邮是传统的农业县，90%以上人口困守在农村土地上，过着“日出而作，日落而息”的生活，工业基础一直比较薄弱。1986年，全县农业人口仍占总人口89.31%。全县完成地区生产总值8.15亿元，其中第一、二、三产业增加值分别占51.04%、33.37%、15.59%，农业增加值所占比例最大。1991年，全市完成地区生产总值11.19亿元，其中第一、二产业增加值分别为3.71亿元、4.8亿元，工业增加值首次超过农业。1998年，全市完成地区生产总值52.08亿元，其中第一、三产业增加值分别为15.51亿元、15.55亿元，三次产业结构比从1991年的33.15∶42.9∶23.95变为29.78∶40.36∶29.86，第三产业增加值首次超过农业。2005年，全市完成地区生产总值104.8亿元，首次跃过百亿元大关，其中第一、二、三产业增加值分别为24.95亿元、46.7亿元、33.15亿元，三次产业结构比为23.81∶44.56∶31.63。2010年，全市完成地区生产总值255.81亿元，在2005年的基础上实现翻番，其中第一、二、三产业增加值分别为44.38亿元、127.54亿元、83.89亿元，三次产业结构比为17.35∶49.86∶32.79。城市化水平46%。

80年代，高邮县被列为革命老区，作为被扶持、开发的重点地区之一。1986年，全县完成农业总产值5.89亿元，其中种植、林、牧、副、渔业产值分别占69.78%、1.36%、19.35%、4.42%、5.09%；粮食作物播种面积11.82万公顷，实收粮食总产70.65万吨。1991年，高邮市被列入国家黄淮海农业资源综合开发项目区，先后实施5期国家农业综合开发项目，共治理土地面积2.34万公顷。同年，跨入“全国100个农业大县”行列。1999年，高邮市实施国家农业综合开发高科技示范项目，司徒乡为核心区，辐射推广区有张轩、龙虬、东墩、龙奔、武安等5个乡镇，先后建成设施园艺、良种扩繁、高邮鸭保种及蛋品加工、奶牛养殖及奶品加工、良种猪繁育、特种水产养殖等六大示范基地。2002年，建成全国罗氏沼虾养殖标准化示范区。2004年，在界首镇、马棚镇实施省里下河地区农业综合开发示范区建设，共建成优质无公害稻米生产基地2000公顷。至2005年，通过不断调整、优化产业结构，发展产业化经营，提高农业机械化耕作水平，实施科学种田，加快现代高效农业建设，先后建成鸭业产业园、罗氏沼虾产业园、种草养鹅产业园、蔬菜产业园、葡萄产业园、特种经济作物产业园等六大现代高效规模农业产业园区及十大农产品生产基地。高邮市先后获“全国商品猪基地县”“全国夏粮生产、交售先进县”“全国棉花生产先进县”“全国粮食生产先进市”“全国平安农机示范市”“省种子工程示范市”“省农作物统一供种先进市”“省无公害水产品产地认定整体推进工作试点县”等称号。是年，全市完成农业总产值47.58亿元，其中种植、林、牧、渔、服务业产值分别占37.6%、1.89%、21%、34.93%、4.58%；粮食作物播种面积9.9万公顷，实收粮食总产67.77万吨。2007年起，全市实施农业综合开发产业化集中区建设，先后进区农业产业化企业13家，其中全国农业产业化龙头企业2家、省重点农业产业化龙头企业5家，重点推进实施现代高效农业建设。2008年，建成全国高邮鸭保种场。2010年，全市完成农业总产值78.08亿元，其中种植、林、牧、渔、服务业产值分别占36.9%、1.7%、18.86%、36.93%、5.61%；粮食作物播种面积11.29万公顷，实收粮食总产79.97万吨。是年，全市累计建成现代高效农业园区87个，高邮市获“省发展高效设施农业先进市”“省现代渔业建设先进市”“省率先基本实现水稻生产机械化市”称号。

1986年，全县共有各类工业企业5038家，完成工业总产值7.15亿元。其中，国有企业、县属集体企业、乡镇（村）办企业产值分别占45.1%、11.9%、43%；轻工业、重工业产值分别占66.9%、33.1%。90年代起，实施“工业兴市”战略，逐步建立现代企业制度，调整、优化企业结构和产品结构，引进资金、技术，实施企业改制，全市工业生产得到快速发展。先后创建成“中国羽绒服装制造名城”“中国铸造零部件产业集群试点市”“中国路灯制造基地”“国家机电产品出口生产基地”，太阳能光伏产品、LED产品、服装、电缆等一批产品成长为主导产品，“双兔”大米、胶体电池、低压电极箔分别成为中国名牌产品和全国产销量“单打冠军”。2005年，全市工业企业4985家，完成总产值202.35亿元，规模以上（年产值500万元以上）工业企业实现产品销售收入107.87亿元、利税总额6.06亿元。在总产值中，国有企业、集体企业、私营企业、股份制及其他性质企业产值分别占0.08%、13.79%、68%、18.13%；轻工业、重工业产值分别占38.97%、61.03%。2010年，全市工业企业发展到6073家，完成工业总产值1010亿元，规模以上工业企业实现产品销售收入589.9亿元、利税总额56.2亿元。在总产值中，集体企业、私（民）营企业、股份制及其他性质企业产值分别占5.63.%、79.45%、14.92%；轻工业、重工业产值分别占34.16%、65.84%。

1986年，全县共有建筑企业33家，从业人员1.11万人，承接施工面积46.3万平方米，竣工面积30.5万平方米，完成产值6000万元。80年代后期，建筑企业陆续进入南京、上海、北京、重庆、天津、太原等大中城市建筑市场，涉足全国31个省、市、区。进入21世纪，全市逐步加大外派建筑劳务力度，建筑劳务人员先后被派往22个国家。其间，境内建筑业在承建房屋工程同时，并向道路、桥梁、水利、安装等建设工程领域发展，建筑装潢装饰业呈快速发展势头。2005年，全市共有建筑资质企业74家，从业人员5.44万人，承接施工面积684.1万平方米，竣工面积431万平方米，完成产值58.6亿元。2007年，高邮市被命名为“省建筑之乡”。2010年，全市累计有建筑资质企业189家，其中总承包特级资质企业1家、一级资质企业3家、二级资质企业9家、三级资质企业33家，共有从业人员10.1万人；承接施工面积2687.7万平方米，竣工面积1588.7万平方米；承接高层建筑651幢，其中超高层建筑153幢；创国家AAA级安全文明标准化诚信工地1处、省文明工地19处，获扬州市以上优质工程奖57项；完成建筑业产值285.4亿元。

80年代初，全县以商业、粮食、物资、供销、医药等系统为主渠道的流通服务体系，基本实行计划经济管理下的封闭运行状态。80年代中期，全县商品市场逐步放开，开始呈现多种经济成分、多种经营方式、多种流通渠道相互并存的局面。1986年，全县有商业网点5931个、集贸市场57个，从业人员1.89万人，其中个体商业网点、个体商业从业人员分别占74.3%、29.2%；实现第三产业增加值1.27亿元，完成社会商品零售总额4.04亿元，其中国有商业和集体商业零售额占87.62%。进入90年代，随着流通渠道继续增多和市场进一步放开，房地产、信息、物流、旅游等新兴产业和娱乐、美容、健身、休闲、中介、广告、家政等新兴行业陆续出现，金融、保险、证券、信托、寄卖等得到相应发展，各类专业市场、特色经营街路和具有一定规模的商城、超市及连锁经营企业相继建成。国有商业和集体商业出现经营不景气，举步维艰。通过改制、转让、租赁、兼并、拍卖、破产、歇业等方式，国有商业陆续退出，集体商业除供销企业外亦相继退出。2005年，全市实现第三产业增加值33.15亿元，占地区生产总值比重上升到31.63%；完成社会消费品零售总额28.21亿元，限额以上批发零售业实现商品销售总额3.15亿元，其中国有企业占11.4%、股份制企业占45.5%、私营企业占43.1%；有各类市场55个。2007年，高邮市被命名为“中国羽绒服装交易中心”。2010年，全市实现第三产业增加值83.89亿元，占地区生产总值比重上升到32.79%；完成社会消费品零售总额82.32亿元，其中除零售业增长外，批发业、住宿业、餐饮业和其他行业均呈下降态势；有交易市场65个。全市形成以民营经济为主体、多种经济成分、多种流通渠道、多种经营方式互赢共融的开放型商贸流通格局。

（四）

80年代起，随着经济发展，全县财政收入逐年增长，并通过招商引资，逐步加大基础设施投入，加快城乡建设。1986年，全县实现财政收入3782万元，完成固定资产投资3145万元。2005年，全市财政收入增长到10.03亿元，完成固定资产投资46.41亿元。2010年，全市财政收入增长到35.06亿元，完成固定资产投资172.7亿元。

80年代，全县交通主要依靠淮六公路（今淮江公路）、邮兴公路和京杭大运河、北澄子河、三阳河等水陆交通要脉，相继建成的高邮运东船闸、运西船闸，沟通了高邮湖、大运河与里下河地区的水上交通。1986年，全县公路通车里程340.19千米，总体路况欠佳。自此，全县上下以“要得富先修路”为口号，大打筑路建桥攻坚战。1994年、2004年，先后实施淮江公路高邮城区段改造工程、淮江公路高邮绕城段工程，改善南北车辆过境道路状况。1996年、1999年、2002年，先后建成高邮运河大桥、高邮湖漫水公路和高邮运河二桥，实现了高邮人百年来高邮湖、大运河东西两岸变通途的梦想。2000年，贯穿南北的京沪高速公路高邮段建成开通，缩短高邮与北京、上海的行程时间。与市外相通的高兴东公路、界临沙公路、天高公路等亦相继得到改造。市内通镇入村的公路加快改造和建设。2005年，全市基本形成“七纵五横”公路网，通车总里程2127.6千米。至2010年，全市共有公路总里程2490.41千米，路网密度126.87千米/百平方千米；长途汽车班车线路62条，市内公交线路19条；共有机动车辆10.53万辆，其中汽车2.43万辆。内河航道44条、通航里程613.86千米，营运船舶475艘、8.16万总吨。市交通系统完成客运量440万人次，客运周转量4.38亿人·千米，港口操作量550万吨。是年，高邮市获“省路政示范县”称号。

80年代，全县在全面实施治水改土基础上，运东地区建成“七横八竖”县级骨干排引河网，自流灌溉农田面积3.29万公顷；高邮湖西地区开展丘陵山区水利工程整治工作。组织1.2万名民工实施京杭大运河高邮段综合整治工程。1989年、1991年、1994年，高邮县（市）先后获“全国水利建设先进县”“全国县级科技兴水市”“全国农村水利技术推广服务体系建设示范市”称号。1991年、2003年，全市虽发生重大水灾，良好的水利设施使灾害造成的损失降到最低程度。2002～2005年，先后实施南水北调三阳河工程及其影响工程，建成中日技术合作项目示范灌区。2006～2010年，先后实施城河、南澄子河、六安河等重点河道整治工程和部分堤圩除险加固工程，并实施节水、改水、碧水工程和饮用水安全工程。高邮市获“省农村河道疏浚整治先进单位”称号。

1986年，全县邮政、电信有服务网点45个，邮路总长359千米，农村投递邮路总长3392千米；电信电缆线路总长103皮长千米，长途电话线路33条。1992年4月，市内始建移动通信。1998年9月，市邮政与电信分营。自此，邮政在巩固汇兑、函包、集邮、储蓄和报刊发行等传统业务外，不断拓展特快专递、邮政广告和邮政金融代理等新业务；通信业引进程控电话、移动电话、无线市话、无线寻呼、光纤通信、互联网等高新通信设备和技术。全市党政机关、企事业单位电子政务应运而生，信息化建设、无线电管理、网络管理、网上交易、远程教学和社会网吧、家庭上网等迅速发展。2003年，高邮市被命名为“中国集邮之乡”。2005年，全市共有邮政营业网点36个，完成邮政业务总量5824万元；自办汽车邮路2条，长660千米；城乡投递邮路83条，长3717千米，农村投递全部实现摩托化；年末邮政储蓄余额18.33亿元。实现电信业务收入1.28亿元；电话交换机实占容量21.62万门，其中城区4.73万门、农村16.89万门；全市移动通信用户20万户，累计设立基站94座，建成互联网各类基层网站1585个，发展互联网用户1.5万户。至2010年，全市邮政加强直营店、加盟店建设，拓展物流业务，发展电子商务，实现全年业务总收入2.01亿元，获"省文明行业""省邮政优质服务示范窗口"等称号；信息化与工业化融合进程加快，17家企业获批为省、扬州市"两化融合"示范试点企业；建成行政权力网上公开透明运行平台，政府网站发展到57个、"乡情网"站点262个；全市电信、移动、联通三大运营商移动电话用户发展到42.35万户、固定电话用户17.94万户，互联网用户发展到15万户。

1986年，全县有220千伏变电所、110千伏变电所各1座和布及乡镇的11座35千伏变电所，供电量1.53亿千瓦时、用电量1.44亿千瓦时。80年代，由于电力供应紧张，全县采取调荷节电、拉闸限电、分区轮流供电等措施。90年代以后，市内电力供应矛盾有所缓解。1994年，高邮市创建成"全国农村电气化市"。2005年，全市变电所增加到25座，装机总容量117.12万千伏安；供电量8.37亿千瓦时，售电量7.44亿千瓦时。至2010年，全市变电所增加到26座，其中220千伏变电所2座、110千伏变电所11座、35千伏变电所13座，装机总容量257.27万千伏安；供电量18.3亿千瓦时，售电量16.79亿千瓦时；实现安全供电2564天。

1986年，县城面积6.1平方千米，其中建成区面积5.04平方千米。城区主要街道有中山路、通湖路、人民路、府前街、北门大街等16条，总长12.53千米；房屋总面积67.25万平方米，全城没有一座4层以上的高层建筑；自来水厂日产能力0.5万立方米，年供水总量149万立方米；城区绿化覆盖率仅有4%左右；城市环境卫生靠人工打扫、清运；城市交通靠人力二、三轮车运载；城市排水、照明等公共设施很不完善。农村三大主要集镇（临泽、界首、三垛）建成区面积共2.43平方千米，人口1.72万人，多数街道古老狭窄，房屋破旧矮小，公共设施很差。其他农村集镇一般依水傍路而建。80年代后期至90年代，城区基础设施建设按照总体布局和发展方向，先后新建海潮路、文化宫路、蝶园路、环城路，改建或扩建成混凝土或沥青路面的道路37条，新建物资大厦、秦谷大厦、北海大酒店、人民商城、小商品一条街、农行大楼、建行大楼、供销大厦、工行大楼等建筑。进入21世纪，城市建设突飞猛进，特别是从2002年起连续实施8轮城市建设"十大工程"，城市功能进一步完善。蝶园市民广场等7个广场和江苏省高邮中学、弘盛大厦、高邮大剧院、广电中心、保险大厦、国贸大厦等一批标志性建筑建成使用，海潮大桥、通湖大桥、珠光大桥和文游路、屏淮路、运堤路、秦邮路、海潮路、武安路、珠光路等道路建成通车，府前街第三期改造工程、蝶园路改造工程、邓桥商业城改造工程、温州商业城、商业步行街、龙祥商业城、上海商城、金拇指财富广场、宝林国际商贸广场、"薇风大道"国际商业中心、金海洋商业城等旧城改造工程和重点商铺竣工，新华园、新世纪花园、驿都花园、滨河花园、新上海花园、东方广场·水榭华庭、新加坡花园、瑞和·阳光城、江南明珠苑、清华园、金桥花园、康华园、康乐园、通湖花园、润和·现代城、通达·城市花园、碧玉名居、帝景龙庭、盛丰·福邸等居民小区建成，城市公用事业和城市美化、亮化、绿化工程得到快速发展，城市形象进一步提升。2005年，城区面积扩大到39.8平方千米，建成区面积26.1平方千米；街道总长186.84千米，房屋总面积689.3万平方米；建成设施较为配套的住宅小区42个；城市绿化覆盖率26.8%；自来水日供水综合生产能力9.5万立方米，年供水总量1733万立方米。农村实施撤乡并镇，加快重点集镇改造和中心镇建设，先后建成一批具有现代气息、各具特色的小城镇，其中菱塘回族乡先后创建成"国家卫生镇""中国绿色小康百佳乡镇""中国最具魅力穆斯林城镇""全国环境优美乡镇"。全市农村房屋总面积增加到2438万平方米，其中"三大镇"104万平方米。高邮市获全省城市管理创优活动先进奖。2010年，城区绿化覆盖率上升到40.3%，农村新增公共绿地面积41.7万平方米，高邮市被省政府命名为"省园林城市"。

（五）

全市社会事业发展突破财力不足的制约，文化、科技、卫生、体育等事业陆续跻身于全省乃至全国先进行列，呈现异军突起的喜人景象。尤其是蓬勃发展中的高邮群众文化被列入省、市专题调研课题，被称作“高邮现象”。

80年代，全县开始实施“科技兴县”“科技兴农”“科技兴厂”战略，高邮先后被列为省摩托车配件“星火”技术密集区、沿江“火炬”高新技术产业开发带、电线电缆产业苏北“星火”带科技先导型支柱产业建设项目区、国家优质稻米良种繁育体系建设项目区、国家粮食丰产科技工程项目示范区。1996年，高邮市建成“全国科技工作先进市”。2002年，高邮市通过1999～2000年度全国科技进步考核。至2005年，累计实施和完成各级各类科技项目316项，其中国家、省“星火”“火炬”计划项目139项。2007年，高邮市被命名为“省科普工作示范市”。2008年，高邮市获“全国科技进步考核先进市”“省知识产权工作试点市”称号。2009年，高邮市获批“国家科技富民强县专项行动计划试点市”。至2010年，全市共有各类专业技术人员3.99万人；建成企业院士工作站2个、博士后科研工作站3个，省、扬州市企业工程技术研究中心各15个，国家、省高新技术企业共106家，获批省以上高新技术产品392种；申报省以上各类科技计划项目308项，获批267项；获各级科技进步奖成果项目65项；申请国家专利2200件，其中发明专利466件，获准授权专利773件；签约合资、合作、引进科技项目500多项。全市连续4年获“全国中小城市科学发展百强县”称号，连续3届获“全国科技进步考核先进市”称号。

80年代起，全县贯彻“调整、改革、整顿、提高”方针，实施“教育兴县”战略，并动员社会力量，实行公办、民办教育一起上，全县教育事业得到快速发展。80年代，开办成人高考工作，市民参与自学考试报名人数骤增。90年代末，全市对公办教育资源进行整合、优化，调整教育布局，教育资源向城镇集中。至2005年，全市共有中小学校170所，在校中小学生10.47万人，入学率均为100%。2006年、2007年，农村和城区先后推行义务教育阶段学生免收学杂费，两年免收中小学生学杂费2621万元，受益学生7.21万人。2010年，全市有成型幼儿园48所，在园幼儿1.39万人。有中小学校86所，在校学生8.27万人，义务教育入学率100%，高中阶段入学率97.4%，高中毕业生升学率85.2%。中高等专业、职工学校有市职业教育中心校、市技工学校、扬州科技学院高邮学院、扬州市广播电视大学高邮分校、南京工业大学苏北函授分院、高邮老年大学等。各乡镇区均设有成人教育中心校，各社区设有成人教育中心。高邮市先后获“省知识分子工作先进市”“省教育信息化实验区”“省幼儿教育先进市”等称号。

80年代，城区设有文化馆、图书馆、电影院、人民剧场、工人文化宫、广播站、新华书店、扬剧团、录像厅、歌舞厅等，各乡镇分别设有文化站、图书室和文化中心。电影放映队常年到农村、工厂放电影。广播入户率90.6%，电视开播3个频道。先后创办《珠湖》《高邮年鉴》和编印《高邮文史资料》。90年代起，网吧、棋牌室先后兴起。1990年，新编《高邮县志》出版。1994年，高邮电视台建立和《高邮日报》复刊。1994年、1998年，高邮市先后获“省群众文化先进市”“全国文化先进市”称号。进入21世纪，全市先后实施“书香工程”，举办读书节、艺术节、赛歌会、音乐会、周末大舞台等活动，推出“秦少游文化奖”“汪曾祺文学奖”。同时，各类文艺创作和群众文化活动进入繁荣期，文学作品、书法、绘画、摄影、灯谜、广场舞、原生态表演、民间艺术、文化收藏等均展现高邮文化的重要特色。2005年，建成市广播电视中心。2007年，高邮市被命名为“中国民歌之乡”。2008年，高邮市被命名为“中国民间文化艺术之乡”，市文化馆创建成国家一级馆。至2010年，全市文化娱乐休闲活动场所达到545个；有线电视实现村村通；市档案馆档案检索实现数字化；志书、年鉴和综合性地情书籍编纂出版共100多部（卷）；在实现“农家书屋”覆盖所有行政村基础上，全面实施“农家书屋”提升工程。

1986年，县城设有县体育场1个，单位办游泳池1座、溜冰场3个、篮球场7个，校办体育场6个；

各乡镇文化站和部分机关、企事业单位设有乒乓球室。1991年，建成老年体育活动中心，成立市农民体育协会。1992年，建成高邮体育馆，高邮市获“全国体育先进县”称号。是年起，先后承办“秦邮杯”全国毽球锦标赛、“精佳杯”全国百城市自行车高邮赛区比赛、“邮化杯”全国女篮四强邀请赛、“秦邮金融杯”全国中学生毽球暨全国花毽邀请赛、“庆宇杯”全国武术锦标赛等。1994年，高邮市获“全国推广第七套广播体操先进市”称号。1996年，建成市体育场游泳池。2000年起，城乡先后建成市民健身点34个，培训社会体育指导员363人，向省以上体育专业队输送体育人才7人。2007年，市门球队获全国百强县（市）门球锦标赛冠军。2010年，全市创建成“省体育强市”，并获“省学生阳光体育运动先进县”称号。至是年末，共举办全市性运动会3届，先后举办届次不等的职工运动会、农民运动会、中小学生运动会、幼儿运动会、老年体育运动会、渔民运动会；有2个乡镇获“全国群众体育先进单位”称号，12个乡镇获“省体育强镇”称号；在省以上体育比赛中累计获金牌82.5枚。

80年代，通过政府投入、群众集资、集体和个人捐款等渠道，建成县、乡镇、村三级医疗卫生保健网。90年代，全市农村推行“以乡统筹、大病合作”医疗保险制度，并在城乡医疗机构中进行多种形式的改革尝试。2001年，建立城镇职工社会医疗保险制度。2003年，高邮市在全省率先推行新型农村合作医疗制度。至2007年，基本形成覆盖全市城乡居民的各类医疗保险。2010年，全市共有各级各类医疗卫生机构258个，其中市直医疗机构4个、专业公共卫生机构7个、乡镇和社区（村）卫生服务机构247个，共有卫技人员3947人；设有病床1562张；年门诊量260万人次，住院量47.6万床日；甲、乙类传染病总发病率157/10万，婴儿死亡率3.66‰，孕产妇死亡率为零，计划生育率99.1%。至是年，高邮市先后获“全国血吸虫病防治工作先进集体”“全国农村中医工作先进市”“全国麻风病防治工作先进集体”“农村自来水普及工作先进集体”“全国计划生育优质服务先进市”“省初级卫生保健先进市”“省新型农村合作医疗试点市”“省卫生城市”“省爱婴市”“省人口与计划生育工作示范县”等称号，实现“扬州市新型生育文化建设先进乡镇”全覆盖，通过创建“省人口协调发展先进市”验收。

（六）

1986～2010年，全市社会主义精神文明建设不断推进，人民生活水平不断提高，呈现一派共建美好家园的喜人景象。至2010年，高邮市先后获全国性和全省性命名与荣誉称号116项。

80年代，先后在市民中开展“五讲四美三热爱”（讲文明、讲礼貌、讲卫生、讲秩序、讲道德，心灵美、语言美、行为美、环境美，热爱祖国、热爱社会主义、热爱中国共产党）活动；在青少年中开展“四有”（有理想、有道德、有文化、有纪律）教育；在城乡居民中开展“三提倡、三反对”（提倡科学文明，反对封建迷信；提倡艰苦奋斗、勤俭节约，反对铺张浪费、大操大办；提倡民主法制，反对违法乱纪）和创建文明单位活动。1996年，全市开展职业道德、社会公德、家庭美德和个人品德的“四德”教育。2001年起，市委、市政府先后组织实施现代农民教育工程和现代市民教育工程。2003～2010年，全市先后开展创建文明行业、文明单位、文明村镇、文明社区活动，市民思想道德教育活动，评选“文明好市民”“慈善之星”活动。全市有王坤（市民，“孝老爱亲好人”）、耿高鹏（大学生，“见义勇为好人”，被追认为烈士）、管霞（女，企业职工，“诚实守信好人”）等3人先后入选“中国好人榜”，社区民警王成入选“扬州好人榜”，有29名市民和2个集体入选“高邮好人（文明好市民）榜”，有11名市民和15个集体被表彰为高邮市“慈善之星”。至2005年，全市涌现扬州市以上劳动模范和获省部级及以上机关表彰的先进人物241人。2009～2010年，高邮市获扬州市政府命名的文明单位共90个，其中文明单位52个、文明行业14个、文明乡镇5个、文明村14个、文明社区5个。全市先后获“省村民自治模范市”“省社会治安安全市”“省双拥模范县”“省文明城市”等称号。

80年代，全县城乡居民收入比较单一，城镇居民主要靠工资收入支撑家庭，农村居民主要靠田间耕作维持生计，收入的大部分主要是用于吃饭。1986年，全县城镇居民人均工资收入1017元，农民人均纯收入529元，城乡人均储蓄140元，城乡居民人均住房面积分别为12平方米、21.2平方米，恩格尔系数54%，处于温饱型社会。进入90年代，随着全市经济体制改革不断深化和社会主义市场经济逐步发展，城乡居民收入渠道呈现多元化格局，收入水平迅速提高，逐步建成养老、失业（失地）、医疗（生育）、救助等较为完备的社会保障体系。2005年，全市城镇居民人均工资收入上升到1.42万元，农民人均纯收入上升到4938元，城乡人均储蓄上升到8678.5元，城乡居民人均住房面积分别上升到30.81平方米、30.2平方米，恩格尔系数下降到41%。2010年，全市城镇居民人均可支配收入上升到3.35万元，农民人均纯收入上升到1.71万元，城乡人均储蓄上升到1.85万元，城乡居民人均住房面积分别上升到33.9平方米、40.5平方米，恩格尔系数下降到36.6%。对照省定“全面小康社会”指标，全市总体达到创建标准，并通过省“全面小康社会”考核验收，进入“中国全面小康成长型百佳县”行列。全市人民生活日益改善，城乡人民衣、食、住、行等方面都发生极大变化，饮食营养化、衣着新款化、住房宜人化、交通便捷化、娱乐多样化成为人们时尚，生活现代化成为市民普遍追求的目标。

（七）

1986～2010年，全市党政建设不断加强，党政机构改革逐步推进。市委、市政府带领全市人民解放思想、锐意改革、开拓创新、团结拼搏、争先进位，奋力推进经济社会快速发展、创新发展、特色发展，建设富裕高邮、创新高邮、生态高邮、文化高邮、幸福高邮。

80年代起，县委、县政府坚持以经济建设为中心，坚持改革开放，根据不同阶段发展任务，提出适合高邮特点的发展思路与战略。先后提出和实施“稳定农业、发展副业、主攻工业”“稳定粮棉生产、继续主攻工业、突破多种经营、扩大出口创汇、大力发展商品经济”“工业强市、工业立市”“规模带动、改革驱动、外向开拓”“科教兴市，协调发展”“全面开展招商引资，‘三种经济’（工业规模经济、农业产业化经营、个体私营经济）求突破”“实施追赶式发展，实现‘百十’奋进计划”“全面追赶，重点突破，局部超越”“加快发展、创新发展、特色发展”等经济发展战略。同时，扎实开展党员教育，加强党的思想、组织、作风、纪律、统战、干部队伍和反腐倡廉建设，在政治、经济、文化、城乡建设、民生工程和各项社会事业中，发挥党的核心领导作用、党组织的战斗堡垒作用和共产党员的先锋模范作用。2003～2005年，全市连续3年实施追赶式发展，实现“地区生产总值超百亿（元）、财政收入超十亿（元）”目标。至2010年，高邮市连续4年获“全国最具投资潜力中小城市百强县”称号；全市连续4年接受中共中央纪律检查委员会和国家统计局组织的党风廉政建设满意度专项调查，群众年度满意度从75.2%上升到88%。

80年代起，为适应全县经济体制改革推进和经济社会发展，配套开展党政机构改革和转变机关作风的探索。1983年，县级机关开始推行机关岗位责任制。1986年，在县文教局、县粮食局试行民主推荐局机关干部办法，并逐步扩大推行面。1987年，全面推行机关目标管理责任制。1990年，县委、县政府制定《县级机关目标管理岗位责任制考核奖惩试行办法》，实行百分制考核；对各乡镇实行党政领导干部任期目标责任制，首次一定三年（1991～1993），考核54项指标。1992年，市级机关按市委、市政府提出“转变机关作风”要求，开展践行“三转”（上级围绕下级转，机关围绕企业转，全部工作围绕经济转）“三办”（主动办、立即办、下去办）活动。1994年，执行国家宏观改革和调整措施，先后实施分税制财政体制、新税制，国有专业银行向商业银行转变，计划管理向宏观调控转变。1996年，在全市副乡、科级以上干部中建立政绩记载卡制度。1997年5月、8月，市委、市政府先后印发《关于市级党政机构改革实施意见》《关于乡镇党政机构改革指导意见》。至是年末，首轮市级党政机构改革和乡镇党政机构改革基本结束，市委工作机构由7个减少到6个，市政府工作机构由36个减少到31个，党政群机关行政在编人员由1097人减少到941人。是年，全市党政群机关2632名工作人员（含事业编制人员）经过培训、考试，过渡为国家公务员。1998年，全市102个市直党政群机关和乡镇机构完成职位分类“三定”（定职能、定内设机构、定人员编制和领导职数）工作。1999年，在市卫生局、市教育委员会、市建设委员会、市广播电视局、卸甲镇、横泾镇、川青镇、二沟乡开展事业单位综合改革试点，在全市实行教育体制和卫生体制改革，在566个市级机关及直属事业单位中实施中层干部竞争上岗。2001年12月，市委、市政府印发《高邮市市、乡（镇）党政机构改革实施意见》。至2002年末，第二轮党政机构改革完成。全市保留市级党政工作机构32个、行政编制人员683人，比改革前减少5个、121人；乡镇机关行政编制人员被精简25%。是年，在事业单位中，全面推行全员聘用合同制，全市通过签订聘用合同书上岗的事业单位人员有1.2万人。2003年，撤并行政性公司，将市机械化学工业公司、市轻纺工业公司、市摩托车工业公司、市粮食工业总公司合并，组建市工业总公司；将市商业集团总公司、市物资集团总公司、市供销合作总社合并，组建市商贸总公司。2005年4月，市委、市政府印发《高邮市人民政府机构改革方案》，实施政府机构第三轮改革。重点是调整市财政局（市国有资产管理委员会）、市发展和改革委员会、市安全生产管理办公室、市人口和计划生育委员会等4个市政府工作机构的职能，并实施国有场圃改制工作。2006年，在市医药公司开展事业单位改制试点。2007年4月，高邮市被确定为全省乡镇机构改革扩大试点县。2008年，完成新一轮乡镇机构改革，全市乡镇行政编制人员精简10%，首次改乡、科级干部任命制为公推公选制。2009年，在城南经济新区机关公务员中试行改结构工资制为绩效工资制。2010年6月，市委、市政府印发《高邮市人民政府机构改革实施意见》。在第四轮政府机构改革中，按照大部门体制规范化管理的要求，组建市经济和信息化委员会、市人力资源和社会保障局、市交通运输局、市农业委员会、市商务局、市文化广电新闻出版局、市城乡建设局等7个工作机构，并对其他工作机构职能做相应调整，改革后的政府工作机构从原有的29个减少到25个。

80年代起，全市党员、市民政治生活步入正常化，积极参与各项重要政治活动，政治民主氛围渐浓。依照党章、法规，市（县）委分别于1984年、1988年、1991年、1996年、2001年、2006年，先后召开第四、五、六、七、八、九次党代会，选举产生各届市（县）委领导班子；市（县）人大分别于1984年、1987年、1990年、1993年、1998年、2003年、2007年，先后召开第七、八、九、十、十一、十二、十三届人代会，选举产生各届市（县）人大常委会和政府领导班子，市（县）政协同期先后召开第五、六、七、八、九、十、十一届委员会，选举产生各届市（县）政协领导班子。市委、市人大、市政府、市政协在届中各年度，分别召开全委（扩大）会、届次代表大会和委员会议，听取工作报告，征集议案、建议、提案，广泛征询党员、市民意见。

回顾全市发展的历程，城乡变化有目共睹，发展成绩有据可稽。但仍存在一些不容忽视的问题和不足。主要有：经济发展不充分、不协调、不可持续的问题依然存在，全市工业化率、城市化率低于苏中平均水平，三次产业结构需进一步加大调整力度，生态文明建设任务还相当繁重；改革的热点、难点问题仍需继续突破，通过改革得到的红利仍显微弱乏力；产业转型升级步伐还不快，创业创新层次还不高，先进生产技术与方式的采用实属短腿，土地、资金、人才等要素制约加大，部分企业难以抵御投融资风险和市场风险；民生投入还不能适应市民日益增长的需求，公共服务的重点、范围、力度和水平仍然滞后，社会治理缺乏有效手段；少数党员干部“识才能”“德勤廉”还不能适应新的发展要求。重视和解决这些问题，才能确保全市经济社会的长足发展和协调发展。全市上下应进一步解放思想，开拓创新，团结拼搏，争先进位，奋力推进全市经济社会快速发展、创新发展、特色发展，在奔向基本现代化的新征程上阔步前进。一个古代文化与现代文明交相辉映、一个更高水平的“全面小康社会”、一个现代化崭新的新高邮，就一定会展现在我们面前！

特　载

中央领导在高邮市视察活动

中共中央政治局常委、国务院总理李鹏到高邮市视察

1994年5月19日，中共中央政治局常委、国务院总理李鹏偕夫人朱琳，在省委书记、省长陈焕友等人陪同下，到高邮市视察。

是日11时45分，李鹏一行乘坐面包车先到高邮市秦园宾馆。在中共扬州市委书记李炳才、扬州市市长施国兴和高邮市委、市政府负责人热情迎接下，李鹏夫妇进入陈设古朴、雅致的1301号套房稍事休息后，随即用餐，菜肴系用高邮土特产烹制的双黄咸鸭蛋、软兜黄鳝、金丝鱼片、雪花豆腐、黑鱼片汤等。他俩盛赞宾馆厨师做工精细。李鹏指着双黄蛋，详细询问高邮鸭的饲养历史、现状和双黄蛋的产量，餐厅领班连艳云一一作回答。李鹏还兴致勃勃地为宾馆题写馆名。用餐完毕，李鹏对连艳云说："谢谢你小同志，谢谢你为我们服务。"尔后，李鹏还先后与高邮市领导干部、宾馆全体工作人员合影留念。

下午，李鹏一行在江苏省、扬州市、高邮市主要领导干部陪同下，坐车到高邮城东郊武安乡视察。首先，他们到武安乡政府。在乡政府接待室里，乡党委书记朱烨汇报建设"一优两高"（优化种植结构，高产量、高品质）农业情况。李鹏一边听汇报，一边在武安乡简介材料上画杠杠。当朱烨汇报作物布局模式的时候，李鹏询问不同模式的不同效益情况，并问道："你们农业服务体系是如何建立的？"朱烨汇报种子、农资、农机、植保、农技等系列服务的内容、成效。李鹏高兴地伸出指头数着，说："你们这样做，体现了服务，也完善了服务。为农服务要着眼于稳定农业和提高农业效益问题，服务工作一定要搞好。"他应武安乡干部的请求，欣然在武安乡签名留念。李鹏从接待室出来，健步登上乡政府大楼，微笑着说："人家常讲走马观花，我们是登高观光。"他伫立于楼顶平台东侧护栏前，环顾四野，问起农业现代化的情况，朱烨说："我们这里早就实现了水利标准化、田间林网化、植保专业化、作业机械化、种植立体化，摸索出一套成功的优质高产高效农业的路数。"李鹏夸赞："这里风光好，是社会主义式农业的田园风光好"。

接着，李鹏一行走到乡间公路旁的高谢村徐庄组田头。李鹏望到田头栽棉花营养钵的场景，询问棉花营养钵的培育、移栽情况，高谢村党支部书记金高山作了介绍。李鹏还问道："这里皮棉亩产能收多少斤？"高邮市委书记朱福生说："能收130斤到150斤。"快到田头时，朱福生走上前去，大声对在田间劳动的农民说："同志们，李鹏总理来看望你们啦！"正在干着农活的农民们惊喜万分，不知是谁带头喊道："总理好！"大家便一齐喊道："总理好！"李鹏望着在田间撑起大半边天的劳动妇女身影，高兴地说，"同农民同志照个相"。正在田头覆盖地膜的王桂英、吉如珍、赵凤、王桂珍、沈道兰等5名妇女便向李鹏走来，李鹏伸出手要同她们握手，沈道兰说手脏要去洗手，李鹏说"不要洗，这样很好"，于是同她们一一握手。5名农村妇女靠在李鹏、朱琳的两旁，随着照相机的"咔嚓"一声，留下这令人难忘的瞬间。李鹏沿着沟渠走向麦田，边走边了解情况，时而询问棉铃虫防治、超高产栽培试验的产量，时而打听麦子的品种、千粒重、产量、效益。当听到副乡长严保朝说"棉花试验田亩产可收250斤"时，李鹏反问道："能不能收这么多？"严保朝作了肯定回答。听说麦子千粒重达到39克，李鹏边走边重复说："扬麦5号39克"。这时，渠边聚拢着许多田间劳动的、过路的、闻讯赶来的农民、工人。李鹏频频向大

家招手致意。

然后，李鹏一行走到徐庄庄上，跨进农民王桂忠家里，先在堂屋里看看，后又进房间长沙发上坐坐。王桂忠岳母王新鸾被拉坐在总理和省长之间，乐得眼睛笑成一条缝。当李鹏走到基层干部徐志绪家院子里时，徐志绪赶忙跑上前去，双手握住李鹏的手，连声喊道："首长好！首长好！"李鹏一行在他家堂屋坐定后，李鹏把徐志绪拉坐到身边，详细询问他家人口、承包田亩、种田收成、售粮、口粮、全家收入、为农服务各项缴费等情况，徐志绪一一做了回答。当李鹏得知"机械化服务每亩只收5元""农户上缴每亩只有52元"时，欣然说"上缴不算多！"李鹏没走多远，随行的国家计划委员会主任陈锦华指着村民小组长王日宽的家，对李鹏说："这家还有粮囤子，请你来看看。"李鹏高兴地指着粮囤子问有多少粮，王日宽说"有3000多斤"。李鹏又问"这么多的粮食为什么不卖给国家？"王日宽解释道："我都按时完成国家任务了。这是多下来的，等新粮收下来再卖。"随行的农业部部长刘江告诉李鹏说"老王家还有陈小麦"，随即把麦子捧给李鹏看，李鹏夸赞麦子很好。王日宽在同随行的其他部长交谈时，还提出农业比较效益下降的问题，并谈了自己对推进农业市场化的设想。

考察结束后，李鹏一再嘱托高邮市领导干部，"你们要把高邮建设得都像武安那样！"

中共中央政治局常委、国务院总理朱镕基到高邮市视察

2000年4月15日11时许，正在江苏省视察指导工作的中共中央政治局常委、国务院总理朱镕基偕夫人劳安，在中央有关部委负责人和省委书记回良玉、省长季允石等陪同下，乘坐面包车，到高邮市武安乡高谢村视察。

朱镕基一行首先视察那里的农业高科技示范区。朱镕基在示范区下车后，环顾一下四周，便指着竖立在田头的示范区标牌问道："示范区的农田一年种两茬还是三茬？"高邮市委书记徐赴前回答说："现在一年种两茬，一茬小麦，一茬水稻。"朱镕基又问："小麦、水稻产量有多高？"徐答："小麦每亩500多公斤，水稻亩产达到750公斤。"朱总理听后高兴地说："那就是名副其实的吨粮田了!"朱镕基看到田间有一条由水泥方块砌建得整齐光直的水沟，问："水沟修得这样整齐做什么用？"徐答："这是示范区根据本地地下水位高的实际，按照能灌、能排、能降要求建立的高标准灌排系统。"朱镕基又问："建这样高标准的灌排系统，承包种植的农户能有这么多钱来投入？"徐等回答，水系建设投入主要来自乡、村集体经济的积累，参与示范区建设的省、市有关部门也给予了适当资金扶持。朱镕基听后嘱咐在场的各级领导干部："加快农业基础设施建设很有必要，但不能加重农民的负担。"

接着，朱镕基回身穿过纵贯高谢村南北的水泥道路和水渠，健步来到该村万福组的田头，受到正在田里做旱育秧池村民们的热烈欢迎。朱镕基走到村民陈永才承包田的田头，与陈攀谈起来。朱镕基先后问道："你承包的地有几亩，村里有什么承包条件？""一亩地能收多少粮食，能卖多少钱，有没有集资摊派？""你家有几口人，要不要雇工帮忙？""儿子儿媳都进乡镇企业做工是你有后台，还是你当干部？""你们种田缺不缺钱，要不要贷款?"陈永才一一做了回答。当听说种红皮小麦卖不出好价钱时，朱镕基指示在场的干部说："应该引导农民多种市场适销的品种，提高他们的种田效益。"当听说村民上缴"除了规定的乡统筹、村提留外，没有其他乱摊派、乱集资"时，朱镕基高兴地说："你们的乡长好啊!"当陈永才说到他家有10口人、不需雇工、3房儿媳未分家时，朱镕基朗声笑着说："你家算是个大家庭了。"当听说乡里厂子多用不着拉关系、走后门进厂做工时，朱镕基再次露出欣喜的笑容。当听村民说他们种田不缺钱时，朱镕基对身旁的中国人民银行行长戴相龙说："看来，你们银行里的钱对这儿的农户是贷不出去了，那就只好请乡亲们把挣到的钱往你们银行里存了!"在场的干部群众都笑了起来。朱镕基还应村民们的要求，于田头同在农田里干活的村民们合影留念，村民们再次报以长时间的热烈掌声。

是日12时许，朱镕基结束对高谢村的视察，乘车来到高邮市秦园宾馆，与夫人劳安用了午餐，盛赞"界首茶干味道好"，是"健康食品"。15时，朱镕基及陪同人员离开高邮市。朱镕基临行前对在场的高

邮市领导干部提出殷切希望，“要多种一点树，把绿化搞好。”尔后，朱镕基与高邮市委、市人大常委会、市政府、市政协领导成员一一握手告别。当朱镕基乘坐的车子开出宾馆行驶在高邮市府前街上时，闻讯群众聚立在街道两旁，自发地鼓掌、招手，欢呼“朱总理好！”“欢迎朱总理再来高邮！”朱镕基打开车窗向高邮人民不断挥手致意。

1990～2005年中央领导视察高邮市情况一览表

表-1

时间	姓名	职务	主要视察地点与活动
1990年11月24日	姬鹏飞	中共中央顾问委员会常委	高邮市
1994年5月19日	李　鹏	中共中央政治局常委、国务院总理	武安乡，“三农”工作
1994年6月21日	彭珮云	国务委员、国家计划生育委员会主任	高邮市，计划生育工作
1995年6月21日	姜春云	中共中央政治局委员、中共中央书记处书记、国务院副总理	武安乡，农业工作
1995年7月11日	布　赫	全国人大常委会副委员长	高邮市
1997年5月25日	司马义·艾买提	国务委员、国家民族委员会主任	菱塘回族乡，民族工作
2000年4月15日	朱镕基	中共中央政治局常委、国务院总理	武安乡，农业高科技示范区
2002年5月3日	李铁映	中共中央政治局委员、中国社会科学院院长、党组书记	盂城驿、文游台，文物工作
2002年12月27日	回良玉	中共中央政治局委员、省委书记	京沪高速公路高邮龙奔服务区
2005年9月7日	阿不来提·阿不都热西提	全国政协副主席	高邮市，农民专业合作经济组织工作
2005年9月15日	张思卿	全国政协副主席	高邮市，文物保护工作
2005年9月24日	张怀西	全国政协副主席	高邮市，参加第三届中国邮文化节活动

说明：1. 表中内容按时序排列；2. 表载对象为党和国家领导人。

中央领导为高邮市题词、题联

中共中央政治局常委、国务院总理李鹏为秦园宾馆题名

1994年5月19日，中共中央政治局常委、国务院总理李鹏视察高邮市在秦园宾馆用餐时，为宾馆题写馆名“秦园宾馆”。

中共中央政治局常委、国务院总理李鹏为高邮市题词

1994年5月20日，中共中央政治局常委、国务院总理李鹏在扬州市区视察时，应高邮市政府主要负责人请求，为高邮市题词“秦邮古城，焕发青春”。

中共中央政治局委员李铁映为高邮市题联

2002年5月3日，中共中央政治局委员、中国社会科学院院长、党组书记李铁映在视察盂城驿、文游台后为高邮市题联两幅，分别为“秦皇设驿通邮盂城兴，四贤游台论诗高邮名”“聚商贾于高邮，散文章于四方”。

全国人大常委会副委员长李铁映为秦少游展馆陈列室题名

2005年10月，全国人大常委会副委员长李铁映在北京，为即将开馆、设于文游台内的秦少游展馆陈列室题名“秦观词社”。

城　市　名　片

1986～2005年，高邮市获国务院、中央部委和省授予的各种全市性荣誉称号共88项（次），其中国务院授予的称号3次、中央部委授予的称号41次、省授予的称号44次。

1986～2005年高邮市获国务院、中央部委和省表彰情况一览表

表-2

获得年份	荣誉	授予机构
1990	全国夏粮生产先进县	国务院
1990	全国血吸虫病综合防治工作试点县	国务院
1994	国家扶持的商品棉花大县	国务院
1986	全国平原绿化先进单位	林业部
1986	全国计划生育先进集体	国家计划生育委员会
1988	全国“丰收杯”竞赛一等奖	农牧渔业部
1988	全国商品猪基地县	财政部、商业部、农业部
1989	全国粮棉生产、交售先进县	农业部、商业部
1989	全国水利建设先进县	水利部
1989	全国生育节育抽样调查先进集体	国家计划生育委员会
1990	全国棉花生产先进县	农业部、纺织工业部
1991	全国县级科技兴水市（第一批）	水利部
1991	全国100个农业大县	农业部
1992	全国血吸虫病防治工作先进集体	卫生部、农业部、水利部
1992	全国农村社会养老保险试点市	民政部
1992	全国体育先进市	国家体育运动委员会
1992	全国城市计划生育工作先进集体	国家计划生育委员会
1994	全国农村中医工作先进市	国家中医药管理局
1994	全国推广第七套广播体操先进市	国家体育运动委员会
1994	全国农村电气化市	电力工业部
1994	全国农村水利技术推广服务体系建设先进示范县	水利部
1995	全国平原林业立体经营示范点	林业部
1995	全国林业宣传先进市	林业部

续表-2

获得年份	荣誉	授予机构
1996	全国粮食生产先进市	农业部
1996	全国科技工作先进市	国家科学技术委员会
1997	全国血防综合试点工作一等奖	卫生部、农业部、水利部
1997	全国麻风病防治工作先进集体	全国麻风病防治工作领导小组
1998	全国文化先进市（第六批）	文化部
1998	全国计划生育协会工作先进市	中国计划生育协会
1999	国家农业综合开发高新科技示范项目区	国家农业综合开发办公室
1999	全国林业工作站建设合格市	国家林业局
2000	扬州市国家级生态示范区建设试点地区	国家环境保护总局
2001	全国高邮鸭标准化示范区	国家质量监督检验检疫总局
2001	全国婚育新风进万家活动先进市	中共中央宣传部、国家计划生育委员会
2002	国家级生态示范区（第二批）	国家环境保护总局
2002	高邮鸭蛋原产地域保护	国家质量监督检验检疫总局
2002	全国农村自来水普及工作先进单位	全国爱国卫生运动委员会
2002	全国罗氏沼虾养殖标准化示范区	国家标准化管理委员会
2003	中日技术合作项目示范灌区	中国灌溉排水发展中心
2003	中国集邮之乡	中华全国集邮联合会
2004	全国粮食生产先进市	农业部
2004	全国无公害稻米生产标准化示范区	国家标准化管理委员会
2004	全国罗氏沼虾养殖标准化生产示范基地	国家标准化管理委员会
2004	全国计划生育优质服务先进市	国家人口和计划生育委员会
1986	全省水产养殖先进单位	省政府
1987	省经济信息网络建设试点县	省经济信息中心
1989	省粮棉生产先进县	省政府
1990	省农业丰收二等奖	省政府
1992	省体育先进市	省政府
1992	省殡葬管理先进单位	省民政厅
1994	省群众文化先进市（第二批）	省政府
1994	高标准、高水平林业示范市试点	省政府
1995	省历史文化名城（第一批）	省政府
1995	省水利建设先进市	省水利厅
1995	省农村扶贫通电工程先进集体	省农村扶贫通电工程领导小组
1996	征兵工作先进单位	省政府、省军区

续表-2

获得年份	荣誉	授予机构
1996	省计划生育工作先进市	省政府
1996	全省劳动力开发就业试点工作市（县）	省政府
1996	省卫生城市	省爱国卫生运动委员会
1997	征兵工作先进单位	省政府、省军区
1997	经济适用房建设工作先进单位（1996年度）	省政府住房制度改革办公室
1997	省爱婴市	省卫生厅
1998	省种子工程示范市	省农林厅
1998	省农作物统一供种先进市	省农林厅
1998	采标先进市	省质量技术监督局
1998	省村民自治模范市	省民政厅
1999	省初级卫生保健工作先进市（首批）	省政府
1999	省第二批知识分子工作先进市	省委知识分子工作领导小组
2000	省有线电视县	省广播电视厅
2001	省计划生育工作示范市	省政府
2002	省双拥模范城	省政府、省军区
2002	征兵工作先进单位（2001年度）	省政府、省军区
2002	省残疾人康复工作先进市	省政府残疾人工作协调委员会
2003	征兵工作先进单位（2002年度）	省政府、省军区
2003	省农村卫生工作先进集体	省政府
2003	全省知识分子工作先进市	省委知识分子工作领导小组
2003	全省新型农村合作医疗试点市	省卫生厅、省财政厅
2003	省教育信息化实验区	省教育信息化工作领导小组办公室
2003	全省城市管理创优活动先进奖	省建设厅
2004	绿色江苏建设先进市	省林业局
2004	省无公害水产品产地认定整体推进工作试点县	省海洋与渔业局
2004	省超高茬麦田套稻标准化示范区	省质量技术监督局、省农林厅
2004	省少儿二胡之乡	省文化厅
2005	省蔬菜标准化示范区	省质量技术监督局、省农林厅
2005	绿色江苏建设先进市	省林业局
2005	城市管理创优活动先进奖（2004年度）	省建设厅
2005	江苏羽绒服装制造名城	省政府
2005	省扬州鹅标准化示范区	省质量技术监督局、省农林厅

大 事 记

1986年

3月 高邮县获国家计划生育委员会授予的“全国计划生育先进集体”称号。

4月5～9日 政协高邮县第五届委员会举行第三次会议。

4月7～10日 县第七届人民代表大会举行第三次会议。

5月22日 高邮县获林业部授予的“全国平原绿化先进单位”称号。

5月26日 县第七届人大常委会第十七次会议决定，任命孙龙山为高邮县代理县长。

△ 县人民武装部划归地方建制。

7月31日至8月1日 周巷乡张平村中心组出土北宋时期铜币400多千克。

8月21日 八桥乡、送桥乡撤乡建镇，实行镇管村体制。

8月26日 县职业技术学校建立。

10月22日 县政府制定《关于推动横向经济联合若干鼓励性措施(试行)》和《关于进一步搞活企业的有关措施(试行)》。

11月10～12日 全国首届秦观学术讨论会在高邮召开。

是年 高邮县获省政府授予的“全省水产养殖先进单位”称号。

1987年

1月6日 县电视大学管理站更名为扬州市广播电视大学高邮分校，县广播电视管理站更名为县广播电视局，恢复县财贸办公室。

1月15日 全县首家股份合作制农村专业合作经济组织——车逻食用菌专业生产合作社在车逻乡成立。该社由车逻供销合作社、车逻乡18户食用菌生产专业户和江都县渌洋乡3户食用菌专业户投股兴办。

2月19日 县农村综合改革试点——临泽镇试验区建立。

2月25日 县票据交换所建立。驻城的5家金融单位参加同城票据交换业务。

3月25日 县政府恢复驻沪办事处。

3月30日 县委、县政府召开目标管理动员大会。

4月2～9日 政协高邮县第六届委员会举行第一次会议。会议选举产生政协高邮县第六届委员会主席、副主席和常务委员。周治安当选县政协第六届委员会主席。

4月3～9日 县第八届人民代表大会举行第一次会议。会议选举产生县第八届人大常委会主任、副主任、委员，县长、副县长，县法院院长、县检察院检察长。任金富当选县人大常委会主任，孙龙山当选县长。

4月29日 全省首家农村金融服务机构——临泽镇金融服务社成立。

5月11日 县经济信息网络建立。高邮县被确定为省经济信息网络建设试点县。

5月19日 县政府制定《高邮县县属企业厂长(经理)任期目标责任制暂行办法》和《高邮县全民所有制企业厂长(经理)离任经济责任审计暂行办法》。

7月18日 县经济体制改革委员会成立。

7月30日 县委、县政府召开县属工业企业实行承包经营责任制签约大会。

11月1日 高邮人民广播电台开播。

12月18日 县政府公布59处文物保护单位。

12月末 湖滨乡“通车工程”和营南乡强梅村“通电工程”完成。至此,全县实现“乡乡通汽车、村村用上电”。

1988年

1月28日 全国第一条单模三次群架空光缆试验工程——扬州至高邮60千米光缆全部布放结束。9月1日通过机械电子工业部验收。

4月22日 经省、市政府批准,撤销菱塘乡,其原辖区域设立菱塘回族乡,为江苏省唯一的少数民族乡。

4月25～28日 中国共产党高邮县第五次代表大会召开。会议选举产生中共高邮县第五届委员会和中共高邮县纪律检查委员会。中共高邮县第五届第一次全委会选举产生县委常委、书记、副书记,周治安当选中共高邮县委书记。

6月1日 县红旗中学更名为县第一中学。

10月1～3日 县首届文游艺术节在县体育场举办。

12月6日 高邮县与省京杭运河续建工程指挥部、省交通厅、省广播电视厅联合建造的广播电视微波通信综合利用铁塔,在城区架设成功。

12月19日 县台属联谊会成立。

是年 高邮县获农牧渔业部“丰收杯”竞赛一等奖。

△ 高邮县被财政部、商业部、农业部批准为“全国商品猪基地县”。

1989年

1月12日 县政府印发《关于全面推行全员风险抵押承包制意见》。

2月21日 高邮县获省政府授予的“江苏省粮棉生产先进县”称号。

2月26日 高邮县获农业部、商业部授予的“粮棉生产、交售先进县”称号。

3月15日 高邮县获国家计划生育委员会授予的“全国生育节育抽样调查先进集体”称号。

3月16日 9时30分,江苏石油勘探局两艘船在高邮湖检查钻井平台回归时,突遇大风,两船相撞,其中一艘撞碎、一艘撞沉,船上16人全部落水。经南京空军和东海舰队派直升机和快艇抢救,12人获救,4人遇难。

5月2日 县城乡建设环境保护局划分为县城乡建设局和县环境保护局。

6月3日 县对外经济贸易委员会成立。

8月18日 中共扬州市委决定,孙龙山任中共高邮县委书记。

△ 县第八届人大常委会第十七次会议决定,任命戎文凤为高邮县副县长、代理县长。

8月 高邮县获水利部授予的“全国水利建设先进县”称号。

10月11日 由县领导带队，抽调一批机关干部，组成5个试点工作组，开始在县电讯器材厂、县五金交电化工公司、县缫丝厂、县石油机械厂、县综合贸易公司分别进行企业滚动承包试点。

12月6日 县血吸虫病防治站建立。

1990年

1月13日 县保密工作局成立。

4月8～13日 政协高邮县第七届委员会举行第一次会议。会议选举产生县政协第七届委员会主席、副主席和常务委员。詹岫琪当选县政协第七届委员会主席。

4月10～14日 县第九届人民代表大会举行第一次会议。会议选举产生县第九届人大常委会主任、副主任、委员，县长、副县长，县法院院长、县检察院检察长。沈学惠当选县人大常委会主任，戎文凤当选县长。

5月8日 县“五讲四美三热爱”活动委员会更名为县精神文明建设活动委员会，下设办公室。

8月13日 县红十字会恢复建立。

9月17日 县委社会治安综合治理领导小组更名为县社会治安综合治理领导小组，下设办公室。

9月30日 县委、县政府召开县属企业第二轮承包签约大会。

10月13日 横泾乡、川青乡撤乡建镇，实行镇管村体制。

10月25日 中共高邮县国营场圃委员会成立。

12月 高邮县被国务院批准为全国血吸虫病综合防治工作试点县。

是年 高邮县被国务院授予“全国夏粮生产先进县”称号。

△ 高邮县获农业部、纺织工业部授予的“全国棉花生产先进县”称号。

△ 高邮县获省政府授予的省农业丰收二等奖。

1991年

2月9日 经国务院批准，由民政部批复，同意撤销高邮县，设立高邮市（县级），并明确以原高邮县的行政区域为高邮市的行政区域，不增加机构和编制，由省直辖。

2月10日 由县编史修志领导小组编纂、江苏人民出版社出版的高邮县首部新县志——《高邮县志》发行。

2月25日 省政府印发《关于设立高邮市的通知》，明确高邮县实行撤县设市后“暂仍由扬州市人民政府管理。实行计划单列。”

4月1日 高邮撤县设市庆祝大会举行。是日，市委、市政府印发《关于设立高邮市的通知》，对撤县设市后机构名称和人员职务称谓变更等问题进行明确；并举行市委、市人大常委会、市政府、市政协、市纪委等机关挂牌仪式。

4月26～28日 中国共产党高邮市第六次代表大会召开。会议选举产生中共高邮市第六届委员会和中共高邮市纪律检查委员会。中共高邮市第六届第一次全委会选举产生市委常委、书记、副书记，孙龙山当选中共高邮市委书记。

5月21日至7月15日 高邮市两度入梅，梅雨期总降雨量1059.7毫米，其中一日（24小时）最大降雨量207.1毫米；加之客水压境，河湖水位猛涨，东部地区三垛、八桥和高邮湖御码头、菱塘最高水位分别达3.45米、3.7米与9.22米、9.27米，分别超过警戒水位1.65米、1.9米、0.82米、0.87米。由于洪涝夹击，全市大面积积水，深度积水面积1148平方千米，农田受淹面积7.2万公顷，被水围困居民45万多人，被迫转移15万人。此次水灾被称为市内气象史上“百年未遇的洪涝灾害”。灾害造成全市直接经济损失9.35亿元。

5月28日 八桥镇籍现役军人赵勇在军事训练中因抢救战友牺牲，后被追认为革命烈士。

7月1日 市委、市政府召开防汛工作紧急电话会议，动员全市人民紧急行动起来，积极投入“保圩、保粮、保家乡”的抗灾斗争。

7月5日 副省长季允石、扬州市代市长李炳才和高邮市领导察看大运河车逻段塌方现场。

7月6日 21时，市委、市政府召开抗灾抢险紧急会议。扬州市委书记姜永荣和高邮市委书记孙龙山在会上作抗灾抢险工作部署。

7月9日 正在苏州市察看水灾灾情的中共中央总书记、中央军委主席江泽民向南京军区下达命令，指派部队火速赶赴高邮市送桥镇解救被洪水围困村民。

7月11日 省委副书记曹克明率省委工作组到高邮市指挥抗灾工作。

7月15日 国务院抗洪救灾工作组到高邮市察看灾情，慰问灾民。

7月19日 开通万门电话交换机设备，市内电话号码从4位数字改为6位数字。

7月21日 国务院总理李鹏乘坐直升机经过高邮市上空，视察灾情，指导抗灾斗争。

7月26～28日 南京军区某部工兵第二团180多名官兵受命到湖滨乡执行炸圩分洪任务。其中，26日20时，南大圩被炸开500米长行洪口；28日18时30分，北大圩被炸开400米长行洪口。圩口被炸开后，洪水如注，向南北分流。

7月28日 市委、市政府印发《关于推进灾后恢复生产的有关政策问题的通知》，组织实施灾后自救、重建、复产工作。

7月30日 市政府召开全市卫生防疫工作紧急会议。

7月31日 市水利局技术员吴志平在高邮湖因执行测量任务而牺牲。9月10日，经省政府批准，追认他为革命烈士。

8月30日 文游台景区第一期工程开工。至12月29日，该项工程竣工，景区接待游客。

是年 高邮市被水利部确定为“全国县级科技兴水市”（第一批）。

1992年

1月13日 高邮市获省政府授予的“省体育先进市”称号。

1月 高邮市获卫生部、农业部、水利部授予的“全国血吸虫病防治工作先进集体”称号。

5月7日 经中共扬州市委研究，并报中共江苏省委批准，朱福生任中共高邮市委书记。

6月25日 市养老保险基金委员会成立。

7月25日 市关心下一代工作委员会成立。

△ 市老年大学成立，10月15日开学。

8月 市供销（集团）总公司成立。

10月6～12日 市种鸭场生产的湖宝牌双黄鸭蛋、咸鸭蛋获首届中国农业博览会全国蛋品咸蛋类唯一最高奖——银质奖。

10月10日 高邮市被民政部列为全国农村社会养老保险试点市。

10月21日 市老区经济开发促进会成立。

11月18日 市粮食（集团）总公司成立。

11月28日 国家外汇管理局高邮市支局成立。

12月4日 高邮市获国家体育运动委员会授予的“全国体育先进市”称号。

12月26日 汉留乡、车逻乡撤乡建镇，实行镇管村体制。

12月31日 城区有线电视网开播。

12月 高邮市获国家计划生育委员会授予的“全国城市计划生育工作先进集体”称号。

1993年

2月8日 中央电视台《神州风采》栏目播放《高邮说邮》专题片。

2月8～12日 政协高邮市第八届委员会举行第一次会议。会议选举产生市政协第八届委员会主席、副主席和常务委员。詹岫琪当选市政协第八届委员会主席。

2月9～13日 市第十届人民代表大会举行第一次会议。会议选举产生市第十届人大常委会主任、副主任、委员，市长、副市长，市法院院长、市检察院检察长。沈学惠当选市人大常委会主任，戎文凤当选市长。

3月13日 经省政府批复同意，设置淮江公路高邮收费站。

4月10日 市政府制定《高邮市土地使用制度改革方案》。

4月16～17日 中国首届散文理论研讨会暨高邮散文笔会在高邮召开。

4月19日 城区通湖路改造工程竣工。

4月24日 市博物馆竣工开馆。

4月25～27日 首届中国双黄鸭蛋节在高邮举办。

4月 全市实行粮食放开经营，粮票、粮券和油券停止使用（不含军用粮票）。

6月23日 市第三产业领导小组成立，下设办公室。

8月1日 全市首次人才集市举办。

10月2日 全市首家境外企业——俄中海鸥服装有限公司在俄罗斯建成开业。

10月29日 横泾镇李家村个体水上运输户朱炳国在邵伯湖因抢救东台市5名落水船民而牺牲。1994年1月13日，经省政府批准，追认他为革命烈士。

11月11日 经省政府批准，高邮经济开发区被列为省级开发区。

12月10日 江苏书画艺术进修学院高邮分院更名为中国书画函授大学高邮分校。

12月31日 经省政府批准，撤销临城、汉留、三垛、临泽、送桥区等5个区公所。

是年 龙虬庄遗址发掘被国家文物局确定为1993年全国十大考古新发现之一。

△ 淮江公路高邮段拓宽改造工程分段开工。南段10.22千米于1994年10月18日竣工通车，北段23.38千米于1995年10月4日竣工通车，临城段9.88千米于1996年9月20日竣工通车。总长43.48千米，总投资额3597万元。

1994年

1月1日 由市供销系统、市商业系统分别投资兴建的人民商城、华联商厦开业。

1月 全市开始实行新税制。

2月20日 市政府通令嘉奖1993年工业销售额首次突破亿元的高邮电器厂、市轧钢厂。

3月16日 全省首家烟花爆竹行业质量检验机构——省乡镇企业烟花爆竹安全质量监督检测中心成立。

3月19日 市政府成立高邮市丝绸公司。

3月 高邮市获国家体育运动委员会授予的“全国推广第七套广播体操先进市”称号。

4月23日 市人民防空委员会成立。

4月29日 高邮市获省政府授予的“江苏省群众文化先进市”称号（第二批）。

5月19日 中共中央政治局常委、国务院总理李鹏视察武安乡。是月20日，李鹏于扬州为高邮市题词“秦邮古城，焕发青春”。

6月8日 高邮市经国务院批准为国家扶持的商品棉花大县。

6月21日 国务委员、国家计划生育委员会主任彭珮云到高邮视察计划生育工作。

7月14日 晚9时，高邮城乡陡起暴风，风力高达11级，尤以伯勤、甸垛、汉留、沙堰、卸甲、汤庄、八桥、三垛、二沟、武宁、武安、车逻等乡镇最为严重。是月，湖西4个乡镇出现旱灾。市委、市政府紧急部署抗灾斗争，力争降低风灾、旱灾的损失。

7月29日 高邮市获国家中医药管理局授予的“全国农村中医工作先进市”称号。

7月 由共青团高邮市委牵头的以让失学儿童重返校园为宗旨的希望工程开始实施。

9月30日 市国家税务局、市地方税务局同时挂牌成立。

10月1日 市委机关报《高邮报》复刊发行。

11月26日 扬州汽车运输总公司高邮分公司划归高邮市管理，更名为市长途汽车运输总公司。

12月15日 甸垛乡、卸甲乡、郭集乡撤乡建镇，实行镇管村体制。

12月19日 高邮市获电力工业部授予的“全国农村电气化市”称号。

12月30日 《高邮市城市总体规划（1992～2010年）》获省政府批准。

12月 高邮市获水利部授予的“全国农村水利技术推广服务体系建设先进示范县”称号。

是年 高邮市被省政府确定为高标准、高水平林业示范市试点县（市）。

1995年

1月 高邮市被林业部确定为全国平原林业立体经营示范点，并获“全国林业宣传先进市”称号。

1月6日 市外贸公司获批自营和代理全市商品出口经营权。

2月14日 市第十届人大常委会第十五次会议决定，任命卜宇为代理市长。

2月25日 市第十届人民代表大会举行第三次会议，卜宇当选市长。

3月8日 全市首届妇女运动会举行。

3月28日 全市首次国有土地使用权出让拍卖会举行。

4月8日 市政府召开全体（扩大）会议，首次提出“弘扬‘团结实干，开拓争先’的高邮精神”。

5月1日 全市按照国家统一规定，开始实行周五工作制，即每周工作5天，休假2天。

5月3日 市茧丝绸总公司成立。

6月21日 中共中央政治局委员、中共中央书记处书记、国务院副总理姜春云视察武安乡农业工作。

6月 市政府制定《高邮市住房公积金制度实施细则》。

7月11日 全国人大常委会副委员长布赫途经高邮市并题词。

8月1日 全市各乡镇全面执行生猪上市“定点屠宰、集中检疫、统一纳税、分散经营”管理办法。

8月17～19日 由邮电部文史中心、中国社会科学院历史研究所、中国明史学会和市政府联合举办的’95邮驿文化国际学术讨论会在高邮举办。

9月2日 市委决定，在全市农村全面推行“表、约、据、卡、账”五统一制度，严格控减农民合同内外负担。此举为高邮市首创，受到国务院领导好评，并在全国推广。

11月20日 天山乡撤乡建镇，实行镇管村体制。

11月21日 零时起，高邮市电话号码从6位数字改为7位数字。

12月8日 高邮市获省政府授予的“江苏省历史文化名城”称号（第一批）。

12月15日 市国有资产管理局成立。

1996年

1月23日 经中共扬州市委研究，并报中共江苏省委批准，徐赴前任中共高邮市委书记。

1月29日 高邮市获农业部授予的“全国粮食生产先进市”称号。

2月10日 高邮市获省爱国卫生运动委员会授予的“江苏省卫生城市”称号。

2月 盂城驿首期修缮工程竣工，对游客开放。

3月5日 全市乡镇工业工作会议提出，在乡镇企业中全面推行资产经营责任制和风险抵押承包制。

3月16日 市政府举行市属工业企业资产经营责任制签约大会。

3月18日 市委、市政府召开市、乡（镇）、村、组四级干部大会，命名首批小康村，并提出“快步奔小康，进军现代化”的口号。

4月20日 高邮市获省政府授予的“江苏省计划生育工作先进市”称号。

4月22～24日 中国共产党高邮市第七次代表大会召开。会议选举产生中共高邮市第七届委员会和中共高邮市纪律检查委员会。中共高邮市第七届委员会第一次全体会议选举产生市委常委、书记、副书记，徐赴前当选中共高邮市委书记。

4月29日 位于菱塘集镇的新建清真寺落成。该寺为华东地区规模最大的阿拉伯建筑风格的清真寺。

7月20日 市委、市政府召开有3万多名干部、职工参加的全市企业改制动员大会。主会堂设于市体育馆，城区和乡镇共设有36个分会堂。

7月24日 高邮市获国家科学技术委员会授予的“全国科技工作先进市”称号。

7月31日 市人武部为预备役中263名军队转业干部举行首批预备役军官授衔仪式。

7月 市级党政机关全面推行中层及中层以下干部评聘制。

8月17～21日 1996年“秦邮金融杯”全国中学生毽球比赛和全国花毽邀请赛在高邮举行。16个省、市40支代表队近400名运动员、教练员、裁判员参加比赛。

8月21日 市公安局在北海广场召开公开处理“痞头痞棍”大会。

9月10日 撤销一沟乡、汤庄乡、沙堰乡，以其原辖区建立龙虬镇、汤庄镇、沙堰镇，实行镇管村体制。

9月26日 设立中国农业发展银行高邮市支行。11月20日，该行对外营业。

10月18日 连接运河两岸的首座运河大桥——高邮运河大桥开工。1998年7月18日建成通行。桥长676.6米、宽11.5米，总投资额2760.5万元。

11月20日 盂城驿被国务院公布为全国重点文物保护单位（第四批）。

12月16～19日 市委组织7个企业改制回访检查团，对全市681家国有、集体和乡镇改制企业进行全面质量验收。

12月31日 市内出现罕见的雷电冰雹气象。

12月 中国江苏国际经济技术合作公司高邮分公司成立。

是年 高邮市获省政府、省军区授予的“征兵工作先进单位”称号。

△ 高邮市被省政府确定为全省劳动力开发就业试点工作市（县）。

1997年

1月1日 全市规模最大的室内农贸市场——南海综合市场建成开业。

△ 首次全国农业普查登记工作在全市展开。

1月7日 市专家委员会成立。

△ 省无形资产评估事务所高邮代办处成立。

4月15日 高邮城古南门大街修复工程开工。至是年9月竣工。

5月24日 市委、市政府根据中共扬州市委、扬州市政府《关于高邮市党政机构改革方案的通知》精神，印发《关于市级党政机构改革实施意见》。高邮市被确定为三类市，设市级党政工作机构37个，其中市委工作机构6个、市政府工作机构31个，另设部门管理机构3个。6月，市级党政机构改革实施到位。

5月25日 国务委员、国家民族委员会主任司马义·艾买提视察菱塘回族乡。

5月26日 京沪高速公路高邮段工程启动。11月21日，全线开工。至2000年12月24日，建成通车。该路双向四车道，全长44.26千米，总投资额13亿元，途经市内8个乡镇。

7月 高邮市获卫生部、农业部、水利部联合授予的“全国血防综合试点工作”一等奖。

8月14日 市委、市政府印发《关于乡镇党政机构改革指导意见》。

8月30日 南海中学建成。

9月22～24日 龙虬庄遗址暨江淮地区古文化研讨会在高邮举行。

9月30日 文游台修缮工程竣工。

10月1日 《高邮报》更名为《高邮日报》。

10月8日 从北京出发、历经1200千米行程、经过30多个县市的’97中国邮文化节节旗抵达高邮，10万多名市民迎接节旗。

10月9～10日 由省政府、邮电部、国家文物局联合主办，市政府承办的首届中国邮文化节在高邮举行。

10月10日 高邮市与澳大利亚南格莱片郡建立友好市郡签字仪式在高邮举行。1998年10月17日，经中国人民对外友好协会复函同意，高邮市与南格莱片郡建立友好市郡关系。

11月3～8日 由国家体育运动委员会主办，市政府承办的“庆宇杯”全国武术锦标赛在高邮举行。

11月5日 苏皖线高邮至天长段界线勘定贯通签字仪式在高邮举行。

12月12日 由中央电视台新影制作中心与高邮电视台联合制作的《高邮话“邮”》专题片完成。

12月28日 三垛镇被列为省小城镇改革试点镇。

是年 高邮市获省政府、省军区授予的“征兵工作先进单位”称号。

1998年

1月3～7日 政协高邮市第九届委员会举行第一次会议。会议选举产生市政协第九届委员会主席、副主席和常务委员。戴有斌当选市政协第九届委员会主席。

1月4～8日 市第十一届人民代表大会举行第一次会议。会议选举产生市第十一届人大常委会主任、副主任、委员，市长、副市长，市法院院长、市检察院检察长。徐赴前当选市人大常委会主任，卜宇当选市长。

4月1日 武宁乡副乡长赵有明辞去副乡长职务，从事个体经营业务，成为全市副乡科级以上干部中辞官经商第一人。

4月7～9日 水利部在高邮召开中国农田鼠道降渍新犁具演示会。

4月8日 盂城驿邮票市场建成开业。

4月15日 市私营企业工会联合会成立。

4月15～16日 首次高邮农业经贸洽谈会举办。

4月28日 高邮市获文化部授予的"全国文化先进市"称号（第六批）。

5月28日 高邮市获中国计划生育协会授予的"全国计划生育协会工作先进市"称号。

5月 高邮市与巴西保露市在高邮签署建立友好城市交流交往关系备忘录。

6月11日 全市首家国有企业——高邮饭店整体（含产权、经营权和债权）出售给个人，被市民陈俊章以130万元购买。

6月26日 由市皮肤病防治院与市精神病防治院合并组建的市第二人民医院成立。

6月27日 市对外合作与投资促进委员会办公室成立，亦称市招商局。

9月8日 由市邮电局分立的市邮政局和市电信局，分别挂牌成立。

9月30日 城区发生首例蔬菜残留农药群体中毒事故。17人食用在南门菜场购买的有残留农药的茼蒿而中毒，经市人民医院抢救痊愈。

10月1日 扬州市首家县（市）粮食交易市场——市粮食批发交易市场开业。

10月8日 市粮食工业总公司成立。

10月12日 市人口老龄工作委员会全委扩大会议公布，全市有60周岁以上老人8.8万人，占全市总人口10.5%。对照国际人口老龄化地区10%的标准，高邮市成为人口老龄化地区。

10月18日 高邮湖区漫水公路开工建设。至1999年5月18日建成试通车。全长9.42千米，总投资额4671万元。

10月21日 11时，淮扬公路马棚段发生一起三车相撞的重大交通事故，死亡4人，伤34人。

10月23日 高邮籍人士赵厚麟在美国举行的国际电信联盟全权代表大会上当选国际电信联盟标准化局主任。

10月26日 市建设工程交易中心成立。

11月20日 市委制定《领导干部选拔任用公示制度（试行）》。

12月16日 沙堰油田会战动员大会和油田会战授旗、揭幕、奠基仪式在甸垛镇保证村（今汉留镇苏杨村）举行。该油田为市内探明的第二大油田，石油储量近1000万吨。

12月19日 市委、市政府印发《关于全面推行乡镇政务公开意见》。

△ 市政府重新公布62处文物保护单位。

1999年

2月13日 市政府制定《高邮市进一步深化城镇住房制度改革的实施方案》。至此，全市取消实物福利分房，实行住房分配货币化。

2月28日 位于天菱河上、连接高邮市和安徽省天长市的天高公路大桥开工。至2000年12月28日建成通行。桥总长371.56米、宽11米，总投资额1555万元。

3月1日 高邮市获省政府授予的"江苏省初级卫生保健工作先进市"称号。

4月28日 全市首个安居工程小康示范住宅区——新华园开工建设。至2001年4月28日竣工交付使用。

5月22日 高邮湖综合开发委员会成立。

5月23日 市社会保障管理局成立。

6月1日 市第二水厂首期工程竣工投产。该厂设计总规模10万立方米/日,占地3.73公顷,投资额4000万元,其中首期工程完成投资额2700万元。

6月18日 全市首家担保公司——市长欣担保有限公司在龙虬镇成立。

9月25日 高邮市与澳大利亚南格莱片郡在高邮正式缔结为友好城市。

10月11日 经对外贸易经济合作部批准,市市政建设工程有限公司获开展对外经济技术合作业务权。

10月18日 高邮市1999年度国家农业综合开发高新科技示范项目区计划获国家农业综合开发办公室批准,在司徒乡建立核心示范区。

10月28日 高邮市被省人民防空办公室确定为省重点防空设防城市。

12月9日 菱塘回族乡骑龙村刘庄组村民在开挖鱼塘时,发现汉代墓葬10多座,占地约1公顷,出土各类器物40多件。经扬州市考古队鉴定,此批文物属西汉中晚期遗存,距今2000年左右。

12月10日 市鸭业合作联社成立。

12月15日 高邮市获国家林业局授予的"全国林业工作站建设合格市"称号。

12月28日 市未成年人保护委员会成立。

△ 坐落于高邮东城区的市客运中心建成开业。

2000年

1月1日 6时,在市级机关大院举行步入新千年升国旗仪式。

1月20日 江苏雅鹿集团高邮分公司在龙奔乡(今卸甲镇龙奔社区)龙发服装厂成立。

1月21日 市第十一届人大常委会第十二次会议决定,任命王正宇为副市长、代理市长。

2月22日 市政协第九届第三次会议补选朱德辉为市政协第九届委员会主席。

2月23日 市第十一届人民代表大会第三次会议选举王正宇为市长。

2月24日 伯勤乡、司徒乡撤乡建镇,实行镇管村体制。

3月5日 全市首家青年志愿者社区服务站在高邮镇南海居民委员会建立。

3月27日 市委成立"三讲"(讲学习、讲政治、讲正气)教育办公室。在全市各级干部中开展"三讲"活动。

4月3日 市粮食购销总公司成立。

4月15日 中共中央政治局常委、国务院总理朱镕基视察武安乡高谢村(今高邮镇高谢村)。

5月16日 省政府印发《关于同意调整高邮市乡镇行政区划的批复》,全市33个乡镇撤并为20个乡镇。

5月 高兴东公路高邮段拓宽改造工程开工建设。2002年12月建成通车。2003年12月18日,经验收,被评定为优良工程。全长34.69千米,总投资额2.38亿元。

6月16日 市市容管理执法大队成立。

6月29日 经国家环境保护总局批准,高邮市被确定为扬州市国家级生态示范区建设试点地区。

7月8日 中国联合通信有限公司扬州分公司高邮办事处成立,并投入营业。

7月10日 位于城区文游路的高邮市中学新校园开工建设。2001年9月10日,新校园落成。

7月13日 15时许，三垛镇、甘垛镇9个村47个村民小组遭受强龙卷风袭击。因灾死亡19人，受伤1104人，6000多人受灾，直接经济损失1.51亿元。

10月26日 江苏高邮鸭集团被农业部等8个部委联合批准为农业产业化国家重点龙头企业。

11月1日 零时，800多名公安干警、人口普查员、指导员在全市城乡进行第五次全国人口普查拉网式“零点行动”，对流动人口进行调查登记。

11月5日 市经贸信息网开通运行。

12月1日 零点起，运东地区11座110千伏及以下变电所全部实行调度自动化。

12月20日 汪曾祺文学馆开馆暨汪曾祺塑像揭幕仪式在文游台举行。汪曾祺研究会和汪曾祺文学创作奖励基金同时设立。

2001年

1月1日 全市实施城镇职工基本医疗保险制度。

1月8日 全市20个乡镇、高邮经济开发区和110个市直党政群机关开展“三个代表”重要思想教育活动。

1月17日 经中共扬州市委研究，并报中共江苏省委批准，陈明任中共高邮市委书记。

3月14日 首次安装在城区文游中路与海潮路相交的邓桥岗多相位信号灯、人行横道灯和24小时监控电子警察启用。

3月20日 市防洪工程全面开工。至5月31日竣工。

3月29～31日 中国共产党高邮市第八次代表大会召开。会议选举产生中共高邮市第八届委员会和中共高邮市纪律检查委员会。中共高邮市第八届第一次全委会选举产生市委常委、书记、副书记，陈明当选中共高邮市委书记。

3月 高邮市获国家质量监督检验检疫总局授予的“全国高邮鸭标准化示范区”称号。

4月20日 全市农村税费改革及综合配套改革启动。

4月24日 市行政审批大厅在市建设委员会办公大楼一楼挂牌办公。首批12个市行政职能部门进场联合办公，实行“一个窗口收费，一条龙服务”。2002年10月12日，迁至城区文游中路新址，市行政服务中心挂牌成立。

5月1日 即日起取消市镇居民粮食供应转移证明。

5月 盂城驿被国家邮政局列为江苏省邮政系统爱国主义教育基地。2003年8月28日，又被国家邮政局列为全国邮政职工爱国主义教育基地。

6月25日 龙虬庄遗址被国务院公布为全国重点文物保护单位（第五批）。

6月28日 高邮市获省政府授予的“江苏省计划生育工作示范市”称号。

△ 镇国寺修复和景区建设工程开工。至2004年5月27日，该景区第一期工程竣工。

7月10日 城区傅公桥改建竣工通车。

7月22日 市委、市政府在市人民烈士陵园举行烈士忠骸迁葬仪式。新葬址位于原址西北处。

7月23日 江苏省电力公司高邮市供电公司成立。该公司与市供电局实行两块牌子、一套班子。

7月31日 扬州市高邮药品监督管理局成立。

8月15日 市安全生产监督管理局成立。

9月16日 高邮运河二桥开工。2002年10月18日，建成开通。

9月18日 市土地储备交易中心、市土地开发储备公司、省苏地房地产咨询评估有限责任公司高邮分公司同时成立。

10月8日 高邮市获中共中央宣传部、国家计划生育委员会授予的“全国婚育新风进万家活动先进市”称号。

12月8日 邮仪公路高邮段开工建设。2003年末，建成试通车。2004年11月16日，通过验收被评为优良等级。该路段全长20.3千米，总投资额7800万元。

12月18日 全市首条商业步行街工程奠基。2002年4月8日，破土动工。2003年3月20日，竣工投入使用。该街位于城区文化宫路至盂城路间，总长260米，占地1.96公顷，建筑面积2.26万平方米。

12月21日 经中共扬州市委研究，并报中共江苏省委批准，王正宇任中共高邮市委书记。

12月25日 中共高邮市第八届第四次全委会提出新时期的高邮精神：“自强不息、奋起直追，团结拼搏、争先进位，富民强市、快速崛起”。

12月29日 市委、市政府印发《高邮市市、乡镇党政机构改革实施意见》。在市委机构中，保留机构10个，其中工作机构6个、部门管理机构3个、事业机构1个；在市政府机构中，保留机构29个，其中工作机构26个、事业机构3个。乡镇机构改革按《扬州市县（市）乡镇机构改革指导意见》精神，实行委员、助理制。

△ 市文物局、市水务局成立。

12月 江苏省高邮师范学校更名为扬州教育学院高邮校区。2002年3月24日，对外挂牌。

2002年

1月15日 高邮市获省政府、省军区授予的“省双拥模范城”称号。

2月4日 经科学技术部批准，高邮市通过1999～2000年度全国科技进步县考核。

2月24日 7时28分，在京沪高速公路高邮段，因受间断性团雾影响，先后发生5起车辆追尾相撞特大交通事故，共死亡11人，伤33人，损坏汽车34辆。

2月27日 市第十一届人民代表大会第五次会议补选王正宇为市第十一届人大常委会主任，补选徐祥华为市长。

3月7日 高邮市获国家环境保护总局授予的“国家级生态示范区”称号（第二批）。

3月18日 《高邮市城市总体规划（1999～2020年）》获省政府批准实施。

3月 35名全国人大代表在第九届全国人民代表大会第五次会议上联名提出《龙虬庄遗址建设议案》。4月初，该议案获国家发展计划委员会酝酿支持。

△ 全市药品零售市场放开。

△ 高邮市与浙江省温州市鹿城区结为友好市区。

4月4日 高邮市在第十届中国国内旅游交易会上，推出以“传承邮驿文明，饱览水乡风光”为特色的高邮景点风貌旅游项目。

4月15日 高邮市获全国爱国卫生运动委员会授予的“全国农村自来水普及工作先进单位”称号。

4月30日 城南古街开街仪式暨民俗文化艺术周开幕式举行。

5月3日 中共中央政治局委员，中国社会科学院院长、党组书记李铁映偕夫人秦新华（秦观后裔，中共早期重要领导人秦邦宪之女）到高邮视察，先后参观文游台、盂城驿。

5月18日 全市最大的集休闲、娱乐等功能于一体的市民广场——蝶园市民广场工程开工。9月30日，竣工交付使用。该广场占地9.4公顷，总投资额1500万元。

6月10日 高邮市获国家计划生育委员会授予的“2001年全国计划生育/生殖健康调查优秀县级

调查单位”称号。

6月18日 由扬州新奥燃气有限公司投资6000万元的天然气利用工程在高邮经济开发区破土动工。

6月24日 经国家质量监督检验检疫总局批准，高邮鸭蛋实施原产地域产品保护。

6月 市双兔米业有限公司生产的双兔牌大米获“全国绿色食品”标志。是年8月、10月、12月，双兔牌大米又先后获“江苏省放心米”“全国放心米”“十大金奖大米”称号。

7月5日 高邮镇湖滨逸夫小学学生夏世祥因抢救落水同学而献身。2003年3月10日，省政府追认他为革命烈士。

9月9日 坐落于城区海潮东路的市行政中心暨海潮市民广场开工建设。2003年10月30日竣工，12月18日举行市行政中心挂牌仪式和海潮市民广场落成典礼。该中心及广场占地8公顷，建筑面积3.27万平方米，总投资额8000万元。

9月15日 高邮农工商超市有限公司开业。

9月26日 高邮市获国家标准化管理委员会授予的“全国罗氏沼虾养殖标准化示范区”称号。

9月 市优化投资办公室成立。

△ 轻型水稻栽培创新技术——超高茬麦田套稻试验在周巷镇获得成功。

10月18～19日 第二届中国高邮双黄鸭蛋节在高邮举办。

10月22日 宋城墙（含奎楼）和清当铺被省政府公布为省文物保护单位（第五批）。

10月 高邮市与俄罗斯莫斯科州奥列霍沃—朱耶沃区在高邮签署经济贸易合作和友好交流备忘录。

12月12日 市计划生育局干部赵勇耗时6年创作完成的大型油画《南京大屠杀》送往南京，在侵华日军南京大屠杀遇难同胞纪念馆展览大厅展出。

12月18日 高邮鸭业园区成立。

12月27日 中共中央政治局委员、省委书记回良玉视察京沪高速公路高邮龙奔服务区。

△ 南水北调三阳河工程开工。该工程至2004年竣工，总投资额1.14亿元。2005年，实施南水北调三阳河影响工程，投资额3600万元。

12月28日 淮江公路高邮城区绕行段（大外环）工程开工。2004年6月28日建成试通车，11月16日通过验收，被评为优良等级。该路段全长13.91千米，宽15.5米，总投资额1.2亿元。

是年 高邮市获省政府、省军区授予的“征兵工作先进单位”称号（2001年度）。

2003年

1月5～9日 政协高邮市第十届委员会举行第一次会议。会议选举产生市政协第十届委员会主席、副主席和常务委员。朱德辉当选市政协第十届委员会主席。

1月6～10日 市第十二届人民代表大会举行第一次会议。会议选举产生市第十二届人大常委会主任、副主任、委员，市长、副市长，市法院院长、市检察院检察长。王正宇当选市人大常委会主任，徐祥华当选市长。

2月17日 经中国灌溉排水发展中心批准，高邮灌区为中日技术合作项目示范灌区。

2月24日 由市机械化学工业公司、市轻纺工业公司、市摩托车工业公司（市电子工业公司）、市粮食工业总公司合并组建的市工业总公司成立。3月9日，对外挂牌。

△ 由市商业集团总公司、市物资集团总公司、市供销合作总社合并组建的市商贸总公司成立。3月20日，对外挂牌。

3月28日 屏淮路开工建设。2004年12月20日，建成通车。该路南起城区武安路、北至屏淮大桥，全长2791米，宽50米，总投资额1162万元。

4月9日 市政府首次发放农村大病救助基金。

4月15日 21名青年农民赴蒙古人民共和国打工，为全市首批整建制外派劳务人员。

4月28日 市海潮污水处理厂动工兴建。至2009年6月竣工。先后实施第一、二期工程。两期工程总投资额2.1亿元，建成污水管网65.5千米、提升泵站5座，实际日处理污水能力3.2万吨，处理后水质为一级A标准。

5月18日 市内出让的最大一宗地块、坐落于文游路东原市啤酒厂及其周边用地共19.19公顷，被浙江经协房地产公司购得。出让金总额8117.37万元，当场兑现6000万元。

6月 龙虬庄牌罗氏沼虾通过农业部农产品质量安全中心检测，被确认为首批全国无公害农产品之一。

7月9～31日 全市进入紧急防汛期。农业部、水利部、国家发展和改革委员会、国家减灾中心、国家防汛抗旱总指挥部、省委和省政府、南京军区、扬州市党政军领导到高邮市，指导与参与抗洪救灾工作。

7月13日 9时，高邮湖水位高达9.52米，持续3个小时。该水位分别超过警戒水位和1991年、1954年、1931年最高水位1.12米、0.3米、0.14米、0.06米。

7月27日 市政府获省政府授予的“江苏省农村卫生工作先进集体”称号。

8月9日 市慈善总会成立。

8月18日 全市首家私人藏馆——聂广鸿投资开办的市钱币博物馆建成。

8月26日 中国淮扬菜秦邮六大名宴命名授牌仪式举行。这六大名宴为：汪氏家宴、少游宴、全鸭宴、珠湖鱼宴、盂城驿宴、清真宴。

8月27日 高邮市获中华全国集邮联合会授予的“中国集邮之乡”称号。

8月28日 由市政府主办的第二届中国邮文化节在高邮举办。

9月18日 高邮市获省政府、省军区授予的“征兵工作先进单位”称号（2002年度）。

11月24日 17时50分，江苏油田地质调查处一艘小艇于三阳河（甸垛段）被风浪打沉，造成14名驾乘人员全部落水，获救9人，死亡5人。

12月16日 由水利部等有关部门共同组织实施、中央财政投资4000万元的淮河入江水道——高邮湖东岸堤防达标工程开工。全长26.5千米。至2005年末，各项工程基本竣工。

12月24日 海潮大桥开工建设。2005年9月27日，建成通行。桥长182.99米、宽35.6米，总投资额2500万元。

12月31日 《高邮日报》停刊，市新闻信息中心成立。2004年11月1日，该中心创办《高邮信息》。

是年 全市人口自然增长率-0.38‰，首次出现负增长。

△ 扬州新奥燃气有限公司投资2000万元，敷设城区输气中压管网和小区庭院管网32千米。

△ “中国·高邮”门户网站建成开通。2008年10月14日，改版后的“中国·高邮”门户网站上线运行。

2004年

1月8日 撤销市卫生防疫站、市血吸虫防治站，成立市疾病预防控制中心。

1月 高邮市获国家标准化管理委员会授予的“全国无公害稻米生产标准化示范区”称号。

2月8日 总投资额1.2亿元的东方广场·水榭华庭开工建设。2005年末竣工。

2月29日 市委、市政府召开全民创业万人大会。

2月 高邮新民滩血吸虫防治基地重建工程开工。

3月 扬州市住房公积金管理中心高邮分中心成立。

4月22日 高邮籍运动员朱俊在亚洲击剑锦标赛中，获男子个人花剑比赛冠军。

5月1日 中国龙虬庄文化旅游活动周在龙虬镇开幕。龙虬庄部落村同时向游客开放。

5月8日 市社会矛盾纠纷调解中心成立。该中心与市信访局合署办公。

5月13日 市新闻出版局成立。

6月28日 第三届中国高邮双黄鸭蛋节在高邮举办。

6月 马横公路改造工程开工建设。2005年12月，竣工通车。全长28.9千米，总投资额4372万元。

7月5日 市动物疫病诊断控制中心成立。

8月24日 全市开展第一次全国经济普查。9月末结束。普查结果：全市共有第二、三产业法人单位3115家、个体经营户3.37万户。

12月15日 全市进行第七届村民委员会换届选举。全市实行换届选举工作的村民委员会共281个。

12月20日 时为全市第一高楼的江苏弘盛集团大楼建成。

12月29日 高邮市获农业部授予的"全国粮食生产先进市"称号。周巷镇钱境村村民薛连春被授予"全国粮食生产大户"称号。

12月30日 秦园宾馆（市政府第一招待所）被江苏金润发投资有限公司整体收购。

12月31日 高邮市被国家人口和计划生育委员会授予"2004年全国计划生育优质服务先进市"称号。

2005年

1月18日 江苏（中国）纺织服装城奠基，5月开工建设。该项目由江苏浙商集团投资兴建。规划占地37.33公顷，建筑总面积50万平方米，投资总额10亿元，首期工程投资额5亿元。2006年10月，第一期工程竣工，共81幢25万平方米经营用房。2007年10月18日，由全国政协副主席张怀西题名的"中国纺织服装城"开业。

1月22日 全市保持共产党员先进性教育活动启动。首批为市党政机关和部分企事业单位，共87家单位、125个党组织、2360名党员，至7月20日结束。第二批主要在乡镇和基层单位进行，至12月5日结束。

3月 高邮市与新疆维吾尔自治区玛纳斯县结为友好城市。

4月30日 市委、市政府制定《高邮市人民政府机构改革方案》。

5月30日 经省教育厅批准，高邮市中学更名为江苏省高邮中学。

6月13日 高邮湖湿地自然保护区建立。自然保护区面积4.82万公顷。

6月18日 高邮汽车客运中心开工建设。2007年4月28日建成并投入营运。

7月13日 神居山旅游综合项目开发工程启动。

8月5日 《高邮市生态建设规划大纲》通过国家环境保护总局南京环境保护科研所专家论证。

9月1日 高邮市获省政府授予的"江苏羽绒服装制造名城"铜牌。

9月7日 全国政协副主席阿不来提·阿不都热西提率全国政协考察团到高邮视察调研农民专业合作经济组织建设情况。

9月15日 全国政协副主席张思卿到高邮视察文物保护工作。

9月16日 高邮市与菲律宾达吉市建立友好城市合作关系交流备忘录签字仪式在高邮举行。

9月19日 市广播电视中心建成并投入使用。

9月23日 经国家工商行政管理总局商标局批准，高邮市成功注册“东方邮都”系列商标。

9月24～26日 全国政协副主席张怀西到高邮参加第三届中国邮文化节活动，并视察江苏（中国）纺织服装城。

9月25日 220千伏秦邮输变电工程开工建设。总投资额1.3亿元。

9月25～28日 第三届中国邮文化节在高邮举办。

10月15日 高邮市与韩国居昌郡建立友好城市合作关系交流备忘录签字仪式在高邮举行。

10月 全国人大常委会副委员长李铁映在北京为秦少游展馆陈列室题写“秦观词社”社名。

△ 全市开始全面推行政务公开制度。

11月19日 由波司登股份有限公司投资兴建的江苏波司登制衣有限公司项目在高邮经济开发区奠基。该项目总投资额4.5亿元，占地18.67公顷。

11月24～27日 全国第五届秦观学术研讨会在高邮举办。

12月23日 江苏（中国）纺织服装城、扬州（财富）农产品产业园、高邮汉文化旅游风景区、高邮运河西堤旅游风光带、高邮邮文化产业园等5个项目被列为扬州市服务业重点项目。

12月27日 市委做出《关于组织实施新一轮三年追赶发展的决定》，并经中共高邮市第八届第十二次全委会议通过。

12月28日 全市规模最大的超市——华润苏果（高邮）超市开业。

12月30日 由市水务局和美国友人史蒂夫·汉斯伯格在文游台主办的1931年高邮特大洪灾及运堤修复展览开展。

2006年

1月7日 市第十二届人大常委会第二十三次会议决定，任命范天恩为副市长、代理市长。

1月11日 市第十二届人民代表大会第四次会议补选范天恩为市长。

1月12日 高邮市获中国纺织工业协会、中国服装协会授予的“中国羽绒服装制造名城”称号。

△ 高邮市获省委、省政府授予的“2005年度全省社会治安安全市”称号。

1月17日 全市首家一人独资公司——扬州科迪机械制造有限公司经扬州市高邮工商行政管理局登记注册。

2月7日 城区首批16辆无人售票公交车投入试运营。

3月15日 高邮市获省政府、省军区授予的“双拥模范城”称号。

3月18日 由上海力度机械施工工程公司投资2.16亿元建设的高邮港口码头开工，设计年吞吐量600万吨以上。至2008年4月20日竣工并投入运营。

4月29日至5月2日 由市政府主办，市新闻信息中心、市建设局、市国土资源局共同承办的市首届春季房产交易会举办。

5月25日 高邮当铺（清代）被国务院公布为全国重点文物保护单位（第六批）。

5月25～27日 中共高邮市第九次代表大会召开。会议选举产生中共高邮市第九届委员会和中共高邮市纪律检查委员会。中共高邮市第九届第一次全委会选举产生市委常委、书记、副书记。王正宇当选中共高邮市委书记。

6月4日 全市首支由30人组成的环保志愿者队伍成立。

6月5日 周邶墩遗址（新石器时代）、净土寺塔（明代）、菱塘清真寺（清代）被省政府公布为省文物保护单位（第六批）。

7月12日 首届帝尧出生于高邮学术研讨会在高邮举办。

8月6日 高邮市获省政府授予的“全省残疾人工作先进市”称号。

8月15日 市农村土地承包纠纷仲裁委员会和市农村土地承包纠纷仲裁庭成立。

8月25日 经中共扬州市委研究，并报中共江苏省委批准，陈扬任中共高邮市委书记。

8月26日 市水务局和美国友人汉斯伯格家庭在京杭运河西堤挡军楼段，举行纪念1931年高邮特大洪灾75周年暨纪念碑揭碑仪式。

9月4日 城区润和·现代城施工工地发掘出一座明代双人墓葬，并出土两只有“大明嘉靖年制”文字的青花粗陶釉碗。

9月21日 市委宣传部等7家单位联合举办全市首届“文明好市民”评选活动颁奖晚会。

10月14日 由横泾镇农民组成的全市首支原生态民歌演唱队建立。

10月21～22日 由中华全国集邮联合会、省邮政局、市政府联合主办的全国首届集邮文献暨文献集邮展览在高邮举办。

10月25日 市首届沐浴节开幕，节期1个月。

10月26日 市首届美食节开幕，节期1周。

10月28日 由市委、市政府主办，中国服装协会、省纺织工业协会协办的首届中国（高邮）羽绒服装节暨第四届中国双黄鸭蛋节在高邮举办。

11月10日 高邮籍人士赵厚麟，在土耳其举行的国际电信联盟（ITU）第十七次全权代表大会上当选国际电信联盟副秘书长。

11月17日 全市首家股份有限公司——扬州天地源机电制造股份有限公司，在卸甲镇黄渡工业集中区成立。

△ 司徒镇被省出入境检验检疫局列为全省首个罗氏沼虾出口基地。

11月22日 利比里亚参众两院联合代表团到高邮考察，并参观市双兔米业有限公司、五里坝国家粮食储备库。

12月9～11日 第二届帝尧出生地学术研讨会在天山镇神居山村举办。中国先秦史学会顾问、华东师范大学教授丁季华提出新命题：“高邮，尧文化的发祥地”。

2007年

1月5日 市委、市政府在菱塘回族乡为扬州曙光电缆有限公司成为全市首家销售额超10亿元的企业举行祝捷大会，首次授予该公司董事长、总经理郑连元“高邮市工业经济功臣”称号。

1月18日 政协高邮市第十届委员会第五次会议选举倪文才为市政协第十届委员会主席。

1月19日 市第十二届人民代表大会第五次会议补选朱德辉为市第十二届人民代表大会常务委员会主任。

1月 位于汤庄镇吉祥寺南侧的江苏兴庄油田项目开工建设。该油田范围涉及汤庄、汉留、卸甲、三垛等镇，年产能力10万吨级。

2月 经市文物部门调查发现，三垛镇左卿村左家庄台是一处商周遗址，面积约2万平方米，出土大量陶器碎片和动物骨角，并征集到一件罕见的西周农具青铜铲。

3月13日 扬州市政府同意高邮市设立郭集工业集中区、卸甲金飞达工业集中区、天山工业集中区、菱塘工业集中区、高邮镇工业集中区、八桥工业集中区、城郊工业集中区。

3月24日 高邮民歌被省政府公布为省非物质文化遗产项目（第一批）。

4月8日 中央电视台第七频道《乡土》栏目总导演詹新华一行，到高邮拍摄反映地方特色的专题片。5月7～11日，该栏目在每天午后先后播出《探秘龙虬庄》《驿站追凶》《寻找远去的歌声》《高邮老街》《蛋雕奇缘》等反映高邮历史与民情的专题节目。

4月10日 周巷镇籍赴上海务工人员沈厚平获首届"上海市十佳知识型职工"称号。27日，他被上海市政府授予"上海市劳动模范"称号。29日，中共高邮市委做出《关于开展向沈厚平同志学习活动的决定》。

4月15日 市首届读书节活动启动。该活动历时3个月。

4月19日 海峡两岸（扬州）农业合作试验区高邮水产、水禽产业园揭牌仪式在高邮鸭业园区举行。

5月12日 总投资1.2亿元的国家示范项目——秸秆气化发电及产业化项目，在界首镇工业集中区开工建设。2009年2月20日，由市林源科技开发有限公司研制成功具有完全自主知识产权的生物质高效环保固定床4兆瓦气化发电装置，于10月实现单机试运行。2010年2月，全部项目建成，于3月实现上网发电试运行。

5月17日 "高邮：尧文化发祥地"高层论坛在高邮举办。中国先秦史学会理事长、夏商周断代工程首席科学家李学勤等20名史学界专家、学者与会，提出尧文化"漂移说""多元论"和"江淮地区应列为尧文化发祥地之一"等观点。

5月23日 哈萨克斯坦、吉尔吉斯斯坦、俄罗斯联邦、塔吉克斯坦、乌兹别克斯坦等5国工业主管部门官员和机械行业实业家，到卸甲镇江苏金飞达电动工具有限公司考察。

5月28日 市工业公有资产管理中心、市商贸公有资产管理中心分别在市工业总公司、市商贸总公司挂牌成立。

6月25日 由中华慈善总会、省精神文明建设指导委员会办公室、省文化集团浪淘沙影业公司、江苏（无锡）恒盛投资有限公司、北京华文博艺影视有限公司、市委、市政府等单位联合摄制，由八一电影制片厂导演、高邮镇籍人士陈健执导，以慈善救助为主题的电影《缘来是爱》，在高邮开拍。2008年10月21日，该片在高邮首次公映。

△ 市城市管理局、市房产管理局挂牌成立。

7月3日 16时30分至17时5分，天山镇、菱塘回族乡、郭集镇、送桥镇遭受龙卷风袭击。因灾死亡7人、重伤12人、轻伤81人，造成直接经济损失1.18亿元。

7月8～9日 8日20时至9日8时，城区降雨量170毫米，其中9日0～7时降雨量134毫米。为近50年全市气象史少见。

7月30日 扬州三友合成化工有限公司总经理、"海归博士"张扬被省政府批准为首批省引进高层次创业创新人才之一，获资助100万元。此为全市首例。

7月 在中国南方葡萄产业发展高层论坛组织的"中山杯"优质葡萄评比中，甘垛镇柏林庄园选送的两种优质品种葡萄，分别获最佳风味奖和金奖。

8月13日 扬州菱塘光电科技产业园区成立。

9月6日 17时45分左右，一阵黑色狂风突然出现在距御码头西北约2千米的高邮湖湖面上，湖面顿时腾起巨大的水柱，随即出现"龙吸水"奇观，持续约10分钟。其后，城区及西北乡镇暴雨如注。

9月22日 在由中国社会科学院中小城市经济发展研究所主办的"2007年度中国中小城市科学发展评价体系研究成果发布暨第四届中国中小城市可持续发展高峰论坛"上，高邮市首次进入"双百强"城市行列，列"全国最具投资潜力中小城市百强"第八十位和"全国中小城市综合实力百强"第九十六位。

9月26日 市无党派知识分子联谊会成立，并召开第一届会员大会。钱富强当选理事长。

9月 菱塘回族乡获全国爱国卫生运动委员会授予的"国家卫生镇"称号。

10月8日 高邮市获中国民间文艺家协会授予的"中国民歌之乡"称号。

10月17日 坐落于城区东部的邮都文化广场落成。

10月18～21日 第四届中国邮文化节在高邮举办。万国邮政联盟亚太地区代表维诺德·达米贾、中华全国集邮联合会会长杨贤足等到高邮参加节庆活动。

10月19日 坐落于盂城驿街南的中华集邮文献馆挂牌开馆。

10月25日 高邮城南经济新区挂牌成立。

10月 司徒镇获中国科学技术协会、财政部授予的“全国农村科普示范基地”称号。

11月22日 市电器塑料厂研制成功的磁卡线路控制装置和便携式集坐器两项专利产品，获第四届中国国际专利与名牌博览会金奖。

12月18日 省道安大公路三垛镇至江都市港区段开通。

12月23～26日 政协高邮市第十一届委员会举行第一次会议。会议选举产生政协高邮市第十一届委员会主席、副主席和常务委员。倪文才当选市政协第十一届委员会主席。

12月24～28日 市第十三届人民代表大会举行第一次会议。会议选举产生市第十三届人大常委会主任、副主任、委员，市长、副市长，市法院院长、市检察院检察长。朱德辉当选市人大常委会主任，范天恩当选市长。

2008年

1月7日 高邮市获科学技术部授予的“全国科技进步考核先进市”称号。

1月8日 高邮市获省政府授予的“省人口和计划生育工作示范县”称号。

1月19日 高邮市获省委、省政府授予的“2007年度全省社会治安安全市”称号。

1月25～29日 全市普降暴雪。其间，27日16时50分至28日10时，全市平均降雪量17.7毫米，地面积雪深度17厘米，达暴雪级。雪期之长、降雪量之大、积雪之深，为近50年一遇。

1月 江苏高邮鸭集团生产的红太阳牌咸鸭蛋获农业部、中国名牌农产品推进委员会授予的“2007年中国名牌产品”称号。

3月6日 市纪律检查委员会、市监察局制定《关于违反工作日午间禁酒令的处理规定（试行）》。该规定3月15日起实施。

3月29日 市委、市政府设立“秦少游文化奖”和高邮文化发展基金。

4月5日 新华通讯社播发专稿，推介高邮市信访工作“两员”（村级信访事项代理员、社区信访信息联络员）制经验。

4月20日 中国邮政储蓄银行高邮市支行成立。

4月 中共中央政治局委员、国务院副总理回良玉为菱塘回族乡建乡20周年作重要批示。

5月12～21日 全市掀起向四川省汶川地震灾区捐款、捐物、献血热潮，捐款、捐物折合总值1123.94万元，献血总量9.71万毫升。

5月 菱塘回族乡获环境保护部授予的“全国环境优美乡镇”称号。

6月3日 18时，全市出现强对流天气，两小时降水30毫米；部分乡镇遭冰雹袭击，冰雹最大直径3厘米。至4日8时结束。灾害造成直接经济损失5000万元。

6月7日 高邮民歌被国务院公布为国家级非物质文化遗产项目（第二批）。

7月1日 市委、市政府发出公告，即日起至年末，首次开展全市大接访活动。

7月7日 市高邮鸭良种繁育中心被农业部列为国家级高邮鸭保种场。

7月9日 龙虬镇张轩小学学生郭寿荣因抢救落水于虾塘的同学而牺牲。2009年5月8日，省政府追认他为革命烈士。

7月13日 7时51分，淮江公路马棚段发生3辆车相撞的重大交通事故，死亡9人、受伤57人。

7月15～16日 市第十三届人大常委会第四次会议做出《关于〈高邮市市域环路产业带和板块经济发展规划〉的决议》。月底，市政府制定《市域环路产业带和板块经济发展规划》。

7月23日 全市首批28名由省统一选派的大学毕业生赴农村任“村官”。

7月24日 位于龙虬镇朱家村的全市首座规范化生活垃圾卫生填埋场——朱家生活垃圾卫生填埋场建成投入使用。2009年11月，通过省建设厅专家组无害化等级评定，成为苏中、苏北地区首家达到建设部I级标准的填埋场。

7月26日 全市首家按四星级标准建设、总投资额1800万美元的加洲阳光大酒店开业。2010年4月24日，该酒店获省旅游局授予的“国家四星级旅游饭店”称号。

7月30日 15时30分左右，临泽镇突遭龙卷风袭击，死亡4人、受伤44人。是日，全市又遭第八号强台风“凤凰”袭击。共造成直接经济损失4200万元。

8月6日 高邮市获中国照明电器协会授予的“中国路灯制造基地”称号。

8月29日 市政府公布第一批市非物质文化遗产名录，共30项，其中国家级1项、省级1项、扬州市级9项。

10月6日 由市政府委托市旅游协会出资设立的市旅游发展有限公司挂牌成立。

10月14日 由市委、市政府投资制作的30集喜剧动画片《鸭兄弟》首映。

10月21日 由省立项和计划投入7.5亿元的S333省道高邮段跨京杭运河新民滩特大桥工程开工。至2011年末竣工。

10月22～23日 第五届中国双黄鸭蛋节暨第二届中国羽绒服装节在高邮举办。

11月3日 高邮市获文化部授予的“中国民间文化艺术之乡”称号。

11月8日 高邮市获中国中小城市科学发展评价委员会授予的2008年度“全国中小城市综合实力百强”“全国最具投资潜力中小城市百强”证书。

11月20日 由上海客商投资、总投资额5000万元、园区规划面积133公顷的江苏神爽原生态农业发展有限公司建设项目，在天山镇神居山开工。

12月27日 江苏银行股份有限公司高邮支行开业。

12月28日 S233省道安大公路高邮北段（三垛镇—临泽镇）、甘临公路（甘垛镇—临泽镇）、周八公路（周山镇—八桥镇）、卸汉公路（卸甲镇—汉留镇）共4条公路同时竣工通车。

12月29日 市哲学社会科学界联合会挂牌成立。

12月 经第三次全市文物普查，新发现被确定不可移动文物点90处。至此，全市文物点有130处。

是年 高邮市获省摄影家协会授予的“江苏省摄影家协会创作基地”称号。

2009年

1月8日 由国家邮政局、中国邮政集团公司、中国2009年世界邮展执委会、中华全国集邮联合会共同主办，市政府承办，市邮政局、市集邮协会、市文化局、市教育局、市公安局协办的中国2009世界邮展六十城市巡邮第三十站“中国集邮之乡”高邮站活动暨少儿绘邮大赛在高邮举行。

1月11日 高邮市获省委、省政府授予的“2008年度全省社会治安安全市”称号。

1月12日 市第十三届人大常委会第八次会议决定，任命夏正祥为副市长、代理市长。

1月 高邮市获第八届省“五星工程奖”5项。其中，五星工程服务奖1项，书法类金奖1项、铜奖1项，美术类铜奖1项，音乐类铜奖1项。

△ 江苏顺大半导体发展有限公司董事长倪云达当选“扬州市在改革开放30年中产生重大影响

的30位人物”之一。

2月20日 市法治建设中心挂牌成立。

2月21日 市人民调解工作室挂牌成立。

3月20日 国家电线电缆质量监督检验中心高邮办事处揭牌成立。

3月 市湖边家园生态发展有限公司研制生产的禽蛋新品——“三参”（人参、太子参、党参）土鸡蛋面市。

4月18日 由上海市旅游协会和市旅游局主办，上海市多家旅行社和市旅游开发公司合作承办的上海—高邮旅游专线首发旅游团队启动仪式在高邮举行。

5月8日 江苏高志农业股份有限公司被中国农业科学院家禽研究所列为科技示范推广基地。

5月 汉留籍现役军人徐龙奎在部队军事训练中功绩卓著，被沈阳军区授予一等功。

6月5日 市非物质文化遗产保护中心和高邮民歌（里下河民歌）传习所成立。

6月 经省人事厅批准，扬州宏远电子有限公司成立博士后科研工作站。

7月3日 天山镇籍现役军人胡永飞在执行公务中英勇救人而牺牲，被西藏军区追认为烈士。

7月22日 高邮市出现百年一遇的“日全食”。初亏为8时21分26秒，食甚为9时38分58秒，复圆为10时55分46秒。

7月 经省科学技术厅批准，江苏华富控股集团有限公司建立企业院士工作站。

8月8日 国务院参事、国家扶贫办公室原主任刘坚到高邮考察麦套稻示范推广工作。

8月16日 总投资额4000万美元的台商投资项目——江苏均英光电有限公司在高邮经济开发区开工兴建。

8月31日 省诚信物流应急动员中心在市诚信物流园区建立，为全省唯一的“军民兼容”合作项目。

8月 菱塘回族乡获中国城镇改革发展研究中心、中国亚太经济调查研究中心、中国城镇竞争力促进会授予的“中国绿色小康百佳乡镇”“中国最具发展潜力百强乡镇”“中国可持续发展百强乡镇”称号。

△ 临泽生态度假村获国家旅游局授予的“全国农业旅游示范点”称号。

9月7～11日 江苏高邮鸭集团生产的红太阳牌高邮咸鸭蛋、高邮松花蛋获第七届中国国际农产品交易会暨第八届吉林长春农产品博览会金奖。

9月10日 高邮籍“白衣圣人”、新疆维吾尔自治区乌恰县人民医院院长吴登云入选中共中央组织部、宣传部等中央11个部门组织评选的“100位新中国成立以来感动中国人物”。

9月20日 市“科技富民强县”项目获科学技术部批准立项。

9月26日 《京杭大运河》特种邮票首发式暨“万人抒邮”书信活动启动仪式在高邮举行。至12月18日，“万人抒邮”书信活动结束，有7万多名市民参加该活动。

10月16日 全国首家“邮文化”研究机构——市邮文化研究会成立。市政协主席倪文才当选首任会长。

10月17日 高邮市获评“2009年度中国中小城市科学发展百强”和“2009年度中国最具投资潜力中小城市百强”。

10月28～29日 第五届中国邮文化节在高邮举办。

11月19～22日 市崔记礼品公司负责人崔俊作为市个体私营经济协会代表赴菲律宾首都马尼拉参加第十届世界华商大会。

12月17日 高邮市获科学技术部授予的“全国县（市）科技进步考核先进市”称号。

12月18日 经中共扬州市委研究，并报中共江苏省委批准，丁一任中共高邮市委书记。

12月24日 高邮市获农业部授予的“全国粮食生产先进县”称号。

12月 江苏华富控股集团有限公司生产的36伏、48伏电动车用新型高效无镉蓄电池，获第六届中国国际专利与名牌博览会金奖。

2010年

1月19日 高邮市获省政府授予的“省园林城市”称号。

1月20日 由扬州市东方商厦租赁高邮市供销商业企业人民商城经营场地，经改制和改造建成的东方商厦人民商城开业。

2月21日 镇国寺获省旅游局授予的“国家AAA级旅游景区”称号。

4月17日 通湖大桥、文游广场、城市东入口工程同时建成并投入使用。

4月17～19日 第六届中国双黄鸭蛋节在高邮举办。

4月18日 首届高邮麻鸭王、鸭蛋王评比活动揭晓。江苏高邮鸭集团选送的高邮麻鸭获“高邮麻鸭王”称号，市红太阳食品有限公司选送的鲜双黄鸭蛋、熟咸鸭蛋分别获“高邮双黄鸭蛋王”“高邮咸蛋王”称号，郭集镇选送的鲜鸭蛋获“高邮鸭蛋王”称号。

5月2日 首届高邮湖国际业余自行车旅行赛在高邮举办。

6月 高邮市获省委、省政府授予的“全省法治县（市、区）创建工作先进单位”称号。

7月8日 界首镇籍大学生耿高鹏因救落水儿童而献身。他牺牲后，先后被追授为第三届“高邮好人”、扬州市“见义勇为好青年”、省“见义勇为先进分子”“舍己救人优秀大学生”“革命烈士”等称号，入选中国文明网“中国好人”榜，被省委组织部追认为中共党员。

7月28日 市政府机构新一轮改革启动。市政府设置工作部门25个，均为正科级建制。

8月15日 临泽镇洋汊村发生雷击群亡群伤特大事故，当场被雷击身亡3人，致伤2人。

8月27日 高邮市与荷兰泰尔讷曾市建立友好合作关系备忘录签字仪式举行。

10月7日 在国际电信联盟第十八次全权代表大会上，高邮籍人士赵厚麟当选新一任副秘书长，成功连任。

10月 高邮市获2010年度“中国中小城市科学发展百强县市”“中国最具投资潜力中小城市百强县市”称号。

11月8日 市广播电视信息网络有限公司成立。

12月19日 由波司登国际控股有限公司与江苏康博科技有限公司共同投资60亿元、年产6000吨高纯硅项目签约仪式举行。此为全市迄今为止引进的最大单体项目。

第一篇

建置区划　自然环境

要　目

高邮市地处淮河下游、江苏省中部、里下河西缘，位于沿江经济带的长江北岸。行政区域介于北纬32° 38′～33° 05′、东经119° 13′～119° 50′之间。东邻兴化市，南连江都市、扬州市邗江区、仪征市，西接天长市（安徽省）、金湖县，北界宝应县。城区西南经扬州市达南京市165千米，东南经无锡市、苏州市抵上海市331千米，北距北京市980千米。全市总面积1962.05平方千米，其中陆地面积1175平方千米、水域面积787.05平方千米。

地势西南略高，东北偏低，多为水乡平原。高邮湖西南部属仪六低山丘陵尾端，多数海拔15～20米，最高处神居山（火山熔岩）海拔49.5米；运河以东里下河浅洼平原由古泻湖淤积而成，河渠成网，良田万顷，海拔0.75～4.8米。

属北亚热带季风气候区，四季分明，寒暑显著，阳光充足，雨水充沛。年平均气温15.3℃，无霜期220天，常年降水量1044.6毫米，风向随季节有明显变化。

全境土地肥沃，物产丰富，素有“鱼米之乡”之称。运河以东16个镇以种植水稻、小麦、棉花、油菜为主，湖西4个乡镇以种植水稻、小麦、油菜为主，其中菱塘回族乡、天山镇分别兼种湖桑、茶叶。野生植物主要有柳树、刺槐树、榆树、杨树等木本植物59科108属177种，豨莶草、青蒿等草本植物60科140属200种。水生动物有银、鲤、青、草、白、鳝鱼和蟹、虾等70多种类，野生禽兽有野鸡、野鸭、秧鹅、白鹭、野兔、黄鼠狼等。矿藏资源主要有石油、天然气和品质好、储量大的矿泉水，已开发储量近1000万吨的大中型油田有金沙油田和马头庄油田。

1986年，实行县管乡镇体制，全县设5个区、1个县属镇、5个建制镇、27个乡、6个县属场圃。1991年4月，撤县设市，实行计划单列。1993年，撤销5个区。2000年，实行乡镇区划调整和撤村并组工作，全市33个乡镇撤并调整为19个镇和1个回族乡，640个村、5544个村民小组合并调整为284个村、2740个村民小组。2002年，全市64个居民委员会、554个居民小组合并调整为52个社区、452个居民小组。至2005年，全市有19个镇、1个回族乡、1个经济开发区、1个鸭业园区，281个村、2725个村民小组，52个社区、460个居民小组。

第一章 建 置

约汉高帝六年（前201），境内始设县。宋、元时期，历置军、承州、路、府。明代，撤县设州。民国元年（1912），废州为县。新中国成立后，仍设高邮县。1991年，经国务院批准，撤县设市。至2005年，未发生新的变化。

第一节 境域与治所

一、境域

高邮市是全国2000多个县市中唯一以“邮”命名的城市。约汉高帝六年（前201），始设县。宋、元时期，历置军、承州、路、府。明代，撤县设州。民国元年（1912），废州为县。其间，隶属关系和区域面积多有变化。抗日战争和解放战争期间，在中国共产党领导下的高邮县北澄子河以南地区先后属江高行政区、江都县，高邮湖西菱塘地区先后属天高县、甘泉县、东南县、仪扬县、仪征县。新中国成立后，仍设高邮县。1949年11月至1963年4月，县境仍进行数次局部调整。1991年2月，经国务院批准，撤县设市（县级）。

2005年，东部汤庄、甘垛、横泾、临泽等镇，分别与兴化市昭阳、西郊、李中、周奋、沙沟镇接壤；南部汉留、八桥、车逻、卸甲、汤庄等镇及高邮湖西送桥、天山镇，分别与江都市昭关镇、真武镇、永安镇、樊川镇、高徐镇、武坚镇及邗江区公道镇、仪征市大仪镇接壤；西部天山镇、菱塘回族乡分别与天长市（安徽省）秦栏镇、界牌镇接壤，菱塘回族乡与金湖县闵塔镇隔湖相望；北部界首、周巷、临泽镇，分别与宝应县氾水镇、夏集镇接壤。全境南至北50.04千米，东至西57.65千米。总面积1962.05平方千米，其中陆地面积1175平方千米、水域面积787.05平方千米，分别占总面积的59.9%、40.1%。

二、治所

由汉至隋初，治所在今高邮城。隋大业七年（611），移治于繁梁（樊良）镇之金塘乡，约在今马棚镇、高邮经济开发区之间。唐永徽二年（651），复旧所，名金塘乡为故县村。宋开宝四年（971），始筑城。明洪武元年（1368），在城中偏东始设州署。至民国27年（1938），治所均在今高邮城。民国28年，日军侵占高邮城，国民党高邮县政府先后撤至三垛、三郎庙以及临泽镇。以后流亡至兴化，最后流亡樊川、扬州。民国30～34年，伪县治设于高邮城。

民国29年（1940）4月，在高邮湖西的塔集（今属金湖县塔集镇）成立高邮县抗日民主政府，然与今高邮市境基本无重合。民国31年7月，以运东地区为辖境的高邮县抗日民主政府在小葛庄（今属临泽镇）成立。后迁至温家庄、姚庄（今均属横泾镇境）等地。民国34年12月26日，共产党高邮县政府（原高邮县抗日民主政府）迁进县城办公。民国35年10月，国民党高邮县政府由扬州进入高邮城，共产党高邮县政府转移至县内农村及宝应县射阳湖地区。1949年1月19日，共产党高邮县政府再次回城。1949年1月至2003年12月，高邮县（市）党政领导机关设于城中原州署内办公。2003年12月18日，迁入城区海潮东路28号行政中心办公。

图1-1 2003年12月以前的市党政领导机关办公地点

图1-2 2003年12月建成的市行政中心暨海潮市民广场

第二节 沿 革

代表江淮地区东部史前文化的龙虬庄遗址表明，距今约7000至5000多年前，高邮地区已有人群居住。春秋，境属吴邗沟地，越并吴属越。战国，楚并越属楚。秦王嬴政二十四年（前223），灭楚，属秦，筑高台，置邮亭，名秦邮。其地四隅洼下，城基独高，又以秦邮亭，故名高邮。据《江苏建置志》（2013年江苏人民出版社出版）载，“约汉高帝六年（前201），广陵县北境分置高邮县（治今市高邮镇），是为今市境出现县级政区之始”，隶荆国东阳郡（治广陵县）。献帝建安十八年（213），江淮间民户因惧曹操徙民而大举渡避江东，高邮县实已空虚。三国初期，地属曹魏徐州广陵郡（时治射阳县，今宝应县射阳湖镇）。魏文帝黄初五年(224)前后，县废。晋武帝咸宁六年（280），复置高邮县，属徐州广陵郡（时治淮阴县）。宋明帝泰豫元年（472），析高邮等县地置临泽县，隶南兖州海陵郡（今东台市时堰镇一带）。萧梁时，置广邺郡，辖高邮县划设的高邮、竹塘、三归3县；后因郡内出现嘉禾之祥瑞，更名为神农郡。临泽县仍属海陵郡（今泰州市海陵区）。隋文帝开皇三年（558），竹塘、三归、临泽3县并入高邮县，直属吴州（今扬州市广陵区），后属江都郡。唐，高邮县先后属南兖州、邗州、扬州、广陵郡、扬州（均为今扬州）。唐天宝元年（742），划江都、六合、高邮3县部分地区置千秋县。天宝七年（748），改称天长县。五代十国，高邮县先后属吴都江都府、南唐江都府、后周扬州大都督府。北宋初年，高邮县仍属扬州。宋开宝四年（971），升为州级高邮军，仍置高邮县，军递属淮南路、淮南东路、淮南路、淮南道、淮南路等转运使路（道）。熙宁五年（1072），军废，县还属扬州。元祐元年（1086），复置州级高邮军，军属淮南路转运使司。建炎四年（1130），高邮军升为承州，辖高邮县、兴化县。绍兴五年（1135），承州废，置县级高邮军，改属扬州。绍兴三十一年（1161），复建州级高邮军，仍领高邮、兴化2县。元至元十四年（1277），置高邮路，辖高邮、兴化2县。至元二十年（1283），改为高邮府，辖高邮、兴化、宝应3县，属扬州路。至正十四年（1354），张士诚在高邮建都，国号大周。元末，高邮改为散府。明初，降府存县。洪武元年（1368），改县为州，领兴化、宝应2县，属扬州府。洪武四年（1371），升守御所为高邮卫。清顺治元年（1644），置高邮州，属扬州府，不久遂为散州。民国元年（1912），废州为县。新中国成立后，仍设高邮县。在中国共产党领导下的抗日战争和解放战争时期，以运东地区为辖境的高邮县先后属苏中第一行政区、苏皖边区第二行政区、华中行政办事处、扬州行政区领导。1951年11月，隶属泰州专区。1953年2月，属扬州专区领导。1970年，扬州专区改为扬州地区，高邮仍属其领导。1983年3月，属扬州市管辖。1991年2月，经国务院批准，撤县设市（县级）。是年4月1日，高邮市正式建立，实行计划单列，仍由扬州市管理。

附：民政部和省政府关于高邮撤县设市的批复

江苏省人民政府：

你省一九八八年十二月二日《关于撤销高邮县设立高邮市的请示》和省民政厅的补充报告收悉。经国务院批准，同意撤销高邮县，设立高邮市（县级），以原高邮县的行政区域为高邮市的行政区域，不增加机构和编制，由省直辖。

中华人民共和国民政部

一九九一年二月九日

扬州市人民政府：

经国务院批准，同意撤销高邮县，设立高邮市（县级），以高邮县的行政区域为高邮市的行政区域，不增加机构和编制。鉴于县级市由省直辖涉及的方面较多，高邮市暂仍由扬州市人民政府管理。实行计划单列。

江苏省人民政府

一九九一年二月二十五日

第二章　区　划

80年代中后期，全县设有5个区、33个乡镇、668个村（场、站）、34个居民委员会。1988年4月，撤销菱塘乡，以其原辖区域建立菱塘回族乡。1993年，5个区被撤销，设立高邮经济开发区。2000年，进行乡镇、村区划调整，全市设20个乡镇和1个经济开发区、284个村。2002年，设立高邮鸭业园区；将64个居民委员会调整撤并为52个社区居民委员会。2005年，全市设19个镇、1个回族乡和1个经济开发区、1个鸭业园区，281个村、2725个村民小组，52个社区、460个居民小组。

第一节 乡镇区划

1986年初，全县设5个区、1个县属镇、3个建制镇、29个乡、6个县属场圃。8月21日，撤销八桥乡、送桥乡，分别以原辖区域建立八桥镇、送桥镇。至年末，全县共有5个区、1个县属镇、5个建制镇、27个乡、6个县属场圃。

1986年高邮县区、乡镇、场圃情况一览表

表1-1

区及机关驻地	乡、镇、场及政府驻地
县直属镇	高邮镇（驻城区中山路）
临城区（驻城东郊）	车逻乡（驻车逻）、武安乡（驻高谢）、龙奔乡（驻沟南）、一沟乡（驻大横桥）、东墩乡（驻东墩）、张轩乡（驻马奔庄）、马棚乡（驻马棚湾）、湖滨乡（驻湖滨庄台）
汉留区（驻甸垛）	八桥镇（驻八桥）、伯勤乡（驻花阳）、卸甲乡（驻东风）、汉留乡（驻汉留）、甸垛乡（驻甸垛）、沙堰乡（驻沙堰）、汤庄乡（驻汤庄）
三垛区（驻三垛）	三垛镇（驻三垛）、武宁乡（驻北俞）、二沟乡（驻二沟）、司徒乡（驻柘垛）、横泾乡（驻三郎庙）、甘垛乡（驻新庄）、平胜乡（驻南宋）
临泽区（驻临泽）	临泽镇（驻临泽）、川青乡（驻五里桥）、周巷乡（驻松板桥）、营南乡（驻营南）、周山乡（驻杨庙）、界首镇（驻界首）
送桥区（驻送桥）	送桥镇（驻送桥）、郭集乡（驻柳坝）、天山乡（驻肖祠）、菱塘乡（驻菱塘桥）
场圃	蚕种场、种鸭场、果树实验场、水产养殖场、良种场、芦苇场

1988年1月12日，龙奔乡政府驻地从沟南迁至东楼（华东村楼南组）。4月22日，撤销菱塘乡，以原辖区域建立菱塘回族乡。

1990年10月13日，撤销横泾乡、川青乡，分别以原辖区域建立横泾镇、川青镇。

1992年12月26日，撤销车逻乡、汉留乡，分别以原辖区域建立车逻镇、汉留镇。

1993年11月，经省政府批准，设立省高邮经济开发区。12月31日，经省政府批准，撤销临城区、汉留区、三垛区、临泽区、送桥区5个区公所。

1994年12月15日，撤销甸垛乡、卸甲乡、郭集乡，分别以原辖区域建立甸垛镇、卸甲镇、郭集镇。

1995年11月20日，撤销天山乡，以原辖区域建立天山镇。

1996年9月10日，撤销一沟乡、汤庄乡、沙堰乡，分别以原辖区域建立龙虬镇、汤庄镇、沙堰镇。

至1999年末，全市共有17个镇、15个乡、1个回族乡、6个场圃。

2000年2月24日，撤销伯勤乡、司徒乡，分别以原辖区域建立伯勤镇、司徒镇。5月16日，全市乡镇进行区划调整，撤销武安乡、湖滨乡、张轩乡、东墩乡、马棚乡、甸垛镇、沙堰镇、伯勤镇、龙奔乡、二沟乡、武宁乡、平胜乡、甘垛乡、周山乡、营南乡、周巷乡、川青镇等17个乡镇，新建高邮镇、龙虬镇、马棚镇、汉留镇、汤庄镇、卸甲镇、三垛镇、甘垛镇、周山镇、周巷镇、临泽镇等11个镇，实行镇管村体制；保留车逻镇、八桥镇、横泾镇、司徒镇、界首镇、郭集镇、送桥镇、天山镇、菱塘回族乡，其行政区域、管理体制和乡镇政府驻地不变。全市33个乡镇撤并调整为19个镇和1个回族乡。

2002年12月，市鸭业园区管理委员会建立。

2003年12月，市良种场转为企业，更名为市良种棉加工厂，划入横泾镇辖区。

2005年9月12日，国有场圃实行属地管理，市种鸭场、市蚕种场划归高邮鸭业园区，市芦苇场划归界首镇，市果树实验场划归周巷镇，市水产养殖场划归司徒镇。

2005年，市政府决定，设立高邮鸭业园区。

至2005年末，全市有19个镇、1个回族乡、1个经济开发区、1个鸭业园区。

2005年高邮市乡、镇、区情况一览表

表1-2

乡、镇、区	驻地	面 积（平方千米）	人口（万人）	备注
高邮镇	高谢	45.36	15.25	1983年，撤社建镇。2000年5月16日，撤销武安乡、湖滨乡，将其原辖区域并入高邮镇管辖
高邮经济开发区	凌波路28号	41.55	3.42	1993年11月设立
高邮鸭业园区	高邮鸭集团	5.80	0.60	2002年设立
龙虬镇	大横桥	91.81	4.35	2000年5月16日，撤销张轩乡，将其原辖区域并入龙虬镇管辖
马棚镇	马棚湾	38.13	1.87	2000年5月16日，撤销东墩乡、马棚乡，将其原辖区域合并设立马棚镇。9月19日，原东墩乡的9个村从马棚镇划出，并入高邮经济开发区
车逻镇	车逻	56.43	3.31	1992年12月，撤乡建镇
八桥镇	八桥	46.23	2.30	1986年8月，撤乡建镇
汉留镇	甸垛	66.69	3.08	2000年5月16日，撤销甸垛镇，将其原辖区域并入汉留镇管辖
汤庄镇	沙堰	79.25	3.39	2000年5月16日，撤销沙堰镇，将其原辖区域并入汤庄镇管辖
卸甲镇	东风	136.84	6.78	2000年5月16日，撤销伯勤镇、龙奔乡，将其原辖区域并入卸甲镇管辖
三垛镇	三垛	113.66	5.84	1985年7月，改镇管村建制。2000年5月16日，撤销二沟乡、武宁乡，将其原辖区域并入三垛镇管辖
甘垛镇	南宋	88.07	3.90	2000年5月16日，撤销平胜乡、甘垛乡，将其原辖区域合并设立甘垛镇
司徒镇	柘垛	73.86	2.23	2000年2月，撤乡建镇
横泾镇	三郎庙	61.32	2.32	1990年10月，撤乡建镇
界首镇	界首	54.33	3.33	1985年7月，改镇管村建制
周山镇	杨庙	62.02	2.82	2000年5月16日，撤乡建镇
周巷镇	松板桥	79.05	3.24	2000年5月16日，撤销营南乡、周巷乡，将其原辖区域合并设立周巷镇
临泽镇	临泽	118.10	6.35	1985年7月，改镇管村建制。2000年5月16日，撤销川青镇，将其原辖区域并入临泽镇管辖
送桥镇	送桥	50.69	2.57	1986年8月，撤乡建镇
郭集镇	柳坝	53.00	2.21	1994年12月，撤乡建镇
天山镇	肖祠	46.67	2.00	1995年11月，撤乡建镇
菱塘回族乡	菱塘桥	51.49	2.21	1988年4月22日，撤销菱塘乡，建立菱塘回族乡

第二节 行政村区划

1986年2月1日，撤销马棚乡吴圩村、渔业村，并入马棚村、大东村、陈桥村。是年11月19日，撤销郭集镇农技站，并入邵庄村。至年末，全县设有668个村、5688个村民小组。

1986年高邮县各乡镇场行政村、村民小组情况一览表

表1-3　　单位：个

乡镇场	村场站	村场站名	村民小组
高邮镇	6	新坝、闸北、公园、新华、太平、高峰	53
武安乡	12	宝塔、武安、高谢、丁庄、凤凰、浩芝、八里、沿河、管伙、勤王、渠南、文游台	181
湖滨乡	11	金墩、沙湖、乔尖、吴庄、曹湾、五一、湖滨、卫东、新民、南湖、曙光	56
龙奔乡	17	周庄、西楼、渌洋、临城、黄渡、黄家、曹家、十里、焦山、光荣、和平、龙奔、口河、三新、城乡、华东、周邶墩	245
一沟乡	26	红庄、一沟、光华、仇家、先锋、双沟、双庙、汤南、倪家、苏庄、佛塔、汤北、裔家、徐王、红马、红塔、马垛、中心、横桥、民主、塔院、红风、三荡口、大树庵、陈总兵庄、农技站	235
张轩乡	20	南角、朱家、余万、东角、渔业、强民、长金、双垛、通荡、张轩、张庄、郭庄、白马、高家、友谊、赵王、唐墩、何庄、卞阳、农技站	151
马棚乡	18	马棚、张赵、庆丰、丰胜、幸福、陈桥、永幸、宋家、庆成、大东、张汉、钱库、郭家、兴旺、杨沟、转水、朱庄、戴家	167
东墩乡	20	花王、双龙、钓鱼、杨桥、九里、腰圩、阮湾、东墩、南平、昌农、高林、太堡、外郎、灯塔、清潭、渔业、西墩、吴韩、北太平、农技站	220
车逻乡	27	上庄、马元、凌湖、界牌、黄库、春风、闸河、金桥、万沟、砖场、万兴、特平、余庄、太丰、袁庄、山广、杨庄、山墩、车逻、北墩、师伙、保丰、管庄、金湖、赵庄、湾桥、曹庄	298
八桥镇	21	李庄、藕塘、陈鲍、忠堡、金星、港西、吴赵、中桥、浪波、恒丰、居庄、欧阳、公庄、孔庄、金沟、罗庄、张余、八桥、渌洋湖、渔业、农技站	204
伯勤乡	19	在和、姜堆、金家、老家、赫旺、合兴、联盟、三河、农林、伯勤、戴库、孙陈、施湖、花阳、永丰、张曹、钱满庄、渔业、种子场	168
卸甲乡	21	卸甲、陈庄、虎头、柏家、南龙、南徐、北徐、郭楼、西徐、金庄、一平、红英、张邵、北戴、许庄、潘杨、新杨、新光、大庵、陶家、渔业	197
汉留乡	15	京汉、南吴、富南、何家、和合、爱联、郭李、李浦、曾钰、姜家、松竹、汉东、汉西、姚费、项薛	145
甸垛乡	16	甸垛、小吴、决心、松林、南逊、蔡庄、杨省、保证、四异、东吴、林家、北吴、西赵、友好、龙王庙、渔业	122
沙堰乡	22	潘季、帅扬、楼王、俞任、张郑、刘垛、卢邓、孙家、中何、西蒋、沙堰、雁留、郭家、丹阳、许家、龙华、五庄、周庄、滕沟、贡庄、新五、渔业	171
汤庄乡	18	汤庄、余东、余西、解家、顺利、联谊、立新、叶家、缪阳、五顷、韩家、王家、周刘、南邱、草里、东高家、渔业、农技站	109
三垛镇	18	茆吴、五里、侯莫、新联、汤顾、瓦庄、东汉、北汉、东楼、潘岔、俞迁、荡楼、东俞、任家、长逊、北逊、三百六、俞家库	129
武宁乡	22	顾庄、西团、季阮、南余、南濠、东村、西村、花家、秦家、北俞、藏铁、港南、管环、南洋、九顷、卢家、小卢、大卢、高库、北徐庄、王家庄、渔业	125

续表1-3

乡镇场	村场站	村场站名	村民小组
二沟乡	23	二沟、张陈、俞胡、合意、冯家、夏家、左家、金家、范家、杨家、娄庄、南丰、六顷、剑鸣、顾家、跃进、陆家、崔印、新生、保安、古庄、盐垛、渔业	178
司徒乡	23	柘垛、湾址、曹张、明理、孙童、蒋马、司徒、米仓、徐邵、倪庄、严沐、大吉、兴楼、吴杨、横仲、邓家、高柘、官垛、大葛、龚张、耿庭、三村、渔业	160
横泾乡	27	韩张、姜陆、永胜、南汉、三庄、官庄、官林、张刘、南刘、冯北、管墩、谭圈、殷家、沐家、带程、胡家、温家、姚庄、周罗、费明、三河、李家、唐家、周耿、三郎庙、果园、农技站	154
甘垛乡	20	新庄、贾袁、于家、宗家、甘前、西张、顾周、甘北、沈团、荷花、九袁、段垛、渔海、黄戴、刘家、志强、张王、路家、渔业、果林	108
平胜乡	29	河口、新林、南宋、徐韩、袁家、姚家、墩子、西葛、龙王、北韩、耿家、花李、野戴、沙南、小王、野吴、沙贯、横铁、汉城、野徐、一心、普团、意和、北王、西钱、太平、张家、渔业、农技站	172
临泽镇	28	泰山、临西、临北、兴隆、韩庄、夏家、仲庄、盘岔、合兴、一里、蒋颜、高桥、花尖、三窑、朱盘、徐平、周莲、洋汉、汲水、耒部、三联、沈堡、小李、子南、成官、匡家、丁旺庄、养殖场	232
界首镇	27	六安、王湖、品祚、利民、张任、郭河、大昌、郑墩、德标、新安、应龙、福兴、安幸、龙翔、宏祥、如祯、胡桥、永安、三官、颜庄、曹塘、维兴、仓都、柏木桥、二里铺、王家河、副业	266
周巷乡	23	薛北、薛南、姚夏、查甸、陈钱、葛家、左新、周巷、张平、刘西、谢美、乜虾、钱镜、塘陆、胡荡、张虹、马陶、马庄、新楼、双桥、三陆、胡庵、渔业	130
周山乡	27	王庄、塔沟、中墩、永红、黎河、狄奔、果园、新胜、长春、花枝、居河、红升、吴堡、北赦、东风、翟河、农兴、龙溪、东胜、练沟、薛家、晏河、马河、联合、渔业、苗圃、轮窑	246
营南乡	13	何下、仓屋、三合、营南、周桥、尤河、秦桥、金海、西胜、祥梅、徐家、市河、翟光	108
川青乡	25	林业、王帮、蒋庄、朱袁、朱顷、沙家、小葛、董潭、川南、马东、临中、侯王、临南、西安、东平、瓦仓、北港、中华、丁沟、北荡、南荡、姜港、姜圩、川青、渔业	165
送桥镇	17	黄圩、小园、常集、尤家、万庄、李古、戴庄、明庄、送桥、平牌、双墩、徐桥、李桥、马桥、东方红、张公渡、农技站	209
郭集乡	17	盘塘、新河、大营、徐坝、郭集、谈桥、糟坊、沈圈、德华、柳坝、邵庄、平安、毛港、龙桥、孙巷、甘露、陆桥	204
天山乡	17	南茶、夏庄、五星、向阳、黄楝、顾集、殷河、许巷、红旗、曹桥、金村、北茶、桥头、林庄、天山、林场、农场	182
菱塘乡	17	薛尖、大堰、小堰、王姚、张墩、清真、备荒、菱塘、桃源、备战、三里、新桥、龚家、夏桥、骑龙、高庙、佟桥	184
场　圃	6	蚕种场（八里松）、果园场、种鸭场、水产养殖场、良种场、芦苇场	14

1991年6月17日，撤销张轩乡农技站，并入张轩村；撤销张轩乡何庄村，划分为何庄、张庄2个村。11月28日，撤销武安乡武安村北海组，划入高邮镇北海居委会。12月29日，撤销平胜乡龙王村，划分为龙王、南耿2个村

1993年4月9日，撤销平胜乡普团村，划分为普团、陆王2个村。

1997年4月17日，撤销平胜乡农技站，并入新林村、南宋村。11月27日，撤销甸垛镇龙王庙村、杨省村，合并为杨龙村。

1998年2月19日，撤销甸垛镇渔业村，并入北吴村。6月12日，撤销川青镇林业村和马东村，合并为马东村；撤销川青村和北港村，合并为北港村；撤销姜港村和姜圩村，合并为圩港村；撤销王帮村和蒋庄村，合并为川东村；撤销沙家村和朱袁村，合并为沙家村；撤销中华村和朱顷村，合并为中华村。8月17日，撤销东墩乡农技站，原农技站1组、2组分别并入东墩村、西墩村。

1998年8月30日，撤销周巷乡查甸村和葛家村，合并为查葛村；撤销左新村和钱镜村，合并为兴进村；撤销刘西村和谢美村，合并为镇南村；撤销胡荡村和乜虾村，合并为胡荡村；撤销张虹村和马陶村，合并为虹马村。9月2日，撤销营南乡翟光村，原翟光组、新闸组分别并入秦桥村、周桥村。

1999年1月13日，撤销周巷乡渔业村，设立周巷水产养殖场。3月16日，撤销周山乡苗圃村、渔业村，分别并入晏河村和北敕村。7月13日，撤销沙堰镇渔业村，设立沙堰水产养殖场。

至1999年末，全市共有642个村、5626个村民小组。

2000年3月，合并调整各村和村民小组。经合并调整，撤销村605个（撤销4个村，组建或并入居委会），新建村249个，行政区划不变的村35个，全市村、村民小组分别为284个、2740个。2000年8月24日，将龙虬镇原马垛村、中心村从龙虬庄村中划出，组建龙腾村；由原仇家村、先锋村合并成立的目连庄村，更名为奥林村。9月19日，将原东墩乡9个村、原武安乡文游村，分别从马棚镇、高邮镇中划出，一起划入高邮经济开发区；2001年3月，撤销甘垛镇东平村，将其并入平胜居民委员会；2004年5月24日，撤销高邮镇太平村，并入西塔社区居民委员会。

2005年3月，八里松村和高邮镇的新城村划归高邮鸭业园区；12月20日，撤销龙虬镇龙虬庄村，并入龙虬庄社区居民委员会。

至2005年末，全市共有281个村、2725个村民小组。各村具体情况详见第三十四篇《乡镇概况》篇目（第1393页）。

2000年3月高邮市各乡镇场行政村撤并前后情况一览表

表1-4　　单位：个

乡镇场	合并前村名	合并后村名	村民委员会驻地	村民小组
高邮镇	新坝、闸北	新城	丰富巷	9
	公园、高峰	新联	文化宫路	3
	新华	新华	新华路	6
	太平	太平	中山路	6
武安乡	宝塔	宝塔	团庄	6
	武安	武安	孙厂	6
	丁庄	丁庄	丁庄	10
	高谢、沿河	高谢	党庄	10
	凤凰	凤凰	赵庄	10
	浩芝	浩芝	顾家坝	8
	管伙、八里	管伙	西庄	11
	勤王	勤王	李庄	12
	渠南、渔业	渠南	钱庄	12
	文游台	文游	周庄	11
湖滨乡	乔尖、吴庄、曹湾	大桥	吴庄	7
	五一、集镇、特珍水产试验场	珠湖	五一	4
	湖滨、卫东	湖滨	卫东	5
	新民、南湖、曙光	新民	新民	7
	金墩	金墩	金墩	3
	沙湖	沙湖	沙湖	4

续表 1-4

乡镇场	合并前村名	合并后村名	村民委员会驻地	村民小组
龙虬镇	陈总兵庄、塔院、光华	陈总兵庄	陈总兵庄	15
	大树庵、红庄、民主	大树庵	侯家庄	12
	龙虬庄、马垛、中心	龙虬庄	大横桥	6
	一沟、横桥、红风	一沟	大横桥	13
	仇家、先锋	目连庄	仇家	10
	双庙、双沟	双庙	苏庄	11
	徐王、裔家、养殖场	龙潭	裔家	11
	佛塔、汤北	佛塔	佛塔庄	8
	苏庄、倪家、汤南	龙澄	倪家	13
	红马、红塔	红马	白马岭	9
张轩乡	南角、朱庄、余万	兴南	秦家库	11
	东角、渔业	东角	东角墩	8
	强民、长金	强民	周家库	11
	双垛、通荡	兴北	通荡沟	11
	张轩、张庄、郭庄	张轩	马奔庄	10
	白马、高家	白马	白马庙	10
	友谊、赵王	友谊	友谊	9
	唐墩、何庄、卞阳	唐高墩	唐墩	11
马棚乡	庆丰、丰胜、幸福	塔院	幸福	17
	陈桥、永幸、宋家	十桥	陈桥	12
	庆成、大东、张汉	东湖	庵庄	15
	钱库、郭家、兴旺	钱库	郭家	12
	杨沟、转水、朱庄、戴家	阳沟	朱庄	13
车逻镇	上庄、马元	上庄	居上庄	12
	凌湖、界牌	凌湖	界牌	10
	黄库、春风	黄库	南滩	10
	闸河、金桥、万沟	闸河	栀子庄	15
	砖场、万兴	砖场	张庄	15
	特平、余庄	特平	张庄	9
	太丰、袁庄	太丰	绪家庄	12
	山广、杨庄、山墩	山广	山广庄	15
	车逻、北墩	车逻	车逻庄台	9
	师伙	师伙	清源庄	6
	保丰、管庄	保丰	陈家庄	9
	金湖、赵庄	新胜	金桥头	10
	湾桥、曹庄	湾桥	和合庄	11

续表 1-4

乡镇场	合并前村名	合并后村名	村民委员会驻地	村民小组
龙奔乡	周庄、西楼	周庄	西楼庄	11
	十里、渌洋、曹家	十里	曹家	18
	黄渡、临城、黄家	黄渡	黄渡	20
	龙奔、焦山	龙奔	龙奔	14
	口河、光荣	口河	沈庄	14
	三新、城乡	三新	王庄	14
	华东、和平	华东	和平	13
	周邶墩	周邶墩	保圩庵	10
卸甲镇	卸甲、陈庄	卸甲	卸甲庄	10
	虎头、柏家	虎头	胡家	10
	南龙、南徐、北徐	南龙	发财庄	12
	郭楼、西徐、金庄	郭楼	金庄	12
	一平、红英、张邵	一平	张邵	17
	北戴、许庄、渔业	北戴	梁家库	13
	潘杨、新杨、新光	潘杨	潘杨	15
	大庵、陶家	大庵	陶家	14
伯勤镇	在和、姜堆	在和	姜堆	11
	金家、老家	金家	金家庄	11
	赫旺、合兴、种子场	兴旺	合兴	10
	联盟	联盟	郑家	7
	三河、农林	三河	严家	10
	伯勤、戴库	伯勤	戴库	8
	孙陈、施湖	孙陈	黄家	9
	花阳、渔业	花阳	刘库	10
	钱满	钱满	孙家庄	6
	永丰、张曹	永富	张曹	8
八桥镇	李庄、藕塘	李庄	新李庄	8
	张余、渌洋湖	张余	张余庄	10
	中桥、浪波	关河	万家库	10
	陈鲍、忠堡、渔业	陈堡	花园庄	12
	恒丰、居庄	恒丰	龙家库	14
	金星、港西、吴赵	金港	吴赵	15
	欧阳、公庄、孔庄	勤丰	孔庄	15
	金沟、罗庄	金沟	兴隆	15
汉留镇	京汉、南吴	京汉	官田庄	17
	富南、何家	富南	汪家库	12
	和合、爱联	年合	和合	7

续表1-4

乡镇场	合并前村名	合并后村名	村民委员会驻地	村民小组
汉留镇	郭李、李浦	兴汉	郭家	9
	曾钰、姜家、松竹	曾钰	姜家庄	9
	汉东、汉西	汉留	汉留	8
	姚费、项薛	姚费	姚费庄	8
甸垛镇	松林、南逊、蔡庄、	跃进	南逊	11
	甸垛、小吴、决心	甸垛	甸垛	11
	四异、东吴、林家	四异	四异	8
	杨龙、保证	苏杨	杨省	9
	北吴、西赵、友好	友好	西赵	13
沙堰镇	潘季	潘季	潘季庄	6
	俞任、张郑	南屏	张郑庄	9
	帅扬、楼王	中屏	楼王庄	7
	刘垛、卢邓、孙家	西屏	刘垛	9
	中何、西蒋	东屏	中何	7
	沙堰、雁留、郭家	沙堰	沙堰	11
	丹阳、许家	北屏	丹阳	6
	龙华、五庄	兴华	龙华	8
	周庄、滕沟	常新	滕沟	7
	贡庄、新五	陵溪	贡庄	8
汤庄镇	东高家、汤庄	汤东	汤庄	8
	余东、余西、农技站	余富	余西	8
	解家、顺利、渔业、联谊	联谊	北邱	10
	立新、叶家	兴业	立新	10
	缨阳、五顷	缨阳	缨阳庄	9
	韩家、王家、周刘	韩王	王家	8
	南邱、草里	陵西	草里	7
二垛镇	茆吴	茆吴	新家库	3
	五里、侯莫	五里	五里铺	4
	新联、汤顾	春生	夏庄库	7
	瓦庄、东汉、北汉	瓦庄	瓦庄	8
	东楼、三阳	东楼	余家库	6
	潘岔、俞迁	潘岔	潘汉圩	7
	荡楼	荡楼	荡楼	4
	三百六、东俞、良种场	三百六	三百六	10
	任家、长逊、北逊	林阳	长逊庄	7
二沟乡	二沟、张陈	二沟	二沟	10
	俞胡、合意	俞胡	钱家库	9

续表 1-4

乡镇场	合并前村名	合并后村名	村民委员会驻地	村民小组
二沟乡	冯家、夏家	冯夏	冯庄	10
	左家、金家	左卿	左家	10
	范家、杨家、娄庄	中心	杨家	14
	南丰、六顷	南丰	何吴庄	6
	剑鸣、顾家、跃进	剑鸣	西陆库	7
	陆家、崔印、新生	永中	陆家庄	11
	保安、古庄、盐垛、渔业	保安	姚家库	11
武宁乡	北俞、北徐、王家	武宁	北俞	8
	秦家、花家	少游	秦家垛	4
	南濠、东村、西村、西团	柳北	南小濠	9
	大卢、卢家	大卢	大卢庄	7
	小卢、高库、渔业	联南	小卢庄	6
	季阮、南余、顾庄	柳南	季阮庄	8
	南洋、九顷	联北	南洋荡	4
	港南、藏铁、管环	港河	管家伙	8
平胜乡	河口	河口	河口	6
	袁家、陆王	子明	袁家庄	7
	姚家、墩子	启南	姚家庄	7
	西葛、龙王、南耿	启北	龙王庄	8
	北韩	北韩	北韩	5
	耿家、花李、野戴	联兴	李庄	10
	沙南、小王、野吴	兴盛	小王庄	8
	沙贯	沙贯	沙贯庄	5
	横铁、渔业	横铁	横铁庄	8
	普团、汉城、野徐、一心	沿河	汉城庄	7
	意和、北王、西钱	学忠	北王庄	6
	太平、张家	振兴	张家库	7
	新林、南宋、徐韩	东平	南宋	10
甘垛乡	新庄、贾袁、于家、宗家	新庄	新庄	9
	甘前、渔业、西张、果林、农技	甘泉	南甘垛	7
	顾周、甘北、沈团	甘中	湾沟	8
	荷花、九袁、段垛	荷花	阮家库	8
	渔海、黄戴、刘家	渔海	发财庄	7
	志强、张王、路家	志强	新库	8
司徒镇	柘垛、湾址	柘垛	柘垛	7
	曹张、明理	曹张	张家庄	6
	孙童、蒋马	西城	孙垄庄	6
	司徒	司徒	司徒潭	6

续表1-4

乡镇场	合并前村名	合并后村名	村民委员会驻地	村民小组
司徒镇	米仓、徐邵、倪庄	米仓	倪墩	12
	严沐、大吉	严吉	严家庄	7
	兴楼、吴杨、横仲	兴联	兴庄	6
	邓家、高柘	邓家	邓家庄	8
	官垛、大葛	官垛	官垛	5
	龚张、渔业	龚张	龚张库	5
	耿庭、三村	耿庭	耿庭庄	6
横泾镇	韩张、姜陆、果园	长街	芦沟	8
	永胜、南汉	永丰	南汉庄	6
	三庄、官庄	镇北	韩家庄	10
	官林、张刘	水产	侍官庄	11
	南刘、冯北、管墩	三联	南刘库	9
	谭圈、殷家、沐家、农技站	中兴	圈子	12
	带程、胡家	银河	腰带程	11
	温家、姚庄	温姚	姚庄	6
	周罗、费明、三河	沿荡	周罗舍	8
	三郎庙、李庄、唐家、周耿	三郎庙	三郎庙	11
界首镇	六安、王胡	六安	西沟浜	8
	品祚、利民	品祚	徐官庄	9
	张任、郭河	张任	钟应沟	9
	大昌、郑墩	大昌	郑墩	12
	德标、新安	德标	后郭庄	8
	应龙、福兴、柏木桥	应龙	柏木桥	14
	龙翔、宏祥	龙祥	陈庄	9
	如祯、胡桥	如祯	吴庄	11
	永安、三官	永安	王庄	10
	颜庄、曹塘	界北	曹塘	7
	维兴、仓都	维兴	仓屋	10
	二里铺、副业	界首	二里铺	6
	王家河、安幸	老人桥	王家河	8
周山乡	王庄、塔沟	龙华	王家庄	14
	中墩、永红、黎河	志光	杨庄	11
	狄奔、果园、新胜	狄奔	果子园	13
	长春、花枝	万福	花枝庄	11
	居河、红升	居河	石家庄	8
	吴堡	吴堡	吴家堡	9

续表 1-4

乡镇场	合并前村名	合并后村名	村民委员会驻地	村民小组
周山乡	联合	联合	周庄	6
	东胜、练沟、薛家	龙胜	北海口	10
	北赦、东风	长宁	地官庄	11
	翟河、农兴、龙溪	龙河	龙沟邦	11
	晏河、马河	双河	马沟	14
周巷乡	薛北、薛南、姚夏	薛北	薛南	9
	陈钱、查葛	陈甸	陈钱	9
	周巷、张平	周巷	张平	8
	兴进、镇南、塘陆	钱镜	野庙桥	11
	胡荡、马庄	胡荡	乜虾	7
	新楼、虹马	新马	新楼	8
	双桥、三陆、胡庵	双沟	三陆	8
营南乡	何下、仓屋、三合、营南	营东	肖家庄	11
	周桥、尤河	营南	尤河	10
	秦桥、金海	营西	黎沟桥	11
	西胜、祥梅	营北	余桥	9
	徐家、市河	营中	强胜桥	8
临泽镇	临西、临北、兴隆	临西	楼枝头	10
	韩庄、夏庄、仲庄、盘岔	韩夏	仲庄	13
	合兴、一里	合兴	菱胡庄	9
	蒋颜、高桥、花尖、三窑	蒋颜	蒋沟	13
	朱盘、徐平、周莲	朱堆	小徐庄	10
	洋汊	洋汊	洋汊	11
	汲水、耒部、三联	临东	耒部	13
	沈堡、小李、丁旺庄	法清	沈堡	11
	子南、成官、匡家	金桥	西沟	9
川青镇	川东、沙家	川东	朱顷	11
	小葛、渔业	小葛	东葛庄	7
	董潭、川南	董潭	董家潭	11
	马东、临中	东沟	马东	9
	侯王、临南	西河	柒星村	11
	西安、东平	西安	东平	7
	瓦仓、北港、圩港	瓦港	姜港	11
	北荡、南荡	东荡	北荡	9
	中华、丁沟	中华	丁沟	9

续表 1-4

乡镇场	合并前村名	合并后村名	村民委员会驻地	村民小组
送桥镇	黄圩、小园	黄圩	朱庄	11
	常集、尤家	常集	常集	13
	万庄、明庄	官路	明庄	15
	李古、戴庄	李古	陈庄	12
	送桥	送桥	杨庄	9
	双墩	双墩	大丁庄	8
	平牌	平牌	陈庄	11
	徐桥、李桥、东方红	准堤	毛庄	11
	张公渡、马桥	张公渡	墩塘	14
郭集镇	盘塘、新河	盘塘	新桥	11
	大营、徐坝	大营	金沟	8
	郭集、谈桥	郭集	谈桥	15
	糟坊、沈圈	糟坊	吴庄	12
	德华、柳坝	德华	柳坝	14
	邵庄、平安	邵庄	郑庄	11
	毛港、龙桥	毛港	夏庄	13
	孙巷、甘露、陆桥	孙巷	王庄	12
天山镇	南茶、夏庄	南茶	蒋庄	13
	五星、向阳	庙家	徐庄	10
	黄楝、顾集	黄楝	王庄	10
	殷河、许巷	殷河	徐庄	10
	红旗、曹桥、金村	肖祠	张庄	10
	北茶、桥头、林庄	北茶	王庄	13
	天山、林场	神居山	山南	11
菱塘回族乡	薛尖、大堰、小堰	北冈	大林庄	11
	王姚、张墩	王姚	王庄	11
	清真、备荒	清真	清真寺	10
	菱塘、桃源、备战	菱塘	顾庄	11
	三里、新桥	三里	花庄	6
	龚家	龚家	龚家涧	7
	夏桥	夏桥	沈庄	7
	骑龙	骑龙	长塘庄	6
	高庙	高庙	高大庄	7
	佟桥	佟桥	朱庄	8

续表 1-4

乡镇场	合并前村名	合并后村名	村民委员会驻地	村民小组
高邮经济开发区	花王、双龙、钓鱼	花王	谢庄	18
	杨桥、九里	杨桥	杨大桥	13
	腰圩、阮湾	腰圩	万家庄	14
	东墩、南平	东墩	东墩	13
	昌农、高林	昌农	周家庄	9
	太堡、外郎	太堡	吴家庄	8
	灯塔、西墩	灯塔	西墩	12
	清潭、吴韩	清水潭	韩庄	11
	北太平、渔业	北太平	吴家垛	9
	文游	文游	周庄	11
蚕种场	八里松	八里松	八里松	7

第三节 社区（居民委员会）区划

1986年，全县共有居民委员会34个，其中高邮镇25个、三垛镇3个、临泽镇2个、界首镇2个、送桥镇和菱塘乡各1个，居民小组284个。

1986年高邮县居民委员会、居民小组情况一览表

表 1-5　　单位：个

乡镇	居民委员会	居民委员会名称	居民小组
高邮镇	25	公园、马棚、西塔、奎楼、小桥、鼓楼、水关、北海、御码、通湖、挡军、草巷、文游、航运、月塘、牛集、新巷、琵琶、新华、禹王、珠湖、三元、水部楼、承志桥、水泵厂	191
三垛镇	3	前进、东风、跃进	27
临泽镇	2	团结、寿松	25
界首镇	2	四新、向阳	19
送桥镇	1	送桥	10
菱塘乡	1	菱塘	12

1989年11月29日，高邮镇撤销新华、承志桥、禹王、珠湖、三元居民委员会，分别并入琵琶、通湖、御马、挡军、牛集居民委员会，新建南海居民委员会。

1990年2月27日，八桥镇设立八桥居民委员会；10月13日，川青镇设立五里桥居民委员会。1992年2月16日，横泾镇设立横泾居民委员会；2月23日，马棚乡设立马棚湾居民委员会。1993年9月16日，界首镇设立甓湖居民委员会。1994年7月21日，周山乡设立杨庙居民委员会。1995年4月9日，甸垛镇设立阳澄居民委员会；6月5日，郭集镇设立柳集居民委员会，卸甲镇设立东风居民委员会，汉留镇设立汉留居民委员会。1996年1月13日，三垛镇设立光明居民委员会。1997年4月22日，汤庄镇设立海陵居民委员会；5月31日，龙虬镇设立凤凰居民委员会；8月27日，沙堰镇设立金堰居民委员会。1998年8月17日，二沟乡设立兴龙居民委员会；10月22日，高邮镇设立海潮、东塔、泰山居民委员会。

1999年7月19日，车逻镇设立朝阳居民委员会。

2000年3月，武安乡撤销沿河村，设立沿河居民委员会；八桥镇将八桥村和八桥居民委员会合并，设立八桥居民委员会；临泽镇撤销泰山村，设立泰山居民委员会；菱塘回族乡撤销菱塘居民委员会和菱塘村4个组，调整组建文昌和曙光居民委员会；马棚镇将马棚湾居民委员会、马棚村、张赵村整建制合并组建金塘居民委员会；7月，新设龙虬镇张轩居民委员会、高邮镇湖滨居民委员会、马棚镇东墩居民委员会、卸甲镇伯勤居民委员会、卸甲镇龙奔居民委员会、三垛镇武宁居民委员会、甘垛镇平胜居民委员会、甘垛镇甘垛居民委员会、司徒镇司徒居民委员会、周巷镇周巷居民委员会、周巷镇营南居民委员会，临泽镇五里桥居民委员会更名为川青居民委员会。8月，龙虬镇凤凰居民委员会更名为龙虬庄居民委员会。至2000年末，全市共有64个居民委员会、502个居民小组。

2002年5月16日，高邮镇撤销禹王、珠湖、城中、南益街道办事处；将城区24个居民委员会调整撤并为15个社区居民委员会，其中新建金桥、康华2个社区居民委员会。8月15日，高邮经济开发区设立高沙园社区居民委员会。10月22日，汉留镇、郭集镇、菱塘回族乡、界首镇、天山镇共撤销9个居民委员会，组建7个社区居民委员会。10月25日，临泽镇撤销临泽街道办事处；高邮镇、卸甲镇、临泽镇共撤销9个居民委员会，组建8个社区居民委员会。10月29日，周山镇、甘垛镇共撤销3个居民委员会，组建3个社区居民委员会。11月18日，车逻镇、司徒镇、马棚镇、八桥镇、送桥镇共撤销5个居民委员会，组建5个社区居民委员会。11月20日，汤庄镇、龙虬镇共撤销4个居民委员会，组建4个社区居民委员会。12月20日，高邮经济开发区、横泾镇、周巷镇共撤销4个居民委员会，组建4个社区居民委员会。12月30日，三垛镇撤销6个居民委员会和三垛街道办事处，组建5个社区居民委员会。全市64个居民委员会、554个居民小组合并调整为52个社区居民委员会、452个居民小组。

至2005年，全市社区居民委员会数未变，居民小组调整为460个。

2002年高邮市社区居民委员会合并调整情况一览表

表1-6

乡镇	调整前居民委员会名	调整后社区名	社区驻地	居民小组（个）	人口（人）
高邮镇（17个）	公园、马棚	公园	高公桥	13	9890
	西塔	西塔	中山路	8	4722
	奎楼	奎楼	前观巷	16	8341
	小桥	小桥	焦家巷	12	7033
	水部楼、鼓楼	水部楼	庵巷	10	9266
	水关	水关	中山路	10	9856
	北海、海潮	北海	北海新村	12	7743
	御码、通湖	御码	菜市街	10	5423
	挡军、草巷、水泵厂	挡军	柏家巷	16	9024
	文游、航运、泰山	文游	人民路	10	7954
	南海、东塔	南海	南海新村	15	6777
	月塘、牛集、新巷	月塘	人民路	15	8259
	琵琶	琵琶	新华园	25	10950
	—	康华	康华园	12	5700
	—	金桥	金桥	12	6000
	沿河	沿河	高谢	3	2160
	湖滨	湖滨	湖滨	2	1286

续表 1-6

乡镇	调整前居民委员会名	调整后社区名	社区驻地	居民小组（个）	人口（人）
龙虬镇（2个）	龙虬庄	龙虬庄	大横桥	4	2328
	张轩	张轩	马奔庄	3	1056
马棚镇（1个）	金塘	金塘	马棚湾	9	3476
车逻镇（1个）	朝阳	朝阳	车逻	3	2561
八桥镇（1个）	八桥	八桥	八桥	6	1270
汉留镇（2个）	汉留	汉留	汉留	7	1800
	阳澄	阳澄	甸垛	5	2100
汤庄镇（2个）	金堰	金堰	沙堰	8	3144
	海陵	海陵	汤庄	4	1590
卸甲镇（3个）	东风	东风	卸甲	11	2100
	伯勤	伯勤	花阳	4	1225
	龙奔	龙奔	龙奔	3	900
三垛镇（5个）	前进	前进	三垛	7	2300
	东风、跃进	东风	三垛	18	2870
	光明	光明	三垛	9	2900
	兴龙	二沟	二沟	4	957
	武宁	武宁	北俞	3	817
甘垛镇（2个）	平胜	平胜	南宋	9	3564
	甘垛	甘垛	南甘垛	5	2100
司徒镇（1个）	司徒	司徒	柘垛	6	1539
横泾镇（1个）	横泾	横泾	三郎庙	3	722
界首镇（1个）	甓湖、四新、向阳	甓湖	太平街	19	5702
周山镇（1个）	杨庙	杨庙	杨家庙	3	2824
周巷镇（2个）	周巷	周巷	松板桥	5	1050
	营南	营南	营南	4	850
临泽镇（3个）	团结、寿松	临泽	团结巷	25	10485
	泰山村	泰山	交通巷	12	2759
	川青	川青	五里桥	4	1987
送桥镇（1个）	送桥	送桥	送驾桥	10	5876
郭集镇（1个）	柳集	郭集	柳坝	5	2450
天山镇（1个）	肖祠	天山	肖祠	7	2683
菱塘回族乡（2个）	文昌	文昌	菱塘桥	6	3460
	曙光	曙光	菱塘桥	6	3020
高邮经济开发区（2个）	东墩	东墩	东墩	6	2825
	高沙园	高沙园	泰北路	8	15000

第三章　地质　地貌

高邮湖西南部为低丘缓冈地貌，属第四纪以后堆积侵蚀阶地。运东地区位于里下河浅洼平原西部边缘，地域范围跨越京杭运河两侧，地貌以冲积平原为主。

第一节　地　质

境内地质构造位置处于高邮凹陷主体部位，并包含东荡（柘垛）、柳堡、菱塘低凹下一部分。高邮凹陷是苏北盆地南部东台凹陷内次一级构造单元，其北缘为建湖隆起，南界为江都隆起，西接金湖凹陷，东邻溱潼凹陷，为一近北东向的南陡北缓的箕状凹陷。其基底为古生代、中生代地层，中新生代地层为其盖层。地壳厚度约32千米。在新构造分区上，属华东平原沉降区内苏北中新生代断陷盆地强烈持续沉降区。

市境附近新生代沉积受凹陷南部断裂带、北部斜坡带、中部深凹带控制，且有南厚北薄的箕状断陷的沉积特征。深凹部位新生代沉积全而厚，为6千米。斜坡部位逐渐减薄，到低凸起上甚至缺失。

境内上第三纪上新世晚期有火山活动，形成天山镇土山露出地表的玄武岩，界首镇品祚村也钻探到火山喷发的岩层。上第三纪后，高邮地区在新构造运动体制下，仍属苏北拗陷持续强烈沉降区。第四纪后，多次受到东部海水浸淹，沉积类型以泻湖相和湖相为主。高邮湖西送桥、天山一带下蜀黄土，由河流堆积作用所形成，距今约20万年。晚更新世玉木冰期时（距今约5万～1.2万年），气候寒冷，海平面下降。其时，长江口约在镇江、扬州以上，长江所夹带的泥沙，呈放射状地堆积在东南部汉留一带。

根据新构造运动和地质钻探资料，沿京杭大运河一线，上第三系到第四系堆积物有陡坎，第四系沉积物两边厚度有差异，北西向断裂穿越附近，证明高邮附近曾是海岸边。此时，长江口上溯至镇江与扬州之间，此为冰后期最高海面，高邮北部淮河入海口在淮阴、涟水一带，高邮附近处于长江三角洲和淮河三角洲交汇的一个浅海湾。随着淮河与长江三角洲不断向东推进、连接，并受北西断裂控制，海湾退缩，西部持续抬升，东部持续下降。同时，东面受海浪横向冲击，形成南北走向沙堤，海湾逐渐演变成泻湖，后又由泻湖形成河湖交叉、水网密布的浅洼平原。南宋绍熙五年（1194），黄河在阳武决口，改道南流而夺淮入海，直到清咸丰五年（1855）弃淮北流。其600多年间，黄河带来的大量泥沙淤塞淮河入海道。淮河水遂经高邮向南入长江，逐渐在高邮西部低洼地区形成高邮湖。

第二节　地　貌

高邮市地处淮河流域下游，位于里下河浅洼平原西部边缘，地域范围跨越京杭运河两侧，地貌以冲积平原为主，低丘平冈比重不大。地势西南稍高，为低丘平冈；东北偏低，属里下河浅洼平原。

一、湖西低丘平冈区

高邮湖西南部菱塘、天山、送桥3个乡镇是低丘缓冈地貌，属第四纪后堆积侵蚀阶地，为镇仪六低山丘陵与平原交界处尾端，地势不高，多数海拔（以青岛海平面为零点，下同）1.5～20米，最高处天山海拔49.5米，相对高度约20米。天山岩石为气孔状玄武岩，灰黑色多孔，含铁量较高，由1200万年前火山熔岩形成。地貌特征是冈顶宽平，塝坡和缓，一般2～3度，冈、塝、冲比例约3∶5∶2。总面积1.14万公顷，其中耕地面积7236.47公顷。

二、湖西沿湖圩田区

该区位于高邮湖畔，地势平缓，略有高差，海拔5～6.5米。以郭集镇为主，包括送桥镇和菱塘回族乡沿湖一部分。总面积1.2万公顷，其中耕地面积6433.33公顷。圩区耕地和村镇建设用地，以历史上围湖造地为主；小部分为70年代围湖而成。

三、运东里下河浅洼平原区

运河以东属里下河浅洼平原地貌，由古泻湖淤积而成。里下河浅洼平原是随着海退成陆之后才开始现代成土过程的。大约在五六千年以前，这里是黄海南部的一个浅海湾。后来由于淮河与长江三角洲不断向东推进，海湾退缩。同时，东面又受海浪横向冲击，形成南北走向的沙堤，海湾逐渐演变成泻湖，后又由泻湖形成河湖交叉、水网密布的浅洼平原。南宋绍熙五年（1194），黄河在阳武决口，改道南流而夺淮入海。直到清咸丰五年（1855）弃淮北流。淮河水遂往高邮向南入江，逐渐在高邮西部低洼地区形成今天的高邮湖。运东地区一般海拔0.85～4.8米，相对高度0.85～3.85米，京杭大运河、子婴河沿线一般海拔3.85～4.85米，与兴化市交界处一带浅水湖荡地面海拔1.85米以下，东北部最低处海拔只有0.75米。此地貌平原可分为沿运高平田区、东部低洼圩田区。

沿运高平田区　位于京杭大运河以东、三阳河以西，地势高平，地面一般海拔2.5～5米。总面积6.11万公顷，其中耕地面积4.08万公顷。耕地原多为旱田，50年代后期利用京杭大运河自流灌溉，成为稻麦两熟田。

东部低洼圩田区　位于三阳河以东，地势低洼，腹部一般海拔2米左右，偏东地区更低，河网发达，湖荡交错，地下水位高，土壤湿度大，地面海拔1.8米以下的有3880公顷。这部分耕地，于1971年完成沤改旱后，涝渍大大减轻，为全市主要商品粮基地。

第四章　土壤　植被

1986～2005年，全市有可耕地总面积10.44万公顷，其中水稻土8.92万公顷、沼泽土1.49万公顷、潮土329.46公顷，分别占85.44%、14.27%、0.29%。植被类型属于落叶阔叶和常绿阔叶林过渡型。原生自然植被绝大部分成为人工植被，仅湖荡滩地残存少量由湿生和水生植物组成的沼泽草甸自然植被。

第一节　土　壤

一、土壤种类

根据全国第二次土壤普查资料，境内土壤类型以水稻土为主，分为3个土类、8个亚类、16个土属、38个土种。其中，黄杂土、黄乌土、黑乌土面积最大，达5.5万公顷，占全市可耕地面积52.68%，主要分布在中东部地区；砂姜土面积4054.05公顷，占水稻土面积的4.34%，主要分布在东南部地区；其余为湖田土、沼泽土、杂土等，多分布于湖荡地区。

2005年高邮市土壤分类情况一览表

表1-7

土类	亚类	土属	土种	面 积（公顷）	占土类比（%）	分布情况
水稻土	潴育型水稻土	马肝土	杂种土	3771.24	4.04	湖西低丘、缓冈
			马肝土	299.53	0.32	
			黄泥土	121.05	0.13	
		黄杂土	黄杂土	11395.68	12.21	临泽镇、界首镇、高邮镇、龙虬镇、车逻镇、周巷镇、周山镇、高邮经济开发区、卸甲镇
			沙心黄杂土	1831.89	1.96	卸甲镇、龙虬镇、车逻镇、高邮镇、马棚镇
			沙底黄杂土	38.07	0.04	界首镇、临泽镇
			底黑黄杂土	4039.04	4.32	临泽镇、周巷侦、周山镇、界首镇
			沙心黄沙土	258.12	0.28	高邮镇、周山镇、界首镇、临泽镇、高邮经济开发区
			沙底黄沙土	460.08	0.49	临泽镇
			底黑沙心黄沙土	1186.74	1.27	临泽镇
		黄乌土	黄乌土	14697.72	15.75	龙虬镇、车逻镇、三垛镇、卸甲镇等
			底黑黄乌土	7129.92	7.64	龙虬镇、卸甲镇
			薄层黄乌土	1308.87	1.40	卸甲镇、八桥镇、小泾沟与张叶沟之间
		砂姜土	上位砂姜土	509.04	0.54	甘垛镇、汉留镇
			中位砂姜土	2647.37	2.84	汤庄镇、汉留镇、卸甲镇、三垛镇、高邮镇、八桥镇
			下位砂姜土	897.64	0.96	三垛镇、汉留镇等
	脱潜型水稻土	乌沙土	乌沙土	5688.18	6.10	汉留镇、三垛镇、甘垛镇、卸甲镇
			薄层乌沙土	1222.95	1.31	汉留镇、三垛镇
			夹沙乌沙土	349.93	0.38	三垛镇、汤庄镇
			腰黑乌沙土	2981.32	3.20	三垛镇、汤庄镇
		黑乌土	黑乌土	10148.71	10.88	横泾镇、龙虬镇、司徒镇、甘垛镇、汤庄镇
			铁底黑乌土	2526.27	2.71	横泾镇、甘垛镇、周巷镇
	脱潜型水稻土	乌杂土	乌杂土	4307.72	4.62	周巷镇、车逻镇、界首镇、临泽镇、马棚镇
			底黑乌杂土	4138.35	4.44	临泽镇、高邮经济开发区、马棚镇、周巷镇、周山镇
	潜育型水稻土	冷土	冷土	507.77	0.54	天山镇、菱塘回族乡、送桥镇地势低的冲田
		湖田土	湖田土	2157.12	2.31	高邮湖西、沿高邮湖、围垦区
			半垦湖田土	579.28	0.62	高邮镇（淮河入江引洪道）
		乌黏土	乌黏土	340.25	0.36	零星分布在东部低洼圩田区的甘垛镇、横泾镇

续表 1-7

土类	亚类	土属	土种	面 积（公顷）	占土类比（%）	分布情况
水稻土	侧渗型水稻土	白土	白土	931.65	1.00	高邮湖西低丘平冈坡地上
			杂白土	5661.03	6.07	高邮湖西低丘平冈
			黄白土	441.50	0.47	天山镇
	漂洗型水稻土	黄白杂土	黄白杂土	734.17	0.79	高邮镇、周山镇、车逻镇、周巷镇、龙虬镇、卸甲镇
潮　土	黄潮土	园田黄潮土	果园黄杂土	154.88	47.01	高邮鸭业园区、周巷镇
			菜园黄杂土	174.58	52.99	高邮镇
沼泽土	耕种沼泽土	耕种沼泽土	草渣土	1692.56	11.38	卸甲镇、车逻镇、临泽镇
			熟化草渣土	803.83	5.41	车逻镇、横泾镇、八桥镇、龙虬镇、司徒镇
	沼泽土	腐殖质沼泽土	草田土	4153.33	27.93	运东草荡地区
		淤泥沼泽土	湖淤土	8220.00	55.28	淮河入江水道（高邮镇）、界首镇

二、土壤肥力

1982～2005年，根据土壤调查资料显示，全市耕地土壤耕作层养分含量平均为：有机质3%、氮0.2%、有效磷16.2毫克/千克、速效钾143.4毫克/千克；pH值（酸碱度）5.7～8.1，平均6.9（中性）；微量元素含量平均为：有效硅241.5毫克/千克、有效锌0.87毫克/千克、水溶态硼0.16毫克/千克。沼泽土有机质含量平均3.5%、有效磷平均18毫克/千克、速效钾平均157.2毫克/千克，水稻土有机质含量平均2.8%、有效磷平均15.1毫克/千克、速效钾平均130.8毫克/千克，潮土有机质含量平均2.8%、有效磷平均23.8毫克/千克、速效钾平均155.3毫克/千克。

耕地养分时空分布变化很大，有机质含量呈现先降后升趋势。1982～1990年，呈下降趋势。1990～2005年，呈上升趋势。有机质前8年下降主要是由于农田承包到户，化肥施用量增加，有机肥积造量下降，加上80年代杂交稻大面积推广，产量提高，耕地有机质消耗增大。90年代，大力推广秸秆还田，有效补充耕地有机质，有效磷含量呈现上升趋势。1982～2005年，有效磷含量上升近3倍；速效钾含量1982～1995年下降6.8%，1995～2005年上升31.1%。磷肥含量变化与化肥使用量有关。

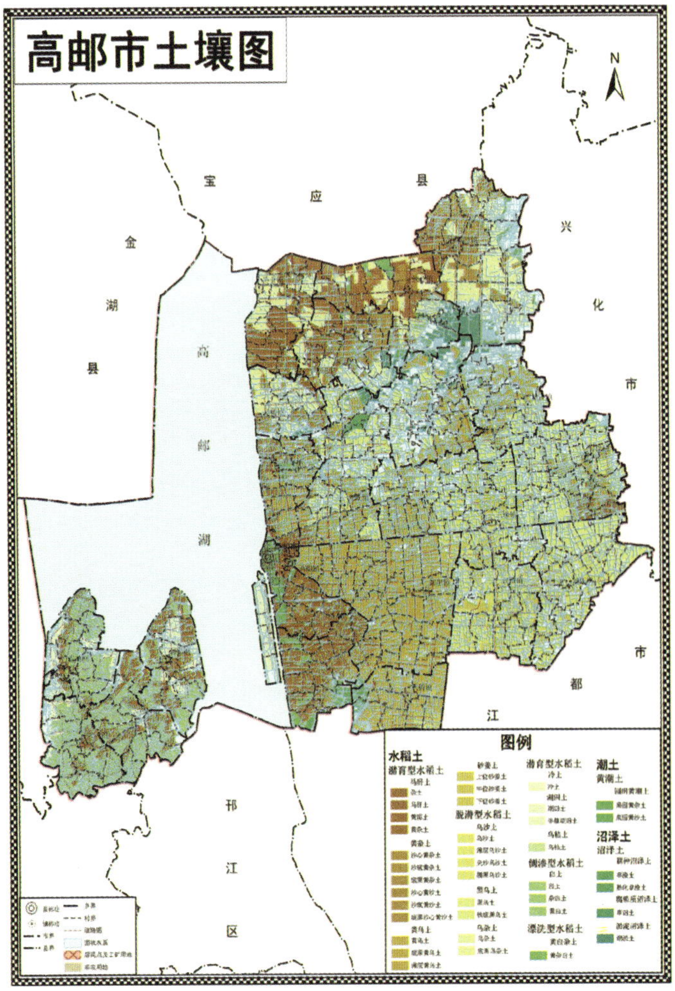

图1-3　2005年高邮市土壤种类分布示意图

1982～2005年部分年份高邮市耕地养分含量一览表

表1-8

年份＼项目	有机质（克/千克）	有效磷（毫克/千克）	速效钾（毫克/千克）	年份＼项目	有机质（克/千克）	有效磷（毫克/千克）	速效钾（毫克/千克）
1982	22.50	5.72	117	2000	28.05	12.87	124
1990	18.64	6.02	109	2005	30.17	16.08	139
1995	24.40	7.34	106				

三、土壤等级

2005年，按照高邮市耕地地力评价指标体系和方法，对每一个评价单元进行等级划分。被列入评级的耕地土壤面积7.7万公顷，土壤类型以水稻土为主，其余为沼泽土和潮土。采用累积频率曲线法对全市耕地生产性能综合指数（IFI）进行评价，将耕地划分为4个等级。

一级土壤耕地　面积0.68万公顷，占耕地面积8.8%，主要分布在龙虬、司徒、卸甲和周山镇，分别占4个镇耕地面积34.2%、10.3%、10.8%和10.4%；马棚、横泾、临泽镇和高邮经济开发区也有分布。主要土种为黑乌土、底黑黄乌土。土壤地貌类型为低田，成土母质主要为湖相沉积物。土壤质地以重壤为主，耕作层平均厚度13厘米，pH值6.9，有机质平均含量35.1克/千克，有效磷平均25.1毫克/千克，速效钾平均145毫克/千克，有效锌、硼、硅平均分别为0.92毫克/千克、0.32毫克/千克、283毫克/千克。灌溉模数3.31立方米/秒·平方千米，排涝模数0.69立方米/秒·平方千米。

二级土壤耕地　面积4.63万公顷，占耕地面积60.1%，主要分布在界首、周山、周巷、临泽、三垛、甘垛、汤庄镇。主要土种为黄杂土、黄乌土、底黑乌杂土、黑乌土。土壤地貌类型为低田、平田，成土母质主要为黄淮冲积物、湖相沉积物。土壤质地以重壤为主，耕作层平均厚度13厘米，pH值6.9，有机质平均含量29.9克/千克，有效磷平均15.8毫克/千克，速效钾平均136毫克/千克，有效锌、硼、硅平均分别为0.89毫克/千克、0.15毫克/千克、236毫克/千克。灌溉模数3.26立方米/秒·平方千米，排涝模数0.68立方米/秒·平方千米。

三级土壤耕地　面积1.82万公顷，占耕地面积23.7%，主要分布在汉留、郭集镇，分别占两个镇耕地面积97.4%、100%。主要土种为乌沙土、中位砂姜土、杂土。土壤地貌类型为沿湖圩田，成土母质主要为长江冲积物、下蜀黄土。土壤质地以中壤为主，耕作层平均厚度12厘米，pH值6.9，有机质平均含量22.7克/千克，有效磷平均10.5毫克/千克，速效钾平均118毫克/千克，有效锌、硼、硅平均含量分别为0.84毫克/千克、0.19毫克/千克、254毫克/千克。灌溉模数3.4立方米/秒·平方千米，排涝模数0.70立方米/秒·平方千米。

四级土壤耕地　面积0.57万公顷，占耕地面积7.4%，主要分布在天山、菱塘和送桥等乡镇，分别占3个乡镇耕地面积99.8%、66.4%和56.2%。主要土种为杂白土、白土。土壤地貌类型为低平丘冈，成土母质主要为下蜀黄土。土壤质地以重壤为主，耕作层平均厚度11厘米，pH值6.8，有机质平均含量20.8克/千克，有效磷平均11.4毫克/千克，速效钾平均124毫克/千克，有效锌、硼、硅含量平均分别为1.04毫克/千克、0.21毫克/千克、266毫克/千克。灌溉模数3.32立方米/秒·平方千米，排涝模数0.7立方米/秒·平方千米。

第二节　植　被

一、自然植被

根据土地资源调查，全市有荡滩地2.14万公顷，其中高邮湖区1.2万公顷、运东地区9400公顷。80年代起，因大面积围垦，运东地区荡滩地面积锐减。至2005年，1平方千米以上湖荡尚剩7处，即菜花荡（15平方千米）、官垛荡（14平方千米）、白马荡（7平方千米）、洋汊荡（3平方千米）、唐墩荡（1.8平方千米）、耿家荡（1.5平方千米）、司徒荡（1平方千米）。湖荡滩地植物主要有水生植物、湿生植物两种类型。湖滨处长有芦苇、荻、菰蒲等挺水植物，浅水处长有菱角、芡实、莼菜、荇等浮叶植物，深水处长有马来眼子菜、苦草、聚草、金鱼藻等沉水植物。湿生植物生长在湖滨，主要有蒌蒿、艾蒿、鸭跖草、盒子草、泽兰、水葱、水蜈蚣等。杂草分布于十边隙地和林木、农田中。

二、农田植被

1986～2005年，全市植被面积以农田植被为主，耕地面积7.74万公顷。在农田植被中，秋播夏熟作物以小麦、大麦、油菜为主，大小麦种植4.32万公顷、油料作物种植1.28万公顷，两者占耕地面积72.4%。秋熟作物以水稻为主，种植面积5.44万公顷，约占耕地面积70.3%；蔬菜、棉花、豆类及其他农作物种植面积分别为4600公顷、3600公顷、3300公顷、2700公顷。

三、林木植被

以农田林网及"四旁"（路旁、沟旁、渠旁和宅旁）植树为主。2005年，全市森林覆盖面积2.04万公顷，其中林地1.51万公顷、国家特别规定的灌木林地800公顷、"四旁"树折算面积4500公顷，森林覆盖率16.8%。树种以意杨为主的速生丰产用材林。花木多见于居民庭院，部分镇、村有花木基地。

第五章　气候　物候

高邮市属北亚热带湿润季风气候区，气候温和，雨量充沛，季风显著，四季分明。自然生长的植物候一般为春季开花、夏季结果、秋季成熟。90年代中后期，始发展人工大棚种植的反季节蔬菜。候鸟等动物亦遵循一定的自然规律。

第一节　四季特征

一、春季

4月初入春，温度回升缓慢。1986～2005年，季均气温14℃。主要气候特点为雨水增多，季均降水量208.7毫米；冷空气活动频繁，连阴雨天气较多；季内多东南风，风向多变，多大风。农时节令为春分至芒种。

二、夏季

6月中旬入夏，高温高湿，季均气温26℃，随即进入一段梅雨期。其间，雨量集中，大雨、暴雨增多，季均降水量560.1毫米，易发生洪涝及各类强对流天气。梅雨过后常出现伏旱。风向多南、东南。农时节令为芒种至秋分。

三、秋季

9月中旬入秋，气候凉爽，季均气温17℃；秋雨时多时少，季均降水164.4毫米；多东北、东风。农时节令为秋分至立冬。

四、冬季

11月上旬入冬，气候寒冷，季均气温4℃，北方冷空气频繁南下，寒潮出现次数多，时有霜冻出现，多干燥、晴冷天气；降水偏少，季均降水112.5毫米；盛行北到西北风。农时节令为立冬至春分。

第二节 气象要素

一、气压

全市年平均气压1016.3百帕，与前期1953～1985年资料（简称前期）比较，变化不大。其间，气压最高年份是2000年，最高气压1046.1百帕；气压最低年份是1992年，最低气压990.5百帕。

1986～2005年高邮市各月平均气压及最大、最小极值一览表

表1-9 单位：百帕

项目 \ 月份		1	2	3	4	5	6	7	8	9	10	11	12	全年
各月平均值		1026.5	1024.7	1020.2	1014.6	1010.1	1005.5	1003.9	1006.2	1012.9	1019.7	1023.7	1027.2	1016.3
最大极值	极值	1046.1	1043.9	1038.7	1035.3	1024.0	1019.6	1014.3	1017.4	1024.9	1034.7	1042.1	1043.9	1046.1
	年份	2000	1996	2004	1991	1992	2004	1998 1992	1993	1987	1997	1987	1995	—
	日期	31	19	7	1	10	1	4 3	30	26	31	29	25	—
最小极值	极值	1008.6	1002.0	999.4	995.6	993.2	993.8	994.1	992.6	990.5	1004.0	1004.7	1012.0	990.5
	年份	1988	1996	1988	1996	1988	1996	1994	1997	1992	2002	1997	1989	—
	日期	21	14	14	16	7	19	12	19	1	18	25	3	—

二、气温

全市年平均气温15.3℃，与前期相比，偏高0.9℃。极端最高气温39.8℃，出现在2003年8月2日。该数值比1959年8月创下的38.5℃的最高值高1.3℃。最低气温-10.3℃，出现在1991年12月30日，其数值未超过1955年1月-18.5℃的最低值。一年中，最冷月份1月，平均气温2.3℃；最热月份7月，平均气温27.6℃。

1986～2005年高邮市各月平均气温一览表

表1-10 单位：℃

年份 \ 月份	1	2	3	4	5	6	7	8	9	10	11	12	全年
1986	1.3	2.2	8.2	13.5	20.0	24.3	25.8	26.2	21.7	15.5	9.4	3.9	14.3
1987	3.2	4.4	6.4	13.0	19.3	23.0	26.0	26.7	21.9	17.9	10.5	3.4	14.6
1988	2.5	2.0	6.2	14.5	19.5	23.7	29.1	25.8	21.7	16.8	10.0	4.6	14.7
1989	3.1	3.4	8.6	14.1	19.0	23.6	25.8	25.8	22.3	17.0	9.2	5.3	14.8
1990	1.4	3.6	9.6	13.7	19.9	25.3	28.6	27.7	22.6	16.9	11.8	4.2	15.4

续表 1-10

年份＼月份	1	2	3	4	5	6	7	8	9	10	11	12	全年
1991	2.3	4.0	6.5	13.1	18.8	23.7	27.2	26.0	22.1	16.5	10.1	4.0	14.5
1992	1.6	4.9	6.7	14.8	20.5	23.3	28.0	26.0	22.1	15.4	9.5	5.0	14.8
1993	0.7	5.0	7.8	14.3	18.9	24.8	26.2	25.1	22.9	17.2	10.6	3.5	14.8
1994	2.9	3.6	8.0	15.5	22.1	24.7	30.1	28.4	23.4	17.1	12.7	6.2	16.2
1995	2.8	4.2	9.5	13.8	19.8	23.5	27.7	28.1	23.0	17.5	9.9	3.3	15.3
1996	2.0	2.7	7.1	14.0	19.5	24.7	26.5	27.1	23.0	17.4	9.9	4.7	14.9
1997	1.2	4.4	9.3	14.7	22.0	25.4	27.1	27.2	21.6	18.4	11.0	5.2	15.6
1998	1.8	5.7	8.6	16.8	19.5	23.4	28.7	28.1	23.5	18.6	13.0	5.7	16.1
1999	5.7	5.8	8.4	14.8	20.6	23.0	26.0	25.8	24.4	17.0	10.5	5.0	15.4
2000	1.8	2.7	10.0	15.9	21.2	24.7	28.3	27.6	23.1	17.6	9.5	6.2	15.7
2001	2.9	4.6	9.7	14.5	22.0	24.3	29.2	26.5	23.3	18.2	10.6	4.2	15.8
2002	4.6	6.8	11.5	16.0	19.1	26.2	28.3	26.5	23.5	17.6	10.4	4.5	16.3
2003	1.4	5.0	8.7	14.5	19.5	24.9	26.8	26.8	24.2	17.2	11.0	4.3	15.4
2004	2.4	7.3	9.3	16.0	20.5	24.8	29.1	27.5	23.1	17.5	12.7	6.2	16.4
2005	1.1	2.0	8.2	17.4	20.7	27.1	27.9	26.5	24.0	17.3	13.3	3.3	15.7
平均	2.3	4.2	8.4	14.7	20.1	24.4	27.6	26.8	22.9	17.2	10.8	4.6	15.3

三、地温

全市零厘米年平均地温17.7℃，比年平均气温高2.4℃。四季中，夏季地面平均温度最高，7月是全年最高月；冬季地面平均温度最低，1月是全年最低月。地面极端最高气温66.7℃，分别出现在1994年7月5日、2002年7月15日；地面极端最低气温-15.1℃，出现在2000年1月28日。5～20厘米年平均地温16.9℃～17℃。

1986～2005年高邮市各月地面平均温度、极端温度一览表

表 1-11　　单位：℃

项目＼月份		1	2	3	4	5	6	7	8	9	10	11	12	全年
平均温度		2.9	5.5	10.5	18.2	24.1	27.8	31.3	30.3	26.2	19.1	11.5	4.8	17.7
最低温度	地温	-15.1	-14.2	-8.4	-4.0	4.1	11.1	17.2	16.4	6.9	-2.1	-8.6	-14.0	-15.1
	年份	2000	1990	1986	1993	1991	2004	1997	1992	1987	1986	1993	1991	—
	日期	28	1	2	11	2	1	7	20	26	30	24	30	—
最高温度	地温	28.3	40.5	45.8	56.0	62.9	60.5	66.7	63.9	58.1	50.6	41.7	28.5	66.7
	年份	2002	1992	2003	2005	2001	1987	1994 2002	2002	2002	1994	2003	1989	—
	日期	11	29	30	29	24	5	5 15	4	2	1	2	3	—

1986～2005年高邮市各月5～20厘米平均地温一览表

表1-12　　　　　　　　　　　　　　　　　　　　　　　　　　单位:℃

项目＼月份	1	2	3	4	5	6	7	8	9	10	11	12	全年
5厘米	3.7	5.7	9.8	16.7	22.1	25.8	29.2	28.8	25.2	18.8	11.8	5.6	16.9
10厘米	4.2	5.8	9.8	16.2	21.7	25.5	28.8	28.8	25.2	19.3	12.5	6.5	17.0
15厘米	4.6	6.0	9.6	15.8	21.0	24.9	28.1	28.3	25.1	19.5	12.9	6.9	16.9
20厘米	5.1	6.2	9.6	15.5	20.6	24.5	27.7	28.0	25.1	19.8	13.4	7.5	16.9

四、湿度

全市年平均相对湿度76%。月平均相对湿度以8月最大，为84%；12月最小，为72%。年最小相对湿度出现在2月，为20%。

1986～2005年高邮市各月平均湿度一览表

表1-13　　　　　　　　　　　　　　　　　　　　　　　　　　单位:%

项目＼月份	1	2	3	4	5	6	7	8	9	10	11	12	全年
平均湿度	75	73	74	73	74	76	82	84	80	74	74	72	76
最小湿度	24	20	21	21	21	25	47	45	29	24	24	24	—

五、风

全市年平均风速2.5米/秒。其中，4月平均风速最大，为2.9米/秒；10月、11月平均风速最小，为2.3米/秒。一年中，最大风速14.3米/秒，风向为南，出现在1994年7月15日。年平均大风日数较少，仅4日。

1986～2005年高邮市各月平均风速及最大风速、风向一览表

表1-14　　　　　　　　　　　　　　　　　　　　　　　　　　单位:米/秒

项目＼月份		1	2	3	4	5	6	7	8	9	10	11	12	全年
平均风速		2.4	2.6	2.8	2.9	2.7	2.5	2.5	2.4	2.4	2.3	2.3	2.4	2.5
最大风速风向	风速	11.3	12.7	12.3	12.7	13.3	13.0	14.3	13.0	13.2	11.0	14.0	11.3	—
	风向	NW	WNW	ENE	W	NNE	N	S	ENE	NE	ENE	NNW	NNE	—
	年份	1997	1995	1987	1987	1993	2005	1994	1997	2005	2002	1995	1998	—
	日期	1	27	6	21	25	2	15	19	12	18	7	1	—

说明:E东、S南、W西、N北、NE东北、NW西北、WNW西北北、ENE东北东、NNE北北东、ENE东北东、NNW北北西。

六、降水

全市年平均降水量1044.6毫米，比前期年平均降水量多30.2毫米。年际间平均降水量相差大，降水量最多的是1991年，为1823.9毫米；降水量最少的是2001年，为684.6毫米。一年中，7月降水最多，平均降水量213.9毫米；12月降水最少，平均降水量30.5毫米。

1986～2005年高邮市年平均降水量及各月降水量一览表

表1-15 单位：毫米

年份＼月份	1	2	3	4	5	6	7	8	9	10	11	12	全年
1986	10.8	2.8	58.6	29.8	47.6	231.3	326.2	119.0	28.8	34.2	40.8	29.9	959.8
1987	37.5	52.4	95.2	96.6	80.9	55.8	454.5	252.9	14.7	96.1	103.9	—	1340.5
1988	4.1	46.2	58.1	32.4	131.9	309.7	144.1	47.0	78.4	24.0	1.5	10.6	888.0
1989	51.1	69.4	17.3	103.6	36.9	119.9	158.3	148.8	109.9	9.3	151.6	21.1	997.2
1990	30.3	97.3	78.4	49.5	76.2	162.3	86.7	229.5	150.5	33.7	73.4	26.4	1094.2
1991	36.9	75.1	219.3	23.1	79.2	354.6	688.5	144.7	132.9	12.5	17.0	40.1	1823.9
1992	53.2	10.2	113.2	74.3	57.7	103.6	97.4	169.6	107.1	104.7	4.8	24.7	920.5
1993	82.3	56.7	84.5	28.7	88.1	217.9	172.9	176.8	14.7	46.2	77.4	15.4	1061.6
1994	9.6	42.8	23.4	99.2	112.9	92.4	51.4	64.9	91.6	32.8	28.0	31.4	690.4
1995	21.3	21.5	30.5	88.4	71.4	101.1	130.9	201.7	27.4	20.3	0.1	12.6	727.2
1996	47.0	25.1	122.8	26.7	31.7	238.2	308.4	29.3	70.9	71.3	138.3	15.0	1124.7
1997	17.4	22.9	80.0	29.7	71.1	110.9	160.5	239.7	31.6	7.9	84.2	84.3	940.2
1998	132.7	34.1	147.1	142.0	178.1	283.1	233.3	136.1	33.7	51.2	9.7	25.3	1406.4
1999	22.3	18.5	67.9	44.9	81.2	155.0	59.1	241.6	27.0	165.5	16.0	0.1	899.1
2000	57.0	28.0	23.2	13.0	83.4	263.9	100.0	76.3	68.7	61.1	88.5	14.8	877.9
2001	104.7	43.0	3.7	38.6	7.9	108.3	88.6	136.8	0.4	32.5	36.4	83.7	684.6
2002	17.4	31.0	121.6	68.0	114.2	36.1	70.5	218.1	58.5	130.8	0.9	67.4	934.5
2003	41.0	45.6	92.1	88.8	20.7	158.7	525.6	321.5	77.8	60.6	55.2	29.4	1517.0
2004	41.0	4.9	36.2	53.4	57.0	117.6	133.1	172.7	25.8	6.9	63.8	22.9	735.3
2005	26.3	68.5	47.1	60.0	35.2	165.7	288.4	410.5	99.4	8.6	35.9	23.8	1269.4
平均	42.2	39.8	76.0	59.5	73.2	169.3	213.9	176.9	62.5	50.5	51.4	30.5	1045.7

七、日照

全市年平均日照时数2069.5小时。各月日照时数以8月最多，为201小时；2月最少，为142.5小时。年日照时数季节分配量：春季536.3小时、夏季566.2小时、秋季532.6小时、冬季434.4小时。

1986～2005年高邮市月均日照时数一览表

表1-16 单位：小时

项目＼月份	1	2	3	4	5	6	7	8	9	10	11	12	全年
平均时数	142.9	142.5	159.7	178.5	198.1	170.9	194.3	201.0	185.4	182.8	164.4	149.0	2069.5

八、蒸发量

全市年平均蒸发量1142.6毫米。其中，1994年蒸发量最多，为1489.5毫米；1999年蒸发量最少，为743.1毫米。

1986～2005年高邮市月均蒸发量一览表

表1-17　　单位:毫米

月份 项目	1	2	3	4	5	6	7	8	9	10	11	12	全年
平均蒸发量	37.4	48.1	76.5	100.8	140.2	137.5	142.6	134.8	118.1	99.6	63.3	43.7	1142.6

九、雾

全市年平均大雾日数51天。其中,年最多大雾日数出现在1987年,为70天;年最少大雾日数出现在2001年、2003年,为36天。

1986～2005年高邮市各月雾日一览表

表1-18　　单位:天

月份 项目	1	2	3	4	5	6	7	8	9	10	11	12	全年
最多雾日	11	8	7	10	9	9	7	11	9	9	13	10	—
最少雾日	1	0	0	1	2	1	0	0	0	0	1	0	—
平均雾日	4.8	3.7	3.8	4.6	4.6	4.3	3.0	3.7	3.7	4.6	5.3	4.9	51

十、霜

全市平均初霜期10月30日,终霜期3月23日,年平均无霜期220天。其中,1998年,无霜期最长,为240天;1991年,无霜期最短,为199天。

十一、雪

全市降雪初日平均在12月中旬,最早是2000年11月11日,最晚是2002年1月8日。平均终雪日为3月上中旬,最早是1995年、1997年的2月4日,最晚是1998年4月1日。最大积雪深度17厘米,出现在1996年1月18日。

十二、雷暴

全市年均出现雷暴日数31.8天。其中,1987年、2005年,雷暴日数最多,为43天;1996年、1999年,雷暴日数最少,为18天。雷暴发生最多月份是7月、8月,1987年8月单月发生雷暴天数最多,达18天。

第三节　物　候

一、植物候

小麦　10月下旬播种,11月上旬出苗,11月中下旬分蘖,12月中旬越冬。次年2月下旬返青,3月下旬拔节,4月下旬抽穗、开花,5月上旬灌浆,5月末乳熟,6月上旬成熟。

水稻　5月中旬播种、出苗,6月中下旬移栽,6月下旬活株,7月上旬分蘖,7月下旬拔节,8月下旬抽穗,9月上旬开花、灌浆,10月上旬乳熟、成熟。

油菜　9月下旬播种,10月上旬出苗、齐苗,11月初移栽,12月中旬越冬。次年2月中旬返青、抽薹，3月下旬开花，4月中旬灌浆，5月末乳熟，6月上旬成熟。

杨树　3月上中旬萌芽，3月中旬开花，3月下旬至4月上旬展叶，4月下旬至5月上旬果实成熟，11月中下旬落叶。

柳树　2月下旬萌芽，3月上中旬展叶，4月上旬开花，5月中下旬果实成熟，12月上中旬落叶。

水杉　3月上中旬萌芽，3月中下旬展叶，3月开花，10～11月果实成熟，10月下旬秋叶变色，11月下旬落叶。

梨　3月中旬萌芽期，4月中旬开花期，7月下旬至8月中旬采收期，11月下旬落叶期。

桃　3月中旬萌芽期，4月上旬开花期，5月下旬至6月下旬采收期，11月中旬落叶期。

葡萄　4月上旬萌芽期，5月上旬开花期，7月下旬至8月初采收期，11月下旬落叶期。

二、动物候

鸟候　燕子4月营巢檐下，10月南迁。布谷鸟（大杜鹃）5月始鸣。

其他动物候　青蛙3月始鸣，11月绝鸣。蝉6月始鸣，10月绝鸣。蛇3月出洞，11月冬眠。蜜蜂3月中旬春繁，下旬至4月上旬放蜂采蜜，7～8月中旬越夏防暑，8月下旬秋繁，10月下旬越冬保养。

第六章　水系　水文

全市湖荡河流属淮河水系，以京杭大运河为界分为东中西3个部分，西部是高邮湖及低丘平冈地区的山塘，中部是贯穿南北的京杭大运河，东部为里下河水网。共有市乡骨干河流224条，总长1465.74千米；有高邮湖（境内面积占55.32%）、邵伯湖（境内面积占25.97%）、渌洋湖（境内面积占21.06%）、东湖等4湖和11荡，总面积551.38平方千米。水网密度2.83千米/平方千米。径流总量1.5亿立方米。高邮湖、京杭运河高邮段、里下河三垛等3处标志性水位年均值分别为5.86米、6.52米、1.37米。

第一节　水　系

一、高邮湖及低丘平冈地区水系

高邮湖是淮河入江水道重要通道，也是高邮市、仪征市、江都市、邗江区、金湖县和安徽省天长市农田灌溉水源。主要入湖河道为淮河入江水道改道段和天菱河、向阳河、状元沟及高邮湖西丘陵山区其他河流及涧塘。淮河入江水道上接洪泽湖三河闸，下经邵伯湖至廖家沟、三江营入江，共长156千米，分为上、中、下3段。其中，高邮湖以上至三河闸为上段，长55千米；高邮湖至邵伯湖为中段，长60千米；邵伯湖六闸以下为下段，称归江河段，由壁虎河、新河、凤凰河、太平河、金湾河、运盐河汇入芒稻河、廖家沟，再由小夹江至三江营入长江，长41千米。该水系流域包括淮河上中游、高邮湖入江水道等，面积15.82万平方千米。

二、京杭大运河水系

京杭大运河高邮段为高邮沿运地区农田自流灌溉和高邮城区自来水水源。历史上，运河东西两堤设置泄水闸洞，今仅存东堤子婴闸、界首小闸、头闸、车逻闸和周山洞、市自来水厂引水洞、南水关洞、琵琶洞、南关洞、八里松洞、车逻洞等4闸7洞。80～90年代，修建的高邮运东船闸、运西船闸分别沟通京杭大运河与里下河地区、高邮湖地区航道。

三、里下河水系

高邮运东里下河地区地势低洼，河流纵横。南北向三阳河、澄潼河、张叶沟、第三沟、人字河、小泾沟和东西向子婴河、北澄子河、南澄子河、东平河、横泾河、六安河、新六安河、二里大沟等主要河流，与其他180条市乡骨干河流构成运东里下河地区骨干河网。该水系境内流域面积1310平方千米。遇到干旱年份，通过三阳河自引或抽引长江水入运东里下河河网，补充该水系水量；高邮运东里下河地区受涝时，北澄子河以北地区涝水以东排为主，南北分流，向东向北流经兴化市沙沟荡、下官河，再由射阳河、黄沙港入海；北澄子河及以南地区涝水经北澄子河、南澄子河向东流入兴化市南官河、卤汀河、车路河、蚌蜒河，再由斗龙港入海。

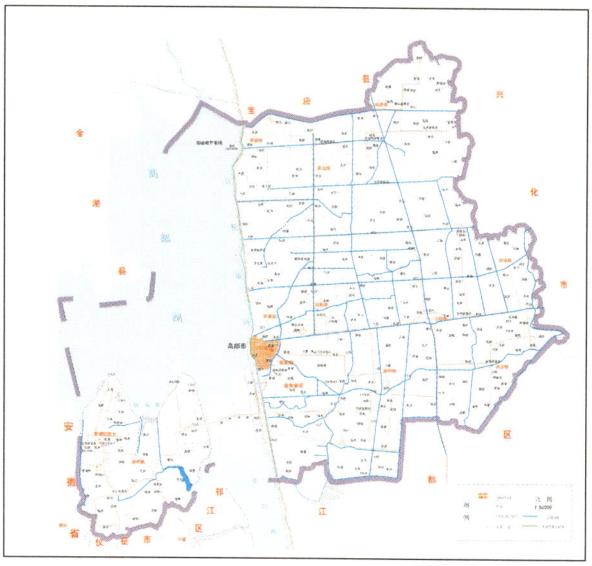

图1-4　2005年高邮市水系示意图

第二节　河　道

1986～2005年，全市共有市乡骨干河道224条，总长1465.74千米。其中，市骨干河道44条，共长631.2千米；乡镇骨干河道177条，共长803.84千米。

一、市骨干河流

京杭大运河高邮段　为国家二级航道，是境内航运、灌溉、防洪、排涝重要河道，也是南水北调主要河流之一。北起高邮、宝应交界的子婴闸，经过界首镇、马棚镇、高邮经济开发区、高邮镇、车逻镇，南至江都市邵伯镇北露筋，全长44.43千米。西堤顶宽6～12米，堤顶真高12.5米；东堤顶宽10～15米，堤顶真高10.5～11米；河道底宽70～90米，河口宽120～150米，河底真高2米。其中，城区段（北起磨盘坝，南至琵琶洞）河底宽70米，河底真高2米，弯道半径大于800米；南端镇国寺塔湾附近弯道半径750米，底宽60米。正常水位6～6.5米。

三阳河高邮段　古称山阳渎，又称山阳河，为里下河腹部地区排引干河。三阳河南起新通扬运河（宜陵闸西），北经江都市樊川至东汇入汉留镇，过南澄子河、北澄子河，穿三垛、武宁、司徒、横泾、周巷，过东平河、横泾河、六安河，经临泽过子婴河入宝应杜家巷，北接潼河。全长近70千米，其中境内43.85千米。三阳河境内分为南北两段。南段河道于1973～1977年拓浚至三垛镇与北澄子河交汇，长15.6千米，底宽30米，河底真高-4米。北段河道于2002年12月开工，2005年4月竣工，流经三垛、司徒、横泾、周巷、临泽5个镇，长28.25千米。其中，司徒集镇段2.9千米，河底真高-5.5米，河底宽50米，坡比1∶3；其他河段河底真高-3.5米，河底宽30米，坡比1∶3。

子婴河　古称子婴沟。北距宝应县城30千米，南距高邮城区亦为30千米，为两地界河。全长25.5千米，其中境内17千米。河底宽4～10米，河口真高1.5～0.5米，坡比1∶2。其支河有塘河、赵家河、胭脂沟、竹林沟等。

北澄子河　始凿于宋元祐元年（1086），南宋绍熙五年（1194）后开挖成河。古名运盐河，亦名闸河、东河、漕河。西起高邮运东船闸上游大运河入口，与三阳河相交汇三垛镇，东至甘垛镇河口，向东直通兴化南官河，全长38.5千米。为高邮市运东中部地区东西向的引水、排水、通航主要骨干河道之一。1985年，运东船闸建成，该河与京杭大运河通航。1987年10月，为适应里下河水运交通发展需要，按五级航道标准，对北澄子河进行整治。整治后，河底宽30米，河底真高-2米，弯道曲率半径300～500米。

南澄子河　古名城子河。西起高邮镇黄渡村，经车逻镇、卸甲镇、汉留镇，东至汤庄镇集镇，接入蚌蜒河，为高邮市运东偏南地区东西向主要排引干河。全长35.07千米。1991年至1993年汛前，对该河分段进行整治。小泾沟至阁子口段河底宽15～18米、真高-1.5米，阁子口至车逻段河底宽10米、真高-1米，坡比1∶2。

人字河　因河口成人字形，故名。在城区东北，是高邮市中北部南北向干河。南起北澄子河边二沟集镇，经三垛镇、龙虬镇、司徒镇、周山镇，北至周巷镇姚夏村入白马荡。全长17.3千米。河底宽20～25米，河底真高-0.5～1米，坡比1∶2。

第三沟　是高邮市东部地区一条南北向干河。南起北澄子河，北至横泾镇侍官庄入官垛荡。该河沟通东平河、新横泾河及新六安河等3条东西向骨干大河，对三垛、甘垛、横泾等镇排引、交通有很大作用。全长15.5千米。1997年，对东平河至新横泾河段进行整治，局部适当裁弯。河底宽20米，河底真高-2米，坡比1∶2。

张叶沟　古称大泾沟，是高邮市南部地区南北向主要航道和引水灌溉干河。北起北澄子河三垛镇二沟社区，向南经八桥镇至邱墅阁，直通淤溪河。全长17.5千米。

二里大沟　1976年挖成。西起界首镇南京杭大运河高邮段二里铺，向东过澄潼河、范家大沟入司徒镇官垛荡，全长17.4千米。1997年9月，疏浚竹林沟以东12千米河道，河底宽6～10米，河底真高-1.5米。

六安河　开凿于清光绪九年（1883），全长24.75千米。由于年久失修而淤塞，形同废河。1968年冬，为解决界首、马棚农田灌排矛盾，开挖上段（马棚镇六安北石闸向东至周山镇练沟河），长9.75千米，河底宽6～10米，河底真高-0.5～1米，坡比1∶2。1971年，开挖下段（西起周山乡长春大队，与盐长河连接，经周巷、司徒、川青，东至横泾乡官林大队，入官垛荡，连第三沟），称为新六安河。全长15千米，河底宽15～30米，河底真高-1～1.5米，坡比1∶2。

横泾河　古名横泾河。原有两条：一条是从城区北部挡军楼运河东堤脚起向东经牛缺嘴、双庙拐过北关河，经大横桥，过人字河至大芦河止，长约18.3千米，为东西向干河，在排水、交通方面发挥较好作用。另一条是从司徒镇龚张村，向东经横泾镇沐家村过第三沟，经三郎庙向东到兴化市东潭沟出荡，境内长约7千米，即三郎庙大河，为北部乡镇向东排水的一条东西向干河，也是与兴化市来往的重要航道。1975年9月建成的新横泾河，西起周山干渠边马棚镇陈桥村，向东穿越白马荡、司徒荡，直接横泾镇三郎庙大河，至兴化市东潭沟入九里荡。境内全长28.5千米，解决1.33万公顷低洼田排涝出路。

东平河　位于北澄子河与横泾河之间，西起高邮经济开发区西墩村头闸干渠边邵家沟，向东穿北关河、澄潼河、人字河、大芦河、三阳河、第三沟、第二沟，接甘垛镇南宋大河，通兴化市参鱼嘴入耿家荡下南官河。高邮段全长34.5千米。

澄潼河　1978～1981年开挖，是高邮市北部地区南北向主要干河。南起北澄子河边龙虬镇光华村，北至子婴干渠，全长23.5千米。河底宽10米，河底真高-1.5米，坡比1∶2。

天菱河　曾名秦栏河。源于仪征市桥头水库，穿越安徽省天长市秦栏镇和天山镇、菱塘回族乡入高邮湖，是高邮、天长、仪征3市交界地区排洪、灌溉、交通骨干涧河。全长30.1千米，其中境内长12.6千米。

向阳河　是高邮湖西天山、送桥、菱塘、郭集等4个乡镇引水、排涝、行洪、降渍、航运、养殖综合利用的骨干河道。北通高邮湖，南接邵伯湖，西起天山镇红旗桥，东至送桥镇张公渡村，由丰收闸转向北延伸至操兵坝。1978年规划,除整治原有总涧河外,分别于1978年冬、1979年冬、1982年冬,3次分段开挖,完成从操兵坝沿斗坛外滩挖河,穿越菱塘回族乡卫东闸至三里站,定名向阳河。全长25千米。

市其他骨干河道　其他市骨干河道共29条,长235.8千米。

2005年高邮市部分骨干河道情况一览表

表1-19　　单位:千米

河道名	起点	终点	长度	沿河乡镇(区)
临川河	三阳河	临泽北荡	9.2	临泽镇
唐柘河	龙虬唐墩	司徒柘垛	15.1	龙虬镇、司徒镇
三荡河	龙虬农技站	龙虬东角	6.7	龙虬镇
南关大沟	城区南郊	阁子口	8.7	高邮镇、车逻镇
北墩河	车逻北墩	车逻保丰	9.0	车逻镇、高邮镇
车逻大河	车逻集镇	阁子口	11.0	车逻镇
北港河	人字河	三阳河	8.6	三垛镇、司徒镇、横泾镇
淤溪河	运堤脚	邱墅阁	8.3	车逻镇、八桥镇
十里长河	汉留京汉	三阳河	4.1	汉留镇
关河	大港河	小泾沟	8.7	卸甲镇、八桥镇
范家大沟	子婴干渠	新六安河	8.5	周巷镇、周山镇
周临河	箸笼口河	新六安河	3.0	临泽镇、周巷镇
大溪河	周山联合	马棚戴家	7.5	周山镇、马棚镇
北关河	高邮经济开发区高林	东头闸	9.0	高邮经济开发区、龙虬镇
联络河	南关干渠	南关大沟	2.0	高邮镇
戚关河	三垛南丰	龙虬大树	3.3	三垛镇、龙虬镇
龙狮沟	北澄子河	阁子口	8.5	卸甲镇
小泾沟	盐邵河	北澄子河	17.8	八桥镇、汉留镇、卸甲镇、三垛镇
第一沟	甘垛沙贯	北澄子河	9.2	甘垛镇
第二沟	横泾河	北澄子河	10.6	甘垛镇、横泾镇
长林沟	汉留姚费	北澄子河	13.5	汉留镇、汤庄镇、三垛镇
沿河	运东船闸	北澄子河	5.5	高邮镇
大卢河	北澄子河	司徒曹张	9.4	三垛镇、司徒镇
大启河	甘垛河口	甘垛北韩	8.0	甘垛镇
赫旺河	车八干渠	车逻大河	3.4	卸甲镇、车逻镇
大港河	车八干渠	八桥陈堡	4.4	车逻镇、八桥镇
海陵溪	汤庄联谊	汤庄汤东	6.8	汤庄镇
斜丰港	汤庄南屏	汤庄汤东	10.5	汤庄镇
状元沟	送桥万庄	高邮湖	5.5	送桥镇、菱塘回族乡

二、乡镇骨干河道

全市共有乡镇骨干河道177条，长803.84千米。

2005年高邮市各乡镇骨干河道情况一览表

表1-20 单位：千米

乡镇	河道	起点	终点	长度	沿河村名
车逻镇（4条）	砖场河	砖场村	太丰村	2.90	砖场、太丰
	中闸河	闸河村	黄厍村	6.20	闸河、太丰、黄厍
	藏粮河	上庄村	黄厍村	3.20	上庄、黄厍
	备战河	黄厍村	袁庄村	1.80	黄厍、袁庄
高邮镇（5条）	老勤王河	管伙村东庄	勤王村光明组	1.70	管伙、勤王
	备战河	南关干渠	南关大沟	1.90	凤凰、渠南、勤王
	丁庄河	沿河口	南澄子河	3.70	沿河、丁庄、凤凰、高谢
	浩芝河	丁庄	凤凰	1.60	凤凰、丁庄
	湖滨排涝河	市助剂厂新址	新民村曙光组	8.50	大桥、珠湖、湖滨、新民
高邮经济开发区（7条）	一支排河	清水潭村	昌农村	5.79	清水潭、太堡、北太平、昌农
	二支排河	灯塔村	昌农村	5.30	灯塔、太堡、东墩、昌农
	四支排河	腰圩村	腰圩村	4.70	腰圩、杨桥
	五支排河	杨桥村	花王村	2.93	杨桥、花王
	六支排河	花王村	花王村	3.02	花王
	十号河	腰圩村	昌农村	6.80	腰圩、东墩、昌农
	五号河	花王村	北太平	8.55	花王、杨桥、腰圩、东墩、灯塔、太堡、清水潭、北太平
龙虬镇（7条）	通荡河	红马村9组	兴北村8组	4.80	红马、兴北
	马垛河	红马村5组	兴南村4组	2.60	红马、兴南
	林场引水河	唐高墩村11组	友谊村6组	2.70	林渔站、友谊、唐高墩
	东风河	龙潭村1组	双庙村7组	3.90	龙潭、佛塔、龙澄、双庙
	跃进河	白马村8组	林渔站	2.50	白马、林渔站
	朱庄河	一沟村9组	陈庄村1组	2.80	一沟、陈庄
	兴南中心河	兴南村2组	强民村9组	3.90	兴南、强民
马棚镇（8条）	三号河	横泾河	六安河	5.35	十桥、塔院
	六号河	横泾河	跃进河	3.40	十桥、阳沟
	八号河	横泾河	跃进河	3.40	东湖、钱厍、阳沟
	跃进河	干渠	六号河	4.40	塔院、阳沟
	立新河	干渠	盐城河	5.94	塔院、阳沟
	幸福河	干渠	龙虬镇兴北村双垛庄	6.92	塔院、十桥、阳沟

续表 1-20

乡镇	河道	起点	终点	长度	沿河村名
马棚镇（8条）	迎荡河	金塘居民委员会	龙虬镇张轩村	5.80	高邮经济开发区清水潭、太堡、北太平、昌农，龙虬镇张轩村
	兴旺河	横泾河	跃进河	4.27	东湖、钱库、阳沟
甘垛镇（12条）	平胜河	河口村	东平村南宋庄	5.50	河口、子明、启南、启北、东平
	红旗河	甘泉村甘前庄	志强村路家庄	7.80	甘泉、甘中、荷花、渔海、志强
	荷花河	荷花村	荷花村九袁庄	3.60	荷花
	前进河	沿河村沈团庄	甘中村顾周庄	3.20	沿河、甘中
	联兴河	联兴村花李庄	联兴村耿家庄	3.80	联兴
	横沙河	横铁村	沙贯村	3.40	横铁、沙贯
	西川河	横铁村	沿河村野徐庄	5.00	横铁、沿河
	东川河	河口村	东平村南宋庄	6.90	河口、子明、启南、启北、东平
	沙耿河	沙贯村	联兴村耿家庄	4.40	沙贯、联兴
	振兴河	沿河村	振兴村	3.90	沿河、东平、振兴
	西钱河	学忠村西钱庄	横铁村	3.50	学忠、横铁
	中心河	渔海村	东平村	8.20	渔海、横铁、兴盛、东平
横泾镇（5条）	东北分河	良种场	镇北村3组	1.20	良种场、镇北
	化工厂河	三郎庙村7组	镇化工厂	1.80	三郎庙、镇北
	周罗后河	沿荡村4组	水产村6组	4.80	沿荡、水产
	西北分河	温姚村6组	镇北村9组	4.90	温姚、中兴、水产、镇北
	胡家斜河	银河村2组	长街村5组	5.00	银河、长街
三垛镇（13条）	秦季新河	柳南村2组	柳北村5组	7.00	柳南、武宁、少游、柳北
	洛阳河	第三沟	大卢河	7.50	联北、武宁、少游、柳北
	春生新河	春生村	瓦庄村	2.90	春生、瓦庄
	林阳新河	潘岔村	林阳村	3.60	潘岔、荡楼、林阳
	林阳排河	小泾沟	长林沟	7.90	瓦庄、春生、东楼、荡楼、林阳
	俞洞河	俞胡村	冯库村	3.10	俞胡、冯库
	五里河	五里村	联北村	4.00	五里、联南、联北
	一号河	三百六村	三百六村	3.00	三百六
	同心河	第三沟	人字河	7.20	柳南、联南
	跃进河	剑鸣村	左卿村	5.80	剑鸣、永中、保安、左卿
	红旗河	剑鸣村	左卿村	6.10	剑鸣、保安、冯夏、左卿
	冯家河	冯夏村冯家庄	二沟村	5.90	冯夏、二沟
	漕港河	联南村	柳南村	4.30	联南、柳南

续表 1-20

乡镇	河道	起点	终点	长度	沿河村名
司徒镇（8条）	司徒河	司徒村4组	邓家村7组	8.30	司徒、曹张、西城、兴联、邓家
	六号河	邓家村高柘庄	米仓村倪庄	6.90	邓家、严吉、兴联
	老横泾河司徒段	大吉村7组	柘垛村6组	7.30	严吉、米仓、兴联、西城、柘垛
	官垛河	官垛村3组	邓家村高柘庄	5.80	官垛、邓家
	耿严河	耿庭村7组	严吉村5组	4.90	耿庭、邓家、兴联、严吉
	一号河	米仓村9组	米仓村倪庄	2.50	米仓
	徐邵河	米仓村徐邵庄	米仓村徐邵庄	2.00	米仓
	二号河	西城村5组	耿庭3组	4.00	西城、龚张、耿庭
汉留镇（11条）	大寨河	甸垛村	跃进村	4.45	甸垛、跃进
	二号河	跃进村松林	跃进村南逊庄	2.60	跃进
	五号河	兴汉村	甸垛村	6.90	兴汉、甸垛
	六号河	兴汉村	甸垛村	2.90	兴汉、甸垛
	东红旗河	甸垛村小吴庄	跃进村南逊庄	4.30	甸垛、跃进
	西红旗河	四异村	苏杨村	3.50	四异、苏杨
	曾钰河	年合村	曾钰村	3.90	年合、曾钰
	汉留港河	兴汉村	姚费村	4.40	兴汉、汉留、姚费
	联谊河	友好村	京汉村	3.90	友好、富南
	富南河	富南村	富南村	3.50	富南
	向阳河	京汉村	京汉村	2.50	京汉
汤庄镇（7条）	张郑河	长林沟	沙堰河	2.50	潘季、西屏、南屏
	沐沙河	北澄子河	丹阳河	4.90	陵溪、兴业
	段滕沟	北澄子河	丹阳河	4.70	兴业、北屏
	南邱河	北澄子河	南澄子河	7.60	联谊、韩王、陵溪、余富
	丹阳河	沐沙河	缪阳村七组	2.20	常新、北屏、缪阳
	沙堰河	丹阳河	斜丰港	8.30	常新、兴业、沙堰、中屏、南屏
	娄中河	沙堰河	斜丰港	2.50	中屏、东屏
卸甲镇（7条）	渌洋河	北澄子河	十里	4.45	周庄、十里
	中市河	北澄子河	南关干渠	5.23	周邶墩、华东
	蒋马河	北澄子河	华东	4.32	三新、华东
	冯一沟	北澄子河	南龙村北徐庄	3.78	郭楼、南龙
	硬塘沟	北澄子河	八桥分界河	11.90	郭楼、一平、南龙、孙陈、伯勤
	界沟河	北澄子河	南关干渠	5.20	北戴、潘阳、大庵
	龙港河	南澄子河	八桥分界河	4.70	兴胜、金家、在和

续表 1-20

乡镇	河道	起点	终点	长度	沿河村名
八桥镇（5条）	港西河	八桥村	金港村	2.60	八桥、金港
	勤丰河	勤丰村	金沟河	1.60	勤丰、金沟
	金沟河	金沟村	金港村	1.80	金沟、金港
	补水站河	张余村	八桥村	2.70	张余、李庄、八桥
	恒丰河	关河村	恒丰村	2.20	关河、恒丰
界首镇（8条）	新安排河	德标村朱桥	如祯村杜家庄	5.34	德标、龙祥、如祯
	七里排河	德标村四里	如祯村东风组	6.27	德标、应龙、如祯
	胜利排河	大昌村胜利	应龙村	5.45	大昌、应龙
	向阳排河	张任村新兴	老人桥村向阳组	3.60	张任、大昌、老人桥
	五星排河	六安村红星	品祚村红胜组	4.71	六安、品祚
	塘河	界首村副业	维兴村戎强组	5.53	界首、永安、界北、维兴
	南北河	界北村何庄	品祚村	9.97	界北、永安、如祯、龙祥、应龙、老人桥、品祚
	竹林沟	塘河	二里大沟	2.75	维兴、如祯
临泽镇（11条）	临西河	韩夏村9组	临西村10组	3.20	临西、韩夏
	临中河	韩夏村8组	养殖场	8.60	韩夏、蒋颜、临东、朱堆、洋汊、法青
	临东河	蒋颜村高桥组	泰山社区居民委员会蔡龙组	5.70	泰山、蒋颜、临东、朱堆
	东风河	金桥村匡家组	合心村8组	5.50	合心、临东、朱堆、金桥、法青
	川东河	东荡村北荡组	小葛村渔业组	7.60	东荡、瓦港、中华、川东、小葛、董潭
	川西河	泰山社区居民委员会蔡龙组	东沟村	4.70	西河、西安、东沟
	川中河	瓦港村10组	董潭村川南组	8.10	瓦港、中华、西安、东沟、董潭
	跃进河	韩夏村1组	临东村7组	5.40	韩夏、蒋颜、临东
	五号河	西河村临南组	川东村朱元组	8.00	西河、西安、东沟、中华、瓦港、川东、东荡
	十号河	董潭村5组	小葛村10组	8.80	董潭、小葛
	竖二十号河	川东村蒋庄组	川东村蒋庄组	2.70	川东
周山镇（10条）	东风河	龙华村	龙河村	3.60	龙华、志光、长宁、龙河
	黎河排	双河村	龙河村	7.30	双河、志光、龙河
	志光河	龙华村	志光村	3.90	志光、龙华
	光荣河	狄奔村	双河村	3.85	双河、狄奔
	竹林河	狄奔村	居河村	4.10	狄奔、万福、居河
	吕垛河	龙河村	龙胜村	3.00	龙华、长宁、龙胜
	东大河	龙华村	龙胜村	3.40	龙河、长宁、龙胜
	周山河	双河村	龙河村	6.00	双河、志光、龙河
	机关河	龙华村	志光村	1.90	龙华、志光
	花枝电站河	万福村	龙华村	2.80	万福、吴堡、龙华、狄奔

续表 1-20

乡镇	河道	起点	终点	长度	沿河村名
周巷镇（14条）	一号河	双沟村	新马村	3.76	双沟、新马
	二号河	双沟村	新马村	3.98	双沟、新马
	备战河	胡荡村	新马村	4.07	胡荡、新马
	箸笼口河	陈甸村	周巷村	1.97	陈甸、周巷
	四号河	钱境村	周巷村	6.94	薛北、周巷
	五号河	钱境村	周巷村	3.09	钱境、周巷
	花关河	营南村太平组	钱境村杨圩庄	4.00	营南、钱境
	向阳河	营中村戴坝	营东村西桥庄	2.70	营中、营东
	六号河	薛北村	陈甸村	2.75	薛北、陈甸
	七号河	薛北村	陈甸村	2.40	薛北、陈甸
	新河排河	双沟村	陈甸村	8.41	双沟、胡荡、钱镜、薛北、陈甸
	立新排河	新马村	周巷村	5.54	新马、胡荡、周巷
	周临河	箸笼口河	二里大沟	2.90	周巷、钱境
	蒲荡河	营西村黎沟	营北村葛庄	2.82	营西、营北
郭集镇（10条）	东排河	毛港闸	郭集闸	10.50	盘塘、邵庄、毛港、孙巷
	西排河	甘露排涝站	郭集村柏庄	8.80	郭集、糟坊、德华、邵庄、孙巷
	沈圈河	向阳河	盘塘村张庄	6.30	糟坊、郭集、盘塘
	大营河	糟坊村詹庄	大营村金沟庄	6.20	糟坊、郭集、盘塘、大营
	朝阳河	朝阳闸	糟坊村唐庄	5.00	糟坊、德华、邵庄、大营
	邵庄河	向阳河村	邵庄村马头庄	5.70	德华、邵庄
	平安河	德华村黄庄	马头排涝站	5.20	德华、邵庄、毛港
	德华河	德华村排涝站	毛港村曹庄	4.70	德华、毛港
	长沟河	盘塘村	郭集村	3.00	盘塘、郭集
	十字港河	毛港村张庄	东排河	5.00	毛港、孙巷
	陆桥大排河	孙巷村夏庄	孙巷村李庄	3.20	孙巷
送桥镇（9条）	黄圩引排河	黄圩村斗坛组	常集村潘庄组	5.50	黄圩、常集
	唐营引排河	送桥社区	送桥村刘庄	1.70	送桥社区、送桥
	徐桥引排河	张公渡村合兴组	准提村王庄	2.50	张公渡、准提
	团结冲	平牌村南王组	准提村王庄	4.50	平牌、送桥、准提
	马桥引排河	张公渡村刘庄	张公渡村张庄	1.30	张公渡
	万庄冲	天山镇夏庄	官路村牛庄	2.30	官路
	明庄冲	李古村冯庄	官路村新民组	2.10	李古、官路
	平牌冲	平牌村张庄	送桥村刘庄	4.20	平牌、送桥
	李桥引排河	准提村李庄	准提村陆庄	2.50	准提

续表1-20

乡镇	河道	起点	终点	长度	沿河村名
天山镇（8条）	林庄生产河	马圩桥	林庄引水河	1.80	北茶
	林庄引水河	团结引水洞	林庄一级站	1.90	北茶、神居山
	五星冲	殷河村王庄	庙家村王庄	5.50	殷河、庙家
	黄楝冲	大巷桥	黄楝村常庄	5.00	黄楝、庙家
	红旗冲	肖祠8组	肖祠2组	2.50	肖祠
	蔡家冲	送桥镇万庄	神居山村谈庄	2.50	肖祠、神居山
	茆家菱沟河	天菱河	桥头桥	1.34	北茶
	东灯坎引水河	天菱河	窑厂	1.35	殷河、北茶
菱塘回族乡（8条）	佟桥引水河	佟桥引水洞	佟桥一级站	1.92	佟桥
	杨家涧	常集桥	菱塘村周庄	3.15	佟桥、高庙、菱塘
	磨子桥河	振兴桥	红卫桥	1.78	骑龙、高庙
	骑龙排水河	骑龙村嵇庄组	骑龙排涝站	4.75	骑龙
	养殖场河	养殖场	王姚村	6.70	养殖场、王姚
	备荒引水河	备荒引水洞	备荒村6组	6.10	备荒圩内
	龚家涧	高邮湖	长征坝	3.45	龚家
	双庆河	菱塘粮站	天菱河	2.90	菱塘、三里
	小埝港	高邮湖	东大路	1.40	王姚
	备战排河	备战村2组	天菱河	8.30	备战圩内

第三节 湖 荡

一、湖泊

高邮湖　南宋绍熙五年（1194），黄河南泛，夺淮入海，高邮地区湖泊渐多。明隆庆时，今高邮湖地区有互相通联的5荡12湖。后因漕运和人工导淮、治淮的影响，形成今日的高邮湖。高邮湖为江苏省

图1-5 高邮湖湖光帆影

第三大湖，位于淮河下游中部，是过水型湖泊，淮河入江水道重要通道。湖东以里运河（京杭大运河）西堤为界，南侧偏东以高邮湖控制线与邵伯湖毗邻，偏西抵郭集、菱塘大圩，西侧与金湖县淮南大圩、安徽省天长市白塔圩为界，北至1969年建成的大汕子隔堤与宝应湖相望。高邮湖长48千米，最大宽度28千米，湖岸总长202.5千米，其中人工湖岸185千米，多数为块石堤岸。当水位5.55米时，高邮湖水域总面积760.67平方千米，其中在高邮市境内水域面积420.84平方千米（水面积392.82平方千米、苇滩26.26平方千米、堤坝1.76平方千米）；当水位8.5米以上时，高邮湖水域总面积780平方千米，其中在高邮市境内水域面积431.5平方千米。

高邮湖属平原浅水型湖泊，湖盆呈西高东低地势，湖底颇为平坦。为淮河入江水道，淮河90%的水通过三河闸泄入高邮湖，然后经新民滩、邵伯湖宣泄入江。同时，高邮湖是一座"悬湖"，湖底真高3.5～4.5米，湖水水面以及部分湖底比运东里下河地区地面还高。高邮湖在发展演变过程中，不断接受入湖河流泥沙以及湖内各种生物残体的沉积，湖底淤高，滩面扩大，容积缩小。高邮湖水位特征：死水位4.8米，死库容4.6亿立方米；冬春蓄水位5.7米，蓄水量约8亿立方米；灌溉库容4.2亿立方米；最高防洪水位9.5米，防洪库容27亿立方米。

邵伯湖　位于高邮西南部，与江都市、邗江区的交界处。北起新民滩，东临京杭大运河，西至郭集大圩，南抵江都六闸河口，南北长约10千米，东西最大长度4千米，水域面积77平方千米，其中在高邮市境内面积20平方千米。该湖属过水湖泊，湖底真高3.2米。邵伯湖水位特征：死水位3.08米，死库容2000万立方米；一般灌溉水位4.2米，灌溉库容5400万立方米，灌溉面积8.8万公顷，其中在高邮市境内2000公顷；设计防洪水位8.5米，防洪库容5.72亿立方米。历史上最高水位8.84米，最低水位1米。

渌洋湖　位于江都、高邮两市交界处，西岸距京杭大运河2千米。该湖为古湖，系里下河洼地河道型湖泊、蓄（蓄水）滞（滞洪）性湖泊。南北最长处5.6千米、最宽处5.8千米，湖底真高1.7～2米，原湖面总面积23.17平方千米，大部分湖面在江都市境内，仅东北一角水域4.88平方千米在高邮市八桥镇与车逻镇之间。至2005年，在高邮市境内湖面被围垦4.48平方千米，尚存0.4平方千米。

二、运东湖荡

运东地区地势低洼，湖荡较多，有东湖（清水潭）、耿家荡、司徒荡、白马荡、官垛荡、洋汊荡、菜花荡、董潭荡、唐高墩荡、草堰荡、强民荡等，总面积94.06平方千米。大水之年河水汇注入荡归海，遇旱年又为四周农田提供灌溉水源，起吞吐蓄泄作用。1975年起，大面积围垦，至1990年，全市开发49.36平方千米，尚存湖荡面积44.7平方千米，占原有湖荡面积47.5%，致使湖荡调蓄能力降低。至2005年，湖荡可滞蓄水量仅3008万立方米，比1949年5841万立方米减少2833万立方米。

第四节　水　库

境内有淮河流域小型水库2座，均在天山镇。

一、夏庄水库

1969年建，总库容量36.6万立方米，兴利库容19.6万立方米，汛限水位16米，兴利水位16米，坝顶真高18米，坝顶宽度6米，最大坝高3.9米，坝顶长度120米。

二、红星水库

1971年建，总库容量18.7万立方米，兴利库容7.4万立方米，汛限水位16.1米，兴利水位16.1米，坝顶真高17.9米，坝顶宽度18米，最大坝高4.1米，坝顶长度120米。

第五节　水　文

一、降水与蒸发

高邮受海洋气候影响，雨热同季，雨量同江淮上游来量同遇。1986～2005年，年均降水量1044.6毫米，年际间悬殊较大，降水量最多的1991年比降水量最少的2001年多降水1139.3毫米。一年中，70%降水集中在6～9月。蒸发量一般大于降水量。1986～2005年，年平均蒸发量1151.3毫米，最大蒸发量1489.5毫米（1994年），最少蒸发量743.1毫米（1999年）。每年5～8月蒸发量较大，占全年48.2%，月均蒸发量138.75毫米。高邮市地表水较丰富，虽蒸发量大于降水量，但较少有干旱之忧。

二、水位

高邮湖水位　1986年，高邮湖最高水位发生于7月3日，为8.19米；最低水位发生于6月12日，为4.46米。至1990年，各年度最高水位和最低水位均未高于和低于1986年。1991年，境内发生特大洪水。是年7月11～12日，高邮湖水位上升到9.22米。2003年，境内再次发生大水灾。是年7月13日，高邮湖水位升至9.52米，高于警戒水位1.12米。1994年，境内发生大旱灾。是年8月24日，高邮湖最低水位降至4.27米。至2005年，高邮湖20年平均水位5.86米，一般年份2～3米。

京杭大运河高邮段水位　1986～2005年，京杭大运河高邮段水源以江水为主，来水南多北少，年平均水位6.52米，趋于平稳。最高水位7.99米（2000年6月26日），最低水位4.55米（1994年11月10日）。

运东里下河地区水位　1986～2005年，运东里下河地区三垛（北澄子河）年平均水位1.37米，最高水位3.46米（1991年7月11日），最低水位0.77米（1999年4月29日）。

第七章　自然资源

1986～2005年，境内有土地、水、矿藏、动植物等自然资源。随着人们的开发利用，自然资源在造福人类同时，部分呈下降态势，给生态平衡带来一定影响。2005年，全市耕地总面积、人均耕地面积，分别比1986年下降14.39%、14.55%；水资源年使用量占年可利用水资源量70.38%；除地热、矿泉水待开发利用外，沙堰油田原油累计开采量占储藏量9.73%，天山石料被禁采，黏土被控用；野生动植物品种和数量逐步减少，亦采取人工栽培、人工放养等补救措施。

第一节　土地资源

1986年，全县土地总面积19.63万公顷，其中陆地面积11.75万公顷、水域面积7.88万公顷，分别占总面积的59.86%、40.14%。在水域面积中，河流面积1.17万公顷、高邮湖面积3.92万公顷、邵伯湖面积2000公顷、苇荡面积1.11万公顷、水库面积57公顷、坑矿面积2416公顷、鱼池面积1710公顷、沟渠面积7824公顷、堤坝及水工建筑面积2695公顷。1992年，因航拍图片图幅控制面积变化及从兴化等邻县调进面积，经对土地利用现状补充调查，全市土地总面积196274.93公顷，比1986年多出16.93公顷。

1996年，高邮与安徽省天长市接边勘界，高邮市调进高邮湖水面3.08公顷，全市土地总面积196278.01公顷。2002年，高邮市与宝应县、江都市接边勘界，高邮市分别划出高邮湖水面积100.55公顷，调进水域面积17.2公顷，高邮市增加国家控制水域面积10.3公顷，全市土地总面积196204.96公顷，比1996年减少73.05公顷。至2005年，全市土地总面积未再发生变化，人口密度、人均占地面积、人均耕地面积分别由1986年4.11人/公顷、0.15公顷、0.11公顷变为4.21人/公顷、0.14公顷、0.094公顷。

1986～2005年部分年份高邮市土地利用现状一览表

表1-21 单位：公顷

项目＼年份	1986年调查结果	1992年更新调查结果	1996年更新调查结果	2002年调查结果	2005年调查结果
总面积	196258.01	196274.93	196278.01	196204.96	196204.96
耕地	93805.63	84873.73	80154.69	79831.57	80308.86
园地	1085.33	3701.59	4119.55	3827.95	3767.17
林地	549.09	1160.45	1372.93	1217.80	1388.11
居民点及工矿用地	15044.06	17918.78	19170.80	18641.22	18817.09
交通运输用地	5107.22	5547.22	5885.37	6301.55	6298.67
水域	78794.56	81080.22	83559.01	84417.61	83707.00
未利用土地	1872.12	1992.94	2015.66	1967.26	1918.06

第二节 水资源

一、地表水

降水资源 1986年后，高邮年降水量在平均降水量以上的多雨年份有1987年、1990年、1991年、1993年、1996年、1998年、2003年、2005年。年均最大降水量1823.9毫米（1991年），单站年最大降水量2013.3毫米（三垛站，1991年）。年均最少降水量684.6毫米（2001年）。一年中，降雨主要集中在汛期（5～9月），平均降水量695.8毫米，占年均降雨量66.6%。

客水资源 境内过境水体主要为高邮湖、京杭大运河、三阳河，过境水资源主要来自长江、淮河。汛期，淮河上中游降雨量较多，通过三河闸下泄洪水至高邮湖，后经邵伯湖入长江；由沿江引水工程通过南水北调经京杭大运河、三阳河与里下河河网补给。1986～2005年，正常年份年均过水量40亿立方米左右，其中高邮湖入江水道过水量30亿立方米左右。

1986～2005年高邮市分地区各年型外来水量一览表

表1-22 单位：亿立方米

地区＼年型	典型年（1990）	平水年	中等干旱年	特殊干旱年
水网地区	2.74	2.74	3.34	5.12
运东自灌地区	6.31	5.60	7.09	8.38
平原圩区	0.39	0.38	0.40	0.47
山丘区	1.12	1.27	1.26	1.91

二、地下水

80年代，全市地下水可分为潜水和多层承压水，地下水总量1.88亿立方米。其中，潜水埋深0.5～2.5米，单井日出水量10～20立方米；第Ⅰ层承压水顶板深埋40米左右，单井日出水量约500立方米；第Ⅱ层承压水顶板埋深110～130米，单井最大日出水量2000～3000立方米；第Ⅲ层承压水顶板埋深一般180米以下，单井日出水量2000立方米以上。第Ⅱ层承压水是主要开采的深层水。1990年，全县有深井67眼，其中工商企业自备机泵井40眼，综合取水能力2.65万立方米/日，最高年取水量843万立方米。1993年起，全市规划区内第Ⅱ层承压水核定允许开采量1.96万立方米/日。至2005年，城区深井报废7眼、新增19眼、暂停使用23眼，实有在用深井29眼；乡镇有机泵深水井127眼，大多为水厂用井，其他为工商企业用井。乡镇专业供水单位共51家，其中村办18家、乡镇办30家、水利部门办3家；全部使用地下水单位43家。

三、水资源量

1986～2005年，全市平水年份水资源基本做到供需平衡，年可利用水资源量12.02亿立方米，其中地表水1.92亿立方米、可用过境水资源9.99亿立方米（不包括淮河入江水道过境洪水）、地下水年开采量1100万立方米左右；水资源年使用量8.46亿立方米，其中农业用水7.21亿立方米、工商业用水1400万立方米、居民生活用水2200万立方米、其他用水8900万立方米。

第三节　矿藏资源

全市地下埋藏最古老的地层是距今5.3亿年的元古界地层，储集石油、天然气、地下水、矿泉水等矿藏资源。古生界及中生界，地质年龄5.3亿年至7000万年，是当今高邮市地下深部的基础，储集石油、地下水、矿泉水、石料、浅层天然气等矿藏资源。依次有新生界第三系，地质年龄7000万年至300万年，储集石油、天然气、氦、地下水、矿泉水、二氧化碳等矿藏资源。沉积最新的地层是第四系，地质年龄300万年以下，分布浅层天然气、地下水、地下矿泉水、黏土、型砂及矿砂、泥炭、石料等矿藏资源。

一、石油

70年代，华东石油勘探局第六物探大队通过三维地震新一轮处理和精细解释后，预测、探明、控制三级储量3000万吨。石油、天然气主要分布于郭集乡—湖滨乡、甸垛乡、沙堰乡，临泽镇与司徒乡之间存在两个东北向的含油气的隐伏构造，高邮湖区内有几层浅层气。1993年8月，高邮凹陷北部斜坡带西部完钻的庄2井在阜宁组获得成功，发现马头庄油田。1994年，高邮凹陷北部斜坡带中部沙堰构造带完钻的沙7、堰11井均在阜宁组获得成功，发现沙堰油田沙7断块。1995年，先后在沙堰构造带滚动探明沙9、沙18、沙20断块等一大批含油断鼻和断块。至2000年，沙堰油田成为高邮凹陷北部斜坡带中部探明石油地质储量超1000万吨级的油田。至90年代，投入生产的油田有永安油田、沙堰油田和马头庄油田。

永安油田　位于八桥镇和江都市永安镇。八桥镇含油面积0.45平方千米，储量33.23万吨。

沙堰油田　位于沙堰镇、三垛镇、汉留镇、卸甲镇所辖范围。区域构造处于苏北盆地东台坳陷高邮凹陷北部斜坡带中部宽缓的破碎断鼻构造带上，东与溱潼凹陷相邻，西靠菱塘桥低凸起，南与通扬隆起以边界断层相接，北以缓坡形成逐渐向柘垛低凸起过渡。该油田为多个断块组成（根据构造划分为18个断块，其中开发断块15个）的复杂小断块群砂岩油藏，具有构造破碎、非均质性强、含油窄、含

油层系多、含油井段长等特点。古近系阜一段、阜二段和阜三段为主要含油层系。油品中等，属于稀油。该油田隶属于中国石化江苏油田分公司。1994年发现，1995年投入开发，至2005年末，该油田累计探明含油面积15.97平方千米，探明地质储量1656万吨。

马头庄油田　位于郭集镇，含油面积1.38平方千米，储量60.49万吨。1995年6月，江苏石油勘探局建成产能10万吨级新整装油田，打井39口，日产原油320吨。至2005年，仍在开采中。

二、地热与矿泉水

三垛、沙堰等地油井，除产油外均有水产出。产水深度大多在2000米以下，井口水温可达50℃以上。三垛苏高42井试油水温56.3℃，沙堰苏高122井水温72℃，水质含盐量一般20克/升左右。

宋代，高邮即有醴泉。高邮镇地下水第Ⅱ、Ⅲ层承压含水层均属矿泉水。至2005年末，未对地热与矿泉水进行开发利用。

三、泥炭

泥炭资源主要分布于东北部草荡地区、西部原湖滨乡以及高邮湖湖底。全市泥炭储量约854万立方米。东北部地区泥炭主要分布于官垛荡、白马荡、司徒荡、洋汊荡，覆盖厚度0.5～2米，泥炭层平均厚度0.3～0.5米，其中局部厚度1.5米。西部地区泥炭主要分布于原湖滨乡及高邮湖湖底，其中新民滩约134公顷，覆盖厚度2～3米，泥炭层平均厚度0.1～0.3米。

四、石材

产于西南部天山镇神居山，海拔49.5米，相对高度约20米。该山为玄武岩构成，岩石灰黑色多孔，含铁量较高，由1200万年前火山熔岩形成。天山岩石适合于建筑、水利用材。八九十年代，先后在此设立2座采石场。2005年7月，禁止开采神居山石材，2座采石场关闭。

五、黏土

市内黏土资源丰富，分布广泛，颗粒较细，是各种矿物岩石碎屑组成的混合物，含有较多的杂质，耐火度1350℃以下，属易溶黏土。1986年，全市有矿山企业（砖瓦厂）38家，年开采黏土30多万立方米。2004年，开始对黏土开采进行挂牌出让。2005年，为保护耕地，市国土资源局控制黏土开采量，对38家矿山企业进行清理整顿，保留矿山企业22家。

第四节　动植物资源

80年代后，随着人口密度增大，耕地逐渐减少，湖荡不断开发，境内野生动植物生存空间逐步缩小。加之乡镇工业发展迅速，“三废”（废水、废气、废渣）污染逐年加重，野生动植物品种和数量日趋减少，自然植被残留无几，水中自然植物保留尚多。90年代起，实施植树造林、湿地保护、高邮湖定期禁捕等措施，环境恶化趋势得到初步遏制，动植物生存环境质量有所改善。为满足人民生产生活需要，全市引进畜禽、水产、瓜果、蔬菜、苗木、花卉等优良品种，补充野生动植物资源不足。

一、动物

脊椎动物　哺乳类。野生动物计9科13种，即刺猬、鼩鼱、缺齿鼹、蝙蝠、黑线仓鼠、褐家鼠、黑家鼠、草兔（野兔）、黄鼬、水獭、狗獾、猪獾、豹猫。家畜计19种。主要有：猪，引进品种有长白、约克夏、杜洛克，地方品种有梅山、二花脸、山猪、姜曲海、苏太；牛，有海子水牛、山区水牛、中国荷斯坦奶牛；

羊，有引进品种波尔山羊、萨能奶山羊，地方品种有长江三角洲白山羊、湖羊、南江黄羊；兔，有德系安哥拉兔、法系力克斯兔（獭兔）、日本大耳兔。

鸟类。计21科31种，即麻雀、鹰、蜡嘴、雁、鸳鸯、野鸭、天鹅、獐鸡、云雀、翠鸟、斑鸠、燕、喜鹊、乌鸦、啄木鸟、猫头鹰、鹭鸶、灰鹭、牛背鹭、白鹭、雉、鹌鹑、秧鷄、白头翁、八哥、鹤、鸬鹚、布谷鸟、黄鹂（黄莺）、画眉、大鸨。

家禽。计27种，主要有：鸡，本地品种有三黄鸡，引进品种蛋鸡有罗曼、伊莎、白来航、海赛克斯、罗斯、星杂579、迪卡、海兰，肉用型鸡有AA、星波罗、红波罗，蛋肉兼用型有白洛克，选育品种有新扬州鸡、邵伯鸡、维扬麻鸡；鸭，有高邮鸭、绍鸭、金定鸭、樱桃谷鸭、康贝尔鸭；鹅，有扬州鹅、太湖鹅、四季鹅、四川白鹅（隆昌鹅），引进品种有朗德鹅、莱茵鹅。

特种畜禽。计15种，即梅花鹿、果子狸、豪猪、黑豚、七彩山鸡、乌骨鸡、珍珠鸡、火鸡、绿头野鸭、番鸭、鹧鸪、孔雀、鸵鸟、家鸽、美国落地王鸽等。

爬行类。计7科12种，即多疣壁虎、石龙子、麻蜥、黑眉锦蛇、赤链蛇、水游蛇、乌梢蛇、蝮蛇、竹叶青、乌龟、中华鳖、鳖。

两栖类。计3科6种，即蟾蜍、虎纹蛙、金线蛙、黑斑蛙、牛蛙、饰纹姬蛙。

鱼类。计45种，即鲚鱼、大银鱼、鲤鱼、鲫鱼、青鱼、草鱼、鳡鱼、赤眼鳟、鳤鱼、银鲴、杜氏拟鳊、白鲢、鳙鱼、花鲭鱼、麦穗鱼、杜氏船钉鱼、参鲦、史氏锯刺鳊、红鳍鲌、尖头红鲌、蒙古红鲌、翘嘴红鲌、鳊鱼、三角鲂、黑臀刺班、条刺、鳑鲏、鲇鱼、黄颡鱼、老泽黄颡鱼、鮠鱼、鳗鲡、中型下针鱼、乌鳢、黄鳝、翘嘴鳜鱼、斑鳜鱼、圆尾斗鱼、塘鳢、吻鰕虎、黄黝鱼、刺鳅、星弓斑圆鲀、泥鳅、中华花鳅、大鳞副泥鳅。

节肢动物　甲壳类。计7种，即青虾、白条虾、小草风虾、中华绒蟹、南北美对虾、罗氏沼虾、克氏原螯虾等。

昆虫类。计52科68种，即家蚕、柞蚕、蜻蜓、凤蝶、粉蝶、蛱蝶、灰蝶、萤火虫、纺织娘、螳螂、刀郎、蝉、蟋蟀、油葫芦、蝼蛄、地鳖虫、屎壳郎、蛴螬（白地蚕）、天牛、吉丁虫、蚊、蝇、跳蚤、蝎、螨蝗、蝉、蛾、蚂蚱、温带臭虫、人虱、鸭虱、鸡虱、飞虱、蟑螂、蝗虫、蚱蜢（稻蝗）、螟虫、食心虫、稻螟蛉、椿象、棉铃虫、地老虎、黏虫、蚜虫、蜜蜂、胡蜂、黄蜂、瓢虫、尺蠖（造桥虫）、蓟马、蚧壳虫、金龟子、天蛾、叩头虫、蚂蚁、白蚁、麦蜘蛛、棉红蜘蛛、刺蛾（洋辣子）、军配虫、背袋蛾、葡萄透羽蛾、松毛虫、象甲、舟蛾、毛首线虫、草蛉、桑瘿蚊。

螨类。计6种，即茶瘿螨、短须螨、山楂叶螨、金秀呀螨、苹果金爪螨、桃叶螨。

多足类。计2科2种，即大蜈蚣科蜈蚣，山蛩虫科马陆（千足虫）。

软体动物　计5科8种，即河蚌、三角帆蚌、褶纹冠蚌、河蚬、蜗牛、田螺、螺蛳、蛞蝓。

环节动物　计2科2种，即蚯蚓（曲蟮）、水蛭（蚂蟥）。

二、植物

境内植物按粮食类、经济类、林木类和草本类、花木品种划分，共146类420种。

粮食类　计3科11种，即粳稻、糯稻、籼稻、大麦、小麦、玉米、大豆、绿豆、蚕豆、豌豆、荞麦。

蔬菜类　计19科52种，即南瓜、丝瓜、冬瓜、黄瓜、瓠子、笋瓜、毛豆、扁豆、豇豆、刀豆、菜苜蓿（黄花草）、萝卜、甘蓝、青菜、荠菜、雪里蕻、白菜、花菜、莴苣、茼蒿、马兰、菊花脑、芫荽、水芹、芹菜、胡萝卜、山药、生姜、番茄、辣椒、马铃薯、韭、蒜、洋葱、百合、菠菜、苋菜、空心菜、茭白、葱、荸荠、马齿苋、慈姑、藕、菱、芡实、蕹菜、蘑菇、草菇、香菇、平菇、金针菇。

经济类　计13科16种，即油菜、芝麻、花生、向日葵、薄荷、西瓜、香瓜、山芋、棉花、苘麻、罗布麻、大麻、亚麻、苎麻、荨麻、蓖麻。

林木类　计59科184种，即黑松、马尾松、湿地松、火炬松、雪松、五针松、白皮松、杉木、落羽杉、水杉、池杉、柳杉、云杉、侧柏、蜀桧、刺柏、千头柏、圆柏、塔柏、龙柏、翠柏、铅笔柏、柏木、香柏、地柏、淡竹、燕竹、紫竹、刚竹、毛竹、雅竹、美国白杨、加拿大杨、小叶杨、意杨、北京杨、大官杨、毛白杨及黑杨、河柳、旱柳、垂柳、杞柳、龙柳及多种杂交柳、朴树、白榆、榔榆、榉树、翘皮榆、桑树、湖桑、构树、无花果、楝树、川楝、香椿、米仔兰、国槐、刺槐、龙爪槐、紫穗槐、倒槐、檀树、云实、皂角、紫藤、紫荆、臭椿、梧桐、青桐、悬铃木（法国梧桐）、棠梨、沙梨、白梨、枇杷、蔷薇、梅、李、杏、桃、石楠、油柰、樱树、月季、玫瑰、红叶李、西府海棠、垂丝海棠、贴梗海棠、山楂、苹果、猕猴桃、白玉兰、广玉兰、辛夷、含笑、鹅掌楸、麻栎、板栗、乌柏、重阳木、油桐、一品红、瓜子黄杨、雀舌黄杨、黄连木、枸骨、大叶冬青、茶、山茶花、柿、君迁子、柽柳、枣、枳椇（拐枣、鸡脚枣）、银杏、枫杨、核桃、棕榈、棕竹、蜡梅、樟木、楠木、枸橘、枸橼、香圆、金橘、九里香、石榴、紫薇、红枫、鸡爪槭、元宝枫、三角枫、栾树、桂花、女贞、茉莉花、丁香、迎春、连翘（黄金条）、夹竹桃、泡桐、罗汉松、海桐、葡萄、丝棉木、大叶黄杨、栀子花、六月雪、八角金盘、金丝桃、枷罗木、杜仲、珙桐、喜树、桃叶珊瑚、木槿、扶桑、木芙蓉、十大功劳、南天竹、枸杞、牡丹、芍药、梓树、苏铁、珊瑚树、聚八仙、琼花、金银花、溲疏、太平花、绣球花、结香、芫花、杜鹃花、枫香、椴木、马褂木、槭树、七叶树、春树、山林英、银鹊树、江南桤木。

草本类　计52科157种。木贼科有问荆、节节草，槐叶萍科有槐叶萍，香蒲科有水烛，眼子菜科有菹草、眼子菜、马来眼子菜、篦齿眼子菜，鸭拓草科有水竹叶，茨藻科有大茨藻、小茨藻，泽泻科有长瓣慈姑、华夏慈姑，水鳖科有水鳖、水车前、轮叶黑藻、苦草、马尿花，禾本科有看麦娘、日本看麦娘、野燕麦、茵草、雀麦、狗牙根、马唐、紫马唐、双稃草、稗、孔雀稗、密穗稗、蟋蟀草、大画眉草、画眉草、牛鞭草、光稃香草、白茅、千金子、荻、芦苇、棒头草、早熟禾、纤毛鹅观草、鹅观草、狗尾草、硬草，莎草科有阿齐苔、羊角苔、粉录苔、垂穗苔、头状苔、单性苔、球形莎草、香附子、针蔺、飘拂草、水蜈蚣、荆三棱、水葱、席草、藨草，天南星科有白菖蒲、水莴苣，浮萍科有浮萍、紫背浮萍，苹科有苹，灯芯草科有细灯芯草，百合科有细香葱，蓼科有萹蓄、羊毛蓼、水蓼、旱苗蓼、绵毛旱苗蓼、荭草、齿果酸模，藜科有藜、小藜、地肤，苋科有野苋、马齿苋，菊科有鹅不食草、黄花蒿、狭叶艾、马兰、飞廉、刺儿菜、小飞蓬、野塘蒿、鳢肠、鼠鞠草、泥胡菜、山苦荬、多头苦荬、苦苣菜、蒲公英、苍耳，石竹科有繁缕、麦兰菜，睡莲科有芡实、莲、金银莲花，金鱼藻科有金鱼藻，毛茛科有毛茛、石龙芮、小毛茛，罂粟科有紫堇，十字花科有荠菜、弯曲碎米荠、水田碎米荠、独行菜、细子蔊菜、珠果蔊菜，景天科有景天草，蔷薇科有蛇莓，豆科有甲皂角、草木樨、小巢菜、四粒野豌豆，蝶形花科有小苜蓿，酢浆草科有酢浆草，牻牛儿苗科有牻牛儿苗、野老鹳草，蒺藜科有蒺藜，大戟科有铁苋菜、地锦草，葡萄科有乌蔹莓，千屈菜科有节节草、包菱、野菱，小二仙草科有聚草，伞形科有旱芹、蛇麻子，报春花科有星宿菜，龙胆科有荇菜，萝藦科有萝藦，旋花科有打碗花、菟丝子，紫草科有细茎斑种草、勿忘草，马鞭草科有马鞭草，唇形科有夏枯草、宝盖草、益母草、光叶水苏，茄科有曼陀罗、龙葵，玄参科有石龙尾、母草、通泉草、水苦荬、蚊母草，胡麻科有茶菱，狸藻科有狸藻，车前草科有车前草，茜草科有猪殃殃、鸡矢藤，葫芦科有盒子草，桔梗科有半边莲。

第八章　自然灾害

1986～2005年，境内先后发生较重的灾害性天气43次，其中旱灾11次、水灾8次、风灾11次（龙卷风5次、飑2次）、冰雹13次；发生农作物严重病虫害46次，其中水稻中等以上病虫害19次、小麦偏重以上病虫害19次、棉花严重病虫害2次、油菜严重病虫害6次。

第一节 干 旱

1987年6月中旬，全县干旱无雨，旱情超过1978年大旱。降雨量仅为1986年同期169.6毫米的7.7%，大运河平均水位6.5米左右，比1986年同期水位低0.41米。沿运自灌区多数闸洞引进流量不足，用水矛盾突出。

1988年，全县雨水偏少，出梅后出现近40年没有的持续高温干亢天气，河湖水位跌至1949年后最低，沿运自灌区多数农田受旱。

1992年5月后，淮河流域雨量偏少，气温明显偏高，蒸发量较大，全市汛期总降雨量449毫米，其中6月、7月只有174毫米，相当于正常年份40%左右。高邮湖水位在5米枯水位左右徘徊，8月31日最低至4.96米。操兵坝、状元沟等引河断流，夏庄等水闸和高邮湖西丘陵山区多处塘库干涸无水，丘陵山区6900公顷农田灌溉水源产生严重危机，4万多公顷自灌农田高峰灌溉用水困难。

1994年，全市出现60年未遇旱灾。详见第七篇《水利》第四章《抗灾纪实》第三节《抗御1994年特大旱灾》（第278页）。

1995年，全市降水量比常年偏少30%，是历史上降水较少年份之一。6月、7月，梅雨不明显，降水偏少，且较分散，高邮湖水位只有5米。9月降水偏少74%，10月偏少63%，11月偏少100%，出现60年未遇较重夏旱连秋旱。

1996年4月、5月、8月，全市降水量比常年分别偏少64%、62%、78%，其中8月降水量是市气象站有记录后同期最少的。6月中旬，大运河水位仅6米左右，高邮湖水位急剧下降，沿运自灌区1.33万公顷农田灌水困难，高邮湖西丘陵山区旱情较重。6月23日起，连降暴雨，全市出现旱涝急转局面。

1997年1月、9月、10月，全市降水量比常年分别偏少60%、70%、88%。4月5日至5月5日、6月10～29日，出现旱情，沿运自灌区4万多公顷农田干旱较重。9月3日至11月11日，连续70天少雨，降水量仅9.2毫米。

1999年2月、7月、9月，全市降水量比常年分别偏少52%、75%、75%。6月22～23日，为缓解淮北地区春、夏、秋持续干旱的旱情，保证江水北调，高邮沿运闸洞全部关闭，高邮市灌溉用水十分困难。11月28日至12月31日，全市降水量偏少，是1988年后最少的，出现严重旱情。

2000年2～4月，全市干旱少雨，降水量比常年偏少63%。至5月降雨量不足100毫米，为常年同期1/3，且多次降雨量在10毫米以下；6月20日入梅，7月4日出梅，梅雨量仅119.3毫米；7月5日至9月23日，降水量比历年同期偏少49%，全市出现较严重的旱情。

2001年3～5月，全市降水量比常年偏少77%，出现市气象站有记录后最严重的春旱。进入栽插期后，降雨量仅7.6毫米。高邮湖西地区塘库基本干涸，高邮湖水位处于枯水位，加之南水北调，沿运引水控制，全市旱情严重。9～11月，降水量偏少66%，其中9月偏少98%，秋旱很严重。

2004年，全市降水量比常年偏少28%。2月、3月、9月，降水量比常年分别偏少88%、45%、68%。1月19日至3月10日、3月22日至4月28日、9月15日至11月8日，降水量持续明显偏少，出现较严重旱情，高邮湖西4个乡镇尤为严重。7月17～29日，出现明显伏旱。

第二节 洪 涝

1986年6～7月，为梅雨期，全县共降暴雨6次，其中降雨量超过100毫米3次，总雨量600多毫米。三垛水位猛涨到2.47米，全县围水受涝面积两次超过2万公顷。

1987年7～8月，雨量集中，共降暴雨6次，是历史同期降暴雨次数最多一年。7月4～6日连续降暴雨，总雨量231.5毫米，全县围水面积3.33万公顷，受涝面积2万公顷。

1989年9月27日、10月8日，东部、南部地区乡镇陡降特大暴雨，造成近4万公顷农田围水，2万公顷农田、1.07万公顷棉花和旱谷普遍受涝。

1991年，全市5月21日入梅，7月15日出梅。入梅期早于常年1个月左右，比市气象站历史记录上的最早入梅年1971年6月1日早11天。梅雨量1059.7毫米，超过市气象站历史记录（年平均雨量1020.1毫米），超过近100年高邮历史上3个大水年份同期雨量（1921年412毫米、1931年528毫米、1954年660.4毫米）。详见第七篇《水利》第四章《抗灾纪实》第一节《抗御1991年特大洪涝灾害》（第274页）。

图1-6 1991年7月，高邮遭受百年未遇的洪涝灾害。图为洪水淹没田野和道路

1996年，6月3日入梅，7月22日出梅，梅雨期全市降雨量530～600毫米，其中城区降雨量537毫米，超过常年梅雨量1倍多，与1954年梅雨量基本持平，是1949年后第二个长梅雨期年份。梅雨期间，三垛水位从7月3日1.55米涨至7月6日2.57米，超警戒水位运行19天，为近30年除1991年外的第二个高水位年份。运东里下河地区围水农田4万公顷，受涝农田2万公顷，其中棉田6700公顷。7月4日起，三河闸以5000立方米/秒开闸泄洪，最大泄洪量6780立方米/秒，泄洪期长42天，排泄洪水总量150亿立方米，高邮湖水位由最低时5.27米涨至7月25日8.62米，超过警戒水位0.22米。全市呈江淮并涨、洪涝夹击形势。8月1日又受第八号台风外围影响，高邮湖风急浪高，威胁圩堤安全。全市受灾农作物面积6700公顷，进水房屋813户3219间，走失禽畜6500多只，湖滨乡1300公顷围网养殖面积和1700公顷秋熟作物受淹。11月8日，三河闸又一次开闸行洪，11月12日10时半最大流量5500立方米/秒，高邮湖水位于11月17日达7.49米。行洪历时25天，为历史罕见的冬汛。新民滩1333.33公顷麦田陷入灭顶之灾。

1998年，春汛来得早，夏汛又接连不断。淮河入江水道自3月26日起泄洪，持续长时间大流量行洪。6月24日，进入梅雨期后，汛情急剧变化。6月30日至7月3日，高邮市出现两次强降雨过程，城区降雨量300毫米，运东里下河地区水位暴涨。7月2日，淮河入江水道行洪流量高达6060立方米/秒。7月4日，三垛水位2.38米，临泽水位2.54米，张轩水位2.79米。7月11日，高邮湖水位8.22米。由于长江高水位顶托，淮河洪水下泄严重受阻，湖滨保安圩7月5日下午全面进水，湖滨老庄台圩内103户居民实施紧急搬迁；城区局部受涝，100多户民居进水；运东里下河地区围水受淹农田5.33万公顷。

2000年7月1日，淮河入江水道第一次大流量行洪。7月25日，高邮湖水位涨至8.25米，为当年行洪后最高水位；三河闸下泄流量从2000立方米/秒增至5900立方米/秒，且泄洪时间持续11天。8月30日、9月28日、10月22日、11月21日，三河闸又4次泄洪。整个汛期，入江水道累计行洪82天，行走洪水240多亿立方米，未造成人畜伤亡。

2003年，全境遭遇特大洪涝灾害。7月5日，最大一日降雨量124毫米。7月13日9时，高邮湖水位高至9.52米，持续3个小时。在内涝外洪夹击下，境内险象环生，全面告急，损失严重。详见第七篇《水利》第四章《抗灾纪实》第二节《抗御2003年特大洪涝灾害》（第276页）。

图1-7 2003年，高邮遭受特大洪涝灾害。图为高邮城区水上新村受灾情景

第三节　风　灾

1986年7月21日21时左右，周山乡新河、果园、马河、狄奔、晏河等5个村遭受龙卷风袭击，风力达9级以上。刮倒房屋230户350间，很多大树被刮倒。营南乡、东墩乡部分房屋被刮坏。7月24日下午，出现雷雨大风天气，瞬时最大风速17米/秒，全县18个乡镇、74个村1466户受灾，损坏房屋3102间，刮倒、刮断树木1.2万株，死亡2人，重伤8人，轻伤20人，死亡耕牛1头、猪8头、家禽2391只，损失成鱼300万尾。7月31日下午，出现雷雨大风天气，瞬时最大风速19米/秒，全县13个乡镇620户受灾，损坏房屋1853间、船256条，刮倒、刮断树木1.2万株、电杆360根，损坏砖坯150万块，死亡2人，受伤28人，倒伏水稻、棉花2000多公顷，损坏鱼塘366.67公顷，直接经济损失180万元。

1989年7月14日19时20分至20时、8月12日16时15分，天山乡、汉留乡先后遭受暴风雨袭击，风力9级以上，经济损失分别为11万多元、7.6万元。

1990年7月18日17时30分，郭集、天山、送桥、菱塘等乡镇遭受暴风雨袭击，风力8级以上。7月19日13时20分，三垛、甘垛、武宁、二沟、八桥、伯勤等乡镇遭龙卷风袭击，风力9级以上，并降冰雹。损坏房屋618间，受伤9人，受灾农作物1071公顷。8月15日18时45分至19时30分，受飑线影响，汤庄乡出现短时雷雨大风天气，降水量31毫米，最大风力10级以上。受灾农户383户，倒塌房屋152间，损坏630间，重伤1人，死亡生猪21头、家禽786只，倒伏棉花534公顷、水稻349公顷，折断树木2047株、电线杆94根，共损失约150万元。8月31日下午到9月1日晚，全境遭受15号强台风袭击，风力7级以上，阵风9级，降雨130毫米，部分地区降雨180毫米。全县受伤20人，倒塌房屋587间，受损房屋657户1959间，倒伏、受淹水稻6万公顷、棉花1.51万公顷，受损经济作物410公顷，刮倒树木1.2万株、电杆795根，直接经济损失5000万元。

1992年7月12日、8月11日，沙堰、汤庄乡先后遭受龙卷风和暴雨袭击，风力达9级以上。8月末和9月份，15号、16号、19号台风连续影响高邮市，田间作物严重受灾。

1993年5月25日18～20时，全市遭受强暴风雨袭击，短时间阵风10～11级。全市倒伏小麦8400公顷、油菜800公顷、棉花4000公顷，死亡、失踪家禽3.2万只，受损房屋1326户3334间；湖滨乡许多渔船被掀翻，6人溺水身亡。全市经济损失2200多万元。7月7日15时55分，汤庄乡遭龙卷风袭击，4个村受灾。伤31人，其中重伤7人，损坏房屋280间，倒塌房屋39间，田间作物、果树受到不同程度损害，直接经济损失60多万元。

1994年7月14日21时，强风暴袭击运东各乡镇，其中甸垛、汉留、卸甲、汤庄、伯勤、八桥、武安、车逻、沙堰、三垛、武宁、二沟等乡镇尤为严重，风力高达11级，造成较严重灾害。共受损房屋4099间，倒塌房屋232间，受灾农作物3100公顷，走失、死亡家禽超万只，受伤9人，其中重伤3人。

1996年6月17日12时50分左右，三垛镇俞迁、三阳、新联等村遭受龙卷风袭击，风力高达11级，强风过处，直径30厘米左右的大树被折断，形成宽300米、长约2千米带状重灾区。损坏房屋356间，受伤11人，其中1人重伤，造成经济损失620万元。

1997年8月19～20日，11号强台风袭击高邮，出现大风、暴雨天气。受灾棉花、水稻等农作物1.93万公顷，倒塌房屋156户、455间，损坏房屋918户2500间，损坏“三杆”（电力线路杆、广播电视线路杆、邮电线路杆）400根，刮倒树木4.43万株，直接经济损失2000多万元。

2000年3月27日傍晚，高邮市出现大风天气，部分乡镇蔬菜大棚受到破坏。其中，东墩乡腰圩、九里、杨桥村损失近50万元；八桥镇桥发农场损失4.5万元，武安乡损失近1万元。7月13日15时左右，一股强烈的对流云团自宝应县进入高邮市，15时10分左右突然从云层中伸下两股龙卷，自西向东先后侵袭三垛镇柳北村、武宁村、少游村和甘垛镇启南村、荷花村、振兴村、学忠村、启北村、横铁村，共有

图1-8　2000年7月，甘垛镇荷花村遭受龙卷风灾害现场

47个村民小组受灾，形成长近10千米、宽约2千米的灾区，龙卷风持续时间20～30分钟。龙卷风所到之处，房屋被削平，庄稼、树木等被刮断，车辆、船只被掀翻，为高邮有史以来最严重的龙卷风灾害。据市民政局对受灾损失调查，因灾死亡19人，受伤1104人，其中重伤137人（危重伤员47人）、轻伤967人；倒塌房屋1166户4861间，损坏房屋818户2667间；倒塌围墙2198米；损坏农船40条；刮断树木3.51万株、"三杆" 1950根；死亡生猪2465头、家禽7.28万只；造成工厂设备、原料等损失1332万元，村民家具、家用电器等损失1083万元；受灾水稻500公顷、棉花等经济作物378.2公顷，直接经济损失1.51亿元。

2001年7月5日16时10分左右，送桥镇黄圩村和三垛镇少游村同时突遭飑袭击，重伤3人、轻伤13人，两地经济损失约700万元。7月11日14时50分左右，龙卷风由西北向东南袭击三垛镇联南、大卢、五里、茆吴、俞胡等5个村，持续时间约30分钟，受伤3人，受损房屋48户139间，折断树木238株、电杆11根，受损鱼（虾）塘29.33公顷，受灾棉花等经济作物23.2公顷，直接经济损失100多万元。

2002年6月20日18时至18时20分左右，三垛镇左卿、联北、港河村和龙虬镇东角村、张轩集镇同时遭飑袭击，受伤3人，受损房屋71户213间，折断树木870株、电杆4根，受损农作物、鱼（虾）塘179.33公顷，死亡或走失家禽7000多只，直接经济损失644万元。

2005年7月10日19时许，北部部分乡镇遭受强雷雨大风袭击，最大风速14.5米/秒，受损房屋170户380间，受淹水稻3666公顷、棉花等经济作物5600公顷，直接经济损失860万元。8月6～7日，受第9号台风 "麦莎" 影响，全市遭受强降雨与大风袭击，最大风速20.6米/秒。8700多户受灾，倒塌房屋42户125间，受损房屋381户806间，转移灾民248户858人，受损水稻966.67公顷、棉花等经济作物933.33公顷，鱼、蟹塘漫水166.67公顷，死亡牲畜150头、家禽近3500只，倒伏树木9500株、电线杆25根，直接经济损失3150万元。9月11～13日，受第15号台风 "卡努" 影响，全市遭受强降雨与大风袭击，最大风速21.5米/秒。9400多户受灾，倒塌房屋27户72间，受损房屋95户207间，受损水稻4716公顷、棉花等经济作物2533公顷，倒伏树木8200株、电杆24根，直接经济损失1550万元。

第四节　冰　雹

1986年7月，遭受冰雹袭击，未出现重大灾情。

1987年3月6日12时许，由西向西南方向，郭集、菱塘、车逻、一沟等乡遭受冰雹袭击。雹粒直径5毫米，持续降雹时间7～8分钟。对少数油菜、麦田略有影响，未出现重大灾情。

1988年6月2日晚，临泽、三垛、汉留3个区17个乡镇，遭受冰雹袭击，降雹范围3万公顷。雹粒一般如乒乓球，大的如鸭蛋，密度较高，持续降雹时间约10分钟，并伴有7～8级大风和短时暴雨。其中，临泽镇3次降雹，共26分钟。全县受灾棉花7600公顷、油菜300公顷，在田秧苗及经济作物不同程度受损，部分乡镇民房屋瓦损坏。

1992年5月6日16时后，临泽区6个乡镇出现暴雨大风天气，风力8～10级。16时40分，陡降冰雹，持续降雹时间8分钟，造成较严重灾害。其他乡镇轻度受灾。全市倒伏三麦5400公顷、油菜3800

公顷。7月12日下午，沙堰、汉留、汤庄等乡镇不同程度地遭受冰雹袭击，持续降雹时间5～20分钟，冰雹最大的形如鸡蛋，田间作物受灾较重。

1993年5月25日18时左右，龙奔乡局部地区下冰雹，冰雹直径1厘米，造成较严重灾害。

1994年5月2日14时许，周山乡出现冰雹、大风天气，最大风力9～10级，雹粒如蚕豆大小。受损三麦733.3公顷、油菜133.3公顷，倒塌、损坏房屋150户175间，走失家禽2000多只，直接经济损失216万元。

1996年12月31日16时29分，局部地区出现短时间冰雹，直径5～9毫米。入夜，出现雷阵雨天气。这是市气象站有记录以来未出现的冬天降雹。

1997年6月4日凌晨，冰雹伴随着雷雨大风袭击平胜、甘垛、沙堰、汉留、汤庄、横泾、川青等乡镇，造成不同程度灾害，平胜、甘垛两乡受灾较为严重。其中，平胜乡凌晨2时左右遭冰雹袭击，持续时间1小时，雹粒最大的形如鸡蛋，受损农田313.33公顷；甘垛乡遭到雷雨大风和两次冰雹袭击，受损农田411.33公顷。共造成直接经济损失约30万元。8月28日16时，城区突发冰雹、雷雨、大风天气，未造成明显灾害。

2000年5月12日17时30分后，飑线过境，高邮市出现大风、冰雹强对流天气，瞬间最大风速25.5米/秒。17时40分至18时，湖西4个乡镇遭受冰雹袭击，雹粒直径10毫米，损失较大。其中，以天山镇损失严重，蚕豆大小冰雹从17时40分持续到18时左右。全市受损农作物2700公顷、倒塌房屋486间、损坏房屋2000多间，折断树木5000多株，船只翻沉2艘，死亡2人，直接经济损失450万元。7月13日15时左右，横泾镇遭受冰雹袭击，冰雹约有花生米大小，持续时间约10分钟，未造成明显灾害。

2001年7月5日16时10分左右，送桥镇黄圩村突遭龙卷风、冰雹袭击。龙卷风自东向西横扫该村，持续时间30分钟左右，雹粒直径大的比乒乓球略小一点。重伤3人，轻伤10多人，损毁房屋427间，死亡牲畜、家禽2000多头（只），刮断、刮歪电力和通信线杆100多根，倒伏树木1500株，受灾农作物66.67公顷，直接经济损失100多万元。

2002年5月27日12时35分左右，横泾镇突遭狂风暴雨夹着冰雹袭击，最大风力9～10级，雹粒最大直径15毫米左右，持续时间10多分钟，造成较严重灾害。

2003年5月19日16时40分，狂风暴雨夹着冰雹从菱塘回族乡龚家村开始，由西北向东南方向移动至天山镇、送桥镇。菱塘、送桥和天山3个乡镇16个村遭受暴雨、冰雹袭击。其中，菱塘回族乡灾情最为严重，最大阵风9级以上，局部雹粒最大直径15毫米，持续时间15分钟。受灾小麦367公顷、油菜54公顷、秧苗33公顷、桑叶等经济作物105公顷，损坏房屋850户3400间，死亡牲畜95头、家禽7500只，刮倒树木9500株、“三杆”55根，直接经济损失440万元。

2005年6月2日，雷雨夹着冰雹袭击全市，雹粒最大直径18毫米，并伴有9级大风，造成较大灾害。

第五节 农作物病虫害

1986～2005年，境内农作物病虫害主要有35种，其中病害14种、虫害21种。在农作物病虫害中，水稻病害有纹枯病、稻瘟病、稻曲病、条纹叶枯病，虫害有二化螟、三化螟、大螟、稻纵卷叶螟、白背飞虱、褐飞虱、灰飞虱；三麦病害有小麦赤霉病、小麦黄花叶病、白粉病、纹枯病，虫害有黏虫、麦圆蜘蛛、蚜虫等；棉花病害有立枯病、炭疽病、铃病，虫害有棉铃虫、盲蝽象、玉米螟、蚜虫、红蜘蛛、烟粉虱、红铃虫、金刚钻、斜纹夜蛾、甜菜夜蛾；油菜病害有菌核病、霜霉病、病毒病，虫害有蚜虫。

一、水稻病虫害

稻瘟病 1986～2005年，稻瘟病中等发生4年、轻发生5年、零星发生4年。纹枯病大发生4年、偏重发生7年、中等发生8年。一般年份发病面积占水稻面积80%，产量损失5%～15%；严重发病面积

占水稻面积95%以上，产量损失30%左右。

白叶枯病 1996年前，流行频率50%左右。1996年后，随着粳稻面积扩大，白叶枯病逐年下降，有时零星发生。水稻条纹叶枯病2000年前零星发生，2000年后发病面积扩大到2万公顷左右，其中2004年猛增到3.68万公顷。

稻象甲 1986年后，杂交稻制种田时有发生，部分田块为害严重，2000年后少有发生。

稻蓟马 1990年前时有发生，不严重。1990年后，每年发生面积3300～6700公顷。2000年后，零星发生。

二化螟、三化螟等 80年代，以二化螟危害居多，约占70%，大螟次之。90年代，三化螟为害上升至50%，二化螟次之。2000年后，二化螟为害上升至80%，大螟轻发生。1991年、1997年、2005年，褐飞虱、白背飞虱、灰飞虱大发生，折实枯死水稻6.67公顷。稻苞虫个别年份局部地区少量发生，为害轻微。

二、小麦病虫害

赤霉病 1986～2005年，小麦赤霉病流行12年，发生频率54.5%。其中，1989年、1990年、2003年偏重流行；1993年、1998年、2002年中等发病；其他年份轻微发病。

小麦黄花叶病 1986～1987年，小麦黄花叶病零星发生，以后逐年扩大。1991～1994年，进入发生危害高峰期，年发病面积3300～6700公顷，一般田块减产10%左右，重病田块减产40%。2004～2005年，发病面积1300～2600公顷。

白粉病 1989年、1990年，小麦白粉病大发生，每公顷小麦产量损失1.5～3吨，为历史所罕见。1988年、1992年、1997年，为偏重发生年份。1986年、1987年、1991年、1995年，为中等发生年份。其他年份轻发生或零星发生。

纹枯病 1989～1995年，小麦纹枯病严重发生，重病田占小麦种植面积20%。2000年后，处于轻度流行，发病面积1万～1.33万公顷。

黏虫 1986～2000年，黏虫发生较重。2000年后，轻微发生。

蚜虫 1985～1990年，蚜虫发生较轻。1991～1994年、1997～1998年、2004～2005年，为偏重发生。其他年份为中等发生。

三、棉花病虫害

1986～2000年，棉铃虫、棉蚜、红蜘蛛、盲蝽象等虫害均有发生。其中，棉铃虫1992年中等偏重，1994年较大，其他年份较轻发生；棉蚜在干旱少雨年份发生的程度重；红蜘蛛2000年后发生频次下降，为零星发生；盲蝽象1986～2000年发生的程度较轻，2000年后发生频次逐渐增加。

四、油菜病虫害

1986～1989年，大面积种植的白菜型油菜，易感菌核病，发病较重。1990年，推广种植甘蓝型油菜，菌核病发病程度减轻。2002年、2003年，推广种植油研7号、8号油菜，菌核病发生程度较重。

第二篇 环境保护

要 目

80年代，全县城乡工业兴起，企业“三废”（废气、废水、废渣）超标排放，餐饮娱乐服务业油烟、噪声污染扰民，局部地区不同程度地出现河水黑臭，死鱼事故时有发生。环境形势严峻，环境监管能力相对薄弱。

90年代，随着《中华人民共和国环境保护法》颁布实施，市政府下达限期治理项目，加大依法治理污染源力度。至1999年，关停、取缔“十五小”企业24家，实施淮河流域、长江流域污染源限期治理及省重点大气污染源治理项目29项。2000年起，市政府先后组织实施蓝天工程、碧水工程，实行排污申报登记年审注册制度和排污许可证管理。2002年，高邮市被命名为第二批国家级生态示范区。同时，开展创建环境优美乡镇与生态村、绿色学校与绿色家园活动和循环经济与清洁能源生产工作，开展“绿色五业”大行动，推进循环经济建设。

至2005年，全市共劝阻并否决违反国家产业政策、污染难以治理的建设项目38项，实施限期治理项目223项；全市烟尘排放达标率提高到100%，城区烟尘控制区面积扩大至26.1平方千米，烟尘控制区建设覆盖率100%，空气质量优良天数占94%；城区环境噪声、道路交通干线噪声等效声级平均值分别为53.8分贝、66.8分贝；基本实现工业废气达标排放，工业废水排放达标率、全市万元产值综合能耗下降率、工业用水重复利用率分别提高到97.5%、2.5%、60%。全市设立自然保护区3个，获ISO 14001环境管理体系认证的企业3家，获“省清洁文明生产乡镇企业”称号的企业6家，创建成扬州市环境优美乡镇4个、扬州市以上生态村34个、国家绿色学校1所、省绿色学校7所、扬州市绿色学校26所。

第一章　环境质量

1986～2000年，空气质量为轻度污染，二氧化硫污染基本得到控制，但氮氧化物呈上升趋势，空气环境污染物渐次为可吸入颗粒物、降尘、二氧化硫、二氧化氮。京杭大运河水质各项监测指标均值基本符合GB 3838-88 Ⅲ类水标准，溶解氧、氟化物、氨氮、石油类指标偶有超标；污染严重的北澄子河污染物超标指标逐年减少，污染有所减轻；运东监测的其他6条河流不同程度地均有指标超标，水质基本符合Ⅲ类水要求。居民区、工厂、商业网点、文化娱乐场所相互混杂，造成一段时间环境噪声污染。2001～2005年，空气质量由接近良好级别逐步转变为优良，空气质量优良天数占94%，酸雨发生频率9.5%，城区降水pH值范围4.67～7.99。

水质逐步改善。京杭大运河各项监测指标均值符合GB 3838-88 Ⅲ类水标准；北澄子河沿河大桥断面符合GB 3838-88 Ⅳ类水标准，其余断面均略有指标超标；多数河段水质基本达到Ⅲ类水标准，溶解氧、化学需氧量等指标偶有超标。城区声环境质量优于一类区标准，影响区域环境的噪声主要是工业噪声、生活噪声、建筑施工噪声和交通噪声。

第一节　大气环境

一、二氧化硫

1991～2001年，全市大气环境中，二氧化硫年日平均浓度范围0.008～0.021毫克/标准立方米，日平均浓度均值0.015毫克/标准立方米。2002～2005年，二氧化硫年日平均浓度范围0.018～0.045毫克/标准立方米，日平均浓度均值0.027毫克/标准立方米。2005年，日平均浓度均值0.025毫克/标准立方米。二氧化硫年日平均浓度、日平均浓度均达到国家二级标准。

二、氮氧化物、二氧化氮

1991～2001年，全市大气环境中，氮氧化物年日平均浓度范围0.009～0.035毫克/标准立方米，日平均浓度均值0.018毫克/标准立方米。2002～2005年，二氧化氮年日平均浓度范围0.020～0.029毫克/标准立方米，日平均浓度均值0.026毫克/标准立方米。2005年，二氧化氮日平均浓度均值0.025毫克/标准立方米。氮氧化物、二氧化氮平均浓度均达到国家二级标准。

三、总悬浮微粒、可吸入颗粒物

1991～2001年，全市大气环境中，总悬浮微粒年日平均浓度范围0.16～0.658毫克/标准立方米，日平均浓度均值0.282毫克/标准立方米。2002～2005年，可吸入颗粒物年日平均浓度范围0.054～0.095毫克/标准立方米，日平均浓度均值0.070毫克/标准立方米。2005年，可吸入颗粒物日平均浓度均值0.074毫克/标准立方米。总悬浮微粒、可吸入颗粒物平均浓度均达到国家二级标准。

四、降尘

1991～2001年，全市大气环境中，降尘量年均范围3.7～8.62吨/平方千米·月，年平均浓度均值6.38吨/平方千米·月。2002～2005年，降尘量年均范围4.1～6.6吨/平方千米·月，年平均浓度均值5.25吨/平方千米·月。2005年，降尘年平均浓度均值4.1吨/平方千米·月。除1991年外，其余年份均达到国家二级标准，其中2001年为3.7吨/平方千米·月。

1991～2005年高邮市城区空气环境质量部分指标一览表

表2-1

项目/年份	二氧化硫（毫克/标准立方米）	氮氧化物（毫克/标准立方米）	总悬浮微粒（毫克/标准立方米）	降尘量（吨/平方千米·月）	空气污染综合指数	空气质量描述
1991	0.013	0.014	0.658	8.62	—	轻度污染
1992	0.016	0.014	0.240	7.68	2.36	
1993	0.021	0.009	0.260	6.07	2.23	
1994	0.016	0.014	0.240	7.12	2.29	
1995	0.014	0.018	0.230	7.00	2.29	
1996	0.020	0.022	0.330	7.00	3.30	
1997	0.010	0.014	0.260	6.20	2.53	
1998	0.008	0.018	0.220	5.40	2.27	
1999	0.014	0.016	0.160	5.30	2.01	接近良好
2000	0.014	0.035	0.307	6.10	3.23	
2001	0.021	0.022	0.200	3.70	1.57	
2002	0.018	0.028	0.054	6.60	2.01	
2003	0.045	0.029	0.095	5.90	2.80	
2004	0.020	0.020	0.055	4.40	1.68	
2005	0.025	0.025	0.074	4.10	1.41	洁净

说明：二氧化硫国家标准一级限值≤0.020，氮氧化物国家标准一级限值≤0.040，总悬浮微粒国家标准二级限值≤0.200，降尘量市级标准≤8.0。

五、降水pH值

1987～1990年，全市大气环境中，获取191个降水样，共有11次酸雨，pH均值6.02～6.58。1991～2005年，获取822个降水样，共有46次酸雨，年均酸雨频率6%。其间，1996年，有1次降水pH值是15年内最低值，为4.12；1997年，发生频率最高，达14.8%，pH值范围4.60～7.96；2002年，pH均值最高，为6.95。

1987～2005年高邮市城区降水pH值监测结果一览表

表2-2

项目 年份	样品数（个）	酸雨样品数（个）	酸雨频率（%）	pH值范围	pH值均值
1987	45	4	—	5.38～6.86	6.02
1988	31	—	—	5.80～6.92	6.42
1989	31	—	—	5.78～6.84	6.58
1990	84	7	—	4.32～7.88	6.42
1991	86	11	12.80	4.40～7.97	5.59
1992	62	8	12.90	4.28～8.16	5.11
1993	68	1	1.47	5.50～8.57	6.63
1994	45	1	2.22	4.45～8.22	6.11
1995	37	3	8.11	4.54～7.55	5.60
1996	52	4	7.69	4.12～7.69	5.74
1997	54	8	14.80	4.60～7.96	6.06
1998	65	4	6.15	4.56～8.25	5.53
1999	74	2	2.70	5.58～7.95	6.68
2000	62	—	—	5.92～7.91	6.81
2001	39	—	—	5.87～7.64	6.60
2002	35	—	—	6.21～7.97	6.95
2003	59	—	—	6.05～7.73	6.85
2004	42	—	—	5.91～8.12	6.67
2005	42	4	9.52	4.76～7.99	5.64

第二节　水环境

一、京杭大运河高邮段

京杭大运河高邮段常年流向以自南向北为主，汛期以自北向南居多。该河段水体流量较大，水质较好，为城区、车逻镇、马棚镇和界首镇等沿河集镇饮用水源。

1986年，县环境监测站对京杭大运河城区段水质进行监测，水质符合GB 3838-88 Ⅲ类水标准。1991年，该站在京杭大运河高邮段设置城区南水关、界首水厂两个监测断面，监测项目14项，逢单月监测，全年监测6次。1991～1995年，各项监测指标均值基本符合Ⅲ类水标准，但受上游来水影响，挥发酚、氨氮等指标偶有超标。1996年，在城区南水关监测断面布设两条监测垂线，每月监测1次；界首水厂断面单月监测1次，监测项目20项。1996～2000年，各项监测指标均值基本符合Ⅲ类水标准，溶解氧、氟化物、氨氮、石油类指标偶有超标。2001年，该站布设高邮运河大桥、界首镇两个监测断面，高邮运河大桥断面每月监测1次，界首镇断面单月监测1次，监测项目15项。2001～2005年，各项监测指标均值符合Ⅲ类水标准。

1986～2005年京杭大运河高邮段水质监测指标均值一览表

表2-3　　单位：毫克/升

项目 年份	酸碱度	氨氮	溶解氧	高锰酸盐指数	项目 年份	酸碱度	氨氮	溶解氧	高锰酸盐指数
1986	—	0.002	—	3.97	1996	7.37	0.42	8.40	3.60
1987	7.93	0.62	—	4.54	1997	7.72	0.45	7.80	3.10
1988	7.77	0.40	—	4.35	1998	7.86	0.45	8.20	3.10
1989	7.72	0.25	8.74	3.78	1999	7.93	0.40	7.80	3.00
1990	7.88	0.75	7.99	4.02	2000	7.54	0.31	6.40	3.50
1991	7.94	0.32	8.40	3.90	2001	7.46	0.72	7.60	2.70
1992	8.26	0.23	8.90	2.80	2002	7.65	0.28	7.60	2.90
1993	7.85	0.60	8.30	3.60	2003	7.68	0.19	8.20	3.90
1994	7.90	0.82	7.00	3.10	2004	7.55	0.16	8.10	2.90
1995	7.60	0.15	8.50	2.60	2005	7.42	0.19	7.20	3.30

二、北澄子河

北澄子河承担航运、灌溉及部分工业、渔业用水功能，是城区及沿河乡镇工业废水及生活污水的主要受纳水体。1986～1990年，北澄子河受县造纸厂、县化肥厂等工业企业废水和城市生活废水排放影响，污染严重。1990年，县环境监测站在北澄子河布设泰山桥、220千伏变电所、一沟大桥、人字河河口、三垛西大桥等5个监测断面。泰山桥断面执行GB 3838-88 Ⅳ类水标准，其余断面执行Ⅲ类水标准，监测结果均超过Ⅲ类水标准。其中，泰山桥断面、220千伏变电所断面水质终年黑臭，水体中化学耗氧量、氨氮、挥发酚等指标年平均值超过Ⅲ类水标准数倍。后增设黄渡大桥监测断面。1991～1995年监测，按河流流向，水体污染程度逐步减轻。其中，泰山桥断面受市造纸厂废水影响属极其严重污染，220千伏变电所断面受城区生活污水下泄和市化肥厂废水污染影响属严重污染，一沟大桥和人字河河口断面属中度污染，三垛西大桥断面属轻度污染，黄渡大桥断面基本未受到污染。1996年起，市政府采取措施控制废水排放，北澄子河污染物超标指标逐年减少，污染减轻，但泰山桥断面污染仍最为严重，其他下游断面按河流流向逐步减轻。2001年，根据河流主要流向和功能，北澄子河监测断面调整为沿河大桥、一沟大桥、三垛西大桥、河口大桥4个监测断面，沿河大桥和一沟大桥断面执行Ⅳ类水标准。经监测，三垛西大桥、河口大桥断面符合Ⅳ类水标准，其他断面均略有指标超标。2001～2005年，经监测，北澄子河水质逐步改善。至2005年，沿河大桥断面符合Ⅳ类水标准，其余断面均略有指标超标。

图2-1　2005年，环保执法人员在三垛水厂监测点监测北澄子河水质

1986～2005年高邮市北澄子河泰山桥、一沟大桥监测点水质指标一览表

表2-4　　单位：毫克/升

项目/年份	泰山桥监测点				一沟大桥监测点			
	溶解氧	生化需氧量	氨氮	高锰酸盐指数	溶解氧	生化需氧量	氨氮	高锰酸盐指数
1986	—	—	3.68	92.3	—	—	—	—
1987	—	—	3.07	18.6	—	—	—	—
1988	—	—	6.87	17.0	—	—	—	—
1989	1.7	—	2.40	45.0	6.4	—	0.53	3.8
1990	—	—	4.00	105.0	5.7	—	2.11	6.0
1991	4.0	—	2.80	7.4	4.0	—	2.80	7.4
1992	4.6	—	5.71	9.2	4.6	—	5.71	9.2
1993	3.8	94.7	2.62	10.0	3.8	5.0	2.62	10.0
1994	3.1	70.2	2.54	10.5	3.1	2.9	2.54	10.5
1995	2.2	133.0	5.32	10.3	2.2	7.9	5.32	10.3
1996	2.7	5.4	4.87	11.7	2.7	5.4	4.87	11.7
1997	2.6	5.9	3.72	17.1	2.6	5.9	3.72	17.1
1998	3.2	3.8	3.99	5.8	3.2	3.8	3.99	5.8
1999	2.3	3.4	6.83	6.0	2.3	3.4	6.83	6.0
2000	3.0	4.2	5.30	6.6	3.0	4.2	5.30	6.6
2001	2.4	2.5	7.78	4.4	2.4	2.5	7.78	4.4
2002	3.0	2.2	5.53	5.0	3.0	2.2	5.53	5.0
2003	2.7	2.1	4.32	5.6	2.7	2.1	4.32	5.6
2004	2.9	2.0	2.95	3.2	2.9	2.0	2.95	2.0
2005	3.8	3.1	2.30	5.6	3.8	3.1	2.30	5.6

1989～2005年高邮市北澄子河三垛西大桥、河口大桥监测点水质指标一览表

表2-5　　单位：毫克/升

项目/年份	三垛西大桥监测点				河口大桥监测点			
	溶解氧	生化需氧量	氨氮	高锰酸盐指数	溶解氧	生化需氧量	氨氮	高锰酸盐指数
1989	5.4	—	0.84	4.6	—	—	—	—
1990	6.2	—	1.49	4.6	—	—	—	—
1991	6.1	—	2.30	5.8	—	—	—	—
1992	5.5	—	2.58	6.2	—	—	—	—
1993	4.7	2.3	1.49	7.2	—	—	—	—
1994	4.6	1.8	1.56	6.1	—	—	—	—
1995	5.8	2.5	1.61	5.2	—	—	—	—
1996	3.2	3.2	2.70	8.7	5.9	2.4	1.47	6.3

续表 2-5

项目/年份	三垛西大桥监测点				河口大桥监测点			
	溶解氧	生化需氧量	氨氮	高锰酸盐指数	溶解氧	生化需氧量	氨氮	高锰酸盐指数
1997	5.8	1.7	1.21	5.6	6.5	1.4	1.04	4.8
1998	4.4	1.6	3.10	5.1	5.4	1.9	1.23	4.9
1999	4.4	1.9	3.31	4.5	5.6	1.3	1.78	4.7
2000	3.5	3.8	2.07	5.8	4.8	2.8	1.58	5.2
2001	4.6	2.3	0.05	4.6	4.6	2.2	2.39	4.2
2002	4.8	2.0	0.06	3.9	5.3	2.1	1.49	4.1
2003	3.9	2.0	0.02	4.9	4.8	2.0	1.31	5.0
2004	4.2	2.1	0.02	4.6	6.5	1.6	0.32	3.7
2005	5.2	3.0	0.01	5.0	6.8	3.0	0.49	3.4

三、运东其他主要河流

1986年，澄潼河、横泾河（果林桥断面）、二沟人字河口等受老横泾河、北澄子河污染影响，水体受到污染。1991年，市环境监测站选取“四横三纵”（老横泾河、横泾河、东平河、南澄子河，三阳河、澄潼河、张叶沟）7条主要支排河进行监测，单月监测1次。至2000年，所有被监测河流不同程度地均有指标超标。其中，横泾河、东平河、南澄子河和三阳河、澄潼河、张叶沟水质基本符合Ⅲ类水标准要求，基本适合渔业用水需要。2001年，全市加大产业结构调整和污染治理力度，所有河流水质状况均有所改善，澄潼河、南澄子河水质较好，老横泾河、横泾河、东平河、张叶沟受农业污染影响和三阳河受上游客水影响，均偶有指标超标。2005年，运东地区多数河段水质基本达到Ⅲ类水标准，总体以有机质污染为主，溶解氧、化学需氧量等指标偶有超标。

1986～2005年高邮市老横泾河、横泾河监测点水质指标一览表

表 2-6　　单位：毫克/升

项目/年份	老横泾河（淮扬桥监测点）				老横泾河（双庙桥监测点）				横泾河（幸福桥监测点）			
	溶解氧	生化需氧量	氨氮	高锰酸盐指数	溶解氧	生化需氧量	氨氮	高锰酸盐指数	溶解氧	生化需氧量	氨氮	高锰酸盐指数
1986	—	—	3.88	37.1	—	—	—	—	—	—	—	—
1987	—	—	1.40	15.5	—	—	—	—	—	—	—	—
1988	—	—	4.32	15.5	—	—	—	—	—	—	3.13	6.12
1989	4.29	—	1.15	10.9	—	—	—	—	6.40	—	1.19	3.96
1990	4.72	—	2.36	9.3	—	—	—	—	5.76	—	1.37	6.75
1991	5.20	—	1.31	9.2	—	—	—	—	6.90	—	0.59	4.60
1992	5.50	—	0.89	9.0	6.2	—	0.14	4.0	6.90	—	0.52	3.80
1993	7.30	7.8	1.51	31.8	5.4	1.3	1.10	6.4	6.20	1.9	1.08	4.50
1994	5.30	3.6	1.25	12.8	4.9	1.7	1.20	6.7	5.70	2.3	0.92	5.60
1995	3.30	9.0	2.57	18.6	3.6	5.0	2.30	8.1	4.80	2.2	1.93	8.20

续表2-6

年份＼项目	老横泾河（淮扬桥监测点）				老横泾河（双庙桥监测点）				横泾河（幸福桥监测点）			
	溶解氧	生化需氧量	氨氮	高锰酸盐指数	溶解氧	生化需氧量	氨氮	高锰酸盐指数	溶解氧	生化需氧量	氨氮	高锰酸盐指数
1996	7.40	5.3	2.05	8.4	4.1	4.9	1.80	6.9	4.70	2.4	1.59	6.60
1997	3.80	8.5	2.18	17.1	4.6	7.1	2.05	12.4	4.00	2.1	1.94	8.20
1998	5.90	7.5	2.48	14.2	3.8	5.8	2.52	12.4	5.30	1.3	1.42	4.50
1999	4.40	12.7	5.16	14.5	4.2	3.5	3.50	3.8	4.60	2.0	1.29	4.80
2000	4.80	8.1	3.28	11.6	3.7	6.2	2.27	9.6	4.40	3.6	0.60	5.70
2001	—	—	—	—	—	—	—	—	4.40	2.9	0.76	5.00
2002	—	—	—	—	—	—	—	—	5.60	2.1	0.94	3.80
2003	—	—	—	—	—	—	—	—	4.90	2.2	1.02	5.40
2004	—	—	—	—	—	—	—	—	5.20	2.0	0.76	4.40
2005	—	—	—	—	—	—	—	—	6.00	2.9	0.50	4.20

1988～2005年高邮市三阳河、南澄子河、张叶沟监测点水质指标一览表

表2-7　　单位：毫克/升

年份＼项目	三阳河（车汉大桥监测点）				南澄子河（卸甲庄大桥监测点）				张叶沟（八字桥监测点）			
	溶解氧	生化需氧量	氨氮	高锰酸盐指数	溶解氧	生化需氧量	氨氮	高锰酸盐指数	溶解氧	生化需氧量	氨氮	高锰酸盐指数
1988	—	—	0.29	2.70	—	—	—	—	—	—	0.14	4.95
1989	7.90	—	0.22	3.32	—	—	—	—	7.02	—	0.28	4.49
1990	6.91	—	0.83	3.82	—	—	—	—	6.72	—	0.48	4.22
1991	7.20	—	0.36	4.90	6.8	—	0.38	4.7	7.20	—	0.42	5.20
1992	7.40	—	0.56	3.60	7.4	—	0.54	4.1	7.70	—	0.26	3.80
1993	6.30	1.3	0.68	3.90	7.0	1.4	0.82	3.6	6.60	1.6	0.54	4.00
1994	4.70	1.5	0.84	3.20	6.5	0.9	0.51	3.4	6.30	1.0	0.73	3.90
1995	6.90	1.0	0.35	3.10	7.2	1.3	0.22	3.3	5.90	1.3	0.30	3.60
1996	6.70	1.5	0.76	4.00	6.4	1.4	0.48	4.2	6.20	1.8	0.50	3.90
1997	7.00	1.2	0.53	2.90	6.2	0.9	0.60	3.7	6.00	1.2	0.59	4.00
1998	6.30	1.2	0.53	3.70	5.8	0.9	0.47	3.4	6.40	1.1	0.46	3.90
1999	5.70	1.1	0.81	3.30	5.4	1.1	0.71	3.3	6.10	1.2	0.76	3.80
2000	5.30	2.2	0.64	4.20	3.9	2.4	0.54	4.5	4.60	2.4	0.46	4.40
2001	6.10	2.0	0.74	3.60	5.1	2.2	0.65	3.9	5.10	2.1	0.64	4.00
2002	5.20	2.1	0.67	4.10	5.1	3.0	0.64	3.9	5.20	2.9	0.47	3.80
2003	5.00	2.3	0.19	4.70	4.7	2.9	0.72	5.0	4.80	2.2	0.76	5.00
2004	6.70	2.0	0.39	3.20	7.5	2.3	0.52	3.5	7.40	2.3	0.71	3.50
2005	6.00	3.2	0.28	3.50	7.3	2.8	0.30	4.0	6.30	2.9	0.43	4.70

1988～2005年高邮市澄潼河、东平河监测点水质指标一览表

表2-8　　单位:毫克/升

年份＼项目	澄潼河(大红桥、红马桥监测点)				东平河(武宁大桥监测点)				东平河(农科所、团结桥监测点)			
	溶解氧	生　化需氧量	氨氮	高锰酸盐指　数	溶解氧	生　化需氧量	氨氮	高锰酸盐指　数	溶解氧	生　化需氧量	氨氮	高锰酸盐指　数
1988	—	—	5.30	7.71	—	—	—	—	—	—	—	—
1989	7.03	—	1.36	4.34	6.73	—	0.11	3.4	6.6	—	0.21	3.7
1990	4.41	—	2.03	9.15	7.66	—	0.55	4.1	6.6	—	1.09	6.0
1991	4.50	—	2.12	5.00	6.70	—	0.49	5.3	6.2	—	0.76	4.9
1992	5.60	—	1.35	5.70	7.50	—	1.50	5.5	5.9	—	0.26	5.1
1993	5.00	5.2	0.69	5.40	6.10	2.0	1.72	7.7	7.0	2.0	0.70	4.3
1994	4.50	2.0	1.05	7.00	5.30	1.4	0.76	4.8	5.8	2.3	0.65	6.0
1995	2.70	4.3	2.57	7.50	6.50	2.5	0.55	5.0	4.3	4.4	2.39	7.6
1996	3.30	6.0	3.62	10.80	6.00	2.7	1.46	6.4	—	—	—	—
1997	2.70	4.8	3.56	12.20	5.80	2.0	1.02	6.3	—	—	—	—
1998	4.20	1.6	2.68	4.20	5.90	1.7	0.94	4.8	—	—	—	—
1999	3.40	2.6	2.38	7.30	4.90	2.1	1.31	4.8	4.5	2.6	1.62	5.5
2000	3.50	4.1	1.12	6.70	3.70	4.1	0.73	6.7	3.8	4.0	1.20	6.8
2001	3.00	3.2	3.04	5.30	3.40	2.2	1.08	4.1	3.7	3.0	1.51	5.2
2002	3.70	2.2	0.76	5.50	5.20	2.1	0.99	4.2	3.4	2.5	0.82	5.6
2003	3.70	2.1	0.23	6.00	4.30	2.0	0.01	5.4	3.7	2.0	1.16	5.6
2004	4.10	2.1	0.26	5.30	6.30	2.1	0.47	3.9	4.1	2.1	0.88	5.7
2005	6.40	2.9	0.51	5.20	7.10	2.6	0.54	3.6	6.6	2.5	0.61	5.2

2001～2005年高邮市主要河流水质综合评价结果一览表

表2-9　　单位:%

河流名称	监测断面名称	水质类别隶属度					变化趋势
		Ⅰ类	Ⅱ类	Ⅲ类	Ⅳ类	Ⅴ类	
大运河	高邮运河大桥	69	31	—	—	—	氨氮指标呈现好转趋势,水质较好
	界首镇	38	39	23	—	—	
北澄子河	一沟大桥	—	15	26	17	42	顺合水流方向,水质依次转好
	三垛西大桥	—	32	38	30	—	
	河口大桥	18	82	—	—	—	
沿河	沿河大桥	70	30	—	—	—	水质明显好转
三阳河	车汉大桥	53	47	—	—	—	水质略好转
澄潼河	红马桥	20	50	30	—	—	水质明显好转

续表2-9

河流名称	监测断面名称	水质类别隶属度					变化趋势
		Ⅰ类	Ⅱ类	Ⅲ类	Ⅳ类	Ⅴ类	
东平河	团结桥	17	55	28	—	—	水质好转
	红旗桥	44	54	2	—	—	
横泾河	幸福桥	20	48	32	—	—	
	横泾镇西	28	58	14	—	—	
张叶沟	八字桥	27	59	14	—	—	
南澄子河	卸甲庄大桥	50	50	—	—	—	水质略好转

四、城区饮用水源

京杭大运河高邮段是城区居民唯一饮用水源。1986年前，城区设有自来水厂1座，供水能力4万立方米/日。1986年，县环境监测站在县自来水厂取水口附近设常年监测点。水质中化学耗氧量、氨氮未超标。1987～1994年，水质中化学耗氧量、氨氮历年超标。其中，化学耗氧量1987年超标80%；氨氮分别于1990年、1993年、1994年超标67%、50%、66%。水源受轻度污染影响，其主要原因是受淮阴地区有机物污染的过境水影响所致。1995～2001年，水质中化学耗氧量未超标，氨氮除1995年、2001年未超标外其他年份略有超标，符合饮用水源标准。2002～2005年，水质中化学耗氧量、氨氮未超标。

五、地下水

1988年起，全县城乡第Ⅱ、Ⅲ层承压深井水经监测，水质较好，优于京杭大运河高邮段，水质硬度低于潜水，略高于地表水，达到国家Ⅱ级标准。1990年，全县工商企业自备机泵井40口，综合取水能力2.65万立方米/日。1993年，市节水办与省地质勘察设计院合作对境内第Ⅱ、Ⅲ层承压深井水进行监测，矿化度0.5～0.6克/升，锶和偏硅酸含量分别达0.31～0.39毫克/升、45～48毫克/升，均达到国家饮用天然矿泉水标准。1995～2005年，城区地下水中铜、锌、六价铬、氰化物、铅、砷、镉、汞等均未超标。按年均值统计，细菌总数指标符合Ⅳ类水质标准，其余指标亦符合Ⅲ类水质标准。地下水质量按综合污染指数法评价结果表明，城区地下水水质良好，污染程度较轻。

第三节　声环境

80～90年代，城区声环境因功能区划分不明显，居民区、工厂、商业网点、文化娱乐场所相互混杂，并伴随着城区人口迅速增长，一段时间造成环境噪声污染。2000～2005年，随着城区范围扩大，居民区建设速度加快，城区声环境质量逐步好转，城区声环境优于一类区标准。影响区域环境的噪声主要是工业噪声、生活噪声、建筑施工噪声和交通噪声。

一、区域环境噪声

1986年，县环境监测站始采取网格法，在城区5平方千米范围内，按250米×250米网格布点原则，布设噪声监测点80个，覆盖人口6.55万人。监测结果：1986～1990年，城区环境噪声等效声级平均值56.8分贝，超过一类区标准；1991～1995年，城区环境噪声等效声级平均值55.1分贝，基本达到一类区标准。1996年，扩大城区监测范围，覆盖面积9平方千米，按300米×300米网格布点原则，布设监测点100个，覆盖人口8.99万人。监测结果：1996～2002年，城区环境噪声等效声级平均值51～52.2分贝，优于一类区标准。2003年，再次扩大城区监测范围，覆盖面积11.52平方千米，按240米×240米网格布点原则，布设监测点200个，覆盖人口9.8万人。监测结果：2003～2004年，城区环境噪声等效声级平均值50.4～51.5分贝，优于一类区标准。2005年，环境噪声监测范围扩大至33.93平方千米，按240米×240米的网格布点原则，布设监测点589个，覆盖人口扩大至15.88万人。监测结果为：城区环境噪声等效声级平均值53.8分贝，优于一类区标准，居民生活环境优于一类区标准的超过90%。

1986～2005年高邮市城区环境噪声监测结果一览表

表2-10

项目 年份	网格设置（平方米）	网格数（个）	覆盖人口（万人）	等效声级平均值（分贝）	达标情况 标准等效声级≤55（分贝）
1986～1990	250×250	80	6.55	56.8	超过标准
1991～1995			6.75	55.1	基本达标
1996	300×300	100	8.99	51.0	符合或优于标准
1997			9.23	52.1	
1998			9.33	51.2	
1999			9.54	52.1	
2000			9.71	51.1	
2001			9.71	52.2	
2002			9.71	51.7	
2003	240×240	200	9.80	51.5	
2004		200	11.08	50.4	
2005		589	15.88	53.8	

二、交通道路噪声

1986年，县环境监测站在城区淮扬路（文游路）、通湖路、中山路、府前街、海潮路、环城路、文化宫路、蝶园路等8条共长11.4千米、宽8～22米的主要交通干线上，布设监测点19个。监测结果为：1986～1990年，城区交通噪声等效声级超过71.1分贝。其中，因淮扬公路城区段穿越城区，交通噪声等效声级74.5分贝，文化宫路交通噪声等效声级72.6分贝。1991年起，城区交通噪声有所改善。1991～1995年，城区交通噪声等效声级69.5分贝，低于国家标准值70分贝。但淮扬公路城区段、通湖路、中山路、海潮路、文化宫路交通噪声等效声级仍超过70分贝。1996年起，除淮扬公路城区段交通噪声等效声级超过70分贝外，其他道路交通噪声等效声级不同程度下降。1996～1999年，城区交通噪声等效声级68.9～70.4分贝。2000年起，除淮扬公路城区段交通噪声等效声级仍超过70分贝外，其他道路交通噪声等效声级低于国家标准值70分贝。至2005年，城区8条道路交通干线噪声等效声级为66.8分贝，符合国家标准要求。

三、建筑施工和社会生活噪声

2001年起，市委、市政府实施城市东进西扩战略，启动“城市建设十大工程”，城区新建建筑物增多，建筑噪声增大。至2005年，城区大部分噪声限值超过70分贝标准值，主要噪声源多为振动棒、搅拌机等。同时，随着全市第三产业发展，餐饮业、服务业、娱乐业和夜市的兴旺带来社会生活噪声问题，饭店风机声、舞厅音响声、营业性噪声成为夜间社会生活噪声主要污染源。

第二章　环境污染治理

1986年起，县政府先后下达环境污染限期治理项目累计223项，其中废气治理项目120项、水环境治理项目101项、噪声环境治理项目2项。同时，针对不同时期、不同阶段重点工作，适时制定相应政策，突出大气污染、水污染、噪声治理工作，注重开展农村环境综合整治等工作，刚性推动污染治理工作开展。至2005年，全市建成烟尘控制区，城区建成噪声达标区，基本实现工业废气达标排放，工业废水排放达标率97.5%。

第一节　大气污染治理

一、烟尘控制

1986～1987年，全县完成大气污染治理项目6项，对使用锅炉的66家单位、在用1吨以上锅炉81台，实行烟尘监测，并建立档案。1990年，城区企业安装消烟除尘设备45套。至1990年末，全市拥有1吨以上工业锅炉82台、民用锅炉21台、工业窑炉283座、砖瓦窑及其他窑炉1463座，烟尘污染比较严重。1991年，开始对民用窑炉灶进行改造试点，并于年末启动烟尘控制区建设。1992年，市政府批转市环保局《高邮市烟尘控制区管理暂行办法》，委托市环境保护委员会和市环保局与27个有治理任务的主管部门负责人签订烟尘控制区建设达标责任状，城区有110家单位申报烟尘排放登记，有72家单位改造在用炉、窑、灶137台（座）。至年末，市环保局共核发烟尘排放许可证50份、烟尘排放临时许可证40份，城区烟尘控制区覆盖率接近90%。1993年11月，完成城区烟尘控制区建设申报、改造、监测、建档等工作，对城区建成区范围内在用620台（座）各类炉、窑、灶进行测试，烟气黑度总达标率84%，浓度达标率82%，烟尘控制区建设覆盖率100%，符合国家规定的烟尘控制区建设验收标准。1994年1月，市烟尘控制区建设通过扬州市政府组织的检查和现场验收。全年完成502台（座）生活大灶的申报登记，治理改造严重扰民、污染严重的大灶50多台（座），安装锅炉、窑炉消烟除尘装置30多台套，建成烟尘控制区9.2平方千米，占城区总面积94.8%。1995～1997年，市政府加大大气污染防治力度，下达烟尘限期治理项目6项，城区大气环境质量好转。1998年，市政府制定《高邮市市区烟尘控制区管理办法》，规定烟尘控制区内新建或改建炉、窑、灶标准要求。同时，印发《加强全市建制镇烟控区建设工作意见》，开展建制镇烟尘控制区建设。至是年末，城区烟尘控制区面积由9.2平方千米扩大至10.2平方千米，烟尘控制区建设覆盖率95.8%。1999年，组织实施被列入省、市重点污染源限期治理达标排放的项目22项，减少排入大气的烟尘175.5吨、粉尘50吨。是年12月起，汤庄镇、临泽镇、川青镇、周巷乡、甘垛乡、马棚乡、八桥镇、汉留镇、司徒乡、送桥镇、菱塘回族乡、周山乡烟尘控制区建设先后通过扬州市政府检查和现场验收。至2001年，全市建制镇烟尘控制区覆盖率均为100%，并全部通过扬州市验收。是年，开始组织实施以整治城区小型锅炉为中心的“蓝天工程”。至年末，被列入整治的在用小型燃煤锅炉共42台（座），其中配套安装消烟除尘器18台（座）、改烧烟尘污染较小无烟煤22台（座），烟尘排放达标率84%，基本消灭小型锅炉冒黑烟现象。2002～2004年，运用法律、行政、经济和舆论监督等手段，严格控制城区66家单位的70台（座）工业炉、窑和小型燃煤锅炉烟尘排放，先后强制拆除锅炉4台（座），关停烟尘污染严重的市汇金水泥制造有限公司、市染化厂、市华通玻璃工艺制品厂，新投入生产的小型锅炉全部配套安装除尘设施，城区烟尘排放达标率从2002年91.4%提高到2004年100%。2005年，市政府印发《高邮市烟尘排放管理办法》，明确规定全市范围内各种锅炉、营业灶及工业生产排烟排尘设施的排放标准、燃料使用、新扩改建项目审批等事项，市环保局组织实施扩大城区烟尘控制区范围建设工程。至年末，城区烟尘控制区面积由10.6平方千米扩大到26.1平方千米，烟尘控制区建设覆盖率100%。

二、秸秆禁烧

2001年，市政府印发秸秆禁烧文件，在全市范围内开展秸秆禁烧工作，划定京沪高速公路高邮段、淮江公路高邮段、高兴东公路高邮段两侧车逻镇、八桥镇、卸甲镇、龙虬镇、马棚镇、界首镇、周山镇、周巷镇、三垛镇、高邮镇、高邮经济开发区等乡镇（区）682.58平方千米范围为秸秆禁烧区。同时，每年夏收、秋收季节，实行乡镇干部包村、村干部包组、组干部包户，层层落实包干责任制，确保每块农田均有乡镇、村干部到位负责；市环保局成立检查组，分片分线包干，检查秸秆禁烧工作。2002～2005年，在实行秸秆禁烧同时，开展秸秆综合利用工作。

图2-2　2005年，村组干部向农民宣传禁烧秸秆政策

三、餐饮业油烟治理

1991年，全市餐饮服务业经营场所进行炉灶改造试点，北海大酒店、市政府第二招待所等完成炉灶改造任务。1996年，62家餐饮服务业规模经营单位完成排污申报登记。1998年，开展餐饮服务业经营场所烟尘治理，禁止原煤散烧，使用烟煤的改用无烟煤，并采用高效除尘设备，推广使用石油液化气和天然气。治理群众反映强烈的市政府第二招待所、南海饭店烟尘污染，使长期困扰周边群众的“黑龙”得以根治。2003年，北海大酒店、弘升大酒店等较大规模的酒店安装静电式油烟净化装置，餐饮业油烟基本实现达标排放。2005年，市政府印发《高邮市城区餐饮业环境管理意见》，新建餐饮企业安装油烟净化装置后，环保部门方可审批，工商部门方可发放营业执照。城区餐饮业油烟污染得到有效控制。

四、工业废气治理

80年代中后期，境内工业废气主要由企业燃煤、燃油造成，工艺性排放的废气比重较大，部分地区大气污染较为严重。1986年，县环保局对化工、电镀行业熬碱废气和喷涂废气实施限期治理，下达大气污染限期治理项目。至1990年，全县完成大气污染治理项目16项。1991～1997年，市政府下达并组织实施大气污染治理项目27项。1998年，扬州市、高邮市政府按照国务院提出的“到2000年全国所有工业污染物都要达标排放”要求，下达大气污染源限期治理项目19项，其中工业企业11项、学校和服务业经营单位8项。市环保局对55个大气污染物排放口进行规范化整治。1999年，全市11家企业污染治理项目被列入省大气污染物达标排放项目，5家企业、医院、学校污染治理项目被列为市政府下达的水污染物和大气污染物达标排放项目。治理项目建成后，新增废气处理能力100万标准立方米/日，削减有机物（化学耗氧量）2180吨/年，减少排入大气烟尘175.5吨、粉尘50吨。2000年，市政府在巩固关停、取缔“十五小”企业和淮河流域、长江流域污染源限期治理及省重点大气污染源治理成果基础上，制定《高邮市工业污染源达标排放工作方案》，加大大气污染治理项目治理力度，实施省、扬州市下达的大气污染源限期治理项目6项，全市工业废气排放达标率由上年87.3%提高到97.4%。2001～2005年，市政府共下达大气污染治理项目34项，累计增加废气处理能力35.5万标准立方米/小时，基本实现工业废气达标排放。

1986～2005年高邮市大气污染治理项目实施情况一览表

表2-11　　单位：项

项目 年份	下达项目	治理对象与任务	下达层级	完成项目	完成期限	实施结果
1986～1987	6	八桥蓄电池厂酸雾、县电机厂喷漆、东墩冶炼厂铅尘、县布厂锅炉消烟除尘、县造纸厂熬碱废气、伯勤冶炼厂铅尘	高邮县	6	1987年	基本完成
1988	3	县汽配厂废气和县毛纺厂、县第二造纸厂锅炉消烟除尘	高邮县	1	当年	—
1989	2	马元冶炼厂废气、县阀门厂喷涂	高邮县	2	当年	通过验收
1990	7	县冶炼厂、伯勤冶炼厂、县第二蓄电池厂冶炼烟气净化，卸甲大庵净水剂厂、高邮电讯器材厂酸雾净化，高邮镇纱厂降噪降尘，高邮运河蓄电池厂铅烟净化	高邮县	7	当年	通过验收
1991	4	市石油机械厂、市布厂、市水泥厂、高邮镇玻璃厂除尘治理	高邮市	4	当年	通过验收
1992	9	7家排烟大户（锻打炉、红锻炉、反射炉、加热炉、热处理炉、锅炉），高邮镇新华镇流器厂喷漆废气，伯勤仿古陶瓷厂消烟除尘	高邮市	9	当年	通过验收
1993	2	市汽车配件厂、市水泵厂炉窑改造	高邮市	2	当年	通过验收
1994	3	市丝绸厂锅炉消烟除尘、市制动件总厂退火炉改造、龙奔助剂厂废气净化处理	高邮市	3	当年	通过验收
1995	3	市人民医院锅炉消烟除尘、市造纸厂锅炉消烟除尘、市新邮轧钢厂轧钢炉改造	高邮市	3	当年	通过验收
1996	3	市汽配厂加热炉烟尘、市农资公司招待所锅炉烟尘、马元冶炼厂熔铅烟尘	高邮市	3	当年	通过验收
1997	3	市化工厂、市合成化工厂、市亨安利化工有限公司废气	扬州市	3	当年	通过验收
1998	19	市冶炼厂、伯勤冶炼厂、市振元冶炼厂、市水泥厂、市汽车配件厂废气	扬州市	5	当年	通过验收
		高邮电器厂、市制药厂、市造纸厂、市食品加工厂、市生化制药厂、江苏华能电缆总厂、市农资公司招待所、港龙宾馆、庆宇宾馆、金三角宾馆、金运大酒店、向阳浴室、实验菜馆、高邮师范学校废气	高邮市	14	当年	通过验收
1999	16	市冶炼厂、伯勤冶炼厂、市振元冶炼厂、市水泥总厂、市汽车配件厂、江苏华能电缆总厂、市制药厂、市食品加工厂、市生化制药厂、高邮电器厂、市造纸厂大气污染物达标排放项目	江苏省	11	当年	通过验收
		市高华集团公司、市振阳化工有限公司、城南医院、城北医院、高邮师范学校水污染物和大气污染物达标排放项目	高邮市	5	当年	
2000	6	市染料化工厂工艺废气和固体废弃物处置，江苏珠光集团、市助剂厂、市造纸厂、扬州刘氏化工有限公司、菱塘粉末涂料厂废气	江苏省 扬州市	6	当年	通过验收

续表 2-11

项目＼年份	下达项目	治理对象与任务	下达层级	完成项目	完成期限	实施结果
2001	13	市磷肥厂窑炉、锅炉烟尘，市轧花油脂总厂锅炉烟尘，扬州中宇肥业有限公司窑炉和锅炉烟尘，市宏扬助剂厂工艺废气，扬州刘氏化工有限公司锅炉烟尘，市防水材料厂窑炉烟尘，顺泰大酒店、庆宇宾馆、秦谷大厦油烟，顺泰大酒店、银河休闲中心、金三角宾馆、卧龙宾馆锅炉烟尘	高邮市	13	当年	通过验收
2002	2	龙奔双龙复合肥厂含氟废气、龙奔镀锌厂窑炉烟尘	高邮市	2	当年	通过验收
2003	3	市助剂厂郭集分厂废气、烟尘治理，市欣强力不锈钢有限公司烟尘治理，扬州刘氏化工有限公司菱塘分厂有机废气治理	高邮市	3	当年	通过验收
2004	14	扬州华富实业有限公司、扬州通利达电源有限公司、市华星蓄电池有限公司、扬州欧力特电源有限公司、扬州市昊天通讯产品有限公司、市恒力电源厂、扬州润龙电源有限公司、市恒丰电子设备厂废气，江苏富裕达食品有限公司废气、粉尘，市八桥水泥制造有限公司窑尾烟气，市欣强力不锈钢有限公司烟尘，市汇金水泥制造有限公司窑尾烟气，市日月钢业有限公司烟尘，市明达公司废气，市助剂厂废气	高邮市	14	当年	通过验收
2005	2	扬州健松热镀锌有限公司、市有色金属合金厂废气	高邮市	2	当年	通过验收

1986～2005 年高邮市工业废气、烟尘排放情况一览表

表 2-12

项目＼年份	工业废气（亿标准立方米）	二氧化硫（吨）	烟尘（吨）	工业粉尘（吨）	项目＼年份	工业废气（亿标准立方米）	二氧化硫（吨）	烟尘（吨）	工业粉尘（吨）
1986	8.6	3909	3092	3160	1996	21.0	4328	900	3356
1987	12.0	4729	3702	3995	1997	35.0	4580	1374	5966
1988	25.0	5917	4781	4185	1998	21.0	3032	667	6200
1989	23.0	5192	4095	4170	1999	21.0	3033	653	5588
1990	24.0	5606	4478	4231	2000	33.0	3427	855	202
1991	14.3	2030	466	2768	2001	24.0	2253	578	99
1992	17.1	2316	1054	3189	2002	24.3	2195	533	10
1993	15.7	2509	945	3740	2003	25.0	2237	544	101
1994	11.8	2954	986	3758	2004	19.8	1753	476	48
1995	18.2	3351	1336	2859	2005	18.4	2341	524	9

说明：2000～2005 年，工业粉尘排放量为重点企业排放数据。

五、机动车尾气整治

90年代，机动车发展数量呈逐年上升趋势，特别是三轮、四轮载货载客机动车和二轮、三轮摩托车发展速度很快，机动车排放的尾气对大气环境影响很大。1996年，市政府发出通告，整治城区小型载客机动车，取缔城区载客“蓝鹰”小型机动车，建设7处小型停车场所。1998年，新建泰山庙停车场，禁止载客农三轮、四轮车进入主城区。同时，开始加强汽车尾气净化工作，严格控制交通污染，市环保、公安等部门联合印发《关于统一安装机动车排气净化装置的通知》，并结合机动车年审，开展汽车尾气检测和尾气净化器安装工作。1999年，各加油站（点）禁售含铅汽油。2002年10月起，市内行驶超过10万千米、使用年限达8～10年和经过修整后排气污染物或噪音仍然超过国家或地方标准排放的二轮、三轮摩托车进行强制淘汰。至2005年，汽车尾气排放达标率82.5%。

第二节　水污染治理

一、工业废水治理

1986年，县环保局集中整治乡村办电镀厂（点）17家，其中撤销污染严重的电镀厂（点）3家、实行废水初级处理的电镀厂（点）14家，初步消除污水直排现象。是年起，省、扬州市、高邮县下达工业废水治理项目。1989年12月，县政府转发县环保局《关于控制高邮县城工业废水污染的意见》，决定向县造纸厂、县化肥厂、县染料化工厂、县肉联厂、县酿酒厂、县棉纺厂、县啤酒厂、县油厂、县制药厂、县制动件总厂等10家重点污水排放企业派驻监察员，实行重点管理。至1990年末，共下达废水治理项目25项，完成21项；城区企业安装废水处理设施21套、工业废水处理设施17套，工业废水处理率34%，废水处理达标率70%。1992年，市化肥厂完成碳化废水回用工程，市环保局加强对已建污染治理设施实行监督管理。至年末，城区工业企业共排放废水1185.3万吨，处理率67%，处理达标率47.6%。排放污染物6960.1吨（不含市造纸厂浓黑液中的污染物），主要是化学需氧量、锡、氨气、硫离子、苯酚等，万元产值废水排放量146吨。1994～1995年，完成被列为扬州市、高邮市限期治理项目5项。1996年，市政府印发《关于取缔和关停一批污染严重企业的通知》《关于再次取缔、关闭、停产一批污染严重企业的通知》，于10月依法取缔小电镀厂（点）13家、土炼油厂（点）3家和关停或整顿小电镀厂（点）、小化工厂22家。1997年，全市被列入省淮河流域限期治理项目5项。至年末，列入上年取缔、关停计划的企业实施到位；实施停产治理的企业完成治理任务，达到达标排放的要求。在当年被列为省治理项目中，市造纸厂完成造纸废水治理方案中的白水回收和中段废水治理工程，浓黑液治理由于资金不到位等原因，于1998年实行停产治理。其他4家企业限期治理项目先后通过省、扬州市验收，共新增污水处理能力7000吨/日，削减化学耗氧量1140千克/日。是年取缔、关闭被列为应取缔关停的“十五小”（年产5000吨以下小造纸厂，年产折牛皮3万张以下制革厂，年产500吨以下染料厂，采用“坑式”和“萍乡式”“敞开式”等落后方式炼焦、炼硫企业，土法炼砷、炼汞、炼铅锌、炼油、选金和农药、漂染、电镀以及生产石棉制品、放射性制品等企业）企业范围、污染严重的企业24家。实施停产治理的企业，完成治理任务，达到达标排放要求。1998年，全市被列入省长江流域水污染物达标排放项目6项，市政府下达水污染源限期治理项目5项。至1999年末，责成治理难度大的市造纸厂停止制浆生产线生产，上年被列入省长江流域水污染物达标排放的其他5项项目全部实施完成，全市新增污水处理能力1.05万吨/日，每年削减有机物（化学耗氧量）2180吨，改善主要纳污河流——北澄子河、老横泾河水质。2000年，市政府制定《高邮市工业污染源达标排放工作方案》，下达废水治理督查项目11项，其中被列入省、扬州市督查的项目4项、高邮市督查的项目7项。至年末，关闭武宁电镀厂，撤并市制动件总厂镀锌车间，市造纸厂实施停产，其余8项废水治理项目如期完成治理任务，全市工业废水排放达标率由上年89.2%提高到89.9%。2001年起，全市实施新一轮工业废水达标排放、污染源限期治理计划。至2002年，共下达废水治理项目14项，完成11项。2003年，启动实施碧水工程，开展清理整顿不法排污企业工作，实行排污申报登记年审注册制度和排污许可证管理。2004年，完成8家铅蓄电池生产企业整治工作。至2005年，共下达完成限期治理项目20项，均已完成。全市累计新增废水处理能力2010吨/日，工业废水排放达标率97.5%。

1986～2005年高邮市水污染源限期治理项目实施情况一览表

表2-13　　　　单位:项

项目 年份	下达项目	治理对象与任务	下达层级	完成项目	完成期限	实施结果
1986	3	县肉联厂屠宰废水	江苏省	1	1989年	通过验收
		县啤酒厂有机废水、县染料化工厂含酚废水	扬州市	2		通过验收
1987	3	县元件六厂、县染料化工厂、县晶体管厂废水	高邮县	3	当年	—
1988	8	县染料化工厂、湖滨助剂厂、县肉联厂、横泾毛巾厂、县毛纺厂、县啤酒厂、县电讯器材厂、临泽镇皮件厂废水	高邮县	2	当年	4个项目在实施中,2个项目转下年实施,临泽镇皮件厂治理项目因转产企业自行取消
1989	7	县纺织配件厂、县铝箔纸厂(临泽)、车逻马元冶炼厂、高邮镇蓄电池厂、界首镇钢瓶厂、高邮镇造纸厂、县毛纺厂废水	高邮县	7	当年	—
1990	9	县造纸厂、县冶炼厂、县第二蓄电池厂、伯勤冶炼厂、高邮镇纱厂、卸甲乡大庵净水剂厂、县运河蓄电池厂、县畜禽加工厂、高邮镇化工厂废水	高邮县	6	当年	—
1991	1	市毛纺厂废水	高邮市	1	当年	—
1992	1	市化肥厂碳化废水	高邮市	1	当年	—
1993	1	市中医医院医疗废水	高邮市	1	当年	—
1994	4	市合成化工厂废水	扬州市	1	当年	—
		三垛中心卫生院、市造纸二厂、市助剂厂废水	高邮市	3		
1995	1	市助剂厂(新区)废水	高邮市	1	当年	—
1996	3	市造纸厂、市染料化工厂、市助剂厂废水	高邮市	3	当年	—
1997	5	市造纸厂、市染料化工厂、扬州高华化工有限公司、市磷肥厂、市助剂厂废水	江苏省	4	当年	通过验收,市造纸厂停产治理
1998	11	扬州江府啤酒有限公司、市油米化工总厂、市染料化工厂、市造纸二厂、市恒丰纸品厂、市秦邮造纸厂废水	江苏省	6	1999年	—
		扬州高华化工有限公司、市丝绸厂、高邮振阳化工有限公司、城南医院、城北医院废水	高邮市	5	2000年	—
1999	6	续上年项目:扬州江府啤酒有限公司、市油米化工总厂、市染料化工厂、市造纸二厂、市恒丰纸品厂、市秦邮造纸厂废水	江苏省	6	当年	通验收,责成市造纸厂停止制浆
2000	11	郭集化工厂、市宏发邮电器材厂、龙奔助剂厂、扬州四方香精有限公司废水	江苏省 扬州市	4	当年	市制动件总厂镀锌车间关闭,武宁电镀厂关闭,市造纸厂停产
		市化工厂、江苏日欣实业集团有限公司、高邮电器厂、市电器仪表厂、市制动件总厂、金谷五金厂、武宁电镀厂废水	高邮市	7		
2001	8	扬州市虹光化工有限公司、市金达卫生用品有限公司、市恒丰纸品厂、车逻电镀厂、周巷再生纸厂、庆宇宾馆、秦谷大厦、顺泰大酒店废水	高邮市	4	当年	—

续表 2-13

项目 年份	下达项目	治理对象与任务	下达层级	完成项目	完成期限	实施结果
2002	10	续上年项目:扬州市虹光化工有限公司、市金达卫生用品有限公司、市恒丰纸品厂、车逻电镀厂废水。 当年下达项目:市有色金属合金厂、龙奔双龙复合肥厂、龙奔镀锌厂、扬州天宇纸业制品有限公司、市临兴化工厂、市玻璃厂废水	高邮市	7	当年	市玻璃厂因破产和市临兴化工厂、扬州天宇纸业制品有限公司一直停产未实施,完成治理项目4项。逾期未完成治理任务的市金达卫生用品有限公司、市恒丰纸品厂、车逻电镀厂受到行政处罚
2003	6	市宏扬助剂厂、江苏珠光食品有限公司、市龙奔曹家拉丝厂、市合金材料厂、扬州明月食品有限公司、市华通玻璃工艺制品厂(原市玻璃厂)废水	高邮市	6	当年	—
2004	4	市茶干食品有限公司、扬州华富蓄电池有限公司、市神力线路器材厂、市助剂厂废水	高邮市	4	当年	—
2005	10	扬州健松热镀锌有限公司、市有色金属合金厂、市东鑫实业有限公司、市振元冶炼厂、市洪桥冶炼厂、扬州必勋蓄电池厂、市加荣废旧电瓶加工厂、市华兴石油机械制造有限公司、市江淮铸业有限公司、市恒丰制衣有限公司废水	高邮市	10	当年	—

1990～2005年高邮市城区工业废水量及污染物排放情况一览表

表 2-14

项目 年份	废水量(万吨/年)	化学耗氧量(吨/年)	氨氮(吨/年)	悬浮物(吨/年)	挥发酚(吨/年)	六价铬(吨/年)	氰化物(吨/年)	污染物合计(吨/年)
1990	1751.0	6251.6	262.0	2473.2	1.47	0.39	2.36	8991.0
1991	1063.4	4764.0	506.0	913.0	0.60	0.42	0.64	6184.7
1992	1185.3	5272.0	424.0	1262.0	0.70	0.50	0.81	6960.0
1993	957.4	4310.0	446.0	660.0	1.48	0.07	0.50	5418.1
1994	1308.2	5784.0	392.0	849.0	2.38	2.20	0.23	7029.8
1995	1323.3	5847.0	422.0	637.0	3.12	1.74	0.09	6911.0
1996	1324.5	7283.4	372.5	2674.4	4.44	0.40	0.17	10335.3
1997	1314.6	7322.5	220.9	2849.5	3.55	0.41	0.36	10397.2
1998	790.1	1668.6	477.0	708.0	0.62	0.48	0.13	2854.8
1999	911.8	2345.7	404.0	1638.0	1.03	0.23	0.60	4389.6
2000	1349.1	2817.9	316.9	1733.7	0.56	0.19	0.19	4869.4
2001	956.3	1742.6	140.6	1501.0	0.38	0.08	0.11	3384.8
2002	950.1	1222.4	146.6	1113.6	0.38	0.07	0.10	2483.2
2003	952.0	1039.0	141.2	227.0	0.35	0.07	0.06	1407.7
2004	787.7	594.2	133.1	512.0	0.29	0.04	0.03	1239.7
2005	754.0	684.3	102.9	590.5	0.03	0.01	0.01	1377.8

二、生活污水治理

1998年，市政府筹划建设城市污水处理厂，成立项目建设工作领导小组，制定污水处理专项规划，并经省发展计划委员会批准立项。1999～2000年，全市对新建住宅楼、办公楼安装无动力污水处置装置100多台套。2002年，市海潮污水处理厂被列为国家南水北调东线工程治污配套工程之一。海潮污水处理厂工程可行性研究报告、环境影响评价报告通过省发展计划委员会组织的专家论证评审。2003年4月，市海潮污水处理厂开工建设。该厂位于卸甲镇龙垛组，占地5.63公顷，设计污水处理能力5万吨/日，其中第一期工程污水处理能力2.5万吨/日。工程建设主要内容为粗格栅及进水房、细格栅及旋流沉砂池、鼓风机房、百乐克生化池、匀质池、紫外线消毒渠、浓缩脱水机房、变电所、办公楼及配套设施、污水管网33.57千米、污水提升泵站4座。第一期工程投资总概算9975万元，其中厂区建设4455万元、管网建设5520万元。污水处理采用德国百乐克生化处理工艺，尾水自然排放至北澄子河。至2005年末，铺设污水管道20千米，厂内基础设施建设基本完成，设备进厂安装，完成投资7000万元。

图2-3 2004年，市海潮污水处理厂厂区

三、医疗废水治理

1989年12月，县人民医院在全县医疗机构中率先建成医疗废水处理站，日处理污水200吨。1993年，市中医医院完成医疗污水处理站建设，日处理污水70吨。同年，市第二人民医院完成医疗污水治理工作，界首镇中心卫生院兴建处理医疗废水的次氯酸钠发生器处理设施。1994年，三垛中心卫生院完成医疗废水处理限期治理项目。是年，市卫生局将医院污水处理列入创建等级医院和等级卫生院标准内容。1995～2000年，市卫生防疫站每个季度对市人民医院、市中医医院污水处理进行检测。1999年，城南医院、城北医院完成医疗废水治理项目。至2000年，7家医院建成医疗废水治理项目，其他医院医疗废水经过简单无害化处理后直接排放，乡镇卫生院医疗废水未经处理直接排入医院周围水系。2003年，预防非典型肺炎（简称“非典”）期间，市环保局印发《关于加大医疗废水和医疗废弃物处理力度的通知》，编制全市医疗单位环境监察、监测实施方案，加强“非典”定点收治医院（市人民医院）医疗废水、医疗废弃物处置监管，制定应急处置措施，切断“非典”病毒通过医疗废水、废弃物传播途径。2004年，市环保局、市卫生局联合开展全市医疗机构医疗废水专项整治，完成龙虬、司徒、送桥、郭集等乡镇医疗单位医疗废水治理任务，其他乡镇卫生院添置处理医疗废水的二氧化氯发生器。2005年，全市城乡医院共产生医疗废水41万吨，其中城区5家综合性医院医疗废水26万吨、乡镇医疗机构医疗废水15万吨。至2005年，11家医院建成医疗废水处理设施，其他医院医疗污水基本采用二氧化氯发生器治理设施进行处理。

四、北澄子河水环境整治

90年代，北澄子河受市造纸厂、市化肥厂等工业废水污染和城市生活废水污染影响，水体中化学耗氧量、氨氮、挥发酚等指标年平均值超过GB 3838-83 Ⅲ级标准数倍，污染严重。1996年，市政府制定《北澄子河水环境综合整治方案》，启动以清淤、活水、治污为重点的北澄子河水环境综合整治工程。同时，严格控制城区工业废水向北澄子河排放。1999年，关停市造纸厂制浆生产线。2000年起，先后关停或搬迁城区市造纸厂、市布厂、扬州江府啤酒有限公司、市染料化工厂、龙奔助剂厂、市制药厂、市第二造纸厂和北澄子河沿线环境污染严重的企业，北澄子河水污染超标指标逐年下降。2004年，市政府组织实施北澄子河上段河道活水清淤工程。2005年，市政府制定《北澄子河水域工业污染控制方案》和《北澄子河综合整治污染物削减方案》，启动垃圾处理场建设。扬州高华化工有限公司获得国家环境保护专项补助资金360万元，完成氮肥生产污水零排放综合治理环保工程，北澄子河水环境质量有所改善。北澄子河上游水质总体满足水体功能GB 3838-88 Ⅳ类水标准要求，在不同时段仍存在超标现象；北澄子河下游水质达到GB 3838-88 Ⅲ类标准，但溶解氧、氨氮均不同程度超标，总体水质不能满足其水体功能要求。

五、城乡河道水环境整治

城区河道水环境整治　1998年，整治城区凤凰河9.2公顷和养丰闸23公顷积水区，疏理清淤承志河上下游段，整治南海子河边、琵琶支渠护坡，拆除新河（北澄子河上段）船民违章棚点，砌建傅公桥东西两侧直立式块石护坡1千米，清淤疏浚城河、明沟8.02千米。2000年，实施玉带河管道改涵工程，建成大淖河闸站，整治凤凰河、穿心河。2001年，城河整治工作被列为“城市建设十大重点工程”项目之一，20条城河清淤整治交由83个部门和单位分段包干。至5月，完成清淤整治。组织实施原市红旗纱厂、水上新村、新河箱涵等排水设施改造工程，确保排水畅通。2002年8～9月，市水利建筑安装工程总公司清理新河淤泥、河边11处垃圾堆共900立方米，清除河内水花生、芦柴、蒿草以及水面漂浮物8500立方米，打捞沉船3艘。至此，城河水环境有所改善。2005年3月，市水务局接受城市涉水事务管理职能，先后成立河道管理处、城河执法中队，并采用市场化运作方式，对琵琶河、护城河、玉带河、武安支渠、万斤河、长生大沟、蝶园大沟、东营大沟等8条河道，实施清障保洁合一的管理模式。至12月，完成万斤河文游路至盂城路段长384米改造工程；实施城河清障保洁7.05千米，疏浚1.7千米，新建小型调控水闸2座、拦河坝头1道。

农村河道水环境整治　1998年11月中旬至1999年初，组织乡镇民工疏浚横泾河上段、第二沟、小泾沟、南澄子河北支上段等4条市级骨干河道，共完成土方120万立方米，配套建设建筑物40座、植被66千米，并落实管理承包责任制。2002年起，按照省、扬州市水利主管部门的要求，加强对农村河道水环境整治工作。至2005年末，共疏浚乡级河道63条268.2千米，完成土方342.5万立方米。

图2-4　2005年，疏浚整治后的乡村河道

附：水污染典型事故选录

市造纸厂黑液塘污染事故　1988年7月，位于张轩乡南角村的县造纸厂黑液储存塘塘堤坍塌，造成黑液下泄4万吨，酿成东平河周边总长27千米河段的水体被污染，影响近3万名群众的饮水安全及水产养殖、农田灌溉。事发4天后，相距13千米的武宁桥河水断面化学耗氧量仍超标，并波及兴化县部分乡镇河道。

1991年6月14日，市造纸厂黑液储存塘因连续受暴雨冲击，导致黑液两次外泄，分别外泄5万吨、1.2万吨，严重污染河流，造成市内东部地区10多个乡镇及江都、兴化等邻县部分乡镇河道污染，直接影响工农业生产和人民生活。省环境保护局副局长史振华、省环境监测总工程师赵铨驻高邮市调查并处理此次水污染事故。

1993年6月22日晚10时20分，陡降暴雨，浪蚀围堤，水位骤涨，市造纸厂黑液储存塘决口，外泄黑液量1.2万吨，波及境内东平河、人字河、北澄子河和三垛镇以西一带水域，过水断面水质低于V类水标准，对三阳河、北澄子河和三垛镇以东江都、兴化部分乡镇水域也有一定影响。经扬州市政府协调，对受害单位与个人给予经济赔偿。

2004年2月，市造纸厂黑液塘外泄，造成境内东北部地区乡镇及兴化市部分乡镇河道污染。由于及时采取应急措施，未造成损失。

大运河水污染事故 1990年8月，淮阴、泗阳等地普降暴雨，其地面污染物被带入水体流入大运河，造成大运河高邮段水体污染。高邮城乡自来水出现异味，持续10天之久，市民反映强烈。

高邮湖水污染事故 2004年1月30日，老庄台河及高邮湖东南面部分水体受到污染。经扬州市环保局、高邮市环保局、省高宝湖管委会调查认定，系市助剂厂1月29日16～23时，将500吨循环沟废水直接排入老庄台河，造成5千米长水污染带。事故发生后，扬州市政府、高邮市政府迅速采取应急处置措施，责令市助剂厂停产整顿，开启水闸加大湖水下泄流量，对受污染水体取样监测，同时做好群众疏导和事后理赔工作。环保部门对该企业实施行政处罚，相关责任人被依法追究刑事责任。

第三节 噪声治理

一、城区环境噪声标准适用区域划分

1995年，市政府印发《高邮市城区环境噪声标准适用区域划分规定》，制定城区区域环境噪声标准及其适用区域，将建成区划分为一类混合区、二类混合区、工业区和交通干线道路两侧区域。2005年8月，《高邮市城市区域环境噪声标准适用区域划分》通过由扬州市环保局组织的专家组审核。9月，市政府印发《关于调整高邮市城市区域环境噪声标准适用区域划分的通知》，明确该噪声区域划分适用于全市建成区和城市规划区，设定各类区域环境噪声等效声限值标准，即一类区域昼间（6～22时）55分贝、夜间（22时～次日6时）45分贝，二类区域昼间（6～22时）60分贝、夜间（22时～次日6时）50分贝，三类区域昼间（6～22时）65分贝、夜间（22时～次日6时）55分贝，四类区域昼间（6～22时）70分贝、夜间（22时～次日6时）55分贝。夜间突发噪声最大值不得超过标准值15分贝。

2005年高邮市城市区域环境噪声标准适用区域划分一览表

表2-15 单位：分贝

类别	适用区域	噪声标准		适用区域范围
		昼	夜	
一类标准	城市总体规划划定的居民区、文教区和机关事业单位集中区	55	45	通湖路以南，府前街、海潮路以北，京杭大运河高邮段东堤以东，文游路以西
				府前街、海潮路、海潮东路以南，大寨河以北，京杭大运河高邮段东堤以东，沿河以西
二类标准	居住、商业与工业混合区、规划商业区	60	50	薇风大道以南，通湖路以北，京杭大运河高邮段东堤以东，文游路以西
				秦邮路以南，北澄子河以北，文游路以东，屏淮路以西
				北澄子河以南，海潮东路以北，文游路以东，屏淮路以西
				北澄子河以南，武安路以北，沿河以东，城区大外环公路以西
				大寨河以南，运东船闸一线以北，京杭大运河高邮段东堤以东，沿河以西

续表 2–15

类别	适用区域	噪声标准		适用区域范围
		昼	夜	
三类标准	城市总体规划划定的工业区和已形成的工业集中地带	65	55	城区大外环公路（北段）以南，薇风大道以北，京杭大运河高邮段东堤以东，文游路以西
				城区大外环公路（北段）以南，秦邮路以北，文游路以东，城区大外环公路（东段）以西
				秦邮路以南，北澄子河以北，屏淮路以东，城区大外环公路（东段）以西
				武安路以南，高邮鸭业园区以北，沿河以东—高邮船闸以南—京杭大运河高邮段东堤以东一线，城区大外环公路（东段）以西
四类标准	交通干线两侧区域、主要道路两侧区域以及穿越城区的内河航道两侧区域	70	55	交通干线两侧区域：城区大外环公路、文游路（城区段）、秦邮路
				主要道路两侧区域：通湖路、府前街、海潮路、海潮东路、琵琶路、武安路、盂城路、屏淮路、蝶园路、文化宫路、中山路
				内河航道两侧区域：京杭大运河高邮段东岸（城区段）、沿河（含运东船闸）、北澄子河（城区段）40米以内区域

二、城区噪声达标区建设

1990年，城区企业安装噪声控制装置2套，城区环境噪声（昼间）等效声级平均值56.8分贝，低于国家二类混合区标准（60分贝）；道路交通噪声等效声级平均值72分贝。经对影响城区声环境的17家工业企业边界噪声监测，其结果为：低于一类混合区标准（55分贝）的6家，占35%；高于一类混合区标准、低于二类混合区标准的7家，占41%；高于二类混合区标准的4家，占24%。1991年，完成市布厂锅炉噪声治理、市棉纺厂气流纺车间噪声治理。1993年，城区启动环境噪声治理达标区建设。1995年，市政府印发《高邮市环境噪声污染监督管理办法》，市环保局先后印发《关于加强建筑施工噪声污染监督管理的通知》和《关于加强高邮市社会生活噪声污染监督管理的通知》，增加噪声监测网点，开展日常噪声监测，并对达标区内固定噪声源、建筑施工噪声源和文化生活噪声源进行申报登记，限期治理超标固定噪声源5个。市公安、交通等部门加强对城区拖拉机、摩托车和汽车噪声管理，并加强对城区东移后的淮江公路临城段（文游中路）交通管制，严禁"五小"车辆无序进入城区，在城区主要路段增设禁鸣标志牌。同时，市环保局编制《高邮市城区环境噪声区划》。至1996年，城区建成环境噪声达标区面积8.11平方千米，占建成区面积67%，达标区内直接受益人数6.42万人，提前完成省政府规定的1997年建成环境噪声达标区面积覆盖率40%的任务。1998年，市环保局、市文化局联合印发《关于加强文化娱乐场所环境管理的通知》，新上文化娱乐项目经环保部门预审，严重扰民的实行限期治理。1999～2002年，市环保局强化对社会生活噪声、建筑施工噪声、交通噪声管理，开展噪声污染源申报登记，治理固定噪声源，动员城区部分工厂迁至高邮经济开发区。针对建筑施工噪声扰民现象日益增多的问题，制定《高邮市建筑施工噪声管理办法》，增加对建筑场地检查监测频次。每年高考期间，市环保局成立督查小组，每天24小时不间断巡查，为高考学生创造良好的学习、生活环境。2003年，市环保局将城区府前街以北、文游中路以西、京杭大运河高邮段东堤以东区域扩大为环境噪声达标区，覆盖面积2.49平方千米，累计城区环境噪声达标区建设面积11.79平方千米，占建成区面积71.3%，直接受益人口10.06万人。2005年，市环保局组织实施扩大城区噪声达标区范围建设工程，城区噪声达标区面积扩大至33.93平方千米，占城区面积85.3%。至年末，城区交通干线噪声昼间平均等效声级66.8分贝，区域环境噪声平均等效声级53.8分贝，环境噪声以生活噪声为主，其次是工业噪声、交通噪声、建筑施工噪声。

三、菱塘回族乡小城镇环境噪声达标区建设

2002年起，菱塘回族乡在小城镇建成区2.8平方千米范围内，通过开展噪声污染源的申报登记，治理工业企业固定噪声源，强化对社会生活噪声、交通噪声、建筑施工噪声管理，有效改善小城镇环境质量。2003年5月，经验收监测，该乡小城镇重点企业固定噪声源、厂界噪声源均达到环境保护部《工业企业厂界环境噪声排放标准》，社会生活区共设30个监测点平均等效声级为49.0分贝，工业集中区共设10个监测点平均等效声级为48.1分贝，均符合相应功能区标准，建成全市首个小城镇环境噪声达标区。

第四节 其他污染治理

一、工业固体废弃物处置

1986～1990年，城区工业固体废弃物中煤渣占89%。对煤渣处置方法是全部回收利用，应用于建筑和铺路；其他工业固体废弃物处置方法是，约有40%有色金属冶炼渣经球磨回收，其余作排放处理。1991年起，化工、冶炼等行业部分企业在污染治理中被限产、停产，全市工业固体废弃物相应减少。90年代起，工业固体废弃物综合利用率除1996年外，其他年份均在95%以上。2000年起，重视工业固体废弃物中危险废物处置。至2005年，全市危险废物累计2700吨，其中综合利用1300吨、处置1400吨，实现无贮存、无排放。

1986～2005年高邮市工业固体废弃物处置情况一览表

表2-16

项目／年份	产生量（万吨）	综合利用量（万吨）	处置量（万吨）	综合利用率（%）	项目／年份	产生量（万吨）	综合利用量（万吨）	处置量（万吨）	综合利用率（%）
1986	4.98	4.10	—	82.3	1996	3.06	2.81	0.12	91.8
1987	4.82	4.63	0.16	96.1	1997	5.51	5.43	0.07	98.5
1988	6.17	5.87	0.19	95.1	1998	4.10	4.02	0.08	98.0
1989	5.49	5.28	0.21	96.2	1999	2.18	2.18	—	100.0
1990	6.23	6.00	0.23	96.3	2000	7.16	7.10	0.06	99.2
1991	2.21	2.16	—	97.7	2001	4.43	4.36	0.07	98.4
1992	2.66	2.61	—	98.1	2002	4.78	4.72	0.06	98.7
1993	2.53	2.51	—	99.2	2003	6.40	6.22	0.05	97.2
1994	1.37	1.35	—	98.5	2004	6.23	6.04	0.07	97.0
1995	1.92	1.90	—	99.0	2005	6.06	5.77	0.17	95.2

二、生活垃圾处理

80年代中后期，城区生活垃圾基本做到日产日清，年产生活垃圾1万吨，由清运工人运送到垃圾中转站，由机动车转运至城郊东墩乡钓鱼村占地2.67公顷的垃圾填埋场消毒覆土，极少部分经筛选后用于农田施肥及建筑材料。1994年，城区生活垃圾通过新河南路、蝶园路、环城南路、通湖路等4座垃圾中转站室内吊装转运，堆存于钓鱼村垃圾填埋场。1996年，租用龙奔乡口河村、光荣村3.13公顷低

洼地，新建第二垃圾处理场。1999年7月，该垃圾处理场第一期工程建成使用。2000年起，城区生活垃圾通过5座垃圾中转站室内吊装转运，堆存于龙奔口河垃圾场填埋。是年，城区生活垃圾年产生量4.6万吨。2002年，第二垃圾处理场第二期工程建成使用，总容量21万吨。2005年，城区生活垃圾年产生量增加到4.8万吨。

三、化肥、农药污染治理

1986年，全县农业面源污染加重。主要问题是：农药用量大，其中绝大部分是化学农药，生物农药仅占6%；化肥施用量不断增加，其中污染影响最大的是氮肥。1990年，据扬州市土壤肥料监测点资料分析，无机肥肥料养分平均投入346.05千克/公顷。1999年，增加到523.05千克/公顷。2000～2005年，全市化肥使用量分别为546千克/公顷、542.85千克/公顷、592.5千克/公顷、561千克/公顷、578千克/公顷、462.15千克/公顷。化肥利用率仅30%～40%，其余挥发到空气中或流入河渠，使不少地方河水出现富氧化。其间，全市加强病虫害测报工作，及时准确使用农药防治病虫害；加强市场管理，控制高毒残留农药使用，推广和运用低毒高效农药新品种；推广种植高抗灾性作物新品种；研发推广秸秆还田技术、超高茬麦田套稻技术，开发利用畜禽粪便，变废为宝、化害为利；开展河道疏浚清淤，减轻水体富营养等，不断减轻化肥、农药对环境的污染。

四、乡镇企业污染治理

1986年，县环保局针对全县乡镇工业企业污染问题加重情况，建立乡镇企业环境管理报告制度。临泽、界首、三垛、八桥、送桥、车逻、武安、龙奔、一沟、卸甲、周山、川青、天山、菱塘、郭集等15个工业产值过1000万元的乡镇排出污染项目，制订污染治理计划。至年末，共分步实施治理项目50项。1989年4月至1990年4月，县环保局成立县乡镇工业污染源调查领导小组和技术组，调查1500多家乡镇工业企业，其中1321家乡镇工业企业填报调查表，全县乡镇工业污染源调查工作经省、市乡镇工业污染源调查领导小组验收合格。1993年11～12月，市环保局对全市32个农村乡镇、328家重点污染企业，开展污染源数量、分布、污染物排放及其对生态环境影响调查，获得有效数据1.3万个。同时，将乡镇环境管理与全市环保工作同步进行，纳入创建烟尘控制区、噪声达标区、生态乡镇建设等活动规划之中。1997年，据扬州市第二次乡镇企业废气、废水、固体废弃物污染源调查统计资料显示，是年，高邮市乡镇工业产生废气量12.74亿标准立方米、分担率19.9%，万元产值废气量4800标准立方米，废气排放密度64.78万标准立方米/平方千米；废水排放量266.4万吨、分担率16.5%，工业废水处理量6.95万吨、分担率2.4%，工业废水处理率2.6%，万元产值废水量10.07吨；固体废弃物产生量2.43万吨、分担率3.4%，固体废弃物产生密度12.4吨/平方千米，万元产值固体废弃物产生量0.09吨，危险固体废弃物产生量941吨、分担率22.3%。1998年，取缔、关停“十五小”企业范围内、污染严重的乡镇企业24家。至2005年，乡镇工业企业污染防治被列入全市环境污染治理项目，逐年下达治理任务，乡镇工业污染得到有效控制。

第三章 环境管理

1986年，由县城乡建设环境保护局负责全县环境管理工作。是年末，各乡镇均成立环境保护办公室。1989年，县环境保护局单设，列入政府部门序列。1990年，县政府成立县环境保护委员会，建立例会制度，明确各组成部门工作职责；各乡镇、各有关部门明确一名负责人分管环保工作，工业发展较快的乡镇和重点污染企业分别配备专兼职环保助理、专兼职环保员。同时，先后制定一系列环境管理制度，实施环境质量监测，组织开展多种形式的环境保护宣传，加强环境行政执法。1994年，市环保局成立市环境监理站，并分设临城、汉留、三垛、界首、菱塘5个环境监理所，依法对各类污染源、建设项目实行“三同时”（同时设计、同时施工、同时投产使用）、限期治理项目进行监测，发放排污许可证，征收排污费，查处环境纠纷与环境污染事故。2000年，市环境监理站更名为市环境监理大队，与环境监察科合署办公，5个环境监理所分别更名为市环境监理大队一、二、三、四、五中队。2005年，市环保局被命名为省文明行业。

第一节 管理制度

一、目标责任制度

1989年，全县开始实行环境保护目标责任制度。是年6月，县长孙龙山代表县政府与扬州市市长虞振新签订以“三废”限期治理、建设项目环境管理为主要内容的环境保护目标责任状，并与17个乡镇、部门签订环保目标责任状，于年末组织检查考评。此后，市政府主要领导每年与乡镇、部门签订环境保护目标责任状。1993年起，市政府与有关乡镇、部门签订市长任期环境保护目标责任状。2001年，市政府印发《乡镇党政主要领导环保政绩考核暂行办法》。至2005年，每年按照市长环保目标责任状目标任务，制订全市环保计划，按照职能分解落实到相关部门和乡镇，并与有关乡镇、部门签订目标责任状，年末组织督查考核。

二、限期治理制度

1986年起，县政府逐年下达限期治理项目。至1997年，全市先后共实施限期治理项目92项，其中省下达项目4项、扬州市下达项目6项，累计完成治理任务项目79项。1998年起，按照国务院《关于环境保护若干问题的决定》，加大污染限期治理力度。至2000年，全市共实施限期治理项目67项。其中，被列入省长江流域水污染物限期治理项目10项、省大气污染物达标排放项目17项，被列入扬州市大气污染源限期治理项目5项，被列入省、扬州市督查项目4项，被列入高邮市污染源限期治理项目24项、督查项目7项。至2000年末，全市工业污染物实现达标排放要求，并通过扬州市政府检查组验收。2001～2005年，市政府共下达污染源限期治理项目68项，累计完成治理任务项目65项。

三、环境影响评价制度

1990年，全县开始施行环保第一审批权制度和环境影响评价制度。是年，审批建设项目38项，审核发放环境保护许可证70份。此后，在审批新、扩、改建项目同时，审核环境影响评价报告书（表）。1997年，市政府印发《关于加强建设项目环境管理的意见》，实行建设项目环保第一审批权运行机制。是年，经过环境影响评价初审，首次否决违背国家产业政策、污染严重的建设项目3项。1999年，在保证工业项目审批率100%基础上，加强对文化娱乐场所、浴室、饭店等项目环保前置审批，在《高邮市建设工程审批程序管理暂行规定》中设立环保预审制度。2000年，市环保局向项目申办者提供污染控制咨询服务卡，一次讲清办理项目的资料清单，规范建设项目环境管理程序。2003年，市政府印发《加强高邮经济开发区及各类工业集中区环境保护工作的意见》，规范园区环境保护工作。2004年，市环保局开展监督检查各类园区及建设项目执行环境影响评价法情况活动，高邮经济开发区编制完成环境影响评价报告书，菱塘回族乡、卸甲镇编制完成工业集中区环境评价报告书及环境保护规划。2005年，继续实行环境影响评价制度，加强对新建项目环境管理，从源头上防止新污染源产生。

四、"三同时" 制度

1989年，全县开始实行环境保护与项目建设 "三同时" 制度，全年执行该制度企业27家。1991年后，由于企业执行 "三同时" 制度投入成本较高，实际执行率较低。1996年起，通过加强环境宣传、环境监管、环境执法，在审批新、扩、改建项目时，严格要求企业实行 "三同时" 制度，"三同时" 制度执行率逐步提高。2002～2005年，新、扩、改建项目 "三同时" 制度执行率100%、合格率100%。

1996～2005高邮市建设项目环保审批及 "三同时" 制度执行情况一览表

表2-17　　　　单位：项

项目 年份	建设项目申报与登记数	建设项目受理与审批数	"三同时"执行情况	建设项目审查与验收情况
1996	20	20	基本执行	通过验收
1997	23	20		否决违反国家产业政策、污染难以治理的建设项目3项
1998	45	40	部分未执行	未批先建4家企业受到停建、停产和罚款处理
1999	37	34	全部执行	通过审查
2000	120	117		验收污染防治项目22项，立案查处、处罚违规建设项目5项，否决违禁建设项目1项
2001	167	117	15项项目未执行	否决新建项目4项，立案查处违规项目10项
2002	203	168	全部执行	否决建设项目2项
2003	150	124		劝阻不符合国家产业政策、布局和选址不当或污染严重的建设项目10项，验收竣工项目37项
2004	560	376		否决污染严重、难以治理的建设项目10项，监督检查城区 "三同时" 执行情况项目37项，验收 "三同时" 执行情况项目24项
2005	1320	1291		劝阻并否决违反国家产业政策、污染难以治理建设项目8项，监督检查城区 "三同时" 执行情况项目10项，验收 "三同时" 执行情况项目8项

五、环境行为信息公开化制度

2001年，全市开始实行对排放污染物的重点工业企业环境行为信息公开化制度，从好到差分别以 "绿、蓝、黄、红、黑" 为形象化标志，定期向社会发布环境保护情况。是年，被列为环境行为信息公开化企业23家。同时，开通环境保护网站，并与排污企业建立信息网络，实现环境信息资源共享，实施企业环境行为信息公开化管理，监督企业污染物排放行为。2002～2005年，历年被列入实施环境行为信息公开化制度的企业分别为55家、55家、100家、100家，对这些企业建立数据库并进行级别评定，未有黑标志企业。2005年，在被列入实施环境行为信息公开化制度的100家企业中，被评定为绿色标志的1家、蓝色47家、黄色40家、红色12家。

六、排污申报登记和排污许可证制度

80年代中期，开始执行污染物排放许可证制度。至1990年，全县累计审核发放污染物排放许可证70份。1991年，制定水污染物排放许可证制度，实行污水排放重点企业排污许可证申报登记。是年，经整治，市布厂、市制动件总厂、市化肥厂获排污许可证，市造纸厂、市啤酒厂、市制药厂、市染料化工厂获排污（临时）许可证。1992年，市政府印发《水污染物排放许可证管理暂行办法》，制定水污染物排放月报制度、排污许可证管理监督监测制度、排污许可证执行情况通知制度、水污染物排放许可证执行实绩考评制度等配套管理制度。各持证单位建立健全企业自我监督管理机制，严格排污管理。是年，市政府召开第二批排污许可发证大会，市服装厂、市电器厂和市油厂获排污申报许可证，市丝绸厂、市汽车配件厂、市电讯器材厂、市化工厂、市电器仪表厂获排污（临时）许可证，全市累计有15家企业领取水污染物排放许可证或临时许可证，其中6家企业建立监测室，并制定配套的监测月报等管理措施。1994年6月，对城区重点排污企业和4家乡镇企业进行水污染物排放口整治、立标、计量工作，重新申报和换（核）发许可证，市化肥厂、市磷肥厂等10家企业领取水污染物排放许可证，市造纸厂、市染料化工厂等8家企业领取水污染物排放（临时）许可证，市造纸二厂、市助剂厂等5家企业领取排污申报登记注册证。1996年1月起，所有工业企业和第三产业经营单位进行排污申报登记。至10月，共有477家工业企业和62家第三产业经营单位申报登记，填报环境数据5.4万个，建立污染源数据库。2002年7月起，全市实行排污许可证制度公开化管理，市环保局制定《高邮市实施排污许可证制度工作指南》，按照“调查核实、摸清底数、依法申请、分级发证、分类管理、按证排污、全面发证、稳步推进”原则，实施管理。2002～2003年，全市调查550家排污单位污染物排放情况，完成排污申报登记年审注册工作，向重点排污企业发放排污许可证47份，建立电子和文字档案，并执行月报制度、监督监测制度和考评整改制度。2004年，市环保局对全市60家A类、600家B类排污单位开展排污申报登记年审。2005年，市环保局对全市420家排放污染物工业企业开展排污许可证年审，核发排污许可证。

七、征收排污费制度

1986年，县环保局对全县超标排污单位征收排污费。所征收的排污费集中用于县造纸厂、县化肥厂、县水泥厂、县染料化工厂等重点污染源治理设施改造和完善。1991年，市政府印发《高邮市乡镇企事业单位排污费征收暂行办法》，逐步开征乡镇企事业单位排污费，排污费征收逐步走上依法、全面、足额征收的轨道。1998年，市政府办公室批转市环保局《关于加强排污费征收管理工作的意见》。市环保局编制重点企业、重点乡镇排污费征收计划表，依法、足额征收排污费。2005年7月1日起，执行二氧化硫排污费征收新标准，每一污染当量征收标准从0.4元提高到0.6元，加大二氧化硫、氮氧化物排放量申报核定和排污费征收力度。

八、污染物排放总量控制制度

1996年，市政府编制《高邮市“九五”水污染物总量控制计划》，逐步实现污染物排放由浓度控制向总量控制转变。市环保局核发重点排污企业水污染物排污许可证时，核定污染物排放总量。1998年，扬州市政府印发《“九五”期间扬州市主要污染物排放总量控制计划》，规定“高邮市到2000年工业和生活主要污染物化学耗氧量排放总量应控制在6560吨”。市环保局编制《全市“九五”期间主要污染物排放总量控制计划》，由市政府印发，把到2000年污染物削减和控制目标分解到各乡镇和排污企业，并列入各乡镇和有关主管部门负责人1998～2002年环境保护目标责任状。1999～2000年，市政府将“一控双达标”（污染物总量控制，工业污染源要达到国家或地方规定的污染物排放标准，空气和地面水按功能区达到国家规定的环境质量标准）工作纳入政府重点办实事之中，成立“一控双达标”工作领导小组，签订达标目标责任状。2000年，全市203家排放污染物重点工业企业全部实现达标排放，污染物总量得以削减，完成扬州市政府下达的任务。2001年起，市环保局编制全市污染物总量控制计划，并分解落实到有关部门和企业；制定污染物逐年削减目标计划和具体考核办法，完善污染物增量和减量台账，定期监督企业污染物排放情况。2005年，全市工业企业排污总量大幅度削减，化学需氧量排放4432吨、二氧化硫排放3200吨、万元地区生产总值的化学需氧量排污强度，分别比2000年削减21.8%、

19.1%、50%;其他各项污染物排放总量达到“十五”计划目标。

九、城镇环境综合整治定量考核制度

1991年,扬州市政府印发《关于实行县(市)城镇环境综合整治定量考核的通知》,按环境质量指标(大气总悬浮颗粒年日平均值、二氧化硫年日平均值、饮用水源水质达标率、城镇地表水化学需氧量平均值、区域环境噪声平均值、城镇交通干线噪声平均值)和污染控制指标(烟尘控制区覆盖率、民用型煤普及率、汽车废气达标排放率、万元产值工业废水排放量、工业废水处理率、污水处理率、工业固体废弃物综合治理率、建成区绿化覆盖率)两大类14个考核项目,对城镇环境综合整治进行定量考核。1993年,高邮市城镇环境综合整治定量考核得分38.42分(满分70分)。1996年,省环境保护委员会印发《江苏省县级市“九五”期间城市环境综合整治定量考核实施细则》,环境质量指标考核项目修改为大气总悬浮颗粒年日平均值、二氧化硫年日平均值、氮氧化物年日均值、饮用水源水质达标率、城市地面水水质达标率、区域环境噪声平均值、交通干线噪声平均值,污染控制指标考核项目修改为水污染物排放总量削减率、大气污染物排放总量削减率、烟尘控制区覆盖率、环境噪声达标区覆盖率、工业废水排放达标率、汽车尾气达标排放率、工业固体废物综合利用率、危险废物处置率,新增环境建设指标(城市污水处理率、城市集中供热率、城市气化率、生活垃圾处理率、建成区绿化覆盖率、自然保护区覆盖率)和环境管理指标(环境保护机构建设、城市环境保护投资指数、“三同时”合格执行率、排污费征收面、污染防治设施正常运行率),计4类26项。1997年起,高邮市执行新的环境综合整治定量考核指标。当年,高邮市得分78分(总分100分)。2000年、2005年,高邮市城镇环境综合整治定量考核得分分别为78.2分、76.36分。

十、小康社会环境保护指标体系

2002年,全市分阶段实施省下达的小康社会环境保护指标。2004年,市政府定期组织发布小康社会环境保护指标。至2005年,该指标在2002年为基准年的基础上,形成4年基础数据和台账,各年指标均达到预期目标要求,全市环境指标综合分值从2003年66.67分提高到77.73分。

2003~2005年高邮市小康社会环境指标综合得分一览表

表2-18

项目＼年份	2003	2004	2005
综合分值(分)	66.67	72.33	77.73
全年环境空气良好天数达标率(%)	70.70	81.71	94.10
城市水域功能区达标率(%)	39.10	50.00	54.50
集中式饮用水源地达标率(%)	73.70	96.50	96.20
城市环境噪声达标区覆盖率(%)	85.80	85.20	85.00

第二节　环境监测

1979年,始建县环境监测站。该站承担对全县范围内地面水、地下水、饮用水和城区大气质量、噪声的监测和分析。1996年,该站实施质量管理体系。2002年,监测项目由2000年的142项增加到150项,被省环境保护局命名为标准化监测站。2005年,该站通过国家实验室认可。共获得各种环境质量监测数据6059个、污染源数据2700个、其他监测数据5755个。

一、大气环境监测

1986年，城区布设清洁区（奎楼）、工业区（县棉纺厂）、生活区（县民政局）等监测点，对大气环境进行正常性例行监测，监测项目为总悬浮颗粒物、二氧化硫、氮氧化物。1991年，在奎楼、县酿酒厂布设降尘监测点，在市环境监测站布设降水监测点，开展降水、降尘等环境要素监测。1997年，为全面反映城区范围内大气环境质量状况，将在市棉纺厂布设的工业区监测点调整为在市中医医院布设混合区监测点，降尘、降水监测点不变。2000年，在奎楼、高邮市中学、市制动件分厂布设城区大气环境监测点，在市环保局、市制动件分厂布设降尘监测点，在市环保局布设降水监测点。大气环境监测每季一次，每次5天，每天采样4次，监测总悬浮颗粒物、二氧化硫、氮氧化物；自然降尘量每月收样一次，降水逢雨必测。2002年，市环境监测站设立环境空气自动监测系统，开展二氧化硫、二氧化氮、可吸入颗粒物等项目大气自动监测，在市环保局、市赞化学校布点监测自然降尘量，在市环保局布点监测降水，其他监测项目取消。至2005年，未有变化。

二、水环境监测

1986年，设置京杭大运河高邮段、三阳河、北澄子河等11条河流18个监测断面，进行例行监测，监测项目11项。1992年，增加2条河流、2个监测断面，监测项目增加到17项。1993年，撤销三阳河三垛公路桥监测断面，增加北澄子河三垛水厂监测断面，监测项目增加到20项。在布设的20个监测断面中，省控监测断面3个、市控监测断面17个，实施监测项目20项。至2000年，全市布设地表水、饮用水源、地下水监测断面24个，实施监测项目20项。至2005年，市内监测河流、监测断面分别由13条、20个调整为9条、14个。在布设的14个监测断面中，省控监测断面4个、市控监测断面10个，实施监测项目18项。

三、声环境监测

1986年，按250米×250米网格布点原则，在城区布设监测点80个，开展区域环境噪声普测。同时，在城区8条主要交通干线上布设监测点19个，开展交通噪声监测。1996年，调整区域环境噪声普测标准，增加监测点，按300米×300米网格布点原则，在城区布设区域环境噪声监测点100个；在8条主要交通干线上布设20个交通噪声监测点。2003年，再次调整区域环境噪声普测标准，增加监测点，按240米×240米网格布点原则，在城区布设区域环境噪声监测点200个。2005年，第三次调整区域环境噪声普测监测点，按240米×240米网格布点原则，在城区布设区域环境噪声监测点589个；在8条主要交通干线上布设20个交通噪声监测点。

第三节　执法检查

1986年，全县开展环境保护执法检查活动，集中整治乡村办电镀企业，建立乡镇企业环境管理报告制度，并下达限期治理项目。1987年起，环境保护执法检查被列为日常工作，检查项目主要有污染源产生、违法排污、限期治理目标、治污设施运行、排污费征收、建设项目“三同时”及管理程序、污染反弹治理等内容。1989年，县政府向县造纸厂、县化肥厂、县染料化工厂、县肉联厂、县酿酒厂、县棉纺厂、县啤酒厂、县油厂、县制药厂、县制动件总厂等10家重点污水排放企业派驻监察员，实行重点管理。1991年起，对重点排污企业实施排污许可证制度，控制污染物排放量。1994年9月，建立市环境监理站。1996年，组织开展小电镀厂（点）、土炼油厂环境执法检查。1997年，市政府组织市环保局、市工商局、市供电局、市乡镇企业局、市广电局等部门，开展对应取缔关停的“十五小”企业环境执法检查活动。1998年，市环保局组织开展全市重污染源排污口整治，共整治43家企业126个排污口，并按一厂一档要求，建立排污口管理档案。1999～2002年，采取日常检查与突击检查相结合、日查夜巡的方法，执法检查环境管理、排污设施运行、排污费缴纳、建设项目环保管理违规行为、“三同时”项目、污染严重厂家（项目）取缔关闭等情况，推进限期治理项目建设，全市环境质量恶化的趋势有所遏制。2003年，市政府贯彻落实国家“清理整顿不法排污企业，保障群众健康环保行动”要求，成立由环保、发展计划、经贸、监察、工商、司法、安全生产监督等7个部门组成的清理整顿不法排污企业领导小组，制定行动方案，现场核查排污企业246家。对检查中发现的环境违法行为，下达限期改正通知书61份；对逾期未整改到位的，立案实施行政处罚50件，责令其停产治理，并在媒体上公布非法排污、污染严重、环境纠纷突出、逾期未完成限期治理任务的5家企业。2004～2005年，市政府针对部分企业违法排污、环境污染呈反弹的态势，组织市监察局、市环保局、高邮工商局、市公安局、高邮供电公司以及有关乡镇政府，联合开展环保专项执法行动。市环保局组织出动环境监察人员1000多人次，检查企业700多家次，其中夜间检查50多家次，现场监督检查30个建设项目“三同时”执行情况和城区限期治理项目、污染防治设施运转情况，加大清理整治违法排污行为力度。其中，2004年，集中整治被列入省、扬州市和高邮市挂牌督办的清理无证小电镀非法生产等事项20件，共立案查处环境违法案件38件；2005年，集中整治被列入扬州市和高邮市挂牌督办的扬州高华化工有限公司污染治理等重要事项10件，立案查处环境违法案件10件，有力地打击和震慑各类环境违法行为。

第四章　生态保护与建设

1999年，全市启动国家级生态示范区创建工作。2000年，被列为省级生态示范区建设试点、扬州市国家级生态示范区建设试点地区。2001年，编制并实施《高邮市生态示范区建设总体规划》，开展五大生态经济区、12项生态工程、22个典型示范项目建设。2002年，创建成国家级生态示范区。同时，加强自然保护区工作，开展循环经济与清洁能源生产，创建环境优美乡镇与生态村、绿色学校与绿色家园。至2005年，全市设立自然保护区3个，创建成扬州市环境优美乡镇4个、扬州市以上生态村30个、国家绿色学校1所、省绿色学校7所、扬州市绿色学校26所。

第一节　国家级生态示范区建设

1999年10月，市政府第27次常务会议原则同意创建生态示范区方案。市政府成立市生态示范区建设领导小组及其办公室。2000年初，市生态示范区建设领导小组印发《高邮市创建生态示范区工作方案》《高邮市生态示范区建设成员部门职责》《创建生态示范区工作考核暂行办法》等规范性文件。同时，开展生态调研与项目筛选工作，聘请国家环境保护总局南京环境科学研究所编制《高邮市生态示范区建设总体规划》。4月中旬、6月下旬，高邮市先后被省环境保护局、国家环境保护总局批准为省级生态示范区建设试点、扬州市国家级生态示范区建设试点地区。2001年2月，《高邮市生态示范区建设总体规划》通过省环境保护局组织的专家论证，并经4月召开的市政府常务会议讨论通过，5月由市人大常委会会议审议并批准实施。

在创建生态示范区过程中，市生态示范区建设领导小组加强协调和指导，建立健全组织机构和工作网络，分解落实各乡镇和各有关部门创建工作目标，明确工作职责与目标管理，严格检查考核与验收制度。市环保局汇集环境综合整治技术报告及影像等软件资料，总结全市“九五”期间生态建设与保护成果，科学规划并组织实施独具高邮特色的以地貌、植被类型和人的生产方式为主，结合其他生态学特征的城区及城郊生态经济区、沿运粮棉农业生态经济区、东部低洼地种养林生态经济区、湖西畜牧养殖生态功能区、运西沿湖观光旅游及特种水产生态经济区等五大生态经济区；按照因地制宜、各具特色的原则，实施防洪保安工程、耕地保护工程、绿化造林工程、高邮湖综合利用保护工程、环保绿色工程、历史文化保护及生态旅游工程、农业秸秆综合利用工程、高密度养殖水体生物净化工程、绿色有机食品工程、湿地作物水体套养工程、农村改水改厕工程、生态教育工程等12项生态工程；遵循整体、协调、自生、循环生态学原则，发展以生态农业、生态旅游业为主体的生态产业，启动和实施贸工农、种养加一条龙的链式生态产业模式，形成司徒种养业生态示范园区、微生物有机复合肥开发、高速公路绿色廊道建设、东湖农林生态旅游度假区、龙虬庄古文化生态遗址、芦苇场湿地保护与开发、高邮湖湿地功能生态保护区、高邮经济开发区万亩无公害蔬菜基地、高邮鸭产业化项目、桑茧丝绸服链式产业经济模式、高邮果树实验场省级模范果园、高邮镇省级农业高科技示范园、绿色食品珠光米产业化项目、三垛镇生态农业示范区、城河防洪清淤工程、神居山生态恢复工程、菱塘回族乡生态乡镇建设、郭集镇环湖大堤林牧渔立体复合模式、送桥镇平牌村资源循环利用工程、送桥镇种草养鹅模式、董潭村果树畜禽鱼塘资源高效利用生态模式、江苏日欣集团飞达化工厂中加环保合作清洁生产示范项目等22种生态效益、经济效益俱佳的典型示范项目，生态示范区建设取得明显成绩。2001年6月，高邮市生态示范区建设通过省环境保护局组织的专家组验收。10月，国家级生态示范区建设考核验收组对高邮市生态示范区建设进行考察，高邮市五大生态经济区、12项生态工程和22个典型示范项目通过验收组审查，26项考核指标基本达到国家二类生态示范区建设标准。

图2-5　国家级生态示范区奖牌

2002年3月，高邮市被国家环境保护总局命名为国家级生态示范区（第二批）。同时，市环境保护局获国家级生态示范区建设优秀组织奖，市委书记王正宇、副市长王东升被授予“国家级生态示范区建设优秀领导”称号，市环境保护局局长宦锦平被授予“国家级生态示范区建设先进工作者”称号。

第二节　国家环境保护模范城市创建

2003年，市委、市政府决定启动创建国家环境保护模范城市（简称“创模”）工作。9月，市委、市政府成立市“创模”工作领导小组。10月，市政府主要负责人专程赴北京向国家环境保护总局汇报高邮市开展“创模”活动方案。12月，市委、市政府召开全市创建省级卫生城市暨国家环境保护模范城市动员大会，要求以经济结构、产业结构和能源结构调整为主线，以改善环境质量、控制污染物排放总量、城市环境和生态建设为主要措施，开展卫生与环境教育工程、环境综合整治工程、防洪和碧水工程、蓝天工程、产业优化工程、固体废弃物无害化工程、生态工业园区建设工程、绿色产业工程、生态旅游工程、环境能力建设工程等十大工程，力争2～3年将高邮建成国家级环境保护模范城市。2004年，全市“创模”工作全面展开。8月，市委、市政府召开全市创建省城市管理优秀城市、国家卫生城市、国家环境保护模范城市（简称“三城同创”）动员大会。10月，《高邮市创建国家环境保护模范城市总体规划》通过国家环境保护总局和省环境保护局组织的专家评审。12月，由市政府批准实施。2005年，高邮市通过国家环境保护总局和省环境保护局组织的国家级生态示范区复查考核验收。市“三城同创”领导小组成员专题听取“创模”工作汇报，市政府先后召开常务会议和全市环境综合整治动员大会，研究和部署“三城同创”和环境整治工作，推进创建重点工程建设。被列入淮河流域治理项目的市海潮污水处理厂完成土建和设备安装，截污工程进展顺利；朱家生活垃圾卫生填埋场项目完成初步设计和环境影响报告书评审等前期工作；城市集中供气工程建成；集中供热工程开工建设；实施北澄子河整治及城区“1＋6”活水清淤工程；编制完成《江苏省高邮经济开发区（两区三园）环境保护与生态建设规划纲要》，划定12个功能产业区。市政府委托南京大学环境科学研究所编制完成《高邮生态市建设规划》，并通过由省环境保护局组织的专家评审组评审。市政府召开创建国家环境保护模范城市档案资料整编工作会议，分解落实创建档案资料整编工作任务、时间、进度、要求和责任。

第三节　自然保护区建设

一、高邮湖湿地自然保护区

2005年6月，市政府印发《关于建立高邮湖湿地自然保护区的通知》，明确高邮湖湿地自然保护区范围，即高邮湖在高邮境内420.84平方千米，均被列入保护区范围。其中，核心区总面积1200公顷，即东起湖滨老庄台，西至郭集大圩，南起湖区漫水公路北侧1000米，北至新民滩北缘向北200米；缓冲区总面积8000公顷，即东起京杭大运河西堤，西至菱塘回族乡北岗村，南起新民滩北端，北至城区御码头。其他为试验区。同时，明确高邮湖湿地自然保护区保护措施和相关部门职责，并在新民滩、芦苇场分设管护点。是年，市环保局制订全市重要生态功能区划工作方案，将上述自然保护区等区域划定为全市重要生态功能区，并绘制地图上报。

图2-6　高邮湖湿地自然保护区一角

二、省级东湖水上森林公园保护区

马棚东湖度假村经过多年自然保护和人工植树造林，形成一定规模的水上森林。2001年2月，马棚东湖度假村被命名为扬州市环境教育基地。2005年1月，经专家论证和省林业局批准，在原马棚东湖度假村基础上，建立省级森林公园，总面积1000公顷，定名为高邮东湖水上森林公园，为高邮市首家、扬州市第四家省级森林公园。该水上森林公园内水网纵横交错，湿地类型多样，参天的池杉林形成一片片水上绿洲，茂密的芦苇连绵起伏，婆娑起舞。湖水翠色可鉴，一枝枝野荷花亭亭玉立，清纯动人。池杉梢头，最常见的野鸟是灰鹭、白鹭，绿洲上、芦苇中还有秧鸡、杜鹃等20多种野鸟。园内羊肠小道般的小木桥千回百转，蜿蜒绵长。“水清鱼读荷，林静鸟谈天”的野趣随处可见。

图2-7　高邮东湖水上森林公园一角

三、渌洋湖自然保护区

2003年上半年，八桥镇开展渌洋湖自然保护区申报工作。9月，市政府命名渌洋湖为市级自然保护区，主要保护对象为野生动植物。保护区面积506.7公顷。其中，核心区面积226.7公顷（水域面积

200公顷),自然风光秀丽,野生动植物资源丰富,数百种鸟类等野生动物在此栖息繁衍;缓冲区面积280公顷,生态功能优越,栽植成片池杉林80公顷,有生态农田53公顷,是发展生态旅游和绿色有机食品的良好基地。至2005年,建成京沪高速公路高邮段八桥出口至渌洋湖3.8千米的水泥路,完成渌洋湖周边自来水、电力、通信、有线电视、宽带网线路等基础设施建设和渌洋湖总体规划设计,计划在渌洋湖建设度假村、水乡垂钓中心、天然浴场、荷花园、乡村旅舍、水上乐园、八字桥等设施和景点。

第四节 循环经济与清洁生产

一、循环经济

90年代,在市工业企业中开展节能技术应用,市化肥厂率先将煤渣粉碎后作为铺路制砖材料。1995年,司徒乡开展集科研、示范、生产、加工于一体的生态农业示范基地建设,逐步形成区域循环经济模式。2002年,市环保局依靠科技,开展农业废弃物综合利用,多渠道实现农田秸秆和畜禽粪便资源化,削减农业污染。周巷镇、八桥镇示范超高茬麦田套稻种植7公顷,辐射带动全市种植面积30公顷。卸甲镇、菱塘回族乡分别与德国KUSS堆肥技术服务公司、山东省农林厅食用菌开发中心合作,利用秸秆、畜禽粪便,生产有机生物肥料和培育双孢菇。2003年,市环保局在7个乡镇推广超高茬麦田套稻种植技术366.7公顷,在司徒镇建立省、市循环经济试验基地。全市4家企业申请ISO 14001环境管理体系认证,编制实施企业环境管理手册。至年末,扬州三川实业有限公司、市第二建筑安装有限公司通过ISO 14001环境管理体系认证。2004年,市环保局以司徒镇种养业示范园为试点,推广超高茬麦套稻、秸秆还田技术2000公顷。2005年,市环保局确定扬州宏远电子有限公司、江苏金飞达电动工具有限公司、扬州高华化工有限公司、市有机化工厂为全市工业循环经济试点单位。扬州市曙光电缆厂通过ISO 14001环境管理体系认证。示范推广超高茬麦田套稻生态种植经验,建成菱塘回族乡农业废弃物综合利用基地、司徒镇农业循环经济试验基地等生态示范工程。至是年,全市企业万元产值综合能耗下降率由2000年1.5%提高到2.5%,工业用水重复利用率由2000年45%提高到60%。

二、清洁生产

1999年,全市组织乡镇工业企业开展清洁文明生产。是年,江苏华能电缆总厂、市助剂厂创建成省级清洁文明生产乡镇企业。2000年,扬州市曙光电缆厂、江苏日欣集团飞达化工厂、市通用过滤机厂、江苏赛德电气有限公司获“省清洁文明生产乡镇企业”称号。2003年,市环保局、市经贸局在扬州高华化工有限公司、江苏日欣实业集团有限公司、市助剂厂等7家企业中,开展清洁生产审计试点工作,引导和指导企业降耗减污、控制污染物排放。是年,这7家企业共采用清洁生产技术和方案46项,污水排放减少2.28万吨,各类污染物排放减少2000吨,增收节支效益282.7万元。2004～2005年,全市实施清洁生产审核制度的工业企业15家。

第五节 环境优美乡镇与生态村创建

一、环境优美乡镇

2002年,全市始创环境优美乡镇工作,界首镇、三垛镇、司徒镇、卸甲镇、菱塘回族乡等5个乡镇列为首批创建乡镇,进行申报前期准备。2003年起,菱塘回族乡、卸甲镇、司徒镇、郭集镇分别聘请国家环境保护总局南京环境科学研究所和省环境咨询中心、扬州大学,编制完成环境优美镇创建规划，并先后通过省环境保护局组织的专家评审。2004年12月，卸甲镇率先通过扬州市环境优美镇考核验收，获扬州市环境保护局命名、授牌。2005年5月，司徒镇通过扬州市环境优美镇考核验收；12月，郭集镇、菱塘回族乡分别通过扬州市环境优美镇考核验收。至年末，全市共有扬州市环境优美乡镇4个。

二、生态村

1986年，县政府在卸甲乡虎头村开展农业生态村试点工作。1993年，卸甲乡虎头村通过农业生态村试点验收，被列为生态环境综合整治例行监测村。1995年1月，该村生态环境综合整治通过扬州市环境保护委员会组织的验收。1996年起，推广生态种植、养殖模式。1999年，菱塘回族乡菱塘村、武安乡高谢村创建成扬州市生态村，并完成省生态村申报工作。2000年，司徒镇柘垛村、郭集镇孙巷村、高邮镇高谢村、菱塘回族乡菱塘村和送桥镇送桥村、平牌村获省“生态村”称号。2001年7月，上述6个村被省环境保护局、省农林厅授予“百佳生态村”称号。2002年起，围绕农民增收、农业增效，转变农村经济增长方式，调整内部产业结构，实施生态工程项目，相继建成生态旅游、农业生态观光、立体种植、无公害蔬菜、高邮鸭和奶牛立体高效饲养、果树畜禽鱼塘资源高效利用等为特色的生态工程。是年11月，高邮镇凤凰村、汉留镇友好村、甘垛镇河口村、天山镇南茶村、龙虬镇陈总兵庄村、三垛镇少游村、卸甲镇周邶墩村和钱满村、菱塘回族乡清真村等9个村被授予“扬州市生态村”称号。2003年12月，周巷镇营南村、高邮经济开发区腰圩村、高邮镇金墩村、界首镇界北村、周山镇联合村、车逻镇黄库村被授予“扬州市生态村”称号。2004年、2005年，横泾镇永丰村、龙虬镇龙虬庄村、汤庄镇韩王村、临泽镇西河村、天山镇神居山村等5个村和菱塘回族乡北冈村、郭集镇德华村、马棚镇钱厍村、司徒西张村等4个村通过扬州市生态村考核验收。至2005年末，全市累计有扬州市以上生态村30个，其中省生态村6个。

第六节　绿色学校与绿色家园创建

一、绿色学校

2000年起，全市中小学以符合安全、宁静、生态为原则，创设具有地方特色的校园环境，开展创建绿色学校活动。2001年2月，高邮镇城北小学开展“我为西部添片绿”主题活动，小学生们以捡拾垃圾、废弃物换得的钱款5000多元，寄往新疆维吾尔自治区乌恰县第二小学，支援其开展绿化，共同美化高邮籍感动中国人物、“白衣圣人”——吴登云的第二故乡，实现东西部少年共为环保“手拉手”。是年，高邮镇城北小学先后创建成扬州市绿色学校、省绿色学校，还有4所学校创建成扬州市绿色学校。2002年起，各学校以高邮镇城北小学为榜样，开展绿色学校创建工作，美化、绿化校园。2005年，高邮镇城北小学被国家环境保护总局、教育部表彰为全国绿色学校创建活动先进学校。至是年末，全市累计创建成扬州市以上绿色学校34所，其中国家绿色学校1所、省绿色学校7所、扬州市绿色学校26所。还有一批学校相继被命名为市绿色学校。

图2-8　高邮镇城北小学开展“我为西部添绿”主题活动。图为吴登云为新疆乌恰县第二小学吴登云绿色家园授牌

2001～2005年高邮市创建成扬州市以上绿色学校一览表

表2-19

年份	国家绿色学校	省绿色学校	扬州市绿色学校
2001	—	高邮镇城北小学	市实验小学、高邮镇城北小学、天山镇中心小学、菱塘回族乡回民幼儿园、界首中学
2002	—	—	市第一中学、南海中学、曙光中学、送桥镇中心小学、南海艺术幼儿园
2003	—	天山镇中心小学、界首中学	临泽中学、三垛中学、车逻镇初级中学、市第一小学、高邮镇新华小学、卸甲镇伯勤小学、市直机关幼儿园
2004	—	市第一中学、送桥镇中心小学	车逻中学、三垛镇中心小学、汉留镇初中分校、高邮镇文游小学、菱塘民族职业高级中学
2005	高邮镇城北小学	临泽中学、车逻镇初级中学	车逻镇中心小学、郭集镇中心小学、沙堰职业高级中学、高邮镇北海小学

二、绿色家园

2003年起，市政府按照以人为本原则，开展城区“绿色家园”系列创建活动。9月，新华园小区被列为创建试点，启动城区创建安静小区、绿色小区工作。至年末，琵琶社区率先被命名为扬州市绿色人居环境社区。2004年3月，市环保局、市委市级机关工委、市文明办、团市委、市妇联、市教育局、市经贸局、市建设局、市卫生局、高邮工商局、市旅游局、高邮镇，采取组织人员进机关、入社区、到学校和商店方式，开展以倡导文明、节俭、环保的生活方式和消费时尚为主题的“绿色家园”系列创建活动。首批申报创建的有“绿色机关”10个、“绿色企业”8家、“绿色宾馆”3家、“绿色商店（超市）”3家、“绿色人居社区”2个、“绿色家庭”50户。2005年5月，市创建国家环境保护模范城市领导小组召开创建活动现场会，观摩7家单位和家庭创建“绿色家园”系列活动。6月，申报创建的26家单位、50户家庭通过评估验收。同时，下达第二批创建任务，涉及机关5个、企业5家、商店5家、社区1个、市民家庭48户。

图2-9　2005年6月，举行“绿色家园”系列创建活动授牌仪式

第三篇 人口

要　目

80年代起，全县继续实施计划生育基本国策，从严控制人口过快增长。随着改革开放逐步推进，加强流动人口管理。1986年，全县总人口80.7万人。至1991年，全县总人口增长到83.28万人。2000年，增长到83.39万人，为历史以来年度总人口峰值。至2003年，全市总人口连续13年一直稳定在83万人以上、83.4万人以下。是年起，全市总人口连续3年出现负增长。2005年，全市总人口82.72万人。20年间，市内农业人口持续下降，非农业人口持续增长，分别净减10.68万人和净增12.7万人；男女性别比基本平衡，最高值103.81（女=100，下同），最低值100.6。

第一章　人口规模

1986年起，全县人口规模处于先增后降态势，稳定在80万～83万人之间。至2005年20年间，存在城市人口增加、农业人口减少，城镇人口密度加大、农村人口密度变小，新生人口减少，流动人口增加等特点。

第一节　人口总量

一、总人口

1986年，全县总人口80.7万人，人口自然增长率5‰。1989年，全县总人口82.49万人，人口自然增长率上升到8.2‰，为1986～2005年间年度人口自然增长率最高值。至1991年，全县总人口持续5年增长，为83.28万人。是年起，全市总人口连续13年在83.03万人至83.39万人之间波动。1996年起，全市人口自然增长率出现持续下降态势。2003年起，全市总人口连续3年出现负增长。2005年，全市总人口82.72万人，人口自然增长率-1.2‰，人口自然增长率降到1986年后最低点。

1986～2005年高邮市人口总量情况一览表

表3-1

项目 年份	户数（万户）	年末人口（万人）	自然增长率（‰）	项目 年份	户数（万户）	年末人口（万人）	自然增长率（‰）
1986	20.99	80.70	5.00	1996	24.13	83.18	2.11
1987	21.42	81.21	7.30	1997	24.02	83.34	2.01
1988	22.36	81.77	5.20	1998	25.73	83.23	1.45
1989	22.95	82.49	8.20	1999	25.19	83.24	0.52
1990	23.31	82.96	7.10	2000	26.00	83.39	0.65
1991	23.90	83.28	6.30	2001	26.30	83.03	0.49
1992	23.99	83.17	5.22	2002	26.63	83.16	0.43
1993	24.02	83.25	4.11	2003	27.31	83.06	-0.39
1994	24.12	83.08	2.94	2004	27.42	82.71	-0.24
1995	24.20	83.15	3.01	2005	27.39	82.72	-1.20

二、农业人口

1986年，全县农业人口72.07万人，占全县总人口89.31%。进入90年代，在改革开放大潮和小城镇建设推动下，全市农村人口逐步向城镇流动，呈逐年下降趋势。1997年，全市农业人口降至70万人以下，为69.85万人，占全市总人口83.82%。至2005年，全市农业人口61.39万人，占全市总人口74.21%。2005年与1986年相比，全市农业人口净减10.68万人。

三、非农业人口

1986年，全县非农业人口8.63万人，占全县总人口10.69%。1987年起，全县非农业人口呈逐年上升态势。1989年，全县非农业人口突破10万人，为10.73万人，占全县总人口13.01%。2003年，全市非农业人口突破20万人，为20.78万人，占全市总人口25.02%。2005年，全市非农业人口21.33万人，占全市总人口25.79%。2005年与1986年相比，全市非农业人口净增12.7万人。

1986～2005年高邮市农业人口和非农业人口情况一览表

表3-2

项目 / 年份	农业人口		非农业人口		项目 / 年份	农业人口		非农业人口	
	人口数（万人）	占总人口比（%）	人口数（万人）	占总人口比（%）		人口数（万人）	占总人口比（%）	人口数（万人）	占总人口比（%）
1986	72.07	89.31	8.63	10.69	1996	70.11	84.29	13.07	15.71
1987	72.17	88.87	9.04	11.13	1997	69.85	83.82	13.49	16.18
1988	72.21	88.31	9.56	11.69	1998	69.66	83.69	13.57	16.31
1989	71.76	86.99	10.73	13.01	1999	69.19	83.12	14.05	16.88
1990	72.03	86.82	10.93	13.18	2000	68.48	82.12	14.91	17.88
1991	72.21	86.71	11.07	13.29	2001	68.01	81.91	15.02	18.09
1992	71.49	85.96	11.68	14.04	2002	67.61	81.30	15.55	18.70
1993	71.31	85.66	11.94	14.34	2003	62.28	74.98	20.78	25.02
1994	70.75	85.16	12.33	14.84	2004	60.96	73.70	21.75	26.30
1995	70.43	84.70	12.72	15.30	2005	61.39	74.21	21.33	25.79

说明：本表数据为历年《高邮统计年鉴》所载农业人口和非农业人口数据。

第二节　人口密度与分布

一、人口密度

1986年，全县人口密度每平方千米411.11人。1987～1991年，全县人口密度持续5年上升。1991年，全市人口密度每平方千米424.25人。1992～1999年，全市人口密度在每平方千米423～424人之间波动。2000年，全市人口密度达到峰值，为每平方千米424.81人。此后，全市人口密度有所下降。2005年，全市人口密度每平方千米421.35人。其中，城区人口密度最大，为每平方千米3317.51人，是全市人口平均密度7.87倍；司徒镇人口密度最小，为每平方千米300.35人。

1986～2005年高邮市人口密度一览表

表3-3　单位:人/平方千米

年份	人口密度	年份	人口密度	年份	人口密度
1986	411.11	1993	424.09	2000	424.81
1987	413.68	1994	423.23	2001	422.94
1988	416.55	1995	423.59	2002	423.64
1989	420.24	1996	423.75	2003	421.35
1990	422.62	1997	424.57	2004	423.14
1991	424.25	1998	423.98	2005	421.35
1992	423.70	1999	424.03		

二、乡镇撤并前人口分布

据1990年第四次全国人口普查统计，全县被调查统计单位共35个乡镇场。其中，人口3万人以上的有高邮镇、临泽镇、车逻乡、界首镇、周山乡等5个乡镇；人口3万人以下、2万人以上的有20个乡镇；人口2万人以下的有10个乡镇（场）。1999年，高邮镇人口超过10万人，达到10.91万人；临泽镇、界首镇、车逻镇等3个镇人口超过3万人；16个乡镇人口在3万人以下、2万人以上，13个乡镇人口在2万人以下。

1990年、1999年高邮市人口分布情况一览表

表3-4　单位：万人

乡镇场	1990年	1999年	乡镇场	1990年	1999年
高邮镇	8.13	10.91	卸甲乡（镇）	2.47	2.31
临泽镇	3.75	3.72	八桥镇	2.46	2.33
车逻乡（镇）	3.61	3.43	三垛镇	2.30	2.30
界首镇	3.50	3.44	郭集乡（镇）	2.30	2.25
周山乡	3.17	2.98	菱塘回族乡	2.26	2.21
川青乡（镇）	2.84	2.69	伯勤乡	2.08	1.89
龙奔乡	2.78	2.79	天山乡（镇）	2.05	2.04
东墩乡	2.71	2.93	沙堰乡（镇）	2.05	1.90
平胜乡	2.67	2.61	马棚乡	2.04	1.90
一沟乡（龙虬镇）	2.63	2.54	周巷乡	2.03	1.89
送桥镇	2.59	2.68	二沟乡	2.03	1.88
武安乡	2.52	2.88	张轩乡	1.97	1.90
横泾乡（镇）	2.50	2.36	武宁乡	1.75	1.73
司徒乡	2.50	2.32	汉留乡（镇）	1.71	1.67

续表 3-4

乡镇场	1990 年	1999 年	乡镇场	1990 年	1999 年
汤庄乡（镇）	1.61	1.58	湖滨乡	0.91	0.95
甘垛乡	1.46	1.45	蚕种场	0.15	—
甸垛乡（镇）	1.43	1.39	果园场	0.11	—
营南乡	1.42	1.37			

说明：本表 1990 年人口为第四次全国人口普查统计数据，1999 年人口为高邮市乡镇撤并前市统计局统计数据。

三、乡镇撤并后人口分布

据 2000 年第五次全国人口普查统计，全市被调查统计单位共 20 个乡镇。其中，人口 5 万人以上的有高邮镇、卸甲镇、临泽镇、三垛镇等 4 个乡镇，人口 5 万人以下、3 万人以上的有 7 个乡镇，人口 3 万人以下的有 9 个乡镇。据 2005 年市统计局统计，因马棚镇部分村划入高邮经济开发区，人口纳入高邮城区统计（高邮城区人口含高邮镇 15.25 万人、高邮经济开发区 3.35 万人），故马棚镇、高邮镇两镇人口数变化较大，其他各单位人口数变化较小。

2000 年、2005 年高邮市人口分布情况一览表

表 3-5　　　　单位：万人

乡镇	2000 年	2005 年	乡镇	2000 年	2005 年
高邮镇	14.57	18.60	车逻镇	3.21	3.31
卸甲镇	6.77	6.78	汉留镇	2.81	3.08
临泽镇	5.84	6.35	周山镇	2.68	2.82
三垛镇	5.55	5.84	送桥镇	2.48	2.57
马棚镇	4.69	1.87	菱塘回族乡	2.27	2.21
龙虬镇	4.26	4.35	天山镇	2.15	2.00
甘垛镇	3.50	3.90	八桥镇	2.11	2.30
界首镇	3.27	3.33	郭集镇	2.10	2.21
周巷镇	3.27	3.24	横泾镇	2.09	2.32
汤庄镇	3.23	3.39	司徒镇	2.05	2.23

说明：本表 2000 年人口为第五次全国人口普查统计数据，即高邮市乡镇撤并后统计数据；2005 年人口为市统计局统计数据。

第三节　人口变动

一、自然变动

1986～1996 年，人口自然增长幅度波动较大。1986 年，全县出生人口 9210 人，人口出生率 11.42‰；因病、事故、年老死亡人数 5021 人，死亡率 6.23‰。1990 年，全县出生人口 1.23 万人，人口出生率 14.91‰，达到峰值。至 1993 年，全市人口出生率持续 8 年在 10‰以上。1994 年起，全市人口出生率下降到 10‰以下，并呈持续下降趋势，其中 1998 年、2003 年、2005 年出生率比上年下降 6 个百分点以上。1996 年，全市死亡人口 5998 人，死亡率为 7.18‰，死亡人数与死亡率为 1986～2005 年各年度最

高值。2005年，全市新出生人口4708人，人口出生率5.63‰，为1986年后最低值；死亡人数5710人，死亡率6.83‰，死亡人数与死亡率接近常年值。

1986～2005年高邮市出生人口与死亡人数情况一览表

表3-6

年份	出生人口 人数（人）	出生人口 出生率（‰）	死亡人数 人数（人）	死亡人数 死亡率（‰）	年份	出生人口 人数（人）	出生人口 出生率（‰）	死亡人数 人数（人）	死亡人数 死亡率（‰）
1986	9210	11.42	5021	6.23	1996	7755	9.28	5998	7.18
1987	11020	13.60	4915	6.07	1997	7387	8.83	5704	6.82
1988	9867	12.11	5831	7.16	1998	6829	8.16	5600	6.71
1989	11645	14.18	5097	6.21	1999	6229	7.47	5794	6.95
1990	12349	14.91	5771	6.97	2000	6289	7.53	5745	6.88
1991	11733	14.07	5648	6.77	2001	6065	7.27	5651	6.78
1992	10179	12.19	5829	6.98	2002	5983	7.18	5627	6.75
1993	8944	10.64	5487	6.53	2003	5488	6.58	5811	6.96
1994	8203	9.88	5763	6.94	2004	5305	6.35	5510	6.59
1995	8019	9.66	5521	6.65	2005	4708	5.63	5710	6.83

二、机械变动

1986年，全县因婚嫁、工作调动、入学与分配、务工经商、投亲靠友等，迁入人口9278人，迁出人口1.11万人。1987年、1988年、1989年3个年份，全县迁入人数多于迁出人数，其他年份均为迁出人数多于迁入人数。1992年，为迁入、迁出人数最多年份，分别达到迁入1.43万人、迁出1.76万人。2005年，全市迁入7253人、迁出9572人，因迁移变动减少人口2319人。

1986～2005年高邮市人口迁移情况一览表

表3-7　　单位：人

年份	迁入人口 人数	迁入人口 省外	迁出人口 人数	迁出人口 省外	因迁移人口变动人数 人数	因迁移人口变动人数 省外
1986	9278	938	11098	1077	-1820	-139
1987	4253	455	1772	126	2481	329
1988	14039	1005	12593	578	1446	427
1989	12178	800	11593	581	585	219
1990	9111	626	10366	884	-1255	-258
1991	9437	562	10965	735	-1528	-173
1992	14271	1058	17628	1647	-3357	-589
1993	7978	392	10097	914	-2119	-522
1994	8655	281	11406	864	-2751	-583
1995	7509	419	9135	746	-1626	-327
1996	7657	458	9179	736	-1522	-278

续表 3-7

项目/年份	迁入人口		迁出人口		因迁移人口变动人数	
	人数	省外	人数	省外	人数	省外
1997	9728	490	10381	654	-653	-164
1998	8884	429	9608	674	-724	-245
1999	8842	458	11075	715	-2233	-257
2000	7984	593	9398	828	-1414	-235
2001	6100	595	8371	886	-2271	-291
2002	7932	1029	9640	1160	-1708	-131
2003	9076	1149	11724	1384	-2648	-235
2004	7192	1115	9483	1153	-2291	-38
2005	7253	1266	9572	1121	-2319	145

三、暂住人口

80年代，县内暂住人口主要是投亲靠友和工作、学习等因素未办理户口迁移手续的人员。据1990年第四次全国人口普查登记结果，全县有暂住人口4943人，其中常住县内1年以上，户口在外县、市的有4648人；住县内不满1年，离开户口登记地1年以上的有295人。进入90年代，随着改革开放步伐不断加大，全市暂住人口急速增多。1995年开始，实行申领暂住证制度。是年，全市暂住人口增加到1.38万人。至2000年，全市暂住人口增加到1.81万人。2005年，全市共登记暂住人口7.25万人。其中，暂住1个月以下3.39万人，暂住1个月以上、1年以内1.85万人，暂住1年以上2.02万人；市外省内5.5万人，省外1.75万人，中国港澳台地区35人，国外26人；到高邮务工经商2.25万人，借读培训1.47万人，因公出差1.14万人，服务、借读培训、治病疗养、投靠亲友、探亲访友、旅游观光等2.39万人。

2005年高邮市暂住人口情况一览表

表3-8　　单位：人

暂住原因	合计	暂住时间			来自地区				居住处所					
		1个月以下	1个月～1年	1年以上	省内	省外	港澳台	国外	旅店	居民家中	单位内部	工地现场	租赁房屋	其他
务工经商	22455	7149	11630	3676	14268	8180	5	2	4820	1677	2467	4615	5905	2971
服　　务	5176	1117	2571	1488	2917	2259	—	—	435	574	1584	18	2034	531
因公出差	11397	9152	1652	593	7867	3530	—	—	9688	311	1128	126	32	112
借读培训	14675	69	1314	13292	14558	117	—	—	5	243	2278	—	25	12124
治病疗养	9000	8718	176	106	8890	110	—	—	2	40	1438	—	1	7519
投靠亲友	2627	1400	544	683	1684	943	—	—	446	1922	135	32	27	65
探亲访友	2671	2373	208	90	2087	577	7	—	737	1604	293	—	3	34
旅游观光	2855	2855	—	—	1552	1257	22	24	2619	54	150	5	—	27
其　　他	1668	1046	382	240	1187	480	1	—	215	309	184	226	72	662
合　　计	72524	33879	18477	20168	55010	17453	35	26	18967	6734	9657	5022	8099	24045

说明：本表数据为市公安局提供。

第二章　人口结构

1986年起，全县人口结构总体上呈现三升三降的发展态势，即在性别结构比例上，女性人口趋升，男性人口趋降；在年龄结构比例上，老龄人口趋升，青少年和中壮年人口趋降；在民族人口结构比例上，少数民族人口趋升，汉族人口趋降。至2005年，全市人口男女性别比101.58，老年人和青壮年人口比21.6∶100，少数民族和汉族人口比1.02∶100，分别比1986年下降1.59个百分点、上升5.75个百分点、上升0.66个百分点。

第一节　性别结构

一、全市人口性别结构

80年代起，境内逐年加大新型婚育观念宣传，且男孩抚育、结婚等费用远高于女孩，生男孩传宗接代的传统观念逐渐被生男生女都一样的新观念所取代，并出现愿生女孩不愿生男孩的部分家庭，加之女性寿命一般高于男性，男女性别比呈逐步下降趋势。据市公安局年末户籍人口性别统计，1986年，全县总人口中，男性40.98万人、女性39.72万人，性别比103.17。1990年，全县男性42.07万人、女性40.89万人，性别比102.89。是年起，男女性别比呈下降趋势。2000年、2002年、2004年，性别比接近平衡，分别为100.6、100.77、100.68。2005年，全市总人口中，男性41.68万人、女性41.03万人，性别比101.58。

1986～2005年高邮市人口性别结构情况一览表

表3-9　　　　单位：万人

年份＼项目	总人口	男	女	性别比（女＝100）	年份＼项目	总人口	男	女	性别比（女＝100）
1986	80.70	40.98	39.72	103.17	1996	83.18	41.93	41.25	101.65
1987	81.20	41.23	39.97	103.15	1997	83.34	41.96	41.38	101.40
1988	81.77	41.65	40.12	103.81	1998	83.23	41.86	41.37	101.18
1989	82.49	41.94	40.55	103.43	1999	83.23	42.03	41.20	102.01
1990	82.96	42.07	40.89	102.89	2000	83.39	41.82	41.57	100.60
1991	83.28	42.21	41.07	102.78	2001	83.02	41.76	41.26	101.21
1992	83.17	42.05	41.12	102.26	2002	83.16	41.74	41.42	100.77
1993	83.25	42.24	41.01	103.00	2003	82.71	41.58	41.13	101.09
1994	83.08	42.07	41.01	102.58	2004	83.06	41.67	41.39	100.68
1995	83.15	42.07	41.08	102.41	2005	82.71	41.68	41.03	101.58

说明：本表数据为市公安局年末户籍人口数。

二、城乡人口性别结构

城区性别结构 据1990年第四次全国人口普查统计，城区（高邮镇）总人口8.13万人，其中男性4.08万人、女性4.05万人，性别比100.74。据2000年第五次全国人口普查统计，城区（高邮镇）总人口14.84万人，其中男性7.31万人、女性7.53万人，性别比97.08。两次人口普查统计数据相比，城区（高邮镇）男性人口从多于女性人口300人，变为少于女性人口2200人；性别比下降3.66个百分点。

乡镇性别结构 据1990年第四次全国人口普查统计，全县农村乡镇总人口74.38万人，其中男性37.45万人、女性36.93万人，性别比101.41。全县35个农村乡镇（含县直属园、场，下同）中，男性人口与女性人口持平的有3个乡镇，即三垛镇、武安乡、菱塘回族乡；男性人口多于女性人口的有23个乡镇，其中性别比最高的是湖滨乡，为106.82；男性人口少于女性人口的有10个乡镇（场），其中性别比最低的是果园场，为83.33。据2000年第五次全国人口普查统计，全市农村乡镇总人口64.94万人，其中男性31.98万人、女性32.96万人，性别比97.03。全市19个农村乡镇中，性别比100的是甘垛镇；男性人口多于女性人口的是周巷镇，性别比100.61；男性人口少于女性人口的有17个乡镇，性别比最低的是八桥镇，仅为88.5。

1990年高邮县分乡镇人口性别结构情况一览表

表3-10 单位：万人

乡镇	合计	男	女	性别比（女=100）	乡镇	合计	男	女	性别比（女=100）
高邮镇	8.13	4.08	4.05	100.74	沙堰乡	2.05	1.03	1.02	100.90
八桥镇	2.46	1.25	1.21	103.31	汤庄乡	1.61	0.81	0.80	101.25
三垛镇	2.30	1.15	1.15	100.00	武宁乡	1.75	0.87	0.88	98.86
临泽镇	3.75	1.88	1.87	100.53	二沟乡	2.03	1.02	1.01	100.99
界首镇	3.50	1.76	1.74	101.15	司徒乡	2.50	1.26	1.24	101.61
送桥镇	2.59	1.30	1.29	100.78	横泾乡	2.50	1.28	1.22	104.92
车逻乡	3.61	1.83	1.78	102.81	甘垛乡	1.46	0.74	0.72	102.78
武安乡	2.52	1.26	1.26	100.00	平胜乡	2.67	1.36	1.31	103.82
龙奔乡	2.78	1.41	1.38	102.17	川青乡	2.84	1.44	1.40	102.86
一沟乡	2.63	1.32	1.31	100.76	周巷乡	2.03	1.03	1.00	103.00
东墩乡	2.71	1.33	1.38	96.38	营南乡	1.43	0.71	0.72	98.61
马棚乡	2.04	1.03	1.01	101.98	周山乡	3.16	1.59	1.57	101.27
张轩乡	1.97	1.00	0.97	103.09	菱塘回族乡	2.26	1.13	1.13	100.00
湖滨乡	0.91	0.47	0.44	106.82	郭集乡	2.30	1.17	1.13	103.54
伯勤乡	2.08	1.05	1.03	101.94	天山乡	2.05	1.02	1.03	99.03
卸甲乡	2.47	1.23	1.24	99.19	果园场	0.11	0.05	0.06	83.33
汉留乡	1.71	0.85	0.86	98.84	蚕种场	0.15	0.07	0.08	87.50
甸垛乡	1.44	0.73	0.71	102.82					

说明：本表数据为1990年第四次全国人口普查统计数据。

2000年高邮市分乡镇人口性别结构情况一览表

表3-11 单位:万人

乡镇	合计	男	女	性别比（女=100）	乡镇	合计	男	女	性别比（女=100）
高邮镇	14.84	7.31	7.53	97.08	横泾镇	2.11	1.05	1.06	99.06
马棚镇	4.78	2.36	2.42	97.52	司徒镇	2.08	1.03	1.05	98.10
龙虬镇	4.28	2.12	2.16	98.15	临泽镇	5.90	2.94	2.96	99.32
车逻镇	3.23	1.55	1.68	92.26	周巷镇	3.29	1.65	1.64	100.61
八桥镇	2.13	1.00	1.13	88.50	周山镇	2.69	1.34	1.35	99.26
卸甲镇	6.83	3.35	3.48	96.26	界首镇	3.30	1.63	1.67	97.60
汉留镇	2.82	1.35	1.47	91.84	郭集镇	2.11	1.03	1.08	95.37
汤庄镇	3.24	1.61	1.63	98.77	送桥镇	2.53	1.24	1.29	96.12
三垛镇	5.68	2.81	2.87	97.91	天山镇	2.18	1.04	1.14	91.23
甘垛镇	3.50	1.75	1.75	100.00	菱塘回族乡	2.27	1.11	1.16	95.69

说明:本表数据为2000年第五次全国人口普查统计数据。

三、分年龄段人口性别结构

据1990年第四次全国人口普查统计，全县分年龄段男女性别构成状况是:0～19岁、30～59岁两个年龄段人口男性多于女性。其中，45～49岁性别比121.15，为各年龄段性别比之最;20～29岁、60岁以上年龄段人口女性多于男性，60岁以上年龄段人口性别比持续下降。据2000年第五次全国人口普查统计，全市分年龄段男女性别构成状况是:0～19岁，男性人口多于女性;20～39岁，女性人口多于男性;40～64岁，男性人口又多于女性，其中55～59岁性别比118.13，为各年龄段性别比最高;65岁开始，女性人口持续多于男性，其性别比几乎呈每10岁一个档次的阶梯形下降。93岁起，各年度男性人口仅在10人以下，其中97岁、99岁无男性人口，100岁以上男性人口仅剩1人;各年度女性人口有数十人之多，93岁以上女性人口是男性人口2.37倍，100岁以上女性人口有3人。2005年，全市100周岁以上老人5人，其中女性3人、男性2人。

1990年高邮县分年龄段人口性别结构情况一览表

表3-12 单位:万人

年龄段	合计	男	女	性别比（女=100）	年龄段	合计	男	女	性别比（女=100）
0～4岁	5.61	2.86	2.75	104.00	50～54岁	4.07	2.17	1.90	114.21
5～9岁	3.92	2.02	1.90	106.32	55～59岁	3.70	1.93	1.78	108.43
10～14岁	6.50	3.34	3.16	105.70	60～64岁	3.04	1.47	1.57	93.63
15～19岁	8.67	4.35	4.32	100.69	65～69岁	2.52	1.14	1.38	82.61
20～24岁	11.22	5.47	5.75	95.13	70～74岁	1.58	0.65	0.93	69.89
25～29岁	6.91	3.42	3.49	97.99	75～79岁	0.83	0.30	0.53	56.60
30～34岁	5.61	2.88	2.73	105.49	80～84岁	0.38	0.11	0.27	40.74
35～39岁	7.29	3.73	3.56	104.78	85～89岁	0.11	0.03	0.08	37.50
40～44岁	5.93	3.12	2.81	111.03	90岁以上	0.01	—	0.01	—
45～49岁	4.60	2.52	2.08	121.15					

说明:本表数据为1990年第四次全国人口普查统计数据。

2000年高邮市分年龄段人口性别结构情况一览表

表3-13 单位：万人

年龄段	合计	男	女	性别比（女＝100）	年龄段	合计	男	女	性别比（女＝100）
0～4岁	3.47	1.79	1.68	106.55	50～54岁	5.74	2.98	2.76	107.97
5～9岁	4.76	2.42	2.34	103.42	55～59岁	4.21	2.28	1.93	118.13
10～14岁	5.81	2.95	2.86	103.15	60～64岁	3.57	1.88	1.69	111.24
15～19岁	3.31	1.67	1.64	101.83	65～69岁	3.11	1.55	1.56	99.36
20～24岁	4.49	2.05	2.44	84.02	70～74岁	2.23	1.00	1.23	81.30
25～29岁	7.17	3.35	3.81	87.93	75～79岁	1.51	0.60	0.91	65.93
30～34岁	10.27	4.90	5.37	91.25	80～84岁	0.66	0.22	0.44	50.00
35～39岁	7.13	3.45	3.68	93.75	85～89岁	0.20	0.06	0.14	42.86
40～44岁	5.04	2.55	2.49	102.41	90岁以上	0.04	0.01	0.03	33.33
45～49岁	7.06	3.58	3.45	103.77					

说明：本表数据为2000年第五次全国人口普查统计结果数据。

第二节 年龄结构

一、婴幼儿

据1990年第四次全国人口普查统计，全县婴幼儿（0～6周岁儿童，下同）7.06万人，其中男孩3.59万人、女孩3.47万人，占全县总人口8.57%。据2000年第五次全国人口普查统计，全市婴幼儿5.2万人，其中男孩2.66万人、女孩2.54万人，占全市总人口6.52%。2000年与1990年相比，全市婴幼儿人数净减1.86万人，占全市总人口比例下降2.05个百分点。其中，1周岁以内婴儿从1.33万人减少到0.67万人，1～6周岁幼儿从5.73万人减少到4.53万人。

二、未成年青少年

据1990年第四次全国人口普查统计，全县未成年青少年（7～17周岁，下同）13.56万人，其中男性6.94万人、女性6.62万人，占全县总人口16.43%。据2000年第五次全国人口普查统计，全市未成年青少年10.92万人，其中男性5.54万人、女性5.38万人，占全市总人口13.69%。2000年与1990年相比，全市未成年青少年人数净减2.64万人，占全市总人口比例下降2.74个百分点。其中，14周岁及以下少年儿童从4.6万人减少到2.07万人，15～17周岁未成年青少年从8.96万人减少到8.85万人。

三、青壮年劳动力

据1990年第四次全国人口普查统计，全县青壮年劳动力（18～59周岁，下同）53.42万人，其中男性27.3万人、女性26.12万人，占全县总人口64.74%。据2000年第五次全国人口普查统计，全市青壮年劳动力52.35万人，其中男性25.77万人、女性26.58万人，占全市总人口65.62%。2000年与1990年相比，全市青壮年劳动力净减少1.07万人，占全市总人口比例上升0.88个百分点。其中，18～44周岁青壮年从41.05万人下降到35.34万人，45～59周岁中年人从12.37万人上升到17.01万人。

四、老年人

据1990年第四次全国人口普查统计，全县老年人（60周岁以上，下同）8.47万人，其中男性3.7万人、女性4.77万人，占全县总人口10.27%。据2000年第五次全国人口普查统计，全市老年人11.31万人，其中男性5.32万人、女性5.99万人，占全市总人口14.18%。2000年与1990年相比，全市老年人人数净增2.84万人，占全市总人口比例上升3.92个百分点。其中，60～74周岁的从7.14万人上升到8.91万人，75～89周岁的从1.32万人上升到2.37万人，90周岁以上的从156人上升到378人。

第三节　民族结构

高邮主要为汉族人聚居地。唐代始有回族人在菱塘定居。元时有蒙古族人迁居高邮。其后，因战乱和天灾迁徙、婚嫁迁移、投亲靠友、务工经商、工作分配与调动等，少数民族人口逐渐增多，但仍以汉族人口居多。80年代至2005年，汉族人口一直稳定在全市总人口99%左右，少数民族人口仅占1%左右。少数民族人口中，回族人口为最多，占少数民族人口90%左右。

一、汉族

据1982年第三次全国人口普查统计，全县汉族人口79.56万人，占全县总人口99.6%。此后，汉族人口占全县总人口比例逐年有所下降。据1990年第四次全国人口普查统计，全县汉族人口82.01万人，占全县总人口99.39%。据2000年第五次全国人口普查统计，全市汉族人口79.12万人，占全市总人口99.18%。2005年，全市汉族人口81.88万人，占全市总人口98.99%。

二、回族

据1982年第三次全国人口普查统计，全县回族人口2814人，占全县总人口0.4%，占全县少数民族人口98.39%。此后，回族人口逐年增加。据1990年第四次全国人口普查统计，全县回族人口4828人，占全县总人口0.6%，占全县少数民族人口96.64%。据2000年第五次全国人口普查统计，全市回族人口5482人，占全市总人口0.7%，占全市少数民族人口84.07%。2005年，全市回族人口7744人，占全市总人口0.9%，占全市少数民族人口93.01%。

三、其他少数民族

市内其他少数民族人口在总人口中所占比例一直比较小。1982年，据第三次全国人口普查统计，全县其他少数民族有6个，人口46人，其中蒙古族人口为最多，有38人。1990年，据第四次全国人口普查统计，全县其他少数民族增加到17个，人口增加到168人，其中人口较多的有壮族、蒙古族、苗族、土家族，分别为33人、32人、30人、25人。2000年，据第五次全国人口普查统计，其他少数民族增加到28个，人口增加到1039人，其中蒙古族、苗族、土家族、布依族、彝族、满族、壮族人口较多，分别为251人、173人、106人、95人、75人、62人、60人。2005年，全市其他少数民族下降到26个，人口减少到582人，其中苗族166人、土家族123人、布依族66人、壮族49人、蒙古族47人、彝族34人，其他少数民族人口均在20人以下。详见第三十三篇《社会生活　精神文明建设》第二章《民族　宗教》第一节《少数民族》（第1200页）。

第四节　职业结构

一、在业与失业

据1990年第四次全国人口普查统计，全县15周岁及以上在业人口54.49万人，占全县15周岁及以上人口数81.95%。在业人口中，男性28.2万人、女性26.29万人，分别占全县15周岁及以上男、女性人口95.27%、92.39%。是年，除在学就读人口外，基本无失业人口。据2000年第五次全国人口普查统计，全市15周岁及以上在业人口51.12万人，占全市15周岁及以上人口数80.68%。在业人口中，男性25.83万人、女性25.29万人，分别占全市15周岁及以上男、女性人口84.37%、77.24%。是年，全市失业人口8060人，占应就业人口1.49%。

2000年高邮市在业人口与失业人口情况一览表

表3-14 单位：人

年龄段	在业人口			失业人口		
		男	女		男	女
15～19岁	11240	4780	6460	2180	1220	960
20～24岁	36390	16270	20120	1840	1020	820
25～29岁	64960	30310	34650	1040	390	650
30～34岁	94370	44370	50000	870	390	480
35～39岁	65670	32290	33380	890	400	490
40～44岁	46880	24050	22830	520	240	280
45～49岁	65090	33230	31860	480	290	190
50～54岁	51740	28340	23400	190	180	10
55～59岁	33210	19850	13360	50	50	—
60～64岁	22140	13040	9100	—	—	—
65岁以上	19490	11720	7770	—	—	—

说明：本表数据为2000年第五次全国人口普查统计数据。

二、从业结构

据1990年第四次全国人口普查统计，全县就业人口从业结构中，从事农林牧渔业和水利业40.79万人，占全县从业人口74.86%，此为就业人口最多行业。从事工业7.43万人，从事商业、公共饮食业和物资、供销及仓储业2.48万人，从事交通运输、邮电通信业1.01万人，从事教育、文化、艺术和广播电视业9471人，从事党政机关和社会团体服务6415人，分别占13.64%、4.55%、1.85%、1.74%、1.18%。还有从事建筑业4162人，从事房地产管理、公用事业3375人，从事卫生、体育和社会福利事业3067人，从事金融保险业1161人，从事其他各业162人，共占2.18%。据2000年第五次全国人口普查统计，全市就业人口从业结构中，从事农牧渔业和水利业30.81万人，占全市从业人口60.38%，此仍为全市就业人口最多行业。从事工业9.69万人，从事商业、物流业、餐饮业3.24万人，从事交通、运输、邮电通信业1.31万人，从事教育、文化、艺术和广播电视业9060人，从事党政机关和社会团体服务7440人，分别占18.95%、6.34%、2.56%、1.78%、1.47%。从事其他各业4.42万人，占8.52%。

三、职业分类

据1990年第四次全国人口普查统计，全县从业人口职业分类中，农林牧渔业劳动者37.37万人，生产、运输工人9.98万人，商业、服务业人员3.23万人，各类专业技术人员2.12万人，党政群机关、事业单位工作人员和企业管理服务人员1.79万人，分别占从业人口总数68.58%、18.32%、5.93%、3.89%、3.28%。据2000年第五次全国人口普查统计，全市从业人口职业分类中，农林牧渔业劳动者30.81万人，生产、运输工人13.74万人，商业、服务业人员3.54万人，各类专业技术人员2.19万人，党政群机关、事业单位工作人员和企业单位管理服务人员7500人，分别占从业人口总数60.38%、26.92%、6.94%、4.29%、1.47%。

1990年高邮县从业人口职业结构与分类情况一览表

表3-15　　单位：人

行业	合计	男	女	行业	合计	男	女
农、林、牧、渔、水利业	407907	200581	207326	卫生、体育和社会福利业	3067	1681	1386
工业	74347	39525	34822	教育、文化艺术和广播电视业	9471	6412	3059
地质普查和勘探业	36	32	4	科学研究和综合技术服务业	68	41	27
建筑业	4162	3829	333	金融保险业	1161	818	343
交通运输、邮电通信业	10103	6779	3324	国家党政机关和社会团体	6415	5396	1019
商业、公共饮食业、物资供销和仓储业	24756	14543	10213	其他行业	58	26	32
房地产管理、公用事业、居民服务和咨询服务业	3375	2382	993				

说明：本表数据为1990年第四次全国人口普查统计数据。

2000年高邮市从业人口职业结构与分类情况一览表

表3-16　　单位：人

行业	合计	男	女	行业	合计	男	女
农、林、牧、渔业	308060	133810	174250	金融保险业	1630	960	670
采掘业	140	140	—	房地产业	290	170	120
制造业	96860	48220	48640	社会服务业	8950	5440	3510
电力、煤气及水的生产和供应业	2240	1810	430	卫生、体育和社会福利业	4860	2270	2590
建筑业	24470	23470	1000	教育、文化艺术及广播电视电影业	9060	5550	3510
地质勘查、水利管理业	610	560	50	科学研究和综合技术服务业	170	110	60
交通运输、仓储及邮电通信业	13080	10980	2100	国家党政机关和社会团体	7440	6040	1400
批发和零售贸易、餐饮业	32350	17950	14400	其他行业	970	770	200

说明：本表数据为2000年第五次全国人口普查统计数据。

第五节　文化结构

一、大专以上文化人口

据1990年第四次全国人口普查统计，全县大专以上文化人口3909人，占全县18周岁及以上成年人总数61.89万人的0.63%。其中，大学本科734人、大学专科3175人，男性3206人、女性703人。据2000年第五次全国人口普查统计，全市大专以上文化人口1.35万人，占全市18周岁及以上成年人总数63.66万人的2.12%。其中，研究生92人、大学本科2396人、大学专科1.1万人，男性9740人、女性3743人。

二、中等文化人口

据1990年第四次全国人口普查统计，全县中等文化人口25.84万人，占全县13周岁及以上应受中等教育人口总数69.19万人的37.35%。其中，中专6640人、高中4.1万人、初中21.09万人，男性17.18万人、女性8.66万人。据2000年第五次全国人口普查统计，全市中等文化人口34.9万人，占全市13周岁及以上应受中等教育人口67.9万人的51.4%。其中，中专1.49万人、高中6.03万人、初中27.38万人，男性20.54万人、女性14.36万人。

三、小学文化人口

据1990年第四次全国人口普查统计，全县小学文化人口32.73万人，占全县6周岁及以上人口的42.97%。其中，男性16.93万人、女性15.8万人。据2000年第五次全国人口普查统计，全市小学文化人口28.9万人，占全市6周岁及以上人口的38.32%。其中，男性13.84万人、女性15.06万人。

四、文盲、半文盲人口

据1990年第四次全国人口普查统计，全县文盲、半文盲人口17.2万人，占全县15周岁及以上人口66.5万人的25.86%。其中，男性3.86万人、女性13.34万人。据2000年第五次全国人口普查统计，全市文盲、半文盲人口7.47万人，占全市15周岁及以上人口65.73万人的11.36%。其中，男性1.23万人、女性6.24万人。

1990年高邮县6周岁以上人口文化结构情况一览表

表3-17　　单位：人

年龄段	不识字或识字很少	小学	初中	高中	中专	大学专科	大学本科
6～9岁	1445	30338	—	—	—	—	—
10～14岁	548	52030	12361	—	—	—	—
15～19岁	1347	24488	52974	6590	1279	26	1
20～24岁	3208	38749	61453	7008	1053	611	110
25～29岁	4036	19258	32950	10931	955	837	170
30～34岁	9119	23414	13721	8971	494	360	69
35～39岁	17347	38900	12086	3610	584	340	36
40～44岁	18745	30772	7736	1158	521	289	99
45～49岁	17328	19588	7076	940	710	228	104
50～54岁	20085	15933	3262	518	599	252	71
55～59岁	20764	12641	2741	450	256	132	37
60～64岁	18620	9202	2084	335	98	55	21
65岁以上	39361	12022	2424	418	91	45	16

说明：1. 本表数据为1990年第四次全国人口普查统计数据；2. 学龄段人口含在校就读学生。

2000年高邮市6周岁以上人口文化结构情况一览表

表3-18 单位:人

年龄段	未上学	扫盲班	小学	初中	高中	中专	大学专科	大学本科	研究生
6～9岁	393	—	38301	—	—	—	—	—	—
10～14岁	183	—	36139	21425	—	—	—	—	—
15～19岁	107	6	1843	17349	11228	1835	709	41	—
20～24岁	213	55	4408	29532	5851	3335	1321	165	3
25～29岁	349	181	11547	47575	7258	2252	2086	397	19
30～34岁	565	618	25223	63753	8393	1534	1921	630	22
35～39岁	604	1303	17589	37460	10714	1358	1845	450	17
40～44岁	1105	3544	20965	14465	8258	914	965	162	13
45～49岁	2943	7658	38099	15835	4040	1027	851	131	9
50～54岁	6091	6016	83272	9730	1445	788	501	133	4
55～59岁	8234	3801	20148	7440	1151	881	298	112	1
60～64岁	11562	2932	15908	3722	628	598	264	95	2
65岁以上	39782	4352	26098	5526	959	392	234	80	2

说明:1. 本表数据为2000年第五次全国人口普查统计数据;2. 学龄段人口含在校就读学生。

第六节 姓氏结构

2005年,据市公安局统计,全市姓氏户籍人口总数84.06万人,姓氏总数390个。其中,人口数排在前10位的姓氏依序为:王、张、陈、吴、李、徐、周、杨、朱、刘,共有户籍人口37万人,占姓氏户籍人口总数44.02%;姓氏户籍人口在1万人以上的共有16个姓氏,包括上述10个姓氏和赵、孙、郭、胡、陆、黄等6个姓氏;10人及以下姓氏有74个、288人,一姓氏一人的19个(人)。与80年代以前相比,消失的姓氏20多个。

附:2005年高邮市户籍人口姓氏及其人数简况

一、1万人以上人口姓氏(共16个姓氏45.98万人)

王 61920人、张 53329人、陈 52170人、吴 34913人、李 32930人、徐 31068人、周 31019人、杨 24701人、朱 24248人、刘 23666人、赵 23223人、孙 17292人、郭 15438人、胡 12423人、陆 11114人、黄 10354人。

二、5000人以上、1万人以下人口姓氏(共23个姓氏15.94万人)

姚 9197人、沈 9137人、高 8739人、顾 8691人、金 7995人、钱 7884人、姜 7820人、韩 7610人、戴 7566人、吕 7347人、夏 7030人、秦 6941人、冯 6372人、许 6364人、曹 6081人、郑 5992人、潘 5963人、俞 5617人、谢 5602人、葛 5485人、丁 5481人、马 5349人、倪 5178人。

三、1000人以上、5000人以下人口姓氏(共75个姓氏17.19万人)

董 4975人、袁 4852人、宋 4719人、管 4621人、邵 4480人、蒋 4441人、唐 4385人、柏 4319人、卢 4153人、何 4052人、汤 3810人、乔 3575人、史 3440人、于 3422人、卞 3334人、林 3278人、

万 3197人、陶 2995人、邹 2857人、姬 2736人、仇 2697人、嵇 2625人、时 2566人、黎 2539人、薛 2539人、戚 2534人、叶 2455人、谭 2366人、蔡 2316人、翁 2314人、颜 2301人、耿 2291人、晏 2285人、毛 2224人、苏 2139人、任 2105人、施 2098人、韦 2043人、凌 2016人、梁 1958人、范 1933人、谈 1875人、查 1732人、翟 1724人、左 1711人、盛 1694人、居 1664人、殷 1640人、纪 1589人、季 1548人、龚 1540人、邓 1453人、房 1396人、闵 1384人、圣 1315人、龙 1310人、何 1305人、路 1265人、方 1252人、曾 1241人、尹 1226人、孟 1211人、费 1211人、梅 1211人、茆 1200人、吉 1193人、仲 1168人、华 1161人、师 1153人、严 1143人、温 1134人、石 1115人、全 1089人、牛 1061人、尤 1003人。

四、100人及以上、1000人以下人口姓氏（共126个姓氏5.03万人）

阮 979人、卜 968人、郝 966人、雍 955人、罗 953人、田 945人、印 929人、佘 901人、彭 889人、缪 881人、詹 846人、魏 839人、从 833人、迮 805人、汪 797人、崔 791人、程 756人、聂 740人、瞿 734人、花 727人、宗 701人、沙 681人、肖 675人、绪 669人、单 634人、钟 634人、沐 633人、芦 623人、屠 621人、贾 620人、江 603人、邱 586人、杜 577人、付 576人、鲍 563人、宰 560人、祁 555人、柳 540人、相 520人、傅 505人、焦 496人、浦 493人、熊 493人、佘 490人、池 485人、侯 472人、环 451人、仄 442人、樊 436人、桂 415人、占 414人、洪 408人、匡 406人、明 405人、窦 393人、裴 391人、车 363人、毕 347人、裔 340人、段 336人、祝 317人、郁 307人、庄 305人、代 301人、武 294人、党 293人、郤 293人、闻 289人、宦 287人、乐 275人、厉 269人、伍 265人、解 257人、鞠 255人、景 246人、邰 239人、候 230人、杭 223人、贡 222人、步 221人、竺 219人、佟 217人、滕 215人、强 212人、端 211人、童 210人、臧 210人、包 209人、成 209人、常 209人、钮 202人、侍 189人、司 185人、褚 185人、鲁 183人、尚 174人、莫 171人、虞 170人、雷 169人、辛 158人、智 158人、邢 156人、伊 151人、甘 149人、苗 147人、束 143人、刁 140人、章 134人、贺 133人、衡 132人、问 127人、濮 126人、易 125人、展 124人、霍 119人、后 114人、宝 112人、娄 112人、喻 111人、豆 109人、庙 108人、干 105人、凡 102人、胥 102人、廖 102人、昌 100人。

五、100人以下、10人以上人口姓氏（共76个姓氏2864人）

冀 95人、禹 90人、庞 89人、部 77人、席 73人、穆 73人、向 72人、涂 72人、都 71人、茅 70人、项 70人、齐 65人、阚 64人、荣 61人、狄 60人、盖 60人、谷 57人、申 54人、宣 54人、丛 47人、戎 47人、崇 47人、屈 46人、桑 45人、骆 43人、腾 43人、康 42人、靳 42人、艾 39人、安 37人、年 37人、栾 37人、牟 36人、符 36人、岑 34人、甫 33人、古 31人、欣 31人、元 30人、索 30人、笪 30人、储 28人、舒 28人、贝 27人、还 27人、於 27人、班 27人、奚 27人、阎 27人、郏 26人、柯 26人、应 25人、伏 21人、欧 21人、荀 21人、阙 21人、满 21人、芮 20人、卫 19人、冉 19人、那 19人、郎 19人、甄 19人、仓 18人、白 18人、岳 17人、游 17人、兰 15人、冷 15人、召 12人、道 12人、井 11人、文 11人、闫 11人、恒 11人、覃 11人。

六、10人及以下人口姓氏（共74个姓氏288人）

藏 10人、戈 9人、计 9人、帅 9人、诸葛 9人、蒲 9人、乜 8人、弗 8人、来 8人、伯 8人、招 8人、诸 8人、赖 8人、鲜 8人、皮 7人、卓 7人、关 6人、巫 6人、官 6人、萧 6人、巩 5人、如 5人、欧阳 5人、饶 5人、桃 5人、桓 5人、化 4人、未 4人、利 4人、柴 4人、谌 4人、越 4人、谬 4人、慎 4人、操 4人、达 3人、岁 3人、羊 3人、伟 3人、励 3人、幸 3人、裘 3人、薄 3人、历 2人、朴 2人、曲 2人、农 2人、米 2人、况 2人、泽 2人、茹 2人、海 2人、蒯 2人、瑞 2人、僧 2人、中 1人、公 1人、书 1人、夷 1人、产 1人、阿 1人、苟 1人、奉 1人、绍 1人、星 1人、桐 1人、晁 1人、野 1人、维 1人、琚 1人、湘 1人、静 1人、稽 1人、潜 1人。

说明：在上述姓氏户籍人口总数中，调出、死亡人口和重名入户登记人口，由于计算机统计时难以及时剔除，故逐姓统计的姓氏人口数多于是年末全市实有户籍人口总数4000人。

第七节　籍贯结构

据2000年第五次全国人口普查统计，全市接受籍贯调查人口总数77.24万人，其中高邮市籍贯人口72.86万人，省内、市外其他县、市、区籍贯人口2.76万人，分别占全市接受籍贯调查人口总数94.33%、3.57%；省外30个省、市、自治区、特区籍贯人口1.62万人，占全市接受籍贯调查人口总数2.1%。在外省、市、自治区、特区籍贯人口中，人口数超过1000人的有安徽省、四川省、贵州省、上海市等4个省、市，分别为6370人、1920人、1730人、1450人；1000人以内、100人及以上的有15个省、市、自治区、特区；其他11个省、市、自治区、特区籍贯人口在100人以下。

2000年高邮市人口籍贯结构情况一览表

表3-19　　单位：人

籍贯	人口数	籍贯	人口数	籍贯	人口数
高邮市	728580	浙江省	440	海南省	10
省内、市外其他县、市、区	27590	安徽省	6370	四川省	1920
北京市	30	福建省	140	重庆市	360
天津市	20	江西省	630	贵州省	1730
河北省	60	山东省	350	云南省	630
山西省	30	河南省	100	陕西省	140
内蒙古自治区	150	湖北省	650	甘肃省	40
辽宁省	70	湖南省	300	宁夏回族自治区	10
吉林省	20	广东省	10	青海省	100
黑龙江省	210	广西壮族自治区	100	新疆维吾尔自治区	120
上海市	1450	香港特别行政区	10		

说明：本表数据为2000年第五次全国人口普查统计数据。

第三章　婚姻　家庭

1986年，全县结婚登记数、常住人口家庭户数分别为7795对、20.99万户。随着婚姻补登数减少和人口家庭户小型化发展，婚姻登记数和人口家庭户数分别呈下降与上升态势。2005年，全市结婚登记数、常住人口家庭户数分别为4856对、27.39万户，分别是1986年的62.3%、130.49%。

第一节　婚　姻

据1990年第四次全国人口普查统计，全县15岁及以上人口66.49万人中，未婚人口14.98万人，占22.53%；有配偶人口46.5万人，占69.94%；离婚人口2785人，占0.42%；丧偶人口4.73万人，占7.11%。

据2000年第五次全国人口普查统计，在全市15周岁及以上人口65.73万人中，未婚人口7.21万人，占10.97%；有配偶人口53.35万人，占81.17%；离婚人口3549人，占0.53%；丧偶人口4.81万人，占7.32%。2000年与1990年相比，未婚人口比例下降11.56个百分点，有配偶人口上升11.23个百分点，离婚人口上升0.11个百分点，丧偶人口上升0.21个百分点。

1990年高邮县15周岁及以上人口婚姻情况一览表

表3-20　　单位：人

年龄段	未婚		有配偶		离婚		丧偶	
	男	女	男	女	男	女	男	女
15～19岁	42678	40488	—	—	—	—	—	—
20～24岁	28337	22382	26255	35038	83	41	52	24
25～29岁	3177	884	30848	33953	100	46	79	50
30～34岁	1893	40	26606	27188	141	39	159	78
35～39岁	2742	45	33924	35249	203	37	450	253
40～44岁	2247	39	28163	27557	201	35	559	519
45～49岁	1817	35	22375	19664	299	25	733	1026
50～54岁	1155	40	18945	17087	478	27	1180	1808
55～59岁	621	43	16543	14345	453	23	1734	3259
60～64岁	389	71	11881	10513	249	31	2205	5076
65岁以上	493	171	14340	10956	212	76	7363	20765

说明：本表数据为1990年第四次全国人口普查统计数据。

2000年高邮市15周岁及以上人口婚姻情况一览表

表3-21　　单位：人

年龄段	未婚		初婚有配偶		再婚有配偶		离婚		丧　偶	
	男	女	男	女	男	女	男	女	男	女
15～19岁	15860	15460	—	20	—	—	—	—	—	—
20～24岁	12330	10950	5440	11400	—	60	—	10	—	20
25～29岁	3120	990	27640	35970	180	330	130	110	110	50
30～34岁	1290	180	42710	50860	610	950	430	140	200	130
35～39岁	690	50	31290	33910	530	910	360	170	160	140
40～44岁	880	10	22800	23050	270	600	280	90	310	350
45～49岁	2210	20	30380	32330	570	990	320	80	750	990
50～54岁	1720	60	26470	25230	330	730	200	50	1040	1810
55～59岁	1440	20	19320	15670	350	430	130	60	1140	2700
60～64岁	1010	30	14480	12690	530	490	370	20	1810	3550
65岁以上	980	200	22550	18580	1540	1060	400	100	8340	22680

说明：本表数据为2000年第五次全国人口普查统计数据。

第二节 家 庭

一、家庭规模

80年代起，境内城乡家庭规模日趋变小。据1990年第四次全国人口普查统计，全县共有21.58万户，其中人口在10人及以上大户409户、9人户799户、8人户2164户、7人户6500户、6人户1.59万户、5人户3.66万户、4人户5.35万户、3人户6.43万户、2人户2.16万户、1人户1.4万户。据2000年第五次全国人口普查统计，全市共有24.19万户，其中人口在10人及以上大户减少到84户、9人户减少到166户、8人户减少到704户、7人户减少到1830户、6人户减少到7969户、5人户减少到3.17万户、4人户减少到3.93万户、3人户上升到8.61万户、2人户上升到5.47万户、1人户上升到1.93万户。

二、家庭类型

80年代起，境内家庭户型出现以两代户为主的户型格局。据1990年第四次全国人口普查统计，全县两代户12.38万户，占全县总户数57.37%，其户型绝对数和所占比例均居各户型首位。其后，依次为：三代户5.32万户；一代户2.48万户，其中夫妻户1.3万户、单身户1.18万户；四代户2748户；五代户2户；集体户等其他户1.13万户。据2000年第五次全国人口普查统计，全市两代户11.09万户，占全市总户数45.85%，其户型绝对数和所占比例仍均居全市各户型之首。其后，依次为：三代户6.48万户；一代户6.13万户，其中夫妻户4.11万户、单身户1.93万户、3～7人户833户、9人户1户；四代户4878户；五代户及以上2户。

三、三人户

80年代起，境内家庭规模逐步变为以3人户为主，家庭户型逐步变为以一对夫妻和一个子女的两代户户型为主。据1990年第四次全国人口调查统计，全县3人户6.43万户，占全县总户数29.8%，其绝对数和比例均居首位。其中，一对夫妻和一个子女的3人户6.21万户，亦居各类户型之首。据2000年第五次全国人口普查统计，全市3人户8.61万户，占全市总户数35.61%，其绝对数和比例仍均居首位。其中，一对夫妻和一个子女的3人户8.18万户，仍居各类户型之首。2000年与1990年相比，3人户净增2.18万户，其中一对夫妻和一个子女的3人户净增1.97万户，分别增长34.38%、31.72%。

1990年高邮县人口家庭规模与户型情况一览表

表3-22 单位：户

规模	小计	单身户	一对夫妻户	二代户	三代户	四代户	五代户	其他户
1人户	14037	11753	—	—	—	—	—	2284
2人户	21638	—	12960	7894	—	—	—	784
3人户	64285	—	—	62084	951	—	—	1250
4人户	53461	—	—	38861	12614	17	—	1969
5人户	36580	—	—	12422	21306	271	—	2581
6人户	15903	—	—	2239	11658	647	—	1359
7人户	6500	—	—	263	4669	944	—	624
8人户	2164	—	—	22	1357	547	1	237

续表 3-22

规模	小计	单身户	一对夫妻户	二代户	三代户	四代户	五代户	其他户
9 人户	799	—	—	3	466	220	—	110
10 人及以上户	409	—	—	2	226	102	1	78
合计	215776	11753	12960	123790	53247	2748	2	11276

说明:1. 本表数据为 1990 年第四次全国人口普查统计数据;2. 其他户项中包括:一至五代户型与其他亲属、非亲属构成的单元户和集体户等其他户型。

2000 年高邮市人口家庭规模与户型情况一览表

表 3-23　　单位:户

规模	小计	一代户	二代户	三代户	四代户	五代户及以上
1 人户	19338	19338	—	—	—	—
2 人户	54692	41149	13543	—	—	—
3 人户	86081	683	81833	3565	—	—
4 人户	39340	105	13797	25312	126	—
5 人户	31680	36	1453	29075	1116	—
6 人户	7969	8	233	5369	2359	—
7 人户	1830	1	41	799	987	2
8 人户	704	—	9	522	173	—
9 人户	166	1	3	75	87	—
10 人及以上户	84	—	1	53	30	—
合计	241884	61321	110913	64770	4878	2

说明:1. 本表数据为 2000 年第五次全国人口普查统计数据;2. 五代户及以上项中包括各户型与其他亲属、非亲属构成的单元户和集体户等其他户型。

第四章　人口控制

80 年代,全县贯彻实行计划生育这一基本国策,县内人口再生产向低出生率、低死亡率、低自然增长率的静止型过渡。1986 年,全县计划生育率 99.63%、晚婚率 69.98%、综合避孕率 98.15%、计划外怀孕率 1.82%、独生子女累积率 92.32%。高邮县被国家计划生育委员会表彰为全国计划生育先进集体。1992 年,高邮市被国家计划生育委员会表彰为全国城市计划生育工作先进集体。1996 年,高邮市被省政府表彰为省计划生育工作先进县(一类)。1998 年,高邮市被中国计划生育协会表彰为全国计划生育协会工作先进县。2001 年起,全市实施《中华人民共和国人口与计划生育法》,依法开展计划生育工作。是年,高邮市被中共中央宣传部、国家计划生育委员会表彰为全国婚育新风进万家活动先进市,被省政府表彰为省计划生育工作示范市。2004 年,高邮市被国家人口和计划生育委员会表彰

图 3-1　全国计划生育优质服务先进市奖牌

为全国计划生育优质服务先进市。2005年，全市实现计划生育率98.7%、独生子女累积率86.17%、期内综合避孕率98.92%、人口与计划生育知识普及率91.81%、随访服务率94.63%、节育措施知情选择率99.94%、人口出生缺陷一级干预率91.72%、计划生育信息准确率99.55%、市民对计划生育工作满意率99.5%。

第一节　计划生育

一、管理机构

1980年，县计划生育办公室设立，负责全县的计划生育工作。1982年，该办更名为县计划生育委员会，并建成县计划生育指导站。1986年，县计划生育指导站从县计划生育委员会分离出来，成为独立事业单位；各乡镇相继设立计划生育服务站（室）。1987年，县计划生育协会成立，各乡镇、村亦相继分别成立计划生育协会。1988年，县计划生育指导站被国家计划生育委员会表彰为全国先进计划生育服务站。1991年，市委、市政府成立市人口与计划生育工作领导小组，市计划生育指导站经省计划生育委员会核准为省一类站。1996年，明确乡镇计划生育服务站为全民事业单位，定员2～5人，其中技术人员不少于2/3。1998年，市计划生育委员会被人事部、国家计划生育委员会表彰为全国计划生育系统先进集体。2001年12月，市计划生育委员会更名为市计划生育局。2003年，卸甲镇、司徒镇、临泽镇、菱塘回族乡等4个乡镇计划生育服务站升格为计划生育中心服务站，并分别增挂“市计划生育指导站分站”牌子。2004年，市计划生育局被国家人口和计划生育委员会表彰为全国人口和计划生育系统作风建设先进单位。2005年，市计划生育局更名为市人口和计划生育委员会。是年，该委员会被中共中央宣传部、国家人口和计划生育委员会等10家单位联合表彰为2001～2005年全国婚育新风进万家活动先进单位。

二、节制生育

1986年起，全县人口再生产进入又一次生育高峰期。是年，全县加大提倡晚婚晚育和控制计划外怀孕力度，晚婚率从1985年的64.68%上升到69.98%，计划外怀孕率从1985年的3.58%下降到1.82%，人口出生率、人口自然增长率分别从1985年的8‰、2.5‰上升到11.42‰、5.19‰（县计划生育委员会统计口径，下同）。1990年，全县早婚人数占新婚人数的比率反弹到27.25%，抬高人口生育高峰的峰值。是年，全县人口出生率、人口自然增长率分别上升到14.91‰、7.94‰。面对全县人口生育的严峻形势，全县实行“双轨控制”和“三方制约”管理办法，即安排生育计划，受生育政策和当地人口计划指标的控制，严禁无计划生育；乡村倡导晚婚晚育，明确母龄27周岁方可照顾二胎政策，当事人确保无计划外生育。1991年，市计生委、市民政局、市卫生局、市公安局、团市委、市妇联、市保险公司等部门和单位联合，全面推行“四证一卡”管理制度，即实行凭结婚证、生育计划卡、生育证、出生证、独生子女证，申报户口和优先享受计划生育系列保险，强化婚育管理，治理早婚早育现象。是年，全市晚婚率、独生子女率分别上升到71.51%、93.28%，计划外怀孕率1.85%。1992年，在全市开展人口与生育“五清理”工作，其对象为：结婚不领证者，早婚早育者，拾婴、弃婴者，未批先生、超生者，违反生育政策弄虚作假批准生二胎者。经清理，全市涉事人数1.15万人，均按规定做出相应处理；签订节育合同9.59万份，将人口生育纳入依法管理轨道。是年，早婚率、早育率分别从上年的16.6%、10.4%，下降到9.46%、2.68%，持证生育率91.8%。1993年，按照《江苏省计划生育条例》精神，与已婚育龄夫妇、未婚青年签订各类节育合同13.42万份，占应签约合同人数的95.35%；全市人口出生率、人口自然增长率、早育率分别下降到10.64‰、4.11‰、1.32%。1994年，对早婚早育工作从孕前转到婚前，开展“一查三结合”活动，即育龄夫妇在领取生育计划卡时，进行孕情检查，确定有无孕情；将婚前教育与签订未婚男女青年婚姻管理协议书相结合，年初安排人口计划与签订各类合同相结合，换取生育证与定期开展围产期保健相结合，有效控制早育行为。是年，发生早育570人，比上年降低40%以上；计划生育率比上年提高1.5个百分点；人口出生率、自然增长率分别比上年降低0.76个千分点、1.17个千分点。马棚乡、伯勤乡、营南乡、司徒乡等4个乡首次出现人口负增长，卸甲镇、横泾镇、周山乡等3个乡镇人口接近零增长。1997年，全市按照省统一部署，开展集中查处1991～1996年期间违反《江苏省计划生育条例》行为的活动，受到查处的党员干部13人。1998年，横泾镇卫生院发生全市首例擅自利用B超为兴化市一孕妇进行胎儿性别鉴定案件，给予及时严肃处理。1999年，全市人口负增长乡镇扩大到12个乡镇，其中甸垛镇降到-2.24‰。

2000年，市计划生育委员会进一步完善计划生育合同管理制度和“四证一卡”管理办法，严把孕情关、年龄关、证件关、审批关，规范育龄群众婚育行为。同时，制定《高邮市特殊人群计划生育管理有关规定》，控制早婚早育、非婚生育和计划外生育。2001年，市政府印发《高邮市社会抚养费收缴分离、预算管理暂行办法》，向违法（违规）生育对象开始依法征收社会抚养费，以进一步控制违法生育。2003年，全市人口自然增长率首次出现负增长。2005年，查处违法生育案件60件，其中申请法院强制执行6件，司法拘留6人，执行到位金额3.7万元。至是年，全市人口自然增长率连续3年负增长。

三、照顾政策

80年代起，县政府实施一系列计划生育照顾政策。机关、企事业单位职工男女双方晚婚晚育的，女方增加产假1个月，男方享受护理假7天。生育1个孩子并采取节育措施的夫妇申请领取独生子女父母光荣证，发给独生子女父母奖励金每人每年各20元。个体工商户按扬州市计生委《关于转发〈关于个体工商户独生子女奖励金统筹使用的有关问题的通知〉的通知》规定，由市工商行政管理局负责统筹发放独生子女奖励金。一方从事个体经营的，每年奖励20元；双方从事个体经营的，每年奖励40元。从领证当年至独生子女满14周岁止。女方产假期满后，抚育婴儿有困难的，经申请，所在单位给予一年的扶助假，工资按80%发给，不影响晋级、调整工资和计算工龄。独生子女入托、入学费用、医疗费用，由父母所在单位选择其中一项给予报销补贴。独生子女父母退休时，按照退休前月工资5%增发退休金。农民领取独生子女父母光荣证的，在宅基地审批、承包田变动时，独生子女按双份额计算。市民政局还规定，独生子女死亡后其父母不再生育或收养的、城镇只生育一个子女的下岗职工、农村独生子女病（伤）残后其父母不再生育、独生子女父母一方或双方病（伤）残的困难家庭，优先纳入低保范围或作为特困救助对象，其他部门对上述对象在扶贫贷款、以工代赈、社会救济、独生子女学费等方面亦给予优先照顾。1989～1992年，县政府先后3次制订照顾生育二胎相关规定与办法。1997年，在坚持集体办公研究照顾二孩生育计划审批制度的基础上，推行照顾再生一个孩子见面审批制度，并从2002年起实行定期集体一站式审批制度。

2003年，启动对全市计划生育手术并发症、独生子女意外伤亡和因病致贫的计划生育特困家庭救助活动，建立812户计划生育特困家庭档案。2004年，遵照扬州市委宣传部、扬州市计划生育委员会等13个部门联合印发的《关于对计划生育相关困难群众实行优先优惠帮扶的若干意见》，市政府印发《关于对计划生育特困家庭实施社会救助的工作意见》。从是年起，市慈善总会每年拿出10万元，建立救助计划生育特困家庭慈善基金，对计划生育困难家庭实行优先帮助实现就业、优先提供基本养老保障并享受优惠待遇、优先纳入城乡最低生活保障范围并享受优惠待遇、优先解决住房困难、优先提供大病医疗统筹或农村大病医疗保险待遇、优先享受子女入学优惠待遇等等。是年，市政府转发《扬州市照顾再生育一个孩子的特殊情况规定》，凡符合以下特殊情况之一的给予照顾再生一个孩子：夫妻一方婚前非婚生育过一个孩子的，另一方未生育过的；夫妻婚后生育的两个孩子，其中第二个孩子系符合《江苏省人口与计划生育条例》规定经过批准生育的，经鉴定均为非遗传性病残儿、不能成为正常劳动力或将严重影响婚配的；只有一个孩子的农村夫妻，一方只有一个兄弟或者姐妹，且为残疾不能成为正常劳动力或者经市级以上医疗机构诊断为无生育能力的；女方为农村居民的夫妻，只生育一个女孩，男方无兄弟只有两个姐妹（一子两女），其中一个是残疾不能成为正常劳动力或者经市级以上医疗机构诊断为无生育能力的；只有一个女孩的农村夫妻，女方兄弟均为残疾不能成为正常劳动力或者经市级以上医疗机构诊断为无生育能力的，夫妻共同赡养女方父母和兄弟的（只适用于女方姐妹中的一人）；女方为无兄弟的农村居民，男方虽没有到女方落户，但已共同承担起赡养女方父母的义务，家中只有一个女孩的（只适用于女方姐妹中的一人）；再婚夫妻原各生育过一个孩子，有以下情形之一的：双方均为丧偶的，或一方丧偶和另一方孩子由原配偶抚养的，或双方原各生育的一个孩子均由原配偶抚养的，或一方原生育的一个孩子由原配偶抚养且另一方符合《江苏省人口与计划生育条例》规定的。

2005年1月，市委、市政府举行救助计划生育特困家庭慈善基金首发式，309户计划生育特困家庭成为首批受助对象。是年9月，市政府依照扬州市《农村部分计划生育家庭奖励扶助实施细则》，印发《关于全面推行农村部分计划生育家庭奖励扶助制度的实施意见》，对符合条件的农村部分计划生育家庭实行奖励扶助制度。享受计划生育奖励扶助金对象：农村只有一个子女的计划生育家庭，父或母年满60岁的；只生育一个孩子且孩子已死亡而又未再生育和收养孩子、年满50周岁的农村居民。奖励扶助资金发放标准为每人每月50元，列入市财政年度预算。全市首批受到奖励扶助的对象3171人。各乡镇结合自身实际，制定与实施多种奖励扶助措施。

1986～2005年高邮市计划生育部分考核指标实绩一览表

表3-24

项目 年份	新生儿出生数（人）	人口出生率（‰）	独生子女率（%）	计划生育率（%）	综合避孕率（%）	出生婴儿性别比（女=100）
1986	9210	11.42	92.32	99.63	98.15	—
1987	10814	13.40	91.42	99.43	95.35	—
1988	9867	12.10	91.50	99.53	93.59	—
1989	11860	14.45	91.60	99.30	91.72	—
1990	11886	14.32	93.30	99.35	85.51	—
1991	11733	14.07	93.28	99.25	98.15	—
1992	10179	12.19	81.20	89.29	99.28	106
1993	8215	10.30	80.10	91.46	91.00	108
1994	8203	9.88	65.48	92.50	86.00	108
1995	8019	9.66	65.15	98.05	99.95	95
1996	7756	9.28	65.56	98.72	90.86	105
1997	7387	8.83	69.80	99.20	97.70	107
1998	6829	8.16	71.78	99.40	97.56	106
1999	6229	7.47	74.04	99.36	99.81	104
2000	6289	7.53	76.03	99.25	99.87	108
2001	6065	7.27	78.00	99.49	99.81	108
2002	5983	7.18	80.45	99.50	98.00	106
2003	5488	6.58	82.50	99.50	99.90	106
2004	5308	6.35	84.80	99.40	99.80	107
2005	4772	5.63	86.17	98.70	98.92	101

说明：1. 本表数据源于《高邮年鉴》；2. 1986～1991年缺“出生婴儿性别比”数据；3. “独生子女率”项中数据，1994年前的为独生子女率，1994年后的为一孩累积率。

第二节　优生优育

一、优生

80年代，全县大力倡导优生优育，提高出生人口素质。1989年起，县政府牵头，由县民政局、县司法局、县妇联、团县委、县计生委相互配合，在汉留镇取得试点经验的基础上，在全市开展“恋、婚、孕、产、育、保”一条龙、系列化服务。这一做法在省人口科学讨论会上被作为专题介绍，并获得会议肯定与推广。1993年，市政府为提高出生人口质量，组织学习太仓经验，提倡婚前检查。是年，10个乡镇首次组织未婚青年进行婚前检查。1997年，市计划生育指导站派出技术人员长年在乡村巡诊，对有生育指标的育龄妇女，在怀孕3个月至足月分娩前，进行胎儿优生跟踪监测服务。全年完成优生监测胎儿2758例，查出异常情况139例，诊治患有影响生育疾病的孕妇900例。1998年，市计划生育指导站建立市计划生育技术服务小组，长年在各乡镇开展胎儿优生监测等巡回服务。1999年，市计划生育指导站建立扬州市计生系统首家遗传与优生中心，为育龄妇女提供全方位、现代化的优生优育服务。2000年起，市计划生育指导站拓宽服务范围，年开展优生门诊咨询1500人次，开展“四种病毒”（弓形虫、风疹病毒、巨细胞病毒、单纯疱疹病毒）和染色体检测，向孕妇推广使用福施福营养素补充剂软胶囊，预防和减少神经管畸形儿的出生。2005年，新婚对象服用福施福胶囊或叶酸片的3402人，开展病毒检测和染色体检查的950人，全市出生婴儿缺陷发生率6.53‰。

二、优育

1986年，县计生委开展儿童系列保健服务。1989年，推行儿童保健保偿制，并与儿童保健、计划免疫结合，有效保证儿童保健工作质量，提高儿童体检率，并对体检中发现的体弱儿童专册登记、专案管理。开展儿童生长发育监测、儿童营养指导、气质行为测定。90年代初起，在全面贯彻人口政策、控制人口数量的同时，加强优生、优育、优教工作，乡（镇）村（社区）计生服务员对孕产妇开展随访服务，对妇女的产前、产中、产后进行保健指导。1997年，全市完善计划免疫保偿制，市、乡镇计划免疫门诊达标率100%，降低婴幼儿发病率和死亡率。2005年，市人口计生委投资30万元，创建扬州市首家“小太阳”亲子活动中心，被确定为中国人口早期教育暨独生子女培养试点。该中心在国家人口计生委专家的指导下，举办0～3岁婴幼儿早期教育培训，开设亲子课、家庭教育课、专业按摩课、护理课等课程，帮助年轻父母提高科学育儿水平，提高婴幼儿综合素质。

图3-2　扬州市首家“小太阳”亲子中心开业仪式

三、生殖健康咨询服务

1998年，市政府办公室转发扬州市政府印发的《关于开展避孕节育全程服务和生殖保健服务工作的意见》，明确乡镇（街道）、村（社区）开展避孕知识宣传、节育措施知情选择、术后随访、妇女病治疗和为退出育龄期妇女取环等服务，建立避孕节育全程服务和生殖保健服务记录卡和并发症、不孕症妇女档案，计生干部帮助不孕症患者联系治疗。2000年起，开展“男性健康日”宣传活动和中学生青春期知识普及教育活动。2001年，市计划生育指导站成立生殖健康服务中心，开展生殖健康服务工作，全年治疗男女生殖系统感染3043人，查治不孕症531人。2001～2004年，对全市所有已婚育龄妇女进行一次生殖道感染综合防治，降低生殖道感染对育龄妇女生殖健康的危害。2002年，全面启动避孕节育和生殖保健服务系列工程，并被列为人口与计划生育目标管理责任制内容。全年共对5.97万名已婚育龄妇女进行生殖道感染综合防治服务，查出各类妇科疾病患者2.76万人，发病率46.2%。至2005年末，共对全市18.57万名已婚育龄妇女进行生殖道感染综合防治服务，患病率43.9%，并对患者进行跟踪治疗和后续回访服务工作。

第三节　避孕节育

一、避孕

80年代起，县计生委根据国家、省、扬州市提出“要平稳渡过出生人口高峰，真正把计划生育工作做在孕前”的要求，广泛开展避孕工作。全市实行避孕药具免费供应与市场供应相结合，免费避孕药具由乡（镇）、村（社区）、单位专业人员发放。1994年，市计生委推行避孕药具“双合同”管理，即乡（镇）与村（社区）发药具人员签订合同、村（社区）与服用药具人员签订合同，落实责任，确保药具使用效率。1996年，乡村计生干部按省计生委编印的《避孕节育全程服务和生殖保健服务手册》的规范要求，开展计生科普知识普及宣传，落实避孕节育措施。2001年，育龄男女根据自身避孕需要，直接到村（社区）领取避孕药具。2003年，市计划生育局先后印发《关于做好对农村实行计划生育的育龄夫妻免费提供避孕节育技术服务的通知》和补充通知，明确规定免费服务的对象、免费项目、结算标准、经费渠道、结算方式和财务纪律。在城区人口相对集中的社区安装IC卡药具免费发放机，由育龄人员自行选取避孕药具。2004年，开展避孕节育措施落实、更换和终止工作，措施终止率87%；为688名有避孕节育不良反应的对象及时进行治疗，为1416名服用避孕药3年以上对象进行医学检查；分别在药店、医院等处，设立避孕药具发放点、避孕药具自动售货机等，方便市民领取避孕药具。2005年，开展宫内节育器避孕效果调查和避孕节育不良反应监测与防治调查工作，全市为落实避孕措施到期对象和绝经半年以上对象更换（终止）节育措施的有5535人。

二、节育

80年代，继续推行产后42天上环节育和推广产后即时上环节育新措施。90年代，全市开展“无计划外怀孕、无无措施流产、无大月份引产”活动，降低人工流产率和引产率。1990年，对上环有效率进行跟踪探访与研究，逐步淘汰有效率较低的O型金属单环，推广使用有效率较高、脱落率较低的宫型环、T型环等新型环。1993年，依照扬州市计生委《扬州市计划生育双月查、当月清孕前管理制度及实施意见》，实行“孕情双月查、节育措施当月清”，对已婚育龄妇女避孕节育情况通过X光机透视、B超检查和乳胶试验进行定期检查，发现计划外怀孕及时采取补救措施。有8个乡镇节育措施落实率在91%以上；人工流产3063例，引产597例，分别比上年减少545例和213例。1995年，为有效地控制早婚早育，推行“两坚持三结合”，即坚持“三证”（居民身份证、结婚证、户口证件）核对，坚持执行“四证一卡”制度；发放人口计划时与孕情检查相结合，与签订各类节育、绝育合同及交纳保证金相结合，与宣传优生优育、节育科学知识相结合。是年，有20多个乡镇推行产后即时上环，16个乡镇（场）计划生育率在98%以上。2005年，全市实行计划生育手术2.46万例，无一例计划生育手术事故和手术并发症。

第四节　管理服务

一、目标管理

1990年，县政府与各乡镇政府签订计划生育工作目标管理责任书，将是否完成人口控制指标作为行使“一票否决权”的主要条件。同时，全县有近5万对一孩夫妇同村民委员会签订计划生育合同。1991年起，各乡镇（场）逐年向市政府签订计划生育目标责任书，并进行考核检查。1993年，实施重点管理、分类指导，加大重点乡镇计生工作力度。1995年，市委、市政府先后召开5次重点乡镇党政主要领导干部会议，切实加强对计划生育工作的领导，并以创争省级计生工作先进市为重点，加快后进乡镇转化步伐。1997年11月，启动城区计生属地化管理工作，建立“单位负责、条条保证、以块为主、条块配合”的城区计划生育管理体制。1998年，市政府印发《高邮市城区计划生育管理暂行办法》《高邮市各有关部门、群众团体计划生育工作职责及考评办法》《关于开展城区计划生育属地化管理活动的实施计划》，建立计划生育工作5项制度，即计划生育统计数据滚动考核制度、党政一把手离任检查制度、计划生育工作年会制度、市领导干部实行计划生育工作联系点制度、流动人口双重考核制度。2000年，市委、市政府召开创建省级计划生育示范市工作座谈会，部署创建省级计划生育示范市工作。2001年，市委、市政府高度重视计划生育工作，先后召开3次会议，研究2001年计划生育工作，部署“十五”期间计划生育工作。2002年，市政府印发《高邮市民营企业计划生育管理暂行办法》和《高邮市城区计划生育管理办法》。2003年起，市委、市政府和市人口与计划生育领导小组召开相关会议，与各乡镇和市有关部门签订目标管理责任书，并进行严格考核，实行奖惩。

二、流动人口计划生育管理

1987年，县委、县政府印发《关于公布〈高邮县计划生育暂行规定〉的通知》，进行流动人口计划生育管理的试点，并推广试点经验。1994年6月，市委、市政府印发《高邮市流动人口计划生育管理实施办法》，制发高邮市流动人口计划生育证，全面推行签订以定地点、定妇检时间、定节育保证金、定担保人、定节育措施为主要内容的流动人口计划生育管理“五定”合同，落实对流动人口的计划生育管理。1999年，市、乡镇、村贯彻经国务院批准并授权国家计划生育委员会发布的《流动人口计划生育工作管理办法》，建立流动人口已婚育龄夫妇双方和已婚女性单方、未婚男女青年、已婚男性、临时流动人员登记簿，流动人员月变动增减表、月工作量表、月报表，建立流动已婚育龄妇女个人档案，对流动人口计划生育实行分类管理。是年10月，开展城区流动人口计划生育集中性执法检查活动。此次活动共检查1.66万人，其中流进人员2492人；签订流进人员计划生育合同610份。同时，各乡镇通过召开会议，以村开展清理调查，建立流动人口基础账册，签订“五定”合同，发放查验证明，开展宣传教育，提供技术服务，依法加强对流动人口计划生育管理和服务。2000年，举办办理流动人口婚育证明专题培训班，明确各乡镇办证人员，全年办证规范率80%。对流动人口实行清理调查登记，建立流动人口基础账册和个人档案，发放查验国家统一格式的流动人口婚育证明。2001年，市计划生育委员会会同有关部门联合印发《关于加强现居住地流动人

图3-3　菱塘回族乡流动人口培训班

口计划生育管理服务工作的意见》，建立流动人口计划生育现居住地管理体制。会同城郊乡镇和相关部门，两次在城区开展流动人口计划生育集中性执法检查，向流进人员宣传国家《流动人口计划生育工作管理办法》，查验流动人口婚育证明，签订流动人口计划生育管理合同，收取计划生育管理费，对已婚育龄妇女开展孕情监测服务。2002年，市政府与11个部门签订流动人口计划生育工作目标管理责任书，并在市公安局挂牌成立流动人口管理办公室，由市计划生育局派人不定期到市公安局户政科联合办公。市计划生育局与市公安局联合印发《关于在人口管理中进一步加强计划生育工作的通知》。市和各乡镇计划生育部门严格执行以现居住地管理为主的原则，将流进人员纳入现居住地的日常计划生育宣传管理服务之中，实行与户籍地人口同宣传、同服务、同管理、同考核。2004年，市计划生育局通过清理调查，做好流出人员详细地址、婚育状况和联系电话的登记工作；查验城区1151人的流动人口婚育证明；组织城乡计划生育部门对市内流动人口实行交接管理，共交接管理流动人口1085人。2005年，市人口计生委印发《关于开展关爱流动人口计划生育工作的通知》，成立关爱流动人口计划生育工作领导小组，制定落实关爱流动人口计划生育活动方案，发放《流动人口计划生育服务手册》，建立健全以现居住地为主的流动人口计划生育宣传管理服务工作机制。

三、宣传教育

80年代，全县利用各种宣传阵地，以多种形式，不断加大对计划生育这一基本国策的宣传教育力度。1987年，配合联合国提议的世界各国在7月11日开展“50亿人口日”活动，县计划生育委员会印发《触目惊心的50亿——世纪50亿人口日宣传资料》，在全县掀起计划生育宣传高潮。1990年、2000年，先后结合纪念中共中央《关于控制我国人口增长问题致全体共产党员、共青团员的公开信》发表10周年和20周年，全面组织计划生育系列宣传活动。1991年，市计生委佟道庆编写成的《人口诗话》，获得省人口学会颁发的省“七五”计划期间人口科学研究优秀成果三等奖。1993年，界首镇在全市率先开展“模范村、新风户”评比活动，安幸村、利民村、胡桥村被评为计划生育模范村，有847户被评为计划生育新风户。1998～1999年，在全市大规模组织学习省计划生育委员会编印的《人口与计划生育知识读本》（含《领导干部读本》《计划生育干部读本》《育龄群众读本》），开展人口与计划生育知识竞赛。1999年，在8个乡镇开展村级计划生育宣传教育和优质服务工作试点。2000年，全市组织开展“婚育新风进万家，优质服务到万人”为主题的宣传服务活动，组织工作人员深入乡镇村组、社区、企业和家庭，宣传计划生育知识和随访，调查了解群众需求、避孕节育情况、生殖健康状况，计划生育知识的普及率、避孕节育措施的知情选择率和育龄群众的满意率不断提高。2002年，结合宣传贯彻《中华人民共和国人口与计划生育法》《江苏省人口与计划生育条例》，在全市范围内开展计划生育法律法规宣传月活动。2004年，市计划生育局和市电信局联合开通计划生育宣传、服务热线，在扬州市首家免费为市民提供计划生育电话咨询服务，并建立一支计划生育优质服务志愿者队伍。2005年，全市计划生育知识普及率、市民计划生育知识知晓率分别为91.81%、88.83%。

四、人口学校

1993年，全市各乡镇、市直系统先后创办人口学校30所，首批接受系统国情国策、计划生育基础知识教育的育龄妇女学员有2000多人。1994年，市人口学校由市计生委开办，是年办学13期，首批接受婚前教育的男女青年有1700多人。农村32个乡镇均办起人口学校。1996年，各乡镇通过人口学校向育龄妇女广泛开展青春期、婚前期、避孕期、孕育期、更年期等妇女“五期”健康保健知识宣传教育活动，为提高妇女健康水平服务。1997年，按照《江苏省乡镇人口学校建设规范》，加强乡镇人口学校软、硬件建设。至年末，全市有半数以上的乡镇人口学校配备现代化电教设备，软、硬件建设基本达省级规范化要求，发挥人口学校的主阵地作用，定期开展村级干部、新婚夫妇、育龄夫妇培训和特色培训。全年各乡镇共举办村级干部培训班130期，约6000人；新婚夫妇培训班65期，约4500人。

至1999年，全市33个乡镇全部办起人口学校，642个村全部办起人口分校，分别开课250期、2000多期，累计受教育人数25万人次。2000～2005年，各级人口学校根据计划生育中心工作，适时开展培训教育。

五、计生服务网络

80年代中期，全县建成县、乡镇、村三级计划生育服务网络。至1990年，31个乡镇建立计划生育服务站，经培训考核取得相应技术职称的乡镇计划生育服务员37人，666个村配有计划生育服务信息员。1994年，各村全面推行生育规范化管理与服务，建立"三有""三配套"制度，即有宣传阵地、有工作阵地、有计划生育服务阵地和服务队伍、设备、软件资料配套；实施"五无""五好"建设，即无无计划生育、无无措施怀孕、无无计划抱养、无未批先孕、无大月份引产；服务指标落实好、组织领导好、宣传教育好、基础管理好、依法管理好。至是年末，全市计划生育技术服务人员35人，拥有服务场所面积近1000平方米，18个乡镇购置小型B超机，初步形成市有计划生育技术指导站、乡镇和村有计划生育技术服务站（室）的三级计划生育技术服务网络。1996年，推行乡村计划生育服务站（室）规范化建设。1999年，市计生委印发《关于规范化计划生育优质服务工作意见》，开展"十个一"的规范化服务活动，即道一声好、递上一条毛巾或一杯茶、做一次宣传、发一份宣传品、说一个悄悄话、填一份知情选择表、做一次必要的检查、落实一种合适的避孕措施、发一张随访服务卡（孕情跟踪卡、健康保健卡）、作一次记录。2000年，各乡镇计划生育服务站开设计划生育服务项目，全面开展计划生育"六上门"（婚前上门宣传晚婚晚育的好处和优生优育知识；新婚时上门送生育计划；孕期上门讲授保健知识，督促孕期建卡；产后上门慰问，指导科学育儿和避孕节育措施落实；术后上门随访，发现问题，及时处理；有困难上门帮助排忧解难）服务活动，做到科普知识宣传到人、人口计划发放到人、孕期建卡到人、节育措施知情选择到人、随访服务到人、药具发放到人、B超服务到人、并发症查治到人、妇女病查治到人、术前术后慰问到人，提高育龄群众实行计划生育的自觉性和对计划生育工作的满意度。至年底，全市各乡镇分别新建、改建成面积200平方米以上的规范化计划生育服务站，添置计划生育宣传服务设备，配备中专以上文化的卫技人员，达到省等级服务站的标准。2001年，开展计划生育基层基础建设年活动。2002年，开展创建群众满意计划生育服务站活动，设立家庭计划生育服务超市。是年，横泾镇计划生育服务站和高邮经济开发区计划生育服务站被表彰为扬州市群众满意计划生育服务站，市计划生育局在司徒镇建成全省首家乡镇家庭计划生育服务超市。2003年，全市开始实施计划生育村级综合服务工程。开始探索计划生育家庭式优质服务工作项目，即以实行计划生育家庭、新婚家庭为对象，建立以乡镇为主体、村为核心、家庭为单位的优质服务运作机制。2005年，全市计划生育村级综合服务工程推行面90%，形成以市为指导、乡为规范、村为核心、组为单位、中心户为载体、家庭为细胞的计划生育村级综合服务工作体系和家庭式的个性化、系统化、全程化、社会化计划生育优质服务工作新模式。

图3-4 计生服务站工作人员在船民家中开展查病服务

第四篇

国土资源管理

要 目

1986年，县土地管理办公室建立，为二级局（副科级）。是年，全县土地总面积19.63万公顷。1988年5月，县土地管理办公室更名为县土地管理局，升格为一级局（正科级），列入县政府职能部门序列。1989年起，先后开展地籍调查与土地发证、土地利用总体规划编制、土地定级与估价、基本农田保护规划编制等工作。1995年，实行土地所有权与土地使用权“两权”分离，启动土地使用制度改革，组织开展土地复垦与开发、土地利用现状全面调查工作。至1996年，全市土地总面积基本未有变化。1997年，市土地管理局更名为市国土管理局。2001年12月，在党政机构改革中，市国土管理局、市地质矿产局合并组建为市国土资源局。2004年，市国土资源局实行垂直管理。至2005年，全市土地总面积19.62万公顷，其中农业用地10.92万公顷、建设用地2.32万公顷、其他用地6.38万公顷，分别占土地总面积55.66%、11.82%、32.52%。

第一章　土地利用规划

80年代起，随着生产力发展，全市土地利用逐步改变以耕种为主的历史，园地、林地、交通用地、水域利用等逐步扩大。县政府先后组织编制和修订城市建设规划和乡镇村建设规划。1991年，市政府首次组织编制土地利用总体规划。1994年10月，市政府组织编制基本农田保护规划。1997～1998年，市政府组织修订土地利用总体规划。2002年，乡镇区划调整，对土地利用总体规划进行第二次修编。

第一节　土地利用总体规划

一、规划编制

1991年7月，市政府成立土地利用总体规划编制领导小组。是年8月，市土地管理局在车逻乡开展土地利用总体规划编制试点。9月，举办全市土地利用总体规划培训班。1992年，编制完成《高邮市1991～2000年土地利用总体规划》。其成果有：1∶10000乡级土地利用现状图32张，1∶5000村级土地利用现状图635张；1∶10000乡级土地利用总体规划图93张，1∶5000村级土地总体规划图1270张；1∶10000乡级水利、交通规划图62张；乡镇土地利用总体规划方案、说明各32套；乡镇水利建设、交通建设、村镇建设、土地复垦开发、基本农田保护区规划方案各30套。1997年，市政府组织修订市土地利用总体规划。至1998年3月，完成修订工作，修订后规划定名为《高邮市1997～2010年土地利用总体规划》（方案），是年6月，经市政府常务会议审议通过。7月，规划方案通过扬州市验收。2002年，市政府根据乡镇区划调整新情况，组织修编《高邮市1997～2010年土地利用总体规划》。

二、土地利用方针和目标

《高邮市1997～2010年土地利用总体规划》明确全市土地利用方针是：切实保护耕地，稳定基本农田保护面积，保障必要的建设用地，确保经济社会发展。开展土地复垦开发和整理，提高土地利用率和产出率，合理调整土地利用结构。该规划规定的全市土地利用目标是：规划期内，全市耕地总量确保稳定在8.05万公顷，提供建设用地5029.22公顷，其中占用耕地1233.33公顷、利用存量土地3393.89公顷、利用其他土地402公顷。水利用地占用耕地控制在133.33公顷；交通用地占用耕地控制在693.3公顷，其中京沪高速公路占用耕地533.3公顷；中心村建设占用耕地控制在25.4公顷。同时，通过复垦开发土地后备资源和土地整理，增加耕地2240公顷。非农建设占用耕地量、补充耕地量、净耕地量3项指标近期目标(1997～2000年)为:建设占用耕地733.33公顷,通过开发土地后备资源和土地整理,补充耕地653.33公顷,实际净减少耕地80公顷;远期目标(2001～2010年)为:建设占用耕地500公顷,农业结构调整占用耕地666.67公顷,通过开发土地后备资源和土地整理,补充耕地1586.67公顷,实际净增加耕地420公顷。

三、土地利用结构调整

1996年,全市土地利用总面积19.43万公顷,其中耕地面积8.02万公顷、非耕地利用面积11.41万公顷。2000年,全市规划土地利用总面积19.46万公顷,其中耕地面积8.01万公顷、非耕地利用面积11.45万公顷。至2010年,全市规划土地利用总面积19.54万公顷,其中耕地面积8.05万公顷、非耕地利用面积11.49万公顷。规划期内,全市耕地实际增加300公顷。

1996年、2010年高邮市土地利用结构一览表

表4-1 单位:公顷

项目 年份	耕地	园地	林地	居民住宅及工矿用地	交通用地	水域
1996	80200.00	4120.00	1373.33	19173.33	5886.67	83560.00
2010	80500.00	5300.00	1406.67	18126.67	6426.67	83653.00
2010年比1996年	300.00	1180.00	33.34	-1046.66	540.00	93

四、土地利用总体规划实施

1993年起,市土地管理局依照全市土地利用总体规划,逐步组织实施,对全市土地利用实行分区监管。全市农业用地总面积11.58万公顷,其中基本农田保护区8.11万公顷、一般农业用地3.36万公顷、其他用地1102.5公顷。建设用地总面积1.58万公顷,其中城镇建设用地3386.54公顷、村镇建设用地5296.01公顷、其他用地7089.8公顷。湖泊、河流等特殊用地面积6.46万公顷。规划期内,土地复垦开发面积2060公顷,净增耕地1446.67公顷;土地整理4.47万公顷,净增耕地1273.32公顷。至2005年末,全市土地总面积19.62万公顷,其中农业用地10.92万公顷、建设用地2.32万公顷、其他用地6.38万公顷,分别占全市土地总面积55.66%、11.82%、32.52%。

第二节 基本农田保护规划

一、规划编制

1994年,市政府组织编制《高邮市基本农田保护规划》。全市设立基本农田保护区31个、保护片635个、保护块8658个,基本农田保护面积6.84万公顷,其中一级保护农田5.62万公顷、二级保护农田1.22万公顷,耕地保护率98.32%。2002年,按照修订后的全市土地利用总体规划,对全市基本农田保护面积进行调整。全市重新划定基本农田保护区21个、保护片273个、保护块1889个,基本农田保护面积7.92万公顷,其中耕地6.6万公顷、园地1700.21公顷、林地623.08公顷、养殖水面5766.62公顷、其他用地5097.12公顷。

二、基本农田保护规划实施

1995年,市土地管理局按照标本兼治、重在治本原则,建立基本农田公示、基本农田保护责任、基

本农田质量保护、基本农田占用审批、基本农田动态监察等制度，执行全面规划、合理利用、用养结合、严格保护基本农田保护方针，落实基本农田保护长效措施。1996年8月，市政府印发《关于加强基本农田保护与管理工作的通知》。是年，市政府与各乡镇政府、各乡镇政府与各村民委员会签订基本农田保护责任书。市土地管理局在全市农用土地上全面设立基本农田保护公示牌，标明保护范围、面积、责任人和保护措施，实行“四个严禁”，即严禁擅自改变基本农田数量与布局，规避报批占用基本农田；严禁降低基本农田保护质量要求，不得把城镇周边和交通沿线大面积基本农田调整到其他地区；严禁降低基本农田保护率，不得擅自减少本地区基本农田保护任务，增加建设用地总规模；严禁以建设现代农业园区名义占用基本农田，变相进行房地产开发，不得以进行农业结构调整为名，在基本农田内建设永久性建筑或进行严重破坏耕作层的生产活动。做到“五个不准”，即不准除法律规定的国家重点建设项目之外的非农建设占用基本农田；不准以退耕还林为名，将耕作条件良好的基本农田纳入退耕范围；不准占用基本农田植树造林、发展林果业；不准以农业结构调整为名，在基本农田内挖塘养鱼和进行畜禽养殖；不准占用基本农田进行绿色通道和绿化隔离带建设。市土地管理局组织绘制1：50000高邮市基本农田保护区分布图、1：10000各乡镇基本农田保护区分布图和1：5000各行政村基本农田保护分布图；制定《高邮市基本农田保护与管理措施》，按照每个基本农田保护片配备一名管护人员要求，全市共落实基本农田管护人273人。至2005年，全市21个基本农田保护区、273个保护片、1889个保护块，按照基本农田保护规划要求和措施全部落实到位。

图4-1 高邮市基本农田保护区分布示意图

第三节　城乡建设用地规划

详见第五篇《城乡建设》第一章《城乡规划》第一节《城市总体规划》(第181页),第六章《镇村建设》第一节《镇村建设规划》(第219页)。

第二章　土地使用制度改革

80年代,全县土地实行国家(全民)所有和集体(农村集体经济组织)所有社会主义土地公有制。1993年,全市首次通过签订协议出让(转让)国有土地使用权。1995年3月,市政府印发《高邮市城镇国有土地使用权出让和转让暂行办法》,全面启动国有土地使用制度改革。是年,出让国有土地使用权首次引入竞争机制,并实行有偿使用。2002年,全市对经营性国有土地使用权全部实行招标、拍卖和挂牌出让。至2005年,除国家交通、水利工程建设征地仍实行无偿划拨使用外,其他用地均实行有偿使用。

第一节　国有土地

一、交通、水利用地无偿划拨

1986～1987年,北澄子河实施拓浚工程,征用挖压土地43.33公顷。1990年,淮江公路高邮段(原大运河东堤)进行拓宽培厚,征用挖压土地36.6公顷。1997年,京沪高速公路建设,市内全长44.4千米,无偿征用土地486.73公顷。2002年,国家南水北调工程在市内全长28.4千米,征用挖压土地435.33公顷。至2005年,国家交通、水利建设无偿征用土地1002.26公顷。

二、非农业建设用地无偿使用

1986年后,县党政机关、国有企事业单位、城镇集体单位、交通和供电系统企业、扬州陆军预备役师高邮炮兵团、市人民武装部弹药库和打靶场、江苏油田等机关和单位用地,全部实行无偿划拨。1996年下半年,随着企业股份制改革,改制企业使用的国有土地和集体土地资产实行剥离,由市国有资产管理局和相关土地权属单位分别进行管理,按一定标准缴纳租金。但该租金制度并未付诸实施,其使用的土地仍为无偿使用。市内与外商和港澳台商实行合资的企业,以原无偿划拨的土地连同建筑物,经双方协商折价以后作为投资款项。这些土地既未通过地价评估,也未办理土地使用权出让手续,其土地使用仍为无偿使用。至2005年,此类用地396.6公顷。

三、国有土地使用权有偿划拨

1992年起,市政府以每平方米15元价格,向征地开发商品房单位加收土地有偿划拨费。市鸿运房地产开发公司、市金建房产开发公司、市城区房地产开发公司、市房屋建设开发公司等企业均按规定缴纳有偿划拨费,取得土地使用开发权。1995～2005年,除能源、交通、水利等基础设施建设用地仍然实行无偿划拨外,对其他用地逐步实行有偿使用,其中商业、旅游、娱乐和房地产开发等经营性用地,采取招标、拍卖、挂牌方式出让供地。

四、协议出（转）让国有土地使用权

1993年，高邮镇闸北村报请土地管理部门批准，并向市财政缴纳土地使用权出让金，以43.3万元价格出让土地0.5公顷给个体业主郭某兴办停车场。此为市内首宗以协议形式出让国有土地使用权的项目。此后，陆续实行协议出（转）让国有土地使用权的有：市禽兔厂土地出（转）让给市城区房屋开发公司，市水泵厂土地出（转）让给市富达房产开发公司，府前街第一期改造工程出让给市天时房地产开发公司和市房屋建设开发公司，原臭河边废置地和人民路汪家巷拆迁地块出让给市房屋住宅开发公司，府前街文化宫交叉路东北角出让给市烟草专卖局和市房屋建设开发公司等。2003～2005年，全市协议出（转）让国有土地使用权的价格，均按照国土资源部《协议出让国有土地使用权规定》计算的价格执行，即出让国有土地使用权，协议出让最低价不低于新增建设用地的土地有偿使用费、征地（拆迁）补偿费用以及按照国家规定应当缴纳的有关税费之和。有基准地价的地区，协议出让最低价不低于出让地块所有级别基准地价的70%。

五、国有土地使用权招标、拍卖、挂牌出让

1995年3月，海潮东路南侧财产保险大楼以东6宗地块首次以报价竞购方式出让。此次招标拍卖土地4200平方米，每平方米751元，成交总额315.42万元，比底价高出154.1万元。1996年1月，海潮东路6号地段以东10宗地块通过拍卖，成交总额445.59万元，比底价高出143.16万元。2000年，市国土管理部门先后3次举行土地使用权拍卖会，拍卖净收益1122万元。2001年9月，市土地储备交易中心成立，依法负责实施国有土地使用权招标、拍卖和挂牌出让。2002年，国有土地使用权招标、拍卖和挂牌出让从城区扩展到各乡镇。至2005年，城区土地招标、拍卖、挂牌出让总面积179.78公顷，总出让金额10.18亿元；乡镇土地招标、拍卖、挂牌出让总面积31.64公顷，总出让金额1.08亿元。

图4-2　国有建设用地使用权挂牌出让现场竞价会会场

第二节　集体土地

一、集体土地使用权

全县农村集体土地使用权归乡镇、村、组所有。1997年，全市农村集体土地总面积14.02万公顷，占全市总面积71.42%。其中，耕地7.96万公顷、园地3702公顷、林地1099公顷、村镇建设用地1.57万公顷、工矿用地1640公顷、交通用地5497公顷、水面与滩地3.12万公顷、未利用地1753公顷，分别占农村集体土地总面积56.78%、2.64%、0.78%、11.2%、1.14%、3.92%、22.25%、1.28%。2005年，全市农村集体土地总面积13.87万公顷，占全市总面积70.71%。其中，农用地11.07万公顷、建设用地1.51万公顷、未利用土地1.29万公顷，分别占农村集体土地总面积79.81%、10.89%、9.3%。

二、土地承包

1980年，全县约有十分之一生产队实行联产到组。农村土地所有权仍归生产队，使用权归组。1982年，由联产到组发展到联产到劳，1983年，实行包干到户。1984年，县委、县政府明确土地承包期

一定15年不变，并评定土地等级，发放土地使用证，农民承包土地实行相对稳定，同时允许并鼓励土地转包，以利于土地适当向种田能手集中和非耕地经营转移。1998年，全市农村开展第二轮土地承包，承包期30年。至2005年，各乡镇均实行以专业承包为主体的有偿使用方式。全市农用土地所有权归集体所有，土地使用权与经营权归承包者。详见第九篇《经济体制改革和经济发展》第一章《农村改革》第一节《土地承包与流转》（第305页）。

三、农村村民宅基地

1985年，横泾乡南汉村在全县首家实行宅基地有偿使用，即按县政府规定的宅基地标准，按户计算。超过标准的，其超过部分，逐年按超占面积向村民委员会缴纳土地使用费。是年起，按每平方米0.06元计算收取，1990～1992年逐步提高到每平方米0.15元。1985～1992年，该村共收取宅基地超占使用费4560.4元，用于村集体造桥、铺路。1993年7月，为减轻农民负担，市土地管理局按照省政府办公室印发的《关于涉及农民负担项目审核处理意见的通知》精神，决定取消农村宅基地有偿使用费。1996年，各乡镇逐步推行宅基地超标准部分有偿使用办法。有的对宅基地超标准占用部分采取一次性收取有偿使用费，确认其宅基地使用权，发给宅基地使用证；有的对超标准占用部分不确认宅基地使用权，每年对超占部分收取一定的土地使用费，翻建房屋时退出多占宅基地面积。2001年，市国土资源局停止收取农村村民建房费。

第三章 建设用地管理

1987年起，全县用地实行计划管理，逐年编制年度建设项目用地计划，并进行逐级分解，控制非农建设用地规模。1988年，县土地管理局实行建设用地审批制度，加强建设用地跟踪管理力度，遏制违法用地行为。此后，全市加快推进城市化、工业化进程，建设用地持续增长。为维护被征地农民合法权益，市政府先后3次提高征地补偿安置标准。1993年，城区首次进行土地定级与估价。1994年6月，市地价评估事务所成立。1999年、2004年，先后对土地定级与估价进行两次调整、更新。至2005年，由市地价评估事务所评估土地1921宗1644.24公顷，资产总值30.59亿元。

第一节 用地审批

一、审批制度

1988年后，县土地管理局逐步建立建设用地审批制度。建设项目用地审核报批前，对用地四址、地类、地上附着物等进行现场勘查。公布建设用地审批程序、报批材料内容和要求、税费标准等。用地申请材料报齐后，一般建设项目一周内办结。重点建设项目，从商谈协议到交地放样，实行一条龙跟踪服务。用地批文下发后，县土地管理局在用地过程中负责协调矛盾，按照批准的用地面积，会同用地单位（个人）和被征地单位于现场丈量放样，确定用地四址，交付土地。建设用地跟踪管理，着重防止发生少批多用或批而不用等违法行为。建设项目竣工后，对建设项目用地进行验收。凡经验收合格的，出具建设项目工程竣工用地验收合格意见书，核发土地证书。

2001年，全市建设项目用地实行用地预审制度。特别是对是否符合项目产业政策、选址合理性（是否确需占用农用地或耕地）、用地规模、容积率和投资强度等方面进行把关，对禁止供地类建设项目一律不予通过用地预审，对限制供地类建设项目从严审批。在用地预审会审中，选址不合理和不符合建设用地控制指标、达不到土地投资强度等要求的建设项目，分别要求调整选址、重新上报选址方案和核减其用地规模、重新确定用地四址范围。经审查符合规定，并在建设项目可行性研究报告或项目申请报告予以落实后，方可通过建设项目用地预审和报投资行政主管部门核准备案。

二、审批程序

1986年，全县建设用地审批程序为：确定用地范围，进行土地调查，填写征用土地情况调查表，下发征地告知书，拟定建设用地报批有关方案，征地听证，编制建设用地项目呈报说明书，上报待批。审批后发布征地公告，办理征地补偿登记，复核登记结果，制定征地补偿安置方案，发布征用土地补偿方案，征询意见，完善征用土地补偿方案，向县政府上报征地补偿安置方案，实施补偿安置。

1990年5月，全县建设用地审批逐步实现科学化、规范化管理，建立较为完善的审批程序。建设用地单位持建设项目批准文件、建设项目用地规划许可手续、征（使）用土地协议书及相关附件，向县土地管理局提出用地立项申请。县土地管理局审核建设用地单位提供的申请材料，进行实地勘查，提出审核意见，报县以上政府批准。建设项目用地申请批准后，由县土地管理局发放建设项目用地许可证。凡出让土地的，由县土地管理局与用地单位签订土地出让合同，并收取土地出让金；属划拨国有土地或使用集体土地的，按规定收取有关税费后交地放样。1999年起，建设单位占用土地涉及农用地转用、征用的审批权全部上收至省级以上政府批准。市内单位和个人涉及农用地转用、征用的，由市政府按照年度用地计划拟订农用地转用方案、补充耕地方案、征用耕地方案，分批次上报有批准权的上级政府批准。

三、审批制约机制

1988～2005年，全县逐步建立政府相关职能部门用地审批互相制约机制。对未经政府同意和研究的擅自用地项目，发展计划部门不予立项，不予申报办理用地手续；对未经建设管理部门划定规划红线和签发选址规划许可证的，国土管理部门不予办理用地报批手续。同时，国土管理部门建立内部相互制约机制。报批用地项目需经局办公会集体讨论通过，土地利用规划科签署的意见必须符合土地利用总体规划意见，耕地保护利用科方能办理呈报手续。

四、计划用地

1987年起，全县用地实行计划管理。根据上级政府下达的控制指标，逐年编制三项建设用地分项、分乡镇控制性计划，并纳入政府工作目标，进行逐级分解，控制非农建设用地规模。县土地管理局在实施用地计划总量控制和不突破总指标前提下，根据实际用地需求变化情况，适时、适度对各乡镇集体用地和村民宅基地项目作适量调整，满足具体建设项目用地需要。至2005年，全市三项建设用地，连续19年未突破省、扬州市下达的用地控制指标。

五、节约用地

1988年，广州房地产开发商在高邮合作投资兴办蝶园宾馆，选址在高邮镇公园村幸福组和长生组，征用土地1公顷。县政府考虑到尽可能不占用耕地，决定由县饮食服务公司与开发商合作，利用该公司原下属门市部旧址，加上老护城河废沟塘和3户居民住宅地，兴建北海大酒店。该项目用地仅为安排3户居民自建新房所需土地0.07公顷，实际节约耕地0.97公顷。1991年，市造纸厂为治理“三废”，拟整体搬迁，需征地6.67公顷。经市土地管理局调查和市政府研究后，决定征用龙奔乡原龙奔第二轮窑厂旧址非耕地4.35公顷，又调剂出市造纸厂草库用地0.8公顷，安排给市汽车配件厂等5家单位砌建职工宿舍。该易地建设项目原需占用耕地6.67公顷，以草库划出地相抵后，仅占用耕地2.16公顷，节约耕地

4.51公顷。2003年，市并蒂莲（昆山）服装有限公司拟在三垛镇征用2.7公顷土地扩建厂房，原设计均为一层，后按市国土资源局建议，修改设计，改建成多层厂房，实际用地2.2公顷，节约土地0.5公顷。

六、存量土地盘活

1986年，县水泵厂将位于武安乡邓桥村闲置多年的水泵试压基地0.35公顷土地转让给县富达房地产开发公司。1990年，县畜禽加工厂用地转让给县城区房产开发公司。1994年，市房屋住宅开发公司申请征用土地建造商品住宅楼，市政府与城建、规划、土管部门磋商后，将市种子公司门前长200米、面积0.4公顷的臭河沟废地划拨给该公司建造商品房。2000～2005年，城市建设迅速发展，房地产开发日渐活跃，市政府及土管部门着力盘活存量土地，主要项目有：市汽配厂土地出（转）让给建行高邮支行建营业大楼，市木器厂土地出（转）让给中行高邮支行建营业大楼，市基础工程建筑公司土地转让给农行高邮支行建营业大楼，高邮纸箱厂土地出（转）让给市富达房地产开发公司，武安乡第二鞋厂土地出（转）让给市建银房产开发公司建北海商住楼，市布厂、市造纸厂土地出（转）让给市房屋建设开发公司建商住楼等。

第二节　征地补偿安置

一、土地补偿费

1988年6月，县政府制定《关于贯彻〈江苏省实施土地管理法办法〉补充规定（试行）》，明确国家建设用地、乡镇村建设用地土地补偿费用和年产值、耕地面积相结合，进行测算、核定。1999年，市内征用耕地，按邻近耕地前3年平均年产值8～10倍计算；征用精养鱼池的，按其邻近耕地前3年平均年产值10～12倍计算；征用其他养殖水面的，按其邻近耕地前3年平均年产值4～8倍计算；征用果园或其他经济林的，按其邻近耕地前3年平均产值8～12倍计算；征用其他农用地的，按其邻近耕地前3年平均年产值6～10倍计算；征用未利用地的，按照邻近耕地前3年平均年产值3～5倍计算；征用农民集体所有非农业建设用地的，按其邻近耕地前3年平均年产值6～10倍计算。2002年，规定青苗补偿一般按一季产值计算，如能收获的不予补偿。具体补偿标准：麦子、油菜1.05万元/公顷，水稻1.13万元/公顷，棉花1.2万元/公顷，蔬菜1.5万元/公顷。地上附着物补偿费标准执行《扬州市征地补偿安置暂行办法》。2005年，市政府制定《高邮市征地补偿安置和被征地农民基本生活保障实施细则》，提高土地补偿费和安置补助费标准。征用耕地的按该耕地被征用前3年平均年产值10倍，一般耕地3年平均年产值2.1万元/公顷，常年种植的菜地2.7万元/公顷，征用其他土地的倍数与2002年相同。

二、被征地农民安置与生活保障

1987年以前，全县所有征地安置的土地工，未办理户口“农转非”手续。是年，县政府将全县安置就业的土地工2139人，除27人因提干、死亡等因素外，其余均办理“农转非”户口迁移手续和粮油关系转移手续。此后，征地安置的土地工，随征地批文下达指标，先经劳动部门安置就业，接收安置的单位试用半年合格后，凭“农转非”户口迁移许可证，一人一证办理户口迁移手续和粮油关系转移手续。1987～1997年，全市办理土地工“农转非”户口4296人，安置就业3342人。1999年起，全市不再随征地批文下达安置人口指标，而是实行货币化安置。是年1月起，市政府从土地出让金等土地有偿使用费收益中，按新征建设用地面积计算，每公顷提取13.5万元，由市财政部门划入被征地农民基本生活保障社会统筹账户。该账户由被征地安置农民基本生活保障个人账户和社会统筹账户组成，全部安置补助费和80%土地补偿费进入被征地农民个人账户。市财政部门按照被征地农民基本生活保障用款计划，定期将被征地农民基本生活保障资金划入市劳动和社会保障部门在银行设立的被征地农民基本生活保障资金支出账户，确保被征地农民基本生活保障资金及时、足额发放。征用未利用地和农民集体所有非农业建设用地的，不支付安置补助费。2005年，全市征用耕地安置补助费，按需要安置被征地农业人数计算，标准为1.3万元/人。

三、撤组转户

1989～1996年，撤销高邮镇公园村幸福组和凤凰组、临泽镇泰山村临西组、武安乡武安村北海组、界首镇界东组、三垛镇三百六村十一组等6个村民小组，就地“农转非”1271人。村民小组撤销后，其财务、资产分别由原建制主管单位接管。其集体土地（含原村民宅基地）全部收归国有，由市国土管理局负责管理。

第四章　土地保护与开发

1986年，全县非农用地以城镇建设用地和交通用地为主。1987年，县土地管理办公室成立后，土地保护与开发纳入县、乡镇政府议事日程。1995年，市、乡镇成立基本农田保护工作领导小组，建立农田保护制度，相继开展湖荡开发、土地复垦与开发整理等。至2005年，全市土地总面积19.62万公顷，其中开发和利用面积13.24万公顷、未利用土地6.38万公顷。在开发和利用土地中，农用地10.92万公顷，其中耕地7.71万公顷、园地0.38万公顷、林地0.14万公顷、其他农用地2.69万公顷；建设用地2.32万公顷，其中居民点及工矿仓储用地0.18万公顷、住宅用地1.31万公顷、交通运输及水利设施用地0.83万公顷。

第一节　耕地保护

一、保护组织

1986～1994年，全市农田保护工作由各乡镇政府负责。1995年，市政府成立由分管副市长为组长、各相关职能部门负责人为成员的市基本农田保护工作领导小组，各乡镇相应成立由乡镇党政主要负责人为组长的基本农田保护工作领导班子和工作机构。是年起，市、乡镇、村、组直至农户，层层签订基本农田保护责任书，确保基本农田保护区内每一地块、每一图斑有相应责任人和保护人，做到村村有监督员，组组有信息员，形成市、乡镇、村、组四级耕地保护管理网络。2000年后，全市开展基本农田保护争先达标活动，确保基本农田规划期内耕地面积不减少、质量不降低，并把基本农田保护工作纳入各级政府年度工作目标进行考核。至2005年，各乡镇政府坚持逐年向市政府报告当年耕地保护责任履行情况。

二、基本农田保护制度

1987年，县土地管理办公室成立后，逐步建立相关基本农田保护制度。1994年，编制完成《高邮市基本农田保护规划》。根据专项规划，按照“标本兼治，重在治本”原则，制定一系列基本农田保护制度，包括基本农田公示、基本农田保护责任、基本农田质量保护、基本农田占用审批、基本农田监察等制度。2002～2005年，对《高邮市基本农田保护规划》进行修编。同时，按照公布的各类基本农田保护区分布图，明确各保护区责任人，聘请基本农田管护人，确定管护范围，明确管护责任，实行有偿管护，把基本农田保护制度落实到每一块地块。

1988～2005年高邮市耕地面积、人均占有耕地一览表

表4-2

年份	耕地总面积（万公顷）	人均耕地面积（平方米）	年份	耕地总面积（万公顷）	人均耕地面积（平方米）	年份	耕地总面积（万公顷）	人均耕地面积（平方米）
1988	7.20	881	1994	6.27	755	2000	7.87	943
1989	7.20	873	1995	6.20	745	2001	7.87	944
1990	7.20	864	1996	6.20	742	2002	7.80	936
1991	7.07	848	1997	7.93	947	2003	7.77	930
1992	6.87	823	1998	7.93	949	2004	7.74	925
1993	6.60	780	1999	7.93	950	2005	7.71	922

第二节 湖荡开发

一、高邮湖开发

80年代初，县政府动员民工4000多人，在界首镇河西的高邮湖草滩筑成防护圩23千米，建成总面积3700公顷的县芦苇场，其中生产芦苇面积1100公顷、水面生产面积2500公顷。1984年，由县财政局主办，县多种经营管理局、县水产供销公司、高邮邵伯湖管理委员会和湖滨乡金墩、南湖两个渔业村，界首镇界牌渔业村，县芦苇场等8家单位协办，组建高邮湖渔禽公司，利用芦苇场水面，采用低坝高栏技术，实施围网养鱼，养殖面积2300公顷，放养鱼苗40吨。1986年前后，菱塘乡（今菱塘回族乡）先后6次对高邮湖沿湖大圩进行围筑加固，动员劳力3万多人次，投工250万个，完成土方260万立方米，围筑大圩9100米，新造耕地324.4公顷。1991年，湖滨乡新民滩保安圩实施破圩分洪后，市政府对湖滨乡生活区、工业区等实行异地复建，在高邮湖东与运河西堤之间划拨国有土地242公顷，新建湖滨乡集镇。1998～1999年，在高邮湖区腹部建成新民滩漫水公路，沟通湖区交通，加快湖区开发。至2005年，高邮湖区围网养殖面积扩大到2700公顷；筑堤造田面积扩大到1391公顷，其中熟田面积383.8公顷。是年，湖西各乡镇利用湖区滩涂与水面，发展鹅业经济。当年，全市鹅业养殖规模达到600多万羽。

图4-3 高邮湖围网养殖和水禽放养

二、运东荡滩垦殖

80年代前后，运东司徒乡、横泾乡、车逻乡、八桥乡、伯勤乡部分村组，分别在司徒荡滩、周罗北荡、渌洋湖荡滩，采取分散垦种、连片开发、联合围垦等办法，实施垦荒种粮。至1986年，运东地区垦荒种粮面积1030公顷，其中司徒荡滩开发面积553公顷、周罗北荡开发面积200公顷、渌洋湖荡滩开发面积277公顷。同时，有关乡镇和村民利用滩地开展水面养殖、营造池杉林。至80年代末，全县以荡滩为主要养殖基地成立的乡村集体水产养殖场有83个，司徒、横泾、平胜等乡镇出现一大批承包荡滩的农民个体养殖户，11个乡镇利用荡滩建立商品性池杉林丰产基地780公顷。1990～1991年，司徒乡

在兴楼南圩连片滩地垦荒153.33公顷，成立全市首家乡镇农场——司徒乡农场，拥有耕地104.67公顷、精养鱼池3.33公顷、育蚌池5.33公顷、提水鱼蚌混养池40公顷。1992～1993年，司徒乡水产资源开发公司招商引入江阴市水产养殖公司，在大葛北荡滩地建成面积66.67公顷养鱼育珠场。1995～2005年，临泽、川青等乡镇利用荡滩湿地建立湿地公园和发展观光农业；马棚镇利用荡滩营造水杉森林，建成度假村和水上乐园；周巷镇利用荡滩栽植水杉、意杨等树木，并引进和建成木板加工企业；司徒镇利用荡滩连片面积大、水质好、水源活等特点，实行水下养鱼、水上养鸭的立体化水产养殖等。至2005年，运东荡滩实现全面垦殖。

第三节　土地复垦、开发与整理

一、土地复垦

1987年，县、乡镇两级政府把土地复垦工作列入议事日程，并作为贯彻保护耕地的基本国策和实现非农建设用地占补平衡目标的重要举措。高邮镇高谢村为建设方整化高产农田示范区，组织万人大会战，平毁老庄基，挑筑新庄台，挖土50万立方米，复垦后增加耕地14.67公顷。1988年，马棚乡钱库村200多户村民全部迁居庄台。1989年起，该村按地形、地势对原老庄基逐步进行复垦改造。其中，低洼庄基与沟头废塘被开挖成精养鱼塘14个，获养殖水面面积4.73公顷；一般地势庄基平整为农田，增加耕地4.33公顷，是年冬种小麦、栽油菜；少数高墩庄基改建为立体砖窑。1990年，马棚乡永幸村在县土地管理局支持下，组织200多名劳力对废弃运河河床进行复垦，投工6000多个，复垦土地26.67公顷。2001年，界首镇采用推土机和人工相结合，对废窑基、废弃地、老庄台、废河沟进行综合整治，复垦后净增耕地62.58公顷、鱼塘4.07公顷。1987～1997年，全市复垦耕地面积1250公顷。至2005年，全市累计复垦土地净增耕地面积4240公顷。

图4-4　土地复垦现场

二、土地开发

80～90年代，境内仅进行零星土地开发。2000年，全市土地开发进入规模开发阶段。2003年，周巷镇陈甸村废弃滩地开发被列入省耕地占补平衡项目库，项目区面积126.8公顷，投资570.7万元，投入劳力2500人、推土机8台，新增耕地59.33公顷。此后，车逻镇山广村，横泾镇温姚村、镇北村，临泽镇董潭村、西河村、法青村，周山镇联合村、龙河村、龙胜村，菱塘回族乡三里村、王姚村，司徒镇官垛村、严吉村，龙虬镇友谊村，三垛镇左卿村、联北村、少游村等开展土地开发。至2005年，全市实施土地开发项目19项，新增耕地面积726.98公顷。

三、土地整理

2001年，湖西丘陵山区土地整理项目被国土资源部列入国家投资的土地开发整理项目。该项目区涉及菱塘回族乡和送桥镇7个村，总面积957.03公顷，投资总额3708.3万元，其中国家专项拨款2466万元。市国土局组织相关乡镇，调集、动用推土机100台、劳力5000多人，历时3个月，净增耕地83.17公顷。此后，周巷镇、临泽镇、周山镇、横泾镇、汉留镇、甘垛镇、车逻镇、八桥镇、天山镇等乡镇土地整理项目陆续开展。至2005年，全市完成土地整理项目12项，投资1.46亿元，累计增加耕地781.19公顷。

第五章 地籍管理

1986年，全县开展非农建设用地清查。1989年，城区首次进行地籍调查和登记发证。1992年、1996年，进行土地更新调查。2002年、2005年，进行土地调查，建立农村地籍管理信息系统。至2005年，全市建成土地调查、土地统计、土地分等定级、土地估价和土地登记制度，地籍管理从以地权登记为主转入全方位、深层次、多项目、综合性管理，形成对内以图管地、对外以证管地的地籍管理制度。

第一节 土地调查

一、土地利用现状调查

1986年，全县土地总面积19.63万公顷，其中耕地9.38万公顷、园地1085.33公顷、林地549.09公顷、居民点及工矿用地1.5万公顷、交通用地5107.22公顷、水域及水利设施用地7.88万公顷、未利用土地1872.12公顷。1992年、1996年，进行土地更新调查。2002年、2005年，进行土地调查，土地利用现状有所变化。2005年，全市土地总面积19.62万公顷，其中耕地8.03万公顷、园地3767.17公顷、林地1388.11公顷、建设用地1.88万公顷、交通用地6298.67公顷、水域及水利设施用地8.37万公顷、未利用土地1918.06公顷。

二、小城镇地籍调查

2005年，市政府组织开展小城镇地籍调查。4～6月，在天山镇进行试点，完成天山镇3.5平方千米、1486宗地地籍调查，形成工作底图、街坊图各29幅，地籍调查资料1486份，并建立天山镇小城镇地籍调查及地籍管理信息系统数据库。该项调查成果获省测绘局年度优质测绘工程三等奖。9月，市政府成立小城镇地籍调查领导小组，召开全市小城镇地籍调查动员大会。除高邮经济开发区、高邮镇外，19个乡镇开展此项工作，共调查面积40平方千米。同时，市国土资源局完成全市D级、E级GPS控制网测量，布设D级、E级GPS控制点76个、一级导线点25个、图根控制点202个，并建立全市地籍管理信息系统数据库。

第二节 土地登记

一、国有土地使用权登记

1988年11月，县政府开展国有土地使用权申报。至1989年5月，完成国有土地使用权申报工作。全县共申报国有土地1.52万宗、面积4623.9公顷，占应申报数95.6%。其中，属单位使用的3339宗、面积4487.34公顷，属个人使用的1.19万宗、面积136.56公顷。是年12月，县土地管理局选择北海街坊进行地籍测量和地籍调查试点，确认权属。此街坊位于县城环城路以东、北海路以西、通湖路以南、北海路西一巷以北，面积7.46公顷。1990年12月，北海试点区城镇地籍调查成果达到权属合法、界址清楚、面积准确的标准，通过扬州市验收。是年末，县政府召开纪念《中华人民共和国土地管理法》实施4周年暨城镇国有土地使用证发证大会，首批向北海试点街坊59家国有土地使用单位和31户居民户发放国有土地使用证。1992年5月，全市全面开展国有土地使用权登记发证。至是年末，共发放国有土地使用证1000多份。

1995年10月，市土地管理局针对市水利局关于高邮京杭运河管理范围土地划界确权申请，对京杭大运河车逻、武安、马棚、界首段进行勘查，以运河每一个临村段为一宗地进行登记，发放国有土地使用证17份。临城临镇段按背水坡堤脚外10米范围确权，因矛盾较大，暂未登记。2005年，共发放国有土地使用证1301份。

二、农村集体土地权属登记

农村宅基地使用证发放　1983年，县政府印发《高邮县村镇建房用地管理暂行办法》，各乡镇对个人宅基地和乡镇村企事业单位建设用地进行登记核实。1984年，县城乡建设环境保护局进行农村宅基地使用证发放，共发放宅基地使用证8.26万份、面积1671.57公顷。1990年，县土地管理局按照“权属合法、界址清楚、面积准确”要求，部署宅基地使用证重新审核发放。1991年春，各乡镇全面推开该项工作，由于夏季发生特大洪涝灾害，至年末仅发放农村宅基地使用证6.58万份、面积1311.46公顷，11个乡镇完成发证任务。1992年，全市完成农村宅基地使用证核发工作，共发放农村宅基地使用证10万份。1993年，停止办理和发放农村宅基地使用证。

图4-5　发放农村宅基地使用权证

集体土地建设用地使用证发放　1984年，县城乡建设环境保护局核发乡镇、村企事业单位建设用地使用证820份。1991年，市土地管理局对乡镇村企事业单位凡依法使用集体土地进行非农业建设的，只要权属合法、界址清楚、使用权无争议的，均确认其集体土地建设用地使用权；对多占少用、占而不用、闲置的土地，不予确认集体建设用地使用权，退还集体耕种或按规定重新安排使用。至2005年，全市共发放集体土地建设用地使用证6980份、面积132公顷。

集体土地所有权证发放　1995年上半年，市土地管理局完成除高邮镇、湖滨乡之外的31个乡镇乡村界确权定界工作。至1999年10月，各乡镇完成集体土地所有权发证工作，全市发放集体土地所有权证书的村610个，发证率91.5%。2003年，由于区划调整中乡镇合并和村组撤并与土地利用实际现状变化较大等原因，原发放的集体土地所有权证不适应“以证管地”需要，不能准确反映现状。市政府首先在龙虬镇进行集体土地所有权发证试点，后在全市逐步推开。至2005年，全市281个行政村和10个有集体土地的农村社区均领取集体土地所有权证。

三、土地变更登记和年度调查

1989年起，开展土地权属和用途变更登记。1996年4月，市土地管理局首次完成年度土地变更调查和初始年度变更土地统计台账，重新绘制1∶10000土地利用现状图。此后，每年进行一次年度土地变更调查。2003年，市国土资源局对全市611家乡镇企业用地逐家进行调查、勘丈，按历史沿用、改制企业、未批先建等分类，进行确权和办理土地登记手续。至2005年，全市共办理土地权属变更登记3260宗、面积956公顷，办理用途变更登记1060宗、面积253公顷。

四、省、市、县(市)接边勘界

1997年4月，市国土管理局、市水利局、市水产局、市民政局组织勘界人员，对全市周边省、市、县(市)边界进行接边勘界。至年末，完成接边勘界，全市共调进耕地9.92公顷。其中，县(市)界，沙堰镇中何村与江都市武坚镇界，高邮市调进耕地0.01公顷；市界，临泽镇洋汉村与兴化市李健乡刘沟村界，高邮市调进芦苇地6.83公顷；省界，高邮市与安徽省天长县界，高邮市调进湖面3.08公顷。2002年，在土地利用现状更新调查中，高邮市共调出土地(水面)83.34公顷。其中，高邮市与江都市界，高邮市调进水面17.21公顷；高邮市与宝应县界，高邮市划出高邮湖水面100.55公顷。

五、土地分割登记

2002年，市政府针对全市商品房开发后出现土地登记管理混乱、发证难和发证慢的矛盾，借鉴苏州市商品房土地分割登记经验，决定对商品房开发用地一律实行土地预登记和土地分割登记，由开发商一次性办理土地分割转让许可证，购房户凭分割转让许可证，直接向市国土资源局领取土地证书，简化发证手续，提高办证速度。至2005年，全市共办理土地分割登记48宗，发放国有土地使用权分割转让许可证2670份。

第三节　土地定级估价

1993年，全市开始进行土地定级与估价。1994年6月，市地价评估事务所成立，地价评估走向经常化、制度化、规范化。至2005年，全市评估土地1921宗1644.24公顷，资产总值30.59亿元。

一、城区土地分等定级与估价

1993年，城区首次进行土地定级与估价，其范围为：东至北关河，南至运东船闸，西至大运河，北至头闸口，总面积1733.17公顷，共分为4个等级，其中一级土地42.81公顷、二级土地270.53公顷、三级土地274.77公顷、四级土地1145.06公顷。1995年6月，扬州市土地管理局对各县(市)城镇各级各类基准地价进行修正和综合平衡，确定1995年市区及各县(市)城镇各级各类基准地价。2004年，市国土资源局与江苏金宁达不动产评估咨询有限公司共同开展城区土地定级与基准地价更新，建立城区地价动态监察体系。此次土地定级与估价范围东至大外环路以东500米，南至蚕种场北侧南关大沟，西至京杭大运河，北至北外环路，总面积3946公顷，是1993年2.28倍。

1993年、1995年、1999年、2004年高邮市城区土地基准地价一览表

表4-3　　单位：元/平方米

级别			一级	二级	三级	四级	五级
1993年		基准地价	1000	700	400	250	—
		变　幅	850～1200	500～850	300～500	200～300	—
1995年	商业	基准地价	1200	800	500	350	—
		变　幅	—	—	—	—	—
	住宅	基准地价	450	350	300	230	—
		变　幅	—	—	—	—	—
	工业	基准地价	350	300	250	200	—
		变　幅	—	—	—	—	—

续表 4-3

级别			一级	二级	三级	四级	五级
1999 年	商业	基准地价	1720	950	590	370	240
		变　　幅	920～2520	550～1350	350～830	240～500	200～280
	住宅	基准地价	650	490	370	280	200
		变　　幅	450～850	350～630	250～490	220～340	180～220
	工业	基准地价	350	290	230	200	170
		变　　幅	250～450	210～370	190～270	170～230	150～190
2004 年	商业	基准地价	1720	950	590	370	240
		变　　幅	920～2520	550～1350	350～830	240～500	200～280
	住宅	基准地价	650	490	370	280	200
		变　　幅	450～690	350～630	350～490	220～340	180～220
	工业	基准地价	350	290	230	200	170
		变　　幅	250～450	210～370	190～270	170～230	150～190

二、集镇土地分等定级与估价

1999 年，市国土管理局对 16 个建制镇和 16 个乡集镇进行土地分等定级。土地定为一等的有三垛镇、武安乡、车逻镇、临泽镇、界首镇等 5 个乡镇集镇，土地定为二等的有送桥镇、天山镇、八桥镇、菱塘回族乡、横泾镇、卸甲镇等 6 个乡镇集镇，土地定为三等的有郭集镇、龙虬镇、汉留镇、甸垛镇、平胜乡、川青镇、司徒乡、周巷乡等 8 个乡镇集镇；土地定为四等的有马棚乡、武宁乡、湖滨乡、东墩乡、甘垛乡、张轩乡、伯勤乡、周山乡、沙堰镇、龙奔乡、二沟乡、汤庄镇、营南乡等 13 个乡镇集镇。2004 年 4 月，全市乡镇集镇土地被调整划分为 4 个等级，其中一般乡镇集镇土地被划分为一至三等，因行政区划调整被撤并乡镇集镇土地单列等级。

2004 年高邮市集镇土地基准地价一览表

表 4-4　　单位：元/平方米

等级	乡镇集镇名称	商业用地		住宅用地		工业用地	
		基准地价	变幅	基准地价	变幅	基准地价	变幅
一等土地	三垛	660	420～900	330	200～460	230	150～310
	临泽	620	380～860	320	190～450	230	150～310
	菱塘	570	330～810	290	170～410	200	120～280
	界首	600	370～830	310	190～430	220	140～300
	卸甲	550	320～780	290	180～400	190	120～260
	车逻	570	340～800	290	180～400	220	140～300
二等土地	汤庄	420	210～630	300	190～410	210	160～230
	送桥	470	260～680	290	190～390	200	160～230
	郭集	460	250～670	250	200～300	190	150～220
	天山	480	270～690	250	190～310	200	160～230
	八桥	430	230～630	220	180～260	180	140～210
	龙虬	390	210～570	220	180～260	180	140～210

续表 4-4

等级	乡镇集镇名称	商业用地		住宅用地		工业用地	
		基准地价	变幅	基准地价	变幅	基准地价	变幅
三等土地	汉留	350	180～520	210	160～260	170	130～200
	甘垛	330	190～490	210	160～260	170	130～200
	横泾	340	200～500	200	150～250	160	120～190
	司徒	360	190～530	190	150～230	160	120～190
	周巷	310	160～460	180	140～220	150	120～180
	周山	310	160～460	180	140～220	150	120～180
	马棚	310	160～460	180	140～220	150	120～180
被撤并乡镇	龙奔	270	150～390	170	140～200	160	120～320
	伯勤	270	150～390	170	140～200	160	120～320
	汉留	270	150～390	170	140～200	150	120～180
	汤庄	270	150～390	170	140～200	160	130～190
	武宁	260	150～370	160	130～190	150	120～180
	二沟	260	340～370	160	130～190	150	120～180
	甘垛	270	150～390	160	130～190	150	120～180
	川青	250	150～350	160	130～190	150	120～180
	营南	240	140～340	150	130～170	140	120～170
	张轩	240	140～340	150	130～170	140	120～170
	湖滨	260	150～370	180	140～220	150	120～180
	东墩	260	150～370	160	130～190	150	120～180

三、改制企业土地资产评估

1996年下半年起，全市国有企业、城镇集体企业和各乡镇村集体企业全面推行产权制度改革。所有改制企业在清产核资中对土地资产进行评估，并将评估结果报市国土管理局审核、审批确认。改制企业以宗地为单位填写土地资产统计表。市企业改制办公室把该企业土地资产金额从总资产中剥离出来，划归市国有资产管理账户。至1998年，全市大集体性质以上改制企业生产用地面积162公顷，土地资产评估总额9.47亿元。使用集体土地的乡镇村集体性质改制企业，其土地资产剥离后分别划归原企业主办乡镇村账户。这类改制企业生产用地面积114.95公顷，土地资产评估总额1.6亿元。此后，全市企业改制告一段落，改制企业大规模资产评估工作随之结束。

第四节　土地权属纠纷调处

一、行政调处

1987～2005年，市国土资源局共调解土地权属纠纷172件，其中影响较大的土地权属纠纷案6件，主要是上访人数多、次数频繁，上访人数最多一件40多人。6件土地权属纠纷当事方分别是：甘垛乡西张村与县麻风病医院，龙奔乡临城村同心、合兴村民小组与龙奔乡第二轮窑厂，市蚕种场八里松村新河组与县石油公司，伯勤乡金家村第三村民小组与伯勤乡轮窑厂，高邮镇福音堂与市新华书店，龙虬镇白马村与龙虬镇张轩林渔管理站。市国土资源局与有关部门联合组成调查组，在弄清土地权属来龙去脉基础上，研究处置方案并报经市政府批准，分别做出土地权属归属和相关问题处理决定，保障农业集体经济组织合法权益，也保证用地单位迅速恢复工作与生产。

二、司法判处

1993年，高邮镇中山路369号居民户内房基土地使用权发生纠纷。1995年4月，市政府做出《市政府关于划分中山路369号户内房基使用界址的决定》。决定确认：房基面北各半使用。房基西南角约0.84平方米土地，属公产管理房使用范围，双方不得使用。当事人不服决定，诉讼至市法院，要求法院撤销该项决定。市法院经审理，维持市政府做出的决定不变。至2005年，市国土资源局通过司法程序处理土地权属纠纷案8件。

第六章　土地监察

1987年起，全县逐步建立健全土地监察队伍，并逐步加大对违法用地和非农用地的清查力度。1991年起，启动各种土地管理创建活动。1998年起，正常开展土地巡回监察检查。2003～2005年，全市创建土地执法模范市活动取得有效进展。

第一节　土地监督检查

一、监督队伍

1987年4月，县政府向各区、乡、镇委派土地管理员兼土地监察员34人，其主要任务是依法承办各乡镇土地管理行政事务，并承担土地执法监察职责。1989年3月，县政府向92名县、乡镇两级专兼职土地监察员，其中县级专职监察员7人、县级兼职监察员19人、乡镇兼职监察人员66人，颁发土地监察证。1995年6月，设立市土地监察大队。1997年3月至2004年12月，对专兼职土地监察员进行4次调整。至2005年，市土地监察大队有专职土地监察员6人，市、乡镇专兼职土地监察员192人，村级义务土地监察员281人。

二、巡回监察

1998年起，市国土管理局每年开展1～2次乡镇间土地监察互查活动。检查形式有：分片对口查，片与片轮换检查。定监察检查项目，主要查乡镇企业用地、村民宅基地等；定监察地段，主要查乡镇规划区、村民居住点等。做好省国土资源厅、扬州市国土管理局组织的省、市范围内土地监察专项互查，监察重点是城镇规划区、易发违章项目、涉权用地对象等。至2005年，除规模性土地清查外，共清理违法用地460宗，其

图4-6　土地执法检查现场

中，国有、集体土地非法交易85宗，未批先建206宗，单位违法用地67宗，个人违法用地77宗，闲置土地25宗。追缴土地出让金300多万元。

第二节 土地案件查处

一、违法用地查处

1987～2005年，全市立案查处违法用地534宗、面积45.56公顷，其中擅自占用土地412宗、面积35.81公顷，越权审批14宗、面积3.3公顷，买卖土地32宗、面积1.76公顷，其他76宗、面积4.69公顷。处理结案497宗、面积39.04公顷，结案率93.07%。拆除违章建筑占地8.66公顷，收回土地6.46公顷，其中退耕还田3.98公顷，罚款187.5万元，受到行政处分20人。

二、非农用地清查

1986年，县政府组织开展非农用地清理，共清理违法用地1738宗、面积560.42公顷。其中，1216宗涉及的1216家单位按规定补办用地手续，用地440.81公顷；其余522宗、面积119.61公顷土地，分别收归国有（转项建设）或集体所有（退田还耕）。1987年，开展砖瓦窑专项清理，查明全县小土窑2281座。其中，419座土窑无土源被限期停产；1862座土窑在实行“五定”（定砖瓦生产计划、定取土地块和范围、定取土深度和体积、定生产期限、定复垦还耕时间和面积）基础上，允许其继续生产。1990年4月，对干部宅基地进行专项清查，查出违法占地的副乡科级以上干部66人，超标准用地或少批多用面积0.32公顷，分别给予补缴土地补偿费、耕地占用税和违法占地罚款，或者拆除建筑物、退地还耕。1996年11月，对全市违法用地情况进行清理，共清理非农建设违法用地700宗、面积226.13公顷，清理补办水利用地手续59宗、面积1472.48公顷。2001年9月，市政府再次开展砖瓦窑整治，保留38座，其他全部毁窑复垦，净增耕地267公顷，列入当年耕地占补平衡项目库。2002年，市国土资源局组织清理违法用地727宗、面积41.3公顷。其中，单位违法用地154宗、面积33.07公顷；个人未批先建、非法交易573宗，面积8.23公顷。

第三节 土地管理创建

一、“三无”乡镇创建

1991年起，全市开展创建土地管理“三无”乡镇活动。内容为：三项建设用地无越权批准行为、无未批先用行为、无少批多用的现象。是年，周巷乡、临泽镇等23个乡镇被市政府表彰为“三无”乡镇。1992年，原“三无”内容统一改为无违法批地、无违法管地、无违法用地。车逻镇受到省土地管理局表彰，卸甲乡等10个乡镇受到扬州市土地管理局表彰，26个乡镇被市政府表彰为“三无”乡镇。1995年，市土地管理局组织撰写的论文《实行综合治理是创建“三无”乡镇的好途径》获省土地管理科技进步奖和优秀成果一等奖。至2000年，此项创建活动被创建土地执法模范乡镇活动所取代。

二、土地执法模范市、乡镇创建

2000年，全市开展创建土地执法模范乡镇活动。高邮镇、车逻镇等18个乡镇被市政府表彰为土地执法模范乡镇。2003～2005年，市政府开展创建土地执法模范市活动，先后制定执法监察联系点制度、层层签订农田保护责任书，把创建活动继续向前推进。

第五篇

城乡建设

要 目

80年代起，随着全县经济体制改革不断深化、经济社会加速发展，城乡建设进入快速发展期。1984年，县基本建设局和县环境保护局合并成立县城乡建设环境保护局，启动城乡规划编制。1986年，城区总面积6.1平方千米，其中建成区面积5.04平方千米，城区人口6.94万人。1987年，县城市规划办公室设立。1989年，县城乡建设环境保护局划分为县城乡建设局和县环境保护局。1992年，市城乡建设局更名为市城乡建设委员会，并进行第二轮城市规划修编。1993年，市市容监察中队成立。1995年，市城市建设管理监察大队成立。1997年，市规划局成立。1999年，进行第三轮城市规划修编。2000年，市城市建设管理监察大队更名为市市容管理执法大队和市建设规划监察大队。2001年，市城乡建设委员会更名为市建设局。2005年，进行第四轮城市规划修编。至是年末，城区面积扩大到39.8平方千米，其中建成区面积扩大到26.1平方千米，人口增加到18.6万人，分别是1986年6.52倍、5.18倍、2.68倍。建成省卫生城市，省优秀管理城市创建工作取得进展。全市镇村建设取得明显效果，占全市三分之二的乡镇（集镇）建成扬州市新型小城镇，其中菱塘回族乡建成省新型示范小城镇。

第一章　城市规划

1986年，扬州市政府批准实施《高邮县城市总体规划》。1991年，高邮撤县设市，进入新的发展时期，原编制的县城总体规划不适应全市政治、经济、文化发展的需要。是年末，市政府成立《高邮市城市总体规划》修编领导小组。1992年10月，市第九届人大常委会第二十次会议审议并通过《高邮市城市总体规划（1992～2010年）》（方案）。1994年，省政府批准实施《高邮市城市总体规划》。1999年4月，市政府根据城区快速发展的实际情况，成立市城市规划修编领导小组及其办公室，修编城市总体规划。2000年7月，市第十一届人大常委会第十七次会议审议并通过《高邮市城市总体规划（1999～2020年）》（方案）。2002年，省政府批准实施《高邮市城市总体规划（1999～2020年）》。2005年，随着城区东扩，城市建设格局发生较大变化，市政府再次修编城市总体规划，以适应全市经济建设和城市发展需要。至是年10月，完成《高邮市城市总体规划纲要（2005～2020年）》。

第一节　城市总体规划

一、《高邮县城市总体规划（1985～2000年）》

1986年8月，该规划经扬州市政府批准实施。其主要内容包括，城市性质：文化古城、运河要邑、以食品为特色的轻工业城市。规划期限：近期1985～1990年，远期至2000年。规划区范围：城区，东至盐河、北关河东岸一线，西至高邮湖东岸，南至高邮船闸，北到北头闸向东一线；郊区，按城区规划面积的2倍划定。规划总面积45.5平方千米，其中城区15.12平方千米、郊区30.38平方千米。城市规模：近期（1990年）人口9万人，建成区面积10平方千米，建设用地9平方千米，人均100平方米；远期（2000年）人口13.2万人，建成区面积15.12平方千米，建设用地14.52平方千米，人均110平方米。城市发展方向：城市主要向北、东、南3个方向发展，主导结构呈三大块，即城南为科研教育区，城中为生活区，城北为工业区。城市用地功能分区：珠光路北、文游北路东为综合工业区，珠光路北、文游北路西为城市工业仓储区，胭脂路西、雪浪路北为蝶园、柳荫禅林文物风景保护区，北澄子河北、珠光路南为文游台保护区，老运河西船闸至万家塘船坞为古平津堰保护区，通湖路南、市啤酒厂北、海潮路两侧和原老城区为生活居住区，盐武路和马饮塘河南、高邮船闸北为科研教育区。

二、《高邮市城市总体规划(1992～2010年)》

1994年12月,该规划经省政府批准实施。其主要内容包括,城市性质:具有古城特色的工商城市。规划期限:近期至2000年,远期至2010年,远景2010年至21世纪中叶。规划区范围:西至京杭运河,东至龙奔乡三支渠、一沟乡,北至东墩乡朱家庄,南至武安乡陈庄大沟,规划面积75平方千米。城市规模:近期(2000年)人口14万人,城市建设用地12平方千米;远期(2010年)人口20万人,城市建设用地18平方千米。城市发展方向:以向东、向北发展为主。城市用地功能分区:旧城区,搬迁区内污染严重的工厂,保护文化风貌,保留原有商业、行政部门,发展以旅游业为主的第三产业,形成有水乡古城特色的综合性生活组团;北区,以设在北部的高邮经济开发区为主,形成独立的工业组团,在南部配置相应的生活区;东区,为今后的市中心,集全市性行政、金融、商贸、科研、文体等方面为一体;武安区,在盐河以东,以南澄子河为界,北部为居住区,南部为工业区,新长途汽车站设在该区;城南蔬菜基地区,在新华村等逐步开辟蔬菜区。

三、《高邮市城市总体规划(1999～2020年)》

2002年3月,该规划经省政府批准实施。其主要内容包括,城市性质:具有水乡古城特色、邮文化传统、工商业和旅游并重的滨湖城市。规划期限:近期至2005年,远期至2020年。规划区范围:西至运河西堤外1千米,东至龙虬镇陈庄村、卸甲镇周庄村、高邮镇渠南村,南至高邮镇勤王村、管伙村、新民村,北至高邮经济开发区九里村、龙虬镇龙澄村,规划区面积112平方千米。城市规模:近期(2005年)人口16万人,城市建设用地13.6平方千米;远期(2020年)人口24万人,城市建设用地22.2平方千米。城市建设用地发展方向:城市以向东、向北发展为主,适当向南,远景再向东;以新老城区交界的新城区部分为中心区,向东、向北、向南三叶发展,形成单中心、分组团(片)、三叶式发展结构。城市用地功能分区:以运河、盐河、北澄子河、十里尖河“二纵二横”为绿色生态轴,城市划分为“两区三片”,即老城区、新城区,北片、东片、南片(新老城区以环城路为界)。各区主要功能为:老城区和新城区为主要生活用地,其中心区为全市性行政、金融、商贸、服务、信息、文化等公共建筑用地;工业用地主要在东片、北片工业区集聚;教育科研用地在南片科教区布局;仓储用地主要在大运河东岸南北两端、盐河东岸、北澄子河沿岸布置。

四、《高邮市城市总体规划纲要(2005～2020年)》

2005年10月,该规划纲要由扬州市城市规划设计研究院和市规划设计院联合设计完成。其主要内容包括,城市性质:历史文化名城,具有水乡特色的滨湖工商、旅游城市,东方邮都。规划期限:近期,2005～2010年;远期,2011～2020年;远景,至21世纪中叶。规划区范围:东至龙虬镇陈庄村、卸甲镇周庄村、高邮镇渠南村,南至高邮镇勤王村、管伙村、新民村,北至高邮经济开发区九里村、龙虬镇龙澄村,西至运河西堤向西1千米,规划区总面积111.25平方千米。城市规模:城市人口规模,2004年17.83万人、2010年22万人、2020年28万人左右。城市用地规模:2004年16.5平方千米,人均92.5平方米;2010年21.5平方千米,人均97.7平方米;2020年30平方千米,人均100平方米。城市总体布局:城市发展方向,以文游路西侧建成区为基础,向东、东北、东南3个象限发展。其东北、东南象限为工业发展用地,中向象限主要发展生活居住用地。城市布局结构按自然地貌、主要城市道路、用地功能和发展时序等因素,划为5个功能分区。其中,东北工业区,为文游路以东、北澄子河以北区域,东至京沪高速公路,系高邮经济开发区,重点发展机械、医疗、电子、服装等工业门类;东南工业区,位于文游路以东、武安路以南、外环路两侧,为特色产业区,主要为鸭业加工和其他农副产品加工基地;西部旧城区,位于文游路以西的老城区,主要功能为商业、旅游服务中心,具有传统特色的居住区;中部生活区,位于文游路和外环路之间,北至北澄子河,南至武安路,主要功能为市行政中心、商业中心及新型城市生活区；东部生活区，位于外环路以东、京沪高速公路以西地区，是远期发展预留用地，规划以生活居住用地为主，主要功能为全市大型文化展览、体育中心、教育产业中心和新型城市生活区。

第二节 历史文化名城保护规划

一、高邮县历史文化名城保护规划（1985年编制）

1986年，在扬州市政府批准实施的《高邮县县城总体规划（1985～2000年）》中，含有历史文化名城保护规划内容。主要内容包括，文游台风景区：确定以文游台为中心的0.42平方千米范围内为古迹保护区，西至文游北路，南至北澄子河边，北至泰北路，东至文游村大桥组南北向大水渠一线。位于保护区内一段高兴东公路待交通改线后，予以废弃；东南方的县生化制药厂一带工厂、库房、民居，除商业服务设施外，均逐步搬出或加以改建；文游台西的文游北路西侧建设严加控制，其布局、造型、色彩与文游台建筑和谐一致。珠湖风景区：南起老运河西船闸，北至万家塘船坞，长3千米；西近高邮湖，东入京杭运河，长500米。该区充分利用波光塔影、天水一色的自然景观，建成反映水特色的风景胜地。整修镇国寺塔，拓浚古邗沟，重建七公殿，修缮御码头。蝶园风景区：划定以奎楼为中心的0.49平方千米保护区，西起蝶园路，东至思贤路，北起胭脂路，南接柳荫禅林保护区。复建蝶园，园内恢复和新建景点10处。整修宋城墙，复建聚星堂，整修净土寺塔，重建英烈夫人祠。柳荫禅林风景区：以柳荫禅林为中心划定0.26平方千米保护区，西起运河东堤，东至思贤路，北起馆驿巷，南至雪浪路北部，西部南北宽525米，东部南北宽100米。保护和修整盂城驿接官厅及其附属房屋，复建皇华厅、东西二牌坊，维修保护馆驿巷与马饮塘河之间古宅、砖雕门楼、粮行旧址等建筑物。区内其他建筑，除古典式楼房外，一般不得新修建楼房；对现存有历史价值的房屋，一般仅进行维修，不得拆除翻建。存放历史文物的博物馆设在文游台内。在“空中视廊”保护范围之内，不得再建高层建筑物，最高高度在凭高眺望视线以下1.5米，对超过这一高度的建筑物今后逐步设法降低。

二、高邮县历史文化名城保护规划（1988年编制）

1988年，对高邮县历史文化名城保护规划进行专项编制。该规划主要内容有，文游台保护区：以文游台为重点，保护范围：南至北澄子河北岸，北至泰北路，西至文游北路，东至文游村大桥组南北向大水渠一线。珠湖风景区：南起老运河西船闸，北至万家塘船坞，南北长3千米；东入京杭运河，西近高邮湖，宽500米。主要景观有：“波光塔影”“柳影长堤”“云帆落霞”等，以体现“水”的特色。蝶园保护区：西起蝶园路，东至思贤路（文游路），北起胭脂路，南至盐武西路。修缮加固宋城墙，制定维护奎楼措施。复建聚星堂。南部保护区：主要包括盂城驿、柳荫禅林、福海庵大殿、马饮塘河、馆驿巷、运粮巷、盐塘巷、南门大街古民居、古粮行等建筑群，主要保护好古建筑群。新建、改建、扩建、翻建施工中，均不得和整体风格相悖，建筑为青砖小瓦、歇山。盂城驿和秦邮公馆修复如旧，逐步搬迁暂住单位和居民，发挥风景区迎送功能，并设邮政陈列馆。古街坊保护区：县人民剧场至人民路口一段北门大街，道路不再拓宽，列为古街坊保护区，逐步形成步行商业街。街面老店铺予以维修保护，保留原貌。其他建筑物在翻建时，其建筑式样按民族风格和传统建筑风格进行设计和建设。

三、高邮市历史文化名城保护规划（1992年编制）

1994年，在省政府批准实施的《高邮市城市总体规划（1992～2010年）》中，含有历史文化名城保护规划内容。主要有，运河两岸风景线：串联镇国寺塔、“邗沟烟柳”、“西湖雪浪”、“耿庙神灯”等景点遗存。增加两岸绿化带，搬迁部分影响景观的设施，如市水泥厂、城南煤库等。增加通湖路、府前街西端的广场用地，修建轮船码头，加强城区与运河东西堤的联系。环城公园：通过运河东堤、环城路、琵琶路和新河两岸的绿化带围成一个环城公园，供人们环城游览，并提示人们此为旧城遗址。文游公园：扩大文游台用地，修建成文游公园。公园周围500米以内，不准营建高层建筑，建筑造型、色彩不得过分突出，不准“喧宾夺主”。蝶园：含宋城墙一角和奎楼及净土寺塔。焦家巷、百岁巷居民风貌区，百岁巷清代宗教纪念性建筑风貌区，盂城驿景区，人民公园等，亦进行相应规划。

四、高邮市历史文化名城保护规划（1999年编制）

2002年，在省政府批准实施的《高邮市城市总体规划（1999～2020年）》中，含有历史文化名城保护规划内容。主要有：西湖风景区，即高邮湖及沿湖港湾、湖汊、荡滩、堤坝。珠湖风景区，包括古运河、镇国寺塔、西塔公园（河心岛）、古平津堰、杨家坞子、古水文站、耿庙神灯、万家塘船坞遗存等古迹景点，南北长3千米，宽500米。文游台风景名胜区，包括古牌坊、盍簪堂、文游台、古四贤祠、秦观读书台、碑廊等名胜古迹。保护范围：南起北澄子河，北至珠光路，西至文游北路，东到文游村大桥组南北大水渠。古城风貌保护区，包括运河东堤、秦邮亭、盂城驿、馆驿巷、运粮巷、马饮塘、南门大街、北门大街、宋城墙、奎楼、东城墙出水口、净土寺塔、英烈夫人墓遗址、王氏父子故居、焦家巷、百岁巷、秦家大院、州署头门等古迹、古街区。保护范围：东起环城路（净土寺塔东至文游路），南至马饮塘河，西至运河边，北至人民路，并包括古城范围内的城河水系保护。古遗址风貌保护区，包括龙虬镇龙虬庄新石器时代文化遗址、龙奔乡周邶墩商周文化遗址、张轩乡唐王墩新石器时代遗址等。

五、高邮市历史文化名城保护规划纲要（2005年编制）

2005年，在《高邮市城市总体规划纲要（2005～2020年）》中，将全市历史文化名城保护工作统筹为“一带”（京杭大运河风光带）、“二区”（老城区、高邮湖风景旅游区）、“三片”（城北历史街区、城中历史街区、城南历史街区）、“四点”（文游台、镇国寺、奎楼、净土寺塔），实行全面规划。

第三节　市域城镇体系规划

一、《1992～2010年高邮市域城镇体系规划》

1992年，市城乡规划设计室编制完成《1992～2010年高邮市域城镇体系规划》，经专家评审、各乡镇和市人代会审议通过，由市政府批准实施。该规划近期（2000年）全市总人口90.7万人，远期（2010年）96.7万人。到规划期末（2010年），全市总人口97万人，其中城镇人口45.6万人，城镇化水平47%。中心城——城区，人口20万人；片区中心——临泽镇、界首镇、三垛镇、横泾镇、八桥镇、送桥镇、车逻镇，人口各1.1万～2万人；其他一般城镇，人口0.55万～0.8万人。北区以界首镇为中心，以发展机械电子工业为主；东北区以临泽镇为中心，以食品、服装、包装、鞋类工业为主，发展外向型经济；东区以横泾镇、三垛镇为中心，横泾镇以轻工、化工工业为主，三垛镇以纺织工业为主，并开发古镇旅游资源，成为全市古文化风貌区开发的景点之一；南区以车逻镇、八桥镇为中心，集中发展建材、轻工工业；西区以送桥镇为中心，重点发展轻工、电器、电子工业，综合发展高邮湖水产养殖基地；中心区以城区发展为重点，形成商贸开发体系。建立以城区为中心，包括武安乡、龙奔乡、东墩乡等3个辅助工业区的星座结构，疏散对城区干扰较大的工业项目，原则上城区不设置污染工业。公路建立“三纵一横”一级公路和二级公路骨架体系。“三纵”：京沪高速公路，位于盐河向东3千米处，为全封闭高速路；淮江公路，将原有淮江三级公路改造为二级公路；在市域中部自宝应县经临泽镇、三垛镇到江都县宜陵，修筑一条二级公路，并与宁通公路沟通。“一横”：将邮兴路改造为二级公路。在城区南部建运河大桥，并在郭集乡与湖滨乡之间修筑漫水公路。水路形成“二纵一横”的工字形骨架航道。“二纵”：西部是二级航道京杭大运河，东部是五级航道三阳河；“一横”：五级航道北澄子河。其他航道在六级以下，共有

61条，全长615千米。电力，电网电源以高邮变电所为主，规划在三垛镇新建110千伏变电所，在二沟乡和一沟乡各兴建1座35千伏变电所；电话，2010年达到每百人20部。

二、《1999～2020年高邮市域城镇体系规划》

1999年，市规划局编制完成《1999～2020年高邮市域城镇体系规划》。该规划预测市域总人口从1999年83.3万人增加到2005年84万人、2020年86万人。城镇人口从1999年25万人增加到2005年28万人、2020年46万人。形成中心城市—中心镇—一般城镇3个等级。中心城市（1个），即城区，人口24万人。中心镇（3个），即三垛镇、临泽镇、菱塘回族乡集镇。城镇规划人口12万人，其中三垛镇、临泽镇各5万人，菱塘回族乡集镇2万人。一般城镇（16个），即界首镇、卸甲镇、车逻镇、龙虬镇、马棚镇、汤庄镇、汉留镇、八桥镇、横泾镇、周巷镇、甘垛镇、周山镇、司徒镇、送桥镇、郭集镇、天山镇，近期保持现有规模，远期择优发展卸甲镇、界首镇、车逻镇、司徒镇、汉留镇等5个镇，各镇人口2万人左右，合计10万人，其他11个镇通过区划调整逐步撤并，不断提高城市化水平。城镇职能结构：主要有综合型、交通工贸型、轻工型、旅游型等4种类型。空间布局结构，总体上将沿运河和主要交通线形成十字状结构，沿京杭大运河、淮江公路、京沪高速公路等南北向交通干线发展的城镇，包括高邮镇、车逻镇、八桥镇、界首镇、临泽镇等5个镇；沿漫水公路、邮兴公路等东西向交通干线发展的城镇，包括菱塘回族乡集镇、郭集镇、三垛镇等3个镇。在城镇空间布局上围绕中心，突出重点，全市联动，加快发展。

三、《2005～2020年高邮市域城镇体系规划纲要》

2005年，市规划局编制完成《2005～2020年高邮市域城镇体系规划纲要》。该规划纲要市域人口规模：2005年为83.06万人，2010年为85万人，2020年为88万人。市域城市化水平：2005年为37.6%，2010年为45%，2020年为61%。全市形成中心城市1个、重点中心镇与特色镇2个（三垛镇、菱塘回族乡集镇）和一般镇6个的等级结构。其中，中心城市，即城区，人口规模30万人；三垛镇人口规模4.2万人，菱塘回族乡集镇人口规模1.6万人；其他镇人口规模2万～4万人之间。市域分为沿河沿湖地区、西部低丘平冈地区（湖西地区）和东部里下河浅洼平原地区（东部地区）三大区域，分别制定区域管治协调规划。在行政协调基础上，推动生态环境保护、资源开发利用和基础设施建设；运用市场机制，推进共治共管、共建共惠。

第四节　专项规划与详细规划

一、专项规划

1986～2000年，全市限于城市规模，未设分区规划。在先后4次修编的城市总体规划中，涉及部分专项规划，如城市建设用地布局规划、城市综合交通体系规划、绿地系统规划、旅游规划、城市景观规划、河湖水系规划、水资源综合利用规划、市政公用设施规划、环境卫生规划、环境保护规划、城市综合防灾规划等，均作一般性论述，主要是分析其现状及存在问题，提出规划的指导思想、总体要求、基本原则、目标期限、发展方向和布局建议等。通过法定程序具体制定实施的专项规划数量不多，其中较为完善的是市城市消防规划。

《高邮市城市消防规划（2002～2020年）》　2002年5月，该规划由市公安消防大队与市规划设计院共同编制。包括总则、消防安全布局规划、消防站规划、消防通道规划、消防供水规划、消防通信规划、消防供电规划、消防与抗震及人防、消防安全标志、消防近期建设规划、消防规划实施意见、附则等12个部分内容，还设有消防站规划一览表和近期规划建设所需经费一览表。规划范围为《高邮市城市总体规划（1999～2020年）》所确定范围。规划期限：近期，2000～2005年；远期，2006～2020年。规划目标：近期，通过消防规划实施，逐步改善城市消防基础设施和消防站建设与装备，建成较为合理的城市消防安全体系，适应全市经济发展和城市建设需要。远期，增强全市抗御特大火灾能力，实现消防队伍和装备设施向多功能发展。

其他专项规划 2001年，《高邮市城市人民防空工程总体规划》编制完成。2002年，《高邮市盂城驿地段保护规划》编制完成。2004年，《高邮市城市公共配套设施定点规划》《高邮市城东社区道路系统规划》《高邮市城区主要道路规划修改方案》《高邮市城市管网综合规划》先后编制完成。2005年，《高邮市城市污水管网规划》《高邮市城市河道控制图则》《高邮市城市户外广告设置规划》先后编制完成。

二、详细规划

康华园居住小区规划 2002年7月，由市规划设计院设计。康华园居住小区位于城区东侧，东至屏淮路，南至村民庄台，西至教师新村，北至宝塔二巷，总建设用地8.17公顷。小区建设拟分两期实施。第一期实施入口中心广场及广场南北两侧两个居住组团，第二期实施东部4个居住组团。规划商业设施沿金桥路、屏淮路布置，既体现现代化商业经营要求，又保持城市传统的购物方式。建筑体型既丰富小区景观，又和穿区而过街景相协调。小区以入口喷泉广场为中心，以东部大型绿化坡地为副中心，向周围布置6个居住组团。小区道路分为三级，区内主道路宽11米，组团干道宽4米，入宅道路宽2.5米。区内停车场地结合小区主干道单侧布置。小区配套设施，如邮电、银行、卫生保健、修理工程、居民委员会、配电房、厕所等在区内灵活布置。社区中心造型自由活泼、色彩鲜明，具有相应的文化气息，与大面积广场和典雅的住宅群相互映托，相得益彰。小区中心广场与入口绿地相呼应，大面积绿地与铺地相结合，辅以旱地喷泉、游憩长廊、棋牌亭、装饰矮柱等游憩及装饰设施。设计以人为本，保证居民户外健身、交流、休闲、游憩等各方面需要。小区东部面对次入口，布置一块较大面积的坡地绿化，辅以假山石，坡脚下设少量硬质铺地、盆式花池、游亭，创造一个相对安静、可供观赏的小区副中心。各居住组团之间，通过游憩便道沟通，组团间布置适量竹林和天然石块，以供儿童读书，成人晨练、散步。宅前屋后的小块绿地是楼幢住宅围合的公共空间，其间布置绿篱、灌木、花卉等，形成共享空间。小区住宅有80平方米、90平方米、100平方米、110平方米等不同户型，住宅平面形态与空间有机组合，统一而丰富。住宅设计采用大厅、大卫、明厅、明厨结构，每个单元均设置管道井，统一布置各种管线。住宅层高2.9米，技术层（车库）高2.2米，广场南北两侧营业用房底层高3米，住宅楼均为5层。建筑采用平坡结合，使住宅整体造型丰富生动，建筑立面通过屋顶、阳台、窗、入口等精心处理，山花脚线等建筑符号和装饰的运用，体现出建筑特有的宜人性和亲切感。各组团在统一风格的基础上，又在立面造型、外墙色彩上稍作区别，使每个组团具有较强的可识别性。

海潮东路沿线景观整治规划 2004年3月，由市规划设计院编制。规划目的：随着市行政中心办公大楼的落成和未来城市向东扩展，需要对海潮东路沿线进行综合整治，将该路建成新一轮城市总体规划确定的东西向景观道路。规划范围为西起邓桥交叉路口，东至屏淮中路。主要对沿街建筑、绿化、路面、基础设施提出具体整治要求，以提高该路整体功能和整体美化、亮化效果。沿街建筑规划为改造道路南侧现状建筑物立面，使改造后的沿街建筑效果与市行政中心建筑色调和谐一致，塑造好城市新区新形象。道路整治规划为机动车道宽12米，非机动车道宽5.5米，两者之间以1.5米宽的绿化带分隔。南侧人行道宽2.5米，北侧灌溉渠与非机动车道之间设置3～4.5米不等的绿化带。机动车和非机动车道整体摊铺沥青，人行道规范设计石料路牙。完善道路排水体系，实施管线（尤其是南侧）地下铺设。沿路绿化规划：邓桥交叉路口通过建筑物的围合形成开敞式绿化广场，以观赏性绿化为主。道路南侧人行道与非机车道间隔设置树池，栽植行道树，其建筑物之间4块空地，按春、夏、秋、冬四季命名及配置树种。道路北侧带状绿化带宽3～4.5米，长600米，其临非机动车道一侧密植低矮绿篱，近灌溉渠一侧种植垂柳，高低起伏，前后错落，突出优美的水乡自然景观。街道设施规划：市政环卫主要包括公共厕所、垃圾箱等。照明分道路照明和建筑照明。道路照明包括车行道和人行道，分为高、中、低式。车行道照明统一设置在绿化分隔带上，光源采用暖色调，分杆灯和草坪灯。人行道照明选择合适灯杆及灯型，光源以暖色调为主。建筑照明突出海潮东路夜间景观美化效果，沿街建筑物在设计中考虑外部照明光源设置，光源亦以暖色调为主。在邓桥开敞式绿化广场设置一些雕塑小品，在海潮东路南侧4处街头结合绿化设置环境小品，同时在道路北侧绿化带中设置景观性灯箱。

其他详细规划　2001年，全市编制完成的详细规划有《新华园南侧控制性详细规划》《通湖西路两侧用地控制性规划》《运河东堤沿线景观设计》《市检察院新征地规划》《高邮市长途汽车站改造规划》《高邮煤库改造规划》《秦游路与文游北路交叉口详细规划》《市经济适用住房发展中心经济适用房规划》《高邮镇别墅区规划》《武安建材市场规划》《玉带河第一期工程改建规划》《金桥小区北侧地块平面规划》《文化宫路二巷道路两侧改造规划》《香格里拉饭店用地规划》。2002年，编制完成的详细规划有《文游路综合整治规划》《市中医医院总体规划》《市看守所用地规划》《城南小学校园规划》《高邮镇文游台村工业园用地规划》《市钢材市场用地规划》《邓桥居民区拆迁安置规划》《市文化宫用地规划》《市消防大队用地规划》。2003年，编制完成的详细规划有《市外环路经济产业带规划》《高邮经济开发区佳迅兴业园规划》《市职业教育中心校园规划》《高邮镇武安农贸市场用地规划》《市双兔米业有限公司新征地规划》《玉带河第二期工程改造规划》《通湖花园小区规划》《城郊小学用地规划》《市委党校新征地规划》《清华园民宅拆迁安置规划》。2004年，编制完成的详细规划有《海潮路沿线景观整治规划》《中山路沿线改造规划》《市图书馆用地规划》《江南明珠苑用地规划》《运盐河以东片区控制性详细规划》《京沪通俱乐部用地规划》《市公安局交巡警大队新征地规划》《海潮东路沿街第三期改造规划》《北海农贸市场用地改造规划》《城北商业社用地规划》。2005年，编制完成的详细规划有《公园周边地区控制性详细规划》《盂城驿地段保护性整治规划》《蝶园广场西侧控制性详细规划》《文游台周边地块用地规划》《高邮经济开发区标准厂房（凌波路南）用地规划》《通达·城市花园总平面规划》《阳光小区平面规划》《武安卫生院用地规划》《110千伏变电所用地规划》。

第二章　勘测设计

80年代，县建筑设计室及所属工程队、县城乡测绘队、县城乡规划设计室相继建立，主要承担境内中小型工业与民用建筑勘察、测绘、设计任务。大型工程建设项目聘请外地专业勘测设计机构和人员实施。1999年，市规划设计室、市测绘队分别更名为市规划设计院、市测绘院，分别承担全市规划设计、勘测设计任务。是年，市施工图审查办公室建立。至2005年，全市勘测设计技术装备水平不断提升，逐步适应市内建设工程勘测设计任务要求。

第一节　勘　察

一、水文勘察

80年代，全县水文勘察由县水利局分管，建设工程项目主要依据国家水文地质大队关于里下河地区详细水文勘察结果实施。勘察结果显示：高邮地区潜水层为第四纪全新统松散岩土类孔隙含水层，系里下河滨海平原空隙地下水系。上部地下潜水深度0.5～1.5米。地下水承压水岩组共分4组。其中，第三组由下更新统河湖相粉砂、细砂含砾石的粉砂、中砂组成，厚度20～30米，顶板厚110～114米，富水性较好，单井涌水量1400立方米/日，是主要出水层；第四组为上新统河湖相堆积物组成，溶水性较好，单井涌水量大于1500立方米/日。这两组承压水水质较好，重碳酸钙镁型水，硬度3.57毫克当量/升至4.28毫克当量/升，总矿化度350毫克/升至400毫克/升，可作城市应急备用水源。1999年，扬州市水政处对高邮市18口观测井进行两次抽查实测，其结果为：高邮市地下水水位有所下降，水质良好，未发现明显漏洞区。

二、地质勘察

1984年，县建筑设计室工程地质队成立。1992年，购置G2-A大型钻机1台，首次使用于县汽配厂机械加工车间地基钻探，共钻8孔，均为技术孔。孔深12～18米，进尺120米，标量24次，土试32组常规试验，工程勘察总进尺315米。是年，经深层钻探和取土试验，初步确定高邮地区土层一般分布为：杂项土、淤泥质土及淤泥、黏土、粉土、粉质黏土、粉质黏土和黏土交错分布，90～110米深处有沙砾石存在。1993年起，根据工程建设规定，每家建设单位按照有规范的工程地质报告，进行工程申报。报告文字部分工程地质条件（地形地貌、土层概述、地下水）、土层描述及主要物理力学指标平均值（R值、fu值）、地基土层设计参数、场地稳定评价等，表格有标贯击数统计表、静力触探比贯阻力统计表、标贯试验差别液化土层分析表、土壤分析表、土层描述及主要物理力学指标平均值及标准值表。1995年12月，市建筑设计院工程地质勘察队勘察的高邮师范学校逸夫楼工程，获扬州市城乡建设委员会优秀工程勘察设计三等奖。2003年4月，该工程地质勘察队获省建设厅颁发的乙级资质证书。是年12月，该工程地质勘察队勘察的市中医医院病房楼工程，获扬州市建设局优秀工程勘察设计三等奖。至2005年12月，市建筑设计院工程地质勘察队有专业技术人员10人，其中高级工程师4人、技工3人；主要勘察设备有XY-1型100米钻机1台、G2-A钻机1台、静力触探设备4套。

第二节　测　绘

一、委托测绘

1983年，为编制县城总体规划，由县建设局委托省测绘局承担城区地形图航测工作。1984年4月，中国民航第二飞行总队受省测绘局委托，对范围为北纬32°46′00″～32°48′46″、东经119°25′15″～119°28′00″，面积23.25平方千米的城区进行航空摄影测量，形成航摄比例尺1：4000的像片。12月，省测绘局以航测综合法绘制成比例尺1：1000地形图93幅。1991年3～6月，市城乡建设局参与全省测量标志普查工作，摸清全市146个测量标志基本情况。经普查，有测量标志131个（有15个测量标志被毁），其中水准点75个、三角点56个。11月，因湖滨乡新民滩防洪规划需要，省水利厅下达省水利勘测总队承担新民滩面积12.9平方千米、比例尺1：2000地形图实测任务，共绘制地形图20幅。1992年3月，按市城市总体规划修编方案需要，市城乡建设委员会委托省水利勘测总队实测面积10.5平方千米、绘制比例尺1：5000地形图。4～5月，省测绘局委托中国通用航空公司在高邮进行航测，航摄比例尺1：30000。1994年1月，市城乡建设委员会委托省水利勘测总队对市规划区进行航测。省水利勘测总队负责比例尺为1：1000和1：5000地形图航测成图任务，省测绘局第一测绘大队负责比例尺1:500航测成图任务。5月，由中国四维测绘技术总公司承担航空摄影，范围为北纬32°45′57″～32°49′13″、东经119°25′16″～119°28′56″，摄影比例尺1：2000像片图12.76平方千米和比例尺1：4000像片图20平方千米。选用航测综合法绘制成比例尺1：500地形图6平方千米、1：5000地形图80平方千米。至1995年6月，全部完成航测地形图绘制工作。

二、市内测绘

80年代中期，市内工程测绘由县城乡建设环境保护局城市建设股、镇村建设股分别实施。1988年起，城河疏浚、道路拓宽、桥梁架设、厂房建设、营业办公用房建设、住宅新村建设、老城区民居改建和有关地域大比例尺测量任务均由县测绘院(队)实施。县(市)测绘院(队)施测的住宅小区有:南海新村住宅小区,高沙园住宅小区,宋庄住宅小区,王庄住宅小区,北海二村住宅小区,富达住宅小区,新华园住宅区,府前街第一、二期改造工程等。同时,在市内独立开展导线测量、小面积地形测量和三等、四等水准测量等工作,先后按城市测量规范,测量6.95平方千米,绘制比例尺1∶500地形图;测量0.4平方千米,绘制比例尺1∶1000地形图;测量11.3平方千米,绘制比例尺1∶2000地形图。1992年,按市城市总体规划修编方案需要,市测绘队修测规划区比例尺1∶1000地形图60幅和1∶5000地形图6幅。1998～2000年,市测绘院(队)为企事业单位提供比例尺1∶500和1∶2000地形图102幅。1999～2005年,市测绘院共编制市地图3版,即《高邮市交通旅游图(第一版)》《高邮市城区图(第二版)》《高邮市城区图(第三版)》。

第三节　设　计

一、规划设计

1986年至1988年5月,全县规划设计工作由县城乡建设环境保护局城市建设股、镇村建设股、城市规划办公室和县建筑设计室共同负责。1988年6月,县城乡规划设计室成立,专职从事城区和建制镇详细规划与专项规划设计、小型工程项目选址可行性论证、工业与民用建筑和市政工程设计。1999年,市城乡规划设计室更名为市规划设计院,并成立无锡规划院高邮分院。至2000年,先后完成城市详细规划、集镇总体规划、城市防洪规划、城市街景规划、工业区规划、生活居住区规划、建设单位规划等平面规划设计200项,规划设计总面积270万平方米;城市地下管线详细规划设计2项;市政工程设计68项。2001～2005年,完成总体规划(含城市与乡镇)21项、专项规划10项、详细规划823项、市政工程设计92项。

二、建筑工程设计

1984年,县建筑设计室成立,有工程师、助理工程师等专业技术人员20人,承担县城小型工业与民用建筑设计。1991年4月,县建筑设计室更名为市建筑设计院。1992年5月,该院开始改传统手工图板绘图。为采用计算机辅助设计制图。1997年,该院获国家乙级设计单位资质证书。建筑工程设计项目扩大到各类商品用房、宾馆、医院、学校等工业与民用建筑和高层建筑、采暖通风、制冷系统、供电工程等。2000年,市建筑设计院有职工45人,其中国家一、二级注册人员5人,一级注册建筑师、结构师4人,有高级职称人员16人。设有设计一室、设计二室、村镇建设技术服务中心、工程地质勘察队等机构,主要承担建筑工程设计、工程地质勘察、城镇规划等业务。2005年,市建筑设计院有职工47人,其中国家一、二级注册人员12人,一级注册建筑师、结构师4人,中高级职称人员23人。至是年,该院共设计工业与民用建筑项目2778项,设计建筑总面积327.3万平方米。

第三章　市政建设

80年代,城区有主要道路16条,其中简易水泥路1条,其他道路多为泥、砖路面,且较狭窄;有桥梁30座,其中中型桥梁4座,其他桥梁多为砖木小桥;公用房屋建筑规模较小、楼层较低、设施较简;路灯以白炽灯为主,不仅数量少,且亮灯率低;全城无一广场与城雕。进入90年代,随着全市经济快速发展和市民对城市生活环境要求的提升，市政建设投入逐步加大，建设速度逐步加快。至2005年，城区主要道路形成“六纵六横”的新格局，道路总长、面积分别是1986年的14.91倍、10.01倍；桥梁增加到74座，其中大中型桥梁10座，总长是1986年的10.83倍，面积达到3.96万平方米；城河清淤、浚深和护岸工程有效开展，城区排水工程发展较快，铺设的地下排水管道总长是1986年的5.2倍；城区公共建筑发展迅速，一批规模较大、楼层较高、设施齐备的公用房屋拔地而起；先后建立市民广场5处，城市雕塑逐步进入城区；路灯布及大街小巷，草坪灯、装饰灯、节日灯等逐步被采用，路灯安装6827盏、总功率1328.9千瓦，亮灯率97%。

第一节　道　路

1985年，城区有主要道路16条，总长12.53千米，面积15.28万平方米。1986年，辟建海潮路西段。1988年，兴建商业街。1994年、1996年，先后对府前街实施第一、二期改造工程。1996年，实施文游路全线改造工程。2000年后，随着城市建设“东扩西进”战略实施，新建主要道路22条。至2005年，城市建成区形成“六纵”（中山路、文化宫路—蝶园路、盂城路、文游路、金桥路、屏淮路）、“六横”（秦邮路—国雄路、人民路、通湖路、府前街—海潮路、琵琶路、武安路）交错的骨架道路网络，城区共有主要道路38条，其中主干道15条、次干道23条，道路总长186.84千米，总面积153万平方米，人均占有道路面积8.58平方米；主要支道与巷道79条，总长18.3千米。

一、主干道

80年代，城区有主干道7条。90年代起，在增建主要道路的同时，对旧的主要道路不断进行延伸、拓宽和路面修整、提升。至2005年，城区主干道发展到15条，路面状况明显改观，基本设置分道通行标志。

中山路　宋代形成，明清称南北大街，民国时期更为今名，系城内主要街道。南北走向，北起通湖路，南至南门天桥，全长1.58千米。其中，北段由通湖路至中市口，长639.5米、宽16米；南段由中市口至南门天桥，长942.5米、宽6.5米。80年代，铺成厚10厘米的混凝土路面。2000年7月，北段路面重新摊铺5厘米厚的沥青混凝土。2005年，南段路面重新摊铺5厘米厚的沥青混凝土。

文化宫路　原名国庆路，后路东建有工人文化宫（今建为商业步行街），改名为文化宫路。1980年6月辟建，南北走向，北起通湖路，南至府前街，长621米、宽15米，其中车行道宽9米、人行道各宽3米。1982年6月，该路拓建改造工程竣工，车行道改建厚12厘米的混凝土路面，人行道铺设混凝土。2000年5月，实行全面改造，修筑厚18厘米的混凝土路面，完善排水系统，人行道铺设彩色预制块。

蝶园路　因古有蝶园而得名。1980年辟建，南北走向，北起府前街，南至琵琶路，长890米、宽17米。1980年6月，府前街至县畜产品加工厂（今改建为蝶园浴城）路段建成长120米、宽9米的泥结碎石路面。1982年，向南延伸。1983年，由府前街至奎楼二村路段改铺成沥青路面。1984年，沥青路面延伸至琵琶路。1998年，延伸至城南粮库（今新华园菜场）。2000年，延伸至新华西路。琵琶路至新华西路段长750米、宽17米，名蝶园南路。2000年7月，重新摊铺沥青。2003年3～12月，由南通市鑫源房地产开发公司投资6000万元，征用土地2.27公顷，建设蝶园商业城，实施蝶园路（城河路至长生路）改造工程，总建筑面积3.76万平方米。重新改造后的此段道路，宽17米，为混凝土路面。沿街房屋建设为主体3层、局部6层，集餐饮、娱乐、休闲、办公、居住于一体，造型靓丽美观。该路为城区较为热闹繁华的商业街。

盂城路　曾名烟柳路、环城路。南北走向，北起通湖路，南至琵琶路，全长1.49千米。70年代，在老城区东护城河与农田接壤的土埂上铺筑成宽4米的泥结碎砖路。80年代，在路道中间设1米宽绿化带。1988年，县政府在通湖路至东门广场的护城河上兴建商品房，将此路段改建成小商品一条街，路面铺设混凝土，长602.5米，车行道宽9米，人行道东侧宽4.5米、西侧宽6米。1990年，随着南海新村开发建设，该路向南延伸364米。1993年，又向南延伸523.5米至奎楼，宽16米，为混凝土路面。至2005年，向南延伸至高邮中学北大门，长880米、宽16米，为混凝土路面，南延段名盂城南路。

府前街 始建于明代，位于州衙南大门前，东西走向。明清称东段为东门州前大街，西段为西门大街。民国时期称中正路，新中国建立后改名为县府街，“文化大革命”时名东方红路，1983年复名县府街，1992年更名为府前街。1994年，市政府实施府前街第一期改造工程，对东城门口至文化宫路段路面进行拓宽改造，改造段路长330米，路面宽28.5米，为混凝土路面。1996年5月，实施府前街第二期改造工程，东起文化宫路，西至中市口，改造段路长450米，路幅路面规格同于第一期工程。道路两侧重新埋设排水管道和设置路灯，在人行道旁移栽法国梧桐，种植香樟树。2003年3月，实施府前街第三期改造工程，东起中市口，西至运河东堤，改造路段全长463米、宽28米，其中机动车道宽9米，为混凝土路面。至此，府前街全线改造完毕，全长1.27千米。

图5-1 1996年前府前街中市口段

图5-2 1996年改造后的府前街中市口段

文游路 因路经古文游台而得名。80年代始建。南北走向，北起北头闸，南至县蚕桑场，全长9.7千米，路基宽24.5～30米，中段路宽18米。1986年，在改道的淮江公路上铺设简易沥青路面而成。1992年，高邮大桥至海潮路段长1.3千米、宽23米的机动车、非机动车道分别被改建成混凝土路面和沥青路面。1996年，因承压不够，路面损坏严重，两侧违章建筑多，市政府成立文游路改造工程指挥部，实施全线改造，改造面积17.16万平方米，高邮大桥至邓桥段实施“三线”（电力线、电话线、照明线）下地，道路全线两侧设置路灯，工程投入7000万元，1998年底竣工。2005年，市政府对文游路中段（高邮大桥至武安路），长2.4千米，实施绿化、美化、亮化工程，用沥青摊铺机动车、非机动车道，用大理石装铺路牙和人行道路面，拓宽绿化隔离带，改造道路两侧绿化池，更换路灯，增设草坪灯、景观灯等，总投入3000万元。至此，该路成为纵贯城区中心的主干道。

金桥路 因金桥地名而得名。1994年辟建。南北走向，北起北澄子河南侧，南至通湖路，全长414.5米，路基宽7.7米，路面宽6.7米，路面为混凝土，厚15厘米。2003～2004年，实施路面改造和向南延伸至海潮东路工程。改造后的道路长1.08千米、宽12米。2005年，向北延伸，与秦邮路相接。

屏淮路 在拟称屏风路和原称淮江公路两路路名中各取一字而得名，位于市行政中心东侧。2003年3月开工建设，2004年末建成通行。南北走向，全长5.18千米。连结城市规划区北外环路、凌波路、秦邮路、通湖路、海潮东路、琵琶东路和武安路等主要道路。路两侧集聚江苏波司登制衣有限公司、江苏（中国）纺织服装城、帝景龙庭、盛丰·福邸、通达城市花园、江南明珠苑、市行政中心、润和·现代城等重点建设工程。该路分为北路、中路和南路。屏淮北路从北外环路至邮兴公路，跨越老横泾河，路长2.86千米、宽50米。屏淮中路从邮兴公路北侧至通湖路，跨越头闸干渠和北澄子河，路长540米、宽30米，其机动车道宽12米，两侧非机动车道各宽4.5米，绿化带各宽1.5米，人行道各宽3米，投资204.25万元。屏淮南路从通湖路至武安路，长2.27千米、宽50米，其中机动车道宽12米，为混凝土路面，道路排水、绿化、路灯等设施完善，投资1598万元。2005年，对屏淮中路进行建设性整治，在道路东侧建设宽20米的景观绿化带，配置植物，预留亮化管线，完善非机动车道。

人民路　清时名东大街，民国时期称民权路。东西走向，西起北门大街，东至高邮大桥，全长1.4千米。其中，西段由北门大街至人民桥，长1.14千米、宽6米；东段由人民桥至高邮大桥，长256米、宽12米。1981年10月，从草巷口至人民桥路段车行道铺成厚10厘米混凝土路面。1984年9月，混凝土路面由人民桥向东延伸至高邮大桥，车行道宽由4米改成6米。1989年，将草巷口向西的沥青路面改建成厚12厘米的混凝土路面。

通湖路　因通湖桥而得名。50年代后期辟建。东西走向，西起运河堤，东至扬州市高华化工有限公司，全长3.91千米。1980年，拓宽环城路（今名盂城路）至文游中路段路面，路宽27米，其机动车道宽9米，两侧绿化带各宽2米，非机动车道各宽4米，人行道各宽3米。1991年，拓宽改造文游中路至市电器厂（今市人民武装部）路段，长315米、宽38米，为混凝土路面。1998年3月，继续向东改造至屏淮路，长870米。1999年，投资34.8万元，对该路运河东堤至中山路段进行改造，改造后路长440米、宽13米，厚18厘米混凝土路面。至2005年，该路东段（长210米）未拓宽改造，仍是7米路幅。

海潮路　因古海潮庵而得名。东西走向，西起东门广场，东至大外环公路，全长3.12千米。西段西起东门广场，东至文游中路，长500米，称为海潮西路，1986年拓建，路宽从6米拓宽至41米，其中机动车道宽14.2米、两侧绿化带各宽2米、非机动车道各宽5.5米、人行道各宽5.9米，由泥结碎砖改为沥青路面。1989年，对该路段沥青路面进行全面维修。东段西起文游中路，东至黄渡大桥，长1.45千米，称为海潮东路。80年代，建成简易沥青路面。1994～1998年，先后两次拓宽，拓后路宽30.2米，其中机动车道宽12米、南侧非机动车道宽4.5米、北侧宽5.5米、中间各有1.5米宽的隔离绿化带、人行道各宽2.6米。至1999年，海潮路全部改建成混凝土路面，其中机动车道厚18厘米、非机动车道厚15厘米。2003～2005年，黄渡大桥改建为海潮大桥。海潮路进行全线整治改造。工程分两段：海潮大桥至东门广场路段，全长1.95千米，主要是拆除道路北侧武安支渠上的盖板，在支渠两侧砌筑驳岸，新增河道栏杆，在原北侧人行道位置建设4米宽绿化带，调整绿化苗木，用沥青摊铺机动车和非机动车道，人行道水泥路牙更换为大理石路牙，增设景观灯、草坪灯。海潮大桥至淮江公路绕城段，为新建工程，全长1.17千米，路宽44米，其中机动车道宽22米、非机动车道各宽4.5米、中间绿化带各宽2米、在道路两侧设景观绿化带各宽4.5米，配套设置路灯，并建设港湾式公交汽车站台。

图5-3　1999年改造后的海潮路

琵琶路　因古琵琶闸（洞）而得名。80年代辟建。东西走向，西起运河堤，东至文游中路，全长1.21千米。1994年，改建成长530米、宽18米的混凝土路面。1995年，由蝶园路向东延伸682米至文游中路。其中，蝶园路至盂城路长292米的路段车行道宽9米，南有人行道，北为绿化带；盂城路至文游中路长390米的路段车行道宽12米，人行道各宽3米。车行道皆为混凝土路面，人行道全部铺设混凝土预制块。2004年，随着瑞和·阳光城开发建设，琵琶路越过文游中路向东延伸至屏淮路，为混凝土路面。至2005年，该路尚在建设之中。

武安路　因直通武安乡而得名。80年代中期辟建。东西走向，西起文游中路，东至盐河，全长812.5米，路基宽8米，沥青路面宽6.4米。原为泥结碎石路，90年代铺浇沥青路面。1997年，由武安乡负责改建成厚18厘米混凝土路面，拓宽至16米，其中车行道9米、两侧人行道各3.5米。

秦邮路—国雄路　两路相连，均为东西走向，与南北向文游路形成“十”字相交。东路段名为秦邮路，东起京沪高速公路出口，西至文游北路，2003年辟建，长3.55千米，宽30米；西路段名为国雄路，东起文游北路，西至运河东堤，于2005年辟建，长1.7千米，宽18米。

二、次干道

80年代，城区规划范围内有次干道10条。至2005年，由于城市不断向东、北方向扩展，尤其是高邮经济开发区、居民住宅小区发展较快，城区次干道发展到24条。

南门大街　北宋时形成。明清时，称南大街。民国34年（1945）抗日战争胜利后，改称胜利街。新中国成立后，仍称南门大街。南起双人尽头巷，北至天桥，长588米。其中，北段（天桥至馆驿巷）长233米，南段（馆驿巷至双人尽头巷）长355米，宽2米，为砖石路面。70年代中期，北段路面拓宽至4米。1995年后，为举办国际邮文化研讨会和中国邮文化节，对该街北段及两侧房屋进行修缮，改造排水系统，路面拓宽至6米。

图5-4　2002年建成的具有明清风格的南门大街

北门大街　北宋时形成。明清时，称北大街。路面为断、整砖侧铺，少数地段为条石铺设。民国31年（1942），侵占高邮的日军出于军事需要，强行拆房拓路，路面拓宽至7米。民国36年（1947），对该街进行整修，机动车道与人行道分开。南起通湖路，北至冶炼厂，长1742米。新中国成立后，改名为建设路，“文化大革命”期间改名为红旗路。1989年1月，复名为北门大街。60年代中期后，先后6次维修改造该街路面。1996年，街道全线路面摊铺沥青。

御码头路　清康熙二十八年（1689），康熙皇帝南巡至高邮，驻跸御马监王之俊宅，其下船处，遂名御码头，此路故名御码头路。东起北门大街，西至运河东堤，长240米，断砖侧铺路面。民国20年（1931），高邮发生特大水灾，运河东堤决口，洪水将此路冲毁。民国36年2月，该路被改造为简易碎砖子路。新中国成立后，曾改名新马路，并陆续维修此路。80年代初，由县肉联厂出资将该路改建成混凝土路面。1985年，大运河拓浚，河堤东移，该路缩至155米，路宽6.8米，其中机动车道宽5.8米。1996年，路面摊铺沥青。

傅公桥路　清乾隆二年（1737），知州傅椿在傅公堤建桥，故名。该路原为人民路上一条2米宽的巷道，名科甲巷。1980年，将此巷由人民路向南拓宽延伸至通湖路，更名为傅公桥路。南起通湖路，北至人民路，长465米，宽15米，其中机动车道宽9米、人行道宽各3米。1982年，该路机动车道铺设简易碎石路。1984年，改造为混凝土路面。1996年，傅公桥至人民路段（288米）路面摊铺沥青。

运河堤路　民国初年（1912）形成，土路，原为扬清（扬州—清江）公路高邮临城段，因大运河堤得名。南起高邮运东船闸，北至市染化厂，长5652米，路基宽10米，其中机动车道宽6米。1950年，将土路改为碎砖路。1956年，大运河拓宽取直，该路东移。1958年，县公路站开始修建会车道，逐年拓建至5.5米宽的双车道。至1964年，会车道增至98处，总长750米。1970年，铺设长600米的简易沥青路面。1976年，全线铺设沥青。1985年1月，淮江公路（原扬清公路）高邮临城段改道高邮城区东郊，运河堤路转为民用道路。1996年，因文游路拓宽，实施交通分流，路面毁坏严重。1997年，投入资金170万元，修补5.38千米，达三级路面标准。

泰山路 民国31年（1942）形成，土路，路宽3～4米，雨雪天不能通车。东起东头闸，西至文游台，长2035米。新中国成立后，为沟通高邮至兴化的陆路交通，1955年11月23日至1956年5月4日，该路全面整修，改名为邮兴公路。1956年下半年，公路管理部门将土路改铺成简易碎砖路。1965年，该路形成宽3.5米的简易碎石路。1982年，路基拓宽至11米，路面拓宽至7.5米，并摊铺沥青。2000年，因京沪高速公路高邮出口接线道路（秦邮路）开通，该路转为民用道路。

珠湖路 1956年，大运河高邮城区段拓浚时，因民房拆迁至此而辟建，旧城墙砖侧铺路面，曾名支农路。南起人民路，北至繁荣路，长609米，机动车道宽9米，人行道宽各1.5米。1984年11月，该路机动车道改建为宽7米的混凝土路面，人行道宽各2.5米，其中宽各1.5米为砖铺路面，另宽各1米大部分为土路。

繁荣路 50年代初期形成，土路。1956年，在路东端建高邮水泵厂，改为碎砖路面。东起水泵厂，西至运河东堤，长357米，宽5.6米，其中机动车道宽4.8米。80年代初期，机动车道改建成混凝土路面。1995年、1999年，先后改造该路运河东堤至珠湖路、珠湖路至水泵厂段，重新铺设混凝土，路面宽分别增至6米、7米。

新华西路 70年代初形成，位于新华村故名。东起文游南路，西至南门大街，长992米，宽4米。该路西段（南门大街至五路桥）长156米，原为大猪集巷，路面一半为砖铺，一半为土路。1983年，改铺成宽4米的混凝土路面，并与南门大街贯通。东段（五路桥至文游南路）长836米，原为新华村的一条土路，70年代中期撤并庄台时形成。80年代中期，新华村组织村民用石灰渣将其铺成简易碎石路。1990年9月，改建成宽4.5米的混凝土路面。

高公桥路 该路原系一条3～4米宽的巷道，1978年拓宽建成，沥青路面。因靠近高公桥故名，曾名革命路。东起中山路，西至运河东堤，长391米，宽15米，其中机动车道宽9米、人行道宽各3米。1987年8月，由高邮镇建设管理办公室牵头，向有关单位集资，将该路机动车道改建成混凝土路面，并立碑纪念。

嘉禾路 1983年10月辟建，混凝土路面。南起通湖路，北至新河，长134米，宽16.5米，其中机动车道宽11米、人行道东侧宽3米、西侧宽2.5米。1996年，对路面进行修补，在混凝土路面上摊铺沥青。

垃圾场路 1986年，在东墩乡钓鱼村建垃圾场时辟建。东起文游北路，西至垃圾场，长270米，宽4.5米，碎石结构路面。

新河北路 80年代初期形成，土路。因位于新河北岸故名。东起傅公桥路，西至牛集桥南巷，长500米，机动车道宽5米。1987年，改建为混凝土路面。

北海路 原为南北向的一条河道。1989年，城建部门按照规划，在原河道位置埋设内径1米的混凝土下水管道，改筑成宽7米的简易碎石路。因位于北海新村故名。南起海潮路，北至通湖路，长627米。1989～1990年，将该路改建成混凝土路面，其中机动车道宽7米、人行道东侧宽2.6米、西侧宽3.4米。

南海路 原为南北向的一条河道。1992年，城建部门在海潮路至南海综合市场段的南北向灌溉河道位置上，建起钢筋混凝土盖顶、砖混墙体下水道，并在下水道上铺设混凝土路面。南海综合市场至琵琶路段，原为农田。1995年，开发建设成住宅区后，修筑从万斤桥向南延伸至琵琶路混凝土道路。因位于南海新村故名。南起琵琶路，北至海潮路，长667米，宽11.8米，其中机动车道宽7米、人行道东侧宽2米、西侧宽2.8米。

邓桥路 1992年辟建，混凝土路面。东起城区变电所，西至文游中路，长306米，宽12米，其中机动车道宽6米、人行道宽各3米。

长生路 1992年辟建，混凝土路面。东起环城路，西至蝶园路，长292米，宽15米，其中机动车道9米、人行道各宽3米。

长兴路 1993年辟建，混凝土路面。东起腰庄河，西至文游路，长838米，宽21米，其中机动车道15米、人行道宽各3米。

泰北路　1993年辟建，混凝土路面。东起高沙园东侧，西至文游北路，长644米，宽21米，其中机动车道宽12米、人行道宽各4.5米。

珠湖南路　1994年辟建，混凝土路面，曾名怡民路。南起新河北路，北至人民路，长340米，宽10米，其中机动车道宽7米、人行道宽各1.5米。

凌波路　1994年辟建，混凝土路面。东起东墩乡钓鱼村六组，西至文游北路，长562米，宽38米，其中机动车道宽15米、慢车道宽各5米、人行道宽各6.5米。

傅珠路　原为东西向的臭河边河。1994年，在河道上建成商品房，并修筑道路，为混凝土路面。东起种子站，西至珠湖南路，长260米，宽10米，其中机动车道宽7米、人行道宽各1.5米。

奎楼路　1997年9月辟建，混凝土路面。因用集资款7万元、拍卖公买私用移动电话款27万元建造，被群众誉为廉政路。东起文游中路，西至环城南路，长381米，宽8米。

新河南路　1997～1998年辟建，混凝土路面，位于新河南岸故名。东起傅公桥，西至北海子河边路，长504米，宽7米。其中，东段（傅公桥路至嘉禾路）245米，于1997年7月1日竣工；西段（嘉禾路至北海子河边路）259米，于1998年7月15日竣工。

三、支道与巷道

1986年前，城区规划范围内有支道19条、巷道232条。1986年后，随着城市的发展和高邮经济开发区、新的居民小区建设以及旧城改造，城区支道与巷道有所增加，也有所消亡。至2000年，废除和自然消亡支道、巷道44条，新增364条。2005年，城区（含高邮镇、高邮经济开发区、原武安乡）有主要支道与巷道699条，其中街路143条、巷556条。民国以前形成的街巷简介如下，其他路街巷详见《附录》中《城区和乡镇地名简况》（第1467页）。

华严街　宋代形成，土路，因附近有华严寺而得名。南起娘娘殿，北至双人尽头巷，长350米，宽3米。1999年，改建为混凝土路面。

复兴街　宋代形成，砖块侧铺路面，时称都酒务街，是与北门大街交错的商业街。新中国成立后，曾名复兴西路、兴无西街。80年代，恢复原名。东起北门大街，西至运河东堤，长474米，宽4米。70年代，东段（酱醋厂至北门大街）铺设成混凝土预制块路。90年代初，西段（运河东堤至禹王办事处）改建成混凝土路面。1998年，拆除东段混凝土预制块，改建为混凝土路面。

西塔街　宋代形成，砖铺路面，原名西门大街，因临近镇国寺塔（俗称西塔）故今名西塔街。东起中山路，西至运河东堤，长400米，宽3米。1982年，改建为混凝土路面。

前观巷　宋代形成，砖块侧铺路面，因位于元妙观、三茅宫两座道观南侧前方而得名。此巷在中山镇地籍原图上标注为五权路，新中国成立后恢复原名。东起东后街，西至中山路，长270米，宽3米。80年代，改建为混凝土路面。

滑石巷　宋代形成，当初为长条形细滑的大青石路面，后改为砖铺路面。据传宋朝抗金名将韩世忠的部下解元承州（今高邮）大捷，韩世忠前来祝贺，他的战马在滑石巷北端巷口不小心滑倒，韩世忠一看原来有几块大滑石，后来命令解元将滑石换成一般砖块，但滑石巷却因此而闻名。南起月塘河边，北至人民路，长72米，宽2米。90年代，改建为混凝土路面。

馆驿巷　明代形成，砖块侧铺路面。因巷内设有盂城驿而得名。“文化大革命”期间，曾改名新华巷。80年代，恢复原名。东起城南粮库，西至南门大街，长201米，宽4米左右。80年代中期，改建为混凝土路面。

东台巷　明代形成，砖块侧铺路面。关于东台巷名称，有两种说法：一说，此巷居住一批穆斯林居民，设有宣礼台，且巷子位于北门大街之东，故名。一说，此巷商家店铺多，商业兴旺，为东路水上运输的集散地，且住有很多东台商人，故名。新中国成立后，曾名复兴东路、兴无东路。80年代，恢复原名。东起傅公桥路，西至北门大街，长770米，路宽3米。70年代中期，改铺成混凝土预制块路。80年代，改建为混凝土路面。

熙和巷 明代形成，砖块侧铺路面，巷子两旁与东井、马棚、公园、钱家、普贤、禹家、当典等7条小巷相连，东侧紧贴高邮公园。南起府前街，北至马棚巷，长372米，宽2.8～4米。80年代初、中期，改建为混凝土路面。

焦家巷 明代形成，砖块侧铺路面，为高邮城区建巷早、巷道宽、巷子长的一条东西向的巷道。巷子里曾经住过民国时期江苏省建设厅厅长董赞尧等知名人物；巷内31号秦家大院为秦少游后裔的老宅。清末民初的高邮邮政局、民国初年的江苏银行高邮分行，新中国成立后高邮城区下设的高邮镇政府、扬州专区吸血虫病防治指挥部等曾设置在巷内。新中国成立初，曾改名朝阳巷，不久恢复原名。东起东后街，西至中山路，长262米，宽4米。1984年，改建为混凝土路面。

图5-5 百岁巷

百岁巷 明代形成，因巷子里住的大多数是官宦人家或富商大贾，巷宽9尺有余，青砖路面，时称房家巷。据传，为庆贺居住此巷尽孝道、守妇道的殷氏百岁生日，邻居们在巷子东首设立"百岁坊"。康熙五十五年（1716）八月十三日是殷氏百岁生日，当天，知州焦献猷到场为"百岁坊"牌坊揭彩，并宣布把"房家巷"更名为"百岁坊巷"。后来，人们直接称为"百岁巷"。东起东后街，西至中山路，长262米。1968年，"百岁巷"改名"军民巷"。1982年，恢复原名。1984年7月，改建为混凝土路面。

宝圣庵巷 明代形成，土路，因临近宝胜庵而得名。南起奎楼新村，北至东营巷，长220米，宽2.8米。90年代后期，改建为混凝土路面。

炼阳巷 明代形成，砖铺路面，因该巷对面建有炼阳楼而得名。南起臭河边河，北至人民路，长84米，宽约2米。1999年，改建为混凝土路面。

咸宁庵巷 明代形成，砖铺路面。东起骡马巷，西至柳园西巷，长181米，宽2.3米。90年代后期，改建为混凝土路面。

东后街 明代形成，为砖铺路面。清时，南自大巷折入北至州前大街段称东街。1947～1948年，测绘的中山镇地籍原图标明为察院桥南街。新中国成立后，定名为东后街。南起琵琶路，北至府前街，长897米，宽3米左右。1983～1984年，改建为混凝土路面。

西后街 明代形成，为砖铺路面。南起西塔街，北至工商巷，长1332米，宽3.7～4.8米。该街被府前街分为南北两段，南段有清代训诂学家王念孙和王引之故居——王氏纪念馆；清代秀才、精医道、善诗画、通金石的夏鼎故居——铁汉庐（"铁汉庐"匾额系1921年江苏省省长韩国钧所书写）。70年代中期，北段工商巷至高公桥路为混凝土预制块路面。80年代初期，先后将高公桥路至府前街段、府前街至西塔街段改建为宽3～3.2米的混凝土路面。1996年，工商巷至高公桥路改建为混凝土路面。

马棚巷 明代形成，为砖铺路面。东起熙和巷，西至中山路，长99米，宽5米。1999年，改建为混凝土路面。

梁逸湾 明代形成，为砖铺路面。该巷名称有两种说法：一说凉逸湾，有临泽镇诗人韦柏森写的《秦邮竹枝词》为证；另一说法巷子形如"上弦月""下弦月"首尾相连，叫亮月子湾。后来有一梁姓大户人家入住该巷，亮月子湾被喊成梁逸湾。1939年10月，日军侵占高邮后，将设在梁逸湾的大同医院强行改为"八千代"慰安所。该巷西起中山路，东经市印刷厂后身转弯向南至马棚巷，长370米，宽3～4米。80年代中期，改建为混凝土路面。2003年，旧城改造时，中山路至市印刷厂后身转弯处路段不存。

骡马巷 明清时形成，时称龚元帅巷。后苏州一户吴姓人家，为生活计，渡江北移，在此开骡马行。民国初年，巷子更名为骡马巷。南起民生路，北至复兴街，长201米，宽2.6米。80年代初期，改建为混凝土路面。

菜市街　清代形成，街两旁有商铺10多家，时为高邮城区北门繁华的地方。南起复兴路，北至御码头路，长307米，宽2.6米。1956年，利用大运河高邮城区段拓宽时拆掉的北门城墙城砖，重新铺设菜市街路面，地面建3条明暗窨沟。同时，在菜市街东侧2～6号之间拆掉一批民房，盖两排室内市场。60年代，县政府分别在人民影剧院北侧、珠湖路上建成菜市场，菜市街上的商贩逐渐分流，菜市街经营功能渐渐消亡。80年代后期，改建为混凝土路面。

草巷口　清代形成，部分路面为砖石。因东乡、北乡人运草、芦柴上城卖，从大淖河边挑柴草经过此巷，地上常常撒满稻草、麦秸、芦柴等，因此而得名。南起人民路，北至国雄路，长513米，宽约2.5米。80年代，改建为混凝土预制块路面。90年代中后期，对该路分段整治维护，逐步改建为混凝土路面。

猪草巷　清代形成，长条石路面。该巷原是一条小河，为方便两岸居民交通和店铺经营，在小河两边用砖石砌成矮墙墩子，在石墩上铺设200多块长约175厘米、宽约75厘米、厚约20厘米的黑色长条石，形成路上走人、路下淌水的巷子，故名空心街。空心街靠近元沟子河，东乡收猪草、猪脚肥、草木灰、人畜粪尿的农民，经空心街到御码头、通湖桥，一路吆喝。此后，人们便把空心街称作猪草巷。1958年左右，改名为猪草巷，后名工农巷。80年代，恢复原名。东起珠湖路，西至北门大街，长240米，宽2.5米。80年代后期，改建为混凝土路面。

杨家巷　清代形成，因巷子中段有“杨宅”而得名，青砖路面。据《高邮州志》载，清道光年间，杨家在高邮城就颇负盛名。光绪六年至二十年（1880～1894），杨福臻及其三儿子杨芾和五儿子杨蔚相继考中进士，跃登龙门。南起北小巷尾，北至复兴街，长253米，宽约3米。90年代，改建为混凝土路。

菊花巷　清代形成，原名为贾家巷，因巷内有“贾府老宅”（清代贾国维故居）而得名，青砖路面。“文化大革命”期间，曾名红心巷。80年代，改名菊花巷。南起玉带河，北至府前街，长128米，宽4米。2003年，实施府前街第二期改造工程时，改建为混凝土路面。

孙家巷　清代形成，因巷内有清末秀才孙殿丞的老宅而得名，青砖路面。古生物学家孙云铸在此出生。该巷位于县委原党校校址门前，西起梁逸湾，东至原高邮镇玻璃厂，长63米，宽约5米。90年代，改建为混凝土路面。

竺家巷　清代形成，砖铺路面，位于人民路南，与北面的草巷口巷隔路相望。南起臭河边河，北至人民路，长93米，宽2.8米。作家汪曾祺故居在此巷9号。2000年，改建为混凝土路面。

太平巷　清代形成，砖铺路面。南起东台巷，北至新建路，长80米，宽3米。2000年，改建为混凝土路面。

三元桥巷　清代形成，砖铺路面。南起三元桥，北至东台巷，长70米，宽2.5米。2000年，改建为混凝土路面。

千佛庵巷　清代形成，土路。巷内有清代清真寺建筑。东起西后街，西至运河东堤，长240米，宽3米。80年代中期，改建为混凝土路面。

东营巷　清代形成，砖铺路面，因位于州署以东域地“东营”而得名。东起蝶园路，西至东后街，长210米，宽2.5米。80年代中期，改建为混凝土路面。

军斤巷　清代形成，砖铺路面。传说此地原是兵丁演武厅所在地，时称军厅巷。新中国成立后，称为军斤巷。东起蝶园路，西至长生桥，长180米，宽3米。80年代中期，改建为混凝土路面。

傅公巷　清代形成，砖铺路面。东起兽医站东，西至傅公桥路，长59米，宽3米。80年代中期，改建为混凝土路面。

窑巷口　民国期间形成，新中国成立后曾改名五七路。南起人民路，北至北窑庄，长406米，宽3.5米。该巷从人民路至育肥场段为砖铺路面。1983年，该段改建为混凝土路面。80年代后期，育肥场至北窑庄段，改建为混凝土路面。1995年，当地居民主动集资，将该巷及周边支巷进行整修，并改造排水系统。

光荣巷　民国期间形成，砖铺路面。东起熙和巷，西至中山路，长101米，宽3.8米。1981年，改建为混凝土路面。

公园西巷　民国期间形成，砖铺路面。南起高邮镇玻璃厂南，北至通湖路，长300米，宽2米。80年代后期，改建为混凝土路面。

大、小猪集巷　民国期间形成。大、小猪集巷之间有占地10多亩的猪集市，其对面四间楼上下的板楼——汇通大楼为怡成粮行。由此，这条巷子曾称怡成巷。新中国成立后，分别改称为大、小猪集巷。60年代，原猪集市的地方划归相邻的原福利油米厂。大、小猪集巷西起南门大街，东至五路桥，长分别为150米、50米，宽分别为3.5米、2米。80年代，改建为混凝土路面。

第二节　广场　城雕

一、广场

东门广场　1988年建成。位于府前街、海潮路与盂城路交会处，是老城区中心广场，占地5600平方米。广场形似喇叭，东端大，西端小。东端建有椭圆形台阶花坛，西端建有长三角形花圃。1997年10月，市政府对东门广场进行全面改造，清除台阶花坛和长三角花圃，在广场中心建造一座圆形花坛。花坛中心设置由南京晨光机械厂铸造的"邮驿之路"青铜雕塑——秦代邮差骑马飞奔传书的雕像，以形象化的不锈钢敞开式拱门为陪衬，将古代文化与现代文明有机结合。花坛周围置放应时鲜花，晚间配照彩色灯光，成为城区景观之一。

北海广场　1991年9月建成。位于傅公桥路与通湖路交会处东北角。南连繁华商业街，北靠北海影剧院、傅公桥，东接通湖路中段，西邻人民商城和公共汽车站，占地2160平方米。广场有1.5米高的彩色灯光喷泉1座、叠落式花池4座，地下铺有供水管道，地面用彩色水磨石铺筑，四周设有水磨石长条凳与4座马赛克贴面的花坛。另有7座供游人小憩的蘑菇亭。2005年，因实施地块整体改造，该广场拆除。

府前街市民广场　1997年建成。位于府前街南侧、市政府旧址门前、玉带园住宅区内。由市规划设计室设计，市政工程处组织施工，占地1322.75平方米，以草坪为主，四周留有游憩地，是玉带园和府前街居民游憩休闲的场所。

图5-6　2002年建成的蝶园市民广场夜景

蝶园市民广场　2002年9月建成。位于盂城路西、琵琶路北、蝶园路东、长生路南，占地11.6公顷，地面铺以彩色广场砖。内设树林、小桥、河流、甬道、亭阁、假山、人工湖、名人雕塑园、儿童游乐场等，地下管线、照明、环境卫生、护城河绿化等设施齐全。广场绿化采用大面积的草坪和地被植物坪，绿地率40%，绿化覆盖率60%。广场由南京园林设计研究院设计，上海八发房地产实业有限公司投资建设，造价1500万元。广场东侧有宋代城墙，东南角有明代奎楼相衬托，景观内容丰富，节日游人如潮，是城区居民晨练和休闲的好去处。

海潮市民广场　2003年建成。位于市行政中心南、屏淮路西、海潮东路北、金桥路东。占地6.5公顷，其中绿化面积4.5公顷，内设鹅卵石路径、土山、树木、人工湖等设施。广场大面积种植高羊茅草坪。南边正门两个入口处之间配有大型喷泉。入口处两条主道路栽植大香樟24株。中心广场两翼各设1处小游园，内有鹅卵石路径连接，遍植树木。西游园北侧设置人工湖，湖里放养观赏鱼类，种植水生花卉。广场共有绿化品种34个，主要为香樟、广玉兰、夹竹桃、垂柳、刚竹等，乔木、灌木、草坪相得益彰，四季树木常青。

二、城雕

名胜古迹雕塑　1985年12月8日，在文游台内举行秦少游全身塑像揭幕典礼。塑像高2.55米，玻璃钢塑材，古铜色，由雕塑家、教授张充仁设计，江南造型艺术公司制作。1994年，在王氏纪念馆内建有王氏父子塑像，灰砂混凝土结构。其中，王念孙塑像为坐姿，高1.5米；王引之塑像为立姿，高1.95米。

广场雕塑　1997年10月，位于东门广场中心的“邮驿之路”大型雕塑揭幕。该雕塑由中央工艺美术学院雕塑系主任赵萌领衔设计，由市建设委员会市政工程处承建，主雕以青铜制作，重5.5吨，高2.85米、宽2.2米、长8.2米。内容是蹄踩祥云、鸿雁伴飞、沿驿道向东奔驰的3匹骏马和跃马扬鞭、急令传书的两位信使。主雕两侧是用不锈钢亚光材料制成的高9.1米的拱门，寓意为群马激昂奋进，穿城而过，继往开来，奔向未来。主雕基座上是表现古城风物、风貌的汉白玉浮雕。

图5-7　1997年10月，举行东门广场“邮驿之路”雕塑揭幕仪式

2005年7月，蝶园市民广场建成占地2000平方米的名人雕塑园。园内设置汪曾祺（塑像）、魏源（倒树劝学）、王引之（夜读）、王陶民（美画共赏）、秦少游（踏春）、王磐（唱曲）、孙云铸（塑像）、王永吉（对弈议政）等8位古今名人群雕，由南京润冬石雕塑公司设计，以玻璃钢材料制作。

企业与居民小区雕塑　1984年，县棉纺厂建成投产时设置一座纺织女工塑像，由丹阳、武进等6个县市的纺织企业共赠。该塑像高4.5米（塑像2.8米、底座1.7米），为汉白玉制成。1996年5月，江苏精佳集团大门内设置一座“拓荒牛”石雕。该石雕牛身高1.8米、长3.6米，底座高1米，南面镌有“毋须扬鞭自奋蹄”7个凹形金字。至2005年，南海小区、金桥小区等新建居民住宅区也分别设置一些体量不大的雕塑。

道路雕塑　1996年，文游路全线改造后，在南端上下坡处设置不锈钢雕塑“鸿雁传书”，在北端上下坡处设置“铁牛镇水”雕塑。1997年，举办首届中国邮文化节，为营造气氛，宣传邮文化，文游南路沿线两侧设置与邮文化相关的雕塑小品。1998～2005年，琵琶路、海潮路相继建成，分别在路边设置游憩性的小雕塑群。

第三节　桥　梁

1985年，城区有中型桥梁（长20～100米）10座、小型桥梁（长20米以下）25座，总长535.6米。1986年后，城区桥梁建设发展较快，桥梁建造结构和施工方法亦有改进。从混凝土平板桥、双曲拱桥发展到混凝土桁架拱桥和肋拱桥；从有支架施工、灌注桩施工发展到吊装施工，并逐步加大桥身宽度和载重负荷，以适应机动车辆通行。至1999年，先后新建、改建、修建混凝土结构的特大型桥梁（长500米以上）1座、中型桥梁9座、小型桥梁4座。2000年起，先后新建、翻建大型桥梁（长100米至500米）

4座、中型桥梁9座、小型桥梁13座。至2005年，城区共有主要桥梁75座，其中特大型桥梁1座、大型桥梁4座、中型桥梁28座、小型桥梁42座，总长3.35千米，面积3.96万平方米。

一、特大型桥梁与大型桥梁

1998年，境内建成首座特大型桥梁——高邮运河大桥。2002～2005年，先后建成高邮运河二桥、东环路北澄子河桥、北环路头闸干渠桥、海潮大桥等4座大型桥梁。至2005年，城区有特大型桥梁、大型桥梁共5座，其中特大型桥梁1座、大型桥梁4座。

高邮运河大桥　1996年10月18日，动工兴建。1998年7月18日，建成通行。位于城区西南的京杭大运河上，东西走向，西接漫水公路，东通淮江公路文游南路段。按二级公路配套桥梁建设。主桥长676.6米，桥东引道长520米，桥西引道长1250米，行车道宽9米，全宽11.5米，为桁架式混凝土平板桥，设计荷载汽-20、挂-100，通航净空宽65米、高7米。工程总投资2760.5万元。由省交通规划设计院设计，中国铁路工程公司大桥局承建。该桥为全市首座特大型桥梁，沟通城区与湖西4个乡镇的联系。

高邮运河二桥　2001年9月16日，动工兴建。2002年10月18日，建成通行。东起通湖路西端，西至运河西堤，桥长485.16米、宽9米，桥体呈S形。全桥采取下承式预应力钢筋混凝土系杆桥结构，引桥采用钢筋混凝土连续箱梁结构，桥梁设计荷载汽-20、挂-100，最大行车速度40千米/小时，通航净空宽80米、高7米，设计基本抗震烈度7度。由北京建达道桥咨询公司设计，中铁四局集团第二工程有限公司承建。工程总投资1636.65万元。

东环路北澄子河桥　2003年，建成通行。位于北澄子河上，全长300米、宽16米，为钢筋平板结构，设计荷载汽-20、挂-100。

北环路头闸干渠桥　2004年，建成通行。位于头闸干渠上，全长200米、宽16米，为钢筋平板结构，设计荷载汽-20、挂-100。

图5-8　2005年建成通行的海潮大桥

海潮大桥　2003年12月，开工建设。2005年9月，建成通行。系省危桥改建计划黄渡大桥改建项目。位于海潮东路东端、黄渡大桥北50米，横跨盐河，东接淮江公路绕城段，西连城区，因位于海潮路而得名。全长600米，其中主桥长182.99米、宽35.6米，按二级公路标准建设，设计行车速度80千米/小时，沥青混凝土路面，荷载汽-20、挂-100。桥梁跨越五级航道，通航净宽38米、净高5米，主跨采用预应力钢筋混凝土T形梁，边跨采用钢筋混凝土空心板梁。桥两侧设有360米长的大理石护栏，镶嵌反映高邮主要历史人文景点的8面浮雕和4块红底金色字、中英文对照的大理石桥铭牌。大桥接线480米，标准为城市干道三级。工程总投资2500万元，其中大桥主体工程1600万元、桥两头接坡工程900万元。该桥由中铁四局集团公司承建。

二、中小型桥梁

80年代，城区共有中小型桥梁35座，其中中型桥梁10座、小型桥梁25座。90年代起，陆续修建一批新的中小型桥梁。至2005年，新修建中小型桥梁31座，其中中型桥梁16座、小型桥梁15座，累计城区有中小型桥梁70座，其中中型桥梁28座、小型桥梁42座。

傅公桥　原为木板桥，位于原北护城河东端，因清乾隆时知州傅椿主持建造而得名。1980年，改建为混凝土双曲拱桥，跨度31.9米、长44.5米、宽4.5米，设有栏杆，设计荷载汽-6。1999年5月，因钢筋锈蚀，被鉴定为危桥。2000年10月，在原址按设计荷载汽-20、挂-100的标准，新建成长43米、宽15.5米的钢筋平板桥。投资105万元。

黄渡大桥　1985年，建成通行，时为全县最长的桥梁。位于盐河上，时为沟通城东郊与龙奔乡间主要桥梁。全长92米、宽7米，混凝土平板结构，设计荷载汽-15。

高邮大桥（泰山桥）　1985年，建造。坐落在北澄子河上，系省道淮江公路高邮城区文游路段重要公路桥，南北走向，东通邮兴公路，西连人民路。始称泰山桥，为石拱桥。后改为混凝土双曲拱桥，更名为高邮大桥。2001年10月至2002年8月，由市水利工程建设总公司拆除重建。重建后桥长63.5米、宽25米，设计荷载汽-20、挂-100。因该桥位于文游台景区古泰山庙（北宋东岳行宫，民国36年毁）正南门前，故重新命名为泰山桥。

高邮船闸大桥　1985年，建成通行。位于淮江公路与文游南路、盐河与运河交会处，高邮船闸东侧。全长56米、宽20米，钢筋平板结构，设计荷载汽-20、挂-100。

琵琶天桥　1989年，建成通行。位于琵琶路西段，是横跨中山路，连接运堤路与琵琶路的天桥。全长61米、宽15米，钢筋平板结构，设计荷载汽-15。

沿河大桥　2001年10月，开工建设。2002年8月，建成通行。位于城区东南郊与武安集镇连接处，横跨盐河，通武安路。全长80.2米、宽9.5米，设计荷载汽-20、挂-100。

屏淮大桥　2004年5月，开工建设。是年11月，建成通行。位于城区北澄子河与北头闸干渠相邻处，贯通屏淮路，故称屏淮大桥。南部横跨北澄子河，北部横跨头闸干渠，中部连接原邮兴公路。其桥路采用平交叉连接。全长76.1米，在北澄子河上设置3跨，在头闸干渠上设置2跨，跨距皆13米；桥宽30.6米；设计荷载汽-20、挂-100；基本抗震烈度7度。总投资520万元。

2005年高邮市城区中小型桥梁情况一览表

表5-1

名称	兴（修）建时间	跨越河道	长度（米）	宽度（米）	结构	设计荷载
南石桥	民国	长生河	4.6	6.5	混凝土平板	汽-5
北石桥	民国	承志河	4.0	7.0	混凝土平板	汽-8
五路桥	50年代	马饮塘河	6.8	5.7	砖拱	汽-3
人民桥	1963年	小淖河	15.1	5.3	混凝土平板	汽-8
挡湾桥	60年代	大寨河	19.3	1.7	砖拱	汽-3
种子桥	1977年	臭河	20.0	4.0	钢筋平板	汽-15
钓鱼村桥	1977年	老横泾河	20.0	3.5	钢筋平板	汽-5
垃圾场桥	1979年	头闸干渠	37.0	4.0	钢筋平板	汽-15
新坝桥	70年代	南关渠	38.6	12.0	钢混平板	汽-10
南水关桥	70年代	穿心河	4.2	2.2	混凝土平板	汽-2
南仓桥	70年代	穿心河	3.2	2.3	砖拱	汽-2
西石桥	70年代	穿心河	5.5	7.3	砖拱	汽-2
纸箱桥	70年代	穿心河	8.0	8.0	砖拱	汽-5
察院桥	70年代	玉带河	6.0	3.0	砖拱	汽-5
中市桥	70年代	穿心河	6.0	12.0	钢筋平板	汽-15
高公桥	70年代	穿心河	8.0	12.0	钢筋平板	汽-15

续表 5-1

名称	兴(修)建时间	跨越河道	长度(米)	宽度(米)	结构	设计荷载
北仓桥	70年代	穿心河	6.0	5.0	砖拱	汽-10
承志桥	70年代	承志河	4.0	3.0	砖拱	汽-8
三元桥	70年代	承志河	3.0	1.5	砖拱	汽-5
大寨河桥	1980年	大寨河	20.0	30.0	钢筋平板	汽-20、挂-100
环卫桥	1983年	护城河	9.3	6.7	钢筋平板	汽-15
淮扬大桥	1984年	老横泾河	27.0	32.0	钢筋平板	汽-20、挂-100
盐河大桥	1984年	盐河	36.0	4.3	钢筋拱桥	汽-10
黄渡大桥	1985年	盐河	92.0	7.0	混凝土平板	汽-15
高邮船闸大桥	1985年	运河至盐河	56.0	20.0	钢筋平板	汽-20、挂-100
高邮大桥	1985年	北澄子河	63.5	25.0	钢筋平板	汽-20、挂-100
搭沟桥	1987年	元沟子河	13.5	6.5	钢筋平板	汽-15
万金河桥	1988年	公路站南	46.7	15.0	钢筋平板	汽-20、挂-100
北头闸灌溉渠桥	1988年	灌溉渠	42.0	15.0	钢筋平板	汽-20、挂-100
琵琶天桥	1989年	南门大街	61.0	15.0	钢筋平板	汽-15
蝶园桥	80年代	琵琶河	11.0	9.3	钢筋平板	汽-20、挂-100
小桥	80年代	玉带河	6.0	7.0	砖拱	汽-15
人武桥	80年代	玉带河	6.0	8.0	混凝土平板	汽-5
虹桥	80年代	玉带河	6.0	3.0	砖拱	汽-5
凤凰桥	80年代	凤凰河	4.0	5.0	钢筋平板	汽-10
通湖桥	80年代	穿心河	4.0	13.0	混凝土平板	汽-8
养丰闸桥	80年代	承志河	3.0	9.0	砖拱	汽-8
北门桥	80年代	涵管	6.0	8.0	混凝土平板	汽-15
北海桥	80年代	武安支渠	6.0	11.0	钢筋平板	汽-8
长生桥	1991年	护城河	11.0	12.0	钢筋平板	汽-15
南海桥	1992年	东门大沟	23.0	13.0	钢筋平板	汽-15
长兴路桥	1993年	腰庄河	23.0	15.0	钢筋平板	汽-15
泰北路桥	1994年	灌溉渠	33.0	4.0	钢筋平板	汽-15
佳禾桥	1995年	新河	38.0	17.0	钢筋平板	汽-15
南澄子河桥	1997年	南澄子河	20.0	30.0	钢筋平板	汽-20、挂-100
文游北路灌溉渠桥	1997年	灌溉渠	14.0	32.0	钢筋平板	汽-20、挂-100
育肥场桥	1998年	小淖河	23.8	5.8	钢筋平板	汽-20、挂-100
马饮塘河桥	1998年	马饮塘河	8.0	15.0	钢筋平板	汽-20、挂-100

续表 5-1

名称	兴（修）建时间	跨越河道	长度（米）	宽度（米）	结构	设计荷载
傅公桥	2000 年	新河	43.0	15.5	钢筋平板	汽-20、挂-100
畜产桥	2000 年	玉带河	6.0	11.0	钢筋平板	汽-20、挂-100
新华园西桥	2000 年	马饮塘河	18.0	16.0	钢筋平板	汽-20、挂-100
新华园东桥	2000 年	马饮塘河	12.0	16.0	钢筋平板	汽-20、挂-100
凌波路桥	2002 年	五号河	5.0	29.0	钢筋平板	汽-20、挂-100
沿河大桥	2002 年	盐河	80.2	9.5	钢筋平板	汽-20、挂-100
大淖河桥	2003 年	大淖河	45.0	18.5	钢筋平板	汽-20、挂-100
元沟子河桥	2003 年	元沟子河	17.0	20.0	钢筋平板	汽-20、挂-100
东门大沟桥	2003 年	东门大沟	11.0	30.0	钢筋平板	汽-20、挂-100
蝶园景观桥	2003 年	护城河	15.0	4.0	钢筋平板	人行桥
南环路南澄子河桥	2003 年	南澄子河	16.0	16.0	钢筋平板	汽-20、挂-100
东环路卞家沟桥	2003 年	卞家沟	16.0	16.0	钢筋平板	汽-20、挂-100
东环路老横泾河桥	2003 年	老横泾河	40.0	16.0	钢筋平板	汽-20、挂-100
秦邮路大桥	2004 年	头闸干渠	43.0	30.0	钢筋平板	汽-20、挂-100
武安路大桥	2004 年	盐河	36.0	26.0	钢筋平板	汽-20、挂-100
屏淮大桥	2004 年	头闸干渠、北澄子河	76.1	30.6	钢筋平板	汽-20、挂-100
南菜园桥	2004 年	玉带河	6.5	5.0	钢筋平板	汽-8
屏淮北路桥	2004 年	老横泾河	36.0	18.0	钢筋平板	汽-20、挂-100
北环路五号河桥	2004 年	五号河	16.0	16.0	钢筋平板	汽-20、挂-100
北环路北关河桥	2004 年	北关河	40.0	16.0	钢筋平板	汽-20、挂-100
金桥北路桥	2005 年	老横泾河	34.0	18.0	钢筋平板	汽-20、挂-100
金桥路桥	2005 年	东门大沟	13.0	24.0	钢筋平板	汽-20、挂-100

第四节　城　河

一、河道整治

80年代后期，县政府发动驻城单位对城区10多条河道进行清浚，其中重点整治穿心河、护城河、长生河、玉带河、邮中大沟、承志河等6条河道，总长6.35千米，清淤1.8万立方米。1990年，对北澄子河实施拓浚。1994年，整治疏浚臭河边河汪家巷至种子站河段。1998年，对西后街西侧的凤凰河进行清淤整治。2001年，市政府组织83个部门和单位对城区20条河道进行清淤清障，以确保排水排污，总长20千米，清除垃圾杂物3万立方米，动用运输机械3000多辆次，人力3万多人次，拆除沿河违章建筑27户，面积200多平方米。2002年，再次组织城河清淤，清淤4000立方米。2003年，对城区出水口进行全面清理，对城河实施重点清淤，清淤4500立方米。2005年，市河道管理处对城区琵琶河、护城河、万金河、玉带河、穿心河、东门大沟、东营大沟、蝶园大沟、长生河、武安支渠、马饮塘河、承志河等12条河道实施全天候保洁，负责打捞清理河道垃圾、水草、漂浮物、淤泥和岸边杂草，拆除清理河床暗坝、杂物2000立方米，明确专人开闸放水，对城河实行冲污，确保水系畅通。是年，该处对东门大沟清淤1.5万立方米，工程长度1800米；对穿心河、玉带河清淤800立方米，工程长度1.6千米；对大淖河、小淖河实施水花生药物清除，面积1.33公顷；对马饮塘河新华园段进行清障，共清理水草、漂浮物和岸边垃圾200多立方米。是年，市政府将城河管理等机构与职能划归市水务局，由其下属单位河道管理处对城河实行保洁与治理。

二、河道建设

1987年，县城乡建设环境保护局针对城西积水难排的状况，对凤凰河全面浚深并砌建块石护坡。1988～1989年，在琵琶河、玉带河西端、穿心河南端进水口处垒起块石河墙，新建珠湖新村排水泵房、块石河墙和东门大沟排水闸。1991年，整治护城河，河道两旁铺砌块石护坡，面积4800平方米。公园大沟两侧砌建块石护坡，南海新村东侧臭河沟改建成地下排水道。1993年，整治长450米的东门大沟与长121米的邮中大沟，并砌筑块石护坡。1994年，将被垃圾填塞的牛集河改建成珠湖南路，上游承志河由新建的地下涵洞连接新河出水。1998年，为解决千佛庵巷一带居民受涝问题，对凤凰河加覆盖板，建成长100米、宽3米的路面。结合府前街第二期改造工程，对玉带河至府前街一段的穿心河复建箱涵，在新河南北两岸砌筑块石护墙，总长1千米，投资150万元。在琵琶洞入口砌筑块石护坡，总长226米。该工程投资16万元。实施东门大沟两侧块石护坡工程，全长1.5千米，投资50多万元。2001年，对玉带河下游原高邮镇红旗纱厂箱涵和新河西头箱涵进行改造。2005年，市水务局对城河实施工程治理，在武安支渠尾部建造1座退水闸，用顶管工艺打通武安支渠与东门大沟地下涵洞，使汛期洪水能够迅速经东门大沟排入运盐河，也能使该渠上游进行蓄水，保持河道活水状态。对北澄子河城区段开始实施整治工程，全长3.2千米，投资2200万元。对马饮塘河维修闸坝，调运土方40立方米，对河坝进行加固。调集人力和机械实施大运河引水工程和穿心河上游整治工程。

图5-9　2001年，整治后的奎楼至原高邮镇红旗纱厂段护城河

第五节　排水与防洪

一、排水管道建设

1984～1986年，县城乡建设环境保护局对城区排水管道实施全面整治，共铺设排水管道407条，其中大街铺设4条、后街小巷铺设403条，长25.45千米。1987～1992年，对凤凰河、护城河北段、北海河实施改造。在凤凰河挖土4452立方米，砌筑块石护坡846立方米，将263米长的河道改建成排水暗渠，东端建排水泵房，西端接排水管道。将护城河北段河道改建成排水管道，长600米，上面建成小商品一条街。将北海河改建成管道排水，上面建成北海路。通过埋设管道，打通承志河下游至新河西端2个出水口以及从北海新村至轧花厂后门的出水口。整治南海新村东侧臭水沟，将其改建为净宽1.8米的排水箱涵，汇集南海新村各支管道的排水入东门大沟。1993～2000年，在长兴路、泰北路、文化宫路、市政府大院、通湖路、府前街、文游路、傅珠路、金桥路、琵琶路、屏淮路、邓桥二巷、新华园等地设置、

改造排水管道。至2000年末，城区排水管网基本完善，共有排水管道1093条，总长118千米，排水明沟4千米。2001～2005年，对玉带河下游原红旗纱厂箱涵、水上新村、水部楼地区、北海三村、长生路、黄庄北路、蝶园路、东井巷、屏淮路、盂城路南段、琵琶东路、沿河西路、金桥路等地的涵道、管道进行设置和改造。至2005年末，城区排水管道总长132.4千米。

二、防洪设施

80年代，县水利局对大运河堤城区护坡进行加固和浆砌。1991年，全市遭遇特大洪灾。灾后，进一步修订城区防洪规划，理顺城区内河排水体系，以人民路为界，形成南北两大排水系统。南片通过马饮塘河、东门大沟、北澄子河将雨水排出城外，北片通过排水泵将雨水经老横泾河输出城外。1992～1994年，对老运河9.2千米西堤实施加固护坡工程，并通过水利部淮河水利委员会的验收。1999年，在城区南水关、琵琶洞、东门节制闸、原红旗纱厂、养丰闸、新河头、长生河、珠湖新村、大淖河等处分别设立防洪涵闸泵站。2004～2005年，加强积水区整治，先后对城西、南古塔积水区的珠湖路段排水管网进行改造，投资50万元。在北海三村积水区设置管道与文游路主管道相接。同时，对城区骨干河道进行疏浚，确保汛期排水畅通。

三、污水处理工程

1986年，县委、县政府重视因工业废水引起的水污染问题，并投入资金实施治理。由于资金不足、技术短缺，污水治理工作进展不快，成效不明显。1997年起，为完成国务院提出的“到2000年底，全国所有的工业污染源要达到国家或地方规定的污染物排放标准”的目标，先后投资2300万元，实施限期治理。至2000年9月，全市工业废水排放达标率99.9%，通过扬州市政府检查验收。2003年4月28日，开工建设市海潮污水处理厂。至2005年，全市设污水接收管道20千米。

第六节　路　灯

一、设计安装

1986年前，城区路灯以白炽灯为主，少数主要干道如县府街、中山路等为长臂式汞灯。1986年后，随着城区道路建设，城区主干道路灯逐步改为高压汞灯，灯形由单一的橘黄圆球形变为水晶球形、琵琶形、飞机形等。1996年，在新改建的文游路中段埋设路灯专用地下线和64根金属钢管灯柱，并在道路两侧灯柱上安装双臂琵琶形高压钠灯。至2000年末，城区主要街道共有架空照明输电线路95千米。共安装路灯3000盏，其中高杆钠灯400盏、水泥杆汞灯500盏、白炽灯300盏、后街后巷照明路灯1800盏。全城路灯系统光源安装总功率350千瓦。2005年，城区亮灯率97%。

二、照明工程

90年代，城区照明工程（亮化工程）起步。城区主要干道府前街、海潮路、通湖路、文游路、文化宫路、蝶园路、中山路、傅公桥路、环城路、北门大街等均陆续更换成高压钠灯。2001年后，市政府加大招商引资力度和城市建设步伐，加强通湖东路、海潮东路等道路基础设施建设，增设一批路灯。至2002年末，城区主要道路路灯总数3500盏。2003年，加大路灯改造力度，提高路灯整体质量。城区增加路灯898盏，秦邮路、外环路、屏淮路中段单臂钠灯均改为双臂钠灯。2004年，增加路灯620盏，屏淮路南段、通湖路单臂钠灯全部改为双臂钠灯，海潮市民广场设立中华灯、蝶恋花灯、玉兰花灯、宝石灯、中国节灯共106盏。2005年，城区夜景亮化有质的飞跃，根据不同路段，设置高矮不等的草坪灯、反射灯、轮廓灯、变色灯等。至年末，城区路灯及各类照明灯具共有6827盏，总功率1328.9千瓦。

第七节　公共建筑

一、行政办公用房

市政府大院　位于府前街中段北侧。新中国成立后，由古高邮州署改造为市党政机关办公用房。1986～2003年，是市委、市人大常委会、市政府、市政协所在地。位于大院正中的是市政府机关办公大楼，其正南面是大型的圆形花圃，四周是人行道和车行道。西南面是政府会议楼、办公与车库混合楼。北面是市委机关两幢办公楼。西面是市人大常委会、市政协机关办公楼，市委统战部办公楼以及市档案局办公楼。每幢楼各具特色，浑然一体，又错落有致。2004～2005年，仍有少数机关单位在此办公。

市行政中心楼群　位于海潮东路28号。2002年9月破土动工。2003年10月建成。由上海同济大学设计，深圳陆宇投资有限公司承建，总投资8000万元。2004年，市委、市人大常委会、市政府、市政协和部分市直机关迁入。该楼群由主楼、东西附属楼、会议中心、广场（海潮市民广场）、附属设施等5个部分组成，主楼高12层，并设有升旗台、灯光喷泉、人工湖、人工草坪等景点。占地8公顷，建筑总面积3.27万平方米。该楼群为全市重点标志性建筑。

市公安局办公楼　位于府前街中段北侧58号。1997年10月建成。由北京航空航天大学设计院与市建筑设计院共同设计，东墩第四建安公司三处承建。占地1232平方米，建筑面积3800平方米，主楼7层，局部9层，框架结构。第九层为圆形，楼顶装有发射塔，高49米。工程投资800万元。是扬州市优质工程。

市建委（城乡建设局）办公楼　位于长生路东段南侧、蝶园风景区北边。1998年建成。由南京建筑设计院设计建筑图，市建筑设计院设计结构图，市建设投资实业公司承建。占地3500平方米，建筑面积4016平方米，工程投资1000万元。楼前是敞开式广场，占地435平方米，楼的北立面为绿色玻璃幕墙。

建工大厦　位于文游中路和海潮路交会处西南角。2002年12月开工建设。2004年建成。由同济大学建筑设计事务所设计，中铁四局有限公司承建。该大厦共16层（地上15层、地下1层），高69.4米，建筑面积1.46万平方米。全楼融办公与餐饮、宾馆经营为一体，时为全市第一高楼。总投资3500万元。

农林大厦　位于文游中路东宋庄路西端。2003年3月开工建设。10月竣工。建筑面积1.02万平方米，其中主楼面积6340平方米，总投资1000万元。

二、交通、邮电、供电用房

市交通指挥中心楼　位于通湖路110号。1999年建成。是1997年中国邮文化节期间洽谈合作的7个重点项目之一，合作方为北京怡景城经贸发展公司。由同济大学建筑设计院和市建筑设计院共同设计。主楼8层，局部10层，建筑面积1万平方米，其中办公楼3900平方米、裙楼门面房2100平方米、商品住宅楼4000平方米。总投资1500万元。

市邮政生产枢纽楼　位于文游中路（邓桥段）。1999年12月，主体工程封顶。占地1.6公顷，主楼7层，局部8层，建筑面积5280平方米，总投资1200万元。

市供电局大楼　位于通湖路104号。占地4230平方米，前后两幢楼，楼高4层，建筑面积3360平方米，总投资1000万元。

三、金融、商贸用房

人行高邮市支行营业楼　位于文化宫路中段。1987年建成。由县建筑设计院设计，县建筑公司承建。占地1333.3平方米，楼高4层，建筑面积1406平方米，总投资30万元。

农行高邮市支行营业楼　位于海潮路、环城南路交会处。1993年建成。由同济大学建筑设计院设计，市建筑安装基础工程公司承建。占地2065平方米，主楼6层，局部8层（含地下室），建筑面积3968平方米，总投资760万元。1楼为营业大厅，2～6楼为办公用房。

工行高邮市支行营业楼　位于通湖路北侧209号。1998年建成。由扬州市建筑设计院、高邮市建筑设计院共同设计，市建筑安装基础工程公司承建。占地3810平方米，主楼12层，局部16层（含地下室），框架现浇结构，设防7.5级地震，建筑面积8169平方米，总投资2000万元。底层为1000平方米的营业大厅，大门与地面落差2.1米，有16级台阶。大楼设有电梯、消防、自动报警、中央空调、监控系统等设施。该楼被评为省“扬子杯”优质工程奖。

建行高邮市支行营业楼　位于文游路与通湖路交会处东北角。1990年建成。由南京民用设计院设计，市第一建安公司承建。大楼整体造型为古钱币状，占地600平方米，主楼9层，局部10层，建筑面积4200平方米，总投资900万元。

市人民商城　位于通湖路中段。1994年1月建成。由市建筑设计院设计，东墩建安公司第三工程处承建。局部3层，建筑面积1万平方米，其中底层6000平方米。商城内有自动报警装置、自动灭火系统、监控系统。总投资1800万元。

市供销大厦　位于文游路与通湖路交会处西南角。1997年9月建成。由同济大学海南设计院设计，江苏兴厦建筑工程集团有限公司承建。占地2400平方米，主楼13层（含地下室），裙楼4层，建筑面积2万平方米。1～4层为购物中心（后租给市农工商超市），5～13层为餐饮、娱乐、宾馆、桑拿、会议中心（后转让给市华侨国际大酒店）。

国贸大厦　位于文游中路东侧。2003年7月奠基。占地7000平方米，设计楼高26层，建筑面积3.6万平方米。由市仁寿房地产开发有限公司自筹自建，工程总投资7000万元。至2005年，尚在建设中。

四、科教文卫用房

高邮中学甘雨楼　位于县府街4号、高邮县中学校园（今市赞化学校）教学区与活动区中间。1990年建成。由县建筑设计院设计，县建筑安装工程公司承建。主体3层，局部4层，建筑面积2107平方米。总投资150万元。

高邮师范学校逸夫楼　位于高邮师范学校校园内。1993年建成。系融音乐、舞蹈、美术于一体的艺术教学用房，为香港邵逸夫捐建，由南京建筑工程学院设计院设计建筑施工图，市建筑设计院设计结构、水电施工图，由市建筑安装工程公司承建，建筑面积1979平方米，投资130万元。

市第一中学教学楼　位于武安路北侧。1998年建成。占地近6公顷，建成教学楼、实验楼、办公楼、科技图书楼、学生公寓5幢，建筑面积2.2万多平方米。总投资3500万元。

高邮市中学教学楼　位于文游南路西侧。2000年7月奠基，10月开工建设。由上海同济规划建筑设计院按20轨60个班的招生规模整体设计，市建安公司、市水建公司等8家建筑公司承建。2001年8月，建成并交付使用。占地13.87公顷，第一期工程建有行政办公楼、科技楼、教学楼、教师办公楼图书馆、艺术楼、学生宿舍楼、后勤服务楼等，总建筑面积5.89万平方米，总投资7500万元。

市图书馆大楼　位于府前街东段南侧、东门广场西南隅。1995年建成。由市建筑设计院设计，市环球建筑安装公司承建。高4层，建筑面积1900平方米，北立面为白瓷砖贴面，局部紫红色点缀，明快大方。总投资200万元。

市人民医院门诊楼　位于府前街西段。1995年6月建成。由东南大学建筑设计院设计，市建筑安装工程公司承建。占地2553平方米，建筑面积6725平方米，主楼6层，框架结构，投资800万元，其中德国援助65万马克（折合人民币307万元）。

第四章 公用事业

1986～2005年，城区公用事业发展迅速。城区自来水厂从1家发展到2家，日供水能力从5000立方米增加到9.5万立方米，市民人人喝上安全卫生的放心水；燃气供应从市民靠找关系外出求购，发展到市内布设站点满足供应，市民户户用上清洁能源；城市交通从靠腿跑、骑自行车上班、出行，旅客靠乘人力三轮车接送，发展到公交车、出租轿车、三轮车齐上，公交线路成网；城区绿化从不为人重视，逐步发展到公共绿化、单位绿化、居民区绿化、宅第绿化全面推进。至2005年，城区有公共绿化面积346.1公顷，其中公共绿地面积84.5公顷，绿化面积覆盖率26.8%，人均公共绿地面积5.7平方米。

第一节 供 水

一、自来水厂

市自来水厂 70年代，建成供水，以京杭大运河河水为取水源。1986年，建成备用泵房、回转式隔板反应池、平流式沉淀池各1座和移动冲洗罩滤池2座等净水设施。1987～1988年，实施扩建工程。其间，利用因运河拓宽报废的旧沉淀池，采用人字折板气浮沉淀工艺，建成5000立方米/日气浮池1座，增加产水量，缓解用水高峰时期供水量不足的矛盾。1989年，建成有效容积2700立方米清水池1座、供水能力2万立方米/日二级泵房1座。2000年，采用微涡旋低脉动絮凝沉淀给水处理新技术，对生产区的北组2万立方米/日的净水设施进行技术改造。至此，厂区占地1.3公顷，供水能力增加到4.5万立方米/日。2003年11月，市自来水公司和中国城市供水投资控投有限公司签订协议，改制为合作性质的港邮供水有限公司。2005年3月，港邮供水有限公司整建制划归市水务局。

市第二自来水厂 1991年11月，兴建市第二自来水厂。设计供水能力10万立方米/日，总投资4000万元，由南京市市政设计院设计。1993年3月，开工建设。第一期工程设计供水能力5万立方米/日，投资3000万元，由市机械化施工工程公司、东墩乡建安公司三处二队承建。净水构筑物有5万立方米/日的叠池Ⅰ、叠池Ⅱ各1座，取水泵房1座，二级泵房及配电房各1座，吸水井2座，污泥池1座，加矾、加氯间550平方米。以京杭大运河为取水水源，通过直径900毫米的浑水管道虹吸取水。制水生产采用自动化控制。供水范围主要是高邮经济开发区。水质检验由市自来水公司化验室代检。1999年6月，首期工程建成投产，开始供水，实际完成投资2700万元。至2005年，继续进行水厂完善工作。

图5-10 1993年建成的市第二自来水厂叠池

二、自来水管网

1986年，县自来水厂从厂区沿通湖路向东铺设一条直径500毫米、长1.7千米出厂供水主管道，管材为预应力钢筋混凝土水泥管，以扩大供水能力。1990年，从自来水厂沿运河东堤至中市口铺设一条直径500毫米、长1.1千米出厂主管道，改善城区南片供水状况。1997年，铺设一条从市自来水公司南泵房经煤炭库、中山路至中市口的直径600毫米、长800米供水管道。1998年末开始，逐步推行“水表出户、抄表到户”。1999年，市自来水公司与河北省金迪有限公司合作，对供水范围内直径100毫米以上供水管网进行普查测绘，编制成供水管网软件光盘。至2000年末，城区供水主干管道总长85.9千米，最大直径800毫米。直径100毫米以上干管管道密度8.6千米/平方千米。共投入改造资金345.08万元，铺设直径100毫米以上干管管道31.4千米，提升低压区供水水压，城区供水普及率由建厂初期的11%上升到99.4%。2004～2005年，对府前街、北外环路、东外环路、琵琶东路和凌波路等路段输水管道进行完善与改造，投入改造资金231.7万元，改造管道总长4.06千米。

三、水源保护

水厂取水口水源保护　1986年12月，县政府印发《高邮县城镇供水管理章程》。1988年4月，县城乡建设环境保护局、县卫生局、县公安局、县交通局联合印发《关于执行高邮县城区水源保护规定的通知》。县自来水厂取水口半径100米水域内被划为水厂戒严带（一级保护区），严禁停靠船只、木（竹）排，严禁设塘养鱼、游泳、捕捞和从事一切可能污染水体的活动。水厂取水口半径100米以外、1千米之内水域为水源卫生防护地带（二级保护区），沿岸禁止新建、扩建有污染物排放的企事业单位，禁止向运河排入工业废水和生活污水。在卫生防护带内，有污染源的单位按照限期达到排放标准，逾期未治理好和无条件治理的单位实施转产、停产或迁移。以水厂取水口为中心，南北各1～1.5千米之内范围为水源保护区（准保护区）。水源保护区内，严格控制南北方向污染物排放。县环境监测站、县自来水公司、县卫生防疫站等单位联合建立监测组织，对3个保护区范围内的水源保护分别制定监测、定期检测制度。县卫生防疫站、县环境监测站对县自来水公司水源在丰水期和枯水期各进行一次监测，并交换资料，掌握水源污染变化动态。1991年，市自来水厂对进水口水源实行遥信、遥测、遥调管理。1992年，市自来水厂在京杭大运河高邮段取水口上下游各100米处分别设立一级保护区标志牌。同时，市自来水公司、市公安局水上派出所、市港航监督所、市港务处等单位共同负责监督管理工作，处理可能发生的水源污染事故。1997年，市自来水厂实行自动化管理。1999年6月，市第二自来水厂建成投产时，设立水源保护区标志牌。2005年，市政府印发《高邮市集中式饮用水源地专项整治行动方案》，对全市日供水500立方米以上的37个集中式饮用水源地污染状况进行调整、整治，制订集中式饮用水源地污染事故应急预案并组织演练，取缔水源保护区内影响水质的建筑物，建立水源地环境安全长效管理机制，保证饮用水安全。至2005年，水源保护区未发生水污染事故，城区集中式饮用水源水质达标率100%，20个集镇集中式饮用水源水质达标率97.2%。

地下水源保护　1980年，全县有取水深眼井14口。1990年，深眼井增加到40口，主要是企业自备机泵井，综合取水能力2.65万立方米/日，最高年取水量843万立方米。1988年1月，为保护和合理开发地下水资源，实行装表计量，按每立方米0.06元征收地下水资源费。1998年6月，地下水资源费调整为每立方米0.4元。为有计划地利用地下水资源，市节约用水办公室依法履行凿井审批程序，加强对凿井队伍的管理，提高成井合格率。至2000年，城区深眼井报废7口，新增19口，实有深眼井52口（含暂停取水井23口）。至2005年，全市各乡镇有机泵深眼井150口，多数为水厂用井，少数为企业用井。

四、节约用水

1987年8月，县节约用水办公室成立，隶属于县城乡建设环境保护局。12月，县政府印发《高邮县节约用水、地下水资源管理实施细则》，并下达用水计划定额，企业机泵井实行计划用水、节约用水。1989年10月，县城乡建设局、县经委、县财政局联合印发《高邮县节约用水奖惩暂行规定》，按照奖惩条件和考核办法，实行节奖超罚。是年，市节约用水办公室对城区月用水量1000立方米以上的68家企事业单位试行定额用水。1990年开始，对城区70家用水大户使用的自来水、自备深井水、河水实行全面管理，县城乡建设局、县经委逐年下达城区企事业单位用水计划（定额），并把节水实绩纳入年终考核内容。各用水大户明确分管厂长（经理）、职能科室、专兼职节水管理员，设立用水台账，并实行节水当月奖、超定额当月扣的措施，制止用水浪费。1991年起，对工业企业用水实施技术改造，提高废水回收重复利用率。1997年，城区宾馆、招待所的老式卫生洁具全部更新。至2000年，市节约用水办公室共拨出专项经费30万元，用于用水单位节水技改经费补贴，完成节水技改项目56项，安装节水型卫生洁具1.36万套（件），改造老式卫生洁具219套（件），城区共节水4138.35万立方米，工业用水重复利用率29.68%。至2005年，城市工业用水重复利用率45.8%。

第二节 供 气

一、燃气供应

瓶装石油液化气　80年代，城区居民始用石油液化气。先由少数家庭自找门路从外地购买，后发展到部分单位组织购买作生活福利分配给职工使用。1987年，县燃料总公司在城区北郊首设石油液化气供应站，凭券供应给居民。90年代初，城区设有北郊石油液化气供应站、正大换气点、蝶园换气点、琵琶换气点等4个液化石油气销售服务站、点。除部分居民持购气优惠券、卡购买外，大部分居民可就近到服务点购买。至2000年，城区新设石油液化气换气点11个。其中，市燃料总公司设有蝶园路换气点、马棚巷换气点、琵琶路服务中心；市浩源液化气公司设有第一、三、五连锁点和太平洋换气点、兴源连锁点；市远东石油液化气站设有高邮分站和扬子换气点；市正大石油液化气站设有换气点。至2005年，城区累计供气1.32万吨，用气人口14.5万人，居民燃气使用率91.6%；乡镇集镇居民燃气使用率90%。

管道天然气　2002年，扬州新奥燃气有限公司建立。是年6月，在高邮经济开发区秦邮路北侧征地1.53公顷，投资6000万元，建设天然气储配站，使用1000立方米的高压球罐2台，最高工作压力2兆帕，设计压力2.2兆帕，管网运营设计起点压力0.3兆帕，球罐储气量3.4万立方米，日供气设计能力6万户，铺设天然气中压管道15千米。是年，城区有管道天然气用户100户。2003年，该公司又投资2000万元，铺设城区输气中压管网和住宅小区庭院管网32千米。至2005年，城区共设有天然气中压管道60千米，管道天然气用户500户。

二、气站建设

城区气站　1987年，县燃料总公司建成城北郊石油液化气供应站，占地4000平方米，有30立方米储气罐2只、6吨液化石油气槽车1部，年供应能力3000吨左右，月灌装量10吨左右。是年，销售石油液化气100吨。1991年4月，该站获批为省劳动局登记注册的定点合格石油液化气储罐供应站。1995年，市燃料总公司征地700平方米，对储罐站进行扩建增容，新增50立方米储气罐2只、20立方米残液罐1只，年供气能力增至5000吨左右。1999年5月，市浩源液化石油气供应站建成，位于城南八里松油库附近，年供气能力2000吨，主要气源来自扬州石化厂和江都招商石油有限公司，少量为南京炼油厂气源。2000年，建设南海新村管道石油液化气站和新华园住宅小区管道石油液化气（瓶组）站。新华园石油液化气管道通达950户住户。上述两管道石油液化气站日供气设计能力4000户。2003年，市燃料总公司液化石油气站迁至高邮鸭业园区，占地1.33公顷，设计储量170立方米，2004年1月投入运营。2005年10月，在城区秦邮路增建5000立方米天然气储配站1座。

乡镇气站　90年代，农村建成平胜乡中大精细化工厂石油液化气站、送桥镇通源石油液化气站、界首镇远东石油液化气站等供气站3座，其他乡镇设有石油液化气换气点35个。2003～2005年，周巷镇、甸垛镇分别建成新世纪石油液化气站和泰安石油液化气站。

第三节 城市交通

一、三轮车和摩托车

1986年，城区交通主要靠人力三轮车，市民上班、出行主要靠自行车。是年，城区仅有改装小型汽油发动机三轮车3辆。1990年，全县领取营业运输证的机动三轮车161辆。1992年，城区出现用摩托车接运旅客，尤以长途车站和轮船码头为多。是年，投入营运摩托车10多辆。1995年后，因企业改制下岗职工渐多、农村富余劳动力进城等，投入营运三轮车数量骤增，其中以“黑车”(无证营运车)为多。至2000年，城区有三轮车2000多辆，其中改装三轮车300辆。市民自备自用的二轮、三轮摩托车有4.18万辆，摩托车参与营运现象大为减少。市政府为维护交通秩序、交通安全和市容环境，对城区数量急剧膨胀的三轮车进行多次整顿和压缩，对擅自改装车强制性拆除动力装置，对持营业证者分单日、双日上路经营。至2005年，城区共有人力三轮车1200多辆。

二、公交汽车

1999年，市政府通过招商引资成立全市首家公交客运企业——市汽车运输公司公交分公司，投入营运中巴汽车40辆，开通由城区高沙园、南门渡口、市卫生局、市自来水公司、扬州高华化工有限公司，分别至市种鸭场、东墩乡、龙奔乡、湖滨乡、武安乡凤凰村的5条公交线路。12月，增设由市体育场、佳禾桥，分别至龙虬镇、马棚东湖度假村的两条公交线路，并将高沙园至市种鸭场线路延伸至车逻镇。2000年，市华兴公交股份有限公司成立。2004年，该公司实现公交营运产值40万元。2005年，该公司拥有公交客车62辆、营运路线10条97.84千米，完成年客运总量500万人次。在城区文游中路新建港湾式金属结构公交站台4对，每座站台长12米。

三、出租汽车

1987年，城区始有个体出租车。1996年，市长途汽车运输总公司出资购置桑塔纳轿车和长安面包车，市汽车运输公司吸收社会车辆，投入出租客运经营。至1997年，市长途汽车运输总公司、市汽车运输公司、市第二汽车运输公司共有出租汽车88辆，其中桑塔纳轿车22辆、夏利汽车16辆、其他牌号汽车50辆，个体出租车87辆，主要运营于城区和近郊。2000年，市联运服务公司成立市平安客运出租公司。因企业改制下岗职工增多，个人购车出租量大增。2004年，市永信汽车出租有限公司、市港务处汽车出租有限公司、市平安出租车有限公司建立。至2005年，全市有永信、平安、港务、道路客运等汽车出租公司4家，共有出租汽车317辆。

图5-11 2004年，市永信汽车出租有限公司购置的出租车

四、营运管理

2000年，市华兴公交股份有限公司对经营的5条公交线路，实行单车承包经营，即车辆产权属公司所有，承包者拥有合同期限内单车经营权，由公司统一组织开展公交客运经营业务，公司负责对所属车辆进行管理，承包经营者向公司定期缴纳管理费。至2005年，市公交公司新辟的3条公交线路(8路、9路、旅游专线)以及更新的公交车辆，实行规范的公车公营模式，驾驶员由公司向社会统一招

聘，公司对车辆实行统一管理、统一调度、统一加油、统一维护、统一核算。市港务处汽车出租有限公司、市永信汽车出租有限公司实行单车承包经营，即车辆由公司统一购置，产权归公司所有，承包经营者一次性买断合同期限内经营权和车辆使用权。市道路客运汽车出租有限公司、市平安汽车出租有限公司实行代理经营制，即车辆由个人购买入公司户籍，由公司收取管理服务费。

第四节 城市绿化

一、公共绿地

公园绿地 1986年，县人民公园采取总体规划、分步实施原则，在园内重建高邮革命烈士纪念馆，增设曲廊、金鱼池、荷亭曲桥、花房等设施。1999年后，增建旱冰场、动物园、儿童游乐园。2002年，扩建盆景园。至2005年，市人民公园共栽植各种树木74种2600多株和花卉1700多盆。全园有绿地1.31公顷、苗圃2000平方米、花房2800平方米、水生绿色植物1500平方米。树木、花卉品种主要有法国梧桐、青桐、水杉、柳、石榴、侧柏、龙柏、广玉兰、紫薇、海桐、黄杨、红叶李、花桃、樱花、桂花、棕榈、香柏等。园内还辟有绿化树种培育基地，荷花池内植荷藕。

河滨绿地 80年代初，为加固运河堤防，堤上栽植树木近1万株、灌木10多万株，绿化面积15.84公顷。1991年起，在环城南路滨河路段辟建绿地，种植乔木、灌木30多种，有迎春、樱花、垂柳、火刺、金丝桃、垂槐、海桐、棕榈、桂花等3900多株。绿地四周以铸铁栏杆分隔，绿地西侧沿河滨用预制块铺设1米多宽人行道，配套座椅，供游人和晨练的市民休息。1993年，市园林绿化工程公司在海潮路南北两侧河滨，先后栽植海桐、桂花、棕榈、垂柳、红叶李等树木40多种2000多株，并铺植草皮8500平方米。1994年春季，补植紫薇、棕榈、桂花等花木10多种1350株，绿地中辟小径，铺设水泥预制块，设座椅，建蘑菇亭和雕塑小品。2000年，建成琵琶路滨河绿化带，栽植乔木350多株、花木1300多株，铺植马尼拉草坪1800平方米。2005年，改造海潮路北侧绿化带，栽植黄杨、海桐等花木6万多株。

道路绿地 1986年，海潮路西段建设之初，在机动车道、非机动车道之间建成两条绿化带，均为长600米、宽1.6米；在路南非机动车道旁，建有长600米、宽5～8米不等的绿化游憩带。行道树为常绿乔木广玉兰。绿化带上下形成4个层次，上层为广玉兰，次为垂梅，再次为瓜子黄杨、金丝桃，低层为大叶黄杨绿篱。在游憩带间栽植垂柳、红叶李，乔木、灌木。1991年，完成环城南路绿化，在行道植香樟149株，辟建绿篱花池20个，以雀舌黄杨作绿篱勾边，花池内栽植金丝桃、桂花、十大功劳等多种花木。该路为城区首条以香樟为行道树的标志性道路。1993～1994年，完成南海路、琵琶路、长兴路、泰北路、凌波路等5条道路绿化建设，共植树1050株，主要树种有香樟、国槐、广玉兰。1997年，文游路、府前街拓宽改造时，进行道路绿化建设。文游路行道树由法国梧桐改换成香樟和大叶女贞，府前街行道树由法国梧桐更换为香樟。2001～2003年，文游路、海潮东路、通湖东路等道路改造时，将法国梧桐改为合欢等，共栽植乔木760株、灌木3.54万株。2003年，进行秦邮路（高速公路西接线）绿化建设，栽植香樟750株、棕榈750株、紫薇1500株，铺植马尼拉草坪2万平方米。2004年，在屏淮中路栽植行道树马褂木，并完成海潮路至屏淮大桥的道路分隔绿化带建设，主要树种有杜英、夹竹桃、杜鹃。是年，在新建总长13.9千米的大外环（鸭业园区至淮江线）路时，路旁栽植广玉兰、大叶女贞、金叶女贞等10多种近50万株苗木，并设置节点广场，绿化品种主要有杜鹃、金叶女贞、红叶小檗等。

2005年，新建屏淮中路东侧20米宽绿化带，总面积3.5万平方米，栽植花木60多种，铺设园路2400平方米，形成集游憩、观赏、休闲于一体和色彩斑斓、季节分明的生态景观带。是年，在文游中路拓宽改造时，将原有的部分香樟移至屏淮中路，换成整齐一致的中型香樟，共350株。在秦邮路全线改造时，绿化带由2米拓宽至3～5米不等，栽植夹竹桃、檀木、黄杨、女贞等多种5万多株。对文游路绿化工程重新建设，在机动车道与非机动车道之间两条1.5米宽的中央分隔带，栽植瓜子黄杨、大叶黄杨、月季、蜀桧地被植物，间植紫薇和大叶女贞；在两侧人行道绿化带栽植蜀桧5万株和茶梅7万株，并栽植行道树香樟358株。至2005年，城区绿化道路有48条，其中主干道18条，道路绿化总面积19.9万平方米；栽植各种树木、花卉共180多种，其中行道树2.76万株（不含大外环路），常绿树占行道树总数68%。

图5-12　2002年建成的文游路南入口绿化带

广场绿地　2002年，蝶园市民广场种植榉树、香樟、桂花、梅花、红花檵木、金叶女贞、刚竹、天堂草等花木40种，体现“以绿为美”的原则和“花香蝶自来”的意境。2003年，建成海潮市民广场。该广场占地6.5公顷，其中绿地4.5公顷。广场斜坡栽植红花檵木6.5万株、蜀桧1万株、金边黄杨3.5万株、金叶女贞4.5万株，栽植乔木700株、花灌木13万株，铺植高羊茅草坪4.1公顷。

二、宅第园林

80年代，全县具有一定规模的宅第园林仅有高家花园一处，位于城区民生路咸宁庵巷2号，南北长21.4米，东西宽15米，占地321平方米。房主高星北喜爱种花植树，在门前空地广栽花草树木。高星北去世后，其子高宗寅继其业，在门前圈起院墙营建花园，陆续栽培山东黄、山东紫、白花、兰花、白兰花、朱兰、桂花、茶花、枇杷、杜鹃等近100种花木。高宗寅去世后，其妻费云锦继续营园，在园中栽培腊梅、花椒、石榴、棕榈、芭蕉、冬青、万年青、眼单花、吉祥草、白玉簪花、紫玉簪花、鸡脚葵、天竹、实竹、紫藤等数十种树木花卉。80年代起，随着市民生活水平提高，在自家庭院中栽种树木、花卉、盆景的市民相继增多，但均未形成宅第园林规模。至2005年，保存基本完好的仍旧是高家花园一处，园内6座金鱼池尚存。

三、单位绿化

80年代，城区企事业单位栽植常规树木，每逢节庆摆放一些盆景花卉。1992年6月国务院颁布《城市绿化条例》后，城区企事业单位加大投资，加快绿化建设步伐。是年，市自来水公司确定“美化、净化、香化、园林化”的绿化标准，选种以常绿、无毒、无污染的雪松、广玉兰、桂花、石榴等乔木、灌木观赏树种，局部布置月季、一串红、紫荆、腊梅、棕榈、千头柏等盆景花卉，边角空地设置形态各异的花池，配置假山、亭阁、游廊、荷池、喷泉、曲桥，先后栽植花木1.5万株，铺植草皮2500平方米，建成大小花池63个、绿篱750米，有盆花900多盆、盆景170多盆，绿化总面积4500平方米，绿化覆盖率37%。2002年，高邮市中学迁至新校址后，在绿化建设上投资200万元，铺植草坪4.5公顷；植树1.2公顷，主要品种有八角金盘、金叶女贞、红叶小檗、黄杨；栽植乔木750株，主要品种有香樟、桂花、枫树；培育盆花、盆栽植物1000多盆，主要品种有菊花类、多品种草花、室内观赏花卉。学校绿地率41.1%，绿化覆盖率46.5%。至2005年，全市创建成绿化达标单位共30个。

四、居民区绿化

1986年，城区居民住宅区绿化覆盖率25%。1987年，兴建北海三村时，绿地与新村同步设计、同步投资、同步实施。该小区共栽植乔木、灌木1500多株，有侧柏、蜀桧、大叶女贞、广玉兰、海桐、黄杨、丝兰、龙柏等20多种。1990年春，建成的南海新村第一期工程，有绿化面积7820平方米，栽植乔木、灌木品种30种4000多株，绿地率34%。1992年春，竣工的南海新村第二期工程，有绿化面积5270平方米，占总面积1.7公顷的31%，其中栽植绿篱1000多米，乔木、灌木3000多株，并设两处小游园，园中乔木、灌木与花草错落有致。1995年春，高沙园住宅区进行绿化配套建设，绿地面积3250平方米，栽植乔木、灌木2800多株，主要品种有蜀桧、香樟、大叶女贞、枇杷、紫薇等。1997年，府前街第二期改造工程的1～18幢楼间铺植草坪4800平方米，栽植乔木、灌木3700多株，绿地率30%。2000年春，完成团庄园丁新村、通湖小区两个居民住宅区绿化配套建设，共铺植草坪5000平方米，栽植乔木、灌木5800多株。是年，新华园小区占地8公顷，绿地2.9公顷，绿地率36.25%，设5个组团园、1座中心绿岛。绿化组团园分别种植梅（腊梅）、兰（广玉兰、白玉兰、紫玉兰）、竹（慈孝竹）、桂（桂花）、杏（银杏、杏树）等树木，辅以少量花卉。中心绿岛以种植大桂花、竹子为主，辅以花、灌木点缀，其中镶嵌1000平方米嬉水池，还配置假山、小桥、小亭。整个小区绿化品种近100种，马尼拉草坪2公顷，苗木10万多株。2002年，完成公园小区、新华园第三期工程、新世纪花园等居民住宅区绿化配套建设，共铺植草坪7800平方米，栽植乔木370株、花灌木2.3万株。2004年，康华园居民小区进行绿化配套建设，铺植马尼拉草坪3500平方米，栽植乔木、灌木4500多株，主要品种有大叶女贞、香樟、桂花。2005年，完成金桥居民小区绿化配套建设，铺植草坪4500平方米，栽植乔木、灌木1.5万株，主要品种有杜英、瓜子黄杨、棕榈、桂花树等。

五、古树名木

1988年，县民政局、县多种经营管理局、县城乡建设环境保护局联合对城区古树名木进行普查，确定为县级保护的古树名木有11株，其中腊梅1株、银杏5株、柏树4株、黄杨1株。90年代，市造纸厂内一株树龄150～200年的银杏树消亡。2000年，市园林管理处对存活的10株古树名木实行挂牌管理，专人负责，定期治虫，夏季防涝，冬季涂白。2005年，市园林管理处在古树名木四周设置防护栅栏，予以保护。

2005年高邮市城区县级保护古树名木情况一览表

表5-2

编号	树名	树龄	地点	编号	树名	树龄	地点
1	柏树	约410年	奎楼脚下	6	银杏	约160年	高邮师范学校
2	柏树	约210年	高邮镇清真寺	7	银杏	约160年	高邮师范学校
3	龙柏	约110年	市人民公园	8	银杏	约150～200年	市人民医院
4	龙柏	约110年	市人民公园	9	银杏	约160年	高邮镇南斗坛
5	腊梅	约110年	西后街33号	10	黄杨	约160年	高邮镇清真寺

第五章 城市管理

1986～2005年，城区以打造市民宜居环境为目标，以科学、合理规划为方向，以创建卫生城市和优秀管理城市为抓手，严格执行“一书”（选址意见书）、“两证”（建设用地规划许可证、建设工程规划许可证）制度，加强城市规划后续实施管理；采取集中整治与专项整治办法，有效治理市容环境；实行道路保洁制度改革和加强软硬件设施建设，不断提升城区环境卫生水平，在建成省卫生城市基础上，有效推进文明卫生城市与优秀管理城市创建工作。

第一节　规划管理

1986年前，城区市政规划管理由城镇城市建设管理办公室负责。1987年11月，县政府印发《高邮县城规划区内居民建房管理暂行办法》，对居民建房审批程序、居民建房有关间距、街巷和道路红线的缩让要求以及违章建筑处理等做出具体规定。1988年，县城乡建设环境保护局下设县城规划建设管理执法队，对城区规划、市政、环卫、公共事业等实行监察管理。1989年，县政府成立县城规划建设管理领导小组，对城建工作实行统一管理。

1990年4月开始，根据扬州市政府《关于执行“一书两证”制度的通知》精神，全县城市规划区范围内各项建设审批与实施，严格执行选址意见书、建设用地规划许可证、建设工程规划许可证。1991年6月，市政府印发《关于对城市规划区主要道路及其两侧建设活动实行严格控制的决定》，用地工程项目按规划控制建筑红线审批和施工。1992年1月，市政府制定《高邮市实施〈中华人民共和国城市规划法〉细则》。

1995年10月，市政府印发《高邮市实施〈城市规划法〉细则》，严格管理临街建设，控制旧城建设，做好旧城改造和历史文化名城保护工作，制定调控措施，完善小区配套设施，全面推行物业管理。1997年8月，市城乡建设委员会印发《关于加强市政、装饰装潢工程管理的通知》，明确城市规划区内道路交通、河湖水系、地下管线、架空杆线、街道绿化工程和沿街建筑装饰装潢、各类灯具设置、破墙开店、开门开窗、户外广告、环卫设施等，开工前必须办理建设工程规划许可证。在《高邮日报》上公布办理“一书两证”流程图，实行社会承诺服务，接受社会各界监督。1998年3月，推行建设项目查勘制度，规划、建筑设计条件通知书制度，设计方案评审制度，定期审批建设项目制度，放线、验线制度，证后管理责任书制度，工程竣工验收制度，公示制度，民房设计方案报审制度，建设项目审批结果公开制度等。

2002年，市委、市政府印发《关于成立高邮市规划建设管理委员会和明确其工作职责的通知》，加强对城市规划建设管理工作领导。2004～2005年，市建设局制定一系列建设项目操作规程，逐步建立执法有依据、行为有规范、权力有约束、过程有监控、违法有追究的依法行政工作制度。

第二节　建设管理

1995年7月，市城市建设管理监察大队建立，为全民事业单位，副科级建制，下设3个监察中队。是年，查处违法违章建设610件，违建面积7.16万平方米。1996年，查处违法违章建设414件，违建面积4.46万平方米；拆除违法建筑物129件，违建面积1671平方米。1997年，市城市建设管理监察大队增设环境卫生管理、规划管理、市政园林管理等3个专业监察中队，并在10个乡镇设立监察管理中队。全年查处违法违章建设409件，违建面积3.44万平方米。1998年，查处违法违章建设341件，违建面积2.35万平方米。1999年，又有10个乡镇设立监察管理中队。全年查处违法违章建设182件，违建面积4.43万平方米。2000年，市城市建设管理监察大队更名为市市容管理执法大队，下设7个中队。全年查处违法违章建设410件，违建面积4.7万平方米。2001年，查处违法违章建设57件，违建面积4.39万平方米。2002年6～8月，实行集中综

图5-13　市市容执法大队队员巡察市容

合整治行动，并开通市容“110”热线举报电话。全年查处违法违章建设262件，违建面积5.85万平方米。2003年，开展专项整治活动26次，查处违法违章建设397件，违建面积14.5万平方米。高邮市获省建设厅颁发的年度省城市管理创优活动先进奖。2004年，开展整治活动20次，查处各类违法违章建设389件，违建面积9.4万平方米。高邮市再获年度省城市管理创优活动先进奖，并获扬州市城市管理创优活动优秀奖。2005年，查处违法违章建设476件，违建面积114万平方米。市市容管理执法大队被省建设厅表彰为省建设系统行政执法队伍规范化建设达标单位。

第三节　市容环境整治

一、综合整治

1988年11月，县城规划建设管理执法队建立，负责对城区规划建设、园林绿化、市政设施、环境卫生、公共事业建设等实行综合管理和整治。1991年，市政府印发《关于对城市规划区主要道路及其两侧建设活动实行严格控制的决定》，要求按规划控制建筑红线，严格建设审批程序。1992年8月，市政府成立市城市管理办公室，与市创建文明卫生城市办公室合署办公，下设市容监察中队。市容管理被列入城市管理日常工作。1996年2月，经省创建卫生城市验收小组验收，城市管理、爱国卫生、环境保护、食品卫生、公共场所卫生等各项工作均达标。2000年后，市政府相继进行城河清障、城市亮化、城市违章建筑拆除、户外广告清理、花草树木补植等工作。2005年，城区开展“清洁风暴行动”，市容环境得到进一步有效综合整治。是年末，被列为城市建设十大工程之一的朱家生活垃圾卫生填埋场开工建设。

二、专项整治

80年代起，县交警部门在城区实施摊点占道、车辆乱停乱放专项整治。90年代，市城管部门针对日趋严重的乱贴乱画、乱设乱挂户外广告现象，开展整治城市“牛皮癣”专项行动。2001年，市政府印发《高邮市户外广告和标志设置管理办法》和《关于禁止乱张贴、乱悬挂、乱涂写广告宣传品的通告》。市市容管理执法大队开展专项整治“宣传周”活动，组织城区8000多名中学生走上街头，对城区主次干道户外“野广告”进行清理。实行路段承包责任制和建立巡查小组，进行彻底清除，不留死角。进入21世纪，随着城市开发与建设力度加大，建筑垃圾乱堆乱放和渣土车违章行驶为市民所痛恨，市城管部门及时组织专项整治活动。2005年，市政府制定《高邮市建筑垃圾管理办法》。至是年末，经过不断整治，城区乱停乱占（摊点、车辆）、乱画乱挂（广告）、乱倒乱放（建筑垃圾）、乱冲乱撞（渣土车）“四大顽症”获得明显改观。但整治行动过后时有反弹现象，实现市容长效管理仍需下功夫。

第四节　城区环境卫生

一、环卫设施

垃圾中转站　1991年，在城区蝶园路南段西侧建成城区第一座垃圾中转站。1992年，在通湖路东段北侧市电器厂（今市人民武装部）对街建成城区第二座垃圾中转站，在环城南路（今盂城路南段）东侧（长生路桥对街）建成城区第三座垃圾中转站。1994年，在新河头南侧建成城区第四座垃圾中转站。上述4座垃圾中转站，共占地800平方米，建筑面积335平方米。2005年，在高沙园住宅小区建成城区第五座垃圾中转站。

垃圾填埋场　1985年，在县城北郊利用东墩乡钓鱼村一处2.67公顷洼地，建成全县首座垃圾填埋处理场，14年后因使用饱和被废弃、填埋与平整。1996～2003年，租用龙奔乡口河村和光荣村一处3.13

公顷低洼地，分3期工程组织实施，建成第二座垃圾处理场，处理垃圾总库容量40万吨。至2004年6月，被封场覆土停止使用。2004～2005年，租用高邮经济开发区杨桥村一处1.33公顷的取土塘，作为临时过渡处理城区生活垃圾的场地。2005年9月，选用原市造纸厂在龙虬镇兴南村朱家组占地14.34公顷的废液氧化塘作为重建垃圾填埋场的场址。该工程进场道路按6米宽、18厘米厚浇筑，总投资4911.95万元，其中第一期工程完成投资2856.86万元，设计处理垃圾总库容量93.6吨，填埋垃圾总量89.9吨，设计使用年限12.8年。

粪便无害化处理场　1982年，市政府投资2.5万元，在傅公桥西首河岸建粪库1座，贮量2000立方米，采用密封式四池三格贮存发酵粪便，并装有输送管道和阀门开关，以方便粪便装船，后因选址不当而未启用。1994年，为创建省卫生城市，市财政拨专款75万元，在市环卫处大院内建成标准化地埋式粪便处理场1座。该场占地500平方米，建有1000立方米四格储粪池，配备地埋式粪便无害化处理设备，处理效率120吨/日，各项主要指标均达到部颁标准。2003年6月，该粪便处理场因市环卫处新建办公用房而被填埋废止。至2005年，城区公共厕所、居民楼粪便管道出口、单门独户卫生间均建有规模不等的简易化粪池，其处理后的污水排入下水道。

垃圾箱　1986年，城区主要街道两侧人行道设有铁壳式垃圾箱，后有碍市容被撤换。1990年，首次在城区建成景点式垃圾箱18只，外墙用马赛克贴面，顶部栽花插绿，形似盆景。至2000年，城区设有垃圾箱430只，其中景点式垃圾箱18只；设有垃圾收集房20座。2003年，城区主干道、生活小区和市民广场内共新设垃圾箱（房）151只（座），维修67只（座）。至2005年，由于旧城改造、道路扩建和部分人为因素，城区尚存垃圾箱（房）472只（座）。

果壳箱　1986年，城区主要街道两边人行道设有果壳箱80只，后因管理不善逐渐损坏、散失。1990年，城区主要街道两侧设置果壳箱200只。1992年，又增设果壳箱210只。1994年，主要街道两侧人行道尚存完好的果壳箱210只。1997年，文游路、府前街两侧设置不锈钢果壳箱100只。至2005年，城区主干道、生活小区和市民广场内共设有果壳箱382只。

二、垃圾与粪便处理

垃圾处理　1986年后，城区单位和私人翻建、改建、扩建、新建房屋与日俱增，建筑垃圾不断增加，除部分就近填入河沟洼塘处，有的未及时清理，路边、巷道边到处堆放，影响市容环境。生活垃圾每日定时清运。90年代，根据垃圾数量和清运路程远近定人、定段、定时、定量清运。环卫工人每人日平均清运垃圾4吨，基本做到日产日清。清运工人用小板车按时收集地段内垃圾，运送到垃圾中转站，机械吊装上自卸式垃圾车，运往垃圾填埋场，用推土机推压整平，消毒覆土。进入21世纪，日均填埋处理垃圾量逐年增加，由1990年的80多吨上升到2005年的130吨。

粪便处理　80年代，城区公共厕所粪管员用喷雾器喷洒敌敌畏、敌百虫等药物杀灭蝇蛆。保洁做到"四无八面光"（无蜘蛛网、无泥痰、无屎巴、无蝇蛆，公厕上下、左右、前后、内外八面光）。打扫公厕工具（扁担、扫帚、粪桶等）由县环卫处清洁管理所发放，保洁包干到人，每名粪管员保洁7～8座公厕。是时，城区有公厕133座，其中机关企事业单位厕所127座，保洁、消毒与粪便清运均由清管所负责。由于当时粪肥热销，清管所除无偿提供服务外，每年年终还付给各单位粪款20～100元不等。1987年11月，县政府印发《高邮县城卫生管理暂行办法》，城区环境卫生有根本性好转，公厕较为清洁卫生，私设粪缸、厕所行为被禁绝，但水上粪便管理检查监督力度较差。1991年1月起，环卫部门对单位厕所实行打扫、消毒、清运一条龙有偿服务，每座厕所月收费25元，每个蹲位加收3元。对住宅新村化粪池，亦由环卫部门组织有偿疏通清渣与清运。城区粪便清运量年均3.4万吨以上，清运率95%以上。粪便清运至无害化处理场处理。1998年，市环卫处将城区公共厕所保洁权划分为30份，通过拍卖保洁权让保洁员竞争上岗。1999～2005年，加大城区厕所改造力度，水冲式厕所不断增加。因此，重新核定工作量，逐步削减保洁人员。

三、道路清扫保洁

1984年，高邮镇清洁管理所制定“三清”（路面清、路牙清、人行道清）、“四无”（路牙无污泥、阴沟头无堵塞、人行道无杂草、垃圾箱无积存垃圾）、“段面光”（道路段面清洁干净）管理制度，实行“统一领导、分所管理、定人定岗、划段包干、百分考核”责任制，并与所属城东、城南、城北等3家清洁管理所签订工作承包责任书，建立卫生检查制度。1986年后，城区不断向东、向南扩展，道路增多，清扫面积增加。城区主干道清扫量增加到20条16万平方米，后街后巷清扫量增加到239条12.4万平方米。人力洒水车改为简易机动洒水车，洒水降尘范围扩展到城区所有主要干道。1994年，街道清扫面积增至49.72万平方米，其中主要街道67条36万平方米、后街后巷433条13.72万平方米。主要路段实行全日制保洁，并开展垃圾袋装化管理，定时上门收集。至1998年，随着城市建设发展和新建住宅小区落成，城区道路清扫面积增加到61.06万平方米，其中主干道（含广场）23.6万平方米、次干道12.7万平方米、后街后巷（含小区内通道）24.76万平方米。是年7月，清管所对道路清扫保洁制度进行改革，南海小区、府前街、高沙园小区等3处道路清扫保洁实行“路区承包到人，任务、经费包干，质量百分考核，道路清扫保洁权公开拍卖”。“巾帼示范岗”班长曹文香带领12名女工，以每月承包费用3240元和1700元的价格投标中标，取得南海小区和府前街道路清扫保洁权。1999年，进一步深化道路保洁制度改革，全城街道清扫范围划分为18个路区，将其清扫承包权等进行拍卖，实行竞争上岗。2004年1月，对城区道路保洁一线作业量进行重新测算，按照“以主干道带后街后巷、小区的综合作业管理体系”要求，以城区“九路一场”（文游路、盂城路、中山路、琵琶路、府前街、通湖路、海潮东路、金桥路、屏淮路，蝶园市民广场）为框架，划分15个清扫班，负责城区92万平方米道路清扫保洁，继续实行“任务、经费承包，包收包支”。依据各工种岗位百分考核细则，实行处、所“两级管理、两级考核”。2005年11月，市环卫处购置扫路机1辆、高压冲洗车1辆和压缩式垃圾运输车1辆，城区道路保洁逐步形成人扫、机保、冲洗的综合作业体系。是年，城区道路清扫面积扩大到102万平方米。

四、公厕建设

1986年，城区有公共厕所135座、单位厕所209座。1990年后，结合创建省级文明卫生城市活动，县政府发动驻城有经济实力的单位，先后在环城路（今盂城路）、蝶园路、县府街（今府前街）、文化宫路、中山路、通湖路、傅公桥路、繁荣路等主要地段，新建水冲式男女公共厕所2座，翻建、修建景点式男女公共厕所18座，并整修后街后巷公共厕所。1992年，拆除破旧公厕，建水冲式公共厕所36座。1993年，在南菜园、北海小商品市场新建水冲式厕所2座。1994年，在府前街、蝶园路、文游中路新建和改建水冲式公共厕所3座。在新建、翻建和改建的公厕外墙装贴瓷砖、釉面砖、马赛克，墙裙、地面、坑位、便槽装贴耐腐蚀材料，厕所配有通风、照明设施和拖把、洗手池，有的厕所坑位加设1.2米高的间隔墙板。至是年末，城区共有公共厕所119座（水冲式53座）、单位公共厕所173座。1997年，在文游中路、府前街新建水冲式公厕4座，维修刷新水冲式公厕48座。2000年，城区共有直管公厕134座（水冲式53座，均为三类）、代管单位厕所173座。2004年，在城区主干道两侧共改造升级水冲式公厕20座，翻建后街后巷损毁严重的公厕6座，维修刷白水冲式公厕52座。至2005年，城区共有公共厕所308座，其中水冲式厕所62座。

第五节　优秀管理城市创建

2003年，全市组织开展创建省优秀管理城市活动。12月，经省建设厅检查考核，高邮市获得2003年度全省城市管理创优活动先进奖。2004年8月，市委、市政府成立市创建全省优秀管理城市、国家卫生城市、国家环保模范城市指挥部（简称“三创”指挥部）。指挥部成员由各有关部委办局主要负责人和各乡镇长组成。指挥部下设办公室、宣传教育组、基础设施组、环境整治组、督查监督组、软件资料组。并提出创建工作“当年创优、明年创卫、后年创模”的3年目标，当年实现“摊点归场、车辆定位、街巷卫生、河道整洁、环境安静”。创建办公室以城市基础设施建设为重点，以市容环境综合整治为突破口，制定“城管创优”任务分解表，由21个职能单位承办63项具体工作。通过路段分包、“门前四包”（包卫生、包秩序、包绿化、包美化），相继开展车辆整顿、垃圾袋装、违章查处、市容美化、摊点清理、河道保洁和“除四害”等一系列专项整治，创建工作取得突破性进展。12月，通过扬州市城市管理创优工作考评组验收。省城管创优检查考核组到高邮检查，认为高邮市“城管创优”工作组织有力、方法创新、设施过硬、领导重视，城市管理水平不断提升，城市品位效应日益显现。2005年3月，高邮市获得省建设厅授予的2004年度全省城市管理创优活动先进奖。5月，市委、市政府制定市容环境综合整治方案。6～8月，“三创”指挥部大力开展城市灭鼠灭蟑工作和进一步落实“门前四包”责任制，推行清洁风暴“四进”工作，即进机关、进企业、进学校、进社区，开展一场清洁卫生的“人民战争”。11月，扬州市“城管创优”考评团到高邮检查，通过综合考核和随机抽查，群众满意率95.9%，名列扬州市各县（市、区）前茅。随后，省建设厅“城管创优”检查组到高邮，通过听取情况汇报，查看工作台账，进行现场考核和开展问卷调查等形式的综合检查，认为高邮市2005年度城市管理创优工作考核达标。

第六章　镇村建设

1986～2005年，全市镇村建设随着经济发展而快速发展。在镇村建设总体布局上，从以往靠乡镇党委书记、乡镇长“脑袋拍拍，嘴巴说说，手上指指，脚下嘚嘚”进行镇村建设，发展到编制规划和按规划实施镇村建设。在镇村基础设施建设方面，从坑坑洼洼的泥巴路到普遍建成四通八达的水泥路和沥青路，小木桥普遍被改成钢筋混凝土桥，大量的草危房被改造为砖瓦房和钢筋水泥结构的小楼房，镇村防洪排涝基础设施得到有效加强；在镇村公用事业建设方面，通过改水改厕，从世世代代靠饮用河塘水发展到普遍饮用自来水，从处处茅坑（粪坑）逐步为清洁卫生的公厕与户厕所替代，镇村绿化、照明亦有不断改善和发展。2005年，全市共完成镇村建设总投资10.65亿元，农民自建住房41.91万平方米，公共建筑9.02万平方米，生产性建筑26.11万平方米，建设总投资额为1986年的10.14倍。至是年，全市先后创建成省新型示范小城镇1个、扬州市新型小城镇14个。

第一节　镇村建设规划

一、乡镇总体规划

1984年，全县农村32个乡镇（不含高邮镇）相继编制成乡镇总体规划，规划期限至2000年。1996年，各乡镇为适应经济社会发展需要，调整、充实、完善总体规划，修编完成近期到2000年、远期至2010年的总体规划。以近期为主，实行远近期相结合，提高近期建设完整性和远期建设前瞻性，并注意到2010年以后的发展方向和结构形态。2000年5月，全市进行乡镇撤并，33个乡镇（17个镇、16个乡）合并为20个乡镇（19个镇、1个乡），各乡镇相应调整总体规划，并将规划期限延至2015年。2005年，各乡镇再度调整规划，规划期再次后延，近期到2010年，远期至2020年。

二、镇村布局规划

1986年，全县完成27个乡集镇规划和651个村庄规划编制、论证和审批工作。1996年起，各乡镇陆续编制小城镇建设规划和中心村建设规划，全市列入规划建设的农村集镇有32个、中心村有638个。2000年，随着乡镇区划调整，各乡镇重新编制小城镇建设规划和中心村建设规划，规划建设的农村主要集镇、中心村分别调整为20个、442个。2005年，市政府编制《高邮市镇村布局规划》，并通过扬州市验收。规划后，集镇建设用地面积2726公顷、人均建设用地面积115平方米，村建设用地面积3447公顷、人均建设用地面积90平方米，分别比规划前上升34.34%、下降24.1%和下降56%、下降40.04%。全市农村自然村庄从3801个减少到535个。

第二节 基础设施建设

一、道路建设

80年代起，随着县乡公路开通、乡镇工业发展和对外交往扩大，各农村集镇实施新建道路与拓宽改造原有道路相结合，建设镇内道路、过境道路以及通村道路相结合，增加道路里程与提高路面质量相结合，进行街道拓宽与旧镇改造以及商品房开发相结合，采取政府补贴、社会集资、个人赞助等方法，多渠道、多形式地进行农村道路建设。至2000年末，全市集镇道路总长298.04千米，其中普通道路133.02千米，高级、次高级道路165.02千米；道路总面积238.39万平方米，其中普通道路104.56万平方米，高级、次高级道路133.83万平方米。2001～2005年，集镇新增道路长度85.96千米、道路面积105.5万平方米。至2005年末，全市集镇道路总长384千米，其中普通道路111千米，高级、次高级道路273千米；道路总面积343.89万平方米，其中普通道路74.03万平方米，高级、次高级道路269.86万平方米。界首镇、临泽镇、三垛镇、送桥镇、卸甲镇、汤庄镇、周巷镇、菱塘回族乡等集镇道路总长均超过20千米。

二、镇村桥梁

1986年前，全市农村镇村有各种桥梁212座，其中混凝土结构桥梁占45%、木桥和板桥占55%。90年代，随着农村道路建设发展，桥梁数量不断增加，规模不断扩大，结构不断优化。至2005年，全市镇村共有能通人、畜、车辆的混凝土桥梁225座。

三、公共建筑

1986年前，全县农村集镇公共建筑较少，只有乡镇政府机关、供销社、粮站、农具厂、学校、文化站和县直部门下伸机构建有平房。1986年后，随着农村集镇经济发展，集镇文化、教育、医疗、卫生、科技、社会福利事业建设得到相应发展，商业服务性建筑出现国有、集体、个体同步发展的格局。各集镇普遍建有商场、中小学校宿舍楼、影剧院、旅馆、饭店、卫生院、汽车站、棚顶式农贸市场等，各机关、企事业单位办公用房建设速度加快。1997～2000年，各乡镇镇区公共建筑建设投资1.49亿元，建成公共建筑23.42万平方米。2001～2002年，各乡镇镇区公共建筑建设投资8100万元，建成公共建筑12.76万平方米。2003～2005年，各乡镇用于镇区公共建筑建设投资1.45亿元，建成公共建筑21.05万平方米，其中2005年新增镇区公共建筑面积9.02万平方米。至是年末，各乡镇镇区累计有公共建筑202.61万平方米。

四、排水与防洪

1986年前，临泽、界首、三垛集镇街道排水，多为传统的砖砌阴沟，其他集镇基本为自然排放，集镇防洪设施薄弱。1986年后，随着集镇经济社会发展和集镇建设步伐加快，各乡镇兴建和改建排水道，逐步将砖沟排水改造成埋设混凝土管道排水。各乡镇针对地处里下河水网地区、遇雨则涝的特点，重视防洪堤圩建设与改造。至2000年，全市集镇排水管道总长238千米，防洪堤总长228千米。至2005年，全市集镇排水管道总长增加到437千米，防洪堤总长增加到310千米。

第三节　镇村公用事业

一、镇村给水

1981年，临泽镇建成县内第一座农村自来水厂。1982～1984年，湖滨乡、送桥镇、三垛镇、界首镇相继建成自来水厂。1985年，全县农村全面实施“改水”工作，车逻镇特平村率先建成首座村办自来水厂。进入90年代，各乡镇把农村改水工作列入规划。1997年起，各乡镇政府逐步加大改水资金投入。至2005年，8年中共投入改水资金5000万元。至2005年末，全市19个农村集镇共建成自来水厂32座，安装供水管道长412千米，年供水量794万立方米（生产用水228万立方米、生活用水566万立方米），受益人口12.39万人，集镇居民自来水普及率99.7%。多数水厂以河水为水源，部分水厂以地下水为水源。

二、镇村绿化

80年代初，少数镇村开展绿化建设，以植树为主。80年代中期后，农村集镇园林绿化事业有不同程度发展。一般集镇配合道路建设栽植行道树，部分集镇在闲散地和河滨进行绿化；部分经济基础好的集镇结合景点建设、小区开发和公共建筑，进行园林绿地建设。1997年，全市集镇共有绿化覆盖面积224.77公顷、园林绿地面积79.45公顷、公共绿地面积14.96公顷。2000年，全市集镇共有绿化覆盖面积278.9公顷、园林绿地面积63.9公顷、公共绿地面积30.3公顷。至2005年，全市集镇绿化覆盖面积扩大到311公顷、园林绿地面积扩大到102公顷、公共绿地面积扩大到127公顷，人均公共绿地面积10.5平方米。

图5-14　集镇居民集中居住区前广场绿化

三、镇村照明

80年代起，随着乡镇经济加速发展，各乡镇开始重视改善和发展集镇公共照明事业。90年代，多数集镇在主要街道安装路灯，部分集镇结合镇区重点建设工程进行灯饰装潢。灯具生产企业相对集中的郭集镇，在镇区主要道路上安装各式各样、色彩斑斓的新颖灯具，成为名副其实的“灯具之乡”。1997年，各集镇共有路灯2668盏。2000年，各集镇路灯增加到3370盏。至2005年，各集镇路灯增加到6334盏。

四、环卫设施

90年代起，随着集镇经济发展、集镇规模扩大、集镇居民增多，集镇环卫设施建设得到相应发展。农村全面开展改厕工作，一大批露天“茅缸”（粪缸）、粪坑、土厕被废弃，集镇逐步建成水冲式公厕。集镇街道设置垃圾箱，配用清洁工人。1997年，全市农村集镇共有环卫机械20辆（台），公共厕所214座，环卫工人147人。2000年，全市农村集镇共有环卫机械47辆（台），公共厕所211座，环卫工人140人。至2005年末，各乡镇镇区共有环卫机械58辆（台），公共厕所271座，环卫职工183人。农村集镇居民户普遍建起卫生间（淋浴间），用上干净、卫生的“抽水马桶”（坐便器）和方便、节能的太阳能淋浴器。

第四节 农村居民住宅建设

一、集镇居民住宅建设

1986年起，县内大批农民进镇落户建造住宅，掀起集镇建房高潮。集镇住宅质量、房屋造型均发生较大变化，钢筋混凝土和砖混结构楼房占90%。同时，农民自建房质量和结构也有较大提升，砖木结构小平房被钢筋混凝土结构小楼房所取代。多数集镇住宅建设变零星分散建造为集中开发住宅小区，湖滨农民住宅区为建设得比较好的集镇居民小区。90年代，集镇住宅建设开始向商品化方向发展，绝大多数集镇在主要街道两侧，采取统一规划、分批实施的方式，成批兴建商住房，促进集镇繁荣，集镇面貌大为改观。菱塘回族乡、司徒乡、伯勤乡、武安乡等集镇，建成一批商住楼，出售给进镇入户的农民。至1994年，集镇累计拥有住房建筑面积200.93万平方米，人均住房建筑面积20.97平方米。1995年后，各乡镇在集镇建房的势头有增无减。2005年，全市新建或翻建住宅的镇村农民3400户，建筑面积41.91万平方米。至是年末，全市集镇拥有住宅建筑面积335.72万平方米，居住人口12.36万人，人均住房建筑面积27.16平方米。

二、村庄居民住宅建设

1985年起，全县农村出现第二次建房高潮。未建房的农户建新房；许多已建房农户改斗子空心墙为实砖墙，改架竹椽子、水泥杂木梁柱为杉木椽子、杉木梁柱，堂屋开排窗、屋面用旺砖小瓦，有的农民拆平房砌楼房。至1994年末，全市有6.47万户农民新建、翻建住宅，村庄居民拥有住房建筑面积1649.74万平方米，人均住房建筑面积24.53平方米。1995年后，村庄居民建房势头不减，住宅质量不断提高，房屋结构更加优化。2005年，村庄居民拥有住房建筑面积1821.1万平方米，其中混合结构房屋建筑面积760.75万平方米（楼房建筑面积578.97万平方米）、砖木结构1060.35万平方米，人均住房建筑面积29.66平方米。

图5-15 农民集中居住区

第五节 新型小城镇创建

1986年，全县农村集镇建设功能逐步完备，并开始向建制镇发展，形成5个农村建制镇和27个乡。90年代后期，全市各乡镇开展创建新型小城镇活动。1997年，三垛镇、菱塘回族乡被扬州市政府表彰为扬州市新型示范小城镇。是年12月，三垛镇被列为省小城镇综合改革试点镇。1998年，司徒乡、天山镇、界首镇、武安乡、龙虬镇被扬州市政府命名为扬州市新型小城镇。2000年，甘垛乡、横泾镇、伯勤乡、沙堰镇、川青镇、卸甲镇、送桥镇被扬州市政府命名为扬州市新型小城镇，菱塘回族乡被省建设厅评定为省新型示范小城镇。2001～2005年，按照省建设厅关于在全省开展城乡建设统筹发展的"十百千"（10个城市化示范县市、100个城市化示范镇、1000个康居示范村）创建活动要求，全市组织开展创建城市化示范县市、城市化示范镇、康居示范村活动，重点规划建设菱塘回族乡。

第六篇

交通 电力

要 目

1986年，全县有省道2条、总长79.68千米，县乡道路质量较差，乡村道路均为土路；等级航道2条、总长81.93千米，其他为等级外航道；35千伏及以上输电线路17条、总长217.62千米，10千伏输电线路65条、总长1333千米。道路建设和供电设施均滞后于经济发展，经常出现交通“出行难”和供用电跳闸断电、拉闸限电现象。90年代，随着全市经济快速发展和市民生活水平不断提高，在国家加大交通、供电建设投入的同时，全市加快基础设施建设与改造步伐。先后实施和完成京沪高速公路高邮段建设、淮江公路高邮段拓宽改造、高邮湖区漫水公路建设、农村道路黑色化、航道拓宽与改造升级、输变电线路提升扩容等一系列工程，形成水陆交通多种路道配合成网，建成全国农村电气化市。2005年，全市道路总长2127.56千米，其中国道、省道干线公路增加到167.79千米，公路网密度108千米/百平方千米；有航道42条、总长634.85千米，水网密度3.24千米/百平方千米；35千伏及以上输电线路增加到43条、总长527.85千米，10千伏输电线路增加到108条、总长2232千米，社会供用电总量是1986年的5.8倍。

第一章　公　路

1987年，全县实现乡乡通公路。1993年、1999年、2000年先后对淮江公路、界临沙公路、高兴东公路实施拓宽改造工程。1998年，全市完成市乡公路黑色化工程。2000年，建成国道京（北京）沪（上海）高速公路高邮段。2003年，启动构建全市“七纵五横”骨干公路网，即南北纵向有京沪高速公路、淮江公路、澄营公路（澄潼桥至营南）、周八公路（周山至八桥）、安大公路（宝应安宜至江都大桥）、甘临公路（甘垛至临泽）、扬菱公路（扬州至菱塘），东西横向有界临沙公路、马横公路（马棚至横泾）、曹邮仪公路（东台曹敝至高邮至仪征）、邮汤公路（高邮至汤庄）、车樊公路（车逻至江都樊川）。2005年，境内共有公路2127.56千米，其中高速公路44.26千米、一级公路9.1千米、二级公路71.3千米、三级公路179.5千米、四级公路1247.3千米、等外级公路576.1千米；通村道路340条，总长1021.18千米。

第一节　京沪高速公路高邮段

1997年11月，由国家和地方共同投资建设的淮江高速公路（后更名为京沪高速公路）高邮段开工。高邮市提供建设用地180公顷，拆迁建筑物5.66万平方米。至1998年，路桥主体工程实现全线贯通，完成路基土方量481.81万立方米，新建涵洞138座，安装路桩2455根，对软土地带和跨北澄子河大桥地段分别采取先进技术处理与施工。1999年7月，市政府按照与扬州市政府签订的淮江高速公路地方资本金筹措责任书条款，成立高邮淮江高速公路有限公司，负责地方资本金筹集与运作，分3年筹措地方资本金1.01亿元。2000年12月，该路段建成通车。总投资13亿元，其中国家投资12亿元，其余为市内筹资。建成后的淮江高速公路高邮段，北从宝应县汜水镇入境，途经界首镇、周山镇、马棚镇、龙虬镇、高邮

图6-1　2000年建成通车的京沪高速公路高邮临城段

镇、卸甲镇、车逻镇、八桥镇等8个镇，至八桥镇南出境进入江都市正谊枢纽，与宁通公路正谊至广陵段高速公路相对接。境内全长44.26千米，路基宽26米，全封闭，全立交，双向4车道，设计行车时速120千米。在龙虬镇（通往城区）、界首镇、八桥镇分别设有车辆进出通道站口，在卸甲镇龙奔社区设有生活服务区。其经营管理权归属江苏京沪高速公路有限公司。至2005年，该公路为境内唯一的国道。

第二节　省　道

一、淮江公路（S237）高邮段

该路段北从宝应县氾水镇入境，途经界首镇、马棚乡、东墩乡、高邮镇、武安乡、车逻镇，南出境至江都县邵伯镇，全长43.48千米，为三级路面。1985年1月，该段公路高邮临城段由运河东堤改道高邮城郊（北起头闸口，南至蚕种场，后改名文游路），长9.8千米，一级路面。1992年11月起，对该路段除临城段（9.8千米）外的33.68千米，按二级公路标准进行拓宽改造。1993年3月，为偿还淮江公路高邮段拓宽改造工程资金贷款，经省政府批准，在淮江公路高邮城区段八里松处设立淮江公路高邮收费站。1994年10月、1995年10月，南段（车逻镇至蚕种场）长10.22千米、宽15米和北段（界首镇至头闸口）长23.46千米、宽15米的拓宽改造工程，分别竣工通车。1997年4月，按一级公路标准，对该路段临城段长7.57千米进行拓宽改造。至是年9月，拓宽改造工程竣工，路面拓宽至24米。2002年12月，开工新建淮江公路高邮城区绕行段，按一级公路标准设计和控制，按二级公路标准实施，北起淮江公路K105＋760（高邮经济开发区九里村），途经龙虬镇、卸甲镇、高邮镇，南至淮江公路K114＋600（淮江公路与高邮运河大桥东接线交会处），全长13.91千米，路基宽18.2米，路面宽15.5米。至2004年6月，高邮城区绕行段工程竣工通车，总投资1.2亿元。经改道后的淮江公路高邮段全长46.35千米，其中二级路45.35千米、一级路1千米。原淮江公路高邮临城段（文游路）改为城区道路，交市建设部门管理。是月，经省政府批准，将淮江公路高邮收费站双向收费调整为“一站四点”（原站点保留两侧收费道口，拆除原站点东侧收费道口，在高邮绕城路与淮江公路重合处、京沪高速公路西接线、高邮运河大桥东侧各设一个收费点）。2005年1月，4个收费点正式开始征收费用。

图6-2　2005年建成的淮江公路高邮收费站

二、界临沙公路（S332，大兴金线）高邮段

1986年，县道界首—大李—周奋公路，为四级公路，砂石路面，总长13.2千米，宽3.5米。1996年，部分路段完成黑色化改造工程。1997年，界（界首）临（临泽）沙（兴化沙沟）公路改造项目被省交通厅列为苏北革命老区扶贫改造项目。1999年1月至2001年10月，实施界临沙公路第一期改造工程，按二级公路标准分时段改造，部分路段重建。同时，该路由县道升格为省道，作为大（大丰）兴（兴化）金（金湖）线组成部分。2002年4月至2003年12月，实施界临沙公路第二期改造工程，即新建临泽绕镇段，全长3.3千米。2004年初，国家南水北调工程实施，开挖三阳河，界临沙公路被切断。是年1月至2005年1月，由南水北调三阳河潼河宝应站工程扬州市建设处新建临泽公路桥。该桥为7跨连续箱梁桥，全长149.36米，桥面宽12米，工程投资522万元。建成验收合格后，交由市公路管理站管理。改造后的界临沙公路高邮段全长11.6千米。

三、曹邮仪公路（S333）高邮段

1998年10月至2003年12月，该段公路由省道高（高邮）兴（兴化）东（东台）公路高邮段、高邮运河大桥和高邮湖区漫水公路、邮（高邮）仪（仪征）公路高邮湖西段改造与重建，整合而成，全长65.58千米。

高兴东公路高邮段　1986年，邮兴公路高邮段东起与兴化县交界处的平胜乡河口村，沿北澄子河向西，经过甘垛乡、三垛镇、二沟乡、一沟乡，进入城区，全长36.2千米，路面宽9～12米，沥青贯入式面层，为三级公路。2000年5月至2001年6月，对更名后的高兴东公路高邮段实施第一期改造工程。从该路段西（市制动件总厂西侧淮江公路中心线向东）至京沪高速公路高邮N匝道，长4.52千米，路基宽25米，路面宽22.5米，设计时速80千米，桥梁与路基同宽，为新建一级公路。2001年3月至2002年12月，对该路段实施第二期改造工程。自京沪高速公路高邮N匝道向东至高邮市与兴化市交界处甘垛镇河口村，全长30.17千米，其中三垛镇绕镇段5.61千米为新建路；路基宽13.5～15米，路面宽12米。原有桥梁全部拆除重建，新建桥梁与路基同宽。二沟集镇西弯刀塘路段抛开事故多发的“S”弯及老人字河桥，由镇区段直线向西在人字河上架设新人字河桥，与主线连接。此段按二级公路标准改造。改造后的高兴东公路高邮段全长34.69千米。两期工程共投资2.38亿元。

漫水公路　1998年10月开工建设。1999年5月建成试通行。2001年5月通过验收，交付使用。由扬州市路桥工程建设总公司和市水利建筑安装工程总公司、市市政建设总公司、市公路站等施工企业承建，分9个标段，按平原微丘区三级公路标准施工，东西走向，起于高邮运河大桥西接线尾，向南穿越湖滨庄台路，翻越安全圩后转向西，经新王港、老王港、新港、新民滩，跨越深泓河、庄台河、王港河、新港河、毛港河、杨庄河，至郭集大圩与原县道送（送桥）郭（郭集）公路连接。全长9.4千米。其中，漫水路段长5.95千米，路基宽9米；非漫水路段长2.19千米，路基宽8.5米，行车道宽7米。配套桥梁7座，总长1.26千米，净宽7米，设计荷载汽-20、挂-100。总投资4671万元。该路的建成，结束高邮湖西4个乡镇与运河东部地区无公路直接通行的历史。

图6-3　1999年建成通车的高邮湖区漫水公路

邮仪公路高邮湖西段　1986年5月，县道天（天山）大（仪征大巷）线4.82千米为砂石公路，路基由6～7米拓宽至12米。1989年12月，县道送（送桥）郭（郭集）线12.5千米为砂石公路，路基由6～7米拓宽至12米。90年代中期，湖西4个乡镇均实施通乡公路路面黑色化工程。2002年初，对邮仪公路高邮湖西段实施养护改善工程。该段东起漫水公路终点杨庄河桥西，经郭集镇、送桥镇、天山镇，西与仪征市大巷镇交界，全长20.3千米，按二级公路标准改造，路基宽12米，路面宽9米。其中，天山镇田禾村至仪征市大巷镇交界处3.87千米段路基宽17米，路面宽15米。建设资金由省交通厅按定额每千米50万元的补助标准拨付，其余资金由地方自筹解决。2003年12月，全线建成通车，总投资7800万元。

第三节　市乡村道

一、市乡支线公路

1986年，全县有县乡道路30条，总长261.32千米。1987年，湖滨乡通上汽车，实现乡乡通汽车的目标。进入90年代，市、乡政府分别做出推进道路黑色化建设的决定。1993～1998年，全市共投资

6200万元，将砂土路、砂石路陆续改造成为沥青路，改造道路总长280千米。2003年，市十二届人大一次会议通过《关于加快骨干公路建设的议案》，提出全市构建“七纵五横”市乡骨干公路网的规划。同时，对市乡道路按规范等级公路标准实施拓宽改造。2004年12月，完成第一条按二级公路标准拓宽改建的市乡道路，即车樊公路。至2005年，市内新建、拓建和改造的主要市乡道路还有澄营公路、扬菱公路高邮段、马横公路、周八公路等。2005年，市乡支线公路发展到1091.9千米，其中二级公路59.26千米、三级公路185.28千米、四级公路720千米、等级外公路127.36千米。

营澄公路　80年代末90年代初，该路陆续建成，南起澄潼桥，北至营南乡，全长19.8千米，其中澄潼桥至周山桥段为砂石路、其余是土路。1993年，对营南乡至澄潼桥的18.7千米路段进行沥青摊铺。2002年，延伸至周巷镇北，与界临沙公路相连接。2005年，因该路黑色化标准较低，加之路面损坏严重，市政府决定按二级公路标准对其进行改造。改造后的公路为7.5米宽的沥青混凝土路面，其中龙虬镇集镇段路面宽9米。

车樊公路　2003年4月，该路始建。2004年12月，竣工通车，全长17.05千米。该路段按二级公路标准设计和控制，以淮江公路约K117＋550处为起点，沿东南走向，经车逻镇、卸甲镇和八桥镇，讫于高邮与江都市樊川镇交界处。全线路基宽12米，路面宽9米，沥青混凝土路面，桥梁与路基同宽。

扬菱公路高邮段（天菱段）　2005年12月，该路段天（天山）菱（菱塘）段11.05千米改造工程建成通车。次年，送（送桥）邗（邗江公道）段4.4千米改造工程建成通车。该路段15.45千米，按二级公路标准改造，路基宽15米，路面宽12米，为中粒式沥青混凝土路面，桥梁净宽12米。

周八公路　北起周巷镇，南至八桥镇，途径周山镇、司徒镇、三垛镇、卸甲镇，全长39.7千米。2003年4月，按二级公路标准，开工建设卸甲镇至八桥镇段，长3.98千米。2004年12月，竣工通车，路面宽9米。2005年4月，开工建设周巷北段，长3千米。是年12月，竣工通车，路面宽12米。

马横公路　1990年，该路始建，东起横泾乡，西至马棚乡。因路况差、道路等级低、桥涵不配套，经扬州市交通局批准，对该路实施改造工程。改造工程于2004年6月开工，2005年12月竣工。道路全长28.9千米，其中老路拓宽19.2千米、新建9.7千米，按二级公路标准施工，路基宽12米，路面宽9米，沥青混凝土路面，集镇段路基与路面宽度适当加宽，工程投资4372万元。

1993～2005年高邮市市乡支线公路建设情况一览表

表6-1

项目/年份	线路	里程（千米）	投资额（万元）	等级里程（千米）			沿线桥梁							
									大桥		中桥		小桥	
				二级	三级	四级	长度（米）	数量（座）	长度（米）	数量（座）	长度（米）	数量（座）	长度（米）	数量（座）
1993	扬州—菱塘	17.0	374	6.0	11.0	—	111	4	—	—	45	1	66	3
1993	河口—平胜	5.8	127	—	5.8	—	80	1	—	—	80	1	—	—
1995	乔河—三垛	22.2	667	—	22.2	—	402	9	158	3	213	4	31	2
1996	高邮—汉留	27.6	829	3.8	12.0	11.8	620	17	145	1	263	5	212	11
1996	淮江线—伯勤	21.8	653	3.5	3.0	15.3	46	2	—	—	31	1	15	1
1996	甘垛—横泾	11.0	329	—	11.0	—	225	9	—	—	54	1	171	8
1998	营南—舜生	18.8	564	—	15.0	3.8	264	8	—	—	133	4	131	4
1998	甸垛—汤庄	17.1	512	—	17.1	—	283	13	—	—	105	4	178	9
1998	澄联—营南	25.3	758	—	25.3	—	367	12	—	—	68	2	299	10
2004	车逻—樊川	17.1	4257	17.1	—	—	313	14	—	—	102	2	211	12
2005	马棚—横泾	28.9	8685	28.9	—	—	629	28	136	1	297	6	196	21
2005	送桥—菱塘	15.5	1292	15.5	—	—	—	—	—	—	—	—	—	—

二、乡通村道路

2003年前，全市乡通村道路基本是乡村自发铺设的、村民生产生活使用的简易路，大部分为土路、砂石路、碎砖路，极少有水泥路，晴天尘土飞扬，雨天泥泞难行。是年起，根据省、市政府为民办实事的要求，各乡镇对乡通村道路建设按照统一规划，分时段、分层次推进，建设资金由省、扬州市、高邮市财政“以奖代补”给予资助。乡通村道路改造标准统一为四级公路标准，即宽3.5米、厚15厘米的水泥路面，对符合标准的按每千米由省补助10万元（2005年以后提高到15万元）、扬州市补助2.5万元、高邮市补助5万元。补助资金总额占总造价的50%左右，其余由乡镇自筹。是年，全市改造乡通村公路总长1100千米，涉及21个乡镇、区，282个行政村。至2005年，全市共建成乡通村公路340条，总长1021.18千米，完成投资额2.9亿元。

2003～2005年高邮市各乡镇通村道路建设情况一览表

表6-2

乡镇（区）	道路（条）	里程（千米）			
			2003年	2004年	2005年
高邮镇	15	46.54	—	34.52	12.02
车逻镇	18	55.02	5.42	20.70	28.90
龙虬镇	27	60.60	3.90	32.51	24.19
高邮经济开发区	7	30.50	1.76	21.04	7.70
马棚镇	10	31.03	4.26	20.60	6.17
三垛镇	31	88.29	5.38	58.26	24.65
司徒镇	18	38.51	7.62	19.04	11.85
横泾镇	14	29.16	—	14.11	15.05
甘垛镇	16	37.93	5.44	23.68	8.81
郭集镇	9	39.95	14.21	17.54	8.20
送桥镇	11	43.41	—	29.91	13.50
天山镇	17	47.70	2.10	29.91	15.69
菱塘回族乡	22	43.63	12.80	21.99	8.84
八桥镇	16	38.89	20.75	12.02	6.12
汉留镇	17	45.03	7.38	22.85	14.80
卸甲镇	30	115.51	25.24	38.66	51.61
汤庄镇	14	51.91	—	37.40	14.51
周山镇	9	46.65	—	31.53	15.12
界首镇	8	45.37	10.18	16.53	18.66
周巷镇	17	48.06	—	33.46	14.60
临泽镇	13	35.96	3.82	23.54	8.60
高邮鸭业园区	1	1.53	—	—	1.53

第二章 桥 梁

1986年，全县共有桥梁4915座，总长43.58千米。80年代末，国道、省道干线桥梁随着公路建设同步改造，县乡道桥梁改造步伐相对缓慢，乡村道桥梁受财力制约未能同步改造。进入90年代，市内公路桥梁多半被列入新建、改建或重建计划。1989年、1990年，先后在北澄子河建成三垛东桥、三垛西桥、一沟大桥和河口大桥、二沟大桥。1991年，共新建桥梁5座130.5米，重建桥梁7座232.4米，维修桥梁4座。1993～1994年，北澄子河上5座大桥接线公路先后建成通车，沟通了北澄子河南北两岸的陆路交通。1995年，建造乡村公路桥梁8座211.2米。1996～2002年，随着淮江公路和曹邮仪公路改造升级，全市干线公路桥梁建设随之加快。2003年起，全市全面实施危桥改造工程。至2005年，全市共改造（含重建）危桥45座、总长1243.12米，其中按二级公路荷载标准改造建设危桥29座、总长883.34米。是年，全市共有桥梁1561座。其中，干线（国道、省道）公路桥梁43座，市乡镇公路桥梁151座，城区道路桥梁75座，农村河道桥梁1292座；特大型桥梁5座，大型桥梁35座，中型桥梁187座，小型桥梁1334座。

第一节 国道、省道干线桥梁

80年代起，县内省道干线桥梁随公路建设同步建设与改造。在淮江、邮兴两条省道上设有桥梁23座，总长664.9米，总体上存在桥短、桥窄、结构与状况欠佳等问题。90年代，国道、省道干线桥梁建设与改造步伐逐步加快。至2005年，全市建有国道、省道干线桥梁43座，其中长100米以上的国道、省道干线桥梁26座、总长11.36千米。100米以上国道、省道干线桥梁中，国道桥梁13座、长7.02千米，省道桥梁13座、长4.34千米；特大型桥梁4座，大型桥梁22座。

2005年高邮市国道、省道干线公路长100米以上桥梁情况一览表

表6-3 单位：米

竣工年份	公路编号	桥名	长度	宽度	跨径	结构形式
2000	国道G010	界首互通C匝道跨线桥	216.28	15.5	22	连续箱梁
2000	国道G010	二里大沟大桥	106.80	28.0	20	连续箱梁
2000	国道G010	界首至七里分离式立交直线上跨桥	165.08	8.0	20	连续箱梁
2000	国道G010	六安河大桥	306.08	28.0	20	连续箱梁
2000	国道G010	横泾河高架特大桥	1390.08	28.0	20	连续箱梁
2000	国道G010	红兴河高架特大桥	2617.08	28.0	20	连续箱梁
2000	国道G010	东平河大桥	306.08	28.0	20	连续箱梁
2000	国道G010	北澄子河大桥	816.08	28.0	50	连续箱梁
2000	国道G010	高邮互通C匝道桥	245.08	15.5	20	连续箱梁
2000	国道G010	南干渠中市河大桥	126.12	28.0	20	连续箱梁
2000	国道G010	车逻大河大桥	146.12	28.0	20	连续箱梁

续表 6-3

竣工年份	公路编号	桥名	长度	宽度	跨径	结构形式
2000	国道G010	扬八公路大桥	425.92	28.0	20	连续箱梁
2000	国道G010	高邮南互通C匝道大桥	156.16	15.5	25	连续箱梁
1980	省道S237	潼河大桥	170.00	15.0	20	空心板梁
1989	省道S237	北澄子河桥	151.61	17.0	50	系杆拱
1995	省道S237	头闸干渠桥	145.44	17.0	20	空心板梁
1998	省道S333	高邮运河大桥	676.60	11.5	70	连续箱梁
1999	省道S333	深泓河桥	200.04	9.3	13	空心板梁
1999	省道S333	庄台河桥	315.04	9.0	20	空心板梁
1999	省道S333	王港河桥	161.04	9.0	13	空心板梁
1999	省道S333	新港河桥	187.04	9.0	13	空心板梁
1999	省道S333	杨庄河桥	291.04	9.0	13	空心板梁
2000	省道S333	天高大桥	311.56	11.0	25	连续箱梁
2002	省道S333	三阳河桥	135.82	15.0	25	空心板梁
2002	省道S333	人字河桥	137.30	15.0	30	空心板梁
2005	省道S332	临泽公路桥	149.36	12.0	25	连续箱梁

第二节 北澄子河航道大桥

1989年前，北澄子河南北两岸往来主要依赖渡船通行。为沟通县乡道路，方便北澄子河两岸交通，从1989年起，先后在北澄子河上建设7座大桥。其中，1989年，在北澄子河三垛镇段和西段分别建成三垛东桥、三垛西桥、一沟大桥；1990年，在北澄子河东段、中段分别建成河口大桥、二沟大桥；1998年，建成与京沪高速公路相配套的高速公路北澄子河大桥；2003年，建成与淮江公路相配套的淮江公路绕城段北澄子河大桥。

1989～2003年高邮市北澄子河航道市内公路桥梁建设情况一览表

表 6-4 单位：米

竣工年份	桥名	长度	宽度	跨径	结构形式	设计荷载	所在公路
1989	一沟大桥	78.7	8.1	28	简支梁	汽-20、挂-100	一沟至龙奔
1989	三垛东桥	82.8	9.5	28	简支梁	汽-15	乔三司公路
1989	三垛西桥	82.8	9.5	28	简支梁	汽-15	春生路
1990	河口大桥	84.2	5.2	28	简支梁	汽-15	和平公路
1990	二沟大桥	80.2	5.4	28	简支梁	汽-20、挂-100	周八公路
1998	北澄子河大桥	816.1	28.0	50	连续箱梁	汽-超20	京沪高速公路
2003	淮江公路绕城段（大外环）北澄子河大桥	156.1	20.8	49	系杆拱	汽-20、挂-100	省道S333

第三节　乡镇桥梁

1986年，全县乡镇有大中型桥梁105座，其中大型桥梁6座。1987年起，为适应农村经济发展，各乡镇逐年加快桥梁建设。2001年，全市乡镇建成大中型桥梁9座，其中大型桥梁4座，为历年建造大中型桥梁最多年份。至2005年，全市乡镇有大中型公路桥梁151座，其中大型桥梁9座、中型桥梁142座。

2005年高邮市乡镇大型桥梁情况一览表

表6-5　　单位：米

竣工年份	桥名	长度	宽度	跨径	设计荷载	所在道路	所在乡镇
1976	柳南桥	300.0	4.6	105	汽-20、挂-100	南洋路	三垛镇
1977	四异大桥	141.0	5.5	134	汽-10	高汉路	汉留镇
2001	龚张生产桥	214.0	4.0	130	汽-20、挂-100	西城路	司徒镇
2001	三阳河大桥	300.0	4.8	145	汽-20、挂-100	大葛二路	司徒镇
2001	友好大桥	134.1	7.0	133	汽-10	富南路	汉留镇
2001	光明桥	400.0	5.0	150	汽-20、挂-100	老高兴东路	三垛镇
2004	武宁大桥	343.0	7.0	145	汽-20、挂-100	九西路支线	三垛镇
2004	天成大桥	250.0	4.0	126	汽-20、挂-100	通邮路	周巷镇
2004	跃进生产桥	151.0	4.5	3×20+25+3×20	汽-20、挂-100	兴隆路	临泽镇

第四节　危桥改造工程

2003年起，市委、市政府将城乡危桥改造列入城乡建设规划，逐年实施危桥改造工程。是年，改造危桥16座。至2005年，全市共改造危桥45座。

2003～2005年高邮市危桥改造工程情况一览表

表6-6　　单位：米

改造年份	桥名	长度	所在公路	改造年份	桥名	长度	所在公路
2003	汤庄河大桥	26	甸汤公路	2003	周庄北桥	30	六营川公路
2003	九支渠桥	9	车伯公路	2003	范家桥	35	六营川公路
2003	龙岗桥	25	车伯公路	2003	川青东风河桥	32	六营川公路
2003	红马闸桥	2	澄营公路	2003	汉留五号河桥	26	甸汤公路
2003	前进桥	35	甘横公路	2003	红旗桥	34	甘横公路
2003	甘垛粮站桥	4	甘横公路	2003	唐家桥	16	甘横公路
2003	大虹桥	35	澄营公路	2003	甘前闸桥	4	甘横公路
2003	团结桥	35	澄营公路	2003	三姚闸桥	5	甘横公路

续表 6-6

改造年份	桥名	长度	所在公路	改造年份	桥名	长度	所在公路
2004	唐拓河桥	5	澄营公路	2005	干渠桥	48	马横公路
2004	川中河桥	33	营舜公路	2005	大西河桥	48	马横公路
2004	立新桥	37	营舜公路	2005	横泾河桥	54	马横公路
2004	营南桥	33	营舜公路	2005	澄潼河桥	48	马横公路
2004	二里大沟桥	34	营舜公路	2005	人字河桥	54	马横公路
2004	通荡桥	27	澄营公路	2005	龚张桥	136	马横公路
2004	联合桥	5	澄营公路	2005	十字河桥	54	马横公路
2004	郭庄闸桥	5	澄营公路	2005	胜利桥	48	东墩公路
2004	卞阳闸桥	5	澄营公路	2005	小泾沟桥	48	车樊公路
2004	高家闸桥	5	澄营公路	2005	赫旺桥	39	车樊公路
2004	三荡河桥	5	澄营公路	2005	南澄子河桥	66	周八公路
2004	余海桥	18	甘横公路	2005	特平桥	36	车伯公路
2004	勤丰桥	18	甘横公路	2005	伯勤桥	48	车伯公路
2004	荷花桥	18	甘横公路	2005	东风桥	25	邮汉公路
2004	前进桥	18	甘横公路				

说明：本表所列桥梁荷载标准均为二级公路汽-20、挂-100。

第三章　水　路

1986年前，县内多为水乡平原，河网密布，长期以水运为主。1986年，全县共有航道61条（不含高邮湖），全长614.85千米。其中，京杭大运河和北澄子河航道为等级航道，共长81.93千米；其他为等外级航道。80年代末至90年代中期，对北澄子河干线航道和三阳河、澄潼河等主要航道实施疏浚、拓宽等养护改造工程，并逐年分段、分期开挖、拓浚与疏通等外级河流和航道，一批等外级航道达到七级航道标准。至2005年，市内共有航道42条，全长634.85千米。其中，国道（二级航道）1条（京杭大运河高邮段航道）44.43千米，省级干线航道（五级航道）1条（北澄子河航道）38.5千米，高邮湖航线（六级航道）1条17千米，内河七级航道9条、257.52千米，乡村等外级航道30条、277.4千米。全市水网密度3.24千米/百平方千米。

第一节　航　道

一、等级航道

京杭大运河高邮段航道　国道、二级航道，南北走向。古为邗沟，继称官河、高邮大漕河，隋开凿沟通，宋始称运河。北起高邮市与宝应县交界处子婴闸，南至高邮市与江都市接壤的邵伯镇露筋北，穿过界首镇、马棚镇、高邮经济开发区、高邮镇（城区）、车逻镇，全长44.43千米。运河临城段南河心小岛上保存有唐镇国寺塔。1984～1985年，按照国道、二级航道标准进行拓浚。1986年起，实行岁修，确保航道畅通。至2005年，该航道年单向货运能力3000万吨，输水能力350立方米/秒，可通过2000吨级船舶和船队。该段运河具有航运、调水、灌溉、防洪、排涝、旅游等综合功能，在国民经济建设中发挥重要作用。

北澄子河航道　省级干线河道、五级航道。古名运盐河，亦称闸河、东河。西起高邮运东船闸上游大运河入口，东至高邮河口与兴化南官河相接，流经高邮镇、高邮鸭业园区、卸甲镇、龙虬镇、三垛镇、汤庄镇、甘垛镇，全长38.5千米。1987年，大面积改造与拓宽北澄子河航道。1994年，被省航道管理局确定为五级航道。至2005年，共完成护岸工程13.75千米、投资额967.68万元，完成疏浚工程534.47万立方米、投资额836.06万元。是年，经省政府和交通部批准，该河被纳入省“两纵四横”干线航道网规划，并按“五改三”（五级航道改造为三级航道）标准逐年实施航道改造和建设。该河是全市中东部地区主要水运骨干河道。

三阳河高邮段航道　七级航道，系里下河腹部地区排引干河，南北走向。古称山阳渎。境内南起汉留李甫，北至新六安河，流经汉留镇、三垛镇、横泾镇、司徒镇、周巷镇、临泽镇，与南澄子河、北澄子河、东平河、横泾河、六安河相交。1986年10月，经省水利厅批准，实施国家南水北调新老三阳河接通工程。1994年，被省航道管理局确定为七级航道。至2005年，随着国家南水北调东线工程潼河三阳河工程的全面实施，该航道向北延伸越过子婴河，入宝应县境与潼河相接，全长43.85千米，该河为全市东部南北向重要水运通道。

2005年高邮市等级航道情况一览表

表6-7　　　　单位：千米

航道名称	起点	终点	长度	等级
京杭大运河高邮段	高邮与宝应交界的子婴闸	江都邵伯露筋北	44.43	二
北澄子河	运东船闸	甘垛河口	38.50	五
高邮湖航线	京杭运河口	苏皖交界处	17.00	六
横泾河	马棚镇陈桥	横泾镇东首	28.50	七
三阳河	汉留李甫	宝应潼河	43.85	七
澄潼河	北澄子河	子婴干渠	23.50	七
东平河	高邮经济开发区西墩村	第二沟	34.50	七
临邱线	临川河口	邱墅阁	45.80	七
临三线	临泽匡家庄	大洋桥	30.70	七
南澄子河	八里松油库	汤庄集镇阁子口	35.07	七
天菱河	菱塘回族乡备荒圩	殷家沟	12.60	七
新河	城区	市磷肥厂	3.00	七

二、等外级航道

90年代，随着市内城乡道路交通网快速发展，内河等外级航道逐步失去航道功能，主要作用以泄洪排涝、引水灌溉等为主。2005年，全市共有等外级航道30条、277.4千米。

2005年高邮市等外级航道情况一览表

表6-8 单位：千米

航道名称	长度	起点	终点	航道名称	长度	起点	终点
双庆河	2.9	菱塘粮站	天菱河	唐柘河	15.1	澄潼河	司徒柘垛村
向阳河	25.0	操兵坝	天山红旗拦水坝	司徒河	8.3	官垛河	司徒邓家村
东排河	10.5	毛港船闸	郭集闸	马东圩河	5.5	临泽乔庄村	川中河
西排河	8.8	甘露电站	郭集粮站	临东河	5.7	蒋颜村高桥组	临川河
新六安河	15.0	周山长春村	第三沟	临泽子婴河	3.8	临泽大李庄	临中河
二里大沟	17.4	界首镇	司徒官垛荡	临中河	8.6	临泽夏家庄	刘家沟
临川河	9.2	三阳河	临泽北荡	跃进河	5.4	临泽韩夏村	临泽临东村
川青五号河	8.0	五一公路桥	兴化齐河	川西河	4.7	临川河	临泽东沟村
川东河	7.6	临川河口	新六安河	界东河	7.6	子婴干渠	老六安河
川青十号河	8.8	川中河	红庙河	范家大沟	8.5	子婴干渠	新六安河
车逻大河	11.0	车逻镇	车逻阁子口	周山河	6.0	周山双河村	澄潼河
大启河	8.0	甘垛北韩	甘垛河口	三荡河	6.7	龙虬农技站	龙虬东南
第一沟	9.2	甘垛沙贯	北澄子河	邮临线	8.9	张轩	龙虬双庙村
平胜河	5.5	甘垛平胜居民委员会	北澄子河	老横泾河	18.3	城区头闸	大卢河
沙堰河	8.3	汤庄丹阳村	斜丰港	老南澄子河	9.1	下沿河	南澄子河交汇处

三、助航设施

1990年，省交通厅投资6.5万元，在高邮湖区17千米的航道上布设双船型浮标航标7座，结束高邮湖上无航标的历史。2000年至2003年4月，陆续将双船型浮标全部更新为杆桩式航标，并增设7.5米光杆标2座，使高邮湖区航道上的9座杆标连成一线。1999年10月，扬州市航道管理处在北澄子河（高东线）三垛段增设钢结构横流标1座。2003年12月，在高邮湖运西船闸引航道堤顶增设示位标1座。至2005年，市内航道共有航标11座，高东线设有航道指向牌7处。

第二节 船 闸

一、高邮运东船闸

1983年1月开工建设。1984年8月建成通航。位于京杭大运河高邮段东堤与盐河交会处，为省一类中型船闸。闸区占地10公顷，闸室长160米、宽16米，闸口宽10.4米，年设计通过量100万吨，投资800多万元。该船闸建成通航后，结束从大运河往里下河地区进出物资采用驳岸转运的历史。1986年，船舶通过量3.54万艘、203.28万吨，货物通过量110.24万吨。1991年，过闸船舶上升到13.22万艘，为历年过闸船舶数最多年份。1992年9～11月，市航道部门按照五级航道标准对船闸上游进行清淤疏浚。是年，船舶通过量12.41万艘、744.14万吨，

图6-4 1984年建成通航的高邮运东船闸

货物通过量386.95万吨。1995年10月，扬州市航道处对运东船闸实施大修和控制系统改造工程，历时45天，投资307.07万元，将原机械式启闭系统改为液压系统，电气系统采用PLC（可编程序）控制技术。2005年4～9月，对船闸下游右岸进行驳岸养护，改善航道通航和停靠条件，提高船闸通过量。9～10月，投资89.98万元，对船闸运行方式进行电脑智能化改造，提高船闸监控能力、运行效率和社会效益。是年，船舶通过量8.03万艘、1642.19万吨，货物通过量850.58吨，为大吨位船舶与货物通过量最多年份。

二、高邮运西船闸

位于高邮湖东堤城区段南的石工头，是沟通大运河和高邮湖区的水运枢纽。其前身是50年代的高邮船闸（闸室长30米、宽10米，闸门口宽5.8米）。1985年12月，在高邮船闸南700米处，新建运西船闸，闸室长100米、宽16米，闸口门宽10米。设计年通过量350万吨。1988年，船舶通过量1.83万艘、69.98万吨，货物通过量30.71万吨。1990年，船舶通过量2.06万艘、100.75万吨，货物通过量50.06万吨，过闸船舶数创历史最高纪录。1996年4～5月，扬州市航道处对该船闸进行大修，总投资188.88万元。电气系统采用PLC（可编程序）控制技术，实行闸门开启程序化。疏引上游航道265米，并在下游165米左岸、右岸分别设靠船墩10个、5个，提高船闸运行质量和安全保障。2004年，船舶通过量1.59万艘、147.04万吨，货物通过量74.61万吨，大吨位船舶和货物通过量为历年最多。2005年，船舶通过量9681艘、106.40万吨，货物通过量54.66万吨。

第三节　港区、码头与渡口

一、港区

80年代后期，高邮港区公用码头和企业专用码头主要分布在京杭大运河、三阳河和北澄子河沿岸。1988年，高邮港区共有泊位116个，泊位总长2914米，最大靠泊能力1000吨，码头吞吐量57.2万吨。90年代中期，港区逐步更新改造设备，扩大规模。1999年起，城区中心东移，港口赖以生存的货主单位有30%随之搬迁。港口布局调整滞后，私营码头、浮吊船弥补装卸市场的部分需求。至2005年，高邮港区及货运码头共有装卸机械84台，最大起重能力5吨；堆场面积2.8万平方米；全年完成货物总吞吐量170万吨，其中公用码头货物吞吐量26.5万吨，以煤炭、粮食、建材等大宗货运物资为主。

1988～2005年高邮港区公用码头货物吞吐量一览表

表6-9　　　　单位：万吨

年份	吞吐量	年份	吞吐量	年份	吞吐量
1988	57.2	1994	42.3	2000	36.0
1989	47.2	1995	41.5	2001	44.1
1990	37.8	1996	45.2	2002	32.1
1991	35.1	1997	47.3	2003	24.7
1992	37.9	1998	46.0	2004	27.9
1993	42.8	1999	39.3	2005	26.5

二、货运码头

1986年，县港务处建有专用装卸码头6座。其中，分布在京杭运河东岸临城段的码头3座，即县水泥厂码头、城南琵琶洞码头、北门码头；分布在城区北部与东部的码头3座，即新河码头、老木材库码头、城北站下河码头。码头泊岸总长1142米，总面积1.37万平方米；有吊机22台，机械化程度42.2%。1987年，先后在界首镇运河东岸、北澄子河南岸，分别建成界首码头、高邮造纸厂码头。1991年撤县设市以后，随着城乡经济快速发展和人民生活水平不断提高，物资需求量逐渐增加，水路主要货物运输从单一的粮食运出，逐渐发展到工农业生产所需的煤炭、粮食、化肥、农药等生产资料和人民生活所必需的百货、建材等生活资料，从以运出市外为主变为以运入市内为主。1996年起，随着公路建设等快速推进和城市建设发展，港口货源结构再度发生变化，黄砂、石子、水泥、石灰等建筑材料以及木材、钢材等成为大宗物资，港口操作量突增。1997年，港口操作量上升到127万吨，创历史新高。1998年，中国石化江苏油田分公司试采一厂在南澄子河北岸甸垛镇杨龙村段，建成原油向市外输送专用码头。2001年，由国家投资在北澄子河南岸龙奔段，建成国家粮食储备库专用码头。2002年后，城区向东扩展，改制重组企业纷纷东迁，大部分货源相继东移，原有港口操作量和货源日渐减少。2001年9月至2005年，境内先后新建高邮龙奔国家粮食储备库码头、三阳河流域水务码头和首座民间资本投资建设的华泰物资交易有限公司码头。2005年，全市内河公用码头和企业专用码头共15座。

三、渡口

图6-5 市地方海事处工作人员进行水上安全监督检查

1986年，全县共有持证经营渡口71道，主要分布在京杭大运河、北澄子河、张公渡河等主要河流，渡船86艘，其中机械动力渡船6艘，共237吨、1380个客位。1988年4月，由县港航监督所负责渡口管理工作。1989～1990年，全县渡口所在乡镇政府均与县政府签订渡口安全管理“五定”（定渡口、定渡船、定渡工、定乘员和载货定额、定安全责任）责任书，并采取国家补助和社会集资相结合的办法，更新、改造航行在高邮湖和京杭大运河上的钢质渡船5艘，新增客位370座。1991年11月，市政府对渡口实施专项整治，并逐一核准确认为合法经营渡口。1993年起，结合开展内河航道整治，加快乡镇撤渡建桥步伐。至1996年，通过撤渡建桥，撤销乡镇渡口50道。对保留的渡口按照渡口、渡船、码头设施、规章制度均要合格的要求，逐一进行整顿。将北澄子河一线的渡船，全部更新为25客位的水泥船。设置“渡口守则”牌，以规范渡口、渡运秩序。1998年，市内主要河流渡口的渡船、日渡量大于200人次渡口的渡船、以渡运学生为主的渡船，全部实现钢质化。2001年6月，市港监处更名为市地方海事处后，继续推进建桥撤渡和加强以“两河一湖一区”（京杭大运河、北澄子河、高邮湖、马棚东湖度假区）为重点的渡口安全监督和整治工作。2005年，全市实有渡口27道（含高邮湖汛期临时性渡口，不含一般农渡），渡工44人，渡船29艘，全部实现钢质化，并全部建成省安全文明渡。

石工头渡口 设于运河西堤西坎，高邮镇石工头处，向西渡运至郭集镇码头庄，是高邮湖上连接运东与湖西4个乡镇的水上唯一通道。90年代初，利用扬州市交通局下拨的渡船更新改造资金，将小机动船先后更新为90客位、100客位的两条钢质机动船。1991年，更新为一艘150客位的机动船，由郭集乡运输公司经营。2001年，该渡口在漫水公路建成通车后撤销，仅作汛期临时性渡口备用。

湖滨渡口 设于京杭运河东堤车逻镇段西侧。1991年，渡船为一艘100客位的钢质渡船，后改为150客位的汽渡船。1994年3月，渡口迁至八里松，年渡运7.5万人次。1997年，该渡口在高邮运河大桥建成后撤销。

界首渡口 设于京杭运河东堤界首镇段。1986年，由木船更新为一艘100吨的钢质渡船。1996年，利用扬州市交通局下拨的渡船更新改造资金，更换一艘100客位的钢质渡船。2005年，渡运12万人次。

南门渡口　设于京杭运河东堤高邮城南门段。1986年，由木船更新为150客位的钢质机动船。2000年6月，更新为100客位的钢质渡船。2002年，市航运公司改制后，南门渡口经营权移交给高邮镇太平村。2005年，渡运28.8万人次。

第四章　运输业

80年代中期，全县运输业营运业务基本由县交通局所属的运输企业承揽。1986年，县属运输企业完成客运量215万人次、客运周转量5782万人千米，货运量118.47万吨、货运周转量1.85亿吨千米，港口装卸操作量85.9万吨。进入90年代，随着运输市场的放开，全市呈现国家、集体、私营、个人一起办运输的新局面，城乡公交、出租汽车、旅游客运相继快速发展。跨入21世纪后，股份制运输企业、私营运输企业和个体业主占据全市运输市场，全市公路客运逐步形成以高速、干线、专线和乡村道路相结合，高中普、大中小客车相配套、长中短班线相衔接的运营网络。2005年，全市省际长途汽车客运专线扩展到24条，投运大客车增加到44辆；市内农村公交线路20条，营运客车3004辆；出租车公司4家，投运出租车317辆；个体货运业主发展到1265户，社会船舶运力上升到194艘、1.87万吨位。是年，市交通系统完成客运量386万人次，客运周转量3.56亿人千米，港口装卸操作量55.37万吨。

1986～2005年高邮市交通系统运输业营运实绩一览表

表6-10

项目 年份	客运量（万人次）	客运周转量（亿人千米）	货运量（万吨）	货运周转量（亿吨千米）	项目 年份	客运量（万人次）	客运周转量（亿人千米）	货运量（万吨）	货运周转量（亿吨千米）
1986	215	0.58	118.47	1.85	1996	327	1.91	388.00	4.95
1987	214	0.60	116.32	1.75	1997	197	1.20	391.00	3.62
1988	213	0.65	114.25	1.70	1998	87	0.91	117.00	1.52
1989	211	0.72	111.16	1.61	1999	96	0.90	111.00	1.30
1990	183	0.61	109.24	1.48	2000	90	0.95	100.00	1.26
1991	187	0.71	108.52	1.64	2001	161	1.66	71.00	0.53
1992	157	0.84	129.98	1.71	2002	184	2.07	68.00	0.43
1993	121	0.74	139.79	1.64	2003	265	2.72	39.00	0.58
1994	295	2.09	396.00	6.09	2004	270	2.82	—	—
1995	260	1.69	275.00	4.36	2005	386	3.56	—	—

说明：2004年起，市交通系统水、陆货运企业逐步退出运输市场，不再列入统计范围。

第一节　公路运输

一、长途客运

1986年，全县道路客运企业有扬州汽车运输公司高邮支公司和县汽车运输公司，共有营运客车39

辆、1303客位；长途客运班线10条（含高邮至扬州），农村公交线路（简称农公线）15条；客运车辆大多是普通大客车。1989年，两家运输企业更新老旧车辆，增加长途班线和农公客运线路。至1990年，两家运输企业共有客车47辆、1880客位；长途客运线路10条、17个往返班次。1991年，市汽车运输公司在原有上海客运线路的基础上，新增至上海市十六铺客运班线；将城区起点延至周巷乡，向乡村腹地发展；购置3辆中巴面包车，使车辆结构从单一的大客车向大、中、小客车配套发展。1993年11月，扬州汽车运输公司高邮分公司推行单车车值抵偿承包，即由职工购买公司车辆、承包班次、每月上缴公司标的款。市汽车运输公司对长途客车和13辆中巴车全部实行合资经营和风险抵押承包。1994年，市汽车运输公司对所有营运车辆全部实行个人承包经营。扬州汽车运输公司高邮分公司划归高邮市管理，更名为市长途汽车运输总公司，将33辆大客车和5辆中巴车全部承包到个人。是年，全市客车拥有量970辆，其中大客车97辆、小客车873辆；完成客运量295万人次、客运周转量2.09亿人千米，其中两家市属运输企业完成客运量77万人次、客运周转量8409万人千米，分别占社会总运量的26.1%和40.23%。1997年，市长途汽车运输总公司投入338万元，购置客车24辆；市汽车运输公司投入301万元，购置客车20辆。全市共有直达上海、杭州、青岛、芜湖等城市的省际线路6条、市际线路12条。1999年9月至2000年，市长途汽车运输总公司和市汽车运输公司共筹资653万元，购置高档、豪华客车35辆，投入高邮至上海、南京、镇江等主要线路运营。2002年10月，市长途汽车运输总公司和市汽车运输公司合并为市道路客运有限公司。2003年，高邮至扬州、菱塘至扬州的县际线路更新中档以上客车23辆。2005年，全市有直达北京、上海、杭州、南京、温州、余姚、武汉、青岛、合肥、芜湖、宿州、苏州、昆山、常熟、无锡、常州、镇江、南通、徐州、盐城、扬州等城市的长途班车线路79条，长途营运客车188辆，其中中高档客车74辆。

二、农村公交

1986年，全县有农公线15条，往返班次36个，客运车辆为普通大客车。1987年，湖滨乡公路开通，实现全县乡乡通公路目标。1992年，农公客运投入中巴车29辆，其中市汽车运输公司投入18辆，改变多年来大客车定点定线跑的单一模式。是年，全市农村公交开通“招手即停、就近上车”的客运服务。1993年10月，市汽车运输公司召开公路营运标志牌有偿使用发牌大会。至年末，全市农公线路23条，全部实行有偿使用，有43户个体户、58辆中巴车参加有偿使用。1997年，农公线营运中巴车增至300多辆。2002年，全市18条农村公交线路上运营的250辆、3995座个体中巴车和在邮扬、菱扬线路上运营的24辆、456座个体中巴车，统一更新为19座双开门的中型公交车，并改个体经营模式为公司化承包经营和挂靠经营方式。2004年，规范农公客运市场秩序和管理，新建农村客运站亭42座，改造、整合农公客运线路16条，报废、淘汰中巴车170辆，新投放营运客车200辆；将送桥至扬州的客运班线由个体经营改为市道路客运有限公司经营，车型统一更新为25座中型客车。2005年，全市农村公交线路共20条，营运客车304辆、5000客位，运量供需均衡。

三、城市公交

详见第五篇《城乡建设》第四章《公用事业》第三节《城市交通》（第211页）。

四、出租车客运

1987年，县内始有个体出租车。至1991年，个体出租车户发展到4家，共有出租车13辆，其中12座昌河面包车10辆、桑塔纳轿车3辆。1996年，市长途汽车运输总公司投入出租车20辆，其中夏利和普通桑塔纳轿车12辆；市汽车运输公司吸收社会出租车11辆，全市有出租车50辆。1997年，全市出租车增加到175辆。2002年，全市个体出租车实行公司化改造，大幅度压减出租车经营业主数量，并整顿、规范出租车客运市场。是年，市长途汽车运输总公司和市汽车运输公司各购置10辆桑塔纳轿车从事出租客运。2004年3月，通过招商引资，成立市永信汽车出租有限公司。是年7月，成立市平安汽车出租有限公司和市港务汽车出租有限公司。2005年，市平安客运出租公司经改制更名为市平安汽车出租服务有限公司；市道路客运汽车出租有限公司成立。至是年末，全市出租车经营企业有市永信、平安、港务、道路客运等4家出租车公司，共有出租车317辆、1540座，从业人员441人。

五、旅游客运

1987年，始有淮扬旅游出租车公司和供销旅游出租车公司，共有4辆12座的昌河面包车。至1993年，两家公司因旅游业务量少先后改行。至2003年，全市仅有市道路客运汽车出租有限公司达到三级旅游客运标准。是年，该公司首次投放豪华客车10辆、350座从事旅游客运。2005年，由于旅游客源不足，该公司旅游客车减少到5辆。

六、普通货物运输

1986年，全县有公有制运输企业2家，货运汽车13辆60吨位。社会运力有货运人力车2000辆，摩托车81辆，机动三、四轮农用货车和拖拉机5000多辆等，主要分布在城郊和乡村，以从事农业、渔业产品运输为主。完成货运量118.47万吨、货运周转量1.85亿吨千米，港口操作量86万吨。随着城乡交通运输市场逐渐放开，运输货物从农产品逐步扩大到肥料、燃料、建筑材料等。1989～1990年，县专业运输单位开始发展大吨位货运汽车，工商企业相继购置货车实行自运，逐步形成专业运输企业、工商企业和个体运输业主三者齐上的竞争局面。1991年，全市有货运汽车127辆702吨位，完成货运量108.52万吨、货运周转量1.64亿吨千米，港口操作量113万吨。在货运汽车总数中，专业运输单位43辆268吨位，分别占34%和38%；工商企业64辆325吨位，分别占50%和46%；个体营运20辆109吨位，均占16%。1996年，国有、集体工商企业纷纷改制，加上企业自有运输车辆使用年限已到报废期，企业自备车陆续淘汰或退出运输市场，个体运输车辆逐渐抢占货运市场。是年，营业性货运汽车增加到205辆1174吨位。其中，专业运输单位91辆530吨位，分别占44%和45%；个体运输单位50辆313吨位，分别占24%和27%。货运汽车以10吨及以上大吨位车辆为主。2000年起，全市个体私营营运车辆快速增长，逐步成为货运市场主体。2001年，首家私营物流企业诚信物流运输服务部成立，推出高邮至上海的货运专线。至2002年，全市公有制运输单位有货车29辆235吨位，个体私营运输货车上升到80辆375吨位。2003年，全市20多家私营物流公司开业运营。2005年，全市有货运业主1265户，货车1595辆5320吨位。其中，公有制运输单位21家，货车182辆1594吨位；个体私营运输单位1244家，货车1413辆3726吨。运输车辆向着大型化、厢式化发展，货运方式朝着配载运输和货源地定点组货转变。

七、危险货物运输

90年代前，危险货物运输由从事化学危险物品生产、使用的企业和易燃易爆行业生产、经营单位自购特殊车辆进行运输。1994年3月，市交通局、市公安局对市内从事化学危险物品生产、使用的企业和易燃易爆行业生产、经营单位从事危险货物运输的车辆，依法纳入危险品运输管理范畴。1997年，全市有危险品运输单位19家，车辆46辆225吨位。主要有市通源公司、天山车队、市助剂厂、市染化厂、市石油公司、市磷肥厂、大桥加油站、扬州宏远电子有限公司等单位。但经营规模小，安全管理措施不到位。至2001年，危险货物运输经营企业经专项整治，减少到11家，运输车辆22辆（含个体挂靠经营车辆）。运输物品主要是汽油、柴油、化工原料和产品。2002年，市内成立两家危险品运输公司，即市尽开颜运输有限公司，14辆车80吨位；市天山汽车运输有限公司，20辆车112吨位。从此，个体运输车辆退出危险品营运。2005年，新增两家危险品运输企业，即市宏远运输有限公司，5辆车79吨位；市宏泰燃气有限公司，5辆车13吨位，主要从事盐酸产品和燃气运输。是年，全市从事道路危险品运输企业共4家，运输车辆15辆。

第二节　水路运输

一、客运

1986年，全县水上客运有高邮石工头至郭集码头庄客运和大运河、内河渡船客运。1993年，市内打造旅游产业。随着高邮湖区风光带和马棚度假村的形成，水上旅游客运量增长。是年水上客运量3万人次、客运周转量56万人千米。1994年，分别上升到22万人次、280万人千米。此后，逐渐下降。1997年，减至12万人次、230万人千米。1998～2005年，年客运量在5万人次左右，以运河线和内河少量客渡为主。

二、货运

1986年，县内水路运输市场向社会开放，各乡镇陆续成立乡镇运输站或运输公司，形成县航运企业、乡镇运输企业、个体私营船舶共同经营的格局。是年，全县有营运船舶1082艘1.88万吨位。县交通系统航运企业完成货运量118.47万吨、货运周转量1.85亿吨千米。1990年，县政府治理整顿运输市场秩序，对重点货物运输实行准运证制度。是年，全县有营运船舶2407艘7.32万吨位。其中，县交通系统航运企业7家，有船舶598艘2.49万吨位；乡镇运输企业335艘1.03万吨位；非交通系统所属船舶147艘6244吨位；个体私营船舶1327艘3.18万吨位。由于个体运输船舶压价竞争，导致县交通系统航运企业首次出现亏损。当年，县交通系统航运企业完成货运量109.24万吨、货运周转量1.48亿吨千米，亏损163万元。1993年起，挂靠水运企业管理的个体运输船舶和由各乡镇运输站（公司）代管代营的船舶日渐增多，水运市场竞争加剧。1995年，全市有营运船舶2453艘7.79万吨位，为历年最多；完成货运量275万吨、货运周转量4.36亿吨千米，分别比上年下降30.6%、28.3%。1996年起，因市内缺少大宗货源基地和船舶规费负担较重，市内营运船舶开始外流，全市水运船舶下降到1655艘5.42万吨位。1998～2002年，市内水路营运一直处于低迷状况。2003年，推行船型标准化和开展农用自备船舶专项整治。是年，市交通系统航运企业完成货运量39万吨、货运周转量5772万吨千米。2004年1月1日起，全市实施船型标准化改造工程，水泥质船不再进入京杭运河航道。至2005年，全市拆解、报废和改造挂浆机船194艘，有社会营运船舶194艘1.87万吨位，市交通系统货运企业退出水运市场。

三、搬运装卸

1986年，乡镇集体搬运社、队已陆续解体，仅剩高邮镇、三垛镇、送桥镇尚存个体搬运工50多人。县港务管理处为全县搬运市场主体单位，下辖城南、城北、通湖、新巷口等4家营业站和汽车队、港口机械厂、港口装卸站共7家二级核算单位，有职工1146人，其中在职职工726人。主要港口有：运河沿线的南港、北港和水泥厂码头，作业岸线440米，泊位15个；运东内河沿线的新河1号码头和2号码头，岸线长272米。共拥有吊机21台、爬坡机6台、机动车31辆、小板车362部。年港口操作量86万吨。1990年，粮食、煤炭、化肥、棉花、建材等重点货物实行计划运输管理。是年，建成新河3号码头。1991年，市港务管理处购置小四轮拖拉机24部，建立短途运输车队。1992年，市泰山庙运输市场和市货运中心建成。1997年，市港务管理处完成港口吞吐量55万吨、操作量127万吨，实现营业收入960万元，有固定资产724万元，均为历史新高。2000年，市港务管理处拓展事故抢险和桥梁吊装等业务。是年，市交通局换发搬运装卸业许可证21份，核发搬运装卸操作证492份。2003年起，市内工商企业为降低运输成本，不断提高自备装卸、运输能力，市港务管理处装卸量和效益持续下滑。是年11月，市港务管理处改制为市港务管理处有限公司，下设城南、城北、新巷、大件起重等4家运输营业站和市港务汽车出租有限公司、泰山庙运输市场、农用车队共7家运输营业单位。2004～2005年，该公司购置桑塔纳小轿车50辆，实行职工个人承包运营，发展出租车客运业务，扭亏为盈。是时，市内少量搬运装卸业务由就近村民或个体经营者承揽。

第三节　运输企业

一、市道路客运有限公司

1984年11月，扬州汽车运输公司高邮支公司在高邮城区文游中路53号，建成占地1.88公顷、建筑面积3920平方米（生产用房3200平方米、候车室720平方米）的汽车站。1985年1月投入运营。1986年，有营运客车24辆，营运班线12条，其中至扬州、南京、上海等长途班线7条，至临泽、界首、三垛、平胜、菱塘农村班线5条，职工212人。年客运量182万人次，客运周转量9150万人千米。1992年11月，该公司改制为扬州汽车运输总公司高邮分公司。1994年11月，高邮分公司划归高邮市管理，更名为市长途汽车运输总公司。2002年10月，市长途汽车运输总公司与市汽车运输公司合并，成立市道路客运有限公司，职工801人。2005年9月，该公司在海潮东路与大外环接线西侧，开工建设占地6.8公顷、建筑面积1.8万平方米的客运中心。2005年，该公司有营运线路79条，营运客车188辆，发送旅客63.6万人次。其中，省际线路24条，发送旅客18.7万人次，最多客流方向为上海；市际线路36条，发送旅客15.4万人次，最多客流方向为南京；县际线路19条，发送旅客29.5万人次，最多客流方向为扬州。

二、市汽车运输公司

1986年，县汽车运输公司位于城区通湖路县交通局楼下大院内，建有农村公交车站，开通运东地区各乡镇农公班车，增开高邮至上海、镇江、南京、苏州、常州等地中长途客运班线。2000年，建成市农公客运中心，占地6000平方米，候车厅面积700平方米。2002年10月，该公司与市长途汽车运输总公司合并，成立市道路客运有限公司。

三、市联运公司

1986年，县联运服务公司位于城区文游路128号，下辖界首、八桥、周山、营南、天山等乡镇营业站。有货车2辆5.5吨位，轮船2艘和船舶6艘150吨位。经营项目为水运铁运零担、扎口理货（镇江到高邮的整批货物）、三类包裹（快件）。是年，完成货运量8558吨、货运周转量97万吨千米。1988年，经营项目扩展到公路铁运、水运铁运、零担、整车、集装箱、快件、货物配载、公路货物运输等业务，完成货运量7951吨、货运周转量102万吨千米。1990年10月，该公司车队改制为县第二汽车运输公司。1994年，成立市兴联物资经营公司，经营钢板、钢材、砂石、水泥等业务。天山联运站更名为市通达联运站，水铁经营部更名为市通运水铁联运站。1995年，添置日产“康明斯”自卸车6部、“解放”自卸车4部，成立江淮道路基础工程有限公司，承担土方建设工程业务。2000年，成立市平安客运出租公司，发展出租车代理和客运业务。2004年，市联运服务公司以全员置换身份和经济补偿方式实现改制。2005年，市平安客运出租公司经全面改制后转为民营企业，更名市平安汽车出租服务有限公司，共有出租车（含挂靠车辆）158辆。

四、市航运公司

1986年，该公司位于通湖路9号，下辖自航大队、服装厂、船厂、建材厂、金属拉丝厂、石灰厂、运输营业站、玩具厂等单位，兼管三垛、临泽、界首、菱塘、送桥等5个乡镇航运营业站，共有职工2296人。有船舶351艘、1.39万吨位、4882千瓦，其中货驳165艘、1.06万吨位，挂机船167艘、2561吨位、3103千瓦，拖轮19艘、732吨位、1779千瓦。主要承担生产、生活资料运输和大宗物资水路中转。运输路线以运河、长江水系为主。是年，完成货运量58.67万吨、货运周转量1.66亿吨千米，创历史最高水平。1988年起，该公司逐步淘汰水泥船货驳，增加大吨位运输船舶，拓展至上海、浙江、安徽、湖北、山东等地远程水运业务。进入90年代，货运市场竞争不断加剧，该公司经济效益每况愈下，交通船厂、金属拉丝厂、建材厂、工具厂陆续改制转型或歇业。至2000年，该公司货驳减少到68艘、6520吨位，拖轮减少到9艘、372吨位、891千瓦；货运量下降到6.55万吨，货运周转量下降到4815.73万吨千米。2001年11月，该公司实施破产改制，集体资产全部退出后，成立市航水运输有限公司、市航务运输有限公司、市邮联航运输有限公司、市邮航运输有限公司4家私营运输企业。

五、市水运公司

1987年10月，县航运公司自航大队改建为县航运公司高邮营业站。此时，有运输船舶167艘、2561吨位，职工424人。是年，完成货运量9.46万吨、货运周转量814万吨千米。1994年6月，以高邮营业站为主体建立市水运公司，有船舶220艘、1.12万吨位，机械设备14台套，职工442人。1996年，新增钢质挂机船97艘、6797吨位，完成货运量30万吨、货运周转量4200万吨千米。1997年，挂靠公司的第一艘新型钢质内舱机船投入营运。此后，陆续增加内舱机船。2004年，该公司对全部自有挂桨机船进行更新、改造，淘汰、报废和拆解小吨位、船龄长的船舶，全面实现内舱机船运输。是年末，该公司实施产权制度改革，公有资本全部退出，职工全部买断工龄，企业至此歇业。

第五章　交通管理

1986年，县交通局设有安全监理股、运输生产股、渡船管理所、交通监理所和6家乡镇交通管理所等行业管理机构。1987年11月，交通监理所陆运监理职能划归县公安局。1997年以后，市交通局逐步实行由微观管理向宏观管理、直接管理向间接管理、部门管理向行业管理的职能转变。2005年10月，市交通局设有市地方海事处、市运输管理所、市船舶检验处、市汽车维修行业管理处、高邮镇交通管理所、城南交通管理所、城北交通管理所、湖西交通管理所、临泽交通管理所、三垛交通管理所、汉留交通管理所、市交通产业中心、市交通工程建设处等13个单位，并代管市公路管理站、市航道管理站、运东船闸、运西船闸4个扬州市交通部门所属驻高邮市的单位。

第一节　公路管理

一、路政管理

1986年，县公路管理站路政组专司路政管理。1989年，改为路政安全股，负责管理国道、省道和部分县道公路。2001年，淮江公路高邮段和高兴东公路高邮段被列为创建文明示范路段，对扬菱线、天大线、送郭线、澄联线等支线公路进行集中整治。是年，查处路政案件1281件。其中，查处超限运输车1259车次，收取损失赔（补）偿费127万元；查处砂石占道415处、7200立方米；拆除违法建筑22户、550平方米等。2002年，成立市公路路政大队，与市公路管理站两块牌子、一套班子，下设三垛、秦邮两个中队，有路政执法人员15人。是年，查处超限运输车1566辆，卸载超载物资7000吨。2003年4月，市公路路政大队增挂“市乡村公路路政执法大队”牌子，配备路政执法人员14人，负责县道145千米、农村公路1100千米路政管理。至2005年，市内交通道路和行车安全环境进一步改善。

二、公路养护

1986年，县公路管理站设有营南、司徒、马棚、三垛、车逻、汉留、伯勤、湖西等8个养护队和33个保养组，养路职工200人。有筑路、养路机械36台（辆），其中压路机5台、沥青拌和机1台、洒布机1台、洒水车2台、载重汽车6辆、挂车2台、拖拉机19台。负责养护公路353.65千米，其中省道78.88千米、县道152.36千米、乡道122.41千米。是年，公路完好率75%。1990年，随着市内公路建设步伐加快，公路养护总里程增加到404千米，养护和管理职工增加到348人，其中专业技术人员14人。1992年3月，营南、司徒、三垛、秦邮、汉留、伯勤、湖西等7个养护队升格为养护工区，每个工区下辖2～6个道班。秦邮、三垛两个工区为干线工区，分别管辖省道淮扬线、省道高盐线路段。1998年，全省实行公路管理体制改革，高邮公路站负责养护的142.7千米乡道移交市交通局，同时移交农民合同工57人。高邮公路站随之调整工区设置，设立营南、伯勤、三垛、湖西、秦邮5个工区。1999年起，实行公路养护内部招投标。2000年3月，高邮公路站以工程总队、养护总队和淮江公路高邮沥青拌和场为基础，成立市高强公路工程有限公司，下设工程、养护、路面3家分公司。是年，管养公路里程252.1千米，其中省道76.7千米、县道175.4千米。2001年，市高强公路工程有限公司获得三级养护资质。2002年，该公司有筑路、养路机械67台（辆），其中推土机7台、挖掘机2台、装载机5台、稳定土拌和机1台、灰石拌和机1台、载重汽车10辆、压路机20台。2003年，曹邮仪公路高邮段、淮江公路高邮段建成省级文明样板路。同时，成立全省首支乡村公路路政执法大队。各乡镇成立公路站，配合交通部门承担县道以下的公路管养工作。农村公路管养资金来源为省级补助、市级奖励、县级和乡级配套自筹。2005年，全市养护公路1750千米，其中干线公路263千米；有养护一线职工93人，养护监督管理人员31人；干线公路好路率98%，支线好路率75%。

第二节 航道管理

一、航政管理

1986年，县航道管理站设有航政组，具体负责全县航政管理。1989年，航政组更名为航政股。1990年，高邮湖首设航标。至2005年，市航道管理站累计审批主要桥梁、码头、水工作业和拦河、临河、跨河建设设施等117件，打捞无主沉船83艘、2153吨，设航标和航道指向牌18处。

二、航道养护

1986年起，县航道管理站开始对内河支线航道进行疏浚整治。1987～1990年，对北澄子河航道按照五级航道标准，实施人工拓宽浚深，共疏浚土方1.5万立方米。1991年，北澄子河航道被省航道局命名为文明航道。1994年、2001年，北澄子河甘垛段和汤庄新伍段先后实施驳岸工程。至2005年，全市等级航道养护工程累计疏浚土石方20.93万立方米，建成驳岸10.72千米，改造、改建危桥和碍航桥3座。同时，每年对主要航道进行清障、扫床，常年保持航道畅通。

第三节 车船安全管理

一、公路交通监理

1986年，县交通局设有交通监理所，下设乡镇交通管理所6个，负责全县公路交通监理工作。1987年11月，公路交通监理职能和6个乡镇交通管理所划归县公安局。详见第二十四篇《法治 军事》第二章《公安》第七节《道路交通管理》（第871页）。

二、港航监督

1986年，县交通局设有水上监理组。1987年9月，成立县港航监督所。1988年4月，县渡口管理所并入县港航监督所。1989年1月，市港航监督所增挂“市船舶检验所”牌子，内设综合股、监理股和船检股。1990～1991年，集中开展水上交通安全整顿工作。1995年5月，市港航监督所、市船舶检验所分别更名为市港航监督处、市船舶检验处。是年6月，开展清理、取缔“三无”船舶专项整治。1996年10月，市港航监督处增挂“市水上交通稽查大队”牌子。1999年，全市经检验合格、登记发证的临时营运船舶924艘。2000年起，组织开展为期3年的“水上运输安全管理年”活动。2001年7月，市港航监督处更名为市地方海事处，仍挂“市船舶检验处”牌子。2005年，市地方海事处内设航行监督科、船舶检验科、船务管理科，下设运东船闸海事所、菱塘海事所。

三、事故处理

1986～1995年，市内共发生水上一般交通事故5件，未发生人员伤亡和重大经济损失事故。90年代中后期，由于水运市场放开，公有制专业水运企业转行与退出，大量农用挂桨机船涌入水运市场，水上交通事故呈上升趋势。1996～2000年，全市共发生水上交通事故71件，其中重大事故5件、大事故23件、一般事故43件；经济损失数额从1995年2.04万元上升到2000年的316.26万元。进入21世纪，由于实施禁止水泥船和挂桨机船进入主要航道航运的禁令，加大航道安全性设施建设和启动船型标准化工作，水上交通事故发生率持续下降。2001～2005年，全市共发生水上交通事故12件，经济损失92万元。重特大交通事故详见第十八篇《经济综合管理》第八章《安全生产监督管理》第四节《事故管理与劳动安全保护》所附《典型安全生产事故选录》（第656页），第二十四篇《法治　军事》第二章《公安》第七节《道路交通管理》所附《重特大交通事故选录》（第875页）。

第四节　运输市场管理

一、道路运输市场管理

1986年，县交通局交通管理所负责陆路运输市场管理。1989年起，结合年审对道路运输经营户经营资质进行审验和发证。加强对重点货源基地的驻点管理，对大宗货物和重点农副产品实行统一调运。1992年9月，设立泰山庙运输市场和联运公司停车场，城区机动三轮车、手扶拖拉机乱停乱放现象得到改变。1993年10月，市交通局交通道路稽查队对全市道路实行流动稽查和定点稽查，主要检查交通规费缴纳情况和政策法规执行情况。1996年，城区设立“三小车辆”（小板车，人力二轮、三轮车，蓝鹰出租车）停放点7处和小板车出租行1个，乡镇建立一批停车场。1998年起，先后在城区建立货运中心、汽车检测中心、农公客运中心、交通培训指挥中心等。2001年，市交通局运政稽查大队开展整治和规范道路客货运市场秩序。2004年，全面查处货运市场中擅自改装营运车辆。2005年，市交通局运政稽查大队查处运输违法案件1113件，其中简易程序案件280件、一般程序案件833件；查处非法营运车辆53部、擅自改装营运车辆案件700件、危险品运输违法案件20多件。

二、水路运输市场管理

80年代中期，县内水路运输市场管理从沿袭多年的计划管理开始向放开、搞活转变。1989年、1990年，县政府先后印发《整顿治理运输市场实施方案》《关于加强县城重点货物运输计划管理的意见》，规定凡县城的（含仓储在农村的）粮食、煤炭、化肥、棉花、建材等重点货物，一律实行计划运输管理，并实行准运证制度。至1990年，共审验、核发水路运输企业运输经营许可证1020份；核发船舶营业运输证1975份，占营运船舶总数的83%。此后每年对水路运输企业和营运船舶进行年审。1992年，县港航监督所加强检测社会营运船舶和新建船舶的技术质量、小型挂桨机船的核查和登记发证、渡口安全管理责任的落实、造船业治理整顿和航道维护与管理等项工作。1996年，开展“三无”船舶清理和取缔、水工作业许可、水上危险品管理、水污染防治、营运船舶超载和渡口安全监管等专项治理整顿。2001年，市地方海事处加强造船行业管理和船型标准化工作，统一管理、监督全市航政和水上运输市场。至2005年，全市营运船舶423艘，其中个体私营水运企业194艘1.87万吨位、经登记发证的农用自备船200艘、客渡29艘；获省乡镇船舶修造厂生产技术条件认可证书的乡镇船厂25家。

第五节 车船检测与驾驶员培训

一、汽车维修、检测与驾驶员培训

1986年，全县有汽车维修企业18家。1989年，经复查整顿后，持证经营的有8家，其中县交通系统直属企业2家。1995年，市联运公司新办汽车修理厂。1998年，先后建成市交通培训指挥中心和市汽车检测中心，下半年共检测车辆2355辆次。2003年，市交通局对全市15家二类汽车修理厂、2家急修部进行达标整顿。举办车辆维修人员培训班，经考核合格后持证上岗的有115人。2004年，由浙江乐清客商投资1600万元，建成市华泰机动车驾驶员培训学校，招收和培训学员2600人。2005年，全市有汽车维修企业12家。其中，一类维修企业1家，二类维修企业11家；大中型客车维修企业1家，危险品运输车辆维修企业1家，大型货车维修企业10家。机动车综合性能检测机构2家，其中市交通局、市公安局各1家。机动车驾驶员培训机构2家，其中二、三类培训机构各1家。

二、船舶检测与船员培训

1987年，水陆交通安全管理体制分设后，县港航监督所配备专职验船（含船体、船机、船电）人员，承担营运船舶检测检验和机驾人员培训工作。1989～1990年，检验新造船舶449艘、营运船舶2648艘；举办船员培训班71期，培训船员3604人。1992年，检测检验船舶1328艘、3.86万吨位。2001年，市港航监督处更名为市地方海事处（保留“市船舶检验处”牌子），有6人取得B、C类船舶安检资质。2005年，市船舶检验处有验船师（C级）3人、助理验船师2人。至是年末，累计检验船舶2.56万艘、85.37万吨位、44.01万千瓦，其中受扬州市船舶检验局委托检验船舶927艘、11.9万吨位、10.28万千瓦；举办挂桨机和五等船员培训班150期、船员5854人，其中五等驾机员5692人、五等驾驶83人、五等司机79人。

第六节 客货运价

一、客运运价

1986～1997年，按照省交通厅统一规定，市内长途班车普通大客车运价0.048元/人千米，普通中型客车运价0.06元/人千米，农村班车按车型参照执行。1997年5月至2002年7月，市内客运车辆按普通、中型和高档车辆3个档次分别制定运价。其中，普通大客车运价0.062元/人千米，普通中型客车运价0.10元/人千米，普通小客车运价0.11元/人千米；中档大型客车运价0.072元/人千米，中档中型客车运价0.12元/人千米，中档小型客车运价0.14元/人千米；高档大型客车运价0.12元/人千米，高档中型客车运价0.13元/人千米，高档小型客车运价0.15元/人千米；卧铺客车运价0.16元/人千米。2002年8月至2005年，客运价格调整为：大型高三级客车运价0.28元/人千米，大型高二级客车运价0.24元/人千米，大型高一级客车运价0.20元/人千米，大型中级客车运价0.12元/人千米，大型普通级客车运价0.085元/人千米；中型高二级客车运价0.20元/人千米，中型高一级客车运价0.18元/人千米，中型中级客车运价0.13元/人千米，中型普通级客车运价0.10元/人千米。

二、公路货物运价

1986年，按照交通部《汽车运价规则》和省物价局、省交通厅《江苏省汽车货物运价实施细则》，市内汽车货物运价实行按货物分等、车型分类进行计价。1990年，按照省物价局、省交通厅《关于整顿公路汽车货物运价的通知》，市内汽车货物基本运价为0.26元/吨千米，取消油差补贴等价外加价。1992年12月，按照交通部和省物价局、省交通厅新规定，普通货物基本运价仍为0.26元/吨千米，同时按货物“里程单价×计费里程＋吨次费”计算，实行分等运价。2002～2005年，普通货物运输价格实行市场调节价，由运输承托双方直接商议运输价格。

三、水路货物运价

1986年，按照省物价局、省交通厅调整水运货物运价的规定，8月1日起调高水运价格。1990年、1996年，先后按照省物价局、省交通厅制定的《江苏省水运货物运价规则》和修订的新规，两次调高水运价格。2001年5月，按照国家发展和改革委员会、交通部印发的《关于全面放开水运价格有关问题的通知》，市内水运价格全面实行市场调节价，具体价格由水运企业根据经营成本和市场供求情况自行确定。

第六章　电力设施

1986年，全县有变电所13座，主变压器17台、总容量156.92兆伏安；10千伏及以上输电线路82条、1550.62千米。其中，110千伏、220千伏变电所各1座，110千伏、220千伏输电线路各1条。随着经济社会发展，全市电力设施建设相应加快。至2005年，全市变电所增加到25座，主变压器及其容量增加到35台、665兆伏安；10千伏及以上输电线路增加到151条、2759.85千米。其中，110千伏、220千伏变电所分别增加到6座、2座，110千伏、220千伏输电线路分别增加到10条、3条。

第一节　输变电线路

一、10千伏及以下输电线路

1986年，全县有10千伏输电线路65条、总长1333千米。其中，运东地区55条、长1245千米，由县供电局管理；高邮湖西地区10条、长88千米，由邗江县供电局管理。全县有10千伏以下输电线路388千米。是年，全县农村10千伏输电线路多为“两线一地制”（线路两端一相接地，利用大地作一相导体，用两线输送三相电能）。1987年起，逐步由“两线一地制”恢复为“三相三线制”（简称“两复三”工程）。1993年，全市10千伏输电线路“两复三”工程全部结束。1995年1月，城区35千伏泰山变电所投运供电，新增7条10千伏线路，首次采用10千伏线路“手拉手”互供方式和采用电缆管道地埋式出线。2000年11月，高邮湖西地区输电线路划交给高邮市供电局管理，实行全市统一调度、统一规划建设、统一安全运行管理。至2005年，全市新增10千伏输电线路57条，累计有10千伏输电线路108条、总长2232千米，10千伏以下输电线路总长6495千米。

二、35千伏输电线路

1986年，全县有35千伏输电线路15条、总长131千米。1995年1月，220千伏澄子变电所至35千伏泰山变电所输电线路接通，采用同杆双回线路。2000年11月，市供电局接收邗江县供电局移交的湖西6条35千伏线路。至2005年，全市新布设35千伏输电线路9条，并对线路进行优化、调整。是年，全市有35千伏输电线路30条、总长280千米。

三、110千伏输电线路

1986年，高邮电网110千伏输电线路仅1条，长32.67千米。2000年4月至2005年，市内新建110千伏变电所5座，新增和改造110千伏输电线路97.97千米。至2005年，全市共有110千伏输电线路10条、总长130.64千米。

四、220千伏输电线路

1986年，全县有220千伏澄子变电所1座，由220千伏淮阴变电所输入电源，线路长53.95千米，隶属于扬州市供电局管理。1997年3月，该输电线路由扬州市供电局划给市供电局管理。随着500千伏江都变电所、220千伏宝应安宜变电所、220千伏江都张套变电所先后新建和扩建，高邮220千伏输电线路几经调整和变更。至2005年，全市共有220千伏输电线路3条、总长117.21千米。

第二节 变电所

一、35千伏变电所

1986年，全县有35千伏变电所11座。其中，三垛、临泽、车逻、伯勤、吴堡、界首、沙堰、柘垛等8座变电所为电网变电所，有主变压器15台，总容量5.42兆伏安；县化肥厂、县棉纺厂、县啤酒厂等3座变电所为用户变电所。1994～2004年，高邮电网新增35千伏变电所7座，即泰山、送桥、天山、菱塘、甸垛、营南、油田变电所。其中，送桥、天山、菱塘3座变电所于2000年从邗江县供电局划入；油田变电所为用户变电所，2001年由邗江县供电局移交市供电局管理。2004年，市啤酒厂变电所因企业移址关闭。2005年，全市共有35千伏变电所17座。其中，电网变电所14座，有主变压器26台，总容量196兆伏安；用户变电所3座。

1994～2005年高邮电网新增35千伏变电所情况一览表

表6-11

新增年份	名　称	地　址	主变压器	投运、划属情况
1994	泰山变电所	高邮经济开发区	2台、1.61兆伏安	建成投运
2000	送桥变电所	送桥镇集镇	2台、9000千伏安	由邗江县供电局划入。1960年建成投运
2000	菱塘变电所	菱塘回族乡集镇东首	原为1台、5000千伏安，改造后为2台、1.13兆伏安	由邗江县供电局划入。1990年12月建成投运。无人值班
2000	天山变电所	天山镇肖祠村	2台、8000千伏安	由邗江县供电局划入。1995年12月建成投运。电源从安徽省天长市110千伏城南线输入。无人值班
2001	油田变电所	高邮湖区	1台、2000千伏安	由邗江县供电局划入。1995年6月建成投运。系用户变电所
2003	甸垛变电所	甸垛镇南端	1台、1兆伏安	建成投运
2004	营南变电所	周巷镇前进村10组	1台、1兆伏安	建成投运

二、110千伏变电所

1986年，县内仅有110千伏高邮变电所1座，装有主变压器1台，容量31.5兆伏安。2000年5月，在澄子河北、甘垛镇西建成首座智能化、无人值班110千伏甘垛变电所，装有主变压器1台，容量31.5兆伏安，解决东部地区用电问题。2001年6月，在周山镇龙华村建成智能化110千伏周山变电所，装有主变压器1台，容量31.5兆伏安，解决北部地区用电问题。2003年6月，在城区南郊建成智能化110千伏武安变电所，装有主变压器1台，容量40兆伏安，解决城区用电问题。2004年7月，在送桥镇建成智能化110千伏湖西变电所，装有主变压器1台，容量31.5兆伏安，解决西部地区用电问题。2005年6月，在卸甲镇一平村建成智能化110千伏卸甲变电所，装有主变压器1台，容量31.5兆伏安，解决东南部地区用电问题。至2005年，全市共有110千伏变电所6座，装有主变压器6台，总容量197.5兆伏安。

三、220千伏变电所

1986年，位于龙虬镇仇家村的220千伏澄子变电所有主变压器1台，容量120兆伏安。1991年7月，该变电所主变压器增至2台，总容量240兆伏安。

2005年9月，全市第二座220千伏变电所——秦邮变电所在三垛镇五里村开工建设，总投资1.3亿元，总体设计主变压器2台，总容量240兆伏安。其中，第一期工程设主变压器1台，容量120兆伏安。至是年末，该变电所尚在建设中。

图6-6　1986年建成的220千伏澄子变电所

第七章　电网建设与改造

1986年，全县电网分属三地管理，其中220千伏澄子变电所及输电线路属扬州市供电局管理、高邮运东地区电网归县供电局管理、高邮湖西地区电网由邗江县供电局管理。1997年3月，澄子变电所及输电线路划归市供电局管理。2000年11月，湖西电网划归市供电局管理。至此，全市电网由市供电公司实行统一管理、统一规划和建设。

第一节　城区电网

一、城区供电线路

1986年，城区仅有1座110千伏高邮变电所，有供电线路9条，其中5条10千伏线路向城区供电。1994年12月，位于高邮经济开发区的35千伏泰山变电所建成投运。从此，城区以澄子河为界，河南由110千伏高邮变电所供电，河北由35千伏泰山变电所供电。1997～1999年，高邮变电所新增10千伏线路5条，分别供电文游南路、通湖东路、蝶园路和南海路、新华园、珠湖路等区域。2000年，相继形成南郊开发区和高邮镇工业园（城东），用电量剧增，供用电矛盾突出。是年起，用6年时间实施县级和国

图 6-7　2000 年城区供电线路改造现场

家级城网改造工程。至2005年，在城区建成10千伏线路19条，配置公用配电变压器301台，形成三大块供电区域结构、由3座变电所同时供电的格局。其中，110千伏武安变电所主供城南区域，35千伏泰山变电所主供高邮经济开发区区域，其他区域由110千伏高邮变电所主供。城区10千伏线路大部分实现"手拉手"互供功能，重要街道和繁华地段导线实现电缆化，10千伏线路实现环网化。

二、县级城网改造工程

2000年起，实施县级城网改造工程。至2002年，累计投资4114.4万元，新建10千伏线路35.65千米，改造10千伏线路53.95千米；安装10千伏线路侧开关56台；新建配电变压器68台、容量15.13兆伏安，改造配电变压器37台、容量4.7兆伏安；新建400伏及以下线路72.53千米，改造400伏及以下线路117.58千米。

三、国家级城网改造工程

2003年起，根据省和扬州市电力公司统一部署，启动国家级城网改造工程。至2005年，累计投资1542.35万元，新建110千伏变电所1座；新建10千伏线路1.22千米，改造10千伏线路4.78千米，新建400伏线路0.81千米；新增配电变压器19台，容量5365千伏安，城区10千伏线路增加到19条，公用配电变压器增加到301台，有效改善和提升城区部分地段电压偏低的状况。

四、"三线入地"工程

1997年起，城区部分主要干道实施"三线入地"（电力线路电缆、广播电视电缆、电信电缆从架空改为地下埋设）改造工程。是年1～5月，按照市政府对文游路规划建设改造的要求，对从文游中路泰山庙桥向南至与海潮路交会路口段的5条10千伏输电线路和所属400伏变压器台区线路进行入地改造，总长3.76千米。1999年，对10千伏蝶园线文游路段等3处输电线缆实施入地改造。至2005年，城区新建、扩建干道均实施"三线入地"，不再沿袭"竖杆架空"办法。

第二节　农村电网

一、农村用电标准化村与电气化市（县）创建

80年代中期，全县农村电网建设从主要配合农田水利建设、发展电力灌排，逐步向农产品加工、农村生活照明和乡镇企业用电转移。1986年，全县农村电力设施简陋，由6.6千伏和10千伏线路供电，用电量7857万千瓦时，占全社会用电量的53.7%。是年，县供电局按照扬州市供电局关于统一农村用电设施、建设用电标准化村的要求，率先对川青乡和二沟乡10千伏线路共79千米，实施"两复三"改造工程。1987年5月，县供电局对柘垛变电所实施改造扩建工程，结束全县最后一座简易变电所的供电历史；改造35千伏三司线（三垛—司徒），消灭最后一条低标准线路。是年，全县建成首批农村用电标准化村120个，八桥乡建成全县首家农村电气化乡镇，达到验收标准的农电站14家，共培训村电工331人、农电工2532人。至1990年，运东乡镇累计建成农村用电标准化村362个，占村总数60.3%。1993年，开展创建农村用电标准化市和农村电气化市活动，运东乡镇602个村全部建成用电标准化

村。经省电力工业局和扬州市政府验收合格，被批准为扬州市首家农村用电标准化市。1994年12月，高邮市被电力工业部授予“全国农村电气化县市”称号。是年起，全市农村电网实施用电标准化台区建设。至2005年，全市共建成农村用电标准化台区687个，更换用电设备2315台（件），投入资金2000多万元。

二、扶贫通电工程

1993年，市委、市政府贯彻省委、省政府提出的“用三年左右时间消灭无电村、无电组、无电农户”的要求，实施农村扶贫通电工程。是年，市政府从农电统筹基金中拨专款103万元，改造马棚等9个贫困乡镇“两线制”10千伏输电线路41千米、主干线20.3千米，新架和调整线路9千米，改造配变电台区低压输电线路。1994年，投入100万元，用于临泽、车逻变电所主变压器增容；投入332.3万元，改造高低压线路，解决1550户无电户照明问题等。1995年，全面开展扶贫通电工程，投资184万元，改造三垛、伯勤、柘垛变电所和改造3360户接线等，最后解决周巷、湖滨两乡渔业组通电问题。至此，整个工程投资总额830万元，全市6500户无电户全部接通电，实现村村户户用上电的目标。是年11月，通过省农村扶贫通电工程领导小组验收，高邮市被表彰为省农村扶贫通电工程先进集体。

三、农村电网改造

1998年下半年，市政府按照“统一规划，分步实施，有序进行”的要求，对运东地区29个乡镇599个村实施农村电网改造第一期工程。至2001年6月，累计投入资金1.67亿元，新建110千伏变电所2座，新增、更换配电变压器1250台；新架设110千伏线路29.12千米、35千伏线路37.4千米，新架设10千伏线路363千米、改造10千伏线路342.66千米，新架设和改造400伏及以下线路3630千米；新增布点配电变压器537台、容量3.7兆伏安，更换高能耗配电变压器670台、容量5.28兆伏安，受益农户18.5万户。

2001年7月，实施第二期农村电网改造工程。至2002年末，完成第二期首批改造工程，投入资金2584.2万元，完成改造项目414项。新建和改造10千伏线路275.59千米，新增和改造400伏线路509.1千米，新增配电变压器278台、2.68兆伏安。至此，全市农村共有10千伏线路73条、1836.5千米，配电变压器2839台、容量28.26兆伏安。2003年，完成第二期第二批改造工程，投入资金1.5亿元，完成改造项目335项。新建110千伏和35千伏变电所各1座，在建110千伏和35千伏变电所各1座；新建10千伏线路349千米，新建和改造低压线路493千米；新增10千伏分段开关24台，新增10千伏配电变压器298台、容量2.82兆伏安。2004年，开展农村电网建设与改造“回头看”活动，重点整改实施工程项目，消除缺陷。至2005年，经过两期农村电网改造，全市实现“一户一表”农户22.91万户，农村“一户一表”率100%。

第八章　供用电管理

1986～2000年，高邮电网实行由扬州市供电局、高邮市供电局和邗江县供电局分块管理的格局。2000年1月起，高邮电网统一由市供电局管理。是年，市供电局撤销农村电力管理总站，成立农村电力管理所；撤销农村基层、乡镇电力管理站，成立供区管理所和乡镇供电所，为市供电局派出机构。2001年3月，市供电公司成立，保留“市供电局”牌子。2005年，市供电公司获省服务质量奖。

第一节 用电结构

1986年，全县社会用电量1.44亿千瓦时，其中农业用电量占19.53%，工业用电量占70.01%，居民生活用电量占8.86%，建筑、交通邮电、商业饮食和其他事业用电量占1.6%。随着经济社会结构发展，社会用电量结构相应发生变化。至2005年，全市社会用电量上升到8.39亿千瓦时。与1986年相比，农业用电量占比大幅度下降，为3.62%；工业用电量占比略有上升，为70.74%；居民生活用电量占比大幅度上升，为19.07%；建筑、交通邮电、商业饮食和其他事业用电量占比亦有较大幅度上升，为6.57%。工业用电量在社会用电量中一直占比最高，但变幅不大。

一、农业用电

80年代中期，全县农业用电主要以农田灌溉、排涝用电和农业机械化作业为主。1986年，全县农业用电量2808万千瓦时。1988年，全县农业用电量上升到3832万千瓦时。至1992年，由于连年发生水灾，农业年用电量持续5年在3000万千瓦时以上。1993年起，市内汛情好转，农业用电量下降。1994年，全市农业用电量下降到1289万千瓦时，为历史最低。此后，由于未出现重大自然灾害，全市农业用电量比较平缓。1998年、2003年、2005年，三度出现水灾与大汛，农业年用电量三次回升至3000万千瓦时以上。2005年，全市农业用电量3038万千瓦时。

二、工业用电

1986年，全县工业用电量1.01亿千瓦时。1988年，全县贯彻治理整顿方针，工业用电量比上年下降11.25%。1989年起，尤其是在1992年邓小平南方重要谈话以后，全市工业经济提速发展，工业用电量逐年攀升。1996年，全市工业用电量上升到2.25亿千瓦时。2001年起，全市工业渡过企业改制、结构调整的最困难时期，加之高邮湖西乡镇工业用电移交高邮管辖，全市工业用电量呈现逐年大幅增长趋势。2005年，全市工业用电量上升到5.93亿千瓦时。

三、居民生活用电

80年代中期，全县工农业生产用电缺口较大，城乡居民生活用电经常要让位于工农业生产用电。1986年，全县居民生活用电量1274万千瓦时。进入90年代，城乡居民用电需求日趋旺盛，用电量逐年大幅增加。1999年7月，取消市、乡政府在电价方面的“搭车收费”。是年11月，实行农村统一销售分类电价（一县一价）。2002年12月，实行农村居民与城市居民生活用电同网同价。2003年，在出现新一轮用电缺口时，市政府与市供电部门采取各种措施，保障城乡居民生活用电，全年居民生活用电量首次超过1亿千瓦时，为1.06亿千瓦时。2005年，全市居民生活用电量上升到1.6亿千瓦时。

1986～2005年高邮电网全社会用电情况一览表

表6-12　　　　单位：万千瓦时

项目 年份	全社会用电量	农业	工业	建筑业	交通邮电	商业饮食	居民生活	其他
1986	14377	2808	10066	10	30	95	1274	94
1987	16717	2962	12014	21	57	195	1231	237
1988	17021	3832	10663	12	28	315	1978	193

续表 6-12

项目 年份	全社会用电量	农业	工业	建筑业	交通邮电	商业饮食	居民生活	其他
1989	18661	3715	12031	15	41	332	2295	232
1990	20527	3610	13588	17	54	347	2613	298
1991	22018	3490	14744	19	68	363	2952	382
1992	24103	3325	16537	26	82	385	3283	465
1993	26735	2910	18102	27	104	390	4652	550
1994	29543	1289	20000	59	161	584	6847	603
1995	32600	1565	21249	84	183	668	8092	759
1996	35059	2010	22495	111	204	741	8661	837
1997	35722	2597	22042	129	237	890	8846	981
1998	34574	3185	19775	148	270	1039	9031	1126
1999	34940	2267	21019	88	262	889	9334	1081
2000	37631	1858	23660	125	427	998	9019	1544
2001	46911	1977	31583	161	563	1228	9733	1666
2002	52256	2618	36246	149	495	1459	9407	1882
2003	62745	3132	44692	299	526	1510	10611	1975
2004	73229	2500	53524	440	754	1683	12012	2316
2005	83876	3038	59337	504	715	1760	15998	2524

第二节　调荷节电与安全用电

一、地方加工电

1986年，县计划用电、节约用电、安全用电领导小组及其办公室（简称“三电”办）具体负责全县“三电”工作，统一分配全县电力资源和用电计划，组织煤加工电和筹集办电资金。

1988年，面对国家统配电计划严重不足情况，县“三电”办组织协调地方煤加工电予以补充，根据各工业主管部门和乡镇申报的加工电量需求计划，经过综合平衡，分别组织采购煤炭、重油，送省华能电厂、仪征化纤公司自办电厂和南通、徐州、镇江、江阴等集资电厂换取加工电量，还为用电大户企业筹集资金向扬州二电厂购买加工电股份。90年代中期，地方自组煤加工电工作逐步转入集资电厂，市“三电”办逐月向扬州市“三电”办申报用电计划，争取统配电量和加工电量。1998年，全市加工电量占社会总用电量35%以上。是年末，国家实行统一电价，取消电价双轨制，地方加工电停止。

二、计划用电

1986年，全县电力计划分配由县“三电”办和县供电局共同负责。1989年，县“三电”办按周制定供电方案，在保证农业、支农工业和水泥、化肥工业用电前提下，对全县供电线路定负荷、定时间供电；开放夜间供电，鼓励谷期多用电。农村夏收夏种和秋收秋播期间，工矿企业让电支农，保证农村两季大忙期间每天供电不少于16小时。1990年,在三垛镇进行峰谷电量计费方式试点,即工厂安装峰谷电量分时表,按10千伏线路核定峰谷负荷电量比例,峰期超计划用电加价收费,谷期超用按煤差价70%收费。经过试点,有效降低峰期负荷和减少拉闸限电次数,保障工农业生产和居民生活用电。1991年,全面推广计划用电包干办法,市内居民生活用电一周内停电三天送电四天的状况有所改善,照明供电月平均23天。1992年,用电计划改按月下达为按周安排;严格执行峰谷电价,鼓励工厂谷期多用电,削峰填谷;制定迎峰度夏(冬)用电方案,确保重点企业和重要用户用电,农村10千伏线路错开高峰期轮流用电,居民晚间不停电。1996年下半年,全市缺电局面缓解,电力供需渐趋平衡。1998年,贯彻电力工业部《关于停止执行若干限制用电规定的通知》和一系列积极措施,供用电双方根据用电需求和电网实际,签订供用电合同。至此,电力长期按计划分配的历史结束。2000~2005年,市经贸局和市供电公司根据电力需求预测,适时制定电力供应应急预案和企业限电序位表,保障全市工农业生产和人民生活用电不受影响。

三、节约用电

1986年,县政府、县供电局继续贯彻国务院《关于进一步加强节约用电的若干规定》和《节约能源管理暂行条例》,着重做好社会节电和电网降损节电工作。县“三电”办为解决供用电企业变压器空载损耗问题制定专项节能管理办法,淘汰和改造高耗能的SJ系列变压器、JQ系列电动机、水泵、风机等,把节电指标和节电技改项目分解到企业,明确技改责任;建立健全三级管理网络,以电动机经济运行和电加热设备更新改造为重点,加强定额管理,实行工业产品用电单耗考核。县供电局依靠技术进步,改造输配电网络,合理安排电网运行方式,配置无功补偿装置和改换变电所电力电容器,降低电能损耗,先后在15条10千伏线路上安装线路电容器,加强电网无功补偿。是年,全县社会节电量221万千瓦时。1990年起,通过加快新建和改造变电所及配套电力线路,降低电损。1992年,全市社会节电量1500万千瓦时,创历史较好业绩。1994年,引入“需求侧管理”运作方式,与用户共同协作,改变用电方式,减少电量消耗。1998年起,市供电局成立电力负荷管理中心,贯彻“开发和节约并重,把节约放在优先地位”方针,先后在变电所安装补偿电容器,将高损耗主变压器更换为有载调压变压器,改善和提高10千伏母线电压。针对水网地区用户比较分散的特点,进行农村低压400伏网架建设,按照“小容量、密布点”的原则,缩短供电半径,调整配变电负荷中心。全面推广绿色照明节电工程,推广细管荧光灯、日光色镝灯、U型节能灯等绿色照明灯具。是年,全市社会节电量190.2万千瓦时。1999~2005年,全市节电进入电网长效管理和企业目标责任管理阶段,在节电空间较小的情况下,实现年均社会节电量28.57万千瓦时。

四、安全用电

1986年,全县实行电网安全专业检查,35千伏以下设备每3年检查一次,35千伏以上设备每年检查一次。1988年起,县供电局在做好用电大户安全用电管理和服务的同时,先后开展高压用户安全用电管理竞赛,培训电工,开展用户高压设备预试检修,加强对社会电工和电气承装单位与自发电管理,严格执行持证上岗制度,实施社会电工年审。开展季节性安全用电大检查,每年客运高峰,施行车站、码头等重要场所安全用电专项检查,为全县重大政治、经济、文化活动提供安全用电服务。1991年,县供电局对乡镇电管站定级,建立“四级”农电管理网(局—中心供电所—乡镇电管站—村电工),加大农村电网建设改造力度。乡镇电管站每年坚持开展4~5次季节性安全大检查。1995年5月,电网调度自动化系统建成投运,通过设备更新和新技术推广应用,提高供用电安全可靠性。至2005年,市供电系统连续9年实现安全运行无事故,市供电公司4次被省电力公司表彰为安全生产先进单位。

第七篇 水利

要　目

1986年，县水利局主管全县水利工作，下属管理机构和直属机构共42个。其中，县入江水道管理所行使管理高邮湖职能，县堤防管理所（后更名为市京杭运河管理处）行使管理京杭运河高邮段职能，县水利勘察设计室（后更名为市水利规划设计室）从事水利建筑规划、勘测、设计工作，县水利建筑工程队（后改建为市水利建筑安装工程总公司）从事农田水利基本建设工作，县水利器材储运站（后更名为市水利物资总站）从事水利建设、防汛抗旱物资供应工作，县水利局车船队从事水利建设物资运输工作，车逻、南关、头闸、周山等4个灌区灌排管理所分区担负农田自流灌溉用水管理职能。全县还设有由32个乡镇水利站构成的农田水利服务网络。沿运地区3万公顷农田实现自流灌溉，丘陵地区和低洼圩区实现电灌或机灌。

1986年、1987年，先后增设县水利科学技术研究所（后更名为市水利技术推广服务中心）和县补水总站、县水利综合经营水费管理所。1989年，高邮县被水利部表彰为全国水利建设先进县。1990年，成立县水政处（后更名为市水政水资源处）。1991年，高邮市被水利部确定为全国县级科技兴水市。1994年，高邮市被水利部确定为全国农村水利技术推广服务体系建设示范市。1995年、1996年，先后成立市水政监察大队、市新民滩管理所。1997年，高邮市建成“无坝市”。

2001年，全市小型农田水利工程产权制度改革启动，市高邮灌区管理处成立。2002年，21个乡镇水利站收归市水利局管理，并更名为水务站。是年，高邮市被全国爱国卫生运动委员会表彰为全国农村自来水普及工作先进单位。是年7月，市水利局更名为市水务局，原由市建设局分管的城市节水、供水、排水职能，市环境保护局分管的水环境整治、保护职能，市卫生局分管的农村改水职能划入市水务局，并增设给排水科。2003年，兴建市海潮污水处理厂，成立市河道管理处。2005年，市建设局城区水务管理职能全部划入市水务局，并将市节约用水办公室、市城市掏污队、市自来水厂、市海潮污水处理厂整体划给市水务局。至此，全市形成城乡供水、改水、治水和农田水利建设一体化管理的新体制。

第一章 水利工程建设

80年代，境内水利工程建设主要有三阳河接通工程和部分县乡镇河道整治工程等。1991年，境内发生特大水灾后，市委、市政府和市水利部门进一步加强对高邮湖及淮河入江水道整治、京杭运河高邮段和三阳河高邮段整治与其他河道整治。进入21世纪，随着各级党委、政府加大对水利工程支持力度、水利机构优化调整与设立、水利规划制定与实施、水利工程施工现代化等，全市水利工程建设呈现新局面。

第一节 高邮湖及淮河入江水道整治

80年代，高邮湖及淮河入江水道得到进一步整治。是时，高邮湖湖岸总长202.5千米，其中人工湖岸185千米，圩堤总长140.78千米；防洪库容27亿立方米，其中灌溉库容4.2亿立方米。该湖既是淮河入江水道重要通道，又是高邮、仪征、江都、邗江、金湖和安徽省天长等6县（市、区）9.4万公顷（高邮1.2万公顷，金湖1.7万公顷，天长2.3万公顷，江都、邗江、仪征共4.2万公顷）农田灌溉主要水源，也是湖区周边地区水上交通要道。通过对湖堤修建、湖区清障和实施一系列控制性工程，经历1991年、2003年两次大水灾考验及灾后大修，形成具有高邮湖区特点的水域治理体系。

一、沿湖圩堤

80年代末，境内沿湖圩区有65个村、5.29万人，耕地6452公顷。为保障圩区人民生命、财产安全，高邮湖区各乡镇在原有沿湖圩堤建设基础上，每年组织3000多名劳力，对圩堤进行除险加固，不断提高其御洪能力。至1990年，沿湖大中小圩口共24个，圩堤总长140.78千米，块石护坡30.38千米，建成水闸8座、引水闸洞33座、排水洞72座，圩内共有耕地面积6452公顷。其中，大圩口2个，圩堤长57.25千米，堤顶高10～11.3米、顶宽4～5米，块石护坡24.38千米，建有水闸7座、引水闸洞4座、排水洞3座，圩内耕地面积3988公顷；中圩口4个，圩堤长28.68千米，堤顶高10～11米、顶宽3～4米，块石护坡6千米，建有水闸1座、引水闸洞7座、排水洞16座，圩内耕地面积1204公顷；小圩口18个，圩堤长54.85千米，堤顶高9～10米、顶宽2～3米，未建块石护坡，建有引水闸洞22座、排水洞53座，圩内耕地面积1260公顷。对照淮河入江水道行洪1.2万立方米/秒的要求，大、中、小圩均未达标准。人称湖堤怕"三个八"，即怕流量8000立方米/秒以上、怕水位8米以上、怕台风8级以上。

1991年，境内发生特大水灾，沿湖圩堤经受严峻考验。大水过后，市和乡镇随即组织对沿湖圩堤进行除险加固。除进行岁修外，重点年份还组织集中施工。1992年，对郭集、菱塘两个大圩险段加固土方60万立方米，菱塘大圩北冈至小埝段新建块石护坡2.6千米，其中真高5.5～8.5米为灌砌块石、真高8.5～10米为干砌块石；完成皮套闸、卫东闸、操兵坝闸、备荒排水洞、倒人汀排水洞等5座病险闸洞改建、维修、加固工程。是年，对送桥镇机关圩渗漏、塌方圩段加固土方18万立方米。1995年，湖区各乡镇按照以防洪为主，蓄引灌排兼治的要求，再次较大规模地对湖区圩堤进行整治、加固，加固圩堤长17.1千米，共完成土方76万立方米。是年，由国家补助和地方自筹共投入290万元，完成土石方17万立方米，建成郭集镇毛港排涝大站。1999年，郭集镇、送桥镇、菱塘回族乡又一次大规模地对沿湖圩堤进行加固，共投入劳力1万多人，投资400多万元，完成土石方90.6万立方米，其中郭集镇马头庄圩段、送桥镇机关圩段和菱塘回族乡备荒、北冈、小埝圩段等重点圩段均得到较好的治理和有效加固。2000年，实施入江水道加固工程，共投资608.6万元，其中国家投入400万元、市内自筹208.6万元，翻建郭集大圩护坡1.3千米、菱塘大圩护坡1.4千米，翻建、维修沿湖闸洞12座；完成湖西大圩涵闸洞改建工程9处和丰收、毛港等闸除险加固工程；郭集大圩乔尖段、菱塘大圩小埝段浆砌块石护坡等工程竣工并通过验收。2002年，实施由中央、省、市总投资2168万元的高邮湖湖洼地段治理工程，继续维修加固郭集、菱塘大圩块石护坡5.2千米，铺设防汛抢险道路15千米。

2003年，境内再次发生重大水灾，各类水利工程设施遭受重创。水灾过后，继续对沿湖圩堤进行加固除险，特别是加大水毁工程和应急工程建设力度。是年12月，扬州市淮河入江水道灾后重建应急工程开工典礼在高邮举行。该工程既是淮河流域灾后重建应急重点工程项目之一，也是国家南水北调东线工程重要组成部分。由水利部等相关部门共同组织实施、中央财政投资4000万元的淮河入江水道——高邮湖东岸堤防达标工程开工建设。该工程南起高邮河湖调度闸，北至界首镇二里铺，全长26.5千米。其中，首期工程从高邮运河二桥至茶庵附近，长4千米。2004年，分两期实施高邮湖西灾后重建工程，总投资额1505万元。第一期工程3月开工，至6月竣工，建成朝阳闸、甘露排水洞、郭集粮站排水洞等水利建筑物14座，完成郭集大圩洋荡段、甘露段劈裂灌浆3千米。第二期工程是年9月开工，至2005年基本竣工，实施双庆河控制闸、桥头排涝洞、团部引水洞等16座建筑物加固工程。至是年末，除双庆河控制闸外的其他各项工程均告竣。湖区灾后重建和应急工程共完成土方32.58万立方米、石方1.53万立方米、混凝土方5100立方米。灾后两年中，还铺设高邮湖西防洪大堤泥石结构防汛道路3条、10.63千米，改建建筑物8座。

二、以垦代清与湖区清障泄洪

1987年7月，县政府与湖滨乡政府在总结70年代新民滩"以垦代清"试点成功经验的基础上，向省、市清障检查验收组和省、市水利部门上报《关于在新民滩实施“以垦代清”方案的申请》，获得批准。是年10月，湖滨乡成立新民滩开发公司，专门负责“以垦代清”工作。经过3年连续开发，至1990年，王港河以东1330公顷硬柴滩地全部耕翻结束，影响行洪的主要障碍——高杆芦苇被清除。其间，共投入资金32万元。通过“以垦代清”，既清除行洪障碍，又使该乡从开垦滩地的种养业中获得收益，受到农民欢迎和各级党政部门肯定。

1991年7月，高邮遭受特大水灾。7月14日，省政府做出在湖滨乡实施破圩行洪的决定，并成立高邮市湖滨圩分洪行动指挥部。16日，市委、市政府组织撤离湖滨乡和高邮镇太平村村民3190人。26日、28日，南京军区某部工程兵二团奉命执行爆破任务，先后将湖滨乡南、北大圩各炸出一个长500米和400米的缺口，使分洪取得成功。

1996年11月，市新民滩管理所成立，市政府制定《高邮市新民滩管理办法》，对高邮湖新民滩清障、滩面管理、“以垦代清”等项工作实行归口管理。

图7-1　1991年湖滨圩清障爆破后的场景

三、新民滩保安圩

1991年大水灾过后，湖滨乡向省、扬州市、高邮市提出《关于新建新民滩保安圩初步方案的申请》，得到各级党政领导重视和支持。市、乡成立湖滨乡重建规划组，通过反复论证和修改，形成《淮河入江水道湖滨乡安全圩规划》，经逐级上报后，于是年11月初经国家计划委员会、水利部、淮河水利委员会联合批准，同意实施新建新民滩保安圩和重建湖滨乡方案。是年11月，淮河入江水道湖滨乡保安圩工程开工建设。该圩在湖滨庄台原址东移800米，位于京杭大运河西500米。在施工中，共动用民工3.7万人，完成土方265万立方米、石方4.72万立方米、钢筋混凝土3635立方米，建成圩堤9.55千米、块石护坡9.63千米、配套建筑物8座。至1992年1月，该项工程全部竣工。

图7-2　1991年新民滩保安圩工程施工现场

四、漫水闸

1986年，高邮湖区在用水闸有新王港漫水闸、老王港漫水闸、新港漫水闸、毛港漫水闸、杨庄河漫水闸、庄台河漫水闸等6座，均由国家投资建成。1992年，由国家投资建成湖滨漫水闸。建造7座水闸，共完成土方57.56万立方米、石方1.99万立方米、混凝土7600立方米。闸孔宽度：湖滨闸5米、老王港闸2.5米，其他均为4米，总净宽710.5米；闸门顶高：湖滨闸7米，其他均为6米，平均真高2～3.5米。1995年，组织对新民滩各漫水闸全面维修，采用钢围堰护筒水下施工法维修新工艺，节省工程造价100万元。共维修闸门63扇、闸门槽126个、闸墩65个，并翻建桁车棚。2002年，对新港闸实施维修加固，更新闸门28扇、闸门槽56个，并翻建桁车棚。至2005年，高邮湖区在用水闸共7座、155孔，具有行洪、蓄水双重功能。当高邮湖水位达到6米时，行洪流量2055立方米/秒，三河闸下泄流量2000立方米/秒，通过各闸及时启用，不再漫滩行洪。同时，正常年份控制高邮湖蓄水水位5.6～6米之间，最大蓄水量10亿立方米，以补给高邮湖和邵伯湖周边农田用水与改善扬州市区水质。

2005年高邮市高邮湖区在用漫水闸情况一览表

表7-1

建造年份	闸名	地点	国家投资（万元）	孔数（个）	孔宽（米）	总宽（米）	门顶高度（米）	闸底高度（米）	最大泄洪流量（立方米/秒）	船闸	
										宽（米）	长（米）
1962	老王港闸	王家港	30	20	2.5	64.5	6	3.5	240	—	—
1967	新港闸	新　港	35	28	4.0	137.6	6	2.5	385	6	15.0
1970	毛港闸	毛塘港	15	13	4.0	61.2	6	2.5	150	—	—
1970	杨庄河闸	杨庄河	50	38	4.0	177.5	6	2.5	500	—	—
1972	新王港闸	王家港	25	18	4.0	83.9	6	2.5	250	—	—
1972	庄台河闸	老庄台	45	25	4.0	122.9	6	2.5	350	7	66.4
1992	湖滨闸	新庄台	200	13	5.0	62.9	7	2.0	180	—	—

五、湖滨庄台河船闸

1995年12月，为沟通高邮湖与邵伯湖之间水路交通，湖滨庄台河船闸改建工程开工建设，至1996年11月竣工。该船闸按照四级水工建筑物、七级航道标准设计，上下闸首净宽8米，闸室净长90米、净宽12米，全闸总长158.2米。工程总投资300万元，其中国家补助240万元、地方投资60万元，完成建筑物及引河土方3.8万立方米、浆砌块石836立方米、混凝土及钢筋混凝土1658立方米。

六、漫水公路

详见第六篇《交通　电力》第一章《公路》第二节《省道》（第226页）。

第二节　流域性整治工程

一、京杭大运河高邮段整治工程

1986年后，该段河堤以岁修为主，并重点组织实施水毁工程修复和开发性建设。1991年后，对运河西堤部分堤段进行翻砌、除险加固。腰圩向北长500米堤段迎湖面原干砌块石和防浪抛石改为浆砌块石护坡。二里铺经高邮河湖调度闸至江都与高邮交界处长41.1千米运河老西堤和西堤两道堤段堤防标准，从原来顶高9.2～9.7米、顶宽3～3.5米，分别提高到顶高11.3～12.5米、顶宽10～14米和顶高12～12.5米、顶宽6米。新建部分堤顶进行加固达标，对老河槽取土源进行吹填复原等。至1996年，上述工程陆续完成。1999年，翻砌大运河马棚堤段护坡4千米，加固运河东堤子婴闸。

图7-3　2005年大运河高邮段堤防

2001年9月，为连通京杭运河临城段东西堤防汛抢险通道和为西堤旅游风光带开发提供交通条件，由市水利局牵头，兴建京杭运河二桥。2002年10月，该桥竣工通车，工程造价1636.65万元。2001～2002年，利用杨庵闸遗址补偿经费治理高宝湖洼地之机，对项目区内高邮运河二桥以南长1.1千米古河槽进行吹填，在大桥以南堤段增做长2千米防汛道路，在临城段长2千米堤段浆砌块石护坡。

2003年大水灾过后，对运河西堤全线长26.5千米被洪水冲刷的古河槽进行吹填，吹填真高9.5米；对老西堤挡浪堤进行加固，堤顶增高至10.5米，顶宽4米，边坡比1∶2。2004～2005年，国家组织实施淮河入江水道灾后重建应急工程运河西堤加固项目，修筑老西堤挡浪墙后平台长26.5米，平台顶高10.35米、顶宽6米，并对老河槽再次吹填加固。

二、三阳河三垛至临泽段兴建工程

1986年10月，经省水利厅批准，在三垛镇实施新老三阳河接通工程。县政府成立县三阳河接通工程办公室，组织二沟、三垛、武宁、司徒、甘垛、平胜等6个乡镇劳力2000多人，于是年11月开工，至12月完工。该工程按30立方米/秒的过水断面标准，从三垛镇南（北澄子河河口）至镇北老三阳河，纵穿三垛镇，开挖一条全长800米、底宽15米、坡比1∶3连通新老三阳河的新河道，扩大老三阳河出水口门，以提高其排灌能力。当三垛水位1.8米时，排水量为34立方米/秒。工程共完成土方11.5万立方米，并新建交通桥1座，投资22万元。

2003年2月，按照国家南水北调东线工程总体规划，组织实施三阳河三垛至临泽段工程。市政府成立市南水北调工程建设领导小组，同时建立扬州市南水北调三阳河潼河宝应站工程高邮市建设处，工程沿线5个乡镇均成立工程建设办事处。是年4～11月，实施三阳河工程拆迁工作，共拆迁集体和个人建筑物9.33万平方米，其中居民户731户5.22万平方米、企事业单位44家4.11万平方米。7月，境内突发严重水灾，工程沿线发生险情15次。12月，对该段影响建筑物工程35座建筑物分4个阶段，进行招投标，其中Ⅰ、Ⅱ、Ⅲ标段26座建筑物由市水利建筑安装工程总公司中标、Ⅳ标段9座建筑物由江都市水利建筑安装工程公司中标。随后，陆续投入施工建设。2004年，相关河道拓浚、路桥施建、通信线路迁移、村民住宅区建设等各项工程均投入实施。至2005年4月，全线工程竣工，投入运行，实现三年计划工期两年完成。建成后的该段工程南起三垛镇北，北至临泽镇与宝应县相接，贯穿三垛、司徒、横泾、周巷、临泽等5个镇，全长28.25千米，河底真高-3.5～-5.5米、底宽30～50米、坡比1∶3，送水流量100～200立方米/秒。工程总投资4.2亿元。征用土地423.3公顷。疏浚河道23条、长99.6千米、土方193.64万立方米。其中，导流河7条、长34.5千米、土方45.76万立方米；影响河16条、长65.1千米、土方93.88万立方米。建成水系调整配套建筑物76座、跨河桥梁15座、顺河桥梁18座、影响工程闸站35座。迁移电力、通信线路221条，其中10千伏以上电力线路55条、通信电缆109条、光缆57条。建设移民安置小区10个、安置点7个，安置拆迁户640户。

图7-4　2005年竣工后的三阳河三垛段

第三节　河道治理

80年代，全县河道治理主要流域乡镇在冬闲时组织劳力进行整治。90年代，面对防汛形势严峻和河道淤塞、污染程度日益加剧，县、乡两级逐步加强河道拓浚、治淤、疏理。进入21世纪，在国家、省、市加大水利工程支持力度情况下，全市河道治理步入归口管理、全面规划、机械化施工、逐年推进的新阶段。2005年，治理河道25条，疏浚总长145.1千米，完成土方325.36万立方米，基本实现水清、河畅、堤固的目标，适应工农业生产建设和城乡人民生活需求。

一、市骨干河道整治

80年代后期，境内骨干河道整治主要采取由县委托乡镇组织，或流域乡镇联合治理的办法，分别进行分段整治或全线整治。施工方法仍沿用传统的“人海战术”，即在冬闲季节组织农村劳力，集中实施河道整治工程。90年代，为应对和预防水旱灾害发生，全市开始有计划地对重点骨干河道进行分期整治。进入21世纪，随着国家加大对农村水利工程的投资力度，全市成立专管机构，制定骨干河道治理规划，逐年实施河道治理工程。2002年冬至2005年冬，治理市乡骨干河道（段）28条，其中市骨干河道（段）19条、乡镇重点河道（段）9条，总工程长度（简称工长）413.7千米，完成土方638.62万立方米，投入资金3279.03万元。3年治理市骨干河道（段）数是前17年的1.27倍。

北澄子河拓浚工程　1987年12月开工。1988年4月竣工，拆坝放水。西起东头闸，东至河口，工长33.8千米。投入劳力6万人，完成土方240万立方米，国家投资500万元。工程竣工后通过省交通厅、省水利厅验收合格后投运。

第三沟疏浚工程　1987年12月，县水利局委托横泾乡组织劳力对长6.7千米的第三沟北段进行疏浚。至1988年1月，完成土方34万立方米。疏浚后的河道底宽20～25米、河底真高-2米、坡比1：2～1：3。国家投资24万元。1988年11月，由甘垛、平胜、三垛、武宁等乡镇联合组织劳力，对流经上述乡镇的第三沟南段进行疏浚。至1989年1月，完成土方36万立方米。疏浚后的河道底宽20米、河底真高-2米、坡比1：2～1：3、预留青坎1～2米。国家投资30万元。1993年11～12月，投入劳力2.7万人，对第三沟北起横泾河、南至东平河长6.3千米的中段进行疏浚，完成土方47万立方米（含新建河堤土方）。疏浚后的河道河底宽20米、河底真高-2米、坡比1：2～1：3，建桥梁2座、圩口闸8座和维修建筑物12座。

南澄子河拓浚工程　1990年11月，投入劳力2万人对小泾沟至斜丰港，工长18.3千米的河段进行疏浚。至1991年春，完成土方90万立方米。拓浚后的河道底宽20～25米、河底真高-2米、坡比1：3，建圩口闸20座，改建圩口闸2座，建跨河大桥4座。1991年11月，投入劳力1.2万人，对阁子口至小泾沟，工长9.4千米的河段进行疏浚。至1992年春，完成土方56万立方米。拓浚后的河道底宽15～18米、河底真高-1.5米、坡比1：2.5～1：3，建配套圩口闸15座。1992年11月，投入劳力1万人，对车逻镇至阁子口，工长8.9千米的河段进行疏浚。至1993年春，完成土方49万立方米。拓浚后的河道底宽8～10米、河底真高-1米、坡比1：2，建圩口闸35座、跨河桥1座、配套建筑物7座。2005年2～4月，采取机械施工，对该河上段8.6千米河段进行疏浚，完成土方14万立方米，消除水草和水面杂物3.5万立方米。拓浚后河道底宽10～17米、河底真高-1米～-1.5米、坡比1：2，排水量从4.7立方米/秒提高到22.8立方米/秒。工程投资62万元。

张叶沟拓浚工程　70～80年代，先后两次组织对该河拓浚，由于拓浚标准不高而影响排引水和交通。1994年10～12月，实施全河道拓宽浚深工程，总长17.5千米，投入劳力1.5万人，完成工日67万个，完成土方94万立方米。拓浚后的河底宽16米、河底真高-1.7米、坡比1：2.5～1：3，并实施堤岸工程，堤顶加宽至3～5米，堤顶增高至4.5～5米。建交通桥2座，改建桥2座，建圩口闸17座，改建闸6座，维修干渠地下洞1座。工程总投资236万元。工程实施后，有效提升供排水调度能力，河道航道标准七级。

横泾河疏浚工程　2002年12月，市水利局动用施工机械5台（套）、500千瓦，对流经马棚镇和龙虬镇的河段进行疏浚和整治，工长12.5千米。至2003年1月，完成土方18.5万立方米，同时植树10.5万株。

二里大沟疏浚工程　2002年11～12月，市水利局组织机械施工，对该河界首段进行疏浚，工长

12千米，完成土方9.6万立方米。疏浚后河段排水流量从原来的7.5立方米/秒提高到12.5立方米/秒。2003年10月，周巷镇使用挖掘机等施工机械，对周巷段进行疏浚，工长11.6千米。至2004年1月，完成土方21.8万立方米，清除水草与水面杂物6.5万立方米。疏浚后河底宽8米、河底真高-1.5米、坡比1∶3，排水流量从原来的7.5立方米/秒提高到12.5立方米/秒。

小泾沟疏浚工程 2003年11月，市水利局组织机械施工，对流经卸甲镇、汉留镇河段进行疏浚，工长17.8千米。至2004年1月，完成土方16.5万立方米，清除水草及杂物10.4万立方米，总投资91万元。疏浚后河道底宽11.5米、河底真高-1～-1.5米、坡比1∶3，排水流量20.5立方米/秒。

子婴河疏浚工程 2005年2～5月，市水利局组织机械施工，实施周巷段疏浚。工长4千米，完成土方10.5万立方米，清除水草及杂物1万立方米，总投资68万元。疏浚后的河道底宽8米、河底真高-1.5米、坡比1∶2，排水流量从7.5立方米/秒提高到12.5立方米/秒。

1986～2005年高邮市骨干河道整治工程情况一览表

表7-2

时间		河道（工程）名	工程长度（千米）	土石方（万立方米）	施工方式	投资额（万元）	乡镇（区）
开工	竣工						
1986年11月	1987年3月	澄潼河	9.4	56.0	3.2万名劳力	30	一沟乡、张轩乡、周山乡、营南乡
1986年11月	1987年3月	张叶沟	13.5	64.3	1.5万名劳力	64	卸甲乡、伯勤乡
1987年12月	1988年1月	第三沟北段	6.7	34.0	8.1万名劳力	24	横泾乡
1987年12月	1988年4月	北澄子河	33.8	240.0	6万名劳力	500	东墩乡、一沟乡、卸甲乡、三垛镇、甘垛乡、汤庄乡
1988年11月	1989年1月	第三沟南段	3.8	36.0	4万名劳力	30	三垛镇、甘垛乡、平胜乡、武宁乡
1988年11月	1988年12月	张叶沟	4.2	20.0	3.2万名劳力	20	八桥镇
1989年11月	1990年1月	人字河	11.0	75.0	6.8万名劳力	40	二沟乡、司徒乡、张轩乡
1990年11月	1991年春	南澄子河第一期	18.3	90.0	2万名劳力	55	汉留乡、汤庄乡
1991年11月	1992年春	南澄子河第二期	9.4	56.0	1.2万名劳力	38	高邮镇、卸甲乡、汉留乡
1991年11月	1991年12月	六安河	10.3	26.0	1万名劳力	31	界首镇、马棚乡、周山乡
1992年11月	1993年春	南澄子河第三期	8.9	49.0	1万名劳力	25	车逻乡
1993年11月	1993年12月	第三沟中段	6.3	47.0	2.7万名劳力	40	三垛镇、横泾镇
1994年10月	1994年12月	张叶沟	17.5	94.0	1.5万名劳力	236	八桥镇、卸甲镇
1998年11月	1999年1月	第二沟	9.2	54.7	1万名劳力	62	甘垛乡、横泾镇
1998年11月	1999年1月	横泾河西段	8.5	21.3	1万名劳力	53	马棚乡
1998年11月	1999年1月	南澄子河河北支上段	11.3	22.6	1.3万名劳力	75	车逻镇、卸甲镇
1998年11月	1999年1月	小泾沟北段	8.6	20.3	1万名劳力	86	汉留镇、卸甲镇、三垛镇
2002年11月	2002年12月	二里大沟	12.0	9.6	机械施工	150	周巷镇
2002年11月	2003年1月	唐柘河	7.5	12.5	机械施工	62	司徒镇

续表 7-2

时间		河道（工程）名	工程长度（千米）	土石方（万立方米）	施工方式	投资额（万元）	乡镇（区）
开工	竣工						
2002年11月	2003年1月	长林沟	11.5	27.4	机械施工	130	汉留镇
2002年11月	2003年1月	第二沟	10.6	28.8	机械施工	140	甘垛镇、横泾镇
2002年12月	2003年1月	横泾河	12.5	18.5	机械施工	90	马棚镇、龙虬镇
2002年12月	2003年1月	向阳河	2.3	4.8	机械施工	25	菱塘回族乡
2003年2月	2003年4月	三荡河	6.7	9.6	机械施工	48	龙虬镇
2003年10月	2004年1月	二里大沟	11.6	21.8	机械施工	108	周巷镇
2003年11月	2004年1月	临川河	9.2	14.7	机械施工	90	临泽镇
2003年11月	2004年1月	小泾沟	17.8	16.5	机械施工	91	卸甲镇、八桥镇、三垛镇、汉留镇
2003年11月	2004年1月	第一沟	9.2	23.9	机械施工	132	甘垛镇
2004年2月	2004年4月	南关大沟	8.7	9.8	机械施工	54	高邮镇
2004年11月	2005年5月	东平河	11.2	25.8	机械施工	108	高邮经济开发区、甘垛镇
2004年12月	2005年4月	大卢河	8.2	10.5	机械施工	46	三垛镇
2004年12月	2005年4月	车逻大河	4.1	10.5	机械施工	46	车逻镇
2005年2月	2005年4月	南澄子河	8.6	14.0	机械施工	62	汉留镇、汤庄镇
2005年2月	2005年5月	子婴河	4.0	10.5	机械施工	68	周巷镇
2005年3月	2005年5月	南关大沟	4.2	15.5	机械施工	55	高邮镇、车逻镇
2005年10月	2005年12月	六安河	3.5	9.5	机械施工	42	周山镇、马棚镇

二、乡镇河道整治

1986～2001年，全市乡镇河道整治主要通过各乡镇自订计划、自组劳力、自筹资金和市水利部门给予适当补助、支持实施。2002年，市水利局按照省水利厅、扬州市水利局提出的“所有河道5年内全部疏浚一遍”的要求，在汉留镇五号河进行“浚河加堤、流转土地、植树造林、以河养河”的水利建设投入模式试点。试点获得成功后，先后在汤庄镇南邱河、送桥镇万庄冲、卸甲镇硬塘沟等市乡河道疏浚改造中进行推广应用。2003年，全市疏浚乡级河道26条98.1千米，完成土方116.1万立方米，投资581万元。2004年3月，市政府印发《关于碧水工程的实施意见》。4月和12月，全市组织两次河道清障突击月活动。全年共疏浚乡级河道16条71.3千米，完成土方93万立方米，投资897.96万元。2005年，全市疏浚乡级河道21条98.8千米，完成土方133.4万立方米，投资594.51万元。

图7-5 2004年整治后的农村河道

2003～2005年高邮市乡镇河道疏浚情况一览表

表7-3

项目 年份	河道名	疏浚长度（千米）	土方量（万立方米）	项目 年份	河道	疏浚长度（千米）	土方量（万立方米）
2003	沈家排河	2.3	3.5	2004	二号排河	4.0	6.7
2003	营东河	1.8	2.8	2004	同心河	6.8	8.9
2003	五星排河	4.7	1.8	2004	漕港河	3.7	10.8
2003	竹林沟	3.8	2.7	2004	三合河	5.1	3.1
2003	光荣河	3.9	3.2	2004	司徒河	8.3	7.7
2003	六号河	3.5	5.0	2004	补水站河	2.1	3.6
2003	白马跃进河	2.1	4.5	2004	沐沙河	2.7	2.1
2003	新安排河	5.3	3.0	2004	沈圈河	6.3	5.2
2003	立新排河	3.5	9.6	2004	万庄涧	2.3	2.6
2003	备战河	1.9	1.0	2004	三十八号河	3.8	3.6
2003	浩芝河	1.7	0.8	2005	五号河	4.8	4.6
2003	五号河	5.4	11.4	2005	四号河	2.1	1.8
2003	南邱河	2.5	4.5	2005	东风河	5.8	5.4
2003	林阳新河	2.0	1.7	2005	曾钰河	7.5	11.0
2003	五里河	4.2	4.2	2005	官垛河	4.4	6.8
2003	联络河	8.3	7.9	2005	耿严河	5.0	7.2
2003	西北分河	6.2	7.8	2005	兴旺河	7.0	8.3
2003	川中河	4.7	3.5	2005	金沟河	3.2	5.1
2003	中闸河	3.9	5.1	2005	西北分河	4.9	7.4
2003	四支排河	1.8	2.2	2005	胡家斜河	3.6	6.7
2003	联谊河	7.6	10.7	2005	川东河	6.9	12.6
2003	茆吴新河	4.9	5.9	2005	东风河	5.5	8.4
2003	德华排河	4.7	3.4	2005	临中河	8.7	12.1
2003	黄圩河	5.5	6.8	2005	团结冲	2.0	4.0
2003	尤加河	1.0	1.5	2005	林庄引河	1.8	2.8
2003	张公渡河	0.9	1.6	2005	五星冲	3.2	3.4
2004	周罗后河	3.0	6.1	2005	西川河	5.0	5.5
2004	五号河	8.0	12.0	2005	红旗河	3.4	4.0
2004	川西河	4.7	4.1	2005	光荣河	5.8	5.9
2004	界沟河	5.3	8.5	2005	大营河	6.2	6.9
2004	六号河	2.9	3.9	2005	二号排河	2.0	3.5
2004	三号河	2.3	4.1				

第二章 农田水利

80年代起，全县农田水利建设围绕中低产田改造、自流灌区改造、圩田改造和低丘平冈治理、水土保持等方面进行。90年代，各项农田水利建设虽有进展，但项目投入较少。1997年，高邮市建成“无坝市”。进入21世纪，逐步实施中低产田改造项目实验区、灌区节水示范区和加大圩田改造、低丘平冈田治理力度，全市农田水利建设呈现新的起色。至2005年，全市中低产田面积占比下降到11.7%，高邮灌区建成现代大型灌区。

第一节 中低产田改造

1986年，通过沤改旱、旱改水和对白土、砂土等不良土壤治理与改良，农田质量得到初步改善，但全县中低产田仍占耕地面积的41.7%。90年代，制定和实施中低产田改造规划，组织农田改造技术攻关，进行中低产田改造试点试验等。至2005年，全市尚存中低产田1.09万公顷，比1986年净减2.8万公顷，下降72%；占耕地面积11.7%。

一、中低产田类型及分布

在1980～1984年开展的全国第二次土壤普查中，境内发现有部分具有不良土体构型的低产土壤。主要有：白土层，重点分布在湖西丘陵山区的白土、杂白土中；青泥层，重点分布在地下水位高、易积水的低洼圩田及湖西冲田的冷土中；黑土层，重点分布在运东原老沤田地区的黑乌土、腰黑乌砂土等土壤中；砂层，重点分布在汉留乡、武宁乡、三垛镇等乡镇的砂土中；夹砂层，重点分布在京杭运河和子婴河沿岸黄泛区的夹砂层黄砂土中。全国第二次土壤普查结果显示，全县三级及以下的低产不良土壤为：三级土壤，面积6.56万公顷，占耕地总面积68.21%，粮食亩产550～650千克，主要土壤有杂白土、乌砂土、黄乌土、黑乌土、砂心黄杂土、黄泥土等；四级土壤，面积1.01万公顷，占耕地总面积10.47%，粮食亩产500千克左右，主要土壤有湖田土、中位砂土、半垦湖田土等；五级土壤，面积250公顷，占耕地总面积0.26%，主要有上位砂姜土、冷土、白土、半垦湖田土等。

二、中低产田整治

1986年，全县有中低产田面积3.89万公顷，占全县耕地总面积41.7%。是年，全县有18个乡治理实心田、冷浸田、坡耕地等中低产田1433公顷。至80年代末，全县农田基本建成田间蓄排水一套沟，土壤质量有一定改善。进入90年代后，全市制定和实施农业综合开发总体规划，把进一步改造中低产田作为重要内容。90年代初，市农业、水利科技单位通过实验，实行灌排分设，对改善农田土质效果较为明显。至1996年，全市改造中低产田1.42万公顷，其中改造低产田670公顷。1999年，在国家农业综合开发司徒实验区，按照省水利厅提出的农田水利建设的标准，运用预制装配技术、鼠道降渍技术、控制灌水技术、用水量测控技术、排水降渍新材料等5项新技术，实行开发性改造中低产田试验，并逐步扩大改造面积。至2000年，全市又改造中低产田1.07万公顷，其中改造低产田1780公顷。2001～2005年，改造中低产田3100公顷，其中改造低产田1000公顷。至2005年，全市有中低产田1.09万公顷，其中低产田480公顷。

第二节　灌区改造与管理

1986年，境内设有车逻、南关、头闸、周山等4个灌区灌排管理所。2001年，4个灌区合并成立高邮灌区，设立高邮灌区管理处，下设车逻、南关、头闸、周山等4个管理所，负责所属区域内水量调配、工程维护、环境管理等项工作；新设直属补水总站，负责7座补水泵站正常运行和管理维护工作。2001～2005年，实施相关配套工程、节水改造工程和水源生态保护措施，有效、安全保障农业生产灌溉用水和农民生活用水。2005年，高邮灌区有设于沿运东堤的引水涵闸8座；沿干渠设置的八桥、卸甲、龙奔、龙虬、周山、营南、周巷等补水站7座，机组42台、2676千瓦，设计流量44.4立方米/秒；年引入运河水量4.8亿～6亿立方米；灌溉范围覆盖12个乡镇、135个村的3.5万公顷农田。

一、灌区配套工程

80年代末，境内自流灌区共有干、支、斗、农等各级渠道9936条，总工长3786.04千米，有闸、洞、桥、涵等各类建筑物8403座，基本建成一套完整的农田灌排水系。90年代，组织维修和进行适当的填平补齐。2000年5月，《高邮灌区续建配套节水改造规划》编制完成，并报经水利部批准实施。至2005年，完成的灌区改造工程项目有：渠道衬砌工程，完成衬砌干渠工长22.11千米、灌浆加固防渗工长2.25千米、衬砌支渠工长10.5千米；卡脖子阻水工程，改建干渠级地下洞3座、支渠级地下洞13座，拆建干支渠阻水桥梁30座；关键性调控工程，新建、拆建与改造干渠节制闸6座、支渠首65座（含小支渠首34座）、干渠退水闸4座，新建支渠级灌排泵站4座；信息管理工程，建成灌区调度中心1座，建成水情工情遥测站11座和远程闸门遥控站3座，初步建成信息化系统框架；其他工程，建设水土保持工程，新建安全管理设施，完成部分灌区管理用房建设和管理道路改造。

二、节水灌溉示范工程

1996年4月，在省水利厅主持下，在南关灌区进行以田间节水、渠道防渗节水、管道防漏节水等为主要内容的综合节水灌溉技术试验研究试点。试验面积12公顷。通过使用混凝土衬砌防渗漏和利用微机优化调度提高水利用率等措施，有效实现节水、节能、增产和优质高效管理的目标，填补省内科研项目空白，做到当年试点、当年见效。试点总投资148.18万元，当年完成投资70万元，其中省下达50万元、市自筹20万元。

2001年，高邮灌区节水改造工程被列为国家重点工程债券项目实施。至2005年，高邮灌区节水改造工程分5期组织实施，总投资6875万元。其中，2001年1月至2003年6月，实施第一、二期节水改造工程，投资2125万元，工程涉及高邮镇、卸甲镇，两镇前期共拆除房屋298间、猪圈厕所657座、码头259道、下水道258处，安排取土区49处、面积42.93公顷，排水19.6万立方米，完成土方68.8万立方米，建成防渗渠道14.56千米，兴建和改造建筑物65座。工程经2002年夏秋季灌溉用水考验，运行状况良好，效益显著，年节约引运水量2500万立方米，改善灌溉面积4400公顷，并实施灌区信息化建设首期工程项目。2003年11月至2004年5月，实施第三期节水改造工程，

图7-6　南关干渠十里尖渡槽

投资1750万元。完成的工程项目主要有:防渗衬砌南关干渠首段700米、卸甲二支渠3.6千米,改造干渠、支渠调控建筑物23座,完成土方22.75万立方米、垫层与砌石6000立方米、混凝土及钢筋混凝土9000立方米。2004年下半年至2005年,实施第四、第五期头闸灌区节水改造工程,投资3000万元,完成的主要工程有:防渗漏衬砌南关干渠卸甲段4.1千米,改造沿线支渠首8座、小支渠首3座、桥梁5座等,回填渠道土方16万立方米。

2001～2005年高邮灌区节水改造工程情况一览表

表7-4

项目 年度	投入资金				完成工程量			耗用主要材料		
	总投资（万元）	中央（万元）	省配套（万元）	地方自筹（万元）	土方（万立方米）	石方（立方米）	混凝土（立方米）	水泥（吨）	钢材（吨）	木材（立方米）
2001	1250	500	250	500	37.36	1629	10833	4205	192	81.0
2002	875	350	175	350	31.44	—	6817	4046	14	158.0
2003	1750	700	350	700	22.75	5970	9503	3825	117	137.0
2004	750	300	150	300	21.09	744	5376	2177	40	173.0
2005	2250	900	450	900	33.00	5915	7571	5475	54	56.5
合计	6875	2750	1375	2750	131.86	14528	40100	19728	417	605.5

三、节水灌溉示范区

马棚镇节水示范区　2001年10月,开工建设。2002年3月,建成。该项工程由省财政厅、省水利厅和扬州市水利局批准下达。规划面积173.3公顷,核心区面积76公顷。区内建成防渗渠道6千米、衬砌排水沟900米、暗式隔沟6千米、混凝土道路1千米,配套支渠首及支渠量水设施3座、田间进水洞280座、隔沟控制洞280座、支渠节制闸6座、田间生产桥80座、排沟洞7座,栽植路渠绿化香樟和迎春花760株、经济林地6公顷、意杨5000株。累计完成土方15.3万立方米。示范区建成后,水稻灌溉用水定额由每公顷2.1万立方米减少到1.2万立方米,年节水87万立方米,节水率50.7%,平均每公顷节水6360立方米。工程投资149.3万元,其中国家资助资金75万元、镇财政配套资金74.3万元。

高邮镇节水示范区　2002年9月,开工建设。2003年4月,建成。该区位于城镇东南部,涉及高邮镇凤凰、浩芝两个村,北起南关干渠,南至南关大沟,南北、东西均长1.2千米,有耕地166公顷,其中核心区面积84公顷。区内建成衬砌渠道3.6千米、排水沟1.2千米、暗式隔沟4.5千米,配套支渠首和量水设施3座、各类建筑物335座,绿化3600平方米,土方15.2万立方米。示范区建成后,农田灌溉水利用率由50%提高到78%,年节水140万立方米,收回土地3.3公顷。工程投资102万元。

卸甲镇节水示范区　2003年,开工建设。2004年,建成。该区位于卸甲镇西部,地处南关干渠三支渠下段,东至中市河,西至渌洋河,南北分别至高庄庄台与大林庄台。东西长1.6千米,南北宽600米,总面积96公顷,其中耕地面积56.7公顷。建成衬砌U80型支渠1.6千米、U60型斗渠1.6千米、排水沟800米,配套斗渠首4座、斗渠节制闸4座、田间进水洞150座、田间排水洞80座、排水沟控制闸4座、生产河串水洞4座、支渠桥3座、田间生产桥32座、混凝土道路600

图7-7　2004年建成的卸甲镇周庄村国家级节水防渗干渠

米，完成土方7.6万立方米。工程投资100.2万元。

车逻镇节水示范区　2004年11月，开工建设。2005年7月，通过扬州市水利局验收。该区紧依车逻镇镇区，位于车逻干渠上端，东至穿镇路，西至车逻村9组，东西长700米，南北宽600米，总面积42公顷，其中耕地面积29.3公顷。建设成衬砌U80型支渠900米、U60型斗渠1.4千米，配套斗渠首8座、田间进水洞128座、田间排退水洞128座、支渠桥2座、田间生产桥24座、泥结石道路1.2千米、绿化长度1.2千米，完成土方3.6万立方米。工程投资47.4万元，其中省补助资金30万元、镇财政配套资金5万元、农民自筹资金12.4万元。

四、灌区水源生态保护

80年代起，随着全县经济体制改革步伐加快和经济社会发展加速，灌区水源生态面临诸如水源污染、生态平衡打破、自然环境破坏等许多新情况。90年代，市政府和市水利部门针对灌区部分水源生态受到侵害问题，采取应急措施，依法拆除违规建筑和水障等。进入21世纪，经过市水利部门专业技术人员调研和攻关，提出建立"生态、节水、现代化灌区"的目标，并结合实施灌区节水改造工程，采取一系列保护水源生态的有效措施。在灌区行水渠道结构设计上，采取护岸不护底、分段设通道、缓坡作缓冲、岸墙留孔洞等措施，以保护自然生态平衡；在灌区水源保护上，采取亲水不侵水、污水不入渠、退水兼活水等措施，以保护水体不变质；在灌区环境管理上，采取开排水沟、建绿化植被圈、禁抛垃圾、倒虹吸聚积水面杂物、及时集中打捞处置漂浮物等措施，以保护水环境免遭破坏。至2005年，多数河道水质为Ⅲ类水标准，渠道水质一直保持在Ⅱ～Ⅲ类水标准范围内。未发生因水污染而影响农田灌溉和农民生活用水的事故。

五、灌区管理

80年代末，各灌区推广现代化灌溉管理和量水设备，完成灌区信息化管理建设首期工程项目。1987年，水利电力部在高邮举办灌区灌溉管理研修班，为全国培训一批灌区管理技术骨干。是时，灌区实行"干支渠续灌、斗渠轮灌"的用水制度。90年代，改为实行"干、支、斗渠轮灌"的用水制度。2001年，针对运河水源限量供水、农业生产结构调整、群众管理组织逐步弱化、灌溉效益逐年下降的用水形势，对沿运闸洞按农作物不同生长期的需求，分别实行96小时、120小时、144小时的轮灌制度。2002年，按照"水权上收、管理下沉"的思路，推行管养分离改革。全灌区共设置管理岗位和养护岗位66个。以干渠组建养护队，分段划定养护责任单元，全面落实灌区养护责任。群众管理组（参与性）设管水员1人，负责支渠以下的农田灌溉用水；联管队伍由灌区面向社会聘用的管水季节工与基层水务站管水员组成，按照管理处用水调度方案，落实干渠引水口和控制闸准点时启闭，巡查各乡镇用水制度执行情况，配合灌区专业管理人员加强执法联管；专业管理人员由灌区确定，负责用水制度的宣传、落实和考核工作，确保用水制度执行到位。2003年2月，经中国灌溉排水发展中心批准，高邮灌区被列为中日技术合作项目示范灌区，项目实施时间5年（2001年6月至2006年5月）。至2005年，高邮灌区完成灌区信息化管理建设第二期工程项目，形成"科学管水、集约调水、合理配水、定时供水、制度节水"的灌溉管理制度和用水模式，成为全国灌区信息化管理建设示范区。

第三节　圩区改造和农田水系治理

一、圩区改造

1986年，县里下河地区和高邮湖区有217个圩口，圩内总面积1119.9平方千米。是年起，按照防御兴化3.5米水位，达到"四三三"（堤顶真高4米，顶宽3米，内坡1∶3，外坡1∶2，青坎距堤脚5～8

米，堤顶栽树，内坡栽桑）的标准，进行圩区圩堤建设。圩口闸建设受材料、经费的限制，设计标准低，闸身渗径长度不足，挡涝能力受到限制，后逐步改进，推广悬搁门圩口闸。至2005年，里下河圩区建成汉留灌区、三垛灌区、司徒灌区等3个中型灌区，沿高邮湖圩区建成向阳河灌区，分别提引三阳河、向阳河水源进行灌溉；建成圩堤总长2044千米、圩口闸217座。

二、农田水系治理

80年代以前，全县农田水系治理处于探索阶段，变化较大，稳定性不够。群众称，“一位书记一条渠，一个乡长一座堤”。村组干部对农田水系开挖随意性更大，经验性考虑过多，科学性安排较少。80年代后期至2005年，全市逐步形成自己特色的农田水系治理模式，包括圩区农田水系治理模式和低丘平冈地区农田水系治理模式，为建设农田丰产片和保障农田丰收提供较好的灌排水系保证。

圩区农田水系治理模式 “一座泵站、两级灌溉、三条排沟、四节农田”，即在引排河道一侧取一框500×420米农田，布置4节田块，田块规格100×20米。在引排河边、田块中间位置，兴建灌溉泵站1座，开挖平行于引排河道支渠2条，在两块农田之间各开挖斗渠1条，连接支渠（在田间高效节水工程中对支渠、斗渠进行防渗衬砌，采用U形断面，开口宽度80厘米至1米）。在支渠、斗渠一侧和斗渠中部，垂直于渠道方向分别布置1条田间生产路，宽度3米，高于田面0.5米；在田块顺水流方向，每隔两块农田开挖一条隔水沟，深度1.2米，间距40米；在农田另一侧，平行于斗渠，开挖排水沟3条，深度1.5米，与引排河道连通。

低丘平冈地区农田水系治理模式 分为单向坡地、双向坡地农田水系治理。

单向坡地农田水系治理模式，为“沟渠合一、道路分设、双非布置、坎下设沟”的布局，即农田规格80×25米，顺坡向布置田块短边，灌排合一的斗级沟渠与支级沟渠相连接（在田间高效节水工程中对支渠、斗渠进行防渗衬砌，采用U形断面，开口宽度60～80厘米）。两斗级沟渠之间设一条生产路，宽度4米，高于田面0.5米。平行于支级沟渠的农田每25米设一坎沟，在灌排合一沟渠内上下两块田级差处配套1座灌排节制涵洞（兼作机耕桥）。

双向坡地农田水系治理模式，为“灌排合一、单非布置、坎上交通、坎下灌排”。顺较缓坡向布置田块长边，田块规格80×25米。道路布置在田尾，即在坎上，机械等从田尾进入田间。灌排沟渠在田首，即在坎下。田间排水由坎沟回流至田首的灌排合一沟中（在田间高效节水工程中对支、斗级灌排合一沟渠进行防渗衬砌，采用U形断面，开口宽度60～80厘米）。在灌排合一沟中，田块级差处设置节制涵洞（兼作机耕桥），实现拦蓄灌溉、溢流排水，适应生产、交通的需要。

第四节 水土保持

80年代，全市水土保持重点地区是湖西丘陵地区，工作重点是防治水土流失。1986年，湖西丘陵山区共有小流域16个，总面积7840公顷，其中水土流失面积7423公顷，涉及菱塘回族乡、天山镇、送桥镇等3个乡镇。由于小流域两岸田块零乱，高低不平，水土流失严重，农田耕作条件差，作物灌溉成本高，农业生产效益低下。80年代末起，县、乡两级组织实施以小流域为单元的水土保持综合防治工程，坚持山、水、田、林、草、路统一规划，工程措施、生物措施和农耕措施相结合，乔木、灌木、草相结合，治理与开发相结合，并充分发挥生态自我修复能力，水土流失防治初显成效。进入90年代，全市水土保持工作重点转向水土流失预防与监督。至2005年，湖西丘陵地区共营造水保林560公顷，其中乔木林67公顷、灌木林10公顷；营造经济林130公顷，其中果园3.4公顷；种草及其他植物183公顷；兴修水平梯田966公顷，建成水土保持建筑物1.09万座、塘坝864座、补水站74座、小水库6座，累计治理水土流失面积3036公顷，治理率40.9%。有4387公顷土地未治理。运东地区基本实现水土保持目标，治理率90%以上。

1986～2005年高邮市湖西三个乡镇水土流失治理情况一览表

表7-5

乡镇	1986年水土流失面积（公顷）	2005年水土流失面积（公顷）	累计治理水土流失面积（公顷）	林草措施				工程措施					
				水保林（公顷）	经济林（公顷）	种草（公顷）	其他（公顷）	梯田（公顷）	截水沟（千米）	建筑物（座）	塘坝（万立方米/个）	补水站（千瓦/座）	小水库（万立方米/座）
菱塘	2397	1615	782	5	1	—	—	133	5	2850	1250/378	550/10	27/2
天山	3599	1892	1707	524	82	150	33	833	76	5774	1362/286	2140/29	127/4
送桥	1427	880	547	31	47	—	—	—	—	2250	195/200	1100/35	—
合计	7423	4387	3036	560	130	150	33	966	81	10874	2807/864	3790/74	154/6

第三章　防汛防旱

80年代起，县委、县政府坚持“安全第一，常抓不懈，以防为主，全力抢险”的方针，做到流域区域协调、城市农村统筹、建设管理齐抓、除害兴利结合、防汛抗旱并举。1991年、2003年，境内先后发生特大水灾。1994年，发生特大旱灾。由于组织有力、预案周全、措施得当、抢救及时，最大限度减轻灾害损失，确保城乡居民生命、财产安全。2005年，淮河入江水道行洪99天，“麦莎”“卡努”两次强台风给境内带来大暴雨和9级以上大风，因应对措施得力有效，均未造成严重损失。

第一节　组织机构

1986～1987年，设有县防汛防旱指挥部（简称县防指），先后由县长陈立增、孙龙山任指挥，分管防汛防旱工作的县委副书记、副县长和县水利局、县计划委员会、县经济委员会、县财政局主要负责人任副指挥，其他成员单位有县农村工作办公室、县公安局、县建设局、县农业局、县农业机械管理局、县气象局、县人民武装部等。其职能主要是统一指挥和组织协调全县防汛防旱工作。县防指内设办公室，下设大运河、城区、临城片、南片、东片、北片、湖西等7个分指挥部。各乡镇相应成立防汛防旱组织。1988年起，县防指指挥改由分管农业、水利工作的县委副书记或副县长担任，其他成员单位随机构调整相应变动。各乡镇防汛防旱组织组成人员随人事变动及时调整。2005年，市防指指挥由市委常委、副市长杨学华担任，副指挥由市政府办公室、市水利局、市人民武装部负责人担任，其他成员单位有市发展和改革委员会、市农村工作办公室、市公安局、市建设局、市农林局、市农业机械管理局、市气象局、市城市管理委员会办公室等。

第二节　防　汛

80年代，县委、县政府针对境内水灾多发的特点，实施汛期汛情测报、防汛经费和物资筹措、防汛预案制定、抢险队伍组织、防洪排涝工程建设、重点防汛圩段设防、水灾发生时应急对策等一系列防汛制度、办法和措施。经过1991年和2003年两次特大水灾，防汛制度、办法和措施得到不断完善。至2005年，全市形成一套较为可行有效的防汛预案和措施。

一、防汛预案制定与修订

80年代，县防指制定《高邮县防御洪涝灾害预案》。以后每年结合防汛工作实际，对预案进行修订。至2005年，全市形成包括总体预案和分项具体预案在内的一套比较完善的防汛预案体系，即《高邮市防御洪涝灾害总体预案》《高邮市湖西地区防御洪涝灾害预案》《京杭大运河高邮段堤防防洪调度预案》《高邮市里下河圩区防御洪涝灾害预案》《入江水道新民滩防汛预案》《高邮市沿运自灌区汛期用水预案》《高邮市城市防洪预案》等。各乡镇、园区均相应制定和修订防汛预案。

二、汛情发布与工程调度

1986～2005年，按照市防指各成员单位职责，市气象局每天做好天气监测预报，及时向各防汛防旱分指挥部发布暴雨、台风等灾害性天气预报，并预报一周气象信息，以便市防指及时掌握未来几天天气变化情况，及早做出相应部署。市水文站一般于每天上午8时准时向市防指预报高邮湖、大运河等控制站点水位情况。高邮湖水位至8米左右时，每隔8个小时预报水位一次，并加报三垛、临泽、菱塘等控制站点水位情况。市水利局每天上午查阅省防汛防旱网站，记录淮河上游水情及三河闸水位流量，并及时将信息发送到市防指主要负责人。遇特殊天气情况，市防指及时通过广播电视将天气趋势告知全市市民，做到全民预防。

防汛应急　每年全市防汛会议召开后，市防指及时明确各地堤防、重大建筑物、湖西山塘水库等防汛责任人，并于防汛会议当日在《高邮信息》上予以公告。市防指及时联系市气象部门，了解最新的天气趋势。各乡镇、园区、市防指全体成员单位密切关注汛情，针对防汛形势进一步完善预案，建立防汛值班制度，加强值守，落实责任，预防突发性的雨涝灾害。

工程调度　加强沿运引水涵闸调度管理，沿运自灌区各闸洞明确防汛行政责任人和技术负责人，密切关注天气降雨情况，处理好防汛与抗旱的关系，科学调度，预防旱涝急转。加强重点堤防、重大建筑物、机电排涝闸站等防范雨涝工作的各项应急准备，针对雨情变化，及时开启机泵，预降水位。动力不足的易涝区，及时检修、组装流动机泵，确保拉得出、打得响。加强天山镇夏庄水库、红星水库等水库水量调度，严格按照防汛预案开闸泄洪，提前预降水位，确保行洪安全和人民生命、财产安全。

城区防洪　城区划分为7个防汛责任区域，每个片区由防汛责任单位负责组织防汛排涝，并落实责任，确保汛期积涝时能迅速进入应急临战防汛状态，并就每一个易涝节点明确责任人和督导员，及时排除城区低洼地汛期雨涝隐患。详见第五篇《城乡建设》第三章《市政建设》第五节《排水与防洪》（第204页）。

三、防汛抢险队伍

专业队伍　由河道、水库、闸坝等工程管理单位管理人员、护堤员等组成。平时，不断学习堤防工程管理养护知识和防汛抢险技术，并做好专业培训和“实战演练”。根据掌握的实情，分析工程抗洪能力，划定险工、险段部位，做好工程抢险应急准备。进入汛期时，及时投入防守岗位，密切注视汛情，加强检查观测，及时分析险情，做到万无一失。

巡逻抢险队伍　由沿河道两岸、圩堤、闸坝、水库工程周围的乡镇、村（社区）居民中的预备役人员或青壮年组成。汛前，健全组织，登记造册，编成班组，做到思想、工具、材料物资、抢险技术“四落实”。汛期，按照规定到达各防守位置，分批组织巡逻。发生险情时，所有参加人员遵照命令，立刻投入抢险。

机动抢险队伍　由机关、企事业单位预备役人员组成，承担重大险情紧急抢险任务。由市人武部牵头，市水利局共同参加，组织机动抢险人员进行培训和“实战演习”。机动抢险队伍落实好必要的交通运输、施工机械等抢险设备。

大运河堤防抢险队伍　专业管理队伍由京杭运河管理处和灌区管理处管理人员组成。巡逻抢险队伍由沿运各乡镇、园区根据汛情分批组织到位。机动抢险队伍由市人武部组织落实，并根据汛情和市防指要求及时到位。

部队抢险队伍　淮河入江水道遇特大洪水，致使高邮湖水位涨至9米以上且有继续上涨趋势时，申请部队给予支援，实行军民联防，协助湖西大圩防守人员及时撤离灾民、投入防汛抢险和物资转移工作。

四、防汛经费与物资

1986～2005年，各级防指按照“分级负担、定额储备、保障急需、专业管理、统筹调度”的原则，做好防汛经费筹集和防汛物资储备工作。市防指储备物资主要用于全市流域性防洪工程防汛抢险。乡镇、园区和市防指成员单位制定各项防汛物资储备管理制度，定期检查定点仓库防汛物资保管养护情况，储备物资主要用于各自防汛范围内防洪工程的防汛抢险，并服从市防指统一调度。汛前、汛中，市防指负责对乡镇、园区物资储备工作进行指导、监督和检查。各乡镇、园区防指落实专人，做好防汛物资储备日常管理工作。重点储备的防汛物资有：块石、编织袋、草袋、麻袋、土工布、土、砂、碎石、水泥、木材、钢材、铅丝、绳索、挖抬工具、照明设备、备用电源、运输工具、报警设备等。市防指根据各区域防汛实际及特点，规定相应防汛物资储备标准。湖西地区防汛物资筹备标准为：按每千米圩堤储备编织袋600只、木桩0.5立方米、铁丝40千克，里下河地区防汛物资筹备标准为：按每千米圩堤储备编织袋300只、木桩0.2立方米、铁丝20千克。当高邮湖水位达8.4米、里下河三垛水位达3米以上时，请求上级防指给予支持。

第三节　抗　旱

一、计划用水

运东沿运自灌区实行计划用水。每遇旱情发生之年，按照省、扬州市防汛抗旱指挥部分配给高邮市的运河水用水计划和用水调度命令，组成抗旱工作组，驻守沿运各闸洞，严守严查用水纪律，并督促自灌区各乡镇严格执行计划用水、节约用水，确保农田灌溉。

二、蓄水和引水

湖西丘陵地区实行超前蓄水和疏浚引水。根据气象预测和报告，组织湖西丘陵地区各乡镇，利用一切山塘、洼地，进行超前蓄水。旱情发生时，组织劳力突击疏浚所有引水河道，千方百计引入水源，保证农田用水。

三、保水

为使高邮湖在干旱年份水位不低于5米，对淮河入江水道新民滩控制线漫水闸采取堵漏保水措施，减少漏水流失，保障高邮湖周边乡镇农田灌溉。

四、科学用水

1986～2005年，全面推行机电、人工补水和科学用水措施。运东地区设机电补水站7座、2662.5千瓦，社会流动机泵1775台、1.59万千瓦；湖西地区固定电灌站有机组158台套、6200千瓦，社会流动机泵610台、5443千瓦。推行错峰用水、轮灌、适时泡田和搁田等办法，确保农田灌溉和农作物生长用水。

第四章 抗灾纪实

1986～2005年，境内先后于1986年、1987年、1989年、1991年、1996年、1998年、2000年、2003年共发生8次较大汛情，其中1991年、2003年先后发生两次特大洪涝灾害；1987年、1988年、1992年、1994年、1995年、1996年、1997年、1999年、2000年、2001年、2004年共发生11次旱情，其中1994年发生特大旱灾。1987年、1996年、2000年，分别发生先旱后涝、涝旱交替、旱侵洪扰的灾情。详见第一篇《建置区划 自然环境》第八章《自然灾害》第一节《干旱》、第二节《洪涝》（第87页）。

第一节 抗御1991年特大洪涝灾害

一、汛情

梅雨期降雨量超历史 1991年，全境两度入梅。梅雨天数长达42天。5月21日入梅，至6月16日歇梅；6月29日再度入梅，至7月15日出梅。梅雨期内下暴雨8场，总降雨量1059.7毫米，分别为历史上大水年份1921年（412毫米）、1931年（528毫米）、1954年（660.4毫米）的2.57倍、2.01倍、1.6倍。6月29日至7月11日的13天内连下暴雨6场，其中日降雨量207.1毫米的特大暴雨1场、日降雨量超过100毫米的大暴雨2场、日降雨量超过50毫米的暴雨3场，总降雨量749.7毫米，平均每天降雨量57.7毫米。

高邮湖超常年高水位行洪 三河闸连续泄洪129天，最大流量8900立方米/秒，加之区间径流，入湖流量高达1.06万立方米/秒。受此影响，高邮湖超警戒水位8.4米行洪30多天，行洪天数为1949年以来之最。7月11～12日，高邮湖御码头水位、菱塘水位分别为9.22米、9.27米。高邮湖水位仅次于1931年（9.46米）和1954年（9.38米）。

内河水位均超警戒水位 6月中旬，因降雨量过大，内河河水暴涨，均超高邮内河警戒水位1.8米。7月11日，三垛水位高达3.45米，八桥水位高达3.7米，分别比历史纪录最高水位3.04米高出0.41米、0.66米。

二、灾情

7月19日，高邮市深度积水面积1148平方千米，占陆地面积（含河流）的75.6%，是全省仅次于兴化市的第二重灾县（市）。全市农田普遍积水0.7米左右，最深处2米以上。7.2万公顷农田全部受淹，其中被淹没的有5.42万公顷，占75.28%。有10多万农户、45万多人被水围困。城市建成区内80%的工厂、学校、机关进水。1.07万间民房受淹，最深处积水1.8米，出入需陆上行舟。全市直接经济损失9.35亿元，其中农村乡镇直接经济损失7.35亿元。

农业损失 在全部受淹的7.2万公顷农田中，农作物绝收面积3万公顷，其中水稻1.6万公顷、棉花9200公顷、经济作物4800公顷；严重受灾面积2.28万公顷；其余为轻灾面积。在绝收的经济作物中，成片林木33公顷、果园270公顷、桑园1000公顷、苗木363公顷。淹死或走失家禽93.7万只，淹死生猪和其他牲畜3.5万头，漫水跑鱼鱼池面积5430公顷，损毁夏蚕蚕种3800张。农业直接经济损失

4.01亿元。

工业损失 全市受灾严重时，受淹企业1019家，其中停产企业632家、半停产企业387家。据市属机化、轻纺、电子等3家工业公司和全市乡镇企业统计，直接经济损失1.24亿元。

基础设施损失 水利设施损失，水毁桥梁191座、圩口闸154座、机电灌排站158座、涵洞96座、坝14座；冲损圩堤2477处121千米，溃塌土方344.6万立方米、石方2.63万立方米；在全市235个圩口中，破圩38个，漫沉39个，因排涝动力不足而被淹没14个，加上中沟以下水毁工程，直接经济损失2896.5万元。交通设施损失，公路干支线404千米全部遭到冲刷，其中损坏公路路面105千米，中断线路11条，损坏公路桥梁8座，交通运输直接经济损失2184.52万元。供电设施损失，倒杆2053根，损坏供电线路185.6千米，损坏变压器、各类电机和配电房236台（座），直接经济损失2070万元。邮电设施损失，倒塌房屋660平方米，倒杆312根，受损电缆电线118千米，直接经济损失350万元。广播设施损失，倒杆6600根，断杆2400根，广播线路和广播播发设备受潮受损，直接经济损失97.53万元。全市基础设施直接经济损失8600万元。

集体和群众财产损失 倒塌房屋7334户、1.64万间，损坏房屋1.35万户、3.13万间，被迫转移人口15万人，搭篷暂居6万人。冲毁、霉烂粮食5.1万吨、油菜籽0.3万吨。95%以上农户缺燃料，1/3左右农户缺粮。全市集体和群众财产直接经济损失共1.53亿元。市直系统和机关直接经济损失1.71亿元。

三、抗洪救灾

6～7月，全市陷于洪涝夹击、五面告急的险恶困境，运东里下河圩区汪洋一片、高邮湖西环湖乡镇危在旦夕、高邮湖滨1.3千米南北大圩阻碍洪水下泄、防护大运河堤压力超常、城区局部积水成河。面对灾情，市委、市政府在不同时期突出不同重点，进行抗灾部署。入梅以后的6月4日、7日，市委、市政府召开紧急电话会议，动员全市农村立足抗大灾，战阴雨，确保夏熟丰产丰收。6月12日以后，多次动员全市干部群众奋力抗灾战“四夏”，保粮抢栽干“秋超”。6月29日，二度入梅。是日至7月7日，连降大暴雨，河湖水位普遍超过警戒水位，所有农田全部围水、积水，工农业生产、住房和其他设施损失严重。7月6日，市委、市政府召开紧急电话会议，贯彻当天在高邮召开的扬州市委常委紧急办公会精神，明确抗洪排涝抢险战斗是头等大事和压倒一切的中心任务，动员全市党员、干部和人民群众，组织一切人力、物力、动力保住圩堤，特别是把不惜一切代价地保护人民群众生命财产的安全放在第一位，采取低处挪高处，借用学校、机关住房，调集船只，投亲靠友等措施，及时疏散、转移低洼地区受灾群众，千方百计确保不死人、不伤人。市领导进一步明确分工，孙龙山、戎文凤、史善成负责总的指导调度，其他领导分工负责领导各个区及市属工业、大运河堤防抗洪救灾斗争。与此同时，各地开足各种机械动力，抢排积水，保粮保棉，落实农作物改茬措施。

7月6日以后，雨量越来越大，灾情越发严重，全市更加紧张地进行保大堤、保大圩的“两保”战斗。各区乡党政干部明确分工，深入重点乡、村包圩包段，誓以水涨堤高、人在圩在的决心，领导群众抗灾。市属部门绝大部分副局（乡）级以上干部服从市委、市政府统一号令，赶赴各乡镇，战斗在最艰苦、最险要的抗灾阵地。同时，组织灾民大转移和重要物资设备大转移，安排转移灾民和住宅进水的群众生活，组织医疗队伍深入灾区查病治病，防止大灾并发大疫。7月12日，雨情稍有缓和，市委、市政府召开紧急电话会议，教育干部群众克服麻痹松劲、厌战畏难、悲观失望情绪，要求针对新情况、新问题，采取新措施，一手抓好抗灾救灾，安排好灾民生活，一手抓好生产自救，重建家园。在力量上，调整部署，明确重点，实行分类指导。7月16日开始，市委有6名常委集中精力抓好新民滩破圩分洪工作。此后至7月底，农村各地抗灾斗争的重点逐步转入突击排除田间积水，对绝收田改种补种，努力生产自救。7月26～28日，在省和扬州市的直接指导下，实施湖滨乡新民滩1.3千米大圩爆破分洪工程。8月起，市委、市政府贯彻落实扬州市委、市政府召开的会议精神，在继续抓紧抗洪救灾的基础上，不失时机地

图7-8 1991年高邮干群保堤坝抗洪救灾

把工作重点转移到动员全市力量、集中领导精力、扎扎实实地恢复工农业生产上来。同时，切实抓好灾民生活安排、灾区防疫治病和社会治安综合治理等工作。

灾情发生后，国家、省、扬州市有关领导到高邮视察灾情、指导抗灾、慰问灾民，人民解放军、武警部队、公安干警均派出人员到高邮参加抗洪抢险。

在抗灾救灾中，全市投入抗洪抢险排涝劳力23万多人，突击挑土283万多立方米，耗用麻袋、编织袋和草包683万条，硪打树桩411万根，抢救险工患段2270多处，加固闸坝698座，筑堵坝头1378道，加固圩堤800多千米；转移受灾群众8.5万人，其中湖滨乡转移4900人；共投入抗灾资金9250万元。至年末，全市共接受救灾款和捐赠款物3827.21万元，其中国家救灾拨款2223.7万元、国内外捐赠款物1369.12万元、联合国开发计划署援助高邮灾民建房款234.39万元。

第二节 抗御2003年特大洪涝灾害

一、汛情

梅雨季节降雨量集中 2003年6月21日入梅，7月13日出梅，梅雨期23天，其中雨日18天、暴雨日5天。梅雨期平均降雨量577.4毫米（市水利局点测数据，下同），为常年梅雨量的2.22倍。6月30日至7月12日，为连续雨日，大到暴雨8天，降雨量556.1毫米，其中7月5日124毫米，为最大一日降雨量。梅雨季节降雨量多，造成全境河、湖水位猛涨，内涝严重。

高邮湖水位创历史新高 6月28日，洪泽湖和淮河流域开始向淮河入江水道高邮湖区泄洪。三河闸下泄流量从500立方米/秒起，不断加大，最大流量8940立方米/秒。泄洪量加大，加之降雨增多，造成高邮湖水位持续上涨。6月28日后，高邮湖水位每天上涨20～30厘米。7月6日8时，高邮湖水位超警戒水位，涨至8.5米。7月13日9时，高邮湖水位高达9.52米，持续3个小时。这一高水位比警戒水位8.4米超1.12米，比设计水位9.5米超0.02米，比20世纪3个大水年份，即比1931年9.46米、1954年9.38米、1991年9.22米，分别超出0.06米、0.14米、0.3米。高邮湖水位超警戒水位一直持续至7月28日，长达23天。水位之高，创历史纪录。

三垛水位暴涨 7月1日起，三垛11天内累计降雨600毫米以上，致使河水水位上涨，超过警戒水位。至7月11日10时，该地水位涨至3.3米，比警戒水位1.8米高出1.5米，比1个月前（6月11日）的水位1.65米高出1倍。

二、灾情

2003年特大洪涝灾害使全市遭受严重损失，灾害造成的直接经济损失20.29亿元。

农业损失 全市受淹农田6.65万公顷。农作物受灾面积5.45万公顷，其中粮食作物3.98万公顷、经济作物1.47万公顷；成灾面积4.03万公顷，其中粮食作物2.75万公顷、经济作物1.28万公顷；农作物绝收面积2.19万公顷，其中粮食作物1.04万公顷、经济作物1.15万公顷。粮食减产12万吨、损失粮食

6.5万吨，林果树受损104万株，死亡牲畜1.52万头、家禽60.83万羽，淡水养殖受灾面积1.88万公顷，损失水产品10.92万吨。洪涝造成全市农林牧渔业直接经济损失7.23亿元。

图7-9　2003年抗洪救灾场景

工业损失　全市进水受淹企业1308家，其中因灾停产企业557家、半停产企业509家，影响工业总产值3.27亿元。部分厂房、仓库倒塌，因漏水被损坏厂房、仓库13万平方米，3100多台套设备、1.02万吨原料和大量半成品、产成品因浸水遭损坏、变质。洪涝造成全市工业企业直接经济损失2.83亿元。

基础设施损失　全市在建道路工程受损路段共55千米，公路干线受损88千米，公路受损25千米。供电、电信、广电杆线被损坏1877根，多台设备受损坏，供电线路中断27条次。洪涝造成基础设施直接经济损失5.45亿元。

水利工程损失　全市水利工程设施因灾受损107项，损坏堤防247千米、护岸391处176千米、水闸258座、桥涵647座、机（水）电泵站120座，损失石方、混凝土土方和土方1704.75万立方米。主要水毁工程有：淮河入江水道工程受损。高邮湖140千米围湖大堤发生险情136处。高邮湖东岸里运河堤44千米范围内出现渗漏14处2.16千米、管涌6处、獾洞47个、沉陷2处3.31千米、塌方2处220米、块石护坡受损150处23.46千米、通湖涵洞受损9座。高邮湖西岸大堤发生病险闸洞96座，堤防渗水、塌方350处67.86千米。里下河不同程度出现渗水、塌方、决口等险情的圩口185个，受损堤防229千米，堤防决口166处3.7千米，受损护岸321处124.7千米，毁坏水闸162座、桥涵451座、机（水）电泵站86座。

群众生命财产损失　全市居民房屋进水受淹共9.3万户37.2万间，其中倒塌房屋3268户8109间、损坏房屋5310户1.02万间；缺燃料的居民11万户；受灾户家具、家用电器损失严重；因灾受伤人员91人，患肠道传染病3770人次；因灾被迫转移人口共5.67万人，其中湖西地区转移人口2.26万人。因灾造成群众直接经济损失3.78亿元。

三、抗洪救灾

7月初，市委、市政府开始采取一系列应对洪涝灾害的紧急决策。7月3日，召开全市防汛防洪紧急会议。7月5日，建立全市防汛抗灾组织指挥体系，并组建防汛抢险突击队和技术专家组。7月7～10日，先后组织实施省、扬州市下达的第一、二、三批启用高邮运东地区滞涝圩口的命令，全市共启用滞涝圩口43个，滞涝面积7724公顷。在抗洪排涝中，全市共建立防汛突击队、护堤队、巡逻队、后勤增援队和技术专家组、督查组等数百个，投入抗灾人数39.39万人，上堤巡查人数16.4万人，投入抢险人数14.12万人。仅运河西堤和湖西大堤两处，每天有近4000人、24小时不间断地在堤上巡逻查险。全市调用投入抗洪排涝动力5667台（套）、9.3万千瓦，投入保圩堵口的编织袋、麻袋、草包1515.2万条，投入护堤抢险的块石1.02万吨、木桩180万根、铁丝202.1吨，排涝耗用

图7-10　2003年7月转移高邮湖西地区受灾群众

柴油3530吨、电力1363万千瓦时。直接投入抗洪排涝、保堤抢险经费1.01亿元。

洪灾发生后，农业部防汛抗灾调查组，国家减灾中心、水利部、国家防汛抗旱总指挥部、中国疾控中心应急办公室、国家发展和改革委员会负责人，省政府、省军区负责人，扬州市委、市政府负责人等各级领导先后到高邮视察灾情、指导抗灾。南京军区舟桥旅、扬州军分区、江苏预备役部队、武警部队共800多名官兵及时赶赴高邮抗洪第一线，参加抗洪抢险。

7月中旬，灾情稍有稳定后，市委、市政府连续召开农业自救现场会、洪涝灾害情况通报会、防病工作电话会等会议，并提出和落实一系列生产、生活自救措施，迅速开展农业补种、改种和工业、建筑业、第三产业复产工作，及时制定和实施灾毁工程重建规划，下拨救灾款891.43万元，动员社会捐助123.17万元，新建民房8000多间。由于领导得力、决策科学、组织严密、保障到位和各方支持，在遭遇特大洪涝灾害情况下，做到流域性防洪工程不决一堤、不崩一闸、不死一人，把洪涝灾害损失降到最低程度。

第三节　抗御1994年特大旱灾

一、旱情

1994年4月以后，境内出现持续高温少雨天气。特别是入伏以后，受副热带高压控制，晴热高温无雨天气持续不断，梅雨季节空梅无雨。6～7月降雨量比大旱之年的1978年同期雨量还少3～5成。汛期降雨量仅308毫米，为正常年份同期降雨量一半。湖西丘陵地区4190个塘库全部干涸，高邮湖水位急骤下降。据市水利局测量资料记载，8月22日，高邮湖御码头水位4.66米。据市水文站资料记载，8月22日，高邮湖御码头最高水位4.65米、最低水位4.57米。8月24日，高邮湖冈坂头水位4.27米。

大运河东部沿运自灌区执行省、扬州市防汛抗旱指挥部调度命令，确保大运河江水北送计划，高邮市引用运河水的计划流量只有43.5立方米/秒，仅为需要量的三分之一。省、市派出22人组成的抗旱工作组驻守高邮市沿运各闸洞区近1个月，严格检查用水纪律。

二、灾情

1994年，严重旱情发生后，造成沿运自灌区18个乡镇2.33万公顷农作物受旱，其中水稻1.77万公顷、棉花及其他经济作物5600公顷，严重干裂面积9100公顷，水稻田最大裂缝宽度12毫米，棉花田平均每株掉蕾7个。湖西丘陵地区4个乡镇，农作物受旱面积1.07万公顷，其中水稻田面积7300公顷，严重干裂面积6700多公顷，并有1万人口、30万头牲畜饮水发生困难。境内里下河圩区8000公顷农作物遭受不同程度旱灾。

三、抗旱救灾

1994年，市委、市政府把抗旱救灾作为农村工作中心任务，先后5次召开抗旱专题会议。市委、市政府主要负责人和市农业工作领导小组负责人，多次奔赴旱情严重的湖西丘陵地区和沿运自灌区的有关乡镇察看旱情，组织指挥抗旱，并向湖西丘陵地区派出抗旱工作组，实行全民动员、全面发动，抗旱保丰收。湖西丘陵地区4个乡镇组织劳力2万人，突击疏浚引水河道16条、工长16.1千米，加固渠道4条、工长3.2千米，完成土方15.25万立方米。同时，启动固定电站158台机组和流动机泵610台，及时投入抗旱运行，共耗用柴油350吨、电力600万千瓦时，投入抗旱经费500万元。沿运自灌区面对流量不足的突出问题，迅速调整灌溉方案，采取“灌一间三”，实行96～120小时大轮灌制度，送水到田间。同时，启动运东7座补水站运行1.65万台时，启动1775台社会流动机泵运行53.5万台时，耗用柴油1035吨、机油41吨、电力201.6万千瓦时，投入抗旱经费530万元。淮河入江水道新民滩控制线漫水闸采取堵漏保水措施，市水利局入江水道管理所花费人工材料10万元。扬州市下达高邮市抗旱平价柴油345吨、中价柴油110吨，补助经费34.5万元；市内有关部门捐资20万元，调度平价电力100万千瓦时、柴油90吨，支援抗旱。

第五章 水利管理

80年代，全县水利管理侧重于农田水利，其他水务管理处于粗放状态。进入90年代，依法治水、水务改革、水利工程管理、水资源管理逐步迈出实质性的步伐，并初见成效。2000～2005年，全市水利管理进入常态化、制度化、规范化集中统一管理的模式，水利管理工作提升到一个新的水平。

第一节 水行政执法

1987年，县政府印发首部地方性水利工程管理法规——《高邮县水利工程管理办法》，发布《关于加强圩堤管理的布告》。1990年，县水利局设立水政处，培训和配备专职水执法人员75人，编印《水利法规手册》1万多册。各乡镇将遵守水利法规内容纳入乡规民约。临城区组织有关乡镇、村、组干部，调集劳力250多人，用一周时间，依法强制铲除全长26千米的北澄子河两岸河堤和头闸口干渠堤上的违章种植；界首、一沟、周山、营南等乡镇组织劳力，铲除子婴河分干渠和澄潼河两岸河堤上的违章种植，以遏制日益严重的毁堤种植违法行为。1991年，市政府成立市水利执法领导小组，32个农村乡镇相应成立乡镇水利执法领导小组，6个市属水利工程管理单位均成立监察站，任命市、乡两级水政监察员69人。同时，开展“水法”宣传周活动。全年拆除渔网、渔簖、渔棕430道，以排除行洪障碍。1992年，查处水事违章违法案件14起，拆除堤坝上违章建筑房屋364间，清除河道各类障碍物430处。1996年，市水政监察大队成立。全年查处各类水事违法案件15起。1999年，市水利局制定《高邮市水行政执法巡查制度》，采取“专职执法，兼职配合，社会参与”的办法，实行市、乡镇、村三级水行政执法巡查方式，取得较好效果。2000年，市水政监察大队下设4个水政监察中队。依法平毁入江水道行洪障碍——湖滨乡部分渔民违法建筑长3千米的土埂，确保汛期行洪畅通。2005年，拆除违章建筑138户、1.32万平方米，受理查处水事违章违法案件128起，为历年之最。至是年末，共查处水违章违法案件773起。其中，1992～2000年查处168起，平均每年18.67起；2001～2005年查处505起，平均每年101起。

第二节 水务改革

2000年12月，市委、市政府在界首镇召开的农村“三项改革”现场会上，明确12个乡镇为全市首批小型农田水利工程产权制度改革先行单位。自此，全市农水改制工作启动。2001年，将“用水管理与水费收缴、工程建设与堤防绿化、工程管理与防汛抗旱、防洪堤防植被管护、河道清淤与养殖、渠道防渗与绿化、乡镇供排水”等项内容纳入农水改制内容。按照水域标的，实行“先编内后编外，先站内后站外，先标的后竞标，先缴款抵押后签约上岗”的程序与办法，开展公开、公平、公正竞争。至年末，全市农水产权制度改革面80%，其中改制效果明显的有60%。2002年，在汉留镇五号河开展“以河养河”改革试点，即采取“浚河加堤，流转土地，植树造林，以河养河”水利建设投入新模式。通过招标，河道疏浚土方施工由扬州市中康建设工程有限公司中标，施工价款14.3万元；林木经营权分3个标段，由

3名村民中标获承包经营权，竞标价款16.7万元。在汉留镇五号河取得“以河养河”试点经验的基础上，先后在汤庄镇南邱河、送桥镇万庄冲、卸甲镇硬塘沟等市乡河道疏浚改造中，逐步推广应用。2003年，在临泽镇、周巷镇的大中沟河疏浚改造中，运用新机制，进行“碧水工程”改革试点，即采取“确权与筹资相结合，实行专业化治河、法制化管理、产业化经营、市场化运作”方式，取得良好效果。是年，全市采用新机制，共疏浚河道33条、总长160.6千米，完成土方227.4万立方米。2004年，市政府印发《高邮市水利工程管理单位改革的实施意见》，对水利工程管理单位实行分类定性、定编定岗、经费测算等措施。至年末，该项改革基本完成。2005年，根据市政府第33次常务会议决定，调整城市供水、改水、治水管理体制，将由市建设局管理的城区水务职能划归市水务局（市水利局，下同）。同时，整体划拨资产、人员和债权债务，市节水办公室、市港邮自来水公司、市掏污队随之划归市水务局。改制后的市港邮自来水公司40%的股权归市政府所有，由市政府委托市水务局管理。市灌区管理处、市入江水道管理所、市京杭运河管理处、市河道管理处等4个单位管理体制亦作相应改革，即合并精简内设机构、人员竞争上岗、分别成立管理与养护队伍、职工收入与绩效挂钩等。

第三节 水利工程管理

80年代，全县按照“统一领导，分级管理，建管结合，专群结合”的原则，建立健全水利工程基层管理机构，培训水利员，落实管理责任制。至1990年，在全县流域性工程和主要区域性工程共设立专业管理机构8个，建成乡镇水利站32个，并落实定人员、定任务、定要求、定责任的“四定”责任制。是年，县政府制定《高邮县“八五”水利建设规划》《高邮县农业基地开发水利规划》《高邮县丘陵地区小流域治理规划》等，并制订分年实施计划。

1991年后，市政府制定《高邮城区灾后防洪规划》。基本完成乡镇水利站的定员定编和农田水利普查建档工作，开展创建“合格乡水利站”“农田水利达标村”和“大禹杯”创建水利先进单位竞赛活动。1994年起，开展水利工程用地确权、划界、定权、发证工作。至1995年，基本完成大运河高邮段堤防确权划界，发放土地证26宗。1996年，市政府颁布《高邮市新民滩管理办法》，成立市新民滩管理所，加强淮河入江水道管理。1997年，市水利局抽调130人组成5个防洪圩堤检测小组，在全市开展拉网式的防洪圩堤实测和检查监督。通过对全市212个圩口的逐个检测，在总长2049千米的圩堤中，达标的1130千米，未达标的919千米。经过是年秋冬水利建设，完成达标工程530千米。2000年，遵照国家、省、扬州市的要求，先后编制完成《高邮市南水北调东线应急工程前期规划》《高邮市水利建设发展规划》《高邮市运河西堤开发规划》。是年，市水利局与扬州市水利勘测设计研究院合编的《高邮灌区续建配套和节水改造规划报告》《高邮灌区2000年续建配套和节水改造可行性研究报告》获水利部批准，规划项目工程建设总投资额3.18亿元，由国家补助资金和市县自筹资金按1∶1.5比例投入。2004年，市政府印发《高邮市关于碧水工程的实施意见》，市农工办、市财政局、市水利局联合印发《高邮市碧水工程资金筹集使用及管理办法的通知》，推进河道疏浚工作。各乡镇采取多种形式、多种措施、多种办法，落实河道的长效保洁与管护。2005年，按照“一次规划、突击清障、分年实施、长效管理”思路，开展冬春河道清障“突击月”活动，疏浚市乡河道28条，总长178.6千米；聘用河道保洁员272人，管护河道208条，总长1111千米。

第四节 水资源管理

80年代前，县域内取用水除农田灌溉外，基本处于自取自用、无人过问的状况。1993年起，开始实行取水登记制度，并发放取水许可证。1994年，市政府印发《认真贯彻实施〈江苏省水资源管理条例〉的通知》，明确全市水资源管理由市水利局负责，实行统一管理、调配、保护全市水资源。1995年，对取水单位换发统一取水许可证851本，规范城乡单位和个人凿井取水管理。1996年，完成《高邮水资源利用现状分析》，健全取水许可档案，在扬州市率先建立地下水观测网络，取得地下水水质、水位、水温的观测资料。1998年，市水利局开展地下水调查评价工作，完成野外测量井200眼调查工作，设立观测井18眼，动态监测开采井的水位和取水量。1999年起，实行深水井“一证、一牌、一表、一卡”的“四个一”管理制度，实施取水年审制度。全年登记在册在用的深水井共193眼；年审取水许可证858本，其中城区63本、农村795本；核定取水量3129.23万吨，其中地表水1792.71万吨、地下水1336.52万吨。2000年起，始编报用水计划。全市上报在用地下取水井182眼，其中城区57眼、农村125眼，获批地下水开采计划1394.85万吨，并实行严格考核、鼓励节水、超采加价等措施。2003年，开展专项整治乱凿封闭浅层地下水井、乱装水冷空调行为，共封填取水口328眼。2005年，市水务局、市公安局、市卫生局联合发布《关于加强浅层地下水管理的通告》，整治乱取用浅层地下水行为，查处水资源违法案件18起；加强用水计量、收费管理，深水井全部安装取水计量设施，新的征收水费标准实施到位。

第五节　水费征收

80年代初，南关灌区进行计量灌溉、按方收费的试点，每立方米水收费2.5厘，后降为2厘。由于量水技术及计量设施等诸多因素，未能坚持下去，仍实行按灌溉面积收取水费。1984年，县政府调整农业水费征收范围和标准，开始征收运东里下河圩区和湖西地区农业水费与城镇工业水费。1989年1月，县政府根据扬州市政府制定的《扬州市水费和水资源费收缴使用管理实施办法》，对各类水费收取标准作出规定。1995年12月，市政府根据扬州市政府制定的《扬州市水利工程水费核定、计收和管理办法》，对各类水费费种及标准做出新的规定。2000年7月，市政府明确从2001年1月1日起，水利工程水费由事业性收费转变为经营性收费，统一使用税务发票。是年6月，市物价局、市水利局联合印发《关于调整水利工程供水价格的通知》，对各类水利工程供水价格作出规定。至2005年，一直执行该文件规定的水价。是年，全市水利工程水费征收总额1295.8万元，其中农业用水水费1264万元、工业用水水费31.8万元，分别是1986年的10.9倍、10.8倍、14.5倍。

1986～2005年高邮市农业水费征收标准（水价）一览表

表7-6　　单位：元/公顷

执行年份	自流灌区	非自流灌区			精养鱼池	经济作物
		运东圩区	湖西圩区	丘陵山区		
1986～1987	30.0	12.0	7.5	—	—	按稻田减半
1988	37.5	15.0	12.0	12.0	37.5	—
1989～1994	60.0	22.5	22.5	10.5	75.0	22.5～30
1995～2000	180.0	75.0	75.0		225.0	分类收费 60～120 90～180
2001～2005	270.0	120.0	120.0		375.0	分类收费 105～150 180～270

1986～2005年高邮市工业水费征收标准(水价)一览表

表7-7

执行年份	消耗水	循环水贯流水	自来水厂用水		占地排水	排放污废水
			生活用水	非生活用水		
1986～1988	7厘/立方米	1.3厘/立方米	2厘/立方米	2厘/立方米	—	1.4分/立方米～2分/立方米
1989～1994	1分/立方米	5厘/立方米	5厘/立方米	2分/立方米	1.5分/立方米	4分/立方米
1995～2000	4分/立方米	1.5分/立方米 1.0分/立方米	1.5分/立方米	3分/立方米	5分/年·立方米	达标污水4分/立方米 超标污水12分/立方米
2001～2005	9分/立方米	2.25分/立方米 3.6分/立方米	4分/立方米	6分/立方米	5分/年·立方米	谁冲污，谁交费，双方协商确定用水价格。协商不成的，由市物价局裁定

1986～2005年高邮市水利工程水费征收实绩统计表

表7-8　　单位：万元

年份＼项目	合计	农业	工业	年份＼项目	合计	农业	工业
1986	119.2	117.0	2.2	1996	434.4	424.0	10.4
1987	147.3	144.0	3.3	1997	497.8	487.0	10.8
1988	190.9	186.0	4.9	1998	518.1	507.0	11.1
1989	234.8	229.0	5.8	1999	602.7	589.0	13.7
1990	262.8	256.0	6.8	2000	674.6	659.0	15.6
1991	169.2	164.0	5.2	2001	649.6	632.0	17.6
1992	275.8	267.0	8.8	2002	794.4	774.0	20.4
1993	266.6	258.0	8.6	2003	772.3	747.0	25.3
1994	269.3	261.0	8.3	2004	1118.9	1090.0	28.9
1995	281.5	273.0	8.5	2005	1295.8	1264.0	31.8

第八篇

邮政 通信 信息化建设

要　目

1986年，全县邮电部门有服务网点45个，邮路总长359千米，农村投递邮路总长3407千米；电信电缆线路总长103皮长千米，长途电话线路33条。1987年，高邮县被确定为全省经济信息网络建设试点县。1992年4月，市内始建移动通信。1998年9月，邮政与电信分营。自此，邮政在巩固汇兑、函包、集邮、储蓄和报刊发行等传统业务外，拓展特快专递、邮政广告和邮政金融代理等新业务。通信业发展程控电话、移动电话、无线市话、无线寻呼、光纤通信、互联网等业务。电子政务、电子商务应运而生，信息化建设、无线电管理、网络管理、远程教学和社会网吧、家庭上网等迅速发展。2005年，全市共有邮政营业网点36个，完成邮政业务总量5824万元；自办汽车邮路2条，长660千米；城乡投递邮路83条，长3717千米，农村投递全部实现摩托化；年末邮政储蓄余额18.33亿元。实现电信业务收入1.28亿元；电话交换机总容量21.62万门，其中城区4.73万门、农村16.89万门；移动通信用户19.9万户，累计设立基站94座。

第一章　邮电机构

1986～1998年，全县邮政和电信管理、经营机构为县邮电局。1998年5月，移动通信从市邮电局剥离分设，成立江苏移动通信有限责任公司高邮分公司。是年9月，邮政与电信分营，市邮电局分立为市邮政局、市电信局和中国电信寻呼集团总公司扬州分公司高邮经营部。1999年3月，中国电信寻呼集团总公司扬州分公司高邮经营部更名为江苏国信寻呼有限公司扬州分公司高邮经营部。2000年2月，中国联通扬州分公司高邮办事处设立。是年10月，国信寻呼高邮经营部整建制并入联通高邮办事处。2003年、2004年，联通高邮办事处、市电信局先后更名为中国联通有限公司高邮分公司、省电信有限公司高邮分公司。

第一节　邮政机构

一、市邮电局

1986年，县邮电局为全县统一管理和经营邮政、电信业务的机构。是年，县邮电局设有人秘股、通信股、计财物资股、党组办公室、劳动服务公司，下设生产和分支机构45个，其中农村分支机构有8个支局、9个邮电所。1988年，农村9个邮电所升格为支局。1991年4月，高邮撤县设市后，市邮电局内设机构调整为办公室、政治工作科、人事教育科、经营计划科、邮政科、电信科、农村工作科、财务物资科和总务科。办公地点从城区中山路366号迁至海潮路43号。1996年1月，32个农村乡镇分支机构全部升格为邮电支局。1998年3月，市邮电局内设职能机构调整为1室12科，管理服务机构18个，所属业务机构为四大公司和33个支局。是年5月、9月，移动通信和无线寻呼机构与业务先后从市邮电局划出单设。1998年9月8日，邮政和电信分营，分别成立市邮政局和市电信局。

二、市邮政局

1998年9月，邮电分营后成立市邮政局，设址城区中山路366号。职能机构设置为1室3部，城区生产和分支机构16个，农村分支机构32个，下属第三产业专业公司2家。1999年1月，迁址于城区文游路111号新建成的邮政大楼。随着邮政业务拓展，新设礼仪服务中心和邮政储蓄汇兑中心等机构。2000年2月，32个乡镇分支机构全部定名为邮政支局。是年末，撤销劳动服务公司和邮电服务公司。

2002年4月，成立市鸿邮实业有限公司，下设新世纪大酒店、邮电印刷厂和鸿邮蛋品厂。至2005年，局职能机构设置为1室3部，业务和生产机构有22家公司（中心、支局），农村分支机构仍为32个乡镇支局，并设有市鸿邮实业有限公司。

第二节 电信机构

一、省电信有限公司高邮分公司

1998年9月，邮电分营后成立市电信局，设址城区海潮路43号。市电信局职能机构设1室4部，业务机构设置为12个班组（中心），农村分支机构有10个电信支局和20个电信班组。1999年3月，成立劳动服务公司和线路资料组。8月，组建多媒体通信公司和数据信息组。2000年2月，新设置城区支局、集团客户服务组和公用电话组。4月，农村32个乡镇电信分支机构全部定名为电信支局。9月，市电信局更名为省电信公司高邮市电信局。12月，设立互联网业务组。2001年1～6月，市电信局对业务机构进行调整，先后撤销城区支局、数据信息组、互联网业务组、公话管理组、业务管理组、传输组、测量组、电力组，新设立市场营销中心、业务支撑中心、工程建设中心、设备维护中心、线路维护中心和多种经营办公室。2002年7月，农村分支机构随乡镇区划调整合并为20个电信支局。2003年1月，成立海潮营业部。2004年1月，市电信局更名为省电信有限公司高邮分公司（简称江苏电信高邮分公司）。2005年，江苏电信高邮分公司职能机构设置为综合管理部、市场营销部、大客户部和维护安装部。生产机构为商业客户中心、公众客户中心、无线网络中心、公话增值中心、业务支撑中心、资源调配建设中心、设备维护安装中心、线路维护安装中心、物资管理组、驾驶组和后勤组。农村分支机构，撤销横泾、东墩电信支局，增加周巷电信支局，共有19个电信支局。

图8-1 2003年，市民在电信营业厅办理电信业务

二、江苏移动通信有限责任公司高邮分公司

1998年5月，高邮移动通信从市邮电局成建制划出，成立江苏移动通信有限责任公司高邮分公司（简称高邮移动分公司）。是年，移动电话新增用户8352户，累计1.63万户。2000年，高邮移动分公司发展移动电话代办点33个，全年移动电话用户5万户，移动通信基站38座，实现全市乡镇均通基站。2003年，高邮移动分公司迁址城区文游中路236号，系由江苏移动通信有限公司投资1206万元新建成的移动通信楼。该楼总面积3000平方米，共6层，底层为营业大厅。2005年，高邮移动分公司内设机构调整为综合部和工维部，有营销点150个，其中自办营业厅5个、合作营业厅92个、特约经营店53个。是年，移动用户总数11万多户，移动通信基站76座。

三、中国联通有限公司高邮分公司

2000年2月21日，中国联通扬州分公司高邮办事处建立。7月8日，高邮办事处及其营业厅挂牌开业，内设综合部、经营部、技术部。10月8日，江苏国信寻呼有限公司扬州分公司高邮经营部成建制并入高邮办事处。高邮办事处内设综合办公室、市场营销中心、技术维护中心和高邮营业厅（府前街1号）、鼓楼营业厅（府前街29幢102室）。是年末，联通GSM移动电话用户有2万户，实现通信业务收入1500万元，寻呼机用户2万户，“165”互联网用户500户，建成GSM基站26座。2001年，新增分销点

21个,累计有46个;建成合作营业厅3个。2003年9月,高邮办事处更名为中国联通有限公司高邮分公司(简称高邮联通分公司)。2004年5月,高邮联通分公司迁址城区邓桥商业城主楼1号楼。该楼为中国联通公司扬州分公司购置,高5层,总面积2700平方米。2005年,高邮联通分公司内设综合部、市场部、集团部。营业网点增至40个,其中一级代理16个、二级代理24个。移动电话用户累计8.9万户,共有基站18座。

第二章 邮 政

1986年,县邮电局自办汽车邮路两条,邮件直达投送的乡镇不到全县乡镇总数的三分之一,收寄邮件主要靠人工操作,投送邮件大多为邮递员骑自行车运送,亦有人工背包步行投送的。大宗业务为信函、包裹等邮件收寄和报刊收订与发行。进入90年代,随着全市经济发展、城乡建设加快、人民生活水平提高和现代化手段推广应用,全市邮政随之快速发展。至2005年,全市邮路发展到83条,邮件全部由汽车、摩托车、电动车投送,业务发展到数十种。是年,市邮政系统完成营业收入4667.92万元,是1986年的61.6倍。

第一节 邮路与网点

一、邮路

省内邮路(干线邮路) 1986年,县内干线邮路8条,分别是:六圩至高邮,扬州至兴化、淮阴,南京至清江、盐城,镇江至淮阴、高邮和兴化,均为逐日班,分别在车逻、城区、一沟、二沟、三垛、甘垛和界首交接。1989年,扬州市邮电局自办邮路至送桥,延伸至菱塘、郭集,为省干线邮路。1997年8月,省内干线邮路改革,成立扬州邮区中心局,高邮划入扬州邮区范围,所有进出口邮件均按邮区接转。2005年,全市收发邮件由扬州开宝应邮车每天两趟4个来回班次交接。

市内邮路 1986年,县内仅有一条自办汽车邮路,由城区至临泽,途经东墩、一沟、张轩、周山、营南等局所,全长55千米。是年11月,县内第二条自办汽车邮路开通,东南片汤庄、沙堰、汉留、八桥、伯勤等9个支局、所由该邮路运送邮件。至1990年,县内增设委办汽车邮路3条,即城区至横泾、司徒、武宁;自行车邮路2条,即城区至武安和车逻至湖滨。1992年7月,增开第三条至东片(平胜)的自办汽车邮路。至此,全县32个农村支局全部由自办汽车邮路运送邮件。1998年后,邮路调整,市内汽车邮路全部为自办。主要自办邮路有3条,即城区向南折向东至汤庄、城区向东至平胜、城区向北至临泽,邮路总长336千米。2004年,市邮政物流中心成立,邮路重新调整。2005年,市内共有自办汽车邮路2条,即城区至汤庄和平胜、城区至临泽,总长660千米;城乡投递邮路83条,总长3717千米。

二、网点

1986年,全县邮电网点共有8个支局、11个邮电所、26个代办所,布设信箱、信筒133个,邮票代售处79个。是年11月,开办邮政储蓄业务,城区中山路邮电支局为首家对外营业的邮储网点。1988年起,邮储网点逐步向农村拓展。1997年,办理全套邮政业务的支局增至34个,其中农村32个、城区2个;邮电所1个、邮政代办所5个。全市设置信筒、信箱218个。

2000~2001年,市邮政在城区233幢住宅楼安装信报箱490只,在城区主要街道、居民小区和高邮师范学校、市人民医院等单位设置邮政综合报刊亭14个。2001年，全市共增设邮政代办点100多个，聘用兼职邮政业务代办员100多人。2003年，邮政综合报刊亭增加到37个，增设邮政所4个。至2005年，城区邮政支局、所增加到7个，即文游路支局、中山路支局、北海支局、盂城驿支局、府前街支局、烟雨路支局和行政中心邮政所，全市共有邮政营业网点36个，开办的邮政业务有电子汇兑、特快专递、函件与包裹投递、物流配送、邮资信封（件）、邮政礼仪、集邮、报刊发行和零售等。

图8-2 邮政业务服务大厅

三、投递

1986年，城区投递段道8条，全部为自行车逐日班；农村投递邮路101条、里程3392千米，为自行车隔日班或逐日班。1992年，全县农村674个村投递每天一次全部到达，其中由在编邮递员投递的村430个、由委办投递员负责送达的村244个。1993年，开办邮政快件和速递邮件业务，城区投递段道增加到11条。1997年，全市农村全部改周六班，投递邮路总里程3389千米。2002年，城区投递段道增加到14条，其中速递邮件投递邮路1条。2005年，全市投递邮路83条，总里程3717千米，其中农村投递段道77条，投递总里程3589千米。

四、分拣封发

80年代中期，县邮政局随着邮件业务量不断增加，增设分拣封发台席。1986年，平信分拣设3个台席，即进口台、出口台和支局所台；挂号分拣设2个台席，即进口台、出口台；包裹分拣设1个台席。每天封发2次，即每天上午11时封镇江、扬州、苏州、无锡、常州等地的挂号和平函邮件；下午增加至淮阴、淮安、宝应、盐城和兴化等地的各类邮件，并封发至县内农村各支局所的邮件等。下午关点前全部封发完。1998年1月，分拣封发出口的邮件均封至扬州，农村各支局对出境的各类邮件直封扬州；全国各地对高邮及各支局进口的各类邮件、报刊经扬州市邮政局直封至各支局。2003年5月，市邮政局物流中心成立，邮件封发中心并入，对外分拣、封发邮件分别封至扬州、南京，农村各支局对出境邮件直封扬州、南京，扬州市邮政局对高邮及各支局的进口邮件、报刊直封至各支局。2005年，市邮政局邮件妥投率98%，农村村通邮率100%，用户满意率93%。

五、邮政编码

1986年，按照全国统一邮政编码，全县邮政编码为“225600”，各乡镇邮政编码则将后两位数按邮政支局服务区域统一编码。是年，主要是强化邮政编码的宣传推广工作，不定期检查寄出信件书写邮政编码情况，提高邮政编码书写率。至2005年，全市寄出信函邮政编码书写率88%。

第二节 设 施

一、营业设施

1986年，县邮电局添置包裹收寄机2台，分别在城区营业处和车逻支局使用，以替代人工收寄。1993年3月，城区中山路支局储蓄点首家安装使用计算机。1995年，报刊发行内部处理采用计算机。1996年，邮政储蓄网点全部使用计算机，并实现通存通兑，成为扬州市邮政系统首家开通邮储计算机联网的本地网。1997年，全市初步建成邮政计算机网络。2005年，市邮政局开发、推广报刊订数汇总计算机处理系统、挂号登单机、信函捆扎机等，营业部门普遍使用包裹收寄机配套计重计费设备和多功能电子秤等邮政专用技术设备。是年，全市邮政用计算机256台、商函广告制作系统1套。

二、邮运工具

1986年，县邮电局邮运工具有汽车5辆、摩托车4辆、脚踏三轮车2辆、自行车120辆。1991年，开办邮政快递业务，增加邮运汽车2辆。至1997年，邮运汽车共11辆，其中城区转趟车3辆、自办邮路车4辆、邮储送款车2辆、特快专递车2辆。1998年，邮政独立运营后，投递自行车改成电动车。2004年，全市实现邮件摩托化投递。2005年末，共有邮政生产用车辆9辆。

第三节　业　务

1986年，全县邮政系统经营国内和国际邮件寄递、国内报刊发行、邮政汇兑和其他业务。1998年9月，市邮政局单独运营后，开发账单函件、混合函件、邮递广告、企业明信片、电子汇兑、快递包裹、邮政物流、邮储卡等10多种新业务。2005年，实现业务总收入4667.92万元、业务总量5824.18万元。

1986～2005年高邮市邮政局业务收入和业务总量一览表

表8-1

项目 年份	业务收入（万元）	增幅（%）	项目 年份	业务收入（万元）	增幅（%）	业务总量（万元）	增幅（%）
1986	75.78	6.99	1996	888.42	19.85	—	—
1987	94.27	24.40	1997	1368.61	54.05	—	—
1988	119.80	27.08	1998	1435.54	4.89	950.95	8.70
1989	144.35	20.49	1999	1831.11	27.56	1291.72	35.83
1990	173.70	20.33	2000	2211.48	20.77	1574.44	21.89
1991	221.60	27.58	2001	2600.30	17.58	2706.33	71.89
1992	305.02	37.64	2002	3074.51	18.24	3183.06	17.62
1993	419.26	37.45	2003	3642.69	18.48	3977.64	24.96
1994	576.92	37.60	2004	4316.44	18.50	4812.63	20.99
1995	741.26	28.49	2005	4667.92	8.14	5824.18	21.02

说明：邮政业务总量自1998年市邮政局单独运营后开始统计。

一、函件

1986年，县邮电局收寄函件准寄范围，只限于经出版行政机关批准的书籍、报纸、期刊和教材。1988年后，由于现代通信业快速发展，邮政函件业务量下降。1990年，县邮电局收寄函件量比上年下降17.2%。1991年，新开办礼仪信函业务。是年12月，首次组织销售邮政贺年（有奖）明信片。1998年，邮电分营后，全市邮政机构转变经营方式，拓展邮政业务，函件量逐年上升。至2005年，邮政函件业务有普通函件（含信函、明信片、印刷品、盲人读物、义务兵免费信件）、挂号函件、保价函件、特种挂号信函、邮送广告、商业信函、国际和中国港澳台函件等。是年，市邮政局完成函件业务量284.4万件。

1986～2005年高邮市邮政局函件业务量一览表

表8-2 单位：万件

年份	完成量	年份	完成量	年份	完成量
1986	228.10	1993	284.15	2000	166.80
1987	254.16	1994	310.51	2001	173.50
1988	225.73	1995	263.38	2002	273.80
1989	227.58	1996	312.79	2003	209.40
1990	216.73	1997	194.07	2004	232.60
1991	255.93	1998	174.50	2005	284.40
1992	281.28	1999	262.10		

二、包件（包裹）

1986年，县邮电局办理包裹业务有民用包裹、商品包裹和纸质品包裹。1987年11月，增办大件包裹业务。是年，完成包裹业务量7.48万件。1990年7月，停办代收货价及回执业务。1993年2月，放宽商品包裹重量、尺寸限度，实行资费下浮，拓宽商业包裹市场，开办收寄包件业务。1996年，全市邮政系统完成包裹业务量7.7万件，创历年新高。1998年邮政独立运营后，民用普通包件逐渐减少。市邮政局为吸引、方便用户，组织职工主动上门，实行收寄、封发和邮运一条龙服务。同时利用自办邮车空余吨位带货运输，加快商品包裹运转，维持商品包裹业务正常经营。2005年，全市邮政系统完成包件（包裹）业务量6.25万件。

1986～2005年高邮市邮政局包件（包裹）业务量一览表

表8-3 单位：万件

年份	完成量	年份	完成量	年份	完成量
1986	6.81	1993	6.05	2000	2.85
1987	7.48	1994	6.29	2001	2.70
1988	7.08	1995	7.00	2002	4.02
1989	6.88	1996	7.70	2003	5.13
1990	6.01	1997	4.81	2004	7.14
1991	4.91	1998	3.97	2005	6.25
1992	7.07	1999	4.27		

三、邮政快件与特快专递

快件　1989年11月，县邮电局中山路支局在县内首家开办国内邮政快件业务。1990年，邮政快件收寄点扩大到全县各支局、所。是年，完成邮政快件业务量25.21万件。1995年，增加到59.32万件。1996年后，因市内特快专递邮件业务呈多家经营格局，邮政快件业务量逐年减少。1997年，下降到12.42万件。1998年邮电分营后，邮政快件业务停办。

图 8-3　开展邮政礼仪专递服务活动

特快专递　1991年6月，市邮电局开办国内特快专递业务，为镇江市邮电局代办点。是年9月，天山、送桥、菱塘、郭集4个支局相继开办国内特快专递业务，作为扬州市邮电局代办点。1993年5月，市邮电局实现自办国内特快专递业务。下半年，市邮电局成立邮政速递公司，配备投递专用的两轮摩托车2辆。同时，对出口邮件封发班次进行合理调整，增加夜班，提高特快专递邮件处理和传递速度。1994年，市邮电局完成特快专递业务量3.06万件。1995年3月，扩大特快专递业务范围，新开办邮政礼仪专递、学生录取通知单专递、联运提货单专递、纳税申报单特快专递等业务。1998年，开办“点到点”直投货运特快业务，配置专用大吨位邮政车辆为货运业务创造条件。开通邮政特快专递“185”特种服务电话。2002年7月，开办特快邮件“次晨达”业务。2003年，建成计算机跟踪查询系统，并开通“卡哈拉”业务，从市内寄发出的特快邮件3天内即到达日本、韩国等国家。2005年，全市邮政系统共完成特快邮件业务量9.54万件。

1991～2005年高邮市邮政局邮政特快业务量一览表

表8-4　　单位:件

年份	完成量	年份	完成量	年份	完成量
1991	235	1996	55185	2001	50516
1992	786	1997	25682	2002	46325
1993	17141	1998	38569	2003	65267
1994	30609	1999	43231	2004	82506
1995	76203	2000	45762	2005	95414

四、报刊发行

80年代中期，县邮电局设立报刊发行组，在城区设立报刊零售门市部和3处零售邮亭，在三垛、临泽、界首、送桥等4个支局设立报刊零售柜台，其他支局、所开办报刊零售业务。1986年，全县发行报纸460多种，其中国外报纸3种；杂志2150种。1994年10月，《高邮报》恢复出版，由报社和市邮电局共同组织征订发行。1997年，市邮电局发展零售网点，将公用电话户、邮票代售处和便民小商店发展为报刊零售代办户，形成以自办点为主、委代办为辅的零售网络。是年，全市报纸和杂志累计订销数分别为1633.19万份和46.48万份，实现报刊流转额776万元。

1998年后，全市改革报刊发行体制，由邮政独家发行变为多渠道发行。市邮政局改进收订办法，实行随时起订、上门收订和电话预约等措施，方便读者破月、破季订阅报刊。在城区设立报刊零售公司，经营零售报刊和管理报刊零售市场。2000年，邮政报刊零售公司被撤销，其业务实行委托销售、代理销售和连锁销售。2002年，《高邮日报》撤销，《扬州日报》改为自办发行。2005年，全市报刊订阅仍由市邮政局办理，零售以邮政报刊零售亭和个体工商户为主，邮政报刊零售网点遍布全市各地。是年，全市经邮政渠道发行的报纸637.3万份、杂志57.65万份。

1986～1997 年高邮市报刊订销量一览表

表 8-5 单位：万份

年份	报纸	杂志	年份	报纸	杂志
1986	1299.45	91.96	1992	1382.55	61.81
1987	1477.87	107.50	1993	1496.79	58.56
1988	1595.48	967.03	1994	1484.17	53.96
1989	1115.67	57.71	1995	1291.37	55.74
1990	1052.98	57.72	1996	1606.73	51.10
1991	1211.38	61.09	1997	1633.19	46.48

说明：1998 年后，全市报刊发行从市邮政局独家经营变为多渠道经营，社会发行量无法统计，故表中缺记。

五、汇兑

1986 年，全县各邮政支局、所全部受理电汇业务，是年，全县汇兑业务量完成 9.65 万张。1993 年 1 月，各支局、所全部开办汇票兑付业务。至 1994 年，市邮电局开办的国内汇兑业务有普通汇兑、电报汇兑。普通汇兑的业务种类有普通汇票、小款汇票、高额汇票、定额汇票、航空汇票、快件汇款、代收货价汇票和稿费券 7 种。1998 年后，邮政汇兑业务受到快捷的金融中间业务影响，业务量有所下降，业务品种有所增加。2003 年，增办邮政 2 小时快速电子汇款业务。2005 年，开办西联汇款业务。是年，邮政汇兑业务量有所下降，市邮政局完成汇票业务量 5.66 万张。

1986～2005 年高邮市邮政局汇兑业务量一览表

表 8-6 单位：万张

年份	完成量	年份	完成量	年份	完成量
1986	9.65	1993	8.09	2000	7.09
1987	10.31	1994	8.43	2001	7.67
1988	8.54	1995	9.18	2002	5.94
1989	7.98	1996	8.91	2003	5.77
1990	6.01	1997	8.73	2004	4.85
1991	7.18	1998	9.27	2005	5.66
1992	8.43	1999	8.39		

六、邮政储蓄

详见第十六篇《金融》第二章《金融业务》第四节《邮政储蓄业务》（第 574 页）。

七、集邮

1986 年 3 月起，县集邮协会定于每月第一个星期日在文游台组织开展邮品交换活动。县邮电局集邮门市部从单一的邮票销售发展到经营集邮书刊、集邮用品等多项业务。1991 年 4 月，市邮票公司成立，市集邮协会会刊《盂城邮花》创刊。1993 年 3 月，三垛镇建立全市第一个乡镇集邮分会。是年，市集邮协会分别在甸垛、三垛和界首镇举办邮展。6 月，举办省集邮协会副会长杨勇伟个人邮品义捐拍卖活动。底价 1000 多元的邮品，最终以 2566 元全部拍出，拍卖款捐给盂城驿修复工程。1994 年 2 月，市邮电局和市集邮协会举办邮品义拍活动，共获拍卖款3973元，全部捐给盂城驿修复工程。

1995年8月，《古代驿站》特种邮票首发式在高邮举行。1997年10月，使用《古代驿站》的盂城驿邮票图案，发行纯金箔邮票镶嵌封。1997年，临泽镇、八桥镇、市电器厂、市供销合作联社和市地方税务局集邮分会相继成立。市邮电局投资100多万元兴建的占地700平方米的邮票交易市场开业。2000年5月，市青少年集邮指导委员会在市南海中学挂牌成立。2005年，全市有基层集邮分会26个，会员8418人。

八、其他业务

1986年，县邮电局开办邮箱出租业务，后因租金过低，加之管理不善而停办。1999年7月，市邮政局开办代发广告业务。2001年下半年，恢复办理邮购业务，从代购代送牛奶扩大到邮购酒类等商品。2003年，市邮政局先后成立广告营业部、市邮政广告公司，统一经营邮政、电信系统广告业务，代理、策划、发布商业广告。是年12月，邮购业务划归市邮政物流公司。2005年，市邮政广告公司完成营业额58.6万元。市邮政物流公司与全省多家邮政物流公司建立横向业务联系，完成营业额35万元。是年，市邮政局办理的其他业务还有代理保险、代理基金、代理国债、代理国库券等代理业务和代发工资、代发养老金、代收电信资费、代收水电费等代收代付业务，业务品种有数十种。

第三章 通 信

1986年，全县有固定电话用户1524户（部），其中城区电话用户1076户、农村电话用户433户、公用电话15部，手摇叫号和自动拨号并存。1991年，自动拨号电话完全取代手摇叫号电话，并开通无线寻呼网。1993年，始有移动电话投入使用，即“大哥大”，移动通信模拟网开通。进入21世纪后，移动电话呈快速发展之势。2003年，无线市话业务开通。至2005年，全市出现固定电话、移动电话、无线市话并存的局面。是年，全市有固定电话（含公用电话）用户22.13万户、移动电话用户19.9万户、无线市话用户6.12万户；电报、传真业务量大幅度下降。

第一节 电报 传真

一、有线电报

1986年，高邮直达外地电报电路共3路，其中高邮至扬州2路、高邮至南京自动转报电路1路，完成电报业务量14.18万份。1987年，高邮至扬州直达电报电路减至1路。是年，新增新加坡产TX-20型电子电传机2部、上海产PAC7-220型汉字电传机2部。1988年，高邮至扬州电报电路又增至2路。1989年，高邮至南京自动转报电路增至2路，新增22路时分制载波电子电传机1部、BFD-2A型程控光电单机头发报机1部。1990年，新增BDD4202型汉字全电子电传机2部，淘汰原55型机械电传机，实现电报终端设备电脑化。1991年，购置BEP01A型插报机1部。1992年，随着电报业务量的逐年下降，高邮至扬州直达电报电路减至1路。1993～1994年，购置全电子电传机3部。1995年，完成电报业务量8.51万份。1996年，开办鲜花礼仪电报业务。1998年，高邮有电报电路34路，其中高邮至扬州、至气象站各1路、至农村支局32路。至2005年，随着通信技术进步和各种新业务开办，电报业务量逐年下降，全市电报量仅有515份。

二、无线电报

1986年，县邮电局仅有81型15瓦电子管无线电台1部，作为应急联络用。平时，仅限于与上级邮电主管部门联络之用，不对外服务。1998年，更新为81型15瓦晶体管无线电台1部和增加XDD-4型单边带发信机1部。至2005年，仅作定期与扬州市邮电部门联络之用。

三、传真

1988年，县邮电局购置NEC公司NEFAX10型传真机11部，开通至八桥、车逻、三垛、界首、临泽等5个支局传真电报电路。1989年，开通至菱塘、送桥支局传真电报电路。1992年开始，随着农村自动电话日渐开通，传真电报业务量逐年减少，传真电报电路逐步撤销。1993年，各支局和市局报务组实行传真电报传递。至1998年，全市农村32个支局均开通传真机传递电报。是年，全市完成国内传真业务量4025份。2004年，业务量减少到3827份。2005年，因传真业务量太少，不再继续统计。

第二节 电 话

1986～1990年，全县电话用户基本为固定电话，手摇式话机与拨号式话机并存，长途电话靠邮局话务员接续。电话从单位公用开始逐步走进市民家庭。1991年，全市贯彻优先发展邮电通信的原则，加强各项基础设施建设。是年7月19日，开通万门市话交换机设备，市内电话号码由4位升为6位；新增电话机1735部，累计5316部，全部为自动电话，农村告别“摇把子”电话。1995年12月17日，高邮市话并入扬州本地网，使用“0514”区号，电话号码由6位升为7位。1996年11月1日，中山路支局464市话分局开通，当年电话用户5036户。是年，全市实现村村通电话。1997年5月21日，市话462分局设备更新，全部淘汰纵横制交换设备，更新为程控交换机，实现全市电话程控交换数字化。2000年，市电信局投资100万元，建设公用电话亭。是年末，全市电话用户累计14.72万户，普及率17.9部/百人。其中，发展公用电话1439部。至2005年，全市固定电话用户累计21.62万户，电话电缆总长度8883.68皮长千米。

一、长途电话

1986年，全县有直达南京电路2路，至扬州8路，至兴化2路，至镇江、淮阴、泰州、江都、宝应、盐城、泰兴、泰县各1路，共20路，其他长途电话仍靠人工接拨。为减少用户长途电话等候时间，开放长途“173”特快业务。1988年，高邮至扬州光缆通信系统实用化试验工程竣工，增开至上海电路2路，至扬州电路4路，至南京、宝应、江都各1路，全县长途电话电路发展到29路。1989年3月，高邮电话进入全国长途自动网，使用“05247”区号，长途电话有权用户直拨国内外电话用户。1990年，全县长途电话线路增加到76路，三垛、临泽、界首、八桥、送桥、甸垛等6个农村支局有长途直达专线至县邮电局长途台。是年，县邮电局有长途交换机16席80门、长途3路载波机5部、12路载波机3部、电端机4端、光端机2端、12路增音机18部。1991年，长话、市话、农话合一的C-400型纵横制交换机开通。1992年，市话、农话通信使用程控设备和光端机，长途电话线路增加到124路。至此，全市农村支局长途电话实现直拨，专线电路全部关闭。1993年，高邮开通长

图8-4 90年代长途、农村电话机房

途420线程控设备，长途电话线路增至307路，全部为数字电路，其中300路为全自动。1994年，增扩长途420线程控设备，总电路达到960路端。是年，高邮至南京和扬州人工电路全部关闭，高邮至扬州全自动电路有306路。1995年12月，高邮电话进入扬州本地网，原“05247”长途区号停用，合用“0514”区号；长途交换机停用，至扬州中继电路增至360路。1996年，增开宝应、江都中继电路各60路。1997年，使用德国西门子光纤中继机替代所有国产设备。1998年，高邮至扬州长途TS电路有465路，至扬州本地网中继电路有248路，高邮至江都、宝应分别为124路、62路。2005年，高邮至扬州本地网中继电路增加到1470路，至江都、宝应分别为120路、60路。

二、城市电话

固定电话　1986年，城区电话使用SD-106准电子自动交换机，全部实现自动拨号。是年，全县电话机有1076部，杆路长度43杆千米、电缆451皮长千米。1987年，县邮电局安装使用计算机复式计费系统后，对城区电缆布局作相应调整，对工业较集中的东郊地区增挂300对电缆。1991年，进行市话网路建设，架设并整治泰北路、通湖东路、文游路、环城南路杆线，完成地下管道工程，埋设地下电缆。是年7月，引进的C-400型1万门市话交换机开通，原2000门准电子交换机被淘汰。至1993年，新布放主干出局电缆88皮长千米，机线比1∶1.56。新开通S-1240程控交换机2000门，新建461市话分局。1995年末，全市电话号码升至7位，即在原6位号码前加“4”。1996年11月，在城区中山路新建464市话分局。1997年，市话全部使用程控交换机，总容量3.48万门，城区电话用户2.39万户。2000年，城区交换机总容量发展到4.24万门，实占容量3.6万门。2005年，市话交换机总容量扩展到5.81万门，固定电话用户增加到4.73万户，电缆总长度为690.18皮长千米。

1986～2005年高邮市城区固定电话用户数一览表

表8-7　　　　单位：户

年份	用户数	年份	用户数	年份	用户数	年份	用户数
1986	1076	1991	3168	1996	21071	2001	46106
1987	1157	1992	6478	1997	23891	2002	53350
1988	1371	1993	9997	1998	28235	2003	51139
1989	1593	1994	13419	1999	30880	2004	50880
1990	1766	1995	17155	2000	40411	2005	47278

公用电话　1986年，城区有公用电话15部。1987年，增加到18部，多为商店代办。进入90年代，公用电话从由单位代办转向个人代办为主，城区公用电话点逐年增加。1991年，城区公用电话增加到28部，其中私人代办3部。至1994年，城区公用电话增加到80部，其中私人代办59部。此后，公用电话向居民小区、文化娱乐场所和交通干线、商业街区延伸发展。至1995年，城区公用电话有207部，其中磁卡电话10部。1996年，市公用电话管理协会成立。至是年底，城区公用电话增加到425部，其中私人办理的占90%。2000年，市电信局投资100万元，在城区府前街、通湖路、环城路、文化宫路、人民路、琵琶路、南门大

图8-5　90年代的公用电话亭

街等主要街道、路口和居民小区设立柱式简易公用电话亭，共安装“998”智能电话机344部、IC卡电话机119部，城区共有公用电话1439部。2001年，城区公用电话以安装使用“998”电话和卡式电话为主。至2002年，城区公用电话增加到4964部。2003年，在商业网点较为集中的地域，开设“公话超市”，发展“话吧”95处。2004年，公用电话以发展无人值守公用电话为主，增装工厂、学校卡式公用电话85个点，启用“满天星”智能公用电话。2005年，全市共设公用电话5144部，其中智能公用电话241部。

无线市话 2003年，市电信局开办无线市话（小灵通）业务。是年，市电信局投资1200多万元，实施网络建设，购置设备，建设基站。至年末，建成无线市话基站400座，总容量4.6万门，网络覆盖城区和20个乡镇与6个非乡镇政府所在地的集镇，用户突破2万户。2004年，新增基站134座，网络总容量上升到10.18万门，用户发展到4.57万户。2005年，针对无线市话信号较弱的部分区域，增建基站99座，其中城区60座、农村39座；完成市人民医院、农工商超市、阳光超市、夏威夷城市酒店、建工大厦等8幢楼宇室内分布系统建设；安装500毫瓦功率基站13座，完成城区至马棚、界首，龙虬至张轩，城区至龙奔、卸甲，卸甲至伯勤、八桥，车逻至伯勤，车逻至八桥等6条线路信号覆盖；推出“灵通快捷卡”业务。是年，全市有小灵通用户6.12万户。

三、农村电话

1986年，全县农村电话杆路1211杆千米、架空明线1768对千米、电缆30.6皮长千米，农话设备有B845、B846、B847型单路载波机56端，3路载波机24端、ZM206型环路载波机2部（6路）等。开通城区至临泽的24路特高频通信机，并增开部分乡镇电路，实现农话进入市话网。至年末，进网乡镇14个，农话用户433户。1987年，完成甘垛、平胜、司徒、临泽、川青、三垛等乡镇中继线路和用户线路改造，开通城区至甸垛特高频通信机，增加中继电路17路，增扩交换机容量210门。1988年，开通城区至三垛24路载波机，至八桥特高频通信机，增加电路15路，增扩交换机240门。1989年，完成三垛至横泾、临泽至果林场和汉留至甸垛线路改造工程。1990年，新建城区至临泽微波通信工程和界首光纤建站工程。至1991年，临泽60路微波传输设备和界首30路光纤传输设备开通。至此，农村结束“摇把子”电话，全部更新为自动电话。

1992年，架设并开通城区至三垛、甸垛与城区至周山的两条主干光纤电缆。1993年，架设城区至八桥、甸垛至汤庄的两条中继光缆58.36皮长千米，新增中继电路480路；开通三垛支局S-1240型2000门数字程控交换机。1994年，全市农村电话数字传输、数字交换比例为72%。同时，加快“村杆工程”和“电话村”建设步伐，全年共立杆2400根，架设线路150千米，312个村开通自动电话。1995年，引进2万门程控交换机。是年，湖滨乡建成苏北地区首个“电话乡”。1996年，增开临泽至营南的光缆和城区至天山的数字微波，完成202个行政村“村杆工程”建设，实现村村通电话。1997年，对北片6个支局设备更新、扩容，增容1.6万门。建成界首至营南、周山至司徒和三垛至伯勤的中继光缆。2001年，放装2.93万号线，全市50%农户装上电话，80%行政村建成“电话村”，90%乡镇建成“电话乡镇”，全市达到创建“电话市”要求。2002年起，市话、农话不再分开统计。2003年，完成农村支局ADSL设备第五期、第六期扩容工程，实现全市乡镇32个支局、71个网点机房全覆盖。2005年，实施农村交换设备整治和完善，对菱塘、马棚、横泾、卸甲、平胜等乡镇支局交换端口实占率不高的局点进行用户归并割接调整，提高资源利用率。是年，全市农村电话交换机总容量19.58万门，电话机总数16.89万部，电缆总长度8193.5皮长千米。

图8-6 1995年，湖滨乡举行苏北首个“电话乡”开通仪式

1986～2005年高邮市农村电话用户数一览表

表8-8　　单位：户

年份	用户数	年份	用户数	年份	用户数	年份	用户数
1986	433	1991	2148	1996	28773	2001	135227
1987	471	1992	2732	1997	41973	2002	150070
1988	543	1993	5821	1998	58474	2003	155615
1989	550	1994	11007	1999	78639	2004	156489
1990	592	1995	16679	2000	105317	2005	168880

四、电话资费

长途电话资费　80年代中期，全县电话资费标准按照邮电部、省邮电管理局和扬州邮电局会同同级物价部门共同制定的标准执行。1987年10月，对空间距离300千米以内近距离长途电话资费进行调整，由每分钟0.05～0.5元调整为0.1～0.6元。1999年3月1日起，全市按照省电信局长途话费标准，对长途电话资费再次进行调整。国际电话为每6秒钟0.8元，中国港澳台地区电话为每6秒钟0.2元，省内长途电话为每分钟0.8元，省际800千米及以内每分钟1元，省际800千米以上每分钟1.2元。此计费标准至2005年未变。

市内电话资费　1987年1月，县电话月租费由包月制改为复式计次收费制。基本月租费甲种用户由原来11元改为5.6元，乙种用户由原来18元改为9元，副机每月3元。1988年4月起，按照省物价局、省财政厅和省邮电管理局联合通知精神，适当征收邮电通信建设费，具体为：县话初装费从2300元调至2760元，基本月租费甲种用户从7.6元调为9.12元，乙种用户从12元调为14.4元，住宅电话初装费按事业单位减半收取。1996年4月起，全市执行本地电话网新的资费标准。1998年6月起，统一执行新制定的《江苏省电信业务资费标准》。市话初装费一律为2500元。1999年3月1日起，初装费由每部2500元降为每部1000元，营业区内甲种用户通话费由每3分钟0.15元调整为0.2元，乙种用户由每3分钟0.15元调整为0.22元。对营业区内乙种用户通话费每分钟加收0.01元；城市公用事业附加费、营业区间电话通话费不分用户种类，仍按每分钟0.6元执行，7月1日起降为0.5元。2001年3月，全市城区电话基本月租费甲种12元、乙种30元；改变本地网营业区内电话计费方式，按3分钟计费1次改为按首次3分钟计费，以后每分钟计费1次，首次3分钟资费标准为甲种用户0.2元，乙种用户0.22元，以后每1分钟资费标准为甲种用户0.1元、乙种用户0.11元；营业区间通话费标准仍为0.5元/分钟。2001年7月1日起，不再收取用户电话初装费。2005年11月21日起，固定本地网营业区间通话费标准由每分钟0.5元调整为0.4元。

农村电话资费　1986年，全县农话通话费标准由原来的一级计费改为二级计费，即20千米以内，基本计费时间按首次3分钟，收费0.4元，超过3分钟按每分钟0.1元计收；20千米以上，基本计费时间按首次3分钟，收费0.5元，超过3分钟按每分钟0.15元计收。电话月租费收费标准：甲种8元、乙种12元。1987年7月26日起，规定一乡内两邮电交换点之间的用户通话费，不分种类，按首次3分钟（含不足3分钟）0.15元计费，超过3分钟按每分钟0.05元计收。1992年9月1日起，执行省邮电管理局、省物价局《关于统一全省农村自动电话资费标准的通知》的规定：同乡内用户相互通话，每3分钟计为1次，计费标准为0.1元/次；异乡用户之间相互通话，取消一级计费、二级计费和首次3分钟计费方式，以通话分钟计收，每分钟0.5元。1997年4月1日起，全市执行扬州市物价局、扬州邮电局农话基本月租费标准，甲种9.6元、乙种15元，中继线每月每对45元，普通专线每月每对33元。是年10月1日起，农村电话用户不论距离远近，装机费用标准统一为：甲种用户初装费2000元、工料费500元、手续费15

元，乙种用户初装费3000元、工料费500元、手续费15元，取消界外装机费用。1998年6月1日起，农话与市话统一为本地网电话，执行《江苏省电信业务资费标准》。2000年11月1日起，执行扬州市物价局《关于高邮市农话基本月租费升级的批复》，按10万门以上的规定标准收取月租费，即甲种用户11.6元、乙种用户18元。2001年起，实行城乡同价，并取消用户电话初装费。2005年11月起，全市农话和市话同为固定本地网，营业区间通话费标准由每分钟0.5元调为0.4元。

第三节 移动通信与无线寻呼

1991年9月，全市开通无线寻呼网。1993年初，移动通信模拟网开通。1996年7月，数字移动通信网（GSM网，简称G网）开通。2001年，中国联通CDMA网络开通。是年末，全市无线寻呼网和移动通信模拟网同时关闭。2002年，高邮移动分公司推出GPRS服务。至2005年，全市移动通信全面进入数字时代。

一、网络建设

移动模拟网 1992年，市邮电局开始建设移动模拟电话网，被省邮电局纳入沿江移动通信网建设。是年，借贷200万元购置美国摩托罗拉公司生产的900兆赫蜂窝系统设备，有信道8个，在城区建A网基站1座。1993年1月，全市首部移动电话（“大哥大”）入网。是年4月，全市首座移动通信A网基站开通，漫游省内沿江7市32个县（市）。至年末，发展用户77户。1994年5月，开通三垛、界首、天山B网基站各1座，增加信道20个，发展用户370户。1995年，在三垛、界首新建A网基站，在城区新建B网基站，无线信道分别增加16个和29个，信道总数73个，用户增加到1171户。1996年，在天山新建A网基站，并对A网进行扩容，新增信道30个。是年末，全市模拟移动通信A、B两网各有城区、三垛、界首、天山等4座基站，共有信道103个，其中A网58个、B网45个。是年，全市新建并开通数字移动通信G网基站6座，全市实现移动通信三网全覆盖。1997年，建成并开通B网周巷通信基站。至1998年4月，全市有模拟网基站11座，其中A网6座、B网5座；信道298个；用户3161户。1999年，全市推出模拟网“大众通”业务和“神州行”“快捷通”等多种产品。2001年12月，移动模拟网被移动数字网所取代，全市1859户模拟网客户被转入移动数字网。

图8-7 移动基站铁塔

移动GSM、GPRS网 1996年，市邮电局始建移动数字通信GSM网（简称G网）。是年7月，市邮电局引进的法国阿尔卡特公司生产的900兆赫移动数字通信系统投入运行，全市新建并开通城区、三垛、天山、周巷、界首、张轩等6座GSM移动数字通信基站，开通无线信道100个。1997年，着重解决移动通信串话、掉话、漫游不畅等问题，同时新建和开通伯勤、湖滨、郭集、横泾G网基站。是年，全市有G网基站10座、信道149个、用户1231户。1998年5月，移动通信从市邮电局成建制划出，加快G网基站建设速度和规模，开展一系列服务和促销活动。至年末，新建G网基站15座，其中城区3座、农村12座,增加信道600个,全市共有G网基站26座、信道749个、用户5191户。至1999年,全市农村32个乡镇均建有G网基站,实现移动数字网全市无缝隙覆盖,信道1800个,总容量5万户。2002年模拟网关闭后,高邮移动分公司对全网进行网络优化和障碍排查,消除京沪高速公路沿线盲区,扩容和调整基站;新发展GPRS通用分组无线服务网,用户通过手机、上网卡等,以无线接入方式,进行数据交换业务(WAP浏览、收发邮件等)。2003年,全市实现GPRS网全覆盖。至2005年,高邮移动分公司共建成移动通信G网基站76座,有合作营业厅24个、特约代理店38家;有GPRS网基站控制器(BSC)15个、前置机(MFS)2台、GPRS服务支持节点(SGSN)1个,小区1320个;累计有移动通信用户11万户。

联通GSM、CDMA网 2000年7月,中国联通高邮办事处成立后,投资3000万元,完成GSM130移动通信网第五、六期扩容工程。至年末,新增基站14座,累计有26座,发展GSM130移动电话用户2万户。2001年,联通高邮办事处投资3200万元,完成GSM130网第七期增补扩容工程,GSM130网基站增加到41座,其中城区8座、乡镇33座,实现GSM130信号无缝隙覆盖。是年7月,实施用户满意工程,并开通“1001”全国统一免费客服号码。至年末,联通社会分销点发展到46个,建成合作营业厅3个,GSM130移动电话用户发展到4万户。2003年,实施网络优化及扩容工程,实现GSM、CDMA两网并存的移动通信网络;新建GSM130移动通信基站3座,累计45座;新增GSM130网移动电话用户1.1万户,累计在网用户7万户。至2005年,高邮联通GSM网累计在网用户7.4万户,CDMA网累计在网用户1.5万户。

二、移动通信业务

1993年5月,市内始有移动通信业务,当年发展用户77户。1996年,全市开始GSM数字移动通信网建设,移动通信用户2183户。1997年,模拟网络和G网基站建设规模同时扩大。1998年,高邮移动分公司独立运营,移动通信用户增加到1.63万户。2000年,移动通信业务提速发展,发展电话协销员35人、销售代办点33个,建成合作营业厅1个。是年7月,联通高邮办事处推出移动通信GSM130移动电话。全市移动电话总户数增加到6.23万户。2001年,联通高邮办事处CDMA第一期工程建成开通,新增社会分销点21个,累计46个,并建成合作营业厅3个。开通“1001”全国统一免费客服号码。2002年,高邮移动分公司相继推出动感地带、移动梦网、IP直通车、移动证券、一卡双号、GPRS、彩信等业务,中国联通高邮办事处实施用户满意工程。全市新增移动电话用户5.6万户,累计12万户。2003年,高邮移动分公司开展“爱心客户服务月”主题活动,开设全球(卫星)定位系统车辆监控网络。至2005年,全市移动电话销售和营业网点(合作营业厅、代理店等)增加到115处,移动电话用户发展到19.9万户。

图8-8 中国联通有限公司高邮办事处营业厅

三、无线寻呼

1991年9月,市邮电局在城区海潮路43号新址安装YCF121-100Ⅱ型无线寻呼发射机1部,开办无线寻呼(BB机)业务。是年,设立“126”人工寻呼台,有用户87户。1994年2月,开通“127”自动寻呼服务。8月,增设天气预报服务。9月,增加电视节目预告服务。1995年12月,开通全省联网无线寻呼系统,提供“128”人工特种服务和“129”自动特种服务。增建和调整天山、郭集、伯勤、沙堰、司

图 8-9 无线寻呼台接发寻呼信息

徒、周巷等无线寻呼直放站6座，实现市内寻呼全覆盖。1997年7月，本地无线寻呼机号码由6位升为7位。12月，本地无线寻呼系统实现全区联网，在城区、周巷、天山、三垛新建4座省网高速寻呼基站。至1997年，全市有无线寻呼基站11座，用户1.89万户。1998年9月，无线寻呼从市邮电局成建制划出，成立中国电信寻呼集团总公司扬州分公司高邮经营部。是年，在边远乡镇新建基站7座。至年末，全市共有基站15座，实现全市电信寻呼无盲区。1999年3月，高邮经营部更名为江苏国信通信有限公司高邮经营部，并完成“128”“129”省网第三期扩容工程。至年末，新建“198”“199”国网基站2座，高邮无线寻呼纳入全国寻呼网，实现本地网、省网、国网全套服务。2000年10月，该经营部成建制并入中国联通高邮办事处。此后，由于移动电话快速发展，无线寻呼业务逐年减少。至2001年，全市用户减少到1950户，业务收入仅25万元。是年末，无线寻呼网关闭，无线寻呼业务停办。

第四节 数据通信

1994年，市内数据通信建设起步。是年12月，市邮电局引进并安装第一台由加拿大生产的ATHENA-8型分组交换设备，容量为24个端口。1995年4月，工商银行高邮支行成为全市第一家分组数据用户。是年10月，引进并安装美国SPRIN公司生产的CP4000数据交换（DDN）节点机11台，共有34个端口。1997年，在三垛、界首、周巷、车逻、八桥、郭集、天山、送桥、菱塘等9个乡镇安装DDN网节点机，延伸和扩展数据通信服务。是年末，有分组用户16户、DDN用户26户、电子信箱8户、计算机互联网41户。1998年，进行DDN扩容，增加端口304个，共用端口176个。在农村建成10个DDN接入点和50个数据端口，在城区加大DDN应用推广力度，开办网吧，以满足部分数据通信爱好者的需求。2000年，市国家税务局建成DDN专线网络。2002年，市电信局发展数据通信用户111户，注册用户共4834户。2004年，江苏电信高邮分公司完成市邮政局、市建行等单位DDN电路光纤化改造。2005年，全市有DDN经营户2家，即江苏电信高邮分公司和联通高邮分公司，共发展DDN专线53条，设有线话吧13处、无线话吧6处，发展无线座机170部。

第四章 信息化建设

1987年，由县计委编制完成的《江苏省经济信息系统高邮县总体设计方案》通过省级技术评审，高邮县被省经济信息中心确定为全省经济信息网络建设试点县。1989年，县经济信息中心设立，启动全县信息化建设。进入90年代，入网用户逐年增加。1999年，启动企业上网工程。2003年，“中国·高邮”门户网站建成，各机关、企事业单位、中小学校陆续建成局域网、单位网站、校园网。至2005年，全市建成的网站1585个，其中机关事业单位网站26个、工商企业网站1517个、学校校园网42个，互联网用户1.5万户。

第一节 互联网

1995年，市邮电局开通互联网业务，工商银行高邮支行为全市首家用户。1998年，城乡DDN网建成，加快全市互联网和信息化建设进程。是年，入网用户208户。2000年，市电信局开通N-ISDM窄带综合业务（一线通），新发展用户175户。联通高邮办事处开通互联网“165”无线拨号上网业务，发展用户500户。2001年，市电信局加快宽带网建设，按照光纤尽量到路边、到小区、到商住楼的原则，建成72芯城区骨干网，在8个居民小区、7103户实施宽带综合布线，放装宽带385户；完成城区5个点、设备容量784个端口的宽带ADSL工程，新增宽带用户444户；发展数据基本用户115户，累计340户；“163”“169”上网用户1.02万户。是年，联通“165”用户增加到1500户。此后，全市宽带建设和业务逐步向农村延伸。2002年，市电信局对宽带设备扩容，新增ADSL1408门。2003年，实现城区和全市20个乡镇政府所在地、12个非乡镇政府所在地集镇的宽带网络全覆盖。全市宽带网络总端口1.3万个。至2003年3月，建成覆盖全市的宽带互联网，农村支局全部开通宽带业务。2004年，提升宽带网络质量，修改ADSL装机流程，缩短装机周期。2005年，开通宽带互联网视频应用领域的新业务“新视通”。至年末，全市共有互联网用户1.5万户。

第二节 企业上网工程

1989年，由县经济信息中心主办、以企业信息为主体的全县经济信息网络（亦称经济信息“高速公路”），经省经济信息中心专家组评审后获得批准成立。1999年，市政府开始实施企业上网工程，组织业务培训和现场演示，推动信息化建设。是年，市电信局帮助12家企业设计、制作网页。2000年，由市政府主办、市经委承办的全市首个开放式经济类网站——高邮经贸信息网开通运行。同时，市电信局、市科委、市经委联合推进企业上网工程建设，上网企业1248家，其中建有网站企业225家，参加网上交易活动企业200家。2005年，实施信息化带动工业化项目，全市规模以上信息化产品制造企业实施项目50项；加大中小企业上网力度，全年新增上网企业200家，工业企业实现电子商务交易额3.8亿元。是年末，全市累计上网企业1517家。

第三节 信息技术应用与资源开发

1996年，工商银行高邮支行在全市首家通过“163”“169”账号进入因特网（INTERNET）和中国公用多媒体信息网。2002年，市广播电视数据宽带网开通运行，为党政机关、学校、银行、企业、网吧等单位提供广电宽带服务，并为市行政中心制定最佳组网方案，为实现办公自动化提供条件。2003年，市信息化办公室建成“中国·高邮”门户网站，市卫生、农行、政府机要网系统信息网络建成开通。2005年，完成“中国·高邮”门户网站改版工作，日访问量1000多次。至2005年，全市还建成开通高邮教育城域网、市行政服务中心局域网、市地方税务网、市国家税务网、市建设信息网、市招商专业网、市农业信息网、高邮灌区信息网、市旅游网站、“今日高邮”网站、市统计信息网、市国土资源局域网、市档案信息网、市环保信息中心网、高邮文明网、高邮廉政网、市安全信息网、市物价信息网、市计划生育信息网、市民政网、市农村学校信息网等21个网站。全市中小学建成校园网42个，有多媒体教室113个、网络教室202个、语音教室8个。

第五章　无线电管理

1987年，县政府成立县无线电管理小组。1994年，对使用的各类无线电通信设备、站台、频谱进行普查登记。1995年起，依法实施对无线电通信台站、设备和用户的正常管理。1997年，在市党政机构改革中，设立市无线电管理委员会办公室，隶属市政府办公室。2001年，在市党政机构第二轮改革中，更名为市无线电管理办公室，划归市发展计划局，为挂牌机构。

第一节　无线电台站管理

1991～1993年，市无线电管理办公室开展《中华人民共和国无线电管理条例》等法规宣传教育，并延伸至企业、用户，做到检查与普法相结合。1994年2月，开始对各类无线电设备、站台设置和频谱资源进行普查和依法管理。1995年，市无线电管理办公室对无线寻呼市场和900兆赫公众移动电话（“大哥大”）进行专项清理、登记和发证，有计划地兴建、撤并和调整无线电台站。是年，全市增设交通执法无线通信网，开通第一信道电台37部；撤销无线电通信网站4家、电台19部、特高频通信机4套8台；查处设置使用非标准大功率无绳电话机用户18家，没收话机9部。1996年后，全市无线电台站重点管理无线寻呼台、移动电话网和调频广播发射设备等，保证无线电各种发射设备技术指标达到国家规定标准。至2000年，先后撤销人行高邮支行、市国家税务局、建行高邮支行、市港航监督处、市运管处等使用效率低下的无线电通信网（站、台），增设城区至天山镇、送桥镇、高邮镇金墩村的数字微波通信。同时加速无线电网络建设，增设无线电第二信道，增加电台40部，实现全市无线寻呼全省联网。是年，全市移动电话网基站增加到64座，其中高邮移动分公司38座、联通高邮办事处26座。2002年5月，市无线电管理办公室重点查处通信市场假冒伪劣商品和非法生产、销售、设置使用无线电台的行为。2003年9月至2005年，市无线电管理办公室着力规范无线电台站频率使用与管理、保护民航专用频率使用安全，及时查处对无线电干扰突发事件等。

第二节　频率监测

1991年，市无线电管理办公室重点加强对邮电、供电、广播电视系统、市自来水公司电台站频率的核查。至1994年，全市共有各类超短波电台400部（不含军队、民兵、公安、武警）、短波电台16部，有寻呼台3家、近3000用户，有900兆赫移动电话机370部，有市邮电、供电、广播电视等行业开始运用的微波和特高频等设备，还有市自来水公司使用的无线遥控、遥测、遥感系统。2005年7月，清理与航空频率有关的资料，保证台站资料与信息系统数据对应一致；对可能干扰民航频率的微小和扩频台站、河湖水上通信岸台、广播电视发射台开展核查，共核查高频发射单位23家，核查设备5166部，发现不明信号29个，查明身份23个，排查有害干扰13件。全年检测无线电设备356部，开展执法监督检查10次，查处私自设台和擅自使用频率的违法案例2件，查扣没收设备1部。是年末，全市有无线电发射设备130部，其中专业电台20部；超短波基站台和移动台400部（不含军队、民兵、公安、武警），超频波电台32部，900兆赫移动电话机360部，以及在市邮电、供电、广播电视等行业中运用的微波和特高频通信设备等。

第九篇

经济体制改革和经济发展

要　目

70年代末，随着中共十一届三中全会召开，全县长期实行的计划经济管理体制与模式逐步被打破，农村开始进行联产到组、联产到劳生产责任制的探索。80年代，全县农村从推行“包干到户”（又称“大包干”）开始，逐步实行土地经营权承包责任制。80年代中期起，全县以工商企业改革为中心，从实行经济承包责任制逐步过渡到实行承包经营责任制。1987年、1988年，全县实现地区生产总值分别比1986年增长17.42%、27.48%。90年代，全市城乡企业全面进入转换经营机制和进行企业改制阶段，全市经济结构调整步伐相应加快。由于全市企业改革步伐较快、企业改制面较大，在周边地区产生一定影响；90年代末期起，市属国有企业、集体企业全面实行产权制度改革，并逐步建立现代企业制度。农村专业合作经济组织建设亦取得突破性进展，被作为“高邮模式”向全省、全国推广。至2005年，全市基本形成农业产业化发展、企业民营化经营、商贸流通市场化运转的全新经济运行体制。是年，全市实现地区生产总值104.8亿元，是1986年的12.86倍。

第一章　农村改革

1978～1983年，全县农村经济体制改革先后经过联产到组、联产到劳、包干到户的逐步探索，全面实行以农户家庭联产承包责任制为主要形式、集体经营和家庭经营相结合的双层经营体制。1984年，农村专业户和农村合作经济组织陆续出现。全县启动第一轮土地经营权承包，承包期限一定15年不变。1993年，股份合作制开始被引入农村合作经济组织。至1998年，全市农村首轮土地经营权承包期陆续结束，转入第二轮土地经营权承包，承包期延长至30年。此轮承包发包土地面积5.72万公顷，实发土地承包经营权证书16.66万本。随着土地承包制全面推行、农村富余劳力不断增多，在农村专业户大量涌现的基础上，全市农村合作经济呈现快速发展态势。2005年，开展以“经济股份合作、土地股份合作、社区股份合作”相互配套的村级经济综合体制改革试点。至是年末，全市农村基本形成以农民承包土地经营权为基础、以农村合作经济组织为载体、以农业生产社会化服务体系为保障、以农村综合体制改革相配套的农村经济新体制。

第一节　土地承包与流转

一、联产承包责任制

1978年，在农村实行集体经营、统一管理、“大呼隆”生产体制与模式的背景下，三阳公社（今属三垛镇）季阮生产大队第二生产队自发进行“按劳定田，以田定产，以产计工，超产奖励”的联产到劳生产责任制试验。1979年，城东公社（今属高邮镇）高谢、丁庄、宝塔等3个生产大队率先进行“统一经营、联产到组”生产责任制探索。1980年，马棚公社（今马棚镇）阳沟生产大队第五生产队自发实行“交足国家的，留够集体的，剩下就是自己的”包干到户生产责任制尝试。1982年，全县推行“户为基础，集体经营和家庭经营统分结合”的双层经营农业生产经营体制。1983年1月，县委根据中共中央《当前农村经济政策的若干问题》指示精神，决定取消农业劳动计酬工分制，把联产到劳、联产到组生产责任制全部改为包干到户，即生产队按人划分口粮田，按劳力划分责任田，土地承包到户，年收益在完成春订合同规定的“两上缴”（缴国家、缴集体）任务后，其余均为社员个人所得。是年末，共有5578个生产队实行包干到户，占全县生产队总数98.7%。1984年起，全县农村转入推行土地经营权承包责任制，联产承包责任制至此结束。

二、土地经营权承包责任制

1984年，县委印发《关于试行农村土地经营权承包的政策性措施》，在全县农村全面推行土地经营权承包责任制，规定首轮土地承包期一定15年不变。通过评定土地等级，发放土地使用证，使农民承包的土地相对稳定。是年，全县发包农田面积5.22万公顷，承包农户17.53万户，分别占全县农田总面积66.9%、总农户88%，平均每户农户承包土地面积0.3公顷。1998年，全市农村首轮土地承包到期，开展第二轮土地经营权承包土地评估、发包、签约、发证等项工作。至是年末，全市农村全面转入第二轮土地承包期。市委、市政府规定，第二轮土地承包期延长至30年。此轮承包发包土地面积共5.72万公顷，实发土地承包经营权证书16.66万本，分别占农田总面积78.2%、应发土地承包经营权证书的83.3%，平均每户农户承包面积0.34公顷。2005年，高邮市作为全省土地承包经营权证书补、换发工作的5个试点县之一，开展农村土地承包经营权证书补、换发工作。是年，共为承包土地农民补、换发土地承包经营权证书13.27万本。

图9－1　农村土地承包经营权证书

三、土地适度规模经营

1987年秋，临泽镇临北村第六村民小组率先试行种植业规模经营。全组5.2公顷责任田，由3户农户分包，平均每户承包种植面积1.73公顷。1992年，八桥镇李庄村农民周延山首创家庭农场，承包土地3.67公顷；一沟乡（今属龙虬镇）红马村农民汤永贵承包粮田5.33公顷，年获纯收入1.5万元。至1993年，全市共建成家庭农场（种田大户）807个、联户农场27个、村办农场11个、其他形式的农场9个。至2005年，全市农村共有土地适度规模经营单位644家，经营耕地2733公顷，占全市耕地总面积4.5%，平均每个劳力经营耕地1.1公顷。

四、土地承包经营权流转

1990年，县委、县政府针对少数土地承包农户因种种原因无法继续承包的实际情况，做出允许土地承包经营权流转的规定。1993年，在试行的基础上，建立土地经营权流转制度。1998年11月，司徒镇创建全市首家集体资产经营有限公司，主要经营土地经营权流转业务。2002年，马棚镇、龙虬镇、临泽镇、八桥镇、汤庄镇、周山镇、周巷镇相继建立土地经营权流转中介服务机构。2003年，市政府针对各乡镇做法不统一、随意性较大、遇到矛盾与纠纷难以调处等问题，制定《高邮市农村承包土地经营权流转意见》，规范土地经营权流转行为。至2005年末，全市累计流转经营权的承包土地1.91万公顷，占第二轮承包土地总面积31.31%。

第二节　合作经济

一、地区性合作经济

1985年，各乡镇始建农业经济发展服务公司。1987年，临泽镇临北村率先成立村经济合作社。至1988年末，全县33个乡镇全部建成乡镇合作经济组织，其中乡镇农业经济发展服务公司31家、乡镇农工商总公司2家（临泽镇、界首镇）。至1992年末，全市671个村全部建成村合作经济组织，其中村经济合作社645家、村农工商公司26家。2005年起，逐步被经济、土地、社区“三大股份合作”所取代。

二、专业合作经济

1983年，武安乡农民在全县率先自发组建水产、生猪、禽蛋等3个专业性合作组织，1986年发展到20个。1987年，全县建成专业合作社23家、专业协会19个，成员有30家驻乡镇基层供销合作社和647户农户，共投入股份901股，股金总额9.01万元。至1990年末，全县农村专业合作社和专业协会发展到104个（家）。其中，按时间分，常年性55个（家）、季节性49个（家）；按业态分，种植业28个（家）、养殖业44个（家）、运输业3个（家）、其他29个（家）。1995年，高邮市发展农村专业合作经济组织的做法受到省委和农业部肯定，被称为“高邮模式”。其主要内容归纳为“四有”“六自”。“四有”，即经营有规模、合作有章程、产品有销路、生产有基地；“六自”，即自愿组合、自筹资金、自主经营、自负盈亏、自我服务、自主选择领导人。1998年，市委、市政府印发《关于发展农村专业合作经济组织的工作意见》，各乡镇对合作组织进行规范。是年末，全市累计建成农村专业合作经济组织307个（家），实现年销售额11.2亿元，占全市农产品交易总额一半。至1999年末，全市建成专业合作经济组织314个（家），吸纳农户5万户，占全市总农户四分之一；拥有固定资产总额1.73亿元；合作社生产经营销售的优质稻谷、鱼、罗氏沼虾、肉鸽，分别占全市生产总量30%、50%、80%、90%；列入考核的乡镇示范合作经济组织100个，实现年销售额7.59亿元、利税1.45亿元，分别占全市合作经济组织销售总额46.6%和利税总额49.5%。2005年，经过整合、规范和农民自发重组，全市共有农民示范专业合作经济组织108个（家），其中专业合作社67家、专业协会41个，涉及蔬菜、稻米、棉花、养殖等10多个行业，辐射带动5万多户农户，享受合作社提供技术服务的农户3.5万户，代销农产品7.2万吨。

三、股份合作

1987年1月，车逻乡成立扬州市第一家跨行业、跨地区的股份合作制食用菌专业合作社。该社由车逻供销合作社、车逻乡18户食用菌生产专业户、江都县3户食用菌生产专业户共同投股建立。1993年初，湖滨乡金墩村成立全市第一个股份合作制渔业经济组织，90户渔民承包国有场圃2000公顷荒水面，分组划段实行股份合作，共投入股金240万元，围网养殖533公顷，全年实现鱼蟹（含幼蟹等）收入150万元。1994年初，界首镇六安村成立大尖股份合作制农场。至是年末，全市农村股份合作制经济组织发展到210个（家），入股农户3880户，投入股金总额3200万元。2004年7月，全市农村首家股份合作制土地合作社——市花王土地股份合作社在高邮经济开发区成立，以承包土地经营权入股，按亩计算股份份额，其中个人股占88.5%、集体股占11.5%。2005年，界首镇六安村、郭集镇孙巷村、马棚镇阳沟村相继建立土地股份合作社。全市村级经济以股份合作制为重点的综合配套改革试点在高邮镇新联村进行。该村于9月成立全市首家社区股份合作社——高邮镇新联社区股份合作社，入股农户273户，投入股金总额1726万元，注册成立股份合作制新联实业有限公司。至是年末，全市农村股份合作经济组织发展到72个（家），其中专业经济股份合作社67家、土地股份合作社4家、社区股份合作社1家；入股农户2.5万户，入股土地896.6公顷。

图9–2　2004年，市有关领导在花王土地股份合作社调研

第三节 农业社会化服务体系

80年代起，县委、县政府将加强农业社会化服务体系建设，列为深化农村改革，完善统分结合、双层经营体制的中心环节和工作重点，从实施种子、植保、农机（耕作、脱粒）、排灌、防疫等五项基础社会化服务项目开始，逐步建立农业社会化服务体系。90年代，随着全市土地经营权承包责任制进一步落实、规模经营逐步扩大、农业呈现产业化发展，农民们对农业社会化服务的需求急剧增加，使乡镇村为农服务组织进入快速发展期。各乡镇设立具有各种专业服务职能的站所，市直部门单位向乡镇延伸、派驻工作机构，乡镇冠以"为农服务"名义的事业单位骤然增多，出现所谓"七站八所"〔"七"和"八"都是概指，并非确数。通常为农业技术推广站、农业机械管理站、农作物保护和病虫害防治站、畜禽防疫站、多种经营管理服务站、农电站、种子站、水利站；财政所、工商所、土管所、司法所、派出所、房管所、国家税务分局（所）、邮政所、信用社等〕为农服务机构，五花八门的为农专业服务队更多，一度成为加重农民负担、影响深化农村改革的突出问题。2001年，市委、市政府结合乡镇机构改革，规定每个乡镇设立7家为农服务中心（站、所），50%的乡镇站所被撤销。至2005年，全市形成以设于乡镇的为农服务机构为依托，村为农服务专业队伍为主体，组户自发组建的为农服务专业组、专业户、专业人员为补充的农业社会化服务体系，基本满足农业生产经营需求。

一、乡镇为农服务机构

1983年，为适应鱼虾养殖和渔业发展需要，22个乡镇设有渔业技术员，并率先实行渔业技术指导和服务承包制。1986年，全县33个乡镇统一配备具有事业编制性质的农业技术员共312人（含派驻村专业技术员192人），负责各乡镇农业技术推广、指导和服务工作。1987～1989年，各乡镇建立农业机械管理站、农业技术推广站、农作物保护和病虫害防治站、水利站、多种经营管理服务站等为农服务机构。1990年，县、乡两级农业技术服务部门推行各种形式技术承包，实行行政、技术、物资挂钩的集团承包。全县参加承包的农业技术员319人，承包项目79项，承包农田面积1.52万公顷，承包范围涉及30个乡镇、205个村、1191个村民小组、3.63万户农户。至1991年，全市33个乡镇共建成为农服务机构235家，其中农业服务公司33家、多种经营服务公司33家、农业机械管理服务站33家、畜禽防疫站33家、农电站33家、种子站32家、水利站32家、植保站6家。至2000年，全市乡镇为农服务机构增加到325家，平均每个乡镇10家；为农服务人员共5684人，其中在编人员1422人、非在编人员4262人，平均每个乡镇172人。2001年，结合乡镇机构改革，按照"脱钩、分类、放权、搞活"原则，通过撤、并、转等办法，全市乡镇为农服务机构总数减少到147家，平均每个乡镇设置7家；核定为农服务在编人员总数886人，平均每个乡镇42人。乡镇农业社会化服务机构实行条块共管、以块为主的管理体制。2002年，各乡镇成立水务站，乡镇农业机械管理服务站并入镇农业技术推广服务中心。2004～2005年，全市乡镇为农服务事业机构再次进行改革，实行公益性事业单位和经营性事业单位两分开。公益性事业单位办公经费、人员工资纳入乡镇财政预算，由市财政设立专户，统一发放。经营性事业单位转为企业化运作，实行独立核算、自负盈亏。其中，乡镇农业技术推广服务中心、农村经营管理劳动保障服务中心被列为乡镇公益性事业单位；种子、化肥、农药等专业生产资料经营职能由经营性实体单位实行市场化运作，自主经营。

二、村为农服务队

1981年，八桥公社李庄生产大队自发成立机耕队，为全村提供农田耕作服务。1982年，营南公社尤河生产大队成立植保服务公司，设有一支专业植保服务队，为全生产大队提供农作物病虫害防治服务。至1986年，全县组建农机服务队的村有312个，占全县村总数46.5%。农机服务队实行以机核算，统一收费。是年，192个村统一配备享有事业编制性质待遇的村农业技术员，部分村建成统分结合的配药站、植保机械专业服务组，服务农田面积1.53万公顷。1987年3月，临泽镇临北村在全县率先成立村会计服务站、村农机服务队、村农技植保服务队、村畜禽防疫服务队等多种为农业服务相配套的专业队伍。1988年，卸甲乡虎头村成立全县首家村农工商联合公司，为全村农户提供农产品销售和农业生产资料供应服务。至1990年末，全县各村共建成村会计服务站643家、村农产品购销服务站126家、村专业技术推广服务队643个、村农机服务队643个、村植保服务队899个。至1992年，全市33个乡镇的671个村，村村建成的专业服务队伍基本适应各村专业生产经营需求。至2005年，村为农服务专业队伍仍在为农户提供方便、及时、廉价服务，对促进农村经济发展起到重要作用。

第四节　农村综合改革

一、农村集体资产管理与改革

1996年11月，市农村集体资产管理办公室成立。1997年，全市农村集体经营性资产总额36.44亿元。1998年，全市33个乡镇中有32个乡镇建立乡镇农村集体资产管理办公室和村集体资产管理组织，并明确农村集体资产的所有权、经营权、监督权。是年9月，市委、市政府在临泽镇进行确权发证试点。至年末，全市共颁发集体资产所有权证书1.32万本。

1998年，市委、市政府在界首镇进行“三小”（小林场、小水利、小农机）集体资产管理改革试点。至是年末，全市林业改制面25%、农机改制面90%。1999年，在卸甲镇进行集体资产产权制度改革试点，对集体所有的农机具、水利设施分别实行拍卖出售、租赁经营、承包经营、股份合作等。是年，川青镇结合村账乡管改革，把农村集体资产产权制度改革延伸到村组集体经营性资产和资源性资产。至2000年，全市农机具产权制度改革结束，收回资金2400万元；水利产权制度改革完成10%，收回资金55万元；林业产权制度改革完成40%，收回资金168万元。是年，通过农机、水利、林业产权制度改革，全市减少农业机械维修费120万元、水利工程养护费100万元、林木栽植费21万元。2003年，全市农村重组资产总额8亿元，其中拍卖3亿元、租赁2.1亿元、参股4000万元、承包2.5亿元。2004年，高邮镇、甘垛镇成立镇资产营运公司。2005年，全市农村重组资产总额5.02亿元，其中拍卖2.8亿元、租赁1.6亿元、承包6000万元、参股200万元。

二、村级财务管理制度改革

2001年，市委、市政府针对村级财会力量薄弱、财务人员缺乏、财务管理不善、村级集体资产流失比较严重的状况，制定《关于全面推行农村“村账镇管”工作的意见》。各乡镇成立推行“村账镇管”工作领导小组，具体组织实施“村账镇管”工作。至是年末，全市村组财务合并工作完成，“村账镇（乡）管”工作得到全面推行。

三、农村融资制度改革

1987年4月，临泽镇创办全省首家农村金融服务社，开办农村民间融资。1992年10月，市农村合作基金联合会成立。至年末，全市33个乡镇中有27个乡镇建立农村融资服务组织，其中乡镇金融服务社4家、乡镇农村合作基金会23家。是年，全市农村民间融资总额5969.36万元。1994年，全市乡镇融资服务组织发展到32家，融资总额上升到7185.14万元。1998年，全市农村合作基金会和金融服务社资产总额、可融资规模、筹资总额,分别为2.97亿元、2.82亿元、2.57亿元。由于部分农村合作基金会改变为农民融资服务的初衷,变相从事金融业务,加之内部管理不善、人员素质偏低,存在隐患。1999年6月,市委、市政府组织专门工作班子对其开展清理整顿。是年7月1日起,市农村合作基金联合会和29个乡镇的农村合作基金会、4家乡镇金融服务社,全部实行"两停一不停",即停止吸储股金、停止放款,不停止兑付股金。各乡镇在做好放款回收保兑付的同时,协调处理好相关矛盾,全市农村合作基金会清理工作平稳推进,未出现挤兑风波。至2000年4月,全市农村合作基金会清理工作结束。11家乡镇农村合作基金会并入农村信用合作社,并入资产总额5036.71万元,其中现金资产1659.63万元、信贷资产673.9万元、固定资产544.46万元;负债总额5008.8万元。市农村合作基金联合会和其他乡镇农村合作基金会均自行清盘关闭。

四、农村税费改革及农民负担监管

2001年,全市按照"减轻、规范、稳定"的原则,全面启动农村税费改革。市委、市政府成立领导小组,制定指导性文件,印发致农民公开信,落实配套措施,开展试点,逐步推开。是年,全市农村人均负担较上年减少54元,农村税费征缴率提高到90.5%,精简冗员5000人,压缩行政管理费用2500万元。2002年,实行农民负担归口管理与制度管理。全市20个乡镇和高邮经济开发区的所有行政村均建立"一事一议"制度和农民负担卡制度,人均上缴税费较上年又减少4元,卡内税费到位率上升4个百分点。2003年,取消农业特产税,改征农业税;调整计税农田面积3300公顷,减少税收169万元;农业税社会减免实行先减后征,受益农户1万多户,受益总额450万元;停止上缴公共积累59万元,由财政设专户直接、足额支付到村"三项资金";改夏秋村干上门到户收缴税费,为由农民到征缴服务大厅自觉依法缴纳。全市实收税费8752万元,占应缴数的90%。2004年,进一步落实农村税费改革政策,农业税下调3个百分点、农业税附加下调0.6个百分点,全市农业税及附加下降到3363万元,每公顷农田下降420元,人均下降42元;"一事一议"总额1095.4万元,人均19.55元,"一事一议"筹劳总工日167万个,每个劳力人均6.1个工日。实行"一表、一卡、一书"制度,做到合法负担一表清,全年农业税及附加征缴率99%。2005年,全面落实免征农业税政策,全市农民卡内负担比上年减少3792.96万元,加上水稻良种补贴、粮食生产补贴、购置农机具补贴,农民从"一免三补"直接受益人均98.4元。

第二章 工业企业改革

1984年,全县工业企业改革从引进农村实行承包制的做法开始,逐步推行厂长负责制和企业经济承包责任制。1987年,全面转为实行企业承包经营责任制。至90年代中期,先后实行3轮承包。1995年起,公有制企业逐步推行产权制度改革。至90年代末,在市属国有企业、大集体企业和乡镇集体企业中,主要实行股份制和股份合作制改造。2000年,乡镇企业改制基本完成,市属工业企业进入全面改制、大面积推行民营化阶段,并逐步建立现代企业制度。2005年,全市销售额500万元以上工业企业352家,实现总产值169.92亿元。其中,股份制企业252家,实现产值135.6亿元;私营企业51家,实现产值12.1亿元;集体企业46家,实现产值20.95亿元;合作、合伙企业2家,实现产值1.17亿元;国有企业1家,实现产值1000万元,企业数比例分别占71.59%、14.49%、13.07%、0.57%、0.28%,产值比例分别占79.8%、7.12%、12.33%、0.69%、0.06%。至此,全市工业形成以非公有制经济为主体、以股份制企业为骨干多种经济成分并存的经济体制。

第一节　经营制度改革

一、“一包三改”

1984年初，县委、县政府组织乡镇工业企业学习无锡县堰桥乡“一包三改”的经验，在全县乡镇企业中全面实行经济承包责任制，改干部任免制为选聘制，改工人固定录用制为合同制，改固定工资制为浮动工资制。至是年末，全县实行“一包三改”的乡镇企业共934家，其中乡镇办集体企业415家、村办集体企业519家，推行面100%。此项改革在全县乡镇企业中延续到90年代初进行企业改制后结束。

二、经济承包责任制

1984年夏，县委、县政府决定，在县属企业中推行经济承包责任制，并组建企业改革工作组，在高邮电器厂进行县属工业企业改革试点。通过试点，摸索出以“四包一奖惩”为主要内容的县属工业企业经济承包责任制做法，即按年度包产值、包销售、包技改、包利税，超额完成指标者受奖励，完不成的赔罚，实行一年一包，首次把企业经营者的利益与企业经济效益挂钩。1985年，开展扩大试点工作。其中，70家县属工业企业分别与其所属工业主管部门签订经济承包合同，称之“外包”；100家县属工业企业实行企业内部经济承包责任制，即由厂长与企业内各科室、车间分别签订内部经济承包合同，称之“内包”。至1986年末，全县县属工业企业实行外部经济承包责任制的有112家，实行内部经济承包责任制的有129家，承包面分别达到80%、93%。实行经济承包，在一定程度上调动了县属工业企业经营者和企业内部干部、职工的积极性，促进企业效益的提高，但由于难以科学、合理地制定承包指标，部分企业出现“包盈不包亏”“亏损仍拿奖”的现象。至1987年，县属企业经济承包责任制逐步被承包经营责任制所取代。

三、承包经营责任制

第一轮承包　1987年，县委、县政府印发《关于在县属工业企业中实行承包经营责任制的意见》，主要内容是通过企业包保上缴利税基数，调整国家、企业、职工三者利益关系，调动企业经营者和职工的积极性，既保证企业经济效益的提高，又保证国家税收和地方财政收入。首轮承包期3年，即1987～1989年。经过在高邮电器厂进行试点和各系统扩大试点后，是年7月，县政府召开县属工业企业实行承包经营责任制集中签约大会，首批签约承包企业58家。为增强对承包企业经营者和职工的约束力，县经济体制改革委员会、县总工会先后推行企业全员风险抵押承包、企业职工共包共保合同制等。至1988年末，占县属企业总数93%的88家承包经营企业，仅用两年时间完成3年承包指标。19家企业被县政府表彰为第一轮承包先进企业。其中，高邮水泵厂被省经济体制改革委员会表彰为省第一轮承包先进企业，高邮水泵厂、高邮电器厂、高邮缫丝厂、高邮面粉厂被扬州市政府表彰为扬州市第一轮承包先进企业。

第二轮承包　1990年，县属工业企业进入第二轮承包期，承包办法相应改进。县属集体企业实行计税利润基数递增包干、超收减半征收的办法，县属国有企业实行上缴利税承包、超收分成的办法。是年，签约第二轮承包的县属企业95家，其中实行延长承包期两年86家、实行新一轮承包（1990～1992年）5家、实行按年度逐年滚动承包4家。同时，进行承包签约的还有镇办集体企业9家，其中高邮镇办企业8家、临泽镇办企业1家。至1992年末，对完成承包指标的49家市属企业，按合同进行奖励兑现；对受政策调整、水涝灾害等客观因素影响，经评估界定视同完成承包指标的18家企业，不奖不赔；对因主观原因未能完成承包指标的28家企业，按合同进行赔罚。

第三轮承包　1993年，市属工业企业普遍进入第三轮承包期，承包办法进一步改进，首创“选档达标”承包办法。具体内容为“两分一选、两包一挂”，即承包指标“总盘”分解、基数分档，企业自选承包指标；包上缴利税、包技改投入，企业工资总额与经济效益挂钩浮动。全市实行这一承包办法的市属企业共有96家。承包结果：承包上缴利税基数提高6.4%，承包利润、销售指标年平均递增率分别为15.1%、12.1%，承包期间技改投入总额2.07亿元。同时，实行投入产出总承包的企业10家，实行扭亏承包的企业1家，实行利税目标管理的企业3家。1994年，市政府决定，对部分企业经营者不愿接受承包指标的企业，尤其是小微亏困难企业，实行招标抵押承包。全市实行招标抵押承包的企业129家，收取投标承包经营者的风险抵押金总额760万元。1995年，随着《中华人民共和国公司法》实施；加之市属企业设备、厂房和产品老化，人员和社会负担过重，市场和技术开发能力较差，企业“潜亏”现象比较严重；承包制存在包盈不包亏的固有弱点，承包经营责任制终结。

四、租赁经营

1987年，县汽车配件厂厂长王宏奎通过竞标投标，租赁经营严重亏损的企业县木器厂，为全县工业企业实行招投标租赁经营首例。随后，租赁经营在工业企业中，尤其在小微亏企业中被快速推开。租赁形式，从个人租赁，发展到合伙租赁、集体租赁、企业间租赁；租赁对象，从租赁整个企业，发展到租赁部分车间、租赁厂房、租赁场地、租赁设备；承租者，从企业人员租赁，发展到跨系统、跨行业、跨地区租赁。至1994年，全市实行租赁承包经营的工业企业238家，租赁企业总资产4252万元。是年，收取租赁费总额1516万元。1997年、1998年，市布厂、市木器厂先后投资建成北海综合市场、华雅小商品市场，出租摊位给经营人员，解决部分下岗职工再就业出路和生活安置费问题。1999年，江苏高特面粉集团有限公司首家开展县际租赁业务，即该公司租赁泗洪县第二粮库，建成高洪面粉有限公司，扩大高邮面粉生产与销售。至2005年，全市租赁经营工业企业发展到450家，其中65%的租赁企业为小微亏企业。市交通系统所属工业企业多数实行招标租赁经营。跨省、市租赁经营企业发展到6家。

第二节　产权制度改革

一、股份制和股份合作制

1993年，市政府成立市企业产权制度改革领导小组，印发《关于进行股份制和股份合作制试点的若干问题意见》，并组织工作组到市属大集体企业高邮电器厂、市自行车零件厂和武安乡乡办集体企业市农机配件二厂，分别进行市属企业、乡镇企业股份合作制改革试点。试点企业经过清产核资、定股认股、建章立制（主要是建立股东大会或股东代表大会、董事会、监事会，实行企业董事会领导下的厂长或经理负责制）、注册登记等程序，完成改制。是年春，张轩乡（今属龙虬镇）乡办集体企业市塑料制品厂自发改制成全市首家股份制企业——扬州市亚光塑料制品有限责任公司。1996年，市委、市政府决定，在改制企业中，全面推行企业资产经营责任制、厂长经理年薪制、全员风险抵押承包制，即实行“三制联动”。是年，市属大集体企业市棉纺织厂由该厂厂长张贵南个人出资购买，建立市属规模工业企业中首家个

图9-3　1996年6月，市委、市政府召开的高邮市企业改制工作会议会场

人独资股份制企业——市经纬纺织有限公司。1998年末，市属企业和乡镇企业前期股份合作制或股份制改制工作暂告一段落。在全市列入改制计划的844家企业中，实现成功改制的企业494家，其中改制为股份合作制企业299家、改制为股份制企业195家；对其余不具备或暂不具备改制条件的350家企业，采取“一厂一策”办法，分别实行其他改革措施。列入改制的企业经过清产核算、资产剥离、评估认定，全部净资产账面值10.62亿元，清查值8.79亿元，核销值1.5亿元，评估后实有净资产值9.95亿元。改制后，全部股份制、股份合作制企业股东职工总数3.88万人，出资总额2.35亿元（含国有股和集体股）。企业通过改制，融资总额2.15亿元，其中职工个人实投股金1.8亿元、风险抵押金1423.6万元、收取租赁费1417万元、企业售卖回收金额621万元。1999年，全市改制企业全面开展增资扩股，完成增资扩股总额6480万元，其中市属工业改制企业增资扩股1323万元。是年，经工商行政管理部门登记的股份制企业261家、股份合作制企业453家。2005年，分别为504家、295家。

二、公有企业民营化

2000年7月，市委、市政府召开市属工业企业深化产权制度改革动员大会，以“公退民进，依法破产，经济裁员”为重点，推进市属国有企业和集体企业民营化、外向化、市场化。设立10个工作组，协助、指导、督促各企业主管部门开展企业改革。是年末，高邮油厂、高邮面粉厂、高邮化肥厂、高邮水泵厂等4家国有大中型工业企业改制结束，分别成功组建成江苏珠光食品有限公司、江苏高特面粉集团有限公司、扬州高华化工有限公司、江苏高邮水泵厂有限责任公司。全市乡镇集体企业民营化同步推进。2002年，市委、市政府针对市属工业企业推进民营化难度较大、进度不快的问题，组织攻坚战，从市直机关部门抽调99名干部，组成18个工作组，进驻到15个系统所属的70家市属企业，按照“公有资本退出到位、职工身份置换到位（固定制职工改为合同制职工）、社会保障落实到位、债权债务处理到位”的“四到位”要求，开展工作。至2003年，市属企业民营化改革基本完成。列入计划改革的市属企业177家，其中改制结束的企业154家，改制推行面100%、终结率87%。尚有23家企业因债务沉重、产权权属模糊，未实现资产变现。企业原有固定职工4.74万人，累计被置换身份的3.31万人，其中重新返聘上岗就业的8386人；共支付改制成本6.18亿元，其中企业自筹3.94亿元、政府投入2.24亿元，占应付改制成本的83.1%；共核销不良资产额2.16亿元，累计盘活存量资产12亿元，引进市外资金1.5亿元。2005年，全市市属工业企业和乡镇集体企业实现民营化。

三、企业资产重组

1993年12月，市属国有企业高邮电讯器材厂在全市首家实现国有资产跨地区重组，利用企业部分生产场地、厂房和资金，与山东威海市康威电子发展股份有限公司合资建立高邮康威电子有限公司，建成系列电话程控交换机生产基地。1995年，市轻纺工业公司所属国有企业高邮电机厂和市机化工业公司所属大集体企业市水泥制品厂，利用两厂的生产场地、厂房和部分生产设备，组建成市内首家跨系统、跨行业、跨所有制性质的扬州高发机电制造有限公司，形成系列发电机、渔业机械、水泥制品、化工建材产品的生产规模，实现两企业间资产重组的优化效应。1999年9月，市工业企业存量资产调剂中心建立。2000年，市属重点骨干工业企业江苏精佳集团受全国摩托车行业政策调整和市场销售行情严重下滑的影响，从盈利大户跌入亏损企业行列，首家实行“建新租旧、资产重组、分块运作”改革，经过招投标，分裂重组为7家民营公司。2002年，市委、市政府召开全市企业资产重组整合动员大会。2003年起，市委、市政府提出三年跨越发展目标，逐年推出实施“十大工业重组项目”计划。至2005年，全市共完成企业资产重组项目93项，重组资产总额11.69亿元。

四、企业产权出售

1994年，各乡镇开始在乡镇工业企业中进行企业售卖试点，主要形式有公开拍卖、由包转卖、租壳卖瓤、卖股（租包）结合等。是年，全市被出售的乡镇小微亏企业18家，回收资金137万元。1996年，市棉纺织厂整体出卖给个人，首开市属企业售卖先河。1997年，进一步加大乡镇企业“先售后股”力度。全市出售转让的乡镇企业40家，增资扩股总额1000万元。汤庄、川青、营南、周巷、张轩等5个乡镇的全部企业实行“先售后股”。2002年8月，江苏精佳集团将“精佳”注册商标、生产工艺、商号、商誉等作为拍卖标的，通过招投标拍卖，以超过底价29%的290万元成交，为全市首例成功拍卖无形资产产权案例。至2005年，全市累计实现企业产权出售176件，其中市属企业56件、乡镇企业120件，有形资产161件、无形资产15件，售卖成交金额1.2亿元。

五、企业破产

1997年，甸垛镇（今属汉留镇）镇办企业市异型无氧铜材厂，因严重亏损、资不抵债，向市法院申请破产。此为全市首例申请破产企业。1998年，甘垛镇中外合资企业扬州中泰丝绸有限公司、扬州高龙成衣有限公司，因严重亏损、资不抵债申请破产，成为全市中外合资企业破产先例。2004年，市属国有企业高邮酿酒厂因停产多年、严重亏损，申请破产，是首家市属破产企业。至2005年，全市申请破产的企业90家，其中市属企业40家、乡镇企业50家。经市法院依法审结、获准破产的企业49家，其中市属企业37家（工业企业24家、流通企业11家、其他市直系统企业2家）、乡镇企业12家。

附：2004～2005年高邮市市属企业破产名录（37家）

一、市机械化学工业公司系统：

市三垛农机修造厂、市水泥厂、市汽车配件厂、市染料化工厂

二、市轻纺工业公司系统：

市电机厂、市制动件总厂、市纺织机械配件厂、市八桥钢木家具厂、市印刷厂、市毛纺织厂、市鞋帽厂、市酿酒厂、市丝绸厂、市轻纺工业供销公司

三、市电子工业公司系统：

市电器厂、市无线电元件一厂、市电讯器材厂、扬州高明发动机有限公司、市电器仪表厂、市侨爱电子有限公司、市电控设备厂

四、高邮镇工业系统：

市玻璃厂、市纱厂、市纸箱厂

五、市物资局系统：

市物资再生利用总公司、市物资贸易中心、市金属器材总公司、市建筑材料总公司、市化工轻工总公司、市木材总公司、市机电设备总公司、市物资开发总公司

六、市商业局系统：

市灯具一厂、市中联商厦、市五金交电化工公司

七、其他市直系统：

市石油公司、市水产供销公司

第三节 组织结构改革

一、横向经济联合

1985年，高邮电机厂与扬州市电扇厂、靖江县电扇厂、泰兴县开关厂组成扬州市电扇生产联合体，在高邮县建成扬州市电风扇总厂，实现优势互补，扩大“秦邮”电风扇生产能力和销售市场，是全县企业成功实行跨县市、跨行业、跨所有制性质进行横向经济联合、优化企业组织结构的首例。是年末，全

县有松散型、半紧密型的横向经济联合体和协作群体31个。1986年10月，县政府制定《关于推进横向经济联合的若干鼓励性措施（试行）》。至80年代末，全县与外地实行多种形式横向经济联合的工业企业发展到139家。其中，县属工业企业28家，乡镇企业111家；参加紧密型、半紧密型联合体企业15家，参加松散型联合体企业124家，实施联合经营项目168项。在县内建成联合体的有扬州环球西服厂、扬州市电风扇总厂、扬州钢木家具厂、高邮酿酒总厂、高邮制动件总厂、高邮电器厂、县联营加工水泥预制品场、秦邮水产品联合加工厂等8家。进入90年代，全市企业间横向经济联合被资产重组、企业改制和组建企业集团所取代。

二、托管经营与企业兼并

1991年，市轻纺工业局针对部分小企业亏损严重、经营管理能力差、难以抗御市场风险的状况，率先在企业间实行“以大帮小、以强带弱、以优助劣”的托管经营责任制。是年，实施3对强弱企业间的托管经营，即市鞋帽厂由市服装厂托管经营、市木器厂由市制动件总厂托管经营、市针织服装厂由市棉纺厂托管经营。1994年，市委、市政府制定《市属工业企业托管经营试行办法》，扩大托管经营试点。市属重点骨干企业高邮电器厂受命托管经营19家困难企业，高邮电器厂厂长冯祥华身兼20家工厂厂长之职。通过实施强化企业管理、产品扩散、技术和资金扶持、提供销路、代训职工等一系列措施，困难企业逐步摆脱困境，其中被托管的市晶体管厂后来被其成功兼并。1995年，在市属工业企业中，2家企业被托管，6家企业被兼并。1997年，市属企业托管经营在各系统迅速推开，新增18对托管经营企业。1999年10月，市属工业企业扬州高明发动机有限公司与海南新大洲摩托车股份有限公司达成合作经营协议。该厂由海南新大洲摩托车股份有限公司托管经营，联合生产摩托车发动机，此为市属企业跨地区实施托管经营的首例。

三、企业集团

1993年，全市首家企业集团——高邮秦邮蛋品集团成立。该集团以市食品总公司为核心企业，成员单位有市食品加工、蛋品生产、家禽养殖单位和各乡镇禽蛋收购单位，形成养禽、产蛋、加工、包装、销售“一条龙”。是年，实现禽蛋产量和销售额翻一番。1994年1月，市经济体制改革委员会印发《关于组建企业集团的意见》。是年，共组建企业集团4家。在组建的企业集团中，江苏金飞达集团为省经济体制改革委员会批准的全市首家省级工业企业集团，拥有成员单位103家，总资产3.27亿元，实现年销售总额3.6亿元，创汇2164.74万美元，实现利税2748万元。1995年，全市组建企业集团7家。在组建的企业集团中，江苏富丽达珍珠集团为省经济体制改革委员会批准的全市首家跨地区、跨行业、跨所有制性质的农业企业集团，拥有成员单位119家，总资产3.5亿元。1996年，全年新组建企业集团10家，其中由省经济体制改革委员会批准的7家、由扬州市经济体制改革委员会批准的3家。集团成员单位总数147家，涉及全市第一、二、三产业。至1998年末，全市累计组建企业集团27家。其中，省级企业集团14家、扬州市级企业集团10家、高邮市级企业集团3家；第一产业企业集团4家、第二产业企业集团21家、第三产业企业集团2家。由于企业集团存在不少先天性不足问题，1998年后，全市企业集团进入整顿、改制阶段。2003年，经省工商行政管理局批准，组建全市首家建筑业企业集团——江苏弘盛建设工程集团，集团母公司为江苏弘盛集团有限

图9-4　1995年，改制为企业集团的江苏日欣实业集团有限公司厂区

公司(由市第二建筑安装工程有限公司改建),控股子公司3家,股东单位共19家。至2005年,全市企业集团改制为企业集团有限公司的有19家,其中冠名“江苏”的企业集团有限公司13家、冠名“扬州”的企业集团有限公司4家、冠名“高邮”的企业集团有限公司2家。

1993～2005年高邮市企业集团情况一览表

表9-1

批准年份	集团名称	产业类型	核心企业名称	成员单位(家)	属地或部门
1993	高邮秦邮蛋品集团	第三产业	市食品总公司	36	市商业局
1994	江苏金飞达集团	第二产业	扬州飞达电机仪表公司	25	卸甲镇
1994	扬州三洋集团	第二产业	市三洋钢铁总厂	14	甸垛镇
1994	扬州亨大集团	第二产业	扬州市服装羽绒总公司	17	市供销合作总社
1994	扬州正大集团	第二产业	市环保设备制造厂	47	汉留镇
1995	江苏华能电缆集团	第二产业	江苏华能电缆总厂	20	湖滨乡
1995	江苏富丽达珍珠集团	第一产业	江苏富丽达珍珠养殖公司	23	司徒乡
1995	江苏邮达过滤机集团	第二产业	江苏邮达过滤机总厂	17	横泾镇
1995	江苏日欣集团	第二产业	江苏日欣实业公司	18	武安乡
1995	扬州强力集团	第二产业	扬州强力不锈钢制品厂	17	车逻镇
1995	扬州永富机械集团	第二产业	扬州永富机械厂	14	张轩乡
1995	高邮金铸城铸造集团	第二产业	市金铸城铸造厂	10	卸甲镇
1996	江苏高邮鸭集团	第一产业	市种鸭场	12	市多种经营管理局
1996	江苏秦邮种子集团	第一产业	市种子公司	37	市农业局
1996	江苏高特水产集团	第三产业	市水产供销公司	15	市水产局
1996	江苏茶花集团	第二产业	扬州市茶花运动鞋厂	18	天山镇
1996	江苏通达集团	第二产业	市通达标准件厂	9	汤庄镇
1996	江苏精佳集团	第二产业	市制动件总厂	18	市轻纺工业局
1996	江苏宏发通信集团	第二产业	扬州市兴华光纤电缆厂	13	天山镇
1996	扬州邮星消防集团	第二产业	扬州市邮星消防器材厂	12	二沟乡
1996	扬州东方液压集团	第二产业	市东方动力机械厂	8	汤庄镇
1996	扬州升达集团	第二产业	市无线电元件六厂	5	市电子工业局
1997	江苏珠光集团	第二产业	市油米化工总厂	22	市粮食局
1997	扬州高康集团	第二产业	市染料化工总厂	10	市机械化学工业局
1997	扬州高华集团	第二产业	扬州高华化工有限公司	5	市机械化学工业局
1997	高邮金地集团	第一产业	甸垛蛋品厂	6	甸垛镇
1998	江苏高特面粉集团	第二产业	市面粉厂	6	市粮食局
2003	江苏弘盛建设工程集团	第二产业	市第二建筑安装工程有限公司	19	市建筑工程管理局

第四节　配套改革

一、扩大企业自主权

1985年，县经济体制改革领导小组办公室牵头，在高邮电器厂进行县属企业扩大自主权试点，试点内容限于企业内部改革。1986年10月，县政府制定《关于进一步搞活企业的有关措施（试行）》，主要内容为有限放宽企业产品自主定价权、企业业务费用审批权、企业奖金分配权、企业内部用人权和减少指令性计划、鼓励企业进行技术改造等6个方面。1991年5月，市委、市政府提出进一步放权、搞活市属企业的“十六条”措施。1993年6月，市委、市政府根据国务院《全民所有制工业企业转换经营机制条例》，印发《关于贯彻〈条例〉，进一步深化改革，加快市属工业发展的意见》，明确企业享有生产经营决策权，产品、劳务定价权，产品销售权，物资采购权，进出口权，投资决策权，自留资金支配权，资产处置权，联营、兼并权，劳动用工权，人事管理权，工资、奖金分配权，内部机构设置权，拒绝摊派权等14项权利。在市政府行政机关中，开展以“清文件、清图章、清收费”为主要内容的“三清”专项检查活动。由于行政机构改革滞后，条块制约现象严重，行政部门对企业的干预仍然较多，全市扩大企业自主权的工作艰难推进。据是年问卷调查，企业应有的14项权利，完全落实5项、部分落实5项、没有落实4项。至2005年，扩大企业自主权工作进一步完善和配套，企业经营管理步入市场化运作。

二、厂长（经理）负责制

1984年，在高邮电器厂进行县属工业企业经济承包责任制试点同时，进行企业厂长（经理）负责制试点。至1986年，全县实行厂长（经理）负责制的县属企业增加到26家。1987年4月，县政府制定《高邮县县属企业厂长（经理）任期目标责任制暂行办法》，明确企业厂长（经理）在任期内，拥有企业生产经营指挥权、企业领导班子人事任免权、企业资产管理使用权、内部人事用工调配权、内部奖金分配决定权等5项基本权力，并规定厂长（经理）完成任期目标奖励办法。是年5月，县政府制定《高邮县全民所有制企业厂长（经理）离任经济责任审计暂行办法》，规定对承包到期企业厂长（经理）完成任期目标情况的审计办法，为奖惩提供依据。厂长（经理）受命时，均向企业职代会递交任期目标责任书和与企业主管部门签订任期承包经营责任合同书。是月，县服装厂通过召开职工代表大会，采取无记名投票办法选举厂长，当选厂长李康熙成为全县民选厂长第一人。是年末，全县县属企业厂长（经理）负责制和任期目标责任制推行面75%。到第二、三轮承包期间，市属企业均实行厂长（经理）负责制。

三、企业内部配套改革

1984年，在高邮电器厂开展经济承包责任制试点时，参照乡镇企业“一包三改”做法，在企业内部实施人事、用工、分配制度配套改革措施。在企业人事制度改革上，实行竞争聘用制；在用工制度改革上，实行“双向流动”合同制，并成立厂内待岗培训办公室和思想疏导办公室；在分配制度改革上，实行工人按件计奖、干部按分计奖、层层自主分配奖金的办法。同时，在企业内部管理制度改革上，实行厂党总支、行政、工会“三权”分立；在企业生产经营制度改革上，实行厂内买卖结算制。1985年起，高邮电器厂内部配套改革经验逐步被推广到其他县属企业。县化肥厂等17家企业和县水泵厂等4家企业，分别创立“厂内银行”和实行分厂制等内部改革措施。1987年，县劳动局在高邮电器厂进行职工工资制度改革试点，按照不同工种，分别采取纯计件工资、超额计件工资、技术工资、浮动工资、集体计件工资等多种工资分配形式。其他县属企业亦分别探索结构工资、联绩计酬、提成工资、计时工资等工资分配形式。90年代初期，徐州市企业“砸三铁”（铁“交椅”、铁“饭碗”、铁工资）做法在全市市属企业中引起强烈反响，一度纷纷效仿。90年代中期开始，市工商行政管理部门会同各企业主管部门，逐步对企业进行公司制改制，普遍建立企业董事会领导下的厂长（经理）负责制，企业经营管理按照市场化机制规范运作。

第三章 流通体制改革

80年代初，全县流通体制改革从县供销合作社“全民”（国有）改为“集体”、“官办”改为“民办”入手。1985年，县商业局系统、县物资局系统改革启动。90年代，市粮食局系统国有粮油门店和粮油加工企业全面进入改革改制。1992～1998年，市供销集团总公司、市粮食集团总公司、市商业集团总公司、市物资集团总公司先后成立。由于集团兼有政府行政职能，出现政企不分、政资不分的情况，对流通企业深化改革和搞活经营产生很大影响。1998年，市粮食集团总公司撤销，新建市粮食工业总公司和市粮食购销总公司。是年，市供销集团总公司撤销。2003年，市商业集团总公司、市物资集团总公司、市供销合作总社合并，组建市商贸总公司，保留“市供销合作总社”牌子。是年末，市商贸总公司所属47家商贸流通企业改制工作结束，其中实行经济裁员30家、实行零资产转为民营4家、实行资产重组1家、实行公司制改制1家、实行企业破产11家。至2005年，全市商贸流通领域形成民营化、市场化的运作机制。

第一节 商业体制改革

80年代初，县商业局系统下属企业13家，其中流通企业10家、工业企业3家。县商业局直属重点流通企业有县百货公司、县糖烟酒副食品公司、县五金交电化工公司、县食品公司、县饮食服务公司、县蔬菜公司、县临泽商业公司等7家公司，共有经营门店149家。1985年，试行小型门店租赁经营。1989年，在各大公司中开始推行承包经营责任制、经理负责制。1993年5月，市商业集团总公司成立。1996年起，实施企业产权制度改革。同时，在经营门店中全面推行改、转、包、租、卖、破（破产）和抽本经营、公有民营等多项改革措施。2003年，市商业集团总公司并入市商贸总公司。

一、租赁经营

1985年，县商业局系统首批实行由原负责人认租的租赁经营门店共6家，均为亏损国有商业门店。1986年，集体性质的亏损门店珠湖菜馆，在全县餐饮业中首家实行招标租赁经营，县饮食商店经理张世锋中标承租，成为县商业系统中层以上干部中下海经商第一人。是年，5家亏损门店实行定向定人租赁经营。至是年末，全系统12家实行租赁经营的门店有10家扭亏为盈。1988年，县第二百货商店实行招标租赁经营，成为全县首家实行招标租赁经营的中型商业企业。至1990年末，县城商业门店实行租赁经营的有40%。至1993年，城区商业门店实行租赁经营面占80%。90年代起，市华联商厦、市秦邮特惠商品销售中心、市五金交电化工公司、北海大酒店、市中市口百货大楼等5家大中型流通企业和重点骨干流通企业，先后实行市内租赁、招标租赁、引进省内外名店租赁等。其中，北海大酒店、市中市口百货大楼，分别于1999年7月、10月，实行向社会招投标租赁经营，租期均为8年；市华联商厦、市五金交电化工公司一店，于2002年分别租赁给江苏时代超市有限公司、南方家私有限公司。至2005年，市商业局系统实行租赁经营的商业门店转为个人经营。

二、承包经营

1989年，县委、县政府在县百货公司进行承包经营责任制、经理负责制、经理任期目标责任制、共保合同制试点。是年，市商业局系统全面推行“四制”。1993年，市糖烟酒副食品公司在全市流通企业中率先实行“定上缴（含税、利、费）基数、自负盈亏”的“硬承包”办法。公司所属39家零售门店、4家批发部、2家加工厂，全部实行内部个人承包经营。1996年，全系统全面推行全员风险抵押承包。1997年，市饮食服务公司所属彩扩中心、高邮照相馆、湖光照相馆、高邮旅社、秦邮旅社、高邮浴室、向阳浴室等7家企业全部实行招标承包。中标人签订承包经营合同后，一次缴清半年承包金，职工去留双向选择。90年代后期，商业企业承包经营逐步被产权制度改革所取代。

三、改制与售卖

1996年6月，市委、市政府在市华联商厦进行流通企业股份合作制试点。该企业为全市首家改制为股份合作制的国有商业企业，股东390人。1998年6月，“百年老店”高邮饭店，以130万元出售给个人经营，成为全市首家被整体出售的国有流通企业。1999年，市百货公司、市糖烟酒副食品公司、市蔬菜公司等3家商业企业进行股份合作制改制。市副食品商店、市中联商厦清产出售。2001年，市中市口副食品大楼、市新星商行、秦邮饭店、市商业局汽车修配厂、市畜禽加工厂等商业（办）企业实行整体、部分或零星售卖。2002年10月，北海大酒店和市糖烟酒副食品公司主体资产被香港特恩福投资发展有限公司“打包收购”，建成具有一定规模、集宾馆与休闲为一体的新北海大酒店。2003年6月，全市改革难度较大的市肉联厂被私营企业运东水产品加工厂以380万元整体收购，通过买断工龄、内退等办法，处理职工安置问题。是年末，商业系统企业全部改制。列入改制的商业企业共21家，其中实行经济裁员17家、整体出售1家、依法破产3家，共回收国有资产资金6636.45万元。

图9-5　2002年，改制后新建的北海大酒店

四、重组与扩张

1989年，县饮食服务公司通过劳务、技术输出，与福建省福州市饮食服务公司合作，在福州市开设江苏酒家，首次将高邮风味的维扬菜肴打入外地市场，扩大经营范围，提升经济效益。1990年，撤销县食品总公司，分块成立县食品公司、县肉类联合加工厂、县食品加工厂、县畜禽厂、县生化制药厂、县灯具一厂，划小核算单位，扩大经营范围。1991年，市百货公司、市五金交电化工公司、市纺织品公司、市糖烟酒副食品公司等4家企业均增设冠省名的采购供应站，扩大和增强商品流通范围与能力。1992年，市食品公司、市纺织品公司、市五金交电化工公司共投资近200万元，分别建成泰山桥农副产品综合市场、北海小商品市场、工业品批发市场。1993年，市五金交电化工公司兼并市肉食制品厂、高邮镇城镇五金厂，建成市华联商厦，以适应城区市场东移的发展需要。1996年，市商贸公司采取“留老牌挂新牌”的办法，通过对老企业升级改造，在高邮商场和百货商店分别新设市秦邮特惠商品销售中心与市秦邮休闲中心。临泽国营商业公司通过抽本经营，将所属商场改造为临泽特惠商场。1998年，市蔬菜公司对中市口、北市口门店进行切块招标出租，解决下岗职工再就业、生活安排难题。2001年，市五金交电化工公司、市中联商厦、市灯具一厂，实行先破产后重组。至2005年，市商业系统所属企业通过重组与

扩张经营，共盘活资产1987万元，支付裁员补偿金1277万元，补缴职工养老保险和失业保险费157万元，偿还债务274万元；经济裁员930人，安置内退职工390人。

第二节 粮食体制改革

一、购销体制改革

1985年，国家取消粮食统购，粮食购销转向以合同定购和市场收购、计划供应与市场调节并存的粮食流通双轨制模式。1987～1992年，全部粮食购、销、调拨和财务实行包干，其中1991年将合同定购改为国家定购。1993年3月，根据国务院和省政府关于加强粮食流通体制改革的通知精神，取消指令性粮食、油料定购任务，将粮食收购合同目标数分解落实到乡镇，由乡镇帮助村组落实到户。收购时，按市场价再实行价外补贴政策（生产资料补贴）。4月，根据省政府规定，全面放开粮油购销价格，城镇居民停止使用粮油票券。同时，按照国家、企业、个人共同负担的原则，从是月起，给城镇职工每人每月6元、大中专学生每人每月4元的粮油价格补贴。市物价局加强市场物价监控，严格控制粮油价格放开后的连锁反应，保持市场基本稳定和居民生活安定。10月起，市场粮油价格一度上扬，并出现内外地粮油经营者抢购粮源的情况。12月，为平抑粮油价格，确保市场稳定，市政府临时决定对粮源实行统一管理，禁止原粮及主食成品自由出境，城镇国有粮店实行统一挂牌销售，并暂时恢复对城镇居民凭证限量供应粮油。1994年，根据省政府、扬州市政府文件精神，恢复下达当年粮食定购任务和议价计划。1995年，粮食价格纳入政府目标管理。1996年7月，市物价局、市粮食局印发文件，明确定购粮食销售价格，对城镇居民继续实行凭券、定点、限量、保价供应粮油。1998年8月，执行国务院“按保护价敞开收购议价粮”政策，并实行顺价销售、资金封闭运行的措施。2000年，红小麦收购退出保护价。2001年秋粮收购起，取消粮食定购任务，实行市场收购；放开粮食购销价格，放开粮食市场，实行经营主体多元化。2004～2005年，市粮食局依法重新审核、办理粮食收购许可证。

二、经营机制改革

1987年，县粮食系统开始实行跨行、跨区搞活经营。是年有13家粮食企业面对粮食市场逐步放开的形势，组织专门人员，走出县境，从事原粮的议进议出、粮产品的加工互换、粮食的代购代销。1991年，全市粮食商业企业加大跨行业经营的力度。城区粮管所和32家农村粮管所利用自身优势和地域优势，发展各类生产经营项目。汤庄、郭集、平胜、武安、天山粮管所先后分别建起被服加工厂、照明电器厂、榨菜厂、食用菌厂、电线电缆厂。城区粮食企业先后办起富泰商场、青春商场、承州商场、秦谷大厦。是年末，全系统新开张生产经营项目40项。1992年11月，成立市粮食集团总公司，成员企业共54家，其中直属经营性公司有市粮油综合服务公司、市粮油工业公司、市粮油储运公司等3家企业。1995年，市粮食系统在扬州市率先试行粮食购销两条线运行机制，将全系统承担国家收购储备任务的32个基层粮管所和4个粮库定为政策性业务机构，从事城乡零售、加工运输、多种经营的粮油加工厂、经营公司和商务宾馆等单位定为商业性经营机构。按照两线并行、统分结合、相互促进的原则，实行人员安排上统、财务核算上分，固定资产基础设施上统、业务性质上分的管理办法运作。是年，市粮食局将城区粮油经营公司所属的华康食品厂改造成全市首家企业办市场——华康招商场。1998年，按照“四分开、一完善”（政企分开、中央与地方责任分开、储备与经营分开、新老财务账目分开，完善粮食价格机制）的原则，围绕“三项政策、一项改革”（敞开收购、顺价销售、封闭运行，加快国有粮食企业自身改革），进一步深化粮食流通体制改革。市粮食集团总公司被撤销，恢复市粮食局的行政机构与职能。1999年，国有粮食企业收储业务与附营业务分开，成立市粮食收储公司，完成主附营业务分离工作。2000年，更名为粮食购销总公司。此后，市粮食系统进一步完善和深化粮食经营企业内部改革。2005年末,该系统累计拓展第一、二、三产业经营项目共213项。是年,实现营业额1500万元、利润244万元。

三、企业改制

80年代,县粮食局系统所属单位共52个(家),其中粮管所33个、粮库4个、器材库1个、粮油加工企业14家;粮油经营门店、站、点共22个(家),均为国有单位。80年代后期,全县粮食企业以提高经济效益为中心,先后推行承包、租赁经营的内部改制。1987年,县粮食局系统在13家粮办工厂先行推行经济承包责任制和承包经营责任制,实行厂长负责制和四年任期目标责任制。1992年,市粮食集团总公司成立后,实行总公司承包经营责任制和总经理负责制,并层层分解落实目标任务。1994年,临泽、武宁、三垛等3个粮管所率先实行"切块承包"经营。1994年,市粮食系统通过试点,对国有粮食企业进行股份制改造。由市饲料厂牵头,11家农村粮油经营公司参股,组建成系统内首家股份制企业——江苏富裕达粮食制品有限责任公司。至1995年末,先后有高邮电器厂和市粮机厂共同参股,跨系统、跨行业、跨所有制性质,建成高邮华雅摩托车制造有限公司;由三垛米厂、武宁粮管所、龙奔粮管所共同发起,成立亚奥有限公司;由临泽米厂和临泽粮管所共同出资,兴办扬州菱川面业有限责任公司。1996年6月起,全系统6家驻城粮食企业和5家驻乡镇米厂全部改制成由国有股控股、职工参股的有限责任公司。1998年10月,市政府组建市粮食工业总公司,实施行业管理,负责制定全市粮食工业发展规划,授权对国有资产的经营运作。12家具备独立法人资格的粮食系统工业企业(含粮食器材开发公司)被划入管辖范围。1999年,界首、菱塘、二沟、汤庄、横泾等6个粮管所对所属粮食经营门店、站、点推行"硬包"办法和抽本经营。2000年,粮食系统37家国有粮食企业全面推行首轮租赁经营。2001年,市粮食购销总公司所属的驻城同辰粮店、高沙园粮店、珠湖粮店、蝶园粮店等4家国有粮店资产被公开拍卖后歇业。是年,市粮食局先后分步实施经济裁员方案。至2002年,粮食购销企业在册职工通过全员置换身份(由固定工转变为合同制职工)调整劳动关系,返聘上岗职工443人,其他职工通过"买断工龄"离开原单位,另谋职业。同时,对所属的38家企业实施产权与经营权分离,由市粮食购销总公司与新聘任企业法定代表人进行租赁签约,承包经营期限1年。2003年4月,进行企业第二轮承租,为期3年。2005年,改制后的粮食企业职工人数为871人,其中返聘429人;共实现销售收入3.1亿元,收购粮食26.5万吨,销售25.5万吨。

第三节 物资体制改革

80年代初,县物资局直属流通企业共5家,即县金属机电化工公司、县煤炭石油公司、县木材建材公司、县生产资料服务公司、县农业机械公司,均为国有企业。1986年,开始推行经济承包责任制。1987年,转为推行承包经营责任制。进入90年代,物资流通渠道逐步放开、主要生产资料由计划管理转为市场化经营,市物资局所属各企业独家经营的局面被打破,逐步参与市场竞争。1998年,县物资集团总公司成立,直属公司全部升格为总公司。90年代后期,虽然采取改制、重组、经济裁员等改革措施,但由于体制老化、人员过多、负债过重,企业不堪重负。2000年末,全系统11家流通企业全部亏损,亏损总额6300万元,总负债1.43亿元,净资产负4686万元,资产负债率148.5%。2003年,市物资集团总公司并入市商贸总公司,原市物资局所属11家企业经改制,实施破产的8家,转让、出售1家,改制重组1家,改制为民营企业1家。

一、"双轨制"

80年代初,县物资企业经营的各种商品均属国家计划管理范围。80年代中期,部分物资供应逐步放开。全县工农业生产原材料和主要生产资料供应一度实行“双轨制”，即计划分配一部分，以国家统一价格供应；通过协作自组采购一部分，实行由县物价部门批准或备案的“贸易价”供应。一直实行计划供应的生产用钢材和定量供应的居民生活用煤开始受到多渠道经营的冲击，造成县内市场供应秩序的混乱局面。1990年9月，经县物资局、县工商行政管理局共同研究，确定全县钢材“合法经营单位”18家，其中县物资局系统7家、其他系统11家，其余作为“非许可经营”被取消经营资格。是年10月，县政府批转县计划委员会、县经济委员会等部门联合印发《关于加强煤炭市场管理的意见》，规定县燃料公司是组织和供应煤炭的主渠道单位，承担全县煤炭分配计划的统一管理工作。其他经营单位须经许可，方可代理煤炭经营业务。是年，城镇定量供应户每月计划供应生活用煤标准为：一人户为20千克，二人户为40千克，其他人口户分档次按不同数量供应。90年代后期，市内生产资料市场逐步放开，物资计划供应、“双轨制”经营不复存在。

二、承包经营

1986年，县物资局各企业推行经济承包责任制，在企业内部实行逐级承包。1987年，转为推行承包经营责任制、经理负责制、经理任期目标责任制“三制联动”，全系统销售总额首年突破1亿元，主要经济指标达到最好水平，该局被省物资局表彰为全省物资系统先进单位。90年代初期，市物资企业通过实行承包供应、联营联销等措施，扩大市外物资市场经营。1991年，市机电公司市外经营基地、网点和供销大户有174个，分布于8个省的15个市。1996年，该系统在5家企业推行全员风险抵押承包。1997年，各公司在所属72个门店、柜组中，分别实行硬承包（只包上缴，经营费用和职工工资由承包者负责）、租赁、联利计酬、联销联利计酬等改革措施。1998年，市建筑材料总公司率先试行切块承包，实现减亏目标。至90年代末，该系统因自有资金严重不足，承包经营被产权制度改革所取代。

三、改制与破产

1996年，市物资局在市燃料总公司、市富豪实业总公司、市煤球总厂等3家企业进行股份合作制改制。是年末，改制企业扩大到8家。至1999年，市物资企业处于停业、半停业状态。市机电设备总公司法定代表人因企业无法继续运转而自动辞职。是年，市政府派驻物资系统改革与发展工作组，围绕“保稳定、求发展”，以产权制度改革为重点，开展各种形式的改革、改组。市物资开发总公司在亏损严重、扭亏无望的情况下，率先在全市试行全员“协保离岗”（协议保证基本生活费，离岗自谋就业）。2000年，全系统经营持续下滑，亏损继续增加，全面实施“退、断、破”。即公有资本全部从企业中退出；在职职工通过买断工龄或协保离岗，实行经济裁员；企业实行破产重组。2001年，市物资再生利用总公司、市物资贸易中心、市化工轻工总公司、市金属器材总公司、市木材总公司、市建筑材料总公司、市物资开发总公司、市机电设备总公司等8家企业申请破产，进入破产程序。是年，市物资大厦以980万元的价格，转让给市农村信用合作联社。2003年，市物资再生利用总公司通过破产，重组成市金源物资再生有限公司；市燃料总公司实行“公退民进、零资产出售”后，重新注册成立市恒升燃料有限公司。2004年4月，8家申请破产企业由市法院宣告破产终结。

第四节 供销体制改革

80年代初，县供销合作社系统下属流通企业37家。其中，县供销合作社直属企业6家，即县生活用品日杂果品公司、县农业生产资料公司、县土产公司、县棉麻公司（县轧花厂）、县畜产品加工厂、县综合贸易公司；驻乡镇基层供销社32家。经营门店共602家，其中零售业门店459家。1983年，县供销合作社由全民所有制性质恢复为集体所有制性质，通过召开第五届社员代表大会，成立县供销合作联社。1986年，开始推行企业经济承包责任制和门店租赁承包制。1989年，推行承包经营责任制。1992年8月，市供销集团总公司成立，成员企业共62家，总公司与市供销合作总社实行两块牌子、一套班子。1993年，全系统推行抽本经营。90年代中期，推行产权制度改革，并对小微亏企业采取改、转、租、包、卖、并、分等多项改革办法。其间，企业改革引发社员退股风潮，对供销企业经营与发展产生一定影响。1998年，市供销集团总公司撤销。1999年，乡镇基层供销社下放属地管理。2003年，市供销合作总社并入市商贸总公司，保留"市供销合作总社"牌子。2005年，市供销合作经济联合会成立。

一、承包与租赁经营

1986年起，县供销合作联社对集体商业企业和小型"双代点"（代购代销店点）分别试行经营承包、门店租赁办法。1987年6月，县生活用品综合商店进行招标租赁经营试点，所属9家门店全部实行招标租赁经营。1989年，在该系统直属企业中全面推行承包经营责任制，在经营门店中大面积推行多种形式租赁经营。1992年8月，市供销集团总公司推行承包经营责任制和总经理负责制，将承包总指标按成员企业经营规模和状况，进行切块分解，全面实行二、三级经营单位招标承包。1993年，该系统针对供销企业综合经营的特点，分别推行联利联销计酬、超利分成、见利分成等多种形式承包经营。90年代中期起，该系统承包经营责任制逐步被抽本经营等其他改革形式和产权制度改革所取代。

二、抽本经营

1992年，横泾供销社副食品门市部、甘垛供销社供销站试行抽本经营，其内容为：实行自筹资金、自主经营、自负盈亏，包税收、包利润，商品资金逐步返还给企业，简称为"三自两包一返还"。1993年，市体改委、市政府财贸科、市供销合作总社在武安供销社武安商场进行规范化流通企业抽本经营试点。通过试点，在边小微亏门点、部、站中，大面积推行抽本经营，探索"社有民营"的改革新路子。全系统实行抽本经营的边小微亏经营单位共39家，占总数的44%，抽回企业本金145万元。1995年，全市32家乡镇基层供销社286家二级核算单位，全部实行抽本经营。1996年，全市22家乡镇基层供销社510家生活资料经营柜组全部实行抽本经营，抽回企业本金940万元。至1998年，各基层供销社转入民营化改革。

三、改制与重组

1992年，天山、卸甲、汤庄、甘垛供销社等4家乡镇供销社，率先按照"双方自愿、优势互补"的原则，兼并所属濒临破产的集体商业门店；市生活用品果品公司与市工业系统所属市工业物资供销公司、市粮食局所属市粮油贸易公司通过资产重组，分别建成具有一定经营规模的万客隆商场和青春商场。1993年9月，一沟供销社和市蜂乳厂在系统内率先分别改制为股份合作制企业、股份制企业。1996年下半年，该系统有27家直属企业改制为股份合作制企业。2002年8月，由上海联华超市有限公司、上海天赐保健品有限公司、高邮天赐商贸有限公司共同租赁市供销商场（原高邮镇供销合作社），新设上海联华超市高邮加盟店。是年9月，上海农工商超市有限公司租赁市供销大厦（原武安供销社文游商场），新设高邮农工商超市有限公司。2003年，市科达工贸有限公司实行零资产转让。2005年12月，市供销大厦被公开整体拍卖，由扬州欧亚置业发展有限公司以278万美元中标，改建成集购物、休闲、观光、商住于一体的华侨国际大酒店。至此，市供销系统企业经改制，仅保留集体大型流通企业人民商城。

四、"四放开"改革

1992年，市供销系统逐步推行"四放开"改革，即经营放开、物价放开、用工放开、分配放开。其中，用工全面推行“三岗”（上岗、下岗、待岗）、“三制”（合同制、聘用制、双向流动制）；分配普遍增强承包的力度、硬度，拉开分配档次；经营实行跨区、跨行、跨经营品种；物价实行统一定价、灵活作价和实行价格差相结合。实行“四放开”后，全系统出现经营活、效益增的局面。市农业生产资料公司把业务经营范围扩大到20个省市，完成年外销额1000多万元，创利100多万元。1998年，市供销系统率先在农业生产资料经营项目上，实行连锁经营，全面开展“两送三到”服务活动，即送化肥、送农药到村、到户、到田头；14家基层供销社与当地农业技术推广站实行物技挂钩，即由供销社供应物资，农业技术推广站提供技术辅导，共同服务农民。是年，汉留供销社、张轩供销社帮助当地农民，分别组建汉留丝瓜络产销合作社、张轩薄荷油产销合作社。至2005年，全市基层供销社均介入当地乡镇专业合作社的组建工作，成为农民专业合作社的成员之一。

五、社员股金

进入90年代中期，供销企业逐步实行产权制度改革，市供销合作总社机关和部分基层供销社发生退股风潮。1998年起，市供销合作总社通过成立“讨债队”，清收内外债务；盘活闲置资产，进行资产变现；开展内部挖潜，融通、拆借筹措资金等办法，组织兑付。1999年，该社获得政府专项贷款2800万元，有效缓解退股兑现资金压力。至2005年，全系统市属企业累计兑付社员股金2285万元，账面尚存股金金额7200元。

第四章 产业发展

80年代起，全县经济在改革中步入发展快车道，并在发展中不断调整结构。80年代，在全县产业结构上，占传统优势的农业经济即第一产业所占份额在40%以上，第三产业所占份额不足20%；在投资结构上，对农业的投入额在总投入额中比重不足1%。90年代，全市在大力发展第二产业的同时，逐步加大对第三产业的投入，尤其是对基础设施建设和房地产开发的投入不断加大，通过加快第三产业发展，拉动经济快速发展。1990年起，全市对第三产业的投入达到总投入额一半以上。至90年代后期，第三产业在全市经济中所占份额开始超过第一产业。进入21世纪后，全市经济保持第二、第三、第一产业位次排序新格局。

第一节 地区生产总值

1986～1991年，全县地区生产总值虽有较大幅度增长，但起伏不定。1992年开始，全市地区生产总值出现逐年增长态势。是年，全市地区生产总值超过15亿元，达到15.02亿元。1998年，全市地区生产总值跨过50亿元，达到52.08亿元。2005年，全市地区生产总值跃过100亿元大关，达到104.8亿元。

一、第一产业

1986年，全县实现第一产业增加值4.16亿元，其中种植业3.09亿元、林业500万元、牧业8100万元、渔业2100万元。至1990年，每年以35.34%平均增速进行增长。1991年，因遭受重大水灾，全市农业经济损失惨重，实现农业增加值3.71亿元，比1990年下降36.9%。1992年起，全市农业实现逐年稳步增长。2005年，全市实现农业增加值24.95亿元，其中种植业7.44亿元、林业4100万元、牧业5.11亿元、渔业11.99亿元，年均增长48%。

二、第二产业

1986年，全县实现第二产业增加值2.72亿元，其中工业2.18亿元（轻工业1.51亿元、重工业6658万元）、建筑业5442万元。90年代初，由于国家宏观经济处于调整时期，全市工业经济处于起伏阶段。1997年起，受亚洲金融危机影响，工业经济发展举步维艰。2000年，全市工业实现增加值17.86亿元，比1999年下降2.6%。2002年后，全市工业出现稳定、快速增长势头。其间，全市建筑业进入较快发展期。2005年，全市实现第二产业增加值46.7亿元，其中工业38.95亿元、建筑业7.75亿元。

三、第三产业

1986年，全县实现第三产业增加值1.27亿元，其中运输业3800万元、商业8900万元。90年代，全市上下重视和加快第三产业发展，同时，伴随第三产业统计范围与口径不断变化，全市第三产业呈逐年快速增长之势。2005年，全市实现第三产业增加值33.15亿元，其中交通运输仓储业6.36亿元、邮电通信业1.66亿元、批发零售餐饮业5.88亿元、金融保险业2.52亿元、房地产业3.51亿元、其他服务业13.22亿元。

1986～2005年高邮市地区生产总值一览表

表9-2　　单位：亿元

项目/年份	合计	第一产业	第二产业	第三产业	项目/年份	合计	第一产业	第二产业	第三产业
1986	8.15	4.16	2.72	1.27	1996	42.88	13.48	18.11	11.29
1987	9.57	4.52	3.34	1.71	1997	47.53	14.70	19.48	13.35
1988	10.38	4.90	3.64	1.84	1998	52.08	15.51	21.02	15.55
1989	10.84	4.64	4.16	2.04	1999	54.20	16.11	21.53	16.56
1990	12.39	5.88	4.29	2.22	2000	54.47	16.22	20.88	17.37
1991	11.19	3.71	4.80	2.68	2001	57.25	17.10	20.53	19.62
1992	15.02	5.23	6.29	3.50	2002	63.76	18.32	23.34	22.10
1993	20.79	7.30	8.80	4.69	2003	73.44	18.85	29.59	25.00
1994	28.85	9.37	13.01	6.47	2004	88.84	23.28	37.54	28.02
1995	35.06	10.95	15.76	8.35	2005	104.80	24.95	46.70	33.15

说明：本表按照扬州市统计局、国家统计局扬州调查队于2009年9月编印的《扬州六十年——建国60年扬州统计资料汇编》所载数据编制。

第二节　产业结构

1986年，全县实现地区生产总值8.15亿元，第一、第二、第三产业结构比为51.04∶33.37∶15.59。90年代，全市先后实施工业兴市、建筑强市、第三产业兴市战略，工业、建筑业快速发展，第三产业新兴行业不断出现。1991年、1998年，全市第二、三产业增加值占比先后超过第一产业。2005年，全市实现地区生产总值104.8亿元，第一、第二、第三产业结构比调整为23.81∶44.56∶31.63。

1986～2005年高邮市三次产业结构一览表

表9-3 单位：%

年份＼项目	第一产业	第二产业	第三产业	年份＼项目	第一产业	第二产业	第三产业
1986	51.04	33.37	15.59	1996	31.44	42.23	26.33
1987	47.23	34.90	17.87	1997	30.93	40.98	28.09
1988	47.21	35.07	17.72	1998	29.78	40.36	29.86
1989	42.08	38.38	18.82	1999	29.72	39.73	30.55
1990	47.46	34.62	17.92	2000	29.78	38.33	31.89
1991	33.15	42.90	23.95	2001	29.87	35.86	34.27
1992	34.82	41.88	23.30	2002	28.73	36.61	34.66
1993	35.11	42.33	22.56	2003	25.67	40.29	34.04
1994	32.48	45.09	22.43	2004	26.20	42.26	31.54
1995	31.23	44.95	23.82	2005	23.81	44.56	31.63

一、第一产业

1986年，在全县第一产业内各业排序中，种植业排在首位，所占比重74.3%。其次为牧业、渔业、林业。是年，全县实现第一产业增加值4.16亿元，其中种植业3.09亿元、牧业8100万元、渔业2100万元、林业500万元，各业结构比74.3：19.4：5.1：1.2。至90年代末，全产业发展虽实现翻番，但各业排序格局没有大的变化。至2000年，渔业首次超过牧业，跃入第二位，且种植业产值在第一产业中所占比例首次降到50%以下。是年，全市实现第一产业增加值16.22亿元，其中种植业7.74亿元、渔业4.49亿元、牧业3.77亿元、林业2200万元，各业结构比47.7：27.7：23.2：1.4。2005年，全市渔业跃居首位，超过种植业。是年，全市实现第一产业增加值24.95亿元，其中渔业11.99亿元、种植业7.44亿元、牧业5.11亿元、林业4100万元，各业结构比48.1：29.8：20.5：1.6。

二、第二产业

1986年，全县实现第二产业增加值2.72亿元，其中工业2.18亿元、建筑业5442万元。在工业增加值中，轻工业1.51亿元、重工业6658万元，分别占工业增加值的69.27%、30.73%。在轻工业中，以农产品为原料生产的产值和以非农产品为原料生产的产值分别占72.4%、27.6%；在重工业中，以加工工业生产的产值和以原材料制造生产的产值分别占89.3%、10.7%。90年代，轻、重工业结构逐步得到调整，轻工业逐步做到以非农产品为原料的生产为主，重工业以加工工业为主的生产格局逐步发生变化。1995年，全市实现第二产业增加值15.76亿元，其中工业14.38亿元、建筑业1.38亿元。在工业增加值中，轻工业5.87亿元、重工业8.51亿元，分别占工业增加值40.82%、59.18%。在轻工业中，以农产品为原料生产的产值和以非农产品为原料生产的产值，分别占35.22%、64.78%；在重工业中，以加工工业生产的产值和以原材料制造生产的产值，分别占74.86%、25.14%。进入21世纪后，工业产业结构得到进一步调整，逐步变为工业以重工业为主、轻工业以非农产品为原料生产为主、重工业以原材料制造生产为主的格局。2005年，全市实现第二产业增加值46.7亿元，其中工业38.95亿元、建筑业7.75亿元。在工业增加值中，轻工业15.18亿元，重工业23.77亿元，分别占工业增加值的38.97%、61.03%。在轻工业中，以农产品为原料生产的产值和以非农产品为原料生产的产值，分别占25.8%、74.2%；在重工业中，以加工工业生产的产值和以原材料制造生产的产值，分别占38.3%、61.7%。

三、第三产业

1986年，全县实现第三产业增加值1.27亿元，列入统计的仅有商业（含服务业）和交通运输业，分别为8900万元、3800万元。90年代，第三产业新兴行业不断出现，其中主要有房地产业、金融保险业和其他服务业。2000年，全市实现第三产业增加值17.37亿元，其中商业（含服务业）9.16亿元、交通运输邮电业4.51亿元、房地产业2.1亿元、金融保险业1.6亿元，分别占是年第三产业增加值52.73%、25.96%、12.09%、9.22%。2005年，全市实现第三产业增加值33.15亿元，其中商贸和服务业19.1亿元、交通运输业6.36亿元、房地产业3.51亿元、金融保险业2.52亿元、邮电通信业1.66亿元，分别占是年第三产业增加值57.62%、19.19%、10.59%、7.6%、5%。

第三节　企业结构

1986年，全县工业企业以公有制企业为主体。90年代，民资、港澳台资、外资逐步进入市内工业企业，企业所有制结构逐步发生变化。至2005年，全市工业企业中公有制企业所占比重仅17.8%，其中国有企业仅占0.3%。同时，企业规模结构、产品结构的调整和效益结构的优化得到普遍重视。

一、所有制结构

1986年，全县有乡以上独立核算工业企业466家，其中全民所有制（国营、国有）企业44家、集体所有制企业422家，分别占9.4%、90.6%。在集体所有制企业中，县属企业95家、镇办企业20家、乡办企业307家。1988年，市工商行政管理局按照国务院颁发的《私营企业暂行条例》，全县经合法登记的首批私营企业29家，大多数为乡镇企业。90年代，随着经济体制改革深化和开放型经济发展，私营企业发展加速，外商及中国港澳台商投资企业增多，股份制企业出现，企业所有制结构发生很大变化。1995年，全市有乡以上统计定报工业企业500家，其中国有企业62家、集体所有制企业419家、外商和中国港澳台商投资企业17家、联营企业和股份制企业各1家，分别占12.4%、83.8%、3.4%、0.2%、0.2%。在集体所有制企业中，市属企业134家、镇属企业14家、乡属企业271家。全市私营企业发展到296家，占全市乡以上统计定报企业总数59.5%。2005年，全市有规模以上工业企业286家，其中国有企业1家、集体所有制企业50家、混合型所有制企业34家、私营企业201家，分别占0.3%、17.5%、11.9%、70.3%。在混合型所有制企业中，股份合作制企业1家、股份制企业16家、与中国港澳台合资企业10家、与外商合资企业7家；在私营企业中，内资私营企业195家、中国港澳台商独资企业5家、外商独资企业1家。

二、规模结构

1986年，在全县工业企业中，仅有大中型企业1家，即高邮水泵厂。至1995年，大型工业企业发展到2家，即高邮电器厂、高邮水泵厂；中型工业企业发展到10家。在全市乡以上500家工业企业中，大、中、小型企业所占比例分别为0.4%、2%、97.6%。至2000年，全市有中型工业企业13家，其中中一型企业3家、中二型企业10家；统计定报小型企业155家，中型企业、小型企业分别占列统定报企业总数7.7%、92.3%。2005年，全市有中型工业企业14家、规模以上工业小型企业272家，分别占全市规模以上工业企业总数4.9%、95.1%。

三、产品结构

1986年，全县工业生产以农产品加工，为农服务的农机和化肥生产，棉纺、鞋服、电风扇等轻工产品制造为主。为改善产品结构，通过不断引导和企业自身努力，逐步加大工业新产品开发力度。全市

“七五”计划期间，开发新产品100种；“八五”计划期间，开发新产品514种；“九五”计划期间开发新产品562种；“十五”计划期间，开发新产品772种。至2005年，全市工业企业共开发新产品1948种，并逐步形成以工农矿业机械、水泵、电机、电容器生产为主的机械电子工业行业，以制药、化肥、化工生产为主的化工工业行业，以特种电缆、船用电缆、工（工、矿）民军用电缆生产为主的电线电缆工业行业，以节能灯、高压钠灯等灯具生产为主的照明器材工业行业，以蓄电池、制动件、钢瓶生产为主的轻工工业行业，以纺织、鞋、服产品生产为主的纺织鞋服工业行业，以粮、油、饲料生产为主的农产品生产加工工业行业等七大主体产业的新局面。

四、效益结构

1986年，在全县376家乡以上独立核算工业企业中，盈利企业340家、亏损企业36家，分别占90.4%、9.6%。90年代，全市出现片面追求扩大生产规模、轻视企业经济效益的现象，工业企业亏损面呈现上升态势。1990年，在全县336家乡以上独立核算工业企业中，盈利企业243家、亏损企业93家，分别占72.3%、27.7%。1995年，在全市398家乡以上独立核算工业企业中，盈利企业265家、亏损企业133家，分别占66.6%、33.4%。2000年，在全市168家统计定报工业企业中，盈利企业128家、亏损企业40家，分别占76.2%、23.8%。2000年后，逐步重视投入产出效益、工业企业经济效益有所好转，亏损面逐年下降。2005年，在全市286家规模以上工业企业中，盈利企业250家、亏损企业36家，分别占87.4%、12.6%。

第四节　投资结构

1986年，全县固定资产投资按照国家规定，控制投资规模，压缩非生产性投资，以解决经济增长过快过热问题。是年，全县完成固定资产投资总额3145万元，其中生产性投资2530万元、非生产性投资615万元，全县三次产业投资结构比0.32∶67.52∶32.16。1990年起，投资环境有所宽松。是年，全县完成固定资产投资总额3646万元，其中全民单位基本建设投资1886万元，分别比上年增长70%、230%。1995年，全市完成固定资产投资总额2.09亿元，其中基本建设投资5639万元、更新改造投资2680万元、房地产开发投资5279万元、其他项目投资7350万元，全市三次产业投资结构比0.48∶31.58∶67.94。2000年，全社会固定资产投资加快，完成固定资产投资总额12.95亿元，其中基本建设投资1.88亿元、更新改造投资6500万元、房地产开发投资9567万元、个体私营经济投资5450万元、其他投资8.91亿元。2005年，全市全社会固定资产投资进一步加速，完成固定资产投资总额46.41亿元，其中城镇规模以上项目投资14.4亿元、农村规模以上项目投资16.07亿元、房地产开发投资7.19亿元、小城镇建设投资7亿元、城乡私人建房投资1.74亿元。是年，全市三次产业投资结构比0.60∶62.10∶37.30。

1986～2005年部分年份高邮市固定资产投资结构情况一览表

表9-4

项目 / 年份	统计口径	投资总额（万元）	第一产业（万元）	第二产业（万元）	第三产业（万元）	投资结构比
1986	城镇以上集体单位	3100	10	2100	1000	0.32∶67.52∶32.16
1990	城镇以上集体单位	3600	30	1500	2100	0.83∶41.32∶57.85
1995	城镇以上集体单位	20900	100	6600	14200	0.48∶31.58∶67.94
2000	全社会	129500	1000	51200	77300	0.77∶39.54∶59.69
2005	全社会	464100	2800	288200	173100	0.60∶62.10∶37.30

说明：本表根据市发改委提供资料和参照《高邮统计年鉴》编制。

第十篇

开放　开发

要　目

80年代，全县对外国和中国港澳地区贸易，主要通过省外贸公司和外省、市外贸口岸，销售地方农副土特产品和工艺品、服装等工业品。1986年，全市完成外贸收购额4685万元。1990年，全市外贸收购额首超1亿元，实现10021万元。90年代，随着外贸体制改革逐步推进和招商引资工作启动，全市对外开放力度不断加大，开放型经济发展逐步加速。1992年，建立经济开发区。90年代后期，受亚洲金融危机影响，且处于对国家新外贸政策调整的适应期，全市开放型经济发展步伐放缓，招商引资陷入低谷，对外经贸出现徘徊、下滑现象。1996年，全市自营出口额比1995年下降32%。1998年，全市外派劳务人数比1997年下降59%。进入21世纪后，市委、市政府不断推出招商引资的新举措，全市外向型经济出现快速发展态势。至2005年，全市建成市以上经济开发区2个、乡镇特色工业园2个、乡镇工业集中区9个，累计引进外资4420万美元、中国港澳台资1.23亿美元、国内民资110.82亿元，争取国家资金11.49亿元。是年，实现自营出口总额1.14亿美元、外经营业额182万美元。

第一章　招商引资

90年代初，全市招商引资工作进入实质性阶段。1990年，全市实现招商引资项目零的突破。1992～1993年，通过打造高邮经济开发区这一招商引资平台和举办首届中国双黄鸭蛋节，开展招商引资活动。1995年，外资来源扩展到美国、英国、韩国、印度尼西亚、厄瓜多尔等国家，投资项目体量亦逐步加大。90年代后期，受亚洲金融危机影响，招商引资工作受到冲击。1996年起，引进项目和引进资金额度呈大幅度下滑态势。2000年以后，市委、市政府提出"市外也是外"的招商引资新理念，建立健全招商引资组织与队伍，制定一系列招商引资优惠政策和激励措施，采取现代招商引资策略，创新招商引资手段，开展多种招商引资活动，全市招商引资工作成效逐步显现。2005年，全市引进各类项目578项，引进资金50.1亿元。其中，引进外资项目16项、金额916.29万美元；引进中国港澳台资项目40项、金额2291万美元；引进国内民资项目492项、金额46.16亿元；争取国家项目30项、国家资金1.7亿元。

第一节　招商组织与政策措施

一、招商机构

1986～1997年，全市未设立专门招商引资机构，招商引资工作分散于各相关职能部门。其中，市计划委员会分管投资项目申报和引进工作，市经济技术协作委员会分管市外经济技术协作工作，市经济委员会与市经济体制改革委员会分管经济横向联合工作，市对外经济贸易委员会分管对外经济贸易和外资引进工作。1998年6月，市委、市政府设立市对外合作与投资促进委员会，下设办公室。同时，设立市招商局，与市对外经济贸易委员会合署办公，列为市委工作机构、市政府主管招商引资工作的职能机构。2000年10月，市委、市政府成立市招商引资领导小组，由市委、市政府主要领导、分管领导和相关部门、重点乡镇、经济开发区负责人组成。2001年10月，市招商局从市对外经济贸易委员会划出，挂靠于市计划委员会，列为市政府工作机构。2003年初，市招商局从市发展计划局划出，与市对外贸易经济合作局合署办公，市发展计划局原有相关招商引资职能全部划给市招商局。

二、招商队伍

2000年以后，全市逐步形成招商引资工作网络和专兼职招商引资队伍。市委、市政府成立市招商引资领导小组后，各乡镇（园区）、部门层层建立招商引资工作领导小组，均由主要负责人担任组长。领导小组内设工业、农业、第三产业和旅游业、城市建设和建筑业等4个专线招商引资工作小组，分别由市委分管副书记任组长。各乡镇（园区）、部门相应配备专兼职招商人员。2003年，各乡镇（园区）、部门开始组建专职招商队伍，派驻外地招商；聘请外地招商顾问和聘用兼职招商员，委托外地中介招商机构，进行就地招商。2005年，全市建成由246名专兼职人员组成的专业招商队伍，其中定向巡回招商队伍人员131人、驻外地招商人员115人。

三、目标考核

2001年起，市委、市政府逐步制定和完善招商引资工作目标考核办法。开始由市按年度向乡镇、部门下达招商引资总目标数，后改为按人员、梯队下达招商引资任务数。即规定市级领导干部每人每年招商引资任务不少于500万元；乡镇、园区按第一、二、三梯队，分别以1∶0.7∶0.5比例标准下达年度招商引资任务；市级机关部门第一梯队主要负责人、副职干部、财政供养人员每年招商引资任务分别不少于400万元、100万元、60万元，第二、三梯队人员分别按第一梯队人员的70%、50%下达招商引资任务；规模以上企业亦按第一、二、三梯队分类，分别下达招商引资任务。2001～2005年，市委、市政府不断加大对招商引资工作的考核力度，每年年初，按考核结果兑现奖惩。

四、招商引资政策

1999年，市委、市政府印发《高邮市关于鼓励外商投资的优惠政策性意见》《高邮市对招商引资做出贡献的中介人员、项目管理和实施人员的奖励政策》《高邮市1999年外向型经济考核奖励办法》。2000年，市委、市政府印发《高邮市招商引资工作意见》。2001年，市委、市政府印发《关于全力推进招商引资工作的决定》。2002年，市委、市政府印发《关于进一步推进全员招商引资工作的实施意见》，在全市形成全民招商、全员招商、全面招商的氛围。

2003年，市招商局编印的《高邮市投资指南》列出招商引资优惠政策，主要有：

土地使用　外商和中国港澳台商投资新办的生产型企业，以国有土地出让方式获得土地使用权的，工业用地免收净出让金。供地方式可采用出让、租赁的方法。外资和中国港澳台资企业、民资企业可支付一定比例的出让金后办理权属证书，先开工建设，余款分期支付，也可先租后受让。投资生产型企业以租赁集体土地方式获得土地使用权的，在办理建设用地、农地转用手续后，农民补偿可采用与村组租地的方法，3年内租金标准为：责任田4500元/公顷·年、自留田9000元/公顷·年、口粮田1350元/公顷·年。3年后根据物价上涨指数做出相应的调整。对固定资产投资在5000万元以上或外商和中国港澳台商直接投资在500万美元以上的生产性项目和基础设施项目，给予特殊优惠。

建设规费　外商和中国港澳台商投资新办的生产性企业，免收城市基础设施配套费、墙体材料改革费、绿化费、水泥散装费、人防建设费等所有建设规费。有关建设方面的中介服务，由外商和中国港澳台商投资企业自主选择有关机构，实行有偿服务，市内机构中介服务费减半收取。

税收奖励　外商和中国港澳台商投资新办的生产性企业，经营期在10年以上的，其上缴的增值税本级财政分成部分，从产品销售之日起，实行3年内全额征收、部分奖励的办法。对生产性企业实行第一年奖励50%，第二年奖励30%，第三年奖励20%。对国家鼓励类生产性项目或实际利用外资和中国港澳台资500万美元以上的重大项目，实行第一年奖励80%、第二年奖励50%、第三年奖励30%的政策，分别于次年奖励兑现。外商和中国港澳台商投资生产性项目，经营期在10年以上的，从获利年度起，企业所得税按“三免四减半”执行，超出国家规定“两免三减半”的部分享受地方财政奖励；如产品出口比例达70%，仍然实行减半，经评定为省级科技型先进企业，还可延长3年减半征收。外商和中国港澳台商投资新办的生产性企业，从产品销售之日起，5年内免征城市维护建设税、地方事业发展基金、教育费附加、粮食风险基金、防洪保安资金等规费。对于外商和中国港澳台商投资兴办的高新技术项目、基础设

施、能源交通、农业开发项目以及收购、兼并市内企业项目、外商和中国港澳台商投资500万美元以上的重大特殊项目等，在享受以上优惠政策的基础上，可根据投资者的具体情况和要求在优惠政策方面作个别处理，予以特殊优惠。对国内投资者在高邮投资的项目，固定资产投资在500万元以上的工业企业，由市招商局报请市政府作个别处理，可比照以上优惠政策执行，对重点项目实行一事一议。

2003～2005年，相继印发《高邮市招商引资工作要点》《高邮市招商引资"三分之二"工作法》《高邮市招商引资奖惩办法》《高邮市运河招商行动计划》《高邮市运河招商行动实施意见》等。

第二节　招商活动

一、驻地招商

2003年，高邮经济开发区和10个乡镇、市直机关，分别在广东、上海、北京、浙江和苏南等地设立驻外招商办事机构14个，派出常年驻外招商人员14人。2004年，高邮经济开发区、高邮鸭业园区、甘垛工业园区和12个乡镇、市直机关，设立驻外招商办事处54个，派出驻外招商人员77人。2005年，全市2个经济开发区、20个乡镇、20个市直机关，在9个省市31个城市设立驻地招商办事处84个，派出招商人员115人，其中副科级以上干部38人。

二、节会招商

图10−1　2002中国·高邮双黄鸭蛋节投资推介暨项目签约仪式

1993年4月，市委、市政府举办首届中国双黄鸭蛋节，受邀参加活动的国内外客商1100人，其中外商和中国港澳台商160人；签约项目108项，总投资额4.03亿元，其中外资和中国港澳台资项目24项，引进外资和中国港澳台资897.6万美元。1997年，市委、市政府举办首届中国邮文化节，受邀参加活动的国内外客商1139人，其中外商和中国港澳台商160人；签约项目65项，总投资额2.19亿元，其中外资和中国港澳台资项目5项，引进外资和中国港澳台资65.88万美元。2001年，全市加大招商引资力度，由市委、市政府主要负责人、乡镇党委和政府主要负责人、市直机关部门和单位主要负责人组建大规模招商团队，分别到市外相关城市举办高邮市投资合作项目信息发布会、投资环境说明会、投资洽谈会等相关招商会议16次。其中，在广东深圳、浙江温州两地，通过招商会议招商签约项目35项，投资总额5.22亿元，协议利用外资和中国港澳台资1025.62万美元、市外民资2.99亿元。至2005年，全市共举办3届中国双黄鸭蛋节、3届中国邮文化节，连续3年组织参加扬州市举办的"烟花三月"经贸旅游节，共签约招商引资项目452项，投资总额91.02亿元，协议利用外资和中国港澳台资2.72亿美元、市外民资27.3亿元。在市外通过各类会议形式招商共60次，协议签约项目1055项，投资总额139.03亿元。

三、网上招商

2002年7月，市招商局利用市政府公共信息网的平台，制作中、英文版招商页面，设有"投资指南""市情资源""在线播看"等栏目。2003年2月，市专业招商网站开通。该网网页分中、英文版，主要栏目设有"市情概况""投资指南""政府机构""乡镇概况""企业荟萃""审批服务""旅游风光"等，着重宣传和介绍高邮市投资优惠政策、投资环境，推介高邮市最新投资项目。该网站设有页面近500页，全年发送和接收各类招商信息2万条。2004年，市招商局聘请3名网上招商员，对高邮招商网站进行改版重建，增设日、韩文版。至2005年，全市共建立招商网站（页）30多个，有网上招商人员120人，累计发送和接收招商信息近10万条。同时，在网上建成招商引资信息库、客商库、项目库、驻外人员库、世界知名企业库、高邮籍在外成功人士名录库等，为全市招商引资工作及时提供各类信息服务。

四、委托招商

2003年，市政府聘请招商顾问312人、兼职招商员260人，委托中介招商机构37个，实行委托招商。至2005年，共聘请招商顾问近1000人次、兼职招商员800多人次。通过委托招商，签约项目320项。

第三节　投资环境

一、成立行政服务中心

2001年4月，市委、市政府决定成立市行政审批大厅，为市政府办事机构，在市建委办公大楼门厅挂牌。首批进入大厅联合办公的有12个单位，开设12个窗口，承接审批事项3大类70项。2002年10月，市行政服务中心建成投运，市行政审批大厅所承担的职能及审批事项由市行政服务中心承接。该中心设于市文游路158号，为市委、市政府派出机构，正科级建制，由管理层和窗口服务层两部分组成。管理层负责对集中审批事项的组织、协调、监督、管理和服务工作，内设办公室、业务科、监督检查科；窗口服务层由具有行政许可职能单位组成，负责对外开展行政审批服务和配套服务。首批进驻该中心集中办公的政府机关部门24个，设办事窗口34个，受理行政审批项目19项和行政服务项目5项。全年办结行政审批和行政服务事项总量138件。2003年，该中心办结的行政审批和行政服务事项总量2.96万件，办结率99%。2004年，进驻中心的机关部门增至27个，受理行政审批项目和行政服务项目分别增至109项、79项，办结行政审批和行政服务事项总量3.04万件，办结率99.9%。2005年，该中心受理的行政审批项目增至140项，受理行政服务项目79项，办结行政审批和行政服务事项总量3.67万件，办结率99.92%。

图10-2　2002年建成的市行政服务中心服务大厅

二、发放"绿卡"

2002年1月，市政府印发《关于对外来投资者予以"绿卡"保护的通知》，对有一定投资体量和具有较好工商、信贷、纳税等信誉的外来投资者，由市政府发给"绿卡"，予以保护。是月，市委、市政府召开新闻发布会，首批向12名外地在高邮投资兴业的代表人士颁发"绿卡"。是年，全市持有"绿卡"的外来投资者43人。2003年，全市新增持有"绿卡"外来投资者60人。2004年，全市新增持有"绿卡"外来投资者49人。至2005年，全市累计持有"绿卡"外来投资者207人，其中国外投资者2人、中国港澳台投资者31人、国内市外投资者174人。

三、优化服务

2001年6月，市委、市政府成立治理投资环境工作领导小组。年末，市纪委设立"经济110"，受理外来投资者投诉和求助电话。2002年，市委、市政府组建市优化投资环境办公室，明确该办为市政府常设机构，赋予其监督规范权、事件调查权、协调处理权、曝光通报权、人员处理和人事任免建议权、表彰奖励建议权、作风评议权等7项权力。市优化投资环境办公室设于市纪委内。是年4月，首次聘请11名外来投资者为市优化投资环境信息员。9月，市委、市政府印发《关于对损害投资发展软环境行为实行责任追究的暂行规定》。10月，市委办公室、市政府办公室转发市优化投资环境办公室《关于对市级机关工作人员实行"一次投诉查实停职"的暂行办法》。是年，共查处影响投资环境案（事）件5件，并对有关人员进行处理。市政府对涉及外来投资的各项行政审批事项进行两次清理，共取消和退出行政审批事项755项，保留341项，清退率68.9%。同时，对行政事业性收费项目和中介性服务收费项目进行两次清理，取消不合理收费项目34项，降低收费标准项目28项。2003年起，市委、市政府确定每年3月和9月为"为投资者服务活动月""服务厂商行活动月"，开展相应系列服务活动。是年，成立市外商投资协会、市台湾同胞投资企业协会、市外商投资企业沙龙、市外商投诉中心。对重点外来投资企业实行"特派员"制度，为外来投资者打造和拓宽"话语权"的平台与渠道。2004年，市委、市政府决定，在市纪委增设市行政效能投诉中心。在外来投资者兴办的企业中，设立联络员、信息员、监督员服务网络，全市共设有"三大员"328人，实行定人、定位、定任务、定期汇报交流相关信息的"四定"制度。2005年，全市市直机关29支行政执法队伍，通过报纸、电视、电台等新闻媒体，向社会公开做出服务招商引资工作的承诺。市优化投资环境办公室开通"经济110直通车"，与市纪委"经济110"实行联动，做到每天24小时待车守候。至是年末，全市形成为外来投资者服务的三大服务体系，即对外来投资行政审批的一条龙服务体系、外来投资项目实施过程中的全方位服务体系、项目投产后的经常性服务体系，为外来投资者提供贴身式、保姆式、亲情化的全方位、系列化服务。

四、责任考评制度

2001年5月，市委、市政府将全市年度招商引资目标分解到各乡镇和相关部门，实行市领导干部挂钩联系责任制和乡镇、部门完成分解目标与财政拨付资金挂钩制。是年8月至年末，市委、市政府在各乡镇和有招商引资任务的部门、单位中，首次开展招商引资百日竞赛活动。2002年6～7月，市委、市政府组织开展全市招商引资"过半赛""百日会战迎节庆"招商引资活动。2003年5月、7月、10月，市委、市政府先后组织开展全市招商引资"过半赛"活动、"双月会战迎节庆"招商引资活动、"决战第四季度招商引资"活动。2004年，市委、市政府建立招商引资考评通报制度，通过招商引资汇报会、工作会、督察会、交流会等多种形式，通报全市招商引资进度和任务完成情况。市招商局定期发布招商引资情况摘报、利用外资十天快报。全市202家列入统计工业企业，全部落实党政干部挂职为服务招商工作责任人，共包装工业招商项目144项。2005年，市委、市政府对各乡镇（园区）、部门和规模以上企业，按第一、二、三梯队分类，分别下达招商引资任务。各单位层层分解落实，形成自上而下的招商引资压力传递系统。实行每月实际到账外资和新增民营注册资本排名制度，重大项目推进督察、检查制度，每两个月一次项目集中开工制度，每季度一次专项督察、检查制度。建立重大招商引资项目基金，首次筹集2000万元，奖励引进项目的有功单位和人员。实施机关部门人员工资中地方补贴部分与招商引资实绩挂钩、乡镇（园区）招商引资综合积分制考核办法。

第四节 招商业绩

1990年4月，汉留乡、县无线电元件六厂在全市首次分别引入港商、台商投资项目，即香港礼裕实业有限公司投资项目，引进资金10.15万美元，建成总投资额和注册资金均为30.65万美元的合资企业——扬州琼花环保工程设备有限公司；台湾众利贸易股份有限公司投资项目，引进资金30万美元，

图10-3 1991年，香港礼裕有限公司董事长顾七妹（前左三）一行考察扬州琼花环保工程有限公司

建成总投资额和注册资金均为61.3万美元的合资企业——扬州德华电子有限公司。1990年10月，天山乡南茶村在全市首家引进外商投资项目——新加坡主力进出口公司投资项目，引进资金24.3万美元，建成总投资额115万美元、注册资金81万美元的中外合资企业——扬州主力皮革制品有限公司。1993年，全市引进房地产开发项目2项，先后建立港商合资企业——扬州天时房地产有限公司和高邮金创房地产发展有限公司。

2003年10月，天山镇在全市引入单体投资体量最大的投资项目——江苏顺大半导体发展有限公司。该公司由香港客商和省内客商共同投资总额9930万美元，其中协议引进港资3724万美元，为全市投资规模最大的市外民资独资企业。至2005年，全市累计引进项目2330项，引进资金134.01亿元。其中，引进外资项目74项，引进资金4400万美元；中国港澳台资项目245项，引进资金1.23亿美元；国内民资项目1636项，引进资金110.83亿元；国家投资项目375项，引进资金11.49亿元。累计建成各类企业158家，其中独资企业52家、合资企业106家。

1990～2005年高邮市外商和中国港澳台商投资情况一览表

表10-1

项目 / 年份	投资项目（项）	合资	独资	投资金额（万美元）	协议引进外资和中国港澳台资	实际利用外资和中国港澳台资
1990	3	3	—	207	65	52
1991	5	5	—	199	50	34
1992	6	6	—	450	134	316
1993	7	7	—	996	350	646
1994	5	5	—	962	291	671
1995	3	3	—	3056	2071	985
1996	3	3	—	234	170	64
1997	2	2	—	156	55	101
1998	—	—	—	—	—	—
1999	1	—	1	101	79	22
2000	1	1	—	100	71	29
2001	14	8	6	2184	1250	934
2002	11	5	6	2740	1511	1229
2003	30	19	11	23719	10721	12998
2004	29	18	11	8428	3952	4476
2005	38	21	17	22855	12362	10493

1990～2005年高邮市招商引资情况一览表

表10-2

年份＼项目	合计		外资		中国港澳台资		国内市外民资		争取国家资金	
	项目（项）	金额（亿元）	项目（项）	金额（万美元）	项目（项）	金额（万美元）	项目（项）	金额（亿元）	项目（项）	金额（万元）
1990	10	0.12	—	—	2	100	—	—	8	500
1991	19	0.46	1	200	8	300	—	—	10	1200
1992	54	1.39	—	—	36	1300	3	0.30	15	1500
1993	123	2.33	3	100	21	800	84	1.56	15	1400
1994	55	2.11	10	600	22	1300	3	0.60	20	2000
1995	48	2.81	5	500	21	2200	2	0.47	20	4000
1996	29	0.92	3	100	3	200	3	0.48	20	2500
1997	97	1.98	—	—	5	100	60	1.52	32	4200
1998	14	0.97	—	—	—	—	3	0.53	11	4500
1999	12	0.62	—	—	2	100	2	0.49	8	600
2000	21	0.98	—	—	3	100	2	0.39	16	4900
2001	36	2.61	8	700	9	300	5	1.60	14	3100
2002	74	7.23	5	300	23	1200	21	5.73	25	4500
2003	578	22.92	12	500	28	1100	447	19.30	91	25000
2004	582	36.46	11	500	22	900	509	31.70	40	38000
2005	578	50.10	16	900	40	2300	492	46.16	30	17000

1995～2005年高邮市外商和中国港澳台商投资500万美元以上企业情况一览表

表10-3　　单位：万美元

批准年份	企业名称	地址	投资总额	注册资本	外商和中国港澳台商投资额
1995	扬州宏远电子有限公司	高邮经济开发区	2442	1775	1711
2003	扬州贝塞尔营造材料有限公司	龙虬镇	1200	800	800
2003	扬州瑞华房地产开发有限公司	高邮经济开发区	4600	2331	2331
2003	江苏顺大半导体发展有限公司	天山镇	9930	3724	3724
2003	高邮格林鸭业有限责任公司	高邮鸭业园区	1000	680	680
2003	扬州恒生置业有限公司	城区府前街	1475	875	525
2004	江苏华信轻工制造有限公司	临泽镇工业集中区	1400	1000	1000
2004	扬州大中化工有限公司	高邮经济开发区	2400	1000	1000
2005	扬州美锋照明科技有限公司	高邮经济开发区	2980	1600	1600
2005	江苏名正鞋业有限公司	八桥镇工业集中区	1300	800	800
2005	江苏亿嘉通信技术有限公司	高邮经济开发区	800	500	500
2005	老蔡（江苏）实业有限公司	周巷镇工业集中区	2980	2900	2900
2005	江苏波司登制衣有限公司	高邮经济开发区	5123	4362	2399
2005	高邮嘉润置业发展有限公司	城区傅公桥路2号	800	500	500

2003～2005年高邮市引进亿元以上内资投资项目情况一览表

表10-4 单位：亿元

年份＼项目	项目名称	地址	投资总额	注册资本	市外投资方出资
2003	啤酒生产	高邮镇	3.00	1.00	3.00
2003	房地产开发	高邮镇	1.00	0.10	1.00
2004	综合开发	高邮经济开发区	1.60	0.66	1.60
2004	宏远三期	高邮经济开发区	1.00	0.50	1.00
2005	羽绒服生产	高邮经济开发区	4.50	0.70	3.00
2005	扬州亨利纺织有限公司	三垛镇	1.00	0.05	1.00
2005	江苏顺兴单晶硅扩产	天山镇	1.50	0.80	1.20
2005	宏远四期	高邮镇	1.80	0.50	1.80
2005	通威饲料	高邮城南经济新区	1.20	0.60	1.20

第二章 对外国和中国港澳台地区经贸

80年代，由县外贸公司统一收购地方农副土特产品和指定厂点加工的工艺品，通过省外贸部门和外省、市外贸口岸销往国外。至80年代末，始有劳务输出。90年代中后期，由于亚洲金融危机影响和国家外贸政策调整，全市对外国和中国港澳台地区经贸发展滞缓，乃至下滑。1996年，全市自营出口额从上年的1096万美元下降到750万美元。1998年，全市外派劳务人数从上年的58人下降到24人。2000年后，全市对外国和中国港澳台地区经贸得到持续性发展。2000～2005年，全市自营出口总额年平均增速51.4%，外派劳务从2000年的23人增加到2005年的118人。

第一节 对外国和中国港澳台地区贸易

1986年，全县对外国和中国港澳台地区贸易的商品由县外贸公司及其专业公司统一收购，通过省对外贸易进出口公司和外省、市对外贸易口岸公司，出口外销地方农副土特产品和工业产品。1992年，市外贸公司与省对外贸易进出口公司脱购，外贸营销方式由市外贸公司及其专业公司统一收购，转为多企业、多层次供货。2000年后，全市对外贸易稳步快速发展。2004年，全市实现自营出口额10028万美元，成为扬州市首家自营出口额过亿美元的县（市、区）。2005年，全市实现自营出口额1.14亿美元。

一、外贸收购

1986年，由县外贸公司统一收购地方农副土特产品和工业产品。农副土特产品主要有薄荷油、兔毛、棉花、猪肉、蛋品、饲料、芝麻等，工业产品主要有柳制品、服装、白厂丝、棉纱、塑料编织袋、涨闸、坯布、油封纸、仿古陶瓷、旅游鞋等。通过省对外贸易进出口公司和上海、广东、天津等地外贸口岸公司对外销售。是年，全县实现外贸收购额4685万元，其中农产品收购额与工业产品收购额比例为73∶27，出口创汇企业24家，首次实现轻工业产品出口。1988年，全县实现外贸收购总额7809万元，其中农产品收购额与工业产品收购额比例变为29∶71，首次出现以工业产品出口为主的格局，形成以纺织、轻工、化工、工艺品为重点的出口优势，出口创汇企业增加到36家，并新辟武汉、安徽、河北等地外贸口岸公司外销出口产品。1989年，全县外贸供货品种增加到54种，外贸口岸公司发展到12家，呈现以省内外贸口岸经销为主、多口岸公司经营的路子。1990年，全县实现外贸收购总额10021万元，首次突破亿元；全县出口创汇企业增加到47家，外贸供货品种增加到68种。1991年，全市面对国家取消出口补贴和特大洪涝灾害影响，调整外贸产品结构，新开发外贸工业产品9种，全市实现外贸收购总额1.47亿元，其中工业产品出口额8395万元。"三资"（外商独资、中外合资、中外合作）企业完成出口额42万美元。1992年，市外贸公司与省对外贸易进出口公司脱钩，外贸营销方式从统一收购供货变为多企业、多层次供货。至此，全市统一收购供货的外贸营销方式终止。

1986～1991年高邮市外贸收购供货情况一览表

表10-5

项目 年份	外贸收购额（万元）	农产品	工业品	外贸供货品种（种）	农产品	工业品	外贸创汇企业（家）	外贸口岸经营公司（家）
1986	4685	3420	1265	43	37	6	24	4
1987	5619	2922	2697	48	26	22	27	4
1988	7809	2272	5537	60	31	29	36	7
1989	7977	2615	5362	54	24	30	42	12
1990	10021	2963	7058	68	28	40	47	27
1991	14700	6305	8395	77	33	44	53	7

二、自营出口

1991年，全市首家外商合资企业——扬州市主力皮革制品有限公司，完成出口额42万美元。1993年，高邮服装厂在全市首家获批对外进出口经营权，完成自营出口额299.4万美元。1995年1月，市外贸公司获批自营和代理全市商品进出口经营权，是年实现留兰香、大蒜油等农产品自营出口销往美国。1996年，受国家对外贸易产品退税税率下调、退税不到位和亚洲金融危机影响，全市外贸企业自营出口额从1995年1096万美元下降到750万美元。1999年，高邮经济开发区建成全市首家外商独资企业——扬州鸿泉制衣有限公司。从此，全市出现由市外贸公司、外商合资企业、外商独资企业和享有进出口经营权企业"四轮齐转"的对外经济贸易新格局，全市自营出口额迅速回升。是年，全市完成自营出口总额2792万美元。2000年，具有对外进出口经营权的江苏金飞达电动工具有限公司开拓电动工具国际市场，自营出口额1301万美元，占全市出口总额37%，2001年、2003年，分别实现自营出口额2018万美元、3654万美元，成为全市出口创汇大户。2004年，全市实现自营出口总额10028万美元，为扬州市各县（市、区）中首家自营出口额过亿美元的县。其中，江苏金飞达电动工具有限公司完成自营出口额4994万美元，占全市出口总额49.8%。至2005年，全市获批自营对外贸易公司3家、自营出口企业18家、"三资"企业24家。是年，全市完成自营出口总额1.14亿美元，主要出口产品有机电设备、箱包鞋、服装，分别占全市出口总额66%、24%、6%。

1991～2005年高邮市自营出口情况一览表

表10-6

项目/年份	外贸企业（家）	自营企业	“三资”企业	外贸公司	自营出口总额（万美元）	主要出口产品占出口总额比例(%) 机电	箱包鞋	服装	其他产品
1991	1	—	1	—	42	—	100	—	—
1992	6	—	6	—	134	—	100	—	—
1993	8	1	7	—	299	—	50	50	—
1994	6	1	5	—	563	—	50	50	—
1995	9	2	6	1	1096	75	10	5	10
1996	10	2	7	1	750	84	11	5	—
1997	11	2	8	1	2288	68	21	5	6
1998	11	4	6	1	2795	43	30	17	10
1999	11	5	5	1	2792	38	33	15	14
2000	14	7	6	1	3504	66	18	9	7
2001	13	8	4	1	4031	67	20	10	3
2002	22	13	8	1	5409	69	8	8	15
2003	35	20	14	1	7125	65	17	8	10
2004	46	22	21	3	10028	61	30	5	4
2005	45	18	24	3	11410	66	24	6	4

三、“三来一补”

80年代，县汽车配件厂承接美国裘力斯总公司来图纸加工生产汽车轮胎螺母的业务。1991年4月，市无线电元件六厂（扬州升达集团）在全市率先开展补偿贸易。该企业通过香港客商签订生产铝电解电容器关键设备的补偿贸易合作意向书，引进资金45.2万美元，购进由韩国和中国台湾制造的设备，建成具有国内先进水平的电容器生产线，分3年用企业生产的电容器产品补偿购置设备的价款。1991～1995年，全市共承接外商和中国港澳台商“来样生产”业务3项、“来料加工”业务3项、“来件装配”业务10项、补偿贸易业务6项。1995年末起，该项对外业务因监管难、追偿难等问题停业。

四、进口贸易

90年代初，随着“三来一补”业务开展，全市始有进口业绩，但数额不大。1998年，市内有进出口经营权的企业开展涉及机械设备、产品原料等进口业务。是年，全市实现进口额626万美元。2005年，全市完成进口额1166万美元。

五、边境贸易

1991年10月，市外贸公司首次派人到东北和内蒙古，并派人常驻黑龙江省黑河、满洲里，开展边境贸易活动。1992年，边贸活动拓展至新疆和黑龙江省哈尔滨市。至是年末，全市与黑龙江、内蒙古、新疆等3个省、自治区20家边境贸易公司建立业务关系，年边境贸易销售总额1000多万元。至90年代后期，全市边境贸易未取得突破性进展，并逐步趋于冷落。

第二节　对外经济技术合作

一、对外劳务合作

1989年，县第二建筑安装工程公司通过常州市第二建筑安装工程公司，首次向科威特外派建筑施工劳务人员60人。是年，实现外经营业额15万美元。1992年，市内17名高中毕业生通过江苏国际海员服务公司，首批被国外海轮聘为劳动合同制船员。1996年12月，中国江苏国际经济技术合作公司高邮分公司（简称中江高邮分公司）成立。1997年3月，市建筑安装工程公司外派新加坡建筑劳务人员14人，其中木工8人、钢筋工6人。是年下半年，中江高邮分公司外派美国塞班缝纫工4人。1999年10月，市市政建设工程有限公司成为全市首家获得对外经济技术合作业务经营权的单位。2000年后，全市外派劳务呈多单位多渠道发展的态势，外经营业额逐年上升。2001年，中江高邮分公司自组外派劳务人员54人。其他单位通过各自渠道组织外派劳务人员83人，其中江苏华泰道路桥梁工程有限公司组织外派建筑劳务人员33人、市总工会组织赴日本农业研修生4人、送桥镇外派科威特建筑劳务人员36人、八桥镇外派建筑劳务人员10人。是年，全市外经营业额超过100万美元，实现100.9万美元。2003年，全市新增外派劳务人员102人，其中全市首批成建制外派到蒙古国的建筑劳务人员21人、新开辟外派马来西亚等国的劳务人员81人。2004年3月，全市首次一次性招聘外派科威特的建筑劳务人员100人，其中市内招聘46人、市外招聘54人。2005年2月，高邮市成立首家由江苏国泰国际集团指定经营对外劳务合作的专业公司——市凯利国际劳务有限公司。是年，全市新增外派劳务人员118人，实现外经营业额182万美元。至2005年末，全市累计外派劳务人员1452人次，累计实现外经营业额990.9万美元，涉及美国、日本、科威特、塞班、阿联酋、新加坡、毛里求斯、蒙古、马来西亚等9个国家和地区。

二、国外经营

1993年10月，菱塘回族乡鹅毛加工厂首家在俄罗斯开设国外非贸易企业——俄中海鸥服装有限公司。至90年代末，因安全经营难以得到保障，撤离回国。

2000年，高邮镇人吴进忠经广东省番禺市进国摩托车配件厂引荐，先到越南下龙市办企业，后到越南河内市设立越南进国联营公司，任公司经理。2005年，该公司生产销售的摩托车手把、开关等零部件占到越南市场份额的60%左右。

第三章　江苏省高邮经济开发区

1992年3月，市委、市政府在城区原规划北郊工业区的基础上，建立市经济技术开发区。1993年11月，经省政府批准，市经济技术开发区升格为省级经济开发区，定名为江苏省高邮经济开发区。2000年9月，市委、市政府决定，高邮经济开发区直属市委、市政府管辖，实行计划单列。2002年，市政府明确，高邮经济开发区依法享有和行使乡镇政府的行政执法管理权。至2005年末，建成区面积6平方千米。

第一节 机 构

1992年8月，市委、市政府成立市综合开发领导小组，下设综合开发管理办公室，为市政府办事机构，租用东墩乡民房办公。1993年7月，市综合开发管理办公室更名为市经济技术开发区管理委员会，下设办公室，为一级局（科级）建制，内设综合科、项目科、规划建设科、财计科和开发服务所。管委会办公室下辖综合开发实业公司、房地产开发公司和建筑装饰公司等3家经营实体公司。是年，设立市综合开发实业总公司，下设建材公司、地方产品营销公司、信息服务公司。1995年12月，成立高邮经济开发区房地产开发公司。1997年7月，成立市新区建筑装饰有限公司。2000年4月，市政府明确高邮经济技术开发区管理委员会为市政府派出机构，代表市政府在开发区行使行政管理职能，撤销原高邮经济技术开发区管理委员会办公室。9月，市经济技术开发区管理委员会更名为江苏省高邮经济开发区管理委员会，为市委、市政府派出机构。10月，中共江苏省高邮经济开发区工作委员会和中共江苏省高邮经济开发区纪律检查工作委员会建立。区管理委员会内设办公室（挂“党工委办公室”“纪工委办公室”牌子）、农村工作处、经济发展局（挂“招商服务中心”牌子）、社会事务局、财务审计局、国土资源分局、规划分局。其中，办公室、农村工作处、经济发展局为正科级建制，其余4个内设机构为副科级建制。开发区党工委、管委会办公地点设于区内泰北路18号。2001年，区房地产开发公司和建筑装饰公司实行改制，与行政管理机构脱钩。2002年3月，社会事务局更名为社区管理局。7月，开发区党工委、管委会办公地点迁至区内长兴路6号。9月，市委、市政府明确开发区职能配置、内部机构及人员编制设置“三定”方案。管委会办公室内设综合科和秘书科，农村工作处内设党务工作科、群团工作科、办公室、农副业科、民政科、计划生育科、农经科、村建科、司法科、经济发展科和财务审计科，经济发展局内设综合科、招商引资服务中心、企业管理科、三产科、统计科，社区管理局内设建设科、管理科，国土资源分局内设用地监察科、地籍管理科，规划分局内设规划管理科、建设管理科，财务审计局内设综合预算科、农业科、审计科。2004年，国土资源分局划归市国土资源局管理，为股级单位。2005年1月，江苏省高邮经济开发区管理委员会被明确为副处级。

图10-4 高邮经济开发区办公楼

1992～2005年江苏省高邮经济开发区管理机构及其负责人情况一览表

表10-7

时间	机构名称	主要负责人
1992年8月至1993年7月	市综合开发领导小组	组　长：戎文凤（1992年8月至1993年7月） 副组长：李士清（1992年8月至1993年7月） 周宏举（1992年8月至1993年7月）
	市综合开发管理办公室	主　任：李士清（1992年8月至1993年7月） 副主任：周宏举（1992年8月至1993年7月）
1993年7月至2000年4月	市经济技术开发区管理委员会	主　任：卜　宇（1993年7月至2000年5月） 副主任：周宏举（1993年7月至2000年5月）

续表 10-7

时间	机构名称	主要负责人
2000年4～9月	市经济技术开发区管理委员会	主　任:王东升(2000年5～9月) 副主任:柳亚南(2000年5～9月) 赵远柏(2000年5～9月) 葛开岭(2000年5～9月) 王吉明(2000年5～9月)
2000年9月至2005年12月	中共江苏省高邮经济开发区工作委员会	书　记:王东升(2000年9月至2001年7月) 张安龙(2001年7月至2004年3月) 张秋红(2004年3月～) 副书记:张建文(2000年9月至2001年7月) 张　锋(2000年9月至2002年1月) 刘志年(2001年11月至2002年4月) 袁富强(2002年1月至2004年12月) 徐学斌(2003年2月～) 潘建奇(2004年10月～) 朱海涛(2005年4月～) 苏延祥(2005年12月～)
	江苏省高邮经济开发区管理委员会	主　任:王东升(2000年9月至2001年7月) 张安龙(2001年7～11月) 刘志年(2001年11月至2002年4月) 张秋红(2002年8月至2004年10月) 潘建奇(2004年10月～) 副主任:张建文(2000年9月至2001年7月) 张　锋(2000年9月至2002年1月) 吴金宏(2000年9月至2002年8月) 盛卫东(2002年1月至2004年4月) 刘宝桃(2002年1月～) 詹东周(2002年1月～) 张拥军(2002年7月～) 朱海涛(2003年3月至2005年4月)
	中共江苏省高邮经济开发区纪律检查工作委员会	书　记:赵远柏(2000年9月至2002年1月) 徐学斌(2002年1月～) 副书记:朱宝年(2000年9月～)

第二节　区　位

1992年，市经济技术开发区选址于城区东北角，西依淮扬公路和京杭大运河，南临邮兴公路和北澄子河，东傍规划中的京沪高速公路，规划控制总面积6.43平方千米。1993年11月，经省政府批准，在市经济技术开发区原址建立江苏省高邮经济开发区，规划面积4.94平方千米，其中起步区面积1.88平方千米，界址为东至北关河、南至泰山北路、西至文游北路、北至东墩乡钓鱼村庄台。

2000年9月，市政府印发《关于江苏省高邮经济开发区规划范围调整的批复》，调整开发区规划范围，高邮镇新联村泰山村民小组并入文游台村，文游台村与马棚镇花王村、杨桥村、腰圩村、灯塔村、东墩村、太堡村、昌农村、北太平村、清水潭村(2000年5月区划调整前原东墩乡所属9个村)共10个行政村划入开发区。规划范围调整后的开发区区域总面积41.90平方千米。区域范围为东与龙虬镇接壤、西临京杭大运河、南至北澄子河、北界马棚镇，东西宽3千米，南北长13千米；开发规划面积增加到9.88平方千米，其中起步区面积扩大到5平方千米。至2002年，区内建成台商科技电子园、佳讯创业园、轻纺兴业园、文游民营工业园、花王民营工业园等5个"园中园"，规划占地1.43平方千米。并先后设立高沙园社区、东墩社区。

至2005年末，全区辖有5个工业开发园，135家企业，职工总数5690人，其中外来务工人员2500人；10个行政村、2个社区，村（居）民小组130个，常住人口3.76万人，其中非农业人口2万人；开发区建成区面积6平方千米，耕地面积1701.5公顷。

2005年江苏省高邮经济开发区各村、社区情况一览表

表10-8

名称	村（居）民小组数（个）	户数（户）	总人口（人）	农田面积（公顷）	工业企业（家）	社会总产值（万元）	农民人均纯收入（元）
文游台村	12	623	1635	11.4	25	62905	8015
花王村	18	1348	4312	139.5	68	31750	5330
杨桥村	13	860	3210	190.7	4	2857	4600
腰圩村	14	939	3053	259.0	4	3349	5026
东墩村	11	709	2606	224.5	2	3618	4947
灯塔村	12	830	3004	199.8	4	4336	4665
清水潭村	11	697	2489	168.7	2	1874	4853
太堡村	7	430	1469	123.7	2	1852	4894
昌农村	9	477	1614	176.5	2	2418	4702
北太平村	9	600	2288	170.7	—	1394	4647
东墩社区	6	291	1296	37.0	3	1165	4995
高沙园社区	8	3052	10612	—	—	—	—

第三节 基础设施

1993～2000年，区内先后建成长880米、宽21米的长兴路，长1.05千米、宽38米的凌波路，长1千米、宽38米的珠光路，长3千米、设计荷载汽-20、挂-100、纵贯南北的屏淮路，日供水能力10万立方米的市第二自来水厂、日处理废水能力1万吨的市污水处理厂和35千伏变电所各1座。2001年，建成京沪高速公路入口接线（秦邮路）。2002年，市政府开始将该区基础设施建设列为年度城建十大工程之一，逐年付诸实施。是年，投入3000万元，建成"三路三桥"，即金桥北路、凌波路延伸段、长兴路延伸段和长兴桥、凌波桥、横泾河一桥；同步配套建设供水、供电、

图10-5 2005年，高邮经济开发区一角

电信、亮化等设施。2003年，投入3000万元，新建“三路一桥”，即屏淮北路、凌波路东延伸段、金桥北路北段和双庙桥；架设10千伏供电杆线3.4千米，设自来水管道2.6千米；新建占地5公顷的佳讯创业园，新建标准化厂房及附属用房3.26万平方米。2004年，投入5000多万元，建成屏淮北路南延段、凌波东路、捷通路、兴园路、繁昌路等7条道路，总长4.48千米。2005年，投入8000万元，兴修5条道路，总长6千米，建设兴业园标准化厂房6万平方米。

至2005年末，累计投入1.9亿元，建成混凝土道路10.2千米，全区形成“一环、四纵、七横”的网状园区道路，完成绿化面积15.6公顷，建设标准化厂房60万平方米，基础设施实现“五通一平一亮”，即电通、路通、水通、排水通、电信通、地面平、路灯亮。同时，园区道路建设实行雨污分流，铺设污水管道和建成污水提升泵站，将工业污水输入市污水处理厂进行净化处理。

第四节　项目引进

1992～2000年，全区获批进区企业共32家，其中外资和中国港澳台资企业6家、民资企业26家，合同利用外资和中国港澳台资600万美元，实际利用民资3.8亿元。进区主要企业有扬州宏远电子有限公司、江苏精佳集团、扬州高远集团（丝织厂、丝绸厂、服装厂）、扬州一洋制药有限公司、市康奈尔蓄电池厂、江苏圆通电缆有限公司、市申华笔厂、市铝箔纸厂等企业。2000年区域调整后，该区加大招商引资力度。2002～2005年，共新引进企业223家，总投资额53亿元。其中，外资和中国港澳台资企业32家、民资企业191家；合同利用外资和中国港澳台资7848万美元，实际利用外资和中国港澳台资3750万美元，实际利用民资12.5亿元。在引进的项目中，投资额1亿元以上的项目8项，投资额1000万元至1亿元以下的项目13项。

一、江苏广源电线电缆有限公司

1994年，由香港客商与市供电局合资兴建，投资总额5000万元，占地6.5公顷。主要生产钢芯铝绞线、10千伏架空绝缘电缆等产品。2005年，实现产值1.99亿元、利税988万元。

二、扬州宏远电子有限公司

1995年，由广东宏远集团和扬州升达集团合资兴建，投资总额4亿元，规划在开发区建设宏远第一、二、三、四期工程，占地14公顷。至2005年，前3期工程先后竣工投产，正在建设第四期工程。主要生产销售铝电解电容器用高、中、低压全系列电极箔产品。2005年，实现产值1.4亿元、利税815万元。

三、和益电动工具及兴益机械项目

2003年4月，由香港客商与扬州和益机械有限公司兴建，投资总额1.8亿元，占地3.5公顷。主要生产和销售电机、工业吸尘器、切肉机、切割机、台钻、劈柴机等电动工具产品。2005年，实现产值1.61亿元、利税680万元。

四、江苏（中国）纺织服装城项目

2005年，由江苏浙商集团投资兴建，投资总额10亿元，规划占地37.33公顷，建筑总面积50万平方米，其中第一期工程21.7万平方米85幢精品房。主要经营服装、纺织、鞋革、箱包等产品。该项目是集仓储物流、博览展示、商务办公、科技服务、电子商务、技术研发、生活配套为一体的国际性商贸平台。

1992～2005年江苏省高邮经济开发区招商引资项目一览表

表10-9

项目 年份	引进项目（项）	第二产业	第三产业	投资总额（亿元）	实际到账资金（亿元）	外商和中国港澳台商投资		国内民间投资	
						项目（项）	金额（亿元）	项目（项）	金额（亿元）
1992	3	3	—	0.30	0.30	—	—	3	0.30
1993	4	2	2	0.20	0.20	—	—	4	0.20
1994	3	3	—	0.60	0.60	—	—	3	0.60
1995	4	2	2	0.50	0.45	2	0.03	2	0.42
1996	3	3	—	0.48	0.48	—	—	3	0.48
1997	5	3	2	0.36	0.36	—	—	5	0.36
1998	3	3	—	0.52	0.40	1	0.01	2	0.39
1999	4	2	2	0.51	0.51	2	0.02	2	0.49
2000	3	—	3	0.40	0.40	1	0.01	2	0.39
2001	2	2	—	0.50	0.50	—	—	2	0.50
2002	25	24	1	3.00	3.00	2	0.30	23	2.70
2003	62	55	7	12.50	12.50	11	1.20	51	11.30
2004	75	62	13	17.00	17.00	8	2.80	67	14.20
2005	61	56	5	20.50	20.50	11	3.80	50	16.70

第五节　产业发展

1993～2000年，为高邮经济开发区初创期，着重进行基础设施建设，经济发展不快，各项经济指标归所属乡镇统计。2000年区域调整后，开发区机构重组，招商引资力度加大，全区出现“三业”齐发展的格局，经济建设步入快速发展期。2001年，全区实现地区生产总值1.7亿元，其中第一、二、三产业增加值分别为5600万元、4800万元、6600万元；综合财政收入828万元；农民人均纯收入3400元。此后，市委、市政府实行“退城进园”鼓励性政策措施，先后有5家企业从城区迁入开发区。2005年，全区实现地区生产总值4.27亿元，其中第一、二、三产业增加值分别为7600万元、2.2亿元、1.31亿元；综合财政收入4480万元；农民人均纯收入5191元。

一、农业

1992～1999年，该区规划区内行政村分别归原东墩乡和高邮镇管辖，农业经济指标均由原乡镇统计。2000年后，东墩乡和高邮镇部分村组划入开发区，农业经济便成为全区经济一部分。2001年，全区耕地面积1866公顷，年产粮食2.3万吨，实现农业总产值1.17亿元；蔬菜种植面积400公顷，种植无公害绿色蔬菜和反季节蔬菜，蔬菜品种54种，上市总产量2.5万吨，实现产值9600万元；饲养家禽53.2万羽、生猪4.58万头，生产水产品1260吨，发展养禽1000羽以上大户6户，养猪百头以上大户17户。此后，由于进区项目不断增多，土地逐年被征用，农业种植面积逐渐减少。全区着力推广优质高产高效新品种，特别是大力发展蔬菜种植与养殖业，农业经济效益保持上升态势。先后建成省无公害蔬菜生产基地、全国标准化蔬菜生产基地各27公顷，在城区两个农贸市场设立无公害蔬菜直销点，在腰圩村创建“九园”蔬菜品牌，黄瓜、番茄、茄子、芹菜、萝卜和红苋菜等13种蔬菜品种，被省无公害产品认证委员会批准为省无公害蔬菜产品，水芹菜被中国绿色食品发展中心批准为绿色蔬菜。2005年，全区耕地面积减少到1701.5公顷，实现农业总产值1.47亿元，实现粮食产量2.17万吨、畜禽产量48.7万头（只）、水产品产量2167吨、蔬菜产量3.88万吨。

二、工业

1992年，该区有工业企业13家，实现工业总产值3800万元、销售额3200万元、利润148.3万元。1997～2000年，区内工业受国际金融风暴影响，发展不快，部分企业经营滑坡，总体经济效益欠佳。至2000年，区内工业企业虽增加到32家，全区仅实现工业总产值1.8亿元、销售收入1.72亿元、利润463.5万元。此后，各企业为适应国家产业政策调整，加大技改力度，先后完成的主要工业技改项目有：扬州宏远电子有限公司投资4000万元，扩大低压电极箔生产；市丝绸厂投资1500万元，引进具有90年代国内先进水平的10组自动缫丝生产线和由240台立缫机组成的半自动缫丝生产线，扩大白厂丝生产；市制动件总厂投资2200万元，从日本、德国引进自动压铸件生产线，扩大汽车配件生产；市林邮丝织有限公司投资2400万元扩建厂区，主要从事丝织品等产品生产；扬州一洋制药有限公司投资650万美元兴建生产线，主要生产新型解热镇痛药、阿沙吉尔粉针、铝镁加口服混合液等产品。同时，该区对区内所有乡镇企业、集体企业进行改制，实行公退民进。2001年，全区工业企业发展到43家，实现工业产值1.9亿元、销售额1.8亿元、利润500万元。从此，全区工业步入快速发展期，逐步形成规模与特色。2001～2005年，全区逐步形成四大工业区和五大产业集群。四大工业区是：以承载高科技企业为重点的高新科技产业区，以承载机电企业为重点的机械、电器、汽车配件、电动工具工业的机电产业区，以发展服装加工、纺织工业为重点的纺织服装产业区，以承载新型医药企业为重点的生物医药产业区。五大产业集群是：以高邮兆康制药有限公司、沪港新亚药业有限公司、扬州一洋制药有限公司、扬州天健动物药业有限公司等企业为主的医药产业集群，以扬州鸿信线路器材有限公司、江苏永恒塑业有限公司、扬州凯尔化工有限公司、高邮华升线路器材厂等企业为主的塑料制品产业集群，以扬州和益电动工具有限公司、扬州捷通液压件有限公司、高邮宏鑫纺织机械有限公司、高邮金陵减速机有限公司等企业为主的机械产业集群，以高邮利安达服装有限公司、扬州鸿泉制衣有限公司、扬州东鹏服饰有限公司等企业为主的服装产业集群，以扬州美锋照明科技有限公司、扬州升达集团、扬州佳光电子有限公司、扬州松佳照明电器有限公司等企业为主的电子产业集群。

至2005年，全区有工业企业135家。其中，外商和中国港澳台商独资企业6家、合资合作企业11家、私营工业企业118家；规模以上工业企业31家；年产值亿元以上企业3家，即江苏广源电线电缆有限公司（产值1.99亿元）、扬州宏远电子有限公司（产值1.4亿元）、扬州和益电动工具有限公司（产值1.61亿元）。是年，全区实现工业产值9.01亿元、销售额8.75亿元、外贸出口交货值2.72亿元、利税4645万元。

三、建筑业

1995年12月，高邮经济开发区建立房地产开发公司。1997～2001年，由区房地产开发公司首次开发高沙园花园新村15幢4万平方米住宅楼。1999年，该公司开发运河堤边市肉联厂地块13户1500平方米迎湖别墅小区。2000年，区域调整，隶属于东墩乡的市第四建安公司、花王建安公司、城北建安公司和隶属于高邮镇的文游建安公司划归开发区。其中，市第四建安公司为骨干企业，有从业人员2100人、固定资产2500万元，于2001年改制为私营企业。2001年，全区共有建安企业5家，承接建筑施工面积9.5万平方米，完成竣工面积6.98万平方米，实现建筑业产值1.08亿元。2005年，全区建安企业发展到6家，即四方建安公司、建安二处公司、邮城建安公司、鑫盛建安公司、文游建安公司、城北房屋开发公司，共有从业人员2130人，承接建筑施工面积32万平方米，完成竣工面积29万平方米，实现建筑业产值2.09亿元。

四、第三产业

1992年建区起，区内逐步建成高沙园集市、文游北路集市。2000年区域调整后，增加东墩集市。全区逐步形成房产开发、商品物流、专业市场、商场、宾馆、餐饮、交通、银行、医院、学校等相配套的服务业。先后建成苏中装饰城、新世纪装饰城、宝林装饰城等3个大型装饰建材专业市场。至2005年，区内第三产业服务功能逐步齐全，形成高沙园、文游北路、东墩集镇等3个服务功能区，从事各项服务业的个体工商户有2130户，从业人员5810人，全年实现第三产业增加值1.31亿元。是年，江苏浙商集团投资兴建的国际服装城第一期工程建成，建筑面积35万平方米，商铺容驻量2000多户。

2001～2005年江苏省高邮经济开发区各业经济指标实绩一览表

表10-10

项目 年份	地区生产总值（亿元）	第一产业	第二产业	第三产业	农业总产值（亿元）	工业总产值（亿元）	建筑业总产值（亿元）	财政收入（万元）	农民人均纯收入（元）
2001	1.70	0.56	0.48	0.66	1.17	1.90	1.08	828	3400
2002	1.84	0.61	0.49	0.74	1.21	2.33	1.46	2000	3646
2003	2.31	0.69	0.70	0.92	1.26	3.32	1.50	2004	3970
2004	3.02	0.73	1.19	1.10	1.36	5.13	1.60	3821	4448
2005	4.27	0.76	2.20	1.31	1.47	9.01	2.09	4480	5191

说明：1992～2000年，该区系非独立统计单位，各业经济指标由原归属乡镇和主管部门统计，故本表未列。

第四章　高邮鸭业园区

2002年，市委、市政府在江苏高邮鸭集团的基础上，建立高邮鸭业园区。2005年3月，市委、市政府决定扩大园区范围，形成与高邮经济开发区南北交相呼应的城市经济发展新格局，并明确该园区直属市委、市政府管辖，实行计划单列，享有和高邮经济开发区同等的行政执法管理权限和各项优惠政策。

第一节　机　构

2002年12月，市委、市政府决定，成立高邮鸭业园区管理委员会，内设综合办公室、经贸处、农村工作处，明确该园区管理委员会为市政府派出机构。2005年1月，市委决定，成立中共高邮鸭业园区工作委员会、中共高邮鸭业园区纪律检查工作委员会。

2005年，经市编制委员会批准，撤销是年划入的市种鸭场、市蚕种场及其事业单位法人资格，分别成立高邮鸭良种繁育中心、市蚕种管理站，同时成立高邮鸭业园区外商投资服务中心，明确新建的3个单位为园区下属股级建制的自收自支事业单位。

2002～2005年高邮鸭业园区管理机构及其负责人情况一览表

表10-11

时间	机构名称	负责人
2002年12月至2005年12月	高邮鸭业园区管理委员会	主　任:姚美学(2002年12月至2005年1月)　王瑞峰(2005年1月～) 副主任:茆　实(2002年12月至2005年4月)　吴桂余(2002年12月～) 曹玉宏(2003年1月至2005年12月)　耿元凤(2004年9月～)
2005年1～12月	中共高邮鸭业园区工作委员会	书　记:姚美学(2005年1月～) 副书记:王瑞峰(2005年1月～)　陈梅英(女,2005年1月～) 杨金辉(2005年12月～)
2005年1～12月	中共高邮鸭业园区纪律检查工作委员会	书　记:陈梅英(2005年1月～)

第二节　区　位

2002年,高邮鸭业园区规划设址于城区南郊外环产业带,即在江苏高邮鸭集团驻地的基础上,沿城区南环路向东西延伸,形成长2千米～3千米、宽500米的鸭业经济产业带。2003年3月,市委、市政府批准该园区新的规划,规划总面积10平方千米。其中,园区核心区面积2平方千米,建成良种繁育中心,其区域以高邮南门五里长河为中心,西至运河大堤,东至沿河,南、北均至居民住宅区,同时建成鸭产品加工中心,其区域北至南关干渠,南至南关干渠向南700米,西至文游南路,东至高邮镇环乡公路;乡镇无公害标准化养殖基地为800公顷,分别建于郭集镇、司徒镇、横泾镇、汤庄镇、甘垛镇、临泽镇等6个重点镇。2005年3月,市委、市政府做出调整高邮鸭业园区区域范围的决定,将市农林局管辖的市蚕种场、江苏高邮鸭集团(含市种鸭场)、八里松村和高邮镇管辖的新城村整建制划归高邮鸭业园区。

至2005年,全区区域面积7.3平方千米,其中建成区面积5.8平方千米,耕地面积78.7公顷;下辖江苏高邮鸭集团、高邮鸭良种繁育中心、园区外商投资服务中心、市蚕种管理站、八里松村、新城村和42家工业企业;总人口0.6万人,其中企业职工1080人。

2005年高邮鸭业园区各村情况一览表

表10-12

名称	村民小组数(个)	户数(户)	总人口(人)	农业面积(公顷)	工业企业(家)	社会总产值(万元)	农民人均纯收入(元)
八里松村	7	275	1005	44.5	1	731	5182
新城村	9	843	2947	46.9	5	10186	5710

第三节　基础设施

2003年,高邮鸭业园区建成首条长1.3千米、宽12米的中心水泥道路兴区路和区间道路顺达路、荣华路、康园路。2004年,该园区投入1150万元,新建标准化生产厂房3.76万平方米,实施区东支路南段排水沟河塘段护坡工程,完善西区排水系统,完成园区中心道路、支路与外环接口处建设,完成园区主干道绿化带建设。是年,作为该园区"园中园"的江苏高邮鸭集团,加大内部环境整治力度,调整生产布局,拆除2幢900平方米的危旧厂房,改造内部9000平方米的水泥路面,建成3幢共2000平方米的综合用房和3000平方米的绿化草坪,并建成北大门门楼。2005年,对园区道路实施扩建工程,扩建后的兴区路长2.45千米、宽24米，其他区间路扩宽至12米、总长1.6千米。建成排水管道2.5千米，铺设自来水管道3千米，架设10千伏电力线路2.5千米，在南关干渠八里支渠建成跨路盖板涵，在八里松村建成排涝泵站。园区内形成“两横四纵”道路网络。

第四节　项目建设

2003年，高邮鸭业园区与首批13家企业签订项目进园合作协议，其中4家企业进园开工建设。2004年，新增8家企业实施进园项目。至2005年，累计进园企业29家，进园项目37项，引进总投资额2.67亿元。

一、蛋品、肉鸭加工项目

2003年，市红太阳食品有限公司投资1500万元实施技改项目，蛋品、肉鸭加工数量分别从技改前的1500万枚扩大到6000万枚、10万羽扩大到100万羽。2004年，该公司“红太阳”商标获“江苏省著名商标”称号。2005年，该公司生产的高邮鸭和红太阳牌咸鸭蛋通过农业部北京中绿华夏有机食品认证中心认证，获有机食品证书；红太阳牌系列蛋品获第三届省名特优产品交易会产品畅销奖。2004年、2005年，以蛋品加工为主的市金双阳蛋品厂、扬州市金宏食品有限公司先后入园建设。

二、房地产开发项目

2003年，浙江省经协房地产有限公司在园区投资房地产开发项目，注册成立扬州瑞和置业有限公司，注册资金2000万元，投资总额4亿元，开发土地27公顷，第一期工程23幢、8万平方米住宅于2005年交付使用。2005年，天津居正置业有限公司在园区投资房地产开发项目，注册资金3000万元，协议投资额2.7亿元，开发土地18.67公顷，4000平方米样板房投入施工。

三、丙纶纺织项目

2005年，高邮华美丙纶纺织有限公司投资1500万元，征地2.33公顷，兴建主体厂房8000平方米，实施丙纶粗纺纱与无泡过滤芯项目，形成年产丙纶粗纱5000吨、无泡过滤芯1200万支能力。是年，该项目先后获“中国环保产品质量信得过重点品牌”“省科学技术成果鉴定”“省火炬计划立项项目”“国家重点新产品”“国家高新科技产品”等证书，其中丙纶粗纺纱获国家发明专利。该公司成为国内最大的丙纶粗纺纱与无泡过滤芯生产基地。

四、饲料加工项目

2005年，四川通威饲料股份有限公司在园区投资1.2亿元，兴建扬州通威饲料有限公司。占地6.67公顷，建筑面积3万平方米。主要生产水产品饲料，是国内上市公司在高邮市投资的第一个项目。

五、机械汽配件制造项目

2004年，扬州神龙机械制造有限公司、扬州市鸿信汽车维护有限公司、市荣华车件有限公司相继入园建设。2005年，高邮顺达动力机电有限公司、高邮博美达机械制造有限公司、扬州斯瑞富机电有限公司进入园区实施项目投资。至2005年，该行业共有8项项目，完成投资额5000万元。

六、塑料包装项目

2005年，市双星包装有限公司、市永恒喷塑灯具有限公司、市红太阳塑料厂共有入园塑料包装项目11项，总投资额4500万元。

第五节　产业发展

2002年，高邮鸭业园区初建时，仅有1家全省重点农业龙头企业——江苏高邮鸭集团和两家村办小厂——新坝交通配件厂、市长江水泵厂。2005年3月，园区范围扩大后，形成农业、工业、房地产业和服务业齐发展的经济新格局。是年，全园区实现地区生产总值7800万元，其中第一、二、三产业增加值分别为300万元、6500万元、1000万元，财政收入830万元，农民人均纯收入5446元。

一、农业

2004年及以前，该园区农业经济指标归属原所在乡镇统计。2005年，园区农业耕地面积78.3公顷，实现农业总产值591万元。其中，大棚蔬菜种植面积46.3公顷，生产蔬菜20多个品种，年产量1200吨，实现产值486万元，占全部农业总产值82.23%。

二、工业

2003年，该园区共有工业企业13家。2005年，园区工业企业发展到42家，其中引进企业29家、原有市属企业4家和村办企业9家。重点企业有扬州神龙机械制造有限公司、高邮华美丙纶纺织有限公司、高邮顺达动力机电有限公司、扬州通威饲料有限公司、扬州金宏食品有限公司。是年，全园区实现工业产值2.04亿元、销售收入2.01亿元、利税1449万元。

三、房地产业

2003年、2005年，该园区引进房地产开发企业各1家。2005年，房地产开发企业注册资金5000万元，投资总额6.7亿元，开发土地45.67公顷，建成商品房8.4万平方米。

四、服务业

2004年，市红太阳物流有限公司、市恒升燃料有限公司、市宏泰燃气有限公司等服务业企业入驻园区，园区内服务业从业人数和个体工商户分别增加到663人、191户。2005年，园区实现第三产业营业额4500万元。

第五章　乡镇特色工业园和工业集中区

2000年，郭集镇在全市首家启动乡镇工业园区建设。2001年9月，市政府印发《关于加快乡镇工业企业园区建设的意见》。至年末，全市建成郭集镇、送桥镇、天山镇、菱塘回族乡、龙虬镇、三垛镇、八桥镇、卸甲镇等8个乡镇工业企业园区。至2002年上半年，全市20个乡镇共建成21个乡镇工业园区，其中菱塘回族乡建成2个工业园。是年8月，市委、市政府决定，全市21个乡镇工业园区均冠以高邮经济开发区之名，并明确郭集镇灯具工业园、卸甲镇电动工具工业园、菱塘回族乡电缆工业园、天山镇箱包工业园、龙虬镇服装工业园、三垛镇棉纺与建材工业园、车逻镇机械工业制造园、高邮镇工业园等8个乡镇工业园为全市8个重点乡镇特色工业园区，明确临泽镇鞋业工业园、送桥镇灯具工业园、汤庄镇液压机械工业园、甘垛镇台资工业园、周山镇米业工业园、周巷镇木业工业园、界首镇机械工业园、八桥镇机械工业园等8个乡镇工业园为全市8个追赶式自我开发特色工业园区，明确司徒镇国家级农业科技示范园、马棚镇生态园、高邮镇科技示范园、送桥镇鹅业园、甘垛镇柏林庄园、横泾镇鸭业园、郭集镇腾发花木园、界首镇茶干园等8个乡镇农业园为全市8个在建特色农业园。

2003年初，市委、市政府将“区带园”建设列为全市经济发展战略重点之一，组织实施“二一八”工程。该工程包括：“二区”，即加快建设高邮经济开发区、高邮鸭业园区；“一带”，即加快建设大外环公路沿线产业带；“八园”，即郭集镇、卸甲镇、菱塘回族乡、天山镇、龙虬镇、三垛镇、车逻镇、高邮镇等8个重点乡镇工业园。是年2月，郭集镇工业园、卸甲金飞达工业园、菱塘工业园、天山工业园、龙虬工业园、三垛工业园等6个乡镇工业园被扬州市政府命名为扬州市乡镇工业示范园。2004年，市委、市政府按照国家关于控制开发区过度开发和暂停园区升级与整顿园区工作的要求，除扬州市政府批准的扬州灯具工业园（郭集镇）、江苏金飞达工业园（卸甲镇）外，一般乡镇工业园区均改称为乡镇工业集中区，全市列入统计上报的乡镇特色产业集中园区11个。至2005年，全市20个乡镇均建立工业集中区，累计开发土地1233.87公顷，完成基础设施投资3.87亿元，建成标准化厂房107.36万平方米，进园企业737家，项目建设投资43.98亿元，吸收职工4.84万人。是年，共实现工业总产值94.7亿元、营业（销售）收入89.9亿元、利税5.3亿元。

第一节 扬州灯具工业园

2000年，始建扬州灯具工业园。该园坐落于郭集镇，为全市首家兴建的乡镇特色工业园区。初创期，以肠衣加工和灯具生产为主，由镇肠塑制品厂与省畜产品外贸公司牵头联营。该园被省对外贸易进出口公司批准为全省肠衣加工出口基地。2002年，该园被市政府确定为重点乡镇特色工业园区——灯具工业园。2003年，被扬州市政府命名为扬州市乡镇工业示范园，获批为扬州灯具工业园，被省乡镇企业局列为乡镇示范工业小区。同年，编制和实施园区开发规划，规划用地200公顷，分A、B、C三区开发建设，进园企业105家。其中，A区、C区以灯具生产企业为主，分别有49家、10家；B区以灯具经营企业为主，有灯具经营门店32家、灯具生产企业14家。至2005年，该园累计开发利用土地113.3公顷；完成总投资6.43亿元，其中基础设施投资4600万元、项目建设投资5.97亿元；进园企业112家，其中重点企业有江苏赛德电器有限公司、扬州宝尔特钢杆电器有限公司、扬州兴隆卷板灯具有限公司、市声光器材厂等，共建成标准化厂房7.78万平方米。2005年，共实现工业产值8.19亿元、销售额7.46亿元、利税4665万元。

第二节 江苏金飞达工业园

2000年，启动金飞达工业园建设。该园坐落于卸甲镇，为全省首家以企业命名的乡镇特色工业园区，以生产出口电动工具为主。是年3月，由江苏金飞达电动工具有限公司投入800万元，在一平村征地3.53公顷，动工兴建园区第一期工程。2002年，该园被市政府确定为重点乡镇特色工业园区——电动工具工业园。2003年，被扬州市政府命名为扬州市乡镇工业示范园，并获批为江苏金飞达工业园。是年，该园以注册资本500万元，登记组建江苏金飞达工业园有限公司，实行企业化管理和市场化运作；并聘请上海同济大学专家对园区进行规划设计。至2005年，该园累计开发利用土地20.9公顷；完成总投资2.09亿元，其中基础设施投资3606万元、项目建设投资1.73亿元；进园企业32家，其中重点企业有江苏金飞达电动工具有限公司、扬州金马机电制造有限公司、市华胜机电制造有限公司、市电塑厂、市有色金属合金厂等，共建成标准化厂房4.68万平方米。2005年，共实现工业产值9.67亿元、销售额8.7亿元、利税4538万元。

第三节　乡镇工业集中区

一、高邮镇工业集中区

2002年始建，位于城区东郊工业新区内。以生产蓄电池、生化保健品、电缆、制鞋服装和机电产品为主。是年，该区被市政府确定为重点乡镇特色工业园区——城镇工业园，规划总面积461公顷。至2005年，全区累计开发利用土地280公顷；完成总投资5.84亿元，其中基础设施投资3118万元、项目建设投资5.53亿元；进区企业96家，其中重点企业有扬州华富实业有限公司、江苏日欣集团有限公司、扬州市恒丰制衣有限公司等。2005年，共实现工业产值10.02亿元、销售额9.5亿元、利税5540万元。

二、菱塘回族乡工业集中区

2001年，菱塘回族乡在扬菱公路两侧始建工业园区，初期规划面积133.33公顷。其中，位于菱塘集镇南的星月工业园，占地100公顷；位于菱塘集镇北的曙光工业园，占地20公顷。是年，进园企业共有8家，主要以生产电线电缆为主。2002年，该区被市政府确定为重点乡镇特色工业园区——电缆工业园。2003年，被扬州市政府命名为扬州市乡镇工业示范园。至2005年，该区累计开发利用土地123.33公顷；完成总投资5.34亿元，其中基础设施投资3200万元、项目建设投资5.02亿元；进区企业74家，其中重点企业有扬州曙光电缆有限公司、扬州光明电缆有限公司、扬州亚光电缆有限公司、江苏长城电缆厂、扬州市回民畜产品加工厂等，共建成标准化厂房9.55万平方米。2005年，共实现工业产值11.46亿元、销售额11.46亿元、利税5000万元。

三、天山镇工业集中区

2001年始建，坐落于天山镇。第一期工程规划面积235.8公顷，其中工业用地202.5公顷、第三产业用地33.33公顷，逐步形成“两园一带”格局，即邮仪公路工业园、南荼村工业园、沿邮仪公路两侧产业带。以生产出口箱包鞋为主。2002年，该区被市政府确定为重点乡镇特色工业园区——箱包工业园。2003年，被扬州市政府命名为扬州市乡镇工业示范园。至2005年，全区累计开发利用土地101.47公顷；完成总投资3.82亿元，其中基础设施投资1630万元、项目建设投资3.66亿元；进区企业84家，其中重点企业有江苏富鑫箱包实业有限公司、扬州希捷箱包有限公司、江苏天华皮件制品有限公司、江苏顺大半导体发展有限公司等，共建成标准化厂房4.34万平方米。2005年，共实现工业产值6.05亿元、销售额5.81亿元、利税7800万元。

四、龙虬镇工业集中区

2001年始建，坐落于龙虬集镇西。全区初期规划面积为216公顷，首期开发面积70.67公顷。以生产服装、机械、建材包装、塑料制品和农产品加工为主。2002年，该区被市政府确定为重点乡镇特色工业园区——服装工业园。2003年，被扬州市政府命名为扬州市乡镇工业示范园。至2005年，累计开发利用土地面积97.2公顷；完成总投资4.24亿元，其中基础设施投资1870万元、项目建设投资4.05亿元；进区企业52家，其中重点企业有江苏沙龙制衣有限公司、扬州市银河制衣有限公司、扬州市志高建筑防水材料有限公司、扬州华龙塑料有限公司、市龙腾制衣有限公司、市福兴微耕机械厂、市防水材料厂等，共建成标准化厂房6.85万平方米。2005年，共实现工业产值5.28亿元、销售额4.72亿元、利税3069万元。

五、三垛镇工业集中区

2001年始建，坐落于三垛集镇西侧。初期规划面积为181.7公顷，首期工程面积13公顷。逐步形成纺织、机电元件、钢构建材、医药辅料、服装加工等为主的工业生产特色。2002年，该区被市政府确定为重点乡镇特色工业园区——棉纺与建材工业园。2003年，被扬州市政府命名为扬州市乡镇工业示范园。至2005年，该区累计开发利用土地101.33公顷；完成总投资4.38亿元，其中基础设施投资1940万元、项目建设投资4.19亿元；进区企业42家，其中重点企业有扬州市邮星消防器材有限公司、市新文游面粉有限公司等，共建成标准化厂房5.2万平方米。2005年，共实现工业产值3.5亿元、销售额3.42亿元、利税1160万元。

六、车逻镇工业集中区

2002年始建，坐落于车逻集镇郊区。主要以生产机械、体育健身器材、旅游用品、塑料与纸制品包装等产品为主。是年，该区被市政府确定为重点乡镇特色工业园区——机械工业制造园。至2005年，累计开发利用土地67.33公顷；完成总投资2.34亿元，其中基础设施投资2730万元、项目建设投资2.07亿元；进区企业36家，其中重点企业有扬州市康乐机械有限公司、市威力工程机械厂、市欣强力不锈钢有限公司等，建成标准化厂房5.08万平方米。2005年，共实现工业产值2.33亿元、销售额2.16亿元、利税1105万元。

七、临泽镇工业集中区

2001年始建，坐落于临泽集镇。初期规划占地183公顷。主要以生产鞋类产品和轻工产品为主。是年，该区被市政府确定为追赶式自我开发特色园区——鞋业工业园。至2005年，该区累计开发利用土地107公顷；完成总投资2.07亿元，其中基础设施投资4342万元、项目建设投资1.64亿元；进区企业11家，其中重点企业有江苏鸿宇鞋业有限公司、扬州登高胶鞋制品有限公司、扬州申高鞋业有限公司、扬州市天宇鞋业有限公司等，共建成标准化厂房7.15万平方米。2005年，共实现工业产值4.43亿元、销售额4.22亿元、利税1454万元。

八、送桥镇工业集中区

2001年始建，坐落于送桥镇，位于邮（高邮）仪（仪征）公路两侧。初期征地7.33公顷，投入1000万元，兴建常集、李古两个工业园区。2002年，该区被市政府确定为追赶式自我开发特色园区——灯具工业园。2003年，全区规划总面积100公顷，以邮仪公路和扬（扬州）菱（菱塘）公路为依托，形成灯具生产和扬州鹅养殖、加工两大行业特色。其中，灯具产业带拥有灯具及其配套产品生产企业30家，形成一条3.3千米长的“灯具长廊”；扬州鹅产业带以扬州天歌鹅业发展有限公司为龙头，形成保种、孵化、饲养、肉鹅深加工一条完整的产业链。至2005年，累计开发利用土地60公顷；完成总投资2.35亿元，其中基础设施投资1750万元、项目建设投资2.17亿元；进区企业52家，其中重点企业有扬州市华光电子电缆有限公司、扬州天歌鹅业发展有限公司、扬州市永宁鞋业有限公司、扬州春林面业有限公司等，共建成标准化厂房3.2万平方米。2005年，共实现工业产值6.13亿元、销售额5.82亿元、利税3255万元。

九、甘垛镇工业集中区

2003年始建，坐落于甘垛镇，位于高（高邮）兴（兴化）东（东台）公路旁。是年，该区被市政府确定为追赶式自我开发特色园区，名为高邮经济开发区甘垛台资工业园。逐步形成以生产服装、化工、机械、漆包线等产品为主的产业集群。2004年，该区与高邮经济开发区脱钩，独立运作。至2005年，累计开发利用土地52公顷；完成总投资1.99亿元，其中基础设施投资1785万元、项目建设投资1.81亿元；进区企业44家，其中重点企业有市金宝电工有限公司、市中大精细化工厂、市雅迪制衣有限公司等，共建成标准化厂房3.88万平方米。2005年，共实现工业产值3.11亿元、销售额3亿元。

第十一篇 农业

要　目

1986年，全县重要传统产业——农业仍居各业首位。在地区生产总值中，农业增加值占51.04%；在农业总产值中，种植业占69.78%。是年起，在全县农村先后进行以家庭承包经营、适度规模经营、以工哺农为主要内容的基本经营制度改革，以土地承包经营权流转、土地承包权入股为主要内容的土地承包改革，以组建村（组）集体经济股份合作社、发展农民专业合作经济组织、加强农业社会化服务体系建设、改进集体资产管理为主要内容的经营管理体制改革等，不断深化农村改革，农村生产关系发生前所未有的深刻变化，为农村生产力发展注入新的活力。同时，在调整农业产业结构、推进农业现代化建设、不断改造和提升传统农业等方面取得显著进展。

至2005年，全市建成省、国家农业标准化示范区5个、优质稻麦生产基地21个、无公害农（水）产品基地55个、城乡各类农贸市场和农业专业市场20个，形成有一定规模的农民专业合作经济组织108个、扬州市以上农业产业化龙头企业10家、农民经纪人队伍1万人以上，拥有农业机械总动力36.99万千瓦，基本实现农田耕作、植保、收获、运输等机械化，农业机械化综合水平81%。是年，全市实现农业总产值47.58亿元，是1986年的8.08倍；实现粮食总产量67.77万吨，比1986年下降4.08%；在地区生产总值中，农业增加值占23.81%，比1986年下降27.23个百分点。高邮市先后被表彰为"全国平原绿化先进单位"（1986年）、"全国商品猪基地县"（1988年）、"全国粮棉生产、交售先进县"（1989年）、"全国夏粮生产先进县"（1990年）、"全国棉花生产先进县"（1990年）、"全国粮食生产先进市"（1996年、2004年）、"国家农业综合开发高新科技示范项目区"（1999年）、"全国林业工作站建设合格市"（1999年）、"全国罗氏沼虾养殖标准化示范区"（2002年）等。

第一章 农业经济综述

80年代起，全县农业先后进行区划划分、后备资源调查，推进结构调整、产业化经营，实施综合开发、标准化建设，使农业生产传统、固定的生产模式和落后、简陋的生产方式实现根本转变，逐步走上依靠科技兴农、实现产业化经营、建设现代化农业的发展之路。至2005年，全市实施国家农业综合开发项目5期和省、扬州市、高邮市农业综合开发项目15项；建立各类农业示范区和农产品生产基地134个，获准农产品注册商标86件，创绿色食品、无公害农产品、有机食品品牌农产品89种，建成农业现代化先行村26个、扬州市以上生态村30个、小康达标村25个。

第一节 农业区划和后备资源调查

一、农业区划

80年代，县政府先后成立县农业区划领导小组、县农业区划办公室，组织水利、农业、气象等部门专业技术人员，全面系统地开展农业资源调查和区划工作，经过综合研究和分析论证，形成《高邮县农业区划综合报告》，确定农业类型区。

东部低洼平田农业区　东与兴化市接壤，北与宝应县毗连，包括张轩乡、二沟乡、三垛镇、武宁乡、司徒乡、横泾乡、甘垛乡、平胜乡、沙堰乡、汤庄乡、川青乡、县养殖场、县农科所、县良种场等14个乡镇、所、场和马棚乡、周山乡、周巷乡、临泽镇等4个乡镇的一部分。区域面积643.06平方千米，耕地面积3.94万公顷，农业人口27.6万人，是全县最大的农业区。该区地势低平，河网密布，草荡连片，水土综合条件较好，种植业、水产养殖业比较发达，是粮棉油主产区。

沿运高平田农业区 位于京杭大运河以东，南起车逻乡，北至界首镇，包括汉留乡、卸甲乡、八桥乡、伯勤乡、车逻乡、高邮镇、界首镇、营南乡、县蚕种场、县种鸭场、县果园场等11个乡镇、场和马棚乡、周山乡、周巷乡、临泽镇等4个乡镇的一部分。区域面积609.45平方千米，耕地面积3.23万公顷，农业人口34.42万人，平均每平方千米5507人，是全县人口最为稠密的农业区。该区地势高平，自灌面积大，绝大部分农田能自流灌溉，自灌面积占耕地面积的86.81%。耕地质量较好，水、肥较为协调，劳动力资源较为丰富，交通发达。

运西沿湖圩田农业区 位于高邮湖和邵伯湖畔，包括湖滨乡、郭集乡两个乡全部，菱塘回族乡、送桥乡的一部分和县芦苇场，区域面积535.85平方千米，耕地面积4080公顷，农业人口4.49万人，是全县水域面积最大的农业区，水域滩地面积占总面积74.89%，水产资源丰富，是主要商品鱼生产基地和食草畜禽生产基地。

湖西低丘平冈农业区 位于镇扬丘陵边缘，包括天山乡和送桥乡、菱塘乡的大部分，区域面积120.34平方千米，耕地面积6207公顷，农业人口5.15万人。该区地势一般海拔8～25米，最高57米。在耕地中，冈、塝、冲比例大致为3∶5∶2。由于水土等条件限制，种植业水平较低。但畜牧业较为发达，养猪、养禽、养兔、养牛是当地传统养殖项目，地方优良品种菱塘猪、菱塘鹅盛产于此，桑、茶、果树有一定种植面积。

二、农业后备资源调查

1991年6月，市农业区划办公室开展农业后备资源调查工作。至是年末，完成后备资源调查表，制成“四低”（中低产田耕地、低产园地、低产林地、低产水面）资源分布图、中低产田类型分布图、“四荒”（荒山、荒地、荒滩、荒水）资源分布图等图表。全市土地后备资源总面积4.72万公顷。其中，“四低”面积3.88万公顷、“四荒”面积8373公顷；中低产田面积3.54万公顷，占土地后备资源总面积75%。

1998年12月，市农业区划办公室对全市农业后备资源进行更新调查评价，其主要对象是“四低四荒”土地。至1999年4月，基本查清全市土地后备资源总面积为4.03万公顷，其中“四低”面积3.46万公顷、“四荒”面积5733公顷。与1991年调查数据相比，土地后备资源总面积减少6847公顷。

第二节 农业结构调整

80年代，全县农业仍以传统的种植业为主，坚持在稳定粮食生产的前提下，协调发展农林牧渔副各业。1986年，全县实现种植业产值4.11亿元，占农业总产值69.78%；其他各业占30.22%。1991年，全市因遭受特大洪灾，粮食产量大幅度下降。是年，全市实现粮食总产38.56万吨，比上年下降44.25%。1992年，通过自救和各方支援，全市迅速恢复农业生产。此后，全市农业围绕市场供求规律，逐步调整和优化各业结构。种植业逐步推广优质良种种植、按片培植和提高区域经济发展优势，扩大规模效益；以大面积改造中低产田为重点的农业综合开发成果逐渐显现。全市农村出现立体种植、庭院经济、特种水产、食草畜禽和蔬菜大棚生产等新型生产模式，涌现多种经营生产专业户97户，其中养殖大户72户、种植蔬菜大户25户。1997年起，全市进一步调整农业结构，推进贸工农一体化、产加销一条龙，发展产业化经营。1999年，农业结构调整主要是缩减棉花和粮食种植面积，扩大经济作物、饲料作物、间套复种和“两高一优”新品种种植覆盖面，不断增加多种经营在农业经济中的份额。是年，全市实现多种经营产值18.65亿元，占农业总产值58.63%。在多种经营产值中，渔业产值占41.93%。2005年，全市实现农业总产值47.58亿元，其中种植业和多种经营（林牧渔副业）分别占37.6%和62.4%。

一、农业各业结构

1986年，全县实现农业总产值5.89亿元，其中种植业4.11亿元、牧业1.14亿元、渔业3000万元、林业800万元、工副业2600万元，分别占农业总产值的69.78%、19.35%、5.09%、1.36%、4.42%。1987年起，全县对农业各业结构进行调整，种植业比重逐步下降，其他各业比重上升，其中牧业、渔业上升趋势明显。进入90年代后，全市农业结构调整力度加大，牧业、渔业呈现快速发展势头。1994年，全市实现农业总产值21.52亿元，其中种植业11.72亿元、牧业6.03亿元、渔业3.02亿元、林业1700万元、工副业5800万元，分别占农业总产值54.46%、28.02%、14.03%、0.79%、2.7%。渔业、牧业年均增速分别为125.8%、66.1%，分别居各业之首与次位。1997年，一直稳居农业"半壁江山"的种植业实现产值13.48亿元，在农业总产值中比例首次降至50%以下，其他各业产值所占比例上升至54.06%。1999年，全市实现渔业产值7.82亿元，首次超过牧业产值，跃居农业各业第二位。2005年，全市实现农业总产值47.58亿元，其中种植业17.89亿元、渔业16.62亿元、牧业9.99亿元、林业8900万元、服务业2.19亿元，分别占农业总产值的37.6%、34.93%、21%、1.87%、4.6%。

1986～2005年高邮市农业总产值及各业产值一览表

表11-1

项目 年份	农业总产值（当年价、亿元）	种植业产值	占比（%）	林业产值	牧业产值	渔业产值	工副业、服务业产值
1986	5.89	4.11	69.78	0.08	1.14	0.30	0.26
1987	6.91	4.45	64.40	0.08	1.61	0.49	0.28
1988	8.59	4.84	56.34	0.07	2.62	0.71	0.35
1989	8.30	4.87	58.67	0.07	2.36	0.68	0.32
1990	9.52	5.77	60.61	0.07	2.64	0.72	0.32
1991	6.72	3.74	55.65	0.12	2.04	0.63	0.19
1992	8.99	5.27	58.62	0.14	2.49	0.88	0.21
1993	13.48	7.65	56.75	0.17	3.35	1.90	0.41
1994	21.52	11.72	54.46	0.17	6.03	3.02	0.58
1995	23.74	12.63	53.20	0.16	6.50	3.78	0.67
1996	29.20	15.14	51.85	0.10	7.94	4.47	1.55
1997	29.34	13.48	45.94	0.28	7.60	5.36	2.62
1998	31.44	13.66	43.44	0.30	7.84	6.75	2.89
1999	31.81	13.16	41.37	0.28	7.55	7.82	3.00
2000	33.03	12.75	38.60	0.26	7.77	9.19	3.06
2001	34.63	12.45	35.95	0.28	8.32	10.33	3.25
2002	36.69	12.59	34.31	0.33	8.46	11.86	3.45
2003	37.62	12.75	33.89	0.50	8.51	13.99	1.87
2004	44.39	16.73	37.69	0.71	9.73	15.17	2.05
2005	47.58	17.89	37.60	0.89	9.99	16.62	2.19

二、农产品结构

80年代起，全县农产品生产在坚持稳定粮食生产的前提下，进行结构调整。在种植业中，不断扩大优质粮种植，逐步淘汰生长周期长、抗病虫害能力弱、产量低、品质差的老品种。1987年，杂交稻种植面积从上年的1.95万公顷扩大到2.29万公顷，粮食总产保持基本稳定。进入90年代，全市养殖业坚持稳定生猪生产的前提下，按照市场需求，调整和发展优质畜、禽、渔生产。1994年，全市生猪出栏量42.9万头、家禽出栏量1060万羽、羊出栏量2.95万只、水产品产量3.67万吨，均创历史最好水平。至1996年，全市初步形成六大区域化、专业化农产品生产基地，即北片优质稻米生产基地、东片棉油生产基地、南片和西片蚕桑生产基地、临城片蔬菜林木生产基地、沿湖荡滩鹅鸭生产基地、西片商品猪生产基地。是年，在全市农业总产值中，种植业与其他各业所占比例分别为51.85%、48.15%。1997年，全市生猪、家禽出栏量分别为65.9万头、1247万羽。1999年，全市水稻优质品种率35%以上，进一步扩大高邮鸭蛋、三元杂交猪、新太湖鹅、异育银鲫、“三水一高”梨、珠光米、周巷大米等一批名优农牧业品种生产规模，增强市场竞争力。至2003年，经过持续调整农产品结构，粮食生产稳定增长，建成3.33万公顷的广陵香粳、丰优香占为主品种的优质粮和1.33万公顷双低油菜生产基地。2005年，全市实现粮食总产67.77万吨，家禽、生猪、羊出栏量分别为1055万羽、43.6万头、6.87万只，水产品产量14.68万吨。

1986～2005年高邮市主要农产品产量统计表

表11-2

项目 年份	粮食（万吨）	棉花（万吨）	油料（万吨）	生猪出栏量（万头）	家禽出栏量（万羽）				水产品产量（万吨）	羊出栏量（万只）
						鸡	鸭	鹅		
1986	70.65	0.71	2.19	36.8	461	270	74	117	1.36	0.36
1987	69.96	1.12	2.25	37.5	506	301	80	125	1.56	0.52
1988	69.04	1.13	1.31	37.8	796	445	138	213	1.74	0.92
1989	69.16	1.04	1.58	38.8	663	422	72	169	1.74	1.39
1990	65.35	1.12	1.68	39.1	668	423	95	150	1.85	1.48
1991	38.56	0.57	1.58	33.7	597	357	71	169	1.48	1.28
1992	58.63	1.02	1.77	36.0	658	399	91	168	1.93	1.18
1993	59.41	1.02	1.69	39.5	768	482	99	187	2.50	1.66
1994	56.36	1.16	1.40	42.9	1060	780	123	157	3.67	2.95
1995	59.47	1.31	2.08	49.3	1152	802	123	227	4.34	6.16
1996	66.33	1.31	2.59	55.2	1370	963	174	233	5.38	10.47
1997	68.20	1.16	2.16	65.9	1247	835	150	262	6.33	15.93
1998	62.57	1.17	1.39	78.6	1361	963	175	223	6.93	14.66
1999	70.71	0.55	2.73	50.3	1025	703	143	179	7.66	18.08
2000	62.19	0.71	3.80	48.6	938	622	136	180	9.51	14.63
2001	53.94	0.98	4.23	51.8	978	619	147	212	10.73	11.93
2002	59.06	0.69	3.16	48.7	952	600	142	210	11.98	11.06
2003	48.51	0.62	3.38	47.8	949	582	152	215	12.50	11.58
2004	58.54	0.68	3.74	46.3	923	543	149	231	13.58	6.93
2005	67.77	0.40	3.40	43.6	1055	563	204	288	14.68	6.87

第三节　农业产业化经营

1997年，市委、市政府成立农业产业化经营办公室，推进农业产业化经营。12月，市委、市政府印发《关于加快推进农业产业化经营工作的意见》。1998年2月，市委、市政府召开全市"三种经济"（工业规模经济、农业产业化经济、个体私营经济）求突破万人动员大会，实施农业产业化"双一"示范工程，即建设10个市农业产业化经营示范工程、100个乡镇农业产业化经营示范工程。2000～2002年，全市逐步建成一批优质稻麦和多种经营生产基地、重点龙头企业和专业合作经济组织，涌现农业专业市场和农民经纪人队伍。至2005年，全市共建成优质稻麦生产基地21个，总面积5.33万公顷；在汤庄镇、菱塘回族乡分别实施优质棉和优质牧草基地建设，面积均为133.33公顷；建成省以上农业标准化示范区5个、城乡各类农业专业市场20个；农民经纪人队伍稳定在1万人以上。

一、生产基地和示范工程建设

1995年，始建粮食生产综合示范区，在武安、龙奔、车逻、伯勤、甸垛、汉留、三垛等乡镇各建成丰产方666.67公顷。1997年，逐步形成贸工农一体化、种养加一条龙的农业社会化生产经营网络，开始探索农业产业化经营发展之路。年末，全市有3个乡镇被列为扬州市多种经营产业化经营十大重点基地，即司徒乡为高邮鸭养殖基地、郭集镇为山羊饲养基地、送桥镇为商品猪饲养基地，张轩乡被列为扬州市特种水产养殖重点乡。1998年初，全市实施农业产业化经营"双一"示范工程后，市、乡两级联动。至年末，全市以市十大示范工程为龙头、以乡镇百家示范工程为主体，初步建成珠光米原料、水产、优质棉、蔬菜、商品猪、家禽、特禽等农产品生产基地。市十大农业产业化经营示范工程包括省重点龙头企业江苏高邮鸭集团、江苏珠光集团，扬州市重点龙头企业江苏秦邮种子集团、江苏高特面粉集团、市高远茧丝绸总公司，高邮市重点龙头企业江苏高特水产集团、高志鸡场、武安乡科学养猪基地、东墩乡蔬菜产销基地、菱塘回族乡规模养鸽基地。乡镇农业产业化经营示范工程共有97项，其中加工型37项、流通型22项、种养型38项。是年，全市实现农业产业化经营销售收入26.3亿元、利税1.98亿元。其中，市十大示范工程实现销售收入9.3亿元、利税5500万元；97个乡镇示范工程实现销售（交易）额7.5亿元、利税4500万元。1999年后，全市农村以各个示范工程和重点龙头企业为载体，组建各种类型农村合作经济组织。至2001年，在卸甲镇冯家、十里、黄渡、周庄等村实施优质粮示范基地建设，总面积166.7公顷，其中核心方在卸甲镇冯家村示范区，面积34公顷。多种经营生产向区域化、规模化、特色化方向发展，出现一批鱼虾养殖、池塘鱼鳖混养和特种水产科技养殖示范、试验基地。2002年，全市加快优质稻、麦生产基地建设步伐。10月，经国家发展计划委员会批准立项的马棚镇、司徒镇、周巷镇、高邮镇优质稻米生产基地建设项目进入实施阶段，生产基地总面积5333.33公顷。11月，高邮市成为全国罗氏沼虾标准化生产示范区，全市罗氏沼虾养殖面积3201.17公顷，总产量1.12万吨。同时，实施优质牧草、优质棉种植示范项目建设，建成丘陵山区种草养鹅基地。至2005年，全市建成优质稻麦生产基地21个，总面积5.33万公顷。至此，全市形成南片乡镇植桑养蚕、北片乡镇优质稻麦种植、东片乡镇水产养殖、湖西片乡镇种草养禽、城郊地区以蔬菜种植为主的农业产业化生产经营格局。

图11-1　马棚镇优质稻米生产基地

二、龙头企业培育

1994年起，市政府抓住粮棉大县和农业示范区项目等政策性投资机遇，重点培育贸工农一体化经营的农业企业集团和龙头企业，培植“龙”型农业经济，推动农业产业化发展。1996年1月，市贸工农一体化领导小组及其办公室成立。至是年末3年间，全市用于贸工农一体化方面贷款2909万元，其中用于鸭业产业链建设专项贷款1304万元、用于特种水产产业链建设专项贷款1605万元，分别占全市粮棉大县和示范区专项贷款总额67.4%、30.2%和37.2%；先后经批准建立的农业企业集团有5家，即省级集团江苏高邮鸭集团、江苏高特水产集团、江苏秦邮种子集团、江苏富丽达珍珠发展有限公司和市级集团市茧丝绸集团总公司；被列入扬州市百家农业龙头企业的有9家，即高邮种鸭场、市虾苗厂、江苏富丽达珍珠发展有限公司、市茧丝绸集团总公司、市面粉厂、市油米化工总厂、市果树实验场、市东郊农贸市场、湖滨乡渔业公司。1999年，江苏珠光集团通过多种措施巩固优质稻米生产基地，同时创新运作机制，全年合同订购原粮2万吨，涉及9个乡镇6万多户农户，生产基地面积1.33万公顷；委托乡镇农技站按绿色食品稻谷种植规程向农户提供技术服务，形成“市场牵龙头、龙头带基地、基地联农户”的农业产业化发展格局，获得省计划经济委员会颁发的龙头企业辐射带动奖。2000年，全市5家重点龙头企业共实现销售收入7.9亿元、利税1913万元。至2001年，全市销售收入1000万元以上农业产业化企业50家，资产总额4.6亿元，全年实现销售收入12.22亿元、利税1888万元。2003年，新办农产品加工流通企业13家，实现农产品加工销售额15亿元。2005年，江苏富裕达粮食制品有限公司、市宇鑫棉业有限公司获批为省农业龙头企业。至此，全市共有扬州市以上农业龙头企业10家，其中5家省农业龙头企业全部加入省龙头企业网，列扬州市首位。10家农业龙头企业共实现销售额27亿元、利税1亿元、利润4880万元，分别比上年增长15.9%、35.5%、40.6%。

三、合作经济组织和农民经纪人队伍建设

合作经济组织　详见第九篇《经济体制改革和经济发展》第一章《农村改革》第二节《合作经济》（第306页）。

农民经纪人队伍　80年代起，全县农村中有经营头脑的专业户和合作经济组织发起人开始担当经纪人角色。90年代，全市农村在发展农业产业化经营大背景下，各类农产品经纪人应运而生。1999年，周巷乡率先通过市场建设和举办经纪人培训班等措施，建成一支拥有500多人的农民经纪人队伍，其中有被称为“贩鸡大王”“贩鱼大王”“贩菜大王”等各种农民经纪人。是年，周巷乡实现农副产品流通产值1000多万元。送桥镇形成水产、畜禽两支经销专业队，确保全镇水产养殖和生猪饲养稳定发展。2000年起，各乡镇加大对农村经纪人队伍培育与扶持力度，促进经纪人队伍快速发展。2001年，全市农村共有各类农产品经营经纪人（含运销大户）1.2万人，年经营销售额3.68亿元。2003年后，随着各类农业专业市场建成和农村专业经济合作组织发展，农民经纪人部分融入农村合作经济组织。至2005年，全市农民经纪人持续稳定在1.1万～1.3万人。

四、农产品注册商标

1984年，高邮米厂生产的邮宝牌大米获国家工商行政管理总局注册，为全县农产品注册商标首例。1987年，市食品加工厂生产的秦邮牌蛋品再获注册。此后，获商标注册的农产品逐年增多。1996年、1997年，全市获商标注册的农产品分别有7种、10种。2002年，全市新增商标注册的农产品14种，为获商标注册农产品最多一年。2005年，全市获商标注册的农产品8种。其中，个体生产经营者吴寿森、王宏飞、何宝龙分别生产的东荡牌蛋品、泉荟牌茶叶、何宝龙牌甲壳动物获注册，为全市首批获商标注册个体生产经营者生产的农产品。至是年末，全市累计获商标注册的农产品86种。

第四节　农业综合开发

一、国家黄淮海农业综合开发高邮项目区

1991年，从国家实施第二期黄淮海农业综合开发开始，高邮市被列入其中，实施农业综合开发项目。至2005年，按照“三年一期”的立项验收管理模式，全市连续实施5期开发项目。累计完成总投资1.79亿元，其中中央财政资金4539.4万元、省财政资金3182.13万元、扬州市财政资金651.72万元、高邮市市、乡镇配套资金1343.42万元、生产经营单位和群众自筹资金5616.73万元、银行贷款2531.2万元。共完成治理土地面积2.34万公顷，开垦宜农荒地713公顷，中低产田改造新增耕地787公顷，投资建设多种经营及产业化项目10项，建设高新科技示范项目1项。共增加农业产值1.12亿元，增加粮食产量3.76万吨、棉花897吨，项目区人均增加收入260元。

国家第二期（1991～1993年）黄淮海农业综合开发项目　1991年，国家第二期黄淮海农业综合开发项目在运东里下河区域实施。项目区范围内临泽、川青、周巷、周山、营南、司徒、张轩、马棚等8个乡镇48个村，实行大面积中低产田改造，适量开垦宜农荒地，提高粮食等大宗农产品产出量。至1993年，共新建、改建排洪站29座、圩口闸45座，基本实现日降雨150毫米不受涝、百日无雨保灌溉。

国家第三期（1994～1996年）黄淮海农业综合开发项目　1994年，国家第三期黄淮海农业综合开发项目开始实施，分为北澄子河和菱塘两个项目区进行。项目区范围内二沟、三垛、甘垛、武宁、司徒、菱塘、果园场等7个乡镇（场）43个村，继续进行中低产田改造，加大多种经营项目建设力度。该期开始，农业综合开发把30%财政资金和70%农贷资金用于发展多种经营和农产品系列开发，做到农业增产与农民增收相结合。土地治理项目建设，实行连片开发，使整个项目区连成一片。坚持高标准加修圩堤，配套闸站，做到内外、高低、灌排、水旱四分开和内河水位、地下水位、土壤适宜含水量三控制。至1996年，共立项实施多种经营及龙头项目5项，即果园场优质梨苗圃基地项目、司徒罗氏沼虾繁殖基地项目、司徒高邮鸭饲养及蛋品加工项目、武宁蛋品厂技术改造项目、甘垛和菱塘两乡镇工厂化养鳖与仔龟繁殖项目。继续开展省级司徒实验区建设。

国家第四期（1997～1999年）农业综合开发项目　1997年，从实施国家第四期农业综合开发项目开始，实行开发投资计划一年一定，当年批复，当年组织实施。该期包括沿运项目区、八桥项目区、省级司徒实验区。至1999年，项目区范围内车逻、武安、龙奔、龙虬、东墩、马棚、八桥、司徒、市芦苇场和江苏高邮鸭集团等10个乡镇（场、企业）17个村，累计完成中低产田改造面积3667公顷，开垦宜农荒地300公顷，实施多种经营项目2项，即市芦苇场水面综合开发项目、高邮鸭饲养及蛋品加工项目。

国家第五期（2000～2002年）农业综合开发项目　2000年，实施国家第五期农业综合开发项目，项目区范围包括界首、龙虬、卸甲、汤庄、高邮镇等5个镇13个村。土地治理项目包括中低产田改造、优质粮基地、优质棉基地等3个子项目。其中，中低产田改造主要在京沪高速公路两侧龙虬、界首、高邮镇实施，优质棉基地项目在汤庄镇实施，优质粮基地项目在卸甲镇实施。种养业高新科技示范项目继续在司徒镇实施。在该期开发中，从以改造中低产田和开垦宜农荒地相结合，转到以改造中低产田为主和保护生态环境；从追求增加主要农产品产量为主，转到调整结构和发展

图11-2　界首镇在实施国家第五期农业综合开发项目中新建的农桥

高产、优质、高效农业。重点建设一批大型优质高产粮食生产基地、优质饲料作物生产基地，发展节水灌溉，建设生态农业。

国家第六期（2003～2005年）农业综合开发项目　2003年，实施国家第六期农业综合开发。项目区范围包括界首、马棚、送桥、高邮经济开发区、司徒、郭集、市芦苇场、湖西农场等8个乡镇（区、场）18个村和江苏高邮鸭集团、江苏双兔食品股份有限公司等2家企业。至2005年，国家共投入资金4124.97万元，共完成土地治理面积4080公顷，建成农田机耕路74.1千米、衬砌灌溉渠道50.25千米；购置插秧机60台，累计推广机插面积4000公顷；在界首、马棚等乡镇建成工厂化育秧、稻鸭共作、清洁栽培、良种繁育等示范基地；按照绿化、美化、实用化相结合要求，建成农田林网；建成江苏高邮鸭集团鸭肉和蛋品加工、江苏双兔食品股份有限公司8万吨优质大米加工与米乳蛋白深加工等3个农业产业化经营项目。

图11-3　2000年建成的国家农业综合开发区司徒种养业高新科技示范项目

国家农业综合开发司徒实验区　1998年，在实施国家第四期农业综合开发项目中，司徒实验区获国家农业综合开发办公室立项，实施国家农业综合开发稻麦棉综合增产技术示范项目。其中，棉经套作示范方，其收入是一般种植模式2～3倍；粳稻丰产方，经专家确定，产量在全省10个实验区中名列第一，列为苏北第一方。1999年8月，经国家农业综合开发办公室批准，在司徒实验区实施国家农业综合开发种养业高新科技示范项目。该项目核心区设于司徒乡，辐射周边的张轩乡、龙虬镇、东墩乡、龙奔乡、武安乡等5个乡镇。实验区实施开发性改造中低产田，推广应用预制装配、鼠道降渍、控制灌水、用水量测控技术和排水降渍新材料等5项新技术，基本达到洪灾之年不出险、日降雨100毫米不受涝、百日无雨保灌溉、可控地下水位在地面1米以下、主要建筑物配套齐全、实现农田林网化、机电灌排设备完好、经营管理良性运行等8项标准。2000年，建成高产优质高效农业种植核心区333公顷，刷新全省水稻、棉花高产纪录，水稻丰产方实现每公顷产量11.49吨，棉花实现每公顷产量2.25吨；依托扬州大学，在高效奶牛饲养、高邮鸭保种扩繁及蛋品加工等农牧业示范基地建设和高新技术应用等方面取得新成果。至2001年，完成第一阶段建设任务，全镇农业经济总量由实施开发项目前的全市倒数第三位跃居全市第三位。该示范项目完成总投资1800万元，其中中央财政资金600万元，省、扬州市、高邮市配套资金600万元，司徒镇自筹资金600万元，建成高新技术示范区867公顷（含高效养殖水面200公顷），辐射区1.33万公顷（含高效养殖面积3333公顷）。

二、省丘陵山区农业综合开发高邮项目区

1998年，高邮市被列为全省丘陵山区农业综合开发项目市，先后在菱塘回族乡、天山镇、送桥镇组织实施省级丘陵山区农业综合开发项目。至2000年，为小流域治理开发阶段，共实施治理项目5项。2001～2005年，为基地项目建设阶段，实施优质牧草基地建设项目6项。至2005年，共投入农业资金706万元，其中财政资金462万元，完成治理与开发项目11项。

小流域治理项目　1998年起，实施小流域治理项目。1999年、2000年，分别在菱塘回族乡完成治理项目2项、在天山镇完成治理项目3项。完成项目总投资280万元，其中财政资金156万元。治理面积900公顷，主要在天山镇黄楝冲、七家冲和菱塘回族乡张大家涧、杨家涧、太平冲，实行灌排水系改造，进行农田整理和机耕路规划建设等。通过项目实施，共建成机耕路69.6千米、硬化渠道5千米，改建电站3座，新建桥梁3座、坝2座、田间配套建筑物4016座，植树3.8万株；新增农业总产值179.8万

元。项目区人均年增收250元。

优质牧草基地项目　2001年起，实施种草养鹅基地建设项目。2001～2002年，在送桥镇实施种草养鹅基地项目2项。2002～2004年，在菱塘回族乡实施种草养鹅项目3项。2005年，在天山镇实施种草养鹅项目1项。至是年末，完成项目总投资426万元，其中财政资金306万元、自筹120万元，种植牧草面积800公顷，养鹅300万羽。建设机耕路14千米、衬砌渠道2.5千米，新建排灌站1座，修建排灌站5座，新建桥涵3座、节制闸20座、进水洞10座、撇洪洞10座、渠系建筑物414座，架设电力线路1千米。引进优质牧草种13.5吨、专用肥料200吨、良种鹅9000羽，新建炕坊400平方米、鹅舍3540平方米，购置炕坊设施13台套。林网绿化植树9.4万株；培训项目区农民6325人次；推广扬州鹅秋孵冬养高效配套养殖技术、早春鹅网箱育雏配套技术、林间套种牧草技术等种草养鹅实用技术，示范推广面积1667公顷。通过发展种草养鹅业，进一步推动丘陵山区农业结构调整，改变过去单一粮食生产状况，为丘陵山区治穷致富奔小康探索新的发展之路。

三、扬州市和高邮市农业综合开发项目区

1987年起，全县在农业资源调查、区域规划基础上，不间断地进行农业资源开发和建设。至1995年，先后实施里下河农业资源综合开发、“三个百万亩”农业工程和菱塘生态农业综合开发试验示范基地等项目。

扬州市里下河农业资源综合开发项目　1987年，扬州市里下河农业资源综合开发被国家计划委员会列入“七五”投资计划项目，项目期5年。至1991年，全县共完成总投资（不含劳务）1137.3万元，其中国家投资286.5万元、省市配套资金161.5万元、开发单位自筹资金689.3万元；实施以发展“四水”（水产、水禽、水生植物和耐水林木）为重点的综合开发利用，建成一批专业化、商业化农产品生产加工基地，新建鱼池253公顷，改造鱼池233公顷，滩地造林467公顷。

扬州市“三个百万亩”农业工程项目　1989年春，全县按照扬州市政府提出的在全市“建设百万亩吨粮田、改造百万亩低产田、开发百万亩非耕地”的“三个百万亩”农业工程项目方案，组织实施相关项目。至1994年，高邮市基本完成该项工程建设任务，建成吨粮田面积1.68万公顷，改造低产田面积1.75万公顷，开发非耕地面积7500公顷。1995年，高邮市实施项目通过扬州市验收。

菱塘生态农业综合开发试验示范基地建设项目　1989年9月，经省计划与经济委员会批准，扬州市农业投资公司和菱塘回族乡养殖场共同承建的菱塘200公顷湖荡区生态农业综合开发试验示范基地项目动工建设，总投资234.5万元，其中国家投资120万元。经过两年实施，新增精养鱼池47公顷、果园20公顷、农田33公顷，建成畜禽生产用房1200平方米、牛棚1000平方米，修建石子公路4.24千米，架设低压线路5.25千米。基地以实现生态食物链良性循环为目标，实行畜、禽、渔、果多品种，种、养、加多层次的一体化开发。1990年，该基地实现农副业产值190.2万元、利润40万元；实现人均纯收入1300元，比开发前增加700元，为扬州市非耕地资源开发提供范例。

万亩林业基地综合开发项目　1991年8月，周山乡通过招商引资，与中国林业中闽林业开发公司共同合股开发，实施万亩林业基地综合开发项目——建设运东林场，协议开发期30年，投资总额1435.3万元，其中中闽林业开发公司投入股金545万元、乡自筹890.3万元（含资产折算投入）。开发总面积933.33公顷（1.4万亩），重点发展林木生产，并适当发展粮、果、渔、禽，进行综合利用。

第五节　农业“三品”品牌认证

2001年12月，市无公害农产品认定工作领导小组建立，下设办公室和质量监督检测站。是年起，围绕申报、创建农业“三品”（无公害农产品、绿色食品、有机食品）品牌，促进全市农产品质量不断提

高。至2005年，全市共建成无公害农（水）产品基地55个、无公害畜禽产地18个、绿色食品基地32个、有机食品基地2个。

一、绿色食品品牌认证

2002年2月，江苏珠光食品有限公司生产的邮宝牌大米，在全市首获中国绿色食品发展中心颁发的绿色食品品牌标志。至是年末，全市获绿色食品品牌标志的农产品10种，即邮宝牌大米，双兔牌大米，三湖牌咸鸭蛋、松花蛋，高邮湖牌大闸蟹，红太阳牌咸鸭蛋、松花蛋，红洲牌琵琶鸭，鸿运牌大米，银月牌四香鹅。2003年，全市获绿色食品品牌标志的农产品4种，即天山镇神居山茶场的皓月牌茶叶、市西湖水产品加工厂的戚伍牌虾仁、界首镇茶干食品有限公司的袁氏牌茶干、三垛镇武宁农业公司的旋风牌黑大豆。2004年，全市新增绿色食品4种，即市秦邮蛋品有限公司生产的秦邮牌松花蛋、咸鸭蛋、琵琶鸭和市高志实业有限公司生产的高志牌鸡蛋。2005年，全市获绿色食品标志的农产品14种，即活宝牌蜂蜜，笑面虎牌精制面粉、超级精粉、挂面，戚伍牌蟹粉、青虾、银鱼，九园牌水芹菜，司徒潭牌南美白对虾，鸿运牌里下河香米、珍珠香米、界首大豆，邮兴牌咸鸭蛋、松花蛋。至2005年末，全市有绿色食品基地32个，面积8400公顷；获绿色食品品牌标志的农（水）产品32种。

二、无公害农产品品牌认证

2001年，在周山镇、界首镇建立双兔牌特制大米无公害标准化示范区，在高邮镇建立无公害标准化粮油示范区。2002年3月，市双兔米业有限公司生产的双兔牌大米在全市首获省质量技术监督局颁发的省无公害农产品证书。至是年末，获省无公害农产品证书的农产品9种，即双兔牌大米、周巷牌大米、米河牌大米、润扬牌水果、清水潭牌慈姑、海陵溪牌甲鱼、碧湖牌鲫鱼、金荡牌鲫鱼、龙虬庄牌罗氏沼虾。2003年，高邮禽蛋水产批发交易有限公司的龙虬庄牌罗氏沼虾在全市首获国家农产品质量安全中心颁发的全国无公害农产品证书。是年，高邮市通过省首批无公害农产品产地认定整体推进县（市）验收，共认定无公害粮油生产面积4万公顷，园艺类产品生产面积2333.33公顷，无公害罗氏沼虾标准化养殖面积3133公顷、总产量1.1万吨，无公害饲养生猪6万头、家禽520万羽。同年，经省海洋与渔业局批准为省无公害水产品生产基地4个，即菱塘回族乡水产养殖场的碧湖牌异育银鲫、河蟹、中华鳖生产基地，临泽水产品批发交易市场的金荡牌青草鲢鳙鲫鲂生产基地，高邮禽蛋水产批发交易有限公司的龙虬庄牌罗氏沼虾生产基地，扬州高宝邵伯湖渔业养殖试验场的宝湖牌中华绒螯蟹生产基地。全市获省无公害农产品证书的农产品12种，即扬州市华兴乳业有限公司的明智牌牛奶，扬州田原乳业有限公司的田原牌牛奶，高邮镇农技推广服务中心的宝塔牌青菜，扬州高宝邵伯湖渔业增殖养殖试验场的宝湖牌中华绒螯蟹，高邮经济开发区东欣生产资料综合经营部的九园牌水芹菜、红苋菜、青菜、芹菜、菠菜、萝卜、胡萝卜、青蒜。2004年，高邮市被省海洋与渔业局批准为省无公害水产品产地认定整体推进工作试点市。全市获批省无公害农产品生产产地面积3.11万公顷，省无公害水产品生产基地面积2万公顷。全市新增省无公害农产品5种，即八桥镇农业技术推广服务中心的桥八牌西瓜，甘垛镇柏林种养场的柏林牌葡萄，高邮经济开发区东欣生产资料综合经营部的九园牌黄瓜、番茄、茄子。2005年，全市通过全国无公害农产品认定的水产品有9种，即横泾河牌青虾，河荡牌河蟹、鲫鱼，司徒潭牌罗氏沼虾，碧湖牌甲鱼、河蟹、草鱼，少游牌罗氏沼虾，龙虬庄牌鲫鱼。获省无公害农产品证书的农产品21种，即鸿运牌大米，平安牌大米，明月夜牌大米，湖荡牌松花蛋、咸鸭蛋，红心旺牌松花蛋、咸鸭蛋，秦邮牌松花蛋、咸鸭蛋，扬州朝晖农业发展有限公司的毛豆、大葱、

图11-4 获绿色食品、无公害农产品品牌认证的部分农产品

丝瓜、空心菜，汉留镇农业技术推广服务中心的空心菜、茄子、冬瓜、韭菜，菱塘回族乡农业技术推广服务中心的毛豆、豇豆、大白菜、青椒。至2005年末，通过认定的无公害农（水）产品产地55个，面积7.17万公顷，其中无公害粮油产地4.8万公顷、无公害蔬菜产地3200公顷、无公害水产品产地2.05万公顷，无公害畜禽产地18个，养殖无公害家畜5.03万头、无公害家禽118.5万羽。全市获省以上无公害农产品证书的农（水）产品55种，其中全国无公害农产品10种。

三、有机食品品牌认证

2005年，高邮鸭、红太阳牌咸鸭蛋在全市首获农业部中绿华夏有机食品认证中心颁发的全国有机食品证书。是年末，全市有机食品基地面积66.67公顷；高邮鸭、红太阳牌咸鸭蛋获全国有机食品证书。

第六节　小康村和生态村建设

一、小康村建设

1992年5月，市委印发《关于深入贯彻中共十三届八中全会精神，开展“奔小康、干小康”活动的通知》，明确农村实现小康的12项量化指标。9月，对各乡镇达到小康指标提出具体要求和措施，争取提前3年达小康，即1997年全市实现小康。1994年，国家和省重新调整农村小康标准，包括收入分配、物质生活、精神生活、人口素质、生活环境、保障安全等6个方面16项指标，对照国家和省农村小康标准，综合评价得分80.99分，未能达到基本实现小康的90分标准。1995年，全市已达到小康目标的指标有9项，即基尼系数、钢木结构住房比重、电视机普及率、服务消费支出比重、人口平均预期寿命、用电户比重、已通电话行政村比重、享受社会“五保”人口比重、万人刑事案件立案数。实现程度在60%以上的指标有5项，即人均纯收入、恩格尔系数、蛋白质摄入量、衣着消费支出、已通公路行政村比重。与标准分差距较大的有两项，即劳动力文化指数和安全卫生用水普及率。经综合评价，得分86.58分。1996年3月，经考核验收，达到小康村标准的有天山镇南茶村，菱塘回族乡菱塘村、王姚村，武安乡宝塔村、浩芝村、武安村，车逻镇闸河村、师伙村，一沟乡仇家村，龙奔乡黄渡村，湖滨乡曹家湾村，伯勤乡种子场村，八桥镇张余村，汉留镇京汉村、郭李村，卸甲镇张邵村，甸垛镇南逊村，司徒乡大吉村、兴楼村，横泾镇韩张村、姜陆村，甘垛乡渔业村，平胜乡耿家村，二沟乡俞胡村，临泽镇合兴村等25个村，被市委、市政府命名为市首批小康村。1997年4月、1998年3月，市委、市政府在考核验收的基础上，先后命名99个村为1996年度小康达标村、111个村为1997年度小康达标村。至1997年末，全市累计建成小康村235个，占全市总村数35.5%；基本达小康村172个。全市小康村和基本达小康村共407个，占全市总村数的61.5%。

2003年7月，市委八届七次全会提出全面小康计划。2005年3月，市委、市政府按照中央和省委、省政府对农村工作的新要求，提出全面推进农村小康建设新目标。在全市281个行政村中，开展创建全面小康建设先行村、全面小康达标村和脱贫改薄村“三村”竞赛活动，采取因村制宜、分类指导、整体推进的措施，要求到2012年实现全面达小康的目标。至2005年末，对照《江苏省全面建设小康社会主要指标》中四大类18项25个指标目标值，全市有8个指标达标，即城镇登记失业率、农村行政村通灰黑色公路（或航道）比重、百户家庭电话拥有量、用于研究与试验发展活动的经费占地区生产总值的比重、新型农村合作医疗覆盖面、人民群众对社会治安的满意率、城镇社区居民委员会依法自治达标率、农村村民委员会依法自治达标率。尚有17个指标未达标，即城镇人均住房建筑面积、初中毕业生升学率、城镇劳动保障三大保险（城镇职工基本养老保险、城镇职工失业保险、城镇职工基本医疗保险）各自覆盖面、环境质量综合指数、人均地区生产总值、第二产业和第三产业增加值占地区生产总值比重、城市化水平、城镇居民人均可支配收入、农村居民人均纯收入、农村人均钢筋砖木结构住房面积、城镇人均拥有道路面积、百户家庭电脑拥有量、居民文教娱乐服务支出占家庭消费支出比重、恩格尔系数、卫生服务体系健全率、城市绿化覆盖率、森林覆盖率。是年，经考核验收，达到全面小康村标准的有高邮镇武安村、新联村，菱塘回族乡菱塘村，高邮经济开发区文游台村等4个村，市委、市政府予以表彰命名。其中，武安村、新联村、菱塘村被扬州市政府授予“全面小康建设先行村”称号。

二、生态村建设

详见第二篇《环境保护》第四章《生态保护与建设》第五节《环境优美乡镇与生态村创建》(第126页)。

三、农村现代化试验区

1991年，卸甲乡虎头村被列为扬州市农业现代化试点村。1993年，武安乡高谢村被列为扬州市农业现代化示范村。1997年，高谢村又被列为省和扬州市农业现代化试验区先行示范单位。1999年，菱塘回族乡及菱塘村被列为省第二批农村现代化试验区“一乡一村”试验乡、村。2004年，全市全面启动农村现代化试验区工作。至2005年，全市基本达到农业现代化先行村标准的有26个村，即高邮镇高谢村、丁庄村、管伙村，龙虬镇奥林村，车逻镇山广村、湾桥村，卸甲镇一平村、黄渡村，八桥镇恒丰村、张余村，汉留镇年合村，汤庄镇北屏村、汤东村，三垛镇三百六村、瓦庄村，横泾镇水产村，司徒镇兴联村，甘垛镇甘泉村，临泽镇合心村，界首镇界首村，周巷镇周巷村，菱塘回族乡菱塘村，郭集镇大营村，送桥镇张公渡村，天山镇南茶村，高邮经济开发区花王村。

第二章 种植业

1986年，县内种植业主要以生产水稻、麦子、油菜籽等传统粮油作物为主；豆类（蚕豌豆、大豆、绿豆）、玉米、山芋、芝麻、花生、瓜类、芋头、荸荠、慈姑、藕、菱角、蔬菜亦为农户喜种爱吃的传统副食品作物，传统季节性经济作物主要是棉花、薄荷等。是年，全县实现种植业产值4.11亿元，占农业总产值69.78%。1987年，县委、县政府提出“稳定粮食生产，扩大经济作物生产，提高农民收入”要求，全县经济作物生产总体上超过粮食生产增长幅度。由于市场变化，传统种植业中的经济作物生产不够稳定。1997年，全市实现种植业产值增加到13.48亿元，占农业总产值比重首次下降到50%以下。2005年，全市实现种植业产值17.89亿元，是1986年4.35倍；占农业总产值37.6%，比1986年下降32.18个百分点；实现粮食总产量67.77万吨、油料3.4万吨、棉花4000吨，分别比1986年下降4.08%、上升55.25%、下降43.67%。

第一节 土壤监测和肥料

一、土壤监测

80年代，全县设有川青乌杂土、武宁乌沙土、甸垛砂姜土、车逻黄杂土、东墩沙心黄杂土、甘垛黑乌土等6个土壤定位监测点和地下水位观测点，监测土壤肥力与水分变化状况，并分别于1989年、1994年、1997年、2003年，对全市农田先后进行4次取样化验，测定土壤主要养分含量。参照土壤肥力定位监测点结果，全面分析土壤肥力状况，确定土壤培肥目标，制定科学施肥措施，推广先进适用的土肥技术。

2003年，土壤肥力定位监测点养分测定结果与1989年比较，有机质含量从19.6毫克/千克上升到24.3毫克/千克，氮含量从13.7克/千克上升到14.6克/千克，速效磷、速效钾分别从5.18毫克/千克、98毫克/千克上升为22.59毫克/千克、117毫克/千克。2004年，结合开展无公害农产品产地认定整体推进工作，采集土壤样品、灌溉水，开展环境检测，检测面积5.87万公顷，占全市食用农产品面积98.7%。检测结果显示，土壤中汞、砷、铅、铜、镉、铬等重金属及滴滴涕、六六六农药残留等各项指标均符合无公害农产品生产的环境标准要求。是年至2005年，市农林局逐步建立与完善全市耕地资源管理信息系统，进一步加强土壤监测、保护工作。

1989～2003年部分年份高邮市土壤检测情况一览表

表11-3

项目 年份	有机质（毫克/千克）	全氮（克/千克）	速效磷（毫克/千克）	速效钾（毫克/千克）
1989	19.6	13.7	5.18	98
1994	20.4	14.6	5.41	106
1997	21.7	16.2	5.85	113
2003	24.3	14.6	22.59	117

说明：表中数据均为各年度土样化验结果平均值。

二、中低产田改造和耕地分等定级

1986年，县内一、二等农田土壤仅占耕地面积21%。1987年起，通过逐年进行农田水利建设、增加土壤有机投入、实施补钾工程、运用先进农业科学技术，每年改良中低产田667公顷。1991年后，实施以改造中低产田为重点的国家黄淮海农业综合开发项目后，加快中低产田改造步伐。2004年，在对全市农田调查评估基础上，对全市农田进行分等定级。高邮市属南方稻田类型区。全市基本农田被划分为6个等级，面积7.92万公顷，其中一等农田1122.87公顷、二等农田2.4万公顷、三等农田3.9万公顷、四等农田7898.57公顷、五等农田6900.34公顷、六等农田265.91公顷。全市一、二等农田（高产稳产农田）面积2.51万公顷，占耕地面积31.69%，较1986年提高11个百分点。至2005年，全市累计完成中低产田改造面积1.94万公顷，新增耕地787公顷。

三、肥料品种与用量

80年代起，全县农村普遍出现为省工省事、追求产量，造成绿肥种植面积减少、有机肥积造下降、化学肥料施用量逐年增加的状况。1986年，全县化肥施用量（指实物量）16万吨，其中氮肥占68.2%，其次是磷肥，钾肥和复合肥使用很少。1993年，全市化肥施用量增加到19.5万吨，其中氮肥占63.8%，复合肥比例有所上升。由于粮食、蔬菜等农作物生产长期依赖化肥，导致耕地内部结构被破坏，土壤有机质含量下降，盐渍化加重，保水保肥能力降低，病虫害加重。1994年，市委、市政府动员全市农村开展“百日增肥”和畜禽粪便综合利用工程，参加积造自然肥料人数25.2万人次，积造猪厩肥170.77万吨、草塘泥和杂肥37.27万吨，平均每公顷水稻田增施有机肥66.67千克，并对农田实施补钾工程。90年代后期，开始重视配方施肥和秸秆还田，但化肥施用量仍居高不下。2002年、2004年，因灾后复产，化肥施用量骤然增加。2005年，全市化肥施用量4.58万吨（折纯量），平均每公顷农田施用化肥578千克，为2000年后化肥施用量最少年份。

四、科学施肥技术推广

1992年，开始推广应用平衡配套施肥技术。在传统施用氮、磷、钾三元素肥料基础上，增加施用硼、锌、硅等微量元素肥料，高浓度复合肥，BB肥，棉花、油菜、大豆、水稻旱秧等各种专用肥料。1998年，坚持土肥技术与高产栽培技术相配套，全面推广平衡配套施肥技术，初步实现有机肥与无机肥平衡，氮、磷、钾三要素平衡和含量大的元素与微量元素之间平衡。在司徒镇建立平衡配套施肥千亩示范方，在卸甲、界首等乡镇建立百亩示范方，并开展磷、钾临界值及硅等肥料试验。是年，全市棉花和水稻"两床"专用肥使用量突破1000吨，其中菱塘、武宁等4个乡镇推广面100%。2002年，开始推广应用测土配方施肥技术，稻麦两季作物应用测土配方施肥技术面积4万公顷以上，建立市镇村示范方666.67公顷以上。2005年，按照农业部测土配方施肥项目，全市形成以"图、表、卡、肥"为要领的推广工作机制和"测、配、产、供、施"一体化的服务运行机制，全面推广应用"一个系统、一幅图、一张表、一张卡和一次购肥"的"五个一"测土施肥模式。

图11-5 农技人员检测应用测土配方施肥技术水稻长势情况

第二节 良种繁育与推广

一、杂交稻制种

1986～1994年，全市水稻种植主要以杂交稻为主，重点组合为汕优63，搭配种植协优63等。常年杂交稻制种主要分布在周巷、司徒、甘垛、三垛、卸甲、武安、武宁、二沟等乡镇，每年制种面积666.67公顷，产种量1250吨，市内用种900吨，其余销往安徽、湖北、浙江、江西等省。1994年，全市开始引种水稻特优63，试制面积2公顷，平均每公顷产种3吨。1995年、1996年，连续两年在甘垛乡农技村制种40公顷，平均每公顷产3.75吨，高产田块4.5吨。后来由于该稻种组合米质较差，稻瘟病较重，停止推广。1997年，市农业局又引进两系杂交稻新组合两优培九，试制6.47公顷，并示范种植杂交后代2公顷。1998年，扩大制种和示范种植面积，在武安、三垛、马棚等乡镇落实多个示范方，长势喜人，出现多块每公顷产量11.25～12吨高产田块。在"杂交稻之父"袁隆平和省农业科学院研究员邹江石倡导下，南方十三省水稻专家先后到高邮市考察、观摩，一致认为，该组合是亚种间杂交稻的新突破。此后，该组合在全国推广面积700万公顷。2000年后，随着机械化程度提高，粳稻收割和脱粒难问题得到解决，加上粳稻产量较高和粳米价格上涨，全市粳稻种植面积逐年上升，杂交稻种植面积和制种面积逐年下降。2005年，周巷镇和司徒镇仅保留杂交稻制种面积53.33公顷，主要是为外地种子企业代制。

二、常规水稻

90年代初，全市仅零星种植粳稻，主要品种为盐粳2号，搭配种植武育粳3号。1995年后，全市粳稻种植面积逐年增加，仍以上述两个品种种植为主。至90年代末，累计繁种400公顷，产种2100吨，推广面积5万公顷。2000年后，全市主要种植的粳稻品种除上述两个品种外，还有早丰九号、广陵香粳、镇稻88、镇稻99、武运粳7号、武香粳14、武粳15、南粳41、扬粳9538等。2004年，由于灰飞虱发生量大、带毒率高，导致广陵香粳等主要品种发生严重条纹叶枯病。2005年，全市粳稻种植只保留抗条纹叶枯病能力较强的镇稻99、扬粳9538等品种，繁种面积保持500公顷左右，产种量3000吨，市内用种2700吨，其余销往外地。

三、小麦繁种

1986～1990年，全县种植小麦品种较为单一，以种植扬麦2号为主。1991年，开始引种扬麦5号，并逐年扩大种植面积。1996年，开始引种扬麦158，并逐年扩大种植面积。1997年前，以扬麦5号为当家品种，全市小麦常年种植面积为666.67公顷，每年产种2500吨，因良种覆盖率较低，以农民自繁自用为主。1998年起，扬麦158成为当家品种。1999年，全市实行以粮换种、统一供种的办法，全市麦种供应量7500吨。2001年后，全市小麦种植品种以扬麦11号为主，搭配种植扬麦12号、宁麦8号、宁麦9号等。2004～2005年，小麦品种更新加快，新推广种植的小麦品种有扬麦13、扬麦14、扬麦15、扬麦16、宁麦13等。至2005年，全市累计繁殖小麦种9300公顷、4.2万吨，累计推广面积22.67万公顷。

四、棉花品种创优

80年代起，全县始用营养钵育苗移栽棉花，有效缓解前作腾茬迟的矛盾，并能达到培育壮苗的目的。1986年，全县棉花种植品种由岱字棉15号，逐渐过渡到以泗棉2号为主。90年代，全面推广应用营养钵育苗地膜移栽方式，采用以良种为基础，以扩行降密、增肥后移、化控综防为主要措施的棉花高产群体质量栽培技术，显著提高棉花产效。1990年，高邮县被农业部表彰为"全国棉花生产先进县"。1991年，高邮市被农业部列为全国优质棉生产基地，并成立棉花原种场，繁育加工泗棉系列、苏棉系列棉种。棉种除供应市内外，部分销往安徽、江西等地。1993年，品种大面积更新，推广应用泗棉3号、泗棉4号、泗阳331。1997年，开始试验示范新品种苏抗103、苏抗33B。1999年，在国家下调棉价后，全市棉田立体种植扩大，主要生产模式为棉花套马铃薯、棉花套西瓜、棉花套葱蒜等。2000年起，在选用优良品种同时，实施因种栽培高产优质高效配套技术。2001年，始引种高品质棉种渝棉1号、科棉1号、科棉3号。2002年，大面积推广南抗系列、中棉系列、苏杂系列、鲁棉系列、湘杂系列，杂交棉成为种植棉花主体类型。2003年后，棉花茬口主要以小麦后晚茬为主，立体种植规模和面积大幅度回落。2004～2005年，全市以种植高品质棉科棉3号为主体，搭配种植杂交抗虫棉品种。

五、油菜品种创优

1986年，高邮县为全国首批7个优质油菜示范县之一。是年，全县以栽培汇油50白菜型油菜品种为主，并示范种植宁油8号、荣选2号、早熟111等品种。1990～1999年，全市推广种植甘蓝型杂交油菜——秦油2号、宁杂1号等品种为主。进入21世纪，全市普遍种植油研7号、油研8号、史力丰、扬油4号、扬油5号等双低优质油菜品种，以取代普通甘蓝型油菜。2003～2005年，全市种植以秦优7号、史力丰、油研9号为主的高产优质品种油菜。

第三节　作物栽培

一、耕作制度和方式

80年代中后期，县内农田基本沿袭传统的农业耕作制度，即早稻、晚稻和小麦三熟制。稻作方式仍以人工插秧、施肥、收割为主，种麦仍以人工播种、收割为主，仅脱粒以机脱为主。90年代起，大面积种植杂交稻和试种粳稻，逐步改为稻、麦两熟制。并推广应用抛秧稻作技术和试验、示范免（少）耕撒播种麦技术。1995年，杂交稻种植面积占水稻总面积69.31%，为历史最高年份。2000年，粳稻种植面积占水稻总面积55.2%。进入21世纪，粳稻以其产量和价格高的优势，逐步取代杂交稻，稻、麦两熟制逐渐取代三熟制。2000年，全市推广、示范旋耕撒播种麦技术。2001年，开始推广机插秧移栽稻作技术，机插面积逐年扩大。2002年，推广应用秸秆还田麦田套播稻作方式。2005年，全市粳稻种植面积占水稻总面积81.2%。麦套稻推广应用面积3333.33公顷，机插秧推广应用面积6666.67公顷。小麦以浅旋撒播为主，免（少）耕撒播麦为辅，部分地区实施机条播、棉茬套种撒播。

二、农作物面积和产量

1986年，全县农作物种植面积7.31万公顷。1991年，减少到7.05万公顷。此后，种植面积逐年减少。1997年，又减少到6万公顷。1998年后，随着农业综合开发项目实施，在改造中低产田同时，开垦宜农荒地，增加种植面积。至2005年，全市农作物种植面积上升到7.71万公顷。

水稻　1986年，全县水稻种植面积6.25万公顷，总产量45.57万吨，均为历年最多。1987～1990年，全县水稻种植面积稳定在6万公顷左右。1991年，受特大洪涝灾害影响，水稻种植面积最少，为4.37万公顷。1992～2003年，因“压粮扩经”调整农业结构，水稻种植面积除1999年为5.29万公顷，其他年份均在4.5万公顷左右。2004年、2005年，国家取消农业税和实施粮食直补、良种补贴等惠农政策，农民种植水稻积极性提高，全市水稻种植面积扩大，总产量稳定。2005年，全市水稻种植面积5.44万公顷，总产量40.23万吨。是年，全市水稻种植面积和产量分别占全市粮食作物种植总面积和总产量53.31%、59.36%。

小麦　1986年，全县种植面积4.65万公顷，总产量22.78万吨。1987～1989年，小麦种植面积稳定在4万公顷以上，总产量稳定在20万吨左右。1990年，小麦种植面积4.66万公顷，为历年种植面积最大。至1996年，小麦种植面积减少到3.81万公顷。1997年，小麦种植面积又上升到4.43万公顷，总产量24.79万吨。1999年，小麦种植面积4.66万公顷，总产量24.96万吨，为历年最高。2001～2003年，粮价走低，种植业比较效益下降，小麦种植面积又一次减少。2005年，在高邮镇、车逻镇等9个镇实施国家优质专用小麦良种推广补贴项目，面积为1.33万公顷；全市小麦种植面积4.14万公顷，总产量24.44万吨，分别占全市粮食作物的40.62%和36.06%；平均每公顷单产5.9吨，单产创历史最好水平。

大麦　1986年，全县大麦种植面积9200公顷，总产量3.98万吨。1987年，增加到1.31万公顷、5.73万吨，为历史最高年份。1988年后，县内大麦种植面积逐年减少。1997年，减少到6600公顷。1999年，又减少到3400公顷。2005年，全市大麦种植面积仅1800公顷，总产量8101吨，为历年最少。

棉花　1986年，全县棉花种植面积8200公顷，实现皮棉产量7050吨。是年，农牧渔业部下拨给高邮县建立出口棉花基地专项资金25万元。1987年，又续拨12.5万元。是年，全县开展棉花“丰收杯”竞赛活动，并建立棉花良种繁育基地面积472.93公顷，第一年实施棉花全县统一供种。全县棉花种植面积扩大到1.08万公顷，实现皮棉产量1.12万吨。1988～1998年，全市棉花种植面积稳定在1万公顷左右。1999年，国家棉花收购价格下调，全市植棉乡镇从27个减少到19个，植棉面积减少到5210公顷，皮棉产量下降到4626吨。2000年后，全市棉花种植面积和产量无大的起伏，主要产区集中在东部甘垛、横泾、司徒、三垛、汤庄等乡镇。2005年，全市棉花种植面积为3600公顷，实现皮棉产量4014吨，为20年间最低。

油菜　1986年，全县油菜种植面积1.04万公顷，总产量2.12万吨，分别占当年全部油料作物种植面积和总产量的98.2%和96.8%。1988年，全县油菜种植面积8699公顷，总产量1.26万吨，为历史最低。1989～1999年，全市油菜种植面积稳定在1万公顷左右。2000年，全市在种植业结构调整中，油菜种植面积扩大到1.56万公顷，实现总产量3.79万吨。2001年，油菜种植面积又扩大到1.62万公顷，总产量上升到4.14万吨，均创历年新高。2002年后，因油菜籽价格低谷徘徊，油菜种植面积和产量呈下降趋势。2005年，全市油菜种植面积减少到1.26万公顷，实现总产量3.38万吨。由于种植优质高产品种，平均每公顷单产2.67吨，创历史最好水平，单产跨入全省高产行列。

黑大豆　1995年，始引进种植外贸专用特种经济作物黑大豆，品种为丹波黑大豆和乌皮青仁豆。

因该豆生产效益比普通大豆高，故推广很快。2003年，全市种植黑大豆面积扩大到2430公顷，为种植面积最多一年。是年，三垛镇武宁农业生产资料经营部注册黑旋风牌商标，并取得绿色食品标志使用证书，高邮市成为全国出口黑大豆主要生产地之一。2004年，国际市场豆源紧缺，黑大豆价格暴涨，丹波黑大豆卖出40元/千克的高价，全市黑大豆生产获得较好效益。2005年，全市黑大豆种植面积2670公顷，实现总产量7609.5吨，每公顷单产为引种初期1995年2.24倍。

1986～2005年高邮市主要农作物种植面积、产量统计表

表11-4

项目 年份	稻谷			小麦			棉花			油菜籽			大豆		
	种植面积（公顷）	每公顷单产（千克）	总产量（吨）	种植面积（公顷）	每公顷单产（千克）	总产量（吨）	种植面积（公顷）	每公顷单产（千克）	总产量（吨）	种植面积（公顷）	每公顷单产（千克）	总产量（吨）	种植面积（公顷）	每公顷单产（千克）	总产量（吨）
1986	62360	6831	425965	46507	4898	227809	8200	860	7050	10440	2034	21240	1067	3933	4196
1987	60299	6921	416874	42402	4999	211962	10825	1038	11236	10324	2136	22056	1103	3932	4337
1988	59473	7324	435602	44178	4630	204525	10683	1056	11276	8699	1454	12645	861	4757	4096
1989	60067	7732	464465	45061	4092	184400	9033	1149	10382	9704	1576	15297	1066	4773	5088
1990	59635	6764	403351	46609	4507	210078	9679	1156	11193	9059	1815	16439	1015	3864	3922
1991	29273	5206	152404	43473	4293	186631	6213	924	5740	9997	1574	15740	260	1588	413
1992	48793	6768	330251	42047	5020	211093	16047	634	10173	10853	1604	17403	673	4352	2929
1993	48420	7433	359899	40440	4560	184283	10810	945	10220	8910	1860	16569	1900	6900	13110
1994	45920	7483	343617	36550	4622	168919	10540	1099	11586	9030	1527	13788	1800	6838	12308
1995	44110	8555	377360	36460	4638	169102	12260	1067	13080	9330	2198	20512	1530	5773	8833
1996	46220	8509	393308	38130	5858	223352	11940	1097	13101	10170	2533	25762	920	9676	8902
1997	48490	8036	389682	44300	5597	247945	10010	1161	11622	8840	2429	21474	1920	5856	11243
1998	47830	8810	421371	44290	4029	178456	10010	1171	11723	9150	1502	13739	2380	2646	6297
1999	53010	8213	435371	46550	5362	249616	5210	880	4626	11380	2364	26902	2600	2324	6043
2000	48530	8114	393771	41140	4887	201058	5550	1284	7124	15610	2429	37919	3800	3501	13305
2001	40840	8513	347669	32970	4553	150127	6780	1441	9767	16200	2554	41377	3800	5733	21784
2002	43570	8671	377795	34640	4494	155658	5270	1200	6324	14490	2160	31294	4630	7137	33042
2003	41560	6750	280534	34630	4544	157361	6150	1004	6174	13960	2407	33596	4400	4887	21501
2004	51080	6864	350623	37640	5101	191987	4690	1448	6790	14220	2603	37009	4050	5674	22981
2005	54360	7401	402308	41420	5899	244350	3600	1115	4014	12630	2672	33753	3080	4705	14490

说明：表中数据根据《高邮统计年鉴》换算整理而成。

三、“丰产方”“吨粮田”“万亩丰产片”建设

1989年，县委、县政府组织开展“丰产方”竞赛活动，共有103个“丰产方”参赛，总面积750.47公顷，其中水稻百亩“丰产方”31个213.33公顷、麦子“丰产方”31个246.67公顷、油菜“丰产方”4个26.87公顷、薄荷“丰产方”15个53.6公顷、棉花“丰产方”22个210公顷。1992年3月，市政府表彰

1991年度棉花丰收竞赛活动的26个单位，其中甘垛乡获“丰收杯”“千亩方”竞赛优胜奖，车逻乡、营南乡获“百亩方”竞赛一等奖，市妇联、菱塘回族乡、司徒乡、三垛镇、汤庄乡获二等奖，武安乡、东墩乡、八桥镇、甸垛乡、二沟乡、临泽镇、周巷乡、送桥镇获三等奖。

1992年起，“吨粮田”（每亩粮食产量达1吨）建设项目被省委、省政府纳入“八五”计划，并增加高邮湖西4个乡镇，要求到“八五”期末，达标面积1.81万公顷。至1993年，全市共有107个村的1.12万公顷农田达标。1994年，甸垛乡决心村实现油菜每公顷单产3.16吨。司徒乡柘垛村实现棉花每公顷结铃135.45万个、产皮棉2.32吨，获“全省第一丰产方”称号。同时，高产、高收入的典型还有：司徒乡大吉村实现小麦每公顷单产6.38吨，后作稻单产10.14吨，稻麦两熟亩产量超吨粮；武安乡高谢村麦—瓜—稻混作，实现大麦每公顷单产3.98吨、西瓜每公顷单产34.89吨、水稻每公顷单产7.38吨，每公顷农田收益3.98万元。是年，通过典型引路，推动全市“吨粮田”建设，新增达标面积8000公顷。至1994年末，全市“吨粮田”建设累计达标面积1.92万公顷，提前一年完成省“八五”计划目标任务。

1996年，龙奔、武安、车逻等3个乡镇实施省、扬州市农业领导工程“万亩丰产片”。龙奔乡西楼村实现小麦超高产方，平均实收每公顷单产8.09吨，单产最高田块9.15吨，创造全国南方麦区春小麦高产丰产田单产新纪录。水稻“丰产方”以武安乡万亩粳稻“丰产方”和司徒乡、三垛镇一线万亩杂交稻“丰产方”为重点，武安乡、司徒乡两个核心方每公顷单产分别为11.07吨和10.56吨。油菜示范样板主要是三垛、武宁、甸垛万亩丰产片，平均每公顷实收单产3.32吨。其中，三垛镇三阳村百亩油菜核心方实现每公顷单产4.27吨，获省农业领导工程一等奖。棉花领导工程方68个460公顷，其中3个领导工程方皮棉每公顷单产2.25吨以上。甘垛乡渔海村百亩“丰产方”实现每公顷单产2.3吨，在省高产竞赛中获二等奖。1997年，全市开展“丰产方”高产竞赛活动。共建各类农业领导工程“丰产方”2100个，“丰产方”面积占粮棉油种植面积30%，形成市有万亩线、乡有千亩片、村有百亩方的丰产竞赛格局。其中，龙奔乡西楼村小麦百亩“丰产方”，平均每公顷单产8.28吨；武宁乡、三垛镇油菜百亩“丰产方”平均每公顷单产分别为3.84吨、3.78吨，分别获得省农业领导工程建设小麦组一等奖、油菜组一等奖。

第四节　植物保护与检疫

一、病虫害防治

测报　1986年起，县农业植保站针对农作物病虫害种类较多、发作频率高等特点，加强测报工作。水稻主要病害有纹枯病、稻瘟病、稻曲病、条纹叶枯病，主要虫害有二化螟、三化螟、大螟、稻纵卷叶螟、白背飞虱、褐飞虱、灰飞虱；麦类主要病害有小麦赤霉病、白粉病、纹枯病，主要虫害有黏虫、麦圆蜘蛛、蚜虫等；棉花主要病害有立枯病、炭疽病、铃病，主要虫害有棉铃虫、盲蝽象、玉米螟、蚜虫、红蜘蛛、烟粉虱、红铃虫、金刚钻、斜纹夜蛾、甜菜夜蛾；油菜主要病害有菌核病、霜霉病、病毒病，主要虫害有蚜虫。该站采取定点、定田、定期、定人的“四定”措施，实行利用诱测工具与田间直观检查相结合、系统调查与田间调查相结合方法，根据田间虫情，结合历史资料，及时进行分析，通过《农业病虫情报》，发布短期预报。至2005年，20年未出现误报、漏报，准确率90%以上。

防治　80年代，县内防治农作物病虫害采取人工、物理、生物等方法，以人工防治为主。进入90年代，逐步实行以化学防治和推广种植抗病虫害新品种为主。防治水稻病虫害采用药剂浸种、杀虫杀菌药剂混喷等。防治小麦病虫害采用药肥混喷、农药复配剂喷洒等。1990年、2000年，先后推广种植甘蓝型油菜和抗虫棉，油菜和棉花病虫害有所减轻。至2005年，坚持科学种植、优化选种、农药防治相结合，全市未发生因病虫害致使大面积失收现象，确保农业连年丰收。

二、草害防治

80年代中期，县内消灭农作物草害仍沿用传统人工薅草办法。1988年，开始使用化学除草剂除草。对稻田草害先后用乙草胺、丁草胺、恶草灵、二氯苄防治。对麦田草害先后使用绿麦隆、使它隆加二甲四氯钠、骠马、异丙隆、快灭灵、噻磺隆、巨星、绿磺隆及其复配剂防治。1990～1991年，实施麦田无草害工程。1995～1996年，实施稻田无草害工程。1999～2000年，实施油菜田无草害工程。至2005年，全市基本实现消灭和有效控制草害大面积发生。

三、植物检疫

1986～1995年，市内植物检疫对象主要是水稻白叶枯病，多发生于杂交稻，发病面积一般1300～3300公顷。1996年后，随着粳稻面积扩大，白叶枯病逐年下降。1998年前后，美洲斑潜蝇传入市内，起初发现于豆科作物。2000年后，发现美洲斑潜蝇危害多种蔬菜、瓜果类作物，湖西乡镇发现有零星毒麦危害。2003年，送桥、天山两镇查见少量毒麦，局部地区零星发生菟丝子危害，汤庄镇发现B型烟粉虱且呈现逐年加重趋势。2005年，经普查，在城区局部地区小范围发现长有加拿大一枝黄花。在上述有害动植物发现后，市检疫机构与相关主管部门协同，及时组织灭除，有效制止其危害的蔓延和扩大。

四、植保服务体系建设

1986年，县农业局设立植保站，负责植物病虫草害发生、危害情况的测报、防治和检疫、植保服务等工作。乡镇测报站，主要靠人工测报。1988年，县测报站被农业部确定为区域性病虫测报站。各乡镇农技站均保留1名植保员，从事一般性田间调查。进入90年代，市、乡政府加强植保服务体系建设，推广先进防治手段和技术，准确掌握病虫动态，有效控制病虫草害发生与危害。1995年，市农业病虫害测报站配备测报专用面包车、计算机、照相机等仪器设备，设立基层测报点3个，始建农业信息网络体系；乡镇建立植保服务公司，村配备农技员，建立健全乡镇植保服务队。2002年，建成市农林局域网，及时发布包括病虫草害在内的各项农业植保信息。2005年，高邮市农业有害生物预警与控制区域站建设被列为省国家优质粮食产业工程项目。至年末，该项目建设基本完成，总投资366万元。其中国家（农业部）投资280万元、地方配套资金86万元。

附：农作物重大病虫害

2003年发生农作物特大病虫害　是年，全市小麦发生近20年中最重的赤霉病，穗期蚜虫为中等局部发生，麦圆蜘蛛中等偏轻发生。水稻大面积发生迁飞性稻纵卷叶螟虫，中等偏重发生白背飞虱、褐飞虱、二化螟、三化螟等虫和水稻条纹叶枯病、纹枯病。油菜发生中等偏重菌核病和蚜虫。棉花棉铃虫中等发生。全市主要农作物病虫害累计发生面积10.67万公顷（含复种受害面积）。市委、市政府及时组织防治，采取有效防控和治理措施，小麦病穗率被控制在10%以下，水稻总体防治效果在80%以上，挽回粮食损失4.63万吨、油菜损失1470.6吨、皮棉损失1070吨。

2004年发生罕见水稻条纹叶枯病　是年，全市粳稻发生特大条纹叶枯病，发病面积之大、危害损失之重均为历史罕见。其特点主要表现为：传毒昆虫灰飞虱虫量高，秧田每公顷有虫150万头以上，大田每百穴有虫200～500头，为历史同期10～100倍；发病早、田间显症峰次多，危害期长50天；危害面积大，受虫害影响面积3.4万公顷，占水稻种植总面积66.8%。龙虬镇、汉留镇属危害重灾区。市植保站及时发出防治警报，市委、市政府进行全面发动，组织宣传、技术指导、督促检查到位，并层层签订防治工作责任书。全年累计实施药剂治防面积11.53万公顷，挽回粮食损失16.5万吨。

第三章 畜禽业

1986年，全县实现畜禽业（牧业）产值1.14亿元，占农业总产值19.35%。1988年，高邮县被确定为全国商品猪基地县后，全县畜禽养殖规模不断扩大。1994年，全市实现畜禽业产值6.03亿元，为1986年5.29倍。1995年后，随着畜禽优良品种推广和科学饲养方式普及，全市畜禽业饲养规模和经济效益大幅度提高，开始出现野鸭等特种畜禽饲养。2000年起，在农业结构调整和产业化经营中，全市畜禽业持续稳定发展。2005年，全市实现畜禽业产值9.99亿元，占农业总产值21%。主要饲养家畜有猪、牛、羊、兔等，饲养家禽有鸡、鸭、鹅，饲养特种畜禽主要有果子狸、黑豚、梅花鹿、鹌鹑、野鸭、番鸭、菜鸽等。

第一节 家畜饲养

一、猪

80年代中期，湖西地区菱塘、天山、送桥、郭集等4个乡镇，以饲养菱塘猪（山猪）为主；运东地区各乡镇，以饲养土种黑猪为主，部分农户饲养姜曲海、二花猪、梅山、新淮等地方良种。饲养方式仍以传统户养为主，并开始出现为数较少的养猪专业户。饲料为稻麦等粮食作物加工的副产品和青草、剩粥饭。1986年，全县生猪饲养量62.34万头，其中出栏36.8万头、存栏25.54万头。在存栏生猪中，有能繁母猪3.51万头。

1988年春，高邮县被财政部、商业部、农业部列为全国商品猪基地县。县政府确定天山乡许巷村、送桥镇平牌村、菱塘回族乡骑龙村、沙堰乡龙华村、东墩乡花王村、县种猪场、菱塘养殖场等5村2场为商品猪养殖基地点。1990年，全县推广“四改一添”科学养猪技术，即改土种黑猪为二元杂交猪、改单一饲料为配合饲料、改敞口坑圈为淌圈、改熟食稀喂为干食生喂，添加猪用复合添加剂。是年，全县生猪饲养量上升到66.52万头，获省农业丰收二等奖。1995年，全市生猪饲养量上升到78.26万头，其中出栏49.28万头、存栏28.98万头。1996年，专业村、专业户和养殖大户发展较快，推动全市生猪饲养量年年攀升。是年，全市生猪饲养量84.13万头，出栏55.24万头，均创历史最好水平。1998年，全市实施省农林厅三元杂交商品瘦肉型猪生产项目，生猪饲养量79.98万头，其中出栏54.29万头、存栏25.69万头。是年，各乡镇成立由养猪大户任会长的养猪协会，实行贸工农一体化经营。2000年起，司徒兽医站猪场、营南供销社、卸甲镇先后引进苏太猪种，实行扩繁推广。2005年，全市农村生猪饲养量72.92万头，多数为优良品种。

二、牛

80年代中期，县内农民以饲养水牛为主，主要为耕役用。饲料多用青草、青干草（茭草）及稻草，补饲豆饼等精料。因逐步推行农田耕作机械化，耕牛数量急剧下降。1986年，全县耕牛仅剩3325头。进入90年代，基本不再使用耕牛。1990年，菱塘、郭集、张轩等乡镇转而发展黄牛养殖，从陕西购进秦川黄牛，由大户饲养。但因环境等不相适应，在首次引进出栏后不再饲养。

2001年，全市首批饲养奶牛282头，由牛场和规模大户饲养。2002年，设于甘垛镇的扬州华兴乳业有限公司建成100头工厂化的养牛场和年产1500吨鲜奶乳制品生产线。华兴乳业奶牛场和朝阳乳业奶牛场实行机械挤奶，送桥奶牛养殖户为手工挤奶。华兴乳业奶牛场所产牛奶由公司自己加工成品鲜奶,以学生奶为主,销往市内和周边县市中小学,多余鲜奶出售给乳品加工企业。朝阳乳业奶牛场、送桥养殖户所产牛奶销往市外。奶牛繁殖全部采用冻精人工授精。奶牛饲料有野生杂草青饲料和配以玉米、麸皮、次面粉、酒糟、豆饼为主要原料的精饲料。2005年,全市共有奶牛285头。

三、羊

1986年,县境农户饲养山羊品种主要有长江三角洲白羊、萨能奶山羊、波尔山羊等,个别农户养浙江湖羊和杂交羊。春、夏、秋季节羊饲料以青草为主,冬季、早春以干草为主,适当补以谷物等精料。饲养大户还种植牧草养羊。是年,全县农户共养羊9331只,其中出栏3643只、存栏5688只。90年代,开始出现养羊大户,最多户养200多只。1995年,全市养羊总数超过10万只。1999年,全市养羊22.34万只,其中出栏18.08万只,为历史最好年份。2000年起,受放牧环境和饲养成本影响,全市羊饲养量逐年下降。2003年,全市开展秸秆利用项目,使用通过氨化、微贮技术处理的秸秆喂羊。2005年,全市羊饲养量下降到9.61万只,其中出栏6.87万只、存栏2.74万只。

图11-6　散养的羊

四、兔

1986年,县内农户以饲养毛兔为主,品种多为联邦德国系长毛兔。因兔毛为外贸出口产品,受国际市场行情影响较大,养兔业起伏不定。亦有少量饲养皮肉型兔。是年,全县共饲养毛兔16.06万只。1987年,下降到8.26万只。至90年代,全市每年兔饲养量3万只至4万只左右。2005年,全市养兔仅2.98万只。

1986～2005年高邮市主要家畜养殖情况一览表

表11-5

项目/年份	牛(头)		生猪(头)			羊(只)			兔(只)		
	年末存栏量	其中能劳役量	年饲养量	年出栏量	年末存栏量	年饲养量	年出栏量	年末存栏量	年饲养量	年出栏量	年末存栏量
1986	3325	3098	623376	368009	255367	9331	3643	5688	160636	64750	95886
1987	2471	2263	635959	375417	260542	14067	5248	8819	82629	27926	54703
1988	2141	1957	652956	378417	274539	21520	9235	12285	—	—	28170
1989	1727	—	653191	388226	264965	29483	13929	15554	—	—	32929
1990	1934	—	665186	391199	273987	31000	14764	16236	—	—	29950
1991	1388	—	607018	336886	270132	24061	12777	11284	—	—	22047
1992	941	—	656824	359736	297088	24870	11797	13073	—	—	28474
1993	798	—	675312	394984	280328	33148	16602	16546	—	—	28482
1994	626	—	709383	429456	279927	53734	29472	24262	33910	10010	23900
1995	687	—	782600	492786	289814	103259	61629	41630	36235	14171	22064

续表 11-5

项目 年份	牛(头)		生猪(头)			羊(只)			兔(只)		
	年末存栏量	其中能劳役量	年饲养量	年出栏量	年末存栏量	年饲养量	年出栏量	年末存栏量	年饲养量	年出栏量	年末存栏量
1996	746	537	841334	552423	288911	160638	104736	55902	30902	13567	17335
1997	651	520	678611	434728	243883	209915	159328	50587	31544	15538	16006
1998	510	401	799797	542921	256876	185510	146611	38899	53770	30798	22972
1999	376	300	758257	502618	255639	223436	180818	42618	43425	26318	17107
2000	306	239	769413	485526	283887	188177	146333	41844	43577	28849	14728
2001	536	228 奶 282	783117	518057	265060	156043	119336	36707	51713	34711	17002
2002	550	199 奶 289	798251	486520	311731	143662	110640	33022	43235	28921	14314
2003	518	163 奶 314	773375	478391	294984	147941	115812	32129	31349	21200	10149
2004	奶 22	奶 22	735315	463471	271844	96039	69253	26786	22733	14427	8306
2005	奶 285	奶 285	729200	436400	292800	96090	68697	27393	29754	21641	8113

说明:表中数据根据《高邮统计年鉴》整理而成。1989～1995年能劳役的耕牛量未统计;2001年后开始饲养奶牛;2004年后,只统计奶牛量;1988～1993年兔的年饲养量、年出栏量未统计。

第二节 家禽饲养

1986年,县内饲养的家禽有鸡、鸭、鹅,其中高邮鸭为地方优良品种。是年,全县共饲养家禽676.84万羽,其中年末存栏215.7万羽。由于养禽业的快速发展,禽蛋产量猛增,一度出现"卖蛋难"的现象。1987年,县内出现一批禽蛋运销个体户,拓宽禽蛋销售渠道,稳定禽蛋业发展。1988年,全县家禽饲养量首年突破千万羽,为1080.34万羽。1989年后,连续两年稳定在900万羽左右。1991年,因洪涝灾害影响,全市家禽饲养量降至829.01万羽。是年,建成市种鸡场,隶属市多种经营管理局。1993年起,全市家禽饲养量再次超过千万羽,为1042.95万羽;全市存栏蛋鸡万羽以上村14个。1996年,全市加大畜禽养殖结构调整,大力发展食草畜禽和蛋禽饲养,各乡镇良种蛋鸡覆盖率50%。1996年,全市家禽饲养量上升到1720.9万羽,创历史最好水平。2000年,送桥镇始养地方新优良品种扬州鹅58万羽。2004年,全市家禽业因防控禽流感疫情,遭受重创。2005年,全市家禽饲养量下降至1425.98万羽,其中出售和自宰1055.37万羽,年末存栏仅370.61万羽。

一、鸡

1986年,全县鸡存栏量192.97万羽,占家禽存栏总数89.46%。养鸡专业户40户,其中养鸡大户汉留乡汉东村农民朱万忠饲养鸡6500羽。是年,县肉联厂职工高志辞职,在龙奔乡投资兴建全县首个私营规模化养鸡场。1987年,全县鸡出栏量301.59万羽,占家禽出栏总数59.56%。1992年,高志养鸡场存栏蛋鸡发展到2万羽,成为苏北地区最大的蛋鸡养殖场。1995年,全市鸡出栏量突破800万羽,为802.03万羽。1998年,全市鸡出栏量突破900万羽,为962.75万羽,占家禽出栏量的70.76%,为历史最高纪录。至90年代末,高志养鸡场实现蛋鸡良种化、饲料配方科学化、防疫体系化、设施标准化,常年存栏蛋鸡发展到12万羽、苗鸡2万羽，年产鲜蛋1400吨。建立市高志实业有限公司，并以公司为依托，成立市养鸡协会、市养鸡合作社，带动一大批养鸡农户致富。2004年，该公司被农业部、财政部、中国银行业监督管理委员会确定为全国重点家禽养殖企业，志兴牌鸡蛋获全国绿色食品证书。2005年，全市鸡出栏量563.57万羽，占家禽出栏总数53.4%。是年，市高志实业有限公司实现养鸡产值1.5亿元；市养鸡协会和市养鸡合作社实现养鸡产值3.5亿元，带动农户增收1318万元。

二、高邮鸭

详见第十二篇《高邮鸭业》（第405页）。

三、扬州鹅

1998年，送桥镇始推广扬州鹅。该鹅种系由扬州大学畜牧兽医学院教授赵万里历经8年主持研究完成的省“九五”农业攻关项目。2000年7月，由扬州大学畜牧兽医学院、扬州市畜牧兽医站、高邮市畜牧兽医站、送桥镇畜牧兽医站、送桥镇多种经营服务公司、送桥镇养殖业大户杨正良等共同投资入股，在送桥镇设立扬州鹅鹅业发展有限责任公司。企业注册资金100万元，种草133.3公顷，首批饲养扬州鹅58万羽。2002年，送桥镇建成种草养鹅科技示范园，形成从扬州鹅品种培育、保种、炕孵、种草养鹅、饲料加工、仔鹅深加工一条较为完整的产业链，全年饲养扬州鹅60.26万羽。是年，扬州五亭集团在送桥镇五里桥建立扬州天歌鹅业发展有限责任公司，投资1000多万元，建成现代化扬州鹅产品加工生产线2条、扬州鹅炕孵中心1个，产品有盐水鹅、风鹅、酱鹅、烤鹅、啤酒鹅等扬州鹅系列产品。2004年，送桥镇建成扬州鹅养殖基地6个，发展养鹅万羽以上大户8户；扬州天歌鹅业发展有限责任公司建成容量600吨大型冷库1座。2005年，送桥镇饲养扬州鹅116.8万羽，成为全市养鹅第一大镇。

图11-7　送桥镇村民在高邮湖畔放养扬州鹅

1986～2005年高邮市家禽养殖情况一览表

表11-6　　单位：万羽

项目 年份	家禽			鸡		鹅	
	饲养量	出栏量	年末存栏量	出栏量	年末存栏量	出栏量	年末存栏量
1986	676.84	461.14	215.70	—	192.97	—	6.91
1987	754.72	506.39	248.33	301.59	218.52	124.60	9.69
1988	1080.34	795.87	284.47	444.54	241.11	213.01	17.34
1989	911.13	662.80	248.33	421.81	219.84	169.28	9.36
1990	931.54	668.14	263.40	422.84	219.10	150.27	18.52
1991	829.01	597.16	231.85	357.24	192.88	169.20	12.86
1992	919.72	658.63	261.09	399.22	209.72	167.92	17.86
1993	1042.95	768.23	274.72	482.69	222.53	186.81	19.18

续表 11-6

年份 \ 项目	家禽			鸡		鹅	
	饲养量	出栏量	年末存栏量	出栏量	年末存栏量	出栏量	年末存栏量
1994	1363.25	1059.94	303.31	—	—	—	—
1995	1472.96	1152.08	320.88	802.03	267.93	226.92	19.29
1996	1720.90	1370.29	350.61	962.48	287.41	233.42	46.04
1997	1604.59	1246.54	358.05	835.18	290.02	261.77	17.90
1998	1708.02	1360.58	347.44	962.75	275.87	222.59	20.50
1999	1446.29	1024.69	421.60	702.94	326.32	179.32	29.09
2000	1462.44	937.63	524.81	621.65	387.84	180.03	43.03
2001	1445.92	978.45	467.47	619.36	347.33	212.32	82.74
2002	1422.12	952.31	469.81	600.81	337.89	209.79	43.50
2003	1401.63	948.55	453.08	581.08	323.63	215.41	39.28
2004	1331.71	923.41	408.30	543.98	279.66	230.76	39.30
2005	1425.98	1055.37	370.61	563.57	233.85	288.12	45.59

说明：表中数据根据《高邮统计年鉴》整理而成。1986年，鸡、鹅年出栏量未单列；1994年，鸡、鹅的年出栏量和年末存栏量未单列统计。鸭的年出栏量和年末存栏量详见第十二篇《高邮鸭业》第一章《高邮麻鸭》（第405页）。

第三节 特种禽畜饲养

1995年，马棚镇农民陆高中开始饲养野鸭。1999年后，市内特种禽畜饲养品种逐渐增多。至2005年，全市饲养特种禽畜品种10多种，其中肉鸽、鹌鹑、野鸭饲养量较大，其他禽畜均未形成规模养殖。

一、野鸭

1995年，国家一级养禽技师、省劳动模范、马棚镇农民陆高中在该镇东湖水域始养绿头野鸭580羽。通过驯养放飞，引得成批自然野鸭入群。群飞野鸭随着他发出的“指令”，回归吃食，天空翱翔，水上嬉戏，林中栖息。他因此被称为“野鸭放飞奇人”。1995～1998年，《新华日报》、中央电视台、中央人民广播电台和美国中文电视台等新闻媒体先后予以多次报道。他还在东湖饲养鸵鸟、孔雀等特禽，供游人观赏。郭集镇、菱塘回族乡、高邮镇等乡镇亦有农户养殖野鸭。2000年后，因环境、气候和市场行情变化，市内野鸭养殖数量不够稳定。2005年，全市养殖野鸭总量5000多羽。

二、菜鸽

80年代中后期，县内个人养鸽以信鸽为主。90年代，菱塘、周巷、高邮镇等乡镇先后养殖菜鸽。1991年，菱塘回族乡从江宁、六合等地引进白羽王种鸽2000对，投资13.5万元，在三里村创办种鸽饲养场。1996年，该乡养殖菜鸽27万羽。2002年，该乡养殖菜鸽上升到106万羽，成为全市养鸽过百万羽的第一大乡。2005年，全市菜鸽饲养量120.82万羽。

三、鹌鹑

90年代，卸甲、龙虬等乡镇始有鹌鹑养殖专业户，但养殖规模均不大。2005年，全市共养殖鹌鹑15.11万羽，其中年饲养量5000羽以上农户5户。

四、番鸭

1999年，三垛镇三百六村村民从浙江省乐清市引进种番鸭1000羽。至2005年，番鸭饲养未形成规模养殖，零星饲养分布于汤庄、汉留、卸甲等乡镇。

五、梅花鹿

2001年，菱塘回族乡投资5万元，从东北引进成年梅花鹿10只，建成梅花鹿饲养场。该场占地0.33公顷，建鹿舍4幢12间。至2005年，该乡饲养量50只，主要出售鹿茸。

六、果子狸

2000年，临泽镇村民葛永辉投资146万元，从陕西西安等地引进果子狸250只，在临西村建成市龙马野生动物驯养场，占地0.67公顷，建设圈舍150间。2001年饲养310只，2002年饲养660只，2003年饲养1340只。4年间共向广东出售50只，实现产值12万元。2003年，受非典型肺炎疫情影响，该场存栏果子狸被全部扑杀，驯养场停办，省、市、县为弥补其损失，给予补贴资金80万元。

七、黑豚

2001年9月，三垛镇居民郭正德从扬州市新世纪黑豚养殖公司引进种豚100对，投资约5万元，建成黑豚养殖场，并带动三垛镇50多户养殖黑豚。至2002年末，因黑豚销路不畅，停止养殖。

八、山鸡、貉等其他特种禽畜

1990～2005年，市内先后有农户引进饲养少量山鸡、鹧鸪、孔雀、火鸡、斑鸠、鸳鸯、貉等其他特种禽畜，受饲养条件、环境、技术和市场等因素制约，未能形成规模和持续养殖。

第四节　动物检疫与疫病防治

一、主要疫病

口蹄疫（“五号病”）　1986年起，县内口蹄疫多呈散发性，流行态势得到控制。1997年5月，市畜禽加工厂从疫区调进生猪49头，引发“五号病”疫情。市防治牲畜“五号病”办公室发现后，按照“早、快、严、小”的方针，立即采取扑杀、深埋、封锁等措施，并在全市组织全面防疫与消毒，及时扑灭疫情。1998年，在周边部分地区生猪“五号病”和链球菌病疫情比较紧张的情况下，全市及时采取紧急措施，生猪“五号病”防疫10.38万头，链球菌病防疫15.34万头，并组织一次全市性猪圈（舍）消毒，生猪屠宰场（点）、白肉销售案板消毒3～5次，杜绝疫情传入。2002年2月，车逻镇万兴村3户养猪户有母猪3头、苗猪26头，发生疑似口蹄疫，于事发报告当日全部扑杀深埋，并对疫点实行封锁，对车逻镇生猪及生猪产品实行“四停”，即停收购、停宰杀、停调运、停交易，对全镇猪、牛、羊全面实施口蹄疫防疫。同时，全市紧急开展口蹄疫疫苗补防工作。市防控牲畜“五号病”工作领导小组印发《高邮市动物防疫工作责任和纪律追究暂行办法实施细则》，市政府加大防疫工作经费投入。至2005年，全市未再发生口蹄疫疫情。

狂犬病　1986年起，县内狂犬病呈零星散发，每年均发生有人被咬伤病例。2001年6月，城区和周巷、甘垛等乡镇连续发生数十件疯犬伤人事件，救治无效死亡2人。事件发生后，市政府立即发出《关于做好狂犬病防疫工作的紧急通知》和《关于开展灭犬工作的通告》，对划定疫区内所有犬只和非疫区无主犬、疯犬、未免疫犬一律进行捕杀，开展犬类强制免疫活动并登记挂牌，实行由公安部门审批准养制度，在全市全面开展防疫、灭犬活动。是年6～9月，全市共实施防疫犬5000多只，捕杀疯犬、野犬、未防疫犬近1000只。至2005年，全市未发生此类狂犬病疫情。

猪瘟疫、猪高热症　1986年，全县继续实行“有病包治、无病包防、死亡包赔”的生猪防疫保险。1988年12月，全县通过省农林厅猪瘟、鸡新城疫免疫程序技术推广项目的验收，达到“猪瘟疫控制县”标准。进入90年代，不断改进防疫程序，改每年春秋两季突击防疫为常年防疫；改单纯防疫为“防检消杀”等综合防治；改单倍剂量防疫为三倍以上剂量防疫，并结合抗体检测和规模户防疫监管等措施，使生猪防疫密度提高到100%，猪瘟疫发病率、死亡率接近于零；新病种猪高热症发病率从1991年发现时的70%下降到30%，死亡率从30%下降到10%以下。2004年末，在全省防疫工作检查考核中，高邮市被表彰为先进单位。2005年，高邮市作为全省受检的代表县之一，在全国动物防疫工作检查中，受到农业部检查组赞誉。

鸡新城疫、禽流感　1987年开始，全县开展苗鸡一日龄接种新城疫Ⅱ系苗（或Ⅳ系苗），在炕坊实施集中免疫。做到春季防疫和秋季防疫制度化。1988年，全县通过省农林厅对鸡新城疫免疫新技术推广项目的检查验收，达到控制标准。1997年，推广苗鸡共育技术，获省农林厅农业科技进步三等奖。2004年，新发现禽流感疫情，市重大动物疫病防控指挥部对疑似病例家禽进行扑杀。是年至2005年，市政府和各乡镇政府每年拨出禽流感防控专项经费，免费实施禽流感免疫工作。

其他动物疫病　80年代中期后，县内发生的其他动物疫病主要有鸡传染性法氏囊病、小鹅瘟、猪链球菌病、鸭瘟、禽霍乱、仔猪水肿病、猪结肠小袋虫病、猪附红小体病、鸡白痢、仔猪白痢等。通过依法行政和技术手段，组织开展疫苗免疫、社会大消毒、药物防治和病死畜禽无害化处理等，均得到有效控制。至2005年，上述疫病仅呈零星散发。

二、实验诊断和检测

80年代中期，县畜牧兽医站设有实验室，仅做一些简单的血清学和显微镜检查，或派技术人员下乡进行寄生虫普查。1987年，县畜牧兽医站设立兽医诊断实验室，配备专职人员，对动物结核病和布氏杆菌病、猪瘟及鸡新城疫检测、畜禽普通病诊断检测。1999年起，全面开展重大动物疫病的监测工作，包括对猪瘟疫、鸡新城疫、鸡白痢、口蹄疫、血吸虫、结核病、布氏杆菌病、禽流感等动物疫病监测。2004年，市畜牧兽医站实验室面积扩大至300平方米，实验室检测仪器设备逐步完善。2005年，共检测猪、禽、牛、羊等动物血样5915份。通过对奶牛血样的检测，及时淘汰阳性血样牛，保障市民和学生饮奶安全。

三、防疫监督

80年代中期起，全县实行动物防疫工作目标管理责任制，通过综合性检查，实行百分制考核，奖优惩劣。1999年起，全市对口蹄疫、猪瘟、鸡新城疫等重大动物疫病免疫实施抗体检测，每年免疫合格率平均在95%以上。2000年起，全市实行动物免疫标识制度，牲畜免疫耳标佩戴率100%。2002～2005年，高致病性禽流感纳入检测范围，并实行定点监测，做到严防死守。

四、生产、流通检疫

1986年起，县政府依照国务院《家畜家禽防疫条例》，配备200多人的兽医卫生检疫员队伍，负责全市动物在生产、购进、屠宰、运输、销售全过程的检疫工作。对县内产地实行登门检疫，对重点农贸市场、畜禽交易市场实行驻场检疫，对进入县内的动物实行强制性检疫，凭运输检疫合格证明调入。1994年，安徽省发生禽流感疫情后，在天山乡、菱塘回族乡与安徽省接壤的交通要口设立检查站，实行24小时值班，严格检查过往畜禽。1995年，全市实行生猪定点屠宰、集中检疫。2005年，菱塘天高大桥检查站被列为省级检查站，建立检查消毒通道，实行规范性检疫消毒。至是年，全市年检疫生猪15万头左右，地产动物检疫率98%以上，未让一头（羽）病（死）畜禽进入市内，对查出的病、死畜禽及病害产品全部实行无害化处理。

五、兽药管理

1986年，全县兽药生产企业有3家，即县兽药厂、八桥兽药厂、周山兽药厂，生产药品主要供应县内畜禽防病治病。进入90年代，随着兽药市场逐步放开，个体经营畜禽药品门店陆续开张。市农牧、水产主管部门每年组织定期或不定期监督检查，取缔无证经营行为，查处假冒伪劣兽药。2000年后，周山兽药厂改制后更名为市天健动物药业有限公司，并通过卫生部药品生产质量管理规范认证（GMP）验收合格；市兽药厂改制后转产畜禽添加剂；八桥兽药厂因未达标而停止生产。2004年、2005年，市农牧、水产部门对全市兽药市场多次开展突击检查，共查处违章经营行为10多件，没收不合格兽药品种近100种数十吨；查处经营不合格生物制品案件15件。

附：重大畜禽疫情

2002年突发大面积鸡法氏囊病　是年，全市有60%村突发大面积鸡法氏囊病，发病鸡总数157.47万羽，死亡25.93万羽。该鸡病病毒型多，治疗无特效药，给养鸡农户带来重大损失。

2004年禽流感疫情防控　是年1月，扬州市防治重大动物疫病指挥部召开防控禽流感工作紧急会议，市委、市政府立即部署防控禽流感疫情工作，采取一系列防控措施。主要有：市农林局紧急动用库存禽流感疫苗，并迅速调进疫苗60万毫升；在高邮鸭和扬州鹅种群繁育中心周围5千米范围内，建立防疫隔离带；以城乡接合部、省市际交通沿线、交通要道沿线、规模禽场等处为重点，全面开展家禽免疫工作；派督查小组到各乡镇督查防疫工作落实情况，并在每个乡镇派驻督查员进行蹲防；开展防疫突击旬活动，对一些防疫薄弱地区和薄弱环节进行突击查漏补防工作，提高防疫密度。2月4日，市政府召开常务会议，专题部署严防禽流感工作，并印发《高邮市高致病性禽流感应急控制预案》。2月6日，市政府印发《关于进一步落实高致病性禽流感防控工作责任制的通知》，并召开由各乡镇政府主要负责人和有关部门负责人参加的紧急防控会议。会后，各乡镇、市有关部门火速行动，落实防控责任制，强化堵、封、消（消毒）、杀、查等措施，力保不发生禽流感疫情。至3月末，全市共使用禽流感疫苗90多万毫升，防疫家禽173.1万羽；使用各类消毒药物3.2吨，消毒面积487.2万平方米，其中规模禽场、家禽交易市场、畜禽加工企业消毒面100%，农户散养禽舍消毒面80%。市内未发生禽流感疫情。

2005年郭集镇突发鹅群不明原因死亡病例　是年11月17日，郭集镇孙巷村高庄组村民顾某某饲养的鹅群突然出现不明原因死亡。省、市专家迅速赴现场会诊，确定为禽类烈性传染病，具体病因和病源不明。是日18时，市防治重大动物疫病指挥部迅速成立疫点扑杀组、疫点消毒组、疫情调查组、后勤保障组，在3小时内对疫点内951羽鹅全部扑杀完毕。21时，市防治重大动物疫病指挥部紧急部署扩大扑杀疫区家禽工作，组成450人扑杀队伍，在6小时内对疫点方圆3千米内家禽全面扑杀。此次共扑杀家禽1.29万羽，其中鸡6703羽、鸭4143羽、鹅1989羽、鸽82羽。并对疫区全面消毒。对被扑杀的家禽和养殖户登记造册，对845户受损养殖户按照每羽鹅补偿30元、鸭补偿25元、鸡补偿15元标准，由政府补偿受损养殖户。

第四章　水产业

1986年，县水产局成立，内设水产技术指导站、经营管理服务站、渔政管理站；原属县商业局的县水产供销公司及其附属的水产品冷冻加工厂、原属县多种经营管理局的县水产养殖场划归县水产局管理。高邮湖区水产生产管理和资源保护实行省市县共管。是年，全县实现水产品总产量1.36万吨，其中养殖量1.01万吨、捕捞量3530吨。此后，全县水产品养殖量不断增长。进入90年代，全市水产品产量除1991年因遭受水灾造成下降外，其他年份呈快速增长之势。2002年，市党政机构改革时，市水产局为市农林局挂牌机构。2005年，原属市水产局的县水产养殖场划归司徒镇。是年，全市实现水产品总产量14.68万吨，其中养殖量13.14万吨、捕捞量1.54万吨，分别是1986年10.76倍、13.01倍、4.4倍。

1986～2005年高邮市水产品养殖情况一览表

表11-7

项目 年份	养殖面积（公顷）		水产品总产量（吨）					
		鱼种面积		鱼	虾	蟹	贝类	其他
1986	9147	366.7	13645	12795	477	59	314	—
1987	5907	373.3	15619	14511	732	64	312	—
1988	5847	393.3	17389	16437	630	66	256	—
1989	5033	360.0	17443	12862	684	49	405	3443
1990	4953	293.3	18493	16700	918	127	404	344
1991	4987	386.7	14818	13146	610	93	649	320
1992	4913	353.3	19253	17809	793	65	580	6
1993	7473	573.3	24976	22853	792	52	1166	113
1994	9753	580.0	36736	34210	807	124	1385	210
1995	9787	593.3	43374	39258	1834	183	1976	123
1996	10593	520.0	53798	47862	2563	318	2824	231
1997	10740	433.3	63326	55215	3941	643	3161	366
1998	11340	580.0	69292	59960	5879	811	2318	324
1999	11920	520.0	76565	65560	6569	1114	3299	23
2000	14360	680.0	95105	81935	8523	1786	2265	596
2001	15027	586.6	107330	91257	11388	2351	1796	538
2002	20973	546.7	119787	97973	15872	3458	2032	452
2003	25067	546.7	125001	93755	23470	2560	2425	2791
2004	25400	—	135813	97222	27958	3458	5547	1628
2005	27333	—	146814	105304	30179	3494	5976	1861

说明：表中数据根据《高邮统计年鉴》整理而成。

第一节　种苗繁育与人工放流

一、鱼苗繁殖

1986年，全县有鱼苗繁殖单位2家，有亲鱼池4公顷，培育“四大家鱼”（鲢、鳙、草、鲂）亲鱼共1000组，年产鱼苗1.6亿尾。1990年，县水产局水产技术指导站、湖滨乡水产养殖场、上海水产大学联合成立课题组，实施河鲫与白鲫杂交试验，筛选出杂交新种，是年12月通过省科学技术委员会专家组鉴定，新鱼种被命名为“高邮杂交鲫”。1991年8月，市水产局在司徒乡水产养殖场、官垛鱼苗场和市水产良种场进行的家鱼秋繁试验获得成功，投入批量生产，两次共催产亲鱼256组，生产鲢、鳙、草、鲂鱼苗5040万尾。是年秋，鱼苗繁殖数量位居全省第一，安排给受灾较重的乡镇3010万尾，司徒乡放流915万尾，支援兴化市1115万尾。至2005年，全市鱼苗繁殖单位增加至8家，亲鱼池扩大到16.67公顷，存塘亲鱼4500组，年产“四大家鱼”鱼苗3.85亿尾。全市鱼苗生产一直居全省领先地位。

二、鱼种育产

1986年，全县有鱼种池面积366.67公顷，生产一龄鱼种6340万尾，培育二龄鱼种520吨。1990年后，一龄鱼种基本大规格化，二龄鱼种无需专门鱼池培育，养殖户根据自己需要在成鱼池中套养部分二龄鱼种。1993年起，横泾镇、司徒乡大量育产鱼种，在供应市内同时，批量销往大丰、射阳、滨海等地。1995年，横泾水产品交易市场鱼种交易量1250吨。1996年，该市场鱼种交易量上升到1750吨，占全市鱼种产量50%，销售范围扩大到华东六省一市。2005年，全市鱼种池面积增加到2020公顷，鱼种年产量上升到4.5亿尾、1.8万吨。

三、鱼苗放流

1991年，市内水灾过后，为实现生产自救，市水产局首次在市内河放流秋繁鱼苗915万尾305吨。1992～2005年，市水产局每年放流一龄鱼苗30万尾10吨。

四、蟹苗放流

1986年起，县水产局组织人员到长江口和黄海边各河口捕捞或采购蟹苗，放流到高邮湖区和里下河河道里。1991年起，因长江、黄海一带蟹苗资源迅速减少，先后到安徽省芜湖、当涂，省内江浦、六合、仪征，辽宁省盘锦等地采购蟹苗，在全市范围内进行放流。至2001年，10年共放流蟹苗4.8吨，其中湖区放流蟹苗3.2吨、运东地区河道放流蟹苗1.6吨。2002～2005年，每年放流蟹苗800千克。

第二节 常规水产养殖

1986年，全市有淡水养殖面积9147公顷，其中鱼种池面积366.67公顷。是年开始，全县水产养殖业呈现快速发展之势。县水产局组织开展高产高效竞赛活动，全县24个乡镇、村养殖场参赛，共有196.33公顷连片成鱼池，平均每公顷产量实现8.54吨，其中汤庄水产养殖场17.2公顷成鱼池平均每公顷产量12.46吨。全年实现水产品养殖产量1.01万吨，占全县水产品总产量74.26%。是年末，县政府被省政府表彰为全省水产养殖先进单位，县水产技术指导站被省水产局表彰为省水产科技工作先进集体。1989年，全县800公顷连片成鱼池平均每公顷产量超过7.5吨。汤庄水产养殖场19.33公顷成鱼池每公顷产量11.7吨，为全县第一。平胜乡、川青乡、菱塘回族乡等水产养殖场参加扬州市500亩以上连片渔场高产高效竞赛活动，平胜乡水产养殖场42公顷鱼池平均每公顷产量9.9吨，获扬州市第一名，川青乡、菱塘回族乡水产养殖场同获扬州市第二名。1990年，全县有38个百亩以上连片渔场参加创建扬州市先进渔场活动，并全面推广种草养鱼、池塘高产精养、良种繁育等先进技术。是年，全县淡水养殖面积4953公顷，实现水产品总产量1.85万吨，其中鱼养殖总产量1.67万吨，再次受到省政府和省水产局表彰。

1991年，全市发生特大洪涝灾害，受淹养殖面积4413公顷，占当年养殖面积88.5%。集体渔场共56个，其中被淹44个；受灾养鱼户1.11万户。全市各渔场破圩270处（次）、45千米，塘埂坍塌2270处680公顷，鱼货损失1.4万吨，鱼种死、逃3000多万尾。1992年，经过灾后自救、政府扶持、恢复生产，池塘养鱼逐步走上稳步发展道路。同时，根据市场需求变化，调整养殖模式，减少草、鲂鱼养殖比例，增加异育银鲫养殖比例，成鱼单产、效益迅速提高。1995年，菱塘回族乡水产养殖场承包户张月娥承包的0.4公顷鱼池，共产鱼7.69吨，合每公顷产鱼19.23吨，创全市承包单产最高纪录。该乡共有53.07

公顷鱼池平均每公顷单产超过15吨。1998年，张轩乡被列为省成鱼高效养殖示范基地，全乡示范基地养殖面积共208.3公顷，产鱼2350吨。1999年后，全市开始推广使用颗粒饲料养鱼。2003年，全面普及和实施颗粒饲料、自动投饵机养鱼技术，异育银鲫和鲢、鳙鱼成为主养品种。2005年，全市淡水鱼养殖面积扩大到2.73万公顷（不含稻田养殖面积），其中精养鱼池面积1.69万公顷、围网养殖面积3600公顷；实现鱼养殖产量10.53万吨。

一、池塘养殖

80年代，各乡镇利用自然池塘和废弃河道多的地理优势，发展水产养殖，亦有部分乡镇开挖鱼塘养殖。进入90年代，农村出现处处挖塘、村村养鱼的现象，在种植业产量较低、粮食收成不稳定、低洼地较多的乡村最为普遍。养殖品种从鱼发展到虾、蟹、鳖、蚌等水产品。养殖方式从单一养鱼，发展到鱼、蚌混养，鱼、鳖混养，罗氏沼虾与青虾轮养，河蟹与青虾池套养等，并在塘埂上布设防逃设施。随着养殖技术逐步改进与提高，池塘养殖开发渐趋规范，逐步建成精养鱼池。至2005年，市内水产养殖仍以农户承包池塘养殖为主。全市精养鱼池面积发展到1.69万公顷，占全部养殖总面积61.9%

二、稻田养殖

1986年，全县稻田养殖面积18.8公顷，以养鱼种为主。1989年，司徒乡进行稻田养蟹试验，养殖面积2.5公顷，实现平均每公顷产稻9.22吨、蟹1.13吨。1997年，全市稻田养殖面积扩大到2300公顷。是年，甘垛乡被列为省稻田养蟹示范区，以稻田养蟹为主，套养少量青虾或鱼种，全乡养殖面积220公顷，平均每公顷产稻6吨、蟹3.03吨、青虾1.23吨、鱼种4.01吨，平均每公顷实现产值36.41万元、毛利27万元，居全省前列。1999年，全市稻田养殖面积继续扩大，增加到4173公顷。其中，养蟹820公顷，获产365.5吨；养虾1147公顷，获产1011.5吨。2000年后，全市稻田养蟹面积萎缩，转而养殖罗氏沼虾。2005年，全市稻田养蟹面积下降到640.43公顷。

三、围网养殖

1994年，湖滨乡金墩村123户村民合股在高邮湖东部浅水区进行围网养殖鱼、蟹，投资415万元，养殖面积1160公顷。年末，收获鱼60吨、螃蟹50吨。此后，逐年扩大围网养殖规模。至2002年，高邮湖区实施围网养殖水面面积6667公顷，并发展网箱养殖面积1公顷，养殖品种有螃蟹、鳜鱼、加州鲈鱼、异育银鲫等，总产量500吨。2005年，因水污染等影响，全市围网养殖面积下降到3600公顷，水产品产量下降到300吨。

图11-8 高邮湖围网养殖

第三节 特种水产养殖

一、河蚌育珠

80年代中期，县内养蚌育珠因市场珍珠价格涨落不定，仅剩司徒乡、武宁乡等乡10多户养殖专业户。1986年，全县珍珠产量仅128千克。进入90年代，市内几乎无人养蚌育珠，养殖户基本转产养鱼或养罗氏沼虾。进入21世纪，在珍珠市场行情走俏的驱动下，司徒水产养殖场等单位和个人又投向发展养蚌育珠生产。至2005年，全市有育珠蚌养殖面积386.6公顷，实现珍珠产量1吨。

二、中华绒螯蟹

1988年开始，县内有水产养殖户开展人工养殖中华绒螯蟹，养殖面积仅0.09公顷，产蟹65千克。1993年，市渔政管理站在张轩乡建立蟹种养殖场，有蟹种培育池13.33公顷。1995年，该场采用塑料大棚温室土池培育早繁蟹苗新技术，生产蟹种15万只、成蟹1.5吨。1996年，该场生产蟹种50万只、成蟹3吨、罗氏沼虾6吨，实现产值92万元、利润23万元。是年，全市全面推广大棚控温培育早繁蟹苗技术，大棚蟹苗培育面积0.7公顷，生产蟹种400万只，占全市蟹种需要量70%。是年，市水产局高级工程师徐庆登撰写的论文《塑料薄膜大棚培育幼蟹试验》被中国国际农业情报系统华东分中心收入世界新技术联网信息库。至2005年，高邮市成为中华绒螯蟹主要产地之一，全市养蟹面积发展到640公顷，年产蟹324吨。

三、青虾

1990年起，发展人工养殖，养殖规模逐渐扩大。1998年，横泾镇鱼种池混养青虾面积401公顷，实现产量160.6吨，被列为省池塘混养青虾示范基地。2000年，市水产技术指导站试验推广罗氏沼虾和青虾两茬养殖技术，获得成功。试验面积1.27公顷，每公顷产罗氏沼虾3吨、青虾300千克，实现产值15.2万元。至2005年，全市青虾养殖面积2344公顷，实现产量1219吨。

四、中华鳖

1992年，中华鳖原产地之一的高邮市开始进行池塘鱼鳖混养试验。1994年，由汉留镇养殖场、省农林厅、省农业投资公司、扬州市农业生产资料公司共同投资450万元，建成首个工厂化养鳖场。该场建有养鳖温室2400平方米、养鳖池1.2公顷，实行人工投喂饵料、人工控制水温。1995年，该场生产成鳖3吨，生产稚鳖、稚龟2.45万只，实现利润30万元。1998年，汤庄镇实行池塘鱼鳖混养，混养面积33.3公顷，产鳖15吨、鱼401吨，每公顷实现产值16.64万元、利润5.5万元。该镇被列为省池塘鱼鳖混养示范基地。2001年，汉留养鳖场受养殖条件、技术、成本和市场变化等因素影响而停产。2005年，全市池塘鱼鳖混养面积473公顷。

五、加州鲈鱼、南美白对虾、鳜鱼等

1993年，高邮特种水产品养殖试验场首家引进养殖原产美国加利福尼亚州的加州鲈鱼，共引进加州鲈鱼亲鱼100组，孵化培育鱼苗16.2万尾，育成夏花鱼种11.5万尾，试验养殖成品鱼3.33公顷，每公顷均产900千克。同时，开始人工繁育养殖地产野生鳜鱼、革胡子鲶鱼、斑点叉尾鮰鱼、克氏原螯虾（俗称小龙虾）等。2001年，引进养殖原产南美洲的南美白对虾，养殖面积19.53公顷，每公顷产虾3吨。2005年，全市引进外地和繁育地产野生特种鱼种养殖面积322.62公顷，年产量687.5吨。

第四节 罗氏沼虾养殖

1991年，市水产局始引进原产于马来西亚的罗氏沼虾，经养殖户试养获得成功。是年，收获成品虾14.5千克。1993年，建成罗氏沼虾养殖场。1994年后，全市全面扩繁推广，养殖面积逐年扩大，养殖技术逐年提高，产量、效益稳步增长。2004年，全市养殖面积扩大到7130公顷，创养殖面积最高纪录。高邮市成为首个全国罗氏沼虾标准化生产示范基地。2005年，全市罗氏沼虾总产量、单产量为历史最高纪录。

一、虾苗繁育与购入

1991年，市水产局始从上海市东海农场引进罗氏沼虾虾苗10万尾，由养殖户饲养。1994年，司徒

乡水产养殖场投资120万元，建成占地1.07公顷的罗氏沼虾虾苗场，场内设温室虾苗池63个。1995年，该场增建温室育苗池22个，生产虾苗1771万尾，实现销售收入106万元、利润25.6万元。1996年，生产虾苗2000万尾。1998年，张轩乡一养殖大户和吴江市一罗氏沼虾育苗场合资，建成市长兴罗氏沼虾育苗厂，因产苗量低、效益不佳，于两年后倒闭。2000年，市水产局在马棚镇清水潭建成清水潭特种水产科技养殖示范场，其中建有罗氏沼虾育苗厂1座，温室面积0.12公顷，承包给南京市水产科学研究所经营。因育苗产量低，对方于2001年单方面终止合同。2003年，市水产局将育苗厂承包给福建人经营，仍然亏损，于2004年转产其他水产苗种。

2000年后，全市养殖单位和养殖户所需的罗氏沼虾虾苗，全部从江苏吴江、浙江湖州、上海郊县等地购进。2000～2005年，市水产局每年组织人员到苏南、浙北考察虾苗生产情况，召开虾苗供求信息发布会，帮助养虾户分析虾苗行情、疏通购苗渠道。2003年，组织虾苗经纪人学习相关知识，对经纪人进行管理，实行持证经营，并实行经纪人证件年检制度。2005年，全市虾苗外购量90亿尾。

二、养殖规模与产量

1991年6月，全国劳动模范、张轩乡周长文和湖滨乡全宝昌两户水产养殖专业户承接试养罗氏沼虾任务，在0.6公顷鱼种池内，首次套养罗氏沼虾虾苗10万尾。是年，收获成品虾14.5千克。1993年，张轩、司徒两乡养殖场与上海东海农场联营在司徒乡建成养殖场，虾池面积27.33公顷，联营期3年。是年，投放虾苗1340万尾，实现每公顷平均单产900千克，最高单产1.59吨。1994年，周长文养殖罗氏沼虾1.27公顷，放养虾苗29.4万尾。经140天饲养，收获成虾2.87吨，每公顷单产2.25吨，平均规格为40尾/千克至60尾/千克，实现产值15.2万元、利润8.1万元，跻入全省罗氏沼虾养殖先进行列。1995年，全市罗氏沼虾养殖面积发展到83.47公顷，总产量88.56吨，每公顷单产1.06吨，位于全省前列。1996年，张轩乡罗氏沼虾养殖面积扩大到80公顷，占全市虾池面积38%；产量、效益位居全市榜首。1997年，该乡又扩增到187公顷，产虾462吨，每公顷单产2.25吨，每公顷平均收入8.25万元，被扬州市列为特种水产养殖重点乡。

2002年，全市罗氏沼虾养殖面积发展到3201.17公顷，总产量上升到1.12万吨，平均每公顷单产3.51吨，实现每公顷纯收入2.25万元，成为全省罗氏沼虾养殖面积最大、产量最高、效益最好的县（市）。2004年，全市罗氏沼虾养殖面积增加到7310公顷，占全省养殖面积一半，为全国五分之一；养殖产量上升到2.9万吨。2005年，全市罗氏沼虾养殖面积6405.6公顷，养殖产量增长到2.94万吨，平均每公顷单产4.59吨。

1993～2005年高邮市罗氏沼虾养殖面积、产量统计表

表11-8

年份＼项目	面积（公顷）	产量（吨）	年份＼项目	面积（公顷）	产量（吨）
1993	36.33	29.00	2000	1530.00	4414.00
1994	39.67	42.05	2001	2373.20	7080.60
1995	83.47	88.56	2002	3201.17	11157.70
1996	222.90	323.52	2003	5035.20	18855.50
1997	480.53	939.80	2004	7310.00	28988.00
1998	827.80	1596.43	2005	6405.60	29386.70
1999	899.35	2329.30			

三、养殖技术

1996年，市水产技术指导站进行大棚培育罗氏沼虾幼虾试验获得成功。1997年，开始试验用土锅炉对大棚沟内的水进行人工增温，并进行轮捕试验，取得较好养殖效果，产量大幅度提升。2000～2001年，市水产技术指导站承担省水产"三项更新工程"项目——罗氏沼虾良种扩繁与大面积高产高效养殖技术示范项目，获省海洋与渔业局科技进步二等奖。2001～2002年，市水产技术指导站承担省水产研究项目——虾、蟹专用肥的研究开发与推广项目，通过省海洋与渔业局验收。2003年，市水产技术指导站参与实施由扬州市水产技术指导站承担的省罗氏沼虾原良种扩繁及产业化配套技术的开发与应用项目，获省第三届农业技术推广三等奖。2003～2005年，市水产技术指导站先后参与实施由扬州市水产技术指导站承担的省罗氏沼虾无公害标准化养殖，深加工与无公害配合饲料的开发项目和罗氏沼虾无公害标准化养殖与产业化开发项目。2005年，市水产技术指导站独立承担省罗氏沼虾主要病害综合防治技术研究与应用项目。是年10月，市水产技术指导站经过多年研究与探索，形成的利用锅炉大棚增温培育罗氏沼虾幼虾技术、多规格幼虾套养与轮捕技术、使用专用肥料及微生态制剂等手段的虾池水质调控技术、病害综合防治技术等一套较为系统的罗氏沼虾大面积无公害高效综合养殖技术，通过省海洋与渔业局鉴定，达到国内先进水平。

四、经营销售

1991～1996年，市内养殖户养殖的罗氏沼虾都是在塘口卖给虾贩，由虾贩上市销售。1997年，部分养殖户将罗氏沼虾运到常州、无锡等水产品批发交易市场销售。2000年，市水产局在常州宣塘桥水产品批发市场设立高邮罗氏沼虾销售区。此后，大多由养殖户运到该市场批发销售。2001年，该市场经营者郑飞投资250万元，在龙虬镇建成扬州市高邮禽蛋水产批发交易市场。市场占地1.33公顷，年销售罗氏沼虾400吨。2004年，市政府在常州宣塘桥水产品批发市场举行高邮市无公害罗氏沼虾产品推介会。同时，高邮市无公害罗氏沼虾常州直销市场挂牌营业。2004年，司徒镇农技中心通过盐城海腾水产品供销公司，向欧盟出口罗氏沼虾120吨。2005年，该镇罗氏沼虾出口量增加到200吨。

图11-9 2001年建成的扬州市高邮禽蛋水产批发交易市场

五、罗氏沼虾全国标准化示范区（示范基地）创建

2002年6月，市农林局、市水产局、高邮质量技术监督局联合向国家标准化管理委员会申报全国罗氏沼虾养殖标准化生产示范区创建项目。是年11月，获国家标准化管理委员会批准，高邮市被列入全国罗氏沼虾养殖标准化示范区建设项目。2003年，市政府按照标准化和无公害生产要求，推进示范区各项建设。先后落实示范区建设各项责任制，制定和推行罗氏沼虾生产标准和技术规程，申报注册商标和无公害生产基地、产品，实施标准化养殖措施，设立无公害、标准化罗氏沼虾产品加工基地和市场营销窗口。6月，扬州市高邮禽蛋水产品批发交易市场注册的龙虬庄牌罗氏沼虾通过全国首批无公害农产品认证。2004年9月，全市通过国家标准化管理委员会专项验收组验收，被认定为全国首个罗氏沼虾标准化生产示范基地。

第五节 鱼病防治

80年代，县境内常见的鱼病（包含鱼、虾、鳖、蟹等水产品疾病的总称）有肤霉病、烂腮病、斜管虫病等。县水产技术指导站贯彻"无病先防、有病早治、防重于治"的方针，利用广播电台、电视台等新闻传媒向水产养殖户宣传、普及鱼病防治知识。每年在鱼病易发季节前，举办水产技术辅导和鱼病防治培训班。在养殖水面较多的乡镇和圩区开设乡级专营或兼营门市部（或门店），供应药物和渔业生产所需物资，并为水产养殖户提供咨询和服务。1992～1994年，各乡镇陆续成立水产技术服务站。1995年后，各乡镇鱼病防治工作均由市、乡镇渔业技术辅导员挂钩或定点指导。随着稻田养殖、围网养殖、特种水产养殖，尤其是螃蟹养殖发展，市水产技术指导站根据常见鱼病发生病因和新特点，有针对性地采取防治措施。1998年，市鱼病防治中心成立，与市水产技术指导站合署办公。此后，每年培训、辅导全市渔业技术员和水产养殖人员3000多人次。同时，不定期地聘请上海水产大学、南京农业大学、省淡水研究所、扬州市水产部门等省内外专家、教授传授水产养殖技术和鱼病防治知识，提高全市水产养殖和鱼病防治水平。2001年，在乡镇机构改革中，各乡镇鱼病防治工作职能由乡镇农业技术综合服务中心承担。全市贯彻"以防为主，防重于治"方针，重点放在清整鱼池、彻底消毒、改善环境、加强饲养管理上，增强鱼类对疾病的抵抗力。2005年，市鱼病防治中心与市水产技术指导站合并，统一承担全市鱼病防治的指导和服务工作。

附：罗氏沼虾疾病灾害

2000年4月下旬，在张轩乡友谊村、白马村，周山乡东胜村、永红村，司徒镇等地罗氏沼虾养殖塘，突发成片水域罗氏沼虾虾体发白而死亡。两个月内，发病虾塘面积急速发展到266.7公顷，周山乡东胜村13户农户承包的17.3公顷虾塘全部绝收。省、市水产专家初步鉴定认为，该病是一种较典型的流行性传染病，从前未见报告和报道，病源及病原体不明。

第六节　渔政管理

1986年，县渔政管理站组建。高邮湖区渔政管理由省高宝邵伯湖渔业管理委员会高邮分会负责。1991年撤县建市后，有关乡镇各设1名渔政检查员。自此，市、乡两级渔政管理网络形成，其工作区域以运东地区为主。是年，高邮湖由省水产局收回管理，高邮分会撤销，其职能转交市渔政管理站负责。1992年，运东地区临川河、二里大沟、六安河、横泾河、东平河、北澄子河、南澄子河、玉溪河、张叶沟河、小泾沟河、人字河、第三沟河、三阳河、澄潼河等14条主骨干河道划归市渔政管理站统一管理，禁止拦网养鱼和护罩，放开捕捞。是年，张轩、湖滨、平胜、川青、郭集、横泾、菱塘、马棚、卸甲、汤庄、东墩等11个乡镇率先建立乡镇水产技术服务站。1994年，又有14个乡镇建立乡镇水产技术服务站。1999年，横泾镇水产技术推广站被表彰为省水产技术推广示范站。至2005年，先后组建市渔船渔港监督站、市渔船检验站、市水生动物卫生监督所，均挂牌于市渔政管理站。

第五章　林蚕果业

80年代，全县城乡绿化形成热潮，植桑养蚕与果树种植为农村重要多种经营项目。1986年，县内有成片造林面积4130公顷，其中滩地造林面积2530公顷；农田林网建设面积4.73万公顷；"四旁"树木1500万株。是年，高邮县获"全国平原绿化先进单位"称号。1994年、1995年，分别为全市植桑面积、蚕茧产量最高年份。90年代中期，全市创新林业经营管理机制，明晰所有权，放开投资权，搞活经营权，充分调动投资者、管理者和生产者积极性，加大林木更新改造力度。至2005年，全市森林管护面积

1.12万公顷，农田林网建设面积6.99万公顷，“四旁”树木4887.4万株，活立木蓄积量60万立方米，森林覆盖率13.8%。

第一节 林 业

一、森林资源调查

1987年，全县进行森林资源二类普查，普查分为成片林调查、“四旁”树调查、农田林网调查。经调查，全县共有林地面积4047.2公顷，其中用材林1293.27公顷、防护林207.6公顷、经济林1216.6公顷、竹林9.06公顷、灌木林234.4公顷、新造林地979.27公顷、苗圃地107公顷；共有木本植物48科76属130种3950.73万株，折活立木蓄积57.5万立方米，其中成片林1500.73万株11万立方米、四旁树2450万株46.5万立方米；主要树种有水杉、池杉、意杨、泡桐、柳、枫杨、桑、榆、楝、刺槐、银杏、侧柏等，其中垂柳、白榆、枫杨、苦楝、桑树、侧柏等为主要乡土树种。1988～2000年，3次复查森林资源（一类调查），共完成160个国家级和481个省级加密样地调查。市内林种被划分为防护林、用材林、特种用途林、经济林等四大林种。2001年，市政府印发《关于开展全市森林分类区划界定工作的通知》，全市林种区划被界定为公益林和商品林两大林种区，其中公益林区3498公顷，其余均为商品林。2004年，开展全市森林区划界定外业核查、内业数据调整工作。2005年，市林业站与省林业局签订公益林管护合同。全市被确定的森林管护总面积1.12万公顷。

二、林权制度改革与林权登记

1999年，全市启动林业产权制度改革。在菱塘回族乡、川青镇、郭集镇进行林业产权制度改革试点，实行林地经营权、林木所有权和林地所有权分离，引入竞争机制，公开拍卖和转让。川青镇竞价出售林地经营权526个标段，总长210千米，竞价拍卖中幼龄林木8.3万株，落实新植或补植树木8.1万株，实现林权改制率100%、栽植落实率100%。菱塘回族乡实施股份合作制造林66.67公顷。2000年，此项改革在全市全面展开。各乡镇按照“上下联动、协调运作、分类指导、循序渐进”思路，对乡、镇、村、组所有生产河道的圩堤，以及其他集体宜林荒地、十边隙地的林地经营权和疏林地和中幼林地林木所有权全部拍卖与转让。至2002年，全市林业产权制度改革基本结束。

2003年5月，开始实施林权登记发证，规范林木和林地所有权与使用权，通过自愿申请、审查核实、张榜公示。至2005年，全市共发放林权证5000份。

三、植树造林

1986年5月，高邮县被林业部表彰为“全国平原绿化先进单位”。是年起，全县实施综合开发湖荡滩地，采取林农、林渔、林牧、林副相结合开发模式，以水杉、池杉为主，进行基地造林。至1989年末，川青、张轩、马棚、横泾、司徒、八桥、郭集、周巷等8个乡镇先后建成千亩以上连片池杉基地林，总面积2000公顷。在造林面积较大的川青、张轩、马棚等3个乡镇分别设立林场。“四旁”绿化和农田林网建设同步进行，基本形成田成方、树成行、林成网的绿化格局。1991年，开始引进成材快、用途广、效益高的意杨树苗种植，逐步取代水杉、池杉。1992年，湖西送桥、郭集、天山、菱塘等4个乡镇利用抛荒田开发营造意杨成片林，取得实效。1999年2月，京沪高速公路高邮段两侧绿化规划及绿化配套工程和菱塘、送桥速生丰产林建设工程被扬州市政府表彰为1998年度优秀绿化工程，郭集镇孙巷村、送桥镇张公渡村、车逻中学被扬州市绿化委员会分别表彰为绿化造林最佳村、最佳单位。2001年春秋两季，在京沪高速公路高邮段两侧植树266.7公顷、12.5万株，该路段建成“绿色通道”。

2003年，市委、市政府将发展林业生产列为农业结构调整、农业增效、农民增收和改善环境的一项

图 11-10 绿色江苏建设先进市奖牌

重要措施，制定一系列加快林业发展的优惠政策和措施，促进林业发展。2004 年，全市出现投资造林面积 33.33 公顷(500 亩)以上大户 10 多户。在天山镇投资造林的大户有 5 户。其中，外地投资者 2 人，即浙江温州人、上海延安饭店经理张春晖投资造林面积 53.42 公顷，广东人袁昌明投资造林面积 34.67 公顷；市内投资者 3 人，即天山镇吴业昌、周巷镇郭吕景、汉留镇许宏贵，投资造林面积分别为 43.33 公顷、34.21 公顷、36.33 公顷。2004 年、2005 年，高邮市连续两年被省林业局授予"绿色江苏建设先进县(市、区)"称号。至 2005 年末，全市植造成片林累计总面积 1.25 万公顷，其中荡滩造林 2694 公顷、更新造林 2295 公顷、新拓桑果花木园地 5478 公顷、新辟育苗基地 2033 公顷，增植公益林 3600 公顷、商品林 8900 公顷。农田林网建设框架配套基本完成，总面积 6.99 万公顷，其中一级林网 1.33 万公顷、二级林网 1.87 万公顷、三级林网 2.8 万公顷、四级林网 9900 公顷；"四旁" 植树 4887.4 万株，全市森林覆盖率 16.8%。

高邮市荡滩开发植树造林试验示范，受到国内外学者广泛关注。国内外学者充分肯定高邮市林农复合经营工作，确认初步形成国内外罕见的大面积的人工林复合生态经济系统。

四、林木病虫害防治

1987 年，县内水杉发生大面积卷叶蛾食叶危害，县多管局印发《关于加强水杉病虫害防治工作的紧急通知》，并组织县林业站技术人员，利用高压喷射器在张轩乡横泾河北圩进行化学灭虫，取得明显效果。2001 年，全市意杨树首次发生天牛蛀干危害。2003 年，全市暴发大面积杨树溃疡病，死亡意杨苗木近 1000 万株。2004 年，市林木检查站组织技术员对市内林木病虫害进行普查，查出常见的森林病虫害主要有杨树溃疡病、泡桐丛枝病、柳婴蚊、天牛蛀干、草履蚧、袋蛾、卷叶蛾、铜绿金龟子、黄刺蛾、蝉等近 200 种。其中，蛀杆性虫害分布较广，其他大多为局部地区发生，亦有系苗木运入和外地车辆偶然性带入扩散。2004～2005 年，市内意杨树发生草履蚧危害，经过全力防治，未造成大面积林木灾害。

五、森林植物检疫

1986 年，县森林植物检疫站设立，与县林业技术指导站两块牌子、一套班子，负责全县森林病虫害防治和苗木产地检疫与调运检疫。1988 年起，县内林木出县采取现场检疫和抽样送检方法，合格后发放检疫证书放行出县。至 1994 年，累计发放检疫证书 560 份，收到外地调入高邮木、竹、苗木检疫证书 150 份。其间，还经常到市木材公司抽样检疫外地调入的原木、到东门瓜果市场抽检部分水果产品。此后，检疫证书发放量逐年增加。2002 年，扬州丽邮人造板有限公司到高邮投资生产中密度纤维板，检疫量剧增，发放森林植物检疫证书 1000 多份，检疫木材总量 8 万立方米。是年，受省林业局森林植物检疫站委托代检森林植物及其产品，并代签出省检疫证书。2003 年，增设周巷、三垛两个检疫点。2004 年，查获市富通电缆材料有限公司擅自从外省调进又调出的带有线虫病活体的松材原木及加工后制品案。至 2005 年，全市累计检疫木材 70 万立方米，办理森林植物合格检疫手续 1.01 万份。

六、林业管理与行政执法

1987 年起，县内实施林木采伐管理，配备专职管理员，按照林木审批权限，受理林木采伐审批、木竹调运签证和查处破坏森林资源事件等。是年，首次为县堤防管理所和营南乡办理林木采伐许可证 2 份，林木采伐量 1247 立方米。1988 年，县政府印发《关于加强林木管理的通告》。1992 年，查处全市首件龙奔乡周邶墩村无证砍伐水杉行政案件。1989年，开始办理统一的出县木竹运输证，并公布办理运输证件和实施检查的林产品名录。1994年，市多种经营管理局印发《关于进一步加强林政管理的通知》。相继查处张轩乡农林开发试验场毁林养殖，横泾镇费明、温家、官林、姚家、周罗村毁林养殖，川青镇侯王村违法占用林地，天山乡曹桥村毁林建窑等案件。1995年，在部分乡镇增设竹木检查员。1998年，市政府先后印发《关于切实加强林业资源保护管理工作的通知》《关于保护森林资源制止乱占滥用林地和毁林行为的通知》。1996年、1997年，先后发生川青镇董潭村一村民放火烧毁池杉基地林1.43公顷1900株、周巷镇刘西村一村民无证严重砍伐池杉案件，经查实后依法移送公安机关处理。至1999年，先后查处滥伐林木案件29件。1999年，高邮市被国家林业局认定为“全国林业工作站建设合格市”。2002年，市林业站对全市木材加工企业进行全面调查、清理整顿和实施登记工作。是年，全市登记在册的木材加工企业90多家。至2004年，全市木材加工企业发展到200多家。2005年，市农林局、市公安局联合印发《关于开展打击破坏森林资源专项行动的通知》。至是年，累计发放林木采伐许可证469份、采伐活立木蓄积5.53万立方米；签发木材运输证件1500份，运输地产材8万立方米；查处林业行政案件47件，其中移送公安部门查处2件。

七、森林防火

1986年起，县多种经营管理局将每年11月1日至次年4月30日确定为森林重点防火期，组织开展森林防火工作。1992年，市政府成立市护林防火指挥部，印发《关于加强森林防火工作的紧急通知》。1996年清明节前，市政府办公室印发《关于加强森林防火工作的紧急通知》，加强清明节期间森林防火管理，落实基层防火责任制，做好扑救森林火灾各项应急准备工作。1998年，市护林防火指挥部、市绿化委员会、市公安局、市交通局、市多种经营管理局联合印发《关于贯彻执行省护林防火指挥部等五部门联合发布〈通告〉精神的紧急通知》，实行依法管火、禁烧秸秆。2000年起，全市开始大面积种植和发展意杨产业后，从冬季重点防火变为一年四季防火（春节、清明、夏收、秋收、冬季）。2004年，马棚林场发生一件过火事件，池杉基地林过火面积2公顷，因扑救及时，未造成损失。后经查明是马棚镇大东村一村民放火烧草所致。2005年，市护林防火指挥部、市农林局转发省护林防火指挥部《关于进一步加强元旦、春节期间森林防火工作的紧急通知》。市农林局、市公安消防大队召开专题会议，传达公安部森林防火电视电话会议精神，紧急部署春季森林防火工作，并广泛开展森林防火与消防知识宣传。

八、野生动物保护和合理利用

1996年3月，湖滨乡农民谭在文在高邮湖及时救治一羽腿部和翅膀严重受伤的国家一级保护动物——丹顶鹤。是年，临泽镇村民葛永辉申领野生动物驯养繁殖许可证，为全市获得野生动物驯养繁殖许可的第一人。2000年，市多种经营管理局、市工商行政管理局联合对农贸市场进行专项整治，收缴并放生活蛇30多千克。2002年，甘垛镇依法办理黄鼬加工利用经营许可（核准）证，并按照省农林局下达的控制指标进行猎捕。2003年，市农林、工商、公安、广电等部门联合开展“春雷”行动，组成执法队伍，对市区菜场、宾馆、饭店经营野生动物进行执法检查，共查获、放生蛇类15千克、青蛙20千克。是年9月，界首镇龙翔村村民及时救治一羽受伤的世界濒危动物——东方白鹳。2004年，省野生动物资源专家调查组和市农林局对市内野生动物资源开展野外普查。是年，菱塘回族乡苏菱梅花鹿养殖场在申办驯养繁殖许可证后，养殖梅花鹿。界首镇龙翔村村民再次救治一羽东方白鹳。至2005年，全市累计发放野生动物驯养繁殖许可证3份、加工利用经营许可（核准）证47份；先后救助丹顶鹤、小天鹅、猫头鹰、苍鹭、灰鹭、猪獾、刺猬等国家一、二级和省重点保护野生动物与世界濒危野生动物10多种、数十只；先后开展打击和查处贩运、买卖野生动物行动5次，收缴、放生活蛇55千克、青蛙50千克、刺猬300只等。

第二节　果树种植

图 11-11　县果园场一角

1986年，全县果树种植面积176.87公顷，实现果品产量2398吨，其中县果园场面积和产量分别占52%、86%。果树品种以苹果、梨、桃为主。是年起，全县逐步改革果树经营管理体制。至1994年，全市集体果树全部实行家庭或个人承包经营责任制。1995年开始，引进和推广日本"三水"（丰水、幸水、新水）系列梨和丰产栽培新技术，并推广梨树棚架栽培、葡萄设施栽培、果树套袋、无公害栽培等新技术。1997年，市果树实验场（原名县果园场，1990年5月更为现名）建成全省第一个"平网钢架大棚"日本梨设施栽培示范园，面积4000平方米。是年，全市共有果树种植面积1367.53公顷，实现果品产量1.01万吨。1998年，市果树实验场梨树"平网钢架大棚"栽培被列入省农业良种工程项目，建立原种圃1.33公顷、良种采穗圃1.33公顷、种苗繁育圃2.67公顷；引进日本梨树良种筑水、爱甘水、喜水、爱宕、七月酥等30多个品种，并派技术人员赴日本考察学习栽培技术。该场被省农林厅确定为省示范果园。1999年，该场被省农林局授予"省模范果园"奖牌。2000年，该场生产的幸水梨、新高梨获省优质水果金奖。2001年，推行果品无公害生产，梨果套袋50万只。2002年，市果树实验场取得省梨无公害产地证书和无公害产品标志后，果树栽培面积和产量迅速增长。2003年，市果树实验场润扬牌山水梨畅销上海等苏南地区，实现每公顷效益7.5万元以上。至2005年，全市果树栽培面积337.33公顷，果品产量7887吨，其中梨176.53公顷4893吨、葡萄23.53公顷781吨、苹果21.13公顷203吨、银杏46.67公顷10吨、桃等69.47公顷2000吨。是年，市果树实验场果树栽培面积82.67公顷，果品产量1860吨，其中梨76.27公顷1716吨、桃5.33公顷120吨、苹果0.67公顷15吨、其他果品0.4公顷9吨。

第三节　植桑养蚕

一、蚕桑种植

1986年，县内设有蚕桑技术指导站，指导全县农民植桑养蚕。全县农民植桑养蚕积极性空前高涨，蚕桑生产进入快速发展时期。是年，全县桑园面积920公顷。1987年，县蚕桑树病虫害测报站设立，与县蚕桑技术指导站合署办公。1990年，该站被列为扬州市蚕桑树病虫害测报中心站。1991年，全市桑园面积扩大到1996公顷。1994年，全市桑园面积扩大到5645公顷，创历史最高纪录。1995年起，因秋茧收购价格大幅度下跌，并出现收购单位拒收蚕茧现象，蚕农养蚕积极性遭挫，致使全市出现弃蚕毁桑现象。是年，全市桑园面积下降到4218公顷。1996年，全市改革桑茧和丝绸生产经营管理体制后，蚕桑生产逐步稳定。1999年起，因蚕茧市场价格波动较大，蚕桑生产比较效益下降，蚕农积极性再一次受挫，再次出现大规模毁桑现象，桑园面积逐年减少。2001年，市蚕桑技术指导站整建制划归市农林局。至2005年末，全市桑园面积仅剩672公顷。

二、蚕种育产

1986年，全县生产蚕种6万张，发种1.91万张。1991年，全市生产蚕种17.78万张，为历年最多年份。1993年夏秋蚕收购期开始,每张蚕种调价为17元。1994年、1995年,市财政局和市多种经营管理局为扶持蚕桑生产,下拨扶持兴建小蚕共育经费26.35万元。1995年,仪征蚕种场、无锡锡东蚕种场、扬州市蚕种场、高邮市蚕种场等4家蚕种场均在高邮市重点产茧乡镇设立原蚕点,进行制种。是年,市蚕桑站与省蚕种公司、市蚕种场开始签订蚕种供需合同,实行合同定产定销。1999年,市蚕种场获省蚕种生产许可证,继续进行蚕种生产和合同供种。至是年,全市共有小蚕共育室330个810.5间,共育面积1.44万平方米,一次共育蚕种1.85万张。其中,集体共育室188个493.5间,共育面积9270平方米;农户个人共育室142个317间,共育面积5115平方米。全市生产蚕种8.86万张。2002年,市蚕种场有桑园42公顷,蚕室面积1.24万平方米,附属室6500平方米,场内制种100%,合同完成率100%。2005年,全市生产蚕种7.81万张,发种2.13万张。

三、蚕茧生产

1986年,全县生产蚕茧562吨。1991年5月,市政府印发《关于加强蚕茧收购工作的通知》,维护和稳定蚕茧收购市场秩序。是年,全市生产蚕茧936吨。1995年,全市蚕茧产量上升到3069吨,为历史最高年产量。1996年,市内爆发"蚕茧抢购大战"。针对收购单位和经营个人争购、抢购蚕茧的混乱状况,市政府成立市茧丝绸总公司,统一管理全市蚕桑生产、茧种供应、蚕茧收烘等项工作。2001年,市内再次出现蚕茧收购混乱局面。是年10月,市政府按照省政府办公厅下发的《关于深化蚕茧流通体制改革的通知》精神,落实各项桑、茧、丝绸生产经营措施和行政管理职能,稳定蚕茧生产、流通经营秩序。明确市内运河东部地区蚕茧收购划归新组建的市桑茧公司。因茧价不够稳定,蚕茧产量持续下降。2005年,全市蚕茧产量下降到818吨。

1986～2005年高邮市桑蚕生产情况一览表

表11-9

项目 年份	桑园面积(公顷)	蚕种产量(万张)	发种量(万张)	蚕茧产量(吨)	项目 年份	桑园面积(公顷)	蚕种产量(万张)	发种量(万张)	蚕茧产量(吨)
1986	920	6.00	1.91	562	1996	2121	10.20	3.93	1389
1987	885	5.94	1.97	532	1997	1397	7.55	3.96	1241
1988	758	6.64	2.25	751	1998	2446	8.66	4.79	1537
1989	802	12.04	2.92	981	1999	1483	8.86	4.34	1509
1990	807	13.50	3.40	974	2000	1309	7.62	4.67	1658
1991	1996	17.78	3.30	936	2001	1375	9.32	4.81	1798
1992	3532	15.67	4.62	1291	2002	1270	10.23	4.41	1607
1993	4365	12.50	6.72	2073	2003	1088	11.09	3.04	1266
1994	5645	13.75	9.83	3022	2004	892	11.11	2.73	1056
1995	4218	14.76	10.43	3069	2005	672	7.81	2.13	818

第六章 农业机械

1986年,县农业机械化研究所负责全县农业机械新机具、新技术引进、研究、试制、推广、示范,与县农业机械培训学校(简称农机学校)合署办公,两块牌子、一套班子。是年,全县有手扶和大中型拖拉机9844台、机动脱粒机1.41万台，有固定机电灌排泵站827座、机泵950台套，农机总动力25.03万千瓦（不含农民家庭自有动力5.9万千瓦），耕作、脱粒、排灌、植保等主要农业作业初步达到半机械化水平。但农业生产依然存在"栽秧要弯腰，收割要镰刀，挖墒要大锹"的现象，农民还没有摆脱"面朝黄土背朝天，弯腰驼背几千年"的劳动状况。是年起，全县重点推广免耕条播机、开墒机、割晒机和少量播种配套机开墒技术与化肥深施技术，引导农民由小型农业机械向大中型农业机械发展。1988年开始，引进推广联合收割机。1993年，出现集体、个人一齐进行农机投入的局面。至2000年，全市基本实现稻麦收获机械化。2001年开始，引进、试验、示范、推广水稻插秧机，并逐年加大推广力度。至2005年，全市有各种型号拖拉机1.33万台，基本实现农田耕作机械化；联合收割机1520台，稻麦机收率98%；插秧机347台，水稻机插面积6667公顷，占水稻种植面积12%。全市农业机械总动力36.99万千瓦，农业机械化综合水平81%。

第一节　农机推广应用

1986年，县农业机械化研究所开展化肥深施器、水田防滑轮、棉苗移栽打穴机等新型农机具研制，并在全县推广条播机、开沟机、割晒机、化肥深施器。1988年，开始购进、示范、推广联合收割机。2001年，购进、试验、推广小型插秧机。2005年，全市基本实现农田耕作、运输机械化，稻麦收割机械化率98%，水稻机插率12%。

一、农田耕作机械

1986年，全县有各类拖拉机9844台，其中手扶拖拉机9733台、大中型拖拉机111台。是年，全县农田机耕面积5.97万公顷，占总耕地面积81%。全县有拖拉机配套机引犁9105张、机引耙10张、旋耕机8935台、破垡盖籽机6488台。此后，全县手扶拖拉机呈增长趋势。至1990年，全县手扶拖拉机保有量1.12万台。1991年，全市大中型拖拉机开始逐年增加。2000年，开始引入变型拖拉机16台。2005年，全市执行国家对大中型拖拉机实行购置补贴的规定，每台补贴1万元，调动农民购机积极性，是年新购大功率拖拉机和变型拖拉机191台。至是年末，全市有拖拉机1.33万台，其中大中型拖拉机864台、手扶拖拉机1.2万台、变型拖拉机464台，基本实现农田耕作机械化。

二、田间开墒机械

1986年，在全县开始推广新型开墒机，全年推广36台。1988年，县政府在商品粮基地建设资金中，专项拨款推广开墒机200台。是年，全县有453个农业村使用开墒机，开墒总面积7440公顷。1995年，市农机推广站研制出前置式开沟机，并在全市示范推广。至1998年秋，全市推广开沟机280台，机械开沟面积3.67万公顷，占三麦播种总面积80%以上。2004年9月，市平安开沟机厂生产的平安牌前置式开沟机获第五届国际发明金奖。2005年，全市农村有开墒（沟）机8160台。

三、三麦播种机械

1986年起，全县重点推广三麦免耕条播机，全年推广26台。1987年，在甘垛、武安、临泽等乡镇进行三麦条播机"六行改五行"播种技术推广试点。是年，共推广条播机179台，机条播面积918.33公顷。武安乡高谢村和临泽镇临北村两块"千亩丰产片"全部实现机条播。1988年，县政府在商品粮基地建设基金中安排资金购置免耕条播机310台。1989年，全县实际使用条播机427台，作业面积4166.67公顷。1993年，市农业局在甘垛乡举办条播机、开墒机"两机"操作手表演赛，加大"两机"推广力度。至2005年，全市共推广三麦条播机2903台。

四、水稻插（抛）秧机械

1986～1997年，全市稻田插秧基本为人工栽插。1998年，全市购进抛秧机6台，在二沟、龙奔、临泽等3个乡镇进行推广抛秧机试验示范，抛秧面积100公顷。1999年后，扩大抛秧机示范面积。至2000年，共推广抛秧机11台，全年机抛秧面积2666.67公顷。因机抛秧属无序种植，对根部盘土含水量等要素要求较高，受天气等外部环境影响较大，而不被农民看好，逐步退出农田作业。

2001年，全市购进第一台东洋步进式水稻插秧机，在三垛镇剑鸣村进行试验示范，共试验示范8户农户4.27公顷农田。2002年，扩大试点，投入作业插秧机4台，机插面积44公顷。2003年，全市插秧机增加到51台，实现机插面积666.67公顷。至2005年，全市插秧机保有量347台，实现机插面积6700公顷，占水稻种植面积12%。

图11-12　2005年机械化插秧现场

五、棉苗移栽机械

1989年，县农机推广站试制出第一台棉苗移栽打穴机样机。是年5月，在一沟乡德胜村、武安乡高谢村等地进行棉花移栽试验2.67公顷。1990年，在平胜、甘垛、横泾、司徒等8个乡镇和兴化市红星乡进行多点试验，共作业53.33公顷。是年，通过省农机检验机构性能检测。1991年5月，棉苗移栽打穴机通过省农机局组织的技术鉴定，并在甸垛、营南等乡镇和南通市推广示范。1994年，各乡镇使用棉苗移栽打穴机形成热潮。至1996年，全市棉苗移栽打穴面积8000公顷。此后，该机因使用期较短，经济效益不理想，加之配件难以购买，至2000年基本无人使用。

六、化肥深施机械

1983年，县农业机械化研究所研制出2F-1手动旱田化肥深施器。是年10月，通过省农机局组织的技术鉴定，由县湖滨农具厂组织生产。1984年起，该化肥深施器在全省推广。1986年，该化肥深施器获全国第二届发明展览会铜牌奖，系全省首获农机专利证书。是年，该化肥深施器在省内推广4万台。1990年，全县推广化肥深施器5.03万台，推广面积1.67万公顷。1995年，全市推广化肥深施器10.95万台，推广面积2.4万公顷。1996年，全市使用化肥深施器面积上升到4.67万公顷。此后，因农作物施肥方式和肥料品种改变，化肥深施器无法适应而逐步被弃用。至2000年，化肥深施器基本停用。

七、农用植保机械

80年代中期，工农-16型背负式手动喷雾器在全县发展迅猛。1986年，全县共有手动喷雾器6.95万台、机动喷雾器91台。80年代后期，购进、推广飞翔-18型机动弥雾机，使用不久即被淘汰。1998年，购进、推广湖山牌HS-18型机动弥雾机，不久被工农-36型机动喷雾机取代。至2005年，全市有工农-16型背负式手动喷雾器10万台、机动喷雾（粉）机4400台，基本满足全市植保作业要求。

八、稻麦收获机械

1986年，全县有机动脱粒机1.41万台，其中“小老虎”脱粒机9468台；割晒机32台。1988年，全县始购进、推广牟平复式脱粒机，武安乡高谢村首家购进广西桂林2号联合收割机1台，卸甲乡农民购买割晒机24台。1990年，卸甲乡虎头村和武安乡高谢村各购进上海2B-1型联合收割机1台。全县有割晒机105台。1993年，全市从盐城射阳海马收割机厂购进海马150型联合收割机10台、桂林3号联合收割机3台。至是年，全市有各种型号联合收割机16台，实现机收面积4000公顷。1995年，全市新购入联合收割机132台，其中农民个人购买106台，伯勤乡农民个人购买联合收割机13台。1996年，市财政为购买联合收割机拨款专项补贴100万元，全市购进联合收割机289台。至2005年，全市联合收割机保有量1520台，其中高性能联合收割机610台，稻麦机收率提高到98%。随着联合收割机推广、普及，脱粒机、割晒机逐年减少，至是年基本被淘汰。

九、农用运输机械

80年代，县内农田劳作运输仍有人挑肩扛体力劳动。1986年，全县共有与拖拉机配套的拖斗运输车2772台，后逐步改造成方向盘手扶拖拉机，拖斗车逐步被淘汰。2001年，市农机推广站开始向农机手推荐购买正宇牌变型运输机。至2005年，全市拖拉机变型运输机保有量491台，农田劳作运输基本实现机械化。

十、农用排灌机械

80年代中期，全县耕地基本实现排灌机电化。1986年，全县有排灌机械6108台，总动力8.29万千瓦，其中柴油机3839台3.91万千瓦、电动机2269台4.38万千瓦、水泵7737台。1991～1993年，市电力系统先后开展电力为农民、为农村、为农业经济发展（简称“三为”）服务和创建农村电气化市活动，进一步普及和发展电力排灌。1995年，全市有农用排灌机械6184台，总动力8.29万千瓦，其中柴油机3348台3.16万千瓦、电动机2836台5.13万千瓦、农用水泵7838台。1996年后，随着全市水利建设进一步发展，农田自流灌溉能力不断增强。2005年，全市农村排灌设备装机总容量6.51万千瓦，总用电量2038万千瓦时，基本形成能灌、能排、能降的机电排灌网，达到百天无雨保灌溉、日降水150毫米不受涝。

十一、渔业机械

80年代中期，县内主要渔业机械有饲料粉碎机和渔用机动船。1986年，全县有饲料粉碎机3701台，渔用机动船493条2473吨位。1993年，开始使用精养鱼池养殖器具和设备。1996年后，全市特种水产业养殖规模持续扩大，渔业养殖机具发展迅速。2000～2005年，全市主要渔业机具陆续增加给排水设备、水质净化设备、孵化设备、气力泵、深水清淤机、泥浆泵、起捕和鲜活装运设备与冷藏设备等。

1986～2005年部分年份高邮市农机保有量和农机总动力统计表

表11-10

农机名称	单位	1986年	1990年	1995年	2000年	2005年
手扶拖拉机	台	9733	11240	9914	10546	11980
大中型拖拉机	台	111	71	200	818	864
变型拖拉机	台	—	—	—	16	464
柴油机	台	3839	3942	3348	4654	5804
电动机	台	2269	2847	2836	3842	3976
农用水泵	台	7737	8442	7838	7203	6170
旋耕机	台	8933	9981	8835	7976	9243
秸秆还田机	台	—	—	61	25	126
条播机及盖籽机	台	6511	8144	8026	2710	3010
开墒机	台	52	1445	2357	5100	8160
化肥深施器	台	—	50295	109505	—	—

续表 11-10

农机名称	单位	1986年	1990年	1995年	2000年	2005年
插秧机	台	—	—	—	—	347
割晒机	台	32	105	93	48	—
联合收割机	台	—	2	165	1039	1520
机动喷雾器	部	91	1504	3517	3447	4400
谷物烘干机	台	—	—	—	1	6
机动脱粒机	台	14137	9998	8962	7215	—
碾米机	台	2409	1491	1219	1323	1568
轧花机	台	227	170	172	154	187
榨油机	台	163	178	231	210	272
饲料粉碎机	台	3701	2889	2184	1583	1428
推土机	台	—	—	10	62	38
挖掘机	台	—	—	—	62	4
农机总动力	万千瓦	25.03	27.86	27.81	30.91	36.99

第二节　农机管理服务

一、农机经营与维修

1986年，全县有县农机公司和以乡镇农机门店为主体的农机配件供应网点64个，有由县、乡镇农机修造厂、农机修理站和村农机服务队、专业修理户组成的农机维修网点1690个，农机维修从业人员6.07万人。是年起，县农机局每年春季均召开农机维修现场会，组织农机化管理服务公司和专业技术人员分片分组到各乡镇检查农机维修工作，落实维修任务，积极向上争取农机维修计划钢材和维修资金，并负责农用柴油计划分配。1988年，县农机化管理服务公司在卸甲乡、甸垛乡开展"集中场地、集中资金、集中技术力量、集中检修"的农机维修试点。1990年，县农机局与县工商局联合印发《高邮县农机维修网点管理暂行规定》，首批聘任农机维修监督员21人。1992年，市农机局在各乡镇农机站开展农机具"包收、包修、包送、包用"的"四包"服务活动，深受农户欢迎。开展农机维修网点技术等级审定，全市共审定农机维修点246个。至1992年，市农机局共组织分配维修钢材646.4吨，帮助乡镇落实维修资金349万元。1993年，市农机局被省农机局表彰为全省农用柴油管理先进单位。是年，取消农机维修钢材计划分配，由维修单位直接到经营单位或市场购进。1995年，全市有农机供应网点170个，其中集体46个、个体124个。全市农机具修理做到大修不出市、中修不出乡镇、小修不出村组。是年，取消农用柴油分配计划。1998年，市农机局、市工商局对符合经营条件的163个农机配件供应网点联合审定，发给营业证书。2000年5月，乡镇农机站与水利站合并。不久，水利站划出建立水务站，农机站并入乡镇农技服务中心，原农机站下属的部分农机修理网点转为个体经营。是年，市农机局对全市258个农机配件供应网点统一换发扬州市农业机械经销资质证书。2003年，全市有个体农机维修网点79个，从业人员156人，全年修理农机具2.39万件（台、辆）。至2005年，全市城区和乡镇共有持证经营的农机供应网点198个，领取农机维修三级技术等级证书的农机维修点41个，获得全国职业技能鉴定证书的农机修理人员98人。

二、乡镇农机管理与服务

80年代中期，全县634个村都配有专职农机管理员，东墩、卸甲、武安等乡镇开始组建乡镇农机服务队。1986年，县农业机械化管理服务公司提出“农机有人管，农田有机耕，机具有任务，作业有质量，收费有标准，履约有合同，安全有措施，服务有保障”的“八有”“四十字”农机管理方针，加强基层农机服务网络建设。1989年，武安乡高谢村、卸甲乡虎头村被列为扬州市农机化试点示范村。是年，县农业机械化管理服务公司推广卸甲乡虎头村农机服务队“双四包”做法，即实行包农田作业、包耕作质量、包农时季节、包作业任务，对机工实行包服从调度、包农机修理、包作业质量、包安全生产。全县落实使用责任制的手扶拖拉机9299台、柴油机5963台，服务农田面积6.79万公顷，分别占100%、100%、93.5%。1992年，开展创建“五有”（有基地、有实体、有班子、有制度、有手段）农机站活动。至1994年，全市32个乡镇农机站通过验收，全部达到“五有”要求。至1995年，全市共组建成“八有”农机服务队519个。至2005年，全市各村通过推广农机化试点示范村做法，基本实现耕、耙、播、收、灌、脱一条龙机械化作业。

三、农机跨区作业

1998年4月，武安乡农机站率先成立全市第一家农机协会——武安乡农机协会，在服务本乡同时开展异地作业。是月，界首镇成立界首收割机管理服务协会，利用季节差进行异地作业。至2000年，全市共组建各类农机服务协会10个。由市农机局牵头组建成市农机协会联合会。是年，全市共组织9批450台次联合收割机跨区作业，每台机组平均增收1.7万元。2005年，全市成立22个跨区作业接待站，负责搜集、发布农机作业信息，引进机具、安排作业任务。市农机局带领农机跨区作业经纪人先后到浙江、山东、上海、江西、安徽、湖北等地开辟作业市场10多个，全市外出跨区作业收割机1300多台，跨区作业总收入4500万元，按全市农民人均计算增收70元以上。

四、农机安全监理与市场整顿

80年代中期，县内设有县农机安全监理所，负责农业机械注册登记、号牌发放、安全宣传和检查、事故处理。1988年，该所完成全县农机检审发证工作，并建立农机安全监理档案制度，基本做到一机一档、一人一档。1989年，由县农机局牵头，首家制定《高邮县农机安全互助基金会条例》，对发生意外农机伤害者给予救助。进入90年代，随着农业机械化快速发展，市内农机配件生产企业、农机供应网点迅速增多，农机市场一度大量出现伪劣产品。1995年，国家质量万里行检查组到高邮检查后，发现农机配件供应市场较为混乱。市委、市政府和市农机局用4个月时间，集中对农机市场进行治理整顿。此后，组织农机、工商管理、质量技术监督等部门多次进行联合检查。2001年，市政府成立市农机市场整顿管理领导小组，加强对农机市场管理。2001年、2002年，市农机安全监理所先后获“省文明监理所”“省农机安全监理工作先进单位”称号。至2005年，全市累计查处假冒伪劣农机产品7762件（台），案值47万元；查处农机安全事故80件，其中重大事故6件，死亡6人，重伤18人，直接经济损失6万元。

第三节 农村机电灌排

1986年，由县机电灌排管理所负责全县机电灌排站规划设计、调研论证、选址勘察、施工检查、竣工验收、维修和管理。乡镇设有机电灌排辅导员32人。是年，全县共有机电灌排站810座，其中单排站326座、单灌站118座、灌排结合站366座，总装机容量985台3.39万千瓦，机电灌排面积6.75万公顷，占全县耕地面积90%，基本做到百日无雨保灌溉，日雨150～200毫米两天排出不成涝。是年起，全县利用国家粮食发展专项资金加强农村机电泵站建设。1993年，天山乡建成东门坎灌排大站，扬程20米，时为全市扬程最高的一座站。1995年7月，郭集镇建成毛港排涝站，新增排涝能力10.2个流量，圩内受益面积5390公顷，为全市规模最大的一座站。至是年，先后新建泵站112座、改建74座。1996年起，主要依靠地方农业发展资金、防洪保安资金和农民自筹资金进行泵站建设改造。1998～1999年，卸甲镇建造的第二排灌站，是运东地区最大的一座站，排涝总出水量2.37万个流量，抗旱总出水量2.13万个流量，受益农田面积540公顷。至2005年，10年内共新建泵站144座、改建94座。是年5月，市人大常委会组织对市政府贯彻实施《中华人民共和国农业机械化促进法》情况进行执法检查。市政府为加快农村机电灌排泵站建设，由市农村工作办公室、市农机局、市财政局、市水务局等4部门联合印发《高邮市"十一五"期间农村机电灌排泵站系统建设资金筹集使用及管理暂行办法》。至是年，全市有机电灌排设备6506台套，装机总动力8.9万千瓦，其中机电灌排固定站854座、机泵1036台套，装机总动力4.07万千瓦，有效灌排面积6.2万公顷。

1986～2005年高邮市农田机电排灌泵站建设情况一览表

表11-11

项目/年份	新建站（座）	改建站（座）	新增动力（千瓦）	新增流量（立方米/秒）	改善灌排面积（公顷）	项目/年份	新建站（座）	改建站（座）	新增动力（千瓦）	新增流量（立方米/秒）	改善灌排面积（公顷）
1986	2	6	110	2.50	2053	1996	6	4	320	6.00	987
1987	11	7	721	10.50	2627	1997	15	2	874	18.50	3720
1988	5	—	255	7.12	1440	1998	13	10	1334	22.60	2260
1989	7	4	547	5.60	1467	1999	14	1	930	27.50	1600
1990	6	5	637	7.00	2200	2000	17	12	435	17.00	1107
1991	11	3	665	12.60	1493	2001	15	5	915	21.50	1420
1992	39	24	888	33.50	1707	2002	6	7	275	17.00	653
1993	16	4	578	12.60	1280	2003	9	22	712	25.20	1080
1994	7	8	589	10.60	1580	2004	22	14	930	28.50	2800
1995	8	13	493	7.50	1893	2005	27	17	1289	36.80	1940

第四节 农机培训与职业技能鉴定

一、农机培训

1986年起，县农业机械培训学校开展以培训"三机"（割晒机、开墒机、条播机）操作手为重点，并开展农机维修工培训工作。1989年9月，县农业机械培训学校举办三年制机电职工中专班，入学学员59人。1994年9月，该校举办学期三年制广播电视学校函授中专班，开设机电、会计两个专业，入学学员77人。至1995年，先后举办"三机"师资培训班5期，培训人员351人；举办三麦"早稀播"师资培训班1期，培训人员73人；举办条播机"六改五"培训班1期，培训人员110人；举办棉花打穴机操作手培训班2期，培训78人；举办农机维修工培训班7期，培训人员504人。同时，开展市乡联训和协助乡镇农机站自行组织培训，受训人员9735人次。1995～2000年，农机培训以联合收割机操作手培训为重点，开展大中型拖拉机培训，先后举办收割机手培训班9期，培训人员1280人。2001～2005年，重点培训插秧机操作手，先后举办培训班8期，培训插秧机操作人员和维修人员1876人。

二、农机职业技能鉴定

2003年，市农机局对全市农机推广服务人员进行职业技能鉴定，通过鉴定合格并获资格证书的有120人。2004年，市农业机械培训学校被省农机局确认为全省首批农机行业职业技能鉴定培训基地。是年，培训水稻插秧机手300人，其中通过农机职业技能鉴定的机手60人；培训拖拉机变型运输机机手

70人、农机维修工60人、农机经销人员30人、跨区作业经纪人40人，全部通过鉴定。全年共培训农机操作手1300人次，其中通过鉴定240人。2005年，培训水稻插秧机手102人、变型拖拉机机手8人、中型拖拉机手48人、维修网点管理员30人，全部通过鉴定。通过初级职业技能鉴定人员共180人。

第五节 农机企业简介

一、市农业机械公司

1976年，从县物资局下属的县金属机电公司划出，成立县农业机械公司，为全民所有制企业，从事农机整机及其配件批发、零售。1984年，县农业机械公司更名为县农机供销站。1986年，更名为县农机供销公司。是年，在天山乡设立县农机供销公司运西分公司。1988年，县农机供销公司恢复原名县农业机械公司。1989年，征地新建的县农机大厦竣工，位于武安乡武安村北海生产队，建筑面积1600平方米，总投资70万元。1996年，市农业机械公司实行股份制改造。2001年6月，实行公退民进、资产转让，人员买断。

二、市农机工业总公司

1964年，成立县第一、第二、第三机耕队。1965年，成立县抗旱排涝站、县拖拉机站。1973年，由3个机耕队、抗旱排涝站、拖拉机站共5家单位合并组成县拖拉机修配厂。位于城区文游路9号，占地1公顷，有职工87人，主要生产农用水车、鹅鸭填喂器、稻麦两用脱粒机、农用挂浆、S195曲轴球墨铸件等。1984年，与江苏工学院排灌机械研究所共同研制生产SB系列高压手动泵，畅销全国27个省、区，并出口东南亚、非洲等地区。1989年，该企业作为SB系列手动泵国家标准起草成员单位，参加国家标准制定。产品先后获机械工业部科技进步奖、“省优质产品”称号。1994年5月，市拖拉机修配厂更名为市农机工业总公司。至1996年，公司所属单位有市水利疏浚工程队（1982年兴办）、市第二汽车修理厂（1983年兴办）、市路灯照明器材厂（1994年兴办）、市铸造厂（1995年兴办）、市耐强腐蚀泵厂（1995年兴办）和第三产业企业市农机经营部、市志明建材经营部、金穗酒楼。1996年7月，改制为市农机工业有限责任公司。至1999年，累计生产销售手动泵30万台。2000年6月，企业因资不抵债，实行公退民进，资产和债权全部转让。是年10月，企业由自然人购买，重新注册成立市志明农机有限责任公司。

三、市能源公司

1975年，县农机物资经理部组建，从事机电灌排设备调拨、储存、销售。1986年12月，更名为县农机物资公司，经营水泥、钢材、木材等建筑材料。1990年11月，更名为县能源公司，从事煤炭燃料销售业务。是年，实现销售额1100多万元。1991年11月，开发生产电热膜产品，即生产搪瓷和陶瓷电热火锅，前后投资近100万元，后因产品质量不过关，造成公司严重亏损。1998年，公司经营困难、资不抵债，资产全部转让给市邮政局。

四、市江河水泵厂

1980年，县农机研究所成立县农机实验工厂，为县属大集体企业，主要为全县农机具研制提供实验服务，安置系统内职工家属及子女。1984年，更名为县水泵配件厂，开始从事轴流泵、混流泵配件生产销售。2000年，企业改制为股份合作制企业。2001年，更名为市江河水泵厂，职工46人。2005年，实现销售额400万元。

第十二篇

高邮鸭业

要　目

80年代及以前，全县农村荡滩连片、河渠沟汊交织，生长有大量鱼虾、螺蛳、蚬蚌等水生动物，盛产水稻、小麦等粮食作物，凭借这种独特的环境与条件，农户普遍饲养高邮麻鸭。是时，农民养鸭以放养为主，流传着“一条破船漂四方，尾随鸭子游河荡。一人放养百来羽，风雨难熬放鸭郎”的民谣，养鸭辛苦且效益低下。80年代，全国劳动模范、司徒乡养鸭专业大户郭怀珠率先探索规模养鸭获得成功。

进入90年代，市委、市政府因势利导，创办中国高邮双黄鸭蛋节，促进高邮鸭业和蛋品加工业向规模化与产业化发展。90年代初起，县内鸭羽绒服装加工业逐步兴起，拉动全市鸭业生产。90年代中期起，以江苏高邮鸭集团为代表的鸭业产业化龙头企业和以市兴联鸭业合作社为龙头的鸭规模养殖经济组织陆续出现。年末存栏蛋鸭万羽以上乡镇发展到17个，年均饲养量上升到100万羽以上。2000年，高邮鸭被农业部列入国家畜禽品种资源保护名录。

2002年，市委、市政府将鸭业经济列为全市农业经济“绿色五业”中的一业，进一步明确做大、做强、做优的指导思想、目标和工作措施，制定高邮鸭规模养殖扶持激励政策，兴办高邮鸭业园区（详见第十篇《开放　开发》第四章《高邮鸭业园区》）。全市鸭业进入快速发展期。是年6月，高邮鸭蛋被国家质量监督检验检疫总局批准为国家地理标志产品。12月，市委、市政府决定在高邮鸭业园区逐步扩建成“两大中心、六大基地”，即以高邮鸭保种、家系选育和核心群种鸭饲养、炕孵、育雏、科研为一体的良种繁育中心，以蛋品、鸭肉制品、羽绒加工和生物制药、禽蛋交易为一体的产品加工中心；在郭集、司徒、横泾、甘垛、汤庄、临泽等6个乡镇建成800公顷的高邮鸭无公害养殖基地。“鸭稻共作”“鸭鱼混养”“大群关养”等新型养殖技术的试验成功，加快鸭业发展步伐。

至2005年，全市饲养高邮鸭294.86万羽，出栏203.69万羽，存栏鸭91.17万羽；年产鲜鸭蛋1.31万吨，年销售、加工鸭蛋制品分别为5.5亿枚、4.5亿枚；实现鸭业总产值15亿元，有鸭业加工企业400多家，吸纳城乡劳动力4万人。

第一章　高邮麻鸭

80年代，全县农村家家户户把饲养鸡、鸭、鹅作为一项传统家庭副业经营。高邮麻鸭（又称高邮鸭）具有易饲养、不挑嘴（食谱广）、会寻食、长得快、生蛋多、生双黄蛋、孩童吃鸭蛋不忌嘴等诸多优点，成为农民们最喜欢饲养的家禽之一。进入90年代，逐步形成规模养殖、科学养殖，在保种、饲养、防疫、加工等方面走出一条集约化、高效化养殖高邮鸭新路。2005年，全市高邮鸭饲养量、出栏量、存栏量，分别是1986年3.29倍、2.76倍、5.76倍。

1986～2005年高邮市高邮鸭饲养量统计表

表12-1　　单位：万羽

年份＼项目	饲养量	出栏量	存栏量	年份＼项目	饲养量	出栏量	存栏量
1986	89.68	73.85	15.83	1991	96.83	70.72	26.11
1987	100.31	80.20	20.11	1992	125.00	91.48	33.52
1988	164.34	138.32	26.02	1993	131.75	98.74	33.01
1989	90.84	71.71	19.13	1994	141.81	108.55	33.26
1990	120.81	95.03	25.78	1995	156.79	123.13	33.66

续表12-1

年份	饲养量	出栏量	存栏量	年份	饲养量	出栏量	存栏量
1996	191.56	174.39	17.17	2001	184.17	146.77	37.40
1997	199.72	149.59	50.13	2002	230.12	141.70	88.42
1998	226.31	175.24	51.07	2003	242.21	152.05	90.16
1999	208.62	142.43	66.19	2004	238.02	148.67	89.35
2000	229.90	135.96	93.94	2005	294.86	203.69	91.17

第一节 种 系

一、保种

80年代，县内设有高邮鸭资源保种场（简称高邮种鸭场，于1974年经省政府批准建立），从事高邮鸭保种选育、提纯复壮和推广等工作。高邮鸭实行三级保种体系，即封闭群保种、核心群保种、自然保护区保种。每个封闭群保种家系由1羽公鸭和10羽母鸭组成。

1986～1987年，高邮种鸭场饲养封闭群种鸭20个家系，核心群种鸭550羽，其中公鸭50羽、母鸭500羽。1988年，保种家系恢复到以前的40个，饲养核心群种鸭1200羽，其中公鸭120羽、母鸭1080羽。2000年，高邮鸭被农业部列入国家畜禽品种资源保护名录，高邮种鸭场由省级保种单位升格为国家级保种单位。2004年，高邮种鸭场对高邮鸭保种区和产品加工区进行分离，将封闭群保种家系整体搬迁到高邮船闸南侧五里长河处，利用农业部项目资金投入1000万元建立高邮鸭良种繁育中心，建成总建筑面积1万平方米的标准育种鸭舍、核心群鸭舍、炕孵车间、育雏室、化验室和科研办公楼，购置全自动苗鸭孵化设备，形成具有60个核心群种鸭家系、2.5万羽育种群种鸭、6万羽基础群种鸭和年苗鸭炕孵能力400万羽的良种繁育体系。至2005年末，高邮鸭良种繁育中心共饲养核心群种鸭家系60个，种鸭720羽，其中公鸭120羽、母鸭600羽；选育群种鸭5000羽，其中公鸭500羽、母鸭4500羽；基础群种鸭2.5万羽，其中公鸭1500羽、母鸭2.35万羽。

图12-1 高邮种鸭场被农业部命名为国家级高邮鸭种质资源场

经过保种优育，高邮鸭体型外貌基本一致，生产性能日趋稳定。高邮鸭56日龄平均体重2.66千克，56日龄料肉比3.4∶1，放牧饲养70日龄料肉比2.5∶1；育雏期成活率96%（0～21日龄），育成期成活率97.8%（22～56日龄）；500日龄产蛋量196.8枚（±2.3枚），平均蛋重83.9克（±3.7克）。高邮鸭公母饲养比例1∶20～1∶33，封闭群保种家系种蛋受精率87.7%，大群放牧饲养种蛋受精率90%以上。封闭群家系受精蛋孵化率86.5%，大群放牧饲养90%以上。是年起，高邮鸭保种经费由市财政在农业切块资金中每年安排40万元，不足部分由市高邮鸭良种繁育中心通过向上申报项目争取。

二、选育

1986年开始，高邮种鸭场依托省家禽科学研究所、扬州大学动物科学与技术学院，对高邮鸭选育继续采取大群选育办法。通过选种、选蛋、选苗，建立育种基础群，实行逐代选择编群，保持体型外貌基本一致，提高群体生产性能。小群关养年产蛋量提高13.33%，体重提高11.76%。1990年，开始采取家系选育办法。实行群体选择与家系选择相结合方式进行培育，将产蛋量高的、蛋个体重大的、生长速度快的、蛋肉品质优良的鸭种集中起来组成封闭群，组成若干个家系后再进行家系择优选择，严格避免近亲交配。家系选育历经15个世代。1994年后，又采取纯种系和配套系培育办法。在高邮鸭封闭群系选育基础上，再选育建立5个具有不同特点、特性的专门化品系，通过配合力测定，组成两个配套系，即以产蛋为主的蛋用系和以产肉为主的肉用系。

2000年，高邮种鸭场、中国农业科学院家禽研究所、扬州大学联合开展高邮鸭青壳蛋遗传基因研究，研究青壳性状遗传规律。在收集青壳蛋资源基础上，测定青壳蛋资源群个体基因，同时开展青壳蛋分子标记研究和辅助选择，通过配合力测定，建立高邮鸭青壳蛋配套系。新培育出的高产青壳系500日龄高邮鸭产蛋量250枚以上，平均蛋重73.1克，青壳蛋率99.2%，料蛋比2.43∶1。2002年，开展高邮鸭笼养试验研究。

2003年起，高邮种鸭场承担市政府下达的提高高邮鸭“三率”（产蛋率、青壳率、双黄率）项目研究。至2005年末，该项目研究达到预期各项经济技术指标，并通过省、市专家组验收。500日龄产蛋从200枚增加到250枚，青壳蛋率从17%提高到95%以上，双黄蛋率从0.5%提高到2%左右。

三、推广

1996年，高邮种鸭场开始实施高邮鸭推广项目。至2000年，推广到高邮、兴化、宝应、建湖、金湖等5个县（市），累计饲养高邮鸭5122.97万羽，其中产蛋鸭1434.33万羽、肉鸭3688.64万羽。5个县市高邮鸭饲养量占全部家鸭比例迅速上升，与1996年相比，产蛋鸭从40%上升到92%，肉鸭从36%上升到85%；高邮鸭年均产蛋量4.13万吨、产鸭肉8.26万吨，分别是1996年的3.62倍、3.9倍。至2005年，高邮鸭以其较强的适应性、较高的经济效益和较好的蛋肉品质受到国内外养殖户青睐，先后被推广到云南、福建、黑龙江、山东、安徽等20多个省、市、自治区和中国台湾、香港地区，并被菲律宾、坦桑尼亚、澳大利亚等国家作为优良品种引进。

第二节　饲　养

一、家庭饲养

80年代及以前，全县农民把饲养鸡、鸭、鹅等家禽作为家庭副业常年进行，饲养鸭种基本为清一色的高邮鸭，少则几羽，多则数十羽。进入90年代，随着全市农产品市场逐步放开，农民养鸭的积极性空前提高，一批家禽饲养大户、专业户和禽蛋运销个体户应运而生。1992年，高邮鸭年饲养量125万羽，其中存栏蛋鸭33.52万羽。1996年后，全市推进农业产业化经营，农村畜牧业规模饲养迅速发展，各乡镇扶持养鸭专业户，培养养鸭大户，辐射带动养鸭专业村、养鸭生产基地。1997年，全市涌现年饲养家鸭300羽以上的大户2327户。司徒乡被确定为扬州市高邮鸭养殖基地。2005年，全市高邮鸭家庭饲养量35.56万羽，占全社会饲养总量12.06%。

二、规模养殖

80年代，县内部分村组（队组）集体饲养的高邮鸭，先安排饲养人员负责饲养，后实行由养鸭能手承包，最后折价归村民个人经营。1983年，全国劳动模范、人称“鸭司令”的司徒乡兴楼村村民郭怀珠开始承包荒滩，逐步成为全县最大的养鸭专业户。1985年，他饲养的高邮鸭规模为1.2万羽。进入90年代，市委、市政府将发展鸭业经济列为全市实行贸工农一体化经营的八大产业链之一。1994～1996年，全市累计用于高邮鸭业产业链建设的专项贷款1304万元，占全市用于贸工农一体化贷款总额44.8%。

1996年2月，以高邮种鸭场为核心，成立全省首家畜牧业贸工农一体化企业集团——江苏高邮鸭集团。是年末，该集团扩展种鸭基地3个，年饲养种鸭9000羽；在5个养鸭大乡镇发展26个村、49个村民小组、77户养鸭大户实行合同养鸭16.9万羽，并辐射周边乡镇其他村民养鸭48万羽；带动集团成员加工系列鸭蛋品2000万枚，其中咸鸭蛋1400万枚。集团合同养鸭数和辐射乡镇养鸭数分别占全市养鸭总数8.2%和23.3%。集团运作开始走向“市场牵龙头、龙头带基地、基地联农户”的规模发展之路。1997年，江苏高邮鸭集团被列为省农业产业化龙头企业，司徒乡被确定为扬州市高邮鸭养殖基地。是年，司徒乡养鸭23.6万羽，占全市养鸭总数7.42%。2000年10月，江苏高邮鸭集团被农业部等八部委行列为农业产业化国家重点龙头企业；司徒镇兴联村以郭怀珠、郭树林等16户养鸭大户为主体，成立兴联鸭业合作社，年养鸭12万羽，存栏蛋鸭10万羽，加工蛋品200多万枚。

2001年，全市开始实施农业标准化示范区建设。2002年，由江苏高邮鸭集团承担、在郭集镇建成首家高邮鸭养殖标准化示范区。是年12月，市委、市政府在江苏高邮鸭集团基础上，建立高邮鸭业园区。2003年起，随着高邮鸭业园区建设推进和市政府扶持高邮鸭规模养殖奖励措施的实施，进一步推动高邮鸭饲养从规模养殖向区域化、标准化、产业化发展。2005年，江苏高邮鸭集团和各乡镇分别通过实行“公司＋基地＋农户”“公司＋专业合作经济组织＋农户”的产业化经营模式，在全市共建成养鸭基地6个，基本形成以沿湖、沿荡、沿运三大区域为重点的蛋鸭、鸭肉无公害食品养殖、加工示范区。是年，全市高邮鸭规模养殖量259.3万羽，占全市总饲养量87.94%。

图12-2　规模饲养高邮鸭

三、饲养方法

80年代及以前，县内农民户养高邮鸭，除鸭窝或鸭栏和喂点鸭食外，基本靠自然放养；批量饲养的，是“一条小鸭船、一片放鸭地（低田地区以荡滩、水田为主，高田地区以河沟、稻田为主）、一个鸭老大（养鸭能手）”，常年进行人工放养。进入90年代，市内农村部分养鸭专业户采用“圈养”办法，即将青年高邮鸭用围栏圈在固定的鸭舍区内或食料丰富的浅滩水域内饲养，以减少不利自然环境的影响、降低病害和农药危害、提高劳动效率和科学养鸭水平。2002年起，高邮种鸭场开展高邮鸭笼养试验。至2005年，初步取得笼养蛋鸭的基本方法，获得易于控制环境、减少饲料浪费、便于防疫治病、方便选优汰劣、提高鸭舍利用率、提升蛋鸭产蛋率、降低鸭蛋破损率等明显效果。

四、养殖管理

80年代及以前，县内农户养鸭基本是靠长期积累、代代相传的经验养鸭。1994年起，在高邮种鸭场成立高邮鸭研究所后，全面、系统地探索、研究、总结出一套饲养管理高邮鸭的措施和办法，包括育雏期（初生～30日龄）管理、育成期（30～100日龄）管理、产蛋期（100～500日龄）管理。其中，产蛋期管理对产蛋数量、产蛋品质、蛋体大小最为关键，按照产蛋初期、产蛋中期、产蛋后期不同特点与要求，分别采取针对性有效措施。至2005年，高邮鸭饲养成套管理办法已在全市养鸭单位和养鸭农户中得到推广。

第三节　鸭病防治

80年代以前，县内养鸭农户多半缺乏鸭病防治知识，亦无专业机构进行专门研究和科学宣传。部分存在迷信思想的农户认为，养鸭是"血财"，主要靠"老天爷"恩赐、靠"运气"发财。每遇瘟疫发生，成批鸭子死亡，总是束手无策，只好听天由命。80年代后期起，部分养鸭户遇到鸭子生病时，在农村兽医指点下，试用抗菌素拌食喂鸭，收到一些效果，但对其病种和病因以及如何对症下药却一无所知。90年代，高邮鸭研究所成立后，对高邮鸭常见病、多发病、暴发型烈性传染病及其防治进行专门研究，获得较为系统、有效的鸭病防治成果。先后研究完成的有鸭瘟病、鸭病毒性肝炎、鸭副粘病毒病、鸭传染性脑脊髓炎、鸭坏死性肠炎、鸭疫巴氏杆菌病（鸭传染性浆膜炎）、鸭胰腺炎症、鸭核黄素缺乏症等8种主要急、慢性鸭病，对其发病机理、病源病毒、临床症状、多发季节、预防措施、治疗方法、有效药物等一一做出明确的回答，并编印成册，广为宣传。21世纪初，在暴发严重禽流感疫情的时候，无一羽高邮鸭发生禽流感疑似病例和确诊病例。至2005年，全市高邮鸭未发生大规模疫情、病情。

一、鸭瘟病

该病是鸭的一种急性传染病。常见头颈部肿大，故有"大头瘟"之称。病原体是一种疱疹病毒。不同年龄、品种和性别的鸭对该病毒有很高的易感性。该病发生无明显季节性，通常春、夏、秋季流行严重。潜伏期2～5日，体温42℃，精神、食欲较差。体温44℃时，拒食，口渴好饮水，两脚发软，羽毛松乱，翅膀下垂，行动迟缓。严重时伏地不能行走，排绿色或灰绿色稀便，眼睑肿胀、流泪，分泌浆液或脓性黏液。鼻分泌物增多，呼吸困难，常见头颈部肿胀。病程一般3～4日，最后衰竭而死，死亡率90%以上。治疗该病无特效药，主要是进行预防接种和加强饲养管理。注射鸭瘟鸡胚弱毒苗进行预防，2月龄以上鸭200倍稀释液胸肌注射1毫升，初生雏鸭用50倍稀释液腿部肌肉注射0.25毫升。加强饲养管理，鸭舍、用具和运动场定期消毒，保持清洁卫生，不到疫区放牧。

二、鸭病毒性肝炎

该病是雏鸭的一种急性传染病，死亡率高达90%。主要危害4～10日龄雏鸭。病原体是一种肠病毒。感染后潜伏期1～4日。发病突然，传播迅速。病鸭精神委顿，眼半闭、嗜睡状，并见神经症状，运动失调，身体倒向一侧，或背着地、转圈，双脚痉挛性运动，头向后仰，呈角弓反张姿势。出现症状后几分钟至几小时内死亡。剖检可发现肝脏肿大、质脆，被膜下有大小不等的出血点或出血斑。胆囊肿大，充满胆汁。肾、脾有时肿大。利用高免血清和康复鸭血清肌肉注射0.5毫升进行预防。也可用免疫的母鸭所产鸭蛋，制成免疫蛋黄，给病鸭每羽注射1～1.5毫升。雏鸭增喂适量维生素和矿物质，以增强体质。不同日龄雏鸭严格实行隔离分开饲养。

三、鸭副黏病毒病

该病病原体为鸭副黏病毒，是以侵害消化道和呼吸道为特征的传染病。病初病鸭食欲降低，羽毛松乱，饮水增加，缩颈，两腿无力，孤立一旁或瘫痪；羽毛缺乏油脂，易附着污物；开始排白色稀粪，中期粪便转红色，后期呈绿色或黑色。部分病鸭，呼吸困难，甩头，口中有黏液蓄积。有些病鸭出现转圈或向后仰等神经病状。剖检可发现肝、脾肿大，表面和实质有大小不等的白色坏死灶。十二指肠、空肠、回肠出血、坏死，结肠见豆状大小溃疡。腺胃与肌胃交界处有出血点。鸭口腔黏液较多，喉头出血，食道黏膜有芝麻大小灰白色或淡黄色结痂，易剥离。立即开展鸭群接种鸭副黏病毒疫苗预防，每羽肌肉注射0.5毫升。发生副黏病毒病时，易并发大肠杆菌病，需加强对大肠杆菌病的预防和治疗。同时，对鸭棚舍、用具、场地彻底消毒(包括流动水面)。

四、鸭传染性脑脊髓炎

该病主要是侵害雏鸭神经系统的一种病毒性传染病。以运动失调和头颈部震颤为主要特征。病原体为禽脑脊髓炎病毒,主要侵害1~3周龄雏鸭,7~14日龄最易感。发病率50%~60%,死亡率20%~30%。该病主要经消化道传染,种鸭感染后可经蛋垂直传播。症状常出现在1~3周龄雏鸭,开始精神不振,随之发生运动失调,前后摇晃,有的坐在地上,有的倒卧在一侧,以后症状更加明显,很少活动,如受惊扰,行走动作不能控制,足向外弯曲难以行动,两翅展开。头颈震颤,步态不稳,最后呈侧卧瘫痪状态。病初雏鸭有食欲,当病鸭完全麻痹后,则无法摄食和饮水,衰竭并相互踩踏死亡。剖检可见大脑水肿,大脑后半部有液囊,脑膜充血,并有浅黄绿色深浊的坏死区。肌胃内层有较多细小点状白色病灶。脾脏稍肿,小肠轻度炎症。在发病严重地区,种鸭应接种疫苗进行预防,在种鸭产蛋前1个月接种禽脑脊髓炎油佐剂灭活疫苗。当雏鸭发病时,立即淘汰重病雏鸭,并做好消毒、隔离与综合防治措施,防止病原扩散。对全群注射脑脊髓炎高免卵黄抗体,同时食用病毒灵粉剂,每包50克,加水25千克,配合喂食维生素C、复合维生素B液及抗生素,连用3~5日可控制病情。

五、鸭坏死性肠炎

该病又称烂肠瘟,是由坏死杆菌感染鸭的肠道后生长繁殖并产生毒素所引起的一种慢性传染病。特征是肠道黏膜坏死,排黑色稀粪。病原体广泛存在于自然界,在土壤、污泥塘、动物饲养场等处均可发现,甚至常见于健康动物的肠道内。当鸭肠道黏膜损伤或细菌、寄生虫感染,将黏膜破坏,或鸭群饲养管理不良、营养缺乏,鸭棚潮湿时最易发病。该病一年四季均可发生,潮湿、炎热季节多发。发病多见于成年鸭。症状有病鸭精神委顿,鸭体消瘦,拉出腥臭的黑褐色稀便,肛门周围常粘有粪便。食欲下降,甚至废绝,有时见病鸭口中吐出黑色液体。剖检打开腹腔,恶腥臭气味扑面而来。肠黏膜充血、水肿,肠壁增厚,严重者肠黏膜坏死,甚至肠壁穿孔。肠粘连,发黑。肾肿大,肝肿大,质脆。治疗该病的首选药物是青霉素、痢特灵、杆菌肽,另可选用阿莫西林、林可霉素、百服安。在临床上往往采用多种药物交替使用。对该病预防,主要加强饲养管理,以提高抗感染能力;同时做好鸭舍卫生和日常消毒工作。多发季节,可用上述药物进行预防。

六、鸭疫巴氏杆菌病(鸭传染性浆膜炎)

该病又称鸭败血病,病原体是鸭疫巴氏杆菌,由革兰氏阴性小杆菌引起。主要发生于2~7周龄以下雏鸭。饲养管理不良以及其他应激因素能促使该病发生和流行。潜伏期1~3日。病鸭眼鼻分泌物增多,眼周围羽毛粘湿,咳嗽、喷嚏。拉黄绿色稀便。后期腿软,走路摇摆,跛行卧地不起,两腿呈游泳状划动,肌肉痉挛,头颈震颤,很快死亡。慢性病例头颈扭曲,采食困难,消瘦死亡。剖检可见病死鸭心包积液,后期心包及心外膜上有纤维素附着,心包粘连。肝肿大,边缘增厚,有白色包膜,肝脏有出血点或血包。气囊浑浊不透明,有淡黄色干酪样物。用林可霉素和环丙沙星治疗效果好。以林可霉素20%拌料,连食用3天。病重鸭按每千克体重肌肉注射药液10毫克,每日2次,连用2~3日。或用环丙沙星0.01%浓度作饮水,连用3~5日。预防措施:7日龄雏鸭皮下接种鸭传染性浆膜炎疫苗0.5毫升/羽;12日龄和30日龄用林可霉素和环丙沙星交替预防注射一次;棚舍、用具和场地定期消毒,保持清洁卫生,舍内通风。

七、鸭胰腺炎症

该病多发于20~30日龄肉鸭和50~90日龄青年鸭。其原因是营养不良或代谢失调引起。其症状主要表现为脚软,行走困难,不愿下水,精神不振,生长缓慢,腹泻。发病3~5日后死亡,多因鸭相互踩踏而死。剖检可见胰腺肿大、充血，呈粉红色或苍白色。其他脏器无明显变化。防治可用胰腺炎粉每包（50克）拌料25～50千克，连用3～5日。同时服用15%水溶性氟哌酸（每包50克、加水50千克），以防继发肠炎。加强饲养管理，在料中加入维生素A、D及复合维生素B液、蛋氨酸、微量元素等，以使饲料营养全面。

八、鸭核黄素缺乏症

该病发病原因主要有：饲料单一，缺乏核黄素含量；配合料中未添加多维素，或多维素品质低劣；饲料贮存不当，尤其是曝晒或遇碱性物质，饲料中核黄素被破坏；长期饲喂高脂肪低蛋白饲料，导致机体对核黄素的需要量增加；环境温度或高或低，机体对核黄素的消耗量大大增多。雏鸭缺乏核黄素，常发生在2～4周龄，主要表现为消化机能紊乱、生长缓慢、消瘦、贫血、衰弱、羽毛蓬乱、绒毛稀少，严重时出现拉稀。特征性症状是趾爪向内蜷曲，不能站立，以腿关节着地，瘫痪不起，两翅展开。病鸭虽有食欲，但因无法行走站立采食或被踩而死。成年鸭主要表现产蛋率及蛋的孵化率显著降低，有些种蛋孵出的幼雏体小，浮肿，趾爪蜷曲，绒毛稀少，卵黄吸收慢。剖检可见坐骨神经和臂神经显著变粗；胃黏膜萎缩，胃壁变薄，肠内有多量泡沫状内容物；肝脏肿大，含较多脂肪。防治措施有：喂富含核黄素的饲料，或多喂青绿饲料，配合饲料应添加一些多维素。病鸭群每千克饲料中，添加核黄素20毫克左右，连用1周。病重鸭可口服核黄素，雏鸭每羽每天服2毫克，成年鸭5～6毫克。饲料中适当添加多维素，一般保持雏鸭每千克饲料中含有核黄素3.6毫克左右，育成期鸭1.8毫克，种鸭2.2～3.8毫克。

第四节　高邮鸭加工与美食

80年代中后期，高邮鸭经县畜产品加工厂（1990年更名为县畜禽加工厂）宰杀加工后由县食品公司冷库冷藏，以满足计划外调销售或节日计划供应，并将其羽绒粗加工后供应外地生产羽绒服装。县内饭店、宾馆鸭肴制作以老鸭汤、熏制鸭为主。腌制咸鸭蛋是城乡居民家家户户的传统饮食习俗。进入90年代，随着高邮鸭生产量增加和副食品市场放开，高邮鸭、高邮鸭蛋不再通过工厂加工，直接上市敞开供应。1990年，菱塘羽绒服装厂建立，成为首家生产羽绒服装的企业。此后，市内羽绒服装生产企业和羽绒制品剧增。1994年，全市首家以生产羽绒、羽绒服、羽绒被为主要产品的扬州亨大集团成立。90年代中期起，市烹饪协会及部分名厨通过挖掘传统技艺、引进新兴技法、潜心研究创新，不断丰富鸭肴品种。至2005年，全市推出“十大名宴”之一的全鸭席等特色鸭肴和以双黄鸭蛋为原料的特色加工蛋品，深受消费者喜爱；由全市13家重点羽绒服装生产企业组成的“江苏羽绒服装名城”方阵，成为高邮服装工业的支柱。是年，全市加工高邮鸭肉制品成品鸭200万只。

一、特色鸭肴四大名菜

以高邮鸭为原料制作各种特色鸭肴是市内民众久有的饮食传统，逐步形成秦邮鸭肴名菜。在“秦邮十大名菜”中，高邮鸭肴占有4席，即“璧”合珠联——高邮双黄鸭蛋，相传清康熙元年始有此肴，后人逐步改进与完善，被称为“华夏一绝”的名菜；金宝大发——香酥麻鸭，鸭子谐称“压子”“押子”，为新婚夫妇所喜食；霞蔚风仙——叉烧野鸭，据传高邮麻鸭系地产野鸭驯化而来，保留野鸭风味；天长地久——砂锅天地鸭，此菜一锅两样、一菜两味，既可红焖，也可清炖。

二、四季系列鸭菜

以高邮麻鸭为主要原料，取维扬菜风味之精华，融地方之传统技艺，将地域饮食文化与烹调技艺相糅合，形成独具特色、享有盛名的高邮四季系列鸭菜。春季有芙蓉鸭舌、雏鸭闹春、玉骨穿翅，秋季有银杏鸭肉、金鱼戏莲、琵琶鸭舌、仙鹤望月，夏季有荷花白焖鸭、“三色雪糕”“万紫千红”，冬季有涮全鸭、雪盖鸭方、油炸鸭串等。

三、传统名宴——全鸭席

全鸭席是以高邮鸭为主料烹制的独具风味的套菜式的宴席，有菜肴品种200多种。在高级宴席中，有牡丹鸭心、金鱼鸭掌、月季鸭肝、烤鸭螃蟹、鸭脑寿桃、蜻蜓鸭舌、梅花鸭心、蝴蝶鸭膀等组成的彩拼冷盘菜，有瓢儿鸭舌、鸭包翅、葵花鸭、清炖鸭脯、金蹼仙裙、螯头爆鸭肫、金陵片皮鸭、酥皮海鲜火锅鸭盅、辽参扣鸭膀、八宝葫芦鸭等组成的热菜，有千层酥、水晶宫鼎饺等点心，有以鸭骨汤为主的汤菜。在一般宴席中，有盐水鸭肫（春）、剁椒鸭肠（夏）、蛋黄鸭卷（秋）、鸭糕（冬）、酱鸭心（梅）、韭香鸭卷（兰）、麻辣鸭掌（竹）、盐水鸭（菊）等组成的冷盘菜，有桃仁鸭方、南非参扣鸭掌、百灵鸭脯、金丝北片鸭、糯米鸭舌、茶树菇鸭肠扎、素炒腊鸭、天麻炖野鸭等组成的热菜，有鸭油酥、烧卖鸭等点心，有以鸭骨汤为主的汤菜。

四、盐水鸭

普通家庭可制作。其配料为肥嫩光鸭1羽约1.5千克，料酒1汤匙，食盐130克，葱结2个，姜3片，八角2粒，花椒少许。操作方法：将嫩光鸭斩去小翅和鸭脚掌，再在右翅窝下开约3厘米长的小口，从刀口处取出内脏、拉出气管和食管，用清水冲净，滤干备用；将炒锅放入盐、花椒炒热后备用；用1/2炒热的椒盐从翅下刀口处塞入鸭腹，晃匀，用剩下的1/2热椒盐擦遍鸭身，再用余下的热椒盐从颈部刀口和鸭嘴塞入鸭颈，然后将鸭放入缸中腌制（夏天2小时，春秋季4小时，冬季6小时）；取出挂在通风处吹干，用12厘米长的空心芦管插入鸭子肛门内，在翅窝下刀口处放入姜1片、葱结1个、八角1粒；烧开6杯清水，放入生姜2片、葱结1个、八角1粒和料酒，将鸭腿朝上，鸭头朝下放入锅内，盖上锅盖，放在小火上焖20分钟；将鸭拎起，使鸭腹内的汤汁从刀口处漏出，滤干倒入锅内；将鸭放入汤中，使鸭腹内灌入热汤，再放在小火上焖20分钟取出，抽出芦管，放入容器内冷却后，即可切块装碟。

五、琵琶鸭

又称琵琶腊鸭，是一种传统食品，其外形美观，形如琵琶，香味独特，深受城乡居民和餐饮业欢迎，一年四季均可生产。原料配方为：鸭10羽，盐0.5～1千克，盐卤水适量。制作方法：选择肉质嫩、油脂少的鸭作加工原料，因油脂过多的鸭子，夏天晒干易滴油，而使风味下降；鸭经宰杀，煺毛后，用刀自胸骨到肛门处切开，扒开胸旁两块胸肌，露出胸骨，将胸骨割去，并除去食管、气管和内脏，把鸭子投入清水池中浸泡1小时后，捞起沥干；用盐50～100克均匀地擦遍鸭坯内外，经2小时腌制后，除去血卤，再将鸭坯浸入盐卤水（用清水50千克，加盐25千克，放锅内煮沸、过滤、待冷后加入适量细姜、葱和碎八角）中腌制6～8小时取出；将鸭坯从卤缸中取出放桌上，用木板或菜刀压平鸭胸部肋骨，取5根竹片，2根斜向将鸭胸腹腔撑开，1根自颈胸至鸭肛门中央撑住，其余2根将鸭胸腹腔横向撑开。鸭头颈向右侧弯转，压于右翅下，头紧贴右腿；整好后，挂起或平放于筛子上，晒2～3天，干后外形像琵琶。晒干后的琵琶鸭，夏季能保存1～2个月，其余季节能保存3～4个月或更长时间。保存期间，库温不宜过高，以免干缩。

六、板鸭及其他鸭制品

1986年，县食品公司、高邮种鸭场等单位断断续续地将高邮鸭加工成板鸭，进行销售。进入90年代，随着副食品市场进一步放开，私营个体板鸭及其他鸭制品加工逐步取代国有和集体经营。至2005年，市内私营企业和个体经营摊点在扩大加工、经营板鸭等制品同时，先后开发生产鸭血粉丝汤和鸭肫、鸭肝、鸭心、鸭肠、鸭头、鸭脖等街头小吃与系列方便熟鸭肉制品。

第二章　高邮鸭蛋

80年代以前，县内高邮鸭生产基本是以户为主，松散放养，多靠经验养殖，鸭产蛋率较低。蛋品加工基本为传统手工操作。90年代，高邮种鸭场进行提高高邮鸭产蛋率研究，蛋品加工企业引进蛋品加工生产流水线作业。进入21世纪，高邮鸭蛋原产地域保护申报获得批准，高邮鸭蛋生产和加工跨进新的发展阶段。2005年，全市生产高邮鸭蛋鲜蛋1.31万吨，加工咸鸭蛋、松花蛋、双黄蛋等各类鸭蛋制品3.5亿枚。

第一节　原产地域保护

2000年7月，市政府成立高邮鸭蛋原产地域产品保护申报工作领导小组，开展申报工作。2002年6月，高邮鸭蛋（高邮咸鸭蛋）获国家质量监督检验检疫总局批准，实施原产地域产品保护。保护地域范围为以北纬32° 48′、东经119° 27′为中心区域的高邮市现辖行政区域。是年12月30日，市长徐祥华签发市政府第25号令《高邮鸭蛋原产地域产品保护管理办法》。2003年3月28日，高邮鸭蛋国家标准获国家质量监督检验检疫总局发布。是年4月，市红太阳食品有限公司、市三湖蛋品有限公司、市秦邮蛋品有限公司、市宝塔蛋品加工厂等市内24家蛋品生产企业，经国家质量监督检验检疫总局批准，使用高邮鸭蛋原产地域产品专用标志，并准予注册登记。至2005年，高邮鸭蛋为全市唯一的国家地理标志产品。

图12-3　高邮鸭蛋原产地域产品标志

附：高邮鸭蛋国家标准（GB 19050—2003）（摘录）（国家质量监督检验检疫总局于2003年3月28日发布，2003年9月1日实施）

本标准规定高邮咸鸭蛋原产地域保护范围、术语和定义、产品分类、要求、试验方法、检验规则、标志、包装、运输和贮存。

本标准适用于原产地域产品管理部门批准保护的高邮咸鸭蛋，也适用于高邮双黄咸鸭蛋、高邮咸鸭蛋软罐头。

高邮咸鸭蛋原产地域保护范围限于国家原产地域产品管理部门根据《原产地域产品保护规定》批准保护的范围，即以北纬32° 48′、东经119° 27′为中心区域的高邮行政区域。

高邮鸭（Gaoyou duck）是在江苏省高邮地区特定的生态环境中选育而成的，具有典型的外貌特征和特有的生活习性及生产性能，属肉蛋兼用型品种。其蛋个头大、品质好，尤其善产双黄蛋。

高邮咸鸭蛋（Gaoyou salted duck eggs）是指在原产地域保护范围内，以高邮鸭特有的饲养方式饲养的高邮鸭所产的蛋经过挑选后为原料蛋，经高邮传统工艺腌制加工而成的再制蛋。

高邮双黄咸鸭蛋（Gaoyou salted double-yolk duck eggs）是指一枚蛋中有两个蛋黄的高邮咸鸭蛋。

高邮咸鸭蛋软罐头（vacuum packing Gaoyou salted duck eggs）是指高邮咸鸭蛋经真空包装，加压蒸煮后熟制而成的软包装罐藏食品。

包料（solted mud wrapper）是指按高邮咸鸭蛋特定传统工艺配方配制而成的料、泥。

按咸鸭蛋中蛋黄数可分为：高邮咸鸭蛋和高邮双黄咸鸭蛋。按生熟可分为：高邮咸鸭蛋（生）和高邮咸鸭蛋软罐头（熟）。

原料蛋应是原产地域保护范围内高邮鸭所产的经过挑选的蛋。加工用的食盐应符合GB 5461的规定。加工用的水应符合GB 5749的规定。加工用的黄黏土、草木灰应取自原产地地域，无污染、无杂质。

工艺应符合高邮咸鸭蛋、高邮双黄咸鸭蛋、高邮咸鸭蛋软罐头传统工艺流程。

高邮咸鸭蛋卫生指标、软罐头微生物指标应符合GB 13100规定。

高邮咸鸭蛋产品加工规格一览表

表 12-2

级　别	单　位	高邮咸鸭蛋	高邮双黄咸鸭蛋
特　级	克/10枚	≥800	—
一（超）级		≥750	1150以上
二（奎）级		≥700	1150以下

说明：同等级的蛋中邻级蛋数量比例不得超过10%。

高邮咸鸭蛋产品感官指标一览表

表 12-3

项　目	要　求	
	高邮咸鸭蛋，高邮双黄咸鸭蛋	高邮咸鸭蛋软罐头
外　　观	包料应厚度均匀、完整、不露白、湿润适宜	塑料包装无破裂、漏气现象
组织结构	蛋白清薄透明，蛋黄凝重粘实	蛋白细、有弹性，蛋黄有油析出
蛋黄色素	应达到Roches蛋黄比色标12度以上	
滋味气味	具有独特的鲜味，无异味	咸味适口，无异味，具有特有风味，蛋白鲜、细、嫩，蛋黄红、沙油

说明：1. 高邮咸鸭蛋煮熟后组织与软罐头一样。2. 蛋黄色素12度的不超过10%。

高邮咸鸭蛋理化指标一览表

表 12-4

项　目	指　标		
	高邮咸鸭蛋	高邮双黄咸鸭蛋	高邮咸鸭蛋软罐头
水分（%）	60～68		
总脂肪（%）	≥12	≥14	≥13
食盐（以氯化钠计）（%）	2.0～5.0		
锌（毫克/千克）	7.0～50		
硒（毫克/千克）	0.10～0.50		
砷（毫克/千克）	≤0.5		
汞（毫克/千克）	≤0.03		
挥发性盐基氮（毫克/100克）	≤1.0		

第二节　鸭蛋生产

一、双黄鸭蛋

高邮鸭生双黄蛋历史久远。双黄鸭蛋形似鹅卵，一蛋双黄，偶见一蛋三黄乃至四黄，被视为“蛋中珍品”。80年代，高邮鸭产双黄蛋率一般0.5%以下。进入90年代，经过研究发现，高邮鸭之所以善产双黄蛋，除市内自然条件提供富于营养的饲料外，还与鸭的品种、鸭龄、饲养季节、气温、阳光等因素有关。通过调节、优化这些因素，高邮鸭产双黄蛋率得到明显提高。至2005年，高邮鸭产双黄蛋率提高到1%以上，最高2%。双黄鸭蛋每枚平均重120克，为单黄鸭蛋1.5倍。蛋形相对变长，双黄蛋中蛋清与蛋黄比例分别为28%和72%，两个蛋黄形状和质量基本无差异。是年，全市生产高邮鸭双黄蛋鲜蛋295吨。

图12-4　高邮双黄鸭蛋

二、单黄鸭蛋

80年代及以前，高邮鸭产蛋量和蛋品质量不够稳定。一度因放养环境受到化肥、农药和企业“三废”（废水、废气、废垃圾）的污染，影响到高邮鸭产蛋量和蛋品质量。90年代起，通过实施保护生态环境和改变传统饲养方法等项措施，高邮鸭产蛋量和蛋品质量得到稳定与提升。至2005年，在全市推行大规模、集约化饲养举措，高邮鸭生长速度加快、个体变大、产蛋率提高、鸭蛋品质提升。300日龄高邮鸭产蛋每枚平均重82～84克，每羽500日龄高邮鸭年均产蛋量220～250枚，每羽高邮鸭年均产蛋总量18～21千克。高邮鸭蛋蛋大油足，腌制成咸鸭蛋具有松、沙、细、油、鲜、嫩等特色。是年，全市生产高邮鸭蛋鲜蛋1.28万吨。

第三节　鸭蛋制品加工

清康熙《高邮州志·食货志·物产篇》载：“腌蛋……入药料腌者，色如蜜蜡，纹如松针，尤佳，腌成盛桶，名盐蛋（今称松花蛋——编者注）。色味俱全，他方购买之。”民国《三续〈高邮州志〉》又载：“清光绪三十一年，创办裕源蛋厂，用木质机器两架，每日雇女工打蛋八万枚，分清黄、白。药型，火炕。装桶入箱，运出外洋销售。”“蛋厂输出蛋白三百八十余石，蛋黄两千四百余石。”“清宣统元年，双黄蛋送南洋劝业会陈赛”。民间早有家家户户腌制咸鸭蛋的传统饮食习俗，一直沿袭至今。

80年代，县内高邮鸭蛋制品加工以县食品公司、高邮种鸭场等单位为主。松花蛋制作以氧化铅等金属氧化物为变性凝固剂，采取黄泥稻壳包裹，以缸、桶、竹筐、竹篓等为包装物制成。咸鸭蛋制作以黄泥加适量食盐腌制而成。1986年，县食品公司年加工松花蛋200万枚，高邮种鸭场年加工松花蛋100万枚。1990年起，县食品公司转产，以加工咸鸭蛋为主。个体私营加工单位陆续增加。蛋品包装亦逐步改用纸盒、吸塑、塑料泡沫等包装物。1994年，市牧业蛋品厂始采用真空包装熟咸蛋的新工艺，取代传统手工加工工艺。1998年，高邮种鸭场蛋品加工厂从外省引进松花蛋制作核心料，取代传统加工工艺，率先加工成无铅松花蛋。此后，各加工松花蛋单位与个人纷纷效仿。90年代末，市食品加工厂开发生产高邮鸭蛋双黄月饼、高邮鸭蛋蛋黄粽子等新产品。2005年，市红太阳食品有限公司购进集蛋品清洗、分级、检测于一体的全自动蛋品清洗设备，建成首条鸭蛋加工自动化生产线，每小时加工蛋品5000枚。是年，全市有高邮鸭蛋加工企业400家，实现加工生产高邮鸭蛋各类蛋制品3.5亿枚。

附：高邮鸭蛋加工制作方法

松花蛋制作方法 首先，选择新鲜（壳上有光泽，无霉斑，无阴影，腥臭气较淡）、蛋壳无裂纹、摇动无响声、蛋个头大小和蛋壳厚薄均匀、一致的鸭蛋。接着，用纯碱、生石灰、食盐、红茶末、氯化锌、水等配制成料液。然后，进行装缸、灌料与浸泡。一般浸泡25～35天后即可出缸，食用或包装，上市销售。

咸鸭蛋制作方法 腌制咸鸭蛋有水腌法、裹泥法和高压锅速制法。水腌法：先将鸭蛋洗净晾干，而后浸泡于用适量盐和花椒、茴香加清水煮沸凉透后的溶液中，最后贮存在密封的容器内。经20天后即可取出煮食。若想让蛋黄多出油，可在溶液中加入少量烧酒即可。裹泥法：先将鸭蛋洗净后晾干，再用适量盐、茶、米在旺火上煮成浓汁后，和少量黄酒制成黄泥或红泥糊浆，均匀地裹满鸭蛋周身，装入密封罐内，一个月后即可取出煮食；也可以先将鸭蛋洗净晾干，再用开水将干透的红土烫浸成糊状裹满鸭蛋周身，两端蘸盐后置入封口罐中，半个月后即可取出煮食。高压锅速制法：先用冷开水和食盐、料酒、香料等配制成饱和食盐溶液，后将溶液和无破损的新鲜鸭蛋放入高压锅内，再用打气筒连接高压锅盖出气孔向锅内适量注气，最后关上高压阀放置3～4小时即可食用。

第三章　鸭业经营与科研

80年代，高邮鸭业经营继续实行集中管理体制，由各乡镇食品站统一收购、县食品公司统一加工、县副食品公司统一凭蛋票供应市民。进入90年代，禽蛋市场逐步放开，高邮鸭业实行市场化经营。全市蛋制品先后获得绿色食品证书11项，鸭肉制品获得绿色食品证书2项，红太阳牌咸鸭蛋和红洲牌琵琶鸭通过有机食品认证，“红太阳”“三湖”“秦邮”等品牌蛋获得“省著名商标”“江苏名牌产品”“江苏免检产品”等称号。同时，高邮种鸭场加强对高邮鸭科技项目列项研究，获得一批开发高邮鸭生产经营成果。至2005年，全市形成企业化经营与个体私营经营相结合、市内市场与市外市场同开发的高邮鸭业产业化经营格局。是年，全市实现高邮鸭业总产值15亿元（含鸭养殖、加工及蛋品、羽绒等制品产值），占全市工农业总产值6%。

第一节　高邮鸭及蛋品销售

80年代，高邮鸭及蛋品销售仍然实行计划供应为主。1990年起，高邮鸭及蛋品陆续进入商场、商店销售，开始以代销形式限量供应。1994年，市内农副产品市场放开，高邮鸭及蛋品进入市场销售。此后，先后获省著名商标的“秦邮”“红太阳”“三湖”三大品牌高邮鸭及蛋品热销于市内外市场。在城区文游中路形成高邮鸭及蛋品销售一条街，有经营户200多户。2001年，由市民郑飞个人投资，建成全市首家禽蛋专业批发市场——扬州市高邮禽蛋水产批发交易市场。至2005年，高邮鸭及蛋品销售市场从省内扩大到上海、山东、浙江、安徽等省市，进入“苏果”“沃尔玛”“家乐福”“时代”“农工商”“华联”等全国大型连锁超市，尤其在上海和省内南京、扬州、苏州、无锡、常州等地销售火爆。是年，全市拥有高邮鸭及蛋品生产经营企业400多家和商户近600多家，从业人员4万人，主要生产企业在全国设立的办事处35个，直销窗口121个。全年实现高邮鸭及蛋品销售额15亿元，累计销售高邮鸭450万羽（含出栏活鸭销售和加工成品鸭销售）、高邮鸭蛋5.5亿枚。

第二节　鸭业科技

1988～2004年，全市实施高邮鸭业重点科技项目12项，其中获全国农牧渔业“丰收奖”项目2项、省农业科技进步奖项目7项、省农业科技推广奖项目1项。

1988～2004年高邮市实施高邮鸭业重点科技项目情况一览表

表12-5

获奖或实施年份	项目	奖项	研究单位
1988	高邮鸭、鱼混养	省农业科技进步四等奖	高邮种鸭场
1989	高邮鸭集约化饲养技术	省农业科技进步四等奖	高邮种鸭场
1989	高邮鸭杂交配套	省农业科技进步二等奖	高邮种鸭场
1993	高邮鸭家系选育	省农业科技进步二等奖	高邮种鸭场
1993～2001	高邮鸭资源保护与利用	省农业科技进步二等奖	高邮种鸭场
1994	高邮鸭良种蛋鸭配套增产技术	全国农牧渔业丰收奖三等奖	高邮种鸭场
1996	提高高邮鸭鸭蛋黄色素研究	省农业科技进步二等奖	高邮种鸭场
2001	优良鸭种高邮鸭及综合配套技术推广	全国农牧渔业丰收奖一等奖	高邮种鸭场
2002	高邮鸭种鸭大群关养（笼养）研究	省农业科技进步四等奖	高邮种鸭场
2002～2004	高邮鸭青壳蛋基因定位与分子标志研究	通过省科技厅鉴定，申请国家发明专利	江苏高邮鸭集团、中国农业科学院家禽研究所、扬州大学
2003	高邮鸭优质高效生产技术推广	省农业科技推广一等奖	江苏高邮鸭集团
2004	高邮鸭良种繁育及产业化	通过省验收	高邮种鸭场

第三节　生产经营单位简介

一、江苏高邮鸭集团

位于高邮鸭业园区内。1996年2月，经省经济体制改革委员会批准，以高邮种鸭场为核心企业，由12家涉鸭企业作为成员单位参加，组建成江苏高邮鸭集团。该集团系集高邮鸭科研选育、炕孵、高效规模养殖，以及鸭蛋、鸭肉、饲料、药品、羽绒等加工、销售于一体的省重点骨干龙头企业、省农业综合开发重点龙头企业，是全国鸭蛋加工行业中唯一的国家农产品加工技术研发中心蛋品加工技术研发分中心企业，也是国家级高邮鸭保种场。2000年10月，该集团被列为农业产业化国家重点龙头企业。该集团有固定资产9300万元，职工800人，其中专业技术人员120人。至2005年，该集团拥有高邮鸭良种繁育推广、规模化基地养殖、蛋肉制品加工、饲料和药品加工、商贸物流等五大生产经营主导行业。是年，全集团收购加工高邮鸭242万羽，加工鸭蛋制品1.68亿枚，实现销售收入13.1亿元、利税6500万元。

二、市鸭业合作联社

江苏高邮鸭集团成员单位之一。1999年12月，该社成立。以自愿合作为基础，坚持民主、民办、民营、民受益原则，各合作社之间在合作联社指导下，实行独立核算、自负盈亏、自我约束、自我发展的经营体制。先后通过试验、指导、培育，建成高邮鸭良种繁育基地、郭集有机鸭养殖基地、临泽高邮鸭自然放牧饲养基地、横泾鸭稻共作示范基地、马棚高邮鸭高效规模生态养殖示范基地等，带动全市高邮鸭业快速发展。同时，以基层合作社为中间载体，为养鸭单位和农户提供科技、信息、资金、生产资料采购等各项服务，实行定点饲养、合同收购、肉蛋加工、制成品销售一条龙经营。至2005年末，全市高邮鸭饲养量增长到294.86万羽。

三、高邮兴联鸭业合作社

设于司徒镇兴联村。该村有着悠久的养鸭历史。1999年，在司徒乡党委、政府支持下，由全国劳动模范、该村养鸭大户郭怀珠牵头，16户养鸭专业户参加，按照自愿原则组成鸭业专业合作经济组织。2000年，成立高邮兴联鸭业合作社。是年，该社被列为国家农业综合开发种养业高新科技示范项目，以扬州大学为技术依托单位，上靠江苏高邮鸭集团，下联养鸭户，实施立体化、规模化养殖。2005年，该社社员105户，有固定资产总值260万元，鸭舍1.5万平方米，加工厂房2500平方米，精养鱼池66.67公顷；饲养高邮鸭25万羽，其中蛋鸭12.5万羽，生产蛋品3000万枚，加工蛋品300万枚；实现产值1600万元、利税250万元，入社社员家庭年人均纯收入8000元，高出当地村民年平均收入近1倍。

四、市红太阳食品有限公司

设于江苏高邮鸭集团内，前身为90年代初县多种经营管理局创办的县兴牧蛋品加工厂。90年代中期，企业改制后更名为市红太阳食品有限公司，并参与组建江苏高邮鸭集团，成为该集团骨干企业之一。该公司专业从事高邮鸭蛋、鸭肉等地方传统特色食品加工，共有资产4200万元，职工200人，其中专业技术人员35人。主要产品有红太阳牌咸鸭蛋、松花蛋、双黄蛋、卤蛋等系列蛋制品和红洲牌琵琶鸭、板鸭、风香鹅、盐水鹅等系列禽肉制品，先后获“省著名商标”“江苏名牌产品”“中国名牌农产品”“中国绿色驰名品牌”称号，并获中国国际农业博览会金奖等，通过国家有机食品、绿色食品认证。2004年5月，该公司通过ISO 9001质量管理体系认证。2005年，该公司加工蛋品8500万枚、禽肉制品50万羽，实现销售额1.5亿元。

图12-5 中国绿色驰名品牌证书

五、市三湖蛋品有限公司

位于汉留镇。1990年，由该镇村民高和权投资兴建。该公司占地3公顷；有职工248人，其中科研人员16人；建有蛋品生产线，年蛋品加工量1亿枚。该公司生产的三湖牌咸鸭蛋、松花蛋、双黄蛋获“省著名商标”、“江苏名牌产品”和“国家A级绿色食品”等称号。公司被农业部授予“全国中型农产品加工流通企业”“中国蛋品行业排头兵企业”称号。三湖牌蛋品畅销上海、北京等20多个省、市1600多家大型连锁商场、超市，并出口到韩国、日本等国家。

六、市秦邮蛋品有限公司

前身系创建于1956年的国有蛋品加工企业。90年代初，改制更名为市秦邮蛋品有限公司。该公司生产的秦邮牌系列蛋品，风香鹅、琵琶鸭、速冻点心、水晶肴爪，阳阳牌双黄月饼，高邮湖水产品（虾仁、虾球、湖鱼等）一直畅销于全国各地。先后获绿色产品标志，通过ISO 9001国际认证，连续4届获“省著名商标”称号，为省消费者协会推荐商品。该公司坚持走“公司＋农户＋科研院”发展模式，建立10多个稳定的鲜蛋供应基地，确保收购的蛋品安全、可靠。

第四章　鸭文化

高邮养鸭历史悠久，形成具有高邮地方特色的鸭文化，并在传承中得到不断发展。80年代起，高邮鸭文化随着高邮鸭业的快速崛起，得到发扬光大，从民歌、乡俗、语言、字画、文艺创作等诸多高邮传统文化表现形态中，无不融入鸭文化。90年代，市委、市政府举办中国高邮双黄鸭蛋节，更是将鸭文化推向新的发展阶段，鸭文化在助推经济社会发展中发挥重要作用。至2005年，共举办3届中国高邮双黄鸭蛋节，签订招商引资协议项目217项，协议总投资额34.58亿元。其中，外资协议项目75项，引进外资6577.59万美元；内资协议项目142项，引进内资7.05亿元。

第一节　中国高邮双黄鸭蛋节

一、首届中国高邮双黄鸭蛋节

1993年4月25～27日，市委、市政府在高邮举办首届双黄鸭蛋节。应邀参加节庆活动宾客共1100多人。节庆期间，在市体育馆举办高邮经济展览，出版大型画册《高邮》，播放《邮城发春华》等电视专题片，举办文艺晚会。新华通讯社《瞭望》周刊以中心彩页介绍高邮特产《中华一绝·双黄鸭蛋》。首届鸭蛋节节徽采用水波白色椭圆及上下两个黄圆图案，其寓意为高邮双黄蛋形象表现和双黄鸭蛋节广告词“天上月亮太阳，高邮鸭蛋双黄”的潜台词。

图12-6　1993年，举办首届双黄鸭蛋节。图为在市体育馆举办的高邮经济展览

此届鸭蛋节，共签订招商引资协议项目108项，协议总投资额4.03亿元。其中，利用外资和中国港澳台资项目24项，投资总额3293万美元，协议利用外资和中国港澳台资897.59万美元；签订内资项目84项，投资总额3.43亿元，协议利用内资3483万元。同时，获短期拆借资金9524万元；实现商品成交总额5.67亿元，其中协进重要生产原材料1.69亿元，销售地方产品3.98亿元，签订购销合同粮油3.3万吨、2743.4万元，销售高邮鸭及双黄蛋656万羽（枚）、332万元。

二、第二届中国高邮双黄鸭蛋节

2002年10月18～19日，市委、市政府在高邮举办第二届中国高邮双黄鸭蛋节。应邀参加节庆活动宾客近600人。18日，举行高邮市地方工业产品展览馆开馆仪式。该馆共展出高邮地产400多件名特优产品。举行高邮运河二桥竣工通车典礼。是日晚，举行中国高邮双黄鸭蛋节开幕式。开幕式上，省质量技术监督局副局长张前宣读中华人民共和国国家质量监督检验检疫总局2002年第57号公告，宣布从公告发布之日起对高邮鸭蛋（高邮咸鸭蛋）实施原产地域保护；并由国家质量监督检验检疫总局政策规划司副司长田世宏向市长徐祥华颁发高邮咸鸭蛋原产地域保护专用标志。开幕式结束后，举行大型文艺晚会。

19日上午，举行高邮市投资推介暨项目签约仪式。现场签约项目共49项、总投资额9.55亿元。其中，利用外资和中国港澳台资项目28项，项目总投资6664万美元，协议利用外资和中国港澳台资1500万美元；利用内资项目21项，项目总投资5.73亿元，协议利用内资2.64亿元。同时，推介项目60项，其中农业项目17项、工业项目23项、第三产业项目20项。

图12-7 扬州市委书记孙志军为2002中国高邮双黄鸭蛋节节徽揭幕

三、第三届中国高邮双黄鸭蛋节

2004年6月28日，市委、市政府在高邮举办第三届中国高邮双黄鸭蛋节。应邀参加节庆活动宾客共246人。开幕式上，省农林厅厅长刘立仁向全省农业产业化重点骨干龙头企业——江苏高邮鸭集团授牌。举行高邮鸭业经济展览中心揭牌暨江苏高邮鸭集团科技中心落成典礼。第三届中国双黄鸭蛋节期间，共签订招商引资协议项目60项、投资总额21亿元。其中，签订外资和中国港澳台资投资协议项目23项，投资总额4783万美元，协议利用外资和中国港澳台资4180万美元；签订内资协议项目37项，投资总额7.11亿元，协议利用内资4.06亿元。

图12-8 “民歌·民风·民情”大型文艺晚会

第二节 民歌、民谣

高邮民间流传的鸭民歌、鸭民谣甚多。1957年，从华东海军政治部文工团调到高邮县中学当音乐教师的索兴在高邮农村发掘整理鸭民歌《数鸭蛋》，填上新词，由高邮民歌手夏国珍、王兰英、龙秀銮于北京人民大会堂举办的第二届全国音乐舞蹈会演中演唱该歌，受到国务院总理周恩来的赞扬和接见。从此，该歌不仅在县内广为传唱，而且唱响到全国。据市委宣传部、市文学艺术界联合会、江苏高邮鸭集团调查，今存长期在民间传唱的鸭民歌有《数鸭蛋》《吆鸭子》《放鸭号子》《鸭蛋号子》《丑小鸭》等。80年代至2005年，由专业文艺工作者新创作的鸭民歌有《放鸭歌》《牧鸭新歌》《鸭乡牧童》《小鸭子》《数鸭子》《双黄蛋连心蛋》《双黄蛋，黄连黄》，涉鸭内容的民歌有《高邮之歌》《我的家乡在高邮》《高邮是个好地方》《高邮本是好地方》《高邮，向着太阳奔走》等，童谣有《鸭蛋鸭蛋掏掏》等。

附：民歌《数鸭蛋》歌词（索兴记谱、编曲、填词）

一只鸭子一张嘴哪，两只那个眼睛两条腿，走起路来两边摆哪，扑通那个一声跳下水，呱，呱，咦啧啧来，咦啧啧来，呱来呱去来戏水哪，咦啧啧来，咦啧啧来。

高邮麻鸭肥呆呆哪，膘肥那个体胖个儿壮，生下鸭蛋圆溜溜哪，溜圆那个蛋里有双黄，呱，呱，咦啧啧来，咦啧啧来，高邮特产双黄蛋哪，咦啧啧来，咦啧啧来。

溜圆鸭蛋两头光哪，姐姐那个收拾上炕房，孵出一群黄鸭子哪，叽叽那个喳喳满湖塘，呱，呱，咦啧啧来，咦啧啧来，小鸭大来又生蛋哪，咦啧啧来，咦啧啧来。

改革开放到水乡哪，养鸭那个专业多兴旺，鸭子成群蛋无数哪，无数那个鸭蛋成筐装，呱，呱，咦啧啧来，咦啧啧来，一筐一筐数不完哪，咦啧啧来，咦啧啧来。

第三节　民俗、民谚

一、民俗

高邮从古到今一直存有结婚送高邮麻鸭礼的民俗。男女青年经过介绍人“说合”之后，须“下小定”，即订婚，男方须向女方家送订婚礼，礼品中必须有一对肥硕的鸭子，以表示男方家境的宽裕和预示婚后生活的美满。在商定“正日”，即商定结婚日期前，男方还须选定一个节日送“追节”（“节”“结”同音）礼，礼品中必须有一对“交颈鸭”，以表示男方想尽快完婚的心情与诚意。到结婚“正日”当天，新郎官须再送迎亲礼，礼品中必须有一对“结发鸭”，亦称“压子”（“压”“鸭”同音），以预示婚后结发夫妻会百年好合，并预祝新郎、新娘早生贵子。

高邮还有“九天”煨老鸭汤进补的民间饮食习俗。即每到隆冬“数九天”，一般城乡居民往往都要买羽高邮麻鸭，据说鸭子越老越好，煨成浓汁食用，可去除“冬火”，更起到冬吃夏补的健身作用。90年代起，老鸭汤进入宴席，并加入一些有滋补功效的中草药同煨，据称可增强其滋补健身功效。

二、谚语与歇后语

高邮城乡居民中流传的鸭谚语、鸭歇后语、鸭口头语、鸭俏皮语等甚多，构成高邮的一种地方特色语言。

鸭谚语示例

鸭巴掌——不分流（儿）；鸭肫——难剥；鸭子——填不饱的肚子；花头鸭——惹事多；笨鸭子——上不了架；旱鸭子——不会游泳；烧鸭子——没毛（门）儿；酱鸭子——嘴硬身子软；竹纹鸭——没心肝。

鸭歇后语示例

小鱼追鸭子——找死；棒打鸭子——呱呱叫；飞了鸭子打了蛋——两头空；牛吃稻草鸭吃谷——各有各的福；卤煮寒鸭——肉烂嘴不烂；旱鸭子过河——不识深浅；绒毛鸭子下水——新学；鸭子不吃瘪稻——肚子里有货；鸭子吃小鱼——眼朝天；鸭子吃螺蛳——啰哩啰唆；鸭子走路——左右摇摆；鸭子吵棚——闹翻天；鸭子吞筷子——颈项脖子硬（转不过弯）；鸭背泼水——光了；鸭腿上扣铜铃——响当当；鸳鸯逐野鸭——难成双；黄毛鸭子下水——不知深浅；三斤半的鸭子二斤半的嘴——卖嘴；下了河滩的鸭子——不回头；阴沟里的鸭子——顾嘴不顾身；烂脚巴的鸭子——歇了吧；鸭子的脚板——连成一片；鸭子的嘴巴——煮不烂；鸭子的屁股——圆滑；鸭背上的水——有来有去；煮烂的鸭子——嘴硬；鸡嘴说成鸭嘴——扁了；天上飞的鸭子——不能当碗菜；五斤半的鸭子——冒充鹅（我）；鸭蛋壳上雕花——刻薄；三月鸭蛋——尽闲（咸）；吃咸蛋蘸酱油——多此一举；花椒洒在鸭身上——麻鸭；鸡头烧鸭颈——脸红脖子粗；鸡蛋炒鸭蛋——混蛋；鸡孵鸭子——瞎起劲；煮熟的鸭子天上飞——怪事。

第四节　诗词选录

寄蕙姜法鱼糟蟹（寄子瞻）

北宋·秦　观

鲜鲫经年渍醽醁，团脐紫蟹脂填腹。

后春莼茁滑於酥，先社姜芽肥胜肉。
凫卵累累何足道，饤饾盘餐亦时欲。
淮南风俗事瓶罂，方法相传为旨蓄。
鱼鳙蜃醢荐笾豆，山簌溪毛例蒙录。
辄送行庖当击鲜，泽居备礼无麇鹿。

送鹌鸭腊龚养正

南宋·陈　造

骚人茹粥耐支离，过眼风光不到诗。
乡味殷勤劝开肉，未妨新句解人颐。

次客韵

南宋·陈　造

春池照影红锦衣，鲤鱼与鸭同低催。
金笼鹦鹉颇谇语，鲜道春色今寒灰。

晓　枕

南宋·陈　造

两鸭惊鸣转五更，幽人宿酒未全醒。
小轩只似孤舟上，忆得霜湖带梦听。

秦　邮

元·傅若金

缥缈平湖白，微茫远枝青。田兮高下水，道俯短长亭。
鹅鸭烟中乱，鱼虾雨里腥。秦邮看渐近，城郭记曾经。

观田家嫁女歌

明·张　綖

夫家昨日来下礼，满家接得齐欢喜。
黄鸡茁茁白鹅飞，滗滗村醨浊浮蚁。
大鸭双双头背光，小鸭双双翼尾黄。
横担挑来屋角下，连声叫起闻邻庄。

放鸭翁

清·贾田祖

朝乘艇来，暮乘艇去。谁何老翁，有烟波趣。（一解）

岂爱烟波，自作衣食。鸭鸭招之，一竿勤职。（二解）
一竿几何，不如碌碡。依昭阳人，村村卖犊。（三解）
卖犊犹可，骨肉凄惨。逃去娇儿，饿死才妻。（四解）
死者横摧，生者蹩躃。嗟放鸭翁，真无家别。（五解）

鸭

清·宋鸿儒

未有凌霄意，情闲杜若洲。
酣眠沙岸午，静俗野塘秋。
宛颈怜毛羽，呼名狎鹭鸥。
无忧人挟弹，饮啄自清流。

过宝应至邵伯夹岸木芙蓉盛开

清·张九钺

露筋祠前倚夕曛，红鹅紫鸭一群群。
芙蓉笑客不得醉，白露秋霜愁煞君。

高　邮

清·王鸣盛

别浦重复重，三十六陂水。舟人觉潮生，连樯发沙觜。
衰杨飐残丝，绿鸭唼疏苇。虽泛好山色，波光净如洗。

赋得池塘生青草

清·沈　均

藻动参差浮鸭子，萍开唼呷荡渔儿。
遥怜一派青如沐，正是横塘过雨时。

秦邮杂咏

清·顾宗泰

红板长桥绿柳堤，鸭头水外夕阳低。
此间亦有三贤在，未合风光让竹西。

晚泊高邮湖东岸

清·永　理

尚有悬帆浮甓社，已多收鸭入盂城。
苏公台畔沙禽集，孙氏门前春草生。

晓登奎楼观荷

清·蔡兰孙

虚堂发清籁，嘉树荫文禽。
坐久朝暾上，荷香欲沁心。

雨中过高邮

清·沈钦韩

虾荣撑船迎路市，鹅鸭作队沿水嬉。
江南虽好幸场忆，春草过尽尘沙吹。

晚过高邮

清·吴清鹏

是州虽小小，却占水乡便。
放鸭各通港，卖鱼常近船。

戏作放鸭翁

清·徐 荣

鸭群千百翠毛衣，汤沐淮流百顷肥。
彳亍自操莲叶艇，合围长近蓼花矶。
朝烟乙乙呼名竭，斜日堂堂列队归。
醉扣瓦盆歌一曲，不知人世有金绯。

邗 沟

清·陈 锦

下河城郭古今洼，计里穿渠百道斜。
到岸每逢船放鸭，隔堤时见树栖鸦。

秦邮竹枝词

清·韦柏森

下河水鸭多生蛋，间有双黄格外肥。
卖上江南船满载，也曾供给到文闱。
豪情怎肯负良宵，下着无肴莫月邀。
南北市口两头望，几盘鸡鸭卖熏烧。

第十三篇 工业

要 目

1986年，县委、县政府提出“主攻工业”的经济发展战略，大力发展工业，逐步形成县办工业、乡镇工业、村组办工业、个体工业共同发展的局面。是年，全县有工业企业5038家，职工5.08万人，实现总产值7.15亿元。主要工业行业有粮油食品、机械加工、纺织服装、化工医药、建材、造纸及纸制品业等。在乡以上工业中，以农产品为原料的加工工业产值居各行业之首，占全县工业总产值19.58%。

80年代末90年代初，全县工业在贯彻中央治理整顿经济秩序中，加快企业改革和结构调整步伐，着力抓好重点企业、重点乡镇、重点行业和一批重点产品，形成以规模优势为主导的工业发展格局。1992年，全市实现总产值23.45亿元。1993年起，全市工业企业推行产权制度改革，继续实施规模拉动战略，加大招商引资和鼓励发展个体私营经济力度。1995年，按照统计新规定，全市全部工业企业共4201家，实现总产值73.58亿元。

90年代后期，受东南亚金融危机影响，市内部分抗御市场风险能力较弱的企业陷入困境。2000年，全市规模以上企业168家，实现产值52.36亿元，分别比上年下降18.45%、3.94%。是年，市委、市政府加大企业改制力度，提出“突出重点、因企施策、注重实施、加快发展”原则。2003年，市委、市政府针对市属企业改制，提出“四个到位”（公有资本退出到位、职工身份置换到位、社会保障落实到位、债权债务处理到位）要求，走低成本改制之路，选择部分企业进行公开招标出售，进行市场化运作。至2004年，国有和集体资产基本从工业企业中退出，民营经济成为工业经济主体。同时，以招商引资、资产重组、园区建设和行业推动为重点，逐年推出“十大工业重组项目”、实施“十大工业技改项目”和扶助“七大工业支柱产业”，引导、促进工业结构调整和产业优化升级。

2005年，全市有工业企业4985家，实现总产值202.35亿元。工业总产值是1986年28.3倍，占工农业总产值比重从1986年58%提高到81%。工业增加值占地区生产总值37.17%，位居各业首位。轻重工业比例从1986年69∶31调整为39∶61。主要工业行业有电线电缆、电动工具、机械制造、纺织服装与箱包鞋、电子元器件、道路照明灯具、液压设备等。是年9月，高邮市被省政府授予“江苏羽绒服装制造名城”称号。

第一章　工业经济构成

1986年，全县工业经济由国有（全民所有制）、县集体、乡镇集体、村组户工业和个体私营工业组成。其中，以国有和乡镇以上集体工业为主体，全县有乡镇及以上企业466家，实现产值5.11亿元，占全县工业总产值71.47%。90年代中期，在全市工业企业中，大面积推行企业产权制度改革，外商和中国港澳台商投资企业与个体私营工业企业呈现较快发展态势。1996年，全市工业企业4164家，实现总产值78.89亿元。其中，国有企业62家，实现产值9.23亿元；县集体企业134家，实现产值9.3亿元；乡镇集体企业285家，实现产值20.95亿元；村组联户企业3701家，实现产值18.8亿元；外商和中国港澳台商投资企业17家，实现产值3.43亿元。至2000年，全市初步形成以民营经济为主体，多种经济成分互融、并存、共同发展的格局。是年，全市共有工业企业3945家，实现总产值81.19亿元，其中规模以上企业168家，实现产值52.36亿元。在规模以上企业中，国有企业23家，实现产值6.76亿元；城乡集体企业44家，实现产值12.27亿元；联营合作和股份制企业60家，实现产值24.85亿元；私营企业33家，实现产值5.67亿元；外商和中国港澳台商投资企业8家，实现产值2.82亿元。至2004年，全市基本完成市、乡镇工业企业改制，国有、集体资本基本从工业企业中退出，国有和集体所有制企业通过改制转化为私营企业或股份制企业。2005年，全市规模以上企业286家，实现产值117.01亿元。其中，国有企业1家，实现产值920万元；集体企业50家，实现产值16.15亿元；私营企业195家，实现产值79.56亿元;其他经济成分企业40家,实现产值21.21亿元。工业资本金总额14.05亿元,其中国有和集体资本占14.7%、法人和个人资本占70%、外商和中国港澳台商投资资本占15.3%。

1986～2005年高邮市工业经济主要指标实绩一览表

表13-1

项目 年份	企业数（家）	工业总产值（亿元）	销售收入（亿元）	利税总额（亿元）		固定资产原值（亿元）	职工人数（万人）
					利润		
1986	5038	7.15	4.25	0.37	0.17	1.78	5.08
1987	6210	8.94	5.18	0.41	0.19	2.13	5.06
1988	11051	12.56	7.61	0.59	0.30	2.57	5.29
1989	8424	15.22	9.47	0.68	0.33	3.06	5.18
1990	7201	16.70	9.63	0.40	0.12	3.50	5.31
1991	5510	17.56	10.76	0.45	0.09	4.23	5.54
1992	4986	23.45	14.23	0.75	0.29	5.17	5.85
1993	6119	36.16	23.42	1.15	0.35	7.04	6.43
1994	7310	55.10	27.61	1.89	0.46	9.61	6.39
1995	4201	73.58	38.26	1.76	0.06	12.85	6.01
1996	4164	78.89	41.83	1.48	−0.12	14.34	6.07
1997	4055	86.95	46.00	2.21	0.25	15.75	5.75
1998	5006	90.14	47.33	2.04	0.23	17.41	4.74
1999	4780	94.43	47.30	2.06	0.18	18.81	4.71
2000	3945	81.19	45.48	1.97	−0.08	18.24	4.39
2001	3608	83.87	39.35	1.67	−0.21	19.07	4.30
2002	3562	96.03	46.48	2.03	0.26	19.46	3.92
2003	3769	117.99	58.45	3.06	0.79	19.25	4.24
2004	4308	154.16	79.54	4.03	1.25	19.74	4.51
2005	4985	202.35	107.87	6.06	2.28	27.40	5.00

说明:1.工业总产值为当年价格(1995年前为统计原规定,之后为新规定)。2.企业数和总产值为全市全部工业数,其他指标均为独立核算企业数(1997年及以前为乡及以上独立核算企业,1998年及以后为规模以上独立核算企业)。

第一节 企业所有制结构

一、国有工业企业

1986年,全县有国有工业企业44家,其中独立核算企业36家;实现产值1.83亿元、利税总额1598万元;固定资产原值7330万元,职工1.01万人。90年代初,部门办非独立核算国有企业虽时有增减,但总体比较稳定。1993年,国家粮食价格放开后,市内以粮食为主要原料的商办、粮办工业企业有所增加。1996年,全市国有企业增至58家,实现产值11.21亿元,占全市全部工业产值14.2%,为历史最高年份。此后,国有工业企业进行产权制度改革,国有资本陆续从工业企业中退出,国有企业逐年减少。2005年,全市国有工业企业仅剩高邮造纸厂1家,实现产值920万元、销售收入595.9万元,利税总额亏损56.7万元;固定资产1631.9万元,职工84人。

二、集体工业企业

1986年，全县集体工业企业共422家，其中县属集体企业95家、乡镇集体企业327家；实现产值3.4亿元，占全县全部工业总产值47.55%。其中，独立核算企业完成销售收入2.61亿元、利税总额2458万元、利润1152万元，固定资产原值1.05亿元，职工4.06万人，分别占全县独立核算企业61.41%、66.43%、67.76%、58.99%和79.92%。在集体工业中，县集体企业完成产值1.32亿元，占全部集体企业产值38.82%。其中，独立核算企业31家，实现产值1.15亿元、销售收入9103万元、利税总额1132万元、利润622万元，固定资产原值3920万元，职工8687人。乡镇集体企业实现产值2.08亿元，占61.18%。90年代初，贯彻商业部大办工业精神，全市粮食、商业和供销系统兴办一批非独立核算工业企业。1997年，是全市集体工业发展最好的一年，实现产值39.47亿元，占全市乡以上工业71.32%。规模以上集体企业156家，实现产值42.33亿元、销售收入37.18亿元、利税总额2.17亿元，分别占全市规模以上企业的76.47%、74.49%、74.21%和81.99%；固定资产原值8.07亿元。至2000年，全市集体企业在产权制度改革中，通过转、售、股和破产等多种形式，陆续转化为私营企业或股份制企业。2005年，全市规模以上集体企业50家，实现产值16.14亿元、销售收入15亿元、利税总额1亿元、利润4116万元，分别占规模以上企业工业17.48%、13.8%、13.91%、16.5%、18.05%；固定资产原值3亿元，职工4581人。

三、股份制和股份合作制企业

1993年，市内工业企业开始进行股份制和股份合作制改造试点。市属集体企业高邮电器厂、市自行车零件厂和武安乡乡办集体企业市农机配件二厂先后完成股份合作制改造工作。股份制企业扬州市亚光塑料制品有限责任公司（张轩乡办集体企业）、高邮市标准件有限责任公司（汤庄乡办集体企业）、市林邮丝织有限公司（市轻纺工业公司所属集体企业）和市康乐食品有限公司（市供销合作总社所属集体企业）先后建立。1995年，在全市乡以上独立核算企业中，有股份制企业4家，实现产值6759万元、销售收入6146万元、利税总额105万元，分别占全部独立核算企业1.65%、1.59%、1.61%和0.6%。1996年后，企业产权制度改革步伐加快，股份制和股份合作制企业不断增加。至2004年，在全市规模以上企业中，股份制企业上升到118家，实现产值54.78亿元、销售收入50.34亿元、利税总额2.25亿元，分别占全市规模以上工业56.73%、63.24%、63.29%和55.83%；固定资产净值8.03亿元，职工2.91万人。2005年，全市股份制企业在市场化运作中，多数被改制为私营企业。是年，在规模以上企业中，股份制企业经转制后减至15家，实现产值10.96亿元、销售收入10.04亿元、利税总额3157万元，分别占规模以上企业工业5.24%、9.37%、9.31%、5.21%；固定资产净值2.37亿元，职工3378人。

四、私营、个体工业企业

1986年，全县私营、个体工业实现产值3463万元，占全县全部工业产值4.84%。1990年，全县私营、个体工业产值首次突破1亿元，为1.08亿元，占全县全部工业产值6.47%。1991年，市内发生特大洪涝灾害，私营、个体工业尤其是列入工业统计的村组户工业遭受重创，产值减少到4925万元，占全市全部工业产值比例下降到2.8%。1992年，全市私营、个体工业迎来提速发展的机遇期。1995年，全市私营、个体工业产值上升到3.52亿元，占全部工业产值4.78%。此后，部分国有和集体所有制企业改制为私营企业，全市私营、个体工业规模迅速扩大。1998年，全市私营、个体工业产值跃升至18.01亿元，占全市工业总产值的19.98%。其中，规模以上私营工业企业8家，实现产值1.16亿元、销售收入1亿元、利税总额604万元，分别占全市规模以上企业4.02%、2.11%、2.11%、2.96%；固定资产净值2544万元，职工814人。随着企业改制全面推进，全市私营、个体工业持续发展。2005年，在全市规模以上企业中，私营工业企业增加到195家，实现产值79.56亿元、销售收入72.68亿元、利税总额3.9亿元，分别占全市规模以上企业68.18%、68%、67.38%、64.36%；固定资产净值9.4亿元，职工3.6万人。是年，个体工业实现产值56.64亿元，占全市全部工业总产值27.99%。

五、外商和中国港澳台商投资企业

1990年4月，汉留乡办县环保设备制造厂与香港礼裕实业有限公司合资，创办扬州琼花环境保护工程设备有限公司，是全县首家邮港合资企业；县无线电元件六厂与台湾众利股份有限公司合资，创办扬州德华电子有限公司，是全县首家邮台合资企业。是年10月，天山乡南茶村办县红星塑料制品厂与新加坡主力进出口公司合资，兴建扬州市主力皮革制品有限公司，是全县首家中外合资企业。1993年6月，市无线电元件六厂与香港纪强公司合资，设立扬州高强电子有限公司，首开市属工业企业与港商合资先河。至1995年，全市获批建成的合资企业共79家，实际开工开业36家。在乡以上工业企业中，与外商和中国港澳台商合资的企业共17家，实现产值3.72亿元、销售收入3.35亿元、利税1974万元（利润736.4万元），分别占全市乡以上工业4.27%、9.7%、8.76%、11.23%；固定资产原值1.01亿元。1996～1997年，市制药厂、市林邮丝织有限公司、市化肥厂、市电讯器材厂、扬州市亚光塑料制品有限责任公司先后分别与国外企业和中国港澳台企业合资，组建成有限责任公司。90年代后期，受东南亚金融危机影响，全市规模以上合资企业减少到5家。此后，合资企业又有一定发展。2005年，在全市规模以上工业企业中，与外商和中国港澳台商合资企业共24家，实现产值10.12亿元、销售收入9.96亿元、利税总额8390万元（利润4380万元），分别占全市规模以上企业8.39%、8.6%、9.23%、13.84%；固定资产原值4.1亿元，职工5717人。

第二节 市属工业

1986年，全县县属工业企业共33家，实现产值1.57亿元、销售收入1.49亿元、利税1742.5万元，固定资产原值8450万元，职工1.31万人，分别占全县乡以上独立核算企业7.08%、29.8%、35.06%、47.09%、47.47%、25.79%。进入90年代，市属工业经过治理整顿，有所发展。至1995年，市属工业有乡以上独立核算企业33家，实现产值11.71亿元、销售收入10.87亿元、利税总额5128万元，固定资产原值4.49亿元，职工2.07万人。1996年后，市属工业全面推进产权制度改革，国有和集体资本大部分从企业中退出，企业数逐年减少。1999年，部分粮食企业划为市属工业，市属工业有规模以上企业32家，实现产值15.12亿元、销售收入13.59亿元、利税2424万元，分别占全市规模以上企业16.38%、27.74%、28.73%、11.79%；固定资产原值6.33亿元，职工1.38万人。2000年，市属工业以“两个置换”（产权置换成分，职工置换身份）为重点，继续深化改革。2005年，市属工业企业共45家，实现产值18.27亿元，分别占全市工业0.9%、9.03%。

一、市工业总公司

2003年2月，市政府决定，由市机械化学工业公司、市轻纺工业公司、市摩托车工业公司、市粮食工业总公司、市高华集团公司、市高康集团公司合并组建成市工业总公司。是年，该公司所属工业企业38家，实现产值13.54亿元，分别占全市全部工业1.01%、11.48%。其中，规模以上企业28家，实现产值13.06亿元、销售收入12.08亿元、利税2225万元，分别占全市规模以上企业15.46%、20.25%、20.78%、7.28%；固定资产原值6.18亿元，职工7845人。2004年，该公司推进企业改制扫尾工作，新注册登记企业5家、整体出售1家，关停2家，注销5家，依法破产19家。同时，加大技改投入和招商引资力度，优化有效资产整合，推进退城进区、进园工作。2005年，该公司共有企业45家，实现总产值18.27亿元。其中，规模以上企业34家，实现产值18亿元、销售收入16.3亿元、利税4345万元（利润-584万元),分别占全市规模以上企业11.88%、15.38%、15.11%、7.17%;固定资产原值6.5亿元,职工6823人。

二、市机械化学工业公司

1986年,县机械化学工业公司所属工业企业11家,其中国有企业7家、集体企业4家。是年,实现产值5200万元、销售收入4900万元、利税总额438万元,分别占县属工业33.12%、32.89%、25.14%;固定资产原值3624万元,职工4976人。1989年,该公司全面推行承包经营责任制,加大技术改造和新品开发力度,实现产值1.18亿元。1993年,该公司实现利润496万元,占市属工业利润总额56.04%,实现连续7年稳定增长。1994年,该公司产值上升到2.79亿元,但首次出现利润-30万元。是年起,该公司加快改制、调整步伐,力图扭转全系统亏损局面。1995年,市水泥制品厂划出,与市轻纺工业公司所属市电机厂合并,以适应市电机厂改制与扩产需要。1997年,扬州高华化工有限公司、市磷肥厂和市染化厂、市制药厂相继划出,分别组建市高华集团公司、市高康集团,归口市经委。致使该公司产值、利润逐年下降。2002年,该公司尚剩企业8家,实现产值1.53亿元、销售收入1.16亿元,产值在市属工业中所占比例下降到13.4%。全系统连续9年亏损。是年,亏损额295万元。固定资产净值4523万元,职工3248人。2003年2月,该公司并入市工业总公司。

三、市轻纺工业公司

1986年,县轻纺工业公司所属工业企业15家,其中国有企业5家、集体企业10家。是年,实现产值9500万元、销售收入9100万元、利税总额1173万元,分别占县属工业60.51%、61.08%、67.31%,均位居县属工业各系统首位;固定资产原值4257万元,职工6631人。1988年,该公司在全面实行厂长负责制基础上,转向全面推行承包经营责任制。是年,该公司实现产值1.28亿元。1989年,该公司产值、利润分别上升到1.58亿元、644万元。1991年起,受轻纺市场波动大、换汇成本高、纺织业限产压锭影响,轻纺工业优势逐渐衰减。是年,该公司首次出现全系统亏损294万元。至1993年,市制动件总厂、市丝绸厂分别进行扩产改造,市丝织厂竣工投产,全公司产值在市属工业各系统中,连续8年位列首位,但效益持续亏损。90年代中期后,受纺织市场原料成本持续上升、生产效益下降影响,该公司所属企业陷入困境,实行停产、限产。为走出困境,该公司在开发新品、开拓市场同时,率先对系统内特困企业实行帮扶托管、“退二进三”(指退出第二产业转向发展第三产业)等改革措施,一批企业关、停、并、转。1997年,市林邮丝织有限公司、市丝绸厂、市服装厂等企业划出,组建市高远公司。2002年,该公司所属各种所有制企业尚存7家,实现产值2.29亿元、销售收入1.93亿元,产值在市属工业中所占比例下降到20.05%。全系统连续12年亏损。是年,亏损额213万元。固定资产净值1.11亿元,职工2194人。2003年2月,该公司并入市工业总公司。

四、市摩托车工业公司(市电子工业公司)

1986年,县电子工业公司所属工业企业7家,其中国有企业1家、集体企业6家。是年,实现产值1000万元、销售收入898万元、利税总额131.5万元,分别占县属工业6.37%、6.03%、7.55%;固定资产原值569万元,职工1515人。1991年6月,市电器厂与沈阳黎明摩托车厂实行紧密型联营,生产HK-50型摩托车。1993年6月,市无线电元件六厂与香港纪强公司合资组建成扬州高强电子有限公司,生产涤纶电容器。是年9月,市无线电元件一厂与台湾彤鑫实业股份有限公司合资组建成扬州高明发动机有限公司,生产GY-125四冲程摩托车发动机。是年,市电子工业公司年产值跃升到1.98亿元。1994年,该公司产值又上升到4.44亿元,实现销售收入3.16亿元、增加值1.23亿元、利税总额4552万元,均居市属工业各系统首位,分别占市属工业38.64%、37.53%、41.83%、65.30%;固定资产净值7304万元,职工3696人。摩托车工业兴起,带动全系统工业持续增长。1997年,该公司产值上升到7.98亿元。1998年,摩托车市场行情急转直下，全市摩托车工业规模扩张势头逐渐减弱。1999年，该公司产值虽然连续6年位居市属工业各系统首位，但利润总额首次从盈利变为亏损655万元，成为市属工业各系统中亏损最多的。2000年，市电子工业公司更名为市摩托车工业公司。2002年，该公司经改制、重组，有企业6家，实现产值3.1亿元，占市属工业产值27.14%。其中，规模企业5家，实现产值3.08亿元、销售收入2.45亿元、利税总额-765万元（利润-1491万元），固定资产净值1.44亿元，职工2002人。2003年2月，该公司并入市工业总公司。

第三节　部门办工业

1986年，县部门及所属单位共办工业企业81家，实现产值1.48亿元，占全县全部工业总产值20.7%。其中，独立核算企业31家，实现产值1.41亿元、销售收入1.07亿元、利税693万元；固定资产净值2.19亿元，职工5626人。90年代初，全市贯彻商业部“大力发展商办工业”精神，商办工业获得一定发展。1993年，市政府印发《关于进一步加快发展校办企业的意见》，推进校办企业发展。至1995年，市粮食、商业、供销、教育系统办工业企业（含非独立核算企业）分别增加到23家、9家、30家、58家。90年代中后期，部门办工业企业在实行承包经营责任制基础上，按照“双置换”精神，通过股、租、售、破产重组或“退二进三”等多种形式和途径实现改制转型。至2002年，全市部门办工业企业尚存40家，实现产值2.73亿元，分别占全市全部工业1.12%、2.84%。其中，市商业局办工业和市供销合作总社办工业分别连续亏损13年和8年。2003年2月，市商业、物资、供销系统工业在改制后尚存企业随整个系统并入市商贸总公司；市粮食工业总公司及所属工业企业并入市工业总公司，市粮食局保留粮食加工企业6家；其他部门办工业改制为私营、个体企业。2005年，市部门办工业企业尚存1家，实现产值1.99亿元。

一、市商贸总公司工业

2003年2月，市政府将市商业集团总公司、市物资集团总公司、市供销合作总社合并组建成市商贸总公司。是年，市商贸总公司有工业企业12家，实现产值5000万元。其中，规模企业1家（市轧花厂），实现产值1242万元、销售收入1028万元、利税-5万元，固定资产净值120万元，职工45人。2005年，市商贸总公司工业企业经改制转型，仍为12家，实现产值9388万元。其中，规模企业1家，实现产值2715万元、销售收入1160万元，固定资产净值13万元，职工75人。

二、市粮食系统工业

1986年，县粮食局和基层粮管所兴办以粮油加工为主的工业企业共16家，职工1502人，实现产值5500万元、利润256.4万元。1993年起，在国家放开粮食价格后，市粮食系统积极转换经营机制，调整结构，大力发展工业。1996年，市粮食系统工业企业17家，实现产值6.17亿元。其中，独立核算企业10家，实现产值5.24亿元、销售收入3.94亿元、利税总额553万元，固定资产净值7738万元，职工2061人。1999年，市粮食局分立出市粮食工业总公司，划为市属工业，保留粮食商业加工企业6家。是年，市粮食商业加工企业实现产值6100万元。2002年，市粮食商业加工企业仍为6家，实现产值6520万元。2003年2月，市粮食工业总公司并入市工业总公司。2005年，全市粮食系统所属加工企业艰难维持，实现工业产值2960万元、销售收入2808万元、利润12.5万元。

三、市商业局办工业

1986年，县商业局所属以食品加工为主的工业企业共8家，实现产值4410万元，占全县乡以上工业总产值8.43%。其中，独立核算企业6家，实现产值4400万元、销售收入4600万元、利税173.6万元，固定资产净值760万元，职工2188人。1990年，县商业局所属工业企业增至9家，实现产值5300万元，但经济效益在持续两年盈利后陷入全系统亏损。1991年，亏损额933万元，为历年最高亏损额。其中，处境最困难的市肉联厂受省猪源计划调配流向改变的影响，生猪调进数量锐减，被迫几乎全年停产，累计亏损额近1000万元。是年12月，市政府决定对市肉联厂实行改制，分流人员。此后，商业局所属工业企业陆续改制，转制。至2002年，市商业局所属工业企业仅存市秦邮蛋品集团1家。是年，该局实现产值916万元、利润-202万元，固定资产原值803万元，职工228人。全局工业企业连续13年亏损。2003年2月，并入市商贸总公司。

四、市供销合作总社办工业

1986年，县供销合作联社有以农副产品加工为主的工业企业9家，实现产值3700万元，占全县乡以上工业总产值7.08%。其中，独立核算企业4家，实现产值3400万元、利润171万元，固定资产原值528万元，职工950人。1989年，积极发展基层供销社工业，该社工业企业增至16家，实现产值6000万元。1990年，该社更名为县供销合作总社。1992年8月，成立市供销（集团）总公司。1993年，全社工业产值首次实现1.14亿元。1995年，全市供销社所属工业企业活力增强，企业发展到30家，实现产值8600万元。其中，独立核算工业企业15家，实现产值6500万元、销售收入5300万元、利税225.2万元，固定资产净值2163万元。工业产值占全市乡以上独立核算工业1.58%。90年代后期，该社工业企业陆续改制、转制，企业数逐年减少。1999年，尚存的3家基层供销社工业企业全部划归所在乡镇，市属供销社工业企业仅剩市轧花厂1家，实现产值3003万元、利税175万元。2002年，该企业实现产值536万元、利润-70万元，职工89人。2003年2月，并入市商贸总公司。

五、校办工业

1986年，全县学校办工业企业30家，均为非独立核算企业；实现产值705万元，占全县乡以上工业总产值1.35%。1993年，市政府发出《关于进一步加快发展校办企业的意见》后，校办工业得到较快发展，校办工业企业增加到58家，其中列入统计的校办工业企业20家，实现产值5400万元。是年，菱塘回族乡职业中学兴办的长城电缆厂实现产值1030万元，成为全市首家产值过1000万元的校办企业。1994年，全市校办工业实现产值1.06亿元，占全市乡以上工业总产值7.6%。是年，二沟乡校办羽绒厂实现产值1300万元，成为继长城电缆厂之后第二家产值过1000万元的校办厂。1996年后，校办工业实施有针对性改制，校办企业逐年减少。2000年，全市校办工业企业减少到10家。2003年，全市校办工业企业尚存8家，实现工业产值7900万元。其中，规模以上企业3家，实现产值7000万元、销售收入6105万元、利税383万元，固定资产净值971万元，职工695人。2004年后，校办工业退出规模以上企业统计。

六、其他部门办工业

80年代中期，其他部门及所属单位在发展主营业务同时，创办工业企业或非独立核算的工业性维修、加工点，安置职工子女和消化富余劳动力，但规模不大，发展不够稳定。1986年，全县其他部门及所属单位办工业企业共有18家。其中，县交通局所属工业企业5家，实现产值289万元；县物资局、县城乡建设局、县农机局所属工业企业各2家，县水利局、县民政局所属工业企业各1家，国营场圃所属工业企业5家，各家企业产值一般在100万元左右。1994年，市供电局创办的扬州苏源电线电缆有限公司，实现产值564万元。1995年起，部门办工业企业陆续进行改制、转制，变为民营企业。至2005年，其他部门规模以上企业仅剩扬州苏源电线电缆有限公司1家。是年，实现产值1.99亿元、销售收入1.74亿元、利税988万元、利润544万元。

第四节 乡镇、村工业

1986年，各乡镇学习苏南经验，提出“工业兴镇（乡）”“无工不富”口号，大力发展乡镇、村工业，逐步形成乡镇、村、组、联户、户办工业“五轮齐转”、共同发展的格局。是年，全县共有乡镇、村工业企业4899家，职工6.84万人，实现工业产值3.89亿元，占全县全部工业总产值54.41%。1988年，全县乡镇、村工业企业发展到1.09万家。80年代末90年代初，县委、县政府针对乡镇、村工业在治理整顿中出现发展不稳定的情况，号召打造“亿元产值乡镇”和实施“3211”工程，稳定乡镇、村工业发展。1993年，全市乡镇、村工业企业有5997家，实现工业产值23.8亿元。工业产值超亿元乡镇15个。2000年，受东南亚金融危机影响，乡镇、村工业企业减至3862家。进入21世纪后，各乡镇企业加大规模发展和招商引资力度，兴起发展乡镇、村工业的新一轮高潮。至2005年，全市共有乡镇、村工业企业4775家，实现工业产值172.56亿元，分别占全市全部工业的95.79%、85.28%。

一、农村乡镇工业

1986年，全县农村乡镇办工业企业有307家，实现产值1.87亿元。其中，乡镇独立核算企业实现净产值4576万元、销售收入1.5亿元、利税688万元，分别占全县独立核算企业40.93%、35.29%、52.68%；固定资产净值4722万元，职工3.03万人。是年，临泽镇工业产值在农村乡镇工业中率先突破3000万元。1990年，县委、县政府采取鼓励措施，推动乡镇工业向规模化、外向型发展。是年，汉留乡建成全县首家邮港合资企业——扬州琼花环境保护工程设备有限公司。1992年，三垛镇实现工业产值1.03亿元，成为全市首家工业产值过亿元乡镇。1993年，全市工业产值超亿元的乡镇增加到15个。是年11月，甸垛乡以轧钢厂为核心企业组建成全市首家工业集团——市钢铁总厂，成为里下河地区首家工业销售额过亿元的乡办企业。至是年末，乡镇独立核算企业有315家，实现产值14.27亿元、销售收入12.73亿元、利税6521万元，分别占全市乡以上独立核算工业的79.94%、55.83%、54.36%、56.88%；固定资产净值2.4亿元，职工3.68万人。

90年代中期，各乡镇企业改制全面展开，股份制企业、股份合作制企业、私营企业迅速发展，与外商和中国港澳台商合作、合资企业亦发展较快。1993年春，张轩乡乡办企业塑料制品厂在全市首家改制为股份制企业——扬州市亚光塑料制品有限责任公司。1999年，全市完成100家乡镇工业企业规范化改制试点工作。至2000年，乡镇集体资本基本从乡镇、村企业中退出。是年，全市有乡镇规模以上企业118家，实现产值32.35亿元、销售收入27.71亿元、利税1.8亿元，分别占全市规模以上企业70.24%、61.78%、60.87%、91.37%；固定资产净值6.26亿元，职工2.3万人。

2001年，江苏金飞达电动工具有限公司率先建立高新技术实验基地，郭集镇、送桥镇、天山镇、菱塘回族乡、龙虬镇、三垛镇、八桥镇先后创办乡镇工业园区（亦称工业集中区）。2003年，有6家乡镇工业园区被扬州市政府命名为乡镇工业示范园区。2005年，全市共有乡镇规模以上企业233家，实现产值91.6亿元、销售收入84.55亿元、利税5.24亿元，分别占全市规模以上企业81%、78%、78.38%、86.47%；固定资产净值11.23亿元，职工4.03万人。

二、高邮镇工业

1986年，高邮镇镇办和街道办工业实现产值4200万元。其中，镇办工业企业20家，实现产值3000万元、利润80万元，固定资产原值926万元，职工2445人。1991～1995年，为稳定职工队伍，镇华威装饰材料厂、纸箱厂、塑料编织厂、玻璃厂、包装厂、纱厂等6家骨干企业，由镇办集体性质转为市集体，享受市属集体企业待遇。1993年，全镇实现产值1.23亿元。90年代中期，该镇工业企业实行全面改制。

1995年，全镇实现产值1.74亿元，占全市乡镇工业产值4.3%。其中，镇办独立核算企业14家，实现产值1.21亿元，分别占全市乡镇独立核算工业企业4.79%、5.42%；实现销售收入1.7亿元、利税-432.3万元（利润-986.5万元）；固定资产净值5815万元。镇办工业高额亏损，连续3年居高不下。至1998年，仍亏损100万元。2000年，武安乡、湖滨乡并入高邮镇。高邮镇实现全部工业产值13.97亿元，占全市乡镇工业总产值19.09%。其中，规模以上企业24家，实现工业产值9.62亿元，分别占乡镇规模以上企业20.33%、29.74%；实现利润999万元；固定资产原值2.97亿元，职工5230人。2005年，全镇实现工业产值30.32亿元，连续6年居各乡镇之首。其中，规模以上工业企业发展到37家，实现工业产值19.68亿元、利税总额1.04亿元（利润3780万元）；固定资产原值4.94亿元，职工7699人。全镇工业产值占全市规模以上企业产值16.8%。

三、村及村以下工业

1986年，全县村及以下工业企业有4572家，亦工亦农、离土不离村的务工人员3.57万人，实现工业产值1.82亿元。其中，村办工业企业1007家，务工人员2.57万人，产值1.49亿元；组办工业企业1116家，务工人员4183人，产值1448万元；联户办工业企业142家，务工人员793人，产值266万元；户办工业2307家，务工人员5107人，产值1513万元。是年，天山乡南茶村办企业——县红星塑料制品厂实现产值1012万元，成为全县首家产值过1000万元的村办企业。1988年，在县委、县政府提出“消灭工业空白村”号召下，全县村及以下企业猛增到1.06万家。1989年，开始贯彻中央治理整顿经济秩序方针和此后境内遭遇特大洪涝灾害，以农副业起家的村组户工业企业骤减近半，村组户工业企业被称为“开关厂”。1990年，南茶村创办全市首家中外合资企业——扬州市主力皮革制品有限公司。县委、县政府采取一系列稳定、激励发展乡镇、村工业的措施，使全市村及村以下工业得到稳定发展。1993年，全市有村及以下工业企业5997家，实现工业产值9.53亿元。90年代中期以后，村、组集体企业通过改制，全部变成个体、私营企业；冠以机关、单位名称以集体名义兴办的企业陆续与原单位脱钩，并逐步向规模化生产和外向型经济发展。1996年，全市有村及以下工业企业3071家，实现产值18.8亿元。1997年，全市有村办工业企业717家，实现产值24.63亿元、销售收入20.78亿元、利税总额6162万元（利润4260万元），固定资产原值4.06亿元，务工人员2.74万人。1998年起，全市村办工业按规模以上和规模以下并入乡镇工业统计，不再单列。

第二章　纺织服装工业

80年代中期，各乡镇纷纷兴办服装厂。1986年，全县乡及以上纺织服装企业共56家，涉及服装生产、棉纺、毛纺织、丝织、针织、缫丝、织布、轧花等行业；实现工业产值9173万元，占乡以上工业17.55%。其中，独立核算企业43家，实现工业产值8924万元、利税672万元；有职工7657人。1992年起，全县服装、棉纺织和丝绸工业面向国际、国内两个市场，产销规模扩大，企业迅速发展。1995年，全县纺织服装工业有乡及以上企业45家，实现工业产值4.65亿元，其中独立核算企业42家，实现工业产值4.61亿元、销售收入4.29亿元、利税总额621万元，固定资产原值1.74亿元，职工1.31万人。90年代中期至2000年，受服装市场销售竞争加剧和国家对小棉纺行业限产压锭影响，纺织服装企业转换经营机制，调整产品结构，部分企业实行限产、停产或转产。2005年，全市纺织服装工业有规模以上企业37家，实现工业产值16.92亿元、销售收入15.92亿元、利税总额1.02亿元，固定资产原值2.86亿元，职工1.7万人。在纺织服装工业销售产值中，出口交货值3.42亿元，占25.13%。

第一节 纺 织

一、棉、化纤纺织

纺纱 1985年10月，县棉纺厂建成投产。1986年，高邮镇红旗纱厂建成投产。是年，两厂共生产棉纱2570吨，其中县棉纺厂产纱2395吨。1989年、1992年，三垛镇先后建成东方纱厂、三垛纱厂。1994年末，东方纱厂并入三垛纱厂，组建成市第二棉纺厂。1995年，全市共有棉纺企业12家。其中，乡以上棉（化纤）纺企业2家，即市经纬纺织有限公司（1994年11月由市棉纺厂改制更名）和市第二棉纺厂，共生产棉（化纤）纱8374吨，实现产值1.84亿元、销售收入1.72亿元、利税880万元；固定资产净值3918万元，职工2072人；村办纱厂10家，实现产值750万元。2000年，市经纬纺织有限公司转为民营企业。2003年，市第二棉纺厂通过改制，解体为正裕纺织厂、锦华纺织有限公司和金华达毛纺织厂等3家私营企业。2005年，高邮华美丙纶纺织有限公司建成投产，企业采用转杯纺生产丙纶粗纺纱线，获国家发明专利和“高新技术产品”称号。是年，市经纬纺织有限公司生产规模从初始的6000纱锭，发展到11万纱锭、1200头气流纺、8000枚线锭的生产规模。2005年，全市共有棉、化纤纺织加工规模以上企业8家，实现工业产值4.86亿元、销售收入4.46亿元、利税总额2664万元，有职工1783人，年产棉（含化纤）纱2.38万吨，主要产品有普梳和精梳纯棉纱、涤棉纱、化纤纱、气流纺纱和丙纶过滤纱。

图13-1 2001年，市经纬纺织有限公司实施投资1亿元的棉纺提质降耗技术改造工程。图为生产车间一角

织布 1986年，全县有县布厂、三垛布厂、周巷化纤织布厂等3家乡以上织布企业，共生产各种棉（化纤）布997万米，主要产品有被单布、彩格绒、中长花呢、维棉花呢和白织（坯）布。1989年，县布厂和三垛布厂共生产布1172万米，实现工业产值2461万元、利税总额71万元，职工1598人。1990年，县布厂通过发展横向经济联合，先后与上海、浙江、江苏等地的11家厂商联合，开发和扩产青年布、涤棉线绢、涤棉维也拉、彩格绒、双面绒、T/C45S印花坯布、罗纹边纱卡等品种，其中部分产品出口。90年代初，随着国家产业政策调整和市场变化，县内棉、化纤织布企业因产品档次不高，市场竞争力差，效益每况愈下。1992年，市布厂亏损252万元，周巷化纤织布厂亏损21万元，三垛布厂仅盈利10万元。90年代中期，全市工业企业进行全面改制。1997年，三垛布厂被市第二棉纺厂兼并。1998年，市布厂分步“退二进三”，厂区改建成北海综合市场。2005年，全市规模以上棉、化纤织布企业共3家，实现工业产值8775万元、销售收入7881万元、利税总额632万元，职工1963人，年产棉布972万米，化学纤维布年销售收入918万元。

棉线、纺织带 2001年，天山镇私营企业扬州市善美工贸有限公司投产，投产各种民用棉线和生产箱、包、鞋用化纤、锦纶线。2004年，三垛镇通过招商引资，兴办市利达棉绒纤维有限公司，主营棉线。2005年，两企业均进入市规模以上企业，前者实现年销售收入634万元，后者转行从事棉花收购加工。

绗缝被单 1992年，沙堰乡水泥制品厂与上海佳丽绣花厂联营生产绗缝被单。前道加工将小布角拼缝成面料，由农户分散在家作业；后道加工将面料裁剪加工成双层或多层被单，由企业集中统一成型。1993年，该乡绗缝被单生产发展到15家企业、2500多户农户。1994年，全乡共生产绗缝被单20万条，实现加工收入450万元。1995年，汉留乡京汉村开办绗缝被服厂，加工生产各种被、枕、靠垫等被服用品500多万件，实现加工收入100多万元。2001年，汤庄镇探矿厂开发生产绗缝被，并于2002年牵头成立绗缝被单行业协会。2003年，绗缝被单市场销售趋淡，同行企业逐步转向服装、箱包加工。是年，马棚镇越洋制衣厂通过招商引资，增加绗缝被单生产。2005年，全市从事绗缝被服生产规模以上企业3家，主要产品为绗缝被、被单、床上用品，实现销售收入6967万元，职工1831人。

毛巾　1993年，三垛镇建成毛巾厂，实现产值571万元、销售收入446万元、利润总额2万元；有固定资产原值248万元，职工340人。1999年，该厂经招商引资由上海萃众毛巾集团承包经营，月产毛巾由20万条增至40万条。2002年，上海萃众毛巾总厂在三垛独资兴办上海萃众高邮毛巾有限公司，并于2004年10月追加投资2000万元，生产萃众牌高档提花毛巾、浴巾，年产能力提高到1500万条。2005年，该公司实现产值1491万元，职工198人。

二、毛纺、麻纺和篷布

毛纺　1986年，县毛纺织厂生产腈纶毛线120吨、针织绒67.6吨、腈纶毛毯1.82万条、呢布3.73万米。1987年生产腈纶毛线169吨，1988年生产腈纶毛毯3.13万条，分别为该厂历史最高产量。1992年，随着毛纺市场产品升级换代，腈纶毛线产量降至45吨。年末，企业停产，职工分流。是年，一沟供销社与外地联营，开办金兔羊毛衫厂，一年后转产。1999年，市毛纺织厂经改造后恢复生产，生产市场行情好的精纺826针织绒腈纶毛线，年产值超过1000万元。2002年，该厂实现产值1600万元、利税总额41万元。2003年，该厂因国有资本退出，历史包袱沉重，被迫破产。2005年，全市主营棉化纤纺织兼营毛纺企业2家，实现产值1715万元，职工150人。

麻纺　1989年，二沟乡兴建麻纺厂，年产麻袋65万条。1990年，该厂产麻袋62万条。1992年，该厂因经营管理不善，亏损619万元，自行歇业。2002年，汤庄镇通过招商引资，从黑龙江省望奎县引进资金兴办亚麻纺织厂，实现产值270万元。2003年，该厂因原料不济转产。

篷、帆布　1986年，川青乡朱顷村篷帆厂生产篷帆，年产值90万元。1991年，车逻乡新建PVC篷布生产线。1997年，龙奔乡新建帆布生产线。2005年，三垛镇私营企业东方多功能篷布厂生产篷布。皆因篷、帆布产量不大，未单独列入统计。

三、无纺、针织

无纺布　1986年，高邮镇无纺布厂生产腈纶棉及无纺布，实现销售收入131万元，年末固定资产原值51万元，职工133人。1988年，该厂因市场变化转产。

针织　1986年，由县工艺厂更名的县针织服装厂生产棉毛衫裤6.52万件、腈纶服装7.89万件。1989年，该厂先后与建湖县针织内衣厂、上海第四羊毛衫厂联营，发展棉毛印花工艺、棉毛坯布染整和羊毛衫加工生产。1990年，该厂转产。1989年、1990年，八桥镇办市针织内衣厂生产的文化衫外贸行情看好，两年分别出口91.3万件和167.5万件。1992年，全市针织内衣生产企业5家，实现产值2.02亿元、销售收入1.52亿元、利润9万元，职工1024人。1993年，市针织内衣厂通过招商引资，合资成立扬州昌达针织品有限公司。1994年，甘垛乡兴建针织内衣厂。2002年5月，界首镇通过招商引资，兴办上海迪爽制衣公司针织厂。2005年，全市有针织、梭织服装规模以上企业2家，实现销售收入2616万元。

织毯与商标、花边　1988年，三垛镇建成地毯织造厂，织造地毯、商标、花边。1990年，该厂实行租赁承包经营，未形成规模生产而自动歇业。1992年，卸甲乡东风商标花边厂形成一定生产规模，实现年产值1048万元、销售收入912万元、利润1万元，有固定资产原值418万元，职工70人。1993年，该厂因效益差，改制转产。

四、缫丝与丝绸织造

1986年，县缫丝厂生产白厂丝51.6吨。1988年，该厂生产的梅花牌桑蚕丝获“省优质产品”称号。1989年，该厂实施扩产改造，新上丝绸项目。1992年，该厂更名为市丝绸厂，生产白厂丝137吨、坯绸127万米。是年，湖滨乡办琼花丝绒厂建成投产。1993年1月，市丝绸厂易地迁至高邮经济开发区征地重建，购进、安装浙江杭州纺机厂生产的D301A型自动缫丝机10组/4000绪和丝织机38台，年末前陆续投产。是年3月，由中闵（福建省）林业开发公司与高邮经济开发投资公司合资兴建的市林邮丝织有限公司竣工投产。1994年，全市丝织行业有乡以上企业3家，共生产白厂丝186吨、坯绸346万米。1995年，平胜乡与台湾广泰高级鞋袜总汇共同投资450万元合资建成扬州中泰丝绢有限公司，生产桑蚕丝、桑绢丝、精棉球等绢丝类产品，因效益差于一年后转产。90年代中期，因全市农村产业结构调整，桑田面积减少，蚕茧资源匮乏，市丝绸厂和市林邮丝织有限公司逐步减少立缫机和丝织机开机台数，丝产量大幅度下降。同时，市丝绸厂研制开发低弹丝和改性交织的青春绉、阳离子条形绉等化纤新品，补充、替代真丝绸产品。2000年，市林邮丝织有限公司停产歇业。2001年8月，市丝绸厂破产改制为扬州市经纶丝绸有限公司。2002年，菱塘回族乡通过招商引资，建成苏豪蚕丝有限公司。2005年，全市缫丝和绢纺、丝织加工规模以上企业各1家，生产白厂丝100.5吨、丝织品38.2万件，共实现产值2766万元、销售收入2746万元、利税83万元，职工221人。

第二节 服 装

1986年，全县乡及以上服装生产企业30家，实现产值2306万元。其中，独立核算企业21家，年产服装320万件（外贸服装127万件），实现产值2126万元、销售收入1773万元、利税189万元；固定资产原值393万元，职工2586人。是年，县服装厂年产值、产量分别占该行业一半以上。1987年，县服装厂以补偿贸易形式从日本引进电脑绣花设备和从国内购进水洗设备，生产高档和外贸业务量大的牛仔水洗、休闲系列服装。1988年4月，该厂生产的毛呢女西服、套裙和涤棉女睡衣获“省优质信誉产品”称号。1989年，该厂生产的银鱼牌牛仔系列服装先后获省和轻工业部“优质产品”称号。是年，全县服装产品品种扩大到牛仔水洗系列、夹克衫、西裤、套裙等。

90年代，随着国内外服装市场俏起和乡镇工业发展，一沟、甘垛、车逻、临泽、川青、界首、马棚、菱塘、沙堰等乡镇纷纷兴办具有一定规模的服装厂。1993年，一沟乡由港商投资11万元兴办合资企业扬州沙龙制衣有限公司。1994年，市惠盛制衣有限公司建成投产，一沟银河制衣厂经扩产改造后成为外贸服装定点生产厂。1995年，全市乡及以上服装生产企业共15家，实现工业产值7910万元。其中，独立核算企业13家，完成工业产值7559万元、销售收入7649万元、利税总额-259万元，固定资产原值3455万元，职工4243人；生产各类服装478万件。至1996年，市属服装企业拥有计算机辅助设计系统、裁剪系统和裁剪机、包缝机、平缝机、锁眼机、钉扣机、黏合机等各类先进生产设备1380台套。是年，市服装厂迁至高邮经济开发区新厂址。90年代中期以后，全市服装加工业经过改制，催生一批私营、外商和中国港澳台商合资合作服装生产企业。同时，通过招商引资，国内知名服装企业利安达服装有限公司、波司登股份有限公司、上海君东服饰有限公司、昆山并蒂莲集团等，采取独资、合资、投股、联合经营等多种形式，相继在市内开厂设点。

2005年1月，由江苏浙商集团投资10亿元，在高邮经济开发区建设规划年交易额80亿元的江苏（中国）纺织服装城。9月26日，全国政协副主席张怀西冒雨视察江苏（中国）纺织服装城项目，在听取汇报后指出：“全国的羽绒服装有70%是江苏生产加工的，江苏又有70%是在高邮生产加工的，高邮要抓住这个亮点，把市场做大、做强，做出特色。”至年末，有1000多套商铺被抢先预订。是年，全市服装生产企业发展到600多家，有职工6万人，年产各类服装6000万件，并拥有“依佰恋”“沙龙”“林杉风”“拇指熊”“林海雪原”等一批自主服装品牌。其中，规模以上服装企业22家，年产各类服装2174万件，实现工业产值10.38亿元、销售收入9.99亿元、利税总额6671万元，职工1.28万人。

第三节　羽绒服装与羽毛（绒）、兔毛制品

一、羽绒服装

1990年，菱塘回族乡兴办羽绒服装厂，开始生产羽绒服装，产品经内蒙古自治区满洲里市口岸销往苏联（边贸）。1991年，市畜产品加工厂利用鸣邮牌羽绒获部优产品优势，加工生产羽绒服装。翌年，该厂佳客牌男式羽绒服获商业部部优产品，鸣邮牌含绒50%、70%羽绒被获省优产品。1992年，全市羽绒服装年产量10万件。1993～1994年，先后有临泽服装厂、川青服装厂、二沟俞胡村服装厂、武宁羽绒厂、一沟银河制衣厂等乡镇企业，利用市内丰富的羽绒资源，相继生产羽绒服、羽绒被及其他羽绒制品，经省外贸公司或外贸口岸出口到国外市场。二沟俞胡村羽绒服装厂获对外经济贸易部颁发的产品质量免检证和自营出口许可证。90年代后期，市内生产的羽绒服和羽绒被开始在国内市场走俏。21世纪初，兼产羽绒服装的企业遍及全市城乡。2005年9月，高邮市被省政府授予“江苏羽绒服装制造名城”称号。是月，由江苏（中国）纺织服装城、江苏沙龙制衣有限公司、扬州市恒丰制衣有限公司、扬州神游羽绒制衣有限公司等13家重点服装企业组团，组成江苏羽绒服装制造名城方阵，首次亮相于在南京举办的第七届江苏国际服装节，引起国内外关注。是年末，以生产羽绒服装为主的重点企业有高邮经济开发区的江苏波司登制衣有限公司、高邮镇的华联制衣有限公司、司徒镇的金凤羽绒制衣有限公司等，实现羽绒服装生产产值2.84亿元、销售收入2.54亿元、利税总额1109万元；生产羽绒服装1200万件、羽绒被30万床、羽绒枕50万只；有职工2106人。

图13–2　2005年9月25日，江苏省纺织工业协会副会长韩平（左）、扬州市市长王燕文（右）为江苏羽绒服装制造名城揭牌

二、羽毛（绒）制品

1986年，县工艺厂和县畜产品加工厂均加工、经营羽毛画与羽毛工艺品，皆为传统工艺加工，规模不大。1989年，县畜产品加工厂羽毛画和羽毛小特艺获省优秀百花奖。1991年，二沟乡俞胡村开发生产的新型羽毛球被首届东亚运动会指定为专用产品，因未形成批量生产，两年后转产。至90年代中期，因企业改制和羽毛（绒）制品逐步被塑料制品所取代而退出企业生产，偶有鸡毛掸帚、羽毛扇、羽绒玩具等见于市场，均系私人自产自销或从外地流入。

三、兔毛收购加工

1990年，菱塘回族乡回民畜产品加工厂利用省外贸土畜产品公司批准该乡为毛兔定点饲养基地的优势，形成毛兔饲养—兔毛收购、加工—出口一条龙生产线。1994年，该厂经外贸公司出口兔毛480吨。尔后，兔毛收购量逐年下降。1997年，该厂经改制，成立扬州菱塘兔毛制品有限公司。2001年，该公司产权变更为私营独资企业，更名为市华宇兔毛厂。2005年，该厂仍经营兔毛收购加工业务，但规模不大。

第四节　企业选介

一、江苏沙龙制衣有限公司

位于龙虬镇奥林村、京沪高速公路高邮出口处。1977年建厂。1993年4月，改制后更名为现名。占地6.6公顷，有职工2000多人，拥有国内外先进服装加工设备1800多台套，固定资产5600万元。设有绣花、水洗、纸箱、制线等配套分公司，主要生产多种品牌羽绒服、腈棉制品、丝绸服装、衬衫、牛仔系列服装，各种系列内衣和别具一格的箱包等。与国内康博集团、雅鹿集团多年合作，并与波司登集团联姻组建成江苏波司登制衣有限公司。2005年，该公司先后通过ISO 9000质量管理体系认证、ISO 14001环境管理体系认证，并先后被授予“全国服装行业百强企业”“省服装行业五十强企业”等称号。是年，实现产值、销售收入均为1.12亿元，利税总额1327万元，年产各类服装300万件（套）。

二、扬州市恒丰制衣有限公司

位于高邮镇武安路沿河大桥西侧。1986年，建成高邮申江服装厂。1995年，企业改制重组更名为现名。占地7公顷，其中建筑面积3.7万平方米；固定资产2820万元；职工2100人；拥有服装生产设备1300多台套。主要服装品种有林杉牌羽绒服、系列休闲服、腈棉夹克衫、仿皮服装、系列牛仔服、长短裤、运动套装等，先后获“省名优产品”“辽宁省市场最具竞争力品牌”等称号。自主品牌“林杉风”羽绒服、“拇指熊”服饰设有全国销售网。2005年，实现产值1亿元、销售收入9724万元、利税总额691万元，生产各类服装120多万件（套）。

图13-3　扬州市恒丰制衣有限公司绣花车间生产流水线

三、市经纬纺织有限公司

位于城区通湖路128号。1985年10月，建成县棉纺厂，规模6000纱锭（设计规模1.5万纱锭），固定资产91万元，产品以普通纯棉纱和混纺纱为主，21支纯棉纱系“省优质产品”。1994年11月，企业改制后更名为现名。2000年，进行股份制改造。2005年，实现产值3.42亿元、销售收入3.18亿元、利税总额1942万元；有固定资产1.89亿元，职工1700人；具有年产各类纱、线2万吨，形成11万纱锭、1200头气流纺、8000枚线锭生产规模。主要产品有文游牌精梳纯棉、普梳纯棉、精梳涤棉、普梳涤棉、气流纺等5大系列100多个品种，其中精梳产品占总产量60%以上。是年，该公司先后获“省文明单位”“全国纺织工业先进集体”等称号。

第三章　电气器材与照明器具制造业

1986年，全县有乡及以上电气器材与照明器具制造企业18家，实现产值2475万元、销售收入1790万元、利税总额399万元，固定资产原值555万元，职工1479人。1992年后，发展较快。1995年，乡及以上企业发展到44家，实现产值4.43亿元、销售收入3.96亿元、利税2779万元，固定资产原值1.21亿元，职工1.1万人。90年代后期，为适应全国城乡电网改造，市内电线电缆工业迅速发展，电气器材与照明器具制造业规模快速扩大。至2005年，该业发展为全市第一大支柱行业，共有规模以上企业47家（含电动工具生产企业6家），实现产值31.09亿元、销售收入28.6亿元、利税1.65亿元。其中，电线电缆及器材制造业企业19家，年生产各种电力电缆10.91万千米，实现产值14.43亿元、利税8443万元；电机制造业企业8家，年生产各类交流电动机185万千瓦，实现产值5.77亿元、利税2036万元；电动工具生产企业6家，年生产台钻、台式带锯机、砂轮机等各种民用电动工具65.56万台套，实现产值7.08亿元、利税总额2383万元；道路照明灯具及配套装置和电池生产企业12家，年生产各种灯具及装置16.87万台（套、个），实现产值3.34亿元、利税3159万元。固定资产原值5.28亿元、职工6820人。

第一节　电线　电缆

1986年，全县有电线、电缆生产企业6家，实现产值704万元、利润33万元；有固定资产原值159万元、职工466人；生产电缆400千米、漆包线1000千米、裸铝线折值500多万元。进入90年代，湖滨、东墩、马棚、界首、周巷、天山、送桥等乡镇和菱塘回族乡王姚村先后恢复和兴办电线电缆生产企业，以生产市话电缆线、漆包线、照明电线和计算机用电缆线为主。1994年，天山乡乡办企业高邮市兴华光纤电缆厂开发生产的GY型通信光缆系列产品，在全市首家获中国高新技术新产品博览会新技术项目金奖，企业获“省高新技术企业”称号。1994年，市供电局与港商合资创办扬州广源电线电缆有限公司，专业生产钢芯铝绞线。至1998年，市内电线电缆制造业规模以上企业18家，实现工业产值5.98亿元、销售收入5.3亿元、利税总额3953万元；有固定资产1.22亿元、职工2406人；生产电力电缆3.02万千米、通信电缆7100对千米。90年代末，市内电线电缆生产企业迎来全国城乡电网改造新的发展机遇。1999年，菱塘回族乡村办扬州市曙光电缆厂新上的35千伏高压交联电力电缆试产成功，扬州广源电线电缆有限公司、江苏华能电缆有限公司等先后实施扩产改造。2002年，菱塘回族乡以扬州市曙光电缆厂为依托，建成具有特色的电缆工业园，该乡被誉为“电缆之乡”。2005年，甘垛镇通过招商引资，由徐州市盛宝集团先后投入2000多万元，兴建高邮金宝电工有限公司，主要生产铜芯线、铝芯线、铜包铝芯线等各类漆包线。是年，全市电线、电缆、光缆及器材制造业规模以上企业19家，生产电力电缆10.91万千米，实现工业产值14.43亿元、销售收入13.42亿元、利税总额8443元，有职工1392人；工业产值、销售收入、利税总额分别占全市规模以上工业12.33%、12.44%、13.93%，成为全市工业第一大支柱行业。新增电缆品种有35千伏、110千伏高压交联电力电缆和多种规格铜、铝电线等。至是年末，全市电线电缆制造业有亿元以上企业5家、省高新技术企业9家。

第二节　电动工具　发电机组

一、微电机与电动工具

1986年，卸甲乡乡办东风电机仪表厂生产分马力异步微电机2万台。1990年，该厂产品与山东省两家微型台钻厂产品配套，通过青岛口岸出口，后通过省机械进出口公司和设备进出口公司直接向埃及和印尼等国家出口。1992年，更名为扬州市飞达电机仪表公司，并开发生产家用台钻、台式带锯机出口。1994年6月，以扬州市飞达电机仪表公司为核心成立江苏金飞达集团，全年生产家用台钻和台式带锯机21万台，实现出口交货额7503万元，获“省乡镇企业明星企业”称号。该集团辐射和带动卸甲镇12家镇村办企业，与其进行配套生产。其中，张邵村办电动工具厂，建成微电机和砂轮机生产线。1998年，全市有规模以上电动工具生产企业2家，生产各类电动工具65.56万台，实现产值2.06亿元、销售收入1.87亿元、利税1115万元；有职工1262人。1999年，扬州市飞达电机仪表公司更名为江苏金飞达电动工具有限公司。2001～2002年，该公司分期在卸甲镇一平村建成金飞达工业园。2005年，该公司与意大利百味来（上海）贸易有限公司（HARRYS）在金飞达工业园区联合投资200万美元，注册设立扬州市哈飞园林工具有限公司。是年，全市有规模以上微电机与电动工具生产企业7家，生产各类电动工具260.42万台套，实现产值10.96亿元、销售收入9.85亿元、利税4000万元，职工3447人。

二、发电机及机组

80年代，县电机厂从生产交流电动机和变压器转产民用电风扇。1992年起，该厂又转产柴油发电机、排污用潜走式清淤机和MQY-125摩托车启动电机。1994年，该厂实现工业产值3818万元、销售收入2672万元、利润81万元。1995年，该厂与市水泥制品厂合并组建扬州高发机电有限公司，主要生产发电机、发电机组、微电机、启动电机、清淤机和水泥电杆。1996年，该公司又相继开发生产75千伏、90千伏、120千伏相复励发电机。1998年，全市有发电机及机组生产规模以上企业2家，生产发电机及机组5.09万千瓦、交流电动机15.81万千瓦，实现产值8484万元、销售收入3316万元、利润-5万元；职工747人。2000年，该公司分立出市科特电机有限公司。2002年7月，扬州高发机电有限公司实施破产，出售给上海投资商邢顺其（投资500万元），重组建市申发电机制造有限公司，生产有刷发电机、无刷发电机、小型发电机和系列永磁微特电机等。市科特电机有限公司改制重组，建成市科特电机制造有限公司，生产“科特”系列各种型号交流电动机、发电机和电动自行车配套电机等。2005年，全市有电动机、发电机及机组规模以上生产企业7家，生产各类交流电动机185万千瓦，实现产值1.9亿元、销售收入1.81亿元、利税419万元，职工534人。

第三节　照明灯具

1986年，郭集乡盘塘村村办县照明电器厂建成投产，主要生产道路照明组合灯具及器材，年销售收入287万元。1992年，郭集乡乡办市声光器材厂建成投产，生产道路照明灯具、高杆灯、庭院灯等10多种照明灯具。是年，市照明电器厂投入995万元，开发生产高压钠灯灯泡及镇流器，于1993年投入批量生产。1994年，市照明电器厂与美商合资成立扬州高龙照明电器有限公司。是年，郭集镇建有大小灯具厂30多家，主要产品有各种道路照明灯具、高压钠灯镇流器、组合灯、高杆灯、庭院灯、高压钠灯和其他照明配套器材，实现年销售收入3000万元。1994年4月，全国道路照明灯具年会在郭集乡召开，全国100多名专家和用户代表与会，并参观该乡重点照明灯具生产企业。该乡被誉为“照明灯具之乡”。1995年，该镇生产高压钠灯灯泡40万支。

图13-4　扬州苏发灯具钢杆有限公司生产办公楼

1990～1994年，周山、川青、送桥、临泽、卸甲、武安等乡镇亦先后开办灯具及配套照明器材生产企业，新增品种有镝灯、通用镇流器、电子镇流器、节能灯具等。90年代后期，全市灯具行业以全国小城镇建设升温、城市实施亮化工程、迎庆新中国成立50周年和澳门回归、西部大开发等为契机，加大技改投入，扩大生产规模，扩展生产企业。1996年后，高邮镇新华照明器材厂经两次技术改造，建成一次成型锥形灯杆生产线，开发生产球形高杆灯。郭集镇先后新办以生产灯具为主的私营企业17家，全镇企业总数发展到112家。镇苏发灯具钢杆有限公司开发压铸灯具和一批新型高杆灯具。1998年，全市照明灯具行业规模以上企业4家，生产灯泡282万只、各类灯具2万只，实现产值1.4亿元、销售收入1.23亿元、利税463万元，固定资产3073万元，职工963人。其中，郭集镇产值、销售收入和固定资产分别占全行业57.53%、59.55%和67.88%。

2002年，郭集镇、送桥镇分别建成扬州道兴热镀锌有限公司、扬州健松镀锌有限公司，主要从事灯杆和铁器件热镀加工，年镀锌能力3.5万吨。2003年，送桥镇在邮仪公路送桥段设立灯具工业集中区，打造灯具产业带。该镇扬州市经纬照明器材有限公司建成湖西钢材交易和钢板开平基地，沿线形成从钢板开平剪切—液压卷管—钢杆成型—冷热镀锌—喷塑—电缆配套—灯具制作一条龙生产。是年，全市灯具行业规模以上企业共生产灯泡593万只、各类灯具138万台。2005年，全市照明灯具行业规模以上生产企业12家，生产各类灯具及装置16.87万台（套、个），实现产值2.19亿元、销售收入2.01亿元、利税1612万元，职工965人。主要大类产品有道路照明灯具及器材、室内外各种照明灯具与装置及器材、其他灯具及配套器材。

第四节　蓄电池

1986年，全县蓄电池生产企业仅有高邮镇蓄电池厂1家，年产值69万元，固定资产5.6万元，职工52人。1989年，东墩乡兴办蓄电池厂。1990年，八桥镇、武安乡先后开办蓄电池厂。90年代初，全市按照国际标准对蓄电池生产企业实行整顿和改造。至1993年，八桥、东墩、武安蓄电池厂生产的Q型系列起动用铅酸蓄电池通过达标验收，东墩蓄电池厂生产的蓄电池获“省优质产品”称号。是年，全市蓄电池行业乡以上企业实现产值2810万元、销售收入2458万元，固定资产302万元，职工571人。1995年，武安蓄电池厂进行股份合作制改造，成立扬州华富实业有限公司。1997～1998年，蓄电池行业跌入低谷，各企业分别转产、歇业。1999年，以扬州华富实业有限公司为核心，进行产权制度改革，组建成江苏华富控股集团，并瞄准电动车蓄电池市场快速发展的需求，在中国科学院、清华大学、哈尔滨工业大学、信息产业部第十八研究所技术支撑下，取得胶体电解质研制突破，成功生产出胶体电池。至2005年，该企业成为国内最大的胶体电池生产企业，电池产量居全国同行第二、全省第一位。是年，全市蓄电池制造行业规模以上企业2家，生产蓄电池35.72万千伏安时，实现产值3.28亿元、销售收入3.15亿元、利税3356万元，职工1526人。

第五节　企业选介

一、扬州曙光电缆有限公司

位于菱塘回族乡团结街52号。1985年，创办扬州市曙光电缆厂。2004年10月，改制为私营企业，始用现名。占地12.8公顷，建筑面积4.8万平方米，总资产4.8亿元，职工810人。1996年，该公司在全行业率先通过ISO 9000质量管理体系认证和中国电工产品委员会产品安全认证。2004年，在贵州省安顺市投资建成贵州新曙光电缆有限公司。2005年，又通过GB/T 24001-2004环境管理体系认证和GB/T 28001-2001职业健康安全管理体系认证。该公司主要生产110千伏及以下交联电力电缆、架空绝缘电缆、塑力缆、屏蔽控制计算机电缆、核电站用1E级K3类电缆、补偿电缆、通信电缆、耐高温电缆等10多个系列产品，先后为多项国家重点工程提供配套专用电缆，并销往10多个国家。是年，实现产值6亿元、销售收入5.82亿元、利税3645万元。

二、江苏华能电缆有限公司

位于市南郊经济技术开发区。1975年，湖滨乡沙湖村建成村广播器材厂，开始生产喇叭用电磁线。后更名为县测控电缆厂。1991年，因水灾移址重建。1992年，更名为江苏华能电缆总厂。1993年，以该厂为核心企业，组建成全市首家股份制企业集团——江苏华能集团。同时，该厂注册更名为现名。占地15公顷，固定资产1亿元，职工500人。公司享有自营进出口权，是国家经济贸易委员会发布的城乡电网建设与改造推荐企业、省高新技术企业，先后通过ISO 9001质量管理体系、"3C"和美国石油学会质量体系和产品标准（API9A及APIQ1）认证。主要产品有控制及屏蔽控制电缆、计算机电缆、集散型仪表控制电缆（DCS系统电缆）、塑力缆、交联电力电缆等特种电缆。其中，隔氧层消防电缆、承荷探测电缆分别获国家科委高新技术博览会金奖、省优秀新产品"金牛奖"。"苏邮"注册商标被公布为中国公认品牌，产品质量获"全国信得过好产品""江苏市场用户满意产品"等称号。2005年，实现产值1.15亿元、销售收入1.06亿元、利税699万元。

三、江苏赛德电气有限公司

位于郭集镇大营村。1997年，始建扬州红光电缆厂。2000年，该企业生产的低压仪控电缆跻身全国前三强，并通过ISO 9000质量管理体系认证，为省高新技术企业。2001年，改制为江苏赛德电气有限公司，下设有电缆厂、照明电器厂、销售成套分公司等直属企业。全公司有职工460人，其中大中专毕业生220人、各类工程技术人员180人；占地9.8公顷，建筑面积4.6万平方米；总资产3.2亿元，建有现代化标准厂房12幢。2005年，实现产值1.51亿元、销售收入1.44亿元、利税956万元。

四、扬州苏源电线电缆有限公司

位于高邮经济开发区文游台村。1994年，由市供电局与港商合资兴办，系省电力系统指定专业生产销售电线电缆企业。占地6.5公顷，职工194人，总资产2亿元。有两条具有国内先进水平的500千伏输电导线生产线。主要生产铝绞线与钢芯铝绞线、10千伏及以下架空绝缘电缆、聚氯乙烯绝缘电缆、交联聚乙烯绝缘电力电缆、平行集束架空绝缘电缆、塑料绝缘控制电缆、布电线等产品，其中90度C耐候型聚氯乙烯绝缘平行集束式架空电缆、750千伏扩径型钢芯铝绞线等产品为省高新技术产品。先后通过ISO 9002质量管理体系认证、国家强制性认证和国家电能认证，建有扬州市超高压输电导线工程技术研究中心。公司先后获"省文明单位""省高新技术企业"等称号。2005年，该公司生产大规格输电线3万吨、电缆2万千米，实现产值1.99亿元、销售收入1.74亿元、利税988万元。

五、江苏金飞达电动工具有限公司

位于卸甲镇东风街。1984年创办，先后称卸甲乡东风水表厂、东风仪表厂、东风电机仪表厂和扬州市飞达电机仪表公司。1994年，以扬州市飞达电机仪表公司为核心企业，建立江苏金飞达集团。1999年，企业改制注册更名为现名。占地36.6公顷，建筑面积12.5万平方米，总资产2.02亿元，职工2500人，有生产设备780台套，检测设备250台套，有电机生产线8条、整机装配线26条、喷漆生产线12条。建有电动工具研究所、扬州市级企业技术中心、省商检一级实验室。主要产品有电动工具、园林工具和气动工具三大类，包括各类电机、台钻、带锯、木工车床、切割机、曲线锯、圆盘锯、斜断锯、打草机、空压机、压刨机、复合锯等，其中台钻出口量占全国三分之一。1997年，通过ISO 9002质量管理体系认证。主导产品先后获美国保险商试验所（UL）、德国福润德公司（GS）、英国标准学会（BS）、加拿大标准协会（CSA）、欧洲共同体电磁安全与兼容性等国际认证。企业先后获"国家二级企业""国家机电产品出口生产基地""国家质量管理先进企业""出口创汇先进企业"等全国性称号。2005年，该公司与意大利百味来（上海）贸易有限公司（HARRYS）联合投资200万美元，设立扬州市哈飞园林工具有限公司。是年，实现产值8.08亿元、销售收入6.29亿元、利税3919万元，完成外贸供货额7.38亿元，其中自营出口额4632万美元。

六、扬州和益电动工具有限公司

位于高邮经济开发区金桥北路3号。2003年，由市民潘朝霞与香港诚亚发展有限公司合资、以生产台式电动工具及小型机械产品为主的外贸生产企业。占地3.5公顷，建筑面积2.5万平方米，职工700人，有生产设备300多台套。2004年，该公司通过ISO 9001质量管理体系认证。2005年，获“省高新技术企业”称号。该公司生产的石材切割机、水槽切割机、台钻、木工机械、液压工具、工业吸尘器等系列产品，均通过美国保险商试验所（UL）、加拿大标准协会（CSA）、欧洲共同体电磁安全健康环境等国际认证。2005年，实现产值1.61亿元、销售收入1.52亿元、利税680万元。

七、江苏苏发照明实业有限公司（市声光器材厂）

位于郭集镇苏发路1号。1987年1月，郭集乡建立县声光器材厂，生产道路照明灯具及其配套装置。1996年，该厂改制后投入505万元，新投产一条异型钢杆生产线，并增挂“扬州苏发灯具钢杆有限公司”牌子。2000年，通过ISO 9002质量管理体系认证。2001年，新组建扬州苏发照明安装工程有限公司，获国家二级施工资质、国家二级安全生产资质。2002年，该企业与复旦大学电光源研究所合作成立苏发灯具开发研究所。2002年，“苏发”商标被认定为省著名商标。2005年，市声光器材厂、扬州苏发灯具钢杆有限公司与巴西客商合资设立股份制企业——江苏苏发照明实业有限公司。占地3.3公顷，建筑面积2.2万平方米，职工400人，净资产2800万元，有大型数控折弯机、注塑机、压塑机、1250吨铝压铸机、液压拉伸机等生产设备100多台套。主要产品有高杆灯、庭院灯、草坪灯、景观灯、投光灯和泛光灯等及各种型号道路照明灯具、电器与苏发牌高压钠灯灯泡。是年，实现产值1.05亿元、销售收入1.03亿元、利税987万元。

八、扬州华富实业有限公司

位于高邮镇工业集中区。1990年，武安乡建立乡办蓄电池厂。1995年，改制为扬州华富实业有限公司。该公司主要生产阀控式固定型铅酸蓄电池、电动助力车用铅酸蓄电池、太阳能储能蓄电池。1999年后，新开发生产阀控式全密封铅酸蓄电池、电动助力车用胶体（铅酸）蓄电池、太阳能用储能电池、牵引式动力蓄电池等，在行业内首家通过美国保险商试验所（UL）和欧洲共同体电磁安全与兼容性等国际认证，拥有国防通信、电信、广播电视、铁道、电力、联通等部委颁发的设备进网许可证。公司生产的电动助力车用胶体铅酸蓄电池先后获国家“免检产品”和“省高新技术产品”“省质量信用产品”“江苏名牌产品”等称号，并承担起草国内首部电动车用胶体蓄电池标准。至2005年末，该公司创建成省高新技术企业，拥有省高新技术产品3个、专利10项。是年，实现产值1.88亿元、销售收入1.84亿元、利税1703万元，有职工1240人。

第四章　机械电子工业

1986年，全县有乡以上机械电子工业企业72家，实现产值7940万元。其中，独立核算企业67家，生产工农业用泵7060台、农机具34.3万件、汽车配件（折值）321万元、自行车涨闸49.3万副、电子元器件859万只，实现产值7616万元、销售收入6480万元、利税1134万元，固定资产3656万元，职工1.09

万人。80年代后期，全县机械工业从以生产普通农机具为主，开始转向以生产大中型泵类、阀门、水轮机及各种配套件生产为主。90年代初，以高邮电器厂摩托车生产为龙头，带动交通设备制造业迅速发展，辐射和拉动一批城乡配套和协作企业；以汤庄乡电液推杆生产为主的专用机电设备生产规模逐步扩大。90年代中期后，扬州升达集团扩大电极箔、电容器生产规模，带动电子元器件生产扩张。1995年，全市机械电子工业有乡以上企业96家，实现产值10.97亿元。其中，独立核算企业78家，生产工农业用泵6万台、农机具14万件、农用运输车368辆、摩托车2.09万辆、电子元器件201万只，实现产值10.79亿元、销售收入9.92亿元、利税7144万元，职工1.39万人。2000年，全市规模以上企业生产摩托车9.16万辆，创历史最高值。2002年，市内摩托车生产因行情不景气而退出市场。2005年，机械电子工业发展成为全市第二大支柱行业，共有规模以上企业54家，生产工农业用泵1098台、阀门3916吨、矿山设备1312吨、环境保护专用设备210台套、电子元器件5.33亿只，实现产值18.81亿元、销售收入16.29亿元、利税1.04亿元，职工8402人。

第一节　通用机械

一、泵、阀、水轮机组

1986年，全县共生产工农业用泵7060台，其中县水泵厂和县农机修造厂生产5871台，占83.16%。80年代后期，县内机械工业逐步走出依赖国家定点生产和单一为农业服务的框框，转向生产大泵、阀门、水轮机组及各种配套件。县水泵厂陆续引进大型机械加工设备，应用新技术、新工艺，对轴流泵和小型不锈钢多级泵进行改进提高，对部分传统产品进行升级换代。1989年，县农机修造厂生产的潜水泵获“省优质产品”称号。1990年，该厂研制开发系列轴流泵、1.4米水轮机组，生产的700GWB-125贯流泵获省水利厅科技进步一等奖、省政府科技进步四等奖。1991年起，市水泵厂用大型泵叶片仿形加工工艺解决泵业产品过流部位技术难题，成为国内领先技术，自行设计研制的大中型轴流泵高度调节机获国家专利，并开发耐腐蚀泵、砂石泵、高楼给水泵等泵类新产品和大型轴流泵、水轮机组等。1993年，市农机修造厂开发生产20英寸混流泵和12英寸38米扬程离心泵。1994年起，一沟、三垛、甘垛、送桥、菱塘等乡镇农机具厂先后生产汽车和工业用冷却泵或小型农用灌排水泵。1995年，全市乡以上以生产泵、阀、水轮机组为主的企业18家，生产泵和水轮机组6万台，实现产值1.04亿元、销售收入9925万元、利税429万元，职工2581人。1997年后，高邮水泵厂以先进的水力模型和领先的叶片加工工艺，为全国多项大型水电工程和重大建设项目配套生产各种泵、阀、水轮机组等设备。2001～2002年，提供建设工程配套的最大轴流泵直径3.15米、水轮机直径2.25米，均创历史纪录。2005年，全市泵、阀和、水轮机组生产规模以上企业6家，生产普通、大型水泵、水轮机组、冷却水泵共1098台和液压阀门及配件3916吨，实现产值2.24亿元、销售收入1.81亿元、利税1168万元，职工1019人。

图13-5　市水泵厂有限责任公司生产的水泵

二、农机具

1986年，全县有乡以上农机具生产企业40家，其中乡镇农具（机）厂32家，实现产值2701万元、销售收入2026万元、利润108万元，职工4727人。80年代中期起，针对县内农机产品供不应求的状况，乡镇农具（机）厂和机械生产企业纷纷投向农机生产。三垛农机厂投产农用四轮车，条播机创省优产品；周山农具厂开发生产稻麦两用脱粒机；横泾农具厂转向生产双向单铧犁；一沟农机配件厂发展泵类产品生产；送桥食品机械厂与合肥市农用车厂合作生产农用面包车；武安农机配件二厂与溧水拖拉机厂联合，生产农用运输车后轿总成，并加入常州拖拉机集团，生产东风-12型手扶拖拉机花键轴、柴油机机油泵和冷却泵；湖滨乡农机配件三厂生产化肥深施器等。90年代中期，随着农业生产方式和种植业品种结构改变，大型农机具推广、普及，市内生产的开墒（沟）机、棉苗移栽打穴机、插秧机、化肥深施器、脱粒机等普通农机具需求量急剧下降，全市农机具生产企业减产或转产。省手扶插秧机定点生产厂八桥农机厂转产钢木家具和办公橱柜，车逻农机厂转产轮胎螺丝、防松螺帽、农用车轮胎，甘垛农具厂转产小型自吸泵，张轩农机厂转产微型水泵，甸垛三星线路器材厂生产系列旋耕刀具。2005年，全市农机具生产企业（含转向通用机械零部件加工及设备修理行业企业）规模以上企业13家，实现产值6.27亿元、销售收入5.27亿元、利税4647万元，职工2444人。

三、中小农具

80年代中期，县内中小农具生产沿用计划管理，主要原辅材料由县计划委员会实行计划分配。1986年，全县共生产中小农具34.3万件。1987年、1988年、1989年，分别生产中小农具36.8万件、35万件、28.5万件。进入90年代，随着农业机械化加快推进、农民对农业机械化接受程度快速提高，中小农具市场需求量不断减少。1990年起，国家对中小农具生产全部实行市场调节，所需钢材、木材、煤炭等主要原材料不再实行计划分配和供应，大部分农机具厂实行转向生产和经营，中小农具生产量不断下降。1990～1997年，全市中小农具生产量逐年减少，其中1996年、1997年分别生产2.77万件、3.34万件。1998年起，中小农具不再列入全市工业主要产品产量范围统计。

四、五金工具

1986年，全县乡村办五金厂10家（不含兼产小五金产品企业），其中年产值30万元以上企业3家，主要生产农机、电器或家具生产用紧固件和标准件，实现产值203万元。1992年，三垛镇建立五金厂，生产军用螺丝。1994年，汤庄标准件厂实行股份制改造，更名为市标准件股份有限公司，生产各种民用螺丝。1995年，车逻镇师伙村市强力不锈钢标准件厂进行全面技术改造，专业生产螺栓、螺母、螺钉等不锈钢标准件和U型螺栓，跃居全市五金生产企业之首。是年，全市有乡以上五金工具类生产企业5家，实现产值6752万元、销售收入6426万元、利润229万元，固定资产2044万元，职工1285人。1997年后，周巷、周山、汤庄、八桥、伯勤、车逻、张轩、甘垛等乡镇陆续兴办一批五金工具类生产企业，新增生产品种有电缆挂钩、高强度螺栓螺母、柴油机偏心轴和耦合杆、弹簧、四通道超声波钢管探伤机、拉伸机、平口台钳、空调机配件冷热交换器、文件橱、焊割工具、摩托车零部件和配件等。2005年，全市五金工具和弹簧制造业规模以上企业5家，主要生产汽车配件U型螺栓、高强度螺栓螺母（帽）、弹簧等多种规格标准件和电动工具、电缆配件，实现产值1.18亿元、销售收入1.03亿元、利税769万元，职工632人。

第二节　专用机械

一、煤矿（液压）机械

1986年，煤炭部定点生产企业、扬州市矿务局所属企业——扬州市煤矿机械厂主要生产煤矿专用电液摇台、气动阻车器、电液推车机、电液推杆、速度行程放大器、煤矿井口操车设备等。是年，该厂实现产值152万元、销售收入151万元、利润24.6万元，固定资产149万元，职工202人。1991年6月，汤庄乡东方动力机械厂生产的XDG、XDGB型电液推杆通过中国统配煤矿总公司鉴定，确定为煤矿机械定型产品。1992年，扬州市煤矿机械厂自行设计、研制成功集机、电、液三位一体的新型电液推杆，并将此项技术应用于气动阻车器和摇台等，于12月通过省煤矿总公司新产品鉴定。1998年，汤庄镇通过企业改制，成立两家民营企业电液推杆生产厂，研发、生产电液推杆及延伸配套产品。1999年，该镇市朝阳气动液压机械厂生产的矿用电液头和浆液阀获第八届中国专利新技术新产品博览会金奖。2000年，该厂又成功生产电控平台和电流转角器。

2001年4月，扬州市煤矿机械厂管理权限划归高邮市，并改制为民营企业，更名为扬州市高扬机电制造有限责任公司。是年，市内有煤矿设备生产规模以上企业2家，实现产值2926万元、销售收入2859万元、利税340万元，固定资产340万元，职工326人。2002年，扬州市高扬机电制造有限责任公司先后与南京煤炭研究所和武汉煤矿设计院合作，开发生产矿山机械、全自动防水闸门、弯曲板链推车机和液压可逆翻车机。2004年，该公司获"全国煤炭机械工业先进企业"称号。2005年，全市有矿山、矿井液压机械行业规模以上企业2家，实现产值3276万元、销售收入2830万元、利税194万元，有职工154人。

二、纺织机具和服装加工专用设备

1986年，县纺织机械配件厂生产马可铁布夹和铝合金布夹等印染机械配件。该厂生产的金凤牌马可铁布夹、可锻铸铁布夹，先后获省纺织工业厅"优质产品"称号。是年，该厂实现产值142万元、销售收入139万元、利润9万元，固定资产50万元，职工340人，生产马可铁和铝合金布夹10万套。90年代初，该厂先后研制生产替代进口的印染机械高新机型布夹产品、色浆泵等，布夹产销量居全国同行之首。1996年后，因纺织机械设备升级换代，加之该厂技术力量和经济实力薄弱，企业连年亏损，实施破产改制。2000年，汤庄镇新型纺织机械厂纺机配件生产形成规模，更名为江苏牛牌纺织机械有限公司高邮分公司。2001年，市华山服装机械有限公司在高邮经济开发区建成投产。2005年，全市有纺织和服装机械配件、部件生产规模以上企业2家，实现产值5332万元、销售收入4890万元、利税512万元，职工364人。

三、石油机械

1986年，县石油机械厂专业生产石油机械配件，实现产值581万元、销售收入557万元、利润50万元，固定资产350万元，职工613人。1987年，该厂开发生产的LB-140J型水龙头，达到美国同类产品质量标准，替代石油钻机进口配件。1989年、1995年，先后开发生产方塔钻杆旋口器、油井管件接箍等产品。1999年，该厂通过改制，划出、建立市万通精密管件有限责任公司。2001年，市石油机械厂再度改制，建立市华兴石油机械制造有限责任公司。2005年，全市石油机械部件和配件生产规模以上企业仅有市华兴石油机械制造有限责任公司1家，生产水龙头、转盘、游车大钩、油管、套管、接箍、钻杆接头等石油机械产品，实现产值8990万元、销售收入7444万元、利税292万元，职工292人。

四、环保器械

1986年，汉留乡办环保设备制造厂生产的BCO-2型系列有机气体催化装置获"省优质产品"称号。是年，该厂实现产值131万元、利税7万元，固定资产34万元，职工201人。1990年4月，中国香港礼裕实业有限公司向该厂投资10.15万美元，建成合资企业——扬州琼花环境保护工程设备有限公司，其产品获部"优质产品"称号。1991年，该公司生产的有机气体催化净化装置获国家银质奖。1995年，该公司实现产值3261万元、销售收入3665万元、利润99万元，固定资产403万元，职工320人。2002年，汉留镇创办扬州市恒通环保能源有限公司，生产热循环热风炉等环境污染防治专用设备。2005年，全市环保设备制造业规模以上企业仅有1家，实现产值、销售收入均为1029万元、利税103万元，职工66人。

五、食品机械(过滤机)

1989年初,横泾乡乡办机械厂与合肥市通用机械研究所合作,生产啤酒加工设备——立式加压过滤机。1992年,该厂增挂“市通用过滤机厂”牌子。1994年,增加纸板板框式压滤机、TYT50/HY200高浓稀释机组等分离机械设备生产。是年10月,高浓稀释机获省“金牛奖”。1995年,市通用过滤机厂被评为省高新技术企业。是年,实现产值8957万元、销售收入6011万元、利润245万元,固定资产1499万元,职工405人。是年11月,以市通用过滤机厂(江苏邮达过滤机总厂)为核心企业,组建江苏邮达过滤机集团。1997年起,该集团陆续开发生产麦芽湿式粉碎机、二氧化碳回收机、带式压榨机、双层保温扎啤桶等。2002年初,市通用过滤机厂改制为民营企业后,与合肥通用机械研究所共同研制开发AF式反冲洗过滤机。是年,实现销售收入8890万元、利税334万元。2003~2004年,又先后开发生产立式果汁压榨机、RSMB3020热效缩膜机,热效缩膜机获“省高新技术产品”称号。2005年,该企业产品市场不景气,销售收入降至3000万元。

六、轻工机械

1986年,高邮造纸厂以机械维修车间为主体,建立高邮轻工机械厂,主要由省轻工业厅下达生产计划。至2000年,先后生产小型抄纸机、大型纸机部件和附属设备、真空泵、切纸机、离浆泵、网笼、水力碎浆机和C620J型车床、磨床、滚齿机等产品。因生产规模小,产品档次不高,企业经济指标及产品未列入统计。

七、消防器材

80年代中期,武宁乡铸造厂、农具厂、铸件厂和五金厂从事消防器材生产,规模均不大,部分营销分散于个体加工户,产品有消防水枪、接扣、水带等。1989年,在全国消防器材市场整顿中,武宁乡铸件厂消防器材生产获公安部消防局颁发的生产许可证。1992年,该厂生产的水花牌消防梭扣和消防水枪获公安部颁发的生产许可证。1993年上半年,武宁乡对该乡消防器材生产厂家和个体工业户存在的生产分散、技术封锁、无序竞争状况进行整治,整合组建成市消防器材总厂,实行“三统一分”,即统一组织生产、统一质量标准、统一产品最低价格,进行分散销售。是年,实现产值1620万元,比上年增长61%。1994年,二沟乡成立市消防水带厂生产水带150万米。1997年,市消防水带厂改制更名为扬州市邮星消防器材厂。1998年,全市消防器材行业规模以上企业2家,主要生产消防水枪、消火栓、接扣、衬胶水带和JP型软管卷盘等消防产品,实现产值2616万元、销售收入1315万元、利税112万元,固定资产228万元,职工284人。2000年,武宁乡的市消防器材总厂改制分立,退出规模企业统计。扬州市邮星消防器材厂更名为扬州邮星消防器材有限公司。2005年,全市消防器材生产企业有30家,其中规模以上企业2家,规模企业有固定资产5000万元,职工1000人。

第三节　交通运输设备

一、摩托车及配件

摩托车　1991年,高邮电器厂与沈阳黎明发动机制造公司摩托车厂共同投资,建成HK-50型摩托车组装线,生产该型号摩托车500辆投放市场。1992年,该厂增加“蓝鸟”80型、“长春铃木”AX-100型摩托车与电缆、综合开关、刹车开关、电器件等摩托车零部件生产,并自主开发生产“华雅”125型和HYD-50型豪华型摩托车。1996年9月,该厂与南京金城摩托车集团合作,生产“金城”125-7A型大黑(白)鲨四冲程坐式摩托车8000辆。1999年10月,市电子工业局电子物资器材公司和市粮食局粮食机械厂联合建立市高新摩托车制造有限公司，与海南新大洲摩托车公司合作，生产XDE125-12型、ZDE100-4型、XDE100-7型摩托车。2000年，全市生产摩托车9.16万辆，创历史最高纪录。2001年后，随着全国摩托车市场变化和摩托车行业政策调整，全市摩托车生产实行限产和转产，企业效益每况愈下。2002年，高邮电器厂、市高新摩托车制造有限公司分别申请破产，摩托车生产至此退出。

摩托车发动机　1993年9月，市无线电元件一厂与台湾彤鑫实业股份有限公司共同投资1000万美元，建立全市规模最大的合资企业——扬州高明发动机有限公司，从日本、德国和中国台湾引进具有三轴、四轴加工中心机床的生产线。至1994年，该公司生产GM125型摩托车四冲程发动机3.46万台。1995年，经机械工业部摩托车发动机行业监督抽查结果公布为一等品，获中国高新技术博览会金奖。1997年，产量6.24万台，为历年最高。1999年10月，该公司由海南新大洲摩托车股份有限公司实行托管经营。2000年7月，市高明动力机械有限公司建立，面对摩托车发动机市场萎缩状况，开发生产小型汽油机和转产汽车配件等产品。2003年，扬州高明发动机有限公司申请破产，停产摩托车发动机。

摩托车配件　1986年，高邮电器厂从生产飞机火警控制盒、继电器等军用电器产品，转产、扩产民用摩托车电器及铝手把开关、导束线等配件产品。县自行车零件厂开始生产摩托车制动器。1990年、1991年，高邮电器厂生产的MTK摩托车综合开关先后获省优秀新产品“金牛奖”和省优质产品证书。1992年，该厂摩托车电器件生产量达到173万套（件），国内市场占有率65%，成为全国规模最大的摩托车电器件生产厂家。1992～1993年，市制动件总厂（市自行车零件厂更名）先后从德国、法国、日本引进高低压铸造机和检测设备，生产摩托车制动器和轮毂，年产量26万套。1994年，高邮电器厂投入168万美元，从日本引进摩托车电器件专业化生产线。1995年，市制动件总厂生产的摩托车铝合金轮毂获“江苏名牌产品”称号。是年，市工艺厂生产摩托车坐垫，八桥农机修造厂生产摩托车油箱系列产品，年产油箱15万只。1998年，市制动件总厂与天津港田摩托车发动机有限公司合资，生产摩托车消声器及配件。2005年，全市从事摩托车零部件及配件生产的规模以上企业4家，主要产品有摩托车架、综合开关、摩托车零部件及电器配件，实现产值5179万元、销售收入5021万元、利税155万元，职工285人。

二、汽车零部件

1986年，南京汽车制造厂配套厂——县汽车配件厂，主要生产跃进牌NT-130、NT-136等型号汽车配套汽缸盖螺栓、半轴螺丝、主轴承盖螺栓等，其中轮胎螺丝获“省优质产品”称号。1991年，该厂采用冷挤压、少无切削加工和无毒氰化新工艺，开发生产“依维柯”汽车轮胎螺栓及配套件、“索菲姆”发动机顶柱、强力螺栓等新品，以其技术优势和产品优势成为南汽集团成员企业，部分产品出口美国和日本。1995年起，因跃进牌汽车升级改造，该厂生产的汽车轮胎螺丝逐步实行限产、压产，直至停产。1996年，市制动件总厂小批量试产成功“奥迪”“红旗”等7种牌号汽车的铝合金轮毂，但因技术原因未能正式投入生产。2002年，该厂与江苏圆通汽车零部件有限公司合作，投产汽车轮毂。2005年，全市有汽车零部件生产规模以上企业4家，主要生产汽车零部件和车用橡胶制品，其中汽车轮毂产量41万只，实现产值1.66亿元、销售收入1.3亿元、利税432万元，有职工366人。

三、助力车和自行车配件

1986年，县自行车零件厂以生产自行车车刹为主，产品供不应求。1987年，扬州钢木家具厂生产自行车车刹1.5万套、柱杆等配件40万套。1988年，县自行车零件厂开发生产精佳牌自行车涨闸，获轻工部“全国轻工业优质产品”称号。是年，全县自行车零配件重点生产企业2家，实现总产值2417万元、利税230万元，固定资产823万元，职工1181人。1990～1991年，全市先后开发生产自行车铝合金涨闸和抱闸。1993年，全市销售自行车涨闸、抱闸69.82万套，其中外贸出口48.7万套，为当年全国同一产品销售量之冠。至90年代中期，自行车市场疲软，自行车配件需求下滑，市内自行车配件生产逐步转向其他产品生产。

1993～1994年，市纺织机械配件厂投入150万元，先后开发生产TH93-A型、TL93-B型、TN94-500型汽油机民用助力车，1994年生产8000辆，后因技术和资金制约，于1995年停产。2002年，高邮吉信商贸有限公司建立电动车分公司，生产经营吉信牌电动助力车，并获得全国工业产品生产许可证，建成电动自行车生产组装线，主要零部件靠外采。2005年，该公司生产电动自行车1万辆。

四、船舶

1986年，全县有乡以上船厂2家，生产农用水泥船（含农用运输船）223艘/1308吨。1988年，全市船厂发展到9家，其中县交通系统和高邮镇各1家，乡、村企业7家，分别生产水泥船和钢质船，乡镇船厂以生产水泥挂桨机船为主。1988年，全县生产水泥挂桨机船1800艘。1989年，全县船舶修造业实行治理整顿，仅存县交通系统和高邮镇的2家船厂，其他船厂相继歇业。1991年，为适应市内水运市场发展和船舶从水泥船更新为钢质船需求，全市船舶修造业获得新一轮发展。1992年，高邮镇船舶修造厂将100吨土船台改造成500吨规范船台，生产1500吨甲板驳。1993年，该厂又新建3000吨船台，形成年造船1.5万吨能力。1998年，高邮镇船舶修造厂采取代加工形式，为南京港务局生产两艘总造价4600万元的甲板驳船。同时，承接长江船运管理局65米趸船生产任务，于1999年交付使用。2001年后，汉留、八桥等乡镇先后实施造船及船舶修理项目。2004年2月，司徒镇宏扬金属构件有限公司建成投产，专业生产船用配件。是年5月，高邮镇船舶修造厂改制，更名为扬州大协船舶制造有限公司，主营钢质船舶。2005年，全市有25家船厂取得生产许可证，其中规模以上企业2家，实现业务收入3947万元。

第四节　电子材料与元器件

一、电极箔

1995年，市无线电元件六厂与广东宏远集团合资成立扬州宏远电子有限公司，建成电极箔腐蚀、化成生产线3条，年产低压电极箔50吨。2000～2004年，该公司先后进行3期技改扩建，建成电极箔腐蚀生产线15条、化成生产线18条，电极箔年产量上升到600吨。2005年，电极箔年产量又上升到900吨，该公司成为全国最大的低压电极箔生产基地。是年，该公司实现产值1.4亿元、销售收入1.37亿元、利税总额815万元，固定资产5290万元，职工245人。

二、电子元器件

1986年，全县有乡以上电子元器件生产企业7家，实现产值653万元、销售收入575万元、利润29万元，固定资产377万元，职工1302人。生产半导体器件106万只、无线电元件753万只。1987年，扬州钢木家具厂建成电视机调谐器生产线，年产量8万只。1988年，县无线电元件六厂与上海天和电容器厂实行联产联销，年产电解电容器2724万只。20世纪末起，因电子产品市场变化更新快和受技术、生产条件制约，市内多数电子元器件生产企业生产不稳定。1992年，市无线电元件六厂在全市首家采取补偿贸易办法，扩大生产能力。1993年，该厂和香港纪强有限公司共同投资100万美元，收购韩国和仁公司设备和技术，组建扬州高强电子有限公司，生产涤纶电容器。至1996年，形成年产2亿只铝电解电容器、1.2亿只涤纶电容器、900万只金属化电容器生产能力，并以市无线电元件六厂为核心企业组建成扬州升达集团。1998年，市无线电元件六厂改制更名为市升达电子有限公司，并进行扩产改造，进一步扩大电容器生产。2000年9月，市电讯器材厂经改制组建市华声电子有限公司，在停产多年后恢复生产电子产品。2005年，全市有电子元件和半导体器件生产规模以上企业4家，实现产值2.13亿元、销售收入2.12亿元、利税1136万元，职工1211人。全年生产电子元件5.33亿只、半导体分立器件1.57亿只。其中，市升达电子有限公司和扬州高强电子有限公司生产电容器等6亿只，市华声电子有限公司生产送话器、受话器80万只和报警器200万只。

三、电器仪表

1986年，县电器仪表厂从事电器仪表生产。是年10月，县模具厂并入该厂后，产品扩展到万用电表、电流表、电压板表、绝缘测试仪、摩托车里程表等。1992年，该厂实现产值1734万元、销售收入1587万元，固定资产480万元，职工243人。后随着市场竞争加剧，企业生产量逐年减少，效益亏损，于1998年7月停产歇业。2001年8月，八桥农机厂破产重组后，成立私营企业市新邮仪器厂，专业生产工业循环水监测、分析仪器和日用化工机械设备。2003年，该厂通过ISO 9001质量管理体系认证。2005年，实现销售收入460万元、利税80万元。

第五节 企业选介

一、市水泵厂有限责任公司

位于城区繁荣路（今国雄路）28号。1956年始建，为公私合营高邮铁工厂。1959年，更名为县水泵厂，为国营企业。1966年，被列为省轴流泵定点生产厂。1970年，全县首家被确定为省大中型企业。1978年，该厂生产的1.6米全调节轴流泵获全国科技大会奖。1984年，该厂生产的XD3型不锈钢多级泵获国家经济委员会“金龙奖”。1985年，该厂生产的污水泵获全国水泵行业评比一等奖。1991年，被评定为国家二级企业。2002年6月，该厂通过改制，注册成立市水泵厂有限责任公司。该公司占地2.88公顷，建筑面积1.36万平方米。主要金属加工设备有200多台套，具有4米口径大型泵金结构加工能力，先后承接、中标全国多项大中型水利、水电建设项目。2005年，实现产值6503万元、销售收入5700万元、利税217万元，固定资产1888万元、职工305人。

二、高邮电器厂

位于城区通湖路142号。1977年，从县服装厂划出的县无线电元件二厂更名为高邮电器厂，主要生产军用飞机火警控制盒等电器产品。1980年，转产摩托车电器件。至1985年，该厂发展成为全国摩托车电器件产品最大生产厂家。1991年，建成摩托车组装线，先后投产HK-50型、“蓝鸟”80型、“长春铃木”AX-100型等型号摩托车。1992年，自主开发生产“华雅”125型、HYD-50豪华型摩托车。1993年，该厂成为全市首家产值过亿元企业，位居全市工业企业之首。1996年，该厂加盟南京金城摩托车集团，承担“大黑（白）鲨”125-7A型摩托车生产任务，产值超过2亿元。1997年，该厂生产摩托车6.69万辆，实现产值6.49亿元、销售收入4.97亿元、利税2849万元、利润954.2万元，分别比上年增长158%、101%、98.8%、129%、137%，创历史最好水平。2000年起，受摩托车市场行情变化影响，产品滞销积压，经济效益急剧下滑。2001年，产值下降到2862万元，亏损额上升到1500万元。2002年，该厂实施企业改制，实行主体破产、分块“突围”，退出重点骨干企业行列。

三、江苏精佳制动件集团有限公司

位于高邮经济开发区秦邮路318号。1956年始建，设于城区人民路，先后称县鞭炮生产合作社、县化工社、县玻璃化工厂、县电镀五金厂、县自行车零件厂。1979年，始产自行车涨闸。1986年，转产摩托车制动器。1989年，更名为县制动件总厂。1993年，该厂引进压铸设备和检测设备，在城区文游路与秦邮路交会处东北侧建成5000多平方米全敞式厂房，研制开发摩托车辐板式轮毂和7种型号摩托车制动器新品。当年，销售摩托车制动器26万套。1995年，引进12台中心加工机床和国内配套设备，形成制动器配套生产线。1996年，以市制动件总厂为核心企业，组建成江苏精佳集团，并试产成功汽车铝合金轮毂。1997年，该集团被中国轻工业总会确定为全国重点支持的轻工集体大中型企业。1998年起，该企业先后被表彰为省文明单位、省高新技术企业，精佳牌摩托车制动器两度被评为省名牌产品。2001年，该企业与大亚集团丹阳有色金属压铸厂（今江苏圆通汽车零部件有限公司）合作，生产汽车轮毂，并更名为江苏精佳制动件集团有限公司。至2005年，该公司拥有各类主要生产、检测设备120台（套），年产铝合金汽车轮毂41万只、摩托车制动器19.5万套，实现产值1.5亿元、销售收入1.17亿元、利税159万元。

四、扬州升达集团

位于高邮经济开发区长兴路6号。1980年，从县量具厂分立出县无线电元件六厂，原址设于城区通湖东路，始产铝电解电容器。1993年，该厂与香港客商合资，设立扬州高强电子有限公司，引进成套设备和技术，生产涤纶电容器和金属化电容器。1995年，该厂又与广东宏远集团合资，成立扬州宏远电子有限公司，并建有企业技术研发中心，从事电容器用高、中、低压系列电极箔研究、开发、生产。1996年，以市无线电元件六厂为核心企业组建扬州升达集团。是年，市无线电元件六厂实施股份合作制改造。1998年，实施股份制改造。1999年1月，市无线电元件六厂更名为市升达电子有限公司，引进设备150多台套，建成全自动生产线，主要承担铝电解电容器生产，其产品获“省优质产品”称号。至2005年，集团各类产品生产均获得ISO 9001质量管理体系认证证书，产品符合欧盟《电子电气设备中限制使用某些有害物质指令》（ROHS指令）的环保要求，采用国际电工委员会（IEC）标准组织生产，并获得德国VDE认证证书。是年，集团具备生产薄膜电容器6亿只、电解电容器5亿只能力，全集团共实现产值1.82亿元、销售收入1.78亿元、利税1013万元，职工800人。

第五章　医药、化学工业

1986年，全县医药、化工和橡塑制品工业有乡以上企业35家，实现工业产值4522万元、销售收入3955万元、利税总额204万元，固定资产2345万元，职工4251人。主要产品有化肥、药品、鞭炮、橡胶、塑料杂品等。进入90年代，市内电动工具、电线电缆、服装、箱包鞋制造业逐步兴起，拉动染料化工、PVC电缆料及制品、橡胶塑料制品业发展。1998年，全市医药、化工和塑料制品工业规模以上企业发展到37家，生产合成氨2.22万吨、化肥实物量15.84万吨、染料1122吨、各种塑料制品1.24万吨，实现产值10.41亿元、销售收入8.89亿元、利税4677万元，固定资产3.11亿元，职工6414人。90年代后期至21世纪初，医药、化工和橡塑制品工业先后建成投产江苏日欣实业集团有限公司、扬州市鸿信线路器材有限公司、江苏永恒塑业有限公司、江苏顺大半导体发展有限公司等一批规模以上企业。全市化工和塑料制品企业经改制重组，多数产品实现提质创新和升级换代，增产生物化工原料及制品、大规格塑料和PVC波纹管与硬管，适应建筑装潢和塑钢型材生产等需求。2005年，全市医药、化工和橡塑制品工业有规模以上企业51家，生产合成氨2.65万吨、化肥实物量9.82万吨、各种塑料制品2.74万吨，实现产值20.43亿元、销售收入19.17亿元、利税1.27亿元，固定资产5.78亿元，职工5655人。

第一节 医药及其用品

一、原药

1996年，马棚乡乡办宏扬助剂厂投资30万元，新上铝镍合金粉生产线和化学药品原药D环药品中间体生产线。1997年，该厂改为股份制企业。1998年，该企业实现产值500万元。2003～2005年，该企业一直生产新品二甲基对苯醌，生产规模不大。

二、制剂

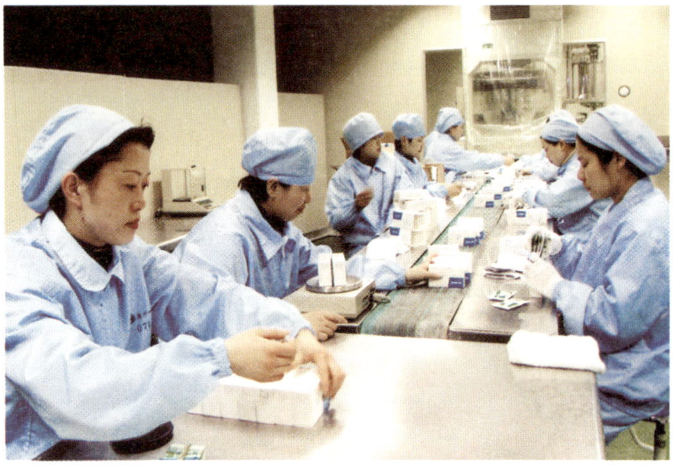

图13-6 扬州一洋制药有限公司生物制药检测车间

1986年，全县唯一一家医药制剂企业——县制药厂，主要生产大输液、小针剂。大输液产品有500毫升、250毫升的10%与5%葡萄糖水、甘露醇、0.9%氯化钠，小针剂有普鲁卡因、氨基比林、洁霉素、庆大霉素。1991年，该厂实施扩产改造，增加二硫化硒和希尔生生产，获省科技进步四等奖，希尔生产品达到国际标准，替代进口。1993年，该厂对针剂、输液、胶囊生产线进行整改，达到药品生产质量管理规范（GMP）要求，硫酸庆大霉素注射液、氯霉素注射液获“省优质产品”称号，希尔生获“金牛奖”。1995年，由市粮食工业公司与韩国一洋药品株式会社合资注册660万美元的扬州一洋制药有限公司在高邮经济开发区建成投产，主要生产铝镁加混悬剂（安达）、复方阿嗪泌特肠溶片（泌特）、注射用赖氨匹林（阿沙吉尔）、格列齐特片（二型）。1999年、2000年，市制药厂从北京空军总医院皮肤科先后引进生产专利产品康倩丽痘平和康倩洗发液。2002年4月，市制药厂退城进园，移址高邮经济开发区重建。2003年1月，市制药厂被上海新亚药业有限公司以769万元整体收购后，与加拿大和中国香港客商合资组建沪港新亚药业（扬州）有限公司，主要生产原料药二硫化硒、二硫化硒洗剂（希尔生洗剂）、中药丹参注射针剂、川香冠心注射液、曲克芦丁注射液等20多个品种药品。2004年，扬州一洋制药有限公司生产的复方阿嗪泌特肠溶片被省科学技术厅批准为高新技术产品。2005年，全市有西药制剂生产企业2家，实现产值3970万元、销售收入3896万元、利税581万元。

三、中成药

1986年，县制药厂生产六味地黄丸、藿香正气水等中成药近10个品种。中草药提取制剂有当归、丹参等，主要剂型有大小针剂、糖浆剂、流浸膏剂、酊水剂、冲剂等。1993年，该厂新生产的王氏灵芝合欢胶囊，销往韩国市场。1995年，该厂与北京中西男科医学有限公司和美国亚美投资公司合资，生产龙欢胶囊系列产品，出口韩国8000人份。1998年，市制药厂恢复生产市场需求的九制豨莶草药酒、止咳糖浆、脑乐静等传统中成药产品。至2002年迁址时，停产中成药。

四、兽药与鱼药

兽药 1992年，八桥镇和周山乡分别设有乡镇办兽药厂。90年代中期，2家兽药厂销售收入维持在150万元左右。2000年，周山兽药厂迁入高邮经济开发区生产。2001年，八桥兽药厂歇业转产。1999～2005年，周山乡成立私营企业天健动物保健药业有限公司，有近10个产品获准生产、销售。

鱼药　90年代中期，县饲料加工厂生产鱼饲料同时，增加生产罗氏沼虾“健康活命”药饵，得到广大养殖户欢迎。2003～2005年，位于高邮鸭业园区的扬州通威饲料有限公司以生产鱼虾饲料为主，兼营部分水产药饵。

五、卫生材料及医药用品

1994～1998年，沙堰乡、周山乡、汤庄乡先后投资开发生产医疗器械产品。1999年，三垛布厂与苏州市杜发医用敷料有限公司共同投资，生产医用棉及纱布。以上4个乡镇均未形成卫生材料及医药用品规模生产和销售。2000年，汤庄镇的江苏科凌医疗器械有限公司开发生产医用无影灯。2005年，该公司在镇工业集中区建成新厂区，生产医疗、外科和兽医用器械，成为全市医药生产行业唯一一家规模以上企业。是年，该公司实现工业产值3639万元、销售收入3547万元、利税271万元，职工229人。

第二节　专用化学产品　单晶硅

一、专项化学用品

涂料、初级形态塑料与树脂　1996年，扬州市立达树脂有限公司在天山镇肖桐村建成投产，产品为树脂生产用助剂，年销售收入510万元。1999～2005年，扬州三川实业有限公司等4家专项化学用品生产企业，分别在菱塘回族乡、高邮经济开发区和卸甲镇先后建成投产。2005年，全市有涂料、电缆料与树脂生产用助剂行业规模以上企业3家，主要产品有PVC电缆料、软聚氯乙烯塑料和丙烯酸自干漆，实现产值9083万元、销售收入9665万元、利税275万元，职工162人。

化妆品　1986年，八桥镇办扬州市育美化工厂生产护肤护发用品，初始生产规模不大。至1998年，该厂实现年产值650万元、利税总额58万元，职工55人。2000年，该厂经改制后发展速度较快。2005年，该企业成为全市规模以上企业，实现产值2539万元、销售收入2344万元、利税82万元，职工80人。

其他专用化学产品　1992年，沙堰乡办市香料厂，生产香豆素，实现产值715万元、销售收入648万元、利润65万元，固定资产149万元，职工66人。1993年，天山乡办扬州市虹光着色剂厂，周山乡与香港客商、南京金陵石化公司联办扬州当益洗涤品有限公司先后建成投产，分别生产色母粒和清星牌超浓缩洗衣精（该项目1994年停产）。90年代中期，市香料厂和扬州市虹光着色剂厂分别进行扩产改造。1996年，全市有乡以上专用化学产品生产企业2家，实现产值2668万元、销售收入2540万元、利税100万元，固定资产743万元，职工141人。1998年，市香料厂因外贸市场需求量骤减，改制转产。2000年，扬州市虹光着色剂厂改制后更名为扬州市虹光着色剂有限公司。2002年，郭集镇扬州市未来水质稳定剂有限公司建成投产，主要生产水质稳定剂。2005年，全市有专用化学用品制造业规模以上企业2家，主要产品有色母粒（着色剂）和水质稳定剂聚合氯化铝，实现产值2594万元、销售收入2571万元、利税172万元，职工96人。

二、单晶硅

2004年，天山镇江苏顺大半导体发展有限公司试产成功单晶硅产品。2005年，该公司生产6英寸、6.5英寸和8英寸太阳能级硅单晶棒和切片，产量75吨，实现产值和销售收入均为2.27亿元，利税4476万元。

第三节 化学原料及其制品

一、化学原料

染料及中间体 1986年，县染料化工厂生产弱酸性、直接性染料和染料中间体、丙烯酸酯等产品，实现产值408万元、销售收入433万元、利润18万元，固定资产132万元，职工260人。是年，马棚乡乡办化工厂生产邻氯试剂、苯酚。1988～1990年，县染料化工厂先后增加直接耐晒蓝B2RL染料、染料中间体甲萘酚和5R弱酸性深蓝、直接混纺蓝D-RGL、黑色基LS等品种生产。1991年，采用精制提纯法合成直接耐晒蓝B2RL新工艺获省优秀新技术推广应用项目"金牛奖"。1992年以后，该厂又增加混纺红ZD-RLL和混纺蓝D-3GL、混纺艳DR、克利西丁磺酸、颜料中间体3·3二氯联苯盐、染料中间体甲萘酚等新品种生产和扩产。是年，横泾镇镇办市合成化工厂投产，生产化工染料；湖滨乡乡办市助剂厂投产，生产JSPC-1催化剂和DCB腈纶荧光增白剂，替代进口产品。1995年，市助剂厂在香港设立营销公司；高邮镇镇办市化工厂建成综合性染料生产线，生产高档紧俏染料弱酸黑BR和弱酸艳红B；沙堰乡丹阳村办绝缘材料厂转产染料中间体丙烯苯和克利西丁；市助剂厂先后租赁龙奔助剂厂、郭集化工厂、车逻石化厂，经低成本改造后，增加OB-1增白剂、CBS和OBSH发泡剂等产品生产。1998年，汤庄镇镇办康乐精细化工厂和村办振阳化工有限公司分别形成规模生产。是年，全市染料化工规模以上企业发展到6家，生产各种染料及中间体1122吨，实现产值2.77亿元、销售收入2.41亿元、利税2044万元，固定资产4066万元，职工1499人。2001年，市染料化工厂转制为民营企业扬州高康化工有限公司；市合成化工厂被香港万峰实业有限公司收购，更名为高邮（香港）诚化有限公司。2003年，扬州高康化工有限公司因发生经济案件而破产歇业。2005年，全市有染料化工生产规模以上企业3家，生产各种染料及中间体1435吨，实现产值2.6亿元，销售收入2.39亿元、利税1522万元，职工860人。

图13-7 市助剂厂办公大楼

化学原料制品 1992年，郭集、八桥、甘垛、周巷、送桥等乡镇先后建成10多家有机化学原料生产企业，其中规模较大的有郭集乡乡办市有机化工厂。1993年，送桥镇镇办市长松化工厂建成，生产磷化剂（无机盐）。1996年，武安乡乡办江苏日欣集团有限公司在生产染料中间体同时，先后投产硫酸软骨素、壳聚糖等系列生物化学原料产品及其制品。1998年、2000年，甘垛镇日月化工厂、车逻镇明达生物化工有限公司先后投产D-氨基葡萄糖盐酸盐系列产品。2003年，高邮经济开发区的扬州天成化工有限公司投产无机酸系列产品。2004年，甘垛红石生物制品厂、卸甲镇的扬州市久盛化工有限公司先后投产生物化工原料系列产品。2005年，郭集、八桥等乡镇化工企业实施扩产改造，卸甲镇、甘垛镇和高邮经济开发区新建化学原料制品生产企业。是年，全市有化学原料制造规模以上企业14家，其中有机化学原料生产企业12家、无机化学原料生产企业1家、生物化学原料生产企业1家，实现产值7.14亿元、销售收入6.43亿元、利税2672万元，职工1044人。

二、农药

1991年，周山乡乡办市丰田农药厂始产化学农药，年产量87吨。1992年，市运东农药厂建成投产。是年，全市有化学农药生产企业2家，农药生产量164吨，实现产值735万元、销售收入391万元、利税20万元，职工110人。1993年，市丰田农药厂与南京农业大学、中国农业科学院棉花研究所、省农业科学院等单位共同研制，生产对防治棉花棉铃虫、红蜘蛛和小麦粘虫、穗芽与果树、蔬菜等植物虫害具有良好效果的久灵牌新农药。1994～1996年，市丰田农药厂和市运东农药厂分别改制重组，市运东农药厂更名为市运东农药化工有限公司。平胜乡乡办农药厂与省农业科学院联合研制生产新型农药——40%神磷乳油。1998年，市内化学农药产品新增“辛棉宝”“禾生乐”等品种。1999年，新增氢戊菊酯原药和35%蚜霉清粉剂农药生产。2003年，全市农药生产企业化学农药生产量3345吨。2004年后，因部分化学农药被禁产，农药产销急速下降，市内农药生产企业退出规模以上工业统计。

三、化学肥料

氮肥（合成氨、碳酸氢铵）　1986年，高邮化肥厂生产合成氨1.72万吨、氮肥（碳酸氢铵）6.84万吨，实现产值1326万元、销售收入1268万元、利润27万元，固定资产735万元，职工1122人。80年代末，因农村对化肥需求档次提高，生产的碳酸氢铵严重滞销积压，维持保护性生产。1991年，该厂生产合成氨2万吨、碳酸氢铵8.26万吨，碳酸氢铵被化工部评为部优产品。1992～1995年，该厂为平抑亏损，先后增加漆包线、PVC塑料粒子等产品生产，实行“以副养主”。1996年，该厂改制更名为扬州市高华化工有限公司，是年合成氨产量增加到2.46万吨。2002年、2003年，该公司为适应安全生产需要，将充氢站从生产厂区搬出，同时购置二手合成设备，实行扩能改造。2005年，生产合成氨2.65万吨、碳酸氢铵6.8万吨、商品液氨1万吨，为历史最高产量；实现产值1.13亿元、销售收入1.07亿元、利税173万元，职工582人。

磷肥、复合肥　1986年，全县有磷肥生产企业3家，即高邮磷肥厂、八桥磷肥厂、平胜化工厂，产量2.58万吨。其中，高邮磷肥厂生产2.26万吨，占87.6%。实现产值434.39万元、销售收入409.39万元、利润-11.6万元，固定资产126.56万元，职工320人。1989年，高邮磷肥厂通过技术改造，扩大复合肥生产，生产复合肥2.2万吨、过磷酸钙2.6万吨。1996年、1997年，市供销系统采取简单再生产办法，开办复合肥厂和双龙复合肥厂。至1999年，除高邮磷肥厂外，其他磷肥生产企业因质量问题和环境污染问题陆续停产。2002年6月，高邮磷肥厂转为股份制企业，更名为扬州中宇肥业有限公司。2005年，全市以磷肥生产为主的复混肥生产规模以上企业仅扬州中宇肥业有限公司1家，生产磷肥4143吨，实现产值3527万元、销售收入2639万元、利税1万元，职工128人。

第四节　烟花爆竹　溶解乙炔

一、烟花爆竹

1986年，全县有烟花爆竹生产企业12家。1992年，该行业手工作坊式生产被全面淘汰和禁止。是年，全市烟花爆竹行业有乡以上企业13家，实现产值412万元、销售收入349万元、利税29万元，固定资产77万元，职工355人。1994年，市乡镇企业局烟花爆竹研究所增挂“江苏省乡镇企业烟花爆竹安全质量监督检测中心”牌子。1994年、1995年，在全省烟花爆竹行业评比中，高邮花炮质量连续两年获全省第一。1999年10月，八桥、东风、送桥花炮厂等3家企业获江苏出入境检验检疫局颁发的烟花爆竹出口产品质量许可证。市东风花炮厂从北京土畜花卉进出口公司首次接产国外花炮生产订单。2000年，贯彻国家和省政府对烟花爆竹市场和生产企业进行专项治理整顿要求，全市烟花爆竹生产企业减少到7家。2005年，全市有规模以上烟花爆竹生产企业2家，实现产值7206亿元、销售收入6706万元、利税218万元，职工438人。

二、溶解乙炔

2001年，汉留镇通过招商引资，由兴化客商投资200万元，兴建市明义溶解乙炔气厂，于2002年2月投产。2005年，该厂销售溶解乙炔16万瓶、丙烷600吨。

第五节　橡胶、塑料制品

一、橡胶制品

1986年，全县有乡以上橡胶制品生产企业6家，主要从事再生胶及其制品生产，实现产值271万元、销售收入175万元、利润3万元，固定资产30万元，职工373人。1992年，市橡塑制品厂和周巷、川青、临泽、界首等乡镇橡塑制品生产企业纷纷扩大生产规模。是年，全市橡胶制品业实现产值683万元、销售收入429万元。90年代中期，市内橡胶靴鞋业兴起，部分橡胶制品生产企业实行改制扩产，增加产品品种。1997～2002年，先后建成扬州市神力橡胶厂、市特种橡胶制品厂、市鹏达橡胶制品有限公司、市西尔特橡胶有限公司等企业，产品有农用车轮胎、橡胶脉冲点火线、橡胶护舷和其他橡胶制品杂件。2005年，全市有橡胶制品业规模以上企业6家，实现产值2.1亿元、销售收入1.98亿元、利税总额793万元，职工786人。其中，橡胶靴鞋生产企业4家，实现产值、销售收入分别为1.22亿元和1.19亿元。

二、塑料制品

1986年，全县有乡以上塑料制品生产企业11家，塑料制品产量857吨，实现产值1103万元、销售收入974万元、利润24万元，固定资产474万元，职工1438人，1992年，市内塑料制品生产从日用塑料制品和其他塑料制品，发展到聚乙烯丝、聚丙烯丝及其编织制品和农用塑料薄膜生产。是年，全市有乡以上塑料制品企业9家，主要产品有塑料编织袋、玻纤玻钢板、农用薄膜、包扎带（绳）等，实现产值6258万元、销售收入5554万元、利税197万元，固定资产1192万元，职工1903人。90年代中期，全市电线电缆工业、服装鞋帽加工业和建筑装潢业快速发展，带动市内塑料制品业发展。1998年，全市塑料制品业规模以上企业总产量上升到1.24万吨。2000年后，通过改制转产和新建，先后建成江苏永恒塑业有限公司、扬州鸿信线路器材有限公司、市四菱塑业有限公司等一批规模较大的塑料制品生产企业，产品有鞋服辅料、塑料包装袋、压延薄膜、塑料波纹管、硬管、PVC电缆料及管材、泡沫塑料包装材料和各种塑钢型材等。2005年，全有市塑料制品业规模以上企业13家，主要产品有塑料薄膜，塑料板、管、型材，泡沫塑料，塑料零件及日用塑料杂品，实现产值3.15亿元、销售收入3.03亿元、利税1178万元，职工910人。其中，塑料板、管、型材制造企业7家，实现产值2.48亿元、利税1072万元，分别占塑料制品业78.7%和91%。

第六节　企业选介

一、市助剂厂

位于高邮运河大桥西北湖滨新村。1986年创办。占地12公顷，固定资产9000万元，职工680人，主要产品有染料及颜料中间体、荧光增白剂系列产品。1994年，荧光增白剂PB获化工部科技进步三等奖。颜料红、颜料黄为省高新技术产品。该厂获化工部“全国乡镇化工先进企业”和“省高新技术企业”称号。产品二氯联苯胺系引进韩国加氢还原工艺生产，为国内最大生产厂家。2005年，实现产值2.9亿元、销售收入2.76亿元、利税1986万元。

二、江苏日欣实业集团有限公司

位于高邮镇高谢村。1995年3月建成投产。占地5.8公顷，建筑面积3.8万平方米；固定资产4200万元，职工400人。该集团公司设有市飞达化工厂、市橡塑制品厂。主要产品有D-氨基葡萄糖系列、硫酸软骨素系列、壳聚糖系列及其片剂，部分颜料中间体、橡塑制品等。2000年5月，被加拿大驻上海总领事馆和省对外经济贸易委员会、省环境保护厅、省财政厅确定为“中加环保示范企业”，被省环境保护厅确定为“淮河流域废水排放达标企业”。2005年，该公司实现产值2.20亿元、销售收入1.88亿元、利税496万元。

三、江苏顺大半导体发展有限公司

位于天山镇庙家村。2003年4月，由天山镇民营企业经营者倪云达与江苏富鑫箱包有限公司、南京汇鸿集团、香港客商合资兴办。该公司占地12公顷，主厂房面积2.5万平方米。2004年6月投产，主要产品为6英寸、6.5英寸、8英寸太阳能级硅单晶棒和切片。2005年，新增线切割生产线2条、破方机10台和其他辅助设备。是年，实现产值、销售收入均为2.27亿元，利税4476万元，单晶硅产品产量75吨。

第六章　农产品、食品加工业

1986年，全县有乡以上农产品、食品加工企业76家，生产大米6.77万吨、食用植物油9300吨、饮料酒3.09万吨，出口冻猪肉1082吨、外贸鲜鸡蛋350吨、再制蛋393万只、水产品72吨，实现产值1.4亿元。其中，独立核算企业60家，实现产值1.34亿元、销售收入1.12亿元、利税774万元，固定资产3519万元，职工6403人。90年代中期，随着粮食管理体制逐步放开，市内多种经济成分的粮油饲料加工企业，尤以米、面、油为主要原料的食品、副食品加工企业和生猪及肉制品加工生产企业与店、点快速发展，遍布城乡，逐步取代国有企业的主体地位。进入21世纪，全市农业经济结构调整和产业化建设迅速发展，一批绿色生态农业示范区、无公害果蔬基地、有机食品生产基地逐步形成规模，为农产品加工和食品制造业发展提供保证。2005年，全市有农产品和食品加工企业90家，其中规模以上企业17家，共生产大米7.42万吨、面粉15.86万吨、混合饲料4.35万吨、食用植物油4457吨，完成产值9.43亿元、销售收入8.73亿元、利税647万元，固定资产2.07亿元，职工1538人。米、面、油和饲料加工产值、销售收入占全行业6成以上。

第一节　农产品加工

一、大米

1986年，县粮食系统下属米厂11家，其中设于县城北的高邮米厂为生产大米主要企业，其他米厂设于农村乡镇。是年，共生产大米6.77万吨。高邮米厂生产的标一晚籼米获商业部“部优产品”称号，标二杂优米连续4年为“部优免检产品”。1987年，周巷乡大批引进种植粳稻良种，被确定为珠光大米原料生产基地，由粮食部门实行定点收购、高邮米厂定点生产。是年，高邮米厂生产的邮宝牌精制珠光大米被商业部授予“优质产品奖”。1992年，市粮食系统大米加工企业发展到17家，生产大米8.4万吨，创历史最高纪录。90年代中期，随着国家粮食管理体制改革，市粮食系统大米生产量逐年下降。1998年、1999年，周巷、周山两乡个体私营粮食加工企业逐步形成规模。2000年，周山镇私营企业市双兔米业有限公司先后通过技术改造、创立原料生产新模式、实施惠农措施等，大米产量、质量大幅度提升，迅速发展为全市农业龙头企业。2001年，全市大米生产量5.52万吨，其中双兔牌优质大米2万吨。2002年，车逻镇鸿运米业有限公司等大米生产企业亦逐渐形成规模。2005年，全市有大米生产规模以上企业2家，生产大米7.42万吨，实现销售收入2.05亿元。

二、面粉

1986年，全县有面粉生产企业2家，主要生产普通“三七粉”，年产面粉3万吨。1987年，县麦粉厂新建2条低温挂面生产线，并更名为高邮面粉厂。1989年，该厂生产的宇宙牌特一面粉获商业部“部优产品”称号。90年代初，市粮食系统先后在临泽、三垛、八桥等乡镇米厂基础上新建面粉加工车间和挂面生产线，在武宁乡兴建面粉厂。1992年，全市面粉生产量上升到10.3万吨。1996年，高邮面粉厂实行扩产改造，并更名为高邮面粉总厂。建成专用粉生产线，实现面粉品种多元化，以适应市民对面粉品种、品质的新需求。1997年，高邮面粉总厂改制更名为江苏高特面粉集团有限公司。1998年，全市有面粉加工规模以上企业4家，生产面粉8.2万吨，实现产值1.99亿元。2001年6月，市万嘉面粉有限公司组建投产。2003年，该公司生产的“富嘉旺”面粉获“全国放心面”称号。2005年，全市有面粉生产规模以上企业5家，生产面粉15.86万吨，实现销售收入2.89亿元。

三、食用植物油

1986年，全县有食用植物油生产企业15家，生产食用植物油8000吨，实现产值1038万元。设于县城南的高邮油厂年产值占该行业85.6%。其他企业分布在乡镇，用95型小榨油机榨油，以季节性代农兑换加工为主。高邮油厂主要产品有银芯牌系列菜籽油、大豆油、棉籽油、小磨麻油等。1992年，该厂改建色拉油精炼车间，企业更名为市油米化工总厂。1994年，该厂实施技改，实现油脂产品多样化和高品质，油料生产能力不断提升。1998年，该厂改制更名为江苏珠光食品有限公司，产量上升到2.22万吨。1999年10月，江苏珠光食品有限公司生产的全福牌色拉油在北京举办的中国国际农业博览会上被评为名牌产品。2002年，该公司国有资产退出，被上海隆鑫实业投资公司收购，粮油生产规模逐年收缩。是年起，市内菜籽生产较为集中的乡镇陆续建起榨油坊，开展为农加工和兑换业务。2005年，全市食用植物油生产规模以上企业仅江苏珠光食品有限公司1家，产量4457吨，实现产值5069万元、销售收入5680万元、利润-465万元。

四、饲料

1986年，县粮食系统饲料厂生产糠、糟等饲料，实现产值278万元、销售收入282万元，固定资产52万元，职工100人。90年代中期，高邮饲料厂改制更名为江苏富裕达粮食制品有限公司后，研制、生产罗氏沼虾、鱼、蟹、生猪饲料和罗氏沼虾“健身活命”药饵。1995年，该公司饲料产量3.1万吨。是年，高邮鸭业园区和司徒、甘垛等乡镇建成饲料加工企业。12月，江苏富裕达粮食制品有限公司转制为私营企业，实行饲料多品种生产。2005年，该公司文游牌饲料获“江苏名牌产品”和“省质量信得过产品”称号。是年，全市有生猪、家禽和水产养殖饲料生产规模以上企业3家，即江苏富裕达粮食制品有限公司、扬州大大饲料有限公司和扬州宏大饲料有限公司，生产混合饲料4.35万吨，实现产值1.31亿元、销售收入1.16亿元、利税102万元，职工209人。

五、猪肉制品

1986年起，县商业系统所属高邮肉类联合加工厂因生猪货源骤减，开工不足，连年亏损；从该厂析出的县禽兔厂由于承接外贸加工任务，尚能维持生产。至1991年，高邮肉类联合加工厂累计亏损1000万元，被迫停产歇业；市内生猪及制品加工并入市禽兔厂。市禽兔厂因外贸加工任务骤减，旺季维持生产，淡季停产歇业，市场供应靠销售库存冷冻产品。1992年，市禽兔厂实现销售收入2410万元，亏损1023万元，被迫停产歇业。此后，市场肉、禽供应全靠各乡镇、村“小刀手”和个体工商户经营。

六、禽类制品

90年代中期，市食品公司加工厂生产风香鸭、清蒸板鸭和琵琶鸭投放市场，但未能实现规模生产。90年代后期，菱塘、送桥等乡镇发展养鹅业和鹅业经济。1999年，菱塘回族乡与上海食品集团茂昌食品有限公司合资兴建扬州市昌菱食品有限公司，以菱塘鹅为原料，运用民间清真食品传统制作工艺，加工生产菱塘鹅系列食品。2002年，该乡成立扬州市明月食品有限公司，专门从事菱塘鹅及其肉制品加工和销售。是年，送桥镇引进扬州五亭集团建成扬州天歌鹅业发展有限公司，形成炕孵、养殖、加工一条龙鹅业生产，主要上市熟食品有盐水鹅、风鹅、酱鹅、烤鹅、啤酒鹅等系列品种。2005年，扬州天歌鹅业发展有限公司为市内唯一主营鹅制品及副产品加工的规模以上企业，实现销售收入1285万元。

七、水产品

1986年，县商业局所属水产品加工厂是全县唯一一家乡以上水产品加工企业。是年，该厂实现产值109万元；外贸供货水产品72.3吨，其中螃蟹17.6吨、冻青虾44吨、冻田螺肉10.7吨。1987年，水产品经营从县商业局划出，由县水产局管理与经营，县水产品加工厂更名为县水产冷冻加工厂。受外贸任务逐年减少影响，该厂经济效益持续下降，1990年后改制歇业。1997年，市运东水产品加工厂形成规模生产。2005年，该厂为市内唯一一家水产品收购加工规模企业。是年，该厂生产上市大宗产品有青白虾仁，冻淡水鱼、瓜鱼、银鱼，出口产品有青虾、银鱼和精装醉蟹等，实现产值1063万元、销售收入1028万元、利税5万元，职工56人。

图13-8　市运东水产品加工厂生产车间一角

第二节　食品制造

一、糕点及方便食品

1986年，全县有食品生产企业20家，主要产品有董糖、糕点、冷饮、糖果、汽酒等，全年共生产董糖404吨、月饼127吨、其他糕点671吨，汽水27.8万打、汽酒231.87吨，棒冰、雪糕600万支，冰淇淋、冰砖13.6吨，实现产值295万元、销售收入466万元、利润18万元。1988年，县食品厂生产的秦邮牌董糖先后获首届中国食品博览会银奖、西湖国际食品博览会金奖。1992年，高邮城北米厂生产麒麟阁牌系列月饼，市红旗中学校办八珍糕厂生产“高邮董糖”“八珍糕”，市康乐食品公司生产固体饮料和糖果等。1993年后，市属和部门办糕点及方便食品生产企业陆续改制，集体生产和经营日渐萎缩。1994年起，市食品加工厂以传统工艺生产阳阳牌双黄月饼、速冻点心、水晶肴爪、风香鸭、清蒸板鸭、琵琶鸭等方便食品，深受群众喜爱，但未形成规模。至1998年，私营生产、个体加工或前店后作的家庭式生产经营日趋旺盛。90年代后期，界首镇先后有“袁氏”“华记”等4家私营茶干厂开业，恢复传统茶干生产。2002年5月，界首陈华记茶干食品厂生产的陈西楼牌茶干，送江苏特产节上参展。2005年，全市糕点及方便食品生产网点遍布城乡各地，但单个网点的生产经营规模均达不到列统企业标准，未列入产品产量统计范围。

二、调味品

1986年，县酱醋厂生产酱醋等调味品和各种酱菜，所产运河牌高邮香醋为省优良传统食品。是年，该厂实现产值174万元、销售收入237万元、利润16万元。80年代后期，部分基层供销社就地生产和销售酱油、酱菜等调味品。1990年，菱塘回族乡为扬州四美酱品厂加工半成品乳瓜、菜瓜400吨。1994年，市酱醋厂与台商合资创办扬州万丰香醋有限公司，新上密封塑袋装酱油和香醋生产线。1995年，送桥镇戴庄村与扬州四美酱品厂联办乳瓜加工厂，加工乳瓜150吨。1996年，市酱醋厂生产销售袋装酱油180万袋、醋1.05万袋。1998年后，全市调味品生产基本为个体私营经营，以小批量和分散加工为主。至2005年，全市未形成规模以上调味品生产企业。

三、酒类

1986年，全县有乡以上白酒生产企业2家和啤酒生产企业1家，生产白酒1.48万吨、啤酒1.08万吨。主要品种有大曲酒、粮食白酒、米甜酒、封缸酒、干啤等，白酒有“稻花香”“荷业青”“粮食白”“真一”等品牌，啤酒有“维扬”“国王”等品牌。高邮啤酒厂生产的啤酒先后获“江苏优质食品”“省用户满意产品”称号。1990年，高邮酿酒厂因生产的酒精未达到国家规定要求，白酒生产被迫停产。1993年，高邮酿酒厂与高邮城北米厂共同开发生产“盂城”“四宜村”瓶装、口杯装酒，但未能形成规模。1997年9月，高邮啤酒厂与市矿泉水厂合并，组建成扬州市江府啤酒有限公司，并租赁江都市啤酒厂厂房和设备，扩大生产，增加雪啤、冬令火锅啤酒生产。1999年10月，高邮江府酿酒有限公司（原高邮酿酒厂、高邮城北米厂、高邮啤酒厂）建成开业，与四川省泸州老窖集团有限责任公司联营，生产白酒精品“龙酒”，首批投产后未能继续生产，继而停产。2000年，扬州市江府啤酒有限公司生产啤酒1.38万吨，于2003年改制未果而歇业。2004年2月，高邮酿酒厂依法破产。是年10月，该厂被时任泰州市梅兰春酒厂有限公司总经理袁春和整体收购，注册成立新的独立法人企业——高邮市江府酿酒有限公司，主要生产“秦邮人家”“秦邮骄子”系列白酒。2005年4月，该公司在车逻镇南郊工业集中区扩建增产。10月，该公司生产的白酒被授予“省名优产品”称号。是年，市内单个白酒生产企业均未达到规模以上企业统计标准。

四、饮料

1986年，全县有饮料生产企业7家，生产汽酒、汽水、果粒饮料等共1.61万吨，实现产值936万元、销售收入749万元、利税91万元。是年，县果林场汽酒厂生产汽酒，兼营果汁饮料；县供销系统珠湖饮料厂生产经营饮料；农村乡镇亦建有饮料加工厂。1989年，高邮酿酒厂增加夏季饮料生产。1990年9月，高邮啤酒厂开始生产丹泉牌瓶装、桶装矿泉水，并于1992年8月增挂“市矿泉水厂”厂牌。1995年，全市生产各种软饮料1.68万吨，主要产品有文游牌系列饮料、丹泉牌矿泉水和系列软饮料。1992～1996年，市供销系统及基层供销社先后创办高邮蜂乳厂、高邮饮料厂，临泽、送桥、界首等乡镇陆续兴办饮料厂，主要生产市场需求的夏季饮品，少数生产口服保健品饮料。至2005年，全市饮料生产行业一直未能形成规模以上生产企业。

五、豆制品

1986年，全县豆制品生产企业仅有县豆食制品厂，主要生产豆腐、豆腐干、百叶、水粉丝等，实现产值55万元、销售收入89万元、利润1.6万元，职工178人。其主要原料黄豆由县粮食部门按计划配给。1992年，该厂扩产改造，改进工艺，扩大供应范围，增加油炸豆腐果、豆腐干、豆腐皮、素鸡、面筋等品种生产和经营，实现销售收入167万元、利润1.4万元。此后，随着粮油市场放开，全市城乡从事豆制品生产销售的个体和家庭作坊迅速增多，市豆食制品厂被迫歇业。2005年，全市私营个体小型豆制品厂和作坊逾100家，年投入加工原料黄豆1400吨，实现产值500万元。新增生产上市品种有臭豆腐干、卤制豆腐干、兰花干、麻辣串和各种川味豆制品等。

第三节　企业选介

一、市双兔米业有限公司

位于周山镇联合村十组。1999年成立。企业总资产1.55亿元，职工302人。2001年，该公司建立“公司＋农户”的优质稻米生产模式，与7个乡镇2万多户农户签订优质粳稻新品种种植和超过市场价5%的收购合同。2002年，建成4条从原粮去杂到精米抛光、色选的现代大米生产线，拥有周山、龙虬、金湖等3个优质稻米加工生产基地。该公司生产的双兔牌系列大米获准使用“绿色食品”标志，并先后获“全国放心米”“十大金奖大米”“省质量信得过产品”等称号。2005年10月，该公司被农业部等八部门联合表彰为“全国农业产业化经营优秀龙头企业”。12月，该公司生产的双兔牌大米获“国家免检产品”称号。是年，该公司生产大米5.53万吨，实现产值和销售收入均为2亿元，利税203万元。

二、市万嘉面粉有限公司

位于城区通湖路109号。2001年6月，由高邮面粉厂改制成立，注册资本700万元，职工130人。系省农业产业化龙头企业。该公司具有年产面粉12万吨生产能力，产能规模位居省同行前列、扬州市第一。2003年12月，该公司生产的富嘉旺牌面粉被中国粮食行业协会授予“全国放心面”称号。2005年，该公司生产面粉6.5万吨，实现产值1.25亿元、销售收入1.05亿元、利税187万元。

第七章　金属压延加工与非金属矿物制品业

1986年，全县有金属压延加工与非金属矿物制品业乡以上企业94家，实现产值6559万元、销售收入6536万元、利税671万元，固定资产2746万元，职工1.25万人。90年代初，市内民居和商品房建设热潮渐起，小城镇建设升温，城乡电网改造工程全面展开，钢材压延加工和不锈钢型材及制品企业迎来新的发展机遇；电动工具生产的快速发展，拉动铝压铸和铜、铝合金加工企业实现新的增长。1995年，全市有金属压延加工与非金属矿物制品业乡以上企业73家，实现产值6.25亿元、销售收入6.1亿元、利税2562万元，固定资产2.22亿元，职工9731人。至2000年，全市水泥生产和以水泥电杆为重点的水泥制品产量创历史新高。是年，共产水泥14.88万吨、水泥电杆5.93万吨。2005年，全市有金属压延加工和非金属矿物制品业规模以上企业40家，实现产值8.99亿元、销售收入8.57亿元、利税4144万元，固定资产1.4亿元，职工2612人。

第一节 金属压延加工

一、轧钢及成品钢材压延加工

1986年，全县有乡以上钢材加工企业2家，主要产品是民用建筑圆钢，实现产值305万元、销售收入489万元，固定资产98万元。1987年，县轧钢厂建成扁钢生产线。1991年，甸垛型钢厂增加市场紧缺的方钢、六角钢和异型钢材生产。是年8月，高邮新邮钢厂在武安乡沿河村建成投产，并增加来料加工和收购废钢兑换钢材业务。1993年，全市成品钢材生产量增加到3万吨。1995年，随着城乡民居改善、小城镇建设和建筑业热潮的兴起，全市乡以上以建房用材为主的成品钢材生产企业发展到8家，产量上升到5.66万吨。1996年后，国家实施宏观调控，高邮新邮钢厂和扬州市三洋钢铁（集团）有限责任公司（1994年7月由市轧钢厂改制更名）先后实行减产、限产。至90年代后期，高邮新邮钢厂停产歇业；扬州市三洋钢铁（集团）有限责任公司破产解体，部分厂区和资产转租给私人经营。2001年，全市成品钢材生产量下降至6970吨。2002年后，全市轧钢及成品钢材压延加工企业经招商引资和改制重组，逐步得到恢复和发展。2005年，全市有钢材压延加工规模以上企业11家，生产成品钢材3.67万吨，实现产值3.36亿元、销售收入3.11亿元、利税1322万元，职工988人。

二、铜材加工

1986年，全县有乡以上铜材加工企业2家，实现产值53.5万元、利税8000元，固定资产41万元，职工115人。1990年，甸垛乡建成异型无氧铜材厂。1992年，该厂经技术改造，生产矩形、异形、双孔导排等3个系列品种的无氧铜材，年产量450吨。1997年，该厂因经营效益差而破产。1994年，横泾镇机械厂生产无氧铜管，后析出单独成立横泾铜管厂，受到技术条件和设备、资金等制约，仅试产样品，未形成批量生产。是年，武安乡橡塑制品厂新上无氧铜材项目。2001年，周山镇私营企业华泰铜业有限公司生产铜气阀，出口到日本。2004年，界首镇引入市外民资建成扬州宏鑫实业有限公司，主营铜材加工。是年，香港客商在送桥镇独资兴办瑞隆铜材加工有限公司，主要生产铜球、铜板、铜模等铜制品。2005年，无锡市东元铜业有限公司在周巷镇独资建成扬州市东元铜业有限公司，主要生产铜材，是年实现产值5000万元。2005年，全市有从事铜材压延加工、铜管和铜业加工销售规模以上企业5家，实现产值1.44亿元、销售收入1.4亿元、利税665万元，职工197人。

三、铅、铝冶炼及制品

1986年，全县有铅、铝冶炼企业3家，分别以铅、铝灰提炼和生产铝铸件为主。是年，实现产值502万元、利润35万元，固定资产113万元，职工607人。1992年，车逻镇闸河村五金厂与市制动件总厂合作创办市东荣铝合金股份有限公司，卸甲乡飞达电机仪表厂创办飞达铸造厂，均主营铝压铸业务。1995年，全市有铝、铅冶炼及制品业乡以上企业6家，实现产值1.7亿元。90年代中期，乡镇企业陆续改制，部分企业铝压铸车间分出建厂，扩大生产规模。2005年，全市从事铅、铝冶炼规模企业3家，从事铝压铸和铝铸件加工企业5家，实现产值2.12亿元、销售收入2.05亿元，固定资产2034万元，职工313人。

四、不锈钢制品

1986年，扬州钢木家具厂始生产民用不锈钢压力锅，受市场和企业经济、技术条件限制，生产断断续续，一直未形成规模生产，后改产转向。90年代初，乡镇企业中兴起不锈钢拉丝业务。1992年，横泾镇兴办钢网厂，主要生产不锈钢网丝和丝网。90年代后期，随着房地产业的快速发展，市内不锈钢制品生产企业转向建筑装潢用不锈钢管材、型材和其他制品生产加工。2005年，全市有不锈钢制品规模以上企业5家，主要生产不锈铁、不锈钢拉丝、不锈钢管及型材等，实现产值9873万元、销售收入8269万元、利税413万元，职工371人。

五、钢瓶

1986年，界首农机修造厂生产民用液化石油气钢瓶1.81万只，实现产值215万元、销售收入184万元、利税11万元，固定资产36万元，职工233人。1989年，该厂实施技术改造，建成钢瓶生产线，并被建设部批准为定点生产液化气钢瓶专业厂。1992年，该厂生产的钢瓶平均月产量1300只，产品规格有常乐牌YSP-2.5型、5型、10型、15型和50型系列。其中，YSP-15型民用液化石油气钢瓶通过建设部、劳动部产品质量行业大检查，获“省优质产品”称号。是年，该厂增挂“界首钢瓶厂”牌子。1999年，该厂改制更名为江苏常乐压力容器制造公司，生产钢瓶20万只。2000年，该企业因技改失误，亏损骤增，生产难以为继，迫使停产歇业。

六、金属门窗

1986年，全县有生产普通钢制门窗的县交通局办县钢窗厂和汤庄乡办钢窗厂2家企业。是年，实现产值98万元、利润6万元，固定资产26万元，职工145人。1992年，市内始生产铝合金门窗及承接装潢装饰业务，全市乡以上钢窗生产企业实现产值3139万元、销售收入2479万元、利润31万元，固定资产1344万元，职工170人。90年代中期后，一批从事铝合金和塑钢门窗加工及装潢装饰的个体私营门店或合伙加工组织在城乡异军突起。1996年，市钢窗厂改制转产。1999年，汤庄镇钢窗厂改制为私营企业，生产塑钢门窗、铝合金门窗和装饰板。是年，高邮镇建成江苏永恒塑业有限公司，生产塑钢型材。2005年，该公司成为全市该行业唯一一家规模以上企业，实现销售收入984万元。

七、金属表面处理

1986年，全县有金属表面处理行业乡以上企业3家，实现产值225万元、利润-1.8万元，固定资产43万元，职工153人。其中，以县电镀五金厂规模为大，以镀铬业务为主。另有10多家乡镇小电镀企业。90年代初，经过“五小”企业整顿和电镀行业环境保护专项治理，乡镇小电镀厂基本关闭或转产。2000年后，随着高邮湖西地区灯具生产行业快速发展，专业为道路照明灯具和高杆灯进行表面处理的企业相对集中建成并逐渐形成规模。2005年，全市有金属表面处理及热处理加工规模以上企业2家，主营业务为镀锌和热镀锌加工，实现产值2511万元、销售收入2480万元、利税106万元，职工155人。

第二节　非金属矿物制品

一、水泥及制品

水泥　1986年，全县有水泥生产企业2家，生产水泥6.1万吨，其中市水泥厂3.6万吨、八桥水泥厂2.5万吨。1990～1993年，八桥水泥厂和市水泥厂先后进行扩产改造。1993年，八桥水泥厂更名为扬州市东亚水泥制造有限公司。1995年，全市水泥产量增加到14万吨。由于水泥流通市场逐步开放，市外低价水泥大量涌入，地产水泥出现严重亏损。是年，市水泥厂和扬州市东亚水泥制造有限公司亏损额分别为47万元和98万元。1997年，扬州市东亚水泥制造有限公司改制为私营，更名为扬州市八桥水泥制造有限公司。1998年，市水泥厂退城进园，在三垛镇工业园区新建水泥分厂。1999年，全市生产水泥14.88万吨，为历年最多，但效益持续下降。2003年，市水泥厂破产，水泥分厂改制为私营，更名为天大水泥制造有限公司。至2005年，水泥生产实行以销定产，生产量逐年减少。是年，全市有水泥制造业规模以上企业2家，水泥产量5.45万吨，水泥品种均为普通民用硅酸盐水泥；实现产值2805万元、销售收入2685万元、利税159万元,有职工110人。

水泥制品 1986年,全县有水泥制品企业26家,实现产值738万元、利税40万元,固定资产235万元,职工1232人。乡镇水泥制品企业主要以浇铸水泥涵管、水泥瓦、猪食槽、小型水泥桥板为主,县水泥制品厂以生产水泥电杆、水泥农船和农房构件为主。是年,全县共生产水泥农船223艘1308吨,农房构件850套。90年代中期,市水泥制品厂和三垛镇电杆厂分别进行技术改造,扩大电杆生产能力,并获电力工业部颁发的电力系统准用许可证。1995年,市水泥制品厂改制转型,以专业生产电杆为主。90年代后期,为适应国家城乡电网改造和小城镇建设对电力和通信线路延伸扩展的要求,市内电杆生产迅速发展。1998年,电杆生产量1.26万吨。2000年上升到5.93万吨,创历年最高纪录。2001年后,电力、通信网线的大规模改造和建设基本结束,电杆生产量逐年减少。是年9月,市水泥制品厂改制成立私营企业民达水泥制品有限公司。2003年,该公司增加水泥彩瓦和路面水泥彩砖生产。2005年,该公司为全市水泥制品业唯一一家规模以上企业,水泥电杆生产量8082吨,实现产值1072万元、销售收入1051万元、利税82万元,职工68人。

二、砖瓦、石材

砖瓦 1986年,全县有遍布农村乡镇村的砖瓦生产企业近100家,生产黏土砖6.17亿块、瓦3323万片。其中,乡镇办轮窑厂4家(座)、砖瓦厂17家,分布在18个乡镇,产砖3.63亿块、瓦654万片,实现产值1994万元、利润57万元,固定资产948万元,职工6704人。至1994年,全市轮窑发展到22座,年产砖6.04亿块、瓦1978万片。1995年,龙奔轮窑厂因土源枯竭,购置挖土机取土。90年代中期,全市为保护农田,对小土窑进行专项治理整顿。至2002年,全市农村土窑全部被关闭淘汰。2004年起,对轮窑和立体窑亦分别进行专项治理和限量生产。2005年,全市有18门以上轮窑24座、立体窑5座,共生产标准砖2.5亿块,职工1800人。

石材 1986年,全县有砂石采掘企业2家,均在天山乡,实现产值146万元、销售收入123万元。1992年,随着城乡建设快速发展,砂石采掘企业采掘量剧增,实现产值和销售收入分别为1776万元、2026万元。后因砂石源减少和限量开采,1997年,砂石采掘产值和销售额均下降到250万元。1998年,砂石企业退出规模企业统计。

三、防水材料及制品

1986年,一沟乡和天山乡各有1家防水材料生产企业,主要生产建筑油毡,产量13.1万卷,实现产值216万元。1989年,一沟乡防水材料厂生产的油毡经省防水材料行业验收合格,取得生产许可证,企业更名为市防水材料厂。1992年,全市防水材料生产企业实现产值424万元、销售收入400万元,固定资产35万元,职工73人,主要生产熊猫牌石油沥青油毡、POL氯丁橡胶防水材料、WPP型弹塑性防水涂料等。1998年,市防水材料厂改制后,新建志高建筑防水材料有限公司。2005年,该公司为全市唯一一家防水材料生产规模以上企业,主要生产沥青和改性沥青系列制品,实现产值6192万元、销售收入5766万元、利税142万元,职工85人。

四、玻璃制品

1986年,武安乡玻璃厂生产平板(压花)玻璃6.36万箱,实现产值193万元。1988年,高邮镇建成县玻璃厂,生产日用玻璃制品,年产量4929吨。1991年,市玻璃厂进行改造后,以生产啤酒瓶为主。1992年,全市玻璃制品产量1.79万吨,实现产值1626万元、销售收入1445万元。1993年,因玻璃制品行业能耗高、利润微薄,武安乡玻璃厂停产歇业,市玻璃厂限产维持。1998年,市玻璃厂自筹资金,改造复产。1999年,该厂产量1.95万吨,实现产值1955万元、销售收入2027万元、利润-148万元。因企业严重亏损,尔后逐年限产,至2002年停产歇业。

第八章　其他制造业

1986年，全县有箱包鞋、造纸及纸制品、印刷、玩具、旅游体育用品、工艺品、金银首饰、家具等其他制造业乡以上企业44家，实现产值5816万元、销售收入5131万元、利税541万元，固定资产2002万元，职工5628人。90年代中期，全市箱包鞋生产企业通过合资、合作，扩大生产规模，造纸和纸制品行业在包装工业发展的拉动下逐年回升。1995年，全市有其他制造业乡以上企业41家，实现产值2.22亿元、销售收入2.13亿元、利税1023万元，固定资产8870万元，职工5124人。2003年后，天山、车逻、送桥、周巷等镇通过招商引资，分别建成箱包鞋、家具、旅游用品、人造板材生产企业。2005年，全市有其他制造业规模以上企业24家，主要产品有系列箱包、皮鞋、工艺鞋和各种运动鞋、机制纸和纸板、纸箱、旅游用品、金银首饰、人造板材等，实现产值7.18亿元、销售收入6.74亿元，固定资产1.85亿元，职工2728人。

第一节　皮革、箱包制品与制鞋

一、皮革、箱包制品

1986年，全县有皮革、箱包生产企业6家，其中乡镇办企业5家；生产猪皮皮革1.58万张、皮革制品39.64万件，其中人造皮革箱12.71万只，实现产值655万元、利税48万元；固定资产96万元，职工730人。是年，天山皮件厂人造皮革箱获“省优质产品”称号，实现产值420万元，占全行业产值64.1%。1990年，天山乡南茶村红星塑料制品厂建成中外合资企业扬州市主力皮革制品有限公司，主营箱包、手套。1993年，天山乡光华皮件厂生产的人革模压箱和吸塑箱获全国“‘金鸡杯’最畅销产品”称号。1994年，扬州市主力皮革制品有限公司先后在高邮、仪征、天长等地兼并和租赁乡镇企业15家，扩大箱包、手套生产规模。1995年，该公司取得自营出口权，所产茶牌系列箱包被中国社会调查事务所、国家经济贸易委员会经济研究咨询中心评定为“中国公认名牌产品”。1996年，天山乡光华皮件厂改制为扬州光华皮件制品有限公司。1999年，该公司实现出口额4000万元，并取得自营出口权。1999年，全市有皮革、箱包制品业规模以上企业4家，实现产值1.57亿元、销售收入1.48亿元、利税583万元，固定资产3260万元，职工1739人。2001年8月，扬州光华皮件制品有限公司与台湾客商合资建成扬州市弘昌箱包有限公司，主要生产高档箱包。2003年、2004年，菱塘回族乡、送桥镇亦先后兴建箱包生产加工企业。2005年，全市有皮革、箱包制品业规模以上企业6家，主要产品有衣箱、提箱及系列提包、背包等，实现产值1.77亿元、销售收入1.74亿元、利税302万元，职工1892人。

二、制鞋业

1986年，全县有制鞋生产企业7家，其中县属企业1家、乡镇企业6家；制鞋67.63万双，其中布鞋35.13万双、皮鞋6.5万双、旅游鞋26万双，实现产值560万元、利税28万元；固定资产105万元，职工1060人。县鞋帽厂以生产皮鞋为主，年产量3.7万双。80年代后期至90年代中期，汉留镇中日合资企业扬州樱花鞋业有限公司生产的长行牌雪地鞋和天山镇华飞运动鞋厂生产的茶牌运动鞋，先后获“省乡镇企业名牌产品”称号。1998年，临泽镇维扬运动鞋厂与上海上实国际贸易集团合资成立扬州申高鞋业有限公司，开发气垫式运动鞋等5个新品，扩大运动鞋、全胶鞋生产规模。1999年，全市有制鞋业规模以上企业7家，年产各种皮鞋、运动鞋233万双，实现产值2.13亿元、销售收入1.71亿元、利税789

万元。2001年，临泽镇天宇鞋厂与扬州申高鞋业有限公司共同开发生产军用鞋和沙滩鞋。2002年，扬州申高鞋业有限公司与临泽镇普天塑胶厂新上两条制鞋生产线。是年，临泽镇形成特种劳保鞋、旅游鞋、运动鞋、全胶鞋、沙滩鞋五大系列产品生产特色，实现鞋业产值1.2亿元。2003年初，临泽维扬鞋业有限公司与江苏香塘集团有限公司合资建成扬州登高胶鞋制品有限公司，主要生产销售硫化鞋及鞋底。2004年初，临泽镇与香港华信国际集团有限公司合资兴办江苏华信轻工制造有限公司，从意大利购进制鞋设备，主要生产特种鞋和服装。2005年，八桥镇与香港法比国际贸易有限公司合资建成江苏名正鞋业有限公司，生产运动鞋、休闲鞋和鞋材等产品。是年，全市有制鞋业规模以上企业9家，主要生产各类安全防护和劳保鞋、旅游鞋、雪地靴鞋、运动鞋、休闲鞋、沙滩鞋、橡胶靴鞋和布鞋等，实现产值2.29亿元、销售收入2.01亿元、利税1128万元，职工3227人。

第二节 造纸与纸制品

一、造纸

1986年，全县有乡以上造纸企业2家，主要生产书写纸、包装纸、卫生纸，实现产值992万元、销售收入1007万元、利税160万元，固定资产642万元，职工813人。1988年12月，县造纸厂生产的文游牌30克一号有光纸，分别被省轻工业厅、轻工业部评定为"江苏省优质产品"和"全国轻工业优质产品"。1989年，该厂为适应县内铝箔纸生产需要，开发生产新品镀铝原纸和铝箔衬纸。1989年后，该厂先后开发生产45克卷筒纸、50克外贸纸和水松原纸、税务发票专用纸、彩色打印纸等。1996年，全市有乡以上造纸企业2家，生产纸浆8493吨、机制纸（板）1.27万吨。2001年1月，市造纸厂建成纸浆模塑生产线，并开发出拷贝纸和仿联纸。因持续10年实施环保治理措施，逐年限制和减少自制纸浆，造纸效益持续下降，亏损不断上升。2002年起，市造纸厂顺应城市环境治理和南水北调工程对水质的要求，进行易地搬迁和产品结构调整。2005年，全市有规模以上造纸企业5家，生产机制纸及纸板2.18万吨，实现产值2.89亿元、销售收入2.78亿元、利税1634万元，职工748人。

二、纸制品

1986年，全县有乡以上纸制品生产企业7家，其中铝箔纸生产企业2家、纸盒和纸箱生产企业5家；生产真空镀铝纸801吨、复合铝箔纸25吨、纸箱和纸盒折价779万元；实现产值1637万元、利税92万元；固定资产425万元，职工762人。进入90年代，随着包装工业快速发展，纸制品生产规模迅速扩大。1994年，市包装制品有限公司从航天部北京机械厂购进AB楞五层瓦楞纸板自动生产线，实现提质扩产，并获外贸纸箱生产许可证，成为省定点中型纸箱生产企业。1996～1999年，该公司先后添置双色与三色印刷机、开槽机和增加新型瓦楞纸板生产线及PVC硬质包装盖，实现制板、印刷技术新发展。1999年，临泽铝箔纸厂改制更名为市长兴包装纸业有限公司，并调整产品结构，新上卡纸复合线，产品从单一的香烟包装纸向烟、酒、茶类包装纸等多品种发展。2000年后，市包装制品有限公司和市卫星卷烟材料有限公司继续实施扩产改造，增加纸制品生产品种。2005年，全市有纸制品生产规模以上企业8家，主要生产彩色和普通纸板箱、瓦楞纸箱、纸制品包装和烫金、印刷水松纸，实现产值1.94亿元、销售收入1.74亿元、利税676万元，职工827人。

图13-9 市包装制品有限公司生产车间一角

第三节　印刷、玩具与旅游、体育用品

一、印刷

1986年，全县有乡以上印刷企业7家，主要印制发票、收据、信纸、信封、会议材料、居民计划购粮券和煤炭、石油券与学校课本、练习簿等，实现产值338万元、利税55万元，固定资产237万元，职工608人。其中，县印刷厂产值占该行业产值59.2%。80年代后期，县印刷厂添置北京生产的高档彩印05（双色）机2台、08（单色）机1台和半自动装订机，承印各种书刊、账册、彩画、包装纸等。1992年，全市学校办印刷厂点发展到46家，其中乡以上独立核算企业6家，实现产值612万元、销售收入556万元。是年，市印刷厂、市东方彩印厂被确定为出版物加工企业，有双色、单色胶印机；其他印刷厂点，只有圆盘机、方箱机等设备。1993年，市印刷厂印制的小学六年制第六册《语文》课本、《国际经贸大全》分别获人民教育出版社“优质产品”称号、南京大学出版社图书印刷一等奖。1995年，该厂承印外省烟皮内外包装、食品保健品包装盒、书刊印刷包装、《高邮日报》等。1999年，界首立飞印刷厂新上彩印生产线，成为省精制盐复合包装袋重点生产厂。2000年，市印刷厂因严重亏损实施破产，私营、个体包装、装潢印刷和电脑打字、复印业快速发展。2005年，全市有各类印刷企业221家，其中出版物印刷企业2家、包装装潢印刷企业86家、其他印刷品生产企业48家；打字、复印点850个。全市印刷业规模以上企业仅1家，实现产值1099万元、销售收入924万元、利税31万元，职工80人。

二、玩具

1986年，县内玩具生产企业仅菱塘回族乡玩具厂1家，实现产值15万元，略有亏损，固定资产5.6万元，职工294人。1992～1998年，菱塘回族乡玩具厂和市兴华玩具五金厂为适应外贸出口和国内市场需求，玩具品种不断出新，规模不断扩大。1998年，实现玩具生产产值2129万元。2005年，全市规模以上玩具生产企业2家，主要产品均为长毛绒玩具和绒布玩具，实现产值3340万元、销售收入3114万元、利税107万元，职工260人。

三、旅游、体育用品

1986年，全县文教体育用品企业仅有沙堰乡乡办文体用品厂1家，主要生产羽毛球拍，实现产值38万元、利税1.7万元，固定资产4.1万元，职工109人。1991年，车逻乡生产健身球、彩色雨伞等产品，二沟乡俞胡村生产新型羽毛球。1992年5月，临泽镇与香港立兴行有限公司合资建成扬州天高旅游用品有限公司，生产中高档旅游鞋、旅游包、太阳帽等，70%产品销往境外。1999年，车逻镇扩大体育健身器材产品生产规模。2001年，该镇生产旅游帐篷等产品。2003年6月，该镇建成扬州和宇旅游用品制造有限公司，生产旅游帐篷和休闲、垂钓系列产品。2005年，全市有规模以上旅游、体育用品生产企业3家，主要生产旅游帐篷、旅游鞋、健身器材、休闲和垂钓用品等产品，实现产值4290万元、销售收入3981万元、利税155万元，职工289人。

第四节　工艺品、金银首饰加工与家具

一、工艺品

陶瓷工艺品　1986年，伯勤乡张曹村与省外贸进出口公司共同创办工贸合营县仿古陶瓷厂，生产仿制明清年间花瓶、花盆、凉凳、鱼缸等，兼产釉面瓷砖壁画，由省外贸进出口公司将产品销往日本、新

加坡、美国等国家和中国香港等地。是年，该厂实现产值53万元。1988年，该厂与省外贸陶瓷进出口公司、县外贸公司实行联营，扩大生产与出口。1990年，该厂实现产值216万元，成为省陶瓷工艺品出口重点企业之一。此后，该厂因外贸市场变化而被迫停产。

柳器和其他工艺品 1986年，全县有手工艺品生产企业7家。其中，县工艺品厂以生产外贸柳藤手工艺品、羽毛手工艺画为主；八桥镇工艺厂以生产外贸手工艺鞋、工艺天花板为主；界首、临泽、营南、伯勤、菱塘等5家乡镇办柳器编织厂，主要生产外贸手工柳制品。是年，共实现产值177万元、利税9万元，职工585人。1988年，外贸市场发生变化，羽毛工艺画滞销而基本停产；外贸柳制品走俏国际市场，实现出口供货额538万元。1992年，国际柳制品市场趋冷，全市柳器生产企业减少到3家，实现产值82万元。是年起，柳器和其他工艺品生产退出工业统计。2003年，天山镇建成扬州江源鞋业有限公司，主营系列工艺鞋。2005年，该公司成为全市唯一一家规模以上工艺品生产企业，实现销售收入960万元。

二、金银首饰加工

1986年，全县仅有1家金银首饰加工企业——县民政局办县金属工艺厂。1989年，该厂实行独立核算，实现产值125万元。1990年10月，该厂秦邮银楼经营内销黄金首饰零售业务，兼营旧首饰改制翻新。1994年1月，该厂开办黄金饰品生产、加工、批发业务，兼营外贸出口银制品加工业务，经营各种银首饰及银制品，固定资产19万元，职工41人，实现产值1118万元、销售收入1147万元、利税83万元。2000年后，外地金银首饰生产经营企业到市内设点零售，市金属工艺厂生产经营规模逐步收缩。2005年，该厂实现产值772万元、销售收入767万元、利税91万元，职工40人。

三、家具

1986年，全县有乡以上家具生产企业7家，生产家具19.1万件，其中钢木家具15.2万件，实现产值1113万元、销售收入890万元、利税53万元，职工1186人。1998年，市钢木家具厂（八桥农机修造厂）为唯一一家规模以上家具生产企业，实现产值928万元，利润-111万元。至90年代末期，该厂改制转产。2005年，全市有规模以上家具生产企业3家，其中金属家具制造企业2家，实现产值4506万元、销售收入4072万元、利税329万元，职工364人。

四、木材加工

1986年，全县有木材加工企业5家，实现产值125万元、利税12万元，固定资产31万元，职工355人。1992年后，城乡一批个体、私营木材加工企业应运而生。1995年，全市有乡以上木材加工企业3家，实现产值811万元。1998年后，该行业退出规模以上企业统计。2000年，周巷镇建成维扬木业有限公司，立足当地林木资源，生产木工板。2002年，国内最大的中密度纤维板生产集团——浙江丽人集团到周巷镇营南工业区投资，建成扬州市丽邮人造板有限公司，生产丽人牌中密度纤维板。2004年3月，汤庄镇建成林峰木业有限公司，以意杨树木为原料，生产“科技木”。2005年，扬州市丽邮人造板有限公司为全市木材加工业唯一一家规模以上企业，年产人造板8.22万立方米，实现产值9469万元、销售收入9330万元、利税1222万元，职工180人。

第五节 纯净水生产

1997年10月，全市首家纯净水生产企业——市蓝梦纯净水厂在市自来水厂建成，产水量1吨/小时。2003年5月，在市第二自来水厂建成市第二纯净水厂，新增产水设备4吨/小时，加上原1吨/小时和中期增加产水设备2吨/小时，合计总产水能力7吨/小时。2004年，市蓝梦纯净水厂随同市自来水公司并入高邮港邮供水有限公司，两家纯净水厂投资生产规模不变。是年，纯净水市场进一步发展，最高日产销水量4300瓶，年产销水量36万瓶。2005年，“蓝梦”纯净水商标被其他单位注册，港邮供水有限公司将“蓝梦”纯净水商标更名为文游牌。

第六节　企业选介

一、扬州天华皮件制品有限公司

位于天山镇兴华路25号。1980年5月，始建扬州光华皮件厂。占地3.6公顷，固定资产3500万元。1996年改制为扬州天华皮件制品有限公司。该公司专业生产乙烯—醋酸乙烯共聚物（EVA）衣箱，以牛津布、尼龙布、仿皮革、真皮为面料的各种类型衣箱、拉杆箱、化妆箱、旅行箱包等系列产品。2005年，实现产值1.24亿元、销售收入1.06亿元、利税224万元。

二、市包装制品有限公司

位于城区文游路231号。1978年，始建高邮镇建筑器材厂。1982年，该厂转产小药盒、药箱外包装，更名为县包装厂。1986年，实现产值116万元。1992年，产值过1000万元。1993年，建成扬州市包装行业首条现代化纸箱生产线，实现纸箱生产全自动化，成为苏北地区最大的纸箱生产企业，获“省包装百强企业”称号。90年代中期，经改制更名为现名。主要产品有A、B、C、E等4种楞型任意组合成的7层、5层、3层瓦楞纸板及纸箱。2005年，实现产值1.32亿元、销售收入1.25亿元、利税600万元。

三、市卫星卷烟材料有限公司

位于城区海潮路155号。1996年创建。占地5公顷，总资产5000万元，职工398人。该公司被中国烟草物资总公司确定为定点生产邮王牌卷烟材料厂家。先后获“省优质产品”“省双优诚信印刷企业”等称号。2000年后，该公司采用先进的印刷、烫金和激光打孔技术，开发和生产印刷水松纸、烫金水松纸、金边水松纸、激光打孔水松纸等系列产品，用于中高档香烟生产。2003年，研制出转移法烟用接装纸、降焦烟用接装纸。2004年，研制出真空直镀烟用接装纸，为国内首次运用真空直镀技术生产烟用接装纸，具有节能和环保效果。2005年，该公司实现产值1.12亿元、销售收入1.05亿元、利税896万元。

第九章　工业管理

1986年，由县经济委员会综合管理全县工业。县机械化学工业公司、县轻纺工业公司、县电子工业公司等3家行政性公司分行业管理县属工业企业。县粮食局、县商业局、县供销合作联社、县交通局、县物资局、县城乡建设环境保护局、县多种经营管理局、县水利局、县民政局、县文教局、县农业机械化管理服务公司、县水产局等各自管理系统内工业。县地方工业局管理全县乡镇工业，各乡镇工业管理办公室分别管理所属乡镇工业。1991年6月，市机械化学工业公司、市轻纺工业公司、市电子工业公司分别增挂“市机械化学工业局”“市轻纺工业局”“市电子工业局”牌子，行使行政管理与行业管理职能。1997年5月，市地方工业局更名为市乡镇企业管理局。

1998年10月，市政府决定，市粮食系统主要工业企业从市粮食局划归新成立的市粮食工业总公司管理。2000年6月，市政府为加快摩托车工业发展，将市高新摩托车制造有限公司与市电子工业公司合并，成立市摩托车工业公司。2001年12月，市经济委员会更名为市经济贸易局，为市政府综合管理全市工业的工作部门，市乡镇企业管理局在市经济贸易局挂牌。2003年2月，市政府将市机械化学工业公司、市轻纺工业公司、市摩托车工业公司、市粮食工业总公司合并，组建成市工业总公司，其他无主管部门企业和企业集团一并归口于市工业总公司管理。市工业总公司为独立的事业法人单位，归口市经济贸易局。2004～2005年，全市工业管理机构与体制未有新变化。

第一节　规模工业企业和重点行业培育

一、重点工业企业培育

1986年，县委、县政府将培育重点工业企业作为实施"主攻工业"战略决策的重要举措，对重点工业企业实行跟踪管理、动态调整。1991年，市（县）政府先后印发《关于支持县工业重点企业发展的有关措施》《关于在全市工业企业中开展争创税利大户活动的意见》。是年，全市年创税利超100万元的工业企业有15家。1993～1994年，市政府先后组织开展创争"工业亿元企业""工业双亿元企业""工业十强企业"等竞赛活动。1995年，高邮电器厂、扬州高明发动机有限公司、市经纬纺织有限公司、市制动件总厂、扬州市飞达电机仪表公司、市通用过滤机厂、江苏华能电缆总厂等7家企业首批达到"十强企业"标准，受到市委、市政府表彰。其中，高邮电器厂先后成为全市首家实现产值过亿元、过双亿元的企业。至1999年，该厂连续7年产值一直居全市工业企业之首。2005年，全市重点工业企业发展到30家，共实现产值53.83亿元、销售收入49.1亿元、利税2.98亿元，分别占全市规模以上工业企业46%、45.52%和49.17%。

2005年高邮市重点工业企业主要经济指标一览表

表13-2　　单位：万元

企业名称	现价产值	销售收入	利税总额	利润总额
江苏金飞达电动工具有限公司	80806	62923	3919	1633
扬州曙光电缆有限公司	60000	58221	3645	1587
市经纬纺织有限公司	34188	31764	1942	125
市助剂厂	28999	27584	1986	653
江苏顺大半导体发展有限公司	22679	22679	4476	2519
江苏日欣实业集团有限公司	22025	18834	496	237
市双兔米业有限公司	19975	19975	203	139
扬州苏源电线电缆有限公司	19884	17426	988	544
扬州华富实业有限公司	18829	18434	1703	629
扬州升达集团	18163	17761	1013	206
扬州和益电动工具有限公司	16140	15180	680	420
江苏赛德电气有限公司	15088	14431	956	312
江苏精佳制动件集团有限公司	15049	11652	159	14
扬州高华化工有限公司	14755	13361	54	-252

续表 13-2

企业名称	现价产值	销售收入	利税总额	利润总额
市包装制品有限公司	13151	12480	600	188
扬州金马机电制造有限公司	12830	9690	330	127
市万嘉面粉有限公司	12493	10466	187	2
扬州天华皮件制品有限公司	12387	10609	224	50
江苏华能电缆有限公司	11497	10629	699	282
市卫星卷烟材料有限公司	11202	10461	896	176
江苏沙龙制衣有限公司	11180	11180	1327	156
市声光器材厂	10515	10271	987	301
扬州市恒丰制衣有限公司	10024	9724	691	351
扬州华润电缆厂	9399	8983	532	300
扬州市鸿信线路器材有限公司	9100	9100	316	125
市液压成套设备有限公司	8150	7747	736	337
江苏牛牌纺织机械有限公司	8100	7573	718	315
市金宝电工有限公司	5800	5595	—	-40
江苏珠光食品有限公司	5069	5680	-465	-503
江苏华信轻工制品有限公司	860	737	—	—

二、“3211”工程实施

1990年6月，县委、县政府提出在乡镇工业中实施“3211”工程意见，即要求列为首批参与的高邮镇、临泽镇、界首镇、三垛镇、武安乡、车逻乡、八桥镇、天山乡等8个乡镇，在1990年7月至1991年12月，均实现年技改投入300万元、净产值递增20%、利润递增10%、开发1个外向型项目的发展目标。所需技改投入资金2400万元，分别由金融部门切块确保40%、自筹40%、向上争取20%。县成立“3211”工程领导小组，下设办公室。参与的乡镇逐年滚动增加。1992年末，参与的11个乡镇共实现产值8.18亿元、利润912万元，分别占全市乡镇工业54.6%和61.1%。其中，界首镇全面完成指标，获“3211”工程综合奖；其他乡镇分别获单项奖。

三、“工业亿元乡镇”创争

1993～1994年，市委、市政府连续两年把创争“工业亿元乡镇”作为“政府26件实事”之一。1995年，市政府在《政府工作报告》中，又提出创争“工业双亿元乡镇”活动。是年末，高邮镇、车逻镇、武安乡、湖滨乡、卸甲镇、三垛镇、横泾镇、菱塘回族乡、郭集镇、天山镇等10个乡镇，年度工业产值实绩均超过双亿元，合计24.54亿元，占全市乡镇工业总产值60.1%。

四、重点行业培育

1994年，市委、市政府提出注重和培植工业重点行业。是年末，在全市乡以上独立核算工业中，形成交通运输设备制造业、纺织业、食品加工业、电器机械及器材制造业、专用设备制造业、化学原料及化学品制造业等6个重点行业，合计产值、销售收入、利税总额实绩分别占全市独立核算工业企业64.2%、61.3%、71.3%。其中，体量最大的是交通运输设备制造业，产值、销售收入、利税总额实绩分别为5.98亿元、4.17亿元和5637万元。2002年，市委、市政府为推动全市经济实现跨越发展，分别成立电动工具、电线电缆、灯具、农产品加工、服装纺织与箱包鞋、医药化工及塑料、汽车与摩托车配件共7个工业支柱行业指导协调小组，由市领导任组长，并印发《关于进一步加快重点行业发展的意见》。至年末，7个行业列统企业共实现产值39.57亿元，比上年增长15.2%，占全市列统工业75.5%。2005年，全市工业重点行业调整为电线电缆、电动工具、机械制造、服装纺织与箱包鞋、电子、灯具、液压机械设备等7个行业，共有规模以上企业195家，实现产值81.77亿元，分别占全市规模以上工业企业68.2%、69.9%。其中，体量最大的电线电缆行业有规模以上企业25家，实现产值16.97亿元，占全市规模以上工业企业产值20.75%。

2005年高邮市工业重点行业情况一览表

表13-3

重点行业	规模以上企业数（家）	工业产值（亿元）	重点行业	规模以上企业数（家）	工业产值（亿元）
电线电缆	25	16.97	电子	6	4.75
电动工具	21	15.48	灯具	17	3.82
机械制造	60	15.13	液压机械设备	13	3.71
服装纺织与箱包鞋	53	21.91			

第二节 企业整顿、升级与划型

80年代，在全县工业企业中开展企业整顿工作。至1985年末，全县基本完成112家县办工交企业和116家乡镇村工业企业整顿任务。企业经过整顿，领导班子平均年龄下降、文化素质提高，企业管理和各项基础性工作得到加强。1986年4月，被扬州市政府表彰为企业整顿先进单位的有高邮电器厂、县石油机械厂、高邮油厂、县自行车零件厂、县轧花厂，先进工作者有赵厚德、潘立新、庞钰、周林英、刘志贞。

1987年，县政府成立县加强工业企业管理领导小组，下设办公室，开展“抓管理、上等级、全面提高企业素质”活动。1988年，县制动件总厂获轻工业部批准，制定自行车涨闸行业国家标准，成为全县首家承制全国行业标准的企业；县水泵厂通过省二级计量单位评审，并获省机械工业厅质量管理奖，被省政府表彰为企业升级工作先进企业。1989年、1990年，县水泵厂先后获批为中型企业（中二）和通过国家二级企业评审。至是年末，全县先后被省、市政府表彰为企业升级工作先进企业的工业企业有30家。1991年，全市企业升级活动停止。各年度按规定标准和程序，向省企业划型办公室申报企业划型。1998年，全市共有大二型企业4家、中一型企业7家、中二型企业20家，为全市大中型企业最多年份。2005年，全市有中型工业企业14家，其余均为小型工业企业。

第三节 企业技术改造与创新

一、企业技术改造

1986～1988年，全县企业技改项目投资主体集中在县属企业，累计完成技改项目532项，实际投资额2.39亿元。1990年，全县乡镇工业实施“3211”工程，部分工业基础较好的乡镇和企业逐步成为技改投入主体，全县累计完成技改项目292项，实际投资额1.48亿元。1992～1995年，全市落实国家实施投融资体制改革政策，完成技改投资项目433项，实际投资额13.57亿元，技改项目投资主体进一步向乡镇转移。1996年起，全市对重大工业技改项目实行“三期三长”责任制。至2002年，全市实际完成技改投资额年均5.5亿元左右，改制后的企业和私营个体企业成为新的技改投入主体。2003年，市政府实行“十大工业技改项目”跟踪督查制度。2003～2005年，全市工业企业累计技改投资额57.1亿元，其中2005年投资额32.2亿元，与2003年相比接近翻两番。是年，扬州宏远电子有限公司、江苏华信轻工制品有限公司、江苏顺大半导体发展有限公司项目投资规模分别在1亿元以上。

1986～2005年高邮市工业企业技术改造项目投资情况一览表

表13-4

项目/年份	技改规模		实际完成数		项目/年份	技改规模		实际完成数	
	项目（项）	计划投资（亿元）	项目（项）	当年投资（亿元）		项目（项）	计划投资（亿元）	项目（项）	当年投资（亿元）
1986	102	0.29	91	0.22	1996	107	7.64	98	5.22
1987	213	0.66	202	0.53	1997	95	8.90	85	5.30
1988	—	—	239	1.64	1998	107	7.76	—	5.50
1989	79	0.55	54	0.21	1999	223	7.77	—	5.64
1990	135	0.92	112	0.54	2000	309	—	—	—
1991	149	1.44	126	0.73	2001	313	6.50	303	4.45
1992	155	2.96	128	1.51	2002	262	—	—	5.62
1993	121	5.20	93	3.30	2003	400	10.20	—	8.80
1994	116	5.50	95	4.05	2004	423	19.88	—	16.09
1995	134	7.93	117	4.71	2005	592	42.68	577	32.20

2005年高邮市“十大工业技改项目”建设情况一览表

表13-5　　　　单位：亿元

企业名称	项目内容	计划投资总额	当年投资额	完成进度
江苏顺大半导体发展有限公司	单晶硅切片加工	2.00	2.13	竣工投产
江苏华信轻工制品有限公司	特种服装	1.20	0.83	附属用房竣工
扬州宏远电子有限公司	低压电极箔	1.00	0.82	16条生产线全部完成
扬州亨利纺织有限公司	6万纱锭	1.00	0.72	竣工投产
市金宝电工有限公司	漆包线生产	1.00	0.30	厂房施工完成，设备安装调试
市双兔米业有限公司	万吨稻米深加工	0.87	0.20	进行厂房建设
市经纬纺织有限公司	4万纱锭设备改造	0.80	0.56	竣工投产
江苏金飞达电动工具有限公司	电动工具	0.40	0.30	竣工投产
扬州曙光电缆有限公司	电缆	0.40	0.45	竣工投产
高邮华美丙纶纺织有限公司	PP无泡过滤芯	0.38	0.31	竣工投产

二、新产品创优

1986年，高邮米厂生产的标一晚籼米获“部优产品”称号。1991年，市环保设备制造厂生产的有机气体催化净化装置获国优银奖。2005年，强菱牌电线电缆、华富牌蓄电池、双兔牌大米、沙龙牌羽绒服4个品牌产品获“国家免检产品”奖牌，赛德牌电子计算机控制电缆、华富（HUAFU）牌电动助力车蓄电池、文游牌罗氏沼虾颗粒配合饲料等8种产品被评定为江苏名牌产品，强菱牌计算机控制电缆、长长牌控制电缆、鸿信牌硅芯管、华富牌电动助力车用胶体（铅酸）蓄电池、文游牌水产系列饲料等13种产品获“省质量信用产品”称号。至是年末，全市获国家和部、省“优质产品”称号的工业新产品共有76种，其中国优产品1种、部优产品16种、省优产品59种。

三、企业技术中心建设

1989年5月、1990年3月，县委、县政府先后两次召开全县科技工作大会，全县工业企业创新体系建设起步。1990年，全县有7家企业建立企业科研机构，大部分企业成立新品试验室、新品车间、新产品开发办公室，从事新产品研发工作。1993年，全市企业科研机构发展到13家。2000～2005年，全市建成扬州市企业技术中心14个。其中，扬州曙光电缆有限公司企业技术中心于2005年晋升为省企业技术中心。

2000～2005年高邮市建成省和扬州市企业技术中心一览表

表13-6

批准年份	企业名称	级别	批准年份	企业名称	级别
2000	扬州曙光电缆厂	扬州市	2004	扬州和益电动工具有限公司	扬州市
2000	高邮市染料化工厂	扬州市	2005	扬州曙光电缆有限公司	江苏省
2001	扬州通用过滤机厂	扬州市	2005	扬州华富实业有限公司	扬州市
2001	扬州光明电缆有限公司	扬州市	2005	市声光器材厂	扬州市
2002	江苏金飞达电动工具有限公司	扬州市	2005	江苏赛德电气有限公司	扬州市
2003	扬州宏远电子有限公司	扬州市	2005	市经纬纺织有限公司	扬州市
2004	高邮市水泵厂有限责任公司	扬州市	2005	扬州苏源电线电缆有限公司	扬州市
2004	江苏华能电缆有限公司	扬州市			

四、高新技术企业创建

1994年，市兴华光纤电缆厂及其开发生产的GY型通信光缆，分别被认定为省高新技术企业和省高新技术产品。1995年后，全市创建高新技术企业步伐加快。至2005年，全市共建成国家重点高新技术企业2家、省高新技术企业27家。详见第二十七篇《科学技术》第三章《高新技术产业》第二节《高新技术企业与产品》（第1008页）。

第十四篇

建筑业　房地产业

要 目

80年代前，全县建筑业处于“散兵游勇”状况，建筑市场以县内市场为主。遍布城乡的瓦木工匠以简单工具、传统材料、古老工艺，为城乡单位和居民砌房造屋。房产业态尚未形成。80年代中后期，县、乡政府开始重视建筑业规划与发展，从县、乡管理机构设立和建筑企业组建与发展，到县外建筑市场开拓，有了良好起步；开始涉足房地产开发。90年代起，全市建筑业、房地产业进入快速发展期。建筑业队伍逐步形成规模，万人建筑大军活跃在31个省市的建筑市场，建筑设施不断更新，建筑工艺不断创新，承接高层建筑、大体量工程能力不断增强。市内房地产业渐成重要产业，建成规模较大、配套设施齐备的20个居民住宅小区、8个商贸集中区和一批公共建筑。稳步推进住房制度改革。至2005年，建筑业、房地产业成为全市重要支柱产业。住房制度改革进入常态化、规模化运作，解决了350户住房困难户和56户城镇最低收入家庭住房困难。

第一章　建筑业

1984年，县建筑安装工程总公司成立，隶属于县城乡建设环境保护局。1987年12月，县建筑安装工程总公司挂“县建筑工程局”牌子。1988年5月，县建筑安装工程总公司（县建筑工程局）从县城乡建设环境保护局划出，为科级单位，实行企业化管理，直属县政府。1997年5月，按照《关于市级党政机构改革实施意见》，确定为逐步向经济实体过渡的机构，主要承担行业管理职能。2001年12月，按照《高邮市乡（镇）党政机构改革实施意见》，确定为市政府直属事业机构。2005年，全市共有建筑资质企业74家，其中一级资质企业3家、二级资质企业12家、三级资质企业44家、劳务分包企业15家；设立10个驻外办事处；完成施工面积684.1万平方米、竣工面积431万平方米，实现建筑业总产值58.6亿元，分别是1986年14.78倍、14.13倍、97.67倍。

1986～2005年高邮市建筑业企业主要经济技术指标一览表

表14-1

项目 年份	施工面积（万平方米）	竣工面积（万平方米）	施工产值（亿元）	全员劳动生产率（元/人）	施工人数（万人）	
						外出施工人数
1986	46.3	30.5	0.58	6106	1.1	0.7
1987	67.3	38.8	0.90	6427	1.3	0.8
1988	74.1	47.6	1.25	8646	1.5	0.8
1989	64.9	42.8	1.10	9046	1.3	0.7
1990	53.2	30.9	1.20	9425	1.2	0.6
1991	61.3	36.8	1.58	11516	1.4	0.7
1992	79.8	47.2	2.00	11658	2.0	1.0
1993	114.8	61.5	4.02	16390	2.2	1.5
1994	142.0	71.0	8.04	22548	2.5	1.6
1995	211.0	103.7	11.45	39482	2.9	1.8
1996	265.0	130.0	17.60	59795	2.9	1.8
1997	289.7	173.6	20.10	59473	2.9	1.9

续表 14-1

项目 年份	施工面积（万平方米）	竣工面积（万平方米）	施工产值（亿元）	全员劳动生产率（元/人）	施工人数（万人）	
						外出施工人数
1998	297.2	186.5	22.00	73660	3.1	1.6
1999	331.0	227.8	32.00	97859	3.3	1.6
2000	350.0	257.9	30.10	85857	3.5	1.8
2001	358.6	264.5	32.90	96764	3.4	1.8
2002	380.0	290.0	37.00	108824	3.4	2.2
2003	477.5	340.3	42.50	98607	4.3	3.0
2004	581.8	379.0	47.80	94466	5.1	3.3
2005	684.1	431.0	58.63	107776	5.4	3.8

第一节 体制改革

一、工程项目承接、施工制度改革

1987年，县建筑安装工程总公司在县内建筑企业中，推行“定施工面积、定竣工面积、定施工产值、定全员劳动生产率”的“四定”承包责任制。各驻外办事处全部实行经济承包责任制，规定各项承包指标，制定奖惩措施。有11家企业开展基础管理整顿工作。1988年，建筑企业开始实行项目承包改革，推行幢号承包、层层内包，强化工程质量、安全生产等。部分企业试行风险抵押承包，由承包人或承包主体（工程队）在工程开工之前与企业签订承包合同，并缴纳一定数额风险金。1990年，县经济委员会、县建工局与县建筑安装工程公司签订企业承包经营责任制合同书，由县税务局、县劳动局、建行高邮县支行、县公安局联合见证，并经县公证处公证，确保完成1991～1992年全县建工系统经营指标。1993年，试行项目法施工管理，以项目工程为对象，实行全过程承包。1994年，在总结项目法施工管理经验的基础上，坚持以点带面，逐步推行。至1998年，全市建筑企业全部实行项目法施工管理，项目经理凭证上岗，部分企业在内部实行项目竞争机制。

1999年6月，市建工局对10个驻外办事处实施“风险抵押、竞争上岗”改革措施。同时，制定创优目标，对工程施工全过程实行质量监督。此后，驻外办事处负责人每年实行一次竞聘，通过竞聘就任。

二、企业管理制度改革

1987年，按照干部“四化”要求和精干、懂行的原则，一批年轻、有一定文化水平、基本上懂行、有较强的事业心和责任心、会经营、善管理的人员被调整充实到建筑企业领导岗位。同时，在县属建筑企业中实行劳动人事制度改革。至1990年，职工打破“铁饭碗”，实行合同制；干部打破终身制，实行聘用制，基本做到职工能进能出、干部能上能下，优胜劣汰。1993年，在建筑企业中推行分配机制改革，推出“包上缴，包技改投入、产出和还贷，工资总额和经济效益挂钩”的“两包一挂”举措。1996年，各建筑企业积极适应市场经济形势，按照实现“两个根本性转变”要求，规范和完善企业财务、材料、分配等各项管理制度。1997～2005年，进行新一轮内部管理机构改革，采取机构改革、定岗定员、减员增效等措施，解决企业机构臃肿、人浮于事、工作效率低下问题。

三、资产重组与股份制改造

1990年，县第二建筑工程公司与县建筑安装工程总公司划开，并与部分经济效益和社会信誉较高的送桥等9家乡镇建筑公司组成县第二建筑工程公司联营体，性质为县属大集体，实行独立核算、自负盈亏。是年，县建筑工程局印发《高邮县第二建筑工程公司联营体章程》。1992年4月，市第二建筑工程公司兼并管理、经营不善且连续亏损的市城乡建设服务公司。是年，在驻霍林河工程队基础上，成立市第三建筑安装工程公司，性质为市属大集体，实行独立核算、自负盈亏。8月，成立市建筑工程配套公司，性质为市属集体，实行独立核算、自负盈亏。1997年4月，市建筑工程局成立直属企业改制解困工作领导小组，加强对直属企业改制、解困工作领导和重大工作事项的决策。1998年，市政府印发《关于推进建筑企业改革的若干意见》。11月，由车逻镇、伯勤乡、八桥镇、郭集镇、川青镇、送桥镇建筑管理站和营南乡建筑公司、市第四建筑安装工程公司、市水利建筑安装工程总公司、市建筑安装工程公司、市兆丰实业有限公司组成的市第二建筑安装工程有限公司成立，注册资本4174.43万元。至年末，全市49家建筑企业中，完成改制工作的企业37家，占75.5%；已经进行改制但还未结束的企业10家，占20.4%；未改制的企业2家，占4.1%。在已改制的企业中，建立有限责任公司的有7家，占18.9%；实行股份合作制的有8家，占21.6%；实行划小核算、推行经营承包责任制的有12家，占32.4%；改为民营企业的有9家，占24.3%；成立集团公司的1家，占2.8%。

1999年，市建筑工程局对其直属企业——市第二、三建筑安装工程有限公司进行改制。市第二建筑安装工程有限公司中公有资产全部退出，拍卖部分资产，企业职工实行协保离岗；拍卖市第三建筑安装工程有限公司三级资质，并将该公司所有职工实行工龄买断，原有债务由新成立的公司在每年上缴的管理费中逐年偿还。郭集镇建筑公司实行公司、分公司与项目部三级管理、三级核算形式，自主经营、自负盈亏，同时进行管理监督，取得较好经济效益。

2002年，市属建筑企业按照提高产业集中度、激活机制、创新体制和“彻底改，改彻底”的原则，进行资产重组、破产等深层次改制。同时，全市42家集体、乡镇建筑企业同步进行改制。至年末，市第二建筑安装工程有限公司加强资产整合，吸纳16家成员企业进行资产重组；市建筑安装工程公司实施破产改革，投入1180多万元，买断职工工龄。

2003年6月，组建江苏弘盛建设工程集团。该集团母公司为由市第二建筑安装工程有限公司更名的江苏弘盛建设工程集团有限公司，拥有19家股东单位，控股子公司有市兴邮劳务有限公司、市盂城建设工程集团有限公司、市建华建筑安装有限公司，注册资金9680.64万元。至年末，市建筑安装工程有限公司完成破产程序，全市完成改制工作的33家集体、乡镇建筑企业中，建立有限责任公司21家、集团公司1家、其他11家，改制面79%。至2005年末，全市有法人资格的74家建筑企业全部完成股份制改造和申请股份制企业登记，其中集团有限公司2家、有限责任公司72家。

第二节 建筑业规模与资质

一、职工队伍

80年代初，全县从事建筑施工人员不足3000人，年施工产值1000万元左右，大多在县内从事机关、学校、厂区工程建设，有部分建筑施工队伍到上海、常州、内蒙古霍林河等地承包工程，但规模小、体量不大。1986年，全县建筑施工企业职工由1985年的9717人发展到1.11万人，形成万人建筑大军，其中出县从事建筑施工人员6593人，县建筑安装公司和东墩、送桥、武安乡建筑安装公司建筑施工人员各超过1000人。同时，为提高建筑队伍素质，全县先后选送68名公司经理、会计、工长、特殊工种工人到县以上有关单位培训，有8人考取大中专学校、1名工程师到高等院校进修；乡镇建筑企业有1人获助理工程师职称，38人分别获技术员、会计员职称。1987年、1988年，全县建筑企业总人数分别为1.3万人、1.5万人，其中外出施工人数8000人。1989～1991年，国家压缩基本建设投资规模，建筑市场受到一定影响，全市建筑施工企业职工人数有所减少，1989年、1990年分别比1988年减少2000人、2670

人。1990年，全县建筑企业有技术、经济专业职称人员422人，其中高级职称1人、中级职称15人、初级职称406人。1991年起，施工人数有所增长。1991～1993年，全市从事建筑施工人数分别为1.4万人、2.02万人、2.16万人，其中外出施工人数各为7000人、9594人、1.5万人。1993年起，加强建筑施工从业人员培训和技术职称评聘工作。是年，市建筑工程局职工学校开办1个中专班，为各建筑企业举办培训班16期，共培训401人次，其中特殊工程类培训108人、中级职称岗位培训222人、项目经理培训5人。全市建筑行业累计拥有各类专业技术人员848人，其中工程类647人、经营类53人、会计类118人、统计类19人、教学类2人、档案类2人、政工类7人。此后逐年组织开展行业岗位培训、特种工种培训和职称培训，提高职工技能。1994年，全市从事建筑施工人数2.46万人，其中出市施工人数1.61万人。在出市施工人数中，出省施工8485人、市外省内施工7614人，省外施工人数首次超过省内施工人数。1995～1996年，建筑施工人数持续增长，到市外施工人数占60%以上，出省施工人数超过省内施工人数。1997年，建筑业受亚洲金融危机影响，全市建筑施工人数比上年下降2.9%。1998年、2003年、2004年，建筑施工人数分别超过3万人、4万人、5万人，其中外出施工人数分别为近2万人、2.98万人、3.32万人。至2005年，全市共有建筑类专业技术职称人员1876人，其中高级工程师131人、工程师413人、助理工程师1332人；项目经理973人，其中一级项目经理53人、二级项目经理238人、三级项目经理682人；建造师391人，其中一级建造师223人、二级建造师168人。“三类人员”（A类：建筑企业经理、副经理，技术部门负责人；B类：项目经理；C类：安全员）、特种作业人员、重点岗位操作人员持证率100%。

二、企业规模

1986年，全县实现建筑业总产值5577万元，其中东墩乡建筑安装工程公司完成产值1116.3万元，为全县首家产值超1000万元的建筑企业。1988年，全县建筑业总产值突破1亿元，为1.25亿元。1989年，国家大幅度压缩基建规模，全县建筑业受到一定影响。1990年，全县30家建筑企业通过改革，加强质量、安全管理，开拓经营，实现建筑业总产值1.2亿元，其中东墩乡建筑安装工程公司第二工程处（驻南京）完成产值1009.87万元，成为首家产值突破1000万元的建筑工程处。1991～1993年，全市建筑业发展较快，各年度分别实现产值1.58亿元、2亿元、4.02亿元。1994年，全市建筑企业按照“重点突破，单项领先，铺好摊子，分步提高”思路，推进“三十”（十个重点乡镇、十家重点企业、十项重点工程）工程建设，实现产值8.04亿元，市第二建筑工程公司、武安乡建筑安装工程公司产值率先超1亿元。1995年，全市建筑业实施“规模引导，全面推进，基础支撑，市场立足，改革驱动，政策护航”发展战略，推动建筑业由市内市场、中小城市向市外市场、大中城市和国家重点工程项目区域转移，由低层、多层建筑向高层、大体量工程转移，由分散经营、小型企业向规模基地、规模企业转移，由低品率、低效益向优良品率、创名牌、夺奖杯、高效益转移，规模迅速扩大，实现建筑业总产值11.45亿元，比上年增长42.4%。全市建筑业年产值超1亿元乡镇5个、产值超5000万元建筑企业8家。其中，武安乡建筑企业总产值2.06亿元，居各乡镇之首；营南乡建筑企业产值连续3年翻番，首次突破1亿元。1996～1999年，全市建筑企业克服国家宏观调控、亚洲金融危机影响，主动出击，在困境中求发展、调整结构，提高运行质态，保持稳中求进、平稳发展态势。1999年，实现建筑业总产值32亿元，有建筑业总产值超1亿元乡镇7个、产值逾5000万元建筑企业16家。进入21世纪，全市建筑企业抢抓北京成功申办2008年“奥运会”和西部地区大开发机遇，在巩固、发展、开拓建筑市场同时，继续推进以产权制度改革为核心的企业改制，培育出跨地区、跨行业、跨所有制的企业，实现从单一的房屋建筑施工向市政、路桥、装饰装修和其他服务业等方面多元化发展。部分中小施工企业积极转轨，向“专”“精”“特”“新”方向发展。2001年，启动ISO 9002质量管理体系认证工作。至2002年，通过ISO 9002质量管理体系认证的建筑企业7家；市第二建筑安装工程有限公司通过ISO 9001质量管理体系、ISO 14000环境管理体系、GB/T 2800职业健康安全管理体系认证。2003年，市第二建筑安装工程有限公司更名为江苏弘盛建设工程集团有限公司。2005年，实现建筑业总产值58.63亿元；建筑业产值超1亿元的乡镇由2000年8个增加到21个，产值超1亿元建筑企业由2000年6家增加到12家。高邮镇建筑企业产值居全市各乡镇之首，产值由2000年4.24亿元增长到7亿元。

2005年高邮市产值超1亿元建筑企业主要经济指标实绩一览表

表14-2

项目 / 企业名称	总产值（亿元）		施工面积（万平方米）		与建设单位直接签订合同额（亿元）	计算劳动生产率人数（人）
		在省外施工产值		新开工面积		
江苏弘盛建设工程集团有限公司	27.15	7.00	335.75	276.87	29.40	27921
扬州市秦邮建筑安装工程有限公司	6.33	2.68	94.35	71.40	5.80	4568
江苏兴厦建筑安装集团有限公司	4.71	2.34	83.49	44.86	5.26	4825
江苏润扬建筑安装有限公司	2.38	0.34	32.87	20.95	0.72	1653
市高强公路工程有限公司	2.04	—	—	—	2.04	263
江苏华泰道路桥梁工程有限公司	1.81	0.23	1.85	1.85	1.89	312
扬州市邮城建筑安装工程有限公司	1.73	0.56	29.00	24.37	1.96	1782
市亚华安装工程有限公司	1.63	0.21	0.83	0.61	1.64	1757
江苏天泽建筑工程有限公司	1.60	0.57	11.40	9.51	1.96	161
市水利建筑安装工程总公司	1.42	0.12	2.59	2.59	1.72	868
市建筑安装机械化施工工程公司	1.30	1.29	7.40	7.40	1.30	1462
市建筑安装基础工程公司	1.10	0.72	16.39	16.39	1.49	2028

三、企业资质

1986年，县属建筑企业——县建筑安装工程公司、县第二建筑工程公司被批准为三级资质企业，送桥、东墩、二沟、郭集等4家乡镇建筑企业被批准为四级资质企业，八桥、武安、一沟、卸甲、伯勤、武宁等6家乡镇建筑企业为暂定四级资质企业。1987年，全市建筑企业中，三级资质企业5家、四级资质企业18家。1990年，全县有资质等级建筑企业31家。其中，县第二建筑工程公司为二级资质企业，县建筑安装工程公司和东墩、武安（含宝塔）、高邮镇等4家乡镇建筑企业为三级资质企业，龙奔、一沟、车逻、花王（村办）、卸甲、甸垛、汉留、湖滨、二沟、三垛、临泽、周山、横泾、天山、司徒等15家乡镇、村建筑企业为四级资质企业，菱塘、界首、周巷、沙堰、汤庄、武宁、平胜、甘垛、县蚕桑场、文游（村办）、城郊（村办）等11家乡镇（场）、村建筑企业为等外级企业。1993年，全市新批建筑企业20家，累计40家，其中二级资质企业1家、二级资质企业联营体8家、三级资质企业6家、专业化施工企业3家。1994年8月，市建筑安装工程公司、市建筑安装基础工程公司被评定为二级资质企业，全市累计有二级资质企业3家。2000年后，各建筑企业加大设备投入，加快人才培养，加强管理，积极创造条件申报资质。2001年、2003年，市第二建筑安装工程有限公司和江苏华泰道路桥梁工程有限公司、江苏兴厦建筑安装公司先后获建筑业施工总承包一级资质。2005年，全市累计有建筑业资质企业74家。其中，房屋建筑工程施工总承包一级资质企业2家，市政公用工程施工总承包一级资质企业1家，房屋建筑工程施工总承包二级资质企业3家，水利水电工程施工总承包和城市及道路照明工程、钢结构工程、混凝土预制构件专业承包二级资质企业各1家，公路路基工程专业承包二级资质企业2家，装修装饰工程专业承包二级资质企业3家，房屋建筑工程总承包三级资质企业15家，电力工程总承包三级资质企业1家，装修装饰工程专业承包三级资质企业14家，城市及道路照明工程专业承包三级资质企业3家，金属门窗工程专业承包三级资质企业3家，公路养护工程、消防设施工程、机电设备安装、空气净化工程、管道工程、城市及道路照明工程、建筑物非爆破拆除工程、建筑物非爆破拆除工程专业承包三级资质企业各1家，劳务分包一级资质企业4家、二级资质企业11家。

2005年高邮市建筑业资质企业情况一览表

表14-3

定级年份＼项目	企业名称	序列	专业类别	等级
1999	江苏永恒塑业有限公司	专业承包	装修装饰工程	三
2001	江苏弘盛建设工程集团有限公司	施工总承包	房屋建筑工程	一
2002	市建筑安装基础工程公司	施工总承包	房屋建筑工程	二
2002	江苏润扬建筑安装有限公司	施工总承包	房屋建筑工程	二
2002	市交通建设工程有限公司	专业承包	公路路基工程	二
2002	扬州市华联装潢广告有限公司	专业承包	装修装饰工程	二
2002	市飞马装饰工程有限公司	专业承包	装修装饰工程	二
2002	扬州市天伦装饰装潢有限公司	专业承包	装修装饰工程	二
2002	市众鑫建设实业有限公司	施工总承包	电力工程	三
2002	扬州市邮城建筑安装工程有限公司	施工总承包	房屋建筑工程	三
2002	市富康建筑安装工程有限公司	施工总承包	房屋建筑工程	三
2002	市城区建筑安装工程公司	施工总承包	房屋建筑工程	三
2002	市建筑安装机械化施工工程公司	施工总承包	房屋建筑工程	三
2002	扬州润扬路面工程有限公司	专业承包	公路养护工程	三
2002	市海洋消防安装有限公司	专业承包	消防设施工程	三
2002	市神龙建设装饰工程有限公司	专业承包	装修装饰工程	三
2002	市华盛建筑安装工程有限公司	施工总承包	房屋建筑工程	三
2002	扬州亚能钢结构工程有限公司	专业承包	装修装饰工程	三
2002	扬州市新罗马涂装有限公司	专业承包	装修装饰工程	三
2002	扬州市金垛净化工程有限公司	专业承包	空气净化工程	三
2002	扬州市鸿信线路器材有限公司	专业承包	管道工程	三
2002	市四方建筑安装有限公司	劳务分包	砌筑作业分包	一
2002	市兴邮建筑劳务有限公司	劳务分包	砌筑作业分包	一
2002	市宏大建筑安装工程有限公司	劳务分包	砌筑作业分包	二
2002	市华生建筑劳务有限公司	劳务分包	砌筑作业分包	二
2002	市金厦建筑劳务有限公司	劳务分包	砌筑作业分包	二
2003	江苏华泰道路桥梁工程有限公司	施工总承包	市政公用工程	一
2003	江苏兴厦建筑安装集团有限公司	施工总承包	房屋建筑工程	一

续表 14-3

定级年份＼项目	企业名称	序列	专业类别	等级
2003	扬州市秦邮建筑安装工程有限公司	施工总承包	房屋建筑工程	二
2003	市水利建筑安装工程总公司	施工总承包	水利水电工程	二
2003	市金垛钢构建筑有限公司	专业承包	钢结构工程	二
2003	扬州市盂城建筑安装工程有限公司	施工总承包	房屋建筑工程	三
2003	市鸿运建筑安装工程公司	施工总承包	房屋建筑工程	三
2003	扬州雄厦建筑装饰工程有限公司	施工总承包	房屋建筑工程	三
2003	江苏天泽建筑工程有限公司	施工总承包	房屋建筑工程	三
2003	市建设实业有限公司	施工总承包	房屋建筑工程	三
2003	扬州广扬建筑装饰工程有限公司	施工总承包	房屋建筑工程	三
2003	市大路装潢艺术中心	专业承包	装修装饰工程	三
2003	扬州建宇建筑装饰工程有限公司	专业承包	装修装饰工程	三
2003	扬州市亨利美装饰装潢有限公司	专业承包	装修装饰工程	三
2003	市蓝厦建筑安装工程有限公司	专业承包	装修装饰工程	三
2003	市星地装饰装潢有限公司	专业承包	装修装饰工程	三
2003	扬州市迪生照明器材有限公司	专业承包	城市及道路照明工程	三
2003	市穆菱建筑安装工程有限公司	劳务分包	砌筑作业分包	一
2003	市湖滨振兴建筑有限公司	劳务分包	砌筑作业分包	二
2003	市广缘工程建设有限公司	劳务分包	砌筑作业分包	二
2003	市兴汉建筑劳务有限公司	劳务分包	砌筑作业分包	二
2004	市高强公路工程有限公司	专业承包	公路路基工程	二
2004	扬州苏发照明安装工程有限公司	专业承包	城市及道路照明工程	二
2004	市宏泰电杆有限公司	专业承包	混凝土预制构件	二
2004	市华美家政装饰工程有限公司	专业承包	装修装饰工程	三
2004	扬州常邮门窗装饰有限公司	专业承包	金属门窗工程	三
2004	市亚华安装工程有限公司	专业承包	机电设备安装	三
2004	市临泽兴临建筑装潢有限公司	专业承包	装修装饰工程	三
2004	扬州三山装饰工程有限公司	专业承包	金属门窗工程	三
2004	扬州市诚辉照明器材有限公司	专业承包	城市及道路照明工程	三
2004	市星宇建筑安装工程有限公司	劳务分包	木工作业分包	二
2005	扬州天成建筑安装工程有限公司	施工总承包	房屋建筑工程	三
2005	扬州市鑫雄建筑安装工程有限公司	施工总承包	房屋建筑工程	三
2005	市鑫盛建筑安装工程有限公司	施工总承包	房屋建筑工程	三
2005	市兴业建筑有限公司	施工总承包	房屋建筑工程	三
2005	市华天装饰工程有限公司	专业承包	装修装饰工程	三

续表 14-3

项目 定级年份	企业名称	序列	专业类别	等级
2005	市天力建筑装潢工程有限公司	专业承包	建筑物非爆破拆除工程	三
2005	扬州市龙腾照明器材有限公司	专业承包	城市及道路照明工程	三
2005	市龙飞装潢装饰有限公司	专业承包	金属门窗工程	三
2005	扬州市春来门窗装饰有限公司	专业承包	金属门窗工程	三
2005	市弘驿建筑装饰工程有限公司	专业承包	装修装饰工程	三
2005	市立邦装饰工程有限公司	专业承包	装修装饰工程	三
2005	市四达拆迁有限公司	专业承包	建筑物非爆破拆除工程	三
2005	扬州翼超建设安装有限公司	劳务分包	砌筑作业分包	一
2005	市渝鑫建筑劳务有限公司	劳务分包	砌筑作业分包	二
2005	市金润达建设工程有限公司	劳务分包	砌筑作业分包	二
2005	市振达建筑安装有限公司	劳务分包	砌筑作业分包	二
2005	江苏弘坤建设工程有限公司	劳务分包	砌筑作业分包	二

第三节 建筑施工

一、施工装备与能力

1985～1986年，全县建筑系统机械设备投资总额200万元，以改善和提高技术装备水平。至1990年，全县建筑业自有机械设备价值990.33万元，人均技术装备额680元。是年起，通过加强职工培训和人才引进，不断提高施工装备水平与提升施工能力，建筑企业可承建6层以上高层建筑和技术难度要求较高的防腐、装饰装修工程。1991年，对直属企业和县属集体建筑企业推行机械设备管理达标、升级试点工作。1992年，全市建筑企业机械设备投资额增加到1140.5万元，人均技术装备额1013元。1993年，投资2000万元，更新改造技术装备，增置塔吊16台、高层施工快速升降架1台、其他施工设备300台套，累计自有机械设备3486台套，总功率2.42万千瓦，机械设备价值共6025万元。全年共承接高层建筑8幢。营南建筑公司采用混凝土现浇新工艺，承建9米跨2连跨无梁连接的南京市遥控器厂房工程。1995年，全市各建筑企业共投入2500万元，改善机械装备，新添40吨半塔吊、大型运输车。张轩乡建筑公司采用预应力后张法施工工艺承建无锡市宝界桥，武安乡建筑公司采取立体交叉作业的网络施工方案承建华东大厦5号楼。至年末，人均技术装备额由1990年680元提高到3000元，机械设备价值共7300万元。1996～1998年，各建筑企业年均技术装备投入2300万元，承建大体量工程和高层建筑能力不断增强，累计承建大体量工程67幢，其中高层建筑8幢。1998年，市第二建筑安装工程有限公司、市建筑安装基础工程公司被扬州市

图 14-1 2002年，高邮市建筑工人在建筑工地施工

建筑工程局表彰为扬州市1997年度设备管理先进单位，市建筑安装基础工程公司、江苏兴厦建筑安装集团公司、市第四建筑安装工程公司、市建筑安装工程公司所使用的设备获“扬州市建工系统红旗设备”称号。1999年起，年均技术装备投入1300万元左右。2003年，市建工局制定《高邮市施工现场大型机械设备检测验收及管理程序》，统一规定设备备案、购置、租赁、报废、维修及事故管理、检测管理等。2004年，江苏弘盛建设工程集团有限公司施行的等厚掘搅水泥土防渗墙施工工法被列为全国施工工法；该企业驻南京办事处承建申报的贯标工程——泉城会议中心施工中采用“十项新技术”（基坑支护技术、高强高性能混凝土技术、高效钢筋和预应力混凝土技术、粗直径钢筋连接技术、新型模板和脚手架应用技术、建筑节能和新型墙体应用技术、新型建筑防水和塑料管应用技术、钢结构技术、大型构件和设备整个安装技术、计算机应用和管理技术），获评为应用示范工程。至2005年，全市建筑企业机械设备价值共4.15亿元，人均技术装备额7600元，累计承建大体量工程257项，其中高层建筑105项。先后获QC成果奖4次。其中，市城区建筑安装工程公司《确保铝窗防渗一次成优》《确保混凝土砌块外墙粉刷一次成优》《确保卫生间防渗一次成优》成果，分别获1999年度、2003年度、2004年度省建筑业企业优秀QC小组成果二等奖、一等奖、二等奖；江苏兴厦建筑安装集团有限公司《密肋模壳支设的质量控制》获2004年度省工程建设优秀QC成果奖。

二、工程质量创优

80年代，始行建筑工程优质工程评定，等级分为县样板工程、全优工程。1985～1986年，县建筑企业承建工程中，被评为扬州市优质工程4项、县优质工程40项。1990年，县建筑企业共承建工程407项，其中优良工程104项，优良率25.55%。1991年，由武安建筑安装工程公司承建的上海市大木桥住宅楼工程被评为上海市“十佳工程”，在内蒙古霍林河矿区承建的住宅楼获当地主管部门授予的“快速优质奖”；八桥、营南建筑公司在南京做到竣工一项成优一项，结束市建筑企业外出施工无优良工程的历史。1992年，全市建筑企业工程交付优良品率24.6%，获省优良工程2项、南京市优良工程3项。1994年，承建工程一次验收合格率100%，优良率25%。武安建筑安装工程公司获省全面质量管理“银屋奖”，获1994年度扬州市“琼花杯”工程质量奖7项，其中有2项工程分获省优质工程、上海市优质工程。市第二建筑安装工程公司三工区（伯勤）获北京市优质工程3项。1995年，工程优良品率占竣工面积30%，比上年提高5.3个百分点。其中，农行高邮市支行、建行高邮市支行综合办公楼工程获省“扬子杯”优质工程，市内工程质量首次获省优质工程奖；获北京市优质工程1项。1996年，获“琼花杯”工程质量奖9项、省优质工程2项、北京市优质工程6项、“鲁班奖”1项。1997年，江苏兴厦建筑安装集团公司获中国集体建筑业协会授予的全面质量管理“金屋奖”，市建筑安装基础工程公司被评为“省建筑业最佳企业”。1998年起，各建筑企业创优意识更强，获优质工程数量更多。是年，获省优质工程3项、北京市优质工程3项、天津市优质工程1项。至2005年，工程优良率由1998年28%上升到38%。共创省优质工程和省“扬子杯”优质工程32项、上海市优质工程9项、北京市优质工程41项、北京市“长城杯”结构工程奖30项、重庆市优质工程3项、天津市优质工程2项、南京市优质工程2项和扬州市“琼花杯”工程质量奖85项、“五亭杯”与“康居杯”质量奖32项。

图14-2　2000年，由市建筑安装工程公司承建的财保高邮市支公司培训综合楼被评为省优质工程

1991～2005年高邮市建筑企业部分获省市优质工程项目一览表

表14-4

获奖年份\项目	工程项目名称	奖项名称	承建单位
1991	上海市大木桥住宅楼工程	上海市“十佳工程”	武安建筑安装工程公司
1992	上海市大木桥2号楼	上海市优质工程、省优质工程	武安建筑安装工程公司
	上海市南丹住宅小区16号楼	上海市优质工程	
1994	上海市龙南小区18号楼	上海市优质工程、省优质工程	武安建筑安装工程公司
	上海市江桥小区10号楼		
	天津市塘沽经济开发区国际学校	天津市优质工程	市第二建筑安装工程公司三工区（伯勤）
	北京市海淀区邮电局大楼	北京市优质工程	
	空军招飞办公楼		
	北京市平乐园小区住宅楼		
	常州市红梅西村42号楼	省优质工程	市第四建筑安装工程公司（东墩）
	常州市红梅西村43号楼		
1995	农行高邮市支行办公楼	省“扬子杯”优质工程奖	市建筑安装基础工程公司
	建行高邮市支行综合办公楼		市第一建筑安装工程公司
	北京市城乡贸易中心第二期主体工程	北京市优质工程	市第二建筑安装工程公司三工区（伯勤）
1996	南京市金陵中学曹隐云科学馆	省优质工程	市第二建筑安装工程公司七工区（郭集）
	上海市龙南小区17号楼	上海市十佳工程、省优质工程	武安建筑安装工程公司
	北京市海淀区锡华保龄球馆	北京市优质工程	市第二建筑安装工程公司三工区（伯勤）
	北京市手帕南街1号、3号楼		
	北京市航华科贸大厦		
	武警部队总部2号楼		武宁建筑安装工程公司
	北京市苏州街危房改造小区4号楼	北京市优质工程	市第二建筑安装工程公司三工区（伯勤）
	北京市小黄庄住宅楼		武宁建筑安装工程公司
	首都国际机场航站楼	“鲁班奖”	八桥建筑安装工程公司
1998	工商行高邮市支行营业办公楼	省优质工程	市建筑安装基础工程公司
	市法院审判楼		市第四建筑安装工程公司（东墩）
	南京市教育局教工新村01号住宅楼		市第二建筑安装工程有限公司七工区（郭集）
	北京市莲花小区1～2号住宅楼	北京市“长城杯”结构工程奖	市第二建筑安装工程有限公司六工区（伯勤）
	北京市康居住宅楼	北京市优质工程	
	天津市大港住宅楼	天津市优质工程	

续表 14-4

获奖年份 \ 项目	工程项目名称	奖项名称	承建单位
1998	北京市宝华里住宅楼	北京市优质工程	市第二建筑安装工程有限公司六工区（伯勤）
	北京市莲花小区2号、3号楼	北京市"长城杯"结构工程奖	
	北京市东方广场回迁楼		
	北京市北苑401号楼	北京市优质工程	八桥建筑安装工程公司
1999	工商行高邮市支行营业办公楼	省"扬子杯"优质工程奖	市建筑安装基础工程公司
	高邮师范学校图书馆大楼	省优质工程	市第四建筑安装工程公司（东墩）
	北京市玉华公司住宅楼	北京市优质工程	市第二建筑安装工程有限公司六工区（伯勤）
	北京市曙光小区4号楼		
	北京市厂洼区2号楼		
	北京市芍药居202号楼		八桥建筑安装工程公司
	重庆市沙坪坝区都市花园B区安居楼	重庆市优质工程	界首建筑安装工程公司
2000	中保高邮市支公司培训综合楼	省优质工程	市建筑安装工程公司
	重庆市沙坪坝区住宅楼	重庆市优质工程	界首建筑安装工程公司
	上海市龙华旅游城古典建筑项目	上海市"白玉兰杯"优质工程奖	江苏兴厦建筑安装集团公司
	北京市宣汽一场第二期住宅楼	北京市"长城杯"结构工程奖	八桥建筑安装工程公司
	北京市现代城D座办公楼		市第二建筑安装工程有限公司六工区（伯勤）
	北京市兆维集团综合楼	北京市优质工程	
	北京市现代城4号楼		
	北京市甘露园A～C住宅楼		周山建筑安装工程公司
2001	上海市科华公寓楼	上海市"白玉兰杯"优质工程奖	江苏兴厦建筑安装集团公司
	上海市紫阳花苑10号楼	上海市"浦江杯"奖	
	南京师范教育科学学院教学楼	省"扬子杯"优质工程奖	市建华建筑安装工程公司
	市新华园社区中心幼儿园		市城区建筑安装工程公司、市环球建筑安装工程公司
	高邮中学图书馆楼		市第四建筑安装工程公司（东墩）
	北京市望京邮政速递中心	北京市"长城杯"结构工程奖	市第二建筑安装工程有限公司六工区（伯勤）
	北京市岳家楼5号楼		
	北京市金泰职工宿舍楼	北京市优质工程	
	北京市庄维花园2号楼	北京市优质工程	八桥建筑安装工程公司
	北京市朗琴园1号楼	北京市"长城杯"结构工程奖	
	北京市中辰大厦	北京市优质工程	武宁建筑安装工程公司
2002	市邮政局邮政生产枢纽楼装饰工程	省优质工程奖	扬州市华联装潢广告有限公司
	上海市科华公寓楼	省"扬子杯"优质工程奖	江苏兴厦建筑安装集团公司

续表 14-4

项目 获奖年份	工程项目名称	奖项名称	承建单位
2002	北京市郭庄子新村7号、8号楼	北京市优质工程	武宁建筑安装工程公司
	北京市西外地下停车场	北京市“长城杯”结构工程奖	
	北京市重聚园9号楼		市第二建筑安装工程有限公司六工区（伯勤）
	北京市警官学校教学楼		
	北京市中加花园住宅楼		
	北京建设大学教学楼		
	北京市未来家园2号楼		八桥建筑安装工程公司
	北京市朗琴园5号楼		
	北京市政华家园住宅楼	北京市优质工程	
	北京市太阳园小区A4楼		卸甲建筑安装工程公司
	北京市望馨园4号楼	北京市“长城杯”结构工程奖	周山建筑安装工程公司
2003	上海市紫阳花苑10号工程	省“扬子杯”优质工程奖	江苏兴厦建筑安装集团公司
	市人民医院急救中心		市建筑安装基础工程公司
	天津市新城大厦29号住宅工程		江苏弘盛建设工程集团有限公司
	北京市政馨家园7号楼	北京市优质工程	周山建筑安装工程公司
	北京市锦官苑第一期3号楼		市第二建筑安装工程有限公司六工区（伯勤）
	北京市政泰家园工程		八桥建筑安装工程公司
	北京市蓝靛厂住宅7号楼		
	北京市石景山财政培训中心	北京市“长城杯”结构工程奖	市第二建筑安装工程有限公司六工区（伯勤）
	北京市中加花园6号楼		
	北京市上地地块科研厂房		
	北京市园景园二期东3楼		
	北京市蓝靛厂住宅6号楼		江苏兴厦建筑安装集团公司
	北京市良辰美景1～3号楼		车逻建筑安装工程公司
	北京市嘉园小区66号楼		八桥建筑安装工程公司
2004	南京金润大厦	省“扬子杯”优质工程奖	江苏弘盛建设工程集团有限公司
	南京工业大学江浦校区教学楼		
	北京新东方扬州外国语学校一期工程（1、2号教学楼和综合楼、实验楼、操场）		
	市行政中心办公大楼	省“扬子杯”优质工程奖	市第四建筑安装工程公司（东墩）、扬州市邮城建筑安装工程有限公司
	市图书发行综合楼		扬州市邮城建筑安装工程有限公司

续表 14-4

获奖年份	工程项目名称	奖项名称	承建单位
2004	北京市车道沟10号院办公楼	北京市优质工程	八桥建筑安装工程公司
2004	北京市嘉润园C2区2号楼	北京市优质工程	八桥建筑安装工程公司
2004	北京市中加花园10号楼	北京市优质工程	市第二建筑安装工程有限公司六工区（伯勤）
2004	北京市中加花园11号楼	北京市优质工程	市第二建筑安装工程有限公司六工区（伯勤）
2004	北京市清华大学学生公寓C01～C02楼	北京市优质工程	市第二建筑安装工程有限公司六工区（伯勤）
2004	北京市中国社科院考古科研综合楼	北京市优质工程	市第二建筑安装工程有限公司六工区（伯勤）
2004	北京市蓝靛厂住宅N区6～7号楼	北京市“长城杯”结构工程奖	八桥建筑安装工程公司
2004	北京市嘉润园C2区1号、5号楼	北京市“长城杯”结构工程奖	八桥建筑安装工程公司
2004	北京市颐德家园A座	北京市“长城杯”结构工程奖	车逻建筑安装工程公司
2005	上海市华欣家园15号楼	省“扬子杯”优质工程奖	江苏弘盛建设工程集团有限公司
2005	南京市工读学校易地建设工程	省“扬子杯”优质工程奖	江苏弘盛建设工程集团有限公司
2005	南京晓庄师范学院教学综合楼	省“扬子杯”优质工程奖	江苏弘盛建设工程集团有限公司
2005	北京新东方扬州外国语学校图书馆、实验楼	省“扬子杯”优质工程奖	江苏弘盛建设工程集团有限公司
2005	市龙祥商业中心商住楼	省“扬子杯”优质工程奖	扬州市秦邮建筑安装工程有限公司
2005	北京市首都机场3号航站T3A段	北京市优质工程	市第二建筑安装工程有限公司六工区（伯勤）
2005	北京市星河城G-215-18号楼	北京市优质工程	市第二建筑安装工程有限公司六工区（伯勤）
2005	北京市蓝靛厂住宅N区10～12号楼	北京市优质工程	八桥建筑安装工程公司
2005	北京市交管局奥运指挥中心	北京市优质工程	八桥建筑安装工程公司
2005	北京市欣园小区D3住宅楼	北京市优质工程	车逻建筑安装工程公司
2005	北京市上河村C1～C3车库工程	北京市“长城杯”结构工程奖	江苏兴厦建筑安装集团公司
2005	北京市凤凰苑三期工程三标段	北京市“长城杯”结构工程奖	市第二建筑安装工程有限公司六工区（伯勤）
2005	北京市凤凰苑三期工程一标段	北京市“长城杯”结构工程奖	八桥建筑安装工程公司
2005	北京市星河湾三期N4住宅楼	北京市“长城杯”结构工程奖	江苏弘盛建设工程集团有限公司
2005	重庆市沙坪坝区3号楼	重庆市“巴渝杯”结构工程奖	扬州市孟城建筑安装工程公司

第四节　建筑市场

一、市内建筑市场

1986年，县建筑企业以县内建筑市场为主，县建筑安装公司承担城区建筑工程，乡镇建筑公司主要承建本乡镇农房和乡镇企业厂房建设。是年，县内施工人数7000人，施工面积10.3万平方米，竣工面积5.52万平方米，实现施工产值1008万元。1988～1989年，县属建筑施工队伍先后承接城区物资大厦、中市口副食品商场、高邮卫生学校综合楼、北海电影公司职工住宅楼、县服装厂大生产车间等工程。1990～1992年，建成市体育馆、高邮中学甘雨楼、建行高邮市支行营业大楼、市人民医院门诊楼、北海广场、秦谷大厦、南海新村第三期工程、南菜园小区等工程。1993年，全市建筑业走出低谷，开始全面发展，施工领域不断拓宽，与土建相适应的一条龙配套施工能力逐步增强，并发展安装、装饰、装潢、仿古建筑等多种专业。同时，不少乡镇建筑企业既有建筑队伍开拓市外建筑市场，又有建筑队伍进入城区承接建筑施工业务。是年，在城区施工的建筑企业28家，施工人数3552人，承接工程项目139项，其中建筑体量较大的工程有：高沙园住宅小区第一期工程、烟雨园小区第一期工程、富达新村、农行高邮市支行营业办公楼、中行高邮支行营业办公楼、盂城驿第一期修复工程、高邮师范学校逸夫楼、市图书馆等，全年施工面积4.78万平方米，竣工面积2.6万平方米。1994～1999年，市内建筑工程规模逐步扩大，在城区先后建成市人民商城、市供销大厦、市华联商厦、市公安局办公楼、市劳动局办公楼、市国土局办公楼、市建委办公楼、市财政局办公楼、市邮电局营业大楼、市检察院办公大楼、市交通指挥中心楼、市法院办公楼、工商行高邮市支行营业办公楼、市第一中学新校区和新华园小区等公共建筑。1999年，施工面积15.28万平方米，竣工面积9.74万平方米。2000年，建筑面积6.8万平方米的高邮中学新校区、面积5000平方米的中保高邮市支公司培训综合楼开工建设，新建城区住宅面积15万平方米。2001～2002年，随着招商引资活动开展，项目建设速度加快，市内建筑工程增多、体量增大，建筑市场活跃。2002年，南通等地建筑施工队伍进入高邮承建工程项目。先后开工建设新世纪花园、玉带园第一期工程、商业步行街、蝶园市民广场及其商业街、邓桥商业城、温州商城、市行政中心东迁工程等。全年新开工施工面积14.43万平方米，竣工面积6.88万平方米。2003年起，市内建筑市场管理逐步规范，建筑工程体量增长，但承接工程竞争更趋激烈。2005年，开工建设润和·现代城、通达·城市花园、碧玉名居、帝景龙庭等住宅小区和金海洋商业城等工程。全年房屋施工面积86.62万平方米，竣工面积40.44万平方米，分别比2003年、2004年增长165%、239.6%和53.6%、78.6%。市内建筑企业施工人数1.64万人，比2003年多3100人，比2004年少1000人。至2005年，先后建成或基本建成驿都花园、府前街第三期改造工程、农林大厦、建工大厦、金拇指广场、东方广场·水榭华庭、瑞和·阳光城、薇风大道国际商业中心、宝林国际商贸广场、江苏（中国）纺织服装城第一期工程、锦绣名城·清华园、江南明珠苑、通湖花园等大体量工程。

二、市外建筑市场

1984年4月，县建筑安装工程总公司下属单位中一支不到100人的施工队伍，在河南省洛阳市和其他4省8家施工单位，共同承建一幢7层教学大楼，此为县建筑队伍进入省外建筑市场首例。1986年，县建筑企业面对全国各大市场提高外地建筑企业进入“门槛”状况，一方面安排工程队坚守县内建筑市场，另一方面组织工程队奋力开拓埠外建筑市场。全年出县建筑施工人数6593人，比上年增长64.8%。涉足南京、常州、内蒙古、无锡、上海、扬州、山西、临汾、沈阳、齐齐哈尔、洪泽等地建筑市场。东墩乡建筑安装工程公司和常州市第一建筑工程公司联营承建建筑面积1.16万平方米的水电部河海大学机械学院教学楼，一次验收合格，被评为优良工程，常州市各大新闻媒体予以专题报道。司徒乡建筑安装工程公司和辽宁省第二建筑公司所属开发公司联营承建一幢8层、5600平方米的大楼，提前7个月竣工并交付使用，被当地誉为“高速度、技术硬”的工程队。同时，加强外出建筑企业管理，县建筑安装工程总公司（县建筑工程局）规定，在外施工企业必须服从驻地办事处行业管理，高邮企业在驻地只设1个账户（为龙头企业账户），统一合同管理和财务管理。1987年，县建筑企业面对基建规模不断压缩、建筑市场竞争日趋激烈的形势和外埠城市建管部门对外来施工队伍实行“一压（压缩外县队伍）、二控（控制外县人数、控制施工人数）”政策，采取全包、清包、单项分包、维修点工、联营等应对措施，扩大经营范围，增强企业活力，努力站稳脚跟。是年，驻常州办事处组织县内5个乡建筑企业的1500多人与常州市第一、二建筑工程公司及其他建筑企业联营；川青乡驻上海工程队、驻无锡工程队分别与上海市住宅建设二公司、无锡市南长开发公司联营；张轩乡建筑公司与常州市第二建筑工程公司联营，争取到20名工人出国到科威特施工的任务，首开县建筑队伍出国施工先河；高邮驻霍林河工程处打破单一全包格局，与地方建筑企业联营，解决施工人数多、任务不足矛盾。至年末，全县共有25个乡镇施工工程队，在吉林、内蒙古、北京、上海、河南、辽宁、沈阳、山东、山西等省施工。在省内的外县市施工人数6000多人，在省外各地施工人数2000多人。县外建筑市场施工面积60.8万平方米，竣工面积35.42万平方米。1989年，全县28个乡镇村建筑企业7000多人施工队伍，在16个省市和地区承建工程。同时，县内建筑企业先后与中国建筑第八工程局、北京空军后勤总部、济南一建总公司等10多家大中型建筑企业和单位挂钩联营。

1990年，县建工局采取"巩固基地、广开门路、见缝插针、寸土必争"经营策略，坚持项目不论大小、路途不论远近、造价不论多少、效益不论高低经营方针，引导企业力拓市场。1992年，邓小平南方谈话后，各建筑企业树立"发展靠市场，市场靠质量，质量靠素质"指导思想，巩固和加强南京、上海、内蒙古、扬州、常州、无锡、广州、山东、安徽等10多个老建筑市场基地，其中南京、上海、内蒙古、无锡、常州等地施工队伍人数超过1000人，并开发北京市场。1993年，全市各建筑企业重视效益，适时调整施工力量，在沿海、沿边、特区部分大中城市开拓建筑市场。向上海、南京、北京等建筑市场基地投入精干建筑队伍，以"高标准、高起点、高效益、高容量"经营策略，打造"树牌子工程"。1994年，共承建市外建筑工程721项，其中大体量工程（30层以上）5幢。高邮市被北京市城乡建设委员会确定为北京市第二批建筑劳务基地。1995年，全市建筑业实施"重点突破、全面推进"战略方针，先后巩固、开辟北京、上海、南京、青岛、扬州、无锡、常州、内蒙古、镇江、苏州、广州、三峡等全国近20个省、市、地区建筑市场，其中南京、上海、北京、青岛4个基地成为高邮建筑业发展主战场，施工人数1.2万人。1996年，市建筑业领导小组成员分工负责北京、南京、上海、青岛4个基地，市建工局明确4名副局长分别坐镇，与施工企业一起千方百计疏通渠道，寻求业务，开拓市场，强化管理，提高信誉。全年4个基地完成的工作量占全市在外完成工作总量64%。1997年，全市各建筑企业把调整结构、开拓市场作为建筑业工作重中之重，全力攻坚。市建筑企业在天津建筑市场单独注册，成立驻津办事处。市外建筑市场扩大到北京、上海、青岛、南京、天津、徐州、无锡、内蒙古、扬州、重庆、新疆、河南淮滨等10多个大中城市和地区。1998年，全市建筑企业扩大市外建筑市场开拓范围，提高承建大体量工程水平。至年末，市外建筑市场扩大到18个省市，其中在外施工人数1000人以上建筑市场有北京、上海、南京、青岛、无锡、扬州、广州等7个市。承建高层建筑项目25项，其中30层以上项目6项。市建筑安装工程总公司被省建筑安装劳务公司授予"1998年度省建筑安装劳务公司先进企业"称号。1999年，市建工局设立驻外办事（工程）处10个，全市建筑企业在国内20个省、市承接工程；共承建高层大体量工程项目24幢，高层项目面积46.36万平方米，占全年施工总面积14%。市建筑企业在天津市施工人数2000人，完成施工产值1.2亿元，综合效益名列江苏省在天津施工的58家企业的第6位。武安乡建筑安装工程公司在天津承建的26层、建筑面积3.33万平方米的新城大厦A、B幢，被《建筑时报》以《不图过得去，但求过得硬——高邮二建以精品意识叩开津门》为题作报道。

2000年，界首镇建筑安装工程公司挂靠北京城建集团和市第二建筑安装工程公司滚动开发重庆建筑市场。新开发兰州、西安、新疆等西部市场，全市建筑企业共涉足全国25个省、市和地区。2002年，实施"稳住华北，主攻沪宁，开发西北"经营战略，全市建筑企业共承建市外高层大体量工程50幢。2003年，加强宣传推介工作和驻外办事处管理，江苏弘盛建设工程集团有限公司被列为省建筑业优势企业在北京推介，市政府以市建工局驻外办事处现有办公场所和人员配备为基础，分别设立市政府驻北京、天津、重庆、南京办事处。2004年起，市委、市政府坚持把建筑业放在突出位置上，明确"建筑兴市"战略，专题研究部署"建筑强市"措施，把建筑业发展纳入乡镇经济考核内容。市建工局将近年新提拔的5名副局长分别派驻南京、北京、上海、重庆、扬州等建筑基地，强势推进埠外建筑市场开拓力度。市建工局及市内建筑企业面对竞争日益激烈的建筑市场，继续发展和壮大南京、上海、北京、天津、青岛等老市场，拓展重庆、西安等西部建筑市场，逐渐融入烟台、威海、秦皇岛等环渤海城市圈，挺进广州、深圳等珠三角都市圈，重新夺回苏锡常等长三角江南要地建筑市场，触角不断向廊坊市、涿州市、香河县、太原市、大同市、马鞍山市、苏州园区、苏州相城区、苏州吴中区、太湖度假区、常熟市、太仓市、吴江市、昆山市等地延伸。2005年，全市建筑企业共涉足国内31个省、市和地区，外出施工人数3.8万人；市外建筑队伍承接高层项目62幢；共承接市外施工面积578.54万平方米，竣工面积390.6万平方米。

三、宁、沪、京建筑基地

南京建筑基地 1976年，高邮在南京有建筑施工人数1400多人，施工面积7.73万平方米，完成产值1328万元。1987年，高邮驻南京办事处针对南京市建管部门对外来施工队伍实行"一压二控"政策，采取措施，扩大经营范围，增强企业活力。驻宁13支工程队通力合作做好招投标工作，共在南京市场投标6次，中标5次。1989年，高邮驻宁工程队在南京市场共承接施工面积13万平方米。营南乡工程队承建的如意里小区2幢住宅楼，主体工程被评为优良。武宁乡工程队承建的黄家圩工地101号住宅楼，在建设部组织的抽检中得分名列榜首。《新华日报》以《农民建筑工是咱好兄弟》为题，报道东墩乡建筑公司承建南京化工集团磷肥厂的事迹。1991年，八桥镇、营南乡建筑公司驻宁工程队在南京做到竣工一个成优一个，优良品率100%。1992年，高邮建筑企业在南京施工人数超过1000人。市第二建筑安装工程有限公司七工区（郭集）承建的南京市重点工程之一南京市教育学院建筑群，《新华日报》、江苏省电视台给予专题报道。1993年12月，营南乡建筑公司在南京承建首座大跨度无梁、建筑面积5000平方米厂房，《新华日报》给予报道。1994年，驻宁建筑工程队施工人数3237人，共承接工程施工面积24.92万平方米，施工产值首次超1亿元，为1.17亿元。1997年，克服亚洲金融危机影响，驻宁建筑工程队共承接施工面积38.6万平方米，竣工面积24.1万平方米。1998年，驻宁建筑工程队共承建各类工程项目41项，总施工面积35万平方米，完成施工产值2.1亿元。1999年，市第二建筑安装工程有限公司在南京独立承建超高层（34层）商住楼，面积2.3万平方米。2000年，驻宁建筑工程队施工面积、施工产值有所降低，全年在手施工面积24万平方米，施工产值1.8亿元。2001年，驻宁建筑工程队抓住市第二建筑安装工程有限公司注册为一级施工总承包施工企业良机，共参与工程投标55项，中标23项。由周山建筑安装工程公司参加建设的月安花园工地，被建设部命名为"文明示范施工工地"。由市第二建筑安装工程有限公司中标的南京金润大厦，共34层，面积4万平方米，造价4912万元，是全市历史上以全包形式承接的层次最高、规模最大、造价最多的大体量工程。全年共承建施工面积37.2万平方米，工作量2.3亿元。2002年起，驻宁建筑工程队加大承接双包工程和大体量工程力度。是年，完成施工面积57.5万平方米，均为双包工程，在手高层建筑9幢、1万平方米以上大体量工程15项。2005年，市建工局驻南京办事处在南京市工程项目有所压缩、建设规模缩小的严峻形势下，迅速从教育教学工程建设转向住宅工程建设。至年末，在南京共承接高层建筑40幢。

上海建筑基地 1986年，县建筑企业进入上海市承建工程，县建筑安装工程总公司设立上海办事处。1987年，武安乡建筑安装工程公司在上海承接唐子泾工程，面积2.3万平方米。1989年，县建筑企业在上海市施工人数720人，施工面积4.85万平方米。1990年，县建筑工程队在上海建筑市场完成施工面积4.77万平方米，竣工面积1.6万平方米，完成双包工程施工产值632.39万元、联营收入97.2万元。1991年，武安建筑安装工程公司承建的上海市大木桥住宅楼工程，被表彰为上海市"十佳工程"。1992年，市建筑企业在上海市施工队伍人数超过1000人。由武安乡建筑安装工程公司承建、建筑面积2200平方米的上海市大木桥2号楼被评为上海市优质工程、省优质工程，承建的上海市南丹住宅小区16号楼被评为上海市优质工程。1993年，市建筑企业在上海市施工人数2708人。营南乡建筑公司分包无锡市第二建筑工程公司总包的上海浦东陆家嘴金融贸易区总高32层、建筑面积6.3万平方米、总价值1.2亿元的上海爵士大厦土建工程，改写高邮建筑业无高层施工项目的历史。1994年，武安建筑安装工程公司承建的上海龙南小区18号楼获上海"白玉兰杯"奖。1995年，武安乡实行重点倾斜政策，扶持发展上海基地，施工人数1500人，年产值8000万元。由武安建筑安装工程公司承建、建筑面积3200平方米的上海市龙南小区17号房被评为上海市“十佳工程”。1999～2000年，高邮市建筑企业在上海市场建筑施工业务有所萎缩。2001年，市建筑企业采取措施，激活上海市建筑市场，建筑施工人数1200多人，施工面积18.4万平方米，竣工面积12.7万平方米，完成产值4300万元，比上年分别增长93%、1.05倍、1.5倍。2002年，在上海市承接的双包工程、大体量工程有所增长，新接洽工程8.48万平方米，在手高层项目4幢。2003年，在上海市结转工程4项，工作量1亿元。2004年，在上海市承建的工程中，有2项工程获“浦江杯”工程质量奖。2005年，江苏弘盛建设工程集团有限公司承建上海顺驰美兰湖工程项目，面积7万多平方米，施工产值近8000万元。

北京建筑基地　1989年，全县有数十人进入北京从事劳务施工作业。1992年，有2支施工队伍，计施工人数450人，进入北京市建筑市场。是年5月，市委、市政府在北京召开建筑业发展恳谈会，市建工局设立驻北京办事处，确定“一年摸清情况、两年理顺关系、三年初具规模、四年大见成效”发展思路。至是年末，完成施工面积3.5万平方米，实现施工产值6000万元。1994年，全市有8家乡镇建筑企业11支施工队近2000人进驻北京，以市第二建筑安装工程有限公司名义对外从事建筑劳务施工。是年，在建工程施工面积15.8万平方米。市第二建筑安装工程公司六工区（伯勤）承建的北京平乐园小区43号楼等3项工程，被评为北京市优质工程。高邮市被北京市城乡建设委员会确定为第二批建筑劳务基地。1995年起，高邮在京施工人数每年以1000人规模逐步增长，开工面积、施工产值增长速度较快。是年，由市第二建筑安装工程公司六工区（伯勤）承建的高20层、建筑面积5.24万平方米的北京市城乡贸易中心第二期主体工程，仅用9个半月完工，比合同工期提前75天封顶，并一次性通过验收，质量优良，受到建设部、北京市政府表彰，《北京日报》《光明日报》《建设报》报道称“该工程赢得了北京10万股民的称赞”。1998年，高邮市被北京市建委和北京市劳动局确定为劳务基地市，在京施工人数3000人，施工面积25万平方米，实现劳务施工产值2500万元、建筑施工产值1.7亿元。1999年，高邮市有6个工程处、13个项目部进驻北京市，在手工程施工面积25万平方米。其中，伯勤乡建筑公司承建3幢30层现代城项目，面积累计10万平方米。周山乡建筑公司承建北京西客站14层商服综合楼。八桥镇建筑公司与中建一局三公司合作承建27层、4.4万平方米的芍药居住宅楼。2001年，高邮市有驻京建筑企业7家，建筑施工注册人数3122人。承建工程25项，其中高层项目12项，所承建的工程获北京市优质工程、“长城杯”结构工程奖各3项，有7个工地被评为安全标准化工地，工程优良率50.6%。有9支工程队被北京市建委、共青团北京市委评为“青年突击队”。完成施工产值2.9亿元。2002年，成立市兴邮建筑劳务有限公司，在北京二级市场从事劳务分包投标。总承包和专业承包项目以市第二建筑安装工程有限公司在北京一级市场进行投标活动。是年，在北京市完成施工面积47万平方米，其中双包工程10万平方米，在手大体量高层项目8幢。2003年，江苏弘盛建设工程集团有限公司被列为省建筑业优势企业在北京被推介。2004年，高邮市驻京建筑企业增加到12家，施工人数发展到9100人，施工面积82万平方米，竣工面积80万平方米，完成施工产值8.7亿元。市兴邮建筑劳务有限公司被省建筑业协会、扬州市建筑业协会评为优秀劳务施工企业。2005年，市建工局驻北京办事处坚持“经营以诚取胜、质量以优取胜、价格以廉取胜、服务以好取胜”方针，以“立足劳务分包交朋友、养队伍，瞄准双包树品牌、争市场，涉足市政求突破、谋发展”为经营思路，推进全包、分包、劳务3种经营模式并举的发展格局，并以北京为中心向北京周边省、市发展，先后开辟河北省廊坊、涿州、秦皇岛、石家庄市和山西省太原、大同市等地建筑市场，在廊坊市、涿州市承接施工面积4万平方米，在太原市、大同市承接施工面积5万平方米，共进驻4市施工人数800人。至年末，在北京承接总承包项目4项，开工面积10万平方米，工程量1.5亿元。驻京建筑企业15家，施工人数1万人，施工面积86万平方米，竣工面积85万平方米，完成施工产值9.5亿元。市兴邮建筑劳务有限公司在北京市建委对外地进京施工企业综合考评中获第一名，被北京市建委表彰为外地进京施工优秀企业，被北京市总工会命名为“先进职工之家”；有12支施工队伍被共青团北京市委命名为“青年突击队”。

四、驻外地城市办事处

1976年，县建筑行业在南京设立第一个驻外地城市办事处。1984年，成立驻外地城市办事处（工程处）3个。1986年，驻外地城市办事处（工程处）扩大到8个。1987年，驻外地城市办事处（工程处）发展到9个，分别驻南京、上海、常州、无锡、扬州、洪泽、内蒙古、沈阳、山西等地。1988年，增设驻兰州市办事处、驻济南市办事处。1997年2月，先后设立驻天津市办事处、驻徐州市办事处。1999年，驻外地城市办事处调整为10个，并对10个驻外地城市办事处实施风险抵押、竞争上岗的改革措施。2003年，市政府以市建工局驻外地城市办事处现有办公场所和人员配备为基础，设立市政府驻北京市办事处、驻天津市办事处、驻重庆市办事处、驻南京市办事处。此后，增设市政府驻上海市办事处、驻青岛市办事处。至2005年，市建工局设有驻南京、北京、上海、重庆、扬州、天津、青岛、苏州、无锡与常州、太原等10个外地城市办事处。

第五节 行业管理

一、企业管理

80年代初，县建筑企业实行松散型管理体制，城区建筑企业和施工队伍由县建筑公司统一管理。各乡镇建筑企业多数和交通运输站合署办公，名为建筑运输站。1984年，成立县建筑安装工程总公司，隶属于县城乡建设环境保护局。1986年，乡镇建筑公司从乡镇建筑运输站分离单设，由区、乡政府明确1名领导专管或分管。至是年6月，全县共设立乡镇建筑公司31家。1987年，县建筑工程局成立，为直属县政府正科级单位，实行企业化管理，与县建筑安装工程总公司合署办公，实行两块牌子、一套班子，为县政府管理建筑行业专门机构。1988年，县政府常务会议研究决定，乡镇成立建筑工程管理站。至1990年，各乡镇建筑工程管理站全部成立，乡镇建筑工程管理站与乡镇建筑公司亦为两块牌子、一套班子。乡镇建筑公司主要负责承接业务和开拓市场，乡镇建筑管理站主要负责乡镇内集体、个体建筑单位（户）行业管理。1991年，市委、市政府把发展建筑业列为重要工作，由分管领导带领相关乡镇、部门分管负责人赴市外建筑市场考察，协调解决问题，推进建筑业发展。

1992年，市政府制定《关于加快发展建筑业的意见》，召开加快发展建筑业动员大会，市政府与各乡镇签订建筑业发展责任状。1995年，各乡镇把发展建筑业摆上重要议事日程，作为兴乡富民重要产业。1996年起，市委、市政府每年召开建筑业表彰动员大会，表彰命名“建筑之乡”“铁军企业”和先进工程处队、先进个人，促进和推动建筑业快速发展。市委、市政府主要负责人和市建筑业领导小组分管负责人赴北京、上海、南京、青岛、重庆等地，视察建筑施工现场，慰问职工，现场解决矛盾和困难。乡镇党委、政府主要负责人和分管负责人跑市场、找业务，经常到工地慰问职工，调研、解决问题。1999年起，各乡镇结合调整农村经济结构和产业结构与转移农村富余劳动力，规划、施策力促发展建筑业。市建工局加强行业管理，加大督促检查和考核力度。各建筑企业加强内部管理和工程质量管理，提高企业素质，树立形象。2003年，市建工局、市政府有关驻外地办事处约请人行高邮市支行、工商行高邮市支行、农行高邮市支行、建行高邮市支行、中行高邮支行、市农村信用合作社联合社、市地方税务局等单位，赴天津市、北京市等地调研考察建筑市场，举办银行与企业对接会，解决建筑业发展中的资金瓶颈问题。2004年，市委、市政府召开建筑业发展现场会、联谊会和建筑业工作会议、座谈会，推介宣传建筑企业，帮助理清发展思路，加快结构调整，推进建筑业调整和发展。2005年，全市建筑业紧扣建筑市场形势变化，在内部管理上下功夫，在市场开拓上求实效。实现建筑业总产值58.63亿元，超过农业总产值23.22%，在第二产业中所占比重上升到28.97%。累计受扬州市委、市政府及以上机构和单位表彰的建筑企业有90家次，其中江苏弘盛建设工程集团有限公司被省建设厅、省建筑工程管理局、省统计局公布为“省2005年度建筑业综合实力20强企业”第12名。

二、工程质量监督管理

1986年，县建筑安装工程总公司驻霍林河工程处开展以质量、安全为重点的工程质量管理活动。1988年初，成立县建筑工程质量检测实验室，负责建筑材料、混凝土构件试样等标准测试。是年，接受质量监督工程共128项，面积15.85万平方米，建筑工程质量监督覆盖面位居扬州市各县市区之首。1990年，县计划委员会、县建工局、建行高邮县支行联合印发《高邮县建设工程质量监督实施细则》，由县建筑工程质量监督站实施建筑工程质量监督工作。全年监督工程109项，面积7168平方米，未发生质量事故。1991年10月，市政府组织开展工程质量检查活动，检查城区北海大酒店、市制药厂生产车间和南海新村部分住宅楼等8项工程，个别质量不高的工程项目被点名整改。1992年，市建工局先后组织检查城区创扬州市优质工程、省优质工程住宅小区和市重点工程质量，并开展全市城乡在建工程、外出施工部分工程质量安全大检查活动。1993年，市建筑工程质量监督站共监督工程208项，面积33.09万平方米；开展全市工程质量大检查2次、住宅小区质量检查4次，发现和处理质量问题35件，受监工程覆盖率90%以上。1994年，市政府印发《关于加快墙体材料革新和推广节能建筑实施细则》，推广新型墙体材料，开发和应用节能、节地、节材的建筑材料。市建筑工程质量监督站组织开展质量大检查，共检查23家建筑企业在建工程79项、竣工工程24项。1995年，扬州市建工局组织开展房屋结构和装饰工程质量检查，高邮市驻扬州建筑企业承建工程均被评为“好”的档次。1996年，市建筑安装工程公司、武安乡建筑安装工程公司被省建筑工程局表彰为“1995年度省质量管理表扬单位”。1997年，市建工局开展建筑工程质量宣传月活动，促进建筑企业提高管理水平和运行质态，健全质量管理网络，提高工程质量。1998年，市建工局实施“质量兴业”方针。全年监督市内新开工工程103项，面积25万平方米，其中优良项目34项，优良品率53%。开展质量大检查2次，查处劣质工程2项，发现并排除工程质量隐患4件。1999年，市建筑工程质量监督站开展建筑工程质量通病专项治理活动。全年监督工程126项，面积29万平方米，城区监督覆盖率100%。

2000年，市广厦建设工程监理有限公司成立，获省建设委员会核发的丙级监理资格证书。该公司有9人次获建设部颁发的上岗证书、7人次获执业监理工程师资格证书、2人次获省颁发的上岗证书，全年共监理工程总面积10万平方米。沙堰高源安装公司取得由上海市经济委员会颁发的上海市电力设备安装A二级资质证书。是年，市建筑工程质量监督站监督市内建筑工程135项，面积32万平方米；核定竣工工程质量等级44项，面积10万平方米；开展工程质量大检查3次、重点工程质量大检查2次，建筑工程受监覆盖率城区100%、乡镇90%以上。2001年，市建筑工程质量监督站完善和落实各种规章制度，强化内部管理，促进工作行为规范化，向施工单位、建设单位发放“服务反馈单”。全年监督市内在建工程项目65项，面积25万平方米；竣工项目20项，面积8万平方米。2002～2005年，市建工局严格审查外地进入高邮市施工建筑企业资质证书、营业执照、技术装备水平以及项目经理素质，取缔转包、越级承包，控制挂靠和分包，杜绝无照经营、无证施工现象，市内建筑市场未发生违反规定事项。

三、工程安全监察

1987年，县建工局成立由23人组成的工程安全检查组，检查城区81个工地、9.2万平方米建筑工程和5个镇较大建筑工程、公共建筑的安全。1988年，在扬州市建筑安全生产大检查和安全目标管理竞赛中，全县分别以总分90分、42.69分名列前茅，县人民医院工地、县邮电局综合楼工地受到通报表扬。1990年，县建筑安全监察站成立。县建工局、县劳动局联合开展建筑安装企业安全资格认可工作，审查全县建工系统二、三级和等外级建筑企业安全资格。1991年，县劳动局、县建工局联合发文，规定凡在高邮县范围内从事建筑安装生产经营活动的单位，须持有省建筑安装工程施工安全认可证方可施工。1995年，市建工局印发《关于建筑施工企业施工现场业绩综合评价办法》，提高施工企业现场管理水平，确保工程质量和安全生产。1996年起，开展建筑工程“安全生产月”活动，每年确定重点治理项目。1998年，市建工局印发《高邮市建筑业创建安全文明工地考核标准（试行）》，开展创建安全文明工地活动。2001～2003年，市建筑安全监察站组织2070人次参加建设部颁发的《建筑施工安全检查标准JGJ 59-99》专题培训；组织2776人次特殊工种人员参加岗前安全培训；开展22次定期拉网式安全检查，累计检查建筑企业947家次、664项不同单位工程，共查出事故隐患824件，全部进行整改；实现无伤亡、重伤事故目标，一般事故发生率严控在0.05‰以内。2004年，市建筑安全监察站开展“三类人员”安全生产知识考核和特种作业人员培训、考核工作，共培训1278人次，全市“三类人员”、特种作业人员、重点岗位操作人员持证率100%。2004～2005年，共创扬州市建筑安全生产先进单位16家，有23人被表彰为先进个人。至2005年，全市“三类”人员、特种作业人员、重点岗位操作人员持证率100%。

四、建筑市场管理

1986年，全县贯彻建设部发出的《关于整顿建筑市场的通知》，开展建筑市场秩序整顿工作。1987年，县建筑安装工程总公司组织检查验收乡镇建筑企业整顿工作，加强乡镇个体建筑户管理。成立县建工系统执法检查领导小组和县建筑工程管理处，开展建工系统执法大检查。1988年，县政府印发《高邮县建筑市场管理暂行规定》，先后召开7次会议，开展建筑市场管理大检查活动，共检查违章建筑62处、面积1.94万平方米。至是年末，全县有22个乡镇建立建筑工程管理站，共发放个体建筑户登记证850份、农村集体施工准建证130份、建筑市场管理监察证90份，初步改变乡镇建筑市场管理混乱状况。1989年，成立县建筑市场清理整顿领导小组，清查违法经营活动。1990年，查处违反建筑市场管理规定案件3件。县政府、县建工局先后印发《高邮县乡镇建筑市场管理暂行规定》《关于对高邮县城区建设工程施工实行统一管理的意见》，城区建设工程项目建筑施工实行计划安排、统一管理。至是年末，全县各乡镇均建立乡镇建筑工程管理站。1992年，市政府印发《高邮市预制混凝土建筑承重构件生产销售和使用管理暂行规定》，规范承重构件产销行为与使用安全。1993年，市建筑工程管理处清理整顿“三无”（无施工许可证、无建筑许可证、无计委项目批复）工程，维护建筑市场秩序。

1995年，市政府以政府令印发《高邮市建筑市场管理规定》。1996年，市政府以政府令印发《高邮市建设工程招标投标实施办法》，成立市建设工程招标投标工作领导小组，建立市建设工程招标投标有形市场，制定《工程招标市场运行操作规程》《高邮市建设工程施工招标、评标、定标暂行规则》等规范性文件。是年，全市新开工工程项目96项、应招标工程项目84项，报建率、招标率均为100%。通过招标，降低工程造价846.96万元。同年，全市开展以反对腐败和反对不正当竞争为主要内容的工程建设专项治理工作。经审核，1994年7月至1995年12月末审核工程项目74项、投资额1.05亿元。至11月，共审核项目41项，核减资金769.55万元。共查处违法违纪案件6件，其中万元以上案件1件、10万元以上案件1件。至年末，结案3件，有2人受到党纪处分，4人移送司法机关处理，挽回经济损失20万元。1997年，以继续开展建设工程专项治理工作为契机，逐步建立统一、高效、公平、有序的建筑市场管理体系。全年新开工项目71项，报建率、招投标率100%。市建筑安装工程总公司清理整顿全市48家建筑施工企业资质，责令其中3家企业进行整改。1998年，全市登记注册新开工项目103项，项目报建率、招投标率均为100%，公开招投标率75.4%。市建工局制定《高邮市建安企业出市（省）经营管理规定》。审查全市30多家装潢企业资质，共报批三级资质装潢企业2家、四级资质装潢企业7家、专项分包装潢企业5家，为3家土建施工企业报批四级资质兼营装潢增项手续。1999年，市建工局开展建筑市场执法检查，查处违章工程9项，依照有关法规进行处罚。全面推行公开招标制，共办理报建项目97项、面积21.51万平方米，总投资1.48亿元；新开工工程90项、面积20.83万平方米，总投资1.2亿元。其中，招标发包项目61项、面积18.1万平方米，报建率、招投标率均为100%，公开招标率96.7%。2000年起，持续开展工程建设专项治理，报建率、招投标率和公开招投标率均为100%。是年，全市招标发包工程48项。2002年，市建工局组织全面清理拖欠工程款活动。实施对城区建设监理合同及现场监理人员备案进行管理。2003年，市政府印发《高邮市建筑市场管理办法》，规范建筑市场资质资格、工程发包与承包、中介服务、工程合同、工程质量和安全等。全市共办理报建项目58项、面积27.25万平方米，总投资额5.44亿元；招标工程94项，其中公开招标67项、邀请招标27项，中标额2.5亿元；直接发包工程32项，发包额1805.58万元。经招标，降低工程造价1800万元。2004年，市建工局对全市建筑企业实施《江苏省建筑工程发承包计价手册》。市检察院、市纪委、市预防职务犯罪工作指导委员会、市预防职务犯罪协会、市建设局、市建工局、高邮工商行政管理局等7家单位联合制定《高邮市建筑市场廉政准入规定（试行）》，140多家市内外建筑企业获得建筑市场廉政准入证。2005年，市建筑工程管理处开展建筑工程综合执法大检查，共检查城区和20个乡镇、高邮经济开发区、高邮鸭业园区115家单位建筑工程，总建筑面积48万平方米（含上年结转18万平方米），总投资额2.9亿元（含上年结转1.3亿元），共签发施工许可催办通知书13份、安全隐患整改通知书13份、施工违章停工通知书13份、毛竹脚手架拆除通知书3份。

第六节　重点建筑企业简介

一、江苏弘盛建设工程集团有限公司

位于城区文游中路138号。1998年创建，始为市第二建筑安装工程有限公司。2003年6月，经过改制，更为现名。下设10家分公司，施工队伍分布于南京、上海、北京、天津、重庆、西安、太原、青岛等20个大中城市。拥有房屋建筑工程施工总承包一级资质，市政公用和机电安装工程施工总承包二级资质，地基与基础、建筑装饰装修、园林古建筑、起重设备安装、消防专业承包等5个二级资质。注册资本9680.64万元。固定资产净值9167.5万元；大型机械设备9484台套，净值8529万元，总功率6.98万千瓦。2002年，通过ISO 9002质量管理体系、ISO 14001环境管理体系、GB/T 28001职业健康安全管理体系认证和3个体系合并为1个标准体系认证。累计承建1万平方米以上工程145项、15层以上高层建筑25幢。所承建工程创省优质工程10项、扬州市优质工程16项，创省文明工地4个、扬州市文明工地17个。2003年，进入全省建筑业20强企业行列。先后获“省最佳企业”“省质量管理先进单位”“省科技进步先进企业”“省建筑机械管理先进单位”等称号。2005年，实现总产值27.15亿元；在册职工8295人，其中高级职称技术人员40人、中级职称技术人员145人，一级、二级、三级项目经理分别为33人、103人、168人。

图14-3　江苏弘盛建设工程集团有限公司获2005年度省建筑业“最佳企业”称号证书

二、江苏兴厦建筑安装集团有限公司

位于城区武安东路8号。1973年成立，始为城东公社建筑站。1978年，更名为县武安建筑运输公司。1984年，更名为县武安建筑安装工程公司。1996年6月，成立江苏兴厦建筑安装集团公司。2003年9月，更为现名。下设10家区域分公司、1家装潢分公司、1家市政分公司、10个直属项目部、1家

构件厂，施工队伍分布于上海、北京、天津、重庆、西安、烟台、青岛、温州、长春、南京、连云港、扬州等城市。该公司以土建施工为主，拥有房屋建筑工程施工总承包一级资质，装饰装潢、市政工程、地基与基础、房屋钢结构、机电设备安装、消防工程和古典园林等专业二级资质。注册资本5688万元。固定资产净值5309万元；机械设备598台套，净值1988万元，总功率7870千瓦。通过ISO 9001质量管理体系认证。累计承建建筑面积1万平方米以上工程20项、15层以上高层建筑14幢。所承建工程先后获省、上海市优质工程和省"扬子杯"、上海市"白玉兰杯"与"浦江杯"、山东省"泰山杯"、天津市"海河杯"优质工程奖以及北京市"长城杯"结构工程奖等13项，创扬州市文明工地4个。2005年，实现总产值4.71亿元；在册职工3000多人，其中专业技术人员近500人，一级、二级、三级项目经理各为15人、22人、24人。

三、扬州市秦邮建筑安装工程有限公司

位于城区龙祥商业中心C号楼。始名市建筑安装工程公司。2001年9月，该公司实行增资扩股，更名成立扬州市秦邮建筑安装工程有限公司。下设11家分公司，施工队伍分布于北京、天津、南京、扬州、马鞍山、宿迁等城市。拥有房屋建筑工程施工总承包二级资质、建筑装修装饰工程专业承包三级施工资质。注册资本2379.88万元。固定资产2663.3万元；机械设备456台套，净值640万元，总功率3508千瓦。通过ISO 9001质量管理体系认证。所承建工程获省优质工程1项、扬州市优质工程6项，创扬州市文明工地8个。多年获"扬州市建筑业先进企业"称号。2005年，实现总产值6.33亿元；在册职工2520人，其中专业技术人员212人，一、二、三级建造师各为15人、37人、200多人。

四、江苏润扬建筑安装有限公司

位于郭集镇。1974年创建，始为郭集公社建筑站。1999年，更名为市建华建筑安装有限公司。2004年，更为现名。下设5家分公司和25个项目部，施工队伍分布于南京、北京、石家庄、扬州、重庆等城市。拥有房屋建筑工程施工总承包二级资质。注册资本2059.44万元。机械设备289台套，净值793亿元，总功率3710千瓦。固定资产和周转材料3800万元。所承建工程获省优质工程2项、南京市优质工程18项、扬州市优质工程16项，创省文明工地6个、扬州市文明工地28个。多年获"扬州市建筑业先进企业""省质量管理'银屋奖'企业"称号，被南京市评为外来施工队伍20强企业，《新华日报》以《高邮203真棒！》为题对该公司进行专题报道。2005年，实现总产值2.38亿元；在册职工3000人，其中专业技术人员209人，一、二级建造师各为5人、20人。

五、市高强公路工程有限公司

位于城区文游台北首。2002年11月，在市公路管理站于1986年成立的养护总队、1993年成立的工程总队及沥青拌和场基础上，组建成生产型事业单位性质的市高强公路工程有限公司。2004年9月，实行转企改制。拥有公路路基工程、公路养护工程专业承包二级资质和爆破与拆除工程专业承包三级资质。注册资本1006.8万元。通过ISO 9001质量管理体系认证。机械设备82台套，总功率6000千瓦。2005年，实现总产值2.04亿元；有工程技术人员64人，一、二级建造师各为3人、28人。

六、江苏华泰道路桥梁工程有限公司

位于城区府前街。1992年，始为市市政建设工程处。1993年，增设市市政建设开发公司，实行两块牌子、一套班子。1997年，市市政建设开发公司更名为市市政建设工程总公司。1998年，市市政建设工程处更名为市市政建设工程有限公司。1999年12月，更为现名。拥有市政公用工程施工总承包一级资质。注册资本1.02亿元。机械设备262台套，总功率9374千瓦。主要经营城市道路桥梁、排水管道、块石护坡、涵洞闸坝、城市公用设施等市政工程建设。2005年，实现总产值1.81亿元。

七、扬州市邮城建筑安装工程有限公司

位于城区文游北路。1976年1月创建，始为东墩公社建筑站。1983年8月、1994年3月，先后更名为东墩乡建筑安装工程公司、市第四建筑安装工程公司。2001年9月，经过改制重组，成立扬州市邮城建筑安装工程有限公司。拥有房屋建筑工程施工总承包三级资质。注册资本750万元。机械设备124台套，总功率820千瓦；固定资产、流动资金3000万元。企业资信等级AAA级。主要在扬州市和高邮市城乡施工。所承建工程获省优质工程5项、扬州市优质工程3项，创扬州市文明工地4个。公司多年获"扬州市建筑业先进企业"称号，被省建筑业协会表彰为"省建筑业优秀企业"。2005年，实现总产值1.73亿元；在册职工1600多人，其中工程技术人员289人，二、三级建造师各为5人、18人。

八、市亚华安装工程有限公司

位于汤庄镇招贤路298号。1976年创建，始为沙堰建筑站。1986年、1999年先后更名为沙堰建筑安装工程公司、市亚华安装工程公司。2003年，经过改制，更名为现名。施工队伍分布于上海、苏州、昆山等大中城市。拥有机电设备安装三级资质。注册资本600万元。机械设备55台套，总功率2500千瓦。拥有固定资产200万元、流动资金300万元。通过ISO 9001质量管理体系认证。主要从事建筑工程总承包、机电安装专业承包、管道安装工程专业承包、水泥预制品生产、钢模出租和建材零售。2005年，实现总产值1.63亿元；在册职工400多人，其中工程技术人员60人。

九、江苏天泽建筑工程有限公司

位于城区海潮东路125号。1991年成立，下设市环球房地产开发有限公司、扬州市天伦装饰装潢有限公司（均为独立法人企业）。拥有房屋建筑工程施工总承包三级资质。注册资本2021.9万元。企业资信等级AAA级。机械设备84台套，总功率485千瓦。所承建的工程获省优质工程2项、扬州市优质工程8项，创省文明工地1个，1项QC成果获扬州市二等奖。公司先后获"扬州市建筑业先进企业""扬州市建筑安装管理先进单位""省优秀装饰企业"称号。2005年，完成总产值1.6亿元；在册职工558人，其中专业技术人员151人。

十、市水利建筑安装工程总公司

位于城区文游路。1970年6月成立，始为县水利局架桥队。1978年7月，更名为县水利工程处，隶属县水利局，为国有企业。1993年10月，更名为现名。下设两家分公司、10个施工队、1家设备租赁公司。拥有水利水电、市政工程施工总承包二级资质，房屋建筑工程施工总承包三级，桥梁工程专业承包二级，地基与基础工程、堤防工程专业承包三级资质。注册资本2107.1万元。机械设备764台套，总功率9060千瓦。2004年，通过ISO 9001质量管理体系、ISO 14001环境管理体系和GB/T 28001职业健康安全管理体系认证。被省水利厅表彰为"全省水利系统安全生产先进集体"，被扬州市政府表彰为"建筑业最佳企业"。2005年，完成总产值1.42亿元；在册职工800多人，其中专业技术人员255人。

十一、市建筑安装机械化施工工程公司

位于高邮镇康华园社区。1993年3月成立。拥有房屋建筑工程施工总承包三级资质。注册资本8810万元。机械设备180台套，总功率1564千瓦。主要承建30层以下、30米跨度以下房屋和高度100米以下构筑物。2005年，完成总产值1.3亿元；有职工500多人。

十二、市建筑安装基础工程公司

位于城区中山路342号。1978年成立。拥有地基与基础三级资质。机械设备238台套，总功率

2572千瓦。固定资产1028万元。2005年,完成产值1.1亿元;有职工592人,其中专业技术人员62人。

十三、扬州市盂城建筑安装工程有限公司

位于界首镇。1956年建立,始为界首镇建筑站。1984年,更名为界首建筑安装工程公司。2003年,经过改制,更名为现名。拥有房屋建筑工程施工三级资质。机械设备26台套,总功率780千瓦。注册资本606.6万元。在重庆市承建一批5万平方米以上规模的建筑工程,其中承建的重庆市沙坪坝区时代精英高层住宅楼25万平方米,承建的重庆市沙坪坝区3号楼获重庆市"巴渝杯"结构工程奖。2005年,完成施工产值2560万元;在册职工338人,其中专业技术人员52人。

十四、市华盛建筑安装工程有限公司

位于菱塘回族乡。1967年建立,始为菱塘公社建筑站。1985年,更名为菱塘建筑公司。2000年,改制为民营企业,更为现名。下设4个项目部。拥有房屋建筑工程施工总承包三级资质。注册资本600万元。固定资产320万元,流动资产1300万元。2005年,完成产值1.3亿元;在册职工500多人,其中专业技术人员82人,一、二级注册建造师分别为3人、4人。

第二章 房地产业

80年代,县内机关企事业单位职工住房,由各单位自建,或由单位出资、建筑单位统一代建,实行福利分房,亦有职工集资预订、委托建房;城乡居民由个人自建自住。80年代后期,县城乡建设环境保护局启动房地产开发工作。进入90年代,全市逐步形成房地产开发热潮,房产业渐成全市重要产业之一。21世纪初,全市房地产开发进入高速发展阶段。2005年,全市房地产开发企业、开发建设面积分别是90年代初期9.8倍、11.56倍。

第一节 房地产开发

一、房地产开发企业

1986年,由县城乡建设环境保护局主管的首家房地产开发企业——县房屋建设开发公司成立,为全民事业单位,主营房地产开发、装潢装饰,兼营建筑材料零售、批发,钢材、水泥购销等业务。1992年,全市相继建成房地产开发公司6家。6月,由建行高邮市支行主办的市建银房地产开发公司开业。该公司属国有企业,经营方式为代建、租赁开发房地产,同时与市金属器材公司等单位开展联营购销钢材等业务。8月,市城建委主办的市房地产第二开发公司(市房产住宅开发公司)成立。该公司与市房产管理处合署办公,属国有企业,主营房屋开发、商品房出售等,兼营室内外装饰和建筑材料零售与批发等,经营方式为服务、零售、施工等。由工商行高邮市支行主办的市富达房地产开发公司成立。该公司属国有企业,主营房产业务,兼营各种建筑材料、装潢材料零售批发,承办各种建筑工程室内外装潢、装修业务和钢模出租业务。9月,由市土地管理局主办的市地产开发公司开业。该公司属国有企业,主营地产,兼营建筑材料、水泥预制、电脑打字、复印。10月,市经济适用房开发中心成立。12月,由市革命老区经济开发促进会主办的市鸿运房地产开发公司成立(1993年2月开业)。该公司属集体所有制企业,主营工业、民用、市政、林园等建筑工程,兼营建筑、装饰材料批发零售。1993年,市内由国家机关、金

融机构主办的房地产开发企业与其彻底脱钩，实行独立核算，自主经营。

1993年3～4月，扬州天时房产有限公司、高邮镇城区房产开发公司、市金建房产开发公司等3家房产开发公司先后成立。1995年，高邮经济开发区房地产开发中心、市市政房地产开发公司成立。是年，高邮经济开发区房地产开发中心被定为四级资质企业，市经济适用房开发中心、市建银房地产开发公司和市市政房地产开发公司被定为三级资质企业。至1996年，全市具有商品房开发资质的公司共12家，其中运营正常的有5家，即市鸿运房地产开发公司、市房屋建设开发公司、市富达房产开发公司、高邮镇城区房产开发公司、市房产住宅开发公司。

2001年1月，全市首家由市外开发商控股的市高宇房地产公司成立。该公司由浙江省宁波市舜龙房地产开发有限公司、余姚市中宇房地产开发有限公司和扬州顺泰实业有限公司共同出资组建。注册资金500万元。2002年，全市房地产开发企业发展到28家，其中市内企业13家、市外企业15家。是年，全市有资质的房地产开发企业和市外房产开发企业，开始按要求办理商品房销（预）售登记，全年发放销（预）售许可证共21份、12.1万平方米。2003年，全市共有房地产开发企业37家，其中市内企业16家、市外企业21家。2004年，全市共有房地产开发企业40家，其中市内企业21家、市外企业19家。至2005年，全市共有房地产开发企业49家，其中市内企业18家、市外企业31家。

二、商品房开发

1981年，县政府在武安村划拨土地7.03公顷，由有关企事业单位自建或委建住宅，兴建首个居民住宅小区——北海新村。1983年，县政府利用东城门口向北至老城墙东北角、南北长600多米地段的护城河及东侧外坎非耕地，由县工商行政管理局牵头，统一规划设计，砌建商业街门面房，出售给个体户和部分流通企业经营商品。1988年，开发建设南海新村，占地9.8公顷。至1990年末，完成南海新村第一、二期工程。1991年，城区建设住宅面积7.79万平方米。其中，市房屋建设开发公司统建的南海新村，施工面积2万平方米，竣工面积1.1万平方米，当年销售商品房1万平方米；全民、集体单位投资700万元，分散建房总面积2.53万平方米；居民私人自建600户，总面积3.26万平方米。是年，国家、集体、个人三者新建的房屋共安排1000户，为历史上建筑面积最多一年。1992年，市房屋建设开发公司承建商品房施工面积3.7万平方米，竣工面积2.7万平方米，完成建设投资1500万元，工程质量合格率100%；销售商品房3.25万平方米，购房业主478户，并预约订购高沙园住宅1万平方米、110户。

1993年，城区房屋开发总量8万平方米，竣工面积5.98万平方米，主要开发地块有宋庄小区、高沙园小区、府前街改造第一期工程等10处。1994年，开发建设商品房面积8.54万平方米，竣工面积9.38万平方米（含上年度遗留工程接续面积，下同），销售面积8.9万平方米。主要开发地块有烟雨小区、富达新村、宋庄小区、文游新村、高沙园、府前街等8处，工程合格率100%，优良率37%。1995年，新开发建设商品房面积3.11万平方米，总开发建设面积6.07万平方米，竣工面积4.57万平方米，销售面积4.76万平方米。开发地块有富达新村、高沙园、宋庄小区、宝塔村、海潮路和府前街零星地块等。1996年，开工建设府前街第二期改造工程。全年商品房开发面积9.9万平方米，竣工面积6.3万平方米，其中销售4.3万平方米、滞销2万平方米，首次出现商品房销售不景气、市民购房热情下降情况。1997年，商品房开发建设面积下降为6.18万平方米，但销售面积比上年略有增长。1998年，商品房新开工面积4.55万平方米，竣工面积11.89万平方米，销售面积回升到7.24万平方米，但商品房销售市场尚不够稳定。

图14-4　商品房销售现场

2000年起，全市商品房开发逐步进入高速发展期，商品房竣工、销售面积呈大幅度增长态势，当年商品房开发建设面积、竣工面积分别比上年增长87.5%、85.7%。2002年，商品房开发、竣工、销售面积回落，累计空置房面积4.13万平方米。2003年起，商品房开发、竣工、销售面积上扬。2005年，全市商品房开发、竣工、销售面积分别为42.76万平方米、40.44万平方米、24.05万平方米。在商品房销售面积中，住宅17.89万平方米、商业用房6.08万平方米、办公等其他用房760平方米。

1992～2005年高邮市商品房开发、竣工、销售数量一览表

表14-5　　单位：万平方米

项目 年份	开发面积	竣工面积	销售面积	项目 年份	开发面积	竣工面积	销售面积
1992	3.70	2.70	3.25	1999	8.00	7.00	6.00
1993	8.00	5.98	5.08	2000	15.00	13.00	10.80
1994	8.54	9.38	8.90	2001	16.70	11.50	6.57
1995	6.07	4.57	4.76	2002	14.43	6.08	5.50
1996	9.90	6.30	4.30	2003	24.08	12.27	16.50
1997	6.18	5.18	4.46	2004	43.40	22.60	19.78
1998	4.55	11.89	7.24	2005	42.76	40.44	24.05

三、房屋拆迁与安置

1986年，城区房屋拆迁一般由县政府组成房屋拆迁指挥部或领导小组统一领导，相关单位配合工作。对被拆迁房屋的居民安排宅地，并按房屋质量平均每平方米给予补偿80元左右。是年，因建设文化宫路菜场、海潮路东门至邓桥段和城北医院扩建、曙光中学校门口道路拓宽等，共拆除房屋23户61间，面积1193平方米，其中单位房屋300平方米。安置居民房屋面积828平方米。1988年，完成大运河高邮城区段和三阳河高邮段拓宽改造工程拆迁公房复建任务，经验收合格后安排拆迁户入住。1992年4月，市政府制定《高邮市城市房屋拆迁管理暂行办法》（简称《房屋拆迁管理暂行办法》），规定城市总体规划范围内的房屋拆迁，由市拆迁安置办公室（简称市拆迁办）负责实施。拆迁人对被拆除房屋的所有人，按规定采用作价补偿、产权调换或两者相结合的形式，给予合理的补偿。拆除住宅房屋，在城区房源条件允许的情况下，按原拆除面积安置，安置房与拆除房评估价的差额，由被拆迁人承付；安置商品房的，商品房与安置房的差额和拆除房评估价额，均由拆迁单位承付。此外，还规定拆迁户过渡补助费、搬家补助费等标准。是年，为拓宽建设通湖路东段，拆除房屋13户，面积3524平方米。1993年7月，为开发建设府前街改造第一期工程，共拆除府前街东段南侧各类房屋159户732间、披棚41个、公厕3座，面积1.33万平方米。在原地建房安置1.54万平方米。1994年，市拆迁办公开办事程序，执行房屋拆迁许可证审批制度，先后拆除府前街与文化宫路交叉口东北角、新图书馆门前、海潮路邓桥至黄渡段、珠湖南路等地段房屋135户624间、披棚11个、公厕1座，面积1.13万平方米。给地自建房屋安置91户，在原地建房安置3827平方米。1995年，拆除汪家巷、盂城驿地段各类房屋91户338间，面积6269平方米。在原地建房安置6683平方米，因盂城驿修缮改造工程被拆迁的26户被易地安置在南海新村5区9幢。1996年，开发建设府前街改造第二期工程，拆除房屋514户1900间，面积3.8万平方米。在原地建房安置4.86万平方米。因城北医院综合楼、公安办公大楼建设，文游路、东井巷和文游台三角区、南古塔整治改造工程，共拆除房屋94户854间，面积1.28万平方米，其中文游路沿路10个单位的房屋520间，面积6200平方米。原地建房或易地安置房屋8174平方米。1997年，因市百货公司建设东方大厦和珠湖南路、通湖东路、南门大街改造工程，共拆除房屋121户430间，面积9600平方米。给地自建房屋安置11户，货币安置32户，其余居民安置房屋2285平方米。1998年，因财保高邮支公司建设培训综合楼、高邮师范学校扩建、月塘河整治、通湖小区建设和蝶园南路、高邮水泵厂西门道路拓宽，共拆除房屋62户311间，面积5970平方米。其中，财保高邮支公司建设用地，遭到11户被拆迁居民的多次阻挠，后通过诉讼程序，完成拆迁任务。给地自建房屋安置11户，货币安置11户，其余居民安置房屋3293平方米。1999年8月，市政府制定《高邮市城市房屋拆迁管理实施办法》，市物价局、市建委联合出台《关于调整房屋拆迁安置补偿价格的通知》，补偿办法、标准和安置方式与《房屋拆迁管理暂行办法》的规定大致相同。是年，因建设新华园小区，拆除新华村新庄组居民房屋25户137间，面积2969平方米。在该组给地自建房屋。

2000年4月，市拆迁服务中心成立。10月，市物价局、市建设局联合出台《关于高邮市城市规划区内房屋拆迁补偿安置费用标准的通知》，明确被拆迁人可选择货币安置、产权调换补偿安置方式。规定拆迁房屋按地域划分为3个不同的区位价，新旧房的结算方式实行区位价加旧房重置价格的办法。对结付被拆迁人的过渡费、搬家费由按人计算改为按房屋面积计算。同时，规定被拆迁人水、电、电话、有线电视及空调移装费，歇业生活补助费、停产停业损失补贴，直管公房的补偿方法及结算标准。是年，因市政府宿舍楼、傅珠路、月塘河改造工程，高邮市中学迁建工程，市人民医院新建急诊大楼，市副食品厂、市服装厂出让土地等，共拆除房屋143户792间，面积1.56万平方米。给地自建房屋安置26户，货币安置67户，其余拆迁户安置房屋5301平方米。2001年，因玉带河第一期改造工程和市检察院办公楼北侧改造工程，共拆除房屋88户，面积5648平方米。采用原地产权置换方式安置78户，货币安置10户。2002年，因新建蝶园市民广场、商业步行街、邓桥商业城第一期工程、新看守所、驿都花苑、温州商城、市行政中心，市第一小学新建西大门，府前街第三期改造工程、蝶园路改造工程，共拆除房屋547户，面积6.4万平方米。给地自建房屋安置65户，产权置换9户，其余拆迁户实行货币安置。2003年，因建设国贸大厦、商业步行街东入口、瑞和阳光城、清华园，北环路改造工程等，先后拆除北环路周边、市交警大队南侧、府前街市公安局宿舍楼、市啤酒厂职工宿舍、高邮旅社南侧、琵琶路市燃料公司仓库、北海小商品市场、人民商城住宅楼、清华园周边等地段房屋749户，面积8.35万平方米。给地自建房屋安置103户，产权置换安置9户，其余拆迁户实行货币安置。2004年起，随着拆迁户提出的要求、条件逐步提升，全市房屋拆迁工作矛盾增多、难度加大，拆迁工作总体进展缓慢。是年，因文游台西侧改造工程，拆除房屋87户，面积1.59万平方米，实行货币安置。2005年，因邓桥第三期改造工程，拆除房屋18户，面积1687平方米，实行货币安置或给地自建房屋安置。

第二节　房产经营

一、房产交易

1985～1991年，高邮城区和三垛镇、临泽镇、界首镇（简称“一城三镇”）房产交易活动，由县房产管理处下设的政策调研股办理。1992年3月，市房产交易所挂牌开业，与市房产管理处合署办公。该所负责“一城三镇”规划区内私房、商品房买卖、租赁、赠与、交换、典当、抵押、评估，企业破产兼并、房产拍卖资产评估以及房屋租赁监证登记，受市财政局委托代征与管理房屋买卖契税。是年，交易监证私房128套、商品房18套，成交总额400万元。1993年10月，市房产交易市场开业。全年交易监证私房200套8756平方米、商品房215套1.13万平方米，交易额1400.56万元。1994年，交易监证私房122套7800平方米、商品房413套3.29万平方米，交易额2059万元。1995~1996年，因房产交易人法制意识不强，隐报房价、私下交易和商品房强行开发销售现象较为严重，房屋实际销售面积、价格与交易监证面积、价格相差较大，致使房地产税费流失较大。1996年，交易监证私房、商品房307套3.5万平方米，比上年多交易监证24套1.72万平方米，交易额却比上年少391.81万元。1997年起，依法管理房地产市场，商品房销售行为逐步规范。是年，交易监证私房152套1.04万平方米、商品房396套4.1万平方米，交易额4197.97万元。1998年，交易监证私房、商品房1227套，交易额3823万元，其中交易监证3个镇房产700套，交易额300万元。1999年，实行商品房预销售许可制度，进一步规范商品房销售行为。全年办理商品房预销售许可证22份10.8万平方米。2000年，面积680平方米的市房地产交易中心建成开业。2001年，办理商品房预销售许可证16份6.57万平方米。全年交易监证私房923套6.87万平方米、商品房936套9.2万平方米，房产交易监证数量、面积比1999年、2000年分别增长2.91倍、3.58倍和41.2%、40%。2002年起，开始对非住宅类单位房产进行交易监证。是年，交易监证房产2477套26.06万平方米，其中私房1424套11.32万平方米、商品房834套6.82万平方米、单位房产219套7.92万平方米。2003年，交易监证房产1292套32.89万平方米，其中私房1116套10.18万平方米、商品房105套13.19万平方米、单位房产71套9.52万平方米。2004年，交易监证房产2619套41.06万平方米，其中私房1517套21.23万平方米、商品房1048套12.78万平方米、单位房产54套7.05万平方米。2005年，交易监证房产3411套151.91万平方米，其中私房1656套117.75万平方米、商品房1570套16.61万平方米、单位房产185套17.55万平方米。

二、房产租赁

1992年9月，市房产交易所开始实行房产租赁管理。是年，“一城三镇”房屋租赁180户，年租赁费71万元。1993年，全市房屋租赁逾1000户，年租赁费逾500万元，为房屋租赁最高一年。1994年，“一城三镇”房屋租赁167户，租赁面积3.83万平方米。1995年，“一城三镇”房屋租赁54户，租赁面积2200平方米。1996年，“一城三镇”共办理房屋租赁鉴证354户，注册登记405户，管理面积1.7万平方米。1997年，房产租赁管理单位与工商部门开始实行联合办公，对从事商业经营性房产租赁，租赁户在办理经营证照同时缴纳租赁鉴证费。全年“一城三镇”共办理房屋租赁鉴证368户，管理面积1.17万平方米。1998年起，房屋租赁费大幅度上涨。是年“一城三镇”房屋租赁372户，租赁费400万元。1999年，“一城三镇”租赁房屋396户，租赁费近500万元。2000～2005年，“一城三镇”租赁房屋每年300户以上，年均租赁费500万元左右。

三、房产抵押

1994年，市房产交易所首次办理房产抵押鉴证4笔，面积730平方米。1995年，该所正式开办房产抵押业务。全年办理79笔，抵押面积0.71万平方米，抵押金额170万元。1998年，“一城三镇”房产抵押372笔。1999年，“一城三镇”房产抵押325笔。2000年，“一城三镇”房产抵押323笔。2001年后，全市房产抵押大幅度上升。是年，市房产交易所办理房产抵押鉴证上升到642笔。2002～2005年，市房产交易所每年办理房产抵押鉴证近1000笔。

四、房产评估

1992年，市房产交易所办理房屋评估120户，评估金额48万元。1993年，该所完成房屋评估1万平方米。1994年，房屋评估72户6490平方米。1995年，房屋评估73户5100平方米，评估金额127万元。

1996年6月，扬州市房地产资产评估事务所高邮分所建立，专门从事房产价格评估、房产政策咨询和房地产中介服务。是年，该所评估房产1823户13.38万平方米，评估金额2369万元。其中，为府前街第二期改造工程评估520户3.6万平方米，评估金额783万元。1997年，评估旧城改造房产8200平方米，评估金额374.88万元；评估抵押房产6300平方米，评估金额184.93万元。2002年，评估房产757户17.5万平方米，其中评估拆迁房产507户7.5万平方米、评估企业和个人抵押房产250户10万平方米，为全市115所中小学出具危房鉴定报告222份9.95万平方米。2003年，评估房产34.32万平方米，其中评估拆迁房产12.99万平方米、评估抵押房产20.11万平方米、房产委托评估1万平方米、房产司法鉴定评估2200平方米。2004年，评估房产46.97万平方米，其中评估拆迁房产5.2万平方米、评估企业房产41.61万平方米、房产司法鉴定评估1600平方米，评估金额3.1亿元。2005年，评估房产97.61万平方米，其中评估拆迁房产3200平方米、评估抵押房产89.67万平方米、房产委托评估7.36万平方米、房产司法鉴定评估2600平方米。

第三节　房产管理

一、房地产开发市场管理

1997年，市建委制定商品房预销售、商品房开发资质管理和规范商品房预销售合同文本、广告等具体管理办法，明确由市房产管理处负责商品房预销售管理职能。1998年，全市实行商品房交付前的综合验收制度。1999年，全市首批领取商品房预（销）售许可证商品房开发企业14家。市房屋开发管理办公室建立商品房综合验收制度，全面推行商品房住宅质量保证书和住宅质量使用说明书制度，确保消费者合法权益。2001年，市政府印发《高邮市城市住宅小区竣工综合验收管理办法》，并成立市城市住宅竣工综合验收小组，对照规范要求进行工程竣工验收，发现问题及时整改，验收合格发放同意交付使用的书面通知。全年工程质量合格率100%，其中优良率35%。

2002年1月，市政府针对房地产市场秩序混乱和经营回落的实际情况，印发《关于进一步繁荣市区房地产市场的意见》，城区房地产市场实行总量控制，适度开发，商品房开发项目主要安排在城市新区。对城区及周边地区零星土地建房审批予以冻结；利用零星地块建房每半年集中研究一次，并进行公示。放开搞活住房二、三级市场，培育房地产中介市场。在商品房交易中，省定取消的收费项目一律取消，有幅度的收费一律按下限收取，属于市内有关部门收取的费用一律下浮50%。出售房改房、经济适用房、私房1年内新购商品房的，契税和交易手续费按新旧房价款差额缴纳。对个人购买并居住超过1年的普通住宅，出售时免征营业税；个人购买并居住不足1年的普通住宅，出售时营业税按销售价减去购入原价后的差额计征；个人自建自用住房，出售时免征营业税。凡个人出售普通住宅免征营业税的，由市地方税务局审批。取消房改房上市和个人住房贷款抵押的评估收费。1月1日起，凡个人购买普通住房的，契税一律减半征收，税率为2%。凡在城区购房的农村户口人员，凭购房发票、房产证等，可以将购房者或房主本人及其配偶、未成年子女登记为城镇常住户口，并照顾1名共同居住生活的直系亲属随迁，公安部门只收取工本费。推行住房按揭贷款，放宽贷款条件，减少贷款环节，增加贷款额度，延长贷款年限。同时，成立市整顿和规范房地产市场秩序领导小组，市建设局、扬州市高邮工商行政管理局、市发展计划局、市国土资源局、市财政局、市规划局、市监察局、市物价局联合印发《关于对我市房地产市场秩序进行联合检查的通知》，对城市规划区范围内2000年1月1日至2002年6月30日期间房地产市场程序实施联合检查。对查出的超越资质开发、转借开发资质、无资质开发行为和少批多建、少批多售、擅自开工的现象，商品房购销未使用规范合同文本，房屋中介市场较混乱，小区未经验收合格就将房屋交付买主使用等问题，进行依法依规处理。2004年，市整顿和规范房地产秩序领导小组组织相关部门，对2002年7月1日至2004年9月30日期间城市规划区内房地产开发经营情况，进行一次拉网式联合检查。共检查26家房地产开发企业42项房产开发项目，累计检查房产开发面积55.89万平方米。至2005年，全市房产开发与市场经营逐步进入有序轨道。

二、房产权属管理

1990年10月，市房屋产权监理所成立。1992年3月，该所挂牌开业，与市房产管理处合署办公，主要负责城区和7个建制镇单位自管房、私有房和直管公房房屋所有权登记发证工作。至是年末，城区私有房登记1.31万户，占应登记数99.54%；发放产权证1.07万户，发证率81.68%。单位自管房登记136.5万平方米，占应登记数91%；发放产权证124.09万平方米，发证率90.91%。直管公房（含三垛、界首、临泽3镇房管所）登记18.04万平方米；发放产权证18.01万平方米，发证率99.83%。7个建制镇私有房登记4919户，占应登记数98.8%；发放产权证4050户，发证率82.33%。单位自管房登记39.5万平方米，占应登记数86.61%；发放产权证34.6万平方米，发证率87.59%。1993年，城区私房登记发证700户，单位自管房登记发证面积23万平方米。至年末，基本完成城区公私房屋所有权登记发证工作。1994年，通过对直管公房全面普查，先后整理产籍资料4.78万份，其中立卷归档1.12万份。完成单位自管公房发证工作，面积6万平方米；城镇私房发证950户。1995年，整理产籍资料1556卷，完成31家单位房屋发证工作，面积3.08万平方米；私房发证1644户。1996年，市房屋产权监理所受市政府委托，进行房产权属鉴证、登记发证，并对"一城三镇"规划区内房屋产权产籍实施管理。全年登记总面积16.3万平方米，发证总面积14万平方米，其中单位自管房4万平方米、优惠售房3.5万平方米、个人建房6.5万平方米，发证率93%。1997年，"一城三镇"规划区内房屋权属登记总面积8.95万平方米，确权发证面积8.77万平方米，其中单位自管用房5.3万平方米、优惠售房0.5万平方米、个人建房0.82万平方米、商品房2.15万平方米。1998年，办理"一城三镇"房屋所有权私房登记1485户15.96万平方米，其中3个镇登记329户5.95万平方米，确权发证1086户9.01万平方米；单位自管用房登记14.05万平方米，确权发证13.95万平方米。1999年，"一城三镇"登记发证3821份40万平方米，换发新证1239份。2000年，办理房屋产权登记4353户，计算机核发房屋权属证书3583份。2001年，发放房屋权属证书4849份。2002年，办理城区和建制镇房屋登记4198户（处）185.38万平方米，核发房屋所有权证书4111份157.38万平方米。其中，办理私房登记3873户84.61万平方米，发放房屋所有权证书3819份75.9万平方米；办理单位房登记325处100.8万平方米，发放房屋所有权证书292份81.48万平方米。办理房屋他项权证书463户（处），核发房屋他项权证书398份。2003年，办理乡镇私有房屋登记4367户54.44万平方米，发放房屋所有权证书3063份40.21万平方米；办理单位自管用房登记207处，发放房屋所有权证书174份38.76万平方米。2004年，办理房产登记5806户（处）88.1万平方米，其中私房登记5521户（处）59.6万平方米、单位房登记285处28.5万平方米；核发私房权属证书5190份80.44万平方米，核发房屋他项权属证书582份；收集房屋档案2991份，整理房屋档案7340份。2005年，办理房产登记5224户（处）133.18万平方米，其中住宅登记4104户49.56万平方米、非住宅登记1120户83.62万平方米；发放房屋权属证书5024户（处）131.49万平方米，其中住宅房屋权属证书3988份48.5万平方米、房屋非住宅权属证书1036份82.99万平方米。

三、直管公房经营和维修管理

1988年，由县房产管理处修建工程队负责直管公房经营和维修管理工作。全年抢修城镇危漏房屋226户700间，危险房屋抢修率100%；小修3501户6394间，占应修数82.4%。1990年，翻建公房14户，大修60户，中修185户，小修1986户，维修率占全部公房58.4%。1991年，翻建危房17户46.5间842平方米，修理房屋163户350间6361平方米，小修养护3506户8945间。1993年，维修、翻建直管危旧住房2386户5147.5间9.23万平方米，投入维修费45.8万元，房屋完好率55%。1994年，维修房屋1682户4.55万平方米，翻建危房12间，共投入维修费34.04万元。1995年，维修房屋1159户3587间4.21万平方米，投入维修费38.38万元。

1996年，结合做好府前街第二期改造工程，依法出售住宅类直管公房110户5000平方米；解除18份2000平方米非住宅直管公房租赁合约，并收回房屋使用权；通过清产核资，减少国有资产（公房）流失5万多元；解决9户社会特困户住房，调解21户房屋产权矛盾，确保动迁工作顺利进行。完成南海、北海、奎楼新村等处158户9000平方米成套住宅公房出售工作。新建、翻建、检修612户3827间6.85万平方米直管公房，共投入维修费52.42万元。清理陈欠公房租金，诉讼6家欠租单位，全部获得胜诉。

至是年末，企业单位累欠租金100多万元，个人累欠租金20多万元。

1997年，“一城三镇”共有直管公房13.43万平方米。市房产管理处维修房屋1772户4011间6.88万平方米，占公房总量51%，投入维修费76.6万元。调整“一城三镇”10万平方米住宅公房租金，调整户率80%，并重新核发公房租赁证。普查180多家租用单位公房，清理产权600平方米，与80家单位重新签订租赁合约。维修危旧直管公房，共查出危旧房1万多平方米，成立5个抢修小组，落实片、段和户的维修人员，确保住户人身财产安全。全年销售直管公房16户800平方米。

2000年，大修“一城三镇”直管公房96间1584平方米，翻改建24间378平方米，投入维修费77.42万元。2001年，翻建“一城三镇”直管公房危房6间90平方米，大修89间1494平方米。2002年，维修直管公房1770户3480间6.68万平方米，其中大修35户115间2396.77平方米、中修90户224间3525.3平方米、小修养护1645户3141间6.09万平方米。抢修直管公房危房10处，共投入维修费72.94万元。收回漏管直管公房9间156平方米。2003年，维修直管公房4620间9.5万平方米，其中大修61间1375平方米、中修291间5202平方米、小修养护4268间8.84万平方米。清理漏管直管公房36间708平方米，换发房屋租赁使用证130份。2004年，维修直管公房3451间5.05万平方米，其中大修97间1900平方米、中修267间4400平方米、小修养护3087间4.42万平方米，共投入维修费94.6万元。

至2005年，“一城三镇”共有直管公房1800户10万平方米。是年，市房产管理处所属6个房管所维修房屋5032间8.56万平方米，其中大修213间4010平方米、中修366间8412平方米、小修4453间7.32万平方米，投入维修费用133.79万元。

四、落实私房政策

1986年，经过前3年的调查核实，落实对侨属、台属、县政协委员、宗教人员、知名人士以及有突出贡献人员等统战对象的私房政策，共44户649.5间1.23万平方米，支付经济补偿款10万元。1988年，县政府制定《关于处理私房改造遗留问题的通知》等4份规范性文件，成立县处理私房改造遗留问题领导小组及其办公室，从相关部门抽调人员专职从事处理私房改造遗留问题。经过登记、调查、核实和上报批准等程序，1991年处理114户私房改造遗留问题，落实归还房屋面积8536.37平方米，支付补偿经费21.42万元；1992年处理145户私房改造遗留问题，落实归还房屋面积9620.34平方米，支付补偿经费24.96万元。此后，逐年落实处理。至1995年12月底，处理私房改造遗留问题工作基本结束。共处理477户私房改造遗留问题，落实归还房屋面积37494.06平方米，其中经济补偿面积11578.16平方米，支付补偿款80.5万元。

五、房产测绘

1996年6月，扬州市房地产测绘队高邮分队成立，主要从事限额以下地形测量、房地产产权产籍测绘等。2002年，测绘房产2500户（处）169.5万平方米。2003年，测绘房产5753户（处）123.85万平方米。2004年，测绘房产3665户（处）113.51万平方米。2005年，测绘房产2888户（处）144.48万平方米。

六、白蚁防治

1989年7月，县白蚁防治所建立，开始仅负责“一城三镇”直管公房白蚁防治，后逐步发展到其他用房和居民住宅。1991～1992年，该所灭治房屋白蚁面积1.56万平方米，其中民房6509平方米、单位自管房9076平方米。1993年，该所对47家单位和139户居民新建的1.96万平方米房屋进行白蚁防治。1994年，完成44家单位、260户居民新建的8.16万平方米房屋白蚁防治工作。1995年，与新建房的66个单位、270户居民签订11.46万平方米的白蚁防治合同，灭治公房、私房白蚁面积3000平方米。1996年，对285户（个）居民（单位）17.5万平方米房屋进行白蚁防灭治。

1997年4月起，白蚁防治灭治范围扩大到各乡镇单位和个人建房、用房。全年服务对象增加到

2000户，防治面积增加到25万平方米，灭治面积增加到4万平方米。无偿为特困户、下岗职工房屋灭治白蚁400多平方米。11月，市白蚁防治所通过由省白蚁防治协会组织的检查验收。

1998年，白蚁防治311户15.29万平方米，灭治139户6700平方米。1999年，白蚁防治371户18.43万平方米，灭治226户1.9万平方米。2000年，白蚁防治面积1.93万平方米、灭治7500平方米。2001年，为55家单位15.8万平方米和168户居民1.77万平方米房屋进行白蚁防治。2002年，白蚁防治面积21.8万平方米，其中新建房屋防治580户（处）20.8万平方米；灭治面积8227平方米。2003年，白蚁防治430户28万平方米、灭治130户9500平方米。

2004年2月，市房产管理处设立临泽、界首、三垛、卸甲、湖西、高邮经济开发区白蚁防治分所。是年，共为100家单位、80户居民提供白蚁防治服务，防治面积上升到55万平方米，灭治83处6800平方米。2005年，为3226户提供白蚁防治服务，防治面积63万平方米，其中防治单位房屋52万平方米、个人住宅11万平方米；灭治面积2万平方米。

七、物业管理

1996年9月，市物业管理处建立，为全民事业单位，股级建制。1997年2月，全市首家物业公司——市利民物业有限公司建立。是年4月，市政府印发《高邮市住宅物业管理暂行办法》；市利民物业有限公司进入城区玉带园小区进行物业管理，实行全日制保洁服务。1999年4月，市四方物业管理有限公司建立。该公司以通湖小区为物业管理示范区，实行封闭管理、全天候服务。在是年末“创三安”（创安全村、安全单位、安全小区）考核检查中，通湖小区获扬州市检查考评小组表扬，被市社会治安综合治理委员会授予“安全文明小区”称号。

2001～2002年，玉带园、新华园物业管理公司共维修小区房屋76处，疏通居民住宅下水道106次，维修水电管道、线路26次，修缮公用设施129处，处理各类矛盾803件，查处违章54件。新华园小区先后被表彰为“扬州市信息化建设示范小区”“扬州市优秀物业示范小区”。至2005年，物业小区管理模式基本覆盖城区新建居民小区。

第四节　房地产开发项目

一、特色住宅小区

北海新村　东起北海路，南接海潮路，西至环城路，北连通湖路。系由有关企事业单位联合建设，县建筑设计室设计，县建筑公司等单位承建。占地7.03公顷。建住宅楼55幢，建筑面积7.93万平方米。工程分两期：第一期工程于1981年开工，1983年竣工，建设住宅楼40幢，建筑面积4.98万平方米（含县房产管理处建设项目）。第二期工程于1986年开工，1987年竣工，建住宅楼15幢，建筑面积2.33万平方米，其中由县房产管理处建设的项目面积6210平方米。住宅楼3～5层，每单元建筑面积分别为大户70平方米、中户60平方米、小户50平方米。区内设有三纵四横道路，主干道宽5米，支干道宽3米，均为混凝土路面。

1986年，在北海新村东南建成北海三村。该村东起文游中路，南连海潮路，西至北海路，占地2.1公顷，建筑面积2.31万平方米。区内主干道宽5～6米，支道宽3米。建设公共建筑621平方米，设有公用自行车存放房、综合商店和游憩地。由市房屋建设开发公司投资576.4万元开发建设。

南海新村　东连南海路，南临万斤河，西接环城南路，北通海潮路。占地6.83公顷。建筑面积8.27万平方米。工程分3期实施：第一期工程于1988年9月开工，1989年12月竣工，建筑面积2.51万平方米；第二期工程于1991年1月开工，1992年7月竣工，建筑面积2.29万平方米；第三期工程于1992年10月开工，1993年4月竣工，建筑面积3.03万平方米。公共设施与3期工程同时施工、同时竣工。共建住宅楼53幢，建筑面积7.83万平方米，公共设施面积4414平方米。住宅楼以条式为主，辅以点式，楼层4～5层，每单元建筑面积分别为大户80平方米、中户70平方米、小户60平方米。

新村内中心干道宽8.7米，次干道路宽2.5米，进楼梯口道路宽2米左右，配套建设南海艺术幼儿园、居民委员会办公用房、公厕和垃圾中转站等公共设施，设有储蓄代办所、粮店、药店、废品收购站、饮食店和个体小百货商店等。由市房屋建设开发公司投资4234.88万元开发建设，市建筑安装工程公司、市第二建筑安装公司施工。

图14-5　1993年建成的南海新村住宅楼

玉带园小区　为府前街改造工程，共分3期实施：第一期工程位于府前街南，蝶园路以东。占地0.95公顷。1993年9月开工建设，1994年末竣工。建4～6层商住楼4幢、住宅楼3幢，建筑面积2.7万平方米。由港胞姚文俊与市工业供销公司、市房屋建设开发公司合资兴办的扬州天时房产开发公司开发建设。第二期工程位于府前街南，玉带河北，东至蝶园路，西抵中山路。占地5.7公顷。1996年2月开工建设，1996年末竣工。建住宅楼18幢、商住楼6幢，建筑面积8.1万平方米。分3个敞开式组团，东侧1～6幢为第一组团，中间7～12幢为第二组团，西侧13～18幢为第三组团。小区楼层2～6层，有住宅850套，营业门面房80间。第三期工程位于府前街南北，东起西后街，西至运河东堤。占地1.7公顷。2003年开工建设，2004年末竣工。建筑面积2.6万平方米，其中商铺1.1万平方米、住宅1.1万平方米、连体别墅0.4万平方米。由南通市苏通美丽华置业有限公司投资兴建。此外，2000年7月，在蝶园路西，第二期工程第一组团东，开工建设占地0.69公顷的旧城改造工程。该工程于2001年竣工，建住宅楼（商住楼）3幢，建筑面积1.2万平方米。

新华园安居工程示范小区　位于城区南部，东临环城南路，北近南海中学，蝶园路穿区而过，为国家安居工程建设计划的重点工程项目。占地8.4公顷。1999年4月开工建设，2001年4月竣工。建住宅楼40幢，建筑面积8.5万平方米；营业、服务配套用房10幢，建筑面积1.5万平方米。有住宅969套，可居住3350人。由省城乡规划设计院研究院规划设计，市富达房地产开发公司、市经济适用房开发中心、市城区房地产开发公司、市环球房地产开发公司、市市政房地产开发公司、市金建房地产开发公司、市房产住宅开发公司、市建银房地产开发公司共同开发建设。总投资6000多万元。

东塔花苑　位于琵琶路南侧，净土寺塔西侧。占地1.9公顷。2000年5月开工建设，2002年12月竣工。建别墅81户、沿街营业房16间，建筑面积1.39万平方米。由市市政房地产开发公司开发建设。

月塘小区　位于傅公桥路东侧，系原市绸丝厂厂址。占地1.67公顷。2000年7月开工建设，2001年9月竣工。建住宅楼5幢，建筑面积1.9万平方米。由市建新房地产开发有限公司开发建设。

新世纪花园　位于文化宫路西侧，府前街北侧，人民公园东侧，系原市造纸厂厂址。占地2.67公顷。工程分两期实施：第一期工程于2001年6月开工，2002年7月竣工；第二期工程于2004年12月开工，2005年10月竣工。共建住宅楼16幢、单门独院住宅楼32幢，建筑面积3.75万平方米。由市高宇房地产开发有限公司开发建设。

驿都花园　位于文游中路西侧，系原市联运服务公司所在地及周边居民住宅。占地2公顷。2003年2月开工建设，12月基本竣工。建筑面积2.58万平方米，其中商业用房2.08万平方米、高档住宅5000平方米。由扬州市新东方房地产开发有限公司投资4000万元建设。

滨河花园　位于高邮水泵厂东侧，大淖河西，为北环路拆迁改造安置小区。占地2.2公顷。2003年开工建设，2004年末竣工。建住宅楼14幢，建筑面积3.2万平方米。由扬州国雄房地产开发有限公司投资建设。

新上海花园　位于秦邮路北侧，繁昌路新世纪装饰城东。占地3.63公顷。2003年末开工建设，2005年5月竣工。建3层联排别墅10幢52户、2层独立别墅38幢、综合楼1幢，建筑面积2.16万平方米。由上海城乡建筑设计院设计，上海龙马建筑安装公司承建，高邮市舜叠房地产开发有限公司投资建设。

东方广场·水榭华庭　位于通湖路东段北侧，系原市棉麻公司所在地。占地5.5公顷。2004年4月开工建设，2005年末基本竣工。总建筑面积5.75万平方米。其中，西侧为商业街区——东方广场，建筑面积2.39万平方米；东侧为住宅区——水榭华庭，建筑面积3.36万平方米。由常州规划院规划和设计，市鸿运建筑安装工程公司承建，扬州市华星房地产有限公司投资1.2亿元建设。

新加坡花园　位于通湖路南侧，金桥路东侧。占地面积3.5公顷。2004年11月开工建设，2005年9月竣工。以联排别墅、多层住宅为主，建筑面积2.6万平方米。由江苏苏天鸿置业有限公司投资建设。

瑞和·阳光城　位于琵琶路与文游中路交会处东侧，系原市啤酒厂厂址。占地25公顷，建筑面积32万平方米。工程分3期实施，至2005年实施两期。第一期工程占地6.24公顷。2004年3月开工建设，2005年8月竣工。建住宅23幢，建筑面积7.36万平方米，配套建设绿地广场、景观水池、雕塑、康乐健身等设施。通过国家住宅性能认定AA级评审。第二期工程占地4.6公顷，建筑面积6.3万平方米。2005年末开工建设。由扬州瑞和置业有限公司投资建设。

江南明珠苑　位于市行政中心北侧，屏淮路西侧。占地2公顷。2004年末开工建设，2005年末基本竣工。建住宅楼10幢，建筑面积3.5万平方米。由市宏都房地产开发公司投资6000万元建设。

锦绣名城·清华园第一期工程　位于蝶园南路与新华路交会处。占地9.73公顷，规划建筑面积13万平方米。第一期工程于2005年1月开工建设，年末竣工。建住宅楼8幢，建筑面积2.4万平方米。由扬州金帝置业有限公司投资3000万元建设。

金桥花园　位于金桥路东侧，市广播电视中心北侧。占地1.3公顷。2005年1月开工建设，11月竣工。建多层住宅楼6幢、连体住宅3幢，建筑面积2.1万平方米。由扬州市世闻房地产开发有限公司投资建设。

康乐园　位于丰乐路与佳醇路交会处。占地3960平方米。2005年2月开工建设，年末竣工。建住宅楼5幢，建筑面积1.5万平方米。由市环球房地产开发有限公司投资开发。

通湖花园　位于高邮运河二桥畔，通湖路西首北侧。占地9000平方米。2005年2月开工建设，12月基本竣工。建住宅楼6幢，建筑面积1.5万平方米。由市金田房地产开发有限公司投资建设。

润和·现代城　位于市行政中心南侧，屏淮路西侧。占地5公顷。2005年7月开工建设。建多层住宅楼17幢、小高层住宅楼6幢以及沿街商铺，建筑面积17万平方米。由杭州设计研究院规划和设计，市润和房地产开发有限公司投资建设。

通达·城市花园　位于北澄子河南，屏淮路西侧。占地3.67公顷。2005年10月开工建设。建多层住宅楼、连体别墅以及沿街商铺，建筑面积5万平方米。由市通达置业有限公司投资建设。

碧玉名居　位于高邮镇政府办公楼东侧，珠光路西侧。占地10公顷。该工程为大型别墅住宅区，房屋类型为联体式别墅，单户建筑面积227～344平方米。2005年3月开工建设，12月有20多户房屋竣工。由扬州优世房产开发有限公司高邮分公司投资建设。

帝景龙庭　位于秦邮路南侧，屏淮路西侧。占地5.18公顷。2005年12月开工建设。建筑面积8.1万平方米。由香港龙誉国际控股有限公司投资1.5亿元，龙誉（扬州）置业有限公司开发建设。

二、重点商铺

商业步行街　位于文化宫二巷，东起盂城路，西至文化宫路，全长260米。占地1.96公顷，建筑面积2.26万平方米。2001年12月奠基，2002年4月开工建设，2003年3月竣工投入使用。该街为商住合一楼层设计，并纳入物业管理体系。由扬州华星房地产有限公司投资建设。

上海商城　位于蝶园市民广场之北，是与蝶园市民广场相配套的商业服务用房。2002年6月开工建设，2003年8月竣工。建商业用房7幢，建筑面积1.5万平方米。以欧式风格八柱亭为主入口，地面铺设彩色广场砖及花岗岩板材；部分道路设阳光板钢架，遮阳避雨；底层商铺两面开门，前后贯通。由上海八发房地产实业有限公司投资1600万元建设。

邓桥商业城　位于文游路和海潮路交会处东北侧。占地1.93公顷。2002年7月开工建设，2003年末竣工。建商业用房6幢，建筑面积2.85万平方米。由通州市星源房地产综合开发有限公司投资4000万元建设。

温州商城　位于通湖路北侧，为市对外贸易公司办公大楼旧址。占地0.42公顷。2002年8月开工建设。2003年末竣工。由温州市东越房地产开发有限公司投资1500万元建设。

蝶园商业城　南临蝶园市民广场，北至玉带河。2003年2月开工建设，11月竣工。建筑面积3.76万平方米，其中商业用房2.4万平方米、住宅用房1.16万平方米、10幢别墅共2000平方米。由同济大学建筑设计事务所设计，南通市鑫源房地产开发有限公司投资6000万元建设。

龙祥商业中心　位于府前街北侧，文化宫路西侧，新世纪花园南侧。占地1公顷。2003年9月开工建设，2004年8月竣工。建3个组团、两幢沿街商住楼，建筑面积9400平方米。由市高宇房地产开发有限公司开发建设。

金拇指财富广场　位于海潮东路北侧，市行政中心西侧。占地1.33公顷。2004年3月开工建设，2005年交付使用。该广场是集商业、住宅、办公为一体的综合楼盘，建筑面积3万平方米。由南京东宇房地产开发公司控股的高邮东元房地产开发有限责任公司投资6000万元建设。

宝林国际商贸广场　位于城区秦邮路和文游路交会处（原市液化气站所在地）。占地2.87万平方米。2004年5月开工建设，至年底基本竣工。该广场以经营建材装饰材料为主，由6幢单体建筑组成，除1号楼为局部6层外，其余为3层商铺，建筑面积计2.13万平方米。由南京宝林集团投资5000万元开发建设。

"薇风大道"国际商业中心　位于高邮镇化工厂南、大淖河河北，东连京沪高速公路高邮出口西接线（秦邮路西首），西至运河东堤，为北环路沿线地段改造工程。占地5.13公顷。新建宽18米、长1142米的道路，道路两侧建设经营和居住用房5.5万平方米。工程分两期：第一期工程（京沪高速公路高邮出口接线西至大淖河段），2004年 7月开工建设，至年底建成商住楼127户、面积2.44万平方米。第二期工程（大淖河段至运河东堤），2005年5月开工建设，至年底基本竣工。建设10幢主体楼层3层、局部4层的商住楼，建筑面积3.06万平方米。由台资企业国雄集团、永晋集团、富庆集团联合投资9000万元开发建设。

金海洋商业城　东接城区商品街，南通商业步行街，北邻通湖路。2005年12月开工建设，房屋类型为商铺，建筑面积2万平方米。由江苏新神马实业股份有限公司投资建设。

三、公用建筑

详见第五篇《城乡建设》第三章《市政建设》第七节《公共建筑》（第206页）。

第三章　住房制度改革

1992年10月，根据省住房制度改革领导小组统一部署，市城镇住房制度改革工作启动。先后成立市住房制度改革领导小组及其办公室，召开房改动员大会，组织业务培训，开展调查测算，制定房改方案及系列政策性措施。1993年，启动公有住房出售。1995年，建立住房公积金制度，并调整公有住房租金。1996～2005年，全市房改工作进入规范化、常态化运作。

第一节　公有住房租金调整

1986～1994年，全市职工租住公房全部实行福利租金。据不完全统计，城区共有公有住房44万平方米，其中直属公有住房12万平方米、单位自管公有住房32万平方米，住房成套率20%。

1995年，市房改办制定《高邮市关于深化城镇住房制度改革实施方案》，使福利租金逐步向成本租金（含折旧费、维修费、管理费、投资利息、房产税等5项费用）过渡。实施方案规定，“从6月1日起，全市所有公有住房租金一律执行新标准，即每平方米使用面积平均租金0.6元，约占上年职工家庭平均工资收入5%。此后，每年增加两个百分点。至2000年，占职工家庭平均工资收入15%。”是年，全市绝大部分驻城单位租金按新标准执行。1996年9月1日起，每平方米使用面积平均租金上调0.8元。1997年9月1日，调整为1.05元。1998年，调整为1.3元；对市政府规定暂不出售的公有住房调整为1.1元。2000年10月1日，由上年的1.3元调整为1.6元。

至2005年，全市公有住房租金标准上调至10%，即由之前每平方米使用面积1.8元调整为1.98元。对政府规定暂不出售的公有住房，租金标准仍为每平方米使用面积1.1元。提租后，有关租金减免政策按市政府有关文件精神执行。

第二节　公有住房出售与住房分配货币化

一、公有住房出售

1993年，城区出售公有住房28.01万平方米，占城区公有住房总面积35%，购房总户5551户，回收售房款4665万元。1994年3月，市房改办、市纪委、市监察局联合组成3个检查小组，通过“四查一量”（查工资表确定工龄、查竣工报告确定房龄、查户口簿确定常住人口、查测算表确定计算是否有误，丈量房屋确定面积准确与否），对在优惠售房中存在的问题逐一进行调查核实。经过2个月总结检查，共纠正处理133户。同时，做好优惠售房发证工作。至是年末，累计换发优惠出售公有住房证书3000多份。

1995年，市房改办按照既积极又稳妥原则，制定出售公有住房方案，坚持购房条件，坚持按程序办事，做到成熟一户、出售一户，不搞突击售房。按成本价每平方米建筑面积480元，结合现住房、工龄、折旧和一次性付款折扣以及房屋所处地段、结构等级、层次、朝向和装修等因素计算实际售价。是年，共出售公有住房1012户、建筑面积5.81万平方米，回收售房款1272.45万元。1996年9月1日至1997年8月31日，出售公有住房价格每平方米建筑面积成本价调至515元，全市共出售公有住房588户、建筑面积3.87万平方米，回收售房款769.08万元。1997年9月1日至1998年11月30日，出售公有住房价格每平方米建筑面积成本价调至546元，全市共出售公有住房945户、建筑面积5.17万平方米，回收售房款1146.16万元。

1998年7月15日，制定《高邮市出售公有平房住宅实施办法》，通过试点，逐步推开。至年末，全市共出售公有平房住宅22户、建筑面积1130.46平方米。是年12月1日起，出售公有住房价格每平方米建筑面积成本价调至562元。1999年，按照“新房新政策、老房老办法”精神，继续稳步出售公有住房。全年共出售公有住房76户（平房住宅25户）、建筑面积4434.4平方米，回收售房款112.57万元。2000年，公有住房出售基价每平方米建筑面积调至584元，同时取消现住房折扣、一次性付款折扣。

2001年，共出售公有住房141户、建筑面积8200平方米，回收售房款206.68万元。

2002年9月，市体改办、市房改办、市监察局联合印发《关于市属企业公有住房的处置意见》。全年办理企业公有住房出售手续86户、建筑面积5698平方米。2003年，共出售公有住房509户、建筑面积3.09万平方米。同时，围绕直管公房出售破题的问题，市房改办会同相关部门提出办法，经市政府常务会议原则通过，明确组建专门班子，区别情况，有序出售直管公房。2005年11月，市政府印发《关于调整房改有关政策的通知》，公有住房售房成本价提高9.5%，即由之前每平方米建筑面积630元调整为690元，职工个人年工龄折扣率仍为0.6%。至是年末，全市累计出售公有住房9011套（户）、建筑面积48.41万平方米。

二、“房改房”上市交易

1998年11月，市政府印发《高邮市职工已购公有住房上市交易暂行办法》。1999年4～6月，市政府组织有关部门对全市1.15万户“房改房”进行普查登记，对清理出的购两处公有住房或超面积标准购房等有违纪违规行为的145户，进行纠正和处理。在此基础上，市房改办建立职工“房改房”档案，实行电脑自动查询。是年，办结“房改房”交易手续41户，交易额171.45万元，其中20户为重新购房，户均增加住房面积44.2平方米，增加直接住房消费支出136.5万元。2000年，办结“房改房”交易手续230户，交易额757.31万元，其中131户为重新购房，户均增加面积42平方米。2001年，办结“房改房”上市交易手续265户，交易额762.91万元。2002年，办结“房改房”上市交易手续270户，交易额787.39万元。2003年9月5日起，为活跃住房二级市场，取消“房改房”上市交易核准制度。至2005年，市内“房改房”上市交易，直接到市房产管理处办理手续，取消准入审批费，其他收费仍按原标准执行。

三、住房分配货币化

1998年3月18日起，全市停止实物分房，比全省规定提前9个月。1999年2月，市政府印发《高邮市进一步深化城镇住房制度改革的实施方案》，对全市停止住房实物分配、实行住房分配货币化作出具体规定。是年，全市发放住房补贴人数112人，补贴金额184.42万元。2000年，全市发放住房补贴人数236人，补贴金额414.66万元。2001年，全市发放住房补贴人数337人，补贴金额776.41万元。2002年，全市发放住房补贴人数475人，补贴金额808万元。

2003年，启动行政机关、事业单位职工住房补贴，有序推进住房补贴发放。全市发放住房补贴人数325人，补贴金额442万元。其中，市财政拨款100万元，专项用于启动机关职工住房补贴。2004年，由市财政拨款105万元，用于机关、事业单位离退休职工和企业离休人员住房补贴。全市发放住房补贴人数318人，补贴金额475万元。2005年，选择2个条件比较成熟的乡镇，开展乡镇住房分配货币化试点工作。至12月末，乡镇试点工作完成。是年，全市发放住房补贴人数458人，补贴金额633.49万元。

第三节　住房公积金归集与贷款

一、住房公积金管理中心

1995年，建立住房公积金制度，设立市住房公积金管理中心。2004年3月，市编委印发《关于同意成立扬州市住房公积金管理中心高邮分中心的通知》，撤销市住房公积金管理中心，成立扬州市住房公积金管理中心高邮分中心，正科级建制，核定事业编制9人，经费渠道自收自支。4月，在市房改办举行该中心成立挂牌仪式。5月，市编委办印发《扬州市住房公积金管理中心高邮分中心职能配置、内设机构和人员编制方案》，分中心内设人事秘书科、业务科、财务科等3个股级职能科。

二、住房公积金归集与支付

1995年，经市住房制度改革领导小组研究、市政府批准，遵照省住房制度改革办公室关于住房公积金缴存基数“按上年职工月平均工资总额10%比例归集”批准意见，确定高邮市以1994年12月工资总额作为1995年缴存基数。6月开始，全面推行住房公积金制度，实行“个人存储、单位资助、统一管理、专项使用”。至是年12月末，全市共归集住房公积金378.73万元，归集率60.9%。至1996年末，全市有249家单位实行住房公积金制度，参加缴存公积金人数2.55万人，占应缴存人数60.4%；归集公积金1040万元，累计归集1413万元。

1997年，按照省住房制度改革办公室《关于开展住房基金管理达标活动的通知》精神，全市统一部署，分解落实达标活动考核项目指标。7月1日起，个人、单位缴存的住房公积金，均从原来规定的按个人工资总额5%缴存调整为按6%缴存。向全市职工公布住房公积金个人账户余额，未出现差错。向购建住房的630名职工支付住房公积金61.3万元，493名离退休职工领取住房公积金41.4万元。乡镇行政事业单位全面推行住房公积金制度。全市全年共缴存住房公积金1357.27万元，归集率95.8%，累计缴存住房公积金2771万元，其中乡镇行政事业单位住房公积金到位资金112.8万元。是年，按照“政府决策、中心负责、银行办理、财政监督”原则，市住房公积金管理中心将所有缴存到账的公积金全部作为定期存款，存入在有关银行住房信贷部开设的专门账户，同时为每名职工建立住房公积金个人账户，并建立微机查询系统，完成与各银行的程序对接，实现数据传输。6月30日，市房改办向全市职工公布个人账户余额，且要求各单位按照房改年度划分，调整公积金缴存基数，接受社会和群众监督。中心还建立住房基金财务预决算制度、资金使用审批制度、审计制度和公积金缴存评比制度等。

1998年，全市建立住房公积金专用账户，共有202家单位、1.81万名职工，住房公积金归集额1588万元，归集率96%；累计缴存住房公积金4506万元。其中，全年新增缴存住房公积金的乡镇10个，共归集住房公积金215万元。市房改办为1904名购建房职工支付住房公积金295万元。全市住房基金净增值105万元。1999年，全市住房公积金归集额1690万元，其中乡镇归集额306万元。至年末，全市建立住房公积金账户的单位228家，职工累计缴存住房公积金5578万元。支付住房公积金609万元。2000年12月1日起，职工和单位缴存住房公积金由各交月平均工资额6%，均调整为7%。住房公积金归集额2052万元，支付住房公积金698万元。2001年，全市住房公积金归集总额增加到2240万元，其中乡镇归集额373万元。支付住房公积金954万元。

2002年，全市加大住房公积金归集力度，住房公积金归集额2613万元。至是年末，累计归集住房公积金1.3亿元。支付住房公积金1922万元。2003年，坚持城乡联动，“抓大、抓差、抓包干”。全年归集住房公积金3397万元。支付住房公积金1614万元。2004年12月，市政府印发《关于调整住房公积金缴存比例和缴存基数的通知》，全市机关事业单位住房公积金单位和个人缴存比例，由之前各交月工资总额8%调整为9%；各类企业根据承受能力和条件，在8%～12%幅度内确定。计缴基数按当年工资总额核定。全年归集住房公积金4300万元，支付住房公积金2438万元。

2005年，全市职工住房公积金缴存比例由原单位和个人各交月工资总额9%调整为10%，有条件的企事业单位执行单位和个人各交月工资总额12%。住房公积金计缴基数按2005年月平均工资（含目标管理奖、第13个月工资、奖金等）核定，超过5000元的按5000元基数计缴。对1998年12月1日后参加工作的新职工逐月发放的住房补贴（个人上年月平均工资的9%），仍与住房公积金合并缴存。调整时间从2006年1月1日起执行。是年，全市归集住房公积金5762万元（含结息），住房公积金归集余额1.66亿元，资金增值率1.48%。支付住房公积金2943万元。

三、住房公积金贷款

1996年，市房改办、人行高邮市支行联合制定《高邮市区单位职工住房政策性贷款暂行办法》和

《高邮市职工住房抵押贷款暂行办法》。是年,有86名参加公积金缴存的职工申请住房贷款,贷款累计发生额82万元。1997年,市住房公积金管理中心向311名职工发放个人购建房政策性抵押贷款790万元。1998年,向698名职工发放职工个人购建房抵押贷款1285.7万元。1999年,向445户职工发放住房贷款1020万元。2000年,向382名职工发放住房贷款1357万元。至是年末,住房公积金个人贷款余额2569万元。2001年,向418名职工发放住房公积金贷款1753万元,年末住房公积金个人贷款余额2883万元。

2003年,按照“手续要简化、安全要强化”要求,对个人住房公积金贷款做到贷前调查、贷中审查、贷后检查。全年共发放住房公积金个人贷款1196万元。同时,加大清收逾期住房公积金贷款力度,个人住房公积金贷款逾期率3.94%。2004年,市房改办制定《个人住房公积金贷款管理暂行办法》。全年向541名职工发放住房公积金个人贷款3190万元。2005年,扬州市住房公积金管理中心高邮分中心在贷款管理、操作流程上与扬州市住房公积金管理中心接轨,规范贷款程序。全年向606名职工发放住房公积金个人贷款5074万元,住房公积金个人贷款余额7168万元,当期发放率88%。

第四节 解困房和廉租房建设

一、解困房建设

1994年4月,市房改办按照市政府《关于在城区范围内开展住房困难户调查的公告》要求,组织人员,采取困难户个人申请、单位调查、系统认定、房改办审核的办法,用2个月时间对城区近300家单位、20个居民委员会(社区)职工、居民住房情况进行首次普查。经过实地丈量、查阅户口、走访四邻、逐户过堂,初步确定住房困难户327户,其中人均住房4平方米以下156户、无房户171户。9月,采取同样方法,对人均住房面积4平方米以上、6平方米以下居民,进行再次调查,确定城区6平方米以下住房困难户和无房户共859户。市房改办与城区各房地产开发公司商定,在当年建房总量中拿出20%房源,以平均建筑面积每平方米650元左右价格让售给住房困难户。市房屋建设开发公司和天时、富达、城区房产开发公司向市政府提供187户、1.4万平方米代建解困房,并全部让售给住房困难户。同时,修订《高邮市城镇集资建房暂行办法》,有10多个单位办理集资建房手续。至是年末,自建和代建住房2.12万平方米,解决299户居民住房困难,其中安置人均居住面积4平方米以下居民156户、6平方米以下和无房户居民143户。至此,市政府提前2年完成与扬州市政府签订的解决人均居住面积4平方米以下住房困难户住房的工作目标。

二、经济适用住房建设

1994年3月,市房改办按照市政府提出的统一政策、统一规划、统一设计、统一征地、综合开发、配套建设要求,在城区泰山路北侧高沙园住宅区征地0.65公顷,建设全市首期经济适用住房,共3幢7137.24平方米。市政府制定建设经济适用房免缴“三税十六费”、补贴建设费70万元以降房价、银行对购买解困房的困难职工给予低息贷款、有经济承受能力的购房者所在单位按总房价20%给予贴补、职工享有全部产权等一系列优惠措施。12月28日,首期经济适用房如期交付使用,112户住房困难户迁入新居。1995年,市政府将建设100套经济适用住房列为要办的26件实事之一。市房改办在高沙园住宅小区征地1.6公顷,建设第二期经济适用住房3幢1.1万平方米。5月举行开工典礼,12月召开幢室号抽签公证大会。1996年春节前,144户住房困难户搬进新居。是年,市房改办在高沙园等小区建设第三期经济适用住房,安置住房困难户273户2.06万平方米,其中委托代建房77户5700平方米、单位自行开工建设196户1.49万平方米。是年,还解决教师住房困难户41户,安置府前街改造第二期工程拆迁对象3户。1997年3月,高邮市被省住房制度改革办公室表彰为“1996年度经济适用住房建设工作先进单位”。是年，建成经济适用住房222户1.7万平方米。

1998年，市经济适用住房发展中心成立。该中心全年共建成质优价廉的经济适用住房521套（户）4.1万平方米。是年末，由市经济适用住房发展中心在宋庄开发兴建的园丁新村交付使用，共12幢2.8万平方米，解决和改善教师居住条件。1999年，先后在新华园示范安居小区建设10.6万平方米、通湖住宅小区建设1.58万平方米的经济适用住房。

2001年5月，市房改办对城区住房困难户再次进行专项调查。调查居民3.28万户9.8万人。调查结果为：人均居住面积6平方米以下的有1815户6876人，分别占总户数和总人数5.5%和7%；人均居住面积4平方米以下的有775户，占总户数2.4%。

图14-6　市领导帮助住房困难户喜搬新居

2002年，市委、市政府决定，为解决中低收入职工家庭住房困难，在团庄、长庄征地8公顷，建设近10万平方米的康华园住宅小区。第一期工程于2002年8月开工，2003年7月竣工。共建住宅楼6幢，建筑面积2.66万平方米。第二期工程为沿金桥路两侧建1万平方米门面房和2000平方米解困房，于2003年11月开工建设。是年，制定《关于康华园经济适用住房供应的意见》，并在《高邮日报》上分期公示购买对象情况。至是年末，康华园第一期住房出售175套，占交付数74%。2005年10月，市政府印发《高邮城区解困定销房管理暂行办法》。是年11月，市政府实施新一轮解决中低收入家庭住房困难的“民心工程”——步康花苑开工建设。该小区位于高邮中学之南、文游中路东侧，占地8公顷，建设经济适用住房（含解困定销房）10万平方米，计划分3年开发。其中，第一期工程3.8万平方米，解决515户中低收入家庭住房困难。

三、廉租房建设

2004年4月，市政府印发《高邮市城镇最低收入家庭廉租住房管理暂行办法》。市房改办筹措68万元，建设首批廉租房。经到户开展住房困难户调查，确定城区非农业常住户口、享受廉租房保障政策的最低收入家庭住房困难户56户，其中享受租金核减和租赁补贴46户、享受实物配租10户。6月，市委、市政府在康华园举行首批廉租房配租发放仪式，向首批56户住房困难户分别发放廉租房租赁补贴证书和廉租房钥匙。

第十五篇

商贸服务业　旅游业

要 目

80年代中期，县内商贸服务业延续县商业局、县粮食局、县物资局、县供销合作联社等四大流通系统经营格局，试行多种形式经营承包责任制，形成以国有商业为主渠道、集体和合作社商业为辅助、其他经济成分商业为补充的商业流通体系，重要生产资料和生活资料继续实行计划供应。1986年，全县共有商业网点9031个、集贸市场57个，从业人员2.49万人，实现社会消费品零售总额4.04亿元，其中国有商业1.01亿元、集体合作商业2.53亿元，两者占87.62%。进入90年代，市场建设持续发展，全市个体私营商贸业蓬勃兴起。至90年代中期，国有、集体商业企业和供销合作企业因缺乏活力，加之负担过重，陆续出现亏损，经营维艰。90年代后期，全市商业企业实行产权制度改革，公有资本逐步退出，国有商业逐步退出流通市场；归口供销合作社管理的集体商业以兼并、拍卖、歇业、破产、股份合作等方式完成改制；个体私营和股份制商业进入快速发展阶段。2002年，城乡逐步形成有一定规模的商业街区，超市、卖场异军突起，农产品交易市场等各类专业市场日趋活跃，新的行业组织和城乡经纪人队伍相继建立，家政、租赁、房地产中介、美容美发、洗车、广告、物流、法律和经济事务等新兴服务业悄然兴起。同时，市外商业以合资、合作或独资形式进入市内经营。2003年初，市政府决定市商业集团总公司、市物资集团总公司、市供销合作总社合并，组建成市商贸总公司。2005年，全市共有商贸企业697家、个体商户1.32万户、运转正常的城乡集贸市场55个，从业人员6.55万人，实现社会消费品零售总额28.21亿元。限额以上批发零售业实现商品销售总额3.15亿元，其中国有企业占11.4%、股份制企业占45.5%、私营占43.1%。由国有商业企业主导的粮油、糖、烟、酒、副食品销售市场，逐步由股份制和个体私营经营的现代超市、卖场、连锁店等主导。是年，超市综合零售额1.42亿元，占限额以上零售业销售总额45.1%。全市逐步形成以民营经济为主体、多种经济成分、多种流通渠道、多种经营方式共存共融的开放型商贸流通格局。

90年代前，全县旅游业未形成气候。1991年后，市委、市政府陆续实施一批历史文化遗存和古建筑保护、修缮工程，旅游业资源逐步得到开发利用。1998年8月，全市首家旅行社——高邮邮驿旅行社成立。2001年12月，市旅游局设立，与市发展计划局合署办公，综合管理全市旅游资源规划、开发和利用工作。2005年，市政府成立市旅游业发展委员会，由市长兼任主任。全市旅游行业管理和旅游配套服务功能得到改善，旅游招商和景点建设持续升温。是年，全市共接待市内外游客近60万人次，实现旅游经济收入5000多万元。

第一章　商贸经济构成

1986年，全县商贸业由县商业局、粮食局、物资局、供销合作联社四大系统主营，以国有、集体所有制经济为主体，其他经济成分为补充；重要生产资料和生活资料继续实行计划供应。1998～2001年，经过产权制度改革，国有、集体商业逐步退出市场，个体私营和股份制商业迅速发展。2001年后，市外商业以合资或独资形式进入，形成多元经营体制。至2005年，民营经济成为全市商贸流通领域主体。

第一节　商贸经济成分

一、国有商业

1986年，全县国有商业企业主要分布在县商业、物资、粮食、农机等4个系统和中央、省属外贸、烟草、盐业、石油等公司。是年，全县共有国有商业企业（含仓储运输企业）193家、职工4574人，分别占全县商业3.25%、24.22%。县国有商业企业完成社会商品销售额1.01亿元，占全县社会商品零售总额24.94%。1987年，逐步推行以“分专划细”为主要形式的多种承包经营责任制。1988年末，县百货公司划分为百货和纺织品2家专业公司。1992年，市物资系统实行综合经营，先后成立金属材料、化工轻工、机电设备、燃料、木材、建材、生产资料服务、物资再生利用、物资贸易中心等9家总公司及其下属40家分公司。1989～1992年，县属国有商业企业和各专卖国有商业企业推进企业内部改革和经营结构调整，实施浮动工资制和有奖销售等，努力增加效益，开拓经营。1992年，全市有国有商业企业257家、职工5917人，分别占全市全部商业的3.47%和23.81%；完成社会商品销售额2.41亿元，占全市销售总额31.22%。1993年起，全市流通领域推行商业门店“公有民营”，国有商业企业开始实行租赁、兼并、拍卖等措施，降低亏损、增加效益、分流冗员。是年5月，市百货公司适应深化流通体制改革、转换经营机制需要，更名为市百货总公司，下设百货批发公司、鞋帽公司、文化用品公司、小商品批发公司、洗涤化妆用品公司、五金电器公司、劳动防护用品公司、针织品公司、物资供销公司、仓储运输服务公司、第一百货商店等11个分支经营机构。其他国有商贸企业亦陆续实行“总经销”“总代理”制，细分专业和网点，扩大连锁批发规模，开办名品店、特色店、专卖店。市商业、粮食、物资、盐业等国有商店和网点实行跨行跨业经营，扩大副营规模。1994年，国有商业门店开始推行“抽本经营”和改、转、租、卖。至1996年，全市商贸业有国有企业72家、网点420个、职工6640人，分别占全部商贸业32.58%、4.17%、24.88%。在社会消费品零售总额中，国有企业完成4.36亿元，占35.48%。是年6月，市粮食系统在江苏富裕达粮食制品有限公司进行改制试点，将单一的全民所有制企业改造为以国有股为主、职工参股的有限责任公司。是年末，市商业、物资等系统也陆续实施企业产权制度改革。至2000年，国有商业先后经过抽本经营承包、售租结合承包、风险抵押承包和股份制改造，逐步被国有参股形式或民营资本经营公司所替代。2001年，全市以公退民进、“两个置换”（产权性质置换、职工身份置换）为重点，进一步深化商业企业产权制度改革。至2002年，国有商业企业除烟草等专营专卖公司外，分别被改制为民营股份制企业、个体私营企业或破产、歇业、关闭，国有商业基本退出流通领域。2005年，全市有限额以上国有商业批发、零售企业各1家，均为烟草制品销售企业，职工225人；实现商品销售额3.91亿元，占限额以上商品销售总额56.48%。其中，批发销售3.64亿元、零售销售2664.3万元，分别占限额以上商业批发、零售销售总额95.51%、8.57%。

1986～2002年高邮市商业局（商业集团总公司）国有商业经营情况一览表

表15-1

年份＼项目	职工（人）	营业额（亿元）	利润（万元）	税金（万元）	年份＼项目	职工（人）	营业额（亿元）	利润（万元）	税金（万元）
1986	4100	1.94	116.7	391	1995	4296	2.75	-952.0	283
1987	4211	1.98	175.0	349	1996	4413	3.36	-2108.0	406
1988	4314	2.62	304.0	335	1997	4441	2.94	-1284.0	425
1989	4316	2.85	259.0	401	1998	4306	1.61	-1084.0	276
1990	4214	2.88	-1119.0	370	1999	4084	0.72	-767.0	160
1991	4402	2.75	-867.0	314	2000	4105	0.53	-832.0	264
1992	4213	2.50	-567.0	332	2001	3244	0.29	-1375.0	66
1993	4384	2.78	-979.0	400	2002	2173	0.06	-896.0	16
1994	4327	2.57	-663.0	313					

说明：2003～2005年，全市国有商业企业相继歇业、停业，无统计数据。

二、集体商业

1986年，全县有集体所有制商业网点（不含供销合作商业，以下同）1086个，职工4654人；实现社会商品零售额1.19亿元，占全县社会商品零售总额29.46%、全部集体商业零售总额46.72%。1989年起，清理整顿各类公司（中心），集体商业网点和从业人员不断减少。至1992年，集体商业网点减少到880个，职工减少到3744人；实现社会商品零售总额1.44亿元，占全市社会商品零售总额18.65%。集体商业企业由于经营条件较差，经营网点多半地处偏僻、设施简陋，尤其是饮食、理发、浴室、旅社等行业门点大部分为五六十年代网点、六七十年代设施，随着企业改革深入和市场逐步放开，在激烈市场竞争中难以为继。1996年，市商业系统对亏损严重、长期关停的集体商业贸易公司进行改制改组，分别划出高邮商场、百货商店，成立秦邮特惠商品销售中心和秦邮休闲中心。1997年，集体商业网点又减少到799个，职工反而上升到7302人，完成社会消费品零售额4.75亿元，分别占全市9.99%、30%、35.29%。是年起，全市集体商业实行招标租赁承包和以出售为主要形式的改革，以解决企业出路。至1999年末，除市供销合作总社系统外，全市集体商贸企业在非专营批发和零售贸易领域全线退出。

1986～1999年高邮市商业局（商业集团总公司）集体商业经营情况一览表

表15-2

项目 年份	职工（人）	营业额（万元）	利润（万元）	税金（万元）	项目 年份	职工（人）	营业额（万元）	利润（万元）	税金（万元）
1986	1689	1842	7	38	1993	1001	2005	-157	18
1987	1764	2065	4	34	1994	975	1321	-108	18
1988	1745	2504	2	31	1995	936	1394	-174	24
1989	1711	2719	3	37	1996	899	1544	-144	19
1990	1721	2902	3	41	1997	829	1616	-62	33
1991	1724	2730	-40	25	1998	856	1039	-77	23
1992	1165	2759	-84	25	1999	855	130	-85	10

说明：2000～2005年，全市集体商业基本歇业，无统计数据。

三、供销合作商业

1986年，县供销合作联社系统有农业生产资料公司、土产公司、生活用品果品公司、棉麻公司、综合贸易公司、农副产品公司、市轧花厂、送桥轧花厂、畜产品加工厂等直属企业9家，乡镇基层供销社33家，代管合作商店33家，村级代购代销店268家，零售网点545个，职工5181人；实现商品零售总额1.35亿元，占全县社会商品零售总额33.42%、全部集体商业零售总额53.28%。1987年，县生活用品综合商店试行租赁经营，并逐步扩大到其他公司和工厂。1993年，供销社企业加大企业扩建力度，土产公司新建前进仓库，扩大肠衣、蛋制品和废钢铁加工；生活用品果品公司新建京杭服装厂和干果、陶瓷仓库；农业生产资料公司新建化肥、农药仓库、码头、办公大楼和邓桥商场、饭店、旅社、宾馆楼；联购批发公司在北郊新建停车场、饭店、旅社；农副产品公司新建批发市场、饭店、旅社、加油站。市供销合作总社投入4000万元新建供销大厦、投入1600万元扩建人民商城和商城批发部。同时，对边小微亏门点部站全面推行抽本经营和社有民营；在一沟供销社和市蜂乳厂进行股份合作制改制试点。是年，全市供销系统实现商品销售总额10.1亿元。1995年，供销系统专营的棉花、农业生产资料、蚕茧相继放开经营，计划经济时期优势逐步失去，加之投入过大无法消化，整体效益开始滑坡，全年实现商品销售总额18.89亿元、综合效益1706.54万元，净利润仅2.12万元。有21家企业亏损，亏损总额532万元。是年末，各企业对农资商品实行合同连锁经营，并开始由商品经营向资产经营转变。1998年，供销社系统共有商业网点311个，实现商品销售总额10.51亿元、综合经济效益亏损541.23万元，净利润亏损1795.84万元，全系统资不抵债企业19家。1999年，供销社系统主要经济指标继续大幅度下滑，商品销售总额下降到6.5亿元，全系统亏损企业42家、亏损额2209.59万元。是年12月，市委、市政府明确基层供销商业社（不含高邮镇供销社），包括全部人、财、物，下放给所在乡镇政府管理，被划出的有基层供销社32家、工厂3家、商业社5家，职工共6289人，市供销合作总社承担行业管理职能。2000年，市供销系统保留的15家企业中，人民商城、高邮镇供销社、供销大厦、棉麻公司、轧花厂正常运营；土产公司、供销物资公司、废旧物资回收公司通过划小核算单位承包给个人经营；农副产品公司实行盘活资产，减员增效；供销装潢公司、农资公司、羽绒服装公司、康乐食品公司实行对外招标租赁；日用果品公司、联购批发公司关门歇业，职工全员下岗。2003年2月，市政府决定，将市商业集团总公司、市物资集团总公司、市供销合作总社合并，组建成市商贸总公司，保留“市供销合作总社”牌子。供销社系统15家企业有14家停业、停产，供销大厦租赁给农工商超市，仅有人民商城正常营业。2005年9月，由市供销合作总社牵头，成立市供销合作经济联合会。至是年末，该联合会组织基层供销社原有职工，利用原有经营场地，组建成为农服务社53家、专业生产合作社8家、便民服务中心2家，实行自筹资金、自主经营。

1986～2002年高邮市供销系统合作商业销售额实绩一览表

表15-3　　单位：亿元

年份	销售总额	年份	销售总额	年份	销售总额
1986	1.53	1992	7.58	1998	10.51
1987	2.16	1993	10.10	1999	6.50
1988	5.54	1994	14.18	2000	2.16
1989	6.26	1995	18.89	2001	1.69
1990	7.42	1996	19.62	2002	1.73
1991	6.83	1997	14.15		

四、个体私营商业

1986年，全县持证个体商业经营户有4107户、从业人员4473人，实现社会商品零售额4901万元，占全县社会商品零售总额12.13%。1988年，全县贯彻国家深化流通体制改革精神，个体私营商业得到一定发展。1992年10月，全市贯彻省政府《关于鼓励支持我省个体私营经济进一步健康发展的意见》，加快城乡个体私营商业发展步伐。至是年末，全市个体私营商业经营户上升到5764户，从业人员上升到9049人；实现社会商品零售总额1.29亿元，占全市社会商品零售总额16.71%。1997年，《中华人民共和国乡镇企业法》颁布实施后，全市农村富余劳力寻求致富门路、务工经商的热情空前高涨。是年，全市个体私营商业经营户发展到8112户，从业人员上升到1.57万人；实现社会消费品零售总额5.73亿元，占全市社会消费品零售总额42.57%。2001年，市委、市政府召开个体私营经济工作会议，鼓励和引导非公有制经济加快发展，中小型国有和集体所有制商业通过多种形式逐步改制为个体私营企业，个体私营商贸业迎来新一轮大发展机遇。2002年，全市个体私营商业实现社会消费品零售额11.77亿元，其中个体商业10.58亿元、私营商业1.19亿元，占全市社会消费品零售总额61.91%。是年，首批个体私营商业涉足批发贸易业，新增批发零售贸易业限额以上私营企业8家（含批发贸易业私营企业2家）、经营网店19户，从业人员350人，分别占全市贸易业规模以上企业61.54%、45.24%和35.21%。2005年，在全市社会消费品零售总额中，个体商业18.06亿元、私营商业2.53亿元，分别占64.02%、8.97%；限额以上商贸企业多数实行综合经营和联合经营，其中批发1家、零售8家、住宿业3家、餐饮业1家，共有零售经营网店46户、从业人员1436人，网点和人员分别占全市限额以上企业总数的82.14%和80.9%。

五、股份制商业

1993年，市供销合作总社在一沟供销社和市蜂乳厂进行改制试点。一沟供销社和市蜂乳厂分别被改制为股份合作制企业，市蜂乳厂更名为扬州市康乐食品有限公司。1994年，市粮食局在市饲料厂进行股份制改造试点，以市饲料厂为核心企业，由11家农村粮油经营公司参股，组建成江苏富裕达粮食制品有限责任公司。1996年6月，市委、市政府在市华联商厦进行流通企业改制试点。该企业改制为全市首家股份合作制国有商业企业。是年末，市物资局对市燃料总公司、市煤球总厂、市富豪实业总公司等3家企业实行股份合作制改造。1999年，市商业局对市百货公司、市糖烟酒公司、市蔬菜公司等3家企业实行股份合作制改造。2000年起，股份合作制商业企业全部改制为有限责任公司。

第二节 商业网点

1986年，全县商贸服务业共有企业及网点5931个、从业人员1.89万人。其中，城区网点929个、从业人员5615人，乡镇网点5002个、从业人员1.33万人。县商业局在城区设有百货公司、五金公司、糖烟酒公司、食品公司、蔬菜公司、饮服公司等6家公司，在城南、城北、城中、城东等处设有商业网点276个，在临泽镇设有商业公司1家、商业网点53个，在农村乡镇设有食品购销站17家，“三就地”（就地收购、就地加工、就地销售）网点近100个；市物资局在城区设有金属材料公司、机电设备公司、化工轻工公司、木材建材公司、燃料公司、生产资料服务公司等6家公司，在城区和重点乡镇设有门市部和网点；县供销合作社在城区设有农业生产资料公司、土产公司、日杂果品公司、棉麻公司、综合贸易公司、农副产品公司等6家公司，在城南、城中、城北、城东设有27个门市部，在乡镇设有基层供销社33家，在各基层社设有生活资料门市部、农业生产资料门市部、废品收购站，在三垛、临泽、界首、八桥、车逻、送桥等中心集镇供销社还增设木材建材、副食品、酱醋门市部以及酱醋、食品加工厂，基层供销社在所在乡镇较大的自然村庄设有供销站108家，在偏远村庄设有代购代销点268个，基层供销社在重点植棉乡镇还设有蚕茧收购站16家，在重点养禽乡镇设有炕坊16家，在城区和乡镇设有集体合作商店。

90年代后，随着市场经济发展和商贸企业改制，全市商贸服务业网点呈现总量增多、个体工商户增多和国有与集体网点减少的态势，开始出现具有一定规模私营商贸企业经营网点和新型业态个体商贸联营网点。1992年，全市商贸服务业企业及网点增加到7416个、从业人员增加到2.48万人，其中个体网点有5764个、从业人员9049人。21世纪初，省、市政府制定一系列发展非公有制经济鼓励性措施，工商行政管理部门降低登记“门槛”、简化办证手续，全市商贸服务业企业及网点再次出现迅猛发展势头。2002年起，

图15-1 市金鹰电器有限公司彩电销售展示厅

全市商贸服务企业及网点在市场竞争中，步入适应性调整期，呈现向规模化发展趋势，企业及网点数量略有下降，但运行质态有所改善，品牌专卖店、超市、连锁经营店增多。2005年，全市共有商贸服务业企业及网点1.56万个、从业人员2.51万人。其中，商贸企业及网点1.04万个、从业人员1.44万人，服务业企业及网点5234个、从业人员1.07万人。在全部商贸服务业企业及网点中，限额以上商贸服务业企业及网点56个，从业人员1775人。

2005年高邮市城区商贸服务企业及网点类型（行业）和名称一览表

表15-4

类型（行业）		企业、网点或品牌店名称
综合经营（超市、商城）		人民商城、阳光、时代、奎楼、万家乐、昌盛、苏果、农工商、世纪联华
专业经营	家用电器业	东方、恒声、金鹰、五星、永乐、苏宁、正章、苏友
	电动自行车业	永久、凤凰、小鸟、洪都、安琪儿、秦谷、东野、骑得乐、邦德、英克莱、捷安特
	摩托车业	华雅、金城、新大洲、幸福、轻骑、南方、豪爵、铃木、本田、羚光、赤兔马
	黄金首饰业	秦邮、人民商城金店、百货一店金店、银鹰、老凤祥、老庙、金盛元、通灵
	家具业	卧龙、南方、秦氏、明都、王朝、港澳
	眼镜业	光明、吴良材、吴宏良、博士、亨柏、永昌、茂昌、大明
	服装业	虎豹、琴曼、林杉、红豆、兽王、雅戈尔、红苹果、金利来、梦特娇、七匹狼、花花公子、波司登、雅鹿
连锁经营（个体经营）		干洗业、陶瓷业、花卉业、烟花爆竹业、机械及配件业、汽修业、建材业、油漆业、小五金、水暖业、沐浴业、理发业、足疗业、美容业、图书业、餐饮业、旅馆业、照相业、床上用品业、妇女用品业、玩具业、箱包带业、废旧物资回收业、日杂用品业、药业、鲜果业、茶叶业等

第二章 商业街区与商场、超市

1986年，城区总体规划后，全县商业网点的建设和调整步伐加快。通湖路、县府街、环城路（始称商品一条街）、文游中路逐渐成为经商的主要街区。进入90年代，随着商贸流通体制改革深入和市场放开搞活，沿街两侧市民破墙开店，街道办商业、非商各业办商业和城乡个体私营商业迅速发展，全县商业服务街区布设与旧城改造、新区开发、城市道路和镇村建设同步进行。1990年5月，县物资系统物资交易大楼建成开业，首开城市商业网点建设的先河。1994年，《高邮市城市总体规划（1992～2001年）》经省政府批准实施，高邮城市性质确定为具有古城特色的工商城市，东片为城市新区中心。至1997年，全市结合市政修缮工程和老城改造，给商贸流通企业和个体私营商业加快云集和发展带来商机。先后有秦园宾馆、秦谷大厦、华联商厦、新时代商场、新联大厦、华康招商城、供销大厦、中联商厦、富豪花园酒店等一批具有商贸业标志性建筑和综合性经营门店建成（含翻建、扩建）开业。1998年起，个体私营经济和民间资本、外来资本逐步融入与投入市内商贸流通和服务业领域，推动城乡新型商业街区向规模化、连锁化、多业态经营发展，城区商业街区和中心集镇商业集聚效应明显增强。2005年，随着城区中心东移，市政建设规划实施，新型、特色商业街区和商场、超市不断出现。

第一节　商业街区

一、通湖路商业大街（代步车、小家电一条街）

80年代，城区通湖路中段逐步形成商业街道。该路段西起与中山路交会处，东至文游中路，全长1780米。1986年，按照《高邮县城市总体规划（1985～2000年）》，该路段被确定为商业大街。是年，县商业局在该路西段设有高邮旅社、高邮商场，在北海段新开设百货大楼门市部（后称县第一百货商店），并将百货、五金、烟酒、饮服等行业骨干网点调整至此，连同粮食、供销等部门布设的商业网点，有四五十家之多，通湖路成为城区较早建设的商业街。1990年5月，位于通湖路与文游中路交会处西北角的县物资交易大楼建成开业。1991年9月，北海广场、北海农贸市场、北海大酒店等相继竣工营业。1992年10月，位于通湖路与佳禾路交会处西北角的商务宾馆——秦谷大厦建成营业。1993年，市五交化公司兼并位于通湖路北侧的市肉食制品厂、城镇珠湖五金厂，新建华联商厦。是年末该商厦一楼开业，大厅面积3400平方米，设五金家电、针棉织服装、百货、烟酒副食品、鞋帽、五金等6个营业部位。1994年1月，人民商城翻建后开业。1995年，市粮食局利用位于通湖路北侧的区位优势，东起秦谷大厦，西至通湖路粮店，长400米，办成粮食（商业）一条街，并设有承州商场、空调总汇、摩托世界等6家经营门市部。至2000年，该路段北侧先后新设有新华书店、京杭商场、食品厂、糖烟酒总公司、北海小商品市场、纺织品公司、棉麻公司白云商场，南侧新设有工业物资公司门市部、民政系统工艺厂金银首饰城、服装厂门市部、五交化总公司、公园旅社、供电局门市经营部、农村公交汽车站、庆宇宾馆、供销大厦（文游商场）等，两侧共有商贸经营门店近500家。同时，该路中西段两侧有数十家自行车、摩托车、电动车和小家电经营门店相继开业。是年，华联商厦一楼出租给江苏时代超市营业。2001年，市百货一店、市五交化公司第一门市部、华联商厦二楼、市秦邮特惠商品销售中心（高邮商场改制后成立）亦实行租赁经营。2002年9月，供销大厦租赁给上海农工商超市经营。是年末，在位于该路段的市外贸公司大楼原址和原北海小商品市场地块上，建成温州商城。2004年，市棉麻公司及其所设白云商场改制出售，建成东方广场·水榭华庭，集餐饮、商务、洗浴、美食、娱乐、休闲于一体。至2005年，通湖路发展成为以集中经营自行车、摩托车、电动车和家电、百货为特色，辅以其他商业经营的新型、繁华商业街区，该路亦称代步车、小家电一条街。

二、文游中路建材、装潢一条街

80年代中后期，文游路为淮扬公路高邮城区段，路两侧先后有物资大厦、文游商场等商贸经营场所。1991年起，路两侧一些个体商业户陆续扩建或新建商业店铺，主要经营建筑装饰材料。2002年底，文游中路两侧建成苏中建材招商城、苏北钢材城、新世纪装饰城、新世纪建材市场、志明机电物资交易市场、钢材批发交易市场（原市啤酒厂南）、收割机及配件经营市场等。至2005年，文游中路两侧形成经营建材、钢材、机电、水暖器材、门窗、油漆、涂料等建筑装潢材料一条街，有经营门店200多家。

图15-2　2002年，文游中路部分建材门店

三、盂城路小商品一条街

1983年，县政府在高邮古城东护城河上集资兴建商品房，后改建成连家店面商住两用房，并建有南北向街道，几易其名，最后定名盂城路。进入90年代，临街两侧个体私营商户应运而生，此街便成为小商品一条街。1995年，位于路东侧的粮食系统亏损企业华康食品厂和北海粮油贸易公司通过改制重组，建成华康招商城，形成小商品市场。2002年8月，上海联华超市股份有限公司、上海天赐保健品有限公司、高邮天赐商贸有限公司共同租赁高邮镇供销商场，创办成上海联华超市高邮加盟店。2003年，浙江客商在该路南段设立金盛鞋城，阳光超市首家门店在路北首开设。2004年，肯德基店在阳光超市一楼开张。至2005年，该街设有私营商铺250多家，以经营服装、鞋帽、床上用品、饰品、化妆品等小商品为主，主要商场有阳光超市、金海洋服饰广场、文峰服饰广场、法莱尔服装商场等，同时设有邮局、银行、药店、美容美发和小吃等。

四、琵琶路美食、休闲一条街

1994年，位于奎楼东侧，新建成东西向长约1千米的琵琶路，始有零星小吃店铺。2002年，实施整治改造工程后，店铺骤增。2003年，该处有各类店铺55家，其中洗浴休闲娱乐中心10家、酒楼饭店24家、茶楼茶庄2家、宾馆旅社3家、美容美发中心3家，还有超市、花店、音像店、电脑店、影楼、卡拉OK舞厅等13家，从业人员400多人。每当夜幕降临，此处霓虹闪烁、车来人往。至2005年，路街两侧店铺林立，仍以经营餐饮、洗浴、休闲娱乐的门店较为集中，亦有旅社、美容美发、烟酒、日杂、食品等经营店铺。

五、邓桥商业城通信经营和餐饮、休闲密集区

2003年，位于城区文游中路与海潮路交会处东北角的邓桥商业城建成，占地1.93公顷，建筑面积2.85万平方米。至是年末，开业门店共有57家，其中酒楼饭店31家、洗浴休闲娱乐中心7家、美容美发店5家、宾馆5家、茶楼4家，还有花店、超市连锁店等5家。2004年5月，联通高邮分公司迁至邓桥商业城1号楼营业，形成占地近800平方米，以手机业务为主的通信广场，底层营业大厅设有160个经营专柜。至2005年，该商业城成为集通信和餐饮、休闲于一体的商贸服务区。

六、府前街品牌经营特色街

80年代，城区府前街从中市口到东门广场两侧沿途设有秦邮饭店、县实验小学、熙和商店、县政府第一招待所、实验菜馆、县政府机关大院、县公安局、县检察院、县烟草局、青云楼商场、机关幼儿园、县总工会、县造纸厂、高邮县中学、高邮镇供销商场等20多家单位和商店。1993年、1996年，经实施两期改造工程后，沿街单位均进行拆迁、翻建或破墙开店。2003年，实施府前街第三期改造工程后，中市口至运河东堤，即府前街西段，除原设的中市口百货商店、农贸市场、市人民医院、市水务局、市卫生局、市药监局等单位外，沿街两侧新开设私营商业门店有100多家，其中药房药店4家、花店4家和餐饮、住宿、茶吧、服装等近100家。2004年，市造纸厂东迁，沿街厂区建成龙祥商业中心。至2005年，该中心与府前街商铺相连，共有各种商贸服务业门店150多家，主要以经营各类品牌服装、皮鞋、箱包等商品专营专卖为特色。

七、文化宫路二巷商业步行街

2001年至2003年3月，城区文化宫路二巷建成全市首条商业步行街。该街东连盂城路，西接文化宫路，全长260米，占地1.97公顷，建筑面积2.5万平方米。建成当年末，开张营业的商店有182家，其中有温州、常州、张家港等外地客商在此投资兴业。2005年，该街店铺经营商品品种

主要有各类服装、鞋帽、丝绸制品、运动系列服饰和器材、羊绒制品、床上用品等，专卖店、连锁店居多。

八、人民路商业老街

1986年起，县政府对城区明清时商业老街、今人民路实施分段改建，坐落于此的市制动件总厂、市纺织机械配件厂和附近市丝绸厂先后迁出，沿街商业店铺陆续整修开张。2001年6月，该路南建成傅公桥室内农贸市场。自此，该处形成“丁”字形商业集贸区。至2005年，该处西至北门大街，东到文游路，向南延伸到傅公桥，集聚500多家商业店铺，多为个体私营门店，主要经营各类餐饮、饼面糕点、米店、炒货店、香烛、鞭炮、修车、小家电维修、黑白铁铺、小五金百货、杂货、酱品、理发、浴业、服装服饰、鞋业、缝纫等，是颇具高邮传统经营特色的商业大街。

第二节　商场　超市

80年代，县内先后设有县供销合作联社系统兴建的人民商场、文游商场、临泽商场和县劳动服务公司为安置待业青年兴办的青云楼商场，共有4家商场。1990年，县物资局建成商场经营式的机电钢材物资交易大楼。1992年，市供销合作联社系统在八桥、周山、天山、卸甲等4个乡镇集镇建成商场。1993年，市粮食局和基层粮管所先后办起秦谷大厦、富泰商场、青春商场、承州商场。2003年起，全市新型商贸业迅速发展，超市、购物中心、连锁店、专业店、便利店、电子商务等陆续出现。2005年，在全市限额以上商贸业零售业中，商场和超市有5家，其经营网点有16个、营业面积2.15万平方米、职工732人，分别占全部零售业55.6%、44.4%、82.1%和64.7%。

一、人民商城

位于城区通湖路167号。1986年，该商场由县供销合作联社综合贸易公司设立，营业面积3000平方米，设经营部6个、专柜34个，经营品种近1万种。是年，实现零售额1080.99万元，为全县商业各门店之冠。1993年7月，市供销合作总社投资1700万元，对商场进行扩建改造，更名为人民商城。改造后的营业面积增加到1万平方米，设有购物中心、批发公司和综合贸易公司。购物中心装备有中央空调、自动扶手电梯、闭路电视监控、微机管理、灯光喷泉、高级音响、自动喷淋等设施，设经营部12个、柜组24个，经营商品品种2.5万多种。是年，实现商品销售额1.2亿元。1995年，新增和扩大中高档服装、黄金饰品、家具、饰花、烟草、空调器等经营业务，成为全省“五十强商场”之一。2003年10月，该商城改制为有限责任公司。2005年，全商城经营商品品种4万种，实现营业收入5177.1万元、利润280万元。

二、阳光超市高邮店（市第一百货商店）

位于城区环城路1号。1986年，县百货公司依照专业分工规定，归口管理县商业局部分集体商业网点。1987年，建成第一百货大楼，实现年营业额708万元。1988年，县商业局将高邮商场从百货公司划出，并将百货公司归口管理的集体商业网点全部划给高邮商场管理。是年末，县百货公司分设为县百货公司和县纺织品公司。1993年5月，市百货公司更名为市百货总公司，实行总经理负责制和总代理制。1999年，市百货总公司作为商业系统国有商业企业首批改革试点单位之一，进行股份合作制改制。2000年，又改制为有限责任公司。是年7月，全公司实行经济裁员。2001年，该公司百货一店由河北省邯郸阳光有限公司实行租赁经营，建成全市首家阳光超市高邮第一百货商店。至2005年，阳光公司在高邮先后又开设阳光超市中市口店、阳光超市高沙园店。

三、春天百货广场（华联商厦）

位于城区通湖路215号。1993年，市五交化总公司兼并市肉食制品厂和城镇珠湖五金厂后，利用两厂厂地建成华联商厦。占地4700平方米，第一层营业面积3400平方米，设家电部、针棉织服装部、百货部、烟酒副食部、鞋帽部、五金部等经营部6个、柜组36个，经营商品品种1.2万种，职工200人（含兼并企业人员117人）。该商厦采取以资带人、集资上岗办法，筹集资金385万元，招收职工62人。1994年10月，商厦二楼服装城对外营业。1996年11月、1997年1月，先后增设华联桑拿中心和儿童游艺世界。1997年7月，增设室内温水游泳池。1998年4月，增设华联超市。是年下半年，因实行全负债经营，加之发生集资款到期还债挤兑，被迫关门停业。2000年，该商厦一楼整体出租给江苏时代超市有限公司，二、三楼租赁给内部职工经营。2002年，全商厦由江苏时代超市有限公司租赁经营。2004年5月，经公开拍卖，由南通市4名民营企业经营者以1298万元买断华联商厦产权，改建和注册为春天百货广场，于2005年5月开业。

图15-3　2005年，春天百货广场开业仪式

四、农工商超市（文游商场、供销大厦）

位于城区文游路与通湖路交会处西南角。80年代，由县供销合作联社武安供销合作社扩建为文游商场，经营面积1800平方米。1996～1997年，市供销合作总社拆建文游商场，建成供销大厦，共12层，建筑面积2万平方米。其中，大厦购物中心共有营业面积1万平方米，设商场8个、柜组70个，经营品种3万多种，是年实现零售额960万元。2002年9月，该大厦出租给上海农工商超市有限公司，建成连锁店——高邮农工商超市有限公司。至2005年，上海农工商超市有限公司先后投资3000万元，对原供销大厦经营门面和场地进行改造、装修，经营商品品种1万多种，其中生鲜食品为其主要特色。

五、世纪联华超市

2002年8月，由上海联华超市股份有限公司、上海天赐保健品有限公司、高邮天赐商贸有限公司，共同租赁设于城区盂城路的高邮镇供销商场，开设上海联华超市高邮加盟店，名为世纪联华超市。承租方租赁后，投入400多万元，对经营场地和货位布局进行改造。2005年8月、10月，先后在市内开设两家联华超市连锁店，即上海联华超市高邮长生路店、上海联华超市高邮武安店。3家超市连锁店以经营服装、鞋帽、纺织品、食品、洗化用品、日用百货、五金、小家电、大米、蔬菜等商品为主。

六、苏宁电器高邮连锁店

2005年9月，新建的苏宁电器高邮连锁店开业。该店为江苏省最大家电零售业龙头企业——苏宁电器集团在高邮开设的连锁店，位于城区文游中路93号，经营面积400多平方米，以销售家电为主。

七、华润苏果超市

2005年12月，新建的华润苏果高邮购物广场开业。该购物广场位于城区文游中路与琵琶东路交会处东南角。此为苏果超市与华润集团的合作项目。营业面积10万平方米，商品品种数万种，其中生鲜食品品种颇为丰富，时为全市最大的购物广场。

第三章　商品交易市场

1986年，全县市场建设与管理由县工商行政管理局负责。是年，城乡共有市场57个，基本是以买卖蔬菜为主的农贸市场，实现集市贸易成交额4400万元。1989～1990年，通过集资筹资298.6万元，建成棚顶市场面积8927平方米。1991年起，粮食市场放开，城乡综合集贸市场和各类专业市场发展步伐加快。1992年，先后建成粮油交易批发市场、农副产品市场、东郊瓜果批发交易市场、生产资料交易市场、农业生产资料市场、泰山桥农副产品综合市场、小商品市场等7个专业市场。1995年，全市实施"菜篮子工程"建设，助推城乡农贸市场发展。是年，城区建成南门农贸市场、泰山桥农副产品批发市场、傅公桥室内农贸市场和华康招商城（小商品市场）等，并开工建设南海综合农贸市场。2002年，全市市场工作由市第三产业办公室（在市发展计划局挂牌）负责管理，主办投资方集资兴建，工商管理部门依法实施监督。是年，全市各类市场77个，其中农副产品市场63个、建材物资市场4个、小商品市场8个、钢材市场2个；市场固定资产总值4452.1万元（不含土地），占地16.67公顷，建筑面积7.54万平方米；实现成交额18.2亿元。2005年，全市正常运营的各类市场55个，其中综合农贸市场35个、仔猪交易市场15个、建筑装饰材料市场2个、木材市场1个、小商品市场1个、水果批发市场1个；实现成交额25.1亿元，年成交额1000万元以上市场15个，其中亿元市场4个。

1986～2005年高邮市集市（市场）贸易成交额一览表

表15-5　　　　单位：亿元

年份	成交额	年份	成交额	年份	成交额
1986	0.44	1993	3.80	2000	17.40
1987	0.55	1994	5.60	2001	17.00
1988	0.78	1995	8.00	2002	18.20
1989	0.90	1996	10.50	2003	20.60
1990	1.10	1997	14.08	2004	22.40
1991	1.50	1998	14.00	2005	25.10
1992	2.00	1999	15.10		

第一节　专业市场

1992年，由市工商行政管理局牵头，由市粮食局、市供销合作总社、市商业局、市物资局分别负责筹资与规划，启动建设各类专业市场。1996年起，对已建市场实行改制，新建市场均由个人集资兴建。至2005年，全市主要专业市场有苏中建筑装饰材料市场、新世纪建材市场、新世纪装饰城、志明机电物资交易市场、苏北钢材城（全国钢材批发交易市场）、苏北汽车和摩托车家用电器交易市场、家禽交易专业市场、禽蛋水产品批发交易市场、罗氏沼虾批发交易市场、临泽水产品交易市场、泰山桥蔬菜批发市场、广发果品批发市场、华泰物资交易中心（市场）、扬州市秦邮旧机动车交易市场等14个。其中，苏中建筑装饰材料市场、新世纪建材市场、华泰物资交易中心（市场）、禽蛋水产品批发交易市场等4个市场全年成交额均超过1亿元，华泰物资交易中心（市场）年成交额2.34亿元。

一、苏中建筑装饰材料市场

位于城区泰北路2号。1997年5月，开场招商。由深圳龙翔实业有限公司投资1200万元兴建。占地1.76公顷，市场设单体一、二层结构的店铺300套，主要批零兼营装饰、建筑、化工、防火、保温材料、家具、五金交电等。至2005年，累计投资1700万元，设摊位300个。是年，实现市场成交额1.6亿元。

二、临泽水产品交易市场

位于临泽镇洋汉村。2000年，由集体集资兴建。占地5000平方米，设有摊位14个，形成集餐饮、旅游、加水、供油、汽配、洗车等为一体的综合服务体系，主营水产品，年交易量3万吨。2003年1月，临泽镇政府将市场产权通过对外竞标拍卖，由该镇8名农民经纪人合股130万元购得。至2005年，该市场几经扩建和完善，发展成为农、水产品流通集散地。在经营鲫鱼、草鱼、鲢鱼等大宗水产品同时，经营乌鳢鱼（黑鱼）、黄颡鱼（金丝鱼）、中华鳖（甲鱼）、黄鳝等特种鱼类，临泽镇金荡牌银、鲫鱼畅销上海、河南、安徽、黑龙江等地。是年，实现成交额1500万元。

三、新世纪建材市场

位于城区文游中路85号。2001年，第一期工程竣工并投入使用。2002年，实施第二期工程建设，吸引浙江客商加盟参与。累计投资800万元，建成营业面积1.54万平方米，其中仓储用房3000平方米。至是年末，进场经营的个体商家100户，实现成交额8000万元。2003年，实施第三期工程建设，投资500万元，新建市场北转角楼，是年11月竣工使用。2005年，该市场聚集建材商店40家，设摊位100多个，占地2公顷，主营装饰材料、建筑材料和水暖器材等，实现成交额1.5亿元。

四、扬州市高邮禽蛋水产批发交易市场

位于龙虬镇陈总兵村、京沪高速公路高邮城区段出口处。2001年10月，由市民郑飞个人投资1500万元兴建。占地1.25公顷，设有摊位80个，经营水产品和禽蛋批发交易，其中以经营罗氏沼虾为主。2002～2003年，扩容增销，新建300吨冷库1座、4吨速冻库1座、新上罗氏沼虾加工生产线2条、新建门面房10间等。2005年，完成罗氏沼虾交易量6000吨、其他水产品1000吨，加工销售冻虾、盐煮虾及虾仁制品1200吨；实现营销产值1.2亿元。为全市最大的罗氏沼虾批发交易市场。

五、泰山桥蔬菜批发市场

位于城区文游北路9号。2001年，由个人投资60万元兴建。占地2800平方米，有摊位30个。是年，实现成交额70万元。该市场为全市首家蔬菜批发交易市场。

六、华泰物资交易市场

位于高邮镇沿河大桥西侧。2003年3月，由浙江省湖州市客商投资1000万元兴建，是年末开场营业。占地3.33公顷，集砂石、钢材、陶瓷、水泥、砖瓦经营于一体，有长240米、宽40米的专用港池，千吨级船舶可进港装卸；码头配有10部固定吊车，最大吊装能力20吨。2004年2～9月，又投资280万元，续建交易中心综合楼，建筑面积2800平方米。同时，投资220万元，置办附属设施和设备。2005年，该市场成为全市规模最大、以土建建筑材料为主的专业市场，有物资交易综合楼1幢、标准房20多间，货场、码头及相应配套设施齐全。是年，实现成交额2.34亿元。

七、广发果品批发市场

位于高邮经济开发区、文游北路。2003年4月，由市民董友大个人投资80万元兴建。占地9900平

方米，设摊位19个。是年，实现成交额80万元。

八、扬州市秦邮旧机动车交易市场

位于城区文游南路、运东船闸南。2005年7月，由个人投资20万元兴建。占地1500平方米，设摊位8个，主营旧机动车（二手车）。是年，实现成交额2500万元。为全市唯一一家二手车交易市场。

第二节　农贸市场

1986年，全县有农贸市场57个。1989年，由县工商行政管理局牵头，筹措市场建设资金198.6万元，其中社会集资132万元、工商行政管理部门出资30万元、市财政扶持资金36.6万元。1990年，筹措市场建设资金100万元，其中社会集资5万元、工商行政管理部门出资50万元、县财政扶持资金45万元。两年间，全县共建成棚顶市场面积8927平方米，逐步改变农贸市场露天经营的状况。1991年，市、乡镇政府为解决市民“买菜难”问题，加快城乡农贸市场建设与改造步伐。卸甲乡、司徒乡集贸市场相继建成开业，高邮镇、界首镇、临泽镇、车逻乡等乡镇建成棚顶市场10个，新建市场总面积6949平方米。1994年，市政府投资260.5万元，新建市场2个，改扩建市场5个，增加摊位1350个、营业间76间。是年末，全市有农贸市场62个（含农业生产资料市场2个），市场总面积11.6万平方米，其中有棚面积2.66万平方米、室内面积2.27万平方米。1995年，全市贯彻省和扬州市“菜篮子”工作会议精神，实施“菜篮子”工程，开始建设以生猪为主的荤食品基地和城区蔬菜生产保护区，带动城乡农贸市场建设、完善和提高。是年，改建城区南门农贸市场和泰山庙蔬菜批发市场。1997年，建成南海综合农贸市场和傅公桥室内农贸市场。至2002年，全市共有农贸市场63个，其中城区及近郊14个、乡镇49个。2005年，全市正常运营的农贸市场51个，其中综合农贸市场35个、仔猪交易市场15个、水果批发市场1个；实现成交额32.98亿元，其中粮油2.76亿元、蔬菜12.95亿元、水产品6.86亿元、肉禽蛋4.83亿元、水果5.04亿元、棉布服装与日用小商品5404万元。

一、中市口农副产品综合市场

位于城区中市口西南角。1988年5月，该市场建成开业。市场建设总投资225万元，占地1500平方米，实现年成交额500万元。1995年5月，因府前街第二期工程建设需要，该市场被迁至原场址东侧，高邮工商行政管理局对其进行重新规划建设。重建后的市场占地面积2800平方米，投入建设资金近1000万元，摊位100个。至2005年，该市场多次被表彰为省和扬州市“文明市场”，并被列为全市样板市场。是年，实现成交额2500万元。

二、南海综合市场

位于城区南海新村南端、万金路北侧。1996年4月开工建设，1997年1月开业。投入建设资金1000万元，市场占地5600平方米，建筑面积1.57万平方米，其中营业面积6850平方米，摊位55个。顶层建有建筑面积8100平方米的6幢4层共96户商品房。采用大跨度、高空间双层次结构建设。以经营农副产品为主。至2005年，该市场为方便市民购买，一直实行全日制营业。是年，实现成交额3000万元。

三、傅公桥农贸市场

位于城区傅公桥路35号。为全市第一家室内农贸市场。1997年，市政府投资200万元和市工商行政管理局投资30万元，买下市丝绸厂原立缫车间地块，对草巷口马路菜场进行改造、迁建。是年10月，建成开业。营业面积600平方米，设摊位60个。该市场建成，既解决市民反响强烈的交通拥堵问题，又解决此处两万多市民日常买菜难问题。至2005年，该市场一直实行全日制营业。是年，实现成交额600万元。

四、新华园农贸市场

位于城区馆驿巷142号、新华园居民小区附近。2002年6月，建成开业。该市场是在盘活市粮食局粮食储备二库部分存量资产基础上，采取民营化运作方式，投资55万元建成的，占地2000平方米，设有40个摊位。2005年，该市场实现成交额500万元。

五、北海综合市场

位于城区通湖路124号。1997年10月，由市布厂实施“退二（第二产业）进三（第三产业）”改制后利用原厂地建成。2000年，投入资金1500万元，经扩建、改造，市场占地1.44公顷，设摊位180个。2005年，该市场全面实行租赁经营，年净收设施占用费150万元。是年，实现成交额3500万元。

2005年高邮市年成交额1000万元以上市场情况一览表

表15-6

建成年份	市场名称	经营地址	经营方式	成交额（万元）	摊位（个）	占地面积（平方米）	投资金额（万元）	办管单位
1986	临泽农副产品综合市场	临泽镇	零售	1500	60	5500	46	市市场服务所
1991	卸甲农副产品综合市场	卸甲镇	零售	1800	58	2500	150	市市场服务所
1995	中市口农副产品综合市场	城区中市口	零售	2500	100	2800	1000	市市场服务所
1997	南海综合市场	城区南海新村	零售	3000	55	5600	1000	市市场服务所
1997	苏中建筑装饰材料市场	城区泰北路2号	批零	16000	300	17588	1200	个人投资
1997	北海综合市场	城区通湖路124号	批零	3500	180	14400	1500	市工业总公司
1998	川青农贸市场	临泽镇川青社区	零售	1000	26	1000	20	市市场服务所
2001	扬州市高邮禽蛋水产批发交易市场	龙虬镇陈总兵村	批发	12000	80	12530	1500	个人投资
2002	三垛农副产品市场	三垛镇	零售	2000	45	1500	68	个人投资
2002	新世纪建材市场	城区文游中路85号	零售	15000	100	15400	800	个人投资
2002	车逻农贸市场	车逻镇迅达路	零售	2500	100	5500	210	个人投资
2003	华泰物资交易市场	高邮镇沿河大桥	交易	23400	150	33300	1000	个人投资
2005	秦邮旧机动车交易市场	城区文游路、运东船闸南	交易	2500	8	1500	20	个人投资
2005	周巷农贸市场	周巷镇	零售	1400	30	3100	180	个人投资
2005	甸垛农副产综合市场	汉留镇朝阳街	零售	1200	36	1200	35	个人投资

第三节 庙会集市和为农综合服务社

一、庙会集市

80年代后期，随着农村经济发展，在传统庙会集市基础上，汉留乡、临泽镇等地兴办物资交流庙会集市。交易商品从农具、农副产品、地产品发展到服装、服饰、床上用品、日杂小百货等。90年代，随着种植业结构调整和粮食经营逐步放开，乡镇农民种植的粮食和饲养的畜禽产品交易日渐兴旺，较高年份的大米、小麦、玉米等粮食交易额2.3亿元，猪、牛、羊、家禽及肉制品交易额2.74亿元。90年代中期开始，庙会集市除进行物资交易外，还融入文化等活动，市文化、科技、卫生部门组织文化、科技、卫生“三下乡”活动和市工商部门、市消费者权益保护协会举办“3·15”消费者权益保护宣传、咨询、受理投诉活动等。1997年，全市有10多个乡镇举办庙会集市，成为乡镇庙会集市最热闹一年。其中，汉留庙会集市规模最大，日成交额300万元。此后，随着城乡交通条件改善、农村商贸网点增多，乡镇庙会集市逐渐萎缩。2005年，全市乡镇庙会集市交易额下降到6000万元。

二、为农综合服务社

2003年，市商贸总公司在基层供销社农副产品基地建设基础上，新建东墩、杨桥、一沟、四德、汉留、平汉桥等6个为农综合服务站和汉留丝瓜络、司徒棉花等2个专业生产合作社。为农综合服务站与基层供销社建立半紧密型管理关系，主要做好化肥、农药、农用薄膜、中小农具、种子等农业生产资料和日用品供应工作，开展粮油兑换、饲料加工、废旧物资回收和农业咨询服务等。2004年，为农综合服务站更名为为农综合服务社。是年，市商贸总公司在高邮经济开发区、马棚、龙虬、三垛、司徒、甘垛、汉留、八桥等乡镇建立为农综合服务社16个。其中，八桥为农综合服务社被省供销合作总社授予“三星级为农综合服务社”称号，马棚东湖、龙虬四德、甘垛南宋等3个为农综合服务社被扬州市供销合作总社授予“二星级为农综合服务社”称号。2005年，市商贸总公司继续加强为农综合服务社建设，并适应农村商贸活动日趋兴旺需要，增加经营项目，扩大经营范围，提升服务水平，并新建为农综合服务社10个。其中，马棚东湖为农综合服务社被省供销合作总社授予“三星级为农综合服务社”称号，汉留平汉桥、司徒柘垛为农综合服务社被扬州市供销合作总社授予“二星级为农综合服务社”称号。是年末，全市共建立为农综合服务社26个，其中省三星级2个、扬州市二星级5个。

第四章　商品购销

80年代，县内居民食用粮油、衣着棉布仍为计划调进和凭票、凭证供应，其他紧俏商品时有按计划分配和凭券购买。进入90年代，随着流通体制改革和商品市场建立，全市商品供应日趋丰富，商品购销计划和票证逐步被取消。跨入21世纪后，全市基本建成商品丰富、物流通畅、多元化经营、购物便捷、服务配套的现代商品购销体制。2005年，全市实现社会商品零售总额28.21亿元，人均消费额3409.5元，分别是1986年的6.98倍、6.81倍。

1986～2005年高邮市社会消费品零售总额实绩一览表

表15-7　　单位：亿元

年份	实绩	年份	实绩	年份	实绩
1986	4.04	1993	9.91	2000	15.85
1987	5.55	1994	9.63	2001	17.12
1988	6.25	1995	10.79	2002	19.01
1989	7.01	1996	12.29	2003	20.95
1990	6.95	1997	13.46	2004	24.26
1991	6.40	1998	14.02	2005	28.21
1992	7.72	1999	14.75		

第一节 粮油购销

1986年，县粮食局有基层单位60家，其中各乡镇粮油管理所33家，担负着全县各地粮油收购、保管、销售、调运工作。1993年4月，33家乡镇粮油管理所均成立粮油经营公司，增加经营品种，实行综合经营。同时，城乡个体粮店纷纷开张，国有粮食企业零销量逐渐下降。2001年后，国有粮店实行以拍卖为主的产权制度改革，逐步退出粮食零售市场。2004年，粮食市场全面放开。2005年，全市国有粮食购销企业共收购粮食26.5万吨、销售25.5万吨，实现销售收入3.1亿元；粮食零售业务基本由个体私营粮店、代销网点和超市经营。

一、粮油收购

粮食收购 1985年起，全县执行国家改粮油统购统销为定购定销（合同定购）政策，依照完成定购粮数，由国家按比例发给预购定金，并提供平价柴油、化肥等农业生产资料。主要粮食品种统一定购价为：红小麦21.2元/50千克、杂交稻16.1元/50千克、粳稻19元/50千克。部分上市粮食及粮食制品实行议购议销。自此，粮食购销进入价格、经营“双轨制”阶段。1986年，县粮食局共收购粮食30.74万吨。其中，合同定购粮食19.3万吨，实际收购23.43万吨。1988年起，全县按照省对地市实行粮食购销调拨和财务包干、一定3年（后又延续2年，共5年）要求，实施“三挂钩”（合同定购任务与国家供应平价化肥、柴油和发放粮食预购定金挂钩）政策，即收购每50千克原粮供应优质标准化肥2.5千克、平价柴油1千克、发放20%定购粮食价款的预购定金。是年11月起，稻谷（大米）等纳入县粮食部门统一收购，严禁其他部门或单位、个人参与收购和经营，农民出售多余稻谷（大米）均由当地粮管所议价收购。是年，县粮食局收购粮食24.34万吨，其中合同收购19.12万吨，完成定购任务103.1%。1989年2月，高邮县被农业部、商业部表彰为粮棉生产、交售先进县。1991年起，粮食合同定购改为国家定购。至是年，全市每年均完成或超额完成国家粮食定购任务。1993年，改变“三挂钩”政策兑现办法，由实物奖售改为平议差价补贴，在收购价格之外以货币补贴直接给付农民，补贴标准为每50千克小麦给付4.2元、大米给付5.2元；预购定金在签订合同时按收购价20%预付给农民，在粮价过低时，实行保护价收购。是年起，粮食收购指令性计划改为指导性计划，粮食收购价格和经营逐步放开，议购议销随之自然消亡。1994年4月，在连续两年未能完成国家粮食定购任务的情况下，市政府发布通告，市粮食、工商等部门和各乡镇政府采取措施，加强粮食市场管理，严厉打击无证粮贩抢购粮食，确保完成收购和交售国家定购任务粮食21.32万吨。1997～1999年，全市粮食大丰收，出现市场价格低于定购价格状况，市国有粮食购销企业实行保护价敞开收购农民余粮。主要粮食品种保护价为：红小麦65元/50千克、杂交稻65元/50千克、粳稻70元/50千克。2000年，粮食收购实行市场化，国家不再下达定购任务。除粳稻外，其他粮食品种一律退出保护价收购。是年，全市收购粮食37.94万吨，创历年之最。2002年，市粮食局创新收购方式，采取坐站收购与下村收购结合、委托收购与经纪人收购结合、订单收购与村组干部组织集体送粮相结合，多方筹集粮食收购资金，实现户交户结，不

图15-4 2005年，国家粮食局在高邮市召开“严格执行小麦最低收购价政策、切实保护种粮农民利益”座谈会现场

打白条，保证粮食正常收购与交售。2005年，参照市场价格变动情况，主要粮食品种收购价为：红小麦63元/50千克、杂交稻82元/50千克、粳稻93元/50千克，市粮食局收购粮食26.95万吨。

1986～2005年高邮市粮食收购量一览表

表15-8　单位：万吨

项目 年份	合计	收购			议购数量	项目 年份	合计	收购			议购数量
		下达定购任务	完成率（%）	实际收购数量				下达定购任务	完成率（%）	实际收购数量	
1986	30.74	19.30	100.0	23.43	7.31	1996	28.14	14.90	100.0	28.14	—
1987	29.77	18.55	100.0	21.80	7.97	1997	29.42	14.90	100.0	29.42	—
1988	24.34	18.55	100.0	19.12	5.22	1998	23.09	12.60	100.0	23.09	—
1989	24.50	18.55	100.0	18.58	5.92	1999	36.10	7.30	100.0	36.10	—
1990	30.94	27.52	100.0	29.23	1.71	2000	37.94	—	—	—	—
1991	13.87	9.35	100.0	9.72	4.15	2001	28.39	—	—	—	—
1992	23.61	17.17	82.6	16.64	6.97	2002	21.57	—	—	—	—
1993	19.26	14.75	84.7	19.26	—	2003	24.08	—	—	—	—
1994	21.32	15.65	100.0	21.32	—	2004	23.06	—	—	—	—
1995	20.79	14.90	100.0	20.79	—	2005	26.95	—	—	—	—

说明：1991年，因灾国家予以调减定购任务。2000～2005年，国家不再下达定购任务。

油料收购　1986年，按照国家对油料实行计划收购和计划供应政策，油料购销纳入统购统销范围。是年，全县共收购油菜籽（按折油量计算）2723吨。其中，执行统一收购价36元/50千克，收购菜籽1286吨；按合同定购价46.8元/50千克，收购油菜籽1437吨。至1992年，全市延续实行计划收购政策，7年共收购油菜籽1.63万吨。1993年，全市油料收购全部放开，由油脂生产企业直接收购和加工销售，实行市场化经营。是年，油菜籽市场收购价70.4元/50千克。1998年，油菜籽市场收购价上升到125元/50千克，创历史新高。1999年，油菜籽市场收购价有所回落，下降到95元/50千克。至2005年，油菜籽价格保持稳定。

二、粮油供应与销售

城镇居民定量供应　1986年，全县城镇居民继续实行粮油定量供应办法，即实行按人定量供应，按户归并，发给市镇居民粮食供应证及粮票、地方粮票券、食油票券，凭证凭票券购买粮食及其制品。在全县范围流通的粮券、粮票有全国通用粮票、省地方粮票、扬州市粮票（券）、高邮县（市）粮券、高邮县（市）油券及代粮票（券）。粮食每人每月定量供应标准为：一般居民10周岁以上12千克，6～10周岁10千克，3～6周岁6.5千克，3周岁以下3.5千克；干部、职工14～14.5千克；大学和中学（中专）学生16千克；轻体力劳动者13～15.5千克，重体力劳动者15.5～18.5千克，特重体力劳动者20～27.5千克。是年，全县共有定量、定销人口8.75万人，其中定量人口8.34万人、常年定销人口4100人。成品粮油每50千克统销价格为：标二籼米12.06元、标二粳米14.03元、小麦标准粉16.16元、菜油77元、豆油82元。1987～1989年，全县先后为60年代城镇下放老居民户恢复城镇户口、农业户口就地办理“农转非”等，增加粮油定量供应人口1.3万人。1991年5月，市政府按照国务院和省政府决定，提高主要粮油品种统销价格。调整后的每50千克粮油价格为：标二籼米25元、标二杂交米26元、标二粳米29元、小麦标准粉27元、菜油208元、豆油215元，其他品种相应调整。1992年，实行地方定量人口制度。是年，全市

共有定量、定销人口11.78万人，其中国家定量人口10.93万人、地方定量人口4500人、定销人口4000人。1993年4月，全市实行粮食放开经营，粮票、粮券、油券从此停止使用（不含军用粮票）。2000年4月，全市共有定量、定销人口14.71万人，其中国家定量人口13.3万人、地方定量人口1万人、定销人口4100人。是年5月起，全市取消粮油定量供应，改由市场供应。2001年5月起，市粮食局停止办理市镇居民粮食供应转移证明和农业户口转为非农户口粮油定量供应业务。至此，近半个世纪的粮食计划供应政策成为历史。

工商行业用粮和农村统销粮供应 1986年，县内工商业用粮按统销价和议价两种价格供应，其中酿酒、制药工业用粮为议价供应；农村统销粮实行按比例价供应。是年，县粮食局供应工商行业用粮1858吨，其中食品工业用粮838吨、酿造工业用粮1020吨；供应农村统销粮1.29万吨，其中口粮5885吨、饲料粮6604吨、其他用粮368吨。1988年4月，城乡饲料、豆制品用粮改为议价供应。此后，随着行业用粮逐步放开，议价销售比例不断扩大。1990年，县粮食局供应工商行业用粮1.29万吨，其中食品工业用粮806吨、酿造工业用粮1116吨、其他工商业用粮1.09万吨，为历年工商业用粮最多年份。1991年，市粮食局供应农村统销粮11.67万吨，其中口粮6.1万吨、饲料粮1930吨、救灾用粮4.32万吨、其他用粮1.05万吨，为历年农村统销粮供应最多年份。1991年5月起，对行业用油全部改为议价供应。1993年4月起，工商业用粮实行市场化供应，粮油价格随行就市；农村统销粮供应被取消。

三、粮食储运

仓库建设 80年代中期，全县储粮点共42个，半数是土场露天囤，最高储量20万吨。1988年10月，总投资731万元、容量4万吨的五里坝粮食储备中转仓库建成投入使用。1993年4月，该粮库获省粮食局批准更名为省五里坝国家粮食储备库。1999年8月，省高邮汉留国家粮食储备库建成投入使用。2002年春，总投资1100万元、仓容2万吨的高邮龙奔国家直属粮食储备库建成。至1997年，国家和省粮食部门先后拨款254万元，在市内其他9家粮管所和米厂建仓，总仓容2.4万吨；贷款385万元，在5家单位建仓，合计仓容6.7万吨。实行粮食购销市场化之后，省粮食局先后两次公布省储备粮存储库点。其中，高邮市名列其中的粮库有5家，即龙奔国家直属粮食储备库、五里坝国家粮食储备库、汉留国家粮食储备库、市双兔米业有限公司、三垛粮库。至2005年，全市储粮仓库共有仓容31.25万吨，其中有效仓容21.35万吨、需大修的6.06万吨、待报废的3.84万吨。

粮食储备 1990年，在省粮食局核定的省专项储备小麦计划中，高邮储量5.4万吨。自此，高邮始有国家粮食专项储备任务。1998年，中央专储粮实行垂直管理，并建立健全储备粮管理制度。2003年，市内储存的中央储备粮由中央储备粮总公司扬州直属库负责监管；省级专项储备粮权属归省政府，地方粮库代为储存，主要用于救灾备荒、调剂丰歉、平衡供求。1997年5月，省政府在粳稻储备计划中，指定高邮储备扬州市部分。至2005年，全市省级储备粮储存量达到一定规模，并实行市长负责制，确保储备粮安全。

粮食保管 1986年，全县粮食保管设施和科学保粮技术得到明显提升，全县共有粮食保管单位42家，其中39家达到“四无粮仓”（无虫害、无鼠雀、无霉变、无事故）要求。因存粮较多，露天囤储量占库存量52%。1987年，全县推广应用保粮新技术。1988年10月，中国粮油储藏学会学术研讨会在高邮召开，并选定三垛粮库、五里坝粮库、第一粮库和甘垛粮管所作为会议示范保粮现场，受到一致好评。1989～1990年，全县推广机械化科学保粮，新增大型输送机18台、电动除杂筛20台，消灭土场存粮点，全县1000多个露天粮囤普遍达到“六防一通”（防火、防风雨、防虫、防霉、防鼠、防雀，通风）要求。1990年，商业部在高邮召开全国储粮工作会议。1994年，市粮食局组织对全系统存粮单位进行清仓查库。1996年，市粮食局筹措182万元，分期分批对基层库、所、站国有仓储设施进行专项修理，增加仓房容量，提高存粮安全系数。1997年，全市开展创建“一符四无粮仓”（账物相符，无虫害、无鼠雀、无霉变、无事故）活动，确保存粮安全。2001年，组织粮食清仓查库自查工作。后经省政府检查组逐库验收，认定全部粮库账账、账卡、账实相符，数据准确，库存管理制度完善，保粮区内环境整洁，粮垛堆码规范整齐，储粮技术科学先进，不存在库存粮短少、账物不符的问题。至2005年，全市储粮单位均处于安全状态，“一符四无粮仓”合格率93%。

粮食调运　1986年，全县粮食购销实行“双轨制”，即计划粮油调拨仍实行统一调运的办法，议价粮油（包括“议转平”或国家委托代购）调拨实行自行调运经营，多渠道经营粮食单位和个人实行自主装运。市内平价粮食调运流向主要是扬州、泰州、南通、南京、无锡等地。后来议价粮食以及市场化推进过程中，粮食外销流向发展到东北、上海、浙江、福建、广东等沿海地区。1987～1992年，前4年全市粮食调出量基本相近，后两年因灾减少。1993年，全省放开粮食经营和价格、省内外粮食计划调拨取消之后，全市粮食外运外销通过市场调节。1994年，全市粮食调拨调运由送货制改为带款提货。1996年，全市粮食丰收，地区间粮食调拨调运量锐减，省内粮食调拨体制就此解体，市内粮食调运通过市场调节平衡。2002年后，随着粮食购销市场化改革深入，全市逐步建立现代粮食物流业，取代传统的粮食调运。至2005年，全市粮食储运基本形成政策性储运、市场化运作、现代化管理的格局。

四、粮食市场管理

1986年，全县在完成粮食合同定购任务以后，定购以外的多余粮食自行上市销售。至1992年，市粮食部门平议兼营，仍保持主渠道地位，一度处于垄断经营。1992年5月，高邮镇粮管所在古文游台西侧建成全市首家粮油交易市场。此后，各乡镇粮管所相继建成粮油交易所、贸易站或粮油市场，初步形成粮油市场网络。1993年，随着粮食经营放开，个体粮店纷纷开张，粮食零售逐步市场化。1998年，市粮油交易市场迁到佳禾路重新开业。10月，更名为市粮食批发交易市场。是年，为稳定粮食市场放开后的经营秩序，市粮食部门按照国务院《粮食收购条例》《粮食购销违法行为处罚办法》，实行“垄断收购、掌握批发、放活零售”办法，进行粮食市场管理。2000年5月，红小麦、早籼稻、常规籼稻、玉米4个粮食品种退出保护价收购范围，粮食贸易渠道进一步拓宽。2001年10月，全市形成粮食经营主体多元化格局。2004年9月开始，市粮食局对全社会符合粮食收购条件的企业、个体户和其他经济组织，审核、办理粮食收购许可证。2005年7月，市粮食局成立粮食监督检查科，依法进行粮食市场管理。至2005年末，全市共核发粮食收购许可证110份，其中国有粮食购销企业35份、其他收购企业75份。

第二节　生活消费品购销

一、纺织、服装经营

80年代，县内针纺织品和衣着类商品统一由县百货公司向城乡各门市部与零售商店批发供货。各基层供销社和商场经销的毛料、涤纶、纯棉布、涤棉布、毛线、毛巾、床上用品等针纺织品和地产服装等，主要从省、市针纺织品公司进货，紧俏针纺织品由县百货公司计划分配，部分床单、白布等地产针纺织品直接从厂家联系进货。1986年，全县商贸系统共销售棉布365.28万米、棉花化纤混纺布184.93万米（涤棉混纺布138.2万米）、化纤布135.14万米、绸缎42.33万米、毛巾87.3万条、汗衫背心和棉毛衫裤89.21万件、床褥单4.2万条、服装63.4万件、毛线8.49万千克，实现针纺织品（含服装）零售额3678万元，占社会消费品零售总额9.1%。1989年，从县百货公司分设的县纺织品公司主营纺织品、丝绸呢绒、针棉织品、服装、棉纱、涤纶纤维等商品，全年实现销售额4111万元。1993年，市百货总公司下设百货批发公司、针织品公司、第一百货商店等11个分支机构，全年实现销售额4780万元。90年代中期，全市针纺织品衣着类经营企业实行自组货源、自主经营、自由定价销售，大批中高档西服、皮装、衬衫和精纺羊毛衫开始供应市场。至90年代末，传统的中山装、青年装和解放装基本淡出市内市场，西服开始热销，纯棉服装、休闲服饰、高档衣着受到市民青睐。2001年后，全市针纺织品和衣着类经营趋向规模化、专业化，一大批民营企业和个体经营户转向经营针织品和服装。多数高档、品牌服装改由生产厂家或品牌代理商直销。各大商场采取柜台招商方式，均设有服装、鞋帽、针纺织品专柜，经营趋向高档化、品牌化、时尚化。2005年末，市内限额以上商贸零售企业实现服装销售总额6073万元。

二、日用百货经营

1986年，县百货公司统一从省内外组织货源，批发给百货公司门市部、百货商店、基层供销社百货专柜经销，经销商品主要有洗涤化妆品类、鞋帽类、文化类和大、小百货等。是年，全县城乡共有百货商店（门市部、供销站等）72家，职工944人；全年销售皮鞋6.6万双、胶鞋45.2万双、火柴2.6万件、肥皂5万箱、洗衣粉478吨、保温瓶11.6万只、手表3.1万只等。1988年，县内日用百货取消计划调拨，按市场调节价格敞开供应，日用品类销售额6241万元。1990年，城乡大中型商店、小商品市场和专业连锁店增多，日用百货购销兴旺。1992年起，市日用百货市场商品供应呈现多渠道、多元化，县百货公司和百货商店部分商品开始从商品生产厂家直接进货。1994年，出现全民经商热，在全部零售贸易网点中，日用百货业网点有3825个，从业人员5652人，为历年之最。是年，实现日用百货零售业销售额3620万元。2001年后，市内日用百货零售市场由连锁商业主导，个体私营企业以代理方式或自组货源，分别占有日用百货零售市场60%、40%的份额。2005年，全市限额以上日用百货零售业企业1家，从业人员307人，销售总额6073万元。

三、五金、家电经营

1986年，全县主要五金、家电商品继续实行计划供应，由国有商店和供销合作社经销，城乡共设有五金、家电零售网点44个，职工348人，经营品种4500多种，以缝纫机、自行车、电视机、收录机、电风扇、洗衣机、电冰箱等为主。是年，销售缝纫机5741架、水表3.1万只、自行车2.2万辆、收音机5451台、电视机8119台、录音机2453台、电风扇8221台、洗衣机1054台、电冰箱110台等。1988年起，部分五金、家电商品实行计划供应与市场供应相结合，价格随之改为"双轨制"。1992年起，全市五金、家电商品供应完全放开。1995年，全市批发、零售贸易业五金交电化工商品经营网点555个，职工1146人，实现销售总额5660万元。是年，销售照相机62架、自行车2.04万辆、摩托车412辆、电视机6402台（彩色电视机3758台）、录音机3112台、录像机517台、电风扇2.14万台、洗衣机4593台、电冰箱2062台、空调器619台、抽油烟机512台等。90年代后期，家用电器逐步普及到寻常百姓家，销量大增。1997年，大中型商贸企业销售照相机793架、自行车1.74万辆、摩托车62辆、电视机8092台（彩电6938台）、录像机241台、影碟机154台、电风扇1.53万台、洗衣机5206台、电冰箱4398台、空调器183台、微波炉188台、抽油烟机1419台等，全市实现批发、零售贸易业五金交电化工商品零售总额9930万元。2000年后，市内五金交电商品供应以民营为主。2005年，全市限额以上家用电器专业零售企业共2家，从业人员192人，实现销售总额6179万元。

四、日用杂货经营

1986年，县内大部分日用杂货由县供销合作联社所辖的土产公司、日杂果品公司经营，城乡共设有日用杂品商店（网点）61家，主要供应品种有日用陶瓷、铁锅、塑料制品、卫生纸、蚊香、干果、水果、食品、酱菜、烟花爆竹、黄花菜、葵花籽、扫帚等，职工387人。其中，烟花爆竹为专营批发业务，黄花菜、葵花籽、蚊香为三大特色业务。1991年，市生活用品果品公司扩大与外地联营，并开设青春商场，实现销售额1826万元。90年代中期，随着农副产品市场放开搞活，个体经营户迅速发展，市场竞争日趋激烈，作为日用杂品经营主渠道的市生活用品果品公司经营优势逐渐失去，其效益持续滑坡。该公司改制后挂靠高邮镇供销合作社，实行化整为零，分流人员。90年代末至2005年，该公司仅专营烟花爆竹批发、零售业务，日杂、果品等业务全部被个体私营商业和超市、连锁店经营所取代。

五、食品、副食品经营

1986年，县食品总公司、县水产公司、县蔬菜公司、县综合贸易公司和基层供销社为食品、副食品经营主渠道单位。县食品总公司设有肉类联合加工厂（含冷库）1座，并在各乡镇设有食品收购站，负责畜禽蛋品收购。是年，县食品总公司、县水产公司、县蔬菜公司分别实现零售额1225万元、291万元和179万元。1989年开始，县政府实施“菜篮子工程”建设，至1990年两年间投资9.5万元，在东墩乡九里村建立蔬菜基地，实行大棚化生产，供应蔬菜品种从30多种发展到50多种，基本实现县城蔬菜淡旺季平衡供应。1990年末，县食品总公司撤销，单独设立县食品公司、县肉类联合加工厂和县畜禽厂。1993年7月，市政府印发《关于加强猪肉市场管理实行生猪定点屠宰的通告》，界首等农村12个乡镇率先实施生猪屠宰“十六字”（定点屠宰、集中检疫、统一纳税、分散经营）管理办法。县食品公司及食品收购站提供相关服务。是年起，省取消生猪调拨计划，一直依靠外地猪源的市肉类联合加工厂等国有食品企业和集体企业经营每况愈下。1995年，全市继续实施上市生猪“十六字”管理办法，加强猪肉市场管理，全市共设生猪屠宰点36个，进点屠宰户363户。同时，加强以蔬菜为重点的“菜篮子工程”建设，完善和扩建高邮镇新坝村合兴组、东墩乡九里村第三组和腰圩村第十一组蔬菜种植基地，城郊常年性蔬菜种植基地面积扩大到187公顷，年产蔬菜品种65种2.4万吨，确保城区人均日供应量500克。市政府投资15万元，扶持二沟、东墩乡粮管所发展生猪基地，实行自繁、自养、自行加工饲料一条龙生产，形成年饲养生猪3000头、出栏商品猪2000头的规模；扶持甘垛水产品养殖基地发展水产规模养殖。90年代末，市政府启动“放心肉”工程，国有商业发挥生猪定点屠宰管理主渠道作用，全市蔬菜生产和荤食品基地建设稳定向好，市场供应丰富有序。1997年，进点屠宰生猪11万头。2001年，政府对经验收合格的21家生猪定点屠宰场予以挂牌（铜牌）经营，限期整改的屠宰场13家，撤销2家。蔬菜基地建设转向规模种植，逐步发展蔬菜经纪人和大户经营。是年，全市从事蔬菜种植购销大户、经纪人34户（人），从事水产品运销大户、经纪人106户（人）；蔬菜种植基地示范大户66户，每户示范户有钢架棚3个或菜地0.2公顷以上。全市逐步形成组组有蔬菜种植专业户，村村有蔬菜产销经纪人。2002年7月，市政府组建成由工商、农林、商业、公安、税务等部门参加的生猪屠宰管理综合执法大队，派驻城区9个农贸市场；各乡镇相应成立专业执法队，进一步加强生猪屠宰规范管理。至2005年，全市新建、改建菜场34个，其中位于城区的泰山桥蔬菜批发市场占地2800平方米，年成交蔬菜3000吨以上；建成水产品专业市场5个，占地4.55公顷，年成交水产品2万多吨；设有定点生猪屠宰场31家，全年共屠宰生猪10.57万头；城区有上海农工商超市等8个超市获市首批“放心肉销售点”称号。

第三节　生产资料购销

一、化肥、农药和农用薄膜经营

80年代中期，全县农村耕作制度与方式发生根本性转变，从使用自然肥料变为以使用化肥为主，从人工防治虫害变为药物治虫。1986年，全县销售氮肥13.31万吨、磷肥3.1万吨、化学农药1175吨，其中化肥（氮、磷肥）实行计划内和计划外两种供应方式。计划内化肥由县农业生产资料公司直接从县化肥厂购进后，由县计委会同县农业、粮食部门根据农田面积和粮食收购量分配到各乡镇，由各基层供销社调拨供应。计划外化肥很少，通常由各乡镇或基层供销社自行组织供应。农药根据作物生长需要，由供销社农资部门会同县农业部门组织供应，高毒高残留有机磷农药所占比重较大，还供应少量品种的除草剂。此后，随着农资市场逐步放开，经营渠道逐渐增多。因化肥、农药使用量逐渐增大且货源趋紧，劣肥假药时有出现。1989年1月起，全县实施国务院《关于化肥、农药、农膜实行专营的决定》，以化肥、农药、农用薄膜为重点的农业生产资料由市供销社统一经营。是年，全县共销售氮肥12.02万吨、磷肥2.79万吨、钾肥351吨、复合肥6121吨、化学农药1419吨。1992年后，市内农用薄膜从用于早稻育秧，逐步推广到蔬菜、食用菌大棚和棉花营养钵育苗等，使用量剧增。1993年，农用薄膜首次被列入统一分配计划，全市销售量145吨。1994年8月，全市化肥、农药和农用薄膜逐步形成"一主两辅"经营格局，即市供销社农业生产资料经营单位为主渠道，市农业部门（市农业局植保站、土肥站和农业技术推广站）和生产企业自销为辅助渠道。1995年9月，市农资公司与各基层供销社进行连锁经营，实行统一进货、统一价格、统一管理。1996年，全市销售氮肥13.97万吨、磷肥4.11万吨、化学农药1680吨、农用薄膜854吨，是历年销售业绩最好一年。1997～1999年，全市农资市场放开经营，个体经营活跃，外地农资经营商也涌入市内。市供销系统农资连锁经营品种增至24种，并实行连锁经营保证金制度，农业科普建设和建立庄稼医院等项工作列入农资连锁奖惩考核范围，以稳定销售市场。至2005年，市供销系统农资连锁经营基本解体，化肥供应以民营农资公司为主，农药和农用薄膜等由生产企业实行自营自销，化肥、农药和农用薄膜民营购销体制逐步确立。

二、农机具经营

1986年，全县农机具经营以县农机公司为主，各乡镇农机站和基层供销社供应少量农机及其零配件。至是年，全县累计销售大中型拖拉机111台4166马力、手扶拖拉机9733台11.68万马力、柴油机7131台9.41万马力、电动机7420台12.17万马力、汽油机118台428马力。累计销售大中型拖拉机机引农具181台，其中机引犁103台、机引耙10台、旋耕机68台；销售手扶拖拉机机引农具2.83万台，其中机引犁9002台、旋耕机8867台、破垡盖籽机6488台、割晒机32台、拖斗2826台、其他配套农具1058台；机动脱粒机1.43万台（"小老虎"1.02万台、滚龙4141台）、机动喷雾器91架、人力喷雾器7万架。中小农具经营日趋萎缩。1988年，县政府在商品粮基地建设资金中，专项拨款推广开墒机200台。至1992年，各基层供销社只供应喷雾器及其零配件，不再经营传统中小农具，中小农具仅在庙会或街头摊铺上销售。1993年，随着农业产业化经营规模扩大，全市农村出现集体、个人一齐上的农机投入新局面。1995年，全市有农机供应网点170个，其中集体46个、个体私营124个。至2000年，全市农机管理部门先后在农村推广使用棉苗移栽打穴机、抛秧机、插秧机等，为农村从市外购进各种型号联合收割机1039台。2001年起，随着农机市场完全放开，市农机局从以经营农机为主的业务单位转为管理农机市场和监督农机质量的政府职能部门。至2005年末，全市共有农机供应网点198个，农村购进手扶拖拉机1.2万台、大中型拖拉机864台、农用水泵6170台、联合收割机1520台。

三、木材、建材经营

80年代中期，县物资局所属县木材建材公司是木材、建材经营主渠道单位。1986年，木材、建材货源紧缺，全年共销售木材2.29万立方米，其中国家计划分配农业用材和市场用材5123立方米、县木材建材公司自行组织计划外木材1.78万立方米；销售水泥6.1万吨；全年实现销售总额1208万元。1988年，国家计划分配物资大幅度减少，县木材建材公司调整经营策略，开展横向联系，组织计划外货源，在福建等地建立木材货源协作基地。是年，销售木材4.47万立方米，其中计划外4.32万立方米，占96.64%；销售水泥8.17万吨。1992年后，国家取消木材分配计划，市物资流通企业以自组货源供应市场，但经营每况愈下。城乡部分改制后的企业、个体私营业主和外地商家从事木材建材经营业务愈发活跃。1997年初，由深圳龙翔实业有限公司投资兴建的苏中建筑装饰材料市场开业。是年，全市木材（含家具）、建材（主要指水泥）贸易企业共实现销售总额3360万元。其中，大中型贸易企业销售原木510立方米、水泥3776吨。1999年，国有和集体物资经营企业相继改制并退出市场，民营企业成为木材、建材和装潢业经营主体。随着居民生活水平提高，家庭装修档次不断提升，铝合金、塑钢材料和石材销售量逐年增加。至2002年，城区文游中路东侧先后建成新世纪建材市场、苏中建材招商城等专业建材物资交易市场，设有多家经营建材、装潢业务的店铺，形成建材、装潢一条街。2005年，全市木材、建材市场及装潢材料商品实行市场化运作，企业随行就市，自主经营。

四、金属材料经营

1986年，县内金属材料购销执行国家统购包销政策，实行计划分配，由县物资局统一经营。全年共销售钢材1.16万吨，其中用于生产9170吨、用于基建2429吨；销售生铁2204吨。1988年起，实行计划供应与协作调拨相结合。是年，销售钢材1.29万吨、生铁3697吨。1992年，全市房地产业快速发展，建筑业钢材需求量剧增。1993年，全市钢材耗用量2.6万吨，其中建筑耗用钢材9022吨，占34.7%。1994年，钢材市场放开。1995年，市内乡以上以民用建筑用材为主的成品钢材生产企业8家，年生产量5.66万吨；市内钢材耗用量2.84万吨。市工业局经理部、扬州市三洋钢铁（集团）有限责任公司（原甸垛钢厂改制更名）等企业与上海钢铁五厂建立稳定的钢材协作关系。1998年后，国有和集体金属材料经营企业退出市场，由民营企业主营金属材料业务。是年，全市销售生铁2867吨；销售钢材2.59万吨，其中线材1.79万吨。2005年，全市金属材料销售均由生产企业实行连锁经营或代理制经营。

五、化工材料经营

1986年，县内橡胶、化工材料实行国有、集体（含供销合作）和生产企业多渠道购销体制，主要购销品种为烧碱、纯碱、油漆、涂料和橡胶制品等。1993年，市内商贸企业共实现化工材料及制品销售额106万元，其中大中型企业销售额42万元。随着市内电动工具、电线电缆、染料化工、PVC塑料粒子生产扩张和商品住宅建设发展，化工材料经营趋旺。1997年，市内商贸企业实现化工材料及制品类商品销售额3.05亿元，其中大中型企业销售额2.77亿元，占90.82%。1998年后，民营化工材料及制品贸易业兴起，国有、集体橡胶、化工材料及制品企业陆续退出市场。2005年，市内企业耗用化工材料基本是向生产厂家直接进货或由厂家派送，各专业市场和综合经营市场及民营企业成为橡胶、化工材料及制品业零售市场主体。

六、机电设备经营

1986年，县内机电设备购销主要由县物资局所属金属机电设备公司专营，按国家计划分配货源，销售发动机、汽车等机电设备。1990年，开放计划物资经营市场，机电设备购销实行市场化运作，由经营企业自行组织货源。1992年，市物资系统实行综合经营，单独成立机电设备公司。1994年，该公司销售汽车（轿车）7辆，实现机电设备及零件销售额13万元。1996年，机电设备及零件销售额312万元。1998年后，国有、集体企业退出机电设备及零件经销市场，私营个体和民营机电设备经销企业（网点）发展较快，城区文游中路形成五金、机电及配件经销一条街，有经营店铺100多家。2003年，市内出现会展贸易、市场交易等新的机电设备营销方式。2005年，全市机电设备经营企业普遍实行代理制或连锁销售。

七、煤炭经营

80年代，县内煤炭购销实行计划分配和计划外组织“双轨制”，由物资企业和供销合作商业经营。县物资局所属燃料公司是全县煤炭经营主渠道和唯一的计划分配渠道，担负组织、供应全县工农业生产和居民生活用煤的双重责任。县燃料公司下设煤球厂、煤库和2家集体商店（马棚煤炭合作商店、振兴煤炭商店），城区设有9个煤球零售网点，供应生活用煤。1986年，全县有煤炭商店11家，职工91人，共销售煤炭12.28万吨。1987年，全县计划内调进煤炭改为合同供货，并呈逐年减少态势。城镇居民生活用煤实行凭城镇居民购煤证、凭票、票证结合等三种定量供应办法，居民煤炭券每年发放一次，每月每人供应20千克，单身户口供应30千克。对集体生活用煤、食堂用煤按每月实际食粮数量核定，浴室、饮食服务等用煤按年终人数及营业额核定。1989年，一度出现煤炭货源紧缺、价格上涨的状况，特别是水运费外加价很大，影响进货导致市场供货不足。是年，全县煤炭销售从上年18.51万吨下降到14.51万吨。进入90年代，煤炭市场逐步放开，城乡工业企业、煤电协作、饮食服务业用煤量增大，非物资流通企业纷纷涉足煤炭购销。县物资部门面对市场变化，一方面加强资源和销售基地建设，开展上海、秦皇岛、邳县、徐州等港际交易；另一方面与市化肥厂、市制药厂、市磷肥厂、市三垛布厂、八桥工业公司、甸垛钢厂等县内40家重点企业用煤大户沟通，实行定点销售，并与各乡镇供销社进行联营销售。1992年，居民生活用煤敞开供应。1993年，国家取消计划煤分配指标，全市居民生活用煤沿用多年的煤炭券不再使用。1994年，随着石油液化气广泛使用，城乡居民煤炭需求逐年下降，煤炭购销业务转入市场化运作，价格随行就市，经营渠道多元化。是年，全市共购进煤炭23.1万吨，实现销售23.93万吨。伴随煤炭价格放开，城乡新增煤球生产企业20多家。市煤球厂布设销售网点7个，销售煤球2.87万吨。1996年，市煤球厂脱离市燃料总公司，成立市煤球总厂，重点经营民用煤炭。1998年，市煤球总厂新增连锁店8家，煤球连锁店发展到33家，城区形成经营服务网络。1999年，市燃料总公司实行代理制，为徐州矿务局庞庄煤矿代理销售煤炭4.5万吨。2000年，该公司销售煤炭6万吨，其中销售煤球0.6万吨。2003年，市燃料总公司改制转型，重新注册成立市恒生燃料有限责任公司，经营民用液化气。是年，市煤球厂歇业关闭，厂房及办公场所变卖，蜂窝煤生产设备折价转让。此后至2005年，全市煤炭经营完全进入市场化运作。

八、成品油经营

1986年4月，县物资局所属县煤炭石油公司整建制划出，成立省石油公司高邮支公司，由县计划委员会代管，专营石油产品购销。是年，全县设有石油商店9家（均在县城），共销售原油2685吨、汽油1134吨、柴油1.16万吨、煤油2203吨、润滑油159吨。1989年、1990年，该公司拓宽进油渠道，全县成品油市场出现平价分配油、中价协作油、高价自组油并存的局面。1991年，全市遭受特大洪灾，该公司做好油品供应工作，成品油销售总量3.7万吨，比上年增长51.7%。1992年，该公司面对石油经营市场全面放开新情况，调整内部结构，实行“分灶吃饭”，成立3家分公司。1993年，该公司做好市内油品供应同时，通过外购外销增加企业经济效益，成品油销售总量上升到6.7万吨，创利150.7万元，上缴税金279.3万元，各项经济指标达到历史最好水平。1994年，国家取消成品油计划分配，成品油市场价格持续下跌，该公司经营出现前所未有的困难。1995年，全面停止运转。至2000年2月，该公司累计亏损2024.44万元。是年5月，该公司依法破产，成为全市第一家破产的国有企业，也是全省唯一破产的石油公司。

2000年，全市获准设立加油站31家，重新批准设立农村柴油经营点151个。2001年6月，中国石油化工股份有限公司（简称中石化）在市内设立石油经营部，主要从事石油成品油经营业务，设有富豪、文游、川青、八桥、双拥、车逻、秦邮、淮扬等加油站8家。2002年5月，新增京杭、运河、卸甲、汉留、横泾等加油站5家。2003年，新增屏淮、周山、龙虬、二沟、外环、海潮、宏强、马棚、八里等加油站9家。9月，八里松油库恢复营业，从事成品油批发销售，主要供应高邮和宝应地区成品油市场，存储量8000立方米。是年10月，中国石油天然气股份有限公司（简称中石油）江苏扬州销售分公司收购高邮大桥加油站、秦谷加油站，分别更名为兴邮加油站、佳禾加油站。是年，全市成品油销售量2.64万吨，其中汽油7649吨、柴油1.88万吨。2005年，中石化高邮石油经营部又新增金桥加油站1家。至是年末，全市共有各类加油站40家。其中，中石化加油站22家，中石油加油站2家（另有中石油在建加油站2家），交通系统内部加油站2家，其他联营、私营、个体经营加油站14家；有农村加油点151个（含水上加油点11个）；油库1座。是年，全市成品油销售量3.52万吨，其中汽油1.14万吨、柴油2.38万吨。八里松油库年吞吐量9.05万吨。

第四节 农副产品收购与废旧物资回收

一、农副产品收购

棉花 1986年，各乡镇种植的棉花继续实行由县供销社统购统销。县供销社所属县棉麻公司负责籽棉收购、加工和皮棉销售，植棉乡镇基层供销社受县棉麻公司委托代购籽棉。县供销社所设市轧花厂、送桥轧花厂和临泽、界首供销社轧花厂负责籽棉轧花加工。是年，全县皮棉收购量6796吨。1990年，全县收购皮棉1.13万吨，为历史最高收购量。90年代初，市轧花厂添置年加工2万吨皮棉、日产80吨棉籽油成套设备。1993年，全省试行棉花放开经营、放开市场、放开价格，全市出现棉花收购无序、个体棉贩压价收购和抬价抢购、少数棉农在棉花中掺杂使假等问题。1994年9月，市棉麻公司和市棉种场划区收购棉花。1995年，市供销社系统内少数基层供销社擅自改变流向，将籽棉转销给市棉种场。棉贩从棉农手中收购籽棉，转手向邻市出售，再度出现棉花购销市场混乱现象。1997年，执行调整后棉花收购政策，全市形成由市棉麻公司、市棉种场、甘垛棉花专业合作社等3家共同收购籽棉和加工、销售皮棉局面。2000年，市棉麻公司购销皮棉1388吨。2001年后，市棉麻公司改制后退出棉花购销市场，全市棉花购销全面实行市场化。2005年，全市共种植棉花3600公顷，实现皮棉总产量4014吨。

蚕茧 1986年，县土产公司继续承担省、市指令性蚕茧收烘业务。全市12个产茧乡镇基层供销社，建有16家蚕茧收购站，为县土产公司代收鲜茧、代烘干茧。是年，共收烘干茧223吨。至1992年，累计收烘干茧4301吨。1993年，蚕茧经营权下放到市，市政府指定的茧丝经营企业与省、市丝绸公司签订蚕茧购销承包合同。是年，市内一度爆发各茧站之间、茧贩与茧站之间、市际之间抢购鲜茧的"蚕茧大战"。市监察局、市工商局、市物价局、市农业局等多部门介入，协调站际、市际间矛盾，查处违背蚕茧收购价格政策的问题，保护茧农利益。市供销社从改善服务、方便茧农售茧入手，指导茧站做好收购工作。全年共收购蚕茧1271吨。1995年，贯彻扬州市政府《关于加强茧丝生产经营管理工作的通知》，整顿茧丝流通秩序，稳定茧丝市场。成立市茧丝绸总公司，市供销社所属市土产公司和基层供销社茧站受该公司委托，承担代收代烘业务。是年，收购蚕茧1395吨。1996年，市供销社系统所设茧站全部划出，由市茧丝绸总公司负责管理，对原茧站场地设施实行租赁经营，直接从事蚕茧收购、烘干、销售。2003年，市茧丝绸总公司歇业，蚕茧收购、销售实行市场化。2005年，全市共养蚕2.13万张，蚕茧产量818吨。

薄荷 1986年，县内薄荷生产指导和薄荷油收购业务从县土产公司划交县外贸局（公司），各乡镇仍由基层供销社代为收购。1989年，全县收购薄荷油259吨。1992年，收购1961吨，为历年收购量最多一年。1993年，薄荷种植集中在张轩、界首、周山、营南、临泽、川青等北片乡镇。张轩供销社成立辅导组，专职从事薄荷生产技术辅导，从组织优良种根到田间管理、收割吊油，开展一条龙服务；组建薄荷产销专业社，引导农民自种、自收、自销，形成规模生产。1994年，全市薄荷油生产收购量188吨。2002年后，随着外贸市场行情变化，薄荷油生产逐步萎缩。2002年、2003年，分别生产收购56吨、44吨。2004年起，全市基本停止种植薄荷。

蜂蜜、蜂王浆 1986年，全县蜂蜜、蜂王浆收购业务由县土产公司负责。是年，共收购蜂蜜407吨。县土产公司自购和接收基层社的蜂蜜、蜂王浆，起初是按省调拨流向销售，1992年后以自销为主。市内油菜面积大，但养蜂户较少，零星分散，难形成规模。市供销社每年与浙江、安徽等地蜂农联系落实，提供场地、蜜桶、生活日用品等项服务，基层供销社农产品采购站将收购的蜂蜜一次性全部负责调拨给市土产公司。部分养蜂户将蜂蜜直接售给市土产公司。同时，市土产公司每年抽调公司职工，分成若干小组，到淮安、建湖、东台、灌云、泗洪、金湖等地收购蜂蜜、蜂王浆。1994年，共收购蜂蜜481吨，为历年收购量最高年份。1995年起，收购量逐年下降。2000年，下降到110吨。2001年后，全市蜂蜜、蜂王浆实行市场化购销。

丝瓜络 1990年，县供销合作社从浙江慈溪引进丝瓜种，在汤庄、沙堰、汉留、司徒等8个乡镇种植丝瓜144.2公顷，由所在基层供销社收购后集中调拨给县土产公司。是年，共收购丝瓜络186吨。1992年，外贸行情变化，收购量减少到70吨。1997年4月，汉留供销社建立丝瓜络产销专业合作社和市宏昌丝瓜络制品厂，分别从事丝瓜生产和丝瓜络产品设计与深加工，提升丝瓜络产出的经济效益。2005年，汉留镇有11个村、154户农户种植丝瓜48.93公顷，每公顷最高收益4.5万元。

食用菌 1986～1988年，县供销合作社在横泾乡发展稻田培育平菇，辅导该乡49户村民育菇1.31公顷，县供销合作社负责技术指导，横泾供销社负责鲜菇收购、加工、销售，每公顷育菇收益9万元。1995年，马棚供销社投入22万元，帮助农户发展蘑菇生产，实行以包供应合格菌种、包技术辅导、包保护价收购、包基本产值为内容的"四包"服务。是年，供销社收购秋蘑菇38吨，菇农自销20多吨。1996年，蘑菇面积扩大到6.67公顷，产菇106吨。20世纪末，建立食用菌研究所，全市食用菌生产主要品种原种、母种以及二、三级栽培种均由农民技术员全程制作，其菌种销往全国各地；研究、攻克香菇、木耳、银耳、灵芝、猴头菇等高档菇品种栽培技术和基本操作要领，段木栽培、袋料栽培和防治病虫害技术日臻成熟。至2005年，全市菜场、超市、专卖店均有地产食用菌出售，食用菌成为市民最喜爱食品之一。

其他农副产品 80年代，全县农副产品收购品种还有蔬菜、瓜果、鲜蛋、稻麦草、芦苇、柴草等，畜禽产品收购有生猪、猪鬃、猪肠衣、家禽、羽毛、兔毛、兔皮、黄鼠狼皮等。基层供销社还从事苗禽炕孵和苗猪交易业务。90年代，粮食市场放开后，增加议价粮油购销业务。1995年起，由供销系统统一购销的农副产品、土特产品品种日趋减少。2000年后，全市农副产品购销基本实行市场化运作。

1986～2000年高邮市供销系统主要农副产品收购量一览表

表15-9 单位：吨

年份＼项目	皮棉	蚕茧	薄荷油	蜂蜜	蛋品	年份＼项目	皮棉	蚕茧	薄荷油	蜂蜜	蛋品
1986	6796	223	303	407	462	1994	8827	1582	188	481	172
1987	10810	249	225	410	404	1995	10775	1395	137	350	177
1988	10837	378	272	427	378	1996	11033	76	1204	362	300
1989	10188	688	259	470	357	1997	8997	—	246	315	177
1990	11302	809	1620	450	313	1998	3515	—	210	374	44
1991	5559	765	1187	455	409	1999	1396	—	198	301	56
1992	8955	1189	1961	480	161	2000	1388	—	—	110	—
1993	7355	1271	135	478	58						

二、废旧物资回收

80年代中期，县供销系统继续负责废旧物资回收业务，具体业务由土产公司负责。县土产公司每年组织1～2次废旧物资突击回收，33家基层供销社收购的废旧物资统一解交给市土产公司。1986年，县供销社系统实现废旧物资收购总额162万元，收购废钢铁3940吨、废杂铜26.15吨、废铝6.85吨、废铅1.9吨、废橡胶96.65吨。1995年，实现废旧物资收购总额3364万元，创历史最高水平。1997年，全市废旧物资收购市场放开，呈现多元化经营格局，市供销社系统废旧物资收购总额下降到1787万元。1998年后，市废旧物资回收公司退出市场收购业务，转为协助市公安、工商等部门管理废旧物资市场，原门市营业部、仓库租赁给个体业主经营，废旧物资收购业务主要由个体经营户和城乡零散小商贩承担，相关部门对废旧物资回收量不再统计。2005年，市内注册登记废弃资源和废旧材料回收加工企业1家，注册资本100万元。

废钢铁回收　1986年起，县土产公司对收购的废钢铁压块后直接运送到钢铁厂，串换成品钢材进行销售。是年，收购废钢铁3940吨。1989年，全县组织废钢铁突击回收月活动，回收废钢铁6080吨。1992年，全市废钢铁收购量上升到6745吨。1994年，首次突破万吨，达到1.07万吨。1996年，收购量上升到1.57万吨，创历史纪录。1997～1998年，年收购量万吨以上。1999～2005年，此项业务转由个体私营经营。

废纸、废布、废棉絮回收　1986年，县土产公司废旧物资回收门点和基层供销社专营废纸、废布、废棉絮回收业务。回收的废纸、废布、废棉絮除卖给当地造纸厂回笼造纸，还销售给金湖、镇江、连云港等地造纸厂。至90年代中期，年收购废纸2000多吨，收购废布300多吨，收购废棉絮数十吨。1996年后，国有和供销合作企业废旧物资回收业务逐步退出市场，转变为对废旧物资回收市场实行行业监督和管理。90年代后期起，因废旧纺织品中的化纤成分增多，市内废品收购单位与门点停止收购废布、废棉絮。

废橡胶、废塑料、杂骨回收　80年代，县内废橡胶、废塑料、杂骨回收量较大。1989年，全县回收废橡胶、废塑料、杂骨分别为123吨、260吨、552吨，为历年最多。其中，回收的废橡胶以报废车辆轮胎居多，销给橡胶厂重新回炉生产再生橡胶。进入90年代，因环境因素和收购条件制约，废橡胶、废塑料、杂骨回收量不稳定。1996年后，国有和集体收购单位逐步退出废旧物资回收业务。至2005年，废橡胶、废塑料、杂骨回收业务由个体私营经营。

1989～1998年高邮市供销系统主要废旧物资回收量一览表

表15-10

项目 年份	收购总额（万元）	废钢铁（吨）	废纸（吨）	废布（吨）	废棉絮（吨）	废橡胶（吨）	废塑料（吨）	杂骨（吨）
1989	498	6080	2020	336	87	123	260	552
1990	666	7311	2241	352	92	119	50	475
1991	655	6827	2356	354	85	75	178	393
1992	800	6745	2218	340	78	83	155	381
1993	1186	8713	1910	352	82	115	245	404
1994	1739	10734	1780	310	75	103	207	547
1995	3364	8639	1530	221	80	101	225	410
1996	2793	15743	—	—	—	—	—	—
1997	1787	12898	—	—	—	—	—	—
1998	1509	10452	—	—	—	—	—	—

第五节　烟草专卖

一、销售网络

1984年1月，县烟草经理部更名为中国烟草公司江苏省公司高邮县公司。与1983年8月设立的县烟草专卖事业局合署办公，两块牌子、一套班子，位于城区县府街。1991年，全市农村32个乡镇分别设立烟草专卖管理所。1998年，市烟草专卖局成立网建办公室，8个重点乡镇设立专卖批发部，初步建成卷烟销售网络。1999年，专卖批发部增加到11个。2000年，成立网络建设工作小组，78个片区调整为72个片区。2001年，成立计算机信息中心，完成局域网建设；采用烟草配送龙卡结算办法，全面推行使用访送POS机。2003年起，建立、完善客户服务中心和物流配送中心，开展网上订货、电子结算业务，实现烟草、建行、邮政三网联动。2004～2005年，完善网络控制、引导消费，延伸服务客户、服务工厂的功能，提升卷烟销售网络运营水平。

二、卷烟购销

1986年，县烟草公司批发销售卷烟2.4万箱，批发销售金额2185万元，实现利润59.95万元。1987年，以提高经济效益为中心，以增产增收为重点，调整商品销售结构。1990年，卷烟价格全面放开。1991年，为扭转烟草市场疲软状况，确立"一个基本点"（云南产地烟），开展多层次、全方位、大区域业务促销活动。1992年1月，全市开展烟草专卖宣传促销月活动。1993年，完成批发销售卷烟1.65万箱，实现销售额9975万元。1995年，扩大"江苏四大名烟"销售。1996年，开发"精品文游台"烟，共销售"文游台"卷烟3125箱。1998年，新建农村卷烟批发网点（下伸批发部、专卖管理所）8个，扩大专卖覆盖面，调进卷烟1.63万箱，批发销售1.57万箱，实现销售额1.21亿元、利税751万元。2001年，市烟草专卖局成立城区卷烟配送中心，改善和扩大卷烟销售。2002年，销售卷烟2.44万箱，实现销售额2.3亿元、利税4226万元。2005年，按照"经营市场"理念，抓好品牌培育，梳理卷烟牌号，新引进"红金龙"、佳品"黄果树"、"迎客松"和"红旗渠"等名优品牌。销售卷烟2.49万箱，实现销售额3.03亿元、利税6635万元。

三、专卖管理

1987年，县烟草公司开展烟草专卖许可证发证工作，共发放集体、个体烟草专卖许可证389份。1990年，加大对烟草运输、委托转批、准购准运证件管理，设立临时运输检查点，共检查市场97次，查处违章案件105件，罚没款1.84万元。1991年，市烟草公司与乡镇供销社签订销售地产烟协议，办理出市准销手续，扩大地产烟销售。1992年，对全市33个乡镇集体和个体烟草专卖许可证进行查核和开展换发证工作，共换证2655份。1995年，充实专卖稽查力量，加强市场管理力度，严把出市采购关，整顿卷烟流通秩序，强化烟草专卖管理。2000年，开展"守法零售户"评选活动，全市评选出守法经营户785户。2003年，印发《高邮市烟草制品零售点布局管理规定》《烟草专卖零售许可证发放管理规定》，简化审批手续，规范许可证发放程序。至2005年，市烟草、工商、公安、物价、供销等部门相互配合，采取突击检查与一般检查相结合、重点检查与计划检查相结合，全市烟草经营市场基本消除无证转批、无证经营现象。是年，共查处各类涉烟案件405件，其中万元以上案件9件；查获涉案卷烟6363条，案值35.8万元。

第六节　盐业专营

一、经营网络

1984年3月，省盐业公司高邮批发部成立，位于城区红旗路571号（今御码头路34号）。1985年1月，更名为省盐业公司高邮支公司，由县商业局代管。城乡杂货店、烟酒店、酱菜店和供销社所属销售网点均零售食盐。1992年9月，市盐务管理局成立，与高邮盐业支公司合署办公，两块牌子、一套班子。该局在基层供销社落实乡镇盐务协查员50人，基本形成盐政管理网络。1994年，在边远乡镇建立盐业专卖管理所4个。1998年8月，该公司迁至城区琵琶路75号新综合经营大楼。是年，调整食盐基层转批点布局，确定基层转批点67个。2000年，该公司更名为省盐业集团扬州有限公司高邮分公司，为国有独资公司，经营范围为食盐、工业盐销售。2002年，市盐务管理局在扬州市率先建立基层盐管所22个，聘请盐政协管员36人，盐管所实行销售与管理一体化。2003年，市盐务管理局将原22个盐管所整合为8个，并与城乡盐品定点销售单位和个人签订特许经销合同。2005年3月，城区设立中心盐管所，加强对城区盐业市场监管。是年末，全市形成市盐务管理局（盐业高邮分公司）、基层盐管所、特许零售单位（户）三级监管和经营网络。

二、盐品经营

1986年，高邮盐业支公司购进盐1.3万吨，销售盐1.04万吨，其中袋装盐1633吨。因次盐多、运费高，造成亏损。是年9月，建成3500吨盐库1座。1989年，为适应食盐袋装销售需要，创办小型塑料彩印厂。1990年，扩大袋装盐销售，发展副营业务，实现销售额563万元、利润63.22万元。1991年，因市染化厂、市造纸厂等工业用盐大户受灾停产3个月，致使工业用盐滞销900吨。1993年，该公司实行“以主营为主、扩大副营、主副并举”经营策略，购进盐品1.55万吨、销售1.34万吨；实现销售额1023万元，其中主营587万元、副营436万元；实现利润70.28万元，创历史新高。1998年，推出纸塑小包装“海精盐”。1999年，该公司以全面推行复合膜小包装加碘食盐为新的增长点，调整食盐基层经销点布局，扩大盐品销售。购进盐8743吨、销售盐9251吨，实现利润132万元。2002年，推销新一代淮牌纸塑袋装食盐。2005年，在继续扩销泡菜盐和淮牌纸塑袋装盐同时，增加供应多个品种调味食盐。是年，共购进食盐5430吨、销售5326吨。

三、专营管理

80年代，全县盐业批发业务由县盐业公司统一经营，实行垂直专营体制。1992年，市盐务管理局成立，建立盐政执法队伍，每个乡镇配备协查员1～2人，形成盐政协查网络，并在市工商、税务、公安、检察等部门和单位配合下，开展执法行动。是年，出动执法人员340人次，查缉私盐58.6吨，捣毁淮安平桥一处盗印高邮盐业公司彩印厂小包装盐袋黑窝点。1996年，市盐务管理局对全市从事食盐转批、零售企业和个体工商户进行清理登记，盐业市场执行碘盐零售许可证、食盐转批许可证、行业用盐准购证“三证”管理制度。1998年，在各乡镇设立委托转批点67个，首批发“三证”78份，签订工业用盐、行业用盐购销合同8份。是年6月，市盐务管理局在横泾镇官林村查处私盐35吨，并依法惩处走私盐贩。2000年，根据基层盐管所举报，在市公安局配合下，查处私盐案件54件，查获私盐101.28吨，实收罚金5300元。2003～2005年，食盐批转改为特许经销，取消批转点，由获准许可经营企业（户）经销，全市特许经营企业（户）2150家。2005年，全市开展食盐安全诚信体系建设。菱塘回族乡高庙村首获“食盐安全示范村”称号。在开展儿童食品安全综合整治“护苗”行动中，市盐务、工商、公安、卫生等部门联合执法，对学校食堂、蛋制品加工厂、熏烧加工点和饭店、饮食店等，进行专项检查。成立市中心盐管所，对市区盐业市场和工业用盐大户进行重点监管，全年查处案件12件，收缴私盐2.17吨，罚款3800元。

第七节　药品、药械经营

1986年，县医药公司为全县药品、药械批发主营单位，下设医药商店9家，其中城区4家、农村5家。未设医药商店的乡镇由基层供销社设立医药专柜代销药品。该公司以从扬州市医药公司购进药品、药械为主，自行采购为辅。批发经营范围为西药品、化学试剂、医疗器械、玻璃仪器、中药材、中成药（饮片）、兽用药械等7大类，经营药品3638种，其中必备品种949个。1987年，县医药公司药品零售额超过100万元。90年代，市医药公司依据药品质量、价格、运输、仓储、服务等多方面情况，选择采购单位。2000年，全市31家国有与集体医药经营企业获得药品经营许可证。是年，市医药公司在全市农村设有药品转批点14个，完成采购药品总额3590万元，实现批发销售额3472.2万元、药品零售额1026.66万元。2001年起，全市药品经营逐步适度放开。2002年，首批40家个体私营零售药店获准开业。

2003年、2004年，先后又有44家、29家个体私营零售药店获准开业。2005年，全市新办个体私营医药企业和药店32家，其中医疗器械生产经营企业3家、零售药店29家。至年末，全市有医疗器械生产经营企业10家、零售药店146家。零售药房全部通过药品经营质量管理规范（GSP）认证。是年，全市限额以上药品批发企业实现销售总额2192万元，其中零售额639万元。

第五章　服务业

80年代，县内服务业主要有餐饮、沐浴、住宿、理发、照相、修理等行业。其中，餐饮、沐浴、住宿、理发、照相业基本由国有、集体企业及门点经营；各类修理业基本为个体私营经营，小饭店、小面店、烧饼店多为个体经营，部分小修、小吃为个体挑担串巷、临街摆摊设点。80年代中后期起，家政、中介、礼仪、洗染、美发、娱乐、休闲、家电维修、计算机打字与复印等现代服务行业陆续出现，多为个体私营经营。90年代，现代服务业呈快速发展势头。进入21世纪，为适应招商引资和发展外向型经济需要，宾馆业出现高档化趋势。同时，随着房地产业快速发展和市民生活水平提高，房产中介业和休闲娱乐业也发展较快。2005年，全市餐饮业实现营业额收入4.33亿元，是1986年45.1倍。

第一节　餐饮业

一、网点

1986年，全县有餐饮业经营网点1031个，从业人员2480人。其中，国有网点14个，从业人员268人；集体网点155个，从业人员1245人；个体有证饮食店铺862户，从业人员967人。国有网点集中在城区，集体网点和个体有证业主分别有63.3%和72%分布在农村乡镇。1988～1991年，全县农村富余劳力从事餐饮业的陆续增多。1992年，全市餐饮业个体有证业主发展到1025户，从业人员增加到1708人。其中，城区278户，从业人员463人；农村747户，从业人员1245人。是年，涉外宾馆——秦园宾馆（原县政府第一招待所）、高邮宾馆（原县政府第二招待所）、北海大酒店等均改造升级，实行灵活经营，多数餐厅内增设卡拉OK设施。是年10月开业的秦谷大厦，为融商场、客房、餐饮、卡拉OK舞厅等多种服务功能为一体的商务宾馆。1993年12月，市烹饪协会举办首届“盂城杯”菜式技艺交流观摩会。交流菜肴有雕刻看盘、花样冷盘、热炒、大菜等4大类，烹制方法有炝、炒、炸、熘等。1994年，市饮食服务公司通过技术培训和考核，新增特级技师4人、一级技师25人、二级技师13人和三级技师4人。1995年末，高邮实验菜馆实行改造。设施较为时尚的市商业系统中联商厦和市交通系统金运大酒店先后开业。个体餐饮户继续增加投入、改造设施、提升服务档次，经营规模逐渐扩大。1997年，全市有餐饮业经营网点1371个、从业人员4444人。其中，国有网点12个，从业人员503人；集体网点16个，从业人员316人；私营网点38个，从业人员358人；个体餐饮网点1305个，从业人员3267人。1998年起，国

图15-5　厨师研究菜肴

有、集体餐饮网点先后改制、转制为民营。市外餐饮企业通过招商引资，以独资或合资形式落户高邮。市内一些工业和非商企业以及民间资本投资开办餐饮业。上档次、上规模的宾馆、饭店餐厅不断增多，小饭店、小面店、小菜馆、大排档等各类便民小吃以其各自特色遍布街巷，个体私营餐饮业步入快速发展期。2003年，秦园宾馆、秦谷大厦、香格里拉大酒店、夏威夷休闲俱乐部、顺泰大酒店、庆宇宾馆、富豪大酒店等一批集餐饮、住宿、沐浴、歌舞厅于一体的规模大、档次高的企业相继开业。琵琶路形成美食、休闲一条街，其中酒楼饭店有24家；邓桥商业城形成餐饮、休闲服务商圈，其中酒楼饭店有31家。2005年，全市注册登记的餐饮业企业673家。其中，限额以上旅游饭店（三星级）和餐饮业网点5家、从业人员386人。在限额以上餐饮企业中，旅游饭店3家，从业人员267人；餐饮企业2家，从业人员119人；正餐企业1家，从业人员75人；快餐企业（连锁经营店）1家，从业人员44人。

二、经营

1986年，全县饮食业营业收入960万元，其中国有饮食门店300万元、集体饮食门店411万元、个体有证饮食店铺249万元。1990年1月，由县商业局与县饮服公司编写的秦邮七大名菜菜谱编入《中国维扬菜系》一书。1992年，北海大酒店适应餐饮市场多元化发展形势，坚持小规格、小品种和高档菜点一起抓，价廉质优菜肴与盛宴筵席一起抓，新品种和传统品种一起抓，上门服务与店内生意一起抓，实行灵活经营。同时，一批具有一定现代水平和规模的综合接待宾馆楼相继建成，促进和拉动全市餐饮业提速发展。1996年5月，经市娱乐业等级评定委员会评估，秦园宾馆、北海大酒店、秦谷大厦、富豪酒楼、华联宾馆、庆宇美食城被评定为特级餐饮企业，高邮实验菜馆、高邮饭店、秦邮饭店、高邮宾馆、金运大酒店、紫竹园饭店被评定为一级餐饮企业，秦城大酒店、农资招待所、水利招待所、新邮饭店、东方酒家、阿里巴巴酒楼、琵琶饮食店、贵宾楼酒家、鑫龙阁酒家、同兴楼酒家、建兴酒家、富春酒楼、金鑫酒楼、迎松酒家、长乐酒家、长生酒家、魁星阁、公园点心店被评定为二级餐饮企业，荣华酒家、蝶园酒家、华威酒楼、江天酒楼、阳光大酒店、重庆火锅城、金三角酒家被评定为三级餐饮企业。1997年，全市实现餐饮业营业收入9490万元。1998年，全市实现餐饮业营业收入1.34亿元，比上年增长41.2%。2003年起，继传统餐饮企业翻建、改造和提升档次后，先后又有润扬邨假日酒店、夏威夷休闲俱乐部、香格里拉大酒店、北海假日大酒店、蝶园上海城、香港商业城等一批具有一定规模和特色的餐饮企业开业。2005年，全市实现餐饮业营业收入4.33亿元，其中限额以上餐饮企业营业额1161万元。在限额以上餐饮企业营业额中，正餐营业收入745万元、快餐营业收入416万元。

第二节　住宿业

1986年，全县有住宿业（旅店业）企业62家，从业人员342人。其中，城区26家、215人；乡镇36家、127人。在城区旅店业中，规模最大的是县政府第一招待所、第二招待所，共有职工139人，床位400多张；高邮旅社、秦邮旅社、江北旅社、北海旅社等亦属老店、大店之列；部分非商系统、政府相关部门和企业，自办招待所和集餐饮、住宿、娱乐、服务于一体的后勤接待机构，如工业招待所、水利招待所、金穗园饭店（农行系统）、县化肥厂招待所等。1992年，全市住宿企业发展到140家，从业人员701人。其中，城区36家、461人，乡镇104家、240人。是年，高邮宾馆（市政府第二招待所）在国有住宿企业中率先实施人事用工、工资分配和内部管理等三项制度改革。1993年3月，秦园宾馆通过国家旅游局检查验收，获二星级旅游饭店资质。此后，随着全市经济发展，中高档宾馆兴起。1998年后，国有和集体旅馆、政府和部门招待所、宾馆全部改制为民营企业。乡镇住宿业亦向规模型综合经营发展。2003年起，北海大酒店、秦谷大厦、庆宇宾馆、华侨国际大酒店、弘盛大厦、温州商城、夏威夷休闲俱乐部等相继开业。2005年，全市有住宿企业95家，从业人员494人，注册资金1946万元。其中，规模以上住宿企业3家，从业人员267人，注册资金107万元；私营企业4家，从业人员24人，注册资金724万元；个体经营88户，从业人员203人，注册资金1115万元。是年，实现住宿业营业额7714万元。

第三节 中介服务业

80年代后期起，县内出现现代中介服务业机构。先后有县财政局设立的县会计师事务所、县审计局设立的县审计事务所、县司法局设立的县公证处和县律师事务所、县体改委设立的县招标承包（租赁）事务所、县物价局设立的县价格鉴证事务所、县土地局设立的县地价评估咨询事务所、县标准计量局设立的县标准计量质检所等。至1993年末，城区设有中介服务机构9家。90年代末起，随着全市房地产业快速发展，房产交易中介机构应运而生。1999年，市建设委员会设立市房地产交易中心。2001年以后，个体私营房产交易中介机构增多。至2005年，全市现代中介服务业涉足审计、会计、价格、计量、房产、地价评估、司法公证、工商鉴证、商贸交易等方面。

第四节 其他服务业

一、沐浴业

80年代中期，城区浴业有三星池、大众、向阳、四德泉、碧玉泉、明星等浴室，三垛、临泽、界首等三大镇开有多家浴室，稍大一点的农村集镇在冬季亦有浴室开张。1986年，全县沐浴企业31家，从业人员272人。其中，城区16家、189人，乡镇15家、83人。1990年9月，城区向阳浴室增设桑拿浴即蒸汽浴服务项目，开桑拿沐浴之先河。1992年，全市沐浴企业增加到42家，从业人员297人。其中，城区16家、167人；乡镇26家、130人。90年代中后期，随着人民生活水平和消费层次提高，新型桑拿浴室和洗浴中心兴起，新增设男女桑拿、冲浪、药浴等浴种。色情服务虽遭公安部门严厉打击，但仍时有发生。2000年，国有、集体性质沐浴企业逐步改制为私营。2005年，全市有个体私营沐浴企业142家，注册资金4319万元。

二、理发、美容美发业

1986年，全县有理发业网点277个，从业人员436人。其中，城区73家、207人；农村204家、229人。城区以国有和集体所有制网点为主，个体有证经营户为补充；农村以个体理发户为主。80年代末，县内始有染发业务。1992年，个体染发、理发业发展较快，全市理发业持证经营户435户，从业人员547人。其中，城区126家、191人；农村309家、356人。1996年，开始有染彩发业务。90年代末，理发业向现代美发美容、护发保健发展。2001年，市内出现第一家私营美发美容企业。2002年以后，全市国有、集体理发和美容美发业全部改制为个体私营。2005年，全市经工商登记的美容保健和个体理发户有227户，从业人员286人。

三、休闲、娱乐业

90年代，随着全市人民生活水平提高和现代休闲、娱乐业发展，市内具有一定规模的饭店、宾馆均设有卡拉OK歌（舞）厅、棋牌室、洗浴中心等。1996年5月，经市娱乐业等级评定委员会评估，被评为一级歌舞厅的有富豪娱乐城、华联歌舞厅、秦谷歌舞厅，二级歌舞厅有皇城娱乐城、东方夜歌舞厅、百乐门歌舞厅、白天鹅歌舞厅、帝城歌舞厅、新世纪歌舞厅、华威娱乐城、北海音乐（舞）厅，三级歌舞厅有不夜城歌舞厅、夜明珠歌舞厅，四级歌舞厅有体育馆歌舞厅。是年11月和1997年元旦，华联商厦华联桑拿中心和儿童游艺世界先后开业。1997年7月，华联商厦温水游泳池开业。是年9月，高邮镇华威装饰材料厂兴办的金海洋休闲服务中心开业。是时,城区休闲中心普遍设有包厢和休闲大厅,有的还配设美容美发厅、理疗按摩厅、茶座和美食广场等综合性经营、服务场所。2000年后,随着国有、集体企业产权制度改革,全市休闲、娱乐业均为个体私营经营。城区陆续开设中式保健和韩式、泰式、欧式按摩及足疗等服务网点与项目。各乡镇亦有一批沐浴休闲和娱乐业场所建成开业。2005年,全市经工商登记的休闲、娱乐场所有213家,其中个体私营205家,实现营业收入1.01亿元。

四、摄影、彩扩

1986年,全县有摄影业网点52个,从业人员93人。其中,城区5个、40人;农村47个、53人。城区较大的摄影网点是县饮服公司设立的高邮照相馆、湖光照相馆,有从业人员36人。1987年,北海照相馆开业。农村摄影网点大多附属于各乡镇文化站。主要经营项目有黑白照和冲印、黑白照上色,兼营照相器材、黑白胶卷等。1989年起,逐步普及彩色照相,推出各种艺术照、明星照、结婚照、化妆照、时装照等服务项目。进入90年代,市饮服公司照相馆服务项目扩展到照片装裱、照片封塑、烫金、仪式摄影,兼营照相器材、彩色胶卷、相纸和出租婚纱等。1992年,城乡始有个体私营摄影网点,市内照相行业引进柯达彩扩机等先进设备,增加婚纱摄影、快速冲印等服务项目,彩色扩印逐步实现封闭式、自动化。是年,全市有摄影业网点37个,从业人员92人。其中,城区6个、57人;乡镇31个、35人。1998年后,国有、集体照相馆退出摄影业,由私营和个体摄影图片社、婚纱影城主导摄影及扩印市场。2002年,扬州上花轿、罗马假日等大中型婚纱摄影企业到市内实行连锁经营。至2005年,同业竞争加剧,小型照相馆和婚纱摄影点先后歇业关闭。外地钟爱一生、天长地久等大型摄影、摄像企业到市内相继设点经营,应用专业数码摄影、电脑修补技术,配备专业化妆师,开展套拍、幅照和各种形式的时尚、艺术摄影业务。

五、日用品修理业

80年代初,县内日用品修理业以修理照相机、钟表、自行车、缝纫机、收音机、黑白电视机等物品为主,经营形式有设店、铺、点固定营业,也有少数走街串巷流动服务。1986年,全县有日用品修理网点(含有证经营户)1330个,从业人员1400人。其中,城区148个、161人;农村1182个,1239人。在全部网点中,国有、集体和各基层供销社网点63个,从业人员280人。1990年后,日用品修理业务扩大到电饭锅、电水壶等小家电修理。日用品经营网点售后配套服务随之兴起,规模较大的维修网点有县五金交电化工公司家电维修部和县广播电视站家电维修部,实行以卖代修、以修促卖、延伸服务。1992年,个体私营修理网点蓬勃发展。是年,全市共有家电、日用品修理网点684个,从业人员856人。其中,城区120个、153人;乡镇564个、703人。1994年,新开业的华联商厦和改造后的人民商城均开设家电销售及修理业务。至90年代末,以家电销售为主的经营企业配有相应品牌的修理机构与人员。2000年,国有、集体及基层供销社维修业改为个体私营后,主要家电经销网点仍保留相应维修人员;市社区家政服务中心亦整合家电日用品修理业,推出"一个电话,服务到家"举措,受到市民欢迎。2001年,市内手机、电脑等逐渐普及,其维修业渐兴,仅移动、联通、电信三大手机主营公司和时代超市(原华联商厦)、五星电器、金鹰电器、联邦电脑等商家就设有特约手机和家电维修经营点30多个。2005年,摩托车、电动自行车、自行车、家电等专业修理店铺遍布全市城乡,许多家电、日用品维修网点纷纷推出预约服务、承诺服务、上门服务等服务项目。

六、洗染业

80年代中期,县内洗染业主要是传统布品和旧衣染色,生意比较清淡。1986年,洗染店从4家减少为1家。1988年,城区出现首家干洗店。至是年末,全市有洗染业网点2个,从业人员23人。1992年起,洗染业逐步转向对毛涤、呢装、皮装和各类西装进行清洁、保养和维修为主。干洗业进一步兴起，传统染色业务被淘汰。2000～2005年，洗染业务新增、扩大毛呢服装和皮衣皮革养护和整体修饰、表面除皱、创伤修复、上光补色等业务，个体私营洗染点增多，收费价格为每件次7～120元。

七、其他生活服务业

80年代中期，县内其他服务业有传统的眼镜、钟表和钢笔修理，茶水供应（老虎灶），刻字等门店。街头修旧业较兴旺，开始出现新兴的家政服务、鲜花经营、婚庆礼仪等服务项目。1986年，全县登记在册（有证经营）的其他生活服务业网点共143个，从业人员267人。其中，城区46个、117人；农村97个、150人。至1988年，钢笔修理、茶水供应（老虎灶）等传统的服务项目和网点先后被淘汰。全县其他生活服务业网点减少到45个，从业人员101人。其中，城区8个、9人；农村37个、92人。1992年起，广告服务业引起企业重视，逐步得到发展，各种形式广告陆续出现。是年，全市新增广告经营单位4家，从业人员49人；城区路牌广告有172块（含墙面）。是年起，市政府办公室、高邮商场等单位先后引进电脑打印、复印设备并开展对外业务，电脑服务、复印、商品包装等渐成行业。至是年末，全市其他生活服务业经营网店（点）上升到85个，从业人员增加到153人。其中，城区8个、12人；农村77个、141人。2005年，全市其他生活服务业经营网店（点）又上升到117个，从业人员猛增到1015人，实现营业收入2.44亿元。

第六章 旅游业

1986年，在城区规划中明确提出，“为利用和开发水乡古城的文明，积极发展本地的旅游业，近期以游览景点为主，远期开辟水上和陆上两条旅游线”。1991年起，市委、市政府实施抢修宋城墙、修葺文游台等多项工程，改善旅游环境。1992年，市政府制定旅游风景资源开发规划。1997年5月，市旅游局设立，在市政府外事侨务办公室挂牌。1998年8月，全市第一家旅行社——高邮邮驿旅行社开业。是年11月，马棚东湖度假村第一期工程建成开放。2001年，市旅游局与市发展计划局合署办公。2002年4月，市旅游局开展全市旅游资源调查，并在第十届中国国内旅游交易会上，推出以“传承邮驿文明、饱览水乡风光”为特色的高邮景点风貌旅游项目。2003年，市政府印发《关于2003年高邮市旅游业工作的意见》，并先后成立市旅游服务中心、市旅游协会和开通市旅游网站。2005年，市旅游业发展委员会成立，由市长兼任主任，并制定和实施促进旅游业发展的多项激励措施。是年，全市共有旅行社5家，修复开放旅游景区和重点景点15处，接待市内外游客60万人，实现旅游经济收入5000万元。

第一节 旅游资源

高邮地处苏北里下河水乡平原，有7000多年的人类生息史、2200多年的邮驿史、2100多年的设县史。自然生态景观、名胜古迹和历史名人遗迹众多。1995年12月，高邮市被省政府公布为首批省历史文化名城。至2005年，全市对游客开放的主要旅游景区和重点独立景点15处。其中，景区7处、独立景点4处、度假村3处、风光带1处；全面对游客开放9处、部分开放3处、正在建设中3处。详见第二十八篇《文化　体育》第五章《文物古迹与文化遗产保护》第一节《古遗址　古遗存》（第1039页）。

一、龙虬庄遗址景区

位于龙虬镇，占地2公顷。设有龙虬文化展览厅、龙虬庄遗址游览区、新石器时代时空隧道长廊、龙虬庄部落村、龙虬庄先民公共墓地等。1993年，龙虬庄遗址被列为全国十大考古新发现之一。1995年、2001年，该遗址先后被省政府公布为省文物保护单位、被国务院公布为第五批全国重点文物保护单位。2002年12月，龙虬庄遗址景区第一期工程动工，2004年5月，对外开放。至2005年，市政府和龙虬镇政府利用龙虬庄遗存古文化资源，逐步建成集观光，购物、餐饮、休闲等服务一条龙的新型旅游景区。

二、神居山汉文化景区

位于天山镇神居山一带。主要景点有汉广陵王刘胥及王后墓穴、东晋宰相谢安和南齐亘公修道炼丹遗址、古悟空寺、帝尧文化区、神居山风景区等。1982年，经省政府决定，规模宏大的“黄肠题凑”汉墓整体迁移至扬州市北郊唐城遗址，建成汉墓博物馆，并被公布为省文物保护单位。2005年7月，市政府和天山镇政府通过招商引资，由香港传媒资讯集团有限公司、上海志得广告公司、上海申凌实业有限公司、上海凯日经济发展有限公司、上海龙事龙珠宝有限公司等共同组建成扬州天山汉文化旅游开发有限公司，开始对神居山旅游项目进行综合开发，分期实施神居山汉文化景区建设。

三、镇国寺景区

位于京杭大运河高邮城区段西南河心岛，东与城区隔河相望，西近高邮湖，占地7400平方米。主要景点有唐镇国寺塔（高邮西塔）、复建后的镇国寺、西塔岛风光、运河风光、高邮湖风光等。1982年，镇国寺塔被省政府公布为省文物保护单位。1993年，市政府对镇国寺塔进行保护性修缮。2001～2005年，市政府通过筹资和募捐，实施镇国寺景区建设工程。该景区自开放后，游客络绎不绝，香火兴旺不断，有“运河明珠”之誉。

四、文游台景区

位于城区东北隅、文游北路东侧。主要景点有宋文游台、盍簪堂、四贤祠、秦观读书台、秦邮石刻、秦邮碑帖、映翠园、重光亭和高邮博物馆展区、名人园等。1991起，市政府对该景区进行规划修建。1995年，文游台被省政府公布为省文物保护单位。至2005年，此地形成一座集历史景观、名人遗踪、古典园林于一体的风景名胜区，并被收入《全国名胜大词典》。

五、盂城驿景区

位于城区南门大街馆驿巷一带，占地1.6公顷。主要景点有明盂城驿、明清南门大街和马饮塘、秦邮碑亭、秦邮公馆、皇华厅、驿丞宅、驻节堂、鼓楼、马神庙等古遗存与邮驿博物馆等建筑。1993年11月，市政府实施盂城驿修复工程。1995年8月，开始对游客开放。1996年11月，盂城驿被国务院公布为第四批全国重点文物保护单位。2001年、2003年，盂城驿先后被列为省邮政系统爱国主义教育基地、全国邮政系统爱国主义教育基地。至2005年，该景区被列为扬州市重点推介和接待旅游单位。

六、蝶园风景区

位于城区长生路南侧、蝶园路东侧，占地11.6公顷。主要景点有宋城墙、明奎楼、蝶池、蝶园市民广场等。2002年10月，宋城墙、明奎楼被省政府公布为省文物保护单位。是年5月，该景区及广场由市政府通过招商引资兴建。至2005年，全市多项群众性大型活动在该景区举办，游人、游客终年不断。

七、净土寺塔景区

位于城区东南、文游中路西侧。主要景点有明净土寺塔（高邮东塔）、净土寺塔市民广场等。2005年，市政府实施净土寺塔修复及景区、广场建设工程，建成净土寺塔景区及市民广场。

八、马棚东湖度假村

位于城区北郊马棚镇、京杭大运河东侧，占地250公顷。1998年11月，由马棚乡政府和私营企业主共同投资300万元，实施第一期工程建设，建成野鸭放飞景区、休闲度假区、湖上浏览区。1999年，投入450万元，实施第二期工程建设，建成水上森林、水上廊桥、水上舞台、水上垂钓、水林村落、森林迷宫、鸽子广场、勇敢者乐园、乡村俱乐部、龙船游览、快艇冲浪等旅游项目。村民陆高中父子表演的成群野鸭放飞节目，被游客盛赞为“中华奇观”，堪称一绝。2005年，马棚东湖度假村被省旅游协会列为全省20个精选生态旅游景点之一。

图15-6 马棚东湖度假村野鸭放飞

九、临泽生态度假村

位于临泽镇洋汊、东沟、董潭村。2005年，由临泽镇政府牵头，在上述三村兴建农业生态旅游度假村。其中，东沟村度假村项目通过招商引资，由上海中联国际贸易有限公司投资3000万元兴建；董潭村度假村项目列入全市规划，投入实施。洋汊村度假村项目，占地33.33公顷。东沟村度假村设有果园，占地6.67公顷，种植有省农业科学院培育的优良品种桃、李、梨、枣树和草莓等；葡萄园，占地6.67公顷，引种上海市农业科学院培植的欧美、亚洲系列葡萄奥古斯特、黄意大利、矢富罗莎、巨玫瑰等优良品种；园内有自然放养的土鸡、鹅、鸭和各种野味，有生态化养殖的鱼、虾、蟹等；建有仿明清古建筑标准客房51间，可容纳400人的餐厅1幢、茶楼1座、理疗房1幢。至是年末，该度假村建成一座以现代生态农业和旅游业紧密结合的农家度假村。

十、八桥渌洋湖度假村

位于八桥镇张余村、渌洋湖畔。2005年5月，由八桥镇政府牵头，出资3000万元，启动度假村景观标志性建筑——唐万寿寺复建工程。是年10月，该工程开工建设。

十一、高邮湖界首万亩芦苇荡与运河东西堤旅游风光带

高邮湖界首芦苇荡位于界首镇西北隅、高邮湖东部、京杭大运河西侧，面积1000公顷。荡内河道纵横交错，形成“一里横塘、二里纵浦”的稠密水网。春夏之交，苇叶青青，碧波万顷；盛夏，满塘荷花满湖菱，苇叶沙沙、清香四溢；重阳时节，鱼肥蟹壮，数百渔船往来穿梭；深秋时节，芦花飘白，云海茫茫，素有“水乡泽国”之称。至2005年，由界首镇政府牵头兴建的高邮湖界首芦苇荡农家乐生态旅游区和风光带对外开放，并进行改建和扩建；高邮运河东、西堤旅游风光带在规划筹建中。

第二节 旅游规划与开发

一、规划编制

1986年，城区规划将发展旅游事业列为一项重要内容，并明确近期以游览景点为主，远期开辟水上和陆上两条旅游线路。1992年，市政府聘请专家制定旅游风景区资源开发规划。至1999年，全市共投资450万元，实施和完善旅游景点设施建设。2001年，全市先后制定《龙虬庄遗址保护利用总体规

划》《运河东堤风光带建设规划》《高邮湖旅游风景区开发规划》《运河西堤旅游度假区总体规划》《盂城驿第二期修复工程规划》《东湖农林生态旅游度假景区"东延西扩"建设工程项目规划》等一批专项规划。是年，市委、市政府召开全市旅游业发展问题研讨会。2002年4月，市政府第73次常务会议专题研究旅游业发展工作，提出加快旅游业发展若干措施，并委托东南大学编制《高邮市旅游发展总体规划》，与省、扬州市旅游规划衔接，融入省、扬州市大旅游圈。5月，市旅游局组织开展旅游资源调查。6月，《高邮湖风景名胜区资源调查评价报告》通过扬州市环境保护局评审。2003年2月，市政府制定全市旅游业工作意见。是年，建立市旅游服务中心和市旅游协会，加强全市旅游行业管理。11月，市政府印发《高邮市旅游发展总体规划》。2005年，市委、市政府将"做大旅游产业"列为政府重点工作事项之一，设立由市长任主任的市旅游业发展委员会，制定年度旅游业发展工作意见。市规划、旅游、文化、城建、环保等相关部门共同编制景区、景点建设项目规划。是年，列入和实施的旅游景点项目共14项。其中，规划启动项目2项，即东方邮都、扬州神居山汉文化景区；开工实施项目6项，即古运河高邮西堤旅游风光带、镇国寺第二期工程、东塔景区、八桥渌洋湖度假村、临泽董潭度假村、菱塘民族宗教风情游；包装招商项目6项，即盂城驿、文游台广场、当铺、龙虬庄遗址、东湖度假村、芦苇场改建扩建等。

二、旅游线路开发

1986～2000年，市内旅游基本是单个景区或景点游览，未形成旅游线路。2001年，初步形成古、文、邮、水为特色的几条旅游专线。2002年，市政府提出设计精品旅游路线要求。2003年，市旅游局首次推出"邮之旅二日游"经典旅游线路。即第一天，以游名胜古迹为主，路线为：文游台景区—蝶园景区—明清南门古街—明盂城驿—镇国寺景区；晚上宿星级宾馆，品尝全鸭席、全鱼席，在旅游一条街沐浴、歌舞、休闲等。第二天，以览特色风景为主，路线为：游明清名将吴三桂故里——东湖生态度假村（观野鸭放飞，坐龙船游赏"小九寨沟"，住森林木屋享浪漫风情，亦有垂钓、采菱等娱乐项目）—登"珠湖公主号"游轮畅游高邮湖（赏十里西堤、百里湖光、千里运河、万种风情的世界悬湖、悬河、古运河，可在湖上泛舟、捕鱼捉鳖，做渔家人，听渔家歌，享渔家乐）—观湖底大草原和万顷芦苇荡（高邮籍作家汪曾祺笔下《沙家浜》的原景，风光秀丽，景色迷人）—红太阳集团（参观高邮鸭种鸭饲养、鸭蛋加工，参与双黄蛋照蛋分拣，购双黄鸭蛋）；早上可品尝特色早点阳春面、蟹黄包、界首茶干等。2004年，菱塘回族乡民族风情游景点经整合开放，列为"高邮二日游"景点。至2005年，随着旅游景区和景点不断开发运营和日臻完善，"邮之旅二日游"旅游线路不断得到丰富和拓展。

三、旅游招商

2002年1月和2003年1月，市政府先后两次组团在上海举办旅游招商推介洽谈会。2003年4月，市发展计划局、市旅游局、市三产办等部门赴浙江省温州市、杭州市开展旅游招商活动，签订部分投资开发协议。上海锦江集团投资近100万元的水上游览设施"珠湖公主号"游轮落户高邮湖。该游轮共150个座位，装潢豪华，设施齐全，为全市首个落实的旅游业招商项目。10月，市工业总公司、市旅游局在杭州举办旅游商机说明会，洽谈一批旅游资源合作项目。2004～2005年，市旅游局、市文化局、市发展计划局、市三产办等部门负责人分别赴上海、杭州、温州、镇江、溧阳等地推介和跟踪落实旅游招商项目。至2005年，实施合作、合资和投资的重点旅游业项目有：浙江杭州中

图15-7 2005年7月，扬州神居山旅游综合开发项目签约仪式

惠公司投资1亿元的高邮运河西堤旅游休闲生态园开发项目签约并实施，扬州欧亚置业发展有限公司与市城市建设投资公司共同投资建设涉外酒店华侨国际大酒店项目签约（协议投资500万美元）并实施，上海市浦东旅游协会与市旅游协会签订互游协议，扬州天山汉文化旅游开发有限公司投资新建的扬州神居山旅游综合开发项目签约等。2005年4月，高邮首次接待国外规模游客团队。其中，德国20多名游客，乘坐“珠湖公主号”游轮，饱览运河风光，并登上河心岛，游览运河沿线。日本诗吟学院岳风会50多人到古文游台瞻仰秦少游塑像，并到少游故里——三垛镇武宁村游览。是年，全市共接待游客60万人次，实现旅游经济收入5000万元。其中，“五一”和“十一”黄金周期间，全市分别接待游客15.33万人次和16.98万人次，实现旅游收入分别为850万元和526万元。

第三节 旅游服务

一、市旅游协会

2003年6月，该协会成立。协会成员有市三湖蛋品有限公司、市邮驿旅行社有限公司、水世界休闲城、龙虬镇政府、市香格里拉大酒店、市秦邮蛋品厂、送桥商务中心、界首镇政府、川泓大酒店、市道路客运有限公司、市走四方旅行社有限公司、市邮政旅行社、东湖生态旅游风景区、城市花园咖啡店、秦谷大厦、市红太阳食品有限公司蝶园广场分公司、美高美餐饮娱乐有限公司、南国雨季足疗保健中心、鸿福记酒楼、金雀园大酒店、骏嘉生活会馆有限公司、乐天咖啡厅、农林大酒店、东方明珠酒店、秦园宾馆、茉莉花大酒店、市红太阳食品有限公司南海门市部、高邮鸭业园区、西苑宾馆、弘升大酒店等40多家单位。

二、旅行社

1998年8月，全市第一家旅行社——邮驿旅行社成立。至2005年末，全市运营正常的旅行社有5家，即市邮驿旅行社有限公司、市喜福来旅行社有限公司、市走四方旅行社有限公司、市邮政旅行社、市中原旅行社。

三、宾馆、商场

至2005年末，城区具有一定规模与接待条件的宾馆8家，即润扬邨假日酒店（创准四星级）、香格里拉大酒店（三星级）、北海假日酒店（创三星级）、夏威夷休闲俱乐部（创三星级）、西苑宾馆（创二星级）、富豪大酒店、顺泰大酒店、庆宇宾馆；规模较大的商场6家，即市人民商城、阳光超市、春天百货广场、高邮农工商超市有限公司、上海联华超市高邮加盟店、华润苏果超市。

第十六篇

金融

要 目

1986年，县内设有金融行业管理机构1个、银行业金融机构3个、非银行业金融机构2个、保险业机构1个。80年代后期起，乡镇金融服务社、农村合作基金会、城市信用社、信托投资公司、典当行等新兴的金融机构陆续出现，邮政储蓄网点迅速遍布全县农村。90年代，为防范金融风险，市内部分经营管理不善、不良贷款率高、金融风险大的地方集体办和民办金融机构经过清理整顿，分别撤、并、转、退。同时，保险业分支机构落户市内。进入21世纪，商业银行逐步实行股份制改制，证券业机构和寄卖行先后设立。至2005年末，全市设有金融业管理机构2个、银行业金融机构5个、非银行业金融机构2个、保险业机构17个、证券业机构1个、寄卖行3家。其经营的业务品种和业务量呈快速增长之势。

第一章　金融机构

1986年，县内设有国有银行业机构4个、地方信用合作机构1个、邮政储蓄机构1个、国有保险业机构1个（均不含下属机构和网点）。随着改革开放的推进和社会主义市场经济的发展，陆续开办信托投资机构1个、城市信用合作机构3个、农村合作基金会34个（含乡镇金融服务社4个）、民间典当行1家、证券业机构1个、寄卖行3家。同时，银行业机构和保险业机构分别增加2个、16个（含分支机构）。由于地方和民间兴办的集体金融机构遭遇金融风险的问题逐步显现，通过清理整顿，分别采取撤、并等措施，有效控制金融风险的发生。

2005年，全市共有各类金融、保险机构30个（不含网点）。其中，人民银行支行、国家政策性银行支行、中国银行业监督管理委员会办事处各1个，国有商业银行支行4个、法人农村信用合作联社1家、邮储机构1个（不含网点），国有保险公司支公司2家、其他商业保险分支机构15个，证券机构1个，寄卖行3家。

第一节　中国人民银行高邮市支行（国家外汇管理局高邮市支局）

1986年12月，中国人民银行高邮县支行（简称人行高邮县支行）、中国工商银行高邮县支行（简称工行高邮县支行）实行分设。人行高邮县支行下设办公室、计划信贷股、金融管理股、会计发行股。1992年3月，增设稽核科、外汇管理科，会计发行科分设为会计国库科、发行保卫科。6月，设立监察室。11月，国家外汇管理局高邮市支局建立，与人行高邮市支行合署办公，实行两块牌子、一套班子。1997年9月，增设农村合作金融管理科、货币金银科，计划信贷科更名为货币信贷统计科。2000年2月，人行高邮市支行调整内设机构，撤销稽核科、货币信贷统计科、金融管理科，设立综合管理股，会计国库科、农村信用合作管理科、货币金银科、发行保卫科、外汇管理科分别更名为会计国库股、合作金融机构监管股、货币发行股、保卫股、外汇管理股，保留办公室、监察室。2003年12月，人行高邮市支行将原承担相关金融监管职能划归新成立的中国银行业监督管理委员会扬州监管分局高邮监管组（简称扬州银监分局高邮监管组）。2004年6月，人行高邮市支行内设机构调整为4个职能股室，即办公室、货币信贷与统计股、国库会计股、外汇管理股。同时，撤销监察室、综合管理股、合作金融机构监督管理股、货币发行股和保卫股。

第二节　中国银行业监督管理委员会扬州监管分局高邮办事处

2003年12月，扬州银监分局高邮监管组建立。2004年5月，更名为中国银行业监督管理委员会扬州监管分局高邮办事处（简称高邮银监办），正科级建制，为事业单位。该办事处成立后至2005年末，按照中国银行业监督管理委员会提出的“管法人、管风险、管内控，提高透明度”的监管理念，先后开展对金融机构的行政监管、业务现场和非现场的监管、金融案件的专项治理、民间融资的监测等项工作。

第三节　银行业金融机构

80年代，县内有银行业金融机构4个。90年代，新增国有银行业金融机构1个。进入21世纪，3家国有商业银行先后改制为股份制银行。至2005年，全市共有银行业金融机构5个，其中国家政策性金融机构1个、国有商业性金融机构1个、股份制商业金融机构3个；营业网点38个，其中营业部5个、经营性支行1个、分理处31个、储蓄所1个。

一、中国农业发展银行高邮市支行

1996年11月，中国农业发展银行高邮市支行（简称农发行高邮市支行）建立。该支行为国家政策性银行，在行政管理上接受中国农业发展银行扬州市分行领导，在业务上接受人行高邮市支行和高邮银监办的指导和监督。其职责为：承担国家规定的农业政策性和经批准开办的涉农商业性金融业务，代理财政性支农资金拨付，为市内农业经济发展服务。内设办公室、信贷业务部、会计结算部。

二、中国工商银行股份有限公司高邮支行

1985年1月，工行高邮县支行成立，与人行高邮县支行实行一套班子、两套服务，下设营业部1个、分理处8个。1986年12月，工行高邮县支行与人行高邮县支行实行分设。其业务范围为主要经营人民币存贷款业务、结算业务，兼营代理业务。2005年，中国工商银行改制，该支行更名为中国工商银行股份有限公司高邮支行（简称工行高邮支行）。是年末，该支行内设机构4个，下辖营业网点6个，全支行从业人员128人。

三、中国农业银行高邮市支行

1980年6月，中国农业银行高邮县支行（简称农行高邮县支行）恢复建立。其职责主要是为农业、农民和农村经济发展提供存款、贷款、结算、贴现等金融业务，并负责领导和管理农村信用合作社。1986年末，该支行设有营业部1个、营业所32个。1995年，该支行与市农村信用合作社联合社分设，内设机构经过调整，设科室8个、直属单位6个、分理处15个、储蓄所5个。1996年，被中国农业银行省分行评为A级行，被中国农业银行批

图16-1　农行高邮市支行营业办公大楼

准为信用卡一级发卡行，并完成与农发行高邮市支行的划分工作。1998年，中国农业银行扬州市分行驻农行高邮市支行稽核办公室设立，该支行被中国农业银行表彰为安全保卫工作先进单位。2000年，通过机构改革，撤并科室4个、分理处6个、储蓄所4个，增设机关服务中心。2001年，该支行营业部被团中央金融工委、中国农业银行授予“青年文明号”称号。2002年，增设资产经营部。2004年，对辖区内的基层营业机构全面实行会计主管委派制。2005年，该支行内设管理科室5个、直属单位2个、营业部1个、分理处17个。

四、中国建设银行股份有限公司高邮支行

1983年11月，中国建设银行高邮县支行（简称建行高邮县支行）成立，最初主要职能为对财政拨款进行监督。1984年，开办基本建设财政拨款和结算业务。1986年，开办现金结算和债券发行业务。1987年，设蝶园路储蓄所，开始发展储蓄业务。1996年，该支行将代理财政职能归还财政部门后，全面开展银行各项业务。2004年，中国建设银行改制，该支行更名为中国建设银行股份有限公司高邮支行（简称建行高邮支行）。至2005年，该支行内设综合管理部、业务管理部、业务经营部、营业部，下设分理处4个、储蓄所1个。

图16-2　建行高邮市支行营业办公大楼

五、中国银行股份有限公司高邮支行

图16-3　中行高邮支行营业大厅

1988年12月，中国银行高邮支行（简称中行高邮支行）成立。1989～1994年，相继设立第一、第二、第三储蓄所、奎楼储蓄所和环城、临泽分理处。2004年，中国银行改制，该支行更名为中国银行股份有限公司高邮支行（简称中行高邮支行）。至2005年，该支行内设综合管理部、业务管理部、业务发展部、营业部，下设经营性支行1个（蝶园支行）、分理处5个。

第四节　非银行业金融机构

80～90年代，县内非银行业金融机构陆续设立。先后设农村信用合作社联合社1家、信托投资机构1个、城市信用合作社3家、农村合作基金会30个（市农村合作基金联合会1个、乡镇农村合作基金会29个）、乡镇金融服务社4家、邮政储蓄网点34个、民间典当行1家。至2005年，随着国家对非银行业金融机构的清理和整顿，除保留农村信用合作社联合社和邮政储蓄网点外，2家城市信用合作社和11个乡镇农村合作基金会并入市农村信用合作社联合社，其余非银行业金融机构分别被解散和撤销，退出金融市场。

一、市农村信用合作联社

1984年，县农村信用合作社联合社成立，下设基层信用合作社29家、村信用站127个，归口农行高邮县支行领导和管理，基层信用合作社与农行高邮县支行营业所合署办公、分开营业。1995年，市农村信用合作社联合社与农行高邮市支行脱钩，独立履行职能。2000年10月，完成以“一级法人、统一

核算”为主要内容的改革，注册为市农村信用合作社联合社，并召开首届社员代表大会。2000年、2001年，由人行高邮市支行创办的银联城市信用社和由建行高邮市支行创办的珠湖城市信用社，先后并入市农村信用合作社联合社，分别更名为市银联农村信用社、市珠湖农村信用社。2004年，该联社按照全国农村信用合作社改革要求，进行股权清理，召开第二届社员代表大会，并更名为市农村信用合作联社。2005年，该社内设机构8个，下设营业部1个、农村信用社35家、信用分社4家、储蓄所1个。

图16-4　市农村信用合作联社营业办公楼

二、市信托投资公司

1988年7月，县信托投资公司在兴化县信托投资公司兴邮代理处的基础上挂牌成立。是年10月，该公司全面清理整顿。1991年，高邮市信托投资公司以500万元资本金并入扬州市信托投资公司，更名为扬州市信托投资公司高邮办事处。1998年7月，该办事处经改制后改建为市信业农村信用合作社，划归市农村信用合作社联合社管理。2003年，该社由于不良贷款增加、金融风险加大退出金融市场。

三、兴邮城市信用合作社

1987年8月，兴邮城市信用合作社由县财政局创办，该社下设储蓄所1个。2003年6月，该社由于不良贷款率偏高、风险加大，通过召开社员大会和向人民银行提出申请，自行清盘解散，退出金融市场。是年11月，市农村信用合作社联合社以现金1000万元收购该社房产和原市信托投资公司房产，接收存款698.4万元，并等额接收贷款资产698.4万元，接收人员12人。

四、珠湖城市信用合作社

1988年，珠湖城市信用合作社由建行高邮县支行创办。1997年10月，该社归口市农村信用合作社联合社管理。2001年8月，该社并入市农村信用合作社联合社，成为其所属的营业机构之一，翻牌更名为市珠湖农村信用合作社。归并时，该社总资产3030.62万元，其中贷款资产1862.2万元、固定资产133.42万元；总负债2780.2万元，其中各项存款1929.52万元。建行高邮市支行一次性给予市农村信用合作社联合社补偿现金685万元。同时，市农村信用合作社联合社接收原合作社人员14人。

五、银联城市信用合作社

1994年，银联城市信用合作社由人行高邮市支行创办。1997年，该社归口市农村信用合作社联合社管理。2000年12月，该社并入市农村信用合作社联合社，翻牌更名为市银联农村信用合作社。归并时，该社总资产1873.93万元，其中贷款资产1242.45万元、固定资产52.74万元；总负债1752.34万元，其中各项存款1406.45万元。同时，市农村信用合作社联合社接收原合作社人员10人。

六、市农村合作基金联合会和农村金融服务社

详见第九篇《经济体制改革和经济发展》第一章《农村改革》第四节《农村综合改革》中《农村融资制度改革》条目（第309页）。

七、邮政储蓄网点

1986年11月，县邮电局在城区中山路邮电支局恢复开办邮政储蓄业务。该支局是全县邮电系统

首个恢复开办邮政储蓄业务的网点。1988年，邮政储蓄网点逐步向农村拓展，先后在三垛、界首、送桥、八桥、车逻、汤庄、周巷、川青等8个农村邮电支局（所）开设邮政储蓄网点。1989年，先后在沙堰、天山、汉留、临泽、东墩、甸垛、甘垛、二沟、一沟、周山、菱塘、司徒、卸甲、马棚、横泾、伯勤、平胜、龙奔、营南、武宁、张轩、郭集、湖滨等23个农村邮电支局（所）开设邮政储蓄网点。1991年10月、1994年8月，先后在城区海潮路邮电支局、农村武安邮电所开设邮政储蓄网点。至2005年，全市开设邮政储蓄网点34个。

八、典当行

1997年2月，由市住房制度改革领导小组办公室发起，由自然人注册登记，成立市内首家典当行——市信聚典当行。是年12月，该典当行撤销。

第五节　保险、证券及其他机构

1986～1995年，市内保险机构仅有中国人民保险公司高邮支公司1家。1996年起，保险业迅速发展，除中国人民保险公司高邮支公司分设为两家保险公司外，先后有15家各级保险公司在市内设立分支机构。进入21世纪，证券业机构和寄卖行陆续建立。至2005年，市内设有保险机构17个、证券机构1个、寄卖行3家。

一、中国人民财产保险股份有限公司高邮支公司

1982年5月，人行高邮县支行设立保险股，对外称中国人民保险公司高邮县支公司。1984年5月，成立中国人民保险公司高邮县支公司。1996年5月，实行财险、寿险分业经营，该支公司一分为二，分别成立中国人民财产保险有限公司高邮市支公司和中国人民人寿保险有限公司高邮市支公司。2003年9月，中国人民财产保险有限公司高邮市支公司随中国财产保险有限公司改制重组，更名为中国人民财产保险股份有限公司高邮支公司。该支公司设有办公室、会计部、业务部、防灾理赔部和天山、汉留、三垛等3个办事处。

二、中国人寿保险股份有限公司高邮支公司

1996年5月，中国人民人寿保险有限公司高邮市支公司从中国人民保险公司高邮支公司分出，独立组建。1999年，更名为中国人寿保险公司高邮市支公司。2003年8月，随中国人寿保险公司股份制改造，更名为中国人寿保险股份有限公司高邮支公司。该支公司设有办公室、业务部、营销部和天山、三垛、汉留等3个办事处，各乡镇共设29个农村保险服务所。

图16-5　人寿保险公司高邮市支公司营业办公大楼

三、其他保险机构

1996年，中国平安财产保险股份有限公司、中国平安人寿保险股份有限公司分别派分支机构进驻高邮开展业务。此后，先后有中国太平洋财产保险股份有限公司、中国太平洋人寿保险股份有限公司、中国大地财产保险股份有限公司、大众财产保险股份有限公司、天安保险股份有限公司等13家保险公司分支机构进驻高邮开展业务。至2005年，全市共有其他保险公司分支机构15个，其中财产险分支机构8个、人寿险分支机构7个。

1996～2005年高邮市其他保险机构一览表

表16-1

设立年份	机构名称	主营业务
1996	中国平安财产保险股份有限公司高邮营销服务部	财产险
1996	中国平安人寿保险股份有限公司高邮营销服务部	人身险
2001	中国太平洋财产保险股份有限公司高邮营销服务部	财产险
2001	中国太平洋人寿保险股份有限公司高邮营销服务部	人身险
2002	天安保险股份有限公司高邮营销服务部	财产险
2002	新华人寿保险股份有限公司高邮营销服务部	人身险
2002	泰康人寿保险股份有限公司高邮支公司	人身险
2003	大众财产保险股份有限公司高邮营销服务部	财产险
2004	中华联合财产保险股份有限公司高邮营销服务部	财产险
2004	中国大地财产保险股份有限公司高邮营销服务部	财产险
2004	太平人寿保险股份有限公司高邮营销服务部	人身险
2004	民生人寿保险股份有限公司高邮营销服务部	人身险
2005	安邦财产保险股份有限公司高邮营销服务部	财产险
2005	生命人寿保险股份有限公司高邮营销服务部	人身险
2005	阳光财产保险股份有限公司高邮营销服务部	财产险

四、华泰证券有限责任公司高邮证券营业部

2003年，华泰证券有限责任公司高邮证券营业部设立。2005年，该部正常开展经批准设立的业务。

五、寄卖行

2004年、2005年，市内先后设有宝隆寄卖行、华隆寄卖行、吉隆寄卖行等3家寄卖行。

第二章 金融业务

80年代，人行高邮县支行主要承担为各商业金融机构服务的相关金融业务。各商业金融机构面向社会，承担为全县企事业单位、广大市民和其他社会团体等服务的大量金融业务。进入90年代，为适应改革开放和经济发展要求，银行业金融机构业务除市内吸储、放贷等以外，逐步拓展国际金融业务、代理业务、银行卡和票据业务等。至2005年末，全市银行业开办的业务共85种，货币流通总量92亿元，是1986年的1.7倍、6.05倍；保险业开办的业务共78种，保费收入总额5.09亿元，是1986年的1.73倍、6.13倍。

第一节 中国人民银行高邮市支行业务

1986年，人行高邮县支行和工行高邮县支行分设后，人行高邮县支行主要承担监督银行业金融机构缴存存款准备金、执行中国人民银行规定的基准利率、为新办银行业金融机构开立账户和为银行业

金融机构之间的清算提供服务等业务。进入90年代，随着金融体制改革发展，人行高邮市支行逐步增加为银行业金融机构办理再贴现、向商业银行提供贷款、经理国库和为改制、停办金融机构提供清算服务等业务。至2005年，该支行主要业务包括围绕贯彻执行货币政策、运用货币政策工具，为银行业金融机构提供服务，为政府部门和其他机构提供服务等三方面所开展的相关业务。

一、存款准备金缴存

1986年，县内所有银行业金融机构的一般性存款按比例向人行高邮县支行缴存存款准备金，财政性存款按百分之百缴存存款准备金，并建立超额准备金账户。是年，金融机构、财政缴存存款准备金分别为1479.44万元、113.15万元。1988年，存款准备金率为13%，金融机构、财政缴存存款准备金分别为2420.34万元、354万元。1999年，按照存款准备金制度改革要求，合并法定准备金与超额准备金账户，存款准备金率调低为8%，同时按法人金融机构考核、监督存款准备金缴存情况。是年，金融机构、财政缴存存款准备金分别为2.18亿元、469.30万元。2003～2005年，全市仅有市农村信用合作联社为一级法人金融机构，在人行高邮市支行缴存一般性存款准备金，存款准备金率先后调整为7%、7.5%。

二、执行基准利率

1986年起，按照中国人民银行规定，县内银行业金融机构存贷款利率调整频率加快。1989年，一年期整存整取储蓄存款利率由1986年的7.2%调整到11.34%，一年期一般流动资金贷款年利率由1986年的6.6%调整到12.26%，均创历史最高。1998年，存贷款利率进行3次调整，为历史存贷款利率调整频率最快年份。2004年10月29日起，银行业金融机构存贷款利率浮动区间有所放宽。其中，存款利率允许下浮，其下限为零。贷款利率除城乡信用社外不再设定上限，城市信用社和农村信用社贷款利率仍实行上限管理，最大上浮系数为贷款基准利率的2.3倍。1986～2005年，金融机构共调整存款利率16次，调整贷款利率18次。2005年末，市内金融机构一年期整存整取储蓄存款年利率为2.25%，一年期一般流动资金贷款年利率为5.58%。

三、再贴现业务

1997年起，人行高邮市支行为市内银行业金融机构办理再贴现业务。是年，办理再贴现金额1.2亿元，1998～2001年，每年办理再贴现业务分别为1.4亿元、1.6亿元、1.7亿元、1.6亿元。2002年，因人民银行再贴现率提高，各银行业金融机构向人行高邮市支行办理再贴现业务的意愿明显减弱。2004年起，该项业务上收至人行扬州市中心支行。

四、向商业银行提供贷款

1986～1991年，在执行国家宏观紧缩政策的前提下，为缓解资金供求矛盾，保证全县信贷规模实现，人行高邮县支行向各商业银行和其他金融机构共发放贷款1.5亿元。1992年，为增强人行高邮市支行再贷款和专项贷款的调剂能力，累收再贷款2.17亿元，累放再贷款3.71亿元。1993年，累放再贷款7.33亿元，为历年累放再贷款最高额。此后逐年下降，1999年仅3000万元。2001年起，向市农村信用合作联合社增放支农贷款。是年，向市农村信用合作社联合社发放支农贷款1.62亿元，其中支农再贷款1.49亿元、无息贷款1300万元。2004年，人行高邮市支行仅向市农村信用合作联社发放支农再贷款7000万元。2005年，停止向商业银行提供贷款业务。

五、为银行业金融机构开立账户

1989年，人行高邮县支行先后为工行高邮县支行、农行高邮县支行、中行高邮支行、建行高邮县支行、县邮电局、县信托投资公司、县兴邮城市信用社、县珠湖城市信用社等8家金融机构，开立存、贷款账户，缴存一般性存款账户和财政性存款账户。1993年，新设的市银联城市信用社在人行高邮市支行开立账户。1995年，市农村信用合作社联合社与农行高邮市支行脱钩，实行独立核算，在人行高邮市支行开立账户。1996年，农发行高邮市支行成立，并在人行高邮市支行开立账户。1997年，市信托投资公司撤销，账户随之被撤销。2000年、2001年，银联、珠湖两家城市信用社先后并入市农村信用合作社联合社，账户亦随之被撤销。2005年，市兴邮城市信用社因自行解散而被撤销账户。是年，在人行高邮市支行开立账户的金融机构共7家，即农发行高邮市支行、工行高邮支行、农行高邮市支行、中行高邮支行、建行高邮支行、市农村信用合作联社、市邮政局。

六、提供结算与清算服务

1986年起，人行高邮县支行运用汇票、支票（现金支票、转账支票）等工具，通过汇兑（信汇、电汇）、委托收款等方式，利用手工联行办法，为各支行办理全国联网结算业务。1994年，人行高邮市支行建立健全结算咨询和举报制度，向社会公布举报电话，开展现场取证和查处、协调等工作。1995年，开展银行账户清理工作，并建立市基本账户数据库。是年，开始收集各金融机构的月度、年度业务状况表和支付结算季度报表，并实施年度结算纪律执行情况检查。1998年，利用AS/400同城交换系统网络和“天地对接”处理系统，实现市内各金融机构电子汇兑系统与电子联行系统的连接，提高资金抵用率。1999年，开办区域联行业务。2000年，人行高邮市支行首次审核同意市内6家公用事业单位开办同城特约收款业务。2002年，区域联行业务被撤销。2004年，市农村信用合作联社清算中心加入人行高邮市支行电子联行系统，其所辖的55家信用社均通过清算中心办理转汇跨行业务。2005年，人行高邮市支行启用会计集中核算系统，市农村信用合作联社及所辖信用社全部加入大额支付系统，全市基本账户数据库拥有基本户8800户。

七、经理国库业务

1986年12月，人行高邮县支行、工行高邮县支行分设后，代理国库业务移交人行高邮县支行经理，国库业务操作以手工为主。1991年2月，实现计算机上下级国库联网，报解库款和报表编制传送均通过计算机网络处理。1994年，为适应分税制财政体制改革要求，建立与之相适应的中央金库和地方金库工作机构，并规范分税制国库会计核算手续，人行高邮市支行国库分设为中央金库和地方金库机构。1995年，为适应市国家税务局、市地方税务局分设，人行高邮市支行对税收收入实行分征收机关核算。2000年，工行高邮支行、农行高邮市支行向国库移交1982～1988年签发的国库券收款单，由国库代理兑付。2003年，国库会计核算系统（2.0版）和收支统计分析系统全面投入运行，人行高邮市支行国库建立独立的核算体系，账务自行平衡，独立产生国库会计报表。2003年1月1日起，改变国库存款“存不付息”历史，为财政存款计付利息。

第二节 中国农业发展银行高邮市支行业务

1996年11月，中国农业发展银行高邮市支行成立，接受从农行高邮市支行划转的农业政策性信贷业务，共接受各项贷款987.8万元。是年末，全行贷款总额7.15亿元。1998年3月，该支行承办的农村扶贫、农业综合开发、粮棉企业附营信贷业务划转到各有关国有商业银行，该支行集中办理粮棉油收购信贷业务。2004～2005年，该支行办理的信贷业务对象从国有粮棉油购销企业，先后扩大到各种所有制粮棉油购销企业、粮棉油产业化龙头企业和加工企业。至2005年末，该支行逐步形成以粮棉油收购信贷业务为主体，以农业产业化信贷、农业和农村中长期信贷为“两翼”的信贷业务格局。是年，该支行贷款总额4.16亿元，其中粮棉油购销贷款3.36亿元、农业产业化龙头企业和加工企业贷款3100万元、其他贷款4900万元。

1996～2005年农业发展银行高邮市支行贷款一览表

表16-2　　单位：亿元

年份	贷款总额	年份	贷款总额
1996	7.15	2001	4.77
1997	9.73	2002	2.90
1998	7.99	2003	3.41
1999	5.07	2004	3.89
2000	4.72	2005	4.16

第三节　商业银行和信用合作社业务

一、存款业务

1986年，县内各金融机构吸收各项人民币存款总额2.15亿元，其中对公存款1.42亿元、居民储蓄存款7300万元；吸收外币存款215万美元。在吸收存款总额中，农行高邮县支行1.45亿元，居各商业银行之首；其后是工行高邮县支行和建行高邮县支行，分别为6700万元、100万元；其他金融机构吸储200万元。随着全县经济的发展和居民收入水平的提高，居民储蓄存款呈快速增长之势。1990年，各金融机构吸收居民储蓄存款总额3.49亿元，是1986年的4.78倍。1994年，各金融机构吸收存款总额首次超过10亿元，达到13.38亿元。1995年，各金融机构吸收居民储蓄存款总额首次超过10亿元，达到13.13亿元。2001年，农行高邮市支行吸收存款总额在全市各金融机构中率先超过10亿元，达到10.05亿元。2005年，各金融机构吸收人民币存款总额92.03亿元，其中居民储蓄存款71.78亿元、对公存款20.25亿元；吸收外币存款707万美元。在吸收的人民币存款总额中，农行高邮市支行20.86亿元、市农村信用合作联社18.21亿元、工行高邮支行12.23亿元、建行高邮支行11.76亿元、中行高邮支行11.26亿元、其他金融机构17.71亿元。

1986～2005年高邮市金融机构各项存款情况一览表

表16-3

项目 年份	人民币存款（亿元）			外币存款（万美元）	项目 年份	人民币存款（亿元）			外币存款（万美元）
		对公存款	居民储蓄				对公存款	居民储蓄	
1986	2.15	1.42	0.73	215	1996	26.53	7.82	18.71	322
1987	2.36	1.56	0.80	237	1997	29.26	7.74	21.52	343
1988	2.61	1.72	0.89	261	1998	32.41	7.65	24.76	395
1989	3.76	2.31	1.45	269	1999	36.97	8.39	28.58	584
1990	4.77	1.28	3.49	275	2000	42.60	10.49	32.11	771
1991	6.34	1.98	4.36	281	2001	47.60	11.31	36.29	994
1992	7.59	2.40	5.19	286	2002	55.54	12.31	43.23	1028
1993	9.50	2.98	6.52	299	2003	67.57	15.98	51.59	1281
1994	13.38	4.08	9.30	301	2004	77.88	17.41	60.47	843
1995	18.86	5.73	13.13	312	2005	92.03	20.25	71.78	707

1986～2005年高邮市各商业银行和市农村信用合作联社存款情况一览表

表16-4　　单位：亿元

项目 年份	工行高邮支行	农行高邮市支行	建行高邮支行	中行高邮支行	市农村信用合作社联合社
1986	0.67	1.45	0.01	—	—
1987	0.76	1.50	0.09	—	—
1988	0.92	1.52	0.14	0.03	—
1989	1.18	2.13	0.20	0.06	—
1990	1.50	2.48	0.37	0.11	—
1991	2.00	3.28	0.56	0.19	—
1992	2.36	3.61	0.81	0.42	—
1993	2.80	4.88	1.00	0.75	—
1994	3.48	7.61	1.49	1.19	—
1995	4.62	3.67	2.17	1.63	4.81
1996	5.58	4.42	3.49	1.78	6.11
1997	6.25	5.80	3.85	2.23	6.77
1998	6.90	7.08	4.24	2.67	7.50
1999	7.60	8.70	4.93	2.92	7.85
2000	8.49	10.08	5.76	3.68	8.59
2001	8.72	10.06	6.20	4.91	9.69
2002	9.97	11.77	7.47	6.37	10.82
2003	11.62	14.39	9.18	8.59	12.44
2004	12.42	17.37	10.15	9.24	15.04
2005	12.23	20.86	11.76	11.26	18.21

说明：表中数据为各商业银行和市农村信用合作联社自报数据。

二、贷款业务

1986年，县内各金融机构发放各项人民币贷款总额2.43亿元。按贷款项目分，工业贷款规模最大，为1.21亿元；其后依次为商业贷款5200万元、农业贷款4600万元、固定资产投资贷款1400万元、个人消费贷款500万元、其他贷款500万元。按金融机构分，农行高邮县支行2.07亿元，工行高邮县支行3600万元。随着经济社会发展和居民生活消费水平提高，金融机构发放的贷款总额每年以20%以上的速度增长。1992年，全市金融机构放贷总额首次突破10亿元，达到10.06亿元。1994年，突破20亿元，达到20.24亿元。2004年，突破30亿元，达到30.23亿元。其中，各年度工业贷款额度一直位居首位，持续占贷款总额的一半左右；各年度农业贷款、商业贷款额度相当，各占贷款总额的20%左右。2005年，全市各金融机构发放贷款总额29.56亿元。按贷款项目分，工业贷款14.78亿元，农业贷款、商业贷款均为5.91亿元，固定资产投资贷款1.48亿元，个人消费贷款8900万元，其他贷款5900万元；按金融机构分，工行高邮支行1.83亿元、农行高邮市支行5.53亿元、建行高邮支行2.92亿元、中行高邮支行2.71亿元、市农村信用合作联社12.35亿元、其他金融机构4.22亿元。

1986～2005年高邮市金融机构各项贷款情况一览表

表16-5　　单位：亿元

年份＼项目	贷款总额	工业贷款	商业贷款	农业贷款	固定资产投资贷款	个人消费贷款	其他贷款
1986	2.43	1.21	0.52	0.46	0.14	0.05	0.05
1987	2.86	1.32	0.71	0.55	0.15	0.08	0.05
1988	4.93	2.47	0.98	0.99	0.25	0.15	0.09
1989	5.84	2.92	1.16	1.17	0.29	0.18	0.12
1990	6.95	3.48	1.38	1.39	0.35	0.21	0.14
1991	8.45	4.23	1.69	1.69	0.42	0.25	0.17
1992	10.06	5.03	2.01	2.02	0.50	0.30	0.20
1993	14.93	7.47	2.98	2.99	0.75	0.45	0.29
1994	20.24	10.12	4.05	4.05	1.01	0.61	0.40
1995	24.57	12.29	4.91	4.91	1.23	0.74	0.49
1996	28.04	14.02	5.61	5.61	1.40	0.84	0.56
1997	28.34	14.17	5.66	5.67	1.42	0.85	0.57
1998	27.38	13.69	5.47	5.48	1.37	0.82	0.55
1999	28.34	14.17	5.66	5.67	1.42	0.85	0.57
2000	27.38	13.69	5.48	5.48	1.37	0.82	0.54
2001	27.46	13.73	5.49	5.50	1.37	0.82	0.55
2002	27.49	13.74	5.49	5.51	1.38	0.82	0.55
2003	26.86	13.43	5.37	5.37	1.34	0.81	0.54
2004	30.23	15.12	6.04	6.05	1.51	0.91	0.60
2005	29.56	14.78	5.91	5.91	1.48	0.89	0.59

1986～2005年高邮市各商业银行和市农村信用合作联社贷款情况一览表

表16-6　　单位：亿元

年份＼项目	工行高邮支行	农行高邮支行	建行高邮支行	中行高邮支行	市信用合作联社
1986	0.36	2.07	—	—	—
1987	0.44	2.42	—	—	—
1988	0.57	2.24	0.05	0.01	—
1989	1.85	2.84	0.08	0.12	—
1990	2.03	3.48	0.19	0.17	—
1991	2.40	5.31	0.53	0.24	—
1992	2.77	4.71	0.64	0.32	—
1993	3.19	4.93	0.78	0.46	—
1994	3.60	7.41	2.17	0.68	—

续表 16-6

年份 \ 项目	工行高邮支行	农行高邮支行	建行高邮支行	中行高邮支行	市信用合作联社
1995	4.00	2.32	3.07	0.84	4.38
1996	4.24	2.64	2.02	0.96	5.71
1997	4.95	3.39	2.32	1.03	5.20
1998	5.31	4.41	2.59	1.10	7.50
1999	5.78	5.81	3.16	1.25	5.63
2000	6.00	5.64	3.41	1.32	5.72
2001	6.30	5.03	3.38	1.61	6.33
2002	6.45	4.90	3.41	2.32	7.06
2003	6.38	5.71	3.96	3.50	8.30
2004	5.85	5.89	2.49	3.36	9.12
2005	1.83	5.53	2.92	2.71	12.35

说明:表中数据为各商业银行和市农村信用合作联社自报数据。

三、银行卡业务

1989年6月,中行高邮支行在县内首家开办人民币信用卡——长城信用卡业务。1992年,工行高邮支行开办牡丹卡业务。1995年,农行高邮市支行开办金穗信用卡业务。1996年,农行高邮市支行被中国农业银行批准为一级发卡行。1997年8月,中行高邮支行在全市首家开办长城电子借记卡业务。2000年,中行高邮支行开办外币信用卡——长城国际卡业务。2005年,市农村信用合作联社开办圆鼎信用卡业务。至是年末,金穗卡发行量8.31万张,总金额2.13亿元;圆鼎卡发行量1.14万张,总金额3887万元;长城卡发行量1.04万张,总金额1468万元;牡丹卡发行量4936张,牡丹灵通卡发行量1.53万张,总金额1.53亿元。

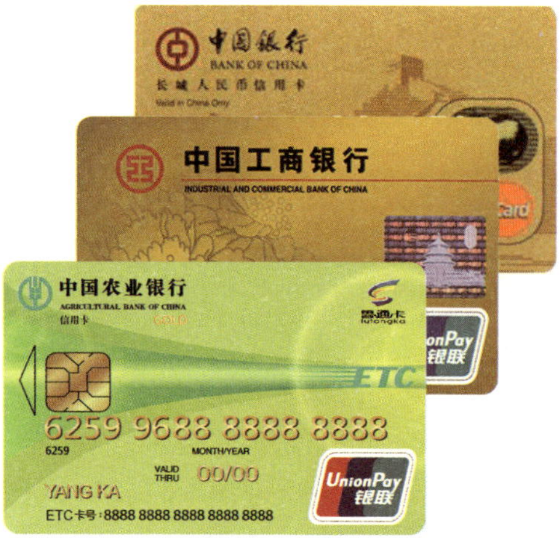

图 16-6 银行卡

四、国际金融业务

1987~1988年,县内企业和个人办理留成外汇、自有外汇调剂业务,需到扬州外汇调剂所(1988年更名为扬州外汇调剂中心)办理。1989年,人行县支行开办个人外汇调剂业务。1990年,人行县支行恢复办理利用外资使用人民币抵押贷款业务;对外商投资项目配套资金和县内企业股本不足的,发放部分外资专项贷款。1995年,建行高邮支行为境内首家开办国际业务的商业金融机构,业务范围包括外汇存款、外汇贷款、外汇汇款、外汇兑换、外币票据承兑和贴现、贸易和非贸易结算。1996年,工行高邮支行开办国际业务。2001年,农行高邮市支行开办国际业务。至2005年,全市开展国际金融业务的商业金融机构共4家,即建行高邮支行、工行高邮支行、农行高邮市支行、中行高邮支行。是年,上述4家银行外汇储蓄存款总额717万美元、贷款总额109万美元、结售汇总额1.05亿美元、结算总额1.24亿美元。

1996～2005年高邮市商业银行国际业务量一览表

表16-7　　单位：万美元

年份＼项目	外币存款	外币贷款	结售汇总额	外币结算总额
1996	322	—	—	—
1997	343	—	—	—
1998	395	255	1376	1519
1999	584	256	1300	1480
2000	771	248	1919	2221
2001	994	244	2652	3070
2002	1028	244	4288	4285
2003	1281	314	6885	7641
2004	843	207	9314	8457
2005	717	109	8099	12358

2005年高邮市各商业银行国际业务情况一览表

表16-8　　单位：万美元

金融机构	外币存款	外币贷款	结售汇总额	外币结算总额
建行高邮支行	40	48	112	3000
工行高邮支行	131	—	702	2341
农行高邮市支行	36	61	1572	1627
中行高邮支行	510	—	5713	5390

五、代理业务

80年代起，建行高邮县支行先后开办代收公用事业费，代理国债、发行债券，为机关和企事业单位代发工资等代理业务。1988年，该支行成立投资咨询服务部和房地产开发经营公司，开办工程项目代理业务。1993年，农行高邮市支行首次为10家基础好、守信用的企业代理发行企业债券1200万元。1999年，中行高邮支行开始为客户办理代发工资、代售保险等代理业务。2001年，农行高邮市支行以金穗卡为媒介，为客户协议代缴代收水、电、话费。2005年，全市金融机构开办代理业务实现总收入797万元，其中农行高邮市支行345万元、工行高邮支行183万元、中行高邮支行166万元、建行高邮支行103万元。

六、住房公积金业务

1991年起，建行高邮支行承担全市各注册企事业单位住房公积金缴存归集工作。是年，归集全市住房公积金1060万元。1992年起，该支行开办住房公积金贷款业务。是年，办理全市住房公积金贷款280万元。此后，住房公积金归集总额和贷款总额逐年增长。2005年，全市归集住房公积金3289万元，累计归集住房公积金1.66亿元，年末住房公积金余额8122万元；办理住房公积金贷款3991万元，累计办理住房公积金贷款8440万元；收回住房公积金贷款3032万元，年末住房公积金贷款余额5408万元。

第四节　邮政储蓄业务

1986年，县邮电局恢复开办邮政储蓄业务。最初开办的业务有个人活期储蓄和整存整取、零存整取定期储蓄。是年，全县邮电系统邮储网点实现邮储余额39.5万元、邮储收入900元，年末储户1021户，市场占有率0.13%。

1987年，开展两次有奖储蓄券销售活动。1991年，开办“新春乐”20元定期有息储蓄业务。1992年，组织开展扬州市邮电系统“季季红”定额定期有奖有息储蓄活动。1993年，开展“快、快、发”有奖储蓄业务。1994年，开办邮储代缴电话费业务。是年，邮储余额突破1亿元，达到1.01亿元。此后，因有奖储蓄对金融市场的冲击和可能产生的金融风险，被逐步叫停。

1995年，市邮电局为推动和鼓励发展邮政储蓄业务，开展“创水平、争贡献、保指标”邮储百日竞赛活动。1996年，组织开展邮储收储“双月赛”活动。1997年，开展邮储“开门红”百日竞赛活动，并推行邮储专项承包办法。1999年，邮储储户突破10万户，达到11.45万户。2000年，邮储收入突破1000万元，达到1132.82万元。2005年，实现邮储余额18.33亿元、邮储收入3560.74万元，分别是1986年的4639.28倍、3.96万倍；市场占有率23.6%。

1986～2005年高邮市邮储业务情况一览表

表16-9

项目 年份	邮储余额（万元）	邮储收入（万元）	年末储户（万户）	市场占有率（%）	项目 年份	邮储余额（万元）	邮储收入（万元）	年末储户（万户）	市场占有率（%）
1986	39.50	0.09	0.10	0.13	1996	18845.50	406.40	7.84	10.04
1987	166.90	1.65	2.34	0.48	1997	22110.60	549.04	8.48	10.20
1988	117.80	4.58	2.06	0.37	1998	27941.00	530.49	9.73	10.31
1989	403.70	4.02	3.14	0.90	1999	36044.80	880.10	11.45	11.21
1990	437.80	3.02	3.52	0.86	2000	48159.40	1132.82	14.78	12.03
1991	1771.30	34.80	9.69	3.96	2001	64155.30	1480.76	15.55	14.50
1992	3749.80	62.50	5.73	6.64	2002	88010.00	2079.38	25.40	18.65
1993	6103.20	125.40	5.32	7.70	2003	111871.50	2456.83	28.50	21.32
1994	10093.90	238.50	6.03	8.40	2004	143304.80	3066.08	31.45	22.14
1995	14780.70	364.62	7.01	10.00	2005	183251.40	3560.74	35.55	23.60

第五节　保险业务

80年代，中国人民保险公司高邮支公司是县内唯一一家保险机构，业务险种包括财产险、人身险等13种。1986年，保费收入和理赔支出分别为263.62万元、142.3万元。随着经济社会发展、城乡居民需求和保险业体制改革深入，保险机构逐步增多，险种不断增加，保费收入和理赔支出相应增长。至2005年，中国人民财产保险股份有限公司高邮支公司、中国人寿保险股份有限公司高邮支公司保费收入和理赔支出分别为1.82亿元、1850.5万元，分别是1986年的69倍、13倍。

一、险种

80年代，中国人民保险公司高邮支公司开办的财产保险主要险种有企业财产保险、家庭财产保险、货物运输保险、国内船舶保险、国内汽车保险、拖拉机和摩托车保险等6种。开办的人寿保险主要险种有：简易人身保险、团体人身保险、团体人寿保险、养老年金保险、建筑工人意外伤害保险、学生团体人身平安保险、农用脱粒机使用责任保险等7种。1985～1986年，该支公司试办对虾养殖、棉花种植、森林防护等14种涉农险种。1990年起，市内保险业机构先后开办36种涉农保险新品种。1996年，人保、财保机构分设后，中国人寿保险公司高邮支公司专营人寿保险、健康保险、意外伤害保险等各类人身保险业务和各类人身保险咨询、代理业务，并通过个人销售、团体销售、代理销售三大渠道发展人身保险业务。2001年，该支公司开办国寿千禧理财两全等9种分红新险种。2002～2005年，先后开办医疗责任险、建筑安装企业雇主责任险、律师责任险、校（园）方责任险、旅行社责任险、双黄鸭蛋节公众责任险等责任险新险种。

二、保费收入

1986年，中国人民保险公司高邮支公司保费收入263.62万元。此后逐年增长。1991年，保费收入（含储金）首次超过1000万元，达到1001万元，其中国内业务险种保费收入460.7万元、到期返还性保险储金收入537.4万元、涉外业务保费收入2.9万元。1995年，保费收入1750万元。1996年，财产保险、人寿保险两家保险机构分设。当年，保费收入分别为1250万元、847.5万元，两家保费总收入2097.5万元。此后，逐年有较大幅度增长。2002年，两家保险机构保费总收入首次过亿元，达到1.18亿元。2005年，两家保险机构实现保费总收入1.62亿元，其中财产保险收入2232万元、人身保险收入1.4亿元。

1986～2005年高邮市主要保险机构保险费收入一览表

表16-10 单位：万元

年份	人民保险高邮支公司保险费收入	年份	合计	财产保险高邮支公司保险费收入	人寿保险高邮支公司保险费收入
1986	263.62	1996	2097.50	1250.00	847.50
1987	386.59	1997	3280.00	1420.00	1860.00
1988	468.87	1998	4713.70	1413.70	3300.00
1989	572.50	1999	5931.30	1461.30	4470.00
1990	671.00	2000	6941.30	1898.30	5043.00
1991	1001.00	2001	8426.95	2000.00	6426.95
1992	1464.20	2002	11832.68	1598.00	10234.68
1993	2106.80	2003	7397.23	2100.60	5296.63
1994	1535.00	2004	14673.90	2202.51	12471.39
1995	1750.00	2005	16241.76	2232.00	14009.76

三、理赔

80年代，中国人民保险公司高邮支公司复建后，本着“主动、迅速、准确、合理”的原则，自行处理赔付工作。1991年，全市遭受特大洪涝灾害，赔案猛增，共处理赔案2.21万件，支付赔款1557万元，赔付率高达155.54%。2000年7月13日，三垛镇和甘垛镇遭受特大龙卷风袭击，中国人民财产保险有限公司高邮支公司组织理赔人员赶赴受灾现场，完成18个村8000多户受灾保户的查勘、定损工作，共支付赔款120万元。2005年，中国人民财产保险股份有限公司高邮支公司和中国人寿保险股份有限公司高邮支公司共处理赔案4086件，支付赔款1666.37万元。

图16－7 财保高邮市支公司工作人员在遭受龙卷风袭击的受灾保户家中查勘、定损

1986～2005年高邮市主要保险机构理赔支出情况一览表

表16－11

项目/年份	人民保险高邮支公司			项目/年份	财产保险高邮支公司			人寿保险高邮支公司		
	赔款（万元）	赔案（件）	赔付率（%）		赔款（万元）	赔案（件）	赔付率（%）	赔款（万元）	赔案（件）	赔付率（%）
1986	142.30	5534	53.98	1996	775.00	2875	62.00	42.81	122	26.75
1987	178.41	6274	46.15	1997	754.00	2917	53.09	55.34	263	27.66
1988	223.76	5741	47.72	1998	685.30	1361	48.48	109.30	604	42.85
1989	174.20	2810	30.43	1999	721.30	905	49.36	115.66	594	40.12
1990	241.70	14355	36.02	2000	986.57	2264	51.97	152.14	726	45.18
1991	1557.00	22140	155.54	2001	894.50	729	44.73	130.87	1210	46.55
1992	411.40	9180	28.09	2002	869.00	1535	54.38	204.93	1298	48.30
1993	519.00	9251	24.63	2003	1115.80	1494	53.12	112.35	1365	45.80
1994	582.40	7008	37.94	2004	1199.36	1694	54.45	352.33	2450	67.54
1995	562.90	1594	32.17	2005	1327.50	1641	59.48	338.87	2445	57.55

第三章 金融监督和管理

80年代起，县内金融监督和管理工作由人行高邮县支行负责。主要监管工作有金融机构增设和撤并、金融业务开办和审查、金融市场监督和管理、金融违规违纪案件调查和处理。90年代，重点开展对非银行业金融机构清理和整顿工作。进入21世纪，组织开展创建金融安全区活动，把防范金融风险变为全社会共同行动。2003年12月，银监会扬州监管分局高邮监管组设立，专职负责金融机构监管工作。

第一节　金融机构监管

一、金融机构准入与退出

80年代，县内金融机构呈现快速发展态势。1988年，中国银行高邮支行设立；各专业银行先后新设办事处、分理处5家和储蓄所14家；新建县信托投资公司1家、城市信用社3家、农村金融服务社4家，全县形成以人行高邮县支行为领导、国有银行县支行为主体、多种金融机构并存的金融组织体系。1991年，人行高邮市支行在扬州市首家建立金融机构卡片登记制度。1992～1994年，人行高邮市支行坚持“从严控制、适当发展”的原则，印发《高邮市银行系统基层网点设置标准的掌握意见》，先后批准农行高邮市支行31家基层营业所更名为办事处或分理处，批准工行高邮支行和农行高邮市支行增设住房信贷部，新设各支行办事处和分理处11家、储蓄所11家；撤并存款余额不足50万元的储蓄所4家，撤并和脱钩金融机构自办经济实体9个。1996年，人行高邮市支行向34家验收合格的邮储机构颁发金融机构营业许可证，撤销非银行业金融机构2个、银行业网点11个、农村金融服务社4家。1998年，人行高邮市支行制定《高邮市金融机构市场准入和市场退出管理工作规程》。是年起，启动对扬州市信托投资公司高邮办事处、城市信用社和农村金融服务社等非银行业金融机构清理整顿和并转改制工作。2000年起，加大对金融机构及网点清理整顿力度。是年，扬州市信托投资公司高邮办事处改制为市信业农村信用社，并入市农村信用合作社联合社；农村信用社14个信用代办站全部撤销，完成3家城市信用社和8家高风险基层农村信用社分类处置工作。2000～2003年，先后完成银联、珠湖两家城市信用社并入市农村信用合作联社和信业、兴邮两家信用社退出金融市场的工作。至2005年末，全市非银行业金融机构清理和银行业金融机构网点整顿工作结束。

二、金融稽核

80年代，全县金融机构稽核和审计工作由人行高邮县支行负责。1988年，开展全县金融机构年末突击放款专项稽核，查出1987年末突击发放技改贷款转入存款账户213万元，并进行限期清理。1989年，对全市粮食贷款进行专项稽核，查出不合理占用贷款5963万元，严重影响粮食收购资金正常周转。此案经逐级上报后，引起中央重视。国务院领导亲自过问，指派审计署、监察部、中国人民银行组成工作组，进行严肃查处。是年，对专业银行财政性存款进行专项稽核，查出专业银行挤占挪用财政性存款398万元。1990年，对各金融机构存贷款利率、结算纪律、业务交叉、现金管理、信贷结构调整、农业生产资料采购资金贷款使用等6个方面统一进行检查稽核。1991年，对建行高邮支行资产质量和各行存贷款利率、公款私存进行专项稽核。1992年，人行高邮市支行设立稽核科和总稽核岗位，正常开展对银行业和非银行业金融机构的现场、非现场稽核与内部审计，同时开展上级行指定或该支行自选的专项稽核。1994年，对各金融机构执行国家金融宏观调控政策措施执行情况，包括固定资产投资和农业生产资料采购资金使用管理情况，进行重点稽查，查出违规金额1.1亿元，共处罚金2万元。1995年，加强稽核监督力度，拓宽稽核领域，完成4项常规稽核、32项专项稽核、5次报送稽核，纠正违规金额1.3亿元，补缴存款准备金564万元，并完成建行高邮支行1994年度固定资产贷款、农行高邮市支行1994年末本外币信贷资产质量、农业生产资料采购资金和4家国有商业银行资金来源与运用等专项稽核。1996年，始行稽核监督工作报告制度和编制年度稽核工作计划，按时上报半年、全年总结以及稽核工作量报告表、稽核处理情况报告表等。1997年，完成10项必查项目、4项自查项目，共稽查金融机构10家，查出违规金额2.71亿元，其中超范围吸收存款3600万元、欠缴财政性存款4400万元、欠缴一般性存款准备金1800万元、违反结算纪律金额4500万元、违规签发银行承兑汇票1800万元、市农村信用合作社联合社违规办理贴现8500万元。对违规金融机构共处以罚款、罚息4.5万元，向被查单位提出整改建议49条。同时，对两家保险公司进行常规稽核，发现变相提高保险费率和提前支付赔款等问题，给予通报批评。1999年，人行高邮市支行稽核科撤销。至此，人行高邮市支行不再对各金融机构进行金融稽核。2004～2005年，金融稽核由银监会扬州监管分局高邮办事处负责。

三、金融风险监管

1988年，根据国家对国民经济进行治理整顿的要求，人行高邮县支行注重压缩资金拆借规模和推行资产负债管理办法。针对有奖储蓄中出现的混乱情况，人行高邮县支行和县司法局做出规定：未经人行高邮县支行批准的，县公证处对金融机构擅自开办的有奖储蓄活动一律不给予公证。1993年，针对经济社会生活中出现金融秩序紊乱和过热的苗头，人行高邮市支行成立整顿金融秩序领导小组，重点清理违章拆借资金、违规放贷、自办经济实体等重点问题，开展金融系统与机构的内部整顿，防范金融风险。1995年，加强对金融机构的日常行政监管，首次组织对全市191个各类金融机构网点的全面年检。1996年，全市建立防范金融风险大监管体系，实行金融风险监管责任制，建立保险、储蓄、住房信贷、信用卡等部门负责人联席会议制度，聘请社会金融监督员，设立举报中心，形成人民银行、商业金融机构、社会齐抓共管的局面。1997年，建立非现场监管金融风险预警机制，按月对监管报表指标变化情况做出说明，按季对监管对象经营风险情况进行分析，半年对全市金融机构经营情况作一次全面评价，发现问题及时亮起“红灯”，并发出风险预警通知书。1998～2005年，先后建立全市金融机构的非现场监管目标考核体系、风险分类管理档案、风险监测台账，制定风险警示办法等，有效监管和防范金融风险，确保全市金融机构稳健、安全运作。

四、案件查处

80年代，人行高邮县支行及时查处金融违章违规事件。80年代末，部分金融机构违规推出摸奖储蓄、“月月红”储蓄等储蓄“新业务”，人行高邮县支行发现后立即予以制止，避免给金融机构和社会带来负面影响。1993年，对基层金融机构进行整顿督查，发现有3家单位抬高或变相抬高利率吸储、有3家单位随意压单压票等问题，人行高邮市支行迅即予以纠正，防止违规行为的扩展和蔓延。1995年，在对金融机构的抽查中，发现4个金融机构房地产信贷部超规模放贷、超业务范围经营，个别金融机构信用卡发行部采取降低回扣率、便利透支发放贷款等违规行为，及时予以查处和纠正。1996年，在对金融机构年度检查中，发现4家商业银行违规经营，账外经营存款余额2.53亿元、贷款余额5.3亿元。人行高邮市支行及时发出通知，将其违规账外经营余额进行并账处理。是年，对金融机构营销员为保险机构乱拉、代售保险业务问题，及时进行清理和规范。进入21世纪，针对金融机构不良贷款率普遍上升问题，人行高邮市支行先后约见50个不良贷款率超过30%的金融机构网点负责人，进行诫勉谈话，并制定《高邮市银行、农村信用社新发生不良贷款备案办法》，进行重点监测和后续稽核。各金融机构制定和落实清降不良贷款目标，并实行清降目标责任制。2003年，全市金融机构不良贷款10.9亿元，不良贷款率20.64%，首次实现当年年初制定的目标。2004～2005年，金融机构不良贷款率保持在20%以下。

第二节 金融业务监管

一、信贷管理

1986～1990年，全县经济处于治理、整顿期，由于通货膨胀的影响，资金供求矛盾空前突出。人行高邮县支行组织调度资金，满足农产品收购、国有重点骨干企业资金需求，全县信贷总量控制在计划规模之内，基本实现货币信贷计划。1991～1995年，全市经济呈现较快发展态势。人行高邮市支行执行国家宏观控制任务，开展资金组织协调、规模灵活调剂、非银行业金融机构资产负债比例管理和人民银行再贷款科学使用，缓解全市经济发展对信贷资金需求的“瓶颈”压力。至1995年末，全市银行业金融机构存款和贷款总额分别是1990年的3.95倍和3.53倍。1996年起，人行高邮市支行根据国家货币政策由从紧向稳健转变，在信贷管理工作中，采取有效措施防范和化解金融风险，发挥“窗口”指导作用，制定一系列信贷工作指导意见，构筑新型的“银企”“银政”合作关系，实施主办银行制度，运用多种金融工具，使各项信贷政策落到实处。至2005年末，全市银行业金融机构实现各项存款92.03亿元、各项贷款29.56亿元，分别是1995年的4.88倍、1.2倍，2000年的2.16倍、1.08倍，金融运行保持平稳态势，有效支持全市经济快速、健康、可持续发展。

二、征信管理

1997年起，人行高邮市支行全面推行贷款证制度。1999年起，该支行建立银行信贷登记咨询系统，替代贷款证制度。2000年，制定银行信贷登记咨询系统建设总体工作目标，做好贷款卡发放与年审工作。2001年初，制定《高邮市银行信贷登记咨询系统管理考核办法》等5项考核制度。2004年，开始全面履行征信管理和征信体系建设职能。2005年，设计贷款卡发放、年审行政许可通知书和许可决定，提高金融窗口服务质量。

三、外汇管理

1986～1991年，县（市）内外汇管理由人行高邮县（市）支行负责。1992年11月，国家外汇管理局高邮市支局成立，接管外汇管理。是年，该支局试行外商投资企业外汇收支年检制度。1993年，推行出口核销员制度，规范收汇核销管理；全面推行旅游收汇企业承包结汇制，调动旅游企业创汇积极性；开展外汇大检查，外汇、公安、工商等部门联手打击外汇黑市交易行为，查处外汇违纪案件6件、违纪金额54万美元。1994年，实行以汇率并轨为主要特征的重大外汇体制改革，执行银行结售汇制度、进口付汇核销管理、停止使用外汇券等一系列新的外汇管理政策与规定。1995年，外汇留成取消。1997～1999年，连续组织打击骗购外汇的各种非法活动，成功阻止和破获利用假报关单骗购外汇案42件，涉案金额200多万美元。2000年，组织对全市股份制商业银行开展外汇结售汇业务大检查。2001年，运用口岸电子执法系统，加大对逾期未收汇企业清理力度，先后清理70多家企业，清理金额1028万美元。2002年，推行资本项目外汇管理改革，推广使用居民个人因私购汇信息管理系统，加强对企业和个人外汇活动的监管。2003年，推广应用外汇账户信息管理系统，实现非现场监管系统与银行会计系统的直接对接；对不合规外汇账户进行集中清理；落实金融机构大额和可疑外汇资金交易报告制度，实行对利用外汇进行洗钱活动的监控。2005年，在全省率先开展资本项目授权业务现场核查，推动235家出口企业实行网上核销，总结和制定《授权业务现场核查方法指引》《出口网上核销系统风险防范指引》，被国家外汇管理局江苏分局在全省金融系统推广。是年，还组织对离岸公司投资企业进行非现场检查；对7个外汇指定金融机构的资本金支付结汇制度执行情况进行现场核查、通报；外汇、工商、财政等部门联合行动，打击外资虚假出资行为和中介机构违规操作行为。全年开展检查13次，立案6件，全部当年结案，罚没款7.05万元。

第三节　金融市场监管

一、票据市场

80年代后期，全市金融市场迈出发展的第一步是拆借资金。1988年，拆借资金进出量5.32亿元，净拆进2.16亿元。1989年，人行高邮县支行对全市企业集资情况进行清查，制定管理措施，实行企业集资“先报批、后集资”，逐步做到规范化、程序化，并采取发行短期融资债券和内部债券形式，引导企业通过合法途径，筹集短期流动资金。是年，批准企业向社会发行地方企业债券550万元，企业内部集资412万元。1991年，人行高邮市支行建立企业发行债券资信评估办法，使资金投向符合国家产业政策，同时鼓励企业面向市场直接融资。制定证券买卖业务价格管理办法，将指令价改为指导价，各交易机构可在规定范围内上下浮动。是年，批准发行企业债券800万元、融资券980万元。1994年，进一步规范债券市场，企业债券由人行高邮市支行、市计委联合审批，由各金融机构代理发行。控制全社会信用，严禁社会乱集资现象。根据中国人民银行提出的“恢复和扩大票据贴现和再贴现”的要求，中国人民银行省分行在高邮进行票据贴现试点，由人行高邮市支行制定具体操作办法并推广试行，全年办理再贴现1.45亿元。1997～2005年，以银行承兑汇票为主要品种的票据市场迅速发展。

1997～2005年高邮市票据市场情况一览表

表16-12　　单位：亿元

项目/年份	签发银行承兑汇票	办理票据贴现	累计再贴现	项目/年份	签发银行承兑汇票	办理票据贴现	累计再贴现
1997	1.98	2.34	3.02	2002	2.15	2.74	0.18
1998	1.79	2.11	3.12	2003	2.12	2.43	3.00
1999	1.81	2.36	3.56	2004	2.76	3.57	—
2000	1.66	2.48	3.33	2005	2.43	2.64	—
2001	1.89	2.87	3.01				

二、货币投放

80年代后期，人行高邮县支行面对全县经济发展过热、通胀压力增大、物价上涨过快的情况，逐年编制年度现金需求计划和年度现金投放、回笼计划，按计划合理安排现金供应，并通过金融联席会议加强协调，应对储蓄存款下降、资金供求矛盾突出的严峻态势，用好用活资金，支持全县经济发展。1989年，由县政府牵头，人行高邮县支行主办，成立县推进储蓄委员会。是年，城乡储蓄扭转滑坡局面，并创历史最好水平。90年代初期，全市先后出现企业遭遇市场疲软、货款拖欠、资金调转失灵等困难，农业遭遇特大洪涝灾害。人行高邮市支行执行中国人民银行提出的“控制总量，调整结构，保证重点，压缩一般，适时调节”货币政策，较好地调节货币投放。1992年，人行高邮市支行面对全市经济发展逐步加速的情况，提出“不破笼子，要破格子，灵活变通，积极投入”的信贷规模调控策略，并制定《高邮市银行贷款规模调剂试行办法》，加强纵横向调剂，打好“时间差”“地区差”“项目差”，提高信贷资金使用效率。90年代后期和21世纪初，人行高邮市支行先后印发《关于加强对个体私营经济信贷服务的实施意见》（1998年）、《关于进一步改善金融服务，支持中小企业发展的八条意见》（1998年）、《关于加大信贷投入，支持住房建设和消费的实施意见》（1998年）、《关于进一步改进金融服务，支持辖区内国有企业改革和发展意见》（1999年）、《关于进一步加大有效信贷投入，支持经济增长的政策性指导意见》（2002年）、《关于拓展个人消费信贷业务的指导意见》（2002年），先后与市国土资源局、市劳动和社会保障局、市财政局等部门联合制定《高邮市土地使用权抵押贷款办法（试行）》（1998年）、《高邮市下岗失业人员小额担保贷款实施办法》（2003年）等，有效地推动全市经济社会的快速发展。2002年8月，中国人民银行南京分行决定“撤销人民银行高邮市支行发行库，其辖区货币发行与回笼的职能移交中国人民银行扬州市中心支行中心库办理”。2005年，人行高邮市支行印发《关于优化信贷结构，保持信贷总量适度增长的指导意见》，使货币投放和全市经济发展基本相适应，促进全市经济与金融协调、健康发展。

三、现金管理

80年代，根据中国人民银行有关现金管理制度的规定，县内凡在银行开户的单位，按规定使用现金，接受开户银行的监督，并核定合理的库存现金限额。各企业在经济活动中，只能按规定以现金支付职工工资、津贴、个人劳务报酬、劳动保护福利费用、对个人收购农副产品、差旅费和规定限额以下的零星支出。开户银行除进行柜面监督外，还到单位检查现金库存和使用情况。随着市场经济发展，以开户行监督管理各单位现金使用为主的现金管理方式，逐渐变为由人行高邮县支行加强计划管理、督促金融机构遵守现金管理规章制度、进行执法检查为主。1990年，针对专业银行试行人民币业务交叉后，企业多头在银行开户，多头支取现金，出现现金难以管理的问题，人行高邮县支行提出完善交叉竞争的补充意见，经县政府批转全县执行。该文件明确，一家企业只能在一家银行开立账户办理现金结算，如因贷款关系在两家以上银行开立的结算户可以保留，但支付现金只能在指定银行一个账户办理，非指定银行一律不得支付现金。是年，人行高邮县支行与县劳动局连续发出4份文件，对工资基金管理有关问题提出要求与部署，明确凡工资总额组成的支出，不论现金或转账，必须全部通过开户银行，不得在各项业务收入中坐支现金，不准假借其他名义从银行套取现金，也不得擅自动用企业的生产发展基金、福利基金、银行贷款及其他现金发放工资。对工资基金管理实行联合调查，发现并纠正部分单位工资基金管理手册记载不全、不准，计划外用工人员工资未通过手册支付，而是在单位现金收入中坐支，影响工资总额的完整性和准确性等问题。1997年，人行高邮市支行成立现金管理领导小组，宣传贯彻现金管理的各项政策、规定，并发布《关于严禁公款私存套取现金的公告》和《关于大额现金支付管理的公告》。各金融机构、邮储机构建立健全内部现金管理专兼职机构，落实一把手负责制，明确专兼职现金管理人员。人行高邮市支行将上级核定的全市现金投放计划及时分解下达到市各金融机构、信用联社，坚持按月监测、分析、考核，加大现金管理检查力度，依法纠正和处理现金管理中的违规行为。2002年，人行高邮市支行发行库撤销后，仍保留现金投放与回笼分析以及现金管理等职能。2004～2005年，建立和实行现金投放、回笼月度分析报告和季度分析例会制度，全市各银行业机构按月、按季向人行高邮市支行报告现金分析报告。人行高邮市支行按季对各银行业机构现金管理情况进行执法检查。

四、反假币、反洗钱

1987年起，人行高邮县支行贯彻“内紧外松”原则进行反假币宣传，组织反假币培训，建立反假币网络，加强防范，严防误收。1996年，建立市反假币联席会议制度，加大反假币工作力度。市公安部门破获首起假币案，共追缴假人民币87张、金额739元。1997年，针对货币流通中假币逐渐增多的态势，全市各金融机构加大反假币力度。6月，由人行高邮市支行牵头，在全市开展“爱护人民币宣传周”活动，举办假币展览。是年，共收缴假人民币4659张、金额6.84万元。2005年，人行高邮市支行把反假币宣传重点放在普及人民币基本知识、人民币防伪及反假人民币常识等方面，向市民介绍识别真假人民币方法，帮助群众快速掌握水印、红蓝纤维等10种防伪特征。是年，受理各种人民币和有关业务投诉共3件，收缴假币12.46万元。

图16-8　银行工作人员开展反假币宣传

2004年，全市反洗钱工作启动，各金融机构相继建立以行长为组长的反洗钱工作领导小组及办公室，负责开展反洗钱工作。同时，以农村为主阵地，组织开展反假币宣传活动。至2005年，全市金融机构建立反洗钱客户身份识别制度、账户资料和交易记录保存制度、大额交易和可疑交易报告制度，组织银行职工反洗钱业务培训，印发《反洗钱知识50问》。

第四节 金融安全区创建

2000年8月，市政府召开创建金融安全区动员大会，提出建设金融安全区总体工作目标，即通过3年左右的努力，力争全市总体上实现社会信用观念强、金融资产质量高、金融案件少、金融执法严、金融秩序好。创办工作简报，组织宣传周活动，在《高邮日报》开辟《金融安全世纪行》专版，建立企业逃废债信息库和“黑名单”通报及联手制裁制度，召开金融债权管理行长联席会议。是年，全市落实金融债权2.65亿元，占逃废债总额75.28%，11家被制裁企业落实债权1100万元。2001年，人行高邮市支行与高邮工商行政管理局联合制定《高邮市金融债权落实证明书实施办法》。通过11次银企协调会议，协助548家改制企业落实债权债务2.2亿元，制裁恶意逃废债务的企业16家。

2002年，全市组织开展推广农户小额信用贷款和创建信用乡镇活动。全市建立农户经济档案11.2万份，发放农户信用户证9.36万本，评定信用农户9.56万户、信用村54个、信用乡镇3个。投放农户小额信用贷款及联保贷款，解决农民贷款难问题。年末，市农村信用合作社联合社发放农业和农户贷款4亿元，比年初增长22.8%。全年累计发放农户小额信用贷款1.11亿元、农户联保贷款5342万元。制定《高邮市金融机构信贷诚信私营企业推选办法》，推荐产生诚信私营企业16家，给予公开表彰并兑现信贷优惠政策。开展创建金融安全机构活动，建成金融安全机构2家。2003年，推进信用乡镇创建工作。全市建立农户经济档案12.05万份，发放贷款（信用户）证9.93万本，评定信用农户11.15万户。市农村信用合作社联合社农业贷款余额6.33亿元，比年初增加1.63亿元。农户小额信用贷款余额1124万元，农户联保贷款余额969万元。继续开展诚信企业评选活动，按照“不分所有制、不分规模大小、不分企业性质”的原则，评选产生银行信贷诚信企业24家。

2004年，市政府成立市金融稳定工作协调小组及其办公室，召开全市金融稳定工作会议及协调小组办公室成员会议，及时通报全市金融形势和风险状况，研究落实工作措施。继续开展信贷诚信企业评选活动，评选产生2003年度信贷诚信企业22家。全年为9家改制企业办理债权落实证明书，落实金融债权5000万元，未发生新的逃废债行为。继续开展信用村、信用乡镇创建活动，全市评定信用乡镇3个，建立农户经济档案12.11万份，发放农户贷款证9.32万本，评定信用农户9.99万户，发放农户贷款6.12亿元，其中小额信用贷款5000万元，年末农户联保贷款余额2000万元。建立辖区法人金融机构风险监测预警协调机制，实行月度监测、季度报告。2005年，做好农村信用社改革试点资金支持方案实施与考核工作，完成市信用合作联社2660万元中央银行专项票据发行。

第十七篇

财政 税务

要　目

1984年，县财税局分设为县财政局和县税务局，分别负责全县财政工作和税收征管工作。1986年，全县实现财政收入3782万元、各项税收收入3637万元。1994年，市税务局分设为市国家税务局和市地方税务局，分别归属省国家税务局和市政府管理。1997年，市地方税务局划归省地方税务局，实行垂直管理。至2005年，按照国家关于财政体制改革和税收体制改革要求，市财政、税务机关完成各项改革任务，保证地方财政健康运转和国家税收稳步增长。2005年，全市实现财政收入10.03亿元、各项税收收入9.72亿元，分别是1986年的26.52倍、26.73倍。

第一章 财 政

1986年，县财政局主管全县财政工作，下属单位有县公产管理所、县会计师事务所、县国债服务部；各乡镇设有财政所。1989年，设立县控制社会集团购买力办公室。1995年，增设市国有资产管理局。1997年，增设市农业综合发展基金管理办公室。1998年，增设市预算外资金管理结算中心。1999年，增设市政府采购办公室。2000年，市财政稽查大队建立。2001年，市国有资产管理局更名为市国有资产管理办公室。2002年，20个乡镇财政所和高邮经济开发区财务审计局上划市财政局，实行垂直管理。2005年6月，设立市财政集中支付中心，全面推行财政国库集中支付管理。是年，全市实现财政收入10.03亿元、财政支出9.49亿元，分别是1986年的26.52倍、26.11倍，年均增幅分别为18.83%、18.73%。

第一节 财政体制改革

80年代，全县实行统收统支、分级包干的财政体制。90年代，实行分税制改革。进入21世纪后，实行基数包干、超基数分成，并逐步加大市财政对乡镇财政转移支付力度，保证全市财政平衡、健康运作。

一、县级财政体制

1986～1987年，全县继续实行“划分税种、核定收支、分级包干”的财政体制。其间，高邮县分享共享收入比率为62.66%。1988～1993年，改为实行“收入递增包干”财政体制。1994年，改为实行分税制财政管理体制。按税种划分中央收入与高邮市地方收入，以1993年为基期年，按分税后高邮市净上划中央收入的数额，作为中央对高邮市返还基数，基数部分全额返还高邮市。税收返还额在1993年基数上逐年递增。税收返还递增率按高邮市上划中央税收增长率的1∶0.25的系数确定，增值税中高邮市分成的25%部分作为省与市共享收入。实行分税制财政管理体制后，市原体制包干上缴部分按1994年上缴数定额上缴。

2001年，市政府对分税制财政管理体制作进一步调整。税收返还以2000年为基数，改按1∶0.3系数返还。取消省集中增值税12.5%部分和印花税、城镇土地使用税等按比例分成，实行市财政收入增量上解，即以2000年为基期年，核定地方财政收入基数和上缴基数，定额上缴，市财政收入超基数部分省集中20%。2002年，实行所得税收入分享改革，主要是以2001年全市所得税收入为基数，超基数部分，中央与高邮市按比例分享。是年，中央分享50%，市分享50%。2003～2005年，中央分享60%，市分享40%。

1986～2005年高邮市财政上解资金情况一览表

表17-1

项目 年份	上解金额（万元）	占财政总收入（%）	项目 年份	上解金额（万元）	占财政总收入（%）	项目 年份	上解金额（万元）	占财政总收入（%）
1986	509	13.46	1993	2418	26.91	2000	4733	19.83
1987	1777	41.33	1994	2856	24.47	2001	5418	17.10
1988	1666	33.41	1995	3613	23.80	2002	6868	16.14
1989	1811	41.16	1996	3781	21.57	2003	7932	14.28
1990	2054	40.93	1997	4690	22.67	2004	9884	15.49
1991	2293	59.02	1998	4326	19.92	2005	11653	11.62
1992	2304	37.95	1999	4755	20.96	合计	85341	18.21

二、乡镇财政体制

1986～1994年，市对乡镇实行统收统支的财政体制，乡镇取得的各项税收全额上缴，人员工资、公用经费和其他事业发展支出按实或按定额核定。1995年起，市对乡镇实行分税制财政体制。

1995～1997年，在第一轮改革中，实行"划分收入级次、明确支出范围、核定收支基数、固定上解（返还）"财政体制，执行期3年。在收入级次上，乡镇范围内征收的增值税75%部分和消费税为中央级收入；增值税25%部分为市与乡镇共享收入，乡镇分成12.5%；其他各项税收为乡镇固定收入。其中，所得税、营业税分成90%，土地使用税、资源税分成50%，土地增值税分成70%，印花税、城市维护税分成75%，农业税分成85%，契税分成100%，耕地占用税分成12%，农业特产税定额上解、超收全留。在支出范围上，除公安派出所、税务所、工商行政管理所、基层法庭外的其他各项支出均为乡镇支出。在收支基数上，核定乡镇年收入基数6354.09万元，年支出基数3873.25万元。

1998～2000年，在第二轮改革中，核定乡镇年收入基数8719.5万元、年支出基数4862.35万元，核定乡镇年固定上解123.06万元、年固定返还1428.24万元。在上解（返还）基数上，对税收分成财力大于支出基数的乡镇，实行固定上解，反之实行固定返还，核定乡镇年固定上解29.7万元、年固定返还1242.55万元。

2001～2005年，在第三轮改革中，在收入级次和支出范围不变的情况下，取消乡镇收支基数和固定上解（返还）基数，对乡镇取得的各项税收直接分税种、按比例分成。2001年起，以2000年为基期年，核定财政收入基数，以后年度超基数部分由省集中20%。对原由乡镇负担的上解任务，实行由市集中上解，并适当调整乡镇税收分成比例。增值税分成6.25%，工商各税（含所得税、营业税、土地使用税、土地增值税、印花税、城市维护建设税、资源税）分成50%，农业特产税由定额上解改为乡镇全留。2003年起，农业特产税改征农业税，农业税和耕地占用税分成比例不变。2004年，农业税税率由7%调整为4%。2005年起，免征农业税。

三、市对乡镇财政转移支付

2001年起，市财政逐步加大对乡镇财政转移支付力度。2001～2002年，因实施农村税费改革，市财政每年给予乡镇转移支付1900万元。2003年，因农业特产税改征农业税，市财政给予乡镇转移支付73.47万元。是年7月起，因国家出台工资调整政策，给予乡镇转移支付237.3万元。2004年，因农业税税率由7%降为4%，市财政给予乡镇转移支付2421万元；因村主要干部（村党支部书记、村民委员会主任、村会计）参加养老保险，市财政给予乡镇转移支付49万元。2005年，因实行免征农业税政策，市财政给予乡镇转移支付3130万元；因上划乡镇公务员和教师省标补贴，市财政给予乡镇转移支付3594万元。2001～2005年，市财政共给予乡镇各类转移支付总额2.22亿元，其中2005年1.11亿元。

2001～2005年高邮市财政对乡镇财政转移支付情况一览表

表17-2　　　　　　　　　　　　　　　　　　　　　　　　　　　　　　　单位：万元

项目 年份	转移支付总额	转移支付因素				
		基数变动	税种税率变动	人员工资调整	村干部养老保险	免征农业税
2001	1900	1900	—	—	—	—
2002	1900	1900	—	—	—	—
2003	2210	1900	73	237	—	—
2004	5082	1900	2421	712	49	—
2005	11094	1900	2421	3594	49	3130

第二节　财政收入

1986年，全县实现财政收入3782万元。其中，工商税收入3037万元，农业"四税"（农业税、农业特产税、契税、耕地占用税）收入600万元，排污费、罚没收入及其他收入145万元。此后，财政收入逐年增长，增幅明显加大。1994年，全市财政收入首次突破1亿元，达到1.17亿元。由于一批规模企业不断发展壮大，全面推行企业改制，全市财政收入持续增长。1997年，全市财政收入超2亿元，达到2.07亿元，比1994年增长77.27%。2001年起，财政收入每年增幅30%以上。2005年，全市财政收入首次突破10亿元，达到10.03亿元，是1986年的26.52倍，年平均增幅18.83%。1986～2005年，全市累计实现财政收入46.87亿元。

1986～2005年高邮市财政收入情况一览表

表17-3　　　　　　　　　　　　　　　　　　　　　　　　　　　　　　　单位：万元

项目 年份	财政收入	工商税收入							农业"四税"	排污费	教育费附加	罚没收入	其他各项收入
			两税			地方工商税	其中						
				增值税	消费税		个人所得税	内资企业所得税					
1986	3782	3037	740	740	—	2297	—	247	600	41	—	9	95
1987	4300	3428	763	763	—	2665	—	315	670	49	—	27	126
1988	4987	3885	1084	1084	—	2801	—	230	766	60	—	32	244
1989	4400	4677	1517	1517	—	3160	—	246	929	74	—	41	-1321
1990	5018	5103	1743	1743	—	3360	—	404	938	85	19	206	-1333
1991	3885	4673	1608	1608	—	3065	—	317	338	86	66	154	-1432
1992	6071	5937	2309	2309	—	3628	—	306	1146	130	75	250	-1467
1993	8985	8847	4224	4224	—	4623	—	240	1152	122	80	191	-1407

续表 17-3

项目 / 年份	财政收入	工商税收入	两税	两税：增值税	两税：消费税	地方工商税	地方工商税其中：个人所得税	地方工商税其中：内资企业所得税	农业“四税”	排污费	教育费附加	罚没收入	其他各项收入
1994	11671	10533	8207	8000	207	2326	72	571	1968	140	107	188	-1265
1995	15183	12361	9658	9358	300	2703	176	526	2061	172	173	409	7
1996	17527	14101	11111	10810	301	2990	355	493	2543	201	226	463	-7
1997	20689	16104	12815	12515	300	3289	541	588	3384	—	—	788	413
1998	21722	18025	14284	13884	400	3741	651	480	2541	205	129	830	-8
1999	22691	18440	14174	13456	718	4266	769	402	2654	226	140	932	299
2000	23862	18735	13846	13444	402	4889	894	493	2683	260	177	1200	807
2001	31682	24833	19360	18808	552	5473	1077	744	5106	315	215	1171	42
2002	42543	31440	24843	24590	253	6597	920	1102	5378	320	194	1446	3765
2003	55558	38257	29413	29248	165	8844	1408	1105	5871	288	384	2012	8746
2004	63793	39954	27641	27453	188	12313	1813	1848	4846	297	605	1971	16120
2005	100308	62384	45096	44826	270	17288	2125	3627	2707	356	1330	2378	31153

一、工商税收入

1986年，全县工商税收入为3037万元，其中增值税740万元、地方工商税2297万元，工商税收入占全县财政收入80.3%。1994年，全市财税体制改革，工商税收入突破1亿元，达到1.05亿元，其中增值税和消费税8207万元、地方工商税2326万元。1996年，全市增值税首次超1亿元，达到1.08亿元，占工商税收入76.66%。2001年，全市工商税突破2亿元，达到2.48亿元。随着经济建设特别是工业经济强劲发展，工商税收入保持较快增长态势。2005年，全市工商税收入6.24亿元，其中增值税和消费税合计4.51亿元、地方工商税收入1.73亿元，占全市财政收入的62.19%，是1986年的20.54倍。1986～2005年，全市累计实现工商税收入34.48亿元，其中增值税和消费税24.40亿元、地方工商税10.08亿元，占全市同期财政收入73.56%。

二、农业“四税”收入

农业税收入 1986年起，全县农业税征收按照计税面积、计税产量、计税价格和计税税率计算征收，执行税率为11.58%。是年，全县有应纳税耕地5.79万公顷，农业税收入599万元。1991年，受特大洪涝灾害影响，农业税征收250万元。1992年起，由于农作物常年产量增加和农业税计税价格调高，全市农业税收入逐年增长。1994年，全市农业税收入首次超过1000万元，征收1698万元。1996～1999年，农业税连续4年年征收过2000万元。2001年，全市推行农村税费改革，取消乡统筹、农村教育集资等行政事业性收费和政府基金、集资，取消屠宰税、统一规定的劳动积累工和义务工；调整农业税、农业特产税政策；改革村提留使用办法、村“一事一议”筹资筹劳，继续实行公平负担政策。实行改革后，市政府对农业税收计算办法作调整，规定以运河为界，运东地区按常年亩产400千克、运西地区按亩产375千克计算，统一执行7%的征收税率。是年，征收农业税4539万元。2002～2003年，全市年均征收农业税4782万元。2004年，市农业税征收税率降至4%，征收农业税2889万元。2005年起，全市全面取消农业税。

农业特产税收入 1989年起，全市开征农业特产税，税源主要为水产养殖。是年，征收农业特产税58.3万元。1990～2002年，全市共征收农业特产税2469万元，其中1991年因发生特大洪涝灾害而免征。2003年起，全面取消农业特产税。

耕地占用税收入 1987年起，全市开征耕地占用税，征收标准按每平方米6元征收，农民建房减半征收。是年，征收入库耕地占用税税款20.6万元。1988～2005年，全市共征用土地3529.13公顷，征收耕地占用税4697万元。

契税收入 1986年，全县恢复开征契税，征收税率6%，全年征收0.5万元。1995年起，由于市内商品房建设启动，虽然数次调低征收税率，但契税征收总额仍呈迅速增长趋势。1995～1999年，年均征收112.2万元。其中，1997年10月1日至1999年7月31日，税率调整为4%。1999年8月1日，住宅税率调整为2%，商业用房税率仍为4%。2000～2003年，年均征收284.75万元。2004年，征收1118万元。2005年6月1日起，住宅面积超过144平方米的契税税率4%。是年，征收2199万元，创历史新高。

1986～2005年高邮市农业“四税”收入情况一览表

表17-4　　单位：万元

项目 年份	合计	农业税	农业特产税	契税	耕地占用税
1986	600	599	—	1	—
1987	670	649	—	1	21
1988	766	664	—	1	102
1989	929	808	58	3	61
1990	938	793	70	4	72
1991	338	250	—	7	81
1992	1146	944	84	13	105
1993	1152	959	95	46	52
1994	1968	1698	154	—	116
1995	2061	1508	210	95	248
1996	2543	2144	216	82	101
1997	3384	2053	210	106	1015
1998	2541	2012	285	145	99
1999	2654	2001	305	133	215
2000	2683	1873	370	200	240
2001	5106	4539	226	240	101
2002	5378	4660	244	300	174
2003	5871	4904	—	399	568
2004	4846	2889	—	1118	839
2005	2707	—	—	2199	508

三、排污费、罚没收入、教育费附加和其他收入

1986年，全市征收排污费、罚没收入和其他收入共145.8万元。1989年，粮食商业划入县财政，因是年亏损1672万元，致使全县排污费、罚没收入和其他收入为-1206万元。1990年，教育费附加列入财政收入，是年全县排污费、罚没收入、教育费附加和其他收入为-1023万元。2000年，全市排污费、罚没收入、教育费附加和其他收入2444万元，其中排污费260万元、罚没收入1200万元、教育费附加177万元、其他收入807万元，占全部财政收入10.24%。2005年，全市排污费、罚没收入、教育费附加和其他收入3.52亿元，其中排污费356万元、教育费附加1330万元、罚没收入2378万元、其他收入3.12亿元，占全部财政收入35.11%。1986～2005年，全市排污费、罚没收入、教育费附加和其他收入累计7.56亿元，占同期财政收入的16.13%。

第三节 财政支出

1986年，全县财政支出总额为3635万元。其中，教育事业费支出、农林水（农业、林业、水利）与气象支出、行政管理费支出等3项重点费用支出分别占27.28%、15.04%、14.03%。其后，上述3项费用支出仍为主要支出项目，并逐年增长。1992年，受上年特大洪涝灾害影响，各项基本建设投资被大幅度压缩，全市财政支出有所减少。是年，全市财政支出总额比上年下降13.4%。1993年起，全市财政支出呈较快增长趋势，1994年超过1亿元，1998年超过2亿元，2005年达到9.49亿元。2005年，全市财政支出总额是1986年的26.11倍，年均增幅18.73%。

1986～2005年高邮市财政支出情况一览表

表17-5 单位：万元

项目／年份	财政支出	基本建设和企业更新改造支出	农林水与气象支出	文体卫生事业费支出	教育事业费支出	科学事业及科技三项费用支出	行政管理费支出	抚恤和社会福利救济费支出	工交商等部门事业费及其他支出	专款支出	其他各项支出	年终滚存结余
1986	3635	135	547	474	992	6	510	248	165	33	525	408
1987	3786	125	632	427	941	17	541	254	179	46	624	282
1988	4518	110	621	527	1165	18	779	280	245	69	704	438
1989	5573	55	633	636	1317	25	941	306	325	66	1269	606
1990	6262	88	717	736	1505	33	1041	395	363	85	1299	496
1991	9059	227	1004	1008	1764	34	1200	2011	396	168	1247	430
1992	7847	32	1079	1011	1891	44	1435	856	473	200	826	102
1993	9334	451	1245	1189	2358	42	1672	546	531	195	1105	730
1994	11096	271	1181	1474	3823	51	2260	711	614	242	469	1049
1995	13711	282	1504	1717	4778	89	2460	787	808	210	1076	1108
1996	16368	296	1817	1890	5666	92	3194	907	1198	380	928	1215
1997	19621	408	1635	2116	7135	143	4003	956	1209	0	2016	1260
1998	21596	101	1909	2377	7948	167	4493	1184	1298	407	1712	1433

续表17-5

项目／年份	财政支出	基本建设和企业更新改造支出	农林水与气象支出	文体卫生事业费支出	教育事业费支出	科学事业及科技三项费用支出	行政管理费支出	抚恤和社会福利救济费支出	工交商等部门事业费及其他支出	专款支出	其他各项支出	年终滚存结余
1999	24329	149	2282	2298	9138	233	5108	1526	1456	472	1667	98
2000	25363	95	1769	2517	9914	169	5880	1683	955	450	1931	2791
2001	29774	623	2927	2136	11047	254	6994	1760	1110	490	2433	2375
2002	37091	1325	2944	2013	12228	330	9245	2358	1065	545	5038	4234
2003	52437	2184	5370	2967	13594	412	10174	3452	2362	399	11523	5430
2004	64990	1003	4495	3273	16240	703	13274	2933	2828	571	19670	7234
2005	94903	3199	6447	4678	17430	949	16583	4778	3476	1988	35375	6155

一、农林水与气象支出

1986年，全县农林水与气象等部门事业费支出547万元，占全县财政支出15.04%。1987年，该项支出632万元，比上年增长15.54%，占全年全县财政总支出的比例上升到16.69%，占比为历年最高。1989年以后，该项支出除1994年、1997年、2000年、2004年等4个年份分别比上年有所下降外，其余年份均有增长，基本达到《中华人民共和国农业法》提出的关于“每年安排农业支出的增幅高于财政经常性收入增幅”的要求。其中，2003年，该项支出5370万元，比上年增长82.4%，创历史最高增幅。2005年，全市农林水与气象支出6447万元，分别是1986年、2004的11.79倍、1.43倍；占全年全市财政总支出6.79%，为1986年以后20年中占比最低年份。1986～2005年，全市农林水与气象累计支出4.08亿元，占全市财政支出累计额8.84%。

二、基本建设和企业更新改造支出

1986年，全县基本建设和企业更新改造支出135万元，占全县财政支出3.71%。1992年，全市经济特别是工业经济发展提速，基本建设和企业更新改造支出随之增加。1993年，该项支出451万元，是上年的14.09倍，为增幅最大一年。2003年，全市基本建设和企业更新改造支出增加到2184万元，占全市财政支出4.16%，占比创历史新高。2005年，全市基本建设和企业更新改造支出增加到3199万元，年投入额创历史最高，占全市财政支出3.37%。1986～2005年，全市基本建设和企业更新改造累计支出1.12亿元，占全市财政支出累计额2.42%。

三、科教文卫事业支出

1986年，全县科教文卫事业支出1472万元，其中教育事业费992万元、文体卫生事业费474万元、科学事业及科技三项费用6万元，分别占全县财政支出40.48%、27.28%、13.04%、0.17%，教育事业费支出占比一直居各项费用支出之首。1994年起，全市加大对科教文卫事业投入。是年，全市教育事业费达到3823万元。1995年，全市科教文卫事业支出6584万元，占全市财政支出48.02%，占比创历史最高。随着市、乡镇政府对教育的重视，教育事业费投入呈逐年上升态势。2001年，全市教育事业费支出突破1亿元，达到1.1亿元。2005年，全市科教文卫事业支出2.31亿元，是1986年的15.66倍，占全市财政支出24.3%。其中，教育事业费1.74亿元，是1986年的17.57倍，占全市财政支出18.37%，平均每年增幅16.28%。1986～2005年，全市科教文卫事业费累计支出17.01亿元，占全市财政支出累计额36.89%。

四、行政管理费支出

1986年，全县行政管理费及公检法司费用支出510万元。1990年，增加到1041万元。1996年，增加到3194万元。1999年，达到5108万元。2003年，达到1.02亿元。2005年，全市该项费用支出1.66亿元，是1986年的32.52倍，占全市财政支出17.47%。1986～2005年，该项费用累计支出9.18亿元，占全市财政支出累计额19.9%。

五、抚恤和社会福利救济费支出

1986年，全县抚恤和社会福利救济费支出248万元。1991年，全市遭受特大洪涝灾害，全市抚恤和社会福利救济费支出高达2011万元，是上年的5.09倍。此后，随着国家对民生投入的重视，该项支出按照正常年景逐年有所增加，1995年为787万元，2000年增加到1683万元。2005年，该项支出达到4778万元，是1986年的19.27倍，占全市财政支出5.03%。1986～2005年，该项费用累计支出2.79亿元，占全市财政支出累计额6.05%。

六、其他支出

1986年，全县其他各项支出包括城市建设维护支出、政策（价格）补贴支出、支援不发达地区支出、行政事业性收费及政府性基金支出等项支出，共525万元，占全县财政支出14.44%。1990年，全县其他各项支出1299万元，是1986年的2.47倍，占全县财政支出20.74%。1995年，全市其他各项支出1076万元，占全市财政支出7.85%，比1990年下降17.17个百分点。2000年，全市其他各项支出1931万元，占全市财政支出7.61%。2005年，全市其他各项支出3.54亿元，是1986年的67.38倍，占全市财政支出37.27%。1986～2005年，该项费用累计支出9.14亿元，占全市财政支出累计额19.81%。

第四节 财源建设

1986～2005年，市财政局落实财政改革措施和上级政府优惠政策，先后通过投放财政周转金、争取小型技术措施贷款、争取财政扶持企业发展资金等办法，支持企业发展。至2005年，共投放和争取财政资金6.52亿元。

一、发放财政周转金

1986～1998年，市财政局向上、向外拆借资金，累计借入2754万元，利用财政间隙资金，支持企业发展，培植财源，向重点工业企业投放财政周转金5.86亿元。1998年9月，市财政局停止发放财政周转金。

二、争取财政扶持企业发展资金

2001～2005年，市财政局落实和利用扬州市以上各级政府扶持政策，帮助企业向上争取财政扶持资金、“星火计划”、“火炬计划”、技术改造等专项资金共4269万元。其中，2005年帮助扬州宏远电子有限公司争取科技成果转化专项资金1400万元、国债专项资金700万元。

三、争取贷款

1986～1990年，县财政局利用小型技术措施贷款（税前还贷）政策，推动企业更新设备和改进技术，累计向省财政厅争取小型贷款4433万元，帮助企业充实流动资金和技术改造资金。1991年，争取小型贷款工作停止。

第五节　财政管理

一、预算管理

80～90年代，全市经济基础薄弱，财政收入规模小、结构差，预算内财力收不抵支，财政连年赤字，机关事业单位工作人员工资都不能按时发放。2000年，为有效缓解预算内收支矛盾，市政府决定，将预算外资金纳入部门预算。2001年起，采用综合财政预算和零基数预算的方法，全面编制部门预算，一个部门一本预算，实行“短收不补、超收分成”的办法，年终单位收入超基数部分的80%返还给单位。同时，单位除收入之外的一切往来性资金纳入财政专户管理，实行财政专户直接支付，在较短的时间内扭转财政入不敷出的状况。2002年8月，按照省政府和省财政厅就行政性收费和政府性基金纳入预算管理的要求，市政府将公安、法院、计生、环保、工商等部门的行政性收费和社保基金（城镇职工、机关事业、农村社会养老保险费和医疗保险费等）纳入预算管理，按规定预算级次和科目及时足额缴入国库。是年，全市入库行政性收费2009万元、社保基金1726万元。2003年，入库行政性收费2505万元、社保基金6169万元。2004年，入库行政性收费2506万元、社保基金8757万元、土地出让金4001万元。2005年，入库行政性收费2960万元、社保基金1.05亿元、土地出让金1.71亿元。

二、企业财务管理

80年代中后期，全县按照“包死基数、确保上交、超收多留、歉收自补”的原则，合理确定企业承包基数和逐年递增比例，在县属企业中推行承包经营责任制。1987年，全县60家国有企业中有40家签订承包经营合同。1988年，签订承包合同的国有企业增加到57家。其间，县财政局按照承包合同对承包企业实施财务监督管理。1991年，全市所有工业企业财务管理开始实行借贷记账法。1992年6月，市政府制定《关于加快改革开放和经济发展的若干财政政策措施》，进一步完善和落实国有企业各项财政政策措施。1993年起，扬州市财政局将外资和中国港澳台资企业财务管理职能下放到各县，市财政局履行报表汇编职能。此后，随着外商和中国港澳台商投资企业发展，市财政局逐步完善对外资和中国港澳台资企业财务登记、财务年检、财务核查、财务报表汇编、财务培训等财务管理五大职能。1995年，市财政局制定市粮食企业“两线运行”管理办法和《高邮市粮食企业“两线运行”财务管理规范化实施细则》，对政策性业务实行“粮权集中、定价结算、定额补助、包盈不包亏”，对经营性企业实行“放开搞活、自主经营、自我发展、自我约束、自负盈亏”。该管理办法得到扬州市财政局认可并在全扬州市推广。2005年起，全市所有企业统一执行财政部制定的《企业财务通则》和《企业财务会计准则》。是年，全市58家外资和中国港澳台资企业办理财务登记，列入报表汇编的有48家。

三、行政事业单位财务管理

80年代和90年代初，全县行政事业单位财务管理基本由各单位在规定范围内自管自控。1994年，市政府印发《关于进一步完善公费医疗管理，推进公费医疗制度改革的意见》，确定单位公费医疗经费包干标准，年定额标准为在职人员150元、退休人员250元、离休人员300元，财政每年按上述标准的70%下达到各单位，其余30%统筹掌握调剂使用，用于弥补部分无预算外收入单位的超支医疗费补助。1997年，全市开展党政机关事业单位通信设备专项清理工作，党政机关干部公费安装的544部住宅电话折价给个人，收缴折价款23.8万元；清理公费配置的移动电话385部，封存停用115部（含清退给企业43部）。是年，市政府制定《关于加强党政机关事业单位公费电话管理的暂行规定》，对住宅电话、移动电话的补助对象、补助标准、费用结算和装用纪律做出具体规定。2005年起，市政府对农村部分计划生育家庭实行奖励扶助制度，市财政设奖励扶助资金专户，专户封闭运行，奖励扶助金由专户直接支付给奖励扶助对象。是年，全市享受计划生育奖励扶助对象共3513人。

四、国有资产管理

1995年12月，设立市国有资产管理局，为副科级，归口市财政局管理，主要负责国有企业改制工作。2001年，市国有资产管理局撤销，市财政局挂“市国有资产管理委员会办公室”牌子。是年，全市行政事业单位国有资产总额15.15亿元，其中行政单位3亿元、事业单位12.15亿元；负债总额4.29亿元，其中行政单位1.05亿元、事业单位3.24亿元；净资产总额10.86亿元，其中行政单位1.95亿元、事业单位8.91亿元。2005年，市政府印发《高邮市公有资产管理办法》，明确资产持有人、主管部门、资产管理部门职责，规定单位占有、使用、转让及处置公有资产程序；明确市国有资产管理委员会办公室增加负责国有企业改革和重组的职能，并由市政府授权履行出资人职责，承担国有资产管理职责。至是年7月，全市应参加改制的企业91家，改制总成本3.4亿元。改制终结的企业50家，改制尚未终结的企业41家，未兑现改制成本1.25亿元。是年末，全市共有行政事业单位270家，资产总量24.09亿元，其中行政单位6.24亿元、事业单位17.85亿元；有国有企业2家（市粮食购销总公司、市秦谷大厦）、国有控股企业1家（市人民商城有限公司）、国有参股企业2家（市港邮供水有限公司、扬州一洋制药有限公司），国有资产总量1.88亿元，比年初增加5814万元。

五、农业综合开发资金管理

1991～2005年，全市先后实施5期国家农业综合开发项目（每期3年），投入资金累计1.79亿元，其中各级财政投入资金9716.67万元、自筹资金5616.73万元、银行贷款2531.2万元，治理土地2.34万公顷。

1991～2005年高邮市农业综合开发投资情况一览表

表17-6

项目 年份	投资总额（万元）	财政投入（万元）					自筹资金（万元）	银行贷款（万元）	治理面积（公顷）
			中央	江苏省	扬州市	高邮市			
1991	641.31	380.73	167.39	128.43	32.75	52.16	11.78	248.80	1813
1992	544.42	289.86	127.29	97.39	25.18	40.00	5.00	249.56	1667
1993	680.64	308.70	135.80	104.76	28.16	39.98	126.00	245.94	1767
1994	359.09	306.09	144.84	98.51	28.26	34.48	53.00	—	1667
1995	523.53	383.53	182.69	123.94	27.78	49.12	140.00	—	1600
1996	444.04	266.04	132.80	90.06	23.15	20.03	178.00	—	1367
1997	554.40	290.80	172.82	40.05	22.89	55.04	233.60	30.00	1133
1998	999.00	564.00	211.58	190.10	87.62	74.70	405.00	30.00	1967
1999	1255.00	848.00	379.88	151.18	64.85	252.09	377.00	30.00	1900
2000	1030.00	673.00	315.50	95.50	38.35	223.65	324.50	32.50	1400
2001	1067.70	761.65	350.60	124.21	38.85	247.99	306.05	—	1233
2002	629.10	519.30	272.00	171.61	21.50	54.19	109.80	—	1013
2003	2191.77	787.37	337.41	313.47	43.50	92.99	304.40	1100.00	853
2004	4388.40	2085.00	1020.00	913.00	105.00	47.00	1739.00	564.40	3107
2005	2556.20	1252.60	588.80	539.92	63.88	60.00	1303.60	—	887
合计	17864.60	9716.67	4539.40	3182.13	651.72	1343.42	5616.73	2531.20	23374

六、社会集团购买力控购管理

1986年，始行专控商品审批。1987年，全县被列入专控商品审批范围的商品有18种，专控商品购置总额165.38万元。1988年，对专控商品实行“计划管理、指标控制，专项审批、定额供应”办法。1989年，县控制社会集团购买力领导小组成立，下设办公室，设在县财政局，同时开征专控商品附加费。1990年1月，确定专控商品定点销售单位22家。各单位购置专控商品，凭省、市或县控制社会集团购买力办公室审查批准的社会集团购买专控商品申请批准书到定点销售单位购买。是年9月，开征集团购置调节费，按单位申请额的10%计征。1991年1月，开始实行个人购买小汽车填报资金审查登记表办法，杜绝公车入私户，购买的小汽车不转售、过户到集体单位。1993年4月，市专控商品范围调整为汽车、空气调节器等8种商品。调减出来的商品，仍列入指标管理。1994年，继续加强社会集团购买力管理，重点抑制社会集团非生产性开支。1998年，全市严格执行全国财政工作会议提出的“八不准”规定，从紧控制社会集团购买。1999～2003年，强化控购指标管理，实行指令性和指导性分类管理办法。其间，1999年，控购总额达到新高，审批购买小汽车、大轿车金额2355万元。2000年，对机关团体购买大轿车按10%和营业用车按5%筹集再就业资金，全年审批购买小汽车、大轿车180辆，金额1486万元，比上年下降37%。2001年，审批购买小汽车、大轿车264辆，金额2505万元。2002年，审批购买小汽车、大轿车345辆，金额3559万元。2004年7月1日起，全面停止对社会集团购买力的行政审批。

七、政府采购管理

1999年，始行政府统一采购。是年4月，市政府采购办公室成立，挂靠市财政局。5月，市政府制定《高邮市政府采购暂行办法》。6月1日起，市级行政机关事业单位购置汽车、空调器、计算机、复印机、打印机、传真机、移动电话、录像机、电梯、B超等大宗物品，由市政府采购办公室统一采购。是月，市政府采购办公室首次与定点的汽车加油站、维修站（厂）签约，对服务类项目实行定点采购。7月1日起，办理汽车保险、加油、维修等服务项目，均实行政府统一采购。是年，政府集中采购总额208.7万元，节约资金45.6万元，资金节约率22%。2000年，市政府采购办公室继续对全市85家行政事业单位187辆公务用车保险、加油、维修项目实行定点采购，对汽车、计算机、空调和其他大宗办公用品实行集中采购，集中采购累计金额325万元，节约资金71.5万元，资金节约率18%。2001年，全市行政事业单位办公用纸和261辆公务用车保险、加油、维修项目实行定点采购，政府采购金额386.92万元，节约资金88.77万元，节约率18%。2002年，市控制社会集团购买力办公室与市政府采购办公室合署办公，市政府采购办公室分设管理组和操作组。是年，全市政府采购增长较快，采购金额659万元，增幅70%；节约资金70万元，节约率10.3%。2005年，健全政府采购评审专家库，上报政府采购评审专家候选人39人，经省财政厅核准，批复同意37人。政府集中采购新增大宗印刷品、国库集中支付代理银行和市政工程监理等项目3项。全年政府采购金额2301.76万元。

八、经济建设支出管理

1989年5月至1994年8月，全市经济建设项目财务管理委托中国建设银行市支行代理。1994年9月，市财政局收回全市经济建设项目财务管理工作职能，由预算科负责经济建设项目财务指标管理，由农业科、农业发展办公室负责项目立项与实施管理，由市审计局负责项目预算、决算。2004年，市财政局设立经济建设科，负责筹集重大项目发展基金，负责由市政府制定的鼓励工业经济加快发展、推进城区工业发展、扶持服装产业发展和外商到高邮投资兴业等一系列优惠政策的结算和兑现落实工作。当年，共兑现奖励资金433.04万元。是年，制定《高邮市政府投资项目管理暂行办法》。全年共安排道路改造和延伸、绿化等重点工程建设资金5300万元，通过预算审核和招标监理节约城建资金486万元。

九、会计事务管理

1986年，全县会计管理工作起步，由县财会职工学校代为履行会计事务管理职能。1990年3月，县财政局设会计事务管理股，负责全县会计事务管理工作，检查督促全县会计法律法规宣传和贯彻执行情况，开展财会业务指导与培训工作。1993年4月，市财政局分行业、分层次举办培训班，组织学习财政部制定的《企业财务通则》《企业会计准则》和新的行业财务会计制度，全市国有企业、集体企业和实行企业化管理的事业单位与企业主管部门的财会人员参加培训。1994年7月，会计管理增加会计从业资格考试、会计电算化记账验收和会计专业技术职称考试等职能。1996年，市财政局举办企业改制培训班，提高企业会计人员清产核资、处置公有资产水平。是年，市政府办公室印发《高邮市会计管理办法》，对单位会计任用、考核、奖惩、职责权限、辞退等做出具体规定。1997年4月，市财政局组织编写《高邮市会计基础工作操作规程》，制定《高邮市会计基础工作规范化考核验收细则》。2001年，市财政局成立会计管理中心，与会计科合署办公。市政府印发《关于市属部分行政事业单位实施会计委派制的工作意见》，首批对市教育局、市建设局、市公安局、市交通局、市水利局等单位实行会计派驻制，对市人防办、市农村能源办公室、市农业资源开发局、市司法局、市蚕桑站和市委党校等单位实行报账结算制。2002～2004年，组织开展创争会计基础工作规范化活动，达到优秀等级的单位40家，达良好等级115家，达合格等级306家。2005年，随着财政国库集中支付开展，会计委派制终止。至是年，全市150多家机关事业单位财务内部控制制度和重点企业会计核算体系建立。全市取得高级会计专业技术职称28人，取得中级会计专业职称429人，取得初级会计专业职称837人，取得会计从业资格证书4300人。

十、财政工资统发

1985～2001年，全市乡镇公务员和教师工资一直采取市（县）级调度资金、乡镇负责发放的办法，但时有乡镇挤占公教人员工资或工资发放不够及时的情况。2002年4月，根据省委办公厅、省政府办公厅制定的《关于保障机关事业单位职工工资正常发放的办法》，市财政部门按照就近、方便、快捷的原则，为各乡镇公务员和教师在金融机构开设个人工资账户，将公教人员国标工资上划市管理，按月直接打入个人工资账户。是年6月，对市直参加部门预算的全额拨款性质在编职工和离退休人员，乡镇教师、政府机关在编职工和离退休人员，实行财政统一发放工资。2005年，市政府印发《关于乡镇公务员、中小学教师省标补贴统发工作的实施意见》，对省规定的各项津贴、补贴，依托个人国家标准工资账户，由市级财政按月打入个人工资账户，确保乡镇公务员和教师工资按时发放。

2002～2005年高邮市财政统发工资情况一览表

表17-7

项目 年份	统发工资总额（万元）	统发工资人数（人）	教师	公务员	项目 年份	统发工资总额（万元）	统发工资人数（人）	教师	公务员
2002	5640	7697	6406	1291	2004	7259	7678	6396	1282
2003	5701	7653	6370	1283	2005	11895	7680	6407	1273

十一、财政资金国库集中支付

2003年，市政府印发《高邮市财政性资金直接支付暂行办法》。该办法规定，对列入部门预算的全额拨款性质在职在编人员工资及离退休人员离退休金，城市居民最低生活保障费和民政优抚、社会救助对象定期生活补助费，列入政府集中采购范围的公用支出、专项支出，支付对象明确、可直接支付的其他专项支出（包括会议费、上缴上级支出、基建支出、城建资金、归还贷款利息），财政专户管理的往来款项、农业税灾欠减免资金、村级三项资金付款等5个方面款项，实行由国库或财政资金专户直接支付到商品、劳务供应者或用款单位。2005年8月，市国库集中支付中心建立，负责办理财政性资金集中支付的具体业务，实行“前台支付、后台核算，网络化管理、一条龙服务”管理方式。建立财政国库单一账户体系，所有财政资金纳入国库单一账户体系管理，收入直接缴入国库或财政专户，支出通过财政国库单一账户体系支付到商品和劳务供应者或用款单位。市直属单位开设财政零余额账户和单位零余额账户，同时撤销各单位的原支出账户。通过公开招标，选择工商银行高邮支行、建设银行高邮支行为市国库集中支付代理银行，并建立银行支付网络系统。是年，在市科技局、市司法局、市农业资源开发局、市粮食局、市残联等5家预算单位开展国库集中支付首批试点工作。

十二、国库券代理业务

1986年，县内始发行国库券，主要是通过财政部门采取行政分配方式完成发行任务。县财政局设立常年兑付网点。1990年4月，县国债服务部成立，专门负责国库券发行。随着市场经济体制建立和财政体制、金融体制改革不断深化，国库券发行方式逐步与国际接轨，采取市场运作、投资者自愿认购方式。2002年初，市国债服务部撤销，国库券发行业务转由国家指定的金融机构代理，往年经国债服务部发行且到兑付期的国库券同时转由相关金融机构兑付。

第六节 财政监督

一、预算外资金管理

1986年，县直机关事业单位按照县政府核定的标准与范围，自行使用预算外资金，一般为自收自支。1987年，县政府印发《高邮县预算外资金管理暂行办法》，将预算外资金改自收自支为集中代管、专户储存。是年，县财政专户储存12家行政事业单位预算外资金542万元。1991年，市政府清理整顿预算外资金账户，市直行政事业单位有预算外资金账户60个，全部由单位与市政府签订专户储存协议书，全市纳入专户储存的行政事业单位比1990年增加39家。是年，总结推广郭集乡经验，全市80%乡镇制定管理制度和管理办法，接受乡镇财政统管的单位有179家，统管资金455万元。1994年，市直行政事业单位纳入专户储存的预算外资金2507万元。1996年起，市财政局先后制定《高邮市预算外资金管理暂行办法》《预算外资金财政专户储存缴存、拨付的实施意见》，全面清理行政事业单位预算外资金。市直75家部门开展自查，自查面100%；被列为重点抽查的有24家部门的45家单位。清查结果显示，至1995年末，市直部门单位预算外收入1.7亿元，乡镇预算外收入9100万元，查出各类违纪金额500万元。按照收支两条线管理的要求，撤销行政事业单位预算外资金收入账户395个，划转资金1800万元。1997年，全市又一次组织清理预算外资金，查出违纪金额1100万元。1998年3月，市政府颁布1号令《高邮市预算外资金管理办法》，成立市预算外资金结算中心，对市级机关预算外资金收付和核算全部实现计算机管理。1999年，市财政局对预算外资金立项审批、票据使用、账户管理、资金使用、财务处理等方面加强检查、指导、监管，市直单位预算外资金缴存率由上年的95%上升到98%，乡镇预算外资金管理率达到100%。张轩乡“零户管理”的做法获得省财政厅肯定，并在全省预算外资金管理研讨会上交流。2000年，市委、市政府印发《关于加强综合财政预算管理的意见》，明确综合财政预算管理的原则、方法、措施等，清理部门、单位银行账户，共撤销账户30个，划转资金105万元。各部门、单位只保留一个支出账户，支出账户除财政拨入外，只出不进。对市直44家部门和99家单位的基本情况调查摸底，核定收支基数，下达收支计划。2001年，在市公安局、市法院、市教委、市国土局、市建委、市交通局、市卫生局、市水利局等8家市直机关部门及其下属的101家单位实行“票款分离”试点，遏制部门、单位坐收坐支、转移隐瞒收入等违规违纪行为，增加财政专户存款余额，缓解财政资金供需矛盾。2005年，市政府为下年度实施“乡财市管”财政管理体制做好基础性工作，完成乡镇所属单位账户和票据清理，制定配套制度和实施方案。

二、税收、财务、物价大检查

1986年，县政府建立税收、财务、物价大检查工作班子。11月，成立县财政局财政监察组。是年，开展对全县工商企业和行政事业单位的税收、财务、物价大检查，共查出违纪金额17万元。1987年，开展3次财税大检查，共查出违纪金额228万元，补缴入库141.22万元。1991年，市政府按照“自查从宽，被查从严，实事求是，宽严适度”的原则，抽查国有、集体、行政事业单位203家，重点检查税源大户和边远企业、免税企业、福利企业、小型企业，抽查面12.5%，查补入库违纪金额64万元。1992年，集中开展非商事凭证专项检查，共查出违纪金额295.7万元，补缴入库198.5万元。是年，清理整顿执法人员着装，取消8家部门擅自着装，停止乱着装共616人，个人补缴着装费7.1万元。1993年，全市开展自查自纠的单位和个体工商户6354家，市政府重点抽查的单位和个体工商户1416家，共查出违纪金额274万元，补缴入库170万元。同时开展治理乱收费，取消乱收费项目42项，其中地方自定项目13项。1994年，在税收、财务、物价大检查中共查出违纪金额263万元，补缴入库163万元。1995年，集中组织开展清理“小金库”。开展自查的单位424家，重点抽查的单位20家，共查出“小金库”违规金额276.87万元。1995年，全市开展自查的单位6151家。市大检查办公室抽调387人组成95个检查组，重点检查其中的1617家单位（户），共查出违纪金额343万元，补缴入库257万元。1996年，全市组织96个检查组316人次，分两个阶段重点检查2282家单位，检查面41.5%，共查出违纪金额322万元，补缴入库286万元，受到经济处罚的单位60家。1997年，全市税收、财务、物价大检查重点检查1986家单位，共查出违纪金额232万元，补缴入库166万元。1998年，税收、财务、物价大检查停止。其后，财经纪律大检查由财政稽查取代。

三、财政稽查

2000年8月，市财政稽查大队成立。是年，组织开展全市财政综合预算执行情况检查，专项检查市自来水公司和13家房地产开发企业代收政府规费情况，查出违规违纪资金4100万元，对72家单位5个方面违规问题发出责令整改书，严肃处理22家单位违纪问题，收缴违纪资金240万元。2001年，检查实行会计委派试点的5个系统共43家单位的财务运行及综合预算执行情况，查出违规违纪资金1100万元，向25家单位发出整改通知书，向21家单位下达处理决定书，收缴违纪资金281万元。专项检查市房改办售房收入基金和市交通局公路营运标志牌有偿使用费，重点检查市国债服务部撤销前的财务收支情况。2002年，重点对市民政、社保和卫生系统50家单位开展常规检查，查出违规违纪资金1700万元，向20家单位发出整改通知书，向13家单位下达处理决定书，收缴违纪资金274.30万元。2003年，常规检查水利、公安等10个系统55家单位，查出违规违纪资金1640万元，向20家单位发出整改通知书，向15家单位下达处理决定书，收缴违纪资金120万元。专项检查12家单位的会计信息质量。2004年，开始实施乡镇财政预算执行情况检查，检查高邮镇、三垛镇和卸甲镇的52家单位，规范乡级财政预算管理行为，查出违规违纪资金1500万元，向42家单位发出整改通知书，向7家单位下达处理决定书，收缴违纪资金120万元。组织开展清理公有房屋出租、统一着装、用公款为个人购买商业保险、党政机关工作人员借用拖欠公款、机关超规定配备小汽车等“五项清理”，其中清欠拖欠公款974.06万元、清理违规购买商业保险26.32万元。2005年，检查市公安、教育等12个系统的40家市直单位财务收支与财政综合预算，并开展下查一级工作，检查乡镇财政预算外资金收支两条线管理情况，查出违规违纪资金1915万元，向15家单位发出整改通知书，向21家单位下达处理决定书，收缴违纪资金173.88万元。检查8个乡镇的民政资金、村级行政管理费和其他专项资金，共清核民政优抚对象441人。

第二章　税　务

1984年10月，全县在1983年10月国有企业实行第一步利改税的基础上，实行第二步利改税。自此，全县税制由单一税制发展为以流转税、所得税为主体的复合税制体系。1993年，全市逐步建立和推行征收、管理、稽查三分离的税收征管制度。1994年9月，撤销市税务局，建立市国家税务局和市地方税务局。市国家税务局归属国家税务总局，实行垂直管理，主要负责中央税、中央地方共享税征收管理；市地方税务局属政府职能部门，主要负责地方税的征收管理。1997年10月，市地方税务局上划省地方税务局，实行垂直管理。2005年，市国家税务局下设8个税务分局和1个稽查局，市地方税务局下设9个税务分局和1个稽查局。全市税务系统负责征管的税种主要有：增值税、营业税、企业所得税、外商投资企业和外国企业所得税、个人所得税、消费税、土地增值税、城市维护建设税、车船使用税、房产税、资源税、城镇土地使用税、印花税等。是年，全市征收税收总额9.72亿元，其中国家税收5.55亿元、地方税收4.17亿元。

第一节　税收体制改革

1986年，全县征收的工商税种23种，即产品税、增值税、营业税、工商统一税、国有企业所得税、国有企业调节税、集体企业所得税、私营企业所得税、城乡个体工商业户所得税、个人收入调节税、盐税、资源税、燃油特别税、建筑税（1992年停征）、国有企业奖金税、集体企业奖金税、事业单位奖金税、国有企业工资调节税、城市维护建设税、房产税、车船使用税、屠宰税、牲畜交易税。至1993年，全市征收的工商税种逐步增加到31种。

1994年1月，国家实行以分税制为主要内容的税制改革，原征收税种被划分为中央税和地方税。是年起，全市实施新税制，将原对国有企业、集体企业和私营企业分别征收的多种所得税合并为统一的企业所得税；将原个人所得税、个人收入调节税、城乡个体工商户所得税合并，建立统一的个人所得税；取消产品税，把原由产品税、增值税、营业税组成的流转税改为由增值税为主体，消费税、营业税并存，内外统一的流转税制；对商品的生产、批发、零售和进口普遍征收增值税，并选择部分消费品交叉征收消费税，对不实行增值税的劳务交易和第三产业征收营业税。经调整，全市工商税有增值税、消费税、营业税、资源税、土地使用税、企业所得税、个人所得税、外商投资企业和外国企业所得税、固定资产投资方向调节税、城乡维护建设税、房产税、车船使用税、印花税、屠宰税、遗产和赠与税、土地增值税、证券交易税等16个税种。是年11月，新组建的市国家税务局、市地方税务局划分征管范围。市国家税务局负责中央税、中央与地方共享税及基金、附加征管，具体为：增值税，消费税，进口产品消费税、增值税、直接对台贸易调节税（委托海关代征），铁道、各银行总行、保险总公司集中缴纳的营业税、所得税，

图17-1　市国家税务局办公楼

中央企业所得税，地方和外资银行与非银行金融企业所得税，海洋石油企业所得税、资源税，证券交易税，对市内外商投资企业和外国企业的各项税收以及外籍人员和华侨、中国港澳台同胞缴纳的个人所得税，出口产品退税的管理，集贸市场和个体户的各项税收，中央税的滞补罚收入，按中央税、共享税附征的教育费附加，国家能源交通重点建设基金、国家预算调节基金。增值税作为中央与地方共享税，75%为中央财政收入，25%为地方财政收入。消费税作为中央财政固定收入，直接入中央金库。市地方税务局负责地方税及基金、费、附加征管，具体为：营业税、企业所得税、个人所得税、土地增值税、城市维护建设税、车船使用税、房产税、屠宰税、资源税、城镇土地使用税、固定资产投资方向调节税、印花税、筵席税（未开征）、地方事业发展基金、粮食风险基金、市场物价调节基金、人民教育基金、教育费附加等，全部收入为地方财政收入，纳入地方各级金库。1996年7月，市国家税务局负责征管的外商投资企业和外国企业的各项税收、集贸市场和个体户的各项税收改由市国家税务局、市地方税务局分别征管，即外商投资企业和外国企业的增值税、消费税、外商投资企业和外国企业所得税由市国家税务局负责征管，营业税、个人所得税及其他地方税种由市地方税务局负责征管；集贸市场和个体户的增值税、消费税由市国家税务局负责征管，营业税、个人所得税和其他税收由市地方税务局负责征管。

1999年7月，按照国家税务总局《关于1999年度固定资产投资方向调节税有关政策及征管问题的通知》，市地方税务局对固定资产投资方向调节税减半征收。11月，恢复征收储蓄存款利息所得个人所得税，由吸收存款的金融部门代扣代缴，由市国家税务局负责征管。2000年1月，按照财政部、国家税务总局、国家发展计划委员会联合印发的《关于暂停征收固定资产投资方向调节税的通知》，市地方税务局暂停征收固定资产投资方向调节税。2001年1月，按照财政部、国家税务总局《关于农村税费改革试点地区取消屠宰税的通知》，市地方税务局停征屠宰税。2002年1月，按照国家税务总局《关于所得税收入分享改革后税收征管范围的通知》，新办企业的企业所得税改由市国家税务局征管，对生产企业的出口货物由原来的先征后退改为免抵退税。

第二节　市税务局征收税种和基金

1986年起，县税务局征收的23种工商税种中，城乡个体工商业户所得税、个人收入调节税、城市维护建设税、屠宰税、房产税、车船使用税、印花税、国营企业奖金税和工资调节税、集体企业奖金税等属地方预算固定收入，中央国营企业所得税和调节税等属中央预算固定收入，其余上缴并参与分成。同期，征收地方预算调节基金、国家能源交通重点建设基金、教育费附加。1989年起，先后开征社会发展基金（后改为副食品发展基金）、物价调节基金、粮食补贴基金。农业发展基金由县、乡两级按所属企业收入分成，副食品基金全归地方财政，物价调节基金和粮食补贴基金与省财政分成。除1991年受洪涝灾害影响税收下降7.81%外，其余各年份税收逐年稳步增长。1994年，全市在征的19种税种和教育费附加，完成税收总额1.06亿元。

1986～1994年高邮市税务局税费征收情况一览表

表17-8　　单位：万元

年份＼项目	合计	产品税	增值税	营业税	企业所得税	个人所得税	涉外税收	其他税费
1986	3637	906	740	1144	683	—	—	164
1987	3746	934	763	1179	704	—	—	166
1988	4115	641	1084	1578	599	4	—	209

续表 17-8

项目 年份	合计	产品税	增值税	营业税	企业所得税	个人所得税	涉外税收	其他税费
1989	4867	570	1517	1818	583	88	28	263
1990	5363	543	1743	1855	823	63	36	300
1991	4944	587	1608	1640	682	59	52	316
1992	5819	299	2309	1951	705	70	61	424
1993	9097	1145	4224	2385	647	73	132	491
1994	10618	—	8000	1454	609	72	369	114

一、产品税

1984年10月，县税务局开征产品税。产品税按产品或大类产品分为工业产品24类260个税目和农、林、牧、水产品10个税目。税率最高按产品销售额的60%征收，最低仅3%。1986年，全县共征收产品税906万元。是年起，工业品产品的征税税目逐步改征增值税。1993年，改征增值税的工业品产品税目共有174个，继征产品税的税目尚存86个，全市共征收产品税1145万元。1994年，通过税制改革，产品税全部取消，全市工业产品全部改征增值税或消费税。

二、增值税

1983年，县税务局试征增值税。增值税分为甲、乙两大类，按12个税目、6个不同税率进行征收。1986年，全县共征收增值税740万元。1994年，市税务局共征收增值税8000万元。

三、营业税

1984年10月，县税务局恢复征收营业税。计征税率为分行业差别比例税率，最高15%，最低3%。1986年，县税务局共征收营业税1144万元。1994年，市税务局共征收营业税1454万元。

四、企业所得税

1983年，在第一步利改税税制改革中，全县有58家国营企业将上缴利润改为缴纳国营企业所得税。1984年，县税务局开征国营企业调节税。1986年，县税务局开征集体企业所得税，按10%～55%的8级超额累进税率计征。是年，全县共征收企业所得税683万元。1988年，县税务局始征私营企业所得税。凡经工商行政管理部门注册核定、雇用人员8人以上、账证齐全的私营企业为纳税单位，按33%的比例税率计算征收。是年，征收私营企业所得税51.4万元。1994年，全市共征收企业所得税609万元，其中国有企业所得税192万元、集体企业所得税375万元、私营企业所得税42万元。

五、个人所得税

1980年9月，县税务局开征个人所得税。1986年1月，县税务局开征城乡个体工商业户所得税，按10级超额累计税率计征。10月，县税务局开征个人收入调节税。1994年1月起，个人所得税、个人收入调节税、城乡个体工商业户所得税统一为个人所得税。是年，征收个人所得税72万元。

六、其他税费

1984～1985年，县税务局按照第二步利改税改革要求，征收的其他税种有盐税、城市维护建设税、建筑税、资源税、屠宰税、牲畜交易税、企业调节税、奖金税等，同时恢复征收契税。1986年，恢复征收房产税，开征车船使用税和教育费附加。1987年，开征个人收入调节税，自行车税纳入车船使用税中征收。1988年，恢复征收印花税，开征城镇土地使用税。1991年，开征固定资产投资方向调节税，同时停征建筑税。1993年，盐税改为资源税的一个税目征收。1994年，征收其他税费税种1种，实征税额107万元；征收和代征基金等费种2种，实征费额7万元。至是年末，县税务局征收的其他税费还有消费税、副食品基金、市场物价调节基金、粮食风险基金、农业发展基金、防洪保安基金、人民教育基金、国家能源交通重点建设基金、国家预算调节基金等。

第三节 市国家税务局征收税种和基金

1994年9月起，市国家税务局组织征收的税费种类有增值税、营业税、消费税、企业所得税、涉外企业所得税、个人所得税、教育费附加、城市维护建设税、车船使用税、车辆购置税、房产税、屠宰税、印花税等，其中增值税是国家税务机关征收的主体税种。1995年，房产税、屠宰税、印花税、城市维护建设税、车船使用税等5个税种明确划归市地方税务局征收。2004年，营业税和教育费附加划归市地方税务局征收。2005年，开征车辆购置税。至是年末，市国家税务局负责征收的税费种类有增值税、消费税、企业所得税、个人所得税、车辆购置税、涉外税收。是年，市国家税务局征收税额5.55亿元，其中增值税4.48亿元，占80.72%。

1995～2005年高邮市国家税务局税费征收情况一览表

表17－9　　单位：万元

年份＼项目	合计	增值税	企业所得税	个人所得税	消费税	营业税	车船使用税和车辆购置税	涉外税收	其他税费
1995	11333	9462	147	103	300	245	1	823	252
1996	13122	10971	307	65	301	85	1	1143	249
1997	14638	12560	182	—	300	207	—	1229	160
1998	16468	14011	241	—	400	380	—	1357	79
1999	16196	13622	168	4	718	300	—	1303	81
2000	17241	13882	597	677	402	405	—	1157	121
2001	23212	18866	1025	1277	552	328	—	1001	163
2002	28687	24664	1177	1388	253	106	—	921	178
2003	33217	29386	1312	1370	165	19	—	833	132
2004	41754	36066	1782	1640	188	—	—	2036	42
2005	55463	44827	2884	1923	270	—	246	5266	47

说明：表中数据由市国家税务局提供。

一、增值税

1994年11月起，市国家税务局负责征收的主要税种是增值税。征收的增值税实行价外税，即对在市内生产、加工、销售货物或提供应税劳务的征收增值税。在征收管理中，对从事货物生产或提供应税劳务的纳税人年销售额在100万元以上，或从事货物批发或零售的纳税人年销售额在180万元以上的一般纳税人，基本税率17%或13%，有权领购使用增值税专用发票和按规定取得进项税额的抵扣权。对不足以上应税额的小规模纳税人按6%的税率征收，不得领购增值税专用发票，不予抵扣进项税额。1995年，市国家税务（简称国税）系统征收增值税9462万元。1998年7月起，商业企业小规模纳税人增值税税率由6%调减为4%。2002年，市国税系统征收的增值税税额首次超过2亿元，达到2.47亿元。2005年，市国税系统征收的增值税税额上升到4.48亿元。

二、企业所得税

1994年11月起，市国家税务局负责征收中央企业、金融企业、外商投资企业等企业所得税，基本税率30%，地方所得税税率3%。1995年，市国税系统征收企业所得税147万元。此后，企业所得税税额不断上升。2002年1月起，新建企业的企业所得税均由市国家税务局征收。2005年，市国税系统征收的企业所得税税额上升到2884万元。

三、个人所得税

1994年11月起，市国家税务局负责征收个人所得税。至1997年，个人所得税全部划归市地方税务局征收。1999年11月起，市国家税务局依法对城乡居民在市内金融机构储蓄存款利息所得，按照每次取得的利息全额计征个人所得税，征税税率20%。2000年，市国税系统征收居民储蓄存款利息个人所得税677万元。随着居民储蓄及利息不断上升，居民储蓄利息个人所得税征收额逐年上升。2005年，市国税系统征收居民储蓄利息个人所得税1923万元。

四、消费税

1989年2月起，对彩色电视机和小轿车征收特别消费税。1994年起，执行《中华人民共和国消费税暂行条例》，原消费税有关规定同时废止。1994年11月，市国家税务局负责征收消费税。征收范围主要是鞭炮和粮食白酒行业。按照应税消费品销售额或销售量，采用从价定率或从量定额的征收方法，征收税率3%～45%。1995年，市国税系统征收消费税300万元。2001年为全市消费税征收额最高年份，征收消费税552万元。2005年，市国税系统征收消费税270万元。

五、营业税

1994年11月，市国家税务局负责征收各银行、保险公司集中缴纳的营业税。1995年，市国税系统征收营业税245万元。2000年，市国税系统征收的营业税达到历史最高额，为405万元。2001年起，金融、保险业营业税税率每年下调1个百分点。至2003年，金融、保险业营业税税率从原来的8%降低到5%。2004年，营业税划归市地方税务局征收。

六、车船使用税和车辆购置税

1994年9月后，市国家税务局仍负责征收车船使用税。是年，征收车船使用税71万元。此后，该税逐步划归市地方税务局征收。1997年，市国家税务局停征该税。2005年1月起，市国家税务局开征车辆购置税，实行从价定率办法计算应纳税额。是年，市国税系统征收车辆购置税246万元。

七、涉外税收

1990年6月，全县涉外税收征管权限由扬州市税务局下放给高邮县税务局。是年，县税务局开征外商投资企业增值税，征收上年和当年外商投资企业增值税分别为28万元、36万元。1993年，市税务局始征外商投资企业所得税，分别按照33%、20%两种税率征收。是年，征收外商投资企业所得税、增值税分别为10.8万元、121.5万元。1994年，全市所有涉外税收均由市国家税务局征收。市国家税务

图 17-2 市国家税务局城区管理分局办税大厅

局设立涉外税务分局，专职其事。是年，征收涉外税收369.3万元，其中增值税353万元、所得税16.3万元。此后，全市涉外税收征收税种仍为外商投资企业增值税和所得税。2004年，市国家税务局征收外商投资企业增值税和所得税共2036万元。同时，落实兑现国家对外商投资企业的各项优惠政策，全市外商投资企业享受税收优惠总额3784.5万元，其中企业所得税“两免三减半”415.5万元、1994年1月后设立的外资企业出口产品退税3159万元、1993年末前设立的外资企业超税负返还210万元。2005年，市国家税务局征收外商投资企业税收5265.58万元，其中增值税5051.95万元、所得税213.63万元。全市外商投资企业享受税收优惠5716万元，其中企业所得税“两免三减半”355万元、出口产品退税5361万元。

八、其他税费

1994年11月起，市国家税务局征收的其他税费有城市维护建设税、房产税、屠宰税、印花税、教育费附加等。1995年，市国税系统征收的其他税费收入252万元。1997年，市国税系统停征房产税、屠宰税、印花税、城市维护建设税。1998年，市国税系统停收工商税收税款滞纳金及罚没款收入。2001年，市国税系统征收税务部门其他罚没收入和税务行政收费收入。2003年7月起，市国税系统停征教育费附加。2005年，市国税系统负责征收的其他税费仅剩税务部门其他罚没收入和税务行政收费收入两项，征收额分别为7万元、40万元。

第四节 市地方税务局征收税种、基金和保险费

1994年9月，市地方税务局组织征收的税费种类有营业税、企业所得税、个人所得税、城市维护建设税、房产税、城镇土地使用税、车船使用税、印花税、资源税、屠宰税、固定资产投资方向调节税和代征相关基金。1995年，开征土地增值税。2000年，停征固定资产投资方向调节税，开始代征社会保险费。2001年，停征屠宰税。至2005年，市地方税务（简称地税）系统征收的税种有营业税、企业所得税、个人所得税、城市维护建设税、房产税、土地增值税、城镇土地使用税、车船使用税、印花税、资源税等10种税种和教育费附加（含地方教育费附加）、社会保险费、综合基金等3项代征基金（费）。

1995～2005年高邮市地方税务局税费征收情况一览表

表17-10　　单位：万元

项目 年份	合计	营业税	企业所得税	个人所得税	城市维护建设税	房产税	城镇土地使用税	土地增值税	车船使用税	印花税	资源税	屠宰税	固定资产投资方向调节税	社会保险费	教育费附加（含地方）	综合基金
1995	4873	1142	564	72	495	108	39	—	105	34	33	12	104	—	27	2138
1996	5403	1522	534	291	469	157	43	4	101	42	81	27	116	—	—	2016
1997	6347	1733	625	514	468	191	45	7	103	89	112	27	133	—	—	2300

续表17-10

项目 / 年份	合计	营业税	企业所得税	个人所得税	城市维护建设税	房产税	城镇土地使用税	土地增值税	车船使用税	印花税	资源税	屠宰税	固定资产投资方向调节税	社会保险费	教育费附加（含地方）	综合基金
1998	7120	2190	517	651	523	214	50	8	116	100	72	30	148	—	—	2501
1999	7151	2383	457	769	585	267	59	9	49	118	130	51	174	—	—	2100
2000	7724	2597	564	894	641	368	119	10	104	133	154	77	10	—	100	1953
2001	19105	4608	718	1076	948	394	114	5	63	147	274	60	—	7695	350	2653
2002	21783	2830	1166	921	1167	404	97	1	60	214	429	—	—	11074	460	2960
2003	27306	4119	1156	1408	1600	578	148	5	49	300	187	—	—	15249	—	2507
2004	33683	5704	1649	1813	2036	666	153	107	98	351	140	—	—	16829	802	3335
2005	41770	7137	2527	2126	2903	816	230	392	100	389	282	—	—	21271	1330	2267

说明：表中数据由市地方税务局提供。

一、营业税

1994年9月，市地方税务局负责营业税征收。营业税是市地方税务局负责征收的主要税种。纳税义务人为市内提供应税劳务、转让无形资产或销售不动产的单位和个人。市内营业税设置为9个税目、3档税率，即交通运输业、建筑安装业、邮电通信业、文化体育业税率3%，金融保险业、服务业、转让无形资产和销售不动产税率5%，娱乐业税率5%～20%。营业税按期纳税的起征点为月营业额400元，按次纳税的起征点为每次（日）营业额50元。1995年、1996年，市地税系统征收营业税分别为1142万元、1522万元。1997年1月起，金融保险业税率调高至8%，提高的3%部分由市国家税务局征收。2001年，金融保险业营业税税率在3年内每年下调一个百分点，娱乐业营业税统一按20%的税率征收。2002年7月，为鼓励个体私营经济的发展，全市按期纳税的起征点上调为月营业额500元。是年，因税率调降，加之银行贷款规模缩小、利率下降，基本建设控减和企业经济效益下滑等影响，市地税系统征收的营业税税额从上年的4608万元下降到2830万元。2003年1月，全市按期纳税的起征点上调为月营业额1000元。是年10月，全市营业税按期纳税起征点上调为月营业额5000元，按次纳税的起征点调整为每次（日）100元。2003～2005年，市地税系统征收的营业税税额持续稳定增长。2005年，征收营业税7137万元。

二、企业所得税

1994年1月，国营企业所得税、集体企业所得税和私营企业所得税统一为企业所得税。9月，该税由市地方税务局负责征收。纳税人为市内实行独立经济核算的企业或经济组织（外商投资企业和外国企业除外）。是年，全市企业所得税实行统一的33%比例税率。

1995年起，市地方税务局采取查账征收、核定征收、查定征收、查验征收、定期定额征收以及其他方式征收企业所得税。1995～1997年，市地方税务局开展企业所得税汇算清缴，对12家经济效益好的企业实行跟踪督促检查，保证税款按时足额入库。1998～2000年，全市部分企业经济效益大幅度下降，企业所得税税源萎缩，征收额下降。2002年1月，市地方税务局停征个人独资企业和合伙企业所得税。是年起，由于一批骨干企业的迅速成长，市地税系统所征企业所得税税额跃过1000

万元大关，并呈逐年大幅度增长态势。2005年，市地税系统征收企业所得税2527万元，是1995年的4.48倍。

三、个人所得税

1994年9月，市地方税务局负责征收个人所得税。纳税人为市内有住所，或者虽无住所但在市内居住满一年，以及无住所又不居住或居住不满一年但有从市内取得所得的个人，包括中国公民、个体工商业户、外籍个人等。对个人工资、薪金所得实行5%～45%的9档超额累进税率；对个体工商业户的生产、经营所得和对企事业单位的承包经营、承租经营所得，实行5%～35%的5档超额累进税率；对劳务报酬所得，稿酬所得，特许权使用费所得，利息、股息、红利所得，财产租赁所得，财产转让所得，偶然所得和其他所得实行20%的比例税率。1995年起，市地方税务局采取"双向申报"（凡个人取得工资、薪金、劳务报酬收入的，不论是否达到纳税标准，个人都应申报收入情况，支付单位亦应申报支付个人收入情况和扣缴税额情况）、定额定率、代扣代缴和对高收入行业、高收入者的个人所得税控管等方式和办法，加强对个人所得税的征收。是年，市地税系统征收个人所得税72万元。1996年8月，市地方税务局对试行年薪制企业经营者的工资、薪金所得应纳的税款，实行按年计算、分月预缴的方式计征，即企业经营者按月领取的基本收入，在减除800元的费用后，按适用税率计算应纳税款并预缴，年度终了领取效益收入后，合计其全年基本收入和效益收入，再按12个月平均计算实际应纳税款。全市委托313家单位为个人所得税扣缴义务单位。1998年，扣缴义务单位扩大到800家。2001年，市地税系统征收个人所得税额首次突破1000万元，达到1076万元。2002年1月起，对停征企业所得税的个人独资企业和合伙企业投资者的个人所得税比照个体工商业户的生产经营所得应税项目征收。是年，对全市私房出租收入采取固定扣除基本费用和修缮费用，核定征收个人所得税的办法，确定全市私房出租收入基本费用和修缮费用的固定扣除标准为2000元/月，月租金收入未超过2000元的不征收个人所得税；超过2000元的，按全部租金收入的1%征收个人所得税。2003年起，对高收入行业和高收入人群实行重点监控。是年，征收个人所得税1408万元，其中股息、红利个人所得税171万元。2004年1月起，全市个人所得税工资、薪金所得项目费用扣除标准为1600元。是年征收个人所得税1813万元。2005年，市地税系统征收个人所得税2126万元。

四、城市维护建设税

1994年9月起，市地方税务局负责征收城市维护建设税。纳税人为缴纳增值税、消费税、营业税（简称"三税"）的单位和个人。该税收入由市政府安排使用。城市维护建设税以其实际缴纳的"三税"税额为计税依据，实行地区差别比例税率，纳税人所在地在城镇的实行5%税率，纳税人所在地不在城镇的实行1%税率。2000年4月，市地方税务局确定，对在城市规划区（西到京杭运河、东到淮江高速公路、北到东墩乡六支公路、南到南关大沟）内的单位和个人在征收"三税"的同时，一并征收城市维护建设税，适用税率为7%。6月，一律按5%税率征收城市维护建设税。2002年，全市城市维护建设税征收额突破1000万元，达到1167万元。2005年2月，分别按5%或1%的税率征收城市维护建设税。是年，征收城市维护建设税2903万元。

五、房产税（城市房地产税）

1994年9月起，市地方税务局负责征收房产税。纳税人为在全市范围内拥有房产产权、使用权、代管权的单位或个人，但不包括外商投资企业、外国企业及外籍人员、华侨和中国香港、澳门、台湾同胞的房产。房产税依照房产原值一次扣除30%后余值计征的，税率1.2%；依照房产租金收入计征的，税率12%。1995年1月起，纳税单位自用房产应纳的房产税一年分两次缴纳。是年，入库房产税108万元，以后逐年增长。1997年初，开展房产税税源全面调查，查实全市应税房产原值2.56亿元，税源210万元左右。1999年5月和10月，集中力量清查城区、城郊房屋租赁税收，共清查685户，查补房产税87万元。2001年1月起，对农林牧渔业和农民居住用房暂不征收房产税。2003年11月，对房地产开发企业建造的商品房在售出前不征收房产税，但对售出前房地产开发企业已使用或出租、出借的商品房征收房产税。2005年，市地税系统征收房产税816万元。

六、城镇土地使用税

1994年9月起，由市地方税务局负责征收城镇土地使用税。纳税人为在城区、建制镇和工矿区内使用土地的单位和个人。采用分类分级的幅度定额税率，执行省制定的城镇土地使用税每平方米平均税额标准，一等土地为0.4元，二等土地为0.2元。1999年6月，高邮市城镇土地使用税每平方米年税额调整为一等土地1元、二等土地0.5元，是年1月起执行，实行按年征收，分期缴纳，一般按季或半年征收一次。2000年4月，市地方税务局采取分片包干、互相配合与互通信息的普查办法，普查城镇土地使用税税源。经普查统计，全市一等土地面积98.17公顷，应税面积89.25公顷；二等土地占地面积71.4公顷，应税面积59.5公顷。是年，征收城镇土地使用税119万元。2003年，全面调查核实全市应税土地使用情况，重新做出等级鉴定，扩大城镇土地使用税税源，征收城镇土地使用税148万元。2005年，征收城镇土地使用税230万元。

七、土地增值税

1995年8月，市地方税务局开征土地增值税。纳税人为转让国有土地使用权、地上建筑及其附着物产权取得增值性收入的单位和个人。土地增值税实行4级超率累进税率，即增值额未超过扣除项目金额50%的部分，税率30%；增值额超过扣除项目金额50%、未超过扣除项目金额100%的部分，税率40%；增值额超过扣除项目金额100%、未超过扣除项目金额200%的部分，税率50%；增值额超过扣除项目金额200%的部分，税率60%。1996年，市地方税务局对从事房地产开发的纳税人，在项目全部竣工结算前转让的房产取得的收入，暂按1%的预征率预征土地增值税。竣工结算后，进行土地增值税清算，多退少补。1997～2003年，由于税源所限，该税税收总量和增长量均较低，年征收额在10万元以下徘徊。2004年，市地方税务局抓住全市房地产业复苏时机，加强对主要纳税户土地增值税的预征收，征收土地增值税首次突破100万元，达到107万元。2005年，该项税收征收额上升到392万元。

八、车船使用税（车船使用牌照税）

1994年9月起，市地方税务局负责征收车船使用税。纳税人为市内拥有并且使用车辆船舶的单位和个人。车船使用税实行定额税率。载重汽车以净吨位为计税依据，其他车辆以辆为计税依据；机动船舶以净吨位为计税依据，非机动船舶以载重吨位为计税依据。1995年4月，市地方税务局对应缴纳车船使用税的单位重新办理车船登记手续，并从是年起，对车船使用税实行一年一次性征收。是年，征收车船使用税105万元。1997年，对车船使用税实行汇总缴纳的征收办法。1998年及以前，农村自行车税由税务部门委托所在乡镇农经站代征，与农民的“两上缴”（上缴国家、上缴集体）一并收取。1999年后，停止征收农村自行车税。是年，全市车船使用税仅征收49万元。2005年，市地税系统征收车船使用税100万元。

九、印花税

1994年9月起，市地方税务局负责征收印花税。纳税人为市内经济活动和经济交往中书立、领受应税凭证（含合同或具有合同性质的凭证、产权转移证书、营业账簿、权利许可证照、经财政部确定征税的其他凭证）的单位和个人。印花税采用比例税率和定额税率两种计税方法。比例税率有4档：财产租赁合同、仓储保管合同和财产保险合同适用税率1‰，加工承揽合同、建设工程勘察设计合同、货物运输合同、产权转让书据和营业账簿税目中记载资金的账簿适用税率0.5‰，购销合同、建设安装工程承包合同和技术合同适用税率0.3‰，借款合同采用税率0.05‰。定额税率为每件5元。1995年1月起，印花税征收主要采取“四自”（自行计税、自行购花、自行贴花、自行注销）纳税、汇贴汇缴、委托代征、核定征收等办法。是年，征收印花税34万元。1997年1月，推行经济合同印花税汇总申报缴纳。2004年，凡实行汇总缴纳或核定征收印花税的，纳税人于每月终了后10日内向主管税务机关申报缴纳印花税。2005年，市地税系统征收印花税389万元。

十、资源税

1994年9月起，市地方税务局负责征收资源税。纳税人为在市内开采原油、天然气、其他非金属矿原矿的单位和个人。资源税设有7个税目、8个税额幅度，最高单位税额为每吨60元，最低单位税额为每吨0.3元。1995年，开展对资源税应税项目纳税人税源调查，严格资源税税源管理，征收税额33万元。1996年起，随着汤庄、郭集两地原油资源陆续开发，资源税收入不断增加。1997年，对全市开采黏土的单位和个人征收资源税，单位税额为每吨1元，入库黏土资源税2.4万元。2002年，全市征收资源税429万元。2005年，市地税系统征收资源税282万元。

十一、屠宰税

1994年9月起，市地方税务局负责征收屠宰税。纳税人为收购或屠宰生猪、牛、羊、马、驴、骡等应税牲畜的单位和个人。是年税制改革后，对从事收购或屠宰应税牲畜业务的，在收购环节按照实际收购的头数计算应缴纳屠宰税，屠宰税单位税额分别为：生猪每头10元，牛、马、驴、骡每头18元，羊每头2元；对自养、自宰、自食应税牲畜的，在宰杀环节按照实际宰杀的头数计算应缴纳屠宰税，屠宰税单位税额分别为：生猪每头5元，牛、马、驴、骡每头9元，羊每头1元；凡在收购环节缴纳屠宰税的单位和个人，屠宰时不再缴纳。1996年，全市贯彻落实国务院关于生猪定点宰杀的“十六字”（定点屠宰、集中检疫、统一纳税、分散经营）方针，设立生猪定点屠宰场（点），实行统一税费，由各屠宰场（点）根据实际宰杀头数，按每头47元的标准收取税费，其中屠宰税每头10元、个人所得税每头4元。1998年10月，对需屠宰上市销售的生猪到定点的屠宰场（厂、点）屠宰，实行统一纳税，严禁对生猪产品经营者实行包税或变相包税，以及压价变卖税票的行为。2000年，市地税系统征收屠宰税77万元，为历史最高额。2001年1月起，全市停止征收屠宰税，个人所得税仍按规定征收，屠宰场（厂、点）每宰杀1头生猪征收增值税16元，个人所得税4元，城建税、基金及附加4元。是年，市地方税务局对各屠宰场（厂、点）代征未结报的税款于2月末前全部结报入库。

十二、固定资产投资方向调节税

1994年9月起，由市地方税务局负责征收固定资产投资方向调节税。纳税人为市内实行固定资产投资（含基本建设投资、更新改造投资、商品房投资和其他固定资产投资）的单位和个人（中外合资、合作和外资企业除外）。全市固定资产投资方向调节税实行差别比例税率，分设0、5%、10%、15%、30%5个档次。1995年1月起，市地方税务局对商品房固定资产投资方向调节税，采取按实际完成投资额扣除一定比例或按每平方米定额计征。采取定额征收的，商品住宅房每平方米税额不低于30元。1996年9～10月，专项检查1994年以后全市实行固定资产投资的单位和个人，共自查申报23户，申报项目23个，投资总额3747.6万元，自查申报税额55.55万元；重点抽查10户，查补税款26.82万元。1999年，市地税系统征收固定资产投资方向调节税174万元，为最高年征税额。2000年1月起，停征该税。是年4～6月，市地方税务局开展固定资产投资方向调节税专项清理，主要对2000年前的欠税及竣工项目实行清理结算，严格审核审批退税项目，加大稽查力度，打击偷逃税行为。

十三、社会保险费

1986～2000年，全市企业职工基本养老保险费、失业保险费、工伤保险费、生育保险费、医疗保险费（简称社会保险费），由市社会劳动保险经办机构征收。2000年12月，市财政局、市劳动局、市社会保障局、市地方税务局联合印发《关于社会保险费改由地税部门征收有关事项的通知》，规定从2001年1月起，全市各参保单位和个人缴纳的社会保险费一并由市地方税务局征收。城镇个体工商户及其雇工、自由职业者暂由市地方税务局委托市社会保障局代征。职工基本养老保险费征缴比例：2001～2005年，单位部分征缴比例为缴费单位全部参保职工工资总额的20%，职工个人征缴比例2001年为劳动者实际工资收入的7%、2002年7月起为8%；个体工商户、灵活就业人员征缴比例2001年为社会平均工资的20%、2003年1月起为28%。失业保险费征缴比例：单位2%、个人1%。工伤保险费征缴比例：单位0.8%（职工个人不征收）。生育保险费征缴比例：单位1%（职工个人不征收）。医疗保险费征缴比例：单位7%、个人2%（退休人员个人不征收）。2001年1月，市地方税务局接收市社会劳动保险经办机构移交的社会保险费参保单位共780户，其中行政事业单位350户、企业单位430户。是年，累计征收社会保险费7695万元，其中基本养老保险费4950万元、失业保险费633万元、工伤保险费7万元、生育保险费95万元、医疗保险费2010万元。至2002年初，全市形成“地税管征收、财政管资金、社保管核准、银行管发放”的新型社会保险费征管体制。2002年，市地方税务局强化社会保险费征管，每月按序时应收尽收，并清理2001年欠费800多万元，完成扩保1万人、扩缴1000万元的目标任务，共征收社会保险费1.11亿元。2003年2月，原委托由市劳动和社会保障局代征的个体工商户及其雇工、自由职业者的社会保险费全部转由市地方税务局征收。是年9月，市地方税务局在市行政审批中心设立窗口，与市劳动和社会保障局联合办公，从源头上加强对新办单位社会保障登记的管理，年综合征缴率95%以上。全年征收社会保险费1.52亿元。2004年，市地方税务局在全省地税系统率先按照ISO 9000质量管理体系贯标认证标准，建成和完善社会保险费征收业务工作流程。全年征收社会保险费1.68亿元。2005年，市地方税务局全面推广社会保险费电子申报征收方式，即参保单位直接向地税部门申报，由银行直接划款，在扬州市地税系统率先实现“费款及时划缴、数据集中处理、银行出具凭证、自动生成报表”的工作目标。是年，市地税系统征收社会保险费2.13亿元，征缴率96.5%，其中基本养老保险费1.46亿元、失业保险费600万元、工伤保险费400万元、生育保险费300万元、医疗保险费5400万元。

十四、教育费附加和地方教育附加

1994年9月，市税务部门继续征收教育费附加。征收范围与对象为市内缴纳“三税”（增值税、消费税、营业税）的所有企业单位（含中外合资、合作经营、外商投资企业和外国企业，即“三资”企业）及私营企业和个体工商户。征收标准及办法：城市企业教育费附加按应纳“三税”总额的3%缴纳，由市国家税务局和市地方税务局分别征收；农村乡镇企业、私营企业和个体工商户教育费附加按不低于销售收入的4%缴纳，分别由市地方税务局和市工商行政管理局负责征收；“三资”企业教育费附加按中方企业性质所规定的标准缴纳。1995年，征收教育费附加27万元。是年7月，在市内开征教育地方附加费（后更名为地方教育附加），按应纳“三税”总额的1%缴纳，由市国家税务局、市地方税务局按分管范围分别负责征收。

2000年4月，乡镇企业教育费附加和教育地方附加费一律由市地税局负责征收。2002年，乡镇企业教育费附加和教育地方附加费由各地方税务分局直接负责征收。2003年7月起，全市教育费附加和地方教育附加均统一由市地方税务局负责征收，资金缴入同级国库，纳入预算管理。2005年，征收教育费附加1330万元。

十五、综合基金

1994年9月起，市地方税务局负责征收的各项基金和收费项目主要有粮食风险基金、市场物价调节基金、人民教育基金（地方教育基金）和由副食品基金、农业发展基金、防洪保安基金合并成的地方事业发展基金，还有是年新开征的义务植树统筹费和绿化费。1997年，开征文化事业建设费。1998年，开征残疾人保障基金。2002年，开征人民防空建设费和旅游事业发展费。2004年12月，市政府印发《关于规范征收省以上政府性基金和行政事业性收费的通知》。2005年1月起，取消地方事业发展基金以及其他基金征收项目，统一按国家和省政府公布的基金项目与征收标准征收政府性基金和行政事业性收费，将上述征收的各项基金和收费项目统称为综合基金。征收范围与对象：在市内注册、登记或从事生产经营活动的各类企业、事业单位和社会团体，个体工商户以及在职职工。征收标准：分为按销售收入计征和按职工人数计征两部分。按销售收入计征的部分一律按月征收，征收期为每月的1～10日；按职工人数计征的部分按年征收，于每年3月1～10日一次性征收。规模以下企业足额征收，规模以上企业按实际销售收入计征额的80%征收。2005年，市地税系统共征收综合基金2267万元。

第五节　税务管理

1986～1993年，市税务部门对纳税单位和个人实行分行业定人定户管理，即税收专管员“管户制”，通称“一员进户，各税统管，征管查合一”。1994～1996年，随着分税制施行和国家征管模式改革，全市税收工作重心实现向基层、向征管转移，初步建立“三位一体”（纳税申报、税务代理、税务稽查）征管模式。1997～2002年，实行以“管事制”为特点的税收管理人征管模式，即“以纳税申报和优化服务为基础，以计算机网络为依托，集中征收，强化管理，重点稽查”，逐步做到征收、管理、稽查三分离，并逐步完善集中征收、查账征收、查定征收、查验征收、定期定额征收、代征代缴、委托代征等税款征收方式。2003～2005年，从“管事与管户相结合”，到全面推行税收管理员制度，全市税收征管初步实现规范化、标准化、科学化、精细化。

一、税务登记

80年代，县税务局依照税务登记办法，对境内纳税单位和个人实行税务登记，并发给税务登记证。1986年，全县办理税务登记的单位和个体工商户共5873户。1992年，全面换发税务登记证。是年，全市换发证单位和个体工商户512户。1994年9月，市国家税务局和市地方税务局分别对所管纳税对象全面普查。经普查，市国家税务局所管纳税对象1105户，市地方税务局所管纳税对象1938户。1995年，市地方税务局针对所管纳税对象分布广、散户多的特点，建立分片负责的税务登记管理户籍制，并逐步建立健全纳税户户籍资料档案，实行分级考核、三级管理。2005年，市国家税务局和市地方税务局开展税务登记验证和换证工作，共验证1.53万户次、换发证1.03万户次，清查“双漏户”（漏征户、漏管户）2058户。是年，全市共有纳税登记户2.33万户，其中国有经济

图17-3　2005年3月，国家税务总局有关司室负责人到市国家税务局调研网上纳税登记、申报等工作

303户、集体经济919户、私营经济2393户、个体经济1.88万户、联营经济4户、股份制经济654户、外商投资经济62户、中国港澳台投资经济68户、其他经济50户。

二、纳税申报

80年代至90年代前期，纳税人按照纳税申报范围、纳税申报内容和手续、纳税申报方式、纳税申报期限、税款缴纳等要求，由税务机关督促申报。城区企业纳税人申报率95%，农村企业纳税人申报率90%左右。1996年起，市国家税务局和市地方税务局分别在所属税务分局设立税收征收服务大厅，由纳税人到服务大厅申报，纳税申报率上升到95%左右。2002年起，市税务部门逐步推行网上纳税申报服务，形成网络申报、二维条形码申报、IC卡申报等多元化申报办法并存的局面。2003～2004年，市国家税务局、市地方税务局先后推行“税银一体化”服务。2005年，市国家税务局在所辖征税范围内设立税务责任区30个，全面落实税收责任区制度和税收管理员制度；市税务部门所管2600家纳税企业全部实现网上申报和网上银行扣缴税款，在办税服务厅开辟不具备网上申报条件纳税人的自助申报区，年内各税务分局全部实现“零税票”。

三、发票管理

1993年，市税务局对发票的印制、领购、开具、保管、检查、违法处理等方面做出具体规定，结束长期以来发票管理不统一的历史。1994年，国税、地税分设后，分别按税种实施发票管理。市国家税务局增设发票管理所，专职、规范管理发票，在全市统一使用由国家税务总局指定企业印制的增值税专用发票和省国家税务局指定企业印制的其他发票。1995年4月起，市地方税务局在全市统一使用由该局监制的普通发票，并对旧版发票实施统一收缴和集中销毁。是年，全市收缴和销毁旧发票84.54万份。1997年，市国家税务局推广使用增值税防伪税控系统；市地方税务局对不能独立核算的小型企业、单位、个体户和运输、建筑、饮食、旅馆等行业，实行以票控税，按票面金额计算纳税。7月起，凡在市内从事饮食行业的企业和个体工商户等纳税人（经税务机关同意自印发票的除外），均按规定使用剪额发票，原复写式饮食业发票一律收缴销毁。1998年，旅馆、浴室、娱乐等服务业全部改用剪额发票。1999年、2001年，全市先后开展发票专项治理和违章举报奖励活动。2001～2003年，市国家税务局、市地方税务局先后在全市推广应用税控装置，市国家税务局所管的全市一般纳税人企业全面使用防伪税控系统开具增值税专用发票，推广面100%；市地方税务局所管的纳税单位税控装置推广面80%。2004年，市国家税务局开展发票清理工作。2004～2005年，市地方税务局先后在全市统一使用新版刮奖定额发票、刮奖卷筒发票和省地方税务局2005年新版普通发票。2005年，市地方税务局在全市推广第六分局创造的“捆绑式”货运发票管理做法，即税务机关抓管理、托运单位抓督促、运输企业抓落实。

四、征税管理

80年代后期至90年代初期，全县税收征收从“竭泽而渔”、应收尽收向“放水养鱼”、涵养税源转变。90年代，市内企业进入全面改革与深化改革阶段，因企业改制、兼并、破产和国家相关经济政策调整等因素，不少企业资金发生困难，导致企业欠税现象频频发生。市税务部门与金融、财政部门密切配合，每年组织财税大检查，定期发布欠税公告。市税务部门与金融、工商管理、公安等部门紧密合作，实行委托代征，建立多种形式的协税护税网络。市税务部门与公安、检察、法院等部门、单位携手行动，建立税收司法保障体系，打击偷税、逃税、骗税、抗税等违法行为。2001年，市地方税务局在个体税收征管户中，全面推行税收定额公开评定制度，并组织开展个体税收专项检查。2005年5月，市地方税务局试行个体税收定额公告制度。是年，据市国家税务局和市地方税务局统计，各类经济体纳税总额从高到低排序为：股份制（合作制）企业、私营企业、国有企业、个体经济、外商投资企业、集体企业、中国港澳台商投资企业、联营企业，分别占当年全市纳税总额的40.31%、21.49%、12.1%、9.3%、6.79%、6.09%、3.87%、0.05%。

1994～2005年高邮市分经济类型税收收入情况一览表

表17-11　　单位：万元

年份＼项目	合计	国有企业	集体企业	股份制（合作制）企业	私营企业	联营企业	个体经济	外商投资企业	中国港澳台商投资企业
1994	15638	4113	9053	174	75	65	1280	838	40
1995	15155	3145	7669	144	98	820	1768	1468	43
1996	14620	4104	6624	196	82	694	1583	1288	49
1997	16533	4105	8114	827	199	295	1807	1129	57
1998	19043	4780	9148	1267	349	21	2242	1167	69
1999	18232	4061	7743	2211	1418	36	1771	915	77
2000	19476	5878	4498	3546	2658	45	2233	516	102
2001	30498	5760	8285	8040	4059	49	3248	901	156
2002	34916	5621	6092	12075	6583	33	3535	566	411
2003	41847	5907	5153	16090	8608	33	4277	1115	664
2004	52520	6588	5945	20270	10928	42	5123	1863	1761
2005	67046	8109	4082	27028	14411	34	6235	4554	2593

说明：表中所列年度税收合计数据因项目和口径差异，与前表年度税收收入总额数据有别。

五、纳税服务

1986年，全县税收征管实行专户管理模式，由税收专管员上门服务。1992年后，逐步实行征收、管理、稽查三分离。1996年起，市国家税务局和市地方税务局分别在所属税务分局设立服务大厅，其中国税设服务大厅5个、地税设服务大厅11个，在服务大厅集中受理各种涉税事宜，为纳税人提供“一站式”税收服务。办税服务大厅设税务登记、发票管理、纳税申报、税款征收、税务咨询、涉税文书等6个服务窗口。2001年起，市税务部门在办税服务大厅倡导文明办税服务，并实行规范化管理。2003年起，市税务部门开辟网上办税服务项目。市地方税务局建成“税务服务超市”，为纳税人提供全方位成套服务。市国家税务局设立税务责任区30多个，建立税收责任区制度，实行税收管理员制度。2005年，市地方税务局在全国率先推出“集中办公、三区（自助办税区、咨询答疑区、个性服务区）管理、无窗服务”的纳税服务新模式，受到纳税人的广泛好评。《中国税务报》以《办税服务厅的柜台不见了》为题，报道税收“三区”管理的做法。

图17-4　外商称赞市地方税务局第七分局的服务质量好

六、减免税和出口退税服务

1986～1994年，市税务局为纳税单位和纳税人及时兑现减免税照顾和出口退税优惠政策。其中，

1991年因市内发生特大洪涝灾害,全市有1000家企业获减免税2000万元。1994年后,市国家税务局和市地方税务局继续执行国家税务总局规定,落实减免税和出口退税政策。1999年,全市由市国家税务局办理的出口退税总额1632万元,首次超过1000万元。2004年,市地方税务局为规范减免税管理,成立减免税合议委员会,开展"送税收优惠政策到户服务月"活动。2005年,全市实现出口退税(含出口退税、先征后退、汇算清缴退税)总额1.33亿元;落实减免税总额8312万元,其中国税5077万元、地税3235万元。

图17-5 市地方税务局工作人员深入企业宣传税收优惠政策

1994~2005年高邮市国家税务局出口退税情况一览表

表17-12 单位:万元

年份\项目	合计	出口退税	减免退税	先征后退	提退手续费	集贸市场分成	汇算清缴退税	其他退税
1994	1604	19	—	712	30	822	18	3
1995	2048	4	—	1712	47	195	—	90
1996	3757	610	2500	—	232	—	400	15
1997	3402	796	1037	—	306	—	1263	—
1998	2302	614	—	396	354	—	938	—
1999	4461	1632	—	1358	371	—	1100	—
2000	7949	1988	—	4057	416	—	1483	5
2001	8647	2832	—	3821	481	—	1513	—
2002	8271	1689	142	4054	—	—	2360	26
2003	13281	4045	39	5170	—	—	4027	—
2004	20841	13300	47	5428	—	—	2066	—
2005	13343	6994	—	6287	—	—	62	—

1994~2005高邮市税务机构减免税情况一览表

表17-13 单位:万元

年份\项目	合计	市国家税务局减免税	福利企业	校办企业	其他	市地方税务局减免税	国产设备投资抵减所得税	"三类企业"减免所得税	其他
1994	1770	1770	1572	198	—	—	—	—	—
1995	2182	2182	1869	313	—	—	—	—	—
1996	1693	1693	1422	271	—	—	—	—	—

续表 17-13

项目 年份	合计	市国家税务局减免税	福利企业	校办企业	其他	市地方税务局减免税	国产设备投资抵减所得税	“三类企业”减免所得税	其他
1997	1037	1037	679	358	—	—	—	—	—
1998	2137	2137	1979	158	—	—	—	—	—
1999	2842	2842	2466	376	—	—	—	—	—
2000	4994	4319	3917	402	—	675	—	—	675
2001	6178	4619	4208	411	—	1559	49	372	1138
2002	5307	4402	4007	395	—	905	—	205	700
2003	6289	3719	3719	—	—	2570	1139	1161	270
2004	7491	4891	4891	—	—	2600	245	1610	745
2005	8312	5077	5077	—	—	3235	808	2127	300

七、税务稽查

1988年，县税务局设立县税务稽查大队，专事税务稽查。1994年，改设为税务稽查分局。是年，国家税务局、地方税务局分设后，市国家税务局、市地方税务局分别设稽查分局。市国家税务局在稽查分局内增设税务违法案件举报中心和税务违法案件审理委员会。市地方税务局开展日常检查、专项检查和专案检查等三类稽查工作。90年代末至21世纪初，全市税务稽查工作实现由收入型稽查向打击型稽查转变、由重稽查过程查处向重稽查结果执行转变。2003年起，市国家税务局、市地方税务局、高邮工商行政管理局协同配合，加大对集贸市场税收征管稽查力度，先后对建材、医药、汽车、房地产、农产品、废旧物资收购等市场进行联合稽查。2005年，市国家税务局、市地方税务局稽查分局共查处税收违法案件63件，稽查商事行业4个、纳税户107户，共查补税款825万元，罚款173万元，加收滞纳金72万元。

第十八篇 经济综合管理

要　目

80年代，全县高度集中的计划经济管理模式和相应的所有制结构逐步被打破。经济管理工作逐步转变为以计划管理为主、以市场调节为辅。经济综合管理工作主要由县计划委员会、县统计局、县物价局、县审计局、县工商行政管理局、县标准计量局等部门分工负责，其他相关部门为兼管或配合管理部门。

进入90年代，随着经济体制改革不断深化和社会主义市场经济逐步建立，全市经济管理工作部门及时调整和转换职能，从计划管理型转变为调控、指导、监管与服务型，由此附属于经济综合管理部门的经济中介服务机构和挂牌机构应运出现。

2000年前后，随着党政机构改革的逐步推进、经济管理分工的细化和国家宏观调控的需要，先后增设市药品监督管理局、市安全生产监督管理局，市工商行政管理局、市质量技术监督局、市药品监督管理局先后被上划直属扬州市管理。

至2005年，全市经济工作基本完成从指令性计划为主，到以指导性计划为主的转变。主要经济综合管理部门有市发展和改革委员会、市统计局、市物价局、市审计局、市安全生产监督管理局和扬州市高邮工商行政管理局、扬州市高邮质量技术监督局、扬州市高邮食品药品监督管理局等8个部门。市发展和改革委员会主要是从经济发展的政策性、全局性、预测性的高度，重点负责编制全市经济和社会发展的中长期规划；市统计局通过改革统计方法与制度，组织统计调查，为政府决策提供各种统计服务和综合分析资料；市物价局在依法履行规定定价权的同时，加强对市场物价的调控、监管；市审计局依法依规履行审计职能；市安全生产监督管理局综合行使安全生产监督管理职能；扬州市高邮工商行政管理局、扬州市高邮质量技术监督局、扬州市高邮食品药品监督管理局则分别按照扬州市主管部门的规定，开展各自的职能工作。

第一章　计划调控与管理

80年代中后期，全县计划工作实行以计划管理为主、以市场调节为辅的方针。90年代，指令性计划进一步减少，指导性计划比重和市场调节范围不断增大。至90年代末，农业生产全部实行指导性计划管理；工业生产指令性计划在工业总产值中比重仅占8%，指导性计划和市场调节部分所占比重增加到92%；商贸业基本实行指导性计划和市场调节；社会事业实行指导性计划管理。2002年4月，在全市党政机构改革中，市计划委员会更名为市发展计划局，挂“市招商局”“市第三产业办公室”“市无线电管理办公室”牌子。2005年4月，在市政府机构改革中，市发展计划局与市经济体制改革委员会合并，组建市发展和改革委员会，挂“市重大项目办公室”“市企业上市工作办公室”“市第三产业办公室”“市无线电管理办公室”牌子。至2005年，全市计划管理工作实现“三个转变”，即管理计划由指令性计划为主转变为以指导性计划为主，计划指标由实物量为主转变为以价值量为主，调控方式由注重微观管理为主转变为以加强政府调控为主。

第一节　五年计划

一、“七五”计划（1986～1990年）

1986年，全县启动编制《高邮县经济和社会发展第七个五年计划（草案）》。1987年4月，该计划（草案）获县第八届人民代表大会第一次会议批准实施。

“七五”计划期间，全县以解放思想、推进改革开放为指导，以提高各业经济效益为中心，以推动社会进步为目标，组织实施“七五”计划。至“七五”计划期末，主要目标基本实现。1990年，全县实现地区生产总值12.39亿元，比1985年增长84.38%，年均递增率12.3%；国民总收入11.09亿元，比1985年增长76.6%，年均递增率12%；工农业总产值17.14亿元（按1980年不变价计算），年均递增率11.1%；财政收入5018万元，年均递增率8.1%；城镇职工年人均工资收入1756元，农民年人均纯收入851元，年递增率分别为14.1%、9.45%。

二、“八五”计划（1991～1995年）

1988年，全县着手编制《高邮县国民经济和社会发展第八个五年计划纲要（草案）》。1991年1月，县委五届六次全会审议并原则通过《中共高邮县委关于制定全县经济和社会发展第八个五年计划的建议》。是年4月，该计划纲要（草案）经修改完善后获市第九届人民代表大会第二次会议批准实施。

“八五”计划期间，全市各业经济持续、快速增长，各项事业全面进步，社会面貌发生深刻变化。这一时期是全市历史上经济总量扩张最多、增长速度最快的时期。1995年，全市实现地区生产总值35.06亿元，是1990年的2.83倍，年均递增率23.1%，国民经济三次产业结构比由1990年的47.46∶34.62∶17.92，变为31.23∶44.95∶23.82；城镇集体以上固定资产投资5年累计完成6.7亿元，是“七五”计划期的3.76倍；实现财政收入1.52亿元，是1990年的3.03倍，年均递增率24.8%；全市实现工业总产值52.06亿元、农业总产值13.55亿元（均按1990年不变价计算），分别是1990年的3倍、1.43倍，年均递增率分别为24.6%、7.4%；实现社会消费品零售总额10.79亿元，是1990年的1.6倍；城镇职工年人均工资收入4878元，农民年人均纯收入2356元，年均递增率分别为22.7%、26.2%。

三、“九五”计划（1996～2000年）

1994年上半年，全市开始编制《高邮市国民经济与社会发展“九五”计划和到2010年长远规划（初稿）》。1996年1月，市委六届九次全会通过《中共高邮市委关于制定国民经济和社会发展“九五”计划和2010年远景目标的建议（草案）》。是年3月，修改后的《高邮市“九五”计划和2010年远景目标纲要（草案）》获市第十届人民代表大会第四次会议批准实施。1997年，因亚洲金融危机爆发，国家实行适度从紧的宏观政策，全市整体经济运行受到较大影响，“九五”计划部分指标定位偏高，难以衔接“十五”计划。2000年5月，经市第十一届人大常委会第十五次会议审议，批准市政府提出的“九五”计划部分指标变更方案。

“九五”计划期间，全市较好地完成“九五”计划指标。2000年，全市实现地区生产总值54.47亿元、人均国内生产总值6232元，年均递增率分别为8.33%和8.26%；财政收入2.39亿元，年均递增率9.5%；实现工业总产值94.25亿元（现价）、农业总产值33.03亿元，分别是1995年的1.69倍、2.43倍，年均递增率1.14%、1.25%；社会消费品零售总额15.86亿元，年均递增率8%；外贸自营出口总额3504万美元，年均递增率22.3%；5年累计完成固定资产投资49.19亿元；城镇职工年人均工资收入7333元，农民年人均纯收入3312元，年均递增率分别为8.5%和7%；全年城镇登记失业率控制在3.4%以内。

四、“十五”计划（2001～2005年）

1999年下半年，全市启动编制《高邮市国民经济和社会发展第十个五年计划纲要（草案）》。2000年12月，市委七届十次全体（扩大）会议通过《关于制定高邮市国民经济和社会发展第十个五年计划的建议》。2001年2月，《高邮市国民经济与社会发展第十个五年计划纲要（草案）》获市第十一届人民代表大会第四次会议批准实施。

经过“十五”计划期建设，完成或超额完成全市经济和社会发展主要目标。2005年，全市实现地区生产总值104.8亿元，年均递增率14%，人均地区生产总值1.27万元；财政收入10.03亿元，年均递增率33.2%；实现工业总产值202.35亿元、农业总产值47.58亿元，分别是2000年的2.15倍、1.44倍，年均递增率1.21%、1.09%；社会消费品零售总额28.21亿元，年均递增率12.2%；固定资产投资46.41亿元，年均递增率29%，5年累计完成投资134.78亿元，是“九五”计划期实绩的2.7倍；完成进出口总额1.26亿美元，其中出口额1.14亿美元，年均递增率26.4%；5年注册外资和中国港澳台资实际到账1.53亿美元，是“九五”计划期的18.6倍，5年实现民资投入130亿元以上，新增民营注册资本48亿元；连续实施5轮城建“十大工程”，城镇建设累计投资81.5亿元，年均递增率32.5%，城市化水平37.4%；城镇职工年人均工资收入1.42万元，农民年人均纯收入4938元，年均递增率分别为14.1%、8.3%；城镇登记失业率始终控制在4.5%以内。“十五”计划期间，全市存在的主要问题有经济总量较小、工业产业集聚度不高、经济增长方式粗放状况未得到根本改变、就业形势仍然严峻、居民收入总体水平不高等。

第二节　年度计划

1986年起，县政府每年制订和下达年度计划。每年人代会审议全市（县）上一年度国民经济和社会发展计划执行情况与本年度计划（草案）的报告，并作出决议。在各年度计划实施中，还结合当年特点，实施专项调控措施。1990年，实施汽车控购证制度，理顺供销渠道，节制过度需求；实施全市“农转非”和市区人口机械增长计划管理，控制城镇人口增长速度；督促执行纺棉调拨指令性计划，协调产销区矛盾。1991年，将地方化肥生产调拨与国家统配化肥挂钩，纳入指令性计划管理，实行化肥淡旺季节差价制度，缓解地产化肥均衡生产与季节性需求矛盾，保证生产和供应；加强老旧汽车报废更新管理，下达更新计划指标。“八五”计划期间，改革年度计划制订与下达办法，精简计划指标和计划本子。1995年，全市仅下达经济和社会发展综合计划、农村经济指导性计划、主要工业生产指标、第三产业增加值计划、固定资产投资计划、“农转非”和人口计划等指标，年度计划管理工作重点转移到目标管理制订与考核、主要农业生产要素供求平衡、经济信息发布等方面。1996年后，年度计划制订重点放在经济社会发展综合计划、重点项目建设计划和少数必须由政府调控的土地利用、人口管理等方面计划。1999年，为适应买方市场全面出现和市场机制作用逐步增强的新形势，全市年度计划管理工作重点从以供给计划管理为主转向以需求计划管理为主，计划指标进一步转向以指导性和预期性为主。2000年，在全市年度计划主要指标中，农业增加值和农民人均收入两项指标受自然灾害和农产品价格下跌因素影响未能完成计划，其他部分指标接近完成。2005年，全市国民经济和社会发展年度计划主要综合指标更为简化，年度计划指标体系主要包括全市宏观调控目标、重要经济和社会发展领域预期指标、政府公共资源配置计划指标等三部分，反映全市社会主义市场经济的发展和逐步完善。

第三节　专项规划

一、第三产业发展规划

1993年8月，为适应加快发展第三产业需要，由市计委调研编制、市政府印发《高邮市第三产业发展规划》。该规划明确全市发展第三产业的思路和主要目标，提出发展重点和主要政策措施，指导全市发展第三产业。2005年10月，市发改委与南京大学文化产业发展研究所、商学院和南京立信经济文化咨询有限公司共同编制《高邮市现代服务业发展规划》。该规划第一部分剖析全市服务业发展优势、劣势和未来发展所面临的机遇与挑战，确立高邮市服务业发展的整体战略及保障措施；第二部分以高邮市服务业现存的问题为研究起点，以现代服务业理论为支撑，借鉴国内外发展经验，编制全市文化旅游、商贸、物流和信息服务等九大行业2005～2015年的中长期发展规划。

二、信息化建设规划

1986年，县计委设立经济信息科和信息中心，并完成《江苏省经济信息系统高邮县总体设计方案》。1987年5月，该方案通过省级技术评审，成为全省第一份通过评审的县级经济信息系统设计方案。高邮县被确定为全省经济信息网络建设试点县。1989～1990年，县信息化建设起步，建立县经济信息中心、科技信息中心及相关网络，县信息中心直接与国家、省、市和相关地区信息部门实行计算机联网。1998年，市计委组织制定《高邮市信息化建设规划纲要（1998～2010）》。该规划纲要为全市第一个信息化建设规划，对“九五”计划期后3年全市信息化建设任务提出详细计划，对2001～2010年的信息化建设提出轮廓设想。

三、沿河开发规划

2005年，市发展计划局在扬州市发展计划委员会、扬州大学经济学院等单位到高邮市开展运河沿线专题调研的基础上，按照扬州市统一部署，牵头编制完成《高邮市沿河开发规划》。该规划以2004年为规划基准年，规划期2005～2020年，近中期规划至2010年。

四、农村经济发展规划

1995年，市计委按照扬州市计划委员会规划部署，根据“重点培植农业‘龙型’产业和骨干龙头企业，组织实施贸工农一体化经营超百亿工程，实现农村贸工农一体化经营向大、高、优、外、新、多的方向发展，促进传统农业向现代农业转变、农业大市向农业强市转变，推动农村经济发展”的要求，编制完成《高邮市贸工农一体化经营“九五”发展规划》和《高邮市农村经济“九五”至2010年发展规划》。

第四节　固定资产投资管理

一、投资管理制度

1986～1989年，全县固定资产投资管理，依据统一规定的审批权限和程序，控制固定资产投资总额，加强重点项目建设和技术改造，实施计划管理。规定投资总额超过100万元的项目同时编制可行性研究报告，实行项目程序性和投资总额计划控制。1990年，全县贯彻国家治理整顿、深化改革的方针，控制投资规模，调整投资结构，保证重点建设，对不同资金渠道的固定资产投资，按所有制性质和建设项目分类分别纳入不同的投资计划，并按国家颁布的产业政策采取不同的方式实施管理，开始建立以产业政策为核心的固定资产投资管理模式。1991年，高邮撤县设市后享有地市级的固定资产投资审批权。1994年，全市实行项目资本金制度，增报项目资金来源审查表，并缴存计划投资额的20%资金。1996年，调整和明确重点项目申办程序。凡总投资额500万元以上的项目，均编报项目建议书、可行性研究报告、初步设计和施工图设计，并纳入当年固定资产投资计划。制定和实行建设项目法人责任制、工程建设监理制等制度。1999年，调整项目额度审批权限。凡符合国家产业政策和地方经济发展规划、资金及其建设条件能自行平衡的项目，包括投资额5000万元以下的交通、能源、原材料基本建设项目和3000万元以下的房地产等其他项目，均由市计委审批；超过额度审批权限的基建项目，由市计委负责向上申报。2000年，在全市项目建设中，逐步推行招标投标办法。2004年，全市推行投资体制改革，开始确立企业的投资主体地位，彻底改变不分投资主体、不分资金来源、不分项目性质，一律按投资规模大小由政府及相关部门审批的企业投资管理办法。2005年起，市发改委不再具体审批企业投资项目，仅需企业提交项目申请。对于政府投资项目仍按原规定权限审批，并严格执行建设程序。

二、投资调控

1989年，全县针对固定资产投资出现多元化、投资增长过快的情况，执行国家对固定资产投资采取的“双紧双控”（紧缩财政、紧缩信贷，控制固定资产投资、控制消费基金膨胀）措施，实施为期3年的治理整顿和调整。按照省下达的固定资产投资规模考核指标，实行行政首长负责制，突出重点，有保有压。是年，全县地方固定资产投资完成量比上年下降54.7%，其中基本建设投资压缩49%、技术改造投资压缩39.3%。1990年，全县地方固定资产投资控制在国家下达指标内。1991年，开征固定资产投资方向调节税，同时取消建筑税。1993年，全市对不符合国家产业政策和行业规划，资金来源不正当、不落实和不符合基本建设程序的建设项目，实行停建、缓建。2000年，为扩大内需，鼓励投资，暂停征收固定资产投资方向调节税。2004年，全市针对新出现的投资规模偏大、新上项目多和无序建设等问题，严格审批新开工项目，从源头上控制新建规模，清理投资项目，制止盲目投资和低水平重复建设。全市审批在建的560项项目中，列入清理范围的项目251项。经过清理，缓建和取消立项项目4项；报请扬州市重点清理项目46项，其中取消立项项目1项。

第五节　高新技术产业化管理

1997年，由市计委履行高新技术产业化管理职能。经市计委向上申报，并获专项资金支持的高新技术产业化项目有：1997年，高邮升达电子有限公司电极箔、高邮四通铝塑复合管厂大管径铝塑复合管项目被列入国家高新技术产业化推进项目计划。2001年，高邮升达电子有限公司获省科技项目拨款。2002年，江苏高邮鸭集团高邮鸭良种繁育高新技术产业化示范工程被列入国家高新技术产业化示范工程计划，获国家财政资金500万元。2004年，扬州宏远电子有限公司低压阳极箔项目被列为国家高新技术产品，获国家财政资金700万元；高邮有机化工有限公司化工项目被列入省高新技术项目计划，获省科技拨款。2005年，高邮金利达机械有限公司申报的高新技术项目获省产业研究发展资金25万元。

第二章　统计管理

1980年12月，县统计局复建。1983年，各乡镇开始配备专职统计员。1984年，高邮县被国家统计局确定为国家农村社会经济抽样调查县，设立高邮县农村社会经济抽样调查队，系中央直属事业单位。1986年，各乡镇始设乡镇统计站。1993年，全市实施新的国民经济核算体系，统计范围涵盖全市各行各业共16项、137种数据。2002年，市综合调查队成立。2004年，建成并开通高邮统计信息港、高邮农调网站。至2005年，全市基本实现统计信息化和办公现代化。

第一节　统计制度与方法

一、国民经济核算制度

1986～1992年，全市实行原有建立在产品经济基础上的国民经济核算制度和以国民收入为核心、物质平衡表为基础的国民经济核算体系。1993年，统计工作实行全国统一规定的范围、口径、计算方法，其中核心统计数据国民收入改为国内生产总值（GDP）。市统计局试行按季试算国内生产总值的办法，完善全市国内生产总值年度核算制度。1994年，市统计局建立乡镇年度国内生产总值核算制度，废止以农村社会总产值或工农业总产值反映乡镇经济发展规模和效益的统计方法。同时，全市统计工作在评价工业发展速度指标中，采用不变价和现行价同时计算的办法，并增设工业销售产值指标；在评价工业经济效益指标中，以工业企业资金利税率和工业产品成本利润率作为主要统计指标。至2005年，全市一直沿用新国民经济核算体系和制度。

二、统计调查方法

1986～1994年，全市统计调查方法以全面报表制度为主。1995年起，建立以周期性普查为基础，以经常性抽样调查为主体，以重点调查、科学核算等为补充的多种手段综合运用的统计调查方法。其中，率先在全省试行油料、棉花、畜牧业抽样调查。至2005年，先后4次对农产品产量、农村住户抽样调查样本进行轮换。在调查中，采用随机起点、对称等距的抽样方法，通过市抽村、村抽组、组抽户，确保调查资料代表性。2005年起，对城市居民住户进行抽样调查，推算城市居民生活的有关统计资料。

三、国家统计报表

80年代中后期至90年代初期，依照全国统一规定，市统计局编报国家统计报表。行业统计报表主要有农业、工业、商业物资、交通运输、邮电、财政金融、文教卫生体育、民政、劳动工资、固定资产等10类报表。1991年，全市建立科技统计报表制度，增加科技报表编报工作。1995年，全市建立房地产开发统计报表制度，将房地产开发从固定资产投资统计中分离出来，单独统计编报。1996年，针对市内公有制企业全面改制、出现多种经济形式并存和职工下岗、失业现象，及时调整劳动工资统计口径和统计指标，增加在岗职工人数和在岗职工工资等统计指标。1997年，针对市内商业流通体制改革不断深化的实际情况，增加批发零售贸易业、对外经济贸易业、服务业、餐饮业等项目报表统计编报。是年，又将工业产值、财务统计月报的统计范围由乡级以上独立核算工业企业，改为年销售收入在500万元以上的企业。至2005年，市内使用的国家统计报表未再有新的变化。

第二节 统计调查

一、第四次全国人口普查

1989年9月初，县政府按照第四次全国人口普查要求，成立县人口普查领导小组及其办公室（简称人口普查办公室），抽调6500人组成普查专业队伍，以1990年7月1日零时为人口普查标准登记时间，在全县开展人口普查。至1991年9月，普查结束，并通过省、市检查验收。1992年3月，市人口普查办公室发布《高邮县第四次人口普查报告书》，并编印《江苏省高邮县1990年人口普查资料》。该资料共设概要，人口城乡分布，民族，年龄，文化程度，行业、职业，婚姻，家庭，生育，死亡人口等10卷。

普查结果显示：全县总人口82.51万人，与1982年第三次全国人口普查时多2.67万人，上升3.34%，年平均增长率0.4%。其中，男性41.53万人、女性40.98万人，分别占总人口50.33%、49.67%；0～14岁少年儿童人口16.02万人、15～59岁青壮年人口58.02万人、60岁以上老年人口8.47万人，分别占总人口的19.42%、70.32%、10.26%。与1982年相比，0～14岁人口下降34.67%，15～59岁人口上升18.02%，60岁以上人口上升37.28%。全县总户数21.58万户，平均每户人数3.82人，比1982年平均每户4.02人减少0.2人。

二、第五次全国人口普查

1999年8月，市政府按照第五次全国人口普查要求，成立市人口普查领导小组及其办公室，制订人口普查工作方案，抽调7761人组成人口普查员队伍，以2000年11月1日零时为人口普查标准登记时间。历经普查试点、人员培训、绘制区域图、户口整顿、调查摸底、普查登记、快速汇总、抽查验收、编码、光电录入、评估审核、发布主要数据公报、资料开发、编印资料等程序，完成普查。2001年4月，市人口普查办公室发布《全市人口主要数据公报》。2002年6月，市人口普查办公室发布《高邮市第五次全国人口普查报告书》。2003年11月，市人口普查办公室编印《高邮市2000年人口普查资料》。该资料设有两部分，共16卷。第一部分为全部数据，含概要、民族、年龄、受教育程度、家庭、死亡、迁移、住房等8卷；第二部分为长表数据，含概要，民族，受教育程度，行业、职业，婚姻，生育，迁移，住房等8卷。

普查结果显示：全市总人口79.78万人，与1990年第四次全国人口普查数据相比，减少2.73万人，下降3.31%。其中，男性39.29万人、女性40.49万人，分别占总人口49.25%、50.75%；0～14岁少年儿童人口14.05万人、15～59岁青壮年人口54.42万人、60岁以上的老年人口11.31万人，分别占总人口17.61%、68.21%、14.18%。与1990年相比，0～14岁人口下降12.3%，15～59岁人口下降6.2%，60岁以上人口上升33.53%。全市总户数24.18万户，平均每个家庭户人数3.3人，比1990年平均每户减少0.52人。

三、第一次全国第三产业普查

1993年，全市开展第一次全国第三产业普查。普查范围是从事第三产业的所有单位，包括商业、运输、金融、保险、房地产、信息、咨询、科学研究、文化教育单位和行政机关、部队等，第一产业和第二产业企业中所附属的第三产业单位，从事第三产业的个体户。普查内容包括单位数量、从业人员数、销售（营业）收入、销售（营业）成本费用、销售税金、经营利润、行政事业单位业务收支、固定资产原值、库存总值、社会消费品零售总额等。

普查结果显示：1992年末，全市共有第三产业机构4714个，从业人员5.71万人。其中，企业单位1498家，从业人员3万人；行政事业单位3216家，从业人员2.71万人。有第三产业个体户1.19万户、从业人员1.77万人，营业收入1.63亿元。全市第三产业增加值3.5亿元。其中，按行业分，农林牧渔业855万元，地质勘查、水利管理业296万元，交通运输、仓储及邮电通信业2403万元，批发零售贸易、餐饮业7149万元，金融保险业5250万元，房地产业3324万元，社会服务业839万元，卫生体育和社会福利业1045万元，教育、文化及广播电影电视业2814万元，科学研究和综合技术服务业8万元，国家机关、政党机关和社会团体3103万元，其他行业7914万元；按经济类型分，国有经济1.42亿元、集体经济1.04亿元、私营经济52万元、个体经济7080万元、联合经济2万元、股份制经济3万元、中国港澳台投资经济1万元、其他经济3217万元。

四、第三次全国工业普查

1995年，全市开展第三次全国工业普查。普查对象为市内全部工业企业和附属工业生产单位，包括乡及乡以上工业、村办工业、城镇（农村）合作及个体工业。普查内容包括工业企业基本情况、财务状况、劳动情况、主要产品产销存、科技活动情况、工业产品质量、工业生产设备新旧程度和技术状况等16个方面570项指标。

普查结果显示：1995年末，全市共有工业企业和生产单位4214家，其中国有工业62家、集体工业1051家、"三资"企业25家、个体私营工业3076家；全部工业现价总产值74.52亿元，其中乡及乡以上工业总产值38.74亿元；产品销售收入43.79亿元；利税总额1.76亿元；从业人员10.66万人；固定资产12.85亿元。

五、第一次全国基本单位普查

1996年，全市开展第一次全国基本单位普查。普查对象是全市所有法人单位及法人单位所附属的产业活动单位，包括各类企业法人、事业单位法人、机关法人、社团法人和其他法人以及上述法人所附属的农业、工业、建筑业、交通运输业、批发零售贸易业、餐饮业、服务业等产业活动单位。普查内容主要有单位经济类型、所属行业、从业人员、企业规模、营业状态等各单位基本属性和主要标识。通过普查，全市共登记法人单位2969家、附属单位839家。

六、第二次全国基本单位普查

2001年，全市开展第二次全国基本单位普查。普查对象是全市法人单位及法人单位所附属的产业活动单位和城乡个体工商户。普查内容有单位基本标识、主要属性、基本状态和主要总量指标。

普查结果显示：2001年，全市共有法人单位3595家，从业人员17.26万人，其中女性7.1万人；产业活动单位4430家，从业人员17.54万人，其中女性7.2万人；个体工商户2.52万户，从业人员4.79万人。在法人单位中，第一产业法人单位15家、从业人员756人，第二产业法人单位1475家、从业人员12.55万人，第三产业法人单位2105家、从业人员4.63万人；企业法人2197家，事业法人616家，机关法人111家，社会团体法人38家，其他法人633家。

七、第一次全国农业普查

1997年，全市开展第一次全国农业普查。普查登记标准时间为1996年12月31日，标准时段为1996年1月1日至12月31日。此次普查以农业生产要素普查为基础内容，包括农业生产经营单位数量、规模和结构，农业用地在各生产经营单位分布和使用情况，农业生产性固定资产数量、结构和性能，农村劳动力数量、素质、从事的行业和流动情况，乡镇企业和建制镇基本概况等。

普查结果显示：1996年末，全市农村总户数19.50万户，其中农村住户18.57万户；农村总人口72.65万人，其中农村住户人口70.77万人。农村住户从业人员按行业分布，第一产业占54.3%、第二产业占27.6%、第三产业占18.1%；文化程度结构，文盲占6.9%、小学占42.6%、初中占44.2%、高中占5.5%、中专占0.6%、大专以上占0.2%；从业地区和流向，在本乡镇从业人员占77.9%、到市内外乡从业人员占9.4%、到市外省内从业人员占6.9%、到省外从业人员占5.8%。全市有农业科技人员808人，在农村各种农业事业单位工作并具有初级技术员以上职称的人员1087人。全市耕地面积8.04万公顷，其中水田7.67万公顷、旱地3700公顷。全市有非农乡镇企业1417家，其中第二产业企业占94%、第三产业企业占6%。全市农村拥有电话机3.41万部，平均每户0.18部；乡镇公路1609千米，通公路的行政村占85.8%；饮用自来水的村422个，占59.3%；全市农村乡镇有中学41所、小学290所、幼儿园32所；有农村卫生院33所，医生560人，病床899张，每万人有病床12.4张。全市拥有大中小型拖拉机、联合收割机、机动脱粒机、农用运输车等农业机械3.25万台，平均每个村45.6台。

八、第一次全国经济普查

2004年，全市开展第一次全国经济普查。经济普查包括工业普查、第三产业普查、基本单位普查、建筑业普查。普查对象是市内从事第二产业和第三产业的全部法人单位、产业活动单位和个体工商户。普查内容包括单位标识、从业人员、财务收支、资产状况以及企业主要生产经营活动和生产能力、主要原材料和能源消耗及科技开发投入状况等。

普查结果显示：2004年末，全市共有第二、第三产业法人单位3115家，其中企业法人单位1941家、机关事业法人单位575家、社会团体法人单位94家、其他法人单位505家；产业活动单位3845家，其中第二产业1431家、第三产业2414家；有个体经营户3.37万户，其中第二产业3243户、第三产业3.05万户。

第二产业的主要普查结果显示：2004年末，全市共有工业企业法人单位1431家，从业人员8.62万人。其中，规模以上单位286家，从业人员5.06万人；规模以下单位1145家，从业人员3.56万人。有工业个体经营户2969户，从业人员2.17万人。全部工业现价总产值120.53亿元，规模以上工业总产值88.92亿元，产品销售收入82.15亿元，利税总额4.23亿元，固定资产30.58亿元。全市共有建筑企业法人单位59家,从业人员4.63万人;有建筑业个体户274户,从业人员2228人。建筑企业法人单位建筑业总产值50.2亿元,建筑业个体经营户经营收入0.84亿元。

第三产业主要普查结果显示:2004年末,全市共有交通运输、仓储和邮政企业法人单位44家,从业人员2423人,主营业务收入1.38亿元,利润总额965万元;有个体交通运输经营户6808户,从业人员8439人,营业收入6.36亿元,营业利润2.23亿元。全市共有房地产企业法人单位43家,从业人员846人,主营业务收入2.69亿元,利润总额亏损1559万元。全市共有商业批发零售业企业法人单位202家,从业人员4366人,主营业务收入14.38亿元,利润总额5100万元;有批发业个体经营户1310户,从业人员2031人,营业收入2.85亿元,营业利润2539万元;有零售业个体户1.4万户,从业人员2.15万人,营业收入18.8亿元,营业利润3.5亿元。全市共有住宿和餐饮业企业法人单位50家,从业人员903人,营业收入5486万元,利润总额亏损38万元;有住宿业个体经营户144户,从业人员233人,营业收入333万元,营业利润178万元;有餐饮个体经营户2044户,从业人员4912人,营业收入2.69亿元,营业利润8581万元。全市共有其他第三产业法人单位1255家,从业人员2.89万人,主营业务收入4234万元,利润总额127万元;其他第三产业个体经营户6117户,从业人员1.23万人。

第三节 统计服务与监督

一、统计服务

1985年起,县统计局每年编印《高邮统计年鉴》,汇集全县国民经济和社会综合情况的主要统计数据,分综合、农业、工业、交通邮电、固定资产投资、城建环保、贸易、财政金融、劳动工资、社会事业等章节。1986年起,不定期编印《高邮统计内部资料》。1991年起,按月编印《高邮统计月报》。1992年起,参加苏中16个县(市)统计信息交流活动,定期向市委、市政府、各乡镇和有关部门发布统计信息。至2005年,还先后编印人口普查、工业普查、农业普查、经济普查等专题汇编资料,为全市提供统计服务。

二、统计监督

1989年、1994年,全市先后开展《中华人民共和国统计法》《中华人民共和国统计法实施细则》贯彻执行情况检查活动,同时开展统计普法。1995年,市统计局聘任乡镇统计执法检查员33人。2000年,全市开展工业统计全面检查活动,查出全部工业虚报总产值13亿元,其中规模以上工业虚报总产值6.36亿元,报经扬州市统计局和省统计局同意,对是年全部工业和规模以上工业虚报数字进行调减。2001年,全市组织统计执法大检查,共查出统计违法行为161件,其中虚报或瞒报有关统计数据行为143件,统计违法行为3件。2002年起,市统计局把统计监审纳入正常工作。至2005年,共统计监审74家单位,查处统计违法行为24件。

第三章 物价管理

1982年,县物价局设立。1984年,县物价检查所设立,为县物价局下属股级单位。1989年,在全县物价普遍上涨的背景下,临泽、汉留、临城、三垛、送桥等5个区分别设立物价管理检查站。随着全县经济体制改革逐步推进和社会主义市场经济逐步确立,定价权随之逐步放开。1992年,全市由政府定价的产(商)品比例从80年代中期的近100%下降到7%,市物价局的价格审批职能逐步变为价格指导和价格鉴证服务。是年，市价格事务所成立。1993年，随着区级建制撤销和党政机构改革，各区物价管理检查站撤销。1994年，全市商品零售价格指数上涨到121.7，达到最高值。1999年，全市商品零售价格指数降至97，到达谷底。2001年，市价格事务所更名为市价格认证中心。2004年，市物价检查所更名为市物价检查分局，并增设市物价局价格举报中心。至2005年，全市实行政府定价和政府指导价的产（商）品比例仅占4.5%，95.5%的产（商）品价格实行由企业自主定价或市场调节。是年，全市零售商品价格指数为101.8，市场物价总体保持平稳。

1986～2005年高邮市商品零售价格指数一览表

表18-1

年份	价格指数	年份	价格指数	年份	价格指数	年份	价格指数
1986	106.0	1991	102.9	1996	106.1	2001	99.2
1987	107.3	1992	105.4	1997	100.8	2002	98.7
1988	118.5	1993	113.2	1998	97.4	2003	99.9
1989	117.8	1994	121.7	1999	97.0	2004	103.9
1990	102.1	1995	114.8	2000	98.5	2005	101.8

说明：每年价格指数以上年为“100”作基数计算。

第一节 农产品价格

一、粮食、油料价格

1986年，全县按照国务院粮食收购制度改革规定，实行合同定购，粳稻定购比例价（1985年1月，国家取消粮食统购，小麦、稻谷、玉米实行合同定购，定购价格三成按原统购价，七成按原超购价，执行“倒三七”比例价收购）19元/50千克，小麦定购比例价21.2元/50千克。1987年，粳稻定购比例价调高到21.75元/50千克，小麦价格未变。1989年，在继续调高粮食收购价格的同时，相应调高成品粮、粮食复制品和粮油副产品销售价格。1991年，为逐步理顺粮食价格体系，改变粮食经营中的购销价格倒挂现象，全面提高城镇居民定量供应的统销粮油价格，涨幅90.4%，取消食油平价供应政策。1992年，随着国家对大部分商品价格的放开，粮食购销价格大幅度提高，粳稻收购价从上年的26.8元/50千克提高到31.8元/50千克，红小麦收购价从上年的25元/50千克提高到31元/50千克，标二晚粳米销售价从上年的29元/50千克提高到45元/50千克，特二小麦面粉销售价从上年的32元/50千克提高到48元/50千克。同时，大众化食品切面、饺皮、挂面、馒头、油条价格相应提高。市政府决定，对市民实行物价补贴政策。1993年4月起，全市粮油购销价格全部放开，取消粮食和油料定购，停用粮油票券，粮食副产品、复制品价格同步放开。是年，市场粮价逐月上涨，至年末涨幅超过60%。市内粳米价格从1月的0.8元/千克，涨至12月的1.7元/千克。受粮食价格大幅度上涨因素影响，市场物价全面上升。当年，商品零售物价指数上涨到113.2，居民消费价格指数上涨到114.7，引发新一轮通货膨胀。在国家动用储备粮抛售和实行“米袋子”“菜篮子”省、市长负责制以后，全市粮价及市场物价得以平抑。1997年起，全市粮食市场出现供大于求的状况，粮价下降。为保护农民利益，调动农民种粮积极性，市粮食部门实行保护价收购，其中粳稻定购价71元/50千克、保护价63元/50千克。1998年，粳稻定购价和保护价又分别下降7%、5%。受粮价持续下降因素影响，全市商品零售价格指数首次出现负增长，下降至97.4。2000年起，全市小麦国家定购价与保护价执行同一价格。2001～2003年，全市放开秋粮收购政策，国有粮食购销企业按照“购得进、销得出、不亏损”的原则，自主定价收购粮食。2004～2005年，市粮食部门和企业按照国家发展和改革委员会等部门公布的最低收购价，入市收购粮食，其中粳稻市场收购保护价75元/50千克。2005年，市内市场大米、食用油供应价分别为2.3元/千克、6元/千克。

二、棉花、蚕茧价格

80年代起，为调动棉农、蚕农生产积极性，保护棉花、蚕茧两大经济作物资源，全县采取相应的价格保护措施。1986年，全县对棉花继续实行合同定购价收购，标准级皮棉170元/50千克，鲜茧统一收购价138元/50千克。1987年，针对棉花产量下降和爆发蚕茧抢购“价格大战”的新情况，执行省政府统一规定的发放棉花生产扶持费、蚕茧生产扶持款措施。棉花生产扶持费标准为5.6元/50千克，并外加临时性价外补贴2.8元/50千克、生产扶持费0.6元/50千克，还对棉农每缴售皮棉50千克奖售氮肥20千克、磷肥10千克；蚕茧生产扶持款标准为30元/50千克。1989年、1990年、1994年、1995年，先后4次提高皮棉收购价格。1996年，棉花产销出现供大于求的局面，棉花供应价格由国家定价改为政府指导价，以上年供应价为中准价，上下浮动幅度4%。1998年，受纺织行业不景气和纺织化纤使用比例上升等因素影响，棉花销售价格持续下降，棉花收购价格由国家定价改为政府指导价。1999年，全市全面放开棉花、蚕茧购销价格。至2005年，全市棉花、蚕茧购销全部实行市场定价。

三、生猪、蛋品、水产品价格

1986年，全县对生猪、蛋品、水产品继续实行议购议销、随行就市的作价办法。是年，全县生猪收购价、市场猪肉供应价分别为1.65元/千克、2.5元/千克，鲜蛋收购价、市场销售价分别为2元/千克，2.4元/千克，鲜鲤鱼收购价、市场销售价分别为3元/千克、3.6元/千克。此后，价格逐年上扬。至2005年，全市生猪收购价、市场猪肉供应价分别为7.6元/千克、14元/千克，鲜蛋收购价、市场销售价分别为6元/千克、6.9元/千克，鲜鲤鱼收购价、市场销售价分别为4元/千克、5元/千克。

第二节　工业品价格

一、电力价格

80年代后期，全县电价受用电紧缺和多种加价因素影响，出现指令性电价和指导性电价并存现象，电价类别繁多，变化快。1986年，全县居民生活用电、农业用电、工业用电、商业用电电价分别为0.19元/千瓦时、0.06元/千瓦时、0.085元/千瓦时、0.19元/千瓦时。1993年，全市居民生活用电、农业用电、工业用电、商业用电电价分别涨至0.26元/千瓦时、0.25元/千瓦时、0.302元/千瓦时、0.379元/千瓦时。1996年，按照国家电力系统统一目录电价调整用电电价，市内居民生活用电、农业用电、工业用电、商业用电电价分别调整到0.31元/千瓦时、0.285元/千瓦时、0.341元/千瓦时、0.414元/千瓦时。1999年，按照全省统一销售分类电价，取消燃料运输加价，停止执行地方综合差价，并从是年10月起实行峰谷期电价。全市居民生活平均电价、农业用电、工业用电、商业用电电价分别为0.52元/千瓦时、0.421元/千瓦时、0.664元/千瓦时、0.899元/千瓦时。2000年，对城市居民用电增容改造工程价贴（设备空载损耗的补贴费）实行优惠政策，取消电表保证金和电费保证金，调降供配电价贴（设备空载损耗的补贴费）标准，实施农村统一销售分类电价。2001年3月起，全市城乡居民生活用电实行同价，为0.52元/千瓦时。2002年8月起，农村中小学校、医院、敬老院、幼儿园照明用电执行居民用电价格。2005年，全市居民生活用电、农业生产用电、商业用电仍执行1999年电价；工业用电电价略有上升，为0.672元/千瓦时。

二、成品油、化肥价格

80年代起，县内农业生产资料价格实行“双轨制”，即国家计划分配部分执行统一规定的价格，计划外部分实行议价。1986年，成品油、地产碳酸氢铵、尿素等主要生产资料价格，分别为1030元/吨、305元/吨、760元/吨。90年代，生产资料出现多渠道购进、多层次定价、多种价格并存的现象。1991年，根据省政府改革地产小化肥作价办法规定，市内对地产化肥实行淡季、平季、旺季季节差价。是年，地产碳酸氢铵平均价格320元/吨。1994年，市内购进尿素的价格由省、市、县三级管理，实行三级经营价差率10%。是年，省产尿素价格涨至1420元/吨。1996年，地产化肥实行中准价销售，碳酸氢铵、尿素价格分别涨至588元/吨、2152元/吨。1999年，成品油实行中准价，化肥零售价格放开。2000年，成品油、碳酸氢铵、尿素价格分别为2430元/吨、450元/吨、1350元/吨。2001年起，全市成品油和化肥实行浮动价。其中，成品油价格按照“一月一调整”办法，全年共调整11次，价格浮动幅度为正负8%；地产碳酸氢铵、尿素价格浮动幅度分别为10%、15%。是年，全市成品油、碳酸氢铵、尿素平均价格分别为2685元/吨、450元/吨、1350元/吨。至2005年，市内成品油、碳酸氢铵、尿素仍实行浮动价，平均价格分别为5240元/吨、510元/吨、1500元/吨。

三、糖、烟、酒、盐价格

1986年至1988年6月，全县糖、烟、酒、盐执行国家统一定价。其中，白砂糖1.58元/千克，55度洋河大曲38.15元/瓶，食盐0.29元/千克。1988年7月起，逐步放开食糖、香烟、白酒价格。1994年起，几度调高食盐价格。1996年，市场销售加碘粉洗盐价格1.22元/千克。1998年，加碘精品海盐价格2.4元/千克。至2005年，全市市场销售食盐仍执行国家统一定价。是年，市场销售白砂糖、食盐价格分别为4.2元/千克、2.4元/千克，55度洋河大曲价格42元/瓶。

四、自来水价格

1986年起，全县自来水价格实行统一定价。是年，城区居民用水价格为0.14元/立方米，工业用水价格0.16元/立方米。1994年，调整自来水价格，居民用水价格调至0.42元/立方米，工业用水价格调至0.52元/立方米；首次增设商业用水价格项目，商业用水价格0.65元/立方米。1996年起，几乎每年调升一次水价。至2000年，居民用水、工业用水、商业用水价格分别为1.1元/立方米、1.35元/立方米、1.65元/立方米。2003年，居民用水、工业用水、商业用水价格分别调至1.8元/立方米、2元/立方米、2.5元/立方米。同时，增设宾馆饭店用水、特种用水两项价格项目，分别为2.6元/立方米、2.8元/立方米。2005年，全市居民生活用水、工业用水、一般经营用水、宾馆饭店用水、特种用水价格分别为2.2元/立方米、2.6元/立方米、3元/立方米、3.1元/立方米、3.3元/立方米。

第三节　住房价格

一、商品房价格

90年代初，市内商品房价格纳入价格管理范围，实行由政府定价。1991年，房地产开发企业首次在城区开发建设的南海第一期、南海第二期商品房价格，分别为388.46元/平方米、409元/平方米。1993年4月，市政府规定，普通商品房价格由市物价局审批定价，非住宅商品房、高级公寓和别墅商品房价格实行指导性市场调节。1995年起，商品房每平方米价格突破1000元，是年开发建设的府前街第一期工程、府前街第二期工程商品房价格分别为1036元/平方米、1273元/平方米。2000年，普通商品房价格实行政府指导价管理。2003年7月，全面推行商品房销售“一价清”制度，并实行明码标价。2005年，市政府规定，凡住宅小区建筑容积率在1.0以上、单套面积在144平方米以上的普通商品房，继续实行政府指导价或政府定价，其他商品房实行市场调节价。是年开发建设的通达花园、众城文馨苑、康华园现代城商品房价格分别为1521元/平方米、1538元/平方米、1779元/平方米，其中不含允许上浮的5%浮动价款和按实收取的各种代收费用。至2005年末，城区共开发建设普通商品房35期(次)，价格一路走高。

二、经济适用房价格

2000年，市内始建经济适用房。根据《江苏省经济适用住房价格管理暂行办法》规定，按照保本的原则，保持合理的楼层、朝向等价差；市政基础设施建设配套费用由市政府承担；小区非营业性配套公共建筑费，一半由市政府承担，一半计入房价；管理费控制在3%以内；土地费以划拨价计算。是年，在城区通湖小区建成的首期经济适用房价格为980元/平方米。2003年，在城区康华园建成的第二期经济适用房价格为948元/平方米。2005年，在康华园建成的第三期经济适用房价格为1338元/平方米。

三、房改房价格

1993年1月，全市优惠出售首批公有住房。房改房实际销售价控制在每平方米建筑面积不低于成本价的25%。其中，新房按标准价为基价，旧房以成新折扣重置价为基价（每年折旧率2%）。再按照地段、朝向、楼层与职工工龄等因素，分别进行增减，最后计算出每套住房的具体实售价格。是年，全市房改房基价300元/平方米。2005年，市政府对房改政策进行调整，规定公有住房出售基价（建筑面积）630元/平方米。

第四节　教育、医疗、交通价格

一、中小学收费

1986年，县内中小学实行九年制义务教育，即小学和初中阶段免收学费，但各校仍向学生收取一定杂费。1989年，小学低、中、高年级3个阶段每学期向每生分别收取杂费5元、7元、9元，中学初中阶段每学期收取杂费13元，普通高中、重点高中每学期分别收取杂费16元、19元。1992年、1994年、1996年、1998年，先后4次调整中小学每学期杂费收取标准。其中，小学杂费先后调整为14元、30元、40元、50元，初中杂费先后调整为22元、50元、65元、80元，普通高中学杂费先后调整为70元、100元、150元、170元，重点高中学杂费先后调整为100元、200元、260元、300元。2002～2004年，市内义务教育阶段中小学杂费分城市、农村两个标准执行。其中，城市学生小学、初中每生每学期收费标准分别为70元、100元，农村学生小学、初中，每生每学期收费标准分别为65元、95元，普通高中、重点高中每生每学期学费分别为408元、840元。2005年，市内公办义务教育阶段学校实行“一费制”收费（含杂费、课本费、作业本费、信息技术教育费、电教教材费等），每生每学期收费标准，小学为84元，初中为120元；民办学校按成本收取培养费，不再收取杂费和学费，由市物价局审核批准后执行。

二、医疗服务收费

1986年，全县医疗机构统一执行《江苏省医疗机构收费标准》，共设21类1600项收费标准。收费分为自费、公费两种，门诊分为初诊、复诊、急诊三种。1988年，清理整顿医疗乱收费问题，降低检查费收费标准，调高门诊挂号费、住院费、治疗费、护理费、手术费等收费标准。1993年，适当调整部分基本医疗项目收费标准，将手术费分类细化，再次降低部分大型仪器检查治疗费收费标准。1997年，全市医疗机构统一执行《扬州市医疗机构收费标准》，共8类119项收费标准。1998年，调整基本医疗项目收费标准，调整面67%，总体收费标准提高1倍以上。2000年，全市医疗机构新增医疗服务项目执行省定收费标准，共168项，其中化验类80项、检查类50项、治疗类21项、手术类17项。2000～2005年，全市医疗机构按照全省改革医疗服务价格管理办法，非营利性医疗机构实行政府指导价，营利性医疗机构实行市场调节价。

三、交通客运价格

1986年，县内交通客运价格执行省交通厅、省物价局《江苏省汽车客运运价实施细则》统一规定，宽座车0.032元/人·千米，中小型客车15座以下和15座以上分别为0.046元/人·千米、0.038元/人·千米。1990年，开征汽车客票附加费0.01元/人·千米。1992年，汽车客票附加费调至0.02元/人·千米，开征农公客运站埠设施附加费每票0.1元。是年春运期间，首次推出浮动票价，上浮幅度15%。是年，还推出运输车辆燃油差价补贴，按0.04元/人·千米计费。1994年春运期间，票价上浮幅度达25%。1997年5月，市内普通大客车运价调为0.062元/人·千米，中级大型客车为0.072元/人·千米，卧铺客车为0.16元/人·千米。车辆通行费代征代付标准按10～20座、21～50座、51座以上等3个档次，每道每人分别收取0.85元、0.55元、0.75元。1999年，市内始有城市公交车，城区线路运价1元/人·次；城郊线路运价分15个站点以下和15个站点以上两个档次，分别为1.5元/人·次、2元/人·次。2004年，首次制定出租车起步价，城区内分2千米内按起步价3元执行，超过2千米按每增加1千米加收1.2元计算；城区外单程1.6元/千米（含空驶费）。2005年，市内出租车起步价作调整，2.5千米以内执行起步价4元，超过按每增1千米增收1.6元计算。

第五节 收费管理与价格服务

一、行政性收费管理

1986年，全县首次开展整顿乱收费问题，重点整顿行政事业性收费问题。1987年，县内将行政事业性收费纳入价格管理轨道。1990年，在全县开展“三乱”（乱收费、乱罚款、乱摊派）专项治理。是年，县内取消行政事业性收费项目9项，降低收费标准项目12项。1997年，全市再次开展治理“三乱”工作。市政府成立“治‘三乱’、减轻企业负担”领导小组。经过治理整顿，共取消行政事业性收费项目104项，降低收费标准项目502项。1999年，全市取消行政事业性收费项目120项，降低收费标准项目286项。2000年，全市取消越权设立的各种基金项目73项。2001～2002年，全市有318项扬州市立收费项目被取消或降低收费标准。2003年，全市实行行政事业性收费公示制。2005年，市物价局向全市行政事业单位发放行政事业单位收费证430本，准许收费项目332项，全年收费总额2.72亿元。

二、物价检查

1986年起，县物价局及县物价检查所履行对全县物价监管检查工作职能。通过专项检查、举报检查、联合检查、常规检查等方式，加强物价监管。1990年，全县组织多个部门联合检查，共查处价格违法案件101件，查获违法涨价金额117.5万元，遏制涨价风潮。1999年，组织专项物价大检查，查处价格违法案件52件，查获违法涨价金额1000万元，再次制止涨价风。至2005年，累计查处价格违法案件1105件，共查获违法涨价金额3131.31万元，罚没金额603.77万元。

三、价格服务

90年代，随着价格改革不断深入和市场物价进一步放开，市物价部门职能由纯管理型逐步转变为管理服务型。1993年起，市价格事务所先后围绕生产经营、合同签订、抵押质押、理赔索赔、实物应税、物品拍卖、资产评估、财产分割、工程审价、清产核资、经济纠纷、法律诉讼、司法公证等方面相关物品价格、服务价格，开展价格认证。是年，全市价格认证服务业务量53件，认证金额60万元。1998年，全市价格认证服务业务量上升到320件，认证金额1.6亿元。2005年，全市价格认证业务量上升到484件，认证金额2.09亿元。至2005年末，累计完成价格认证服务业务总量3140件，认证总金额4.83亿元。

第四章　审　计

1984年3月，县审计局建立。是年起，从开展年度财务大检查入手，逐步实施以县内企业为重点的年度财务收支审计。1986年，县政府决定在县商业局、县供销合作联社、县粮食局、县文教局、县卫生局、县交通局、县城乡基本建设环境保护局、县机械化学工业公司、县轻纺工业公司、县电子工业公司、农业银行县支行等11个部门与单位，先后设立内部审计机构，配备专职人员，开展内部审计。1987年12月，设立县审计事务所，为县审计局下属事业单位。是年起，对重点企业和重点部门等重点审计单位实行定期审计制度。1988年起，审计监督范围逐步扩大到金融机构、乡镇政府和其他机构；并先后实施企业承包经营责任审计和厂长（经理）离任经济责任审计。1990年，首批25个乡镇建立审计所。1991年起，市审计机构开展专项审计和专项审计调查工作。1992年，市审计事务所更名为市审计师事务所。1993年，设立基建审计科，后改为固定资产投资审计科。1995年，首次开展市级财政预算执行情况及其他财政收支情况年度审计。1999年，市审计师事务所从市审计局划出，改制为合伙制会计师事务所，成为社会审计机构。2000年，配合党政机构改革，实施党政领导干部任期经济责任审计。至21世纪初，全市形成由国家审计、单位内部审计、社会审计相结合的审计组织网络，审计监督范围覆盖全市主要经济领域。至2005年末，全市审计机构累计完成审计项目5359项，查出违规违纪金额16.03亿元，为国家、集体和个人挽回经济损失2299万元。其中，市审计局完成审计项目1072项，查出违纪金额5.88亿元、违规金额9.19亿元；内审机构完成审计项目1842项，查出违纪金额8366万元；社会审计机构完成审计项目2445项，查出违纪金额1177万元。

第一节　财税和金融审计

一、财税审计

1989年8月，县审计局首次审计武安乡、一沟乡财政收支情况，主要审计乡财政收支增减、执行财政政策、预算内外资金使用管理和使用效果等情况。1995年，财政审计内容扩大到财政周转金、财税部门征收和管理、预算执行部门管理、重点基金和资金管理等项目。是年9月，首次审计市财政局、市地税局当年前9个月本级预算执行情况及其他财政收支的合法性、真实性、效益性和地方税收征管情况，发现存在应作未作收入、虚列支出、借出资金无偿使用、“暂付款”长期挂账等违规问题，有问题资金总额1279万元。1997年，市审计局全面审计1996年度市本级财政预算执行情况及其他财政收支情况，首次向市人大常委会做出“同级审”审计工作报告。2000年起，加强社会保障基金收支管理和国有土地出让金财务收支、部门执行综合预算实行“收支两条线”等方面审计。2005年起，审计和调查新农村建设投资中农村公路通达工程建设、农村教育培训工程、农村文化建设工程、农民健康工程、农村环境整治工程等五件实事专项资金收支情况，针对发现问题及时提出整改意见。至2005年，全市建立市级财政每年必审、乡镇财政每3年审一次的国家审计制度，累计完成财税审计项目99项，查出违规金额7536万元、管理不规范金额7212万元。

二、金融审计

1988年起，县审计局陆续对各金融机构实施首次审计。是年8月，县审计局审计中国人民保险公司高邮支公司1987年度财务收支情况。1990年6月，审计中国农业银行高邮县支行1989年度信贷计划执行和财务收支情况。1991年6月，审计中国建设银行高邮市支行1990年度财务收支情况。1992年8月，审计中国银行高邮市支行1991年度财务收支情况。1993年6月，审计中国工商银行高邮市支行1992年度财务收支情况和信贷资金情况。1994年8月，审计高邮信托投资公司1993年度财务收支和执行国家金融政策与信贷计划情况。1998年、2000年，分别审计中国人寿保险公司高邮支公司、市城市信用合作联社资产负债损益情况。至2005年，继首次审计各金融机构之后，又先后分别审计中国人民保险公司高邮支公司5次（1991年8月、1994年6月、1996年7月、1998年4月、2001年4月）、中国农业银行高邮市支行3次（1993年5月、1996年4月、1997年6月）、中国建设银行高邮市支行2次（1994年7月、1995年6月）、中国银行高邮市支行3次（1994年5月、1995年5月、1996年6月）、中国工商银行高邮市支行1次（1999年3月）、高邮信托投资公司1次（1997年5月），共查出有问题资金2091.73万元，少缴、漏缴税金218.57万元。

第二节　行政机关和企事业单位审计

一、行政机关与事业单位审计

1986年，县审计局继续审计市粮食、物资、轻纺、机械化学、文教、卫生、公安、法院、民政等重点行政事业单位。1987年起，审计重点逐步扩大到有资金分配权、有预算外收入、有罚没收入、违纪问题高发的行政机关和事业单位，先后将市水利、城建、科技、广电、土地、社保等行政机关与所有重点单位列为定期审计单位，组织定期审计。1990年8月、1995年6月、2001年10月，分别查出县土地管理局、市城乡建设委员会、市社会保障管理局问题资金73.31万元、623.38万元、476.5万元。2003年起，市审计局先后全面审计市公安、教育、建设、民政、文化、国土、水利、建工等系统，从局机关延伸到下属基层单位。至2005年，累计完成行政机关与事业单位审计项目365项，查出违纪金额2.5亿元，涉及单位82家。

二、企业审计

1986年起，县审计局继续依法审计监督全县工业、商业、粮食、供销、物资、外贸等各类企业财务收支真实性、合法性、效益性情况。1987年、1988年，先后查出县粮油议购议销公司、县水泥制品厂在财务收支上存在的违规违纪问题。1992年，随着企业改革的不断深化，市审计局逐步开展企业资产、负债、损益情况和资产保值增值情况审计监督。是年，查出12家市属重点亏损企业潜亏额180.8万元，其中核增亏损额190.5万元、核减亏损额9.7万元。1999年、2001年，先后查出市对外贸易公司、省烟草公司高邮市公司在资产、负债、效益方面存在的问题。前者存在虚列固定资产和负债、账实不符、损益不实等问题，后者存在多支劳务费和商业性养老保险金、少缴税金等问题。至2005年，累计完成企业审计项目271项，查出违纪金额1.8亿元，涉及企业105家。

第三节　经济责任审计

一、厂长（经理）经济责任审计

1987年，县政府制定《高邮县全民所有制企业厂长（经理）离任经济责任审计暂行办法》。1988年，县政府批转县审计局《关于开展承包经营责任审计工作试行办法》。是年，县审计局首次开展县食品厂承包经营责任年度审计。审计认定该厂1987年产值、销售、利润实绩均完成承包经营合同规定的年度责任目标，但存在漏缴、欠缴税金5.7万元的问题。1990年12月，县经济体制改革委员会、县审计局联合印发《关于做好县属企业第一轮承包经营责任审计工作的通知》，坚持“先审计，再报批，后兑现”的做法，由县审计局对县属重点企业实施审计，委托企业主管部门内审机构和县审计事务所、县会计师事务所对县属其他企业实施审计。至1996年，市审计局直接审计市属重点承包经营企业89家，委托审计机构审计企业58家，全部完成企业第一、二轮承包的终结考核和奖惩兑现工作。同时，审计26家承包企业厂长（经理）离任经济责任，保证企业各轮承包之间的衔接。此后至2005年，企业厂长（经理）经济责任审计主要由社会审计机构和乡镇审计所负责。

二、党政领导干部经济责任审计

2000年，市委做出开展全市党政领导干部任期经济责任审计的决定。至2005年，市审计局先后完成67名市级机关部门和乡镇负责人离任和任期经济责任审计，查出应由领导干部承担主管责任的违规金额2406万元、管理不规范金额7816万元、损失浪费金额191万元，并通过审计确认经济责任。在审计对象中，被调离岗位18人，被免、降、撤职5人，移送纪检、检察机关处理4人。

第四节　专项审计和审计调查

一、固定资产投资专项审计

1986年，县审计局先后审计调查高邮师范学校、县人民医院、县农业局、县农业生产资料经营公司自筹资金基建项目，查出计划管理部门越权审批、建设单位超规模建设、挤占专项事业费、建设资金未按规定存入银行等问题。1989年，县审计局按照国务院全面清理固定资产在建项目、压缩建设投资规模、调整投资结构的要求，对省清理固定资产在建项目办公室决定停建缓建的在建项目市棉纺厂扩建工程实施审计，压缩投资额582万元。是年起，市审计局审计重点基建工程项目测算、决算、招标标底的编制，先后审计农村电网建设与改造、各年度城市建设项目、机关企事业单位重点工程项目。至2005年末，共完成审计重点工程项目212项，通过审计核减工程造价总金额6902万元；查出违纪金额1495万元，其中招投标违规金额1027万元、虚结工程款149万元、挪用侵占建设资金319万元。

二、农业、水利和农村专项资金审计与调查

1992年，先后专项审计国家投资总额438万元的黄淮海农业综合开发资金和国家拨款总额508万元的市水利局年度防汛经费、水毁修复工程经费、水利工程项目资金，保证资金专款专用。1993年，专项审计全市1991～1992年农业资金总体投入情况，共审计有农业资金的主管部门和农业银行等单位16家，审计总金额8491万元，查出违纪金额21万元、少配套资金62万元。2004～2005年，市审计局先后专项审计和专项调查全市新型农村合作医疗基金、改水改厕资金、公路建设资金、农村税费改革转移支付补助资金、草（危）房改造资金、住房公积金、失业保险金、农业综合开发资金、水利工程资金等专项资金管理与使用情况，审计资金总额2.87亿元，及时提出加强各项专项资金管理的建议，并提请市人大常委会开展专题调研，确保农用专项资金的安全管理与使用。

三、救灾捐赠款物专项审计

1991年，市内发生特大洪涝灾害，市审计局先后派出5个审计组，专项审计市民政局、市卫生局、市粮食局、市物资局接收的总价值1340万元的救灾捐赠款物，并抽查10个乡镇的25个村，走访180户灾民，确保救灾款物全部、真实发放到灾民手中。1992年，审计市红十字会、市民政局和3个乡镇、6所医院接收的救灾款物与捐赠款物，促使相关单位将发放后余下的价值20多万元的15种救灾物品及时补发给灾民。

四、教育经费专项审计

1995年，根据市人大代表建议和市政协委员提案，专项审计1994年度普通教育经费，涉及市教育局、市财政局、市税务局和5所学校，审计总金额5600万元，并提出普通教育经费征收不足、部分收费项目超过规定标准、个别收费项目依据不够规范等问题。市政府为此批转市审计局《关于加强教育经费管理建议》的审计报告。至2005年，每年组织本级预算执行情况审计时，都审计教育经费安排情况。

五、政府外贷资金专项审计调查

2002年，市审计局先后专项审计调查市财政局、市对外经济贸易局和4家企业使用政府外贷资金情况。经审计调查，全市共借用国际金融组织和外国政府贷款344.69万美元，至审计之日逾期未还外贷132.58万美元，由此造成市财政被省财政扣款1506万元，主要是综合管理不到位等因素所致。市审计局提出的审计调查建议获政府采纳。

六、赴如皋参加省粮食专项审计调查

1998年2～10月，市审计局审计组按照国家审计署关于开展粮食专项审计的统一部署，被省审计厅抽调派往如皋市，开展粮食专项审计调查。该组先后3次清查、审计如皋市粮食系统1996年、1997年盈亏、库存情况和粮食新增财务挂账、不合理占用银行贷款情况，并做出专题审计调查报告。经国家审计署抽审复查，评价市审计局审计调查工作和报告认真、客观、公正，符合审计调查要求。市审计局审计组被省审计厅授予“全省粮食专项审计先进集体”称号。

第五章 工商行政管理

80年代至90年代中期，全市工商行政管理工作由市工商行政管理局负责。其间，企业登记工作完成由营业性登记制向企业法人登记制的转变，完成由行政审批制向工商企业登记制的转变。1999年初，工商行政管理体制实行“垂直管理”改革，市工商行政管理局更名为扬州市高邮工商行政管理局，人、财、物上划给扬州市工商行政管理局管理。2002年，该局撤并原有12家基层工商所，新组建西城、东城、城北、临泽、三垛、汉留、八桥、送桥等8个工商分局和1个经济监督检查大队；挂靠单位有市个体私营经济协会和市消费者协会；与其所办市场全部脱钩，实行管办分离，实现从管理、建设、培育相结合办市场到强化市场管理与监督的职能转变。同时，该局制定一系列“搞活、放宽”措施，加快全市个体私营经济和外向型经济发展步伐。至2005年，全市登记注册的个体工商户1.55万户，从业人数2.35万人，注册资金7亿元；登记注册的各类企业5241家，注册资金27.63亿元。其中，公有制企业（含以公有制为主体的混合型经济企业，下同）2314家，注册资金20.72亿元；私营企业2810家，注册资金3.83亿元；外商和中国港澳台商投资企业117家，注册资金3.09亿美元。

第一节 企业登记管理

一、公有制和混合型经济企业登记

1986～1988年，县内新建内资企业登记遵照国务院1982年颁布的《工商企业登记管理条例》，经

行政主管部门审批后，由工商管理部门负责营业性登记注册。1986年、1987年、1988年，分年度经县工商行政管理局新核准登记的各类公有制工商企业分别为328家、450家、380家；全部登记注册企业数分别为5326家、5623家、6003家。其中，登记注册的乡镇企业、联营企业分别以81%、159%的平均增速发展。在1988年全部登记注册的企业中，独立核算企业3928家，非独立核算企业2075家；全民所有制（国有）企业467家，集体企业5377家，联营及其他企业159家；共有从业人员14.95万人，注册资金6.89亿元。

1989年起，按照国务院颁布的《中华人民共和国企业法人登记管理条例》及其实施细则开展企业登记，更换企业法人营业执照和重新审核登记，企业营业性登记同时废止。至1991年，全市完成企业法人换照和重新审核登记工作，累计换发营业执照的企业4061家，其中办理变更登记手续的企业160家；注销企业1942家。1991～1993年，市工商行政管理局先后制定《支持国有大中型企业搞活生产经营、提高经济效益的十项措施》《关于改进企业登记管理、帮助企业转换经营机制的十六项措施》《关于鼓励和支持企业多渠道、多层次经营的八项措施》《关于支持第三产业发展的措施》等一系列搞活企业、放宽登记的政策性措施，促进企业转轨、搞活、优化、发展。至1993年，全市登记注册各类企业5647家。其中，法人企业2936家，非法人企业2711家；国有企业720家，集体企业4880家，联营及其他企业33家，股份制企业14家；第一产业企业48家，第二产业企业2451家，第三产业企业3148家。共有从业人员16.56万人，企业注册资金7.13亿元。

1994年7月，遵照新颁布的《中华人民共和国公司法》，全市申请新设立内资有限责任公司，实行由市工商行政管理局依法独立核准、直接登记注册制度，逐步取代行政审批制。是年，全市登记注册的非私营有限责任公司50家，注册资金8400万元。1996年，全面推行企业改制工作。全年共办理登记注册的改制企业65家，其中登记注册为有限责任公司的市属企业11家、股份合作制企业47家、租赁经营企业7家。1998年，市工商行政管理局首次独立核准登记注册江苏高特面粉集团公司。同时，开展“摘红帽”、清理“三无”企业工作。2000年起，引导国有、集体企业实施现代企业制度，新设立的国有、集体企业逐步减少。2002年，企业登记注册工作进入市行政服务中心，由该中心工商登记服务窗口实行“一审一核”制，直接、便捷办理新办公司的登记注册和发照手续。2005年，全市登记注册的有限责任公司共504家，注册资金8.75亿元。

1986～2005年高邮市公有制和混合型经济企业登记注册情况一览表

表18-2

项目 年份	企业数（家）	国有企业	集体企业	有限责任公司	股份合作制企业	联营及其他企业	注册资金（亿元）
1986	5326	417	4871	—	—	38	5.50
1987	5623	432	5074	—	—	117	6.46
1988	6003	467	5377	—	—	159	6.89
1989	6026	507	5349	—	—	170	6.90
1990	4104	407	3674	—	—	23	5.42
1991	4346	427	3894	—	—	25	5.80
1992	4928	544	4351	—	—	33	6.65
1993	5647	720	4880	14	—	33	7.13
1994	6060	813	5159	50	—	38	8.37
1995	6155	898	5124	96	—	37	10.27
1996	6218	934	5018	145	83	38	26.72

续表 18-2

项目 年份	企业数（家）	国有企业	集体企业	有限责任公司	股份合作制企业	联营及其他企业	注册资金（亿元）
1997	6021	910	4432	223	419	37	28.87
1998	5683	896	4035	255	475	22	29.90
1999	4283	851	2708	261	453	10	24.14
2000	4187	859	2594	271	454	9	23.97
2001	3762	782	2242	271	461	6	25.05
2002	3812	786	2266	302	452	6	26.15
2003	3376	697	1885	403	390	1	20.83
2004	2982	615	1604	403	359	1	20.75
2005	2314	353	1162	504	295	—	20.72

2005年高邮市公有制和混合型经济企业行业分布情况一览表

表 18-3 单位：家

行业分类	合计	国有企业	集体企业	股份合作制企业	有限责任公司
农、林、牧、渔业	41	7	21	10	3
采矿业	2	—	1	—	1
制造业	592	66	381	56	89
电力、燃气及水的生产和供应业	14	3	9	—	2
建筑业	63	6	21	1	35
交通运输、仓储和邮政业	46	6	33	—	7
信息传输、计算机服务和软件业	46	8	—	—	38
批发和零售业	1150	151	558	217	224
住宿和餐饮业	10	3	4	—	3
金融业	115	30	46	—	39
房地产业	37	3	5	—	29
租赁和商务服务业	18	2	9	—	7
科学研究、技术服务和地质勘查业	6	1	2	—	3
水利、环境和公共设施管理业	2	—	2	—	—
居民服务和其他服务业	161	59	67	11	24
文化、体育和娱乐业	11	8	3	—	—
合计	2314	353	1162	295	504

二、个体工商户和私营企业登记

1986年，全县由县工商行政管理局办理营业执照的个体工商户有1500户。1987年、1988年，县工商行政管理局遵照国务院颁布的《城乡个体工商户管理暂行条例》《私营企业暂行条例》，始登记注册个体工商户和私营企业。1987年，全县个体工商户登记户数、注册资金分别首次超过万户、亿元，分别为1.13万户、1.17亿元。1988年，全县登记注册私营企业29家。1993年，市政府印发《关于鼓励发展个体

图 18-1 高邮工商局推进民资注册动员大会现场

私营经济的意见》，并首次召开全市个体私营经济总结表彰大会，推动个体私营经济发展。是年，全市登记注册的个体工商户1.38万户、私营企业112家。1995年，采取放宽登记条件、简化登记手续，支持企业下岗人员开店办厂，加快发展个体私营经济。是年，全市登记注册的个体工商户、私营企业，分别为1.83万户、296家。进入21世纪，按照市委、市政府提出的“放心、放胆、放手、放开、放活、放宽”发展个体私营经济的要求，高邮工商行政管理局采取更宽松的登记措施，全市个体私营经济出现新一轮快速发展的态势。2001年，全市登记注册的个体工商户、私营企业，分别增加到2.38万户、1558家。2005年，全市个体工商户登记数1.55万户，户数虽有下降，但开业户注册资金总额7亿元，户均注册资金是2001年的2.28倍；私营企业登记数2810家、注册资金总额38.28亿元，分别是2001年的1.8倍、4.74倍。

1986～2005年高邮市个体工商户和私营企业登记注册情况一览表

表 18-4

项目 / 年份	个体工商户			私营企业					
	户数（万户）	从业人数（万人）	注册资金（亿元）	私营企业（家）	独资企业	合伙企业	有限责任公司	从业人数（人）	注册资金（万元）
1986	0	1.08	0.96	—	—	—	—	—	—
1987	1.13	1.28	1.17	—	—	—	—	—	—
1988	1.22	1.50	1.78	29	29	—	—	210	58
1989	0.83	1.06	0.96	42	40	—	2	508	117
1990	1.01	1.61	3.37	39	38	—	1	480	140
1991	1.04	1.62	3.38	34	34	—	—	469	138
1992	1.13	1.70	3.36	36	36	—	—	493	162
1993	1.38	2.14	3.05	112	95	15	2	1106	1119
1994	1.07	2.51	0.82	219	139	44	36	2584	2961
1995	1.83	2.59	1.15	296	171	54	71	3599	6240
1996	1.38	1.88	1.13	307	164	40	103	3609	7674
1997	1.13	2.13	1.10	282	133	20	129	3675	9579
1998	1.35	2.48	1.51	418	209	21	188	5533	15529
1999	1.85	3.19	2.78	638	323	24	291	7699	28744
2000	1.88	3.37	3.19	1041	423	233	385	16302	49833
2001	2.38	4.24	4.69	1558	681	235	642	31230	80835
2002	1.70	3.48	3.58	2029	934	232	863	43242	110958
2003	1.40	1.74	3.84	2286	1150	44	1092	48462	161791
2004	1.50	2.36	5.54	2379	1063	37	1279	51783	239495
2005	1.55	2.35	7.00	2810	1404	28	1378	65515	382847

2005年高邮市个体工商户和私营企业行业分布情况一览表

表18-5

行业分类	个体工商户（户）	私营企业（家）			
			独资企业	合伙企业	有限责任公司
农、林、牧、渔业	246	202	193	—	9
采矿业	—	2	2	—	—
制造业	1861	1734	837	16	881
电力、燃气及水的生产和供应业	6	9	7	1	1
建筑业	11	80	6	—	74
交通运输、仓储和邮政业	30	27	1	—	26
信息传输、计算机服务和软件业	49	47	40	—	7
批发和零售业	10323	481	221	3	257
住宿和餐饮业	743	15	10	1	4
房地产业	4	37	—	—	37
租赁和商务服务业	250	31	11	—	20
居民服务和其他服务业	1791	117	58	4	55
卫生、社会保障和社会福利业	1	2	1	—	1
文化、体育和娱乐业	191	20	17	2	1
其他行业	3	6	—	1	5
合计	15509	2810	1404	28	1378

三、外商和中国港澳台商投资企业登记

1990年，县工商行政管理局始登记管理外商和中国港澳台商投资企业。是年4月，登记首家港商投资合资企业——县环保设备制造厂与香港礼裕实业有限公司合资的扬州琼花环境保护工程设备有限公司。10月，登记首家外商投资合资企业——天山乡南茶村与新加坡主力进出口公司合资的中外合资企业——扬州主力皮革制品有限公司。1996年、2001年，市内首家中国港澳台商独资企业扬州鸿泉制衣有限公司、首家外商独资企业扬州金鱼玩具工艺品有限公司先后登记设立。2005年4月，高邮工商行政管理局获得对外商和中国港澳台商投资企业登记的初审权。至2005年，全市累计登记设立的各类外商和中国港澳台商投资企业共117家，累计注册资本金3.09亿美元。其中，外商投资企业61家，注册资本金1.16亿美元，涉及20个国家和地区；中国港澳台商投资企业56家，注册资本金1.93亿美元。

图18-2　1996年建成的中韩合资企业——扬州一洋制药有限公司生产办公楼

1990～2005年高邮市外商和中国港澳台商投资企业登记注册情况一览表

表18-6

外资来源地		合计		独资企业		合资企业	
		企业数（家）	注册资金（万美元）	企业数（家）	注册资金（万美元）	企业数（家）	注册资金（万美元）
国家和地区	美国	11	1905.9	5	1434.0	6	471.9
	日本	9	1211.4	1	799.0	8	412.4
	英属维尔京群岛	7	3204.2	4	2993.0	3	211.2
	英国	6	505.0	3	182.0	3	323.0
	韩国	5	829.3	—	—	5	829.3
	加拿大	4	515.8	2	95.0	2	420.8
	意大利	3	246.2	1	21.5	2	224.7
	巴西	2	430.0	1	30.0	1	400.0
	西班牙	2	840.0	1	300.0	1	540.0
	德国	2	824.1	—	—	2	824.1
	墨西哥	1	403.0	—	—	1	403.0
	匈牙利	1	300.0	1	300.0	—	—
	俄罗斯	1	60.0	1	60.0	—	—
	新加坡	1	21.0	1	21.0	—	—
	巴基斯坦	1	28.0	1	28.0	—	—
	毛里求斯	1	60.2	—	—	1	60.2
	比利时	1	6.2	—	—	1	6.2
	澳大利亚	1	44.6	—	—	1	44.6
	阿根廷	1	89.3	—	—	1	89.3
	菲律宾	1	61.0	—	—	1	61.0
	小计	61	11585.2	22	6263.5	39	5321.7
中国港澳台地区	香港	44	18356.0	17	7665.7	27	10690.3
	台湾	10	804.5	7	674.0	3	130.5
	澳门	2	160.0	1	60.0	1	100.0
	小计	56	19320.5	25	8399.7	31	10920.8
合计		117	30905.7	47	14663.2	70	16242.5

第二节　市场监督管理

一、企业年检与个体工商户验照贴花

1986年起，县工商行政管理局正常开展企业年检与个体工商户验照贴花。进入90年代，在改革开放政策推动下，新办企业和个体工商户呈现快速发展之势，同时企业和个体工商户关、停、并、转的变化节奏相应加快。该局采取提示、预约、集中、上门等办理措施，既方便企业和个体工商户，又保证年检率和验照率。至2005年，企业年均年检率96%，个体工商户年均验照率90%。

二、经济户口管理

2000年起，高邮工商行政管理局推行经济户口管理制度，加强对工商企业、个体工商户和市场活动监管。2001年，将6000多份企业档案和1.6万份个体工商户档案录入计算机，建成经济户口数据库。2002年，将市场登记、经济合同鉴证、经济合同争议、抵押物登记、经济案件处罚、注册商标、广告许可证等相关数据逐一录入计算机，并开通经济户口局域网。2003年、2004年，先后制定《经济户口考核细则》《经济户口管理办法》《经济户口和企业信用分类管理考核细则》，为经济户口正常化、动态化、规范化管理提供制度保障。至2005年，按照经济户口的企业信用等级分类，在全市5241家企业中，A类企业4423家、B类企业667家、C类企业128家、D类企业23家。

三、经营性公司（中心）整顿

1985年10月至1986年末，根据国务院《关于进一步清理整顿公司的通知》精神，全县开展清理整顿经营性公司（中心）活动。至1986年，全县有集体办经营性公司（中心）127家，通过清理整顿，保留83家，歇业和注销营业执照43家，吊销营业执照1家。1988～1990年，县工商行政管理局、县计划委员会、县审计局等部门组成清理整顿公司（中心）小组，再次开展清理整顿经营性公司（中心）活动。至1990年，全县有集体办经营性公司（中心）177家，通过清理整顿，保留99家，撤销78家。1992～1993年，全市掀起兴办公司的高潮，党政部门和集体新办公司248家，出现党企不分、政企不分的局面。1994年，根据中共中央关于党政机关与所办经济实体脱钩等指示精神，开展治理公司活动，共撤销或脱钩公司376家。1995年起，全市常态化管理经营性公司。至2005年，全市共有经营性公司1999家。

四、经济案件检查

1986年，县工商行政管理局查处以投机倒把为重点的各类经济违法违章案件。至1989年，共查处经济案件539件，其中投机倒把案件63件，罚没款71.13万元。1990～1992年，开展以“打假治劣”为重点的治理经济秩序活动，查获冒牌“名牌自行车”“全毛服装”“名牌电器”“名烟名酒”等案件1.74万件，劣质化肥、农药、地膜等农业生产资料3080吨。1993～1998年，开展以查处走私贩私为重点的治理活动，查获走私汽车80辆、走私烟300条、走私酒4万瓶。90年代后期至21世纪初期，投机倒把案件逐步减少，经济检查重点逐步转移到查处不正当竞争方面，先后开展“打假大扫荡”“红盾闪光”“一打四保”（打假保健康、打假保安全、打假保农业、打假保名牌）等多种专项治理活动。2001～2005年，查处各类经济违规违法案件1788件，罚没款715.29万元，取缔无照经营户522户，捣毁制假售假窝点8处。

图18-3 市“红盾护苗”专项整治行动启动仪式

第三节 经济合同管理

一、经济合同鉴证

80年代起，县工商行政管理局承担全县工矿产品购销、农产品购销、加工承揽定制、建筑工程承包等方面经济合同鉴证工作。1986年，审核鉴证经济合同800份，合同标的金额7000.14万元。2000年，鉴证工商经济合同3.58万份，合同标的金额3.72亿元，创历史年度之最。至2003年，审核鉴证经济合同累计8.91万份，合同标的总金额30.98亿元。2004年起，经济合同鉴证转为由市公证处办理，工商部门不再受理经济合同鉴证。

二、动产抵押登记

1996年1月起，市工商行政管理局负责全市企业动产抵押合同登记。是年，受理企业动产抵押合同登记86件，主债权金额9867.25万元。1997年，受理企业动产抵押合同登记130件，主债权金额2.84亿元，为历史年度最多。至2005年，累计受理企业动产抵押合同登记871件，主债权总金额17.18亿元，抵押物总金额28.35亿元。

三、经济合同纠纷仲裁、调解

1984年，县工商行政管理局建立经济合同仲裁委员会，开始受理经济合同纠纷案件。1986～1994年，共受理经济合同纠纷案件1396件，合同争议金额1779.21万元。1994年8月，经济合同仲裁委员会撤销，成立市经济合同纠纷调解委员会。1995～2005年，共受理经济合同纠纷案件1367件，合同争议金额2334.01万元；成功调解413件，合同争议金额609.5万元。

四、经济合同检查

80年代起，县工商行政管理局在受理经济合同鉴证、登记和经济合同纠纷仲裁、调解的同时，注重经济合同检查。1991年，制定“合同援企”措施。1996年，开展打击合同欺诈专项执法活动。1999年，实施“合同解忧工程”。2000年，开展“红盾解忧行动”。2001年，构建企业信用体系。2005年，组织打击合同欺诈、查处违法合同行动。至是年，累计查处违法合同1500件，罚没款236.96万元，为企业挽回经济损失1.18亿元、追回拖欠款736.84万元。

五、“重合同、守信用”活动

1986年，继续在全县工商企业中开展“重合同、守信用”活动。1999年，市重合同守信用企业协会成立，制定“重合同、守信用”单位创建活动分级达标标准。至2005年，全市申请参加“重合同、守信用”活动企业比例60%，共创建成“重合同、守信用”单位770家。其中，获省政府命名为“重合同、守信用”单位4家，即江苏华能电缆股份有限公司、扬州曙光电缆有限公司、江苏润华电缆股份有限公司、市声光器材厂；获扬州市政府命名为“重合同、守信用”单位79家；获高邮市政府命名“重合同、守信用”单位687家。

第四节　商标、广告管理

一、商标管理

1986年，全县经国家工商行政管理局核准注册的商标132件，核转注册商标23件，查处仿冒商标1件、侵权商标36件。1992年，做好首次商标续展工作，新注册商标78件。1994年，查处商标侵权案件28件。至是年，全市共有注册商标309件。1995年，市秦邮蛋品有限公司注册的“秦邮”蛋品商标，成为全市首个被省工商行政管理局认定为省著名商标。1999年，组织开展“打假保名牌”活动，捣毁制售假商标窝点4处，收缴假冒著名商标标识1.8万张。2000年，启动农产品申报注册商标，获准注册农产品商标7件。2001年，开展3次保护注册商标专用权专项整治行动，查处商标违法案件32件，罚款19.1万元。至2005年，全市累计有注册商标805件，其中被认定为省著名商标8件、扬州市知名商标15件；查处商标违法案件205件，罚款99.2万元；有商标印制资质单位46家。

1995～2005年高邮市省著名商标情况一览表

表18-7

认定年份	企业名称	商标名称	核定使用商品
1995	市秦邮蛋品有限公司	秦邮	蛋品
2001	市三湖蛋品有限公司	三湖及图形	咸蛋、松花蛋
2002	市声光器材厂	苏发	道路照明灯具、灯架
2003	江苏双兔食品股份有限公司	双兔及图形	大米、面粉
2004	市红太阳食品有限公司	红太阳及图形	咸蛋、松花蛋
2005	江苏富裕达粮食制品有限公司	文游	饲料
2005	扬州曙光电缆有限公司	强菱	电缆、电线
2005	江苏赛德电气有限公司	赛德	电线、电缆

二、广告管理

1986年，经县工商行政管理局核准，高邮人民广播电台为全县首家广告兼营单位。同时，成立城区户外广告管理组织，对临泽、三垛、界首镇实行指定地点张贴广告。是年，全县共有广告经营单位3家、城区户外广告专栏32处。1990年起，逐步建立制作广告审查员制度、户外广告审查登记和备案制度，并逐步加大违规违法广告查处力度。2003年，查处市电信公司利用电话号码簿，为26家企业设计、印制违法广告案。至2005年，全市共有广告经营单位29家、城区户外广告栏52处；登记户外广告953件；查处违规违法广告86件，罚没款97.23万元。

第五节　消费者权益保护

一、消费者协会

1988年12月，县消费者协会成立，并召开第一次代表大会。该会挂靠县工商行政管理局，下设8个基层分会、15个投诉处理站、26个维权监督站、305个维权联络站，有从事维权的专兼职人员92人、维权志愿者10人、青少年维权岗人员20人、义务监督员305人。1998年4月，市消费者协会召开第二次代表大会。至2005年，市消费者协会先后5次被省以上消费者协会表彰为保护消费者权益先进集体，其中被中国消费者协会表彰1次、被省消费者协会表彰4次。

二、“3·15”维权活动

1989年起，由县政府主办、县消费者协会承办每年3月15日举办不同主题的“3·15”国际消费者权益日维权活动。活动时间从开始的“维权日”，逐步发展为“维权月”，活动范围从开始的城区，逐步扩大到全市。至2005年，全市先后举办17次“3·15”维权活动，共接待消费者咨询30万人次，受理消费者投诉5000件，为消费者挽回经济损失100万元。

三、消费者投诉案件办理

1988年，县消费者协会开始受理消费者投诉。此后，消费者投诉量呈逐年上升趋势，投诉热点从开始的一般生活用品质量问题，到食品、家用电器、商品房、手机、电动车质量等问题。2001年起，每年向社会公布当年发生的“十大侵权案例”。至2005年，市消费者协会共接待消费者咨询9.38万人次；受理消费者投诉4677件，办结率98%；为消费者挽回经济损失290.09万元。

第六节　个体私营经济协会

1984年8月，县个体劳动者协会成立，挂靠县工商行政管理局。1988年，该协会开始吸收私营企业代表为协会成员。1997年5月，更名为市个体私营经济协会。协会下设东城、西城、城北、临泽、三垛、汉留、八桥、送桥等8个独立社团法人基层协会和油漆、计算机、移动通讯、眼镜、烹饪等5个行业分会。

该协会围绕“自我教育、自我管理、自我服务”的办会方针，加强对会员的政治引导，做好个体私营经济发展工作，开展以会员为主体的各项服务活动，维护会员合法权益等。在会员中，先后产生市以上人大代表31人、政协委员11人，省和扬州市劳动模范6人，各级“光彩之星”336家（人），“巾帼创业示范岗”32个（人），“十佳”私营企业和个体工商户与创业明星140家（人），文明经营示范户201户。

至2005年，该协会共有会员1.83万家（户），从业人员8.9万人。其中，个体工商户1.55万户，从业人员2.35万人；私营企业2810家，从业人员6.55万人。

第六章　质量技术监督

1986年，全县计量工作由县计量管理所负责。1987年，县标准计量局设立。80年代后期，在全县企业中开展计量定级升级工作。至1992年，全市建成与计量工作相适应的管理体系。1997年，市标准计量局更名为市技术监督局。是年起，全市开展消灭无标准生产活动。1998年，高邮市被省技术监督局授予“采标先进市”称号。1999年11月，市技术监督局更名为扬州市高邮质量技术监督局，实行垂直管理。该局下设市产品质量监督检验所、市计量测试技术研究所、市衡器所、市锅炉压力容器检验所等4个直属机构。2000年，全市启动农业标准化建设。2002年，全市开展创建质量兴市先进市活动。2005年，全市标准覆盖率稳定在95%以上，优秀乡镇标准覆盖率稳定在98%以上。

第一节　计量管理

一、计量定级

1986年，全县计量工作逐步纳入法制管理轨道。是年，全县实行计量定级的企业共143家，其中二级计量企业7家、三级计量企业119家、计量验收合格企业17家；机械化学工业系统11家、轻纺工业系统14家、电子工业系统6家、粮食系统14家、商贸系统10家、地方工业系统74家、其他系统14家。至1992年，先后又有180家规模较大的新办企业完成计量定级工作。1996年，全市计量定级被计量确认所取代。

二、计量确认

1996年起，在全市生产和流通领域所有企业中，开展与国际接轨的计量检测体系确认、计量保证确认、计量合格确认工作。是年，扬州高明发动机有限公司通过省质量技术监督局验收，成为扬州市第一家计量合格确认单位。至2005年，全市通过计量确认的企业共341家。其中，通过计量检测体系确认的企业1家，即扬州市曙光电缆有限公司；通过计量保证确认的企业26家；通过计量合格确认的企业314家。

三、计量专项监督检查

1995年，市标准计量局首次开展定量包装产（商）品净含量专项检查。此后，每年开展数次定量包装产（商）品检查，重点检查生产企业包装现场和成品仓库；检查流通企业销售现场和货物存贮区，重点检查的产（商）品有各类食品、化妆品、电线电缆、油漆涂料等。对检查不合格的企业和产（商）品及时通报与曝光。2001年开始，高邮质量技术监督局对全市“三表”（自来水水表、电能表、汽车里程表），逐年实施专项强制性检测，强行报废未取得计量器具制造许可证、假冒伪劣、未经检定或检定不合格的“三表”，强行淘汰7位数水表和老式电能表。组织开展“配放心眼镜，看光明世界”为主题的专项“光明工程”活动。至2005年，经检测，全市眼镜行业眼镜光学指标合格率95%，开展验光配镜的眼镜店计量器具配备率100%，眼镜企业强制检验受检率100%。

第二节　标准化管理

一、工业标准化

1986～1996年，市内工业企业按照国家标准、部颁标准或参照外地企业同类产品标准组织生产。部分城区小企业和乡镇企业，仍存在凭操作经验、凭老师傅“口传手教”的无标生产状况，全市标准覆盖率仅46%。1997年8月，市政府印发《关于在全市生产企业开展消灭无标准生产活动的通知》，开展创建“省执行标准优秀乡镇”工作。是年，全市生产企业修订、制定产品标准387个，存查备案标准1万多个。菱塘回族乡、车逻镇、天山镇、八桥镇经过考核验收，标准覆盖率均在98%以上，获首批“省执行标准优秀乡镇”称号。至1998年，全市列入标准化管理的企业1044家，其中正常批量生产型企业792家、加工型企业252家；列入标准化管理的产品1780种，其中执行国家标准、行业标准和地方标准的产品1429种，执行企业标准的产品351种。市技术监督局收集整理全市工业产品生产标准资料1.18万份，收集整理全市行业标准资料416份。是年，经省消灭无标准生产验收小组考核验收，全市以企业产品标准覆盖率97%的成绩获得通过验收，基本消灭无标准生产。至2005年，全市列入标准化管理的企业6100家，其中正常批量生产企业4400家、加工型企业1700家；采用国际标准或国外先进标准生产的企业17家；列入标准化管理的产品1.35万种，其中执行国家标准的产品7850种、执行行业标准的产品4740种、执行企业标准的产品957种；发放产品执行标准证书1700份、代码证书5400份，办理IC卡企业3800家，办理条形码企业72家、产品354种。至此，全市工业生产标准化管理实现全覆盖。

二、农业标准化

2000年，全市启动首个农业标准化项目——高邮鸭标准化养殖。由高邮质量技术监督局、市多种经营管理局、江苏高邮鸭集团组成项目实施小组，以江苏高邮鸭集团为项目实施单位。2001年3月，经国家质量监督检验检疫总局批准，建成全市首个全国农业标准化示范区——高邮鸭标准化示范区。该项目示范区域为全市，项目实施年限2000～2003年。同时，公布全市首个农产品国家标准——《高邮咸鸭蛋强制性国家标准》。此标准适用于高邮咸鸭蛋、高邮双黄鸭蛋和高邮咸鸭蛋软罐头。2002年6月，经国家标准化管理委员会批准，以高邮质量技术监督局、市农林局、市水产局为承担单位，在市内建成全国罗氏沼虾养殖标准化示范区。示范区罗氏沼虾养殖总面积7333公顷，其中主产区龙虬镇养殖虾塘面积1067公顷。是年，高邮镇无公害麦油标准化示范区、周巷镇无公害优质稻米标准化示范区被批准为扬州市农业标准化示范区。2004年1月，经国家标准化管理委员会批准，以市政府为承担单位，在市内建成全国无公害稻米生产标准化示范区，基本形成稻米生产"耕地净化、品种优秀高抗化、投入品无害化、技术标准化"。2004年6月、2005年10月，经省质量技术监督局、省农林厅批准，在市内先后建成省超高茬麦田套稻标准化示范区、省蔬菜标准化示范区。2005年，市申报的省扬州鹅标准化示范区项目获省质量技术监督局和省农林厅立项。至2005年，全市共建成省以上农业标准化示范区5个。其中，全国农业标准化示范区3个，即高邮鸭标准化示范区、罗氏沼虾养殖标准化示范区、无公害稻米生产标准化示范区；省农业标准化示范区2个，即超高茬麦田套稻标准化示范区、蔬菜生产标准化示范区（续建）。实行标准化生产的农产品共有17种，占全部农产品的15%，农业生产标准化覆盖各乡镇和高邮经济开发区。

2005年高邮市农业标准化示范区情况一览表

表18-8

批建年份	示范区名称	农产品	示范区域	面积（万公顷）	产量	产值（亿元）	示范核心区或实施单位	批建机构
2001	全国高邮鸭标准化示范区	高邮鸭及蛋制品	高邮市	2.73	294.6万羽	8.00	江苏高邮鸭集团	国家质量监督检验检疫总局
2002	全国罗氏沼虾养殖标准化示范区	罗氏沼虾	高邮市	0.73	3.2万吨	5.00	龙虬镇	国家标准化管理委员会
2004	全国无公害稻米生产标准化示范区	稻米	高邮市	3.33	29.97万吨	12.00	市双兔米业有限公司	国家标准化管理委员会
2004	省超高茬麦田套稻标准化示范区	稻米	高邮市	1.33	12万吨	3.60	周巷镇	省质量技术监督局、省农林厅
2005	省蔬菜标准化示范区	蔬菜	高邮市	0.32	46.68万吨	3.32	高邮经济开发区农技推广服务中心	省质量技术监督局、省农林厅
2005	省扬州鹅标准化示范区	扬州鹅	高邮市	1.80	270万羽	2.70	送桥镇	省质量技术监督局、省农林厅

三、地理标志产品

详见第十二篇《高邮鸭业》第二章《高邮鸭蛋》第一节《原产地域保护》（第412页）。

第三节　质量管理与监督

1986年后，县质量技术管理与监督部门先后开展混凝土空心板、农机配件、碳酸饮料、月饼等产品检测项目。1992年，市产品质量监督所成立。1993年，该所通过省计量认证和实验室认可，取得产品质量监督检验资格，开始对市内各项产（商）品质量实行定期监督检验。至2005年，该所到企业抽检食品、化工、建材、机械、灯具、饲料等各类产品8000多批次，到各商场、供销社、批发部、销售点抽检各类商品4600批次。是年，经过国家、省、扬州市三级产品质量监督与检验单位对全市产品质量的抽检，总合格率96.78%，其中扬州市级抽检合格率100%。

一、质量管理体系认证

2000年起，全市实施质量管理体系认证。是年4月，市政府召开全市质量技术监督工作暨ISO 9000质量管理体系认证签约会议，并印发《关于贯彻ISO 9000质量管理体系认证工作意见》。至是年，全市通过ISO 9000质量管理体系认证的企业共有34家、产品61种。至2005年，全市累计通过ISO 9000质量管理体系认证的企业有217家、产品334种。同时，通过中国强制性产品质量认证（"3C"认证）的企业41家、产品7种，通过国家质量安全认证（"QS"认证）的企业85家、产品95种。

二、名牌产品争创

2003年起，在全市生产企业中，组织开展争创名牌产品和管理、服务质量奖活动。至2005年，全市获"国家免检产品"称号产品4种；获"名牌"产品称号产品23种，其中江苏名牌产品8种、扬州名牌产品15种；获"质量信用产品"称号产品76种，其中省质量信用产品13种、扬州市质量信用产品63种；获质量管理奖企业4家，其中获省质量管理奖企业1家、获扬州市质量管理奖企业3家；获服务质量奖企业14家，其中获省服务质量奖企业3家、获扬州市服务质量奖企业11家。

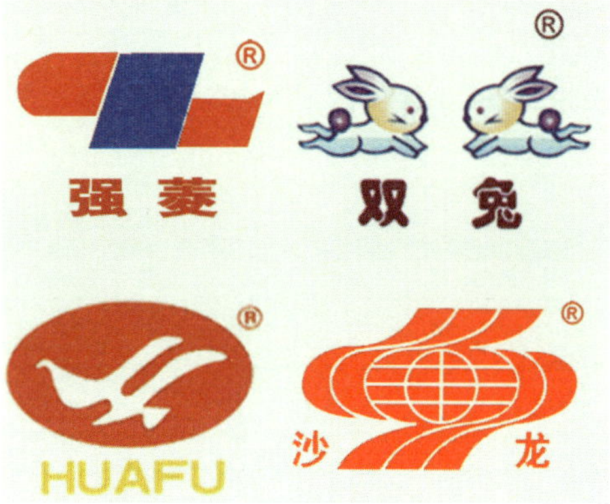

图18-4　高邮获国家免检产品商标图

2003～2005年高邮市企业及其产品质量获省以上荣誉称号情况一览表

表18-9

荣誉称号	授予年份	企业	产品或项目	授予机构
国家免检产品	2005	扬州市曙光电缆有限公司	强菱牌电线电缆	国家质量监督检验检疫总局
	2005	扬州市华富实业有限公司	华富牌蓄电池	国家质量监督检验检疫总局
	2005	市双兔米业有限公司	双兔牌大米	国家质量监督检验检疫总局
	2005	江苏沙龙制衣有限公司	沙龙牌羽绒服	国家质量监督检验检疫总局
江苏名牌产品	2003	市双兔米业有限公司	双兔牌大米	省名牌推进委员会
	2003	江苏珠光食品有限公司	邮宝牌珠光系列大米	省名牌推进委员会
	2004	江苏精佳制动件集团有限公司	精佳牌摩托车制动器	省名牌推进委员会
	2004	扬州市曙光电缆有限公司	强菱牌电线电缆	省名牌推进委员会
	2004	市三湖蛋品有限公司	三湖牌咸鸭蛋和松花蛋	省名牌推进委员会
	2005	江苏赛德电气有限公司	赛德牌计算机控制电缆	省名牌推进委员会
	2005	扬州市华富实业有限公司	华富牌电动助力车蓄电池	省名牌推进委员会
	2005	江苏富裕达粮食制品有限公司	文游牌罗氏沼虾颗粒配合饲料	省名牌推进委员会
省质量信用产品	2003	江苏富裕达粮食制品有限公司	文游牌罗氏沼虾颗粒配合饲料	省质量技术监督局
	2003	江苏牛牌纺织机械有限公司	牛牌纺织机械	省质量技术监督局
	2003	扬州市曙光电缆有限公司	强菱牌计算机控制电缆	省质量技术监督局
	2004	扬州市现代照明器材有限公司	苏发牌道路照明灯具	省质量技术监督局

续表 18-9

荣誉称号	授予年份	企业	产品或项目	授予机构
省质量信用产品	2004	江苏赛德电气有限公司	赛德牌计算机控制电缆	省质量技术监督局
	2004	市双兔米业有限公司	双兔牌大米	省质量技术监督局
	2004	江苏朝阳气动液压机械设备有限公司	阳液牌电液阀、电液推杆	省质量技术监督局
	2004	扬州市苏源电缆有限公司	苏源牌电线电缆	省质量技术监督局
	2005	扬州市曙光电缆有限公司	强菱牌电力电缆	省质量技术监督局
	2005	扬州市亚光电缆有限公司	长长牌控制电缆	省质量技术监督局
	2005	扬州市鸿信线路器材有限公司	鸿信牌硅芯管	省质量技术监督局
	2005	扬州市华富实业有限公司	华富牌电动助力车蓄电池	省质量技术监督局
	2005	江苏富裕达粮食制品有限公司	文游牌水产系列饲料	省质量技术监督局
省质量管理奖和服务质量奖	2004	市邮政局	邮政服务质量	省政府
	2004	市电信局	电信服务质量	省政府
	2005	市供电公司	供电服务质量	省政府
	2005	扬州市曙光电缆有限公司	企业质量管理	省政府

三、"省质量兴市先进市"创建

2002年末，按照省政府关于开展创建"省质量兴市先进县（市、区）"活动要求，高邮市向省质量技术监督局提出创建"质量兴市先进市"的申请，并在全市组织开展创建活动。至2005年，全市共投入技术改造、技术创新和提升产品质量的资金56.88亿元，实施技术改造项目1053项；全市产品质量经国家、省、扬州市三级质量监督检验机构抽检，连续3年合格率均在90%以上，连续3年获扬州市政府颁发的全市质量工作目标管理三等奖；全市建筑企业承建的建设工程获工程质量奖共80项，其中省优质工程奖13项、地市级优质工程奖30项，建设工程一次验收合格率100%；全市加强服务业标准化管理体系建设，广泛开展服务诚信创建活动，商业物流、宾馆饭店、旅游服务、医疗卫生、物业管理、社区服务等六大领域服务满意度大幅度提高，邮政、电信、供电三大服务系统先后获省服务质量奖，获扬州市服务质量奖3项，创建成三星级宾馆3家、二星级宾馆2家。是年，高邮市以98.2分通过省质量兴市先进单位创建活动领导小组验收，总分居扬州市各县（市、区）之首，位列江苏省前列。

四、农产品质量安全监管

2002年6月，市农林局在城区中市口菜场首设蔬菜农药残留速测站、无公害农产品市场专柜。8月，市政府办公室发文规定，在全市范围内停止销售和使用高毒、高残留农药、兽药、鱼药。9月，市政府印发《关于开展农产品质量安全市场准入工作的意见》。12月，建立市农产品质量监督检测中心。是年，高邮技术质量监督局组织制定农产品质量标准。年内，制定并通过评审的标准有：高邮鸭蛋国家标准，罗氏沼虾省地方标准，无公害优质油菜、清水潭牌慈姑生产技术规程扬州市地方标准，慈姑、异育银鲫、大米、山水梨、中华鳖、罗氏沼虾等企业标准；制定《高邮鸭无公害养殖技术规程》《高邮鸭蛋无公害生产技术规程》《高邮咸鸭蛋国家标准》。组织对违禁使用以盐酸克伦特罗（瘦肉精）为重点的有害、有毒药品和畜牧业假冒伪劣投入品的专项整治，开展畜产品市场检测。全年共组织畜禽检疫执法检查

150次，查处违章事件18件，立案查处违法经营案件3件，处罚违章检疫工作人员5人，遏制违章检疫和私屠滥宰现象发生。2003年9月起，高邮质量技术监督局对小麦粉、大米、植物油、酱油、食用醋等5种食品实施质量安全市场准入制度，产品标贴“QS”标志。至12月，全市有20家生产企业23种产品获得食品生产许可证。是年，由市农林局牵头，先后4次对农贸市场、农村集市、村镇、居民社区、城乡接合部、农药销售网点、农牧生产基地、宾馆、饭店、食品生产和销售企业等389家单位与个人经营门点，进行突击性、拉网式清查。2004～2005年，市农林局行政执法大队开展种子、农药、渔药、肥料和兽用生物制品及兽药专项治理活动，开展执法检查60次，立案查处违法案件11件。2005年，市兽医卫生监督所开展动物检疫工作监督检查，共检查生猪屠宰场点85场次、农贸市场365场次、苗猪市场25场次，查处违法案件15件；开展兽药市场、兽用生物制品整顿治理等专项行动，净化兽药市场。是年末，市农业有害生物预警与控制区域站建立，于次年投入运行。

第四节 特种设备安全监察

一、安全监察与检验

80年代，全市特种设备安全质量管理工作由县计划委员会、县经济委员会、县劳动局、县公安局、县总工会和使用单位主管部门共同负责。90年代，该项工作由市劳动局分管。2000年，全市锅炉、压力容器、特种设备安全监察与检测检验工作划入扬州市高邮质量技术监督局。2000～2005年，高邮质量技术监督局组织锅炉、压力容器和特种设备专项安全质量大检查7次，查出事故隐患78处，发出安全质量监察整改意见书61份；完成锅炉选址50处，验收安装锅炉48台，完成锅炉、压力容器内外部检验614台次，定检率100%；监督检查液化石油气钢瓶5.2万只，校验安全阀353只；检验电梯47台、起重机械40台、厂内机动车辆40辆。先后完成南海、新华园两个居民小区液化石油气管道工程图纸及施工方案审查，市人民医院、城南医院、临泽中心卫生院等3家医院高压氧舱安装验收，浩源液化石油气有限公司所属液化气站安装竣工验收。至2005年，全市未发生锅炉、压力容器、特种设备爆炸事故及人员伤亡事故。

二、“土锅炉”专项整治

2001年7～11月，全市开展为期4个月的“土锅炉”专项整治活动。经调查，全市在用“土锅炉”58台，分布于高邮经济开发区、车逻镇、界首镇、八桥镇等地。市质监、公安等部门会同乡镇政府，先后组织8次强制性取缔“土锅炉”行动。至2001年末，全市“土锅炉”全部得到治理。

三、液化石油气钢瓶专项整治

2003年，成立市液化石油气钢瓶专项整治领导小组，在全市开展专项整治活动。是年起，实施液化石油气钢瓶产权转移制度，统一开展安全检验，由充装单位打印安全标志，确保液化石油气钢瓶安全使用。至2005年，全市办理产权转移手续的液化石油气钢瓶共4.5万只，占全市液化石油气钢瓶保有量的50%。所有实行产权转移的液化石油气钢瓶定期检验率100%。

第五节 打假治劣

1986～1991年，县内打假治劣工作主要由县工商行政管理局和县公安局负责，其他相关部门和企业主管部门配合。1992年4月，该项工作划交县标准计量局。是年8月，市政府成立市打假工作领导小组，下设办公室，与市标准计量局合署办公。至2005年，全市累计查处假冒伪劣案件220件，查获假冒伪劣产（商）品10类23种500件，没收销毁假冒伪劣产（商）品货值30万元，扣押封存假冒伪劣产（商）品货值50万元，罚款230万元。

一、打假联合专项行动

2000年10月，全市组织开展首次打假联合专项行动。在此次打假联合行动中，检查医药卫生单位377家，查获不合格一次性输液器、注射器8.1万支和国家明令禁止销售的药品货值5万元；检查钢材销售点56个，查获伪劣钢材46吨；检查农资经营单位15家，查获伪劣农药34种；检查食品生产销售场所67个，查获社会影响较大的假酒案1件和非法销售食盐98.5吨；检查小商品市场3个，查获伪劣商品1400件；查获销售136台假冒工业缝纫机案1件和一举端掉乳胶漆制假窝点5处。至2005年，全市共组织打假联合行动49次，查获假冒伪劣产（商）品1.9万件、1241.5吨，货值960万元；立案案件866件；端掉制假窝点123处。

图18-5　2000年，集中焚烧假冒伪劣产品现场

二、农业生产资料专项打假

1986年起，每年由县农业、质监、供销、粮食等部门相互配合，以化肥、农药、农膜、种子、农用柴油、农机具及其配件等为重点，先后开展“打假保春耕”“打假保安全”“打假保农业”等专项治理活动。1992年，市政府召开严厉打击制售假冒伪劣复合肥违法活动专题会议，全市开展“从速、从严、从重”打击制售假冒伪劣复合肥、侵害农民利益行为活动。经检查，全市农用复合肥生产企业25家，其中制售伪劣复合肥企业23家。对其中具备生产条件的4家企业、具备部分生产条件的13家企业、不具备生产条件的6家企业，分别做出整顿、停业、关闭的处理决定，并签订责任状，由乡镇政府担保，经司法部门公证，确保不再制售伪劣化肥、坑害农民。至2005年，市质监部门查获假冒伪劣化肥、农药、种子、农机具及其配件案值400万元，为农民挽回经济损失近1000万元。

三、食品质量专项整治

详见本篇第七章《食品药品监督管理》第一节《食品监督管理》（第650页）。

四、“土炼油”“地条钢”等专项治理

1994年，市质监、环保、工商、经贸、水警、检察等多个部门和单位配合，端掉位于汉留、沙堰等地的“土炼油”生产窝点17处。1998年，市质监、工商、农机等部门联合，对全市农机及配件生产企业实行拉网式检查，查出无照经营户74户，取缔30户；没收劣质农机及配件1.3万台件，清理报废2.2万台件。2001年，高邮质量技术监督局检查设于甸垛、武安、界首、汉留、天山等地的“地条钢”生产企业，依法进行处罚与取缔。2003～2005年，高邮质量技术监督局重点整治产销伪劣建筑材料，检查产销企业200多家，受理举报70多件，立案查处伪劣钢筋、水泥、钢结构件、彩钢瓦、铝塑门窗、低压电线、砖瓦等建筑材料案件109件，案值1000多万元，其中移送扬州市质量技术监督局稽查支队处理大案3件、移送法院强制执行案件17件。

第七章　食品药品监督管理

80年代至2001年10月，市内食品卫生和药品监督管理工作由市卫生局负责。2001年7月，扬州市高邮药品监督管理局成立，负责全市药品和医疗器械监督管理。2005年7月，扬州市高邮药品监督管理局职能调整，更名为扬州市高邮食品药品监督管理局，负责全市食品、保健品、化妆品和药品、医疗器械生产、经营监督管理。

第一节　食品监督管理

一、食品生产经营监督管理

80年代，全县形成由县专业食品卫生管理人员、乡镇食品卫生检查员、群众食品卫生监督员组成的食品卫生监管组织网络。1986年，县卫生局配备乡镇食品卫生检查员104人，协助县食品卫生监督员开展工作。全年组织卫生监管检查107次，检查食品生产经营单位325户，查处违法案件14件，罚款金额1570元，销毁变质食品405.5千克。是年，全县持卫生许可证、营业执照的食品生产经营单位246家、个体食品经营户1228户。90年代，结合创建卫生城活动，市卫生、工商、质监、城管、公安等部门联合对全市食品生产经营单位和食品市场实施监督管理。1991年7月，市政府召开专题会议，部署落实抗洪防病中的食品卫生工作。1992年，市卫生局印发《高邮市创建卫生城市食品卫生及公共场所卫生的实施意见》，设立食品卫生工作组，专职从事食品卫生监督管理工作。90年代中期起，市人大常委会加强对卫生部门食品卫生执法监督和全市食品市场食品卫生监督检查。1999年，全市开展食品卫生监督周和食品卫生联合检查月活动，市卫生防疫站在《高邮日报》发布食品监测公告，定期公布全市食品生产经营单位食品卫生状况。2000年，据市卫生防疫站监测，全市受检食品生产经营单位1813家（含个体摊点1208家），其中食品卫生状况好的784家、一般的815家、差的214家。2002年，在全市开展以食品打假为主要内容的食品卫生执法监督，没收、销毁不合格食品、化妆品等货值6.41万元，立案实施行政处罚37件，取缔无证经营场所18处。2005年，市食品安全委员会成立，各乡镇和高邮经济开发区均建立食品安全工作领导小组，建成全市食品安全信息网，制定食品安全工作制度，为全市食品安全提供组织、制度保障。

二、食品安全重点部位监督管理

1992年，全市组织检查和整顿武安、东墩、湖滨等城乡接合部地区食品卫生和安全状况，并实行重点监管。1998年，市政府针对街头食品摊点良莠不齐、卫生安全状况令人担忧的问题，制定《高邮市城区街头食品卫生管理暂行办法》，使街头食品摊点逐步做到划行归市、定点经营，改善其卫生安全状况。是年5月，市卫生部门集中检查与整治校办食堂，受检学校食堂共61家，其中领取卫生许可证的仅有11家，卫生安全设施齐全的仅有8家。通过限期整改，至年末整改到位。2002年，市民对生猪屠宰和猪肉市场安全问题反映强烈，市政府从工商、卫生、农林、商业、公安、税务等部门抽调力量，组建生猪屠宰管理综合执法大队，派人入驻城区9个农贸市场，负责检查猪肉卫生、质量。同时，各乡镇成立专业执法队，实行“无缝隙”监管。2002～2005年，全市屠宰生猪36.41万头，查处违法案件192件，没收“无花（查验印花）肉”8.1吨，销毁病死猪肉6.25吨，捣毁非法屠宰窝点170处；查获并销毁“毒狗肉”5.7吨。

三、食品从业人员健康状况体检

1986年，县卫生防疫站对全县食品生产经营从业人员实行健康状况体检，受检7635人，查出不符合从事食品行业健康要求的人员21人，其中痢疾患者5人、伤寒患者10人、病毒性肝炎患者4人、肺结核患者2人，全部被调离岗位。此后，每年开展定期常规性检查。至2005年，全市食品行业从业人员累计受检16.73万人次，共查出患病人数733人次，患病人员全部按规定被及时调离食品生产经营岗位。

第二节　药品监督管理

一、药品生产监督管理

80年代中期，全县首批取得药品制剂、原料生产许可证的企业有县制药厂、县生化制药厂、县八珍糕厂、县药用材料厂等4家县属涉药生产企业。同时，县人民医院制剂室经整顿后被确认为合格，在全县医院中首家取得制剂生产许可证；14个乡镇卫生院制剂室被确认为不合格，被责令关闭。1987年，经复查验收，上述药品生产企业和医院制剂室获准换发药品制剂生产许可证，县输液器厂和县中医医院、县皮肤病防治院、临泽中心卫生院等3家医院制剂室获准取得药品制剂生产许可证。1994年、2000年，全市按照国家药品监督管理局颁发的药品生产质量管理规范（GMP）和医疗机构制剂配制质量管理规范（GPP），整顿改造药品生产企业和医院制剂室，扬州一洋制药有限责任公司、市第二人民医院制剂室分别为首家通过GMP、GPP认证的企业和制剂室。至2005年，全市有药品和医疗器械生产企业5家，其中3家通过GMP认证；有医院制剂室3家，全部通过GPP认证。

二、中药材及制剂生产监督管理

1986年，经全县中草药资源调查，境内产有中药材483种，分属59个科。其中，动物药材57种，植物药材426种；引种、试种、野生改家种药材56种，野生药材427种。除民间自采自用和设有中医中药科室的医院自制部分制剂外，县内中药材的生产、指导、收购、加工、经营主要由县医药公司负责；监督管理由县卫生局负责。80年代，由县医药公司统一加工炮制中药饮片。80年代后期，该公司实现中药饮片定量包装改革，年包装中药饮片近500个品种、7万多袋、总重100吨左右。90年代，中药饮片生产实行标准化管理。2001年，全市中药材及制剂生产监督管理由高邮药品监督管理局负责。2003年，市医药公司被扬州市医药公司收购后，中药加工停止。至2005年，除各医院制剂室自配自用的中药饮、膏、片剂外，市内中药饮片主要由扬州市医药公司供应。

三、药品经营监督管理

80年代，县卫生局按照《中华人民共和国药品管理法》，对全县药品经营环节实行监督管理，依法整顿医药市场和医药经营企业，实行医药经营许可证制度。1987年，县医药公司及城中、城北、城南、北海4家医药门市部，临泽和界首2家医药经营部，送桥、菱塘、八桥、伯勤、卸甲、沙堰、张轩、武安、界首、三垛、平胜等11家乡镇供销合作社，共18家医药经营单位首批获得药品经营许可证。1989年12月，县政府成立整顿医药市场秩序领导小组，首次对全县医药市场开展整顿。1990年1月，县政府制定《关于高邮县医药市场管理的若干规定》，明确县内中药、西药品批发业务主要由县医药公司经营，其他单位和个人须取得药品经营合格证、药品经营许可证、营业执照后方可经营药品。

90年代，药品市场全部放开，药品购销由单一渠道为多渠道。1994年7月，市卫生局对市外企业在市内销售药品或举办药品推介和销售活动实行注册登记制度。至2000年，全市取得省卫生厅核发

图 18-6 高邮药品监督管理局工作人员检查疫苗

药品经营许可证的药品批发（兼零售）经营企业6家，其中国有企业2家、集体企业4家；取得市卫生局核发药品经营许可证的药品零售企业25家，其中国有企业9家、集体企业16家。是年，市卫生局在市人民医院首次实行药品招标采购试点，市医药公司和外地8家医药公司参加竞标。此后，市纪律检查委员会、市物价局、市卫生局联合制定《高邮市医疗单位药品联合招标采购管理暂行办法》，规范药品招标采购工作。2002年3月，高邮药品监督管理局批准首批40家零售药店开业。其中，集体企业3家，私营企业37家；城区17家，农村23家。2003年，全市选聘乡镇药品协管员29人、村药品监督信息员193人，形成市、乡、村三级药品监管网络。是年，组织开展药品市场专项整治活动，重点检查假冒伪劣药品和医疗器械及擅自添加活性成分的药品。2004年，组织开展创建"放心药店（房）"活动，全市22家药店（房）获"放心药店（房）"称号。2005年，高邮食品药品监督管理局对药品批发和零售企业开展整顿、规范、换证工作，查处药品违法案件95件，关停不合格零售药店22家。

第三节 食品药品检查与创建

一、食品检查

1986年起，每年由县经委、卫生、标准计量、工商、饮服等部门相互配合，以食品生产销售企业、饭店、食堂、宾馆等为检查重点，专项治理各类食品质量。1992年，市标准计量局针对市民反映强烈的伪劣酱油问题，开展专项查处。经查，全市共有食用酱油生产企业42家，生产的酱油均不合格。1996年，市政府制定《关于取缔散装酱油和加强酱油生产管理办法》，首次对酱油生产实行准产管理制度。是年，12家酱油生产企业获准领取准产证，其他企业一律关停。2002年，针对市内伪劣酱油生产再度抬头的情况，高邮质量技术监督局稽查大队开展集中整治，通过明察暗访，全市56家酱油生产企业有11家存在违规违法生产问题，分别予以严肃处理。至2005年末，高邮食品药品监督管理局、高邮质量技术监督局、市卫生局先后专项检查与整治桶装饮用水、鸭蛋制品、豆制品、液态奶及奶粉、酒、饮料、冷饮、糕点、米、面、食油、膨化食品、蔬菜等食品，查出一批"毒狗肉"、劣质奶粉、有毒黄花菜、假酒等有毒有害和伪劣食品。

二、药品检查

80年代，县卫生局依法监管生产、经营、医疗使用中的药品质量。80年代中期，县卫生局先后查出县生化制药厂生产的阿胶、"力维隆"糖浆和县药用材料厂生产的空心胶囊不合格，分别予以停产整顿处罚。1989年，县卫生局先后查出县制药厂生产的甲硝唑、复方氨基比林投料量不足和吴堡中心卫生院从外地购进的9种中药饮片为假药，分别予以处罚。是年，全县组织首次药品质量专项大检查，共检查县、乡级医疗机构38个、村卫生室650个、厂校医务室53个。查出伪劣药品247种，其中过期失效药品117种，全部销毁。90年代，以保障市民安全用药为宗旨，以清除假冒伪劣药品为重点，组织开展"药品质量检查月"活动，并组织开展药品市场综合整顿治理。至2000年，先后开展较大规模的药品市场综合整顿行动3次，累计查获伪劣、失效、变质药品416种，涉案金额3.01万元。2002年起，按照省药品监督管理局统一部署，在全市开展“正源行动保健康”药品执法检查活动。2003年，高邮药品监督管理局配合防治“非典”工作，全面加强对防治“非典”药品市场的监管，药监、物价、工商、公安等部门联合开展两次较大规模的专项执法检查，全市防治“非典”期间药品、医疗器械安全供应。各乡镇设立药品协管员，各村设立药品监督信息员，形成市、乡、村三级药品监管网络。2004年，扬州市药品监督管理局召开的“正源行动保健康”药品执法检查活动会议上，高邮药品监督管理局创造的“驻点式”检查法被推广。至2005年，在“正源行动保健康”专项药品执法检查活动中，累计出动药品稽查人员5076人次，检查药品生产、经营、使用单位1281家次，立案查处违法生产、经营、使用药品案件399件，依法予以处理。

三、“放心店”创建

进入21世纪，全市以增强食品、药品行业安全质量自律为出发点，在食品、药品生产、经营企业和门店中，开展创建“放心店（点、房）”活动，每隔几年开展一次评选活动，并召开新闻发布会，授予“放心店（点、房）”荣誉称号与牌匾。“放心店（点、房）”不搞终身制，每次评选有进有出。2003年，全市评选出“放心药店（房）”36家。2004年，全市评选出“放心药店（房）”29家。至2005年末，全市共有“放心药店（房）”65家，评选出“放心肉销售点”8处。

第八章　安全生产监督管理

1986年，全县安全生产监督管理工作由县政府总管，安全生产事故由县劳动局和县公安局处理，各行业、各乡镇安全生产监管分别由主管部门、乡镇政府具体负责。1987年，县安全生产委员会成立，由县长任主任。2000～2001年，市经济委员会承担全市安全生产管理职能。2001年8月，市安全生产监督管理局建立，为副科级机构，设于市经济委员会内。2001年12月，市安全生产监督管理局升格为正科级机构，与市经济贸易局合署办公。是年起，全市安全生产监督管理工作得到进一步加强和依法管理，从事后处理逐步转为事前控制，重点开展全国《安全生产法》宣传贯彻和制度建设、政府行政许可、事故管理、重大危险源监控和安全科学知识推广应用等。2003年，市安全生产监督管理培训中心建立。2005年4月，市安全生产监督管理局从市经济贸易局划出。是年，市安全生产管理协会成立，市安全生产监督管理培训中心获三级安全生产培训机构资质。

第一节　安全生产宣传教育

一、安全生产宣传

80年代，全县安全生产宣传一般采用张贴标语、宣传专栏、会议宣传等形式。90年代起，全市于每年6月开展“安全生产周”和“安全生产月”活动，其内容主要是开展安全生产宣传、组织安全生产检查和培训。在2002年6月开展的“安全生产月”中，组织新闻媒体开辟专栏，报道安全生产典型，宣传安全生产知识；组织市安全生产监督管理局、市卫生局、市公安局、市劳动和社会保障局、市总工会、市交通局等部门和单位，到街头和广场摆设咨询台，宣传安全生产知识，为市民答疑解惑；由市领导带头，开展“安全责任重于泰山”千人签名活动。2003～2005年，每年由市安全生产监督管理局、市总工会牵头组织参加全省统一开展的“安康杯”知识竞赛活动。

二、安全教育培训

1986年起，由县劳动部门牵头，会同相关部门，每年举办由企业负责人和安全生产管理人员、特殊工种作业人员参加的安全知识培训班，并组织考核发证。2000～2001年，市经济委员会组织电工技术等级培训考核，发给电工等级入网证。2002年，市安全生产监督管理局举办由省、扬州市安监部门委托代办的安全生产监察人员培训班。经考试合格后，首次颁发省安全生产监督员证。是年6月，组织举办宣传贯彻《中华人民共和国安全生产法》培训班。是年起，全市选派安全生产专业技术人员，参加省安全生产科学技术教育培训中心举办的安全教育资质培训班学习，先后有10人经考试合格，取得安全生产综合管理、金属焊接（切割）工、电工、高处作业工、危险化学品生产等5门学科安全专业教育教师资格。2005年，为全市“安全生产教育年”，开展安全生产知识教育与培训。举办有全市副科级以上党政干部和重点企业负责人参加的安全生产知识讲座；市政府与各部门、各乡镇签订安全生产年度目标责任书，将“企业负责人、安全生产技术管理人员、特殊工种作业人员参加安全生产教育培训，考核合格持证上岗率100%”列为硬性指标，严格考核。至2005年末，全市累计举办安全教育培训班180次，培训1.3万人次，其中企业负责人、安全生产技术管理人员和安全监察员7618人次，各类专业工种作业人员5382人次。

第二节　安全生产制度建设

一、安全生产责任制度

80～90年代，市内相关单位和企业仅订立一般安全生产制度，发生事故很难追查到具体责任单位和责任人员，安全生产制度实际成为一纸空文。2001年起，市政府每年与各相关部门、各乡镇签订安全生产责任书，其中核心指标为全年安全事故死亡零指标。2002年起，全市各部门、各乡镇、各单位、各企业相继建立安全生产工作责任制。2004年，市委、市政府印发安全生产首问负责制和安全事故“一票否决制”，如发生一起死亡事故，取消当年评比先进单位的资格。2005年，市政府制定《高邮市安全生产事故责任追究暂行规定》《高邮市安全生产责任奖惩暂行办法》，将安全生产列为对各系统、各乡镇、各单位和各企业年度考核内容。至2005年，市政府连续4年被扬州市政府授予“安全生产目标管理先进单位”称号。

二、安全生产管理工作制度

80～90年代，全市安全生产管理工作停留在会议布置形式，未能形成具体、规范的工作制度。2002年，市安全生产委员会首次制定工作例会制度、重大工作事项工作会议制度。2003年，市安全生产监督管理局制定安全生产工作例会制度，安全生产事故隐患和事故报告、举报制度，事故管理制度，安全生产检查制度，安全教育、培训制度，节假日期间安全生产监督管理值班制度等6项制度。2005年，该局制定行政执法公告制度，重大行政处罚决定集体审查制度，当场做出具体行政行为及时报告制度，安全生产规范文件审核和备案制度，行政复议答辩、行政诉讼应诉和行政赔偿制度，行政处罚程序制度，行政处罚听证程序细则，安全生产目标管理保证金制度等8项制度。同时，全市生产经营单位相继建立安全生产管理制度和安全生产操作规程。至2005年末，全市从安全生产管理部门到生产经营单位基本形成安全生产制度化管理格局。

三、安全生产行政许可制度

2001年起，市安全生产监督管理局对全市涉及国家规定的安全管控生产、作业项目，实行安全生产行政许可制度，并实行安全生产事故应急救援预案报告备案制度。至2005年，全市先后有281家烟花爆竹生产经营单位、194家危险化学品生产经营单位、22家轮窑厂、9项重点建设工程取得市安全生产监督管理局发放的安全生产经营许可证、安全生产准建证；有1675名生产经营单位主要负责人、安全生产管理人员和2872名特殊工种作业人员，分别取得市安全生产监督管理局发放的安全生产管理上岗证、安全生产操作上岗证。

第三节　安全生产检查和整治

80年代起，每年元旦、春节、“五一”劳动节、“十一”国庆节等主要节日，全市性重要活动，或遇自然灾害，由市领导带队开展安全生产大检查。在组织拉网式安全检查的同时，对易发事故的企业、场所作重点检查，对查出的隐患及时提出限期整改要求。至2005年，累计组织全市性大检查855次，查出隐患1.25万处，发出限期整改通知书2317次，总整改率95.1%。

图18-7　市领导在市人民商城检查节日安全工作

一、烟花爆竹行业专项整治

2001年，市公安局专项检查全市烟花爆竹生产企业，取缔车逻、伯勤等乡镇非法生产烟花爆竹的作坊，仅保留7家烟花爆竹生产企业。2005年，市安全生产监督管理局对全市7家烟花爆竹生产企业和385家烟花爆竹经营单位安全生产经营条件与状况，实行全面检查和整治。通过检查，获准继续开业的生产企业7家、经营单位274家，对存在安全隐患实行限期整改的零售店75家，取缔不符合安全经营条件和非法经营单位36家。

二、危险化学品行业专项整治

2002～2005年，市安全生产监督管理局会同各乡镇政府，对全市36家危险化学品生产企业和449家危险化学品经营单位（含农村农业生产使用的柴油经营点）开展安全普查，并建成化工企业安全档案。其中，28家生产企业、166家经营单位通过检查，获准继续生产经营；291家生产经营单位实行限期整改，其中85家因无法整改到位被责令关闭。

三、非煤矿业专项整治

2001～2002年，市国土管理局对全市879家窑厂逐一进行核查，取缔未取得取土证的土窑厂800家、立窑厂41家；存留继续生产的窑厂38家，其中轮窑厂24家、立窑厂12家、土窑厂2家。2003年3月，市安全生产监督管理局逐一检查存留窑厂，责令关闭不符合安全生产条件的窑厂14家，其中立窑厂12家、土窑厂2家。2005年，再次组织专项检查与整治，关闭不符合安全生产条件的轮窑厂2家，同时关闭不合要求的砂石场2家。至是年末，全市尚存轮窑厂22家。

第四节　事故管理与劳动安全保护

一、安全生产事故管理

80年代，县内发生一般安全生产事故，由县各行业主管部门分别进行处理。发生人员伤亡事故，县公安局参与处理。安全生产事故统计、上报工作由县劳动局负责。90年代，工伤事故管理由市劳动局负责。2001年后，安全生产事故管理由市安全生产监督管理局负责，逐步建立、规范事故报告制度和处理程序，对事故处理按照“四不放过”（事故原因分析不清楚不放过、责任人得不到应有的处理不放过、职工受不到教育不放过、防范措施不落实不放过）的原则处理。2002～2005年，全市上报安全生产事故1941起，其中工商矿事故9起、火灾事故578起、交通事故1354起；造成人员死亡262人，直接经济损失416.39万元。

附：典型安全生产事故选录

高邮湖“3·16”撞船事故　1989年3月16日，江苏石油勘探局两艘船在高邮湖检查钻井平台回归时，突遇大风，两船相撞，其中一艘撞碎、一艘撞沉，船上16人全部落水。南京空军和东海舰队分别派出直升机、快艇紧急施救，获救12人，遇难4人。

江苏油田“11·24”沉船事故　2003年11月24日17时50分，江苏油田地质调查处206队钻井班七小组在三阳河甸垛段作业区施工完毕后，乘坐该油田166号玻璃钢小艇返回东岸营地途中，发生沉船事故，造成14人落水，其中5人溺水死亡。该事故是由驾驶人员杜某某无证驾驶、操作不当和违章超载（核定乘员7人，实际乘员14人）所致。

市华泰物资交易公司“2·4”触电死亡事故　2004年2月4日9时30分，市华泰物资交易公司顾某某等人在货场移动输送机过程中，发生输送机机头碰及10千伏高压电线的触电事故，造成2人死亡、1人重伤。该事故是由顾某某等人违章指挥、违章操作所致。

重特大陆运交通事故　详见第二十四篇《法治　军事》第二章《公安》第七节《道路交通管理》《附：重特大交通事故选录》（第875页）。

二、劳动安全保护

70年代，县内各企业始按工种标准发放劳动保护用品。80年代，各企业始按不同工种发放防暑降温费。1986～1993年，由县劳动局牵头，会同县卫生局、县总工会，组织县内企业中接触粉尘、铅、化学物质等有毒、有害场所作业的1871名操作人员参加预防性身体检查，建立有职业危害的企业职工健康档案，由所在企业发给有毒有害工种岗位津贴，对14家企业57处有毒、有害作业场所实施监测和整治。1995年，市劳动局按照《中华人民共和国劳动法》，加强对企业劳动保护工作的监督管理。2004年，市安全生产监督管理局会同市公安局、市卫生局、市环境保护局，全面检查生产、使用、储存剧毒化学品场所，并实行现场监测，全部安装具有声、光、图像的监控报警装置。2005年，全市18家危险化学品生产企业在生产车间、仓库全部安装有毒、有害气体浓度检漏报警装置，实施及时、有效监控和报警。

第十九篇 中共地方组织

要　目

80年代起，市委坚持以经济建设为中心，坚持改革开放，根据不同阶段的发展任务，提出适合高邮特点的发展战略，带领全市人民从稳定农业、发展副业、主攻工业，到稳定粮棉生产、继续主攻工业、突破多种经营、扩大出口创汇、大力发展商品经济；从常规发展农业经济，到发展“一优两高”（优质，高产、高效）市场农业、农业产业化经营、农村专业合作经济组织、“绿色五业”（鸭业、鹅业、水产业、优质米业、林业）等优质高效农业；从强攻工业、外向型经济、建筑业和第三产业，到确立工业强市、工业立市，实施规模带动、改革驱动、外向开拓、科教兴市、协调发展战略；从“三种经济”（工业规模经济、农业产业化经营、个体私营经济）求突破，再到全面招商引资，优化投资环境，发展外向型经济，“实施追赶式发展，实现‘百十’奋进计划”的战略。同时，抓好党员教育，加强党的思想、组织、作风、纪律、统战、干部队伍和反腐倡廉建设，在政治、经济、文化、城乡建设、民生工程和社会各项事业中，发挥党的核心领导作用、党组织的战斗堡垒作用和共产党员的先锋模范作用，带领全市人民建设文化高邮、生态高邮、平安高邮、魅力高邮，不断改善人民生活，促进小康社会建设和发展。2003～2005年，全市连续三年实施追赶式发展，实现“地区生产总值超百亿（元）、财政收入超十亿（元）”的目标。

第一章　党代表选举与党代表大会

1986～2005年，市委先后4次组织选举出席市党员代表大会代表，及时召开市党代表大会，选举产生新一届市委和市纪律检查委员会领导班子成员。第五届县委任期3年，第六、七、八届市委每届任期5年。其间，还先后3次专题召开党员代表会议，选举出席扬州市党员代表大会代表。乡镇党代会代表选举和乡镇党委换届，除任期时间有差异外，其程序和方法同市党员代表大会。

第一节　市党代表选举

1986～2005年，市各届（次）党代会代表名额为200～400人，市党代会召开前，各选举单位按照市委确定的代表人数和规定的资格、素质要求与结构比例，推荐代表候选人，按照差额比例规定，从中推选正式党员代表候选人，并及时公示，广泛征求党内外群众意见，经市委审批，确定正式党员代表候选人。各选举单位适时召开党员代表大会，通过无记名投票、差额选举，选举出席市党代会的正式代表，报市委审批后予以公布。先后换届4次，累计选举出席市党员代表大会的代表1510人。

1987～2000年中共高邮市历届（次）代表大会代表构成情况一览表

表19-1　　单位：人

届（次）	党员数		党员代表总人数	代表类别								
		正式党员		妇女	少数民族	各级领导干部	专业技术人员	先进模范人物	军队代表	45岁及以下	高中、中专及以下	大专及以上
第五次（1987年）	27855	27090	374	—	—	—	—	—	—	—	—	—
第六次（1990年）	29084	28543	380	54	4	229	74	76	1	202	161	85
第七次（1995年）	32088	31130	399	70	2	236	80	80	3	200	190	331
第八次（2000年）	35915	34885	357	55	4	212	67	76	2	230	未分析	

第二节 市党代表大会

一、中共高邮县第五次代表大会

1988年4月25～28日举行，出席大会代表374人。大会审议并通过周治安代表第四届县委做的题为《进一步解放思想，以改革总揽全局，把我县现代化建设继续推向前进》的工作报告和陆增恺代表县纪委做的《工作报告》。大会选举产生中共高邮县第五届委员会委员27人（根据上级规定，省委组织部下派挂职的干部不占名额，故委员及常委、副书记均未统计在核定数字中）、候补委员4人，并经县委五届一次全会选举产生县委常委8人，周治安任书记，孙龙山、戎文凤（女）任副书记。选举产生中共高邮县纪律检查委员会委员15人，并经县纪委第一次全会选举产生县纪委常委4人，卜宇任书记，副书记2人。

1989年9月22日，召开中共高邮县代表会议，选举高邮县出席中共扬州市第二次代表大会代表。以无记名投票、差额选举方式，选举产生代表38人，其中扬州市派选3人。他们是（按姓氏笔画为序）：卜宇、万锡龙、马根生（女）、王森、王宁生、王宝源、戎文凤（女）、师成明、吕立高、朱明丽（女）、任金富、刘明（女）、刘宜炤、孙龙山、李瑞、李林根、杨怀成、沈槐（女）、沈国庆、沈学惠、张义琴（女）、陈石、周治安、郑长森、茆有美、赵忠华、祝志福、查长银、倪忠恕、夏元新、钱巧云（女）、姜仁福、俞志来、曹叶林、温义煊、薛连荣、戴有斌、魏曼琳（女）。

二、中共高邮市第六次代表大会

1991年4月26～28日举行，出席大会代表380人。大会审议并通过孙龙山代表第五届县委做的题为《励精图治，团结实干，建设富裕繁荣文明的新高邮》的工作报告和卜宇代表县纪委做的《工作报告》。大会选举产生中共高邮市第六届委员会委员27人、候补委员4人，并经市委六届一次全会选举产生市委常委9人，孙龙山任书记，戎文凤（女）、沈学惠、戴有斌任副书记；选举产生中共高邮市纪律检查委员会委员15人，并经市纪委第一次全会选举产生市纪委常委5人，卜宇任书记，副书记2人。

图19-1 中共高邮市第六次代表大会开幕式

1994年8月25日，召开中共高邮市代表会议，选举高邮市出席中共扬州市第三次代表大会代表。以无记名投票、差额选举方式，选举产生代表38人，其中扬州市派选3人。他们是（按姓氏笔画为序）：丁德祥、马根生（女）、王朝勇、尤泽勇、邓士元、戎文凤（女）、吕士桃、朱福生、朱德辉、刘金鳌、杨政、杨正山、杨志海、杨学华、李加志、李建华、李朝珠（女）、吴荣春、沈国庆、沈学惠、张义琴（女）、张庆奇、邵士林、范兄堂、周永清、周留英（女）、房士江、胡朝霞（女）、俞志来、姜仁福、贾彬、徐广喜、郭海平、戚军、扈德林、詹岫琪、戴有斌、魏芝田。

三、中共高邮市第七次代表大会

1996年4月22～24日举行，出席大会代表399人。大会审议并通过徐赴前代表第六届市委做的题为《全面达小康，进军现代化，为把崭新的高邮带入21世纪而努力奋斗》的工作报告和朱德辉代表市纪委做的《工作报告》。大会选举产生中共高邮市第七届委员会委员26人、候补委员4人，并经市委七届一次全会选举产生市委常委6人，徐赴前任书记，卜宇、张京霞（女）、朱德辉任副书记；选举产生中共高邮市纪律检查委员会委员15人，并经市纪委第一次全会选举产生市纪委常委4人，副书记2人（暂无书记）。

四、中共高邮市第八次代表大会

2001年3月29～31日举行，出席大会代表357人。大会审议并通过陈明代表第七届市委做的题为《面向新世纪，开创新局面，为建设富裕文明的新高邮而努力奋斗》的报告和范天恩代表市纪委做的《工作报告》。大会选举产生中共高邮市第八届委员会委员27人、候补委员5人，并经市委八届一次全会选举产生市委常委9人，陈明任书记，王正宇、朱德辉任副书记；选举产生中共高邮市纪律检查委员会委员15人，并经市纪委第一次全会选举产生市纪委常委5人，范天恩任书记，副书记2人。

图19-2　中共高邮市第八次代表大会开幕式

2001年8月4日，召开中共高邮市代表会议，选举高邮市出席中共扬州市第四次代表大会代表。以无记名投票、差额选举方式，选举产生代表53人，其中扬州市派选7人。他们是（按姓氏笔画为序）：王之义、王正宇、王有益、王志强、卞红莲（女）、卞荣中、卢金贵、吕天龙、朱光、朱克昌、朱来元、朱德辉、刘明（女）、刘志年、汤学仁、孙秋霞（女）、杨田英（女）、李正太、李瑞红（女）、吴平权、吴年平、张亚华、张庆奇、张金定、张贵南、张秋红（女）、张维年、陆金龙、陈明、陈金龙、陈惟高、范天恩、洪锦华、祝启贵、姚美学、秦兴龙、顾建人、顾承斌、夏泽民、钱玉荣、倪文才、徐坤（女）、徐庆登、徐鸿章、郭海平、郭登明、桑光裕（女）、黄为民、黄家璜、葛正春、蒋树山、潘秀珍（女）、魏芝田。

第三节　乡镇党代表选举与党代会

一、乡镇党代会代表选举

1986～2005年，乡镇党代会代表候选人推荐和确定、选举程序与市党代会代表选举一致。代表人数100～200人，最多不超过300人。一般情况下，每个党支部不论党员数量多少，最少有1名乡镇党代会代表；党员数量较多的党组织，则按一定比例确定代表名额，能最广泛地代表各个层面的党员。乡镇党代会代表由各基层党组织选举，由乡镇党委审查确定。

二、乡镇党代表大会

1987年12月至1988年初、1990年12月至1991年1月，全县各乡镇党委先后两次召开党员代表大会，通过差额选举选出新一届乡镇党委委员和纪委委员。1994年1月和1997年1月，全市各乡镇党委先后两次召开党员代表大会，对乡镇党委和乡镇纪委进行换届。以上4届乡镇党委任期均为3年。2000年，全市乡镇区划调整，党员代表大会延期召开。2001年下半年，筹备乡镇党委换届工作。2002年1月，各乡镇召开党员代表大会，选出新一届乡镇党委和纪委。是年起，根据中共十六大修改后的《中国共产党章程》，乡镇党委每届任期改为5年。在召开乡镇党员代表大会期间，审议并通过乡镇党委工作报告和纪检工作报告，研究、决定所在乡镇经济社会发展重大问题，选举产生新一届党委和纪委，以及选举出席市党员代表大会代表。乡镇党委委员一般10人左右，设书记1人、副书记2～3人；纪委委员一般5～7人，设书记1人、副书记1人。

1986～2005年高邮市各乡镇历次党代会情况一览表

表19-2 单位：人

乡镇	党员代表大会召开时间及届次								
	1987年12月至1988年初	1990年12月至1991年1月	1994年1月	1997年1月	2002年1月				
					届次	会议日期	代表人数	选举“两委”人数 党委	选举“两委”人数 纪委
高邮镇	七	八	九	十	两乡一镇合并为高邮镇，为高邮镇第十一次	8～9	238	13	5
武安乡	九	十	十一	十二					
湖滨乡	五	六	七	八					
车逻乡（镇）	七	八	九	十	第十一次	21	107	7	5
一沟乡（龙虬镇）	七	八	九	十	两乡镇合并为龙虬镇，为龙虬镇第十一次	6～7	198	11	5
张轩乡	六	七	八	九					
东墩乡（高邮经济开发区）	八	九	十	十一	成立高邮经济开发区党工委	—	—	—	—
马棚乡（镇）	七	八	九	十	第十一次	14～15	113	9	5
龙奔乡	七	八	九	十	3乡镇合并为卸甲镇，为卸甲镇第十三次	20～21	198	11	7
卸甲乡（镇）	九	十	十一	十二					
伯勤乡	七	八	九	十					
汉留乡（镇）	六	七	八	九	两乡镇合并为汉留镇，为汉留镇第十次	18	120	9	7
甸垛乡（镇）	二	三	四	五					
八桥镇	七	八	九	十	第十一次	28～29	113	9	5
汤庄乡（镇）	八	九	十	十一	两乡镇合并为汤庄镇，为汤庄镇第十二次	9～10	129	10	5
沙堰乡（镇）	九	十	十一	十二					
三垛镇	七	八	九	十	3乡镇合并为三垛镇，为三垛镇第十一次	22～23	169	12	5
武宁乡	九	十	十一	十二					
二沟乡	八	九	十	十一					
甘垛乡（镇）	七	八	九	十	两乡镇合并为甘垛镇，为甘垛镇第十一次	11～12	148	8	5
平胜乡	六	七	八	九					
司徒乡（镇）	七	八	九	十	第十一次	20～21	106	10	5
横泾镇	八	九	十	十一	第十二次	12～13	105	8	5
临泽镇	八	九	十	十一	两镇合并为临泽镇，为临泽镇第十二次	21～22	227	12	7
川青镇	九	十	十一	十二					
周巷乡（镇）	七	八	九	十	两乡镇合并为周巷镇，为周巷镇第十一次	12～13	139	9	5
营南乡	七	八	九	十					
周山乡（镇）	六	七	八	九	第十次	19	103	10	5
界首镇	七	八	九	十	第十一次	18～19	129	7	5
送桥镇	十	十一	十二	十三	第十四次	10	119	9	5
天山乡（镇）	七	八	九	十	第十一次	15～16	102	9	5
郭集乡（镇）	六	七	八	九	第十次	17	116	9	5
菱塘回族乡	六	七	八	九	第十次	15～16	128	11	5

第二章 组织机构

1986～2005年，市党组织设有领导机构和工作机构。领导机构为市委，其构成人员由市委委员组成，委员选举产生书记、副书记、常委。工作机构根据精简的原则，视工作需要合理设置和变更。同时，市委根据工作需要设置派出机构，代表市委在一定范围内行使管理权。市委下设乡镇党委、机关和企事业单位党委（党组），基层单位设党总支和党支部。2005年，全市共有基层党委40个、党组38个、党总支68个、党支部1342个。

第一节 领导机构

1986年，县委领导机构为中共高邮县第四届委员会（1984年8月选举产生），1988年4月换届，选举产生中共高邮县第五届委员会。1991年4月至2005年12月，市委领导机构分别为中共高邮市第六届委员会、中共高邮市第七届委员会、中共高邮市第八届委员会。

1986～2005年中共高邮市委书记、副书记、常委一览表

表19-3

届别	职务	姓名	性别	籍贯	任职时间
第四届（1984年8月至1988年4月）	县委书记	周治安	男	高邮	1984年8月至1988年4月
	县委副书记	任金富	男	泰兴	1984年8月至1988年4月
		陈立增	男	高邮	1984年8月至1986年5月
		申泰岳	男	姜堰	1984年8月至1988年4月
		孙龙山	男	泰兴	1986年5月至1988年4月
		罗一民	男	淮阴	1986年10月至1988年4月（挂职）
		戎文凤	女	高邮	1988年4月至1988年4月
	县委常委	林正德	男	高邮	1984年8月至1987年12月
		戴有斌	男	高邮	1984年8月至1988年4月
		沈学惠	男	泰兴	1984年8月至1988年4月
		倪文才	男	高邮	1984年8月至1988年4月
		邹文銮	男	邳州	1984年8月至1986年4月
		沈国庆	男	兴化	1986年8月至1988年4月
		戎文凤	女	高邮	1986年8月至1988年4月

续表 19-3

届别	职务	姓名	性别	籍贯	任职时间
第五届（1988年4月至1991年4月）	县（市）委书记	周治安	男	高邮	1988年4月至1989年8月
		孙龙山	男	泰兴	1989年8月至1991年4月
	县（市）委副书记	孙龙山	男	泰兴	1988年4月至1989年8月
		戎文凤	女	高邮	1988年4月至1991年4月
		罗一民	男	淮阴	1988年4月至1988年5月（挂职）
		沈学惠	男	泰兴	1988年8月至1991年4月
		戴有斌	男	高邮	1989年12月至1991年4月
		周学恒	男	宝应	1990年1月至1991年2月
	县（市）委常委	沈学惠	男	泰兴	1988年4月至1988年8月
		戴有斌	男	高邮	1988年4月至1989年12月
		倪文才	男	高邮	1988年4月至1989年3月
		沈国庆	男	兴化	1988年4月至1991年4月
		卜　宇	男	高邮	1988年4月至1991年4月
		姜仁福	男	高邮	1989年12月至1991年4月
		朱德辉	男	高邮	1989年12月至1991年4月
		李士清	男	高邮	1990年5月至1991年4月
第六届（1991年4月至1996年4月）	市委书记	孙龙山	男	泰兴	1991年4月至1992年5月
		朱福生	男	靖江	1992年5月至1996年1月
		徐赴前	男	宝应	1996年1月至1996年4月
	市委副书记	戎文凤	女	高邮	1991年4月至1994年11月
		沈学惠	男	泰兴	1991年4月至1993年4月
		戴有斌	男	高邮	1991年4月至1996年4月
		李士清	男	高邮	1992年10月至1995年2月
		张京霞	女	泰兴	1995年1月至1996年4月
		卜　宇	男	高邮	1995年2月至1996年4月
		朱德辉	男	高邮	1995年9月至1996年4月
		徐赴前	男	宝应	1995年10月至1996年1月（主持工作）
	市委常委	沈国庆	男	兴化	1991年4月至1995年2月
		卜　宇	男	高邮	1991年4月至1995年2月
		姜仁福	男	高邮	1991年4月至1996年3月
		朱德辉	男	高邮	1991年4月至1995年9月
		李士清	男	高邮	1991年4月至1992年10月
		刘金鳌	男	高邮	1992年10月至1996年4月
		倪文才	男	高邮	1995年10月至1996年4月

续表19-3

届别	职务	姓名	性别	籍贯	任职时间
第七届（1996年4月至2001年3月）	市委书记	徐赴前	男	宝应	1996年4月至2001年1月
		陈　明	男	邗江	2001年1月至2001年3月
	市委副书记	卜　宇	男	高邮	1996年4月至2000年1月
		张京霞	女	泰兴	1996年4月至1996年11月
		朱德辉	男	高邮	1996年4月至2001年3月
		王正宇	男	姜堰	1998年12月至2001年3月
		林正玉	男	扬州	2000年3月至2001年1月
	市委常委	刘金鳌	男	高邮	1996年4月至2001年1月
		倪文才	男	高邮	1996年4月至2001年3月
		周宏举	男	高邮	1996年11月至2001年3月
		潘建民	男	高邮	1996年11月至2001年1月
		吴芝山	男	宝应	1996年11月至2000年8月
		张安龙	男	高邮	1998年6月至2001年3月（援藏）
		刘星驰	男	高邮	1999年4月至2001年1月
		周　军	男	扬州	2000年8月至2001年3月
		顾承斌	男	扬州	2001年1月至2001年3月
		黄为民	男	姜堰	2001年1月至2001年3月
第八届（2001年3月至2006年5月）	市委书记	陈　明	男	邗江	2001年3月至2001年12月
		王正宇	男	姜堰	2001年12月～
	市委副书记	王正宇	男	姜堰	2001年3月至2001年12月
		朱德辉	男	高邮	2001年3月至2004年3月
		徐祥华	男	通州	2002年2月～
		范天恩	男	邗江	2002年2月～
		倪文才	男	高邮	2002年2月～
		丁　一	男	泰兴	2004年2月至2005年1月
		殷兴盛	男	张家港	2004年5月～
	市委常委	倪文才	男	高邮	2001年3月至2002年2月
		范天恩	男	邗江	2001年3月至2002年2月
		周　军	男	扬州	2001年3月至2003年6月
		顾承斌	男	扬州	2001年3月至2004年3月
		黄为民	男	姜堰	2001年3月～
		杨学华	男	高邮	2001年3月～
		张安龙	男	高邮	2001年8月～
		丁　一	男	泰兴	2002年2月至2004年2月
		李大明	男	连云港	2003年6月至2005年7月
		张秋红	女	高邮	2004年10月～
		王德平	男	扬州	2005年7月～

1986～2005年中共高邮市委委员、候补委员一览表

表19-4

届别	委员名单（按姓氏笔画为序）	候补委员名单（以得票多少为序）
中共高邮县第四届委员会（1984年8月至1988年4月）	王　珏　王乃建　王宁生　王玉宝　王巧英（女）　王振严　王恩荣　申泰岳　史善成　刘彬　刘才甫　戎文凤（女）　孙龙山　任金富　邹文銮（1986年4月免）　陈立增　陈德天　沈国庆　沈学惠　李士清　李汝芳　李寿桃　罗一民　杨春淋　张思云　林正德　茅庆如（女）　金同清　周宏举　周治安　查长银　钟文祥　倪文才　钱才定　陶有仁　徐家骅　曹善亭　戴有斌	周　惠　王守忠　王宝源　杭　淦　吴寿宽　潘翠萍（女）　乔开高
中共高邮县（市）第五届委员会（1988年4月至1991年4月）	卜　宇　戎文凤（女）　朱德辉　任金富　刘才甫　刘宜炤　孙龙山　李乃祥　李士清　李汝芳　李寿桃　沈国庆　沈学惠　林正德　罗一民　周宏举　周治安　周学恒　郑长森　郑来林　赵忠华　姜仁道　姜仁福　夏元新　钱才定　倪文才　徐兴嘉　陶有仁　詹岫琪　戴有斌	陶有仁（1988年4月至1989年12月）　徐桂福　朱来元　刘　明（女）
中共高邮市第六届委员会（1991年4月至1996年4月）	卜　宇　尤泽勇　史善成　戎文凤（女）　朱福生　朱德辉　刘　明（女）　刘金鳌　刘绍茂　孙龙山　孙森宏　李士清　李汝芳　李学余　沈国庆　沈学惠　陈仲如　张京霞（女）　周宏举　郑长森　赵忠华　俞志来　姜仁道　姜仁福　陶有仁　夏元新　倪文才　徐兴嘉　徐赴前　詹岫琪　戴有斌	陶有仁（1991年4月至1992年12月）　朱来元　姜　权　徐桂福
中共高邮市第七届委员会（1996年4月至2001年3月）	卜　宇　马根生（女）　王正宇　王盛田　王朝勇　尤泽勇　朱德辉　刘金鳌　刘星驰　杨　杰　杨怀成　吴芝山　吴荣春　沈学惠　张京霞（女）　张安龙　陈仲如　陈　明　邵士林　周　军　周宏举　周留英（女）　姜　权　祝启贵　姚美学　夏元新　钱才定　倪文才　徐兴嘉　徐赴前　郭海平　顾承斌　黄为民　潘建民　戴有斌	周留英（女，1996年4月至1996年12月）　方　仪　胡恒春　吴恒华
中共高邮市第八届委员会（2001年3月至2005年12月）	丁　一　马根生（女）　王正宇　王东升　王有益　王志强　王德平　尤泽勇　吕天龙　朱来元　朱德辉　刘　明（女）　李大明　汤学仁　杨志海　杨学华　张安龙　张金定　张秋红（女）　陆金龙　陈　明　范天恩　徐祥华　周　军　姚美学　耿其山　顾建人　顾承斌　倪文才　郭登明　黄为民　殷兴盛	涂志成　李寿松　刘志年　潘建奇　张贵南

第二节　工作机构

1986年1月，县委有工作机构及直属单位14个，即县委办公室、县委保密委员会办公室、县委经济案件领导小组办公室、县委组织部、县委宣传部、县委统战部、县委老干部局、县委对台工作办公室、县委农村工作部、县委党校、县委县级机关党委、县委党史资料征集研究委员会办公室、县委政法委员会、县委县政府信访办公室。是年4月，增设县委机要室（2001年12月撤销）。1987年4月，撤销县委经济案件领导小组办公室。1987年12月，增设县委社会治安综合治理委员会办公室、县精神文明建设办公室（1997年5月改称市精神文明建设指导委员会办公室）。1988年2月，增设县委研究室。1988年12月，增设县委组织员办公室（2001年12月撤销）。1990年1月，县委保密委员会办公室对外称县国家保密局。1990年10月，增设县委国营场圃党委（1997年7月撤销）。1991年4月，市委党史资料征集研究委员会办公室改称市委党史办公室。9月，撤销市编史修志办公室，设立市地方志办公室，属市委、市政府双重领导。11月，市委对台工作办公室改称市委台湾工作办公室。1994年8月，增设高邮报社（1997年10月更名为高邮日报社，2003年12月撤销）。

1997年5月，市档案局与市档案馆合并为市档案局。撤销市委市政府信访办公室，成立市委市政府信访局（归口市政府办公室管理，2001年12月仍归口市委办公室管理）。市机构编制委员会办公室为市机构编制委员会常设正科级办事机构，与市人事局合署办公（2001年12月，列入市委工作机构序列）。1998年6月，增设市对外合作与投资促进委员会和招商局，并设立市对外合作与投资促进委员会办公室（1999年末撤销）。2001年6月，增设市委610办公室。12月，市委农村工作部改称市委农村工作办公室，市委保密委员会办公室与市委机要室合并组建市委机要保密局，市委市级机关党委改称市委市级机关工作委员会。2003年12月，增设市新闻信息中心。2005年，增设市行政学校。

至2005年末，市委有工作机构及直属单位20个，即市委办公室、市委组织部、市委宣传部、市委统一战线工作部、市委政法委员会、市委农村工作办公室、市机构编制委员会办公室、市委研究室、市委台湾工作办公室、市委市政府信访局、市委市政府机要保密局、市委市级机关工作委员会、市委老干部局、市精神文明建设指导委员会办公室、市委党史办公室、市地方志办公室、市委社会治安综合治理委员会办公室、市委党校（市行政学校）、市档案局、市新闻信息中心。

1986～2005年中共高邮市委工作机构演变和主要负责人一览表

表19-5

机构名称及演变	职务	姓名	性别	籍贯	任职时间
市委办公室	主任	钟文祥	男	建湖	1986年1月至1988年2月
		姜仁福	男	高邮	1988年2月至1989年12月
		尤泽勇	男	上海市	1989年12月至1993年3月
		郭海平	男	高邮	1993年5月至1997年2月
		刘星驰	男	高邮	1997年2月至2001年3月
		王志强	男	高邮	2001年5月至2004年12月
		葛桂秋	男	高邮	2004年12月～
市委组织部	部长	林正德	男	高邮	1986年1月至1987年7月
		沈学惠	男	泰兴	1987年7月至1989年12月
		姜仁福	男	高邮	1989年12月至1996年3月
		潘建民	男	高邮	1996年3月至2001年1月
		顾承斌	男	扬州	2001年1月至2004年2月
		黄为民	男	姜堰	2004年2月～
市委宣传部	部长	倪文才	男	高邮	1986年1月至1989年4月
		胡农茂	男	高邮	1989年4月至1989年12月
		朱德辉	男	高邮	1989年12月至1992年10月
		刘金鳌	男	高邮	1992年10月至2001年1月
		黄为民	男	姜堰	2001年1月至2004年3月
		张秋红	女	高邮	2004年10月～

续表 19-5

机构名称及演变	职务	姓名	性别	籍贯	任职时间
市委统一战线工作部	部长	朱维宁	男	高邮	1987年9月至1996年3月
		尤泽勇	男	上海市	1997年12月至2000年7月
		姚美学	男	高邮	2000年7月至2005年1月
		王志强	男	高邮	2005年1月～
市委政法委员会	书记	任金富	男	泰兴	1986年1月至1987年8月
		罗一民	男	淮阴	1987年8月至1988年5月
		戎文凤	女	高邮	1988年11月至1990年2月
		周学恒	男	宝应	1990年2月至1991年2月
		戴有斌	男	高邮	1991年12月至1993年5月
		李士清	男	高邮	1993年5月至1995年3月
		张京霞	女	泰兴	1995年3月至1996年5月
		朱德辉	男	高邮	1996年5月至1999年2月
		王正宇	男	姜堰	1999年2月至2000年3月
		周宏举	男	高邮	2000年3月至2001年4月
		倪文才	男	高邮	2001年4月～
市委农村工作办公室（1984年3月恢复县委农村工作部，2001年12月更名为现名）	部长	刘才甫	男	泰兴	1986年1月至1992年3月
		王生太	男	泰兴	1994年10月至2000年7月
		郭登明	男	高邮	2000年7月至2001年12月
	主任	郭登明	男	高邮	2002年1月～
市机构编制委员会办公室（1994年3月，由市编制委员会办公室更名为现名，均与市人事局合署办公，为副科级机构。1997年5月，为正科级机构，与市人事局合署办公。2001年12月，划为市委工作机构，与市人事局合署办公）	主任	朱绍武	男	高邮	1987年8月至1993年9月
	主任	宰兆山	男	高邮	1994年10月至1997年7月
	主任	王守忠	男	高邮	1997年7月至2000年7月兼
		朱　光	男	涟水	2001年7月～

1986～2005年中共高邮市委合署办公、挂牌部门机构演变和主要负责人一览表

表 19-6

机构名称及演变	职务	姓名	性别	籍贯	任职时间
市委研究室（1988年2月设县委研究室，正科级机构，与县委办公室合署办公。1997年更名为市委政策研究室，2001年12月更名为现名）	主任	尤泽勇	男	上海市	1988年11月至1991年2月
		郭海平	男	高邮	1991年2月至1993年5月
		刘星驰	男	高邮	1993年5月至1997年7月
		涂志成	男	高邮	1997年7月至2001年5月
		王志强	男	高邮	2002年1月至2002年6月
		陆忠场	男	高邮	2002年6月～

续表 19-6

机构名称及演变	职务	姓名	性别	籍贯	任职时间
市委台湾工作办公室，与市政府台湾事务办公室为两块牌子、一套班子（1980年9月设县委对台工作办公室，1991年11月更名为现名）	主任	朱民生	男	泰州	1987年8月至1987年10月
		杨　彪	男	高邮	1988年11月至1995年2月
		詹　刚	男	高邮	1995年2月至1997年7月
		徐　巍	男	高邮	1997年7月至2004年12月
		李加志	男	高邮	2005年1月至2005年4月
		陈维生	男	高邮	2005年4月～
市委、市政府信访局（1984年9月，设县委信访办公室、县政府信访办公室，两块牌子、一套班子。1989年为正科级机构，归口县委办公室。1997年5月更名为现名，归口市政府办公室，2001年12月仍归口市委办公室）	主任	俞泽山	男	高邮	1986年1月至1994年7月
		陈广山	男	高邮	1994年7月至1997年7月止
	局长	孙兆民	男	高邮	1997年7月至2002年4月
		黄安良	男	高邮	2002年4月～
市委机要室（1986年4月由县委办公室划建，2001年12月撤并）	主任	姜仁福	男	高邮	1986年4月至1987年3月
		李自敏	男	扬州	1989年1月至1990年8月
		陈德顺	男	高邮	1997年8月至2001年12月止
市委保密委员会办公室（1980年2月设立，1990年1月对外称县国家保密工作局，2001年12月撤并）	主任	王为民	男	高邮	1986年1月至1989年3月
		李自敏	男	扬州	1989年3月至1990年8月
市委机要保密局（2001年12月，由市委办公室机要室与市委保密委员会办公室合并组建）	局长	陈德顺	男	高邮	2002年1月至2005年5月
		徐龙海	男	高邮	2005年5月～
市委市级机关工作委员会，为市委派出机构（2001年12月，由市委市级机关党委更名为现名）	书记	杨定安	男	高邮	1986年1月至1994年1月
		真启栋	男	高邮	1994年1月至1996年5月
		朱　光	男	涟水	1996年5月至2001年12月
	书记	张立中	男	高邮	2002年1月～
市委老干部局（1981年2月，从县委组织部划出老干部组，建立县老干部局，隶属于县政府。1985年3月，改为县委老干部局，隶属于县委）	局长	胡金波	男	高邮	1986年1月至1987年3月
		韦秉文	男	高邮	1989年1月至1989年12月
		施炳龙	男	高邮	1989年12月至1996年5月
		朱民生	男	泰州	1996年6月至1996年12月
		蒋庆中	男	高邮	1997年7月至2001年11月
		秦兴龙	男	高邮	2001年11月～
市精神文明建设指导委员会办公室（1987年12月，设县精神文明建设办公室，副科级机构。1997年5月，更名为现名，正科级机构，在市委宣传部挂牌）	主任	张贞明	男	高邮	1993年9月至1997年7月（副科级机构）
	主任	杨　杰	男	高邮	1997年7月至2005年12月
市委党史办公室（1981年9月设县委党史资料征集小组办公室，1985年5月改称党史资料征集研究委员会办公室，1991年4月更名为现名。2001年12月，改为市委事业机构，在市档案局挂牌）	主任	纪士文	男	高邮	1988年11月至1990年6月
		王义昌	男	高邮	1990年11月至1991年4月
	主任	王义昌	男	高邮	1991年4月至1994年10月
		（缺）	—	—	1994年10月～

续表19-6

机构名称及演变	职务	姓名	性别	籍贯	任职时间
市地方志办公室（1991年9月，由市编史修志领导小组办公室更名为现名。1997年5月，改为市政府直属正科级事业单位，由市政府办公室管理。2001年12月，改为市委事业机构，在市档案局挂牌）	主任	王　鹤	男	高邮	1984年9月至1991年9月止
	主任	王　鹤	男	高邮	1991年9月至1996年9月止
	主任	孙　铎	男	高邮	1997年7月至2002年1月
		（缺）	—	—	2002年2月～
市档案局（1984年3月，为副科级机构。1997年5月，与市档案馆合并，为市委、市政府直属正科级事业单位，由市委办公室管理。2001年12月，挂市档案馆、市委党史办公室、市地方志办公室牌子）	局长	王为民	男	高邮	1987年3月至1994年12月
		孙步涛	男	高邮	1994年12月至1997年7月止
	局长（馆长）	周　成	男	高邮	2002年1月～
市委社会治安综合治理委员会办公室（1987年12月设立，1993年9月与市委政法委员会合署办公，正科级机构。1997年5月，在市委政法委员会挂牌）	主任	杜福荣	男	高邮	1988年12月至1990年7月
		曹　德	男	高邮	1990年7月至1993年9月
		陈太儒	男	宝应	1993年9月至1997年7月
		王天放	男	高邮	1997年7月至1998年4月
		闵　峰	男	高邮	1998年4月至2003年12月
		王天放	男	高邮	2003年12月至2005年4月
		王家斌	男	高邮	2005年4月～
市委党校	校长	申泰岳	男	姜堰	1986年1月至1988年4月兼
		沈学惠	男	泰兴	1988年11月至1993年5月兼
		戴有斌	男	高邮	1993年5月至1996年5月兼
		张京霞	女	泰兴	1996年5月至1996年11月兼
		朱德辉	男	高邮	1997年1月至2000年7月兼
		林正玉	男	扬州	2000年7月至2001年3月兼
		倪文才	男	高邮	2002年4月至2004年3月兼
		范天恩	男	邗江	2004年3月兼～
市行政学校（2005年8月设立，在市委党校挂牌）	校长	张安龙	男	高邮	2005年8月兼～
市新闻信息中心（1994年8月成立高邮日报社，为市委正科级事业单位，归口市委宣传部。2003年12月31日撤销，同日，建立现单位，其他不变）	总编辑	姚永明	男	高邮	1994年8月至2002年1月
		朱　震	男	高邮	2002年1月至2003年12月
	主任	朱　震	男	高邮	2003年12月～
市委610办公室（2001年6月设立）	主任	李苏俊	男	高邮	2001年6月～

1986～2005年中共高邮市委曾设机构演变和主要负责人一览表

表19-7

机构名称及演变	职务	姓名	性别	籍贯	任职时间
县委经济案件领导小组办公室（1987年4月撤销）	主任	温义煊	男	高邮	1986年1月至1987年3月
市委组织员办公室（1988年12月设，正科级机构，2001年12月撤销）	主任	居云保	男	高邮	1988年11月至1990年7月
		王守忠	男	高邮	1990年8月至1997年7月

续表 19-7

机构名称及演变	职务	姓名	性别	籍贯	任职时间
市国营场圃党委（1990年10月建立，与县委农工部合署办公。1997年7月撤销）	书记	王殿传	男	高邮	1990年10月至1994年10月
		王生太	男	泰兴	1994年10月至1997年7月
市对外合作与投资促进委员会（1998年6月设，1999年末撤销）	主席	徐赴前	男	宝应	1998年6月至1999年12月
市对外合作与投资促进委员会办公室（亦称市招商局，1998年6月设，1999年末办公室撤销）	主任	张家华	男	高邮	1998年6月至1998年9月
		钱富强	男	高邮	1998年9月至2001年1月

第三节　基层党组织与派出机构

1986年，全县有县级机关党组22个、基层党委44个、区委5个、党总支17个、党支部1363个。1993年8月，5个区委被撤销。1994年，党组增加到28个，基层党委增加到47个，党总支增加到55个，党支部增加到1706个。1998年，私营企业开始建立党支部。1999年，党组增加到42个，基层党委44个。2000年，村组撤并、乡镇区划调整，村党支部减少360个，乡镇党委减少13个。同时，5个规模较大的村建立党总支。市委派出党工委1个。2003年，市委派出党工委4个。2005年末，全市共有党组38个，基层党委40个，市委派出党工委4个；党总支68个，其中村党总支8个、社区党总支1个；党支部1342个，其中村党支部273个、私营企业党支部178个。

一、乡镇党组织设置

1986年1月，全县有乡镇党委33个。其中，高邮镇、三垛镇、临泽镇、界首镇等4个镇设镇党委，29个乡设乡党委。此后，部分乡随着乡改镇，乡党委改为镇党委。至2000年乡镇区划调整前，全市有镇党委19个、乡党委14个。2000年5月，全市乡镇区划调整后，有乡镇党委20个。其中，高邮镇、武安乡、湖滨乡合并，组建新的高邮镇党委；龙虬镇、张轩乡合并，组建新的龙虬镇党委；马棚乡、东墩乡合并，组建新的马棚镇党委；汤庄镇、沙堰镇合并，组建新的汤庄镇党委；汉留镇、甸垛镇合并，组建新的汉留镇党委；卸甲镇、龙奔乡、伯勤镇合并，组建新的卸甲镇党委；三垛镇、二沟乡、武宁乡合并，组建新的三垛镇党委；临泽镇、川青镇合并，组建新的临泽镇党委；周巷乡、营南乡合并，组建新的周巷镇党委；甘垛乡、平胜乡合并，组建新的甘垛镇党委；撤销周山乡，原周山乡党委改为周山镇党委。车逻镇、八桥镇、横泾镇、司徒镇、界首镇、郭集镇、送桥镇、天山镇、菱塘回族乡等乡镇党委未变更。至2005年，全市乡镇党委设置未有新的变化。

二、市机关党组织设置

1986～1991年，县级机关先后设党组22个，即县人大党组、县政府党组、县政协党组、县人民法院党组、县人民检察院党组、县公安局党组、县民政局党组、县财政局党组、县税务局党组、县商业局党组、县物资局党组、县工商行政管理局党组、县农业局党组、县水利局党组、县多种经营管理局党组、县地方工业局党组、县交通局党组、县城建局党组、县供电局党组、县农业银行党组、县工商银行党组、县工会党组。设机关事业单位党委9个，即县级机关党委、县人武部党委、县轻纺工业公司党委、县电子工业公司党委、县机械化学工业公司党委、县文教局党委、县卫生局党委、县粮食局党委、县供销合作总社党委。履行党委（组）职能的党总支6个，即县建工局党总支、县水产局党总支、县农机局党总支、县外贸公司党总支、县邮电局党总支、省高邮师范学校党总支。1999年，市级机关党组增加到42个。

2002年，市委撤销市级机关党委、市建设局党组，新建市委市级机关工作委员会、市建设局党委。2003年，市委撤销市机械化学工业公司党委、市轻纺工业公司党委、市摩托车工业公司（电子工业公司）党委、市粮食工业总公司党委、市供销合作社党委、市商业集团总公司党组、市物资集团总公司党组、高邮市中学党总支；新建市商贸总公司党委、市工业总公司党委、高邮市中学党委。2004年3月，市委撤销市高远茧丝绸总公司党委。2005年，市委撤销市农村信用合作联社党组，新建市农村信用合作联社党委；新建市城建投资公司党组、市安全生产监督管理局党组。至是年末，除垂直领导的金融系统党委、党组外，市级机关党组共38个，即市人大常委会党组、市政府党组、市政协党组、市人民法院党组、市人民检察院党组、市公安局党组、市发改委党组、市民政局党组、市司法局党组、市财政局党组、市经济贸易局党组、市科技局党组、市人事局党组、市劳动和社会保障局党组、市交通局党组、市水利局党组、市农林局党组、市文化局党组、市计生委党组、市对外贸易经济合作局党组、市审计局党组、市统计局党组、市环保局党组、市物价局党组、市安全生产监督管理局党组、市总工会党组、市工商联党组、市广播电视局党组、市城建投资公司党组、市农业资源开发局党组、市乡镇企业局党组、市国家税务局党组、市地方税务局党组、高邮工商行政管理局党组、高邮质量技术监督局党组、高邮食品药品监督管理局党组、市烟草专卖局党组、市国土资源局党组。市政府工作部门党委7个，即市教育局党委、市建设局党委、市卫生局党委、市粮食局党委、市建筑安装工程公司党委、市工业总公司党委、市商贸总公司党委。另有市人武部党委。还有企事业单位党委5个，即市邮政局党委、高邮中学党委、市电信局党委、市供电公司党委、市农村信用合作联社党委。市级机关还有一些代行党组（党委）职能的党总支和党支部。

三、企业党组织设置

1986～1992年，全市有企业党委2个，即市水泵厂党委、市化肥厂党委；企业党总支10～16个，每家企业都建有党支部。1993～1994年，市造纸厂、市制动件总厂、市电器厂先后建立党委，全市企业党委增加到5个，企业党总支增加到19个，工业企业党支部311个，建筑企业党支部42个，商贸系统党支部134个。1999年，市委新批建市粮食工业总公司党委、市高远茧丝绸总公司党委。私营企业党支部有22个。2000年，新建市经纬纺织有限公司党委，私营企业党支部比上年增加25个。2001年，撤销市供电局党组，新建市供电公司党委。私营企业党支部增加到61个。2002～2005年，企业改制、重组后，市委先后撤销市水泵厂党委、市造纸厂党委、市制动件总厂党委、市电器厂党委、市化肥厂党委和改制企业的党总支和党支部，并根据改制、重组后的企业状况，在新建立的民营企业中陆续重建党组织。

1986～2005年高邮市基层党组织情况一览表

表19-8　　　　单位：个

项目／年份	区（工）委	党组	党委	政府工作部门党委	党总支	村级	党支部	村党支部	私营企业党支部
1986	5	22	44	8	17	—	1363	655	—
1987	5	19	44	8	26	—	1445	655	—
1988	5	19	44	8	30	—	1485	655	—
1989	5	19	44	8	33	—	1529	656	—
1990	5	22	44	8	38	—	1564	656	—
1991	5	22	44	11	44	—	1613	656	—

续表 19-8

年份＼项目	区(工)委	党组	党委	政府工作部门党委	党总支	村级	党支部	村党支部	私营企业党支部
1992	5	25	44	8	48	—	1638	659	—
1993	—	25	46	8	50	—	1662	660	—
1994	—	28	47	8	55	—	1706	660	—
1995	—	30	40	8	52	—	1743	660	—
1996	—	31	41	8	56	—	1787	659	—
1997	—	33	41	8	59	—	1824	659	—
1998	—	38	43	9	57	—	1806	644	22
1999	—	42	44	8	62	—	1744	644	22
2000	1	40	40	8	58	5	1388	279	47
2001	1	40	41	8	62	6	1395	278	61
2002	2	39	42	9	65	6	1405	278	124
2003	4	37	40	7	67	6	1435	278	161
2004	4	38	39	7	68	8	1319	276	162
2005	4	38	40	7	68	8	1342	273	178

四、市委派出机构

1986年，县委派出机构有临城区委、汉留区委、三垛区委、临泽区委、送桥区委。1993年8月，根据国务院关于县(市)级不设区的规定，区委随之全部撤销。

2000年9月，市委在高邮经济开发区设立中共江苏省高邮经济开发区工作委员会。2001年12月，市级机关党委更名为中共高邮市委市级机关工作委员会。2002年12月，市委设立中共高邮市行政服务中心工作委员会。2003年6月，市委在市甘垛工业园设立中共江苏省高邮经济开发区甘垛工业园工作委员会，2005年12月撤销，归属甘垛镇党委。2005年1月，市委在高邮鸭业园区设立中共高邮市鸭业园区工作委员会。是年，市委派出机构4个。

1982～2005年市委派出机构演变和主要负责人一览表

表 19-9

机构名称及演变	职务	姓名	性别	籍贯	任职时间
中共临城区委(1982年1月至1993年8月)	书记	李秀章	男	高邮	1982年1月至1984年7月
		钱才定	男	高邮	1984年7月至1987年10月
		郑来林	男	高邮	1987年10月至1989年12月
		刘绍茂	男	姜堰	1989年12月至1993年8月
中共临泽区委(1982年1月至1993年8月)	书记	杜元坤	男	高邮	1982年1月至1984年7月
		吴庆云	男	高邮	1984年7月至1987年10月
		姜仁道	男	高邮	1987年10月至1992年8月

续表 19-9

机构名称及演变	职务	姓名	性别	籍贯	任职时间
中共三垛区委（1982年1月至1993年8月）	书记	薛连荣	男	高邮	1982年1月至1987年5月
		郑长森	男	高邮	1987年5月至1993年8月
中共汉留区委（1982年1月至1993年8月）	书记	金恩富	男	高邮	1982年1月至1987年10月
		钱才定	男	高邮	1987年10月至1990年12月
		孙森宏	男	高邮	1990年12月至1993年8月
中共送桥区委（1982年1月至1993年8月）	书记	夏　俊	男	高邮	1982年1月至1985年3月
		李寿桃	男	高邮	1985年3月至1987年12月
		徐兴嘉	男	高邮	1987年12月至1993年2月
中共江苏省高邮经济开发区工作委员会（2000年9月13日建立）	书记	王东升	男	高邮	2000年9月至2001年7月
		张安龙	男	高邮	2001年7月至2004年3月
		张秋红	女	高邮	2004年3月～
中共高邮市鸭业园区工作委员会（2005年1月7日建立）	书记	姚美学	男	高邮	2005年1月～
中共高邮经济开发区甘垛工业园工作委员会（2003年6月30日建立，2005年12月撤销）	书记	李加志	男	高邮	2003年6月至2005年1月
		翁玉才	男	高邮	2005年1月至2005年12月
		孙明如	男	高邮	2005年12月至2005年12月
中共高邮市行政服务中心工作委员会（2002年12月建立）	书记	陈然禄	男	高邮	2002年12月～

第三章　重要会议与决策

1986～2005年，市党代表大会闭会期间，由市委常委会负责日常工作，由书记根据工作需要，适时召开市委常委会，学习有关文件、传达上级党组织有关会议精神、研究决定全市有关重要工作和人事任免。必要时召开市委常委扩大会议或市委常委与市长联席会议，研究部署近期工作。每届市委在任期内根据工作需要，适时召开市委全体（扩大）会议，由市委常委会向全体委员汇报前一段时期工作，研究近期工作，对涉及全市的重大事项、发展方向、决策部署做出决定，形成决议。

第一节　重要会议

一、县委四届全体（扩大）会议

1986年11月14～16日，县委召开四届六次全体（扩大）会议，传达省委七届四次全委扩大会议精神，学习《中共中央关于社会主义精神文明建设指导方针的决议》，交流社会主义精神文明建设经验，讨论全县学习决议的意见。1987年12月10～13日，县委召开四届七次全体（扩大）会议，传达省委七届六次全委扩大会议和省委工作会议精神，学习中共十三大报告，讨论并部署1988年工作。1988年

4月，县委召开四届八次全体会议，讨论并原则通过第四届县委提交县第五次党代会上的工作报告，讨论决定召开县第五次党代会的日期及议程。

二、县委五届全体（扩大）会议

1988年10月24日，县委召开五届二次全体（扩大）会议，传达中共十三届三中全会以及省委七届七次扩大会议精神，研究贯彻“治理经济环境，整顿经济秩序，全面深化改革”方针的措施。1989年9月12日，县委召开五届三次全体会议，决定于1989年9月22日召开中共高邮县代表会议，选举产生高邮县出席中共扬州市第二次代表大会的代表。是年12月14～17日，县委召开五届四次全体（扩大）会议，传达中共十三届五中全会和省委七届九次全委扩大会议以及扬州市第二次党代表大会的精神，全面贯彻治理整顿深化改革方针，促进全县经济持续、稳定、协调发展，讨论修改县委、县政府提出的《高邮县三年治理整顿的初步意见》。1990年5月10～12日，县委召开五届五次全体（扩大）会议，传达学习中共十三届六中全会和省委八届二次全委扩大会议文件精神，坚持把工业经济放到突出位置上。1991年1月15～16日，县委召开五届六次全体会议，学习中共十三届七中全会精神，审议并原则通过《中共高邮县委关于制定全县经济和社会发展第八个五年计划的建议》。

三、市委六届全体（扩大）会议

1992年1月13日，市委召开六届二次全体会议，传达省委八届四次扩大会议和扬州市委二届五次扩大会议精神。是年8月10～11日，市委召开六届三次全体（扩大）会议，学习邓小平视察南方重要谈话精神，进一步解放思想，突出强攻工业、调整农业、突破“三外”，大力发展建筑业和第三产业，提出“学苏南、赶沿江、兴高宝争第一”的目标。1992年12月18～20日，市委召开六届四次全体（扩大）会议，贯彻中共十四大和省委、扬州市委全委（扩大）会议精神，号召全市“走出里下河，快步奔小康”。1993年8月5日，市委召开六届五次全体会议，学习中共中央、国务院《关于当前经济情况和加强宏观调控的意见》，提出在经济工作中要强化宏观调控观念、效益观念、开放观念、市场观念，进一步深化改革，着力解决资金困难，推进全市经济建设又快又好地发展。是年12月10～12日，市委召开六届六次全体（扩大）会议，贯彻中共十四大和中共十四届三中全会精神，提出抓住机遇，加快发展，登上“走出里下河，快步奔小康”的新台阶。1994年8月15日，市委召开六届七次全体会议，决定于8月25日召开中共高邮市代表会议，选举产生高邮市出席中共扬州市第三次代表大会的代表。1995年1月4～8日，市委召开六届八次全体（扩大）会议，提出奋力超百亿，再登新台阶，进一步开创经济和社会发展的新局面。1996年1月8～10日，市委召开六届九次全体（扩大）会议，通过《中共高邮市委关于制定国民经济和社会发展“九五”计划和2010年远景目标的建议（草案）》，按照“两个根本转变”的要求，动员全市干部、群众加快全面达小康、走向现代化的步伐。

四、市委七届全体（扩大）会议

1996年12月27～28日，市委召开七届二次全体（扩大）会议，部署做好企业“抓大活小”、开展“三村”竞赛、筹办“邮文化节”等3项工作，审议通过《高邮市社会主义精神文明建设“九五”规划纲要》。1997年7月26日，市委召开七届三次全体（扩大）会议，学习江泽民在中纪委八次全会上的讲话、《中共中央国务院关于党政机关厉行节约制止奢侈浪费行为的若干规定》和《江苏省实行逐级上访和分级受理制度暂行规定》，传达扬州市纪委《关于建立县（处）级领导干部党风廉政档案的通知》。是年12月4～5日，市委召开七届四次全体（扩大）会议，动员全市人民进一步解放思想，在工业结构调整、农业产业化经营、放手发展个体私营经济等3项工作上求突破，稳步推进各项综合配套改革；讨论并修改市委《关于进一步深化企业改革的意见》《关于加快推进农业产业化经营工作的意见》《关于鼓励扶持个体私营经济发展的意见》。会议首次邀请13名个体私营企业主列席会议。1998年7月17～18日，市委召开七届五次全体（扩大）会议，动员全市上下进一步强化目标意识和速度意识，按照市委七届四次全体扩大会议确定的“三种经济”（工业规模经济、农业产业化经营、个体私营经济）求突破的总体思路，振奋精神，坚定信心，确保全年各项经济目标任务的完成。1999年1月7～8日，市委召开七届六次全体（扩大）会议，贯彻中共十五大、中共十五届三中全会以及中央经济工作会议精神，动员全市人民继续解放思想、敬业创业，以经济和社会发展的新成就迎接新世纪的到来。是年7月23～24日，市委召开七届七次全体会议，动员全市人民增强目标意识，狠抓项目开发和建设，深化企业改革，推进农业结构调整和产业化经营、事业单位改革、依法治市等工作。2000年1月22日，市委召开七届八次全体会议，贯彻落实中共十五大和中共十五届三中、四中全会精神，按照“三种经济求突破，外向开拓迈大步，深化改革促发展，推进科技增后劲，各业经济上台阶”的总要求，强调突出抓好工业经济，重点抓好项目建设，确定是年为“项目建设推进年”。是年12月24日，市委召开七届十次全体（扩大）会议，审议和通过《中共高邮市委关于高邮市国民经济和社会发展第十个五年计划的建议》，动员全市干部群众共同奋斗，加快推进全市经济发展和社会进步。

五、市委八届全体会议

2001年7月30日，市委召开八届二次全体会议，采取无记名投票的方式等额选举产生高邮市出席中共扬州市第四次代表大会代表候选人预备人选64人，讨论通过关于召开中共高邮市代表会议的决议（草案）。是年10月15日，市委召开八届三次全体会议，认真贯彻落实党的十五届六中全会精神，切实加强和改进党的作风建设。是年12月25日，市委召开八届四次全体会议，动员全市上下大力弘扬和实践“自强不息、奋起直追，团结拼搏、争先进位，富民强市、快速崛起”的高邮精神，为实现全市两个文明建设的新跨越奠定基础。会议审议通过《关于集中精力加快发展高邮经济的决议》《关于严肃干部工作纪律的决议》《关于反对官僚主义、形式主义和教条主义的决议》《关于维护社会稳定的决议》。2002年7月20日，市委召开八届五次全体会议，通报市委常委民主生活会情况和上半年主要经济指标完成情况。是年12月28日，市委召开八届六次全体会议，学习贯彻中共十六大精神，研究确定今后三年的奋斗目标，动员全市实施追赶式发展，实现“十五”奋进计划，努力开创全面振兴高邮的新局面。2003年7月30日，市委召开八届七次全体会议，明确全市“一个追赶、三步走”的目标定位。是年12月28日，市委召开八届八次全体会议，动员全市各级党政组织和广大党员干部群众，进一步解放思想，夺取“起跳之年追赶式发展”的新胜利。2004年7月20日，市委召开八届九次全体会议，学习中共中央总书记胡锦涛在江苏考察时的重要讲话和省委十届七次全会、扬州市委四届七次全会精神，落实科学发展观，完成和超额完成起跳之年经济社会发展各项目标任务。会议还通报市委常委民主生活会情况，市委常委会向社会公开四项政治承诺。是年12月29日，市委召开八届十次全体会议，贯彻中共十六届四中全会、中央经济工作会议和省委、扬州市委全体会议精神，总结全市三年来的各项工作，明确追赶式发展跨越之年的目标任务，动员全市进一步牢固树立科学发展观，围绕“十五”奋进计划，瞄准“百十”（国内生产总值超100亿元，财政收入过10亿元）目标，解放思想，凝心聚力，奋力夺取追赶式发展的新胜利。2005年7月18日，市委召开八届十一次全体会议，围绕“干05（2005年）、冲百十”目标，加快城区工业发展步伐，高效率办好第三届中国邮文化节，完成和超额完成全年各项经济指标。会议讨论修改《关于进一步鼓励加快城区工业发展的政策性意见》和《关于加快发展城区工业的工作意见》。是年12月27日，市委召开八届十二次全体会议，审议通过《中共高邮市委关于制定国民经济和社会发展第十一个五年规划的建议》《中共高邮市委关于组织实施新一轮三年追赶发展的决定》《中国共产党高邮市第八届委员会第十二次全体会议决议》，动员全市实施新一轮追赶发展，为全面建成小康社会而奋斗。

第二节 重要决策

一、推进思想解放

1988年4月，县第五次党代表大会强调，进一步解放思想，贯彻"配套、完善、深化、发展"的方针，加快和深化经济体制改革。1992年，市委学习、贯彻邓小平视察南方重要谈话精神，提出解放思想、转变观念、抓住机遇、快速发展的战略思想，在全市开展"学苏南赶沿江，兴高宝争第一"的活动。是年2月，市委部署机关开展"三转"（上级围绕下级转、机关围绕企业转、全部工作围绕经济转）、"三办"（主动办、立即办、下去办）活动，进一步突出经济建设中心，转换机关职能，更好地为经济建设服务。1996年4月，中共高邮市第七次代表大会坚持以解放思想为先导，适应建立社会主义市场经济体制的要求，深化改革、扩大开放，解放和发展社会生产力，努力实现全市5年经济发展奋斗目标。1997年12月，市委七届四次全体（扩大）会议提出"三种经济"求突破的战略，并印发《关于进一步深化企业改革的意见》《关于加快推进农业产业化经营工作的意见》《关于鼓励扶持个体私营经济发展的意见》等文件。2000年4月，市委印发《关于贯彻〈江苏省委关于在全省开展"致富思源，富而思进"教育活动的决定〉的意见》，引导人们冲破传统计划经济的顽固习惯和"左"的思想禁锢，确立社会主义市场经济新观念，倡导敢于超越自我、全力求发展。2001年12月，市委八届四次全会提出新时期的高邮精神——自强不息、奋起直追，团结拼搏、争先进位，富民强市、快速崛起。2005年12月，市委八届十二次全会通过《中共高邮市委关于制定国民经济和社会发展第十一个五年规划的建议》，并制定实现"十一五"规划的原则和措施。

二、制定发展战略

1986年，县委提出"稳定农业，发展副业，主攻工业"的经济发展战略。1988年4月，中共高邮县第五次代表大会确定"稳定粮棉生产，继续主攻工业，突破多种经营，扩大出口创汇，大力发展商品经济"的经济战略。1992年12月，市委六届四次全体（扩大）会议确定90年代全市奋斗目标：走出里下河，快步奔小康，在提高经济素质和经济效益的前提下，力争经济增长速度高于扬州市平均水平，提前在1997年实现全市小康，争取早日实现现代化。1995年1月，市委六届八次全体（扩大）会议首次提出"努力实现农业、工业、建筑业、第三产业经济总量超百亿的奋斗目标"。1996年1月，市委六届九次全体（扩大）会议通过《中共高邮市委关于制定国民经济与社会发展"九五"计划和2010年远景目标的建议》，提出"三步走"的战略目标，即"全市1997年基本实现小康，2000年全面实现小康，2010年基本实现现代化"。是年4月，中共高邮市第七次代表大会提出，切实加快经济体制和经济增长方式两个根本性转变，重点实施"规模带动"战略，推进经济快速高效发展；实施"改革驱动"战略，建立充满活力的经济运行机制；实施"外向开拓"战略，加快经济国际化进程；实施"科教兴市"战略，提高经济和社会发展水平；实施"协调发展"战略，形成整体推进的格局。2002年12月，市委八届六次全会做出"实施追赶式发展，实现'百十'奋进计划"的战略部署，力争通过3年努力，实现国内生产总值达100亿元、财政收入超10亿元。2005年，全市实现"百十"奋进目标，完成地区生产总值100.7亿元、财政收入10.03亿元。

三、坚持城乡改革

1986年，县委推行以调整产业结构，改革流通体制、金融体制和服务体制为重点的农村第二步改革。1988年4月，县委提出加快和深化经济体制改革，继续突出搞活企业，按照所有权和经营权分开的原则，完善承包经营责任制，扩大租赁制，全面推行和完善厂长（经理）负责制。1993年6月，市委、市政府印发《认真学习贯彻〈全民所有制工业企业转换经营机制条例〉的意见》。是年8月，市委印发《关于完善家庭联产承包搞好土地转包工作的意见》。1995年6月，市委、市政府召开全市企业改制工作会议，进行总体部署和思想动员。1996年，市委、市政府和市改制指挥部先后制定《高邮市深化企业改革若干问题的意见（试行）》《高邮市深化企业配套改革的意见（试行）》《高邮市企业改制工作方案》等文件。是年6月，市委、市政府组成千人工作团，到城乡企业推进改制工作。1999年3月，市委、市政府印发《关于发展农村合作经营组织的工作意见》，推行发展"四有六自"（经营有规模、合作有章程、产品有销路、生产有基地，农民自愿组合、自筹资金、自主经营、自负盈亏、自我服务、自主选择领导人）农村专业合作经济组织的做法，被誉为农村改革的"高邮模式"。2001年3月，市委印发《关于农村税费改革综合配套改革实施意见》。2002年起，市委、市政府通过大范围地推进资产重组，做大做强一批企业。同时，加快社会事业产业化、市场化进程和自然资源资产化、资本化进程，发挥市属企业、社会事业和农村乡镇的资产效益。

四、发展外向型经济

1988年，县委提出增强开放意识，大力发展外向型经济，使全县经济尽快转上外向型经济的轨道。1990年8月，由县委、县政府牵头，举办全县秋季工业产品展销会和"文游"艺术节，首次实施"文艺搭台，经济唱戏"方略，多渠道、多形式开展招商引资。是年10月，县委、县政府制定《关于鼓励出口创汇发展外向型经济的暂行办法》，设立县外贸发展扶持金。1992年4月，市委召开市委、市人大常委会、市政府、市政协负责人联席会议，决定划设高邮经济开发区，作为招商引资、发展外向型经济的平台。1994年7月，市委、市政府召开全市外向型经济工作会议，要求确立适应社会主义市场经济体制的思想观念，加快发展外向型经济步伐。1995年，市委、市政府提出"九五"期间基本形成以开放型经济为主体的国民经济结构。1999年，市委、市政府先后制定《高邮市关于鼓励外商投资的优惠政策意见》《高邮市1999年外向型经济考核奖励办法》。2001年9月底，设立行政审批大厅，治理投资环境。2002年，市委、市政府成立市优化投资环境办公室，清理、取消、退出一批审批项目，实行"一站式""一条龙"服务，并陆续印发《关于加强招商引资工作意见》《关于进一步推进全员招商引资工作的实施意见》《高邮市招商引资工作考核细则》等文件，层层成立由主要负责人任组长的招商引资领导小组和制定招商行动计划，先后建成高邮鸭业园区和一批乡镇工业集中区。2002年起，市委、市政府交替举办"双黄鸭蛋节""中国邮文化节"。至2005年，全市形成上下齐参与、城乡共行动、全民招商引资、全力发展外向型经济的局面。

五、发展民营经济

1993年，市委、市政府在《高邮市1993年下半年适应宏观调控的经济工作思路》中提出，要大力发展第三产业，加快发展个体私营经济，为经济注入新的活力。是年7月，市委、市政府印发《关于鼓励发展个体私营经济的意见》。1997年12月，市委、市政府放宽个体私营经济从业人员范围，简化证照办理手续和程序；放宽个体私营经济经营范围和经营方式；鼓励个体私营企业参与国有、集体企业改制，鼓励个体工商户、私营企业发展外向型经济，鼓励和引导个体私营经济依靠科技进步推动企业发展。2001年6月，市委、市政府印发《关于加快发展个体私营经济的意见》《关于鼓励党政机关工作人员直接从事经济工作的意见》等文件。2002年7月，市委、市政府制定《关于实施"三大工程"，加快个体私营经济发展的意见》，为个体私营经济发展提供资金、技术、项目、人才、信息、营销等方面的支持与服务。2004年3月，市委、市政府印发《关于鼓励全民创业，放手发展民营经济的政策性意见》，从减少前置审批降低准入门槛、鼓励各类人员从事民营经济活动、大力改善民营经济发展环境、加大扶持力度促进民营经济快速发展、加强对民营经济工作领导5个方面，提出26条政策性意见。是年6月，市委成立市发展民营经济领导小组。2005年6月，市委、市政府印发《关于鼓励全民创业，放手发展民营经济的补充意见》，制定5个方面，18条鼓励性措施。

六、加强人大、政协工作

1992年5月，市委印发《关于加强政协工作，完善政治协商、民主监督制度的意见》。1995年9月，市委印发《贯彻〈政协全国委员会关于政治协商、民主监督、参政议政的规定〉的实施意见》。1999年9月，市委、市政府做出《关于进一步加强人大工作的决定》，提出进一步加强和改善党对人大工作的领导，支持人大及其常委会依法行使职权，重视和加强人大常委会及其机关的自身建设。2001年4月，市委、市政府印发《关于进一步加强人民政协工作的意见》。2005年7月，市委印发《关于建立健全市委领导同志与党外人士联系交友等制度的意见》，通过结对交友，进一步加强与党外人士的联系、交流和政治协商、民主监督。

七、实施小康村建设

1992年1月，市委、市政府在全市三级干部会议上首次提出全市农村奔小康目标、要求和措施；是年12月，市委六届四次全体（扩大）会议提出"走出里下河，快步奔小康"的经济发展战略。1996年1月，市委六届九次全体（扩大）会议提出，全市1997年基本实现小康，2000年全面实现小康，2010年基本实现现代化"三步走"的战略目标。是年3月，市委、市政府召开全市市、乡镇、村、组四级干部大会，命名首批小康村25个，提出"快步奔小康，进军现代化"的口号。是年4月，中共高邮市第七次代表大会提出，围绕全面实现小康的目标，动员社会各界关心、支持和促进农村经济全面发展，加快实现小康。2003年7月，市委八届七次全体会议提出全面小康计划。2005年8月，市委、市政府成立市全面小康村建设和农村环境综合整治工作领导小组。9月，市委制定《关于加快推进"全面小康村"建设的实施意见》，明确建设全面小康村目标任务、工作重点和保障措施。

八、城乡建设

1990年9月，县委、县政府决定开展创建扬州市文明卫生城市活动。1991年11月，市委、市人大常委会决定编制《高邮市城市总体规划（1992～2010）》，把高邮建成具有"古城特色的工商城市"。1995年，市委、市政府提出创建省级卫生城市的奋斗目标。1996年4月，中共高邮市第七次代表大会提出，加快城市现代化、集镇城市化、城乡一体化步伐，提高集镇建设水平，村一级要逐步形成向中心村靠拢的发展格局。1997年12月，市委提出把邮文化、历史文化名城特征与现代文明风貌有机结合起来。1999年起，市委、市政府采取典型示范等办法，加快全市小城镇建设步伐。2001年起，市委、市政府实施首轮城市建设十大工程。2002年3月，新一轮《高邮市城市总体规划（1999～2020）》确定城市性质为具有水乡古城特色、邮文化传统、工商业和旅游并重的滨湖城市。2003年9月，市委、市政府决定启动创建国家环境保护模范城市工作。2004年8月，市委、市政府提出创建省城市管理优秀城市、国家卫生城市、国家环保模范城市奋斗目标。

九、发展社会事业

1986年，县委、县政府制定《高邮县普及九年制义务教育规划和十五年教育事业发展规划》，重视文化遗产保护工作。1988年4月，中共高邮县第五次代表大会提出，进一步办好基础教育、成人教育和职业教育，加强对职工的技术培训和职业教育。1989年5月，县委、县政府提出实施"科技兴县"发展战略。1990年6月，制定《高邮县初级卫生保健概略规划》，实行"县、乡分级管理，以乡为主"的管理体制。1991年11月，市委提出争创体育先进市，把体育工作纳入经济社会发展总体规划。1992年10月，市委、市政府印发《关于依靠科技进步推动经济发展的决定》《高邮市"八五"期间"科技兴市"实施意见》。1993～1994年，市委、市政府把教育放到优先发展的位置，贯彻科教兴市发展战略。1994年10月1日，市委机关报《高邮报》创刊。1995年，市委、市政府编制成《高邮市科技发展"九五"计划和2010年长远规划》。1996年4月，中共高邮市第七次代表大会提出，始终坚持科技先导作用和教育优先发展的战略地位，把经济发展真正转移到依靠科技进步和提高劳动者素质的轨道上来。1997年4月，市委、市政府围绕将高邮建成国家级群众文化先进市和历史文化名城的目标，制定《关于加快文化建设若干经济政策规定》，增加对文化事业的投入。至是年末，陆续修缮文游台、王氏纪念馆、奎楼、盂城驿等名胜古迹，修复南门明清一条街。1998年，市委加快教育改革步伐，推行素质教育，发展各类职业技术教育和成人教育，提高劳动者素质；实施"科教兴市"战略，加快高新技术和先进适用技术推广应用，走"科工贸""产学研"结合的路子，培植发展新兴支柱产业。是年4月，市委、市政府制定《关于进一步加快卫生改革与发展的决定》，全面推进农村卫生、预防保健、中医药发展、医学科技和教育等四方面工作。1999年11月，市委、市政府制定《关于卫生事业单位综合改革指导意见》，同时印发4个具体实施方案。2000年12月，市委、市政府制定《关于加强技术创新、发展高新技术产业的意见》，确立"十五"期间全市技术创新和高新技术发展主要目标以及政策性措施。2001年1月1日起，实施城镇职工基本医疗保险制度。2002年，全市设立农村大病救助基金，初步建成农民基本医疗保障体系。2003年4月，市委、市政府制定《关于深化医疗卫生单位改革的意见》，开展城乡全民健身活动。2005年，市委、市政府制定《关于鼓励工业经济加快发展政策的实施细则》，明确增加科技投入、技术机构建设、人才引进和培养、产学研结合、成果奖励等方面政策规定，促进全市科技进步和发展。同时，提出全面构建疾病预防控制、城乡医疗救治、卫生监督信息网络体系，大力发展社区医疗，全面实施全民健身，不断提高全市医疗卫生和健康保健水平。制定《高邮市人口和计划生育事业"十一五"发展规划》。以邮文化为依托，构建以邮文化旅游产业、邮交易市场产业、邮产品研发制造产业以及邮物流服务产业为骨干的邮产业群，把高邮打造成"东方邮都"。

十、民生工作

1986年1月，县委强调要做好扶贫工作，支持少数贫困村、组、户发展生产，尽快改变面貌。1991年，市委、市政府动员全市人民抗击特大洪涝灾害，并就灾后农村若干经济政策问题、安排好群众生活、组织生产自救等7个方面做出具体规定。10月，成立市农村帮扶工作领导小组。1994年4月，市委要求扶贫工作由救济式为主向开发式转移，由经济式为主向依靠科技进步、提高农民素质转移，由支工扶持向区域经济全面发展转移，由单纯靠政府扶持向全社会共同扶持转移，并处理好帮扶与自力更生的关系、经济开发与观念更新的关系、富乡与富民的关系。1997年，市委制定《关于在全市开展挂钩扶贫活动的意见》，开展"一对一"挂钩扶贫。1998年，市委、市政府采取措施，保障国有企业下岗职工基本生活，广开就业门路，帮助下岗职工再就业，建立并实施城区居民最低生活保障制度。1999年4月，市委、市政府强调提高经济薄弱村党支部战斗力和凝聚力，围绕"农民增收，农村稳定"开展扶贫工作。2002年，市委、市政府决定用3年时间，对全市54个经济薄弱村进行新一轮帮扶。是年，市委、市政府把做好就业和再就业工作摆上重要议事日程，制定政策措施，增强可操作性。2004～2005年，市委、市政府在全市掀起全民创业热潮，营造全民致富、全面小康氛围。

图19-3 2005年，市领导到党员先进性教育挂钩联系点走访慰问困难户

第四章　组织建设

80年代起，县委继续坚持标准，慎重发展，不断优化党员结构，加强基层党组织建设。开始实施干部交流制度，并下放部分干部管理权限。90年代起，市委逐步深化干部人事制度改革。在党政机关，引入竞争机制，推行领导干部选拔任用公示制度和票决制度，探索干部公推公选制度；在农村，通过“双带”（带头致富、带领群众致富），开展“三级联创”活动；在企业，结合产权制度改革，探索股份制企业和个体私营企业党建工作新路子；在社区，推动机关事业单位党组织与社区党组织结对共建活动。同时，市委加强引进和培养高层次人才工作，干部考核、教育培训工作，后备干部培养工作和做好老干部工作。

第一节　党员队伍建设

一、党员发展

1986年，县委遵循“坚持标准，保证质量，改善结构，慎重发展”的方针，发展党员注重年轻化。当年新发展党员546人，其中35岁以下267人，占48.9%。1989～1990年，对入党积极分子落实培养考察期制度、党员分工联系制度、入党前培训制度等，重视在生产一线发展党员，两年发展党员689人，其中生产一线人员579人，占84%，年龄、文化结构也趋于合理。1991年，坚持发展党员预审，把好党员质量关。1992～1993年，重视党员发展对象年轻化、知识化，且向生产一线骨干倾斜，指导并协助共青团组织推荐优秀共青团员入党。1993年，团组织推荐的优秀团员入党109人，占新党员总数18.9%。1994年，在个体工商户、专业大户中进行发展新党员试点。1995年，继续重视在经济一线发展党员，在个体工商户、专业户中发展党员的试点工作全面展开。1996年，重点解决少数地区和部分单位、乡镇党员队伍年龄偏大、文化水平偏低和多年不发展党员的问题。对各基层党委发展党员计划（含发展的目标、数量、结构比例和措施等）实行宏观管理和季报季查制度，半年公布一次结果，保证发展党员质量。1997～1999年，坚持党员年度发展计划预审制度，重点放在改善结构、提高素质上，保证党员年龄、文化水平、性别结构达到规定要求。2000年，在试点基础上，全面推行发展党员公示制（含预备党员转正），明确公示对象、时间、程序和要求，广泛征求群众意见。2003～2005年，在完善发展党员公示制基础上，建立发展党员票决制和责任追究制，正式党员人手一票，通过无记名投票方式，对入党对象能否入党进行表决。全市共新发展党员1797人，其中女性391人、35岁及以下847人、高中（中专）文化及以上学历1327人、工作一线886人，分别占21.8%、47.1%、73.8%、49.3%。

二、党员结构和分布

1986年，全县有中共党员2.69万人。按结构分，女党员2518人、35岁及以下的党员7285人、大专及以上文化程度的党员548人，分别占党员总数的9.35%、27.06%、2.04%；按行业分，从事农林牧渔水利业的党员1.63万人、从事工业的党员4170人，分别占党员总数的60.5%、15.5%。2005年，全市有中共党员3.83万人。按结构分，女党员4317人、35岁及以下的党员4794人、大专及以上文化程度的党员4972人，分别占党员总数的11.28%、12.52%、12.99%；按职业分，农牧渔业从业人员、工人（营业员、服务员）、企事业单位管理人员和专业技术人员的党员2.76万人，在党政机关工作和从事其他职业的党员6950人，分别占党员总数的72.06%、18.15%。

1986～2005年高邮市党员基本情况一览表

表19-10　　　　单位：人

年份＼项目	党员总数	正式党员	妇女	少数民族	文化结构 大专及以上	高中中专	初中及以下	年龄结构 35岁及以下	36～60岁	61岁及以上
1986	26919	25935	2518	99	548	3803	22568	7285	17171	2463
1987	27855	27090	2560	105	678	4283	22894	7263	17897	2695
1988	28302	27710	2587	99	809	4586	22907	6711	18571	3020
1989	28629	28199	2607	101	897	4839	22893	6137	19110	3382
1990	29084	28543	2611	87	985	5275	22824	5615	19694	3775
1991	29607	28921	2660	100	1110	5657	22840	5261	20229	4117
1992	30072	29444	2659	112	1209	6027	22836	4829	20720	4523
1993	30713	29965	2765	119	1293	6506	22914	4880	20907	4926
1994	31314	30441	2837	121	1431	6889	22994	4820	21126	5368
1995	32088	31130	2909	127	1596	7351	23141	5070	21207	5811
1996	32968	31796	3046	134	1810	8010	23148	5419	21307	6242
1997	33908	32742	3219	143	2080	8526	23302	6013	21284	6611
1998	34433	33381	3332	144	2557	8997	22879	6037	21439	6957
1999	35258	33867	3494	173	2914	9362	22982	5887	21837	7534
2000	35915	34885	3637	176	3251	9796	22868	5524	22568	7823
2001	36599	35533	3829	163	3609	10144	22846	5265	22273	9061
2002	36945	35927	3912	174	3883	10405	22657	5096	22356	9493
2003	37403	36320	4063	176	4160	10827	22416	5105	22464	9834
2004	37869	36724	4174	182	4541	11133	22195	4919	22529	10421
2005	38287	37313	4317	188	4972	11254	22061	4794	22689	10804

1986～2002年高邮市党员行业分布情况一览表

表19-11　　　　单位：人

年份＼项目	党员总数	农林牧渔水利业	工业	建筑业	交通运输仓储及邮电通讯业	批发和零售贸易、餐饮业	房地产社会服务业	卫生体育社会福利	教育文化艺术和广播电视业	科学研究技术服务	金融保险业	党政机关和社会团体	其他行业
1986	26919	16290	4170	268	—	2005	64	1510		31	—	2456	125
1987	27855	15923	4344	340	523	2212	79	1578		35	—	2719	102
1988	28302	16172	4072	348	561	2060	103	421	1184	44	343	2910	84
1989	28629	16159	4133	381	556	2113	90	416	1226	36	334	3112	73
1990	29084	16657	3749	390	557	2143	95	465	1223	22	366	3296	121
1991	29607	16297	4336	400	600	2176	100	480	1285	28	399	3328	178
1992	30072	16214	4489	440	639	2337	117	490	1310	29	416	3434	157
1993	30713	16337	4790	478	674	2348	64	544	1359	18	465	3492	144

续表 19-11

项目 年份	党员总数	农林牧渔水利业	工业	建筑业	交通运输仓储及邮电通讯业	批发和零售贸易、餐饮业	房地产社会服务业	卫生体育社会福利	教育文化艺术和广播电视业	科学研究技术服务	金融保险业	党政机关和社会团体	其他行业
1994	31314	16503	4822	505	702	2399	62	541	1401	—	480	3676	223
1995	32088	16691	5092	564	729	2421	74	525	1525	—	518	3714	235
1996	32968	16841	5196	589	783	2455	93	634	1549	—	578	3969	281
1997	33908	17271	5168	622	767	2396	187	696	1593	21	583	4082	522
1998	34433	17673	4900	649	1010	1869	540	740	1626	101	376	4241	708
1999	35258	18145	4730	682	1270	1774	503	626	1803	48	257	4519	901
2000	35915	18298	4820	704	1284	1862	478	666	1927	57	271	4685	863
2001	36599	18537	4598	711	1342	1585	672	688	2012	85	251	4881	1237
2002	36945	18565	4600	664	1316	1586	689	726	2061	80	262	4817	1579

2003～2005年高邮市党员职业分布情况一览表

表 19-12　　单位：人

项目 年份	党员总数	农牧渔业从业人员	工人（营业员、服务员）	企事业单位管理人员、专业技术人员	在读学生	离退休（退职）人员	在职机关干部	其他人员
2003	37403	17302	4728	6246	3	3116	3414	2594
2004	37869	17533	4147	5981	6	3875	3174	3153
2005	38287	17901	3789	5922	10	3715	3149	3801

三、党员教育管理

全面整党活动　1985年7月至1989年3月，县委在全县开展整党工作。全县参加整党的党员2.64万人，其中预备党员738人。通过整党，予以登记的党员2.55万人，缓登50人，不予登记21人，暂未登记6人；犯错误党员给予纪律处分的107人，其中被开除党籍10人、留党察看13人、撤销党内职务3人、严重警告33人、警告48人；被取消预备党员资格5人，延长预备期1人。

民主评议党员　1988年10月至1990年7月底，县委在全县党组织中开展第一轮民主评议党员工作，共评出优秀党员1647人，占党员总数5.7%；不合格党员418人，占1.4%。在不合格党员中，被劝退和除名处置的60人、受限期（一年）改正处置的358人。对受限期改正处置的党员，县委建立以县委组织部、基层党委和党支部为主体的三级帮教网络，注重在思想上教育引导、政治上关心爱护、感情上沟通交流、制度上严格要求，一年后有90%以上转为合格或基本合格党员。1991年，市委组织部总结推广武安乡党委把民主评议党员与党员目标管理相结合、并轨运行的经验，指导基层党组织把民主评议党员与民主评议党支部相结合，促进全市民主评议党员工作正常化、制度化建设。2003年，市委组织部推行民主评议党员“双票、双审”制，邀请1.12万名党外群众对全市3.74万名党员实行民主评议，被评为优秀党员的3154人；被评为不合格党员的78人，其中取消预备党员资格4人、开除党籍21人、退党除名6人。

党员教育培训　2000年3～9月，市委在党员中开展“富而思源，富而思进”教育，推进先富带后富，走共同富裕之路；在县处级以上领导干部中开展以“讲学习、讲政治、讲正气”为主要内容的党性、党风教育。

2001年1月，市委在全市开展“三个代表”重要思想（江泽民提出的关于“中国共产党始终代表中国先进社会生产力的发展要求，代表中国先进文化的前进方向，代表中国最广大人民的根本利益”，简称为“三个代表”重要思想）学习教育活动，成立学习教育活动领导小组，制定学习培训、对照检查、整改提高实施意见。20个乡镇和115个部门副乡科级以上800多名党员干部和所属机关干部开展讨论300多场次，走访农户4149户，召开座谈会576次，收集各种意见4830条。2003年，全市各级党组织开展践行“三个代表”重要思想，在追赶发展中建功立业“为党增光辉”主题教育活动，总结推广市交巡警大队、市人民医院党员挂牌上岗做法，组织党员参加中共十六大和党章知识竞赛。在《高邮日报》、高邮电视台开辟专栏，宣传优秀党员事迹，同时举办先进事迹图片展。

2005年1月起，市委先后分3批对全市各级党组织、3.81万名党员开展保持共产党员先进性教育活动。经过学习动员、分析评议、整改提高等3个阶段，建立领导责任制度、联系点制度、督导制度、骨干超前培训制度和宣传制度，开展“以问题为中心抓工作”“走门串户、联系群众”“送温暖、献爱心”等主题实践活动。全市各级领导干部到联系点1318次，走访困难群众1891户。

党员示范工程　2004～2005年，在全市党员中实施党员示范工程，采取以点带点、以点带面、点面结合的方法，推进全市“三级联创”（在县、乡镇和村三级党组织中，开展以领导班子好、党员干部队伍好、工作机制好、小康建设业绩好、农民群众反映好为主要内容的“五个好”乡镇和村党组织建设）活动的开展。至2005年末，全市共创建成农村“双带”（带头致富、带领群众致富）示范村党组织46个、非公有制企业示范党组织48个、党员先锋岗98个、党员“双带”示范户100个、社区党员示范点5个。

党员电化教育　1989年，县委组织部先后组织优秀共产党员事迹报告会、演讲会7场，受教育党员干部7000多人次，翻录、自拍电教片4部，下发基层党委作党课教材。1990～1993年，坚持开展“为党增光辉”“共产党员为群众服务一条街”等主题教育活动。1994～1995年，发展电化教育，建立基层播放点130个，形成市、乡、村三级电教网络。1996年，组织党员学习邓小平建设有中国特色社会主义理论、中共十四届六中全会精神、社会主义市场经济理论，在党员中开展敬业精神大讨论。1998年初，市委组织部与市广播电视局在高邮电视台联合开辟《党建风景线》栏目，每月一期，宣传党建工作先进单位和先进人物，发挥典型示范作用。至1999年，全市建成直播电教站362个、基层党支部电教播放点800多个、村播放点664个。2000年，全市乡镇区划调整后，村播放点调整为283个，并开展农村党员电教致富工程主题活动。2000～2001年，在市内新闻媒体开辟《党建风景线》栏目，拍摄《弘扬优势竞风流》等6部专题片与《升达集团党建工作纪实》等2部新闻片。2002年4月，在扬州市组织系统首家开通《高邮党建》网站。2002～2005年，每年组织反映党的辉煌历史、贴近群众生活的故事片和农村实用技术教育片，到农村、社区、非公有制企业、学校、机关巡回放映，启动“党员教育在基层”电影放映活动。

流动党员教育管理　1994年，市委组织部帮助乡镇党委和市建筑工程局党组在驻外建筑工程队中建立流动党支部11个。1995年，全市领取流动党员活动证的党员736人。2002年，随着下岗职工和自主择业者中的党员增多，市委制定《关于加强和改进流动党员管理暂行办法》，有关单位建立流动党员活动管理站，作为市委加强流动党员管理的临时性组织。是年，全市建立流动党员活动管理站的单位20家。2005年，全市流动党员按照规定参加保持共产党员先进性教育活动。

第二节　基层党组织建设

一、农村党组织建设

1986年，县委对全县1222个农村基层党支部分析排队，确定后进党支部475个，抽调基层干部106人帮助整顿，重点抓经济发展和“创先进党支部，争做优秀党员”活动，尽快摘掉后进帽子。1987年，在车逻乡开展制度建设试点，形成《党建工作十项制度》。是年，省委组织部对车逻乡师伙村党支部在改革开放形势下抓好党建的经验给予肯定，县委做出《向师伙村党支部学习的决定》，并在该村召开全县党建工作现场会。1989年起，县委继续开展后进村党支部整顿工作。至1990年，全市54个后进村党支部有53个初步改变后进面貌。1991年起，市委在车逻乡实施党建四级目标管理试点，突出村级党组织组织配套建设。至1992年，全市各村基本达到组织健全、整体功能提高、运行机制完善、村级经济得到发展的要求。1994年，发挥村党支部在小康示范村建设中的带领作用，重点宣传和推介天山乡南茶村、车逻镇师伙村、武安乡文游村、东墩乡钓鱼村等村党支部的经验。

1995年，市委制定《农村基层组织建设三年规划》《整顿后进村和经济薄弱村三年规划》《发展党员三年规划》，完善领导干部联村、机关干部驻村、企业帮村、下派干部驻村的帮扶工作机制，95个后进村和经济薄弱村转化合格率85%。1995年，省委组织部、省科协在司徒乡建立农村党员干部实用技术培训教学示范点。1997年，市委组织部结合村民委员会和村党支部换届选举，加强对村级基层组织及其配套建设，全市调整、提拔村党支部书记140人，其中通过下派、抽调、交流等办法，提拔35岁以下村党支部书记21人。

2000年，市委组织部在临泽镇临西村实行公推直选村党支部委员会试点，通过支部申报、宣传发动、民主推荐、确定候选人、直接选举、党委审批等程序产生村党支部成员获得成功。5月，市委印发《关于公推直选村党支部委员会的意见》。至年末，全市263个村党支部完成改选，其中实行公推直选81个，新当选党支部书记13人，继任党支部书记169人。是年，全市行政村撤并后，村组干部从原有6213人精简为4200人。2002年，全市农村开展“争创富民先进党支部、争当双带优秀村支书、争做先富帮贫好党员”活动，共评选出“双带”村支书67人，建立先富帮贫党员科技示范户57户。2003年，全市80%的村党支部班子实行公推直选，一批政治素质好、致富能力强、群众公认的优秀人才进入村党支部班子。是年，党员经纪人发展到1415人，占全市农民经纪人总数7.08%，结对帮带贫困户1359户。2004年初，市委组织部根据农村产业分布及党员现状，在龙虬镇罗氏沼虾协会建立党组织，加强对协会内党员的教育管理。10月，卸甲镇虎头村、一平村党支部升格为党总支设置，并按产业设置党支部。2005年，全市全面推行村党支部书记公推直选制度。至是年末，全市282名村党支部书记中，有致富项目或经营实体192人；在2106名村“两委”（村党支部委员、村民委员会委员）成员中，有致富项目或经营实体1244人；在全市农村1.7万名党员中（有劳动能力的9600多人），有致富项目或经营实体4250人。

二、企业党组织建设

1986～1990年，县委组织部结合到期改选，优化企业党支部群体结构，207个企业党支部普遍建立党支部任期目标责任制和党员目标管理制度，发挥企业党组织政治核心作用，强化其监督功能。1991年起，分类指导企业、事业单位党组织建设，先后总结、推广市化肥厂党委、市棉纺厂等单位党组织在新形势下围绕经济建设中心，发挥党组织政治核心作用，促进企业发展的经验。以市元件六厂为试点，探索加强外商投资企业和股份制企业党的建设途径。1996年6月，市企业党建工作研究会成立。1997年，根据《江苏省国有企业党建工作暂行条例》要求，制定全市企业党建工作百分考核细则和乡镇企业党建工作六项制度。2000年7月，市委印发《关于加强非公有制经济组织党建工作的意见》，并在非公有制经济组织中实行党建工作指导员制度。至是年末，全市568家非公有制企业中，单独建立党支部47家、实行党组织挂靠37家、联合建立党支部6家。至2003年，在全市非公有制企业中，单独建立党支部165家，联合建立党支部7家，有8家非公有制企业党支部被确定为示范企业党组织。在非公有制企业员工中，培养入党积极分子99人，其中发展入党25人。2004年初，市委组织部印发《关于进一步开展争创非公企业“五好”示范党组织活动的意见》，突出开展党组织建设、制度建设和活动载体建设。在非公有制企业中发展党员70人，其中经营管理者60人、业主3人、职工7人。至2005年，市委组织部采取单独型、联合型、挂靠型、委派型、统管型5种组建模式，推进非公有制企业党组织建设。在全市2335家非公有制企业中，正式党员超过3人的企业有188家，其中单独建立党组织175家；在正式党员不足3人的非公有制企业中，有13家企业联合建立党组织4个；对职工25人以上、只有个别党员或没有党员的非公有制企业，有关党组织选派162名党建工作指导员，扫除非公有制企业党建工作的“盲区”。建立党支部的非公有制企业，围绕生产经营，创新和拓展“三会一课”内容，推进党员汇报思想谈心会、党员议事会、党企沟通会和党员技能课的新“三会一课”。

三、机关党组织建设

1986年3月，县级机关召开第四次党员代表大会，选举产生第四届机关党委，负责县级机关党务工作，内设机关纪委、组织科、宣传科、机关人武部、机关工会、机关团工委。1998年12月，市级机关召开第五次党员代表大会，选举产生第五届机关党委。2001年12月，更名为中共高邮市委市级机关工作委员会（简称市级机关党工委），为市委派出机构，与市委组织部合署办公，内设机关纪工委、组织科、宣传科、人武部、机关工会、机关团工委及机关妇委会，辖220个党支部（直属党支部119个、党组下辖党支部101个），党员4000多人。至2005年，市级机关党工委辖党委1个、党总支25个、党支部177个，党员3362人。

1986年，在机关党员干部中开展“改进机关作风，当好人民公仆”活动。1988年，开展“端正党风好、改进作风好，提高服务水平、提高工作效率”职业教育活动。1991～1992年，开展“改进作风办实事，‘三转’‘三办’（转变思维、转变方法、转变作风，马上办、下去办、尽力办）看效果”活动，改进机关工作作风。1994年，围绕“走出里下河，快步奔小康”目标，开展为党增光辉主题系列活动。1996年开展“敬业在岗位、为党增光辉”主题系列活动，将市委下达给各单位“引进人才、引进资金、引进项目，帮扶亏损企业、帮扶贫困村，参与城市建设管理”的任务列为市级机关党建工作目标，按序时进度加强督促，并开展“十佳公仆”评选活动。是年起，组织党员干部学习《中国共产党纪律处分条例》《廉政准则》和《廉洁自律八项规定》，观看党纪教育电视录像片和听取党纪政纪条规教育讲座，参加党纪条规知识竞赛。1997年，市级机关开展“公仆杯”竞赛活动。1999年，开展1999～2000年度“十佳文明机关”创建活动。2001年，经过部门自评、机关互评、社会公示、检查验收等程序，10个单位被评为“十佳文明机关”，10个单位被评为“争创文明机关先进单位”。2002年，市级机关党工委开展以“凝心聚力求发展，富民强市立新功”为主题和争创好班子、好队伍、好作风、好制度“四好”机关党支部活动，制定机关政务公开制、首问责任制、岗位目标责任制、服务承诺制的具体意见，实行党员挂牌上岗。2003年起，围绕招商引资，开展服务重点企业党建联系点共建活动；在中层干部中开展作风整顿活动，检查落实政务公开制、首问责任制、岗位目标责任制、服务承诺制执行情况；开展建设学习型机关、服务型机关、文明型机关、规范型机关创建活动。2004年起，组织党员干部学习《中国共产党党内监督条例（试行）》和《中国共产党纪律处分条例》，开展“解放思想挖内涵，追赶发展找坐标”大讨论，树立正确权力观，优化投资环境、为投资者服务。至2005年，连续两年组织万人公开评议机关作风活动，奖优罚差。是年起，机关党组织开始与社区党组织结对共建。

四、社区党组织建设

2002～2003年，市委通过整合、利用社区各种资源，开展社区党建工作，充实社区工作力量。2004年，市委印发《关于进一步加强社区党建工作的意见》，市委组织部印发《关于开展机关、事业单位党组织与社区党组织结对共建及在职党员参与社区建设活动的意见》，建立党建工作联席会制度。2005年，市委把社区党建纳入到“三级联创”工作中，作为一项“强基工程”，将机关、事业单位在职党员参与社区建设情况作为共建单位党组织对党员评议、评优、表彰的重要依据，也作为机关党建工作目标考核重要内容之一，推动机关、事业单位自觉参与社区物质文明、社会主义精神文明和政治文明建设。至年末，有130家机关、事业单位党组织与社区党组织结对共建。

第三节 干部队伍建设

一、干部制度改革

1986年，在乡镇经济合作联合委员会撤并过程中，交流乡镇干部35人。1987年6月，县委印发《关于进一步调整干部分级管理的通知》，将原属县委组织部管理的部分干部管理权限转交给有关部委办局。是年，县管干部易地任职54人，全县33个乡镇党政负责人易地任职的占60%。1993年，引入竞争机制，推进干部能上能下、双向交流，启用一批年轻干部，同时对个别不适应、不称职的降职使用，将少数年龄较大、身体较差的干部转入非领导职务序列，全年交流干部44人。1997年，全年交流干部45人，其中城乡之间交流5人、乡镇之间交流2人、机关部门之间交流38人（正职13人）。

1998年，市委制定《领导干部选拔任用公示制度（试行）》。至1999年，市委对拟任用的副乡科级以上领导干部155人，经公示后任用的有154人。1999年，在全市40个党政群、直属事业单位和向经济实体过渡的部门中实施中层干部竞争上岗，公布职位566个，1632人报名，提拔使用166人，轮岗118人，低聘29人，退居二线87人，落岗36人。是年，在全市公开招考市教委副主任、市审计局副局长、市卫生局副局长、市体委副主任、团市委副书记等副乡科级干部5人，89人报考，通过资格审查、统一考试、综合考察、择优录取、上岗试用等程序，一次性公开选拔成功。是年，全市乡镇机关事业单位，通过撤并机构、归并职位、竞争上岗、兴办实体安置富余人员等方法，清理裁减编外人员1648人。

2000～2001年，改革乡科级领导班子考察方法，规范干部选拔任用工作流程，试行干部考察预告制度，坚持选拔领导干部任前公示制和任职试用制，新提拔的78人中通过公示关77人。同时，交流干部131人，其中城乡交流22人。2002年7月，市委制定《中共高邮市委常委会任用干部票决制试行办法》，拟调整、提拔对象通过票决任职的有36人。是年，面向全市公开选拔高邮经济开发区管委会副主任、市经贸局副局长、市建设局副局长、市对外贸易经济合作局副局长、市卫生局副局长和团市委副书记等6名副乡科级领导干部。2004年7月，市委组织部在市公安系统推行干部公推公选制度，经过发布公告、组织报名、资格审查、公开推荐、演讲答辩、考察公示、差额票决、研究决定等程序，在符合报名资格的46人中，产生市交警大队、市刑警大队的副大队长、副教导员6人。11～12月，扬州市委在全市范围内公推公选高邮市副市长1人，在符合推荐条件的39人（高邮市30人、外地9人）中，通过自我推荐和民主推荐、命题演讲、考察公示、研究表决、市人大常委会会议审议决定等程序，徐永宝成为全市首位自荐受任的副市长。

2005年，市委首次在市检察院和市公安局副科级干部与中层干部中实行职级“高配”办法，获准“高配”的中层干部24人。是年，全市交流干部60人，其中部门间交流32人、城乡间交流18人、乡镇间交流10人，涉及党政正职干部21人。

二、干部选拔任用

1986年，县委组织部贯彻中共中央《关于严格按照党的原则选拔任用干部的通知》，重点考察县级机关23家单位、67名干部，提拔副乡科级干部14人。1988～1990年，按照干部“四化”（革命化、年轻化、知识化、专业化）方针和德才兼备原则，选拔任用干部。1991年，选派16名市级机关干部参加市属工业重点工程，选调5名青年干部到工厂任职（厂长助理）。1993年，选拔政治素质好、具有开拓进取精神、群众公认、实绩明显的年轻干部担任乡镇领导，乡镇长、副乡镇长平均年龄比上届分别下降1.2岁和1.5岁，最小年龄分别为34岁和27岁；高中以上学历增加23人；女干部当选为副乡镇长的7人。1994～1995年，全市采取民主推荐、强化培训、易地交流、先进后出等措施，加大培养选拔优秀年轻干部力度。

1996年，以乡镇人代会和乡镇党委换届为契机，选拔跨世纪领导人才，全市35岁以下乡镇领导干部增加到102人（是年提拔74人），平均每个乡镇3人以上；35岁以下乡镇党政正职增加到7人，其中乡镇党委书记4人；女干部担任副乡级以上领导干部的乡镇增加到23个（是年提拔11人）；调整44个市级机关副乡科级以上干部80多人，改善市级机关干部队伍年龄结构和专业结构。1997年，以市级党政机关机构改革为契机，通过考察、测评、推荐，逐步优化领导班子结构，机关科级干部总数由383人减少到352人，基本形成以40岁左右为主体、50岁左右为中坚、35岁以下为后备的年龄结构梯次。1998年，全面考察市政府组成部门领导班子和乡镇党委、人大、政府领导班子，调整7个非政府组成部门和11个乡镇领导班子。1999年，全市乡镇人大换届选举，由组织提名各类候选人199人，当选195人。转任或安排非领导职务19人。

2000年，乡镇区划调整后，全市乡镇领导班子干部职数由401人减少为323人，交流干部221人。乡镇领导班子成员平均年龄由43.6岁下降为42.6岁。在20个乡镇领导班子中配备35岁以下年轻干部34人、女干部28人、党外干部2人。同时，安排乡镇领导干部到机关任职18人，调整市政府组成部门正科（局）职级干部7人，新任命部门党政正科（局）职级干部4人，新配备部门正科职级女干部2人，交流干部32人（城乡交流18人、部门交流10人、岗位交流4人），对年满56周岁的党政正科（局）职级干部13人、年满54周岁的党政副科（局）职级干部37人“一刀切”，全部转任非领导职务。2001年，以乡镇党委、政府换届和市乡机构改革为契机，提拔和使用一批年纪轻、文化高、懂经济、敢管理的干部。各乡镇领导班子中均有2名以上35岁左右的年轻干部和1名以上女干部，乡镇领导干部平均年龄由43.2岁下降到39.9岁。乡镇党政领导正职年龄在35岁以下的人数由1人增至7人；乡镇党政领导班子中，40岁左右干部占60%，大专以上文化程度的占班子总职数57%。在市级机关人事调整中，破格提拔1名不足30岁的股级女干部直接到正科级岗位。2003年，市委建立干部预选机制和干部任用公示制。市委组织部制定干部考察情况反馈制度，建立选拔任用工作过程档案，内容包括考察方案制订、民主测评和推荐、考察预告、考察记录、考察材料、讨论记录、票决情况、公示情况、到任职通知等，实行一人一档，推进干部工作规范化、制度化建设。2004年起，市委组织部制定并实施干部任前会审制度，联合市纪委、市监察局、市信访局、市委政法委、市公安局、市计划生育局等部门，审查拟任干部自然情况、家庭（社会关系）情况、居住情况、现实表现和遵纪守法等情况，并形成干部任前承诺制，提高干部考察质量和用人水平。2005年，提拔乡科级干部81人，其中正乡科级领导干部10人、女干部4人、非党干部3人、具有大专以上学历的干部75人，明确非领导职务干部33人。

三、干部教育培训

1986年，县委组织部、县委宣传部、县委党校联合制定和实施《1986年高邮县各部委办局和区乡镇负责人短期培训计划》，先后举办两期有80名副乡科职以上干部参加的领导科学概论学习班和有630名村党支部书记参加的短训班。1987年，县委选派乡镇干部33人，到张家港、南汇县学习乡镇工业管理。1988～1989年，在市委党校举办中共十三届四中、五中、六中全会精神学习班8期，培训副乡科级以上干部1059人次。1990年，对“双下”（年龄45岁以下、文化程度初中及以下）干部开展文化补课。1991年，举办两期副乡科级干部培训班和组织人事干部岗位培训试点班及村党支部书记培训班，培训干部1680人次。1992年，成立市干部培训领导小组，开展党政干部政治理论培训，突出经济部门特别是工业企业干部、科技人员培训，全年培训干部2090人次，其中岗位培训、专业培训1240人次。1993年，举办为期两个月的对外经济培训班，59名干部较系统地学习10门课程。是年，成立市经济干部培训中心，开办经济管理专业大专函授班，党政机关和企事业单位年轻干部60人参加学习。1994年，与扬州大学师范学院合作，开办党政干部英语大专函授班，86名干部就读。1996年11月，市委组织部选送103名村党支部书记和后备干部参加扬州大学农村经济管理大专专业证书班学习，系统学习12门高等教育课程。是年，在市级机关干部中开展计算机应用能力培训。1997年，市委组织部开展干部学历状况调查，建成干部学历档案系统，制定《高邮市干部教育培训“九五”规划纲要》。1997～1998年，在市、乡科级领导干部中开展以“学理论、钻业务、懂本行”为主要内容的千人读书活动，主要学习《邓小平文选》《中国近代史》等10多本政治理论书籍和《行政管理学》《社会主义市场经济概论》等10多种业务书籍，并组织全市副乡科级以上干部831人参加统一考试。同时，选送4批工业企业干部、村党支部书记，分别到武进、苏州学工、学农。1998年起，市委党校先后开办现代乡镇综合管理中专班、科学管理与决策研究生课程进修班、农业经济管理大专班、法律专业本科班、第二学历英语大专班、农业广播电视学校中专班等，参加学习的干部1000多人。1999年，对50名企业经营管理者和640名村民委员会主任分别组织培训。2000～2001年，重视培养学习型干部队伍，举办短期培训班16次，对乡科级干部和青年干部实施"三个代表"重要思想、网络知识等方面培训。2002年起，市委推进学习型干部队伍建设，市级机关干部学习《公务员英语300句》；开设"周末课堂"，邀请省内外专家、学者、领导干部到高邮给副乡科级以上干部授课、作讲座；举办村党支部书记、村民委员会主任、团干部、乡镇人大主席培训班，组织乡镇党委书记进行短期学习考察、脱产培训。2004～2005年，举办3期青年干部培训班，151人参加政治、经济、社会、党建、环境保护等方面知识学习。

四、后备干部队伍建设

1990年，县委实施后备干部、女干部和非党干部培养、选拔工作，建成173人后备干部"储备库"。是年，进入县、乡科级领导岗位的后备干部25人，其中妇女干部5人、非党干部5人。1991年，从后备干部中提拔为副乡科级以上干部14人，其中妇女干部7人、非党干部7人。1992年，结合换届考察工作，在全市开展选贤荐能活动，初步推选出优秀中青年干部、妇女干部、非党干部后备人选750人，经筛选考察，确定为乡科级后备干部317人。1994年，全市再次开展民主荐贤活动，建立后备干部队伍973人，其中市县级29人、乡科级444人、村厂级500人。1995年，制定《全市1995～1999年培养选拔跨世纪领导人才工程规划》，全市开展民主推荐后备干部和优秀拔尖人才活动，选拔扬州市青年拔尖人才41人，推荐优秀年轻后备干部200多人，建立一支2000多人的市、乡科级和村厂级后备干部队伍。1996～1997年，对全市后备干部实行年度考核和滚动确认，建立一支职务分层次、结构分类别、时间分远近、常数2000人左右的后备干部队伍。推行乡科级干部助理制，选配20名局长（主任、校长）助理。1998年，打破地域、行业和身份界限，坚持个人、群众和组织推荐相结合的方法，全市开展推荐乡科级后备干部、优秀企业经营者和青年拔尖人才活动，共推荐后备人才410人，其中优秀乡科级后备干部290人、优秀企业经营管理者63人、优秀科技工作者57人。1999年，推荐新一轮乡科级后备干部440人。2000年10月，市委印发《乡科级后备干部管理工作意见》，全市建立新一轮乡科级后备干部队伍444人。2001年，对回乡就业的大专以上毕业生实行跟踪教育与培养，择优选拔30岁以下、大专文化以上的年轻干部16人，开展为期1个月的集中考察实践活动。2003年，市委组织部按照《乡镇长助理培养管理意见》，重视理论水平和实践工作能力培养。经市委决定，有20名乡镇长助理走上乡科级领导岗位。2004～2005年，在全市各乡镇、各部门开展公开推荐乡科级党政后备干部工作，推荐后备干部人选807人，确认乡科级后备干部176人，其中大专以上文化程度占88%，40岁以下的占76%，在经济一线工作或熟悉经济工作、项目建设和园区建设的120人。

五、干部考核与监督

1986～1987年，县委改变传统单一的定性考核办法，对全县乡镇和县级机关单位负责人实行民主考评，把定性与定量考核、尊重民意与组织考察结合起来。1989年，组织3140人年度考评397名乡科级干部。1989～1990年，全面清理1985年以后私建住房的1659名干部（副乡级以上干部186人），共补缴土地补偿费、土地占用税、违法占地罚款以及超标准占地费7.41万元；拆除建筑物5659平方米，退耕还田9944平方米；补缴建材款12.66万元、施工费4260元，收回借欠款15.55万元；给予违纪的党员干部党纪处分13人，其中副乡科级以上党员干部6人。1991年，清理副乡科级以上干部拖欠公款问题，经清理，有77人归还拖欠公款10.87万元。1996年，建立全市副乡科级以上干部政绩记载卡制度。1997年，开展"三定"（定分工、定责任、定目标）、"三记"（干部本人对完成目标情况及时记、逐项记、如实记)、"四评"(自评、互评、群众评、领导评)干部考核工作,乡科级干部工作实绩考核逐步制度化、规范化。是年起,市委组织部、市纪委、市监察局、市信访局建立联席会议制度,对选拔任用干部实行监督,并按照干部廉洁自律规定,制定《关于对领导干部实行离任财务收支和经济责任审计的意见(试行)》,调动工作的乡科级领导干部101人履行公物移交手续,对其中党政正职领导干部13人实行离任审计。1998～1999年,对上年度县处级、乡科级干部和参照公务员管理人员,实行年度分类考核和政绩考核。2000年起,全市乡科级领导干部,按照机关工作人员优秀、称职、基本称职、不称职4个等次的标准实行考核。2002年,实行干部定向推荐、差额考察制度,对乡科级中层正职干部任前预审200多人;对提交市委常委会决定任用的拟提拔、调整对象廉洁自律情况,事先征求市纪检、监察部门意见,设立干部监督电话,在《高邮党建》网站设立干部监督信箱。2003年,实行乡科级领导干部任职试用期制度。10月,市委组织部建立50个干部选拔任用工作监督联系点,确定50名联络员。2005年8月,市委组织部制定《关于进一步加强非领导职务干部管理办法(试行)》,对考核称职的享受同级别待遇,实绩突出的按规定晋升职务,不合格的予以批评教育或降免职务。

六、领导干部离退休审批

1987年,县委组织部为到龄办理离退休手续的副乡科级以上干部161人。1993年,建立干部到龄即退制度,办理到龄离退休手续的副乡科级以上干部58人。2002年,办理副乡科级以上干部退休手续31人。是年,市委在党政机构改革中,首次对年满56周岁的乡科级领导干部129人,实行提前离岗休息制度。同时,38名乡科级干部因年龄原因改任非领导职务。2003～2005年,市委对年满56周岁的正乡科级干部、年满54周岁的机关副科级干部、年满50周岁的农村副乡镇级干部采取"一刀切"的做法,改任非领导职务,离开岗位,不安排工作,到退休年龄时办理退休手续。

第四节　知识分子工作

一、落实政策

1986年,县委组织部继续落实知识分子政策,调查和处理遗留问题。是年,平反冤假错案12件,清退"文化大革命"中被查抄财物33件,补偿金额1.41万元。1991年,市委、市政府围绕"科技兴市"战略,兴"尊重知识、尊重人才"之风,起用知识分子,建立知识分子后备干部队伍,提拔知识分子进入各级领导班子22人,吸收优秀知识分子入党200人,组织知识分子参加学历、职务、职称、业务技术培训6000人次,建立高级知识分子卡片200人、优秀中青年专家名册7人和优秀科技工作者名单70人。1992～2005年,市委、市政府贯彻执行中央、省和扬州市对知识分子的政策,尊重知识,善待知识分子,重用优秀知识分子,帮助他们排忧解难,努力给他们的工作、学习、生活、科研创造良好环境。

二、引进和培养高层次人才

1998年,市委制定全市知识分子工作目标和年度考核制度,推荐上报第二批省"333跨世纪学术、技术带头人培养工程"(简称省"333培养工程")培养对象4人和扬州市1998年专业技术人才23人。2000～2001年,考核省"333培养工程"培养对象4人和扬州市级专家2人,评选确认第二批乡村优秀科技人才37人。2002年,被确定为省"333培养工程"第二期培养对象2人。至年末,全市具有中专以上文化程度的人才1.71万人,其中研究生学历8人、本科学历1505人、大专学历6172人、中专学历9441人;专业技术人员1.89万人,其中高级职称335人、中级职称4288人、初级职称1.43万人;有省级专家5人,省"333培养工程"培养对象10人,扬州市级专家16人,扬州市拔尖人才、优秀青年科技人才34人,高邮市优秀中青年专家20人、乡村优秀科技人才84人。2003～2005年,市委组织部修订完善知识分子工作考核目标，推荐上报省“333培养工程”第三期培养对象候选建议名单8人，同时对省“333培养工程”第一批、第二批培养对象予以考核。

三、服务管理

1998年，市委组织部开展知识分子工作情况调查，针对存在问题采取相应措施。1999年，市委调整市知识分子工作领导小组，在市委组织部设立知识分子工作科，配备专职人员，制定知识分子工作目标和知识分子工作考核评分细则，完成省“333培养工程”培养对象、扬州市青年拔尖人才、高邮市有突出贡献中青年科技工作者、高邮市乡村优秀科技人才等选拔工作。是年，高邮市被表彰为省知识分子工作先进市。2000年起，开展“知识分子宣传月”活动。是年，表彰知识分子工作先进集体10个、知识分子先进个人18人，评选出第二批乡村优秀科技人才37人。2001年，继《知识分子礼赞》《知识分子风采》之后，编辑出版《知识分子之歌》。2002年，召开市内专家座谈会和高邮籍大学四年级学生座谈会，网上宣传47名市级以上优秀科技人才主要事迹，检查、评比乡镇、部门知识分子工作。2003年，市委组织部修订完善知识分子工作考核目标，建立知识分子工作联系点制度，落实有关学术带头人的书报津贴，在媒体上宣传优秀知识分子先进事迹，编印第三辑《知识分子颂歌》，表彰2002年度优秀知识分子17人。2004～2005年，组织对中高级专业技术职称人员健康体检，将全市优秀知识分子典型事迹制成餀牌在城乡巡展，并通过《高邮日报》、高邮人民广播电台、高邮电视台宣传他们的事迹，在全市营造“尊重知识、尊重人才”的氛围。

第五节 老干部工作

1985年末，全县有新中国成立前参加革命工作的离职休养干部（简称离休干部）546人（含原退休干部改为离休干部257人）。1986年起，全县离休干部逐渐增多。至2005年末，全市共有属地管理离休干部417人。其中，抗日战争时期参加革命工作108人，解放战争时期参加革命工作309人；在行政机关工作155人，在事业单位工作102人，在企业工作160人；享受司局级待遇的11人，享受司局级医疗乘车待遇23人，享受县处级待遇180人，享受乡科级待遇及其他待遇203人。

一、落实政治待遇和生活待遇

1986年，县委成立县老干部工作领导小组，负责老干部工作，按规定落实老干部政治待遇和生活待遇。对206名低工资的离休干部，实行每月定期补助。为行政十四级离休干部落实享受司局级政治、生活待遇和行政十八级离休干部落实享受县处级政治、生活待遇。1989年，为200名老干部提高补助标准，为18名抗日战争时期参加革命工作的行政十五级离休干部提高部分待遇。1992年，市委老干部局通过调查，落实市属企业256名离休干部生活待遇。1993年7月，市委组织部、市委老干部局、市财政局印发《关于进一步落实离休干部生活待遇有关规定的通知》，提高老干部生活待遇。1994年，市委调整企业离休干部离休金，缩小企业与行政事业单位离休干部生活待遇差别。2001年，全市210名企业离休干部离休金实行社会化统筹发放。同时，市委每年至少召开两次老干部情况通报会，并征求老干部的意见和建议。凡召开重要会议、举办重大活动都邀请老干部参加。定期向驻城老干部传达文件、通报情况、组织集中学习。定期听取老干部工作汇报，研究和解决老干部工作中的重点和难点问题。在老干部比较集中的乡镇和单位单独建立老干部党支部。卸甲镇、周巷镇、市水利局被省委老干部局表彰为老干部读书活动先进集体。2003～2005年，市委组织部、市委老干部局先后联合印发《关于进一步规范离休干部党员组织生活制度的通知》和《关于进一步加强离退休干部党支部建设的意见》，按属地管理、归口管理两种模式，全市建立老干部党支部53个，多数活动较为正常。

二、发挥老干部作用

1986～1990年，县委鼓励从工作岗位上退下来的老干部发挥余热。全县有近100名老干部参加力所能及的工作，在“我为高邮建设出主意”活动中，提出有价值建议100多条。1991年，一批老干部到学校、工厂作报告，讲革命故事，宣传走有中国特色社会主义道路。许多老干部为亏损企业出谋献策，牵线搭桥，帮助他们摆脱困境。境内发生特大洪涝灾害时，离休干部任金富、钱增时、刘鹏远等重返抗洪一线，参与组织和指挥抢险工作。1992年7月，市关心下一代工作委员会成立，老干部在加强青少年思想道德教育、预防未成年人犯罪和帮教失足青少年、资助贫困学生上学等方面发挥积极作用。市级机关许多部门主动邀请老干部担任党风、行风监督员。在市老区经济开发促进会和市扶贫开发协会（简称市老区“两会”）工作的老干部，以服务老区为宗旨，贡献突出，多次受到省、扬州市和高邮市委、市政府表彰。1996年，市老区促进会、市粮食局党委被扬州市委、市政府表彰为老干部工作先进集体，龙虬镇离休干部雍根福、市卫生局离休干部李定国被扬州市委、市政府表彰为老干部先进个人。2004年，“两会”理事长、离休干部任金富被省委组织部、省委老干部局表彰为全省老干部工作先进个人。

三、文体活动

1986～2005年，市委老干部局以晚晴园为主阵地，举办各类讲座和培训班，每年组织老干部举办新春游园会、中秋赏月晚会、象棋友谊赛等文体活动。1989年“敬老日”，为27对老干部举办金婚伴侣纪念会。1990～1995年，为老干部古稀寿星举办集体祝寿活动。市委老干部局与有关单位配合，成立老年书茶社、老年戏曲联谊社，举办花卉盆景展览和老年运动会等。2004年，敬老节前，邀请离退休干部参加重阳节登高赏月诗歌朗诵音乐会。2005年，市委老干部局在老干部活动中心和蝶园市民广场举办老干部新春游园会、庆祝中国共产党成立84周年联欢会。

第五章 纪检 监察

1986～2005年，市纪委（市监察局）以党纪为准绳，加强对各级领导干部的廉洁自律教育，制定廉政建设各项制度，查处违纪案件，处理违纪党员干部。同时，开展各种专项治理行动，纠正行业不正之风，开展行风评议活动，加强执法监察，提高党政机关的工作效能。

1993年，《人民日报》《新华日报》《扬州日报》及省和扬州市主流媒体陆续介绍市纪委围绕经济建设中心开展纪检监察工作和反腐败斗争的做法与经验。1998年，川青镇纪委、监察室受到省委、省政府表彰。2000年，信息稿《退役士兵中的假荣誉现象不容忽视》被中纪委采用后，中央及省领导先后做出批示，引起中央军委纪委和有关部队的高度重视。2001年9月，市纪委、市监察局被省委、省政府表彰为纪检监察工作先进集体。

第一节 纪检、监察机构

一、市纪律检查委员会

1984年8月，中共高邮县第四次代表大会选举产生中共高邮县纪律检查委员会，接受扬州市纪委和县委的双重领导。县纪委由沈学惠、陆增恺、左瑚、贾玉麟、朱德辉、真启栋、韩仕柱、赵玉才、金善余、俞泽山、陈太儒、杨桂庭、戴有庸、董恒道、刘晓秋（女）等15名委员组成。县纪委第一次全会选举5名常委组成常务委员会。1988年4月，中共高邮县第五次代表大会选举产生中共高邮县纪律检查委员会。县纪委由卜宇、朱德辉、贾玉麟、真启栋、陆增恺、郭永成、谢立东、韩仕柱、俞泽山、陈太儒、姚楠、朱明丽（女）、吴宏喜、戚军、徐传生等15名委员组成。县纪委第一次全会选举4名常委组成常务委员会，任期3年。1991年4月，中共高邮市第六次代表大会选举产生中共高邮市纪律检查委员会。市纪委由卜宇、贾玉麟、朱民生、谢立东、陈满祥、车银松、王玉山、杨彪、戚军、陈太儒、郭永成、周留英（女）、苏宏根、俞泽山、姚楠等15名委员组成。市纪委第一次全会选举5名常委组成常务委员会，任期5年。1996年4月，中共高邮市第七次代表大会选举产生中共高邮市纪律检查委员会。市纪委由王云、王玉宝、朱光、杨彪、沈福宁、宋慕生、陈广山、陈爱萍（女）、陈然禄、陈满祥、郦宏、姚永明、郭永成、梁尚龙、蒋琪彬等15名委员组成。市纪委第一次全会选举4名常委组成常务委员会，任期5年。2001年3月，中共高邮市第八次代表大会选举产生中共高邮市纪律检查委员会。市纪委由范天恩、陈满祥、杨彪、陈然禄、魏道智、蒋琪彬、沈福宁、朱杏玲（女）、王鸿、朱光、孙兆民、李春青、张年喜、陈爱萍（女）、姚永明等15名委员组成。市纪委第一次全会选举5名常委组成常务委员会，任期5年。

1986～2005年中共高邮市纪律检查委员会书记、副书记、常委一览表

表19-13

届别	职务	姓名	性别	籍贯	任职时间
县第四次党代表大会选举产生新的纪委，按照中共十二大通过的党章规定，原县委纪律检查委员会升格更名为中共高邮县纪律检查委员会	书　记	沈学惠	男	泰兴	1984年8月至1987年7月
		申泰岳	男	姜堰	1987年7月至1988年4月
	副书记	陆增恺	男	高邮	1984年8月至1988年4月
		朱德辉	男	高邮	1987年1月至1988年4月
	常　委	左　瑚	男	高邮	1984年8月至1987年3月
		贾玉麟	男	高邮	1984年8月至1988年4月
		朱德辉	男	高邮	1984年8月至1987年1月
县第五次党代表大会选举产生中共高邮县（市）纪律检查委员会	书　记	卜　宇	男	高邮	1988年4月至1991年4月
	副书记	朱德辉	男	高邮	1988年4月至1989年12月
		贾玉麟	男	高邮	1988年4月至1991年4月
		真启栋	男	高邮	1990年2月至1990年8月
	常　委	真启栋	男	高邮	1988年4月至1990年2月
		谢立东	男	高邮	1989年12月至1991年4月
		陈满祥	男	靖江	1989年12月至1991年4月
市第六次党代表大会选举产生中共高邮市纪律检查委员会	书　记	卜　宇	男	高邮	1991年5月至1992年10月
		朱德辉	男	高邮	1992年10月至1996年4月
	副书记	贾玉麟	男	高邮	1991年4月至1993年7月
		朱民生	男	泰州	1991年4月至1996年4月
		谢立东	男	高邮	1993年7月至1994年8月
		陈满祥	男	靖江	1995年7月至1996年4月
	常　委	谢立东	男	高邮	1991年4月至1993年7月
		陈满祥	男	靖江	1991年4月至1995年7月
		杨　彪	男	高邮	1993年5月至1996年4月
		陈然禄	男	高邮	1995年7月至1996年4月

续表 19-13

届别	职务	姓名	性别	籍贯	任职时间
市第七次党代表大会选举产生中共高邮市纪律检查委员会	书　记	周宏举	男	高邮	1996年11月至2001年3月
		范天恩	男	邗江	2001年3月至2001年3月
	副书记	陈满祥	男	靖江	1996年4月至2001年3月
		杨　彪	男	高邮	1996年4月至2001年3月
	常　委	陈然禄	男	高邮	1996年4月至2001年3月
		陈爱萍	女	高邮	1996年4月至1996年12月
					1998年12月至2000年7月
		魏道智	男	高邮	1997年7月至2001年3月
市第八次党代表大会选举产生中共高邮市纪律检查委员会	书　记	范天恩	男	邗江	2001年3月～
	副书记	陈满祥	男	靖江	2001年3月至2004年1月
		杨　彪	男	高邮	2001年3月至2001年12月
		邵义坤	男	高邮	2001年12月至2004年12月
		林荣岩	男	高邮	2004年12月～
		蒋琪彬	男	高邮	2004年12月～
	常　委	陈然禄	男	高邮	2001年3月～
		魏道智	男	高邮	2001年3月至2001年12月
		蒋琪彬	男	高邮	2002年5月至2004年12月
		沈福宁	男	高邮	2004年12月～

说明：市（县）纪委书记、副书记均为纪委常委，在常委栏中不再赘列。

二、市纪委（市监察局）内设机构

1986年，县纪委内设办公室、纪律检查科、案件审理科、信访科。1987年8月，增设研究室。1988年2月29日，县监察局成立，为县政府负责行政监察工作的专门机构，列入县政府序列，受县政府和上级行政监察机关双重领导，内设人秘股、监察股、审理股。是年11月，县纪委内设机构改为办公室、信访室、纪律检查室、案件审理室、调查研究室，室主任为副科级。1989年，县监察局增设信访股。1991年3月，在县纪委调查研究室基础上建立干部管理教育室，合署办公。1992年1月，市纪委信访室更名为控告申诉室。1993年3月，市纪委、市监察局合署办公后，内设办公室、信访室（含行政监察举报中心）、纪检监察室、案件审理室、党风廉政建设室（廉政教育办公室、纠正行业不正之风和治理"三乱"办公室与党风廉政建设室合署，对外挂3块牌子）、执法监察室、调查研究室、干部管理宣传教育室、监察综合室（与办公室合署，两块牌子、一套班子）等9个职能部门。2002年3月至2005年，市纪委（市监察局）内设办公室（监察综合室）、信访室（行政监察举报中心）、纪检监察一室、纪检监察二室、案件审理室、干部管理宣传教育室、执法监察室、党风廉政建设办公室、调查研究室。

三、基层纪检监察组织

1986年，全县逐步健全县、区、乡镇三级纪检信访网络。1987年，33个乡镇全部建立纪委，县级机关和县属企业建立纪委4个、纪检组16个，共配备专职纪检干部66人和兼职纪检干部116人，全县1445个党支部选配纪检员或党风监督员1200多人，初步形成县、乡、村三级纪检工作网络。1989年，各乡镇和有关行政部门共设立行政监察室58个，配备专兼职行政监察员121人，初步形成行政监察网络。1990年，县机械化学工业公司、县轻纺工业公司、县电子工业公司、县供销合作联社和县卫生局纪检组升格为纪委，县法院建立纪检组，县检察院配备专职纪检员。至1993年，在市级机关和部分市属重点企事业单位设立纪检组织33个，在企业建立经济纪监联系点100多个。1998年，扬州高康集团、市建安总公司和市高远茧丝绸总公司增设纪委。1999年，市纪委调整、充实乡镇纪检监察干部23人，向市建委、市交通局、市农业局、市广播电视局派驻纪检组，并制定派驻纪检组织管理暂行规定。2000年，全市乡镇纪委随乡镇区划调整，合并减少为20个。9月，市纪委在高邮经济开发区派出纪律检查工作委员会。2005年1月，市纪委在高邮鸭业园区派出纪律检查工作委员会。是年，全市20个乡镇和高邮经济开发区、高邮鸭业园区及24个市级机关部门设立纪检监察组织。

第二节　廉政教育和制度建设

一、廉政教育

1986～1990年，县纪委对党员干部开展理想、宗旨、纪律教育，公开评议两件典型案件，剖析他们犯错误的思想根源和社会根源。1991年，市纪委组织全市2.9万名党员，学习中央纪律检查委员会颁布的党纪处分条规和党的十项纪律，普及党的纪律基础知识。1992～1993年，市纪委宣传优秀党员先进事迹，组织全市党员干部观看《蜕变警示录》《贿赂忧思录》等案例教育录像。1994～1996年，开展党员干部"带头发展经济、带头廉洁自律"的"双带头"活动，评选出先进集体和先进个人；组织全市党员干部参加全国党纪政纪条规知识竞赛，观看《巨浪淘沙》《欲海沉浮》等案例录像。1997年，组织党员干部学习中共中央、国务院《关于党政机关厉行节约制止奢侈浪费行为的若干规定》。1998～2000年，先后开展"高举旗帜，增强党性，艰苦创业""学习理论、弘扬正气、振奋精神、加快发展""廉洁奉公，勤政为民"主题教育活动，评选勤政廉政好干部10人、先进执法部门8个。2001～2002年，在全市党员干部中开展"实践'三个代表'重要思想，树立正确的权力观、群众观和利益观"主题教育活动；剖析原龙奔乡土管所、市国土局案件，与扬州电视台合作拍摄专题片《"土地爷"成硕鼠钻入囚笼》，播放《基层大案剖析》《引力》等警示教育片。2003年，市纪委、市监察局坚持惩戒与教育并重，对受处分的党员干部开展回访教育，制定《受处分党员干部回访教育制度》，编制回访教育卡，受到中央纪律检查委员会领导肯定和推广。2004～2005年，开展"增强纪律观念，自觉接受监督"和"党风因我而纯洁"主题教育实践活动。确定革命烈士陵园、古文游台、王氏纪念馆、市公安局看守所、市委党校等为廉政文化教育基地，推进全市廉政文化建设。

二、廉洁自律规定

1986～2005年，市委先后制定县处级领导干部廉洁自律的相关规定有：规范公务用餐标准，下达"禁酒令"，村级一律取消招待费；做出党政机关厉行节约、制止奢侈浪费行为的6条规定；不准接受礼金礼品和有价证券，实行领导干部个人重大事项报告制度；不准违反住房管理规定，对副乡科级以上干部购建房实行"两证一戳"（建房证、准进证，建房、装修发票验收章）制度；不准报销应由个人支付的各种费用；不准党政机关经商办企业；不准利用职权为配偶、子女和亲友经商办企业提供任何优惠条件；严格控制新建和装修办公楼；严格控制各种会议、庆典活动；严格控制各种检查、评比和达标活动；严格机关小汽车配备和使用管理；检查各乡镇异地交流干部驻乡镇工作及值班情况，制止乡镇领导干部"走读"（不在岗）现象等。

三、党风廉政建设责任制

1986年7月，全县33个乡镇党委和63个县级机关单位制定端正党风规划和领导抓党风责任制。1993年，各级党委、政府建立党风廉政建设责任制。1995～1998年，每年对党员干部党风廉政情况考察测评。1999年，层层签订责任状，突出各级党政组织及主要负责人责任，严格考核监督，全市受到责任追究的党员干部26人。2000年，市纪委制定《党风廉政建设责任制目标管理考核意见》，对在区划调整中工作不力、导致群众集访造成严重后果和违反用人制度等问题的33名党员干部（含乡科级干部6人）予以追究责任，其中给予纪律处分9人、移送司法机关2人。2001～2004年，市纪委抽查并通报各乡镇、部门落实党风廉政建设责任制情况，受到责任追究的党员干部37人（含副乡科级干部8人），其中受到纪律处分15人。2005年，市委、市政府印发《关于党风廉政建设责任制分工和责任分解的通知》，明确市领导在党风廉政建设和反腐败工作中的责任，并将具体任务分解到各部门、乡镇，层层签订责任状，开展乡科级领导干部述职述廉、综合考评，对极少数不称职干部给予提醒谈话。

四、廉政谈话制度

1994年起，市纪委对存在一般性风纪问题的单位负责人通过廉政谈话，或发送党风通知书、行政监察通知书，促其自觉纠正。1996年，市纪委、市监察局对75名群众反映其疑似有不廉洁行为的副乡科级以上领导干部，逐一谈话教育，并督促其自查自纠存在问题。1998年7月至2005年，市纪委建立领导干部廉政谈话制度，市纪委领导每年对新任和调任领导干部实行上岗前集体廉政谈话，提出廉洁自律要求，组织他们学习党纪政纪条规，并书面测试。

五、"两公开一监督"制度

1989年4月起，县纪委、县监察局先后在车逻乡、县人事局、县工商局开展以"公开办事制度、公开办事结果，依靠群众监督"（简称"两公开一监督"）为主要内容的廉政制度建设试点。1992年，在市级机关和区乡镇机关围绕招干、招工、招生、大学生分配、退伍军人安置、青年应征入伍、建房土地审批、照顾二胎生育指标、户口"农转非"和干部职工调动等热点问题，推行"两公开一监督"制度。1996年起，市级机关、乡镇机关、行政村设立政务公开栏，接受监督。至1997年，全市33个乡镇665个行政村全部实行村务、财务公开。1999年1月，在企业推行企务公开，民主管理。至是年末，实行规范企务公开的企业95家，实行单项或数项内容公开的企业57家。2000年，实行企务公开情况向职代会报告制度。2001年，企务公开逐步推广到非公有制企业和事业单位，在教育、卫生、文化三大系统86家单位推行校务、院务公开，维护群众知情权、参与权和监督权。2002年，全市具有执法和收费职能的38家单位（市直部门25家、事业单位13家），实行公开办事程序、收费项目、标准及政策依据。2005年，在电视台开辟《政务与民声》专栏，宣传讲解政府重大决策、重要工作和群众关注的热点问题，提高政府工作透明度。

六、政府采购制度

1999年7月起，市政府以向社会公开竞价招标为主要形式，在市属党政机关和全额拨款事业单位中实行政府采购制度，对车辆购置、定点加油、定点维修、保险项目、采购电算化设备和计算机、空调等大宗物资、设备，实行公开竞价招标，市纪委对招标全过程实行监督。1999～2005年，政府采购总额6816.86万元，比市场价节约采购成本1042.44万元，节约率15.3%。

七、"收支两条线"管理制度

1996年，市纪委加强行政事业性收费和罚没收入"收支两条线"管理，将预算外资金收入全部转入财政专户储存。1998年，市纪委印发《关于严格执行预算外资金管理办法的纪律规定》。1999年，全市33个乡镇全部实行"收支两条线"管理。全市纳入财政管理账户48个，资金总额1.8亿元。2000年，有关单位主动撤销不合理账户23个，被市纪委取缔不合理账户7个。对执法单位私设"小金库"问题，及时发出监察建议书，责令限期改正。2005年，组织对5家单位财务收支情况突击检查，遏制私设"小金库"、滥支乱补行为。

八、乡镇会计委派制度

1999年，在全市各乡镇推行会计委派制。是年，全市实行会计委派制的乡镇行政事业单位322家、企业46家、村级单位105家。2000年，乡镇区划调整后，推行会计委派制的乡镇行政事业单位197家、企业54家、村级单位96家，委派财会人员170人。2001年，全市乡镇成立会计管理站和会计核算中心23个，实行会计委派制的乡镇单位增加到632家，委派会计增加到299人。委派形式有会计派驻、财务集中核算、代理记账、报账结算、村账镇管和双重委托等。2002～2005年，继续推行会计委派制度。

九、惩治和预防腐败体系建立

1989～1990年，县委、县政府制定机关干部下基层实行公务用餐、干部住房管理、清理党员干部宕欠公款等10多项制度。1990年，清理整顿党政机关办公司，纠正党员干部用公款报销子女及其亲属自费上学问题。1995年，市纪委印发《关于对副乡科级以上干部党风廉政情况进行考察的意见》，全市实行考廉制度。1996～1998年，实行干部个人重大事项申报制度、礼品登记制度；针对可能影响公正执行公务的吃喝玩乐问题，制定相应的防范和查处制度；重申干部住房纪律，做出“十不准”补充规定。1998～1999年，加强对公物移交制度、干部离任审计制度的监察。2005年，贯彻落实中共中央《建立健全教育、制度、监督并重的惩治和预防腐败体系实施纲要》，加强对乡镇、部门主要负责人监督，实行主要负责人定期汇报制度、诫勉谈话制度，完善领导干部交流和异地任职制度。

十、聘请党风廉政监察员

1991～1992年，市纪委、市监察局聘请党外人士10人担任党风联络员，聘请部门工作人员18人为特邀监察员，并聘请各乡镇和市有关企事业单位监察室主任担任行政监察机关兼职信息员。1994年，聘请特邀党风廉政监察员14人。1996年、1999年、2003年，先后3次聘请党风廉政监察员，每次15人，聘期5年。

第三节　纠风和专项治理

一、突出问题清理纠正

1989～1990年，县监察局查核近100封有关户口“农转非”的举报信，注销不符合条件的“农转非”户口28户119人，处理违纪责任人3人。1990～1994年，清理出1.32万名党员干部宕欠公款924.74万元，收回859.82万元，清欠率93%，其余限期还清。1997年起，市纪委先后清理出公费安装住宅电话953部，折价上缴市财政44.24万元；公费配置移动电话615部，其中折价490部、退出125部，作价处理或拍卖收回资金22.78万元。1999年，在清理整顿农村合作基金会工作中，市纪委、市监察局会同市委组织部、市财政局，对担保贷款逾期未还的18名党员干部实行责任追究、离岗清收，收回贷款67.12万元。1999～2003年，市纪委、市监察局、高邮工商行政管理局、人行高邮市支行联合做出严禁发放、使用代币购物券（卡）的规定，到各商场、超市明察暗访，严查发售代币购物券的违规行为。2004年，全市清理出1680名党政机关工作人员借用、宕欠公款990.57万元，收回919.58万元，清欠率92.8%，对长期借用专项资金和长期借用大额集体资金的两名工作人员给予党纪处分。至2005年，市纪委、市监察局还清理党政机关干部利用职权向基层、企业、学校、学生推销物品，36人受到处理。

二、专项治理

1990～1992年，市纪委组织开展治理乱收费、乱摊派、乱罚款、乱着装“四乱”问题。1993年，成立治理乱收费办公室，检查清理69家部门、单位400项收费项目，取消收费项目55项。是年，市纪委、市监察局以“清文件、清图章、清收费”为突破口，着重解决政府部门对企业放权问题，共清理文件4689件，停止执行253件，修改执行7件；清理印章471枚，停止使用31枚；清理收费项目146项，停止收费项目14项，降低收费标准6项。1993～1995年，市纪委、市监察局、市委农工部联合开展整治农村“两金一费”（公积金、公益金，管理费）问题，制定控减农民负担文件7件，清理、废止涉及农民负担的文件46件，取消集资、收费和基金项目39项，纠正强制保险2项，市监察局被省委农工部等七部门授予“江苏省减轻农民负担先进集体”称号。1995年，市纪委、市监察局、市交通局、市公安局联合治理在公路、河道上“乱设站卡、乱收费、乱罚款”问题，关闭收费点6个，撤销河道内设卡1处。2001年，市纪委、市监察局、市国土局联合清理土地招标、出让、用地划拨、非农建设用地、土地供应、出让金减免等方面问题，纠正违法用地56宗，查出闲置土地25宗。同时，建立有形土地市场，所有经营性用地一律实行公开招标、拍卖、挂牌出让。2004年，制定《土地交易市场驻场监察监督实施办法》，对土地价格会审、招投标、拍卖、挂牌出让实行全程监督。2005年，市纪委、市监察局对全市闲置性土地调查摸底，督促财政部门建立专门账户，统一管理土地出让金。至年末，全市2002～2005年土地出让金7.67亿元，全部解缴到位。

三、行业不正之风查纠

1991年，市委、市政府成立纠正行业不正之风和治理“三乱”（乱罚款、乱收费、乱摊派）领导小组及办公室，明确25个部门为纠风治乱重点单位，通过自查自纠，初步刹住行业不正之风。1995～1996年，对全市中小学执行国家收费政策情况开展执法监察，取消自立收费项目21项，退还不当收费36.53万元。清理中发现万元以上经济案件2件，移送司法机关依法处理。1997年，在42家重点单位开展行风建设评议，评选出行风建设“十佳”单位。1998年，在市供电局、市电信局、市邮政局、市自来水总公司等单位推行行业服务承诺制。1999年，建立中小学收费监督网络，纠正不合理收费项目3项，退还47.5万元。是年，高邮市被省教育委员会、省惩治腐败廉政建设领导小组办公室表彰为江苏省规范中小学收费达标市。2001年起，市纪委、市监察局、市卫生局在全市医疗单位逐步推行药品集中采购制度，制定拒收“红包”规定，采购设备、药品、耗材等实行招投标，价格都有所下降。对10名医护人员收受“红包”做出“一次申告待岗”处理，辞退3人。2002年，在全市23个部门（行业）的567个农村基层站所中开展创建“群众满意基层站所”活动，送桥国税分局获“扬州市群众满意十佳基层站所”称号，4个基层站所被表彰为扬州市群众满意先进基层站所。2004年7月，市纪委、市监察局组织全市30个执法大队开展“创业者最满意执法队伍”评议活动。是年11月，由市纪委、市委宣传部、市监察局、市广播电视局联合主办的“行风热线”栏目开通，先后由市电信局、联通公司高邮分公司、移动公司高邮分公司、市卫生局、市物价局、市环保局等单位主要负责人上线，与群众交流。至2005年，各部门通过公开办事程序和办事结果、服务承诺、开展行风监督等多种途径，纠正吃拿卡要、以权谋私、行政不作为或乱作为等行业不正之风，行风明显好转。

图19-4　2004年11月，“行风热线”栏目开通

第四节　案件查处

1986年起，县纪委先后查处群众反映强烈的大运河拓浚工程和亿斤粮库征地招工中的问题、党员干部违纪建房、侵占集体利益、非法经营黄金、以权谋私等有影响的违纪案件。至1990年，清退违规

招收的“土地工”50多人，受到党纪政纪处分的党员干部297人，其中副乡科级以上党员干部29人。1991～1993年，市纪委、市监察局以治理经济环境、整顿经济秩序为重点，查处贪污受贿、违反抗洪救灾纪律、失职渎职、腐化堕落道德败坏、违反计划生育政策等案件170件，受到党纪政纪处分138人，其中副乡科级以上党员干部14人、移送司法机关依法处理1人。1994～1999年，全市各级纪检监察机构解剖非正常亏损企业204家，查出违纪金额213.23万元，查处违法违纪案件43件，帮助企业挽回经济损失2400万元。重点剖析扬州康耐尔蓄电池有限公司、高邮亨大服装羽绒总公司（集团）和扬州三洋钢铁有限公司等非正常亏损企业。

2000年起，市纪委、市监察局、市人事局对受到党纪政纪处分人员的工资待遇、职级和年度考核是否按规定执行情况予以检查，保证纪律处分严肃性。是年，市纪委以调查车逻镇农技站出售劣质麦种案件为突破口，连续调查市农业局、市种子公司、市通达公司、市高远公司、八桥蚕茧站、龙虬水利站等一批涉农案件，立案查处19人，其中乡科级干部7人、移送司法机关处理9人，涉案金额200多万元，追缴违法违纪金额78万多元。2001年，查处市国土局、龙奔乡土管所、市城市建设投资公司等一批有影响的大案、要案。龙奔乡土管所案件被省纪委作为基层站所典型案件，通报全省。2002年，市棉麻总公司亏损案立案查处5人，其中移送司法机关处理3人，挽回直接经济损失100多万元。市农资总公司腐败窝案受到纪律处分6人，其中1人移送司法机关处理，挽回直接经济损失48万元。

2003年起，全市建立由纪委、公安、检察、法院等部门主要负责人参加的市反腐败协调领导小组，制定工作制度，形成查办案件整体合力，重点查处改制企业、建筑市场、土地市场等腐败易发生领域的案件，突出大要案查处，共立案查处违纪违法案件431件，其中经济案件167件；受到党纪政纪处分429人，其中乡科级干部18人、移送司法机关处理28人，挽回直接经济损失2415.35万元。

至2005年，全市纪检监察机构累计立案查处违纪违法案件1957件。受到党纪处分党员干部1455人，其中乡科级干部126人；在受到党纪处分的党员干部中，开除党籍274人、留党察看183人。受到政纪处分干部525人，其中乡科级干部32人；在受到政纪处分的干部中，开除公职29人、开除留用15人、撤职处分69人。受到党纪、政纪双重处分的党员干部70人。

第五节　监　察

一、廉政监察

1989～1990年，县纪委、县监察局在全县33个乡镇、640个村设立党风信息员和监督员3969人，会同县委组织部直接参加30多个乡科级单位领导班子民主生活会。县纪委查处少数单位领导干部在党委换届选举中从事非组织活动和其他违纪案件，并利用案件对全县党员领导干部开展纪律教育。1995年，市纪委印发《关于对副乡局级以上干部党风廉政情况进行考察的意见》。1999年，制定《高邮市建设工程施工招标、评标、定标暂行办法》，市纪检监察部门与市建委联合印发《关于在全市工程项目建设中推行〈廉政合同〉的意见》，在签订建设工程合同时，签订“廉政合同”（简称“双合同”）。2000年，全市实行考廉制度，重申干部住房纪律，做出“十不准”补充规定；逐步落实国有企业业务招待费使用情况向职代会报告制度、收受礼品登记制度、干部个人重大事项申报制度；针对公款吃喝玩乐、用公车送子女上学、钓鱼等苗头性问题、热点问题，先后发出一系列查纠通知，考察、测评副乡科级以上干部党风廉政情况，增强领导干部廉洁自律意识。是年，市纪委、市监察局制定《关于进一步强化建筑市场管理的纪律规定》，完善驻场监察员制度和“双合同”制度，规范建设工程合同。2001年，市纪委、市监察局、市委组织部、市审计局联合开展领导干部任期经济责任审计、离任审计及离任公物移交工作，加强对出国（境）团组和人员审批工作的监督。设立党员干部廉洁自律“510”（谐音“我要廉”）专用账户，全市领导干部拒收“红包”86人次，金额18.06万元；上缴礼品、“红包”64人次，金额13.44万元；

“510”账户存款10.8万元。2004年，制定《建筑企业不良行为扣分办法》，对招投标建筑企业实行廉政准入制。是年起，市纪委、市监察局、市优化投资环境办公室发出“禁酒令”“依法行政、廉洁从政五项禁令”（严禁穿着制服到公共娱乐场所参加非公务活动，严禁无法定依据收费、处罚和无有效票据收费、罚款、扣押物品，严禁野蛮执法和刁难、报复监管服务对象，严禁接受管理相对人的钱物及可能对公正执行公务有影响的消费活动，严禁参与赌博和色情活动），鼓励市民主动参与监督和举报。

二、执法监察

1989年6月，县监察机关对工商部门实行执法检查。1990年10月，针对减免税、集贸税收、廉政建设3个方面对县税务系统执法情况实行监察，强化执法者接受监督的意识。1991年，市监察局对全市财政性农业发展基金使用、救灾款物收发、全市土地管理部门土地执法、高邮市中学新生集资班收费和全市专业技术职称评审费用等5项工作实行执法监察，纠正违纪行为。1992年，市监察局对市标准计量局1991年以来的执法、行风及廉政建设情况开展例行执法监察。1993～1995年，市纪委、市监察局对企业转换经营机制情况，交通系统执法及行风、廉政建设情况，交通规费、工商规费等征收工作，优惠出售公房，执行粮棉茧收购政策，土地行政执法和各类非农业建设用地情况，农业生产资料价格、质量及流通秩序，个人所得税征收，粮棉茧收购价格和秩序，计划外生育费，以及招工、招干、高考等方面的工作实行执法监察，对极少数违纪者予以严肃处理。1996年，市纪委对1994年7月至1995年12月未审核的工程建设项目实行审核，核减资金769.65万元；查处违法违纪案件3件，挽回经济损失20万元。对新开工项目实行报建制和招投标制，制定完善有关规章制度，建立有形建筑市场。1997年，制定《高邮市乡镇建设工程招标、投标试行办法》，规范农村建筑市场；对全市在建工程实行拉网式检查，对违规项目发出停工通知书，取消承建该项目建筑公司的中标资格；清理整顿施工企业和房地产开发公司资质，市纪检监察部门与司法机关共同立案查处3件案值万元以上案件，为集体挽回直接经济损失5万多元。1998年，市纪委对淮江高速公路工程全过程执法监察，并对高速公路沿线10个乡镇4495.39万元专项资金发放情况跟踪检查，保证专款专用；纠正农村建设市场不规范行为，查处违规工程7项；审计竣工项目25项，核减工程造价192.39万元，查处违法违纪案件2件，均移送司法机关处理。是年，对送桥镇农技站向农民销售劣质稻种问题和二沟乡违反国家粮食收购政策驻站代扣夏季上缴款以及向农民非法集资80.84万元问题，分别发出监察建议书，责成限期纠正，主要负责人受到纪律处分。1999年，对粮食流通体制改革开展执法监察，查处违反粮食收购政策案件2件。在市建委开展依法行政执法监察试点，规范执法程序和执法行为，提高执法质量。2000年，全市开展以加强种子生产、经营、管理为主要内容的专项执法监察，查处各类伪劣、不合格农作物种子近150吨。2001年2月，市纪委、市监察局印发《关于在农村税费改革中严肃党纪政纪的若干规定》，重点抽查10个乡镇税费改革情况。2002年，市纪委、市监察局检查2000～2001年扶贫解困资金管理使用情况，纠正不合理使用资金61万元。2003～2004年，市纪委、市监察局对市水务局执法情况，市物价局、市房改办依法行政、履行职责情况，市劳动和社会保障局落实下岗人员再就业有关政策、使用管理下岗职工基本生活保障资金和社会保险资金的情况，以及安全责任事故、考试秩序等情况，实施执法监察。2005年，对20个乡镇和45个市级行政执法部门的执法质量开展评估考核，监督检查全市20个执法部门罚款收费情况，对30个执法队伍实行测评和考核。

三、效能监察

1994年5月，市纪委在市化肥厂开展效能监察试点。1995年，制定《关于在全市开展效能监察工作的实施意见》，推广市化肥厂经验。围绕市委、市政府经济工作目标，效能监察工作立项62项。1996～1997年，全市各级纪监组织效能监察工作立项107项，立案查处违纪案件14件，纪律处分7人，查出违法违纪金额74.58万元，挽回经济损失140.72万元。对全市开展敬业精神讨论教育活动、企业改制、中韩合资扬州一洋制药有限公司基建工程项目、文游路建设管理工程等实施效能监察。1999～2000年，对市重点项目建设、重点技改项目、长江流域污染源企业达标排放、市属企业深化改革、淮江高速公路工程、漫水公路工程、清理乡镇机关事业单位超编人员等实施效能监察。市监察局牵头组成项目督查组，对38个项目的实施单位督促检查152次，对相关部门督促检查28次，帮助解决问题15个。

2001年，市纪委、市监察局在市环保局开展行政效能监察试点，立案查处环保违法案件28件，下达限期整改通知书36份，到环境现场监督检查500多次。对城市建设十大重点项目实施效能监察，确保工程高标准高质量完成。继续对市属企业深化改革实施效能监察，对26家企业资产状况、清产核资、人员分流等重要环节跟踪监督，全市177家市属企业中有163家企业改制方案通过验收。2002年，市纪委、市监察局围绕市委、市政府确定的58件重要工作事项，开展效能监察。2003年，市纪委制定《高邮市行政效能投诉处理暂行办法》。4月，市行政效能投诉中心成立，并与"经济110"并网运行。该中心全年受理投资者各类投诉和求助297件，协调解决矛盾153件，挽回直接经济损失2010万元。是年，围绕市委、市政府确定的重要工作事项、重点工作、农村"五件实事"、市水利重点工程进展情况和防治"非典"、抗洪救灾等，开展效能监察，查处违纪违规案件3件，处分党员干部3人。2004～2005年，对招商引资、第三届中国邮文化节80项签约项目、城建十大工程、投资3000万元以上重大项目和"三城"同创暨城区环境综合整治等50件重要工作事项实施效能监察，通报批评在效能建设方面存在问题的单位和工作人员。

第六章　宣传教育

1986年起，县委宣传部在全县各级党员干部中开展坚持四项基本原则、反对资产阶级自由化，邓小平理论、"三个代表"重要思想和科学发展观，改革开放，形势与政策等宣传教育活动。通过集中宣传、专题教育、理论培训等形式，不断提高党员干部政治素质与执政水平。同时，扩大对外宣传，逐步提高高邮的知名度。2002～2005年，市委宣传部开办"周末课堂"，为全市各级领导干部进一步解放思想、拓宽视野、接受先进的思想理念和管理方式开辟新的学习平台。

第一节　领导干部理论学习

1986年，县委分期分批对各级领导干部进行哲学、政治经济学、科学社会主义等3门马克思主义基本理论课正规化教育。1989年，县委建立中心组学习制度。1990年，县委把坚持爱国主义和社会主义相统一的教育融于理论学习之中，组织学习《关于社会主义若干问题学习纲要》《社会主义理论与实践》。1992年起，市委组织学习邓小平视察南方重要谈话、《邓小平文选》第三卷、邓小平关于建设有中国特色社会主义的理论和《中共中央关于建立社会主义市场经济体制若干问题的决定》。1998年，市委印发《关于精心组织全市党员干部深入学习邓小平理论的通知》，全市掀起学习邓小平理论热潮。1999年，全市各级党组织学习《建设有中国特色社会主义若干理论问题学习纲要》，广泛开展"学习理论、弘扬正气、振奋精神、加快发展"主题教育活动。是年，市委宣传部跟踪调查全市60个党委、党组学习中心组，着重加强中心组制度建设。

2000年6月起，市委学习中心组开展"三个代表"重要思想学习教育活动。2001年，市委学习中心组成员分别在《新华日报》《江苏通讯》《扬州情况》等报刊上发表学习理论文章12篇。2002年，市委学习中心组被扬州市委宣传部、扬州市委组织部表彰为2001～2002年度县级党委理论学习中心组先进集体。2003年，市委宣传部、市委组织部联合检查全市110个乡科级党委（党组）学习中心组规范化、制度化建设情况，有28个党委（党组）学习中心组受到市委表彰。市委学习中心组组织专题学习和调研活动17次，在扬州市以上报刊发表学习理论文章100多篇，被省委宣传部、省委组织部表彰为先进集体。2004～2005年，市委进一步加强干部理论学习和教育工作，继续实行乡科级党委（党组）中心组学习旁听制度，26个乡科级党委（党组）学习中心组受到市委表彰。

第二节　形势政策宣传及主题教育

一、形势政策宣传

1986年，县委宣传部在全县开展“讲形势、讲政策、讲任务”宣传教育活动。1987～1990年，全县开展坚持四项基本原则、反对资产阶级自由化的正面教育，提高干部群众坚持党的基本路线的自觉性。在农村开展“三提倡、三反对”（提倡民主法制，反对违法犯罪；提倡科学文明，反对封建迷信；提倡勤俭节约，反对大操大办）活动。1991年，加强全市人民抗洪救灾斗争的宣传。

1992年，市委宣传部组织“在改革中前进”系列报道，宣传企业深化改革，转换企业经营；编发“同心同德干‘四化’，团结拼搏奔小康”宣传提纲。1993～1994年，突出经济宣传，组织《高邮报》、高邮人民广播电台、高邮电视台（简称“一报两台”）专题宣传“干小康、奔小康”等竞赛活动。1995年，市“一报两台”宣传市委、市政府提出的“奋力超百亿、再登新台阶”目标。1996年，市委宣传部在全市组织宣传市委六届九次全体会议通过的《高邮市“九五”计划和2010年远景目标》。

1997年，市委、市政府以迎香港回归为契机，结合建军70周年、新四军成立60周年纪念活动，开展爱国、爱党、爱军和国防教育。1998年，市委宣传部围绕纪念中共十一届三中全会召开20周年，开展“看成就、话改革、争贡献”宣传。1999年，开展迎国庆50周年、迎澳门回归、迎新世纪活动。2002年，牵头组织“高邮精神”系列宣传活动。2003～2005年，市委宣传部以“三个代表”重要思想为指导，引导全市干部群众为“抢抓机遇干05（2005年），同心拼搏冲‘百十’（经济总量超100亿元，财政收入超10亿元）”做贡献。

二、企业思想政治工作

1986年7月，全县始办企业政校。1989年，县委宣传部和县委组织部、县经委共同召开企业思想政治工作研讨会，就新形势下企业思想政治工作情况、特点、方法和问题展开研讨，交流30多份调查报告和经验材料。部分乡镇和部门建立职工思想政治工作研究会，研究探讨新时期企业思想政治工作。1990年，全县共开办职工政校46所，培训青工6800多人次。在职工政校办学过程中，注意将爱厂、爱岗和爱社会主义教育有机结合，激发青工爱国热情，增强职工主人翁意识。1993年，利用职工政校，对企业党员干部、青年职工开展“转换机制、走向市场、建设家乡”主题教育活动。1996年，全市150多所职工政校学习、贯彻中共十四届五中、六中全会精神，开展建设有中国特色社会主义理论和党的基本路线教育。1999年以后，由于企业改制，职工政校活动逐渐停止。

三、农村党员教育培训

1986年，全县有乡镇党校33所，全年办班400多期，培训农村党员干部和其他人员4万人次。县委宣传部配合农村整党工作，举办全县村党支部书记培训班。1987～1990年，全县乡镇党校配合农村党员冬训工作，创新培训形式，改“我讲你听”为相互对话，对党员开展党的基本理论、基本路线、基本纲领教育，共办班125期，培训党员2.5万多人次。1990年，总结推广八桥镇李庄村党支部经验，把“塑造党员形象，为党增光辉”作为冬训主要内容。1992年起，开展以“同心同德干四化，团结拼搏奔小康”为主题冬训。1993～1994年，乡镇党校对农村党员开展邓小平建设有中国特色社会主义理论培训。1995～1997年，以学习中国特色社会主义理论和学习党章为重点，培训农村党员。1998年，武安乡、川青镇结合农村实际，坚持不懈地抓好党员冬训工作经验，在省、扬州市有关会议上介绍，并受到省表彰；车逻、沙堰、伯勤、三垛、郭集等乡镇受到扬州市表彰。1999年，市委宣传部、市委组织部、市纪委联合印发《基层党校规范化建设的意见》。2001年，市委宣传部以菱塘回族乡、高邮镇、汉留镇、甘垛镇为重点单位，开展争创先进基层党校活动。是年，省委宣传部、省委组织部表彰菱塘回族乡党校为“红旗党校”、高邮镇党校为“先进党校”。2002年，在车逻镇、司徒镇、汤庄镇、周山镇和菱塘回族乡建立联系点，探索总结撤乡并镇后农村党员冬训的新方法、新经验。2003年，利用冬训机会，组织“三个代表”重要思想报告团，到各乡镇宣讲36场次，受教育党员干部2万多人次。2004年，龙虬镇党校被省委组织部、省委宣传部表彰为“先进基层党校”。是年至2005年，在全市农村党员干部中开展建设学习型干部队伍和“保持共产党员先进性”教育为主题的冬训。

第三节　先进典型宣传

1986年，县委宣传部组织摄制先进模范人物录像片，在全县放映100多场，受教育党员干部2万多人。1989～1990年，高邮人民广播电台重点组织报道县水泵厂、县制动件总厂、县三垛农具厂、武安轻配厂、车逻师伙不锈钢厂等先进典型。1991年，组织抗洪救灾先进事迹报告团在全市巡回宣讲。1993年，市委宣传部组织专人追踪采访、搜集整理横泾镇个体船民朱炳国舍身救人的先进事迹，写成长篇通讯《动地长歌》，先后被《人民日报》《光明日报》《新华日报》和江苏人民广播电台、《扬州日报》刊载、播发，并组织报告团在全市各乡镇和兴化市宣讲。1995年起，市委宣传部组织“干小康、奔小康”先进典型宣传，与江苏电视台合作拍摄《南茶村纪事》《菱塘回族乡》《访扬州高明公司》等电视专题片，宣传一批解放思想、真抓实干、带领群众奔小康的先进党组织和优秀共产党员先进事迹。1999年，全市开展向“白衣圣人”吴登云学习活动，组织全体党员干部收听、收看中央各新闻单位播发的吴登云先进事迹报道，邀请吴登云回家乡举办报告会，开展“学习吴登云、敬业在岗位”主题教育活动。2004年，开展向优秀共产党员、市人民法院临城法庭庭长沈国民学习活动，组建宣讲团到城乡宣讲沈国民事迹。

第四节　中心工作宣传与对外宣传

一、中心工作宣传

1986～1991年，县委宣传部先后围绕宣传中共十二届六中全会、十三届四中和五中全会精神，编发辅导材料。配合司法部门制定全县普法教育规划，集中开展“四法一例”（《中华人民共和国宪法》《中华人民共和国刑法》《中华人民共和国婚姻法》《中华人民共和国经济合同法》《治安管理处罚条例》）学习宣传。1992～1997年，市委宣传部围绕宣传中共十四大、中共十五大精神，开展以“走出里下河，快步奔小康”“全面达小康，进军现代化”为主题的宣传教育活动。配合企业改制和推行财政、税收、金融、外贸、投资“五大改革”，重点组织宣传学习。

1998年，全市组织纪念中共十一届三中全会召开20周年活动，开展以“看成就、话改革、争贡献”为主题的宣传教育。1999～2000年，对全市党员干部开展宗旨、政策、法制“三项教育”和以坚定对马克思主义的信仰、坚定对建设有中国特色社会主义的信念、增强对改革开放和现代化建设的信心、增强对党和政府的信任为主要内容的“四信”教育。开展项目建设推进年、农业结构调整、深化市属企业改革、科技创新、加强法制和维护稳定等方面专题宣传，形成全市上下团结一心、艰苦奋斗、谋求发展的舆论环境和思想氛围。

2000～2001年，全市围绕“三个代表”重要思想学习教育活动、市第八次党代会、农村税费改革、教育配套改革、市属企业改革攻坚战、优化投资环境、精神文明建设、城市建设“十大工程”、“严打”斗争、创造良好的金融环境、市委八届四次全会精神等市委重点工作开展宣传。2002年，中共十六大召开前后，全市开展“伟大的祖国、伟大的党”系列教育活动，组建宣讲团到基层巡回宣讲。2003年，组织市“一报两台”开辟专题专栏，宣传经济建设、改革发展，报道全市招商引资、园区建设、项目推进、行业推动、服务厂商行等方面的经验与做法。集中宣传防控“非典”知识。2004年起，市委宣传部就全民创业、节庆宣传、弘扬“高邮精神”、招商引资、优化投资环境、保持共产党员先进性教育、形势政策教育等，开辟专题专栏集中宣传，为追赶式发展营造良好的舆论氛围。至2005年，市委宣传部连续8年组织11～12个相关部门开展送科技、文化、卫生“三下乡”活动，为农民办实事。

二、对外宣传

1986年，全县对县外宣传主要依靠各部门新闻写作爱好者向县外发稿。1987年7月，县委宣传部设新闻报道科，组建通讯员队伍。是年，全县通讯员采写新闻稿件4500篇，被扬州市以上新闻媒体录用稿件900篇。1989～1990年，各部门、各乡镇明确兼职通讯员1人，初步形成全县新闻报道网络。

1991年，高邮撤县设市，并遭遇特大洪涝灾害，市委宣传部组织市内作者集中对市外报道的同时，联系、邀请、接待中央、省、扬州市多家新闻单位到高邮采访报道。是年，被扬州市以上新闻媒体录用新闻稿件1200篇。其中，中央、省和部级新闻单位用稿310篇，省、市党报一版头条新闻20篇。1992年，市委宣传部编辑发行大型画册《高邮》，邀请江苏电视台和扬州电视台拍摄并播出《古城发春华》和《高邮外贸》两部专题录像片。1993年4月，市委宣传部围绕举办首届双黄鸭蛋节，在《每日电讯报》《经济日报》《新华日报》和江苏人民广播电台、江苏电视台等新闻媒体连续报道高邮麻鸭饲养规模和双黄鸭蛋产量等情况，在《瞭望》周刊上刊登彩页《中华一绝·双黄鸭蛋》，报道双黄鸭蛋节活动的稿件相继被《人民日报》《光明日报》和中央人民广播电台、《香港商报》等多家报刊采用。

1994年10月，《高邮报》复刊（后改为《高邮日报》），成为对外宣传主阵地。1997年，市委宣传部撰写的邮文化节在高邮举办的预发消息，在全国10多家新闻单位和香港《大公报》、香港《文汇报》、美国《侨报》等海外报刊登载，引起国内外广泛关注。邮文化节期间，邀请扬州市以上新闻单位40多家、记者130多人到高邮采访。1999年，市委宣传部围绕南京农业经贸洽谈会，邀请中央和省市新闻单位记者，在新华社、中央人民广播电台和《新华日报》《扬州日报》《江苏电视报》等新闻媒体发稿18篇。在《扬州日报》开设高邮专版，介绍全市经济建设和社会发展成就。在《人民日报》《检察日报》《党的生活》《新华日报》《扬州日报》等新闻媒体上，分别宣传报道吴登云、陈普山、童永平等先进典型事迹。

2000年3月，市委宣传部印发《关于进一步加强新闻报道工作的意见》和《高邮市新闻报道用稿奖励办法》，调动对外宣传积极性。2001年，《高邮农民教育工程方兴未艾》《高邮个私经济快速崛起》《高邮“七一”宣讲团下基层》《“双兔”的惊人一跳》《高邮砍掉一半审批项目》《高邮通过国家生态市评审》等稿件，刊登在省和扬州市报纸的重要版面或头版头条位置。

2003～2004年，市委宣传部两次邀请浙江卫视到高邮拍摄反映台商在高邮投资兴业的系列专题片，并在浙江卫视《海峡》栏目中播出。2004年，第三届中国高邮双黄鸭蛋节期间，《人民日报》刊发《高邮农民发鸭财》稿件，人民网专门制作宣传高邮形象的网页。2005年9月，第三届中国邮文化节期间，邀请新华社、中国新闻社、人民日报社、江苏电视台以及扬州市媒体等16家新闻单位，集中报道节庆期间各项文化、经贸活动，刊发《第三届中国邮文化节隆重开幕》《109个项目集中开工、签约》《追赶式发展成果的展示——第三届邮文化节亮点扫描》等稿件。9月20日，《新华日报》一版《县市风采》栏目刊发《高邮——东方邮都呼之欲出》。9月24日,《扬州日报》头版头条刊发长篇通讯《用先进文化打造历史名城》。

第五节　周末课堂

2002年初,市委开办乡科级干部“周末课堂”。是年3月起,每月利用两个星期六的半天时间,由市委宣传部具体负责开设“周末课堂”,市委、市人大常委会、市政府、市政协全体领导成员和副乡科级以上干部参加集中学习培训,建立学习考勤制度和全市副乡科级干部学习档案,在《高邮日报》《高邮宣传》开设理论专版(辑),选登乡科级领导干部学习心得体会。2003年起,“周末课堂”学习培训对象逐步扩大到乡镇长助理、机关部分中层干部、重点企业负责人等。先后邀请昆山经济开发区政策研究室主任黄承圯、南京环境科学研究所教授王健民、省农林厅厅长刘立仁、省政府研究室副主任袁静波、张家港市委原书记秦振华、常州市人大常委会主任虞振新、省发展计划委员会主任博士生导师钱志新、省委组织部副部长兼省人事厅厅长赵永贤、省建设厅副厅长张泉等27名专家学者和专家学者型领导干部,分别围绕学习宣传“三个代表”重要思想、树立科学发展观、招商引资、发展县域经济和村级经济、学习张家港精神、重视人才资源开发、生态经济发展、城市化建设、新农村建设、重视名牌战略与质量兴市、搞好企业管理、反腐倡廉、国际形势与国家安全、中共十六大精神、依法行政等专题授课。高邮经济开发区、菱塘回族乡、卸甲镇、临泽镇参照市“周末课堂”做法,定期组织中层以上干部集中开展学习培训。至2005年,邀请专家学者和有关领导授课共57次,参加培训干部6万人次。学员通过“周末课堂”学习,在《高邮信息》和“今日高邮”网站发表各类理论文章与心得体会135篇。是年,“周末课堂”被省委宣传部评为“宣传工作十大金点子”之一,并获省委宣传部颁发的“宣传工作创新奖”。

图19-5 《周末课堂——2002~2005年讲稿集粹》一书

第七章　统一战线

1986年,县委恢复统战部。1989～1990年,临泽、界首、三垛、八桥、送桥、菱塘、高邮镇等7个乡镇党委始各配备1名专职统战干部,其他26个乡镇各配备1名兼职统战干部。县城大系统和统战对象较多的单位,亦明确1名党员干部兼管统战工作。1991年,全市33个乡镇党委建立统战科。1998年,在城区17个党委建制的部门和企事业单位,明确分管书记及专兼职统战干部,建立城区统战工作网络。2004年,各乡镇和高邮经济开发区配备专职统战干部兼民族宗教助理,城区15个社区均配备兼职统战干部。2005年12月,全市共有专职统战干部29人。

1986～2005年,市委统战部贯彻中共十一届三中全会以来的统战政策,加强与党外干部、党外知识分子和工商界、民族宗教界及社会各界代表人士的联系,与他们结对交友;加大对非公有制经济领域和海外侨胞的统战工作力度，培养党外优秀人才，推荐他们担任市和有关部门的领导职务；组织党外政协委员参政议政，对政府工作实施民主监督；组织非公有制经济代表人士参加光彩事业，为社会做贡献。

第一节　参政议政和民主监督

一、制度建设

1986年起，县委坚持和完善中国共产党领导的多党合作和政治协商制度，开好一年一度的政治协商会议。1990年9月，县委印发《关于印发县级党员领导干部与各界代表人士结对交友方案的通知》，县委、县人大常委会、县政府、县政协中的中共领导干部主动安排时间拜访党外代表人士，坦诚交谈，逐步形成党员领导干部与党外代表人士结对交友制度。1991年起，市委统战部发挥“适时提及、统筹安排、及时反馈”作用，每遇重大事项决策前均召开党外人士座谈会，通报情况，征求意见，形成重大事项决策前通报制度。2001年，市委统战部建立“党外人士之家”，加强与党外各界人士的联系沟通。至2005年，全市400多名党员领导干部与500名党外代表人士结对交友。

二、主要活动

1986年，县委发动县政协和县工商联、侨联、民族宗教等团体以及各界人士，参加政治协商、民主监督活动，为社会主义物质文明和精神文明建设献计献策。1989～1990年，非中共党员人士当选县人大常委会委员6人、县政协常委23人（含副主席3人）和县工商联常委3人。1992年，市纪委、市监察局特邀15名党外人士为党风联络员和特约监察员。1994年，市政府有关部门开展与市政协专门委员会对口协商活动，拓宽市政协中党外人士“知情出力”的渠道。推荐10多名党外人士参加全市财务、税收、物价大检查等社会监督活动。1996年，市委统战部和市委宣传部围绕中小学生行为规范教育、窗口行业职业道德教育和服务规范建设、引导宗教同社会主义社会相适应、非公有制经济领域社会形象塑造等热点、难点、重点问题，联合召开党外各界代表人士座谈会，听取和采纳他们的意见和建议。2000年，市委、市政府召开党外干部招商引资情况通报会，引导他们自觉投身招商引资主战场。市人民法院聘请8名党外干部和知识分子担任特约陪审员。2003年，市委统战部组织有关人员走访担任副乡科级以上领导职务的党外干部，征求意见，组织他们参观高邮鸭业园区、江苏金飞达工业园、高邮经济开发区，并围绕“区带园”建设进行座谈。2005年，市委、市政府通报保持共产党员先进性教育、全市经济社会发展情况、“十一五”规划纲要（草案）等情况，广泛征求党外人士的意见和建议。

第二节　党外干部和党外知识分子工作

一、落实统战政策

1986～1988年，县委统战部办理落实中共十一届三中全会以来涉及统战政策的事项1700件，其中“右派”改正393件、政协委员66件、非党人大代表2件、台胞台属151件、侨胞侨眷54件、民族宗教88件、原工商业者925件、原国民党起义投诚人员16件、其他方面5件；解决各项政策遗留问题1832件，其中政治历史遗留问题80件、工作安置130件、清退“文化大革命”查抄财物177件、解决户口101件（238人）、处理房屋所有权使用权155件（1143间1.64万平方米）、生活定额补助66件、补发工资27件，“三小”区别（区分不属民族资本家的小商、小贩、小业主）808件、“右派”改正遗留问题233件、其他方面55件；为原国民党起义投诚人员重新颁发证书72人。1989～1993年，市委统战部本着“发现一件、受理一件”的原则，妥善解决政策遗留问题和实际困难50多件。至1997年，市委统战部、市财政局、市人事局、市民政局先后4次为全市不享受工资待遇的81名党外人士增发生活费，其中民族界人士1人、宗教职业者35人、原国民党起义投诚人员26人、原工商业者（含小商、小贩、小手工业者）18人、去台人员回大陆定居生活困难者1人。

二、党外干部使用

1986年，全县党外各界人士在县人大常委会、县政府、县政协及行政部门担任副乡科长以上职务35人，占同级干部总人数26%。1987年，在高邮县、扬州市两级人大和政协换届选举中，根据“全面规划，统筹安排”的原则，党外人士当选县人大代表93人、扬州市人大代表18人，经推荐担任县政协委员176人、扬州市政协委员11人。是年，全县党外人士融通拆借资金1532万元。1989～1990年，选配非党干部担任县文教局、县卫生局、县城建局、县地方工业局、团县委等部门科级领导职务13人。1991年起，市人大常委会、市政府、市政协遵循法定程序，做好换届中党外人士的实职安排和政治安排。1993年换届后，党外人士当选市人大常委会副主任和市政府副市长各1人、市政协副主席4人。在市第十届人大代表中，非党人士111人，占代表总人数33%；市人大常委会委员23人中，非党人士6人。在市第八届政协委员中，非党人士106人，占委员总人数61%；市政协常委37人中，非党人士23人。

1997年，根据市委对换届工作的统一部署，市人大常委会、市政府、市政协领导班子全部按规定配备党外人士副职。市人大常委会中，党外人士常委6人；政府部门中，担任副乡科级职务的党外干部23人，其中担任实职的12人；市政协委员及常委中，党外人士比例达到规定要求。2002年，通过公开招考等形式，安排党外人士到政府部门担任实职4人。至是年末，全市有副乡科级以上党外人士干部33人。2005年，市委在市建工局、市教育局、市监察局各配备党外人士副局长1人。全市累计有党外人士副乡科级以上干部27人，其中副处级4人、副乡科级23人。

三、党外知识分子工作

1989～1990年，县委统战部对105名非党高级知识分子、1054名中级知识分子、6172名初级知识分子，分别建档、建卡、建表。1995年，菱塘回族乡建立以教育系统为重点的跨系统知识分子联谊小组。市中医医院建立老中青相结合的知识分子联谊小组。1998年，全市调查党外知识分子情况，对高级技术职称人员建档，中级技术职称人员建卡，初级技术职称人员建册。市高康集团公司、市卫生局、市机械化学工业局和菱塘回族乡、马棚乡、横泾镇等所属部分单位，相继建立知识分子活动组织。至2005年，市委统战部对全市副股级以上党外干部、具有中级以上技术职称和大专以上学历的党外知识分子共1800人登记造册。

第三节　非公有制经济领域和海外统战工作

一、非公有制经济领域统战工作

1986年，县委统战部协助县工商联创办经济实体。1992年，市委统战部贯彻《中共中央批转〈中央统战部关于工商联若干政策问题的请示〉的通知》，帮助市工商联实现职能转换。8～9月，对个体工商户、私营企业主、“三胞”（台湾同胞、港澳同胞和海外侨胞）投资者和部分乡镇企业承包人展开调查，全市有非公有制经济代表人士100多人。1993～1994年，调整和建立界首、临泽、三垛、送桥、沿运、高邮镇、八桥、甸垛工商联分会，拥有企业会员200个、个人会员600人。1995～1997年，市委统战部开展非公有制经济代表人士现状调查，按照“爱国、敬业、守法”的要求，做好团结、帮助、教育、引导工作，了解并帮助解决非公有制经济发展中的困难。1998～2000年，市委统战部、市工商联在各乡镇组建商会，推动非公有制经济健康发展。2001年，市委统战部走访全市具有一定规模和实力的非公有制企业及代表人士，建立台账，为工商联换届做准备。2004～2005年，市委统战部引导非公有制经济代表人士开展光彩事业，协助市工商联做好乡镇商会换届改选工作。

二、海外统战工作

1986年，全县有“三胞”1900多人，其中绝大多数与大陆亲人通邮、通汇，回乡探亲人数日益增多。是年，县委统战部接待“三胞”70人，并接受一批捐赠。1987年，全县有旅外同胞、归侨和眷属、去台人员2355户7374人。县委统战部接待回乡观光探亲的“三胞”227人次，接待到高邮经商旅游的外国友人244人次，出境出国会亲探亲26人、定居3户6人。1991年，在抗洪救灾工作中，香港爱德基金会向高邮捐赠棉大衣1300件（折合人民币7.15万元）、资金13万元。1992年，市委与台湾鲍氏财团加强联谊。1993年，经省委统战部批准，台湾同胞鲍国麟担任市八届政协委员、常务委员。市委统战部制定《关于台胞回原籍定居的审定条件和报批程序》，按照规定程序办理台胞回原籍定居。至1994年，全市获准在原籍高邮定居的台胞7人。1995年，建立高邮海外联谊会，吸收首批海内外会员。1996年，帮助“三胞”眷属解决有关户口、建房、就业、就学等问题，报批安置台胞定居3人。1997年、1999年，市委统战部、市政协祖国统一联谊委员会联合举行各界代表人士座谈会，庆祝香港回归和澳门回归，拓展统战工作。2002年3月，市政协、市委统战部联合召开“三胞”眷属代表招商引资座谈会，参加会议的35名“三胞”眷属代表倡议全市“三胞”眷属为家乡招商引资牵线搭桥，为高邮经济发展多做贡献。

第八章　党校教育

1986年，县委党校设有教育科、组织科、行政科（医务室）和办公室，有工作人员39人，其中教师17人。县委党校位于城区蝶园路52号，占地1.13公顷，建筑面积4389平方米。1990年11月，经省委组织部、省委宣传部批准，确定该校为中专体制。1995年7月，内设机构有教育培训部、后勤服务部和校长办公室。1998年5月，市社会主义学校在市委党校挂牌建立。2001年，该校与有关单位联合创办计算机培训中心。2002年12月，市国防教育学校在市委党校挂牌建立。2003年，市委决定在城区通湖路403号重建党校教育教学区，原校区整体出售。2005年8月，市行政学校在市委党校挂牌建立。至是年末，该校新校园竣工，占地1.94公顷，建筑面积8000平方米，总投入1200万元；内设机构有教育科、行政科和办公室，教职工19人。

第一节　党员、干部培训

一、短期和专题培训

1986～1990年，县委党校举办干部短期培训班近30期，培训对象为副乡科级领导干部、县属企业党支部书记、村党支部书记，培训内容有领导科学概要、思想政治工作概论、关于社会主义精神文明建设指导方针的决议和中共十三大文件、商品经济理论。1991年起，市委党校通过各类培训班、轮训班、理论讲座，对干部开展改革开放形势、政策和理论教育。1996年，市委党校贯彻《中国共产党党校工作暂行条例》，多层次、多渠道、多形式地开展干部培训。1998年5月，市社会主义学校在市委党校挂牌，向统战干部和爱国宗教团体负责人、非公有制经济代表人士普及统一战线理论与政策教育。

2002年12月，该校增设市国防教育学校，加大对全市干部国防知识教育力度。2005年8月，该校增挂市行政学校牌子后，分期分批对党政干部开展社会主义行政学理论知识教育，举办主班次22期，其他各类培训班、轮训班59期，培训干部1万多人次；协助其他单位办班29期，委派教员到基层讲课140多场次。至是年末，该校累计举办干部培训班、轮训班192期，轮训、培训各类党员干部和其他人员2.63万人次。

二、青年干部培训

1995年11月，市委党校，举办首批农村青年干部培训班，60名村级后备干部参加为期1个月脱产培训。培训班实行准军事化管理、封闭式教学，建立临时党支部、临时团支部和班委会，学员自我管理，校部加强监督，市委组织部跟踪考察，学员党性锻炼得到增强，组织领导能力有所提高。1999年4月，市委党校首次举办3期村民委员会主任岗位培训班，对全市直选产生的村民委员会主任普遍轮训。12月，举办农村现代化先行村党支部书记培训班，聘请现代化先行示范村党支部书记作经验介绍，组织参训人员到苏南现代化先行示范村学习考察。2000～2005年，市委党校先后举办有各部委办局和乡镇中层以上干部参加的青年干部培训班，开设理论课程，增加现代科技和青年干部成长知识教育。

第二节　学历教育

一、中等专业教育

1985年起，县委党校开始正规化办学，9月创办首届两年制党政干部脱产中专班，招收学员56人。1986年，增办1个班，录取45人，为仅有的两届脱产学历班。学员主要为县、区、乡级机关党员干部、县属企事业单位中层以上干部。党政干部中专班开设哲学、政治经济学、科学社会主义、党史、党建、经济管理、领导科学概要、思想政治工作概论、法学和形式逻辑等17门课程，由扬州市委党校组织全市统考。至1988年7月，两期党政干部脱产中专班共毕业学员101人。1988年9月至1996年，市委党校先后开办干部中专函授班（学制3年）和干部中专专修班（学制2年）以及三年制业余中专班。1991年，开办2个中专专修班，在张轩乡开设行政管理专业1个班，学员51人。1994年，中专专修班252名学员转为全科班，教学内容有马克思主义基本理论、中共十一届三中全会以来党的路线方针政策、领导科学、思想政治工作概论、自然科学发展简史、经济管理、会计学和统计学等课程。至1996年，共毕业函授中专学员735人。

二、大专学历教育

1988年9月，县委党校首次开办扬州师范学院中文系夜大班，录取学员66人，学制3年，学习形式为每半个月集中学习2天，大部分课程由县委党校教员承担，少部分专业课由扬州师范学院教师任教，1991年7月毕业63人。1995年起，市委党校开办省委党校大专函授班（学制3年）。是年，招收首批学员122人，设有党政管理和经济管理两个专业，经3年学习，完成23门课程学习任务，撰写毕业论文并通过论文答辩。1996年起，市委党校坚持每年招收省委党校干部函授学院大专班新生，实行滚动教学，先后开设党政管理、经济管理、行政管理、法律等专业。1998年7月，首批114名学员毕业。是年，市委党校挂“省委党校干部函授学院高邮学区”牌子。是年起，每年在校生400人以上。2001年，市委党校函授学历班在正常春季招生基础上，增加秋季招生，并新开设扬州市委党校函授大专班和省委党校专业证书转全科证书班。至2005年，党校函授大专学员共毕业879人。

三、本科学历教育

1999年起，市委党校申办中央党校本科函授班成功，是扬州市唯一获准的县级市委党校。是年，参加本科招生考试的68人全部被录取。2002年起，开办省委党校本科函授班，先后开设行政管理、公共管理、法律等专业。是年，全校有本科、大专、“专转全”（专业课程教育转为全科教育）等各类函授学历班14个，在校学员818人，为在校生最多一年。至2005年，全校中央党校、省委党校函授本科学员共毕业418人。

第九章　党史工作

1981年9月，县委成立党史资料征集小组，下设办公室。1984年，县委党史办公室被明确为县委正科级工作部门。1985年5月，县委党史资料征集小组更名为县委党史资料征集研究委员会。1990年9月，县委调整党史资料征集研究委员会，由14人组成，市委副书记、市人大常委会主任沈学惠兼任主任。1997年，市委党史办公室被明确为市委直属事业单位，由市委组织部管理。2001年12月，市委党史办被明确为市委直属事业单位，在市档案局挂牌。至2005年，市委党史办先后4次被表彰为全省党史工作系统先进集体。

第一节　党史资料征集

1986年，县委党史办开展党史资料征集和征稿工作，编印《史料》18期，搜集和整理新中国成立前牺牲的24名革命烈士（区以上干部）传记资料，并编印成书。1987年，根据征集抗日战争和抗美援朝、“三反”“五反”、镇压反革命等方面资料，并通过访问老干部、召开座谈会、查阅档案资料等渠道反复核实。

1992年，市委转发市委党史办《关于在全市乡镇开展革命纪事工作的意见》，成立周山乡革命纪事工作领导小组，先后走访老党员、老干部、老农民400多人次，召开座谈会90多次，查阅大量档案资料，搜集整理革命纪事稿件100多篇，编印《周山乡革命纪事》。1994年，市委党史办在汉留、甸垛两镇开展革命纪事工作，征集口碑资料100篇12万字，次年编印《昨天的故事》，全书共收录62篇文章，约10万字。是年，还编印党史资料丛书之七——《高邮市革命纪念地简介》，征集《解放初期的金融与公债发行工作》《1954年抗洪斗争》等专题资料7篇，编写烈士传记6篇。1995年，市委党史办继续开展乡镇革命纪事工作，征集新中国成立后烈士传略200多篇约6万字，撰写烈士孙子明、吴奇、张志祥、朱炳国等传记10篇。1995～1996年，市委党史办印发《史料》31期、《内参》10期，约15万字。

1996年，市委党史办征集“高邮荣校”“反右斗争”“大跃进”等专题资料，完成新中国成立后高邮地方党史大事记的审订。是年，市委党史办为纪念抗日战争三垛河口伏击战胜利50周年，征集参加过战斗的老战士回忆文章，编印由全国人大常委会副委员长彭冲题签的《破晓号角》一书。该书分《文献摘录》《回忆录》《纪念文章》三大部分，收录36篇稿件，共14万字，获省政协文史资料二等奖、省党史优秀书籍三等奖。

1997年，市委党史办征编《高邮县的反右斗争》《高邮县的“大跃进”》《苏北荣校在高邮》等专题和《中共高邮历史大事记（1982～1994年）》，征集印发《张闻天1962年赴南方调查活动日志》《夏雨同志谈“高邮县委反党集团”真相》《新华社香港分社社长姜恩柱》等12期《史料》。是年，市委党史办征集《中共高邮地方史（1927～1949）》资料，翌年完成征求意见稿，共15万字，载有高邮建党初期、抗日战争、解放战争3个时期的党史资料。1998年，先后征编《淮海战役和渡江战役中高邮人民的支前工作》《高邮城第二次获得解放》《三打临泽和临泽镇的解放》《国仇家恨，永志不忘——李义久罪不容诛》《陈春园是陈志光吗》《关于陈生元同志打入敌人内部的情况》等。同时，征集、编写烈士孙子明、张维星、朱炳国等传记，《“三面红旗”下的汤庄》《迟到五十年的祭奠》《中国第五对伉俪大使》《荣校在高邮》《1976年高邮县的防震工作》《我的特种兵生涯》《国务院历次机构改革方案》《历史上的五次学雷锋高潮》《陈永康在车逻》《建国后江苏省第一所水利中等专科学校——苏北建设学校水利科》《鞠躬尽瘁的烈士吴增祥》等。是年，市委组织部、市委党史办完成征集、编写《高邮县中共组织史资料》（自编本）、续编新中国成立后《中共高邮市组织史》《中国共产党江苏省高邮市组织史资料（第二卷）》（1987年12月至1994年12月）。1999年，征编《忆张闻天同志来高邮调查研究的情况》《谭震林的一封亲笔信》《中央文化部下放干部情况》《我参加了西南服务团》《我在金门战斗中被俘情况》《姜恩柱回故乡》《秦华孙的姐弟情》《魂萦梦绕》《苏立清专程来邮看望童永平》《驶向光明的彼岸》等12期《史料》；编写《刘少奇屈死开封真相》《山河百战归民主》《一场愁梦夕阳红》《高邮县中学在抗战中诞生》《胡扬谈高邮湖西高邮县政府建立经过》等专题文章。《中国共产党江苏省高邮市组织史资料（第二卷）》由江苏人民出版社出版。2000年，市委党史办征编《徐运北来邮视察卫生工作》《我参加了抗美援越》《我参加了赴滇轮战》《我在天津解放时起义经过》《高邮第一个农业劳动模范吴善明》《一条毛毯的故事》《我在天安门广场接受检阅》等7期《史料》，编写《他一生追求光明》《高邮湖畔抗日英烈陈文》等专题文章。2001年，市委党史办编印县人武部副部长张邦汉回忆录——《从戈往事》，共15万字。2003年8月，市委党史办邀请原二十三军军长黄浩、副政委吴文斗一行6人，到高邮座谈抗日战争最后一役——高邮战役。2005年11月，参加过三垛河口伏击战的离休干部黄苇向市委党史办赠送其编著的《战火中的歌声》。

第二节　党史编研

1986年，县委党史办先后编写《艰苦卓绝的二十八个月》专题资料、高邮抗日战争专题资料和《第二次国内革命战争时期高邮县党的活动》《高邮县的土地改革》两篇专题征求意见稿。利用搜集整理的革命历史资料，编辑《高邮革命回忆录》《抗日英烈陈文》。1987年，整理编印《高邮抗日斗争》《高邮革命烈士传》（续集）《高邮革命斗争大事记》。1989～1990年，县委党史办编印《高邮革命故事集》，编写《高邮人民革命史》纲目和《高邮县抗美援朝运动》《高邮县资本主义工商业、手工业社会主义改造运动》《高邮县对农业社会主义改造》《高邮县的“三反”“五反”运动》《高邮县的镇压反革命运动》等专题资料。

1993年，市委党史办组织力量完成20万字的《中共高邮县大事记》（1949年10月至1981年6月）初稿审订工作；与浙江省上虞市委党史办联合编印发行《光辉的足迹》一书，以纪念陈树谷（陈特平）烈士1944年在高邮牺牲50周年；编写《高邮革命斗争简史》第九章《粉碎敌人清剿，保卫抗日根据地》；编印《高邮市1952年肃毒运动及禁娼工作》专题资料。1994年，由夏金明撰写的《苏中一分区抗日根据地的开辟和建设》，被评为省委党史工委优秀党史文章。

1996年2月至2001年，市委党史办历经6年，完成《江苏人民革命斗争群英谱·高邮分卷》组稿和审稿工作，全书收录全市33个乡镇人民群众在革命战争年代的英雄事迹，共496篇26万字，于2001年初公开出版发行。1997年，市委党史办公室编纂的《破晓号角》，获省政协文史资料二等奖、省党史优秀书籍三等奖；由肖维琪撰写的《杨天华沉冤昭雪前后》，获中国现代史学会二等奖。

1999年，由肖维琪、杜国富撰写的《刘少奇屈死开封真相》，获华东地区党史报刊优秀文章一等奖。2000年，由肖维琪撰写的《我国当代社会的两次转型及社会观念的变化》，获省党史优秀文章一等奖。2001年，市委党史办撰写《抗战期间高邮两次著名战斗的意义》专题文章。2002年，向中央党史研究室编纂出版的《共和国之最》提供高邮鸭蛋被列入国家原产地域产品保护、高邮古盂城驿修复并开放、中国邮驿博物馆在高邮建成等3个条目。2003～2004年，撰写党史研究文章20多篇，其中《中国改革向纵深地带挺进》《情为民所系、万事民为先》等10多篇文章被省、扬州市报刊和《英雄少年》一书采用。2005年，由杜国富撰写的《新四军对日寇的最后一战》，获华东地区党史报刊优秀文章二等奖。

第三节 革命纪念地标记物设立

1991年，市委党史办根据市委决定，在有革命纪念意义的遗址处树立标记物，以示对革命先辈的纪念和对后人的教育。是年7月，市委、市政府刻制17块大理石石碑。其中，土地革命战争时期有中共临泽支部纪念地、中共三垛支部纪念地、中共高邮县委建立纪念地、中共界首乡师支部纪念地、中共菱塘桥支部纪念地、中共高邮城厢支部纪念地，抗日战争时期有公田张家庄战斗纪念地、周庄战斗纪念地、高邮县抗日民主政府建立纪念地、中共苏中一分区党政军领导机关驻地、三垛河口伏击战纪念碑、高邮战役纪念碑、攻克高邮城烈士墓，解放战争时期有中共华中二地委暨高邮县委土地改革试点纪念地、三郎庙战斗纪念地、马棚湾战斗纪念地、三打临泽镇纪念地等，分于14个乡镇和单位。所有纪念地，均辟成园林式景地，呈现庄严肃穆的氛围。1995年9月，市委、市政府又在界首镇立寡妇圩死难同胞纪念碑，在一沟乡立黄家厍死难同胞纪念碑，以悼念遭受侵华日军大屠杀的部分高邮同胞。

第四节 抗日战争胜利纪念

1995年，市委、市政府举行系列活动，纪念抗日战争和世界反法西斯战争胜利50周年。9月1日，市委、市政府举行纪念抗日战争胜利50周年报告会，市委党史办在会上介绍高邮人民抗日斗争英勇事迹。9月5～6日，邀请曾指挥三垛河口伏击战的新四军第十八旅旅长刘飞夫人朱一、原新四军第五十二团政治处主任梁竹吉、原新四军第十八旅旅部特派员包可悦等21名抗日战争老战士及其亲属到高邮出席座谈会，纪念1945年4月28日三垛河口伏击战和1945年12月26日高邮战役胜利50周年。是年，市委党史办编写的《血战新庄》《日蒋易旗梦难圆》，被收入省委党史工委编著的纪实性文集《江苏抗战风云录》；《高邮战役述评》先后被省委党史工委主办的《世纪风采》杂志和《扬州日报》转载；《三垛河口伏击战纪实》被《扬州史志》杂志登载。在《高邮报》开辟《纪念三垛河口伏击战胜利50周年》和《抗日战争系列战斗》两个专栏，先后刊登《破晓号角》和《奇袭张家庄》等10篇文章。

2000年9月，在市委宣传部、市关心下一代工作委员会等单位召开的纪念抗日战争胜利55周年座谈会上，市委党史办专题介绍高邮地区抗日斗争情况，揭露日军侵华暴行，讴歌先烈们崇高品质和献身精神。2005年，市委开展纪念抗日战争胜利60周年专题宣传教育活动，市委党史办配合中央人民广播电台、江苏电视台等新闻媒体，拍摄和录制反映高邮战役的专题片；在《高邮信息》开辟专栏，刊载反映高邮人民抗击日军英雄事迹的文章15篇；派人到部队、学校、企业为战士、中小学生、企业职工宣讲高邮人民抗日斗争史20多场次。

第二十篇

地方人民代表大会

要 目

1981年1月24日，县第六届人民代表大会第一次会议召开，首次选举产生县第六届人民代表大会常务委员会（简称人大常委会），并明确为县人民代表大会（简称人大）的常设机构。1984～1992年，先后召开第七、八、九届县（市）人民代表大会，每届任期3年。1993年，根据《中华人民共和国地方各级人民代表大会和地方各级人民政府组织法》的规定，市人民代表大会每届任期改为5年。1993～2005年，先后召开第十、十一、十二届市人民代表大会。市人民代表大会依法换届选举，产生市人民代表大会及其常务委员会，任命国家机关工作人员。

市（县）人大及其常委会依法行使各项职权，发挥地方国家权力机关作用，监督检查市（县）人民政府、人民法院、人民检察院（简称“一府两院”）工作，通过听取和审议“一府两院”工作汇报、组织执法检查、开展代表评议和述职评议、实施个案监督和预算审查监督、办理代表建议和组织代表视察等形式，行使监督职权；围绕民主法制建设、经济社会建设和事关人民群众切身利益的重大事项，行使重大事项决定权；依法选举各届人大代表，充分发挥代表作用，督促“一府两院”和有关部门落实人民代表大会会议议案及代表建议、批评和意见；指导乡镇人民代表大会依法开展工作。

第一章　人大代表

1986～2005年，市人民代表大会代表由选民依法选举产生。其中，第七、八、九届每届任期3年，第十、十一、十二届每届任期5年。各乡镇人民代表大会代表由其所在选区选民依法选举产生。2004年以前，每届任期3年。2004年3月，根据《中华人民共和国宪法修正案》的规定，乡镇人大主席团和乡镇人大代表，每届任期改为5年。

第一节　市人大代表选举

一、市人大代表产生

1986～2005年，全市人大代表历经5次换届选举。在每届人大代表换届选举时，均成立市换届选举委员会，下设办公室，组织全市选举工作。选举分为组织准备、宣传发动、选民登记、推荐协商、投票选举等阶段。通过宣传发动，调动选民参加选举的政治热情。选民进行登记，并张榜公示，保证不错不漏不重。经选民监督并核对无误后，给每名选民发放选民证。代表名额根据《中华人民共和国全国人民代表大会和地方各级人民代表大会选举法》《江苏省各级人民代表大会选举实施细则》确定，并将确定的代表名额分配到各选区。代表候选人通过广泛提名推荐，经过自下而上、自上而下反复酝酿协商确定。在全市统一的选举日，以市划定的选区为单位，选民凭选民证领取选票，采取无记名投票方式，直接投票选举出市人大代表。各选举单位选出市人大代表后，市人大常委会代表资格审查委员会依法审查换届选举和补选代表资格，并向市人大常委会提出审查报告，确认当选代表的代表资格是否有效。

1987年1月1日至3月8日、1989年12月21日至1990年2月25日，全县选出县第八届、第九届人大代表312人、324人。1992年11月1日至年末、1997年9月下旬至12月24日、2002年9月下旬至12月15日，全市选出市第十届、第十一届、第十二届人大代表327人、295人、295人。

1986～2005年，高邮市出席省历届人民代表大会的代表由扬州市历届人民代表大会选举产生，出席扬州市历届人民代表大会的代表由高邮市人民代表大会选举产生。

1986～2005年高邮市历届人民代表大会代表选举情况一览表

表20-1

届别	选举时间	乡镇区（个）	选区（个）	全市人口总数（万人）	选民登记人数（万人）	参选选民人数（万人）	参选率（%）	代表名额（人）	实选代表（人）	代表所代表的平均人口数（人）
八	1987年1～3月	33	219	81.21	57.19	55.33	96.7	313	312	2595
九	1989年12月至1990年2月	33	216	82.51	58.20	56.40	96.9	324	324	2547
十	1992年11～12月	33	171	83.17	64.40	62.94	97.7	327	327	2543
十一	1997年10～12月	33	160	83.18	66.02	64.65	97.9	295	295	2820
十二	2002年9～12月	21	153	83.02	65.00	62.63	96.4	295	295	2814

二、市人大代表结构

1986～2005年，在市第八届至第十二届人大代表换届选举中，对代表结构比例均有具体要求，最后以选举结果为准。在选出的市人大代表中，知识分子代表、妇女代表所占比例逐步提高。第十二届市人大代表中，知识分子代表、妇女代表所占比例，分别比第八届提高9.7个百分点、4.1个百分点。同时，代表结构日趋合理，代表的文化水平、参政议政能力亦逐步提高。

1986～2005年高邮市历届人民代表大会代表结构情况一览表

表20-2　　　　单位：人

届别	代表人数	职业构成								党派				妇女	
		工人农民		知识分子		干部		其他		中共党员		党外人士			
		人数	占比（%）	人数	占比（%）	人数	占比（%）	人数	占比（%）	人数	占比（%）	人数	占比（%）	人数	占比（%）
八	312	162	51.9	47	15.1	83	26.6	20	6.4	221	70.8	91	29.2	61	19.6
九	324	148	45.7	63	19.4	101	31.2	12	3.7	240	74.1	84	25.9	71	21.9
十	327	152	46.5	61	18.7	105	32.1	9	2.7	216	66.1	111	33.9	76	23.2
十一	295	147	49.8	51	17.3	82	27.8	15	5.1	221	74.9	74	25.1	67	22.7
十二	295	120	40.7	73	24.8	96	32.5	6	2.0	214	72.5	81	27.5	70	23.7

说明：在“职业构成”的“其他”项中，系指少数民族、归侨、军人等人员中的代表。

附1：高邮市出席省人民代表大会代表名单

1988年1月，经扬州市第二届人民代表大会第一次会议选举产生高邮县出席省第七届人民代表大会代表共5人：马根生（女）、孙龙山、张廷猷、金成梁、葛玉明。

1993年3月，经扬州市第三届人民代表大会第一次会议选举产生高邮市出席省第八届人民代表大会代表共7人：马根生（女）、冯祥华、戎文凤（女）、杨怀成、张金定、金成梁、葛玉明。

1998年1月，经扬州市第四届人民代表大会第一次会议选举产生高邮市出席省第九届人民代表大会代表共3人：卜宇、冯祥华、杨学华。

2003年1月，经扬州市第五届人民代表大会第一次会议选举产生高邮市出席省第十届人民代表大会代表共3人：张庆奇、徐祥华、薛新明。

附2：高邮市出席扬州市人民代表大会代表名单

1987年11月29日，经县八届人大第二次会议选举产生高邮县出席扬州市第二届人民代表大会代表共48人：丁道娟（女）、丁德和、卜宇、于晓萍（女）、王龙、王月存、石香、冯祥华、戎文凤（女）、朱元龙、任金富、刘才甫、刘天鹏、刘金鳌、许真、许可成、严浴真、束国旗、李文虎、李玉德（女）、李加志、杨麟、杨文华、杨正山、吴雨、邱丽萍（女）、何春华（女）、沙善东、张愈、陈石、陈爱玉（女）、陈普山、林旭东、赵阿才、胡以治、祝志福、夏达、钱维山、徐兴嘉、徐作杰、谈铁人、黄斌钊、龚士虎、崇斯兰（女）、蒯小棣、蔡梓钧、翟鹏江、戴康程。

1993年2月13日，经市十届人大第一次会议选举产生高邮市出席扬州市第三届人民代表大会代表共49人：丁道娟（女）、卜宇、于晓萍（女）、王巧英（女）、王加木、王荣平、韦博友、邓恒和、卢琳（女）、史龙云、刘明（女）、刘绍茂、花兆奎、李汝芳、杨田英（女）、杨麟、吴中直、吴恒华、吴皓、邱丽萍（女）、何春华（女）、沙善东、沈学惠、张义琴（女）、张法荣、陈长松、陈庚林、陈景春、陈普山、茆有美、范兄堂、金凤林、金桃英（女）、周其金（女）、胡以治、施仕周、祝志福、祝启贵、聂厚宽、夏素兰（女）、晏贞怀、钱巧云（女）、钱富强、徐鸿章、郭怀珠、谈铁人、黄家洪、蔡梓钧、戴有斌。

1998年1月8日，经市第十一届人大第一次会议选举产生高邮市出席扬州市第四届人民代表大会代表共65人：刁三九（女）、于晓萍（女）、王巧英（女）、王加木、王志强、王康华、王慧群（女）、尤兆丰、邓恒和、卢琳（女）、冯正初、戎文凤（女，2001年10月24日被罢免）、朱嘉（女）、孙玉明、李洁（女）、李汝芳、李梅英（女）、杨庆林、杨志海、肖伯群、吴皓、吴年平、沈学惠、宋友来、张庆奇、张晓华（女）、张晓霞（女）、张椿年、陆高忠、陈长江、陈爱萍（女）、陈菊芹（女）、陈惟高、林正玉、茆实、金凤林、周瑾（女）、周素娟（女）、周留英（女）、郑生庆、胡恒春、赵万和、宦晓平、费光仁、姚有德、耿越、贾彬、顾昌林、夏素兰（女）、钱小平（女）、钱玉荣、钱嘉宏、倪文才、徐兴嘉、徐赴前、徐鸿章、郭亚同、郭登明、谈铁人、盛卫东、盛恒富、韩立耕、董玉海、薛序、魏芝田。

2003年1月10日，经市第十二届人大第一次会议选举产生高邮市出席扬州市第五届人民代表大会代表共66人：丁一、丁筱青（女）、刁三九（女）、王军、王锦、王薇（女）、王正宇、王庆东、王志强、王建华、王康华、王慧群（女）、卢金贵、冯正初、朱小平、仲兆凤（女）、任建云（女）、刘明（女）、刘秀梵、刘宝桃、祁跃辉、李生、李中祥、李秋定、吴年平、吴春芳（女）、吴增强、沙军红、张金定、张厚宝、张海金、陈天泉、陈惟高、林星（女）、茆长美、金开明、周琳（女）、周长文、郑生庆、郑连元、胡恒春、赵鸿、赵广华、洪锦华、姚慧（女）、秦国柳、耿越、顾建人、夏志平、夏素兰（女）、夏瑞香（女）、钱国芳（女）、徐坤（女）、徐渊、徐卫东、徐兴嘉、谈嘉山、曹叶林、扈德林、葛广东、葛桂秋、董雷、喻义珠、詹毅、薛清、魏芝田。

第二节　乡镇人大代表选举

1987年1～3月，全县乡镇人大进行换届选举，选出乡镇人大代表1798人。1989年12月至1990年2月、1992年11～12月，全市先后选举产生两届乡镇人大代表2005人。1995年10～12月，全市换届选举乡镇人民代表大会代表。经市十届人大常委会第十九次会议做出《关于乡镇人大换届选举的决定》，设立市选举工作办公室，批准组建各乡镇选举委员会，依法确定代表名额，审批各乡镇选区划分，在武安乡组织换届选举试点，3次召开乡镇选举工作会议，选举产生乡镇人大代表1874人，并于1996年1月先后召开各乡镇人代会第一次会议。1998年10～12月，全市乡镇换届选举产生乡镇人大代表1874人。以上5届乡镇人大代表任期均为3年。

2000年5月，部分乡镇区划调整，新组建的高邮镇、龙虬镇、马棚镇、卸甲镇、汉留镇、汤庄镇、三垛镇、甘垛镇、临泽镇、周巷镇等10个镇，提前实施镇人民代表大会代表换届选举，产生镇人大代表700人。2001年10～12月，车逻镇、马棚镇（原与东墩乡合并，后东墩乡划归高邮经济开发区，马棚镇又单设）、司徒镇、横泾镇、八桥镇、天山镇、菱塘回族乡、送桥镇、郭集镇、界首镇、周山镇等11个乡镇人民代表大会任期届满换届，选举产生乡镇人大代表631人。2004年起，乡镇人大代表任期改为5年。

第二章 人民代表大会

1986年4月至2005年1月，高邮市共举行人民代表大会21次，由市人民代表大会常务委员会召集。每次会议前召开预备会议，选举该次会议主席团和秘书长，大会主席团负责决定副秘书长、会议日程、提出议案的截止日期及其他有关事项。大会根据需要，设代表资格审查、国民经济社会发展计划和财政预算审查、议案审查等委员会，在主席团领导下开展工作。大会设秘书处，在主席团和秘书长领导下负责办理会务工作。大会秘书处下设秘书、会务、组织、宣传、议案、保卫、行政等组，负责处理大会具体事务。大会如有选举任务，主席团会议提出选举办法（草案），以供大会讨论通过。

第一节 市人民代表大会

1986～2005年，全市每年举行一次人民代表大会会议，依法分别听取和审议市政府市长或代理市长的政府工作报告、市人大常委会主任或副主任的人大常委会工作报告、市人民法院和市人民检察院主要负责人的工作报告，听取和审议市计划委员会（市发展计划局、市发展和改革委员会）、市财政局主要负责人受市政府委托分别所做的上年度市国民经济和社会发展情况及下年度计划草案报告、上年度财政预算执行情况和本年度财政预算报告（简称人大常委会和“一府两院”等6个工作报告），并通过相应决议（注：历年人民代表大会会议的记载中，此内容略）。有的会议还通过无记名投票形式，依法选举或补选国家机关工作人员，选举出席扬州市人民代表大会代表，或者审查市中长期经济和社会发展计划。

一、县第七届人民代表大会第三次会议

1986年4月7～10日，县第七届人民代表大会第三次会议举行。应到会代表391人，出席会议代表372人。会议期间，代表提出议案18件。其中，《关于改革教育结构、办好职业中学、缩小城乡高中录取分数线的议案》经大会决定由县政府在大会后制订方案，提交县人大常委会审议。其余转为代表意见，交有关方面办理答复。代表还提出建议、批评和意见371件。

二、县第八届人民代表大会

第一次会议，1987年4月3～9日举行。应到代表312人，出席会议代表311人。会议听取、审议人大常委会和“一府两院”等6个工作报告，以310票赞成、1票弃权通过《关于政府工作报告的决议》，以310票赞成、1票反对通过《关于“七五”计划草案和1986年计划执行情况及1987年计划安排意见报告的决议》，以299票赞成、12票弃权通过《关于1986年财政决算和1987年财政预算草案报告的决议》，以全票赞成通过《关于县人民代表大会常务委员会工作报告的决议》《关于县人民法院工作

报告和县人民检察院工作报告的决议》。会议通过选举办法，经代表无记名投票，差额选举任金富为县人大常委会主任，林正德、施国栋、杨秀成、张廷猷、徐永龙为副主任，选举13人为常委会委员。选举孙龙山为县人民政府县长，戎文凤（女）、戴有斌、詹岫琪、朱延庆为副县长。选举周惠为县人民法院院长，李汝芳为县人民检察院检察长。大会期间，代表们共提出建议、批评和意见369份，议案49件。大会决定《关于切实搞好企业简政放权的议案》《关于严格控制有关部门向农民转嫁各种经济负担的议案》等5件议案，由县政府提出解决方案，提交县人大常委会审议。其余44件议案，均作为建议、批评和意见。

第二次会议，1987年11月28～29日举行。应到代表312人，出席会议代表294人。会议主要任务是选举高邮县出席扬州市第二届人民代表大会代表。扬州市分配给高邮县代表名额48人，其中扬州市参选8人。全县推荐代表候选人140多人。经大会讨论协商，确定代表候选人58人。通过无记名投票差额选举形式，选出高邮县出席扬州市第二届人民代表大会代表48人，其中扬州市参选的8人，高邮县40人（含代表10人以上联名推荐的候选人1人）。

第三次会议，1988年5月7～10日举行。应到代表312人，出席会议代表295人。会议期间，县人大常委会主任任金富和副主任杨秀成、徐永龙分别主持农村工作、工交财贸工作、城乡建设和教科文卫工作3个专题座谈会。会议收到代表10人以上联名提出的议案30件，代表提出的建议、批评和意见204件。对《关于要加强对农业生产的具体领导，稳定发展农业生产的议案》等5件议案，由县政府拿出实施方案，提请县人大常委会审议。会议闭幕前，全国人大常委会委员曾涛到会看望与会代表并讲话。

第四次会议，1989年4月6～10日举行。应到代表312人，出席会议代表295人。会议选举刘才甫为县人大常委会副主任，倪文才为副县长。会议收到议案30件。县人大常委会提出的《关于从速解决河水污染严重地区人民群众的吃水问题的议案》，由主席团提交大会审议，经大会表决，做出决议。主席团决定《关于全面贯彻企业法的议案》等10件议案，由县政府提出解决问题的措施，提请县人大常委会审议决定后组织实施；其余议案作建议、批评和意见办理。大会收到代表建议、批评和意见154件。

三、县（市）第九届人民代表大会

第一次会议，1990年4月10～14日举行。应到代表324人，出席会议代表322人。会议期间，举行农业、工业、科技兴县、土地管理、民主法制建设5个专题审议会。会议通过选举办法，经代表无记名投票，选举沈学惠为县九届人大常委会主任，李汝芳、刘才甫、金同清、居云保为副主任，选举18人为常委会委员。选举戎文凤（女）为县人民政府县长，李士清、史善成、倪文才、周宏举、夏元新为副县长。选举周惠为县人民法院院长，左瑚为县人民检察院检察长。会议收到代表10人以上联名提出的议案50件，决定其中6件交县人大常委会主任会议研究，提出是否列入县人大常委会会议议程的意见，由县人大常委会审议研究决定，其余44件议案，作为代表建议、批评和意见处理。会议收到代表建议、批评和意见335件。

第二次会议，1991年4月6～9日举行。应到代表323人，出席会议代表315人。会议审查和批准《高邮市国民经济和社会发展第八个五年计划纲要（草案）》，通过《高邮市人民代表大会议事规则》。会议选举倪宏谷为市人大常委会副主任。会议收到代表10人以上联名提出的议案20件。对市人大代表李康熙等12人联名提出《关于修订〈高邮市城市总体规划〉和编制〈城市详细规划〉的议案》，授权市人大常委会审议，由市政府进一步调查研究，提出解决问题方案，向市人大常委会汇报。其余19件议案作为建议、批评和意见处理。会议收到代表建议、批评和意见202件。

第三次会议，1992年3月23～25日举行。应到代表323人，出席会议代表300人。会议审议并通过《高邮市人民代表大会关于议案处理的暂行办法》。会议收到代表10人以上联名提出的议案23件，经大会主席团决定，均作为重要的建议、批评和意见处理。会议收到代表建议、批评和意见170件。

四、市第十届人民代表大会

第一次会议，1993年2月9～13日举行。代表327人全部出席。会议期间，召开农业和工业两个专题的代表座谈会。会议通过选举办法，经代表无记名投票，选举沈学惠为市十届人大常委会主任，李汝芳、刘才甫、居云保、倪宏谷、史善成为副主任，选举17人为常委会委员。选举戎文凤（女）为市人民政府市长，卜宇、倪文才、周宏举、夏元新、高逸民、谈铁人、徐兴嘉为副市长。选举周惠为市人民法院院长，左瑚为市人民检察院检察长。会议还选举高邮市出席扬州市第三届人民代表大会代表49人。会议共收到代表议案13件。其中，市人大常委会提出的《关于切实控制和减轻农民负担问题的议案》，由主席团提交大会审议，经大会表决，做出相应的决议。其余12件议案均作为代表建议、批评和意见处理。会议收到代表建议、批评和意见212件。

第二次会议，1994年2月24～26日举行。应到代表326人，出席会议代表318人。会议选举朱烨为市人大常委会副主任。会议收到代表10人以上联名提出的议案7件。其中，市人大代表任金富和韦正龙等24人分别联名提出的《关于扶持并加快革命老区贫困乡村经济发展的议案》等两件议案，交市人大常委会审议决定，并报市人民代表大会下一次会议备案。其余议案均作为建议、批评和意见办理。会议收到代表建议、批评和意见142件。

第三次会议，1995年2月23～25日举行。应到代表325人，出席会议代表316人。会议接受陈旭东辞去市人大常委会委员职务的请求，接受左瑚辞去市人民检察院检察长职务的请求。会议通过选举办法，经代表无记名投票，选举沈国庆为市人大常委会副主任，张建华为市人大常委会委员。选举卜宇为市人民政府市长。选举宋慕生为市人民检察院检察长。会议期间，收到代表10人以上联名提出的议案共8件，均作为建议、批评和意见处理。会议收到代表建议、批评和意见107件。

第四次会议，1996年3月10～12日举行。应到代表324人，出席会议代表313人。会议审议市政府关于《高邮市国民经济和社会发展“九五”计划和2010年远景目标纲要（草案）》的书面报告，并批准该报告。会议收到代表10人以上联名提出的议案23件，均作为建议、批评和意见处理。会议收到代表建议、批评和意见137件。

第五次会议，1997年1月26～28日举行。应到代表322人，出席会议代表289人。会议补选郭海平为市人民法院院长。会议收到代表10人以上联名提出的议案14件，均作为建议、批评和意见处理。会议收到代表建议、批评和意见113件。

五、市第十一届人民代表大会

第一次会议，1998年1月4～8日举行。应到代表295人，出席会议代表294人。会议通过选举办法，经代表无记名投票，选举徐赴前为市十一届人大常委会主任，徐兴嘉、居云保、倪宏谷、史善成、朱烨、沈国庆为副主任，选举16人为常委会委员。选举卜宇为市人民政府市长，倪文才、夏元新、谈铁人、马根生（女）、王东升为副市长。选举郭海平为市人民法院院长，祝启贵为市人民检察院检察长。会议还选举高邮市出席扬州市第四届人民代表大会的代表65人。会议收到代表议案51件。其中，市人大代表刘绍茂等15人联名提出的《关于切实加强预算外资金管理的议案》，由主席团提交大会审议，经大会表决，做出相应的决议。其余50件议案，均作为代表建议、批评和意见处理。会议收到代表建议、批评和意见150件。

第二次会议，1999年2月4～6日举行。应到代表295人，出席会议代表294人。会议收到代表议案18件。市政府向大会提出的《关于加快重点水利工程达标建设的议案》，由主席团提交大会审议，经大会表决，做出相应决议。其余17件议案，均作为建议、批评和意见处理。会议收到代表建议、批评和意见154件。

第三次会议，2000年2月21～23日举行。应到代表295人，出席会议代表288人。会议接受夏元新辞去市人民政府副市长职务的请求，补选王正宇为市人民政府市长，尤泽勇为副市长。会议期间，根据代表建议要求，大会秘书处首次组织“一府两院”接受市人大代表询问和办理市人大代表建议活动，有人大代表52人提出书面询问59件、口头询问数百件，现场办理代表建议9件，代表对书面询问办理结果表示满意或基本满意的57件，不满意2件。会议收到代表议案27件，均作为代表建议、批评和意见处理。会议收到建议、批评和意见133件。

第四次会议，2001年2月4～6日举行。应到代表286人，出席会议代表278人。会议接受史善成辞去市第十一届人大常委会副主任职务的请求，补选陈明为市人大常委会主任。会议期间，大会秘书处继续组织“一府两院”接受市人大代表询问和办理市人大代表建议活动。同时，邀请部分市人大代表专题审议《高邮市国民经济与社会发展第十个五年计划纲要（草案）》。大会审议并批准该纲要。会议收到代表议案21件，全部作为代表建议、批评和意见处理。会议收到建议、批评和意见77件。

第五次会议，2002年2月27日至3月1日举行。应到代表281人，出席会议代表269人。会议经代表无记名投票，补选王正宇为市第十一届人大常委会主任，补选王天放、王友芳（女）、周清荷（女）、秦兴龙、耿其山为市人大常委会委员，补选徐祥华为市人民政府市长。会议期间，大会秘书处继续组织“一府两院”接受市人大代表询问以及现场办理市人大代表建议活动。代表提出书面询问37件，经“一府两院”负责人现场答复、办理后，代表表示满意26件、基本满意8件、不满意3件。会议收到代表议案21件，全部作为代表建议、批评和意见处理。会议收到建议、批评和意见94件。

六、市第十二届人民代表大会

第一次会议，2003年1月6～10日举行。应到代表295人，出席会议代表293人。会议通过选举办法，经代表无记名投票，选举王正宇为市十二届人大常委会主任，徐兴嘉、谈铁人、马根生（女）、尤泽勇、吴平权为副主任，选举17人为常委会委员。选举徐祥华为市人民政府市长，丁一、杨学华、王东升、张秋红（女）、董玉海为副市长。选举郭海平为市人民法院院长，谢应松为市人民检察院检察长。会议选举高邮市出席扬州市第五届人民代表大会代表66人。会议收到代表议案21件。其中，市人大代表薛新明等10人联名提出的《关于加快我市骨干公路建设的议案》，由大会主席团提交大会审议，经大会表决，做出相应决议。其余20件议案，均作为代表建议、批评和意见处理。会议收到代表建议、批评和意见151件。

图20-1　2003年1月6～10日，举行高邮市第十二届人民代表大会第一次会议。图为大会会场

第二次会议，2004年1月8～10日举行。应到代表292人，出席会议代表278人。会议接受李大明辞去市十二届人大常委会委员职务的请求。会议经代表无记名投票，补选祝启贵为市十二届人大常委会副主任。会议收到代表10人以上联名提出的议案19件。其中，市人大代表胡行球等10人联名提出的《关于加大对乡镇财政扶持力度，逐步调整税收分成比例的议案》，经大会表决，做出关于授权市人大常委会在适当时候审议此议案，并做出相应决定，报市十二届人大三次会议备案。其余18件议案，均作为代表建议、批评和意见处理。会议收到代表建议、批评和意见113件。会议期间，组织代表视察高邮经济开发区和部分城市建设重点工程。

第三次会议，2005年1月19～21日举行。应到代表292人，出席会议代表285人。会议经代表无记名投票，补选杨庆林、周怡（女）为市人大常委会委员。会议收到代表10人以上联名提出的议案21件。其中，市人大代表杨杰等11人联名向大会提出《关于创作、设立高邮市市歌的议案》，经提请全体代表审议，大会做出《关于创作、设立高邮市市歌议案的决议》，由市政府在8月底前完成创作市歌的任务。其余20件议案，全部作为代表建议、批评和意见处理。会议收到代表建议、批评和意见100件。

第二节　乡镇人民代表大会

1986年起，全县乡镇人民代表大会由乡镇人民代表大会主席团主持，每年至少召开一次会议，听取和审查乡镇政府工作报告，审查和批准上年度乡镇财政预算执行情况和本年度财政预算报告，决定本行政区域内经济、文化和社会公共事业建设计划，选举乡镇人民代表大会主席团、主席、副主席和乡镇长、副乡镇长，并提出议案、建议和意见。1988年前，乡镇人民代表大会闭会期间处于无人负责的状态。

1989年2月，县委转发县人大常委会党组《关于开好一九八九年乡镇人民代表大会的意见》，建议各乡镇人代会主席团设常务主席1名，负责乡镇人代会闭会期间日常工作，其人选由乡镇党委书记、副书记或曾担任区、乡镇领导职务的负责人担任。是年3月，各乡镇召开人代会前，由县委组织部会同区、乡镇党委研究，报请县委同意，经乡镇人民代表大会选举产生人大主席团常务主席。乡镇人大主席团常务主席在闭会期间，负责组织代表学习、宣传宪法、法律和法规，联系代表和在本乡镇的上级人民代表大会代表，组织执法检查、视察、调查，督促年初人代会代表提出的议案、建议、批评和意见办理，反映代表和选民对本级政府工作的意见，做好本级人民代表大会下次会议准备工作等。至2005年，全市乡镇人民代表大会共举行6届20次全体代表会议。

第三章　市人大常委会

1984～1990年，先后由县七届人大一次会议、八届人大一次会议、九届人大一次会议，分别选举产生县第七届、第八届、第九届人大常委会。1993～2003年，先后由市十届人大一次会议、十一届人大一次会议、十二届人大一次会议分别选举产生市第十届、第十一届、第十二届人大常委会。市人大常委会依照地方组织法规定，在人民代表大会闭会期间，行使重大事项决定权、监督权和人事任免权等各项职权，并不定期召开常委会会议，对重要事项及时做出决定。

第一节　组成人员

1984年5月至1987年4月，县第七届人大常委会组成人员19人，其中主任1人、副主任5人、常委会委员13人。任期3年。1987年4月至1990年4月，县第八届人大常委会组成人员20人，其中主任1人、副主任6人（原为5人，1989年4月增选1人）、常委会委员13人。任期3年。1990年4月至1993年2月，县（市）第九届人大常委会组成人员23人，其中主任1人、副主任5人（原为4人，1991年4月增选1人）、常委会委员18人。任期3年。

1993年2月至1998年1月，市第十届人大常委会组成人员24人，其中主任1人、副主任7人（原为

5人，1994年2月、1995年2月分别增选1人）、常委会委员17人（1994年2月1名委员被选为副主任，常委会委员实际16人）。任期5年。1998年1月至2003年1月，市第十一届人大常委会组成人员23人，其中主任1人、副主任6人、常委会委员16人。任期5年。2003年1月至2005年12月，市第十二届人大常委会组成人员24人，其中主任1人、副主任6人（原为5人，2004年1月增选1人）、常委会委员17人。任期5年。

1986～2005年高邮市人大常委会主任、副主任一览表

表20-3

届别	职务	姓名	性别	籍贯	任职时间
第七届（1984年5月至1987年4月）	主　任	查长银	男	兴化	1984年5月至1985年12月
	代理主任	李舜心	男	高邮	1985年7月至1987年4月被推选
	副主任	李舜心	男	高邮	1984年5月至1985年7月
		施国栋	男	通州	1984年5月至1987年4月
		杨秀成	男	高邮	1984年5月至1987年4月
		张廷猷	男	高邮	1984年5月至1987年4月
		张　忠	男	高邮	1984年5月至1987年4月
第八届（1987年4月至1990年4月）	主　任	任金富	男	泰兴	1987年4月至1990年4月
	副主任	林正德	男	高邮	1987年4月至1990年4月
		施国栋	男	通州	1987年4月至1990年4月
		杨秀成	男	高邮	1987年4月至1990年4月
		张廷猷	男	高邮	1987年4月至1990年4月
		徐永龙	男	高邮	1987年4月至1990年4月
		刘才甫	男	江阴	1989年4月至1990年4月
第九届（1990年4月至1993年2月）	主　任	沈学惠	男	泰兴	1990年4月至1993年2月
	副主任	李汝芳	男	高邮	1990年4月至1993年2月
		刘才甫	男	江阴	1990年4月至1993年2月
		金同清	男	扬州	1990年4月至1993年2月
		居云保	男	高邮	1990年4月至1993年2月
		倪宏谷	男	靖江	1991年4月至1993年2月
第十届（1993年2月至1998年1月）	主　任	沈学惠	男	泰兴	1993年2月至1998年1月
	副主任	李汝芳	男	高邮	1993年2月至1998年1月
		刘才甫	男	江阴	1993年2月至1998年1月
		居云保	男	高邮	1993年2月至1998年1月
		倪宏谷	男	靖江	1993年2月至1998年1月
		史善成	男	高邮	1993年2月至1998年1月
		朱　烨	男	高邮	1994年2月至1998年1月
		沈国庆	男	兴化	1995年2月至1998年1月

续表 20-3

届别	职务	姓名	性别	籍贯	任职时间
第十一届（1998年1月至2003年1月）	主　任	徐赴前	男	宝应	1998年1月至2001年1月辞职
		陈　明	男	邗江	2001年2月至2001年12月辞职
		王正宇	男	姜堰	2002年3月至2003年1月
	副主任	徐兴嘉	男	高邮	1998年1月至2003年1月
		居云保	男	高邮	1998年1月至2002年3月辞职
		倪宏谷	男	靖江	1998年1月至2001年9月病逝
		史善成	男	高邮	1998年1月至2001年2月辞职
		朱　烨	男	高邮	1998年1月至2003年1月
		沈国庆	男	兴化	1998年1月至2003年1月
第十二届（2003年1月至2007年12月）	主　任	王正宇	男	姜堰	2003年1月～
	副主任	徐兴嘉	男	高邮	2003年1月～
		谈铁人	男	高邮	2003年1月～
		马根生	女	上海市	2003年1月～
		尤泽勇	男	上海市	2003年1月～
		吴平权	男	高邮	2003年1月～
		祝启贵	男	高邮	2004年1月～

1987～2005年高邮市人大常委会委员一览表

表 20-4

届别	常委会委员名单（按姓氏笔画为序）
第八届	马　飞　朱宇清　朱来元　朱明丽（女）　许可成　汪　泽（女）　邵士林　杨正山　花兆奎　陈源深　居云保　董恒道　蔡梓钧
第九届	丁道娟（女）　王乃建　王之义　王宝源　朱民生　朱明丽（女）　刘　明（女）　许可成　李乃祥　李玉德（女）　杨福坤　邵士林　赵万和　俞志来　钱嘉宏　倪宏谷（1991年4月当选副主任）　黄玉福　董恒道
第十届	王佑华　朱　烨（1994年2月当选副主任）　刘阳春　江建涛　陈旭东（1995年2月辞）　周留英（女）　郑凤山　赵万和　赵忠华　姜　权　袁达新　真启栋　钱嘉宏　黄玉福　彭学明　葛玉明　董恒道　张建华（1995年2月补选）
第十一届	邓恒和　刘绍茂（2000年7月免）　杨　彪（2002年2月辞）　李长章　吴平权　吴绍良　张建华（1999年9月辞）　张秋红（女，2000年9月免）　张海金　郑凤山　袁达新　黄世贵　葛玉明　蒋庆中（2001年9月辞）　谢金平　薛晓寒　王天放（2002年3月补选）　王友芳（女，2002年3月补选）　周清荷（女，2002年3月补选）　秦兴龙（2002年3月补选）　耿其山（2002年3月补选）
第十二届	王天放　王友芳（女，2005年1月辞）　王玉山　王潮海　杨　杰　李大明　吴绍良　张海金　陈永平　邵义坤（2005年1月辞）　周清荷（女）　柳亚南　赵万和　赵文来　秦兴龙　耿其山　葛玉明　杨庆林（2005年2月补选）　周怡（女，2005年2月补选）

第二节 工作机构

1986年3月以前，县人大常委会工作机构为办公室和政法组、经济组、文卫组、城乡建设组。1986年4月，县七届人大常委会第十五次会议决定设立法制、财政经济、城乡建设、教科文卫等4个工作委员会。1989年5月，县八届人大常委会第十五次会议决定设立内务工作委员会。1992年11月，市九届人大常委会第二十一次会议决定设立农村工作委员会。1995年3月，市十届人大常委会第十六次会议决定将内务工作委员会更名为人事代表工作委员会。

1998年5月，市十一届人大常委会第二次会议决定工作机构改革：市人大常委会办公室，保留原名称，法制工作委员会更名为内务司法委员会，农村工作委员会、财政经济工作委员会合并为财政经济工作委员会，城乡建设工作委员会、教科文卫工作委员会合并为社会事业工作委员会，人事代表工作委员会更名为人事代表联络工作委员会。

2001年11月，市十一届人大常委会第二十七次会议决定恢复设立农村工作委员会。至2005年，市人大常委会工作机构为人大常委会办公室、内务司法委员会、财政经济工作委员会、社会事业工作委员会、人事代表联络工作委员会、农村工作委员会。

1986～2005年高邮市人大常委会内设机构演变和主要负责人一览表

表20-5

机构名称及演变	职务	姓名	性别	籍贯	任职时间
人大常委会办公室	主任	陈仲如	男	高邮	1986年9月至1988年6月
		董恒道	男	高邮	1988年11月至1997年7月
		吴绍良	男	高邮	1997年7月～
内务司法委员会（1986年4月设立法制工作委员会。1998年5月29日更名为现名）	主任	马　飞	男	高邮	1987年7月至1989年5月
		黄玉福	男	高邮	1989年5月至1996年5月
		谢金平	男	高邮	1997年7月至1998年5月
	主任	谢金平	男	高邮	1998年5月至2002年11月
		王潮海	男	高邮	2002年11月～
财政经济工作委员会（1986年4月设立。1998年5月29日，农村工作委员会与财政经济工作委员会合并，设立财政经济工作委员会）	主任	朱宇清	男	高邮	1987年7月至1989年5月
		李乃祥	男	高邮	1989年5月至1993年3月
		赵忠华	男	高邮	1993年3月至1997年7月
		刘绍茂	男	姜堰	1997年7月至1998年5月止
	主任	刘绍茂	男	姜堰	1998年5月至2000年7月
		袁达新	男	高邮	2000年7月至2002年11月
		柳亚南	男	高邮	2002年11月～
社会事业工作委员会（1986年4月设立城乡建设工作委员会。1998年5月29日与原教科文卫工作委员会合并，设立社会事业工作委员会）	主任	陈源深	男	高邮	1987年7月至1990年8月
		张　林	男	高邮	1990年8月至1992年12月
		袁达新	男	高邮	1992年12月至1998年5月止

续表 20-5

机构名称及演变	职务	姓名	性别	籍贯	任职时间
社会事业工作委员会(1986年4月设立城乡建设工作委员会。1998年5月29日与原教科文卫工作委员会合并,设立社会事业工作委员会)	主任	袁达新	男	高邮	1998年5月至2000年7月
		王玉山	男	高邮	2000年9月至2003年12月
		杨庆林	男	高邮	2003年12月～
教科文卫工作委员会(1986年4月设立。1998年5月29日与原城乡建设工作委员会合并,设立社会事业工作委员会)	主任	董恒道	男	高邮	1987年7月至1988年11月
		王乃建	男	高邮	1988年11月至1992年11月
		彭学明	男	丹阳	1992年11月至1996年5月
		李长章	男	高邮	1997年7月至1998年5月止
人事代表联络工作委员会(1989年5月设立内务工作委员会。1995年3月29日更名为人事代表工作委员会。1998年5月29日更名为现名)	主任	朱民生	男	泰州	1990年1月至1991年6月
		陈旭东	男	高邮	1992年11月至1995年2月
	主任	张海金	男	高邮	1995年3月至1998年5月
	主任	张海金	男	高邮	1998年5月至2003年12月
		周　怡	女	高邮	2003年12月～
农村工作委员会(1992年11月设立。1998年5月29日与财政经济工作委员会合并,设立财政经济工作委员会。2001年11月28日恢复设立农村工作委员会)	主任	刘阳春	男	高邮	1992年11月至1997年7月
	主任	耿其山	男	高邮	2001年11月至2003年12月
		王玉山	男	高邮	2003年12月～

第三节　常委会会议

一、县第七届人大常委会会议

1986年1月至1987年3月,县第七届人大常委会召开12次常委会会议。听取并审议“一府两院”及政府部门关于物价、优抚、代表建议办理、机动财力、教育、经济、环境保护、普法等各类专项工作汇报19项,关于贯彻实施《中华人民共和国婚姻法》《中华人民共和国食品卫生法》《中华人民共和国文物保护法》《中华人民共和国义务教育法》情况汇报4项,做出决议、决定8项。其中,第十九次会议审议通过《高邮县人大常委会、人民政府、人民法院、人民检察院工作联系制度》《关于办理人大代表建议、批评和意见的暂行办法》,第二十次会议审议通过《县人大常委会关于监督县人民法院、县人民检察院执行工作的暂行办法》《县人大常委会关于人事任免暂行办法》,第二十三次会议做出《关于认真学习、深入宣传、坚决贯彻全国人大常委会〈关于加强法制教育维护安定团结的决定〉的决议》。

二、县第八届人大常委会会议

1987年5月至1990年4月,县第八届人大常委会召开22次常委会会议。听取并审议“一府两院”及政府部门关于地方机动财力安排、经济、教育、普法、伤寒病防治、农副业生产、县城规划建设管理、环境保护、社会治安、财政预算执行等各类专项工作汇报35项,关于贯彻实施《中华人民共和国土地管理法》《中华人民共和国经济合同法》情况汇报2项,做出决议、决定13项。其中,第九次会议审议通过《县人大常委会议事规则》和《县人大常委会人事任免办法》,第十六次会议审议通过《高邮县人大常委会关于财政预算监督工作的暂行办法》,第十七次会议审议通过《关于开展执法检查的决定》。

三、县(市)第九届人大常委会会议

1990年6月至1993年1月，县(市)第九届人大常委会召开23次常委会会议。听取并审议“一府两院”及政府部门关于科技兴县、经济审判、治污改水、财政预算执行、高邮撤县设市、制止“三乱”、农村初级卫生保健、抗洪救灾、普法规划、计划生育等各类专项工作汇报34项，关于贯彻实施《江苏省中等职业技术教育条例》《中华人民共和国土地管理法》《中华人民共和国城市规划法》《中华人民共和国传染病防治法》《中华人民共和国水法》《江苏省计划生育条例》情况汇报6项，做出决议、决定18项。其中，第三次会议审议通过《高邮县人大常委会关于办理县人大代表建议、批评和意见的办法》，第七次会议审议通过《高邮县人民代表大会议事规则》，第八次会议做出《高邮市人大常委会关于市级国家机关名称及负责人职务变更的决定》，第十次会议分别做出《关于切实抓好抗洪救灾和恢复生产工作的决议》《关于在全市公民中深入开展普法教育的决议》，第十二次会议做出《关于修编高邮市城市总体规划和编制城市详细规划的决议》。

四、市第十届人大常委会会议

1993年3月至1997年12月，市第十届人大常委会召开36次常委会会议。听取并审议“一府两院”及政府部门关于农业结构调整、整顿社会治安秩序、控制和减轻农民负担、实施九年制义务教育、财政预算执行、少年犯罪审判、财税体制改革、产权制度改革、廉政建设、反贪污贿赂、依法治市、市级党政机构改革等各类专项工作汇报57项，关于贯彻实施国务院《全民所有制工业企业转换经营机制条例》《中华人民共和国食品卫生法》《中华人民共和国环境保护法》《中华人民共和国土地管理法》《中华人民共和国农业法》《中华人民共和国城市房地产管理法》《中华人民共和国劳动法》《中华人民共和国兵役法》《中华人民共和国城市规划法》《中华人民共和国农业技术推广法》《江苏省计划生育条例》《江苏省村镇规划建设管理条例》《中华人民共和国刑事诉讼法》情况汇报13项，做出决议、决定28项。其中，第十三次会议审议通过《高邮市人大常委会关于“一府两院”负责人述职的暂行办法》；第十六次会议审议批准市政府制定的《高邮市高标准林业建设示范市总体规划》，做出相应决议；第十八次会议批准《高邮市依法治市规划》，做出《关于依法治市的决议》；第十九次会议审议批准《高邮市科技发展“九五”计划和2010年长远规划》，做出相应决议。

五、市第十一届人大常委会会议

1998年3月至2002年12月，市第十一届人大常委会召开36次常委会会议。听取并审议“一府两院”及政府部门关于财政决算和财政预算执行、国民经济和社会发展计划执行、个体私营经济发展、计划生育、农业产业化经营、依法治市、工业企业改革和发展、教育和卫生事业单位改革、司法公正、招商引资等各类专项工作汇报76项，关于贯彻实施《中华人民共和国城市规划法》《中华人民共和国刑法》《中华人民共和国警察法》《中华人民共和国建筑法》《中华人民共和国村民委员会组织法》《中华人民共和国土地管理法》情况汇报8项，做出决议、决定45项。其中，第一次会议审议通过市人大常委会议事规则以及市人大常委会与市人民政府、市人民法院、市人民检察院工作联系制度；第二次会议做出《高邮市人大常委会关于常委会工作机构合并及名称变更的决定》，审议通过《市人大常委会组成人员守则》《市人大常委会关于监督市人民法院、市人民检察院工作的暂行办法》《市人大常委会关于财政预算监督的暂行办法》《市人大常委会人事任免办法》《市人大常委会关于办理市人大代表建议、批评和意见的办法》；第七次会议审议通过《高邮市人大常委会关于审判人员、检察人员述职的决定》；第十二次会议审议通过《高邮市人民代表大会常务委员会讨论、决定重大事项的规定》；第十七次会议做出《高邮市人大常委会关于审查高邮市城市总体规划修编方案的决议》，审议通过《高邮市人大常委会关于实施〈江苏省各级人民代表大会常务委员会对司法机关个案监督的规定〉的暂行办法》；第三十二次会议审议通过《高邮市人大常委会关于公民旁听常务委员会会议的暂行办法》。

六、市第十二届人大常委会会议

2003年1月至2005年12月，市十二届人大常委会召开22次常委会会议。听取并审议“一府两院”及政府部门关于依法治市、“非典”防治、财政决算和财政预算执行、工业经济、招商引资、市属企业改革、农业标准化建设、林业工作、行政审判、预防职务犯罪、农业产业化经营等各类专项工作汇报47项，关于贯彻实施《中华人民共和国药品管理法》《中华人民共和国行政许可法》《中华人民共和国环境保护法》情况汇报3项，做出决议、决定21项。其中，第二次会议审议通过《高邮市人民代表大会常务委员会组成人员守则》；第六次会议审议通过《高邮市人民代表大会常务委员会关于“一府两院”执行市人大及其常委会决议、决定、审议意见及办理市人大常委会主任会议交办事项的暂行办法》；第八次会议审议通过《高邮市人大常委会关于修订市人大常委会〈议事规则〉及〈人事任免办法〉部分条款的决定》；第九次会议审议通过《关于司法机关部分案件实行备案的暂行办法》；第十一次会议审议通过《高邮市人大常委会人事任免工作实施办法》《届内市人大代表辞职暂行规定》；第十六次会议审议通过《高邮市人大常委会关于市政府组成人员和“两院”负责人述职评议工作办法》；第十七次会议审议通过《关于高邮市市歌的决定》，并确定《高邮之歌》为高邮市市歌，审议通过《高邮市人大常委会关于实行〈审议意见书〉的暂行办法》。

第四章　主要工作

1986～2005年，市人大常委会围绕全市经济建设、民主法制建设、教科文卫工作、人民代表大会工作和其他重要工作，予以认真审议、讨论，共举行常委会会议151次，做出有关重大事项的决议、决定133项，推动全市各项工作顺利开展，维护法律尊严和人民群众合法权益。依法实施法律监督和工作监督、人事任免和人事监督，督办代表议案和建议意见，开展工作评议和述职评议，做好代表联系工作，指导乡镇人大工作。

第一节　重要事项审议决定

一、国民经济计划指标变更

1997年11月，市十届人大常委会第三十五次会议听取市政府《关于调整高邮市1997年部分国民经济计划指标的情况报告》，经审议，做出《关于变更1997年市部分国民经济计划指标的决定》，批准市政府建议的1997年国内生产总值计划指标由50亿元调减为47亿元的调整方案。2000年5月，市十一届人大常委会第十五次会议听取市计划委员会受市政府委托所做的《关于提请审议高邮市“九五”计划部分主要指标变更议案的说明》，经审议，做出《关于批准市“九五”计划部分指标变更的决议》。会议建议市政府总结经验教训，今后非政策性的或不可抗的因素一般不予变更指标。

二、农村经济工作

1991年8月，市九届人大常委会第十次会议，针对全市洪涝灾害所造成的严重损失，做出《关于切实抓好抗洪救灾和恢复生产工作的决议》。市九届、十届、十一届人大常委会，还先后对贯彻《中华人民共和国水法》、扶持和加快革命老区贫困乡村经济发展、批准《高邮市标准林业建设示范市总体规划》、批准《高邮市生态示范区建设总体规划》等做出决议、决定。

三、城乡建设

1988年10月，县八届人大常委会第十次会议原则同意县政府《关于县城规划建设管理工作情况的汇报》，讨论通过《关于进一步做好县城规划建设管理工作的决议》。1991年10月，市九届人大常委会第十二次会议针对撤县设市后对城市建设提出的更高要求，做出《关于修编城市总体规划和编制城市详细规划的决议》，要求市政府将该决议实施情况向市人大常委会汇报。1992年10月，市九届人大常委会第二十次会议听取市长戎文凤关于修编城市总体规划情况汇报，审议规划修编方案，做出《关于高邮市城市总体规划修编方案的决议》。2000年7月，市十一届人大常委会再次审议高邮市城市总体规划方案，通过《关于审查高邮市城市总体规划修编方案的决议》。2003年1月、2004年5月，市十二届人大常委会第一次会议和第九次会议，就市通乡镇的骨干公路建设，分别做出加快骨干公路建设和同意市政府融资建设骨干公路的决议、决定各1项。

四、经济发展目标

2003年9月，市委八届七次全会提出全市新的奋斗目标：以实施追赶式发展统揽全局，努力实现“十五”奋进计划、全面小康计划、基本实现现代化“三步走”的战略目标，到2018年全市国内生产总值480亿元、人均7000美元，城镇居民人均可支配收入4000美元，农民人均纯收入2000美元。市十二届人大常委会第五次会议经过审议，做出《关于贯彻“三个代表”，力争“两个率先”、努力实现“一个追赶、三步走”奋斗目标的决议》。

五、民主法制建设

1987年3月，县七届人大常委会第二十三次会议学习和讨论全国人大常委会《关于加强法制教育维护安定团结的决定》，做出《关于认真学习、深入宣传、坚决贯彻全国人大常委会〈关于加强法制教育维护安定团结的决定〉的决议》，在全县公民中开展以宪法为核心的法制教育，维护安定团结，促进“两个文明”建设。1991年8月，市九届人大常委会第十次会议做出《关于在全市公民中深入开展普法教育的决议》，全面启动以宪法为核心、专业法为重点的全市“二五”普法教育。1995年7月，市十届人大常委会第十八次会议原则批准高邮市《依法治市规划》，通过依法治市的决议。1996年9月，市十届人大常委会第二十七次会议做出《关于深入开展法制宣传教育第三个五年规划的决议》。2001年9月，市十一届人大常委会第二十五次会议审议市人大常委会主任会议关于2001～2005年在全市继续开展依法治市工作的议案，通过《关于继续推进依法治市的决议》，在全市实施“四五”普法教育活动。

六、教科文卫事业

1986年7月，县七届人大常委会第十八次会议对贯彻《中华人民共和国文物保护法》做出决议。1988年6月，县八届人大常委会第八次会议针对全县中小学危房问题比较严重的情况，做出《关于解决全县中小学危房问题的决议》。1990年6月、1991年6月，县（市）九届人大常委会第一次、第九次会议先后做出关于进一步贯彻实施《江苏省中等职业技术教育条例》和批准《高邮市初级卫生保健概略规划》的决议。1995年9月，市十届人大常委会第十九次会议批准《高邮市“九五”科技发展计划和2010年长远规划》，并做出相应决议。2005年5月、7月，市十二届人大常委会第十六、十七次会议，先后做出《关于批准〈市政府提请审议决定市人民医院新病房楼建设工程项目申请国家开发银行贷款的议案〉的决定》《关于将〈高邮放歌〉歌名改为〈高邮之歌〉，并确定为高邮市市歌的决定》。

第二节　法律监督和工作监督

1986～2005年，市历届人大常委会通过听取和审议“一府两院”工作报告，加强对贯彻执行法律法规、司法工作、经济工作、财政预算等方面的监督，开展执法检查，关注解决热点、难点问题和执行人大决议情况，组织代表视察和述职评议等形式，依法对“一府两院”实施法律监督和工作监督。

一、执法监督

1986年4月至1988年10月，县第七届、第八届人大常委会听取县政府贯彻执行《中华人民共和国食品卫生法》《中华人民共和国文物保护法》《中华人民共和国义务教育法》《中华人民共和国环境保护法》《中华人民共和国水污染防治法》《中华人民共和国土地管理法》《国务院关于审计工作暂行规定》《中华人民共和国经济合同法》情况汇报，推动政府有关部门增强法制意识，依法办事。1991年，市第九届人大常委会通过听取汇报、视察调查等形式，重点检查《江苏省计划生育条例》《中华人民共和国传染病防治法》贯彻执行情况，推动政府依法行政。1992年，市第九届人大常委会第十九次会议听取市政府关于文物管理工作情况汇报，做出审议意见，要求市政府加强对盂城驿、文游台、镇国寺、净土寺等重点文物保护和开发利用工作。1994年，为强化《中华人民共和国土地管理法》实施，推动全市土地使用制度改革，市第十届人大常委会督促市政府查处一批违法用地案件，制定《高邮市土地使用制度改革方案和实施意见》，逐步建立土地使用有偿、有限期、有流动的制度。1995年，市第十届人大常委会重点检查监督《中华人民共和国劳动法》《中华人民共和国土地管理法》《中华人民共和国城市规划法》《中华人民共和国城市房地产管理法》《村镇建设管理条例》《中华人民共和国兵役法》实施情况。1997年5月，市第十届人大常委会第三十二次会议听取和审议市政府关于“三五”普法规划实施情况汇报，与市政府共同开展实施《中华人民共和国行政处罚法》《中华人民共和国刑法》《中华人民共和国刑事诉讼法》系列活动，组织市政府组成部门和有执法职能的部门主要负责人参加《中华人民共和国行政处罚法》考试，公布成绩，推动领导干部学法用法。2001年，市第十一届人大常委会做出《关于继续推进依法治市的决议》。“一府两院”按照决议要求，制定“四五”普法规划和依法治市年度实施方案。建议市政府设立审批大厅，简化办事程序，减少收费项目，实行政务公开，推进投资环境专项整治工作。2005年，市第十二届人大常委会听取市政府关于贯彻实施《中华人民共和国行政许可法》情况汇报，要求市政府依法对首批行政许可事项再清理、再核减，提高依法行政水平。

二、执法检查

1989年8月，县第八届人大常委会做出《关于开展执法检查的决定》，重点检查1988年以来“一府两院”及有关执法部门执行经济法律法规情况，并会同县政府组成4个经济执法检查组开展重点抽查。是年12月、1990年初，县人大常委会先后听取县政府关于开展经济执法检查的情况汇报，提出做好经济执法工作的审议意见。1993年，市第十届人大常委会到企业主管部门和10家工业企业调查研究，邀请企业市人大代表及负责人座谈，加强对实施《全民所有制工业企业转换经营机制条例》的监督，向市政府提出建设性意见和建议。2000年4月，市第十一届人大常委会组织开展《中华人民共和国环境保护法》执法检查，对治污不力的企业提出限期整改建议。5月，市人大常委会再次组织检查组突击检查，暗访治污不力的企业，检查并记录排污设施运转和污染物排放情况，并向市政府专题通报检查情况，要求市政府及有关部门依法严肃处理整改不力的企业。同时，市人大常委会检查组对违法违规单位和个体工商户公开曝光，引起震动。2004年，市第十二届人大常委会针对个别企业违法排污及少数非法小电镀死灰复燃现象，先后6次到有关企业明察暗访，向有关部门提出限期整改的建议，引起市政府高度重视，市政府与有关部门签订限期整改责任书，对个别违法排污企业做出停产整顿决定，依法取缔非法小电镀企业20家。

三、司法监督

1991年，市第九届人大常委会听取市人民法院关于发生法律效力案件执行情况汇报，对经济大案要案立案侦查、积案审理、发生效力案件执行等，提出意见和要求。1996年，市第十届人大常委会将宣传贯彻《中华人民共和国人民警察法》作为“三五”普法启动工程，听取市政府关于“严打”斗争和社会治安情况的汇报，要求市政府及相关部门在“破大案、打团伙、追逃犯”上下功夫，加大对违法犯罪的打击力度，维护社会稳定。1998年，市第十一届人大常委会关注公、检、法干警队伍建设和教育整顿工作，专题听取市人民法院关于执行会战工作汇报，支持市人民法院为解决“执行难”而采取的措施。1999年，市第十一届人大常委会听取市政府关于人民警察法实施情况汇报，督促公安机关加强队伍建设。主任会议听取市人民检察院关于反贪污贿赂工作情况汇报，对深入开展反腐败工作提出要求。听取审判、检察机关26人述职，通过调阅办案卷宗、走访、召开座谈会等形式，了解述职人员办案质量、工作作风、勤政廉政等方面情况，促进“两院”工作和队伍建设。2000年7月，市第十一届人大常委会第十七次会议通过《关于实施〈江苏省人民代表大会常务委员会对司法机关个案监督的规定〉的暂行办法》，组织有关人员检查“两院”办案情况，对极少数办案质量不高、在事实认定和法律运用方面存在偏差的案件，要求依法纠正。2002年，市第十一届人大常委会专题听取市政府关于“严打”整治工作汇报，支持检察机关查办贪污受贿及侵权渎职等犯罪案件，做出《关于进一步加强人民法院执行工作的决议》，维护社会稳定，把对法院执行工作的支持融入监督之中。

图20-2　市人大常委会组成人员视察公安工作

四、经济监督

1988年，县第八届人大常委会针对县属工业企业改革、清理在建基建项目、清理公司、控制社会集团购买等工作，组织县人大代表分组到工厂调查、座谈。根据调查结果，建议县政府在企业改革中加强政治思想工作，改善外部环境，纠正向企业乱摊派等问题。1991年，市第九届人大常委会针对洪涝灾害暴露出来的农田水利建设方面的问题，做出认真贯彻《中华人民共和国水法》和制定水利规划的决议。市政府于是年冬至1992年春在全市大兴水利建设，为农业生产恢复发展奠定基础。1992年，市第九届人大常委会先后听取市政府关于农业农村工作和灾后恢复生产情况汇报、外向型经济情况汇报、经济技术开发区建设情况汇报，并对贯彻执行《中华人民共和国企业法》《全民所有制工业企业转换经营机制条例》等法律法规实行监督检查，督促市政府查处一批违法案件，推进全市经济逐步走上法制轨道。1996年，市第十届人大常委会听取市政府关于工业企业全面开展以推行股份制和股份合作制为主要形式的产权制度改革及技术改造情况汇报，要求市政府进一步抓好股金足额到位和管理使用，抓好配套改革，确保改制成功；对技术改造工作提出“投向要准、投速要快、投效要好”的建议。1998年5月，市第十一届人大常委会组织人大代表到乡、村、部门和个体私营企业调查，要求市政府在发展个体私营经济方面进一步落实鼓励政策，择优扶持，提供良好服务。2000年4月，市第十一届人大常委会审议市政府关于高邮市中学迁建方案的汇报，同意迁建方案，并要求市政府调整教育布局，优化教育资源配置。2004～2005年，市第十二届人大常委会围绕追赶式发展主题，向市政府提出强势推进招商引资和工业项目建设，不断优化部门服务，促进全市经济快速增长的建议。

五、财政预算监督

1989年，县第八届人大常委会制定《关于财政预算监督工作的暂行办法》，促进财政预算监督规范化，制度化。1991年12月，市第九届人大常委会针对是年遭遇特大洪涝灾害后财政困难的实际，审议批准市政府对部分预算变更的报告，并做出相应审议意见。1995年，市第十届人大常委会加强对财政工作的监督，听取市政府关于乡级财政分级管理实施方案的汇报和关于贯彻审计法、清理“小金库”工作的情况汇报，推动政府职能部门做好财政工作，保证财政收支平衡。2001年9月，市第十一届人大常委会第二十五次会议通过《高邮市人大常委会关于加强市级预算审查监督的决定》，规范预算行为、加强对预算的审查监督。2004年3月，市第十二届人大常委会第八次会议根据市第十二届人民代表大会第二次会议授权，做出《关于审议〈加大对乡镇财政扶持力度，逐步调整税收分成比例议案〉的决定》，要求市级财政对困难乡镇的财政转移支付在2003年基础上的增幅不低于20%，2005年对乡镇增值税分成比例调高一到两个百分点，及早为下一年新一轮财政体制制定方案。

六、热点难点问题关注

1987年，县第八届人大常委会针对群众关心、反映较多的县城建设和管理问题，组织县人大代表通过视察和调查、听取县政府关于县城总体规划实施和县城管理情况汇报，提出相应审议意见，并在第五次常委会会议上，听取县政府关于贯彻审议意见的情况汇报，促进城市管理工作的开展。1993年，市第十届人大常委会针对农民负担过重、某些地区社会治安问题，组织市人大代表视察和调查，先后听取市政府关于控制和减轻农民负担的汇报、关于整顿社会治安秩序情况的汇报，认真审议，提出建议。1994年上半年，市第十届人大常委会针对市造纸厂、市染化厂等企业污染严重的情况，组织市人大代表专题调查、视察，督促政府抓紧解决造纸厂转产问题。1995年，市第十届人大常委会针对群众反映强烈的中小学乱收费等问题，与市纪委、市政府联合调查东墩、司徒等10多个乡镇学校收费情况，听取并审议市政府关于治理中小学乱收费情况的汇报，要求市政府及职能部门控减学生家长负担、普及义务教育，遏制学校乱收费现象。

七、人大决议执行跟踪监督

1989年4月，县第八届人民代表大会第四次会议做出《关于从速解决河水污染严重地区人民群众吃水问题的决议》，县人大常委会多次会同县政府负责人到水污染地区调查、视察，听取县政府提出的治理方案汇报，要求抓紧实施。1990年3月，县第八届人大常委会第二十一次会议听取县政府对实施方案情况汇报，推动决议落实。1999年，市第十一届人民代表大会第二次会议做出《关于加快重点水利工程达标建设的决议》，市人大常委会两次组织市人大代表视察。经过多方努力，全市筹措水利建设资金3000万元，疏浚骨干河道4条，对毛港闸等重点病闸实施改造，翻砌大运河西堤块石护坡4千米，修建配套建筑物100多座，增强挡、灌、排能力，基本完成决议提出的重点水利工程建设达标一期工程任务。

第三节 人事任免

1986～2005年，市人大常委会会议讨论人事任免事项102次。在人事任免过程中，市人大常委会坚持党管干部的原则，把实现市委人事任免的意图与人民代表正确行使民主监督权相结合，既严格把好法律程序关，又充分尊重常委会委员的民主权利。“一府两院”提交人事任免议案后，市人大常委会及时召开党组会议和主任会议，听取拟任免人员情况介绍和任免理由；在常委会上，全体委员充分发表意见，依法行使委员职责，实行无记名投票表决，并尊重投票结果。其间，有两名拟提任副市长候选人和少数政府组成人员人选，因委员们对其情况不了解或群众有些批评意见未获通过，直至第二、第三次提名才获任命。市人大常委会先后接受2名市人大常委会主任辞去职务，接受2名市人大常委会副主任辞去职务，接受16名市人大常委会委员辞去职务；接受市长辞去职务和决定代理市长10人次，接受15名副市长辞去职务；接受市人民法院院长辞去职务和决定代理院长各1人，接受市人民检察院检察长辞去职务和决定代理检察长各1人；接受5名市人大代表辞去职务，罢免扬州市第四届人大代表1人。依法任免926人次，其中第七届（仅1986年）26人次、第八届121人次、第九届131人次，第十届229人次，第十一届275人次、第十二届（2003年1月至2005年11月）144人次。在任免的人员中，根据市人大常委会主任提名，任免市人大常委会工作机构负责人和工作委员会委员170人次；根据市长提名，决定任免政府组成人员350人次；根据市人民法院院长提名，任免副院长、审判委员会委员、庭长、副庭长、审判员292人次；根据市人民检察院检察长提名，任免副检察长、检察委员会委员、检察员114人次。此外，决定撤销2名国家机关工作人员职务。市人大常委会向被任命人员颁发任命书，赠送法律材料，增强被任命人员的民主法制观念和使命感、责任感，激励他们更好地当好人民公仆。

第四节　代表议案和建议、意见督办

一、代表议案督办

1986～2005年，市人大代表共提出议案484件。大会经过审议表决，对6件议案作出决议，分别为八届四次会议上提出的《关于从速解决河水污染严重地区人民群众的吃水问题的议案》、十届一次会议上提出的《关于切实控制和减轻农民负担问题的议案》、十一届一次会议上提出的《关于切实加强预算外资金管理的议案》、十一届二次会议上提出的《关于加快重点水利工程达标建设的议案》、十二届一次会议上提出的《关于加快我市骨干公路建设的议案》、十二届三次会议上提出的《关于创作、设立高邮市市歌的议案》。另有33件议案，会后由市政府提出解决方案，提交市人大常委会审议。其余议案均作为建议、批评和意见办理。市历届人大常委会通过调研视察、听取专项工作汇报等形式，督促市政府办理代表议案，并由市政府在人代会上向代表报告议案办理情况。

二、代表建议、批评和意见督办

1986～2005年，市人大代表提出建议、批评和意见3933件，内容涉及工交、农业、财贸、司法、社会保障等各个方面以及人民群众普遍关心的社会问题。历届市人大常委会坚持依法办理原则，抓好交办、催办、督办3个环节，创新办理方式，代表建议的办成率和代表对建议办理的满意率逐步提高。因政策不允许或条件暂时不具备的，向代表们说明、解释，求得谅解。市人大常委会人事代表联络委员会在每次人民代表大会上均向代表报告上一次会议代表建议、批评和意见办理情况。

第五节　工作评议和述职评议

一、工作评议

1986年、1988年，县第七届、第八届人大常委会通过召开县人民代表组组长会议，评议县人大常委会、县人民政府、县人民法院、县人民检察院的工作。在充分肯定成绩的同时，对存在的不足提出建议、批评和意见。

1993年10～12月，市第十届人大常委会组织全市各级人大代表评议政法工作，重点评议1992年1月至1993年8月底市人民法院、市人民检察院和市公安局在执法、廉政建设、工作作风等方面情况。全市各级人大代表2050人通过走访选民，征集意见，参加评议活动。1995～2001年，市第十、十一届人大常委会每年组织市人大代表评议一个政府部门，先后评议市土地管理局、市工商局、市环保局、市文化局、市教委、市城乡规划局、市民政局和市卫生局，全市各级人大代表2000多人参与。每次评议召开各种座谈会、走访联系选民1万人次以上，广泛征集意见。各级代表共提出表扬意见1782条、批评意见1486条、各种建议1620条，让代表面对面、客观公正地评议部门工作。对卫生行政执法、医疗保险、改水改厕、农村合作医疗、医疗收费以及医德医风等突出问题，经梳理反馈给市政府及卫生行政部门后，得到及时纠正。在市人大常委会指导下，部分乡镇也分期分批评议所辖“七所八站”工作，收到较好效果。

二、述职评议

1987年6月，县第八届人大常委会在颁发任命书会议上，明确提出要通过述职报告等形式，对任命的政府组成人员实行政绩考评。是年12月，县第八届人大常委会印发《关于做好考评工作的意见》。经县委同意，县人大常委会对县政府组成人员和“两院”负责人实行人事考评。“一府两院”30人作述职报告，县人大常委会组织县人大代表和有关领导共32人组成评议组，对述职人员民主评议、交换意见，为“一府两院”负责人述职评议工作积累经验。1989年12月至1990年4月，县第八届人大常委会先后4次听取“一府两院”34人的述职汇报并评议。1994年12月，市第十届人大常委会第十三次会议通过《高邮市人大常委会关于“一府两院”负责人述职的暂行办法》。市第十届人大常委会第二十六次会议起，3届市人大常委会先后10次安排副市长11人次述职。1997年1月，市第十届人大常委会第三十次会议听取和审议市人民法院院长周惠、市人民检察院检察长宋慕生分别所做的关于组织审判员、检察员述职情况的汇报，市人民法院、人民检察院正、副负责人每届向市人大常委会述职一次。1999年3月，市第十一届人大常委会第七次会议通过《高邮市人大常委会关于审判人员、检察人员述职的决定》。2005年5月，市第十二届人大常委会第十六次会议审议并通过《高邮市人大常委会关于市政府组成人员和“两院”负责人述职评议工作办法》。至2005年末，市人大常委会先后41次听取“一府两院”负责人述职报告209人次。

第六节 代表工作

一、代表联系制度

1987年9月，县第八届人大常委会通过《高邮县人民代表大会代表工作暂行办法》。1990年，县第九届人大常委会通过《关于做好代表工作的意见》，并委托乡镇人大主席协助代表组活动。2001年3月，市第十一届人大常委会第二十二次会议通过《关于加强代表工作的决定》，就联系代表、加强代表工作等方面做出具体规定。至2005年，全市有人大代表组40个，设有代表联络组组长7人、联络员40人，不定期召开代表组组长会议，交流代表组活动情况；邀请代表组组长、联络组组长分期分批列席市人大常委会会议；印发市人大常委会会报、人大简讯、人大工作资料给代表，交流情况，加强联系。

二、人大代表自身建设

1987年，县第八届人大常委会组织县人大代表136人，向选民报告履行职责情况，县人大常委会正副主任和被选为县人大代表的县委、县政府、县政协领导带头参加活动。2004年，市第十二届人大常委会制定《高邮市人大常委会关于届内市人大代表辞职暂行规定》。是年，市人大代表有6人因工作调动或职务调整等原因，向市人大常委会提出辞职申请，市人大常委会接受他们的辞职请求，并在代表出缺的有关选区依法补选8人为市十二届人大代表。是年，市人大常委会制定《市人大代表向原选区选民述职及联系选民的实施意见》，要求市人大代表在届内向选民述职一次，联系选民2～3人，每年联系选民不少于4次，并在界首、三垛两镇试点，向全市推广。至2005年，市人大代表向选民述职的有162人次。

三、先进代表组评选

1995年，市第十届人大常委会开展争创先进代表组和优秀人大代表活动。全市评出先进代表组7个、优秀市人大代表39人。1999年，全市评出先进代表组8个、优秀市人大代表56人。2004年，市第十二届人大常委会做出《关于开展“市人大代表活动先进小组”和“人大工作先进乡镇”评选工作的决定》。2005年1月，在市第十二届人民代表大会第三次会议上，6个市人大代表活动先进小组、5个人大工作先进乡镇受到表彰。

第七节　视察调研

1986年11月，县第七届人大常委会组织县内全国人大代表和部分省、市、县人大代表40多人，分成4个小组，分别视察县化肥厂、县肉联厂、县造纸厂等19家单位，调查了解贯彻执行《中华人民共和国环境保护法》和《中华人民共和国水污染防治法》情况，通过听取汇报，察看现场和走访群众，总结治理“三废”工作经验，向县政府提出意见。1987年8月，县第八届人大常委会组织驻城的部分省、市、县人大代表48人，分成5个组，围绕全县普法工作、《中华人民共和国食品卫生法》贯彻实施情况，实地视察县城30家食品生产、经营单位和部分个体食品经营摊贩。

1991年，全市抗洪救灾期间，市第九届人大常委会多次组织人员到灾区，视察、调查灾民吃、住、穿、医等方面情况，对灾民生活上存在的实际困难，及时与市政府沟通，为灾民排忧解难。针对特大洪涝灾害暴露出来的农田水利建设方面的问题，组织部分省、扬州市和高邮市及乡镇人大代表，视察重点乡镇水毁工程修复以及圩堤加固情况，对依法治水管水、加强水利工程建设、增强抗御自然灾害的能力，提出建设性意见。1992年9月，市人大常委会组织10名委员和部分人大代表视察《中华人民共和国食品卫生法》《公共场所卫生管理条例》等卫生法律法规执行情况，推动创建卫生城市活动开展。1996年，市第十届人大常委会组织代表视察市政府贯彻实施《中华人民共和国农业法》和《中华人民共和国农业技术推广法》情况。围绕发展多种经营，组织部分市人大代表视察湖滨等乡镇渔业生产情况，召开《中华人民共和国渔业法》实施10周年座谈会，提出发展渔业生产的建议。1997年，高邮市承办中国邮文化节，市第十届人大常委会依照邮文化节对文化环境、文化氛围的要求，先后两次组织人大代表视察邮文化节重要文化活动场所，为办好邮文化节献计献策。

图20-3　市人大常委会部分组成人员和部分市人大代表调研供电工作

1998～2003年，市第十一届人大常委会组织市人大代表视察城区后街后巷建设、城区积水治理、湖西防洪大堤建设、农副产品市场开拓、农业结构调整、退耕还水发展水产养殖和部分重点民营企业。建议市政府进一步转变职能，加大农业结构调整力度，发挥农民经纪人的引导和带动作用，注重农副产品销售市场建设；改善发展环境，提供优质服务，促进民营经济快速发展；强化对招商引资工作领导，突出项目建设，提高招商引资工作实效。2004年，市人大常委会组织人员调研、视察公路交通建设情况，同意市政府融资建路的决定。同时，市人大常委会组织人大代表视察2003年洪涝灾害后重建及草危房改造、新型农村合作医疗制度建设、农村改水等工作，关注乡镇税费改革后的财政运转情况，对相关事项分别做出决定和审议意见。2005年，市第十二届人大常委会组织组成人员及部分人大代表视察城市建设“十大工程”及市容市貌，支持和推动城市建设“东扩西进”。针对宏观调控形势，建议市政府加大招商引资、盘活资产和市场运作力度，加快城市建设步伐，强化城市规划意识，重视城市管理。

第八节　指导乡镇人大工作

1989年6月下旬，县第八届人大常委会举办各乡镇人大主席团常务主席和秘书培训班，学习《中华人民共和国宪法》《中华人民共和国地方各级人民代表大会和地方各级人民政府组织法》《中华人民共和国全国人民代表大会和地方各级人民代表大会选举法》。1990年3月起，市人大常委会在乡镇人民代表大会代表换届选举结束后，及时召开乡镇人大工作会议，对开好乡镇新一届人代会及时给予指导。

1991年9～10月，全市战胜洪涝灾害后，市第九届人大常委会指导卸甲乡临时召开该乡第十一届人代会第三次会议，讨论决定生产自救和水利设施规划等重大事项，收到较好效果。市人大常委会及时总结推广卸甲乡做法。扬州市人大常委会转发卸甲乡做法，向各县（市、区）推广。市人大常委会有计划地轮流安排乡镇人大主席团常务主席列席市人大常委会会议。1999年9月，组织部分乡镇人大主席参加省、扬州市人大举办的培训班。2003～2005年，市第十二届人大常委会印发《关于进一步规范和完善乡镇人大工作的意见》《关于进一步加强和改进乡镇人大工作的意见》，明确各乡镇人大主席团配备专职副主席，促进乡镇人大日常工作开展。2005年，市人大常委会修订评选和考核乡镇人大工作细则，评选出人大工作先进乡镇。

高邮市志

1986～2005

（下册）

高邮市地方志年鉴编纂委员会 编

GAOYOU

SHIZHI 1986~2005

方志出版社

目　录

（下　册）

第二十一篇　地方人民政府

第二十二篇　地方人民政协

第二十三篇 工商联 社会团体

第二十四篇 法治 军事

第二十五篇 人事 劳动

第二十六篇 教 育

第二十七篇　科学技术

第二十八篇　文化　体育

第二十九篇　龙虬庄文化　邮文化

第三十篇 卫 生

第三十一篇 民 政

第三十二篇　社会保障

第三十三篇　社会生活　精神文明建设

第三十四篇　乡镇概况

第三十五篇　人　物

附　录

第二十一篇 地方人民政府

要　目

1986～2005年，市（县）政府先后经历6届，其中第七、八、九届政府任期分别为3年，第十、十一、十二届政府任期分别为5年。市政府坚持以经济建设为中心，改革开放，优化投资环境，拓展外向型经济，抓好农业基础，发展特色农业、高效农业；把工业兴市作为发展经济主攻方向，招商引资，汇聚人才，形成工业支柱产业；发展服务业，做大做强建筑业，促进社会事业全面发展；为民办实事，增加居民收入，改善人民生活。同时，市政府加强法制建设和政府自身建设，坚持政务公开，改进工作作风，倾听群众呼声，妥善处理人民群众来信来访，自觉接受人民群众监督。加大对外交流，加强外事、侨务工作，做好港澳台工作，与友好城市建立密切联系，为在里下河地区率先崛起，实现全面小康打下良好基础。

第一章　政府机构

1987年，县政府首次明确组成部门29个。随着社会分工细化和行政管理权力下放，部分机构陆续复建、重建、新建，一度出现党政不分、政企不分、设置重叠、职能“打架”、机构膨胀的情况。1994年，市政府组成部门增加到36个。1997年，市政府首次实施机构改革，归并部分职能相近部门，政府组成部门减少到31个。2001年，市政府再次实施机构改革，组成部门减少到25个。2005年，市政府第三次实施机构改革，进一步转变政府职能，优化组织结构，完善运行机制，改进管理方式，提高行政效率，按照上下基本对应、权责一致、依法行政要求，组成部门调整为26个。乡镇政府工作机构相应调整，规范工作职位设置，定岗定编，精简人员，提高办事效率。

第一节　领导机构

一、市政府领导成员

1986～2005年，市政府先后经历第七、八、九、十、十一、十二届共6届，每届政府领导机构均由市长、副市长、市长助理组成，市长、副市长人选由同级党委提名，由同级市人民代表大会或人民代表大会常务委员会依法选举产生并任命。

1986～2005年高邮市人民政府市长、副市长、市长助理一览表

表21-1

届别	职务	姓名	性别	籍贯	任职时间
第七届（1984年5月至1987年4月，表中列1986年1月至1987年4月在任人员）	县　长	陈立增	男	高邮	1984年5月至1986年5月
	代理县长	孙龙山	男	泰兴	1986年5月至1987年4月
	副县长	戴有斌	男	高邮	1984年5月至1987年4月
		朱延庆	男	高邮	1984年5月至1987年4月
		茅庆如	女	南京	1984年5月至1987年4月
		吴怀义	男	高邮	1985年1月至1987年4月
		宋家定	男	高邮	1985年7月至1987年4月
		孙龙山	男	泰兴	1986年5月至1987年4月
		戎文凤	女	高邮	1987年1月至1987年4月

续表21-1

届别	职务	姓名	性别	籍贯	任职时间
第八届（1987年4月至1990年4月）	县　长	孙龙山	男	泰兴	1987年4月至1989年8月
	代理县长	戎文凤	女	高邮	1989年8月至1990年4月
	副县长	戴有斌	男	高邮	1987年4月至1990年1月
		詹岫琪	男	高邮	1987年4月至1990年4月
		朱延庆	男	高邮	1987年4月至1990年4月
		戎文凤	女	高邮	1987年4月至1988年4月
					1989年8月至1990年4月
		史善成	男	高邮	1987年7月至1990年4月
		李士清	男	高邮	1988年4月至1990年4月
		倪文才	男	高邮	1989年4月至1990年4月
		陈伟民	男	上海市	1989年10月至1990年4月（挂职）
		周宏举	男	高邮	1990年1月至1990年4月
第九届（1990年4月至1993年2月）	县　长	戎文凤	女	高邮	1990年4月至1991年3月
	市　长				1991年4月至1993年2月
	副县长	李士清	男	高邮	1990年4月至1991年3月
		史善成	男	高邮	1990年4月至1991年3月
		倪文才	男	高邮	1990年4月至1991年3月
		周宏举	男	高邮	1990年4月至1991年3月
		陈伟民	男	上海市	1990年4月至1991年3月（挂职）
		夏元新	男	高邮	1990年4月至1991年3月
	副市长	李士清	男	高邮	1991年4月至1992年10月
		史善成	男	高邮	1991年4月至1993年2月
		倪文才	男	高邮	1991年4月至1993年2月
		周宏举	男	高邮	1991年4月至1993年2月
		陈伟民	男	上海市	1991年4月至1991年9月（挂职）
		夏元新	男	高邮	1991年4月至1993年2月
		陈道庆	男	安徽宣州	1991年9月至1993年2月（挂职）
		谈铁人	男	高邮	1991年12月至1993年2月
		高逸民	男	泰兴	1992年2月至1993年2月
		卜　宇	男	高邮	1992年10月至1993年2月
第十届（1993年2月至1998年1月）	市　长	戎文凤	女	高邮	1993年2月至1994年10月
		卜　宇	男	高邮	1995年2月至1998年1月
	代理市长	卜　宇	男	高邮	1995年2月至1995年2月

续表 21-1

届别	职务	姓名	性别	籍贯	任职时间
第十届（1993年2月至1998年1月）	副市长	卜 宇	男	高邮	1993年2月至1995年2月
		倪文才	男	高邮	1993年2月至1998年1月
		周宏举	男	高邮	1993年2月至1996年11月
		夏元新	男	高邮	1993年2月至1998年1月
		高逸民	男	泰兴	1993年2月至1994年10月
		谈铁人	男	高邮	1993年2月至1998年1月
		徐兴嘉	男	高邮	1993年2月至1998年1月
		陈道庆	男	安徽宣州	1993年3月至1994年12月（挂职）
		李建发	男	天津市	1995年9月至1997年9月（挂职）
		杨 杰	男	常州	1995年11月至1996年11月
		马根生	女	上海市	1996年11月至1998年1月
	市长助理	刘培干	男	宁夏中卫	1994年5月至1994年12月（挂职）
		王东升	男	高邮	1996年11月至1998年1月
第十一届（1998年1月至2003年1月）	市 长	卜 宇	男	高邮	1998年1月至2000年1月
		王正宇	男	姜堰	2000年2月至2002年2月
		徐祥华	男	通州	2002年3月至2003年1月
	代理市长	王正宇	男	姜堰	2000年1月至2000年2月
		徐祥华	男	通州	2002年2月至2002年2月
	副市长	倪文才	男	高邮	1998年1月至2002年5月
		夏元新	男	高邮	1998年1月至2000年2月
		谈铁人	男	高邮	1998年1月至2003年1月
		马根生	女	上海市	1998年1月至2003年1月
		王东升	男	高邮	1998年1月至2003年1月
		卢 欣	男	天津市	1998年3月至2000年4月（挂职）
		杨志海	男	高邮	1998年5月至2002年11月
		丁 一	男	泰兴	1999年5月至2003年1月
		王正宇	男	姜堰	2000年1月至2000年2月
		尤泽勇	男	上海市	2000年2月至2003年1月
		汤 英	男	辽宁锦州	2000年8月至2002年9月（挂职）
		徐祥华	男	通州	2002年2月至2002年2月
		杨学华	男	高邮	2002年7月至2003年1月
	市长助理	丁 一	男	泰兴	1998年7月至1999年5月
		黄建强	男	扬州	2000年11月至2002年11月

续表 21-1

届别	职务	姓名	性别	籍贯	任职时间
第十二届（2003年1月至2007年12月，表中列2003年1月至2005年12月期间任职人员）	市　长	徐祥华	男	通州	2003年1月至2005年12月
	副市长	丁　一	男	泰兴	2003年1月至2004年3月
		杨学华	男	高邮	2003年1月～
		王东升	男	高邮	2003年1月～
		张秋红	女	高邮	2003年1月至2004年11月
		董玉海	男	兴化	2003年1月至2004年11月
		张安龙	男	高邮	2004年3月～
		徐永宝	男	高邮	2004年12月～
		钱富强	男	高邮	2005年7月～
	市长助理	欧珠达瓦	男	西藏自治区	2003年8月至2003年12月（挂职）
		汤学仁	男	高邮	2005年4月～
		马筱宁	男	甘肃天水	2005年8月至2005年12月（挂职）

二、乡镇政府

1986年，全县有5个区、6个镇、27个乡。区公所为县政府派出机构，协助县政府管理辖区内乡镇政府。乡镇政府领导班子由乡镇长和副乡镇长组成，乡镇长和副乡镇长由同级人民代表大会依法选举产生，每届政府任期3年。1993年8月，根据国务院关于县级市不设区和区公所的规定，全市5个区公所全部撤销。2000年5月，全市乡镇区划调整为19个镇、1个少数民族乡。是年8～10月，区划调整后的高邮镇、龙虬镇、马棚镇、卸甲镇、汉留镇、汤庄镇、三垛镇、甘垛镇、临泽镇、周巷镇和区划调整保留的司徒镇、界首镇、送桥镇、郭集镇、天山镇先后召开镇人民代表大会，选举产生镇政府新领导班子。2002年，乡镇政府任期改为5年。至2005年，全市乡镇政府先后经历6届。是年，全市有乡镇政府20个，其中镇政府19个、乡政府1个（菱塘回族乡政府）；乡镇政府领导班子成员共93人，其中乡镇长20人（女性1人）、副乡镇长73人（女性10人）。

第二节　工作机构

一、市政府工作机构

1986年，县政府设有工作机构60个。1987年12月，县政府明确组成部门29个，即县政府办公室、计划委员会、经济委员会、科学技术委员会、经济体制改革委员会、公安局、司法局、民政局、劳动局、人事局、物资局、物价局、统计局、城乡建设环境保护局、农业局、水利局、多种经营管理局、财政局、税务局、审计局、商业局、粮食局、工商行政管理局、交通局、地方工业局、文教局、卫生局、体育运动委员会、计划生育委员会。另设有工作部门15个、归口管理机构1个、行政性公司4个、经济组织1个，县政府与扬州市有关单位双重领导的机构10个。

1994年，市政府组成部门增加到36个，即市政府办公室、计划委员会、经济委员会、对外经济贸易委员会、科学技术委员会、经济体制改革委员会、公安局、司法局、民政局、劳动局、人事局、监察局、物资局、物价局、统计局、城乡建设委员会、农业局、水利局、多种经营管理局、农业资源综合开发利用管理局、土地管理局、环境保护局、财政局、地方税务局、审计局、商业局、粮食局、工商行政管理局、交通局、地方工业局、教育局、文化局、广播电视局、卫生局、体育运动委员会、计划生育委员会。另设有工作部门22个、归口管理机构11个、行政性公司7个、经济组织1个，市政府与扬州市有关单位双重领导的机构15个。

1997年5月24日，市委、市政府按照建立社会主义市场经济体制要求，切实转变政府职能，对市政府机构实施改革。市政府组成部门减少到31个，即市政府办公室、计划委员会、经济委员会、科学技术委员会、公安局、司法局、民政局、财政局、人事局、监察局、劳动局、建设委员会、工商行政管理局、地方税务局、审计局、物价局、统计局、对外经济贸易委员会、粮食局、乡镇企业管理局、交通局、农业局、多种经营管理局、水利局、环境保护局、国土管理局、市政府外事侨务办公室、文化局、教育委员会、卫生局、计划生育委员会。另设有部门管理机构2个、合署办公或挂牌机构13个、事业单位机构9个、议事协调机构的办事机构2个、逐步向经济实体过渡的机构7个。

2001年12月29日，市委、市政府对市政府机构再次实行改革，市政府组成部门减少为25个，即市政府办公室（挂“市政府研究室”“市委、市政府接待处”牌子，经济体制改革委员会办公室、外事办公室、政府法制办公室与其合署办公）、发展计划局（挂“招商局”“第三产业办公室”“无线电管理办公室”牌子，旅游局与其合署办公）、经济贸易局（挂“乡镇企业管理局”牌子，安全生产监督管理局与其合署办公）、教育局、科学技术局（挂“地震局”牌子）、公安局、监察局（与市纪委机关合署办公，不计机构个数）、民政局（挂“拥军优属、拥政爱民工作领导小组办公室”“老龄工作委员会办公室”牌子）、司法局、财政局（挂“国有资产管理委员会办公室”牌子）、人事局（挂“军官转业安置工作小组办公室”牌子）、劳动和社会保障局、国土资源局、建设局（挂“规划局”“城市管理委员会办公室”牌子）、交通局、水利局（挂“水务局”牌子，农业机械管理局与其合署办公）、农林局（挂“水产局”“绿化委员会办公室”牌子，农业资源开发局与其合署办公）、对外贸易经济合作局、文化局（挂“文物局”牌子，体育局与其合署办公）、卫生局（挂“爱国卫生运动委员会办公室”牌子）、计划生育局、审计局、环境保护局、统计局、粮食局、物价局、人民防空办公室（不计机构个数）。事业单位3个：即广播电视局、住房制度改革办公室、建筑安装工程总公司（挂“建筑工程局”牌子）。

2005年4月30日，市委、市政府进一步深化行政管理体制改革和政府机构改革，市政府组成部门调整为26个，即市政府办公室、发展和改革委员会、经济贸易局、教育局、科学技术局、公安局、监察局（与市纪委合署办公，不计机构个数）、民政局、司法局、财政局、人事局、劳动和社会保障局、建设局、交通局、水利局、农林局、对外贸易经济合作局、文化局、卫生局、人口和计划生育委员会、审计局、统计局、环境保护局、粮食局、物价局、安全生产监督管理局、人民防空办公室、民族宗教事务局（与市委统战部合署办公，不计机构个数）。另设有合署办公、挂牌机构29个，直属事业单位4个，转为经济实体单位3个，市政府与扬州市有关单位双重领导的机构26个，其他机构18个。

1986～2005年高邮市政府工作机构演变和主要负责人一览表

表21-2

机构名称及演变	职务	姓名	性别	籍贯	任职时间
政府办公室	主　任	俞维舟	男	高邮	1981年3月至1986年7月
		王登元	男	泰兴	1986年7月至1990年6月
		陈仲如	男	高邮	1990年6月至1994年10月
		钱才定	男	高邮	1994年10月至1996年5月
		王志强	男	高邮	1996年5月至2001年5月
		葛桂秋	男	高邮	2001年5月至2005年1月
		管宏喜	男	高邮	2005年1月～

续表 21-2

机构名称及演变	职务	姓名	性别	籍贯	任职时间
发展和改革委员会（2001年12月，由计划委员会更名为发展计划局。2005年4月，将经济体制改革委员会办公室职责划入，更名为现名）	主　任	李乃祥	男	高邮	1985年5月至1989年5月
		刘金鳌	男	高邮	1989年5月至1992年10月
		祝启贵	男	高邮	1993年3月至1998年1月
		张金定	男	高邮	1998年3月至2001年12月
	局　长	张金定	男	高邮	2001年12月至2005年4月
	主　任	张金定	男	高邮	2005年5月～
经济贸易局（2001年12月，由经济委员会更名为现名）	主　任	詹岫琪	男	高邮	1985年5月至1987年4月
		吴维松	男	上海市	1987年5月至1989年3月
		夏元新	男	高邮	1989年3月至1990年4月
		赵忠华	男	高邮	1990年6月至1993年3月
		尤泽勇	男	上海市	1993年3月至1998年3月
		徐鸿章	男	泰州	1998年3月至2001年12月
	局　长	赵广华	男	姜堰	2001年12月～
对外贸易经济合作局（1989年6月，建立对外经济贸易委员会。2001年12月，更名为现名）	主　任	朱来元	男	高邮	1989年7月至1992年12月
		沙善东（回族）	男	高邮	1992年12月至1993年9月
		曹叶林	男	高邮	1994年4月至1996年5月
		张家华	男	高邮	1996年5月至1998年9月
		钱富强	男	高邮	1998年9月至2001年12月
	局　长	钱富强	男	高邮	2001年12月至2003年1月
		张　锋	男	广东汕头	2003年1月～
科学技术局（2001年12月，由科学技术委员会更名为现名）	主　任	王宁生	男	安徽滁州	1983年8月至1987年1月
		宋家定	男	高邮	1987年5月至1988年2月
		郑林根	男	上海市	1990年6月至1996年5月
		朱来元	男	高邮	1996年5月至2001年12月
	局　长	朱来元	男	高邮	2001年12月～
经济体制改革委员会办公室（1984年建立经济体制改革委员会办公室。1987年7月，更改为经济体制改革委员会。1997年5月，改为在市政府办公室挂牌。2001年12月，更名为现名，与市政府办公室合署办公。2005年4月，撤并）	主　任	徐永龙	男	高邮	1984年8月至1987年7月
	主　任	陈林宽	男	高邮	1989年3月至1990年6月
		祝启贵	男	高邮	1990年6月至1993年3月
		钟慕华	男	高邮	1993年3月至1997年7月
		王志强	男	高邮	1997年7月至2001年5月
	主　任	孟雨亭	男	高邮	2002年1月至2005年4月止

续表21-2

机构名称及演变	职务	姓名	性别	籍贯	任职时间
公安局（1992年7月，教导员改为政治委员）	局　长	李学余	男	宝应	1989年7月至1992年9月
		邵士林	男	淮安	1992年11月至1999年1月
		顾建人	男	如皋	1999年1月至2003年1月
		沈兴华	男	兴化	2003年1月～
	教导员	薛桂仙	男	高邮	1987年3月至1989年5月
	教导员（代）	房鹤甫	男	泰兴	1989年12月至1992年7月
	政治委员	薛桂仙	男	高邮	1993年3月至1996年5月
		姜传炎	男	高邮	1996年5月～
司法局	局　长	左　瑚	男	高邮	1987年3月至1990年4月
		纪士文	男	高邮	1990年6月至1996年5月
		许广宏	男	高邮	1996年5月至2005年1月
		邵义坤	男	高邮	2005年1月～
民政局	局　长	张　林	男	高邮	1986年8月至1990年8月
		钱才定	男	高邮	1990年8月至1994年10月
		陈荣富	男	高邮	1994年10月至2003年12月
		陈满祥	男	靖江	2003年12月～
劳动和社会保障局（2001年12月，由劳动局、社会保障管理局合并为现名）	局　长	柏士平	男	高邮	1987年9月至1993年3月
		薛祥仁	男	高邮	1993年3月至2001年9月
		蒋庆中	男	高邮	2001年9月至2001年12月
	局　长	蒋庆中	男	高邮	2001年12月～
人事局	局　长	胡金波	男	高邮	1987年3月至1993年3月
		王守忠	男	高邮	1993年3月至2000年7月
		朱　光	男	涟水	2000年7月～
监察局（1988年2月建，1993年2月与市纪委合署办公）	局　长	陈太儒	男	高邮	1989年2月至1993年3月
		朱民生	男	泰州	1993年3月至1996年5月
		陈满祥	男	靖江	1996年5月至2003年12月
		林荣岩	男	高邮	2005年1月～
物价局	局　长	金恩富	男	高邮	1987年10月至1996年5月
		黄玉福	男	高邮	1996年5月至2003年12月
		夏正山	男	高邮	2003年12月至2005年1月
		夏志平	男	高邮	2005年5月～
统计局	代理局长	翟国保	男	高邮	1990年1月至1990年6月
	局　长	王玉宝	男	高邮	1990年6月至2003年12月
		杨向东	男	高邮	2003年12月至2005年1月
		郭建新	男	高邮	2005年1月～

续表 21-2

机构名称及演变	职务	姓名	性别	籍贯	任职时间
建设局（1989年5月，撤销城乡建设环境保护局，组建城乡建设局。1992年2月，更名为城乡建设委员会。1997年5月，更名为建设委员会。2001年12月，更名为现名）	局　长	李进先	男	金湖	1984年3月至1989年5月
	局　长	李进先	男	金湖	1989年5月至1990年6月
		徐德清	男	高邮	1990年6月至1992年2月
	主　任	徐德清	男	高邮	1992年2月至1995年3月
		戚　军	男	高邮	1995年3月至1996年5月
		方　仪	男	高邮	1996年5月至2000年7月
		陆金龙	男	高邮	2000年7月至2001年12月
	局　长	陆金龙	男	高邮	2001年12月至2005年1月
		夏正山	男	高邮	2005年1月～
农林局（2001年12月前为农业局，2001年12月，农业局、多种经营管理局、水产局合并，更名为现名）	局　长	王生太	男	泰兴	1984年3月至1992年12月
		刘鹤松	男	泰兴	1992年12月至1996年5月
		杨正山	男	泰州	1996年5月至2000年7月
		茆　实	男	高邮	2000年7月至2001年12月
	局　长	茆　实	男	高邮	2001年12月～
水利局	局　长	杨春淋	男	扬州	1984年3月至2000年7月
		陈福坤	男	高邮	2000年7月至2000年11月
		耿　越	男	高邮	2000年11月～
多种经营管理局（2001年12月，并入农林局）	局　长	龙瑞海	男	高邮	1984年3月至1992年12月
		徐广喜	男	高邮	1992年12月至1995年5月
		吴恒华	男	高邮	1995年5月至2001年12月止
农业资源开发局（1990年12月，成立农业资源综合开发管理局，副科级机构。1991年9月，更名为农业资源综合开发利用管理局，正科级机构，列政府序列。1997年5月，更名为现名，为政府直属事业单位。2001年12月，与农林局合署办公）	局　长	相培芝	男	高邮	1991年3月至1991年9月
	局　长	李寿桃	男	高邮	1991年9月至1996年5月
		郭登明	男	高邮	1996年5月至1997年7月
	局　长	陈菊芹	女	高邮	1997年7月至2002年1月
	局　长	吴恒华	男	高邮	2002年1月～
国土资源局（1986年12月，成立土地管理办公室，副科级机构。1988年5月，更名为土地管理局，正科级机构，列政府序列。1997年5月，更名为国土管理局。2001年12月，与地质矿产局合并组建国土资源局。2004年12月，改为专业系统，不列入政府序列，受扬州市和高邮市双重领导）	主　任	郭徐飞	男	兴化	1987年2月至1987年12月
	局　长	姜　新	男	高邮	1988年6月至1996年5月
		钱才定	男	高邮	1996年5月至2001年7月
		吴年平	男	高邮	2001年7月至2001年12月
	局　长	吴年平	男	高邮	2001年12月至2004年12月
	局　长	吴年平	男	高邮	2004年12月～
环境保护局（1989年5月，撤销城乡建设环境保护局，恢复环境保护局）	局　长	李成贤	男	高邮	1990年6月至1993年3月
		陈德天	男	射阳	1993年3月至2000年7月
		宦锦平	男	高邮	2000年7月～

续表 21-2

机构名称及演变	职务	姓名	性别	籍贯	任职时间
财政局	局长	王振严	男	高邮	1984年3月至1990年6月
		王登元	男	泰兴	1990年6月至1994年8月
		陈仲如	男	高邮	1994年10月至2000年7月
		刘 明	女	高邮	2000年7月～
高邮市国家税务局（1994年9月，撤销税务局，组建高邮市国家税务局，改为专业系统，不列入政府序列，受扬州市和高邮市双重领导）	局长	戚志荣	男	高邮	1984年3月至1990年6月
		郑来林	男	高邮	1990年6月至1994年9月止
	局长	郑来林	男	高邮	1994年9月至1996年11月
		董遂清	男	高邮	1996年11月至2004年7月
		蔡年青	男	高邮	2004年7月～
地方税务局（1994年9月组建，列入政府序列。1999年2月，改为专业系统，不列入政府序列，受扬州市和高邮市双重领导）	局长	陈仲如	男	高邮	1994年10月至1997年7月（兼）
		真启栋	男	高邮	1997年7月至1999年2月
	局长	真启栋	男	高邮	1999年2月至2002年11月
		仲崇文	男	江都	2002年11月～
审计局	局长	吴 辛	男	东台	1987年5月至1993年3月
		贾玉麟	男	高邮	1993年3月至2000年7月
		陈爱萍	女	沭阳	2000年7月～
粮食局［1992年11月，成立粮食（集团）总公司，与粮食局两块牌子、一套班子，实行总经理负责制，1998年12月，粮食（集团）总公司撤销］	局长	吴寿宽	男	高邮	1984年3月至1990年1月
		徐鸿章	男	泰州	1990年1月至1998年3月
	总经理	徐鸿章	男	泰州	1992年11月至1998年3月
	局长	吴年平	男	高邮	1998年3月至2001年7月
		王 勤	男	高邮	2001年11月至2005年12月
		李常青	男	高邮	2005年12月～
扬州市高邮工商行政管理局（1999年4月，由工商行政管理局更名为现名，改为专业系统，不列入政府序列，为江苏省扬州工商行政管理局直属机构）	局长	陶有仁	男	高邮	1984年3月至1996年5月
		梁尚龙	男	高邮	1997年1月至1999年4月
	局长	梁尚龙	男	高邮	1999年4月至2005年9月
		谈嘉山	男	江都	2005年9月～
交通局	局长	徐德清	男	高邮	1984年3月至1987年1月
		韦博友	男	镇江	1987年1月至1996年5月
		盛恒富	男	高邮	1996年5月至2002年9月
		曹叶林	男	高邮	2002年9月～
乡镇企业管理局（1997年5月，由地方工业局更名为现名。2001年12月，改为在经济贸易局挂牌）	局长	张思云	男	广东汕头	1984年3月至1986年5月
		赵忠华	男	高邮	1986年5月至1990年6月
		潘立新	男	扬州	1990年6月至1995年5月
		赵文来	男	高邮	1995年5月至1997年5月
	局长	赵文来	男	高邮	1997年5月至2002年1月
		张华荣	男	高邮	2002年1月至2003年3月

续表 21-2

机构名称及演变	职务	姓名	性别	籍贯	任职时间
教育局（1992年7月，撤销文教局，组建教育局，正科级机构，列政府序列。1997年5月，更名为教育委员会。2001年12月，更名为现名）	局　长	王玉宝	男	高邮	1985年1月至1987年1月
		徐桂福	男	高邮	1987年1月至1992年7月止
	局　长	冯维林	男	上海市	1992年7月至1996年5月
		姜　权	男	高邮	1996年5月至1997年5月
	主　任	姜　权	男	高邮	1997年5月至1998年3月
		王有益	男	高邮	1998年3月至2001年12月
	局　长	王有益	男	高邮	2001年12月～
文化局（1992年7月，撤销文教局，组建文化局，正科级机构，列政府序列）	局　长	徐桂福	男	高邮	1993年3月至1996年5月
		姜文定	男	高邮	1996年5月至2005年12月
广播电视局（1987年1月设立，副科级机构。1991年10月，为正科级机构，列政府序列。1997年5月，改为政府直属正科级事业单位）	局　长	召笑明	男	高邮	1987年1月至1991年11月
	局　长	召笑明	男	高邮	1991年12月至1997年5月
	局　长	召笑明	男	高邮	1997年5月至1998年4月
		张亚华	男	高邮	1998年4月～
卫生局	局　长	邵正斌	男	高邮	1984年3月至1996年5月
		陆华平	男	高邮	1996年5月至2001年9月
		徐　健	男	高邮	2001年9月～
体育局（1997年5月，体育运动委员会改为政府直属正科级事业单位。2001年12月，更名为体育局，与文化局合署办公）	主　任	曹善亭	男	高邮	1984年6月至1994年6月
		陆学仁	男	高邮	1994年12月至1997年5月
	主　任	陆学仁	男	高邮	1997年5月至1997年7月
		顾西渔	男	泰州	1997年7月至1998年4月
		戚维斌	男	高邮	1998年4月至2001年12月
	局　长	戚维斌	男	高邮	2002年1月～
人口和计划生育委员会（2001年12月，由计划生育委员会更名为计划生育局。2005年4月，更名为现名）	主　任	姜　权	男	高邮	1984年3月至1990年6月
		马根生	女	上海市	1990年6月至1996年11月
		潘秀珍	女	高邮	1997年1月至2001年12月
	局　长	潘秀珍	女	高邮	2001年12月至2005年4月
	主　任	潘秀珍	女	高邮	2005年5月～
安全生产监督管理局（2001年8月设立，为副科级机构。12月，与经济贸易局合署办公，为正科级机构。2005年4月，单独设置，为政府工作部门）	局　长	王承志	男	高邮	2001年8月至2001年12月
	局　长	赵广华	男	姜堰	2002年1月至2005年4月
	局　长	孙建中	男	高邮	2005年5月～
人民防空办公室（1997年设立，为政府直属正科级事业单位。2001年12月，改为市政府工作部门）	主　任	鲍发香	男	高邮	1998年4月至2001年12月
	主　任	鲍发香	男	高邮	2001年12月至2005年1月
		陈德顺	男	高邮	2005年5月～

续表 21-2

机构名称及演变	职务	姓名	性别	籍贯	任职时间
民族宗教事务局（1992年1月，由民族宗教事务科更名为民族宗教事务办公室。1997年5月，更名为现名，在市政府办公室挂牌。2000年4月，与市委统战部合署办公。2001年12月，改为市政府工作部门，仍与市委统战部合署办公）	科　长	任国余	男	高邮	1989年5月至1992年1月
	主　任	任国余	男	高邮	1992年1月至1992年10月
		吴庆云	男	高邮	1995年9月至1997年5月
	局　长	吴庆云	男	高邮	1997年5月至1997年7月
	局　长	王　军	男	高邮	2002年7月至2003年7月
		詹　岭	男	高邮	2003年11月～

说明：表中机构系根据1994年及2005年市政府工作部门综合而成，其他部门分类另表反映。

1986～2005年高邮市政府合署办公、挂牌机构演变和主要负责人一览表

表 21-3

机构名称及演变	职务	姓名	性别	籍贯	任职时间
市政府研究室（1984年10月，设立经济研究中心。1990年7月，从经济技术协作委员会划出。1992年5月，设立市政府经济研究室，与经济研究中心合署办公。1997年5月，撤销经济研究中心，经济研究室更名为现名，与市政府办公室合署办公，正科级机构。2001年12月，在市政府办公室挂牌）	主　任	王树新	男	高邮	1991年3月至1993年5月（兼）
		陈仲如	男	高邮	1993年5月至1994年10月（兼）
		葛桂秋	男	高邮	1996年5月至1997年5月止
	主　任	葛桂秋	男	高邮	1997年5月至2001年12月止
	主　任	葛桂秋	男	高邮	2001年12月至2005年1月
		管宏喜	男	高邮	2005年1月～
市政府农村工作办公室（1989年1月，设立农村经济工作委员会，与县委农村工作部合署办公。1997年5月，在市委农村工作部挂“农村经济委员会”牌子。2001年12月，在市委农村工作办公室挂牌）	主　任	王殿传	男	高邮	1992年5月至1994年10月
		王生太	男	泰兴	1994年10月至1997年5月止
	主　任	王生太	男	泰兴	1997年5月至2000年7月
		郭登明	男	高邮	2000年7月至2001年12月止
	主　任	郭登明	男	高邮	2001年12月～
经济技术协作总公司（1986年12月，撤销经济技术协作办公室，与县经济研究中心合并，更名为经济技术协作委员会。1990年7月，经济研究中心划出。1997年5月，改建为现名，逐步向经济实体过渡，保留“经济技术协作委员会”牌子，归口市计划委员会。2001年12月，撤销“经济技术协作委员会”牌子，转为经济实体）	主　任	俞志来	男	高邮	1987年1月至1989年2月
		居继荣	男	高邮	1989年5月至1992年12月
		仇玉新	男	高邮	1992年12月至1997年5月止
	总经理（主任）	仇玉新	男	高邮	1997年5月至1997年7月
		宗克成	男	高邮	1997年7月至2000年3月
		赵广华	男	姜堰	2000年3月至2002年1月止
	经　理	张　锋	男	广东汕头	2002年1月至2003年1月
财贸办公室（1987年1月，由财贸科恢复为财贸办公室。1997年5月，在市政府办公室挂牌。2001年12月，撤销）	主　任	薛连荣	男	高邮	1987年5月至1993年3月
		俞志来	男	高邮	1993年3月至1994年10月
		刘绍茂	男	姜堰	1994年10月至1997年7月止
	主　任	夏正山	男	高邮	1997年7月至2001年12月止

续表21-3

机构名称及演变	职务	姓名	性别	籍贯	任职时间
市政府侨务办公室（1997年5月，撤销侨务办公室，与外事办公室组建市政府外事侨务办公室，挂“旅游局”牌子，列政府工作部门。2001年12月，设现机构，与市政府办公室合署办公）	主　任	朱维宁	男	高邮	1984年9月至1989年5月
		陈仲如	男	高邮	1989年5月至1991年3月
		薛祥仁	男	高邮	1991年3月至1993年3月
外事办公室（1988年6月成立，与侨务办公室合署办公。1997年5月撤销，与侨务办公室组建市政府外事侨务办公室，挂“旅游局”牌子，列政府工作部门。2001年12月，设现机构，与市政府办公室合署办公）	主　任	谢立东	男	高邮	1994年7月至1997年7月止
	主　任	詹　刚	男	高邮	1997年7月至2001年12月止
	主　任	詹　刚	男	高邮	2002年1月～
市政府法制办公室（1990年5月成立法制局，为副科级机构。1997年5月，更名为市政府法制局，正科级机构，与市政府办公室合署办公。2001年12月，更名为现名，与市政府办公室合署办公）	局　长	居遐林	男	高邮	1993年3月至1997年5月止
	局　长	居遐林	男	高邮	1997年7月至2001年12月止
	主　任	居遐林	男	高邮	2002年1月至2005年1月
		滕志云	女	高邮	2005年5月～
工程师办公室（1989年3月成立，1997年5月撤销，职能归人事局）	主　任	吴维松	男	上海市	1989年3月至1994年10月
文物局（1997年5月，由文物管理委员会改为文物管理委员会办公室，在文化局挂牌。2001年12月更名为现名，在文化局挂牌）	主　任（兼）	朱延庆	男	高邮	1988年1月至1993年6月
		倪文才	男	高邮	1993年6月至1996年5月
		杨　杰	男	常州	1996年5月至1996年11月止
	主　任	姜文定	男	高邮	1997年5月至2001年12月止
	局　长	（缺）	—	—	2001年12月至2005年12月
农业机械管理局（1991年4月，农业机械化管理服务公司增挂“农业机械局”牌子。1997年5月，更名为现名，为市政府直属正科级事业单位。2001年12月，与市水利局合署办公）	经　理	沈芝宽	男	高邮	1988年11月至1993年8月
	局　长（经理）	马金奎	男	高邮	1993年8月至1996年5月
		曹叶林	男	高邮	1996年5月至1997年5月止
	局　长	曹叶林	男	高邮	1997年5月至2001年12月止
	局　长	曹叶林	男	高邮	2001年12月至2002年9月
		林启斌	男	高邮	2002年9月～
水产局（1986年6月设，副科级机构。1997年5月，与市多种经营管理局合署办公，正科级机构。2001年12月，与农业局、多种经营管理局合并组建为农林局，在农林局挂牌）	局　长	张成安	男	铜山	1986年6月至1993年8月
		吴恒华	男	高邮	1993年8月至1995年12月
		蒋文益	男	高邮	1995年12月至1997年5月止
	局　长	蒋文益	男	高邮	1997年7月至2002年3月止
	局　长	茆　实	男	高邮	2003年1月～
老龄工作委员会办公室（1986年7月，设老龄委员会办公室，副科级机构。1990年，更名为老龄问题委员会办公室。1993年5月，归口市民政局。1997年5月，改为市政府直属副科级事业单位，由市民政局管理。2001年12月，更名为现名，在市民政局挂牌）	主　任	周歧明	男	高邮	1986年7月至1990年7月止
	主　任	刁富荣	男	高邮	1990年7月至1993年5月止
	主　任	嵇稳才	男	高邮	1993年5月至1997年7月止
	主　任	熊亚平	男	高邮	1997年7月至2001年12月止
	主　任	熊亚平	男	高邮	2002年1月～

续表21-3

机构名称及演变	职务	姓名	性别	籍贯	任职时间
职工教育办公室（副科级机构。1997年5月撤销，并入市教委）	主　任	王　梓	男	高邮	1984年5月至1990年7月
		孙廷盛	男	高邮	1990年7月至1997年7月止
扬州市高邮质量技术监督局（1987年4月，由计量管理所更名为标准计量局，副科级机构。1997年5月撤销，组建技术监督局，与市经济委员会合署办公，正科级机构。1999年11月，更名为现名，实施省以下垂直管理）	局　长	常国新	男	泰兴	1988年6月至1997年5月止
	局　长	戚　军	男	高邮	1997年7月至1999年11月止
	局　长	戚　军	男	高邮	1999年11月至2005年4月
		朱　桥	男	扬州	2005年4月～
爱国卫生运动委员会办公室（1990年10月，明确为副科级机构。1997年5月，在市卫生局挂牌）	主　任	邵正斌	男	高邮	1984年6月至1996年5月（兼）
		陆华平	男	高邮	1996年5月至2001年9月（兼）
		徐　健	男	高邮	2001年9月（兼）～
城市管理委员会办公室（1992年8月，设立城市管理办公室，副科级机构。1997年5月，更名为现名，与市建设委员会合署办公，正科级机构。2001年12月在市建设局挂牌）	主　任	张骥中	男	高邮	1992年8月至1997年7月止
	主　任	方　仪	男	高邮	1997年7月至2000年7月（兼）
		陆金龙	男	高邮	2000年8月至2002年1月（兼）
	主　任	陈庚林	男	高邮	2002年1月～
第三产业办公室（1993年6月，成立第三产业工作领导小组办公室，7月明确为副科级机构。1997年5月，更名为现名，在市计划委员会挂牌。2001年12月，在市发展计划局挂牌。2005年4月，在市发展和改革委员会挂牌，仍为副科级机构）	主　任	胡建祥	男	高邮	1993年6月至1997年5月止
	主　任	胡建祥	男	高邮	1997年5月至1998年10月
		郑林根	男	上海市	2000年3月至2000年7月
		张家华	男	高邮	2000年7月至2002年1月止
	主　任	陈东辉	男	高邮	2002年1月至2003年1月
		仇玉新	男	高邮	2003年1月至2005年4月止
	主　任	仇玉新	男	高邮	2005年4月～
住房制度改革办公室（1993年7月设立，副科级机构。1997年5月，为正科级机构，挂靠市政府办公室管理。2001年12月，改为市政府直属事业单位。2004年3月，建扬州市住房公积金管理中心高邮分中心，撤销高邮市住房公积金管理中心，与住房制度改革办公室两块牌子、一套班子）	主　任	陈中坚	男	高邮	1993年7月至1994年4月（兼）
		李裕民	男	高邮	1994年7月至1997年5月（兼）止
	主　任	李裕民	男	高邮	1997年5月至1998年4月
		吕士桃	男	高邮	1998年4月至2001年12月止
	主　任	吕士桃	男	高邮	2001年12月～
市委、市政府接待处（1997年5月，设立接待办公室，为市委、市政府直属副科级事业单位，由市政府办公室管理。2001年12月，更名为现名，在市政府办公室挂牌，仍为副科级事业单位）	主　任	詹　刚	男	高邮	1997年7月至2001年12月
	处　长	谭　旭	男	泰州	2002年1月至2003年12月
		王　鸿	男	高邮	2003年12月至2005年1月
		陈　敏	女	高邮	2005年1月～

续表 21-3

机构名称及演变	职务	姓名	性别	籍贯	任职时间
招商局（1998年6月，设立市对外合作与投资促进委员会办公室，亦称招商局，为市委工作机构、市政府主管招商引资的直属正科级机构。1999年末，办公室撤销，保留招商局。2001年12月，在市发展计划局挂牌。2003年1月，与市对外贸易经济合作局合署办公）	局长	张家华	男	高邮	1998年6月至1998年9月
		钱富强	男	高邮	1998年9月至2001年10月止
	局长	张金定	男	高邮	2001年10月至2003年1月止
	局长	张锋	男	广东汕头	2003年1月～
无线电管理办公室（1997年5月，设立无线电管理委员会办公室，为副科级办事机构，挂靠市政府办公室管理。2001年12月，更名为现名，在市发展计划局挂牌。2005年4月，在市发展和改革委员会挂牌，仍为副科级）	主任	陆士平	男	高邮	1997年7月至2001年12月止
	主任	陆士平	男	高邮	2002年1月至2005年4月
	主任	陆士平	男	高邮	2005年4月～
旅游局（1997年5月，在市政府外事侨务办公室挂牌。2001年12月，与市发展计划局合署办公。2005年4月，与市发展和改革委员会合署办公）	局长	詹刚	男	高邮	1997年7月至2002年1月止
	局长	陈培	男	高邮	2002年2月至2005年4月
	局长	陈培	男	高邮	2005年4月～
新闻出版局（2004年5月设立，在市文化局挂牌）	局长	姜文定	男	高邮	2004年10月至2005年12月
国有资产管理委员会办公室（1995年12月，设立国有资产管理局，副科级机构，由市财政局管理。2001年12月，更名为现名，副科级机构，在市财政局挂牌）	主任	杨怀成（回族）	男	高邮	2002年1月～
地震局（1990年4月，地震办公室为副科级全民事业单位，归口县科委。1997年5月，更名为现名，为市政府直属正科级事业单位。2001年12月，在市科学技术局挂牌）	主任	魏东	男	高邮	1990年2月至1990年9月
		张愈（蒙古族）	男	高邮	1990年9月至1997年5月止
	局长	张愈（蒙古族）	男	高邮	1997年5月至2001年12月止
	局长	张愈（蒙古族）	男	高邮	2001年12月至2003年1月
		朱来元	男	高邮	2003年1月（兼）～
绿化委员会办公室（1990年12月，明确为副科级全民事业单位，归口县多种经营管理局。1997年5月，在市多种经营管理局挂牌。2001年12月，在市农林局挂牌）	主任	黄家洪	男	高邮	1990年11月至1997年5月（兼）
	主任	黄家洪	男	高邮	1997年5月至2002年1月（兼）
	主任	张朝林	男	高邮	2002年1月～
地质矿产局（1989年2月，矿产资源开发管理办公室为相当副科级全民事业单位。1997年5月，更名为现名，副科级机构，在市计划委员会挂牌。2001年12月，与市国土资源局合并）	主任	孙平	男	高邮	1989年5月至1992年2月
		刘翔驹	男	高邮	1992年2月至1997年5月止
	局长	刘翔驹	男	高邮	1997年5月至1997年7月
		葛传德	男	高邮	1997年7月至2001年12月止
运东万亩林场（1991年6月建立，为相当副科级全民事业单位，隶属于市计划委员会。1997年5月，撤销）	场长	李士昌	男	高邮	1991年12月至1995年5月
		陈富	男	高邮	1995年5月至1997年5月止

续表21-3

机构名称及演变	职务	姓名	性别	籍贯	任职时间
规划局（1997年5月，在市建设委员会挂牌，为副科级机构。2001年12月，在市建设局挂牌，仍为副科级机构）	局　长	陈　培	男	高邮	1997年7月至2002年1月
	局　长	陆金龙	男	高邮	2002年1月至2005年1月（兼）
		夏正山	男	高邮	2005年1月（兼）～
拥军优属、拥政爱民工作领导小组办公室（1997年5月，设立双拥工作领导小组办公室，在市民政局挂牌。2001年12月，更名为现名，在市民政局挂牌）	主　任	刘星驰	男	高邮	1997年5月至2001年3月（兼）止
	主　任	陈荣富	男	高邮	2002年1月至2003年12月
		陈满祥	男	靖江	2003年12月～
水务局（2001年12月设立，正科级机构，在市水利局挂牌）	局　长	耿　越	男	高邮	2002年1月～
军官转业安置工作小组办公室（1997年5月，设立军队转业干部安置工作小组办公室，在市人事局挂牌。2001年12月，更名为现名，正科级机构，在市人事局挂牌）	主　任	朱　光	男	涟水	2002年1月至2005年8月
		周加良	男	高邮	2005年8月～
事业单位登记管理局（2001年12月设立，在市机构编制委员会办公室挂牌，正科级机构，与市人事局合署办公）	局　长	宰兆山	男	高邮	2005年8月～

1986～2005年高邮市政府直属事业机构演变和主要负责人一览表

表21-4

机构名称及演变	职务	姓名	性别	籍贯	任职时间
社会保障管理局（1999年5月设立，为市政府直属正科级事业单位。2001年12月，与市劳动局合并，组建市劳动和社会保障局）	局　长	薛祥仁	男	高邮	1999年5月至2001年9月
		蒋庆中	男	高邮	2001年9月至2001年12月止
建筑安装工程总公司、建筑工程局（1988年5月，从县城乡建设环境保护局划出，为正科级机构，实行企业化管理，直属县政府。2001年12月，为市政府直属事业单位，挂“市建筑工程局”牌子）	经理（局长）	朱　斌	男	高邮	1988年6月至1997年2月
		闵　峰	男	高邮	1997年2月至1998年4月
		胡恒春	男	高邮	1998年4月至2001年12月
	经理（局长）	胡恒春	男	高邮	2001年12月～
残疾人联合会（1991年12月成立，为副科级社会团体，归口市民政局。1998年4月，为市政府直属正科级事业团体，挂靠市民政局。2004年12月，与市民政局分设，为市政府直属正科级事业团体）	理事长（一届）	汤瑞清	男	高邮	1992年1月至1998年4月
	理事长（二届）	陈广山	男	高邮	1998年4月至2003年10月
	理事长（三届）	陈广山	男	高邮	2003年10月至2004年12月
	理事长（三届）	陈广山	男	高邮	2004年12月～

1982～2005年市政府派出机构演变和主要负责人一览表

表21-5

机构名称及演变	职务	姓名	性别	籍贯	任职时间
临城区公所（1982年1月至1993年8月）	区　长	郑来忠	男	高邮	1982年1月至1984年7月
		刘绍茂	男	姜堰	1984年7月至1989年12月
		马金奎	男	高邮	1989年12月至1993年8月
临泽区公所（1982年1月至1993年8月）	区　长	董恒道	男	高邮	1982年1月至1984年7月
		杨　彪	男	高邮	1984年7月至1988年5月
		夏美鸿	男	高邮	1988年5月至1993年8月
三垛区公所（1982年1月至1993年8月）	区　长	程耀华	男	高邮	1982年1月至1982年7月
		郑长森	男	宝应	1983年8月至1987年5月
		马金奎	男	高邮	1987年5月至1989年12月
		赵和春	男	高邮	1990年7月至1993年8月
汉留区公所（1982年1月至1993年8月）	区　长	黄德和	男	高邮	1982年1月至1984年7月
		李士清	男	高邮	1984年7月至1984年12月
		陈庆才	男	高邮	1985年3月至1988年11月
		孙森宏	男	高邮	1988年11月至1992年2月
		蔡瑞生	男	高邮	1992年2月至1993年8月
送桥区公所（1982年1月至1993年8月）	区　长	吴庆云	男	高邮	1982年1月至1984年7月
		徐兴嘉	男	高邮	1984年7月至1988年5月
		毛玉江	男	高邮	1988年5月至1993年8月
江苏省高邮经济开发区管理委员会（1992年8月成立综合开发管理办公室。1993年5月，更名为经济技术开发区管理委员会办公室，同年7月为正科级机构，同年11月为省级经济技术开发区。1999年4月，撤销经济技术开发区管理委员会办公室，改为市经济技术开发区管理委员会，为市政府派出机构。2000年9月更名为现名）	主　任	王树新	男	高邮	1993年5月至1997年7月
		李杏元	男	高邮	1997年7月至1998年3月
	主　任	王东升	男	高邮	1999年5月至2000年9月
	主　任	王东升	男	高邮	2000年9月至2001年7月
		张安龙	男	高邮	2001年7月至2001年11月
		刘志年	男	高邮	2001年11月至2002年4月
		张秋红	女	高邮	2002年8月至2004年10月
		潘建奇	男	高邮	2004年10月～
高邮鸭业园区管委会（2002年12月建立）	主　任	姚美学	男	高邮	2002年12月至2005年1月
		王瑞峰	男	高邮	2005年1月～
高邮经济开发区甘垛工业园管理委员会（2003年2月建立，2005年12月撤销）	主　任	李加志	男	高邮	2003年2月至2005年1月
		孙明如	男	高邮	2005年1月至2005年12月
高邮市行政服务中心（2002年12月建立）	主　任	居遐林	男	高邮	2002年12月至2004年12月
		陈然禄	男	高邮	2004年12月～

1986～2005年高邮市转为经济实体机构演变和主要负责人一览表

表21-6

机构名称及演变	职务	姓名	性别	籍贯	任职时间
机械化学工业公司（1984年3月设立。1991年6月，增挂“机械化学工业局”牌子。2001年12月，撤销“机械化学工业局”牌子。2003年2月，与轻纺工业公司、摩托车工业公司、粮食工业总公司合并，组建市工业总公司）	经　理	朱元龙	男	高邮	1984年3月至1987年1月
		郑林根	男	上海市	1989年5月至1990年6月
		朱元龙	男	高邮	1990年6月至1991年6月
	经　理（局长）	朱元龙	男	高邮	1991年6月至1997年2月
		扈德林	男	江都	1997年2月至2001年12月
	经　理	扈德林	男	江都	2001年12月至2003年2月止
轻纺工业公司（1984年3月设立。1991年6月，增挂“轻纺工业局”牌子。2001年12月，撤销“轻纺工业局”牌子。2003年2月，与机械化学工业公司、摩托车工业公司、粮食工业总公司合并，组建市工业总公司）	经　理	周宏举	男	高邮	1984年3月至1990年7月
		李康熙	男	高邮	1990年7月至1991年6月
	经　理（局长）	李康熙	男	高邮	1991年6月至1992年8月
		姜仁道	男	高邮	1992年8月至1996年8月
		王东升	男	高邮	1996年8月至1997年7月
		赵广华	男	姜堰	1997年7月至1999年7月
		陈维生	男	灌南	1999年7月至2001年12月
	经　理	陈维生	男	灌南	2001年12月至2003年2月止
摩托车工业公司（1980年8月，从工业局划建电子工业公司。1991年6月，增挂“电子工业局”牌子。2000年6月，改建为现名，挂“摩托车工业局”和“电子工业局”牌子。2001年12月，撤销“摩托车工业局”和“电子工业局”牌子。2003年2月，与机械化学工业公司、轻纺工业公司、粮食工业总公司合并，组建市工业总公司）	经　理	丁德祥	男	高邮	1987年10月至1991年6月
	经　理（局长）	丁德祥	男	高邮	1991年6月至2000年3月
		陈鉴清	男	高邮	2000年3月至2000年6月
	经　理（局长）	高正权	男	高邮	2000年6月至2001年12月
	经　理	高正权	男	高邮	2001年12月至2003年2月止
粮食工业总公司（1998年10月组建，正科级自收自支事业单位。2003年2月，与机械化学工业公司、轻纺工业公司、摩托车工业公司合并，组建市工业总公司）	总经理	陈　践	男	高邮	1998年10月至2003年2月止
工业总公司（2003年2月，由原市机械化学工业公司、市轻纺工业公司、市摩托车工业公司、市粮食工业总公司合并组建，归口市经济贸易局管理）	经　理	扈德林	男	江都	2003年3月～
供销合作总社［1989年3月，供销合作联社领导班子由理事会、监事会改为社务管理委员会。1990年4月，更名为现名，领导班子仍为社务管理委员会。1992年8月，成立供销（集团）总公司，与供销合作总社两块牌子、一套班子。1998年12月，供销（集团）总公司撤销。2003年2月，与市商业集团总公司、市物资集团总公司合并，组建市商贸总公司，保留市供销合作总社牌子］	主　任	严如斌	男	滨海	1984年3月至1989年3月
	主　任	严如斌	男	滨海	1989年3月至1990年4月
	主　任	严如斌	男	滨海	1990年4月至1992年7月止
	主　任（总经理）	周永清	男	高邮	1992年9月至1997年1月
		王朝勇	男	高邮	1997年1月至1998年12月止
	主　任	王朝勇	男	高邮	1998年12月至1999年11月
		程　都	男	高邮	1999年11月至2000年11月
		张宗桥	男	滨海	2000年11月至2002年1月
		王瑞峰	男	高邮	2002年2月至2003年2月止

续表21-6

机构名称及演变	职务	姓名	性别	籍贯	任职时间
物资集团总公司（1997年，由物资局逐步转为经济实体机构。1998年，增挂“物资集团总公司”牌子。2001年12月，撤销物资局，改为物资集团总公司。2003年2月，并入商贸总公司）	局长	王　森	男	高邮	1982年6月至1989年12月
		张明安	男	高邮	1990年1月至1996年5月
		钟慕华	男	高邮	1997年1月至1999年7月
		杨向东	男	高邮	1999年7月至2001年12月止
	总经理	杨向东	男	高邮	2002年1月至2003年2月止
商贸总公司（1997年，商业局逐步转为经济实体机构。1998年，增挂“商业集团总公司”牌子。2001年12月，撤销商业局，改为商业集团总公司。2003年2月，与物资集团总公司、供销合作总社合并，组建商贸总公司，为独立事业法人单位，归口经济贸易局管理）	局长	王恩荣	男	高邮	1981年1月至1990年5月
		陈林宽	男	高邮	1990年5月至1996年5月
		姚有德	男	高邮	1996年5月至1999年7月
		姜　岭	男	高邮	1999年7月至2001年12月止
	经理	姜　岭	男	高邮	2002年1月至2003年2月止
	经理	姜　岭	男	高邮	2003年3月～
高远茧丝绸总公司（1994年4月，设立丝绸公司，为市政府直属经济实体。1995年5月，更名为茧丝绸总公司。1998年5月，与市高远公司合并，组建高远茧丝绸总公司，至2004年12月止）	总经理	陈中坚	男	高邮	1994年4月至1995年5月
	总经理	陈中坚	男	高邮	1995年5月至1997年10月
		盛卫东	男	高邮	1997年10月至1998年5月止
	总经理	盛卫东	男	高邮	1998年5月至2004年12月止
高远公司（1997年9月组建，1998年5月，与茧丝绸总公司合并）	总经理	盛卫东	男	高邮	1997年9月至1997年11月止
高华集团公司（1997年7月，由市政府批准设立，归口市经委。2003年2月，隶属市工业总公司管理）	总经理	宋友来	男	高邮	1997年7月至2000年12月
		王文林	男	高邮	2000年12月至2004年2月
高康集团公司（1997年3月，由扬州市经济体制改革委员会批准设立，归口市经委。2003年2月，隶属市工业总公司管理。2004年，改制破产）	总经理	倪华古	男	高邮	1997年7月至2003年9月
珠光集团公司（1997年3月，由省经济体制改革委员会批准设立，归属市粮食局管理。2002年5月，其核心企业江苏珠光食品有限公司被上海隆鑫实业投资公司收购）	总经理	陈　践	男	高邮	1998年3月至2002年5月止
对外贸易公司［1984年3月，与外贸局改为政企合一的外贸公司。1989年6月，对外贸易公司与对外贸易经济委员会合并，为两块牌子、一套班子。1993年2月，更名为对外贸易（集团）公司，仍为政企合一。1997年，改为现名。2005年10月，机构撤销］	经理	吴庆云	男	高邮	1987年10月至1989年5月
		朱来元	男	高邮	1989年7月至1992年12月
		沙善东（回族）	男	高邮	1992年12月至1993年2月
	经理	沙善东（回族）	男	高邮	1993年2月至1993年9月
		曹叶林	男	高邮	1995年5月至1996年8月
		张家华	男	高邮	1996年8月至1998年3月
		道书林	男	高邮	1998年3月至2005年12月止

1986～2005年高邮市专业系统、金融机构演变和主要负责人一览表

表21-7

机构名称及演变	职务	姓名	性别	籍贯	任职时间
江苏省电力公司高邮市供电公司（2001年3月成立。7月，由市供电局挂“江苏省电力公司高邮市供电公司”牌子）	局　长	张俊华	男	兴化	1984年6月至1997年2月
		马增明	男	高邮	1997年2月至2001年3月
	总经理（局长）	马增明	男	高邮	2001年3月至2001年7月
	总经理	葛　超	男	南通	2001年7月至2004年3月
		袁之远	男	扬州	2004年3月至2005年11月
		沈益鑫	男	无锡	2005年11月～
邮电局（1998年9月，拆分为邮政局和电信局）	局　长	杨福盛	男	高邮	1983年9月至1996年10月
		葛正春	男	高邮	1998年5月至1998年9月止
邮政局（1998年9月，由邮电局拆分设立）	局　长	徐庆淦	男	高邮	2000年8月～
江苏省电信有限公司高邮分公司（1998年9月，由邮电局拆分设立电信局。2001年9月，更名为江苏省电信公司高邮市电信局。2004年1月，更名为现名）	局　长	葛正春	男	高邮	1998年9月至2001年9月止
	局　长（经理）	葛正春	男	高邮	2001年9月至2003年9月
		姜　鸣	男	滨海	2003年9月至2004年1月止
	局　长（总经理）	姜　鸣	男	滨海	2004年1月～
江苏省烟草公司高邮市公司（1983年设立烟草专卖事业局，与江苏省烟草公司高邮县公司同为副科级机构，实行两块牌子、一套班子。1994年4月，更名为烟草专卖局、烟草公司高邮市支公司，均升格为正科级机构。1997年2月，烟草公司高邮市支公司更名为江苏省烟草公司高邮支公司。2000年，更名为现名）	局　长	闵岐祥	男	金湖	1987年4月至1991年5月
		梁克湘	男	睢宁	1991年5月至1994年4月止
	局　长	梁克湘	男	睢宁	1994年4月至1997年2月止
	经　理	王一川	男	高邮	1994年4月至1997年2月止
	局　长（经理）	刘海鹏	男	宝应	1997年2月～
江苏省盐业集团扬州有限公司高邮分公司（1992年9月，江苏省盐业公司高邮支公司增挂“市盐务管理局”牌子，副科级机构。1992年11月，更名为盐业公司高邮市支公司。1997年，恢复江苏省盐业公司高邮支公司。2000年7月，更名为现名，仍挂“市盐务管理局”牌子，为副科级机构）	经　理	吴登高	男	高邮	1987年12月至1991年1月
		陈庆儒	男	高邮	1992年8月至1992年11月
	经　理（局长）	陈庆儒	男	高邮	1992年11月至2000年7月
	经　理	朱小华	男	高邮	2000年12月至2003年4月
	局　长（经理）	涂爱玲	女	高邮	2003年10月～
气象局（站）（1981年11月，设立气象局，为副科级机构。1984年7月，改为气象站，由扬州市气象局领导。1991年1月，恢复气象局，局站合一，均为副科级机构）	站　长	李文龙	男	高邮	1988年7月至1991年1月
	局　长	李文龙	男	高邮	1991年1月至2005年3月
		陈持进	男	高邮	2005年3月～
航道管理站（1990年8月，明确相当副科级，隶属于扬州市航道管理处）	站　长	赵云利	男	高邮	1991年3月至1992年6月
		金龙兴	男	高邮	1993年1月～
公路管理站（1990年8月，明确相当副科级，隶属于扬州市公路管理处）	站　长	万　政	男	泰州	1990年8月至1993年11月
		刘　俊	男	高邮	1998年4月至1998年9月
		冯巧林	男	高邮	2000年10月～

续表 21-7

机构名称及演变	职务	姓名	性别	籍贯	任职时间
高邮运东船闸管理所（1984年，明确相当副科级，隶属于扬州市航道管理处）	所长	柏在田	男	金湖	1984年12月至1991年3月
		崇玉峰	男	高邮	1995年5月～
扬州市高邮食品药品监督管理局（2001年7月，设立扬州市高邮药品监督管理局。2005年7月，组建扬州市高邮食品药品监督管理局）	局长	杨彪	男	高邮	2001年10月至2005年7月止
	局长	杨彪	男	高邮	2005年7月～
高邮地震台（1975年10月建立，为省地震局管理）	台长	张愈	男	高邮	2000年2月至2001年9月
		蒋延林	男	高邮	2001年10月～
农村抽样调查队（1984年建立，为副科级机构。2000年2月，改为正科级机构，属省统计局管理）	队长	朱智盛	男	高邮	1984年12月至1994年10月
	队长	王玉宝	男	高邮	2000年2月至2004年1月（兼）
		杨向东	男	高邮	2004年1月至2005年1月（兼）
中国人民银行高邮市支行（1992年11月，成立国家外汇管理局高邮市支局，正科级机构，隶属于国家外汇管理局扬州分局，与中国人民银行高邮市支行合署办公）	行长	张义琴	女	高邮	1989年12月至1992年12月
	行长（局长）	张义琴	女	高邮	1992年12月至1998年9月
		李开农	男	高邮	1998年9月～
中国银行业监督管理委员会扬州监管分局高邮办事处（2003年12月，建立中国银行业监督管理委员会扬州监管分局高邮监管组。2004年5月，更名为现名）	主任	吴兆魁	男	高邮	2004年5月～
中国农业发展银行高邮市支行（1996年11月设立）	行长	袁文华	男	高邮	1997年6月至1999年4月
		钱五龙	男	扬州	2002年3月至2003年4月
		王欣春	男	扬州	2003年6月～
中国工商银行股份有限公司高邮支行（2005年，由中国工商银行高邮市支行改建为现名）	行长	郭安南	男	靖江	1987年4月至1993年6月
		朱汉朝	男	靖江	1993年12月至1996年8月
		陈志荣	男	高邮	1996年8月～
中国建设银行股份有限公司高邮支行（2004年，由中国建设银行高邮市支行改建为现名）	行长	吴怀义	男	高邮	1987年7月至1992年10月
		薛怀仁	男	高邮	1994年10月至1998年4月
		常永晋	男	扬州	1998年4月至2000年9月
		周洲	男	高邮	2002年5月～
中国农业银行高邮市支行（1980年2月，由人民银行划出，恢复建立）	行长	俞建垣	男	高邮	1983年5月至1990年8月
		胡农茂	男	高邮	1990年8月至1999年8月
		张国旗	男	泰兴	1999年8月至2002年10月
		杨传林	男	扬州	2004年11月～
中国银行股份有限公司高邮支行（1988年10月，中国银行扬州分行批准设立中国银行高邮支行。2004年，改建为现名）	行长	顾明	男	高邮	1988年10月至1993年9月
		高德义	男	扬州	1993年9月至1995年5月
		徐广喜	男	高邮	1995年5月至1998年9月
		杨锦华	男	邗江	2001年4月至2003年5月
		施虎	男	扬州	2003年5月至2004年3月
	行长	吴建东	男	江都	2005年8月～

续表21-7

<table>
<tr><th>机构名称及演变</th><th>职务</th><th>姓名</th><th>性别</th><th>籍贯</th><th>任职时间</th></tr>
<tr><td rowspan="7">农村信用合作联社(1984年成立,归口农行高邮县支行领导和管理。1995年8月,与农行高邮市支行脱钩,独立履行职能。2000年10月,更名为农村信用合作社联合社。2004年1月,更名为现名)</td><td>主　任</td><td>宋才荣</td><td>男</td><td>高邮</td><td>1995年8月至2000年12月</td></tr>
<tr><td rowspan="2">理事长</td><td>宋才荣</td><td>男</td><td>高邮</td><td>2000年10月至2004年9月辞</td></tr>
<tr><td>詹　毅</td><td>男</td><td>高邮</td><td>2004年9月～</td></tr>
<tr><td rowspan="2">主　任</td><td>詹　毅</td><td>男</td><td>高邮</td><td>2000年12月至2004年9月辞</td></tr>
<tr><td>张　勇</td><td>男</td><td>高邮</td><td>2004年9月～</td></tr>
<tr><td rowspan="2">监事长</td><td>张　勇</td><td>男</td><td>高邮</td><td>2000年10月至2004年9月辞</td></tr>
<tr><td>李旭升</td><td>男</td><td>高邮</td><td>2004年9月～</td></tr>
<tr><td rowspan="2">中国人民保险公司高邮市支公司(1984年5月,恢复。1996年5月,分设)</td><td rowspan="2">经　理</td><td>黄　栋</td><td>男</td><td>安徽巢县</td><td>1986年9月至1992年12月</td></tr>
<tr><td>许永金</td><td>男</td><td>高邮</td><td>1992年12月至1996年5月止</td></tr>
<tr><td rowspan="6">中国人民财产保险股份有限公司高邮支公司(1996年5月,设中保财产保险有限公司高邮市支公司。1999年6月,更名为中国人民保险公司高邮市支公司。2003年9月,改建成现名)</td><td rowspan="2">经　理</td><td>许永金</td><td>男</td><td>高邮</td><td>1996年5月至1996年12月</td></tr>
<tr><td>夏　耀</td><td>男</td><td>高邮</td><td>1999年1月至1999年6月</td></tr>
<tr><td rowspan="2">经　理</td><td>夏　耀</td><td>男</td><td>高邮</td><td>1999年6月至2001年10月</td></tr>
<tr><td>南凤炳</td><td>男</td><td>江都</td><td>2001年10月至2003年3月</td></tr>
<tr><td rowspan="2">经　理</td><td>韩　斌</td><td>男</td><td>高邮</td><td>2003年10月至2005年10月</td></tr>
<tr><td>史美祖</td><td>男</td><td>高邮</td><td>2005年10月～</td></tr>
<tr><td rowspan="3">中国人寿保险股份有限公司高邮支公司(1996年5月,设立中保人寿保险有限公司高邮市支公司。2003年8月,改建成现名)</td><td>经　理</td><td>姚步阶</td><td>男</td><td>高邮</td><td>1997年1月至2003年8月</td></tr>
<tr><td rowspan="2">经　理</td><td>姚步阶</td><td>男</td><td>高邮</td><td>2003年8月至2005年5月</td></tr>
<tr><td>于　健</td><td>男</td><td>扬州</td><td>2005年5月～</td></tr>
</table>

二、乡镇政府工作机构

1986～1996年,全市各乡镇政府主要工作机构有办公室(党政办公室)、监察(与乡镇纪律检查委员会合署办公)、人武部、工业、农业、多种经营、村镇建设、司法、民政、财政、文教、计划生育、经营管理、土地管理等部门。

1997年8月,市委、市政府按照“精简、统一、效能”原则和“小机构、大服务”方向,将乡镇按规模分为一、二类,设置3～4个综合性办公室和2个专业性办公室,作为乡镇党委、政府内部机构。党群和政法办公室(挂“社会治安综合治理办公室”牌子),分管组织、纪检(监察)、宣传、统战、人武、工会、共青团、妇联和民政、司法、社会治安、人事、劳动、编制、信访、机要、保密、档案等综合性工作和乡镇人大日常工作;财经和社会事业办公室(财政所与其合署),分管财政、经济管理、统计、审计、物价和计划生育、科技、教育、文化、卫生等工作;村建和三产办公室,分管乡(镇)村建设、环境保护、国土管理和三产、建筑业、民营经济等工作;工业办公室(乡镇企业管理服务站与其合署),分管工业等工作;农业办公室,分管农业、畜牧、水产、林业、水利、农机、农电、蚕桑等工作。乡镇人民武装部、纪检监察机构不变。乡镇工会、共青团、妇联等人民团体按章设立。各办公室主任、副主任由乡镇副乡级以上领导兼任,实行相互兼顾、一人多职。

2001年12月,市委、市政府对全市乡镇党政机构再次实行改革。乡镇党委、政府统一实行委员、助理制。设立组织(人事)、纪检(监察)、人武、秘书、文书(档案)、财政、统计、审计、民政、计划生育、科教、文化卫生、司法、综合治理、规划建设、环保、国土、乡镇工业、农业、水利、农经等管理职位。另设有乡镇司法所、乡镇财政所。至2005年,乡镇政府机构设置未变。

第二章 重要会议

1986～2005年，市政府按照民主集中制原则，由市长根据工作需要，适时主持召开市政府组成人员全体（扩大）会议、市政府常务会议，讨论决定重大事项和阶段性工作。对政府具体工作决策，则通过市长办公会议决定，由市长主持召开，或委托副市长召开。

市政府组成人员会议由市长、副市长、市长助理和市政府序列的各委、办、局主要负责人参加。必要时，会议扩大到非政府序列的各工作部门、垂直管理单位和各乡镇政府主要负责人参加，同时邀请有关方面负责人列席会议。市政府常务会议由市长、副市长、市长助理、市政府办公室主任参加，根据需要，安排市政府有关部门及乡镇政府主要负责人列席，必要时邀请有关方面负责人参加。出席市政府常务会议的市长、副市长、市长助理和办公室主任应达到总人数一半以上，会议由市长或受委托的常务副市长召集和主持。

第一节 市政府组成人员会议

1986～2005年，市政府先后召开组成人员全体（扩大）会议40次，其中第七届县政府召开4次、第八届县政府召开6次、第九届县（市）政府召开6次、第十届市政府召开8次、第十一届市政府召开10次、第十二届市政府召开6次。

一、第七届、第八届县政府组成人员全体（扩大）会议

1986年1月至1990年4月，第七届、第八届县政府召开的组成人员全体（扩大）会议，以工作会议为主，总结前一阶段工作，部署下一阶段工作任务。1990年2月26日，县政府召开组成人员全体（扩大）会议，总结1989年工作，讨论确定1990年工作目标。

二、第九届县（市）政府组成人员全体（扩大）会议

1990年9月6日，县政府召开组成人员全体（扩大）会议，研究部署加强集中统一、保证政府高效和正常运转工作。1991年2月6～7日，县政府召开组成人员（扩大）会议，回顾1990年工作，部署1991年工作任务。副县长周宏举传达省和扬州市计划会议精神，县计委主任刘金鳌作国民经济和社会发展计划1990年执行情况和1991年预算安排报告。1991年10月9～10日，市政府召开组成人员全体（扩大）会议，针对是年发生的特大洪涝灾害，副市长史善成就农业和农村经济工作、副市长周宏举就财政工作、副市长夏元新就全市工业工作、副市长倪文才就计划生育和义务教育等社会事业工作、副市长李士清就城市建设和改善投资环境等工作分别做报告。1992年2月11日，市政府召开组成人员全体（扩大）会议，研究部署全年国民经济社会发展计划任务与措施。1992年11月30日，市政府召开组成人员全体（扩大）会议，总结回顾三年来政府工作，并理清1993年工作思路，促进高邮经济超常规跳跃式发展。

三、第十届市政府组成人员全体（扩大）会议

1993年3月23日，市政府召开组成人员全体（扩大）会议，市政府各分管副市长同政府有关组成

部门、工作部门负责人签订1993年工作目标责任书。1994年2月1～2日，市政府召开组成人员全体（扩大）会议，贯彻落实市委六届六次全会精神，明确全年各项工作目标、任务及要求。市计委、市政府办、市统计局负责人分别就1994年面临的经济形势和计划预算安排、1993年政府提出的24件实事完成情况和1994年拟办实事、国内生产总值核算工作作发言。1994年9月19日，市政府召开组成人员全体（扩大）会议，副市长徐兴嘉就秋播和粮棉茧收购等工作，副市长夏元新就1～8月工业经济运行情况和后4个月工业生产和改革工作，副市长周宏举就外向型经济、市场物价、财政税收等工作，副市长倪文才就创建卫生城市工作，先后发言。1995年4月8日，市政府召开组成人员全体（扩大）会议，贯彻落实市委六届八次全会精神和市十届人大三次会议的各项决议，树立和弘扬"团结实干、开拓争先"的高邮精神，努力实现经济总量超百亿元、社会事业齐发展的目标，登上走出里下河、快步奔小康的新台阶。1995年12月1日，市政府召开组成人员全体（扩大）会议，讨论修改高邮市《国民经济与社会发展"九五"计划和2010年规划纲要（草案）》，落实全年26件实事的办理工作，确保年初提出的各项任务全面完成。1996年10月9日，市政府召开组成人员全体（扩大）会议，市长卜宇做工作报告。1997年7月16日，市政府召开组成人员全体（扩大）会议，分析上半年工作形势，研究部署下半年重点工作。1997年12月16日，市政府召开组成人员全体（扩大）会议，贯彻落实市委七届四次全会精神，讨论修改《政府工作报告》，动员各乡镇、各部门切实做好当前各项工作，力争1998年首季"开门红"。

四、第十一届市政府组成人员全体（扩大）会议

1998年4月28日，市政府召开组成人员全体（扩大）会议，市长卜宇做工作报告，市委书记徐赴前代表市委向新一届政府全体组成人员提出殷切希望。1998年7月31日，市政府召开组成人员全体（扩大）会议，总结上半年工作，部署下半年经济发展目标和任务。1999年1月9～10日，市政府召开组成人员全体（扩大）会议，贯彻落实市委七届六次全会精神，讨论修改《政府工作报告》和《政府工作规则》，动员各地、各部门做好年终岁尾各项工作。1999年7月11日，市政府召开组成人员全体（扩大）会议，总结上半年工作情况，研究部署下半年工作任务，动员各部门、各乡镇加强财源建设，确保社会稳定。2000年2月24日，市政府召开组成人员全体（扩大）会议，贯彻落实市委七届八次全会和市十一届人大三次会议精神，动员全市为实现富民强市的目标努力奋斗。2000年7月31日，市政府召开组成人员全体（扩大）会议，贯彻落实市委七届九次全会和市委工作会议精神，完成和超额完成全市各项目标任务。2001年3月10日，市政府召开组成人员全体（扩大）会议，贯彻落实市委七届十次全会和市十一届人大四次会议精神，动员全市全面落实全年各项任务。2001年7月21日，市政府召开组成人员全体（扩大）会议，总结上半年工作，研究部署下半年工作任务，动员和组织各部门、各乡镇紧紧抓住经济建设中心，致力创造"两低"（低交易成本、低生产成本）环境，加快实现富民强市的奋斗目标。2002年4月6日，市政府召开组成人员全体（扩大）会议，贯彻落实市委八届四次全会精神，围绕市十一届人大五次会议批准通过的《政府工作报告》中所提出的各项目标任务，大力弘扬和践行新时期高邮精神，切实做好2002年各项工作。2002年7月31日，市政府召开组成人员全体（扩大）会议，贯彻落实市委八届五次全会精神，研究部署下半年各项任务。

五、第十二届市政府组成人员全体（扩大）会议

2003年4月3日，市政府召开组成人员全体（扩大）会议，贯彻国务院廉政工作电视电话会议精神，总结第一季度经济工作，动员全市上下实现市委八届六次全会和市十二届人大一次会议确定的工作任务和目标。2003年8月2日，市政府召开组成人员全体（扩大）会议，贯彻落实市委八届七次全会精神，动员各部门、各乡镇确保完成和超额完成全年各项目标任务。2004年1月12日，市政府召开组成人员全体（扩大）会议，贯彻落实市委八届八次全会精神，落实市十二届人大二次会议确定的工作目标，部署全年政府各项工作。2004年7月27日，市政府召开组成人员全体（扩大）会议，贯彻落实市委

八届九次全会精神，总结上半年政府工作，部署下半年任务。2005年1月29日，市政府召开政府组成人员全体（扩大）会议，贯彻落实市委八届十次全会和市十二届人大三次会议精神，总结2004年，研究部署2005年工作。2005年7月22日，市政府召开组成人员全体（扩大）会议，贯彻落实市委八届十一次全会精神，组织和动员各部门、各乡镇确保“跨越之年”经济社会发展各项目标全面完成。

第二节　市政府常务会议

一、第七届县政府常务会议

1986年1月至1987年4月，第七届县政府召开常务会议14次，其中1986年11次、1987年3次。主要讨论决定事项有：县政府党组整改意见，机构设置，人事任免；财政预决算及地方机动财力安排，三垛镇部分拆迁（开挖三阳河）经费，发放教师节约奖和书报费，群众生活方面工作，企业“双退”（退休、退职）职工费用统筹；成立县土地管理办公室、县水产局、县房屋开发公司，理顺县协作委、县财办关系，设立驻沪、驻宁办事处；综合经济部门协调会制度；落实政策；完善干部住房审批制度；传达扬州市户粮工作会议精神；制定促进横向经济联合和搞活企业若干规定，研究麦芽厂项目、工业项目、县属企业下乡支农工作；传达扬州市组户工业和技改工作会议精神，开展“双增双节”运动，研究县化肥厂事故处理；防汛排涝，确定全县秋播布局、荡滩开发计划，落实里下河开发项目、棉花生产；制定分级办学、分级管理的意见，办好职业中等学校；创“三优”（优美环境、优良秩序，优良服务）活动，城市管理及解决西门积水问题，县城绿化资金来源与落实，公用事业征地带人安置等。

二、第八届县政府常务会议

1987年4月至1990年4月，第八届县政府召开常务会议47次，其中1987年、1988年、1989年、1990年分别召开13次、14次、16次和4次。主要讨论决定事项有：县长和副县长分工，机构变更，人事变动；组建县监察局，建立工程师办公室，各乡镇成立土地管理所，各区成立物价管理检查站，乡镇工业公司实行定编，聘请政府法律顾问；加强户口粮油管理，纠正“农转非”工作中弄虚作假等问题；全县经济和社会事业发展，制定高邮县1990～1995年科学技术发展规划，制定《关于鼓励增加出口创汇的办法》和《关于鼓励外商投资的若干规定》；物价管理和群众粮煤油供应，企业职工工资调整，县属企业承包责任制；科技市场管理，地产碳铵销售管理，清理整顿公司；农业和抗洪救灾，建立农村合作经济组织，冬季水利建设，地下水资源管理，生猪产销体制改革，发展蚕桑生产；镇属企业所有制确定；地方税种和城市卫生费开征；城市建设，限期治污改水，东门和北海广场设计方案，历史文化名城申报，交通建设，整顿运输市场；计划生育工作；教育经费和教师待遇，新建南海小学，建设高邮中学实验楼和实验小学教学楼；尽快建好县体育馆，创建全国体育先进县；解决广播电视经费等。

三、第九届县（市）政府常务会议

1990年4月至1993年2月，第九届县（市）政府召开常务会议42次，其中1990年、1991年、1992年、1993年分别召开11次、12次、18次和1次。主要讨论决定事项有：县政府领导成员的分工，年度主要经济目标预计完成情况及次年国民经济和社会发展计划主要指标初步安排，制定《高邮县人民政府工作规则》，加强县政府办公室工作管理，全市经济发展思路；劳动就业安置，养老保险制度改革；土地权属管理，实施“科技兴县”的经济发展战略，乡级财政包干体制改革，发展外向型经济，监察工作，督办工作，科技工作，制定引进人才政策，奖励有贡献科技人员，发展科技市场，建立劳务市场，第三产业发展规划，旅游资源开发，开展“奔小康、干小康”活动，制定“八五”规划，确保社会稳定。

决定成立县政府技术改造办公室，设立县政府驻京联络处，复建县红十字会，成立市综合开发领导小组，成立高邮电视台，确定市广播电视局为一级局建制，理顺市标准计量局体制；保留市轻纺工业公司、市机械化学工业公司、市电子工业公司3家公司，分别增挂"高邮市轻纺工业局""高邮市机械化学工业局""高邮市电子工业局"牌子；成立高邮市运东林场，建立良种棉加工厂。

开展工业企业强化管理年和学习水泵厂排头兵活动、"质量、品种、效益年"活动、争创亿元乡镇活动；扭亏增盈，加快技改，重点扶持9家县属企业和12家乡镇企业；发展蚕桑缫丝工业，丝织厂机构设置；治污改水，工业结构调整，工业经济综合效益指标考核，乡镇工业企业管理费收缴和管理；兴建市第二自来水厂；同意高邮镇镇属企业（纸箱厂、塑编厂、玻璃厂、工业供销公司）部分职工和市第二化工厂（高邮镇）企业性质转为市属大集体；工业经济开发区规划，市经济开发区一期开发及优惠政策。

农业内部结构调整，控制和减轻农民负担，稳定和完善家庭联产承包责任制；秋冬农村水利建设，水利设施管理；粮棉挂钩奖赔兑现政策；抗洪救灾恢复生产、安排灾民生活；秋播实行"一减四扩"（适当调减粮食播种面积，扩大油菜、棉花、湖桑和"短平快"的高效经济作物），新拓2万亩桑园，开发万亩林场。

严格财政预算、加强财政增收节支、加强预算外资金管理，各乡镇建立审计所；县城环境卫生实行有偿服务和征收城市排水设施有偿使用费，农业发展基金收缴，非农业建设用地有偿使用收费管理；征收商业网点配套费，筹集防洪保安资金、农业重点开发建设资金，增收交通附属设施建设费；筹集扭亏增盈基金、筹集通信发展基金。

理顺城市管理体制、加强市区道路交通管理，制定城区防洪规划，城市规划区内主要道路及其两侧建设活动实行严格控制；国有土地管理工作，市造纸厂草库土地处理；淮扬公路高邮段拓宽，公路桥梁修建管理，通湖东路拓宽规划，府前街旧城区改造工程房屋拆迁；住房制度改革，私房改造遗留问题处理，公房房租微调；发展建筑业、房地产开发；抓好为民办实事，完善粮、油、煤供应办法，粮食统销价格调整；煤炭市场管理、建立专业批发交易市场；新建市检察院办公用房，新建35千伏泰山变电所。

发展县广播电视事业，兴办城区有线电视网；新建县图书馆，修复盂城驿，制订文游台风景名胜区总体规划，实施文游台一期工程，文物管理工作；体育馆工程借资方案，争创全国体育先进县；计划生育工作，农村初级卫生保健，档案馆库房建设；文化和教育机构分设，新建南海初中，高邮市中学达标工作；改革城镇义务兵家属优待统筹办法，转业退伍军人安置工作，汉留和车逻撤乡建镇，县府街更名，市殡仪馆改造扩建，残疾人联合会工作，民兵基础建设，拥军优属、拥政爱民工作。

四、第十届市政府常务会议

1993年2月至1998年1月，第十届市政府召开常务会议58次，其中1993年、1994年、1995年、1996年、1997年分别召开8次、8次、13次、15次和14次。主要讨论决定事项有：市政府领导成员分工，每年为民办实事，每年主要经济目标预计完成情况及次年国民经济和社会发展计划主要指标初步安排；制定市政府行政措施暂行规定、《高邮市国民经济与社会发展第九个五年计划和到2010年规划纲要》，修改《高邮市人民政府工作规则》；驻外机构设置；筹建丝绸集团总公司，茧丝绸管理体制改革，组建高远公司；建立市环境监理站，农村分片设5个基层监理所；甸垛、郭集、卸甲、天山4个乡分批撤乡建镇；建立市国有资产管理局；人民代表批评、建议、意见和政协委员提案办理工作；研究信访、外事、消防、安全生产、宗教、物资工作；依法治市规划，"三五"普法规划，社会治安综合治理，"110"报警服务台建设；公费电话管理，统计执法检查，殡葬管理，三峡工程库区移民对口支援。

研究劳动就业工作，全面实行劳动合同制；推进公费医疗制度改革；实施企业、机关事业单位、农村社会养老保险，实施职工医疗和生育社会保险；职工工资调整和企业离退休人员增加离退休金；提高企业职工技能工资起点标准，确定1997年企业工资指导线方案；军转干部安置，预备役军官评授军衔；公务员过渡培训；就业和再就业工程，毕业生就业，人才流动合同管理；建立专家委员会；秦园宾馆招聘总经理；建立优扶对象抚恤和定补标准自然增长机制，建立城乡居民最低生活保障制度，困难职工生活安排。

开展工业“利税大户”“亿元乡镇”创争活动，调整产品结构，发展工业规模经济，市属企业承包分配兑现，市属工业企业组织体制改革，制定企业改制中资产管理规定，控制企业额外负担；轻纺系统部分亏损企业解困问题，委托扬州高发机电制造有限公司托管市石油机械厂和市造纸厂管理市印刷厂方案，部分市属工业企业解困方案，煤球总厂有关扶持政策，市属有关企业停产整顿方案，部分市属工业企业组织结构调整；加快开发区建设。

增加农业投入，发展多种经营生产，发展农业机械化，推进农业产业化经营，控制和减轻农民负担；农业普查，农村改水改厕，完善农村合作医疗；发展高邮鸭及其产品深加工，议购小麦按保护价收购；建立水利建设基金。

土地使用制度改革，强化土地市场管理，清理土地自发交易市场，建立房地产交易市场；划定基本农田保护区，建立城镇蔬菜用地保护区，征地撤组“农转非”问题，城市规划区内集体土地房屋拆迁管理办法，城市土地出让政策和集镇建设用地管理，新民滩管理，清理墓葬用地。

发展第三产业和个体私营经济；对外经济贸易工作，邮文化节经贸活动各项成果跟踪服务；改革财政分配体制、乡镇分税体制，压缩财政支出，预算外资金管理；征收非生产性基本建设附加费和地方事业发展基金，征收教育附加费，征收所得税，征收粮油技术改进费，收取市区环卫费，转办地方户口资金管理；淮江公路高邮段拓宽改造工程前期经费筹集，扬州电厂集资款归还，省“大化肥”集资，筹集扶贫基金、解困资金，建立农村风险互助会，乡镇农业科技服务体系人员工资列入财政支出；原则同意市能源发展有限公司（热电厂）发行借资券3000万元，年限3年，年息12%；规范农村信用社，扬州市信托投资公司高邮办事处改制。

城市规划管理，海潮东路拓宽，新建环城南路和琵琶路，市乡公路黑色化建设，文游路改建工程，同三高速公路西接线工程，通湖路和海潮东路建设，运河大桥和湖区漫水公路筹建，净土寺复建，第二垃圾处理场的选址；第二水厂建设方案，城市排水管理，城区防洪排水及水环境整治，第三沟水利工程建设；府前街二期工程，府前街西段改造工程，府前街二期工程部分商品房销售；调整城市建设项目，城区旧城改造，建造城市雕塑，改善珠湖新村卫生状况，海潮东路一期工程土地征用工安置；理顺城市管理体制，迎接省卫生城市复查，三垛镇小城镇建设试点，建设工程实施招标投标，加快开发区建设的有关政策性意见，民营经济园建设；环境保护工作，市造纸厂污染治理，城河整治，京杭运河临城段东堤堆放砂石问题。城区优惠出售公有住房，解决城区住房困难户和市级机关干部职工住房紧缺问题，调整城镇公有住房租金，城镇房屋产权产籍管理，城市住宅区物业管理，深化城镇住房制度改革，住房公积金归集管理，经济适用房建设。

市场建设，农贸市场管理，民用煤市场管理，生猪上市管理，鱼药市场管理；蚕茧收购工作，蚕茧收购亏损处理；成品油和煤炭及石油液化气市场整顿；市场物价问题，全面放开煤炭价格，居民生活用煤生产经营，水价调整，综合加工电价调整，电力价格清理整顿。

教育工作和高邮中学验收问题，新建南海中学，10个乡镇九年制义务教育合格验收，提高成人教育经费收费标准，市职教中心建设，城区教育布局规划，市电大分校迁址扩建，教职工“安居工程”，三垛中学迁址方案，城区部分教育布局调整；发展文化产业，扬剧团改革，增拨图书馆工程经费，北海影城建设；盂城驿修复工作，《明·盂城驿》邮票发行和举办1995年邮驿文化国际学术研讨会，邮文化节筹备工作；龙虬庄遗址保护开发，文游台主体楼修缮，筹建青少年宫，春节期间文化活动安排；省市广播电视传输网高邮段筹建，计划生育工作，实施全民健身计划，申报创建全国科技先进县（市）。

五、第十一届市政府常务会议

1998年1月至2003年1月，第十一届市政府召开常务会议83次，其中1998年、1999年、2000年、2001年、2002年分别召开16次、13次、16次、21次和17次。主要讨论决定事项有：市政府领导成员工作分工，年度为民办实事事项；年度主要经济目标完成情况及次年国民经济和社会发展计划主要指标初步安排；人大代表议案、建议和政协委员提案办理工作；编制高邮市“十五”计划和2015年远景目标规划；项目建设，全市经济发展战略研究，全社会固定资产投资管理，矿产资源管理，推广使用地方产品；建立政府行政审批大厅；户外广告和标志设置管理办法；清理行政审批事项、规范性文件、收费项目；高邮工商行政管理局与其所开办管理的市场脱钩；修订《市政府工作规则》；统计工作，第五次全国人口普查，农村抽样调查，统计监审；信访工作；档案工作；质量兴市工作；接待工作有关规定；对市公安局交巡警大队发布嘉奖令，给予5名违纪干部行政开除处分。

建立城市建设投资公司并理顺其运作体制；组建市粮食工业总公司、市粮食收储总公司、市社会保障局；成立市淮江高速公路出资公司；决定市建工局归口市建委管理，保留正科级建制；质量技术监督管理体制和农村电力管理体制改革；成立市市容管理执法大队、市发展旅游经济工作领导小组、市土地储备中心、市城市建设十大工程项目指挥部、市规划建设管理委员会、市旧城改造有限公司；设立市水务局；在广东省东莞市设立招商联络处；三垛镇户籍制度改革试点、小城镇户籍制度改革；三垛镇综合改革试点，全面推行乡镇政务公开；成立政府采购工作机构；制定破坏性地震应急预案。

国有企业下岗职工基本生活保障和再就业，强化社会保险扩面征缴，企业改革中社会保险问题处理意见；商业、物资、供销系统机关事业编制的干部职工社会养老保险；破产和拍卖企业职工社会保险；养老、失业、生育和工伤保险有关政策完善；失业保险基金征收和支付问题；困难职工、下岗职工、城镇居民参加社会医疗保险办法；社会保障工作若干决定；国有企业下岗职工基本生活保障金的筹集、解困资金筹集、最低生活保障标准；确保下岗职工基本生活保障和离退休职工养老金按时足额发放；市属企业工资指导线；调整离退休职工养老金。

实施国家公务员制度，大中专毕业生就业，军队转业干部安置，吸引优秀人才的实施办法；机关事业单位职工工资调整和正常调资，机关和全额拨款事业单位人员工资实行集中发放，机关事业单位保险费个人征缴比例调整；鼓励机关干部离岗创业暂行规定，完善人事代理制度实施办法；中青年专家评审；行政复议案件承办人员办案补贴。退伍军人安置，按比例安排残疾人就业，“爱心献功臣”行动，伤残军人基本生活保障；城区行政区划和居民委员会设置，社区建设管理；勘界工作；60年代精简职工生活补助问题，“五保”供养工作，困难群众危房改造。

组织财政收入，综合财政预算管理，严格控制财政支出，预算外资金管理，制订市政府（财政）担保承诺有关规定，财政监督稽查，政府采购工作；会计管理体制改革，实行会计委派制度；城镇集体资产管理，保险资金列入专户储存，有关企业的财政欠款清收，收费项目清理；文游路集资款提前兑付，地方人防建设资金筹集，淮江高速公路筹资入股，地方事业发展基金、再就业资金、契税征收；信业信用社改革，票款分离制度；捐资方案，解困资金预算安排；市乡镇企业局经费渠道落实，委托市国税局征收科技发展基金，增加信贷投入考核办法，农村合作基金会债权债务清偿，行政审批（服务）事项收费问题。

城区烟尘控制区管理，市造纸厂污染项目治理，造纸黑液储存塘管理，城市特种垃圾管理，工业污染源达标排放，落实建设项目管理环保“第一审批权”，推进生态示范市建设，生态示范区建设总体规划方案，确定乡镇环保工作机构和人员，建立污染防治基金。

在35家工业重点企业（市属12家、乡村23家）经营者中开展经济发展金牌竞赛活动，开展项目建设推进年活动，扶持绿卡项目，工业发展基金管理办法，工业企业奖励办法，加快工业经济发展意见；扭亏解困工作，部门挂钩帮扶责任制，筹集扭亏解困资金；高邮镇玻璃厂整建制划归市轻纺工业系统；市印刷厂局部停产整顿方案；组建高新摩托车制造有限公司；市造纸厂停产分流、恢复生产、改革和发展问题、3处资产处置；全市建筑业企业改制；高远茧丝绸总公司春茧收购资金筹集，基层茧站产权关系，盘活丝绸厂、服装厂老厂区存量资产；全市粮食流通体制改革；物资系统改制方案；市供销合作总社机关股金兑付，农民合同工转性为集体合同制职工，所属企业改制、养老保险金缴纳、经济纠纷和企业破产问题，拓宽农资总公司生存空间问题；市外贸公司资产出售；乡镇自来水厂改制；事业单位产权制度改革；市政府第二招待所综合改革方案、实行经济裁员；市属企业深化产权制度改革优惠措施补充意见；市属企业改制工作有关具体问题、稳定工作；国有企事业单位产权交易，资产重组工作实施意见，改制企业职工劳动关系调整的处理办法，破产企业职工安置和清算有关政策意见。

外向型经济工作，鼓励外商投资的优惠政策，外向型经济考核奖励办法；成立市外商投资项目审批联合办公中心；开展招商引资百日竞赛活动；外商到高邮投资兴业的优惠政策，外商投资工业生产企业收费减免实施办法；加强技术创新，发展高新技术产业；发展第三产业，推动个体私营经济发展；推进经济开发区建设，开发区管委会的管理模式，建立开发区一级财政，市国税、地税、工商、公安、教委等部门在开发区区域范围设立下属工作机构，经济开发区外商投资企业收费减免实施办法，严格实行扎口收费；开发区规划及乡镇企业园区建设。

1997～2010年土地利用总体规划编修，制定《高邮市新民滩管理实施办法》，深化土地使用制度改革，土地有偿年租金征收，土地执法监察，农田水利基础设施建设和复垦造地，市属企业改革中土地使用权处置的意见，农村宅基地面积超标准处置暂行规定，砖瓦窑整治，土地批租专项整治，市造纸厂草库土地问题，经济适用房建设用地，清华园小区建设用地；鼓励乡镇政府实行土地招标拍卖，城区征地补偿安置，乡镇工业园区和城区国土资源管理意见，土地出让金的收缴与管理，出让金返还标准与程序，出让行为监管。

港口和搬运装卸业管理办法；公路规划管理，公路实行分级建设和分级管理，部分道路集资方案，高兴东（高邮—兴化—东台）公路改造工程和淮江（淮安—江都）高速公路筹资入股，三垛集镇路段绕道征地，筹集地方资本金，运河西堤风景区开发，高速公路西接线有关问题。

春茧收购、秋粮收购、棉花收购；重点水利工程达标建设；乡镇升档晋级进位竞赛办法，扶持农村合作经济组织政策；农村税费改革，农技推广服务体系建设，农作物种子生产经营管理办法；司徒国家级种养业高科技项目区建设，农业综合开发项目资金管理；农业合作发展基金征收、使用及管理；2002年农民承担税费和劳务负担办法及标准；高邮鸭业园区建设，高邮鸭原产地域产品保护管理。

民用煤生产经营管理，调整自来水价格，城区市场建设，筹建高邮农产品交易市场，液化气站和加油站市场管理，泰山庙农贸城和珠湖路农贸市场建设，化肥销售市场管理，生猪定点屠宰管理，规范肉品上市经营，整顿市场经济秩序，规范市场价格秩序。

房改工作，公有平房出售和已购公房上市交易，职工购买住房补贴办法和标准，房地产管理机构建设，发展新型墙体材料与推广节能建筑，城市房屋权属登记管理办法，城市房地产交易管理办法，存量公有住房出售，调整住房公积金缴存比例，住房基金管理，经济适用房建设和管理。

城市管理工作，新华园安居工程示范小区选址，高沙园小区综合整治，人民路改造初步方案；城市环境卫生有偿服务收费，市容和环境卫生管理，停止使用东墩垃圾场；城市公共供水管理，城市防洪方案，城区消防栓建设，城区桥梁维护，城市房屋拆迁管理，城市绿化管理，城区电网改造，迎接全省第四次城市卫生检查评比；城市总体规划修编，筹措城市建设资金，改革城市管理体制；抓好屏淮路、蝶园公园、傅公桥、高沙园垃圾中转站、城河清淤疏浚、南海管道液化气工程等城市建设项目；城市建设投资主体多元化和投资体制，鼓励投资城市建设优惠政策，城建系统改革；城市河道管理实施办法，住宅小区竣工综合验收管理办法，建筑材料产品准用管理办法，房屋装饰装修管理办法；加快小城镇建设意见，加强城乡规划工作的意见；城市房屋拆迁货币安置实施细则，燃气管理实施细则，物业管理办法；城市交通管理，城区建立公交车候车站台，城市“三小”（摩托车、三轮汽车、四轮农用运输车）车辆管理，城市东外环建设和客运班车线路整顿；建设项目收费标准；城市天然气合作项目建设问题，商业步行街规划，城区环境综合整治，城市规划管理实施细则；城市规划区房屋拆迁管理实施细则、补偿标准；城建招商项目操作程序，房屋建筑和市政基础设施工程施工招投标管理，建设工程抗震设防和地震安全性评价管理；屏淮路规划、资金筹措和路桥工程建设，第二自来水厂建设方案，镇国寺塔景区修建规划方案，高邮殡仪馆建设方案，城东派出所和看守所建设项目。

学校内部体制改革，鼓励社会力量及个人捐资助学，教育经费筹措，改造薄弱学校，市职教中心体制改革，市实验小学改造工程，高邮市中学迁址建设，城区办学体制改革；撤销市曙光中学高中部，将原班级划归市第一中学；教师“双选”（双向选择）工作，市总工会职工学校调整重组。增加体育事业经费，举办’99高邮市体育运动会，中国体育彩票销售。市博物馆第二展区建设，繁荣文化娱乐市场。流动人口计划生育管理，城区计划生育管理，计划生育甲级服务站建设，建立人口与计划生育专项基金。加快卫生改革与发展，农村合作医疗工作，维护医疗机构正常秩序。广播电视光纤传输覆盖网建设，广播电视宽带网数据平台建设。科委向上争取项目，引技引智，开展科技活动，信息网络建设，职称工作职能转移，防震减灾工作，同意省属高邮地震台“深井测震”项目立项。加快旅游业发展。

六、第十二届市政府常务会议

2003年1月至2005年12月，第十二届市政府召开常务会议46次，其中2003年、2004年、2005年分别召开13次、17次、16次。主要讨论决定事项有：市政府领导成员工作分工，年度为民办实事事项；年度主要经济目标完成情况及次年国民经济和社会发展计划主要指标初步安排、年度财政预算执行情况和次年财政预算；人大代表议案、建议和政协委员提案办理工作；编制高邮市“十一五”规划、旅游发展总体规划；落实党风廉政建设责任制、加强政风建设；重大项目基金使用和管理办法；全民创业和全民素质提升；建立高邮市新闻发言人制度、新闻对接会商制度；创建省优秀管理城市、国家卫生城市和国家环保模范城市工作；修订《市政府工作规则》《高邮市重大行政决策暂行办法》；研究统计、粮食、公安、审计和扶贫工作；设立驻北京联络处、扬州市住房公积金管理中心高邮分中心、重大项目办公室；市文化局增挂“新闻出版局”牌子，市残联与市民政局分设，确定市城市建设投资公司运作模式；评选市劳动模范，表彰市优秀教育工作者，政府工作表彰奖项设定，给市财政局、市国税局、市地税局分别记集体三等功。

外环产业带建设，外环产业带接受上海产业转移意见，高邮鸭业园区建设，甘垛工业园区划及工作经费，鼓励加快城区工业发展政策性意见，推进企业上市，重大域外项目推进和挂联工作；市卫星卷烟材料厂办公楼迁移等问题；外商到高邮投资兴业优惠政策，加强招商引资工作，加大招商经费投入，强化招商引资责任考核，制定招商引资优惠政策，鼓励村级招商引资，福利企业招商引资；利用外资工作，与中国香港财富集团合作共建财富产业园，推进第三届中国邮文化节期间所签项目，协调重大项目建设有关事项；环境保护和安全生产。

严格控制使用地下水，调整自来水价格，市自来水厂出售，兴建头闸补水站，调整地下水资源费收取标准；加强南水北调三阳河工程河道管理；调整城区涉水事务工作管理体制；水利建设和农机灌排站建设；天山采石场停止在神居山采石。农业技术推广服务体制建设和改进，罗氏沼虾产业化经营管理，解决高邮镇湖区行洪区农民生活困难问题；高邮鸭蛋原产地域产品保护标志使用权市场化运作。实行土地紧缩政策，林木和林地权属登记管理，项目建设用地保障；土地出让金管理，国土资源管理体制改革，征地补偿安置。

城市道路建设，市区道路建设施工单位实行分路招标，城市建设项目“绿卡”发放范围，城市基础设施建设及园区建设，“门前四包”管理方法，城市道路车辆停放管理办法，城市绿化管理实施办法，城市房屋行政强制拆迁实施暂行办法，城市建筑垃圾处理办法，城区河道整治，城市规划区内建房控制；加快人防工程建设步伐实施意见，推广与应用新型墙体材料实施意见，垃圾处理费及环境卫生有偿服务费征收办法。市骨干公路建设、公路路政管理和养护、交通工程建设资金筹集，交通系统十站点管理，道路交通安全工作。

事业单位新进人员管理办法，全额、差额拨款事业单位招聘人员，毕业生就业，再就业工作，再就业资金筹集使用管理，农村乡镇公务员和教师省标津贴筹集发放方案；贯彻《江苏省社会保障费征缴条例》,调整大病医疗援助基金征缴标准、支付比例及最高支付额,城镇灵活就业人员参加医疗保险、企业退休职工医疗保险、交通企业职工医疗保险及有关问题,委托商业保险公司运作大病医疗救助,离休干部医疗费用统筹;调整全市离休人员离休费和生活补贴费,调整退休人员养老金标准,调整机关事业单位遗属生活困难补助费和50年代退职人员(含一次性补助人员)生活补贴费标准,调整伤残军人生活待遇标准;按比例安排残疾人就业;民政优抚对象抚恤、定补自然增长和优待标准,城区低保对象优待证发放,实施农村居民最低生活保障办法,退役士兵和转业士官安置,"五保"供养"关爱工程",集中办理婚姻登记工作;换发第二代居民身份证。

规范和繁荣房地产市场,私房改造遗留问题处理,直管公房出售,城镇最低收入家庭廉租住房管理暂行办法,城区解困定销房管理暂行办法,城市房地产开发经营管理办法,调整住房改革有关政策;建筑市场管理。

赞化学校整体售让,教育经费,职业技能教育;深化教育改革,提高教育质量;教师"双选";捐资助学。文化工程建设,文化资产盘活,文物景点维护。医疗卫生单位改革,高致病性禽流感防控,血吸虫病防治,爱国卫生,社区卫生,市疾病预防控制中心建设;以大病统筹为主的新型农村合作医疗,无偿献血工作。建立农村部分计划生育家庭奖励扶助制度。推进科技创新,确定科技"三项经费"数额。加大负债融资力度,筹集交通工程建设资金,公有资产管理办法,政府性工程建设资金管理办法,国库集中支付改革,电子政务专网收费。

道路客运公司改制,市高远集团公司改制资金平衡问题,打包处置工商银行高邮市支行不良贷款,市工业总公司和市商贸总公司行政编制人员及离退休人员增资经费问题,市政府第一招待所(秦园宾馆)改制问题,生产经营型事业单位转企改制,市商贸总公司所属集体企业改制政策问题,水利工程管理体制改革问题,场圃改制工作,市属企业改制及破产终结有关问题,市布厂改制扫尾工作及北海农贸市场改造。

第三节　市长办公会议

市长办公会议由市长或市长委托副市长召集并主持,研究、处理市政府日常工作中重要问题。市长办公会议根据需要不定期召开,主要任务是传达、贯彻上级党委、政府有关重要会议、指示精神,交流、部署市政府阶段性重要工作,其他需市长办公会议研究的重要事项。2002年,市长和副市长针对有关重要事项、重大问题,召集有关部门负责人召开市长办公会议,研究、落实解决措施,并形成会议纪要。全年共召开市长办公会议192次,其中研究城市规划、建设、管理方面办公会38次,研究市属企业资产重组工作方面办公会32次。1986～2005年,共召开市(县)长办公会议1024次。

第三章　施政纲要

1986～2005年,市政府围绕经济建设中心,坚持改革开放,在农业、工业、建筑业、服务业、商贸流通、财政金融、城乡建设、社会事业等领域不断创新,奋力追赶,经济建设逐年有所发展。1992年起,市政府每年为人民群众办若干件实事和兴建城市建设工程,改善群众居住环境,改变城市面貌,提高人民群众生活水平。在施政过程中,历届政府自觉接受人民代表大会法律监督和工作监督,接受政协民主监督,办理人大代表建议和政协委员提案,致力于建设全面小康社会。

第一节　改革开放

1986～1989年，按照“总体设计、配套改革、有主有次、分步实施”指导方针，在全县推行经济体制改革，先后推行经济承包责任制、厂长（经理）负责制和浮动工资制、承包经营责任制等，建立统一的职工待业保险制度和企业离退休职工劳动保险基金统筹；建立健全村级合作经济组织，发展农业服务体系。

1990年，县政府制定《关于鼓励出口创汇发展外向型经济的暂行办法》。1992年，推出10种企业改革模式，在15家企业试点；以人事制度、用工制度和分配制度改革为重点，深化企业内部改革；建立以效益为中心，全面反映工业生产规模、速度和效益的考核体系；成立市综合开发领导小组，建立高邮经济技术开发区。至1992年，全市实现外贸供货额2.25亿元，新办合资企业26家，合同利用外资及中国港澳台资1209万美元，分别为1989年的2.83倍和历史总和的3.2倍、9.3倍。

1993年起，全面推进城镇企业职工社会养老保险、农村社会养老保险、机关事业单位社会养老保险；全面推进住房制度改革，实行住房公积金制度；全面推进企业改制。取消行政收费项目42项；探索建立土地承包权、使用权流转机制，促进农业适度规模经营；全面推行“表、约、据、卡、账”五统一的监督管理制度，规范农民负担。市政府印发《关于鼓励发展个体私营经济的意见》，市经济开发区获批省级经济开发区。1997年，政府机构全面实施改革。全市企业改制面95.65%，国有、集体、股份制企业养老保险覆盖面99%，生育保险、工伤保险开始实行，全市招商引资取得一定成果。

1998年，成立市招商局。1999年，实施事业单位综合改革试点。制定《关于进一步推进经济开发区建设的若干意见》和《关于鼓励外商投资的优惠政策意见》。2000年，全面开展企业改制工作，市政府制定《高邮市招商引资工作意见》和《高邮市城镇职工基本医疗保险暂行办法》。乡镇行政区划设置从33个调整为20个，同时实施村组撤并工作。2001年，全面实施农村税费改革；全市企业离退休人员养老金实现社会化发放。2002年，全面实施党政机构改革工作，市级机关行政编制精简15%。是年，高邮鸭业园区管理委员会成立，市行政服务中心建成并投入运行。

2003年，组建市工业总公司和市商贸总公司，统筹工业、商贸流通企业改革和发展。城区企业改制终结率93.7%。组织多种招商活动，新批外资项目46项，比上年翻一番。2004年，全面启动乡镇事业单位分类改革，实行公益性和经营性职能分离。制定运河招商计划，推动全民招商、全员参与，并建立招商引资和重大项目发展基金。实施十大企业重组项目，即市高明发动机有限公司、扬州高康集团有限公司、市制动件总厂、高邮镇船厂、市酿酒厂、市电讯器材厂破产重组，市食品加工厂、市棉麻公司合资重组，市布厂合作重组，市道路客运公司招商重组。2005年，推行政府机构改革，在全市事业单位中开展分配制度改革；建立下岗失业人员小额贷款担保制度和被征地农民基本生活保障机制。

第二节　经济发展

1986年，全县实现地区生产总值8.15亿元，其中第一、二、三产业增加值分别为4.16亿元、2.72亿元、1.27亿元，分别比上年增长17.2%、3.4%、19.6%、17.3%。全县水产养殖产量首次过1万吨；林木覆盖率13.6%，被林业部授予全国平原绿化先进单位；农村工业产值占全部工业产值比重52.7%，首次超过县属工业。

1989年，全县实现地区生产总值10.84亿元，其中第一、二、三产业增加值分别为4.64亿元、4.16亿元、2.04亿元，分别比1986年增长33.01%、11.54%、52.94%、60.63%。初步建成猪、禽、鱼、果、粮、棉等商品生产基地，先后被表彰为全省粮棉生产先进县，全国粮棉生产、交售先进县。

1991年，高邮县被列为国家第二期黄淮海农业资源综合开发区，开发效益明显。是年，开展“质量、品种、效益年”活动；建成摩托车总装线，实现全市整机产品零的突破。至1992年，新建、扩建商品交易市场60个，其中新办专业批发市场7个。是年，全市实现地区生产总值15.02亿元，其中第一、二、三产业增加值分别为5.23亿元、6.29亿元、3.5亿元，分别比1989年增长38.56%、12.72%、51.2%、71.57%；夏粮实现亩产331千克，超过历史最好水平。

1993年，加快全市农业结构调整步伐，培育特色农产品，适度规模经营，提高综合生产能力和效益，75%乡镇实现多种经营年收入过1亿元；推行“四自”（自主经营、自负盈亏、自我发展、自我约束），加快转换企业经营机制步伐；印发《高邮市第三产业发展规划》；建筑业开始承接高层项目。1994年，市虾苗厂建成投产，带动全市水产养殖业进入新的发展时期；组织开展争创“工业十强”“管理十佳”“亿元乡镇”等活动；打造以盂城驿为中心的古代驿站风景区，以宋代文游台为中心的文游风景区，以唐代镇国寺塔和高邮湖异国风情度假区为中心的西湖风景区，以及以明代魁星楼、净土寺塔和宋城一角为内容的蝶园风景区。1995年，高邮市粮食生产喜获丰收，1996年1月被授予全国“粮食生产先进市”，跨入全国百家粮食生产先进县（市）行列；组织开展争创“亿元企业”和“双亿元乡镇”活动，产值或销售过1亿元企业8家，工业产值过2亿元乡镇9个；组织开展争创“建筑之乡”和“建筑铁军企业”竞赛活动，武安乡、营南乡成为首批“建筑之乡”，建成首批“建筑铁军企业”4家。1996年，发展农业区域化、规模化生产，形成沿湖、沿荡地区鹅鸭基地，临城片林业和蔬菜基地，环城片及西片商品猪基地，南片、西片蚕桑基地；发展壮大工业支柱行业，摩托车及其配件和电线电缆年产值分别超10亿元、6亿元；建筑市场扩大到10多个省市；兴建南海综合市场和苏北建筑装饰材料市场。1997年，全市实现地区生产总值47.53亿元，其中第一、二、三产业增加值分别为14.7亿元、19.48亿元、13.35亿元，分别是1992年的3.16倍、2.81倍、3.1倍、3.81倍。

1998年，推进农业产业化经营，实施畜禽良种更新工程，加快水产养殖业发展，张轩、横泾、汤庄等3个乡镇建成省水产科技推广项目示范基地；成立摩托车产销协调小组，与国内知名摩托车生产厂家合作，培育壮大摩托车行业；坚持“一业为主、多业并举、全面发展”的方针，发展建筑业和拓展新的建筑市场；兴建北海、华雅小商品市场和粮食交易批发市场。1999年，启动实施国家农业综合开发高新科技示范项目；制订并组织实施摩托车、电缆、精细化工与医药、电子元器件以及新型电光源、机械、粮油食品、箱包鞋7个行业发展规划。2000年，实行“缩粮扩经、调优增效”，首度出现粮食种植面积与经济作物种植面积“平分秋色”局面，罗氏沼虾养殖面积占全国5%，高邮鸭集团成为全国农业产业化重点龙头企业，高邮鸭原产地域保护、国家保种基地相继获得批准；全面开展“项目建设推进年”活动，实施“绿卡”项目审批制度，全年竣工项目302项，完成投资5.5亿元。2001年，加快旅游业开发，建成运河东堤风光带第一期工程，编制完成《高邮湖风景区西堤旅游度假区总体规划》，启动高邮湖旅游风景区开发。2002年，加快全市农业结构战略性调整，建设鸭业、鹅业、水产业、优质米业和林业等“绿色五业”，建设京沪高速公路两侧林、果、桑、牧草示范带，淮江公路东侧无公害水生作物、麦油示范带，高邮湖生态养殖和东北片特种水产品养殖示范带；实施“工业强市、工业立市”发展战略，成立7个工业行业协调指导小组，制定《关于进一步加快重点行业发展的意见》。是年，全市实现地区生产总值63.76亿元，其中第一、二、三产业增加值分别为18.32亿元、23.34亿元、22.1亿元，分别比1997年增长34.15%、24.62%、19.82%、65.54%。

2003年，战胜自然灾害，加速农业标准化建设，高邮市被列为省首批“无公害农产品产地认定整体推进市”；实行重大工业项目领导责任制、推进例会制，改变工业经济运行质态监控方式，完善工业经济考核办法，推进项目建设和招商引资；推动金融机构与建筑业企业合作，省建筑业综合实力20强企业——江苏弘盛建设工程集团有限公司成立；编制《高邮市旅游发展总体规划》，推出“邮之旅二日游”经典旅游线路。2004年，坚持以农业增效、农民增收为中心，农作物喜获丰收，高邮市获“全国粮食生产先进县（市）”，创成首家“全国罗氏沼虾养殖标准化生产示范基地”，被列为省无公害水产品产地认定整体推进工作试点县；组织实施扬州宏远电子有限公司第三期工程、江苏华信轻工制造有限公司特种鞋帽、江苏顺大半导体发展有限公司单晶硅等1亿元以上项目和十大工业实施项目、十大工业推进项目，启动城区企业退城进园工作。2005年，推进农业结构战略性调整，提高农业产业化经营水平，农业主要经济指标均有增长；以重要产业、重大项目、重点企业为着力点，以工业技术创新、二次创业为动力，工业经济快速发展；启动运河西堤开发，苏果超市、苏宁电器等一批新型连锁超市落户城区。是年，全市实现地区生产总值104.8亿元，其中第一、二、三产业增加值分别为24.95亿元、46.7亿元、33.15亿元，分别比2002年增长64.37%、36.19%、100.01%、50%。

图21-1　城区企业退城进园暨项目建设竣工投产仪式

第三节　城乡建设

1986年，建成城区烟柳路、海潮路。1987～1989年，全县实现乡乡通汽车，村村通电；疏浚穿心河等11条城河，新建排水设施，基本解决城市积水问题；修建人民路、环城路等14条干道和街巷路面，总面积8.73万平方米；新建北海二村，文游、珠湖、琵琶、奎楼4个新村完善配套设施，建成珠光市场；投资173.3万元，建成“三废”（废气、废水、废渣）治理项目15个，增加年处理废水能力28.4万吨，年处理废气能力960万立方米；完成拓浚北澄子河工程，建成三垛东桥、西桥和一沟大桥；新建、扩建镇村办自来水厂4座，18个集镇、2个场圃、54个村用上自来水。

1990～1992年，完成文游中路改造和通湖东路拓宽一期工程，新建环城南路、长生路、南海路，浇筑混凝土路面9.85万平方米、沥青路面1.45万平方米，铺设后街后巷道路2万平方米；建设公路桥、涵25座，铺设乡镇公路砂石路面52.5千米、沥青路面11千米，完成淮江公路高邮段拓宽工程路基土方任务，三垛镇至甸垛乡公路接通；完成南海新村住宅区建设。筹措829.3万元用于农村饮用水改造，新建乡村自来水厂24座，新增自来水受益人数11.73万人，被扬州市政府命名为“农村改水先进县（市）”。

1993年，实现三垛大桥和河口大桥接线通车，新建长生路、长兴路和环城南路，改造维修通湖路、蝶园路、文化宫路。1994年，《高邮市城市总体规划（1992～2010年）》经省政府批准实施。新建琵琶路、泰北路、海潮东路等，维修改造南门大街、北门大街、人民路等，完成府前街改造一期工程和臭河边西段综合改造。三垛镇被列为“省小城镇建设试点镇”。1995年，开展城市环境综合整治。淮江公路高邮北段改造工程全线竣工，新建琵琶东路、宋庄路等，维修改造文游南路、运堤路等。1996年2月，高邮市获“省卫生城市”称号。开工建设高邮运河大桥，新建繁荣路、宝塔二巷等，维修改造文化宫路、蝶园路等。完成乡镇域规划和基本农田保护区规划修编。1997年，全面完成市乡公路黑色化，全部达到三级公路标准，运河大桥实现合龙。

1998年，运河大桥建成通车，高邮湖区漫水公路开工建设，海潮东路整修续建工程基本完成，集中整治南海、高沙园等小区环境，司徒、界首、天山、龙虬、武安等5个乡镇通过扬州市新型示范小城镇达标验收。1999年，高邮湖区漫水公路建成试通行，市第二水厂供水，菱塘回族乡通过省新型示范小城镇验收。2000年，天高（安徽天长市—高邮）公路大桥建成通车，完成文化宫路、通湖西路、蝶园路、中山路中段改造建设，投资上亿元的新华园安居工程示范小区基本建成。《高邮市城市总体规划（1999～2020年）》修编后通过省建设厅论证，完成乡镇区划调整后各乡镇域总体规划修编。2001年，京沪高速公路高邮西接线、城市防洪、运河东堤风光带等工程竣工并投入使用，界临沙（界首—临泽—兴化市沙沟）公路一期工程全线通车，改造通湖路，新建盂城路、金桥路、屏淮路（一期工程）、宝塔路、南海南路，傅公桥建成通行。2002年，高兴东（高邮—兴化—东台）公路建成通车，新建盂城南路，完成琵琶路整治改造工程，高邮运河二桥建成通行。蝶园市民广场建成并投入使用。高邮灌渠节水改造一、二期工程投入使用，马棚省级节水灌溉示范区建成。

2003年，邮仪（高邮—仪征）公路、界临沙公路全面竣工，大淖河桥建成通行，市行政中心暨海潮市民广场工程建成。2004年，淮江公路高邮城区绕行段、卸八（卸甲—八桥）公路和蝶园路改造工程竣工通车，开工建设京杭运河高邮港码头，110千伏湖西变电所建成投入运行，实施北澄子河水环境综合整治工程。2005年，扬菱（扬州—菱塘）公路天菱段、海潮大桥等一批重点交通工程建成通车，实施对文游路、海潮路、屏淮路综合改造。累计投入7亿元建设小城镇，小城镇规模比上年扩大19%。

第四节 社会事业

1986～1989年，县政府修复中小学危房6.89万平方米，扩建校舍4.1万平方米，全县700多所中小学基本实现无危房；推行以乡统筹资金的大病合作医疗保健制度，解决农民患大病负担重、治疗难的问题，避免因病致贫；翻新扩建并重新开放人民影剧院；举办文游艺术节2次；开通长途直拨电话；建成广播电视微波塔，开播调频广播电台，有线广播入户率73%。

1990～1992年，市委、市政府提出“科技兴市”发展战略，全市共推广实用科技成果55项，组织实施省以上“星火计划”项目、“火炬计划”项目4项，获省科技进步奖6项；全市全面实施六年制义务教育；筹集资金1300万元，新建校舍3.5万平方米和改造学校危房4.3万平方米；高邮市中学、市实验小学和三垛中学教学楼相继建成，市聋哑学校建成并开学；八桥、菱塘、界首3个乡镇被命名为“省群众文化先进乡镇”，市广播电视大楼、市体育馆先后建成，有线电视开通，完成文游台首期修缮工程，高邮市被国家和省命名为“体育先进县（市）”；全面实行大病合作医疗，中医医院血透中心和急诊系统建成投入使用，三垛等6个乡镇卫生院门诊或病房楼先后落成。

1993年，组织企业参加中国高新技术、新产品博览会，获金奖4项、银奖2项。全市建成以市级医院为中心、以乡镇（中心）卫生院为枢纽、以村卫生室为基础的三级医疗卫生网络。有线电视向乡镇延伸。完成文游台第二期修缮工程。举办首届双黄鸭蛋节。1994年，新建成市图书馆，成立高邮电视台，高邮市先后被命名为“全国农村中医工作先进市”“江苏省群众文化先进市”。1995年，全市所有乡镇实现普及九年制义务教育；初级卫生保健通过省达标检查考核，基本消灭麻风病；成功举办国际邮驿学术研讨会，高邮市被列为首批省历史文化名城。1996年，高邮市被国家科学技术委员会表彰为全国科技工作先进市，并被批准加入沿江火炬高新技术产业开发带。创建成省群众文化先进乡镇7个，盂城驿被列为第四批全国重点文物保护单位。1997年，全市开展“科教杯”竞赛活动，创建科技工作先进乡镇和科技进步企业。调整城区教育结构和布局，组建市职教中心，新建南海中学，逐步实行高邮市中学高中、初中分离。全面推行农村合作医疗制度的经验和做法，受到省和扬州市卫生部门肯定。举办首届中国邮文化节。

1998年，全市中小学推行“四制”（校长选任负责制、教职工定编聘任制、教育岗位责任制、校内工资浮动制）改革，城区初中、小学首次实行划片招生、免试入学制度，并全面推行中小学素质教育。巩固和发展大病合作医疗制度，32个乡镇69万人参加大病合作医疗，覆盖率97%，提前达到“2000年人人享有初级卫生保健”规划目标要求。实施城镇居民最低生活保障制度。是年，高邮市被文化部授予“全国文化先进市”称号。1999年，制定《高邮市高新技术产业发展工作意见》。探索普通中学与职业中学贯通办学模式。全市30个乡镇成为省初级卫生保健合格乡镇，高邮市被省政府命名为省首批“初级卫生保健工作先进市”。市、乡镇光纤联网工程建成开通。新建成市博物馆。省第四届农民运动会乒乓球比赛在高邮举办。2000年，成立市生产力促进中心。由市职教中心、市工业中专等8所职业学校组成的市职业教育集团成立。城镇医疗机构实行分类管理，55个医疗机构被确定为非营利性医疗机构，11个医疗机构被确定为营利性医疗机构。成功举办省首届横渡高邮湖活动。2001年，推进城镇医药卫生体制改革，启动农村卫生院体制改革。举办全市首届农民文化艺术节。龙虬庄遗址被国务院公布为第五批全国重点文物保护单位。印发《高邮市社区建设和社区服务实施意见》，社区建设全面启动。2002年，采取以奖代投的方式，对开发新产品、运用新技术、引进新项目方面取得显著成绩的民营企业和工程技术人员给予奖励。制定《高邮市农村大病医疗救助基金管理办法》，设立农村大额医药费用救助基金。举办2002中国高邮双黄鸭蛋节。高邮市被国家环境保护总局命名为第二批国家级生态示范区。

2003年，推动办学多元化，民办普通高中——市第二中学成立，赞化学校转为民营学校。组织预防“非典”工作。举办第二届中国邮文化节。开展全民健身服务体系建设试点工作。2004年，成立市疾病预防控制中心，实行合作医疗网络结报制度。组建“追赶在高邮”文艺大篷车到各乡镇巡回演出，承办扬州市第十届运动会武术比赛。印发《高邮市农村最低生活保障办法》。筹资68万元建设首批廉价租金房。2005年，全市所有中小学建成扬州市合格学校，市职教中心创建成全国重点职教中心。全面实施城乡居民最低生活保障制度。初步建立医疗救治、疾病预防控制、卫生监督和信息网络四大体系，新型农村合作医疗覆盖率90%，补偿模式获得省卫生厅肯定并推荐至国家卫生部。

第五节　为民办实事

1986年起，市政府每年制定年度工作目标与计划。1992年起，将年度工作目标与计划中部分与民生关系较密切的内容列为为民办实事事项。至2001年，共完成为民办实事事项200件（实际多为政府各年度工作任务）。2001年起，市政府逐年推出城市建设“十大工程”项目。至2005年，共实施城建工程50项。

一、2001年城市建设“十大工程”

东外环工程，京沪高速公路高邮段西接线工程，高邮中学迁建第一期工程，运河二桥及湖西观光大道，运河东堤旅游观光带工程，镇国寺塔景区建设，打通文化宫路与环城北路通道及文化宫路西侧局部改造，城市防洪工程，旧城改造工程，市场建设。

二、2002年城市建设“十大工程”

重点基础设施建设工程，包括开发区基础设施建设、高邮镇工业园区建设、打通北环路；城市出入口美化、亮化工程，包括京沪高速公路高邮西接线、文游大道北入口、文游大道南入口、运河大桥西入口美化、亮化；政府机关东迁工程；康华园安居工程；文游路靓化工程，建设行政审批大厅楼、人寿保险公司综合楼、移动公司综合楼、飞马装潢有限公司综合楼、经纬有限公司综合楼、水泥制品厂综合楼、扬州高扬机电有限公司综合楼、建行高邮市支行综合楼、联通大厦、农林大厦、建工大厦；新建长途汽车站；镇国寺塔景区第二期工程开工；旅游景观建设，完成盂城驿第二期工程、恢复明清一条街风貌、启动龙虬庄遗址生态公园项目建设；蝶园市民广场建设；新建日处理2.5万吨污水处理厂。

三、2003年城市建设“十大工程”

城市东扩工程，打通大外环、规划建设黄渡大桥、整治靓化海潮东路和完成行政中心、广电中心、长途车站等一批重点项目；旧城改造工程，实施蝶园路和府前街第三期改造工程、启动邓桥第二期和第三期工程、实施北环路建设工程、部分后街后巷改造工程；城市中轴线靓化工程，实施文游路街景改造和新建驿都花苑、农林大厦、建工大厦、国贸大厦、报业大厦等10幢以上标志性建筑；开发区建设工程，规划建设屏淮北路、凌波路、跨横泾河桥和实施液化气站搬迁、建设绿化广场和城市雕塑；市政道路工程，重点建设屏淮路、金桥路；公用事业工程，包括加快实施污水处理厂工程、筹建日处理量160吨垃圾处理场；旅游景点工程，重点实施西堤旅游景点开发、龙虬庄遗址生态博物苑建设工程和实施盂城驿、文游台、马棚生态度假区的扩容增量；生态环境工程，在原东墩垃圾处理场建成森林公园；新河综合治理第一期工程，形成两街一河新景观；大外环沿路产业带建设工程，实施鸭业经济园、高邮镇工业园、卸甲镇工业园、龙虬镇工业园等特色园区建设。

四、2004年城市建设“十大工程”

城市道路工程，建成屏淮中路与北路、金桥路、凌波路、琵琶东路和高邮经济开发区区间路，实施主要道路亮化、美化、绿化和交叉口中心岛建设；城市桥梁工程，建成海潮大桥、屏淮大桥；城市交通设施工程，建成客运中心和城市公共停车场；环卫设施工程，建设垃圾无害化处理场，建成污水处理厂、垃圾中转站，添置环卫设施装备；旅游景点工程，建设运河西堤旅游景点、东塔文化景区、森林公园；公共设施工程，建设世纪文化广场、高邮中学体育馆、教育大厦；旧城改造工程，实施文游台西侧沿街、人民路、馆驿路沿街、通湖西路沿线、邓桥第二期与第三期工程、中山南路等改造工程，搬迁市委党校；新区建设工程，建设瑞和阳光城、欧洲城、东方广场、清华园、消防大队北侧居住小区，实施武安路沿线南侧改造工程；第三产业服务工程，建设加洲豪庭大酒店、国贸大厦、宝林商品广场、供电中心、金港大酒店和农贸市场；旧城区基础设施配套工程，改造城西片、城南片和北海三村内部管网，实施碧水工程，维修后街后巷，新建开发区城北片排涝泵站。

五、2005年城市建设“十大工程”

城市主道路工程，建设屏淮中路南段、海潮东路延伸段、高邮经济开发区道路，总长5950米；美化、靓化工程，文游路、海潮东路和蝶园广场美化、靓化第二期工程；住宅小区建设工程，康华园·现代城建成6幢小高层和多层住宅，市消防大队北侧地块建设住宅小区；绿化工程，大外环和秦邮路绿化、运河两岸绿化形成运河风光带、对城区道路和空地进行美化、绿化；城河整治工程，以穿心河为整治主线，长生河、玉带河、承志河、新河、元沟子河、护城河（含东门大沟）为分支河道，结合污水管道建设和旧城改造，最大限度地减少城区河道对北澄子河水质的污染；经济适用房工程，实施新建经济适用房、廉租房、定价房第一期工程；城市基础设施配套工程，在龙虬镇兴南村朱家组新建卫生垃圾填埋场，新建康华园小区、瑞和·阳光城压缩式垃圾中转站和滨河花苑垃圾中转站，新建一类水冲式公厕，改造老城区危旧公厕30座，维修旧厕所70座；楼宇建设工程，建设市人民医院病房楼、市中医医院门诊楼、工商大厦、供电大厦、农机大厦；城市交通设施工程，在城北、城东、城南各新建一个货运停车场（300个泊位），对城区公交站台进行改造和规范管理，增设屏淮路与通湖路交叉口、屏淮路与海潮路交叉口、秦邮路与屏淮路交叉口、文游路与薇风大道和秦邮路交叉口交通信号灯；旧城改造工程，人民影剧院、民生路地段改造和原环球公司、武安路南侧地块改造。

第六节　建议、议案、提案办理

1986年起，县政府在每年县人民代表大会和县政协会议闭幕后，将所收到的人大代表建议和政协委员的提案分类，按照政府组成部门的职能分工，召开专题交办会议，明确责任，落实具体承办人。

对其中涉及全局性的重要建议和提案，由政府常务会议研究办理。1998年，市政府印发《关于认真办理市人大代表议案、建议和政协委员提案的意见》，规范办理人大代表议案、建议和政协委员提案的程序和要求，办理后书面答复建议人或提案人，并与建议人、提案人见面，告知办理结果，征求办理意见。2003年后，在办理人大代表建议和政协委员提案时，政府承办单位在办理前先与人大代表或政协委员见面、征求对拟办理方案的意见，办理后再回访人大代表和政协委员。至2005年，市政府部门累计受理市人大代表建议3995件、议案126件，办理率100%；累计受理市政协委员提案2981件，办理率100%。

一、市人大代表建议、议案办理

1986～1998年，市政府共收到市人大代表建议2960件、议案122件。其中，1986年建议、议案分别为371件、18件，1987年建议、议案分别为413件、5件，1988年建议、议案分别为204件、5件，1989年建议、议案分别为174件、10件，1990年建议、议案分别为379件、6件，1991年建议、议案分别为221件、5件，1992年建议、议案分别为170件、23件，1993年建议、议案分别为223件、2件，1994年建议、议案分别为147件、2件，1995年建议、议案分别为107件、8件，1996年建议、议案分别为137件、23件，1997年建议、议案分别为138件、14件，1998年建议、议案分别为276件、1件。1999～2005年，市政府共收到市人大代表建议1035件、议案4件。其中，涉及农业、水利方面165件，工业、交通、供电方面323件，财税、金融、经贸方面150件，城建、环保方面135件，科教文卫、社会事业方面86件，劳动人事、民政、政法方面71件，其他方面105件；建议、议案被采纳、所提问题已经解决或基本解决410件，建议、议案被采纳、所提问题正在解决或列入计划解决470件，建议、议案中所提问题因条件、政策限制或其他原因暂时不能解决、待创造条件逐步解决155件。市人大代表对办理结果满意率和基本满意率97%以上，1999年、2000年、2001年、2002年、2005年，市人大代表对办理结果分别有10件、3件、2件、3件、2件表示不满意。

1999～2005年高邮市政府办理人大代表建议、议案情况一览表

表21-8　　单位:件

项目 / 年份	建议	议案	建议分类							建议办理结果		
			农业水利	工业交通供电	财税金融经贸	城建环保	科教文卫社会事业	劳动人事民政政法	其他	已解决或基本解决	被采纳或逐步解决	财力政策受限待解决
1999	186	1	36	60	22	24	9	21	14	76	74	36
2000	161	—	18	40	21	24	18	—	40	71	67	23
2001	103	—	12	41	20	15	8	—	7	35	47	21
2002	111	—	18	51	11	13	6	7	5	42	56	13
2003	181	1	22	59	28	29	23	10	10	72	95	14
2004	134	1	23	30	28	15	9	18	11	55	59	20
2005	159	1	36	42	20	15	13	15	18	59	72	28

说明:1986～1998年因缺市人大代表建议、议案分类资料，故表中未列。

二、市政协委员提案办理

1986～1998年，市政府共收到市政协委员提案1687件，其中1986年155件、1987年179件、1988年145件、1989年95件、1990年167件、1991年112件、1992年115件、1993年111件、1994年127件、

1995年112件、1996年134件、1997年68件、1998年167件。1999～2005年，市政府共收到市政协委员提案1294件。其中，涉及农业、水利方面134件，工业、交通、供电方面154件，财税、金融、经贸方面216件，城建、环保方面325件，科教文卫、社会事业方面194件，劳动人事、民政、政法方面104件，其他方面167件；提案被采纳、所提问题已经解决或基本解决553件，提案被采纳、所提问题正在解决或列入计划解决655件，提案中所提问题因条件、政策限制或其他原因暂时不能解决、待创造条件逐步解决86件；市政协委员对办理结果的满意率和基本满意率97.9%以上，2000年、2001年，市政协委员对办理结果分别有4件、1件表示不满意，其他年度满意率和基本满意率100%。

1999～2005年高邮市政府办理政协委员提案情况一览表

表21-9　　单位：件

项目/年份	提案	提案分类							办理结果		
		农业水利	工业交通供电	财税金融经贸	城建环保	科教文卫社会事业	劳动人事民政政法	其他	已解决或基本解决	被采纳或逐步解决	财力政策受限待解决
1999	165	17	18	27	45	29	18	11	70	77	18
2000	187	13	28	27	45	41	—	33	84	91	12
2001	119	9	15	31	37	11	—	16	48	59	12
2002	191	18	35	23	52	21	16	26	83	95	13
2003	248	27	29	53	59	30	28	22	108	122	18
2004	206	28	13	31	55	21	26	32	90	107	9
2005	178	22	16	24	32	41	16	27	70	104	4

说明：1986～1998年因缺市政协委员提案分类资料，故表中未列。

第四章　政府建设与政府法制

1986～2005年，市政府加强自身建设，坚持政务公开，自觉接受人民代表大会及其常务委员会法律监督和工作监督，接受市政协民主监督，建立相关制度，接受人民群众监督。改革行政审批制度，加强政府法制建设，搞好法制宣传和服务，努力建设依法行政、高效廉洁的法治政府。

第一节　行政审批制度改革

一、审批事项清理

1993年，市政府全面登记、清理涉及向企业和群众收费的文件，首批取消收费项目42项。1997～2000年，市政府清理1995年后由市政府印发的行政措施和条规性文件，共修订23件。

2001年7月，市政府法制局审核59个审批部门（单位）的1096个审批事项，经市政府常务会议研究决定，取消和退出审批事项533项（取消157项，退出376项），减幅48.6%；审批和核准事项由772项减少为345项，减幅55.3%。是年11月，为适应中国加入世界贸易组织需要，清理1979年至

2001年10月市政府及其办公室和各乡镇、各部门制发的地方性政策措施，废止地方性政策措施156件。2002年，市政府法制办公室对24个部门的360项行政审批事项逐一清理，经合并、调整，市政府公布保留166项，其中审批事项19项、行政服务性事项147项，并将保留的19项审批事项和119项行政服务性事项划归行政服务中心办理。同时，废止地方性政策措施16件。2004年，清理行政许可事项、行政许可实施主体、行政许可收费，由市政府公布确认行政许可实施主体62个（法定行政机关55个，法定授权组织7个），首批确认行政许可事项238项。2005年，再次清理行政许可事项，确认行政许可事项27项，并规范乡镇行政许可行为。经市政府两次确认，全市各乡镇、有关部门实施的行政许可事项259项。

二、审批方式改革

1986～2000年，全市行政审批权分散在各行政职能部门，经常出现扯皮推诿、效率低下、“门难进、脸难看、事难办”现象，严重制约经济社会发展。2001年4月，市政府筹建市行政审批大厅（后改为市行政服务中心），首批进入行政审批大厅的有11个部门70项项目。是年，市纪委、市监察局、市优化投资环境办公室、市政府法制局围绕发展个体私营经济、开放型经济和推进城市化建设的要求，梳理涉及兴办工商企业、企业技改、城市建设等20多个审批部门的近500项审批事项。2002年，规范行政审批活动，简化前置审批程序，推行告知承诺制；简化申报要件，制定统一、规范的要件文本；降低收费标准，禁止任何形式的搭车收费和乱收费；完善所有进入中心办理事项的软件资料，通过政府网站对外公布。是年10月，市行政服务中心建立，为市委、市政府派出机构，正科级建制。进入该中心的部门24个，设立服务窗口34个，承办行政审批服务事项138项，启用审批2号专用章，一般事项随办随结。全年接单办理事项5060件，抽样调查群众满意率100%。2003年，市行政服务中心实行“一站受理、抄告相关、同步审批、限时完成”的新审批方式，受理审批服务事项2.99万件，办结2.96万件，办结率99%。是年，市委、市政府组织全面清理36个部门359项行政事业性收费和政府基金收费项目，确定取消项目94项、优惠项目13项，并首次对外商投资生产企业、境内资本一次性投资固定资产总额300万元以上工业企业和投资达到一定规模的城市建设项目实行“零收费”。5月，各乡镇建立行政审批业务办理员制度，集中审批乡镇权限内行政许可事项，提供代理、咨询等便民服务。至2005年，常驻市行政服务中心单位27家，工作人员72人，受理行政许可及服务性事项219项，其中行政许可事项140项、服务性事项79项。市行政服务中心实施提速办理、充分授权、绩效考核等3项制度，提高行政审批效率。是年，受理行政许可及服务事项3.67万件，办结率99.92%。各部门、乡镇未进入市行政服务中心的审批事项，通过设置橱窗栏、上墙公布形式，将审批内容、审批依据、审批条件、审批程序、审批时限、收费标准和审批责任人向社会公示，接受公众监督。

第二节 政务监督与公开

一、督查制度

1986～1997年，市政府办公室负责督办市政府向各部门、单位和乡镇下达的工作任务。1998年，市政府办公室始设督查科。是年5月，印发《高邮市政府系统督促检查工作实施细则》，建立登记、送阅、交办、催办汇总、反馈等岗位责任制度，重大事项办理和办结情况通报反馈制度，督查工作考核考评制度。1999年，市政府办公室印发《高邮市政府系统督促检查工作考核评比办法》。2000～2005年，市政府下达工作任务731项，其中政府常务会议决定事项380项、市长办公会议决定事项351项。经督促检查，落实682项，因限于条件未能落实47项，调整2项。

二、人大和政协监督

1986～2005年，市政府每年向市人民代表大会及其常委会报告工作；每年工作安排、做出的重大决策和研究的重要事项，及时向市人大常委会汇报，主动接受人大常委会监督。每年及时向市政协通报重要工作，听取市政协及其常委会意见，做出重大决策和研究的重要事项均主动与市政协联系，征求意见、民主协商。对市人大代表提出的议案、建议、意见和市政协委员提出的提案，市政府常务会议先听取综合汇报，再及时转交相关职能部门办理。对于涉及面广、影响较大的重要建议，由市政府常务会议专题研究，分管副市长亲自督办，承办部门认真办理。市政府在每年召开的市人民代表大会上，向人大代表报告议案、建议办理情况；对政协委员提案的办理和实施情况及时通报，听取代表和委员们的意见与要求，接受审议和监督。市政府组成人员定期向市人民代表大会及其常委会述职，自觉接受人大常委会的监督。市长或副市长参加市人大常委会、市政协组织召开的有关会议和开展的各项视察、检查、评议活动，轮流列席市人大常委会和市政协例会，对会议、视察、检查、评议中提出的问题，市政府及时研究改进措施，并将落实的情况分别向市人大常委会报告和向市政协通报。

三、政务公开

1989年，全县开始推行以"两公开一监督"（公开办事制度、公开办事结果，接受群众监督）为主要内容的政务公开制度。1996年，市级机关、乡镇机关、行政村分别采取设立政务公开栏或其他公开形式，接受监督。1999年6月，市政府印发《高邮市行政执法公示制度实施意见》。2000～2001年，全市具有行政处罚主体资格的行政执法机关，将执法依据和职责范围、执法程序和办事程序、执法时限和办事时限、工作质量和收费标准、违示责任、社会监督等内容向群众公示。2002年，市行政服务中心实行公开审批内容、公开办事程序、公开审批依据、公开申报材料、公开承诺时限、公开收费标准制度。2005年，市政府印发《关于进一步推行政务公开工作的实施意见》《政务公开考核办法》《政务公开目录》。是年10月起，在全市全面推行政务公开，通过网络、电子触摸屏、电子显示屏、服务窗口、政务公开栏以及媒体和会议、文件等形式公开政务，接受群众监督。

第三节　法制工作

一、规范性文件审核制定

1986～1990年，县政府制定规范性文件32件，由县政府办公室负责审核。1991年，起草、审核地方性行政措施和规范性文件草案21件。1992年，市政府法制局、市城建局、市规划局、市土地管理局等部门和高邮镇，拟订《高邮市实施〈中华人民共和国城市规划法〉实施细则》，经市政府常务会议讨论通过后公布实施。1993年，市政府印发《关于用政府令形式发布市政府行政措施的通知》。是年，印发行政措施和规范性文件44件（含与市委联合发文）。1994年1月，市政府印发《高邮市人民政府关于制定行政措施的暂行规定》，明确行政措施草案形成、报送和审查程序以及行政措施解释权等。1996年，市政府明确规定，规范性文件由相关单位负责起草，由市政府法制局审核把关，报市政府常务会议审定，统一由市政府法制局负责解释。是年，市政府印发地方性行政措施和规范性文件20件，其中以政府令发布施行的5件。2000年，市政府制定规范性文件备案审查制度，各部门、各乡镇制发的规范性文件在发布施行之日起10日内报送市政府法制局备案审查。是年5月，市政府依法撤销市建设委员会、市环境保护局印发的文件1件。2001～2002年，全市制定规范性文件26件，其中以市政府令印发的文件7件。2003年，市政府为优化投资环境，吸引外来投资者到高邮投资兴业，制定《高邮市投资城市建设优惠政策暂行规定》《关于外商来邮投资优惠政策》和《高邮市经济开发区外商投资企业收费减免实施办法》等。是年，市政府法制办依法审核规范性文件8件。2005年，市政府法制办起草《高邮市罗氏沼虾生产营销管理办法》，稳定虾品交易秩序，助推罗氏沼虾生产成为全市涉农支柱产业。至2005年，市政府法制办（局）共依法起草、审核规范性文件343件，其中政府令40件；清理市政府及各乡镇、部门制发的规范性文件1605件，其中修订46件、废止178件。

二、行政执法监督

1991年10月，市政府法制局、市人大常委会城乡建设工作委员会、市城乡建设局联合检查市化肥厂、市啤酒厂、市油厂、市自来水厂和三垛布厂、纱厂等企业贯彻《江苏省城镇供水资源管理条例》情况，促使用水单位依法用水、依法管水。1992年6月，14个行政执法部门、29个乡镇配备兼职法制工作人员118人。1993年，市政府法制局给29个部门682名行政执法人员颁发行政执法证。1994年，建立行政处罚报告备案制，报送行政处罚案件1.12万件、行政复议案件2件、行政应诉案件6件。1995年，市政府开展行政执法监督检查活动。1996年2月，向全市55个行政执法部门、乡镇政府1600名行政执法人员，核发由省政府统一印制的行政执法证。1996年12月，市政府在33个乡镇和31个市属行政执法部门（单位）聘请兼职政府法制员67人。1997年起，市政府法制局每年采取抽查和互查相结合方法，对涉及市场经济秩序的行政执法部门和相关乡镇开展行政执法专项检查，对存在问题较多的部门给予通报，并限期整改。1998年，市政府印发《高邮市行政执法责任制实施意见》和《高邮市行政执法责任制考核办法》，汉留镇为全省首家建立行政执法责任制的乡镇。2001年4月，市政府法制局制定《高邮市行政执法过错责任追究暂行办法》，并制定乡镇政府对计划生育、村镇建设、婚姻登记、自然资源管理等方面行政执法公示的示范文本。2003年，市政府法制办全面检查60家行政执法单位，专项检查公安、建设等20家重点执法部门，并责成有关行政执法部门整改或纠正存在问题。6月，市政府印发《高邮市行政执法质量评估考核办法》，将考核内容扩大为行政机关各类具体行政行为。2004年，市政府法制办对贯彻实施《中华人民共和国行政许可法》情况开展检查。2005年，对全市行政执法部门实施分类管理、考核，按行政执法内容和工作重点，全市行政执法部门被分为重点行政执法部门和非重点行政执法部门，适用一类标准的重点行政执法部门25家，适用二类标准的非重点行政执法部门和乡镇20家。该分类指导考核模式获省政府法制工作创新奖。是年，剖析2003年后行政复议案件中存在质量问题的案件15件，对其中行政执法过错责任实行追究。同时，组织25家重点行政执法部门修订完善行政执法责任制及配套措施，并重新发文公布。

三、行政复议

1991年5月，市政府成立行政复议委员会。是年，受理办结临泽镇、川青镇计划生育行政复议案件2件。1993年，市政府明确行政复议案件受理范围。1994～1995年，行政复议案件以计划生育管理类为主。1996年，发生状告市政府的行政诉讼案件3件，其中发放房产权证案2件、落实房改政策案1件。当事人不服一审判决，均上诉至扬州市中级人民法院，结果原告撤诉1件，被驳回2件。1997年，行政复议案件数量呈上升趋势，案件类型趋于多样化。是年，受理行政复议案件21件，立案审理行政复议案件15件，年内全部结案，其中维持4件、变更5件、撤销6件。1998年，行政复议案件实行集体会审制度。2000年，市政府法制局先后制定复议案件立案审批、集体讨论和送达等制度。全市11个部门32名行政复议人员，经考试获得省行政复议应诉人员资格证书。是年，受理行政复议案件24件，立案23件，依法不予立案1件，接待行政复议咨询100多人次，办理行政应诉案件1件。2001年10月，市政府法制局首次公开举行行政复议听证会。2001～2003年，市政府法制办代表市政府出庭参与行政诉讼12件，无一败诉。2003年，在高邮工商局增挂“扬州市仲裁委员会高邮办事处”牌子，办事处受理仲裁案件标的4000万元，居扬州市各县市之首。1991～2005年，市行政复议委员会累计立案行政复议案件166件，全部办结，其中维持行政决定47件、申请人撤回复议申请68件、确认被申请人具体行政行为违法3件、撤销原行政决定22件、对原行政决定变更9件、终止审查5件、转送6件、不予受理6件。

第五章　信　访

1986年，县委信访办公室、县政府信访办公室实行两块牌子、一套班子。1995年10月，市信访办公室干部俞泽山、臧超骥、金世杰被中共中央办公厅、国务院办公厅授予"连续从事信访工作25年以上的专职信访工作者"证书。1997年5月，市信访办公室更名为市委、市政府信访局，并被省委办公厅、省政府办公厅表彰为"1994～1996年度信访工作目标管理优胜单位"。2001年，市信访局被省人事厅、省信访局授予"全省信访系统先进集体"称号。2002年，受到省信访局通令嘉奖。2004年，市委、市政府成立市处理信访突出问题及群体性事件联席会议，办公室设在市信访局。至2005年，市信访局共受理人民来信来访4.28万件（批）次，其中来信2.77万件、来访1.51万批。是年，市信访局被省信访局表彰为信访工作优秀单位。

第一节　信访工作网络

1986～1990年，各乡镇信访工作大多由乡镇政府办公室或纪检干部兼管。1991年，全市初步建立市、乡镇（部门）、村（市属企业）三级信访工作网络。1996～1997年，各乡镇基本上由乡镇纪委书记或监察室主任负责信访工作。1998年12月，市信访局举办由各乡镇、部门80多名专兼职信访干部参加的信访业务培训班。2000年11月，行政区划调整后的20个乡镇配齐专兼职信访工作人员，高邮镇、卸甲镇、临泽镇、汉留镇等成立信访办公室，配备专职信访干部。2004年，市处理信访突出问题及群体性事件联席会议成立，下设企业改制、涉法涉诉、企业军转干部、征地补偿、城镇房屋拆迁以及环境保护等6个专项工作小组，建立社会矛盾纠纷大调解机制。是年5月，市社会矛盾纠纷调解中心建立，各乡镇也先后成立以司法为主体、与乡镇司法所（乡镇人民调解委员会）合署办公的乡镇社会矛盾纠纷调解中心，各村民委员会、社区居民委员会、行业协会和人数较多的企事业单位建立社会矛盾纠纷调解室（站），村民小组、居民小区和企事业单位设纠纷调解员。至2005年，全市20个乡镇和高邮经济开发区均建立社会矛盾纠纷调解中心，乡镇和部门配齐专兼职信访干部，建成市、乡、村、组四级信访工作网络。

第二节　工作责任制

一、领导责任制

1986年，县委印发《关于加强信访工作的意见》。1994年11月，市委、市政府按照信访工作"分级负责，归口办理"原则，实行各级信访工作责任制，并列为各级领导班子和干部考核重要内容之一。1996年，市委办公室、市政府办公室印发《关于接待处理群众重大集体上访的意见》，明确接待处理责任单位、工作程序、职责分工、处理原则（疏导教育与及时就地依法解决问题相结合的原则，分级负责、归口办理、失职必究的原则，依法处置集访的原则）。1997年8月，市委、市政府印发《关于维护信访秩序的意见》，要求各单位正确对待群众上访，超前工作，努力消除集体上访、越级上访源头；信访人员必须遵守国务院《信访条例》有关规定，维护信访秩序，确保党政机关工作正常开展。1999～2001年，市委、市政府制定和完善信访工作制度，明确党政主要领导是维护社会稳定第一责任人，形成分管领导具体抓，一级抓一级，一级对一级负责的信访工作领导责任制；信访案件实行包案、督办、查办制度和报结通报制度；实行信访信息反馈制度。2003年3月，市委、市政府制定《关于实行信访工作综合考核一票否决制的意见》，强化信访工作责任制和信访工作责任追究制。至2005年，市委、市政府把信访工作列入乡镇党委、政府和市级机关目标管理考核范围；对集体上访、越级上访、异常上访、重复上访和省、扬州市、高邮市领导交办的重点信访问题，由相关乡镇、部门、单位实行"四包"责任制，即包调查、包处理、包做思想工作、包不再重复上访。

二、领导信访接待日制度

1994年起，市委、市政府实行两周一次信访接待日制度和重大信访约请市领导接待制度。1997年12月，市委、市政府决定每月15日为全市各级领导统一信访接待日，直接阅处群众来信，接待群众上访，集中会办处理一批疑难信访问题。2001年，市委、市政府做好领导信访接待日组织、检查、督促工作，将结果记录在案，作为年终考核各级党政领导干部依据。2003年2月，领导信访接待日改为每月两次，即每月15日、30日。9月，市委、市政府再次调整各级领导信访接待日时间，实行每周一次，时间为每星期三上午，并在《高邮日报》上公示。市信访局采取超前计划、筛选预约、首问负责、跟踪落实等措施，确保领导信访接待日效果。2004～2005年，全市继续坚持每周三市领导信访接待日制度，乡镇、部门每天有领导接待处理群众来信来访。1994～2005年，市委、市政府领导阅批来信累计9147件，接待来访789批次、1.33万人次，会办信访案件408件，交办督办信访397件。

图21-2 市领导信访接待日接待信访对象

1994～2005年高邮市委、市政府领导阅处来信来访工作情况一览表

表21-10

项目 年份	阅批来信（件）	接待来访		会办信访案件（件）	交办督办信访（件）	项目 年份	阅批来信（件）	接待来访		会办信访案件（件）	交办督办信访（件）
		批次	人次					批次	人次		
1994	241	25	295	40	—	2000	663	48	3536	50	28
1995	432	26	1023	45	—	2001	1088	40	378	30	62
1996	918	31	1400	30	—	2002	1000	78	520	30	31
1997	798	67	1653	24	—	2003	705	146	573	40	—
1998	1028	56	1408	14	108	2004	758	162	511	40	73
1999	808	46	1700	45	95	2005	708	64	263	20	—

三、"四无"乡镇创建与信访重点单位管理

1999年，市委、市政府开展创信访工作无越级上访、无集体上访、无信访老户、无信访积案的"四

无”乡镇活动，结合年度“六好乡镇党委”评比，经考核，年末全市“四无”乡镇率78.8%。是年，市委、市政府还将发生越级上访较多、到市集体上访3批以上的乡镇和部门，列为信访工作重点管理单位。第一年发生的给予黄牌警告，连续两年发生的给予通报批评，连续3年发生的除通报批评外，将追究有关领导的责任。2000年3月，被列为信访工作重点管理的乡镇、部门，每季度排查一次本乡镇、部门的不稳定因素，研究落实化解矛盾的措施和方法，并将排查的情况和措施及时报市信访工作领导小组办公室。重点管理的乡镇、部门整改情况与年度评比挂钩，连续两年被列为信访工作重点管理的乡镇、部门，取消当年评为先进单位的资格，党政主要负责人向市信访工作领导小组书面说明，并汇报限期整改措施。2001～2005年，全市继续开展创信访工作“四无”乡镇活动，“四无”乡镇80%以上；市委、市政府对集访多、越级上访多和信访问题突出的乡镇、部门，实行滚动式重点管理，分别纳入“五好”乡镇党委创建、市级机关目标管理考核范围。

第三节 信访办理

1986～1987年，全县人民来信来访反映的主要问题有：申诉，揭发干部违纪，要求解决历史遗留问题，原插队知识青年要求解决配偶和子女城市户口，“文化大革命”前各类下放人员要求解决户粮定量供应与恢复工作，要求解决分房建房、计划生育、工作调动、工资福利、土地征用工、市政建设、环境污染等问题。县信访办公室提出的“对知青半家户赴扬州市集体上访的处理意见”，得到县领导重视和妥善处理；高邮布厂就地处理集体上访的做法，获得省委办公厅肯定，由厅负责人写按语、发出简报，向全省推广。1988年，涉及企业改革、反映党政干部以权谋私、举报学校乱收费的信访增多。县信访办公室就党政干部廉洁问题，形成汇报、摘报26次（期）；与县文教局磋商，清理和调整学校收费。1991～1994年，市信访办公室对因受洪涝灾害的信访以帮助市民解决实际困难为主；对企业改制、富余人员消化等问题，做好协调，完善实施方案，减少信访潜在因素；对土地征用、企业亏损、民事纠纷、私房改造政策落实遗留等问题，交由牵头单位协调办理，限期结案，使全市信访总量逐年有所下降。

1995～1996年，全市信访总量、集体上访批次和人次大幅度上升。信访主要反映困难企业职工工资拖欠和医药费用报销困难、退休职工生活费偏低、经济合同纠纷、供电纠纷、房地产纠纷、土地征用、承包养殖、农民“两上缴”（公益金、公积金）、伪劣稻种、售茧难、城市房屋拆迁、城镇青年和残疾人就业、学龄前儿童入学、居民区受水淹、教师“民转公”等问题。市信访办公室对重大信访事项加强协调，对信访案件抓紧查办、会办，帮助市民解决实际问题，妥善化解各类信访。1997年起，随着城乡改革逐步深入，部分社会矛盾开始显现。主要有：市属亏损企业职工工资、生活费发放，待业青年就业、下岗职工再就业，企业生产、内部管理问题；农村农民负担反弹、土地征用问题；环境污染纠纷，经济合同纠纷问题；城镇困难居民房屋维修，麻风病人、精神病人生活、医疗等民生问题较多。其中，由于企业改制、破产、重组，下岗（失业）职工增多，群众集访批次和人次大幅度增加，最多年份集访人数6000多人次。市委、市政府及时组织相关部门认真接访，并通过采取多项变通措施妥善安置下岗职工，多方筹集改制资金解决职工实际困难，使矛盾逐步得到有效化解。2000年5月，汉留镇部分村民对行政区划调整持有异议，被极少数人煽动、利用，制造集访闹事、非法游行、静坐、堵塞交通，造成恶劣的社会影响与经济损失。11月，市人民法院对其中为首的5人因犯聚众扰乱社会秩序罪，分别判处一年半至三年不等的有期徒刑。市委、市政府在全市开展为期一个月的法律法规宣传教育，有效维护信访秩序。

2001年，市委、市政府进一步巩固、完善市、乡镇（系统、部门）、村（单位）三级信访工作网络，落实信访工作责任制，畅通信访渠道，建立集访预警机制，加强信访问题预测、排查、分析，到重点部位、重点行业掌握群众生产生活情况和思想状况，变上访为“下访”，超前、主动地做好工作，及时就地化解矛盾，把大量信访问题解决在基层，全年集访批次和人次均大幅度下降。2002年，市信访局先后邀请律师和约请与群众生产生活关系较密切的24个部门负责人，共同接待来访者，听取群众呼声，为群众排忧解难，增进群众与政府之间的沟通，收到很好的效果。是年，邓桥商业城和蝶园路、府前街第三期改造等工程建设拆迁范围大、矛盾多，市信访局超前到基层，帮助群众解决实际问题与困难，未发生一起到市集访事件。至2005年，全市每年信访总量2500件（批）以下，其中集体上访批次和人次有所减少，信访问题妥善处理率均在80%以上。

1986～2005年高邮市信访情况一览表

表21-11

项目/年份	信访总数（件、批）	来信来访			其中集体上访		自办案件（件）	上级交办案件（件）
		来信（件）	来访（批）	来访（人次）	批次	人次		
1986	3313	2645	668	—	60	—	—	—
1987	2684	1985	699	—	74	1052	582	26
1988	2213	1552	661	—	67	1183	—	—
1989	2019	1537	482	—	29	389	515	—
1990	2167	1529	638	—	15	150	529	—
1991	1956	1230	726	1793	40	1042	—	—
1992	1794	1211	583	1996	48	1337	568	—
1993	1431	991	440	1842	59	1353	596	6
1994	1343	877	466	1484	46	947	555	—
1995	1405	962	443	3193	91	2748	718	4
1996	2117	1462	655	4916	106	4160	145	—
1997	1850	1174	676	3682	105	2883	50	5
1998	2568	1428	1140	3808	142	2352	98	5
1999	2015	1145	870	7586	195	6237	109	5
2000	1871	1132	739	7015	188	6173	95	6
2001	2449	1558	891	3597	128	2482	56	2
2002	2489	1328	1161	5372	200	3588	65	31
2003	2167	1112	1055	4885	176	3535	62	27
2004	2486	1374	1112	4276	214	2857	84	90
2005	2422	1419	1003	3890	158	2557	60	—

说明：1986～1990年来访人次未统计，1986～1988年和1991年自办案件未统计。

第四节　案件查办

一、信访案件办理

1986～1988年，县信访办公室办结上级领导机关交办的信访案件26件、县党政领导交办的信访案件32件。1989～1990年，县信访办公室建立拆信登记、结案回报、信息反馈、材料归档等相关制度。

对重大信访案件，由县领导牵头办案。1989年，县蚕种场新河组群众为土地遗留问题集体上访，出现群体械斗苗头，县委常委沈国庆、副县长李士清率计委、土管、农机、水利、政法等部门负责人20多人，驻进村组近20天，逐人逐户做工作，使问题得到合理解决。1993年，市信访办公室受理群众检举揭发类信访437件，占信访总数30%，涉及副乡（局）级以上党员干部近40件，配合纪检、监察部门一年内查处不符合条件的户口农转非（由农业户口转为非农业户口）27户68人。

1995～1998年，市信访办公室（局）立案自办信访案件1011件，全部按期结案；对转办的信访案件催办督办，提高初信初访结案率；及时查办上级机关交办的14件信访案件，结案率100%，社会反映较好。1999～2005年，市信访局按照“分级负责、归口办理”原则，每月通报各乡镇、部门集体上访、越级上访、联名来信情况，由相关乡镇、部门实行包案处理；对省、扬州市和高邮市领导交办的重点信访问题，跟踪落实，处理一步到位。其间，市信访局自办信访案件531件，完成上级交办的信访案件161件，结案率100%。

二、信访老户处理

1990年，县信访办公室以积极慎重态度，采取解决实际问题与思想疏导相结合的方法，使7名反复上访的信访老户全部结案。1997～2002年，市信访局通过登门调查，晓之以理，动之以情，送米送油，多方协调，帮助信访老户解决生产、生活中困难，使信访老户深受感动。2003年9～12月，市信访局对全市2001年后赴京上访、重复来信以及信访人仍未停诉息访的信访积案，逐一进行梳理；对仍未得到解决的20件信访问题，逐件分析，领导包案，协助有关乡镇、部门妥善处理；对扬州市信访局交办的2名信访老户，从关心他们生活入手，督促相关单位解决问题。2005年，市信访局对照相关政策，解决信访老户的实际困难，促其停诉息访。

三、信访听证会制度

2003年，市信访局建立信访听证会制度，对信访老户反映的问题实行面对面公开处理。是年3月，市信访局在送桥镇举行首次信访听证会，让信访人和市教育局、市人事局、市劳动和社会保障局、市政府法制办公室和送桥镇政府、送桥镇教育办公室等单位派人一道参与信访问题处理。整个处理过程公开、处理意见有据、处理结果公正，既保障信访人信访权益，又促使信访人放弃过高要求或无理要求，较好地解决信访人无理缠访和各级组织重复受理的问题。高邮市建立信访听证会的做法，得到省和扬州市信访部门肯定。2004年12月，市信访局对司徒镇供销社一名农民合同工的信访问题，举行公开听证会，邀请市人大代表、市政协委员和相关单位代表参加，整个听证会过程公开、公正。至2005年末，通过信访听证会，完成3名无理上访老户申报认定工作。

第五节 人民建议征集

1997年5月，市委、市政府信访局增挂“市人民建议征集办公室”牌子，与市委、市政府信访局两块牌子、一套班子。1998年，市人民建议征集办公室本着“问计于民”理念，向全市人民征集建议33条，其中有较高价值的3条建议交由有关部门办理。1999年11月，市人民建议征集办公室组织开展以“2000年高邮市经济社会发展”为主题的人民建议征集活动，收到人民建议20多条，全部转交有关部门办理。2001年5～7月，市人民建议征集办公室和市建委联合开展以城市建设为主题的人民建议征集活动，收到建议信35件、建议50多条。是年，市信访局负责人孙兆民向省政府提出《关于帮助水运企业脱贫解困的建议》，使全省水运企业受益。2002年9月，孙兆民获省人民建议征集办公室颁发的2000～2001年度全省人民建议征集一等奖。2002年10～12月，市人民建议征集办公室、市交通局联合开展以“道路桥梁管理、交通工程建设”为主题的人民建议征集活动，收到建议信29件、建议50多条，对交通工程建设、客货运输市场管理、交通行政执法等方面起到一定促进作用。

第六章　外事、侨务与港澳台事务

1986～2005年，市政府坚持对外开放，通过多种渠道，在经济、社会、教育、文化、科技及人民友好等方面，加强对外交往，先后与国外5个城市结为友好城市。加强对侨胞、侨眷联络宣传工作，积极为他们提供各种服务。落实港澳同胞相关政策，鼓励他们回乡投资兴业。加强与台湾同胞、台商交流和交往，为他们在高邮投资兴业提供方便。

第一节　外　事

1986年，全县外事工作由县政府侨务办公室兼管。1988年，县政府始设外事办公室，担负外事接待、涉外管理等职能。80年代末至90年代，外事工作按照指导、管理、协调、服务方针，先后参加省、扬州市组团或自行组团赴国（境）外开展招商推介活动。2000年后，市外事办公室组织拜访印度、以色列、埃及、阿拉伯国家联盟（简称阿盟）、新加坡、韩国、日本等国家和地区性国际组织驻上海领事馆及商务机构、商会等。历届中国邮文化节、中国双黄鸭蛋节、中国羽绒服装节等重大节庆活动中，通过多方联络协调，邀请国际国内组织重要宾客、投资商参会。同时，因公出国（境）、外国人来华等涉外管理逐步规范，与国外城市缔结友好城市，为人民友好、经济建设和社会事业、科技文化教育构筑交流交往渠道和平台。

一、涉外管理

1985年，县侨务办公室接待首批到高邮酿酒总厂调试啤酒制造设备的4名罗马尼亚工程技术人员。1986年，县侨务办公室配合公安部门召开涉外单位负责人会议，开展涉外政策、外事纪律教育。1988年，始办理因公出国（境）手续，当年办理赴港手续1人。80年代末至90年代初，因公出访人员大多是参加省、扬州市组团，考察国际市场或参展。市自行组团以售后服务为主。1990年7月，经省政府办公厅批准，县政府第一招待所（后更名秦园宾馆）为接待境外人员指定住所。1992年7月，召开全市涉外管理工作会议，就涉外规定、接待礼仪、涉外管理、公务出国等作专题报告。1993年5月，市委办公室、市政府办公室印发《关于严禁用公费出国出境旅游的通知》。是年10月，市委、市政府印发《关于出国人员审批权限和手续的暂行规定》。1994年5月，市政府办公室印发《关于加强涉外礼仪教育的通知》。90年代中期以后，利用友好城市、合（独）资企业等渠道，自行组团赴境外开展经贸洽谈、文化教育交流等活动。2000年，秦园宾馆获批为全市唯一一家涉外二星级宾馆。至2005年，全市累计办理因公出国（境）团组343批772人次。其中，因公出访团组先后出访德国、意大利、西班牙、法国、比利时、英国、瑞士、荷兰、芬兰、挪威、阿尔巴尼亚、美国、加拿大、巴西、阿根廷、墨西哥、澳大利亚、新西兰、苏联、俄罗斯、哈萨克斯坦、匈牙利、乌克兰、捷克斯洛伐克、埃及、坦桑尼亚、加纳、多哥、厄瓜多尔、南非、伊朗、以色列、阿联酋、伊拉克、日本、韩国、新加坡、越南、印度、菲律宾、印度尼西亚、泰国、马来西亚等43个国家。先后接待罗马尼亚、韩国、澳大利亚、英国、美国、尼日利亚、南非、波兰等8个国家在高邮工作的留居人员17人。全市未发生一件涉外事件。

附：1985～2005年留居高邮市的外国人

1985年，罗马尼亚工程技术人员戴若·米尔坦（Dezs ǒ Zoltan）、米利克·雅诺斯（Milik Janos）、格拉德·约阿恩（Grad Ioan）、吉勒-凯勒·约阿恩（Gile-Kelier Ioan）等4人在高邮酿酒总厂调试啤酒制造设备。

1996年，高邮市与韩国一洋药品株式会社合资企业——扬州一洋制药有限公司韩方总经理、财务总监、市场总监代表等常年在高邮工作和居住。

2003年1～6月、2004年4～5月，澳大利亚汉密尔顿亚历山德拉学校教师詹姆斯（James）到高邮中学短期任教。

2002年3月至2005年9月，英国卡瑞尔·鲍德姆（Carole Boardman）、爱德华·詹尼（Edward Garner）、杰瑞德·马歇尔（Gerard Maguire），美国亚当（Adam）、马特（Matt），尼日利亚马克（Mark），南非玛丽·比瑞（Mary Perry），波兰莱兹彼得·克瑞克（Elzbieta Cyrek）等8名外国教师，受聘于高邮师范学校（后为扬州教育学院高邮校区）担任英文教师，授课时间3～5个月。

2005年1～6月，澳大利亚汉密尔顿亚历山德拉学校教师托比（Toby）到高邮中学短期任教。

二、外事接待

80～90年代，到县内外国人多为农林水学者及日本旅游团组。90年代后，全市对外交流交往日趋活跃，从政府官员到专家学者、从经济贸易到项目投资、从文化教育到科技交流等互访团组渐增。据不完全统计，至2005年，全市共接待美国、加拿大、巴西、英国、德国、瑞典、法国、丹麦、荷兰、挪威、意大利、摩洛哥、西班牙、葡萄牙、阿尔及利亚、苏联、俄罗斯、保加利亚、哈萨克斯坦、阿曼、沙特、科威特、巴林、卡塔尔、阿联酋、罗马尼亚、澳大利亚、新西兰、埃及、尼日利亚、贝宁、布隆迪、南非、刚果、马里、几内亚、毛里塔尼亚、卢旺达、塞内加尔、突尼斯、日本、韩国、巴基斯坦、印度、泰国、斯里兰卡、菲律宾、新加坡、朝鲜、尼泊尔、马来西亚、孟加拉、越南、老挝等54个国家和地区外宾外商、外国友人、专家学者、教师学生等4000多人次。

外国要员及友好团组到高邮访问　90年代初起，先后到高邮访问的外国要员及友好团组有：1991年8月，联合国副秘书长、开发计划署署长特使爱沙德一行察看救援建房资金、药品使用情况。1993年8月，日本大竹市市长丰田伊久雄、议长谷冈肇、商工会会长阵场宽等组成的日本大竹市友好代表团。是年11月，澳大利亚瓦南布尔市市长比尔·麦康那、瓦南布尔市郡主席凯瑟琳·波曼和郡秘书杰夫·布里斯一行。1997年4月，韩国驻上海总领事馆总领事庆昌宪和副总领事姜孝伯一行。是年6月，澳大利亚堪培拉市经贸委员会主席吉姆·摩菲率领的澳大利亚堪培拉市政府经贸团一行28人。是年9月，澳大利亚大绿三角地区协会副主席格兰特·金率领的大绿三角地区经贸代表团一行15人。是年10月，意大利里米尼市代表团一行4人。2001年7月，保加利亚拉兹格拉德市市长亚当率领的市政府代表团。2002年8月，韩国龙仁市议会议长李愚铉率领的龙仁市代表团一行14人。是年10月，韩国龙仁市市长李正文一行。是月，俄罗斯莫斯科州奥列霍沃-朱耶沃区区长菲利波夫率领的政府代表团。2004年6月，比利时王国那慕尔省副省长霍热·博利若率领的省农业文化代表团一行5人。是年9月，韩国全罗北道议会会长郑吉镇率领的议员访华团一行16人。2005年6月，菲律宾高山省碧瑶市市长康塞普西尔·白劳率领的商务考察团一行13人。是年10月，21世纪韩中友好交流协会会长金汉圭率领的友好代表团。是年11月，比利时王国国务大臣、议会成员、布瑞市市长雅克·加布里埃尔率领的政府和企业家代表团一行9人。

国际农林水专家到高邮考察　1988～1992年，美国康奈尔大学教授、国际水稻研究所顾问巴克，美国国家农业专题定期讨论会参加者之一、美国康奈尔大学教授理查德·博伊斯弗特（Richard N.Boisvert）和博士生、世界粮食政策研究中心驻北京办事处成员罗斯高（Scott Douglas Rozelle，后任美国斯坦福大学助理教授），在川青乡朱顼村、北港村，周巷乡刘西村设点，开展三轮六次农村经济调查，为美国制定对华农业政策提供第一手资料。至1994年，先后有20多批近100名国际林业专家考察张轩乡、马棚乡生态林场。近10批国际水利专家考察南关灌区、龙奔乡西楼水利技术培训中心，亦有国际专家考察武安乡农田方整化、高邮麻鸭等项目。

日本旅游等团组到高邮旅游　80～90年代，日本老兵4批31人次组成旅游团到高邮市，先后参观泰山庙（文游台）、老运河码头、公园礼堂（日军占领高邮时"洪部"旧址）和市容市貌，多次在公开场合表示向高邮人民忏悔，向机关幼儿园捐款20万日元。回国后，多次致信感谢中国人民的宽容，寄来100只口琴等礼物，送给高邮县中学和高邮实验小学学生。1992年，中日建交20周年之际，日本朝日电视台《长江》摄制组到东墩乡拍摄纪录片《水上婚礼》。

阿拉伯地区国家团组与外籍师生到菱塘回族乡访问　80年代起，先后到菱塘回族乡访问、考察、观光的国外团组和外籍师生有：1989年11月，以阿曼驻华大使穆什塔格·阿卜杜拉·萨利赫为领队，卡塔尔驻华大使穆罕默德·萨阿德·富海德和夫人及儿子、女儿，巴林驻华大使侯赛因·拉希德·萨巴厄，科威特驻华使馆临时代办休里克及夫人，沙特阿拉伯王国驻华商务代表陶菲克·哈立德·阿里迈达尔及夫人等一行10人。1997年4月，南京大学美国、西班牙等国留学生28人。是年9月，伊朗国家教育代表团一行6人。1998年12月，阿盟驻华代表处主任、博士穆罕默德·萨其特及夫人，科威特驻华大使阿卜杜勒·吉安。1999年11月，以孟加拉国教育部国家教科书编写委员会主席穆罕默德·阿利率领的孟加拉国教育部考察、培训团一行10人。是年，南京大学日本、韩国及阿拉伯地区留学生代表团37人。2001年6月，美国乔治亚州立大学系统休学考察团一行11人。2002年5月，日本尼琦国际语言学校校长藤原率师生17人。是年7月，美国乔治亚理工学院、韩国济州大学学生团暑期联合考察团。2004年3月，埃及驻上海市经济商务全权大使穆罕默德·纳吉萨里姆一行2人。是年4月，阿盟驻华大使穆罕默德·塞瑞、参赞萨利赫·阿瓦德一行。

三、市出访团组赴国外考察与招商

1991年9月，市长戎文凤率代表团一行3人赴新加坡、意大利洽谈贸易，考察箱包鞋市场。1992年3月，市委书记孙龙山率市服装代表团一行3人赴美国参展。是年12月，市长戎文凤率工业代表团一行5人，为市制动件总厂引进生产设备赴日本考察。1995年11月，市长卜宇率市代表团一行5人赴韩国，洽谈合资企业扬州一洋制药有限公司开工事宜。1996年7月，市委书记徐赴前率市代表团一行5人赴韩国，洽谈扬州一洋制药有限公司合资项目。1997年4月，市长卜宇参加扬州经济代表团赴澳大利亚、新西兰、巴西、阿根廷，考察农业。1998年6月，市委书记徐赴前率市代表团一行8人赴澳大利亚访问。在澳期间，与南格莱片郡汉密尔顿市签署建立友好城市关系备忘录，签署高邮市中学与汉密尔顿学校建立友好学校关系意向书。2001年10月，市长王正宇率代表团一行2人赴巴西商务考察。2004年6月，市委书记王正宇率领市经济考察团一行7人，访问印度尼西亚、菲律宾、新加坡。是年8月，市代表团一行9人赴英国、法国等欧洲国家考察。2005年6月，市长徐祥华率市商务考察团一行10人访问日本、韩国，分别举行招商推介、会见客商、考察参观企业。是年11月，市长徐祥华率市经贸考察团一行6人赴印尼、马来西亚、新加坡开展商务活动。

四、涉外捐赠

1991年，高邮遭受特大洪涝灾害，联合国开发计划署援助高邮灾民建房资金折合人民币234.39万元；日本大开有限公司旭彻捐赠29.85万日元；日本博乐株式会社捐赠给高邮市中医医院透析液供应系统1套、患者监视透析装置NCB-1型5台及部分一次性透析用医疗器具，约合人民币60万元。国际红十字会、日本、韩国、朝鲜、匈牙利、泰国等国捐助粮食、衣被、药品等救灾物资。1992年，德国政府通过联合国开发计划署援助市人民医院兴建门诊楼，共捐助65万马克，折合人民币305万元。该楼于

1995年1月竣工，8月投入使用，总造价800万元。2001年，日本国政府对华公益事业援助项目——“利民工程”，捐助高邮儿童福利院人民币70多万元。

第二节　与外国城市结好

一、与澳大利亚南格莱片郡结好

1997年4月，市长卜宇随扬州市经贸代表团赴澳大利亚考察访问。其间，专程考察南格莱片郡市及首府汉密尔顿市。是年10月，以市长奥莉芙·麦克维克为团长的南格莱片郡市代表团到高邮访问，卜宇和奥莉芙·麦克维克签署建立友好城市交往关系备忘录。1998年6月，以市委书记徐赴前为团长的高邮市代表团访问澳大利亚，与南格莱片郡市签订进一步加强友好城市合作关系协议，高邮市中学与汉密尔顿亚历山德拉学院签订建立友好校际关系协议。是年10月，中国人民对外友好协会复函省外事办公室，同意高邮市与澳大利亚南格莱片郡市建立友好市郡关系。1999年9月25日，高邮市与南格莱片郡市在高邮市正式缔结为友好城市。2000年7月，副市长马根生（女）率高邮市中学艺术团访问澳大利亚，参加在汉密尔顿市举行的迎奥运圣火传递活动。2001年2月，省外事办公室批复同意高邮市中学与汉密尔顿亚历山德拉学校缔结友好校际关系。澳方为高邮市中学每年培训英文教师1～2人。2004年4月，南格莱片郡市代表团访问高邮期间，市长徐祥华与市长坦普敦·霍华德代表两市签署《关于设立澳大利亚南格莱片郡市中国（高邮）工业园的框架协议》。至2005年，高邮中学与汉密尔顿亚历山德拉学校共互派9批次师生代表团访问，交流互访师生331人。

图21-3　1997年10月10日，高邮市和澳大利亚南格莱片郡市建立友好交往关系备忘录签字仪式

二、与巴西保露市结好

1997年4月，市长卜宇参加扬州市经济代表团访问南美洲，与巴西保露市政府官员会见。1998年5月，巴西保露市市长助理、市工商联合会主任玛丽亚（女）率工商代表团访问高邮。市外事侨务办公室主任詹刚与玛丽亚分别代表各自城市签署建立友好城市交流交往关系备忘录。

三、与俄罗斯莫斯科州奥列霍沃-朱耶沃区结好

2002年10月，俄罗斯莫斯科州奥列霍沃-朱耶沃区区长菲利波夫·阿列克谢·巴夫洛维奇率团访问高邮市。市长徐祥华与奥列霍沃-朱耶沃区区长菲利波夫·阿列克谢·巴夫洛维奇签署关于开展经济贸易合作和友好交流备忘录。

四、与菲律宾达吉市结好

2004年6月，市委书记王正宇率市经济代表团一行7人访问菲律宾。其间，代表团访问达吉市。12月，菲律宾达吉市市长弗兰地一行到高邮访问，双方磋商经济合作及城市友好等事宜。2005年，达吉市议会负责人科伦率各区议员代表团访问高邮，递交该市议会通过的拟与高邮市结为友好城市的文件。是年9月16日，达吉市市长迪安一行10人访问高邮，市长徐祥华与达吉市市长迪安签署高邮市与达吉市缔结友好城市合作关系交流备忘录。

五、与韩国居昌郡结好

2005年6月，市长徐祥华率市政府经济代表团一行8人赴日本、韩国访问。在韩期间，市政府在首尔举行招商推介活动，访问一洋药品株式会社、龙仁市、居昌郡、大邱市，与居昌郡就缔结友好城市等开展友好协商。是年10月，居昌郡郡守姜锡振一行8人访问高邮，市长徐祥华与居昌郡郡守姜锡振签署高邮市与居昌郡建立友好城市合作交流关系协议书。

第三节　侨　务

一、侨情

1986年，全县在海外华侨华人61户122人、侨眷44户250人。1990年前，出国留学人员主要是公派，全县出国留学生40多人，绝大部分留在国外。1991年起，全市出国留学人员较多，以自费为主，主要集中在美国、加拿大、澳大利亚、新西兰等发达国家。全市在海外高层次人才主要集中在欧美、东南亚等国家。至2005年，全市有海外华侨81户259人、华人156户660人、侨眷349户1660人；全市在海外高学历人才中，有本科99人、硕士62人、博士40人、博士后8人。其中，早年赴美国留学的原高邮籍美国普渡大学教授曹祖宁，在世界食品行业中有很高的威望，先后担任清华大学、西安交通大学、浙江大学、无锡轻工业学院、中国科学院生态环保所、山东化工研究院客座教授和中国科学院化工冶金所顾问。原高邮籍美国俄勒冈州立大学终身教授赵艳云，发明可食用食品包装膜，获得美国国家专利。原高邮籍赴英留学的赵厚麟，毕业后被国际电信联盟聘用，1998年、2002年，经中国政府提名，两度当选国际电信联盟标准化局局长。

二、联络宣传

1986年，随着改革开放不断深入，海外侨务工作得到拓展，美籍华人、教授曹祖宁，原国民党高邮县县长李锡勋女儿、美籍华人李国香，定居英国上学的胡荷群等回乡探亲。县有关部门负责人陪同他们参观文游台、王氏纪念馆、高邮船闸、县棉纺厂、县啤酒厂等单位，增进与他们的联络和激发他们的思乡之情。1987年后，随着对外交往逐年增多，每年有许多海外华人、华侨到高邮探亲、考察、旅游观光。至2005年，市侨办先后与美国纽约华人协会、德国汉堡华人协会、巴西江苏同乡会、阿根廷中国促进会、马来西亚马中经贸总商会、印尼中华总商会、新加坡食品厂家联合会等20多个国家和地区的社团、侨领建立密切联系。是年，市侨办邀请和接待到高邮考察观光、探亲访友、商务洽谈的海外华人华侨23批80多人次。

三、服务侨胞

1986～1990年，县侨办落实党的侨务政策。清理归侨、侨眷档案中不实之词214件，为他们及其子女消除后顾之忧。1991年后，市侨办开展为侨维权工作，帮助归侨、侨眷解决实际困难。至2005年，市侨办接待、处理国内外来信来访254件（次），帮助归侨、侨眷及其子女解决升学就业问题38人，帮助归侨解决经济适用房3户，为困难归侨筹集建房资金2户3.5万元，发放慰问金共10.5万元。

四、侨胞援乡

1986年5月，全县首家侨属企业——扬州市恒丰制衣有限公司在龙奔乡十里村成立。至1995年，全市侨属企业发展到25家，资产过1000万元。至2005年，全市侨资企业共有29家，其中年产值1亿元以上的有扬州芙斯特服饰有限公司、扬州俊发鞋业有限公司、扬州天宇服饰有限公司等3家。共接受海外侨胞和外籍华人捐赠29宗，折合人民币360万元。

五、市归国华侨联合会

1984年10月，全县召开第一次归国华侨、华侨眷属代表会议，选举产生县归国华侨联合会第一届委员会，共有委员17人，蔡梓钧任主席。2002年7月，召开全市第二次归国华侨、华侨眷属代表大会，选举产生市归国华侨联合会第二届委员会，由16人组成，詹岭当选主席。至2005年，市归国华侨联合会先后协助有关部门平反归侨、侨眷冤假错案，落实私房政策，处理（返还）查抄物资，清理归侨侨眷档案中不实之词，与海外侨商、社团建立密切联系，协助市侨办引进外资企业。

第四节　港澳事务

1986年，全县有港澳同胞121户270人、港澳同胞眷属118户563人。2005年，全市有港澳同胞280户1040人、港澳同胞眷属310户1530人。

一、落实政策

1986～1987年，全县通过召开各种会议，反复宣传党的港澳同胞、台湾同胞、海外侨胞及其眷属的“三胞”政策，平反纠正归侨、眷属历史错案6件。落实私房政策34户254间5634平方米，其中“文化大革命”挤占6户18间258平方米，私房改造错改房14户73间1017平方米，历次运动遗留房屋问题9户37间560平方米，代管房5户126间3806平方米。处理（返还）“文化大革命”中被查抄物资18户2000多件，折合人民币8129元。对60年代受海外关系影响被精简下放的3户8人，按照规定恢复城市定量供应户口。为1956年确因海外关系被迫离职、退职的2人，恢复公职或办理退休手续。至1990年，全县落实“三胞”政策工作结束。

二、港澳同胞回乡探亲投资兴业

1986年，港澳同胞回乡探亲共65人。1987～1991年，回乡探亲的港澳同胞336人次，从香港回乡定居者1人，出境定居7人（1989年2人、1990年5人）。1992～1993年，全市接待参观考察、洽谈贸易、投资合作的港澳同胞364人次。1994～1996年，接待考察、洽谈贸易的港澳同胞194人次，新批港澳企业15家，总投资707万美元。1997～1999年，接待参观考察、洽谈贸易和探亲旅游的港澳同胞355人次。2000～2002年，接待港澳同胞445批816人次。2003～2005年，接待参观考察、经贸洽谈、旅游观光的港澳同胞和海外客商213人次，促成外资合资、增资项目11个，投资总额906万元美元、2450万元人民币，均建成投产。

三、港澳同胞和眷属援乡

1986年，香港同胞鲍国麟向家乡赠送1辆汽车，价值人民币15万元。1987年，香港同胞翁德和赠送家乡彩扩设备1套，价值人民币6万元。1988年，高邮籍旅港同胞沈亦珍，捐赠祖房11间作兴学之用。是年，港胞熊家荣给家乡捐赠彩电和录像机。1991年9月，港胞沙席珍捐赠港币1.5万元给菱塘回族乡，维修清真寺。是年，香港同胞12人为赈水灾，向家乡捐赠人民币11万元。1992～1993年，港胞姚文俊与市房产开发公司、市工业物资供销公司合资成立扬州天时房产开发公司，实施府前街第一期改造工程。1996年4月，港胞熊家荣和夫人阎秀兰捐赠20万元，委托其弟熊家贵在家乡甸垛镇小吴村新建水泥桥3座、水泥路1条、幼儿园1座。1997年，80多岁的香港同胞杨月娥，捐资60多万元，用于家乡菱塘回族乡兴建公路和兴办公共福利事业。同时，她支持自己侄子杨斌兴办20公顷的特种水产养殖场。

1998年4月、2002年10月，熊家荣、阎秀兰夫妇又两次向家乡捐款30万元，兴建“思乡路”2条。2003年，市内遭遇特大水灾，海外侨胞和港澳同胞共向灾区捐款捐物折合人民币近6万元。至2005年，港胞沈亦珍在市第一中学连续颁发沈母王太夫人奖学金14年，获奖师生350多人次。港胞眷属企业扬州市恒丰制衣有限公司经理陈维林，多次向市内外捐款捐物，帮助家乡修桥铺路，每年慰问家乡“五保”户。

第五节　台湾事务

1980年9月，县委设立对台工作办公室（简称对台办）。1985年10月，县政府设立接待台湾同胞办公室，与县委对台办合署办公。1987年10月，县委对台办同时挂“县人民政府台湾事务办公室”牌子，实行两块牌子、一套班子。是年12月，县政府设立台湾同胞接待站。县委对台办与县委统战部合署办公。1992年2月，更名为市委台湾工作办公室（简称市台办）。1998年5月，市台办第二次普查台胞、台属情况，全市有台胞470户1567人，其中“四有”（政治上有地位、社会上有影响、学术上有造诣、经济上有实力）人士20人；台属484户1720人。2001年12月，市台办与市委办公室合署办公。

一、对台宣传

1987年，台湾当局开放去台人员回大陆探亲，县对台办宣传对去台人员既往不咎和回大陆探亲来去自由的政策，使他们实现与亲友相聚的夙愿。1991年，全市发生洪涝灾害后，市对台办向台湾同胞宣传全市干群奋战洪涝灾害、恢复生产、重建家园的事迹，并组织看望慰问受灾台属25户。1995年10月起，市台办组织开展反“台独”宣传教育。至2003年，市台办先后给在台人员写信，赠送《高邮》《高邮风光》画册，《秦邮碑帖》《高邮投资指南》等书籍，宣传高邮经济建设成就、投资环境、风土人情等情况。2004年起，先后两次拍摄反映台商在高邮生产、生活的电视专题片，通过浙江卫视《海峡》栏目，向台湾同胞宣传高邮。2005年3月，市台办组织台属联谊会理事和部分台属代表学习《中华人民共和国反分裂国家法》和国家主席胡锦涛关于两岸关系的四点意见。

二、对台交流交往

1986年起，县对台办每年利用春节、中秋节等传统节日走访台胞、台商和台属，向台湾岛内寄发贺卡，广交朋友，联络感情，增进友谊。1989～1990年，全县先后接待台商33批66人次，向他们介绍鼓励台商投资办企业的优惠政策，组织他们参观工厂企业，推介《高邮县利用外资项目简介》。1992年，市内第一家台资企业——扬州高明发动机有限公司成立。是年，台商32批82人次到高邮考察。新批合资企业7家，总投资额1897万美元，合同利用台资815.83万美元。1995年3月，市政府聘请高邮籍台胞盖永生、孙云焘以民间身份担任市政府首席经济顾问和首席医药顾问。是年5月，市委、市政府建立对台经济工作协调会议制度。2003年，台湾同胞吴明裕在高邮创办扬州博轩水产科技有限公司，为高邮市首家农业台资独资企业。至2005年，全市有233批735人次台商到高邮考察，洽谈合作和投资事宜。批准台资企业31家，运转正常的15家，投资总额6861.96万美元，合同利用台资3189.18万美元。市台办组织高邮经贸考察团3批24人，赴台湾经贸考察和友好访问，签订意向合作项目21项，投资额4000多万美元。

三、涉台事务处理

1986年，原国民党东坛乡代理乡长、台湾同胞秦大瑗等回乡探亲。经批准到境外探亲或与台胞境外会亲的25人。1987年，回乡探亲台胞16人，其中台湾当局开放探亲后回乡的12人。1988年起，全县接待回乡探亲祭祖、观光旅游和经贸考察、洽谈、投资的台胞人数迅速增长，每年200人左右。同时，办理赴台探病奔丧，协助台胞台属办理死亡、亲戚关系和出生年月公证，办理台胞回大陆定居、大陆同胞赴台定居手续逐渐增多。1992年4月，高邮旅台同乡会组织探亲团11人返乡探亲，参观市区的有关工厂和景点，受到市委、市政府负责人的接见。是年，接待回乡台胞105批216人次，办理台属赴台定居1人，赴台探亲、探病、奔丧9人，办理涉台公证12件。1993年3月，曾任台湾某部少将副司令的高邮镇籍台胞张鸿举（退役后在台任某"荣誉国民之家"主任）三姐张鸿英在高邮去世，经台湾当局批准，首次回乡探亲、奔丧。1994年起，市台办办理在台死亡老兵遗产继承事宜。至1997年5月，全市涉台婚姻登记结婚7对。

至2005年，市台办累计接待台胞、台商2429人次，办理台胞遗产继承26件，办理因公赴台3批24人，办理因私赴台51批133人，办理公证130件，大陆人员赴台定居8人，台胞回乡定居12人。

四、台胞捐赠

1989～1990年，台胞6人分别向吴堡医院、司徒学校、界首永安村以及高邮县中学捐款，计5440美元和1.3万元人民币。1991年，台胞心系家乡灾情，定向捐赠成衣3货柜，价值120万元人民币；向菱塘回族乡卫生院捐赠B超、胃镜等医疗器械13台（套）和救护车1辆，价值7万美元；在高邮市中学设立鲍朝耘奖学金，每年投入5万元新台币。1992年5月，台胞向高邮捐资5.3万美元，兴建高邮博物馆。1993年，台胞捐资人民币7万元，兴办周山乡仄河村幼儿园。1995年，台胞向市红十字医院捐赠500毫安X光机1台。1999年，台胞捐款1万美元，在高邮市中学以老师顾锡镛名义设立"顾锡镛先生奖学金"。2001年，台胞捐赠6万元人民币，改善家乡母校平胜沙贯小学办学条件。2002年9月，台胞再次向高邮市中学捐赠14.5万美元，建设"高邮市中学神山数位图书馆"。2003年9月，一对台胞夫妇为实现其父的遗愿，向母校临泽小学捐赠10万元人民币，用利息奖励品学兼优的学生。至2005年，全市接受台胞捐赠37起、552.17万元人民币，其中用于农业生产8项、74.3万元，用于科教文卫事业18项、277.47万元，用于公益福利事业9项、69.4万元，用于台胞接待1项、11万元，用于赈灾1项、120万元。

五、台属联谊会

1988年12月，县台属联谊会成立，县人大常委会原副主任张忠任会长。2004年11月，市台属联谊会第二次代表大会召开。会议选举产生由12人组成的第二届台属联谊会理事会，赵永银当选会长。

至2005年，市台属联谊会接待到高邮探亲、祭祖、旅游观光和考察经贸、洽谈投资的台胞台商约104批198人次；台属牵线促成台资企业1家，总投资额80万美元，合同利用台资40万美元；协助台属赴台探亲8批12人；与台胞接待站共同办理5件、30万美元的赴台遗产继承案；查找到合法继承人13人，占应找人数60%。台属联谊会通过例会学习领会党的对台方针政策，向理事会成员介绍海峡两岸形势和发展趋势，为振兴地方经济和为实现祖国统一做贡献。

第二十二篇

地方人民政协

要 目

1984～1992年，县（市）政协历经第五、六、七届，每届任期3年，均设置界别12个。1993～2005年，历经第八、九、十届，每届任期5年，第八、十届设置界别14个，第九届设置界别13个。2005年，为第十届第三年届期中。

历届市政协在中共高邮市委领导下，坚持以经济建设为中心，坚持改革开放，在全市工业、农业、建筑业、对外开放、招商引资、外向型经济发展、交通设施建设、重点工程建设、民营经济发展、全民创业、关注民生、民主与法治建设、科教兴市、历史文化名城保护、机关作风建设、巩固和发展爱国统一战线、知识分子工作等方面，发挥人民政协特点和优势，通过全体会议、常务委员会议、主席会议和提案、调研视察等形式，履行政治协商、民主监督、参政议政职能；全面监督行政职能部门对国家制定的法律、法规实施情况，党政机关及其工作人员履行职责、遵纪守法、勤政廉政情况，提出建议和批评；发挥协调关系、汇聚力量、建言献策、服务大局的作用，为促进全市社会主义物质文明、政治文明和精神文明建设做出积极贡献。

第一章　政协委员

1986～2005年，市政协6次换届。政协委员依照界别产生，其任期与该届政协任期相同，经民主协商，可连任。第五届至第十届市政协委员分别为147人、177人、180人、175人、182人、217人。他们代表社会各界、各个层面参政议政，开展政治协商、民主监督工作。

第一节　委员产生与调整

1986～2005年，市政协每次换届之前，由市政协党组会同市委组织部、市委统战部根据市委要求，拟订政协人事安排方案，确定各界别政协委员人数。在各系统、单位推荐人选基础上，按照界别设置，由组织部门和统战部门到各系统、部门、单位对政协委员人选进行协商和考察，广泛听取社会各界人士意见，提出下一届政协委员人选建议名单，再由市政协常务委员会研究确定。

每届市政协届中，根据工作需要、年龄增长、人员流动等情况，政协委员如有出缺，及时做出调整。每次调整前，根据既定界别，按照换届时政协委员协商、产生程序进行考察，提出建议人选名单，由市政协常务委员会确定。

第二节　委员构成

一、界别构成

1986～2005年，市政协第五届至第十届委员一般由中国共产党、民主党派（无党派）人士、共青团、总工会、妇女联合会、工商界、农林界、文化艺术界、科技界、教育界、医药卫生界、民族宗教界、“三胞”（海外侨胞、港澳同胞、台湾同胞）和特邀界等代表构成，具有广泛的社会性和代表性。

界别设置、界别名称，根据各个不同时期需要而定，一般每届12～14个界别。第八届起，专设经济界。第十届，增设无党派界。在第七届、第九届、第十届，工商界改称工商联界。第九届起，文化艺术界、教育界、农林界，分别改为文化新闻界、教育体育界、农业界。第八届，从科技界中分设科协界，第九届又与科技界合并。第九届，民族宗教界改为少数民族和宗教界，第十届又改为民族宗教界。

1986～2005年高邮市政协委员界别情况一览表

表22-1 单位：人

界别＼届次	第五届(1984～1986年)	第六届(1987～1989年)	第七届(1990～1992年)	第八届(1993～1997年)	第九届(1998～2002年)	第十届(2003～2007年)
中国共产党	15	16	15	14	16	19
无党派	—	—	—	—	—	15
共青团	3	3	3	2	2	2
总工会	6	4	7	5	5	2
妇女联合会	2	2	2	2	2	3
工商(联)界	9	12	14	10	11	22
文化艺术界	10	10	10	8	10	13
科技界	27	35	38	19	26	19
科协界	—	—	—	10	—	—
经济界	—	—	—	30	34	40
教育界	27	29	26	19	19	19
医药卫生界	23	22	21	15	11	17
农林界	8	7	7	7	15	16
民族宗教界	7	9	8	7	7	8
特邀界	10	28	29	27	24	22
合计委员数	147	177	180	175	182	217

二、年龄、文化、专业等构成

1986～2005年，在市政协第五届至第十届委员中，注重年轻化、知识化、专业化。在年龄结构上，从第五届县政协开始，逐步注重政协委员年龄结构梯次，平均年龄逐届有所降低。第五届委员平均年龄50.9岁，第十届下降到43.4岁。在文化程度上，逐届有所提升。具有大专及以上学历的委员，第五届占委员总数34%，第十届上升到76%；第八届起，专业技术人员（特别是高级专业技术人员）在全体政协委员中占有较大比例。同时，女委员、少数民族委员、非公有制经济代表委员在政协委员中占有一定比例。

1986～2005年高邮市政协委员构成情况一览表

表22-2

构成＼届次	第五届		第六届		第七届		第八届		第九届		第十届	
	人数（人）	占比（%）	人数（人）	占比（%）	人数（人）	占比（%）	人数（人）	占比（%）	人数（人）	占比（%）	人数（人）	占比（%）
委员人数（人）	147	100	177	100	180	100	175	100	182	100	217	100
平均年龄（岁）	50.9		47.8		47.8		47.3		45.1		43.4	

续表 22-2

届次/构成	第五届		第六届		第七届		第八届		第九届		第十届	
	人数（人）	占比（%）	人数（人）	占比（%）	人数（人）	占比（%）	人数（人）	占比（%）	人数（人）	占比（%）	人数（人）	占比（%）
中共党员	43	29	58	33	73	41	69	39	74	41	88	41
非中共人士	104	71	119	67	107	59	106	61	108	59	129	59
“三胞”及其眷属	27	18	27	15	27	15	19	11	12	7	5	2
妇女	22	15	25	14	22	12	15	9	19	10	27	12
少数民族	—	—	—	—	6	3	8	5	6	3	4	2
非公有制经济代表人士	—	—	—	—	—	—	8	5	13	7	30	14
新社会阶层人士	—	—	—	—	—	—	—	—	—	—	1	0.5
具有大专及以上学历	50	34	77	44	83	46	87	50	96	53	166	76
具有中级以上技术职称	83	56	30	17	21	12	102	58	104	57	117	54

附1：驻高邮省政协委员名单

政协省第一届委员会至第三届委员会委员（1955年4月至1959年12月、1959年12月至1964年9月、1964年9月至“文化大革命”）　吴襄哉

政协省第五届委员会委员（1983年4月至1987年12月）　许钜材

政协省第七届委员会委员（1993年4月至1998年2月）　张　愈（蒙古族）、杨田英（女，回族）

政协省第八届委员会委员（1998年2月至2003年2月）　杨田英（女，回族）

政协省第九届委员会委员（2003年2月～　　）　杨田英（女，回族）

附2：驻高邮扬州市政协委员名单

政协扬州市第一届委员会委员名单（1983年1月至1987年12月，13人）

钱增时　曹振邦　张　懋　戴子瑜　杨　彪　吴仲贤　李启阳　徐树楠（女）　陈蕴瑶（女）　殷达熔　薛　汉　许家强　杨福坤（回族）

政协扬州市第二届委员会委员名单（1988年1月至1993年1月，12人）

刘宜炤　刘锦仁　熊家贵　徐树楠（女）　张　懋　许应时　许树威　陶琴芳（女）　倪子慎　杨福坤（回族）　朱维宁　殷达熔

政协扬州市第三届委员会委员名单（1993年2月至1997年12月，11人）

詹岫琪　张湘文（女）　熊家贵　许应时　赵谈理　贾宏进　赵　琛　高　志　高祥勋　杨怀诚（回族）　朱维宁

政协扬州市第四届委员会委员名单（1998年1月至2003年2月，12人）

戴有斌　谈中英（女）　张荣庆　周海铭　赵谈理　姜文定　贾宏进　张湘文（女）　钱富强　万安琪　薛新明（回族）　尤泽勇

政协扬州市第五届委员会委员名单（2003年1月～　　，12人）

朱德辉　马在朝　谈中英（女）　张爱华（女）　王龙生　周海铭　赵谈理　王岚峰　钱富强　乔龙山　薛新明（回族）　姚美学

第二章　重要会议

1986～2005年，市政协根据《中国人民政治协商会议章程》规定，每年召开一次全体委员会议。全体委员会议闭会期间，市政协常务委员会会议负责研究、决定重要事项和人事任免事项，一般每季度召开1次，市第五届至第十届政协常委会召开会议113次。由主席、副主席组成的主席会议共召开107次。

第一节　全体委员会议

一、县政协第五届委员会第三次全体会议

1986年4月5～9日，举行县政协五届三次全体会议。出席会议政协委员189人。会议听取并讨论县委书记周治安的讲话，听取并审议通过县政协副主席刘宜炤代表县政协第五届常务委员会所做工作报告、县政协副主席戴子瑜所做提案工作报告。会议增选政协常委5人。与会委员列席县第七届人民代表大会第三次会议，听取并讨论县长陈立增所做政府工作报告及其他有关报告。会议收到委员提案并立案155件。

二、县政协第六届委员会全体会议

1987年4月2～9日，举行县政协六届一次全体会议。出席会议政协委员177人。县委书记周治安在开幕式上讲话。会议听取并审议通过县政协副主席刘宜炤代表县政协第五届常务委员会所做工作报告和提案委员会所做提案工作报告。与会委员列席县第八届人民代表大会第一次会议，听取并讨论代理县长孙龙山所做政府工作报告及其他有关报告。会议选举产生县政协第六届委员会常委37人，选举周治安为县政协主席，刘宜炤、茅庆如（女）、王履凤（女）、张懋为副主席。会议收到委员提案并立案179件。

1988年5月7～10日，举行县政协六届二次全体会议。出席会议政协委员185人。会议听取并审议通过县政协副主席刘宜炤代表县政协第六届常务委员会所做工作报告和提案委员会所做提案工作报告。与会委员列席县第八届人民代表大会第三次会议，听取并讨论县长孙龙山所做政府工作报告及其他有关报告。会议增选政协常委3人。会议收到委员提案并立案115件。

1989年4月6～10日，举行县政协六届三次全体会议。出席会议政协委员186人。县委书记、县政协主席周治安致开幕词。会议听取并审议通过县政协副主席刘宜炤代表县政协第六届常务委员会所做工作报告和提案委员会所做提案工作报告。与会委员列席县第八届人民代表大会第四次会议，听取并讨论县长孙龙山所做政府工作报告及其他有关报告。会议增选金同清为县政协第六届委员会常务委员、副主席，选举郑履成为县政协秘书长。会议讨论并通过《关于学习、贯彻<中共中央关于进一步治理整顿和深化改革的决定>的决议》。会议收到委员提案并立案95件。

三、县（市）政协第七届委员会全体会议

1990年4月8～13日，举行县政协七届一次全体会议。出席会议政协委员170人。会议听取并审议通过县政协副主席刘宜炤代表县政协第六届常务委员会所做工作报告和提案委员会所做提案工作

报告。与会委员列席县第九届人民代表大会第一次会议，听取并讨论代理县长戎文凤所做政府工作报告及其他有关报告。会议选举县政协第七届委员会常委36人，选举詹岫琪为主席，朱延庆、王履凤（女）、郑长森、张懋、赵谈理为副主席，朱德源为秘书长。县委书记孙龙山在会议闭幕时讲话。会议收到委员提案并立案167件。

1991年4月4～8日，举行市政协七届二次全体会议。出席会议政协委员180人。会议听取并审议通过市政协主席詹岫琪代表县政协第七届常务委员会所做工作报告和提案委员会所做提案工作报告。与会委员列席市第九届人民代表大会第二次会议，听取并讨论市长戎文凤所做政府工作报告及其他有关报告，讨论《高邮市国民经济和社会发展第八个五年计划纲要（草案）》。7名委员就工业生产、科技兴市、外向型经济发展、知识分子工作、“二五”普法、调整教育布局等做大会发言。会议增选朱维宁、金成梁为市第七届政协副主席，增选政协常委1人。市委书记孙龙山在会议闭幕时讲话。会议收到委员提案122件，立案112件。

1992年3月22～25日，举行市政协七届三次全体会议。出席会议政协委员178人。市委书记孙龙山在开幕式上讲话。会议听取并审议通过市政协主席詹岫琪代表市政协第七届常务委员会所做工作报告和提案委员会所做提案工作报告。与会委员列席市第九届人民代表大会第三次会议，听取并讨论市长戎文凤所做政府工作报告。会议期间，市委、市政府负责人及有关部门负责人与政协委员就经济建设、科技与教育、廉政与法制建设召开3个专题座谈会。会议表彰在1991年“爱高邮、献良策、做贡献”活动中取得显著成绩的25名政协委员，对捐款设立政协报考农业院校奖励基金的市政协委员王沛授予特别奖。会议收到委员提案并立案115件。

四、市政协第八届委员会全体会议

1993年2月8～12日，举行市政协八届一次全体会议。出席会议政协委员170人。市委书记朱福生在开幕式上讲话。会议听取并审议通过市政协主席詹岫琪代表市政协第七届常务委员会所做工作报告和提案委员会所做提案工作报告。与会委员列席市第十届人民代表大会第一次会议，听取并讨论市长戎文凤所做政府工作报告及其他有关报告。会议期间，市委、市政府主要负责人召开“走出里下河，快步奔小康”专题座谈会，与政协委员共商振兴高邮大计。会议选举市政协第八届委员会常委37人，选举詹岫琪为主席，朱延庆、王履凤（女）、郑长森、赵谈理、朱维宁、金成梁、张愈为副主席，王梓为秘书长。会议收到委员提案113件，立案111件。

1994年2月23～26日，举行市政协八届二次全体会议。出席会议政协委员168人。市委书记朱福生在开幕式上讲话。会议听取并审议通过市政协主席詹岫琪代表市政协第八届常务委员会所做工作报告和提案委员会所做提案工作报告。与会委员列席市第十届人民代表大会第二次会议，听取并讨论市长戎文凤所做政府工作报告及其他有关报告。会议期间，召开“走出里下河，快步奔小康”专题座谈会，12名委员做大会发言。会议收到委员提案129件，立案127件。

1995年2月22～24日，举行市政协八届三次全体会议。出席会议政协委员169人。市委书记朱福生在开幕式上讲话。会议听取并审议通过市政协主席詹岫琪代表市政协第八届常务委员会所做工作报告和提案委员会所做提案工作报告。与会委员列席市第十届人民代表大会第三次会议，听取并讨论代理市长卜宇所做政府工作报告及其他有关报告。13名委员做大会发言。会议增选常委2人。会议收到委员提案116件，立案112件。

1996年3月9～12日，举行市政协八届四次全体会议。出席会议政协委员172人。市委书记徐赴前在开幕式上讲话。会议听取并审议通过政协主席詹岫琪代表市政协第八届常务委员会所做工作报告和范太金代表提案委员会所做提案工作报告。与会委员列席市第十届人民代表大会第四次会议，听取并讨论市长卜宇所做政府工作报告及其他有关报告。会议期间召开部分委员专题座谈会。会议同意詹岫琪、朱维宁因年龄原因分别辞去市政协主席、副主席职务，补选戴有斌为市政协主席、范太金为副主席。会议收到委员提案并立案134件。

1997年1月25～27日，举行市政协八届五次全体会议。出席会议政协委员164人。市委书记徐赴前在开幕式上讲话。会议听取并审议通过市政协副主席朱延庆代表市政协第八届常务委员会所做工作报告和市政协副主席范太金所做提案工作报告。与会委员列席市第十届人民代表大会第五次会议，听取并讨论市长卜宇所做政府工作报告及其他有关报告。会议期间，委员们分工交财贸、农业、城市建设和精神文明建设4个专题组与市委、市政府负责人以及有关部门负责人座谈协商，提出意见和建议。会议表彰丁宏村等11名委员和《关于保护修缮盂城驿》等15件优秀提案。会议收到委员提案并立案74件。

五、市政协第九届委员会全体会议

1998年1月3～7日，举行市政协九届一次全体会议。出席会议政协委员174人。市委书记徐赴前在开幕式上讲话。会议听取并审议通过市政协主席戴有斌代表市政协第八届常务委员会所做工作报告和市政协副主席范太金所做提案工作报告。与会委员列席市第十一届人民代表大会第一次会议，听取并讨论市长卜宇所做政府工作报告及其他有关报告。会议选举市政协第九届委员会常委35人，选举戴有斌为主席，朱延庆、王履凤（女）、赵谈理、张愈、范太金、尤泽勇、钱富强为副主席。会议收到委员提案168件，立案167件。

1999年2月3～6日，举行市政协九届二次全体会议。出席会议政协委员182人。会议听取并审议通过市政协主席戴有斌代表市政协第九届常务委员会所做工作报告和市政协副主席范太金所做提案工作报告。与会委员列席市第十一届人民代表大会第二次会议，听取并讨论市长卜宇所做政府工作报告及其他有关报告。会议表彰7个先进委员活动小组。市委书记徐赴前在闭幕式上讲话。会议收到委员提案并立案177件。

2000年2月20～22日，举行市政协九届三次全体会议。出席会议政协委员182人。市委书记徐赴前在开幕式上讲话。会议听取并审议通过市政协主席戴有斌代表市政协第九届常务委员会所做工作报告和市政协副主席范太金所做提案工作报告。与会委员列席市第十一届人民代表大会第三次会议，听取并讨论代理市长王正宇所做政府工作报告及其他有关报告。会议期间，18名委员作大会发言。会议同意戴有斌因年龄原因辞去市第九届政协主席职务、尤泽勇因工作需要辞去市第九届政协副主席职务。会议补选朱德辉为市第九届政协主席、夏元新为市第九届政协副主席。会议表彰19名优秀政协委员。会议收到委员提案并立案201件。

2001年2月3～5日，举行市政协九届四次全体会议。出席会议政协委员185人。市委书记陈明在开幕式上讲话。会议听取并审议通过市政协主席朱德辉代表市政协第九届常务委员会所做工作报告和市政协副主席范太金所做提案工作报告。与会委员列席市第十一届人民代表大会第四次会议，听取并讨论市长王正宇所做政府工作报告及其他有关报告。会议期间，11名委员作大会发言。会议同意朱延庆因年龄原因辞去市第九届政协副主席职务的请求。会议收到委员提案并立案121件。

2002年2月26～28日，举行市政协九届五次全体会议。出席会议政协委员208人。会议听取并审议通过市政协主席朱德辉代表市政协第九届常务委员会所做工作报告和市政协副主席范太金所做提案工作报告。与会委员列席市第十一届人民代表大会第五次会议，听取并讨论代理市长徐祥华所做政府工作报告及其他有关报告。会议期间，10名委员作大会发言。会议补选姚美学为市政协副主席，补选市政协常委5人。会议表彰优秀政协委员24人和先进委员活动小组8个。市委书记王正宇在会议闭幕时讲话。会议收到委员提案210件，立案206件。

六、市政协第十届委员会全体会议

2003年1月5～9日，举行市政协十届一次全体会议。出席会议政协委员206人。市委书记王正宇在开幕式上讲话。会议听取并审议通过市政协主席朱德辉代表市政协第九届常务委员会所做工作报

图 22-1　政协高邮市第十届委员会第一次会议会场

告和市政协副主席范太金所做提案工作报告。与会委员列席市第十二届人民代表大会第一次会议，听取并讨论市长徐祥华所做政府工作报告及其他有关报告。会议表彰第九届政协期间40件优秀提案。会议选举政协高邮市第十届委员会常委40人，选举朱德辉为主席，夏元新、姚美学、赵谈理、钱富强、肖伯群为副主席。会议收到委员提案258件，立案255件。

2004年1月7～9日，举行市政协十届二次全体会议。出席会议政协委员210人。会议听取并审议通过市政协主席朱德辉代表市政协第十届常务委员会所做工作报告和市政协副主席钱富强所做提案工作报告。与会委员列席市第十二届人民代表大会第二次会议，听取并讨论市长徐祥华所做政府工作报告及其他有关报告。会议表彰先进委员活动小组。会议收到委员提案205件，立案203件。

2005年1月18～20日，举行市政协十届三次全体会议。出席会议政协委员229人。会议听取并审议通过市政协主席朱德辉代表市政协第十届常务委员会所做工作报告和市政协副主席钱富强所做提案工作报告。与会委员列席市第十二届人民代表大会第三次会议，听取并讨论市长徐祥华所做政府工作报告及其他有关报告。会议进行大会交流发言。会议增选王志强为市政协第十届委员会副主席，增选市政协常委4人。会议收到委员提案209件，立案207件。

第二节　常务委员会会议

一、第五届常务委员会会议

1986年1月至1987年3月，政协第五届常委会召开8次会议。1986年1月，举行五届九次常委会（扩大）会议，听取并讨论县委书记周治安所做形势报告、县计划委员会主任李乃祥关于全县“七五”计划初步设想的发言。4月，举行五届十次、十一次常委会会议，协商增补五届常委建议人选名单，调整政协委组设置，决定将原“三胞”工作组更名为祖国统一工作委员会，原文教工作组划为教育工作组和文体工作组，增设法制工作组。8月，举行五届十二次常委会（扩大）会议，传达学习《中共中央办公厅转发全国政协机关党组〈关于全国地方政协工作座谈会情况的报告〉的通知》及有关文件，听取县委统战部负责人关于统战、侨务、对台工作通报，听取代理县长孙龙山关于全县工业情况通报，研讨发展全县乡镇工业问题。会议做出《关于纪念孙中山先生诞辰一百二十周年的决议》。11月，举行五届十三次常委会会议，学习《中共中央关于社会主义精神文明建设指导方针的决议》，听取副县长茅庆如关于政协五届三次会议提案办理工作情况通报。

1987年3月，举行五届十五次常委会会议，听取县委常委、副县长戎文凤关于全县开展“双增双节”运动部署情况通报，审议和通过五届常委会工作报告和五届三次会议以来提案工作报告，讨论修改《县政协联谊会章程（草案）》，协商成立县政协联谊会筹备事宜。3月，举行五届十六次常委会会议，决定政协县第六届委员会第一次会议于4月2日举行，协商决定六届政协委员名额和具体人选，协商讨论政协六届一次会议议程、日程（草案），协商讨论六届一次会议主席团人选名单，协商讨论六届一次会议提案工作委员会和文件起草委员会建议名单，确定列席会议人员。

二、第六届常务委员会会议

1987年4月至1990年3月，政协第六届常委会召开会议19次。1987年4月，举行六届一次常委会会议，确定六届政协委组设置、职责以及各委组负责人，并决定增设工作组办公室和文史办公室。7月，举行六届二次常委会会议，听取副县长戴有斌关于全县农业生产和农村改革情况通报，决定成立政协界首、临泽、三垛、送桥4个农村工作组，并通过工作组组长和组成人员名单。11月，举行六届三次常委会会议，学习中共十三大文件，听取县长孙龙山关于全县经济体制改革情况通报，传达扬州市政协工作会议精神。

1989年1月，举行六届十一次常委会会议，听取县委书记、县政协主席周治安关于中共扬州市委扩大会议主要精神传达，听取并讨论高邮县1988年国民经济主要计划完成情况和1989年经济工作初步意见的通报，听取县商业局关于春节市场供应安排情况汇报。7月，举行六届十四次常委会会议，听取县委副书记戎文凤关于中共十三届四中全会文件和邓小平重要讲话精神传达，听取县长孙龙山关于全县上半年经济工作情况通报，听取副主席张懋关于扬州市政协召开"三胞"联谊工作会议精神的传达，决定政协祖国统一联谊委员会副主任、社会法制委员会副主任和学习委员会副主任人选。8月，举行六届十五次常委会会议，听取县委副书记沈学惠通报县委、县政府主要负责人任免事项，一致同意周治安辞去县政协主席职务请求。9月，举行六届十六次常委会会议，传达学习《中共中央、国务院关于近期做几件群众关心的事的决定》和中共中央《有关干部管理工作几个问题的通知》，听取县委常委、县纪律检查委员会书记卜宇关于全县廉政建设情况通报，听取副县长倪文才关于整顿文化市场情况通报，建议县政府做好治理整顿公司工作，提出《关于整顿全县建筑市场的建议案》。12月，举行六届十七次常委会会议，传达学习《中共中央关于进一步治理整顿和深化改革的决定》，听取县计划委员会主任刘金鳌关于全县三年治理整顿初步设想的通报。

1990年2月，举行六届十八次常委会会议，学习讨论《中共中央关于坚持和完善中国共产党领导的多党合作和政治协商制度的意见》，协商通过县政协换届工作总体方案。3月，举行六届十九次常委会会议，讨论县政府工作报告（讨论稿），协商决定180名县政协第七届委员会委员名单，商定县政协七届一次会议议程、日程（草案）和有关名单。听取并审议副县长李士清关于办理政协六届十六次常委会《关于整顿建筑市场建议案》情况通报。

三、第七届常务委员会会议

1990年4月至1993年1月，政协第七届常委会召开会议13次。1990年4月，举行七届一次常委会会议，学习中共十三届六中全会《中共中央关于加强党同人民群众联系的决定》；协商决定建立学习、提案、经济科技、社会法制、教卫文体、文史资料、祖国统一联谊等7个专门委员会，决定在临泽、界首、三垛、八桥4个镇和菱塘回族乡建立政协工作组；决定各专门委员会负责人，研究政协委员重点提案办理意见。7月，举行七届二次常委会会议，听取副县长周宏举关于全县工业发展状况及存在问题、"八五"期间增强工业发展后劲初步设想情况通报，听取全国统战工作会议精神传达，围绕增强全县工业发展后劲进行协商。10月，举行七届三次常委会会议，协商讨论农业资源开发和农业内部结构调整问题，听取县纪委书记卜宇关于全县查处干部建私房情况通报，听取县政府办公室关于县政协七届一次会议后提案办理工作情况通报和县政协社会法制委员会关于全县基督教活动情况调查报告。

1991年1月，举行七届四次常委会会议，学习中共十三届七中全会公报，听取副县长李士清关于城镇待业青年思想教育和管理工作情况通报，听取县委常委、县纪委书记卜宇关于党风和廉政建设情况通报，增补县政协委员6人。3月，举行七届五次常委会会议，协商决定县政协七届二次会议有关事项，听取高邮撤县设市情况通报。4月，举行七届六次常委会会议，听取市委书记孙龙山关于增补政协副主席建议人选朱维宁、金成梁情况介绍。6月，举行七届七次常委会会议，与会人员参观市制动件总厂，听取市长戎文凤关于全市开展"质量、品种，效益年"活动情况通报。决定将市政协秘书处改为市政协办公室，确定市政协办公室副主任人选。8月，举行七届八次常委会会议，听取市委书记孙龙山关于全市抗洪救灾和恢复生产情况通报，通过市政协关于积极支持抗洪救灾和恢复生产的决议。11月，举行七届九次常委会会议，听取市政协经济科技委员会关于市6个重点技改项目实施情况调查汇报、副市长周宏举关于冬春灾民生活安排情况通报、市政府办公室主任陈仲如关于市政协七届二次会议以来委员提案办理工作情况通报。

1992年6月，举行七届十二次常委会会议，围绕工业企业转换经营机制、加快发展步伐和进一步搞好社会治安综合治理工作2个议题进行协商，通过有关人事任免。9月，举行七届十三次常委会会议，分别听取副市长史善成、谈铁人关于调整农村种植业结构和市属企业扭亏工作情况通报。

四、第八届常务委员会会议

1993年2月至1997年12月，政协第八届常委会召开会议27次。1993年2月，举行八届一次常委会会议，协商通过市政协副秘书长提名，决定市政协设立7个专门委员会，确定各专门委员会主任、副主任名单，讨论通过《市政协第八届委员会各专门委员会工作规则》。5月，举行八届二次常委会会议，就贯彻《全民所有制工业企业转换经营机制条例》、加速全市工业发展问题与市政府专题协商。9月，举行八届三次常委会会议，就调整农业结构、大力发展多种经营、加快农民奔小康步伐，与市委、市政府协商。11月，举行八届四次常委会会议，就开展反腐败斗争、加强廉政建设和改善社会治安状况、搞好综合治理2项议题，听取情况汇报，进行专题协商。会议还调整、增补政协委员。

1994年5月，举行八届七次常委会会议，就全市工业经济运行和改革情况，听取通报，进行协商。9月，举行八届八次常委会会议，听取副市长徐兴嘉、陈道庆分别就农业生产情况和推进科技兴市、加快人才建设情况通报，并进行协商。12月，举行八届九次常委会会议，听取市纪委书记朱德辉、副市长卜宇关于全市深入开展反腐败斗争和加快发展外向型经济情况通报，并进行协商。

1995年4月，举行八届十二次常委会会议，听取市委副书记张京霞关于全市社会治安综合治理情况通报，并进行协商。6月，举行八届十三次常委会会议，学习全国政协主席李瑞环在全国政协会议上的讲话，听取市政府关于农村初级卫生保健情况通报和全市重点工业企业发展情况通报，并进行协商。9月，举行八届十四次常委会会议，听取市政府负责人关于文化市场管理情况通报，听取副市长徐兴嘉关于农村土地适度规模经营情况通报，并进行协商。会议通过市政协经济委员会主任人选。12月，举行八届十五次常委会会议，听取市纪律检查委员会关于1995年全市开展反腐败斗争情况通报，听取副市长夏元新关于全市工业经济运行质量情况通报，并进行协商。就全市工业经济运行质量，提出"谋求产品、强化管理、深化改革、培养人才"4点建议。

1996年2月，举行八届十六次常委会会议，决定八届四次会议有关事项，通过《关于同意张春堂辞去常务委员、委员职务的决定》，决定增补12名市政协委员。6月，举行八届十九次常委会会议，听取市委书记徐赴前关于企业改制情况通报，听取市委政法委员会关于开展"严打"斗争、维护社会稳定情况通报，听取市政府关于推进科技进步、促进经济发展问题情况通报，并进行协商。审议通过《政协高邮市委员会提案工作规则》。9月，举行八届二十次常委会会议，听取市长卜宇关于全市企业改制情况通报，听取副市长倪文才关于城市建设与管理情况通报，以及市计委关于筹建热电厂情况通报。11月，举行八届二十一次常委会会议，市委副书记朱德辉传达省委、扬州市委扩大会议精神，听取市委宣传部负责人关于全市社会主义精神文明建设情况通报，听取市人民检察院关于反贪污贿赂情况通报。

1997年7月，举行八届二十五次常委会会议，听取市长卜宇关于上半年全市经济工作情况通报，以及市计委关于全市贸工农一体化经营发展情况通报，并进行协商。接受王梓因年龄原因辞去秘书长职务请求和有关人事任免。9月，举行八届二十六次常委会会议，与会常委视察城市建设和管理工作，听取市政府情况通报并协商，听取市政府关于中国邮文化节筹备工作和政协提案办理情况通报。12月，举行八届二十七次常委会会议，听取市委书记徐赴前讲话，市委常委、常务副市长倪文才所做市委七届四次全体会议情况通报，以及市纪委关于反腐败斗争情况通报。协商决定市九届政协人事安排和市政协九届一次会议有关事项。

五、第九届常务委员会会议

1998年1月至2002年12月，政协第九届常委会召开会议30次。1998年3月，举行九届一次常委会会议，审议通过《市政协1998年工作要点》《市政协1998年度常委会议、主席会议协商议题安排》《市政协常务委员会工作规则》和《市政协专门委员会工作规则》，协商决定市政协第九届常委会下设办公室、提案委员会、经济和科技委员会、教卫文体委员会、社会与法制委员会、文史和学习委员会、联络委员会等工作机构及其负责人。5月，举行九届二次常委会会议，听取全市企业职工下岗再就业工作情况和全市旅游业发展情况通报，并进行协商。8月，举行九届三次常委会会议，听取副市长马根生关于市政府着重抓的20件实事实施情况和教育推行"四制"（校长选任负责制、教职工定编聘任制、教育岗位责任制、校内工资浮动制）工作情况通报、市财政局负责人关于预算外资金管理工作情况通报，并进行讨论、协商。12月，举行九届四次常委会会议，听取全市发展个体私营经济情况通报和市政府办公室负责人关于提案办理工作情况通报。

1999年3月，举行九届七次常委会会议，听取市计划委员会、市漫水公路工程办公室负责人关于工程建设情况通报，视察施工现场，并提出建议。学习全国政协主席李瑞环在全国政协九届二次会议闭幕会上的重要讲话，讨论通过《市政协1999年工作要点》和协商议题安排。6月，举行九届八次常委会会议，听取市政府关于全市减轻农民负担工作情况、全市社会治安综合治理情况通报和市政协提案委员会关于九届二次会议以来提案办理工作情况汇报。9月，举行九届九次常委会会议，听取副市长卢欣关于加大科技投入、优化工业产品结构情况通报，市政府关于城市建设和长效管理情况通报，协商决定有关人事任免。11月30日至12月1日，举行九届十次常委会会议，听取全市社会保险工作情况通报、市政府关于提案办理工作情况通报。

2000年2月，举行九届十三次常委会会议，同意戴有斌因年龄原因辞去市九届政协主席职务，同意尤泽勇因工作需要辞去市九届政协副主席职务。确定朱德辉为主席正式候选人、夏元新为副主席正式候选人。3月，举行九届十四次常委会会议，审议并通过《市政协2000年工作要点》和主要协商议题安排，听取副市长马根生关于减轻学生过重负担、推进素质教育情况通报，决定就减轻学生过重负担、推进素质教育向市政府提出建议案。听取市政府关于财政工作和撤村并组工作情况通报。通过有关人事任免事项。6月，举行九届十五次常委会会议，听取副市长尤泽勇关于项目建设情况通报，听取市政府关于《"减轻学生过重负担，全面推进素质教育"建议案》办理落实情况通报，修订《政协高邮市委员会常务委员会工作规则》，通过《政协高邮市委员会关于加强民主监督工作的意见》和《政协高邮市委员会关于做好联系委员工作的意见》。9月，举行九届十六次常委会会议，听取市政府关于农业结构调整情况和生态示范市建设情况通报，通过有关专门委员会人事任免事项。12月，举行九届十七次常委会会议，听取市政府办公室负责人关于提案办理工作情况通报、市卫生局关于落实办理市政协民主评议意见和建议情况通报，协商通过市政协九届四次会议有关事项。

2001年2月，举行九届十九次常委会会议，听取副市长王东升关于2001年筹资方案情况通报，同意朱延庆因年龄原因辞去市九届政协副主席职务。4月，举行九届二十次常委会会议，学习全国政协主席李瑞环在全国政协九届四次会议闭幕会上的讲话；听取副市长丁一关于全市个体私营经济工作情况通报，视察部分个体私营企业，并进行议论协商；听取副市长谈铁人关于城市建设十大工程情况通报。6月，举行九届二十一次常委会会议，听取市委政法委关于全市开展"严打"整治斗争情况通报，听取市政府关于全市农村税费改革工作情况通报。9月，举行九届二十二次常委会会议，听取市政府办公室关于政协委员提案办理情况通报，听取市社会保障管理局负责人关于落实市政协民主评议社会保险工作意见和建议情况通报，通过有关人事任免事项。12月，举行九届二十三次常委会会议，听取全市反腐败斗争情况和社会治安综合治理情况通报，听取市政协常务副主席夏元新关于市乡（镇）党政机构改革工作情况通报，协商决定市政协九届五次会议有关事项。

2002年2月，举行九届二十五次常委会会议，审议并通过增补政协委员名单，协商通过九届政协补选副主席、常务委员候选人建议名单。5月10日，举行九届二十七次常委会会议，学习全国政协主席李瑞环在全国政协九届五次会议闭幕会上的讲话，听取市监察局关于加强经济发展软环境建设情况通报，并进行议论协商，听取市政协提案委员会关于确定是年5件重点提案说明。7月，举行九届二十八次常委会会议，与会人员视察高邮运河二桥、运河西堤风光带、扬州市佳光电子集团、邓桥商业城、市行政中心大楼、市卫星卷烟材料厂和蝶园市民广场等7个项目工程建设现场，听取副市长王东升关于全市上半年招商引资工作情况通报，市政协4个调查组分别作专题协商发言。9月，举行九届二十九次常委会会议，听取市政府办公室关于政协委员提案办理情况通报和市国土资源局关于机关作风建设整改情况通报，审议并通过《高邮市九届政协期间优秀提案评选办法》，通过有关人事任免事项。12月，举行九届三十次常委会会议，听取市长徐祥华关于全市经济工作情况通报并提出建议，审议通过政协高邮市第十届委员会第一次会议方案有关事项。

六、第十届常务委员会会议

2003年1月至2005年12月，政协第十届常委会召开会议16次。2003年1月，举行十届一次常委会会议，传达扬州市政协五届一次全会精神，审议并通过市政协十届常委会工作规则、专门委员会工作规则、市政协2003年工作要点以及常委会会议和主席会议议题安排、各专门委员会组成人员和委员活动小组编组名单，通过有关人事任免事项。3月，举行十届二次常委会会议，听取副市长张秋红关于全市旅游业发展情况通报，市政协5个专题调查小组分别作专题发言。6月，举行十届三次常委会会议，听取副市长董玉海关于社区建设工作情况通报，市政协5个调查组分别作专题发言。9月，举行十届四次常委会会议，与会人员先后视察卸甲镇、八桥镇公路建设情况，听取市政府关于全市农村公路建设情况和全市科技创新工作情况通报。市政协调研组就农村公路建设情况作专题发言。12月，举行十届五次常委会会议，听取市长徐祥华关于2003年全市经济社会发展情况通报，市政府办公室负责人关于政府工作报告起草情况说明以及市政协十届一次会议以来提案办理情况通报；讨论决定市政协十届二次会议有关事项，听取市委统战部关于市政协十届委员调整建议名单及情况说明，决定增补3名市政协十届委员，免去5名市政协委员职务。

2004年4月，举行十届七次常委会会议，听取市委农村工作办公室关于促进农民增收工作情况通报和市政协专题调研组4份专题调研报告，听取市政府关于新型农村合作医疗制度建设情况通报，讨论通过人事任免等有关事项。7月，举行十届八次常委会会议，听取副市长王东升关于全市民营经济发展情况通报，市优化投资环境办公室负责人和部分民营企业负责人就加快发展全市民营经济工作分别所做的专题发言，市政协专题调研组所做《大力发展民营经济，加快全民致富步伐》专题调研报告，听取市财政局负责人关于全市上半年财政工作情况通报。10月，举行十届九次常委会会议，听取市政府关于全市文化工作情况通报，市政协调研组所做《打造高邮文化品牌，服务全市追赶式发展》专题发言，听取市政府关于政协委员提案办理情况通报。

2005年1月，举行十届十二次常委会会议，协商决定增选市政协副主席、常委正式候选人名单。4月，举行十届十三次常委会会议，与会人员视察市经纬纺织有限公司、扬州宏远电子有限公司三期工程、扬州和益电动工具有限公司和扬州苏源电线电缆有限公司等企业，听取副市长王东升关于全市工业“双创”（工业技术创新、二次创业）情况通报、市政协调研组所做《实施“双创”战略，实现“四个倍增”》调研报告，并进行专题协商。7月，举行十届十四次常委会会议，听取市政府关于“三城同创”工作情况通报、市政协调研组所做《推进“三城同创”，打造魅力高邮》专题调研报告，专题协商“三城同创”工作。10月，举行十届十五次常委会会议，听取市政府办公室关于政协委员提案办理情况通报、市审计局关于2005年审计工作情况通报。听取市政府关于《关注弱势群体，构建和谐社会》工作情况通报、市政协调研组所做专题调研发言，讨论通过有关人事任免事项。12月，举行十届十六次常委会会议，听取市委副书记、市纪委书记范天恩所做《关于2005年全市党风廉政建设和反腐败工作情况通报》，市委常委、常务副市长张安龙所做《关于2005年全市经济工作情况通报和〈政府工作报告〉起草情况说明》，讨论市政协第十届委员会第四次会议有关事项，协商通过优秀委员、优秀提案和先进委员活动小组表彰决定。

第三节 主席会议

1986～2005年，市政协主席会议共举行107次，其中1988年1次、1990年4次、1992年2次、1993年8次、1994年7次、1995年6次、1996年5次、1997年5次、1998年7次、1999年8次、2000年11次、2001年9次、2002年8次、2003年7次、2004年9次、2005年10次。

一、第八届主席会议

1993年3月，举行八届二次主席会议，协商决定各专门委员会、农村工作组组成人员，并审议通过1993年工作安排。

1994年3月，举行八届十次主席会议，听取副市长高逸民关于全市税制改革运行情况通报，并提出建议。学习修订后的全国政协章程，商定市政协1994年协商议题。12月，举行八届十五次主席会议，听取副市长卜宇关于深化企业工资制度改革情况通报，并提出建议。传达中共扬州市委政协工作会议精神，商讨八届三次全委会会议的会期和议程。

1995年5月，举行八届十八次主席会议，听取市政府关于全市职工社会养老、失业保险情况通报，并进行协商，提出建议。6月，举行八届十九次主席会议，听取副市长倪文才关于全市实施九年制义务教育和基本扫除农村剩余青壮年文盲情况通报，并进行协商，提出建议。

1996年5月，举行八届二十五次主席会议，听取市政府关于完善乡镇财政包干体制问题情况通报，听取市政府关于加强预算外资金管理情况通报。

1997年8月，举行八届三十三次主席会议，听取市法院关于审判制度改革和加强干警队伍建设情况通报，并视察省“十佳法庭”、审判制度改革典型单位临泽法庭民事审判工作。

二、第九届主席会议

1998年6月，举行九届四次主席会议，听取市粮食局负责人关于全市夏粮收购工作和粮食流通体制改革情况通报，并视察部分乡镇夏粮收购现场。

1999年4月，举行九届十次主席会议，听取龙奔乡政府负责人和市民政局负责人关于农村民主政治建设情况通报，视察龙奔乡焦山村和曹家村村民委员会工作，就贯彻实施《中华人民共和国村民委员会组织法》，切实加强村民自治与农村基层民主建设提出意见和建议。

2000年4月，举行九届十八次主席会议，听取副市长马根生关于高邮市中学迁建情况通报，实地视察两处预选址，提出建议；听取市第一中学负责人关于创办省重点中学情况通报，视察该校校园建设和创办工作，提出建议；听取副市长倪文才关于下岗职工生活费和解困资金筹集方案通报。

2001年8月，举行九届三十二次主席会议，听取高邮市中学关于迁建工程情况通报，视察高邮市中学新校园。听取市对外经济贸易委员会关于全市招商引资工作情况通报，并进行协商。听取开展评议社会保险部门工作情况通报。

2002年8月，举行九届四十一次主席会议，听取市国土资源局关于国土资源系统作风建设情况通报，并对国土部门工作进行民主评议。

三、第十届主席会议

2003年5月，举行十届四次主席会议，听取副市长董玉海关于全市“非典”防治工作情况通报，并提出建议。8月，举行十届五次主席会议，与会人员视察横泾镇稻鸭共作示范项目、水产苗放养和司徒镇农业示范区棉花生长情况，听取市农林局关于全市农村遭受洪涝灾害及灾后生产自救工作情况通报，对开展灾后生产自救工作提出建议。

2004年2月，举行十届九次主席会议，与会人员视察法院审判制度改革工作，听取法院工作和全市政法工作情况通报，肯定市法院审判制度改革工作成果，并就加大对政法部门人财物支持力度，进一步推进全市政法工作开展提出建议案。8月，举行十届十三次主席会议，与会人员视察市公安局交巡警大队马棚中队、珠湖派出所、刑警大队二中队，现场观摩交巡警大队队列汇报表演，听取市公安局关于破案攻坚、队所建设及交通管理情况通报。针对城区面积迅速增加、公安警力严重不足情况，建议市政府加大对公安工作经费投入，充实警力。

2005年11月4日，举行十届二十四次主席会议，听取全市国民经济和社会发展第十一个五年规划纲要框架起草情况说明，并就完善规划提出修改意见。

第三章　市政协常务委员会

1986～2005年，市政协根据《中国人民政治协商会议章程》规定，在全体委员会议闭会期间由常务委员会负责日常工作，研究、决定重要事项和人事任免事项。市政协适时设置各专门工作委员会，负责协商处理相关方面工作。

第一节　组成人员

1986年至1998年1月，市政协第五、六、七、八届常务委员会，由市政协主席、副主席、常务委员会委员和秘书长、副秘书长组成。1998年1月至2005年，市政协第九、十届常务委员会，由市政协主席、副主席和常务委员会委员组成，此两届未设秘书长和副秘书长职位。

1986～2005年政协高邮市委员会主席、副主席一览表

表22-3

届别	职务	姓名	性别	籍贯	任职时间
第五届（1984年5月至1987年4月）	主　席	任金富	男	泰兴	1984年5月至1987年4月（兼）
	副主席	刘宜炤	男	丹徒	1984年5月至1987年4月
		戴子瑜	男	高邮	1984年5月至1987年4月
		张道仁	男	高邮	1984年5月至1987年4月
		许钜材	男	泰州	1984年5月至1987年4月
		王履凤	女	高邮	1984年5月至1987年4月

续表22-3

届别	职务	姓名	性别	籍贯	任职时间
第六届（1987年4月至1990年4月）	主　席	周治安	男	高邮	1987年4月至1989年8月（兼）
	副主席	刘宜炤	男	丹徒	1987年4月至1990年4月
		茅庆如	女	南京	1987年4月至1988年2月
		王履凤	女	高邮	1987年4月至1990年4月
		张　懋	男	高邮	1987年4月至1990年4月
		金同清	男	高邮	1989年4月至1990年4月
第七届（1990年4月至1993年2月）	主　席	詹岫琪	男	高邮	1990年4月至1993年2月
	副主席	朱延庆	男	高邮	1990年4月至1993年2月
		王履凤	女	高邮	1990年4月至1993年2月
		郑长森	男	高邮	1990年4月至1993年2月
		张　懋	男	高邮	1990年4月至1993年2月
		赵谈理	男	高邮	1990年4月至1993年2月
		朱维宁	男	高邮	1991年4月至1993年2月
		金成梁	男	盐城	1991年4月至1993年2月
第八届（1993年2月至1998年1月）	主　席	詹岫琪	男	高邮	1993年2月至1996年3月
		戴有斌	男	高邮	1996年3月至1998年1月
	副主席	朱延庆	男	高邮	1993年2月至1998年1月
		王履凤	女	高邮	1993年2月至1998年1月
		郑长森	男	高邮	1993年2月至1998年1月
		赵谈理	男	高邮	1993年2月至1998年1月
		朱维宁	男	高邮	1993年2月至1996年3月
		金成梁	男	盐城	1993年2月至1998年1月
		张　愈	男	高邮	1993年2月至1998年1月
		范太金	男	高邮	1996年3月至1998年1月
第九届（1998年1月至2003年1月）	主　席	戴有斌	男	高邮	1998年1月至2000年2月
		朱德辉	男	高邮	2000年2月至2003年1月
	副主席	朱延庆	男	高邮	1998年1月至2001年2月
		夏元新	男	高邮	2000年2月至2003年1月
		王履凤	女	高邮	1998年1月至2003年1月
		赵谈理	男	高邮	1998年1月至2003年1月
		张　愈	男	高邮	1998年1月至2003年1月
		范太金	男	高邮	1998年1月至2003年1月
		尤泽勇	男	上海市	1998年1月至2000年2月
		钱富强	男	高邮	1998年1月至2003年1月
		姚美学	男	高邮	2002年2月至2003年1月

续表22-3

届别	职务	姓名	性别	籍贯	任职时间
第十届（2003年1月～　　）	主　席	朱德辉	男	高邮	2003年1月～
	副主席	夏元新	男	高邮	2003年1月～
		姚美学	男	高邮	2003年1月～
		赵谈理	男	高邮	2003年1月～
		钱富强	男	高邮	2003年1月～
		肖伯群	男	泰兴	2003年1月～
		王志强	男	高邮	2005年1月～

1986～2005年高邮市政协常务委员会委员和秘书长、副秘书长一览表

表22—4

届别	常务委员和秘书长名单（按姓氏笔画为序）
第五届	丁宏村（1986年4月任）　丁德和　马宏才　王　沛（1986年4月任）　王宁生（1986年4月任）　王承炜　王履凤（女）　平剑尘　刘永珍（1986年4月任）　刘宜炤　刘维鹏（1985年4月任）　任金富　许文元　许钜材　朱维宁　李志伟（1985年11月辞）　吴进圣　吴仲贤　吴维松　吴锡祥　何瑞芝　张　懋　张九高　张俊华　张道仁　陈　鸿　陈长生　杨德瑞（女）　杨汝祐（1985年4月任）　金成梁　郑履成　俞维舟（1986年4月任）　姜　新　赵安郎　夏　俊（1985年4月任）　倪宏谷　莫绍裘　曹　进　崔锡麟　薛　飞　薛　汉　戴子瑜
	副秘书长：郑履成（1984年5月至1987年4月）　丁德和（1984年5月至1987年4月）
第六届	丁宏村　丁德和　王　沛　王尔聪　王守忠　王履凤（女）　孔邺民　平剑尘　朱维宁　刘永珍　刘宜炤　许树威　杜福荣（1988年5月任）　杨　席（回族）　杨德瑞（女）　吴进盛　吴仲贤　吴维松　张　懋　张九高　陈长生　陈谷辛　范太金　茅庆如（女，1988年2月辞）　金成梁　金同清（1989年4月任）　周治安（1989年8月辞）　郑履成　居瑞龙　俞志来（1988年5月任）　胡永其　姜　新　姜恩庆（1988年5月任）　夏　俊　夏志强　倪宏谷　浦石香　崔锡麟（1987年5月病故）　蒯小棣　蔡多芳　薛　飞
	秘书长：　郑履成（1989年4月至1990年4月）
	副秘书长：郑履成（1987年4月至1989年4月）　丁德和（兼，1987年4月至1990年4月）　朱德源（1987年4月至1990年4月）　杨　杰（兼，1987年4月至1990年4月）　倪宏谷（兼，1989年4月至1990年4月）　张　愈（蒙古族，兼，1989年4月至1990年4月）
第七届	丁宏村　丁德和　王尔聪　王守忠　王履凤（女）　邓恒和　石　香　朱光甲　朱延庆　朱维宁　朱德源　汤有泉（1991年4月任）　李同义　许文元　杨德瑞（女）　陈世龙　陈谷辛　张　愈（蒙古族）　张　懋　张九高　张义琴（女）　吴大中　吴进盛　吴维松　郑长森　范太金　金成梁　胡永其　姜　新　姜恩庆　赵谈理　徐庆桃　黄世贵　蒯小棣（1992年4月辞）　詹岫琪　蔡多芳　蔡梓钧
	秘书长：　朱德源（1990年4月至1993年2月）
	副秘书长：丁德和（兼，1990年4月至1993年2月）　周振光（1990年4月至1993年2月）　杨　杰（1990年4月至1993年2月）　张　愈（蒙古族，兼，1990年4月至1993年2月）　丁宏村（兼，1990年4月至1993年2月）

续表 22-4

届别	常务委员和秘书长名单 （按姓氏笔画为序）
第八届	丁宏村 王 梓 王守忠 王裕民 卞祖仁（1995年2月任，1997年1月撤销） 王履凤（女） 邓恒和 石 香 朱光甲 朱延庆 朱明生（1995年2月任） 朱维宁（1996年3月辞） 刘承志 汤有泉 许文元 杨正山 肖伯群 吴进盛 吴维松 张 弛 张 愈（蒙古族） 张义琴（女） 张春堂（1996年2月辞） 范太金 金成梁 郑长森 赵谈理 胡永其 姜 新 夏金元 徐庆桃 郭亚同 谈炳生 黄世贵 詹岫琪（1996年3月辞） 鲍国麟（中国香港） 蔡梓钧 蔡蔚华 薛 诚 戴有斌（1996年3月任）
	秘书长： 王 梓（1993年2月至1997年7月）
	副秘书长：丁宏村（兼，1993年2月至1998年1月） 邓恒和（兼，1993年2月至1998年1月）
第九届	王一川 王有益 王守忠 王岚峰 王履凤（女） 尤泽勇（2001年1月辞） 方爱建 朱延庆（2001年2月辞） 朱德辉（2000年2月任） 孙桂尧 李开农（2002年2月任） 肖伯群 宋遵礼 张 弛 张 愈（蒙古族） 张元农 张桂祥 张椿年 沈恒桃（2002年2月任） 陈仁梅 陈世龙 陈庚林（2002年2月任） 陈持进 陈满祥 周 琳（女，2002年2月任） 范太金 赵谈理 钟晓来 姜仁道 姜秀志（2001年1月辞） 姚美学（2002年2月任） 钱富强 徐庆桃 夏元新（2000年2月任） 郭亚同 高 志 高明华（2002年2月任） 谈炳生 鲍国麟（中国香港） 潘必健 薛 诚 薛中理 戴有斌（2000年2月辞）
第十届	马向阳 王 薇（女） 王正玉 王有益 王志强（2005年1月任） 王岚峰 王慧群（女） 卞洪益 文 德 方爱建 孔祥鹏 田广大 朱正江 朱来元 朱德辉 刘春雨（2005年1月任） 刘海鹏 刘群信 孙桂尧 李开农 肖伯群 张 弛 张立中（2005年1月任） 张拥军 张建文 陈仁梅 陈庚林 陈持进 陈景国 金 锋（2005年1月任） 金开明 周 琳（女） 郑连元 赵宝松 赵谈理 钟晓来 姜文定 姚永明 姚美学 钱富强 顾邦林 徐 坤（女） 夏元新 高 志 高明华 蒋太生 蒋琪彬（2005年1月任） 谢立东 詹 岭 薛 诚 薛晓寒

第二节 工作机构

县政协第五届委员会（1986年至1987年4月）下设秘书处、学习委员会、文史资料研究委员会、提案工作委员会、经济咨询委员会、祖国统一工作委员会、诗书画研究委员会、法制工作组、科技工作组、教育工作组、文体工作组、医卫工作组、工商工作组、民族宗教工作组，另设三垛工作组、临泽工作组、界首工作组、送桥工作组。

县政协第六届委员会（1987年4月至1990年4月）下设秘书处、学习委员会、提案工作委员会、文史资料委员会、祖国统一联谊委员会、经济联络委员会、教卫文体委员会、社会法制委员会，另设三垛、临泽、界首、送桥4个农村工作组。

县（市）政协第七届委员会（1990年4月至1993年2月）下设秘书处（1991年6月更名为政协高邮市委员会办公室）、学习委员会、提案委员会、经济科技委员会、社会法制委员会、教卫文体委员会、文史资料委员会、祖国统一联谊委员会，另在临泽、界首、三垛、八桥4个镇和菱塘回族乡设立政协工作组。

市政协第八届委员会（1993年2月至1998年1月）下设办公室、学习委员会、提案委员会、经济委员会、社会法制委员会、科教文卫体委员会、文史资料委员会、祖国统一联谊委员会。

市政协第九届委员会（1998年1月至2003年1月）下设办公室、提案委员会、经济和科技委员会、教卫文体委员会、社会与法制委员会、文史和学习委员会、联络委员会。

市政协第十届委员会（2003年1月至2005年）下设办公室、提案委员会、经济和科技委员会、社会与法制委员会、教卫文体委员会、文史和学习委员会、联络委员会。2004年4月，撤销教卫文体委员会、文史和学习委员会、联络委员会，设立教卫文史委员会、城乡联络委员会。2005年11月，设立人口资源环境委员会。

1987～2005年政协高邮市委员会内设机构演变和主要负责人一览表

表22-5

机构名称及演变	职务	姓名	性别	籍贯	任职时间
政协办公室（原为秘书处。1991年6月，更名为政协办公室。1998年1月，第九届政协不设秘书长）	秘书长	郑履成	男	高邮	1989年4月至1990年4月
		朱德元	男	高邮	1990年4月至1993年2月
		王　梓	男	高邮	1993年2月至1997年7月辞
	主　任	杨　杰	男	高邮	1992年9月至1996年6月
		钟晓来	男	高邮	1997年1月至2005年4月
		陆鹏海	男	高邮	2005年12月～
提案委员会（原为提案工作委员会。1990年4月，更名为现名）	主　任	夏　俊	男	高邮	1987年12月至1988年4月
		杜元坤	男	高邮	1988年4月至1990年4月
	主　任	王　梓	男	高邮	1990年4月至1993年2月
		范太金	男	高邮	1993年2月至2002年1月（兼）
		张建文	男	高邮	2002年1月～
经济和科技委员会（1988年4月，设立经济联络委员会。1990年4月，更名为经济科技委员会。1993年2月，更名为经济委员会。1998年3月，由经济委员会和科教文卫体委员会中科技部分合并而设）	主　任	夏　俊	男	高邮	1988年4月至1990年4月
	主　任	吴维松	男	高邮	1990年4月至1993年2月（兼）
	主　任	吴维松	男	高邮	1993年2月至1995年10月（兼）
		潘必健	男	高邮	1995年10月至1998年3月
	主　任	潘必健	男	高邮	1998年3月至2000年9月
		田广大	男	高邮	2003年1月～
社会与法制委员会（1988年4月，设立社会法制委员会。1998年3月，更名为现名）	主　任	杜福荣	男	高邮	1988年4月至1990年4月（兼）
		吴大中	男	高邮	1990年4月至1993年2月（兼）
		赵谈理	男	高邮	1993年2月至1998年3月（兼）
	主　任	赵谈理	男	高邮	1998年3月至2002年1月（兼）
		谢立东	男	高邮	2002年1月～
教卫文史委员会（1988年4月，设立教卫文体委员会。1993年2月，更名为科教文卫体委员会，无正职。1998年3月，由科教文卫体委员会中教卫文体部分划出分设教卫文体委员会。2004年4月，与文史和学习委员会合并设立）	主　任	刘永珍	男	高邮	1988年12月至1990年4月（兼）
		金成梁	男	盐城	1990年4月至1993年2月（兼）
	主　任	邵长泰	男	高邮	1998年3月至2002年1月
	主　任	姚永明	男	高邮	2004年4月～

续表 22-5

<table>
<tr><th>机构名称及演变</th><th>职务</th><th>姓名</th><th>性别</th><th>籍贯</th><th>任职时间</th></tr>
<tr><td rowspan="6">文史和学习委员会（1998年3月，由学习委员会与文史资料委员会合并而设。2004年4月，与教卫文体委员会合并，设立教卫文史委员会）</td><td rowspan="4">主 任</td><td>刘永珍</td><td>男</td><td>高邮</td><td>1987年12月至1988年12月（兼）</td></tr>
<tr><td>金成梁</td><td>男</td><td>盐城</td><td>1988年12月至1990年4月（兼）</td></tr>
<tr><td>丁德和</td><td>男</td><td>高邮</td><td>1990年4月至1993年2月</td></tr>
<tr><td>徐正和</td><td>男</td><td>高邮</td><td>1993年2月至1998年3月（兼）</td></tr>
<tr><td rowspan="2">主 任</td><td>李春迎</td><td>男</td><td>高邮</td><td>1998年3月至2002年1月</td></tr>
<tr><td>姚永明</td><td>男</td><td>高邮</td><td>2002年1月至2004年4月</td></tr>
<tr><td rowspan="2">文史资料委员会（1988年5月，由文史资料研究委员会更名为文史资料委员会。1998年3月，与学习委员会合并设立文史和学习委员会）</td><td>主 任</td><td>王 鹤</td><td>男</td><td>高邮</td><td>1987年12月至1988年5月（兼）</td></tr>
<tr><td>主 任</td><td>王 鹤</td><td>男</td><td>高邮</td><td>1988年5月至1998年3月（兼）</td></tr>
<tr><td rowspan="8">城乡联络委员会（1986年4月，由“三胞”工作组更名为祖国统一工作委员会。1988年4月，更名为祖国统一联谊委员会。1998年3月，更名为联络委员会。2004年4月，更名为现名）</td><td>主 任</td><td>朱维宁</td><td>男</td><td>高邮</td><td>1987年12月至1988年4月（兼）</td></tr>
<tr><td>主 任</td><td>朱维宁</td><td>男</td><td>高邮</td><td>1988年4月至1996年6月（兼）</td></tr>
<tr><td rowspan="4">主 任</td><td>尤泽勇</td><td>男</td><td>上海市</td><td>1998年3月至2000年2月（兼）</td></tr>
<tr><td>姚美学</td><td>男</td><td>高邮</td><td>2000年9月至2001年9月（兼）</td></tr>
<tr><td>张建文</td><td>男</td><td>高邮</td><td>2001年9月至2002年9月</td></tr>
<tr><td>田广大</td><td>男</td><td>高邮</td><td>2002年9月至2004年4月</td></tr>
<tr><td rowspan="2">主 任</td><td>王岚峰</td><td>男</td><td>高邮</td><td>2004年4月至2004年10月</td></tr>
<tr><td>金 锋</td><td>男</td><td>高邮</td><td>2005年1月～</td></tr>
<tr><td>人口资源环境委员会（2005年11月设立）</td><td>主 任</td><td>（缺）</td><td></td><td></td><td></td></tr>
</table>

第四章 履行职能

1986～2005年，市政协履行政协职能，在参政议政、民主监督、调研视察、提案征集与交办、文史资料征集与编研等方面做了大量工作，参与全市多项经济社会发展重点项目调研活动，多次组织委员开展视察活动，共征集提案3063件，交办3043件，编印《高邮文史资料》15辑、225万字。

第一节 参政议政

1986年11月，县政协五届十三次常委会会议学习《中共中央关于社会主义精神文明建设指导方针的决议》，向县委、县政府提出关于学习和贯彻中共十二届六中全会精神6点意见。1989年12月，县政协六届十七次常委会会议学习《中共中央关于进一步治理整顿和深化改革的决定》，向县政府提出稳定和发展农业，调整工业产业结构和产品结构，增强工业实力2点建议。1992年6月，市政协七届十二次常委会会议围绕工业企业转换经营机制进行协商，向市政府提出4点建议。1993～1997年，市政协对贯彻《全民所有制工业企业转换经营机制条例》，调整农业结构、大力发展多种经营、加快农民奔小康步伐，反腐败斗争、加强廉政建设，市工业经济运行和改革情况，农业生产情况，推进科技兴市等协商议题，分别由专门委员会牵头，组织委员参加调研，形成调研报告，提出意见和建议，经协商后为市委和市政府所采纳。1998年5月，市政协九届二次常委会会议听取市劳动局关于全市企业职工下岗再就业工作情况通报，并进行专题协商。市政协就完善失业保险和社会救助制度等方面提出建议，并以文件形式向市委、市政府及有关部门提出书面意见。市政协九届四次常委会会议重点就全市个体私营经济进行专题协商。会前，常委们到乡镇实地调查、召开座谈会和问卷调查，形成专题调研报告，从贯彻政策、建立社会保障体系和提高经营者素质等方面提出建议。2001年，市政协召开5次常委会会议和1次常委专题座谈会，分别就企业改革、项目建设、农村税费改革、城市十大工程建设、社会治安综合治理和党风廉政建设等议题开展调研，提出建议，充分协商。2003～2005年，市政协第十届委员会常委会针对全市农民增收、农村公路建设、发展民营企业、改善发展环境、打造高邮文化品牌、发展旅游业和服务业、发展工业经济、关注弱势群体、反腐倡廉等议题进行调研，撰写调查报告，向市委、市政府提出建议，进行协商。

图22-2　市政协部分常委调研考察城市建设管理工作

第二节　民主监督

1986～1990年，县政协派出善于体察民情、了解部门法规的各界别委员，到工商、物价、公安、交通等部门担任行风监督员，并到有关部门反映人民群众意见，履行民主监督职责。1991年4月，扬州市政协委员徐树楠和6名市政协委员被聘为市政府特邀监察员。10月，17名市政协委员被聘为市公安局第二批监督员。2000年9～11月，市政协民主评议卫生部门工作，就卫生部门医德医风建设、药品管理、收费公开和农村合作医疗做出专题调查评议报告，并对整改情况进行跟踪、督查、回头看，促进整改措施落实，达到预期效果。2001年7～9月，市政协对市社会保障管理局城镇职工养老保险、医疗保险和机关作风工作开展民主评议，6名副主席带领40多名常委、委员，分成3个调查小组，召开部门、企业、参保人员等各种座谈会19次，随机发放调查问卷400多份，广泛征求意见，形成3篇专题调查评议报告，取得预期效果。2002年8月，市政协听取市国土资源局关于国土资源系统作风建设情况通报，对国土部门工作进行民主评议。

第三节　视察调研

1991年2月，县政协组织30多名政协委员视察城区春节市场，听取县商业局、县粮食局、县工商局、县物价局、县供销合作总社负责人关于春节市场安排和管理情况汇报，并就进一步提高服务质量，加强计量、商品质量管理提出建议。是年11月，组织部分政协委员视察市卫生局、市商业局、市交通局及其下属单位纠风治乱工作，提出意见和建议。1992年8月，市政协组织部分医药卫生界委员视察市人民医院和市中医医院文明行医情况，听取2所医院负责人情况介绍，察看门诊部和病房，走访部分

图22-3 市政协常委视察新建的高邮中学校园

患者及患者家属，提出医德医风教育经常化、提高医务人员业务素质、完善管理制度、改善医院基础设施4点建议。1997年4月，市政协主席会议视察上海、南京建筑工地，听取副市长谈铁人关于全市建筑业情况通报，并讨论协商，提出建议。2000年10月，市政协主席会议视察农村电网改造工作，参观龙虬、甘垛变电所及三垛镇南丰村、八桥镇张余村农电网改造现场，建议市政府及供电部门要加强领导，保质保量全面完成农电网改造任务。2001年4月，市政协主席会议视察马饮塘河、南海大沟、养丰闸、承志河、珠湖泵站、玉带河等泄洪排水通道现场，参加玉带河清淤劳动，听取市建委负责人关于实施城市防洪工程情况通报，并进行协商，建议要增强市民环保意识，加大执法力度，加强环卫设施建设，把城市防洪工程建设成顺应民心的德政工程。是年8月，市政协主席会议视察高邮镇新华村、大桥村和车逻镇车逻村、湾桥村等现场，就村务公开提出意见和建议。2002年4月，市政协主席会议视察市助剂厂、江苏日欣实业集团有限公司、市高康集团公司等3家化工企业污水净化处理现场，听取市环保局关于全市生态示范区建设情况通报，并提出建议。2003年2月，市政协主席会议视察市职教中心和市工业中专学校，听取副市长董玉海和市教育局关于全市推进教育创新、加快职教发展情况通报，就加快推进职业教育改革与发展提出建议。2004年3月，市政协主席会议视察三阳河高邮段沿线高兴东公路桥、三垛镇三阳河小区、柘垛生产桥、带程闸站、马横公路桥和司徒镇安置小区建设工程，听取南水北调三阳河工程高邮建设处、市水务局关于三阳河工程高邮段建设情况汇报，肯定三阳河工程高邮段建设实施情况，并提出高标准抓好三阳河工程质量，实行工程建设质量终身追究制，坚持阳光操作，确保房屋拆迁资金按标准兑付到位，合理规划移民安置小区，把三阳河工程办成富民工程、便民工程、利民工程的建议。2005年5月，市政协主席会议视察市南海中学、市赞化学校和高邮实验小学，听取市教育局关于全市教师队伍建设以及民办教育发展情况通报，对教育工作给予肯定。同时，提出《关于尽快迁建高邮实验小学的建议案》。是年8月，市政协主席会议视察界首镇农业服务体系创新、农业服务机制创新、农村土地经营制度创新等农业“三项创新”工作，市双兔米业有限公司和南关干渠卸甲段节水改造工程，分别听取乡镇、企业负责人情况汇报和市委常委、副市长杨学华所做《关于全市上半年农业、农村工作的情况及下阶段全市农业、农村工作打算的通报》，提出依托农业资源丰富的优势，强势推进农业结构调整，引导农民走上小康之路；加强全市农资产品市场监管，切实维护农民利益；加大农业基础设施投入，提升农村防灾抗灾能力；加强农村基层农技队伍建设，提高为农民服务水平等4条建议。

第四节 提案工作

1986年，县政协提案工作委员会专门负责政协委员提案审查、立案和办理。政协委员提案可由政协委员个人提出，也可由政协委员联名提出。在全体会议期间可以小组或联组名义提出提案，各专门委员会可以专门委员会名义提出提案。对政协委员提出的提案，在全体委员会议期间，由大会提案审查委员会审查；闭会期间，由提案委员会审查。主要审查提案是否符合提案人资格，内容是否属于大政方针、地方重要事务以及人民群众关心的重大问题，是否一事一案、表达明确等。凡符合立案标准的进行登记、复印、编印目录，移交承办单位办理。对经审查不予立案的，向提案人说明情况，或按信访件送有关单位研究处理。每年市政协全体会议结束后，市政协会同市人大常委会和市政府召开提案、建议交办会议，将提案、建议分类后交有关部门办理，在规定时间内给提案人答复。市政协对政府和有关部门办理提案工作进行评议。

1993年起，为提高提案办理质量，调动政协委员和承办单位积极性，市政协和市政府每年进行总结评比，评出优秀提案和提案办理工作先进单位。市政府制定《高邮市办理人大代表建议和政协委员提案办法》，规范办理程序和办法。市政协加大对重点提案督办力度，每件重点提案由一名副主席牵头，明确一个专门委员会具体负责督办，市政府分管负责人就重点提案分别签批办理意见，市政协各专门委员会主动加强与市政府及各承办单位的联系，通过联合会办、座谈催办、视察促办、评议督办等形式，提出办理意见，共商解决办法，并对提案办理情况和进度及时在市内新闻媒体上进行宣传报道。是年，市政协从255件提案中遴选出有关鸭业经济、旅游业发展、职业技术教育、村级组织建设、社区建设等5件重点提案，办理当年都取得阶段性成果。2004年，市政协从207件提案中筛选确定《营造创业氛围，发展民营经济》《关于增加财源经济的几点建议》《加快区带园建设，做强区带园经济》《强化城市规划，提高城市建设的品位》《关于确保适用型人才"引得进、留得住"的建议》5件重点提案。各承办单位成立专门班子，加强调查研究，广泛听取意见，全力提高办理效果。是年11月，市政协召开重点提案工作座谈会，听取各重点提案承办单位办理情况，分组评议办理工作，提出落实意见。2005年10月，市政协召开主席会议，听取市文化局、市教育局通报《关于争创全国历史文化名城的建议》《加快实验小学搬迁进程，优化城区教育布局》2件重点提案承办情况。主席会议全体成员及市政府分管负责人、提案人一同视察办理现场，听取汇报，评议办理结果，并将办理意见和建议形成会议纪要，反馈给政府和相关职能部门，促使这2件重点提案办在实处。

第五节　文史资料工作

1986年，县政协文史资料研究委员会编印《高邮文史资料》第四辑，收录高邮地情史料37篇。1987年7月，县政协文史资料研究委员会、江苏省高邮师范学校、县文教局联合编印《高邮文史资料》第五辑（专辑），全面介绍界首乡村师范学校——省立界首乡村学校沿革与体制变革、地理位置与校园环境、学校屋舍与教学设备、组织机构与师资队伍、学生来源与毕业出路、课堂教学与实习指导、训育制度与课外活动、地下党组织与学生运动情况，收录校友回忆文章和提供的史料17篇、附录14篇。9月，县委党史资料征集研究委员会、县政协文史资料研究委员会合编《高邮文史资料》第七辑，专辑介绍高邮籍人士、第五届全国政协委员、文化部副部长徐平羽艰辛而光辉的一生。该专辑收录陈丕显、张爱萍、叶飞、魏文伯、夏征农、管文蔚等8人为徐平羽题的字，叶飞、夏衍、赖少其、程十发、蔡振华等14人送徐平羽的挽联，菡子、俞振飞、王文娟、谢冰岩、蒋星煜、茅盾等人纪念徐平羽的文章37篇，收载徐平羽诗文7篇、家书19封、手迹5幅、照片15幅，并载有徐平羽大事年表。

1990年11月，县政协文史资料委员会编印《高邮文史资料》第十辑，为高邮当代人物专辑，收录在外地的、具有高级职称或任县处级以上职务、工作中取得显著成绩的高邮籍人士，也有少数旅居中国台湾和国外的高邮籍知名人士，其中有两院院士、军政名人、科技英才、文人学者、工商巨子、医卫名流，共91人。该书介绍他们在政治、经济、军事、科技、教育、文化、艺术、医卫等多个领域所取得的成绩。1992年7月，市政协文史资料委员会编印《高邮文史资料》第十一辑《力挽狂澜——一九九一年高邮抗洪纪实专辑》，记录全市人民在中国共产党的领导下，取得抗洪救灾重大胜利。1993年12月，市政协文史资料委员会编印《高邮文史资料》第十二辑，为高邮当代人物资料性专辑（续辑），收录在外地的高邮籍成功人士81人。

1995年7月，由省政协文史资料委员会、市政协文史资料委员会合编《高邮文史资料》第十四辑

《一代宗师——孙云铸纪念专辑》，介绍高邮籍人士、地质学家、中国古生物和地层学奠基人之一、新中国地质教育事业开拓者之一的孙云铸，并作为《江苏文史资料》第八十二辑进入省政协文史资料序列，由《江苏文史资料》编辑部出版发行，是首次以正式书刊号出版的《高邮文史资料》。全国政协秘书长朱训、民革中央名誉主席孙越崎等5人为该书题词，中国科学院院士、中国地质大学教授王鸿祯作序，收录由37名中国科学院院士、中国工程院院士、教授分别撰写的42篇纪念孙云铸的文章。2005年12月，市政协教卫文史委员会编印《高邮文史资料》第十八辑，为纪念抗日战争胜利60周年专辑，并载有部分老街巷。

1986～2005年《高邮文史资料》编印（出版）情况一览表

表22-6

编印时间	辑次	编辑单位	用稿（篇）	文字量（万字）	主要内容
1986年7月	《高邮文史资料》第四辑	县政协文史资料研究委员会	37	13	地情史料
1987年7月	《高邮文史资料》第五辑	县政协文史资料研究委员会 江苏省高邮师范学校 县文教局	31	9	高邮革命老区教育专辑，重点载有界首乡师资料
1987年8月	《高邮文史资料》第六辑	县政协文史资料研究委员会	35	16	地情史料
1987年9月	《高邮文史资料》第七辑	县委党史资料征集研究委员会 县政协文史资料研究委员会	84	16	徐平羽专辑
1988年11月	《高邮文史资料》第八辑	县政协文史资料委员会	43	18	地情史料
1989年10月	《高邮文史资料》第九辑	县政协文史资料委员会	53	18	地情史料
1990年11月	《高邮文史资料》第十辑	县政协文史资料委员会	92	16	当代人物专辑
1992年7月	《高邮文史资料》第十一辑	市政协文史资料委员会	49	9	1991年抗洪纪实专辑
1993年12月	《高邮文史资料》第十二辑	市政协文史资料委员会	81	20	当代人物专辑（续辑）
1994年10月	《高邮文史资料》第十三辑	市政协文史资料委员会	51	19	地情史料
1995年7月	《高邮文史资料》第十四辑 《江苏文史资料》第八十二辑	江苏省政协文史资料委员会 高邮市政协文史资料委员会	45	16	《一代宗师——孙云铸纪念专辑》
1997年10月	《高邮文史资料》第十五辑	市政协文史资料委员会	48	22	地情史料
1999年9月	《高邮文史资料》第十六辑	市政协文史和学习委员会	54	16	地情史料
2001年12月	《高邮文史资料》第十七辑	市政协文史和学习委员会	42	21	地情史料
2005年12月	《高邮文史资料》第十八辑	市政协教卫文史委员会	45	18	纪念抗日战争胜利60周年专辑

第二十三篇

工商联 社会团体

要　目

1986年，县内主要社会团体有县总工会、共青团高邮县委员会、县妇女联合会、县科学技术协会等。是年，县工商业联合会复会，县文学艺术界联合会成立。1987年、1988年，县计划生育协会、县企业家协会先后成立。1990年，县企业管理协会、县农村卫生工作协会成立，县红十字会复建。1991年，市残疾人联合会成立。1992年、1993年，市老区经济开发促进会、市扶贫开发协会先后成立。此后，学术性、专业性、行业性等社会团体迅速发展。至2005年，全市经市民政局登记注册的社会团体共有109个。市工商联和各社会团体在市委领导下，围绕经济建设中心和改革开放大局，发挥各自特点和优势，积极开展工作，服务基层，服务群众，为富民强市、建设全面小康、构建和谐社会，推动全市经济社会协调、快速、可持续发展，做出积极贡献。

第一章 工商业联合会

1986年1月，县工商业联合会（简称工商联）恢复活动。1991年7月至2005年，市工商联转换职能，不断加强组织建设，服务民营经济，发挥联系非公有制经济代表人士的桥梁作用，积极参政议政、开展会员培训、组织非公有制代表人士投身光彩事业和社会公益事业，为招商引资、加快全市经济快速发展发挥积极作用。

第一节 组织建设

一、市工商联

1986年1月，县工商联恢复并正常开展活动，在县城13家单位明确行业联络员，建立经济咨询、专业培训和调查研究等3个工作组。设址于城区县府街，后迁入府前街市政府大院内。1990年，县工商联有常委16人、执委44人，在编驻会干部6人，有老会员419人。至是年末，发展新会员80个（人），其中国营企业会员12个、集体企业会员12个、乡镇企业会员22个、私营企业会员2个、团体会员1个、个体户会员7个、个人会员24人。1992年起，市工商联转换职能后，继续发展新会员，扩大组织网络建设。1995年，共有新、老会员632个（人），其中私营企业81个（人），个体工商户199人，乡镇企业、“三胞”投资企业、国有企业、集体企业会员和老会员352个（人）。1997年4月，市工商联设中共党组。1999年，发展会员845个（人），其中企业会员112个、个人会员733人。至是年末，全市共有会员1300个（人），其中企业会员220个、个人会员1080人。2000年，根据“基本稳定、适当调整”原则，市工商联增补执委12人，调出执委9人，一批非公有制经济人士被吸收进工商联。2003年，市工商联随市党政机关迁至城区海潮东路市行政中心内。至2005年末，全市累计有会员1800个（人）。市工商联有1人当选省工商联执委，有2人当选扬州市工商联常委，有5人当选扬州市工商联执委；担任省工商联纺织服装商会副会长1人、扬州市光彩事业促进会成员4人、扬州市家政商会会员2人。

二、基层组织

1986年，临泽、三垛、界首3个镇先后恢复工商联分会。1993年10月，以集镇为中心，分片建立工商联分会，调整充实原有的临泽、三垛、界首工商联分会，新组建送桥工商联分会。1994年，成立沿运、高邮镇、甸垛、八桥工商联分会。至此，全市共设立工商联分会8个。1997年，在甸垛分会进行乡镇商会建设试点。至1999年，全市累计建有乡镇商会26个；有商会理事290人，其中会长、副会长138人；

26名兼职会长中,副乡级干部18人、非公有制经济代表人士8人。2000年,甸垛镇商会被省工商业联合会授予“先进基层商会”称号。2001年,乡镇商会调整、改选为20个,共有理事296人;138名正副会长中,有副乡级干部20人、非公有制经济代表人士46人,乡镇党政主要负责人担任名誉会长的有10人。2004～2005年,完成20个乡镇和高邮经济开发区商会换届工作。2005年,组建成养鸡、烹饪2个行业商会。

第二节　代表大会

一、县工商联第四次会员代表大会

1986年1月5～6日举行。出席会议代表127人,列席代表12人。大会选举产生第四届执行委员会,有常委15人、执委51人。戴子瑜任主任委员,丁德和、张懋、吴仲贤任副主任委员。县工商联建立主任委员碰头会和常委、执委会议制度。

二、县工商联第五次会员代表大会

1988年11月17日举行。出席会议代表124人,列席代表5人。大会选举产生第五届执行委员会,有常委9人、执委42人,执委中非公有制经济代表人士4人。张懋任名誉主任委员,丁德和任主任委员,曾德凤、程宗儒(1990年12月增选)、姜恩庆、陆安发任副主任委员。

三、市工商联第六次会员代表大会

1993年3月30～31日举行。会议学习贯彻《中共中央批转〈中央统战部关于工商联若干问题请示〉的通知》精神,实现工商联职能转换,选举产生新一届领导成员,有常委13人、执委39人。谈铁人任主任委员(市商会会长),程宗儒(驻会)、谈炳生、黄世贵(驻会)、张福春、梁尚龙、董遂清任副主任委员(市商会副会长)。1994年5月,增选厉方生(驻会)为副主任委员(市商会副会长)。新一届执委中非公有制经济代表人士13人。

四、市工商联第七次会员代表大会

1997年3月28～29日举行。出席会议代表130人,列席代表15人。大会选举产生市工商联第七届执行委员会,有常委13人、执委38人。谈铁人任会长,项惠忠(驻会)、钱宝祥(驻会)、谈炳生、任斌、张弛、尤兆峰任副会长。

五、市工商联第八次会员代表大会

2002年1月8～10日举行。出席会议代表190人,其中有一批非公有制经济代表人士和香港、台湾、温州、江阴在高邮的投资商。大会选举产生第八届执行委员会,有常委18人、执委49人。谈铁人任会长,钱宝祥(驻会)、任斌、马在朝、高潮、韩阳春、金开明、王传祥、陶正平等8人任副会长。

第三节　主要工作

一、参政议政

1986年,县工商联恢复活动后,主任委员、副主任委员当选县政协副主席、常委,参加参政议政活动。是年,县工商联帮助原工商业人士落实政策,除房改遗留问题外,大部分问题得到解决。1987年,县工商联负责人与县政协及有关部门人员先后去临泽、三垛、司徒、送桥、天山等地，开展流通领域体制改革、乡镇企业改革及饲料生产等方面调查研究，对县染料化工厂、县油厂、县汽配厂承包经营责任制作专题调研，提出改进意见。

1990年，全县16名工商界人士被推选为县、扬州市两级人大代表和政协委员、政协常委。1993年，市工商联参与制定《关于鼓励发展个体私营经济的意见》。1994年，市工商联《抓两头，带中间，促进整体经济效益的提高》提案，对科教兴市、工业人才建设方面提出的意见和措施，被市委、市政府采纳。在市委召开的党外人士座谈会上，就培植大户、典型引路等方面所提建议，均得到市委负责人肯定。市工商联干部被聘为特邀监察员和行风监督员。

1995～1996年，市工商联中人大代表、政协委员，就地方政治、经济、文化、法制等领域工作，提出建设性意见。反映"个体、私营工商户贷款难、征地难、办事难"和"制止乱集资、乱收费、乱摊派问题"等提案得到较好解决；要求"设立私营工业区"提案，引起市政府重视，决定在东墩开发区设立"市民营经济园"；在市政协八届三次会议上《充分发挥非公有制经济的有益补充作用》发言，为全市个体、私营经济健康发展建言献策。1997年6月，开展私营工业企业调查研究，向市委、市政府提交《关于全市民营经济的调查和建议》。1998年，市工商联22名非公有制经济代表会员被选举为各级人大代表、政协委员，其中扬州市人大代表1人、扬州市政协委员1人、市人大代表2人、市政协委员18人，在省工商联七届二次执委会上当选省光彩事业促进会理事1人。是年，市工商联按照市委《关于鼓励扶持个体私营经济发展的意见》，制定发展个体私营经济实施细则。

2000～2001年，市工商联成员中人大代表、政协委员提交建议、提案共52件。其中，《加快新华园住宅区建设，尽快形成经济和社会效益》《关于加快小商品市场建设》提案，被市政协列为重点提案。市工商联分别在市政协九届三次、四次大会上作《切实重视商会工作，促进非公有制经济发展》和《关于加快发展个体私营经济的建议》重点发言，为推动全市非公有制经济发展献计献策。2003年5月，市工商联、市委统战部对卸甲镇商会工作进行专题调研，撰写《发挥乡镇商会作用，促进地方经济发展》调查报告，分别被《高邮情况》《扬州情况》登载。2004～2005年，市工商联组织工商联界人大代表、政协委员提出经济、文化、城建等方面建议、提案85件。其中，市工商联撰写的《营造创业氛围，发展民营经济》《实施商标战略，促进经济发展》提案，被市政协列为重点提案。市工商联与市委办公室合作，调研域外高邮企业投资状况，撰写《部分工业企业迁址扬州城区》的调查报告，引起市委、市政府重视。

图23-1　工商联执行委员调研电缆企业生产经营情况

二、服务经济

1986～1987年，县工商联通过与兄弟县（市）工商联进行横向联系，调剂商品余缺，扩大商品交流。与省内外30多个县（市）工商联系统洽谈业务，为企业会员提供服务。1989～1990年，组织县商业系统和县粮食局所属企业参加华东六省一市杭州、福州商品交易会。组织参加全国工商联和省工商联在南京联合主办的工商联企业会员名、特、优、新产品博览会。1993～1996年，帮助私营企业解决供电、供水、贷款、征用土地和解决原材料等问题，组织个体私营工商业者和市属企业赴苏南、浙江等地参观考察，参加市首届双黄鸭蛋节、省工商联与台北市青年商会联办的经贸洽谈会、华东六省一市工商联第七届商品展览交易会和全国工商联在南京举办的会员企业商品展销会，扩大高邮产品销售渠道。1997～1999年，与市技术监督部门配合，对全市私营企业产品技术、标准、质量等方面进行检查，督促企业生产、管理标准化、规范化，提高私营企业技术水平。2000年，将会员企业信息输入省工商联信息数据库，扩大会员企业影响，并请工程技术人员辅导12家会员企业开展电子商务。是年，组织3家私营企业参加省对外经济贸易委员会举办的哥伦比亚、阿根廷等南美四国市场研讨会；争取港商到高邮投资，办成汽车配件、修理项目1个。2003年，组织会员企业赴日本、韩国开展商贸活动，组织5家会员企业赴马来西亚出席世界华商大会，组织4家会员企业参加在扬州举行的韩国赴中国采购团的经贸洽谈会。2005年，帮助重点会员企业江苏（中国）纺织服装城筹备扬州市纺织服装商会，拜访扬州市有关纺织服装公司，签订有关合同；组织淮安市、邗江区等30多家服装企业到江苏（中国）纺织服装城参观并进行业务洽谈；在第三届中国邮文化节期间，协助开好发展高邮纺织服装业暨纺织服装城推介会；为市天河制衣有限公司和苏州市圣祖时装公司牵线搭桥，帮助洽谈合作生产日本外贸时装事宜。是年，帮助会员企业处理维权案件16件，协调用电、征地、环保等问题28件。

三、会员培训

1986年7～10月，县工商联与县地方工业局联合举办41人参加的工业会计脱产培训班。1995年11月，与市标准计量、商业、粮食、供销等部门合作，组织非公有制经济会员学习产品质量、标准计量法律法规知识。是年起，5次组织非公有制经济代表人士56人，参加扬州市委统战部、扬州市工商联和扬州市社会主义学院联合举办的非公有制经济代表人士培训班。1998年，组织非公有制经济代表人士参加《中华人民共和国经济合同法》等法律知识讲座，在市社会主义学校举办有非公有制经济代表人士参加的首期培训班。2000～2001年，与市工商行政管理部门联合举办致富思源、富而思进“双思”教育报告会，组织会员企业参加扬州市非公有制企业思想政治工作研讨会。2004～2005年，组织会员企业负责人，参加扬州市工商联举办的创造学习型组织论坛，扬州市委组织部、扬州市工商联与杭州市委组织部联合在中央党校举办的首期非公有制经济代表人士党员培训班，省工商联、省经济贸易委员会联合举办的进出口企业经理培训班和省民营企业政策培训班学习。

四、光彩事业

1997年3月，市工商联第七次代表大会向全市非公有制经济代表人士发出“为光彩事业增光添彩”的倡议。2000年7月，三垛镇、甘垛镇发生龙卷风灾害，市工商联在非公有制经济代表人士中开展“献爱心，帮灾区”活动，会员企业共捐资、捐物35万元。2002年，开展以扶贫济困为主题的“光彩事业行”活动，市工商联非公有制企业主资助横泾镇2名孤儿生活、学习费用和3名贫困学生就读费用。汉留镇商会私营企业主与该地特困户、“五保”户开展“一帮一”活动，共结成帮扶对子10对。2003年7月，市工商联向驻高邮的扬州市光彩事业促进会和工商联会员通报高邮抗洪救灾工作情况，会员企业共捐资捐物50多万元。11月，市工商联向市慈善总会、市儿童福利院捐赠价值3万元儿童食品。2004～2005年，市工商联组织基层商会开展会员“一帮一”扶贫济困活动，结对167对；89名女企业主担任孤残儿童“社会妈妈”；会员企业赞助乡镇修桥铺路资金总额1180万元，扶贫济困、捐资助学资金总额150万元。菱塘回族乡商会捐款170万元，支持该乡“改水工程”“通达工程”和兴建初中教学楼。

五、关心老会员

80年代末，全县有50年代初参加工商联的原私营工商业者400多人。县工商联用省工商联下达的互助金4700元，补助体弱多病有困难的老会员233人次，并落实老会员遗孀每月生活补助费。1991～1996年，市工商联每年安排一定资金，慰问、补助老会员或老会员遗孀，还先后建立老会员时事政治学习、市情通报、每月10日活动日、节日慰问、生日祝寿、疾病住院探视、生活随访等制度，使老会员生活充实、健康，获得必要的关爱。2002年，市工商联提供档案资料，协同有关部门，按政策提高在企业退休的原工商业者（含小商小贩、小手工业者、小业主）养老金待遇。

第二章　工　会

1986年起，县总工会把工作重点放在加强基层工会组织建设上。90年代，市总工会基层组织逐步向乡镇企业、外商投资企业和私营企业等新经济组织延伸。进入21世纪后，工会组织开始向村和社区发展。至2005年，全市各级工会组织会员参加全市经济建设，在实现跨越式发展、建设小康社会和新农村建设中发挥主力军作用；同时，开展为职工“办实事、做好事、解难事”活动。被扬州市总工会表彰的实事有25件，被表彰为“办实事先进个人”的工会干部有20人；被扬州市总工会表彰为先进基层工会的单位有141家、先进个人的工会干部139人。市总工会被扬州市总工会表彰为为职工办实事先进单位。

第一节　组织建设

一、市总工会

1986年，县总工会设址于城区县府街，后迁至城区文化宫路。内设组织部、宣传教育部、生产保护部、生活女工部。建有全民直属事业单位——县工人文化宫、县职工业余学校。1988年2月，增设办公室。1989年12月，始设中共党组，周建民任党组书记。1992年12月，增设财务部。1994年2月至1996年5月，姜权任党组书记。1996年10月，李寿松接任党组书记。2003年，市总工会和市工人文化宫迁建于城区文游中路10号，市工人文化宫场所更名为高邮大剧院。2005年，市总工会内设机构有办公室、组织部、维护保障部、宣传教育部、财务部（经费审查办公室）、生产保护部，有全民直属事业单位——市工人文化宫。

二、基层组织

1986年，全县有基层工会277个，工会小组2047个，会员3.67万人。1987～1994年，全市各级工会围绕“组织起来，切实维权”的工作方针，加大基层工会组建力度。1994年，全市基层工会发展到431个，会员增加到6.85万人。1995年，市总工会选择市宏图机械厂为试点，成立全市首家私营企业工会。同时，加快乡镇企业、外商投资企业和私营企业等新经济组织组建工会步伐，新组建乡镇工会29个、乡镇企业工会15个、外商投资企业工会4个，发展会员3500人。1996年起，受企业改制影响，基层工会组织和会员人数一度出现下滑现象。1997年，全市私营企业日渐增多，私营企业建立工会47个。1998年，市私营企业工会联合会成立，选举产生第一届委员会。是年，组建私营企业工会116个、乡镇私营企业工会联合会11个，发展会员1256人。2000年，全市组建私营企业工会328个，组建率91.2%；发展会员3120人。2001年，界首镇龙祥村成立全市首家村级工会。是年，全市组建外商投资企业工会24个，发展会员2470人；组建私营企业工会625个，发展会员2.01万人；组建乡镇企业工会246个，发展会员2.35万人。2003年，建立社区工会16个。至2005年，全市有乡镇（园区）工会22个、系统工会14个和直属基层工会13个，私营企业工会联合会1个，社区工会16个。全市有独立基层工会818个，会员7.38万人。

1986～2005年高邮市工会基层组织情况一览表

表23-1

项目 年份	设立工会单位 职工人数（万人）	会员人数	独立基层 工会（个）	项目 年份	设立工会单位 职工人数（万人）	会员人数	独立基层 工会（个）
1986	4.33	3.67	277	1996	6.52	6.01	391
1987	4.64	4.05	288	1997	6.32	5.26	313
1988	5.10	4.34	306	1998	6.10	5.07	296
1989	5.17	4.49	315	1999	5.08	4.88	296
1990	5.90	5.00	352	2000	5.17	5.02	343
1991	6.18	5.23	366	2001	5.29	5.10	392
1992	6.35	5.92	384	2002	5.41	5.03	574
1993	7.23	6.35	411	2003	6.12	5.50	607
1994	7.62	6.85	431	2004	6.76	6.20	732
1995	6.75	6.15	420	2005	8.49	7.38	818

第二节　代表大会

一、县总工会第十一次会员代表大会

1986年9月23～24日举行。出席会议代表200人，列席代表35人。扬州市总工会主席赵九龄和中共高邮县委副书记申泰岳到会讲话。县总工会主席朱来元做《发扬工人阶级主人翁精神，为振兴高邮经济建功立业》工作报告。大会选举产生县总工会第十一届委员会，委员21人、候补委员4人，常委9人。朱来元当选主席，周建民、胡经坤当选副主席。大会还选举产生县总工会第十一届经费审查委员会，由委员5人组成。1990年1月，增补严厚生为副主席。是年6月，姜权接任主席。

二、县总工会第十二次会员代表大会

1990年9月27～29日举行。出席会议代表200人，列席代表16人。扬州市总工会副主席王坚和中共高邮县委副书记沈学惠到会讲话。县总工会主席姜权做《全心全意依靠工人阶级，在建设四化、振兴高邮的宏伟事业中发挥主力军作用》工作报告。大会选举产生县总工会第十二届委员会，委员23人，常委9人。姜权当选主席，胡经坤、严厚生当选副主席。大会还选举产生县总工会第十二届经费审查委员会，由委员5人组成。

三、市总工会第十三次会员代表大会

1995年11月20～21日举行。出席会议代表240人，列席代表18人。扬州市总工会副主席王坚和中共高邮市委副书记徐赴前、张京霞到会讲话。市总工会主席姜权做《团结动员全市职工发挥主力军作用，为我市改革、发展、稳定再作新贡献》工作报告。大会选举产生县总工会第十三届委员会，委员31人，常委9人。姜权当选主席，严厚生、刘晓秋（女）、黄世贵当选副主席。大会还选举产生市总工会第十三届经费审查委员会，由委员7人组成。1996年5月，姜仁道接任主席。1997年7月，增补李寿松为副主席。2002年1月，赵文来接任主席。

四、市总工会第十四次会员代表大会

2002年4月29～30日举行。出席会议代表245人，列席代表20人。扬州市总工会主席王根宝和

中共高邮市委书记王正宇到会讲话。市总工会主席赵文来做《认真实践“三个代表”重要思想，团结和动员全市职工为全面振兴高邮而奋斗》工作报告。大会选举产生县总工会第十四届委员会，委员31人，常委9人。赵文来当选主席，李寿松、刘晓秋（女）、黄世贵当选副主席。大会还选举产生市总工会第十四届经费审查委员会，由委员8人组成。2004年1月，增补杨寿群为副主席。

第三节　主要工作

一、劳动竞赛和合理化建议

1986～1990年，全县各级工会组织发动职工群众围绕“上质量、降消耗、保安全”，开展以增产节约、增收节支为主要内容的劳动竞赛，6万多名职工参加。1991～1995年，全市各级工会组织开展“八五奉献杯”系列活动，引导职工向经济界亲友发一封联系信，征集经济信息5571条，帮助企业达成意向协议612项，为企业解决生产技术难题1043件。1996～2000年，市总工会在全市职工中开展“九五”建功立业竞赛活动，参加劳动竞赛活动6.38万人次，创造或节约价值8500多万元，提合理化建议1.59万条，实施8952条。2001～2005年，在全市职工中开展“经济技术创新工程”活动，参加活动职工6.92万人次，参加技术培训3.38万人次，开展技术练兵2.45万人次，提合理化建议1.69万条，实施9900条，实施技术革新项目4732项，3家企业获“省经济技术创新先进集体”称号，2人获“省创新能手”称号。组织377名职工参加扬州市11个工种职业技能竞赛，举办全市车工、电焊工、电线电缆制造工、计算机操作员4项技能竞赛，破格晋升技师职工2人，破格申报技师职工8人，获高级工资格职工138人，获中级工资格职工229人。

二、劳动保护

1986～1990年，县总工会开展接触尘毒作业职工健康检查工作，定期开展监督检查活动。1992年，市总工会组织工交企业工会进行劳动保护监督检查和安全知识培训，提高职工自我保护能力。1994年，全市企业工会有企业劳动保护监督组织93个、车间劳动保障监督组织166个、工会小组劳动保护检查员821人。是年，市属企业无死亡事故。1995年，全市各基层工会配齐劳动保护监督员，加强劳动保护和安全生产宣传，提高职工安全意识。重大节日前后，市总工会配合政府有关部门对重点企业、重点场所、重点部位进行安全检查，直接参与4起重大事故调查处理，举办劳动保护知识培训班，全市工业企业受训人数7946人次。1996～2000年，市总工会组织基层工会参加全国“安康杯”竞赛活动，在企业中推行事故隐患和职业危害监控法。至2000年，全市共查出事故隐患756条，提出整改意见607条，创建安全生产合格班组370个，建立监控点643个。2001～2003年，市总工会组织47家企业448个班组共1.2万名职工继续参加全国“安康杯”竞赛活动。2004～2005年，市总工会在全市工业企业中推行签订劳动卫生安全专项集体合同，以规范企业行政和职工在劳动保护方面各自的职责、权利、义务等。

三、民主管理

1986年，全县建立职工代表大会制度单位243家。1987年，全县建立职工代表大会制度单位增加到287家，187家单位召开职工代表会议332次，提出提案3104件；14个系统160家单位工会负责人参加所在单位改革领导班子；实行厂长负责制的69家企业，制定贯彻《全民所有制工业企业职工代表大会条例》实施办法，其中47家工会代表企业职工同厂长签订互承责任协议书（双保合同）。1988年4月，各级工会参与企业实行厂长（经理）负责制、承包经营责任制、股份制和企业劳动用工制度、内部分配制度等项改革。

1989年初，县总工会在县服装厂试点，厂长代表行政、工会主席代表职工，双方围绕企业生产目标和职工生活福利等方面，通过合同形式进行签约共保。是年起，全县企业推行共保合同。省总工会于是年5月在高邮召开全省共保合同和利益共同体研讨会，对高邮该项改革给予较高评价。1989～1990年，职工代表提出提案4699件，采纳实施并实现2579件；16家单位民主选举行政领导人，210家（次）单位民主评议领导干部2627人次，获奖励239人；经职代会讨论，并依法定程序和干部管理权限，撤换和罢免不称职干部8人。1990～1991年，全县实行共保合同企业162家，市电器厂被省总工会评为民主管理工作先进单位。

1992～1994年，市总工会在全市企事业单位中推行职工代表大会制度，在教育系统实行教师员工代表大会（简称教代会）制度。1994年，各乡镇、市属学校通过教代会引进激励机制，深化教育改革，全系统共征集提案1795件，其中落实和解答1226件；教职工提出合理化建议1805条，被采纳1265条。1995年，全市272家企业建立职代会制度，253家企业召开职代会，征集提案4049件，实施提案2921件；民主评议中层以上干部1935人，中层干部受奖励203人、被免职10人。是年，在企业中推行平等协商制度，签订工资协议、女职工专项合同，建立企务公开制度，98家企业签订集体合同。

1996～1997年，在企业改制中，全市298家企业建立职代会制度，255家企业召开职代会，征集提案4678件，实现提案3231件，民主评议企业领导干部2327人次。1997年，全市教育系统有45个基层工会召开教代会，民主评议局管干部186人；征集提案2968件，落实解决2705件；征集合理化建议1964条，采纳落实1809条。

1998～2002年，市总工会成立企务公开协调领导小组，推行企（事）务公开，加强企事业单位民主管理工作力度。至2002年，全市国有、集体企事业单位实行企（事）务公开，并有37家非公有制企业建立企务公开制度。2003年，全市共有121家非公有制企业建立企务公开制度。至2005年，全市建立职工代表大会制度企业292家，市国有企业和集体企业、国有控股企业和集体控股企业以及有关事业单位全部建立企（事）务公开制度，建立企务公开制度的非公有制企业264家，签订集体合同和实行工资协商制度的企业296家。20个乡镇全部建立劳动关系三方协调委员会，签订区域性集体合同，覆盖企业331家；签订行业性集体合同3份，覆盖企业367家。32家企业签订女职工专项集体合同。

四、宣传教育

1986～1990年，县总工会在全县职工中开展“讲文明、讲礼貌、讲卫生、讲秩序、讲道德”“心灵美、语言美、行为美、环境美”“热爱祖国、热爱社会主义、热爱中国共产党”的“五讲四美三热爱”活动和做有理想、有道德、有文化、有纪律“四有新人”教育；以经济建设为中心，坚持四项基本原则（坚持社会主义道路、坚持人民民主专政、坚持中国共产党的领导、坚持马列主义、毛泽东思想）、坚持改革开放的“一个中心，两个基本点”党的基本路线教育和形势教育；组织万名职工参加建设有中国特色社会主义知识竞赛活动；同时，在职工中进行普及法律知识和职业道德教育。1991年，开展热爱祖国、热爱社会主义制度、热爱中国共产党的“三热爱”主题教育。1992年，组织职工学习邓小平视察南方重要谈话和中共十四大精神，并采取多种形式宣传贯彻新颁布的《中华人民共和国工会法》。1993～1994年，在职工中普遍开展“创企业精神，树主人翁形象”主题教育。1994年5～6月，市总工会组织500个班组近万名职工参加全国班组社会主义市场经济知识竞赛活动，高邮米厂碾米班获全国三等奖。1995年，开展“创企业精神、兴班组新风、展四德风采”主题教育活动，市磷肥厂被评为省“创企业精神”先进单位。1996年，在全市职工中开展“学理论、学技能、学法律，树立正确的世界观、人生观、价值观，实施道德建设工程、技能提高工程、文化建设工程”活动，市造纸厂被评为省“创企业精神”先进单位。1997年，开展“远学徐州下水道四班，近学高邮女子掏污队”活动，表彰10名“苦、脏、累”岗位标兵和10名“高、精、尖”岗位标兵。1998～2002年，市总工会组织开展“争当文明职工，争建文明班组”活动。2003～2005年，全市各级工会组织开展“争创学习型企业、争做学习型职工、树新时代职工形象”（“两争一树”）和“争创文明班组、争做文明职工”活动，市南海中学被省总工会“两争一树”活动领导小组授予“先进集体”称号，市供电公司被省总工会确定为学习型企业示范点。

五、维权保障

1986～1987年，全县县属企业建立劳动争议调解委员会68个。1992年，市总工会受理劳动争议案件107件，结案86件，接待来信来访28件（次）。1993～1994年，全市企业有劳动争议调解委员会184个，受理劳动争议157件，涉及职工242人，调解成功128件，涉及职工216人。1995～1998年，全市建立基层劳动争议调解委员会270个，共受理劳动争议案件300件，涉及职工2297人；调解成功249件，其中市总工会直接参与调解50件，涉及职工2022人。1998～1999年，在企业中建立企业行政（企业主）与职工平等协商制度，开展签订或续签集体合同。1999年，全市各级劳动争议调解委员会共调解劳动纠纷107件，其中集体劳动纠纷24件；调解成功90件，其中市总工会参与调解5件重大劳动争议案件。2000～2002年，由于企业改制，部分企业劳动争议调解委员会处于半瘫痪状态，但仍受理调解一批劳动争议案件。2002年，全市各级劳动争议调解委员会共受理劳动争议案件97件，调解成功49件。市总工会直接参与调解劳动争议案件7件，参与仲裁2件。2003～2005年，全市劳动争议案件有所增加，各级工会参与调解，先后调解成功154件。对调解不成功的，市总工会参与劳动争议仲裁，先后仲裁结案9件。至2005年，续签集体合同企业124家，职工2.15万人；签订区域性集体合同2家，企业34家；建立工资协商制度企业73家，职工1.08万人。

六、送温暖活动

1991年，境内特大洪涝灾害发生后，各级工会发动职工开展生产自救。市总工会先后挤出9.4万元慰问受灾职工和特困职工，走访慰问职工400多户，各基层工会共对1480名生活困难职工补助649.44万元。1992～1993年，市总工会与市工商行政管理局联合印发《关于工会兴办经济实体若干问题的规定》，各级工会先后创办经济实体37个，协助企业行政为富余职工开辟就业途径，逐步走出一条工会第三产业发展之路。此类经济实体一直延续到企业改制前后。1994～1997年，市总工会成立"送温暖工程"领导小组，各级工会开展互助互济活动，有互助补充保险组织122个，参加职工7756人。建立扶贫基金组织82个，筹集扶贫基金66.66万元，安置富余职工1824人，补助困难职工201.75万元。1998年4月，由市总工会牵头组织的市职工特殊困难互助救济会成立。至年末，全市2.18万名职工入会，筹集基金43.6万元，救助特困职工22人。2003年7月，市总工会成立失业、下岗职工再就业服务中心和困难职工援助中心，并建立一支由82名工会干部参加的劳务信息员队伍。至2005年，该中心与市劳动和社会保障局联合举办下岗职工培训班，免费培训下岗职工再就业相关技术和技能；联合举办劳动力市场洽谈会9次，采集就业岗位9366个，帮助下岗职工实现再就业1998人。市总工会和各级工会建立困难职工档案5959份，给困难职工家庭办理城区最低生活保障对象优待证818户，慰问困难职工家庭3759户。

七、女工工作

1986年，全县各级工会建立女职工委员会93个，有女工干部697人。1987年，县总工会在全县女职工中开展争当时代女能人，为增产节约、增收节支做贡献的竞赛活动。1988年，在县属企业普遍开展妇女病查治工作。1990～1993年，全市各级女职工委员会开展"巾帼建功、巧手奉献"活动，被各级工会表彰为先进生产者的女职工2139人。1994～1995年，在女职工中开展"巾帼迎九五、巧手再奉献"活动，组织1.33万名女职工参加各种形式劳动竞赛，创经济效益120多万元。1995年，市总工会举办4期170多名女工干部参加的《中华人民共和国劳动法》培训班，系统地学习保护女职工合法权益知识。是年，市女职工委员会被省总工会评为先进基层女职工委员会。1996年，组织女职工参加迎接世界妇女大会知识竞赛、演讲等；开展文明新风家庭竞赛，有21户家庭被评为市文明新风家庭。1997～2000年，组织下岗女职工开展"二次创业"活动。至2005年，市人民医院和市电讯器材厂工会女职工委员会、市电信局工会女职工委员会分别被扬州市总工会表彰为先进女职工委员会、"爱心奉献"先进集体。

八、劳动模范管理

1986年，全县有1980年以来的全国、省、市、县劳动模范（简称劳模）50多人，县总工会组织他们进行体格检查。1998年，市总工会对138名劳模收入情况和生活状况进行全面调查，写出报告向市政府和上级工会反映，并为25名离退休劳模办理荣誉养老补助。2000年4月，市总工会召开市劳动模范协会成立大会。2003年，市总工会为5名全国劳模、120名省级劳模和19名部级劳模建立档案。2003～2005年，市总工会给全国劳模、省部级劳模发放慰问金，给生活困难的劳模发放补助金，并按国家规定标准提高离退休劳模离退休金，为在困难企业退休的14名省级以上劳模解决基本医疗保险，免费为全市劳动模范进行体检。至2005年，全市共有全国劳模5人，全国五一劳动奖章获得者1人，部级劳模20人，省劳模96人，省五一劳动奖章获得者6人，扬州市劳模52人，扬州市五一劳动奖章获得者6人，高邮市劳模45人（注：以上劳模人数中含1986年前被授誉的人数）。

图23-2　2004年4月，市领导与受表彰的市劳动模范合影

九、"职工之家"创建

1986～1987年，全县整顿组建基层工会245个，全部完成建设"职工之家"任务。1989年，县总工会以整顿基层工会组织为重点，全面开展创建"先进职工之家""模范职工之家"活动。1991年，全市评选出先进"职工之家"59家，优秀工会工作者和工会积极分子100人。通过职工政治学校共培训职工代表2100人。1992年，全市建有"职工之家"336个，其中"合格职工之家"250个、县（市）级"先进职工之家"79个、扬州市级"先进职工之家"6个、省级"模范职工之家"1个。1993～1994年，全市创建"先进职工之家"100个、"合格职工之家"206个，建家合格率90%以上；创建"合格工会小组"1258个、"先进工会小组"626个；评选优秀工会工作者57人、优秀工会积极分子32人、荣誉工会积极分子21人。1995～1997年，全市"职工之家"建家合格率95%以上。1997～1998年，扬州高华化工有限公司工会被省总工会授予"模范职工之家"称号，市市政工程处女子掏污队工会小组被省总工会授予"模范职工小家"称号；新创建"先进职工之家"16个、"合格职工之家"26个，重新确认"先进职工之家"77个。至2005年，全市共有"先进职工之家"388个、"合格职工之家"335个。

第三章　共青团

1986～2005年，共青团高邮市委员会在中共高邮市委领导下，加强共青团团员和青年思想政治工作，组织青年职工和农民开展各种竞赛活动，发动青年创业兴业，加入志愿者行动，关注社会弱势群体，扎实做好青年人才培养和推荐，维护好青少年合法权益，团结带领全市青少年沿着中国共产党指引的道路奋勇前进。

第一节　组织建设

一、团市委

1986年，共青团高邮县委员会（简称团县委）设址于城区县府街县政府大院内。内设办公室、青农部、组宣部、学少部等科室。2003年，团市委随市级党政机构迁至城区海潮东路市行政中心内。2005年，团市委内设组宣部、社会青年部、学少部等科室。

二、基层组织

1986年，团县委下辖基层团委50个（农村37个），团总支部69个，团支部1461个；团员4.23万人，其中当年新发展团员5233人（女团员2303人），有少数民族团员145人。1989年，全县实行团员证制度，按青农、青工、学少三条线共颁发团员证3.25万份，颁发率95%。1990年，团县委在基层团组织中开展达标、创先（创先进团组织）竞赛活动，全县先进团支部78个、达标团支部1150个。1991～1995年，团市委共发展团员1.77万人。1996～1997年，团市委组织基层团支部改选，团支部书记平均年龄降至28周岁以下；34个直属基层团组织进行换届改选，19名乡镇团委书记进入党委班子或走向其他新的工作岗位。1998年，全市农村推行村团支部书记、村科技副主任、科教兴农带头人"三位一体"制度，配备率70%；按照年纪轻、能力强、文化程度高的要求，基层团委书记平均年龄下降2.8岁，学历基本为大专或大专在读。1999～2000年，团市委确定为组织建设年，开展薄弱团委组织建设和团干部队伍建设，17个基层团委到期改选；各级团组织向党组织推荐优秀团员近1000人；组织开展创建"五四"红旗团委活动。

2001年，团市委指导全市41个直属团委进行换届改选，基层团支部、团总支改选率90%。是年，全市有基层团委59个、团工委2个、团总支65个、团支部1043个，团员3.21万人。司徒镇团委被团省委表彰为省"五四"红旗团委。

2002～2004年，市属国有、集体企业改制后，大多数企业破产、重组，企业原有团组织瘫痪或停止活动。针对新情况，团市委对原有基层团组织进行重组、整合，并在私营企业中创建团组织。2003年5月，市金鹰电器有限公司在全市建立首家私营企业团支部，并以争创"青年文明号"为切入点，不断提高经营、服务水平。至2005年，全市共有基层团委48个、团工委3个、团总支62个、团支部1047个，其中社区团组织34个、非公有制企业团组织25个；团员3.82万人。

1986～2005年共青团高邮市组织情况一览表

表23-2

项目 年份	基层组织（个）				团员（万人）	项目 年份	基层组织（个）				团员（万人）
	团委	团工委	团总支	团支部			团委	团工委	团总支	团支部	
1986	50	—	69	1461	4.23	1992	66	1	86	1502	3.30
1987	62	—	65	1538	4.37	1993	69	1	96	1580	3.30
1988	—	—	—	—	—	1994	64	1	85	1426	2.98
1989	—	—	—	1555	3.42	1995	62	1	84	1540	3.16
1990	—	—	—	1607	3.36	1996	—	1	—	—	—
1991	53	1	—	1502	3.40	1997	75	1	89	1581	3.70

续表 23-2

项目 年份	基层组织（个）				团员（万人）	项目 年份	基层组织（个）				团员（万人）
	团委	团工委	团总支	团支部			团委	团工委	团总支	团支部	
1998	77	1	80	1592	3.45	2002	55	2	47	944	3.08
1999	75	1	70	1447	3.23	2003	46	3	54	894	3.09
2000	79	1	63	1108	3.05	2004	46	3	60	961	3.75
2001	59	2	65	1043	3.21	2005	48	3	62	1047	3.82

说明：1988年、1996年资料缺失，1989年、1990年资料不全。

第二节　代表大会

一、共青团高邮县第八次代表大会

1986年5月17～18日举行。出席会议代表500人，列席代表26人。会议审议并通过陈满祥做的工作报告；选举产生共青团高邮县第八届委员会，委员37人，候补委员8人，常委11人。陈满祥任书记，刘明（女）任副书记。1989年12月，刘明（女）接任书记。

二、共青团高邮市第九次代表大会

1993年12月27～29日举行。出席会议代表260人，列席代表40人。会议差额选举产生共青团高邮市第九届委员会，委员31人，候补委员4人，常委9人。魏道智任书记，戚维斌任副书记。1997年7月，张秋红（女）接任书记。

三、共青团高邮市第十次代表大会

1997年10月30日至11月1日举行。出席会议代表278人，列席代表28人。会议选举产生共青团高邮市第十届委员会，委员31人，候补委员4人，常委9人。张秋红（女）任书记，戚维斌、戴光耀任副书记。2000年12月，吕天龙接任书记。2001年11月，王友芳（女）接任书记。

四、共青团高邮市第十一次代表大会

2002年4月24～25日举行。出席会议代表219人，列席代表33人。会议选举产生共青团高邮市第十一届委员会，委员31人，候补委员4人，常委9人。王友芳（女）任书记（至2004年12月），朱海涛任副书记。

第三节　主要工作

一、团员青少年思想工作

1986～1990年，团县委以“爱国、改革、创业、奋进”和“爱国奋进跟党走，艰苦奋斗建功业”为主题，在全县各级团组织中开展青年思想教育。1991年，全市开展团员教育评议活动。1992～1996年，在全市团员、青年中进行爱国、爱党、爱人民为主题的教育，一批团员青年分别受到团中央、团省委和扬州团市委的表彰和奖励，团市委受到国家级、华东地区、省和扬州市表彰。1997～2000年，开展“爱祖国、爱家乡”系列教育活动，结合纪念改革开放20年，激发团员青年投身市场经济争当创业者。

2001～2003年，以"永远跟党走"为主题，开展"团旗与青春共飞扬"等活动，增强法制意识、环保意识，营造健康文明的生活环境。2004～2005年，团市委号召全市各级团组织、团员青年要学习创业者，服务创业者，争当创业者；开展"我优秀所以我入团，我入团所以我更优秀"主题教育活动，增强共青团员先进性意识。

二、青年人才培养和推荐

1986年起，全县各级团组织每年向党组织推荐优秀共青团员，作为入党积极分子予以培养。1990年，何叶、全宝昌、薛晓寒、孙桂兰、晏凤祥、林长元、王怀忠、赵宏山、王金荣、郑连元被评选为"县十佳青年"，团县委将他们的先进事迹汇编成册下发到各基层团组织。1991年特大洪涝灾害期间，各级团组织组织1000多个青年突击队，参加抗洪抢险，涌现出许多舍小家、顾大家的动人事迹。市水利局团员吴志平在抗洪中英勇献身，被省政府追认为革命烈士，被团省委和扬州团市委分别授予"优秀共青团员"称号。1995年起，团市委等单位先后举办3届"市十佳青年"评选活动。历届当选的"十佳青年"中，有的成为市领导成员，有的成为乡镇党政负责人，有的成为知名企业家，还有的在各自工作岗位上勤奋工作。1999年，勇于创业的朱晓兰经团市委推荐被团省委表彰为"江苏省十大青年兴业领头人"。2003年，推荐江苏富裕达粮食制品责任有限公司董事长、总经理蒋瑞林为团中央表彰的"2002年度全国农村青年创业致富带头人"；推荐市电信局陈青为团省委表彰的"江苏省青年岗位能手"。2004年，青年创业典型王其震获团省委颁发的首届江苏青年创业奖。至2005年，全市团员青年先后受到团中央表彰3人，被团省委表彰为"全省新长征突击手""省优秀团干部"和团省委与省有关部门联合表彰的有26人次，被扬州团市委表彰为"扬州市新长征突击手""扬州市优秀团干部"和扬州团市委与扬州市有关部门联合表彰的有104人次。优秀共青团员被推荐入党的累计有860人。

三、青工技术练兵、"双争活动"（争当青年岗位能手、争创青年文明号）

1986～1988年，团县委在全县青年职工（简称青工）中开展"五小"（小改革、小发明、小创造、小建议、小设计）竞赛、技术比武、便民服务等活动，共征集技改项目192项，创经济效益144万元，其中20项报扬州市，10项填补省内空白，2项获扬州市一等奖；提合理化建议1797条，被采纳415条；组织青工技术比武319次，举办技术培训班282期，参赛受训人数1.69万人次。1989～1990年，连续两年在全县青工中开展"振兴杯"竞赛活动，技术比武1225次；成立团支部攻关小组280个，获县"五小"成果126项，创经济效益200多万元。1991～1992年，组织全市1万多名团员、青年参加青年突击队、突击手竞赛活动，开展全市青年车工、钳工、电焊工、缝纫工、挡车工技术比武，涌现出技术能手、业务标兵120人，其中3人在扬州市级比武中获奖；青年突击队义务开展各种生产突击劳动、社会公益劳动106次，解决生产技术难题28项，为企业增创效益。1993～1995年，全市工业、交通、商贸、邮电、金融等系统35周岁以下青年职工，开展争创"青年文明号"岗位竞赛活动，人民商城青年集体被评为省"青年文明号"。1996～2001年，全市开展"争当青年岗位能手、争创青年文明号"活动，先后创建省级"青年文明号"5个、扬州市"青年文明号"35个，省级"青年岗位能手"3人、扬州市"青年岗位能手"13人、扬州市科技标兵2人、扬州市杰出岗位能手7人。2002～2005年，全市共争创省"青年文明号"8个、扬州市"青年文明号"55个。

四、农村青年创优活动

1986～1990年，团县委在农村青年中开展实用技术培训和以推广一项新技术、确定一批示范户为主要内容的竞赛活动。1992～1997年，团市委在农村团组织中开展争当青年科技兴农带头人、青年科技兴农带头人标兵竞赛，司徒乡团委书记兼乡农业开发办公室主任吴福龙获团中央授予的"全国农村青年星火带头人标兵"称号和团省委授予的"1997年度江苏省农村杰出青年科教兴农带头人"称号；

种植能手高良获“1997年度江苏省农村青年科教兴农带头人”称号。

1998～2000年，在全市农村团员青年中开展以“争当推广农业新科技的带头人，创办项目示范基地；争当带领农民闯市场的带头人，创办营销服务实体；争当发展农业产业化经营的带头人，创办加工龙头企业”为内容的“三争三创”活动，全市建立11个水稻旱育稀植示范基地，高邮市被团省委、省农林厅确定为水稻旱育稀植、抛秧技术省级推广示范县（市）。司徒乡团委经棉套作示范基地被共青团中央评为领办科技推广项目优秀项目。全市各级团组织共培养乡以上科教兴农带头人1000多人，领办科技项目12项。江苏高邮鸭集团乔龙山被共青团中央、科学技术部授予“全国青年星火带头人标兵”称号，司徒乡青年农民郭树林被团省委等5部门联合表彰为省“远东杯”十佳青年农民。全市各级团组织建立“三争三创”活动十大项目示范基地，司徒乡团委被团省委、省农林厅、省水产局批准为“三争三创”省级示范基地。2000年12月，由全市青年科教兴农带头人、青年经纪人组成的市青年农业产业化促进会成立。2001年，全市农村各级团组织开展“万名农村青年学科技、闯市场、兴产业”活动，天山镇赵加龙获团省委等5部门联合授予的第五届“江苏省十大杰出青年农民”提名奖。司徒镇兴联鸭业合作社副社长郭树林被中共扬州市委宣传部、扬州团市委、扬州市青年联合会授予第四届“扬州市十大杰出青年”称号。龙虬镇戴大喜、周山镇徐卫东被扬州团市委等4部门联合表彰为第三届扬州市十大杰出青年农民。2002年，团市委启动跨世纪青年农民科技培训工程。天山镇赵加龙被共青团中央授予2001年度“全国农村青年创业致富带头人”称号，菱塘回族乡王万宏、界首镇王天宝被团省委等4部门联合表彰为省农村青年科技兴农产业带头人。市劳动就业培训中心被团省委和省教育厅联合命名为省农村青年外出务工基地，周山镇卢登宏获“江苏省青年劳务输出带头人”称号。2003～2005年，团市委在农村集镇启动创建“青年文明一条街”活动。

五、“希望工程”

1994年7月，全市开始实施帮助贫困孩子重返校园的“希望工程”。是年，收到捐款4.02万元，争取扬州市青少年发展基金会（筹）拨款4万元，共救助281名失学或濒临失学儿童重返校园。1998年，团市委在全市少先队员中开展“手拉手捡回一个希望”活动，筹资1.19万元，新购1套“希望工程三辰影库”，包括119部中外影片和81部九年义务教育全动画配套教材，在全市进行流动放映。在全市团员青年中募捐2万元，对100名下岗特困家庭在校子女给予一次性学费补助。1999年，举行“希望工程”徽章义卖活动，募集义卖款2.5万元。2001年，团市委邵元兰被团省委、省青少年发展基金会授予“江苏省希望工程先进个人”称号。2002年，市“希望工程”为身患重病的高邮市中学和城南小学各1名学生募集捐款，为城北小学特困家庭学生寻求社会热心人资助。2004年，开展情系下岗职工子女、“希望之星”初中救助计划、贫困大学新生救助等活动，“希望工程”救助对象向城乡特困家庭子女、优秀特困学生和优秀特困大学生拓展，帮助特困家庭青少年重返课堂。至2005年，“希望工程”共筹集资金30.12万元，累计下拨28.87万元，救助贫困中小学生1328人次、贫困大学生16人。

六、青年志愿者行动

1986～1990年，团县委每年3月组织驻城团员青年走上街头，为群众免费从事电器维修、自行车修理、政策咨询、服装裁剪、理发等30多个服务项目，接待顾客近1万人次。1991年3月，在开展“学雷锋，建古城，做贡献”系列活动中，团市委发动22个团委，组织团员青年1万人次，在京杭运河高邮段河心唐代镇国寺塔岛上参加义务劳动，清除岛上树根、杂草，建成“珠湖共青绿岛”。1992～1995年每年3月5日，团市委组织团员青年服务队走上街头，开展“便民服务一条街”活动。

1996年3月，团市委成立市青年志愿者协会。至1998年，每年3月开展以“热心献社会、真情暖人间”为主题的“便民一条街”服务；组织机关、卫生、文化、邮电等部门青年志愿者到农村开展医疗保健、法律咨询、农技门诊等服务。1999年，青年志愿者开展“送温暖、办实事”系列活动。2000年，在高邮镇南海小区建成首家青年志愿者社区服务站，与社区居民委员会签订青年志愿者社区服务协议书，开展短期集中服务、长期结对服务和应邀上门服务。2001～2002年，团市委在全市组织“青年志愿者与你同行”系列活动，开展便民服务、假日广场服务、植绿护绿和“三下乡”服务。2003年3月，全市实施注册志愿者制度，首批注册志愿者1000人。农村各基层团组织开展以“助耕帮困”为重点的青年志愿者特别行动，共组建青年帮工队364支，参与志愿服务人员2390人，解除外出务工人员后顾之忧；组建40多支青年抗洪抢险突击队参与抢险救灾。8月，江苏交通广播网“方向盘”爱心车队高邮分队组建，由11名正式队员和7名候补队员组成，参与全市敬老助残、扶贫帮困、第二届中国邮文化节等大型活动志愿服务。2004年1月，市维护社会治安青年志愿者服务队成立，首批成员112人。2004～2005年，全市开展“服务你我他，志愿者进万家”和“做一名光荣的注册志愿者”主题活动。

七、青少年维权

2000年，团市委内设青少年法律援助站，开展《中华人民共和国未成年人保护法》和《中华人民共和国预防未成年人犯罪法》等法律法规宣传教育活动，维护青少年合法权益。该站与市人民检察院联合开展创建优秀“青少年维权岗”活动，在暑期开展中小学生法制夏令营活动，通过观看展牌、举办法制讲座、旁听庭审等形式，对未成年人开展法治教育，增强青年学生的法治意识。2004年8月，团市委依托中望律师事务所成立市青少年法律援助站。2005年，市预防青少年违法犯罪工作办公室组建社区青少年法律学校38所，通过举办法治讲座、受理青少年投诉案件、设立青少年维权信箱、提供法律援助等多种方式，维护青少年合法权益。

八、少先队工作

1986年，全县有少先队员10万人。1987年6月，县少先队工作委员会（简称少工委）成立。1992年，全市584所小学全部建立少先队，有少先队员7.5万人，占全市少年儿童总人数85%。1993年6月，全市221所完全小学少先大队聘请一批在当地有一定威望、热心少儿事业的老人为少先队校外辅导员。1994年5月，团市委、市教育局联合发文，号召全市少先队员学习市“模范少先队员”张娟“身残志坚、刻苦攻读，奋发有为、自强不息”的精神。

1996～1997年，全市少先队组织突出爱国主义教育主旋律，开展主题教育活动，乡镇中心小学少先队员“雏鹰行动”活动率60%以上。大部分少先队组织分别与湖北等省、市或在市内少先队组织之间签订“手拉手”协议书，开展小朋友雏鹰假日采访等系列“手拉手”互助活动。卸甲中心小学被评为省优秀“手拉手”学校。

1998年，全市推行辅导员素质优化工程和组织“跨世纪中国少年雏鹰行动”，市实验小学少先队大队被表彰为全国红旗大队，东墩乡中心小学少先队大队被表彰为省红旗大队，城北小学等4个少先队小队被表彰为全国文明雏鹰假日小队，梁海美等4名少先队员获“全国手拉手好少年”称号。1999年，团市委、市教委联合举行“吹响新世纪号角”鼓号队检阅式活动，纪念少先队建队50周年，评选市首届“十佳少先队辅导员”和“十佳少先队员”。全面启动“初中团队一体化”工作。东墩乡中心小学少先大队被全国少工委授予“全国红旗大队”称号。高邮镇总辅导员冯长宏被表彰为省第三届优秀辅导员，他和周巷乡中心小学校长王乃安同获省少工委颁发的“二级星星火炬奖章”。

2000～2001年，团市委推行少先队分片活动制度，实施辅导员素质优化工程，评选市第二届十佳少先队员和十佳少先队辅导员。2002～2004年，举办少先队辅导员基本功竞赛，强化少先队基础考核。《小学生生态文化教育的实践研究》和《构建开放式少年团校的实验与研究》两个省级课题研究，被省少年儿童研究会授予科研成果一等奖，并组织评选第三届十佳少先队员和十佳少先队辅导员。2005年，市少工委开展“走进爱国主义教育基地，争当‘五小’志愿者”活动，邀请全国优秀校外辅导员王遐方到高邮做抗日战争胜利60周年演讲报告，举办纪念抗日战争胜利60周年老年少儿书画展。至年末，全市共有少先大队41个，少先队员4.63万人。

九、青年企业家协会

2002年初，市青年企业家协会成立，首批会员66人，团市委书记王友芳当选会长。2003年7月，市青年企业家协会召开第二次会员代表大会，吸纳新会员25人。2004年，市青年企业家协会获中国青年企业家协会颁发的协会建设优秀奖。2005年，市青年企业家协会组织15名青年企业家赴复旦大学进行创业培训，确定10家企业作为青年创业实践基地。是年，5名青年企业家分别受到省和扬州市相关部门表彰。

第四章 妇女联合会

1986～2005年，市妇女联合会（简称妇联）坚持以经济建设为中心，团结带领全市妇女开展“双学双比”竞赛活动、“巾帼建功”活动、“五好文明家庭”创建活动，维护妇女儿童合法权益，培养选送妇女干部，扶贫助学，为全市社会主义物质文明和精神文明建设做出应有贡献。

第一节 组织建设

一、市妇联

1986年，县妇联设址于城区县府街县政府大院内。内设组宣部、生产福利部、少儿部。1995年，增设法律顾问室、办公室。2003年，市妇联随市级党政机构迁至城区海潮东路市行政中心内。2005年，市妇联内设机构有组宣部、权益部、儿童少年部、妇女发展部、市妇女儿童工作委员会办公室。

二、基层组织

1986年，全县33个乡镇均建有妇联组织，有专职妇联主任1人；村设有妇代会，有兼职妇女主任1人。大中型企业设有妇代会，有兼职妇女主任从事妇女工作。1989年，县级机关成立妇委会。是年，全县有29个乡镇妇联进行换届选举，调整充实妇联委员和村妇代会主任。1995～1996年，全市乡镇妇联干部33人，其中副乡级8人，兼任乡镇计划生育助理、统计员等职16人。1999年10月，市个体劳动者协会妇委会成立。2000年9月，市委办公室转发市妇联《关于加强非公有制经济组织妇女工作的意见》。2004年3月，市创业女性联谊会成立。至2005年，全市20个乡镇和高邮经济开发区所属行政村和城区16个社区居民委员会均建有妇联组织，市级机关、企事业单位设有妇联、妇工委44个，非公有制经济组织建有妇女组织42个。

第二节 代表大会

一、市妇女联合会第七次代表大会

1985年4月7～10日举行。出席会议代表454人。会议选出由11人组成的县妇联第七届执行委员会。朱明丽任执行委员会主任，周留英、刘晓秋任副主任。

二、市妇女联合会第八次代表大会

1992年1月23～24日举行。出席会议代表223人，列席代表24人。会议选举产生由35人组成的市妇联第八届执行委员会。市妇联八届一次执委会选举产生常务委员11人，周留英当选执行委员会主任，张云、徐坤当选副主任。1994年2月，市妇联正副主任改称为正、副主席。1998年4月，徐坤接任市妇联主席。

三、市妇女联合会第九次代表大会

1998年6月28～29日举行。出席会议代表280人，列席代表21人。会议选举产生由35人组成的市妇联第九届执行委员会。市妇联九届一次执委会选举产生常务委员9人，徐坤当选市妇联主席，何春华、胡朝霞当选副主席。

四、市妇女联合会第十次代表大会

2004年10月25～26日举行。出席会议代表220人，列席代表20人。会议选举产生由35人组成的市妇联第十届执行委员会。市妇联十届一次执委会选举产生常务委员7人，胡朝霞当选市妇联主席，王月芳当选副主席。

第三节　主要工作

一、"双学双比"活动

1989～1990年，县妇联在全县农村妇女中开展"学科学、学技术，比成绩、比贡献"（简称"双学双比"）竞赛活动，参赛妇女7.7万余人。1991年，全市妇女3894人次参加抗洪抢险。灾后，组织姐妹服务队118个，为受灾重、劳力少的农户耕翻补种。1992年，对妇女生产能手提出具体量化指标，麦、稻、油、棉高产竞赛面积1.87万公顷。1993年，组织养殖状元赛、养蚕能手赛、副业致富赛、种植高产赛等比赛，参赛妇女8.4万人。举办实用技术培训班276期，培训妇女3.6万人次。市、乡镇、村三级妇女干部联系近2000户女科技示范户和贫困户。傅丽娟和市棉花生产办公室受到省"双学双比"竞赛活动领导小组表彰。1994～1995年，"双学双比"竞赛活动突出典型引路、"龙头"项目竞赛、培养科技示范户，组织1000多户参加"奔小康"大联赛。举办实用技术培训班281期，受训妇女3.7万人次。

1996年，市政府成立农村妇女"双学双比"竞赛活动领导小组，制定竞赛活动意见，明确低产田改造、吨粮田建设、银花赛等乡级达标竞赛要求。1997年，全市各级妇女组织开展建立丰产方竞赛活动。至1998年，全市通过组织农村妇女学技术、学营销，参加农业技术函授大学、农村广播学校学习，获得绿色证书的妇女1326人，参加农业新技术推广培训2万人次，建成"三八"丰产方705块。

1999年起，各乡镇妇联带领农村妇女参与农村合作经济组织建设，一批女能手成为农村合作经济组织领头人。至2000年末，有女性正、副社长33人，参加合作社的农村妇女占全市农村妇女总人数25%，新增获得绿色证书的妇女516人。2001年，市妇联在农村妇女中开展产业结构调整带头人活动，配合乡镇转移女性劳动力1020人，市妇联被省妇联表彰为省转移农村妇女劳动力工作先进集体。2003年，市妇联与市劳动和社会保障局联合举办家政服务员培训班，经考试合格后，获得劳动部门颁发结业证书793人。2005年，龙虬镇养虾专业户周宏琴被扬州市妇联授予"十佳巾帼创业明星"称号。

二、"巾帼建功"活动

1991年，市妇联在城镇妇女中开展以"讲信念、讲道德、讲奉献"为主题的"巾帼建功"活动，宣传优秀女厂长何春华、劳动模范铸造女工戴春泉和各行各业的女劳模、女先进工作者、女优秀知识分子的先进事迹，增强妇女的"自尊、自立、自信、自强"意识。1993～1995年，在全市女职工中开展"岗位成才、岗位奉献"活动，银行、供销等系统开展窗口行业优质服务竞赛，个体劳动者协会举办女个体户守法经营竞赛活动，卫生系统开展"微笑服务"，增强女职工职业道德观念。

1997年，市妇联开展"巾帼示范岗"争创活动。市建设委员会所属市政工程处女子掏污队被省"巾帼建功"活动领导小组授予"巾帼示范岗"称号。1998～2000年，全市争创"巾帼示范岗"活动向乡镇、合资企业、个体私营企业延伸。2000年，市政工程处女子掏污队和市水泵厂造型四班获得全国城镇妇女"巾帼建功"活动领导小组授予的全国"巾帼示范岗"称号，全市各行各业有"巾帼示范岗"争创岗465个。2001年初，市妇联印发《在城镇妇女中开展争创"巾帼创业带头人"、在农村妇女中开展"产业结构调整带头人"活动意见》。11月，市妇联在高邮镇、三垛镇、卸甲镇、郭集镇、临泽镇等地巡回演讲巾帼创业带头人卞其英等一批先进人物事迹，促进妇女创业。是年，市人民医院急诊科护理组被命名为江苏省"巾帼示范岗"。

2004年3月，市创业女性联谊会成立，首批会员73人，选举产生第一届理事会理事20人，王月芳当选为会长。高邮苏豪茧丝有限公司总经理杨晓妹被扬州市妇联授予"十佳巾帼创业明星"称号，朱銮妹、谭秀湘等13名妇女被扬州市妇联授予"百名巾帼创业带头人"称号。2005年3月，全市召开女性创新业、创大业大会，表彰"十佳巾帼创业明星"、30名"巾帼创业带头人"和10名优秀"巾帼家政服务员、保洁员"。是月，市创业女性联谊会召开第二次会员大会，新吸纳会员37人，推介适合女性创业的项目信息20条。8月，有9名创业妇女被吸收为扬州市女企业家联谊会会员，林星当选该会副会长。

三、创建"五好文明家庭"活动

1986年，县委宣传部、县妇联、县总工会联合印发《关于进一步开展"五好"家庭活动的意见》，全县评出县、乡两级"五好"家庭5751户，受到县妇联表彰的100户。1993年11月，戴传德、尹协英一家四代同堂，尊长爱幼，温馨和睦，积极向上，被省委宣传部、省妇联、省民政厅评为省"五好"家庭标兵户。1994年5月，市妇联、市总工会、市体委等单位在纪念"国际家庭年"活动中，联合举办全市首届家庭运动会，15支代表队114户家庭参加。1996年，市妇联围绕争做文明女性、开展读书活动、家庭文化建设三个方面开展"五好"家庭评选活动。1997年初，市妇联与高邮日报社在全市开展"好家庭、好邻里"征文活动，与市总工会联合表彰好婆婆、好媳妇、好妻子等女性优秀家庭角色58人。1998年，组织开展"妇女文化中心户"和"五好文明家庭"创建活动。2001年，组织1000户家庭参加扬州市妇联开展的"'太平洋保险杯'不让毒品进我家"书面法律知识竞赛。2004年，开展创建学习型家庭活动，张贞明家庭获江苏省"绿色家庭"称号。2005年，市妇联与市纪委联合开展廉政文化进家庭活动。

四、维护妇女儿童合法权益

1986年，县妇联成立法律顾问组。1989～1990年，县妇联举办妇幼卫生知识培训班68期，受训1.21万人次；对324个村进行妇女病普查，接受治疗3.32万人次。1991年，对全市2400名外省、市婚进妇女逐一登记，建立档案。全年解救被拐卖妇女10人。1992～1994年，宣传贯彻《中华人民共和国妇女权益保障法》，各级妇联举办培训班207期，培训1.24万人次。建立健全市、乡、村三级信访网，全市妇联组织接待来信来访112件，结案108件。针对新形势下家庭婚姻出现的"第三者"插足问题、父母离异后的子女情况，形成专题调查报告。1995年，宣传贯彻《江苏省实施〈中华人民共和国妇女权益保障法〉办法》，举办骨干培训班68期，受训3800人次。1998～1999年，组织2000多户家庭参加省妇联举办的"万家学法"知识竞赛活动。1999年，接待、处理来信来访74件，其中帮助调解婚姻家庭矛盾48件；参与解救被拐妇女7人。2000年，市妇联法律援助站成立，接待、处理来信来访67件，结案率95%。其中，婚姻家庭案件47件，占70%。2001年，征订新修订的《中华人民共和国婚姻法》1万册，发给基层妇女干部和妇女群众作为“四五”普法教材。2002年，市妇联权益部部长作为市法院特邀陪审员，参加陪审涉及妇女儿童权益案件63件。2004～2005年，在全市开展“拒绝家庭暴力，共同呵护美好生活”活动。

五、少年儿童工作

1986年，县妇联举办家庭教育知识培训班，倡导科学育儿。1987～1993年，市、乡镇妇联通过举办家长学习班等多种形式，进行优生、优育、优教知识宣传教育，提高家长素质。1995年，市妇女儿童工作委员会建立，由副市长倪文才任主任。1997年3月，市妇联、市教委、市关工委联合开展创建合格家长学校活动。1998年，建成首批合格家长学校。2000年3月，评选表彰优秀家长和市级家庭教育工作先进工作者各37人。2004年5月，市家庭教育指导中心成立，并在琵琶社区创办第一所“母亲教育学校”。2005年，成立市家庭教育研究会。至是年，全市共创建家长学校8批、160所，其中扬州市优秀家长学校47所、省优秀家长学校5所。

六、实施“春蕾计划”

1996年，市妇联开始实施拯救失学女童的“春蕾计划”，向全市发出资助贫困失学女童倡议书，收到捐款3.5万元，建立“春蕾基金”。1998年，建立贫困失学女童档案，共资助33名女童继续完成学业。1999～2000年，市妇联开展为孤贫女童寻找“社会妈妈”活动，机关事业单位部分女干部、女职工和个体私营女业主报名当“社会妈妈”，与登记在册的55名孤贫女童结对，并签订“爱心协议书”。2000年5月，市劳动和社会保障局韦庆华被省妇联、省儿童少年福利基金会表彰为省第二届实施“春蕾计划”先进个人。2002年“六一”期间，市妇联为11名孤贫女童找到“社会妈妈”，市妇联被省妇联、省儿童少年福利基金会表彰为实施“春蕾计划”先进集体，卸甲镇中心初中学生嵇寅被评为省优秀“春蕾女童”。2003年9月，扬州晚报社在周巷镇开设“扬州晚报春蕾班”，资助是年秋季入学的30名特困女童3年，每年向该班提供助学资金1.2万元。2004年，全市共发放“春蕾基金”2.1万元，帮助74名孤贫女童完成学业。郭集镇副镇长、镇妇联主席谈中英被省妇联表彰为第四届实施“春蕾计划”先进个人。2005年“六一”前夕，市妇联表彰实施“春蕾计划”先进集体18个、优秀“社会妈妈”10人和优秀“春蕾女童”21人；同时为新任“社会妈妈”与22名孤贫女童举行结对仪式；暑期，为24名优秀“春蕾女童”举办夏令营活动。

第五章　科学技术协会

1986～2005年，市科学技术协会（简称科协）团结、联系科技工作者，加强市学会、协会、研究会和乡镇科协组织建设，开设科普讲座，举办“科普宣传周”和“送科技下乡”活动，组织青少年开展科技活动，加强对农村基层干部和党员进行实用技术培训，在工厂企业组织科技工作者开展“讲理想、比贡献”竞赛活动，弘扬科学精神、传播科学思想、普及科技知识、提倡科学方法，在全社会形成爱科学、讲科学、学科学、用科学的浓厚风气。

第一节　组织建设

一、市科协

1986年，县科协设址于城区县府街县政府大院内，设有学会部、科普部、青少年部。1995年，市科协在全国农村科普工作暨农村专业技术协会经验交流会上，被中国科学技术协会表彰为先进集体。2001年9月，市老年科技工作者协会成立，会员有离退休老年科技工作者50多人。2005年，市科协机关内设办公室、学会部、科普部。

二、基层组织

1986年，全县建有农学会、水产学会、林业学会、蚕桑学会、畜牧兽医学会、纺织工程学会、机械工程学会、电子学会、数学学会、物理学会、化学学会、农业机械学会、中华医学会高邮分会、中医学会、中西医结合研究会、护理学会、青少年科技辅导协会、厂长研究会、商业经济学会、花木盆景协会等20个学会、协会、研究会。全县33个乡镇全部建立科普协会，有会员2115人，乡镇科普协会设有农业组、工业组、副业组、文卫组、多种经营组、建筑组、计划生育组等。2004年，市医学会发展会员399人，其中中华医学会会员36人、中华护理学会会员82人、省护理学会会员281人。至2005年，全市经市民政局注册登记的学会和协会、研究会等各类学术性社会团体24个。

第二节 代表大会

一、市科学技术协会第二次代表大会

1979年8月16～18日举行。会议选举产生县科学技术协会第二届委员会，委员70人、常委25人。1986年，黄厚宏任主席，韦兴基任副主席。

二、市科学技术协会第三次代表大会

1992年3月12～14日举行。会议选举产生市科学技术协会第三届委员会，委员44人、常委15人。杨正山当选市科协主席，张元农当选副主席，孙龙泉、陆华平、王裕民、邓恒和当选兼职副主席。1996年5月，朱来元接任主席。

三、市科学技术协会第四次代表大会

1997年11月26～27日举行。出席会议代表213人，列席代表21人。会议选举产生市科学技术协会第四届委员会，委员45人、常委15人。朱来元当选市科协主席，张元农、刘金淦、厉方生当选副主席，邓恒和、程广德、王有益、肖伯群当选兼职副主席。

四、市科学技术协会第五次代表大会

2004年12月8日举行。出席会议代表240人，特邀代表30人。会议选举产生市科学技术协会第五届委员会，委员45人、常委15人。朱来元当选市科协主席，蒋文益、刘金淦当选副主席，尤兆荣、张学雷、戴万顺、薛晓寒当选兼职副主席。

第三节 主要工作

一、科普宣传

1986年起，县科协先后通过举办科技讲座、组织科普活动、布置科技橱窗、印发科技资料、放映科普影像等形式，开展科普知识宣传。1989年起，通过每年一度的“三月三”汉留庙会、“十月朝”临泽庙会，到农村宣传科学技术知识。1990年，县科协举办两届科普宣传周活动。1991年起，每年组织开展

送科技、文化、卫生为主的“三下乡、四进社区”活动，在全社会倡导科学文明的生产方式和生活方式，提高全民科学素质。至1999年，市科协通过《科技信息》专刊和科技简讯，设科普展牌，发布科技信息，受教育人数13.5万人次。2002年，市科协获“全国第二届科技活动周暨江苏省第十四届科普宣传周先进集体”称号。2003年，在预防“非典”期间，市科协与市医学会专家组成一支小型科普宣传队，先后5次下基层宣传预防“非典”知识，发放预防“非典”资料5000多份。至2005年，全市共开展科普宣传周17届，举办各种学术报告会、科普讲座566场次，每届科普活动周受众均在1万人以上。

二、科普文明村镇创建

1992年起，市科协开展“讲精神文明、比科技致富、建科普文明村”活动。是年，武安乡浩芝村、凤凰村和武宁乡大卢村被命名为首批扬州市科普文明村。2004年，经扬州市委宣传部、扬州市精神文明建设指导委员会办公室、扬州市科学技术协会联合批准，临泽镇被命名为扬州市科普文明镇。至2005年，全市每年有10多个村被扬州市科学技术协会命名为扬州市科普文明村。

三、青少年科技活动

1986～1990年，县科协及学会、青少年科技辅导协会，按不同学科组织优秀科技辅导员和小发明活动中的优秀学生，开展青少年科技夏令营活动。县科协和县经委等八部门（单位）联合组织万名青工技术比武精英赛，获奖青工31人，其中晋升半级工资6人。县实验小学六年级学生盛苗写的科技小论文，获省环境保护局组织的“环境与生活”征文一等奖。1991年“六一”期间，市科协与市教育局等单位联合举办“献给母亲的礼物”小制作作品展览，展出作品265件。1995年，在扬州市第二届青少年科技辅导员协会代表大会上，高邮市中学、市实验小学被表彰为先进集体。2003年，市科协与市教育局联合在网站上建立科普网页，对青少年进行科普教育和组织科普知识竞赛。2005年，市科协和市教育局联合组织2万名青少年，参加全国第九届智力七巧板扬州赛区复试竞赛活动，创建防震减灾科普示范学校——赞化学校，在青少年中开展科技创新和防治铅污染科普活动。

四、农村基层干部和党员实用技术培训

1993年末至1994年，市科协会同市委组织部联合开展农村基层干部和党员实用技术培训，培训内容分种植类、养殖类、园艺果林类、蔬菜食用菌类、副食品加工类。1995年，司徒乡被省委组织部、省科协命名为省级农业综合开发教学示范点。是年，全市在学的农业函授大学643名学员中，90%学员取得结业证书。1996年起，农村基层干部和党员实用技术培训工作向学历型教育发展，以省农业广播电视学校高邮分校为平台，每年招生1100人左右。至年末，全市累计培训农村基层干部和党员1.81万人次。是年，市科协被省委组织部、省科协联合表彰为实用技术培训先进集体。1997年，高邮市被中国科学技术协会列为农村党员、基层干部培训示范基地。1999年，菱塘回族乡特种水产养殖场、川青镇川南村（种植业、养殖业）、周巷乡陈钱村五组（两系杂交制种）被列为扬州市农村党员、基层干部实用技术培训基地。是年，农民实用技术培训新招学员498人，其中大专班48人、中专班450人。2001年，市科协、市委组织部、市农业局共同对2230名取得中专学历的学员进行跟踪调查。是年，农村经济管理大专班40名学员毕业。至2005年，三垛镇武宁豆类经贸合作社示范点、马棚镇东湖生态渔业园示范点被扬州市委组织部、扬州市科协确定为扬州市农村党员、基层干部实用技术示范点基地。

五、“讲理想、比贡献”活动

1989年，县科协和县经委联合在工程技术人员中开展“讲理想、比贡献”活动。是年，以节能降耗为重点内容，参赛企业23家、科技人员61人。共提出科技合理化建议91条，实现60条，产生经济效益27.98万元；完成技术服务项目73项，产生经济效益464.78万元。1990年，参赛企业增加到31家、科技

人员401人，完成技术服务项目31项，产生经济效益2491.7万元。1991年，市政府成立“讲理想、比贡献”竞赛活动领导小组，组织和动员科技人员以经济效益为中心，围绕降低能耗物耗、降低成本、提高产品质量和技术水平、调整产业结构和产品结构等内容献智立功。科技人员共提合理化建议234条，实施技术攻关17项、技术革新33项，开发新产品22项，消化吸收引进的技术5项，取得科研成果2项。1992～1993年，以搞好国有大中型企业做贡献为主题。1994～1995年，以优化产品结构，提高产品质量，开拓市场为重点，市化肥厂被扬州市政府表彰为“讲理想、比贡献”竞赛先进集体。1996～2005年，围绕“科教兴省”战略，组织科技人员加大开发高新技术新产品力度，市染料化工厂、高邮水泵厂被扬州市政府表彰为“讲理想、比贡献”竞赛先进集体。

六、论文评选

1993年起，市科协负责征集所属团体会员在科研、教学、生产和管理方面撰写的论文，参加扬州市自然科学优秀学术论文评选活动。至2005年，共选送优秀学术论文152篇，其中获扬州市政府表彰20篇、获扬州市科协表彰89篇。

第六章　文学艺术界联合会

1986～2005年，市文学艺术界联合会（简称文联）团结和带领全市文学艺术工作者，围绕经济建设中心，开展文艺创作，反映时代精神，讴歌改革开放，文艺著作颇丰，组织各种文艺活动，繁荣和活跃全市群众文化生活。

第一节　组织建设

1986年4月，县文联成立，设址于城区县府街县政府大院内。下辖协会有文学工作者协会、美术书法印章工作者协会、戏剧曲艺工作者协会、摄影工作者协会、音乐舞蹈工作者协会、民间文学工作者协会。1987年，依据各协会入会条件，对自愿入会者登记和发证137人。1991年，市文联下辖有市文学工作者协会、市美术工作者协会、市书法篆刻工作者协会、市戏剧曲艺工作者协会、市摄影工作者协会、市音乐舞蹈工作者协会、市民间文学工作者协会（含市灯谜协会）7个协会，会员总数525人。2003年，市文联将所辖7个协会名称中的“工作者”改为“家”。其中，市文学工作者协会改为市作家协会，协会负责人由理事长改称为主席。是年，市文联随市级党政机构迁至城区海潮东路市行政中心内。至2005年，市文联下辖有市作家协会、市美术家协会、市书法篆刻家协会、市戏剧曲艺家协会、市摄影家协会、市音乐舞蹈家协会、市民间文学家协会（含市灯谜协会）7个协会，共有会员500多人，其中中国文联各协会会员19人、省文联各协会会员45人。

第二节　代表大会

一、县文学艺术界联合会第一次代表大会

1986年4月28～29日举行。出席会议代表120人。会议审议并通过县文联和各协会章程，选举产

生由27人组成的县文联第一届委员会。聘请汪曾祺任名誉主席，马春阳、熊纬书任顾问，选举倪文才为主席，夏本炎、陈其昌为副主席。1988年3月，选举朱宣东为副主席。1990年7月，选举胡永其为副主席。是年8月，方仪接任主席。

二、市文学艺术界联合会第二次代表大会

1991年12月27～28日举行。出席会议代表224人。会议审议并通过修改后的市文联和各协会章程，选举产生由32人组成的市文联第二届委员会。特聘汪曾祺为名誉主席，马春阳、陆建华、朱葵、朱延庆为顾问，选举方仪为主席，陈其昌、胡永其、姜文定为副主席。1997年8月，许伟忠接任主席。

三、市文学艺术界联合会第三次代表大会

1998年8月6～7日举行。出席会议代表214人，特邀代表16人。会议审议并通过修改后的市文联和各协会章程，选举产生由35人组成的市文联第三届委员会。特聘刘金鳌为名誉主席，马春阳、陆建华、朱延庆、朱葵、金实秋为顾问，选举许伟忠为主席，姜文定、薛序、召展为副主席。

第三节　主要工作

详见第二十八篇《文化　体育》第三章《文学艺术》（第1030页）。

第七章　残疾人联合会

1986年，全县残疾人工作由县民政局管理。1991年12月，市残疾人联合会（简称市残联）成立，开展组织建设和残疾人就业、康复、扶贫解困、维权、教育文体活动等工作。至是年底，全市有残疾人3.4万人。1993年5月，市残联被省残疾人联合会授予全国残疾人生活质量抽样调查一等奖。2005年，在扬州市残联系统年度目标管理考核中，市残联被表彰为组织建设工作先进单位、残疾人基础设施建设先进单位、信访工作先进单位。

第一节　组织建设

一、市残疾人领导机构

1992年11月，市政府成立市残疾人事业领导小组，由市委常委、常务副市长卜宇任组长，副组长3人，成员由15个相关单位负责人组成。1994年9月，市残疾人事业领导小组更名为市政府残疾人事业协调委员会，由市委常委、常务副市长卜宇任主任，副主任7人，成员由13个部门分管负责人组成，设秘书长1人（由市残联执行理事长兼任，以下同）。是年11月，市政府残疾人事业协调委员会更名为市政府残疾人工作协调委员会（简称市残工委），由市委常委、常务副市长倪文才任主任，16个部门负责人为成员，每半年召开一次例会，研究全市残疾人事业的重大问题。1997年3月，市残工委组成人员调整，由市委常委、常务副市长倪文才任主任，副主任7人，成员由14个相关部门的分管负责人组成，设秘书长1人。2002年5月，市残工委进行调整，由市委常委、常务副市

长丁一任主任，副主任7人，成员由18个相关部门的分管负责人组成，设秘书长1人。至2005年，未有变化。

二、市残疾人联合会机构

1991年12月，经市政府批准，市残联成立，为副科级单位，由市民政局代管。设址于城区高公桥路市民政局内。1998年4月，市政府明确市残联为市政府直属正科级事业团体，挂靠市民政局，内设办公室和康复就业教育部，并成立市残疾人残疾评定委员会。2002年，市残联职业介绍所建立。10月，市残疾人康复中心更名为市康复中心。2004年12月，市残联与市民政局分设。至2005年，市残联内设办公室、康复教育就业部，下设市残疾人劳动服务所、市残联职业介绍所。

三、基层组织

1998年，各乡镇按照残联、残疾人服务所、志愿者联络站合署办公的工作构架，进行乡镇残联换届工作。1999年3月，各乡镇从民政干部中，聘任1人为乡镇残联专职副理事长。是年，全市成立由乡镇残联理事长任站长、乡镇团委书记任副站长的乡镇助残志愿者联络站33个，由村团支部书记任组长的村助残志愿者联络小组66个，并建立乡镇残疾人服务社，为残疾人劳动、生活、扶贫、康复提供服务。2000年11月，市残联组建盲人协会、聋人协会、肢残人协会、智力残疾人亲友会、精神残疾人亲友会等5个专门协会。是年，结合乡镇区划调整，全市20个乡镇和高邮经济开发区先后召开残疾人代表大会，进行残联换届选举。2002年，15个社区建立残疾人协会。2005年，各乡镇（园区）残联均建立残疾人综合协会，聘任乡镇（园区）残疾人专职委员21人，社区残协专职联络员51人。全市281个村、52个社区、118家福利企业建立残疾人协会，并配备残疾人专职委员。

第二节 代表大会

一、市残疾人联合会第一次代表大会

1991年12月24日举行。出席会议代表150人（残疾人代表90人）、特邀代表8人、列席代表10人。会议选举产生市残疾人联合会第一届主席团委员27人，市委常委、常务副市长李士清为主席团主席，副主席2人，推举汤瑞清为市残联主席团执行理事会理事长。1993年4月，市残联召开主席团第一届第二次会议，市委常委、常务副市长卜宇为主席团主席，副主席2人。

二、市残疾人联合会第二次代表大会

1998年4月9日举行。出席会议代表156人（残疾人代表91人）、特邀代表6人、列席代表23人。大会选举产生市残联第二届主席团委员29人，市委常委、常务副市长倪文才为主席团主席，沈学惠为名誉主席，副主席7人，推举陈广山为市残联主席团执行理事会理事长。大会做出《关于授权主席团会议有权增补主席团委员缺额的决议》。2002年5月，市残联主席团召开二届五次全委（扩大）会，市委常委、常务副市长丁一为市残联主席团主席，补选副主席1人，调整委员5人。

三、市残疾人联合会第三次代表大会

2003年10月13日举行。出席会议代表172人、特邀代表16人。大会选举产生市残联第三届主席团委员33人，市委常委、常务副市长丁一为市残联主席团主席，副主席8人，推举陈广山为市残联主席团执行理事会理事长。明确盲人协会、聋人协会、肢残人协会、智力残疾人亲友会、精神残疾人亲友会

主席人选。2004年4月，市残联主席团召开三届二次主席团会议，市委常委、常务副市长张安龙为市残联主席团主席，调整、增补副主席2人。

第三节 主要工作

一、残疾人就业

1990年，全市有福利企业84家，共安置残疾人1433人，占福利企业职工总人数51.9%。1993年，市残联创办直属福利工厂——市橡塑制品厂，安置残疾人5人。1996年12月，市残疾人劳动服务所建立。1998年11月，市政府印发《高邮市按比例安排残疾人就业办法》。1999年，市残联推荐介绍大中专毕业生（残疾人）就业4人。2000年，全市在就业年龄段有劳动能力的残疾人847人。11月，市残工委召开残疾人按比例就业工作协调会，受理残疾人求职登记12人，安置残疾人大专院校毕业生到企事业单位就业4人，介绍残疾人进福利企业工作7人。2001～2002年，市残联向15家用人单位介绍残疾人就业75人。2003年，市残联根据市政府按比例安排残疾人就业规定，安置残疾人到企业工作251人。2004年，新增就业141人，从事个体、自谋职业685人。2005年，市残联向43家福利企业推荐、安置残疾人就业222人。至是年末，全市累计实现就业的残疾人3162人。

二、残疾人扶贫

1992年，市残联通过多种途径帮助贫困残疾人解决生活上的困难。1995年，全市开展与贫困残疾人"一助一，送温暖"活动，共结对100多对。1997年，市残联从福利企业效益中拿出部分资金用于帮扶贫困残疾人。1998年，市政府将全市无劳动能力、帮扶无望的残疾人特困户483户、残疾人578人，纳入城乡最低生活保障线，给予定期定量救济；对有一定劳动能力的残疾人，帮助他们发展养殖业、种植业和家庭手工业，使他们通过诚实劳动，自食其力。2000～2003年，每个乡镇每年扶持残疾人贫困户10户。2004年，市残工委成员单位各帮扶1户残疾人贫困户。2005年，市政府将符合最低生活保障条件的残疾人3825人（城镇671人、农村3154人），纳入城乡最低生活保障范围，并为残疾人贫困户改造草房、危房42户，新建砖瓦房153间。

三、残疾人康复

1988年，以高邮儿童福利院为依托，成立市伤残人康复中心，为残疾人开展康复治疗和康复咨询的门诊业务。是年，对可训残疾人进行康复训练175人，给残疾人安装假肢和强化训练矫形器20人。至1991年，全市实施白内障手术143人，小儿麻痹手术矫治19人。1992年起，市残联每年开展白内障复明手术、小儿麻痹后遗症矫治手术、聋儿语言训练等三项康复工作。1994年，市伤残人康复中心增添多功能频谱治疗仪、电针仪、超短波治疗仪等医疗设备。康复中心除开设门诊外，还派出医务人员到乡镇巡回诊治，全年共接治患者1.56万人次，治愈率90%以上。是年4月，市残联特邀省专家医疗队为部分乡镇小儿麻痹后遗症患者实施矫治手术17例。1995年10月10日，市残疾人康复办公室建立，下设市人民医院白内障康复资源中心、市中医医院小儿麻痹康复资源中心、市聋哑学校语言康复资源中心。1996年，全市33个乡镇均成立社区康复指导站。1998～2001年，建立以康复督导员、康复员为主体，乡镇卫生院、村卫生室为依托，康复对象家庭共同参与的社区康复服务网络，先后5次举办康复业务培训班，对甘垛、临泽、卸甲、车逻4个康复示范窗口进行巩固和提高。2002年11月，高邮市被省政府残疾人工作协调委员会授予"江苏省残疾人康复工作先进市"称号。2004年，市残联组织实施残疾人康复需求入户调查，共调查残疾人8769人，其中有不同康复需求的2771人。2005年，市残联组织残疾人进行治疗、康复训练，配发残疾人用品用具。

1991～2005年高邮市残疾人康复服务情况一览表

表 23-3

年份＼项目	白内障复明手术（例）	儿麻矫治手术（例）	肢体残手术矫治（例）	视力残配助视器（例）	聋儿配助听器（例）	精神病防治和监护（人）	肢体康复功能训练（人）	聋儿语训（例）	智残儿童康复训练（例）	脑瘫儿童康复训练（例）	盲人保健按摩培训（人）	装配假肢（人）	配发轮椅（辆）	发放盲杖（根）	用品用具供应（件）
1991	143	19	—	—	—	—	23	—	10	—	—	15	—	—	—
1992	122	38	—	—	—	—	27	—	15	—	—	5	—	—	—
1993	89	2	—	—	57	—	15	26	17	—	—	—	—	—	—
1994	84	60	—	—	—	—	20	24	8	—	—	4	—	—	—
1995	433	205	—	—	—	—	10	26	10	—	—	—	—	—	—
1996	120	10	10	—	9	—	7	35	20	—	—	—	—	—	125
1997	294	—	13	32	—	38	27	17	20	—	—	—	—	—	236
1998	260	—	30	10	—	38	20	10	10	—	—	—	—	—	2
1999	235	10	100	10	—	38	60	18	18	—	—	—	—	—	778
2000	250	—	30	5	—	—	30	8	12	—	8	—	—	—	629
2001	250	—	—	15	—	—	30	16	20	5	—	—	—	—	300
2002	200	—	—	10	—	—	30	26	20	5	2	—	—	—	452
2003	200	—	—	10	5	—	30	36	20	5	2	6	450	—	412
2004	200	—	—	10	5	—	30	—	20	5	—	7	250	—	405
2005	210	—	—	10	—	—	30	46	20	5	3	7	140	80	120

四、残疾人教育与培训

1985年，高邮儿童福利院自办教学，全院有20多名聋哑人达到小学水平，并为扬州市举办一期有14人参加的盲人盲文按摩医生培训班。1991年，市新巷口小学开设弱智班，对14名残疾弱智的青少年进行特殊教育，使其达到小学二年级水平。1992年，市教育局利用原市荷花塘小学空余校舍新建市聋哑学校，入学聋哑儿童16人。1997年，市残联与市招生办联系，帮助6名残疾考生进入大中专学校学习，完成对10名有文化的盲人进行双拼盲文培训考核工作。1999年，为9名残疾考生办理入学手续。2000年，筹集助学金帮助15名残疾儿童、少年入学。2004年，实施“三年千元”助学计划，资助残疾儿童和贫困残疾人子女24人入学。2005年，市荷花塘特殊教育学校（原市聋哑学校）有4个教学班，在校学生34人。是年，市残联选送3名盲人赴南京、扬州接受保健按摩培训。

图 23-3　市荷花塘特殊教育学校开展健残共建活动

五、残疾人信访与维权

1992年，市残联成立后，及时处理残疾人来信、来访，帮助他们解决就业、住房、税收减免、子女入学、康复治疗、生活困难、婚姻、户口等问题。1994年9月，市政府制定《高邮市对残疾人优惠照顾暂行规定》。1995年，市法律援助中心对残疾人开展法律援助。1999年，市政府制定《高邮市贯彻残疾人保障法实施细则》。2001年，全市残疾人法律援助站共接待援助申请51件，其中符合援助条件的13件，办结9件。2002～2003年，市残联结合福利企业年检，会同市民政局对全市福利企业残疾职工比例、工资福利待遇、养老保险费缴纳和残疾人协会是否正常开展活动进行执法检查。2002年，市残联被省司法厅、省残疾人联合会表彰为维护残疾人合法权益先进集体。2005年12月，市残联聘请残疾人监督员7人，对维护残疾人合法权益实施监督。

六、助残日活动

1991年5月19日，是第一个"全国助残日"。是年起，"全国助残日"前后，市委、市人大常委会、市政府、市政协负责人专程看望、慰问高邮儿童福利院、市聋哑学校（市荷花塘特殊教育学校）、福利工厂和部分有特殊困难的残疾人家庭，分管副市长发表广播电视讲话。市内各新闻媒体连续进行助残宣传报道，介绍残疾人身残志坚、自强不息的先进事迹。1994年第四个"全国助残日"起，每年围绕主题开展各种助残活动。市残联、工会、共青团、妇联、学校、医院和驻高邮部队等社会各界，组织人员专门到残疾人聚集的单位进行慰问，并免费为残疾人提供各种服务。各乡镇党委、政府相应开展各种助残活动，组成帮耕组，为残疾贫困户帮耕农田；对贫困残疾人家庭，落实乡镇企事业单位负责人挂钩帮扶；乡镇政府明确残疾人、残疾贫困户水利工程、医疗费、农技辅导、用电用水、儿童入学等费用减免标准。"全国助残日"期间，残疾人义务为群众修车、修鞋、配钥匙、烤边裁剪、按摩推拿等，展示残疾人自强的精神风貌。1995年第五个"全国助残日"起，市人武部、预备役炮兵团、驻高邮部队和高邮儿童福利院、市聋哑学校（市荷花塘特殊教育学校）连续十多年结成"一助一"对子，官兵们长期捐赠款物。2000年，市实验小学五年级少先队员到市聋哑学校开展"手拉手红领巾助残"活动。2003年起，由市级机关工委牵头，每年在市级机关党员、团员、干部和职工中开展助残募捐活动。2005年5月，市残联组织开展"残疾人代表看高邮"活动和残疾人专场爱心文艺晚会。市司法局、市卫生局、市劳动和社会保障局在北海广场举办"法律援助、残疾预防、劳动保障"广场咨询活动。

七、残疾人文体活动

1987年3月，县体委组织残疾人代表队参加全国首届特殊奥林匹克运动会，夺得金牌2枚、银牌3枚。1988年，高邮籍弱智残疾人王芳赴比利时参加乒乓球友好邀请赛，夺得金牌1枚、银牌1枚。1999年，市残联选派沈新全、高盲2名残疾人运动员参加省第五届残疾人运动会，分别获得举重、柔道银牌。2000年11月，市残联、市体委、市民政局、高邮镇政府联合举办首次市残疾人运动会，7支代表队参赛，运动员66人（男运动员49人、女运动员17人），分别参加乒乓球、象棋、铅球、立定跳远、400米手摇车等5项比赛。2001年10月，市残联组成41人的残疾人体育代表团，参加扬州市第一届残疾人运动会，参加举重、乒乓球、田径、游泳、射击、盲人柔道等6个项目的比赛，共夺得金牌13枚、银牌12枚、铜牌9枚，获团体总分第四名。2002年，全市6名残疾人运动员入选扬州市残疾人体育代表团，参加省第六届残疾人运动会柔道、田径、举重等项目比赛，共获得金牌2枚、银牌2枚、铜牌1枚。2005年，市残联对全市在规定年龄段适合体育活动的残疾人进行调查登记，有4名残疾人被省残疾人体育运动协会选中，到淮安、盐城等地集训，备战2008年残奥会。是年，周山镇盲人谭伟海在全国器乐比赛中获笛子独奏一等奖。

第八章　计划生育协会

1987年，县计划生育协会（简称计生协会）成立后，向群众宣传党和政府的计划生育政策，协助党和政府做好群众的思想工作，开展计划生育知识宣传和青少年健康教育。1998年，高邮市被中国计划生育协会表彰为全国计划生育协会工作先进县。1999年，成立全国首家“外来妹”计划生育协会。2003年起，计生协会组织向社区和企业发展。至2005年，全市形成遍布城乡的计生协会组织网络。

全市计生协会系统获省以上表彰14项，其中集体获表彰9项、个人获表彰5项。1989年9月、1995年12月，张轩乡、界首镇计生协会先后被中国计划生育协会表彰为全国计划生育协会先进集体；2004年1月，司徒镇米仓村计生协会被中国计划生育协会表彰为全国计划生育协会工作先进单位。

第一节　组织建设

一、市计划生育协会

1987年1月，县计生协会成立。设址于城区文化宫路，后迁入县府街县政府大院内。1992年，市委明确市计生协会为正科级单位，列入群团序列。

二、基层组织

1987年，根据中国计划生育协会“要把协会建在村上”要求，在省计划生育协会10家试点单位之一的张轩乡，建立村计生协会。至1990年，各乡镇（场）、各村（居）委会陆续建成计生协会组织，形成县、乡、村三级计生协会组织网络。1995年，全市基层计生协会846个，其中乡镇计生协会33个、村计生协会663个、企事业单位计生协会146个、流动人口计生协会1个、“三资”企业计生协会3个，会员8.91万人。1996～1998年，全市开展创建计生协会合格村活动。1999～2000年，全市对村计生协会组织进行改选调整。至2000年，市、乡镇、村计划生育协会共有847个，市“外来妹”计生协会1个。2002年，乡镇计生协会调整为21个。同时，推动计划生育村民自治活动，形成健全的乡、村、组计生协会网络。2003～2005年，建立社区计生协会15个，设立会员小组188个，企业计生协会215个。至2005年末，全市共有计生协会组织586个，团体会员10个，会员总数9.4万人。

第二节　代表大会

一、县计划生育协会第一次代表大会

1987年1月24日举行。出席会议代表62人。会议选举产生县计划生育协会第一届理事会理事45人、常务理事11人。推荐县委顾问查长银为名誉会长，选举县人大常委会代理主任李舜心为会长，朱延庆、王履凤（女）、杨立本、佟道庆为副会长。

二、县（市）计划生育协会第二次代表大会

1991年3月21日举行。出席会议代表150人。会议选举产生县（市）计划生育协会第二届理事会理

事75人、常务理事11人。选举县（市）人大常委会副主任居云保为会长，王履凤（女）、佟道庆、陆华平为副会长。

三、市计划生育协会第三次代表大会

1995年8月11日举行。出席会议代表120人。会议选举产生市计划生育协会第三届理事会理事55人、常务理事13人。聘请市委副书记张京霞（女）为名誉会长，杨立本为顾问；选举市人大常委会副主任居云保为会长，王履凤（女）、马根生（女）、佟道庆、陆华平为副会长。1998年11月，市计生协会召开三届二次理事会议，决定接受马根生（女）、陆华平因工作原因辞去副会长职务，增选潘秀珍（女）、滕双凤（女）、吴江为副会长。

四、市计划生育协会第四次代表大会

2002年8月23日举行。出席会议代表120人。会议选举产生市计划生育协会第四届理事会理事55人、常务理事15人，选举副市长马根生（女）为会长，徐庆年、顾永华为副会长。

第三节　主要工作

一、计划生育知识宣传

1987年，县计生协会举办"世界五十亿人口日"纪念活动，宣传计划生育重要性。1988年起，各乡镇计生协会开展宣传计划生育政策活动。1993年，武安乡计生协会在高谢村进行争创计划生育"放心户"活动，坚持只生一个孩子，动员亲属晚婚晚育，定期参加妇检，全乡评出计划生育"放心户"900户。1999年，市计生协会参与市政府组织的计划生育科普知识进万家活动，组织会员与群众开展"一帮一、共同学"活动。全市参与人口学校学习的会员5万多人次，能熟记计划生育应知应会知识卡片内容的会员占85%。2003年，市计生协会举办学习人口与计划生育法律法规培训班704期，印发学习材料4.43万份，组织学法活动会员小组（会员中心户）2976个，参加学习会员4.4万人次。2004～2005年，市计生协会组织7.6万名会员参与全国预防艾滋病知识学习竞赛活动。

二、青少年健康教育

2004年起，市人口和计生委、团市委、市妇联、市教育局、各级计生协会等部门和单位，联合开展青少年健康教育，形成学校、家庭、社会"三位一体"青少年健康教育机制。至2005年，共举办青少年健康教育师资培训班36场次，培训教学师资1051人，发放专题宣传品3.9万份，青少年受教育人数2.5万人次，其中校外青少年受教育人数4953人、流动人口青少年受教育人数1287人。

三、"外来妹"计划生育协会

80年代开始，外省、市、自治区婚嫁到高邮的女青年逐年增多。至1997年，全市从云南、贵州、四川等省婚进的青年妇女有5000多人，民族众多，风俗各异。1997年5月，界首镇率先在全市成立"外来妹"计划生育协会，发展会员253人。1998年，市计生协会印发《关于加快组建"外来妹"计划生育协会的意见》，全市建立乡镇"外来妹"计生协会27个，有会员3943人，约占婚进外省籍妇女的80%。1999年4月，召开市"外来妹"计划生育协会代表大会，20多个省、市、自治区籍苗、回、满、藏、土家、布依等10多个民族60名妇女代表出席会议。会议通过《高邮市"外来妹"计划生育协会章程》，选举产生协会理事40人、常务理事11人。是为全国首例。中央人民广播电台《新闻联播》节目和《中国人口报》分别予以报道。2000～2005年，市"外来妹"计生协会围绕"外来妹"生产、生活和生育，开展经常性关爱活动。

四、帮扶教育

1993～1994年，界首、武安等乡镇基层计生协会，组织育龄群众开展“一帮一，共同富，奔小康”活动，会员中的能人同独生子女困难户自愿结成“帮富”对子，采用技术上指导、门路上介绍、信息上传递、资金上扶持等方法，使他们尽快脱贫。这一做法在全市得到推广。1995年3月，江西省赣州市计生协会组织30多人到高邮学习取经，并邀请界首镇曹塘村计生协会理事、人称“果树大王”的曹连标上门传经。曹连标自费乘飞机前往赣州“帮富”，《中国人口报》在头版头条以《果树王跨省帮富，曹连标飞往老区》为题予以报道。至2002年，全市有1325户独生子女贫困家庭被列为重点帮扶对象，通过“干部联系、能人帮、众人扶”的办法，被帮扶对象家庭经济状况得到改善。2003～2005年，市计生协会在引导群众走少生快富道路的同时，组织妇女发展致富项目193项，参加项目实施的育龄群众2万人次，其中育龄妇女占80%，帮扶计划生育困难户家庭987户，帮扶困难群众1522人，实现年产值4.9亿元。

第九章　红十字会

1990年起，市红十字会建立健全组织网络，发动社会各界赈灾救助，组织医务人员开展卫生救护和救灾防疫，动员公民义务献血，接收社会捐赠和向困难人员发放救济物品。1992年，市红十字会被省红十字会表彰为红十字会工作先进集体。至2005年，市红十字会连续被表彰为“九五”计划期间、“十五”计划期间省红十字会工作先进集体，连续8年被扬州市红十字会表彰为先进单位，连续9年被省红十字会表彰为宣传工作先进集体，并获全国宣传工作达标奖。

第一节　组织建设

1990年8月，县政府同意复建县红十字会。会址设城区县府街201号。县红十字会设有办公室、救训处、社救处、青少年活动指导处、联络处。是年末，县红十字会有会员258人。1991年，会员发展到1200多人。是年7月，23个乡镇在抗洪救灾中成立乡镇红十字会。1993年5月，经省红十字会批准，市人民医院冠名为市红十字医院。至2005年，全市有红十字会基层组织62个（所），其中医疗卫生机构红十字会41个、乡镇红十字会20个、红十字医院1所，会员3867人。

第二节　代表大会

一、县红十字会第一次会员代表大会

1990年11月7日举行。大会通过《高邮县红十字会组织章程》，选举产生县红十字会第一届理事会理事50人、常务理事8人，会长1人（副县长兼任），副会长5人。

二、市红十字会第二次会员代表大会

1999年2月1日举行。大会选举产生市红十字会第二届理事会理事50人、常务理事8人，会长1人（副市长兼任），副会长4人。

第三节　主要工作

一、赈灾救助

1991年7月，市内遭受特大洪涝灾害，市红十字会向外发出呼吁信（电）500多封（次），请求国内社会各界和国际有关组织援助高邮灾区。拍摄反映灾情和抗灾救灾实况的资料片《抗洪救灾中的红十字》，上报中国红十字会、省和扬州市红十字会。是年，市红十字会共接收国内外救灾物资3000多吨，先后接待到高邮察看灾情和指导抗灾的国际红十字会代表团、中国香港红十字会代表团。2003年5月，湖西4乡镇遭受冰雹龙卷风灾害，市红十字会及时核查上报，组织捐赠救灾活动。是年7月，境内遭受洪涝灾害，市红十字会到乡镇了解灾情，救济特困群众。接收省红十字会、中国香港红十字会、国际红十字会、红新月会、中国台湾红十字组织捐赠的救灾物资、药品和救灾大米。2004年1月，市红十字会赴湖西4乡镇慰问2003年洪涝受灾灾民。

图23-4　2003年，举行抗洪救灾捐赠仪式

二、卫生救护

1991年，全市遭受特大洪涝灾害，市红十字会组织9支红十字救护队至灾区抗灾救助。23个乡镇红十字会组织抗洪抗灾防疫队201个445人，实施医疗救护、卫生防病、防疫服务6万多人次。1994年，市红十字会举办救护师资培训班，为乡镇医院、基层红十字会培训师资。市红十字会沿淮江公路高邮段设立界首、六安、马棚、东墩、钓鱼、新坝、车逻、上庄8个红十字救护点，以便及时救治沿途交通事故中的伤病人员。1995年，市卫生局、市红十字会在境内淮扬公路沿线，每隔5～10千米设置1个救护站（点），初步形成救护点（设于村卫生室）、救护站（设于乡镇卫生院）、中心救护站（设于市级医院）三级救护网络。2000年7月，甘垛镇和三垛镇4个村遭受龙卷风袭击，市红十字会、市卫生局抽调7辆救护车，组织8支医疗队赶赴灾区抢救伤员，并发动卫生系统44家单位2657人捐资9.87万元。同时，接收省、扬州市红十字会向灾区捐赠的价值30万元的药品和物资。2003年，境内发生洪涝灾害，市红十字会和市卫生局组织5支医疗救护卫生防疫队下乡救灾防疫。是年5月，市红十字会在城郊设卡，为从外地返乡人员进行防范“非典”体检。2005年5月，全国政协外事委员会副主任秦华孙、中国红十字基金会常务副理事长汤声闻、中国红十字基金会副会长江丹等一行到高邮考察，与市政府签订《马棚东湖度假村成立中国红十字基金会高邮儿童关爱中心备忘录》。

三、义务献血

2000年，市红十字会先后在汉留镇和甘垛镇召开无偿献血现场会，宣传《中华人民共和国献血法》《江苏省献血条例》，推进全市无偿献血工作开展。是年，现场报名献血164人，现场献血78人。2003年2月，扬州市红十字会救灾中心举办首次造血干细胞捐献采样活动，市供电局职工史某某第一个报名采样。2004年上半年，全市无偿献血2834人次，无偿献血59.88万毫升。2005年，全市市民无偿献血5757人次、献血126.34万毫升，满足临床用血。是年，市供电公司职工自愿无偿捐献造血干细胞20多人，其中17人通过初检并收到血样采集通知。同时，在城区和郭集镇、天山镇、送桥镇、菱塘回族乡组织开展造血干细胞捐献采样活动，共采集血样185份。

四、捐赠

1991年，市红十字会接受中国香港天主教友会捐赠的救护车1辆，菱塘回族乡卫生院接受台胞朱奎元以其母亲名义捐赠的救护车1辆。1994年，市红十字会向高邮儿童福利院捐赠新服装40套，组织为残疾儿童查病治病。2000年起，市红十字会多次到甘垛麻风村慰问残疾人，送去现金、棉被、衣物和食品等。2001年1月，接受捐赠衣物并发放给甘垛镇遭受龙卷风袭击的受灾群众。2003年，接收省红十字会代转金鹰集团赠市人民医院依维柯救护车1辆，接收省红十字会捐赠市中医医院放疗全自动医控床1台。2004年12月，组织募捐活动，救助印度尼西亚印度洋海啸灾民。2005年1月，慰问湖滨敬老院老人，捐赠棉被和大米等物品。

第十章　其他社会团体

1986年，全县共有各类社会团体60个。随着全市改革开放不断深化、经济快速发展，人们思想活跃，生活丰富多彩，社会团体呈较快发展之势。至1999年，全市社会团体发展到187个。市民政局针对社会团体良莠不齐的情况，开展整顿工作。2005年，经市民政局登记注册的社会团体109个。

第一节　企业联合会、企业家协会

一、组织机构

1988年7月，县企业家协会成立。1990年11月，县企业管理协会成立。该两协会合署办公，地点设于城区高公桥路50号。2005年3月，市企业管理协会更名为市企业联合会。是年12月，市企业联合会和市企业家协会（简称市企业“两会”）设立联络处。

二、代表大会

1994年，市企业管理协会第四届会长吴维松、副会长陈鉴清等7人，市企业家协会第四届会长冯祥华、副会长王俊吾等9人，市企业“两会”秘书长赵广华。

1999年12月26日，市企业管理协会、市企业家协会召开第五次会员大会。出席会议会员193人，其中企业管理协会会员81人、企业家协会会员71人、团体会员代表41人。会议审查通过企业“两会”工作报告、财务收支报告、修订后的《高邮市企业管理、企业家协会章程》。选举产生第五届企业家协会理事31人，由冯祥华任会长，王俊吾等14人任副会长；第五届企业管理协会理事45人，由吴维松任会长，陈鉴清等16人任副会长；李万钧任“两会”秘书长。

三、主要工作

1994年，市企业“两会”、市经委、市经济干部培训中心共同举办两期企业领导干部岗位任职资格培训班，对企业厂级领导干部82人进行为期1个月的管理知识培训。1997年，市企业“两会”组织全市工业企业职工1.2万人开展降本增效大讨论活动，通过降低煤电消耗、节约成本费用，提高经济效益近1000万元。1997～1998年，市企业“两会”组织学习宣传《“九五”企业管理纲要》。1998年，市企业“两会”协助市油米化工总厂和江苏华能电缆总厂开展全面质量管理创星级企业工作。两企业被扬州市政府授予“五星级企业”称号。2001年，市企业“两会”按照省政府颁布的《江苏省企业集体协商和集体合同规定》，代表企业主参与对劳动关系重大问题的协调，为企业集体协商和签订、履行集体合同提供指导服务。2003年11月，市劳动和社会保障局、市经贸局、市总工会和市企业“两会”组成检查组，对市属7个系统和20个乡镇的集体合同和劳动合同管理工作进行检查。2004年，市劳动和社会保障局、市经贸局、市总工会、市企业“两会”分别代表政府、职工、企业主三方，组成协调机制，加强对集体合同和劳动合同管理，维护三方合法权益。2005年，市企业“两会”参与对全市30家企业签订与实行集体合同和工资协议情况进行调查走访，对存在工资支付不及时、劳动合同条款文本不规范等问题的企业限期进行整改。组织评选表彰“优秀企业家贤内助”活动。

第二节　老区经济开发促进会、扶贫开发协会

一、组织机构

1992年10月21日，市老区经济开发促进会成立。任金富任理事长，刘鹏远任常务理事长，杨秀成、徐永龙、李乃祥任副理事长，市轧钢厂、市助剂厂、市电器厂、市制动件总厂、市丝绸厂、市棉麻公司为该会团体会员。1993年9月2日，市扶贫开发协会建立。会长任金富，副会长刘鹏远、杨秀成、徐永龙、李乃祥，常务理事8人。市老区经济开发促进会和市扶贫开发协会（简称市老区“两会”）实行两块牌子、一套班子。理事会下设办公室。各乡镇均设有分会，自办经济实体3个。

1998年3月18日，市老区“两会”进行换届改选，选出第二届理事会成员42人，任金富任理事长，刘鹏远任常务副理事长，杨秀成、徐永龙、刘才甫、李乃祥、李进先任副理事长，缪登甲任秘书长。2000年，市老区“两会”对全市乡镇分会进行重新组建，共选出成员229人，对284个行政村的老区“两会”基层组织进行调整。2002年，全市20个乡镇和高邮经济开发区全部建成老区扶贫开发协会，共有会员1200人。

2002年10月21日，市委、市政府召开市老区“两会”建会10周年庆祝大会，并进行换届选举。会议选举产生第三届理事会理事41人，其中常务理事15人，任金富任理事长，刘才甫、杨秀成、徐永龙、史善成、李乃祥任副理事长，刘鹏远、李进先任顾问，李乃祥兼任秘书长。2003年，全市20个乡镇和高邮经济开发区建有老区扶贫开发协会，共有理事307人，会员1553人。

二、主要工作

1992年起，市老区“两会”主要做好扶贫帮困、调查研究、为老区办实事、兴办经济实体等工作。详见第三十二篇《社会保障》第六章《社会救济》第二节《扶贫救助》（第1183页）。1993年，市老区“两会”先后有15篇文章分别刊登于《人民日报》（海外版）和《中国老区报》《新华日报》《江苏老区》《扬州日报》。1997年，市老区开发促进会被省老区开发促进会表彰为先进集体。2005年，市、乡镇两级老区“两会”帮扶经济薄弱村21个，是年实现脱贫13个。

第三节　卫生系统行业协会、学会

一、卫生行业协会

市农村卫生工作协会　1990年11月成立。会址设城区县府街201号县卫生局内，有会员1128人。2002年1月，市农村卫生工作协会召开代表大会，选举新一届协会领导机构和负责人。2005年，有会

员2391人。

市厂校卫生工作协会 1992年7月，召开第一次会员大会，选举产生理事23人、常务理事16人。下设医疗机构管理、业务培训、信息资料3个组，会址设城区府前街201号市卫生防疫站内，有团体会员50个、会员115人。1995年4月，召开第二次会员代表大会，选举产生理事24人、常务理事15人，有会员135人。1998年5月，召开第三次会员代表大会，选举产生理事24人、常务理事15人，有会员130人。2005年，有团体会员40个、会员141人。

二、卫生学术团体

中华医学会江苏省高邮县分会 1979年12月成立。会址设城区县府街201号县卫生局内，有会员358人。1985年2月，换届改选，选举产生理事62人、常务理事28人。分会下设6个学术分组、17个学组、29个小组，有会员605人。1991年5月，该分会撤销，改建为市医学会中华医学专业委员会。

中华全国中医学会江苏省高邮县分会 1979年12月成立，会址设城区县府街201号县卫生局内。有理事25人、常务理事8人。分会下设内科、骨伤科、针灸、肛肠、药学等5个学组。1985年2月，换届改选，选举产生理事18人、常务理事8人。1991年5月，该分会撤销，改建为市医学会中医专业委员会。

中国中西医结合研究会江苏省高邮县分会 1985年2月成立，有理事22人、常务理事6人。会址设城区县府街201号县卫生局内。1991年5月，该分会撤销，改建为市医学会中西医结合专业委员会。

中华护理学会江苏省高邮县分会 1985年2月成立，有理事16人、常务理事5人。会址设城区县府街201号县卫生局内。1990年5月，换届改选，选举产生理事20人、常务理事7人。1991年5月，该分会撤销，改建为市医学会护理专业委员会。

市医学会 1991年5月成立。选举产生理事48人，常务理事15人。会址设城区府前街201号市卫生局内。市医学会下设中医、中华医学、中西医结合、护理等4个专业委员会。中医专业委员会有委员21人，中华医学专业委员会有委员51人，中西医结合专业委员会有委员28人，护理专业委员会有委员20人。2001年，市医学会第二届代表大会召开，选举新一届理事会，并选举产生新一届专业委员会主任及委员。至2005年，市医学会共召开学术交流会24次，学会会员参加市级以上学术交流1800多人次，其中参加全国学术交流210多人次。1991～2005年，学会会员共在省级以上卫生学术期刊发表论文1500多篇。市医学会从学术期刊发表的论文中选出154篇，编印《高邮市医学论文汇编》2册、《高邮市中医学术论文汇编》1册。2005年，该会有会员1257人，其中中级以上专业技术人员584人。

第二十四篇

法治　军事

要　目

1986年起，全县政法部门相继建立健全，设有县委政法委员会，复建县委社会治安综合治理领导小组（1991年改为市社会治安综合治理委员会），县公安局、县人民检察院、县人民法院、县司法局增设内设机构，进一步完善政法系统职能，持续开展“一五”至“四五”普法教育，严厉打击严重危害社会治安犯罪嫌疑人，调解各类社会矛盾，维护全县社会经济秩序。1993年后，全市政法系统在“依法治国”精神指导下，围绕经济建设这个中心，不断改革创新，坚持以人为本、打防并举、标本兼治、严惩犯罪，组织开展“严打”斗争和重点整治活动，加大查办和预防职务犯罪工作力度，强化诉讼监督，减少和预防各种违法犯罪，提高政法部门执法水平和队伍整体素质，全面落实社会治安综合治理措施，不断巩固完善群防群治网络，持续开展安全创建活动，为全市的改革开放和经济发展创造良好的社会环境。2005年度，高邮市被省委、省政府命名为全省社会治安安全市。

1986年起，全市继续重视军事工作，市委每年都召开议军专题常委会，研究部署全市人民武装、义务制兵役、民兵整组训练、国防教育动员、人民防空、支援驻高邮部队建设等工作。市人武部加强民兵和专职人武干部训练，坚持劳武结合，在多次军事训练中取得优异成绩；驻高邮部队做好军事斗争准备，加强军事训练，提高预备役部队军事素质，在多次军事训练中成绩优异，受到中央军委领导和上级军事部门的表彰。同时，市人武部和驻高邮部队注重拥政爱民，为地方经济建设和抢险救灾做出突出贡献，受到驻地人民群众普遍赞扬。2002年，高邮市被省政府、省军区授予“双拥模范城”称号。2005年，高邮市再次向省政府、省军区成功申报创建省级双拥模范城。

第一章　政法与社会治安综合治理

1986～2005年，市委政法委员会（简称市委政法委）、市社会治安综合治理委员会（简称市综治委）贯彻“一手抓建设，一手抓法制”的指导思想，全党动员，全民行动，以政法部门为主力，坚持打防并举、标本兼治、预防为主、重在治本的原则，推进社会治安综合治理，组织开展“严打”斗争和重点整治活动，不断巩固完善群防群治网络，建立健全社会矛盾纠纷大调解机制，持续开展安全创建活动，预防和减少青少年违法犯罪，为全市的改革开放和经济发展创造良好的社会环境。

第一节　机构队伍建设

一、机构

1980年9月，始设县委政法委，负责全县政法工作，开展社会治安综合治理，加强政法队伍建设，维护社会稳定等。1986年1月，县委社会治安综合治理领导小组建立。1990年9月，更名为县社会治安综合治理领导小组。1991年9月，撤销市社会治安综合治理领导小组，成立市社会治安综合治理委员会，下设办公室，与市委政法委合署办公。1997年5月，全市党政机构改革，在市委政法委挂“市社会治安综合治理委员会办公室”（简称市综治办）牌子。1999年4月，根据中央规定，市委政法委是市委管理政法工作的职能部门，负有领导、管理、协调、监督职能。至2005年，市社会治安综合治理机构未有变化。

二、组织网络

1991年，市综治委成立后，各乡镇和市属系统相继建立健全社会治安综合治理组织。至年末，全市建成各级治保委员会986个，成员4299人；治保小组4933个，成员1.42万人；调解委员会988个，成员3990人；乡镇专职治安联防队员310人，企业护卫队员509人。至2005年，全市20个乡镇和高邮经济开发区相继成立党（工）委政法委员会，与地方综治办合署办公，乡镇（区）党（工）委副书记兼任政法委书记，综治办专职副主任兼任副书记。全市形成齐抓共管、纵横相连的政法、综治组织网络。

三、政法队伍建设

1987年3月，县委政法委对全县政法干警进行集中整训。是年7月，召开政法系统道德教育交流会，表彰12家先进单位和91名先进个人。1995年6月，市委、市政府印发《关于政法系统纪律作风集中整顿的工作意见》，进行为期3个月的作风纪律教育。1996年，开展“政法干警形象年”活动，评选出“十佳政法干警”和“十佳治保调解干部”。1997年6月，市委政法委制定《关于对全市政法队伍开展集中教育整顿活动的方案》。8月，开展首次政法系统执法大检查。1999～2001年，开展“争创人民满意政法单位、争当人民满意政法干警”系列活动。2003～2005年，先后开展“践行‘三个代表’、坚持执法为民”主题教育活动、“公正执法树形象”集中教育活动、“规范执法行为、促进执法公正”专项整改活动。

第二节　领导责任制

1990年起，全县各乡镇、部门以及各基层单位，层层签订社会治安综合治理目标责任书，按照“分级负责、归口办理，谁主管、谁负责”和属地管理的原则，明确目标和责任，并制定考核和奖惩办法。1991年，市委、市政府制订《高邮市1991～1995年社会治安综合治理规划》，把社会治安综合治理列入全市经济和社会发展20项目标管理。1993年，推行社会治安综合治理“一票否决”制。2000年，市委、市政府制定《高邮市维护社会政治稳定领导责任制》，并形成“职责明确、网络健全、信息畅通、协调高效”的维护稳定领导体系和工作机制。是年12月，市委八届四次全体会议通过《关于维护社会稳定的决议》。2002年，推行社会治安综合治理末位警示制度。至2005年，全市形成以目标管理责任制、警示制、“一票否决”制和领导责任查究制为主要内容的维护社会稳定领导责任制。

第三节　“严打”与专项整治

一、“严打”斗争

1983年至1987年2月，县委、县政府贯彻执行中共中央《关于严厉打击刑事犯罪活动的决定》和全国人大常委会《关于严惩严重危害社会治安的犯罪分子的决定》（简称“严打”），全县政法部门依照“从重从快”的“严打”方针，共逮捕890人，其中经济犯罪人员103人、其他犯罪人员787人，依法判刑828人、劳教23人、治安处罚39人。1996年，市委政法委组织协调全市政法机关开展第二次“严打”斗争。至1997年，共破获各类刑事案件136件，其中重大案件38件；摧毁犯罪团伙6个，成员22人；捣毁吸食毒品窝点2个、传播淫秽物品窝点1个；缉获“三逃”（批捕在逃、负案在逃、服刑或羁押在逃）人员26人，其中重大犯罪嫌疑人18人。2001年4月，全市政法部门围绕打黑除恶、治爆缉枪和打击经济犯罪3条战线，组织开展声势浩大的专项行动。至2002年末，全市共立刑事案件2573件，破获2264件，抓获刑事作案成员897人，查获犯罪团伙42个、167人，组织召开集中公开逮捕、宣判大会8次。

二、专项整治

1986年，全县开展反盗窃和打击流窜犯专项斗争。1988年，开展严厉惩处严重刑事犯罪和严重经济犯罪活动斗争，设立经济罪案举报机构。1989年，开展以反贪污、反受贿为主要内容的打击经济犯罪活动斗争。1991年下半年，开展打击流窜犯行动，查获流窜人员19人，抓获逃犯2人，破获各类刑事案件26件。1993年，全市组织开展夏季“严打”斗争，集中整治暴力犯罪、黑社会性质团伙犯罪，破获各类刑事案件80多件，抓获犯罪嫌疑人117人，摧毁抢劫敲诈团伙8个和盗窃团伙5个。1994年，开展“扫黄打非”专项集中整治行动，组织大规模联合检查4次，查缴违禁书刊3400多册，非法出版、复制的音像带3200多盒，查处卖淫嫖娼案件13件，处罚违法犯罪人员65人。是年4～6月，开展“破大案、打团伙、追逃犯”专项破案战役，破获各类刑事案件195件，其中大案79件。1995年，全市开展查禁取缔黄娼赌毒等社会丑恶现象专项斗争，治安处罚违法人员246人，劳教6人，整顿、查封、取缔非法经营场所44家。1996年春节期间，开展“治痞”专项斗争，查处违法犯罪的“小痞子”144人，其中摧毁团伙6个、成员28人，逮捕2人，劳教7人，治安拘留39人。1998年，集中整治娱乐、休闲、美容等公共场所治安秩序，检查营业单位178家，对发现的问题及时督促整改。2000年，开展“打击人贩子，解救被拐卖妇女儿童”专项斗争，破获拐卖妇女案件86件，抓获人贩子76人，解救被拐卖妇女344人、儿童4人。2001年，开展“打黑除恶”专项斗争，破获各类案件61件，摧毁恶势力团伙5个，抓获黑恶势力分子88人。2002年，开展整治“两车一室”（盗窃摩托车、自行车和入室盗窃）、“春雷”行动、打“两抢”、冬季侦防攻势等专项斗争，市委政法委对全市严打整治斗争进行执法检查。2003年，开展夏季社会治安整治专项行动，破获各类刑事案件271件，抓获刑事作案成员107人。2004年，开展查禁取缔黄娼赌毒等为重点的“清风”行动，查处涉娼涉赌案件54件，处理违法犯罪人员51人，收缴电子游戏机16台。2005年，开展“打黑除恶治痞”专项行动，破获“黑恶痞”犯罪案件8件，抓获犯罪嫌疑人20人。

第四节　基层建设与平安创建

一、群防群治

1986年，全县推行治安承包责任制，有逐级承包、专业承包、综合承包、单项承包等形式。是年，全县各乡镇与村签订治安合同共635份，占应签数的93.5%；县综治办与企事业单位签订治安合同1689份；建立巡逻队200多支、护厂队190多支。1987年，横泾乡成立全县第一家妇女禁赌协会。1989年3月，成立由县、镇有关部门负责人参加的县城社会治安综合治理领导小组，按照属地管理和以块为主、条包块管的原则，统管城镇综合治理工作，6月组建县城治安联防队。是年，县城刑事案件比上年下降45%，其经验得到扬州市委政法委的肯定和推广。1991年7月特大洪涝灾害发生后，政法部门积极防范，及时化解各类纠纷，消除不安定因素，全年刑事案件比上年下降12.9%。1992年，全市推广武安乡实行全方位立体式防范、甘垛乡“我为人人守一日，人人为我保一月”的安全值日户、市教育局重视在校生教育等经验和做法。1993年9月，成立市见义勇为奖励委员会，当年募集奖励基金12万多元。1994年，全市推行公有财物被盗赔偿责任制。1995年，市委、市政府印发《高邮市实施社会治安综合治理固本工程五年规划》，重点进行教育、防范、管理和基层组织4个方面建设，推进法制教育社会化、治安管理规范化、防范控制立体化、基层组织网络化。1996年4月，武安乡成立全市首家乡治安联防大队，下辖22个中队，共有联防队员263人。1997年2月，市“110”报警服务台开通。1999年，市委组织市级机关干部参加城区治安义务夜巡。是年，市级机关干部参加义务巡防3000多人次。2001年，市委政法委、市综治办推进规范新建住宅小区安全防范设施建设工作，确保基建工程竣工，安全防范设施到位。2002年，市委政法委以界首镇应龙村为典型，在扬州市率先开展村级治安防范招标承包，全市农村治安防范实行“民营、民资、民力、民监”的民主自治模式。2003年8月，组建城区社区100人的治安巡逻队，初步形成由交警、巡警、城管、联防队、护巷员等组成的治安防范网络。2004年5月，成立市社会矛盾纠纷调解中心，构建社会矛盾纠纷大调解工作机制。至年末，全市20个乡镇和高邮经济开发区均建立社会矛盾纠纷调解中心，有工作人员100多人。

二、创建安全文明小区、镇村、单位

1991年，全市开展创建安全文明小区、镇村、单位活动。城区127家单位内部开展创安全合格车间、合格门卫、合格财务室和合格仓库活动，在三垛镇、甘垛乡等地探索以片建立治安办公室，开展“安全值日户”等基层治安防范新方法。1994年7月，市委、市政府印发《关于开展创建“安全村、安全单位”活动的意见》（简称“创安”活动），组织安全大检查16次，查出隐患317处，发出整改通知书16份，整改率90%以上。是年11月，召开全市“创安”活动经验交流会，对首批验收合格的14家单位颁发合格证。1995年，全面开展以实现“无刑事案件、无违法犯罪、无火灾事故、无民转刑案件”为目标的“创安”活动。至年末，全市达到安全合格标准的企事业单位有68家、村207个。1996年，开展创建安全村、安全单位、安全乡镇、安全城区活动，促进社会治安综合治理措施进村入户。1997年，全市开展创建综合治理模范村活动，达标村27个。1998年，市委、市政府印发《关于开展创建安全城区活动的意见》，建成北海等一批封闭式、半封闭式、开放式管理的安全文明示范住宅小区。至年末，全市33个乡镇均创建成“安全乡镇”，其中司徒乡、龙奔乡被省社会治安综合治理委员会表彰为“安全文明乡镇”。1999年1月，高邮市城区被扬州市委、市政府命名为社会治安安全城区。2000年1月，伯勤乡被省委、省政府表彰为社会治安综合治理先进单位。2002年，开展以创建安全街、安全小区、安全单位、安全住宅为主要内容的“社区治安百日会战”活动。2003年，城区社区开展综合治理工作“2＋6”工程，每个社区明确2个市级机关部门单位结对共建，与社区居民委员会共同做好6项工作（落实一支治安防范队伍、健全一个教育管理网络、创建一个科技防范小区、设立一组法制宣传阵地、一户至少落实一种可靠的防范设施、建立一套规范齐全台账）；农村开展“治安防范推进年”活动，通过在村级组织新一轮治安防范招标承包，落实治安承包人283人，聘用专职保安443人。在派出所原有辅警力量不减的基础上，建立乡镇政府所在地的集镇治安防范专业队伍，公开招聘保安队员76人。是年10月，省委常委、省委政法委书记孙安华到高邮调研时，称赞界首镇应龙村治安防范模式和蝶园派出所向市民进行治安“语音提示”等做法效果很好，很有推广价值。2005年8月，市委政法委在菱塘回族乡召开全市基层治安防控体系建设现场会，要求用3年时间把全市乡镇全面建成技防（技术防范）乡镇。是年，在开展创建“无毒社区”活动中，司徒镇、高邮镇月塘社区分别被扬州市政府命名为“无毒社区”和表彰为创建“无毒社区”先进单位。

三、创建“平安高邮”

2003年，市委、市政府印发《关于开展建设“平安高邮”、创建最安全地区实施意见》，并召开全市动员大会，部署开展平安创建工作。市综治委印发《建设“平安高邮”目标任务责任分解表》，开展创建“平安高邮”万人签名活动。创建活动从社区防控、街头路面防控、卡口堵控、阵地控制、情报信息、科技防控、水域治安防控等7个方面开展工作，重点开展治安防控体系建设。2004～2005年，深入推进“平安高邮”创建活动，健全以党政主要负责人负总责的平安建设领导责任体系，在全市构筑以实行城乡联动、整合防范资源、构建治安防控体系为内容的大防范社会治安格局，形成以社会矛盾纠纷调处四级网络为基础的大调解工作机制。

第五节　预防和减少青少年犯罪

1986～1990年，全县各级党委、政府重视青少年道德、法制教育，坚持齐抓共管，积极预防和减少青少年违法犯罪。1990年，全县91所普通中学、职业中学和部分小学，聘请96名政法干警担任校外法制教育辅导员，协助学校开展在校生法制教育工作。1991年，在城区推广单位包青工、学校包学生、街道包待业青年、家庭包青少年子女的教育责任制。1994年，市委、市人大常委会、市政府、市政协分管负责人和市政法部门主要负责人与城区12名青少年开展"结对交友"帮教活动，转化效果明显。扬州市委政法委肯定和推广这一做法。1995年，在中学生中开展告别"三厅一室"（歌厅、舞厅、卡拉OK厅，游戏机室）活动。1995年，围绕实施为期5年的社会治安综合治理"固本工程"，市综治委印发《关于加强"五校一中心"建设的意见》，全面开办中学生业余党校、共青团学校、家长学校、农民学校、职工政校和法制教育中心，全市开办中学生业余党校16所、中学生团校52所、家长学校147所，聘请校外法制辅导员108人。市法制教育中心集中教育"大法不犯，小法常犯"的青少年27人。2002年8月，建立市青少年校外教育工作联席会议。2004年，由市综治委牵头，与16个部门共建预防减少青少年犯罪大教育体系，先后组织青少年法制教育宣讲团进中小学校巡回宣讲20多场次，听讲师生1.5万多人次；举办首届暑假青少年法制夏令营；组织开展法制讲座、学法绘画展、交通安全法规巡回展、"远离毒品"和"绿色上网"教育、模拟法庭等；开展"扫黄打非"和校园周边治安综合治理，为青少年成长创造良好的社会环境；成立市青少年维权中心和法律援助中心，维护未成年人合法权益。2005年9月，市委政法委、市教育局、市关心下一代工作委员会联合制定《关于进一步加强未成年人社会主义法制教育的意见》，要求各乡镇综治办、关心下一代工作委员会和各中小学校把加强对未成年人的社会主义法制教育作为思想道德教育的重要内容，列入教学计划，及时做好有严重不良行为的未成年人教育转化工作。

第二章　公　安

1986～2005年，市公安局贯彻上级公安机关的统一部署，打击各类违法犯罪活动，侦破各类刑事、经济、毒品等案件，加强社会治安、道路交通、消防和监所管理，改善装备，提高安全保卫水平，参与抢险救灾，维护全市社会政治稳定和治安稳定，确保一方平安。

1991年，市公安局为抗洪救灾做出突出贡献，被公安部授予集体一等功。1997年，城北派出所被省公安厅表彰为"人民满意派出所"。1998年，城北派出所立集体二等功。1999～2000年，城北派出所、城中派出所获省"人民满意派出所"称号，市交巡警大队城区中队获省"人民满意交巡警队"称号，车辆管理所获省"人民满意车管所"称号。2002年1月，市公安局治安大队被公安部授予"全国'治爆缉枪'专项行动先进集体"称号。3月，市公安局被公安部授予"全国公安机关'三项教育'先进集体"称号。5月，市公安局"1·12"调处回汉矛盾工作小组被省公安厅授予集体二等功。刑警二中队获省"人民满意刑警队"称号，城中派出所获省"人民满意派出所"称号。2003年3月，市看守所、市治安拘留所分别获省公安厅颁发的"二级看守所""达标治安拘留所"称号。7月，刑警大队二中队获省"人民满意刑警队"称号，交巡警大队城区中队获省"人民满意交巡警队"称号。8月，市公安交巡警大队马棚中队被省公安厅记集体二等功。2004年，市公安局被中共扬州市委、扬州市政府授予集体二等功。2005年2月，珠湖派出所被公安部授予"全国一级公安派出所"称号，市看守所被公安部表彰为"全国二级看守所”和“全国公安监管系统深挖犯罪工作”先进集体，交巡警大队马棚中队被公安部授予“全国预防道路交通事故先进中队”称号。3月，市公安局刑警二中队被公安部命名为“全国一级责任区刑警队”。

第一节 机构队伍

一、机构

机关办事机构 1986年，县公安局内设办公室、教导员办公室、纪检组、治安股、消防股、内保股、政保股、刑警队、预审股、自行车管理所。1987年，县交通局交通监理所、城镇交通管理所划归县公安局，分别更名为县公安局道路交通监理所、县公安局城镇交通管理所。县公安局自行车管理所更名为县公安局车辆管理所。1989年10月，经县编委批准，增设户政股、通讯装备股。11月，增设干警培训办公室、法制办公室，两块牌子、一套班子。1991年4月，增设财务会计股。1992年1月，市公安局教导员办公室更名为政工办公室。1993年7月，股改称为科。1994年7月，增设行政拘留所。1997年3月，市公安局“110”报警指挥中心成立。至2005年，市公安局共设有办事机构11个，即办公室、“110”指挥中心（副科级）、政治处、纪检组、警务督察队、户政科、出入境管理科、法制科、通讯装备科（计算机安全监督科、财务会计科）、市看守所、市行政拘留所。办公地点设在府前街58号。

职能大队 1987年11月，全县道路交通管理划归公安部门，县公安局增设交通警察队。1989年4月，县公安局交通警察队更名为县公安交通警察大队（副科级）。1994年7月，在治安科内增设巡警队。市公安局刑警队、治安科分别更名为市公安局刑警大队、市公安局治安大队。是月，组建中国人民武装警察部队高邮市消防大队（正营级），亦称市公安消防大队。1995年5月，市公安局刑警大队升格为副科级建制。1997年1月，增设经济案件侦查中队，为副股级建制。1997年1月，市公安交通警察大队增设汉留、周巷两中队。5月，增挂“市公路巡逻民警大队”牌子。1998年8月，成立市公安局经济案件侦查大队（副科级）。2000年10月，原市公安交通警察大队、市公路巡逻民警大队、市公安局巡逻警察大队合并为市公安局交通巡逻警察大队，原副科建制不变。2003年10月，市公安局防控处警队成立，原交警队巡逻队并入防控处警队。至2005年，市公安局共有职能大队9个，即国内安全保卫大队（副科级），下设综合股、政一中队、政二中队；治安警察大队（副科级），下设案件侦查中队、场所管理中队、基础中队、民爆管理办公室、综合股；刑事警察大队（副科级），下设综合股、刑一中队、刑二中队、刑三中队、刑四中队、刑五中队、刑六中队、技术中队；防控处警大队，下设综合股、处警中队、巡查中队、出租车管理办公室、特情中队、卡口中队；交通巡逻警察大队（副科级），下设政秘股、事故处理股、车辆管理所、秩序股、机动中队、城区中队、车逻中队、马棚中队、三垛中队、天山中队、周巷中队、汉留中队；禁毒大队，下设禁毒一中队、禁毒二中队；经济案件侦查大队（副科级），下设综合股、经一中队、经二中队、经三中队；经济文化保卫大队，下设综合股、经保一中队、经保二中队；水上警察大队（副科级，与水上派出所合署办公），下设综合股、水一中队、水二中队、水三中队。

公安派出所 1986年8月，增设芦苇场派出所。至此，全县设有派出所35个，即城中、城北、水上、芦苇场、界首、三垛、临泽、送桥、菱塘、车逻、八桥、平胜、川青、天山、武安、龙奔、一沟、张轩、东墩、马棚、卸甲、汤庄、伯勤、甸垛、沙堰、周巷、营南、周山、汉留、司徒、横泾、武宁、甘垛、二沟、郭集派出所。1987年8月，增设湖滨、石工头两个派出所。1988年7月，增设城东派出所。2000年9月，按照新调整的行政区划，全市38个派出所合并为25个。2003年9月，城北、城中派出所分别更名为珠湖派出所和蝶园派出所，并以府前街为界，向南为蝶园派出所辖区，向北为珠湖派出所辖区；撤销城东、石工头、芦苇场3个派出所，东墩派出所更名为开发区派出所，一沟派出所更名为龙虬派出所；水上派出所与市水警大队实行所队合一。2005年，全市有派出所24个，即蝶园、珠湖、水上、开发区、武安、马棚、龙虬、车逻、三垛、司徒、横泾、甘垛、汉留、八桥、卸甲、汤庄、界首、周山、周巷、临泽、送桥、菱塘、郭集、天山派出所。

二、队伍

1986年，全县公安系统在编民警188人，其中女民警10人；乡办合同制民警126人。1993年4月，首次举行人民警察授衔仪式，被授予警督、警司、警员警衔的民警共有287人，其中一级警督3人、二级警督9人、三级警督83人、一级警司67人、二级警司57人、三级警司28人、一级警员40人。1994年，全市合同制民警全部转正。至2005年，全市有公安民警571人，其中女民警43人；被授警衔民警565人，其中一级警督3人、二级警督24人、三级警督237人、一级警司155人、二级警司52人、三级警司54人、一级警员40人。

第二节　案件侦查

一、刑事案件侦查

1986～1990年，全县继续开展严厉惩处严重刑事犯罪的斗争，针对盗窃案件发案数量多的特点，开展反盗窃专项斗争和专项治理，破获盗窃案件1328起。对发生的各类刑事案件，坚持快侦快破，实行三级破案责任制，各种刑事犯罪活动得到有效遏制。1991年，全市公安机关把工作侧重点转移到抓基层基础、治安防范和治本措施上来，同时突出各个阶段重点，确保大灾之年全市政治、经济和社会秩序稳定。是年起，市公安机关有计划、有步骤地开展为期3年的反盗窃斗争。1992年，盗窃等案件的立案标准提高，全市集中开展反盗车斗争，破获城区盗窃自行车团伙3个，抓获作案成员25人。1993年起，市公安机关组织一系列专项斗争、专项治理和集中打击行动，出现刑事案件、重大刑事案件、治安案件“三下降”的好势头，全市刑事案件发案数每年在250起左右。1996年1月15日至2月15日，市公安局在全市范围内开展“治痞”专项斗争，着力打击寻衅滋事、敲诈勒索等不法活动，全市共摧毁团伙6个，成员28人，查处各类违法犯罪人员144人；破获各类刑事案件31起、治安案件41起，缴获赃款赃物折合4万多元。是年，市公安局综合运用多种手段，共缉获“三逃”人员26人，其中杀人在逃的犯罪嫌疑人7人。1998年，按照上级公安机关如实立案工作的要求，立刑事案件383起，比上年上升152.6%。是年9月，市公安局全力投入破案防范百日会战专项斗争，共破获各类刑事案件216起，其中大案85起、特大案件12起，抓获刑事作案成员89人，摧毁犯罪团伙8个、成员38人，缴获赃款赃物折合58万多元；缉获“三逃”人员24人，集中打击处理14名流氓恶势力分子。1999年、2000年，全市刑事案件上升较快，分别为1337起和2089起，其中杀人、抢劫、强奸、伤害、绑架、放火、投毒、劫持（简称“八类”案件）重大案件分别发生618起和730起，市公安机关两年共破获各类刑事案件2184起，其中重特大案件560起，部分积案得到破获。2000年1～7月，市公安局开展“打击人贩子，解救被拐卖妇女儿童”专项斗争，全市共破获拐卖妇女案件86起，抓获人贩子76人，解救被拐卖妇女344人、儿童4人。是年，破获各类盗窃案件940起，其中挂牌案件4起，缴获赃款（含赃物折价）70多万元。2001年，市公安局根据上级公安机关统一部署，组织“打黑除恶”专项斗争，共破获各类案件61起，摧毁恶势力团伙5个，抓获黑恶势力分子88人。2003年6～9月，市公安局组织开展夏季治安整治行动，共破获各类刑事案件271起，抓获刑事作案成员107人，其中团伙8个52人、网上逃犯42人，缴获赃款赃物折合63.8万元。是年，全市侦破率居扬州市各县（市、区）之首。2004～2005年，全市发生刑事案件3864起，其中盗窃案件3403起。发生“八类”案件88起，破案率95.8%。其中，12起杀人案件全部告破，还相继攻克11年、8年、5年前杀人积案各1起，抓获网上杀人逃犯2人，代破浙江省4年前杀人积案1起，破获毒品犯罪案件7起。

2000～2005年高邮市刑事案件侦查情况一览表

表24-1 单位:起

年份	项目	刑事案件总数	主要案件类型								其他	备注
			合计	杀人	伤害	抢劫	强奸	盗窃	诈骗	抢夺		
2000	发案	2089	1816	6	66	34	6	1624	73	7	273	重大730起
	破案	1344	1081	6	65	26	5	940	35	4	263	重大312起
2001	发案	1437	1377	1	17	41	18	1232	60	8	60	—
	破案	761	712	1	15	35	17	614	27	3	49	—
2002	发案	1320	1290	1	16	27	11	1181	51	3	30	—
	破案	814	789	1	16	25	11	713	23	—	25	—
2003	发案	1302	1281	6	10	9	8	1160	78	10	21	—
	破案	661	641	6	10	8	8	578	30	1	20	—
2004	发案	1301	1266	4	10	16	10	1144	48	34	35	毒品案5起
	破案	686	651	4	10	15	10	578	25	9	35	毒品案5起
2005	发案	2563	2473	8	10	21	3	2259	148	24	90	毒品案2起
	破案	1208	1147	8	10	20	3	993	93	20	61	毒品案2起

二、经济案件侦查

1986～1990年,县内发生的经济案件主要以投机倒把、走私贩私、合同诈骗等3类案件为主。1991年后,随着经济活动的多元化,市内经济犯罪呈多样化趋势,合同诈骗、职务侵占、虚开增值税发票、非法传销、贩卖假币等经济犯罪活动逐渐增多。1996～1997年,市公安局共受理查处各类经济案件58起,立案31起,其中合同诈骗13起;抓获各类犯罪嫌疑人30人,挽回经济损失160多万元。1997年1月,市公安局刑警大队增设经济案件侦查中队。下半年,市公安局成立驻国家税务局和地方税务局2个民警办公室。1998年8月,成立市公安局经济案件侦查大队(简称经侦大队),定为副科级建制,下设综合股、一中队、二中队和驻国家税务局办公室、驻地方税务局办公室,配备民警17人。

1998年,市经侦大队立案21起,破案15起,抓获犯罪嫌疑人38人,挽回经济损失338.7万元,抓获逃犯9人。实施修订后的《中华人民共和国刑法》《中华人民共和国刑事诉讼法》后,市经侦大队针对新增管辖的经济犯罪类型,加大打击力度,成功侦办职务侵占案、挪用资金案、信用卡诈骗案等,开展打击假冒、走私、涉税犯罪及百日会战等专项斗争,查获假冒伪劣商品460多万元,罚没款60多万元,法制教育50多人次,协助追缴税款225.3万元。破获走私普通货物案、持有和使用假币案、合同诈骗案,抓获在逃人员2人。1999年,打击涉税犯罪、危害公司管理犯罪,侦破虚开增值税专用发票案和挪用资金案。2000年,市经侦大队侦破在全市有影响的非法吸收公众存款、集资诈骗案。开展打击信用卡诈骗犯罪案件专项行动,立案20起,抓获涉案嫌疑人14人,挽回损失30多万元,遏制信用卡诈骗案件上升势头。2001年,全省集中开展打击金融诈骗犯罪专项斗争,搜集犯罪线索40多条,破获案件5起,抓获嫌疑人5人,协助金融部门清收不良贷款100多万元。2002年,抓获1995年高邮丝绸厂被合同诈骗案逃犯3人,先后破获1996年合同诈骗电缆案、1997年诈骗粮食案等多年未破的重大积案。在打击信用卡诈骗犯罪、涉税犯罪案件中,立案11起,抓获嫌疑人11人,挽回经济损失70多万元;破获团伙犯罪1个,抓获嫌疑人13人,挽回经济损失60多万元。

2003～2004年，全市经济犯罪案件高发，共抓获犯罪嫌疑人50人，挽回经济损失453.91万元，抓获逃犯13人。侦破合同诈骗案、集资诈骗案、涉税案件共21起，查处犯罪嫌疑人13人，挽回经济损失70多万元。打击传销违法犯罪活动，捣毁传销窝点3个，教育劝返受骗群众80多人。2005年，全市经济犯罪案件的势头得到一定遏制。是年，开展整顿和防范盐业市场秩序专项整治、打击涉税犯罪专项斗争，受理涉税案件8起，挽回损失85.3万元；开展反假币专项斗争，打击非法传销的“山鹰行动”，并开展“平安企业”创建活动，加强警企协作，健全管理制度，确保企业的经营管理安全。

三、毒品案件侦查

80年代末至90年代初，境内毒品死灰复燃。1993～1995年，先后发现高邮镇和郭集、送桥、天山、菱塘、张轩、卸甲、伯勤等乡镇有人私种罂粟，市公安局迅速组织力量，铲除并销毁非法种植的罂粟5.71万株，缴获半成品鸦片2.05千克，抓获非法种植人员31人，并依法逮捕情节严重者3人。1997～2000年，全市登记在册的吸毒人员6人；查破涉毒案件3起，其中贩卖毒品案件1起；非法种植毒品原植物案件2起。2001～2003年，全市吸毒人员增至10人，被查获的吸毒、贩毒人员始为居留高邮市的外地人，后逐渐有高邮本地人加入其中。2004年，城区数家歌舞厅出现K粉、摇头丸等毒品，全市破获贩毒案件5起、吸毒案件5起，打击处理7人。2004～2005年，市公安局强化禁毒宣传，全面推进“无毒社区”创建工作。2005年，查处涉毒违法犯罪嫌疑人员24人，破获涉毒治安案件18起、刑事案件2起，移送起诉3人。

第三节　治安管理

一、公共场所治安管理

1991年10月，市公安局集中整治淮扬、邮盐公路高邮段路边文化娱乐场所，被整治67家，其中影剧院3家、录像厅1家、桌球室63家。通过整治，破获一批刑事案件。1998年9月，集中清查全市公共娱乐场所，共检查歌舞厅58家、桑拿浴室25家、音乐茶座36家、美容美发厅87家，查获“三陪女”24人、卖淫嫖娼人员6人，抓获其他违法犯罪嫌疑人29人，其中在逃人员3人；破获各类治安、刑事案件18起。2000年，全市文化娱乐场所发展迅速，共有影剧院31家、书场4家、歌舞厅58家、夜总会4家、保龄球馆2家、咖啡屋10家、音乐茶座56家、溜冰场3家、桑拿中心25家、美容美发厅87家。市公安局根据《江苏省公共场所治安管理条例》，对申请开业的业主严格审查审批程序，符合安全条件的发给经营许可证和安全合格证。是年8月，突击清查城区19家经营网吧203台计算机，查获3家经营网吧11台计算机通过互联网下载黄色图片，依法扣押11台计算机；对4家无证经营网吧当场责令停机、限期办证，对3名涉嫌传播淫秽物品业主给予留置审查。2003～2005年，全市有歌舞厅54家，棋牌室27家，酒吧、茶座、咖啡馆29家，演出放映室10家，健身、体育锻炼场馆11家，市公安局加强日常管理，及时处理治安管理问题。

二、特种行业治安管理

1986～1987年，全县有特种行业单位342家，其中旅社（招待所）176家、收旧店（摊）99家、刻字店27家、印刷厂40家。县公安局按照行业性质、规模大小，分别实行验证登记、情况报告、财物保管、值班检查等制度。特种行业单位共提供各类犯罪嫌疑线索125条，协助公安机关抓获罪犯17人。1989年后，县公安局取消对自行车、钟表、照相机、无线电等专修行业的治安行政管理，重点管理废旧金属收购业、旅馆业和印刷刻字业等。1990年，县公安局、县工商行政管理局联合对旅店、收旧业开展集中清理整顿，查获违法犯罪人员22人，查获卖淫、嫖娼、盗窃、销赃等案件36起，缴获非法收购的工业铜、铁、铝等原材料500千克。因违章经营，被吊销安全合格证和营业执照的旅社2家，被责令停业整顿的收购点4家，被取缔的个体收旧户149家。1991年10月，市公安局集中整治全市旅社88家、停车场20家、收旧店14家、修理摊点202处，破获刑事案件46起，查获犯罪分子26人。

1997～1998年，由市公安局治安大队牵头，对全市从事特种行业、公共场所经营的治安责任人近500人，分10批进行集中培训，聘请专业人员进行授课，统一考试的成绩列入行业场所管理档案。会同市相关部门集中清查全市废旧金属收购站点，清查废品收购站点135家、水上违章经营船只20艘，查获无证和违法经营站点8家、超范围经营站点11家，收回特种行业经营许可证83份，查扣废旧金属4.37吨，查处违法、违章经营业主7人。2000年，市公安局联合工商、卫生等单位，对全市旅社、招待所、刻字社、美容美发厅、停车场和麻醉精神药品市场等进行不定期突击检查和整治，共查获无证照经营摊点17家，传唤审查个体经营业主和从业人员20人。2003～2005年，市公安局全面实行特种行业治安安全条件准入制度。

三、枪支、管制刀具管理

1986～1995年，市公安局查获手枪2支、子弹5发，收缴社会非法枪支4支、子弹193发、雷管180发、电雷管19个、火雷管103个、拉火管21个、TNT烈性炸药275支、导火索4米、匕首6把。对民用枪支进行审验换证，办理领证97份，建立公安内部枪支的枪弹痕迹档案。1996年8～9月，在全市范围内集中开展枪支清理登记、收缴非法枪支弹药，共清理登记公务用枪和民用枪支865支，其中公务用枪250支、民用汽猎枪615支；收缴非法枪支38支，收缴非法私藏的子弹、电雷管、火雷管、空炮弹一批；依法逮捕私藏枪支弹药人员1人。2001年5月，开展“治爆缉枪”专项行动，收缴流散在社会上的非法子弹6811发、雷管243个、炸药4千克；查处涉爆涉枪案件56起，处理涉案成员88人。2003年2月，市公安局破获非法持枪案1起。4月，与用枪单位签订安全责任状。2004年，收缴管制刀具1336把、民用枪支26支、仿真枪70支、废子弹41发、废炮弹5枚，查处涉爆涉枪涉恶案件8起，抓获违法犯罪嫌疑人员13人。2005年9月，送桥、龙虬派出所查处非法持有管制刀具诈骗行凶治安案件4起，治安拘留4人，没收管制刀具4把。

四、危险物品管理

1986～1997年，境内有大小鞭炮厂（作坊）数十家，设施简陋，安全事故不断，后经提高准入门槛，大批小鞭炮作坊先后被清理。1998年11月，市公安局消防大队对收缴的各类私产私售烟花爆竹进行集中销毁，案值10万多元。2000年7月15日至9月中旬，市公安局集中停业整顿烟花爆竹生产企业13家，封存有证零售网点953家的烟花爆竹，依法取缔烟花爆竹非法经营户1079家，查处私产烟花户52家，封存烟花5346个，销毁鞭炮、烟花97箱，处罚私产烟花爆竹业主3人。至是年末，全市共有具备一定规模的烟花爆竹生产企业7家、生产人员1325人，专营公司1家，零售网点159家；爆破器材炸药库1个（天山），管理人员12人；采石场2家，操作人员251人，涉爆操作人员、押运员、保管员、安全员、驾驶员、燃放员98人。全市有农药销售点379家，市公安局对其建立行之有效的管理机制。2001～2002年，市公安局共收缴爆竹5.25万个、烟花7296个、药物原料103.5千克、黑火药52千克，取缔非法生产、销售烟花爆竹窝点26处，捣毁非法生产烟花爆竹个体户7户，没收一批非法生产的烟花爆竹和原辅材料，对擅自扩大黑火药生产范围的1家花炮厂给予停产整顿处罚。2002年9月，市公安局遵照省委办公厅、省政府办公厅《关于立即在全省查禁、收缴“毒鼠强”等剧毒性鼠药的紧急通知》，立即开展全民性收缴工作，全市共销毁鼠药500千克。2003年，组织开展以收缴“毒鼠强”为重点的缴毒行动，清理和取缔剧毒农药销售点345家，保留的32家销售点逐一签订守法经营责任状；组织缴毒集中行动6次，共收缴“毒鼠强”等剧毒化学品307千克；查处涉毒违法案件4起，处理违法人员2人。是年6月，市公安局制定《高邮市民用爆炸物品剧毒危险化学品等特别重大事故应急救援预案》。是年10月，市危险物品治安管理协会成立，协助有关职能部门对民用危险物品进行监督管理，开展安全检查和培训等工作。2004年，查获剧毒物品290.5千克。2004～2005年，市公安局加强烟花爆竹市场管理，捣毁私销烟花爆竹窝点3处，收缴、销毁价值30多万元非法生产的烟花爆竹；查处涉爆案件3起，治安处罚6人。

五、扫除社会丑恶现象

禁娼　80年代，在境内绝迹的卖淫嫖娼活动死灰复燃。1989年11月，县公安局查获卖淫嫖娼案件5起。1991年5～10月，市公安局对旅馆业特别是个体旅馆进行清查，挖出卖淫嫖娼团伙1个，捣毁卖淫窝点2处，破获卖淫嫖娼案件9起，抓获卖淫女9人、嫖客19人，查获复制、传播淫秽物品18人，收缴淫秽录像带15盒、淫秽扑克1副。1995年8～10月，共破获卖淫嫖娼案件20起；抓获卖淫女21人，嫖客108人，引诱、容留、介绍他人卖淫人员38人；查获有卖淫嫖娼活动的旅社、招待所26家、路边店5家、出租私房10家、美容美发厅14家。在查获的人员中，被逮捕6人，劳动教养5人，治安、行政处罚109人。1999年，收缴淫秽黄色碟片185张，摧毁卖淫窝点23处。是年12月，责令38家违法经营场所限期整改，吊销9家娱乐场所公共场所安全合格证，吊销20家企业和个体工商户营业执照，取缔10户无照经营单位和个体工商户。因涉嫌故意伤害和介绍容留卖淫罪依法逮捕21人，因流氓罪劳动教养3人。2002年，在汉留镇捣毁卖淫窝点，依法逮捕组织、容留妇女卖淫犯罪嫌疑人3人。

禁毒　详见本章第二节《案件侦查》（第863页）。

禁赌　1986年，赌博在全县有所抬头。1987年春节前后，全县印发6000份禁赌通告，共抓赌230场次、1400多人，依法打击处理赌头、赌棍39人，对多数失足者进行严肃的批评教育。二沟、东墩等乡镇先后有赌博人员820人到派出所进行登记悔过，郭集、界首等乡镇建立妇女禁赌协会，把禁赌工作纳入乡规民约。1989年11月，县公安局开展反聚众赌博专项斗争，共抓获现行赌博608场次，捣毁赌窝4处，查获参赌人员2565人，依法惩处684人。1993年春节前后，组织140多名干警，在500多名基层干部配合下，查处赌博案件108起，处罚参赌人员592人，没收赌资7500元，治安罚款12万元。1994～2004年，坚持不懈查禁赌博，露头就打。2005年1～5月，开展以打击棋牌室赌博、党员干部参赌护赌、赌头赌棍和游戏机赌博为重点的禁赌专项行动，查破赌博案件409起，其中刑事案件37起，查处涉赌违法人员1507人；查获涉赌棋牌室112家、网吧1家、游戏机室13家、宾馆6家，缴获麻将、扑克等赌具321件，收缴罚没财物176.04万元。

图24-1　集中销毁赌博游戏机现场会

扫黄打非　1986年3月，县委宣传部、县公安局联合在城区各系统、各中学开展查禁黄色书刊、画册、淫秽录音制品和非法出版的书刊、画册、光盘等活动（简称"扫黄打非"），共收缴淫秽书刊120份、黄色录音磁带164盘。1997～1998年，市公安局会同有关部门查处"黄、娼、赌"案件188起680多人，取缔一批藏污纳垢的场所。2001年4月，龙虬镇执勤民警在对一辆兴化市出租车进行例行检查时，当场搜出淫秽光盘280张。2003年4月，114家音像制品经营单位向市公安局、市文化局签订治安责任书。2004年1～3月，市公安局组织开展以打击黄、赌、毒、娼等社会丑恶现象为重点的"清风"行动，共查处涉娼涉赌案件54起，逮捕1人、劳动教养3人、治安处罚147人，捣毁卖淫窝点2处，收缴电子游戏机16台。

六、水上治安管理

80年代，由县公安局水上派出所负责水上治安管理工作。1990年7月，全县组织党政干部、公安干警、民兵和治安积极分子2400多人，参加全国水上打击流窜犯罪统一行动，设置水陆关卡54处，清查航道59条、港口码头28个、锚地73处、停泊点54个、沿岸私房出租户248户、废品收购站（点）17家、船只2473艘，查获违法犯罪人员85人，破获刑事案件162起。1994～1995年，市公安局两次组织水上清查行动，共设立水陆关卡14处，检查各类船只3100多艘，船泊点2处，沿河重点水域16处，渡口、码头等场所80多处，沿河旅馆、停车场、私房出租户、收旧点313处，破获刑事案件2起、治安案件5起，抓获违法犯罪人员42人。1997年9月，市公安局开展水上治安清查行动，清查码头、渡口、水上收购站点等场所241处，清查船只2100多艘，清理取缔"三无"船只83艘，清除非法渔具21件，收缴非法枪支8支，查获违法犯罪嫌疑人23人，摧毁犯罪团伙1个3人，查破案件11起。2001年10月，市公安局水上警察大队成立。辖区有常住人口4000多人、暂住人口240多人。管辖长途汽车站、公交车站、运东运西船闸、大协船厂、卧龙宾馆等单位场所共20多家。是年，水警大队和相关部门联手，依法取缔在高邮湖区组织渔民从事封建迷信活动的"红三教"等非法组织。2002年，市公安局把整治高邮湖区流动人口作为加强水上治安管理、策应"严打"整治斗争重要内容，共登记水上作业人员1011户1680人，其中高邮市人口762户1390人；登记暂住人口249人，发暂住证202份；换发船牌135块、船民证1820份；收缴枪支52支；破获案件5起，其中刑事案件1起、治安案件4起，处理违法犯罪人员8人。2003年9月，市公安局对水上派出所和水警大队进行整合，辖区内常住人口移交给珠湖派出所管理。管辖境内水面积500平方千米（高邮湖面积420平方千米），内河航道57条，通航里程650千米，船闸2座，港口、码头、渡口30多处，涉水单位10多家。2005年3月，湖区石工头处发生一起蒙面入室抢劫案，市水警大队会同刑侦部门迅速开展现场勘查、调查走访，很快锁定犯罪嫌疑人，仅两小时就破获该案。

第四节　户政管理

一、常住人口管理

1985年，户籍管理工作由乡镇政府管理移交给各派出所管理。1986年，全县有常住人口居民户20.99万户。此后，由于人口增长、户型缩小，全县常住人口居民户呈逐步上升趋势。1987年，县公安局根据公安部关于对60年代下放老居民户办理户口"农转非"（农业户口转为非农业户口）就地入户工作的精神，开始办理户口"农转非"工作。1988年，县公安机关将政府移交的户口底册由原来一表多人改为一人一表。1990年2月，全县人口信息实行计算机管理，常住人口录入计算机，计算机检索全面开通。至是年末，全县共办理户口"农转非"1912户5999人。1992年，市委、市政府为鼓励农民进城，允许农业户口由农村迁往城区，每个户口按人收取8000元城市建设配套费，转办为地方户口，享受与非农业户口同等待遇。是年，全市共办理地方户口4596人，收费3682.16万元，全部上缴市财政。1995年起，各派出所以乡镇为单位，办理小城镇户口，允许农业户口从农村迁往集镇和城区，每个户口按人收取城市建设配套费2000～5000元不等。1997～1999年，各派出所将辖区常住人口信息全部录入计算机。1999年起，市公安局按照公安部《小城镇户籍管理制度改革试点方案和关于完善农村户籍管理制度意见》，选择高邮镇、武安乡、临泽镇、界首镇、菱塘回族乡等5个乡镇开展试点，实行以居住地划分城镇人口和农村人口，以职业划分农业人口和非农业人口，凡具备在小城镇有合法稳定非农职业或者有稳定生活来源、有合法固定住所、居住已满2年等3个基本条件的农业人口，均可在小城镇落户。至年末，办理小城镇户口3.5万人，翌年在全市全面推开。2002年，市公安局会同市计划生育局、市教育局等部门开展1997年以来出生未落户人员户口专项整改工作，全市共登记出生未落户口人员7950人。同时，补报往年漏登户口741人，纠正项目差错766人次，提高全市户口登记准确率。2003年5月1日，遵照省政府统一规定，取消农业户口、非农业户口、地方城镇户口、蓝印户口、自理口粮户口等各种户口性质，按实际居住地登记户口，统称居民户口。2005年起，扬州市范围内户口迁移实行网上迁移，并实行“一站式”服务。至是年末，全市共有常住人口家庭户27.39万户。

二、暂住人口和流动人口管理

1992年4月，市公安局遵照省政府《江苏省暂住人口管理办法》，调查到城区务工、经商的农村和外来人员，有暂住户1808户、暂住人口4548人。1995年，各乡镇建立暂住人口管理领导小组，各派出所建立办公室，配备流动人口协管员。凡离开常住户口所在地、拟在暂住地居住1个月以上年满16周岁的人员，均申领“暂住证”。1996年，全市发给“暂住证”3.62万人，其中男性2.3万人、女性1.32万人，暂住人口与派出所签订治安责任书。进入21世纪后，随着人口频繁流动，市公安机关加强对流动暂住人口管理。2002年，全市流动人口4.07万人次，发给“暂住证”7064人。2003年，全市形成以社区民警为主体，治安人员为辅，以职能部门为主导，居民自治组织为策应的交叉立体式多功能管理网络。2004年，市公安局对辖区内房屋出租户、用工单位进行拉网式梳理，摸清外来人口底数。在城区15个社区设立流动人口登记站，充实调整专兼职协管员。2005年，全市流动人口7.25万人次，新发“暂住证”9969人。

三、居民身份证管理

1987年初，县公安局依照《中华人民共和国居民身份证条例实施细则》，通过在界首镇试点，全县首次开展颁发居民身份证工作。至1988年，全县完成61万名常住人口登记表填写、核对、编码、照相等前期工作。至1990年，全县领取居民身份证人口共71.05万人。1998年4月，对持有效期10年居民身份证的人口开展换证工作，核发合格证件20万份。2005年12月，全市换发第二代居民身份证，是年办理15.22万人。

第五节　安全保卫

一、国内安全保卫

1987年12月、1989年6月、1990年7月，司徒、周山、马棚、临泽、周巷、武宁等乡镇先后发生台湾当局通过空飘散发、邮寄传单和宣传品的事件，县公安局政保股、县人武部和发案地派出所组织收缴，强化对群众的宣传教育。1994～1995年，甘垛乡、营南乡和三垛镇先后发生5起投寄给敌特机关的挂钩信案件，经市公安局政保部门和案发地派出所民警侦查，2名挂钩人受到法律制裁。另外3人均为在校中学生，因好奇收听敌台，写信向敌特机关索要邮票、节目表和风景画册等。市公安机关对涉案人员进行严肃批评教育和处理。

二、警（保）卫工作

领导人安全保卫　1994～2005年，中共中央政治局常委、国务院总理李鹏，国务委员、国家计划生育委员会主任彭珮云，全国人大常委会原副委员长廖汉生，中共中央政治局委员、中央书记处书记、国务院副总理姜春云，国务委员、国家民委主任司马义·艾买提，中共中央政治局常委、国务院总理朱镕基，中共中央政治局委员、中国社会科学院院长李铁映，全国人大常委会原副委员长费孝通，全国政协副主席阿不来提·阿不都热西提、张思卿、张怀西等党和国家领导人先后到高邮视察。其间，市公安局实行定人、定岗、定任务、定责任的“四定”岗位责任制，严密各项安全保卫措施，确保绝对安全。

外事保卫　1986～1989年，法国、日本、孟加拉国、捷克斯洛伐克、亚洲开发银行、世界银行、海湾五国驻华使节及夫人、美国IBM电子公司等12批考察团、摄影团、旅游团、专家先后到高邮考察、旅游和技术指导，县公安机关及时做好安全保卫工作。1990年、1995年，日本神奈川县日中友好协会第三次大运河（永久）自行车旅行团一行35人、日本“遣唐使之路”踏查团和日本旅游团先后途经高邮参观访问，市公安机关妥善做好沿途交通和安全保卫工作。1999年，澳大利亚维多利亚州教育代表团一行14人到高邮参观访问；澳大利亚南格莱片郡市市长霍华德·坦布雷顿率政府代表团一行7人到高邮，举行友好城市签字仪式；孟加拉国教育部考察、培训团一行10人到高邮菱塘民族职业高级中学考察，市公安局做到精心组织、确保安全。2000～2005年，随着招商引资和对外交往活动频繁，外宾到高邮已成常态。其中，2003年9月，澳大利亚汉密尔顿·亚力山德拉学院66名师生到高邮市中学进行为期13天的访问交流，市公安局严格按照外事活动安全保卫规定，做好安全保卫工作。

三、重点单位保卫

机关、企事业单位保卫　1986年，全县列入公安内部保卫的党政机关和较大工厂、企业、学校等单位70家。是年，全县发生35起企事业单位财务室、仓库被盗案件，县公安局开展创建“安全合格仓库”活动，年末全县210个仓库全部达标。1987年，全县重点部门、单位设置保卫科8个、保卫股20个，保卫干部94人；设立治保会127个，成员1213人。1988年，县公安局对列管的127家内部单位、87个财会室和221个仓库进行检查验收，安全合格率100%。1990年12月，扬州市公安局和扬州市经委在高邮联合召开全市内保工作现场会。1991年，全市建立和健全各级治保组织，调解民事纠纷7659件，提供案件线索269条，协助破获各类案件206起，抓获违法犯罪人员162人。在驻城127家单位内部开展创安全合格车间、合格门卫、合格财务室和合格仓库（简称创“四合格”）活动，并逐步把创“四合格”活动向57家年产值500万元以上或职工总数500人以上的乡镇企业延伸，逐级落实责任制，全年列管乡镇企业仅发生一般刑事案件3起。1993年3月和7月，市政府办公室、市电器厂、市化肥厂、高邮水泵厂、农行高邮市支行、建行高邮市支行等6家单位分别成立经济民警分队，有队员95人。1995年，全市56家“三资”企业建立保卫组织。2002年，市公安局排找企业不安定因素127条，调解矛盾纠纷70多次，妥善处置群体性事件43件，对扰乱企业生产秩序的违法人员27人，依法给予治安处罚。2003～2005年，市公安局加大对全市经济、文化及金融单位治安管控力度，在重点单位和要害部位安装与“110”报警服务台联网报警装置。2005年1月，市公安局成立处置群体性集访事件领导小组，设立驻行政中心民警值班室，依法化解各类群体性事件93件。

金融系统保卫　1997年，市公安局开展金融系统治安整顿6次，对全市161家基层金融网点、78个金库和13辆运钞车实施安全检查，查出各类治安隐患682处，发治安隐患整改通知书32份，并加大督促整改力度，确保金融系统安全。2002年11月至2003年11月，市公安局保安服务公司先后为工商银行高邮市支行、建设银行高邮市支行负责押运、守库、门卫、营业厅安全保卫工作。2005年11月，市公安局在通湖路市工商银行营业厅进行金融防抢劫预案演练。

校园及周边地区整治　1994年，市公安局对城区15所中小学校师生进行交通法规安全常识教育。1996年，市公安交警大队与高邮市中学共建文明路——府前街，成立市第一个警校共建教育基地。1996～2000年新学期开学之际，组织民警到全市60所中小学校开设交通安全课和法制教育课，受教育师生15万人次。2001年，对车流量大、人车混合通行的文游南路，设置2千米隔离护栏和2块大型警示标志，确保高邮市中学、市职教中心、市工业中等专业学校、高邮镇新华小学等4所学校师生交通安全。2002年，组织基层派出所（队）与辖区38所学校开展结对共建“安全文明单位”活动，预防和减少青少年违法犯罪。2005年，与市实验小学共建少年警校，在学校周边和交通流量大的路口增派警力，确保学生上学、放学期间交通安全。

四、基层治安保卫

1986年，高邮镇有治安联防队队员20人。1989年6月，高邮镇治安联防队改建为县城治安联防队，有队员72人。是年，县城刑事案件比上年下降45%。1996年4月，武安乡成立全市第一家乡级治安联防大队。1998年11月开始，市公安局组织机关干部和100多名警察，分成25个巡逻小组，每天进行市区夜间巡逻。至年末，通过夜巡共抓获各类违法犯罪人员41人，缴获被偷盗的摩托车、自行车及其他贵重物品折合21万元。2000年，市公安交巡警大队建成城区6个出入口民警值班室和河口市际治安卡口，构筑全市治安防控体系。至年末，各卡口共盘查各类嫌疑人员1246人次，破获刑事案件13起，抓获违法犯罪嫌疑人员21人，缴获赃物价值4万多元。2001年1月，菱塘回族乡发生一起因婚姻矛盾引发的回汉民族纠纷，市公安局及时妥善处置，维护民族团结和社会稳定。公安部部长贾春旺在《江苏公安信息快报》第209期上亲笔批示，对高邮市妥善处置回汉纠纷予以高度评价。2002年，市公安局在界首镇应龙村首创由村民自愿竞标获取治安防范承包权，承包人报酬由村民委员会从各户统筹费中解决，取得明显成效。4月，市委、市政府向全市推广应龙模式。至8月，全市农村建立由900多人参加的治安防范队伍。是年，市公安局组建城区保安一大队，下设卡口、夜巡、机动3个中队。在城区创建居民安全住宅区，首批10个居民小区实现封闭、值班、专职巡逻，有效地压降城区夜间案件高发势头。2003～2005年，社区治安管理工作进入常态化。

第六节　出入境管理

一、境内公民出国（境）管理

1986年，全县离境到中国香港、澳门9人。1988年，离境出国1人。90年代前，出国（境）事由以探亲、访友、就业、留学为主。90年代后，逐步扩大到旅游观光、商务、劳务、培训、考察等活动。1994年3月，市公安机关开始为私人事务出国人员签发护照。1998年，全市出境人数仅93人。1999年，公民出国（境）始用计算机管理。是年，全市出国（境）人数上升到228人。2000年3月，启用97版护照管理系统，同时启用新版出境登记卡。2002年2月，取消签发护照附发出境登记卡做法。是年，全市出国（境）人数上升到658人。2003年10月，实施公民凭户口簿、身份证按需申领护照。2005年，出国（境）审批时间从1～2个月缩短到10日内。是年，全市出国（境）人数1296人，其中出国1055人，涉足国家和地区遍及五大洲。

1986～2005年高邮市出境出国人员情况一览表

表24-2　　单位：人

年份＼项目	出境人数	出国	年份＼项目	出境人数	出国	年份＼项目	出境人数	出国	年份＼项目	出境人数	出国
1986	9	—	1991	49	16	1996	40	18	2001	364	308
1987	12	—	1992	42	9	1997	78	50	2002	658	544
1988	22	1	1993	38	9	1998	93	57	2003	682	588
1989	19	2	1994	27	7	1999	228	157	2004	737	441
1990	31	3	1995	35	13	2000	285	199	2005	1296	1055

1986～2005年高邮市出境赴港澳台人员情况一览表

表24-3 单位:人

项目/年份	出境人数	去港澳	去台湾	项目/年份	出境人数	去港澳	去台湾
1986	9	9	—	1996	40	16	6
1987	12	11	1	1997	78	18	10
1988	22	21	—	1998	93	26	10
1989	19	17	—	1999	228	47	24
1990	31	28	—	2000	285	56	30
1991	49	28	5	2001	364	23	33
1992	42	22	11	2002	658	94	20
1993	38	23	6	2003	682	77	17
1994	27	16	4	2004	737	286	10
1995	35	13	9	2005	1296	220	21

二、境外人员入境管理

1987年起，陆续到高邮访问、旅游、洽谈经贸的外国人增多。1994年4月，市公安局简化对合资企业境外人员住宿地点审批手续。1996年，境外人员临时住宿登记实现计算机联网管理。1998年，对境外人员管理工作由出入境部门专业管理改为纳入基层公安机关日常业务中。2003年，对境外人员办证时限缩短到5个工作日内。至2005年，全市入境境外人员呈增长趋势，临时居留高邮境外人员逐年增加。

1987～2005年高邮市接待外国人临时入境人员情况一览表

表24-4 单位:人

年份	人数	入境人员国籍及人数
1987	3	德国3人
1988	10	美国8人、日本2人
1989	4	美国2人、巴基斯坦2人
1990	20	日本20人
1991	18	美国4人、法国2人、德国1人、捷克2人、英国1人、日本8人
1992	29	挪威4人、俄罗斯8人、马来西亚5人、日本6人、韩国6人
1993	157	日本105人、新加坡4人、韩国8人、挪威1人、加拿大1人、澳大利亚2人、美国10人、英国1人、俄罗斯20人、印尼5人
1994	93	韩国31人、日本34人、美国5人、印尼3人、德国6人、芬兰1人、西班牙2人、阿联酋1人、以色列1人、美国2人、瑞典3人、意大利2人、加拿大2人
1995	85	韩国25人、日本41人、美国10人、印尼7人、南非1人、荷兰1人
1996	113	日本43人、韩国43人、法国1人、印尼2人、哈萨克斯坦20人、吉尔吉斯斯坦4人
1997	247	美国102人、日本27人、韩国77人、印度3人、法国7人、泰国1人、波兰1人、西班牙1人、英国3人、德国1人、瑞典1人、荷兰6人、澳大利亚11人、加拿大5人、斯洛伐克1人

续表 24-4

年份	人数	入境人员国籍及人数
1998	44	韩国22人、日本8人、澳大利亚4人、荷兰4人、瑞士4人、美国2人
1999	138	韩国50人、日本53人、法国2人、西班牙8人、越南3人、加拿大2人、泰国2人、美国2人、荷兰1人、俄罗斯15人
2000	156	伊朗3人、韩国19人、日本65人、澳大利亚6人、美国7人、罗马尼亚2人、丹麦1人、德国3人、南斯拉夫3人、荷兰1人、法国2人、加拿大3人、蒙古41人
2001	162	日本65人、韩国19人、美国7人、新加坡2人、澳大利亚41人、德国3人、法国1人、加拿大12人、英国3人、泰国5人、越南4人
2002	126	日本29人、韩国19人、美国7人、新加坡2人、澳大利亚41人、德国3人、法国1人、加拿大12人、英国3人、泰国5人、越南4人
2003	163	日本34人、俄罗斯7人、韩国19人、美国7人、新加坡2人、澳大利亚66人、德国3人、法国1人、加拿大12人、英国3人、泰国5人、越南4人
2004	178	日本49人、俄罗斯17人、韩国19人、美国7人、新加坡2人、澳大利亚46人、德国3人、法国1人、加拿大12人、英国3人、泰国5人、越南4人、蒙古8人、荷兰1人、瑞士1人
2005	195	日本51人、俄罗斯17人、韩国19人、美国12人、新加坡2人、澳大利亚56人、德国3人、法国1人、加拿大12人、英国3人、泰国5人、越南4人、蒙古8人、荷兰1人、瑞士1人

三、港澳台同胞出入境

1986年起，县公安局根据公安部《中国公民因私往来香港地区或澳门地区的暂行管理办法》《关于办理来大陆探亲、旅游台胞暂住户口问题的通知》《中国公民往来台湾地区管理办法》，为港澳台同胞办理户口登记、签发各种证件。1992年7月，启用台湾居民来往大陆通行证，代替以前使用的台湾居民旅行证明。2002年，市公安局推出为台商和台资企业服务7条措施。是年，在市内住宿的境外人员126人次。2003年3月，放宽台商多次入出境签注、暂住加注期限，缩短办证时间。2004年12月，市出入境管理部门为在高邮的台湾居民来往大陆签注、台湾居民居留签注，不再签发旧版一次有效台胞证、入出境签注、暂住加注、停留延期加注。至2005年，累计入境的港澳居民461人次、台湾居民345人次。

第七节　道路交通管理

一、交通管理设施

1986年，全县道路交通管理由县交通局负责。1987年11月，全县道路交通管理划归县公安局。县公安局对县城主要道路实行分线行驶，重要路口安装指挥信号灯。1991年，在城区文游路邓桥岗增设悬臂式自控红绿灯信号台1座。1995～1996年，全市增设、更换交通标志牌90多块、护栏30米、交通事故报警示意牌15块，城区文游路增设钢质隔离栏6600米。1997年，为迎接’97中国邮文化节在高邮举办，在文游路、府前街、海潮路、通湖路等城区主干道安装钢质隔离栏6000米，新划5万米反光交通标线，在邓桥岗和建行岗增设两组计时式红绿灯。1998年，设置城区邓桥岗、建行岗路口导向车道和武安岔道口三相位交通信号灯各1组。1999年，在淮江公路临河一侧建设公路防护栏和防撞墩30多处。2000～2005年，随着城区逐步向东扩展，市公安局在主要路口设置红绿灯24组、智能监控系统

7个，添置人行护栏1200米、感光交通标志牌53块，对文游路、府前街、通湖路、海潮路实行机动车与非机动车分道行驶，文化宫路、蝶园路、盂城路实行单向行驶。

二、交通秩序管理

1989～1990年，县公安交通警察大队（简称交警大队）民警上路上线检查车辆23.2万辆，纠正交通违章20万起，清除违章占道物4420处，整顿违章摊点8780处，截获肇事逃逸车辆115辆，及时处置治安案件32起，抓获罪犯30人，年检机动车分别为2217辆和3260辆，年审驾驶员分别为2864人和4010人，培训、复训驾驶员660人，全县道路交通秩序逐步好转。1991～1994年，市交警大队对机动车和驾驶员实行严格年检、年审管理。1995年，市公安局在市区外围设置卡口12个，城区内设置执勤点13个，分段包干，定位看守，严格控制拖拉机和农用三、四轮运输车进入城区5条主要干道，城区交通秩序明显改观。是年，机动车换发九二式牌证。1997年，市交警大队加强路面勤务管理、车辆源头管理，整治机动车和驾驶员无牌无证、未参加年检年审等违章现象，同时查获一批盗抢机动车和伪造、挪用牌照车辆。1998年春运期间，市交警大队执勤民警先后查处淮安等地10辆使用伪造牌证或挪用牌证的大客车，消除长途客运的安全隐患，受到省、扬州市交警部门的重视。是年，处置治安案件38起，破获刑事案件21起，破获交通肇事逃逸案件30起，抓获违法犯罪嫌疑人109人。2000年起，公安交警实行接处警、巡逻、守卡、反恐、防暴等职能统一。至2003年，市公安交巡警大队以创建“平安大道”和争创人民满意活动为载体，实行以“定人、定时、定岗，包安全畅通”为内容的责任制，相继开展交通秩序整顿、高速公路统一行动、非客运车辆载客等33项专题整顿，维护道路治安。2004年，全市设立21个农村派出所交巡警警务站，有效控制农村道路交通事故发生。至2005年，市公安交巡警大队共有在职民警101人，管辖京沪高速公路46.3千米、淮江公路60千米、邮仪公路30千米、安大公路12.4千米、郭集天长公路11.4千米、乡镇公路47条2400千米、城区道路66.65千米；管理辖区机动车7.75万辆、机动车驾驶人员8.85万人和非机动车31万辆；新办“五小”（拖拉机、农用运输车和轻骑、摩托车、三轮摩托车）机动车驾驶证9953本，核发牌证7175本；检验机动车2.09万辆，其中汽车2420辆、“五小”车辆1.85万辆；年审、培训驾驶员1.81万人；全市治安卡口共抓获犯罪嫌疑人1556人，其中刑事拘留378人、抓获重大流窜杀人犯4人。是年，高邮市创“畅通工程”D类城市三等管理水平通过省专家组验收。

图24-2 民警夜间在卡口值勤

三、交通事故预防和处理

事故预防 1988年，县交警队在专业运输单位组织开展国务院《道路交通管理条例》专题讲座37次，受教育人数2万人次。1992年3月起，市交警大队先后在高邮人民广播电台、高邮电视台、《高邮报》开办《红绿灯》交通安全宣传栏目。1993年，乡镇派出所配备专职车管民警，建立市、乡两级交通安全管理网络。1994年8月，淮江公路高邮段和高邮收费站分别被列为昼夜巡逻段和交通违章肇事堵控卡口。1996年，32个乡镇和驻城13个大系统全部建立交通安全办公室，推行交通安全社会化管理。是年，举办“金城杯”道路交通安全知识电视大奖赛，开展“我与交通安全”有奖征文比赛等活动。1997～1998年，市公安局在高邮电视台新辟“交通违章曝光台”，开展“安全百日赛”“交通安全从娃娃抓起”“遵守交规从我做起”万人签名等系列活动。1999年起，市公安交巡警大队以创建“平安大道”和争创人民满意活动为载体，在城区开展严禁闯红灯、清理乱停乱放和违章占道、驾乘二轮摩托车须戴安全头盔等专项整顿。2000～2001年，实施道路"畅通工程"。2002年3月，全国预防道路交通事故工作会议在扬州市举行，国务院安全生产委员会办公室副主任闪淳昌率各省、市、自治区公安厅(局)、安全生产监督局负责人160人，赴高邮实地观摩淮江公路防护工程设施，参观"预防交通事故、创建平安大道"大型图片展和马棚交巡警中队规范化建设现场，听取市公安局预防道路交通事故经验介绍。是年6月，新华社、《人民日报》、中央电视台等9家新闻单位记者组成的"安全生产万里行"采访团到马棚镇，集中采访市公安局交巡警大队压降事故的事迹。2003年7月，市公安交巡警大队利用警车侧面模型和报废警用汽车，安放于事故多发路段，收到较好警示效果，被《人民公安报》、新华网等媒体推介和报道。2004年，加大科技装备投入，采取定点监控和机动巡逻相结合，改善路面通行环境，全市交通事故稳中有降，死亡人数连续6年下降。马棚交巡警中队被公安部授予"全国预防道路交通事故先进单位"称号。2005年，围绕"畅通工程"，到运输单位检查安全制度落实情况，严查路面交通违法行为，重大交通事故数下降29%。是年，全市创建交通安全示范村(社区、学校、单位)188个。

事故处理　1987年开始，凡境内交通事故，县交警部门做到及时处警，按程序勘查现场，搜集证据，保护当事人的合法权益，教育和惩处交通事故责任者。1997年，市交警大队为简化交通事故现场处置，对轻微交通事故，只要因果关系明显、当事人对当场调解无异议，采用简易程序当场结案。是年，采用简易程序处理交通事故100起。1998年，围绕"公正、公平、公开，勤政、廉洁、高效"的目标，推行分段分级处理交通事故，将办案民警分为勘查组、调解组和内勤组，各司其职，使事故定责、调解、处罚三权分立，相互制约；把交通事故按损失大小和处理难易程度划分为3类，分别由大队、辖区中队和执勤交警(派出所车管民警)按规定直接受理，大量采用简易程序，缩短事故处理时间，全年处理交通事故定责准确率99.4%，按期结案率100%。2004～2005年，市公安交巡警大队共抓获违法犯罪嫌疑人401人，交通违法行政拘留447人、刑事拘留25人、逮捕23人，吊销机动车驾驶证51本，暂扣驾驶证152本，注销到期未参加年检、年审、换证的驾驶证9307本和"五小"机动车牌证1338本，查获被盗窃、抢劫摩托车13辆、电动车2辆。2005年，开展整治"双超"(超速、超载)、危险品化学品运输车辆、城区交通秩序等集中专项行动14次，交通事故得到有效遏制，全市特重大交通事故明显下降。

1986～2005年高邮市道路交通事故情况一览表

表24-5

项目/年份	事故(起)	死亡(人)	受伤(人)	经济损失(万元)	项目/年份	事故(起)	死亡(人)	受伤(人)	经济损失(万元)
1986	179	40	18	20	1996	209	44	67	58
1987	691	39	334	44	1997	206	45	70	56
1988	352	52	79	104	1998	264	80	166	172
1989	151	46	24	39	1999	897	117	646	11
1990	319	37	136	58	2000	479	89	414	205
1991	235	32	77	3	2001	145	33	183	9
1992	376	34	18	60	2002	764	58	668	58
1993	241	46	77	56	2003	192	58	260	43
1994	710	73	354	72	2004	137	28	160	35
1995	238	44	69	59	2005	195	44	225	85

四、车辆与驾驶人员管理

非机动车管理　1989～1990年，全县自行车打钢印3.5万辆，验证27.9万辆。1992年，市交警大队结合自行车换证，以乡为单位编排代号，实行计算机管理。1995年，推出商场自行车售后当场打钢印、办理入户、计算机管理等手续，共审验自行车1.46万辆，自行车新打钢印2600辆。1996～1997年，自行车新打钢印1389辆。2001年起，由于削减行政审批事项，不再发放自行车牌证。

"五小"车辆管理　1994年4月10日至6月30日，市交警大队在全市开展以"解决无证驾驶、无牌照行驶"为重点的"五小"车辆专项整顿，组织一支由交警、保险、医院等部门参加的综合服务队，巡回在各乡镇现场办公，使办牌办证人员体检、培训、考试、检车、投保不出乡镇。对不主动办理牌证，继续无牌无证行驶的，采取异地交叉、区域协作等方法设卡检查，依法处理。通过整顿，共补办"五小"车辆牌照2700副。1995～2005年，采取定期和不定期的检查方法，对"五小"车辆进行整治，主要检查无证驾驶、无牌照行驶、不带安全头盔、不遵守交通法规等违章行为。

机动车管理　1986年起，县交警部门坚持每年对机动车辆实行年检，确保无带病车和报废车辆上路。是年，全县有运营机动车2208辆，其中货车、客车、轿车、面包车302辆，"三小"车辆（摩托车、三轮汽车、四轮农用运输车）1906辆。1991年起，在全市近百家建制车队中开展创建安全合格车队活动。1994年，全市运营机动车上升到1.26万辆。1996年，上升到2.65万辆。1998年10月，市交警大队与市人寿保险公司联合开展营运客车"禁违章、保安全"百日竞赛活动，确保行车和旅客安全。1999年3月，市公安局机动车检测线通过省公安厅鉴定投入使用。2000年，全市有各类车辆5.63万辆。2005年，强化特种车辆管理，监督销毁报废客车、货车和营运车48辆；督促相关单位对32辆危险品、化学品运输车全部安装行驶记录仪或卫星定位系统，6辆运输剧毒、爆炸危险品、化学品车全部喷涂"毒"、"爆"字样；对接送学生的校车进行统一建档管理；300多辆出租车全部装上防护网。是年，全市各类运营机动车8.99万辆，其中汽车1.26万辆。

1986～2005年高邮市注册运营机动车情况一览表

表24-6　　单位：辆

项目 / 年份	合计	货车	客车	轿车、吉普车	面包车、商务车	"三小"车辆
1986	2208	69	13	177	43	1906
1987	2923	79	26	210	52	2556
1988	4286	129	43	343	86	3685
1989	4460	134	45	357	89	3835
1990	4745	142	47	380	95	4081
1991	5288	159	53	423	106	4547
1992	6325	190	63	506	127	5439
1993	8508	255	85	681	170	7317
1994	12573	377	126	1006	251	10813
1995	20036	601	200	1603	401	17231
1996	26517	796	265	2121	530	22805
1997	34638	1039	346	2771	693	29789
1998	39141	1174	391	3131	783	33662
1999	49814	1494	498	3985	996	42841

续表24-6

年份＼项目	合计	货车	客车	轿车、吉普车	面包车、商务车	"三小"车辆
2000	56290	1690	563	4506	1127	48404
2001	63025	1891	630	5042	1261	54201
2002	70321	2110	703	5626	1406	60476
2003	77003	2310	770	6160	1540	66223
2004	86255	2498	833	6660	1665	74599
2005	89903	2697	899	7192	1798	77317

驾驶员管理　1986～1987年，机动车驾驶员均由扬州市培训，全县有驾驶执照的汽车驾驶员1602人、"五小"车辆驾驶员133人。1988年6月，县公安交警队成立驾驶员培训中心，配备教练车20辆。是年，培训驾驶员300人。1992年起，市交警大队在全体驾驶员中开展交通安全和评比活动，每年评出安全行车先进单位和先进个人。同时，对严重违章、造成事故者严肃处理，构成治安或刑事责任的依法给予法律制裁。90年代中期，社会上陆续创办汽车驾驶员培训基地，市交警大队除坚持每年对机动车驾驶员的年检换证外，还负责驾驶员培训点的业务管理和监督。1999年11月，市机动车驾驶员协会成立，下设8个工作委员会，首批团体会员39个、个人会员5120人。2001年，该协会对会员实行分级、网络式管理，各乡镇均设立工作组，配有专兼职工作人员。是年6月和11月，市公安交巡警大队召开交通违章肇事者集中公开处理大会，当众依法注销、吊扣、吊销机动车驾驶证401本，公开解体、强制报废机动车200辆，公开拘留交通违法犯罪嫌疑人50人，在社会上引起强烈反响。至2005年，市机动车驾驶员协会有会员4万多人，下设工作委员会9个，专兼职工作人员46人，年平均开展咨询服务300多场次，解决纠纷400多起，代诉讼案件250多件。是年，全市共有机动车驾驶员7.82万人，其中汽车类驾驶员3.36万人、"五小"车辆驾驶员4.46万人。

附：重特大交通事故选录

1989年2月22日下午5时30分，扬州船舶总公司驾驶员戴某某（男，29岁）、高某某（男，29岁）驾驶大客车由兴化载客返回扬州，行至甘垛张家大桥上，与兴化市木材公司面包车相遇，两车紧急避让，从大桥两侧各自的方向撞坏桥栏杆冲入河中，大客车驾乘人员37人全部落水，淹死13人，重伤3人，轻伤21人。

1993年3月3日22时55分，盐城市客运公司驾驶员唐某某（男，27岁）驾驶大客车由南京返回盐城，行至邮盐公路一沟段7.7千米处会车时，由于判断失误，致客车翻入路南侧的北澄子河中，车中乘客45人全部落水，20人死亡，3人受伤。

1999年8月22日上午6时10分，黑龙江省牡丹江市驾驶员王某（男，32岁）驾驶东风加长大货车，由南往北行至淮江公路123.4千米处，与山东省寿光市驾驶员张某某（男，29岁）驾驶的东风货车相撞，致山东车内4人死亡、黑龙江车内1人重伤。山东车上装载的化工毒液溴素严重泄漏，市消防大队处置3个小时才堵住泄漏，致使1名消防战士受伤。

2002年2月24日上午7时28分，京沪高速公路高邮段下行212千米附近约2千米范围内，因间断性团雾影响，先后发生多起车辆追尾相撞事故，共造成34辆车受损，死亡11人，受伤33人，其中重伤5人。

2002年10月20日16时10分，京沪高速公路高邮龙虬段下行线209千米处，发生汽车追尾相撞事故，共造成4人死亡，40多人受伤，9辆汽车受损。其中，2辆汽车当场起火；1辆装有三氯化磷剧毒化学品的运输车被撞坏，毒气四溢，险象环生。高邮市负责人立即赶赴现场指挥抢救，调集物资堵控毒气泄漏，疏散周边群众1.5万人。至21日零时，泄漏的毒气被堵住，交通恢复。

第八节　消防管理

一、队伍和设施

1978年5月，县公安局成立消防中队，配有4吨消防车2辆、消防吉普车1辆、手抬水泵2台，并开通"119"报警电话。至此，服务高邮200多年的城镇6个民间救火会（又称水龙局）和农村的17架土水龙全部退役。1982年，城区有消防栓116个。1986年8月，乡镇建有消防联队10支，队员60人，配备三轮摩托消防车。1990年，县公安局消防中队消防车增加到4辆，其中水罐车2辆、泡沫车1辆、轻便干粉车1辆，有8.5马力手抬泵1台、22马力手抬泵1台、高空练习塔1座。是年，全县建成企业专职消防队3支，队员36人；义务消防队127支，队员3250人。1992年，建立乡镇企业消防联队2支，队员20人，同时配备三轮摩托消防车。1994年，中国人民武装警察部队高邮市消防大队（正营级）建立，亦称市公安局消防大队。1995年，该大队配"东风"泡沫消防车1辆。2000年，又配"五十铃"水灌车1辆。2001年，再配备"康明斯"水灌车1辆，城区消防栓增加到179个。2002年11月，各乡镇派出所和重点企业、乡镇成立消防联队20支，队员110人，共配备三轮摩托消防车20辆、消防水泵20台。2003年11月，位于通湖路、屏淮路口的市消防指挥中心建成。该中心占地1.3公顷，建筑面积3100平方米，具有教育、管理、执勤训练、工作生活多功能，总投资600万元。2005年，中心配备"斯太尔王"泡沫车1辆，城区有消防栓209个。是年末，市公安局消防大队共有官兵21人、合同制消防队员7人。

二、火灾预防

1986年，县公安部门与文化、宣传部门配合，宣传《中华人民共和国消防条例》等消防法规，普及消防安全知识，增强群众预防火灾意识。是年起，每年重大节日前，全市进行防火安全检查。稻麦收割期间，抽调力量到各村打谷场检查安全用电，减少和杜绝打谷场火灾。1988～1989年，县公安部门印发防火宣传资料10万多份，展出火灾实例图片70幅，编发广播稿117篇。1990年12月至1991年3月，全县开展"百日防火安全"活动。1991年冬季，全市坚持预防为主，以灾民棚和湖滨保安圩工程棚等为重点，开展安全检查，全市860多个工棚和40多个消防重点部位无一起火灾。1994～1996年，全市开展以"消防进万家"为主题的"119"消防安全宣传周活动。1998年，市公安局举办6期有300多名企业负责人参加的《中华人民共和国消防法》培训班。2002年，市公安局根据公安部《关于机关、团体、企业、事业单位消防安全管理规定》，对列管单位负责人、安全管理人员普遍开展一次消防安全管理、危险品操作与管理、消防设施操作与维护、灭火器材使用和火场逃生等内容培训。2005年，市公安局、高邮工商局、市文化局等部门，联合对全市影剧院、书场、歌舞厅、夜总会、音乐茶座、游戏厅、健身房、台球室、网吧等286家公共聚集场所开展突击检查，发现不安全火险隐患57处，发整改通知书52份，责令停业整改5家。

三、消防监督

1986～2005年，市消防部门共审核基建项目1033项，审核面积112.91万平方米，提出整改意见802条，督促基建单位安装消防设施。乡镇企业由派出所负责日常消防监督检查和宣传教育。依照《中华人民共和国消防法》和《江苏省消防安全重点单位界定标准》规定，全市划定一级消防重点保护单位1家、二级消防重点保护单位90家。

四、火灾事故处置

1986～1990年，全县每年发生火灾11～20起，共死亡6人、伤8人。1991～1995年，全市发生火灾次数较少，但人员伤亡和财产损失较大。1996年6月8日下午4时30分，江苏石油公司1辆油罐车在甸垛加油站卸油后，刚驶出加油站约200米处突然起火，附近有工厂和居民住宅，可能引发恶性事故。市公安局接报后，迅速组织力量进行全力扑救，20多分钟后将火扑灭，及时避免一场恶性爆炸事故发生。1997～2001年，全市每年发生火灾在100起以下。2002～2005年，全市每年发生火灾在100起以上，其中2004年219起。消防部门总是及时赶到现场全力扑救，尽量减少损失和人员伤亡。

第九节 监所管理

一、基础设施

1983年8月，县看守所在武安乡宝塔村南海组文游中路154号建成，建筑面积955平方米。2003年6月，市看守所迁至城区南郊新闸南路99号，占地6.3公顷，建筑面积1万平方米，建设投资1350万元。新看守所内设应急报警、周界控制、违禁物品检测、监室受虐报告、监区门禁监控、在押人员信息管理、电化教育、会见等系统。

二、安全监管

1986年起，县看守所严格执行国家规定，收押人犯一律凭逮捕证、刑事拘留证及市公安局、市人民法院、市人民检察院追捕、押解人犯临时羁押证明文件，并遵照规定进行健康检查，对精神病和急性传染病患者、患有其他严重疾病者、在羁押中可能有生命危险或者生活不能自理者、怀孕或正在哺乳不满一周岁婴儿的妇女，均不予收押。1997年后，市看守所按要求对在押人员实行分关分管，设立过渡、未成年人、留所服刑、女子和严管等监室，针对不同人员建立不同管理制度。坚持严密警戒看管与教育相结合的方针，保障人犯的合法权益。是年至1999年，市看守所按照公安部提出的等级化管理要求，开展创建严格执法、文明管理看守所活动，把监所工作重心从单纯看守型向管理教育型转变。该所连续3年被评定为三级看守所。1998年、2000年，两次立集体三等功。2003年，被公安部评定为二级看守所。至2005年，该所实现连续20年安全无事故。

三、人性化管理

1986年起，县看守所坚持对在押犯罪嫌疑人开展形势、政策、法律教育，尊重在押人员人格，充分保障其诉讼权；适时调整伙食，对困难在押人员给予补助关怀；开展家属规劝活动，充分体现人性化管理。2004年，市看守所对在押人员实行多样化教育，为表现积极、转化较快的留所服刑人员和被判决的案犯开设“亲情餐厅”，定期让在押人员与亲属会餐见面，激发在押人员向善自新的积极性。先后为表现好的在押人员提供亲情会餐100多人次。在押人员在接受学习教育改造的同时，先后检举他人违法线索94条。至2005年，有37名在押人员因表现良好依法受到宽大处理。

四、狱政攻势

1992年10月，市看守所发挥政策、法律威力，通过教育规劝、因势利导、兑现政策，共有31名在押人员坦白和检举各类犯罪线索57条，破获各类刑事案件29起，其中重大案件9起，增捕犯罪嫌疑人3人，缴获赃款赃物总价值3万多元。1995年4～6月，市公安局加大狱政攻势，挤挖犯罪，扩大战果，有24名在押人犯自我交待余罪或检举揭发他人，增获各类犯罪线索132条，破获各类案件106起，其中大案6起，追缴赃款2万多元，增捕犯罪嫌疑人3人。2005年，市看守所被公安部表彰为全国公安监管系统深挖犯罪工作先进集体。

五、拘留所管理

1986年，县行政拘留所用房是暂用县看守所监房，设置单独拘舍。1994年，在文游路市看守所监区新建拘留所用房，对刑事、行政羁押对象实行分开关押、管理和教育。是年起，市治安拘留所依据公安部印发的《治安拘留所被拘人行为规范》，对被拘留人员开展人性化教育和管理，开展以法制、道德和行为养成教育为主要内容的认错、知错、改错教育，采取集体教育和个别教育、集中教育和分类教育、所内教育和社会帮教等多种形式相结合的教育方法。生活上做到吃饱、吃热、清洁卫生，尊重被拘留人员的民族风俗习惯和宗教信仰。医疗卫生管理上与市看守所共用医疗室，对患病的被拘留人员及时给予治疗。2002年4月，市治安拘留所通过省公安厅监管部门的评审验收，被评为达标治安拘留所。2003年6月，市看守所迁址，市治安拘留所随迁，仍实行分开关押，单独进行管理和教育。

第十节 科技装备

1986～1990年，县公安局技术装备简陋，科技含量低。至1990年末，仅有无线电通讯基地台2部、车载台3部、固定台26部、手持台201部、无线寻呼系统（BB机）900门、50门电话总机1部、内部直通电话43部、文字图片传真机2部、电话会议终端机1部。1997年2月，市公安局“110”报警服务台开通。是年，“110”报警服务台接警8726件（起），有效处警8046件（起），协助破获刑事案件53起，协助查处治安案件127起，处置事故、调解纠纷、为群众排忧解难5194起，抓获违法犯罪嫌疑人244人。2001年起，市公安局把“金盾工程”放在优先位置，遵循“政府推动，市场运作，统筹规划，合理布局，统一标准，建用并重”的建设原则，完成公安四级网络建设。是年3月，在邓桥岗设置1组多相位信号灯、人行横道灯和4组“电子警察”，对路口实行24小时交通指挥和违章监控。7月，市公安局机关与派出所、各基层中队全部使用DDN专线联网，接入全国公安互联网，实现数据互相传递、信息资源共享。2002年，“110”报警服务台与市政府24家职能部门实现联动服务。2004年10月，市公安局专用电话“110”“119”“122”合并并投入运行。新系统集录音录时、图像监控、数据统计、网上调度等多项功能于一体，实现“110”报警服务台一级接警模式。是年11月，市公安局完成内线电话升级扩容和四级网升级项目，各部门、直属大队、派出所内线电话由原来200门增加到600门。市公安局三级网升级后，网速由原来的2兆提升为155兆，实现网上信息快速查询、上传和下载，为全面实现办公自动化、综合数据库查询、第二代身份证办理提供保障。至2005年，市公安局设立连接省公安厅、扬州市公安局指纹查询终端。各实战单位设立活体指纹采集工作站，实行即时比对和及时网上传输。市“110”指挥中心实施有线电话网络改造，更新视频电视墙，设置图像监控切换和GPS系统，建立350兆无线调度平台、手机短信平台，建成电话会议系统。同时加大城区电子监控系统建设，小区楼宇、经营和娱乐场所、金融单位、监所管理等重点部位，全部安装电子监控系统，全市6个市际卡口、1个省际卡口、4个出入城区查报站、乡镇主要路口、主要干线安装电子监控终端，与市“110”指挥中心联网运行。

第三章 检 察

1986年起，县人民检察院贯彻执行“公正执法、加强监督、依法办案、从严治检、服务大局”和“打击、监督、预防、保护”的工作方针，围绕经济建设中心全面履行法律监督职能，开展“严打”斗争，加大查办和预防职务犯罪工作力度，强化诉讼监督，坚持“政治建院、业务兴院、科技强院”方针，努力提高执法水平和队伍整体素质，实行检察改革，探索完善检察工作机制，检察事业取得重大发展。

1995年，市人民检察院举报中心被省人民检察院授予“文明接待室”称号。1997年，该中心被最高人民检察院授予1995～1996年度“全国检察机关文明接待室”称号。2000年，市人民检察院被省人民检察院评为“五好检察院”，市人民检察院举报中心被最高人民检察院表彰为1997～1999年度全国检察机关文明接待室。2003年，市人民检察院举报中心被省人民检察院评为2000～2002年度全省检察机关文明接待室。2004年12月，市人民检察院控申举报接待室被最高人民检察院授予全国检察机关“文明接待示范窗口”称号。2005年12月，市人民检察院被省精神文明建设指导委员会授予2003～2004年度“江苏省文明行业”称号。

1986年，县人民检察院办公地点设在县府街58号县公安局大楼西侧。1994年9月，在府前街与文化宫路南首交会处的西北角建成局部8层、建筑面积2200多平方米的综合办公大楼。2002年10月，在综合办公大楼北侧建成检察技术大楼，建筑面积1200平方米。

第一节 机构队伍

一、机构

1986年，县人民检察院内设刑事检察一科、刑事检察二科、经济检察科、法纪检察科、监所检察科、办公室、控告申诉检察室。1987年7月，设立经济案件办公室。1988年7月，建立县经济罪案举报站（举报中心）。1990年3月，增设政工科。1992年11月，增设民事行政检察科。1994年12月，设立刑事赔偿办公室，与控告申诉检察科、举报中心合署办公。1995年7月，设立反贪污贿赂局，副科级建制，取代原经济检察科。1997年，增设法警队，刑事检察科分设为审查批捕科和审查起诉科。是年，内设机构为：办公室、政工科、审查批捕科（后改称侦查监督科）、审查起诉科（后改称公诉科）、反贪污贿赂局、法纪检察科、监所检察科、民事行政检察科、控告申诉检察科、法警队等12个职能部门。1998年4月，反贪污贿赂局内设综合科、侦查一科、侦查二科。1999年1月，政工科改建为政治处。6月，增设检察技术科。10月，成立法律政策研究室。2002年7月，实施机构改革，内设办公室（与法律政策研究室合署办公）、政治处、侦查监督科、公诉科、反贪污贿赂局、渎职侵权检察科、监所检察科、民事行政检察科、控告申诉检察科（与举报中心、刑事赔偿办公室三块牌子、一套班子）、检察技术科、法律政策研究室、法警队等12个职能部门。另设立纪检组（监察室）和机关党组织。2003年4月，设立涉军维权投诉中心。8月，成立市预防职务犯罪协会。2004年5月，设立人民监督员办公室。2005年11月，渎职侵权检察科更名为反渎职侵权局，副科级建制，内设侦查科和综合科。是年末，市人民检察院内设办公室（与法律政策研究室合署办公）、政治处、侦查监督科、公诉科、反贪污贿赂局、反渎职侵权局、监所检察科、民事行政检察科、控告申诉检察科（与举报中心、刑事赔偿办公室三块牌子、一套班子）、检察技术科、警务科、人民监督员办公室等12个职能科室。另设有纪检组（监察室）、机关党组织和市预防职务犯罪协会。

二、队伍

1986年，县人民检察院有干警56人，其中检察长1人、副检察长3人、检察员14人、助理检察员22人、书记员8人、其他人员8人。1997年，有干警73人，其中检察员增加到45人。1998年11月，首次评定检察官57人，其中四级高级检察官5人、一级检察官11人、二级检察官12人、三级检察官18人、四级检察官11人。2005年，有干警62人，其中检察长1人、副检察长2人、检察员35人、助理检察员7人、书记员11人、其他人员6人；四级高级检察官3人、一级检察官15人、二级检察官14人、三级检察官13

人、四级检察官1人。

1984年5月至1990年4月，李汝芳任县人民检察院检察长。1990年4月至1995年2月，左瑚任县（市）人民检察院检察长。1995年2月至1998年1月，宋慕生任市人民检察院检察长。1998年1月至2002年11月，祝启贵任市人民检察院检察长。2002年11月至2005年，谢应松任市人民检察院检察长（2002年11月至2003年1月代理）。

第二节 检察制度改革

一、主诉检察官制度

1999年，市人民检察院根据1997年修改后的《中华人民共和国刑事诉讼法》，实行主诉检察官办案责任制，按照“谁主管、谁负责”“谁办案、谁负责”“谁决定、谁负责”的原则，通过制定选拔、任用、考核制度，明确主诉检察官职权，由被选任的主诉检察官依法独立承担审查起诉和出庭公诉工作，并承担相应责任，逐步实现办案责任由集体负责向个人负责转移。是年，选拔任命主诉检察官3人和主诉检察官助理3人。2003～2005年，确立“以证促供”的侦查理念，推行集体初查模式，全年运用检察职能独立侦破案件比例69%；同时严格遴选主诉检察官，落实相应岗位津贴；制定《关于实行主诉检察官办案责任制实施办法（试行）》，规定以主诉检察官为第一责任人、主诉检察官助理、检察员、助理检察员、书记员等组成办案组，实行主诉检察官办案责任制。

二、人民监督员制度

2004年，市人民检察院开展人民监督员制度试点工作，主要针对检察机关自侦案件中的“三类案件”（犯罪嫌疑人不服逮捕决定的案件、拟撤销的案件、拟不起诉的职务犯罪案件）和“五种情形”（应当立案而不立案或者不应当立案而立案的，超期羁押的，违法搜查、扣押、冻结的，应当给予刑事赔偿而不依法予以确认或者不执行刑事赔偿决定的，检察人员在办案中有徇私舞弊、贪赃枉法、刑讯逼供、暴力取证等违法违纪情况的）开展外部监督。是年5月，制定《高邮市人民检察院人民监督员制度试点工作实施办法》，经市人大常委会同意，聘任人大代表、政协委员和具有法学本科、专科学历或者法律工作经历的社会各界人士12人为第一届人民监督员。是年，进入人民监督员监督程序的“三类案件”有3件3人。2005年，人民监督员对5件案件进行实体性监督，人民监督员与检察机关意见一致的有3件4人，意见不一致的有2件2人。

三、检察委员会制度

1986年，县人民检察院检察委员会由委员孙宏炳、赵孝宏、徐伟杰、邬光中、杨济昌、魏清林、徐乐贵等7人组成。1997年，市人民检察院检察委员会委员扩大到11人，由孙宏炳、赵孝宏、徐乐贵、杨元庆、仲肇元、陈宝华、李春青、王瑞琴、陈恒桃、钱海滨、王洪瑞组成。1998年，制定《高邮市人民检察院检察委员会议事规则》，并设立检察委员会办公室，与法律政策研究室合署办公，同时规定会务工作由检察委员会办公室负责。2005年，市人民检察院检察委员会由委员杨元庆、居晓波、陈仁权、邓晓峰、时通顺5人组成。

四、检务公开

1999年，市人民检察院通过报纸、电台、巡回宣传等新闻媒体和宣传阵地，实行检务公开；通过新闻发布会，向社会做出检务公开承诺和举报承诺；邀请检风监督员和人大代表进行座谈，通报检察工作，接受监督。2000年，设置检务公开栏，全面介绍检察职能，对贪污贿赂、渎职侵权等犯罪的罪名及立案标准、刑事案件的办案程序等10个方面的内容全面向公众介绍。是年6月，启用“4642000”举报电话自动受理系统。2001～2005年，定期开展举报宣传、法律咨询和“送法到乡镇”“检务进社区”活动，与群众“零距离”接触、面对面交流。检察长到乡镇、街道，召开座谈会，了解社情民意。

第三节 刑事检察

一、审查批捕

1986～1994年，市人民检察院贯彻执行依法从重从快的方针，在“严打”第三战役和开展“反窃车”“反抢劫”“反盗窃”“打流窜”“打流氓”“整顿夏季治安”“打击车匪路霸”等专项活动中，对有重大影响的凶杀、抢劫、强奸、盗窃等犯罪和带有黑社会性质的犯罪团伙，坚持提前介入，支持公安机关侦查和预审工作，完整地收集和核实证据，既保证办案质量，又保证从重从快方针贯彻，一经公安机关提请逮捕，均及时做出决定。同时，对于事实不清、证据不足的案件，不批准逮捕，退回公安机关补充侦查14件18人。1995年，市人民检察院对16件多被告人共同犯罪案件严格把关，其中最多的1件案件有被告人9人，做到不漏不错。省人民检察院认为高邮市人民检察院《关于应注意多被告人共同犯罪现象》一文有一定的指导意义，值得有关方面重视。是年，针对境内发生私种毒品原植物、贩运假币、私藏枪支、用摩托车载客敲诈抢劫等苗头性新类型犯罪案件，做到“露头即打”，批准逮捕犯罪嫌疑人11人，直接决定逮捕私藏枪支共犯1人、贩运假币共犯2人，起诉13人。1996年，在“治痞”专项斗争中，准确适用法律，惩处经常寻衅滋事、群众深恶痛绝的“小痞子”，与公安、法院等部门密切配合，共批准逮捕31人，起诉31人。1997年，加强对拘留后延期报捕、捕后取保、以罚代刑以及犯罪嫌疑人要求聘请律师等批捕环节问题及时进行监督。

1999～2000年，针对刑事案件上升幅度大、重特大案件频发、共同犯罪增多等新特点，开展“批捕质量年”“案件规范年”活动，坚持审查逮捕案件质量标准执行制度、主证复核制度、案件定期复查制度，填写好审查批捕案件跟踪卡，做到既防错又防漏，把好事实关、证据关、定性关。与公安、法院配合，开展“打拐”“扫黄打非”等专项斗争，经市人民检察院批捕的案件均作有罪判决。不批捕的74人中，有3人由公安机关提请复议后仍维持不批捕决定，1人补充证据后被批准逮捕，批捕案件正确率100%。2001年，在审查批捕阶段，坚持案件基本事实清楚、基本证据确凿，从快批捕；对因证据不充分而不批准逮捕的案件，一般列出补查提纲，以提高批捕率。2002～2005年，集中力量打击盗窃摩托车、自行车、入室盗窃和抢劫、抢夺等专项活动，贯彻从重从快方针和宽严相济的刑事司法政策，批捕案件审查时限平均为4天，最短的仅用6个小时，并探索轻微刑事犯罪轻刑化的实现途径。1986～2005年，市人民检察院累计受理侦查机关提请批准逮捕案件2973件4104人，经审查批准或决定逮捕3425人，不批准逮捕453人，依法追捕73人。

1986～2005年高邮市人民检察院刑事案件审查批捕情况一览表

表24-7

项目 年份	受理案件（件）	受理犯罪嫌疑人（人）	批准逮捕（人）	不批准逮捕（人）	追捕（人）	项目 年份	受理案件（件）	受理犯罪嫌疑人（人）	批准逮捕（人）	不批准逮捕（人）	追捕（人）
1986	89	121	98	19	—	1990	126	189	183	6	7
1987	84	107	89	13	3	1991	93	110	103	4	2
1988	132	194	148	32	1	1992	116	149	135	10	10
1989	118	199	180	18	5	1993	113	186	163	16	7

续表 24-7

年份\项目	受理案件（件）	受理犯罪嫌疑人（人）	批准逮捕（人）	不批准逮捕（人）	追捕（人）	年份\项目	受理案件（件）	受理犯罪嫌疑人（人）	批准逮捕（人）	不批准逮捕（人）	追捕（人）
1994	145	229	192	32	4	2000	260	326	218	68	1
1995	136	205	182	19	6	2001	224	306	245	15	3
1996	147	207	194	13	3	2002	157	198	166	14	3
1997	153	197	171	25	2	2003	146	187	157	8	1
1998	173	205	176	19	2	2004	138	184	139	18	2
1999	271	374	300	74	6	2005	152	231	186	30	5

二、审查起诉

1986～1988年，县人民检察院及时审查公安机关移送起诉的刑事案件285件、337人，重点开展公诉词制作和公诉人队伍建设，提起公诉251件297人，经法院审结均作有罪判决。1989～1990年，全面实行侦捕诉分离制度，自侦案件侦查预审和批捕、起诉，分别由自侦和刑事检察部门承担。两年共受理公安机关提请起诉案件273件387人，提请免诉案件6件18人，检察院自侦部门提请起诉案件22件23人，提请免诉案件19件24人。经审查，决定起诉231件340人，免予起诉28件56人，不予起诉3件3人，移送扬州市人民检察院起诉20件。1991～1994年，市人民检察院在确保案件质量的前提下，选择典型案件在一段时间内连续集中起诉，保持“严打”声势，受理公安机关移送起（免）诉案件459件724人。经审查，决定提起公诉371件568人，免予起诉57件105人，移送扬州市人民检察院审查15件15人，积存30件58人，公安机关撤回5件19人。运用检察职能，为国家和集体挽回经济损失240多万元。通过审查起诉，共改变案由8件16人，改变处理意见13件18人，增加或减少法律适用条款20件31人，增加投案自首情节4件5人，改变犯罪事实10件17人，追诉被告人7人，依法提出抗诉1件。

1995年起，市人民检察院贯彻实施《中华人民共和国国家赔偿法》，并以此为契机，相继制定和完善办案责任、错案责任追究、提前介入和主证复核等一系列刑事检察工作制度。1997年，全市发生团伙犯罪或恶性暴力犯罪案件37件68人，特别是一人多件或多人多件盗窃、抢劫、强奸等案件发案率较高。对这些案件在审查起诉时提出充分证据，出庭公诉时深刻揭露犯罪、阐明犯罪根源，将危害一方、影响恶劣的犯罪嫌疑人绳之以法。1998～1999年，在坚持“个人承办，集体讨论，检察长或检察委员会决定”的基础上，制定办案质量标准，并全面推行办案责任制和错案追究制。2000年，建立案件质量管理机制和复查制度，把严格执法、公正执法、依法办案落实到具体办案环节。2001～2003年，突出打击“三类”刑事案件，即有组织犯罪、带黑社会性质的团伙犯罪和流氓恶势力犯罪，杀人、强奸、抢劫等严重暴力犯罪，盗窃等严重影响群众安全的多发性犯罪。共受理公安机关移送审查起诉案件651件894人。经审查决定提起公诉574件766人，报送扬州市人民检察院审查起诉重大刑事犯罪案件29

图 24-3　2005年，市人民检察院检察官出庭公诉乔某某涉嫌敲诈勒索、诈骗案

件29人，追诉7人。2005年1月，市人民检察院在办理全国首例民事诉讼中妨害司法罪案件时，在缺少相关司法解释、无判例可借鉴、刑法理论界争议较大的情况下，严格审查案件，准确适用法律。提起公诉后，经市人民法院审理，一审判决一被告人犯妨害作证罪，被判处有期徒刑1年缓刑2年；另一被告人犯帮助伪造证据罪，被判处有期徒刑6个月缓刑1年。是年，受理起诉案件197件310人。经审查提起公诉169件253人，做出不起诉15人，移送扬州市人民检察院13件，追诉2人。

1986～2005年高邮市人民检察院刑事案件审查起诉情况一览表

表24-8

项目 年份	受理审查		提起公诉		免予起诉人数（人）	不起诉人数（人）	移送扬州市人民检察院（件）	追诉人数（人）
	（件）	（人）	（件）	（人）				
1986	102	112	99	111	5	—	2	—
1987	64	79	51	59	7	—	2	4
1988	119	146	101	127	11	2	1	2
1989	128	180	110	171	25	1	10	—
1990	145	207	121	169	31	2	10	—
1991	113	140	87	118	14	—	2	—
1992	98	159	77	122	43	—	1	7
1993	101	174	81	135	10	—	3	—
1994	147	251	126	193	38	—	9	—
1995	134	217	103	173	50	—	11	—
1996	155	223	124	172	37	—	15	—
1997	121	175	115	164	—	3	2	4
1998	159	212	140	185	—	2	6	5
1999	287	392	236	304	—	8	14	1
2000	260	381	224	336	—	15	5	3
2001	255	372	232	329	—	5	12	1
2002	237	306	208	257	—	7	9	2
2003	159	216	134	180	—	5	8	4
2004	204	268	169	220	—	10	11	3
2005	197	310	169	253	—	15	13	2

说明：1997年修改后的《中华人民共和国刑事诉讼法》取消"免予起诉"条款，故此后无数据。2002年及以前的数据仅限于公安机关移送案件。

第四节 检察监督

一、侦查监督

1986～1996年，市人民检察院参与公安机关对重大案件的现场勘查，查清犯罪事实，在公安机关提请逮捕后立即做出批准逮捕的决定，加快办案速度。对公安机关在侦查中遗漏的犯罪嫌疑人，通过发出纠正违法通知书、应当逮捕犯罪嫌疑人意见书、检察建议书等形式，对侦查活动进行监督。1996年，市民朱某某遭到徐某某等人无故寻衅、殴打，朱多次警告无效，舞刀刺伤徐某某左大腿动脉，致徐失血休克后死亡。有关部门提请逮捕朱某某，市人民检察院审查后认为朱某某行为属正当防卫，做出不批准逮捕决定，并以此案鼓励广大公民运用法律武器保护自身合法权益，敢于见义勇为，同不法行为作斗争。2000年，侦查活动监督从以追捕为主转变为对侦查活动较全面的监督，重点纠正刑讯逼供、违法取证、超期羁押以及在取保候审、监视居住执行过程中的违法现象。2001年，加强侦查引导，对部分重特大案件，加强与侦查机关的联系与协作，及时派人依法介入，尽早熟悉案情，以提高批捕率。2002～2004年，按照“敢于监督、善于监督，实体监督与程序监督并重”的要求，对侦查、取证活动是否合法进行监督，加强与公安、法院、纪委等部门的沟通与联系，对疑难、复杂案件及时沟通、探讨，形成共识与合力。2005年，坚持适时介入制度，参与公安机关侦查重大案件现场勘查活动9次，并根据案件侦查需要及时制作侦查建议102份，引导公安机关完善补充证据。

二、立案监督

1998年，市人民检察院根据修改后的《中华人民共和国刑事诉讼法》所赋予的立案监督权，制定《高邮市人民检察院立案监督工作细则》，依法对公安机关立案工作进行监督，提出“有利、有理、有节”和“捕得了、诉得出、判得下”的立案监督要求，突出对人民群众反映强烈、社会反响大的重点案件进行监督。1999年，通过严格审查批捕，加强与相关业务部门的联系，接受举报、控告、申诉等，及时发现有案不立、有罪不究、以罚代刑的线索。是年，向市公安局发出立案通知书1份和要求说明不立案理由通知书5份。2000年6月，组织侦查监督、控告申诉、民事行政等部门干警，到2个社区及湖西4个乡镇，接受群众咨询近100人次，受理立案监督线索2条，向市公安局发出要求说明不立案理由通知书3份，公安机关立案1件7人，除2人在逃外，其余人员均被法院做出有罪判决。2001～2004年，从监督应当立案而不立案扩展到不应立案而立案的案件，在监督市公安机关立案侦查5件5人的同时，纠正不应立案而立案案件2件2人。2005年，立案监督以有罪不究、有案不立、以罚代刑为重点，向侦查机关发出要求说明不立案理由通知书5份，通知侦查机关立案4件，对不应当立案而立案的，监督撤销案件7件7人。

三、审判监督

1986～1991年，市人民检察院依法对市人民法院做出的判决和裁定履行监督职责。1992年以后，围绕庭审方式改革，注重以证据为中心，把好证据审查、举证质证和运用证据“三关”，通过公诉人出庭、发表公诉词等形式，依法对庭审活动进行监督。1995～1996年，市人民检察院公诉人出庭224次，立案审查民事案件6件，向上级检察机关提请抗诉或建议抗诉5件。1997年起，对提请抗诉案件严格把关，对审判活动是否合法、是否符合法定程序和判决结果加强监督，对提请抗诉案件实行向市人大常委会备案制度。1998年后，对不服法院已生效的判决、裁定的民事申诉案件认真审查，区别对待。对判决、裁定确实存在认定事实或适用法律错误的及时抗诉，保护诉讼当事人合法权益；对判决、裁定恰当的，加强息诉工作，及时钝化社会矛盾。2003年，建议市人民法院对事实清楚、被告人认罪态度较好的71件刑事案件适用普通程序简化审，试行刑事审判量刑建议制度，严格刑事判决裁定书备案审查，履行刑事审判监督职能。2004年，通过提出量刑建议、审查刑事判决裁定书等途径，加大审判监督力度，向市人民法院提出量刑建议92份，纠正诉讼文书错误2份。是年11月，市人民检察院、市人民法院根据法律规定，联合制定《关于人民检察院定期派员参加人民法院民事行政案件庭审活动的意见》。2005年，通过加强与审判机关的联系与沟通，向审判机关提出量刑建议268份，法院采纳率90%以上。

第五节 惩治和预防职务犯罪

一、反贪污贿赂

1986～1987年，县人民检察院摸排出经济案件线索66件，立案侦查31件34人，其中1万元以上贪污案件6件，向县人民法院提起公诉19件21人，决定免予起诉或不起诉12件13人，移送扬州市人民检察院起诉1人，挽回经济损失15.7万元。1988～1989年，县人民检察院成立控告检举贪污受贿罪案接待室（举报中心），改经济检察为贪污贿赂检察，实行受理、初查、侦查“一条龙”反贪污贿赂侦查工作体制。1989年，最高人民法院、最高人民检察院《关于贪污、受贿、投机倒把等犯罪分子必须在限期内自首坦白的通告》发布后，在规定期限内，共有11人投案自首，退出赃款赃物折合9.5万元。县人民检察院严格区别情况，依法处理，充分体现惩办与宽大相结合的政策。是年8月，在县供销合作总社建立检察室，至1990年，立案侦查贪污受贿案件4件5人。1991年5月，市人民检察院收到北海电影院售票员张某某贪污犯罪的举报后，在24小时内将张某某从上海拘传归案，查清其贪污12.2万多元的犯罪事实。11月，张某某被扬州市中级人民法院一审判处死刑。是年，派驻市税务局检察室受理偷抗税案件，挽回偷抗税款42万元，在扬州市检察机关派出机构中名列第一。

1992年起，市人民检察院把查处经济犯罪案件重点放在亏损企业，依法查处企业“蛀虫”，同时帮助企业建章立制，提出检察建议。1993年，在解剖亏损企业过程中，发现二沟乡两名干部有挪用公款的犯罪嫌疑后，与市纪委密切配合，以大量证据，迫使嫌疑人交代挪用公款15万多元从事营利活动的犯罪事实，两人受到法律制裁。1994年4月，市人民检察院在市纪委、市粮食局配合下，从2400元账目线索入手，侦破周山乡粮管所原主任、总账会计、会计贪污公款22万多元的重大经济犯罪案件。是年，侦破甸垛冶化厂原厂长、东方实业总公司原经理李某某虚开、代开增值税发票229份，价税合计额1238万元，造成国家税收流失143万元、违法所得17万多元的特大涉税案件。

1995年，市人民检察院反贪污贿赂局受理群众举报经济案件线索161件，立案侦查38件43人，其中查办发生在党政领导机关、司法机关、行政执法机关和经济管理部门（简称“三机关一部门”）工作人员的万元以上大案2件2人。1996年，在企业改制过程中，针对供销人员挪用企业资金问题比较突出，市人民检察院及时派人到6家改制企业进行内查外调，立案3件3人，帮助改制企业核清往来账款100多笔，清理往来账248万元，收回资金174万多元。扬州亨大集团原法定代表人卞某某任职期间，企业净增亏损800多万元，隐亏1200多万元，累计亏损2000多万元，引起职工强烈不满，市人民检察院依法对卞某某进行查处。

1997年起，市人民检察院在侦查经济犯罪案件过程中，确立“以证促供”的侦查理念，推行集体初查模式，建立“一案一卡、一案一回访、一月一会”三项制度。1998～1999年，市人民检察院与市纪委加强协调与配合，共查处职务犯罪案件16件16人，其中涉嫌贪污罪6件6人、涉嫌受贿赂罪6件6人、涉嫌挪用公款罪4件4人。所立案件中，属“三机关一部门”的犯罪嫌疑人6人，其中副乡科级干部2人。

2000～2001年，市人民检察院共立案查处涉嫌贪污贿赂犯罪案件31件34人，其中涉嫌贪污受贿罪26件29人、行贿罪1件1人、挪用公款罪4件4人。在被立案侦查的犯罪嫌疑人中，乡科级干部8人。2001年，在查处国土系统案件中，立案查处6件8人，其中正副局长各1人、乡镇土管所正副所长3人、工作人员3人，市人民法院均作有罪判决，挽回经济损失300多万元。2002～2005年，立案侦查涉嫌贪污、贿赂、挪用公款犯罪案件41件43人，在被立案侦查的犯罪嫌疑人中，乡科级干部8人。

1986～2005年高邮市人民检察院反贪污贿赂案件查处情况一览表

表24-9

项目 年份	立案		侦结		起诉		免予起诉或不起诉		挽回经济损失（万元）
	（件）	（人）	（件）	（人）	（件）	（人）	（件）	（人）	
1986	19	22	17	20	12	14	5	6	9.7
1987	12	12	14	14	7	7	7	7	6
1988	18	19	18	18	14	14	4	4	83
1989	23	26	24	27	13	16	11	11	81
1990	29	34	29	34	19	22	10	12	46
1991	23	30	23	30	12	17	11	13	97
1992	27	27	27	27	16	16	11	11	170
1993	29	30	25	25	13	13	12	12	240
1994	30	31	35	36	19	20	16	16	320
1995	38	43	28	32	17	22	10	10	330
1996	31	34	33	36	17	19	16	17	550
1997	14	15	16	17	11	12	5	5	200
1998	8	8	8	8	6	6	2	2	130
1999	8	8	8	8	7	7	1	1	150
2000	16	17	16	17	13	13	3	4	180
2001	15	17	15	17	13	14	2	3	500
2002	8	8	8	8	6	6	2	2	110
2003	12	13	12	13	10	10	2	2	120
2004	9	10	9	10	6	6	2	2	60
2005	12	12	12	12	9	9	3	3	120

二、反渎职侵权

1986～1991年，全市反渎职侵权案件较少，主要集中于侵犯公民人身权利和民主权利、重大责任事故、因玩忽职守造成重大经济损失的案件。1992年，市人民检察院受理各类法纪案件线索11件12人，立案查处4件4人，重点查处因玩忽职守造成重大经济损失的案件，为国家和集体挽回经济损失170多万元。1994年，受理各类法纪案件线索14件14人，决定立案侦查6件8人。1995年，立案查处法纪案件6件，解救“人质型”非法拘禁案中的被害人3人，立案查处万元以上经济案件3件和挪用公款案件2件，为国家挽回经济损失79.9万元。在法纪案件查处过程中，通过对非法侵宅、非法拘禁案件的查处，促使被告人知罪认罪，维护一方社会安定；在查处重大责任事故、玩忽职守等案件中，注意边办案边帮助恢复生产、建章立制，尽快挽回经济损失。1996～1997年，受理法纪案件线索18件，立案查处3件。其中，因债务纠纷而造成的“人质型”非法拘禁案件线索10件，市人民检察院解救多名人质，对犯罪嫌疑人依法严肃查处。2001～2005年，共立案查处渎职侵权案件12件13人，挽回经济损失220多万元。

三、预防职务犯罪

1992年，市人民检察院设立专门的预防贪污贿赂犯罪工作机构。1993～1997年，结合查办贪污贿赂案件，及时帮助案发单位分析案件发生的原因，以案释法，提出防范意见，取得良好的社会效果和法律效果。1998年，建立由各乡镇和有关部门纪检干部参加的犯罪预防网络，到案发单位和有关部门开展专项法制宣传教育活动。在办理有关企业负责人涉嫌犯罪案件时，及时向有关部门通报情况，促进企业正常生产；在案件查处之后，根据查案中发现的问题，向案发单位提出检察建议，帮助强化内部管理。2001年，针对市国土资源系统职务犯罪案件查处中暴露出的管理问题，提出检察建议，给该系统中层以上干部、各乡镇土管所所长专题讲解预防职务犯罪知识；与市纪委联合召开新闻发布会，通报该系统案件查处情况，对全市行风廉政教育提出建议。是年，与市各金融单位签订廉政共建协议书，在全市金融系统等20多家单位、部门及乡镇中开展预防职务犯罪警示教育宣讲活动，加大对案件多发单位的专项治理工作。

2002年，市人民检察院坚持个案预防和系统预防、案前预防和案后预防、重点预防和一般预防相结合，取得一定预防效果。2003年4月，与市纪委、市委政法委联合组织开展"预防职务犯罪宣传月"活动，举办11场巡回报告会，机关干部和农村基层干部1800多人听取专题报告。8月，在扬州市率先成立预防职务犯罪工作指导委员会和预防职务犯罪协会，吸纳包括各乡镇政府、各行政执法机关、民营企业及外来投资者在内的团体会员60多个和个人会员10多人，聘请预防网络成员89人。是年，与市委政法委联合制定《关于在工程项目建设、采购、商贸活动中开展预防职务犯罪等工作的实施意见》，与市建设工程项目招标办公室、市土地储备中心、城市改造等部门建立情况联系制度和工程项目预防职务犯罪档案立项制度，12次派人对招投标活动进行现场监督，并对总投资4.2亿元的三阳河附属工程等6项重大工程项目建设进行跟踪预防。2004～2005年，与市委党校共建预防职务犯罪教育基地，先后5次派人到市委党校向参加培训的干部做预防职务犯罪专题法制讲座，与市纪委、市建工局等7家单位联合制定《高邮市建筑市场廉政准入规定（试行）》，向100多家建筑企业发放建筑市场廉政准入证，从源头上预防建筑市场的不规范行为。同时，到高邮市驻外建筑企业，主动送法上门。2005年，向全市建筑行业发出廉政准入证260份，到有关部门开设法制讲座9次，受教育人员900人次，参与市委及有关部门组织的预防职务犯罪专项工作，举办"预防职务犯罪宣传月"和"举报宣传周"活动，向有关部门和单位发出预防职务犯罪的检察建议45份，其中35份被采纳。

第六节 民事行政检察

1992年11月，市人民检察院设立民事行政检察科。1993～1996年，市人民检察院受理民事案件30件，其中决定立案5件，提请抗诉和提请扬州市人民检察院抗诉4件。1997年，受理各类民事（经济）、行政申诉案件17件，接待来访20多人次，提请或建议提请上级检察院抗诉3件、建议法院纠正1件，作其他处理或其他部门处理6件，办结扬州市交办的案件1件，对确定为不提请抗诉的6件案件加强做好息诉调解工作。是年，1996年提请抗诉的两件案件得到改判。1998年，受理不服法院已生效的判决、裁定民事申诉案件25件，决定立案审查4件，并均向上级检察机关提请抗诉或建议提请抗诉，被扬州市人民检察院采纳90%以上，改判率80%以上。

1999年，市人民检察院、市司法局联合在扬州市检察系统率先试行民事、行政检察律师代理申诉制。12月，扬州市人民检察院在高邮召开民事、行政检察律师代理申诉制试行会议，市人民检察院在会上作经验介绍。扬州市人民检察院转发高邮市人民检察院《关于民行检察律师代理申诉制实施细则》。是年，市人民检察院受理不服人民法院判决或裁定的民事（经济）、行政申诉案件24件，决定立案审查4件，均建议上一级检察院提请抗诉。其中，胡某某等180人因不服界首镇政府为返还不合理收费行政裁定一案，提请扬州市人民检察院抗诉。扬州市人民检察院又提请省人民检察院抗诉。省人民检察院采纳提请抗诉意见。该案创下申诉人最多的纪录。同时，加强息诉工作力度，妥善处理好群众情绪和维护法律公正的关系，特别是做好集体申诉案件申诉人的工作，既注重维护申诉当事人的合法权益，又注重做好对申诉当事人释法宣传教育工作，适时劝导申诉无理的当事人息诉服判，维护社会稳定大局。

2000～2002年，受理不服人民法院判决或裁定的民事、行政案件49件，决定立案审查27件，向上级检察院提请抗诉或建议提请抗诉24件，终止审查1件。其间，在全市范围内建立民事行政案件申诉点，明确每月20日为民事行政申诉案件接待日。2003年，与市人民法院联合印发《关于加强民事行政案件协调配合的工作意见》，与市政府法制办公室联合印发《关于报送行政处罚决定书的通知》，聘请纪检干部、律师事务所主任、高邮镇社区办公室负责人等50人为民事行政检察及其他案源信息联络员，完善民事行政检察律师代理申诉制度。2003～2005年，市人民检察院共受理当事人不服法院民事、行政判决裁定申诉案件35件，其中提请或建议提请抗诉12件。在抗诉案件中，法院再审审结3件，其中改判2件；发回重审3件，发出个案再审检察建议1份，劝说申诉当事人息诉16件。

第七节 控告申诉检察

1986～1987年，县人民检察院控告申诉检察科查处一批控告申诉案件，复查“文化大革命”前免予起诉的历史案件77件，实事求是地纠正部分错案，通过有关部门落实政策7人。1988年，经济罪案举报站（举报中心）成立后，利用多种形式进行宣传发动，激发群众举报热情。在接待来信来访中，把“两访一户”（集体访、告急访和上访老户）作为工作重点，遵循“认真热情、积极疏导、妥善处理，把问题解决在萌芽状态、解决在基层”的原则，对急信急访、集体上访及时处理，对不服法院判决的民事行政申诉案件能立案审查的及时立案，不能立案的做好息诉工作，维护社会稳定。1989～1990年，共收到群众举报贪污、受贿、投机倒把、挪用公款等各类信件510封，办结控告申诉案件4件。

1991～1992年，受理各类首次控告检举229件。1992～1993年，市人民检察院控告申诉检察科制作10块法制宣传牌，利用典型案例以案释法，宣传检察机关查处案件范围和标准，以及公民举报的有关知识等，先后在各乡镇及有关企业巡回展览，观众2万多人次，检察人员现场法律咨询180人次，共受理人民群众和单位首次来信来访161件，其中举报案件线索123件。1994年，在各乡镇及税务、工商等系统纪检、监察部门建立举报网络，受理各类举报线索150件，经立案查处，为集体挽回经济损失25万元。1995年，建立举报奖励制度，受理各类举报线索258件。1996年，通过举报工作网络，初查线索17件，移送立案侦查3件，处理集体上访2件、急访1件。

1997年，市人民检察院开展检察长巡回宣传接待活动18次，查处亏损企业内经济犯罪案件7件7人，并顺藤摸瓜，查处窝案、串案8件9人。1998年，市人民检察院在扬州市检察机关率先建立每月9日、24日和重大、紧急举报线索审查协调制度，全年开展举报线索审查协调评议活动36次，受理群众来信来访95件。通过初查，立案侦查涉嫌经济犯罪案件8件8人。1999年，市人民检察院开通专用举报电话，受理群众来信来访192件，其中属检察机关管辖查处的65件。通过初查，立案侦查涉嫌职务犯罪8件8人，其中副科级以上干部1件1人。2000年，实行检察长周四接待日和每月15日接待日工作制度。全年检察长值班接待64次，共接待来访群众控告、申诉、举报31批133人次，受理群众来信来访218件，其中属检察机关管辖查处的115件。通过初查，立案侦查涉嫌职务犯罪案件17件18人，其中乡科级干部4人。是年，市人民检察院共查处8件涉农犯罪案件，对有关责任人进行立案侦查，侦破涉嫌玩忽职守犯罪案件和涉嫌贪污犯罪案件各1件。在市农业系统侦破3件贪污贿赂犯罪案件，在市水利系统查处涉及4人的窝案串案。

2003年，市人民检察院受理举报、控告、申诉、投案、法律咨询、法律服务的方式，有免费投寄举报信、口头举报、电话举报、网上举报、密码举报和在乡镇设立举报接待站。4月，设立涉军维权投诉中心。在高邮、三垛、临泽等6个中心乡镇设立巡回举报接待站，每月10日、20日派人开展巡回接待。2004～2005年，参与“平安高邮”创建活动，借助民间庙会、“科技三下乡”、开学典礼等活动，适时举办送法等活动，对民事、行政申诉案件实行由控告申诉检察科和民事行政检察科两个部门联合接待，梳理属于检察机关管辖的上访申诉，办结涉及检察机关管辖的案件23件。

第八节 监所检察

一、监管场所监督

1986年4月起，县人民检察院派驻监所检察室工作重点从办案转为执法监督，对监管场所日常执法活动实行规范化检察。1987年，对看守所新收押的人犯109人实行提审教育，定期配合看守所和武警中队查监，及时纠正少数办案人员在提审时对人犯的不文明行为。

1988～1992年，市人民检察院监所检察室严格把好看守所在押人员收押、释放关，羁押法定期限关，刑事案件判决裁定执行、安全防范关，提审、押解、通信、接见关，生产劳动关，保外就医、假释关，以及维护党的政策关等“七关”。通过对在押人员实施形势、政策、法制和人生观教育，宣讲相关文件精神，开展狱政攻势，有效地预防6件在押人员和1件集体逃跑事故发生，预防在押人员自杀事件13件。1993～1994年，加大执法监督力度，促进看守所文明管理，稳定监管秩序，维护被监管人员合法权益，做到对违法行为及时提出纠正建议，表、卡、簿、册记载全面、详实、整洁，法律用语规范，监督程序合法。

1995～2003年，驻看守所检察室加强以经常化、制度化、规范化为目标的业务基础建设，对看守所实行法定期限、执行刑事判决裁定、加戴戒具、收押手续、安全防范等5方面监督，配合公安机关开展狱政攻势和监所“百日安全无事故”竞赛活动，给在押人犯上法制课，通过提审人犯进行教育谈话，打击牢头狱霸，及时对监管场所存在的安全隐患提出改进建议。在监所检察过程中，重点对保外就医、减刑、假释、缓刑、剥夺政治权利的“五种人”和监内超期羁押等现象进行监督，先后提出检察建议37次，发出纠正违法通知书5次。

2004～2005年，市人民检察院开展“检务公开进监区”活动，在看守所每个监室中设置检务公开宣传栏，同时设置检察信箱，随时接受在押人员的申诉和举报。为满足部分贫困家庭在押人员希望得到法律援助的要求，每月邀请律师到市看守所为在押人员及其家属提供法律帮助和法律服务，依法为在押人员追回工资3882元、被扣押的财产计人民币600元和移动电话4部。至2005年，市人民检察院累计纠正各类违法监管活动127件，纠正提请减刑、假释、保外就医不当24件，纠正超期羁押5件，配合安全查监416次，查出隐患143件，提出检察建议178份，配合看守所开展狱政攻势，在押人员检举揭发犯罪线索61条，破案19件。

二、监外罪犯监督

1986～1987年，全县在监外执行的罪犯共45人，县人民检察院对其监管情况进行全面检察，并协助基层组织落实帮教措施，帮助其中7人解决生活实际困难，为他们创造良好的改造环境。1988年，开始采取全面检察和重点检察、单独检察和联合检察相结合的办法，避免发生脱管、失控现象。1990年8月起，对凡是监外执行的罪犯，由检察院监所科、当地派出所、基层治保组织联合与其签订帮教协议，提高对监外执行罪犯的改造质量。

1991～1996年，市人民检察院回访考察监外执行的“五种人”（管制、假释、保外就医、缓刑、剥夺政治权利人员)，采取走下去与传上来相结合、直接见面与委托考察相结合、重点考察和一般考察相结合、法制教育与帮助解决实际困难相结合的方法，对监外执行罪犯普遍进行监督考察，促使人犯接受改造、争做新人。1997～2003年，对监外"五种人"全部进行回访考察，重点对保外就医人员医疗检查证明、法律手续等是否齐全进行检查，对其中丧失继续保外就医条件的罪犯1人通知有关部门收监执行。2004年，开发制作监所信息管理软件，在扬州市检察系统率先实现对监外服刑人员的计算机化监督管理，被扬州市检察机关采用推广。2005年，建议执行机关对社区矫正对象收监3件3人，办理监外罪犯犯罪案件2件2人。同时，开展预防超期羁押专项检查活动，完善换押备案制度，实行羁押期限临界预警制度。至是年，市人民检察院共检查监外罪犯2014人的执行情况，督促或帮助建立监管措施169人次，督促收监执行18人。

第四章　法　院

1986～1992年，市人民法院依法审理各类案件，严厉打击严重危害社会治安犯罪分子，调解各类社会矛盾，维护全市经济社会秩序。1993年，刑事审判由疑罪必判转向疑罪从无，庭审方式从纠问式转变为抗辩式。民事、经济、行政审判从重实体、轻程序转为程序、实体并重。审判方式从主要由法官查证、法官询问、庭前调解、先定后审，转为当事人举证为主、直接开庭、当庭举证、质证、当庭认证、依法调解，提高审判效率和质量。

2001年，市人民法院被省委、省政府命名为文明行业，被最高人民法院授予"人民满意的好法院"称号；市人民法院立案庭被最高人民法院授予"立案信访先进集体"称号，市人民法院法警大队被最高人民法院表彰为人民满意的司法警察大队。2002年6月，市人民法院被最高人民法院授予"人民满意的好法院"称号。2005年，市人民法院受理各类案件2720件，审(执)结2629件。

1986年，县人民法院坐落于县府街58号。1989年6月，迁至长生路25号。1997年12月，在长生路25号重建综合审判大楼，建筑面积4300平方米。

第一节　机构队伍

一、审判委员会

1986年，县人民法院设有审判委员会。其委员由法院院长提请县人大常委会任免。审判委员会会议由院长主持，实行民主集中制，主要讨论重大、疑难案件和其他有关审判工作。1987年，审判委员会实行现场办公制度，对继承、析产、道路通行、排除妨碍等确有必要深入现场的案件，就地察看后开会讨论。1997年起，对有重大影响或案情重大与涉及副乡科级以上干部案件，实行先旁听再开会讨论制度。是年4月，规定审判委员会会议每旬召开一次。2000年8月，市人民法院制定审判委员会工作规则，明确任务、程序、纪律，规定所作决定须得到全体委员半数以上同意，不得向他人透露委员发表的意见；对案件处理的决定，宣判前不得透露给当事人、代理人。2005年，继续改革审判委员会制度，制定审判委员会议事规则，同时按任命选拔程序，公开选拔4名年轻骨干充实到审判委员会。

1988年前，县人民法院审判委员会委员有：宋慕生、王宝龙、温义煊、夏恩培、周惠、马人和、居乃武、周仁顺、赵国祥、芮和靖、韩荣发、许广宏、薛义泉。1990年，新增程东宁、汤永寿、吴晓勤。1993年，新增吴家明。1996年，新增王天放、秦成武。1997年，新增郭海平。2005年，新增徐宏锦、林坚、张维方、朱林源、吴向东。其中,因到龄退休或工作调动,有些委员离开审判委员会。2005年末,审判委员会有委员12人。

二、内设机构

1986年,县人民法院内设办公室、刑事审判庭、民事审判庭、经济审判庭。审判人员审判时着军警式审判制服。1987年5月,刑事审判庭分设为第一刑事审判庭、第二刑事审判庭。后者专职审理刑事申诉案件和历次政治运动刑事复查案件。7月,设立执行庭。1988年6月,设立行政庭。1989年5月,信访接待室与第二刑事审判庭合并成立告诉申诉审判庭。是年,设立少年案件合议庭。1990年4月,设立纪检组、监察室。1991年5月,设立政工科(股级),与纪检组、监察室三块牌子、一套班子。是年,设立法医室。1992年1月,实行立审分离,在告申庭设立立案小组,专司立案审查工作。11月,设立市人民法院公路巡回法庭,为市人民法院派出审判机构,隶属于行政审判庭,由行政审判庭庭长兼任公路巡回法庭庭长。12月,设立少年案件审判庭,与刑庭两块牌子、一套班子。1995年6月,设立法警队。1999年4月,告申庭分设为立案庭和审判监督庭,法警队更名为市人民法院司法警察大队。是年,设立政治处。2000年4月,以高邮镇人民法庭为基础,设立第二民事审判庭,审理全市婚姻家庭类案件。是年秋,审判人员制服式样更改为西服式制服佩戴胸徽,法官审判时着法袍。2001年,未成年人刑事案件审判庭和未成年人刑事案件合议庭统称少年法庭。2002年6月,市人民法院根据最高人民法院统一规定,审判时使用法槌。是年12月,第二民事审判庭更名为婚姻家庭案件审判庭,民事审判庭改称为民事审判第一庭,经济审判庭改称为民事审判第二庭。2003年3月,少年法庭独立办公。6月,设立执行局,执行庭、执行局实行两块牌子、一套班子。2005年,市人民法院内设机构为办公室、纪检组、监察室、政治处、法警大队,设有第一刑事审判庭、第二刑事审判庭、执行庭(局)、行政审判庭、立案庭、审判监督庭、少年法庭、婚姻家庭案件审判庭、民事审判第一庭、民事审判第二庭等业务庭10个。

三、基层法庭

1986年,全县设菱塘、临泽、三垛、汉留、临城、吴堡等6个基层人民法庭。吴堡人民法庭因无办公用房,1991年6月撤销。至2005年,全市共有送桥、界首、三垛、临城4个基层人民法庭。

送桥人民法庭　1986年10月,菱塘人民法庭迁至送桥镇,并更名为送桥人民法庭,管辖菱塘、天山、送桥、郭集4个乡镇庭审工作。

界首人民法庭　1986年,临泽人民法庭管辖界首、周山、营南、临泽、川青、周巷等6个乡镇和果林场的基层庭审工作,设址于临泽镇生产街。2003年7月,撤销临泽法庭,重建界首人民法庭,管辖区域不变。

三垛人民法庭　1986年,在三垛镇设有三垛人民法庭,管辖三垛、平胜、甘垛、横泾、司徒、武宁、二沟等7个乡镇庭审工作。

甸垛人民法庭　1986年,在汉留乡设有汉留人民法庭,管辖汤庄、沙堰、八桥、伯勤、卸甲、汉留、甸垛等7个乡镇庭审工作。是年,迁至甸垛乡。1994年8月,更名为甸垛人民法庭。2002年6月,被撤销。

临城人民法庭　1980年7月,在高邮镇设有沿运人民法庭,管辖高邮镇和马棚、东墩、张轩、一沟、车逻、武安、湖滨等8个乡镇庭审工作。1983年8月,更名为临城人民法庭。

高邮镇人民法庭　1996年6月,设立高邮镇人民法庭,主要管辖高邮镇庭审工作。1999年12月,被撤销。

四、队伍

1986年,县人民法院有干警69人,其中专职法警2人,主要来自党政机关、军队转业干部、复员退伍军人、企事业单位工作人员调配和高、中等学校毕业生分配。1988年,招录干部6人,接收转业干部、行政机关精简干部13人。1994年，招录干部2人。1995年，招录大专以上学历干部4人。1999年，开展法官等级评定工作。全市确定四级高级法官6人、一级法官17人、二级法官12人、三级法官32人、四级法官26人、五级法官2人。是年5月，聘用见习书记员28人。2005年，市人民法院经考试录用具有法律本科学历并通过国家司法资格考试的毕业生共4人。是年末，市人民法院有在职干警115人，其中院负责人6人、庭（室）负责人35人、审判长（执行长）15人、审判员（执行员）23人、助审员（助执员）5人、书记员13人、法警11人（庭、队负责人未列入）、其他7人。有四级高级法官6人、一级法官6人、二级法官35人、三级法官7人、四级法官2人、五级法官1人。

1984年5月至1997年1月，周惠任县（市）人民法院院长。1997年1月起，郭海平任市人民法院院长。

第二节　刑事审判

1986～1996年，市人民法院依照《中华人民共和国刑事诉讼法》《中华人民共和国刑法》，开展刑事审判工作。1997年起，按照修订后的《中华人民共和国刑法》，细化罪行，增列罪名。2001年起，按照最高人民法院规定，市人民法院受理刑事案件所涉罪名有63项。至2005年，市人民法院累计审结刑事案件3018件，其中较为突出的盗窃案件1310件、交通肇事案件280件、故意伤害案件236件、强奸和奸淫幼女案件197件、抢劫案件193件、贪污案件113件、重婚案件87件、诈骗案件72件。

一、普通刑事案件审判

1986年，县人民法院共受理各类刑事案件118件，比上年上升68%，审结115件，其中盗窃、强奸、奸淫幼女和经济诈骗案件居多。在从重从快打击刑事犯罪的基础上，突出“准”字，刑事案件补充调查9件，退查2件，改变定性2件。1987～1990年，盗窃、强奸、奸淫幼女案件较多，每年各在15件以上，县人民法院认真审理，依法判决，使这类案件逐年有所减少。1991年后，随着经济发展，经济犯罪案件增多，是年审理10件。1992年，市人民法院受理组织介绍容留卖淫案件2件2人。1995年起，交通肇事案件逐渐增多，一直处于多发状态。1996年，卖淫嫖娼犯罪案件有所抬头，是年受理此类案件9件12人。1999年，审理交通肇事案件37件37人。2000年，审理卖淫嫖娼犯罪案件11件27人。其中，沈某某经营的雅乐休闲中心，容留卖淫30多次，被判处有期徒刑12年，剥夺政治权利3年。

2004年4月，市人民法院首次审理重大环境污染案件，判决市助剂厂原责任人乔某某犯重大环境污染罪，处有期徒刑6个月，缓刑1年，并处罚金20万元。至2005年，市人民法院受理刑事案件977件，审结975件1261人，其中较为突出的盗窃案385件530人、交通肇事案143件144人、故意伤害案71件85人、抢劫案42件74人。

二、严重危害社会治安案件审判

1986～1988年，县人民法院继续开展“严打”斗争，着重在“准”字上下功夫。1989～1990年，把“严打”矛头指向重大盗窃、抢劫、强奸、重大诈骗等严重刑事犯罪和经济犯罪分子，共审理重大刑事犯罪案件39件，判处被告48人。1991～1993年，市人民法院对杀人、抢劫、强奸、流氓、重大盗窃、拐卖妇女等严重刑事犯罪以及惯犯、累犯等犯罪分子，坚持从快审理、从重判处，两次召开宣判大会，打击犯罪分子嚣张气焰。1994年，抢劫、流氓、放火、贪污、盗窃等犯罪案件上升幅度较大，市人民法院坚决贯彻依法从重从快方针，加大打击力度，先后召开5次宣判大会，对40多名罪犯集中进行宣判。1995～1996年，在“严打”斗争中，针对带有黑社会性质团伙犯罪增多，将其列为打击重点，从重判处犯罪团伙38个114人。两年共从重判处杀人犯1人、抢劫犯100人、强奸犯20人、重大盗窃犯82人，其中被判处5年以上有期徒刑的严重刑事犯罪分子60人、被判处10年以上有期徒刑的情节特别严重的刑事犯罪分子10人。

1997年,市人民法院将抢劫、强奸、重大盗窃等严重侵犯公民人身财产安全、危害社会治安、破坏社会稳定等犯罪作为“严打”斗争重点,从严判处严重危害社会治安犯罪分子131人,其中抢劫犯31人、强奸犯4人、盗窃犯96人。1998～1999年,继续贯彻“严打”方针,配合“三禁一打”(禁黄、禁赌、禁毒、打击黑社会性质邪恶势力)斗争,从重打击社会丑恶现象犯罪,审理扰乱社会秩序罪、寻衅滋事罪、强迫交易罪案件7件7人。1999年,严重危害社会治安的强奸、奸淫幼女犯罪案件突出,全年审理此两类案件15件。2000年,对严重危害社会治安的犯罪继续从严从重打击,共审结杀人案1件1人,伤害案34件46人,强奸案3件5人,抢劫、盗窃案107件185人,其中有14人被判处10年以上有期徒刑。2001～2005年,市法院推行“严打”与整治工作相结合,参与社会治安综合治理,坚持从重从快打击严重危害社会治安的各类犯罪,先后召开宣判大会26次,向有关单位发出司法建议18次,到市看守所进行狱政教育3次,选择典型案件到案发地就地开庭20次。

三、经济犯罪案件审判

1986～1991年,市人民法院在事实清楚、证据充分的基础上,对11名贪污、受贿等严重经济犯罪分子快审快结,从严判处,并注意运用没收财产和罚金等附加刑。1993～1994年,为推进反腐败斗争深入开展,集中宣判贪污、挪用公款、偷税、受贿等经济犯罪分子7人,并重视财产刑适用,对17名犯罪分子没收财产5.2万元,罚金3.2万元,追缴赃款27.8万元。1995年,把惩处党政机关、行政执法机关、司法机关和经济管理部门中的经济犯罪作为反腐败斗争的重中之重来抓,全年共受理各类经济犯罪案件29件,审结28件,其中1万元以上大案14件,共判处经济犯罪分子32人,为国家和集体挽回经济损失43万元。1996～1997年,继续严厉打击贪污、贿赂、挪用、侵占等经济犯罪活动,共判处经济犯罪分子22人,同时重视财产刑适用,不让犯罪分子在经济上占便宜。1998～1999年,审结涉及贪污、贿赂的经济犯罪案件17件,其中涉及副乡科级以上干部5件5人,为国家和集体挽回经济损失200多万元。2001～2005年,市人民法院共受理并审结破坏市场经济秩序犯罪案件和公职人员经济犯罪案件82件,判处经济犯罪分子114人,其中副乡科级以上干部13人,为国家和集体挽回经济损失1128.44万元。

四、少年犯罪案件审判

1989年初,县人民法院在刑事审判庭设立审理少年犯合议庭,采用适合少年犯罪特点的审判程序和方式,在量刑上尽可能从轻减轻,适当多判缓刑,全年审理18岁以下少年犯41人。1990年初,县人民法院集中培训特邀人民陪审员14人,参加少年犯罪案件陪审。少年案件审判庭在审判中探索寓教于审、审教结合的审判思路,注重强化教育感化效果。1993年,少年案件审判庭被评为全省先进少年法庭。1996年8月,市人民法院召开缓、管、免少年犯改造情况汇报会。1999～2000年,对恶习不深的未成年人积极挽救,尽量适用缓刑,审结41件52人,判处管制、拘役、缓刑、单处罚金26人。至2005年,市人民法院累计审结少年犯罪案件217件251人,其中盗窃142人、抢劫64人,判处有期徒刑缓刑99人,免予刑事处罚、管制、拘役、单处罚金16人。同时,加强预防青少年犯罪工作力度,组织在校学生旁听庭审,到学校上法制辅导课,净化校园环境。

五、申诉复查

1986年以前,刑事申诉复查由刑事审判庭按上级人民法院和党的政策要求进行,根据案件多少,临时指派专人办理。1986年,县人民法院共审结“文化大革命”前和“文化大革命”期间的反革命案件、政治案件、统战方面的申诉案件87件,未结104件。1987年5月,从刑事审判庭分设第二刑事审判庭,专职审理刑事申诉案件和历次政治运动刑事复查案件。1989年,告诉申诉庭成立,受理刑事申诉复查案件。至1990年，历史老案、“文化大革命”和1983年“严打”时的刑事申诉案件审理完毕。1991～1998年刑事申诉案件计68件，1998年只有1件。1999年4月以前，民事、经济、行政案件申诉由各业务庭另行组织合议庭复查。确需再审的，报经院长同意，提交审判委员会研究决定进行再审，不需要再审的通知驳回申诉。是年4月起，各类申诉复查案件按审判监督程序，由审判监督庭复查审理。

第三节　民事审判

1986年，县人民法院受理民事案件632件（含上年积存41件），审结554件。1987年，《中华人民共和国民法通则》实施后，受理的民事审判案件类型增多，包括离婚、解除同居、子女抚育权、抚养费、继承、析产、相邻关系、人身损害赔偿、房屋租赁买卖、宅基地使用权、欠款、民间借贷等，案件数量迅速上升，民事案件审判改革力度不断加大。1993年，审判方式改为直接开庭、当庭宣判。1998年，直接开庭率98.3%，当庭宣判率70%以上。2000年，直接开庭率100%，当庭宣判率83.5%。2002年起，市人民法院确立大民事审判理念，民事、经济纠纷案件统称民商事案件，案件统计划分为婚姻家庭、继承纠纷，权属、侵权纠纷及其他民事纠纷，合同纠纷等3类。

一、婚姻家庭案件审判

1986年，在全县受理的婚姻家庭案件中，离婚案件227件。以后离婚案件呈逐年上升趋势。1997年，市人民法院按照《中华人民共和国婚姻法》和有关政策规定审理离婚案件，对当事人进行法制教育和社会主义伦理道德教育，促使当事人树立正确的婚姻家庭观和道德观，同时严格掌握离婚条件和感情确已破裂的界限，不轻易判离。在全年审结的416件离婚案件中，通过做工作，原告自动撤诉或和好的70件，判决不准离婚的47件。1998～1999年，全市婚姻家庭案件仍呈上升趋势。在审理中，市人民法院从关心保护妇女儿童合法权益出发，在审结的919件离婚案件中，通过做工作，原告撤诉、和好或认为确有和好可能判决不准离婚的317件，占审结数的34.5%。

2000年3月前，全市婚姻家庭案件由人民法庭和民事审判庭审理。是年4月起，市人民法院设立第二民事审判庭，专职审理婚姻家庭案件。是年，在审结的351件离婚案件中，经做工作，和好的、原告撤诉和有和好可能判决不准离婚的占58.3%，比上年上升23.8个百分点。2002年12月，第二民事审判庭更名为婚姻家庭案件审判庭。2005年，全市受理离婚案件520件。

2000～2005年高邮市人民法院婚姻家庭案件审理情况一览表

表24-10　　单位：件

项目 年份	受理	离婚	解除非法同居	抚育费	监护权	婚姻无效	婚约财产	探视子女权	解除收养关系	生身父母确认	登记离婚后财产	分家析产	同居抚育	返还财产	抚养	结案
2000	328	286	35	4	3	—	—	—	—	—	—	—	—	—	—	—
2001	448	369	73	1	1	2	1	—	—	—	—	1	—	—	—	448
2002	531	453	60	9	2	1	2	—	1	—	—	—	—	—	3	531
2003	553	486	38	17	5	2	2	2	—	1	—	—	—	—	—	551
2004	514	471	16	14	5	—	—	3	1	—	—	—	4	—	—	514
2005	554	520	10	14	—	4	3	—	1	—	1	—	—	1	—	535

说明：2000年328件，不含1～3月送桥、临泽、临城、三垛、甸垛5个基层法庭受理的婚姻案件。

二、继承案件及赡养案件审判

1986～1995年，全市赡养案件呈上升态势，从18件上升至34件。市人民法院对不尽抚育、赡养义务，侵害他人民事权利的违法行为，依法责令承担民事责任。选择典型案例，进行公开宣判和宣传。此后，此类案件有所下降。2000年7月，临泽人民法庭受理临泽镇东荡村村民委员会诉柏某某、管某某等7名被告分享遗产案，按照最高人民法院发布的《关于如何处理农村五保对象遗产问题的批复》，依据“五保对象死亡后，其遗产归所在的农村集体经济组织所有”的规定，判决被告退还私分款。中央电视台《今日说法》栏目播出该案件审理过程。2005年，市人民法院受理继承案件13件。

三、债务案件审判

1986年，送桥人民法庭针对企业宕欠货款较多现象，安排审判人员到企业帮助清资。1987年，县委政法委在送桥镇召开为经济建设服务座谈会，推广送桥人民法庭为发展工业经济服务的经验。1991年，市人民法院向市政府发出司法建议，建议用法律手段收回债权，进行生产自救，对受灾企业起诉的经济纠纷案可缓交或先预交部分诉讼费。1992年7月起，市人民法院组织审判干部与217家企业建立经济联络关系，定点为挂钩企业服务。至年末，通过非诉讼手段为企业解决经济纠纷案件190件，收回债权99万元。1993年下半年，市人民法院执行国家整顿金融秩序、实行宏观调控的政策，针对市内金融机构不少资金呆滞、不能发挥应有效益的情况，审结金融经济案件29件，收回资金148.5万元。同时，主动与农村金融机构联系，开展依法收贷专项治理，共发支付令238件，收回闲散在农户手中的农贷29.5万元。

1996年，全市开展企业改制工作，部分企业严重亏损，少数职工擅自带走企业的设备和工具，妨碍清产核资工作。市人民法院立即派审判人员进行法律宣传，使这些职工认识错误，交还公物。1998年，全市债务案件呈上升趋势，市人民法院审结债务案件和损害赔偿案件827件，标的1429万元。1999年，市人民法院在审理民间借贷案件时，对带有群体性的借贷案件认真做好民事审判工作。东南油厂、莫愁公司、振菱公司等企业债权人均达几十人以上，乃至上百人，债务人又出逃，市人民法院及时受理、快速审判、果断执行，保护群众的合法权益。2000～2005年，全市企业改制和资产重组进入高潮，不良债务处理、债务纠纷等类案件急剧上升，市人民法院及时受理债务案件，共处理不良债务5.2亿元。

四、损害赔偿案件审判

1986～1989年，全县损害赔偿案件较少，主要是交通安全事故中发生的人身损害案件。1990年以后，赔偿案件中人身损害比例逐步增大。市人民法院从保护受害者和其家属的合法权益出发，秉公办案，审慎判决此类案件。1990～2005年，受理赔偿案件1774件，其中人身损害赔偿案件1407件，占79.3%。

五、劳动争议案件审判

2000～2005年，市人民法院重视对劳动争议和涉及职工养老保险、失业保险、医疗保险、职工基本生活保障和城镇居民最低生活保障等相关案件的审理，做到及时立案、及时协调、及时审理，共审理劳务纠纷案件48件。在审理过程中，充分保护劳动者的合法权益，帮助劳动者解决生活中的实际困难。同时，按照国家的法律法规，对个别劳动者的无理要求不予支持，以维护企业经营者合法权利和正当经营。

六、民事调解

1986年，县人民法院在审理民事案件时，注重庭前调解。1987年，在民事审判中，将“调解为主”改为“着重调解”，维护当事人诉权。1987～1989年，共审结民事案件2738件，其中调解结案2103件、判决258件、撤诉377件，分别占76.81%、9.42%、13.77%。1991年，送桥人民法庭坚持在民事诉讼中推行诉讼外调解的做法，处理纠纷42件。其做法在全市人民法庭推广。1993年3月，为探索经济纠纷案件审理新模式，在经济审判庭设立经济纠纷调解中心，以调解方式，处理企业间法律关系明确、标的无争议的货款矛盾。是年，调解处理29件。1994年，经济纠纷调解中心撤销。1995～1996年，市人民法院在处理涉及重点企业、重点项目因土地征用、房屋拆让等产生的纠纷时，耐心疏导，妥善处理，制止群众阻挠施工4次。对集团诉讼案件，及时化解可能导致矛盾激化的苗头。对在诉讼过程中出现集体上访、聚众闹事等现象时，协同有关部门采取应急措施，防止事态扩大。两年共调处突发性事件80多件，防止矛盾激化90多件，未发生一件因审理不当而引发民事转刑事案件。2000～2005年，民商事案件审理数增多，其中城市建设排除妨碍施工案件较多。市人民法院耐心做当事人双方调解工作，此类案件绝大多数通过双方协商，作撤诉处理。

至2005年，市人民法院累计审结民事经济案件3.49万件，调解结案1.57万件。其中，婚姻家庭继承案件结案2.02万件，调解1.02万件，调解数占结案数50.5%；合同纠纷案件结案1.37万件，调解5264件，调解数占结案数38.42%。市人民法院先后被最高人民法院和省社会治安综合治理办公室、省高级人民法院、省司法厅分别表彰为全国法院系统指导人民调解工作先进集体、全省人民调解工作先进集体。

第四节 经济审判

1986年，县人民法院经济审判庭受理经济纠纷案件159件，审结123件，分别比上年上升96.3%、78.26%。其中，买卖（购销）案件最多，借款纠纷案件居次，其他类型案件较少。随着经济纠纷案件逐年增多，基层人民法庭审理的标的额从1万元以下先后上升为5万元以下、10万元以下。市人民法院受理标的额也依次从10万元以下上升为20万元以下、50万元以下和一方当事人为外市（县）的案件。至2005年，全市累计受理经济纠纷案件1.32万件，审结率99.92%。

一、买卖合同纠纷案件审判

1986年，县人民法院经济审判庭负责审理购销合同纠纷案件。因全县购销合同纠纷案件数量少、涉案标的小，许多案件通过调解得以解决。1994年以后，此类案件逐渐增多，购销合同不规范、违约等现象屡见不鲜。1995年，诉至市人民法院的经济纠纷案件诉讼标的明显增大，资金拖欠时间长，影响企业生存和发展。市人民法院审执市内企业与外地经济纠纷案件100多件，收回债权1000多万元。同时，派人到工商企业，排查债权1028.34万元，帮助审查合同470份，避免损失900多万元。1996年，受理经济案件1165件，审结1008件，受理和解决标的额分别达4266万元、3965万元。组织全体审判人员到全市各个乡镇和企业，帮助审查经济合同486份，提出合理化建议94条，避免经济损失400万元，排查债权2500万元，清资1000万元，收回在外债权1900万元。1997年，针对企业改制过程中及改制后出现的新矛盾、新问题，先后走访企业500家，排查债权近亿元，进行法律咨询指导200多次，帮助审查合同400多份，其中为江苏邮达过滤机集团排查可诉债权230多万元。1997～1998年，共受理经济案件1483件，审结1452件；受理标的1.34亿元，审结标的1.38亿元。1999年，审结经济纠纷案件983件。2000年起，市人民法院每年受理的民商事类案件仍居高不下，每年审结各类经济纠纷案件均在300件以上。2002年起，购销合同纠纷案件改称为买卖合同纠纷案件。至2005年，市人民法院累计受理买卖合同纠纷案件5489件。

二、农村承包合同纠纷案件审判

1986～1987年，县人民法院受理农村联营、种植承包等新型案件。1987年，发生首件川青乡农民徐某某与村民小组种植承包合同纠纷案，县人民法院及时立案审理，兑现承包政策，按合同维护当事人合法权益。是年，共受理承包合同纠纷案件12件。1996年，市人民法院加大集团诉讼案件审理力度。是年10月，司徒乡某村发生村民联合阻挠胡某继续承包3公顷土地的纠纷案件。市人民法院在接案当天（星期日）就组织专人前往调处，分清责任，很快平息纠纷。1998年，审结涉及农村承包合同纠纷案件30件，解决争议标的44万元。2001～2003年，全市农村承包合同纠纷案件激增，共受理218件。至2005年，市人民法院累计受理农村承包合同纠纷案件773件。

三、金融借贷和合作基金会案件审判

1990年，临泽人民法庭针对辖区逾期农贷多、影响金融机构资金正常周转的情况，试办农贷案件。全年共受理31件，审结30件，审结标的20.4万元，收回农贷16.8万元。通过农贷案件审理，促使一大批贷款户自觉归还贷款和利息30万元。1997年起，金融借款合同纠纷逐渐增多。1998年，市政府开始对农村合作基金会清理整顿，市人民法院经济审判庭和各基层法庭按照清理要求，受理以合作基金会为原告的借款纠纷案件。1999年，市人民法院优先立案审理、依法保全与执行清理整顿农村合作基金会案件，其中审（执）结案件604件，标的2088万元。至2001年，共审理农村合作基金会案件896件。至2005年，市人民法院累计审结金融借贷案件5110件。

四、企业破产案件审判

1992年3月和8月，市毛巾厂（横泾）、三垛木器厂两家乡镇企业分别申请破产还债，市人民法院开始受理非全民所有制企业破产还债案件。前者经5个月审理，乡政府决定撤回申请。后者经市人民法院审理，于1994年6月裁定三垛木器厂破产还债程序终结。1996～1997年，全市进行企业改制，市人民法院依法审结11家集体企业破产。在审理中，采取有效措施，提高破产清偿率，并通过兼并、拍卖、租赁等形式，使破产企业闲置资产尽快发挥作用。2000年4月，国有企业市石油支公司申请破产，经审理于2001年5月终结破产程序。其后，市物资局所属全民企业陆续申请破产。至2005年，全市进行企业改制和资产重组，企业申请破产案件急剧上升，市人民法院及时组织力量审理，依法保护公共财产和公民合法私有财产，盘活存量资产，妥善处理资产分配，保障企业职工合法权益，累计受理破产案件和破产还债案件69件，审结62件，盘活存量资产2.1亿元。

第五节　行政审判

1986～1988年，县行政机关申请执行生效的行政处罚决定案件3件，由县人民法院民事审判庭执行；受理行政诉讼案件1件，由经济审判庭审理。1988年6月，县人民法院率先在扬州市各县（市、区）设立行政审判庭。审理公民、法人和其他组织对行政机关的行政处罚、行政强制措施不服或认为行政机关不作为、损害当事人合法权益、以行政机关为被告的案件。1989年1月起，行政审判庭始受理行政诉讼案件。川青乡五里村村民李某某建新房后，违约拒不拆除旧房，乡政府做出限期拆除旧房的行政处罚决定。李不服，诉至县人民法院。行政审判庭就地开庭审理，做出维护乡政府处罚决定的判决后，李不服，上诉，二审维持原判，李仍拒不执行生效的判决。是年7月初，行政审判庭依法强制拆除李的旧房，高邮电视台作报道，在社会上引起强烈反响。1990～1991年，行政审判庭加大对行政诉讼法的宣传，举办专题讲座。1992年10月，市人民法院行政审判庭庭长汤永寿编著的《民告官案评》一书出版。1993年4月，行政审判庭受扬州市中级人民法院指定管辖，审理泰州市蓝天商场不服税务行政处理案件。该商场诉泰州市税务局扣押物品、证书、营业执照副本和要求行政侵权单位赔偿损失。市人民法院行政审判庭经调查审理，对此案做出判决，驳回原告诉讼请求。《人民日报》、中央人民广播电台、《新华日报》等17家新闻单位记者参加旁听。

1995年，市人民法院行政审判庭受理案件68件，为历年最多，亦位居扬州市各县（市、区）法院之首。行政审判案件类型有15种之多，有首例侵权赔偿案、计划生育案、非法限制人身自由案、养殖承包户诉乡政府违法并要求履行义务案。在审结的48件案件中，判决维持行政决定1件，变更行政决定1件，赔偿原告1件，判决撤销行政决定3件，部分维持、部分撤销行政决定13件，驳回起诉15件，原告撤诉3件，被告变更具体行政行为后原告撤诉11件。1996年，受理非诉行政执行案件73件，执结72件，执行行政罚款40.56万元，拆除非法建筑物40多间，让出非法占用地1458.9平方米。

1999年，市人民法院行政审判庭组织审判人员到乡镇进行农民负担问题专题调查。2000年，在送桥镇选择3件“两上交”案件就地召开行政执法现场会，支持行政部门依法行政，促进控减农民负担、清收拖欠“两上交”工作依法进行。2001年，行政诉讼案件增多，行政审判庭坚持“维护与制约、服务与监督并重”的原则，正确协调公共权力与公民权利的关系，审查行政机关做出的具体行政行为程序是否合法，实体处理是否符合法律、法规规定，处理一批有代表性的行政诉讼案件，促进行政机关依法、依程序办事，提高依法行政能力。2005年，行政审判庭受理行政案件20件，结案19件；非诉行政案件150件，审查执结率100%。

第六节 立案 信访

1986年至1989年4月，县人民法院立案工作由业务庭、基层法庭自行审查，自立自审，存在该立案不立案、不该立案而立案的情况。1989年5月，县人民法院将隶属院办公室的信访接待室与第二刑事审判庭合并成立告诉申诉审判庭，专门负责审查立案，然后移送各庭审理，基层法庭仍由自己审查立案。

1992年1月，实行立案审判分离，在告诉申诉审判庭设立案小组，专司审查立案。1995年9月起，全市基层法庭（除送桥人民法庭外）立案由告诉申诉审判庭审查决定。1996年1月起，民事、经济、自诉刑事、执行案件由各庭庭长签署意见，到告诉申诉审判庭统一立案。1997年4月，全面实行立案与审判分开。1998年1月，为方便当事人诉讼，实行审查、立案、收费一条龙服务，设立立案大厅，实行柜台式服务，统一办理受理、应诉文书送达、诉讼费收取。

1999年4月，告诉申诉审判庭撤销，成立立案庭。立案庭职能从立案审查、信访接待，陆续扩展到查证保全、支付令申请与裁定、指定管辖的请求、请示和流程管理、司法鉴定受理、对外委托、结案报表、审限跟踪、通报。2005年1月，市人民法院局域网开通，人民法庭实行就地网上立案，方便当事人办理立案相关手续。市人民法院坚持“首问责任制和原承办人责任制”涉诉信访处理原则，依法处理群众来信来访，维护稳定。是年网上立案494件。

第七节 审判监督和人民陪审员制度

一、审判监督

1986年至1988年2月，县人民法院对各类案件未设定审判期限要求。1988年3月，县人民法院制定《关于审理民事、经济、自诉刑事案件期限的暂行规定》，要求赡养、扶养、索要劳动报酬、分割抚恤金、排除妨碍等案件在3个月内审结，不得超过6个月；离婚案件在6个月内审结，不超过1年；其他简单民事案件在2个月内审结，疑难复杂案件不超过1年；经济纠纷案件一般6个月内审结，不超过1年；刑事自诉案件自收案到逮捕限期3个月；经审判委员会讨论决定的案件，限在15日内开庭判决，在规定期限内不能审结的必须向分管院长汇报。是年11月，由1名副院长负责，组织6名审判人员复查人民法庭审结的560件案件，发现少列、错列当事人案件15件，甚至将虐待案件和离婚案件合审，出现刑事案件和民事案件不分情况。1989年，告诉申诉审判庭成立，行使审判监督职能。

1997年5月，市人民法院为保证案件审理质量，以“审监并重，审监分离”为基本原则，试行案件评查制度，对上半年审结的案件逐件评查。1998年3月，成立案件督查小组，要求案件审结后由督查小组在1个月内检查完卷宗，发现一般问题直接与承办人联系要求补正，重大问题由庭、组会商，依法纠正。是年1～10月，审结、执结案件2981件，送督查小组评查2418件，发现调解结案无调解笔录16件，按普通程序审理无合议庭评议笔录43件，程序混用6件，超审限14件。是年，市人民法院监察室监督检查被二审发回重审案件8件、改判案件29件、撤销一审裁定移送管辖案件4件，认为与二审有认识上分歧3件，系承办人执法不严、审案不细、裁判欠妥38件，依目标管理考核规定给予扣分处理。

1999年4月，市人民法院成立审判监督庭，负责复查、审理当事人申诉、申请再审案件，上级法院交办的复查案件和上级法院指令再审、检察机关提起抗诉的案件等。申诉、申请再审案件，经审查，符合再审条件的裁定进入再审程序，不符合再审条件的通知驳回。至2005年，共有刑事申诉案件19件，再审10件；婚姻、权属申诉案件86件，再审24件；合同申诉案件35件，再审8件；行政申诉案件为零；执行申诉案件3件；赔偿确认案件2件；发回重审案件1件；抗诉案件1件。

二、人民陪审员制度

1986年，全县有人民陪审员14人，参与开庭审判案件37件。1989年，县人民法院特邀人民陪审员2人组成合议庭，参加少年犯审判。1990年2月，人民陪审员由乡镇人民代表大会选举产生，按人口万分之二的比例确定名额，等额选举，过半数当选。是年，选举产生人民陪审员42人。1993年，在市人民代表选举的同时，选举产生人民陪审员47人。2000年7月，选举产生人民陪审员38人，经业务培训后固定到庭参与审判。2005年2月，市人大常委会贯彻第十届全国人大常委会通过的《关于完善人民陪审员制度的决定》，从有一定专长的人员中选任人民陪审员29人，并发给任命书。是年，人民陪审员参与审理案件316件，参审率95%以上。

第八节　执行工作

1987年7月，县人民法院设立执行庭，负责执行多年未能执结的复杂疑难积案。在过渡阶段，自审自执情况依然存在。为减轻执行压力，审判中要求尽可能调解结案，当庭兑现。对有执行能力的当事人，及时采取保全措施，保证案件执行。由于执行力量不足，部分案件长期无法执结，审执不分的弊端日益显现。

1991年，市人民法院下决心解决执行难问题，对难度大的执行案件，采取集中执行措施，依法拘留抗拒执行的当事人2人，执行效果显著提高。1994年，对有执行能力，经多次教育拒不履行或拖延履行的，依程序强制执行。是年，对被执行人实施司法拘留38人，以拒不履行发生法律效力判决裁定罪逮捕2人。1996年，市人民法院规范执行程序，严肃执行纪律，严格执行审执分立、先立后执制度，明确规定业务庭、人民法庭有执行内容的经济纠纷案件全部由执行庭执行。对需采取逮捕措施的，一律报扬州市中级人民法院同意后报省高级人民法院批准。是年，在春节、清明、中秋节前后开展执行会战，共执结案件553件。1998年初，市人民法院法警队与执行庭合署办公，法警参加执行。是年6月，市委成立清理法院执行结案工作领导小组，制定《关于全力支持市人民法院清理执行积案工作的意见》，由市人民法院组织，各乡镇党委、政府和市各部门全力支持，组织会战，集中执结陈年老案。至年末，执结865件，存案130件。

1999年7月，市人民法院在全国“执行年”活动中，对上半年503件未结执行案件制定“百日会战”

计划，安排执行庭、法警大队干警22人，召开3次被执行人教育大会，拘留拒不履行义务的被执行人26人，对抗拒执行情节严重的犯罪嫌疑人1人，由公安、检察机关依法侦查、批捕。全年执结案件1489件，执行标的额7055.1万元。2000～2001年，实行执行长选任制、执行案件流程管理改革，加大执行力度，执结3195件。2002年，执结案件1232件。2004年，坚持“阳光操作、穷尽措施、规范执行”的执行工作机制，执结案件703件。2005年，执结案件506件，执结率84.8%，执行标的额3248万元。

第五章 司法行政

1986～2005年，市司法局在全市开展法制宣传教育，先后组织4个“五年普法教育”活动。组织人民调解、法律服务，对困难群体开展法律援助。同时，做好帮教安置和社区矫正工作，为全市法治建设、维护社会稳定做出积极努力。

第一节 机 构

一、市司法局

1986年，县司法局设有人秘股、民调股、法制宣传教育股、公证处、法律顾问处。1990年，人秘股改为办公室，增设政工股，民调股改称基层工作股。1997年，增设公证律师管理科、安置帮教工作科。1999年，增设法律援助中心、“148”法律服务专线。2002年，“148”法律服务专线部分职能收归扬州市司法局，部分交由市法律援助中心。2005年，市司法局内设办公室、法制宣传教育科、基层工作管理科、公证律师管理科、政工科、法律援助工作科、安置帮教科和直属全民事业单位市公证处。

二、基层机构

1986年，各乡镇设司法助理员1人，后设司法科。1990年6月，各乡镇设立法律服务所，与乡镇司法科合署办公。后乡镇司法科改为乡镇司法所。1991年，市司法局在市轻纺工业公司等大系统和市种鸭场等22家单位各配备兼职司法助理员1人。1997年，26个乡镇实行司法所和法律服务所分设。1998年，各乡镇全部实行司法所和法律服务所分设。2001年，全市有司法助理员28人。2002年12月，全市20个乡镇和高邮经济开发区均设有司法所，配备所长1人、司法员1～2人，列入公务员序列。2005年，全市乡镇共设司法所21个、法律服务所32个。

第二节 法制宣传教育

一、“一五”普法

1986年2月，县委召开全县普法工作动员会议。3月，县委、县政府批转县委宣传部、县司法局《关于向全体公民基本普及法律常识的五年规划》。7月，县委、县政府确定在三垛镇、县石油机械厂进行普法试点。嗣后，在全县公民中开展普法教育活动，普及内容为：《中华人民共和国宪法》《中华人民共和国刑法》《中华人民共和国民法通则》《中华人民共和国婚姻法》《中华人民共和国继承法》《中华人民共和国经济合同法》《中华人民共和国兵役法》《中华人民共和国土地管理法》《中华人民共和国刑事诉讼法》《中华人民共和国民事诉讼法》《中华人民共和国治安管理处罚条例》(简称“十法一例”)。1987年,全县有40.8万人参加学法,参学率90%。其中,学完“十法一例”的有5.24万人、学完“五法一例”的有32.31万人。中小学生开设法制课。1988年,全县学完“十法一例”的占应普法对象81%。三垛镇荡楼村刘志华在参加全国农民法律知识竞赛中,获得省三等奖。1989年,全县学完“十法一例”的有41.96万人,普及率94.3%。是年,高邮县“一五”普法工作通过扬州市考核验收。1990年2～4月,县委举办县、乡镇两级机关及企业厂长经理学习班48期,组织学习和宣传关于治理整顿、深化改革的16部法律法规。7～8月,举办副乡科级以上干部及诉讼代理人培训班,系统学习《中华人民共和国行政诉讼法》。

二、“二五”普法

1991年6月,市委、市政府批转市委宣传部、市司法局《关于在全市公民中开展法制宣传教育第二个五年规划》,同时成立市法制宣传教育领导小组,各基层单位亦相继成立领导小组,宣传和继续普及《中华人民共和国宪法》《中华人民共和国土地管理法》《中华人民共和国义务教育法》《江苏省计划生育条例》。8月,市法制宣传教育领导小组办公室(简称市法宣办)、市司法局在甘垛乡开展“二五”普法试点。12月,举办有400多人参加的副乡科级以上干部培训班,学习宪法、土地管理法、义务教育法和省计划生育条例。全市举办专题广播198次、宣传专栏200多期、法制报告会20场,受教育20万人次。1992年3月,举办各乡镇、市各大系统分管领导、司法助理员、计生助理、文教助理参加的学习宪法、土地管理法、义务教育法和省计划生育条例骨干培训班。通过层层培训骨干,面授与书面考试相结合,机关干部和中小学教师“二五”普法的普及率96%,农村村民及城市居民67%。1993年7月,举办为期3天的市场经济法律法规培训班,并组织书面测试。9月起,在21个乡镇和11个系统巡回放映省司法厅的普法录像,受教育人数1万多人。1994年初,市政府将“实行依法治村、民主管理推广面达50%”列为全年26件实事之一。至年末,甘垛、东墩、临泽、菱塘等19个乡镇388个村依法治村、民主管理工作全面推开。1995年3月,采取“一听、二看、三查、四考、五谈”的检查验收方法,组织全市乡镇及大系统“二五”普法检查验收。全市应普法对象61.62万人,已普及48.8万人,市、乡两级机关干部、中小学教职工、初中以上学生普及率均在96%以上,市属和乡镇企事业单位干部、职工、城乡居民、农村农民普及率平均75%。是年7月,高邮市“二五”普法工作通过扬州市验收。10月,举办市属企业厂长、经理和财会、营销科长持证上岗培训班两期,系统学习《中华人民共和国经济合同法》《中华人民共和国产品质量法》《中华人民共和国消费者权益保护法》及有关知识产权法律,由市法宣办给238名成绩合格者颁发结业证书。11月,全市2万多人参加省“二五”普法书面答题,获一等奖3人、二等奖2人、三等奖3人。

图24-4　1993年,市法宣办举办市场经济法律法规培训班。图为培训现场

三、“三五”普法

1996年9月,市委、市政府批转市委宣传部、市司法局《关于在全市公民中开展法制宣传教育的第三个五年规划》。市委成立依法治市和“三五”普法领导小组,市人大常委会做出《关于深入开展法制宣传教育工作的决议》。11月,市委召开“二五”普法总结表彰暨“三五”普法动员部署大会。1997年,举办3期由市领导干部参加的《中华人民共和国行政处罚法》《中华人民共和国刑法》《中华人民共

和国刑事诉讼法》法律知识讲座。是年7月，市法宣办、市司法局在菱塘回族乡等7家单位开展依法治理试点。是月，市内连续发生市建安公司部分退休职工堵截淮江公路和龙虬镇停尸冲砸镇机关两件恶性治安事件。市委政法委、市司法局组织人员编写以案释法宣讲材料，先后用1个月时间在14个系统和相关乡镇开展宣讲，受教育6万多人。是年，全市出现司徒乡"法制一条街"，武宁乡、平胜乡"法治墙""民心墙"，车逻镇"法治一条路"等宣传普及法律常识的新形式，被《法制日报》《江苏法制报》介绍推广。年末，扬州市对高邮"三五"普法开展情况实行考核，考核成绩列于扬州市各县（市、区）之首。1998年4月，市委、市政府召开依法治市动员大会，市政府印发《深入开展依法治市实施意见》。市领导干部先后听取社会主义民主法制理论和《中华人民共和国农业法》《中华人民共和国粮食收购条例》等法律法规辅导讲座。年末，全市建成"法制宣传一条街"的乡镇有10个。1999年初，市委做出《关于开展依法治市的决定》，市人大常委会做出《关于依法治市的决议》。5月，市委、市政府召开依法治市工作会议。6月，市领导干部及部委办局、公司、乡镇负责人听取依法治国法制讲座。10月，市委、市政府召开村务公开经验交流会。2000年，高邮市"三五"普法工作通过扬州市考核验收。

四、"四五"普法

2001年9月，市委、市政府召开依法治市工作会议，总结"三五"普法和依法治市工作，部署"四五"普法和新一轮依法治市任务。12月4日，举行法制宣传日活动。2002年7月，扬州市在菱塘回族乡召开普法和依法治理现场经验交流会。11月，市政府组织350名公务员及参照公务员管理人员开展学法用法和依法行政培训，举办副乡科级以上干部1000多人参加的"坚持依法治国方略，推进依法治市进程"专题讲座。2003年4月，市人大常委会对"一府两院"组成人员进行法律知识闭卷考试。11月，利用"周末课堂"，邀请省委党校教授为副乡科级以上干部举办法制讲座。是年，围绕预防"非典"和抗御特大洪涝灾害，开展《中华人民共和国传染病防治法》《突发公共卫生事件应急条例》《中华人民共和国防洪法》《中华人民共和国防汛工作条例》等法律法规宣传。2004年5月，邀请南京师范大学法学院教授刘旺洪到高邮为副乡科级以上干部和政法系统中层干部专题讲授宪法知识。6月，组织全市公务员和参照公务员管理人员2500人，参加《中华人民共和国宪法（修正案）》《中华人民共和国行政许可法》培训班。2005年，市依法治市领导小组印发《高邮市2005年依法治市工作意见》和《法治高邮建设实施纲要》，继续开展"民主法治示范村（区）"创建活动。8月，高邮市"四五"普法工作通过扬州市考核验收。

第三节　人民调解

一、组织建设

1986年，全县人民调解工作围绕"调整、充实、健全"的方针，整顿建立调解委员会1015个，新增调解人员802人，其中中青年占67%。与毗邻的县、乡、村建立联合调解委员会104个。1987年11月，县司法局会同县人民法院、县人民检察院、县公安局、县环保局、县工商局联合印发《关于民间纠纷分工处理的暂行办法》。12个乡镇建立人民调解信息网络，有信息员1105人。1988年，全县对调解干部进行调整和培训，调换调解委员会主任114人，一类调解委员会由原来的425个上升到726个，三类调解委员会由原来的34个下降到12个，建立联合调解委员会105个，建立信息站663个，有信息员3249人。1990年，全县共有调解委员会1065个、调解小组7477个、调解人员1.2万人、信息员7477人。在调解委员会中开展创"五有"（有牌子、有公章、有办公场所、有协议书、有调解登记簿）、"三无"（无民转刑、无非正常死亡、无重大纠纷引起的械斗）活动。是年，全县"五有"调解委员会197个，"三无"调解委员会534个。

1991年，市司法局在甘垛乡新庄村进行标准化调解委员会试点，调整村、组、户三级调解网络，建立十户调解员制度，层层签订责任书，村级调解委员会做到“五有”（有班子、有牌子、有公章、有场所、有用品）、“四落实”（组织落实、工作落实、制度落实、报酬落实）。是年7～8月，全市发生洪涝灾害，灾后纠纷多、易激化、难调处、影响大，各乡镇发挥村级调解委员会的作用，仅第三季度就调处纠纷439起，防止矛盾激化109件。1993年，全市有村级标准化调解委员会348个。1994～1995年，全市强化以“防激化”为重点的人民调解基层组织建设，调整充实调解委员会主任178人，培训调解人员4732人次，签订“防激化”责任书670份，创标准化调解委员会587个，马棚、临泽、甘垛等乡镇基层调解委员会全部达标。1996年，全市村级调解委员会达到“五有”的占93%，龙奔、武安、二沟等乡镇达100%。是年，结合村民委员会换届选举，调换年龄大、文化低、能力差的调解人员300人，全市落实十户调解员9000人。1998年，市司法局开展创“四无”（无上访、无民事纠纷激化、无服毒自杀、无民转刑案件）活动，并在甸垛镇、甘垛乡成立疑难纠纷调解中心，推进标准化调解委员会和十户调解员建设，全市建成649个村标准化调解委员会，占98.5%，十户调解员2.69万人。1999年4月，扬州市司法局在高邮召开创“四无”工作现场会，市司法局和甸垛镇政府分别介绍经验。6月，在省司法厅召开的人民调解“防激化、创四无”现场会上，高邮市做法受到与会者好评。2000年11月，在全省司法调解中心建设现场会上，市司法局做《积极开展“大调解、大排查、大服务”，构筑新时期调处矛盾纠纷新机制》的专题介绍。2001年，全市共有调解委员会618个、调解员3105人。至2004年，各乡镇及高邮经济开发区均建立社会矛盾调解中心。2005年，各社会矛盾调解中心针对征地补偿、拆迁安置、企业改制、劳资纠纷和婚姻家庭纠纷等，组织实施矛盾纠纷排查调处活动。

二、“遵纪守法光荣户”和“文明家规”创建

1986年，县司法局推广和完善龙奔乡光荣村开展“遵纪守法光荣户”的做法和经验，全县评出“遵纪守法光荣户”1.59万户、“遵纪守法光荣车间班组”73个、“遵纪守法光荣职工”746人。是年9月，车逻乡师伙村开展“文明家规”活动，全村366户（不含“五保”户和单人户）家庭联系自家实际制定家规，被表彰为全省人民调解工作先进集体。1987年，车逻乡全面推广师伙村制定“文明家规”活动，全乡8448户中有90%家庭制定“文明家规”。年末，该乡在扬州市召开的人民调解工作经验交流会上作介绍。1988年初，县政府转发车逻乡开展制定“文明家规”的经验。是年末，全县开展制定“文明家规”活动的有22个乡、32个村、7028户。1992年3月，甘垛乡西张村调解委员会被省司法厅授予“‘防激化’先进集体”称号，临泽镇耒部村谢宝洪、马棚乡庆成村陆忠道被省司法厅授予“‘防激化’先进个人”三等奖。1997年，全市共发生民间纠纷4907件，经乡镇法律服务所调解和村级调解委员会调解的分别为692件、4215件，分别占14.11%、85.89%，调解率、调解成功率分别为100%、98%，防止“民转刑”43件76人，防止非正常死亡43件80人。2005年9月，高邮镇司法所被司法部授予“全国先进司法所”称号，所长陈士坡先后获省司法厅授予的“防纠纷激化”一等奖、三等奖和“法制宣传先进工作者”称号。是月，龙虬镇司法所一件成功调解的案例被中央电视台第10频道以《啼笑情缘》为题播出。

第四节　律　师

一、机构和人员

1986年，县司法局下设县法律顾问处。1988年，县法律顾问处改称县律师事务所。1992年12月，市律师事务所更名为市第一律师事务所，同时成立市第二律师事务所。全市具备律师资格的有16人。1993年4月，市商务履行事务所成立，与市第二律师事务所合署办公。是年，全市有9人通过全国律师资格考试，高邮镇法律工作者蒋春贵考试成绩名列全省第一。至此，全市有23人通过律师资格考试。

1995年8月，市城区律师事务所成立。该所有专职律师4人。至此，全市取得律师资格40人，其中专职律师18人。1996年5月，市第一律师事务所、市第二律师事务所、市城区律师事务所分别更名为扬州民泰律师事务所、扬州恒信律师事务所、扬州群星律师事务所。至1997年，全市有30人通过全国律师资格考试，取得全国律师资格人数增至53人。1999年4月，全市首家合伙制律师事务所——扬州秦邮律师事务所成立。该所由取得律师资格、自愿辞去公职的3名律师共同兴办。2000年10月，扬州民泰律师事务所、扬州恒信律师事务所、扬州群星律师事务所3家国资律师事务所改制为合伙制律师事务所。是年，城区成立中望、政泰、金荣3家合伙制律师事务所，全市共有7家合伙制律师事务所，执业律师37人。2001年9月，市司法局局长许广宏从省司法厅领取公职律师执照，成为首位公职律师。2002年7月，扬州市金飞达律师事务所在卸甲镇江苏金飞达电动工具有限公司成立，为全省首家以企业集团名称命名的律师事务所。至2005年，全市共有合伙制律师事务所8家，从业律师42人，辅助人员10人。

二、业务

1986年，县法律顾问处律师工作者首次担任县化肥厂、临泽汽酒厂常年法律顾问。1987年，县法律顾问处受聘于23家单位任常年法律顾问。1989年7月，县政府聘请高级律师戴道恩（特邀）和律师钱巧云、赵厚喜担任常年法律顾问。1991年，洪涝灾害发生后，市律师事务所提供各项法律服务，为企业讨还债务，挽回经济损失110万元。1994年初，市司法局从市第一、第二律师事务所抽调5名律师组建成市法律服务中心。1995年，市第一律师事务所首次使用主任基金开展法律援助。该所律师免费代理诉讼案件4件。1997年5月，全市26名专兼职律师走上街头、摆摊设点，为群众进行法律咨询，纪念《中华人民共和国律师法》颁布1周年。1998年6月，市政府续聘扬州恒信律师事务所主任赵厚喜为市政府法律顾问。至1999年，高邮市律师工作连续两年被扬州市司法局评为第一名。2000年，全市律师工作被扬州市司法局表彰为先进单位，扬州民泰律师事务所被扬州市司法局评为先进集体。2003～2004年，市司法局组织法律服务进社区活动，全市律师事务所分片包干15个社区，执业律师定点定岗服务。2005年，律师事务向招商引资、工业园区建设、企业改制、环境整治、重大工程项目建设等方面延伸，在金融、房地产、知识产权等范围拓展服务。

1986～2005年高邮市律师业务情况一览表

表24-11

项目 年份	常年法律顾问（家）	代理刑事案件（件）	代理民事案件（件）	代理经济案件（件）	代理其他案件（件）	法律咨询（人次）	代写文书（件）	追回款额（万元）	避免损失（万元）
1986	2	14	9	—	—	500	228	—	—
1987	23	20	67	—	—	1000	279	39	200
1988	53	15	92	95	—	—	354	97	—
1989	76	45	121	—	5	1000	367	—	690
1990	74	24	139	—	—	—	—	—	80
1991	77	11	164	179	—	—	—	—	150
1992	102	—	—	—	—	—	—	—	—
1993	191	31	1111	—	5	—	—	674	500
1994	209	41	763	—	2	—	—	1412	1711
1995	233	48	279	—	48	—	—	—	2568

续表24-11

项目 / 年份	常年法律顾问（家）	代理刑事案件（件）	代理民事案件（件）	代理经济案件（件）	代理其他案件（件）	法律咨询（人次）	代写文书（件）	追回款额（万元）	避免损失（万元）
1996	1126	62	1181	—	—	—	5000	1600	2206
1997	252	77	—	—	497	—	1908	2100	3500
1998	1277	87	2011	—	—	4801	2329	4568	—
1999	288	110	661	—	113	—	2857	—	4502
2000	310	95	520	—	145	—	—	—	—
2001	336	139	764	750	22	1000	—	2500	—
2002	371	87	474	175	181	1310	—	—	2680
2003	366	68	443	133	87	1531	—	—	852
2004	392	59	527	147	99	1625	—	—	1100
2005	397	133	425	84	128	1156	—	—	—

说明：1996年、1998年含有乡镇法律服务所数据。

第五节　法律服务

一、公证事务

1986年1～7月，县司法局在司徒乡试点办理辅助性（协办）公证活动，办理公证212件。8月，在全县开展辅助性公证业务。是年，办理公证868件。1987～1988年，公证业务向经济领域拓展，内容包括租赁、承包、招标、劳务等，办理公证3381件，其中经济方面公证2717件，占总数80.4%。1989年，开辟房屋搬迁公证，办理县人民医院与职工搬住新房、腾让旧房协议公证书30多件。1990年，县公证处服务于企业第二轮承包，办理承包合同公证100多件。1992年，办理公证4852件，其中乡镇办理4298件。1993年，市公证处办证业务种类从14种拓展到60多种，公证员从1人发展到7人。1993～1994年，市公证处拓宽金融公证服务领域，办理抵押贷款合同公证74件，标的额6375万元。1995年，全市办理抵押贷款公证271件，标的额1.5亿元。是年，首次参与国有土地使用权转让拍卖会现场公证。1996年，市公证处办理产权转让、租赁、股份合作等方面公证800多件，无偿为府前街改造第二期工程办理房屋拆迁协议证据保全公证523件。1997年，在中国邮文化节期间，对邮品拍卖会全过程进行现场公证监督，共拍卖邮品106件，总成交额438万元。是年办理赡养老人公证900件。1998年，开办国有企业出售公证业务，办理公证580件。1999年，开拓抵押贷款担保公证，办证205件，标的额600万元。2000年，开展产权转让、企业兼并、拍卖、承包、租赁、按揭贷款、经济裁员、幼儿入园、证据保全公证等服务项目近100项。2001～2003年，开展企业重组、改制、拍卖及工程招标、危旧房改造、土地置换、金融系统证据保全、居民个人购房贷款公证等业务6812件，其中经济公证2874件。2004～2005年，市公证处参与构建社会信用体系、重大项目建设、引进外资等工作，共办理各类公证4293件，其中经济公证2492件。

二、基层法律服务

1986～1987年，三垛镇、界首镇、司徒乡、横泾乡、车逻乡、甘垛乡先后建立乡镇法律服务所，开展代写法律文书、民事代理、为镇办企业追回货款等业务。至1988年，16个乡镇建立法律服务所。1989

年，乡镇法律服务所直接调处纠纷1048件，参与诉讼代理275件，代写法律文书871件，担任常年法律顾问103家，为乡镇企业追回货款171.2万元，避免和挽回经济损失240多万元。至1990年6月，全县33个乡镇均建立法律服务所，拥有法律工作者104人。1993年，各乡镇法律服务所将协助乡镇企业清理欠款作为服务重点，当好党委、政府参谋，向企业提出司法建议。湖西4个乡镇法律服务所为清理欠款提起诉讼、非诉讼代理152件，为企事业单位追回欠款90.8万元，挽回和避免经济损失448万元。1994～1998年，全市乡镇法律服务所业务迅速增长，担任常年法律顾问4152家（次）。1999年，各乡镇法律服务所在清理整顿农村合作基金会期间，代理农村合作基金会向法院共起诉590个单位和个人，标的额2200多万元。2000年，全市有法律服务所34家，从业人员105人。2002年，全市有乡镇法律服务所32家，从业人员114人，全部与乡镇司法所脱钩改制。2003～2005年，乡镇法律服务所全力服务于经济建设和社会稳定工作，担任常年法律顾问2433家（次），调解纠纷2298件，代理民事、经济案件5330件，代理非诉讼法律事务6476件，挽回经济损失1020万元。

三、法律援助

1993年，市司法局成立法律援助中心。1999年6月18日，市司法局开通“148”（“要司法”的谐音）法律服务专线电话。是年，接待来电来访211人次，其中涉及债权债务40人次、人身损害赔偿17人次、婚姻家庭21人次、其他133件。扬州电视台《记者观察》栏目介绍市司法局律师开展法律援助的实例。2000年，市司法局在各乡镇和团市委、市总工会、市妇联、市残联、市老龄委建立法律援助工作站，形成以市法律援助中心为主导、上下联动的工作网络，全年办理法律援助案件78件。2000～2001年，“148”法律服务专线共接受来电179人次，接待来访235人次，接待法律咨询250人次。2001～2003年，全市39个法律援助机构为社会老、弱、病、残等弱势群体义务办理法律援助案件187件，解答来访咨询180人次。2004年，办理法律援助案件65件，其中民事案件59件、刑事案件6件。是年，市法律援助中心为见义勇为者王祥要求工伤赔偿一案指派律师提供法律援助，最终王祥获胜诉，为全省首例见义勇为赔偿援助案。2005年，突出对老人赡养案件、拖欠职工工资案件、无能力打官司案件进行法律援助，对城区846户低保户发放法律援助绿卡。全年实施法律援助案件62件，其中民事案件42件、刑事案件20件，接待来访人员200多人次。

第六节　安置帮教与社区矫正

一、安置帮教

1996年起，市司法局接收刑释解教人员安置帮教工作。是年，对1993～1996年刑释解教人员安置帮教情况进行调查统计。1998年，各乡镇建立安置帮教工作指导站，站长由司法助理员兼任，并对重点对象进行“3＋1”（乡镇负责人、部门负责人、村负责人和帮教对象）的结对帮教。是年，接收刑释解教回归人员87人。1999年，接收“两劳”（劳动改造、劳动教养）回归人员140人，妥善安置122人，安置率87%，“3＋1”工程落实帮教率96%。各乡镇对刑释解教人员建档造册，并总结推广卸甲镇综治办副主任徐协安置帮教“十种教育方法”。徐协被表彰为全省安置帮教工作先进个人。2000年，市、乡镇两级建立安置帮教领导小组，284个村建立安置帮教小组。全年共接收刑释解教人员125人，其中妥善安置113人，落实帮教123人。晏学文撰写的关于川青镇外来妹刘敏帮助丈夫投案自首事迹的通讯——《用爱拯救灵魂的外来妹》，先后被省社会治安综合治理委员会、省新闻工作者协会和中央社会治安综合治理委员会、中华全国新闻工作者协会评为一等奖。刘敏被扬州市社会治安综合治理委员会评为先进个人，并应邀参加省刑释解教人员先进事迹报告团，先后到南京、苏州、徐州、扬州、镇江、连云港等地进行宣讲。江苏电视台《大写真》栏目专题报道刘敏事迹。2001

年，全市20个乡镇和高邮经济开发区均建立安置帮教工作站，108个村、12个居民委员会、11家企事业单位建立安置帮教工作小组，全年共接收刑释解教回归人员131人，其中安置回原单位工作3人、自谋职业30人、落实责任田98人。2002～2003年，全市接收刑释解教人员367人，全部落实“3＋1”工程，安置312人。2003年3月，组织有关部门人员到金陵监狱开展探视帮教，向高邮籍服刑人员介绍家乡的形势，赠送生活日用品和法律书籍。2004年，市司法局聘请安置帮教联络员和社会帮教志愿者83人，重点做好刑释解教人员中“三无”（无住房、无家庭成员、无收入来源）人员、青少年、有重新犯罪倾向人员的帮教工作。对刑释解教人员1个月组织学习一次，2个月家访一次，3个月汇报一次，4个月考察一次。坚持安置多元化、安置方式多样化、安置机制市场化的工作方针，逐一进行安置，解决实际困难。全年共接收刑释解教回归人员182人，安置176人。2005年，全市建立过渡性安置基地4个，接收刑释解教回归人员177人，落实帮教措施177人，落实安置政策174人，没有发生重新犯罪的现象。

二、社区矫正

2005年，全市开展社区矫正工作，由市司法局和各乡镇司法所负责，主要对被判处管制、被宣告缓刑、被暂予监外执行、被裁定假释、被剥夺政治权利并在社会上服刑等5种罪犯实施社区矫正。通过与市人民法院、市人民检察院、市公安局的衔接，全市21家乡镇司法所共接收矫正对象171人，其中缓刑121人、剥夺政治权利39人、假释7人、暂予监外执行3人、保外就医1人。未发生矫正对象违法犯罪案件。

第六章　人民武装

1986年5月至1996年3月，中国人民解放军高邮市人民武装部（简称市人武部）接受扬州军分区和高邮市委、市政府双重领导。1996年4月，市人武部收归军队建制，改称为中国人民解放军江苏省高邮市人民武装部。至2005年，市人武部履行人武工作职责，做好兵役工作，开展民兵和预备役组织建设，加强民兵和预备役人员政治教育和军事训练，做好国防动员和国防教育工作，投身于地方的经济建设、抗洪救灾和重大活动，拥政爱民，为全市经济建设和社会发展做出积极贡献。

第一节　组织机构

一、市人武部

1986年5月，县人民武装部由军队建制改归地方建制，为副县级单位，受扬州军分区和高邮县委、县政府双重领导，内设军事科、政工科、办公室，为县委军事部门兼县政府兵役机关。是年，县委书记兼任县人武部第一政委改为兼任县人武部党委第一书记，县长担任县人民武装委员会主任。县委定期议军，听取县人武部工作汇报，研究解决人武工作中的重大问题。1996年4月，市人武部收归军队建制，改称为中国人民解放军江苏省高邮市人民武装部，为正团级，内设军事科、政工科、后勤科，隶属于中国人民解放军扬州军分区。市人武部收归军队后，其性质和工作任务不变。市委书记仍兼任市人武部党委第一书记，市长担任市人民武装委员会主任。市人武部由一名主官担任市委常委，另一名主官参加市政府常务办公会议。

1986～2005年高邮市人武部正副部长、政委（书记）一览表

表24-12

职务	姓名	任职时间	职务	姓名	任职时间
部　长	范太金	1986年5月至1996年3月	第一书记	徐赴前	1996年2月至2001年1月
部　长	吴芝山	1996年4月至2000年3月	第一书记	陈　明	2001年1月至2001年12月
部　长	周　军	2000年3月至2002年3月	第一书记	王正宇	2001年12月～
部　长	李大明	2002年3月至2005年3月	政　委	邹文銮	1983年7月至1986年3月
部　长	王德平	2005年3月～	政　委	沈国庆	1986年3月至1995年2月
副部长	邵士林	1984年5月至1986年2月	政　委	姜秀志	1998年3月至2000年3月
副部长	金长林	1996年4月至2000年3月	政　委	周红玫	2000年3月至2002年3月
副部长	徐兆书	2000年3月至2001年3月	政　委	周　军	2002年3月至2003年3月
副部长	杨根华	2001年3月至2005年3月	政　委	张苏煜	2003年3月至2005年3月
副部长	王士华	2005年3月～	政　委	张玉平	2005年3月～
第一政委	周治安	1984年4月至1989年8月	副政委	沈国庆	1985年9月至1986年3月
第一书记	孙龙山	1989年8月至1992年5月	副政委	刘家金	1995年6月至1996年1月
第一书记	朱福生	1992年5月至1996年2月	副政委	姜秀志	1996年4月至1998年3月

二、市国防动员委员会

1997年4月，市国防动员委员会建立，下设秘书组、人民武装动员办公室、经济动员办公室、人民防空办公室、交通战备办公室，市国防动员委员会委员共20人。2002年7月，经过调整充实，市国防动员委员会下设8个办公室。办事机构负责人由市政府相关部门负责人担任。各办公室在战时实施平战转换，各成员单位分别成立动员组，具体负责各自领域国防动员工作。各乡镇均建立国防动员工作领导小组，第一组长由乡镇党委书记担任，组长由乡镇长担任，副组长由分管领导和基层人武部部长担任。

1997～2005年高邮市国防动员委员会正副主任一览表

表24-13

姓　名	职　务	任　职　时　间	姓　名	职　务	任　职　时　间
徐赴前	第一主任	1997年4月至2001年6月	林正玉	副主任	2000年4月至2001年6月
陈　明	第一主任	2001年6月至2002年4月	周　军	副主任	2000年4月至2004年3月
王正宇	第一主任	2002年4月～	周红玫	副主任	2000年4月至2002年4月
卜　宇	主　任	1997年4月至2000年4月	丁　一	副主任	2002年4月至2004年6月
王正宇	主　任	2000年4月至2002年4月	李大明	副主任	2002年4月至2005年3月
徐祥华	主　任	2002年4月～	张安龙	副主任	2004年6月～
倪文才	副主任	1997年4月至2002年3月	张苏煜	副主任	2004年6月至2005年3月
吴芝山	副主任	1997年4月至2000年3月	王德平	副主任	2005年8月～
姜秀志	副主任	1997年4月至2000年3月	张玉平	副主任	2005年8月～
张建华	副主任	1997年4月至2000年4月			

三、基层人武部

1986年，县人武部下辖乡镇人武部33个、县级机关人武部5个；基层人武部配部长1人，大的乡镇和机关增配人武干事1人。1994年4月，市人武部在8家企业设立人武部。是年，全市有31个乡镇人武部部长担任同级党委委员，为副乡镇级职务。2000年5月，20个乡镇和高邮经济开发区共设人武部21个，其专职人武部部长为同级党委委员；市属单位人武部13个。2004年，撤销原市轻纺工业公司、市机械化学工业公司、市摩托车工业公司、市高远茧丝绸总公司、市粮食工业公司、市棉纺厂、市电器厂、市水泵厂、市造纸厂、市服装厂、市林邮丝织厂、市高发机电有限公司、扬州高华化工有限公司、市高康化工有限公司等14个人武部，成立市农林局、市科技局、市水务局等3个人武部。2005年10月，高邮鸭业园区建立人武部。是年，全市共有乡镇（园区）人武部22个；市级机关和市属单位人武部13个，即市级机关、市建设局、市卫生局、市水利局、市交通局、市农林局、市科技局、市教育局、市经贸局、市供电公司、省电信有限公司高邮市电信分公司、市工业总公司、市商贸总公司人武部。

第二节　兵役工作

一、兵役制度

1984年起，全县征集新兵工作依照修订后的《中华人民共和国兵役法》和省、市征兵工作部署进行。1988年未征兵，其他年份一年一次。1989年、1990年为春季征兵，其他年份均为冬季征兵。兵员征集以义务兵为主，并按照规定的文化程度、年龄范围、政治要求、体格标准、下达人数等征兵要求，选送新兵入伍。每年征兵时，县、乡镇均成立征兵工作领导小组，下设办公室，并设宣传、政审、体检、纪检、秘书、运输等工作组，具体负责征兵各项事宜。80年代末90年代初，一度出现"征兵难"现象，县委、县政府加大宣传依法征兵力度，并制定和实施优惠措施与奖励办法。在进一步落实优抚安置工作的同时，现役军人家属每年享受2000元至5000元优待补助金，"征兵难"问题得到缓解。

1998年起，依照再次修订后的《中华人民共和国兵役法》，开展征兵工作。2001年9月，执行《中华人民共和国兵役法》和《江苏省征兵工作条例》，开展征兵工作。

二、兵员征集

1986年起，县人武部根据《中华人民共和国兵役法》规定，征集年满18～22岁男女公民服现役，并根据军队需要和个人自愿原则，征集未满18岁的男女公民服现役。农村应征青年具有初中毕业以上文化程度，城市应征青年具有高中毕业文化程度，女性应征青年为当年高中毕业生，特种兵按有关规定执行。应征青年身体条件需达到国防部《应征公民体格条件》的规定。注重应征青年本人和直系亲属的政治态度和现实表现，应征青年中的党（团）员、"三好"学生、有技术专长和家庭负担较轻者，给予优先入伍。征兵工作分为组织领导、宣传教育、政治审查、体格检查和定兵交兵等程序。

1996年、1997年、2001年、2002年，高邮市被省政府、省军区表彰为征兵工作先进单位。2003～2005年，高邮市连续3年被扬州市政府、扬州军分区表彰为征兵工作先进单位。

第三节　民　兵

一、组织建设

1986～1987年，全县民兵按照"减少数量，提高质量"的要求，实行组织调整，合格人员、专业技术人员和退伍军人达到90%以上。1988～1990年，依据“稳定数量，提高质量，抓好重点，打好基础”的方针，围绕民兵政治合格开展年度整组。1991年9月至1993年，全市每年开展民兵整组工作。为应对突发事件，全市建有民兵应急分队。1994年7～8月，全市基干民兵实行整组，基干民兵中党员、团员占51.6%，高中以上文化程度占17.8%，民兵干部平均年龄为32.8岁。是年12月6日，乡镇党委书记分别兼任乡镇基干民兵营政治委员。

1998年，全市民兵工作实行调整、改革，人员数量比上年减少近50%，但组织结构得到优化，专业技术含量大幅度增加，文化素质明显提高，高中以上文化程度人数占33%，人员在位率达到98%。2000年，全市结合撤乡并镇，配齐配强专职武装干部，乡镇正职部长全部进乡镇党委班子。全市有专职武装干部78人，平均年龄38.2岁，中专以上文化程度占90%。2003～2004年，人民武装工作向社区、民营企业拓展，提高专业兵比例和专业技术含量。民兵整组实现向私营企业转移、向集镇转移、向机关单位转移，兼顾行政村适当编组基干班、排。2005年，按照平时“应急”、战时“应战”的要求，全市开展民兵组织整顿工作，将基干民兵组织向城镇重要地区和方向聚集，缩小农村编兵比例。在科技含量高、专业技术强的单位增加编兵比例。9月，省军区对全市基干民兵“三支队伍”（首批兵员动员对象队伍、交通战备队伍和科技支前保障队伍）实行集结点验考核，参加考核的有17家单位。

二、政治教育

1986～1990年，县人武部在民兵中开展争创“四有”（有理想、有道德、有文化、有纪律）活动，开展坚持四项基本原则、反对资产阶级自由化的教育。民兵政治课由月课改为季课。县人武部利用《高邮民兵》小报刊载教材，对民兵进行刊授教育，季课教育参课率和参训率85%以上。1991～1999年，市人武部组织民兵开展建设有中国特色社会主义理论和讲学习、讲政治、讲正气教育，开展党的基本路线、方针、政策教育。2000～2002年，建立以基干民兵为主体的民兵思想政治骨干网络，开展以“三个代表”重要思想为主要内容和“爱岗敬业”等经常性教育，并结合学习《中华人民共和国国防法》和《中华人民共和国国防教育法》，在民兵中进行做好军事斗争准备教育。2003～2005年，针对民兵居住分散、流动大、流向广的特点，政治教育做到时间短、节奏快、辐射面宽，灵活机动多批次地施教，着重组织民兵学习“三个代表”重要思想和科学发展观。2005年，民兵“十六课时”政治教育落实率85%。

三、军事训练

民兵军事训练　80年代后期，民兵军事训练实行调整改革，每年挑选部分基干民兵进行射击、投弹、爆破等基础技术和战术训练，训练周期由4年改为2年，从以乡镇训练为主逐步过渡到以县训练基地集中训练为主。1990年，将每年轮训民兵连长、营长，改为以培训军事教员为重点，挑选年纪轻、有文化、军事素质较好、有发展潜力的民兵干部、骨干参加集训。1993年，采取集中到训练基地施训的方法，全部进行实投、实爆、实射作业。经扬州军分区考核验收，合格率100%。1995～1997年，围绕提高训练质量，全市每年有民兵若干人参加军事训练。经考核验收，平均成绩良好以上。1998～1999年，全市民兵训练取得优秀成绩。1999年，市人武部被扬州军分区表彰为军事训练先进单位。2000～2002年，组织民兵专业分队和步兵分队训练，总评成绩达到良好以上。2003年起，市人武部组织专职人武干部、民兵营长进行集训和轮训；组建心理战分队、医疗救护分队、抢修分队、防化分队，从难从严进行训练。2005年，全市参训民兵考核成绩合格率92%。

人武部干部训练　1986～1995年，市人武部组织干部开展指挥和教学法训练，每年60个训练日。1996～2005年，市人武部以实战训练为重点，结合战时作战、支前和战备任务的特点，加强干部队伍军事训练以及专业对口分队的“对口”“补差”训练，注重部机关干部计算机应用能力和新技能的提高；开展网上练兵活动，部机关干部均通过省计算机等级考核。在军事高科技、军事地形学和计算机应用等课目考核中，均获优良成绩。市人武部多次被扬州军分区表彰为首长机关军事训练先进单位。

专职武装干部训练　1986年起，全县专职武装干部严格按照训练大纲内容和要求进行军事训练，每年集中训练1个月左右。安排军事基础较好，能够组织训练和带领民兵执行执勤、战备任务的干部，担任民兵干部和骨干小教员教学任务。1993年起，市人武部对1992年以后新配备的专职武装干部进行培训。2001～2005年，市人武部对专职武装干部进行两次基本技能集训和国防知识培训，并选送10名专职人武部长参加扬州军分区组织的专职武装干部集训。

第四节　预备役

一、组织建设

1984年8月，中国人民解放军扬州陆军预备役师炮兵团在高邮建立，是全军首批组建的预备役团之一。1985年10月，改称为中国人民解放军扬州陆军预备役步兵师炮兵团（简称预备役炮兵团），兵员绝大多数是部队退伍士兵和经过基本军事训练的基干民兵。1996年7月，市人武部对预备役中263名军队转业干部举行首批预备役军官授衔仪式。1997年6月，为138名中校以下预备役军官授衔。1999年，由县级市建团改为地级市建团，组建范围从原来的高邮市扩大到扬州市的高邮、宝应、江都3市（县）。2002年9月，在高邮预备役炮兵团举行新调整预任军官任职、授衔、晋衔仪式。2005年初，团队由原来的地炮改为高炮，隶属江苏预备役高炮第一师建制，编制序列为高炮第四团（简称高炮四团）；10月，该团五七高炮第二营及团直属分队在高邮成立。组建范围覆盖高邮、江都、仪征3个市和广陵区、扬州经济开发区。

二、政治教育

1986～1990年，预备役炮兵团注意对预备役人员坚持四项基本原则，反对资产阶级自由化的教育，开展争创“四有”（有理想、有道德、有文化、有纪律）活动，提高预备役官兵对社会主义初级阶段理论和党的基本路线的正确认识。1991～1999年，预备役官兵着重开展中国特色社会主义理论教育、职能任务教育、形势战备教育和革命人生观、价值观教育等。2000～2002年，预备役官兵以“三个代表”重要思想为主要学习内容，并结合学习《中华人民共和国国防法》和《中华人民共和国国防教育法》，着眼于“打得赢”和“不变质”、做好军事斗争准备的教育。2003～2005年，预备役官兵学习“三个代表”重要思想和科学发展观，强化“三战”（心理战、舆论战、法律战）应对素质的提高。2005年，高炮团被省军区表彰为高炮实弹射击考核政治工作先进单位。

三、军事训练

1986年，预备役炮兵团先后三次组织团机关、营、连和团直分队干部战士参训，参训率82.7%。通过考核验收，5家单位取得优秀成绩，两家单位取得良好成绩，榴弹炮一营一连立集体三等功。1987年10月，完成炮兵营半自动化射击指挥系统改革，迅速提高火炮反应速度。总参谋部炮兵部专门在该团召开预备役部队炮兵快速反应训练改革现场观摩会。1991年6月，完成炮兵营自动化射击指挥系统改革，再次提高作业速度，诸元精密度100%正确。南京军区炮兵部组织全区旅团首长在该团召开观摩现场会。预备役炮兵团被省政府、省军区评为预备役正规化训练先进单位。1994年10月，预备役炮兵团参加总参谋部组织的“9410”军事演习，发射炮弹4000多发，取得间瞄射击“首群覆盖、群群覆盖”，直瞄射击“首发命中、发发命中”的优异成绩，受到中央军委副主席张万年的高度赞扬。1996年9～10月，预备役炮兵团85加农炮营部分官兵参加省军区组织的“9610”实兵实弹检验性军事演练，取得“车停、架开、炮响、靶毁，发发命中目标”的好成绩。1997年10月，参加师组织的“9710”实兵实弹检验性军事演练，预备役炮兵团运用自动化指挥系统，由省军区首长临时指定目标，取得“指哪打哪、群群覆盖、集火成团、拦阻成线”的优异成绩。1998～1999年，开展科技大练兵活动，建立炮兵群数字化作战指挥系统。2000年8～10月，预备役炮兵团作为全军预备役部队代表队赴京参演，完成摩托化开进、野战宿营和多次实兵实弹训练演示任务。10月，在向中央领导进行汇报演示中，“首群覆盖、群群覆盖”，得到中央军委主席江泽民的充分肯定和亲切接见。预备役炮兵团被表彰为全军科技练兵先进单位，被南京军区记集体三等功1次。省军区给该团122榴弹炮一营一连记集体二等功1次。2003年10月，预备役炮兵团机关带领122榴弹炮、85加农炮各1个连，参加“苏字—2003”实兵实弹演习，共动用车辆14辆、火炮8门，行程500千米。在演习中，克服指挥射击中的炮种不一、地形和气候复杂等不利因素影响，发射炮弹400多发，做到集火成团、拦阻成线，完成演练任务，受到检阅演习首长的充分肯定。2005年，高炮团机关带两个高炮连参加省军区组织的高炮实弹射击考核，取得命中拖靶3具、弹迹优秀的好成绩，获预备役部队实弹射击考核第一名。

第五节 国防动员与教育

一、国防动员

1999年，市国防动员委员会组织力量完善国防动员资料，完成转业退伍军人服预备役登记统计工作和预备役部队调整组建任务。2000年，开展国防潜力调查，完成数据采集、资料审核和数据录入工作。2001～2002年，开展科技潜力调查，摸清全市科技人才和军民通用装备底数，并建立本级资料数据库。2003年，完成国防潜力数据采集、整理、录入工作，参加扬州市国防动员演练，完成扬州军分区下达的民兵信息网建设试点任务，完成退伍军人服预备役登记统计工作，建立全市适龄退伍军人服预备役数据库。2004年，对全市经济社会发展情况组织分析调研，完善国防动员潜力数据库。是年9月，组织以兵员动员和支前保障为主要内容的国防动员实兵实弹实爆演练。2005年，完成民兵参战支前潜力调查和地方军事对口专业技术人员数据采集录入工作，铺设完成国防动员网信道和管线。

二、国防教育

1986～1988年，全县全民国防教育主要采取专题形势报告会、结合重大节日自编自演文艺节目等形式进行。1989年，县全民国防教育领导小组建立，举办由24家单位近1000人参加的“国防杯”文艺大奖赛，高邮人民广播电台开设“爱长城、壮军威”广播讲座，乡镇广播站设立国防教育专题节目，党校、中小学校、民兵综合学校将国防教育列入教学计划，县委宣传部和县人武部编印1000多本《全民国防教育辅导提纲》，县人武部印发20多期逾1万份《高邮民兵》小报，全民国防教育进入社会化教育轨道。1993年6月，全市组织1万多人参加扬州市“双拥杯”国防知识竞赛活动。1996年，市国防教育领导小组编发国防教育计划。各地通过党校、职校、农民学校、党员冬训班和各种会议，对广大党员、干部、群众开展国防教育。市预备役军人学校、预备役炮兵团学校、高邮市中学执行新生入学后的军训计划，将国防教育贯穿训练始终。市劳动局把组织青年军训作为待业培训的必修课。1997年，全市1.46万人参加《解放军报》组织的全国国防知识竞赛。2002年12月，市国防教育学校在

图24-5 2004年9月，开展国防教育进校园活动。图为签名活动现场

市委党校成立。2004年庆祝“八一”建军节前夕，高邮人民广播电台、高邮电视台、市政府网站，开设国防教育专题、专栏节目。9月，市委宣传部、市人武部、市双拥办、市教育局、市广电局、市人防办等部门，联合组织开展万人签名、万人答题、万人有奖竞答国防教育系列活动。2005年4月，在三垛河口伏击战胜利60周年纪念日，全市举行多种形式纪念活动。三垛中学400多名学生在三垛河口伏击战纪念碑前举行成人宣誓仪式。是年8月，全市开展纪念世界反法西斯战争胜利60周年和中国抗日战争胜利60周年活动，提高全体市民国防意识。

第六节　武装警察

一、武警高邮市中队

1952年8月，中国人民解放军高邮县公安中队成立。1955年8月，改编为扬州专区公安处中国人民武装警察大队高邮县公安中队。1963年3月，改编为中国人民公安部队扬州专区大队高邮县中队。1966年8月，改编为中国人民解放军，移交扬州军分区，归属县人武部领导。1976年1月，改称为人民武装警察部队高邮县中队，由公安机关领导，担负县看守所武装看守勤务等。1980年6月，改编为人民边防武装警察部队高邮县中队。1983年1月，被改编为中国人民武装警察部队高邮县中队。1991年4月，改称为中国人民武装警察部队高邮市中队，为连级单位。该中队在完成看守所外围武装警戒勤务的同时，经常担负看押、处理突发事件等重大临时性勤务，实现连续26年执勤无事故。1996年，被武警江苏省总队表彰为达标先进中队。2005年，被武警江苏省总队表彰为基层建设先进单位。

二、武警高邮市消防大队

详见本篇第二章《公安》第八节《消防管理》（第876页）。

第七章　人民防空

1994年，高邮市被省政府列为省级人民防空重点城市。1998年，组建人防专业队伍，加强人防工程建设，建立指挥通信系统，宣传人民防空知识和进行人民防空教育。至2005年，初步建立起人民防空体系。

第一节　机构队伍

1994年4月，市人民防空委员会成立，由市长戎文凤兼任主任，常务副市长卜宇、市人武部部长范太金为副主任，16个相关部门负责人为成员。市人民防空委员会下设办公室。1998年5月，市人民防空办公室（简称市人防办）建立，为市政府主管人防工作的职能部门，系市政府直属正科级事业单位，工作人员2人。2001年，市人防办组建抢险抢修、医疗救护、治安、消防、防化、运输、通信等7个人防专业队。2002年3月，市人防办被明确为市国防动员委员会常设办事机构，是市政府工作部门，人员编制为行政编制，内设综合科和工程指挥通信科。是年10月，市人民防空委员会第四次会议明确，市人防部门加入市规划委员会。2005年，市人防办有工作人员6人。

第二节 人防工程

1998年12月，市人防办、市财政局、市物价局联合制定《高邮市贯彻〈江苏省地方人防建设资金筹集规定〉的实施意见》，明确人防建设资金筹集范围为：城区建成区内国有企业、集体企业、“三资”企业、股份制企业、私营企业、实行自收自支和企业化管理的事业单位（含中央、省驻高邮事业单位）以及个体工商户。同时，明确人防建设资金筹集标准，其中防空地下室易地建设费标准为每平方米24元。该实施意见1999年1月1日起实施。2000年12月，市人民医院急救中心人防工程立项，标志着全市人防工程建设正式启动。2001年4月，市政府印发《高邮市结合新建民用建筑修建防空地下室实施办法》，对市区规划区、开发区范围内，结合民用建筑修建防空地下室的建设范围与标准，规划设计与管理，施工、竣工验收和法律责任做出明确规定。是年10月，《高邮市人民防空工程建设总体规划》颁布实施。至是年末，市人防办先后委托市城投公司、市规划局、市国税局、市地税局代征收人防建设资金92万元。2002年7月，结合新建民用建筑人防工程比例由2%调高到3%，统一规划修建防空地下室。9月，市人防办、市财政局、市物价局联合印发《关于贯彻〈江苏省人民防空建设经费筹集管理规定〉的实施意见》，对人防建设经费筹集范围、筹集标准、筹集办法重新作规定，其中人防易地建设费征收标准调整为每平方米46元。人防建设经费由市地方税务局代征收。市人防办在市行政服务中心设立人防窗口，对外审批人防行政许可事项。2003年9月，全市首个符合战备要求的市人民医院急救中心人防工程竣工。至2005年，共征收人防建设资金558万元。

第三节 指挥通信

1998年12月，市政府印发《高邮市城区人民防空警报设施建设规划》。市人防办与市人武部、市计委、市建委等部门联合编制《高邮市人民防空预定方案》，并在城区安装电动警报器4台。1999年8月，市政府办公室组织13个相关部门编制防空袭预案保障计划。2000年，《高邮市人民防空预定方案》颁布实施，确定全市防空疏散地域为4个乡镇。是年，城区安装电动警报器4台。2001年4月，市政府决定每年10月29日（人防法颁布日）在城区试鸣防空警报。2002年，城区安装警报器2台，购置指挥车1辆，并安装车载警报器1台。是年10月，市人民防空委员会第四次会议批准《高邮市首次城区防空警报试鸣实施方案》，并以市政府名义，通过高邮人民广播电台、高邮电视台、《高邮日报》发布城区首次防空警报试鸣公告，在城区主要街道悬挂横幅标语宣传，对各警报布点单位管理人员开展业务培训。10月29日上午10时至10时30分，城区防空警报器同时拉响，这是新中国成立以来全市第一次大规模、非紧急情况下拉响的防空警报。2003年起，城区每年增装电动或电声警报器2台。2004年，市国防动员委员会还组织带实兵、保交通、护公路防空演习，市南海初级中学组织初中二年级8个班450名学生紧急疏散、穿戴自制防毒面具演习。至2005年，城区共安装固定警报器16台、车载警报器1台，城区警报音响覆盖率90%。同时，包括投影显示、图像跟踪、会议扩声、综合布线、集中控制、计算机网络等六大系统的市人防指挥系统建成并投入使用。

第二十五篇
人事　劳动

要 目

80年代起，县委、县政府和县组织、人事、劳动部门为适应全县经济体制改革的发展，逐步探索人事、劳动制度改革。进入90年代，全市人事、劳动制度改革逐步迈出实质性步伐。在管理模式上，由行政性计划管理向政府政策引导、依法行政、管理服务型转变，建立新型的人事、劳动制度；在人力资源配置上，由指令性计划调配、统包统配向劳动者自主择业、市场调节就业、政府促进就业和用人单位与求职者双向选择的市场化人力资源配置转变；在机构设置和机关事业单位工作人员配置上，组织实施党政机构改革、干部人事制度改革，推行公务员制度，推进管理人员和专业技术人员分类管理，严格控制机关事业单位人员增长，实行凡进必考制度，同时加强考核管理；在人才培养和使用上，加强人才市场和劳动力市场建设，多种形式引进各类专业技术人才，培养地方人才，开展继续教育，提高各类劳动者素质和专业技术水平，规范人事人才管理，为全市经济和社会事业发展提供人事人才保证；在建立和谐劳动关系上，加强劳动监察和争议仲裁力度，调解矛盾，共创和谐，依法维护用人单位与劳动者双方合法权益；在收入分配上，由国家单一的计划分配方式向不同行业、不同标准、适应市场经济需要的多种分配形式过渡，企事业单位拥有更多的分配自主权，各类职工收入水平有较快增长。至2005年，全市基本建成与市场经济发展相适应的人事、劳动制度。

第一章　人　事

80年代，县委组织部、县人事局具体负责全县党政群机关人事工作。其中，县委组织部以分管干部任免、考核为主，县人事局以分管机关事业单位人员工资、福利和管理、奖惩为主，县编制委员会及其办公室负责机构与人员编制工作。全县对人事工作实行严格的计划管理。进入90年代后，全市党政群机关人事工作为适应社会主义市场经济发展的需要，先后开展3轮党政群机构改革，推行事业单位综合配套改革，进行乡镇机构改革和国有场圃改革，实行公务员制度，开放人才市场。至2005年，基本形成“大市场、小政府”格局。

第一节　党政机构改革

一、市级党政机构改革

1986年初，全县县级党政群机构有48个，包括县委机构6个、县委直属机构3个、县政府组成机构29个、群众团体5个和县人大常委会、县政协、县纪律检查委员会、县人民法院、县人民检察院。另有工作部门、归口管理机构、行政性公司、经济组织、县与扬州市有关单位双重领导机构31个。至1990年，机构设置变化频繁，全县新建立机构29个（含县直属事业单位1个、全民事业单位5个、企业化管理单位1个），恢复机构2个，机构更名9个（含县直属事业单位2个），撤销机构1个。1991～1995年，全市新建立机构26个（含市直属事业单位1个、全民事业单位3个），机构更名10个，合署办公机构4个，归口管理机构1个，撤销机构3个。1996年，全市党政机构未作变动。

1997年5月，市委、市政府根据扬州市委、扬州市政府《关于高邮市党政机构改革方案的通知》精神，围绕“转变职能、理顺关系、精兵简政、提高效率”的方针，对全市党政机关首次实施“三定”（定职能、定内设机构、定人员编制和领导职数）。高邮市被确定为县级三类市，市级党政工作机构设置37个，其中市委工作机构由7个设为6个、市政府工作机构由36个设为31个，另设部门管理机构2个。工商联机关改革，按中央和省有关规定执行。工会、共青团、妇联等人民团体，按照改革要求，精简内设机构和人员编制，改变人民团体行政化倾向。市人大常委会、市政协、市人民法院、市人民检察院内设机构改革按上级有关规定实施。

2001年12月，扬州市委、扬州市政府批准高邮市党政机构改革方案。12月29日，市委、市政府印发《高邮市市、乡镇党政机构改革实施意见》，明确市委工作机构6个、部门管理机构3个、事业机构1个，市政府工作机构25个、事业机构3个，市人大常委会、市政协、市人民法院、市人民检察院和市人民团体机关机构改革工作，统一按省部署实施。

2005年4月，经扬州市委、扬州市政府批准，市政府对相关部门职能进行调整，将市安全生产监督管理局单独设置，并调整为市政府工作部门。市政府工作机构改为26个。详见第十九篇《中共地方组织》第二章《组织机构》第二节《工作机构》（第666页），第二十一篇《地方人民政府》第一章《政府机构》第二节《工作机构》（第742页）。

二、乡镇机构改革

1997年8月，市委、市政府印发《关于乡镇党政机构改革指导意见》，全市33个乡镇按一、二类乡镇标准，设置3～4个综合性办公室和2个专业性办公室，作为乡镇党委、政府内部机构。乡镇领导职数设书记1人，专职副书记1～2人，人大主席和副主席1～2人，乡镇长1人，副乡镇长3人左右。领导职数超过限额的，逐步过渡到规定要求。

2000年8～12月，全市乡镇区划调整后，市委、市政府在全市新建乡镇中全面实施中层干部定岗定员工作。乡镇领导干部职数由撤并前的395人减少为313人，乡镇机关中层以下人员由撤并前的1787人减少为856人，乡镇事业单位由撤并前的576个减少为360个，乡镇事业单位工作人员由撤并前的9769人减少为9134人。

2001年12月至2002年末，乡镇机构改革与市级党政机构改革同步进行。乡镇统一实行委员、助理制，进一步落实人员定岗定员工作。一般设置组织（人事）、宣传、纪检（监察）、统战、人大秘书、人武、共青团、妇联、工会、秘书、文书（档案）、财政、统计、审计、民政、计划生育、科教、文卫、司法、综合治理、规划建设、环保、国土、乡镇工业、农业、水利、农经等管理职位。每个职位配1名专职人员，根据工作量大小，实行兼职或在核定的总编制内适当增加人员。乡镇设司法所。乡镇财政所列为乡镇政府职能机构。至2005年，乡镇机构未变。

第二节 事业单位综合配套改革

1999年8月，市委办公室、市政府办公室印发《高邮市事业单位综合改革试点实施意见》，坚持政事分开，精简、统一、效能的改革原则，实行分类指导，因地制宜。围绕社会化、市场化、产业化目标，按照"政事分开、事企分开"的要求，改革管理体制；按照事业单位法人治理制度的要求，改革产权制度；按照实行全员聘用制的要求，改革人事制度；按照绩效挂钩的要求，改革分配制度，全额拨款和差额拨款单位实行收入浮动制，自收自支和企业化管理单位实行工效挂钩。至2005年，相继印发《高邮市事业单位工作人员竞争上岗暂行办法》《高邮市人事代理制度实施办法（试行）》《高邮市事业单位分配制度改革实施意见（试行）》等配套文件，稳步推进事业单位综合配套改革。

一、公开招聘录用

1986～1990年，全县采取公开考试、择优录用的方式，从大中专毕业生或不包分配毕业生中，招聘录用工作人员到有关事业单位和乡镇机关、站（所）工作。1991～1994年，全市组织32场公开考试，为市直属事业单位、乡镇机关、银行等招录聘用制工作人员。1995年，市委、市政府转发市人事局《关于事业单位补充人员实行考试考核办法的意见》，明确凡事业单位需要补充工作人员的，除军转干部、统配的大中专毕业生和退伍战士另有规定外，一律实行公开报名、统一考试、择优录取、竞争上岗。是年，组织8场招聘考试，参考人数近700人，录用、聘用干部151人。

1996～2002年，全市事业单位招聘录用人员全部实行考试，择优聘用。2002年起，原师范类和医药卫生类毕业生，实行不包分配政策，通过考试，按照定编人数，择优聘用。2005年，市人事局坚持"公平、公正、竞争、择优"的录用原则，公开招聘工作人员与岗位聘用人员80人。

二、推行事业单位人员聘用制

1998年起，全市乡镇教育办公室和市属学校实行教师定编聘任制。2000年，全市聘任专任教师5656人。在聘任中，另有619人被转聘分流到教学辅助和后勤服务岗位。在市卫生系统29家医疗卫生单位第一批竞争上岗的169名中层干部中，新聘任中层干部56人，原中层干部落聘45人，转岗聘任20人。是年，扩大事业单位人员聘用制范围，对事业单位符合聘干条件的85人和续聘条件的325人办理聘用手续，对乡镇选聘制干部聘期满的252人实行续聘。

2001～2002年，全市事业单位全面推行全员聘用制，实现事业单位人事管理由身份管理向岗位管理转变、由行政管理向法制管理转变、由行政依附关系向平等人事主体转变、由国家用人向单位用人转变，2002年共鉴证首聘、续聘、转聘等聘用合同1.43万份。2003～2005年，全市继续做好事业单位工作人员全员聘用和续聘工作。

三、分配制度改革

1997年，市人事局在市房产管理处、律师事务所、菱塘卫生院等事业单位进行"活工资"改革试点，主要形式有工资全额浮动、津贴全部浮动、津贴部分浮动。1998年，全市事业单位推广市房产管理处、郭集卫生院等单位内部分配制度改革的做法，市教委开展教育系统教职工校内浮动工资制试点。1999年8月，全市事业单位分配制度实行改革，全额拨款和差额拨款事业单位实行收入浮动制，自收自支和企业化管理事业单位实行工效挂钩的分配制度。

2000年，市卫生系统全面实行全额浮动、部分浮动、定额浮动、劳务招标承包四种形式的分配制度改革，重视向医疗第一线、科技含量高、贡献大的专业倾斜，拉开个人之间、科室之间的档次，较好地体现"多劳多得，按劳分配"的原则，调动广大职工的工作积极性。市环卫处实行岗位浮动工资制改革，经过竞争上岗实现同工同酬、按劳分配。2001年，市教育系统各单位在推行教职工全员聘用制基础上，全面实施工资全额浮动、部分浮动、定额浮动等形式的分配制度改革。

2002年，市人事局制定《关于事业单位活津贴考核发放意见》。2003～2005年，依据经费管理类型、行业职责及其职能，区分不同类型事业单位，进一步扩大内部分配自主权，逐步建立重能力、重实绩、向优秀人才和关键岗位倾斜的分配激励机制，市卫生系统实行工资全额浮动，市教育系统实行津贴浮动，市房产管理处实行按科室承包工资制，城南医院实行年薪制，市新华书店实行工效挂钩。

四、产权制度改革

1999年，市人事局、市财政局、市国有资产管理局、市经济体制改革委员会联合印发《高邮市事业单位产权制度改革实施意见》。2000年，郭集卫生院实施以股份合作制为主要形式的产权制度改革。2001年7月，市中医医院实行院长任期目标责任制和缴纳风险抵押金制度，实施国有资产所有权与经营权适度分离改革。是年9月，市政府第二招待所实施综合改革，将其中大部分房屋和院落出售给市民政局作为办公用房，部分院落通过土地开发，建成商品房出售，职工实行买断、分流，该所停止对外接待业务。

2002年，全市加快社会事业市场化、产业化、民营化进程，部分事业单位实行民营化运作和股份制运行。市教育局在市实验小学（蓓蕾学校）实行民营化运作试点。市卫生局在城南医院和城北医院实行租赁制试点，在营南卫生院与郭集镇村级卫生机构实行其他形式的产权制度改革试点。2003年1月，城北医院实行整体租赁。5月，车逻中学、沙堰中学通过招投标，出让学生公寓经营权，实行教学和后勤分离。6月，赞化学校通过公开拍卖，以3228万元由民营企业市金鑫有限公司董事长金开明收购，实现整体转让，转制成为完全的民办学校。12月，甘垛镇第二卫生院以66万元的协议价整体出售，转为民营卫生院。2004年，市南海中学、市实验小学等学校实施"公有民办"改革。伯勤、张轩、川青、武宁等4所非乡镇政府所在地卫生院完成产权转让，共变现资产637万元。秦园宾馆（市政府第一招待所）基本完成职工身份置换工作，并实现产权转让。12月，市新华书店由国有事业单位转换为国有企业，全员置换身份，转换劳动关系，并制定鼓励职工分流的相应措施。至2005年末，全市完成改制的事业单位17家，其中农林系统5家、卫生系统6家、建设系统1家、政府办系统2家、金融系统2家、教育系统1家，生产经营类事业单位10家、社会公益类事业单位7家。

五、乡镇事业单位改革

2001年，市委、市政府印发《关于农村税费改革综合配套改革实施意见》，全面实施农村税费改革和乡镇事业单位综合配套改革。按照"脱钩、分类、放权、搞活"的思路，将乡镇原先的"七站八所"合并为7个服务中心（站、所），全市乡镇事业单位由323家撤并为147家；按照"一次核编、从严设岗"的要求，重新核定编制、岗位，编制数比改革前减少37.7%，并做好定编定岗和人员分流工作。是年7月上旬至10月末，全市乡镇法律服务所进行脱钩改制，转变为自主执业、自收自支、自负盈亏、自我发展的社会法律服务中介机构。是年末，重点推进乡镇教育、卫生体制改革，理顺乡镇水利农机服务中心（水务站）管理体制。同时，做好"三定"工作和人员分流。

2004年，按照"政事分开、分类指导、配套搞活、精简效能"原则，推进乡镇事业单位分类管理，重新界定事业单位职能、核定编制和岗位。按照公益性和经营性职能分离的要求，实行农业技术推广服务体系改革，设置农技推广、农经服务公益性机构和岗位。采取民主测评和考核相结合形式，组织乡镇事业单位工作人员新一轮竞争上岗，取得上岗资格人员242人，待岗37人。2005年，各乡镇及时办理事业单位人员聘用、内部退养、提前离岗及分流等审核备案手续。

六、国有场圃改制

2004年6月，市委、市政府制定市果树实验场、市蚕种场、市芦苇场、市水产养殖场、市种鸭场等5家国有场圃改革方案，实行整体转制，全员买断，置换身份，一步到位。至年末，置换国有事业性质人员身份近1000人。2005年9月，市委办公室、市政府办公室印发《关于转发市国有场圃改制领导小组办公室〈关于切实做好国有场圃改制扫尾工作的意见〉的通知》，明确改制后的国有场圃实行属地管理，市果树实验场划归周巷镇，市芦苇场划归界首镇，市水产养殖场划归司徒镇，市种鸭场和市蚕种场划归高邮鸭业园区，其原有的行政管理、社会事务、人事管理、公益事业等全部由归属乡镇（园区）承担，市农林局作业务指导，原有场圃名称和牌子暂时保留，取消事业单位法人资格，依法注册为企业。根据原国有场圃职能，分别成立市高邮鸭良种繁育中心、市蚕种管理站，作为高邮鸭业园区下属事业单位。市果树场管理站、市水产场管理站、市芦苇场管理站分别作为属地乡镇的事业单位，挂靠乡镇农技推广服务中心，具体承担原国有场圃日常事务管理职能。改制后的中心、管理站，均为股级建制。

第三节　机构编制管理

1981年，县编制委员会恢复，负责全县机构设置、撤销、合并、命名、更名及隶属关系调整，根据工作需要及精简的原则，控制行政机构的增加；核定行政编制，控制行政人员增加。县编制委员会主任由县长兼任，办公室设在县人事局，负责日常工作。1984年3月，实行机构改革，全县核定行政编制710人，实有行政编制675人。1994年，更名为市机构编制委员会。2005年，全市党政群机关列为在职公务员2014人，列入事业单位工作人员1万多人。

一、党政机关机构编制管理

1986～1987年，县编制委员会办公室（简称编办）对全县行政机关人员结构情况进行调查摸底，全县5个区、33个乡镇共定编1147人，其中行政编制903人、事业编制244人，较原有人员减少542人。1990年，县委、县政府转发《关于全县党政群机关和事业单位机构管理的暂行规定》，明确县级党政群机关、区（乡镇）机关、事业单位设置、合并、更名、撤销、人员编制等事项，由县编办负责提请县编制委员会集体讨论决定，按规定程序办理，使编制管理工作逐步走上制度化轨道。1991年，贯彻中共中央、国务院关于"控制总量，调整结构，保证重点，充实基层"原则，采用机关、事业单位增人通知单等办法，控制超编人员增长，核定全市党政群机关人员总编制2460人（不含行政性公司），其中市级机关行政编制805人、事业编制49人，公检法司行政编制451人、事业编制8人，区乡镇人员编制1147人。是年，新建股级以上事业单位14家，新增编制63人。

1992年，增设局级单位1家，增设副局级单位1家，职工增长和增加干部数基本达到省下达高邮市的计划指标。对市级党政群机关实行10%控编，全市机关行政编制实有人数下降到2184人，出现自1984年体制改革以来机关人数首次负增长。1993年，撤销5个区委、区公所。1994年，对1984年以后新增设的39个副局级以上机构登记造册，对1993年以前的132个非常设机构进行逐一登记，为机构改革做好准备工作。1992～1996年，全市机关工作人员连续5年出现负增长。

1997年，全市党政群机关（不含公、检、法、司机关）原编制1097人，省和扬州市下达行政编制855人，另核定10%行政附属编制，合计941人，减少14.2%。是年末，市直机关在编实有1104人（不含公、检、法、司机关在编651人），其中行政编制781人、事业编制323人。乡镇编制在省、市下达的总编制数内，按不同类型，结合实际情况分配，一般每个乡镇控制在30～40人，并从严核定行政附属编制，全市各乡镇机关在编实有995人。是年起，对市级机关各部门、各乡镇机构实行"三定"工作，并在实施"三定"中解决人员混岗混编的问题。至1998年末，全市完成"三定"工作的党政机构共102个，其中党群机构24个、政府机构45个、乡镇机构33个。是年，市编办对各单位上报的编制年报花名册1.74万人逐一校核，建立《高邮市机关事业单位机构编制管理信息系统》《高邮市市级机关机构编制数据库》《高邮市事业单位机构编制数据库》，将全市812家事业单位和72家机关、直属事业单位及其在编工作人员近1.8万人的基本情况输入信息系统，初步实现机构编制管理信息化。1999～2001年，全市党政机关严格控制增人。2002～2003年，全市完成56个市级党政部门、直属机构与合署机构、7个群众团体、市人大常委会机关、市政协机关、市人民法院机关、市人民检察院机关和高邮经济开发区"三定"工作和人员分流，基本理顺部门之间关系。核定各部门内设机构和人员编制，市级机关行政编制由原有的804人减至683人，减少15%；乡镇机关行政编制由原有1130人减至847人，减少25%。同时，在"三定"基础上，加强和规范公务员管理，科学进行职位分类和职位设置，调整和完善职位说明书，确定职位职责和任职资格条件，探索公务员分类管理途径。

2004年起，全市机构编制工作严格执行"一支笔"审批制度，新进人员参加全省公务员统一招考，逐单位、逐人核查机关事业单位财政供养人员信息资料，并进行公示。2005年，按照省财政转移支付和县市实施机构编制管理的要求，开展乡镇机构编制、实有人员情况检查和财政"吃空饷"人员核查工作。至是年末，全市党政群机构在编在职享受公务员待遇人员共有2014人。

二、事业单位机构编制管理

1986～1988年，县编办对全县52家事业单位进行定编。1988～1990年，全县核减计划外用工380

人，增设9家副局级以上单位、21家股级单位、49个内设股室。1992年，为适应市场经济需要，全市事业单位编制实行分类管理，对市财政全额拨款事业单位实行严格管理，自收自支经营性事业单位实行编制放开，差额补助事业单位编制实行分类管理适当放宽，财政全额拨款事业单位人员比上年减少454人，计划外用工和临时工实行用工许可证制度，逐步实行规范化管理。1993年，事业单位机构编制比1992年大幅度下降。1994年，推行企事业单位工作人员聘用制，经考试、考核，事业单位非国家干部身份管理人员和办理聘用手续的专业技术人员647人。

1995年，市编办做好市国税局、市地税局分设后的机构编制核定工作。同时，做好农业社会化服务体系中的乡镇电力管理站、乡镇企业管理服务站、乡镇土地管理所建立和编制核定工作。是年，财政全额拨款事业单位（不含教育系统）编制和人员为零增长，其他事业单位相应得到控制。至1998年，事业单位补充工作人员，除军队转业干部、大中专毕业生分配和退伍战士等统配人员另有规定外，均通过考试、择优录取。

1999～2000年，按照事业单位综合配套改革要求，对全市乡镇事业单位编外人员清理裁减2100多人。对缺编需要补充人员的，按事业单位补充人员程序，经批准后办理列编手续。2001年，全市乡镇事业单位实行改革，按照精简原则，重新核定编制1523人，比原有编制减少37.7%，重新核定岗位1344个。在编人员1191人和编外骨干153人，通过竞聘演讲、群众测评、文化考试、组织考核、结果公示的程序，竞争上岗，实行全员聘用制。同时，清退、精简乡镇机关、事业单位编内老弱病残人员和编外临时人员4262人，实现“减人、减事、减费、减负、增收”改革目标。2003年，将编制管理与事业单位全员聘用管理相结合，引入竞争机制，并做好中小学教职工编制重新核定和管理工作。

2004年，市住房公积金管理分中心设立，并上划扬州市管理。是年，市水利和国土系统体制改革、新华书店实行转企改革、市工业总公司机构改革、市信托投资公司解体、市教育部门推进多元化办学、市卫生系统对非乡镇政府所在地卫生院进行综合改革、市广播电视局将原隶属乡镇政府管理的乡镇广播电视站收回管理，市编办制定《高邮市事业单位新进人员管理办法的补充规定》，规定事业单位需要补充工作人员的，在核定编制数内，按照缺编2人补充1人的原则控制，实行岗位聘用和岗位工资制。2005年，高邮鸭业园区和市国土系统执法监察大队与乡镇国土所103人，通过公开考试，参照公务员实行定岗定员管理。是年，全市各类事业单位在职人员共有10029人。

三、事业单位机构登记管理

1993年，首次对全市362家事业单位实行法人登记。1994年，为实现政事分开，使事业单位在各项民事活动中充分享有民事权力、承担民事责任、具有法律地位，对412家事业单位实行法人和非法人登记，分别发给法人证书和非法人证书。是年起，事业单位实行年度登记检验制度。1999年，按照国务院《事业单位登记管理暂行条例》，对597家事业单位实行登记年检，并通过《高邮日报》公告事业单位的名称、登记证号、法人代表、经费来源和职责服务范围，为事业单位以独立法人资格走向市场创造条件。2001年，建立事业单位网上登记管理系统，全市406家事业单位法人实行网上初始登记。2002～2005年，每年年初，全市事业单位法人实行网上年检登记。至2005年末，全市网上登记事业单位391家。

第四节 干部人事管理

1986～1995年，全市按照党管干部和分级管理原则，副科级以上领导干部选拔任用由市委组织部管理；机关事业单位中国家工作人员（包括企业录用的国家干部）从录用到退休的全部人事工作，统一归口政府人事部门管理。1995年8月，企业开始实行全员合同制，企业中“国家干部”这一称谓被取消，企业职工分管理人员和专业技术人员，市人事局不再管理。

一、人事计划管理

1991年7月，市人事局内设人事计划科，负责机关事业单位增人和工资基金计划管理。1992～1999年，全市机关事业单位按计划增人，凭增人计划单办理列编、套改工资、参加保险、增加工资基金等手续，同时加强对计划外用工管理。2000年初，市人事局下达全市机关事业单位职工人数和工资总额计划，对市属105家财政综合预算单位8120人进行审核，其中行政单位1336人、事业单位4105人、离退休1578人、退职60人、遗属补助165人、临时工876人。按照党政群机关、全额拨款及规费收入事业单位职工人数零增长，差额拨款和自收自支事业单位职工人数适量增长的原则，控制机关事业单位人员增长。2001～2005年，全市实行增人事先申报、按季度审核工资基金制度，形成以人员工资总额计划、增人计划单、工资基金管理为主要手段的人事宏观调控体系。同时，市人事局印发《机关工勤人员岗位管理意见》，遏制机关单位随意使用计划外用工。2005年3月，市人事局配合市财政局，做好乡镇公务员和乡镇学校教师工资核定和工资计划核准工作，实行由市财政统一发放；核准党政机关、事业单位人员增加工资基数，保证工资统一发放人员按时领取工资和退休金。对各单位申报的增人计划进行审核，经批准后及时下达。

二、人员调配

1986年，县人事局负责全县党政机关、企事业单位副科级以下干部调配工作。1988年，按照“公开、平等、竞争、择优”原则，改革人事调配办法，采取单位推荐、个人自荐，经考试考核、择优选调和组织调配相结合的办法，选调51人，从外地引进专业技术人员25人。1992年，从市外调进干部16人，调出25人；在调进调出41人中，解决夫妻分居22人。1994年，通过干部调配引进急缺专业技术人员56人。1995年，市内干部调配权限下放，教育、卫生、工业、商业等系统内干部调配由各主管局自行决定；市内企业之间国家干部调配，可由双方主管局直接办理，报市人事局备案；外县市干部调进、市内干部调出，仍由市人事局办理。2001年起，市教育系统内部教师调配实行“双向选择、择优调配”。至2005年，为企业引进急缺专业人才和解决干部夫妻两地分居等困难，办理干部调动手续344人次，其中调进调出干部231人次；为缺编单位补充干部，市内调配干部123人次；临时为中心工作调配干部和工作人员139人次。

三、招聘录用

1986～1987年，全县采取公开考试方式招聘录用机关事业单位工作人员54人，办理乡镇合同制干部聘用手续56人，办理吸收录用干部试用期满转正手续71人。1988年，经考试考核，公开招聘政法、银行系统工作人员23人，办理不包分配大中专毕业生聘用鉴证手续44人。1989年，全县22个县级机关事业单位招聘工作人员，300多人报考，择优录取67人，另为各乡镇聘用合同制民政干部34人。至年末，全县共有乡镇选聘制干部572人。1990～1992年，机关事业单位通过公开考试择优录用干部241人，市、乡镇机关聘用制干部985人，为到乡镇企业工作的毕业生和不包分配毕业生办理吸收录用干部手续96人。1993年10月，全市机关、事业单位通过统一考试考核，补充工作人员326人。1994～1995年，按照公务员考试录用的要求，组织机关事业单位和乡镇聘用制干部招聘考试20多场，参加考试人数近2000人，招收、录用和聘用干部569人。至1996年，为职大毕业生、支乡科技人员、乡镇聘用制干部等办理录用、聘用、续聘手续1429人。同时，全市10年间从优秀民办教师中选拔转为公办教师2914人，并办理吸收录用和户口“农转非”手续。1997～2005年，面向社会统一公开招考，招录国家公务员143人、人民警察50人；办理乡镇选聘制干部录用手续58人；补充事业单位人员42人，办理事业单位聘用、续聘手续人员360人。

四、军队转业干部安置

1986年，全县接收安置军队转业干部（简称军转干部）155人（含县人武部成建制移交地方的军转干部),是历史上接收安置最多的一年。1987年,坚持专业对口、量才使用的原则和允许个人自荐、单位选择的分配方法,对表现好、立功受奖和在艰苦地区工作的军转干部,在分配上予以照顾。1988年,实行用人单位和军转干部双向选择的占70%左右。1989～1995年,军转干部接收安置办法全部实行双向选择。1996年,军转干部安置推行功绩制,公开安置政策、安置程序和积分办法,实行积分竞争、择优选岗,安置军转干部18人。1997～2000年,采取市级机关“择优选调”和企事业单位“积分竞争,依次选岗”相结合的办法,安置军转干部110人,其中被安置在党政机关及政法系统76人、被安置到事业单位34人。2001年,军转干部安置实行“考核选择”与“积分选岗”相结合、“指令性计划分配”与“双向选择”相结合、“文化素质”(占积分的60%)与“部队表现”(占积分的40%)相结合的安置办法,共接收安置军转干部15人,其中安排在党政机关和行政执法部门工作的营以下军转干部12人、安排在事业单位工作的营以下军转干部2人、自主择业1人。是年起,自主择业列为军转干部安置的一个渠道。至2005年,全市累计接收安置军转干部694人,其中团职干部62人、营职干部261人、连排职干部290人、技术干部81人;实际安置689人,其中安排到行政机关323人、事业单位231人、企业131人、自主择业4人,其他途径安置5人。

五、机关事业单位工人技术考核

1996年,市人事局对全市机关事业单位工人实行技术等级岗位考核,按99个工种进行整理归类。首次发放烹饪资格证书74人,同时举办电工、驾驶员、图书发行员、电影放映员、收银审核员、广播电视系统线务工、机务工、编辑等培训班,培训516人,其中取得等级证书395人。1997年,全市逐步扩大工人技术等级岗位考核范围,共举办13个工种培训班,培训520人,其中高级工140人、中级工262人、初级工118人,完成首轮机关事业单位工人技术等级岗位考核。1998年起,全市机关事业单位工人技术等级岗位培训考核做到制度化,每年组织有关工种和专业工人岗位技能培训,先后举办餐厅服务员、客房服务员、灌排工、收银员、保管员、电工、汽车驾驶员、殡葬工、环卫工、收银审核员、图书发行员、内外勤务员、司炉工和卫生系统5个专业30多个工种(专业)培训班,通过考试考核,确定其技术等级。2004年,机关事业单位汽车驾驶、电工、收银审核、教育与科研实验等4个工种开展技师登记申报审核工作。2005年,全市举办两期技术工人继续教育培训班,参加培训320人。同时,水利灌排员、驾驶员、计算机录入员、收银审核员等工种开展技师登记申报审核工作。至2005年,全市机关事业单位共培训考核技术工人2415人次,其中确定为技师15人、高级工352人、中级工320人、初级工246人。

六、离退休人员管理与服务

1986年初,全县有离休干部546人。1986～1987年,全县办理国家干部(含机关、事业单位科级以下干部,下同)离退休手续329人,办理机关、事业单位工人退休手续36人。至1987年,全县建成老干部活动场所15个。1988年起,坚持国家干部到龄下月即办理离退休手续制度,每年春节均对离退休干部和遗属组织慰问,每两年对副乡科级以上离退休干部进行一次健康体检。1990年,县人事局整理登记全县机关事业单位和企业退休干部花名册,给退休干部发放退休证和老同志优待证。1994年10月,市政府成立退休干部管理委员会。同时,成立市老年事业开发服务中心,作为全市退休干部管理服务机构。是年起,每年重阳节组织退休干部开展各种活动。1995年,市人事局负责科员级以下公务员、事业单位管理人员、专业技术人员和机关事业单位工人退休审批手续。1997年10月,建成占地1400多平方米的退休干部活动中心楼。是年起,全市干部中无人符合离休条件。2000年起,机关事业单位到龄人员逐渐增多,每年办理的公务员、事业单位管理人员和专业技术人员、工人退休手续300多人。市人事局每年组织全市机关事业单位副乡科级以上离退休干部开展各种健康有益的文体活动。2002年,经市人事局办理退休手续802人,为历年之最。至2005年,市人事局累计办理干部离退休手续6027人、职工退休524人。

1986～2005年高邮市机关事业单位干部、职工办理离退休手续情况一览表

表25-1　　单位:人

年份	离退休人员	离退休干部	退休工人	年份	离退休人员	离退休干部	退休工人
1986	135	135	—	1996	301	301	—
1987	230	194	36	1997	296	296	—
1988	110	110	—	1998	390	390	—
1989	94	94	—	1999	369	369	—
1990	152	152	—	2000	374	309	65
1991	184	184	—	2001	407	337	70
1992	270	270	—	2002	802	714	88
1993	271	271	—	2003	501	398	103
1994	271	271	—	2004	650	535	115
1995	325	325	—	2005	419	372	47

七、人事争议仲裁

2000年12月,市政府成立市人事仲裁委员会。2002年9月,市政府制定《高邮市人事争议仲裁暂行办法》。2004年,全市事业单位逐步成立人事争议仲裁委员会,首批5人获省人事争议仲裁员资格证书。是年,市人事局主动介入汤庄水务站人事争议案件,当事人对处理结果表示满意。2005年,市人事局制定《高邮市人事争议仲裁办案规则》《高邮市人事争议仲裁庭规则》《高邮市人事争议仲裁员守则》等。是年,全市成立人事争议调解委员会的事业单位和部门106个,有专兼职调解员800人;办理人事争议仲裁咨询业务35件,调解人事争议案件6件。

第五节　干部奖惩和任免

一、干部奖励

1986年,全县开展年终评比的党政群机关和事业单位102家,评选出先进工作者539人。1987年,全县评选先进集体22个,占参加评比单位的27%;评选先进工作者372人,占参加评比人数的12%。1988年,评选先进工作者521人,给予记功4人、记大功2人。1989年,评选先进工作者87人,给予记功1人、记大功1人,另给扬州市劳动模范办理奖励手续4人。1995年,上报受国家、省、扬州市和高邮市表彰的先进集体和先进个人事迹材料70份。1995～2005年,全市党政群机关和事业单位工作人员奖励按年度考核结果进行。

二、干部惩处案件受理

1986～1987年,全县受理、结案惩处案件10件。其中,被判处徒刑、开除公职3人,给予行政开除留用察看处分3人,被撤销行政职务1人,行政记大过2人。1988～1989年,受理、结案行政违纪案件5件,对责任人员全部给予开除留用察看处分。1992年,受理、结案行政违纪案件2件,作自动离职处理2人。至2005年,受理、复查行政违纪申诉案件21件,复查、处理行政人员历史遗留案件10件,均按

政策规定给予落实与处理。其中，恢复公职、继续安排工作8人，开除留用察看期满正式分配工作7人，缓刑期满重新分配工作2人。

三、干部任免

1986年起，县人事局继续按照法定程序，提请县人大常委会和县政府分别任免乡科级、副乡科级干部。2002年，全市机关结合党政机构改革，按照“工作需要、群众参与、综合考评、组织决定”的原则，组织中层干部全员竞争上岗，择优用人。同时，建立中层干部任职资格预审制度，严把机关工作人员任用关。是年，审查中层干部任用资格275人。至2005年，由市人大常委会和市政府任免的市政府乡科级、副乡科级干部分别为290人次、1166人次。

1986～2005年高邮市人民政府乡科级干部任免情况一览表

表25-2 单位：人次

项目 年份	合计	市人大常委会任免	市政府任免	项目 年份	合计	市人大常委会任免	市政府任免
1986	18	6	12	1996	126	64	62
1987	145	46	99	1997	84	8	76
1988	46	13	33	1998	35	6	29
1989	55	11	44	1999	51	2	49
1990	143	39	104	2000	48	9	39
1991	25	5	20	2001	102	18	84
1992	115	14	101	2002	54	7	47
1993	108	4	104	2003	72	5	67
1994	34	6	28	2004	68	11	57
1995	73	10	63	2005	54	6	48

第六节 公务员管理

一、推行国家公务员制度

80年代末90年代初，在县党政群机关和区、乡镇机关从事行政管理工作的人员以国家干部为主，由于机关干部年龄老化、文化程度低，县、乡镇机关从企事业单位和农村借调部分年轻、文化程度高的干部、工人、农民从事行政管理工作，或通过选举担任领导职务，为“以工代干”“以农代干”或为聘任制干部，机关人员性质较为杂乱。1994年，市人事局按国务院《国家公务员暂行条例》录用公务员的要求，先后组织12场考试，为市人民法院等行政部门招收、录用干部374人，为乡镇机关续聘干部424人。1997年3月，市委、市政府组织全市党政群机关工作人员参加公务员过渡考试。是年10月至1998年6月，市政府制定《高邮市国家公务员制度实施方案》《关于做好国家公务员职位分类工作意见》《高邮市国家行政机关现有工作人员向国家公务员过渡实施办法》，各部门按照“三定”方案，开展职位分类，全市市级机关和乡镇机关工作人员过渡为公务员950多人。至2005年末，国家公务员制度在全市基本建立。

二、公务员考试录用

1997年，市人事局按照公务员考试录用规定，面向社会公开招考，从报名的753人中招录国家公务员13人和人民警察23人。1998～2002年，面向社会公开为乡镇机关招收公务员16人、为公安系统招收人民警察27人，并通过考试给乡镇选聘制干部办理录用手续58人，还从营以下军队转业干部中择优选拔进入市党政机关、行政执法部门工作31人。2002年11月至2003年6月，市委组织部、市人事局组织41个部门、单位面向社会公开招考58个职位的公务员，报名参加考试816人，经过考试、面试、体检、政审、考核等程序，最终录用54人。2004年，招考、录用公务员34人。2005年，招考、录用公务员26人，其中大中专院校毕业生及社会在职人员21人、优秀村干部5人。

三、公务员培训

1994年2月，市人事局开始实施公务员培训工作。组织市级机关全体人员和乡镇分管书记、组织委员进行干部考核工作业务培训，组织全市2504名机关干部参加全省国家公务员制度知识竞赛活动。1995年起，市人事局每年对机关事业单位新录用工作人员进行初任培训。1995～1997年，全市2612名党政群机关工作人员先后分11期参加过渡培训班，学习国务院《国家公务员暂行条例》和行政管理、公文写作、行为规范等方面基本知识，并分3批组织2632人参加公务员过渡考试，考试合格率99%，为顺利向公务员过渡创造条件。1998～2001年，组织全市党政机关、社会团体和事业单位工作人员参加各类专题培训班，开展《现代科技与二十一世纪》《世界贸易组织与中国》《创造与应用》等专题学习，参加培训1.5万人次；举办人民警察基本素质培训和新录用乡镇公务员初任培训等。2002年11月至2005年，市人事局、市政府法制办公室、市司法局联合组织公务员及参照公务员管理人员参加“四五”普法培训班，学习《中华人民共和国宪法（修正案）》《中华人民共和国行政许可法》《中华人民共和国公务员法》等法律知识，共14期有7000人次参加；组织普通话培训540人、新录用国家公务员初任培训113人。

四、公务员考核奖惩

1995年2月，市委、市政府印发《高邮市机关工作人员考核工作意见》，首次组织全市77个部门、33个乡镇机关和事业单位1.06万名工作人员参加1994年年度考核。是年起，全市建立机关、事业单位工作人员平时考核和年度考核相结合的考核制度。公务员考核结果分为优秀、称职、不称职3个等次，事业单位工作人员考核结果分为优秀、合格、不合格3个等次。1996年，对参加工作不满一年的或因病未能正常工作者，增加一项考核结果为“不定等次”。1998年，市委、市政府转发《江苏省国家公务员考核实施办法》，把年度考核和副乡科级干部政绩记载卡制度、中层干部聘任制度、专业技术人员职务评聘制度与年终工作总结有机地结合起来，收到较好效果。2000年，全面推行百分制考核，将德、能、勤、绩四项考核内容细化为12个要素，逐一量化打分，根据综合得分确定考核等次。2002年起，采用个人总结、群众民主测评、主管领导评价、考核领导小组审定、部门负责人确定等次的程序，建立以工作实绩为核心的考核指标体系，对机关公务员和事业单位工作人员继续实行分类考核，细化考核办法，健全平时考核制度，把公务员的年度考核同招商引资、机关及其工作人员的作风评议有机地结合起来。同时，把考核结果与公务员任用、培训、晋级增资挂钩，开展争创“人民满意公务员”活动。至2005年，通过考核，因工作优秀、政绩显著受到表彰、晋级81人，其中被扬州市政府表彰为“人民满意公务员”2人、受到扬州市以上党政机关表彰12人、连续3年年度考核被评为优秀等次给予提前晋级奖励67人；因不称职、不合格，甚至违法违纪的受到各种行政处理19人，其中受到告诫14人、被辞退1人、被开除1人、依照法定程序办理自动离职手续3人。

五、中层干部评聘制

1996年，市委、市政府在试点基础上，在党政机关中层干部中全面推行评聘制。1999年，市委、市政府印发《高邮市关于市级机关及直属事业单位中层干部竞争上岗的实施意见》，推行中层干部竞争上岗和工作人员双向选择办法。是年，全市列入推行中层干部竞争上岗和工作人员双向选择办法的党政群机关、直属事业单位和向经济实体过渡的单位共有74个，其中全面推行中层干部竞争上岗的单位40个，组织中层干部述职和民主测评的单位18个，因单位小、人数少未能形成竞争的单位13个，未能开展的单位3个；共公布职位566个，报名参加竞聘人员1632人次。竞争结果，被提升的166人、轮岗的118人、低聘的29人、落聘及退居二线的123人，中层干部平均年龄由原来的42.8岁下降为38.9岁。2000～2005年，全市机关和直属事业单位聘任中层干部，基本上都通过述职、民主测评、群众推荐、竞争上岗的办法，中层干部任命制被评聘制所取代。

第七节　人才管理

1987年，县人事局设立县人才交流服务处，主要负责大中专毕业生和“五大”毕业生（指国家教委同意备案的职工大学、职工业余大学、广播电视大学、高等学校举办的函授大学和夜大学、高等教育自学考试毕业生）分配和各类专业技术人才引进。1993年，市人才交流服务处更名为市人才服务中心，改为事业单位，为各类人才提供就业指导、聘用合同鉴证、人事档案管理等人事代理服务。

一、大中专毕业生分配

1986～1988年，全县大中专毕业生由国家统一计划分配、安置就业。1989年，试行计划分配和“双向选择”相结合分配办法，增加分配工作透明度，绝大多数到基层企事业单位工作。1990～1993年，采取指令性分配和部分专业择优分配相结合的办法，做到专业对口或基本对口。1994～1996年，采取政府计划分配与人才市场双向选择相结合的办法，除师范类、卫生医学类、农林类等专业的国家统配毕业生实行指令性分配外，其他专业和不包分配的毕业生通过人才市场实行双向选择解决就业。

1997～1999年，全市大中专毕业生较多，用人单位需求量少，毕业生就业压力大。市政府采取“行业包专业、地区包生源”分配办法，结合人才市场进行双向选择、分类指导派遣、竞争择优录用，并制定《关于为个体私营经济提供人才服务的意见》和《关于鼓励应届大中专毕业生从事个体经营的意见》，引导毕业生转变就业观念，投身个体私营经济，多头多路自谋职业。

2000年，面对国家对师范类、农林类以外的大中专毕业生全部实行市场分配就业制度的新情况，市人事局通过发布人才需求信息，公开招聘，双向选择，帮助毕业生就业。教育、卫生系统对师范类、卫生类毕业生亦实行双向选择用人制度。是年，全市接收计划内毕业生共444人，实现就业395人，其中自谋职业130人；对未就业的毕业生发放大中专毕业生待业证，凭证免费进入人才市场参加双向选择洽谈，人事部门帮助推荐就业，代理上网发布求职信息，全年领证214人。2001～2005年，市人事局通过举办小型人才集市和每年一次大型毕业生就业洽谈会，解决毕业生就业和用人单位人才需求。

图25-1　2001年举办的小型人才集市交流洽谈现场

二、人才培养与开发

1986～1992年，全市计划内统配的毕业生主要是中专层次，大专以上毕业生较少，经济建设所需专业技术类大专、本科毕业生奇缺。县委、县政府要求人事部门从外地引进急缺专业技术人才。1994年，市人事局与上海机械学院、扬州大学工学院、金陵职业大学、南京农业专科学校、常州建材工业学院等院校联系，共委培急缺专业毕业生147人；与南京建工学院、淮阴电子工业学校联合办班，培养建筑和机电专业毕业生87人。1995～1998年，与江苏理工大学、南京建工学院、南京金陵职业大学、扬州大学工学院、淮阴电子工业学校等多所院校联系，通过委培、代培、联合办学等形式，培养机电工程、化工、建筑、机械等急缺的27个专业人才664人。1999年后，高等院校毕业生逐年增多，市人事局主要通过组织相关企事业单位参加各地高等院校毕业生就业洽谈会，招聘急需专业人才。

2002年，市人事局把引才与引智紧密地结合起来，开发利用高邮籍人才信息资源。引导江苏金飞达电动工具有限公司、扬州市曙光电缆厂等企业与重点院校和科研院所加强横向联系，通过聘请顾问、挂钩协作、技术指导等形式，利用外部智力资源，合力开发新项目、新产品。组织用人单位参加2002年百名海外留学博士江苏行暨高新技术项目洽谈会和2002年中国国际人才交流暨项目洽谈会，引进紧缺人才和智力。2004～2005年，市政府采取投入与筹集相结合的方法，筹集人才开发资金110万元，并加强对人才开发资金的管理，主要用于人才培养与开发的资金投入。

三、人才引进与交流

1986年，县人事局搜集在外地工作的高邮籍成功人士349人的信息，汇编成册。1988年，县政府制定《关于鼓励科技人员和其他各类人员为乡镇企业服务的暂行规定》，县人事局引荐20名科技人员（包括“五大”毕业生）到乡镇企业工作，为不包分配的44名大专生办理聘用鉴证手续。1993年6月，市政府转发《高邮市关于搞活人才流动的暂行办法》等9项规定，协调处理11件人才流动争议案件。至是年，市人事局与有关部门和相关企事业单位先后以调动、辞职、聘用、兼职等多种形式与渠道，从外地引进企事业单位急需的专业技术人员197人，满足部分单位对紧缺专业技术人才的需求。1995年，市政府制定《高邮市人才流动合同管理暂行办法》，保护人才和用人单位合法权益。至1999年，市政府为208名中级以上专业技术人员的397名家属及子女办理户口“农转非”手续，帮助51名科技人员解决夫妻两地分居等实际困难，为科技干部解决后顾之忧。至2001年，市人事局组织用人单位参加全国、省和扬州市举办的各类人才交流会，为全市企事业单位引进专业技术人才527人。2002年，市人事局除组织用人单位参加人才交流洽谈会外，还利用高邮人才网实行网上招聘。2003～2004年，组织相关企事业单位参加外省（市）高校毕业生就业洽谈会，引进专业技术人才1250人，其中急缺专业的大专以上毕业生97人；开辟人才“绿色通道”，加强与重点院校、科研院所的横向联系，引进所需人才和智力。2005年，市政府下达各乡镇和有关部门引进急缺专业人才的任务，市人事局组织用人单位赴省内外高校招聘机电一体化、道路桥梁、工业与民用建筑、服装纺织、经济贸易等专业人才，共洽谈大专以上毕业生或专业技术人才800多人，引进紧缺专业技术人才408人。

四、高层次人才队伍建设

1989年，全县首批获扬州市政府批准的扬州市有突出贡献的中青年专家共6人。1995年，全市首批获省政府批准的省有突出贡献的中青年专家共2人。2000年，全市首次评选1999年度高邮市有突出贡献的中青年专家20人。2001年5月，市政府在加大引进急缺专业人才的同时，印发《高邮市关于吸引优秀人才来高邮工作的实施办法》，明确引进的人才可以实行“户口不迁，关系不转，来去自由”的人才“柔性流动”机制，并在创业环境、福利待遇等方面提出优惠政策。2002年，重新组建专家委员会，并按行业设立5个专家组。2004年3月，打破选拔人才的身份和所有制界限，评选高邮市有突出贡献的中青年专家20人，组织30名农业科技人员参加省举办的无公害农产品生产及商品化技术高级研修班。2005年，市人事局为扬州曙光电缆有限公司引进在德国西门子集团工作的专家1人。至是年，全市共有自培中青年专家95人，其中省专家4人、扬州市专家25人、高邮市专家66人。市农林局、市水利局、市人民医院、市中医医院等4家单位成为扬州市专家协会成员。

五、人才市场管理

1993年8月，市委、市政府首次举办人才集市，各乡镇、各主管部门、市属企业和部分乡镇企业设摊点81个，有5000多人参加集市，设摊单位共接待大中专毕业生和各类科技人员1910人，达成就业招聘意向协议636人，办理正式手续121人。此后，市委、市政府每年七八月间举办一次大型人才集市。1995年，市人事局对全市人才总量、分布、结构和余缺等情况进行普查。1999年起，市人事局每月18日正常开放小型人才市场。2002～2005年，市人事局还利用市人才信息网，完善人才市场信息服务网络，建立各类人才信息库，与国家、省、扬州市人才市场以及相关高校和科研院所人才管理系统联网，实现人才信息资源共享。

六、人事代理服务

1997年，市人才服务中心为大中专毕业生和科技人员办理人事代理手续117人。1998年上半年，人事代理服务扩大到人事关系、转正定级、工资调整、户粮关系、职称评聘和养老保险。下半年，为解决毕业生到个体私营企业工作的后顾之忧，该中心为他们提供人事档案保管、人事关系挂靠、代办申报专业技术职称等人事代理服务，全年办理毕业生人事代理200多人。1999～2001年，为各类人才提供人事关系挂靠、人事档案保管、档案工资套改、户口迁移等人事代理服务1286人次。2002年6月，市政府印发《高邮市关于进一步完善人事代理制度的实施办法》，市人事局、市卫生局联合制定《关于在全市医疗卫生单位实行全员人事代理制度的实施意见》。2003～2005年，市人才服务中心办理聘用合同鉴证、档案工资套改、养老和失业保险代办、职称代为申报等人事代理服务6907人次，其中教育系统490人次、卫生系统5440人次、其他单位977人次。

第八节　专业技术人员管理

一、职称评定

1986年，全县有高、中、初级职称的专业技术人员2178人，其中高级职称3人、中级职称156人、初级职称2019人。是年4月，县政府首次组织开展职称改革工作。1987年，按照"精心指导，审慎行事，坚持试点，逐步展开"的原则，全县职称改革工作由县科委具体负责，并成立20个专业系列职称评审委员会，其中中级2个、乡镇初级2个、其他初级系列16个；实行专业技术职务评审与聘任制度，并实行以职务工资为主要内容的结构工资制度，在乡镇企业、国有企事业单位、集体企事业单位、党政机关（只评不聘，工资不和职称挂钩）开展职称评定工作。1990～1992年，全市共评聘专业技术人员1.58万人，其中高级技术职称141人、中级技术职称1893人、初级技术职称1.38万人。1993年起，专业技术职务任职资格评审工作转入经常化，各系列按新制定的专业技术职务任职资格评审实施意见，逐步对任职条件进行量化，从严掌握。1996年，全市实施专业技术人员年度考核制，其结果作为对专业技术人员晋升、聘任、奖惩、辞退的重要依据。是年，获批高级职称83人、中级职称512人、初级职称653人，初聘大中专毕业生385人。至1996年10月，全市有各级各类专业技术人员3.41万人，其中国家行政机关2171人、企事业单位2.45万人、乡镇企业7433人；高级职称541人、中级职称5611人、初级职称2.8万人。

1997年，专业技术人员职称评审管理划归市人事局负责。市人事局增设专业技术人员职称管理科，调整市专业技术人员职称工作领导小组成员，23个初级技术职务评审委员会换届组建，制定《高邮市职称工作管理意见（试行）》。是年，全市推荐申报高级职称53人、中级职称347人，初聘专业技术人员244人。至年末，全市共有各级各类专业技术人员3.58万人。1998年，职称评聘由指标管理向岗位管理转变，科学确定职称结构比例，规范具体操作程序和评聘办法；制定《关于全市乡镇企业职称工作的几点补充意见》和《关于做好全市非公有制经济组织中专业技术人员职称工作的意见》，扩大职称工作范围。全年共审核推荐晋升高级职称92人、中级职称714人、初级职称963人。对机械化工、电子等工业系统专业技术人员2650人，实行年度考核。1999年，试行《高邮市事业单位专业技术人员管理卡片》和《高邮市事业单位专业技术职务岗位管理手册》。2000年，全市全面开展农民技术人员职称评定工作，各乡镇相继建立农村"土专家"、"田秀才"、种养（殖）能手、能工巧匠、农民经纪人等乡土人才台账，实行动态管理。2002年10月，将原来17个系列初级技术职务评审委员会调整合并为10个，并建立相应的评委库。是年起，全市推行专业技术职务评聘分开，并在卫生、农业、教育等系统试点，控制专业技术岗位设置总量、专业技术岗位结构比例和最高职务档次，引进竞争机制，改变一聘定终身的做法。2003年起，市人事局对部分乡镇企业、个体私营企业专业技术人员职务评审，从重学历、重资历调整为重能力、重业绩，由工业工程类评委会成员组成专家组，对申报者进行面试、答辩、测评、实践操作等现场考核，共申报评审专业技术职务63人。2005年，初聘专业技术职务468人，申报评审初级技术职务432人、中级技术职务415人、高级技术职务112人。是年末，全市获得专业技术职称人员共有2.52万人（不含行政机关和乡镇企业专业技术人员），其中高级职称1160人、中级职称7686人、初级职称1.64万人。

二、职称资格考试

1993年起，全市会计、经济系列中、初级职称和统计系列初级职称资格实行全国统一考试。对外语有要求的专业技术系列职称评定，全省实行外语统考，成绩合格后，方可申报高、中级任职资格。1997年起，结合科技人员职称评定，市人事局累计举办现代科技知识、外语、计算机、建筑工程、档案管理、信息化素质工程、农林技术、财会、经济等各种人才培训班36期，参加培训或轮训学习人数累计1.74万人次。2003～2005年，市人事局组织监理工程师、质量检验工程师、执业药师、企业法律顾问、经济师、会计师、注册会计师、注册咨询工程师、卫生专业和物流专业职称人员职业资格和执业资格考试，参加考试、考核1382人，参加信息化素质考核956人，参加计算机初级等级考试478人。

三、继续教育

1986～1987年，全县科技人员继续教育工程列入"星火计划"培训，参加培训5029人次，举办计算机提高班、中级英语班、人才学与人才管理学术讲座，为乡镇企业科技人员举办建筑、机械、会计培训班，为农业技术人员举办桑蚕、水产、农技等专业普及性培训2000多人。1989～1990年，全县通过各种教育阵地，共培训各种专业技术人员6000人次。1990年，扬州市科技干部进修学院高邮分院建立，有500人参加学制两年的大专层次岗位培训。1996～1997年，推行继续教育考核证书制度，举办各类继续教育培训班，共培训9860多人。

1999～2000年，市人事局组织全市党政机关、社会团体及企事业单位在职专业人员、管理人员1.59万人学习《现代科技与二十一世纪》，举办4期1400多人参加的《世界贸易组织与中国》专题讲座，组织1.2万人收看《知识经济》电视教学片。2003～2005年，市人事局举办信息化素质工程培训班两期，参加者438人；与财政、建筑等部门联合举办不具备规定学历和专业不对口人员申报专业技术职称培训班，参加者576人。同时，晋升高、中级专业技术人员每年接受继续教育的时间累计不少于72学时，初级专业技术人员累计不少于40学时，并以此为专业技术人员考核的重要内容和评聘、晋升专业技术职务、执业资格的必备条件。

第九节 机关事业单位工资与福利

1986～1989年，全县机关事业单位工作人员经过1985年第二次工资制度改革后，连续4年调整工资，职工工资水平得到较快增长。至1992年末，全市机关事业单位工作人员人均月工资240元左右。1993年10月，全市机关事业单位进行第三次工资制度改革后，又先后经过1997年、1999年、2001年1月、2001年10月、2003年5次提高职务工资标准，1993～2005年每两年一次正常晋升一级工资档次，以及调整和增加津补贴，工作人员工资收入快速增长。与此同时，机关、事业单位工作人员工资中的公益性支出也较多。特别是2000～2003年，人均每年捐款在1000元左右（含解困资金、教育费附加、防洪基金、助残扶贫等），2001～2003年，全市财政发生困难，有的应发增资部分和奖金被空挂、取消或打折。全市机关事业单位工作人员工资收入与周边县（市）相比，有一定差距。2005年，全市在职机关工作人员人均月工资收入1663.42元，事业单位工作人员人均月工资收入1504.82元，离退休人员离退休费同步增长，机关事业单位工作人员福利相应调整。

一、机关事业单位工资制度改革

1986年，高邮县为五类工资区，机关事业单位执行1985年工资改革后由基础工资、职务工资、工龄津贴和奖励工资4个部分组成的结构工资制。其中，基础工资每人每月为39元，工龄津贴为每工作一年每月0.5元。同时，对在农村第一线工作的农、林、副、水技术人员和苦脏累人员增加一级上浮工资。1987年，按全县1.13万名机关事业单位职工人均月增资1.8元的指标，给3569名1971年末前参加工作、工资偏低的人员适当调整工资，人均月增资6.7元，全县月增工资总额2.39万元；给3752名中、小学（幼儿园）教师提高工资标准10%。

1988年，高邮县改为六类工资区，全县机关事业单位1.21万名工作人员工资调整，基础工资改为每人每月40元，职务工资相应按六类区标准执行。是年6月，全县机关事业单位工作人员普遍增加一级工资，人均月增资约7元。1989年，全县护士提高工资标准10%，农林第一线科技人员、驾驶员和农村卫生院专业技术人员上浮一级工资。1989年10月，按国务院统一部署，全县机关事业单位工作人员基础职务工资普调一级。同时，对机关事业单位部分任职时间长、贡献较大、表现较好的专业技术人员和行政人员再升一级工资。全县机关、事业单位进行普调和复调2.50万人次，普调月增工资总额9.02万元，复调月增工资总额9.51万元。1991年，调整专业技术人员和农林水一线人员工资。1992年1月，全市机关事业单位有1.59万名工作人员和离退休人员调整工龄津贴（工资）标准，由每工作一年每月0.5元增加到1元，人均月增资9.62元。是年3月，机关事业单位工作人员实行奖励工资（又称职务岗位津贴），标准因不同职务和参加工作时间而异。是年12月，调整奖励工资标准。

1993年10月起，全市机关事业单位实行第三次工资制度改革。机关行政人员实行职务级别工资制，由基础工资、职务工资、级别工资、工龄工资4个部分组成。机关工人实行岗位技能工资制，技术工人由岗位工资、技术等级工资、奖金3个部分组成；普通工人由岗位工资、奖金两个部分组成。事业单位实行不同类型不同行业特点的工资制，由职务（技术等级）工资（固定部分）、津贴（活的部分）两个部分组成。其中，全额拨款、差额拨款、自收自支3种资金来源不同的事业单位，按照国家制定的工资制度和工资标准，其职务（技术等级）工资（固定部分）和津贴（活的部分）的比例分别为7∶3、6∶4、5∶5。机关事业单位工作人员还享有职务岗位津贴和综合补贴。同时，建立正常的考核增资办法，机关事业单位工作人员连续两年年度考核为称职（合格）者，职务（岗位）工资增加一档；机关行政人员年度考核连续3年为优秀等次或连续5年为称职等次者，级别工资晋升一档，并改革奖励制度。为适应新工资制度改革，全市机关事业单位工作人员和离退休（退职）人员1.73万人，逐人明确编制性质和职称、职级。是年，535名曾担任过村（大队）支书、主任和会计3种职务的工作人员更改工龄并增加工资；1293名在农村中小学工作、具有大专以上学历的教师上浮一级工资；238名在农林水和乡镇卫生院工作的人员，将上浮工资改为固定工资。

1998年1月，全市机关行政人员每月基础工资由90元提高到110元，按照每5年晋升级别工资的要求提高级别工资一个档次；机关工人和事业单位人员调整职务工资标准。是年6月，机关行政人员年度考核连续5年称职或连续3年优秀，实行浮动一级级别工资，达本职务最高级别的按倒级差的标准增加。是年，未计算工龄的大专以上学习时间和工作年限合并计算。1999年7月，机关行政人员基础工资提高到180元，级别工资标准提高。机关工人和事业单位工作人员职务工资标准相应调整。

2001年1月，调整机关行政人员基础工资和级别工资，调整机关工人和事业单位工作人员职务工资标准，人均月增资约120元。是年10月起，调整机关事业单位工作人员职务工资标准，人均月增资约75元；按两年一次正常晋升职务工资，人均月增资约28元。全市因受限于财力，无法一次调整、如数发放到位。是年12月27日，市委常委会研究决定，2002年1月起，先将档案工资按规定全部调到位，机关行政人员月基础工资调整到230元，两年一次正常晋升的职务工资全额兑现；年终一次性奖金暂不执行，人均月冲销岗位津贴155元。2002年6月23日，为贯彻省委办公厅、省政府办公厅3月26日《转发省委组织部等单位〈关于保障机关事业单位职工工资正常发放的办法〉的通知》，市委常委会研究决定，7月起，全额兑现国家规定的增资额，以前未兑现的暂不补发。至此，全市机关事业单位2.2万名职工工资方调整到国务院规定的标准。

2004年3月，全市调整机关事业单位工作人员职务工资标准。至2005年，全市机关事业单位工作人员先后6次按照每两年考核称职（合格）后，正常晋升一档职务（技术等级）工资。全市机关事业单位离退休人员离退休费，随在职人员调整工资而调整。其中，离休干部参照在职人员同职务、同条件全额增加，退休（退职）人员按照原任职务，对照规定标准提高退休费。

1986～2005年高邮市机关事业单位职工工资收入情况一览表

表25-3

项目 / 年份	全民职工						集体职工		
	行政机关			事业单位			机关事业单位		
	人数（人）	年工资总额（万元）	年人均工资（元）	人数（人）	年工资总额（万元）	年人均工资（元）	人数（人）	年工资总额（万元）	年人均工资（元）
1986	8916	1070.9	1201	—	—	—	5674	503.4	887
1987	9550	1252.1	1311	—	—	—	4823	339.3	703
1988	10239	1733.5	1693	—	—	—	4628	392.3	848
1989	10452	1950.3	1866	—	—	—	4504	366.8	814
1990	4198	862.4	2054	7874	1659.2	2107	4455	393.6	883
1991	4110	967.9	2195	8390	1832.1	2184	4845	805.6	1663
1992	4304	1241.3	2884	8508	2554.3	3002	5414	1026.2	1895
1993	4079	1470.0	3604	9178	3079.0	3355	5184	1136.0	2191
1994	4310	2533.1	5877	9103	4989.9	5482	4934	1630.3	3304
1995	4305	2967.1	6892	9777	6484.3	6632	4250	2125.8	5001
1996	4238	3177.1	7497	10170	7226.6	7106	3667	2646.9	7218
1997	4304	3808.8	8849	11615	10455.9	9002	1934	1467.7	7635

续表 25-3

项目 / 年份	全民职工						集体职工		
	行政机关			事业单位			机关事业单位		
	人数（人）	年工资总额（万元）	年人均工资（元）	人数（人）	年工资总额（万元）	年人均工资（元）	人数（人）	年工资总额（万元）	年人均工资（元）
1998	4480	4498.0	10040	12007	11793.9	9823	1609	1306.2	8118
1999	4657	5417.1	11632	12027	12412.1	10277	1540	1520.1	9871
2000	4570	5616.9	12291	12002	14071.1	11724	1573	1672.8	10634
2001	3624	4795.0	13231	11840	14799.4	12499	1521	1969.2	12947
2002	4051	5782.8	14275	11561	15645.5	13533	1428	1878.2	13153
2003	3995	6415.4	16059	10431	14659.7	14054	1425	1003.0	7039
2004	4069	7013.1	17235	11566	16099.9	13920	1296	2431.2	18759
2005	4628	9255.4	19999	10843	19084.7	17601	1223	1848.9	15118

说明：此表系根据市统计局《高邮统计年鉴》整理而成。1986～1989年，行政机关和事业单位未分开统计，表中所列数据为行政机关和事业单位合并数。由于集体单位统计口径变化，部分年份年人均工资波动较大。集体性质职工，1986～1995年，包括市供销合作总社等集体性质单位的行政机关人员和民办教师、乡镇卫生院职工；1996～1998年，包括民办教师、乡镇卫生院和文化艺术业集体性质职工；1999～2002年，包括乡镇卫生院和文化艺术业集体性质职工；2003年后，专指乡镇卫生院职工。是年，乡镇卫生院实行工资全额浮动。

二、工资基金管理

1988年，为严格控制机关事业单位机构、人员的膨胀和消费基金增长，县编办建立工资基金管理制度。1990年，每年两次审核工资基金。1991年7月，此项工作划归市人事局人事计划科负责。是年，全市机关事业单位工资基金基数为1.15万人、每月工资总额160万元。1992～1997年，建立工资基金月报季核管理制度。至1999年末，全市共有机关事业单位1031家，职工1.63万人。其中，机关68家，2400人；事业单位963家，1.39万人。是年，工资调整频繁，增加工资总额1692.5万元，其中机关170.3万元、事业单位1522.2万元；实发工资总额1.64亿元，其中机关2400万元、事业单位1.4亿元。

2000年，下达机关事业单位职工人数和工资总额计划，对市属105家财政综合预算单位的8120名人员进行审核，其中行政单位1336人、事业单位4105人、离退休1578人、退职60人、遗属补助165人、临时工876人，坚持月调季审，有效控制工资总额增长。2001～2005年，对财政供养单位实行工资基金管理手册管理，严格控制各单位人员工资计划，加强工资基金管理。

三、奖金、津补贴

1986年，机关事业单位实行第二次工资改革后，给在岗教师和护士发放教龄、护龄津贴，离开此岗位的从下月起停发。是年，全县机关事业单位工作人员每月发给洗理费8元、书报费8元、节支奖25元。1988年起，全市机关事业单位工作人员奖金，全年按照不超过机关工作人员一个半月的基本工资数额发放。根据省、扬州市关于工资向关键岗位、特殊岗位和苦、脏、累、险一线岗位倾斜的政策，先后实施卫生防疫津贴、学校班主任津贴、儿童福利院工作人员特殊教育津贴、公安干警值勤岗位津贴、纪检监察人员办案津贴、法院检察院干警岗位津贴、信访接待人员岗位津贴等。1992年，机关事业单位工作人员奖励工资增加到不超过3个月基本工资，人均月增资27.75元。是年，增发物价补贴30元、粮价补贴5元、目标管理奖15元。1993年8月，洗理费、书报费各增至15元，物价补贴增至38元，增发误餐费30元。是年，机关事业单位实行工资制度改革后，对年度考核为称职（合格）以上的人员，年终发放一次性奖金，标准按当年12月国家规定的标准工资发放，并增设工作人员岗位津贴（由原奖励工资演化而来）。是年起，增设司法助理员岗位津贴、警衔津贴以及政法委工作人员政法津贴。1994年7月，各项补贴合并为综合补贴，计131元。是年起，限于财力，全市年终一次性奖金未能按规定发放。1999年起，机关事业单位工作人员综合补贴增为239元，其中副食品补贴170元、交通补贴9元、误餐补贴60元。2000年，调整公安干警警衔津贴标准。2002年1月，发放社会治安综合治理工作人员津贴。至2003年，政法委工作人员先后3次调整津贴标准。是年，全市机关事业单位工作人员始发放年度一次性奖金（亦称目标管理奖）。2004年4月，参照扬州市《关于地方岗位补贴的实施意见》，市人事局制定全市机关事业单位工作人员地方岗位补贴的实施方案，人均220元，在职人员按职级（等级）对应标准的约55%实施；离休人员按同职级、同条件在职人员的标准增加生活补贴费，退休人员按职级增加生活补贴费，新中国成立前老工人每人每月增195元，退职人员每人每月增75元，20世纪50年代退职人员每人每月增35元。2005年，市人事局、市财政局共同负责落实地方性岗位补贴兑现工作。

四、福利

福利费　1986年，全县机关事业单位福利费从干部工资总额中提取，提取标准为每人每月1.6元。1987年起，提高至每人每月2.5元。1992年7月，提高至每人每月4元。1999～2005年，提高至每人每月20元。

丧葬费、抚恤金、遗属补助　1986～1989年，全县机关事业单位工作人员死亡后，丧葬费按300元标准发给死者家属包干使用。1990～2005年，丧葬费调整为600元。因公牺牲被批准为革命烈士的一次性抚恤金标准，按其牺牲时的40个月工资计发；属因公死亡的，按其死亡时的20个月工资计发；属因病和非因公去世的，按其去世时的10个月工资计发。机关事业单位工作人员死亡后，其生前供养的直系亲属生活发生困难，按国家有关规定给予遗属定期或临时补助，其标准按工作人员参加革命工作的时间划分。1993年6月、1995年、1996年、1999年10月、2004年1月，先后5次调整遗属补助标准。

公费医疗和基本医疗保险　1986～2000年，全市机关事业单位工作人员享受公费医疗待遇。2001～2005年，全市机关事业单位工作人员全部参加城镇职工基本医疗保险。

假期和住房公积金　1986年至1995年4月，全市机关、企事业单位工作人员按照国家规定，享受法定公休节假日休息制度，每周实行6天工作制。1995年5月起，每周实行5天工作制。1999年9月18日前，全年法定节日7天。1999年9月18日后，全年法定节日10天。已婚职工探配偶每年只有一方30天假，未婚探父母每年20天，已婚探父母4年一次20天。婚丧假3天，1995年6月后，晚婚假7天。1988年9月前，女职工产假56天。1988年9月1日后，女职工产假增至90天，按生育的不同情况可适当增加。1995年6月起，在职人员享受住房公积金待遇。

第二章　劳　动

1986～1993年，全市劳动工资管理严格实行指令性分配和下达工资增长计划。1994年，企业扩大用人自主权，工资实行弹性计划管理。1995年后，企业职工实行全员劳动合同制，劳动就业彻底破除“一纸定终生”“铁饭碗”的观念，由劳动者和用人单位在劳动力市场上实行双向选择、自主择业；劳动管理由指令性管理变为指导性管理。2003年9月，各乡镇和高邮经济开发区建立劳动保障事务所，高邮镇各社区居民委员会成立劳动保障工作站。至2005年，随着政府职能转变，全市劳动行政管理逐步走上依法行政、依法服务、依法监督轨道。

第一节 职工队伍

1986～1993年，在计划经济体制下，全县职工人数逐步增长，主要分布在工业、流通领域各业和交通运输业。进入90年代后，由于大批城镇青年和大中专毕业生就业，职工队伍文化水平和技术素质有一定程度的提高。90年代后期，全市企业通过改制，列入统计的企业职工人数急剧下降。2004～2005年，在规模企业扩张、外商及中国港澳台商投资企业加入、企业重组恢复生产的背景下，全市列入统计的职工人数逐步增长。

一、职工人数

1986年，全县职工总数6.31万人，其中高邮镇镇属小集体企业职工3000人、其他从业人员（计划外用工）1.82万人。在国家劳动计划从严控制的情况下，职工人数增长缓慢。1993年起，70年代初出生的人口陆续到达就业年龄，市政府采取多种措施安置城镇待业青年就业。至1997年，全市企业职工总人数上升到7.27万人。1998年起，市属企业全面推行产权制度改革，从国有、集体所有制，或改为股份制，或为私营，或破产重组，或与外商、中国港澳台商合资，企业所有制形式呈多样性，企业经营权发生重大变化，原国有、集体企业大多数职工通过置换身份（俗称“买断”工龄）、一次性经济补偿后，被解除劳动关系，有的下岗、失业，列入统计的职工人数逐年下降。至2003年，全市列入统计的职工总人数仅有3.49万人。2004年，全市通过招商引资、企业重组扩产，加上政府推动下岗失业职工再就业，新组建的企业陆续吸收一批职工，列入统计的职工人数有所回升。至2005年末，全市职工人数3.82万人，年产值在500万元以下企业职工人数和通过自谋职业从事个体经营、灵活就业的下岗失业人员未列入统计。

1986～2005年高邮市职工人数及构成情况一览表

表25-4 单位：人

项目 / 年份	年末人数								年平均单位从业人数	在岗职工	其他从业人员	年末单位从业人员中		
	单位从业人员	国有单位	城镇集体单位	其他经济单位	在岗职工	长期职工	临时职工	其他从业人员				女性职工	农村劳动力	专业技术人员
1986	63064	28899	34165	—	44893	43801	1092	18171	61483	43769	17714	22988	—	—
1987	64945	30407	34538	—	45048	44032	1016	19897	63568	44097	19471	24116	—	—
1988	67734	32980	34754	—	50473	49303	1170	17261	65867	48933	16934	26326	—	—
1989	67967	32446	35521	—	48613	47933	680	19354	67347	47660	19687	26098	—	—
1990	70006	32607	37399	—	53452	52839	613	16554	68639	58992	9647	27813	—	—
1991	71821	33825	37996	—	55097	54495	602	16724	71485	61456	10029	29177	—	—
1992	72759	35302	37457	—	64188	63167	521	9071	71823	68787	3036	29285	—	—
1993	73905	35244	37366	1295	65863	65436	427	8042	73325	65665	7660	29927	—	—
1994	73530	36768	35983	779	70032	69983	—	3547	72842	69647	3225	28455	—	—
1995	74790	36707	36435	1648	73594	69148	4446	1196	74576	73820	756	30749	5805	—

续表 25-4

项目 年份	年末人数								年平均单位从业人数	在岗职工	其他从业人员	年末单位从业人员中		
	单位从业人员	国有单位	城镇集体单位	其他经济单位	在岗职工	长期职工	临时职工	其他从业人员				女性职工	农村劳动力	专业技术人员
1996	72650	37265	33720	1665	72171	68667	3504	479	71915	71444	471	30230	4198	—
1997	72749	38738	32375	1636	72192	68783	3409	557	72203	71604	599	30543	3142	—
1998	63301	34186	25502	3616	62543	61135	1408	758	62786	62034	752	26355	1336	—
1999	60922	33453	24419	3050	60194	58759	1435	728	61249	60379	870	22602	2125	14519
2000	57364	32903	21948	2513	56620	55561	1059	744	57783	56957	826	21474	1861	14473
2001	50927	28718	19723	2531	50436	49537	899	536	52687	52022	665	18379	1098	14403
2002	42504	20766	10264	11474	41761	39352	—	741	43748	43002	746	15626	672	11982
2003	34852	19690	7377	7785	34050	32324	—	802	35246	34449	797	12105	2464	12250
2004	35028	20401	6339	8288	33949	32252	—	1079	34992	33759	1233	12669	3116	12908
2005	38158	19009	6393	12756	37581	34445	3136	577	38361	37738	623	14147	1600	12583

说明：此表按照1995年后的《高邮统计年鉴》列项。1986～1994年，各相对应项目数据按1995年统计口径整理而成。

二、职工行业分布

1986年，全县列入统计的企业职工主要分布在工业、商贸批发零售业和交通运输业，有4.57万人，占全县职工总数72.4%；机关事业单位职工1.74万人，占全县职工总数27.6%。2005年，全市列入统计的企业职工2.13万人，占列入统计职工总数55.8%；机关事业单位职工1.69万人，占列入统计职工总数44.2%。

1986～2005年高邮市从业人员部分行业分布情况一览表

表25-5 单位：人

<table>
<tr><th>行业
年份</th><th>农林牧渔业</th><th>水利、环境和公共设施管理业</th><th>采掘业</th><th>制造业</th><th>电力、燃气及水的生产和供应业</th><th>交通运输仓储及邮政业</th><th>建筑业</th><th>批发和零售业</th><th>住宿和餐饮业</th><th>金融保险业</th><th>房地产业</th><th>居民服务和其他服务业</th><th>科技服务业</th><th>教育</th><th>文化体育和娱乐业</th><th>卫生和社会保障社会福利业</th><th>公共管理和社会组织</th></tr>
<tr><td>1986</td><td colspan="2">1847</td><td>247</td><td colspan="2">23134</td><td>5252</td><td>1072</td><td colspan="2">15754</td><td>800</td><td colspan="2">894</td><td>110</td><td>8004</td><td>340</td><td>2189</td><td>3238</td></tr>
<tr><td>1987</td><td colspan="2">1811</td><td>240</td><td colspan="2">24485</td><td>4989</td><td>1010</td><td colspan="2">16645</td><td>786</td><td colspan="2">976</td><td>99</td><td>7872</td><td>337</td><td>2139</td><td>3556</td></tr>
<tr><td>1988</td><td colspan="2">1954</td><td>229</td><td colspan="2">25895</td><td>4968</td><td>1045</td><td colspan="2">17643</td><td>890</td><td colspan="2">969</td><td>114</td><td>7457</td><td>393</td><td>2174</td><td>4003</td></tr>
<tr><td>1989</td><td colspan="2">1797</td><td>226</td><td colspan="2">25706</td><td>5023</td><td>1073</td><td colspan="2">17762</td><td>1058</td><td colspan="2">1023</td><td>111</td><td>7725</td><td>491</td><td>2294</td><td>3678</td></tr>
<tr><td>1990</td><td colspan="2">1653</td><td>222</td><td colspan="2">27200</td><td>4709</td><td>1150</td><td colspan="2">17947</td><td>1125</td><td colspan="2">1007</td><td>160</td><td>7684</td><td>477</td><td>2334</td><td>4338</td></tr>
<tr><td>1991</td><td colspan="2">1571</td><td>222</td><td colspan="2">28147</td><td>4588</td><td>1067</td><td colspan="2">18203</td><td>1169</td><td colspan="2">1096</td><td>307</td><td>7926</td><td>387</td><td>2571</td><td>4567</td></tr>
<tr><td>1992</td><td colspan="2">1675</td><td>206</td><td colspan="2">29038</td><td>4781</td><td>1367</td><td colspan="2">16867</td><td>1199</td><td colspan="2">1187</td><td>337</td><td>8648</td><td>480</td><td>2632</td><td>4402</td></tr>
</table>

续表 25-5

行业 年份	农林牧渔业	水利、环境和公共设施管理业	采掘业	制造业	电力、燃气及水的生产和供应业	交通运输仓储及邮政业	建筑业	批发和零售业	住宿和餐饮业	金融保险业	房地产业	居民服务和其他服务业	科技服务业	教育	文化体育和娱乐业	卫生和社会保障社会福利业	公共管理和社会组织
1993	1035	610	190	30371	476	4874	1468	15261	1266	1320	268	385	379	8441	435	2745	4381
1994	1056	613	158	31224	478	4636	1383	14437	1241	1340	255	403	379	8251	485	2820	4371
1995	980	588	172	32463	480	4394	1478	14633	1166	1354	234	526	380	8424	454	2941	4477
1996	946	629	134	30817	464	4382	1493	14239	1247	1372	238	430	153	8048	268	3150	4375
1997	903	634	123	31246	490	4126	1340	14722	1263	1374	236	425	149	7482	270	3319	4388
1998	826	590	116	25562	490	2967	1123	12357	900	1355	233	466	169	7381	261	3524	4780
1999	838	574	110	23357	439	2907	1211	12508	648	1331	212	355	191	7496	251	3549	4764
2000	802	556	103	21396	442	2884	802	11556	1060	1347	229	499	184	7365	227	3560	4550
2001	1752	421	94	17208	427	2099	806	10055	565	1268	207	462	175	7188	243	3499	4344
2002	913	556	94	14888	427	2080	806	5138	415	1216	203	420	174	7005	240	3446	4328
2003	1144	545	71	9232	464	1614	1669	2943	354	1090	200	351	141	6774	188	3281	4312
2004	740	548	60	9784	421	1593	2034	1708	119	1104	220	351	127	7845	237	3306	4386
2005	6	522	—	12818	460	1549	3067	1273	347	1114	480	351	173	7274	232	3268	4965

说明：此表根据1986～2005年《高邮统计年鉴》提供的数据，按照国民经济行业分类进行整理统计。限于篇幅，仅选部分主要行业。

三、职工文化构成

1986年，在全县职工中，小学、初中、高中文化程度占大多数，中专以上文化程度较少，职工技能水平大多数属于初级工、中级工。1990年开始，由于大批城镇初中、高中毕业生加入职工队伍，加上多数新中国成立初期参加工作的老职工退休，特别是进行职称制度改革后，职工学文化、学技术、考职称渐成风气，职工队伍文化程度和技术等级逐年提高。

2000～2005年，全市大批大专、本科毕业生参加工作，职工队伍文化程度和技术素质有较大提高。机关事业单位职工，绝大多数都具有大专以上文化程度；在企业职工中，大专以上文化程度占30%以上，通过培训、考试，中级工、高级工、技师、高级技师在企业中不断涌现。

第二节　劳动用工与改革

一、劳动工资计划

80年代，全县全民所有制企业（单位）增人和工资基金增长计划，由扬州市劳动局下达，减员数可用作增人和工资基金增长指标。集体所有制企业（单位）增人和工资基金增长计划，由县政府决定，报扬州市备案。1986年，扬州市劳动局未下达高邮县劳动工资计划，全县全民所有制企业以减员（含离退休、自然死亡、机械减员、调动差等）指标增加150人。是年，县劳动服务公司组建的待业青年就业网点增人，暂不列入劳动工资计划指标考核。1987年，全县企业开始凭企业工资总额使用手册在银行提取工资，严控工资总额盲目增长。县劳动局每年或每半年根据各企业职工人数和工资总额下达工资计划，企业发生人员增减，及时申报、增减工资计划。是年至1990年，扬州市共下达高邮县全民所有制单位增人计划776人，同时，下达民办教师转为公办教师增人计划2400人。

1991年4月，高邮县撤县设市后，劳动工资计划单列，由省劳动局直接下达高邮市全民所有制企业增人计划1205人，工资总额计划增加692万元。是年，劳动工资计划未用完，次年继续使用。1992年，省劳动局下达高邮市部属单位增人计划15人，统配人员（退伍兵、大中专毕业生）向市外企业输出11人。1993年，全市全民所有制企业实施弹性工资计划，工资总额基数5010.9万元；非农国民收入基数7.84亿元，每增加100元非农国民收入，可增加工资总额计划6.71元。省劳动局不再明确增人指标，通过工资总额手段调控。1994年，市属集体所有制和其他所有制企业实行弹性工资计划。全市工资总额基数1.39亿元，其中全民所有制企业5570.4万元。非农国内生产总值基数12.33亿元，非农国内生产总值的工资含量11.9%，其中全民所有制企业工资含量5%。全民所有制企业和其他所有制企业的非农国内生产总值完成情况和工资总额使用情况分别计算。1995年后，省劳动局不再下达指令性劳动工资计划。

二、劳动力调配

80年代，全县劳动力调配按计划严格控制。企业招工，退伍军人分配安置指标，因征用土地安置的劳动力（简称“征地带劳”），病（困）退知识青年回城安置（1987年此项工作结束），退休职工子女顶替（1996年以后不再实行），军队转业干部家属安置及干部家属、烈士子女（家属）照顾安置，刑满释放及劳改、劳动教养人员安置，县内外职工调动等多项工作由市劳动局调配审批。其间，职工流动比较困难，审查严格。除调动理由正当外，还根据企业需要、职工本人性质决定。

1987年，全县对1987年以前在企业工作的2151名“亦工亦农”土地征用工，查证核实，把他们转为县属集体固定工，并办理户口“农转非”手续。1992年，在清退计划外用工的同时，对全市长期在企业工作的6992名临时工，通过征收一定费用的形式，转为劳动合同工。1995～1997年，全市分3年先后将816名长期临时工转为劳动合同工。此后，用工性质逐步被淡化，最终被企业（单位）职工所取代。

附：80～90年代高邮市企业（单位）用工性质分类简介

全民固定工 系指1981年前由国家下达全民所有制企业（单位）用工、增人计划招收的职工和被计划安置原身份为军队转业、复员、退伍军人的职工。

全民计划内临时工 包括60年代全民所有制企业（单位）的临时工，待遇较全民固定工稍差；1993年为省和扬州市劳动部门所认可、列入计划管理的全民所有制企业（单位）的临时工，并逐步视同全民固定工。

全民带集体工 系指全民所有制企业（单位）借用的集体所有制企业（单位）职工；或经许可，全民所有制企业（单位）招收挂靠于本单位的集体所有制企业的职工，均须纳入国家计划管理。1992年，该特殊用工性质被取消。

全民合同制工 1982～1994年，全民所有制企业（单位）招收的劳动合同制职工，受国家计划控制，时称“小全民”性质。机关事业单位的全民合同制职工亦称聘用制干部。

集体固定工 系指参照全民所有制企业（单位）招工办法招收到集体所有制企业（单位）的职工，俗称大集体固定工。

集体合同制工 系指集体所有制企业（单位）招收的劳动合同制职工，俗称大集体合同工，不受国家计划控制或考核较松。

计划外用工　因生产（工作）需要，经县（市）劳动局批准，用人单位临时招收的劳动力，没有全民与集体性质之分，用工时间灵活，雇、辞自由，劳动报酬、待遇由用人单位自行决定。

来农工　亦称农民工，系计划外用工的主要组成部分，一度成为主要清退对象。

“小集体”工　主要指在乡镇、街道、居民委员会等所办企业工作的人员，通常不列入国家用工管理，也不受国家指令性计划控制。

统配人员　系指国家指令性统一分配的大中专毕业生和军队转业复员退伍军人等，不受单位性质限制，可以到机关事业单位，也可到企业，其身份为国家干部或全民职工。

“征地带劳”人员　系指被征地农村按规定安置的农民，一般采用“谁征地谁安置”的办法，“征地带劳”人员一般安置到全民所有制企业或集体所有制企业工作。

三、企业用人自主权

1993年8月起，全市扩大企业用工自主权，劳动部门调配职能逐步弱化。企业自主确定用工计划、招工时间、招聘条件和数量，通过劳务市场招收，用工计划仅报市劳动部门备案。市内企业之间固定工流动，市劳动部门不再审批，直接由企业之间办理。合同制工人原则上不流动，通过终止劳动合同进入劳务市场进行二次择业。除外（县）市职工调进调出、“征地带劳”（1997年以后实行货币化安置）、指令性统一分配和少数照顾性安置的人员仍由市劳动部门负责协商调配外，其他原有计划调配职能全部被取消或被削弱。1994年，企业用工不再经劳动部门开介绍信。1995年8月至年末，全市272家企业5.04万名职工全部转为劳动合同制职工，取消职工身份限制，企业职工仅分为全民合同工和集体合同工。1998～2005年，除随军家属实行协商性的货币安置外，市劳动部门其他调配职能全部取消，企业用工由企业自主决定。企业职工不分全民、集体性质，统一为合同制职工，企业用工实行用人单位与职工个人双向选择、自主决定。

第三节　就业与再就业

80年代，全县按照“在国家统筹规划和指导下，实行劳动部门介绍就业、自愿组织起来就业和自谋职业就业相结合”的方针，通过单位招工、老职工退休子女顶替、向外（县）市和部属、省属企业输出劳务、兴办待业青年网点等方法，安置城镇待业青年就业。1992年，市职业介绍所（后称劳动力市场、人力资源市场）成立后，城镇待业青年就业从由劳动部门安排（国家安排、统包统配），逐步过渡到双向选择（劳动者与用人单位互相选择）。1998～2005年，企业改制后，大批职工下岗待业，城镇待业青年和下岗职工就业全部实行双向选择、自主择业。

一、就业培训

1986年5月，县劳动局内设就业培训中心站，与县劳动服务公司合署办公。是年，全县实行“先招生、后招工，先培训、后就业”的劳动用工制度。县就业培训中心站招收1114名高中、初中毕业后的待业青年参加为期6个月的商业营业员、饮食服务、电器修理、建筑安装、旅游服务、幼儿保健、纺织服装、车工、化工、机械加工、工艺美术、园林花卉等专业培训班，培训后按专业对口分配就业，占当年安置人员的81.8%。该做法得到省和扬州市劳动部门肯定和推广。1995年5月，市就业培训中心站更名为市就业训练中心，与市劳动就业管理处、市职业介绍所合署办公。至是年末，全市共招收定向培训生1.67万人。是年，对缴纳失业保险费6个月以上的失业职工举办转岗技能培训班，共办班12期、参加培训750人，为其重新就业创造条件。1996年起，全市企业下岗失业职工逐年增多，市劳动部门开设机械、经营、服装、服务等专业的转岗训练班19个，接受就业指导的下岗失业人员722人。是年，市政府规定，除少数非技术工种外，初中文化程度的待业青年必须首先接受技术培训，取得合格证后，进入劳动力市场竞争就业上岗，再通过一年实习，经考核取得技术等级证书的，可以优先推荐就业。是年11月，省劳动厅和扬州市劳动局对高邮市举办技工培训班给予充分肯定，称其是"劳动预备制度的雏形"。1997年，高邮市被劳动部确定为全国36个实施劳动预备制度试点单位之一，是试点单位中唯一的县级市。市政府明确将实施劳动预备制度纳入全年工作目标管理。是年，首届劳动预备制度试点班培训结业学生43人，在培训中心培训的有125人。市就业训练中心被省劳动厅认定为全省重点就业训练中心。

1998年起，全市企业职工下岗失业处于高峰期，市劳动部门和企业主管部门组织下岗失业人员参加计算机、缝纫、电子装配、保健按摩、家政服务、保洁保安等技能培训，平均每年培训3450人次。是年，市就业训练中心继续在城镇失业青年中举办机电、机械、文秘、计算机、建筑、服装缝纫等专业劳动预备制度培训班。2000年起，每年举办创业者培训班，鼓励失业人员自主创业。至2003年，城镇失业青年劳动预备制度培训班共培训6718人。2003～2005年，在市技工学校举办计算机与电子信息技术、制药与经营、铆焊接、机电一体化等专业三年制劳动预备制度培训班，共培训学员1187人。至2005年，全市各种技能培训和创业者培训分别累计培训2.91万人次、1257人。

二、城镇待业青年就业

70年代末80年代初，全县出现第一次城镇青年待业高峰，县委、县政府广开就业门路。至1988年末，全县共安置城镇待业青年1.29万人，较好地解决"文化大革命"后大批回城知识青年安置和历年积压的城镇待业人员就业问题，城镇登记待业率从1979年的5.7%下降到1.3%。1989年，由于"文化大革命"期间出生的人口陆续进入就业年龄，各类"农转非"人数猛增，经济治理整顿，县属企业劳动力需求减少，待业率回升到3.9%。1990年初，全县待业青年5016人，出现"文化大革命"以后的第二次城镇青年待业高峰，就业形势严峻。县委、县政府决定，清退计划外用工，给各单位下达就业安置任务，提出"谁家的孩子谁抱走"的包干安置办法，即凡待业青年有直系、旁系亲属在企业的，该企业负责其就业安置。1989～1990年，共安置待业青年4804人。

1991年起，全市城镇待业青年每年4000人左右，加上企业内部富余人员增多，就业安置压力加大。市政府把城镇待业青年就业安置列为政府重要工作，市长、分管副市长和市劳动部门负责人每年都到企业做工作，动员企业吸纳更多的城镇待业青年；与外县（市）联系，扩大劳务输出；针对"有事无人干、有人无事干"的结构性待业状况，进行调整，促进就业。1995年，市政府采取"八个一批"的安置办法，即清退农民工腾出岗位安置一批，在企业临时待业一年以上的就地转一批，有接收能力或新上项目的企业面向社会招工一批，鼓励待业青年到乡镇企业就业一批，劳动就业服务企业容纳一批，鼓励青年自谋职业和到个体私营企业就业一批，商请驻市内的省和扬州市属企业接收安置一批，社会特困户子女指令性安置一批。至1996年，全市安置就业的城镇待业青年和其他人员共1.29万人，平均每年新增就业2150人，年末失业率控制在3%以内。1997年后，企业用工全部实行市场化，城镇待业青年（此后改称失业青年或失业人员）改为由政府政策引导，全部进入劳动力市场，由失业青年和用人单位双向选择、自主择业。1997～2005年，全市平均每年约有1100名城镇失业青年通过劳动力市场自主择业，累计就业人数1.01万人。

三、下岗职工再就业

1995年，全市亏损企业、停产半停产企业出现下岗职工，市劳动部门通过技能培训为下岗（失业）职工重新就业创造条件；对破产或濒临破产企业，发放特困企业职工救济金5600人次64万元、退休金229人次14.01万元；分流安置下岗（失业）职工重新就业750人；利用失业保险基金中的生产自救费，以贴息贷款的形式，使3家市属亏损企业的生产经营获得正常运行。1996～1997年，全市下岗职

图 25-2 下岗职工再就业计算机培训现场

工 5063 人。市政府成立由 4 位副市长参加的市再就业工作领导小组，通过拓宽就业渠道，促进第三产业发展，鼓励下岗（失业）人员自谋职业等多种措施，全市共分流安置下岗（失业）职工 2566 人，再就业率 48.3%。

1998 年，全市企业改制进一步深入，下岗职工增至 7524 人，占全市在岗职工总数的 15%。市政府先后 4 次召开下岗职工基本生活保障和再就业工作会议，确保生活保障与再就业齐头并进；宣传韩文秀、朱棠荣、王正梅等再就业典型，破除一岗定终身的“铁饭碗”观念，提出“下岗失业不失志，不找市长找市场”，自谋职业，实现自身价值；加大劳动力市场运转力度，重新获得就业的下岗职工 259 人；建立市再就业中心，78 家企业成立再就业服务站，全市签订托管协议的下岗职工 2686 人，领取就业登记证和每月 126 元的生活费；市劳动局在扬州市率先规范下岗行为，实行“不建立再就业服务站不准下岗，职工不签下岗协议不发给就业登记证（下岗证），无下岗证不发给基本生活费”；积极发展社区服务业，1427 名下岗职工走上自谋职业之路。高邮布厂利用部分厂房创办北海农贸市场；地处闹市的高邮镇华威新型装饰材料厂，采取“退二进三”（退出第二产业，兴办第三产业）的办法，兴办服务业；粮食系统对下岗职工立足于内部分流，多头多路安排 1500 人再就业。同时，市级机关各部门结对帮扶困难户，形成全社会关注下岗职工再就业的强烈氛围。是年，全市实现再就业 3777 人，其中系统内分流安置 2009 人、劳动力市场调剂 258 人、领取营业执照 800 人、到私营企业就业 710 人，再就业率 50.2%。高邮市被扬州市政府表彰为 1998 年度下岗职工基本生活保障和再就业工作先进集体。

1999～2001 年，全市新增下岗职工 8000 多人，市委、市政府对全市 43 个再就业服务中心（站）进行检查验收，严肃查处搞虚假下岗、骗取下岗生活费的错误行为。1999 年 7 月起，将下岗职工每月基本生活费标准提高到 165 元，同时为下岗职工代缴养老保险、失业保险。通过分流安置、组织生产自救、鼓励自谋职业、到私营企业就业、劳务输出、劳动力市场双向选择等渠道，下岗（失业）职工实现再就业 4853 人。

2001 年 6 月，高邮市在扬州市率先实现下岗人员生活保障与失业保险待遇并轨。全市新下岗职工不再进入再就业服务中心，与原企业依法解除劳动关系，享受失业保险待遇；原在再就业服务中心的下岗职工，协议期满仍未就业的，也与原企业解除劳动关系，享受失业保险待遇。2002 年，全市失业人数剧增，由 2001 年末的 4400 多人上升到 1.22 万人。市政府通过企业内部岗位挖潜、动员改制企业和具有一定规模的企业吸纳安置下岗失业人员，多渠道开发就业岗位 5531 个；通过举办 74 次下岗失业人员再就业交流洽谈会，共安置下岗失业人员 1805 人。

2003 年，市委、市政府印发《关于进一步做好下岗失业人员再就业工作的意见》，先后批转市劳动和社会保障局与相关部门《关于政府购买就业岗位的实施意见》等 9 份系列文件，召开全市再就业工作会议，通过招商引资、企业内部岗位挖潜、鼓励下岗失业人员自谋职业、开发公益性岗位等措施，新增就业岗位 1.35 万个，城镇净增就业人员 2525 人，下岗失业人员再就业 1508 人；政府购买就业岗位 300 个，重点帮助“4050”（女 40 周岁以上、男 50 周岁以上）人员、“双失双下”（夫妻双方同时失业、下岗）等困难群体再就业；发放再就业优惠证 6151 份；为自谋职业、自主择业的 1097 名下岗失业人员减免证照规费 107.92 万元、减免税收 31.8 万元；为符合发放小额担保贷款条件的 11 人，发放小额贷款 9.5 万元；对符合养老保险补贴的 493 名失业人员发放补贴 30.76 万元。同时，在《高邮日报》开辟《强者之路》专栏，宣传 10 名再就业者的典型创业事迹。

2004年，全市通过招商引资、发展民营经济等多种渠道开发就业岗位，累计采集就业岗位2.19万个，举办大型和专项劳动力洽谈会16次，引导下岗失业人员转变就业观念，推荐下岗失业人员实现再就业4200人，其中“4050”人员再就业546人。同时，给下岗失业人员发放再就业优惠证7111份。2005年6月，市金融机构调整下岗失业人员小额担保贷款政策，对下岗失业人员申请小额贷款从事家庭手工业、修理修配、图书借阅、小卖部、小饭店、搬家、养老服务等微利项目的，由市财政给予全额贴息，支持下岗失业人员走自主创业之路；对合伙经营和组织起来就业的下岗失业人员，每人贷款限额2万元至5万元；对劳动密集型小企业，每招用一名下岗失业人员可限额贷款2万元，期限不超过两年。

四、劳动就业服务企业

1986年，县政府组织对全县15个主管部门劳动服务公司所属100多家新办集体企业（待业青年网点）进行整顿，经验收合格的46家企业转为集体所有制企业，其1371名职工随之转为县属集体劳动合同制职工。同时，规定经验收合格的新办集体企业职工享受县属集体企业职工的同样待遇。1987年起，全县各劳动服务公司所属企业实行统一会计科目、统一会计报表和统一核算口径。1989年，全县98个待业青年网点总营业额2212万元，实现利润33.6万元。县劳动服务公司所属青云楼商场承包后，销售额363万元，为历史上销售额最高一年。

1990年1月，县政府根据国务院《劳动就业服务企业管理条例》，将全县劳动服务公司所属集体经济组织改称为劳动就业服务企业，明确县级劳动服务公司为具有组织就业培训、生产自救、介绍就业等职能的事业单位；企业及其主管部门的劳动服务公司为安置失业青年和企业富余人员的集体所有制性质的经济组织。至1993年，全市累计有79家新办集体企业整顿验收合格，2848名职工转为市属集体企业合同制职工。1994年，界首镇青春日用品化工厂生产的尼龙抛光轮作为高邮市劳动就业服务企业生产的产品，参加在北京举办的首届全国城镇集体企业成果展。1997年，全市市属企业减员增效时，各主管部门及其企业所属的劳动就业服务企业承担本企业富余人员和下岗人员安置任务。2001年企业改制时，许多企业出售、破产重组，依附原企业的劳动就业服务企业随之关闭。2002～2005年，全市新发展劳动就业服务企业4家，从业人员371人，其中实现再就业302人。

第四节　劳动力市场

1988年8月，县劳动服务公司增挂“县劳务市场”牌子。1992年，市劳务市场更名为市职业介绍所，为全民事业单位，实行企业化管理，与市劳动服务公司合署办公。1992～1997年，劳务市场运作实行计划指标控制，企事业单位招工必须通过劳务（劳动力）市场。1998～2005年，用人单位招收人员不再受计划指标限制，完全根据用工需求决定，劳务（劳动力）市场仅起中介服务作用。

一、劳动力市场建设

1988年12月，县劳务市场首次开业，1200多名待业青年和800多名城镇待业人员进入市场求职，洽谈成功600多人，其中待业青年450人。1992年6月26日，市职业介绍所开业。是日，参加劳务市场的招工单位98家，招工岗位102个，计划招工824人，进入市场求职人员扩大到“五大”毕业生、职校毕业生、农村富余劳动力等，与招工单位签订协议或办理用工手续746人。1993年，市职业介绍所采取分类指导、分流安置、就地消化的办法，定期或不定期开放劳务市场，扩大劳务输出，经市场洽谈成功就业的城市待业青年和待业人员（含地方户口待业青年）2050人，向外省市劳务输出175人。

1996年，高邮市被省政府列为全省劳动力开发就业试点工作市（县）之一。市政府完善劳动力

图 25-3 2005年举办的劳动力市场招聘会现场

市场服务体系，建立乡镇就业服务机构，形成城乡统一的劳动力市场和乡镇就业服务网络。1996～1997年，劳务市场共开放106次，其中零星开放59次，洽谈总人数7688人，成功就业5502人，其中农村劳动力1485人。1998～2001年，针对下岗失业职工逐年增多的状况，市职业介绍所与各企业主管部门联系，通过分流安置、组织生产自救、鼓励自谋职业、到个体私营企业就业和开放专项劳动力市场等途径，调剂劳动力余缺，下岗失业人员实现就业再就业5868人。2002～2004年，全市共举办大型劳动力交流洽谈会12次，重点帮助城镇失业青年和下岗失业人员实现就业再就业。先后提供就业岗位1.9万个，城镇失业青年和下岗失业人员就业6985人。同时向上海、苏州等地输出劳动力1031人，发放流动就业证4730份。

2004年9月，市职业介绍服务中心在城区文游中路88号挂牌成立。该中心在原市职业介绍所原址上经改造和装潢后，建筑面积扩至640平方米，内设职业培训、失业登记、失业金发放、求职用人登记、录用备案、劳务输出、特困群体服务等窗口，配置12平方米大型电子显示屏、2台触摸查询屏，及时发布招工信息。2005年，共开放大型劳动力市场11次，采集就业岗位9406个，实现就业再就业3773人。

二、基层职业介绍机构

2002年，为做好农村劳动力输出工作，全市20个乡镇和高邮经济开发区按照“先培育发展、后规范管理、再巩固提高”的市场化运作原则，相继成立21家职业介绍所，并在北京建立驻京劳务输出基地。8月，市残疾人联合会成立职业介绍所。9～11月，民营性质的职业中介机构——市九洲劳务有限公司、市春天中介服务部、市百灵中介服务部相继成立。2003年1月，市劳动就业管理处成立爱心劳务中心，主要从事劳务派遣及劳务人员劳动保障事务代理。是年，爱心劳务中心为832人办理劳务派遣和劳动保障事务代理。2005年7月，经省劳动和社会保障厅批准，德昌劳务有限公司成立。至此，全市共有28个职业介绍机构。

第五节 农村劳动力技能培训与转移输出

80年代，全县农村普遍实行联产承包责任制后，出现大批富余劳动力。1986～1988年，全县有农村富余劳动力11.86万人，占农村劳动力总数33.7%，迫切需要向非农领域转移，一部分人进城务工，由于缺乏劳动技能，大多数从事苦、脏、累的体力劳动，且收入低微。1995年起，市政府加强对农村富余劳动力的技能培训和有组织地向外输出劳动力。至2005年，全市累计内转外输农村富余劳动力27万人次。

一、技能培训

1995年，市政府开始对农村劳动力开展劳动技能和自身素质方面培训。是年，市劳动部门培训农村劳动力423人。1996～1998年，农村富余劳动力就业培训人数逐年增多，3年共培训3174人。

1999年，市劳动局印发《关于对农村富余劳动力实施就业培训的意见》，确定东墩乡、司徒乡等乡镇为农村富余劳动力开发就业培训试点乡镇。培训期满，组织学员考试、考核专业知识和职业技能，向合格者颁发省劳动厅统一制发的就业培训结业证书和相应的职业资格证书。10月，菱塘回族乡、沙堰镇、界首镇、武安乡被省劳动厅确定为全省"百镇（乡）百万"农村劳动力开发就业培训试点乡镇。是年，全市共培训农村劳动力2254人。

2000年，全市全面开展农村劳动力开发就业培训工作。2001年，市政府明确高邮镇、界首镇、司徒镇、汉留镇、菱塘回族乡为农村劳动力开发就业试点乡镇。市劳动局和市教育委员会联合对全市农村富余劳动力5.42万人（女性3.23万人）开展调查，摸清他们的文化素质、技能水平和就业需求等情况，并建立台账。市劳动局、市多管局、市农林局、市水产局、市教育委员会5部门协调配合，采取多种形式举办各类技能培训。2000～2002年，全市共培训农村富余劳动力2.59万人，并逐渐形成"服装、缝纫""箱包、鞋业""灯具、焊接""建筑、装潢"四大专业品牌培训。2002年3月，市劳动和社会保障局就业训练中心被省劳动和社会保障厅表彰为全省首期"百镇（乡）百万"农村劳动力开发就业培训工作先进单位。

图25-4 2000年举办的农村劳动力缝纫技能培训现场

2003～2005年，市政府农村工作办公室、市劳动和社会保障局围绕全省第二期"百镇（乡）百万"农村劳动力开发就业培训计划要求，组织全市26个农村劳动力开发就业培训基地和各乡镇成人教育中心校，举办服装缝纫、电子操作、建筑装潢、餐饮服务、瓦工、木工、制鞋、水产养殖、农业新科技、电焊、家政服务等专业培训班。同时，采取自主培训和与企业联合培训的形式，组织开展有针对性的培训。其中举办服装专业培训班257个，培训人数1.8万人。2005年，培训科目由种植、养殖、加工向数控机床、钳焊接等技术培训转变，对培训单位实施"以奖代补"的措施，受训者培训结束经考核合格，由市劳动和社会保障局颁发就业培训结业证书，并推荐到苏南和相关单位就业。2003～2005年，全市共培训农村劳动力4.7万人次。

二、劳动力转移与输出

1986～1988年，全县农村富余劳动力除一部分进入乡镇和村办企业外，县属企业中计划外用工（农民工）人数日益增加，农村劳动力呈无序流动状态，给城镇待业人员就业造成很大压力。1989～1990年，县政府按照省政府关于《批转省计经委、省劳动局〈关于整顿清退计划外用工和加强农村劳动力使用管理的报告〉的通知》精神，两年内共清退压缩计划外用工4314人。1990年，县劳动部门开始向农村务工人员发放务工许可证，当年领证1700人，农村劳动力开始向城镇有序流动。1993年，市劳动部门向厦门、北京、苏州、常州、扬州等地组织劳务输出175人。此后，每年均有一部分农村劳动力输出。1994年，为给城镇待业青年腾出就业岗位，对进城务工的农村劳动力严格实行务工许可证制度。1995年以后，由于用工制度改革，不再清退农民工，开始逐步组织农村富余劳动力向外输出或转入本地乡镇企业。1999～2000年，农村富余劳动力向非农产业转移力度逐步加大。

2001年，市政府成立劳务输出工作领导小组，把农村富余劳动力合理分流和向非农产业转移作为促进农民致富的一项重要举措。至2002年，全市有组织地向上海、苏州等地输出农村富余劳动力2100人，还建立驻京劳务输出基地，向农村劳动力发放流动就业证、卡4730份。是年2月，共青团江苏省委、省教育厅在市劳动就业管理处建立农村青年外出务工基地，为全市农村青年人才交流发挥桥梁和纽带作用。是年，全市农村青年外出务工人员6445人。2003年，市爱心劳务中心除对农村劳动力开展技能培训外，还办理劳务派遣和劳务人员劳动保障事务代理。是年，全市新增转移和输出农村劳动力1.58万人。2004年3月，市委、市政府成立市农村劳务输出工作协调小组，明确农村劳动力输出工作由市劳动和社会保障局负责，建立农村劳务输出例会制度、目标考核责任制度、通报和调研制度、调查统计制度。3月起，全市开展为期1个月的农村劳动力资源调查工作，建立基础台账。2004～2005年，全市共新增转移和输出农村劳动力3.66万人，其中向外地输出2.52万人。

第六节 企业工资与福利

1986～1998年，全市企业职工收入分配仍严格实行国家计划经济管理体制下的工资调整政策，分为指令性计划调资、工效挂钩调资和工资增长指导线调资等三种调资类型。1995年开始，全市逐步放宽企业分配自主权。2000～2005年，全市企业实行改制后，职工工资收入由企业经营者根据企业经济效益自主决定。国家对企业职工工资实行工资增长指导线和定期公布最低工资标准，通过宏观调控手段，指导企业逐步增加职工工资收入。

一、企业职工工资调整

1986年，全县全民、集体企业3.3万名职工调整工资，人均月增工资14.25元，全县月增工资总额46.7万元。在普遍调资基础上，给117家全民、集体企业1.55万名职工调整工资标准，全县月增工资总额2万元。对企业中执行行政19～22级的850名干部提高一档工资，人均月增工资5.97元，全县月增工资总额5075元。1987年，县政府利用上年度调资"翘尾政策"，给全县404家企业2.85万名职工增加工资，人均月增工资1.8元，全县月增工资总额15.34万元。1993年，全市全民、集体企业职工补办1992年度每人增加半级标准月工资的手续，全市全民、集体企业职工每人提高两级档案工资。

1994年1月起，全市全民、集体企业停止执行八级工资制，将原八级工资制金额和各项补贴（粮贴、肉贴、洗理费等）22.5元纳入个人工资总额后，改按江苏省三类区工资标准与级别套入岗位技能工资，套改后人均月增工资99.26元，全市月增工资总额516.67万元。但部分企业经济效益差，不能执行和兑现，首次出现指令性调资"空调"的现象。在套改岗位技能工资的同时，从1月起，为上年少数企业职工人均货币增长低于全市生活费用价格指数（恩格尔系数）者，人均月增工资50元，纳入生产成本。1997年以后，全市实行企业职工工资增长指导线制度，不再实行统一工资调整政策。

1986～2005年高邮市职工工资收入水平一览表

表25-6

项目／年份	年职工平均人数（人）	年工资总额（万元）	年人均工资（元）	全民单位			集体单位			其他经济类型单位		
				职工人数（人）	工资总额（万元）	年人均工资（元）	职工人数（人）	工资总额（万元）	年人均工资（元）	职工人数（人）	工资总额（万元）	年人均工资（元）
1986	61483	6252.1	1017	27777	3225.0	1161	33706	3027.2	898	—	—	—
1987	63568	6763.7	1064	29434	3599.9	1223	34134	3163.8	927	—	—	—
1988	65867	9223.6	1400	31587	5061.7	1608	34280	4161.9	1214	—	—	—
1989	67347	10624.6	1578	32029	5747.2	1794	35318	4877.4	1381	—	—	—
1990	68639	12056.3	1756	32353	6584.0	2035	36286	5472.4	1508	—	—	—
1991	71485	13545.5	1895	33685	7082.4	2102	37800	6463.0	1701	—	—	—
1992	71823	16957.6	2361	34864	9493.4	2723	36959	7464.2	2019	—	—	—
1993	73325	20673.0	2819	35036	10928.0	3119	36992	9395.0	2540	1297	351.0	2706

续表 25-6

项目 年份	年职工平均人数（人）	年工资总额（万元）	年人均工资（元）	全民单位			集体单位			其他经济类型单位		
				职工人数（人）	工资总额（万元）	年人均工资（元）	职工人数（人）	工资总额（万元）	年人均工资（元）	职工人数（人）	工资总额（万元）	年人均工资（元）
1994	72842	27703.7	3803	36353	15830.2	4355	35713	11516.9	3225	776	356.6	4595
1995	73820	36006.0	4878	36252	20487.7	5651	35996	14898.7	4139	1572	619.6	3941
1996	71444	37739.0	5282	36344	22032.0	6062	33406	14900.0	4460	1694	806.4	4760
1997	71604	41012.0	5728	37968	26331.8	6935	31964	13850.6	4333	1672	829.6	4962
1998	62034	39684.0	6397	33446	25695.2	7683	24984	11794.1	4721	3604	2194.7	6090
1999	60379	41021.0	6794	33338	27401.4	8219	23807	11496.5	4829	3234	2123.1	6565
2000	56957	41766.1	7333	32506	29193.0	8981	21953	11045.6	5031	2498	1527.5	6115
2001	52022	40722.1	7828	29398	28499.5	9694	20111	10488.9	5216	2513	1733.7	6899
2002	43002	37591.8	8742	20727	25726.1	12412	10320	5804.8	5625	11955	6060.9	5070
2003	34449	35134.7	10199	18982	25642.7	13509	7605	3923.7	5159	7862	5568.3	7083
2004	33759	39881.8	11814	19285	27908.2	14471	6299	5530.4	8780	8175	6443.2	7882
2005	37738	53630.3	14211	18772	34337.4	18292	6343	6899.3	10877	12623	12393.6	9818

说明：此表根据1986～2005年《高邮统计年鉴》统计数据编制。

1986～2005年高邮市全民单位职工分行业年平均工资一览表

表 25-7

单位：元

项目 年份	在岗职工年平均工资	部分行业在岗职工年平均工资												
		农林牧渔业	制造业	电力、燃气及水的生产和供应业	金融保险业	交通运输仓储及邮政业	批发和零售业	房地产业	科技服务业	水利、环境和公共设施管理业	居民服务和其他服务业	教育	卫生和社会保障、社会福利业	公共管理和社会组织
1986	1161	931	1149		1379	1209	1147	1088	1074	并入农林牧渔业	并入房地产业	1268	1216	1180
1987	1223	1039	1210		1440	1358	1127	1141	1210			1410	1327	1246
1988	1602	1248	1599		1782	1790	1516	1450	1636			1940	1614	1526
1989	1794	1524	1792		1985	1962	1718	1722	1607			1936	2053	1783
1990	2035	1892	2017		2017	2311	1942	1847	2264			2135	2266	2054
1991	2103	1992	2114		2347	2587	1882	2043	1779			2242	2277	2195
1992	2723	2713	2626		2827	3459	2450	2530	3104			3180	2730	2884
1993	3119	3349	2813	5774	3668	4599	2732	3793	3422	3554	2779	3314	3281	3596
1994	4355	4479	3330	5981	6132	6080	3519	5963	5842	5560	4227	5399	6227	5754
1995	5651	5443	5091	6325	7011	5966	4404	6168	6242	6534	5605	6573	7688	6893
1996	6062	6166	5441	7243	8474	6716	4486	5597	7881	6932	6262	7318	9000	7578
1997	6935	7546	5487	6376	10528	7894	4612	8938	9762	8972	6869	8929	10213	8939
1998	7683	8501	5084	8710	9521	8725	5060	8829	9104	8729	7072	9907	11051	10116

续表 25-7

项目 年份	在岗职工年平均工资	部分行业在岗职工年平均工资												
		农林牧渔业	制造业	电力、燃气及水的生产和供应业	金融保险业	交通运输仓储及邮政业	批发和零售业	房地产业	科技服务业	水利、环境和公共设施管理业	居民服务和其他服务业	教育	卫生和社会保障、社会福利业	公共管理和社会组织
1999	8219	10435	5253	16271	12219	9388	4340	10215	9736	9946	7978	10203	10956	11646
2000	8981	9362	5368	16178	12640	9819	4535	10597	10038	10971	8003	12076	12677	12330
2001	9694	7099	4859	14958	15056	10087	4768	12497	16051	11548	7712	13329	12819	12867
2002	12412	4881	5309	13431	11887	14050	5389	13036	12695	13655	9826	14640	14679	14316
2003	13509	3530	5930	16897	19790	6777	6322	13868	12457	13077	18120	14806	15511	16104
2004	14471	4425	6304	17239	18225	7945	10331	17724	14709	14336	19880	14338	16189	17231
2005	18292	19167	10066	31905	24864	9950	9080	20000	17058	14709	19880	16623	22978	19805

说明：此表根据1986～2005年《高邮统计年鉴》提供的数据，按国民经济行业分类进行整理编制。

1986～2005年高邮市集体单位、其他经济单位职工分行业年平均工资一览表

表 25-8　单位：元

项目 年份	集体单位											其他经济单位				
	在岗职工年平均工资	部分行业在岗职工年平均工资										在岗职工年平均工资	部分行业职工年平均工资			
		采掘业	制造业	建筑业	交通运输仓储及邮政业	批发和零售业	金融保险业	房地产业	居民服务和其他服务业	卫生和社会保障、社会福利业	教育文艺广播电视业		制造业	批发和零售业	房地产业	建筑业
1986	898	—	937	977	722	918	1105	990		1137	833	—	—	—	—	—
1987	927	—	982	895	802	1003	1489	1035		1223	574	—	—	—	—	—
1988	1214	—	1452	1027	965	1177	1541	1364		1599	603	—	—	—	—	—
1989	1381	—	1650	1429	1112	1338	1606	1699		1831	528	—	—	—	—	—
1990	1508	—	1797	1492	1286	1420	1644	1816		2254	523	—	—	—	—	—
1991	1710	—	1854	1651	1405	1614	1910	1870		2483	1442	—	—	—	—	—
1992	2020	—	2247	1902	1618	1859	2394	2295		2587	1677	—	—	—	—	—
1993	2540	2158	2770	2357	1981	2593	2890	4286	2828	3206	3333	2706	2699	2500	4000	—
1994	3225	3070	3572	2844	2270	2767	4927	—	4231	5794	5765	4595	4555	5667	6000	—
1995	4139	2677	4363	2888	2616	3748	7803	—	4433	6893	6463	3941	3948	3389	5000	—
1996	4460	1676	4466	3913	3027	3659	6798	3423	4023	6766	6146	4760	4760	—	—	—
1997	4333	3696	4217	4833	3152	3947	7152	2778	4436	8117	5000	4962	4962	—	—	—
1998	4721	3769	4519	4928	3672	4310	8086	3250	4160	8146	7000	6090	6090	—	—	—
1999	4829	3732	4458	5052	4097	4040	10716	5161	4618	9885	8957	6565	6565	—	—	—

续表 25-8

项目／年份	集体单位											其他经济单位				
	在岗职工年平均工资	部分行业在岗职工年平均工资										在岗职工年平均工资	部分行业职工年平均工资			
		采掘业	制造业	建筑业	交通运输仓储及邮政业	批发和零售业	金融保险业	房地产业	居民服务和其他服务业	卫生和社会保障、社会福利业	教育文艺广播电视业		制造业	批发和零售业	房地产业	建筑业
2000	5031	3142	4654	4565	4097	4087	11409	6147	4674	10659	8957	6115	6115	—	—	—
2001	5216	3032	4716	3767	5204	4148	9867	6250	4921	13056	5826	6899	6899	—	—	—
2002	5625	3032	4229	4098	4426	3959	8346	6206	9063	13302	4000	5070	5033	5729	—	—
2003	5159	4787	4181	3913	3838	4039	14127	6171	3000	7039	—	7083	7383	8811	7577	4838
2004	8780	4365	5409	6224	4143	4510	14377	5774	—	18759	—	7882	7816	—	13636	8366
2005	10877	—	7757	11393	4907	8224	20864	9905	—	15118	—	9818	8868	7000	12772	18175

说明：此表根据1986～2005年《高邮统计年鉴》提供的数据，按国民经济行业分类进行整理编制。限于篇幅，仅选择部分主要行业。1986～1992年集体单位行业划分与1993年以后不同，其中房地产业包含居民服务和社会服务业。采掘业1993～2004年列统，专指天山采石场。其他经济单位1993年始有统计数据。

二、工资与经济效益挂钩

1984年，县政府开始在高邮电器厂试行工资与经济效益挂钩（简称“工效挂钩”）。1987年，全县有18个系统160家县属企业试行企业工资与经济效益挂钩的浮动工资制。县水泥厂实行吨水泥工资含量挂钩，县造纸厂和县服装厂实行百元销售工资含量挂钩，县自来水厂实行千吨水工资含量挂钩，高邮油厂实行上缴利税与工资总额挂钩浮动。13家已实行超额计件的县属工业、交通集体企业，重新修订工资分配方案，明确超额应得劳动报酬可用奖金形式计发。推广高邮自行车零件厂以外包促内包，包、保出效益的分配做法。1988年，全县进一步推行“工效挂钩”分配制度，357家独立核算企业实行这一分配制度。1989年，238家县属企业实行“工效挂钩”，涉及职工3.59万人。其中，实行工资总额包干的县属企业5家，职工1830人。“工效挂钩”形式呈多样化发展。挂钩指标除主要指标外，还增加辅助考核指标，并将产品质量、安全生产列为“一票否决”指标。是年，全民企业共使用效益工资116万元，增资受益职工1.3万人，年人均受益90元左右。1990～1991年，市劳动局对每年的“工效挂钩”基数和浮动比例进行核定，全民、集体企业“工效挂钩”巩固率均为100%，并实行浮动工资改为固定工资。1992～1993年，由单一指标挂钩改为复合指标挂钩，试行以系统为单位进行总的“工效挂钩”，对不具备挂钩条件的企业实行工资总额包干。

1994～1998年，市地方税务局、市财政局、市劳动局共同参与全市企业工资与经济效益挂钩审核结算。在核定下达当年工资与经济效益挂钩指标时，一并结算上年工资与经济效益挂钩结果，确定分配方式。1998年以后，企业不再实行工资总额与经济效益挂钩的分配形式。

三、工资指导线制度

1995年，市内试行企业职工工资增长指导线制度。1997年，全面推行。是年，全市企业职工人均月增工资70元。1999年7月，全市企业执行新的《江苏省企业技能工资标准》，按工资指导线、综合补贴标准，实施企业职工增资、套改工作，有4.26万名职工调整工资，年增加工资总额1512万元。依照“按政策调、按效益发”原则，全部兑现调资额的企业职工仅0.86万人，部分兑现的1.5万人，未能得到兑现的1.9万人，全市实际年增工资总额831万元。未能兑现的工资全部列为职工档案工资。2000年，为防止按工资指导线增加的工资不兑现，市政府鼓励困难企业开列工资预备专户，提留工资存入账户备用于调资，但难以全部实行。

2001年，进一步扩大企业分配自主权，企业职工增减工资由企业决定，政府仅提出工资增长的指导性意见和最低工资标准。民营企业、合资企业、股份合作制企业职工工资，不再执行国家规定的工资标准，由企业经营者自主确定。少数企业名义上仍执行原标准工资，但实际上打折率发放或另订标准。部分企业经营者实行年薪制，其收入一路攀升。对此，市政府采用企业经营者年薪登记手册予以监督。在市高华集团、市高康集团和市珠光集团试行“以岗定薪”，向一线职工倾斜；在市高强电子有限公司和市自来水公司试行工资集体协商制度。2002年起，市政府每年公布在岗职工货币平均工资增长基准线。2003～2005年，市政府在公布执行工资指导线、最低工资标准、最低小时工资标准后，重点开展工资支付整治，严查拖欠职工工资的现象，实施欠薪预警、报告制度。同时，推行职工工资集体协商办法，保证企业职工工资稳定增长。

四、最低工资标准

1995年，市政府首次公布全市最低工资标准。2001年，公布最低小时工资标准。2005年，市政府为保证职工最低工资收入，明确职工加班加点工资，中班、夜班、高温、低温、井下、有毒有害等特殊工作环境、条件下的津贴，法律、法规和国家规定的劳动者福利待遇等不包括在最低工资标准口径内，由用人单位另行支付。劳动者月工资是在剔除上述项目和缴纳个人最低住房公积金后所得，低于最低工资标准的部分，由用人单位给予补足。

1995～2005年高邮市最低工资标准一览表

表25-9　　　　单位：元

项目 年份	最低月工资标准	最低小时工资标准	执行时间	项目 年份	最低月工资标准	最低小时工资标准	执行时间
1995	175	—	3月1日	2001	300	2.6	7月1日
1996	200	—	7月1日	2002	320	2.7	7月1日
1997	210	—	7月1日	2003	390	3.3	7月1日
1998	210	—	全省未调整	2004	440	3.7	7月1日
1999	250	—	7月1日	2005	480	4.1	11月1日
2000	290	—	11月1日				

说明：1997年，高邮市改为三类区工资标准。

五、物价补贴、岗位津贴和职工福利

1988年，全县企业职工人均月增加物价补贴10元。专业技师享受聘任津贴，每人每月35元。1992年4月，人均月增加粮价补贴5元。1994年1月，全市市属企业将原各项补贴22.5元纳入职工个人工资总额后，执行综合补贴66元。1999年7月，综合补贴标准提高到108元。企业职工还先后享受肉贴、洗理费、交通费、高温冷饮费等。职工享受公费医疗待遇，根据不同企业性质，职工和职工家属，可按一定比例报销医药费。职工死亡，按照规定给予丧葬费和抚恤金，其生前供养的直系亲属生活发生困难，按国家有关规定给予定期生活补助。职工享受住房公积金和国家规定的节假日制度。根据企业性质和经济效益，企业职工还享受劳动保护用品、夏令用品、节日慰问和各种优惠券等福利待遇。2000年以后，全市大多数企业改制，职工福利待遇视各企业经济效益，由经营者制定，职工福利待遇水平参差不齐。

第七节 企业离退休人员管理

详见第三十三篇《社会生活　精神文明建设》第四章《老龄生活》第四节《企业离退休人员管理》（第1211页）。

第八节 职业技能培训与鉴定

1986年，县劳动部门和企业主管部门联合组织企业职工职业技能培训和安全生产培训，并经常开展岗位技术练兵和技术大比武活动。1987年4～6月，县劳动局等8个部门联合举办全县30周岁以下的“万名青工技术比武精英赛”，参赛项目有机械钳工、车工、挡车工、烹饪、粉刷、商业营业员等。1988年起，全县各类企业加强对职工职业技能培训和考核，先后组织业务知识考核48场次，参加考核的有中级营业员、车间班组骨干、中等技术工人4850人；举办机械类高级工培训班，对从事印刷技术、汽车修理、船舶驾驶、电焊、氧焊等技术工种工作15年、7级工以上的一线工人，进行培训和考核，达到规定技术标准的，发给相应的职业技术等级证书，有的还晋升工资。在县水泵厂、县石油机械厂进行技师评聘试点。1991年10月，首次在职业中学学生中试行毕业证书、技术等级证书“双证”制，取得“双证”的毕业生优先推荐上岗就业。是年，在全市饮食服务业和技术比武优胜者中有45人被评聘为技师，并实施技师津贴。1992年4月，举办全市乡镇35周岁以下的车工、钳工、缝纫、挡车、电焊等工种技术大赛。至1994年，全市获得初级工证书4419人、中级工证书1200人、高级工证书116人。1995年后，企业职工职业技能培训和技能鉴定工作一度处于停滞状态。1997年，开始实施就业准入制度，即通过培训取得劳动部门颁发的职业资格证书后方能上岗。1999年，对烹饪、美容、美发、家电等4个工种实行就业准入制。至2000年，全市先后举办劳动保护培训班共101期、参加培训9565人次，其中锅炉、压力容器安全操作知识专业培训42期、2152人次。是年，企业职工职业技能培训和技能鉴定工作得到逐步恢复。2001年起，劳动保护培训和锅炉、压力容器安全操作知识培训工作，分别转由市安全生产监督管理局和高邮质量技术监督局负责。是年，对66个工种推行凭证上岗和职业资格证书制度。2003年，同时推行职业资格证书与就业准入证书制度，对未经培训和考核、无资格证书的一律不得录用、上岗。餐饮业开展职业资格培训鉴定和专项治理，原颁发的等级证书实行换证；举办计算机操作、汽车驾驶员、车钳焊工、建筑技术人员和汽车驾驶高级工资格等培训班。2004年，全市对5类95个工种全面推行就业准入制度。是年，恢复技师评聘工作，评聘技师96人，评聘高级技师1人，并统一实施技师岗位津贴，技师每人每月津贴140元，高级技师每人每月津贴160元。是年4月和2005年9月，市劳动和社会保障局、市商贸总公司、市烹饪协会联合举办两届创新菜烹饪技能大赛。比赛分中级组、高级组，中级组第一名授予高级工资格，高级组第一名被破格授予技师资格。2005年，全市1450名企业职工通过职业技能鉴定。至是年末，全市有7462名职业中学、技工学校毕业生通过考核，获得“双证”；获得初、中级工资格证书2549人，高级工资格证书124人。

第九节 劳动合同管理

1982年，县内试招全民合同制职工数十人。其时，没有统一、规范的劳动合同文本，未能逐人签订劳动合同。这些合同制职工性质被称为“小全民”。1983年，县劳动服务公司组建待业青年就业网点，进入网点就业人员一律为集体合同制职工，为县属大集体性质，仍未签订劳动合同。

1986年起，退休职工子女顶替人员、照顾安排的各类人员、“征地带劳”人员（1987年6月以后）和企业“亦工亦农”转为计划内的人员，均执行劳动合同制度。1987年上半年，全县按省劳动局统一制定的劳动合同书签订劳动合同的职工共有6338人，其中全民企业1802人。1988年后，新招收的职工属于劳动合同制职工。1990年起，县劳动争议仲裁办公室对劳动合同制工人实行劳动合同鉴证。

1992年，全民企业中混岗的集体固定工和国家统一分配的人员实行劳动合同制。至1993年，共鉴证劳动合同2.93万份，并建立涵盖301家企业1.04万名职工的劳动合同制职工台账。1994年，鉴证劳动合同8889份，合同鉴证率90%。1995年8月，市政府本着“先改制，后配套”原则，在全市企业全面实行全员劳动合同制。至年末，除少数几家停产、半停产或濒临破产以及少数职工流动性大的企业外，全市基本完成全员劳动合同制签约工作。是年，共鉴证劳动合同2.47万份。1996年，市劳动局取消原固定工调配制度，实行劳动合同制和职业介绍制；劳动合同制工人流动实行备案制度；对国家政策性统配人员分到企业实行备案、劳动合同双资信制度。1996～1999年，共鉴证劳动合同3.35万份，合同鉴证率90%以上；审查批准集体合同28份。2000～2001年，鉴证劳动合同9987份，纠正无效合同54份，审查解除劳动合同649份，鉴证变更劳动合同91份，审查批准集体劳动合同6份。

2002年8月，市委、市政府针对企业改制中劳动关系一度出现“有用工没合同、有合同不平等”的新情况，召开全市全面建立劳动合同制度动员大会，规范企业用工行为和职工就业行为，推动劳动合同制度全面建立。同时，组成17个宣传执法组，对市属企业、个体私营企业、机关事业单位进行拉网式检查，共检查778家单位，签订劳动合同5.34万份，其中补签劳动合同5400份、续签劳动合同4.8万份。至年末，市属全民、集体企业劳动合同签订率99%，个体私营企业劳动合同签订率82%，乡镇企业劳动合同签订率81%。9月，扬州市劳动和社会保障局在高邮召开“劳动合同管理年”现场会，推广高邮市做法。是年，全市企业改制进入高潮，市劳动争议仲裁办公室共为改制企业因经济裁员办理解除劳动合同手续1.43万人。

2003年，市劳动和社会保障局、市总工会、团市委、市妇联等单位和各乡镇以职工权益维权年活动为主线，组成24个劳动维权执法检查小组，检查312家企业、6.1万名职工劳动合同签订情况，补签劳动合同1.2万份，支付拖欠工资26.5万元，为1048名职工补办社会保险缴费手续。2004年起，全市继续推进劳动关系调整和企业工资分配制度改革，并发挥市劳动和社会保障局（代表政府）、市总工会（代表企业职工）、市经济贸易局和市企业联合会与市企业家协会（代表企业经营者）协调劳动关系三方机制作用，巩固企业劳动合同签订率，推行企业工资集体协商制度，劳动合同签订率90.8%，集体合同签订率81.4%。至2005年，全市共鉴证劳动合同2.64万份，纠正无效合同340份，办理改制企业因经济裁员解除劳动合同手续3000多份。

第十节 劳动争议仲裁

1986年11月，县劳动争议仲裁委员会及其办公室（简称劳动争议仲裁办）成立，办公室设于县劳动局内，行使劳动争议仲裁行政职能。1987年起，各基层陆续建立劳动争议调解委员会。1988年，县劳动争议仲裁委员会首次庭内裁决劳动争议案件1件，未立案调解处理职工对企业除名不服的申诉案件2件。1989～1990年，基层调解委员会发挥调解职能，成功调解县面粉厂在优化劳动组合中落聘职工与企业之间所发生的劳动争议案件3件。

1995年起，全市劳动争议案件呈逐年上升趋势。至1998年，全市组建有职工代表、用人单位代表和工会代表组成的基层劳动争议调解委员会170个，组建率100%，形成全市较为完整的劳动争议调解组织网络。1999年，市劳动争议仲裁委员会在张轩乡、菱塘回族乡、八桥镇等9个乡镇建立劳动争议仲裁办事处，就近处理乡镇企业发生的劳动争议案件。是年起，随着全民、集体所有制企业改制为民营、合资或股份合作制企业，原有企业的劳动争议调解组织解散，新登记注册的各类企业多因工会组织未能及时建立，基层劳动争议调解组织处于不健全状况。

2000～2001年，因企业改制，许多用人单位和劳动者之间的利益矛盾暴露出来，企业职工投诉企业经营者侵权的案件大幅度上升。两年中，全市共立案受理劳动争议案件82件，仲裁裁决53件，庭内调解结案23件，撤诉结案7件，未经立案调解处理劳动争议案件1302件。2002年5月，高邮市在扬州市率先推行选择劳动争议仲裁员制度。劳动争议仲裁员队伍由市劳动争议仲裁委员会成员（市劳动和社会保障局、市总工会、市经济贸易局代表）和律师共13人组成，并向社会进行公示。在解决劳动争议时，争议双方可各自选择1名仲裁员，由市仲裁委员会组成仲裁合议庭，于开庭前5日用公告形式对外公布，允许旁听，自觉接受社会监督。是年12月，扬州市劳动和社会保障局在高邮市召开现场会，总结推广高邮市实行选择劳动争议仲裁员制度的做法。

2003年，全市立案受理和未立案受理劳动争议案件947件，其中调解解决738件、依法裁决196件、自动撤诉13件，为历年发生劳动争议案件最多一年。4月，司徒镇有一家制衣有限公司92名职工集体申诉要求补发拖欠的1～3个月工资，市劳动争议仲裁委员会在调查核实的基础上，迅速赴司徒镇就地开庭审理，依法公正裁决该制衣有限公司补发92名职工工资11.18万元，赢得该公司职工和当地政府的赞许。是年10月15～16日，南京市、镇江市、扬州市、泰州市联合在高邮召开劳动争议处理工作研讨会，4市及所属20多个县（市、区）劳动争议仲裁工作人员参加会议，高邮市在会上重点介绍选择仲裁员制度。是年，市劳动争议仲裁委员会被省劳动和社会保障厅、省劳动争议仲裁委员会联合表彰为先进单位。2004年，继续实行选择劳动争议仲裁员制度。同时，制定《劳动争议调解办法》和《劳动争议仲裁实施意见》，规定办案程序，使办案过程公开、合法。2005年，全市立案受理劳动争议案件599件，标的额325万元，结案541件，其中仲裁裁决514件、仲裁调解27件。

第十一节　劳动保障监察

1995年3月，市劳动局设劳动监察科。是年，全市首次开展劳动执法大检查，检查劳动合同订立与鉴证、工时制度、工资拖欠、安全生产、童工使用、未成年工保护等，涉及全市市属企业、“三资”企业和乡镇企业213家、职工5.01万人，查处违法案件18件，接待来访70多人次。监察合资企业、私营企业和乡镇办企业47家，发出劳动监察询问通知书7份、劳动监察限期整改指令书5份、罚款通知书2份。1996年初，始对各企事业单位进行劳动用工年检。年检内容包括用人单位上年的用工情况、劳动合同订立、职工报酬、规章制度、社会保险费缴纳情况等。年检分为合格、基本合格、不合格三类。对不合格的用工单位，下发限期整改指令书。是年，劳动监察科配备专职监察员3人，并在各乡镇和市属企业主管部门建立劳动监察网络，制定劳动监察员制度、举报制度、立案制度、过错责任追究制度等规章制度。是年起，通过日常巡查、专项执法、举报专查和组织开展“劳动监察执法月”活动，对全民、集体所有制企业实施劳动合同制度、最低工资保障、社会保险费收缴、女职工和未成年工特殊劳动保护等监察，同时对外

图25-5　市劳动和社会保障局工作人员深入企业车间宣传法律法规

商投资企业、私营企业、乡镇企业及个体工商户遵守劳动法规情况进行监察。1997年，企业劳动用工年检范围扩大到乡镇企业。1998年11月，市劳动监察大队成立。至2000年，依法监察处理劳动案件52件，清退企业非法收取职工风险抵押金143.3万元，追讨拖欠职工工资90.8万元，追收补缴职工社会保险费2万元，补签劳动合同3043份，补办流动就业证4654份，查处非法使用童工案1件、擅自延长工时案3件、非法私装锅炉案1件，取缔无证非法职业中介案3件。

2001年，151家事业单位列入年检范围。是年，全市劳动监察案件呈上升趋势，尤其是拖欠职工和农民工工资、欠缴社会保险费等方面案件比较突出。通过劳动用工年检，全市共签订、续订劳动合同1.72万份，补缴社会保险费295万元，追讨拖欠的职工工资108.7万元，补办相关劳动手续2037份，有效地规范企事业单位劳动用工行为。2002年，全市劳动监察组织实现网络化，市劳动和社会保障局结合全省开展“集体合同和劳动合同管理年”活动，在全市实行拉网式执法检查，涉及企业845家、职工7.66万人。2003年，市劳动和社会保障局、高邮工商行政管理局、市总工会、团市委、市妇联、市经济贸易局、市建筑工程管理局等单位联合组成执法检查小组，开展职工维权执法行动，对拖欠职工工资作专项检查。2005年，全市年检企事业单位1470家，其中合格1170家、基本合格260家、不合格40家；通过年检，补签劳动合同3500份，补缴社会保险费65万元，为职工追讨欠薪42万元。至是年末，全市有专职劳动监察员7人、兼职劳动监察员32人、企业劳动保障监察联络员85人，并聘请市总工会、市妇联和有关企业劳动工资负责人26人为劳动保障法律监督员。共处理劳动监察案件468件，下达询问通知书183份、限期整改指令书138份、劳动保障行政处罚决定书5份，为职工、农民工追回拖欠工资684.1万元，为职工补缴社会保险费315万元，责令16家企业退还职工风险抵押金、保证金30.1万元，补签、续签劳动合同5.31万份，清理和停发已就业仍继续领取失业保险金者268人，查处非法使用童工案件3件，查处企业严重违反工时案件41件。并办理行政复议和行政诉讼案件5件。市劳动监察大队连续3年被表彰为省劳动保障监察先进集体。

第十二节　劳动能力与工伤鉴定

1986～1988年，全县基本未发生报请工伤和劳动能力鉴定案例。1989年5月，县劳动能力鉴定委员会开始对要求病退的职工进行鉴定和审批。至1995年，全市因病退休129人，其中因伤残病退118人。

1996年起，市劳动能力鉴定委员会每半年组织一次劳动能力鉴定会，根据劳动部《企业职工工伤保险试行办法》和国家技术监督局《职工工伤与职业病伤残程度鉴定》标准，对因工负伤人员进行伤残等级评定，对其中达到1～4级和5～6级伤残程度的，分别评定为完全丧失劳动能力和大部分丧失劳动能力，按规定给予工伤待遇。因患病要求病退的职工，提供原始病历和相关检查化验单，经市卫生部门检验、核查后，对照省劳动能力鉴定部门制定的标准进行审批。是年，全市办理伤残、病退手续71人。1997年，全市对因病职工20人、工伤职工32人进行丧失劳动能力和工伤致残程度鉴定，因伤残病退15人。

1999年起，全市工伤上报和要求鉴定的人数逐年增加。2000～2005年，全市因身患重病或因伤残失去劳动能力，给予办理病退手续921人，其中企业职工733人、事业单位职工188人；因工致残要求工伤鉴定和评残的职工807人。

第二十六篇

教育

要 目

1986年，县文教局负责管理全县教育工作，全县中小学实行县、乡镇分级办学、分级管理。是年，全县共有办学单位1516所、在校学生15.74万人。其中，幼儿园744所，在园幼儿1.95万人；小学642所，在校学生9.49万人；中学130所，在校学生4.3万人。1992年7月，教育、文化分设，市教育局主管全市教育工作，启动普及义务教育。1997年，市教育局更名为市教育委员会（简称教委）。2000年，市教委教育科研室设立，在全市中小学中开展教育信息化达标工作。2001年，更名为市教育局。2003年起，为适应乡镇区划调整和集中优化教育资源，先后进行4轮学校布局调整和6次撤并。2004年，市政府印发《关于非义务教育阶段学校实施股份合作制办学改革意见》，开展学校所有权和办学管理权相分离的改革探索。至2005年，创建成省现代化教育技术实验示范学校1所、省现代化教育技术实验学校6所、扬州市现代化教育技术实验学校13所。是年，全市共有中小学170所，其中小学131所、初中25所（含九年一贯制学校1所）、普通高中10所、职业高中3所（不含部门和社会办学）、特殊教育学校1所。在校中小学生10.47万人，其中小学4.89万人、初中3.28万人、高中1.42万人、职业高中0.88万人。幼儿园64所，在园幼儿1.53万人。高等教育学校2所，在校学生2464人。各类成人教育、老年教育和职业培训得到较快发展。

第一章　教育改革

1986年，县委、县政府制定《关于加快我市幼儿教育改革和发展的意见》《关于进一步深化教育人事制度改革的意见》等文件。2004年，市政府印发《关于非义务教育阶段学校实施股份合作制办学改革意见》。全市教育在学校管理体制、办学体制、教育教学、招生考试制度、人事制度等方面不断改革，逐步推进。至2005年，全市教育呈现以市管理为主、多元化办学的体制，社会办学获得较快发展，素质教育得到重视，教育现代化提上工作日程，校长选任负责制、教职工定编聘任制、教育岗位责任制和校内工资浮动制（简称“四制”）得到全面实施。

第一节　管理体制改革

一、市、乡镇教育管理体制改革

1986年，按照县、乡分级办学的模式，全县学校实施分级管理的办法。小学（不含实验小学）、初中（含部分完全中学初中部）均由乡镇管理，完全中学、职业中学、教师进修学校、职业技术学校、实验小学、普通中学的职业高中班均由县文教局管理。2000～2005年，全市基础教育以市教育局（委）管理为主，各乡镇设置教育办公室，代行市教育局（委）对该乡镇教育工作管理职能，乡镇教育助理由市教育局任免，乡镇学校教师人事档案、工资账户等统一归市教育局（委）管理。

二、学校内部管理体制改革

1986年，全县中小学校实行学校党支部领导下的校长负责制。1992年，各学校结合评定教师技术职称工作，逐步实行中小学教师聘任制。是年，全市聘任中小学教师6260人。1998年5月，市政府召开教育工作会议，全面推行教师“四制”改革。至是年9月，全市287所中小学基本完成“四制”改革任务。全市共选任中小学校长283人，其中继任195人、新任66人、调任22人，学校领导干部平均年龄从43岁下降到41岁，学历达标率从96%上升到100%；聘任中小学专任教师5536人，转离教学岗位360

人，内退138人，辞退临时代课人员107人。

2001年，为适应农村税费改革，全市中小学全面推行教职工全员聘任制。在此次全员聘任制中，聘任教职工6265人，落聘205人（含试聘149人），缓聘27人，辞退29人，内退322人，病退83人，清退临时人员141人，共减少人员经费支出300多万元。

2005年，市教育局继续实行并完善"四制"改革，在市属学校中层正职干部和农村初中、中心小学副校长中，推行竞聘上岗制度和任免预告制度。同时，建立100人左右的后备教育干部队伍。

第二节 办学体制改革

一、公办民助学校

1998年初，市委、市政府为满足社会不同层次对教育的需求，探索办学体制改革的新思路，投入资金300万元，选择市实验小学分部，创办全市第一所公办民助学校——蓓蕾学校。1999年7月，由高邮市中学、曙光中学联办的公办民助初级中学——赞化学校在高邮市中学成立。2000年，公办民助学校规模不断扩大。市蓓蕾小学由初办时的4个班，学生180人，逐步增加到33个班、学生1502人，校舍增加2000多平方米，有教职工66人。市赞化学校由初办时的3个班、学生130人，逐步增加到10个班、学生555人，有专任教师20多人。是年12月，依托市南海初中创办的公办民助学校——市实验初中建立。

2004年，市教育局根据市政府《关于非义务教育阶段学校实施股份合作制办学改革意见》，陆续制定《学校股份制办学改革政策方案》《股份合作制办学章程》《学校募股办法》等文件。至2005年，先后在市第一中学、临泽中学、三垛中学、界首中学、车逻中学、甸垛中学实施非义务教育办学体制改革，分离学校所有权和办学管理权，共吸纳办学股金2082万元。

二、民办（营）学校

2002年6月，由市曙光中学退休教师曹耀琴集资400多万元，在城区金桥路西侧征地2公顷，兴办全市第一所民办（营）高级中学——市朝阳中学。是年9月，原公办民助的蓓蕾学校办学权以150万元转让给南京客商黄勇，成为全市第一所民办小学。2003年，市赞化学校以3228万元的价格整体售让给市金鑫实业有限公司董事长金开明。该校由公办民助转为民办（营），并实行董事会领导下的校长负责制。2005年，市教育局按照"积极鼓励、大力支持、正确引导、依法管理"的民办教育发展方针，制定《关于加快我市幼儿教育改革和发展的意见》《民办学校审批流程》《民办学校评估方案》等文件，鼓励与规范民办学校发展。至是年，全市义务教育阶段"四独立"（独立法人、独立经费、独立园舍、独立教育教学）的各级各类民办学校共有25所。

图26-1 2003年，民办学校——市赞化学校教学楼

三、社会力量办学

2001年，市教委根据国务院颁布的《社会力量办学条例》，制定社会办学审批细则，规范程序，确保健康有序地发展。是年起，除办学主体由社会力量介入外，全市80%学校后勤实现社会化改革，学

校食堂、商店等部位实行租赁经营，募股兴建学生宿舍楼，整体或部分实行社会化运作，缓解办学资金短缺的困难，加快农村学校寄宿制建设步伐。至2005年，市教育局共批准社会力量创办学校17所，其中民办初中1所、民办幼儿园16所；车逻中学和沙堰职业中学出让学生公寓经营权，实行教学和后勤分离。

第三节　教育综合改革

一、农村教育综合改革

1986年，全县农民教育坚持以乡镇成人教育中心校和村致富学校为阵地，以提高劳动者素质和培养当地急需急用人才为目标，以农村实用技术教育和乡镇企业岗位培训为重点，直接有效地为农村经济服务，为农民致富服务。1987年，八桥、张轩、界首、武宁、沙堰、川青等6所成人教育中心校开办各种培训班53期，受训1843人。全县共办村农民致富学校255所、581个班，学员2.15万人。1992年，市教育系统发挥市、乡、村三级成人教育中心校的作用，坚持长班短训并重，加速成人教育工作重心由扫文盲向扫科盲转变的进程。全市共建立村农民文化学校334所，在乡镇成人教育中心校开办各类职业高中班6个，举办农村各类实用技术和乡镇企业岗位培训班827个，参加短训班学习2.3万人，为提高劳动者素质提供有力支撑。

1996年，菱塘回族乡成人教育中心校实行职业教育和成人教育联姻，实现优势互补、统筹发展。1998年12月，扬州市农村成人教育工作会议在高邮召开，与会者现场观摩界首、司徒、武安、车逻等4个乡镇的9所农民致富学校和专业教学班，学习高邮市“政府统筹、部门协同、创建具有地方特色农村成人教育基地”的工作经验。2002年，全市开始实施农村教育综合改革实验项目，经过3年实践并顺利结题，通过扬州市教育局检查验收。2003年起，实施“现代农民教育工程”。2004～2005年，实施“两后双百”工程，即对初中后、高中后未升学的毕业生100%进行培训，实现100%推荐就业（均指到龄者），共培训643人，其中经培训合格的582人被推荐到市内和苏南企业就业。

二、素质教育

80年代，全县中小学校普遍存在片面追求升学率的现象。1990年，县文教局要求各中小学校，按教学大纲规定的课时开全开足各门主课和副课，在提高课堂教学质量的同时，强化素质教育。1995年，市政府印发《关于切实减轻学生过重负担，全面推进素质教育的意见》，市教育局与各市属中小学校长、各乡镇教育助理签订责任状。至2000年，全市各中小学素质教育有所加强，许多学校强化课堂教学，“向45分钟要质量”，大量压缩课外作业，控制学生在校学习时间，开展课外兴趣小组活动，走“规范加特色”之路，培养“合格加特长”学生。是年末，市实验小学、天山中心小学、高邮镇中心小学被命名为扬州市素质教育先进学校。2005年，市实验小学配合素质教育，自行编印校本教材《致用乐园》。

三、九年义务教育普及

1986年，县政府印发《高邮县普及九年制义务教育规划》和《高邮县十五年教育事业发展规划》。全县普及九年义务教育工作分两步走，先实施六年义务教育，后实施九年义务教育。1989年，县人大常委会确定每年9月为“义务教育法宣传月”，县政府印发《关于开展〈义务教育法宣传月〉活动的通知》，义务教育工作在全县迅速开展。是年末，县政府对申请实施六年义务教育的乡镇进行验收，川青、周巷、伯勤、汉留、沙堰、司徒、送桥、郭集、一沟、市蚕桑场等10个乡镇场成为首批实施六年义务教育的单位。至1990年，临泽、周山、营南、果园、甘垛、马棚、湖滨、八桥、汤庄、天山、菱塘、高邮镇等12

个乡镇（场）达到实施六年义务教育办学标准。1992年，全市各乡镇全面达到实施六年义务教育办学标准。

1993年，全市启动普及九年义务教育。郭集、菱塘、一沟、三垛、甘垛、横泾、临泽、周巷、汤庄等9个乡镇，共投入建设资金374万元，征地8.93公顷，新建校舍330间，维修校舍40间，添置必备的教学仪器设备、体育器材和图书，并做好加强学校管理、提高教学质量、保证学生“四率”（入学率、巩固率、毕业率、升学率）、培训合格师资等项工作。是年末，经市政府检查和扬州市政府复查，确认郭集等9个乡镇基本达到实施九年义务教育办学标准。1994年，武安、卸甲、司徒、天山、送桥、马棚、张轩、营南、川青、伯勤、二沟、武宁、平胜和高邮镇等14个乡镇，共投入资金1200万元，新建校舍1.56万平方米，扩大教育用地9.8公顷，购置图书、教学仪器、体育器材，并通过达标验收，全市普及九年义务教育覆盖率82%。1995年，湖滨、龙奔、车逻、东墩、界首、周山等6个乡镇通过检查合格。至此，全市普及九年义务教育的人口数和乡镇覆盖率均达100%，按时完成省政府提出的工作目标。

四、教育现代化工程

1986年，全县中小学课堂开始应用多媒体教学。1990年，高邮县中学、县实验小学教师率先采用音像教学。90年代末，市内中小学开始运用计算机、投影机、多媒体教学。2001年，在全市教师中开展电化教育，并形成市、乡镇、学校三级教师电教科研网络。至年末，电教使用学科覆盖率100%。2003年，4000多名教师通过全省第二轮现代教育信息技术培训考核。2005年，全市中小学全面实施“校校通”工程（利用信息技术实现家庭与学校快捷、实时沟通的网络教育平台，是社会、学校与家庭之间信息交流的立体网络），共投入资金6000多万元。市教育局建成教育城域网；42所中小学建成校园网，占应建网学校总数的37%；乡镇中心小学以上的学校全部建成单人单机计算机网络教室、多媒体教室，并接入教育城域网；农村定点完全小学全部建成“两人一机”计算机网络教室，并接入教育城域网。全市共有计算机网络教室202间、多媒体教室113间，有各类计算机8432台，学生数与学生用计算机平均比为14.4：1。是年，市教育局组织全市教师参加全省第三轮“信息技术与课程整合”考试，参加考试教师3623人，考核合格3456人，合格率95.39%。

五、学校布局调整

1986年，全县农村中小学按“村村有小学、乡乡有初中、片片有完中”的布局设置，共有小学642所、初中110所、完全中学15所、职业中学5所。1992年，市政府将“调整中小学布局，撤并农村中小学10%”作为全年重点抓的20件实事之一。年初，在武宁乡进行学校布局调整试点。暑假期间，全市农村乡镇按人口6000人左右设完全小学1所、2万人左右设初中1所、3万人左右设初中2所的标准，实施学校调整撤并。至年末，共撤并中小学校112所，其中小学104所、初中8所。1994年，再次调整中小学校布局，共撤减学校14所。1997年起，实施新一轮中小学校布局调整方案，即参照各乡镇人口出生情况，人口3.5万人左右的大乡镇设定点完全小学3～5所，2.5万人左右的中等乡镇设定点完全小学2～4所，1.5万人左右的小乡镇设定点完全小学1～3所；各乡镇集中力量办好1所初中，乡镇中心初中、中心小学、中心幼儿园办成窗口学校；普通高中按10万～12万人设1所的要求，收缩布点，实现办学由粗放型向规模效益型转变；职业教育和成人教育采用部门和乡镇联合办学形式，走综合发展之路；合并高邮电大分校、市工业中专、市职业技术学校，建立市职教中心。

2001年，市教委结合乡镇区划调整和农村税费改革，制定全市中小学布局调整三年计划和年度目标。是年，撤销乡镇教育办公室33个、乡镇成人教育中心校12所；撤销完全小学1所、初级小学12所、教学点36个，12所中心小学改为完全小学，全市有完全小学92所，平均施教人口9000人；撤销市曙光中学高中部，将其合并到市第一中学；分流司徒职业中学的教师和学生。全市小学由上年的267所减少到206所，设有高中班级的（含职业中学）学校由上年的16所减少到13所。至年末，乡镇中心小学生源覆盖率52%，职教中心招生数占全市职教招生数的55%。2003年，市政府成立中小学布局调整工作领导小组，撤并小学40所，以设分校的形式撤并初中12所，提前实现“十五”规划中小学布局调整目标，农村中心小学施教覆盖率71%。2005年，全市共有学校170所，其中小学131所、初中25所（含九年一贯制学校1所）、普通高中10所、职业高中3所（不含部门和社会办学）、特殊教育学校1所。

1986～2005年部分年份高邮市学校布局调整情况一览表

表26-1　　单位：所

年份＼项目	合计	小学	初中	普通高中	职业高中	九年一贯制学校	特殊教育学校
1986	772	642	110	15	5	—	—
1992	577	480	79	11	6	—	1
1997	307	250	38	11	7	—	1
2001	256	206	36	9	4	—	1
2005	170	131	24	10	3	1	1

第四节　招生考试制度改革

一、初中招生制度改革

1986年，全县初中招生实行由县文教局统一考试、统一录取的办法。1988年，城区初中取消“小升初”（小学升初中）考试。1992年，结合实施普及九年义务教育，全市初中学校不再举行招生考试。2002年，市教育局规定“小升初”坚持“免试、就近、划片”原则，规范招生秩序，严肃招生纪律，严禁全市任何初级中学举行招生考试或变相测试，保证所有学生就读机会均等。至2005年，全市初中招生一直执行此项规定。

二、中等教育招生考试制度改革

1986年，全县中等学校招生由县招生办公室负责，包括报名、体检、考试及填报志愿等工作。1992年，执行扬州市教育局的“中考”改革办法，改变由市（县）命题进行初中毕业考试、由扬州市统一命题进行升学考试和由劳动部门命题进行招工考试的办法，把毕业考试、升学考试、招工考试改为“三合一”的一次性统考。2005年，全市中等学校首次实行网上招生，即采取“市招生办按志愿划线投档，考生持升学通知书到所报学校注册，招生学校在网上确认录取”的办法。

三、高等教育招生考试制度改革

1986年，全县高等教育招生先由县组织学生参加预考，预考合格后的考生参加国家或省组织的统考。考试科目分文科、理科、体艺等3类。文科类考试科目为语文、数学、外语、政治、历史、地理、生物；理科类考试科目为语文、数学、外语、政治、物理、化学；体育艺术类考试科目为文科类科目，并加试所报专业。1994年，取消高考预选，实行高中毕业会考制度。会考科目为语文、数学、政治、外语、物理、化学、历史、地理、生物等9门。2000年，高中毕业会考科目改为文科综合和理科综合。2002年，改考前填报志愿为考后填报志愿。2003年，高考科目改为3＋X，即语文、数学、外语3门，在物理、化学、历史、地理、政治、生物等6门中选考两门，并取消保送生制度。2005年，实行网上阅卷，普通类考生各批次志愿改为平行志愿。

第二章 幼儿教育

1986年，全县幼儿教育工作由县妇联、县文教局和县妇幼保健站共同管理，教育部门办的幼儿园由县文教局管理，社会及有关部门办的幼儿园由县妇联和县妇幼保健站管理。全县有幼儿园744所，班级841个，在园幼儿1.95万人，幼儿入园率56.94%。1996年，全市实施幼儿园注册达标，一批个人所办幼儿园因硬件不达标而关闭。1997年起，全市幼儿园总数下降。至1999年，全市幼儿园下降到88所。其间，教育部门和企事业单位所办幼儿园进入规模扩大、设施改善、环境美化、管教优化的阶段，城区和乡镇中心幼儿园提升师资水平，改善软件环境建设。2000年，实行幼儿园办园体制改革，个人办幼儿园逐渐成为幼儿教育的主体。年末，市南海艺术幼儿园、龙虬镇中心幼儿园分别被命名为"江苏省示范性实验幼儿园""江苏省示范幼儿园"。2002年，全市有幼儿园71所，其中教育部门和集体办园29所、社会力量办园39所、其他部门办园3所；班级673个，在园幼儿1.63万人。2004年，高邮师范实验幼儿园被命名为"江苏省示范幼儿园"。2005年，全市有幼儿园64所，其中公办园28所、个人办园36所；设有班级601个，其中公办园班级275个、个人办园班级326个；在园幼儿1.53万人，入园率92.1%。

1986～2005年高邮市幼儿园情况一览表

表26-2

项目 年份	幼儿园 （所）	班级 （个）	在园幼儿 （人）	招收新生 （人）	入园率 （%）	教职工 （人）	毕业生 （人）
1986	744	841	19476	—	56.94	977	—
1987	794	818	17682	—	61.61	909	—
1988	740	782	15282	—	50.74	960	—
1989	720	765	14940	—	46.24	972	—
1990	671	764	16689	—	59.20	977	—
1991	648	789	22290	—	61.30	973	—
1992	687	733	21529	11335	68.00	1069	7676
1993	641	777	24286	12510	70.20	919	10241
1994	486	823	25193	9383	67.80	952	8019
1995	642	874	25528	8584	68.02	822	8741
1996	602	802	22415	17041	74.30	972	13928
1997	414	779	22064	13932	90.40	1030	12501
1998	351	773	21553	8270	91.88	1080	10745
1999	88	735	19460	7723	91.40	1115	9013
2000	113	695	18298	7586	91.76	1165	9784

续表 26-2

项目 年份	幼儿园（所）	班级（个）	在园幼儿（人）	招收新生（人）	入园率（%）	教职工（人）	毕业生（人）
2001	96	657	16719	6812	91.80	1234	8336
2002	71	673	16269	6391	91.80	988	7812
2003	52	535	13349	5854	91.50	997	7059
2004	61	639	14738	5576	91.20	948	6755
2005	64	601	15345	5385	92.10	855	8995

说明：1986～1991年“招收新生”“毕业生”两栏缺统计数据。

第一节　幼儿园管理

1987年，县政府印发《贯彻〈江苏省幼儿教育工作条例〉实施办法》。1993～1994年，市教育局贯彻扬州市政府印发的《关于改革和发展幼儿教育的意见》精神，建立“政府统一领导、社会办园、教育部门主管、各部门分工协作”的办园体制，多渠道筹集办园经费，依靠社会力量发展幼儿教育事业。1996年，全市开始实施幼儿园注册达标，并按照“谁办园谁投资、谁收益谁负担”的原则，进一步规范收费办法、标准、用途、分配及其他事项。至是年，全市95.7%幼儿教师通过考核，获专业合格证书和教材教法合格证书，100名幼师参加学前教育大专函授班，250名幼师参加幼教、音乐美术等专业技能技巧培训。1997年4月，市教委按照国家教育委员会颁发的《幼儿园工作规程》，规范幼儿园的设立、编班，卫生保健，幼儿教育，硬件设施，工作人员条件，幼儿园管理与经费，幼儿园与家庭、社会关系等。2000年4月，市教委执行《扬州市幼儿园评估定类细则》，开展幼儿园评估定类工作。2003年，市教育局对各类幼儿园实施年审制度。2005年，市教育局印发《关于加强幼儿园教师队伍建设的意见》，对全市幼儿园教师实行通识培训，学习新颁布的《江苏省幼儿教育纲要》，并组织60名幼儿园园长参加扬州市专业培训班。

第二节　幼儿保教

1986年，县文教局在幼儿教师中开展“热爱孩子赛妈妈”“做知心姐姐”等活动。各乡镇建立幼师辅导组织，辅导员专职对幼师进行业务培训。是年9月，县妇联与县文教局联合举办培训班，培训各乡镇幼教辅导员。1987年起，全县每5年举办一次幼儿运动会。是年5月，举办全县首届幼儿运动会，参赛幼儿1153人，比赛项目有团体操、生活自理、兔跳、骑童车等7项，获奖幼儿300人次。1991年起，每年“六一”前夕，县文教局、县妇联、县总工会联合组织驻城幼儿园，开展“健美娃娃”评比、家庭演唱会、“献给父母的礼物”——小作品展览比赛等活动。2000年起，组织全市幼儿园开展幼儿管教工作能力提高和幼教理论研讨活动，围绕幼儿良好生活习惯的建立、流畅准确语言的表达、情感控制能力的培养、团结友爱品质的形成及各种兴趣活动的参与等课题，提升幼儿教师保教基本功。“弹得悦耳、跳得优美、唱得动听、写得工整、画得栩栩如生”成为全市幼儿教师基本功考核的重要指标。2000年，市级机关幼儿园独立承担的科研课题“幼儿园课程开发与实施能力培育的实践研究”获扬州市立项。2005年10月，该课题通过扬州市教育科学研究所专家组验收并结题。

第三节 幼儿园简介

一、市南海艺术幼儿园

1993年2月，由市建设局创办，设于城区南海新村、盂城南路东。全园有9个班，在园幼儿300人，教职工32人，先后获“省示范性实验幼儿园”“省绿色学校”“省巾帼示范岗”“省卫生保健合格园”等称号。2001年起，先后完成园舍改造，占地面积、建筑面积、绿地面积、户外活动场地等均达到国家规定要求；配备彩电、空调、消毒柜、闭路电视等现代化教学、生活设施；建成保健室、隔离室、音体活动室、美工室、科学发现室、计算机室、资料室、档案室、多功能活动室、儿童图书室等教学、生活配套用房。全园幼师均具备国家规定的任教资格，其中大专以上学历的幼师占83%，市以上中青年教学骨干和教坛新秀6人。至2005年，在全国首届青少年邮票设计大赛、扬州市第五届少儿艺术节、高邮市“助残杯”少儿绘画大赛中获组织奖；教师共有100多篇论文在省、市论文评比中获一、二、三等奖；多名幼儿在全国及省、市各项艺术类大赛中获得一、二等奖。

二、扬州教育学院附属实验幼儿园（师范幼儿园）

2000年6月，由高邮师范学校（后更名为扬州教育学院高邮校区）创办，设于校内。占地0.45公顷，建筑面积2880平方米。有6个班，在园幼儿220人。每个班级均配有钢琴、彩电、录音机、VCD、电频仪等现代化教学设施，设有科学发现室、生活工作室、多功能活动室、多媒体教室、钢琴房、图书馆、乒乓球馆等配套设施。开设英语和分享阅读实验教学及美术、舞蹈、围棋、朗诵等特色活动，注重幼、小衔接的实验教育，发现和培养幼儿个性与特长。至2005年，先后被命名为“扬州市一类幼儿园”“省示范性实验幼儿园”“省教科研实验基地”；在全国、省、市各类比赛中多次获奖，其中活动方案获全国二等奖，幼儿美术作品和舞蹈获省、市一、二、三等奖，市级课题“幼儿教育生活化研究”获扬州市优秀课题三等奖，园本课程创设形成自己的特色。2005年，组织实施“幼儿园早期阅读教学科学化的研究”课题。

三、市直机关幼儿园

1956年，始由县政府创办县级机关保育院，设于城区县府街街南、县政府大门对面。70年代复建。90年代更名为市直机关幼儿园。2001年，迁至城区长生路50号。占地0.32公顷，建筑面积1900平方米。有教职工29人，大专以上学历人数占50%，有市以上中青年教学骨干、幼教学科带头人、教坛新秀5人。该园有8个班，在园幼儿300人。每个班级均配有活动室、游戏区、寝室、盥洗间、卫生间，配有钢琴、彩电、空调、音响、VCD、消毒柜、热水器、保温和流水洗手设备等现代化学习生活设施，设有玩沙池、种植园、戏水池、多功能活动室、科学发现室、儿童图书室等幼儿专用活动场所，户内外活动器具、玩具、图书种类繁多，园内有多媒体、计算机、放像机、摄像机、投影仪、实物投影仪、数码相机、高级音响等电化教学设备。2005年，该园被命名为“省示范性实验幼儿园”“省卫生保健合格单位”。

图26-2 市直机关幼儿园师生演练团体操

第三章　小学教育

1986年，县政府制定普及六年义务教育规划。是年，全县有小学642所，在校学生9.49万人，小学学龄儿童入学率、巩固率、毕业率分别为99.8%、99.4%、99.24%。1989年，全县贯彻《中华人民共和国义务教育法》，逐步实施义务教育工作。至1992年，全市全面实现六年义务教育。1996年，全市小学学龄儿童入学率、巩固率、毕业率分别为99.1%、100%、99.9%。1997年起，全市小学开展扬州市合格学校创建工作。2000年起，开展扬州市先进学校和省实验小学创建工作。先后有市实验小学、高邮镇城北小学、车逻镇中心小学、送桥镇中心小学、天山镇中心小学、菱塘回民中心小学等6所小学创建成省实验小学。2003～2004年，先后有高邮镇城北小学、车逻镇中心小学、周巷镇中心小学、送桥镇中心小学、天山镇中心小学等5所小学创建成扬州市示范学校。至2005年，全市累计建成扬州市合格学校75所、扬州市先进学校35所、扬州市示范学校5所、省实验小学8所。是年，全市共有小学131所，其中完全小学75所、小学教学点56所，在校学生4.89万人，学龄儿童入学率、巩固率、毕业率分别为100%、100%、99.72%。

1986～2005年高邮市小学教育情况一览表

表26-3

项目 年份	学校（所）	班级（个）	在校学生（人）	招收新生（人）	毕业生（人）	学龄儿童（人）					教职工（人）		
							入学人数（人）	入学率（%）	巩固率（%）	毕业率（%）		专任教师	其中民办教师
1986	642	2609	94921	13406	11462	63986	63880	99.80	99.40	99.24	3731	3397	2427
1987	638	2575	90082	10053	13056	61787	61784	99.90	99.30	99.16	3729	3490	2192
1988	638	2465	82992	8531	14283	57021	56951	99.80	99.50	99.00	3784	3438	2177
1989	621	2392	76116	7967	14150	52606	52446	99.69	99.57	99.46	3844	3465	2166
1990	602	2265	68263	7134	14380	47502	47316	99.60	99.60	99.80	3825	3423	2067
1991	584	2202	61239	7217	13948	50595	49940	99.60	99.60	99.70	3850	3419	2085
1992	480	1946	55935	8290	13506	46738	44311	94.80	99.80	99.99	3818	3375	1971
1993	473	1888	53760	9548	11219	46335	44502	96.04	99.40	99.57	3848	3348	1869
1994	466	1901	55115	10734	9260	52257	52008	99.52	99.80	99.80	3833	3367	1742
1995	461	1907	57384	10714	8026	52603	51952	98.80	99.76	97.10	3920	3447	1315
1996	299	1894	62315	12050	7423	56781	56284	99.10	100.00	99.90	3998	3523	954
1997	250	1879	66797	12461	7428	56721	56595	99.80	99.80	98.30	4032	3544	106
1998	387	1872	69248	10832	8081	64550	64550	100.00	99.99	98.60	4075	3490	—
1999	333	1854	68845	9423	9607	65698	65698	100.00	99.83	98.99	3990	3283	—
2000	267	1754	68481	10202	10777	69098	69098	100.00	99.88	98.93	3887	3230	—

续表26-3

项目/年份	学校（所）	班级（个）	在校学生（人）	招收新生（人）	毕业生（人）	学龄儿童（人）	入学人数（人）	入学率（%）	巩固率（%）	毕业率（%）	教职工（人）	专任教师	其中民办教师
2001	206	1649	65594	8915	11380	49410	49410	100.00	99.50	99.33	3690	3169	—
2002	181	1538	61315	8408	12276	49006	49006	100.00	99.38	98.71	3394	2908	—
2003	141	1401	55930	7609	12450	47778	47778	100.00	99.09	99.54	3276	2773	—
2004	141	1266	52144	7226	10991	45348	45348	100.00	100.00	99.59	2972	2548	—
2005	131	1185	48925	6218	9692	43154	43154	100.00	100.00	99.72	2883	2499	—

说明：1998～2005年历年学校数含教学点数，分别为：150个、106个、77个、37个、23个、42个、61个、56个。

第一节 学制与课程

1986年，全县小学继续执行教育部颁布的《全日制六年小学教学计划（草案）》，实行六年制学制。开设课程有语文、数学、思想品德、自然、地理、历史、体育、音乐、美术、劳动等10门课。1993年秋季起，按照国家教育委员会规定，全市小学开设语文、数学、思想品德、自然、社会、体育、音乐、美术、劳动技术等9门课。1995年，按照国家教育委员会规定，全市小学实行每周40小时标准工作制，学生每周在校学习时间控制在30课时以内。1997年，统一执行《江苏省全日制中小学课程（教学）计划》。2003年，为减轻学生学习负担，小学课程减少到6门，即语文、数学、思想品德、体育、音乐、美术。至2005年，学制与课程均未再发生变化。

第二节 教材与教法

一、教材

1986年，全县小学统一采用人民教育出版社出版的统编教材。1995年秋季起，全市小学采用江苏教育出版社出版的教材。2003～2005年，全市小学改用江苏教育出版社出版的“国标本”教材。其间，市教育局和部分小学为配合实施思想品德教育、素质教育和地情教育，自编乡土教材，主要有市教育局教研室编印的《我爱高邮》、市实验小学编印的《致用乐园》、市城北小学编印的《你好，大自然》、天山镇中心小学编印的《山花烂漫》等。2005年，市实验小学编印的《致用乐园》获全国中小学教育科研成果大赛一等奖。

图26-3 市蓓蕾学校的课堂教学

二、教法

1986年前，各小学基本按既定的教学计划、教学大纲和教材进行教学，教师“满堂灌”，学生“满堂听”。上课程式是“老三段”，即“温故”（回顾上一堂课教学内容，讲解作业中存在的共性问题）、“知新”（讲授新课内容）、“巩固”（小结本课内容，布置作业)。1986年，按照县文教局教研室提出“精讲多练”要求，各小学逐步实行教师讲课时间不超过一半，腾出时间给学生思考与讨论。1992年，各小学进行“优化课堂结构，提高课堂效率”的探索。2001年，执行教育部《基础教育课程改革纲要》，进行教法革新尝试，部分学校开始使用电化教育手段。至2005年，全市小学改变过去读读讲讲“满堂灌”的教学方法。市实验小学在加强识字、阅读、习作基础上，注重读写训练，提高语文素养；周巷小学在作文教学中充分利用电教媒体，丰富和发展学生的想象力，开拓学生的写作思路；三垛小学在数学教学中，培养学生的自学能力和自主探究的学习方法。

第三节 素质教育

1991年，全市各小学根据全省小学素质教育研讨会精神，将素质教育提上议事日程。1996年，全市小学六年级教学质量经调研测试，合格率100%，良好率、优秀率分别为80%和20%。是年，市实验小学、天山镇中心小学、高邮镇中心小学获“扬州市素质教育先进学校”称号。2001年，送桥镇中心小学、车逻镇曹庄小学、周巷镇中心小学获“扬州市素质教育先进学校”称号。市教委召开小学素质教育流动现场会，参观扬州市素质教育先进校、合格校的教育教学现场，推进小学生素质教育。是年，在省小学数学竞赛中，全市有19名学生获奖，市实验小学获团体奖。2003年，天山镇中心小学通过省实验小学评估验收，成为全市第二所省实验小学。2005年，高邮镇中心小学创建成省实验小学，菱塘回民中心小学和车逻镇中心小学通过省实验小学验收。至是年末，在全市小学中，创建成省实验小学3所、扬州市素质教育先进学校17所。

第四节 学校简介

一、市第一小学

清光绪二十三年(1897)创建。先后称珠湖致用学堂、县立高等小学、县第一小学、县实验小学、县城中小学、初级师范附属小学、东方红小学。1980年复称县实验小学。1998年更名为市第一小学。校址位于城区中市口东北隅。2005年，全校占地0.93公顷，建筑面积6929米；有教学班37个，在校学生2400人；教职工129人，大专以上学历人数占专任教师95%，学历合格率100%，有中学高级教师职称6人、小学高级教师职称72人、省特级教师1人、省骨干教师10人、市以上学科带头人和教坛新秀33人。该校以教育科研、艺术教育为办学特色，先后获“全国少先队红旗大队”“中国书法(写字)特色学校”“教育部‘十五’重点课题实验基地”和“省群众体育先进单位”“省少先队功勋大队”“省电化教育示范学校”“省教育科学研究所实验基地”等称号。

二、江苏省高邮实验小学(蓓蕾学校)

1998年前为县实验小学分部，校址位于城区府前街132号(市人民医院西侧)，又称蓓蕾学校。是年，实行办学体制改革，为公办民助试点。2002年9月，该校办学权转让给南京客商黄勇。2005年，该校占地0.4公顷，建筑面积5800平方米。全校有教学班55个，其中小学教学班44个、幼儿园教学班11个，在校学生2592人，教职工154人。在专任教师中，学历合格率100%，大专以上学历人数占99%；有中学高级教师职称4人、小学高级教师职称66人、小学一级教师职称34人，中级以上专业技术职务人员占在编教师的63%；市以上学科带头人、骨干教师、教坛新秀63人。先后获“全国少先队红旗大队”“全国青少年科技教育先进学校”“全国实践行知思想，推进素质教育先进集体”“省现代教育技术示范学校”“省少年科技特色学校”“省教育科学研究所实验基地”“扬州市素质教育先进学校”“扬州市艺术教育特色校”等称号。

三、高邮城北实验小学

清光绪三十一年（1905）创建。先后称私立公益小学堂、高等小学堂、县立第一小学分校、县立第五高等小学、育才小学、景家桥小学、城北小学、第三中心国民学校、高邮师范附属小学、高邮镇城北小学。2000年，更名为高邮镇中心小学。2005年，更名为市城北实验小学。校址位于城区民生路34号，占地1.84公顷，建筑面积5207平方米。全校有小学教学班34个、幼儿班5个，在校学生2000人。在编教师92人，教师学历达标率100%；有省特级教师1人、中学高级教师职称2人、小学高级教师职称45人，市以上学科带头人、骨干教师15人。该校注重学生全面发展，传统体育强项为乒乓球运动，校田径队多次在全市小学生运动会上获团体总分第一名。先后获“全国绿色学校创建活动先进学校”“全国少先队信息研究基地”“现代小学数学教育实验基地”“省先进绿色学校”“省雏鹰电脑明星学校”“省优秀家长学校”“省电化教育实验基地”“上海外国语大学实验基地”等称号。

四、天山镇实验小学

1949年创办，坐落于高邮湖西神居山下。学校占地2公顷，有教学班27个，在校学生1300人，教职工70人，其中省特级教师1人，市以上学科带头人、骨干教师11人。该校立足农村乡镇实际，挖掘和利用各种教育资源，培养学生品德、个性和特长。2000～2005年，该校学生在报刊上发表的作文300多篇。学校春草漫画社的小学生在《人民教育》《儿童漫画》等刊物上发表作品数百幅，在南京、高邮等地举办过作品展。《关心下一代周报》对此作过专题报道。“十五”期间，该校开展以“运用农村教育资源，培养学生语文素养”为重点的省、市级课题研究活动，教师在各级教育报刊上发表论文200多篇。至2005年，该校教研课题均通过结题。

第四章 中学教育

1986年，全县共有中学130所，其中初级中学110所、普通高中15所、职业高中5所；在校学生4.3万人，其中初中3.7万人、普通高中4838人、职业高中1183人；教职工3032人。1993年，高邮市中学第三次被列为省重点中学。至1995年，经过两次学校布局调整后，全市中学减少到61所，其中初中45所、普通高中11所、职业高中5所；在校学生3.33万人，其中初中2.47万人、普通高中5453人、职业高中3088人；教职工2404人。是年起，全市开展扬州市合格初中创建工作。1999年，高邮市中学被表彰为省德育先进学校，天山镇中心初中通过省模范学校验收，天山镇中心初中、郭集镇中心初中率先在全市创建成省示范初中。

2001年，高邮市中学、市第一中学、南海中学、赞化学校、临泽中学等5所学校被确认为扬州市教育科学研究实验基地；市第一中学创建成江苏省重点中学。2003年，高邮市中学、市第一中学转为省普通高中三星级学校，临泽中学、三垛中学被评为省普通高中二星级学校。2004年，高邮市中学通过省首批四星级普通高中学校验收，并被授予首届“扬州市模范学校”和“扬州市艺术教育特色学校”称号。市第一中学被评为省绿色学校，南海中学获“全国德育科研先进实验学校”称号，三垛中学、临泽中学分别创建成扬州大学教育实习基地与教学实践基地。2005年，高邮市中学经省教育厅批准更名为江苏省高邮中学。郭集镇初级中学、送桥镇初级中学、八桥镇初级中学、三垛镇初级中学通过扬州市现代化教育实验学校验收。临泽中学、车逻镇初级中学被评为省绿色学校。至是年，全市有中学38所，其中初中25所（含九年一贯制学校1所）、普通高中10所（含完中1所、民办高中1所）、职业高中3所；在校学生5.58万人，其中初中3.28万人、普通高中1.42万人、职业高中8820人；教职工3003人，其中专任教师2609人。

1986～2005年高邮市中学教育情况一览表

表26-4

项目 年份	学校（所）				在校学生（人）				教职工（人）			
		普高	职高	初中		普高	职高	初中		普高	职高	初中
1986	130	15	5	110	42984	4838	1183	36963	3032	353	75	2604
1987	123	14	4	105	40633	5040	1419	34174	2361	296	55	2010
1988	101	11	6	84	39268	4690	1728	32850	2298	303	81	1914
1989	109	14	3	92	36308	4641	948	30719	3200	428	125	2647
1990	100	11	5	84	39118	4637	1688	32793	2504	340	76	2088
1991	89	11	6	82	40340	4971	1265	34104	2483	355	159	1969
1992	96	11	6	79	41510	5434	1774	34302	3293	568	220	2505
1993	93	11	6	76	41562	5366	1846	34350	3281	511	210	2560
1994	80	11	6	63	35496	5215	2391	27890	2405	370	119	1916
1995	61	11	5	45	33251	5453	3088	24710	2404	387	210	1807
1996	59	11	7	41	30907	6665	1496	22746	2382	463	237	1682
1997	56	11	7	38	29566	6807	1519	21240	2348	488	253	1607
1998	50	11	4	35	31096	7073	2812	21211	2267	492	239	1536
1999	51	10	7	34	33088	7373	2489	23226	2501	574	269	1658
2000	45	7	4	34	36115	8212	1652	26251	2434	596	240	1598
2001	49	9	4	36	39411	9231	947	29233	2537	628	247	1662
2002	50	9	4	37	43776	10228	1418	32130	2577	666	218	1693
2003	38	10	3	25	51320	11840	5058	34422	2834	799	242	1793
2004	38	10	3	25	54671	12860	6757	35054	2966	856	254	1856
2005	38	10	3	25	55775	14180	8820	32775	3003	914	279	1810

1986～2005年部分年份高邮市高中毕业生高考情况一览表

表26-5

年份	1986	1987	1992	1993	1994	1995	1996	1997	1998	1999	2000	2001	2002	2003	2004	2005
参加高考人数（人）	—	—	—	1262	1888	2034	2216	2235	2348	2648	2538	2854	3095	3356	4245	5045
录取人数（人）	407	528	401	658	685	803	890	1037	961	1658	1980	1941	2160	2463	3162	3870
录取率（%）	—	—	—	52.14	36.28	39.48	40.16	46.40	40.93	62.61	78.01	68.01	69.79	73.39	74.49	76.71

说明：1986～1992年，部分年份缺统计数据。

第一节 学制与课程

1986年，全县普通中学恢复实行“三三”学制，即初中三年、高中三年。1989年，在全县初级中学中全面推广郭集乡中心初中首创的初三分流教学试点经验，时称“3＋X”模式，即部分学生学完初中三年课程后，再进行一项至多项专业技术培训，为进入社会或升入职中打下基础。2003年秋季起，全市初级中学全面推行课程改革，执行省九年义务教育三年制初中课程设置，设有思想品德、语文、数学、英语、物理、化学、历史、地理、生物、美术、音乐、写字、体育与健康、信息技术、家庭电工等15门主要课程。

1990年起，全县普通高中按国家教育委员会调整后的全日制高中教学计划开设课程，设有政治、语文、数学、外语、物理、化学、生物、历史、体育等9门主要课程，选修课有劳技、活动、实践等。学生按文、理科分别选修主课中相应的课目。1994年，全市普通高中实行高中毕业会考制度，会考课目为物理、化学、历史、地理、政治、生物。文化课各科成绩合格，思想表现、社会实践和体育成绩均达标者，即可取得毕业证书。2002年，普通高中各年级开设思想政治、语文、数学、物理、化学、英语、中国（世界）近现代史、地理、信息技术、体育与健康、艺术欣赏（音乐）、艺术欣赏（美术）、制图、电子技术等14门课程。在这些课程中，有的是普通高中各年级通用，有的课程相同，但教材内容不同。2005年，全市执行省和扬州市新课标，普通高中部分课程调整，调整后的课程为思想政治、语文、数学、物理、化学、英语、历史、地理、生物、信息技术及基础、体育与健康、音乐欣赏与舞蹈、美术欣赏与绘画、通用技术与设计等14门。

第二节 教材与教法

一、教材

1986～1993年，全市初级中学继续实施教育部1981年制订的全日制初级中学教学计划，采用人民教育出版社出版的统编教材。2003年，按照课程改革的要求，全市初级中学教材以省编教材为主。其中，江苏人民出版社出版的教材有《思想品德》《思想政治》，江苏教育出版社出版的教材有《语文》《英语》《工艺制作》《园艺》《写字》《家庭电工》，江苏科技出版社出版的教材有《数学》《物理》《生物》《信息技术》，上海教育出版社出版的教材有《化学》，人民教育出版社出版的教材有《历史》《地理》，江苏少儿出版社出版的教材有《音乐》《美术》等。普通高中教材则以教育部部编教材为主。其中，人民教育出版社出版的教材有《思想政治》《语文》《数学》《物理》《化学》《英语》《中国（世界）近现代史》《地理》《体育与健康》《音乐》《美术》，江苏教育出版社出版的教材有《制图》《电子技术》等。2005年，全市落实新课标后，省编教材增加，原先语文、数学、化学、历史等主课所用由人民教育出版社出版的教材，改为由江苏教育出版社出版的教材；英语改用译林出版社出版的教材。为培养学生知家乡、爱家乡的情感和激发建设家乡的志向，部分学校自编乡土教材或校本教材，先后编印的教材有《高邮景观》《古人咏高邮》《我的家乡在高邮》等，作为向学生实施思想政治教育或特色教育的辅助教材。

二、教法

1986年，全县中学以高邮县中学为龙头，组织课题研究，开展教育教学科研活动。1987年，汉留镇初级中学、北海初级中学各开办1个“单元合成，整体训练”实验班，提高学生读写能力。1992年，市第一中学教师缪真义在诗歌教学中，把读诗、赏诗、指导学生写诗融为一体，既提高学生的写作能力，又陶冶学生的思想情操。1996年，高邮市中学开发校园文化，发挥新苗文学社和体育、艺术等活动的育人功能，使“无形教育”有形化。2001年，全市开展“课堂教学效率年”和“课堂教学改革年”活动。高邮市中学举行语文、数学、外语、物理、化学等10个课目公开教学，并承办有70多名化学教研员参加的扬州市高中化学教学研讨会。界首、甸垛、三垛等中学和南海、赞化等初级中学实行校际间相互学习，取长补短，提高教学质量。2005年，各中学继续深化教育教学改革，进一步开展教育科研与协作教学，更新教育手段，完善考核评估，不断取得改进教法的新成果。是年，全市中学参加各级各类课目竞赛获扬州市以上奖项逾百人次，其中化学竞赛成绩名列江苏省第一，被选送到国家奥林匹克化学集训队学习的学生1人；高考外语总分列扬州市第一、江苏省第二，文科、理科总分名列扬州市第二的学生各1人。

第三节　思想品德与素质教育

一、思想品德教育

1986年，各中学以革命传统教育，理想前途教育，“五讲、四美、三热爱”教育和学习英雄模范、投身社会实践等为主要内容。1991年，各中学全面推行省教育委员会制订的《江苏省中学生思想品德考核方案（试行稿）》，德育工作进入量化操作阶段。1994年，各完全中学相继开办中学生业余党校，通过讲座、报告会等形式，增强中学生热爱党的感情和为党的事业奉献一切的信念。2000年后，市教委面对市场经济对中学德育工作的冲击，成立德育科研机构，加强和改进学校德育工作。2004年，南海中学获“全国德育科研先进实验学校”称号。2005年，各中学继续开展对学生的思想品德教育。

二、素质教育

80年代中后期，全县中学对素质教育重视不够。1990年后，各学校以活动育人、文化育人、环境育人为载体，培养学生的学习兴趣和动手动脑能力，有效促进学生的德智体美劳全面发展。1991年，高邮市中学举行“青春的旋律”“在歌声中前进”“踏着雷锋的足迹”等诗歌朗诵比赛。1998年，高邮市中学田径队跻身扬州市前三名，学生文学社进入全国百强；南海中学获省少年工作委员会授予的“江苏省雏鹰电脑行动明星学校”称号；界首中学、临泽中学、车逻中学以环保教育为突破口，实施校园环境绿化、美化、净化的建设与管理，开展学科渗透，营造环保氛围，并以丰富多彩的环保主题活动，开展课外环境育人实践活动。2005年，南海中学建立集邮协会，开办邮苑、少年邮校、少年邮局，邮苑中的邮集《和平鸽》《圆》分别在扬州市邮展和全国青少年邮展中获奖，少年邮校、少年邮局为扬州市各校首家，全国集邮联合会会长刘平源等在参观后皆秉笔题词。南海中学获“全国青少年集邮示范基地”称号。是年，菱塘回民初级中学、龙虬镇初级中学、赞化学校学生在省中小学生奥林匹克计算机技术应用素质竞赛中分别获得二、三等奖；市第一中学有5名学生在省第十一届青少年科技大赛中分别获得科幻绘画和创造发明三等奖。

第四节　学校简介

一、江苏省高邮中学

清光绪三十一年（1905）创办。位于城区府前街4号。先后称赞化学堂、县立初级中学、高邮县中学、东方红中学、高邮市中学。占地4.26公顷。1963年、1979年、1993年，三次被列为省重点中学。2001年8月，整体搬迁至城区文游南路，占地14.92公顷，建筑面积6.8万平方米。2002年，该校与澳大

图 26-4 2005 年，高邮中学举办百年校庆活动。图左三起为知名校友秦华孙、周尔鎏、吴登云、陈福森、杨基础

利亚汉密尔顿市亚历山德拉学院结为姊妹学校。2004年，晋升为省四星级普通高中。2005年，经省教育厅批准，更名为江苏省高邮中学。设有教学班72个，在校学生4100人；在职教职工310人，其中专任教师260人。先后获“省德育先进学校”“省中小学党建工作先进集体”“省群众体育运动先进单位”“省爱国卫生运动先进单位”“扬州市文明单位”“扬州市教科研先进学校”“扬州市模范学校”“扬州市先进学校”等称号，为东南大学、南京理工大学、南京航空航天大学、河海大学、南京师范大学、南京信息工程大学、江苏大学等高校优质生源基地和教育教学科研基地。

二、三垛中学

1956年创办。位于三垛集镇南、北澄子河三垛河段北岸。2000年，因三阳河拓宽改造工程建设，在三垛集镇东重建校园，占地6.54公顷，建筑面积1.98万平方米。2003年12月，创建成省二星级高中。2005年，设有教学班30个，在校学生1380人，专任教师78人，其中具有中高级职称的教师40人，市以上学科带头人、教学骨干、教坛新秀17人。先后获“省德育先进学校”“省理科实验合格学校”“扬州市文明学校”“扬州市绿色学校”等称号。

三、临泽中学

1957年创办。位于临泽集镇。占地6.19公顷，建筑面积1.55万平方米。2005年，设有教学班32个，在校学生1252人，专任教师112人。先后获“省德育先进学校”“省绿色学校”等称号。

四、送桥中学

1958年创办。位于送桥集镇。始称县送驾初级中学，后更名为送桥中学。占地4.2公顷，建筑面积3800平方米。2005年，设有初中班6个、高中班6个，在校学生800人，在职教师30多人。

五、车逻中学

1958年创办。位于车逻集镇东。占地2.2公顷，建筑面积9917平方米。1996年，实行初中、高中分离，成为普通高级中学。2005年，设有教学班21个，在校学生1207人，在职教师71人。

六、市第一中学

1964年9月创办。位于城区中山路，先后称县职业中学、县红旗中学。1988年6月，更名为县第一中学。1998年4月，在武安路易地新建校园，占地7.33公顷，建筑面积4.2万平方米。2001年3月，被确认为省重点中学。6月，市政府决定将市曙光中学高中部整建制划入该校。2002年6月，该校最后一届初三学生毕业后转为普通高中学校。2003年，通过省首批三星级高中验收。2005年，设有教学班60个，在校学生3750人，教职工245人，其中专任教师188人。先后获“省青少年科技教育特色学校”“省绿色学校”“扬州市德育先进学校”“扬州市科普教育基地”“扬州市教育科研基地”等称号。

七、甸垛中学

1986年创办。位于甸垛集镇。占地5.33公顷，建筑面积1.71万平方米。2005年，设教学班18个，在校学生1012人，教师67人。先后获“扬州市德育先进学校”“扬州市综合治理先进学校”等称号。

八、南海中学

1997年8月创办。位于城区蝶园南路。2000年12月，建立市实验初中，属公办民助性质。2003年，被省教育厅命名为省示范初中。是年12月，改制为股份合作制学校。2005年9月，设立南海中学进修分校，实现公办、民办分开办学。全校占地2公顷，建筑面积1.5万平方米。设有教学班45个，在校生2400人，教职工140人，拥有本科学历的在职教师占75%。其中，市以上有突出贡献的中青年专家2人，中学高级教师职称20人、中学一级教师职称74人，市以上中青年教学骨干、学科带头人、教坛新秀32人。先后获“全国青少年集邮活动示范基地”“全国青少年心理健康教育研究示范学校”“全国少年儿童信息基地”“省教育现代化工程示范初中”“省青少年法制教育先进集体”“省科技教育特色学校”“省心理教育骨干学校”“扬州市教育科学研究基地”“扬州市综合实践活动实验学校”等称号。

九、赞化学校

1999年创办。位于城区府前街4号，原高邮市中学校址。该校系高邮市中学实行初中、高中分离后创办的一所初级中学。2003年6月，转制为民办。2005年，占地4.3公顷，建筑面积3.6万平方米。有教学班54个，在校学生3032人，专任教师148人，其中市以上优秀教育工作者、学科带头人、有突出贡献的中青年专家、中青年教学骨干、教坛新秀33人。先后获“省民办非企业单位先进集体”“省实施教育现代化工程示范初中”“省依法治校示范校”“省教育科学研究实验基地”“省综合实践活动实验学校”和“扬州市教育科研样本校”“扬州市艺术教育特色学校”等称号。

十、朝阳中学

2002年6月创办。位于城区金桥路200号，是经扬州市教育局批准成立的全市第一所全日制民办普通高中。2005年，该校占地2公顷，建筑面积6500平方米。有教学班10个，在校学生380人，专任教师28人，其中省特级教师1人、省先进教育工作者3人、市有突出贡献的中青年专家1人、中学高级教师职称8人。

十一、市第二中学

2003年6月创办。位于市教师进修学校内。2004年8月，迁至城区人民路原曙光中学校址。2005年，设有教学班初中13个、高中20个；在校学生初中651人、高中985人；在职教师115人，其中本科以上学历85人。

第五章　特殊教育

1986～1991年，残疾儿童随普通中小学生入学就读。1992年，市聋哑学校建立。1995年，该校更名为市荷花塘特殊教育学校。此后，全市实行市特殊教育学校集中招生与各乡镇普通中小学就近招收残疾儿童随班就读两种方法，让残疾儿童享有受教育的权利。1996年，全市在校残疾儿童630人。2005年，全市7～15周岁残疾儿童接受义务教育入学率98%。

第一节 特殊教育教学

1992～2005年，全市把特殊教育纳入义务教育，注重提升办学水平，提高教育质量。针对教育教学对象的特点，在课程设置上，按照国家教育委员会《全日制聋校课程计划》，开设思想品德、语文、数学、社会常识、自然常识、律动、体育、美术、劳动等9门课程。教学方法以演示法、讲授法为主，以参观法、谈话法、指导法、练习法为辅。通过创设情境、直观教具、表情手势等教学手段，让学生循序渐进、反复演练，实现既定的教学目标与任务。

第二节 市荷花塘特殊教育学校

1992年10月，市聋哑学校建立，设于城区北门大街高邮镇荷花塘小学内。由镇荷花塘小学代管，实行两块牌子、一套班子。招生对象为7～15周岁聋哑、智障残疾儿童与少年，首批学生16人，教职工6人。1995年8月，镇荷花塘小学被撤并到新巷口小学，市聋哑学校单设，划归市管，并更名为市荷花塘特殊教育学校。是年，该校扩建，扩建后占地1866.76平方米，建筑面积834平方米，设有计算机房、美术教室、律动教室、学生生活用房等教学和生活设施。1996年，该校教师刘春生被表彰为省特殊教育先进工作者。2003年，该校教师王国伟、黄滟撰写的特殊教育论文分别获全国和省优秀论文竞赛一、三等奖。2004年8月，该校先天性聋哑少年吕佳佳以566分被山东省特殊教育职业技术学院美术绘画专业录取，成为全市第一名聋哑大学生。2005年，全校共有班级5个，在校学生65人，教职工14人。至是年末，该校先后向高一级学校输送毕业生43人，其中考取南京特殊教育职业技术学院1人、考入南京聋人学校高中1人、入选省残疾人艺术团1人。

第六章 中等职业技术教育和成人教育

1985年，司徒中学改为县职业中学。1986年，县职业技术学校建立。同时，县红旗中学、曙光中学、吴堡中学附设职业技术班。是年，全县有职业高中班24个，在校学生1183人，教职工75人。1989～1990年，吴堡、沙堰、菱塘3所中学相继转为职业中学。1993年，全市按照“积极发展，按需办学，灵活多样，注重实效”的办学方针，发展职业教育，共办班43个，在校学生1846人。1996年，全市职业教育采取向普通教育渗透、与成人教育联姻的方式，初步形成以教育部门办学为主体、以其他部门办学为骨干、以成人教育中心校和职业高中班为补充的中等职业技术教育格局。

1997年，市政府决定，扬州电大高邮分校、市工业职工中等专业学校、市职业技术学校等3所学校合并，成立市职业技术教育中心（简称市职教中心）。1998年，市工业中专因人员编制单设而分出。1999年，市职教中心首次招收五年一贯制学员，成绩合格者直升大专班，毕业时发给大专文凭。在所有职校中探索性实施普通教育与职业教育贯通办学模式，即招收综合高中班，给予入学学生双学籍，使其在学习普通高中文化课的同时，又学到一定的专业技术。

2000年5月，市职教中心、市工业中专、菱塘职中、沙堰职中、司徒职中、市职工业余学校、市粮食学校、市商业学校等8所职业学校组建成市职业教育集团。2001年，市职工业余学校撤销，并入市职教中心。2003年，市工业中专再次并入市职教中心。市职教中心通过省合格职业教育中心评估验收，机电、电子、计算机等专业通过扬州市示范专业评估验收。2004年，沙堰职中通过省重点职业高中验收。市职教中心机电技术应用、电子专业通过省级示范评估验收。菱塘民族职业高中通过省级重点职业中学验收。是年，全市扩大联合办学成果，采取校校合作、校企合作等多种办学形式，实行订单培养，与外地20多家单位签订联办协议，校校有联办班。

2001年起，各职校通过多种途径，提高教师学历层次和加快“双师型”教师培养。至2005年，市职教中心“双师型”教师占专业课教师的70%。是年，高邮市职校教师在扬州市职校教师教学基本功竞赛和论文评选中，获论文一等奖1项、二等奖3项、三等奖7项；在扬州市职校多媒体课件大赛中，获二等奖3项、三等奖1项；在扬州市职教中心教研组优秀论文和课件评比中，获一等奖2项、二等奖3项、三等奖7项。市职教中心学生代表队在扬州市财经专业技能竞赛中，获团体一等奖；在扬州市计算机专业技能竞赛中，获团体第一名。市职教中心、沙堰职中学生在扬州市电工专业技能竞赛中，双获团体第一名。

2005年，全市共有职校8所。其中，教育部门办3所，即市职业技术教育中心和农村的菱塘职业中学、沙堰职业中学；附设职业中专班学校1所，即市教师进修学校；其他部门办学4所，即市技工学校、阳光职业技术学校、市建筑工程学校、江淮职业学校。全市职校在校学生8820人，其中其他部门办职校在校学生480人；有专任教师279人，其中其他部门职校教师26人。

1986年，全县成人教育重点是继续扫除青壮年文盲和提高劳动者素质，培养急需人才。是年，全县有职业技术学校5所，加上部门办学和普通高中附设的职业班，共有职业高中班24个。1992年，坚持“长班”和“短训”并重，发展成人教育。工作重点由扫文盲向扫科盲转变。2003年起，实施现代农民教育工程和现代市民教育工程。至2005年，全市共建成农科教结合示范基地21个。

第一节 中等职业技术教育

一、专业设置与学制

1986～1995年，全市职校开设机械制造、财务会计、铆焊接、制药、工业会计、电子、机械、造纸、财经、化工、服装、电工、畜牧、水产、建筑、财会、多种经营、乡村管理、花卉、蚕桑、园艺、轻纺、家电维修、经济管理、丝织、机电、档案、文秘、外贸、丝织等30个专业。1996～2005年，先后新增财会（电算化）、计算机应用、机电大专、英语、师资、计算机、数控机床加工技术、模具设计与制造、机械控制及其自动化、汽车运用与维修、现代物流、服装设计与制作、制药与经营、现代园艺、旅游服务与管理、数控技术、信息管理与网络、电子与信息技术、电子信息与商务、建筑工程管理、空勤与导游、建筑与工程材料、建筑装饰、计算机网络技术等24个专业。

全市各职校学制一般为3年，电子与信息技术、建筑工程管理、机电等大专专业为5年。部分专业采取与外地联合办学形式，实行学制“3＋2”模式（先在市内学校学习3年，后到外地再学习2年）的专业有数控技术、信息管理与网络、电子与信息技术、电子信息与商务、机电一体化等，学制“2＋2”模式的专业有电子商务、电子与信息技术、计算机网络工程等，学制“2＋1”模式的专业有计算机技术应用、电子技术应用、服装设计、数控技术应用、机电技术应用、药剂与食品、电子电脑、电子电工、韩语、建筑、房屋开发等，学制“1＋2”模式的专业有汽车运用与维修、旅游管理、空勤与导游、建筑与工程材料、建筑装饰、数控技术应用、机电、服装设计与制作、物业管理、计算机与电子技术、计算机网络技术等。

二、教学

1986年起，各职校组织开展教师教学研讨、经验交流和学生专业技能实践、实习活动。1987年，全县开展公开教学4次、专业竞赛6次，举办首次职校教学工作研讨会，评选优秀论文18篇。1992年，各职校按照“文化课要精、专业课要透、专业技能要熟”的要求，着力提高学生的文化考试成绩和实习操作中的动脑动手能力。1993年，开始实行“双证制”，即对修业期满、各项考试合格者，同时发给毕业证书、技术等级证书。1994年起，各职校在为市内培养初、中级技术人才的同时，利用国家安排部分高校对职业中学单独招生的政策，瞄准对口高考，提高办学质量。1996年，全市职校生高考被录取63人，其中录取本科生40人，位居扬州市各县（市、区）职教系统第一。1998年，全市职教生高考被录取105人，占扬州市职教系统录取总人数32%。2000年，市职教中心、市工业中专等8所职业学校314名毕业生，参加省普通高校单独招生，被苏州大学等高校录取273人，录取率87%，创历史最好成绩，居扬州市各市（县、区）前列。

第二节 成人教育

一、扫除青壮年文盲

1986年，全县举办青壮年文盲脱盲巩固班35个，学员949人；业余高小班47个，学员1088人。八桥、张轩、界首、武宁、沙堰、川青等6个乡镇建有成人教育中心校。1989年、1990年，县政府先后印发《关于落实省教委扫除文盲规划的通知》和《关于进一步扫除剩余文盲的通知》，两次召开扫盲广播大会，签订由各级行政领导与各级文教部门双线承包的扫盲工作责任书。1991年，全县文盲率下降到9.5%。1992年，市政府先后于3月、7月两次召开全市扫盲工作现场会。市教育局实施以“助理包乡，落实督导评估；校长包村，落实组织教学；教师包组，落实上课辅导”为内容的扫盲“三包三落实”工作。全市共组织扫盲班382个、包教包学小组2385个，参加扫盲学习青壮年文盲1.9万人。是年，1.58万人通过学习摘掉“文盲帽子”，青壮年文盲率下降到5.8%。1993年，全市贯彻国务院《扫除文盲工作条例》，共组织扫盲班256个、包教包学小组1253个，参加扫盲班学习的青壮年文盲和半文盲6547人，其中6121人参加脱盲考试、5708人领取脱盲证书，青壮年文盲率下降到4.94%。1994年，扫盲5763人，青壮年文盲率下降到2%。1995年，全市继续推行农村扫盲工作三线承包责任制，扫盲6000多人；组织青壮年脱盲学员623人参加巩固班学习，巩固率96.3%。是年5月、12月，全市扫盲工作先后通过省扫盲评估验收组、国家扫盲工作检查组验收、检查，确认达到合格要求。“八五”计划期间，全市共扫除文盲3.05万人，青壮年非文盲率由1990年的90.5%上升到98.4%，农村青壮年非文盲率在95%以上，达到国家规定标准。

1996年起，全市成人教育工作重点是继续扫除青壮年剩余文盲，巩固和提高脱盲人员文化水平。是年，全市举办扫盲班和提高班共710个，学员8945人。1998年，界首镇、沙堰镇、司徒乡、菱塘回族乡等4个乡镇成人教育中心校先后通过扬州市和省教育委员会评估验收，成为省重点成人教育中心校，并被授予“省燎原广播电视学校”称号。1999年，全市创建省示范成人教育中心校4所、省示范村成人校6所、扬州市示范成人教育中心校4所、扬州市示范村成人校17所。2000年，全市共扫除青壮年剩余文盲1321人，青壮年非文盲率上升到99.8%，农村劳动力人均受教育年限8.52年。至2005年，全市青壮年非盲率稳定在99.8%，脱盲巩固率98.5%。

二、农村劳动者技能教育

1986年，全县农村坚持以乡镇成人教育中心校和村致富学校为阵地，以提高劳动者技能、培养当地急需急用人才为目标，以农村实用技术技能教育和乡镇企业岗位培训为重点，开展农村劳动者技能教育。1987年，八桥、张轩、界首、武宁、沙堰、川青等6所成人教育中心校，举办各种技术技能培训班53期，培训1843人。全县共创办村农民致富学校255所、581个班，有学员2.15万人。1988～1990年，各乡镇举办工业、农业、多种经营等岗位技术培训班1981个班次，其中村办、厂办班1200个班次，培训9.9万人次，其中村、厂培训5万人次。1992～1994年，各乡镇成人教育中心校坚持长班短训并重，成人教育工作重心由扫除文盲向扫除科盲转变。全市共建立村农民文化学校334所，乡镇成人教育中心校开办各类职业高中班6个，举办农村各类实用技术和乡镇企业岗位培训班827个，培训2.3万人，为全市实施致富工程提供智力支持。1995年起，全市实行由政府统筹、部门协同，创建具有各自特色的乡镇成人教育基地，界首、司徒、武安、车逻等4个乡镇的9所农校和专业教学班最为典型。这一经验在扬州市被普遍推广。

2000年起，全市启动系列教育工程，各乡镇成人教育中心校结合乡镇产业特点和各校实际，灵活多样地开展技能培训。龙虬、送桥、甘垛、临泽、马棚、八桥、天山、菱塘等乡镇成人教育中心校开办缝纫技术（含制鞋、箱包）培训班，培训1800人；周巷、汤庄、临泽、周山、横泾等乡镇成人教育中心校开办家政服务培训班，培训560人；界首、汉留、车逻等乡镇成人教育中心校开办建筑培训班，培训1250人。菱塘回族乡成人教育中心校举办英语口语培训班，对19名赴科威特务工人员进行专门培训。2005年，全市共举办各类培训班475期，完成实用技术培训6.3万人次。其中，乡镇成人教育中心校、村农校办班305期，培训3.2万人次；其他部门办班170期，培训3.1万人次。对回乡初中、高中毕业生3072人实施就业培训，其中实现就业2846人。

三、职工继续教育

1986年，城镇职工继续教育以“双补”（补文化、补技术）为主。城区的县职工业余学校、县商业职工学校、县粮食职工学校、县供销职工学校等生源充足，县职工业余学校生源最多时有2000多人次。至1990年，城镇职工“补文化”工作基本结束，各职工学校教学重点逐步转入“补技术”工作，企事业单位开始实行“先培训，后上岗”制度。2001年后，全市职工培训突出创业意识、创业精神和创业技能培养，各职工学校先后开办电脑操作技术、数控机床、机电一体化、电工电子技术、餐饮服务、家政服务等专业短期培训班，年培训4200多人次。

2003年起，各成人教育中心校和职校以组织学习中共中央《公民道德建设实施纲要》为主要内容，实施现代农民教育工程和现代市民教育工程。2004～2005年，全市实施“两后双百”工程，即对初中毕业后、高中毕业后未升学的毕业生100%进行培训、100%推荐就业（均指到龄者）。专门成立指导协调小组，印发《高邮市“两后双百”工程实施方案》。其间2004年，全市参加培训643人，均被推荐到市内和苏南企业就业。

第三节　学校简介

一、市职工业余学校

1950年，由县总工会创办。始无固定场所，以扫除文盲为主。80年代中期，以为企事业单位青年职工补文化、补技术为主。1986年，位于城区县府街、县政府大院对面。有专职教师6人、兼职教师60人。开设初中班、高中班及各类专科班34个，在籍学员1865人次。1989年，在城区文化宫路重建，建筑面积1460平方米。1993年，继续开办文化班、专业技术班，同时，承办书画函授班，增挂“中国书画函授大学高邮分校”牌子。2001年，该校撤销并入市职业技术教育中心。

二、菱塘民族职业高级中学

1958年创办。位于菱塘回族乡集镇。1982年，由菱塘中学转轨为职业教育。1996年，易地新建，次年整体搬迁到新校址，更名为菱塘民族职业高级中学。占地5.73公顷，建筑面积7898平方米。设有教学班34个，在校学生1394人，教职工39人。设有畜牧兽医、机电、计算机应用、会计电算化、市场营销、餐旅管理、现代文秘、应用电子技术、船舶水手与机工等10多个专业。先后与扬州轻工业学校、苏州工业职业技术学院、上海远洋集团公司等单位实行联合办学。至2005年，累计为全市培养实用型人才3000多人，为东南大学、苏州大学、南京气象学院、常州技术师范学院等10多所高等院校输送一批生源，学生就业率99%。

三、扬州市高邮卫生职工中等专业学校

1976年，由县人民医院创办，名为县人民医院卫生学校。位于城区县府街、县人民医院西侧。占地2348平方米，建筑面积4044平方米。1983年6月，升格为扬州市高邮卫生职工中等专业学校。招生范围以扬州市为主，兼顾全省，招生对象以初中毕业生和在职卫生人员为主，学制1～4年。该校有教职工33人，其中专任教师22人。先后设置医士（妇幼医士、乡村医士）、护士（护理）、医学检验、药剂、乡村保健、计划生育等专业，开办教学班43个，在校学生350多人。1995年，创建成江苏省合格学校。2000年，根据省计划委员会、省教育委员会、省卫生厅通知精神，该校停止对外招生。2002年，该校在最后一届毕业生分配后，宣布停办。至此，该校共培养中专毕业生1525人，结业118人。

四、市供销职工学校

1984年，由县供销合作联社创办。先后设于城区县府街高邮镇供销商场、通湖路县供销合作联社内，有教学楼1幢，建筑面积1190平方米。根据省供销合作总社的要求，该校对供销系统职工进行文化课补习，同时开展营业员中级业务培训，开设市场调查和商情预测、商店核算、供销基础知识、农业技术、食用菌、烹调、会计等专业或课程。1988年，增招电大（广播电视大学）班和职高（职业高中）班。1999年末，因生源不足停办。

五、市商业职工学校

1984年，由县商业局创办。位于城区新河北路，建筑面积520平方米。1987年，是该校发展鼎盛期，有教学班14个，在校学生550人，专职教师11人，兼职教师26人，并拥有电教设备和藏有近万册专业技术图书。1988年，新招电视财会中专班1个、职业高中班1个。财会中专班为半日制，70%以上学员是县商业系统各单位在职会计；职业高中班学生按全县中考录取分数线录取，全日制学习。1999年，因生源不足停办。

图26-5 市职业技术教育中心学生做电子测量实验

六、市职业技术教育中心

1986年，由县文教局创办的县职业技术学校，是以工为主、工文结合的综合型中等职业学校。1997年，市职业技术学校与扬州电大高邮分校、市工业职工中等专业学校合并，成立市职业技术教育中心。位于城区文游南路6号，占地6.87公顷，建筑面积2.5万平方米。设有机电一体化、电子与信息技术、现代物流、海员、财会旅游等专业18个。全校有班级48个，在校学生2334人，教职工204人，其中专职教师145人。该校在全市率先开通千兆校园网、百兆交换到桌面的光纤

宽带网，建有自己的网站；有教学用计算机房6个、有固定多媒体室3个和流动多媒体专用设备2套，有计算机498台；配有电子阅览室和56座音频、视频多媒体语言室；有实验室、实习基地21个，校外有高邮市宁扬机电有限公司、南京钢铁集团等固定实习基地。2000年，创建成省重点职业高级中学。2003年，机电、电子、计算机专业通过扬州市示范专业评估验收，并建成省合格职教中心。2004年，机电技术应用、电子专业通过省示范专业评估验收。2005年，创建成全国重点中等职业学校，被省教育厅确定为数控专业紧缺人才培养基地，建成上海远洋公司高邮海员基地。是年，该校学生高考专科进线率98%，本科进线人数占全市职校生进线人数66%。

七、市粮食职工学校

1986年，在县粮食局职工训练班基础上建成。位于城区通湖路县粮食局西侧，占地4867平方米，建筑面积1950平方米。有教学班3个，教职工19人。1987年春，开设保管员中级培训班，下半年举办饲料中级培训班。1988～1989年，采取脱产学习、短期培训、业余函授等方法，先后办班58个，培训学员1730人次。1992年，举办副股级以上干部适应性培训班、物价员培训班、基层单位会计学习班、人事法规培训班、党员培训班、大专层次职称培训班和饲养员、保管员、营业员培训班等16个，全员培训率54.3%。1999年后，生源日渐减少。2000年，办岗位培训班7期，培训350人次。2002年8月，该校停办。

八、市技工学校

1991年，由市就业培训中心扩建而成，隶属于市劳动和社会保障局。位于城区文游中路88号。占地4000平方米，建筑面积4200平方米。1993年9月，委托市职业技术学校代办钳工班。1994年9月，创办扬州市技工学校高邮校外班。1995年8月，校外班改建为扬州市技工学校高邮分部。是年起，先后设置建筑、丝织、电工、车工、市场营销等专业。2004年7月，正式建校。2005年，学校设有教学班13个，在校学生568人；教职工42人，其中中学高级教师4人、中级教师20人，本科学历教师12人、大专学历教师16人。

第七章　高等教育

1986年，县内高等教育机构有扬州市职工大学高邮业余中文专修班和省广播电视大学扬州分校高邮管理站，并设有县高等教育自学考试指导委员会。1989年，市职工教育办公室与南京航空学院联办函授大专班。此后，市教师进修学校、市委组织部、市委党校、市总工会、市建工局、市财校、市卫校、市药监局等相继采用联合办班形式开办高等教育。至2001年，全市有各类大专班60多个，有非全日制大学在籍学生2700人。2001年12月，高邮师范学校与扬州师范学校、扬州教育学院合并，更名为扬州教育学院高邮校区，市内始有第一所全日制高等教育学校。

第一节　全日制高等教育

1988年，高邮师范学校与扬州师范学院联办师资大专班。1996年秋，高邮师范学校开始招收首届理科大专班。2001年12月，该校与扬州师范学校、扬州教育学院合并，更名为扬州教育学院高邮校区，学制5年(招收初中毕业生),学生毕业后学历为大专。至2005年,该校设有文科、理科、英语等3个小学教育专业和学前教育、艺术教育、信息技术教育共6个专业,有教学班39个,在校学生1714人,教职工108人。

第二节 自学考试

1983年,县高等教育自学考试指导委员会成立,县内启动省高等教育自学考试,首次开考党政干部、经济管理、法律、汉语言文学、英语、计算机等6个专业。1986年起,增设民用建筑、农学、果树、蔬菜、统计、价格等6个专业,并在各乡镇和各系统建立自学考试工作站。是年,参加自学考试3767人,单科结业3532门(次)。1993年,全县自学考试专业增加到16个,其中本科专业12个。1999年,全市自学考试报名人数6819人,创历史最高纪录。2003年下半年,教师自学考试并入社会自学考试,并调整报考条件,面向社会接纳新生。至2005年,全市高等教育自学考试先后开考文、理、工、农、医、法、经济、教育、历史、管理等类200多个本科、专科和中专专业。

第三节 成人高考

1986年,全县首次参加全国各类成人高校招生工作,报考院校有广播电视大学、职工高等学校、职业技术学院、管理干部学院、教育学院、独立设置的函授学院和普通高等学校所属的成人教育学院等。报考类型有专科起点升本科、高中起点升本科和高中起点升专科3种。学习形式分全脱产、业余和函授3种。2003年,调整入学考试科目,除高中起点升本科及各专业考4门外,其余均考3门。2004年,实行秋季入学考试、次年春季入学的办法,取消免试招收第二专业专科学历教育学生入学政策,部分科目试行网上阅卷。2005年,所有入学考试科目实行网上阅卷。是年,全市成人高考报名1040人,录取739人,创历史之最。

1986~2005年高邮市自学考试与成人高考情况一览表

表26-6　　　　单位:人

项目/年份	自学考试		成人高考		项目/年份	自学考试		成人高考	
	报名人数	毕业人数	报名人数	录取人数		报名人数	毕业人数	报名人数	录取人数
1986	3259	44	577	357	1996	4181	85	788	454
1987	2775	39	447	205	1997	5237	85	624	409
1988	2271	68	556	291	1998	6095	100	613	272
1989	2647	61	278	133	1999	6819	121	803	341
1990	3363	42	394	160	2000	6759	138	763	334
1991	4128	55	287	102	2001	5907	182	636	414
1992	4223	53	337	104	2002	4522	223	676	378
1993	3292	54	397	265	2003	3614	153	887	524
1994	3248	82	662	295	2004	3815	171	684	503
1995	3828	120	766	315	2005	2353	188	1040	739

第四节　高等函授教育

1986年，中国书画函授大学高邮分校成立，该校属社会办学性质的艺术学校。1997年12月，南京建工学院成人教育学院苏北函授分院在高邮建立，由市建工局主办，主要为苏北地区建筑企业培养各类建筑专业技术人才。还有：高邮财校与扬州大学联办培养财会人员的财会大专函授班，市委组织部与南京大学研究生院联办培养本科学历乡局级干部的党政干部函授班，市职工教育办公室与南京航空航天大学联办培养企业管理、市场营销人才的函授大专班，市委党校与省委党校干部函授学院联办培养党政干部的大专函授班，市药监局和中国药科大学联办的药学函授大专班等。至2005年，市教育部门和其他部门先后与外地高等院校联办的各类本科、专科函授班共90多个，取得各类本科、专科函授学历的学员4700多人。

第五节　学校简介

一、扬州教育学院高邮校区

1950年，苏北人民行政公署决定在高邮设办苏北高邮师范，隶属公署文教处，校址在杨家大院（今城北小学内）。1951年4月开学，招收小学毕业生。1956年，更名为高邮县师范学校，开办中师班，招收初中毕业生，学制3年。1962年停办。1973年，复校，改名为高邮师范学校。1977年秋冬至1980年，招收高中毕业生，学制2年。1981年起，招收初中毕业生，学制3年。1986年，该校设有普师班12个、幼师班5个、音乐班2个；在校学生842人，教职工137人；学制3年。1996年，实行“3＋2”分段制（3年中师加2年大专），学历大专。1997年，市第一中学原校址转让给该校，校园面积、建筑面积分别由1986年的3.33公顷、1.03万平方米扩大到7公顷、3万平方米。1998年，该校被教育部师范司确定为全国中师课堂教学改革研究基地。2001年，该校与扬州教育学院合并，改名为扬州教育学院高邮校区。2005年，该校有教职工108人，其中专职教师62人。设有文科小学教育、理科小学教育、英语小学教育、信息技术教育、艺术教育、学前教育等6个专业。在籍学生1714人。

二、市教师进修学校

1951年创建，位于城区前观巷。该校具有中等师范学校性质，是对中小学教师进行大专学历补偿教育、继续教育和教育行政干部培训的主要基地。占地8660平方米，建筑面积7500平方米。1998年起，该校以函授、面授相结合形式，举办小学教师大专自考辅导班。2001年，被省教育厅批准为省合格教师进修学校。2005年，该校有教职工39人，其中专任教师22人。至是年底，共有678名小学教师通过自考辅导班学习，获得大专文凭。

三、扬州广播电视大学高邮分校

1980年10月创建，始称江苏广播电视大学扬州地区分校高邮管理站，位于城区南海路1号。1987年1月，更名为扬州广播电视大学高邮分校。1991年起，该校在开设学历教育、非学历教育的同时，发展中专教育。1993年起，该校走联合办学的路子，扩大招生范围和专业门类，先后开设9个专业。1997年，该校并入市职业教育中心，实行两块牌子、一套班子。是年，该校被省教委评为电大合格分校。2002年，该校实行开放教育。2004年，该校建立南京晓庄学院高邮函授站，对在职教师进行本、专科学历提升教育。2005年，该校设本科、专科两个层次，开设12个专业，在校学生2600人，其中五年制高职生515人；教职工218人（含职业技术学校204人），其中专任教师157人（含职业技术学校145人）。至是年，累计培养毕业生4826人。

四、中国书画函授大学高邮分校

1986年，由县政协创办。始称中国书画函授大学高邮学区，招生范围为高邮、宝应、兴化等3县（市）。设书法、国画两个专业。首届书法班有学员123人，其中外县（市）5人；国画班103人，其中外县（市）29人。1991年，更名为江苏书画艺术进修学院高邮分院，由市老龄委和市总工会主管。1993年10月，更名为中国书画函授大学高邮分院，性质为群众性、社会性的高等艺术学校，明确由市老龄委、市总工会主办，市教育局、市职工教育办公室领导，市职工业余学校承办。设有大专部、自学考试部、少年部。2001年，该校因办学经费困难、生源逐年萎缩而停办。

五、南京建工学院苏北函授分院

1994年9月，由市建工局创办。始称南京建工学院成人教育学院高邮函授教学点。1997年12月，更名为南京建工学院苏北函授分院。1998年，该分院在开展学历教育的同时，开展岗位培训，先后培训特殊工种500多人次。2002年，先后在北京、南京、上海等工程处办班，培训技术工人7455人次、项目经理220人次。2005年，分院有工业与民用建筑、工程管理2个专业高职班，学员90人；工程管理专业2个大专班，学员118人。与江苏广播电视大学联办法学、汉语言文学、工程管理3个专业专升本本科班，学员137人。是年，举办各类专业人员培训班12期，培训人数3961人。

六、市老年大学

详见第三十三篇《社会生活　精神文明建设》第四章《老龄生活》第二节《老龄活动》（第1209页）。

第八章　教育教学研究

80年代中期，县文教局设教研室，各学校设教研组。90年代，市实验小学率先实施省教育科研立项总课题；南海中学承担的“九五”国家级课题“班主任德育素质与学生的发展关系”和“初中生法纪教育的探讨与研究”结题；高邮市中学确立集体备课制度，在研究教学大纲、教材、教参、考试说明和学情的基础上，形成统一的教学方案。至2005年，市教研室在全市中小学校开展课外阅读研讨，推进课外阅读，创建书香校园。市实验小学开展强化读写训练、提高语文素养研究，取得初步研究成果。全市中小学获扬州市以上教科研立项课题共129项，其中国家级18项、省级54项、扬州市级57项；全市教师在省以上报刊发表教科研文章和论文共2299篇，参与编写教学用书与课本共51部（本）。

第一节　教研机构

1986年，县文教局教研室有中小学专职教研员8人、工作人员10人，并聘请兼职教研员37人。1987年后，县文教局建成教研组织网络，在全县5个区和高邮镇建立教研站，各乡镇以文教办公室为依托成立中心教研组。各中小学按学科成立教研小组。1990年，县教研室不定期编印出版《高邮教研》《邮教新绿》刊物，登载中小学教师教研文章。1996年，高邮市中学和市实验小学分别成立教育科学研究室。2000年，市教委教科室成立。2005年，全市各中小学成立教科室，并均按学科成立教研组。

第二节　学科教学研究

一、语文教学研究

1986年，县文教局教研室王锦树首创语文阅读欣赏课，以激趣、入境、理解、欣赏、运用等程式，给语文教学带来情趣、美感、欢乐。至1991年，该项语文教学新课型先后在江苏、浙江、安徽、山东等省400多所学校推广。他撰写的《我们对阅读欣赏课的初步探索》《在实践中不断完善阅读欣赏课》等10多篇经验文章，先后在《江苏教育》《上海教育》等13家报刊发表。其中，《进行阅读欣赏实验，提高阅读教学效率》一文获中国教育学会理论刊物研究会举办的中小学教师教育科研论文征文一等奖。全市中小学先后开展“小学作文基本功序列训练计划”“日记训练的研究”“作文与做人”等语文教学研究。1992年，川青镇中心小学成立芦花文学社，指导学有余力且有兴趣的小学生进行儿童诗写作。先后写作和发表诗词4000多首，并出版全市首部少儿诗集——《芦花少儿诗选》。2000年6月，省诗词协会、钟山诗词研究会和市教委在该校联合举办省首届少儿诗创作论坛。2004年，市实验小学语文教师赵洪林等指导8名小学生选手代表高邮市参加扬州市首届“亲近母语”读写大赛复赛，人人获奖，总分居扬州市第一。2005年，市教育局教研室在全市开展创建“书香校园”活动，指导和推进学生课外阅读。南海中学语文教研组在教学研究和实践中，初步摸索出一套指导学生阅读的教学模式。

二、数学教学研究

1986年，县文教局教研室张棣泉牵头开展“数学应用题教学中的基本训练”研究。他编写的《小学应用题教学中的基本训练》，对小学1～6年级各册教材中的典型应用题作重点分析研究，在省小学数学教学研讨会上获得好评。界首镇中心小学教师苗麟生撰写的《克服思维定势弊端，加强求异思维训练》、汉留镇中心小学教师焦树民撰写的《一题多解应重在明思路，讲算理》、高邮镇中心小学教师林俊撰写的《创造思维方法四式》等数学教学研究文章，分别发表于省以上教研刊物。

1991年起，全市中小学进行“优化数学课堂教学结构”研究。市文教局教研室教研员汪泰，界首镇中心小学数学教师苗麟生，市实验小学数学教师陆兆芬、陈玉、殷家骅，城南小学数学教师张存，市第一中学数学教师丁筱燕等，分别提出和创立运用直观手段，强化概念建立，加强口算训练，实行笔算简捷合理、演示操作并举，培养空间观念、注重思路分析，多种方法解题等一系列教学思路和经验，取得明显教学成效。2005年，高邮中学数学教师黄桂君、张广华分别完成扬州市教科所立项的高中数学研究课题“中学数学策略比较研究”和“数学教学中开放式教学实践”的研究并结题，赞化中学数学教师黄锡山、南海中学数学教师王少坤等分别完成扬州市教科所立项的初中数学研究课题“初中生应用数学能力的培养与研究”和“初中数学开放式训练与学生创新人格培养”的研究并结题。

三、思想品德教学研究

1986年，全县开始对学生课堂思想品德教学和非智力因素影响进行研究。1990年，全县开展初中政治课考评研究，制订初中政治课考核方法。市教研室政治教研员蒋骥拟定的教研课题被列为扬州市研究课题。1991年，市教研室总结10年小学思想品德教育实践和研究经验，指导全市各小学运用乡土教材，强化思想品德教学，即运用地方革命斗争史实，对学生进行革命传统教育；运用地方先进人物事迹，对学生进行道德品质教育；运用地方经济建设成就，对学生进行热爱家乡教育。1995年，市实验小学政治教师周瑞祥主持的“运用电化教育手段，促进小学生良好思想品德形成”课题被国家教育委员会教育科学研究所立项，于2000年结题。1996年，高邮市中学副校长邱谨根开展的“素质教育与课堂教学和校园文化”研究，获省教育规划办公室通过而结题。邱谨根获“省教育科研先进个人”称号。2004年，市实验小学校长周清荷主编校本教材《致用乐园》，以高邮风土人情和小学生言行举止规范为主要内容，贴近学生生活实际，颇具乡土特色。该教材分高、中、低3册，由中国国际文化出版社出版。2005年，获国家教育科学研究所举办的全国教育科研成果大赛一等奖。

四、其他学科教学研究

1988年，县实验小学历史教师陈锦章关于小学历史教学的研究成果被《江苏教育》刊载。1999年，天山镇中心小学美术教师吴联荣组建儿童绘画兴趣小组，每月出刊《春草画报》，先后有100多幅作品刊载于《儿童漫画》《中国少年报》《人民教育》等报刊，有11人在全国少儿漫画比赛中获奖，其中小学生唐志伟获《人民日报》“中华好少年小记者作品”一等奖。2000年，高邮市中学英语教师丁明主持的“中学英语阅读教学的策略研究及其应用”课题，被扬州市教科所立项，于2005年11月结题。2001年，城北小学教师李家丽、冯长宏研究并开发应用的课题——“创造性地运用网络资源，拓宽学生发展之路”，被省教科所立项，于2005年4月结题。

第三节 教学实验

1986年，县文教局教研室制订“五年实验规划，十年奋斗目标”，在县实验小学和卸甲、八桥、天山等乡镇中心小学举办实验班，专题开展省教育厅在全省普遍推广的“注音识字，提前读写”实验，取得显著成绩。1993年，市教研室引进中国科学院心理研究所主编的《现代小学数学》实验教材，在市实验小学、城北小学等10所小学开展教学实验。实验结果表明，参与实验班级的学生素质明显高于同轨的平行班级。2002年，市教育局教研室指导各学校进行“丰富学生生活，加强习作指导”的研究实验，取得一定成果。2005年，市实验小学在加强识字、阅读、习作（写话）教学基础上，开展“强化读写训练，提高语文素养”的研究和实验。该实验在南京凤凰母语教科所立项，取得初步研究成果。其成果编入《绽放的金蔷薇》文集。

附：高邮市“注音识字，提前读写”实验

1986年，县文教局教研室制定“注音识字，提前读写”五年实验规划、十年奋斗目标，并先后在高邮镇和卸甲、八桥、天山等乡镇中心小学实行两轮实验，均取得明显成效。1992年，高邮市被教育部确定为“注音识字，提前读写”全国区域性实验点之一。是年秋季起，在市实验小学和川青等乡镇中心小学开办10个试点班，使用国家教育委员会基础教育司组织编写的“注音识字，提前读写”实验教材，进行小范围实验。1993年秋，试验扩大到天山、龙虬、伯勤等3个乡镇全部小学的一年级。1994年春，车逻镇中心小学语文教师袁晓君把读、说、写融为一体，受到好评。1995年7月，市实验小学语文教师徐晓玲获全国首届“注音识字，提前读写”实验教学观摩会一等奖。是年秋，试验扩大到八桥、临泽等22个乡镇小学。1996年，川青镇中心小学实验班两名学生在全国实验班学生手抄报大赛中，获一等奖。

1996年10月，全国“注音识字，提前读写”区域性实验推广工作座谈会在高邮召开。国家教育委员会基础教育司副司长李仲汉，基础教育司义务教育处处长刘辉，教育科学研究所副研究员、全国“注音识字，提前读写”研究会理事长潘自由，人民教育出版社副编审、小学语文教材教法研究专家莘乃珍，黑龙江省语言文字委员会办公室主任孟广智等60多人出席会议。与会代表听取高邮市关于区域性实验的情况汇报，参观市实验小学和八桥镇中心小学教学现场，充分肯定高邮市的做法和成果。

2005年，市教育局教研室经过典型跟踪调研和全面调查，确认实验班学生体现出识字数量多、阅读能力强、写作水平高、学习后劲足等明显优势。调查还显示，实验班学生升入初中3年，中考成绩比普通班高出46.6分，比非实验学校人均高出109.6分；实验班学生高考录取本科人数比例为24.4%，是普通班学生的3倍多，是全市总平均水平的20倍。市教研室副主任王锦树撰写的《充分发挥"注·提"优势，努力加强写作训练》《跟踪研究十一年，"注·提"实验结硕果》《加强"注·提"教学指导，积极推进区域性实验》等文章，在全国"注音识字，提前读写"论文评选中获一等奖。市教育局教研室被省教育厅表彰为省"注·提"实验先进单位。

第九章　教师队伍

1986年，全县有中小学教职工6763人，其中小学教职工3731人（含民办教师2427人）、中学教职工3032人（含民办教师1110人）。1988年，始行教师职称评定工作，并与职称工资挂钩，大幅度提高教师工资待遇。1996年，开展教师资格认定工作。是年，全市获得教师资格证的中小学教师6616人。至1997年，全市民办教师全部转为公办教师。2005年，全市有中小学教职工5886人，其中小学教职工2883人、中学教职工2724人、职业中学教职工279人。

第一节　教师编制、调配与结构

一、教师编制

1986～2002年，全市中小学教职工编制执行省编制委员会和省教育厅联合印发的《江苏省中等师范学校、全日制中小学机构编制管理暂行规定》标准，即小学教职工人数与学生人数比例1∶25、初中1∶10、高中1∶12。2003～2005年，全市中小学教职工编制执行省编制委员会、省教育厅和省财政厅联合印发的《关于核定中小学教职工编制的实施意见》所规定的标准，即小学教职工人数与学生人数比例1∶14、初中1∶20、高中1∶15。

二、教师调配

1986年，全县师范院校毕业生分配和在县内调动的教师均按照学科配置与就近任教的原则，分别予以分配和调动。1989年起，全县教师调配试行"双向选择、择优调配"（简称"双选"）的办法，按"公开、平等、竞争、择优"原则，实行科学合理流动。至2001年，全市140多名教师申请调动，70名教师通过"双选"调配成功。2004～2005年，师范院校毕业生按照"凡进必考，以考定进，以分定聘"原则，严格按编制进人。

三、师资结构

性质构成　1986年，全县中小学教师分为公办教师、民办教师、代课教师。公办教师多数来源于师范院校毕业生，少数为经过上岗培训被充实到缺编农村中小学任教的非师范类毕业生。是年，全县在册民办教师3537人，占全县教师总数55%，县政府每年安排一定指标，通过文化业务考试，将民办教师逐步转为公办教师。1994年起，全市教师"民转公"步伐加快。是年，"民转公"600人。1997年，最后一批在职民办教师932人全部转为公办教师，仅剩退养的294人未转。在人数不多的代课教师中，多半通过考入高邮师范学校民办教师班就读再分配的办法解决性质问题，少数水平太差的被辞退。至2005年，代课教师不复存在。

学历构成 1986年，全县小学有专任教师3397人，其中高中学历3149人、初中学历248人，分别占92.7%、7.3%。全县初中有专任教师1898人，其中本科学历47人、大专学历348人、高中及以下学历1503人，分别占2.5%、18.3%、79.2%。全县高中有专任教师270人，其中本科学历97人、大专学历144人、高中及以下学历29人，分别占35.9%、53.3%、10.8%。此后，通过培训、进修、函授、自学考试、成人高考以及电大、职大、夜大、刊大等继续教育，教师学历水平逐年提高。至2005年，全市小学教师中的高中（中师）及以上学历人数占99.55%，基本达标；初中教师中的大专及以上学历人数占94.4%；高中教师中的本科及以上学历人数占76.8%。

第二节 师资培训与考核

一、教学能力培训

1986年，全县中小学教师，特别是小学和初中教师教学能力的培训主要依托县教师进修学校，平时是半脱产短期轮训，暑假期间集中脱产培训。至1990年暑假，相继举办小学语文、小学音乐、小学美术等培训班，结业852人。1991～1999年，举办小学教师专业合格证书辅导班，先后培训2526人。2000年后，重点举办中小学语文、数学、外语综合继续教育培训班，先后结业2663人。2004年，全市实行“青蓝工程”，组织老中青教师帮扶结对，是年师徒结对860对。至2005年，全市先后组织、推荐325名中小学教师参加扬州市以上各级各类培训，其中骨干教师出国培训2人、高中教师新课程国家级培训4人、省级培训154人、扬州市骨干教师培训150人、班主任骨干培训15人。

二、教师岗位培训

1986～1994年，市教育系统接收的师范院校毕业生直接统一分配到学校任教。1995年，开始对新分配的大中专毕业生实行上岗前培训制度。1997年，由市教师进修学校对符合“民转公”条件的932名民办教师，分7批集中进行师德和业务水平培训。至2005年，全市参加岗位培训教师1198人，其中新分配师范生任教前培训266人。

三、教学基本功锤炼

1991年，全市组织开展教师大练教学基本功活动，市、乡镇两级分别建立教学基本功考核工作领导小组，教师考核成绩载入个人档案，作为晋级评优重要依据之一。小学和幼儿教师按照省教育厅《小学教师教学基本功要求》，以乡镇和市属学校为单位组织系统训练和达标测试。1992年，举办市、区、乡三级小学教师基本功比赛，参赛小学教师3348人。1993～1995年，市教育局印发《高邮市小学教学基本功考核办法及考核要求》，分期分批对所有在职小学教师进行考核、验收和发证。全市列入该项考核的小学教师共2957人，考核合格率100%。其中，优秀等级245人，占总数8.2%；合格1514人，占51.3%；基本合格1198人，占40.5%。1996～1997年，全市组织中小学教师开展练“内功”活动，小学教师做到一专多能，中学教师实现专业教学业务达标。经测试，全市中小学教师教学基本功合格率98.6%、优秀率35%，幼儿教师教学基本功合格率78%、优秀率52%。2000～2002年，市教育局（委）对全体教师进行教师基本功等级考核，全市71%中学教师和75%小学教师通过教学基本功等级考核，获得相应等级证书。近3000名中小学、幼儿园教师通过普通话测试，获得国家普通话二级以上等级证书。2004年，举行中小学青年教师基本功大赛。2005年，继续开展中小学教师教学基本功等级考核工作，发放等级证书430份，办理教师教学基本功免试换证2000份。

四、评课赛课

1986年，各中小学始行评课。1994年起，全市中小学开展评选优秀课、优秀示范课活动，通过评优涌现一批着眼提高课堂教学效率、注重发挥改革创新精神的中小学青年骨干教师。2002年后，全市开展青年教师赛课活动，一批中小学青年教师通过选拔赛脱颖而出。市教育局组织获奖教师到全市各片巡回教学，推动课程改革，提高课堂教学效率。至2005年，全市中小学全面开展评课赛课，并列为正常教学工作。

第三节 教师职称评聘与资格认定

一、职称评聘

1986年，全县启动教师职称评聘工作。1987年下半年，中小学教师职称评定工作在各乡镇、各学校普遍展开。至1988年11月，全县中小学公办教师首次职称评定工作完成，参加职称评定的教师共2863人，分别被评定为中学高级教师和一、二、三级教师，小学高级教师和一、二、三级教师。其中，被评定为中学高级教师职称72人，被评定为小学高级和中学一级教师（系中级职称）993人。1989年3月，全县民办教师职称评定工作开始，2769名民办教师被分别评定为中学二级、三级和小学一、二、三级教师。1992年，全市中小学教师实行聘任制，受聘中小学教师6260人，其中被聘为高级职务69人、中级职务984人、教师系列以外的专业技术职务53人。2001年3月，市职称办和市教育局印发《关于进一步规范教师职务任职资格考评推荐程序的意见》，按综合考评积分办法开展考评和推荐工作，实行一年一聘，并及时兑现职称工资。至2005年末，全市小学共有在职教师2499人，其中中学高级8人、小学高级1059人、小学一级1271人、小学二级79人、小学三级1人，未评职称81人；初中在职专任教师1810人，其中中学高级60人、中学一级701人、中学二级739人、中学三级66人，未评职称244人；高（职）中在职专任教师914人，其中高级教师119人、中学一级205人、中学二级364人、中学三级95人，未评职称131人。

二、资格认定

1996年，全市开始实行教师资格证书过渡工作。1994年1月1日前参加工作、符合过渡条件的6616名教师获得教师资格证书，其中幼儿园教师46人、小学教师4164人、初中教师1738人、高中教师463人、中等职业学校教师204人、中等职业学校实习指导教师1人。2002年，全市启动面向社会认定教师资格工作。是年，对1994年1月1日以后从教的教师进行过渡性认定，共有1080人取得教师资格。2003年，市教育局组织面向社会认定教师资格教学能力测试，124人取得教师资格，其中初中教师70人、小学教师23人、幼儿教师31人。至2005年，全市面向社会认定教师资格7997人，其中幼儿教师332人、小学教师4733人、初中教师2335人、高中教师463人、职业高中教师134人。

第四节 师德建设与教师待遇

一、制度建设

1986年，县文教局制定《高邮县教职工“十坚持”“十不准”的规定》。1992年，市教育局印发《关于加强教职工管理的暂行规定》《关于进一步加强教学管理工作的意见》，建立大中专师范毕业生见习期培训、考核、转正制度，编印《教师管理手册》等，加强对中小学校管理体制、人员编制、人员聘用、人员流动、培训进修、考核奖惩、工资福利等方面管理。2000年，市教委在系统内外开展民主评议教育行风工作，向教师、学生和市民发出行风评议调查表1.9万份，并设立举报电话、举报箱，聘请数百名行风监督员，广泛征求意见，接受社会监督。2001年，市教委开展“师德教育年”活动，印发《关于在全市开展师德师风学习教育活动的意见》，实施《高邮市“师表工程”实施方案》，强化师德建设，树立敬业爱生之风。是年10月，扬州市教育委员会在高邮召开师德建设现场会。2005年，市教育局制定《高邮市中小学教师职业道德考核办法》，在全市教师中开展“知识分子工作宣传月”和“立师表形象、树教育新风”主题教育活动，把师德建设作为考核教育的重要内容。

二、考核奖惩

1986年起，各中小学建立和实行年度考核制度，每学年对在册教师的思想政治表现、工作总量、教研教改、进修培训、任职资格等方面，通过德、能、勤、绩的综合考核，确定优秀、合格、基本合格、不合格4个等级。2000年，市教委开展“学科带头人”“教学骨干”“教坛新秀”评选活动，签订教师教科研目标责任书，实行跟踪考核、动态评聘制度。2004年，市教育局印发《关于进一步深化教育人事制度改革的意见》，完善教职工全员聘用制，实行工资发放与考核挂钩，奖勤罚懒，优绩优酬，拉大收入差距。2005年，市教育局全面考核在职的省特级教师、扬州市级以上的名教师、学科带头人、中青年骨干教师、教坛新秀履行职责情况，按照扬州市教育局印发的《关于开展全市中小学教师业务考核工作的通知》精神，对违反师德“八不准”规定和不能履行岗位职责者实行一票否决，对考核不合格的骨干教师撤销其所获称号，打破骨干教师“终身制”。

三、工资福利

1985年，全市中小学教职工实行以职务工资为主要内容的结构工资制。1986年，对3081名教职工开展工龄调查，对3500名教师进行技术职务评定测算。1988年，全县实行专业技术职务与工资挂钩，评聘专业技术职务的教师普遍增加工资。1989年，公办教师人均月收入（包括基础工资、职务工资和各种津贴）164.1元。1990年，工资普调和复调后，人均月收入增加到170元。1993年，再次实行工资改革，教师专业技术职务等级工资执行上浮10%的优惠政策。1994年8月，实施第三次工资制度改革，共有4515名教职工参加工改，人均月工资由409.63元增加到497.53元。1994年起，对教龄满30年的退休教师按100%计发退休工资。2002年1月，全市教师工资再次实行较大幅度普调，人均月档案工资增至1398.24元。2003年，实行年终奖，凡年度考核基本称职（基本合格）以上人员，加发1个月工资（国标部分），人均795.16元。2004年3月起，实行两年一次工资正常晋升。是年，人均月增资102.59元。2005年3月起，全市农村中小学教师工资由市财政统一发放。

四、住房待遇

1989～1990年，高邮县中学、县第一中学、县曙光中学、高邮镇所属中小学、县职业中学和农村完全中学相继建成一批教职工宿舍，总面积1.53万平方米，总投资额278万元，安置教职工233户。1994年起，市政府每年从市解困房中拿出30套住房，专项安置城区住房困难教师。1998年，市委、市政府实施“教师安居工程”，建成“教师安居工程”住房建筑面积4.1万平方米，其中城区建成建筑面积2.7万平方米的园丁新村，一次性安置教师341户。至2005年，全市教师人均住房面积18.2平方米。

五、社会地位

1986年后，全县教师社会地位日益提高。是年，县委、县政府为43名“民转公”教师家属和11名侨台属教师子女办理户口“农转非”；为10名教师的冤假错案进行平反，并为他们恢复工作或办理退职、退休手续。1987年，为60年代下放的教师恢复工作，并办理户口“农转非”。1990年后，每年教师节，县领导到学校慰问一线教师；每届人大、政协改选，均给教师安排一定的人大代表和政协委员名额。1996年，市委、市政府为满30年教龄的老教师颁发光荣从教证。至2005年，全市形成“党以重教为先，政以兴教为本，民以支教为荣”的全社会尊师重教氛围。

第五节　名师工程、青蓝工程和师表工程

一、名师工程

1986年，县文教局通过培训、进修、帮带等多种方法，提高教师思想政治素质和教育教学能力。1991年，全市启动大练教学基本功活动，举办市、区、乡镇三级教学基本功比赛。1996年，全市基本形成小学教师一专多能和中学教师专业教学业务达标的追赶氛围。2000年，市教委制定《教师基本功训练与考核实施方案》，参加考核小学教师有4000多人，通过率75%；参加考核中学教师有1129人，通过率71%。2005年，全市组织教师参加第三轮“信息技术与课程整合”考试，参加考试教师3623人，合格率94%。至是年，全市获全国“模范教师”“优秀教师”“优秀教育工作者”称号的教师24人，获省“优秀教师”“优秀教育工作者”“特级教师”称号的教师43人，获扬州市“优秀教师”“优秀教育工作者”称号的教师112人。

二、青蓝工程

2004年，全市开始实施教师青蓝工程。市教育局组织全市青年教师和老教师结成互帮互学的“对子”，以更新教育教学的观念，学习新课标和疏通教材，达到共同提高教育教学水平的目的。至2005年，全市中小学新老教师师徒结对860对。

三、师表工程

1986年，县文教局组织开展“敬业爱岗”“创文明校风，树师表形象”“教书、管理、服务三育人”等主题活动。1993年，开展向全国教育系统劳动模范陈普山（车逻教师）学习活动。1996年，组织全国优秀教师报告团到各中小学作先进事迹巡回演讲。1998年，开展师德征文评比和师德演讲比赛，全市有3000多名教师撰写征文，200多名教师参加师德演讲比赛。2001年，开展“师德教育年”活动，并印发《关于在全市开展师德师风学习教育活动的意见》和制定《高邮市师表工程实施方案》。是年10月，市教委在扬州市教育委员会于高邮召开的师德现场会上，做题为《探索师德建设新路，实施现代师表工程》的专题介绍。2005年，市教育局制定《高邮市中小学教师职业道德考核办法》。

第十章　教育管理

80年代，县文教局主要负责全县教育系统行风管理、师资调配、教育经费投入、危房改造、教育改革探索等，学校教育教学和学生管理由学校自行负责。90年代，通过建立教师代表大会制度和教育督导制度，开办家长学校，举办中学生业余党校等，丰富教育管理内容，提升教育管理水平。其间，1991年市政府教育督导办公室设立后，建立教育督导制度，依法实施综合督导和专项督导，开展正常的教育监督检查和教育评估工作。至2005年，全市形成政府督导管理、教育部门专门管理、社会参与管理、教师和学生自我管理的“四位一体”立体教育管理模式。

第一节　学生管理

一、生源与人数

80年代前，全县人口出生率相对较高，致使高中和职中入学人数不断增加，在校学生数呈逐年上升趋势。1986年，全县在校学生15.74万人，其中幼儿园学生1.95万人、小学学生9.49万人、初中学生3.7万人、高中学生4838人、职业高中学生1183人。后因受80年代初期人口出生率持续下降的影响，幼儿园、小学、初中学生数呈逐年下降趋势。至2005年，全市在校学生12万人，其中幼儿园学生1.53万人、小学学生4.89万人、初中学生3.28万人、高中学生1.42万人、职业高中学生8820人。

1986～2005年高邮市在校学生人数统计表

表26-7　　单位：人

年份	合计	幼儿园学生	小学生	初中学生	高中学生	职业高中学生
1986	157381	19476	94921	36963	4838	1183
1987	148397	17682	90082	34174	5040	1419
1988	137542	15282	82992	32850	4690	1728
1989	127364	14940	76116	30719	4641	948
1990	124070	16689	68263	32793	4637	1688
1991	123108	21529	61239	34104	4971	1265
1992	118188	20743	55935	34302	5434	1774
1993	119608	24286	53760	34350	5366	1846
1994	115804	25193	55115	27890	5215	2391
1995	116163	25528	57384	24710	5453	3088
1996	115637	22415	62315	22746	6665	1496
1997	118427	22064	66797	21240	6807	1519
1998	121897	21553	69248	21211	7073	2812
1999	121393	19460	68845	23226	7373	2489
2000	122894	18298	68481	26251	8212	1652
2001	121724	16719	65594	29233	9231	947
2002	121360	16269	61315	32130	10228	1418
2003	120559	13349	55930	34422	11840	5018
2004	121553	14738	52144	35054	12860	6757
2005	120045	15345	48925	32775	14180	8820

二、学生身体素质

1986年后，针对全县学生综合身体素质下降的状况，各中小学从实际出发，一方面不断减轻学生过重学习负担，一方面努力加强体育锻炼，提高学生身体素质。小学体育主抓“两课”（体育课、活动课）“两操”（课间操、眼保健操）和体质锻炼达标工作。1990年，县文教局设立体育卫生办公室，加强学生体育工作。1992年，全市有8.9万名中小学生达到国家体育锻炼标准，达标率和优秀率分别为

91.4%和20%。是年起，全市每年举办中小学生篮球、排球、足球、乒乓球等项目比赛，每两年举办一次中学、小学运动会和幼儿运动会。1994年，市教育局和市卫生局联合印发《高邮市学校卫生工作条例》，普遍对全市中小学生进行健康检查。2000年起，全市各学校加强学生卫生和健康教育工作，尤其是对餐饮环境和荤素主食品从严把关，从业人员持证上岗，确保学生身体健康。至2005年，全市各中小学校基本未出现食品安全事件，学生身体素质明显提高，在省以上体育比赛中屡屡获奖。详见第二十八篇《文化　体育》第八章《体育》第三节《学校体育》（第1064页）。

三、住读生与走读生

1986年，全县学校住读生占学生总数0.85%，主要集中在完全中学、职业中学。乡镇小学、初中学生就近入学，无需住校。1995年起，全市实行中小学布局调整，学校数量减少，学校规模扩大，有条件的学校新建学生公寓或增设学生宿舍，住读生逐步增多。2005年，全市有中小学校住读生4.63万人，占在校学生总人数44.22%。其中，小学住读生8158人，占小学生总数16.7%；初中住读生2.4万人，占初中生总数73.2%；高中住读生1.1万人，占高中生总数77.5%；职业中学住读生3095人，占职业中学学生总数35.1%。其余学生为走读生。

四、励学措施

1986年，全县各中小学校对学生以精神奖励为主、物质奖励为辅。每学期评选一次“三好生”和优秀学生干部，颁发奖状或证书，奖给日记本、钢笔、台灯之类的学习用品或纪念品。1990年以后，部分学校设立奖学金、助学金，奖励品学兼优的学生和帮助家庭困难的学生；单位和个人始行捐资助学，先后有市政协为考取农业院校学生设立的王沛奖学金、台湾教育家沈亦珍（高邮籍）在市第一中学设立的王太夫人（沈母）奖学金、革命烈士周山女儿在周山中学设立的周山奖学金等。进入21世纪，市妇联、市教育局联合组织“社会妈妈”资助失学孤儿或单亲、多胞胎儿童就学，企业家或成功人士定期资助家庭经济困难学生学习费用等。至2005年，各学校还经常组织学生参加市及以上教育主管部门举办的各类学科竞赛，对获得名次或竞赛奖项的学生发给一次性奖金。

第二节　学校管理

一、教育行风建设

1986年，县教育系统逐步加强学校的行风建设。2000年，全市教育系统开展民主评议教育行风工作。各学校对照市教育局印发的评议标准自查自纠。是年，市教育系统行风社会评议满意率87.5%。2003年，市教育局实行局长接待日制度，局长与各科室及市管学校签订行风建设责任书，聘请行风特约监督员，组织各乡镇人大代表、学生家长等评议教育行风。2005年，市教育系统全面实行政务、校务公开，对干部任用、招生考试、评估表彰、职称评审、教师“双选”及新教师分配等工作实行阳光操作，对有偿家教和违规补课进行专项督查，教育信访件办结率100%。

二、校务公开

90年代起，全市各基层学校实行教师代表大会制度，民主讨论学校重大事务。1994年，全市各中小学校教师代表大会制度进一步健全，教职工民主参政、治校意识明显增强。2001年，继市教委机关实行政务公开制度后，全市各级各类学校全面推行校务公开，教师聘任、基建工程、设备购置等重大事项及时向教职工公开，接受群众监督。是年，市第一中学校务公开受到扬州市表彰。2002年，市教育局印发《关于进一步规范校务公开制度的意见》。2005年，全市教育系统全面实行政务、校务公开，对任用干部、招生考试、评估表彰、职称评审、教师“双选”及分配等工作，实行阳光操作。全市还聘请校务公开评议监督员，公开服务承诺，对有偿家教和违规补课等实行专项督查。

三、教育综合治理

80年代中期起，全县中小学推行教育综合治理，邀请政法部门负责人或专业人员上法制课。2000年，南海中学、市第一中学、市实验小学、临泽中学、界首中学等学校采取“心理教育”“因人施教”“校政实践”“校长信箱”等办法，加强对学生的法治教育。市第一中学被扬州市委、扬州市政府表彰为综合治理工作先进单位。2004年，市教育局设立法制科、综治办，专司教育综合治理和安全文明校园创建。是年末，全市99所学校被扬州市社会治安综合治理办公室命名为“扬州市安全文明校园”。2005年起，全市教育系统启动“安全教育周”活动，在各学校开展交通安全教育、危险源普查登记、校外网吧专项整治和预防青少年违法犯罪等专项督查治理工作。至是年，市教育局（委）连续6年被市委、市政府表彰为综合治理先进单位。

四、教育配套管理

90年代，全市各学校相继成立家长学校和中学生业余党校、团校。至1992年，全市建成业余党校的中学有17所。1993年初，市教育局关心下一代工作委员会（简称关工委）成立。是年末，全市有33个乡镇文教办、5个场圃文教办、12个直属教育单位和2所重点学校相继建成关工委，下设关心下一代工作小组1014个，成员5070人，形成关心下一代工作网络。1998年，市教委开展创建合格家长学校活动。2000年，各乡镇教育办公室、市属中小学全部建立关工委，全市合格家长学校增加到65所，其中15所被扬州市表彰为优秀家长学校。还通过组织德育报告团、编印学法宣讲材料、放映爱国主义影片等办法和组织学生阅读有益书籍、开展社会调查、参与做好事等活动，提高学生思想素质。全市教育系统关工委还向特困生发放救助基金475.99万元，帮扶特困生4.67万人次。2003年，家长学校发展到191所，占应建数的90%。市教育局印发《关于进一步规范家长学校管理的意见》《家长教育行为规范十条》和家教教材，规范家教工作配合学校教育。2004～2005年，全市教育系统关工委以理想信念教育与革命传统教育为主题，组织中小学生听报告、看影视、写征文、唱革命歌曲和参观校外教育基地。两年内，组织报告会476场次，听取报告学生27.8万人次；放映影视、录像片517场次，观看学生23.2万人次；参观爱国主义教育基地101处，受教育学生6万多人次；2.8万名学生参加征文评选，1500多人获奖；9.4万名学生学唱革命歌曲；上法治教育与安全教育课数百场次，受教育学生10多万人次。至此，全市基本形成学校教育、家庭教育、社会教育相结合的学生思想教育配套体系。

第三节　教育督导

一、督导机构

1991年6月，市政府设立教育督导办公室。1992年2月，更名为市教育督导室。2002年2月，更名为市政府教育督导室，履行对市属学校和下级政府依法办学情况进行监督检查与评估指导的职能。1998年，该室有专职督学3人。至2005年，先后聘任兼职督学95人（含辞退人数）。是年，专职督学增至4人，兼职督学84人。

二、督导制度

1991年，建立督导工作年会制度。1992年，建立督导文书档案制度。1994年，建立阶段性综合督导工作制度。1998年，建立兼职督学聘任制度，先后聘任3届兼职督学，每届任期两年。1999年起，制订三年一轮的综合督导规划，每一轮综合督导学校75所，每年督导学校25所。督导室对学校综合督导的结果，作为市、乡镇政府和教育主管部门考核教育三年工作目标的依据。2004～2005年，建立督学责任区制度和督学考评制度。市教育督导室在每个责任区聘任责任督学1人，市教育督导室负责对责任督学履职情况进行考核。

三、综合督导

1994～1998年，全市进行第一轮综合督导，共督导学校102所，其中被评为优秀等级的中小学、职业中学38所。1999～2001年，进行第二轮综合督导，督导学校72所，其中被评为优秀等级的中小学、职业中学39所；2002～2004年，进行第三轮综合督导，督导学校75所，其中被评为优秀等级的中小学、职业中学55所。2005年，市督导室修订印发《高邮市义务教育学校综合督导评估方案》《高邮市普通市级中学综合督导评估方案》《高邮市职业中学综合督导评估方案》《高邮市幼儿园综合督导评估方案》。

四、专项督导

2000年后，市督导室对乡镇教育现代化工程创建工作进行专项督导30多次，周巷、天山、伯勤、郭集等乡镇先后通过“教育现代化先进乡镇”省级验收。对申报“扬州市常规管理先进学校”的50多所中小学校进行随机专项督查，16所学校被评定为扬州市常规管理先进校。2003年起，市督导室对学校在假期集体违规补课、教师有偿家教等问题和初中生辍学、改造薄弱学校、减轻学生课业负担等情况，分别进行专项督查、督导，做到有报必查、有况必督，发现一件，督查一件。

第四节　教育经费

一、财政投入

80年代，全县教育经费以县、乡镇财政投入为主。90年代，周巷、东墩、八桥等乡镇在资金困难的情况下，仍分别投入近100万元资金，兴建中心初中、中心小学等教学楼。1995年，全市财政投入教育资金5214万元，占全市财政总支出的38%，创历史最高比例。1997年，市委、市政府与33个乡镇、8个相关部门分别签订教育工作目标责任书、教育经费征收筹措责任书，并列入各乡镇、各有关部门年度工作目标进行考核。是年起，市委、市政府要求各级党政领导树立教育投资是战略性投资的观念，确保教育投入渠道畅通和投入总量增加，紧缩其他开支，停办“富裕”项目，集中财力兴办教育。此后，市、乡镇财政投入逐年增加。2005年，全市财政投入教育资金总额增长到1.74亿元，是1986年的23.18倍。

二、教育费附加

1986年，全县始征农村教育费附加，全年征收270万元，占应收额的98%。此后，同时开征城市教育费附加和人民教育基金。农村教育费附加由乡镇政府组织、税务机关依法征收。1994年，全市农村教育费附加征收突破1000万元，超过年初预定数的5%。1995年，市委、市政府规定农村教育费附加按农民人均年收入的1.1%～1.5%的比例征收，全市共征收农村教育费附加1423万元。1997年起，全市逐年加大农村教育事业费附加征收额度，并统筹教育经费到市，保证重点学校建设。2001年，农村教育费附加停止征收。2005年，城市教育费附加仍按上述政策征收。

三、社会捐助

1987年暑假期间，全县掀起捐资助学热潮，农村乡镇不到一个月收到捐款165万元，用于维修危房2.6万平方米、新建教室205间、添置课桌凳数千套。1989年7月，县政府在全县发起捐资助学活动，全县两个月捐资167万元。1994年，收到捐款894万元。卸甲镇、车逻镇为新建中心初中，干群捐资总额均超过40万元。1997～2002年，全市社会捐资助学款连续6年超过1000万元，其中2001年为3767万元，创历史最高纪录。2005年，全市社会捐资助学款1447万元。

1986～2005年高邮市教育经费投入情况一览表

表26-8　　　　单位：万元

项目 年份	合计	财政拨款	教育费附加				社会捐助	事业收入及其他	财政拨款占财政支出总额（%）
				农村教育费附加	城市教育费附加	地方教育附加和人民教育基金			
1986	1496	752	290	270	12	8	142	312	21
1987	1797	943	305	290	9	6	165	384	25
1988	2007	1164	408	387	13	8	5	430	26
1989	2657	1317	641	609	19	13	167	532	24
1990	2866	1603	661	628	20	13	8	594	26
1991	2865	1771	402	382	12	8	54	638	20
1992	3277	1893	580	550	18	12	50	754	24
1993	4162	2358	843	800	26	17	151	810	25
1994	6532	3619	1140	1083	34	23	894	879	33
1995	7898	5214	1485	1423	43	19	264	935	38
1996	8990	5614	2052	1950	72	30	302	1022	34
1997	12477	5722	2914	2805	49	60	1157	2684	29
1998	13609	5735	2975	2815	160	—	1476	3423	27
1999	15406	6113	3443	3325	80	38	1969	3881	25
2000	16727	6435	3843	3698	80	65	1305	5144	25
2001	19310	8657	572	—	136	436	3767	6314	30
2002	20569	12257	854	—	598	256	1350	6108	33
2003	21303	13594	350	—	120	230	697	6662	26
2004	25150	16240	77	—	51	26	1401	7432	33
2005	27201	17430	969	—	689	280	1447	7355	27

四、勤工俭学

1986年，全县有校办工厂83家、商业服务部31家，实现产值630万元、利润90万元，补助教育经费40万元。1988年11月，县第一中学八珍糕厂被国家教育委员会、国家计划委员会、财政部、劳动部表彰为全国中小学勤工俭学先进集体。1991年，高邮市中学校办厂被表彰为省中小学勤工俭学先进集体，市文教局工业办公室被表彰为扬州市勤工俭学先进单位。1992年，车逻镇曹庄小学从校办厂利润中拿出30万元，建成教学主体楼和附属楼，被扬州市教育局称为“扬州村校第一楼”。1993年，全市有校办工厂142家、商业服务部43家，实现年产值6126万元、利润440万元，补助教育经费200万元。1994年，全市校办工业总产值首次突破亿元，实现1.14亿元。菱塘职业中学长城电缆厂实现产值1460万元，成为全市校办企业的龙头，进入扬州市校办企业“十强”。1998年，市教委成立校办产业管理服务中心，与勤工俭学办公室合并。1999年，全市校办企业实现总产值2.6亿元，为历史最高值。2000～2002年，全市校办企业实行改制，120多家乡镇校办企业全部实行转轨经营；14家市属学校校办企业除3家因经营不善而关闭外，有9家实行改制。在改制中，退还公有资产402万元，归还民资760万元。2003年起，全市勤工俭学工作逐步向创建学校劳动实践场所、综合素质教育实践基地服务育人转变。至2005年，全市校办企业累计用于学校建设、弥补教育经费不足、资助困难学生资金总额3440万元。

五、学杂费收缴

1986年，全县各级各类学校学生学杂费收费标准由县财政局、县物价局和县文教局共同制定，每学年向学生公布。1992年，全市开始普及九年义务教育，按照统一规定，在义务教育阶段学生一律免收学费。2005年春季起，全市普通小学和普通初中（含义务教育阶段的特殊教育学校）实施“一费制”，在核定杂费、课本费和作业簿本费的基础上，由学校统一向学生收取费用。

1986～2005年高邮市教育经费使用情况一览表

表26-9　　单位：万元

项目/年份	合计	预算内支出	人员经费	公用经费	基本建设支出	预算外支出	人员经费	公用经费	基本建设支出
1986	1531	752	632	120	—	779	313	285	181
1987	1765	943	798	145	—	822	247	335	240
1988	2086	1164	984	180	—	922	428	342	152
1989	2656	1317	1103	214	—	1339	499	498	342
1990	2694	1603	1352	251	—	1091	321	600	170
1991	2941	1771	1460	311	—	1170	324	663	183
1992	3278	1893	1543	350	—	1475	400	835	240
1993	4274	2358	1988	370	—	1916	588	898	430
1994	5810	3619	3227	392	—	2191	616	1028	547
1995	7856	5214	4814	400	—	2642	679	1033	930
1996	8361	5614	4620	984	10	2747	1258	941	548
1997	12759	5722	5005	583	134	7037	2528	1924	2585
1998	13590	5735	5518	217	—	7855	3616	2164	2075
1999	15352	6113	5784	329	—	9239	4910	3282	1047
2000	16729	6435	6126	309	—	10294	6210	2192	1892
2001	18787	8657	8657	—	—	10130	4931	2980	2219
2002	20533	12257	12257	—	—	8276	3358	2984	1934
2003	21794	13594	13594	—	—	8200	3294	2816	2090
2004	25535	16240	16240	—	—	9295	2461	2918	3917
2005	27887	17430	17370	60	—	10457	3320	4272	2865

第五节 教学设施

一、校舍改造与更新

1986年，全县根据危房鉴定标准，检测普查所有中小学校舍，建立危房档案，并实施校舍改造与更新计划。1989年，全县动用捐资助学款、各级财政补贴及教育费附加款453万元，确保所有学校做到“一无两有”（无危房，有教室、有课桌凳）。至1996年，全市中小学危房修复率为100%。1999年，全市改造薄弱学校34所。2002年，全市中学危房改造工作实现4个100%，即C级和D级危房100%查清并100%拆除、B级危房100%得到修缮、100%中小学生在安全校舍上课，受到扬州市和省学校危房改造督查组好评。2004年，市政府部署全市中小学布局调整和实施“三新一亮”（新课桌、新学凳、新讲台，灯光亮）工程，投资2172万元，共添置单人课桌凳2.26万套、讲台816张、日光灯8161盏，9月通过省级验收。2005年，投资4573万元，实施“六有”（有整洁的校园、有满足需要的卫生食堂、有冷热饮用水、有水冲式厕所、有安全宿舍、寄宿生一人有一张床）工程项目167项。是年11月，“六有”工程通过省教育厅验收。

二、教学仪器配置

1986年，全县建成农村初中实验中心7个。1998年，全市有34所市属中学和乡镇中心初中实验室建筑面积达标，占71.7%；39所教学仪器设备和体育器材达标，占84.8%；29所学校图书馆藏书达标，占63%。2000年，全市教学学具普及工作被省教育厅表彰为先进集体。至2005年，全市高中和市属初中均配备比较齐全的物理、化学、生物实验教学仪器。乡镇各初中配有物理教学实验仪器42台（套）、化学教学实验仪器31台（套）、生物教学实验仪器30台（套），总价值517万元。

三、教育信息化建设

90年代初，全市教育信息化建设工作起步。1997年，全市有半数以上乡镇和市直学校装备计算机教室。2000年，全市电教科研网络初步形成，电教使用学科覆盖率100%。是年5月，市教委主办的全市教育综合网站“高邮教育在线”开通。年末，高邮市中学、市第一中学、城北小学等学校校园网建成开通，全市绝大多数乡镇教育办公室、中心初中、中心小学和市直学校开通宽带网。2003年10月，市教育局、高邮市中学和市电信局联合共建市教育城域网，首批接入学校65所。是年末，全市有66所学校入网，有多媒体教室25间、网络教室23间、语音教室6间，共有计算机2506台，计算机与学生比例1∶40。先后实施校校通工程、高邮教育城域网与扬州教育城域网对接工程等。至2005年，全市建成省现代教育技术实验示范学校1所、省现代教育技术实验学校6所、扬州市现代教育技术实验学校13所；建成校园网62个，计算机教室202间；共有计算机8432台，计算机与学生比例1∶12.5。

第二十七篇 科学技术

要 目

80年代中后期起，县委、县政府提出“科技兴县”发展战略。进入90年代，逐步开展编制全市科技发展规划、制定鼓励性政策措施、建立健全科技机构、发展科技人才队伍、组织主攻科技项目、创建科技工作先进市等工作与活动。1996年，全市创建成全国科技工作先进市。2002年，高邮市通过1999～2000年度全国科技进步考核。至2005年，全市建成遍及城乡的科技组织网络，有各级各类科技学术团体62个，建成扬州市企业工程技术研究中心14家；有各类专业技术职称人员3.58万人，其中扬州市以上有突出贡献的中青年专家29人；建成国家农业综合开发高新科技示范项目区和江苏现代农业科技示范园，建成高新技术企业30家；完成各级各类科技项目316项，开发高新技术产品95种；申请专利778件，获授权专利259件。

90年代后期，气象观测由80年代人工观测转为通过卫星实现自动化。1997年，为社会防雷工作提供技术咨询和防雷装置安全检测服务。2001～2005年，先后实施4次人工增雨作业。2005年，视频天气会商系统投入使用。

80年代起，高邮市内设立1个地震台、2口地震观测井，开展地震监测和地震知识宣传普及工作。2000年后，开展抗震设防工作。至2005年，先后制定地震应急预案、组织应急队伍，加强建设工程项目设防管理。

第一章　机构队伍

80年代，县科学技术委员会（简称科委）、县科学技术协会（简称科协）建立，开展科技队伍建设和专业技术职称评定工作。进入90年代以后，逐步建立健全市、乡镇、系统科技管理机构，全市科技人员队伍快速发展，各类科技协会、学会逐步建立。至2005年，全市各乡镇和重点系统已建成科技组织网络和科研开发机构，基本形成与经济社会发展相适应的科技人才队伍。是年，全市有各类专业技术人员3.58万人，是1986年的8.14倍，占是年全市成年人口5.62%。其中，享受国务院政府特殊津贴专家、省和扬州市有突出贡献的中青年专家29人。

第一节　机　构

一、管理机构

1986年，县政府设有县科学技术委员会，具体负责管理全县的科学技术发展工作。1988年，各乡镇政府开始配备科技助理。1990年起，各乡镇政府开始设立科学技术委员会。至1995年，设立科学技术委员会的乡镇政府占90%。2001年12月，在市党政机构改革中，市科学技术委员会更名为市科学技术局，为市政府工作部门，内设综合计划和高新技术产业科、农村科技科、科技管理和技术市场科、知识产权办公室、地震科、办公室等6个科室。至2005年，全市20个乡镇政府，高邮经济开发区、高邮鸭业园区管理委员会和市工业总公司，均设有科技管理机构，并分别配齐科技副乡镇长、科技副主任、科技副经理。

二、学术团体

1986年，县内设有县科学技术协会。该协会负责全县科技信息收集与咨询、科技开发、科技培训、科技创业，开展群众性科技活动等工作。1990年起，各乡镇陆续成立科学技术协会。2001年，随着一批老科技工作者到龄离退休，市老年科技工作者协会成立，会员50多人。至2005年，全市共有科技学术团体62个。其中，协会43个，学会19个；自然科学科技团体51个，社会科学学术团体11个；综合性科技团体24个，农业科技团体17个，工业科技团体9个，社会事业及其他科技团体12个。详见第二十三篇《工商联　社会团体》第五章《科学技术协会》（第837页），第三十一篇《民政》第三章《社会事务管理》第四节《民间组织登记与管理》（第1138页）。

三、研发机构

1990年后，县内相继成立的科研机构有市电子研究所、市农机研究所、汉留环保设备研究所、市水力机械研究所、市精细化工研究所、市建筑材料研究所、市广播电视研究所等。1999年，扬州高康集团、高邮水泵厂、江苏金飞达集团建立全市首批企业技术开发中心，高邮电器厂、扬州高明发动机有限公司、扬州升达集团、江苏华能电缆总厂、扬州曙光电缆厂、市助剂厂、市通用过滤机厂建立全市首批企业技术开发机构（研究所）。2000年，经扬州市科学技术委员会批准，扬州高康集团染料化工厂和扬州市曙光电缆厂建立扬州市工程技术研究中心。至2005年，全市获批建立扬州市工程技术研究中心14家。

四、中介服务机构

1986年，经县编制委员会批准，县科技开发服务中心建立，与县科委合署办公，主要为企业增强技术创新能力和市场竞争力提供必要的中介服务。2000年，根据市场经济全面发展和省、扬州市的要求，该中心更名为市生产力促进中心。

第二节　队　伍

一、队伍构成

1986年，全县有科学技术人员4433人，其中自然科学技术人员1943人、社会科学技术人员2490人。在自然科学技术人员中，有工程技术人员394人、农业技术人员208人、卫生技术人员672人、教学人员643人、科学研究人员26人。1990年，全县共评聘专业技术人员1.58万人，其中高级技术职称人员141人、中级技术职称人员1893人。至2005年，全市有各级各类专业技术人员3.58万人。其中，高级技术职称人员594人，占总数1.68%；中级技术职称人员5958人，占总数16.76%；初级技术职称人员2.92万人，占总数81.56%。

二、队伍建设

1986年，全县开始实行专业技术职称评定工作。在开展专业技术职称评定工作期间，进行全县事业单位科技人员调查摸底和工资测算，举办参评人员培训班18期，培训人数8000多人次。至1990年，全县首次专业技术职称评定工作基本结束。是年，县政府印发《关于增强科技工作激励机制的意见》，鼓励培养、引进科技人才，加强科技队伍建设。1996～2005年，全市开展专业技术人员年度考核工作，全市科技队伍建设工作走上正常化、制度化轨道。

三、专家队伍

1989年，全县首批经县政府申报、获扬州市政府批准的“扬州市有突出贡献的中青年专家”有6人。1990年，高邮师范学校教师金成梁成为全县首位“江苏省有突出贡献的中青年专家”。1992年，市皮肤病防治院院长顾昌林成为全市首位享受国务院政府特殊津贴专家。1993年，有10人获“扬州市有突出贡献的中青年专家”称号，为历年获得“扬州市有突出贡献的中青年专家”称号人数最多一年。至2005年末，全市有经市政府申报、扬州市以上各级政府批准的扬州市以上专家共29人、

37人次，其中享受国务院政府特殊津贴专家4人次、“江苏省有突出贡献的中青年专家”6人次、“扬州市有突出贡献的中青年专家”27人次。详见第三十五篇《人物》第三章《乡贤》第二节《有突出贡献的中青年专家》（第1432页）。

第二章　科技项目与成果

90年代起，市委、市政府集中全市力量主攻各类科技项目。1992年起，先后组织实施“火炬”计划、“星火”计划、工业科技攻关、农业科技攻关、科技成果转化、科技进步、科技基金等项目。至2005年，全市累计实施和完成各级各类科技项目316项。其中科技进步项目156项、“火炬”计划项目71项、“星火”计划项目68项、工业科技攻关项目5项、农业科技攻关项目4项、科技成果转化项目2项、创新基金项目6项、其他科技项目4项。

第一节　科技攻关项目

一、工业科技攻关项目

2004～2005年，全市获省发展和改革委员会、省科学技术厅批准列项的工业科技攻关项目有5项，即高落差型抗紫外线特种电力电缆研究与开发项目和新型纳米阻燃抗干扰控制电缆的研究与开发项目，由扬州曙光电缆有限公司承担；高强度石油承荷测控电缆产业化工艺技术研究与产品开发项目，由江苏华能电缆有限公司承担；太阳能级大尺寸单晶硅工艺技术开发及产业化项目，由江苏顺大半导体发展有限公司承担；煤井用高速率抗干扰远距离信号传输电缆研究与开发项目，由扬州市红旗电缆制造有限公司承担。

二、农业科技攻关项目

2004～2005年，全市获省农业委员会、省科学技术厅批准列项的农业科技攻关项目有4项，即苏中稻区水稻高产优质清洁生产集成与示范项目，由市农业技术推广中心承担；挤压行走式U型防渗渠道成型机研究与开发项目，由市水利技术推广服务中心承担；稻米副产品深加工关键技术研究及新产品开发项目，由市双兔米业有限公司承担；罗氏沼虾生态营养型无公害配合饲料的研究与应用项目，由江苏富裕达粮食制品有限公司承担。以上4项农业科技攻关项目共获得省科学技术厅无偿资助的经费53万元。

第二节　“星火”“火炬”计划项目

一、“星火”计划项目

1994年，全市开始承担省及省以上“星火”计划项目6项，其中国家级“星火”计划项目2项、省级“星火”计划项目4项。此后，每年均承担国家和省“星火”计划项目。2005年，是全市承担“星火”计划项目最多的一年，全年承担“星火”计划项目14项，其中国家级“星火”计划项目和省级“星火”计划项目各7项。至是年末，全市累计承担“星火”计划项目68项，其中国家级“星火”计划项目32项、省级“星火”计划项目36项。

1994～2005年高邮市承担国家和省“星火”计划项目情况一览表

表27-1

年份	承担单位	项目名称	级别
1994	扬州市曙光电缆厂	计算机用屏蔽控制电缆	国家级
1994	市电机厂	SQY型水下潜走式清淤机	国家级
1994	扬州神力橡胶厂	优质轻量尼龙斜交胎	省　级
1994	扬州市曙光电缆厂	计算机用屏蔽控制电缆	省　级
1994	市制药厂	王氏合欢胶囊	省　级
1994	市长江压铸厂	高强度铝合金减震器	省　级
1995	扬州市飞达电机仪表厂	JB型家用多功能带锯机	国家级
1995	扬州市飞达电机仪表厂	JB型家用多功能带锯机	省　级
1995	市制动件总厂	轿车轮毂	省　级
1995	市制动件总厂	摩托车汽缸头	省　级
1996	市电机厂	摩托车启动电机	国家级
1996	市无线电元件一厂	摩托车电子点火总线	省　级
1997	市华翔实业有限公司	彩电压电陶瓷	省　级
1997	市光明电缆厂	船用特种电缆	省　级
1997	市红旗电缆厂	防爆型测控电缆	省　级
1997	市东方动力厂	XFQ-1型斜井防跑器	省　级
1998	市包装厂	多层高强瓦楞纸箱	国家级
1998	市伯勤焊割机厂	系列便携式焊割机	省　级
1999	市电器厂	碟刹液压盘式制动器	国家级
1999	市电器厂	碟刹液压盘式制动器	省　级
1999	高邮朝阳气动液压机械厂	浆液阀	省　级
1999	扬州市三川实业有限公司	低烟低卤聚氯乙烯电缆料	省　级
2000	江苏圆通电缆有限公司	聚氯乙烯尼龙护套组合绝缘电线电缆	国家级
2000	扬州市曙光电缆厂	阻燃交联聚乙烯绝缘计算机测控电缆	国家级
2000	扬州华富实业（集团）有限公司	火车牵引用阀拉式密封蓄电池	国家级
2000	扬州宏远电子有限公司	铝电解电容器电极箔	国家级
2001	扬州市红旗电缆制造有限公司	防白蚁信号传输网络测控电缆	国家级
2001	江苏日欣实业集团有限公司	D-核糖	国家级
2001	市包装制品有限公司	高档叠色水墨彩印纸箱	国家级
2001	扬州市宏发邮电器材厂	高速公路波形梁钢护栏	国家级
2001	江苏高邮鸭集团	高邮鸭蛋、鸭肉制品深度开发及加工	国家级
2001	江苏圆通电缆有限公司	耐火型交联聚乙烯绝缘电缆	国家级
2001	江苏长城电缆厂	低烟低卤（防水层）阻燃控制电缆	国家级
2002	扬州宏越机械有限公司	XU6323摇摆万能铣床	国家级

续表 27-1

年份	承担单位	项目名称	级别
2002	扬州市曙光电缆厂	低烟无卤阻燃控制电缆	国家级
2002	市第二塑料厂	药用聚烯烃塑料包装制品	省　级
2002	扬州高明发动机有限公司	GMIP50QMF-2 型摩托车发动机	省　级
2002	市包装制品有限公司	新型瓦楞纸板及纸箱	省　级
2002	市声光器材厂	数控城市景观照明灯	省　级
2002	扬州华城电缆有限公司	环保型耐腐阻燃屏蔽测控电缆	省　级
2002	扬州环宇特种电缆有限公司	新型补偿电缆	省　级
2003	扬州华富实业（集团）有限公司	电动助力车用胶体环保蓄电池	国家级
2003	江苏高邮鸭集团	高邮鸭良种繁育技术及产业化开发	国家级
2003	扬州市刘氏化工有限公司	1，4-萘醌产品	国家级
2003	扬州鸿信线路器材有限公司	高密度聚乙烯碳素单壁波纹管	国家级
2003	扬州市曙光电缆厂	防水型计算机网络测控电缆	国家级
2003	市通用过滤机厂	AF自动反冲洗连续过滤机	省　级
2003	扬州亚光电缆有限公司	影视灯光设备用阻燃特种软电缆	省　级
2004	江苏高邮鸭集团	高邮鸭标准化养殖与绿色食品开发	国家级
2004	江苏长城电缆厂	计算机用低烟（防水层）阻燃电缆	省　级
2004	扬州市红旗电缆制造有限公司	阻水型高强度煤井用测控特种电缆	省　级
2004	扬州曙光电缆有限公司	地铁用新型无卤低烟阻燃耐火电缆	省　级
2004	江苏圆通电缆有限公司	环保型高温耐火电缆	省　级
2004	江苏华能电缆有限公司	环保聚合物绝缘及护套防白蚁防鼠啮耐温集散型计算机电缆	省　级
2005	市双兔米业有限公司	微量营养素强化大米	国家级
2005	扬州晨光电缆制造有限公司	综合防护型屏蔽数字信号铁路电缆	国家级
2005	扬州曙光电缆有限公司	超长型高强度光电复合测控电缆	国家级
2005	扬州亚光电缆有限公司	影视演播场所自控系统用阻燃软电缆	国家级
2005	扬州光明电缆有限公司	轻型无卤耐热船用电缆	国家级
2005	扬州华润电缆有限公司	硅橡胶计算机电缆	国家级
2005	扬州市红旗电缆制造有限公司	新型低电容煤井用数字测控信号电缆	国家级
2005	扬州曙光电缆有限公司	超长型高强度光电复合测控电缆	省　级
2005	扬州亚光电缆有限公司	影视演播场所自控系统用阻燃软电缆	省　级
2005	扬州光明电缆有限公司	轻型无卤耐热船用电缆	省　级
2005	市双兔米业有限公司	微量营养素强化大米	省　级
2005	扬州晨光电缆制造有限公司	综合防护型屏蔽数字信号铁路电缆	省　级
2005	扬州华润电缆有限公司	硅橡胶计算机电缆	省　级
2005	扬州市红旗电缆制造有限公司	新型低电容煤井用数字测控信号电缆	省　级

二、"火炬" 计划项目

1992年，天山乡兴华光纤电缆厂在全市首家承担国家级"火炬"计划项目——"光纤电缆"研制和生产。此后，逐年承担国家和省"火炬"计划项目。2000年是全市承担"火炬"计划项目最多的一年，全年承担"火炬"计划项目共13项，其中国家级"火炬"计划项目4项、省级"火炬"计划项目9项。至2005年末，全市累计承担"火炬"计划项目71项，其中国家级"火炬"计划项目27项、省级"火炬"计划项目44项。

1992～2005年高邮市承担国家和省"火炬"计划项目情况一览表

表27-2

年份	承担单位	项目名称	级别
1992	天山乡兴华光纤电缆厂	光纤电缆	国家级
1994	市环保设备制造厂	全自动控制有机气体催化净化装置	国家级
1994	扬州市兴华光纤电缆厂	高性能通讯光缆	国家级
1994	扬州市兴华光纤电缆厂	阻燃光缆	省　级
1994	市电缆厂	辐照交联电信电缆	省　级
1994	市环保设备制造厂	全自动控制有机气体催化净化装置	省　级
1994	市琼花压电元件厂	压电陶瓷点火元件	省　级
1995	扬州市神龙皮革化工公司	PV-Ⅳ型聚氨酯皮革涂饰剂	省　级
1996	天山神龙化工公司	PV-Ⅳ型聚氨酯皮革涂剂	省　级
1997	华富蓄电池有限公司	阀控密封铅酸蓄电池	省　级
1998	扬州扬子电缆厂	低烟无卤绝缘电缆	国家级
1998	市通用过滤机厂	二氧化碳回收机	省　级
1999	扬州高康集团染料化工厂	乙酰乙酰克利西丁磺酸	国家级
1999	扬州市曙光电缆厂	电子计算机网络用交联阻燃屏蔽测控电缆	国家级
1999	扬州市虹光化工有限公司	湿法超细丙纶着色母粒	省　级
1999	扬州高发机电制造有限公司	食物残渣处理机	省　级
1999	市新光化工厂	抗氧化颗粒状间苯二胺	省　级
2000	市鸿信线路器材厂	通信用高密度聚乙烯（HDPE）硅芯管	国家级
2000	扬州市光明电缆有限公司	3A型特种船用电缆	国家级
2000	扬州市红旗电缆制造有限公司	本安型屏蔽测控电缆	国家级
2000	江苏华能电缆有限公司	隔氧层消防电缆	国家级
2000	扬州市华达机械有限公司	新型水煤气管路系统铝复合管	省　级
2000	扬州市神龙化工有限公司	聚氨酯泡沫填缝剂	省　级
2000	扬州市高康集团染料化工厂	磺酰胺（甲基磺酰胺）克利西丁	省　级
2000	市鸿信线路器材厂	通信用高密度聚乙烯（HDPE）硅芯管	省　级
2000	江苏中山电缆厂	全介质自承式（ADSS）光缆	省　级

续表 27-2

年份	承担单位	项目名称	级别
2000	扬州市高华化工有限公司	加氢低污染新工艺生产高品质对氨基酚装置	省　级
2000	扬州市光明电缆有限公司	3A型特种船用电缆	省　级
2000	扬州市红旗电缆制造有限公司	本安型屏蔽测控电缆	省　级
2000	江苏华能电缆有限公司	隔氧层消防电缆	省　级
2001	江苏华能电缆有限公司	隔氧层消防电缆	国家级
2001	扬州高康化工有限公司	直接紫BB及其中间体	省　级
2001	扬州市曙光电缆厂	核电站用IE级K3类电力电缆	省　级
2001	江苏华能电缆有限公司	承荷探测电缆	省　级
2002	扬州市光明电缆有限公司	高载流1000V舰船用净化特种电缆	国家级
2002	江苏日欣实业集团有限公司	甲基a-D-氨基葡萄糖盐酸盐	国家级
2002	市通用过滤机厂	LGY1500-X型立式果汁连续压榨过滤机	省　级
2002	扬州神龙化工有限公司	聚氨酯汽车机械建筑密封胶	省　级
2002	江苏长城电缆厂	低烟低卤（防火层）阻燃控制电缆	省　级
2002	江苏金飞达电动工具有限公司	JDD315型无级调速带锯机	省　级
2002	扬州市曙光电缆厂	环保型交联电力电缆净化特种电缆	省　级
2003	江苏赛德电气有限公司	城市轨道用电缆	国家级
2003	扬州市晨光电缆有限公司	铁路长途通信数字信号特种消防传输电缆	国家级
2003	扬州市光明电缆有限公司	舰船用轻型无卤耐热特种电缆	国家级
2003	扬州市曙光电缆厂	输油监控系统用自控温加热特种信号电缆	国家级
2003	市科达化工有限公司	抗氧剂三三〇	省　级
2003	江苏日欣实业集团有限公司	改性硫酸软骨素	省　级
2003	扬州市高光节能灯具厂	高效螺旋荧光节能灯	省　级
2003	扬州市红旗电缆制造有限公司	矿用防爆型低烟无卤双屏蔽信号测控井筒电缆	省　级
2003	扬州琼花环保工程设备有限公司	QFC型有机废气（吸附催化）净化装置	省　级
2004	扬州市晨光电缆制造有限公司	铁道用防鼠型综合屏蔽隔氧层信号传输电缆	国家级
2004	扬州亚光电缆有限公司	计算机网络用本安型耐高温抗干扰测控电缆	国家级
2004	江苏赛德电气有限公司	石油天然气防火防爆报警电缆	国家级
2004	江苏日欣实业集团有限公司	氯化吡唑蒽酮	国家级
2004	扬州光明电缆有限公司	起重器具用高强度特种阻燃软电缆	国家级
2004	扬州华富实业（集团）有限公司	动力型阀控胶体环保蓄电池	国家级
2004	扬州环宇特种电缆有限公司	耐高温硅橡胶绝缘及护套阻燃屏蔽软电缆	省　级
2004	市创新包装有限公司	RAP-F25B型阀口定量自动包装机	省　级
2004	扬州宏远电子有限公司	35伏工作电压、50伏工作电压高比容低接触电阻阳极箔	省　级

续表 27-2

年份	承担单位	项目名称	级别
2004	扬州曙光电缆有限公司	超长型高强度竖井用特种电缆	省 级
2005	扬州光明电缆有限公司	综合铠装无卤阻燃耐火船用电缆	国家级
2005	扬州宏远电子有限公司	63伏工作电压～100伏工作电压高比容阳极箔	国家级
2005	市光明化工厂	氟尼酸钠盐	国家级
2005	扬州和益电动工具有限公司	TS355多功能水槽切割机	国家级
2005	高邮华美丙纶纺织有限公司	转杯纺丙纶中长型粗纺纱	省 级
2005	市创新包装有限公司	LCS-C型真空抽气式定量自动包装机	省 级
2005	扬州宏远电子有限公司	63伏工作电压～100伏工作电压高比容阳极箔	省 级
2005	扬州和益电动工具有限公司	TS355多功能水槽切割机	省 级
2005	市光明化工厂	氟尼酸钠盐	省 级
2005	扬州光明电缆有限公司	综合铠装无卤阻燃耐火船用电缆	省 级
2005	扬州琼花环保工程设备有限公司	QSF型整体式（四元体）供热净化装置	省 级

第三节 创新基金项目

2000年，扬州市曙光电缆厂的计算机网络交联阻燃屏蔽控制电缆项目和扬州高康集团染料化工厂的乙酰乙酰克利西丁磺酸项目获创新基金贴息补助100万元。2001年，江苏华能电缆有限公司的隔氧层消防电缆项目获贴息补助70万元。2004年，扬州宏远电子有限公司承担的高比容硬态腐蚀低压阳极箔项目获科学技术部无偿资助60万元。2005年，全市获国家科技型中小企业技术创新基金项目3项，即高邮市创新包装有限公司的LCS-50-C型超轻细粉体定量自动包装系统项目、高邮华美丙纶纺织有限公司的BF 1200tex转杯纺丙纶粗纺纱项目和江苏顺大半导体发展有限公司的直径210毫米太阳能级单晶硅项目。

第四节 科技成果转化项目

一、国家农业科技成果转化项目

2003年12月，江苏高邮鸭集团承担的高邮鸭良种繁育技术及产业化开发项目，被列为国家农业科技成果转化资金项目，获国家财政拨款20万元。

二、省重大科技成果转化项目

2005年，扬州宏远电子有限公司的高性能低压电极箔（BA2005044）项目被列为省重大科技成果转化资金项目，获得支持资金1400万元。

三、科技进步奖项目

1986～2005年，全市获科技进步奖项目共有156项，其中省级9项、扬州市级43项、高邮市级104项。

1986～2005年高邮市获省政府科技进步奖项目情况一览表

表27-3

年份	项目名称	完成单位	主要完成人员	奖励等级
1988	麦草碱法制浆低温快速蒸煮新工艺	县造纸厂	吴增义、徐长霞、陈学奎	四等奖
1989	热机大米过夏保鲜技术	县粮食局第一粮库	王兆慈、林乃安、陈昭桂、卫增安	三等奖
1991	直接黄L-5R	市染化厂	相关人员	三等奖
1991	高邮杂交鲫杂种优势利用	市水产技术指导站	徐庆登等11人	四等奖
1991	200升闭口钢桶中段生产线	市石油机械厂、上海机电设计院	相关人员	四等奖
1993	GY型通信光缆	扬州市兴华光纤电缆厂	缪立山、胡懋书、郭宏海、夏春桃、丁浩泉	三等奖
1999	中华牌系列振动式鼠道犁研制	市水利技术推广服务中心	翟浩辉、陈福坤、王之义、孙松怀、茆德华、戴　勇	三等奖
2002	直接紫BB及2.4-二甲基苯胺-6-磺酸	扬州高康化工有限公司	高维山、倪华古、田广明、方增礼	三等奖
2003	高邮鸭品种资源的保护与利用研究	江苏高邮鸭集团、市畜牧兽医站等	倪兆朝、柏庆荣等7人	二等奖

第五节　其他科技项目

一、科技部产业化环境建设项目

2003年7月，全市获批2003年科技部产业化环境建设贷款项目8项。获批科技贷款6800万元。这些项目是：江苏赛德电气有限公司承担的城市轨道用电缆项目、扬州市晨光电缆制造有限公司承担的铁路长途通信数字信号特种消防传输电缆项目、扬州市光明电缆有限公司承担的舰船用轻型无卤耐热特种电缆项目、扬州市曙光电缆厂承担的输油监控系统用自控温加热特种信号电缆项目和防水型计算机网络测控电缆产品开发项目、扬州市鸿信线路器材有限公司承担的高密度聚乙烯碳素单壁波纹管产品开发项目、扬州华富实业集团有限公司承担的电动助力车用胶体环保蓄电池产品开发项目、江苏高邮鸭集团承担的高邮鸭良种繁育技术及产业化项目。

二、省农业科技开发项目

2000年10月，市种鸭场承担的高邮真空熟制咸鸭蛋加工试验示范项目被列为省农业科技开发项目，获省科学技术厅专项资金补助6万元。

三、省科技成果推广项目

2001年，市种鸭场承担的高邮红黄富硒蛋生产试验示范项目，被列为省科技成果推广项目，获省财政拨款6万元。2002年，市种鸭场承担的蛋品动态循环快速腌制新技术示范推广项目和高邮鸭良种繁育及高效规模饲养示范项目，被列为省科技成果示范推广项目。两项项目共获省财政拨款28万元。2003年10月，市种鸭场承担的高邮鸭规模化、集约化高效饲养技术示范推广和高邮鸭原产地无公害蛋品加工技术示范推广项目，被列为省科技成果示范推广项目，共获省财政拨款20万元。2004年，市双兔米业有限公司承担的水稻优质高产安全标准化生产技术示范推广项目，被列为省农业科技成果示范推广计划项目，获省科学技术厅资助11万元。2005年，市农业技术推广中心承担的绿色优质水稻标准化生产关键技术集成与推广应用项目，被列为省农业科技成果示范推广计划项目。

四、省创新服务体系计划项目

2004年，市生产力促进中心承担的高邮优特农产品信息网项目，被列为省创新服务体系计划项目，获省科学技术厅资助20万元。

第三章　高新技术产业

90年代起，全市着力培育和发展高新技术产业，先后加入国家沿江火炬高新技术产业带和省苏北星火产业开发带建设，建成国家农业综合开发高新科技示范项目区和省现代农业科技示范园。至2005年，全市创建成省和省以上高新技术企业30家次、开发省及以上高新技术产品95种。

第一节　产业带建设

一、摩托车零配件星火技术密集区

1994年12月，经省科学技术委员会批准，高邮市成立省摩托车零配件星火技术密集区。该区有摩托车零配件生产企业9家，其中高邮电器厂、市制动件总厂、扬州高明发动机有限公司为骨干企业。是年，制定《江苏省（高邮市）摩托车零配件星火技术密集区发展规划》。密集区内企业承担各级各类科技项目11项。1996年10月，经国家科学技术委员会批准，全市摩托车零配件生产企业加入国家沿江火炬高新技术产业开发带建设。

二、电线电缆科技先导型支柱产业

2004年1月，经省科学技术厅批准，全市电线电缆生产企业被列入省苏中北部地区科技先导型支柱产业名单，并纳入省苏北星火产业开发带统筹建设。是年7月，市政府举行苏北星火产业开发带高邮市电线电缆科技先导型支柱产业发展研讨会，省科学技术厅、扬州市科学技术局领导和上海电缆研究所、中国电子科技集团公司二十三研究所、东南大学、河海大学、省电线电缆检测中心等单位的10名电线电缆专家，对高邮市电线电缆科技先导型支柱产业建设实施方案进行研究、论证，并提出发展方向。至是年末，全市电线电缆高新技术产品集群初具规模，累计培育省级以上高新技术产品24种、高新技术企业7家，高新技术产品销售额占该行业销售总额60%以上。

第二节　高新技术企业与产品

一、高新技术企业

1994年，天山镇的扬州市兴华光纤电缆厂在全市首家被省科学技术委员会批准为省高新技术企业。1999年，菱塘回族乡扬州市曙光电缆厂在全市首家被国家科学技术委员会批准为国家重点高新技术企业。至2005年，全市累计培育和创建成高新技术企业30家次，其中国家重点高新技术企业2家、省“双密”（外商投资技术密集、知识密集）型企业1家、省高新技术企业27家。

1994～2005年高邮市国家和省高新技术企业情况一览表

表27-4

批准年份	所属系统或所在乡镇	企业名称	级别
1994	天山乡	市兴华光纤电缆厂	省高新技术企业
1995	横泾镇	市通用过滤机厂	省高新技术企业
1996	菱塘回族乡	扬州市曙光电缆厂	省高新技术企业
1999			国家重点高新技术企业
1997	汉留镇	市环保设备制造厂	省高新技术企业
1997	市机械化学工业公司	市染料化工厂	省高新技术企业
1998	市轻纺工业公司	市制动件总厂	省高新技术企业
1998	湖滨乡	江苏华能电缆总厂	省高新技术企业
1998	菱塘回族乡	江苏长城电缆厂	省高新技术企业
2000	郭集镇	江苏赛德电气有限公司	省高新技术企业
2001	市电子工业公司	扬州宏远电子有限公司	省高新技术企业
2004	市工业总公司		省“双密型”企业
2005			国家重点高新技术企业
2001	高邮经济开发区	扬州市鸿信线路器材有限公司	省高新技术企业
2001	菱塘回族乡	扬州市光明电缆有限公司	省高新技术企业
2002	高邮镇	江苏日欣实业集团有限公司	省高新技术企业
2002	高邮镇	扬州华富实业集团有限公司	省高新技术企业
2003	高邮镇	扬州亚光电缆有限公司	省高新技术企业
2003	菱塘回族乡	扬州市红旗电缆制造有限公司	省高新技术企业
2004	卸甲镇	江苏金飞达电动工具有限公司	省高新技术企业
2005	高邮镇	市创新包装有限公司	省高新技术企业
2005	天山镇	江苏顺大半导体发展有限公司	省高新技术企业
2005	高邮经济开发区	扬州和益电动工具有限公司	省高新技术企业
2005	菱塘回族乡	扬州环宇特种电缆有限公司	省高新技术企业
2005	郭集镇	市有机化工厂	省高新技术企业
2005	八桥镇	扬州市刘氏化工有限公司	省高新技术企业
2005	菱塘回族乡	扬州三川实业有限公司	省高新技术企业
2005	高邮镇	市助剂厂	省高新技术企业
2005	高邮镇	高邮华美丙纶纺织有限公司	省高新技术企业
2005	汉留镇	扬州市恒通环保能源工程有限公司	省高新技术企业

二、高新技术产品

1994年，扬州市兴华光纤电缆厂生产的产品GY型通信电缆，被省科学技术委员会批准为高新技术产品，此为全市首例。此后，逐年有新产品获批高新技术产品称号。2005年，全市获省科学技术厅批准的高新技术产品27种，为历年数量之最。至是年末，全市累计获批为省高新技术产品的新产品95种。

1994～2005年高邮市高新技术产品情况一览表

表27-5

年份	产品名称	生产企业
1994	GY型通信电缆	扬州市兴华光纤电缆厂
1995	高压过滤机	市通用过滤机厂
1995	精密过滤机组	市通用过滤机厂
1996	计算机屏蔽电缆	扬州市曙光电缆厂
1996	克利西丁磺酸	市染料化工厂
1996	辐射交联电缆	市电缆厂
1997	GN157FM摩托车发动机	扬州高明发动机有限公司
1997	摩托车整体式轻合金车轮	江苏精佳集团
1997	绝缘聚乙烯护套分相屏蔽计算机用控制电缆	江苏长城电缆厂
1997	电气自动化控制阻燃屏蔽电缆	江苏长城电缆厂
1997	BCD型全自动有机气体催化装置	市环保设备制造厂
1998	交联聚乙烯多芯屏蔽电子计算机电缆	江苏华能电缆总厂
1998	变电站发电厂用塑料绝缘屏蔽控制电缆	江苏华能电缆总厂
1999	乙酰乙酰克利西丁磺酸	市染料化工厂
1999	HS-50二氧化碳回收机	市通用过滤机厂
1999	对接焊铝塑复合管	市四通铝塑复合管厂
1999	交联聚乙烯绝缘阻燃护套电子计算机控制电缆	扬州市曙光电缆厂
1999	低烟无卤阻燃控制电缆	扬州市曙光电缆厂
1999	防白蚁型信号传输网络阻燃测控电缆	扬州红旗电缆制造有限公司
1999	防爆型信号测控电缆	扬州红旗电缆制造有限公司
2000	Z773X、Z73X型液动浆阀	市朝阳气动液压厂
2000	A级抗干扰防火净化型舰船用特种电缆	扬州光明电缆有限公司
2000	防氧层消防电缆	江苏华能电缆有限公司
2000	通信用高密度聚乙烯（HDPE）硅芯管	市鸿信线路器材厂
2000	定电压35千伏及以下铜芯、铝芯交联聚乙烯绝缘电力电缆	扬州市曙光电缆厂
2000	低压电极箔	扬州宏远电子有限公司
2001	改性硫酸软膏素	江苏日欣实业集团有限公司
2001	甲基-a-D-氨基葡萄糖盐酸盐	江苏日欣实业集团有限公司

续表27-5

年份	产品名称	生产企业
2001	核电站用IE级K3类电力电缆	扬州市曙光电缆厂
2001	直接紫BB及其中间体	扬州高康化工有限公司
2001	承荷探测电缆	江苏华能电缆有限公司
2001	LGLY1500立式果汁压榨过滤机	市通用过滤机厂
2002	XU6323摇臂万能铣床	扬州高格机械有限公司
2002	JDD315型无级调速带锯机	江苏金飞达电动工具有限公司
2002	聚氨酯汽车机械建筑密封胶	扬州神龙化工有限公司
2002	阀控密封免维护蓄电池	扬州华富实业（集团）有限公司
2002	电动助力车用胶体环保蓄电池	扬州华富实业（集团）有限公司
2002	矿井监控系统用本安型无卤低烟屏蔽信号电缆	扬州市红旗电缆制造有限公司
2002	无卤低烟低毒舰船用电力电缆	扬州市光明电缆有限公司
2002	低烟低卤（防火层）阻燃控制电缆	江苏长城电缆厂
2002	环保型交联电力电缆	扬州曙光电缆厂
2003	影视光源及信号传输用低烟无卤柔性扁平电缆	扬州亚光电缆有限公司
2003	计算机网络用本安型耐高温抗干扰测控电缆	扬州亚光电缆有限公司
2003	新型低电容煤井用数字测控特种信号电缆	扬州市红旗电缆制造有限公司
2003	电子计算机用低烟低卤（防火层）阻燃电缆	江苏长城电缆厂
2003	地下道通信管用高密度聚乙烯碳素复合单壁波纹管	扬州鸿信线路器材有限公司
2003	35伏工作电压、50伏工作电压高比容低接触电阻阳极箔	扬州宏远电子有限公司
2003	多点测温精密耐高温屏蔽补偿电缆	江苏赛德电气有限公司
2003	氯化吡唑蒽酮	江苏日欣实业集团有限公司
2003	硫酸软骨素	江苏日欣实业集团有限公司
2003	耐燃烧抗干扰测控电缆	扬州曙光电缆厂
2004	LCS（5-50）-C型（真空抽气式）定量自动包装机	市创新包装有限公司
2004	RSMB3020热收缩膜包装机	市通用过滤机厂
2004	1，3-丙二醇单甲醚	市有机化工厂
2004	D-氨基葡萄糖盐酸盐	扬州明达生物化工有限公司
2004	高比容硬态腐蚀低压阳极箔	扬州宏远电子有限公司
2004	1，4-萘醌	扬州市刘氏化工有限公司
2004	雄蚕丝（采用荧光自动分离判性雄蚕茧技术生产）	高邮苏豪茧丝有限公司
2004	超长型高强度光电复合测控电缆	扬州曙光电缆有限公司
2004	环保型低烟低毒计算机网络用电缆	江苏长城电缆厂
2004	城市轨道用电缆	江苏赛德电气有限公司
2004	舰船用低烟无卤低毒通信仪表及电子设备电缆	扬州光明电缆有限公司

续表27-5

年份	产品名称	生产企业
2004	计算机网络用阻燃耐高温硅橡胶绝缘测控电缆	扬州环宇特种电缆有限公司
2004	铁路长途通信数字信号特种消防传输电缆	扬州市晨光电缆制造有限公司
2004	水利工程观测用电缆	扬州市华润电缆厂
2004	QFC有机废气（吸附催化）净化装置	扬州琼花环保工程设备有限公司
2004	单相无刷同步发动机	扬州市新港电机有限公司
2004	90度C耐候型聚氯乙烯绝缘平行集束架空电缆	扬州苏源电线电缆有限公司
2005	氟尼酸钠盐	市光明化工厂
2005	2.9-二甲基奎吖啶酮	市助剂厂
2005	2-C-四氯苯酐-8N-四氯苯酐奎宁	市助剂厂
2005	转杯纺丙纶中长型粗纺纱	高邮华美丙纶纺织有限公司
2005	PP无泡过滤芯	高邮华美丙纶纺织有限公司
2005	纳米硅混溶免维护胶体铅酸蓄电池	扬州华富实业（集团）有限公司
2005	G4012液压控制卧式带锯床	扬州和益电动工具有限公司
2005	TS355多功能水槽切割机	扬州和益电动工具有限公司
2005	8英寸单晶硅棒	江苏顺大半导体发展有限公司
2005	1-氯-4-甲氧基丁烷	市有机化工厂
2005	6-氯-1-乙醇	市有机化工厂
2005	HZL型有机气体直燃式净化装置及供热系统	扬州市恒通环保能源工程有限公司
2005	HRF型直燃净化混风供热装置	扬州市恒通环保能源工程有限公司
2005	N-乙铣-D氨基葡萄糖	江苏日欣实业集团有限公司
2005	LD-124分散剂	扬州立达树脂有限公司
2005	对氰基氯苄	扬州市刘氏化工有限公司
2005	邻氰基氯苄	扬州市刘氏化工有限公司
2005	电磁线用绝缘粉末涂料	扬州三川实业有限公司
2005	DCS超临界发电系统用监控电缆	江苏长城电缆厂
2005	乙丙橡皮绝缘耐热船用电缆	扬州光明电缆有限公司
2005	耐燃烧抑烟型高速率煤井用特种信号电缆	扬州市红旗电缆制造有限公司
2005	110千伏交联聚乙烯绝缘电力电缆	扬州曙光电缆有限公司
2005	750千伏扩径型钢芯铝绞线	扬州苏源电线电缆有限公司
2005	影视灯光及设备用阻燃软电缆	扬州亚光电缆有限公司
2005	小型单相有刷同步发电机	扬州市新港电机有限公司
2005	LED太阳能楼道灯	扬州平安数字光电有限公司
2005	耐寒耐候树脂变频电缆	扬州华润电缆厂

第三节　特色产业基地、园区

一、国家农业综合开发高新科技示范项目区

1999年10月，高邮市被国家农业综合开发办公室列为1999年度国家农业综合开发高新科技示范项目区。在司徒乡建成面积333.33公顷的核心示范区，在张轩、龙虬、东墩、龙奔、武安等5个乡镇建成面积1.33万公顷的辐射推广区，建设鸭鱼高效养殖面积66.66公顷，建成奶牛场1个。是年起，司徒乡实施农田标准化、农业科学化、作业机械化、服务社会化的种养业高新科技示范园区建设，先后建成设施园艺、良种扩繁、高邮鸭保种与蛋品加工、高效奶牛饲养、良种猪繁育、特种水产品养殖等六大示范基地。2001年7月，司徒科技示范园区被批准为省种养业高新科技示范园。2003年，项目区通过国家农业综合开发项目组验收。至2005年，全市建成国家现代农业科技示范园3个，即高邮鸭标准化示范园区、罗氏沼虾养殖标准化示范园区、高邮绿色及无公害稻米生产示范园区；建成省现代农业标准化示范园区2个，即周巷超高茬麦套稻标准化示范园区、高邮蔬菜标准化示范区。

图27-1　全国罗氏沼虾养殖标准化示范区司徒园区

二、省现代农业科技示范园

1998年，高邮鸭产业化科技示范园被批准为省现代农业科技示范园。至2005年，该示范园发挥高邮鸭的资源优势，以市场为导向，以名特优产品为依托，以科技为支撑，围绕高邮鸭保种育种、饲养、饲料加工、蛋品加工及肉制品加工，形成科贸工农一体化、产加销一条龙的经营格局，成为具有高邮地方特色的鸭业经济。

第四章　科技管理与服务

80年代中后期起，全县科技管理工作逐步展开。进入90年代，先后开展科技规划、组织各项科技活动、加大科技知识宣传和科技专业技术培训力度、实施各项政策性措施，推进全市科技工作。1996年，高邮市创建成全国科技工作先进市。至2005年，高邮市先后通过三轮检查、考核，一直保持“全国科技工作先进市”称号。

第一节　科技管理

一、政策措施

1989年5月，县委、县政府召开全县科技工作大会，提出“科技兴县”发展战略。2000年3月，市委、市政府召开全市技术创新和项目建设工作会议，先后印发《高邮市高新技术产业发展工作意

见》《关于加强技术创新，发展高新技术产业的意见》《关于实施“三大工程”，加快私营个体经济发展的意见》等。2002～2005年，先后制定《高邮市“3＋1”工程考核和奖励项目申报评审试行办法》《关于进一步加大“3＋1”科技支持工程实施力度的意见》《高邮市专利资助资金管理暂行办法》等鼓励性措施，及时申报科技成果转化项目，建立正常的科技成果转化机制、多元化科技投入机制和科技人员激励机制。

二、科技发展计划与规划

1995年，市委、市政府编制《高邮市科技发展“九五”计划和2010年长远规划》，规划明确全市科技发展的指导思想、发展目标、发展重点和主要措施。1998年8月，市科委会同相关综合部门，制订全市工业近期、中期科技发展规划并提出实施意见。是年，市科委会同市邮电局、市计委，制定《1998～2010年高邮市信息化建设规划》，提出目标要求和实施步骤，被收入扬州市信息化建设规划汇编。

三、科技经费管理

1989年，全县按照省委、省政府提出的“科技三项费用按上年同期财政实际支出的0.5%～1%拨付使用”的要求，拨给县科委“科技三项经费”9万元。1990年，此项经费增至20万元。2002年，市长办公会专题研究科技“3＋1”工程奖励办法，确定其使用规模为180万元至200万元，从工业发展基金、科技三项经费、地方事业发展基金中筹集。是年末，市科技局和市财政局联合印发《高邮市专利资助资金管理暂行办法》，对技术含量高、确有市场前景的专利给予一定的资助。对实施工业化的专利，每项最高资助2000元，对发明专利每项最高资助1000元，对实用新型的外观设计专利每项最高资助500元。2005年，市政府将每年安排的专项奖励资金由原来的200万元提高到300万元。

第二节　科技先进创建与科技进步考核

一、科技工作先进市创建与考核

1996年7月，高邮市创建全国科技工作先进市工作通过国家科学技术委员会验收，被授予“全国科技工作先进市”称号。2001年，高邮市通过科学技术部1999～2000年度对县（市）首次进行的科技进步考核。2003年，高邮市再次通过科学技术部2001～2002年度科技进步考核。2005年，高邮市第三次通过科学技术部2003～2004年度科技进步考核，持续保持“全国科技工作先进市”称号。

二、企业科技进步考核

1997年，全市各企业开展“科教杯”竞赛活动，把创建科技进步企业作为重要竞赛与考核内容。是年末，高邮电器厂等10家企业被市委、市政府表彰为科技进步企业。1999年，市政府对科技进步项目进行考核与奖励。是年，全市获扬州市科技进步奖项目5项、高邮市科技进步奖项目11项。此后，每年对科技进步项目进行考核与奖励。2005年，全市获扬州市科技进步奖项目5项、高邮市科技进步奖项目13项。

三、科技先进乡镇创建与考核

1994年，全市开展争创省科技工作先进乡镇活动。是年，武安乡、菱塘回族乡、天山乡被省科学技术委员会命名为“江苏省科技工作先进乡镇”。1996年，三垛镇、车逻镇、汤庄镇、甸垛镇获“江苏省科技工作先进乡镇”称号。1997年，八桥镇、沙堰镇、伯勤乡、湖滨乡、川青镇、东墩乡、郭集镇、龙虬镇、司徒乡、周山乡获“江苏省科技工作先进乡镇”称号。至1998年，全市20个乡镇获“江苏省科技工作先进乡镇”称号，占应创建乡镇总数60.6%。此后，该项创建工作未再进行。

第三节　专利管理

1985年，由县农业机械学校葛玉明发明的化肥深施器，经县科委、县工商行政管理局共同申报，获国家工商行政管理总局批准授权，为全县首件专利。1992年，市粮食局器材库研制发明的组合式软体粮仓和市农机公司葛玉明研制发明的棉花打穴机，获批专利。1996年，江苏长城电缆厂、扬州红旗电缆厂、扬州光明电缆厂等企业获批专利5件。2004年，葛玉明等申报的农田高效开沟机等再获专利。2005年，市科技局增挂“市知识产权局”牌子，负责专利保护和专利纠纷处理工作。至是年，全市累计申报各种专利778件，获授权专利259件。其中，葛玉明获发明专利7件、实用新型专利19件。

图27-2　葛玉明（前左二）获“省第二届十大杰出专利发明人”称号

第四节　科技服务

一、技术培训

1988年，县政府把巩固、兴办乡镇农校作为科技兴农的一项基础工程，专项拨款100多万元用于教学基地、实验基地基本设施建设。各乡镇相继成立农业技术学校。各农校按照农事活动的要求授课，缺什么讲什么，采取课堂教学与田头示范相结合的方法进行教学。至1990年，共举办各类培训班1200多期，培训种粮、植棉大户，村组干部，植保员，育秧员等10.6万人次。是年，扬州市科技干部进修学院高邮分院成立，学制两年，对科技干部进行较高层次的技术培训。至1994年，先后有500多人接受大专层次岗位技术培训。1997年起，市委组织部、市科委、市农业局等部门联合，通过举办各类短训班，对农村党员和基层干部进行实用技术培训，涉及经济管理、机械、化工、会计、建筑等专业13个。至2005年，受训9万多人次。

二、咨询服务

1986年，县科委以服务基层、服务企业、服务群众为出发点，多渠道、多方位为企业提供科技咨询服务。1994年，举办引进高等院校、科研单位科技成果洽谈会，邀请南京大学、东南大学、南京理工大学等27所高等院校和科研单位70多名专家、学者到市内发布科研成果。组织200多家企业的600多名负责人，与专家、学者进行科技成果和技术转让洽谈，签约合作项目171项，其中高新技术转让项目154项。2002年后，市科技部门帮助企业牵线搭桥，开展产学研服务活动，其中洽谈成功的项目有纳米胶体蓄电池、电动自行车用智能电机、新型节能灯具、摩托车制动气芯、铝电极箔等。2005年，市科技局先后组织招商活动10次，引领相关企业赴高校院所开展项目采购、成果洽谈。

第五章　气象测报与服务

80年代中期，高邮气象站提供气象发布与预报服务，气象测报由人工进行。1989年，开展防雷装置安全检测服务。90年代后期，通过气象卫星实现地面气象观测自动化。21世纪初，始增加人工降雨服务。2005年，市气象局建成视频天气会商系统，提高气象预报准确率和气象服务质量。

第一节　气象测报

1986年以前，以地面气象观测为主，结合传真天气图、简易天气形势图和单站气象要素综合分析，进行气象测报。通过高邮人民广播电台发布每天气象情况和未来三天气象预报。是年末，高邮气象站安装甚高频电话，实现和扬州气象台与邻近县（市）气象台站远程天气会商，提高气象测报准确率。1994年，市气象远程工作站建成并投入使用。同时，高邮气象站与市电信局合作，开通668天气预报语音信箱。1997年，高邮气象局增设卫星云图接收系统，全面提高气象预报准确率。1999年，市气象局安装Ⅱ型地面遥测气象装置，实现地面气象观测自动化。2001年1月开始，以Ⅱ型地面遥测气象数据编制报表上报。2004年，市气象局开始布设农村自动气象观测网。至是年4月，先后在市果林场、三垛镇、菱塘回族乡等地建成自动气象观测站。至2005年末，高邮气象站气象测报各项指标均达到省定目标，其中降水测报准确率TS为76.6%、降水定性预报准确率SS1为66.8%、降水量预报准确率SS2为76.6%。

图27-3　市气象局预报员利用“9210”系统调阅、分析气象资料

第二节　气象服务

1986年，高邮气象站在开展日常气象服务工作同时，重点进行灾害性、转折性、突发性天气预报服务。及时向县委、县政府、县防汛抗旱指挥部汇报天情、雨情等气象情况，为县委、县政府、县防汛抗旱指挥部的决策提供依据，并通报有关部门；实施农业气象服务和重大活动气象保障服务。1989年2月，县气象局开始对全县各单位防雷装置安全性能开展定期检测。1993年6月，市气象服务部对全市各单位防雷工作提供技术咨询服务。1997年3月，扬州市避雷装置检测中心高邮检测站成立，为防雷装置安全检测提供服务。2000年5月9日，市气象局为缓解全市旱情，首次实施人工增雨作业，获得成功。2001年5月19日、2004年3月11日和11月1日，市气象局又先后三次实施人工增雨作业。2004年8月，“高邮气象”和“高邮兴农网”网站开通。2005年5月，市气象局视频天气会商系统投入使用，有效提升气象服务水平。

第六章　防震减灾

80年代，县内设有高邮地震台和临泽井站、三垛苏09井观测站，对地震实行监测。90年代，继续进行地震监测和开展地震宣传与地震知识普及工作。2000年后，开展抗震设防工作。至2005年，先后制定地震应急预案、组织应急队伍和加强建设工程项目设防管理，抗震设防工作逐步步入依法管理的轨道。

第一节　地震测报台站

一、省高邮地震台

1975年始建。设于县蚕种场内。位于北纬32° 44′、东经119° 26′，海拔4米。占地5584平方米，建筑面积717平方米。台基岩性为第四系松散层，厚165米。80年代，地震监测以人工为主。1996年，地磁和地电实现数字化观测。1999年4月，主要设施设备有：地磁房、ZNC-2型智能质子磁力仪、测震DD-1短周期地震仪、ZD8B数字地电仪、DD-2型记录器、DDC-2A型电子自动补偿仪、CHD-5型观测仪等。因台站地处黄土覆盖层，测震仪放大倍数偏低，地震监控范围较小。该台监测能力为100千米范围内ML≥1.5级地震，地磁为200千米范围内M≥5.0级、300千米范围内M≥6.0级地震；地电为100千米范围内M≥5.0级、200千米范围内M≥6.0级地震，均有一定震兆反应。至2005年，该台地磁观测资料连续8年分别获全国观测资料评比前三名、全省评比第一名，地电观测资料连续3年获得全国观测资料评比第三名，测震资料连续7年获省地震局资料质量评比优秀等级；先后获国家地震局防震减灾优秀成果一等奖和省地震局科技成果奖；发表地震科技论文30多篇。

二、东43井地震观测站（临泽井站）

1985年设立。位于临泽镇西北临西村，地理坐标北纬33° 02′、东经119° 36′，海拔2.5米。观测项目有：地震前兆流体水位观测。该站所处环境特点为：位于苏北里下河平原地区，地势平坦低洼，水网密布，河道纵横，无明显干扰源；年平均气温14.6℃、平均降雨约1050毫米；交通方便，有程控电话，周围未建大中型企业，无明显干扰。县地震局利用水位观测资料研究总结成“东43井谷值差分异常预报地震的方法”，并发表《从年变形动态中提取异常的谷值差分法》的论文，被收入国家地震局科技监测司《地震预报使用化研究文集·水位、水化专辑》。

三、苏09井地震观测站（三垛井站）

1979年10月设立。位于三垛镇南、三阳河东侧，地理坐标北纬32° 48′、东经119° 39′，海拔2米。建有观测井房9平方米，使用SW40水位仪，实行模拟观测，自动记录水位，观测资料连续、可靠。观测项目有：地震前兆流体水位观测。该井站所处环境特点为：位于苏北里下河平原地区，地势平坦低洼；未发现明显干扰源，井内发现原油，影响水位观测。1980年，该井站经国家地震局验收，列入国家地震测报网。至2005年，该井站测报资料在扬州市地震局地方井站测报资料质量评比中一直获优秀等级。

第二节　地震应急预案

2001年，市政府制定《高邮市破坏性地震应急预案》，全市20个乡镇、35个部门、重点企事业单位和学校均分别制定地震应急预案。市地震局制定《高邮市破坏性地震应急工作方案》和《高邮市关于加强震情监视和短临震情跟踪工作的措施》，配备地震应急车辆和通信器材等。2005年4月，市地震局和团市委联合组成由全市2000多名注册青年志愿者参加的地震应急救援工作队伍，并制定《高邮市地震应急志愿者救援工作章程》，开展志愿者防震减灾应急业务和基本技能培训。

第三节　抗震设防管理

2001年，市政府转发《扬州市建设工程抗震设防管理办法》。2004年4月，将建设工程抗震设防管理和工程建设场地地震安全性评价工作纳入基本建设程序，在市行政服务中心增设地震局窗口，实行前置审批，即对一般性建设工程审定抗震设防要求，对重大建设工程、生命线工程和可能发生严重次生灾害的工程确定地震安全性评价要求，依法加大对建设工程抗震设防要求管理工作的力度。是年6月，市地震局成立地震行政执法队伍，并申领地震行政执法监督证、地震行政执法证，把抗震设防管理工作逐步纳入法制轨道。2005年，全市坚持“政府引导、农民自愿、因地制宜、分类指导、经济实用、抗震安全、统筹安排”的原则，推进农村民居防震安全工程建设，并按照城乡统筹发展和社会主义新农村建设要求，科学合理确定乡村民居防震保安工程规划，全面推进新一轮村镇规划修编。是年，在汤庄镇余富村开展农村民居防震安全工程示范工作。该村结合建设社会主义新农村的要求，成立新农村建设领导小组，引导村民集资建房。市规划设计院对余富村新苑实行统一规划和设计，工程按照地震烈度7度进行抗震设防。该规划占地6公顷，绿化面积占30%，有配套齐全的公共服务基础设施，容纳200户居民居住。该设计方案获江苏省村镇建设规划评比三等奖。

第二十八篇

文化 体育

要 目

80年代，全县文化、体育事业通过利用和挖掘丰厚人文资源，获得较快发展。进入90年代，随着经济发展和城乡居民生活水平提高，全市文化、体育事业呈现加速发展势头。1992年，高邮市创建成全国体育先进县。1994年，创建成全国推广第七套广播体操先进市、省群众文化先进市。1995年，被省政府授予“省历史文化名城”称号。1998年，创建成全国文化先进市。2000年，创建成省有线电视县。2004年，创建成省少儿二胡之乡。2005年起，又先后创建和申报全国历史文化名城、中国民歌之乡、中国民间文化艺术之乡、省摄影家协会创作基地、省体育强县等，2005年以后，都先后获得有关部门批准，创建成功。

第一章　文化活动单位

1986年，全县有文化馆（宫、站）35家，其中县文化馆、县工人文化宫各1家，乡镇文化站33家。图书服务与发行单位7家，即县图书馆和临泽、三垛、界首三大镇文化站图书室，县新华书店及两个门市部；个体性质的书刊销售、出租店32家。影像放映单位（点）15家，其中城区6家、乡镇9家。经营性专业表演团体1个。随着文化事业发展，全县文化经营、服务机构与单位随之变化。80年代，歌舞厅遍布城乡。90年代，录像厅异军突起。进入21世纪，棋牌室处处开张。全市电影放映、戏剧演出业从“开后门买票”逐步变得萧条、萎缩。至2005年，市文化局重点加强文化网络建设，办好市文化馆、市图书馆、市博物馆、市电影管理站、乡镇文化站和乡镇文化中心。

第一节　文化宫　文化馆（站）

一、市工人文化宫

1981年，县政府在县人民公园东侧始建县工人文化宫（新建路因此得名文化宫路），建筑面积7000平方米，由县总工会主管。1990年，县工人文化宫被明确为股级全民事业单位。2001年，根据城市总体规划，市工人文化宫、市总工会、市职工业余学校等整体拆迁，让出土地改建成商业步行街。2003年1月，迁建后的市工人文化宫（又名高邮大剧院）在城区文游中路110号落成。总投资1200万元，建筑面积3500平方米，有观众席1002个，系职工文化宣传、文娱演出场所，并为举办大型会议提供场地等。至2005年，仍隶属市总工会管理。

二、市文化馆

1984年，位于城区通湖路87号的县文化馆与县图书馆合并，成立县文图馆，并在原址翻建3层、局部4层的楼房，建筑面积2500平方米，业务用房1700米。1987年，该馆成立戏曲联谊社。1990年，县文化馆、县图书馆再次分开，单独建制，原楼房两家合用。1995年，市图书馆迁至府前街，原楼房划归市文化馆。2000年5月，市文化馆成立少儿艺术学校。2004年，市文化馆被评为国家二级馆。2005年，市政府按国家一级馆标准在海潮东路筹建新馆。

三、乡镇文化站

1986年，全县各乡镇均设有文化站，共有乡镇文化站33家。1989年，县文教局制定农村文化站工作考核标准。1992～1994年，市文化局和市人事局分3批任命各乡镇文化站站长或副站长。1996年，市文化局在乡镇文化站全面推行进档定级考核工作。1999年，评定一级站22家、二级站2家、三级站5家、四级站4家。2001～2005年，各乡镇文化站与广播站合并，由各乡镇党委、政府负责管理，市文化局负责业务指导。

第二节 图书馆（室） 书店

一、市图书馆

1986年，位于城区通湖路87号的县图书馆，由于受场地、经费制约，购书经费仅有3000元，馆藏图书6.3万册，设有阅览室，并对外提供图书借阅服务。1995年，占地0.21公顷、建筑面积2000多平方米的新图书馆在府前街落成，设有外借室、阅览室、少儿室、资料室、采编辅导室、办公室。1996年开始，该馆先后开展“秦邮十佳藏书家庭”评选、“知我香港，爱我家乡”征文朗诵、“为中华之崛起而读书”纪念周恩来100周年诞辰演讲、“驻城小学生现场作文竞赛”、“秦邮十佳读书家庭”评选、“驻城小学少儿故事演讲”等读书活动，参加活动学生3万多人次，参加活动家庭2000多户。1999年，该馆创办《邮图信息》报，介绍新书内容，刊登读书心得，引导读者读书、爱书、用书。至1999年，该馆两次被省文化厅授予“省文明图书馆”称号。2005年，该馆购书经费增加到7.2万元；馆藏图书增加到14.8万册，其中古籍图书1.2万册（被列入全国善本总书目的善本图书80册），订阅各种报刊500种。接待读者15万人次，年图书流通量12万册次。全面实现图书外借、阅览等业务环节的计算机管理，创建成国家二级图书馆。

二、乡镇图书室

1986年，界首镇、临泽镇、三垛镇文化站设有图书室1～2间，有专职图书管理员，开展正常的图书借阅活动，其他乡镇文化站一般只设有一两书架图书，借阅活动很不正常。1992年，在创建省文化先进乡镇和全国文化先进市活动中，各乡镇党委、政府加大对文化的投入，在乡镇文化中心内建立图书室。至2005年，全市20个乡镇和高邮经济开发区的文化站均建有图书室。

三、新华书店

1986年，县新华书店办公楼及营业厅位于通湖路89号，书库位于城区工商巷35号。1994年，落实宗教政策时，因书库原为基督教教堂而归还给市基督教协会。1998年末，随着省新华书店改制，市新华书店更名为省新华书店集团有限公司高邮子公司，自收自支事业性质转变为企业性质。该店在城区设有府前街门市部和南海门市部，在农村设有临泽门市部、界首门市部、三垛门市部和送桥门市部。2003年，在城区通湖路124号原市布厂地基上建成新华书店新大楼。该楼建筑面积4800平方米，营业大厅设有文化类、教育类、文艺类、科技类、体育类、少儿读物类、音像制品类、本土作家作品类等8大系列书籍67个专柜，上架图书2.6万多册、音像制品6000多种，并负责全市10万名中小学生课本和教辅资料发行任务。2004年，该店获省文化厅授予的“音像制品正版经营示范店”称号。2005年，该店被扬州市文化局表彰为“双优诚信书店”，被省新华书店集团有限公司评为二星级门店。

图28-1 2003年，建成的市新华书店办公营业楼

四、个体书店

1986年，全县有个体性质的书刊销售、出租店32家。至80年代末，随着文化产业化政策的施行和市场经济的进一步发展，个体书摊点快速发展，特别是在中小学校周边地带，图书出租、教辅材料销售的小书店近100家。至90年代中期，加大文化市场管理力度，经营盗版书刊的书店书摊关门歇业或被吊销营业执照。2005年，全市有个体书店38家，其中城区规模较大的个体书店有3家。城区经营规模最大的私营书店——成才书店，经营面积160平方米，在架图书1.2万册，其中80%以上为中小学教辅材料。

第三节　影剧院　歌舞厅

一、市电影发行放映公司

1986年，县内设有县电影管理站，负责管理全县电影发行和放映工作。1991年，县电影管理站更名为市电影发行放映公司。1996年，该公司实现放映收入300万元、发行收入106万元，增幅列全省前茅。2001年，顺应电影发行体制改革，该公司加入从省电影发行放映公司分离出来的长江电影发行放映公司，成为其成员企业。2003年，长江电影发行放映公司分设为盛世亚细亚、东方、扬子等3家电影院线，市电影发行放映公司加入盛世亚细亚电影院线，发行方式随之从统一供片改为单片承包。2005年，市电影发行放映公司办公用房连同北海影城（北海电影院）被整体出让给香港肇丰集团所属的嘉臣置业有限公司，开发建成嘉臣·北海购物中心。市电影发行放映公司另行租房办公，城区电影放映改在市人民影剧院进行。

二、高邮电影院

1959年，高邮电影院在城区中山路租用县政府草棚会堂。1964年、1976年，两度大修。1986年，投入30万元进行装修，添置20万大卡的空调设备，安装翻板式座椅，共有1132个座位，为全县建院最早、规模最大、放映环境最好的电影院。至90年代，先后因录像放映、有线电视发展，电影上座率逐年下降，该院经营举步维艰。1999年9月，停止营业。2001年4月，以140万元整体出让给市城区房地产开发公司，开发建设商品住房（中山苑）。至此，该院不复存在。

三、北海电影院

1984年，北海电影院在城区通湖路建成。建筑面积3200平方米，放映厅有座位1078座。1988年，实现放映收入202万元，受到省电影发行放映公司的嘉奖。1989年，该院投资10万元，将地下室改建成北海歌舞厅。1992年，该院又把西侧二楼改建为40座的豪华小放映厅，同时添置索尼投影机在西侧试片室播放录像，使北海电影院成为集电影、录像、歌舞为一体的大型娱乐场所。1998年后，由于有线电视的发展，录像机的普及，游戏机、电脑上网、歌舞等其他娱乐形式的兴起，市内电影市场逐步萎缩，观众上座率大幅度下降，经营状况每况愈下。虽想方设法组织放映大片、主旋律片等，仅勉强维持运转。2005年，北海电影院房屋及场地随同市电影发行放映公司办公用房整体出让给开发商，电影则转到市人民影剧院放映。

图28-2　2004年拍摄的北海电影院

四、市人民影剧院

1952年4月，县人民剧场在城区北门大街南首建成，为全县首座公营剧场。1986年，该剧场观众厅被鉴定为危房，演出活动中止。1987年，实施翻建工程。1988年8月，耗资55万元的翻建工程竣工，该剧场更名为县人民影剧院。剧院总面积1919平方米。其中，影剧厅526平方米，有座位1099座；录像厅340平方米，有座位404座。1989年下半年，增设歌舞厅220平方米、经营部67平方米。该剧院翻建后，先后接待沈阳歌舞团、浙江小百花越剧团、中国残疾人艺术团和影视界六小龄童、刘晓庆、程之，上海越剧院王文娟、钱惠丽，上海京剧院李炳淑，省昆剧团张继青，北京京剧团浩亮，常州滑稽剧团张克勤，南京越剧团筱水招等艺术团体和艺人的演出，年营业总收入平均在50万元以上。至1993年，该剧院连续3届被省文化厅表彰为明星剧场。90年代末，戏剧演出市场逐年萎缩，该剧院陷入困境。2000年后，该剧院组织“反腐倡廉”“公安消防”“党员教育”“青少年教育”等戏剧或电影专场演出，并加大票务组织力度，提高票房收入。2003～2005年，该剧院演出活动处于停滞状态，以放映电影为主。

五、乡镇影剧院

1986年，界首、临泽、三垛、送桥等4个镇设有影剧院，车逻、菱塘、八桥、马棚、沙堰等乡镇利用大会堂组织放映、演出活动，其余乡镇和村为露天放映电影、临时搭台唱戏。1991年起，在争创省群众文化先进乡镇活动中，一沟、周山、郭集、武安、川青、甘垛、车逻、汉留、营南、天山、周巷、二沟、张轩等乡镇相继建成文化中心，做到放映、演出、开会等一屋多用。至2005年，被命名为“省群众文化先进乡镇”的20个乡镇均建有影剧院。

六、录像放映厅

1986年，全县有录像放映站（点）103个，其中县文化馆录像放映厅和百花书场录像放映厅为规模最大的录像放映单位。此后，部分部门单位发展录像放映，许多个人也热衷投资录像放映，全县录像放映厅（点）不断增加。80年代末，城区容纳观众100人以上的录像放映场所有16家；在乡镇，文化站或文化中心设有录像放映厅，也有个人投资录像放映。至1990年，全市共有录像放映厅（点）142家，录像带出租点200多个。1996年后，由于录像机逐步被VCD、DVD所取代，加上全市文化市场检查力度加大，录像放映厅逐步减少。至2000年，录像放映基本自然消亡。

七、歌舞厅

1986年，全县歌舞厅如雨后春笋般地出现。有的是企事业单位为丰富职工业余文化生活而设立的非营业性歌舞厅，一般规模较小。有的是个人投资兴办的营业性歌舞厅，舞厅面积较大，装修豪华，设备齐全，档次较高。1992年，城区营业性歌舞厅有13个。90年代末，城区营业性歌舞厅发展到37个，农村每个乡镇一般有营业性歌舞厅2～3个，时为歌舞厅发展的高峰期。2000年6月，全市开展文化娱乐场所整顿工作，严格规范其经营行为。是年末，城区营业性歌舞厅减少到23个；农村除部分乡镇文化站所办歌舞厅外，个人办歌舞厅基本停业。至2005年，全市营业性歌舞厅剩下15个，非营业性歌舞厅基本没有。

第四节 剧 团

一、高邮扬剧团

1986年，县内唯一的专业表演艺术团体——高邮扬剧团通过改革，优化演职人员结构，进入蓬勃发展期。1988年，该团新排自创剧目《巧寡妇》获省首届扬剧节9项大奖；女主角张爱华、男主角李正太在上海市举办的扬剧中青年大奖赛中，分别获“白玉兰银奖”、优秀表演奖。1990年，在扬州市戏曲青年演员大奖赛中，张爱华获演出特等奖，陈士芳获优秀演出奖。是年7月，张爱华代表扬州地区参加南京区域加八地市中青年演员大奖赛，获优秀表演奖。1992年，该团排演的自创剧目《夜幕下的罪恶》参加扬州市专业剧团调演，获7项大奖。1993年，该剧目参加省第二届扬剧节，获8项大奖。1995年，该团新排演的自创剧目《天涯恩仇》，参加上海市“五亭杯”扬剧中青年优秀演员展演。1997年后，在文化市场的快速发展和文化形态多样化的冲击下，扬剧演出市场有所萎缩，该团演出场次锐减，演职人员工资难以兑现。1999～2000年，该团创作排演的大型现代戏《白衣圣人》，先后演出130多场，观众10万人次以上，创单本戏演出场次之最，获省委宣传部组织的第八届精神文明建设“五个一工程”奖和扬州市委宣传部组织的“五个一工程”荣誉奖。2003年，该团分化成高邮扬剧团、正太扬剧团和扬子江扬剧团等3个演出团体。原副团长张爱华获得高邮扬剧团经营权，实行“硬承包”，自任团长。至2005年末，该团每年演出260场以上。由她斥资新排并主演的古装戏《雁归何方》，在省第三届扬剧节上获8项大奖和15个单项奖。

二、正太扬剧团

2003年，由高邮扬剧团原团长李正太投资近100万元，聘用原剧团部分人员，并吸纳社会上一批扬剧艺人，组建成民营性质的正太扬剧团。该团常年在高邮、江都、邗江、泰州、姜堰等地演出，年均演出250场以上。2005年，该团新排演的自创剧目《生死密账》，宣传反腐倡廉，配合廉政文化建设，在观众中产生较大反响。

三、扬子江扬剧团

2003年，由高邮扬剧团原副团长唐云牵头，吸收原高邮扬剧团、扬州扬剧团、邗江扬剧团、江都扬剧团部分演职人员，组建成民营性质的扬子江扬剧团。该团在开展演出活动的同时，与扬子江音像出版公司合作，拍摄扬剧盒带、VCD。至2005年，该团演出、拍摄并由安徽音像出版社出版的扬剧VCD有30多种，其中由高邮作者薛序编剧的有《恶婆婆》《呆有呆福》《杀狗劝夫》《龙凤恋》《打城隍》等。

第二章　群众文化与文化市场管理

80年代，县内群众文化活动以企事业单位和乡镇自办为主，全县大型文化活动主要在节日和重大纪念日进行。进入90年代，为配合招商引资和丰富城乡居民文化生活，先后举办中国邮文化节、中国双黄鸭蛋节大型文化活动，农民文化艺术节、青少年文化艺术节相继举办，广场文化活动、企事业单位文化活动、社区文化活动持续进行。至2005年，高邮市先后创建成省群众文化先进市、全国文化先进市、省少儿二胡之乡。

第一节　“全国文化先进市”创建

1991年，全县启动创建省群众文化先进乡镇工作。按照标准，做到乡镇文化站站长相对稳定、文化站站房面积不少于350平方米、图书室藏书不少于5000册、每年开展各种文化活动不少于10项等。1992年，通过省政府验收组的验收，菱塘、界首、八桥等3个乡镇被批准为省群众文化先进乡镇。至1995年，全市累计创建成省群众文化先进乡镇14个，占全市应创建乡镇数的42.42%。是年，高邮市被省文化厅授予“省群众文化先进市”称号，并启动全国文化先进市创建工作。至1997年，全市创建成省群众文化先进乡镇25个，占全市乡镇数的75.76%。1998年，高邮市被文化部授予“全国文化先进市”称号。2005年，市文化局开展乡镇文化站建设达标工作，省文化先进乡镇创建工作停止。

第二节　群众文化活动

一、“珠湖之波”赛歌会

1984年，县文化馆举办首届“珠湖之波”赛歌会。此后，每年举办一届，报名参赛者逐年增多。1998年12月，该馆邀请扬州郊区、邗江、江都、仪征、兴化、金湖等县（市、区）20名业余歌手，举办“珠湖之波”7县（市、区）歌手邀请赛。2000年12月，邀请扬州郊区、广陵、邗江、宝应、仪征、淮安、兴化、泰兴、姜堰等县（市、区）的27名业余歌手，举办“珠湖之波”10县（市、区）歌手邀请赛。2001年12月，邀请常熟市13名歌手，到高邮市举办“珠湖之波”两湖（高邮湖、阳澄湖）赛歌会。至2005年，“珠湖之波”赛歌会共举办23届，报名参赛业余歌手从首届20多人上升到100多人。

二、文游艺术节

1988年4月，县委、县政府以文艺搭台、经贸唱戏的理念，举办首届文游艺术节，各乡镇和工、商、粮、物、供等经贸系统参演。1989年4月，举办第二届文游艺术节。1990年10月，配合召开秋季商品交易会，举办第三届文游艺术节。此届文游艺术节规模大、特色明显、参与度高。三垛镇、八桥镇表演高跷、莲湘、彩狮、舞龙、花担、荡湖船等民间传统文艺节目，城区有工业系统县造纸厂锣鼓彩车、县自行车零件厂铜管乐队和县文教系统小学生腰鼓彩绸队等。在开幕式文艺晚会上，有县商业系统、县粮食系统、县物资系统、县供销系统、县文教系统、县水泵厂、县造纸厂、县交警大队、县扬剧团等参演。1991年4月，举办第四届文游艺术节，组织28个方阵队，依次在4个观礼台处（市供电局大楼、中百一店五楼、供销商场四楼、秦邮旅社二楼）演出。此后，未继续举办。

图28-3　文游艺术节上的舞狮表演

三、双黄鸭蛋节文艺活动

1993年4月，市委、市政府秉承“以蛋为媒，政治、文艺搭台，经济唱戏”的宗旨，举办首届双黄鸭蛋节及相关文艺活动。2002年10月，市委、市政府举办第二届中国双黄鸭蛋节。在市体育馆举办开幕式专场文艺演出，特邀名演员冯巩、王馥荔、祖海等到场献艺。2004年6月，市委、市政府举办第三届中国双黄鸭蛋节。在高邮大剧院举行“民歌·民风·民情”大型文艺晚会。2005年后，双黄鸭蛋节仍然坚持每两年举办一届，与邮文化节交替进行，每届有文艺晚会演出和其他文艺活动。

四、邮文化节文艺活动

详见第二十九篇《龙虬庄文化　邮文化》第二章《邮文化》第二节《中国邮文化节》（第1075页）。

五、农民文化艺术节

2001年11月，市委宣传部、市文化局、市文联、市委农工部等联合举办全市首届农民文化艺术节，每个乡镇自出1～2个有特色的节目，如卸甲镇开场锣鼓、甘垛镇女子舞龙等。2003年、2005年，又相继举办第二届、第三届全市农民文化艺术节。在市农民文化艺术节的推动下，各乡镇相继举办文化艺术节。界首镇、伯勤镇举办的迎春文化艺术节，八桥镇举办的金秋文化艺术节、青少年文化艺术节，菱塘回族乡举办的回汉农民文化艺术节等。

六、青少年文化艺术节

2005年4～6月，由市委宣传部、团市委、市文化局、市文联、市妇联、市电信局共同举办的首届高邮市青少年文化艺术节在蝶园市民广场举行。艺术节前后长达40天。主要活动有：青少年广场文艺演出、"省少儿二胡之乡"命名授牌专场演出、青少年音乐比赛、舞蹈比赛、庆"六一"文艺专场演出等。

七、纪念性文艺活动

1986年起，境内每年都举办纪念性文艺活动。其中，规模较大、参与人数较多的有：1993年，由市委宣传部牵头举办的纪念毛泽东100周年诞辰活动；1994年，由江苏电视台与市委宣传部联合主办，市制动件总厂、市无线电元件六厂、市电器厂、市油米化工总厂协办的纪念江苏电视台"大篷车"开播一周年特别文艺晚会；1997年，由市委、市政府举办的"迎香港回归、庆七一"专场文艺晚会；1998年，由市委宣传部和市文化局主办的"田野之风"纪念中共十一届三中全会召开20周年农村文艺会演活动；1999年，市委、市政府主办的庆祝国庆50周年专场文艺演出；2005年，市委宣传部、市文化局、市文联主办的纪念世界反法西斯战争和中国抗日战争胜利60周年专场文艺晚会等。

八、镇村、社区文化活动

1986年起，每年冬闲时，由乡镇政府和文化站牵头开展农村镇、村文化活动，组织文娱积极分子，配合乡镇党员干部冬训进行专题演出，或利用春节时间到各村巡回宣传演出。部分乡镇把开展文化活动与促进乡镇经济、推进文明建设结合起来，形成持久化、制度化。天山乡从1987年起每年组织一次文艺选拔大奖赛，平胜乡于1989年举办"丰收杯"歌舞大赛，八桥镇从1990年起每两年举办一次金秋艺术节，界首镇从2003年起举办茶干节。2003～2005年，由市委宣传部、市文化局、市文联、市民政局联合每年举办一届社区文化艺术节，包括广场晨练健身、社区卡拉OK大赛、家庭才艺大赛、书法美术摄影大赛、征文大赛等活动。

九、企事业单位文化活动

80年代中后期，县内企事业单位文化活动比较活跃，大部分企业有自己的业余文艺宣传队伍，他们白天上班，晚上排练，需要时随时演出。市制动件总厂组织一支职工业余铜管乐队，利用业余时间排练，在进行企业文化宣传的同时，配合市里重大活动参加演出。市商业局、高邮师范学校、市实验小学、市无线电元件六厂、市电器厂、市油米化工总厂、市服装厂等企事业单位业余文化活动有声有色。1994年，江苏电视台特邀市无线电元件六厂、市电器厂、市油米化工总厂、市制动件总厂业余文艺队伍，在该台演播大厅演出并进行实况转播。90年代后期起，企业自组的文化活动逐步减少。至2005年，一般企业不再组织文化活动。

十、广场文化活动

80～90年代，因市内广场较少且小，故广场文化活动不多。仅在城区东门广场（农行高邮县支行门前）举办几次小型的图片展览，在城区北海广场（北海电影院门前）举办一次“珠湖之歌”赛歌会和三次乘凉晚会。2003年，蝶园市民广场建成后，广场文化活动逐渐增多。2005年3月，市委宣传部、市文化局、市文联联合在该广场兴办“周末大舞台”，每周六晚以文艺表演为主，辅之以主旋律电影露天放映和法律法规宣讲，活跃市民文化生活。

十一、“少儿二胡之乡”创建

1986年，城区有个人创办的少儿二胡培训班4个，在学少儿100多人。2000年，市少儿艺术学校成立后，二胡班学员人数爆满。2001年11月，由市文化馆牵头，以市少儿艺术学校为依托，成立市二胡学会，并启动“少儿二胡之乡”创建活动。召展、夏峰合作创作的二胡曲《水乡鸭童》在省少儿艺术节上获三等奖。2003年10月，在由中国音乐家协会二胡学会举办的首届中国（青岛）业余二胡大赛中，高邮市小选手夺得全部6个比赛组中3个组别一等奖，市少儿艺术学校二胡班学生杨潇潇、杨扬双获少儿组一等奖。此后，全市少儿二胡选手在全国、全省有关比赛中获奖的有30多人。至2003年，全市接受二胡培训的小学员多达3000人。2004年12月，高邮市被省文化厅命名为“省少儿二胡之乡”。2005年，市二胡学会特邀全国二胡专家举办讲座，进一步提高演奏水平。

图28-4　2004年，高邮被命名为“省少儿二胡之乡”。图为二胡音乐会现场

十二、青少年器乐培训

1986年，县内有少数个人开办青少年器乐培训班，学员人数不多，教学档次不高，乐器种类单一，多偏重于教学二胡、竹笛、电子琴等。1990年后，因中考增招特长生，高考扩大艺术类招生名额，调动青少年学习器乐的积极性和社会个人器乐办学的积极性。2000年5月，市文化馆成立市少儿艺术学校，先后开设二胡班、竹笛班、古筝班、电子琴班、钢琴班、小提琴班等，在校学生300多人。2003年，该馆在临泽、三垛、周山等乡镇增设农村分校。至2005年，全市在省内外有关比赛中“斩金夺银”的器乐青少年共有100多人次。

十三、临泽高跷队

80年代，临泽镇传统的民间高跷表演活动重新活跃。部分瓦工自发组织高跷队，在每年“十月朝”（农历十月初一）庙会和“元宵节”（农历正月十五），上街踩高跷（“高跷”一般高1.2米，最高2米以上），正常参加表演人数20多人。表演时，他们身着戏服，演绎“八仙过海”“金山斗法”等传统戏曲中的人物形象和简单剧情。2003年春节，市文化局组织文化活动，该队到城区参加邮城大型“踩街”巡演，他们盛装彩服、锣鼓喧天，轰动全城。2005年起，临泽高跷队先后参加电影《缘》的拍摄和中国邮文化节、扬州琼花艺术节、中国·扬州世界运河城市博览会等节庆开幕式演出。是年，临泽中心小学与临泽镇文化站联合，在该校成立课外高跷兴趣小组，培养青少年高跷活动爱好者。至是年末，该镇能熟练掌握0.7米“低跷”技艺的男、女学生有近100人。

十四、甘垛女子舞龙队

1986年春节，平胜乡文化站组织有舞龙兴趣的女青年，聘请会舞龙的老农民作指导，组成女子舞龙队，在乡内表演舞龙活动。部分村自发组织女子舞龙队，自娱自乐。2000年，扬州市在江都举办农民艺术节，甘垛河口女子舞龙队应邀参加该节开幕式展演，受到观众热烈欢迎。此后，甘垛女子舞龙队迅速发展。她们走出村组，走出乡镇，不仅在邮文化节、双黄鸭蛋节等大型节庆活动中登台表演，还经常应邀为一些工程开工、商场超市开业而宣传助兴。至2005年，仅甘垛镇就有河口、振兴、子明、横铁等村10支女子舞龙队，参加舞龙的农村年轻妇女有200多人。

十五、"秋韵"腰鼓队

详见第三十三篇《社会生活　精神文明建设》第四章《老龄生活》第二节《老龄活动》（第1209页）。

第三节　文化市场管理

一、娱乐市场管理

80年代中期，全县有游乐场2个、歌舞厅12个，均为城区单位或农村文化站所办。其管理以部门单位自管为主、文化部门抽查为辅。其后，文化市场逐步放开，个体性娱乐场所逐渐兴起。90年代初，全县有游乐场、溜冰场6个，歌舞厅52个，音乐茶座31个，娱乐市场逐步成形。1992年，市文化局制定《高邮市娱乐市场管理规定》，主要开展常规管理、规范经营、典型示范、合格场所创建等项工作。1997年后，下岗职工增加，娱乐市场萎缩，游乐场、溜冰场减少到2个，歌舞厅减少到27个，音乐茶座减少到4个。1999年后，网吧业逐渐兴起。2002年，全市有网吧107个。其中，部分不法网吧业主或明或暗地允许未成年人进入网吧的同时，暗地增设"博彩机""老虎机"等赌博设备。是年，市文化稽查队在公安、工商等部门配合下，查缴"博彩机""老虎机"8台、电路板10块，取缔无证经营或证照不全经营者30多人。同时，市文化局建立网吧专项整治小组，聘请104名"五老"（老干部、老战士、老教师、老专家、老劳动模范）为网吧义务监督员，与54名网吧业主签订规范经营责任书，使全市网吧逐步走上健康有序发展的轨道。2003年后，通过招商引资兴建"咚吧啦""波士""金碧辉煌""红磨坊"等规模较大的综合性娱乐场所。2005年，全市有娱乐场所131个，其中游乐场5个、溜冰场3个、歌舞厅37个、音乐茶座32个、网吧54个。

二、音像市场管理

1986年，全县有录像放映站（点）103个、录像带出租点28个、音像制品销售摊位12个。1988年，县文教局制定《高邮县录像管理工作意见》，按照"开放、搞活、管好"原则，重点开展"扫黄打非"工作。县委宣传部、县文教局、县公安局、县工商行政管理局、县广播电视局联合，先后两次对全县音像市场进行检查，收缴盗版录音带136种535盒、盗版录像带15盘，取缔无证录像放映点2个、音像制品销售摊位1个。1993年，市文化稽查队集中力量组织两次"扫黄打非"活动。1995年，市文化局举办音像市场从业人员学法培训班9次，参加培训者430多人次。1997年，随着VCD机、DVD机普及，录像放映站（点）和录像出租点萎缩，全市录像放映站（点）和录像出租点不足20个。2000年，市文化稽查队在市公安局、市工商行政管理局配合下，出动200多人次，开展4次集中行动，收缴涉嫌淫秽光盘143张、盗版光盘435张、盗版录音磁带658盘。2005年，市文化局根据音像市场盗版猖獗、黄盘未绝的现状，采用暗访和检举有奖的方法，增加巡查频率，组织集中行动6次，查缴淫秽光盘186张、盗版光盘近10万张。

三、书刊印刷市场管理

1986年，全县有书刊发行、销售、出租经营单位（含市新华书店及其门市部，以下同）38家、印刷厂42家。1989年，县委宣传部、县文教局、县公安局、县工商行政管理局、县广播电视局分两组对所有销售门市部和销售摊点实行突击检查，共收缴黄色书刊218种1981册，就地封存80种388册，取缔无证书刊摊点1个。1992年，全市有书刊发行、销售、出租经营单位96家，有国有、集体、私营印刷厂104家。市文化局制定《高邮市书刊印刷市场管理规定》，加强书刊市场常规检查，全年收缴违禁书刊220多种1000多册。2003年，市文化稽查队在强化检查管理的同时，注重追根究源，在车逻和三垛两镇堵截到盐城一不法书商，并进行严肃处理。2004年，市新闻出版局成立，负责全市报刊管理、印刷行业管理、图书报刊发行管理、著作权行政管理和“扫黄打非”工作。至2005年，全市有书刊发行、销售、出租经营单位74家，印刷厂92家。是年，共组织大规模集中行动5次，查获黄色书刊8种100多册、非法印刷品2000多册。

附：民歌《数鸭蛋》作者索兴诉讼7年讨回著作权

1957年3月，由高邮县中学音乐教师索兴（原名赵长荣）改编的高邮民歌《数鸭蛋》，经高邮民歌手王兰英、夏国珍、龙秀鸾在北京举办的全国第二届民间音乐舞蹈调演中，一唱走红。此后，高邮民歌《数鸭蛋》被收进几十部民歌集。1959年由省音乐家协会编辑、江苏文艺出版社出版的《江苏民间歌曲选》，1982年由南京市教育局小学音乐教研室主编、江苏人民出版社出版的《小学生歌曲选》，1996年由省教育委员会教研室编写、江苏少年儿童出版社出版的《小学音乐课本》等3册书亦编入高邮民歌《数鸭蛋》，但均未署作者索兴的姓名，只注“江苏民歌”。1996年，索兴发现后遂将上述编辑、出版单位告上法庭，前两起诉讼经南京市中级人民法院审理，索兴胜诉，被告登报公开道歉，在《江苏民间歌曲选》《小学生歌曲选》再版时署名，并分别给予作者经济赔偿500元、600元。第三起诉讼颇费周折，被告省教育委员会和江苏少年儿童出版社先是辩称“该歌曲转载自上海文艺出版社出版的《民歌选集》，要追究责任也只能追究上海文艺出版社的责任”；后又称“《小学音乐课本》上所载《数鸭蛋》有三段歌词，只有第一段是索兴编的，实际只侵犯第一段歌词的著作权”。索兴不服南京市中级人民法院判决，上诉到省高级人民法院，省高级人民法院做出“维持原判”的裁决。索兴为讨回公道，从1999年3月至2001年8月，先后向省高级人民法院、南京市人民检察院、省人民检察院多次提出申诉，直到2002年12月，经省高级人民法院监督审判庭再审，判省教育委员会教研室和江苏少年儿童出版社分别赔偿索兴7500元，省教育委员会教研室另付基本稿酬100元，并在《扬子晚报》刊登声明，明确索兴系高邮民歌《数鸭蛋》的作者，索兴方讨回自己的著作权。

四、演出市场管理

1986年，由县文教局剧场剧团管理办公室负责管理演出市场。演出团体经登记、审查、确认，领取演出许可证后，方可演出。80年代中后期至90年代初，每年接待外地演出团体（剧团、歌舞团、杂技团等）有30多个，城区演出场地以人民剧场为主、以工人文化宫为辅。1992年，由市文化局文化艺术股负责演出市场管理。1997年后，全市有25个乡镇建成剧场，每年演出50场左右。2000年后，演出市场逐步萎缩，外地到高邮演出的文艺团体逐年减少。2003年，市演艺公司成立，负责组织演艺活动。2005年起，市内演出活动以高邮扬剧团为主，有时为配合重大活动由市演艺公司出外约请。农村村民兴办“红白”之事开始流行“家庭堂会”式小型演出，故演出市场管理重点转向农村。

第三章　文学艺术

1986年，县文学艺术界联合会成立后，一批业余文学艺术创作者在县文联的组织与指导下，开展文学、艺术创作，每年在省级以上报刊发表文艺作品400篇（首）左右、编著出版单本书10本以上。2002年，市委宣传部设立“汪曾祺文学奖”。2003年，评出首届“汪曾祺文学奖”获奖作品3篇（部）、入选作品6篇（部）。至2005年，全市有全国性文学艺术协会会员19人、省文学艺术协会会员45人。

1986～2005年高邮市部分文学艺术作品集出版情况一览表

表28-1

出版年份	书名	作者（主编）	体裁	出版单位
1987	《高邮》	朱延庆	散文随笔集	江苏人民出版社
1987	《高邮风光》	张元奇	摄影作品集	人民邮电出版社
1989	《人口诗话》	佟道庆	随笔杂感集	南京大学出版社
1989	《含羞草》	胡永其	小小说集	学林出版社
1989	《吃水果讲故事》	杨汝栩	少儿故事	天津教育出版社
1990	《新民滩的悲欢》	陈其昌、陆建华、陈　正	报告文学	南京大学出版社
1990	《爱的港湾》	后金山	新诗集	安徽文艺出版社
1991	《瞬间的礼物》	龚海平	译著	百花文艺出版社
1991	《打遍天下无敌手》	郭耀选、邵振华	民间故事集	中国社会出版社
1991	《歌曲简易伴奏法》	崔　焰	器乐教材	南京出版社
1991	《梦游故乡》	徐桂福	散文诗集	国际展望出版社
1991	《秦邮新韵》	徐桂福、胡永其等	报告文学集	上海文艺出版社
1992	《艳情杀劫》	朱向东	小说	时代文艺出版社
1992	《运河风情》	陈　正	歌词集	香港新时代出版社
1994	《珠湖的传说》	方　仪、陈其昌	民间故事集	南京出版社
1995	《秦少游》(《风流秦淮海》)	薛　序	长篇小说	江苏文艺出版社
1995	《金不换的故事》	吕立中	作品集	安徽文艺出版社
1996	《追赶太阳的人》	徐桂福	新诗集	百家出版社
1998	《乡村旧事》	夏　涛	作品集	内蒙古人民出版社
1998	《村外小河边》	薛　序	短篇小说集	四川文艺出版社
1999	《忍冬集》	佟道庆	散文集	安徽文艺出版社
1999	《微笑的彩霞》	郭耀选	短篇小说集	安徽文艺出版社
1999	《走进高邮》	姜文定	散文集	安徽文艺出版社
1999	《风雨蝶园梦》	薛　序	长篇小说	安徽文艺出版社
1999	《蒲草集》	蒋成忠	新诗集	安徽文艺出版社
1999	《秋天的男人》	严长明	新诗集	安徽文艺出版社
1999	《清的心》	王玉清	新诗集	安徽文艺出版社
1999	《萤火虫》	苗麟生	新诗集	安徽文艺出版社
1999	《珠湖吟草》	陈春啸	古诗词集	安徽文艺出版社
1999	《银海珠光》	张世同	影评	安徽文艺出版社
2000	《走进秋天》	徐桂福	新诗集	中国文学艺术出版社
2000	《一得录》	蒋成忠	随笔集	中国文学艺术出版社
2000	《陈氏父子漫画选》	陈景国	漫画集	四川美术出版社
2000	《佳期如梦》	薛　序	长篇小说	吉林文史出版社

续表28-1

出版年份	书名	作者（主编）	体裁	出版单位
2000	《中国篆刻创作解读 古玺·秦印卷》	赵 明	篆刻论文集	河南美术出版社
2003	《浪花朵朵》	后金山	新诗集	中国国际文化出版社
2003	《正午的瞳孔》	严长明	新诗集	中国国际文化出版社
2003	《丑成一道风景》	丁小平	散文集	中国国际文化出版社
2004	《流逝的子婴河》	许伟忠	作品集	人民日报出版社
2005	《阅读的回声》	吴毓生	文学评论集	中国戏剧出版社
2005	《闪烁的星群》	徐桂福	新诗集	时代文艺出版社

第一节 文 学

一、小说

80年代，境内小说创作以短篇小说和微型小说为主。最享盛誉的是高邮籍作家汪曾祺所写反映高邮风俗人情的系列短篇小说《受戒》《异秉》《大淖记事》《岁寒三友》等。1989年，胡永其的第一本微型小说集《含羞草》由学林出版社出版。1992年，朱向东创作的长篇武侠小说《艳情杀劫》（55万字）由时代文艺出版社出版，实现全市现代文学史上长篇小说创作零的突破。1995年，薛序根据秦少游的人生经历，历时10年，三易其稿，创作的长篇历史小说《秦少游》（又名《风流秦淮海》，43万字）由江苏文艺出版社出版，后获扬州市“五个一工程”奖。1998年、1999年、2000年，薛序又先后创作出版短篇小说集《村外小河边》、长篇历史小说《风雨蝶园梦》、反腐题材长篇小说《佳期如梦》。2001年，高邮师范学校教师张华创作的中篇小说《铁皮鼠》《砒霜》《草原之夜》等先后被《收获》《山花》《钟山》等文学杂志刊载。薛序创作的以烟草行业为题材的中篇小说《拂晓行动》《阳光七色》在国家烟草局主办的《东方烟草报》副刊连载近半年。2003年，首届“汪曾祺文学奖”评选揭晓，助推全市业余文学创作。2004年，许伟忠的短篇小说集《流逝的子婴河》由人民日报出版社出版。至2005年，市内作者共创作出版小说集和长篇小说10部，其中小说集6部、长篇小说4部。

二、散文

1987年，由朱延庆所著全面介绍高邮风土人情的散文集——《江苏县邑风物丛书·高邮》由江苏人民出版社出版。1989年，文学女青年何叶在《雨花》杂志发表《绿葡萄的酸尾》等一组（6篇）散文。1993年4月，中国首届散文理论研讨会在高邮召开，中国散文学会副会长林非，散文家杨羽仪、辛宪锡，文学评论家曾绍义、王干、陆建华和市业余作者共有50多人参加会议。至2005年，市内作者朱延庆、佟道庆、姜文定、蒋成忠、丁小平等先后出版散文集《三立集》《忍冬集》《走进高邮》《一得录》《丑成一道风景》。陈其昌的散文《汪曾祺最后的日子》获华东六省市县市报副刊二等奖。

三、诗歌

80年代后，县内新诗主要作者有徐桂福、后金山、严长明、王玉清、徐晓思等，古体诗主要作者有赵福林、陈春啸、缪登甲、陈坚等。1987年，县政协成立盂城诗社，编印社刊《盂城诗词》。县内作者每年在报刊上发表诗歌作品20首以上。出版的主要诗集有：后金山的新诗集《爱的港湾》《浪花朵朵》，严长明的新诗集《秋天的男人》《正午的瞳孔》，王玉清的新诗集《清的心》，陈春啸的古体诗集《珠湖吟草》，徐桂福的散文诗集《梦游故乡》、新诗集《走进秋天》《写诗的人》《闪烁的星群》等。

四、民间文学

80年代，县内有陈其昌、郭耀选、徐晓思等作者创作的民间文学作品和叶鸿鸣、房延龄、胡荫龙等作者制作的谜语频见报刊。1991年，郭耀选、邵振华联合创作的民间故事集《打遍天下无敌手》，由中国社会出版社出版。1994年，陈其昌、方仪等合编的“民间文学三套集成”《珠湖的传说》，由南京出版社出版。至2005年，叶鸿鸣、房延龄、胡荫龙等制作的灯谜每年元宵节在街头展出，为赏灯的市民增添竞猜乐趣。

五、文学评论

80年代，高邮师范学校内兴起文学评论热潮，主要作者有朱延庆、王干、费振中、吴毓生、孙生民等。1989年，王干在省以上报刊发表文学评论19篇、20多万字，引起全国文学评论界关注（王干后被调入中国社会科学院文学研究所主办的文学评论杂志社任编辑）。1995年，朱延庆的文学评论集《散文理论与赏析》，由百花文艺出版社出版。1999年，张世同的影评集《银海珠光》，由安徽文艺出版社出版。2005年，吴毓生的文学评论集《阅读的回声》，由中国戏剧出版社出版。

六、文学刊物

1986年，县文联创办会刊《珠湖》，初为四开四版小报，主要登载小说、散文、诗歌、文学评论、报告文学、小戏曲、美术、摄影等作品，后改为对开四版大报，1997年又由报纸型改为杂志型。是年，高邮师范学生浅草文学社创办社刊《浅草》，四开四版报纸型，每学期出版两期，所载作品获奖较多。1998年，高邮市中学新苗文学社创办社刊《新苗》，主要刊登学生作品和优秀作文，作家贾平凹夸赞《新苗》是他所见到的全国中学生文学社所办杂志中质量最好的之一。是年，市城北中学爬山虎文学社创办社刊《爬山虎》，为四开四版报纸型，仅出版10多期，2002年因主办教师工作调动而停刊。

第二节　戏剧小品　音乐舞蹈

一、戏剧小品

1994年，胡永其、徐桂福创作的大型现代扬剧《天涯恩仇》被中国戏剧出版社出版的《江苏十年剧作选》收录。1999年，薛序创作的大型古装戏曲剧本《秦少游和娄琬》和大型现代戏剧本《白衣圣人》，被省文化厅主办的《剧影月报》连续刊载。2000年7月、8月，《白衣圣人》分别获省委宣传部“五个一工程”奖和扬州市委宣传部“五个一工程”荣誉奖。2004年，陈仲如创作的30集电视连续剧《明末风云》，由浙江长城影视公司拍摄。2005年，该电视剧由南京电视台生活频道首播。

二、音乐舞蹈

1993年，由市文化馆召展、王吉民创意，王吉民执导，吴祥生作曲，王慧群演唱，王来、丁亢表演的双人舞《鸭乡恋情》，在扬州市群众文艺新作会演中获“琼花奖”金奖。1994年5月，该舞被省文化厅选送参加全国文化先进县经验交流会群众文艺专场演出。1995年，该舞获扬州市“五个一工程”奖，后随同扬州市友好访日代表团到日本演出。1996年，该

图28-5　双人舞《鸭乡恋情》获1993年扬州市群众文艺新作调演金奖

舞获文化部“群星奖”铜奖。1998年，由临泽镇文化站黄殿江和市文化馆王吉民搜集、整理的民间舞蹈《狮盘犽》，入选《全国民间舞蹈集成》。2005年7月，由周明雄、李朝润作词，杜小甦作曲的《高邮之歌》，经市第十二届人大常委会第十七次会议决定为高邮市市歌，并在城乡广泛传唱。

第三节 书法 美术 摄影

一、书法 篆刻

80年代起，全县书法界比较活跃的作者有杨汝佑、赵万和、周同、赵明、方爱建、王之义、朱均等人。1997年起，周同、方爱建、朱均书写的春联每年由江苏美术出版社出版。1995年，赵明的篆刻作品入选首届国际篆刻艺术交流展和全国第六届中青年书法篆刻家作品展，其论文《朱白相间初探》在首届中国篆刻艺术理论研讨会上被评为优秀论文。1999年，市书画院成立。2000年，在市蝶园市民广场举办首届市少儿书画现场比赛。是年，赵明的篆刻论文集《中国篆刻创作解读 古玺·秦印卷》由河南美术出版社出版。2005年，全市举办的青少年文化艺术节和社区文化艺术节，均有书法大赛项目。

二、美术

80年代，全县国画、水粉画、油画、版画、漫画等多种画种异彩纷呈，其中以版画作品较多。1992年，龚定煜版画《晨曲》、朱瑞庭版画《扬州八怪》、房林版画《风车》等参加省美术展览后被省美术馆收藏。1999年，王晓水墨画《荷塘月色》入选全国人大常委会、全国政协主办的“公仆风采”全国书画展，戎经亚国画《迎春》在钓鱼台国宾馆展出，龚定煜国画《烟雨深处》获省教师书画展一等奖。2002年，市文联秘书长朱瑞庭创作的巨幅国画《古驿春光》脱稿，该作品以明代盂城驿为中心，勾勒历史文化名城高邮的地域风情和人文风貌，全画绘入各种人物1600多人。是年12月，由市计划生育委员会干部、油画业余爱好者赵勇耗时六载创作完成的巨幅油画《南京大屠杀》，高2.5米，宽31米，由“死亡之路”“金陵罹难”“石城人证”三个板块组成，该作品捐赠给南京大屠杀遇难同胞纪念馆展出。2005年，周巷镇7岁幼儿胡伟鑫创作的儿童画《长大我也拿金牌》获全国儿童想象画大赛金奖。至是年，扬州教育学院高邮校区美术教师陈景国每年在全国各种报刊发表的漫画作品有上百幅，其中多幅作品被《当代中国漫画》《中国幽默百家》《漫画选粹》《中国幽默画精选》等画刊、画册选载。

三、摄影

1986年，全县有中国摄影家协会会员张元奇和省摄影家协会会员张晓萌、张长贵、沈廉、朱崇平、居松等。1991年，张元奇摄影组照《河山风情》在中国台湾《柯尼卡摄影》杂志发表。是年，他的摄影作品集《高邮风光》由江苏人民出版社出版。1999年，他的摄影作品《大地，你早！》入选全国第十九届影展。张晓萌的作品获全国影展提名奖。张长贵摄影作品《跟我学》获“金秋十月”全国摄影二等奖。2000年，居松摄影作品《归心似箭》在美国华盛顿肯尼迪艺术中心展出，获国务院新闻办公室颁发的荣誉证书。2001年，沈廉获中国摄影杂志社颁发的“优秀摄影师提名奖”。至2005年，全市有中国摄影家协会会员张元奇、张晓萌、张长贵、朱崇平、沈廉、居松、刘海鹏等7人，省摄影家协会会员11人。

第四节 艺术作品

一、薄瓷雕刻

80年代后期，县电子研究所技术人员杨达生利用业余时间练就薄瓷雕刻艺术。2000年，他创作的“薄胎瓷刻字花瓶”被国务院总理朱镕基在访日期间作为国家礼品，赠送给日本参议院议长斋藤十郎。至2005年，他的薄瓷雕刻瓷盘、瓷碗、瓷瓶等作品不断问世，经常参加各级各类工艺制品博览会、展销会展出。

二、蛋壳雕刻、彩绘与剪纸

2004年，市丝绸厂设计人员李峥嵘开始蛋壳上雕刻创作。他在鸭蛋壳上雕刻的技艺被称为“中国绝技”，其作品圣母玛利亚、孙中山、毛泽东、周恩来、林肯、蒙娜丽莎、齐白石、圣诞老人等人物肖像，在“中国南北绝技展”上展出。2005年，市华联商厦干部蔡生在高邮双黄鸭蛋壳上绘制《高邮风光》彩色图景，并利用剪纸艺术剪出《高邮名胜古迹》一套8幅剪纸工艺品。

三、花木盆景

1986年，县内花木盆景协会建立，会员70多人，先后举办两届盆景展览。县人民公园设有花木盆景经销点。随着市民生活水平提高和住房条件改善，庭院、阳台养花较为普遍。2005年，市人民公园仍为全市规模最大的花木盆景经销单位，私营花木盆景店有傅公桥北花木店、佳禾桥下花木店、面粉厂花木店、金桥路花木店、蝶园路西花木店、烟雨路花木店等近10家。同时，郊区农民拉着板车上街摆摊设点或流动销售自家培植的花木盆景。

第四章 作家作品研究

80年代起，县委宣传部、县文教局开始组织专门人员对古今文化名人作品展开研究。1986年，县政府发起并举办首届全国秦观学术研讨会，引起10多个省市的热烈响应。2000年，在高邮成立汪曾祺研究会，举办短篇小说研讨会，受到20多家全国性文艺单位的支持。2005年，高邮承办第三届蒲松龄学术研讨会，10个省市派专家学者与会参加研讨。

第一节 汪曾祺作品研究

一、汪曾祺研究会

2000年12月，汪曾祺研究会在高邮成立，林斤澜任名誉会长，陆建华（高邮籍）任会长。中国作家协会等20多家文艺单位和作家王蒙等以电文或题词表示祝贺。省作家协会主席王臻中等30多名作家参加汪曾祺研究会成立和汪曾祺文学馆开馆仪式。同时举办省短篇小说研讨会。

二、汪曾祺文学馆

2000年10月，在文游台内东侧建成汪曾祺文学馆，占地160平方米。馆内迎门安放着汪曾祺半身塑像，西、北、东三面墙上张挂着汪曾祺生平介绍及生前参与文学活动的喷绘展牌，沿墙四周及展厅中部设置的玻璃展柜中陈列汪曾祺作品各种版本、书信及生前部分用物，还有海内外文学界评论汪曾祺作品、悼念汪曾祺的文章等近200件。

三、汪曾祺研究成果与《汪曾祺全集》出版

1997年7月，省委宣传部文艺处原处长陆建华撰写的《汪曾祺传》由江苏文艺出版社出版。1998

年8月，邓九平编辑的《汪曾祺全集》由北京师范大学出版社出版，全集为八卷本，收入汪曾祺一生的所有小说、散文、戏剧及其他作品。2001年，市委宣传部、市文联等单位编写、综合介绍汪曾祺作品的普及读本《梦故乡》出版。2003年，姜文定、陈其昌收集全国文艺界人士回忆、悼念汪曾祺的文章40篇，编辑出版《走近汪曾祺》。2004年，上海文学博士柯玲（女）撰写的全国首部研究汪曾祺理论专著——《汪曾祺散论》由三秦出版社出版。2005年，陆建华撰著的人物传记《汪曾祺的春夏秋冬》由河南人民出版社出版。至是年，汪曾祺研究会编印的《汪曾祺文学馆馆刊》出刊10期，发表研究汪曾祺的文章近100篇。

第二节　秦观作品研究

一、全国秦观学术研讨会

1986年11月，由省文化厅、上海市社会科学院文学研究所、南京师范大学、扬州市文化局、扬州师范学院、扬州市哲学社会科学联合会、高邮县政府共同发起，在高邮县举办首届全国秦观学术研讨会。与会代表和列席代表58人，收到北京、上海、江苏、浙江、江西、广东、湖南、四川、安徽、山东等省市专家学者研究秦观的论文33篇，并创办《秦观研究通讯》。第二、三、四届全国秦观学术研讨会分别在广西横县、湖南郴州、江苏无锡举办。2005年11月，第五届秦观学术研讨会在高邮举办，联办单位有秦少游研究会、省文物局、北京大学社会科学部、上海市社会科学院文学研究所。全国各地专家学者和秦少游后裔共40多人参加。与会者围绕秦少游诗文、词集版本流变、词史地位、文化渊源等主题进行研讨，并出版《淮海清芬——全国第五届秦少游学术研讨会论文集》一书。

二、秦少游研究会

1988年10月，在广西横县举办全国第二届秦观学术研讨会期间，成立秦少游研究会，首任会长为广西壮族自治区政协副主席、诗人张华，第二任会长是秦子卿，第三任会长是上海市社会科学院文学研究所所长、秦词研究专家徐培均。其后举办的第三、四、五届秦观学术研讨会的绝大多数论文都出自该会会员之手。2005年，在高邮举办第五届秦观学术研讨会期间，该会召开第五届第一次理事会，新增理事11人，其中高邮籍有姜文定、陈其昌、薛序、肖维琪、李国耀5人。

三、秦观研究网与长篇小说《秦少游》

2005年11月，秦观研究网站在第五届秦观学术研讨会第一次理事会上被授权成立，由上海银杏界文化遗产保护志愿者协会和无锡市秦观后裔具体操作，由秦观有关文物所在地江苏高邮、湖南郴州、广西横县等地负责网站内容提供和监督管理，其编委会为秦少游研究会理事会。是年，该网站设有“要闻”“研究动态”“秦观素描”“秦观作品与分析”“秦观行迹遗迹”“秦观文学研究”“秦观思想研究”“研究会档案”“论著与文献”“专家学者”“秦观后裔”“故里高邮”“淮海雅集”等10多个栏目。在第五届秦观学术研讨会期间，由薛序创作的长篇小说《秦少游》作为礼品书赠送给所有与会代表，其电子文本在秦观研究网分章连载。

第三节　蒲松龄作品研究

2005年9月，市政府和全国蒲松龄学术研究会主办、市文化局和山东蒲松龄纪念馆承办的全国第三届蒲松龄学术研讨会在高邮举行。出席会议的有北京、上海、天津、山东、河南、河北、浙江、福建、江苏、湖北等省市的专家学者共40多人。其中有：山东古典文学研究会会长、山东大学文学院教授、博士生导师、蒲学研究专家袁进硕，山东淄博市文物局局长刘忠进，山东蒲松龄纪念馆馆长、蒲松龄研究会会长王幼学，牛津大学博士、波摩纳学院教授、五洲语言文学系主任白亚仁（美国）等。此届研讨会共收到论文30多篇，约20多万字。研讨会期间，在高邮邮驿博物馆内举办蒲松龄纪念馆馆藏文物书画展。

第五章　文物古迹与文化遗产保护

1980年，县政府设立文物管理委员会，负责文物管理工作。1987年，县政府公布文物保护单位59处。1995年，市文物局成立，挂牌在市文化局。1999年，市博物馆成立，设于文游台。至2005年，全市有各级文物保护单位64处。其中，全国重点文物保护单位2处、省文物保护单位6处、市文物保护单位56处；古遗址4处、古墓葬2处、古建筑38处、古遗存6处、纪念性建筑14处。已发现但尚未列入文物保护单位的有6处，其中古遗址4处、古墓葬1处、古遗存1处。有各类馆藏文物2200多件，其中有1万年前的象牙化石、新石器时代的骨叉、猪形陶罐和西周青铜铙、汉代玉璧、唐代铜镜、南宋铁钱、明代遗冠等精品。还有一批非物质文化遗产得到传承与保护。

2005年高邮市各级文物保护单位情况一览表

表28-2

公布时间	类别	名称	形成年代	地点	公布机关
1996年11月	古建筑	盂城驿	明	城区馆驿巷13号	国务院
2001年6月	古遗址	龙虬庄遗址	新石器时代	龙虬镇龙虬庄村	国务院
1982年3月	古墓葬	天山汉墓	西汉	天山镇神居山村	省政府
1982年3月	古建筑	镇国寺塔	唐	运河高邮段中心岛	省政府
1995年4月	古建筑	文游台	宋	城区文游社区	省政府
2002年10月	古建筑	城墙	宋	城区奎楼社区	省政府
2002年10月	古建筑	奎楼	明	城区奎楼社区	省政府
2002年10月	古建筑	当铺	清	城区人民路19号	省政府
1987年6月	古建筑	平津堰	唐	运河高邮段西侧	县政府
1987年6月	古建筑	明伦堂	明、清	城区府前街42号	县政府
1987年6月	古建筑	高邮州署头门	明、清	城区府前街62号	县政府
1987年6月	古建筑	秦家大院民居	明、清	城区焦家巷31号	县政府
1987年6月	古建筑	孙氏民居	明、清	城区三层楼巷17号	县政府
1987年6月	古建筑	民居	清	城区府前街91号	县政府
1987年6月	古建筑	极乐庵	清	城区西后街4号	县政府
1987年6月	古建筑	王氏纪念馆	清	城区西后街21号	县政府

续表 28-2

公布时间	类别	名称	形成年代	地点	公布机关
1987年6月	古建筑	铁汉庐	清	城区西后街63号	县政府
1987年6月	古建筑	王氏民居	清	城区百岁巷63号	县政府
1987年6月	古建筑	纱帽厅	清	城区百岁巷65号	县政府
1987年6月	古建筑	孙氏民居	清	城区北门大街158号	县政府
1987年6月	古建筑	陈氏民居	清	城区人民路50-2号	县政府
1987年6月	古建筑	王氏民居	清	城区南门大街48号	县政府
1987年6月	古建筑	清真寺	清	城区千佛庵巷14号	县政府
1987年6月	古建筑	柳荫禅林	清	城区马饮塘	县政府
1987年6月	古建筑	南斗坛	清	城区小巷42号	县政府
1987年6月	古建筑	常住庵	清	临泽镇常住庵巷	县政府
1987年6月	古建筑	护国寺大殿	清	界首镇	县政府
1987年6月	古建筑	高邮船闸	民国15年（1926）	运河高邮段西	县政府
1987年6月	古建筑	汪曾祺故居	民国	城区竺家巷9号	县政府
1987年6月	古建筑	孙云铸故居	民国	城区梁逸湾孙家巷3号	县政府
1987年6月	纪念性建筑	三垛河口伏击战烈士塔	民国34年（1945）	横泾镇三郎庙	县政府
1987年6月	纪念性建筑	公园礼堂	民国	城区熙和巷70号	县政府
1987年6月	纪念性建筑	周山、李健等烈士墓	新中国成立后	市人民公园内	县政府
1987年6月	纪念性建筑	胡曾钰烈士墓	新中国成立后	汉留镇	县政府
1987年6月	纪念性建筑	夏德华烈士墓	新中国成立后	郭集镇	县政府
1987年6月	纪念性建筑	左卿、秦梅卿烈士塔	新中国成立后	三垛镇	县政府
1987年6月	纪念性建筑	陈特平烈士塔	新中国成立后	车逻镇	县政府
1987年6月	纪念性建筑	周山烈士塔	新中国成立后	周山镇	县政府
1987年6月	纪念性建筑	张轩烈士塔	新中国成立后	龙虬镇	县政府
1998年12月	古遗址	周邶墩遗址	商、周	卸甲镇	市政府
1998年12月	古遗存	古运河	宋	运河高邮段西侧	市政府
1998年12月	古墓葬	毛惜惜墓	宋	古城墙南城墙根	市政府
1998年12月	古建筑	四贤祠	明	古文游台内	市政府
1998年12月	古遗存	高邮州公田碑	明	古文游台内	市政府
1998年12月	古遗存	耿庙石柱	明	城区通湖路运河西岸	市政府
1998年12月	古遗址	禹王庙遗址	明	周巷镇张平村	市政府
1998年12月	古建筑	净土寺塔	明	城区东塔广场	市政府
1998年12月	古遗存	清水潭	明	马棚镇马棚湾	市政府

续表 28-2

公布时间	类别	名称	形成年代	地点	公布机关
1998年12月	古遗存	秦邮碑帖	清	古文游台内	市政府
1998年12月	古遗存	镇水铁牛	清	古文游台内	市政府
1998年12月	古建筑	张氏宗祠	清	城区梁逸湾9号	市政府
1998年12月	古建筑	清真寺	清	菱塘回族乡	市政府
1998年12月	古建筑	民居	清	三垛镇陈家巷8号	市政府
1998年12月	古建筑	民居	清	三垛镇当典巷2号	市政府
1998年12月	古建筑	民居	清	三垛镇前河路100号	市政府
1998年12月	古建筑	民居	清	三垛镇引江西路6号	市政府
1998年12月	古建筑	民居	清	三垛镇中二街114号	市政府
1998年12月	纪念性建筑	万钰烈士墓	民国	市人民公园内	市政府
1998年12月	纪念性建筑	人民英雄烈士纪念碑	新中国成立后	市人民公园内	市政府
1998年12月	纪念性建筑	烈士纪念馆	新中国成立后	市人民公园内	市政府
1998年12月	纪念性建筑	张云祥烈士塔	新中国成立后	市人民公园内	市政府
1998年12月	纪念性建筑	抗日烈士墓	新中国成立后	城区东郊	市政府
2002年12月	古遗址	唐王墩遗址	新石器时代	龙虬镇	市政府
2002年12月	古建筑	陈瑄纪念室	清	龙虬镇	市政府

2005年高邮市待公布和因故消失文物单位情况一览表

表 28-3

形成年代	类别	名称	发现时间	地点	说明
商周时期	古遗址	裘墩遗址	2003年3月，村民挖鱼塘发现	司徒镇司徒村	2010年，市政府公布为市文物保护单位
东汉	古遗址	邵家沟遗址	1956年拓宽运河发现	城北8千米运河东岸	因运河拓宽而消失
汉	古墓葬	骑龙墓葬群	1999年12月，村民挖鱼塘发现	菱塘回族乡骑龙村	2010年，市政府公布为市文物保护单位
唐	古遗址	三垛集镇遗址	2003年3月，三阳河工程施工时发现	三阳河三垛镇段两侧	因三阳河工程而消失
唐宋	古遗址	陶河遗址	2004年春，三阳河工程施工时发现	周巷镇新马村	2010年，市政府公布为市文物保护单位
宋	古遗存	南门明清一条街	80年代，文物普查发现	城区南门街道	纳入盂城驿区域范围

第一节　古遗址　古遗存

80年代，县内发现的古遗址有新石器时代龙虬庄遗址、唐王墩遗址、商周时期周邶墩遗址、东汉邵家沟遗址。90年代起，先后对龙虬庄遗址、周邶墩遗址进行发掘，并陆续发现商周时期裘墩遗址、唐宋时期三垛镇遗址和陶河遗址等。至2005年，全市发现的古遗址8处、古墓葬3处、古建筑38处、古遗存7处，被列入各级文物保护单位50处。

一、新石器时代龙虬庄遗址

详见第二十九篇《龙虬庄文化　邮文化》第一章《龙虬庄文化》（第1069页）。

二、新石器时代唐王墩遗址

位于龙虬镇西北的唐高墩村。遗址南部压在庄台下，北部为农田和鱼塘，今存面积2公顷。据市地名办调查，唐高祖李渊曾在此避难，故名唐高墩。1994年春，由南京博物院、扬州博物馆、市文物管理委员会联合组成唐王墩遗址考古队，经初步钻探调查，在50厘米深度以下文化层出土有龙山文化的鼎足、沿口残片；在80厘米深度以下有堆积1米左右的蚌壳层，内夹有带腰沿的釜、罐、盆残片，陶质以灰陶为主，含蚌壳草灰。初定属龙虬庄文化早期的古文化遗存，是典型的新石器时代贝壳遗址，距今7000～6500年。1987年6月、2002年12月，市政府公布为市文物保护单位。

三、商周时期周邶墩遗址

位于卸甲镇周邶墩村南。遗址呈高台形，三面环水，面积1.8公顷。1993年，经国家文物局批准，南京博物院、扬州博物馆、市文物管理委员会联合组成周邶墩遗址考古队，发掘揭露面积134平方米，清理灰坑20个，出土陶器、石器、骨角器、玉器、铜器等500多件，有生产工具、生活用品、原始艺术品等。遗址自下而上分为3层，下层出土器物与王油坊类型的龙山文化相类似，中层出土器物与尹家城类型的岳石文化相类似，上层为宁镇地区西周至春秋时期的青铜文化。确认该遗址为距今4500～3000年的新石器时代晚期和商周时期古遗址。1998年12月，该遗址被市政府公布为市文物保护单位。2005年，市政府开展申报省文物保护单位工作（2006年6月，省政府公布为第六批省文物保护单位）。

四、商周时期袁墩遗址

位于司徒镇司徒村西北的袁墩，发现于2003年。该遗址近似长方形，南部临水，大部分与地表相平，局部高出地面约1米，总面积近2公顷。2003年3月，经南京博物院、扬州博物馆、市博物馆联合考古调查，出土罐、杯、鬲、豆、尊、鼎、盒、器盖等陶器和纺轮、网坠等，还有猪、鹿的动物骨角，确认此处为商周时期堆积比较丰富的古文化遗存（2010年6月，市政府公布为市文物保护单位）。

五、天山汉墓

位于天山镇神居山上。由3座大型汉代古墓葬构成，墓坑均凿于山岩之中。1979年5月至1981年5月，以南京博物院为主，扬州博物馆、县文物管理委员会、南京大学历史系派人参加，配合开山采石，对其中一号、二号汉墓进行发掘。两墓均属大型岩坑竖穴、有斜坡墓道的“黄肠题凑”式木椁墓，早年均被盗掘。一号墓结构基本保存完好，坑深18米，东西宽23米，南北长28米，墓道长近60米，墓顶封土5米多，墓室填土约2万立方米；二号墓遭焚烧，椁木碳化。共出土文物标本972件。其中，有金缕玉衣残片，随葬品漆榻、木雕，成套的食、浴用具及盆、凳、灯等。整个木椁长16.65米、宽14.28米、高4.5米，面积237平方米，使用楠木545.56立方米。大部分构件有漆书或凿刻的“广陵船官材板二尺”“医工”等字样。据对文物标本的研究和测定，当为西汉中晚期广陵王刘胥夫妻合葬墓。1982年3月，该遗址被省政府公布为省文物保护单位。是年7月至1992年，省政府决定，该墓葬迁移至扬州市区东北郊象鼻桥东高冈处（今扬州唐城遗址），复建成扬州汉广陵王墓博物馆，占地3.3公顷。2000年，中共中央总书记、国家主席江泽民陪同法国总统希拉克参观该馆，希拉克欣然题词：“在此表示我诚挚的友谊和震撼！”至2005年，该馆先后接待党和国家领导人朱镕基、李岚清、尉健行等和丹麦公主、世界残联主席、世界旅游协会副秘书长、世界遗产亚洲总代表等。

六、东汉邵家沟遗址

位于城北8千米的京杭大运河东岸。1956年，拓宽大运河时发现，由省文物管理委员会发掘和清理。遗址面积850平方米，为东汉村落遗址。出土文物387件。其中，陶器有罐、壶、灯形器、盆、豆、钵、碗、盂、灯盏、皿、纺轮、网坠、井圈、封泥等，瓷器有罐、壶、盂等，漆器有耳环、碗等，木器有梳、封简木卡、符箓木片等，铁器有犁、锤等，其他器物有砺石、铜钱、竹箩、草鞋底、桃核、狗骨、鱼骨等。符箓木片、“天地使者”封泥为道教遗物。

七、唐代三垛集镇遗址

位于三垛镇三阳河两侧。2003年，为配合三阳河三垛镇段工程建设，南京博物院、扬州考古研究所和市博物馆联合对该遗址进行抢救性发掘。挖探方4个，揭露面积100平方米，从探方中发现唐代的灰坑、数量较多的宋代居住遗址，还出土一大批唐宋元时期的陶瓷器片标本，其生产窑口众多，既有长沙、寿州、宜兴、龙泉、景德镇等南方古窑产品，又有巩县、定窑、磁州等北方古窑产品。经考古发掘，确认该遗址是文化堆积比较丰富的唐代中晚期至明清的集镇遗存。据此，三垛镇历史从清《高邮州志》记载的南宋建炎四年（1130），被上溯到唐代中晚期。

八、唐镇国寺塔

位于城区西南隅京杭大运河河心岛上。因镇国寺而得名，亦称断塔，俗称西塔。唐僖宗在位时期（874～888），举直禅师所建。清乾隆《高邮州志》载，“旧传塔有九级，为龙爪去其半，仅存六级，高八丈有奇，围十丈有奇。邑人李自华增修七层”。该塔方形，仿楼阁式，今存7层，塔高35.4米，塔壁逐级向内递收。底层每边宽8.84米，南北开有拱门，第二层到第七层每层有塔门，第三层到第七层每层两侧有灯龛。各层有砖砌叠涩腰檐，腰檐特短，无平座。每面以砖砌倚柱分隔为3间，柱头上有额坊。塔内第七层砖顶饰斗八藻井，交叉木梁上立刹柱。塔顶置覆钵，最顶端有铜质葫芦形塔刹，葫芦表面铸有“风调雨顺、国泰民安”8个字。塔身第一层至第三层为宋代遗物，第四层以上于明代万历、清代雍正和光绪与民国年间修建。1956年，大运河拓宽，塔被保存于河心岛上。1982年3月，塔被省政府公布为省文物保护单位。2001年起，通过社会各界捐赠等多种渠道，复建镇国寺。至2005年，相继建成大雄宝殿、天王殿、文殊殿、普贤殿、普渡桥、广场露天观音佛像、僧寮房、斋堂等，首期工程竣工，占地7400平方米。是年9月，举行镇国寺景区“一通”（普渡桥开通）、“两开光”（广场露天观音佛像、天王殿佛像开光）、“三落成”（天王殿、文殊殿、普贤殿落成）庆典活动。

九、唐宋时期陶河遗址

位于周巷镇新马村。2004年，在三阳河周巷镇段工程建设施工时发现，其面积约5公顷。是年9月，南京博物院、扬州考古研究所和市博物馆联合对该遗址进行抢救性发掘。挖掘探方8个，揭露面积800平方米，发现并清理宋代墓葬5座、古井11口、唐宋陶瓷器50多件。经考古发掘，确认该遗址为文化堆积较为丰富的唐宋村落遗址（2010年6月，市政府公布为市文物保护单位）。

十、宋文游台

位于城区东北隅。原为东岳行宫（俗称泰山庙）。始建于北宋太平兴国年间（976～983），秦观登科前借读于此。元丰七年（1084），因苏轼过高邮与秦观、孙觉、王巩在庙后神台煮酒论文，广陵郡守为纪念此文坛盛事，送匾“文游”而得名。最为珍贵的是盍簪堂内四壁嵌有《秦邮帖》4卷25块石刻和《东坡小像》《祝东坡生日图》《修禊图》等3块石刻。还有清康熙年间诗人王士祯题写的“古文游台”和清末康有为的女弟子、书法家萧娴手笔“淮堧名胜”。1981年10月，县政府发布保护文游台的布告，并对文游台、盍簪堂、四贤祠、秦观读书台、重光亭等古建筑进行修缮。盍簪堂梁上的横匾“盍簪堂”为当代书法大师沙孟海所书。1991年后，市政府编制文游台景区建设规划，通过财政拨款、社会捐赠、台胞资助等渠道，集资兴建牌坊、门厅、入口广场、秦观塑像、博物馆西展区等。1995年4月，被省政府公布为省文物保护单位。1997年，文游台主体楼落架大修。中堂“四贤聚会”的瓷壁画由画家范曾所画。2000年，在台区东南角先后兴建名人园等建筑，包括名人堂、汪曾祺文学馆等。该景区被收入《全国名胜大词典》。2005年11月，由全国人大常委会副委员长李铁映题名的秦观词社落成。

十一、宋城墙及明奎楼

高邮古城墙，始筑于北宋开宝四年（971），由高邮军知军高凝祐修筑。“周长10里316步，高2.5丈，厚1.5丈”。南宋绍兴元年（1131），抗金名将韩世忠屯兵于高邮，在原城墙基础上加高培厚。南宋淳熙十二年（1185），高邮郡郡守范嗣蠡在东、南、西、北4个城门上建城楼，称东门为武宁门，城门楼曰捍海楼；南门为望云门，城门楼曰藩江楼；西门为建义门，城门楼曰通泗楼；北门为制胜门，城门楼曰屏淮楼。南宋开禧年间（1205～1207），官府又组织民夫在城墙的外面挖护城河，在四个城门口架起吊桥。明初，高邮知州黄克明将旧城用砖包砌而加固。城墙上增砌“雉橹堞”（瞭望楼和城墙垛子），“城下建窝铺50座，四周皆有濠堑”。清乾隆九年（1744），高邮知州许松佶见城墙、城门、城楼等破旧不堪，有碍观瞻，便具文奏请户部拨银修缮，并将东城门楼更名为挹春楼，南城门楼更名为朝阳楼，西城门楼更名为宁波楼，北城门楼更名为迎恩楼。1957年后，高邮城墙在城市改造与建设中逐渐被拆毁。至70年代初，南北城墙荡然无存，东城墙基本保存完好。1972年至80年代中期，东城墙北、中段陆续被拆毁，仅存南段位于蝶园市民广场东南角的一段。该段长122.7米、高8.33米、宽5米的城墙及城墙外脚下的古护城河保存尚好。1991年，水灾受损后被市政府修复。

奎楼，亦称魁星阁，位于高邮宋城墙东南角上，始建于明天启三年（1623），由邑人王自学、孙照祥、张承烈等募捐建成。该楼初建时为砖木结构，八面三层，高20米，系腰平座环绕楼阁建筑。每层梁枋、顶棚均画有龙凤、麒麟、蝙蝠、花卉、云纹等图案。下层朝南供有木雕彩塑的魁星像。1984年，县政府拨款进行修缮。1991年，水灾受损后，市政府组织对其进行大修。

2002年10月，高邮宋城墙及明奎楼被省政府公布为省文物保护单位。

十二、明盂城驿

详见第二十九篇《龙虬庄文化　邮文化》第二章《邮文化》第一节《盂城驿》（第1073页）。

十三、明净土寺塔

位于城区东南。因净土寺而得名，亦称文塔，俗称东塔。明万历三十四年四月二十七日（1606年6月2日），由知州闻金和始建。万历四十年九月（1612年10月），知州衷时章告竣。清光绪三十二年至三十四年（1906～1908）重修。塔身七级呈八角形，塔高30米。民国34年（1945），因战争炮火，致使该塔东南角崩塌。民国35年（1946），修复。1963年，高邮县中学学生朱某某等攀上塔顶，从塔顶铜葫芦中取出经书等文物，其中有宋刻本的大方广佛华严经、金刚般若波罗密经等40多卷，今收藏于南京博物院。塔内原有楼板和扶梯可以攀登，因年久失修而朽烂。1998年12月，该塔被市政府公布为市文物保护单位。2005年6月，市政府修缮该塔（2006年6月，修竣，并被省政府公布为省文物保护单位）。

十四、明高邮州署

位于城区府前街62号。明洪武元年（1368），知州黄克明建。明正统、正德、嘉靖和清乾隆年间重建。在由南至北的中轴线上依次建有头门、仪门、戒石亭、正堂、后堂、正衙、后楼，两侧为吏舍和附属房屋。州署头门为清乾隆四十七年（1782）重修，为抬梁式木构架建筑，硬山，补间铺作斗拱16朵，屋角饰以鸱吻。门厅东西两侧是八字墙。东侧嵌《高邮州公田记》彰德碑（后移入文游台重光亭）、《禁派买官盐马草文》禁示碑，西侧嵌《地方官相验命案章程告示》告示碑。1958年，正堂被拆除，建成县政府办公楼。1987年6月、1998年12月，该州署头门被市（县）政府公布为市（县）文物保护单位。

十五、南门明清一条街

位于城区南端，俗称南门大街。北起宋城南门，南至双人尽头，东临盂城驿，西傍京杭大运河，全长230米。该街兴建于宋代，繁盛于明清，兴隆于近代。特别在明代盂城驿建成后，该街“客来运河两岸，货畅大江南北”，街两边商行店铺鳞次栉比，有米油店、南货店、杂货店、布店、茶馆、旅店和陆陈行等。90年代中期，该街因盂城驿先后被批准为省文物保护单位和全国重点文物保护单位而倍受重视。1997年，市政府组织专门力量，对南门明清一条街进行整体性修复，在街北端建起过街牌坊，上书“南门大街”；沿街店铺进行仿古式修缮，主要经营文物古董、文化用品、高邮传统手工工艺品和地方特产，重现昔日古街繁荣景象。

十六、清高邮当铺

位于城区人民路19号，为清代乾隆、嘉庆时期建筑。90年代初，在市文物普查时被发现。该当铺平面为长方形，房屋基本布局为五纵五进式，东西长60米，南北宽55米，占地3300平方米。原有房屋80多间，其中柜房3间、客房3间、首饰房（存箱楼）24间、号房30多间，另有更房、厨房、生活用房20多间。首饰房是当铺所有建筑的中心部分，其建筑结构较为特别，由前后两进厅房及东西厢房组成一个“回”字形，故亦称“走马楼”。首饰房上部有防火墙围绕，下面有宽大的巷道将其与周边的建筑隔开。该当铺内有9口石栏水井均匀地分布在首饰房的四周，专供防火使用。客房和柜房紧靠首饰房的东边，具有苏北地区常见的小四合院的风格，梁架上镂空的浮雕十分精致。1998年，当铺被市政府公布为市文物保护单位。2001年，市政府公布当铺保护范围和建设控制地带。2002年10月，被省政府公布为省文物保护单位。2005年，市政府又申报全国重点文物保护单位（2006年5月，被国务院公布为全国重点文物保护单位）。

十七、清王氏父子故居

位于城区西后街21号，是清代嘉庆年间训诂学家王念孙、王引之父子故居。有西厢3间、北厢3间，均为架梁、排山结构。外为架铺走廊，木椽、旺砖、小瓦。西厢当面有8扇格窗，每窗雕刻有套糕图案。北厢当面有6扇格窗，无图案，但造型古朴。1983年，县政府在此重建门厅，修复王氏父子故居，建成高邮王氏纪念馆，占地1000平方米。馆内陈列有王念孙、王引之的著作，现代学者、书画家为王氏故居所作的字画，研究王氏学的文章、著作。1987年6月、1998年12月，该故居被市（县）政府公布为市（县）文物保护单位。

十八、清菱塘清真寺

位于江苏省唯一的少数民族乡——菱塘回族乡北部的清真村。清道光二十四年（1844），由传教士薛琦所建。该寺占地3500平方米，为宫殿式建筑，前后三进，内设前殿、大殿、窑殿、水房、教长室和殡具室。其中，窑殿为四方亭阁，重檐飞翼。正门朝东，前殿门楣上嵌有镌刻“清真寺”的石匾，门楼上方建有3个阿拉伯特色的绿色圆顶，顶端为伊斯兰教的星月标志。正门对面是一面宽12米、高5.2米的大照壁。大殿阔3间，前门是一排24扇雕花长厅格门，走廊前是红色的木栅栏。大殿后面有八角阁亭一座，叫望月楼，望月楼左侧是两间供教徒“净身”的水房。阁亭内还有一座明拜楼，是每周五阿訇宣讲教义的场所。每逢伊斯兰教的古尔邦节、开斋节、圣纪节等重大节日，江苏、安徽邻近5个县市的数千名穆斯林到该寺参加宗教活动。1998年12月，市政府公布该寺为市文物保护单位。2005年，市、乡政府开展申报省文物保护单位工作（2006年6月，被省政府公布为省文物保护单位）。

十九、古碑刻

至2005年，市内存古碑刻主要有:《秦邮碑帖》37块。其中，清嘉庆二十年（1815），知州师兆龙收集苏轼、黄庭坚、米芾、秦观、赵子昂、董其昌等名人书法，由金石家钱泳勒石而成，共25块，嵌于文游台盍簪堂东西墙壁上。光绪二十九年（1903），大修文游台时，从城内觅得苏轼、黄庭坚的书法真迹碑石12块，嵌于文游台后楼东西墙壁上。州衙公示碑3块，即明嘉靖《高邮州公田记》彰德碑、清嘉庆《禁派买官盐马草文》禁示碑、清同治《地方官相验命案章程告示》告示碑。记事碑1块，即《高邮州修城碑记》。

二十、古画雕

至2005年，市内存古画雕主要有木雕、砖雕、石雕。1981年，天山汉墓出土许多木雕。其中，一只木猿，两臂上举，口开目张，神态动人;数以百计的木俑，有男有女，有坐有立，神态各异，制作精良。最普遍的是民间的雕花家具，其内容有奇花异卉、飞禽走兽、戏文人物、吉祥如意。砖雕与石雕主要体现在古建筑上，文游台内四贤祠门楼、盂城驿内驻节堂、百岁巷纱帽厅、焦家巷民居等处的砖雕、石雕，或浮雕，或镂空，或立体，或平面，每处形神兼备，线条流畅，精雕细刻，刀法纯正。

第二节 纪念地

1987年6月，列入县政府首批公布的县级文物保护单位中，具有革命纪念意义的地、墓、碑共9处。1998～2005年，列入市政府公布的市级文物保护单位中，有革命纪念建筑14处。

一、侵华日军投降处旧址

位于城区熙和巷70号，亦称公园礼堂。为民国时期建筑，坐北朝南，长35米、宽17.5米。民国28年（1939），日军侵占高邮时，司令部设于此，即“洪部”所在地。民国34年（1945）12月19日起，新四军华中野战军和高邮地方军民发起攻打高邮城的战斗，在华中军区司令员张鼎丞、华中军区副司令员兼华东野战军司令员粟裕和第八纵队司令员陶勇的指挥下，经过七天七夜激战，于25日深夜11时许，迫使日军无条件投降。旋即，在此举行受降仪式。新四军第八纵队政治部主任韩念龙、副主任谢云晖以新四军代表身份，接受日军大佐岩崎及其部属共892名日军的投降。至26日凌晨1时许，受降仪式结束，宣布高邮城全城解放。此次受降为新四军举行的最大规模的受降仪式。新中国成立后，该礼堂作为党政机关大会堂使用，保存完好。1987年6月，被县政府公布为县文物保护单位。1991年5月，市政府立“高邮战役纪念碑”，以示纪念。

二、华中雪枫大学旧址

位于界首镇实验小学南侧原教师宿舍院落内，房屋具有仿延安窑洞建筑风格。民国35年（1946）4月，新四军华中军区将辖区内的雪枫军政大学（原抗大四分校）、苏中公学（原抗大九分校）、华中野战军随营学校（江南北撤地转军干部学校）合并，在界首镇设立华中雪枫大学。由华中军区副司令员、华中野战军司令员粟裕兼任校长，张崇文任副校长，邱一涵任政治部主任。课堂为流动性，该镇护国寺、三官殿、司巷口等多处为课堂教学点。是年11月，由于形势的变化，该学校撤至山东省莒南县，更名为华东军政大学（该校为今南京陆军指挥学院前身）。

三、三垛河口伏击战烈士纪念塔和三郎庙战斗纪念地

位于横泾镇三郎庙村。民国34年（1945）4月28日，由新四军第六师第十八旅旅长兼苏中第一军分区副司令员刘飞指挥，利用“口袋阵”，在三垛至河口一线打伏击，歼灭日、伪军1800多人，获得此次战斗全胜。是年，县抗日民主政府在三郎庙建立三垛河口伏击战烈士塔，埋葬烈士忠骨，纪念牺牲烈士。民国37年（1948）7月18日，中国人民解放军华中第二军分区第六团一个营配合县地方武装攻克国民党三郎庙据点，歼灭国民党保安队和三郎庙周围自卫队近200人，解放高邮临南、临东大片地区。1991年5月，市政府立“三郎庙战斗纪念地”碑。1998年12月，市政府公布三垛河口伏击战烈士塔为市文物保护单位。

四、周庄战斗、中共苏中一分区党政军领导机关驻地、土改纪念地

民国30年（1941）10月5日，新四军第一师第一旅第二团在高邮县第六区（今界首及以东一带）周庄附近击溃从高邮城、宝应、马棚等据点三路来犯的1000多名日、伪军，毙敌300多人，取得周庄阻击战胜利。民国31～33年（1942～1944），中共苏中一分区党政军领导机关驻地先后流动于高邮县第三区汉留、姚费等地，领导分区军民进行抗日斗争。民国35年（1946）6月，中共华中二地委、高邮县委在二沟区范家村率先进行土地改革运动试点，指导面上土地改革。1991年5月，市委、市政府为上述三地立碑，以示纪念。

五、烈士陵园、烈士纪念馆、人民英雄纪念碑

详见第三十一篇《民政》第四章《烈士褒扬》第二节《烈士纪念建筑》（第1145页）。

第三节　馆藏文物

1985年，县文物管理部门收藏各类文物2000多件。此外，有各种古钱币70千克，其中年代最早的是春秋时楚国的蚁鼻钱，境内特有的南宋铁钱居多；多种古籍1.2万册，其中善本书籍80册；古字画381幅。80年代起，随着古遗址陆续被发掘，出土文物不断增多，并开展社会征集、捐赠、追缴等工作，逐步增加馆藏文物数量，提升馆藏文物级别。至2005年，市博物馆馆藏文物2200多件（不含古钱币、古籍、古字画）。

一、青铜器

西周·青铜铙　为馆藏二级文物。2005年末，于三垛镇左卿村出土。该铙通高22.5厘米，甬高8厘米，铙间16.5厘米，壁厚0.6厘米，器重2.7千克。通体深褐色，泛有绿色锈斑，器体双面各饰缕枚18个，分三排；甬为圆柱形，与内腔相通，口部呈凹弧形，横截面为阔叶状，两侧铙角尖锐，整个铙体素面无纹饰，保存完好。系西周打击乐器。江淮地区至今发现仅此一件。

东汉·环绕式神兽铜镜　为馆藏二级文物，出土时间及地点不详，属原县博物馆藏品。该镜直径19.2厘米，缘厚0.5厘米。青铜质，圆形，扁圆钮。背面纹饰分内外区，内区以高浮雕相间配置四神四兽。四神与东王公、西王母等相似。神兽外配置有半圆形方枚带，方枚内有“天、王、日、月”铭文。内

外区以尖齿一周分开。外区为画文带，饰神兽等形象。缘部饰菱形连珠纹，斜平缘。此镜镜面弧度较大，保存基本完好，是汉代物品。

唐·瑞兽鸾鸟铜镜　为馆藏三级文物。1985年，大运河拓宽时于港务处码头出土。直径22.2厘米，缘厚1厘米，青铜质，菱花形，兽钮，钮外四围以高浮雕相间配置鸾凤、麒麟及瑞兽四只。鸾兽之间配置瑞草以及排列有序的飞禽和花枝。此镜厚重，镜面弧度明显，由于表面采取水银包浆处理，呈银白色，今仍可照见人脸。该镜为唐代中期扬州铸造。

二、陶瓷器

新石器时代·猪形陶罐　1993年，于龙虬庄遗址出土。口径6厘米，通高10.5厘米，罐为猪形，陶质灰黑，上部开口，口外撇。猪嘴短而微拱，眼睛小而有神，身体圆浑，四条腿粗壮发达，短尾。整个猪的形象粗犷、造型生动，神态温驯可爱。此罐产于新石器时代。今藏于南京博物院。

夏·刻文陶片　1993年，于龙虬庄遗址出土。该片为泥质黑陶盆口沿残片，呈不规则长方形。陶片上刻有8个类似文字的刻画符号。刻文为两行，左行4个符号类似甲骨文，右行4个符号类似动物图形。其义不解。经测定，该陶片距今4000年左右。南京博物院专家称，该陶片“在中国首次发现，仅此一块”，为“国宝级陶片”，为“讨论中国文字的起源和发展提供了新的佐证”。今藏于南京博物院。其陶文拓片被收入《中国上古书法史》。

西汉·席纹釉陶罐　为馆藏三级文物。1980年，于天山镇神居山悟空寺附近出土。口径13厘米，底径13.5厘米，高17厘米，直口，短颈，圆腹渐收成平底，造型古拙质朴，为盛贮器。罐体上部施青黄色釉，釉下布满刻画席纹，纹饰清晰。由于釉层较厚，中部出现明显挂釉。罐下半截无釉，呈红褐色。为西汉时期物品。

西汉·釉陶壶　为馆藏三级文物。1980年，于天山镇神居山悟空寺附近出土。口径10.5厘米，足径11厘米，高20.5厘米。喇叭口形，长颈、宽肩，深腹略鼓，腹以下渐收成圈足，肩部有对称环形穿孔双耳，颈中部刻宽凹槽一圈，槽上下饰多道水波纹。全器肩部施青釉，上下饰画线弦纹，弦纹间饰多层水波纹，颈部和下腹部无釉，呈灰褐色。为西汉时期物品。

明·花卉纹瓷碗　为馆藏三级文物。1990年，于龙奔乡黄渡村出土。该碗口径14.6厘米，足径6厘米，高7.8厘米。敞口，口沿微撇，腹部宽深，圈足底，外壁压印竖条状瓜楞纹，口边饰回纹一周，内壁刻画莲瓣纹。此碗胎体厚重，胎质坚硬，釉成青绿色，光泽肥润，足底露胎，有铁锈斑。该碗为明代浙江龙泉窑产品。

明·青花花果纹黄彩盘　1984年，于八桥乡欧阳村征集。该盘口径26.5厘米，足径16厘米，高4.5厘米。盘内外均饰瓜果枝叶纹，纹彩为青花黄彩，色彩淡雅，线条流畅。盘底有楷书款“大明弘治年制”，字体清秀、笔力瘦劲。

三、玉石器

新石器时代·石斧　为馆藏二级文物。1980年，于天山镇神居山悟空寺附近出土。该斧长21厘米，最宽处9厘米，厚5厘米。斧体形大，石质优良，石材坚硬，通体磨光，且制作精细规整，刃口锋利呈弧形，横断面和顶部均呈椭圆形。由于无使用痕迹，至今保存完好。

西汉·玉璧　为馆藏二级文物。1980年，于天山镇神居山悟空寺附近出土。外径17.3厘米，内径4.6厘米，厚0.6厘米。玉料青灰色，局部有白斑状侵蚀。扁圆体，中心有穿孔，两面纹饰相同，均在蒲纹上加饰谷纹，内外缘饰弦纹，且谷纹排别整齐、琢刻精细。为西汉广陵王刘胥的陪葬品。

明·玉带钩　为馆藏三级文物。出土时间与地点不详。该玉器长8厘米、宽3厘米，玉料青白色，钩呈“S”形，宽腹，圆钉形脐，钩体正面饰凸起的弦纹一周，钩首饰龙头，龙头面额稍成隆起状，龙嘴紧闭，鼻梁凹进，眼球突出。整个玉带钩选料考究、质感细腻、造型逼真、形象生动。

四、骨角器

新石器时代·角叉　1993年，于龙虬庄遗址出土。长14厘米，磨制精良，造型别致，由于长期使用，表面光滑发亮。该叉系利用鹿角的自然分岔，将顶部磨尖，粗端掏空成圆銎，銎正面凿一方孔，背面置圆形销孔，可装木柄。该叉为新石器时代的农业生产工具或打猎用具，可与河姆渡遗址出土的农具骨耜相媲美。

五、其他器物

南宋·铁权　为馆藏三级文物。1985年，大运河拓宽时在御码头附近出土。通高10厘米，底径4厘米。生铁铸造，呈塔形，腹部成鼓状，底部外撇，顶部有穿孔。腹部上下各饰双道弦纹，中部有“绍兴杭样”的铭文。

明·遗冠、遗笏　为馆藏三级文物。均为高邮籍明代大学士王永吉的遗物，原藏界首东岳观。遗冠为紫铜鎏金制作，通高21厘米，护额前部和顶的后部各饰镂空凤凰一对，护额两边和顶的正面各饰仙鹤一对。冠上多处出现镂空雕花和刻画如意纹、回纹等装饰。帽两侧镶嵌有对称的小管，用以插冠翅或装饰品。整个遗冠制作精致、富丽堂皇。遗笏系象牙制作而成，长55厘米，上宽下窄，呈微拱状，是官员上朝时所拿的手板。该遗冠、遗笏为市博物馆镇馆之宝。

第四节　民间收藏

一、古钱币收藏

80年代起，县内民间收藏古钱币渐成风气。收藏品种较多、数量较大的个人有聂广鸿、刘恩甫、田步迎、吕绍奇、谢群等。聂广鸿收藏到4000年前的贝币和后来各个历史时期的铜、铁、银币及纸币等，其中珍稀钱币有战国时期齐国的“金错刀”、南北朝时期陈朝的“太货六铢”、五代十国时期的“永通泉货”、西夏的“大安通宝”、唐代的“得一元宝”、南宋铁钱“乾道通宝”、古代最大纸币“大明宝钞一贯钞”等。1991年，他出版专著《聂广鸿古钱藏珍选》一书。1993年，中央新闻纪录电影制片厂拍摄专题片《古钱币青年业余收藏家聂广鸿》，《人民日报海外版》《人民画报》等报刊亦先后以较大篇幅或专版予以介绍。2003年8月，他个人投资在盂城驿对面创办全市首家私人藏馆——市钱币博物馆，藏有古钱币4000多种、1.4万多枚。

二、古铜镜和奇石收藏

70年代，汤庄乡吕焕皋始收藏古铜镜和奇石。21世纪初，他个人投资在上海创办古铜镜展览馆，展出从新石器时代到清代的800多面古铜镜。2004年，他投资创办建筑面积3600平方米的上海地质科普馆，设有地球厅、地球构造厅、矿物岩石厅、古生物厅、地质地貌厅等展区，收藏、展出的有国内和印尼、印度、巴西等国家的奇石。其中，稀、特、奇、珍的地质藏石有“化石龙”“珍矿晶”“硅化木”等，被专家学者们赞为“博、精、巨、多”。2005年，该馆被上海市政府列为上海市十大科普教育基地。高邮境内亦有其他人收藏古铜镜和各种奇石，但人数不多，收藏量不大，多为个人爱好、自己欣赏。

三、毛泽东像章收藏

70年代，县化肥厂祝长富始收藏毛泽东像章。至2000年，他收藏各类毛泽东像章1万多枚。这些像章基本是“文化大革命”期间制作的。其中，制作单位有各大军区、各省军区、各军兵种、中央各部委办、地方各级组织以及有生产能力的各基层单位；材质有铜、铁、锡、铅、铝等金属，也有骨、竹、木、石膏、陶瓷、有机玻璃、塑料等。2001年起，他先后在市内多个中小学校和扬州市工人文化宫举办万枚毛泽东像章巡回展。至2005年，他收藏毛泽东像章1.3万枚，扬州电视台对此作专题报道。

四、古旧书报收藏

书籍收藏 市内家庭藏书1000册以上的有数十户，书籍收藏量最多的为胡正元。他从参加新四军担任文书起，就开始集书、藏书。1958年，他从仪征调到高邮工作时，装满一船书运到高邮家中。80年代，他离休后在家中建立个人图书馆，总藏书量4万多册，包括政治、经济、文学、艺术等方面的书籍和马克思、恩格斯、列宁、斯大林、毛泽东等领袖人物的著作，其中有不少为线装本。进入21世纪后，他因年事渐高和家中缺后人继承收藏等方面的因素，便逐步赠予他人和有关单位，其中赠送市图书馆和市档案馆各有1万册之多。

报纸收藏 市内有报纸收藏量较大的藏报爱好者十多人，其中收藏品种、精品量最多的为藏报爱好者朱军华。他从90年代开始收藏报刊，至2005年，共收藏老报纸逾1000种、1万份。特别是他收集到从1931年“九一八”事变到1951年8月中华人民共和国政务院立法确定9月3日为抗战胜利纪念日，这20年间发行的有关抗日战争内容的各类报纸约300份，并将这类报纸有序地整理为“‘九一八’事变至卢沟桥事变”“卢沟桥事变至日本投降”“日本投降至抗战胜利后续”等三个部分。

五、邮品收藏

邮票收藏 80年代前，县内就有不少集邮爱好者。80年代，县集邮协会成立。90年代，市内集邮活动高潮迭起。至2005年，全市有集邮爱好者近万人。市集邮爱好者、医务工作者周华春收藏的集邮杂志近300种、逾万册。详见第八篇《邮政 通信 信息化建设》第二章《邮政》第三节《业务》（第289页），第二十九篇《龙虬庄文化 邮文化》第二章《邮文化》第四节《集邮》（第1077页）。

磁卡收藏 1995年，市邮电局职工师灼成始收藏该局公开发行的首张磁卡——首轮生肖“小猪弹钢琴”的“乙亥年”电话磁卡。至2005年，他收藏的磁卡1万多张。他将其中的精品磁卡，先按生肖、花卉、书法、戏剧、名胜、人物、建筑、体育等大类，再分小类如在人物中分领袖人物、文学人物、军事人物等，分门别类制成专册，进行收藏。

六、魔方收藏

1983年，高邮镇西塔居民委员会居民吴培根自退休后始收藏、玩转魔方。他不仅在高邮搜集魔方，还专程到扬州、泰州、兴化、淮阴等地玩具市场搜集。1997年，他从淮阴一次购回魔方298个，其中有他十分珍爱的稀有大魔方。至2005年，他收藏各种规格、型号的魔方1500多个，在城区家中和临泽老屋内到处堆放着魔方，还赠送给邻里300多个。同时，他玩转魔方玩出2000多种不同的玩法，并摸索、创造出一套独特玩转魔方的方法。他向上海吉尼斯大世界申请，向全世界魔方爱好者“下战书”，提出进行“盲玩形态变化”“规定时间内还原六个面”“双方互换还原”三项技艺比赛，结果无一人应战。

七、古玩市场

80年代，县内开始出现少量的古玩地摊交易，古玩品种为金属古钱币、玉石、佛像、佛具等居多。90年代，古玩市场逐步放开，古玩店陆续开张，古玩地摊相应增多。1995年后，南门大街南端和盂城驿鼓楼两侧集中近20家古玩商店，有的专门经营古钱币，有的专门经营玉石，还有的专门经营红木古家具；北门大街设有数家古玩店铺；其他街道亦有个别店铺经营古玩。古玩摊点主要集中在老城区，北段主要有中山路原市邮电局门口、通湖路老新华书店门口、傅公桥路桥上、人民路原镜片厂门口，南段主要有城南医院门口、“天桥”下面，其他地方亦有流动古玩摊点。随着古玩的急剧增值和真品骤减，赝品充斥古玩市场。至2005年，老版人民币和带有“文化大革命”印记、标识的印刷品、生活用品等成为市内古玩市场的新宠。

第五节 文物保护与修缮

一、文物普查

1984年7月，县政府开展全县第二次文物普查工作。县、乡镇成立文物普查工作领导小组，培训文物普查员。至1987年，通过发动群众提供文物线索3000多条，经专业文物工作者调查、复核、鉴定，最终确定可列为文物保护单位的古遗址2处、古墓葬2处、古建筑40处、纪念建筑15处，经县政府公布全县文物保护单位59处。1998年，市政府重新调整公布全市文物保护单位62处。至2005年，全市共有文物保护单位64处。

二、文物保护

规划　1985年，县政府在制定《高邮县城市总体规划》时，制定《高邮县名城保护规划》。该规划根据高邮现有文物保护单位情况及开发利用前景，划定文游台风景区、珠湖风景区、蝶园风景区和柳荫禅林风景区。文游台风景区主要是以文游台为中心，蝶园风景区主要是以明奎楼和宋城墙为中心。1988年，根据盂城驿的发现和整修保护需要，调整柳荫禅林风景区保护范围，增加盂城驿、福海庵大殿、马饮塘、馆驿巷、南门大街等作为保护对象。1992年，根据市委、市政府城市建设“东扩西进”的思路，调整珠湖风景区内涵，除继续开发邗沟烟柳、西湖雪浪、耿庙神灯等景点外，重点加大对镇国寺塔的保护与开发力度。2005年，名城保护工作统筹为“一带”（京杭大运河风光带）、“二区”（老城区、高邮湖风景旅游区）、“三片”（城北历史街片区、城中历史街片区、城南历史街片区）、“四点”（文游台、镇国寺、奎楼、盂城驿）。

投入　1986年以前，全县每年用于文物保护的经费平均不足10万元。1986年以后，通过财政增拨、向上级文物管理部门争取、社会募捐、可建设用地市场化运作吸聚等渠道，增加投入。1986～1990年，投入125万元。1991～1995年，投入474万元。1996～2000年，投入370万元。2001～2005年，投入1367万元。其中，投入较大的有文游台落架大修工程、盂城驿及南门大街整修工程、明奎楼及宋城墙维修工程、镇国寺复建工程，共耗资1835万元，占20年总投入78.6%。

三、文物修缮

文游台修缮　70年代末，文游台部分建筑破落不堪。80年代起，相继修复盍簪堂、四贤祠、秦观读书台，复建重光亭、映翠园。1991年，兴建入口牌坊、石拱桥、门厅。1997年，文游台主体楼后檐墙裂缝，落架大修。2000年，在东部建成名人园展区。至是年末，累次投入维修经费300多万元。

盂城驿修缮　80年代，盂城驿在文物普查被发现时，被单位和居民占用，使部分建筑面目全非，市文物管理部门收回后分期进行整修或复建。1993年12月至1995年12月，第一期工程整修（复建）项目有门厅、皇华厅、驻节堂、礼宾轩、驿丞宅、鼓楼、马神庙等。2001年9月至2002年5月，第二期工程主要项目有甘棠轩、展览厅、半亭回廊等，工程共投入经费400多万元。2005年底，市文物局计划实施第三期工程。

城墙与奎楼修缮　1984年，奎楼因年久失修，楼基坍塌，楼体破损严重，楼内墙面斑驳，影响观瞻。县政府拨专款12万元，按照“修旧如旧，保持原貌”原则，对奎楼大修，同时按照清代画样恢复第一层重檐回廊。1985年，对古城墙进行整修。1991年7月，全市遭受特大洪涝灾害，连日暴雨如注，宋城墙约有60米长的一段砖体与土体分离，城墙头上的奎楼基底东南侧出现塌方，致使明代奎楼和仅存的宋代城墙危在旦夕。市政府拨款19万元，修复宋城墙。修复后的宋城墙高6.6米，砖体底宽2米，结顶0.87米，雉堞39个，顶部土体全部铺以青砖，并设置散水坡。

净土寺塔修缮　2005年，市政府立项维修净土寺塔。是年6月，开始动工，耗时一年，新建塔池用石料100吨，恢复塔内楼板楼梯等用木料40立方米，耗资120万元。

第六节　非物质文化遗产保护

一、民间口头文学

80年代，县内流传的民间口头文学具传统地域特色。1994年，由市文联方仪和陈其昌主编、南京出版社出版的《珠湖的传说》，首次将收集的境内流传民间口头文学作品汇编成书。至2005年，经市文化局初步调查，全市民间流传较为广泛的口头文学作品70多件。其中，与名人相关的有《帝尧的传说》《禹王治水的传说》《隋炀帝畅游运河的传说》《苏小妹三考秦少游》《高邮承天寺题匾的传说》《王西楼虚心得神笔》《蝶园对弈的传说》等，与古迹景点相关的有《秦邮八景的传说》《高邮宝塔的传说》《清水潭的传说》《马棚湾铁牛的传说》《汉留吴家牌坊的传说》等，与地方特产相关的有《双黄鸭蛋的传说》《秦邮董糖的传说》《乾隆品茶干的传说》《孵坊里神位的传说》等，与地名相关的有《汉留的传说》《送驾桥的传说》《汉留镇四异庄的传说》《临泽镇神石街的故事和传说》等，与风情民俗相关的有《横泾镇闹新房》《八桥大浇梁》《临泽镇锣鼓车号子》等。

二、民间歌舞

80年代后，县内继续流行《数鸭蛋》《高邮西北乡》《小小刘姐姐》等高邮民歌，车水号子、栽秧号子、薅草号子、打工号子、划船号子、打硪号子、赶牛号子、抬草号子等劳动号子在农村偶有传唱，荡湖船、挑花担子、打莲湘、走马灯、河蚌舞、舞龙、踩高跷等民间舞蹈在节庆、集会、庙会、春节等活动中颇为盛行。1992年，由市文化馆民歌手王慧群演唱的《高邮西北乡》等高邮民歌，在华东六省一市歌手大赛中获一等奖。2000年后，以里下河音乐元素创作的《高邮是个好地方》《我的家乡在高邮》《栀子花》等一批新民歌陆续在市民中流行，并不断在各类文艺演出中亮相，受到广泛好评。2002年，王慧群应邀到扬州，在迎宾馆专场为中共中央总书记、国家主席江泽民演唱高邮民歌，并受到夸赞。2003年，她随扬州访日代表团赴日演出，演唱高邮民歌，受到欢迎。2005年7月，由周明雄、李朝润作词，杜小甦作曲，具有浓郁高邮民歌曲调的《高邮之歌》被确定为市歌，被市民广为传唱，次年入选中央电视台音乐电视展播节目播出，并获“最佳城市形象歌曲”奖。

三、传统戏曲

80年代后，县内民间继续流行扬剧，以菱塘、八桥、汉留等地为最盛，在农村每遇操办“红白之事”时盛行唱堂戏。曾任高邮扬剧团团长的菱塘人杨福坤，带出一批菱塘籍的青年扬剧演员，培养一大批家乡扬剧爱好者。八桥一带村民受颇有名气的该镇青年扬剧女演员张爱华影响，涌现一大批扬剧爱好者。汉留、甸垛等乡镇平时组织文艺演出，自编的小扬剧或扬剧清唱等是必演节目，逐步培养一大批扬剧观众和扬剧爱好者。菱塘、八桥、汉留、甸垛等地都有自发组织的扬剧演出小分队，号称“农村到处是舞台，谁请就到谁家来。红事白事都可唱，大小剧目听你爱”。布袋木偶戏主要流传在卸甲一带，“围布作房，支以一木，以五指运三寸傀儡，金鼓喧阗，词曰叫嗓，均一人为之，谓之扁担戏。”其传人有吴言清、吴锦岗、吴锦来、吴锦田等。至1991年，受到电影、电视以及其他娱乐形式的冲击，卸甲布袋木偶戏逐步淡出演出市场。至2005年，市内农村仍以流行扬剧为主。

四、传统手工技艺

80年代后，县内木工方圆作、食品方酥等传统手工制作技艺，因现代工艺和现代生活变化而逐步消失。今仍存在和继续传承的部分代表性传统手工技艺有：高邮双黄鸭蛋、雪花豆腐菜肴制作技艺，历史悠久，传承人高邮镇唐汇生；临泽汤羊制作技艺，数百年历史，传承人临泽镇王步荣；临泽水晶月饼制作技艺，200多年历史，传承人临泽镇朱文荣；界首陈西楼茶干制作技艺，清嘉庆年间始创，传承人界首镇胡元德；横泾张氏糖塑手工捏糖技艺，汉代始有糖塑手工捏糖技艺，传承人横泾镇张栋才；老虎鞋制作技艺，500多年历史，传承人汤庄镇联谊村李粉桂；彩灯、风筝纸扎技艺，历史久远，传承人界首镇老人桥村张金海等。详见第三十五篇《人物》第二章《人物简介与名录》第四节《民间技艺人员》（第1415页）。

第六章　传　媒

80年代中后期，县内主要传媒为有线广播、调频广播。虽有电视，受设施条件限制，转播、接收效果较差。进入90年代，先后开通有线电视、高清电视，《高邮报》复刊。2003～2005年，《高邮日报》停刊，改为内部印行《高邮信息》，有线电视和调频广播成为主要公众传媒。

第一节　广　播

1987年4月，县调频广播转播台建立，对外呼号为高邮县人民广播站。1987年5月至2005年，对外呼号改为高邮人民广播电台。

一、节目设置

1986年起，县人民广播站每日于早中晚分别播音一次，每日播音时间6小时35分钟，自办节目有《本县新闻》《高邮生活》《科技与信息》《青年之友》《文艺百花园》《每周一歌》《天气报告》等，转播节目有中央人民广播电台的《新闻与报纸摘要》《各地人民广播电台联播》和江苏人民广播电台的《新闻与本省报纸摘要》《农村节目》《江苏快讯》等。1991年，全天播音时间增加到7小时，自办节目《本县新闻》改为《高邮新闻》，增设《友邻县市信息联播》。1992年起，撤销《青年之友》节目，增加《扬州新闻》与《今日要闻与报刊新闻集锦》。1993年，增设《午间新闻》《简明新闻》《乡镇自办节目联播》。1995年，全天播音次数增加到5次，播音时间增加到9小时。1996年，全天播音时间增加到13个小时，增设直播节目《商贸时空》《祝您健康》《百姓生活》《七彩波段》《快乐航班》《太阳岛》等。2005年，增设《中国笑星》和直播《社教》节目。

二、技术设施

1986年，县人民广播站使用无锡广播电视设备厂生产的LTP-50W电台调频发射机，发射频率94兆赫。1996年后，广播播出设备进行调整，由石家庄生产的设备改为日本索尼生产的TC-WE-675、TC-WE-435、TC-WE-465、TC-WE-420双卡机，MD-640、MD-345、CDP-361，日本JVCU，TD-W718卡式机。调音台是英国生产的声艺Sevies10。耳机多路放大器是台湾生产的MH-40。电话耦合器是苏州生产的

SPH-4H，数字式音频信号延时器是山东生产的JNKD-2000。2002～2005年，发射机改为意大利生产的TXSM1000A，发射功率增加到300瓦，增添音频数字处理器DAC-202。

三、农村广播

1986年，各乡镇设有广播放大站，开始使用动圈喇叭，新架、改造乡镇到村的主馈广播线路。各站添置控制台和输出柜、电源柜，有关指标达到新部颁乙级标准。1991年，32个乡镇广播放大站均开设自办节目，每周2～3档，每档15分钟。各村架设大喇叭，各户使用动圈喇叭。1995年，各乡镇广播放大站更名为广播电视站，为国有事业单位。2001年4月，各广播电视站管理权下放到乡镇，与乡镇文化站合并成乡镇文化广播电视中心。2004年4月，撤销各乡镇文化广播电视中心，成立乡镇广播电视站。至2005年末，全市农村有线广播逐步被有线电视取代。

第二节　电　视

80年代，县内设有电视转播台，无线发射功率小，频道少，效果差。1992年初，始建有线电视设施。是年11月，城区部分用户开通有线电视。1993年，部分乡镇开通有线电视。1994年7月，高邮电视台开播。至2005年末，全市有线电视用户13.4万户。其中，城区用户3.2万户，入户率91%；农村用户10.2万户，入户率64%。

一、电视节目

1994年，高邮有线电视台开播，自办节目有《高邮新闻》（每周两档，每档5分钟）、《舆情回送》（周六）、《周日聚焦》（周日）。1995年，组建电视专题部，开办《社会扫描》《垄上行》《生活驿站》《晚饭花》栏目。1998年，与市委组织部联办《党建风景线》栏目。2000年以后，各有关栏目均进行改版，增设子栏目，增加时长。如《垄上行》栏目，增设《四季风》《家常话》《桥》《乡里人》4个子栏目；《晚饭花》栏目，增设《文海拾贝》《百姓文化》《文化人》《电视散文》4个子栏目。

二、技术设备

1988年3～12月，始建新广播电视微波通讯塔，塔高134.5米、重105吨。1990年，投入使用。1995年，成立电视技术部，建设专业的电视制作机房，从鞍山广播器材厂购进3频道1千瓦和41频道300瓦的彩色电视发射机。2000年起，电视采访逐步使用数字设备，取代HC-300、HC-340、CA-537设备，前期采访用SONY数字摄录一体化机DSR-300P，后期制作用SONY数字编辑机DSR-60P、UVM-1600P、UVM-1800P，电视播出设备为VO-9000P、VP-9800P。是年7月和2004年，先后添置由北京广播器材厂生产的3频道1千瓦全固态彩色电视发射机、35频道1千瓦全固态彩色电视发射机。2005年后，添置BSU-1A1B视音频光端机、CDVB2000G数字卫星接收机、YAV-0206B视音频分配器等。

三、有线电视网络建设

1992年2月，设立有线电视工程部。7月，开始实施城区有线电视网络第一期工程，覆盖北海、南海、宋庄、政府宿舍楼等小区。同时，进行前端机房选址及改造，设备调研、论证、选型和订购，有线电视网络器件调研、选型和订购。10月，安装、调试机房设备，架设北海、南海主干线路，调试电缆链路。11月，城区有线电视开播。1993年5月，有线电视频道增至10个，并发展和覆盖第一期工程的边缘区奎楼新村、西后街、蝶园路1～4巷。7月，三垛镇有线电视开播，为农村首家。8月，城区第二期工程启动，架设城北主干线路，覆盖和发展文游路以西、通湖路以北区域，孙厂、邓桥村村民住宅区，老电厂宿舍区、高沙园等小区。至1995年末，实现城区有线电视全覆盖目标。至1996年末，各乡镇全部开通有线电视。

第三节　报刊　网站

一、《高邮日报》(《高邮报》)

1994年7月，《高邮报》复刊，为市委机关报。8月，高邮报社成立。10月1日起，出刊发行，每周2刊，4开4版，发行量1.8万份，由邮局代办发行。1995年1月，该报改为一周三刊。10月，获得全国统一刊号CN32-0115，成为公开发行的报纸。1996年1月，增至一周五刊。

1997年10月，该报更名为《高邮日报》，并由启功题写报名。第一版为综合要闻版，先后设有《秦邮论坛》《现场新闻》《党政要闻》《兄弟县市》《人物风采》等栏目；第二版为经济新闻版，先后设有《农家致富经》《市场与营销》《私营天地》《经济广角》《村镇建设》等栏目；第三版为政文副刊版，先后设有《党建动态》《党员风采》《警钟长鸣》《法治经纬》《科苑星座》《湖边听潮》《品味人生》《新人新作》等栏目；第四版为文摘电讯版，先后设有《国内要闻》《科教天地》《文体大观》《周末写真》《八面来风》《世象百态》等栏目。2003年12月，该报停办。

二、"今日高邮"与《高邮信息》

2003年12月，市委、市政府决定，建立市新闻信息中心，为正科级建制，差额拨款事业单位，归口市委宣传部管理。2004年3月，该中心建成市政府门户网站——"今日高邮"，及时向市民发布市内各类新闻。1～10月，先后内部印行《高邮时讯》4期1.4万份、《高邮情况》16期4万份，向全市党政群机关免费发送。11月起，内部印行《高邮信息》，向市民免费赠阅。至2005年末，该中心累计内部印行《高邮信息》288期340万份；"今日高邮"发布信息6700篇(条)，日浏览量5000次至1万次。

三、网站

详见第八篇《邮政　通信　信息化建设》第四章《信息化建设》(第300页)。

第四节　新闻作品

1986年，县广播站用稿量6100篇；县电视转播台配合有关部门拍摄电视片8部，其中专题片1部、新闻片4部、资料片3部；全县对县外各级新闻单位发稿用稿量550篇。是年，夏素兰、郭海明等在县广播站播出的《放心吧，家乡人民》专题节目获省优秀广播节目政府奖一等奖。1990年，由吕立中、徐生汇、沈后先共同完成的广播录音访问记《庄稼人的呼唤》先后获省、全国优秀广播节目政府奖一等奖，由孙铎撰写的新闻消息《扬州电扇总厂成员纷纷"跳槽"》获省"信息杯"首届经济新闻大奖赛一等奖。

1991年，全市以境内发生特大洪涝灾害和全市人民团结抗灾为题，进行密集报道。高邮人民广播电台用稿量上升到7581篇，市电视转播台制作完成《高邮特大水灾纪实》等4部专题片。同时，全市对市外新闻单位发稿用稿量上升到1200篇。1994年，高邮人民广播电台、高邮电视台(简称市"两台")用稿量7100篇(条)，摄制电视新闻35部(档)，获省广播、电视台展播节目三等奖。

1994年，《高邮报》复刊后当年用稿量3796篇，先后有5篇新闻稿在省县市报好新闻评比中获奖。其中，由姚永明撰写的《我市农民负担五统一制度》先后获省年度好新闻和全国县市报好新闻二等奖，并受到国务院领导肯定。是年，高邮电视台制作的电视专题片《养鸭奇人陆高中》获全国城市电视专题评比一等奖，张亚华、陈永平、刘军、汤平怀采制的电视专题片《本色》获省电视专题片一等奖。1998年，市“两台”用稿量上升到1.43万篇（条），摄制电视新闻片上升到203部（档）；《高邮日报》在全省报纸综合质量评比中获三等奖，用稿量上升到9534篇（幅），获省以上各类奖项新闻作品26篇（次），创历史之最。1999年，《高邮日报》获省以上各类奖项新闻作品24篇（次、幅）。其中，周寿宏、史德元撰写的新闻消息《小葛村十五位农民合股创办担保公司》获中国县市报好新闻一等奖，陆学智拍摄的新闻照片《竞争上岗》首次获中国县市报图片好新闻银奖。2000年，《高邮日报》用稿量上升到1.1万篇（幅）；获省以上各类奖项新闻作品29篇（次），其中朱震撰写的新闻消息《不识时务的“九虎结盟”》、吴声撰写的新闻特写《最美丽的》、姚永明和陈恩平撰写的新闻通讯《送桥“扬州鹅卖疯了”》分别获中国县市报好新闻一等奖、华东地市报副刊好作品奖一等奖、省县市报新闻奖一等奖。2001年，市委宣传部始建立新闻月评制度。2002年、2003年，《高邮日报》用稿量分别上升到2.26万篇（幅）、2.37万篇（幅）。

2005年，市广播电视局张亚华主编的电视新闻（论文）作品专集——《映像》由安徽大学出版社出版。至是年末，全市新闻用稿累计32.21万篇（条、部），其中市“两台”用稿16.8万篇（条）、市内报纸用稿11.67万篇（幅）、制作电视片1706部（档）、市外媒体用稿2.51万篇（条、幅）。全市获省以上奖项新闻作品共212篇（条、幅）。其中，市“两台”获奖作品62篇（条），市内报纸获奖作品143篇（幅），其他获奖作品7篇；获全国奖项64篇（条、幅）、华东和省奖项148篇（条、幅）。

1986～2005年高邮市获省以上一等奖部分新闻作品一览表

表28-4

获奖年份	获奖作品标题	体裁	发表媒体	奖项	奖次	作者
1990	《庄稼人的呼唤》	录音访问记	江苏人民广播电台	省优秀广播节目政府奖、全国第八届优秀广播节目政府奖	一等奖	吕立中、徐生汇、沈后先
1990	《扬州电扇总厂成员纷纷“跳槽”》	新闻消息	《江苏经济信息报》	省“信息杯”首届经济新闻大奖赛	一等奖	孙　铎
1991	《大病合作医疗　群众齐声赞好》	新闻消息	《新华日报》	《新华日报》1987年度好新闻	一等奖	姚永明等
1993	《高邮日日新》	对台专题节目	金陵之声广播电台	省“改革开放的江苏”广播系列报道	一等奖	姚永明、徐生汇、道书林
1995	《养鸭奇人——陆高中》	专题片	中央电视台	全国城市电视专题评比	一等奖	张亚华、沈洪涛、刘　军、周振富
1997	《自我服务天地宽》	录音通讯	江苏人民广播电台	省农村广播节目展播	一等奖	徐生汇、张筱萍、张旭华
2000	《土地水面好经营》	专题节目	江苏人民广播电台	省农村广播节目展播	一等奖	徐生汇、沈后先、朱文武、林　波、高　民
2000	《公退民进，营造绿色宝藏》	录音访问记	江苏人民广播电台	省农村广播节目展播	一等奖	徐生汇、史德元

第七章　档　案

1986年，县档案局（县档案馆）列入县政府编制序列，由县政府直接领导。1991年，明确为副科级行政事业单位。1995年，始设人秘股、监督指导股、编研征集股、保管利用股等内设机构。1997年，该局（馆）升格为正科级行政事业单位。1998年4月，市档案局（馆）明确为市委、市政府直属正科级事业单位，编制11人，内设办公室、监督指导科、管理利用科、征集编研科。2002年3月，市档案局挂“市档案馆”“市委党史办公室”“市地方志办公室”牌子，为市委直属正科级事业机构，设人秘、监督指导、管理利用、征集编研、党史征集编纂、方志年鉴编纂等6个科室，编制18人。至2005年，市档案局（市档案馆）、市委党史办公室、市地方志办公室3家机构管理形式未变，但一直实行各自独立运作。

第一节　档案局（馆）建设

一、档案库房建设

1986年，县档案局（馆）办公用房与档案库房建筑面积共400平方米，其中库房实用面积316平方米，存放档案资料5.97万卷册。因库房面积狭小，大量档案资料只能“束之高阁”，给查阅和利用带来困难。2000年，档案库房建设被市政府列入市“十五”计划期城市建设规划。2003年，市党政机关迁至市行政中心，市档案局（馆）办公用房增加300平方米，但仍未有效解决档案涨库问题。是年至2005年，市档案局（馆）和档案库房建设进入选址、设计等筹划阶段。

二、档案管理设施

1986年，县档案馆对档案卷册的处理基本为手工操作。1994年1月，市档案馆经过省档案局考评组考评，被认定为省三级档案馆。此后，逐年添置办公设备与档案保护设施。1995年，始使用计算机。2000年，该馆使用“永乐文档一体化”档案管理软件。至2005年，馆内共有各类计算机6台、传真机1台、照相机1台、复印机1台和微型录音机、投影仪等。库区有档案密集架13列65联、档案箱柜56组，并配备消毒机1台、去湿机1台、空调机3台和安全防火器材。

第二节　档案管理

一、档案接收

1990年，县档案馆开展档案接收工作，全年接收新中国成立后形成的文书档案673卷和新中国成立前旧政权的诉讼档案312卷。1993年，接收各类专项档案9832卷，主要包括婚姻登记、会计、案件、人口普查、工业普查、土壤普查、死亡干部等档案。1994年，接收被撤销的5个区的文件材料共1129卷、市人事局形成的全市干部人事档案340卷。1999年，接收市政府档案197卷、死亡干部档案61卷。2000年，接收27家单位1996年及以后清退的文件。2001年，结合市属企业改制和综合整治投资环境等中心工作，接收破产企业市石油公司历年档案资料7198卷。2002年起，逐年接收市委、市政府文书档案。2004年、2005年，馆内立卷档案分别为3486卷、3746卷。

二、档案征集

1986年，县档案局征集到在高邮县举办的全国首届秦观学术研讨会材料7册，还征集到烈士照片1张。1994年，该局征集到国务院总理李鹏、国家体育运动委员会主任伍绍祖、省长陈焕友视察高邮的照片134张。1995年，该局向全市发布征集历史档案资料的通告，征集到清代高邮名人孙侃著述的《尔雅直音》1套、上下2卷。2003年，该局印发《关于做好防治非典型肺炎档案工作的通知》，将全市防治"非典"资料征集进馆。及时将全市在当年抗洪斗争中形成的110多张照片资料征集进馆。2004年，该局征集到"市十大建设工程""清房档案""邮文化节"等专题档案资料共463卷。2005年，该局开展重大事件、重要活动和名人、名产、名胜等专项、特色档案征集工作，征集到抗战优待证和《徐氏族谱》《高邮信息》及"邮文化节"等档案资料。

三、档案保管

1989年，县档案馆对所有入库档案共设置8个全宗群、145个全宗，完成档案的整理、编目和检索工具变更、全宗卷编修等工作。1991年开始，逐年对征集进馆的各类档案资料、移交进馆的档案中立卷质量不符合要求、纸张字迹破损的案卷，进行整理、调整、修复或重新组卷。对入库档案坚持卷皮卷盒无酸化，库区置放药物，保持标准温湿度与清洁卫生，温湿设备与安全防护设施正常运行。执行与落实档案馆防火、防盗、防湿、防高温、防蛀、防尘、防有害气体、防鼠等安全防护制度与措施。1998年初，添置密集架13列65联，全面调整库区存放档案，改善案卷挤压、堆放状况。2003年，在用房增加后，按照优化结构、科学置放的要求，进行档案编目和数字化录入工作。2005年开始，该馆对馆藏国家重点保护档案进行抢救性重点保护。

四、档案编目和数字化

1989年起，县档案馆开展档案编目工作。2001年，市档案馆启动档案数字化工作。至2005年，市档案馆完成馆藏永久、长期档案数据录入，共建有目录数据库29.5万条，档案全息录入26卷3000页，照片档案数字化260张。

五、档案业务培训与指导

1986年起，市档案局采取理论授课与实际操作相结合、上门辅导与电话答询相结合、集中立卷与分组指导相结合的方法，指导基层单位档案管理达标升级工作。1991年，市档案局和市职工教育办公室联合举办全市职教档案整理工作培训班。1995年，市档案局举办首期乡镇企业档案业务培训班。1998年，市档案局和市建工局联合举办建工系统档案员培训班。2000年，市档案局和市人事局联合举办档案专业职称培训班。2004年，市档案学会成立。至2005年，全市档案管理达到市以上标准的单位共有83家，经过业务培训的专业档案管理人员累计2766人。

六、档案利用

1988年，全县开展原城镇下放人员户粮回迁和组织史汇编等工作，到县档案馆查档人员1万多人次，创历史最高纪录。1991年，市档案馆接待利用者3400人次，提供查阅档案资料1.92万卷（册）次。2000年，市档案馆提供馆藏资料，帮助高邮电视台拍摄反映是年7月甘垛、三垛两镇遭受特大龙卷风袭击情况的纪录片《遭遇大风暴》，及时向上级领导部门汇报，为领导决策抗灾救灾提供准确信息。是年，市档案馆接待利用者268人次，提供查阅档案资料1256卷（册）次，主要是为领导决策、编史修志、落实政策、税费改革、企业改制等提供利用。2004年，实施开放档案划控工作。全年开放档案条目2021条，接待查档人员857人次，查阅案卷1355卷（册）次。2005年，建立现行文件服务中心，并开通网上电子现行文件服务中心，接待查档人员370人次，查阅档案资料760卷（册）次。至是年末，市档案馆累计接待利用者2.9万人次，提供查阅档案资料12.75万卷（册）次。

七、档案编研

1992年，市档案局启动档案编研工作。至2005年，编研、汇编资料有《干部下放专题》《乡干任职专题》《五种人评审专题》《右派专题》《组织机构》《高邮老革命根据地文件汇编》《党员处分专题》《行政处分专题》《离退休专题》《征用土地专题》《文书档案文件汇编》《“三反”文件汇编》《新中国成立后报纸刊物发表文章汇编》《高邮市布告文件汇编》《高邮市清理整顿公司文件汇编》《高邮市（县）党风廉政建设文件汇编》《高邮市（县）房地产政策文件汇编》《高邮市（县）第五至八次妇女代表大会文件汇编》《高邮市（县）计划生育政策文件汇编》《高邮市（县）减轻农民负担政策文件汇编》《中共高邮市（县）委历次党代会简介》《高邮市（县）各界代表会议、历届人民代表大会简介》《中国人民政治协商会议江苏省高邮市（县）委员会历届会议简介》《共青团高邮市（县）第一至七届代表大会文件汇编》《高邮市（县）交通管理布告、通告汇编》《高邮市（县）建国以来重大自然灾害简况》《高邮名称沿革及秦邮八景简介》《高邮市（县）主要土特产品简介》《高邮名人轶事选编》等编研资料。1997年，市档案局始逐月编写《高邮大事记》。1999年，市档案局、高邮日报社联合编写成《高邮50年大事》。2005年，市档案局编写成《档案利用效果实例汇编》。

第三节　基层档案工作

一、市级机关档案

1986年，县档案局、县财政局共同完成县级机关、乡镇、县属企事业单位1949～1985年的会计档案资料清理、立卷工作，装订成册会计档案30万卷册。1990年，13个县级机关部门建立综合档案室，占应建数的15%。1994年，在全市市级机关推行档案管理达标升级工作。1995年，市工商行政管理局在全市首家达到扬州市级机关档案管理一级标准。接着，市人民检察院、市广播电视局、市人民法院、市国税局、市地税局及直属分局、市烟草局、人行高邮市支行档案管理亦达到扬州市级机关档案管理一级标准，市国土局及所属乡镇国土所档案全部达到省级机关档案管理优秀和合格标准，市城建档案馆被省建设厅评为省一级城建档案馆。2002～2005年，市地税局、市纪委、市劳动和社会保障局、农行高邮市支行、市公安局、市人民法院、市人民检察院等单位档案管理相继晋升为省一级标准。2005年起，市级机关部门全面执行国家档案局制定的《归档文件整理规则》，按规则整理归档2004年及以后形成的全部文件材料。是年，全市市级机关部门年度立卷归档按时完成率95%。

二、企事业单位档案

1989年7月，县自来水厂成为全县第一家省档案管理先进单位。1990年，县电器厂在全县第一家达到国家企业档案目标管理标准。1995年，市档案局会同主管部门对全市27家乡镇规模企业进行调查摸底，组织力量在横泾过滤机厂、市城区建安公司进行乡镇企业建档试点。市政府召开全市乡镇企业档案工作会议，全面部署乡镇企业建档工作。至1996年末，全市实现建档的乡镇规模企业25家。1998年，市供电局、市电信局达到国家企业档案目标管理标准。1999年末，市政府针对全市企业改制中档案管理现状，形成《企业改制对企业档案工作影响》的调研报告。2001年，市档案局、市经委联合开展对改制工作结束企业档案管理的专项检查。至2005年，全市共有档案管理达标升级企业37家。

三、乡镇、行政村档案

1994年，市政府召开乡镇档案工作会议，启动乡镇档案工作。市档案局、市委农工部联合组织全市乡镇农经人员和村级会计人员，开展以建立会计档案为重点的档案管理业务培训，进行村级建档工作试点。1999年，市政府召开全市部分乡镇负责人和机关部门负责人参加的农业农村档案工作试点会议。2000年，召开推广高邮镇建立机关综合档案室经验现场会，并推广川青镇对村会计和二轮土地承包档案进行集中统一管理的试点做法。至是年末，全市80%行政村实现建档。2003年，市档案局与市委农工办、市农林局等有关涉农部门配合，完成16个乡镇机关、215个行政村档案集中统一管理。至2005年，全市乡镇机关和行政村全面完成建档工作。

第八章　地方志

1980年，县委、县政府成立县志编纂委员会。1984年9月，县委、县政府重建县编史修志领导小组，下设办公室。是年10月起，组织编纂新中国成立以后的高邮首部新方志——《高邮县志》。1987年，始编《高邮年鉴》。1990年，《高邮县志》出版发行。1991年，县编史修志领导小组办公室更名为市地方志办公室。至2005年，全市共出版（含内部印行）各种志书12部、《高邮年鉴》17卷。

第一节　志　书

1984年10月，全县启动《高邮县志》编纂工作。1985年，全县首部专业志——《高邮县土壤志》编印。1988年，全县首部乡镇志——《界首镇志》问世。1990年，《高邮县志》出版发行。是年，全县首部部门志——《高邮县供销合作志》内部印行。至2005年，全市共出版（含内部印行）各种志书12部。其中，县志1部、乡镇志4部、部门（专业）志7部；正式出版5部、内部印行7部。

一、《高邮县志》

1984年10月，县委、县政府组织全县各部门、乡镇、社会团体和县直属单位，动员数百人，参加编纂《高邮县志》。由王鹤、杨杰担任总纂。1990年，经县编史修志领导小组审定，并经省县志评审小组评审通过，于12月由江苏人民出版社出版发行。该志按照“溯古详今”的原则，记录高邮县5000多年的发展史，对新中国成立后全县自然、经济、政治、人文等方面的发展与变化作重点记述。全志上限溯至事物发端，下限至1985年，共设26篇、131章、412节，总字数130万字，印数4000册。该志为扬州市首部、江苏省第七部出版的新县志。1994年，该志获全省首次地方志系统优秀成果评比二等奖。

二、乡镇志

1988年，界首镇在全县首家编纂完成《界首镇志》（主编毛玉才，内部印行）。1993年，送桥镇编纂完成《送桥镇志》（主编钱白平，内部印行）。1994年，菱塘回族乡编纂完成《菱塘回族乡志》（主编胡德林，民族出版社出版），是年该志书获省第一次地方志系统优秀成果评比二等奖。1999年，湖滨乡编纂完成《湖滨乡志》（主编王沛喜，内部印行）。

三、部门（专业）志

1985年，县土壤普查办公室编纂完成《高邮县土壤志》（主编吕玉萍，内部印行）。1989年，县民政局编纂完成《高邮县民政志》(主纂赵金龙,内部印行)。1990年,县供销合作总社编纂完成《高邮县供销合作社志》(总编纂缪登甲,主笔王沛喜,内部印行)。1995年,市总工会编纂完成《高邮市工会志》(主编胡经坤,内部印行)。2000年,市土地管理局编纂完成《高邮市土地志》(主笔郭徐飞,吉林人民出版社出版)。2001年,市邮政局、市电信局联合编纂完成《高邮市邮电志》(主编李同茂,中华书局出版),并获省第三次地方志系统优秀成果评比二等奖。2002年,市建设局编纂完成《高邮市建设志》(主编陈培、王广权,主笔张骥中、杨善发,天津古籍出版社出版),并获省第四次地方志系统优秀成果评比一等奖。

第二节　年　鉴

80年代,先后启动编印《高邮统计年鉴》和编纂《高邮年鉴》工作。至2005年,全县逐年编纂出版《高邮年鉴》17卷和编印《高邮统计年鉴》21卷。

一、《高邮年鉴》

1987年9月,由县编史修志办公室编纂的首卷《高邮年鉴》——1987年版《高邮年鉴》内部印行。该部年鉴为扬州市首部地方综合年鉴。1990年,高邮年鉴编辑委员会成立,由县政府主要负责人任编委会主任;编委会下设高邮年鉴编辑部,王鹤任主编。1995年,市委常委、副市长倪文才任编委会主任。1998年,启动《高邮年鉴》改版工作,即从原来的大32开本改为大16开本,并对篇目结构进行适当调整;主编由孙铎接任。2002年,主编由刘春龙继任。2003年,编委会主任由市委常委、副市长丁一担任。2004年,编委会主任由市委副书记、市纪律检查委员会书记范天恩担任。至2005年,除1989年未编、1990～1991年为两年一鉴外,其他年份均为一年一鉴,共出版发行《高邮年鉴》17卷,其中内部印行2卷、正式出版15卷;每部年鉴印数1000册;先后获省以上主要奖项18项。

图28-6　《高邮县志》《高邮年鉴》于2003年在北京举办的首届全国新编地方志成果展馆江苏展区展出

1995～2005年《高邮年鉴》在省以上获奖情况一览表

表28-5

获奖年份	届次	获奖年鉴	奖项	颁奖机构	主编
1995	第一届	1994年版《高邮年鉴》	全国地方年鉴综合一等奖,框架结构、条目撰写、装帧设计3个单项一等奖	中国出版工作者协会年鉴研究会	王　鹤
2000	第二届	1999年版《高邮年鉴》	全国地方年鉴综合一等奖,框架结构、条目撰写、装帧设计3个单项一等奖	中国出版工作者协会年鉴研究会	孙　铎
2005	第三届	2004年版《高邮年鉴》	全国地方年鉴综合二等奖,框架结构获特等奖,条目撰写和装帧设计二等奖	中国出版工作者协会年鉴研究会	刘春龙
2000	第一届	1999年版《高邮年鉴》	全国年鉴编校质量优秀奖	中国出版工作者协会年鉴研究会	孙　铎

续表 28-5

获奖年份	届次	获奖年鉴	奖项	颁奖机构	主编
2005	第一届	2004年版《高邮年鉴》	中国地方志年鉴成果特等奖	中国地方志指导小组	刘春龙
1994	第一次	1992年版《高邮年鉴》	省地方志优秀成果一等奖	省地方志办公室	王　鹤
1994	第一次	1993年版《高邮年鉴》	省地方志优秀成果二等奖	省地方志办公室	王　鹤
1997	第二次	1996年版《高邮年鉴》	省地方志优秀成果三等奖	省地方志办公室	王　鹤
2001	第三次	2000年版《高邮年鉴》	省地方志优秀成果一等奖	省地方志办公室	孙　铎

二、《高邮统计年鉴》

1984年，县统计局始编统计年鉴。是年，编辑完成《高邮县国民经济统计资料（1949～1983）》，内部印行，发至全县县级党政各机关、各乡镇主要负责人。1985年起，县统计局逐年编印一卷《高邮统计年鉴》，汇集全县国民经济和社会综合情况的主要统计数据，供机关、乡镇编制年度计划时参考。至2005年，连续编印《高邮统计年鉴》共21卷。

第三节　地情书

一、文史类

1983年10月，县地名委员会经过实地调查，编印《高邮县地名录》，收载全县地名4700多个，为内部印行。1984年，县政协文史委员会编印首辑内部发行书刊——《高邮文史资料》。1987年，朱延庆著《江苏县邑风物丛书·高邮》，由江苏人民出版社发行。90年代，由肖维琪编印《临泽史话》《三垛史话》《界首史话》等3部系列书籍，承载高邮三大镇的历史钩沉和传说，为内部印行。1991年，朱延庆编著、江苏人民出版社出版《高邮》一书，被列为中小学乡土教材。1997～2005年，市政协先后编印《高邮文史资料》第十五至十八辑。

二、人物类

1990年、1993年，市政协文史资料委员会以《高邮文史资料》第十辑、第十二辑，分别编印成《高邮当代人物》《高邮当代人物（续辑）》，共收载243名高邮籍在外成功人士的简介及其主要业绩，并编印人物专辑第七辑《徐平羽专辑》、第十四辑《一代宗师孙云铸》。1995年3月，由王鹤主编，是年第一期《扬州史志》内部印行《高邮市古代人物专刊》，选载清代及清代以前高邮籍人士528人、非高邮籍在高邮有“宦迹”官员117人。

三、古遗址类

1995年、1996年、1998年，由姜文定主编，先后编印《古盂城驿》《古文游台》《龙虬庄遗址》等3部古遗址系列书籍，均为内部印行。1999年9月，由南京博物院考古研究所、龙虬庄遗址考古队队长张敏主编、科学出版社出版《龙虬庄——江淮东部新石器时代遗址发掘报告》，获国家“九五”社会科学研究基金和省“333跨世纪学术、技术带头人培养工程”资助。

四、语言、风俗、诗词类

1989年，杨杰编印《高邮风俗》，收入县内经济、生活、文体、仪礼、节庆、宗教、家族等方面传统习俗，为内部印行。2004～2005年，朱延庆先后编著成《江淮方言趣谈》《江淮方言趣话》，收入方言词215个，分别由南京出版社和大众文艺出版社出版，获省地方志系统优秀成果评选地情书类特等奖。2005年11月，王鹤编辑完成《古代诗词咏高邮》，收入隋唐至清代近千名古代诗人所咏高邮的诗、词、曲、赋4000多首，于次年1月由广陵书社出版。

第九章　体　育

1986年，县政府设有县体育运动委员会（简称体委）。1992年，高邮市被国家体育运动委员会表彰为全国体育先进县。2001年12月，市体委更名为市体育局，下设办公室、群众体育科、竞赛训练科、体育馆（场）、业余体校、体彩管理中心。全市先后成立单项体育运动协会14个。至2005年，活动较为正常的协会有9个、体育俱乐部1个，即武术协会、围棋协会、老年人体育协会、象棋协会、乒乓球协会、信鸽协会、门球协会、农民体育协会、冬泳协会、青少年体育俱乐部。因长期活动不正常而自行解散的协会有4个，即田径协会、毽球协会、钓鱼协会、桥牌协会。

第一节　体育设施

一、市体育馆

位于城区高公桥路13号。1986年11月，该馆经过近两年的方案设计审批和筹资，于体育场原露天篮球场旧址上破土动工。因后续资金不能及时到位，工程时停时续。至1992年10月，该馆落成。全馆占地2123平方米，主体结构为现浇钢筋混凝土框架，屋架为焊接球正方四角锥钢架。馆内比赛大厅场地长37.8米、宽22米、净高12.51米。观众厅两边对称设置固定座席1674个，比赛大厅内设活动座位600个。至2005年，未有变化。

图28–7　1992年10月建成的高邮体育馆

二、市体育场

位于市体育馆西侧。1986年，县体委投入资金，将简易田径场草地跑道翻建成400米半圆式标准田径场。田径场半径36米，有煤屑跑道8条，道宽1.22米。场内设置跳高、跳远区各1个，铅球、铁饼、标枪投掷区各2个，长105米、宽65米标准足球场1个。地下供、排水系统齐全，周边设有钢管护栏，主席台主台面160平方米。至2005年，该场继续使用。

三、市游泳池

位于市体育馆南侧。1996年3月，建成该池。成人标准池长50米、宽21米，赛时为8条泳道，配有现代循环净水装置。一侧为男、女淋浴室和更衣房，房顶为五级看台，能容观众300人。训练短池长25米、宽16米，平时向儿童开放。至2005年，该池继续使用。

四、全民健身点

2000年，由省、扬州市、高邮市三级体委在体育彩票公益金中捐出5万元，在南海新村建成全市首个全民健身点。该点安装成人、儿童健身器材各1套、16件，铺设鹅卵石健身路径1条。此后，每年投入，陆续建设。至2005年，全市20个乡镇和高邮经济开发区都建有全民健身点，共34个；高邮镇建成全民健身工程。均为中国体育彩票中心捐建。

五、学校体育设施

80年代，县内学校体育设施较为简陋，体育课普遍存在着“一堂课两只球，老师学生都自由”的现象。1990年5月，县文教局和县体委分别设立体育卫生办公室与学校体育科，并制定《学校体育工作评估办法》，全县学校体育工作逐步有新的起色。1992年起，初中生升学考试加试体育。1998年后，体育考试分记入文化考试总分，学校体育得到进一步加强，学校体育投入也逐步加大。至2005年，全市学校体育场地、设施等条件得到较大改善。高邮中学、市第一中学、三垛中学、临泽中学、甸垛中学、菱塘职中等学校，建成400米标准田径场和草皮足球场；半数以上的集镇初中和三分之一以上的小学按合格学校的验收标准，建成200米或300米的煤渣田径场和小足球场；绝大多数学校按照“合格学校”要求，配置相应种类和数量的体育器材。

六、企事业单位体育设施

90年代后期，条件较好的企事业单位陆续投资兴办体育设施，其中城区规模较大的有市水泵厂露天游泳池、华联商厦温水游泳池、华威装饰材料厂室内溜冰场和桌球城、港龙有限公司保龄球馆等。至2005年，因经营体制变化等原因，全市企事业单位创办的体育设施基本关闭。

第二节 群众体育

一、市运动会

1986～2005年，市运动会仅举办一次，即1999年7～9月，由市政府主办，市体委、市委农工部、市总工会、市教委等部门联合举办新中国成立以后规模最大的市第二届运动会。运动会设有3个部，职工部以系统和直属工会组团参赛，乡镇部（含乡镇中小学生）以乡镇组团参赛，市直学校部以市直学校组团参赛。共有65个代表团3000多名运动员参加19个大项目比赛。7月24日，举行开幕式，17个部门单位和社会团体的1700多人参加大型文艺表演“奔向新世纪”。运动会前后历时两个月，至9月27日结束。教育系统、轻纺系统、电子系统取得职工部团体总分前三名，高邮镇、川青镇、送桥镇取得乡镇部团体总分前三名，高邮市中学、菱塘职中、市职中取得市直学校部团体总分前三名。

二、职工体育

1986年，县体委、县总工会、县级机关党委等部门联合举办县第五届职工运动会。1988年、1990年、1997年，又先后举办市（县）第六届、第七届、第八届职工运动会。全市职工体育活动一直比较活跃，并随着群众体育运动的发展，不断增加新的活动项目。由市体委牵头组织的有关体育比赛逐步形成制度，篮球、乒乓球、象棋、围棋比赛每年举办一次，足球、羽毛球、桥牌、拔河、广播操、健美操、门球等项目比赛不定期举行。工、青、妇等社会团体和市级机关党委、市教育局（委）等系统不定期地组织赛事。市水泵厂、市化肥厂、市电机厂等企业先后举办篮球、乒乓球、桌球、象棋、围棋、广播操等项目比赛。

三、农民体育活动

图 28-8　菱塘回族乡农民体育运动会负重赛跑现场

80年代，八桥乡、菱塘回族乡先后在全县率先举办乡农民运动会。1990年，湖滨乡举办首届渔民水上运动会，设龙舟、螃蟹舟、机动船、一支篙、水上拔河、水上射击等6个比赛项目，有15支代表队675名运动员参与比赛。1991年，市农民体育协会成立。1992年，各乡镇开展创建体育先进乡镇达标工作，加大群众体育投入，完善镇村公共体育设施，加强乡镇晨晚健身点建设，普及拳操功舞。1997年，4个乡镇举办农民运动会，其中临泽、甸垛两镇举办首届镇农民运动会、菱塘回族乡举办第九届乡农民运动会、湖滨乡举办第五届渔民水上运动会。1999年，全市11个乡镇举办乡镇农民运动会。进入21世纪，各乡镇普遍举办乡镇农民运动会。部分乡镇还经常举办篮球、乒乓球、拔河、自行车慢骑、象棋等单项比赛。2005年11月，8个乡镇被表彰为扬州市“八个一”（建立一个健身组织网络、每年举办一次健身周活动、建设一个全民健身工程点、建设一批晨晚锻炼健身点、建设一支社会体育指导员队伍、建立一个国民体质测定站、每年举办一次科学健身系列讲座、形成一个特色体育项目）体育工程合格乡镇。至是年，各乡镇均创建成扬州市群众体育先进乡镇，其中13个乡镇创建成省群众体育先进乡镇。

四、老年人体育

1986年起，县内老年人体育健身活动逐步兴起，普遍从晨练开始，坚持慢跑步、打拳、打门球、练气功等锻炼活动。1987年8月，市老年人体育协会成立，并举办县首届老年体育运动会，有16支代表队150多名运动员参加，其中年龄最大的77岁。1988年，首次开展“健康老人”评选活动。1989年、1992年、1994年，先后举办第二届、第三届、第四届市（县）老年体育运动会。此后，参加体育锻炼的老年人不断增加，新增的老年体育热门项目有太极拳、太极剑、木兰剑、木兰扇、健美操、健美舞、老年迪斯科、抖空竹、冬泳等。1997年起，由市老干部局、市人事局、市劳动局、市民政局、市体委、市总工会等6部门牵头，于每年的重阳节举办市老年门球赛。至2005年，共举办9届市老年门球赛。

五、残疾人体育

90年代，市儿童福利院、市聋哑学校开展一些适合残疾青少年特点的体育活动，并选拔运动员参加省、市比赛活动。1999年，市残疾人运动员沈新全、高盲在省第五届残运会上分别获举重、柔道银牌。2000年11月，首次举办全市残疾人运动会，全市7家福利单位66名运动员分别参加乒乓球、中国象棋、铅球、立定跳远、400米手摇车等5项比赛，市儿童福利院代表队获团体总分第一名。2001年10月，在扬州市首届残运会上，高邮市有41名选手参加，获金牌13枚、银牌12枚、铜牌9枚，列团体总分第四名。2002年，6名市残疾人运动员参加省第六届残运会柔道、举重、田径等项目比赛，获金牌2枚、银牌2枚、铜牌1枚。

六、元旦长跑

90年代中期起，市委、市政府恢复每年的元旦万人长跑活动，参加对象主要为机关干部、驻城职工和中小学生，跑程约5000米，采用走、跑交替的方法完成全程。1999年元旦，举办“健康迈向新世纪长跑活动”，参与者1万多人。至2005年，每年均有上万人参与元旦长跑活动。

七、全民健身

80年代后期起，县内每年举办一次“体育活动月”或“全民健身宣传周”，组织不同人群体育健身活动的大演练、大展示，一般有数千人参加。1989年9月，举办迎国庆40周年“金秋体育活动月”。1992年，举办纪念毛泽东《发展体育运动，增强人民体质》题词发表40周年“体育活动月”。1998年，举办“全民健身宣传周”，有七八千人参与活动。2004年，在全省开展的创建“人人健康家家乐”健身家庭活动中，居道雄等10户家庭被省体育局表彰为省健康家庭。2005年，举办“全民健身节”，参与人数1万多人。

第三节　学校体育

一、幼儿体育

90年代起，市内幼儿园按照国家教育委员会《幼儿园管理条例》和《幼儿园工作规程》，逐步改善幼儿体育滞后的状况。市南海艺术幼儿园、扬州教育学院附属实验幼儿园、机关幼儿园、高邮实验小学幼儿园等幼儿体育活动开展得有声有色，老师们自编自导的“铃鼓舞”“韵律操”“棍棒操”“徒手操”等深受幼儿喜爱。扬州教育学院附属实验幼儿园每年举办一次全园幼儿参加的“团体操会演”，每学期举办一次“亲子运动会”。1990年开始，全市幼儿运动会每1～2年举办一次，每次参赛幼儿1000人以上。至2005年，市幼儿运动会共举办11届。

二、中小学体育

1983年起，全县中小学实施《国家体育锻炼标准》。1986年起，各乡镇文教办和县属中小学相继成立体育教研站（组），形成学校体育三级教研网络。各中小学坚持“两课两操三活动”（每周两节体育课、每天做广播体操和眼保健操、每周安排三次课外体育活动课）。高邮县中学、县第一中学、城北中学、三垛中学、临泽中学等条件较好的中学实行“体育课男、女学生分组教学”。驻城中小学和乡镇初中、中心小学建有篮球队、排球队、足球队、乒乓球队，全县每年举行一次球类比赛，每所学校任选两项训练、参赛，报名情况和参赛成绩列入各学校体育工作评估内容。1990年开始，各学校施行国务院批准颁布的新的《国家体育锻炼标准》，在正常开展学校体育工作的同时，注重特色项目训练。高邮市中学女子篮球队多次在扬州市组织的比赛中获得冠军；市第一中学竞走、城北中学毽球队多次代表江苏省参加全国性比赛；平胜乡中心初中男子排球队在省中学生“梅园杯”排球比赛中获得第六名；市实验小学、城北小学乒乓球队多次在扬州市比赛中获得冠军；菱塘回族乡回民小学棒球队在全国少年棒球比赛中获第八名，还多次与日本东京都少年棒球队互访比赛；龙虬镇中心小学足球队在扬州市小学生足球比赛中获得第一名。2004年，在全国中学生毽球锦标赛中，市南海中学毽球队获男子团体第二名。2005年，全市中小学生运动员在省体育比赛中，获金牌4枚、银牌2枚、铜牌1枚。

三、中小学生田径运动会

80年代，全县每年春季举办一次中小学生田径运动会。1991年后，改为每两年秋季举办一次。1996年，为纪念《中华人民共和国教育法》和《中华人民共和国体育法》颁布一周年，市政府举办规模较大的全市中小学生田径运动会，5000人参加开幕仪式，57支代表队参赛。此后至2005年，每年秋季（一般在10月）举行一次中小学生田径运动会。参赛对象为城区和各乡镇中小学校学生，城区学校以校组队，农村中小学以乡镇组队，每次参赛运动员、教练员和裁判员总人数一般在500人左右。

第四节 竞赛训练

一、市少年儿童业余体校

该校设于市体育馆内。1986年，全校设有田径、乒乓球、武术、竞走、毽球等5个班。1988年，实行教练员聘任制。1992年，市少年儿童业余体校被省体育运动委员会表彰为省业余训练工作先进集体，被扬州市政府授予"扬州市文明单位"称号。1993年，增设举重和羽毛球两个项目班，共7个班。全校在训运动员100人，有专兼职教练员10人。1995年后，走校体结合之路，将竞走、毽球两个项目移交给有关学校自主训练，由该校教练负责辅导。2000～2005年，该校在重点开展乒乓球、武术、举重等3个项目班训练的同时，引进国际OP级少儿帆船训练项目。

二、训练与竞赛

1986年起，县体委以训练工作为中心，以提高竞技水平和培养后备人才为重点，实施"金牌战略"。高邮女子毽球队在省第十一届运动会中获冠军，在全国第二届毽球锦标赛中获第三名。竞走项目在省田径大赛中也从第47名提升到第15名。1993年，专兼职教练员开展与城乡学校共建基层训练点活动。至2000年，坚持长年系统训练和设有项目基层训练点的学校有高邮市中学、市第一中学、市实验小学、城北中学、城北小学、菱塘中心小学、龙虬中心小学、天山中心初中、天山中心小学、平胜中心初中、二沟中心初中等。新增的青少年帆船（OP）项目经过几年训练，先后取得省青少年帆船（OP）甲组第一名、乙组第二名。2004年，在扬州市第十届运动会上，全市有169名运动员参赛，共获金牌23.5枚、银牌23枚、铜牌19枚，金牌数和总分分别列扬州市各县（市、区）第三名和第二名。2005年，全市运动员在省各项体育比赛中，共获金牌4枚、银牌2枚、铜牌1枚，为获省金牌数最多年份。

图28-9 在高邮举行的1992年"秦邮杯"全国毽球锦标赛

三、青少年象棋、围棋民间培训班

90年代，市内出现青少年学象棋、学围棋热，并引发民间办班培训热。在相对集中的城区玉带河北岸和菊花巷一带，规模较大私人开办的象棋、围棋培训班有11家。人数多的有六七十人，设有初级班、中级班、高级班；人数少的亦有二三十人，不分班；寒暑假和双休日时参加培训的青少年尤其多。教练一般持有体育部门核发的段级证书。2001年，蔡勇、乐勇在中国棋院主办的"春晓杯"围棋比赛中，分别获"业余5段"、"业余4段"称号，蔡勇为全市首位由中国棋院颁发证书的最高段位棋手；5岁女童方晨在扬州市"建行棋协杯"围棋比赛中，获定段组B组第五名，成为全市年龄最小的业余初段棋手。2005年，在由市总工会、市体育局、市中国象棋协会举办的中国象棋定级比赛中，有8名参赛青少年获省棋院颁发的中国象棋手业余等级称号。

第五节 体育人才

一、运动员

1986～2005年，全市共有运动健将、大师和一级运动员41人。其中，经国家体育运动委员会批准的运动健将4人、大师1人，即国际级运动健将董吉敏（竞走），运动健将李长山（篮球）、毛武扬（排球，女）、尹冬（赛艇），大师陆兆阳（中国象棋）；经省体育运动委员会审批的一级运动员36人，即竞走项目运动员袁翔（女）、王慧玲（女）、王才香（女）、牛永萍（女）、练恒琴（女）、刘定妹（女）、刘琴（女）、黎恒洪、王俊峰、陆建铭，毽球项目运动员仲娟（女）、薛毅（女）、蔡金玉（女）、王秋梅（女）、龙其娟（女）、郑月红（女）、陈敏（女）、张桂明（女）、袁仁英（女）、张莉（女）、杨丽丽（女）、陆志玉（女）、袁小玲（女）、周健、唐小松、吴流海、王卫、李胜友、汪阳、孙志鹏、李学明、张兵、司亚光，400米跑项目运动员张军，举重项目运动员李广斌、高建萍（女）。

二、教练员

1986～2005年，全市共有高级教练员和一级教练员8人。其中，经省技术职称改革办公室审批的高级教练员1人，即杨政（田径）；经扬州市技术职称改革办公室审批的一级教练员7人，即丁小泉（乒乓球）、陆翔（乒乓球）、张寿山（武术）、卞志毅（毽球）、陆学仁（毽球）、王建新（田径，女）、潘俊（田径）。

三、裁判员

1986～2005年，全市共有国家级裁判员和一级裁判员15人。其中，经国家体育运动委员会考核批准的国家级裁判员2人，即杨政（田径）、张寿山（武术）；经省体育运动委员会考核批准的一级裁判员13人，即倪宏谷（田径）、田开象（田径）、郑文澍（田径）、陆翔（乒乓球）、孙友发（篮球）、张笑莉（乒乓球，女）、卞志毅（毽球）、张宁（武术）、李宇宙（门球）、马驯（门球）、姚志年（门球）、徐庆明（门球，女）、苏桂龙（门球）。

四、体育人才输送

1986～2005年，全市向省少年体校、省体工队、八一体工队和体育高校输送优秀运动员、后备人才和优秀学员共7人，即中国男篮中锋李长山、中国女排二传手毛武扬（女）、国家竞走队队员董吉敏、国家击剑队队员朱俊、江苏赛艇队主力队员尹冬、八一划船队队员徐文胜、南京军区乒乓球队队员张笑莉（女）等。其中，国家击剑队男子花剑运动员朱俊，于2001年在波兰举行的世界青少年击剑锦标赛中，获男子花剑个人季军。2002年，被选入国家击剑队。2003年，在意大利举行的世界青少年击剑锦标赛上，跻身男子花剑个人前八名。2004年，在保加利亚举行的世界青年击剑锦标赛中，获男子花剑个人冠军。2005年，在意大利举行的第十八届“威尼斯城杯”男子花剑世界杯A级决赛中，获亚军。

第二十九篇

龙虬庄文化　邮文化

要　目

70年代，在一沟乡（1996年7月，更名为龙虬镇）发现新石器时代龙虬庄遗址。80年代，在城区南门大街发现明盂城驿建筑群。90年代，通过对龙虬庄遗址的4次考古发掘，获得许多重大发现，龙虬庄文化被确认。同时，通过对盂城驿实施两期修复工程，基本恢复明代古驿站及周边环境的原来面貌，为高邮源远流长的邮文化提供宝贵的实物佐证。1996年、2001年，盂城驿、龙虬庄遗址先后被国务院公布为全国重点文物保护单位。至2005年，市委、市政府围绕保护、开发、利用古遗址、古建筑群，做大、做强高邮的两大特色古文化——龙虬庄文化与邮文化，先后举办系列文化活动，使其不断提升在全国的影响力。

第一章　龙虬庄文化

70年代，龙虬庄遗址被发现。1993年，经国家文物局批准，对龙虬庄遗址进行考古发掘，龙虬庄遗址被国家文物局公布为该年度全国十大考古新发现之一。1995年2月，市政府与省文化厅、南京博物院、扬州市文化局联合召开新闻发布会，确认该遗址为新石器时代江淮东部地区中心聚落遗址，并获得重大考古新发现。1995年4月，龙虬庄遗址被省政府公布为省文物保护单位（第四批）。1997年9月，市政府与省文化厅、南京博物院在高邮举办高邮龙虬庄遗址暨江淮地区古文化研讨会，确认该地距今7000～5000年间存在一支文化风格独特、文化特征稳定、文化序列完整的原始文化——龙虬庄文化。2001年6月，龙虬庄遗址被国务院公布为全国重点文物保护单位（第五批）。2004年5月，龙虬庄遗址博物馆第一期工程竣工并对外开放。2005年，开始规划该馆第二期工程建设。

第一节　龙虬庄遗址发现和发掘

一、龙虬庄遗址发现

1970年，一沟乡村民在龙虬庄村北边农田开挖鱼塘时，挖出许多陶器残片和动物骨骼。是年2月下旬一天雨后，被下放在该地的南京博物院考古工作者张正祥发现，遂向南京博物院汇报。1974年，南京博物院委派考古专家纪仲庆、邹厚本等到该地考察调查并采集标本。经对标本测定和研究，初步认定该地为江淮史前文化遗址。1991年起，南京博物院考古研究所、扬州市博物馆、市文物管理委员会多次派人到该地开展考古调查，并进行钻探布方、遗址测绘，为遗址发掘做准备。

该遗址位于龙虬镇北首，北纬32° 50′、东经119° 30′，海拔2.4米。遗址平面呈长方形，东西长240米、南北宽180米，总面积4.32公顷。遗址西邻澄潼河，环绕遗址的小河向南、向西、向北分别与北澄子河、澄潼河、东平河相沟通。70年代前后，在进行农田改造时，遗址东边的河道被裁弯取直，西边的河道上被修筑一条土路与邮兴（高邮—兴化）公路支线相连接，遗址基本保留四周环水的原始面貌特征。遗址地面平坦，南半部为自然村庄龙虬庄，南部遗存被压在高出地面的1～3米的庄台下；北半部为农田，北部遗存分布在农田地表以下0.4～2米的土层内。至1993年遗址发掘前，除中部农田开挖有东西走向渠道和东部边缘河道穿过遗址外，整个遗址保存基本完好。

二、龙虬庄遗址发掘

1993年初，经国家文物局批准，由南京博物院考古研究所、扬州市博物馆、市文物管理委员会联合组成龙虬庄遗址考古队（简称考古队），对龙虬庄遗址开展考古发掘。

1993年4月5日，考古队对龙虬庄遗址开展首次发掘。至6月15日结束，共挖掘探方21个，发掘面积510平方米。此次发掘，发现遗址中部文化层堆积丰富，一般有5个新石器时代文化层，离地表约1.8～2米；北部文化层堆积较少，一般只有一两个新石器时代文化层。

1993年10月20日，考古队对龙虬庄遗址开展第二次发掘。至1994年1月20日结束，共挖掘探方26个，发掘面积650平方米。此次发掘，主要对遗址墓地的北半部分进行清理，清理出墓葬345座，基本掌握遗址墓葬分布范围，确定3个新石器时代文化层墓葬分布年代为距今6300～5500年。

1994年3月5日，考古队对龙虬庄遗址开展第三次发掘。至4月1日结束，挖掘探方1个，发掘面积25平方米。此次发掘，发现地层中分布有炭化稻，在4个新石器时代文化层均存有数量不等的炭化稻米，对探方土壤中的炭化稻进行淘洗筛选，共有5000多粒。并发现有房屋柱基。

1995年11月21日，考古队对龙虬庄遗址开展第四次发掘。至12月15日结束，共挖掘探方6个，发掘面积150平方米。此次发掘，清理出墓葬57座。

第二节　龙虬庄遗址发掘成果

1993～1995年，经过考古队对龙虬庄遗址先后4次发掘，共挖掘探方54个，发掘面积1335平方米。通过发掘，认定遗址存有居住区、墓葬区、生产活动区等3个基本布区，清理出新石器时代先民们的居住遗迹4处、灰坑34个、墓葬402座，出土陶器、玉石器、骨角器等各类文物2000多件，采集大量古人骨和动物骨骼标本，其中炭化稻米、刻文陶片和精巧工艺品尤为珍贵。该发掘成果被国家文物局评为1993年全国十大考古新发现之一。

一、遗址布区认定及其特征

1993～1995年，通过对龙虬庄遗址考古发掘，认定遗址东南部为居住区，遗址中部偏西直至南边小河为墓葬区，遗址西部和北部为生产活动区。

在居住区内，从清理的4处建筑遗迹认定，有干阑式建筑和地面建筑。居住建筑具有较明显的特征，即建房用狗奠基；房屋形状为方形或长方形；房屋结构有单开间和多开间之分；墙体下部多为夯实的硬土墙，上部为用植物茎秆纵向编排抹上草、泥后的烧土墙；房柱立置方式，或将木柱直夯入土中，或先挖坑，垫上碎陶片或烧成土块后，再将木柱置于坑中，用土填实；房内地面，有的铺以细粉砂，有的铺以碎蚌壳，并留有近似圆形的烧土面。

在墓葬区内，发掘面积为墓地总面积近三分之一，共清理出墓葬402座，出土古人骨497具。3个新石器时代从下到上文化层的墓葬古人骨分别为35具、140具、322具，3个新石器时代文化层墓葬古人骨的比例为1∶4∶9.2。

在生产活动区内，发现大量最具水乡地域特征的养殖坑，其形状有呈阶梯形底的，有呈斜坡底的，有直壁平底和圆底的。还有多处煮、烤食物用的烧火坑和数量不多的放置陶容器用的圆形坑。

二、叠压墓葬

1993年10月、1995年11月，考古人员先后在第二次和第四次对龙虬庄遗址的考古发掘中，共发掘出普遍叠压的古墓葬402座。其中，单人墓葬340座，多人合葬47座，二次葬15座；头东脚西葬395座，头西脚东葬5座，头南脚北葬、头北脚南葬各1座；仰身直肢葬319座，侧身直肢葬、侧身屈肢葬、俯身直肢葬83座。在单人一次墓葬中，无头墓葬72座。出土古人骨497具，基本保存完好。经测定，男性占59.8%、女性占40.2%，男女性别比1.5∶1；小于18岁的占9.8%，大于45岁的占2.5%，占总数87.7%的死亡人口年龄在18～45岁之间，平均寿命25.73岁。经测算，男性平均身高167.4厘米，女性平均身高154厘米。一般墓葬有随葬品1～4件，最多的有30多件，亦有墓葬无随葬品的。随葬品多为底部凿有小孔的红陶钵、红陶碗、红陶豆。红陶钵扣于死者头顶，红陶碗、红陶豆扣于死者面部。随葬品还有各种装饰品和器具，笄置于死者头部，璜挂在颈部，镞多放手部，斧多现于腰部。墓葬中还有猪下颌骨和狗头骨，个别墓以狗殉葬。专家称，保存完好的众多墓葬是研究和认定新石器时代龙虬庄文化最重要的特征之一。

三、刻文陶片与刻画麋鹿角

1993年，考古人员在龙虬庄遗址东部河边剖面上，采集到一片泥质磨光黑陶盆口沿残片，呈不规则长方形，其内壁上有8个刻画符号，纵向两行，每行4个符号。左行4个符号类似甲骨文，右行4个符号类似动物图形，其义不解。经测定，该陶片距今4000年左右。香港中文大学教授饶宗颐称，该陶片"可看作揭示图、文并茂的古代记录之一例，足见它的重要性"。南京博物院专家称，该陶片"在中国首次发现，仅此一块"，系"国宝级陶片"，为"讨论中国文字的起源和发展提供了新的佐证"。陶片今藏于南京博物院，其陶文拓片被收入《中国上古书法史》。考古人员还采集到一根残麋鹿角，上有若干组刻画符号，每组刻画3～6道平行线，线条整齐划一，被专家称为"古代记录数据符号"。

四、炭化稻米

1994年，龙虬庄遗址出土的炭化稻米颗粒完整、颖尖无芒，有的还连着枝梗，处下层的炭化稻米颗粒较小，处上层的炭化稻米颗粒较大。经省农业科学院鉴定和分析，出土炭化稻米均为人工栽培粳稻，处文化堆积层上层的炭化稻米与现代栽培粳稻相似。专家称，"龙虬庄遗址炭化稻米的发现，揭示江淮东部栽培稻从初级阶段向大粒化演变的全过程，并将我国史前的水稻栽培区域从长江以南划到淮河以南，这在全国考古工作中尚属首次，是一个重大发现"。

五、出土文物

龙虬庄遗址4次考古发掘，出土新石器时代生产工具、生活用品和装饰工艺品等三大类文物2000多件，按质地可分为陶器、骨角器、玉石器。其中，陶器1004件，器形主要有釜、鼎、盉、钵、豆、匜、盂、罐、盆、碗、壶、杯、器盖等，器质有夹砂灰陶、泥质灰陶、泥质红陶、泥质黑陶和彩陶。陶器中以猪形陶壶制作最为精巧、玲珑可爱，尤以面部表情多姿多彩被考古专家称绝。骨角器491件，主要有镐、叉、镞、镖、针、锥、勺、柶、箸、凿、匕首等。骨角器中角锄、角叉最为罕见，骨匕造型别致。其他为玉石器，玉器器形主要有璜、坠、管、玦、坠、环、指环等，石器主要有斧、锛、刀、锄、球、砺石、纺轮等。考古专家称，龙虬庄遗址"出土数量繁多、磨制非常精巧的骨角器正是龙虬庄遗址文化面貌独具的特色之一"。

第三节 龙虬庄遗址保护与开发

一、龙虬庄遗址保护利用规划

2001年4月，市政府委托省文物管理委员会编制《龙虬庄遗址保护和利用总体规划》。8月，该规划完成并通过批准，付诸实施。根据规划，龙虬庄遗址保护利用范围分为三个部分。第一部分，龙虬庄遗址本体，共4.32公顷，为绝对保护区，主要以保护古遗址、展示各种遗址现象（墓葬发掘现场、生活场景）、恢复保护区原始环境风貌为主。第二部分，遗址以西、澄营（北澄子河—营南）公路以东约3公顷的区域，为文物展示区。第三部分，遗址以北约9公顷的区域，为控制地带区。整个规划分两步实施，近期目标是在文物展示区建成龙虬庄遗址博物馆，远期目标是在控制地带区建成龙虬庄遗址公园。

二、龙虬庄遗址博物馆

2001年，市政府在龙虬庄遗址被国务院公布为全国重点文物保护单位以后，根据《龙虬庄遗址保护和利用总体规划》中的近期目标，申报建设龙虬庄遗址博物馆项目。2002年3月，全国人大、全国政协召开“两会”期间，35名全国人大代表为龙虬庄遗址及博物馆建设问题提出专项议案。会后，国家发展计划委员会将其列为酝酿支持项目。是年，该项目相继获得扬州市、江苏省立项，并被国家文物局列入国家文物抢救计划，总投资1000万元。该馆占地2公顷，由浙江省古建筑设计研究院规划设计。12月16日，第一期工程（部落村）动工，在国家文物局原副局长、专家组组长黄景略指导下组织实施，投资180万元。至2004年5月1日，该期工程完工，并对外开放。该博物馆设有入口牌坊、祭祀广场、原始村落展示区、文物陈列区等4个部分。入口牌坊除两边柱子下为方形石础外，其他全部为原木板拼接而成，顶部为“X”形造型。祭祀广场为狩猎雕塑、象形文字雕塑、海龟雕塑等组雕和表现先民祈求天地、庆祝丰收等原始宗教活动场景。原始村落区置有泥墙草舍、雕塑小品、古柏苍虬、绿茵草地等，展示新石器时代龙虬庄先民们简陋、粗糙、原始的生产和生活场景。文物陈列区陈列部分龙虬庄遗址出土文物实物。至2005年，该馆接待中外游客5万多人次，并着手第二期工程规划。

第四节　龙虬庄文化研究

一、龙虬庄遗址考古研究文论

1993年9月、1994年2月，由国家文物局主办的《中国文物报》先后发表龙虬庄遗址考古队队长张敏两篇文章《高邮龙虬庄遗址发掘获重大成果》《龙虬庄遗址发掘再获重大成果》，报道龙虬庄遗址发掘的基本动态，阐述龙虬庄遗址发掘在江淮古文化认定中的意义和地位。1996年9月，由江西省社会科学院、中国农业博物馆主办的《农业考古》杂志刊出张敏等人撰写的《江淮东部的原始稻作农业及相关问题讨论》，提出江淮东部稻作农业起源于龙虬庄的观点。

1999年，南京博物院主办的《东南文化》杂志第三期发表《淮河下游新石器时代的绚丽画卷——龙虬庄遗址与江淮地区古文化学术座谈会专家发言纪要》一文。该文认为，龙虬庄遗址出土的文化遗存非常丰富，而且具有鲜明的个性，特别是陶器中高圈足器、异型器、内彩陶器以及骨角器等都相当发达，具有较强的地域特征。由这些遗存所表达出来的文化面貌，既有别于淮北地区的北辛文化和大汶口文化，也有别于江淮中部的侯家寨文化，更有别于长江以南的马家浜文化和崧泽文化，它有自己的来源、特征和发展过程。特别是龙虬庄遗址第二期发掘成果自身特色明显，独立性很强，作为江淮东部地区的代表，可以定名为龙虬庄文化。

是年9月，由龙虬庄遗址考古队编著、科学出版社出版的《龙虬庄——江淮东部新石器时代遗址发掘报告》一书，从考古学、人类学、环境科学、生物学、农学等诸多方面，重点阐述介于海岱文化区与太湖文化区之间江淮东部的龙虬庄遗址文化性质、年代、渊源、与周边地区原始文化关系、古环境变迁和稻作农业在江淮东部衍化与发展等情况，综合性地反映龙虬庄文化的面貌、特征、个性与考古价值。

2004年1月，市文化局姜文定编著《龙虬庄探秘100问》。该书从“龙虬庄遗址发掘有什么意义？”“为什么说独特的龙虬骨角器是先进的？”“龙虬庄遗址炭化稻的发现给人们哪些启示？”“龙虬庄遗址为何单独命名一个考古学文化？”等100个问题，以图文并茂的形式全面而具体地解读龙虬庄遗址的发掘情况及龙虬庄文化。

二、龙虬庄遗址暨江淮地区文化研讨会

1997年9月，省文化厅、南京博物院、市政府在高邮联合举办高邮龙虬庄遗址暨江淮地区古文化

研讨会。出席此次研讨会的考古专家、学者和历史学家有:国务院考古领导小组副组长、国家文物局考古专家组组长黄景略,故宫博物院原院长、考古专家组成员张忠培,中国社会科学院考古研究所研究员高广仁,北京大学考古系教授张江凯,山东省文物考古研究所研究员郑笑梅,山东大学历史系主任、研究员栾丰实,河南省文物考古研究所研究员张居中,浙江、安徽、江苏等省市和日本的考古专家、历史学家,共26人。通过对遗址的实地考察和对出土文化遗存的观摩,专家、学者们从考古学、人类学、环境科学、地理学、地质学、生态学、生物学、农业学、艺术学等层面,对龙虬庄文化进行讨论和研究,认为该遗址文化特征稳定,文化序列完整,应为江淮东部地区的中心聚落遗址,其文化遗物群的典型性、丰富性、完整性、稳定性等均为江淮东部原始文化的代表。并一致确认,龙虬庄遗址是新石器时代早期的一处古村落遗址,是分布于大运河以东的江淮地区的一个新的古文化类型——龙虬庄文化。

第二章　邮文化

秦王政二十四年(前223),秦王嬴政在高邮“始筑台,置邮亭,故称秦邮”。秦始皇二年(前220),境内筑成驿道,水马驿道并行。因境域称高沙,设有高沙馆。约汉高帝六年(前201),广陵县北境置高邮县。唐代,设有高邮驿馆。宋代,始筑城,建驿站,称迎华驿。元代,称秦淮驿。明洪武六年(1373),设界首递运所和界首驿。洪武八年(1375),设盂城驿,并设有总铺、八里铺、王琴铺、露筋铺、柴庄铺、塘头铺、张家沟铺、井亭铺、唐湾铺、盖楼铺、第一沟铺、第二沟铺、王良沟铺、第三沟铺、官沟铺等中南北东15处急递铺(邮舍)。清光绪二十五年(1899),境内始设大清邮局。宣统三年(1911),界首驿、盂城驿被裁。此后,其址改为他用。1985年,盂城驿在文物普查中被发现。1993年,市政府启动盂城驿修缮工程。1995年4月,盂城驿被省政府公布为省文物保护单位(第四批)。1996年11月,盂城驿被国务院公布为全国重点文物保护单位(第四批)。2001年、2003年,盂城驿被先后授予“省邮政系统爱国主义教育基地”“全国邮政职工爱国主义教育基地”称号。至2005年,全市围绕盂城驿开发和利用,先后成立盂城驿研究会、建立邮驿博物馆,并组织召开国际邮驿学术研讨会、举办中国邮文化节、创建中国集邮之乡、发行特色邮票和邮品等一系列活动,弘扬高邮市独特的邮文化。

第一节　盂城驿

一、盂城驿发现

1985年,县政府组织开展第二次文物普查时,在县运输公司第二中队驻地(今南门大街馆驿巷内)发现盂城驿,主要遗存有驿站、驿舍、秦邮公馆、驿丞宅、马神祠、库房、监房、皇华厅石阶、馆驿巷、驿井、柳荫禅林、马饮塘、上马石等,占地1.6公顷。据清道光二十五年(1845)刻本嘉庆《高邮州志》载,“盂城驿在(高邮)南门外,明洪武八年(1375)开设。永乐元年(1403),知州王俊重修,正厅五间,后厅五间,库房三间,廊房十四间,神祠一间,马房二十间,前鼓楼三间,照壁牌楼一座。嘉靖三十六年(1557),毁于倭火。隆庆二年(1568),知州赵来亨重建,驿门三间,屏墙一座。驿北为驿丞宅一所,共房十二间。夫厂一所、六间,今并久废。驿马厂遂改设州署西偏矣”。“秦邮公馆一所,在驿旁,门楼一座,内正堂三间,后厅寝室三间,南北厢前后共八间,厨房三间,送礼房五间。隆庆三年(1569),知州赵来亨建。今久废。”“皇华厅在南门外盂城驿前、临运河堤,有屋三间,迎饯宾客。康熙五十七年(1718),知州张德盛重修。”驿东南还有马饮塘一座,专供驿马饮水。在鼎盛时期,盂城驿有厅房100

多间，驿马130匹，驿船18条，马夫、水夫200多人，下辖15处急递铺。被称之为“地当广陵、涟水交衢，两京通津。郡国之输将，华裔之朝贡，使节之巡行，咸取道焉”的水马大驿。据专家考证，该驿是京杭大运河驿道上重要的古水马驿站，也是全国保存最完好、规模最宏大的古代驿站建筑群。

二、盂城驿保护、修缮和利用规划

1985年、1988年、1992年，市政府先后3次聘请专家，制定《高邮市（县）历史文化名城保护规划》，将盂城驿保护和修缮作为重点规划内容列入其中。1993年8月，全国古建筑专家、省文物管理委员会委员、东南大学博士研究生导师、教授潘谷西受市政府聘请，主持盂城驿修复专项规划设计工作。是年9月，盂城驿修缮领导小组召开盂城驿规划修缮研讨会。10月，完成修缮总体规划图和第一期工程设计图。1999年，再次制定《高邮市历史文化名城保护规划》，继续将盂城驿修复作为重点规划内容列入其中。2005年，市政府在《高邮市历史文化名城保护规划纲要》中，进一步细化盂城驿保护与开发工作，并把此项工作纳入整个名城保护规划之中。

三、盂城驿修复第一期工程

1993年7月，市政府成立盂城驿修缮领导小组，副市长倪文才任组长。11月，市政府举行修复盂城驿暨兴建邮驿博物馆第一期工程开工典礼。翌年3月，市委常委会专题研究盂城驿修缮工作，并决定充实加强盂城驿修缮领导小组，由市委副书记戴有斌任组长，市委常委刘金鳌、副市长倪文才、市人大常委会副主任居云保、市政协副主席朱延庆任副组长，倪文才兼任办公室主任。在修缮中，全国人大常委会副委员长、邮电部首任部长朱学范为盂城驿门厅题写门楣“古盂城驿”；邮电部副部长刘平源题写馆牌“邮驿博物馆”；国家文物局局长张德勤考察并题词“文物古迹花千树，高邮独占一枝红”；中国文物学会会长罗哲文考察并题写“甘棠轩”；副省长张怀西考察并题词“古城春意浓，高邮前景美”。1995年4月，该驿被省政府公布为省文物保护单位。至是年末，首期修复工程竣工。

首期工程重点修复盂城驿主体部分。修复牌坊1座，照壁1座，门厅5间，正厅5间，后厅5间，厨房、库房、送礼房5间，廊房14间，礼宾轩3间，鼓楼3层，马神庙1座；建秦邮碑亭1座；设邮驿博物馆1座；修建具有明清建筑特色的南门大街1条。在修复过程中，工程技术人员和瓦木工匠遵照“修旧如旧”原则，处理受损建筑。在修复正厅和后厅时，严格保持明代建筑遗存的雕梁画栋、柱头纹饰、瓦当吻头、柱础石基等，充分保护反映明代民俗文化丰富内涵的柁梁木刻花纹。在复建鼓楼时，按照十字脊三重檐结构，楼高14.5米、底层为边长8.5米正方形规制进行施工。底层墙壁镶嵌有捐助纪念碑。新辟的第二、第三两进庭院区，建有水池1座、曲廊两条，庭院中鹅卵石铺路，栽花莳草。以仿古代计时方式，正中竖立日晷1座。第四进复建礼宾轩3间。第一、二进建有马神庙，内奉马王神位，庙前小院东侧象征性地建有马棚数间，西侧挺立1尊枣红色花岗石石马。第三、四进厅屋各3间，廊房完好，属清代建筑，辟为展览区。盂城驿门厅对面复建照壁1座。馆驿巷西入口复建牌楼1座，牌楼高8米、宽6.5米，为两柱三楼式结构。在首期工程修缮资金中，除邮电部、省邮电局等单位资助外，省政府给予专项补助修缮款10万元，各方和个人专项捐款20万元。

1996年2月，盂城驿对外开放。是年11月，盂城驿被国务院公布为全国重点文物保护单位。

四、盂城驿修复第二期工程

2001年，经国家文物局、国家邮政局批准，实施第二期修缮工程。是年9月，市委、市政府举行盂城驿修复第二期工程开工典礼。中华全国集邮联合会会长刘平源出席典礼，并为该期工程中兴建的邮文化陈列馆题写馆名匾额“邮文化馆”。是年，邮文化馆被国家邮政局授予“江苏省邮政系统爱国主义教育基地”牌匾。2002年5月，中共中央政治局委员、中国社会科学院院长、中国地方志指导小组组长李铁映偕夫人秦新华（父秦邦宪，中共早期重要领导人，为秦观后裔）游览文游台后，视察盂城驿，并题词两幅:“秦皇设驿通邮盂城兴,四贤游台论诗高邮名”“聚商贾于高邮,散文章于四方”。至是年11月,第二期修复工程竣工。主要修复的建筑物有秦邮公馆正厅(甘棠厅、西侧厅)5间,游廊15米,半亭和明代门厅各1座,清文学家蒲松龄纪念室和塑像各1座等。(注:清康熙十年,蒲松龄随同乡、好友、调任高邮州知州的孙蕙到高邮,为幕宾,兼管盂城驿驿务)。该期修复工程占地近600平方米,建筑和修复面积各120平方米。修复投资70万元。2003年,邮文化馆被国家邮政局授予“全国邮政职工爱国主义教育基地”称号。2005年,在原蒲松龄纪念室的基础上扩设蒲松龄陈列馆,并筹备盂城驿修复第三期工程。是年,全国政协副主席张思卿视察盂城驿。

第二节　中国邮文化节

1997年起,在邮电部、国家文物局和省、扬州市政府支持下,市委、市政府为弘扬邮文化,先后举办第一届、第二届、第三届中国邮文化节。以“邮”为媒,开展招商引资。至2005年,在3届邮文化节期间,共吸引国内外客商1829人,签订招商引资协议项目235项,累计投资总额56.34亿元,引进外资2.07亿美元、国内民资14.08亿元。

一、’97中国邮文化节(第一届)

1997年10月9～10日,由省政府、邮电部、国家文物局联合主办,市政府承办的’97中国邮文化节(第一届)在高邮举办。参加邮文化节的有第22届万国邮政联盟大会中国组委会副主席兼秘书长刘平源,省委常委、常务副省长季允石,省人大常委会副主任凌启鸿,省政协副主席周桑漪,国家文物局副局长马自树,民进中央常务副主席张怀西,省政府秘书长刘坚,邮电部文史中心主任陈建田,国家邮政总局局长盛名环,扬州市委书记吴冬华、市长施国兴等与来自海内外的3000名嘉宾,其中中外客商1139人。此次邮文化节期间举办的活动有:开幕式、龙虬庄遗址暨江淮地区古文化研讨会、邮文化节节旗传递、邮文化主题雕塑——《邮驿之路》揭幕、’97中国邮文化学术研讨会、合资合作项目和产学研项目协议签字仪式、秦邮碑亭揭幕暨盂城驿揭牌仪式、邮品系列活动、大型专场文艺《邮之魂》演出等。首届邮文化节期间,共签约招商引资项目65项,项目总投资额2.19亿元,引进外资65.88万美元、国内民资1.52亿元。

二、第二届中国邮文化节

2003年8月28日,由市政府举办的第二届中国邮文化节在高邮举办。此届邮文化节期间,先后举行的活动有:开幕式、个性化邮票小版张发行式、邮品精品展览会、邮品交易会、新闻发布会、重点投资项目集中开工仪式、商机说明会暨招商引资项目签约仪式、大型文艺晚会等。其间,中华全国集邮联合会理事会五届二次会议和第二十三届全国最佳邮票评选颁奖活动在高邮举行。中华全国集邮联合会顾问、原电子工业部部长钱敏即兴题词:“嘹亮歌声绕秦邮,盂城古驿放新光。苏中战友英勇史,前事不忘后人师。”在第二届邮文化节期间,共签约招商引资项目90项,项目总投资额23.1亿元,引进外资1.01亿美元、国内民资8.5亿元。

三、第三届中国邮文化节

2005年9月25～28日,由中华全国集邮联合会、扬州市政府主办,市委、市政府承办的第三届中国邮文化节在高邮举办。参加节庆活动的有全国政协副主席张怀西、全国人大外事委员会主任姜恩柱、世界华商联合会会长蒋一成、美国纽约华商总会副会长刘其达和省、市党政领导及部门负责人。应邀参加活动的中外客商405人,其中外商56人、港澳台商56人。在节庆活动期间,先后举行第二批全国青少年集邮示范基地授牌、《中华集邮人物风采录》首发式、全国精品邮票展、个性化邮票小版张发行仪式、邮票世界专题讲座、中国邮驿发展史研究暨第三届蒲松龄学术研讨会、打造东方邮都研讨会等邮事活动。在第三届邮文化节期间，共签约招商引资项目80项，项目总投资额31.05亿元，引进外资1.05亿美元、国内民资4.06亿元。

第三节 邮驿学术研究和邮事活动

一、邮驿文化国际学术研讨会

1995年8月，经中国社会科学院批准，由邮电部文史中心、中国社会科学院历史研究所、中国明史学会和市政府联合举办的'95邮驿文化国际学术研讨会在高邮召开。出席会议的74名专家学者，分别来自中国内地、中国香港、中国台湾和日本。会议共收到论文27篇。

会议先后由中国社会科学院教授、历史研究所研究员、中国明史学会执行副会长刘重日，邮电部文史中心负责人张忠恕，中国香港大学教授马楚坚，日本大阪大学教授滨岛敦俊，日本技术工程会社顾问武部建一，市政协副主席朱延庆主持。25名中外专家学者在会上研讨发言。他们对中国邮驿历史地位、功能特点及其发展规律进行探讨，着重对明代初期邮驿制度、急递铺、前期驿道夫役佥派方式、邮政管理的法律律令，特别是对高邮明代盂城驿结构功能、历史跨度、历史价值和开发前景等开展研究。

二、邮驿博物馆开展

1995年8月，邮电部在盂城驿举行中国邮驿博物馆开展仪式。仪式上，邮电部副部长刘平源等出席，邮电部文史中心主任陈建田授馆牌。该馆为全国第一家邮驿博物馆。全馆包括驿站所有古建筑、诸多陈设等涉邮古遗存、古文物和中国古代邮驿发展史展览。1999年，由国家文物局和中央电视台联合组成的摄制组到高邮，拍摄国庆五十周年献礼片——百集电视专题片《中国博物馆》中的第40集《邮驿博物馆》。

三、重建秦邮亭

1997年10月，重建后的秦邮亭落成。该亭位于城区馆驿巷西口小广场西南、大运河畔、运河堤东侧，由古建筑专家潘谷西设计。邮亭为四角重亭结构，青砖筒瓦，亭高10米。亭内竖立石碑一座，碑高4.5米，重8吨。碑身正面镌刻秦篆"秦邮亭"三字，背面是由朱延庆、吴伯颜、陈克猷撰文的《重建秦邮亭碑记》，由书法家熊百之书写。碑文曰："高邮置邮亭，远自秦代，距今二千余年矣。秦王嬴政二十四年（公元前二二三年），于兹地筑高台，建邮亭，故名高邮，亦称秦邮。汉武帝元狩五年（公元前一一八年）设高邮县。其后，或军，或路，或府，或州。而高邮之名，亘古及今，一脉传承。神州之大，以邮为市、县名者，唯高邮而已。'邮'实吾邑之根，发展之脉。惜年代绵邈，古亭湮没，欲凭吊者为之扼腕。高邮素称名区，人文荟萃，名胜锦粲。历代游客，把臂流连，歌咏挥毫，陶醉其间。欣逢盛世，政通人和，恢复古迹，以邮兴邮，赓续前贤，激励后人，爰于盂城驿西南三十余丈处，运河东堤脚下，重建斯亭，撰文勒石，俾传永远。高邮市人民政府立　一九九七年十月"。

四、首届邮文化节节旗传递

1997年10月4日，省政府、邮电部、国家文物局在北京举行邮文化节节旗第一站授旗仪式。由中国邮文化节组委会副主任委员、国家文物局副局长马自树主持，邮电部副部长刘立清将节旗授予北京市邮政管理局副局长胡仲之。随后节旗沿京杭大运河古驿道南下，于5、6、7、8日分别在天津市、河北省沧州市、山东省济南市、江苏省徐州市等4处完成途经站交接仪式。节旗所到之处，都举行声势浩大、体现各地邮文化特色的活动。

8日，历经1200千米行程、穿越30多个县市的’97中国邮文化节节旗抵达高邮市北界的子婴闸，界首镇3万名村民自发组成长2千米的队伍，迎送节旗。当节旗传送车驶入城郊和城区时，自发迎旗的市民多达10万多人。

9日，节旗在城区沿通湖路、中山路、府前街，进入接旗、升旗仪式会场——高邮市中学。数千名身着节日服装、手持鲜花的中小学生和数万名旁观市民夹道欢迎。接旗、升旗仪式由邮电部文史中心主任陈建田主持，邮文化节组委会主任委员、万国邮政联盟中国组委会副主席兼秘书长刘平源向扬州市市长施国兴授旗。8时许，伴随着邮文化节节歌，节旗在仪仗队的护卫下徐徐升起。会场置有庞大的吉祥物，为高邮麻鸭形象，身着绿色邮电服装，胸佩戴节徽，手持鲜花热情欢迎八方来客。1000多名中外嘉宾参加升旗仪式。邮文化节结束后，一面节旗存北京中国邮电博物馆，一面存高邮中国邮驿博物馆。

五、中国邮驿发展史研究暨全国第三届蒲松龄学术研讨会

2005年9月，全国蒲松龄学会、蒲松龄纪念馆、市文化局为纪念蒲松龄625周年诞辰，在高邮举行中国邮驿发展史研究暨全国第三届蒲松龄学术研讨会。该研讨会以蒲松龄在高邮写下的著名作品为主线，就“蒲学”和邮驿发展史对人类文明的贡献开展研讨，山东、河南、湖北、江苏、北京等省市和美国等地与会的中外专家、学者共40多人，提交交流论文30多篇。

六、打造东方邮都

2005年，市委、市政府先后召开打造东方邮都专题办公会议、专题工作会议、专题研讨会议、新闻发布会议等一系列会议，制定《关于加快发展邮产业，打造东方邮都的工作意见》，设立“东方邮都”网站，启动邮都文化广场建设。邮都文化广场位于城区海潮东路延伸段，规划占地3.55公顷，总建筑面积1.71万平方米，设公益性文化区、商业性文化区、邮都文化广场3个部分，总投资5000万元，计划两年内建成。

第四节　集　邮

一、中国集邮之乡

2003年8月，经中华全国集邮联合会常务理事会审议，由中华全国集邮联合会五届二次理事会通过决议，决定授予高邮市“中国集邮之乡”称号。在第二届中国邮文化节开幕式上，中华全国集邮联合会副会长王新中宣读中华全国集邮联合会五届二次理事会《关于授予高邮市“中国集邮之乡”称号的决定》，中华全国集邮联合会会长刘平源授牌，副市长王东升接牌。

二、集邮协会

1982年10月，县集邮协会成立，首届会员30多人。1993年3月，三垛镇成立全市首个乡镇集邮分会。1997年4月，临泽镇集邮分会成立。是年下半年，八桥镇、市电器厂、市供销合作总社和市地方税务局陆续成立集邮分会。1998年4月，市集邮协会召开第六届会员代表大会，选举产生由17人组成的新一届理事会，下设秘书组、邮展评审组和会刊编辑组，并成立市集邮协会集邮活动指导委员会。是年，车逻镇、界首镇又分别建立集邮分会。至2005年，全市有基层集邮分会108个，会员8418人，集邮爱好者超过1万人。

三、青少年集邮基地

2000年3月，市青少年集邮指导委员会成立。5月，在南海中学举行“市青少年集邮基地”揭牌

仪式，并在八桥镇、车逻镇、扬州高华化工有限公司、市人民医院建立基层集邮示范点和市“集邮者之家”。2003年8月，南海中学先后建成“少年邮校”“少年邮局”。2005年9月，南海中学被中华全国集邮联合会确定为第二批全国青少年集邮示范基地。

四、邮品展览

1986年2月，县邮电局在文游台举办县第三届邮品展，展出邮票8000枚、纪念封1枚。至1991年，每年举办一次邮品展，展出邮品以纪念封为主，参观展览人数逐年增多。1992年起，有邮集参展，参展邮集19部。此后，仍然坚持每年举办一次邮品展。2002年，全市参展邮集上升到100框，为历年最多，多系精品。2005年，在中国邮驿博物馆举办邮票展和林衡夫个人集邮展，有15部邮集73框、贴片1168页。

五、邮品交易

1986年起，县集邮协会会员于每月第一个和第三个星期天，在文游台交换邮品。1993年6月，省集邮协会副会长杨勇伟在高邮举办个人邮品义捐拍卖活动，底价100多元的90件邮品经过竞拍，最终以2566元卖出，此款全部捐给盂城驿修复工程。1994年2月，市邮电局和市集邮协会举办杭州市老干部集邮协会理事程震远、泰州市集邮协会理事王秋银邮品义拍活动，义拍所得4473元全部捐赠给盂城驿修复工程。1997年10月，市邮电局和市集邮协会在高邮市中学举行邮品交易与拍卖活动。中国集邮总公司、省邮票公司、全省13家地级市邮票公司、南京夫子庙珍藏品市场、大方邮市个体邮商等共34家邮商参加邮品交易与拍卖活动。投入拍卖500元以上邮品单件100多件，总参考价160万元以上，其中参加拍卖的珍品有1840年英国发行的世界上第一枚邮票——“黑便士”、T46“金猴”版票、纪54“国际学联”、错票“全国山河一片红”等。共拍卖出邮品40件，成交额50多万元。2003年、2005年举办的中国邮文化节均在赞化学校举行邮品交易活动。

第五节 邮票发行与邮品开发

一、《盂城驿》特种邮票发行

1995年8月17日，邮电部在盂城驿举行《明·盂城驿》特种纪念邮票首发式。该邮票由邮电部邮票印制局邮票设计室邮票设计专家黄里、阎炳武构思设计，票面近景有俯视的盂城驿门厅、正厅、鼓楼、牌坊，远景有大运河（古水驿道）和大运河堤（古陆驿道）及高邮唐代镇国寺塔，总印数3000万枚，每枚面值0.2元。参加首发式的有邮电部副部长刘平源、邮政总局局长张关基、邮政司副司长龚达才，省邮电管理局局长张秉银、副局长谭小为等。

二、个性化小版张邮票发行

2003年8月，经国家邮政局批准，在赞化学校举行第二届中国邮文化节个性化邮票小版张发行仪式。一套共3枚，即《第二届中国邮文化节》《第二十三届全国最佳邮票评选颁奖活动》《中国集邮之乡》，均为全国邮票设计家王虎鸣设计。2005年9月，经国家邮政局批准，市邮政局发行《第三届中国邮文化节》《新高邮新跨越》个性化小版张邮票，每版8枚，并印制发行《第三届中国邮文化节专题册》。

三、纪念封与明信片发行

1997年10月9日，是第28届世界邮政日，也是首届中国邮文化节举办之日。邮电部决定，发行编号JP63的《万国邮联》邮资明信片，并在高邮举办首发式。是日，还发行由阎炳武、罗洪设计和上海求天宝（集团）有限公司制作的《古代驿站·盂城驿》纯金箔（1克，24K）邮票镶嵌封。

第三十篇 卫生

要　目

80年代，全县设有县爱国卫生运动委员会（简称爱卫会），负责动员和组织开展爱国卫生工作。卫生工作由县卫生局主管，县属主要医疗机构有县人民医院、县中医医院，卫生防疫机构有县卫生防疫站、县血吸虫病防治站、县麻风病防治所、县皮肤病防治院，县保健机构有县妇幼保健站，县药品检验、经营机构分别有县药品检验所、县医药公司，卫生教育机构有扬州市高邮卫生职工中等专业学校。农村初步形成由中心卫生院、乡镇卫生院、村卫生室构成的卫生医疗服务网络。全县机关事业单位人员享有公费医疗，企业职工享有劳动保护医疗，农民享有大病合作医疗。90年代，推行医疗体制、医疗制度、医疗模式改革，实行医疗保险制度和新型农村合作医疗；开展创建卫生城市和卫生乡镇、村活动，改善城乡卫生环境；建立健全疾病预防保健机构，发展社区卫生医疗，全面构建疾病预防、卫生保健服务网络。1994年，新设立市健康教育所。1998年，建立市第二人民医院。2004年，新设立市卫生监督所和市疾病预防控制中心。至2005年，全市基本形成城乡市民全覆盖的卫生保健和医疗救助体系。

第一章　卫生改革

80年代起，全县开始探索医疗卫生机构体制改革，首先进行医疗卫生机构内部人事、分配、管理等方面改革，调动职工积极性，增强机构活力。90年代后期起，在城镇医院和乡镇卫生院先后试行责任制、租赁制、股份合作制，在非乡镇政府所在地的乡镇卫生院实行民营制。21世纪初，适当加快民营和私人医疗机构发展步伐，以弥补公有医疗机构不足、缓解市民“看病难”“看病贵”的问题。同时，逐步完成机关企事业单位的公费医疗、劳动保护医疗向社会医疗保险和农村初级合作医疗向大病合作、新型农村合作医疗的过渡，并出现社区医疗服务和家庭医疗服务等新的服务模式。

第一节　医疗体制改革

一、人事、分配制度改革

80年代，县医疗卫生机构进行内部分配制度改革的探索，郭集等乡镇卫生院试行工资奖金浮动制。1993年，开始实行医疗卫生机构全员人事代理制与全员聘用制。1994年，郭集等7所乡镇卫生院实行以技定岗、以岗定职、以职定人、以人定绩、以绩定酬的全额工资考核浮动制。1995年，市卫生防疫站制定对科室和个人指标任务实施情况进行考核和管理的制度。1997年，全市卫生系统开始实行以职务工资为主的结构工资制度。1998年3月，市委、市政府印发《关于进一步加快卫生改革与发展的决定》，卫生系统实施岗位聘任制。1999年，医药院校大中专毕业生全部进入市人才市场，实行双向选择。2002年，市人才市场卫生分市场成立，全市42所医疗卫生机构2699名职工实行人事代理。2003年，市人民医院实行绩效工资制度，以按劳分配为主，坚持效率优先、兼顾公平、向临床一线倾斜的分配原则，做到多劳多得、优劳优得。2005年，市中医医院、市人民医院先后在卫生系统公开招聘卫技人员，促进人才合理流动；市第二人民医院实施“德、能、勤、绩”考核月结制，奖勤罚懒，拉开奖金档次，并废除处方单与奖金挂钩的方法，严格控制滥用药和大处方。

二、股份合作制与租赁制

1999年，市卫生局开始在郭集镇卫生院实施股份合作制试点，成立董事会、监事会，民主选举院长，是为扬州市卫生系统首例。2001年，市体改委和市卫生局在市中医医院实施所有权和经营权两权分离试点，由该院院长与市卫生局签订任期目标责任书，并缴纳风险抵押金4万元；11名中层干部竞聘上岗。是年，市卫生局在菱塘卫生院实行租赁制试点，由原院长陈永华承租，租赁期3年。2002年，城北医院和城南医院相继实行租赁制，承租者由职工投票选举产生，并缴纳风险抵押金6万元。2003年，八桥镇、马棚镇所有村卫生站亦实行租赁制，承租者由乡村医生报名、公平竞争、民主选举、卫生院聘任产生，新任站长与卫生院签订租赁合同，缴纳租金，实行站长负责制、综合目标管理责任制、人员聘用制、工资浮动制。至2005年末，除郭集镇卫生院和村卫生站退出股份合作制、恢复集体所有制性质外，其他医院未有变化。

三、产权制度改革

2002年初，市卫生局在周巷镇营南卫生院实行非乡镇政府所在地卫生院产权制度改革试点。将营南卫生院以“零资产”出售给职工狄太宏。狄太宏向市卫生局缴纳履约保证金22万元，用以支付职工的部分安置费。2003年，甘垛镇第二卫生院以66万元出售给该院院长陈彪，转为私营医院。至2005年，市卫生局相继完成川青、伯勤、武宁、张轩等非乡镇政府所在地卫生院产权制度改革。

四、民营医院与个体诊所

1986年初，全县有个体开业医生23人。1990年，个体开业医生有53人，其中经县卫生局考核合格并获得从医证书的个体开业医生40人。2001年，市政府按照省卫生厅《关于加快发展个体私营医疗机构的意见》，学习邗江区经验，通过对乡镇卫生院进行产权制度改革，每个乡镇保留一所公立卫生院，其余实行产权转让私有化。2002年起，先后有营南卫生院、甘垛镇第二卫生院、川青卫生院、伯勤卫生院、张轩卫生院、武宁卫生院由公立改为私营。至2005年末，全市核准开业的民营医院6所、民营诊所1所和个体诊所30所。

五、预防保健体制改革

80年代后期，全县预防保健事业实行“一套领导班子，防保所与卫生院两块牌子，医生和预防保健两支队伍”的办法。1990年，全县推行初级卫生保健，实行“以乡统筹，大病合作”的风险型医疗保健制度，基层普遍建立预防保健所。2002年，全市对乡镇区划调整后原建制不变的乡镇继续保留预防保健所，被撤并乡镇撤销预防保健所。是年12月，城区预防保健所成立，直属市卫生局领导。2004年1月，撤销市卫生防疫站和市血吸虫病防治站，合并成立市疾病预防控制中心，承担全市疾病预防控制、卫生监测检验和预防医学研究等职能。

第二节 医疗制度改革

一、机关事业单位公费医疗

1987年9月，全县公费医疗实行“定额管理，单位包干，现金结算，与个人利益适当挂钩”的管理办法。1988年，公费医疗经费定额标准每人每年增加到90元，其中下拨给各部门和各单位包干使用70元、由县公费医疗办公室统筹管理20元。1990年6月，全县公费医疗经费定额标准再次进行调整，在职人员每人每年增加到100元，离退休人员和二等乙级以上残废军人增加到200元。实行定点医疗，门诊采取现金支付方式，医药费由其所在单位按规定报销，住院采取记账方式，出院后由医疗单位与其所在单位结算。1993年7月，市公费医疗办公室印发《关于使用公费医疗专用病历和双联处方的通知》。1994年9月，市政府印发《关于进一步完善医疗管理推进公费医疗制度改革的意见》，实行门诊医药费定额包干，结余归己，超支不报；适当降低住院医药费和门诊特殊检查费报销比例；离休人员、二等乙级以上残废军人和癌症、精神病、法定职业病、烈性急性传染病、工伤、计划生育医药费用与个人不挂钩。2001年，全市机关事业单位职工实行城镇职工基本医疗保险制度，公费医疗仅剩暂未列入城镇职工基本医疗保险制度的少数群体。2005年，全市共报销公费医疗医药费465万元。

二、企业劳动保护医疗

1986年，县水泵厂、县化肥厂、县电器厂等19家县属企业发给职工每人每月门诊医药费2元，结余归己，超支自负；大病住院仍实行全额报销。1990年，县属企业发给职工每人每月门诊医药费增加到5元。1996年，医疗社会保险制度试点企业开始取消劳动保护医疗。1999年，全市享受劳动保护医疗的职工12.1万人。2001年起，全市全面推行城镇职工基本医疗保险制度，企业原有劳动保护医疗制度被取代。2005年，全市参加医疗保险的企业职工5.95万人，其中在职职工3.65万人、退休人员2.3万人。详见第三十二篇《社会保障》第三章《医疗保险》第一节《城镇职工医疗保险制度改革》（第1171页），第二节《城镇职工基本医疗保险》（第1172页）。

三、农村合作医疗

详见第三十二篇《社会保障》第三章《医疗保险》第四节《农村合作医疗》（第1174页）。

第三节　医疗服务改革

一、社区医疗服务

1998年，市第二人民医院在北海居民小区和城北医院在武安、黄庄、南海居民小区，始分别设社区卫生服务站。1999年，城南医院在新华园居民小区开设社区卫生服务站。各社区卫生服务站均设有诊疗室、治疗室、观察室、药房，一般配备医务人员3～5人。各乡镇结合乡村卫生组织一体化，以村卫生站、室为基础，开展农村社区卫生服务活动。2000年，城区设有社区卫生服务站7所，共建立居民个人健康档案1598份，完成健康体检2866人次，诊疗3.2万人次。2005年，全市设有社区卫生服务站53所，其中城区12所、农村41所。

二、家庭医疗服务

80年代，县卫生局制定《高邮县开设家庭病床工作细则》，推行开设家庭病床，逐步形成以慢性病、老年病和康复期病人为主要服务对象的家庭病床医疗服务体系，并实施16项管理制度。1986年，全县设有家庭病床552张。1990年后，随着市内医疗机构增多、实有床位增加、医疗规范要求提高，家庭病床日趋萎缩。至2000年，全市家庭病床减少到148张。至2005年，全市无一张家庭病床。

第二章　机构队伍

1986年，全县共有医疗卫生机构743所，其中县属医疗卫生机构10所、中心卫生院6所、乡镇卫生院29所、机关企事业单位医务室52所、农村村卫生室646所（个人诊所23所）；国有和集体医疗卫生机构共有职工1687人。至2005年，几经调整和撤并，全市共有医疗卫生机构316所，其中市卫生系统医疗卫生机构35所、民营医院（诊所）7所（不含个人诊所）、厂校医务室32所、村（社区）卫生室（站）

242所。在市卫生系统医疗卫生机构中，市直属医疗卫生机构8所、中心卫生院5所、乡镇卫生院22所，共有职工2457人，其中卫生技术人员2014人。

第一节　市属重点医疗卫生单位

一、市人民医院

位于城区府前街116号。始建于民国28年（1939），先后称直辖医院、高邮公医院、县政府卫生院、县人民医院。1986年，全院有职工296人，其中卫生技术人员213人；临床及医技科室23个，病床260张。1993年起，该院相继挂牌为扬州大学医学院教学进修实验基地、镇江医学院教学医院、南通医学院教学医院等。1994年末，创建成二级甲等医院。2005年，该院占地2.78公顷，建筑面积3.09万平方米，其中医疗业务用房2.56万平方米。全院在职职工566人，其中卫生技术人员453人；在卫生技术人员中，中高级职称人员258人。该院有美国产螺旋CT机、800毫安X线机、数字控制胃肠X线机、C型臂X线机、熊牌呼吸机、多功能麻醉机、内窥镜系列、多功能血细胞分析仪、核磁共振成像仪等诊疗、检测设备361台套。脑外科利用高精度三维立体定向仪做CT颅内血肿碎吸手术、颈椎脊膜瘤切除术，普外科进行电视腹腔镜下胆囊切除、肝脏血管瘤、肿瘤、胃癌切除术，胸外科常规开展中上段食管癌根治术、肺癌、纵隔肿瘤、肺大泡切除等手术，泌尿外科开展肾上腺嗜铬细胞瘤、膀胱切除后回肠、结肠、直肠代膀胱、肾癌、睾丸癌、前列腺癌根治术，心血管内科安装永久和临时心脏起搏器，治疗心律失常、心电除颤等，神经内科进行简易颅内锥孔碎吸术治疗脑出血、硬膜外出血、脑脊液置换术等。

二、市中医医院

位于城区海潮路1号。始建于1977年。1986年，全院有职工150人，其中卫生技术人员118人；有临床及医技科室22个，病床120张。该院中医骨伤科和中西医结合肾病科为扬州市重点中医专科。1995年8月，创建成二级甲等中医医院。2005年，该院占地2公顷，建筑面积2.18万平方米，其中是年新建成病房楼7335平方米，设有6个病区200张床位。全院有职工298人，其中卫生技术人员243人。卫生技术人员中，有中高级职称人员141人。该院有德国西门子医用直线加速器、双排螺旋CT机、800毫安数字遥控诊断X光机、柯达DR3000摄片机、彩超、呼吸机、电子胃肠镜、纤维结肠镜、腹腔镜、X光双定位体外碎石机、高频移动式手术X射线机、全自动生化分析仪等诊疗设备。内科开展临时起搏器安装、中西医结合血液透析、CT定位下微创颅内血肿清除术，外科施行全胃切除、消化道肿瘤根治、腹腔镜胆道手术，泌尿外科开展体外震波碎石、肾切除、膀胱癌根治术、前列腺摘除术，脑外科开展各种颅内出血清除术，中西医结合治疗各种骨折、手法治疗腰椎间盘突出症及各种骨折切开复位内固定、脊柱手术、关节置换术，放射科和内科运用介入治疗法治疗各种肿瘤、股骨头坏死等。

三、市第二人民医院

位于城区海潮东路198号。始建于1957年9月，原为县麻风病防治院、县皮肤病防治院。1966年，院址设于甘垛公社。1986年9月，从甘垛乡迁至现址，开展皮肤科门诊业务。1998年，市精神病防治院并入该院，组建成市第二人民医院，核定编制86人，承担全市皮肤病、精神病、麻风病、性病和艾滋病预防控制、治疗工作。2005年，全院有职工80人，其中卫生技术人员56人。卫生技术人员中，有中高级职称人员23人。城区院部占地0.52公顷，建筑面积5009平方米，其中医疗业务用房4809平方米，设有病床40张；麻风病区占地0.23公顷，建筑面积3816平方米，其中医疗业务用房2000平方米，设有病床100张。该院设有皮肤科、精神科、外科、性病科、内科、妇科、理疗科、中医科等8个临床科室，有检验科、放射科、心电图与B超室、病理科、脑电图室等5个医技科室。有500毫安X线机、深部X射线治疗仪、阿洛卡B超、多参数心电监护仪、脑地形图仪、微循环显微镜、酶标仪等医疗仪器。

四、市妇幼保健所

位于城区万金路8号。始建于1953年，先后称县妇幼保健站、县妇幼保健所。2001年，该所从城区府前街迁至该址，占地0.73公顷，建筑面积3420平方米，其中医疗用房2014平方米。全所有职工36人，其中卫生技术人员27人。卫生技术人员中，中高级职称人员13人。设业务科室10个、医技科室4个。有全自动血球计数仪、数字式远红外乳腺检查仪、200毫安X线机、日立牌B超、心电图机、微波治疗仪等医疗设备。至2005年，该所先后获“省文明妇幼保健所”“省甲类妇幼保健所”等称号。

五、市疾病预防控制中心

位于城区府前街201号。2004年1月，该中心由原市卫生防疫站和原市血吸虫病防治站合并改组而成，为副科级全民事业单位，主要承担全市疾病预防控制、卫生监测检验、预防医学研究等职能。该中心占地0.27公顷，建筑面积2895平方米，其中医疗用房1065平方米，设有业务科室7个、医技科室6个。至2005年，该中心有职工63人，其中卫生技术人员53人。卫生技术人员中，中高级职称人员27人。有500毫安X光机、电子荧光分光光度计、气象色谱仪、离子色谱仪、全自动生化仪等医疗设备。

六、市医药公司

位于城区通湖路52号。始建于1956年，原为中国医药公司江苏省高邮分公司。1979年，下放为县医药公司。1986年，县医药公司占地1.5公顷，建筑面积1.08万平方米，其中业务用房8786平方米；有职工166人，其中专业技术人员84人，设有城中、城东、城北、城南、北海5个直属医药门市部和界首国药商店，隶属于县卫生局，承担全县医药批发零售业务。1988年，该公司实行承包经营责任制，所属门店分别改制、脱钩为独立经营。2000年，该公司有净资产875.68万元，完成销售额4498.86万元。2001年5月，该公司以300万元整体出让给扬州市医药总公司，原市医药公司职工全部实行劳动合同制。

第二节 基层医疗卫生机构

一、中心卫生院

1986年，全县农村有区中心卫生院6所，共有床位274张，职工279人，其中卫生技术人员232人。1992～1993年，三垛中医骨伤科医院、三垛镇卫生院先后并入三垛中心卫生院。1996年，吴堡中心卫生院撤销。1997年，临泽镇卫生院并入临泽中心卫生院。至2005年，全市有中心卫生院5所，即车逻、三垛、临泽、八桥、送桥中心卫生院，共有职工448人，其中卫生技术人员402人。卫生技术人员中，中高级职称人员42人。核定设置床位318张。全部创建成一级甲等卫生院。

二、乡镇卫生院

1986年，全县有县属集体性质的乡镇卫生院29所，共有床位669张，职工841人，其中卫生技术人员646人。1998年开始，对具有一定规模的重点乡镇卫生院，着力加强提高，增强其辐射带动功能；对基础较好、服务范围较大和人口较多的乡镇卫生院，着重健全完善，发挥其医疗预防保健综合功能；对基础薄弱、规模较小，服务人口在1万人以下的乡镇卫生院，调整其功能，以开展预防保健为主。2002年起，随着乡镇区划调整，乡镇卫生院数量逐年调减。至2004年，乡镇卫生院减少到23所。2005年，龙奔卫生院并入卸甲镇卫生院，成为该院分院。是年，全市共有乡镇卫生院22所，职工985人，其中卫生技术人员767人。卫生技术人员中，中高级职称人员271人。

三、村（社区）卫生室（站）

1986年初，全县有村卫生室（站）646所，其中村集体办588所、乡镇卫生院设点7所、乡村保健医生联合办28所、乡村医生个人办23所。有乡村保健医生和卫生员1322人，其中乡村保健医生489人，平均每所村卫生室有乡村保健医生和卫生员2人。1997年，全市对部分乡镇村卫生室进行整顿、撤并和规范化建设，对乡村医生实行定编、定岗和择优录用，探索实施“两证（医疗机构许可证、医生执业证）、三制（全员聘用制、工资统筹制、养老保险制）、六统一（统一机构设置、统一人员选配、统一业务管理、统一药品配送、统一药品价格、统一医疗责任保险）”的村卫生室管理体制。2002年，市卫生局全面实行乡村医生执业准入制度，建立乡村医生档案和业务培训档案，组织乡村医生资格确认和重新登记工作。2003年后，全市农村卫生机构通过改革，初步形成以公有制为主体、多种经济成分组成的农村医疗服务体系，全市有17个乡镇全部或部分实行一体化管理，村（社区）级卫生机构与乡村医生人数逐步减少。至2005年，全市有村（社区）卫生室（站）242所，业务用房面积2.61万平方米，乡村医生1038人。

四、厂、校医疗机构

1986年初，全县有厂、校医务室52所，其中国有单位办30所、集体单位办22所，共有卫生技术人员122人。1998年11月，市卫生局依法取消14所厂、校医务室注册资格。1999年，增设股份合作性质医务室1所。至2000年，全市有厂、校医疗机构39所，其中国有性质23所、集体性质15所、股份合作性质1所。此后，企业办医务室有所发展。至2005年，市卫生局对54所企业医务室进行整顿，保留达到合格标准的32所企业医务室。

第三章 医疗 护理

80年代，县内医疗机构诊治疾病有西医、中医、中西医结合三种形式。1986年，全县门诊病人120.86万人次，收治住院病人2.66万人次。进入90年代，全市西医快速发展，各医疗机构根据规模、设施和医技力量，分科逐步细化；中医继承地方传统特色，开展创建全国农村中医工作先进市活动，推动中医、中药发展。2005年，全市门诊病人121.4万人次，收治住院病人3.53万人次。

第一节 中医 中药

一、全国农村中医工作先进市创建

1990年1月，高邮县被国家中医药管理局确定为全国农村中医工作试点县。是年3月，县政府成立县振兴中医工作领导小组，制定《高邮县中医工作考核标准》。1992年，市政府把开展全国农村中医工作试点市与创建全国农村中医工作先进市活动结合起来，并建立市卫生局中医科—市中医医院基层指导科—乡镇卫生院中医管理组中医业务管理、指导网络。同时，通过在各医院，尤其是农村医院提倡创办中医特色专科，推动全市中医工作开展。1994年，高邮市被国家中医药管理局授予“全国农村中医工作先进市”称号。1995～2005年，市财政逐年安排中医事业费累计850.8万元，用于巩固和发展创建成果，促进全市中医事业可持续发展。

二、中医内科

80年代，全县知名老中医有卢筱仙、许长生、郭建中、赵养生、李殿斌、王实夫等。卢筱仙治疗肝胆善用叶氏之法而活变其方，收“四两拨千斤”之效。赵养生以调理肝脾见长，尤其擅用柴胡，对治疗进行性肌萎缩、结核、骨结核等疑难病有较深研究，先后在《江苏中医》《福建中医药》杂志上发表《藜芦蜜丸治疗血吸虫病》《晚期血吸虫病肝硬化腹水治验》《加减葛根汤治疗内耳眩晕病的临床体会》《骨结核治验》《进行性肌营养不良症治验》等论文。许长生精于内科、妇科、儿科，方药看似平常而疗效卓然，著有《简明温病条辨方歌》《温病条辨方歌新义》《温病管窥》《长寿指南集》等书。郭建中擅长中医内科、妇科，先后在《江苏中医》等中医学术期刊发表《温病滋阴疗法的运用》《对温热病卫气营血辨证中的“卫”分证的初步看法》《风湿性心脏病的辨证体会》《炙甘草汤的临床运用》等10多篇论文。

90年代及前后，中国中医药学会内科延缓衰老专业委员会委员、市中医医院中医内科主任张德超著有全国首部《中医虫病学》，率先提出“眩晕从瘀论治”“阳明血分证治”等观点和理论，研讨“承气汤”和首创“菖蒌承气汤治疗中风症”，先后主编、主审、参编《古今名医名方秘方大典》《现代难治病中医诊疗学》《新编方剂学》《中药研究文献摘要（二、三、四卷）》《方剂研究文献摘要》《实用中西医结合临床手册》《肾炎的中西医诊断和治疗》等多部医学著作，并相继在全国中医药核心期刊和在国际、国内相关中医药学术会议上发表各类中医药论文与文章100多篇。2005年，市卫生局中医科征集编印10多万字的《中医药学术论文汇编》。

三、中医外科

80年代后期，县中医医院中医外科先后用消炎解毒丸、紫金锭、牛黄解毒丸、金黄散、拔毒生肌散、陈小粉等中药制剂，治疗疔疮、痈疽、流痰、瘰疬、丹毒等外科疾病。90年代起，外科临床始用自制汤膏治疗，先后用阳和汤治疗痈疽，龙胆泻肝汤治疗丹毒，夏枯草膏治疗瘰疬，消风散治皮肤瘙痒，“三品一条枪”治疗窦道，五妙水仙膏治疗色素痣和扁平疣，均取得良好疗效。市皮肤病防治院以雷公藤治疗红斑狼疮、皮肌炎、天疱疮、银屑病和麻风反应等皮肤科疾病取得进展。市人民医院用锡类散治疗褥疮感染获得良好疗效。

四、中医骨伤科

70年代起，中医骨伤科医师许钜材先后在三垛地段医院、县中医医院主持创办中医骨伤科，根据家传秘方配制的“许氏膏药”、敷药、止血丹、青蛤散等中药制剂，采用中药内服和外敷、手术整骨、小夹板固定等方法，治疗跌打损伤和各种骨折，取得显著疗效，被称为“许氏伤科”，饮誉扬淮、盐阜一带。其中医骨伤诊复手法被南京中医学院摄制成教学片。1992年，市中医医院骨伤科用独活寄生汤、乌头汤加减，辅以功能锻炼，治疗腰腿痛，取得良好疗效。1993年，三垛中医骨伤科医院副主任中医师谈华以三合板替代杉木板，创制改良小夹板，治疗胫腓骨骨折，5年内治疗骨折1006例，功能恢复954例。至2005年，市中医医院骨伤科继承和发展“许氏伤科”医技，被列为扬州市重点专科。

五、中医特色专科

90年代初，全市医院按照市卫生局提出的“以专科促发展，以一科带多科”要求，开始创办中医特色专科。至2003年，获市卫生局命名的中医特色专科有：横泾镇卫生院针刀科、菱塘回族乡卫生院针灸推拿科、界首镇卫生院“慢三病”（牙病、重性精神疾病、意外伤害）科、送桥中心卫生院针灸推拿科、高邮经济开发区医院颈肩腰腿痛科、车逻中心卫生院针灸推拿科、八桥中心卫生院疼痛骨病科、三垛中心卫生院中医骨伤科和针灸推拿科等。市人民医院副主任中医师朱天洪善以针灸治头痛、肩背痛、腰痛、腿痛等病，先后在《中医杂志》《上海中医药杂志》《江苏中医》等学术期刊发表针灸学术论文20多篇，著有《医海拾贝》一书。2005年，全市中心卫生院和乡镇卫生院共设中医专病特色科室42个，其诊疗量占各卫生院中医诊疗量40% ～60%。

六、中药制剂

1986年，县人民医院、县皮肤病防治院制剂室主要生产皮肤科中药外用制剂，县中医医院制剂室主要生产中药膏药和药酒，共有28个品种。1999年后，发展到30个品种。至2005年，3所医院生产各种中药制剂增加到45个品种，且列入市城镇职工基本医疗保险药品目录。

附：高邮市医院制剂室生产的中药制剂

市人民医院制剂室 生产氧化锌搽剂、5%硫磺霜、复方炉甘石洗剂、复方薄荷滴鼻液。

市中医医院制剂室 生产复方1号飞廉糖浆、复方2号飞廉糖浆、复方3号飞廉糖浆、复方4号飞廉糖浆、复方5号飞廉糖浆、脱膜散胶囊、止嗽合剂、乳癖1号合剂、祛瘀解毒糖浆、肢节骨痛丸、接骨续筋糖浆、舒筋活血糖浆、活血行气糖浆、活络骨痛药、益肝合剂、咽炎1号糖浆、咽炎2号糖浆、骨增1号胶囊、黄连滴鼻液、复方薄荷滴鼻液、关节炎大膏药、藿黄浸剂、皮痤搽剂、补骨脂酊、伤药粉、许氏大膏药、5%硫磺霜、炉甘石洗剂、止痒洗剂、痔科洗剂Ⅰ号、痔科洗剂Ⅱ号、痔科洗剂Ⅲ号、痔科洗剂Ⅳ号、解暑搽剂、复方土槿皮酊、阴痒洗剂。

市第二人民医院制剂室 生产新霉素氧化锌油（ONC）、8–甲氧补骨脂素溶液、紫金黄霜、复方炉甘石洗剂、复方薄荷洗剂（止痒水）、硫磺软膏、5%硫磺霜、水杨酸硫磺软膏等。

第二节 西 医

一、内科

80年代，全县规模最大、医技力量较强的县人民医院开始对西医内科逐步进行细划分设。进入90年代，其他医院对西医内科进行适度分设。至2005年，市人民医院设有消化、呼吸、血液、心血管、神经、泌尿、传染病、肿瘤等8个西医内科专业科组，为全市西医内科分设最细的医院。

呼吸内科 80年代，县人民医院首家从西医内科分设出呼吸内科专业组，配备专科医师，引进专科设备，设置专科床位，诊疗呼吸系统疾病。90年代，其他医院虽未设呼吸内科专业科组，但逐步装备肺功能检查仪、肺活量计、呼吸机、低负压吸引器等医疗设备，开展呼吸内科疾病诊疗。至2005年，市人民医院呼吸内科实施经套管针放置胸腔引流管，施行气胸排气、胸腔积液引流和胸腔内给药；采用胸腔膜活检术，对病因不明胸腔积液实行病理检查；引进过敏源皮内试验和脱敏疗法，对支气管哮喘进行病因诊断，开展免疫治疗；应用压缩泵雾化吸入平喘；使用纤维支气管镜检查不明原因咯血、肺部肿块、肺不张；装备无创性沙利文呼吸机，治疗农药中毒、神经肌肉疾病、低血钾等引起的急性呼吸衰竭和慢性呼吸衰竭急性加重期患者。

心血管内科 80年代，县人民医院心血管内科专业组应用心电监护、电击除颤、体外反搏、心电图遥测监护等技术，配置纤维胃镜、M型超声心电图、B型超声波、肺功能测定仪等仪器，对心血管疾病进行诊疗。1993年，该院建立心功能检查室，开展心脏二维超声检查和心电向量、心室晚电位等检查，诊疗心律失常、心肌供血不足、冠心病、心绞痛、心肌梗死、高血压心脏病等心血管疾病，并成功安装人工临时心脏起搏器。1994年，该院建立冠心病监护病房，在扬州市同级医院中第一个成功为患者安装人工永久性心脏起搏器。1995年，该院在扬州市县级医院中率先进行风湿性心脏病二尖瓣狭窄球囊扩张成形术、经皮二尖瓣球囊扩张成形术和采用肌钙蛋白测定诊断心肌损伤，在中心静脉压监测下抢救休克病人，并开展肥厚性梗阻性心肌病的双腔起搏治疗，成功救治多名长时间（最长时间30分钟）心跳、呼吸骤停和大面积心肌梗死及夹层动脉瘤患者。2000年，该院成功为一名5岁患儿植入心脏起搏器。该患儿为当年江苏省植入心脏起搏器年龄最小的患者。是年，市人民医院心血管内科被扬州市卫生局列为扬州市重点专科。至2005年，该科特色医疗项目有植入永久（临时）心脏起搏器、心电监护、心电除颤，累计安装心脏起搏器150例，成功率100%。

消化内科　80年代，县人民医院和县中医医院应用纤维胃镜技术检查食管、胃及十二指肠疾病，开展消化道肿瘤化疗，实行内窥镜下取除异物。1986年，县人民医院采用腹水回输技术治疗血吸虫性肝硬化腹水、肝炎后肝硬化腹水。90年代初，该院应用胃黏膜快速尿素酶试验，5分钟内诊断胃内幽门螺旋杆菌感染。1997年，该院装备奥林巴斯电子胃镜，在内窥镜下采用微创技术治疗息肉、消化道出血，并在省人民医院专家协助下，置入支架，治疗食道与贲门狭窄。2005年，市人民医院消化内科成为扬州市重点专科，全市14个乡镇（中心）卫生院装备有电子纤维胃镜。

神经内科　80年代，县人民医院建立神经内科，装备有脑电图、脑血流图等医疗设备，使用氦氖激光仪治疗神经衰弱、缺血性脑病等疾病。90年代，该院采用脑脊液置换技术，治疗脑血管意外患者。装备CT机和超声多普勒仪等设备，诊治脑血管痉挛；应用微创穿刺与定向锥颅碎吸术治疗脑出血动脉瘤、动静脉畸形、脑动脉硬化、中风等神经系统疾病。1996～2000年，该院神经内科采用微创穿刺与定向锥颅碎吸技术治疗高血压性脑出血100多例，采用超早期静脉溶栓技术治疗脑梗死。至2005年，市人民医院采用微创颅内锥吸术治疗脑出血、硬膜外出血，脑脊液置换治疗蛛网膜下腔出血为市内医院特色医疗。

血液内科　80年代，县人民医院始收治急慢性白血病、淋巴瘤、再生障碍性贫血、多发性骨髓瘤、恶性组织细胞增生症、脾功能亢进、粒细胞缺乏症等血液病患者。90年代，该院开展光量子血液疗法，利用患者自身血液和血库供血，经充氧、紫外线照射等方法，治疗高脂血症和农药中毒等疾病；采用脐血输注治疗再生障碍性贫血；以丙种球蛋白静脉滴注治疗特发性血小板减少性紫癜等。2002～2005年，市人民医院应用全反式维甲酸对急性早幼粒细胞白血病进行诱导分化治疗，并取得完全缓解病例的治疗效果。

内分泌科与肾脏内科　80年代，县人民医院内科设有内分泌专业组，收治甲状腺病、糖尿病等内分泌病患者。1988年，该院始设肾内科专业组，收治急性和慢性肾小球肾炎、肾病综合征、尿路感染、急性和慢性肾功能衰竭、糖尿病性肾病、狼疮性肾炎、痛风肾等肾脏内科疾病。90年代，该院开展甲状腺功能系列检查和胰岛素、C-肽、胰岛素抗体测定、快速血糖测定等检验项目，应用胰岛素注射笔治疗糖尿病；设置专科床位收治甲状腺功能亢进危象、甲状腺功能减退、自身免疫性甲状腺炎、慢性淋巴细胞性甲状腺炎、席汉氏综合症等内分泌系统疾病患者。1991年，该院引进腹膜透析、高钠序贯透析、无肝素透析等技术，治疗肾功能衰竭患者。1992年，市中医医院建成苏北地区同级医院规模最大的血液净化中心，采用血液透析技术，治疗急性和慢性肾功能衰竭。2005年，市人民医院肾脏内科和市中医医院治疗急性和慢性肾功能衰竭（尿毒症），成为全市特色医疗科（项目），每年收治患者有2万多人次。

二、外科

80年代，县人民医院始开展上腹部手术，乡镇卫生院开展下腹部手术。县人民医院外科先后分设为普外科、胸外科、骨科、神经外科、泌尿外科、烧伤科等专业科室，开展肝、胰、肾、胸腔、颅脑及显微外科等手术。90年代，市人民医院相继引进腹腔镜、胸腔镜等新技术施行外科手术，市中医医院开设胸外科、泌尿外科。2003年，三垛中心卫生院使用腹腔镜成功进行胆道微创手术。2005年，全市21所乡镇（中心）卫生院能施行上腹部手术。

普外科　80年代，县人民医院设普外科，开展胃癌规范根治术、空肠代胃术等胃部手术，施行巨结肠切除术，采用Roux-Y吻合术治疗总胆管下段梗阻，采用断流术、分流术治疗门静脉高压伴食道胃底静脉曲张破裂出血，采用介入技术诊断治疗消化道出血和消化道肿瘤，采用肝动脉结扎加插管术治疗原发性肝癌，开展左、右半结肠切除术和直肠癌根治术（部分开展保肛手术），乳腺癌根治术由扩大根治术改进为改良根治术，并施行高龄患者保乳手术（乳腺象限切除加腋窝淋巴结清除术）。90年代，施行肝左叶切除和全胃切除术，一侧全肺切除，上中下段食道癌纵膈肿瘤切除，膀胱癌、肾部分切除手术，肛门成型术，不完全断肢再植，带蒂游移皮瓣移植，脑外科颅腔探查术，小儿外科巨结肠手术，经皮肝穿刺胆道造影等肺、肝、胆、胰、胃复杂手术。21世纪初，该科特色医疗项目有电视腹腔镜下胆囊切除术，肝脏血管瘤、肿瘤切除术，胃癌根治术，大面积烧伤治疗手术，重症急性胰腺炎、门脉高压症、急性重症胆管炎诊治等。

骨科　80年代，县人民医院骨科应用松质骨加压螺丝钉治疗股骨颈骨折，采用外固定支架治疗开放性或不稳定性小腿骨折，以骨圆针施行股骨颈骨折内固定，并对多发性外伤在同一麻醉下行两项以上手术，提高抢救成功率。1991年后，市人民医院骨科应用CD棒治疗脊柱骨折合并截瘫，引进带血管（旋股外侧动静脉升支）肌（缝匠肌）骨瓣植入技术，采用骨形成蛋白与羟基磷酸施行人工植骨术，应用胶原酶施行腰椎间盘突出症溶解术，经皮穿刺施行腰椎间盘突出症切除术，以改良股四头肌成形术治疗膝关节粘连僵直，应用带翼加压螺纹钉治疗股骨粗隆间骨折。1999年，该科应用颈椎后路单开门、双开门治疗颈椎病，应用交锁钉治疗下肢长骨骨折，应用单臂多向外固定支架治疗胫腓骨粉碎性骨折，采用在股骨髁上装置逆行带锁髓内钉的方法治疗股骨髁上骨折。2000～2005年，该科采用颈前路内固定加植骨术治疗颈椎病、颈椎骨折及脱位，采用全髋置换术治疗股骨颈骨折、股骨头坏死，采用RF、AF技术治疗脊柱骨折、脊柱（关节）骨脱，采用人工全髋关节置换加重建髋臼技术治疗人工股骨头置换术后髋臼骨折，开展各种骨、关节外伤矫治和颈、腰椎椎间盘突出症手术治疗等特色医疗。

胸外科　80年代初，县人民医院外科分设胸外科，对脓胸、气胸、血胸实施外科治疗，对胸部肿瘤、肺结核球、肺脓肿、肺大泡和胸外伤、胸腺瘤并发重症肌无力等胸部疾病实施手术治疗，开展食管癌根治术、食管上段癌切除术及食管胃颈部吻合术、肺叶与全肺切除术、胸膜纤维板剥脱术、纵膈肿瘤切除术。90年代，市属医院和15所乡镇卫生院、中心卫生院相继装备国产或进口呼吸机、多功能麻醉机、多功能心电监护仪等医疗器械设备，胸外科技术得到较快发展。1997～2005年，市人民医院装备胸腔镜和胸外整套手术器械，开展右全肺切除术、左上肺癌袖状切除术、支气管成形术、支气管袖状切除术、支气管破裂修补术等手术，并开展中上段食管癌根治术、肺癌根治术、纵膈肿瘤切除术等。

神经外科　80年代，县人民医院设立神经外科，施行开颅探查减压术、大脑半球浅表肿瘤切除术等手术。90年代，市人民医院装备CT机、彩色超声多普勒仪等医疗设备，购置进口双极电凝仪、高精度立体定向仪、冷光源照明仪、亚低温冰毯、手术头架、电动开颅系统等专用设备，开展脑室内引流术、脊髓肿瘤切除术、脑干肿瘤切除术等脑外科手术。1997年，市人民医院外科分设脑外科病区，并开展脑膜瘤切除术。2000年，开展新生儿巨大脊髓脊膜膨出修补术，施行市内首例高颈段脊内肿瘤切除术。至2005年，该科特色医疗项目有颅内血肿碎吸术、脑肿瘤清除术、脑脊膜切除术等。

泌尿外科　80年代中期，县人民医院装备进口狼牌膀胱尿道镜，并采用相关技术诊治泌尿外科疾病。80年代后期，该院开展先天性尿道下裂膀胱黏膜代尿道术，全膀胱切除术，回肠、结肠、直肠代膀胱术等手术。90年代至21世纪初，市人民医院购置美国产顺康前列腺汽化仪，施行前列腺增生汽化术。该院还采用自制直针、弧形导针施行后尿道疤痕切除端吻合术，开展膀胱全切和可控性尿道改道术、膀胱镜下膀胱肿瘤切除术、尿道镜下尿道肿瘤及疤痕切除术、复杂尿瘘合并尿道狭窄尿道修补术、肾癌根治术、肾蒂淋巴管剥脱术和肾上腺皮质腺瘤（皮质醇增多症、原发性醛固酮增多症）、肾上腺嗜铬细胞瘤切除术等手术。

烧伤整形科　1987年，县人民医院设立烧伤专科病区，并装备翻身床、烧伤烤架、红外线治疗仪、浸浴装置等专用设备，收治大面积烧伤病人。90年代，该科采用鲜猪皮覆盖植皮技术治疗烧伤病人；引进烧伤整形技术，开展烧伤后足畸形修复，施行"Z""V-Y"型中厚皮片皮瓣成形和修复烧伤后会阴疤痕粘连、颜颈颔胸疤痕粘连、腋窝疤痕蹼状粘连，自体整皮修复早期深度烧伤手部创面。同时，采用整形技术施行全头皮撕脱再植，为先天性指骨外露和多指、并指畸形等患者施行整形手术，为慢性小腿、足跟溃疡患者施行带血管蒂皮瓣修复，为颅面部软组织缺损患者施行颈阔肌皮瓣修复。1997～2005年，该科应用贝复济、依济复、伤科灵等治愈Ⅱ度至Ⅲ度特大面积烧伤患者近100例。

三、妇产科

妇科　80年代，县人民医院妇产科及部分区级（中心）医院医师应用宫腔镜检查妇科疾病。妇产科开展阴道前后壁修补术、妇科良性肿瘤摘除术、会阴修补术、子宫脱垂矫正术、黄体破裂修补术、阴道壁肿瘤切除术、处女膜闭锁切开术、膀胱阴道瘘与直肠阴道瘘修补术等妇科手术；应用保守疗法治疗子宫内膜异位症，开展经腹子宫全切除和次全切除术、经腹子宫肌瘤剔除术、卵巢良性肿瘤剥除术、输卵管吻合术、阴式子宫切除术等妇科手术。县人民医院妇科开展宫颈癌根治术，应用化学药物治疗绒毛膜上皮细胞癌。90年代初，市人民医院、市第二人民医院引进微波技术治疗宫颈糜烂、息肉、尖锐湿疣等妇科疾病。90年代末，市人民医院应用腹腔镜技术，开展妇科微创手术。2000～2005年，市人民医院引进并应用宫腔镜技术，诊治原因不明的子宫出血、子宫肌瘤、子宫内膜癌等妇科疾病，治疗不孕症。

产科　80年代，县内中心卫生院和乡镇卫生院普遍运用产程图，观察产程，开展腹膜外剖宫产术。90年代，中心卫生院和乡镇卫生院开展围产期保健，对高危妊娠进行筛查、诊断和处理。市人民医院率先装备胎心监护仪，处理胎儿宫内窘迫症。2000～2005年，市人民医院、市中医医院试行无痛分娩，提供助产士与孕妇一对一导乐陪伴分娩服务，运用导乐陪伴和心理护理，缩短产程。

四、儿科

80年代，各中心卫生院和乡镇卫生院陆续设立儿科，配有专科医生，诊治小儿消化不良、小儿肺炎、佝偻病、小儿缺铁性贫血等儿科常见病。90年代，市人民医院儿科引进多项儿科新技术、新疗法，应用头颅B超和头颅CT检查诊断新生儿颅内出血及新生儿缺血缺氧性脑病；应用氨茶碱、纳洛酮预防早产儿呼吸暂停；应用微量输液泵和静脉营养技术，提高早产儿抢救成功率。1997年，应用舒喘灵、溴化异丙基阿托品气雾吸入治疗小儿持续性哮喘，应用大剂量丙种球蛋白静脉滴注治疗小儿原发性血小板减少性紫癜，应用干扰素治疗病毒性脑炎、流行性腮腺炎，对特发性肺含铁血黄素沉着症、肝豆状核变性、糖原累积症、软骨发育不全等儿科疑难病症进行早期诊断和治疗。1999年，应用多巴胺、多巴酚丁胺治疗新生儿心功能不全及新生儿休克，对先天愚型征、猫叫综合征等染色体疾病及甲状腺功能减退等先天性代谢性疾病进行早期诊断和治疗。21世纪初，全市乡镇（中心）卫生院相继设置儿科新生儿母婴同室病房；市人民医院、市中医医院儿科相继分设新生儿、消化、呼吸、肾脏、心血管、血液、肿瘤、神经等专业组，开展小儿股静脉、颈静脉、肝脏、骨髓、后囟门、硬膜下腔、侧脑室穿刺，中心静脉压测定，新生儿心肺复苏，气管插管，超声雾化吸入等儿科诊疗技术。

五、五官科

眼科　80年代，县人民医院开展泪囊摘除术、双重睑板切断矫正术、斜视矫正术、眼球内异物取出术等眼科手术。90年代初，该院陆续装备进口眼科手术显微镜、眼科专用手术床、进口眼科消毒柜、A超、角膜曲率仪、投影视野仪、裂隙灯、近视治疗仪等眼科专用设备。采用视网膜电凝术加硅胶外加压术治疗视网膜剥离，采用冷凝术加环扎术治疗视网膜剥离，采用鼻腔泪囊吻合术治疗慢性化脓性泪囊炎，采用鼻泪管挂线疗法治疗急性和慢性泪囊炎。1995年后，开展显微眼科手术，施行人工晶体植入术、显微镜下小梁切除术等眼科手术。施行白内障现代囊外摘除加人工晶体植入术，白内障、青光眼、人工晶体三联手术。采用超声乳化技术治疗白内障。2000年，采用角膜板层移植术治疗角膜斑翳。是年4月，城北医院装备眼科A/B超声诊断仪，随后市人民医院引进BME-100型眼科A超。至2005年，市人民医院眼科显微手术为市内眼科特色项目。

耳鼻喉科　80年代，县人民医院应用鼻窦内窥镜施行微创性鼻窦手术及显微中耳手术。中心卫生院和部分乡镇卫生院设立五官科，开展上颌窦冲洗、鼓膜穿刺等手术；三垛中心卫生院、车逻中心卫生院开展扁桃体摘除术。90年代，市人民医院引进美国产EB390电测听检查仪等一批耳鼻喉科设备，进行听力障碍检查，开展先天性外耳道闭锁手术和耳廓、外耳道成形术。1994年后，采用鼓膜置管技术治疗慢性渗出性中耳炎，采用鼻侧切开治疗鼻腔肿瘤，应用纤维咽喉镜对鼻咽部、喉部疾病进行检查和治疗，开展喉镜下声带手术和施行喉癌全喉切除术。2000～2005年，引进喉显微和耳显微外科技术，开展鼓室成形术；引进鼻窦内窥镜技术，开展功能性微创性鼻窦手术；施行喉癌切除喉功能重建术、腮腺肿瘤切除和颈淋巴结清扫术。

口腔科　80年代，县人民医院口腔科分设口腔内科、口腔外科、口腔矫形、牙列整畸等专业组，装备油泵牙科升降椅、高熔不锈钢铸造机、高速滑轮牙钻、进口光敏固化器等牙科专用设备。该院口腔外科开展上下颌骨切除术、植骨术、植皮术、腮腺切除术、颌骨骨折结扎固定术、兔唇与腭裂修补术、腮腺导管冲洗术、根管治疗术等口腔科手术，口腔内科开展龋洞修复、牙髓病治疗、口腔黏膜病治疗等诊疗业务。乡镇（中心）卫生院设立口腔科，以牙科业务为主。90年代，市人民医院引进一批口腔科新技术、新项目，开展活动整畸术，引进前牙切角缺损及牙冠大面积缺损种植钉修复、自攻自断螺纹钉作后牙冠缺损修复等。1996年，市人民医院口腔科与放射科合作，开展介入放射经颞浅动脉超选择插管化疗头颈恶性肿瘤科研项目。该项目获1997年省医药科技进步二等奖。2000年，市人民医院口腔科引进直丝弓矫治技术和烤瓷牙修复技术。市中医医院口腔科、车逻中心卫生院口腔科能进行牙齿整畸、烤瓷牙修复手术。2000～2005年，市内各医院和卫生院口腔科、私人牙科诊所均装备或更新油泵牙科升降椅、高速滑轮牙钻等牙科技术设备，并开展烤瓷牙装配（烤瓷牙在市外专业生产企业定制）。

六、传染科

80年代，县人民医院传染科采用综合基础治疗技术治疗重症肝炎、肝肾综合征，取得较好疗效。90年代至2005年，乡镇（中心）卫生院专设传染病房，市人民医院传染科引进多项治疗病毒性肝炎的新技术、新方法。应用干扰素治疗丙型病毒性肝炎，应用促肝细胞生长因子治疗重症肝炎，应用高压氧治疗肝炎、为肝硬化伴腹水病人施行腹水回输，应用氦氖激光治疗仪治疗慢性迁延性肝炎，应用拉米呋啶、苦参素等抗病毒药治疗乙型病毒性肝炎，应用腺苷蛋氨酸治疗慢性重型病毒性肝炎。

七、理疗科

80年代初，县人民医院、县中医医院先后设立理疗室，装备超短波电疗机、超声波中频治疗机、红外线灯、音频治疗机、短波治疗仪等理疗设备，治疗神经痛、腰肌劳损、颈椎病、带状疱疹、软组织损伤、无菌性炎症、肌肉痉挛、骨刺（骨质增生）、盆腔炎等疾病。90年代，市第二人民医院、乡镇（中心）卫生院装备骨质增生治疗仪、红外线治疗仪、类风湿治疗仪、紫外线治疗仪等理疗设备，治疗风湿性关节炎、骨质增生、慢性腰腿痛、胃炎、神经痛和银屑病等疾病；市中医医院装备直流叠加低频脉冲电疗仪、超短波治疗仪，治疗附件炎、肠粘连、肩周炎、关节炎、颈椎病等疾病；市人民医院装备红外频谱仪、科圣治疗仪，治疗软组织损伤、神经衰弱、植物神经功能紊乱等疾病。1998～2005年，市第二人民医院引进二氧化碳激光治疗仪、纳米激光治疗仪治疗体表小肿瘤和各种疣。

八、麻醉科

80年代，县人民医院、县中医医院均装备麻醉机。县人民医院将控制性降压、人工低温用于神经外科和耳鼻喉手术，采用特殊麻醉成功施行颅内肿瘤切除、甲状腺瘤切除等复杂手术。90年代，各级医疗机构麻醉技术不断提高，中心卫生院与乡镇卫生院均配有专兼职麻醉医生，开展蛛网膜下腔阻滞麻醉、硬膜外阻滞麻醉，三垛中心卫生院还开展全身麻醉。1993年，市人民医院麻醉科应用肺量计对手术病人施行术前测定和术后监护，运用无创性血氧饱和度测定仪进行血氧饱和度测定，应用曲马多注射液肌肉注射、静脉滴注、硬膜外给药替代杜冷丁术中、术后止痛，应用纳洛酮抢救休克及心脏骤停患者。1994年，该科开展呼气末二氧化碳监测。2000～2005年，该科采用腰麻—硬膜外联合麻醉技术，开展氨氟醚吸入麻醉；采用硬脊膜外给药治疗癌性疼痛；应用微量泵经硬膜外给药进行术后镇痛；应用万可松替代司可林进行全身麻醉，施行食道癌根治术；以异丙酚替代硫喷妥钠和普鲁卡因，为高龄患者施行手术麻醉。

九、医技诊疗

放射科　80年代，县人民医院放射科和县中医医院放射科相继装备大功率、高性能X线机，乡镇卫生院配备有30毫安至50毫安X线机。90年代，市人民医院放射科引进骶裂孔显影、下颌骨全景断层摄片等技术，开展X线下肝癌、肺癌、膀胱癌动脉灌注及栓塞治疗，经皮穿刺诊断治疗肾囊肿等技术。1993～1994年，市人民医院、市中医医院先后装备CT机，运用CT技术诊断腰椎间盘突出、慢性硬膜下血肿、颅内转移瘤、脊椎转移瘤、脊柱外伤等疾病。1996年秋，市第二人民医院在市内首家引进深部X射线治疗机，开展皮肤肿瘤放射治疗。1999年，三垛中心卫生院率先装备应用C型臂X线机（床边X线机），施行骨科手术。2001年，市人民医院装备医用核磁共振仪。2005年8月，市中医医院放疗中心投入运行，开展肿瘤放射治疗。

检验科　1988年，县人民医院设立检验科，分设临床检验、生化检验、微生物学检验、免疫血清检验等4个检验室。1990年后，县人民医院相继开展抗精子抗体测定，甲型肝炎抗体测定，梅毒血清不加热反应素玻片试验和血清丙酮酸测定，C-反应蛋白测定，肌酸激酶和抗核抗体检测，丙型肝炎抗体和血清载脂蛋白AI及B测定，癌胚抗原，三碘甲状腺原氨酸、甲状腺素等检测，游离T3、游离T4测定，戊型肝炎抗体和人类免疫缺陷病毒抗体检测，谷草转氨酶、乳酸脱氢酶和肌酸激酶同功酶检测。1998年，该院引进全自动血球计数仪应用技术，开展平均红细胞血红蛋白含量、平均红细胞血红蛋白浓度、红细胞体积分布宽度、血小板体积分布宽度、血小板容积等血细胞检验和绒毛膜促性腺激素测定。2000年，开展胰岛素、胰岛素抗体、C肽、前列腺特异性抗原、甲状腺球蛋白抗体、甲状腺微粒体抗体等检测。至2005年，市内中心卫生院和15个乡镇卫生院相继开展肝功能、电解质和肌酐、尿素氮式、血糖、血脂等生化检验项目，应用全（半）自动血球计数仪、尿检测仪等技术，三垛中心卫生院开展免疫血清学检验。

图30-1　医技人员进行化验分析

病理科　80年代中期，县人民医院应用内窥镜进行活体组织检查，收集体腔、管道排出物、刮下物、冲洗物，开展体液细胞学和脱落细胞学检查；县第二人民医院病理室开展外科活体组织检查诊断，应用快速冰冻切片技术、组织化学方法和神经纤维染色、胶原纤维三色染色等特殊染色法，开展麻风病理学研究。1988年，该室引进快速石蜡切片技术，开展肿瘤快速病理诊断。1994年，市人民医院病理科开展特殊染色，应用网状纤维染色鉴别癌肿与肉瘤，应用巴氏染色鉴别宫颈癌，应用抗酸染色鉴别结核性肉芽肿。此后，应用快速石蜡切片技术开展肿瘤快速病理诊断。90年代至2005年，市中医医院、临泽中心卫生院、三垛中心卫生院和城北医院相继增设病理科，开展外科活体组织检查诊断。

超声波　1983年，县人民医院在全县装备首台B超。1985年，县人民医院、县中医医院购置超声心动图机，临泽地段医院在县内地段医院中率先装备B超。1989年，县人民医院装备ALOKA630型B超，运用其二维扇形扫描功能检查诊断疾病。1991年，市卫生局开展创建"B超普及市"活动，市人民医院相继装备SSD-630型B超、EVB-420型B超，市中医医院和市妇幼保健所相继装备日本产B超。1996年，市人民医院装备HP全身彩色多普勒超声诊断仪，开展肝、胆、脾、肾、腹膜后等腹部超声检查，妇科及产科超声检查，颅脑、眼球、甲状腺、乳房、睾丸等小器官超声检查，胸腔积液、腹水、羊水等超声定位检查，运用介入超声技术引导穿刺，治疗腹腔、胸腔肿块，诊断心血管疾病。1997年，市人民医院装备彩色B超。2000年4月，城北医院装备眼科A/B超声诊断仪。12月，市人民医院引进BME-100型眼科A超。2005年，全市医疗卫生机构装备各种型号B超55台。

心电图　80年代初至1990年，乡镇（中心）卫生院均装备心电图机，将心电图技术应用于临床。县人民医院装备应用心电监护仪、24小时心电记录仪、心电遥测仪、心向量仪。1998年，市人民医院和市中医医院先后应用24小时动态心电图仪，对心律失常进行定性定量分析诊断，对冠心病及无痛性心肌缺血进行检查诊断，对心脏起搏器功能进行评价。是年，该院装备美国惠普公司HP1772型三导联心电图机，开展阿托品试验、心得安试验、双倍二级梯运动试验等项目，提高急性心肌梗死诊断水平。2000～2005年，市中医医院、三垛中心卫生院和临泽中心卫生院相继应用动态心电图技术。

脑电图　1984年，县人民医院引进脑血流图仪，检查诊断脑血管疾病、高血压病、眩晕症、妊娠高血压综合症等疾病。1987年，县中医医院装备脑电图仪，检查诊断癫痫、脑炎、脑肿瘤、脑外伤、脑血管意外、血管神经性头痛等疾病。90年代至2005年，市人民医院、市第二人民医院、临泽中心卫生院相继装备脑电图——脑地形图仪，将脑电图技术应用于内科、精神科临床。

血液透析　1992年，市中医医院建立苏北地区同级医院规模最大的血液净化中心，开展血液透析、血液灌流、血液滤过等治疗项目，治疗急慢性肾功能衰竭、急性药物或毒物中毒、充血性心力衰竭等疾病。1993年，该中心运用血液透析技术成功抢救流行性出血热合并急性肾功能衰竭20例，成功救治一名鱼胆中毒合并急性肾功能衰竭的12岁儿童。1998年，市人民医院设立血透室。至2005年，市人民医院和市中医医院运用无肝素透析、低分子肝素透析、碳酸氢盐透析、高钠序贯透析，治疗急性和慢性肾功能衰竭、急性左心衰竭、高钾血症、安眠药中毒等疾病。

医用高压氧舱　1986年10月，城南医院设立医用高压氧舱治疗室。1993年、1996年，市人民医院、临泽中心卫生院又先后设立医用高压氧舱治疗室。2003年，市中医医院设立医用高压氧舱治疗室。至2005年，各医院主要应用高压氧舱治疗技术治疗急性一氧化碳中毒、突发性耳聋、脑梗死、脑外伤后遗症、骨软组织坏死、新生儿缺血缺氧性脑病等疾病。

第三节　护　理

一、护理技术

80年代，县人民医院手术室护理人员始用血液回输技术，为病人输血；急诊室护理人员采用气管插管技术，开展急救护理；内科护理人员应用心电图、基础代谢测定等技术，开展心脏起搏、腹膜透析护理；外科护理人员开展胸外科、骨科、普外科、泌尿外科等专科护理。90年代，该院护理人员实行办公室（病案）护士、治疗班护士、护理班护士“月班制”。并加强护理业务培训，开展护理“练兵”活动。2000～2005年，驻城医院开展“护士形象与礼仪”教育，树立先进典型，提升护理人员形象和技术。城南医院开设老年关怀康复病房，为生活不能自理的老年病员提供基础护理和生活护理。护理人员还指导病员使用康复器材，开展康复训练。

二、护理模式

80年代中期，全县医院护理模式从实施基础护理，逐步转移到“以病人为中心、以护理程序为核心”的责任制护理。县人民医院以五病区为试点病区，将病区45张床位的护理责任全部落实到每个护士，做到“床床有人护、时时有人问”。90年代，全面推行护理责任制。2000年起，市人民医院探索以“满足病人需求，促进患者康复”为目标的系统化整体护理模式，制订标准护理办法，开展标准护理教育，并建立试验病区和护理质量考核小组，将考核结果与科室和护理人员绩效收入挂钩。至2005年，全市医院共有12个病区推行系统化整体护理模式，其中市人民医院有10个病区、市中医医院和市第二人民医院各有1个病区。

第四节　医疗服务

一、门诊

1986年，全县医疗机构门诊总人数120.86万人次。1987年，县人民医院开设专家门诊，医院内科、外科、儿科、妇科主任和学科带头人每周门诊不少于两次。此后，县中医医院亦开设专家门诊，各中心卫生院和乡镇卫生院相继开设专科门诊。80年代后期，县属医院相继推出假日门诊、夏日门诊、方便门诊、健康咨询门诊和特约门诊等服务。县皮肤病防治院与省工人医院皮肤科建立纵向医疗技术联系，开展专家预约门诊服务。1989年，全县医院门诊总人数121.06万人次。其中，县人民医院门诊18.42万人次，县中医医院门诊10.28万人次；中心卫生院门诊18万人次，平均每所中心卫生院每日门诊82人次；乡镇卫生院门诊74.36万人次，平均每所乡镇卫生院每日门诊70人次。1992年，市人民医院、市中医医院、城北医院、城南医院和三垛、临泽、送桥等乡镇（中心）卫生院设置门诊导医台，配备轮椅、担架、雨具等用品供门诊病人使用，免费供应开水、测量血压。市人民医院、市中医医院还设立“门诊大堂经理”。1999年，市人民医院在门诊大厅设置触摸式查询系统。2005年，全市医院门诊总人数121.4万人次，其中市人民医院门诊24.55万人次、市中医医院门诊15.65万人次、市第二人民医院门诊6.47万人次、乡镇（中心）卫生院门诊74.73万人次。

二、急诊

80年代中后期，县卫生局对医院急诊任务、急诊范围、急诊室建设、急诊管理、急诊抢救人员配备做出规定。县人民医院首家成立急诊科，内设急诊抢救室、急诊观察病房，配备相应专职医护人员和急救器械设备。1986年，全县医疗机构急诊抢救危重病人3200人次。1988年，县卫生局把急诊工作纳入文明医院考核标准，各医院实行24小时应诊，建立急诊、抢救记录。至90年代，全市医院均建立急诊室（抢救室），初步形成市乡村三级救护网。1991年，市中医医院亦建立急诊科，按照二级甲等中医医院评审标准，设有急诊抢救室、清创室、留观室等，并配备救护车和急诊器械设备，承担院前急救、院内抢救、转诊等一条龙式救治任务。1997年6月，市人民医院开通“120”急救专线电话。2000年，市人民医院建立急救中心，实施“120”和“110”联动，形成院前急救与院内急救的快速通道。至此，全市初步建成城乡一体，卫生部门与公安、交通等部门互动的医疗急救体系。

至2005年，市属各医院、中心卫生院和乡镇卫生院均设有抢救室，年均急诊人数在3万人至4.5万人之间。

三、住院治疗

1986年，全县医疗机构收治住院病人2.66万人次。其中，县人民医院4976人次，床位使用率91.8%；县中医医院1369人次，床位使用率82.9%。三垛中心卫生院、汤庄乡卫生院分别开设骨伤科病区、痔科病房。1987年，县人民医院建成外科大楼，收治住院手术病人比1986年增长40.7%。90年代，随着医院床位不断增加，有条件的医院开设分科病房。市人民医院设有内科、外科、妇科、儿科、传染科5个病区，每个病区分设若干分科床位。市中医医院住院部开设妇产科、骨科、肛肠科、内科、外科床位。1993年后，市人民医院、菱塘回族乡卫生院、卸甲镇卫生院、甸垛镇卫生院等相继开设高档病房。1999年，城南医院设立老年关怀康复病房，为老年病人提供医疗、康复、护理、生活一条龙服务。2000年，市属医院均达到省卫生厅颁布的《江苏省医院评审细则》规定的病房床单元设施标准。市人民医院设11个病区、340张床位，市中医医院设3个病区、140张床位，市第二人民医院设2个病区、45张床位。乡镇卫生院床位逐步增加，平均每千人占有床位1.38张。2005年，全市医院实有床位1554张，收治住院病人3.53万人次，医院床位使用率56.69%。

四、扶贫、援外医疗

80年代，全县农村实行联产承包责任制，各医院组织医务人员以巡诊和救灾防病的形式支农。1991年起，市卫生局每年组织市属医院开展送医疗下乡活动。1996年，各市属医院派医务人员到伯勤、马棚、龙虬等乡镇共义诊364人次。1997年，市人民医院与周山乡卫生院、市中医医院与沙堰镇卫生院结对挂钩，开展"一帮一"活动。1999年2月，市扶贫协会卫生分会组织由离退休医务人员组成的专家组，分别到周巷、平胜、汤庄、菱塘等乡镇开展义诊活动，累计义务门诊1223人次。2000年起，市属医院在送医下乡活动中，对孤寡老人、军烈属等困难群体医疗费用实行"两免八减半"（"两免"：免挂号费、注射费；"八减半"：减半收取针灸费、化验费、透视费、B超费、推拿费、心电图费、手术费、住院费）。2003年起，市内非营利性医疗机构开设"慈济窗口"，对未参加基本医疗保险、享受最低生活保障金的城镇居民就医，免收门诊诊疗费，减半收取住院诊疗费、护理费，每次医疗收费减免30%（药品除外）；对重点优抚对象实行"两免八减半"优待。

2003年7月，市中医医院副院长、副主任医师任为民参加中国第20期援助坦桑尼亚联合共和国桑给巴尔医疗队，在桑给巴尔阿卜杜拉·姆提医院开展援外医疗服务工作2年。2005年，任为民归国后，被扬州市政府授予二等功。

五、残疾人康复医疗

80年代，县第二人民医院开展麻风病畸残矫治。90年代，市人民医院、市中医医院、城北医院开展治盲复明工作。1996～2000年，全市医院共施行白内障摘除手术1020例、小儿麻痹后遗症矫治手术173例。2001～2005年，市人民医院承担市残疾人联合会"光明行动"任务，每年免费施行白内障摘除手术100多例。

六、健康体检

80年代起，由县属医院参与和开展的各项体检项目有年度征兵体检、年度招生体检、各批次招工体检、定期与不定期各类人群的健康体检等。在征兵体检中，80年代，县属医院选派医生到县征兵办公室体检站，对应征青年进行体检。90年代，市征兵体检站对进站体检人员实行封闭式体检，全面推行"谁检查，谁签字，谁负责，主检医师负全责"的体检工作责任制；乡镇卫生院目测初检工作实行院长负责制。在招生、招工体检中，在市人民医院设立体检站，抽调相关各科医生进行体检。2001年起，居民健康体检从市人民医院独家承担，变为由市人民医院和市中医医院共同负责。1986～2005年，全市累计完成征兵体检3.25万人次、招生体检6.8万人次、招工体检1.57万人次、居民健康体检28万人次。其中，仅2005年一年，市农村新型合作医疗委员会首次为全市参加新型农村合作医疗的农民免费体检14.81万人次。

第五节　医学教育与科研

一、中医师承教育

1985年，受扬州市卫生局委托，扬州市高邮卫生职工中等专业学校举办中医带徒班，生源来自扬州市各县（市），招收中医学员48人。带徒班采取“学校制”与“师承制”相结合的方法，学制3年，学员先学习理论1年，然后随师临床实习2年，学员学习期满，经书面考试和临床考核合格，由学校发给相当于中专学历的结业证书。1991年，市中医医院主治中医师陈国丰拜全国中医耳鼻喉科专家干祖望为师，于1994年获卫生部、人事部、国家中医药管理局颁发的干祖望教授学术经验继承人出师证书，并于1995年7月参加国家中医药管理局在北京人民大会堂召开的全国名中医学术经验继承出师大会。2000年，市卫生局选派5名年轻中医随知名老中医师学习，继承他们的中医学术经验。2005年12月，根据《高邮市杏林薪传项目实施计划》，市卫生局举办青年中医师拜师仪式，11名青年中医分别拜石庆培、谈华、樊家驹、胡兴才、李大卓、庄兆坤为师。

二、医学学历教育

详见第二十六篇《教育》第六章《中等职业技术教育和成人教育》第三节《学校简介》（第977页）。

三、临床进修

1985年，县内医疗卫生机构通过成人高等教育入学考试的有12人，被南京中医学院函授大学录取，经过4年学习，全部取得大专文凭。1989年，有25人被上海中医学院函授大学录取，经过4年学习，全部取得大专文凭。90年代，全市医疗卫生机构有84人取得各类函授大学大专文凭，获得国家成人自学考试大专文凭的职工逐步增多。2000年，全市医疗卫生机构参加大专学历自学考试的职工149人，获得大专文凭48人。同时，中心卫生院和乡镇卫生院先后有17人参加高等医学院校开办的临床医学专业证书班学习，经过学习，全部取得临床医学专业证书。至2005年，全市医疗卫生机构有488名医护人员通过卫校内招、定向委培、函授、成人自学考试、报考临床医学专业证书班等形式，提高文化和专业技术，进行临床进修。

四、卫生科技与研究

80年代起，各医院重视医疗技术引进、交流与研究。县属医院先后引进彩色B超、电子胃镜、腹腔镜、血液透析机、CT机等先进医疗设备，应用于诊疗危重、复杂、疑难疾病。1990～2000年，市人民医院引进重要医疗技术项目148项。2001年10月，市人民医院引进核磁共振技术。2004年，全市引进填补市内空白的新技术7项。其中，三垛中心卫生院在扬州市同级医院中首家引进腹腔镜技术。2005年，市中医院购置放疗设备，引进并应用放疗技术治疗恶性肿瘤。至是年末，全市医疗卫生机构共引进新技术、新项目434项；每年组织赴市外参加学术会议的医务人员150～250人，其中市中医医院主任医师丁宏村、市人民医院副主任医师黄家珩、市第二人民医院副主任医师顾昌林先后赴韩国、印度参加国际中西医优秀成果、老年医学学术、麻风学术等学术交流会议，并提供交流论文；全市医务工作者获扬州市以上科技成果奖8项，其中省部级2项、厅级2项、处级4项，另有高邮市奖励项目69项，获批国家专利2项；全市累计发表专业论文（文章）1500多篇，其中在国际相关刊物或会议上发表4篇、在国内省以上学术期刊发表900多篇。

1988～2000年高邮市获省以上医疗卫生科研成果一览表

表30-1

年份	姓名	科研成果（论文）	获奖（发表）	授奖（主办）单位
1988	顾昌林	临床治愈麻风病人胫后神经组织病理研究	卫技成果二等奖	省卫生厅
1989	詹文俊	肠蠕虫病综合查治优化方案	科技进步四等奖	省政府
1993	冯建新等	差示分光光度法测定复方庆大霉素注射液中TMP含量	《英国分析化学文摘》刊载	英国皇家化学学会主办
1994	顾昌林等	麻风流行区临床感染前瞻性调查	科技成果完成奖	国家科委
1997	施卫兵	介入放射经颞浅动脉超选择插管术前化疗头颈恶性肿瘤临床研究	科技进步二等奖	省卫生厅
1998	丁宏村	论中西医结合的人才培养	国际中西医优秀成果交流研讨会交流	中国保健科学技术学会、韩国盛卿医疗集团
1998	黄家璜	青光眼小梁切除术并白内障囊外摘除、人工晶体植入临床体会	第一届华人眼科学术大会暨第七届全国眼科学术会议交流	全国眼科学术会议组委会（北京）
1999	黄家珩	老年慢性肾衰38例临床分析	亚洲及大洋洲第六届老年医学学术大会交流	亚洲老年医学学术大会组委会（韩国汉城）
2000	顾昌林	市场经济条件下对麻风病“三早”（早发现、早诊断、早治疗）的因素影响及对策	亚洲国际麻风学学术交流会交流	亚洲国际麻风学学术交流会组委会（印度阿格拉）

五、青蒿抗疟研究

县内民间服用青蒿预防、治疗疟疾（俗称“打摆子”）历史久远。1967年，国家启动“523”项目，旨在寻求新型抗疟药物，并在全国范围内开展征集药物、方剂活动。县卫生局和县卫生防疫站上报用青蒿治疗疟疾等10种民间土方、验方。南京地区“523”中草药研究小组指示高邮提供相应的资料和数据，高邮立即以县卫生局、县卫生防疫站为主，成立专门小组开展该项工作。参加此项工作的先后有李定国、陆子遗、王琦、钱道宏、夏治平、陈松、葛正开等卫生、防疫干部和医务工作者。各地段医院、公社卫生院均明确专业人员、农村“赤脚医生”参与研究与调查。

70年代初，国家“523”项目组负责人之一的屠呦呦一行4人，就青蒿抗疟到高邮重点试验单位龙奔公社开展专项实地调研。在该公社焦山生产大队随机抽取疟疾患者20人，使用高邮农村一贯采用的青蒿熬制汤药方法，进行服用，试验效果很好。项目组认定：一是青蒿治疗疟疾肯定有效，二是没有毒性，三是高邮使用的下水“余一下”的传统方式煎煮青蒿汤药治疟效果佳。是时，推广中草药基础好、被列为青蒿防治疟疾重点试验单位的二沟公社、车逻公社和合生产大队等社队，亦取得较好试验效果。

1975年1月，县卫生局副局长李定国、龙奔公社焦山大队“赤脚医生”顾文海、二沟公社卫生院医生陈立友作为全国青蒿抗疟科研协作单位之一——高邮县的代表，受邀参加在北京召开的全国青蒿抗疟科研工作座谈会。3月，王琦、钱道宏、夏治平通过对龙奔公社焦山生产大队、车逻公社和合生产大队、二沟公社等地青蒿抗疟的调研，在《陕西医学杂志》上率先发表《青蒿治疗疟疾125例疗效观察》一文。1976年6～10月，县青蒿抗疟小组通过对高邮农村5个实验区、26个观察点、24万多人的统计调查，服用青蒿预防和治疗疟疾的人群发病率，比1975年同期下降50%；服用青蒿治疗现症间日疟201例，有效率89%。其间，卫生部又一次派遣所属中医研究院人员到高邮访问调查，肯定青蒿预防和治疗疟疾疗效，确认高邮试验成功。

1978年5月，由县卫生局李定国、陈松、葛正开等3人署名的“青蒿抗疟研究”项目，获得全国科学大会奖。11月，县卫生局干部陆子遗作为高邮县代表，参加在扬州市召开的青蒿素治疗疟疾科研成果鉴定会，会上通过县卫生局提供的青蒿预防和治疗疟疾的试验与调研成果。1981年3月，县卫生局被卫生部、国家科学技术委员会、国家中医药管理局、中国人民解放军总后勤部联合授予“疟疾防治研究工作有重大贡献的先进集体”称号。1982年，“青蒿抗疟研究”项目获县科技成果三等奖。

70～90年代，高邮制药厂开发青蒿制剂生产，以青蒿为原料，制成丸剂、散剂、片剂等，供临床应用和市售，收到治疗疟疾的良好效果。

附：青蒿（黄花蒿）治疗疟疾民间验方

青蒿（菊科植物黄花蒿Artemisial全草）干草30克，水200～300毫升，氽汤，于疟疾发作前1～2小时口服。鲜草剂量加倍，效果更佳。

（注：国家青蒿抗疟科研项目先后两次获国际大奖。其中，2011年9月，由时任国家该项目负责人、中国药理学家屠呦呦获拉斯克临床医学奖。2015年10月，由时任国家该项目负责人、中国药理学家、中国中医科学院中药研究所首席研究员屠呦呦获诺贝尔生理、医学奖）

第四章　疾病预防与控制

1986年，全县始建以县卫生防疫站为中心、以乡镇（中心）卫生院为纽带、以村卫生室为基础的三级疾病预防控制组织网络。县政府爱国卫生运动委员会负责对卫生防疫工作进行组织、领导、协调和监督。2004年，市疾病预防控制中心成立后，承担全市卫生防疫和传染病的管理、监督、业务指导职能；各乡镇卫生院预防保健所负责辖区内疾病预防控制工作。

第一节　计划免疫

80年代，全县各级卫生防疫单位加强计划免疫设施建设，逐步推行门诊接种日制度。1986年，全县完成儿童免疫预防接种31.28万人次，“四苗”（卡介苗、脊髓灰质炎糖丸疫苗、百日咳白喉破伤风三联疫苗、麻疹减毒活疫苗）覆盖率85.7%。1989年3月，卫生部对高邮县计划免疫工作进行考核，随机抽查28个乡镇、30个村、210名儿童，“四苗”合格接种率99.52%，确认高邮县提前达到并超过以县为单位儿童预防接种率85%以上的标准。90年代，全市卫生防疫单位开展创建计划免疫规范门诊活动。1992年，市卫生局确定平胜、界首、送桥、郭集、沙堰、甸垛、龙虬、川青8个乡镇（中心）卫生院和城北医院防保所为计划免疫规范化门诊试点单位。1993年，计划免疫规范化门诊在全市推开。至1995年，乡镇（中心）卫生院计划免疫门诊均达到规范化要求，成为扬州市第一个所有乡镇卫生院计划免疫门诊实现规范化的市（县）。1996年3月，高邮市接受全国计划免疫第三个85%目标评审。专家评审组随机抽样检查汉留镇月龄12～24个月儿童29人，建卡率、“四苗”覆盖率100%，卡疤率95.8%，乙型肝炎疫苗接种率100%，确认高邮市超过以乡为单位儿童“四苗”覆盖率85%以上的标准。2000年9月，市卫生局对各乡镇预防接种工作进行专项检查。检查组随机抽查7岁以下儿童231人，建卡率100%，“四苗”覆盖率99.57%，及时覆盖率92.21%，其中卡介苗、脊髓灰质炎糖丸疫苗、百白破三联疫苗合格接种率100%，麻疹减毒活疫苗合格接种率99.57%，乙型肝炎疫苗合格接种率92.64%，甲型肝炎疫苗合格接种率92.21%，风疹疫苗合格接种率69.7%，流行性腮腺炎疫苗合格接种率89.61%，流行性乙型脑炎疫苗合格接种率93.51%，流行性脑脊髓膜炎多糖体菌苗合格接种率82.99%。

至2005年，全市逐步完成计划免疫工作系列化、程序化、规范化。是年，儿童计划免疫保偿率98.36%，各种疫苗基础及加强免疫接种率98%；开展0～4岁儿童预防脊髓灰质炎疫苗查漏补服工作，服苗率97.9%以上；“四苗”单苗合格接种率98.7%以上，“四苗”覆盖率98%。

第二节 传染病防治

80年代，县卫生局对传染病疫情进行规范管理与防控。发现甲类传染病或疑似病人，城区医疗卫生机构限在6小时内向县卫生防疫站报告，农村医疗卫生机构限在12小时内报告；发现乙类传染病及疑似病人，城区医疗卫生机构限在12小时内报告，农村医疗卫生机构限在24小时内报告；发现暴发性疫情及时报告。县卫生防疫站接到甲类传染病报告后，立即到现场作疫点处理；卫生院防疫组在接到乙类传染病通知的72小时内，赶到现场，作流行病学调查及疫点处理，对病人的排泄物、衣物、用具、交通工具和污染场所进行终末消毒，力求早发现、早隔离、早治疗。1997年，市卫生局组织急性传染病管理执法大检查，依法处罚违反传染病报告制度的医疗单位2家。2000年，全市传染病报告率98.9%，流行病学调查率、疫点处理率均为95.5%。2005年，全市共发生法定报告传染病10种、1602例，法定传染病报告发病率193.69/10万。

一、病毒性肝炎防治

1986年，全县发现病毒性肝炎病259人，发病率32.09/10万。1989年，全县发现病毒性肝炎病人1323人，发病率160.38/10万。1990年，发病人数增至1912人，发病率上升到230.47/10万。1992年初，高邮市被省卫生厅列为全省病毒性肝炎防治8个重点市（县）之一。3月，市政府召开有卫生、教育、宣传、工商、公安、商业等部门负责人参加的防治病毒性肝炎协调会，落实防治措施。是年，全市发现病毒性肝炎病人2757人。1994年起，市卫生防疫站每年以学生、儿童、乡镇企业职工、饮食行业从业人员为主要免疫对象，接种甲型肝炎疫苗和乙型肝炎疫苗；市人民医院检验科对献血人员进行丙型肝炎抗体测定。经综合防治，全市病毒性肝炎，特别是甲型肝炎发病率逐渐下降。1997年，全市报告甲型肝炎321例、乙型肝炎244例、肝炎（未分型）11例。1998年，市内始见报告丙型肝炎5例、戊型肝炎4例。2000年，全市发现病毒性肝炎病人416人，发病率49.89/10万。2003年7月，乙肝疫苗接种纳入儿童计划免疫。2005年，全市报告病毒性肝炎425例，发病率51.38/10万，其中甲型肝炎53人、乙型肝炎227人、丙型肝炎12人、戊型肝炎46人和肝炎（未分型）87人。

二、结核病防治

1986年，据县结核病防治所调查统计，全县结核病患病率349.16/10万，因结核病死亡160人，其中肺结核死亡55人，结核病死亡率在主要疾病死亡率中从第三位降到第七位。1988～1989年，全县共治管结核病人967人，系统治管病例投药率100%，规则服药率95%，治愈率89.56%，菌阳转阴率94.31%。1990年，全县共有肺结核患者1435人（Ⅰ型患者56人、Ⅱ型患者642人、Ⅲ型患者737人），其中活动性肺结核患者698人、非活动性肺结核患者737人，患病率172.97/10万。1995年10月，高邮市被省结核病防治所确定为结核病疫情监测点，市结核病防治所确定马棚乡和卸甲镇为结核病疫情监测点。

2000年,全市发现肺结核病人246人,发病率再次降到29.50/10万。2001年后,全市结核病防治工作实行归口管理,由市卫生防疫站负责定诊,各医疗单位协助治管。2003年6月,市卫生防疫站在全市组织开展结核病线索调查,共调查30岁以上人群10万人,查出结核病线索病人3100例。2005年,市政府办公室印发《关于进一步加强结核病防治工作的实施意见》,市卫生局制定结核病防治工作方案,全市定点诊疗单位和卫生室、站对结核病患者实行免费治疗。是年,全市结核病网络直报人数766例,其中新发涂阳肺结核病患者468例。

三、流行性出血热防治

1986年,县内发现流行性出血热病14人,死亡1人。1993年,发现该病患者25人,为有记载资料以来发病人数最多年份。各医疗卫生机构采取"三早一就近"(病人早发现、早休息、早治疗,就近治疗)防治措施,运用中西医结合疗法,把好"三关"(休克关、出血关、肾衰关),提高该病治愈率,减少并发症发生。至2000年,全市累计发现流行性出血热病人181人。2001～2005年,全市每年发现流行性出血热病人各1例。

四、流行性脑脊髓膜炎防治

1985年起,全县各级卫生防疫机构以抓好儿童基础免疫和流脑发病地区15岁以下儿童应急接种工作为重点,开展流脑预防工作,该病发病率明显下降。1986年,全县报告流脑36例,发病率0.45/10万。1990～1998年,全市累计发现流脑病人16人,年发病率均在0.06/10万以下。2002年,市内报告1例。2003年11月,市卫生防疫站对全市12万名2周岁至15周岁儿童接种新型"A+C"群流行性脑脊髓膜炎球菌多糖体菌苗。2004～2005年,全市未发现流脑病患者。

第三节　寄生虫病防治

一、肠道寄生虫病防治

1989年10月,高邮县被列入全国人体寄生虫分布抽样调查县,确定高邮县属于人体寄生虫"以十二指肠钩虫为主,蛔虫、蛲虫、鞭虫等为次的混合感染地区"。此后,市(县)卫生防疫站按照综合驱虫方案对感染者进行驱虫治疗。治疗后复查显示,顿服丙硫咪唑(肠虫清)对治疗蛔虫病和蛲虫病效果最佳,对钩虫病次之,对鞭虫病最差,加服酚嘧啶可提高治疗鞭虫病效果;复方甲苯咪唑为广谱驱虫药,采用两日疗法治疗蛔虫病、鞭虫病效果明显,治疗钩虫病效果稍差。1992年,市卫生局制定《高邮市寄生虫病防治规划与实施方案》。1994年,按照"由点到面、防治结合、统筹安排、逐步推进"的原则,实施全民性集体驱虫和以行政村为单位的整群连片集体驱虫,同时抓好重点人群防治。市卫生局对防治工作实行"四统一",即统一归口管理、统一供药渠道、统一服药对象、统一收费标准。各地严格掌握禁忌症,做到专人发药,看服下肚,保证服药治疗安全性和可靠性。1994～2000年,各地应用驱虫康(甲苯咪唑药糖)实施集体服药,共驱虫治疗104.39万人次,其中以乡为单位居民整群服药29.45万人次、以村为单位居民整群服药29.37万人次、重点人群服药36.44万人次、门诊治疗和其他方式服药9.13万人次。在进行药物防治的同时,各地加强肠道寄生虫病防治知识宣传,纠正不卫生习惯,推进改水改厕,改善卫生环境和卫生条件,市内肠道寄生虫感染率明显下降。2005年,全市肠道寄生虫病监测调查阳性患者仅82例。

二、疟疾防治

80年代,全县各级卫生防疫机构开展群防群治疟疾活动,做到春季进行疟疾休止期根治、流行季节实施重点人群预防服药、及时治疗现症疟疾病人，并设立疟疾镜检站，建立疟疾观察点，重点抓好疟疾高发病率地区的防治工作。90年代，全市疟疾防治工作重点转入加强对传染源监测管理，抓好疟疾病例诊查和治管措施落实。1991年，全市发生洪灾后，按照“大灾之后无大疫”的要求，密切监视疟疾疫情动态，规范现症疟疾病人治疗，做好疫点处理，对疑似疟疾病人和不明原因发热病人，采取临床诊断和血片检查相结合方法，予以确诊。是年7月，市卫生局向受灾乡镇下拨疟疾防治药物。9月，对疟疾发病率高的东墩乡，完成预防服药2.33万人次，有效控制疟疾疫情的蔓延和扩散。1995～2000年，市卫生防疫站把外出经商、营销、建筑施工的流动人员和从云南、贵州、四川、安徽等疟疾高发地区进入市内的外来人口，列为疟疾防治重点人群，各乡镇防保所逐月进行调查，登记造册，建立档案，对有疟疾病史人员，每年组织1～2次预防服药。2004年，全市共发生疟疾4例，发病率0.043/万；完成疟疾休止期根治、全程服药7人，全程率100%；共血检发热病人2601人，对1124名流动人员进行疟疾基线调查，其中77人采血送检，检出阳性2例。2005年，市疾病预防控制中心设立中心镜检站，严格开展疟疾镜检工作。至年末，全市发生疟疾病例1例，疟疾发病率0.011/万。

三、丝虫病防治

1985年，省卫生厅组织专家组对高邮县丝虫病防治效果进行考核，确认高邮县达到卫生部规定的基本消灭丝虫病标准（各村微丝蚴阳性率在1%以下）。90年代，全市以疫情监测为重点，开展丝虫病防治工作，阻断丝虫病传播，以达到消灭丝虫病目标。1996年9～10月，市血吸虫病防治站对界首、东墩、卸甲、武宁等4个乡镇的4个村进行蚊媒自然感染情况调查，定点捕捉解剖淡色库蚊3030只，未发现阳性蚊。11月，省卫生厅委托扬州市消灭丝虫病考核组，对高邮市丝虫病防治工作再次进行考核。经检查考核，确认高邮市达到消灭丝虫病标准。2004年，市疾病预防控制中心采用单耳双片法对509人进行血丝虫病监测调查，未发现微丝蚴阳性血症患者。2005年，市疾病预防控制中心在天山镇许巷村开展丝虫病监测调查，共调查501人，未查出微丝蚴阳性患者。至是年，全市连续20年未发现微丝蚴血症者。

第四节 麻风病防治

80年代前，县内为麻风病高发地区。至80年代，麻风病基本被控制。1986年，送桥镇和汤庄乡达到基本消灭麻风病标准，天山、郭集、伯勤、三垛、三阳、横泾、平胜等7个乡镇达到基本控制麻风病标准。90年代，全市麻风病发病率进一步下降，每年麻风病发病人数均在3人以下。1995年，全市有28个乡镇达到基本消灭麻风病标准，5个乡镇达到基本控制麻风病标准。1997年，高邮市被全国麻风病防治工作领导小组授予“全国麻风病防治工作先进集体”称号。至2005年，全市累计发现麻风病病人2761人，其中治（自）愈2569人，死亡、外迁184人，接受治疗8人，全市麻风病患病率0.84/10万，5年平均发病率0.14/10万。

一、防治政策

1986年起，县内麻风病患者每人每年补助216元。麻风病人治愈出院后，给予妥善安置，与正常人一样享受社会生活。1987年，县政府印发《高邮县基本消灭麻风病防治工作规划》，成立县麻风病防治领导小组，创办《高邮皮防简报》，宣传麻风病防治和皮肤病防治知识。1991年起，有关乡镇政府给住院麻风病人和寄养在市皮肤病防治院的治愈病人每人每年发放补助费504元，市民政局按人年均补助市皮肤病防治院500元。1996年，市民政局将该项补助费年人均增加到2000元。同时，市财政局从农业税减免中补助麻风村休养员生活费、医疗费6万元，市民政局补助15.5万元。至2000年，市民政、财政部门累计补助麻风病人生活费322.22万元。2004～2005年，市民政局年补助增加至21.67万元，使麻风休养员生活费不低于社会最低生活标准。

二、防治组织

80年代前，全县建立以县麻风病防治院为中心，以公社卫生院麻风病防治兼职医生为骨干，以大队合作医疗室“赤脚医生”为基础的县、公社、大队三级麻风病防治网络。进入80年代后，随着麻风病发病人数和住院治疗人数减少，全县麻风病防治专业人员逐渐减少。至2005年，全市麻风病防治专业人员从原有的99人减少到32人，乡镇卫生院兼职防治人员仍有33人，兼职乡村保健医生376人。

三、查病

80～90年代，县卫生局采取线索调查、疫点调查、医疗单位报告、皮肤科门诊等措施，及早发现麻风病人。1991～1995年，组织乡镇卫生院开展麻风病线索调查5次，每年按照辖区人口10%～20%的比例进行调查，共调查67.25万人次，登记疑似麻风病病人5人，经市皮肤病防治院复查，全部被排除。1995年12月起，市皮肤病防治院实行麻风病报告奖励制度。2000年后，麻风疫情有所反弹，全市新发麻风病7例、复发2例。2005年6月，高邮市被列为省麻风病可疑者线索调查项目试点地区。8～11月，市卫生局和市第二人民医院根据省定项目方案，组织对高邮经济开发区、汉留镇两个重点区镇和周山镇4个重点村组，进行以现住居民为主的调查和全市原登记麻风病治愈者及其家属的检查。经调查，报告麻风病可疑者37人，推荐率10/万；疑似复查37人，其中列为观察对象4人；排除31人，确诊麻风病例2人，其中兴化市1人、原四川籍1人；全市累计登记麻风病病员2761人，其中原麻风病治愈者复发1人（兴化市居住市内病员）；在现存活麻风病病员中，有Ⅱ级以上畸残643人，其中手残272人、足残231人、眼残140人。

四、治病

1983年10月起，县皮肤病防治院引进并全面推行麻风病联合化疗新技术，按世界卫生组织推荐的联合化疗方案，采用利福平、氯苯吩嗪、氨苯砜联合治疗麻风病人，逐步由住院人身隔离治疗模式向院外服药隔离、社会防治模式转变。县皮肤病防治院收住新发瘤型、偏瘤型和有麻风反应的麻风病患者，细菌学检测转为阴性、麻风反应得到控制、传染性较小的病员转家庭继续治疗。1988年10月，卫生部专家考察组到高邮考察，对高邮县联合化疗效果给予肯定。1989年，县卫生局组织相关医疗机构继续用氨苯砜进行抗复发治疗，免费提供联合化疗药品，各乡镇卫生院选派专业人员，送药到人，看服下肚。1991年9月，由世界卫生组织官员阿贝洛和中国麻风病专家陈家昆、赵西丁、张国成、陈德友组成的世界卫生组织麻风病联合化疗评估团到高邮检查评估联合化疗工作，市皮肤病防治院以97分（满分100分）通过评估。至2005年，市麻风防治机构采用联合化疗共治愈麻风病病人2569人，仍在进行联合化疗的现症麻风病病人8人。

五、畸残康复

80年代，县麻风病防治院在对麻风畸残进行调查基础上，开展畸残康复治疗。1988年6～10月，县卫生局和县皮肤病防治院组织开展麻风病畸残调查，查出Ⅱ级以上畸残麻风病患者746人。是年，县皮肤病防治院给足底麻木和患足底溃疡的117名麻风病人发放保护鞋，以预防和控制足底溃疡发生；对现症麻风病病人施行无痛性神经炎预防性治疗，以降低麻风病畸残率。1989年，县皮肤病防治院创办假肢制作所，为畸残病人制作假肢，并编印《眼、手、足自我保健图解》发给麻风病人，组织病人开展自我保健。90年代，开始实施麻风畸残康复工程。1990年，县皮肤病防治院调查麻风病患者2029人，查出Ⅱ级以上（含Ⅱ级）畸残者1559人，占麻风病患者总数76.8%，其中手残586人、腿残429人、眼残211人、面残193人、足底溃疡140人；在畸残者中，需要手术治疗419人，占畸残病人26.9%，其中手残137人、足残132人、腿残96人、面残54人。县皮肤病防治院和武安乡卫生院赠送县内麻风病患者每人1个康复保健包，内有手足外用药1包、外用护肤油1瓶、《眼、手、足自我保健图解》1册、自我视力测定卡1张，辅导麻风病患者开展自我康复医疗。是年，县皮肤病防治院为畸残麻风病人安装假肢6支，施行矫形手术9例，其中眼矫正2例、足矫正4例、截肢3例。至2000年，全市矫治畸残麻风病人796人，其中64人施行截肢手术、419人施行矫治手术。2001年12月至2002年1月，为配合中国麻风病防治协会、中国残疾人联合会实施麻风残疾人康复计划，市残疾人联合会和市卫生局联合组织麻风畸残康复需求调查。在对1499名存活麻风病人入户见面调查中，接受调查人数1351人，其中Ⅱ级以上（含Ⅱ级）畸残有康复需求的900人；需各类防护用具1324件，其中轮椅47辆、安装假肢36支；需进行手术矫治167例。2003～2005年，市内麻风病畸残患者获得中国福利彩票基金会、省市残疾人联合会和省红十字会的资助，共免费安装假肢22支，配备轮椅30辆，获赠拐杖45根、畸残防护（矫形）鞋200双、手套100双、墨镜100副。

第五节 性病与艾滋病防治

一、疫情

1984年，县皮肤病防治院发现首例淋病患者。1986年，县皮肤病防治院确诊八桥镇一名到广东省打工返乡人员患有梅毒。1989年，全县报告性病34例。1991年，市皮肤病防治院对公路沿线22家个体旅社的40名性病高危人群进行监测体检，查出淋病患者12人，其中男性1人、女性11人。1999年，全市发现性病患者553人，其中淋病510人、梅毒35人、非淋病性尿道炎8人。2000年，郭集镇一名外出打工的女青年感染艾滋病病毒。2004年，市第二人民医院报告县内发现首例艾滋病人，为云南籍贯人。外地转报告菱塘回族乡一名司机感染HIV（人类免疫缺陷病毒）。至2005年，全市报告淋病206人、梅毒73人、尖锐湿疣56人、非淋病性尿道炎31人、生殖器疱疹9人，未发现艾滋病人和HIV感染者。

二、防治

1988年，全县成立性病监测中心，建成以乡镇卫生院、厂校医务室为一级，县级医疗卫生机构、中心卫生院为二级，县皮肤病防治院为三级的性病监测网络。县卫生局确定高邮镇、界首镇、临泽镇、三垛镇为性病监测点，对梅毒、淋病、非淋菌性尿道炎、尖锐湿疣、软下疳、生殖器疱疹、腹股沟淋巴肉芽肿、艾滋病实施监测。各级医疗卫生机构建立性病报告制度，梅毒、非淋菌性尿道炎、尖锐湿疣被列入性病报告卡，由县皮肤病防治院接报汇总上报扬州市皮肤病防治所。县皮肤病防治院建立性病实验室，开展淋病双球菌检查和梅毒血清学检查。是年，开展对旅馆、浴业、驾驶员等高危人群的性病项目体检，在征兵体检中列性病检测项目（主要是体检和梅毒血清学检测），对看守所收容羁押、性罪错人员强制实施性病项目体检，对输血员恢复梅毒血清学检测。全年体检2200人次，报告性病24例。1989年9月，县公安局、县卫生局联合印发《关于坚决取缔卖淫活动，抓好性病监测和防治工作意见》，医疗卫生机构体检增加性病检查项目；县性病防治机构对收审、在押的性病患者进行强制治疗，对性犯罪案件被收审人员、旅馆服务业人员、流动工作人员（含驾驶员、供销员）等高危人群进行性病监测；对性病患者就诊实行严格保密治疗制度。至年末，全县共完成高危人群的监测体检3579人次，报告性病34例。1994年8月起，全市性病诊疗工作由市性病监测中心归口管理、集中诊治。在市人民医院、市中医医院设性病监测点。1998年，全市医疗卫生机构实行性病诊治和性病监测许可证制度。1999年，市人民医院、市第二人民医院、市卫生防疫站建成HIV抗体初筛实验室。2004年1月起，全市医疗单位执行性病艾滋病网上直报和报告卡片直报市疾病预防控制中心。8月，市卫生局印发《高邮市艾滋病抗病毒治疗管理工作的实施意见》，并组建市艾滋病治疗专家组，负责艾滋病诊断、治疗及对相关工作指导。至2005年，全市一直处于严控艾滋病传播和流行局面。

第六节　慢性非传染性疾病和地方病防治

一、精神病防治

80年代，全县初步建成由村卫生室负责报告、乡镇卫生院实行门诊、县精神病防治院收治的精神病三级防治网络。县精神病防治院在高邮镇、三垛镇、一沟乡、周山乡、平胜乡开展精神病流行病学调查，调查12.3万人，查出精神病患者388人，患病率31.55/10万，其中精神分裂症72人、情感性精神病9人、反应性精神病8人、老年性精神病28人、脑血管病伴发精神障碍6人、癫痫性精神障碍5人、精神发育迟滞37人、神经症146人、其他77人。1990年，县精神病防治院举办精神病防治业务讲座，培训乡镇卫生院内科医生、防保医生和厂校卫生室医务人员，指导开展精神病防治工作。1998年3月，市精神病防治院与市皮肤病防治院合并组建成市第二人民医院，设立精神科和脑科病区，引进系统化整体护理模式，取消家属陪侍，提供医疗、护理、生活全方位服务。7月，市卫生局组织精神病发病情况调查，全市共调查34.76万人，查出各类精神病患者834人，患病率24/万。2001～2005年，市卫生局、市残疾人联合会联合开展精神残疾调查与鉴定，实施贫困精神病人免费给药工程。经调查，全市有患者4000多人，其中重度精神病患者近2000人。市第二人民医院精神病区床位使用率85%以上，住院率和业务量明显上升，每年为躁狂特困精神病人减免药费用3.1万元。

二、"慢三病"防治

1997年，市卫生局抽调乡镇卫生院医务人员和乡村保健医生500多人组成"慢三病"（脑血管病、高血压病、糖尿病）调查队，在张轩、伯勤、龙虬等3个乡镇64个村开展调查，受检1.68万人，查出患者1020人，其中脑血管病患者64人、高血压病患者844人、糖尿病患者112人，患病率6.06%。2005年7月，市卫生局印发《高邮市慢性非传染性疾病基础资料调查实施方案》。是年，在汉留镇、高邮经济开发区分别进行高血压、冠心病、脑卒中（中风）、糖尿病等流行病学调查工作，为全市制定社区慢性病综合防治规划和措施、开展系统监测和效果评价提供依据。

三、恶性肿瘤调查

1997年3月，市卫生防疫站对1994～1996年市内死于恶性肿瘤的病人作回顾性调查。调查结果显示，消化道癌肿（胃癌、食管癌）发生率最高，其中男性发生率263.54/10万、女性发生率162.82/10万。按恶性肿瘤前5位死亡率排序，男性依次为：胃癌（105.22/10万）、食管癌（53.60/10万）、肝癌（51.62/10万）、肺癌（16.87/10万）、肠癌（9.82/10万）；女性依次为：胃癌（59.44/10万）、食管癌（35.15/10万）、肝癌（18.61/10万）、宫颈癌（9.82/10万）、肺癌（8.79/10万）。恶性肿瘤死亡人数占患病死亡总人数的比率：40～44岁年龄组49.94%，45～49岁年龄组40.66%，50～54岁年龄组50.0%，55～59岁年龄组60.87%。

四、地方性甲状腺病防治

1986年，县卫生局、县教育局对28个乡镇进行地方性甲状腺病补充调查，每个乡镇随机抽查2～3所中小学校，每校抽查7～14岁中小学生500～600人，受调查学生甲状腺肿大率20%。90年代，市卫生部门加强对该病监测，并进行全面防治。1993年，全市采用口服补碘方法防治该病。学龄前儿童和中小学生分别以居住地和学校为单位，采用整群口服方式进行集体补碘。1995年，市内居民全部食用加碘食盐。1996年1月，市血吸虫病防治站开展地方性甲状腺病抽样调查。全市30个调查点共调查8～10岁学生1200人，查出甲状腺肿大（均为Ⅰ度肿大）196人，肿大率16.33%，其中女性肿大率16.67%、男性肿大率16%。2000年，全市达到消除碘缺乏病国家标准。2001年，全市完成特需人群补碘2.4万人、新生儿甲状腺功能低下症筛查961人。2005年5月，市疾病预防控制中心与市盐务局联合开展全国第十二个“防治碘缺乏病日”活动，全市各学校开展防治学生碘缺乏病健康教育活动。是年，全市完成特需人群补碘1.37万人。

第五章　血吸虫病防治

高邮是江苏省历史上血防重点县（市）之一，主要疫源地分布在高邮湖新民滩、乔尖滩和渌洋湖滩与京杭运河高邮段。1986年，全县血吸虫病防治工作由县委血吸虫病地方病领导小组负责，各乡镇设有血吸虫病防治领导小组。全县共有流行乡18个、流行村130个，达到基本消灭血吸虫病标准。1988年10月，县政府设立血吸虫病地方病防治领导小组，下设办公室（简称血防办），负责血吸虫病防治工作。1989年11月，县血吸虫病防治站（简称血防站）恢复重建，县卫生防疫站血吸虫病防治股、寄生虫病防治股划归该站，与县血吸虫病地方病防治领导小组办公室合署办公，承担全县血吸虫病、寄生虫病、地方病预防、治疗、科研和业务指导职责。1990年，高邮县被省政府、国务院先后确定为全省防治血吸虫病试点县、全国血吸虫病综合防治工作试点县。1992年1月，高邮市被卫生部、农业部、水利部联合授予“全国血吸虫病防治工作先进集体”称号。是年，在湖滨乡新民滩新港闸东侧设立血吸虫病防治基地。1995年，经省、扬州市血吸虫病地方病防治领导小组考核组验收，确认高邮市达到消灭血吸虫病标准。2004年1月，市血防站再度被撤销，和市卫生防疫站合并重组建立市疾病预防控制中心。2005年，全市血吸虫病人群平均感染率从80年代的1%降至1.1/万。至2005年，全境连续32年未发现感染急性血吸虫病人，连续29年未查到感染性钉螺和未发现14岁以下患者，连续20年未发现新感染的病人和家畜，14个血吸虫病流行乡镇（含高邮经济开发区）全部达到卫生部制定的血吸虫病传播阻断标准。

第一节　消灭血吸虫病达标市创建

1990年3月，高邮县被省政府确定为全省防治血吸虫病试点县。5月，副省长凌启鸿到新民滩察看灭螺和水利工作。6月，卫生部部长陈敏章率领国务院血吸虫病防治工作检查组到高邮检查血吸虫病防治工作，并题词“高邮人民有志气，坚送瘟神志不移”，为县血吸虫病防治展览馆题写馆名，为《新民滩悲欢》一书题写书名。12月，高邮市被国务院列为全国8个血吸虫病综合防治工作试点县（市）之一。1993年10月，国务院血吸虫病防治工作检查组和血吸虫病试点县考察组到高邮检查血吸虫病防治工作，对高邮市综合治理血吸虫病成果给予高度评价。

1994年下半年，市血吸虫病地方病领导小组办公室按照省消灭血吸虫病县（市、区）考核标准进行自评，全市达到消灭该病标准。1995年5月，省和扬州市两级血吸虫病地方病领导小组办公室联合组成考核组，对高邮市进行考核。考核组下设查螺、查病两个专业组，指定血吸虫病流行严重的湖滨乡为受考单位，其余17个流行乡镇（场）采取随机抽样方法，确定界首镇胡桥村、东墩乡清潭村为受考单位。考核组在胡桥、清潭村采取框距5米系统样、结合环境抽查2框的方法进行查螺，共查河、渠、沟、塘59条（块）面积6.41公顷，未查到活螺；在湖滨乡新民滩的150个自然滩块中随机抽取6个滩块，采用框距10米、棋盘式落框，复杂环境及有螺可疑环境加查环境框的方法进行查螺，共查湖滩面积61.7公顷，亦未查到活螺。湖滨乡和胡桥村、清潭村受检居民3392人，受检率94.5%，检查结果环沉率大于或等于3%者4人，环卵试验阳性者继以“一送三检”、呢绒袋集卵孵法粪检，未查出粪便阳性者。9月，省血吸虫病地方病防治领导小组印发《关于对高邮市、吴县市达到消灭血吸虫病标准的批复》。1996年3月，国务院血吸虫病综合防治工作试点县考核验收组到高邮考核验收血吸虫病防治工作，对高邮市结合农村经济和社会发展、围绕水利建设和农业生产、改变钉螺孳生环境、综合治理血吸虫病的成果给予肯定。是年6月，经卫生部、农业部、水利部联合检查组考核验收，高邮市血吸虫病综合防治试点工作在全国8个试点县（市）中总分名列前茅，被评为一类县（市）。1997年，高邮市被授予全国血吸虫病综合试点工作一等奖。至2005年，市疾病预防控制中心按照阻断血吸虫病传播的要求，继续以湖滩查灭螺为重点，实行科学防治、综合治理，进行经常化、制度化的检查与考核，有效防止疫情、螺情反复。

第二节 查螺灭螺

一、查螺

1984～1987年，全县在4年查螺中，有3年每年仅发现1只钉螺，有1年未发现钉螺。1988年，县血防办为防止漏查，实行分类查螺，包括普查、轮查和监测查螺等，各乡镇推行查螺承包责任制。是年，全县查出湖滩有螺面积0.67公顷，其中新发现有螺面积0.41公顷。1991年夏，市血防站针对严重洪涝灾害可能引起钉螺扩散的问题，组织血吸虫病流行区的18个乡镇（场）、130个村和有输入钉螺危险的28个非流行村进行钉螺普查，共查出有螺村7个，有螺面积0.94公顷。1995年，市血防站组成查螺专业队，在新民滩开展查螺工作，共调查湖滩面积0.4公顷，查出有螺滩块46个，其中新发现有螺滩块2个，有螺面积172.1公顷。2005年，全市查螺范围涉及14个乡镇83个村，查出有螺乡镇5个、有螺村10个、有螺环境35个，有螺面积49.77公顷；解剖钉螺795只，未发现阳性钉螺；灭螺面积112.57公顷。

二、灭螺

80年代，县血防办成功地用混凝土灌浆加水泥砂浆勾缝方法消灭运河石驳岸钉螺。1988年冬，县委、县政府再次组织万人湖滩灭螺大会战，万名民工奋战9天，共完成灭螺土方23万立方米，新筑矮圩药浸灭螺100千米，控制螺情扩散。1989年春，县血防办在新民滩试行“任务承包、质量保证、经费包干、结余有奖”的湖滩药浸灭螺承包责任制，组织血吸虫病防治专业人员和灭螺骨干130人，租用船350条，驻新民滩实施矮圩药浸灭螺，灭螺面积1067.2公顷。1990年，高（高邮湖）宝（宝应湖）湖区血吸虫病防治联防第十七届血防协作会议同意江都县、邗江县加入湖区血吸虫病联防协作，将高宝湖区联防协作范围扩大到苏皖的高邮湖、宝应湖、邵伯湖区。1992年2月，在新民滩建立血吸虫病综合防治实验区，探索湖沼地区综合治理、阻断血吸虫病传播的途径。市血防站与湖滨乡草滩管理站签订《关于在新民滩设立灭螺实验区的协议》，实验区位于117号、118号滩块部分滩地，总

图30-2 血防工作人员在高邮湖新民滩喷洒药粉灭螺

面积50公顷。1994年，市血防站初步建成垦殖灭螺实验A区（历史有螺滩块）、垦殖灭螺实验B区（历史无螺滩块）、低滩养殖灭螺区、新药灭螺实验区、钉螺自然消长观察区、漂浮物携螺监测点、湖区作业人群血吸虫病监测点、家畜自然感染观察区和实验管理区等9个功能小区。2001年3月，高邮镇新民村被省血吸虫病地方病防治领导小组办公室确定为血吸虫病疫情监测点，监测时间5年。是年10月，卫生部血吸虫病防治专家咨询委员会主任委员、中国疾病预防控制中心寄生虫病预防控制所研究员郑江到高邮调研，指导新民滩垦殖清障生态灭螺工作。2004年12月，苏皖高宝邵湖区第31届血防联防会议在高邮召开。至2005年，全市连续29年未查到感染性钉螺，累计灭螺总面积4914.52公顷，其中实际灭螺面积2907.21公顷、巩固性灭螺面积2007.31公顷。

第三节 查病治病

一、血吸虫病病人调查

80年代，县血防办采用询问病史、体格检查、皮内试验、环卵沉淀试验、直肠镜活组织检查、粪便孵化等方法，逐步替代粪便普查。1994年起，采用以环卵沉淀试验为主的综合查病免疫学检查方法，全市累计综合查病38.27万人次，查出血吸虫病病人2434人。2002～2005年，市血防站以胶体染料试纸条快速筛查有血吸虫病病史者，全市综合查病共8.03万人次，初筛疑似血吸虫病病人125人，查出血吸虫病病人11人。其中，血吸虫病急性感染1人，系于扬州经济开发区施桥镇老五圩滩长江边感染；其他人为老慢性血吸虫病患者。

二、血吸虫病防治

1986～1991年，县内未发现急性血吸虫病病人。全县用吡喹酮治愈慢性血吸虫病患者3000多人；治疗晚期血吸虫病病人337人，其中60%以上病人治愈；疑似血吸虫病人群扩大化治疗37人。1992年起，市血防站发现在市境外感染的急性血吸虫病病人，均用吡喹酮治疗。至2005年，全市用吡喹酮共治疗急性血吸虫病病人38人，全程治疗率100%，治后复查粪检转阴率100%；治疗晚期血吸虫病患者69人，对巨脾型晚期血吸虫病患者施行切脾术治疗；疑似血吸虫病人群扩大化治疗375人。

第六章 卫生保健

80年代，县内开展以妇幼保健为重点的卫生保健工作。进入90年代，先后组织创建初级卫生保健基本合格乡镇、初级卫生保健合格乡镇、初级卫生保健合格市（县）、初级卫生保健工作先进市活动，推进城乡卫生保健工作。至2005年，全市先后创建成初级卫生保健合格市（县）和初级卫生保健工作先进市，并通过开展新型农村合作医疗试点市工作，使全市农村卫生保健工作得到明显提升。

第一节 省初级卫生保健工作先进市创建

1990年5月，县政府成立由26个相关部门组成的县初级卫生保健委员会（简称初保委），各乡镇、村随之相继成立初级卫生保健委员会和初级卫生保健工作小组。1991年6月，市第九届人大常委会第九次会议审议批准《高邮市初级卫生保健概略规划》，市政府印发《高邮市初级卫生保健概略规划实施细则及考核办法》。

1992年起，市政府开展创建初级卫生保健基本合格乡镇活动，确定车逻、东墩、界首、甸垛、郭集、菱塘、甘垛等7个乡镇为首批创建单位。1993年3月，市政府组成初级卫生保健评审组进行自查，7个创建乡镇全部达标。1995年10月，高邮市接受扬州市初级卫生保健专家评审组对初级卫生保健工作的初评。评审组随机抽查营南乡、甘垛乡、东墩乡及其所辖9个村，检查结果均达到初级卫生保健基本合格乡镇标准。11月，高邮市接受省初级卫生保健评审组对创建初级卫生保健合格市评审。评审组随机抽查平胜乡、汤庄乡、武安乡及其所辖9个村，确认高邮市达到省初级卫生保健合格市（县）标准。是年，高邮市被省政府命名为省初级卫生保健合格市（县）。

1996年，市政府开展创建初级卫生保健合格乡镇活动，确定车逻、武安、张轩、汤庄、三垛、司徒、平胜、界首、送桥、郭集、菱塘等11个乡镇为首批创建单位。1997年10月，市初级卫生保健评审组对以上乡镇进行考核，全部达标。1998年4月，省初级卫生保健评审组对高邮市初级卫生保健合格乡镇进行评审，亦确认以上乡镇均达到省初级卫生保健合格乡镇标准。1998年3月，市政府确定高邮镇、龙虬、东墩、湖滨、马棚、八桥、伯勤、卸甲、汉留、甸垛、沙堰、武宁、二沟、横泾、甘垛、临泽、周山、川青、天山等19个乡镇为第二批初级卫生保健合格乡镇创建单位。7月，市初级卫生保健评审组对以上乡镇进行考核，全部达标。1999年初，高邮市接受省初级卫生保健验收组对上述19个乡镇进行检查验收，随机抽取伯勤乡为考核验收单位，经考核评审确认该乡达到初级卫生保健合格乡镇标准。至此，全市有30个乡镇创建为初级卫生保健合格乡镇，提前两年实现省政府提出的"人人享有初级卫生保健"的目标任务。是年3月，在全省卫生工作会议上，副省长张连珍代表省政府授予高邮市"省初级卫生保健工作先进市"（首批）铜牌。2000年，市初保委在对30个合格乡镇进行复查的同时，对剩下的龙奔乡、周巷乡、营南乡3个乡进行考核评审，结果验收合格，全市33个乡镇全部达到初级卫生保健合格乡镇标准。

2001年起，全市按照全国和省农村初级卫生保健评价指标（2001～2010年），重点推进农村卫生机构建设、农村医疗保健制度建设、卫生监督与疾病控制体系建设、妇幼保健体系建设和农村环境卫生工作。2003年9月，高邮市被省卫生厅、省财政厅确定为省首批新型农村合作医疗试点市。2005年，全市参加新型农村合作医疗农民48.2万人，参加率86.4%；农民基金补助兑付工作全面完成，共发放合作医疗补助金1300万元，1.9万名农民受益。

第二节　妇女保健

一、孕产妇保健

1986年，全县开展妇女"四期"（经期、怀孕期、产期、哺乳期）卫生保健工作，并按规定给予妇女享受相应福利待遇。县卫生局将妇女围产期保健工作列为各医院目标管理内容，制定考核评分细则，组织检查与考核。是年，全县产妇死亡率4.57/万。1991年，市卫生局制定《乡镇卫生院和中心卫生院妇幼保健及妇产科建设标准》。1992年，甘垛乡基本达到《高邮市初级卫生保健规划》规定的妇幼保健标准，成为全市第一个妇幼卫生工作达标乡。1995年，市卫生局加强对孕产妇和婴幼儿的系统管理，全市孕产妇系统管理率92%。1996年起，市政府推行妇幼保健保偿制，设立妇幼保健保偿制办公室（设在市妇幼保健所），制定《高邮市妇幼保健保偿制实施细则（试行）》，确定司徒乡为全市妇幼保健保偿试点乡。并在全市实行凭出生医学证明申报户口制度。2005年，市妇幼保健所在全市推进孕期保健、婚前保健、乳房专科、微波治疗、婚前检查定点服务。至是年，全市妇幼保健保偿率96.98%；全市孕产妇建卡4285人，建卡率96.7%，完成孕妇产前检查4299人；新法接生率100%，住院分娩率

99.95%；产妇产后访视5367人，产妇零死亡，新生儿死亡32人，死亡率0.72%，连续22年未发生新生儿破伤风病例。

二、妇女病查治

1986年起，县内妇女病查治工作转以防癌为重点，已婚妇女为重点调查对象。对受查妇女除由医务人员作妇科常规检查和白带涂片化验外，并作宫颈刮片检查。至1990年，全县共查出宫颈癌患者46人。90年代，市卫生局每年下达妇女病查治任务，对查出的妇女病患者及时予以治疗，医药费由患者所在单位负担。1991～2000年，全市共查病35.68万人，查出妇女病患者17.39万人，其中宫颈癌患者55人。2001年10月，市计划生育指导站成立下乡医疗小组，用一个月时间到乡镇为2400多名育龄妇女进行检查，发现有异常情况的育龄妇女1733人，其中妇女病患者1493人、肝功能表面抗原阳性者111人。2003年10月，市政府办公室印发《关于联合开展育龄妇女生殖道感染综合防治工程的实施意见》，市计划生育指导站与市妇幼保健所联合组成医疗服务小组，实施妇女生殖道感染综合防治工程，对5.97万名已婚育龄妇女进行生殖道感染综合防治服务，对查出患有各类妇科疾病的2.76万名妇女给予及时治疗。2005年7月，市妇联举行全市防治艾滋病教育培训项目启动仪式暨“巾帼红丝带”骨干培训班。是年，全市进行妇女病普查3.28万人，查出患妇女病者9446人，其中患滴虫性阴道炎3483人、宫颈糜烂5955人、尖锐湿疣6人、宫颈癌1人、乳腺癌1人，均得到及时治疗。

第三节 儿童保健

一、儿童保健服务

1986年，县卫生局在27个乡镇推行婴幼儿保健系统管理，婴幼儿系统管理率64%，受检0～7岁儿童3.27万人，受检率83.3%。在县妇幼保健所、各中心卫生院和乡镇卫生院开设儿童保健门诊，建立儿童保健台账和统计报告制度。2000年起，市妇幼保健所开展儿童保健、儿童智力保健、口腔保健、听力保健、视力保健等专科业务。是年，全市完成7岁以下儿童健康检查4.54万人，查出患病儿童3458人，患病率7.62%；5岁以下儿童死亡147人，死亡率2.96‰。2005年，全市接受婴幼儿保健服务项目的7岁以下儿童2.8万人，获营养评价的5岁以下儿童2.15万人，市内5岁以下儿童死亡79人，死亡率2.73‰；被纳入保健系统管理的3岁以下儿童1.6万人，被访视的新生儿3779人。市医疗机构对患病婴幼儿全部及时给予治疗，并为其家长提供健康指导服务。

二、托幼机构卫生保健管理

80年代，县妇幼保健所每年对幼儿园教师、托儿所保健教师和保育员进行儿童卫生保健知识培训和健康检查，并制定保健制度，建立疫情报告卡。1990年，县卫生局、县文教局、县妇女联合会、县总工会联合印发《关于加强对托儿所、幼儿园卫生保健管理的意见》。1994年，市内托幼机构卫生保健管理实行划区分工负责。市妇幼保健所负责城区0～3岁幼儿体检，城镇预防保健所负责3～6岁儿童体检，城区入托入园体检、幼儿教师健康体检全部由市妇幼保健所负责，农村幼儿园卫生保健由所在乡镇卫生院负责。1996年10月，市卫生局、市教育局联合印发《高邮市托儿所、幼儿园卫生保健管理实施意见》，实行托幼机构卫生保健合格证和托幼保健人员上岗证制度，托幼机构依据入托入园儿童数量配备保健人员，对托幼机构工作人员和入托入园儿童实施健康管理。2000年，全市评出卫生保健合格幼儿园20所，注册幼儿园保健教师持证上岗率、工作人员健康检查率、儿童入托入园健康检查率均为100%。2005年，全市组织托幼机构重新登记注册，卫生保健合格幼儿园55所，占86%；工作人员健康检查率、儿童入托入园健康检查率均为100%。

三、儿童疾病防治

1986年，县卫生局将防治佝偻病列为儿童保健工作重点。全县中心卫生院和乡镇卫生院开设儿童保健门诊，各乡镇建立儿童保健台账。全县查出有缺点的7岁以下儿童4713人，发现乳牙龋齿、轻度沙眼和婴儿湿疹的儿童3908人，占有缺点儿童总数82.9%。各地对查出的有缺点儿童全部实行矫治。1990年起，各乡镇卫生院每年对学龄前儿童组织一次血红蛋白测定，根据贫血程度，实施分类管理和治疗查出的贫血儿童。县妇幼保健所专案管理患佝偻病的儿童，引进儿童腕骨摄片检查、碱性磷酸酶测定、小儿微量元素测定等新技术，监控小儿佝偻病发病情况，实施早期治疗，并开展以防龋为重点的儿童口腔保健。至1995年，市妇幼保健所应用氟离子透析技术治疗儿童龋齿4000人。1997年5月，市妇幼保健所专项调查城区6周岁儿童口腔健康状况，共调查儿童500人，儿童牙面菌斑发病率98.4%，龋病发病率85.2%，牙列情况发病率28%。并采用窝沟封闭和无痛性修复治疗技术，防治儿童龋病。2000年，市妇幼保健所调查儿童营养状况和小儿佝偻病发病情况，共调查4.54万人，查出营养不良儿童76人，占受检儿童人数0.17%，并指导儿童家长改善儿童饮食结构，纠正小儿营养不良状态；发现活动期小儿佝偻病115人，占0.25%，予以及时治疗。2005年，实施儿童营养评价，在接受评价的2.15万名5岁以下儿童中，营养不良儿童有212人。

四、爱婴活动

1995年7月，市卫生局确定市人民医院、三垛中心卫生院为创建“爱婴医院”试点单位。9月，市人民医院、三垛中心卫生院通过省卫生厅组织的“爱婴医院”专家评审，创建成市内首批“爱婴医院”，获得由卫生部、联合国儿童基金会、世界卫生组织颁发的“爱婴医院”铜牌。1996年，市政府成立创建爱婴市工作领导小组，市政府办公室印发《高邮市创建爱婴市实施方案》和《高邮市创建爱婴市行动计划》。是年，经扬州市、省“爱婴医院”检查组检查，市中医医院、八桥中心卫生院、车逻中心卫生院、界首镇卫生院、马棚乡卫生院均达到“爱婴医院”标准。1997年初，市政府与相关部门签订创建爱婴市工作目标责任书。6月，经省卫生厅抽样检查，确认高邮市市级医院、中心卫生院和乡镇卫生院全部创建成“爱婴医院”。7月，经扬州市爱婴县（市）创建检查组检查评审通过，高邮市被省卫生厅授予“爱婴县（市）”称号。1998～2000年，各医疗卫生机构大力巩固和发展创建“爱婴医院”成果。2000年起，市卫生局对“爱婴医院”（卫生院）实施长效管理，每年年度复查评估全部合格。2005年，全市调查4～6个月婴儿4733人，母乳喂养4161人，其中纯母乳喂养3140人，母乳喂养率87.9%。

第四节　婚姻保健

一、婚前体检

1986年，县妇幼保健所在城区进行包括婚前卫生咨询、婚前卫生指导在内的婚前医学检查，接受婚前医学检查1367人。1995年，省民政厅、省卫生厅批准市妇幼保健所负责全市婚前医学检查工作。临泽、周巷、东墩等乡镇卫生院和三垛、八桥、马棚等乡镇计划生育服务站同时开展婚前体检工作。1998年8月，市妇幼保健所设立婚姻保健科。11月，市卫生局、市民政局联合印发《高邮市婚前医学检查暂行办法》，明确市妇幼保健所为法定婚前医学检查机构，承担全市婚前医学检查工作，对影响婚育的疾病提出医学指导意见；各乡镇卫生院停止婚前体检。2000年，全市接受婚前医学检查5916人，其中医学建议暂缓结婚273人、不宜生育1人。2001年，市妇幼保健所在临泽镇、三垛镇、送桥镇增设婚前医学检查服务点，定期组织人员到服务点集中开展婚检工作。2004年，全市执行国务院《婚姻登记条例》“提倡婚检自主”的规定，婚检人数下降。2005年，全市婚检人数下降到237人。

二、遗传性疾病调查

1988年，县妇幼保健所在汉留乡开展遗传性疾病和近亲婚配子代遗传性疾病患病情况专项调查。调查15个村1.67万人，查出患有遗传性疾病247人，患病率1.48%；调查近亲婚配子代427人，查出患遗传性疾病84人，患病率19.67%。1995年，该所开展婚前教育工作，指导新婚卫生、优生优育和计划生育1942人。1996年，在全市开展出生缺陷防治，在孕妇中推广应用斯利安药物预防神经管畸形等疾病发生。2000年，全市医疗卫生机构完成优生咨询服务5916人，其中1人因患遗传性疾病被建议不宜生育。2001年，开展计划生育随访服务15万多人次，建立患有不孕症夫妇档案984份，进行染色体检查和4种病毒检测500多名育龄妇女，有555名新婚妇女和孕妇服用预防和减少神经管畸形儿出生的营养素——福施福。2002年后，市卫生系统实施出生缺陷干预工程。2004年，市卫生局印发《高邮市出生缺陷干预方案》。2005年，全市落实出生缺陷干预措施，孕前服用斯利安的妇女占70%，新生儿出生缺陷发生率控制在9‰以下、产前筛查率50%。

第七章 爱国卫生运动

80年代，县内主要开展以治理单位“脏、乱、差”为重点的爱国卫生运动。90年代，主要开展以创建卫生城、卫生镇、卫生村，改水、改厕，整治环境为内容的爱国卫生运动。1996年，高邮市创建成省卫生城市。至2005年，通过实施碧水工程，分期分批对河道进行治理；通过实施路区、段长负责制，巩固爱国卫生创建成果，保持城乡环境卫生。

第一节 公共环境卫生

一、群众性卫生活动

80年代，全县以治理“脏、乱、差”为重点，开展群众性卫生工作，促进改善卫生环境。1986年，全县开展卫生大检查，检查机关、工厂、商店和个体饮食店共597家，其中卫生状况好的248家、一般的266家、差的83家。1989年开始，每年4月开展不同主题和内容的“爱国卫生月”活动。是年，县委、县政府集中整治城区水环境。90年代，开展创建卫生城市及卫生集镇活动。1991年9月，市政府开展“抗灾防病爱国卫生突击周”活动，相继开展“环境卫生日”“食品卫生日”“卫生检查日”活动，全市20多万人次参与，实现“大灾之后无大疫”。1992年，市政府组织机关干部义务劳动，治理“五河四沟”（穿心河、玉带河、承志河、长生河、新河，公园沟、邮中大沟、珠湖沟、蝶园沟），786名机关干部义务劳动3天，清理河道6000米，清淤4500立方米。1994年，市政府围绕改善人居环境，发动城乡干群开展城市卫生基础设施建设、市容市貌、环境保护、健康教育、卫生防病、“四灭一禁”（灭蚊、灭蝇、灭鼠、灭蟑，禁养无证犬）等“六场硬仗”。2000年，市建设委员会、市公安局、高邮工商行政管理局、市卫生局、市交通局联合印发《关于加强城市市容秩序管理的通知》，将市区划分成38个路区，由市委、市政府工作机构负责人分别担任各路区路区长，实行路区长负责制，临街单位及个体经营户实行“门前三包”（包卫生、包绿化、包秩序）责任制，确保相应路区清洁卫生。

21世纪初，市爱卫会将各项爱国卫生任务分解下达到各乡镇。每年市卫生工作会议，各乡镇向市政府签订卫生工作目标责任书，明确责任，严格考核。2003年，全市开展以“清洁家园、清洁河道、清洁村庄”为主要内容的“三清”活动，促进环境卫生改善。2005年，市政府实施碧水工程建设。市水务局围绕城河治理目标，采用市场化运作方式，在琵琶河、护城河、玉带河、武安支渠、万金河、长生大沟、蝶园大沟、东营大沟等8条河道，实施清障保洁合一的管理模式，配备河道管理员和河道执法人员，设置河道保洁公示牌，加强社会监督。全年实施城河清障保洁工长7050米，疏浚市级河道7条43.8千米，完成土方96万立方米；疏浚乡级河道21条134.8千米，完成土方135万立方米；聘用河道保洁员272人，管护乡级以上河道185条1074千米、村组试点河道23条38千米。

二、改水

1986年，全县工业污染调查统计资料显示，县内有排污工业企业1263家，年排放工业废水1139万吨，造成6条主要河流严重污染，城郊水域常年处于缺氧状态，水质发黑，水面悬浮物发出臭味，直接影响高邮镇、武安乡、东墩乡、一沟乡、龙奔乡共39个村、5万多人口的饮水卫生。1987年，由于水源污染严重，肠道传染病在县内局部地区暴发性流行，沙堰乡21个村发现伤寒病患者152人，横泾乡发现伤寒病患者120人。1989年4月，县委、县政府召开现场办公会，决定严格控制污染源，建立健全“三废”（废水、废气、废渣）治理责任制。县政府筹措100万元资金资助污染地区改水，县水利局定期从头闸口放水冲污，并在用电、税收、收取水资源费等方面为农村改水提供优惠政策。按照“多方筹资，节能节水，降本降耗，高质高效，规模发展”的要求，加快乡镇改水步伐。

至1990年，全县累计建成自来水厂38座，其中县自来水厂1座、乡镇自来水厂26座、村组自来水厂11座。自来水覆盖人口22.92万人，占全县总人口28.3%。高邮县被扬州市政府表彰为扬州市“七五”期间农村改水先进县。90年代中期起，各乡镇实施二次改水。2001年，全市新建水厂18座。至此，全市共有自来水厂105座，自来水受益人数66.9万人，覆盖率80.4%。经省爱国卫生运动委员会办公室检查验收，高邮市达到省自来水普及市标准。2002年，高邮市被全国爱国卫生运动委员会表彰为全国农村自来水普及工作先进单位。2003～2005年，全市实施3年改水计划，共投入改水资金3016.59万元，新建菱塘地面水厂1座（第一期工程设计供水能力1.5万立方米/日）、地下水厂2座（设计供水能力4000立方米/日），铺设管网735.5千米。全市实现村村通自来水，自来水受益总人口77.1万人，全市自来水普及率95.9%。

三、改厕

80年代初，在城区推广无害化厕所，在农村全面推进改厕工作，粪便管理逐步规范化。至80年代后期，城区基本实现无害化公共厕所。90年代初，市爱卫会向农村推广建设无害化厕所，坚持旧厕改造与新建无害化厕所并举，对农户兴建无害化户厕实行政府补助、集体资助、人力支持、规费减免的奖励政策。1992年，市爱卫办以车逻镇师伙村为试点村，推行“三格式”无害化卫生户厕（化粪池分成沉淀池、发酵池、储粪池3个部分，并全部隔开），资助建成无害化卫生户厕20座。1993年，界首、武安、三垛、伯勤、湖滨、东墩、车逻等7个乡镇推广师伙村“三格式”无害化卫生户厕。1994年，市政府将农村改厕列入为民办实事之一，各乡镇政府向市政府签订农村改厕责任书。6月，市政府印发《关于推进高邮市农村改厕工作的意见》，规定新建住宅与无害化卫生户厕实行同时设计、同时审批、同时施工、同时验收。1996年，全市建成无害化卫生户厕7190座、无害化公共厕所174座。1997年，市政府成立市农村改水改厕工作领导小组。1998年11月，省爱国卫生运动委员会在高邮召开全省农村改厕工作座谈会，市卫生局做经验介绍，与会人员还参观二沟乡剑鸣村、东墩乡花王村、三垛镇三阳村改厕现场。1999年，市爱卫会组织8个督查组至32个乡镇，督查指导农村改厕工作。

2000年，市爱卫会、市建委、市物价局联合印发《高邮市新建房改厕配套建设实施意见》。3～4月，市爱卫会组织以推广“三格式”无害化卫生户厕为重点的“改厕突击月”活动。各地统一领导、统一发动、统一改厕、统一验收，共新建无害化卫生户厕5680座。是年，全市农村新建住宅无害化卫生户厕配套率85.6%，高邮镇、卸甲镇、马棚镇、菱塘回族乡、司徒镇、三垛镇、车逻镇等7个乡镇配套率100%。至2000年末，全市累计建成卫生厕所15.01万座，其中无害化卫生户厕5.81万座、无害化公共厕所51座，“五有式”（有棚、有墙、有门、有顶、有盖）卫生户厕9.19万座、“五有式”公共厕所27座，新建住房无害化厕所配套率85.6%，近三分之一的农民住宅装上抽水马桶。2001年10月，市政府开展创建省农村改厕试点市活动，市爱卫办确定高邮镇珠湖村、菱塘回族乡菱塘村、卸甲镇中心村、三垛镇东楼村、高邮经济开发区花王村为改厕试点。至年末，全市有各类卫生厕所10.5万座，其中无害化卫生厕所6.53万座，卫生厕所、无害化卫生厕所普及率分别为43.6%、27.2%。2002年起，全市结合改造户厕，对农村露天粪坑进行改造和取缔。至2005年，城区建成区改造和取缔露天粪坑1108个，改造户厕1286座。全市新增无害化卫生厕所7125座，其中完成“三格式”无害化卫生厕所4888座。高邮镇新民村、八桥镇恒丰村创建成扬州市改厕普及村。

四、除“四害”

80年代，在开展夏秋季爱国卫生运动中，全县居民统一时间，进行室内烟熏和室外药杀，消灭“四害”（蚊子、苍蝇、老鼠、蟑螂）。90年代起，市政府和市爱卫会把除“四害”纳入“文明卫生月”、“爱国卫生月”、创建文明卫生城（镇）等活动中，先后组织开展创建灭鼠、灭蟑、灭蝇先进单位活动。1992年9月，省和扬州市创建卫生城市检查团对高邮市城区灭鼠工作进行考核，城区鼠密度0.15%，达到全国爱国卫生运动委员会规定的灭鼠先进城市标准。1993年，扬州市爱国卫生运动委员会命名高邮市为灭鼠先进城市。1998年、1999年，扬州市、省爱国卫生运动委员会先后按新标准对高邮市灭鼠工作进行复查和抽查，确认高邮市达到灭鼠先进地区标准，保留高邮市“灭鼠先进城市”称号。2003年，龙虬镇、卸甲镇、送桥镇创建成扬州市灭鼠灭蟑先进镇。2004年，全市20个乡镇和高邮经济开发区全部创建成扬州市灭鼠灭蟑先进镇，全市先后通过扬州市、省爱国卫生运动委员会组织的灭鼠灭蟑先进市检查与复查。2005年，高邮市通过扬州市爱国卫生运动委员会组织的灭蝇先进城市检查与认定。

第二节　卫生创建活动

一、省卫生城市创建

1990年9月起，县委、县政府采取一系列创建卫生城市措施。先后召开创建卫生城市动员大会，成立创建省卫生城市领导小组及其办公室（简称创卫办）；从各部门抽调110人，组成县城管理监察队，在城区主要街道执勤；印发《高邮市民守则》《高邮县城市容卫生管理规则》《高邮县环境管理处罚暂行规定》等文件；建立驻城单位与城区主要街巷挂钩保洁制度。县人大常委会、县政协组织100多名人大代表、政协委员检查视察城区食品卫生。县创卫办针对城区乱堆乱放、乱搭乱建、乱设乱摆、乱停乱靠等现象，实施强化市容、卫生、市场和道路管理的多项具体措施。1995年5月，市创卫领导小组将主要街道划分成67个路段，由市级机关主要负责人担任路区、段长，负责相关地段环境卫生综合治理工作。是年6月，省创建卫生城市检查指导组到高邮检查，先后察看市容市貌、粪便无害化处理设施、垃圾处理场、垃圾中转站、农贸市场、住宅小区，检查食品卫生、饮水卫生和公共场所卫生，在肯定高邮市前一阶段创建工作的同时，提出改进意见和建议。6月中旬以后，市创卫领导小组对照全国爱国卫生运动委员会修订后的《全国城市卫生检查评比标准》和建设部制定的《城市环境综合整治考核指标》，以及与省创建卫生城市检查指导组提出的意见和建议，针对薄弱环节，落实整改措施，迎接创建卫生城市检查考核。9月，经全国城市卫生和环境整治省检查团第七分团检查，全市创建卫生城市工作获得通过。

1996年2月，高邮市被省爱国卫生运动委员会命名为省卫生城市。1997年11月，扬州市省级卫生城市复查组受省爱国卫生运动委员会委托，到高邮复查创建卫生城市工作，认为高邮市创建卫生城市整体水平有新的提高。1999年6月，省创建卫生城市和环境综合整治检查团复审和暗访高邮市创建卫生城市工作，对高邮市创建卫生城市取得的成效给予肯定。

2000年后，全市创建卫生城市工作进入长效管理和综合治理阶段。2001年，市委、市政府把整治环境卫生作为优化投资环境的一项重要工作，动员全社会参与，坚持常抓不懈。2002年，市委、市政府按照"摊归场、车入线、行规范、道路洁、墙干净"的要求，组织对城市管理环境进行综合整治。2003年，全市以卫生城市创建工作为抓手，推进爱国卫生运动，高邮市被省政府授予"全省农村卫生工作先进集体"称号。2004年，全市启动三年（2004～2006）"三城同创"工作。市"三城同创"领导小组负责人与26个职能部门签订创建工作目标管理责任书。2005年3月，高邮市获省建设厅授予的"全省城市管理创优活动先进奖"。

二、省、扬州市卫生镇创建

80年代，各乡镇开展"创三优"（创优美环境、优良秩序、优质服务）竞赛活动。90年代，在"创三优"活动基础上，开展创建卫生镇（集镇）活动。1996年8月，市创建卫生镇指导协调小组成立。1999年3月，菱塘回族乡、三垛镇、龙虬镇、司徒乡（集镇）成为全市首批获扬州市爱国卫生运动委员会命名的"扬州市卫生镇（集镇）"。2000年6月，菱塘回族乡成为全市首个获省爱国卫生运动委员会命名的"省卫生镇"。至2005年，全市共创建成省卫生镇3个，即菱塘回族乡、龙虬镇（2004年）、司徒镇（2005年），"扬州市卫生镇"9个，即菱塘回族乡、三垛镇、龙虬镇、司徒镇（集镇）、原伯勤乡（集镇）、卸甲镇、送桥镇、郭集镇、车逻镇。

三、省卫生村创建

1999年3月，各乡镇在开展创建卫生镇（集镇）的同时，开展创建卫生村活动。是年，湖滨乡曹湾村、武安乡沿河村被省爱国卫生运动委员会命名为"省卫生村"。2000年3月，湖滨乡五一村、菱塘回族乡菱塘村、三垛镇三阳村、伯勤乡农林村被命名为"省卫生村"。2001年4月，临泽镇合兴村被命名为"省卫生村"。2002年，卸甲镇张邵村开展争创省卫生村活动。至2005年末，全市共创建成"省卫生村"7个。

第三节　健康教育

一、医院健康教育

80年代，县卫生局推进医院健康教育正常化、规范化。县人民医院首家设立预防保健科，医护人员在为病患者诊治的同时，从病理、生理、心理等方面向患者宣传疾病防治知识，把医疗过程作为医患合作、共同解除病痛的过程。90年代，医院健康教育被列入全市创建等级医院和等级卫生院的考核标准内容。1994年，市卫生局制定《医院健康教育考核标准》，对医院健康教育工作进行定量考核。1995年，各医院开始采用健康教育处方。1998年，开展健康咨询服务活动。2000年，市卫生局结合年度卫生工作检查，对各医疗卫生机构健康教育工作实行考核，表彰健康教育先进单位16家（所）。2002年，市卫生局制定《高邮市乡镇卫生院健康教育工作检查考核标准》。2003年，各医院健全健康教育组织，医疗门诊赠送"健康教育处方"。2004年，市健康教育所与《高邮信息》联合开办《身心健康》专版。2005年，各医院普遍订阅《扬州卫生》《祝您健康》《今日保健》等卫生科普报刊，供医护人员和就诊者阅读。医院橱窗张贴省健康教育所统一印制的《健康之窗》宣传画。

二、社区健康教育

80年代，城镇社区在"五讲四美"活动中，率先开展社区健康教育。1990年，高邮镇建立镇、街道、居民委员会三级社区健康教育网络，居民委员会始开办社区健康知识系列讲座，居民健康知识知晓率88%、健康行为形成率82%。1992年10月，市老年大学开设老年卫生保健专业，讲授老年医学保健、老年中医保健、老年生理卫生、疾病康复、养生健体等课程。1995年，市属医院开展送卫生知识进区入户活动。至2000年，高邮镇所属各居民委员会健康教育基本做到"五有"，即有健康教育工作小组、有社区兼职健康教育人员、有健康教育宣传资料、有健康教育宣传黑板报、有健康教育工作记录，实现市民健康教育工作经常化。2005年，市政府将健康教育长远规划纳入全市经济社会发展规划，并实行全民健康教育。

三、农村健康教育

80年代，县爱卫办、县卫生防疫站编印《健康知识手册》5万本，分发到农村。1989年，全县开展首个"爱国卫生月"活动，组织以"建设文明、卫生、繁荣、富裕新农村"为主题的卫生宣传，受教育农民12万多人次。90年代，各乡镇把卫生知识宣传列入农村初级卫生保健的内容之中，把村民健康知识知晓率和健康行为形成率作为考核卫生宣传效果的主要标准。1991年，在东墩乡阮湾村，横泾镇韩张村，武安乡凤凰村、渠南村，郭集乡大营村，天山乡五星村开展农民健康教育试点村工作。1993年，全市培训健康教育师资898人，其中乡级师资132人、村级师资766人，全面推开农民健康教育。1995年，市政府成立市"全国九亿农民健康教育行动"领导小组，乡镇政府同市政府签订"九亿农民健康教育活动"责任书，市初级卫生保健委员会办公室编印《居民健康教育读本》，全面开展农民健康教育。至2005年，市爱卫办、市健康教育所抽样调查32个村，健康知识入户率100%，农民健康知识知晓率86%，健康行为形成率74%。

四、学校健康教育

1987年，县内学校始开设健康教育课，向学生普及卫生保健知识。1994年，市教育局、市卫生局联合召开学校健康教育工作会议，下达学校健康教育考评指标，观摩张轩乡中心小学健康教育示范教学，并编印《学生健康教育课本》4万册，下发到各中小学校。城区13所中小学校健康教育开课率100%。1996年，全市中小学校将健康教育课程列入总课表及分课表授课。1998年，市教育委员会与市卫生局联合举办中小学和幼儿教师健康教育教学竞赛。2000年暑假期间，城区中小学校开展以"一个学生带动一个家庭、一个学校带动一个社区"为主题的"一带一"健康教育活动。2002年9月16日，市教育局、市卫生局联合印发《关于在全市中小学校开展青少年性教育活动的通知》和《青少年性教育讲义》，各中小学校结合健康教育举办青少年性教育讲座。2004年起，市内各类学校开设健康教育课。市疾病预防控制中心为城区12所中小学校4800多名学生健康体检，并建立健康档案。2005年，经市健康教育所调查，城区学校学生健康知识知晓率93.5%，健康行为形成率88.6%。是年，该所专业人员到城北小学，向1180名小学生开讲健康教育知识讲座。

第八章　卫生管理与监督

80年代，县卫生局依法实施医政管理、药政管理和卫生监督。90年代，随着全市卫生事业快速发展，全市医疗卫生机构、医护人员和药品生产经营单位实行执业许可管理。市卫生局开展创建文明医院、等级医院活动，促进提高医疗服务质量。至2005年，市卫生局、扬州市高邮药监局先后在医院药房、经营药店中分别组织开展创建"放心药房""放心药店"活动，推动规范药品配售与经营。

第一节　医政管理

一、执业管理

80年代，县卫生局恢复审批个体开业行医工作，并规范医务人员执业行为。1989年，县卫生局印发《关于个体开业医务人员管理办法》，社会医疗机构统一由县卫生局核发行医执照。1990年2月，县卫生局对个体诊所进行注册、换照，全县经参加扬州市统一考试后获准开业的个体人员43人。1995年，市卫生局组织首次护士执业考试，全市考试合格34人。1998年，市卫生局开展医疗机构执业许可证核发工作。经检查审核，全市取得医疗机构执业许可证的医疗机构664所。1999年，市卫生局组织首次执业医师实践技能考核，参加考核的卫生技术人员共288人，考核及格249人。2000年，市卫生局与临泽、周山等乡镇政府配合，开展卫生、公安、工商等部门联合执法，取缔非法开业的乡村医生。村卫生站开展服务承诺，落实便民措施。经市卫生局批准，市第二人民医院、城北医院、城南医院等3所医院在城区开设7所社区卫生服务站。12月，市卫生局分类管理城区医疗机构，经审核，市人民医院、市中医医院、城北医院、城南医院和城区各社区卫生服务站、厂校医务室（所）共54所医疗机构登记为非营利性医疗机构，市肉联厂医务室和10所个体诊所登记为营利性医疗机构。2001年，经参加全国执业医师统一考核，全市首批94人获得执业医师资格。2003年，市卫生、工商、公安部门联合行动，取缔非法行医点8个。2005年，全市共有各级各类医疗卫生机构316所，其中公办医疗卫生机构309所（含厂校医务室和村卫生室）、民营医疗卫生机构7所；执业医护人员2340人，其中注册执业医师1506人、注册护士834人。是年，市卫生监督所查处非法行医案件33件。

二、文明、等级医院创建

1986年，县卫生局印发《文明医院检查评比标准》，开展创建文明医院活动。1987年，制定医疗工作八项纪律，纳入创建文明医院活动内容。1988年，县人民医院在全市首家被命名为“扬州市文明医院”。1989年，县妇幼保健所创建成省文明妇幼保健所，车逻、临泽两所中心卫生院和郭集卫生院被扬州市卫生局命名为“文明卫生院”，6所村卫生室被扬州市卫生局命名为“文明卫生室”。1991年，市卫生局组织开展创建等级医院工作。1992年10月，市卫生局印发《卫生工作人员违反职业纪律的处理意见》，严格处理卫生医务人员收受回扣、索要“红包”、违反规定开“大处方”、滥开检查单等侵害病患者利益的行为，并实行“一票否决制”。是年，市中医医院创建成省文明中医医院。1993年，市人民医院被省卫生厅命名为“文明医院”，城北医院和界首镇卫生院被审定为扬州市首批一级甲等卫生院。1994年，市人民医院被卫生部命名为“二级甲等医院”。1995年，市中医医院被审定为扬州市首批二级甲等中医医院，市人民医院、三垛中心卫生院通过省“爱婴医院”达标检查。至1998年，全市共创建成二级甲等医院1所、二级甲等中医医院1所、一级甲等卫生院16所。1999年，全省停止等级医院评审。至2000年，全市卫生系统共创建成文明医院33所，其中省文明医院3所、扬州市文明医院3所、高邮市文明医院27所。2002年，市卫生局印发《关于进一步纠正卫生行业不正之风的意见》，建立健全“红包”“回扣”查处通报制度。对住院病人收费全面实行“一周一结一告知”和“出院清单”办法。2005年，市卫生系统被扬州市精神文明建设指导委员会授予“2003～2004年度扬州市文明行业”称号。

三、医疗质量管理

80年代，全县县属医院普遍实行党支部领导下的院长分工负责制，建立健全以确保医疗质量为中心的各项医疗工作制度和医疗规章制度；各乡镇卫生院建立健全以岗位责任制为中心的卫生院领导工作制度、病房工作制度、病历书写和病案管理制度、会诊和病案讨论制度、处方制度、护理工作制度、药剂工作制度、培训工作制度、奖惩制度等规章制度。90年代，逐步建立医疗事故、差错、纠纷报告制度。1990年，市卫生局印发《关于严禁用B超鉴别胎儿性别和加强对B超检查管理的通知》，统一印制医嘱单、特护记录单、临床检验结果登记簿等40多种医疗文件。1993年，各级医疗卫生机构制定医疗质量管理制度、社会监督制度、医德教育和考核制度、职工岗前教育制度和逐级技术指导制度。1997年3月，市卫生局印发《关于对医疗卫生环境和工作秩序开展专项治理的意见》。至2005年，市卫生局每年组织对市属医院、中心卫生院和乡镇卫生院进行不定期医疗质量检查，及时发现问题，限期整改，考核检查结果纳入年终评审。各医疗卫生机构建立健全病历书写考核制度，试行医疗事故和医疗差错经济赔偿制度。

四、医疗事故处理

80年代，县卫生局根据《江苏省医疗事故处理暂行办法》《江苏省医疗事故技术鉴定暂行办法》，处理医疗事故、医疗差错、责任事故、技术事故及其责任人。进入90年代，全市医患纠纷增多，先后发生病人及其亲友过激违法事件近20件。市卫生局加强行风建设，严格规章制度，提高服务质量，防范医疗事故发生。2002年，市政府撤销市医疗事故技术鉴定委员会，制定《高邮市医疗纠纷应急处理办法》。市内发生的医疗事故委托扬州市医学会医疗事故技术鉴定工作办公室组织专家鉴定组，进行技术鉴定。至2005年，市医学会协助处理医疗事故1件、医疗纠纷97件。

五、献血管理

80年代，县政府组织开展公民义务献血活动。其间，县内有偿献血和义务献血并存。1988年，县人民医院建立血库。是年，全县用血量142.7万毫升。1989年，各医疗卫生机构实行“两证一卡”（采血点合格证、采供血许可证和献血卡）采供血制度。1990年，县人民医院血库定名为县城血站，城区医疗机构用血由血站统一供应。是年5月，县卫生局印发《关于血源整顿和加强输血管理的通知》，明确职业献血员重新登记、体检合格后，凭献血卡到指定单位献血。1993年，县城血站获省卫生厅颁发的采血（浆）许可证和采血（浆）合格证。1994年，全市医疗卫生机构使用卫生部统一印制的供血证，献血人员统一登记编号，一人一证，并严格实行体检合格后献血制度。1995年，市卫生局在县城血站的基础上，建立市中心血库，并在三垛、临泽、八桥中心卫生院设立储血点。

1998年6月，市政府成立市无偿献血领导小组，下设办公室。市政府办公室印发《关于开展无偿献血活动的意见》。是月，市无偿献血办公室、市红十字会在城区组织无偿献血活动，市长卜宇、副市长马根生和机关部门负责人带头献血，市直机关事业单位278名干部职工在10日内无偿献血4.76万毫升。1999年3月，市卫生局、市无偿献血办公室在农村无偿献血试点乡——平胜乡召开农村无偿献血现场会，乡政府机关、卫生院、学校等单位93名工作人员无偿献血1.86万毫升。2004年，开始实行公民临床用血互助保证金制度，市中心血库改建为扬州市中心血站高邮分站。是年上半年，全市无偿献血3254人，首次实现当月临床用血100%来自于无偿献血。2005年，在市人民医院和送桥中心卫生院首次举行造血干细胞捐献者采血样活动。司徒镇、八桥镇、汤庄镇、横泾镇、周巷镇、马棚镇、甘垛镇、三垛镇、天山镇、送桥镇、菱塘回族乡等11个乡镇和高邮经济开发区被市政府表彰为无偿献血工作先进乡镇。是年，全市参加无偿献血市民有5757人次，献血量126.34万毫升。

第二节　药政管理

一、生产经营许可证核发

1986年，县卫生局依照药品生产经营许可证制度，负责检查初审各药厂和医疗机构制剂室。经扬州市卫生局验收，县制药厂、县生化制药厂、县八珍糕厂、县药用材料厂为首批领取药品生产企业许可证的制药企业，县人民医院、县皮肤病防治院、临泽中心卫生院、高邮镇卫生院为首批领取药品制剂生产许可证的单位。1987年，县卫生局对全县药品经营机构进行检查验收，送桥、菱塘、八桥、伯勤、卸甲、沙堰、张轩、武安、界首、三垛、平胜等乡镇供销社，县医药公司及其城中、城东、城北、城南、北海医药门市部，临泽医药经营部和界首医药经营部首批获得药品经营企业许可证。是年，加工一次性输液器半成品的县输液器厂，经扬州市药品检验所检验审核，获准生产。1989年，县制药厂研制的新药希尔生（2.5%硫化硒溶液）经县卫生局初审、扬州市卫生局复审、省卫生厅审查、卫生部药品审评委员会审评通过，获得新药证书和批准文号，被认定为国家四类新药。1994年11月，中韩合资企业——扬州一洋制药有限责任公司经市卫生局、扬州市卫生局初检、省卫生厅复检合格，取得药品生产企业许可证，并首家获药品生产质量管理规范GMP认证。2000年，市第二人民医院制剂室首家获国家医疗机构制剂配制质量管理规范GPP认证。2003年，市中医医院和市人民医院制剂室相继通过GPP认证。至2005年，全市有药品生产、经营、使用单位413家（所），其中医疗机构380所（市属医院3所、乡镇卫生院34所、村卫生室303所、厂校卫生所（室）40所）、医药生产经营企业33家（隶属商业、化工、教育、粮食系统的药品生产企业4家，二级药品批发企业1家，三级药品批发企业5家，隶属供销、商业系统的23家）。累计有医疗器械生产经营企业10家、零售药店146家，零售药店全部通过国家药品经营管理质量规范GSP认证。

二、药品购销管理

1986年，县卫生局根据省卫生厅印发的《江苏省医院基本用药品种目录》，规定县医院基本用药品种527种，其中西药387种、中成药140种；乡镇医疗机构基本用药品种422种，其中西药282种、中成药140种。1989年，各医疗卫生机构配备专兼职药品质量检查员。1990年，县卫生局组织开展乡镇（中心）卫生院药剂科室整顿工作。经评审验收，车逻、吴堡、临泽等3所中心卫生院和张轩、界首、伯勤、横泾、甘垛、营南、天山、菱塘等8所乡镇卫生院为首批验收合格单位。1991年，经评审验收，全市30所中心卫生院和乡镇卫生院领取扬州市卫生局核发的卫生院药剂合格证。1995年，市卫生局对中心卫生院和乡镇卫生院代购药库进行规范管理。1996年，市卫生局试行药品定点购销合同制。1997年，市卫生局印发《高邮市医疗卫生单位"放心药房"建设标准》，组织开展创建"放心药房"活动。是年，市卫生系统36所医疗卫生机构相继创建成"放心药房"。2000年，市卫生局组织市直医疗卫生单位实施药品联合采购办法。2004年，扬州市高邮药监局在全市组织开展创建"放心药店（房）"活动。是年10月，有22家药店（房）被授予2002～2003年度"放心药店（房）"称号。2005年，市卫生系统首次组织集中采购。市人民医院实行网上公开招标采购700多种药品，采购金额占采购量的90%以上。

三、药品、药械质量管理

80年代，县卫生局定期对药品质量进行执法检查，各医药卫生机构逐步建立药品质量控制制度，加强内部监管。90年代，市卫生局以打击假冒伪劣药品为重点，对药品市场进行综合整顿治理。1995年，全市开展药品质量执法大检查，公开销毁查出的过期失效、变质、不合格药品药材43种。2003年，全市开展"正源行动在农村，让农民吃上放心药"专项整治活动，重点检查假冒伪劣药品和医疗器械、擅自添加活性成分的药品等。共出动稽查执法人员1521人次，检查459家（所）单位，查处行政处罚案件110件，其中假药案14件、劣药案43件；立案查处31件，共没收违法经营、使用的药械700多种次。在"非典"防治药械执法检查中，立案查处各类案件20件。至2005年，高邮质量技术监督局每年组织对全市20所医疗机构医用放射源（X光机等）、生化分析仪、红细胞计数仪、心电图机、脑电图仪、医用激光源、超声波设备、分光光度计、验光用屈光度计、分析天平、血压计（表）、药品称量用具等计量器具进行强制检定，检测结果均达到计量合格要求。

四、特殊药品管理

80年代，县卫生局逐步建立健全麻醉药品管理制度。各医疗卫生机构实行麻醉药品“五专一权”管理，即专人保管、专柜加锁、专用处方、专门账册、专项登记，明确有麻醉药品使用权医生。县医药公司和各医疗卫生机构药房建立麻醉药品进、销、存登记和月报、季报制度。1987年，县卫生局检查整顿麻醉药品使用单位，重新核发麻醉药品印鉴卡。县医药公司分二级限量单位和一级限量单位，在限量规定范围内供应各医疗卫生机构麻醉药品。是年，持有麻醉药品印鉴卡麻醉药品使用单位有37所“五专一权”管理医院和乡镇（中心）卫生院。90年代，市卫生局从供应、使用、调剂、保管等方面对麻醉药品实施全面管理。1994年，市内医疗卫生机构麻醉药品由限量供应改为计划供应。1997年6月，市卫生局专项检查各医疗卫生机构罂粟壳配方，实行定点配方。2004年，开展规范药房活动，强化麻醉药品管理；组织麻醉药品处方医师考试，重新明确麻醉医生处方权；规范麻醉药品进购渠道。2005年，市卫生局建立麻醉和精神药品管理网络、麻醉和精神药品突发事件应急报告系统、麻醉和精神药品数量流向月报告制度，严格规范精神药品与毒药、限制性剧药管理。是年，全市未发现违法违规使用、销售麻醉和精神药品问题。

第三节　卫生监督

一、公共场所监督

1986年，县卫生防疫站全面开展食品生产经营从业人员体检，体检人数7635人，查出痢疾患者5人、伤寒患者10人、病毒性肝炎患者4人、活动性肺结核患者2人，全部调整工作岗位。1988年4月，县卫生防疫站开始组织城区公共场所从业人员体检，建立健康档案，发给体检合格者健康证，向患有“六种”疾病（伤寒、痢疾、病毒性肝炎、活动性肺结核、化脓性或渗出性皮肤病、其他有碍公共卫生的疾病）从业人员的单位送达工种调离通知书。是年10月，县政府印发《高邮县公共场所卫生许可证发放管理办法》，规定凡旅馆、理发店、茶馆、浴室、电影院等公共场所须“三证”（卫生许可证、健康证、培训合格证）齐全，方可开业。1996年8月，市卫生局、市卫生防疫站实施市长途汽车站、市公共汽车站公共场所卫生执法检查。2000年，市卫生防疫站在市区公共场所卫生监督监测中，共监测样品705份、5730个项次，其中599份样品、4906个项次合格。至2005年，市卫生局和市疾病预防控制中心（市卫生监督所）、乡镇防保所每年组织分工辖区食品生产经营从业人员健康检查，核发健康证；监督检查公共场所消毒设施及消毒工作，规定宾馆、招待所、舞厅、音乐厅、桑拿浴室茶具、面巾一律使用电子消毒柜消毒，浴衣、浴裤、上下水毛巾、浴巾采用高温洗涤消毒，理发用具、毛巾经消毒后使用。是年，公共场所卫生监督覆盖率100%。

二、职业卫生监督

80年代中后期，县卫生防疫站开展全县有害作业场所职业危害因素监测工作，建立有害工业劳动卫生档案。全县被列档工业企业95家，其中县属工业企业61家、乡镇工业企业34家。对有铅、聚氯乙烯、粉尘、噪声等危害人体健康因素的271家工厂、142个作业点实施作业危害情况测定，接触有害因素职工8067人，占职工总数的28.25%；对化工、制鞋企业2994名工人实施健康监护体检，查出患职业病31人；对城镇塑料厂、一沟塑料厂、武安塑料厂和县化肥厂塑料车间实施聚氯乙烯劳动卫生学调查；对县粮油加工、酿酒、机械、电力等体力劳动强度较大的企业，在高温季节及时实施防暑降温检查与指导；对农村进行经常性的安全使用农药宣传与指导。1990年，全县发生生产性农药中毒250人，为历史农药中毒人数最多年份。1991年6月，市政府办公室印发《关于做好预防农药中毒工作的通知》，并推行农田治虫由农技员集中治虫办法，有效遏制农药中毒高发势头。是年9月，市卫生防疫站测定25家厂矿企业生产环境有害物质浓度，检测111个粉尘点，合格点46个；检测6个化学有害因素点，合格点5个；检测23个物理有害因素点，合格点18个。1994年5月，市卫生防疫站为21家市属企业从事铸造、水泥、采石、轧石、玻璃、粮油加工、轧花、纺织、羽绒加工劳动的713名工人及有尘肺病史的离退休人员实施健康监护体检，查出疑似矽肺5人。8月，开设铅中毒治疗门诊，诊治铅中毒病人4人，驱铅治愈率100%。1995年10月，市卫生防疫站为铸造、水泥、采石、玻璃、粮油加工、轧花、纺织、羽绒加工企业车间实施粉尘测定，检测105个粉尘点，合格点90个。1999年11月，汤庄镇自来水厂发生氯气泄漏事件，经汤庄镇卫生院抢救，6名中毒职工全部脱险。2000年，市卫生防疫站完成健康监护体检678人，查出职业病患者75人。至2005年，全市被列为劳动卫生监测的66家企业全部建有劳动卫生档案。

三、学校卫生监督

80年代，县卫生局、县文教局针对学生视力减退问题，推广眼保健操。1990年4～5月，县卫生防疫站抽样监测学生视力，共抽测3558人，查出视力不良学生846人，视力不良率23.78%，其中小学生视力不良率9.67%、初中生视力不良率27.89%、高中生视力不良率49.07%，中学阶段女学生视力减退率明显高于男学生。1991年3月，监督监测学校环境卫生，高邮县中学、县实验小学、临泽中学、临泽中心小学被确定为综合监测试点。1993年9月，调查高邮镇中小学生健康状况，体检学生5320人，其中小学生4225人、初中生1095人。检查结果：沙眼患病率小学生3%，初中生1%；扁桃体肿大率小学生31%、初中生16%；龋齿发生率小学生39%、初中生19%。1995年，再次调查学生生长发育状况，调查结果与1990年相比，学生体重、身高、胸围指标均有增加。1996年起，市卫生防疫站对中小学生视力实施动态监测，发现学生视力不良率呈逐步加重态势。1999年，市卫生局、市卫生防疫站对80所中小学校建筑设施进行卫生监测，重点检测教室日照度、采光系数、玻地比、噪声、黑板反射系数、课桌椅、学生人均面积等七大项2450个具体项（次），合格率73.9%。主要是学校教室、桌椅普遍不符合卫生要求，20%学校缺乏饮水设备，大多数教室日照度及采光不符合卫生标准。2000年，市卫生防疫站分析高邮市1992～2000年普通高校招生体检资料，全市招生体检完全合格率从3.09%下降到0.63%，限考率从68.61%上升到93.61%。2004年，中小学生视力不良率上升到24.88%，其中小学生视力不良率10.42%、初中生视力不良率29.95%、高中生视力不良率52.74%。

四、医疗场所卫生监督

1994年，市卫生局、市卫生防疫站按照《江苏省二级医院评审细则》和《江苏省城乡卫生院（一级医疗卫生机构）评审细则》，监测市人民医院、市中医医院、市第二人民医院、城北医院等9所医院污水处理，合格率100%。2001年，城北医院医疗污水治理项目首批通过扬州市环保局验收。1995年起，市卫生防疫站每季对市人民医院、市中医医院污水处理进行检测，合格率均为100%。2005年，市人民医院、市中医医院和各中心卫生院等完成医疗污水与医疗固体废物治理项目工程，经验收均被确认为医疗污水和医疗固体废物排放合格单位。

第四节　卫生设施

一、医疗卫生用房

80年代，县卫生局统一规划各医疗卫生单位用房，多种渠道筹集资金，进行建设。至1990年，县内共有17家乡镇卫生院和中心卫生院完成基本建设项目21项，建筑面积1.33万平方米。1992年，市人民医院建成门诊大楼。1993年3月起，全市14所乡镇卫生院和中心卫生院先后建成门诊综合楼，总建筑面积11.94万平方米。90年代后期，城区社区卫生服务站大多由设立单位购买或租用临街商品房，村卫生室大多由乡镇卫生院出资兴建或由卫生院与乡村保健医生合资兴建。2000年，全市村卫生站有业务用房1.14万平方米，村卫生室有业务用房1.47万平方米。至2005年，市卫生系统医疗卫生机构共投资8059万元，完成建设项目134项，建筑面积10.72万平方米。是年，市卫生系统医疗卫生机构占地67.11公顷，建筑总面积24.66万平方米，其中医疗业务用房15.42万平方米、其他用房9.24万平方米。

二、病床设置

1986年，全县医疗卫生机构编制床位共有1380张，平均每千人占有床位1.6张。1987年，县人民医院开设老干部病房，设床位30张。至1990年，全县医院床位增加到1421张，每千人占有床位1.71张。1991年起，市属医院逐步增加专科床位。县人民医院设立婴儿室，配备婴儿床位30张；中心卫生院和部分乡镇卫生院设有儿科、五官科与特色专科专病床位，三垛中医骨伤科医院设置骨伤科床位24张，界首镇中医院开设中医（中西医结合）专科床位16张；乡镇卫生院均分设内科、外科、妇产科、传染科和中医床位，有6个乡镇卫生院设有配置空调、沙发、壁橱、卫生间等设施较为齐全的病房。1993年，各医疗卫生机构中医床位设置达到《全国农村中医工作先进县（市）考核评分标准》要求。2000年，全市医院床位增加到1533张。其中，市属医院有床位526张，每千人占有床位1.88张；乡镇医院有床位689张，每千人占有床位1.57张；其他医院有床位318张。至2005年，市属医院均达到《江苏省二级医院评审细则（试行）》规定的病房床单元设施标准，中心卫生院和乡镇卫生院基本达到《江苏省城乡卫生院（一级医疗卫生机构）评审细则（试行）》规定的病房床单元设施标准。

三、医疗器械

80年代中期，全县有28所医疗卫生单位装备X线机，36所单位装备显微镜，34所单位装备手术床，18所单位装备麻醉机和高压灭菌器。县卫生局对所属医疗卫生机构购置医疗设备实施定额补助，各医疗卫生机构利用社会捐资、企业赞助、群众集资等方法，购置医用B型超声波诊断仪（B超）、光导纤维内窥胃镜、X线机等医疗设备。90年代，全市医疗卫生机构结合创建等级医院，加快医疗器械设备更新，实现“一无三有”（无危房，有检验肝功能设备、有80年代生产的50毫安以上X线机、有心电图机和超声波诊断仪）的目标。市属医疗卫生机构开始装备计算机X线断层摄影装置（CT机）、800毫安X线机、彩色B超、全自动生化分析仪、血液透析机等大型医疗仪器设备。市人民医院装备美国螺旋CT新换代机。至2000年，市卫生系统医疗卫生机构共引进、购置单台价值万元以上医疗器械设备282台套，其中10万元以上医疗器械设备56台套、市人民医院装备万元以上医疗器械设备89台套。市属医院基本达到《江苏省二级医院评审细则（试行）》规定的医疗仪器设备装备标准，中心卫生院和乡镇卫生院基本达到《江苏省城乡卫生院（一级医疗卫生机构）评审细则（试行）》规定的医疗仪器设备装备标准。2004年7月，市中医医院投资1000多万元建立放射治疗中心，装备有德国西门子电器公司生产、价值560万元的Primus-M型医用电子直线加速器1台。2005年，全市市属医疗卫生机构拥有医疗专业设备总价值7765.37万元；单台价值在万元以上的设备974台，其中100万元以上2台、50万元至100万元6台。市中心卫生院和乡镇卫生院拥有医疗专业设备总价值2273.94万元，普遍装备100毫安以上X线机、B超、心电图机、胃镜、自动（半自动）生化分析仪、血球计数仪、尿液自动分析仪、钾钠氯离子分析仪、双目显微镜、高频电刀、麻醉机、电动吸引器、心电监护仪、胎心监护仪、万能手术床、综合产科床、牙科综合治疗椅、电动洗胃机、激光治疗仪、高压灭菌器等。

第三十一篇 民政

要　目

80年代起，县民政局先后开展村民委员会和居民委员会建设、地名普查和行政区划勘界、民间组织登记与管理，组织“双拥”（拥军优属、拥政爱民）活动，褒扬烈士，实施社会优抚，推行殡葬改革等工作。1998年，高邮市被省民政厅表彰为省村民自治模范市。2002年，高邮市被省政府、省军区授予“省双拥模范城”称号。至2005年，全市分别完成7届村民委员会和6届社区居民委员会的换届工作；建成全市地名数据库，入库地名6007条，标准地名覆盖率90%以上；行政区划勘界全部结束，实现281千米县市际间界线无争议；累计注册登记民间组织182个；创建成扬州市以上双拥模范乡镇和单位31个；被镌刻在革命烈士英名墙上的革命烈士1618人，累计完成革命烈士纪念建筑扩、改、重建工程25处；遗体火化率连续18年保持100%。

第一章　基层自治组织建设

1983年、1986年，全县由乡镇政府任命先后产生首届村民委员会和首届城镇居民委员会。从第二届村民委员会和第二届城镇居民委员会起，通过选举产生。1991年起，全市开展以“民主选举、民主决策、民主管理、民主监督”为主要内容的村民自治活动，并开展创建村民自治示范村活动和社区居民委员会争创模范居民委员会活动。1998年10月，高邮市获“省村民自治模范市”称号。2004年、2005年，全市先后完成第七届村民委员会、第六届社区居民委员会换届选举。

第一节　村民委员会

1983年，全县农村恢复乡镇建制，在原人民公社基础上建立乡镇人民政府，在原生产大队基础上建立村民委员会，在原生产队基础上建立村民小组。村民委员会成员开始由乡镇党委、政府任命；1990年改为民主推荐提名，经乡镇党委、政府审核同意，由村民等额选举；1999～2005年，改由村民直接提名、差额选举，逐步推进农村基层组织建设和村民自治建设。

一、换届选举

1983年，全县实行乡村体制改革，由此产生第一届村民委员会，其主任、委员由乡镇政府任命，村民小组组长由村民委员会指派产生。1988年11月，全县在车逻乡开展第二届村民委员会选举试点。1990年7～12月，全县33个乡镇655个村全面推行第二届村民委员会选举，村民委员会主任、副主任、委员候选人，由村党支部召开村民委员会成员、村民小组组长和党员会议，民主推荐提名，报经乡镇党委、政府审核同意，召开村民大会，无记名投票等额选举产生653个村民委员会（不含需要改选和补选的2个村）。是年起，村民小组组长由村民小组会议推荐产生。1993年2～6月，全市开展第三届村民委员会换届选举。村民委员会主任初步候选人由村级组织推荐和村民10人联名提名，经民主协商确定正式候选人。通过召开村民大会，无记名投票等额选举产生村民委员会主任，差额选举产生村民委员会副主任、村民委员会委员。1996年3～5月，全市开展第四届村民委员会换届选举。全市差额选举产生村民委员会主任15人，等额选举产生村民委员会主任642人、差额选举产生村民委员会副主任566人、委员2065人。市民政局首次向新一届村民委员会成员颁发由省民政厅统一印制的村民委员会成员当选证书。

1999年3～6月，全市开展第五届村民委员会换届选举。首次实行村民委员会主任、副主任、委员候选人由本村有选举权的村民直接提名，按得票多少确定为正式候选人，由选民无记名投票直接差额选举，产生第五届村民委员会成员。全市33个乡镇依法实施选举的639个村（含蚕种场八里松村），5544个村民小组，参加直接提名候选人的选民44.22万人，提名初步候选人4.39万人，经民主协商，确定正式候选人4810人。全市设立选举中心会场639个，设流动票箱920个，设秘密写票处1334个，参加直接投票的选民50.55万人，占选民总数的95.5%，差额选举产生第五届村民委员会主任633人、副主任479人、委员2116人。在当选的村民委员会成员中，中共党员1653人，占当选成员总数的51.2%。村党支部书记兼任村民委员会主任28人，占当选主任的4.4%。当选村民委员会主任文化程度：小学34人、初中244人、高中334人、大专21人，分别占5.4%、38.5%、52.8%和3.3%。当选村民委员会主任年龄：30岁及以下34人、31～40岁263人、41～50岁306人、51岁及以上30人，分别占5.4%、41.6%、48.3%和4.7%，平均年龄40.7岁。

2001年9～12月，全市开展第六届村民委员会换届选举。由于区划调整和村组合并，全市20个乡镇和高邮经济开发区共有282个村民委员会（含蚕种场八里松1个村民委员会）、2769个村民小组、选民50.36万人，参加选举选民47.66万人。村民委员会成员初步候选人全部由村民直接等额提名，以得票多少确定正式候选人。120个村通过召开村民大会，一人一票提名初步候选人；157个村通过村民小组会议，推选初步候选人。全市共提名村民委员会成员初步候选人2.17万人，在选举日前7天张榜公布。根据确定的村民委员会成员职数和差额选举的规定，全市共确定正式候选人2347人，于选举日前3天张榜公布。全市共设村民选举大会会场323个，设立秘密写票处325个，设立流动投票站172个，部分村安排村民委员会主任正式候选人作竞选演讲。全市通过无记名投票，共差额选出村民委员会成员1734人，其中中共党员1210人，高中以上文化995人，40岁以下948人。各村在选举结束后，召开村民小组会议，推选村民小组组长2461人，推选村民代表1.56万人。2004年10～12月，全市20个乡镇和高邮经济开发区共有282个村民委员会（蚕种场八里松村未换届）进行第七届村民委员会换届选举。参加直接提名候选人的选民35.03万人，共提名初步候选人1.96万人，经民主协商，确定正式候选人2394人。12月，全市统一开展换届选举，选举一次成功的279个村，占总数99.6%。1个村（龙虬镇白马村）推迟选举，1个村（周山镇吴堡村）重选。经村民大会选民无记名投票，差额选举产生第七届村民委员会成员1637人，其中中共党员1189人，女性317人，村党支部书记兼任村民委员会主任10人。

图31-1 村民投票选举村民委员会成员

1983～2004年高邮市村民委员会换届选举情况一览表

表31-1

项目 / 年份	届次	乡镇（园区）（个）	行政村（个）	村民小组（个）	登记选民（万人）	参选选民（万人）	提名初步候选人（万人）	正式候选人			当选村民委员会成员		
								主任（人）	副主任（人）	委员（人）	主任（人）	副主任（人）	委员（人）
1983	一	33	667	5674	—	—	—	由乡镇政府任命			667	—	3450
1990	二	33	653	5682	52.53	49.40	—	645	583	2013	645	583	2013
1993	三	33	658	5684	51.68	47.86	—	651	差额选举		651	551	2021
1996	四	33	657	5682	未统计，参选率98.9%			672	差额选举		657	566	2065
1999	五	33	639	5544	52.93	50.55	4.39	1251	813	2746	633	479	2116
2001	六	21	282	2769	50.36	47.66	2.17	419	527	1401	263	327	1144
2004	七	21	281	2769	50.58	48.92	1.96	558	470	1366	273	289	1075

2004年高邮市第七届村民委员会换届选举情况一览表

表31-2

乡镇名称	村民委员会（个）	登记选民（人）	参选选民（人）	当选主任（人）	当选副主任（人）	当选委员（人）
高邮镇	19	26833	26118	18	16	53
龙虬镇	18	34368	31462	18	13	83
高邮经济开发区	10	22984	22984	10	12	33
马棚镇	5	11519	11378	4	3	26
车逻镇	13	24735	24085	13	25	40
八桥镇	8	16689	16324	8	9	39
汉留镇	12	20653	19265	11	—	72
汤庄镇	17	23242	23000	16	11	74
卸甲镇	26	52736	52736	26	—	120
三垛镇	26	37354	35687	26	37	103
甘垛镇	18	26681	25561	17	—	71
司徒镇	11	17409	16932	11	8	52
横泾镇	10	16885	14568	10	21	26
界首镇	13	23994	23275	12	23	45
周山镇	11	23216	21439	10	16	34
周巷镇	12	24910	24710	12	17	30
送桥镇	9	17142	16335	9	11	26
郭集镇	8	15660	15660	7	9	21
天山镇	7	14128	13895	7	14	20
菱塘回族乡	10	13229	12350	10	14	32
临泽镇	18	41429	41429	18	30	75
合计	281	505796	489193	273	289	1075

说明：蚕种场八里松村未换届。

二、村民自治

1991年2月，市政府在武安乡凤凰村开展以“民主选举、民主决策、民主管理、民主监督”为主要内容的村民自治活动，后扩大到车逻乡湾桥村、车逻村和八桥镇李庄村3个点。11月，市政府召开村民自治示范会议，印发《高邮市创建村民自治示范市、示范乡镇、示范村规划》，全市各村民委员会普遍建立村民代表会议制度，选举村民代表2.07万人。是年起，各村民委员会每年召开村民代表会议4次以上，有关村务、涉及群众切身利益和公益事业的大事，由村民代表参与讨论、决策；实行村民委员会任期目标责任制，明确村民委员会主任、副主任与村经济建设、文教卫生、治保调解、社会福利等4个工作委员会工作职责，建立村民委员会成员工作考核、村务公开、村民会议、村民代表会议、村民小组议事、财务管理、档案管理等民主管理制度；建立以村务公开、财务公开为主要内容的民主监督机制，普遍设置村务公开栏 、村民联系箱；建立村民大会审议村民委员会工作报告、村民代表考评村民委员会任期目标、村级财务由村民代表和乡镇农经站每年审计公布等制度，畅通村民民主监督渠道，促进村干部作风转变和工作水平提高；制定村规民约，实行村民自我教育、自我管理。市民政局向各村统一印发村民代表会议记录簿、村民档案册和村民委员会职责、制度。1993年4月，市政府表彰首批村民自治示范村44个。1997年8月、1998年7月，市委办公室、市政府办公室先后印发《高邮市关于开展农村村级财务公开活动的实施意见》《高邮市村务公开的意见》，统一规范全市村务公开、财务公开“两公开”工作。至此，全市638个村民委员会设立村务公开栏729处，部分村民小组还设置“民心墙”。1998年10月，高邮市被省民政厅表彰为江苏省村民自治模范市。1999年，各村组建立由村民代表参加的民主理财小组，形成每季度向村民公布一次财务收支情况、半年清查一次村组财务账目的制度，村民对财务民主监督逐步规范，并清查1995年以来财务账目，基本无问题的村占96%，受处理的村组干部13人。是年，全市设立村民联系箱621处，各村定期、不定期召开村民代表会议，村务公开、民主管理实现100%。25个乡镇被扬州市政府命名为“村民自治模范乡镇”，218个村被市委、市政府表彰为村民自治模范村。

2000年5月，乡镇、村组区划调整后，基层出现“合村不合心”、“并村不并账”、村务公开不及时、村民自治一度弱化的状况。市民政局、市委农工部先后在龙虬镇白马村，高邮镇新华村、大桥村，车逻镇车逻村、湾桥村联合召开村务公开、民主管理经验交流现场会。市民政局印发《关于涉农收费公示制度》《关于在税费配套改革中精简村民委员会成员，必须严格按照〈村民委员会组织法〉实施的通知》《关于进一步推进基层依法治理，扩大民主政治建设的意见》。2004年9月至2005年，市委、市政府建立市村务公开民主管理工作协调小组，印发《关于做好村务公开和民主管理工作的意见》，指导基层村务公开、民主管理活动正常有效开展。

第二节 居民委员会（社区居民委员会）

1986年，全县居民委员会成员由乡镇政府任命，居民小组组长由居民委员会指派或由居民推荐产生。1991年4月起，全市通过推选居民代表，召开居民代表大会，依法进行换届选举。开展以民主选举、民主管理、民主决策、民主监督和自我教育、自我管理、自我服务为内容的居民委员会建设。2002年，全市居民委员会调整、合并，组建成社区居民委员会，开展创建模范社区居民委员会活动。2005年，全市社区居民委员会第六次换届选举。各社区建设向着管理有序、服务完善、环境优美、文明和谐的新型社区发展。

一、换届选举

1986年，全县有居民委员会33个，居民小组284个。各居民委员会组成人员由乡镇政府任命，居民小组组长由居民委员会指派或居民推荐产生，此为“文化大革命”以后的第一届居民委员会。

1991年，全市民主选举第二届居民委员会。10月，市民政局在高邮镇公园居民委员会试点。11月，全市8镇1乡33个居民委员会换届选举工作全面铺开。全市城镇推选居民代表1220人，由居民委员会召开居民委员会干部、居民小组组长、居民代表会议，提名推荐居民委员会主任、副主任、委员初步候选人，经乡镇选举工作领导小组审核同意后，通过召开居民代表大会、无记名投票、等额选举产生新一届居民委员会成员。推荐产生居民小组组长。各居民委员会建立治安调解、文教卫生和社会福利3个委员会。1995年，全市第三届居民委员会换届选举。6月，市民政局在高邮镇水部楼居民委员会试点。9～12月，全市33个居民委员会推荐产生居民代表1326人，通过召开居民代表大会，投票选举产生居民委员会成员，并推荐产生居民小组组长328人。1998年10～12月，全市第四届居民委员会换届选举。10月，市民政局在高邮镇西塔居民委员会和菱塘回族乡菱塘居民委员会试点。全市49个居民委员会完成换届选举，推荐产生居民小组组长318人。市民政局首次向新当选的居民委员会成员颁发居民委员会成员当选证书。

2002年，全市20个乡镇和高邮经济开发区的居民委员会合并调整，原64个居民委员会合并调整为52个社区居民委员会，原554个居民小组合并调整为452个居民小组。市民政局在高邮镇水关社区居民委员会开展第五届社区居民委员会换届选举试点。9月，市委、市政府统一部署社区居民委员会换届选举工作。各乡镇成立社区居民委员会选举委员会，重新划分居民小组，推选居民小组组长和社区居民代表大会代表初步人选，经民主协商和选举委员会代表资格审查，确定社区居民代表大会正式代表。由选举委员会协商推荐提出社区居民委员会主任、副主任、委员和协商议事委员会（其成员主要为社区内国家机关和企事业单位代表，不参与社区居民委员会决策和管理，主要起联系、沟通和共建作用）主任、副主任、委员初步候选人建议名单，经征求居民代表意见，确定社区居民委员会成员、协商议事委员会成员正式候选人名单，按法定程序公布，通过召开居民代表大会，采用无记名投票形式，差额选举产生社区居民委员会成员和协商议事委员会成员。2005年11月，全市第六届社区居民委员会换届选举。是月28日为全市社区居民委员会换届选举日，各社区居民委员会推选社区居民代表2558人，召开社区居民委员会居民代表大会，选举社区居民委员会成员和协商议事委员会成员。全市20个乡镇和高邮经济开发区共有52个社区居民委员会，选出社区居民委员会主任52人、副主任125人、委员223人，选出协商议事委员会成员，推荐产生居民小组组长460人。同时，建立健全居民自治章程、居民公约、社区居民委员会三年工作目标等各项民主管理制度。

1986～2005年高邮市居民委员会（社区）换届选举情况一览表

表31-3

项目/年份	届次	居民委员会（个）	居民人数（万人）	推荐居民代表（人）	当选居民委员会成员（人）			推选居民小组组长（人）	设立委员会（个）		
					主任	副主任	委员		治安调解	计生文卫	社会福利
1986	一	33	未统计	—	33	—	—	284	—	—	—
1991	二	30	6.84	1220	30	45	165	289	30	30	30
1995	三	33	7.05	1326	33	49	165	328	33	33	33
1998	四	49	7.16	1568	49	74	195	318	49	49	49
2002	五	52	未统计	2340	52	108	266	452	52	52	52
2005	六	52	22.60	2558	52	125	223	460	52	52	52

二、模范社区居民委员会创建

1991年，各居民委员会开展争创“模范居民委员会”“五好家庭”“文明单位”“文明户”等活动。1996年，市民政局印发《高邮市模范居民委员会标准》，各居民委员会修订完善各项规章制度，发挥居民委员会基层群众自治组织的自我教育、自我管理、自我服务作用。1998年10月，北海、南海、西塔、牛集、月塘、菱塘、柳集、肖祠、东风、杨庙等10个居民委员会被市委、市政府表彰为市模范居民委员会，其中5个居民委员会被扬州市表彰为一级模范居民委员会。2002年起，各社区居民委员会开展以“民主选举、民主管理、民主决策、民主监督”和“自我教育、自我管理、自我服务”为内容的社区居民委员会建设和模范社区居民委员会创建活动，健全和完善政务公开、民主议事以及听证会、协调会等制度，建立社区居民委员会政务公开监督小组，聘请社区行风监督员，保障居民对社区居民委员会政务的知情权、决策权、参与权、监督权，逐步把社区建设成为管理有序、服务完善、环境优美、文明和谐的新型社区。2003～2005年，全市有13个社区居民委员会受到省民政厅、扬州市民政局表彰。

第二章　区划、地名管理

1986年，县民政局在首次（1980年）地名普查的基础上，补查地名，设置地名标志。1997年，首次开展行政区域界线勘查工作。至2002年，全市勘界工作结束，行政区域界线勘查全长281.33千米。至2005年，市政府命名、更名路、街、巷、居民住宅小区和地标共1433条，城区道路标准地名标志设置覆盖率在90%以上，市地名数据库收录地名6007条。

第一节　界线勘查

1996年12月，市政府成立市勘界工作办公室（简称市勘界办）。1997年7月至2001年6月，首次开展行政区域界线勘查。2001年6月至2002年12月，省勘界工作领导小组办公室、扬州市勘界工作办公室组织勘界验收。共完成勘查省际行政区域界线1条、市际行政区域界线2条、扬州市内县（市、区）行政区域界线4条，行政区域界线勘查全长281.33千米，明确行政区域界线走向位置，标绘行政区域勘界图，埋设界桩。

一、省际界线勘查

1997年7月，高邮市勘界办、安徽省天长市勘界办联合勘查高邮—天长段边界线。该段边界线位于江苏省—安徽省行政区域界线扬州—滁州段内，南北走向，全长29.1千米。边界北起高邮湖水面上，即高邮市和天长市、金湖县3县（市）界线交会点（南距菱塘回族乡天菱河出口处12千米，西距天长市湖滨乡九连圩郁庄4.5千米，北距金湖县闵桥乡小胡子尖2.7千米）。南至高邮市和天长市、仪征市3市界线交会点（东面为天山镇殷河村太平组，南面为仪征市大巷乡蒯庙村后王组，西面为天长市秦栏镇同心村黄沟组）。高邮—天长段边界线属里下河地区，边界北段为高邮湖水上界线，界线平直单一。南段边界以河流、陆地、丘陵为主，多以河流、道路、田埂为界，边界线地形复杂，弯曲交错，走向变化较大。双方接壤地区分别为菱塘回族乡、天山镇和天长市界牌镇、新华乡、秦栏镇。1997年10月，高邮市勘界办、天长市勘界办召开联席会议，双方对各自实地踏勘绘制的界线走向图对图接边。是年11月，高邮、天长两市勘界办举行高邮—天长段边界线联合勘查贯通仪式，双方政府代表在界线图上签字。高邮—天长段设有界桩点1个，埋设界桩1根，编号3234028（单立双面）。至此，该段省际界线全线勘定贯通。

二、市际界线勘查

扬州—泰州界线高邮—兴化段勘查　1998年3月，高邮市勘界办与兴化市勘界办联合勘查扬州市—泰州市行政区域界线高邮—兴化段。该段边界线南北走向，全长73.6千米，北起高邮市和兴化市、宝应县界线交会点，南至高邮市和兴化市、江都市界线交会点。边界线地处水网和平原地区，河流较多，地势低洼，人口稠密，交通不畅。界线多是以河流、道路、田埂为界，弯曲交错，走向变化较大。边界线双方接壤的地区有11个乡镇65个村。其中，高邮市5个乡镇33个村，即临泽镇成官村、子南村、丁旺庄村、养殖场、洋汉村、小李村，川青镇北荡村、南荡村、朱袁村、蒋庄村、王帮村，横泾镇官林村、三庄村、周耿村、李家村，平胜乡沙贯村、沙南村、花李村、养殖场、耿家村、北韩村、徐韩村、龙王村、西

葛村、姚家村、墩子村、河口村，汤庄镇顺利村、养殖场、联谊村、南邱村、汤庄村、东高家村。兴化市6个乡镇32个村，即周奋乡大李村、谭堡村、古沙村、仲二村，舜生镇刘沟村、草四村、草三村、草一村、草二村、黄花村、季家村，荡朱乡林桑场、马港圩、西林场、吕杨村、夏家村、许戴村，东谭乡泗洲村、安基村、袁家村、南山村，红星乡南新村、水产村、沙庄村、东葛村、院墙村、梅家村、董家村、陈元村、楼房村、赵何村，刘陆乡老阁村。是年6月，高邮市勘界办与兴化市勘界办召开联合勘查第一次联席会议，核对各自实地踏勘绘制的边界走向图，发现双方界线标绘有24处34个点不一致。7～8月，高邮市勘界办与兴化市勘界办对全线24处差异点联合实地踏勘。通过现场测量、图上核对、实地指界、友好协商，解决差异点问题23处，仅剩23号一处差异点分歧较大，问题未能解决。8月，高邮市勘界办与兴化市勘界办召开第二次联席会议。会上标绘双方形成一致意见的差异点23个，讨论、协商、确定界桩点。1999年9月，扬州市勘界办、泰州市勘界办和高邮市勘界办、兴化市勘界办召开第三次联席会议，对23号差异点海陵溪水面划界等问题达成一致意见，即“东西两端（狭窄处）取现有水面中心点（各占二分之一），700米中间段（较宽处）将现有水面分为三份（高邮占南三分之一，兴化占北三分之二），三点连成线”为界，双方按各自的行政管理区域管辖范围使用。2001年3月，扬州市勘界办、泰州市勘界办召集高邮、兴化两市勘界办共同到实地踏勘界桩点位，确定界桩点6个，设计埋设界桩8根，界桩点位编号分别为1012004（单立双面）、1012005A（双立单面）、1012005B（双立单面）、1012006（单立双面）、1012007（单立双面）、1012008A（双立单面）、1012008B（双立单面）、1012009（单立双面）。9月，高邮、兴化两市勘界办把界桩埋设到选定位置上。委托省工程勘测研究院负责界桩测绘工作。至此，该段界线全线勘定贯通。

淮安—扬州界线高邮—金湖段勘查　1997年，高邮市勘界办、金湖县勘界办联合勘查淮安市（原淮阴市）—扬州市行政区域界线高邮—金湖段界线。该段边界线先南北后东西走向，全长40千米，北起高邮湖水面上，即高邮市和金湖县、宝应县3县（市）界线交会点（北距宝应湖退水闸约900米，东与高邮—宝应界线的天星河中心线相交），经大汕子河（以河中心为界）进入高邮湖后向南推进，在25千米处改变方向折向西12.5千米处（南距耿家尖〈又称打靶场〉约2.6千米），至高邮市与金湖县、天长市3县（市）界线交会点。边界线在高邮湖上，界线线路走向清晰。双方相邻地区分别有高邮市高邮镇、界首镇（含高邮市芦苇场）、马棚镇3个镇和金湖县闵桥镇、塔集镇2个镇。12月，高邮市勘界办、金湖县勘界办召开第一次联席会议，对各自实地踏勘的界线走向图第一次对图接边，发现界线线路走向定位存在分歧和争议。1998年4月，高邮市勘界办、金湖县勘界办召开第二次联席会议，阐明各自对界线线路走向定位的勘定意见，未能达成共识。2001年，经省勘界办进一步协调，高邮—金湖段界线线路走向，以双方人民群众在生产生活中形成的习惯线和1980年金湖县自绘的政区图上界线，取2条线中间进行界线线路的走向定位。该段未埋设界桩。该段界线全线勘定贯通。

三、县（市、区）界线勘查

高邮—宝应界线勘查　1997年，高邮市勘界办、宝应县勘界办各自实地踏勘高邮市—宝应县行政区域界线。该段边界线东西走向，全长38.31千米，边界西起高邮湖水面上，即高邮市和宝应县、金湖县3县（市）界线交会点，东至高邮市和宝应县、兴化市3县（市）交会点。交界地区自然资源及经营权属明确，基本为习惯界线，地势平坦，以陆地为主，水面滩地次之，有50%界线以子婴河为界。双方接壤地区分别有高邮市界首镇（含高邮市芦苇场）、周巷镇、临泽镇和宝应县氾水镇、夏集镇。4～8月，高邮市勘界办、宝应县勘界办各自绘制界线走向图。1999年5月，高邮、宝应两县（市）勘界办召开第一次联席会议，对图接边，初步核定图上边界线。5～6月，高邮、宝应两县（市）勘界办联合实地踏勘划法不一致的疑点，解决多处疑点问题。尚有天星河西端至三道河处水面权属问题、天星河段以河心划界还是以芦苇场北堤脚线为界问题、宝应县三角养殖水面与高邮市芦苇场分界争议等3个问题，未能达成共识。2000年4月，在省高宝邵伯湖管理委员会和扬州市民政局、扬州市勘界办、扬州市国土局、扬州市水利局等部门负责人和技术人员的参与下，联合实地踏勘调研3处争议点。是年6月，经扬州市勘界办协调，双方对存在的3处分歧点达成共识。2001年3月，扬州市勘界办召集高邮、宝应两县（市）勘界办共同到实地踏勘界桩点位，确定4个界桩点，埋设6根界桩。界桩编号分别为6869001（单立双面）、6869002A（双立单面）、6869002B（双立单面）、6869003（单立双面）、6869004A（双立单面）、6869004B（双立单面）。9月，高邮市勘界办、宝应县勘界办把界桩埋设到选定位置上，其中1号界桩点原选定位置因存在异议，经扬州市勘界办协调，界桩点位重新选定。委托省工程勘测研究院负责界桩测绘工作。该段界线全线勘定贯通。

高邮—江都界线勘查　1997年，高邮市勘界办与江都市勘界办各自实地踏勘高邮市—江都市行政区域界线。该段界线东西走向，全长59.86千米，西起高邮湖水面上，即高邮市和江都市、扬州市邗江县3市（县）界线交会点，东至高邮市和江都市、兴化市3市界线交会点。边界地区以湖泊、滩地、河流、农田为主，地形复杂，交通不便，"插花地""飞地"较多，边界线弯曲交错，走向变化较大。双方接壤地区有12个镇39个村，即分别为江都市昭关镇、真武镇、永安镇、樊川镇、高徐镇、武坚镇等6个镇20个村和高邮市高邮镇、车逻镇、八桥镇、卸甲镇、汉留镇、汤庄镇等6个镇19个村。是年9月，高邮市勘界办与江都市勘界办召开第一次联席会议，对各自实地踏勘后的界线走向图对图接边，全线共有20处差异点，双方经过讨论协商，对12处差异点标绘形成一致意见。9～10月，高邮、江都两市勘界办联合实地踏勘8处界线差异点，现场解决7处界线差异点。对八桥镇淤溪河处"飞地""插花地"的历史遗留问题，双方先后4次联合实地踏勘，经过近10次讨论协商未能达成共识。1999年8月，在扬州市勘界办协调下，双方达成"'飞地'和'插花地'原权属不变，按现行实际管辖划线"的一致意见。两市勘界办再次对图接边，并转绘界线。2000年4月，在扬州市勘界办组织下，高邮、江都两市勘界办联合实地踏勘埋设界桩点位，确定界桩点7个，埋设界桩10根，界桩编号分别为6870001（单立双面）、6870002A（双立单面）、6870002B（双立单面）、6870003A（双立单面）、6870003B（双立单面）、6870004（单立双面）、6870005A（双立单面）、6870005B（双立单面）、6870006（单立双面）、6870007（单立双面）。2001年9月，高邮、江都两市勘界办把每根界桩埋设到选定位置上。委托省工程勘测研究院负责界桩的测绘工作。该段界线全线勘定贯通。

扬（邗）高界线勘查　1999年，邗江县勘界办、高邮市勘界办各自实地踏勘邗江县与高邮市行政区域界线。该界线东西走向，全长23千米，西起邗江县、高邮市、仪征市等3市（县）界线交会点，东至邗江县、高邮市、江都市等3市（县）界线交会点，即高邮湖水面上。边界地区以陆地为主，有部分河沟及高邮湖、邵伯湖水域。双方接壤地区涉及4个镇，即邗江县公道镇和高邮市送桥镇、郭集镇、高邮镇。是年10月，邗江县勘界办、高邮市勘界办召开第一次联席会议，对各自实地踏勘界线走向图对图接边，初步核定图上边界线。11月，邗江县勘界办、高邮市勘界办联合实地踏勘界线差异点，达成一致意见。12月，邗江县勘界办、高邮市勘界办召开第二次联席会议。双方在1：10000地形图上对边界线详核，对图接边，确定边界线走向和界桩点2个，埋设界桩2根，界桩编号分别为1068001（单立双面）、1068002（单立双面）。2001年9月，邗江县勘界办、高邮市勘界办把2根界桩埋设到选定位置上。委托省工程勘测研究院负责界桩测绘工作。扬（邗）高界线全线勘定贯通。

高邮—仪征界线勘查　1999年，仪征市勘界办、高邮市勘界办各自实地踏勘高邮市—仪征市行政区域界线。该界线先南北后东西走向，全长17.47千米，边界北起高邮市和仪征市、安徽省天长市3市界线交会点，东至高邮市和仪征市、扬州市邗江县3市（县）界线交会点。边界南北段以陆地、丘陵为主，界线地形复杂，弯曲交错。东西段界线以陆地道路、田埂为界，走向变化较大。双方接壤地区涉及3个乡镇7个村，即高邮市天山镇、送桥镇3个村和仪征市大仪镇4个村。是年5月，仪征市勘界办、高邮市勘界办召开第一次联席会议，对各自实地踏勘的界线走向图对图接边，初步核定图上边界线。7月，仪征市勘界办、高邮市勘界办联合实地踏勘界线差异点，达成一致意见。8月，仪征市勘界办、高邮市勘界办召开第二次联席会议。双方勘界办在1：10000地形图上对边界线详核，对图接边，确定边界线走向和界桩点2个，埋设界桩2根，界桩编号分别为6872001（单立双面）、6872002（单立双面）。并于邗江县、高邮市、仪征市3市（县）交会点，埋设界桩1根，编号106872I（单立三面）。2001年9月，高邮市勘界办、仪征市勘界办把界桩埋设到选定位置上。委托省工程勘测研究院负责界桩的测绘工作。该段界线全线勘定贯通。

第二节　地名管理

1986年起，县民政局、县地名办公室第二次补查地名，规范办理地名命名、更名申报与审批，设置规范化地名标志。2000年9月，市政府印发《高邮市地名管理办法》。2005年，全市地名数据库建成，地名管理逐步做到法制化、规范化、标准化、信息化。

一、地名普查

1980年6月，县地名办公室成立。是年10月至1982年3月，开展第一次地名普查，登记地名4831条，其中行政区名984条、自然村庄名3392条、主要企事业单位名43条、重要自然实体和人工建筑物名329条、其他地名83条。1983年10月，编印《高邮县地名录》。1985年8月，编印《高邮县地名手册》。

1986～1990年，县民政局和县地名办公室开展地名补查，办理地名命名、更名申报与审批。1990年3月至1992年8月，全市开展第二次地名补查。经过补查，全市补查更新地名5220条，其中资料更新增加地名1449条、产生新地名679条、原有未变化地名3092条。同时，消亡地名202条，乡村驻地迁移地名变更83条。建立地名补查资料36卷5800页。1992年起，全市地名命名、变更由市政府统一命名。2002年，市民政局、市地名办公室根据行政区划变更和地名变化情况，编印《高邮市行政区划图》与《高邮市城区图》。

2004年6月，市民政局、市地名办公室开展地名普查，启动地名数据库建设。在清理1980年地名普查和1990年地名补查资料基础上，组织各乡镇再次开展地名普查。2005年12月，市民政局建成全市地名数据库，共收入地名6007条，其中行政区名39条、群众自治组织名796条、居民点名3427条、建筑物名106条、单位名105条、旅游景点名15条、道路名1404条、河流名111条、湖泊名3条、山峰名1条。

二、地名命名、更名

1986年，县政府命名八桥镇和送桥镇的路、街、巷和居民住宅小区共36条（处）。1988年，县政府命名、更名三垛镇、菱塘回族乡、界首镇的街、巷分别为57条、21条、3条。1990年，县政府命名高邮镇、横泾镇、临泽镇的路、街、巷、小区分别为73条（处）、21条（处）、22条（处）。1992年，城区县府街更名为府前街。市政府命名车逻镇、汉留镇的路、街、巷分别为18条和32条。1994年，市政府命名7个乡镇的路、街、巷94条和居民住宅小区8处。1996年，市政府命名高邮镇路28条、巷71条、居民住宅小区1处，汤庄镇路19条、巷16条、居民住宅小区1处，三垛镇路4条、巷34条、居民住宅小区1处。2000～2001年，原武安乡、湖滨乡与原高邮镇合并为高邮镇，城区向东扩展，市政府命名高邮镇路78条、街5条、巷194条、居民住宅小区23处和保险大厦。2001年，市政府命名周巷镇桥8座。2003年10月，市政府命名城区蝶园市民广场。2004年，市政府命名9个乡镇的路、街、巷和居民住宅小区272条（处）。2005年，市政府命名高邮镇居民住宅小区5处和郭集镇路7条、街6条、巷21条、居民住宅小区2处。至是年末，市政府累计命名路483条、街83条、巷771条、居民住宅小区82处和地标10处，更名街1条、巷3条。其中，高邮镇（含城区、原武安乡、原湖滨乡）和高邮经济开发区命名、更名地名791处，包括路157条（南北走向74条、东西走向83条）、街16条（南北走向10条、东西走向6条）、居民巷道520条（南北走向174条、东西走向346条）、居民住宅小区98处。详见《附录》《城区和乡镇地名简况》（第1467页）。

三、地名标志设置

1986年，城区路、街、巷地名标志设置，由县民政局、县地名办公室负责审核标准地名，县城建局负责设置路、街、巷地名牌，县公安局负责居民门牌编号与设置。1991年3月，城区制作安装路、街、巷标准地名牌450处，迎接撤县设市庆典。2000年9月，市民政局制定路、街、巷、楼、门设置标准地名标志规划。2001年6月，市民政局在周巷镇政府驻地开展标准地名标志设置试点，设置标准路街牌50处、巷牌20处、门户牌1400处。2002～2003年，市地名办公室采取市场化运作形式，筹集资金更新城区31条主要道路的街、路牌，设置标准地名标志110处。城区新建居民小区楼幢牌、单元牌、户室牌等标准地名标志设置，由开发商出资制作，并安装到位，市地名办公室负责验收。2004～2005年，城区共设置300处道路标准地名标志，覆盖率90%以上。同时，设置标准楼幢牌84处、户室牌1580处。各乡镇设置路街地名牌708处、巷牌1433处、村牌284处。

图31-2 2002年，高邮市城乡设立标准化地名牌。图为城区路牌

第三章 社会事务管理

1986年，县民政局负责社会事务管理，主要是婚姻登记管理，收容遣送流浪乞讨人员，实行殡葬改革。1992年，市民政局被明确为办理公民收养登记机关。至2005年，全市结婚登记率和登记合格率均为100%，累计收养登记弃婴孤儿479人，遗体火化率连续18年保持100%，经市民政局登记注册的社会团体有109个、民办非企业单位73家。

第一节 婚姻管理

1986年，县内婚姻登记管理工作由县民政局民政科负责。各乡镇设有婚姻登记处，负责办理婚姻登记。2001年3月，市民政局社会事务科负责婚姻登记工作。2005年12月，市民政局设立婚姻登记处，负责集中办理全市婚姻登记工作，各乡镇政府婚姻登记处同时被撤销。

图31-3 2005年12月设立的婚姻登记处揭牌仪式现场

一、结婚登记

1986年7～12月，县民政局在全县33个乡镇中，清理1981～1986年已结婚的违法婚姻，对符合结婚条件尚未登记的1.65万对婚姻登记当事人补办结婚证书，补证后全县结婚登记领证率从清理前的38%上升到90%以上。1987年起，每年以乡镇为单位开展1～2

次违法婚姻清理工作。1988年，县民政局在全县推广汉留乡以“恋、婚、育、保”为内容的“一条龙”婚姻综合管理模式，把婚姻登记管理服务工作各个环节连接起来，由相关部门共同参与婚姻管理。1991年起，各乡镇婚姻登记处配合村民委员会、居民委员会与未婚青年签订婚姻登记管理协议书，要求结婚必须到龄、到龄结婚必须登记，提倡晚婚晚育，减少、避免无效婚姻与早婚等违法婚姻的发生，解决同居结婚不领证和小年龄登记结婚的问题。至1997年，全市结婚登记率稳定在92%以上。1998～2005年，全市结婚登记率和登记合格率均为100%。

1986～2005年高邮市结婚登记情况一览表

表31-4

项目 年份	结婚登记（对）	初婚人数（人）	再婚人数（人）			复婚（对）
				男性	女性	
1986	7795	—	—	—	—	—
1987	4346	—	—	—	—	—
1988	5207	—	—	—	—	—
1989	7108	—	—	—	—	—
1990	7201	—	—	—	—	—
1991	7864	—	—	—	—	—
1992	8061	15896	226	74	152	11
1993	7470	14795	145	51	94	9
1994	6979	13830	128	46	82	5
1995	7200	14290	110	46	64	5
1996	7492	14791	193	87	106	28
1997	7150	14252	48	19	29	4
1998	7202	13998	406	272	134	124
1999	7362	14692	32	14	18	3
2000	7293	14562	24	7	17	6
2001	6018	11685	351	189	162	21
2002	5863	11312	414	191	223	28
2003	5215	10072	358	161	197	10
2004	4871	9244	498	251	247	20
2005	4856	8754	958	441	517	53

说明：1986～1991年“初婚人数”“复婚人数”两项缺统计数据。

二、离婚登记

1986～1997年，县内一方要求离婚、另一方不同意离婚的情况较多，离婚当事人多半起诉到法院，由法院调解或判决离婚；双方自愿离婚，到民政部门办理离婚登记手续的每年均在100对以内。1998年以后，由民政部门办理双方自愿离婚登记的急剧上升，年登记量突破100对，并呈逐年上升趋势。

2003年10月，国务院《婚姻登记条例》实施后，离婚登记手续简化、方便、费用低廉(每对仅收9元)。2005年，全市经民政部门办理离婚登记手续493对，经法院调解和判决离婚322对，均创历史新高。

1986～2005年高邮市离婚登记情况一览表

表31-5 单位：对

年份＼项目	民政部门办理离婚登记	人民法院调解和判决离婚	年份＼项目	民政部门办理离婚登记	人民法院调解和判决离婚
1986	40	—	1996	79	259
1987	38	—	1997	71	281
1988	42	—	1998	239	299
1989	60	—	1999	123	313
1990	75	250	2000	174	269
1991	70	202	2001	299	253
1992	68	215	2002	239	299
1993	84	198	2003	243	313
1994	79	226	2004	378	303
1995	81	204	2005	493	322

说明：1986～1989年"人民法院调解与判决离婚"项缺数据资料。

第二节 收养登记与收容救助

一、收养登记与管理

1992年4月，市民政局被明确为市内办理公民收养登记机关。是年12月，市政府印发《关于贯彻〈中华人民共和国收养法〉做好收养登记工作的意见》。是年，办理收养登记6人。此后，逐年有所增加。1999年5月，市民政局办理的收养登记项目有：收养社会福利机构抚养的查找不到生父母的弃婴、儿童和孤儿，收养非社会福利机构抚养的、查找不到生父母的弃婴和儿童，收养生父母有特殊困难无力抚养的子女或者由监护人监护的孤儿，收养三代以内同辈旁系血亲的子女，以及继父或者继母收养继子女。2000年，办理收养登记上升到110人，为历年最多。2004年，市民政局整理1992～2004年收养登记资料，建成纸质和电子两套档案。2005年，办理收养登记77人。至是年末，全市累计收养登记弃婴孤儿479人。

二、收容救助

1986～2002年，市收容遣送站对在城市流浪乞讨人员，实行收容、遣送回原籍，先后收容、遣送3381人次。2003年8月，市收容遣送站改为市救助管理站，设于城区公园新村2号。自此，市救助管理站停止遣送城市生活无着流浪乞讨人员，实行自愿救助和人性化管理。对符合条件的救助人员安排食宿，提供日常生活用品，帮助联系家人，提供返程车票，必要时护送回家。对精神病人、危重病人等特殊对象提供医疗救护。对不符合条件的求助人员，给予必要的教育与疏导，告知不予救助理由，仍提供必要的帮助。2003年，该站救助城市生活无着流浪乞讨人员541人。2004年、2005年，分别救助683人和249人。

第三节　殡葬管理

一、殡葬改革

1984年8月，县政府发布《推行火葬，禁止土葬，实行殡葬改革通告》。1986年，全县33个乡镇建立殡葬改革工作领导小组，各村建立殡葬改革责任制，将殡葬改革列入创建“文明村”“五好家庭”内容。是年，全县火化率85%。1987年7月，龙奔乡周庄村建成全县首座骨灰存放塔。至年末，全县共建骨灰存放塔和骨灰存放室22座（处）。是年，县民政局查处个别乡镇发生的土葬问题，遗体火化率上升到90%以上。

1990年，县殡仪馆在东墩乡钓鱼村建立4座联合经营型骨灰存放塔群，为城区骨灰盒存放提供条件。是年末，全县建立骨灰存放塔246座、骨灰存放室33处，逐步解决骨灰二次土葬问题。1991年，全市新建骨灰存放塔33座、骨灰存放室2处。营南乡率先实现村村建有骨灰存放塔（室）。1992年4月，高邮市被省民政厅表彰为省殡葬管理先进单位。是年，龙奔、营南、甘垛等3个乡镇村村建有骨灰存放塔（室），全市实现无坟村260个。1993～1997年，全市创建无坟乡镇13个、无坟村351个。1998～2002年，全市建有骨灰存放堂43处，安放骨灰盒1572个；公益性公墓149处，安葬骨灰6655穴。2003～2005年，全市形成骨灰存放堂、骨灰存放塔和公益性、经营性公墓等多种形式并存的骨灰处理方式。至2005年，全市遗体火化率连续18年保持在100%。

二、殡葬设施与服务

市殡仪馆　1986年，县殡仪馆位于盐河西岸，占地3000平方米，在扬州市率先实行承包责任制，全年火化遗体3313具，其中外县市遗体392具。1989年4月，县殡仪馆开展遗体防腐业务。1990年以后，每年火化遗体4000具以上。1998年4月，经市委、市人大常委会、市政府、市政协与市政府相关部门负责人多次考察，决定选址八里松原养殖场重建市殡仪馆。1999年9月，市殡仪馆破土动工，2000年12月建成营业。重建后的市殡仪馆占地2.25公顷，建筑面积5000平方米，绿化面积7000平方米，总投入1500万元。馆内分设行政办公区、业务服务区、殡仪火化区、职工生活区、绿化区和停车场，配置高档拣灰燃油火化炉2台、中档燃油火化炉4台、接尸车3辆、冷藏棺5台与计算机信息管理系统、监控和通信系统，建有高中档休息室、大中小告别厅，基本实现环境园林化、设施现代化、服务规范化的要求。2003年，火化遗体5253具，为火化遗体数最多年份。2004年，该馆投资45万元购置高档拣灰炉1台。2005年，火化遗体4978具，其中外县市遗体873具。至是年末，累计火化遗体9.08万具。

临泽殡仪馆　1986年，临泽殡仪馆位于临泽镇镇南路52号，地处高邮、宝应、兴化3县（市）交界处，占地4400平方米，建筑面积1592平方米。是年，临泽殡仪馆火化遗体1877具，其中宝应县遗体689具、兴化县遗体139具、其他地方遗体2具。1988年起，每年火化遗体2000具以上。1995～1998年，该馆投入84.6万元，更新原有设备，实施场所改造，增加新的服务项目。1999～2002年，投资114万元，新建成集办公、业务、接待、丧户休息、职工文体活动为一体的3层综合楼，建筑面积774.4平方米，新建职工生活楼158平方米。2003年，投资73万元，购置2台中高档平板式燃油火化炉。2005年，火化遗体1765具，其中宝应县遗体501具、兴化市遗体185具、其他地方遗体3具。至是年末，累计火化遗体4.56万具。

高邮墓园　1997年，市民政局投资60万元，建成高邮墓园，占地6700平方米。2004年3月扩建，用地1.38公顷，市民政局投资550万元，改造和提升墓园基础性设施，建成综合服务楼、骨灰寄存楼、骨灰存放廊、石牌坊、宝鼎、水池凉亭、停车广场和泵房等，完成建筑面积3780平方米。墓园管理处实行24小时值班。2005年，市民政局投资43万元，实施墓园绿化工程，新建和完善新老墓区绿化1万平方米，园区绿化率40%以上。至是年末，该园占地2.51公顷（含协议征地和回民公墓0.47公顷），销售墓穴2953个、廊葬128个、壁葬399个、草坪墓29个。

三、墓葬管理

1989年4月，县民政局在界首镇郑墩村等8个村开展清坟还田试点，还耕土地5.67公顷。1990年12月，县委宣传部、县民政局、县公安局、县工商行政管理局、县民族宗教事务科等5部门，针对骨灰盒乱埋乱葬的问题，联合印发《关于坚决制止丧葬中的封建迷信活动的通知》，八桥、卸甲等乡镇及时采取措施制止丧葬中的封建迷信活动。1991～1996年，各乡镇开展普及骨灰存放塔（室）、创建无坟村活动，武安、营南、周山、一沟、卸甲等乡镇率先实现无坟乡镇。1997年，市委、市政府印发《高邮市殡葬管理办法》。是年，实现主要公路道路、河流两旁、城市集镇规划区、风景名胜区、居（村）民住宅区、经济开发区基本无坟墓。1998年，全市除建有一批骨灰存放塔（室）外，还建成村办小型公益性公墓30处。1999年，全市骨灰安放设施实现多样化，除骨灰存放塔（室）外，建有公益性小公墓112处，实现无乱葬坟乡镇16个，无乱葬坟村406个。2000～2005年，全市实现国道、省道、市县道两旁500米内无坟墓目标。

第四节　民间组织登记与管理

1990年8月，县民政局设立社会团体登记管理股。是年12月至1993年，开展社会团体清理整顿。1994年起，社会团体登记发证步入正轨。2001年4～12月，全市开展民办非企业单位复查登记。至2005年，市民政局审批登记注册社会团体109个、民办非企业单位73家。

一、社会团体登记

1986～1990年，全县共有各类县级社会团体60个，其中学会21个、协会23个、联合会4个、研究会4个、书画诗社4个、联谊会2个、基金会2个。社会团体归属不一，一般由其业务主管部门和县科学技术协会管理。1990年12月开始，县民政局依据国务院《社会团体登记管理条例》，统一负责登记管理社会团体。1991年，市民政局登记市级社会团体47个，对长期不活动、不改选和重复设置的22个社会团体不再登记。1992～1993年，市民政局清理整顿乡镇社会团体，登记乡镇社会团体104个。1994年起，市民政局正常受理社会团体登记，并对社会团体实行年检。

1999年，市民政局开展社会团体清理整顿。全市共有社会团体187个，经清理，不予登记1个，注销登记6个；改为分支机构33个；保留147个，其中市级81个、乡镇级66个。7月，市民政局对保留的社会团体统一核发新证，并在《高邮日报》上发布公告。2000年，新登记注册社会团体4个、农村合作经济组织37个。是年8月，成立于1989年11月的市（县）气功科学研究会召开会员代表大会，一致通过自行解散动议。10月，撤销市老年养生研究会筹备小组。2002年，全市新建社会团体7个，共有社会团体98个，其中学术性社会团体22个、专业性社会团体51个、行业性社会团体20个、联合性社会团体5个。

2004年，市民政局进一步规范民间组织管理，促进民间组织健康发展。是年，新批准6个社会团体，全市共有社会团体113个。2005年，全市登记社会团体122个，注销13个，变更1个；实有社会团体109个，其中学会团体19个、研究会4个、联谊会3个、老年团体2个、文体团体8个、宗教团体4个、老区扶贫团体5个、管理团体20个、工商行政管理团体11个、行业管理团体20个、农业服务合作团体13个。

1991～2005年高邮市社会团体登记情况统计表

表31-6　　单位:个

年份＼项目	年末社会团体总数	市级	乡镇级	当年新成立	年份＼项目	年末社会团体总数	市级	乡镇级	当年新成立
1991	49	49	—	2	1999	147	81	66	14
1992	196	53	143	5	2000	155	74	81	4
1993	167	63	104	5	2001	119	78	41	3
1994	165	62	103	2	2002	98	84	14	7
1995	166	63	103	1	2003	98	84	14	3
1996	170	68	102	5	2004	113	97	16	6
1997	170	60	110	2	2005	109	98	11	10
1998	172	71	101	2					

1979～2005年高邮市社会团体核准登记情况一览表

表31-7

类型	成立年份	社会团体名称	办公地址	业务主管单位
学会团体	1979	市农学会	市农林局	市农林局
	1979	市畜牧兽医学会	市畜牧兽医站	市农林局
	1983	市商业经济学会	市商贸总公司	市商贸总公司
	1984	市林学会	市林业中心	市农林局
	1984	市蚕桑学会	市蚕桑站	市农林局
	1985	市纺织工程学会	市工业总公司	市工业总公司
	1991	市农村金融学会	农行高邮市支行	农行高邮市支行
	1991	市教育学会	市教育局	市教育局
	1991	市医学会	市卫生局	市卫生局
	1992	市钱币学会	人行高邮市支行	人行高邮市支行
	1993	市财政学会	市财政局	市财政局
	1993	市会计学会	市财政局	市财政局
	1994	市农业经济学会	市委农工办	市委农工办
	1996	市水利学会	市水利局	市水利局
	1999	市水产学会	市农林局	市农林局
	2002	市二胡学会	市文化馆	市文联
	2002	市税务学会	市国税局	市国税局
	2002	市工商学会	高邮工商局	高邮工商局
	2004	市档案学会	市档案局	市档案局
研究会	1992	市盂城驿研究会	市邮驿博物馆	市文物管理委员会
	1999	市地方人大工作研究会	市人大常委会办公室	市人大常委会
	2000	市汪曾祺研究会	市文联	市委宣传部
	2005	市帝尧研究会	城区通湖路106号	市文化局

续表 31-7

类型	成立年份	社会团体名称	办公地址	业务主管单位
联谊会	1987	市政协联谊会	市政协办公室	市政协
	1999	市台属联谊会	市委台湾工作办公室	市委台湾工作办公室
	2004	市京扬淮戏曲联谊会	市文化馆	市文化局
老年团体	1996	市退休教师协会	市教师进修学校	市教育局
	2001	市老科技工作者协会	市科技局	市科技局
文体团体	1981	市信鸽协会	市体育局	市体育局
	1982	市集邮协会	市邮票公司	市邮政局
	1986	市政协书画会	市政协	市政协
	1986	市政协盂城诗社	市政协	市政协
	1987	市武术协会	市体育局	市体育局
	1997	市冬泳协会	市体育局	市体育局
	1999	市围棋协会	市体育局	市体育局
	2005	市体育总会	城区高公桥路13号	市体育局
宗教团体	1984	市佛教协会	高邮镇极乐庵	市民族宗教事务局
	1985	市伊斯兰教协会	高邮清真寺	市民族宗教事务局
	1997	市基督教协会	市福音堂	市民族宗教事务局
	2000	市道教协会	川青福缘道院	市民族宗教事务局
老区扶贫团体	1992	市老区经济开发促进会	城区府前街62号	市委农工办
	1993	市扶贫开发协会	高邮镇社区办公室	市委农工办
	2001	菱塘回族乡扶贫开发协会	菱塘回族乡政府	菱塘回族乡政府
	2002	汉留镇老区扶贫开发协会	汉留镇政府	汉留镇政府
	2003	高邮经济开发区老区扶贫开发协会	高邮经济开发区农村处	高邮经济开发区管委会
管理团体	1987	市计划生育协会	市人口和计划生育委员会	市人口和计划生育委员会
	1987	市职工技术协会	市总工会	市总工会
	1988	市农机安全互助协会	市农机局	市农机局
	1988	市企业家协会	城区高公桥路50号	市经贸局
	1990	市红十字会	市卫生局	市卫生局
	1990	市企业管理协会	城区高公桥路50号	市经贸局
	1990	市农村卫生协会	市卫生局	市卫生局
	1991	市烹饪协会	市商贸总公司	市商贸总公司
	1992	市厂校卫生工作协会	市疾病预防控制中心	市卫生局
	1993	市珠算协会	市财政局	市财政局
	1999	市质量协会	高邮质监局	高邮质监局
	1999	市机动车驾驶员协会	城区文游中路189号	市公安局
	2000	市劳动模范协会	市总工会	市总工会
	2002	市青年企业家协会	团市委	团市委

续表 31-7

类型	成立年份	社会团体名称	办公地址	业务主管单位
管理团体	2002	市公共场所治安管理协会	城区环城路22号	市公安局
	2003	市预防职务犯罪协会	市人民检察院	市人民检察院
	2003	市外商投资企业协会	城区文游中路160号	市外贸局
	2003	市慈善总会	市民政局	市民政局
	2003	市危险物品治安管理协会	城区海潮东路34号	市公安局
	2005	市安全生产管理协会	城区高公桥路50号	市安监局
工商行政管理团体	1984	市个体私营经济协会	高邮工商局	高邮工商局
	1988	市消费者协会	高邮工商局	高邮工商局
	1999	市企业信用管理协会	高邮工商局	高邮工商局
	2003	市西城个体私营经济协会	工商西城分局	高邮工商局
	2003	市东城个体私营经济协会	工商东城分局	高邮工商局
	2003	市城北个体私营经济协会	工商城北分局	高邮工商局
	2003	市临泽个体私营经济协会	工商临泽分局	高邮工商局
	2003	市三垛个体私营经济协会	工商三垛分局	高邮工商局
	2003	市汉留个体私营经济协会	工商汉留分局	高邮工商局
	2003	市八桥个体私营经济协会	工商八桥分局	高邮工商局
	2003	市送桥个体私营经济协会	工商送桥分局	高邮工商局
行业管理团体	1989	市建筑业协会	市建工局	市建工局内
	1996	市电线电缆行业协会	市乡镇企业局	市经贸局
	1999	市服装行业协会	沙龙制衣公司	市工业总公司
	1999	市文化经营业行业协会	市文化局	市文化局
	1999	市消防器材行业协会	三垛镇企管站	市乡镇企业局
	1999	市摩托车（汽车）行业协会	市工业总公司	市经贸局
	1999	市渔业联合会	市水产局	市农林局
	2000	市经纪人协会	高邮工商局	高邮工商局
	2001	市建筑门窗协会	市建设局	市建设局
	2001	市鸭蛋行业协会	高邮质监局	高邮质监局
	2002	市再生资源行业协会	市供销合作总社	市商贸总公司
	2002	市城区客运人力三轮车经营者协会	城区琵琶路17号	市交通局
	2003	市房地产业协会	市城投公司	市建设局
	2003	市煤炭流通行业协会	城区通湖路167号	市商贸总公司
	2003	市旅游协会	市旅游局	市旅游局
	2004	市机动车维修行业协会	城区通湖路225号	市交通局
	2004	市广告协会	高邮工商局	高邮工商局
	2004	市新型墙体材料协会	市建设局	市建设局
	2004	市乡镇供水协会	市水务局招待所	市水务局
	2005	市供销合作经济联合会	城区通湖路167号	市商贸总公司

续表 31-7

类型	成立年份	社会团体名称	办公地址	业务主管单位
农业服务合作团体	1998	龙虬镇罗氏沼虾协会	龙虬镇政府	市农林局
	1999	市农业机械服务协会	市农机局	市农机局
	1999	市珠光种植服务协会	市农技推广中心	市农林局
	2003	送桥镇平牌村经济合作社	送桥镇平牌村	送桥镇政府
	2004	周巷镇优质稻米产销协会	周巷镇农技中心	周巷镇政府
	2004	市桂花鱼产销协会	城区北海路6-4号	市农林局
	2004	市养鸡协会	市高志实业公司	市农林局
	2005	菱塘回族乡红心旺鸭业协会	市红心旺食品公司	菱塘回族乡政府
	2005	横泾镇鱼种协会	横泾镇政府	横泾镇政府
	2005	菱塘回族乡养鸽协会	菱塘回族乡政府	菱塘回族乡政府
	2005	菱塘回族乡鹅业协会	菱塘回族乡政府	菱塘回族乡政府
	2005	临泽镇渔业合作社	临泽镇洋汊村	临泽镇政府
	2005	卸甲镇北戴村渔业协会	卸甲镇北戴村	卸甲镇政府

二、民办非企业单位登记

1986年3月，全县第一家民办非企业单位——高邮镇城中幼儿园成立。1996～2000年，登记幼儿园、民办学校等教育类民办非企业单位15家，以市兴联鸭业合作社为代表的农村专业合作经济组织4家，体育类和社会中介服务类民办非企业单位各4家和3家。

2001年4月，市政府办公室印发《关于开展民办非企业单位复查登记工作的意见》。全市原有民办非企业单位68家，通过业务主管部门审查和登记管理机关审核登记，至年末登记发证30家。2002年4月，市民政局被省民政厅表彰为民办非企业单位复查登记先进单位。2003年，市民政局依法年检民办非企业单位，实施规范化管理。全市有民办非企业单位51家。

2004年，市政府坚持培育和发展农村专业经济协会，全市累计有农村专业经济协会124家，涉及10多个产业，吸纳农户5万多户，固定资产总额2亿多元。是年，新批准成立22家民办非企业单位。至年末，全市核准登记民办非企业单位70家。2005年，全市新建民办非企业单位3家，共有民办非企业单位73家，其中城区32家、乡镇41家。

2005年高邮市民办非企业单位登记情况一览表

表 31-8

登记年份	单位名称	办公地址	业务主管单位
2000	市横泾鸭业合作社	横泾镇	市农林局
2000	市兴联鸭业合作社	司徒镇兴联村	市农林局
2000	市阳光特种水产经济合作社	龙虬镇张轩办事处	市农林局
2001	市天元棋社	城区玉带园12幢	市体育局
2001	市湖滨老年公寓	高邮镇南郊湖滨	市民政局
2001	市如意社区服务中心	城区府前街玉带园7幢	市民政局
2001	市春天社区中介服务中心	城区孙家巷3号	市民政局

续表 31-8

登记年份	单位名称	办公地址	业务主管单位
2001	菱塘回族乡回民幼儿园	菱塘回族乡扬菱路西侧	市教育局
2001	市少儿艺术学校	城区北门大街2号	市教育局
2001	市蓓蕾幼稚园	城区中山路513号	市教育局
2001	市城北幼儿园	城区北门大街47号	市教育局
2001	市城中幼儿园	城区府前街南菜园7幢	市教育局
2001	市南海幼儿园	城区南海路12巷3号	市教育局
2001	市爱星幼儿园	城区珠湖三村5巷27号	市教育局
2001	市红星幼儿园	城区西后街7号	市教育局
2001	高邮镇世纪幼儿园	城区环城路22号	市教育局
2001	三垛镇晨光双语幼儿园	三垛镇光明路38号	市教育局
2001	界首镇小白兔幼儿园	界首镇东西街23号	市教育局
2001	界首镇晨霞幼儿园	界首镇健康路6号	市教育局
2001	高邮师范学校附属实验幼儿园	城区中山路208号	市教育局
2001	菱塘回族乡菱塘村经济合作社	菱塘回族乡菱塘村	菱塘回族乡政府
2001	甘垛镇豆类合作社	甘垛镇甘垛办事处	甘垛镇政府
2002	市营南医院	周巷镇营南集镇	市卫生局
2002	甘垛镇南宋经济联合社	甘垛镇南宋村部	甘垛镇政府
2002	市朝阳中学	城区通湖路103号	市教育局
2002	司徒镇米仓幼儿园	司徒镇米仓村	市教育局
2002	司徒镇司徒幼儿园	司徒镇司徒村	市教育局
2002	司徒镇官垛幼儿园	司徒镇官垛村	市教育局
2002	司徒镇兴联幼儿园	司徒镇兴联村	市教育局
2002	高邮镇新蕾幼儿园	高邮镇湖滨五一新村	市教育局
2002	界首镇中心幼儿园	界首镇人民路	市教育局
2002	市珠湖新星幼儿园	城区珠湖路66号	市教育局
2003	龙虬镇雨润双语幼儿园	龙虬镇泾河北路18号	市教育局
2003	临泽镇小红花幼儿园	临泽镇安乐寺路	市教育局
2003	市陈瑄治水纪念室	龙虬镇陈总兵庄村	市文化局
2003	市赞化学校	城区府前街4号	市教育局
2003	高邮经济开发区贝贝幼儿园	高邮经济开发区花王村钓鱼组	市教育局
2003	临泽镇东方幼儿园	临泽镇西河村	市教育局
2003	市第二中学	城区前观巷56号	市教育局
2003	高邮镇启蒙幼儿园	城区西后街11号	市教育局
2003	八桥镇中心幼儿园	八桥镇环镇南路	市教育局
2003	市第一小学附属幼儿园	城区府前街88号	市教育局

续表 31-8

登记年份	单位名称	办公地址	业务主管单位
2004	市甘垛医院	甘垛镇甘泉路	市卫生局
2004	卸甲镇中心幼儿园	卸甲镇富民路	市教育局
2004	市南海中学	城区琵琶路27号	市教育局
2004	汉留镇新汉小学	汉留镇育才路1号	市教育局
2004	临泽镇中心幼儿园	临泽镇建设路22号	市教育局
2004	司徒镇育才学校	司徒镇府前街南	市教育局
2004	高邮镇城东初级中学	高邮镇政府东侧	市教育局
2004	高邮镇宋庄幼儿园	高邮镇宝塔村宋庄组99号	市教育局
2004	市书法家协会艺术研究院	城区琵琶路90号三楼	市文联
2004	市伯勤医院	卸甲镇伯勤集镇	市卫生局
2004	卸甲镇伯勤中心幼儿园	卸甲镇伯勤集镇	市教育局
2004	高邮镇珠湖初级中学	城区民生路32号	市教育局
2004	高邮镇珠湖小学	城区民生路36-2号	市教育局
2004	市新洲医院	临泽镇川青集镇	市卫生局
2004	汤庄镇建安幼儿园	汤庄镇兴农路2号	市教育局
2004	市树人学校	城区高沙园泰北路18号	市教育局
2004	市武宁医院	三垛镇武宁集镇	市卫生局
2004	界首镇毓秀学校	界首镇毓秀学校	市教育局
2004	三垛镇少游学校	三垛镇少游路南	市教育局
2004	横泾镇求知学校	横泾镇育才路	市教育局
2004	市张轩医院	龙虬镇张轩集镇	市卫生局
2004	龙虬镇龙腾学校	龙虬镇一沟村	市教育局
2004	汤庄镇新堰小学	汤庄镇招贤路	市教育局
2004	高邮盂城棋院	城区府前街62号	市体育局
2004	八桥镇春蕾学校	八桥镇环镇南路	市教育局
2004	龙虬镇苗苗幼儿园	龙虬镇苗苗幼儿园	市教育局
2004	市人力资源开发服务中心	城区通湖路450号	市劳动和社会保障局
2005	市青少年体育俱乐部	城区高公桥路13号	市体育局
2005	市安全生产监督管理培训中心	城区高公桥路50号	市安监局
2005	市江淮职业学校	城区通湖路103号	市教育局
2005	汉留镇甸垛学校	汉留镇三阳北路	市教育局

三、民间组织管理

1993年4月，市政府成立市社会团体登记管理领导小组，下设办公室。1995年2～6月，首次对社会团体实行年度检查。之后凡注册登记的社会团体，每年接受年检。是年，参加年检社会团体共54个，全部为合格。1999年7月，市政府成立市民间组织管理领导小组。2001年2月，市民政局对全市社会团体1997年以来的财务收支情况予以审计，没有发现重大违纪违规问题。是年4月，市民政局印发《高邮市社会团体年度检查暂行办法》。是年，年检不合格和列为整改的社会团体各1个。2002年3～7月，市民政局首次年度检查核准登记在6个月以上的民办非企业单位。2003年3月起，市民政局规范民办非企业单位年检工作，每年7月前年检一次。2005年，全市参加年检社会团体123个，其中合格80个、不合格42个、限期整改1个；参加年检民办非企业单位73家，其中合格70家、基本合格3家。

第四章　烈士褒扬

1974年，高邮县建成革命烈士纪念馆，收存各历史时期共1615名高邮籍革命烈士资料。1978年，县烈士陵园划归县民政局管理。1982年，《高邮县革命烈士英名录》出版，收录1601名革命烈士。80年代开始，全市对市烈士陵园、部分乡镇烈士陵园中的烈士纪念建筑物陆续扩建、改建、重建，不断改善烈士陵园环境，市、乡镇每年均组织社会各界人士祭扫革命烈士墓、碑、塔，瞻仰革命烈士纪念馆（室）。1991～2002年，高邮市追认革命烈士3人。2005年，全市建有革命烈士纪念建筑物25处，其中城区5处、乡镇20处。

第一节　烈士追认

详见第三十五篇《人物》第一章《人物传略》第一节《革命烈士》（第1395页）。

第二节　烈士纪念建筑

一、市烈士纪念建筑

市烈士陵园　坐落于市人民公园内，位于城区通湖路南侧、府前街北侧。1950年3月，由县政府始建。1986年，陵园占地4.56公顷，建筑面积3670平方米。主要建筑有：高邮人民英雄纪念碑、高邮革命烈士纪念馆、高邮革命烈士墓、无名革命烈士墓、革命烈士英名墙、纪念广场和仿古建筑映月轩（办公室）、晨曦阁（西亭）、琴韵水榭、揽月楼、荷花池亭、碑廊、假山、曲廊、儿童游乐场、溜冰场等。1987年6月，被县政府列为县级文物保护单位。1997年，被市委确定为爱国主义教育基地。2000年9月，全市党政机关、企事业单位为重建烈士墓捐款21.5万元。2001年3月，省民政厅、扬州市民政局和市财政投资45万元，建成市烈士陵园。革命烈士墓、人民英雄纪念碑重建工程启动，原东塔烈士墓迁入市烈士陵园。9月，重建的人民英雄纪念碑、革命烈士墓、革命烈士纪念广场、功德碑长廊全部落成，革命烈士纪念馆修缮工程相继完成。2003年，被扬州市委宣传部等部门授予“小公民道德建设市级示范基地”称号。

高邮人民英雄纪念碑　1950年3月始建。1981年5月，在原址重建。2001年3月，移址新建，位于纪念广场中间。人民英雄纪念碑底座东西长2.23米，南北宽1.9米，高1.82米；碑身东西宽1.92米，南北宽1.6米，高12米。纪念碑正南面镌刻有“高邮人民英雄纪念碑”，背（北）面镌刻有“人民英雄永垂不朽”。

图 31-4 2001 年新建的烈士墓区

高邮革命烈士墓 1955年始建。1981年,原址修缮。2001年3月,移址改建成草坪式单人烈士墓穴群,位于高邮人民英雄纪念碑正北面,建有单人烈士墓穴48个,每个墓穴东西长0.98米、南北宽0.60米,大理石制作,墓穴高出草坪10厘米。2002年,安放31名烈士遗骨、骨灰:周在和(1901—1943)、邵文兵(1917—1943)、万钰(1916—1945)、周山(1917—1946)、仲维祯(1915—1946)、狄奔(1918—1946)、刘文龙(1921—1946)、李培(1923—1946)、周自埂(1926—1946)、戴宏林(1926—1946)、周奋(1916—1947)、袁舜生(1917—1947)、李健(1918—1947)、郑光耀(1921—1947)、周增余(1921—1947)、严肃(1924—1947)、周朝定(1924—1947)、赵国华(1898—1950)、吴奇(1927—1951)、张云祥(1944—1967)、陈惟明(1949—1970)、周慈武(1947—1977)、张维星(1956—1983)、袁志平(1964—1985)、裔九凤(1965—1985)、陈金培(1965—1985)、徐达(1963—1986)、徐庆(1965—1986)、吴志平(1970—1991)、赵勇(1972—1991)、夏世祥(1990—2002)。

无名革命烈士墓 该墓边长2.25米,呈正方形,大理石贴面,高出草坪20厘米,位于单人烈士墓穴中央,以纪念1945年12月为攻克高邮城而牺牲的639名新四军无名将士。2001年3月,烈士遗骸由原东塔烈士墓迁入市烈士陵园内。

革命烈士英名墙 2001年9月建立。位于单人烈士墓穴群北面,东西长39.5米、高3.2米,呈卷轴式半弧型,墙面为大理石贴面,中间刻有浮雕,浮雕东、西两侧刻有不同革命时期牺牲的1618名烈士姓名。

纪念广场 2001年9月建成。位于烈士陵园中心区域,东西长85米、南北宽52米,广场为机刨石铺设,总面积4420平方米,广场四周种植长青树木和四季花草,与烈士纪念建筑融为一体,可容纳5000人同时祭扫。

高邮革命烈士纪念馆 1974年4月始建。占地674平方米,建筑面积400平方米,布展版面100平方米。2001年7月,充实资料,重新设计制作。新版面按土地革命、抗日战争、解放战争、社会主义建设等4个历史时期排列,入展、陈列54名革命烈士生前照片和生平事迹、56件烈士遗物、三垛河口伏击战示意图、革命烈士英名录、部分领导人瞻仰题词等。馆内收存1615名烈士档案。其中,因战牺牲1310人、被捕牺牲211人、因公牺牲94人;第一、二次国内革命战争时期牺牲3人,抗日战争时期牺牲327人,解放战争时期牺牲932人,社会主义建设时期牺牲212人,外籍在高邮牺牲的烈士28人,失踪军人后被追认为烈士113人。至2005年,接待瞻仰群众80万人次。

二、乡镇烈士纪念建筑

周山烈士陵园 1984年4月,周山乡党委、政府决定兴建周山烈士纪念碑和周山烈士纪念室。1986年4月4日,周山烈士陵园建成。该陵园坐落于周山镇西南澄营公路东侧,占地2公顷。陵园内建有周山烈士纪念碑和周山烈士纪念馆。碑基面积361平方米,碑高8.8米。碑正南面镌刻有“周山烈士永垂不朽”,正北面镌刻有“浩气长存”。纪念馆(原为陈列室)共5间,面积425平方米。2002年春,周山镇政府在陵园内修建水泥大道,种植花木、草坪,地面铺设大理石,砌建陵园院墙。

毛伯勤烈士纪念碑 1989年10月,由伯勤乡党委、政府修建。2000年4月,由伯勤镇党委、政府重建。纪念碑坐落于卸甲镇伯勤社区林业站,总占地1280平方米。纪念碑占地31平方米,碑高8.5米。纪念碑大理石上镌刻有碑文。

卸甲乡革命烈士纪念碑 1987年冬,由卸甲乡党委、政府兴建,纪念在该镇牺牲的革命烈士和该镇戴桂阳、颜文标、张国柱、柏芝平、吴应桃等革命烈士。纪念碑坐落于卸甲镇一平村吴家组(周八公路西侧5米)，总占地800平方米。纪念碑占地64平方米，碑高8.8米，纪念碑镌刻有"革命烈士永垂不朽"及碑文。

左卿、秦梅青烈士纪念碑　1972年4月，由二沟公社党委、革命委员会兴建。1996年11月，由二沟乡党委、政府重建。纪念碑坐落于三垛镇二沟村，占地150平方米，碑高6.5米。纪念碑正南面刻有"左卿、秦梅青烈士永垂不朽"，碑文刻有左卿、秦梅青烈士传略。

横泾革命烈士墓　民国34年(1945)6月始建，纪念抗日战争时期参加三垛河口伏击战英勇牺牲的新四军五十二团83位革命烈士。墓址原在老三郎庙旁，民国35年(1946)遭敌人破坏。1971年4月，开拓横泾河时，由横泾公社党委、革命委员会迁墓重建于横泾镇政府西、第三沟东侧，占地625平方米。墓中有新四军五十二团六连党支部骨质印章一枚，有营教导员汤江声及连指导员、排长、战士的遗骨。横泾镇陆万通、唐如章等52名烈士、当年在朱家荒战斗牺牲的3位烈士和在周罗戚家湾牺牲的3位烈士遗骨也一并移葬墓中。烈士墓直径5.5米、高1.8米，墓碑高7米，墓碑上刻有"革命烈士永垂不朽"。烈士墓刻有碑文。

孙子明烈士纪念塔　1974年7月，由平胜公社党委、革命委员会兴建。1990年夏至1991年春，由平胜乡全体党员、干部、中小学师生捐款和市民政局下拨资金修缮。该塔坐落于甘垛镇平胜公路南段西侧袁家村西，占地1200平方米，塔北建有纪念馆2间。纪念塔高8米，塔身四面分别竖写"孙子明烈士纪念塔"。塔底座上方镶嵌着白色大理石，镌刻有碑文。

陈惟明烈士墓　1971年3月始建。该墓坐落于龙虬镇陈总兵庄村，占地20平方米。

白马村烈士墓　民国29年(1940)12月始建，1973年4月重建。纪念抗日战争时期在白马村战斗中牺牲的革命烈士。该墓坐落于龙虬镇白马村东侧，占地333平方米。

张轩烈士纪念碑　1986年3月始建，纪念抗日战争时期在这里牺牲的张轩等革命烈士。该纪念碑坐落于龙虬镇张轩集镇北侧，占地225平方米。

陈特平烈士墓　1961年2月始建，1984年3月重建。该墓坐落于车逻镇特平村1组，占地900平方米。

陈达夫烈士纪念碑　1959年3月始建，1999年3月重建。纪念解放战争时期在这里牺牲的陈达夫等革命烈士。纪念碑坐落于临泽镇法青村，占地600平方米。

房启太烈士纪念碑　1980年4月兴建，纪念房启太等革命烈士。纪念碑坐落于临泽镇瓦港村，占地375平方米。

王学山、钱春楼烈士纪念塔　1990年3月始建(2006年4月重建)。纪念塔坐落于司徒镇西城村，占地150平方米。

胡曾钰烈士纪念碑　1976年3月始建(2006年7月重建)，纪念胡曾钰等革命烈士。纪念碑坐落于汉留镇曾钰村西，占地200平方米。

沈曰祥烈士纪念碑　1980年3月兴建，纪念沈曰祥等革命烈士。纪念碑坐落于周巷镇湖荡村6组，占地3200平方米。

翟光烈士纪念碑　1978年3月兴建，纪念翟光等革命烈士。纪念碑坐落于周巷镇营西村11组，占地180平方米。

八桥革命烈士纪念碑　1996年10月兴建，纪念在八桥牺牲的革命烈士。纪念碑坐落于八桥镇中心西路，占地250平方米。

汤庄烈士墓　1993年3月兴建，纪念在汤庄牺牲的革命烈士。烈士墓坐落于汤庄镇余富村，占地625平方米。

沙堰烈士墓　1995年10月兴建，纪念在沙堰牺牲的革命烈士。烈士墓坐落于汤庄镇郭家村4组，占地900平方米。

郭步连烈士墓　1988年4月兴建。烈士墓坐落于界首镇德标村，占地600平方米。

第五章 双拥工作

80年代，全县继续保持和发扬在革命战争年代形成的拥军优属光荣传统。1988年起，全县开展创建“拥军县”“双拥模范城”活动，拥军优属、拥政爱民工作成为各级党委、政府、军队单位的重要工作内容。2002年1月，高邮市被省政府、省军区授予“双拥模范城”称号。是年7月，市委、市政府组织开展第二次创建省级“双拥模范城”活动。至2005年，全市每年开展“双拥活动月”“全民国防教育日”“科技拥军”和军队为驻地做好事、扶贫助困等活动。

第一节 拥军优属

一、拥军优属政策

1988年6月，县委、县政府印发《关于开展创建“拥军县”活动的意见》，对拥军优属工作做出相关规定。1998年8月，市委、市政府印发《高邮市拥军优属、拥政爱民工作若干规定》，对全市拥军优属、拥政爱民工作提出具体要求。2003年6月，市委、市政府印发《高邮市拥军优属暂行规定》，对各级党委、政府和各有关部门做好拥军优属工作提出具体任务和要求，并对义务兵家属优待、完善优抚对象抚恤增长机制和建立完善医疗保障网络、各项优待政策的落实、军队和军人与优抚对象合法权益的维护等方面做出具体规定。2005年8月，市委、市政府印发《高邮市双拥和国防教育若干规定》，规范乡镇党委、政府、机关团体、企事业单位、基层群众自治组织和驻高邮部队双拥（国防教育）职责和义务，并明确规定县、乡镇两级设立双拥和国防教育基金，完善医疗和各项优待政策。

二、拥军支前

1986年7月，副县长茅庆如率县政府慰问团，赴济南军区某部慰问从云南老山前线归来的高邮籍干部、战士。1994年、1996年、1997年、2000年、2003年，扬州陆军预备役步兵师炮兵团先后参加“9410”“9610”“9710”“砺剑2000”和2003年军事演练任务。市成立演练支前委员会，在演练期间，社会各界均从人力、物力、财力等方面提供及时、有效保障，市委、市政府组织人民慰问团慰问演练官兵，并帮助参加演练官兵家庭解除生产、生活上的后顾之忧。2003年7月，全市遭遇特大洪涝灾害期间，市领导率市民政局、市经贸局、市建设局负责人及部分企业负责人到高邮湖西，慰问驻扎在郭集、菱塘、送桥等乡镇抗洪的800名官兵。高邮工商局送桥分局率领50多名个体工商户，慰问在湖西参加抗洪抢险的子弟兵，赠送新鲜果蔬、猪肉、活鱼、鸡等物品。送桥镇许多个体工商户主动给抗洪部队官兵送去西瓜、矿泉水、八宝粥。至2005年，市委、市政府每逢预备役官兵参演都组织慰问活动。

三、走访慰问

1986～1987年，县委、县人大常委会、县政府、县政协负责人和县人武部、县民政局等部门负责人，在春节前夕均组成慰问组，上门走访慰问在老山前线牺牲烈士的家属及其他烈士家属，慰问对越自卫反击战现役军人家庭和驻高邮部队官兵。1989～2005年，市委、市政府在每年春节和“八一”建军节期间，均举办茶话会或座谈会，与驻高邮部队代表、部队离退休干部代表、烈军属代表聚会一堂，共叙

"鱼水深情";组成慰问团分组到预备役炮兵团、武警中队、消防大队、海军导航台、市人武部、市军队离退休干部休养所,走访慰问驻高邮部队官兵和军队离退休干部及部分军烈属,赠送慰问金和慰问品。全市机关和企事业单位、学校、医院和私营企业主、个体工商户,在春节和"八一"建军节期间亦积极组织人员慰问。

四、"爱心献功臣"行动

1999年5月上旬,全市开展"爱心献功臣"行动。市民政局调查登记全市优抚对象(烈属、军属、伤残军人、老复员军人、带病回乡退伍军人)共有4194人,其中烈属402人、伤残军人879人、老复员军人2153人、带病回乡退伍军人760人;重点优抚对象2906人,其中存在生活困难的84人、住房困难的86人、医疗困难的148人。9月,市政府在川青镇召开全市"爱心献功臣"行动现场经验交流会,部署市级机关部门和33个乡镇的重点优抚对象结对帮扶,明确责任人、帮扶措施和达到的目标及完成任务期限。从解决生活难、住房难、医疗难三个方面,为优抚对象落实优惠政策,为功臣们解决实际困难。是年11月,市人武部、川青镇政府和汉留镇镇长王增元分别被省双拥工作领导小组和省民政厅表彰为"爱心献功臣行动"先进单位和先进个人。

五、优抚对象经济合作社

1999年,市人武部、市委农工部、市民政局等部门选择司徒乡为创建优抚对象经济合作社试点乡镇。司徒乡米仓村成立由7户退伍军人和5户现役军人家庭组成的鱼苗生产合作社,养殖鱼苗面积5.2公顷,全年创产值78万元,获利30万元。2000年,全市推广司徒镇米仓村优抚对象经济合作社组织形式。2002年,市政府印发《关于推广优抚对象经济合作社的意见》,进一步推广司徒镇的经验,至2005年末,全市建立优抚对象经济合作社64个,为帮助优抚对象利用内在自身动力、尽快脱贫致富、扎实开展拥军活动找到新的路径。

六、"五好四自"活动

2004年9月,市委宣传部、市人武部、市双拥办公室、市精神文明建设指导委员会办公室、市总工会、团市委、市妇联联合印发《关于组织优抚对象和驻地官兵开展"五好四自"活动的意见》,在全市优抚对象和驻地官兵中开展政治素质好、支持国防好、遵纪守法好、勤劳致富好、和睦邻里好,自尊、自重、自强、自律"五好四自"活动。2005年3月,市双拥领导小组印发《高邮市开展"五好四自"活动考核实施细则》,对乡镇、部门、单位组织优抚对象开展"五好四自"活动提出具体要求,营造珍惜光荣称号、塑造光荣形象、续写光荣历史、再创光荣辉煌的政治环境,推动军地改革、发展和稳定。

第二节 拥政爱民

一、抢险救灾

1989年3月16日,江苏石油勘探局两艘船只在高邮湖检查钻井平台归来时,突遇大风,两船相撞,其中一艘撞碎、一艘撞沉,船上16人全部落水。南京军区空军和东海舰队获悉后,迅速派出直升机与快艇抢救,有12人生还,4人遇难。

1991年,市内遭受特大洪涝灾害,省军区司令员章昭薰、扬州军分区司令员潘建仁、扬州军分区政委陈占魁先后到高邮视察灾情,部署驻高邮部队、民兵、预备役官兵抢险救灾,指导湖滨乡爆破分洪工作。市人武部、预备役炮兵团领导到一线指挥。7月8日,送桥镇北部黄圩、小元、常集3个村2800多名群众被洪水围困,生命财产受到严重威胁。9日,奉中共中央总书记、中央军委主席江泽民的命令,南京军区派某部舟桥部队营长万志全率领71名官兵带着冲锋舟、橡皮艇，冒着大雨于10日凌晨4时赶赴送桥镇黄圩村，经过20多个小时突击抢运，将受灾群众全部安全转移。7月9日晚，在外洪内涝夹击下，送桥镇农机具修造厂门前的河堤裂开一条50米长的大缝，河水与堤内落差约4米，情况危急。当晚10时半，武警扬州支队60名官兵、武警高邮中队10名官兵奉命赶到，冒着大雨与当地干部群众一起苦干一夜，挖土近1000立方米，装袋堵塞裂缝，加高圩堤。在抗击特大洪涝灾害中，预备役炮兵团成建制出动官兵600多人次，奋战45天，参加保圩、转移群众、灾后重建等工作。是日，市委、市政府成立京杭运河高邮防汛指挥部，由市委常委、市人武部政委沈国庆任指挥。指挥部下设由600名民兵、预备役官兵组成的突击队，沿京杭运河的6个乡镇分别成立抗洪护堤大队，并以基干民兵为主组成174人的巡逻队和8500人的抢险队。在最紧张的一个多月内，保堤大军共投入5.73万个劳动日，积土2505立方米，积石1.75万吨，清障面积13.2万平方米，抛石6282吨，修复6处严重的滑坡和险工患段，堵塞446个浪窝浪洞，圆满完成保堤任务。2003年7月，全市再次遭受洪涝灾害，预备役炮兵团带一个建制连参加高邮城区水上新村、湖西郭集大圩、送桥外圩抢险保圩任务，保护圩堤500多米，抢堵天山镇决口1处，抢运土石方300多立方米。至2005年，市消防大队在20年中累计接处警2100多次，出动消防车6300多车次、官兵2.6万人次，执行社会救援任务220次，抢救群众179人。

二、驻地创建与服务

1986年起，市人武部、市武警中队、市消防大队、驻高邮部队、预备役炮兵团积极参与地方各类创建活动，并常年开展为驻地做好事。1995年，驻高邮部队参加创建省级卫生城活动，预备役炮兵团先后出动500多人次，打扫街道、清理垃圾。1999年，高邮军民共建府前街、琵琶路、文游路3条“文明路”，先后参加琵琶路、文游路义务植树活动，植树1000多株，琵琶路建成“爱民绿化路”。至2005年，市武警中队一直配合公安部门维护社会治安，帮助地方培训经济民警，与高邮镇闸北敬老院结对帮扶，常年为老人理发，打扫卫生，做好事，协助法院处理经济案件；市消防大队培训社会消防员800多人，为群众取钥匙、送水等400多件，每逢节庆安排车辆，协助市环卫部门冲洗市区街道路面；驻高邮部队每年帮助驻地学校军训学生2800多人次，累计军训学生5万人次；部队官兵先后有150人次参加地方义务献血，献血总量3.1万毫升。

三、扶贫帮困

1986年起，预备役炮兵团和全县专职武装干部、基干民兵组成为民服务组，与驻地贫困户结成帮扶对子，为当地群众举办扶贫培训班，为烈军属、困难户助耕助种。至1989年，先后有486户贫困户按当地标准脱贫。是年，县人武部总结的《兵帮贫困户，同走致富路》经验被扬州市推广。1992年起，市人武部与预备役炮兵团共同制定扶贫帮困计划，组织民兵进一步落实扶贫帮困措施，突出科技扶贫，举办各类科技培训班，先后扶贫1277户，其中军烈属146户、复退军人58户、基干民兵294户、社会特困户40户。至1996年，大部分被帮扶贫困户按当地标准脱贫，预备役炮兵团全团官兵家庭99%以上脱贫。1997年起，预备役炮兵团机关干部与14名家庭贫困的在校学生结对，资助贫困学生读完1997～2002年小学的费用。1998年起，市人武部和各乡镇人武部加大扶贫帮困力度，先后挂钩3个贫困村（甸垛镇东吴村、马棚镇塔院村、马棚镇东湖村）、农村和城市贫困户28户，资助贫困生21人，结对帮扶残疾军人5人。还开展基干民兵班“一班帮一户”活动，帮扶村组、社区贫困户46户，为军烈属和贫困户做好事、送温暖。2000年起，预备役炮兵团与市聋哑学校结成帮扶对子，每年春节前和“助残日”，组织官兵为贫困学生送去资助金和学习用品。2003～2004年，市人武部与扬州军分区共投资39万元，为马棚镇塔院村修建一条2千米长的“爱民路”，捐款1万元帮助该村解决自来水分户问题。2005年，市人武部挂钩帮扶马棚镇东湖村、甘垛镇中心小学，与高邮镇挡军社区结对共建，并组建由民兵骨干为主的22个助耕助种助技小分队，全体干部职工每人挂钩2名南海中学贫困学生。

第三节　军民共建

一、共管共育高邮籍军人

1984年，县人事局、县人武部、县民政局与中国人民解放军驻连云港某部挂钩，成立高邮籍军队干部成长协作站，与高邮籍军官所在部队建立互访、联络和共育共管的共建关系，得到中国人民解放军总政治部、民政部和省军区肯定。1987年4月，扬州市政府、扬州军分区在高邮县召开军队干部成长协作站现场会，南京军区、省政府、省军区、扬州市委、扬州市政府、扬州军分区、高邮县委、高邮县政府和有关部门负责人120人出席会议。县委副书记罗一民作《创办军队干部成长协作站，协助军队培养军地两用干部》的汇报，省政府、省军区授予县军队干部成长协作站锦旗一面。1988～1992年，市（县）军队干部成长协作站一直为培养军地两用人才做好联络协调工作。1993～2005年，市双拥办在开展军队干部成长协作站工作的基础上，进一步完善发展，在"八一"建军节前夕，向高邮籍军人及所在部队寄发市政府的慰问信，每年征兵时与他们及其所在部队签订《高邮籍军人建功成才和拥军优属责任书》《军地共育共管高邮籍军人协议书》。

二、科技拥军

2000年6月，市委、市政府印发《关于开展科技双拥活动的实施意见》和《高邮市科技拥军实施方案》，列出20项双拥互办实事具体内容，并逐一落实到位。在部队科技练兵过程中，地方从财力和技术力量上给予支持。至2005年，市双拥办、高邮工商局、人民银行市支行、市科技局、市委党校、市电信局、移动公司高邮分公司、市水泵厂、市教育部门、市新华书店、市图书馆、全市私营企业和个体经营者等单位、个人，先后向驻高邮部队赠送科技图书3000多册、计算机12台、打印机7台，为部队官兵补习文化知识，派专业人员上门指导和培训计算机业务。帮助预备役炮兵团完成装备技术革新项目3项，培训计算机人才69人，开展科技知识讲座12场，完成大专以上学历教育26人，其中研究生3人，培养军地两用人才42人。预备役炮兵团与地方共同研制开发的炮兵群数字化指挥系统，得到中国人民解放军总参谋部首长肯定，参加全军科技练兵成果汇报展示，被中国人民解放军总参谋部评为科技练兵先进单位并立集体三等功。市武警中队搬到新营区后，市委、市政府帮助市武警中队建成200平方米的训练大棚和标准篮球场，完成武警总部、总队、支队三级作战平台建设。

三、结对共建

1992年，由市人武部牵头，组织市消防大队、市武警中队、市公安交警大队、市公路管理站、高邮镇北海居民委员会和禹王居民委员会与文游路段所有企事业单位开展"军警民共建文明文游路"活动。市烟草专卖局与市消防大队、市水泵厂与预备役炮兵团、市制药厂与市武警中队挂钩共建。1994年4月，预备役炮兵团与扬州柴油机总厂结对共建，双方互签共建协议，互发聘书。部队与国有大中型企业"联姻"在扬州为首创，受到省民政厅、省双拥办、省军区政治部、扬州市委、扬州军分区领导充分肯定。8月，市委、市政府、市双拥工作领导小组

图31－5　1997年7月，高邮市有关领导赴浙江台州与海军航空兵"海军雄鹰团"举行双拥共建结对仪式

举行军地双拥结对共建签字仪式。全市第一批军地29家双拥结对共建单位负责人在双拥共建结对书上签字。是年，全国双拥工作领导小组办公室副主任周士禹到高邮考察双拥工作，对高邮市军地双拥结对共建工作予以肯定。1995年7月，市委、市政府、市双拥工作领导小组召开庆祝中国人民解放军建军68周年暨军地双拥共建经验交流会，并举行第二批军地双拥共建单位结对签字和互赠锦旗仪式。1997年7月，市委书记徐赴前带领高邮市慰问团，驱车千余里慰问由原"高邮团"改编而成的海军航空兵"海空雄鹰团"官兵，赠送2万多元慰问品，部队与高邮市举行慰问和结对共建仪式，签订双拥共建结对书。至2005年，全市军地结对共建工作持续不断。

第四节 双拥模范城（乡镇、单位）创建

一、双拥模范城创建

1988年6月，县委、县政府印发《关于开展创建"拥军县"活动的意见》。1989～1990年，全县各村（居）委员会共组织2000多个拥军服务小组，帮助优抚对象解决生活困难1.28万件，收割稻麦83公顷，耕种103公顷，出勤日5640个。上门慰问1989年在北京执行戒严任务的现役军人家属200多人。在两年送征的新兵中，高中文化程度占45%，共青团员占51%，确保兵员质量标准。在部队立功受奖的现役军人达35%以上。1991年12月，高邮市被扬州市政府、扬州军分区表彰为拥军优属达标市。1993年5月，高邮市被扬州市政府、扬州军分区表彰为双拥工作先进市。

1994年5月，市委、市政府印发《关于争创双拥模范市的意见》。1996年8月，市委、市政府召开全市双拥工作暨双拥"六十佳"（"十佳双拥基层单位""十佳双拥共建单位""十佳双拥工作者""十佳现役军人""十佳军嫂""十佳转业复员退伍军人"）表彰大会。1998年，市委、市政府制定创双拥模范市14项目标，至年末完成和基本完成6项基础工作。1999年，市双拥办开展军地双拥共建工作，33个乡镇均建成青少年军校，军民共建府前街、琵琶路、文游路等3条"文明路"，建成琵琶路"爱民绿化路"。2000年，强化全市科技拥军活动。2001年，全市继续开展争创省双拥模范市各项工作。2002年1月，高邮市被省政府、省军区授予"双拥模范城"称号。

2002年7月，市委、市政府召开全市双拥工作暨"两创"（第二次创建省级双拥模范城）动员大会。至2005年，全市每年以开展"双拥活动月""全民国防教育日"活动为重点，加强双拥基础建设。民政、卫生、交通、文化等部门为驻高邮部队、随军家属、部队职工、军队离退休老干部等落实拥军优属待遇，在窗口单位设立优待项目；元旦、春节、"八一"建军节，市政府拨出专款慰问驻高邮部队官兵和军队离退休老干部；各乡镇和单位每年走访一次重点优抚对象、给高邮籍现役军人发一封慰问信、召开一次回乡探亲军人座谈会和军地共建单位组织一次联欢会为内容的"四个一"活动。2005年，高邮市向省政府、省军区申报创建省级双拥模范城。翌年3月，高邮市被省政府、省军区第二次授予"双拥模范城"称号。

二、双拥模范乡镇、单位创建

1988年6月，县民政局在伯勤乡等5个乡开展创建"拥军县"工作试点。1989年6月，县委办公室印发《高邮县创建拥军乡镇评比标准》。是年起至1990年末，全县33个乡镇全部实现创建拥军乡镇目标，其中建成拥军先进乡镇13个。1991～1992年，市委、市政府召开创建拥军乡镇现场会，组织乡镇负责人赴"拥军模范县"靖江县学习。1993～1995年，市委、市政府继续组织开展创建乡镇和市级机关双拥先进单位工作。1994～1995年，卸甲镇、天山镇、伯勤乡、界首镇、川青镇、送桥镇、市交通局、市供销合作总社、预备役炮兵团、市消防大队被扬州市政府、扬州军分区授予"双拥模范乡镇、单位"称号。1996～2000年，市委、市政府将创建双拥先进单位工作向基层单位、个体私营经济协会和驻高

邮部队推进。1997年3月，汉留镇、甸垛镇、龙虬镇、高邮镇、市造纸厂、预备役军人学校被扬州市政府、扬州军分区命名为“双拥模范乡镇、单位”。2001～2002年，市政府推广双拥先进单位经验，加快创建双拥模范乡镇、单位步伐。2002年6月，司徒镇、车逻镇、临泽镇、菱塘回族乡、市交通局、扬州升达电子有限公司、市人民医院、高邮经济开发区被扬州市政府、扬州军分区授予“双拥模范乡镇、单位”称号。2005年8月，汉留镇、车逻镇、高邮镇、三垛镇、高邮经济开发区、市消防大队、市教育局被扬州市政府、扬州军分区授予“双拥模范乡镇、单位”称号。

第六章　优抚安置

80年代起，全县逐步建立对优抚对象实施分类优待抚恤制度，其中包括对城乡义务兵家属的优待，对在乡复员军人和带病回乡退役军人的定期补助，对革命烈士家属、因公牺牲军人家属、病故军人家属和革命伤残军人（后称残疾军人）、因公致残国家机关工作人员的抚恤。优待抚恤标准不断提高。同时，注重加大对进藏义务兵和在部队立功军人的优待奖励。至2005年，全市建成较为合理的优待抚恤机制。

第一节　军人优待

一、农村入伍义务兵优待

1982年，全县农村普遍推行联产承包责任制，原由生产队给予军属的优待劳动日（工分），改为发给优待金。1985年，全县23个乡镇实行以乡镇统筹现役军人家属优待金，以平衡负担。1986年，全县有优待优抚对象3967人，发放优待金63.94万元，其中优待军属1800人52.33万元、优待烈属320人2.06万元、优待伤残军人374人2.8万元、优待复员军人1229人5.67万元、优待带病回乡退伍军人244人1.08万元。1987～1997年，全市优抚工作实现正常化，发放农村义务兵家属优待金2.01万人次1376.44万元。

1998年8月，市委、市政府印发《高邮市拥军优属、拥政爱民工作若干规定》，对农村户口入伍义务兵家属优待金，以上年度末统计部门公布的各乡镇人均纯收入70%确定优待金标准，由乡镇政府统筹。对从乡村企业入伍的，按同年进厂职工全年收入的70%发给优待金。优待金由乡镇政府在每年12月一次性兑现，同时向当年新入伍的义务兵家属发放优待证。是年，全市33个乡镇发放优待金1745人374.55万元。

1999年，全市将优待金列入乡镇大统筹必保项目，建立义务兵家属优待金自然增长机制。全市发放优待金1793人344.97万元，发放标准为上年农村年人均收入的89.7%。2001～2003年，在农村税费改革中，全市将农村义务兵家属优待金列入正税。农村义务兵家属优待金标准统一规定为年人均1800元。2004年，农村义务兵家属优待金标准调整为2885元。2005年，农村义务兵家属优待金年人均标准增长到3220元，全市发放优待金1721人554.17万元。

二、城镇（定量户口）入伍义务兵优待

1985年10月，全县开始对城镇定量户口（含乡镇定量供应户口）应征入伍的义务兵战士（1986年兵）家属实行优待。优待金标准为：入伍第一年每人每年180元，第二年每人每年240元，第三年（含3年以上）每人每年300元。1987年，城镇义务兵家属优待金年人均提高50元，全县发放优待金271人

7.21万元。1988～1997年，全市累计发放优待金2372人次108.01万元。

1998年，城镇户口入伍义务兵家属优待金标准按义务兵服役年限计算：第一年每人每年1000元，第二年1200元，第三年（含3年以上）1400元。城镇义务兵优待金由乡镇财政统筹和部门统筹，统筹范围包括所有机关企事业单位和各类合资企业、外商独资企业、民营企业、个体工商户等。是年，全市发放优待金156人25.6万元。

2002年，市政府制定《关于义务兵家属优待金工作的规定》，城市户口义务兵家属优待金标准第一年为每人1000元，第二年为1200元。是年，全市发放优待金286人34.32万元。2005年，城镇义务兵家属优待金标准2461元。全市发放优待金219人53.9万元。

三、高原（进藏）义务兵优待

1994年，全市首次征集高原（进藏）义务兵23人。市政府规定，其优待金标准按农村义务兵上年人均优待金标准的3倍发放（按上年人均收入210%的标准计发），由应征入伍义务兵所在乡镇发放，列入农村义务兵优待金一并统筹发放。1998年，全市第二次征集进藏义务兵13人，人年优待金标准6438元。2005年，全市第三次征集进藏义务兵12人，人年优待金标准按当年正常优待金3220元的3倍标准9660元统筹发放。

四、立功受奖奖励

1986年开始，全县对在部队立功的义务兵战士实行奖励优待。立功奖励标准是：立一等功一次奖励300元，立二等功一次奖励150元，立三等功一次奖励50元。1998年，全市对立功现役军人家属奖励标准调整为：立三等功的，奖励当年义务兵家属优待金的20%；立二等功的，奖励当年义务兵家属优待金的40%；立一等功以上的，奖励当年义务兵家属优待金的50%。凡当年被评为优秀士兵的，增发义务兵家属优待金5%；连续两年被评为优秀士兵的，增发第二年义务兵家属优待金7.5%；连续被评为优秀士兵的，增发第三年义务兵家属优待金10%。奖励金同当年优待金一并统筹发放。2005年，全市对立功现役军人家属的奖励标准进一步提高。立三等功的，优待金在原基础上提高20%奖励；立二等功的提高40%奖励；立一等功的提高50%奖励。是年，全市共有442名现役军人在部队立功受奖，奖励总额11.72万元。其中，在部队立二等功6人，每人奖励783元；立三等功236人，每人奖励392元；被评为优秀士兵的200人，每人奖励100元。

第二节 国家抚恤

一、“三属”抚恤

1985年，县民政局将烈士家属、因公牺牲军人家属、病故军人家属（简称“三属”）的定期定量生活补助，改为定期抚恤。

1986年，全县享受“三属”抚恤433人，发放抚恤金11.74万元。其中，家居农村享受抚恤的烈属352人，月人均22.8元；因公牺牲军人家属11人，月人均20.45元；病故军人家属47人，月人均17.23元。家居城镇享受抚恤的烈属17人，月人均32.4元；因公牺牲军人家属1人，每月30元；病故军人家属5人，月人均27元。至1992年，抚恤标准未变。1993年，全市“三属”的抚恤金标准月人均59元。1995年，每人每月提高到64元。1996年，每人每月提高到74元。1998年，每人每月提高到82元。

1999年1月，全市“三属”优抚对象每人每月抚恤金标准全面提高。家居城镇的烈属、因公牺牲军人家属抚恤金标准105元，病故军人家属抚恤金标准100元；家居农村的烈属、因公牺牲军人家属抚恤金标准95元，病故军人家属抚恤金标准90元。2000年1月至2003年6月，全市“三属”优抚对象的抚恤金逐年有所提高。2003年7月，家居城镇的烈属、因公牺牲军人家属、病故军人家属和家居农村的烈属、因公牺牲军人家属、病故军人家属每人每月抚恤金标准分别调整为：255元、250元、245元和195元、190元、185元。

2004年7月，全市“三属”优抚对象抚恤金改以年计算。城镇户口烈属、因公牺牲军人家属抚恤金年标准4538元，病故军人家属抚恤金年标准4020元；农村户口烈属、因公牺牲军人家属抚恤金年标准4020元，病故军人家属抚恤金年标准3503元。2005年7月，全市“三属”优抚对象抚恤金标准再次调整。城镇优抚对象中，烈属32人、因公牺牲军人家属12人，人年均抚恤金标准5985元，发放抚恤金26.33万元；病故军人家属14人，人年均抚恤金标准4655元，发放抚恤金6.52万元。农村优抚对象中，烈属265人、因公牺牲军人家属37人，人年均抚恤金标准5300元，发放抚恤金160.06万元；病故军人家属82人，人年均抚恤金标准3990元，发放抚恤金32.72万元。全市“三属”优抚对象共442人，发放定期定量抚恤金225.63万元；发放一次性抚恤金7人16万元。

二、残疾军人抚恤

1986年，全县享受残废军人抚恤对象868人，发放抚恤金247万元。其中，在乡残废军人676人，发放抚恤金235万元；在职残废军人192人，发放抚恤金12万元。在享受抚恤对象中，一等伤残军人15人、二等甲级伤残军人79人、二等乙级伤残军人154人、三等甲级伤残军人239人、三等乙级伤残军人381人。1990年7月，县民政局根据民政部的规定，将革命残废军人抚恤证换发为革命伤残军人证。全县享受伤残军人抚恤对象853人，发放抚恤金296万元。其中，在乡伤残军人643人，发放抚恤金273万元；在职伤残军人210人，发放抚恤金23万元。在享受抚恤对象中，一等伤残军人15人、二等甲级伤残军人75人、二等乙级伤残军人169人、三等甲级伤残军人265人、三等乙级伤残军人329人。

2004年7月，市民政局对被军队卫生部门或地方民政部门评定为革命伤残军人并持有革命伤残军人证的人员实行残疾等级套改，原特等套改为一级，一等套改为三级，二等甲级套改为五级，二等乙级套改为六级，三等甲级套改为七级，三等乙级套改为八级。套改后残情基本相当、待遇基本不变。套改后统一换发由民政部制发的中华人民共和国残疾军人证。经套改，全市有残疾军人878人，其中三级残疾军人20人（在乡17人、在职3人，因战14人、因公6人）、五级残疾军人67人（在乡56人、在职11人，因战49人、因公16人、因病2人）、六级残疾军人201人（在乡159人、在职42人，因战102人、因公71人、因病28人）、七级残疾军人291人（在乡245人、在职46人，因战141人、因公150人）、八级残疾军人299人（在乡227人、在职72人，因战163人、因公136人）。2005年，全市有残疾军人895人，其中三级23人、五级68人、六级203人、七级296人、八级305人，共发放抚恤金348.7万元。其中，在乡残疾军人715人，发放抚恤金256.2万元；在职残疾军人180人，发放抚恤金92.5万元。

第三节　优抚定补、荣誉金

一、优抚定补

1986年，全县享受在乡复员军人和带病回乡退伍军人定期定量补助1685人，其中抗日战争时期参军的复员军人328人、解放战争时期参军的复员军人771人、新中国成立后至1954年10月实行义务兵役制前参军的复员军人429人、带病回乡退伍军人157人。复员军人月定补标准：抗日战争时期17.35元、解放战争时期13.37元、新中国成立后义务兵役制前12.34元、带病回乡退伍军人月定补12.28元。

1990年，全县调整复员军人、带病回乡退伍军人定期定量补助标准，年人均增加定补160元，月均增加12.5元。全县享受定补2047人，其中抗日战争时期311人、解放战争时期826人、新中国成立后义务兵役制前579人、带病回乡退伍军人331人。1995年，全市享受复员军人和带病回乡退伍军人定补2154人。其中，抗日战争时期220人，月定补98元；解放战争时期781人，月定补88元；新中国成立后义务兵役制前800人，月定补78.5元；带病回乡退伍军人353人，月定补39元。2000年，全市享受复员军人和带病回乡退伍军人定补2287人。2005年，全市享受复员军人年定补2909人，其标准为：城镇户口，抗日战争时期5985元、解放战争时期5320元、新中国成立后义务兵役制前4655元、病退军人年定补标准3104元；农村户口，抗日战争时期3450元、解放战争时期3220元、新中国成立后义务兵役制前2990元、病退军人年定补标准1061元。

二、荣誉金

1997年，市民政局为在战争年代立三等功、二等功、一等功的在乡老复员军人增发荣誉金，每人每年标准分别为60元、120元、180元。2005年，全市提高荣誉金标准，立三等功、二等功、一等功者分别调整为每人每年120元、240元、360元（多次立功的只发最高奖）。全市享受复员军人荣誉金1287人，其中抗日战争时期304人、解放战争时期572人、新中国成立后义务兵役制前411人；获一等功45人、二等功197人、三等功1045人；共发荣誉金1190万元。

第四节　医疗优待

一、乡镇优抚对象医疗保健中心

1986年起，县民政局开展为“三老”（老烈属、老复员军人、老伤残军人）解“三难”（生活难、住房难、医疗难）活动，为优抚对象办实事。每年民政、卫生部门下达优抚对象医疗补助到乡镇，解决部分优抚对象医疗困难。在创建拥军乡镇活动中，伯勤乡、川青镇在卫生院建立优抚对象医疗服务中心。1998年，各乡镇依托乡镇卫生院共建立优抚对象医疗保健中心33个。2000年，乡镇区划调整后，全市有乡镇（园区）优抚对象医疗保健中心21个，对“三老”及其他优抚对象就医实行“三优、四免、八减半”优惠，即实行优先挂号、就医、取药，免收挂号费、注射费、观察费、门诊费，减半收取针灸费、常规化验费、透视费、B超费、推拿费、心电图费、手术费、住院费的优惠，材料费和药品费按成本收取。每年免费为重点优抚对象体检一次。2005年，全市优抚对象医疗保健中心为优抚对象服务4053人次，其中享受“三优”2726人次、享受“四免”895人次、享受“八减半”432人次，享受免费体检的有4053人次。

图31-6　市、乡镇医院和村、社区卫生室对重点优抚对象实行医疗收费优待

二、优抚对象住院保险

2003年起，市民政局为重点优抚对象在人寿保险公司高邮支公司办理住院医疗保险，帮助解决重点优抚对象医疗难问题。参加住院医疗保险的人员有：烈士家属、因公牺牲军人家属和病故军人家属；在乡三等乙级革命伤残军人和享受抚恤的伤残民兵民工；在乡复员军人（1954年10月31日前入伍）；1954年11月1日后入伍，经批准享受民政定补的带病回乡退伍军人（传染病、癌症、精神病人不列入）。参保的保费标准为每人每年200元，其中市财政补贴100元、乡镇（含高邮经济开发区）财政补贴50

元、参保人自付50元，人寿保险公司高邮支公司按参保人员住院医疗费用的80%给付。2005年，参保重点优抚对象1370人，其中60岁及以上1120人、60岁以下250人，共缴保费27.4万元，人寿保险公司高邮支公司理赔23.42万元。

三、乡镇优抚医疗服务站

2005年，全市各乡镇和高邮经济开发区，依托乡镇敬老院卫生室，建立乡镇优抚医疗服务站21个，为优抚对象发放医疗证，建立健康档案，享受“三优、四免、八减半”优惠医疗服务。全年21个医疗服务站为“三属”187人、7～10级在乡残疾军人248人、在乡复员军人867人、带病回乡退伍军人1651人提供优先、优惠、优质服务。

第五节　退伍军人和军队离退休干部安置

1986年，县民政局设有县退伍军人安置办公室，与优抚股合署办公。是年，县退伍军人和军队离退休干部安置领导小组建立，下设办公室（简称安置办），仍设于县民政局内。至2005年，全市共接收安置退役士兵8575人，其中回乡镇安置6035人、市安置2540人。在市安置人数中，由市就业安置1809人、实行货币补偿安置731人。另接收安置志愿兵559人、转业士官182人、复员干部5人、军队离退休干部25人。

一、退伍士兵安置

1986年起，县政府在接收安置退役士兵工作中，贯彻“妥善安置，各得其所”的方针和“按系统分配任务、包干安置”的政策，每年由县政府下达各系统单位安置指标。对定量户口居民入伍的退役士兵，凭县安置办开具的安置介绍信到接收单位工作；对农业户口居民入伍的伤残军人、孤儿、立二等功退役士兵，由县照顾安排；农业户口退役士兵回到原户籍乡镇安置。

1990年，高邮县在扬州市率先实行“以素质积分、按规定积分投档、挂牌选岗、择优安置”的办法，对符合就业安置政策的退役士兵原始档案，由县纪委、县监察局派人全程监督、拆封，按文化程度、职务、政治面貌、立功受奖、军龄等情况进行记分，与本人核实后公布，按积分高低顺序公开挂牌，由安置对象选岗。安置工作做到政策、积分、安置单位公开，公平、公正操作。1991～1997年，市政府规定父母在机关企事业单位工作，符合安置条件的退役士兵，可优先安置到其父母工作单位就业。1998年，市政府取消“机关事业单位靠父母安置”的规定，仍实行按积分选岗的安置办法。

2000年，开始实行就业安置与货币补偿安置相结合的安置办法，即对三级以上转业士官、进藏兵等重点安置对象作指令性就业安置，其他安置对象由政府给予一次性经济补偿后自谋职业。安置补偿金由上级财政、市财政和各乡镇财政、机关事业单位按比例负担。指令性就业安置人员全部安置在机关事业单位，采取“占编不进编、办理人事代理、岗位聘用”的办法实施。其他安置对象采取按扬州市政府统一规定的标准，发给安置补偿金。是年，全市共接收退役士兵433人，其中回乡安置268人、市政府安置165人。在市政府安置对象中，指令性就业安置21人、实行货币补偿安置144人。是年至2002年，实施经济补偿安置的退役义务兵经济补偿标准每人1.5万元。2003年起，退役士兵在待安置期间，由市政府按照城镇居民最低生活保障线标准发给生活补助费。2005年，全市继续实行就业与货币补偿相结合的安置办法。经济补偿标准为：义务兵每人2万元，一级士官每人2.5万元，二级士官每人3万元，进藏兵按同兵龄同军衔的2倍发给。是年，全市共接收退役士兵455人，其中回乡安置317人、市政府安置138人。在市政府安置对象中，指令性就业安置31人、货币补偿安置107人。

二、志愿兵和转业士官安置

1986～1999年，市安置办接收安置志愿兵559人。对志愿兵专业军士、军士长与退役义务兵实行同期安置，市政府每年核定一定数量的事业编制安置指标，转业的志愿兵（专业军士、军士长）约有三分之一安置到机关事业单位和省、部属驻高邮各部门工作。2000年起，军队实施士官制度，市安置办负责安置三级以上的转业士官。是年，实行货币补偿安置后，市政府为照顾三级以上转业士官兵龄长，家庭负担重且均有一技之长的特点，实行一次性领取安置补偿金自谋职业，或由政府安置到机关事业单位工作，实行岗位聘用人事代理两种安置办法，由安置对象自主选择。货币补偿标准：2000～2002年为每人2.5万元，2003年起为每人4万元。对安置到机关事业单位的转业士官，由市政府规定其工资、福利待遇、合同签订和续签等，保证他们的合法权益。2003年起，转业士官在待安置期间，由市政府按照城镇居民最低生活保障线标准发给生活补助费。2005年，市安置办接收三级以上转业士官28人，其中就业安置21人、货币补偿安置7人。至是年末，市安置办累计接收转业三级士官182人，其中就业安置121人、货币补偿安置61人。

三、军队复员干部接收安置

1998～2005年，全市共接收安置军队复员干部5人，其中1998年接收安置连级干部1人、2001年接收安置排级干部1人、2003年接收安置连级和排级干部各1人、2005年接收安置排级干部1人。

四、散居军队离退休干部接收安置

1985年以前，县民政局接收安置分散居住的高邮籍军队离退休干部5人，其中离休干部1人、退休干部4人，正团职1人、正营职2人、正排职2人。2001～2002年去世2人。至2005年，全市散居的军队离退休干部3人。

五、军队离退休干部休养所

1983年12月，县民政局和县人武部接收安置第一批军队离退休干部4人。1985年12月，县民政局和县人武部接收安置第二批军队离退休干部5人。1987年8月，县军队离退休干部休养所成立（简称军干所），坐落在城区凤凰桥路64号，为全额拨款事业单位，原由县民政局和县人武部接收的军队离退休干部划归其服务和管理。1987年至1988年3月，该所接收安置第三批军队离退休干部12人。军干所在城区千佛庵巷建有军队离退休干部休养住宅楼2幢，占地953.85平方米，建筑面积847平方米。1998年12月，市军干所通过住房制度改革，为11户军休干部办理房改房692.76平方米。2005年1月，该所接收安置第四批军队退休干部4人。先后入住市军干所的军队离退休干部累计有25人，其中大多数是高邮籍军队离退休干部，也有少数外省、市、县籍在高邮工作过和愿意在高邮生活的军队离退休干部。在入住的25人中，离休干部15人、退休干部10人，享受副师级待遇5人、正团级待遇7人、副团级待遇4人、技术九级待遇1人、副营级待遇3人、技术十一级待遇1人、正连级待遇1人、副连级待遇3人。至2004年，全所有11名离退休干部先后因伤病去世。2005年，该所实有军队离退休干部14人，其中离休干部4人、退休干部10人，享受副师级待遇1人、正团级待遇3人、副团级待遇1人、技术九级待遇1人、副营级待遇3人、技术十一级待遇1人、正连级待遇1人、副连级待遇3人。

第三十二篇 社会保障

要　目

80年代，县政府实施劳动保险金征集与管理，职工养老待遇，因工负伤和非因工负伤、残废待遇，疾病、生育、死亡及其供养的直系亲属抚恤等待遇。这些待遇（保险）由用人单位（企业）负担。80年代中后期起，全县逐步推行养老、失业、医疗、工伤和生育等5项社会保险制度改革。职工主要福利待遇采取按一定比例缴纳社会保险费，实行社会互济、社会统筹、社会发放。同时，农村试行社会养老保险。进入90年代，全市加大社会救济、社会福利和扶贫济困工作力度，对遭受自然灾害、因病因缺少劳力的贫困家庭，采取得力措施及时给予救助。同时，兴办社会福利企业，帮助残疾人就业；组织福利彩票销售，筹集社会福利资金；做好农村“五保”户供养工作，积极创造条件，建设敬老院，逐步实现“五保”人员集中供养。进入21世纪，随着全市经济社会持续发展，各项社会保险不断建立与完善。至2005年，全市建立养老、失业、医疗、工伤、生育等5项社会保险制度和城乡居民基本生活保障、最低生活保障制度，初步建立全市社会保障体系。

第一章　社会养老保险

80年代中期至90年代初，全市先后开展城镇企业职工、农村农民、机关事业单位职工社会养老保险制度改革，分别由市劳动局、市民政局和市人事局负责。1999年5月，企业职工社会养老保险（含企业职工工伤保险和生育保险）、农村社会养老保险和机关事业单位社会养老保险，归并到新设立的市社会保障管理局（市政府直属正科级事业单位）管理。2001年12月，市政府撤销市劳动局和市社会保障管理局，成立市劳动和社会保障局，养老保险等社会保险工作归口该局管理。

社会养老保险制度不断完善，缴费比例和享受待遇不断调整，管理工作渐趋规范化，社会养老理念和制度逐渐为广大群众所认可，群众参加社会养老保险的主动性、积极性逐步提高。2005年，全市参加社会养老保险的总人数18.06万人，征收社会养老保险基金1.6亿元，初步建立企事业单位职工和农村农民社会养老保险制度。

第一节　社会养老保险制度改革

一、企业职工社会养老保险制度改革

1986年10月，县政府在县劳动局设县社会劳动保险处，为股级建制，负责办理合同制工人和新办集体人员的社会养老保险业务以及全民、集体企业退休人员养老保险金社会统筹工作。1987年7月1日起，按照县政府印发的《高邮县企业退、离休职工劳动保险基金统筹暂行办法》，全民、县属集体所有制企业和省、扬州市驻高邮县企业参加全县劳动保险基金统筹。统筹对象为上述企业的离退休和退职职工，统筹项目包括离休、退休、退职职工的工资和未参加1985年企业工资套改人员的生活补贴（12～17元）。本着“以支定收，略有结余”的原则，按规定的统筹比例逐月提取。企业离退休职工的离退休费用仍按原标准先由原企业垫付，然后与县社会劳动保险处按照全额结算、差额缴拨、按月上缴、按季下拨的办法结算。1992年10月，市政府制定《高邮市企业职工养老保险制度改革实施办法》，实行企业职工基本养老保险由国家、企业、个人三方共同负担。是月1日起，参加养老保险的各类企业职工和个体劳动者，统一使用职工养老保险手册（简称“手册”），企业和职工缴纳的基本养老保险费、企业补充养老保险费和个人储蓄性养老保险费均记入“手册”和为其建立的养老保险卡片。职工调动工作时，该“手册”随同工资关系转移。职工退休时，凭“手册”逐年缴费记载的情况办理退休手续，领取养老金。

1996年5月，市政府印发《高邮市实施〈江苏省城镇企业职工养老保险规定〉细则》，明确基本养老保险由政府负责组织和管理，城镇各类企业和职工个人实行统一缴费比例。企业和职工缴纳的基本养老保险费实行按月结算，足额缴纳，建立职工养老保险个人账户。市社会劳动保险处和参保企业继续按月实行差额缴拨结算基本养老保险费；企业在结算期内未及时足额缴纳基本养老保险费的，加收滞纳金。基金管理实行收支两条线。改革企业退休人员养老金的计发办法，从按标准工资打折率改为由社会养老金和个人账户养老金两部分组成。同时，将职工和退休人员死亡后的丧葬费、一次性抚恤费和供养直系亲属救济费，按国家支付标准纳入基本养老保险基金中列支。

1998年起，职工养老保险个人账户统一按职工个人缴费工资的11%建立，个人缴费部分全部记入，其余部分从企业缴费中划入。同时，改革基本养老金计发办法。各类参保人员最低缴费年限不得低于180个月，基础养老金以本人退休时全省和其所在市上一年职工月平均工资的平均数为基数，按20%计发；个人账户养老金按累计储存额除以120个月，按月计发；对1995年前的职工缴费工资和缴费年限，推算出储存额除以120个月，按月计发。以上3项之和，为参保人员退休时的基本养老金。2005年，市政府进一步扩大养老保险覆盖范围，规范城镇个体工商户和灵活就业人员参加基本养老保险的缴费基数和缴费比例，调整职工个人养老保险账户规模。

二、机关事业单位社会养老保险制度改革

1986～1992年，全市机关事业单位离退休人员离退休金由市财政和各单位负责发放。1993年起，在全市机关事业单位中试行社会养老保险制度。是年7月，在市人事局设市机关事业单位社会保险管理处，为股级建制，负责全市机关事业单位社会养老保险工作。是年10月1日起，全市自收自支、差额补贴、定额补贴的事业单位全体工作人员，机关事业单位的劳动合同制职工和经人事部门批准使用的临时工，实行社会养老保险制度改革，将职工退休养老由国家统包改为国家、单位、个人三者结合，合理负担。是年11月，市政府印发《高邮市机关事业单位职工养老保险暂行办法》。至年末，全市参加保险单位有138家、在职职工4506人和离退休人员777人。是年，参保离退休人员按时足额领取离退休费。1995年3月，市政府印发《关于进一步深化全市机关事业单位社会保险制度改革的意见》。是年1月起，参保范围扩大到国家机关和全额拨款事业单位全体在编工作人员，每人按个人月工资的1%缴纳养老保险费，市财政予以适当补贴，作为养老保险基金的积累，离退休人员离退休费仍由市财政按月从原渠道支付。至年末，全市参保机关事业单位384家、在职职工1.2万人。在扬州市各县（市、区）中，高邮市为实施范围大、投入运行早和实行统一比率的第一家。1996年9月，市人事局制定《高邮市机关事业单位长期使用的编外人员养老保险实施细则（试行）》，机关事业单位领取用工许可证的编外人员，参加机关事业单位社会养老保险，单独建账，逐人建立个人账户，仍实行用人单位和编外人员个人共同缴纳养老保险费的办法。2002年1月，市政府决定，从当月起停止征收全市国家机关和全额拨款事业单位个人养老保险费。是年至2005年，参保单位和参保人员缩减，但仍正常运行。

图32-1 2003年，市劳动和社会保障局工作人员开展社会养老保险咨询服务

三、农村社会养老保险制度改革

1986～1991年，全市农村沿袭传统的家庭养老方式。1992年8月，市政府在全市开展农村社会养

老保险工作。在市民政局设市农村社会养老保险事业管理处，为股级建制，负责全市农村社会养老保险各项业务。成立市农村社会养老保险基金管理委员会，各乡镇建立农村社会养老保险管理所，乡镇企业和村聘请农村社会养老保险兼职代办员。制定《高邮市农村社会养老保险暂行办法》《乡镇农村社会养老保险实施细则》，农村社会养老保险实行以个人缴费为主、集体补助为辅、国家予以政策扶持的办法，属于储蓄积累式养老保险。投保年龄1～60周岁。投保者可根据单位和个人的实际情况选择季缴、年缴或一次性趸缴。所有投保对象个人缴纳的保费和集体补助缴纳的保费，全部记在投保人的名下，属个人所有。投保人男年满60周岁、女年满55周岁后的第一个月起领取养老金，领取养老金的保证期10年直至终生。享受待遇标准按照个人缴费多少、缴费时间长短和基金收益状况计发。在一沟、汉留两个乡试点后，逐步推广到全市。1995年，农村社会养老保险在全市乡镇全面展开。市政府向各乡镇下达农村社会养老保险参保人数和缴费任务，签订目标责任书。至1997年，全市农村社会养老保险工作发展较快。1998年起，因其制度和政策不完善，养老金发放标准受制于银行利率的浮动，农民参保积极性受挫，农村社会养老保险工作处于滑坡和停滞状态。2001～2005年，由于城镇企业职工社会养老保险扩面到乡镇企业和个体工商户，农村社会养老保险业务规模缩减。

第二节 养老保险费征收与发放

一、企业职工养老保险费征收与发放

1986年，全县参加劳动保险基金统筹的劳动合同制职工有169家企业、4131人，投保人数占劳动合同制职工总人数94.9%，投保金额26.99万元。企业职工劳动保险费由县社会劳动保险经办机构征收。1987年7月至1992年9月，全县推行企业离退休职工劳动保险基金统筹，劳动保险基金实行多比例退休费社会统筹，对劳动合同制职工实行定额标准征收，企业每月为每个劳动合同制职工缴纳养老金9元，劳动合同制职工个人每月缴纳1元；未参加统筹的国家机关、事业单位和群众团体中的合同制职工，每人每月缴纳养老金15元。劳动保险统筹基金由单位按月或按季统一缴纳。1992年10月至1993年，经省和扬州市批准，全市全民企业和市属集体企业以全部职工工资总额为缴费基数，缴费比例分别为17%和21%；国家机关、事业单位和群众团体中的劳动合同制职工参照全民企业缴费比例；乡镇企业、私营企业、个体劳动者参照市属集体企业缴费比例。企业职工（含劳动合同制职工）个人缴纳的养老保险费按本人工资总额的2%缴纳，为方便计算，暂定每人每月3元，由企业在发放工资时代为扣缴。1994年10月，企业职工个人缴费比例调整为工资总额的3%。1995年，全市企业职工养老保险参保范围逐步扩大到乡镇企业、私营企业。1998年，进一步扩大到个体工商户和灵活就业人员。企业缴费比例统一为企业全部应参加养老保险职工缴费工资总额20%，职工个人缴费比例上升到5%，个体工商户和灵活就业人员缴费比例为参保人工资总额18%。至1999年，全市城镇企业职工基本养老保险基金总体上做到当年收支持平，略有结余。是年，对部分困难企业的离退休职工养老金试行社会化发放。2000年开始，由于企业改制大量减员，参加养老保险的人数锐减，养老保险费征收一度发生困难，加上企业到龄退休人数逐年上升，企业离退休人员养老金待遇随着国家政策调整不断增加，全市养老保险基金每年入不敷出，不得不向省社会保险基金管理结算中心提出补助申请，以求平衡。2001年1月起，除城镇个体工商户及其雇工、自由职业者的基本养老保险费仍暂由市地方税务局委托市社会保险经办机构代征收外，所有各参保单位和个人缴纳的社会保险费（含基本养老保险、失业保险、医疗保险、工伤保险、生育保险费）全部由市地方税务局负责征收。是年，全市企业离退休人员的养老金和供养直系亲属的生活费全部实行社会化发放。至2002年，企业参保职工个人缴费比例又先后3次调整，直至统一为个人缴费工资的8%。至此，企业和职工缴纳养老保险的比例合计为工资总额28%。其间，部分参保企业由于改制重组、破产出售，致使许多原先参保单位和职工停保。

2002年5月，市委、市政府召开全市社会保险扩面征缴工作会议，给各乡镇和有关部门下达企业职工养老保险扩面征缴任务，签订目标责任状，并采取市领导成员分工挂钩联系乡镇，定期公布扩面征缴进度，督促各单位按时完成任务。同时，给改制企业每名停保人员发函，动员他们续保。是年，全市新增参保人员5300人，净增缴费人数3822人，基金征收6330万元。2003年1月，个体工商户和灵活就业人员缴费比例统一为工资总额28%。2004年7月，市政府召开贯彻《江苏省社会保险费征缴条例》动员大会，依法加大社会保险征缴工作力度，全市新增参保人员8050人，净增缴费人数4175人，基金征收9384万元。2005年4月，市政府针对143家民营企业在规定期间内仍不依法办理社会保险手续的现象，决定由市劳动和社会保障局代其申报，由市地方税务局强制征收，并选择20家行动迟缓的企业在媒体上曝光。全市全年新增参保企业322家，新增参保职工9734人，净增缴费3349人。是年，全市参保企业643家，参保在职职工6.15万人、离退休人员1.68万人；征收养老保险基金1.29亿元；支出企业离退休人员养老金1.25亿元，结余355万元，初步改变养老保险基金连续5年赤字的局面。

1987～2005年高邮市企业职工养老保险情况一览表

表32-1

项目 年份	参保单位（家）	参保在职职工（万人）	离退休人员（人）	基金收入（万元）	基金支出（万元）	上解调剂金（万元）
1987	226	3.16	5442	188	171	—
1988	284	3.14	5804	234	227	—
1989	274	3.38	6355	599	523	—
1990	279	3.26	6509	723	605	—
1991	291	3.99	6775	938	733	—
1992	303	4.13	7230	1242	1282	—
1993	263	4.39	7911	2208	1781	—
1994	276	4.51	8136	2968	3181	20
1995	306	4.73	8766	4324	3320	—
1996	316	4.76	9046	4365	3409	—
1997	400	4.81	9493	4852	4373	50
1998	394	4.80	10102	5332	4911	50
1999	435	5.01	10772	5950	4859	—
2000	465	4.93	11491	6270	6298	251
2001	493	5.05	13176	5676	6822	—
2002	493	5.38	13687	6330	8410	549
2003	390	5.62	14582	7609	9388	177
2004	563	5.94	15594	9384	10551	229
2005	643	6.15	16769	12853	12498	229

二、机关事业单位养老保险费征收与发放

1993年10月，机关事业单位征收养老保险费标准以参保单位在职人员工资总额为缴费基数，单位缴费比例21%，个人缴费比例2%，合计缴费比例为工资总额的23%。1994年，全市机关事业单位社会养老保险参保在职人员5017人、离退休人员1408人，基金收入493万元，基金支出343万元。1995

年1月起，为平衡机关事业单位中离退休人员费用负担，在参保的事业单位中实行以在职人员工资总额与离退休人员生活费总额之和为参保缴费基数，单位缴费比例仍为21%，在职人员个人缴费比例为个人工资的2%，离退休人员的离退休金仍由参保单位按原标准全额发给。是年3月，市政府决定机关事业单位全员参加社会养老保险。是年，参保人数1.2万人，基金收入884万元，比上年增长79.3%。1996年以后，参保在职人员逐年增加。至2001年上升到1.52万人，基金收入1852万元。

2002年1月，市政府决定停收国家机关和全额拨款事业单位的个人社会养老保险费后，全年参保在职人员下降到5301人。同时决定，继续参保单位人员在缴费基数和缴费比例不变的情况下，在职人员个人缴费比例为个人工资的3%。是年，为保证非乡镇政府所在地卫生院的产权制度改革，提高改制卫生院在职人员养老保险费缴费比例，其退休人员退休金由机关事业单位养老保险经办机构代发放。至2004年，参保在职人员维持在5300多人。是年起，单位缴费基数和缴费比例不变（非乡镇政府所在地卫生院的缴费比例另行规定），在职人员个人缴费比例为个人工资的4%。机关事业单位养老保险费由机关事业单位社会保险经办机构征收，采取每季度和参保单位全额结算、差额缴拨的办法。2005年，全市参加养老保险单位365家，参保在职人员5598人、离退休人员1548人，基金收入2969万元，累计结余养老保险基金3874万元。

1994～2005年高邮市机关事业单位养老保险情况一览表

表32-2

项目 年份	参保单位（家）	参保在职人员（人）	离退休人员（人）	基金收入（万元）	基金支出（万元）	基金累计结余（万元）
1994	212	5017	1408	493	343	150
1995	384	11980	1501	884	494	540
1996	394	13330	1524	1030	729	841
1997	536	14320	1544	1060	757	1144
1998	546	15010	1331	1423	791	1776
1999	480	15152	1221	1688	1240	2224
2000	485	15202	1215	1814	1400	2638
2001	482	15210	1241	1852	1760	2730
2002	368	5301	1265	1745	1509	2966
2003	359	5351	1308	2143	1765	3344
2004	334	5386	1369	2810	2481	3673
2005	365	5598	1548	2969	2768	3874

三、农村社会养老保险费征收与发放

1992～1994年，全市征收农村社会养老保险费332万元。1995年，全市农村始有21人领取养老金，以后领取人数逐年增加，月领养老金标准参差不齐，在20元至1200元之间。是年起，全市连续3年每年征收农村社会养老保险费过1000万元。2002年3月起，农村社会养老金实行社会化发放，每季度通过邮政局代储代发，社会化发放率100%。同时，因企业职工养老保险扩面工作需要，先后有5685名乡镇企业务工人员转入企业职工养老保险，转出农村社会养老保险基金291万元。至2005年，全市参加农村社会养老保险11.35万人，投保率占应保对象的20%以上，累计收入农村社会养老保险基金7412万元；领取农村社会养老金1498人，累计支出养老金1692万元，该项基金结余5720万元。

1992～2005年高邮市农村社会养老保险情况一览表

表32-3

项目/年份	参保人数（人）		基金收入（万元）	基金支出（万元）	基金当期结余（万元）	基金累计结余（万元）	领取养老金人数（人）
	新增人数	累计人数					
1992	7501	7501	25	—	25	25	—
1993	8345	15846	102	—	102	127	—
1994	9279	25125	205	1	204	331	—
1995	13095	38220	1387	9	1378	1709	21
1996	12537	50757	1494	7	1487	3196	97
1997	11580	62337	1451	25	1426	4622	186
1998	7504	69841	525	37	488	5110	287
1999	8085	77926	485	49	436	5546	383
2000	7879	85805	547	71	476	6022	534
2001	7105	92910	481	161	320	6342	681
2002	6483	99393	390	412	-22	6320	834
2003	3985	103378	77	392	-315	6005	1089
2004	6069	109447	145	249	-104	5901	1277
2005	4088	113535	98	279	-181	5720	1498

第三节　社会保险基金管理与监督

一、基金管理

1986年，全县实行城镇企业养老金社会统筹后，成立县企业退休职工劳动保险统筹委员会（后更名为县养老保险基金委员会），加强对社会保险基金的监管。同时，社会保险经办机构也加强对结余的养老保险基金管理，结余基金除部分购买国债外，其余全部存入国有商业银行。1992年，全市农村实行社会养老保险后，该项基金结余部分被作为定期存款存入国有商业银行。1993年，全市机关事业单位养老保险实行“不允许炒股、不允许放贷、不允许担保、不允许搞房地产”的“四不”基金管理制度，坚持在国有商业银行开设专户，日清月结存入银行，对积累的基金采取在银行定期存款和购买国库券（国债），确保其保值、增值。

1995年起，时有发生非正常动用养老保险基金的现象。市农村社会保险管理处先后动用农村社会养老保险基金结余部分，直接放贷给乡镇企业88万元，委托金融部门放贷396万元，均未能如期如数收回；市政府为解决社会矛盾，先后动用该项基金借贷给市供销大厦100万元、市供销合作总社100万元、市华联商厦400万元，摊派购买府前街第二期改造工程房屋120万元，在市农村合作基金会存款405万元，这些款项虽经多次交涉，但一直难以结转至农村社会养老保险基金账户上。1999年起，市财政局对养老保险基金实行收支两条线管理，并实行财政专户储存。2000年开始，市农村社会养老保险经办机构通过法律途径，对贷款未还的单位进行诉讼，由法院强制执行还贷78万元，因受贷企业已破产、倒闭，未能收回基金有406万元。2001～2005年，全市社会养老保险基金始由市劳动和社会保障局负责审查申报，市地方税务局负责征收，市财政局负责管理，形成社会保障、地税、财政三方既互相监督、制约，又互相支持的格局。同时，市审计局每年对养老保险基金专项审计，确保此项基金的安全和规范化管理。

二、社会保险信息化建设

1986～1995年，全市各种社会养老保险主要采用手工记账。1995年，农村社会养老保险使用省民政厅农村社会养老保险系统软件，由于系统不完善，后停止使用。1996年，随着企业职工养老保险业务的发展，开始使用计算机录入处理。1997年1月，机关事业单位养老保险采用自行设计的保险结算软件，实行计算机结算，并逐步录入各参保单位和参保个人的相关信息。1998年，市劳动局筹资建立小型计算机数据库。2000年，全市农村社会养老保险财务使用“通用”财务软件，实现会计电算化。2004年，按照劳动和社会保障部“金保工程”的要求，企业职工养老保险的80项数据实现全部核对入机，按时上传，实现直接从数据库进行养老保险宏观分析数据的采集、汇总、上报，确保联网数据准确无误。同时，按照“金保工程”和全省联网数据整理工作的要求，编写统一的软件程序和操作程序。建立在oracle8i数据库基础上的“五保合一”应用软件系统。企业退休人员社会化管理也建立独立的管理系统。2004年起，农村社会养老保险实现财务、业务办公自动化和信息化管理。2005年，机关事业单位养老保险使用省劳动和社会保障厅修改后的保险结算软件。至2005年末，市劳动和社会保障局拥有alpha1200、alpha800两台主机、sw450磁盘阵列，每个工作人员台前都配备计算机。

三、基金审计与稽核

1987年，从全县劳动保险基金统筹开始，县审计部门和县财政部门每年审计各类社会保险基金。经过多次财务检查和审计，全县各类社会保险基金账目清楚，收支合理，受到县财政部门和县审计部门的肯定。2002年，市劳动和社会保障局建立社会保险稽核机构，配备兼职稽核员，规范全市用人单位的参保缴费行为，促进企业养老保险费应收尽收。是年，稽核单位221户，稽核2.39万人。2004年，加大稽核力度，稽核单位460户，稽核在职职工3.5万人、退休人员1.55万人，补缴养老保险费19.8万元。2005年，稽核单位620户，稽核在职职工3.58万人、退休人员1.55万人，补缴养老保险费45.7万元。

第二章　失业保险

1986年，县政府在全县企业推行待业保险。90年代中期，待业保险改称失业保险，全市参保人数逐年上升。2001年，城镇各类企业、用人单位均参加失业保险，全市参保人数5.88万人。至是年末，全市每年失业保险费基本做到足额征收，失业保险基金有所结余，但领取失业保险金人数呈增长趋势。2002年，随着企业改制进一步深化，大批企业职工下岗、失业，领取失业保险金人数1.22万人，而失业保险参保人数大幅下降，失业保险基金出现严重透支。2005年，全市失业保险参保人数仅剩3.65万人，领取失业保险金人数仍有2964人。

第一节　失业保险制度建立

1986年10月，县政府在全县124家国营企业的固定职工、劳动合同制职工、1976年底以前的城镇户口计划内临时工、全民企业非独立核算集体性质的职工、国家机关事业单位和群众团体的劳动合同制职工中，开始实行待业保险制度。1988年1月，全县264家县属集体所有制企业纳入待业保险参保范围。是年末，待业保险参保人数3.81万人。1993年7月，高邮镇镇属大集体企业职工参加待业保险

2520人。1994年，职工待业保险改称失业保险，待业职工改称失业职工。1995年3月，市政府印发《关于进一步深化全市机关事业单位社会保险制度改革的意见》，全市机关事业单位从是年1月1日起，全面推行失业保险制度，是为省内首家，《新华日报》《江苏经济报》先后予以报道。1997年，全市市属企业在转换经营机制、推行各种形式的改革中，大量富余人员和下岗失业职工进入市属企业再就业服务中心。1998年开始，市政府采取财政预算安排三分之一、企业负担三分之一、社会筹集（主要从失业保险基金中调剂619.57万元）三分之一的“三三制”原则筹集资金，用于市属企业再就业服务中心的下岗职工基本生活和代缴社会保险费，保证市属企业改革顺利开展。1999年，全市失业保险参保人数上升到4.98万人。

2000年7月，市政府办公室转发市体改委、市劳动局、市社会保障管理局《关于市属企业减员增效的试行办法》。与企业签订进入再就业服务中心、保留社会保险关系等协议的人员，在终止协议的前提下，列入减员分流范围。对减员对象，企业在为其缴足养老保险费（金）和本企业全部失业保险费（基金）后，解除劳动关系，并给予适当经济补偿（每满1年工龄发给减员对象1个月的个人标准工资），由市劳动部门核发失业登记证，按规定开始享受失业救济金。2001年1月，市属企业新被裁减人员不再进入市属企业再就业服务中心，由企业依法与其解除劳动关系，享受失业保险待遇，在扬州市率先实行下岗人员生活保障与失业保险待遇并轨。是年，全市城镇各类企业、用人单位均参加失业保险，参保人数增至5.88万人。由于全市各类企业实行改制，企业在岗原有职工人数呈逐年下降之势，参加失业保险人数随之逐年下降。至2005年，参保职工仅剩3.65万人。

第二节 失业保险基金征收

1986年10月，全县开始征收失业（待业）保险费（基金）。此后，两次调整失业保险费征收比例，扩大失业保险覆盖范围。至2005年末，全市累计征收失业保险费（基金）7328.95万元（含利息收入和向省争取的失业保险调剂金、财政补助），领取失业保险金失业人员（含农民合同制人员）2.74万人。

一、征收方式和比例

1986年10月起，由县劳动服务公司按企业全部职工标准工资总额1%缴费标准，通过填制托收无承付凭证送付款单位开户银行，从其账户中直接划转失业（待业）保险费到职工失业（待业）保险基金专户的办法，征收企业失业（待业）保险基金。1995年1月起，全市机关事业单位开展失业保险工作，由市财政局按季代扣全额预算机关事业单位失业保险费，直接划拨给市机关事业单位社会保险管理处。1998年7月起，改为按用人单位全部职工工资总额3%征收，其中用人单位缴纳2%、个人缴纳1%。2001年1月开始，市就业管理处负责核定各企事业单位失业保险费申报单，由市地方税务局征收，划入市财政局社会保险基金财政专户。

二、保险费（基金）收入

1987年，全县共征收待业保险基金13.62万元（不含银行利息等收入，下同）。至1992年，随着待业保险政策逐步为企业所接受，待业保险基金征收数额逐年增加。是年，全市征收待业保险基金上升到40.08万元。1993年4月后，待业（失业）保险征缴范围扩大，待业（失业）保险基金增长较快。是年，征收待业（失业）保险费（待业保险基金从此改称为失业保险费）86.64万元。1998年，全市征收失业保险费上升到184.94万元。1999年，全市进一步扩大失业保险覆盖范围，共征收失业保险费404.49万元。2002～2005年，每年征收失业保险费800万元以上。至2005年，全市累计征收失业（待业）保险费（基金）6188.9万元。

三、向上争取与借贷

2001年，全市市属企业改制，领取失业保险金人数急剧增加，失业保险基金入不敷出。是年起，市政府每年向省劳动和社会保障厅、省财政厅提出申请，请求给予补助。至2005年，共争取省失业保险调剂金636万元、财政补助280万元。还通过市财政局，从农村社会养老保险基金、城镇职工基本医疗保险基金、机关事业单位养老保险基金和其他社会保险结余基金中，调剂借用近4000万元，以保证失业人员在领取失业金高峰期间，能按时足额领取失业金。

第三节　失业保险基金支出

1986～2001年，全市失业（待业）保险费（基金）基本做到足额征收，领取失业（待业）保险金人数在可控范围内，失业（待业）保险基金每年有所结余。2002～2004年，每年失业保险基金支出超过2100万元，透支在1000万元以上。其中，2003年失业保险基金支出2993.56万元，透支1839.58万元。2005年，失业保险基金支出1374.15万元，透支232.08万元。至是年末，全市失业保险基金累计收入7328.95万元，累计支出（含支付给失业人员的失业金和支付上缴省级调剂金、管理费、转业训练费、生产自救费、职业介绍、职业培训补贴、丧葬抚恤补助等费用）1.13亿元，透支3944.83万元。

一、失业金发放标准

1986年10月，全县待业（失业）金按待业（失业）人员标准工资的50%～75%发放，同时发给医疗补助费每人每月限在3元以内。领取待业（失业）金的时间，根据待业（失业）人员的工龄长短而定，最长不超过24个月。1991年5月，在1986年待业金发放标准基础上每月增加6元。1992年10月，待业金统一为每月55元，医疗补助费调整为每人每月限在10元以内。1994年6月，调整为每月70元。1995年8月，改按全市最低月工资的60%发放。1999～2005年，失业救济金发放标准为每人每月172元，其中包含医疗补助费7元。领取失业救济金的时间改为以参保缴费时间为依据，最长不超过24个月。

二、领取失业金人数

1987年，全县领取待业金1人。至1993年，每年领取待业（失业）金人数20人以内。1994～1995年，新增领取失业保险金总人数超过1000人，其中多为帮助困难企业发放职工工资人数，实际新增领取失业金人数并不多。1996年以后，新增领取失业金人数逐年下降。2000年，新增领取失业金人数仅142人。2001年，全市企业全面改制，大批职工下岗失业，新增领取失业金人数上升至4108人。至2002年末，全市领取失业金人数1.22万人。2003年、2004年，新增领取失业金人数分别为6484人、5148人。2005年，新增领取失业金人数仍有1823人。至是年末，全市领取失业金人数2964人。

三、失业金发放

1987～1999年，全市失业（待业）金发放对象以企业辞退、辞职职工为主，由失业人员在市劳动就业管理处领取。1999年后，按照市政府规定，参加失业保险并足额缴纳失业保险费满一年以上，非因本人意愿中断就业而与原企业解除劳动关系，已办理失业登记并有求职要求的失业人员方可领取失业金。2001年起，全市失业金实行社会化发放，失业人员凭审批手续，到受市劳动就业管理处委托的中国银行高邮市支行按月领取。2002年12月至2005年，高邮市在扬州市率先实行“定期申领、社区公示、按月发放”的失业金发放制度，即失业人员提出领取失业金申请，由其所在社区居民委员会劳动保障协管员对其就业状况调查、公示，经市劳动和社会保障局审核后，由社区居民委员会按月发放失业金。

1986～2005年高邮市失业保险情况一览表

表 32-4

项目 年份	参保人数（万人）	基金收入（万元）	当年新增失业金领取人数（人）	年末失业金领取人数（人）	基金支出（万元）	基金当年结余（万元）	基金累计结余（万元）
1986	1.48	2.97	—	—	0.30	2.67	2.67
1987	1.75	13.86	1	—	0.97	12.89	15.56
1988	3.81	30.16	1	—	17.07	13.09	28.65
1989	4.02	32.38	13	13	10.72	21.66	50.31
1990	4.24	33.19	18	1	12.67	20.52	70.83
1991	4.40	45.71	8	3	16.48	29.23	100.06
1992	4.42	43.43	4	3	16.22	27.21	127.27
1993	4.67	87.70	18	7	39.57	48.13	175.40
1994	4.69	112.51	1111	1111	51.86	60.65	236.05
1995	4.70	152.59	1346	—	103.66	48.93	284.98
1996	4.71	165.47	780	120	150.75	14.72	299.70
1997	4.73	160.41	847	112	181.49	-21.08	278.62
1998	4.75	209.40	748	273	194.36	15.04	293.66
1999	4.98	489.51	273	—	328.53	160.98	454.64
2000	5.32	525.14	142	154	480.46	44.68	499.32
2001	5.88	749.77	4108	4020	686.82	62.95	562.27
2002	4.23	1081.35	9854	12215	2175.22	-1093.87	-531.60
2003	4.30	1153.98	6484	11427	2993.56	-1839.58	-2371.18
2004	3.62	1097.35	5148	8608	2438.92	-1341.57	-3712.75
2005	3.65	1142.07	1823	2964	1374.15	-232.08	-3944.83

说明：1. 基金收入中含银行利息和上级拨款。2. 1994年以后的各年新增领取失业保险金的人数中含帮助困难企业发放职工工资人数。

第三章　医疗保险

80年代，全县机关事业单位、群众团体职工和离退休人员、二等乙级以上革命残废军人实行公费医疗制度，其经费由国家和各级政府财政预算拨款，一般按人头划拨到各单位包干使用。同时，全民所有制企业职工及其供养的直系亲属实行劳动保护（简称劳保）医疗制度，其经费按照企业职工工资总额和国家规定比例，在生产成本项目中列支，以后城镇集体所有制企业参照执行。全县农村全面推行合作医疗制度，初步改变农村缺医少药的面貌。1987年，全县农村推行“以乡统筹，大病合作”医疗制度。城镇职工公费、劳保两项医疗制度一直持续到20世纪末，其间虽经过改革与完善，但医疗费用缺乏合理的筹措机制和稳定的资金来源，新老企业之间、不同行业之间缺乏统筹共济、风险分担的机制，职工医疗待遇苦乐不均，医疗费用增长过快，使财政和企业不堪重负，非公有制企业职工得不到应有的医疗保障，迫切需要对公费、劳保两项医疗制度进行改革。2001年，全市机关和企事业单位实行城镇职工基本医疗保险制度。2003年8月，市政府全面启动新型农村合作医疗（简称新农合）工作，政府财政加大对农村合作医疗经费投入，使农民得到更多医疗保障。至2005年，全市参加城镇职工基本医疗保险人数5.95万人，新农合基本涵盖全市农村人口。

第一节　城镇职工医疗保险制度改革

80年代至90年代中后期，全市开展城镇职工医疗保险制度探索性改革。机关、企事业单位以控制医疗费用为主，根据各单位的经济效益和承受能力，制定不同比例的医药费报销制度，机关和全额拨款事业单位仍全额报销，全民所有制单位个人负担比例较少，市属集体所有制单位个人负担比例稍高一些，城镇集体所有制单位个人负担比例近半或更多一些，这在一定程度上抑制医药费过快增长。同时，市卫生局对医院采取控制措施，禁止开大处方、人情方，从源头上控制医药费增长。但是，医疗费用由于缺乏社会互济，不同性质单位之间职工医疗保障待遇苦乐不均，医疗费用支出仍居高不下，医疗费用筹集缺乏稳定来源，以致有的单位因资金短缺不能及时报销医疗费用，引发干部职工之间矛盾。

1995年10月，市政府针对医疗制度改革中出现的新情况，决定在市粮食系统52家企业5963名在职职工中试行大病医疗保险。1996年，市政府制定《高邮市企业职工医疗社会保险暂行办法》和《高邮市企业职工医疗社会保险实施细则》，大病治疗费用由企业和个人负担改为由社会、企业、个人三方共同负担。试行个人账户、企业调剂与社会统筹三个层次的医疗保险模式。向参保企业职工发放统一格式的医疗保险病历，定点医院使用复式处方、住院清单，制定企业和保险机构报销制度。下半年，市政府将市电子工业系统11家企业纳入医疗社会保险试点。至2000年，医疗社会保险在市粮食系统和市电子工业系统63家企业试点工作结束，共有1.02万人参保，其中在职职工9203人、离退休人员996人，共征收大病统筹基金557.17万元，支出大病统筹费用509.17万元，收支相抵结余48万元。

1999年6月，市政府成立市城镇职工医疗保险制度改革领导小组。同时，市社会保障管理局组织专门力量，对全市800多家单位约7.7万名城镇职工1997～1999年医疗费用支出情况开展专项调查，形成以“个人账户看门诊、社会统筹保住院、大病医疗有保障”为原则的医疗保险改革初步方案，建立医、患、保三方制约机制。12月，市政府制定《高邮市城镇职工基本医疗保险暂行办法》《高邮市城镇职工基本医疗保险实施细则》和6个配套文件，改革公费医疗、劳保医疗制度，形成基本医疗保险［社会统筹和个人账户相结合，参保人员按年龄分为4个档次，按缴费工资的一定比例，将医疗保险金划入参保人员医保卡（IC卡）个人账户上，用于门诊费用；同时享有住院治疗、大病救助的待遇］、住院医疗保险（参保人患病住院按基本医疗保险规定比例报销医药费，不建立个人账户）、大病医疗保险（参保人在患病住院时、年住院费用在2500元以上部分，参照基本医疗保险待遇报销一定比例医药费，不建立个人账户）三个不同层次的医疗保险制度，并制定大病医疗救助方案。2001年1月1日起实施该方案。参保对象为：全市行政区域内城镇所有用人单位，包括国有企业、集体企业、外商投资企业、私营企业、机关事业单位、群众团体、民办非企业单位职工及退休（职）人员。

图32-2　市民在医疗保险大厅办理医疗保险手续现场

由于全市企事业单位经济发展水平不平

衡，大批企业正值改制之际，部分困难企业和困难群体无经济能力参加基本医疗保险。2002年10月，市政府印发《高邮市困难单位参加住院医疗保险、大病医疗统筹实施意见》，困难单位应整体性参加医疗保险，可选择参加住院医疗保险或大病医疗统筹。2003年2月，市劳动和社会保障局对全市在困难企业工作的军队转业干部参加医疗保险作出规定，其参加医疗保险资金由主管部门负责，或由市财政协调解决，享受城镇职工基本医疗保险规定待遇。4月21日，市政府办公室印发《高邮市改制企业退休人员参加基本医疗保险的补充意见》，企业改制时已退休人员实行三种医疗保险方式：改制企业一次性为每名退休人员缴纳医疗保险费8000元及大病医疗救助基金1920元（或从本人养老金中每月扣8元，下同），享受城镇职工基本医疗保险待遇；改制企业一次性为每名退休人员缴纳医疗保险费6000元及大病医疗救助基金1920元，享受住院医疗保险待遇；改制企业一次性为每名退休人员缴纳3000元及大病医疗救助基金1920元，享受大病医疗保险待遇。2004年3月，市政府印发《高邮市城镇灵活就业人员参加医疗保险暂行办法》，参保对象扩大到从事个体经营的人员、自由职业者、非全日制工作等灵活就业人员。9月，对全市企业中的省级劳动模范参加医疗保险问题作出规定。至2005年，全市城镇职工基本医疗保险政策逐步完善，不断扩大医疗保险覆盖范围，初步建立多层次的医疗保障体系。

第二节　城镇职工基本医疗保险

2001年起，全市实行城镇职工基本医疗保险制度。医疗保险费由各用人单位按时申报（含职工个人应缴纳部分），由市地方税务局负责征收。至2005年末，全市共有参保单位1375家，参保人数5.95万人，其中退休人员2.3万人；共收入医疗保险费1.73亿元，支出医疗保险基金1.54亿元，累计结余医疗保险基金1936万元。

2001～2005年高邮市城镇职工基本医疗保险情况一览表

表32-5

项目 年份	累计参保 人数（万人）	退休人员（人）	医疗保险费 收入（万元）	医疗保险基金 支出（万元）	当期结余 （万元）	累计结余 （万元）
2001	3.01	6621	1470	818	652	652
2002	4.01	9038	2229	1913	316	968
2003	4.73	11035	3395	2767	628	1596
2004	5.24	17995	4870	4613	257	1853
2005	5.95	22998	5333	5250	83	1936

一、征收基数和比例

2001年起，市基本医疗保险缴费基数为用人单位全部参保职工工资总额，缴费比例为9%，其中用人单位缴纳7%、职工个人缴纳2%（由用人单位从其工资中代扣代缴），退休（职）人员个人不缴纳医疗保险费。职工工资收入按上限不超过全市上年职工社会平均工资的300%、下限按不低于全市上年职工社会平均工资的60%为缴费基数。参保人员个人工资收入无法确定的，以全市上年职工社会平均工资为缴费基数。住院医疗保险由用人单位缴纳参保职工工资总额4.9%，个人不缴纳保险费。大病医疗保险由用人单位缴纳参保职工工资总额3%，个人不缴纳保险费。是年，全市城镇职工基本医疗保险人均月最高缴费基数1626.75元，月最低缴费基数325.35元。此后，随着个人工资增长，医疗保险缴费基数随之提高。2005年，全市城镇职工基本医疗保险人均月最高缴费基数和最低缴费基数分别为3343.75元、668.75元。

二、大病医疗救助

2001年，大病医疗救助费缴费标准为：单位为职工每人每月缴纳2元，职工个人每月缴纳2元。2003年9月，调整为单位为职工每人每月缴纳4元，职工个人每月缴纳4元。2005年12月规定，从2006年1月起单位按缴费基数的1%缴纳，职工个人缴纳标准不变。职工个人应缴纳部分，由单位从其工资中代扣代缴；退休人员每月从其退休金中扣缴8元大病医疗救助费。

三、特殊病种

2000年12月起，按照《高邮市城镇职工基本医疗保险实施细则》，经二级以上定点医院专科主治医师诊断，医疗保险办公室或医务处审核报市医疗保险经办机构批准，须做血透的肾功能衰竭和肾移植后的抗排异治疗、须做放化疗的癌症、慢性活动性肝炎和肝硬化（失代偿期）、精神分裂症和情感性精神病、三期高血压、三期以上糖尿病等6种门诊特殊病种，在定点医疗机构门诊的医疗费纳入社会统筹基金支付。2001年12月，纳入社会统筹基金支付的门诊特殊病种增加帕金森氏病（帕金森氏综合症）、慢性肾功能不全（非透析治疗）、系统性红斑狼疮和慢性再生障碍性贫血患者等4种。

四、定点医院和定点零售药店

2001年起，市政府加强对城镇职工医疗保险管理，审定医疗保险定点医院和定点零售药店，市劳动和社会保障局每年对定点医疗机构和定点零售药店考核。是年，经市社会保障管理局审定，为基本医疗保险参保人员提供医疗服务的定点医院共36所，即二级医院有市人民医院和市中医医院，一级医院有市第二人民医院、城北医院、城南医院、湖滨卫生院、武安卫生院、车逻中心卫生院、三垛中心卫生院、八桥中心卫生院、送桥中心卫生院、临泽中心卫生院、周山卫生院、周巷卫生院、界首卫生院、马棚卫生院、高邮经济开发区卫生院、龙虬卫生院、汤庄卫生院、汤庄第二卫生院、卸甲卫生院、汉留卫生院、汉留第二卫生院、甘垛卫生院、天山卫生院、菱塘卫生院、郭集卫生院、川青卫生院、营南卫生院、张轩卫生院、龙奔卫生院、伯勤卫生院、二沟卫生院、甘垛第二卫生院、市妇幼保健所、市康复中心；定点零售药店2所，即北海药店、大德昌药店。至2005年，全市定点医疗机构数未变，定点零售药店增加到120家。

第三节　离休干部医疗保险

80年代初，全市离休干部医药费继续实行全额报销制度。但是，常常发生冒名报销医药费和医疗单位开大处方的现象，致使财政和企业不堪重负。在困难企业工作的离休干部，因企业经济效益不好而不能按时全额报销医药费。90年代末至2005年，全市对离休干部医疗费用实行统筹管理。

一、医疗费用统筹管理

2001年，市社会保障管理局、市委老干部局、市财政局联合制定离休干部医药费统筹资金标准。是年开始，按每人每年6000元医药费标准统筹，由其所在单位或其主管部门负责缴纳。此后，每年递增10%。在企业破产、倒闭、拍卖时，优先从土地及其他财产变现、转让收入中，按照当年标准，一次性缴纳该企业离休干部10年的医药费统筹资金。在实施过程中，破产、倒闭企业的离休干部医药费统筹资金未能筹措到位，致使每年离休干部医药费统筹收入不足。离休干部医药费由市社会保障管理局统一管理，单独核算，专款专用；市地方税务局负责征收；市财政局负责统筹资金的财政管理；市委老干部局、市审计局、市卫生局等部门按照各自的职能，共同做好离休干部医药费的筹集、使用和监督管理工作。是年，全市离休干部513人，年统筹收入医药费237.4万元，年支出医药费357.02万元，透支119.62万元。2005年，全市有离休干部436人，年统筹收入医药费442.82万元，年支出医药费992.31万元，透支549.49万元。至2005年末，全市离休干部统筹的医药费累计透支1800.85万元。

二、医疗费用报支

2001～2005年，全市离休干部医药费统筹资金设立个人账户和统筹基金专户，其中30%划入个人账户。离休干部门诊就医和住院时发生符合医药费报销范围的费用时，先由个人账户支付，不足支付时，由统筹基金专户支付。个人账户到年末如有结余，于下年发给离休干部本人，其余划入统筹基金。离休干部用药、检查和治疗，参照省基本医疗保险用药目录和诊疗项目执行。

2001～2005年高邮市离休干部医疗保险情况一览表

表32-6

项目 年份	离休干部人数（人）	医药费统筹标准（元）	医药费收入（万元）	医药费支出（万元）	医药费统筹透支（万元）
2001	513	6000	237.40	357.02	119.62
2002	506	6600	299.20	536.46	237.26
2003	483	7260	352.01	773.10	421.09
2004	458	10000	298.02	771.41	473.39
2005	436	12000	442.82	992.31	549.49

第四节 农村合作医疗

1986年，全县农村全面推行家庭联产承包责任制，原来“三级所有，队为基础”的分配政策发生改变，农村合作医疗失去集体经济支撑，基金统筹困难，各地合作医疗模式逐步从以乡镇（原为公社）办和乡镇（原为公社）与村（原为生产大队）联办为主转变为以村办为主，农民看病吃药的费用以自付为主。1987年，全县试行以乡统筹大病合作医疗，作为一种新的农村合作医疗模式，在全国得到推广。2001年，农村实行税费改革后，大病合作医疗制度仍然继续坚持。2003年8月，高邮市被确定为全省新型农村合作医疗试点县（市），在合作医疗基金筹集和支付上实施一系列改革。2005年，高邮市新型农村合作医疗补偿模式得到省卫生厅肯定，并被推荐至卫生部。

一、以乡统筹大病合作医疗

1987年5月，武宁乡和司徒乡试行“以乡统筹，大病合作”医疗保障制度（简称大病合作）。两乡大病合作统筹基金按每人每年1元标准筹集，共筹集大病合作基金3.48万元，主要用于化解参加合作医疗村民患大病、重病的经济风险。参加大病合作人员医药费以50元为报销起点，实行划段按比例报销，医药费越多，报销比例越大。住院病人实行一次或分次结算报销，门诊医药费年终结算报销，报销结果在当年末或下年年初向村民公布，接受社会监督。1989年，县政府在《关于控制农民负担坚持定项限额的规定》中明确要求各地按每人每年1～3元的标准统一筹集大病合作基金，切实解决农民因患大病、重病致贫问题。是年，全县有586个村实行不同形式的合作医疗。全县在3年中共统筹大病合作医疗基金102万元，帮助1.7万多名病人解决医药费101.5万元，使363名农民避免因病致贫。1990年，全县实行大病合作乡镇增加到24个，参加大病合作农村居民49.8万人，分别占全县乡镇总数72.7%和全县农村人口62.5%，统筹大病合作医疗基金53.5万元。1992年，在广西壮族自治区南宁市召开的全国农村卫生经济研讨会上，高邮市大病合作被列为合作医疗制度的一种基本模式向全国推广。

1995年，全市有31个乡镇实施大病合作医疗保健制度，其中24个乡镇经费统筹标准提高到年人均3元。1996年春，市委、市政府决定，农村大病合作统筹标准提高到年人均4元，合作医疗保健经费提高到年人均2元。1997年，市政府先后印发《高邮市农村合作医疗管理章程》和《高邮市农村合作医疗实施意见》。全市除高邮镇所辖行政村实行村办大病合作外，32个乡镇实行大病合作制度，参加大病合作农民61.78万人。市政府决定，大病合作统筹基金标准每人每年提高到5.5元。21个乡镇合作医疗和大病合作经费人均在8.5元以上，全年共筹集大病合作基金216.24万元，共有6441人报销医药费209.4万元。

1998年，全市进行粮食流通体制改革，乡统筹、村提留一定三年不变。大病合作医疗基金以预防保健经费列入“村提留”项目，每人每年筹集6元（3元用于乡村保健医生预防保健工作补助）。另以服务性收费项目，每人每年筹集2.5元，由乡镇在收取“两上缴”（农民缴纳的公益金、公积金）时代收。1999～2000年，全市32个镇参加大病合作64.31万人，覆盖96%的行政村和93.9%的农村人口。

2001年农村实行税费改革后，市委、市政府在《关于农村税费改革综合配套改革实施意见》中明确提出，“农村卫生防保经费，按每人每年1.5元列入乡镇财政预算；有血防任务的乡镇，按每人每年0.4元列入乡镇财政预算，用工可在农村‘两工’中统筹解决”。市农工办、市财政局、市物价局联合印发通知，明确“根据农民自愿原则，凡参加人员每年6元，主要用于大病合作，解决大病人员部分医疗费用，防止因病致贫”。是年，高邮镇1.64万人参加大病合作医疗。

2002年，市政府设立农村大额医药费用救助基金，制定《高邮市农村大病救助基金管理办法》，对大病救助基金筹集、使用、管理、监督、考核、奖惩等做出具体规定。是年，市财政拨款25万元，省、扬州市下拨专项资金35万元，实行专户储存、专款专用。农村大病统筹经费标准由上年的每人6元调整为8元。至年末，14个乡镇200名大病合作医疗参保农民受益，每个补助对象最高补助限额为1万元。是年，全市以村为单位，大病合作医疗覆盖面89.8%，农业人口覆盖面83.5%。2003年，全市从“以乡统筹，大病合作”模式向新型农村合作医疗制度模式转变。

二、村办合作医疗

90年代中后期，全市在推行大病合作医疗的同时，村办合作医疗在各乡镇均开展试点。1997年，菱塘、郭集、三垛、湖滨、甸垛、汉留、沙堰、界首、天山、武宁等10个乡镇全面实施村办合作医疗制度。同时，继续实施儿童计划免疫、妇幼保健保偿制，当年投保率均为90%以上。湖滨乡开展集体统筹与家庭账户相结合的医疗保障试点。年末，全市70万农业人口有69万人参加大病医疗保险，28万人参加小病合作，村办合作医疗覆盖面42%。

1998年，全市农村在巩固、完善大病合作基础上，全面推行“以村核算，小病合作”，积极探索社会统筹和家庭账户相结合、集风险福利于一体的农村合作医疗保障新模式。风险福利型合作医疗采取以个人投入为主、集体扶持、政府适当支持的方式筹资。逐步建立市、乡、村三级合作医疗基金，形成小病以村级补偿为主，大病以乡级补偿为主，特大重病以市、乡联合补偿为主的三级医疗补偿机制。个人投入控制在上年农民人均纯收入的1%以内，村提留公益金拿出一定数额，乡镇财政每年按每个农业人口不低于1元的标准安排。建立市重病补偿基金，市财政予以适当支持。是年5月中旬，全市实行村办合作医疗的有16个乡镇、438个村，占行政村总数的65.3%。但是，由于夏粮减产减收，7月末推行村办合作医疗的乡镇下降到11个，村下降到345个。合作医疗资金基本到位或部分到位的只有155个村，仅占行政村总数的23%。1999年，全市21个乡镇、293个村继续推行小病合作医疗，占全市行政村总数45.3%。2001年，实行税费改革，村办合作医疗经费每人每年15元列入服务性收费项目，经费难以落实，部分乡镇村办合作医疗有所缩减。2003年以后，为新型农村合作医疗所替代。

三、新型农村合作医疗制度

2003年8月，市政府成立新型农村合作医疗管理委员会，全面启动新型农村合作医疗工作。9月，高邮市被省卫生厅、省财政厅确定为全省首批新农合10个试点县（市）之一。10月，市政府印发《关于建立新型农村合作医疗制度的实施意见》《高邮市新型农村合作医疗基金管理办法》。11月，市新型农村合作医疗管理委员会办公室成立，核定编制6人，设于市卫生局内。同时，高邮市新型农村合作医疗监督委员会成立。市新型农村合作医疗管理委员会办公室制定《高邮市2003年新型农村合作医疗基金补助兑付实施方案》。文件规定，基金来源于5个方面，即农民以家庭为单位参加新农合，每人每年缴纳10.8元，省财政补助每人10元，扬州市、高邮市和乡镇财政配套资金分别为人均2元、3元和5元。基金补助兑现标准：以800元医药费起报，2万元封顶。同时，明确中医药费报销上浮2%，传染病患者住院费全额报销，参保对象在基层定点服务机构就医费用报销比例适当提高。至年末，全市参加新农合农民59.8万人，占农村总人口91.2%。共筹集新农合基金1845.5万元，其中农民个人筹集资金645.5万元、县乡财政配套资金480万元、扬州市财政补助资金120万元、省财政补助资金600万元。全市1.8万人享受新农合补助金1500多万元，有20万名参保农民享受免费体检。

2004年，全市加强新农合规范化运作，实行网络报结制度。至年末，全市新农合参保率92.6%，共筹集新农合基金1600万元，其中农民个人筹集资金720万元，省、扬州市、高邮市、乡镇四级财政配套基金共880万元。全市有1.98万人享受新农合补助金1680万元。

2005年4月，市新型农村合作医疗管理委员会修订新农合基金补助方案，起付线降为700元，封顶线调高到3万元。6月开始，全市实行新农合基金补助即时审核结报制度，并通过计算机软件实行网络报结。同时规定，患者个人医药费用在5000元以下的，在当地乡镇合作医疗管理办公室报销；5000元以上的，到市合作医疗管理办公室报销。9月，市政府印发《高邮市实施农村医疗救助工作意见（试行）》，规定参加新农合的人员为救助对象的，在当年新农合补助范围内自己负担医疗费用在3万元以上（含3万元）、4万元以下的，一次性救助1000元；4万元以上（含4万元）、5万元以下的，一次性救助2000元；5万元以上的（含5万元），一次性救助3000元。10月，高邮市新农合补偿模式得到省卫生厅肯定，并被推荐至卫生部。是年，全市参加新农合农民共有48.2万人，参保率86.4%；筹集新农合基金1690万元，其中农民个人筹集资金724万元，省、扬州市、高邮市、乡镇四级财政配套资金966万元。享受新农合补助金1.9万人，发放补助金1300万元。全市设立农村医疗救助基金80万元，享受救助医疗特困户232人，发放救助金40.8万元。

第四章　工伤保险与生育保险

80年代，县政府在机关、企事业单位中执行工伤和生育相关规定，职工遭受工伤和女职工生育时享受相应待遇。随着经济社会发展，尤其是进入社会主义市场经济以后，原有政策规定不能适应形势发展需要，90年代中期开始，市政府推行工伤保险和生育保险，纳入社会保险范围。至2005年，全市参加工伤保险职工2.68万人，参加生育保险职工2.31万人。

第一节　工伤保险

一、工伤保险制度改革

80年代至90年代前期，全市继续执行50年代政务院颁布的《劳动保险条例》等相关法规、政策，实施工伤保险，主要形式是用人单位（雇主）责任保险。初步形成以企业工伤保险为主体，包括职业病防治和民政伤残优抚在内的工伤保险体系。1997年6月，市政府制定《高邮市城镇企业职工工伤社会保险实施细则》，7月1日起，在全市城镇全民和集体企业职工中实行工伤社会保险。该细则规定，职工因工负伤或患职业病，其所在企业应及时送医院治疗，所需挂号费、医疗费（含医药费、检查费、手术费、住院费）、住院期间伙食补助费合计在500元以内的，由其所在企业报支。超过部分企业负担30%，社会劳动保险经办机构负担70%。职工工伤致残，首次需要安装假肢、镶牙和代步三轮车等补偿功能器具的，由市级医院鉴定组织提出意见，经企业和社会保险机构同意，其购置器具及安装费用（按普及型配置）由企业和社会劳动保险机构各负担50%。职工伤残抚恤金和一次性伤残补助金、护理费的计发，以上年度全市职工月平均工资为计发基数，并从市劳动能力鉴定委员会签发伤残等级证书的次月起享受，供养直系亲属定期抚恤金待遇从职工死亡次月起执行。

2001年11月，市政府印发《高邮市贯彻〈江苏省城镇企业职工工伤保险规定〉实施意见》，参保范围扩大到城镇各类企业和部、省、扬州市属单位驻高邮市的企业及其职工。并从2002年1月起，职工因工负伤或患职业病，所需挂号费、医疗费、住院期间伙食补助费提高到1000元以内，由职工所在企业报支，其他规定不变。2004年1月，全市工伤保险相关政策和操作程序按国务院《工伤保险条例》施行。2005年，全市进一步扩大工伤保险覆盖范围，并对工伤保险的认定、工伤保险待遇做出调整。

二、工伤社会保险费征收比例

1997年7月，全市工伤社会保险费征收实行行业差别率，即市属以上机械、化工、建筑和交通运输业，以企业全部在职职工工资总额为缴费基数，按0.3%缴纳；其他企业暂不征收工伤保险费。由工伤社会保险经办机构负责征收。2001年开始，由市地方税务局负责征收。2002年1月，全市工伤社会保险费征收比例暂按企业在职职工工资总额0.8%缴纳。2005年，市政府规定以用人单位全部职工工资总额为缴费基数，缴费比例0.8%。

三、工伤申报与待遇

1997年7月开始，市内单位职工发生事故伤害，由其所在单位在规定的时间内，向市劳动局提出工伤认定申请，经市劳动能力鉴定委员会鉴定，按规定等级享受相应工伤保险待遇。2002年5月至2005年，职工被诊断、鉴定为职业病者，亦按上述程序享受相应的工伤社会保险待遇，包括治疗费、住院伙食补助费、外地就医交通食宿费、康复治疗费、辅助器具费、停工留薪期间工资和生活护理费、一次性伤残补助金、伤残津贴、一次性伤残就业补助金和一次性工伤医疗补助金、丧葬补助金、供养亲属抚恤金、一次性工亡补助金等。

四、工伤保险费基金收支

1997年，全市工伤保险费收入9万元。1998年，全市享受工伤保险待遇职工仅8人。1999年，该项收入上升到21万元。2000年、2001年，该项收入分别下降到11万元、10万元。2002年，因调高缴费比例，该项收入上升到52万元；享受工伤保险待遇职工25人。2003年起，该项收入逐年提高。同时，企业改制进入后期，部分老工伤职工在企业减员前集中进行工伤认定和待遇结算，因而工伤保险基金支出增加。2004年，支出工伤保险基金23万元。2005年，全市参保人数2.68万人，工伤保险费收入143万元，支出工伤保险基金21万元。是年末，全市累计结余工伤保险基金326万元。

1997～2005年高邮市工伤保险情况一览表

表32-7

项目 年份	参保人数（万人）	基金收入（万元）	基金支出（万元）	基金当期结余（万元）	基金累计结余（万元）
1997	4.80	9	1	8	8
1998	4.80	12	1	11	19
1999	5.01	21	2	19	38
2000	4.93	11	3	8	46
2001	5.05	10	10	—	46
2002	2.85	52	3	49	95
2003	1.80	59	9	50	145
2004	1.80	82	23	59	204
2005	2.68	143	21	122	326

第二节 生育保险

一、生育保险制度改革

80年代，全县机关和企事业单位女职工生育产假统一为56天；难产或双生增加假期14天；怀孕不满7个月流产时，给予30天以内的产假；产假期间工资由所在单位照发；女职工怀孕检查费和分娩费用由用人单位负担；产假期满仍不能工作者，经医院证明，按疾病待遇有关规定处理。1988年，女职工生育产假由原来的56天延长到90天，其中产前假15天。难产的，增加产假15天；多胞胎生育的，每多生育一个婴儿，增加产假15天。凡适合妇女从事劳动的单位，不得拒绝招收女职工；不得在女职工怀孕期、产期、哺乳期降低其基本工资，或者解除劳动合同。

1996年5月，市政府制定《高邮市生育社会保险实施细则》，7月1日起，全市城镇各类所有制企业，自收自支事业单位，部、省和扬州市属驻高邮市单位，城镇个体经济组织和与之形成劳动关系的劳动者都要参加生育社会保险。生育保险费用实行社会统筹，支付标准暂定为：正常分娩1400元，剖腹产1600元。女职工生育符合计划生育规定，所在单位凭计划生育管理部门出具的独生子女证、接生医院出具的产妇出院证等材料，到市社会劳动保险处办理申报结算生育保险补偿金。对主动退出符合生二胎计划的，由女职工所在单位凭市计划生育管理部门证明，到市社会劳动保险处领取奖励金600元，直接发给女职工本人。2001年11月，市政府制定《高邮市城镇企业职工生育保险实施办法》，符合计划生育规定的女职工在生育保险范围内，医疗费用支付、生育津贴、一次性营养补助、参加生育保险的男职工其配偶未列入职工生育保险范围的待遇等，按该办法规定执行。

二、生育保险费征收

1996年7月，全市始在企事业单位实行生育社会保险，生育保险费征收基数和征收比例按照用人单位在职职工工资总额的1%征收。对承包、租赁或私营企业、个体工商户从业人员，以全市上年职工社会平均工资为基数提取。凡参加企业职工养老保险的单位随同缴纳养老保险费时一并结算，其他单位每季度结算一次。

三、参保人数和基金收支

1996年，全市生育保险参保人数4.76万人，生育保险费收入96万元。1997～1998年，每年生育保险费收入200万元以上。1999年，参保人数超过5万人，生育保险费收入314万元，支付190万元。2000～2001年，生育保险费收入呈下降趋势。2002～2004年，企业改制，参保人数逐年大幅度下降。至2004年，仅有1.8万人参保，生育保险费收入亦大幅度下降。2005年，参保人数回升到2.31万人，生育保险费征收105万元，支出40万元。至2005年，全市累计结余生育保险基金682万元。

1996～2005年高邮市生育保险情况一览表

表32-8

项目 年份	参保人数（万人）	基金收入（万元）	基金支出（万元）	基金当期结余（万元）	基金累计结余（万元）
1996	4.76	96	8	88	88
1997	4.80	213	59	154	242
1998	4.80	259	252	7	249
1999	5.01	314	190	124	373
2000	4.93	219	51	168	541
2001	5.05	94	146	-52	489
2002	2.85	73	46	27	516
2003	1.80	91	31	60	576
2004	1.80	96	55	41	617
2005	2.31	105	40	65	682

第五章　基本生活保障

90年代中后期，市政府给城乡居民划定最低生活保障线，对达不到最低生活保障线者，政府给予补足到最低生活保障线，确保这部分城乡居民衣食无忧。2005年开始，市政府对被征地农民实行基本生活保障。

第一节　城乡居民最低生活保障

一、城镇居民最低生活保障

1997年10月，市政府印发《高邮市实施市区居民最低生活保障制度暂行办法》，凡具有市区常住户口的居民，家庭人均月收入低于市政府公布的月最低生活保障线的，列为城镇居民最低生活保障（简称城镇低保）对象，给予补足到最低生活保障线。申请者向所在单位或户口所在地居民委员会提出申请，经居民委员会和所在地乡镇民政部门核实后，报市民政局审批，发给居民最低生活保障救济

图 32-3　高邮镇公园社区居民委员会工作人员向困难居民发放城市低保救助证和银行支付卡

证。城镇低保实行动态管理，每个季度申请审核一次，确定救助的对象由所在居民委员会张榜公布，接受社会监督。

1998年，城区最低生活保障线为人均月收入156元，实行差额补足，不足者补足到156元。2000年起，城区最低生活保障线调整为人均月收入180元。2001年，城镇低保对象有637户1241人，其中市区401户807人、农村集镇191户259人、特困企业军转干部45户175人。2002年7月，城镇低保对象新增107户588人、特困企业军转干部2户9人。2004年，城镇低保对象调整44户128人，停发13户35人，确定低保对象968户2393人。2005年7月起，城区最低生活保障线调整为人均月收入200元。是年，全市有城镇低保对象1385户3070人，发放低保补助金314.76万元。

1998～2005年高邮市城镇居民最低生活保障实施情况一览表

表 32-9

项目 年份	月人均收入标准（元）	享受低保		低保补助金			人均补助（元）	
		户数（户）	人数（人）	发放数（万元）	市财政下拨	民政筹集	全　年	月　均
1998	156	258	608	57.08	21.28	35.80	938.76	78.23
1999	156	269	623	42.30	12.69	29.61	678.96	56.58
2000	180	382	788	87.12	26.14	60.98	1105.56	92.13
2001	180	637	1241	69.58	20.87	48.71	560.64	46.72
2002	180	746	1838	86.79	26.04	60.75	472.20	39.35
2003	180	732	1905	195.57	58.68	136.89	1026.60	85.55
2004	180	968	2393	231.36	69.41	161.95	966.84	80.57
2005	200	1385	3070	314.76	94.43	220.33	1025.28	85.44

二、农村居民最低生活保障

1997年10月，市政府印发《高邮市实施农村最低生活保障制度暂行办法》，凡具有高邮市户籍农民，年人均收入低于全市农村最低生活保障线以下者，列为农村居民最低生活保障（简称农村低保）对象。2004年2月，市政府印发《高邮市农村最低生活保障办法》，纳入农村低保的对象为：无生活来源、无劳动能力、无法定扶养人或法定扶养人无扶养能力的村民；因残疾、年老体弱，或家庭主要劳动力患有重病、死亡和遭遇不可抗拒的自然灾害，造成自身无法维持基本生活，口粮田无法耕种，且无其他经济来源的特困户；虽有一定收入，但其家庭年人均收入仍低于当地农村生活保障标准的村民。救助标准为年人均收入1000元，不足者予以补足。申请农村低保的居民，在向户籍所在地村民委员会书面申请，提供家庭人员收入等证明，经15天公示无异议后，报经乡镇政府和市民政局审批，发给农村最低生活保障救济（补助）金领取证。该办法从是年1月1日起施行，原1997年的《高邮市实施农村最低生活保障制度暂行办法》即行废止。2005年，省政府补助高邮市农村低保资金70%，市乡两级财政按1∶2比例承担低保资金30%。农村最低生活保障线为年人均收入720元，不足者予以补足。是年，全市农村低保对象共3485户9656人，发放低保资金449.2万元。

第二节　被征地农民基本生活保障

80年代初期，全县征用农村集体所有制土地，由国家下达征用土地计划，征用单位在给被征用单位适当经济补偿的同时，安排被征地村组农民进企业务工（称土地征用工，80年代前期为固定工，80年代后期为劳动合同制工）作为征地农民个人补偿。90年代中期，改制企业征用农村集体所有制土地，不再安置土地征用工，改为按土地价格实行一次性全额经济补偿的办法，由被征地农民集体商量后分配，基本上是分光分尽，集体不作提留。

2005年7月，市政府印发《高邮市征地补偿安置和被征地农民基本生活保障实施细则》，从是年7月1日起，凡农村集体土地被征用为国有土地，农村集体经济组织中符合安置条件者，为基本生活保障对象。被征地农民基本生活保障资金来源主要有：80%的土地补偿费和全部安置补助费，政府在土地收益中按规定提取的费用；被征地农民基本生活保障资金利息及其增值收入；已收取的撤组预收费及其他可用于被征地农民的基本生活保障资金。保障资金发放对象分为4个年龄段，并实行不同的生活补助费和养老金发放标准。是年11月，市政府确定高邮鸭业园区为试点单位。年末，该园区新城村共有20人参加基本生活保障，由村集体经济组织推荐、公示，村民认定后办理相关待遇手续，月人均基本生活保障水平113元。

第六章　社会救济

80年代至90年代，全县继续发扬“一方有难，八方支援”和扶贫济困的传统美德。尤其是1991年遭遇特大洪涝灾害后，全市人民相互救助，共渡难关。此后，全市机关事业单位和经济条件较好的企业，对农村经济薄弱村和城乡贫困户实行挂钩扶贫，帮助理清发展思路，资助资金、引进项目、促进就业，脱贫致富。至2005年，全市形成政府救济、社会捐助、民间互济的多层次、多元化扶贫济困的新格局，使困难群体基本生活得到有效保障。

第一节　灾害救济

80年代起，县内自然灾害发生频率增高。进入90年代后，自然灾害危害程度愈发加重。每年都有台风、热带风暴过境，龙卷风、冰雹、狂风暴雨等自然灾害时有发生，给人民群众生命财产造成严重损失。面对严重的自然灾害，全市人民在市委、市政府领导下，以政府救济为主，社会捐赠救济为辅，及时开展抗灾救灾，先后战胜1991年、2003年特大洪灾，1992年飓风、冰雹和特大暴风雨灾害，2000年特大龙卷风灾害，保证人民群众安居乐业，社会稳定。

一、政府救济

1991年，发生特大洪涝灾害后，市委、市政府及时将1300万元救灾款全部分配到各乡镇，其中用于建房370万元、用于缺钱缺粮户口粮930万元；及时将省、扬州市和社会各界捐赠款833.84万元（含联合国开发计划署援助的建房资金234.39万元）下拨给各受灾乡镇。为解决灾民口粮供应，市政府和市粮食部门下达救灾粮食计划，按月供应，钱粮到人，保证“五保”户、特困户、重灾户每人每天0.5千克成品粮，让灾民温饱过冬春。同时，组织灾区群众补种、改种，弥补损失。8月，市政府成立灾民建房领导小组，各乡镇成立灾民建房突击队，紧急调拨并优惠供应红砖、水泥等建筑材料，采取国家救济、集体帮助、个人自筹三结合的办法，抢在寒冬之前修建好损坏和倒塌的房屋。在收到联合国开发计划署援助灾民的建房资金后，市委、市政府迅即投放到受灾特别严重的司徒、横泾等14个乡镇的46个村，保质保量地完成灾民建房任务，获得联合国特使爱沙特的高度评价。至年末，全市新建民房8539户1.91万间，占倒塌房屋总数96.8%；维修房屋1.91万户6.19万间，占损坏房屋总数99.2%。

2000年7月，市内部分乡镇突然遭受高强度龙卷风袭击，市委、市政府主要负责人与分管负责人连晚赶赴现场慰问灾民、组织救灾。市政府分期分批下拨救灾款120万元、救灾捐赠款138.3万元，合计258.3万元；捐赠的大米、水泥、化肥、衣被等救灾物资直接发往灾区。三垛镇和甘垛镇组织瓦木工劳力，成立修复住房施工突击队。入冬前，灾区损毁的房屋全部修建好。

2003年7月，市内再度发生严重洪涝灾害。市委、市政府及时下达救灾款1615.63万元，救灾建房3268户8109间，修缮房屋1.16万户3.61万间，并组织灾民开展生产自救。

1986～2005年高邮市灾害救济情况一览表

表32-10

项目 / 年份	下达救灾款（万元）	下达乡镇区（个）	救济		建房		修房	
			（户）	（人次）	（户）	（间）	（户）	（间）
1986	31.80	33	1500	4520	201	460	18	55
1987	31.41	33	1500	4570	83	249	21	66
1988	32.00	33	1560	4680	125	375	20	56
1989	30.00	33	1500	4495	120	443	505	1487
1990	45.00	33	1700	4800	180	476	95	284
1991	1300.00	33	19000	60100	8539	19116	19128	61912
1992	71.05	33	3000	6050	1150	3850	2070	6820
1993	56.30	33	2600	5400	120	455	230	645
1994	50.21	33	2400	4850	2518	8058	360	725
1995	24.00	33	1000	2010	410	1250	840	2890
1996	59.00	33	2500	5050	213	652	427	1503
1997	61.00	33	2550	5080	103	321	254	789
1998	64.20	33	2600	5180	55	165	69	208
1999	70.00	33	3000	6300	84	256	147	396
2000	120.00	21	3400	7010	486	1166	818	2667
2001	119.00	21	3600	7900	24	88	201	621
2002	110.00	21	3500	8800	190	570	400	1350
2003	1615.63	21	20800	79500	3268	8109	11634	36059
2004	253.10	21	4500	12480	80	240	200	675
2005	704.00	22	7200	21840	100	300	410	1190

说明：表中数据为市民政局统一下拨救灾款数，不含乡镇区、社会组织、其他部门和市外等渠道拨出或捐赠款物数。

二、社会捐赠

1991年，全市遭遇特大洪涝灾害后，市民政局先后收到省、扬州市和社会各界救灾捐赠款833.84万元，并收到社会各界捐赠的大米3819吨、食油22箱、帐篷380顶、被子2073床、洗衣粉648箱、衣服788件。1992年飓风、冰雹和特大暴风雨灾害，1994年冰雹、旱灾和强暴风雨灾害，2000年龙卷风灾害，2001年风灾和2003年洪涝灾害，市民政局收到省、扬州市和社会各界捐赠的救灾捐款和物品。1999年和2005年，市民政局还收到扬州市民政局和高邮市部门单位及个人捐赠“爱心献功臣”和“送温暖、献爱心”的捐款。至2005年，市民政局共下拨社会捐赠款1476.19万元。

1991～2005年高邮市民政局接收社会捐赠款情况一览表

表32-11　　单位：万元

年份	灾害名称	捐赠款来源	捐赠款金额	合计
1991	洪涝灾害	扬州市民政局下拨救灾捐赠款	255.00	833.84
		省民政厅下拨救灾捐赠款	90.00	
		省募捐办下拨救灾捐赠款	200.00	
		省下拨联合国捐赠款	234.39	
		高邮市个人捐赠款	25.98	
		高邮市部门单位捐赠款	1.30	
		外县市个人捐赠款	2.46	
		外县市单位捐赠款	24.71	
1992	洪涝灾害	扬州市民政局下拨救灾捐赠款	135.00	150.46
		高邮市个人捐赠款	0.46	
		高邮市部门单位捐赠款	15.00	
1995	旱灾	扬州市民政局下拨救灾捐赠款	10.00	10.00
1999	爱心献功臣	扬州市民政局下拨救灾捐赠款	10.00	12.50
		高邮市个人捐赠款	1.57	
		高邮市部门单位捐赠款	0.93	
2000	“7·13”龙卷风	扬州市民政局下拨救灾捐赠款	55.00	321.77
		外县市个人、单位捐赠款	130.81	
		省民政厅定向下拨优抚捐赠款	10.00	
		高邮市个人、单位捐赠款	125.96	
2001	龙卷风灾害	高邮市个人捐赠款	0.21	0.21
2003	洪涝灾害	扬州市民政局下拨救灾捐赠款	70.00	127.41
		高邮市个人、单位捐赠款	57.41	
2005	送温暖捐款	扬州市民政局下拨专项捐赠款	20.00	20.00

第二节　扶贫救助

80年代起，全县开展扶持贫困户脱贫致富，县党政军群机关挂钩帮扶贫困村、贫困户，逐步改变被帮扶对象贫困面貌。同时，县民政部门继续对特定对象给予定期生活救助。1992年和1993年，先后成立市老区“两会”，对革命老区实施开发和扶贫。1995年，市委、市政府决定将农村扶贫工作归口市委农工部负责，在市级机关开展挂钩扶贫活动。2001～2005年，市委、市政府每年都部署和组织实施扶贫开发工作，推进扶贫救助。

一、农村扶贫

1986年，全县共帮扶贫困户和优抚对象3619户，县级机关各部门筹集106.5万元扶贫资金，分发到贫困户手中。当年，脱贫2171户，脱贫率60%。1987～1990年，县级机关部门挂钩农村，组织各级干部帮扶农村贫困户，建立党员联系户，对特困户采取计划补助、义务助耕、落实优惠政策、给予适当扶持的办法，多方筹集扶贫资金，优惠供应农用物资，发放农村特困户补助卡，近60%贫困户基本脱贫。1991年，全市农村因灾致贫贫困户2643户，其中特困户423户。1992年，全市组织7个涉农市级机关部门，共帮扶农村贫困户1633户，其中特困户423户、优扶对象316户；投放扶贫资金138万元，优惠供应饲料500吨和柴油100吨。当年实现基本脱贫821户。1993年，全市层层建立以经济开发为中心的扶贫服务体系，着力扶持贫困户发展生产，增强自身“造血”功能。全市共筹集扶贫资金138.03万元，帮助兴办扶贫经济实体33个，扶持贫困户2600户。是年，基本脱贫1313户，落实定期补助、修建住房、帮种责任田等综合扶持措施的特困户543户。1994年，各乡镇、村对410户特困户实行定补，定补金额13.65万元，户均年定补333元。

1995年4月，市委、市政府决定将市扶贫工作领导小组办公室由市民政局归口到市委农工部，坚持扶贫、救灾工作相结合，指导各乡镇发展科技扶贫，帮助特困户子女入学和落实生活补助。全市410户特困户全部实行村组统筹定补，定补金额14.35万元，人均年定补100元。分期分批下拨救灾救济款47万元，扶助1590户7980人次，保障贫（特）困户和灾区部分群众基本生活。1996年，市委下达市级机关部门帮扶49个经济薄弱村的任务。至年末，有36个村实现脱贫。1997年，市委印发《关于在全市开展挂钩扶贫活动的意见》，市委、市人大常委会、市政府、市政协全体负责人带队，市级机关95个部门组成37个工作组，到30个乡镇的42个经济薄弱村整顿帮扶。同时，组织400名乡镇党政负责人、2070名乡镇机关部门和村负责人以及部分党员、专业户，与需要帮扶的2995个贫困户开展“一对一”的结对帮扶。全市共提供帮扶资金210万元，捐款84万元，捐衣物1895件，实施扶助项目71项，送科技书籍2463册（本），修建公路32条31千米，架建桥、涵、电站37座，赠送化肥80多吨，发展养殖业1200户，发展第三产业366户。至1999年末，42个经济薄弱村有33个村集体经济年收入达到3万元；有2851户贫困户基本达到脱贫标准。2000年，全市组织181个部门、2420名帮扶人员，帮扶经济薄弱村54个、农村贫困户1306户、特困户410户。其中，23名市领导干部和85个市级机关部门帮扶30个经济薄弱村。帮扶方法上采取帮助贫困户子女入学、帮助安排就业、安排生产项目和资金等。全年共帮助解决生产贷款152.95万元，无偿捐赠66.67万元；帮助修建危房124户、治病256人、小孩入学546人。至年末，有32个村、836户农户脱贫。

2001年，市委、市政府贯彻《中国农村扶贫开发纲要（2001～2010）》，全面发动和组织实施扶贫开发。全年共帮扶经济薄弱村28个，贫困户912户3132人。参与帮扶的有乡镇属部门57个、乡镇和部门干部1921人、个体工商户和专业大户177人，帮助解决资金、贷款，修建通村公路2.8千米，改造农村电路67.5千米，帮助治病205人，修建房屋75户207间，赠送化肥35.8吨，解决子女入学707人，帮助就业85人。37个市级机关部门负责修建危桥15座。

2002年起，市委、市政府组织对经济薄弱村开展新一轮帮扶。扬州市市直属14个部门对周巷镇、八桥镇、马棚镇的14个经济薄弱村挂钩帮扶，高邮市组织23个市级机关部门挂钩帮扶23个经济薄弱村，市“两会”帮扶5个经济薄弱村。2003年起，市政府连续3年对全市农村特困户草危房实施改造。至2004年，扬州市市直14个部门共投入扶持资金1163.14万元，帮助铺设村级水泥路48.15千米、砂石路54千米、砖头路37.74千米，新建、修缮交通桥梁8座和生产、生活桥梁25座，铺设自来水管道58.8

千米，新增自来水受益农户850户，扶持种养大户52户，帮扶贫困户140户全部脱贫，改造危房106户307间；高邮市共投入扶持资金240.06万元，所帮扶的28个经济薄弱村，年平均每村实现村级集体经济收入5.9万元，农民人均纯收入由2002年的3180元上升到4220元，村级债务由2002年平均每村65万元下降到44.8万元，帮助村修建水泥路49.14千米、砂石路40.25千米、砖头路18.16千米，修建生产和生活桥53座，新建涵洞5座、排涝站5座，被帮扶的2150户贫困户有2100户脱贫，占98%。至2005年，全市农村特困户草危房改造共投入救助资金325.76万元，其中省、扬州市救济拨款56.1万元，高邮市财政拨款64万元，乡镇财政拨款64万元，社会捐助、政策减免、自筹经费141.66万元，共救助农村特困户320户，新建房屋960间2.3万平方米。

2005年初，市委、市政府全面启动三年（2005～2007）新一轮帮扶工作。全市被列为帮扶的经济薄弱村共63个，其中扬州市党政机关部门帮扶15个、市党政机关部门帮扶27个、市老区“两会”帮扶5个、各乡镇及乡镇老区“两会”帮扶16个，共资助资金544.9万元。全市61家重点企业参与帮扶其中的36个经济薄弱村，解决生产启动资金和基础设施建设资金。全市被列为帮扶的贫困户共1719户，帮扶单位共资助资金96.30万元，实物折价29.4万元。至是年末，被列为帮扶的经济薄弱村在村集体经济收入、工业总产值、农民人均纯收入等方面都有所提高，有的村经济社会指标已接近小康村的考核指标。被列为帮扶的贫困户中，1004户脱贫，脱贫率58.4%。

二、城市扶贫

1995年6月，市级机关开展“学楷模、见行动、我与企业共命运”结对帮扶活动，市检察院、市体改委、市财办、市人事局等13个党支部与市棉麻公司、市电器厂、市饲料厂、市染化厂等40家亏损企业结成对子，制订帮扶计划，想方设法为企业提供技术、资金、人才、管理上的服务。至1996年末，获帮扶的亏损企业，均取得一定扭亏效果。1997年8月，市委、市政府首次向城区195户人均月收入低于120元的市属企业（含高邮镇）特困职工发放优待证。特困职工凭证可在申请个体经营、就学、就医等方面获得优惠，在用电、用水方面获得部分减免。优待证发放实行动态管理，每半年重新检查发放一次。1998年，经对各系统申报的357户城市贫困户逐一调查审核，确定城区贫困户186户，其中特困户92户、困难户94户，由市级机关各部门结对帮扶。至年末，有28户职工贫困户基本脱贫。2000年，市级机关部门结对帮扶城区下岗特困职工186户，帮助安排就业和再就业355人次，多数特困职工家庭获得相对稳定的经济收入。2005年，城市扶贫重点放在实施扶贫助学上，被列为市级机关部门扶贫助学的城镇贫困生3010人，共获得助学资金110.7万元，减免学杂费115.1万元。是年，全市对城区特困户住房给予救助，共投入建房资金30万元，修缮城区特困户危房22户56间856平方米。

三、老区扶贫开发

1993年起，市“两会”重点帮扶马棚乡、司徒乡、周山乡、周巷乡、营南乡、川青镇6个经济薄弱乡镇，从一般给钱给物支持逐步转为开发性扶贫。1994年，市“两会”从帮助受助乡镇理清发展思路入手，充分利用老区资源优势，确定渔业开发。在营南乡推行饲养三元杂交猪，推广种植银杏2.2万株，优化水产品养殖品种结构和提高特种水产养殖比重。支持司徒乡兴办乳牛场。协助马棚乡开发东湖农林生态旅游度假村等6个农业开发项目。推动有关部门完成川青至横泾、司徒至周巷、周巷至周山（南段）公路的测量、定线和预算工作，实施路基施工。支持有关乡村开发资金192万元。是年，帮助老区乡镇创办扶贫经济实体29个。当年，实现产值620万元、纯收益61.7万元，老区1542户农户基本摆脱贫困。至1998年，老区6个乡镇各业产值从1993年的2.9亿元上升到15.8亿元，农民年人均纯收入从662元提高到3175元，116个村中有110个村通上公路，兴办14家自来水厂，97个村用上自来水，50个村建成电话村，6个乡镇基本达到小康村标准。

1999年，市“两会”支持营南乡5万元建立三元杂交猪生产基地和支持20万元建立银杏种植基地；

支持司徒乡6万元兴办生猪良种繁殖场，实施一条龙产业化经营；支持川青镇5万元开发异育银鲫育苗；支持马棚乡2万元引进18万尾基围虾幼苗试养；支持周山乡5万元引进“育71-1”速成高产桑，建立百亩科技示范小区；支持甘垛乡2万元试验网箱养黄鳝和试栽双季茭白。

2000～2001年，市“两会”确定司徒镇、马棚镇、周山镇、周巷镇、送桥镇、汉留镇为联系点，实施科技扶贫。司徒镇开办奶牛场和良种猪繁殖场，推广奶牛和苏太猪生产；周巷镇从试种早丰粳稻1.67公顷扩大到66.67公顷，形成生产优质大米的特色农业，银杏种植发展到4.8万株；马棚镇慈姑种植面积扩大到566.67公顷；周山镇发展蚕桑生产266.67公顷，并建成速成高产桑示范小区；送桥镇发展种草养鹅60万只，其中培育新品种扬州鹅30万只。

2002～2005年，市“两会”帮扶送桥镇官路村、司徒镇曹张村、汉留镇四异村、界首镇龙祥村、马棚镇十桥村等5个半丘陵、水网、沙土和高田不同类型的经济薄弱村，帮助他们制定发展计划；无偿支持生产资金37万元；共植意杨树10万株，平均每户30株；实施招商引资项目15项，引进资金1800万元；增养生猪2950头、家禽5.93万只，新增劳务输出389人。至2005年，与2001年相比，5个村实现总产值从8922万元上升到3.2亿元，其中工业总产值由1960.4万元上升到1.67亿元，农民人均纯收入由3260元上升到5906元，超过全市农民人均纯收入水平。5个村均进入全市建设小康示范村行列。

四、特定对象救助

城镇“三无”人员生活补助 1986年，全县城镇有204名失去劳动能力、无收入来源、无亲属抚养的老人、残疾人、孤儿（简称“三无”人员）享受定期生活补助，每人每月补助10～12元，年救济金额2.47万元。1990～2002年，“三无”人员定期生活补助标准从每人每月24元逐步提高到156元。2002～2003年，全市有223名“三无”人员享受定期生活补助，每人每月补助156～180元。此后，全市“三无”人员定期生活补助全部纳入城市最低生活保障范围。

被精简退职老职工救助 1986年，全县有60年代被精减退职职工共288人，其中享受老弱病残职工生活救助待遇（按月发给其原标准工资40%的救济费，同时报销三分之二的医药费）102人、享受1957年末前参加工作的全民企业老职工生活救济待遇（未享受40%生活救济的，每人每年定额救助150元）186人。1990年，每人每月定额救助34元。同时报销三分之二的医药费的老弱病残职工减少到80人。1995～2000年，享受生活补助的精简退职老职工人数逐年有所减少，每人每月救助标准提高到60元。2005年，全市享受生活救助的精简退职老职工共221人，其中老弱病残职工减少到66人，每月救济标准提高到120元。

麻风病人救济 1986年，县民政局给予救济的麻风病人176人，每人每月定期生活救助12元。1990～1995年，全市给予救济的麻风病人123人，每人每月定期生活救助标准从24元逐步提高到77元。2000年，全市给予救济的麻风病人减少到95人，每人每月给予定期生活救助105元。2005年，全市享受生活救济的麻风病人76人，每人每月定期生活救助175元。

“宽释人员”定期生活补助 1983年起，县民政局对原国民党县团级以下党政军特宽大释放人员（简称“宽释人员”）给予定期生活补助。1986～1990年，有32人享受此类定期生活补助，每人每月定期生活补助17元。1995年，有21人享受此类定期生活补助，每人每月定期生活补助54元。2000～2005年，全市有20人享受此类定期生活补助，每人每月定期生活补助从127元提高到227元。

起义投诚人员定期生活补助 1985年起，县民政局对原国民党军队起义投诚人员给予定期生活补助。1986～1990年，全县有28人享受此类定期生活补助，每人每月定期生活补助26元。1995年，有13人享受此类定期生活补助，每人每月定期生活补助54元。2000～2005年，全市有12人享受此类定期生活补助，每人每月定期生活补助标准从127元提高到227元。

未回城安置的下放知识青年生活补助 1985年起，县民政局对未回城安置的下放知识青年给予生活补助。1986年，全县未回城安置的下放知识青年21人，每人每月生活补助15元。1990年，人

数减少到18人，补助标准为每人每月40元。1995年，人数减少到15人，补助标准为每人每月59元。2000～2005年，未回城安置的下放知识青年14人，每人每月生活补助标准提高到80元。

职业制武警生活定期生活补助　1985年起，县民政局对复员回乡的职业制武警给予定期生活补助。1986～2005年，全市有13人享受职业制武警定期生活补助，每人每月定期生活补助标准从34元、60元，逐步增加到120元，全部由乡镇财政给予补助。

老党员生活补助　2003年起，经市委组织部审核批准，市民政局对1949年10月1日前入党、农村无固定收入生活困难的中共党员给予生活补助，其中解放战争期间入党的老党员每人每月补助70元、抗日战争期间入党的老党员每人每月补助120元。2005年，全市有362人享受老党员定期生活补助，其中月补助70元330人、月补助120元32人，共发放补助金32.33万元。

第七章　社会福利

80年代后，全县社会福利工作不断加强，老、弱、孤、寡、残人员生活在获得基本保障基础上有所改善，福利彩票销售和社会福利企业有所发展，对流浪乞讨人员救助实行人性化管理，有组织地开展社会慈善事业。至2005年，市内有儿童福利院1所、乡镇办敬老院21所、老年公寓2所。

第一节　慈善捐助

80年代，社会慈善事业处于有组织的自发阶段。2003年，市成立慈善总会，逐步形成政府支持、社会举办、公众参与的慈善事业格局。至2005年，高邮儿童福利院建成集弃婴保育、老人休养、医疗康复为一体的综合型社会福利机构。

一、慈善总会

2003年8月，市成立慈善总会，召开第一届理事会第一次会议暨成立大会。会议通过《高邮市慈善总会理事会章程》，选举朱德辉为会长，丁一、夏元新等5人为副会长，办公地点设在市民政局内。是年8月，市东元房地产有限责任公司经理朱明亮向市慈善总会一次性捐赠50万元。2004年8月，市慈善总会第一届理事会召开第二次会议，选举董玉海等人为副会长。是年起，市慈善总会开展“5·19”慈善一日捐活动和正常捐赠。2005年8月，市慈善总会第一届理事会召开第三次会议，推选张安龙为副会长。调整后，市慈善总会共有理事56人、常务理事34人，会长1人、副会长5人，秘书长1人、副秘书长2人。至是年末，市慈善总会累计募集慈善资金159.44万元，其中市级机关捐赠49.78万元、企业捐赠25.01万元、福利企业捐赠5.63万元、乡镇捐赠59.52万元、房地产开发商捐赠16.3万元、个人捐赠3.2万元。累计资助受助对象7000多人次171.86万元。其中，先后8次为贫困大中小学生捐资助学1053人次34.16万元，救助重大疾病患者406人次34.5万元、计划生育困难户309户9.7万元，资助残疾人和特殊教育16.2万元、贫困户1980户60.3万元、乡镇敬老院13万元、陕西省贫困地区4万元。

二、高邮儿童福利院

高邮儿童福利院位于城区高公桥路40号，为地方财政全额拨款事业单位，隶属于市民政局，主要承担孤残人员收养、寄养任务。1986年，该院通过省民政厅和扬州市民政局拨款、对外合作项目投资和国内外人士捐赠相结合的办法，逐步建成集残疾人护理、婴幼儿保育、老人休养、医疗康复等功能为一体的综合型社会福利机构，占地1.47公顷、建筑面积9040平方米，设有床位360张。1987年，该院依法开展国内和涉外领养工作。1995年起，该院与美国、加拿大、英国等12个国家和地区近100个领养组织建立涉外领养关系。1996年开始，该院接受爱德基金会提供的儿童家庭寄养项目、“爱德祖母”项目、助医项目、助学项目资助。2000年12月，该院基础设施改造工程被列入日本政府“利民工程”援助项目。日方援助70万元人民币，该院自筹60.4万元，将约780平方米的原福利生产楼改造为重残人员服务楼，有近100名孤残人员入住，直接受益的孤残人员300多人。2005年，美国半边天基金会执行总监珍妮·博文捐助30万元人民币，该院配套资金50万元，将该院旧办公楼改建成“江苏省国际儿童之家”。聘请18名“祖母”和1名“祖母顾问”，开展“小姐妹祖母育婴计划”；招聘6对夫妇和来自全省9家儿童福利机构收留的24名2～7岁孤残儿童组成家庭，实行家庭养育模式的“小姐妹学前教育计划”（“小姐妹国际班”）。至是年，该院设有办公室、计财股、总务股、婴儿保育部、康复护理部、老年公寓、康复中心等7个股室；有职工91人，其中全民固定职工58人、聘用合同工33人；收养孤、残儿童338人。办有市金属工艺厂、秦邮银楼、市福兴五金厂、市工程塑料厂、市福兴服务公司和市福兴微耕机厂等福利企业。先后办理国内领养70人、国外领养300人。

1986～2005年高邮儿童福利院在院收养人数一览表

表32-12　　单位：人

年份	收养人数	年份	收养人数	年份	收养人数	年份	收养人数
1986	287	1991	337	1996	341	2001	335
1987	291	1992	338	1997	338	2002	337
1988	305	1993	325	1998	335	2003	340
1989	330	1994	335	1999	332	2004	337
1990	337	1995	337	2000	333	2005	338

第二节　农村“五保”供养

1986年，全县农村继续对生活没有依靠的老、弱、孤、寡、残人员，实行“五保”，即保吃、保穿、保住、保医、保葬（或孤儿保教）。是年，全县共有3910户4494名农村“五保”人员，其供养金实行以村统筹，由村民小组落实包护人。全县有3所乡镇敬老院、40所村敬老院，入院“五保”老人共220人。1987年，武宁乡试行以乡统筹供养金；甘垛乡实行村供给粮、油、草，乡发被服费、零用钱每人每年80元。1990年，全县乡镇敬老院增加到10所，村敬老院增加到46所，入住“五保”老人增加到554人。1988～1997年，全市农村“五保”人员供养金继续实行以村统筹。1998年，乡镇敬老院增加到23所，村敬老院增加到53所，入住“五保”老人增加到755人。是年起，全市农村“五保”人员供养金实行以乡镇统筹，采取集中供养和分散供养两种标准。2000年起，全市农村“五保”人员供养金继续实行以乡镇统筹。除2002年实行不同供养标准外，其他年份均实行统一供养标准。2003年，全市撤销村敬老院，集中供养的“五保”老人迁移到乡镇敬老院。全市20个乡镇和高邮经济开发区有乡镇敬老院21所，床位762张，集中供养560人，集中供养“五保”老人占“五保”老人总人数的13.9%。2005年，市民政局实施省民政厅“关爱工程”，在省下达补贴资金344万元基础上，市、乡镇筹集756万元，共投入1100万元，实施高邮经济开发区、界首镇、周山镇、临泽镇、三垛镇、司徒镇、甘垛镇、卸甲镇、八桥镇、郭集镇、送桥镇等11个镇（区）敬老院改、扩、新建工程。5月，共新建敬老院房屋358间，增加床位

1020张。年末，全市有21所乡镇敬老院，工作人员84人，占地25.85公顷，建筑面积3.15万平方米，床位2041张。全市有农村“五保”人员5820户、6037人，其中集中供养1721人、分散供养4316人，发放“五保”供养金1086.66万元。

1986～2005年高邮市农村“五保”供养情况一览表

表32-13

年份＼项目	“五保”总数		集中供养				分散供养人数（人）	供养金总额（万元）	人均供养（元）	
	户数（户）	人数（人）	敬老院（所）			人数（人）			集中供养	分散供养
				乡镇	村					
1986	3910	4494	43	3	40	220	4274	134.82	300	
1987	3819	4303	49	5	44	328	3975	172.12	400	
1988	4060	4514	58	8	50	430	4084	203.13	450	
1989	4053	4449	62	8	54	541	3908	193.55	435	
1990	3769	4249	56	10	46	554	3695	192.60	450	
1991	3769	4249	65	18	47	639	3610	192.60	453	
1992	3981	4220	65	18	47	670	3550	204.67	485	
1993	3851	3974	65	18	47	767	3207	227.29	572	
1994	3951	4079	76	18	58	795	3284	291.65	715	
1995	3951	4079	77	19	58	798	3281	395.10	968	
1996	3451	3568	76	20	56	724	2844	426.60	1196	
1997	3451	3568	65	20	45	713	2855	464.00	1300	
1998	3755	3950	76	23	53	755	3195	786.38	2165	1950
1999	3426	3596	33	23	10	467	3129	646.67	1894	1784
2000	3687	3916	26	17	9	467	3449	683.00	1744	
2001	3691	3928	26	17	9	510	3418	638.70	1626	
2002	4005	4219	22	18	4	360	3859	682.24	1800	1600
2003	3879	4024	21	21	—	560	3464	650.56	1629	
2004	3764	3928	21	21	—	585	3343	704.04	1792	
2005	5820	6037	21	21	—	1721	4316	1086.66	1800	

第三节　福利彩票与福利企业

一、福利彩票

1988年5月，县社会福利有奖募捐委员会成立，在县民政局设办公室。是年6～8月，全县首次开展社会福利有奖募捐活动，采取部门单位、乡镇分摊销售的办法，发行奖券50万张，募得社会福利基金30万元。1991年至1992年5月，市民政局在市区开展实物兑奖募捐活动，共销售奖券54万张、108万元，募集社会福利基金21万元。1993年4月，市社会福利有奖募捐委员会办公室被明确为全民事业单位，实行独立核算，经费自筹。是年，先后组织实物有奖募捐活动3次，并在临泽镇设立有奖募捐销售点。

全市销售奖券96万张192万元。1994年至1996年10月，市民政局组织销售奖券431.9万张863.8万元。1998年至1999年5月，市民政局改实物兑奖为现金兑奖，销售彩票奖券215万张430万元。

2000年6月，城区设立10个“江苏风采”电脑型福利彩票投注站。至年末，投注站点增加到24个。至2001年，共销售电脑福利彩票730多万元，销售“中华风采”即开型福利彩票16万元。2002年，市民政局在乡镇设立电脑彩票投注站点，并将福利彩票销售列入乡镇民政工作年度考核内容，销售电脑彩票305.67万元。是年6月，高邮市一彩民获中“江苏风采”电脑彩票特等奖1注，奖金500万元。

2003～2004年，全市城乡共设电脑彩票投注站点28个，销售电脑彩票790万元。2004年9月，市区投注站点开设即开型彩票“刮刮乐”业务。2005年，全市电脑彩票投注站点增至36个，销售电脑福利彩票700万元。是年12月，组织销售即开型福利彩票30万元。至是年末，全市销售福利彩票累积公益金522.95万元，资助聋哑人学校、残疾人福利事业、乡镇敬老院建设、烈士陵园改造、伤残人康复中心、社区活动中心等20多个社会公益事业项目，累计资助463.37万元，占公益金总额88.6%。

二、福利企业

1986年，全县有22个乡镇兴办乡村福利企业25家；职工839人，其中残疾职工361人；实现总产值360万元，减免税收20万元。1987年，全县社会福利企业增加到72家，其中乡镇办福利企业27家；有职工1967人，其中残疾职工912人；实现总产值1446万元、利税81.6万元。1988年，全县有社会福利企业78家，其中县民政局直属企业2家、乡镇办企业33家、村办企业43家；职工2916人，其中残疾职工980人；实现总产值4600万元、利税290万元。是年，县民政局、县工商局、县税务局联合开展社会福利企业清理发证工作。至1992年，全市有社会福利企业90家；职工3956人，其中残疾职工1662人；实现总产值1.51亿元、销售收入1.22亿元，利税590万元。

1993年，全市社会福利企业发展到99家（新办9家），职工4594人，其中残疾职工1866人；实现总产值2.77亿元、销售收入2.45亿元、利税1508万元；有10家社会福利企业列入全市利税大户。1995年，全市有社会福利企业125家，其中市民政局直属企业1家、市集体企业6家、乡镇办企业66家、村办企业52家；职工5127人，其中残疾职工2246人；实现总产值7亿元、销售收入5.6亿元。

1996年，在全市133家社会福利企业中，80家实行改制，其中改制为股份制企业22家、改制为股份合作制企业48家、实行租赁经营10家。参加改制的福利企业职工总数3499人，个人投股总金额2328万元。全市福利企业新上技改项目32项，投资3859.4万元。市民政局、市残联、市国税局联合对社会福利企业残疾职工体检，重新鉴定残疾等级，完成新一轮福利企业年检、认证、换证工作。年末，全市有福利企业137家；职工5818人，其中残疾职工2473人，参加社会养老保险职工1601人；实现总产值8.59亿元、销售收入6.81亿元、利税3920万元。1997～1999年，全市社会福利企业、职工人数、安置残疾职工、总产值、销售收入呈马鞍形，两头高，中间低（1998年），利税逐年下滑。1999年，全市有福利企业136家，安置残疾职工2429人，实现总产值6.98亿元、销售收入5.93亿元、利税3676万元。

2000～2002年，市民政局重视社会福利企业扭亏转盈工作，主动为社会福利企业服务。全市福利企业从134家增加到138家，总产值、销售收入、利税逐年增长。2003～2005年，全市社会福利企业虽有所减少，安置残疾职工亦有所变化，但生产总值、销售收入、创利税逐年有所增加。2005年，全市有福利企业120家，其中市民政局直属企业9家、乡镇办企业91家、村办企业20家；职工4616人，其中残疾职工2391人，参加社会养老保险职工1800人；全市福利企业固定资产原值3.43亿元、净值2.57亿元，实现总产值16.58亿元、销售收入14.69亿元，退返增值税5831万元，减免所得税4560万元，创利税5895万元，残疾职工年人均收入9150元。

第三十三篇

社会生活　精神文明建设

要 目

80年代后，随着全市改革开放的推进、各项政策的调整、经济社会的发展、市民思想观念的改变和生活水平的提高，整个社会生活发生很大变化。城乡人民生活由温饱型向小康型迈进，民族、宗教工作取得新的进展，青少年教育与管理不断加强，老龄工作得到重视，语言和风俗亦有相应发展与变化。社会主义精神文明建设不断巩固和发展，人们的精神面貌焕然一新。至2005年，全市城乡经济繁荣、各业兴旺，呈现出一派祥和、安康的局面。

第一章　人民生活

80年代，全县城乡居民收入渠道比较单一，城镇居民主要靠工资收入支撑家庭，农村居民主要靠田间耕作维持生计，家庭支出主要是用于吃饭。1986年，全县恩格尔系数54%，处于温饱型社会。进入90年代后，随着全市经济体制改革不断深化和社会主义市场经济逐步发展，城乡居民收入来源呈现多元化格局，收入水平迅速提高。90年代初期，全市城乡居民收入在80年代中期基础上翻一番。至21世纪初，全市城乡居民收入又在90年代初期基础上翻两番。由于城乡居民收入水平提高，加上市政府不断推出提升人民生活水平的惠民措施，全市人民生活日益改善。2005年，全市恩格尔系数下降到41%，城乡人民衣、食、住、行等方面发生较大变化，饮食营养化、穿衣新款化、住房宜人化、交通便捷化、娱乐多样化成为时尚，生活现代化成为市民普遍追求的目标。

第一节　农村居民生活

一、农村居民收入

1986年，全县农村居民家庭人均经营收入696元，其中第一产业收入592元、第二产业收入23元、第三产业收入81元，分别占85.06%、3.3%、11.64%；农村居民人均纯收入529元，其中工资性收入84.8元，占16.03%。以后各年度收入水平基本呈逐年增长态势。1991年，受特大洪涝灾害影响，全市农村居民家庭人均经营收入、人均纯收入，分别为958元、709元，分别比上年下降2.5%、16.7%。1992年、1993年，全市农村居民家庭人均经营收入、人均纯收入先后突破1000元，分别达到1218元、1142元，分别比上年增长27.1%、21.9%。其中，工资性收入在全部收入中的比重亦呈逐年上升趋势。2005年，全市农村居民家庭人均经营收入4319元，其中第一产业收入3792元、第二产业收入35元、第三产业收入492元，分别占87.8%、0.81%、11.39%；农村居民人均纯收入上升到4938元，其中工资性收入2588.4元，占52.42%。至2005年，在全市农村居民收入中，第一、二、三产业收入所占比重虽有变化，但总体变化幅度不大，尤其是第一产业收入，即农业收入一直是农村居民家庭收入主要来源。

1986～2005年高邮市农村家庭人均经营收入结构情况一览表

表33-1

项目 年份	人均经营收入（元）	第一产业		第二产业		第三产业	
		收入（元）	占比（%）	收入（元）	占比（%）	收入（元）	占比（%）
1986	696	592	85.06	23	3.30	81	11.64
1987	798	683	85.59	31	3.88	84	10.53

续表 33-1

项目 年份	人均经营收入（元）	第一产业		第二产业		第三产业	
		收入（元）	占比（%）	收入（元）	占比（%）	收入（元）	占比（%）
1988	925	785	84.87	52	5.62	88	9.51
1989	970	823	84.84	41	4.23	106	10.93
1990	983	852	86.68	48	4.88	83	8.44
1991	958	841	87.79	24	2.50	93	9.71
1992	1218	1086	89.16	28	2.30	104	8.54
1993	1358	1274	93.81	19	1.40	65	4.79
1994	2097	2005	95.61	26	1.24	66	3.15
1995	2811	2518	89.58	188	6.69	105	3.73
1996	3580	3091	86.34	439	12.26	50	1.40
1997	3622	3101	85.62	454	12.53	67	1.85
1998	3371	2769	82.14	525	15.58	77	2.28
1999	3143	2503	79.64	499	15.88	141	4.48
2000	3793	3547	93.51	86	2.27	160	4.22
2001	3473	3220	92.72	112	3.22	141	4.06
2002	3432	3173	92.45	129	3.76	130	3.79
2003	3440	3191	92.76	30	0.87	219	6.37
2004	3899	3654	93.72	37	0.95	208	5.33
2005	4319	3792	87.80	35	0.81	492	11.39

1986～2005 年高邮市农村居民人均纯收入情况一览表

表 33-2

项目 年份	人均纯收入（元）	增幅（%）	其中工资性收入（元）	占比（%）	项目 年份	人均纯收入（元）	增幅（%）	其中工资性收入（元）	占比（%）
1986	529	13.0	84.8	16.0	1996	2845	20.8	612.1	21.5
1987	597	12.9	103.8	17.4	1997	3104	9.1	883.6	28.5
1988	701	17.4	135.4	19.3	1998	3192	2.8	1101.0	34.5
1989	762	8.7	162.2	21.3	1999	3240	1.5	1303.5	40.2
1990	851	11.7	111.8	13.1	2000	3312	2.2	1175.5	35.5
1991	709	-16.7	137.7	19.4	2001	3512	6.0	1464.0	41.7
1992	937	32.2	154.5	16.5	2002	3728	6.2	1708.3	45.8
1993	1142	21.9	305.1	26.7	2003	3953	6.0	1981.5	50.1
1994	1794	57.1	362.0	20.2	2004	4465	13.0	2259.4	50.6
1995	2356	31.3	342.2	14.5	2005	4938	10.6	2588.4	52.4

二、消费水平

1986年，经抽样调查，全县农村居民人均生活消费支出469元。其中，食品消费支出254元，占54.16%；住房消费支出68元，占14.5%；家庭设备用品、衣着、文教娱乐、医疗保健、交通通讯和其他消费支出依次排位，各项所占比重均在10%以下。至1996年，农村居民文教娱乐消费支出排位前移到食品消费支出、住房消费支出之后，列第三位。1999年，农村居民交通通讯消费支出排位跃居到第四位。2000年，农村居民文教娱乐消费支出排位又上升到第二位，其他各项消费支出均呈逐年上升态势。2005年，全市农村居民人均生活消费支出3956元，其中食品消费支出1641元、住房消费支出529元、文教娱乐消费支出504元、交通通讯消费支出369元、医疗保健消费支出276元、衣着消费支出224元、家庭设备消费支出193元、其他杂项消费支出220元，分别占41.48%、13.37%、12.74%、9.33%、6.98%、5.66%、4.88%、5.56%。文教娱乐消费支出增加和排位前移，主要是因农村学生学杂费支出占比增加。是年，经百户抽样调查，人均学生学杂费支出负担316元，占文教娱乐消费支出的62.7%，是1986年的11.7倍。

1986～2005年高邮市农村居民人均生活消费支出抽样调查情况一览表

表33-3　　单位：元

项目 年份	合计	食品	衣着	居住	家庭设备用品	交通通讯	文教娱乐	医疗保健	其他
1986	469	254	43	68	45	2	12	10	35
1987	567	278	37	123	44	2	22	9	52
1988	701	339	52	154	48	4	31	19	54
1989	579	198	48	119	50	2	29	17	116
1990	685	366	53	122	51	3	25	20	45
1991	803	463	61	121	40	3	28	30	57
1992	870	471	68	141	54	5	31	27	73
1993	857	437	79	103	55	18	65	40	60
1994	1698	985	131	215	97	42	96	42	90
1995	2187	1208	129	431	103	46	115	38	117
1996	2318	1282	156	337	132	80	189	88	54
1997	2214	1027	173	398	170	109	227	51	59
1998	2377	1181	149	401	149	123	242	88	44
1999	2332	1012	144	370	138	152	338	97	81
2000	2336	1130	154	197	114	161	426	112	42
2001	2284	962	128	318	98	136	437	140	65
2002	2463	998	140	389	157	201	415	118	45
2003	2665	1133	147	420	108	205	410	200	42
2004	3254	1459	177	358	235	303	442	230	50
2005	3956	1641	224	529	193	369	504	276	220

三、农村居民耐用消费品拥有量

1986年，全县农村居民家庭自行车和手表基本普及，每3户有1台缝纫机，每7户有1台黑白电视机，每100户有1台洗衣机。1991年，彩色电视机开始进入农村居民家庭，每14户有1台彩色电视机。1993年，电冰箱、摩托车开始进入农村居民家庭，每100户有1台电冰箱、2辆摩托车。2000年、2002年、2005年，移动电话、空调机、计算机先后进入农村居民家庭。2005年，每百户农村居民家庭中拥有洗衣机67台、电冰箱50台、摩托车60辆、空调机23台、彩色电视机105台、移动电话104部、照相机4架、计算机3台，市内农民家庭开始向现代生活迈进。

1986～1995年高邮市每百户农村居民家庭拥有耐用消费品抽样调查情况一览表

表33-4

项目 年份	洗衣机（台）	电冰箱（台）	摩托车（辆）	自行车（辆）	彩色电视机（台）	黑白电视机（台）	缝纫机（台）	手表（只）
1986	1	—	—	97	—	15	35	172
1987	1	—	—	116	—	29	41	178
1988	1	—	—	130	—	45	45	187
1989	1	—	—	129	—	50	49	188
1990	2	—	—	138	—	58	48	194
1991	8	—	—	139	7	68	71	198
1992	11	—	—	143	10	70	68	202
1993	10	1	2	173	13	84	73	214
1994	12	1	4	162	18	74	73	207
1995	22	1	5	186	27	80	84	184

1996～2005年高邮市每百户农村居民家庭拥有耐用消费品抽样调查情况一览表

表33-5

项目 年份	洗衣机（台）	电冰箱（台）	摩托车（辆）	空调机（台）	彩色电视机（台）	移动电话（部）	照相机（架）	计算机（台）
1996	30	3	18	—	29	—	—	—
1997	40	4	17	—	36	—	3	—
1998	36	7	21	—	35	—	5	—
1999	39	7	20	—	45	—	6	—
2000	46	7	28	—	57	8	1	—
2001	44	9	23	—	72	16	2	—
2002	41	16	29	1	76	24	4	—
2003	43	20	27	1	82	48	3	—
2004	52	35	39	18	89	64	3	—
2005	67	50	60	23	105	104	4	3

四、主要生产设备拥有量

1986年，县内每百户农村居民家庭拥有手扶拖拉机1台、脱粒机1台、胶轮手推车30辆；生产性固定资产额3.2万元。此后，生产设备不断更新，大型农业机械和生产用汽车逐步进入农村居民家庭，生产性固定资产大幅度增加。2005年，全市每百户农村居民家庭拥有手扶拖拉机30台、机动脱粒机3台、收割机2台、农用动力机械20台、胶轮大车25辆、汽车1辆；生产性固定资产额达到81.8万元，是1986年的25.6倍。

五、农村居民住房

1986年，县内农村居民人均生活用房面积21.2平方米，基本是平房，且草房和危房占有一定比例。进入90年代，随着市内农村居民收入的增加、生活水平的提高，市、乡镇政府逐步加快对农村草危房改造的步伐和加大支持力度，农村居民普遍住进砖瓦房，部分农村居民建起楼房，还有的农户分别在集镇、城区购置商品房，住房装潢档次也在不断提升。2005年，全市农村居民住房全为钢筋混凝土和砖木结构，人均住房面积30.2平方米。

1986～2005年高邮市农村居民人均住房面积一览表

表33-6　　单位：平方米

年份	人均住房面积	年份	人均住房面积	年份	人均住房面积
1986	21.2	1993	17.8	2000	26.8
1987	19.8	1994	19.1	2001	29.8
1988	19.5	1995	23.6	2002	30.8
1989	19.3	1996	22.0	2003	30.9
1990	20.2	1997	23.9	2004	32.8
1991	20.8	1998	22.1	2005	30.2
1992	21.0	1999	25.2		

六、金融资产

1986年，全县农村居民仅有银行储蓄存款人均140元。进入90年代，逐步富裕起来的农民不仅大幅度增加在银行和信用社储蓄存款，而且投向企业股金、金融债券、股票市场和购买各类商业保险。2005年，全市农村居民人均拥有金融资产额7531元，其中人均在金融机构存款余额6536元，人均手存现金989元，人均债券、股票等其他金融资产6元。

第二节　城镇居民生活

一、城镇居民收入

80年代，县内城镇居民收入来源主要是工资性收入。1986年，全县城镇居民（机关、企事业和其他单位职工）基本是按照国家与行业规定的统一标准，按月领取级别工资，年人均工资收入1017元。进入90年代，随着逐步推进工资制度改革，全市行业与个人差距逐步拉大。1995年，市内行业工资最高为邮电通信业，年人均工资8043元；最低为水上运输业，年人均工资1675元。最高工资为最低工资的4.8倍。1997年起，由于企业改制，出现下岗职工，下岗职工只发给生活费。是年，下岗职工年人均生活费1632元。2000年，市内行业工资最高为电力生产和供应业，年人均工资1.84万元；最低为食品制造业，年人均工资3049元；下岗职工生活费2099元。最高工资分别为最低工资、下岗职工生活费的6.03倍、8.77倍。2003年，全市职工年人均工资首次突破万元，上升到1.02万元。2005年，全市职工年人均工资又上升到1.42万元。行业工资最高的仍为电力生产和供应业，年人均工资3.56万元；最低的为水上运输业，年人均工资5760元；失业人员年人均生活费2064元。最高工资分别为最低工资、失业人员生活费的6.18倍、17.25倍。

1986～2005年高邮市城镇职工人均工资情况一览表

表33−7

年份	人均工资（元）	增幅（%）	年份	人均工资（元）	增幅（%）
1986	1017	23.9	1996	5282	8.3
1987	1064	4.6	1997	5728	8.4
1988	1400	31.6	1998	6397	11.7
1989	1578	12.7	1999	6794	6.2
1990	1756	11.3	2000	7333	7.9
1991	1895	7.9	2001	7828	6.8
1992	2361	24.6	2002	8742	11.7
1993	2819	19.4	2003	10199	16.7
1994	3803	34.9	2004	11814	15.8
1995	4878	28.3	2005	14211	20.3

二、城镇居民耐用消费品拥有量

1986年，全县城镇居民家庭普遍拥有自行车和黑白电视机；在职职工几乎人人都有自行车，作为上班族的必备交通工具。同时，洗衣机、彩色电视机、电冰箱作为城镇居民生活应有的“大件”，在城镇居民家庭中有一定的拥有量。其中，近半数家庭用上洗衣机，近三分之一的家庭看上彩色电视机，近五分之一的家庭购进电冰箱，有空调、摩托车、照相机的家庭在10%以下，安装固定电话的家庭较少。1988年，县内城镇居民开始使用移动电话，平均每百户家庭有1部。至1990年，全市城镇居民半数以上家庭用上洗衣机和看上彩色电视机。至1994年，全市城镇居民半数以上家庭用上电冰箱。1997年，计算机开始进入城镇居民家庭，平均每百户家庭有1台。90年代中后期，市内城镇居民个别家庭开始有私人轿车。2005年，全市多数城镇居民家庭有彩色电视机、洗衣机、移动电话、电冰箱，有空调、计算机的家庭分别占78%、33%。

1986～2005年高邮市每百户城镇居民家庭拥有耐用消费品抽样调查情况一览表

表33−8

项目 年份	洗衣机（台）	电冰箱（台）	空调（台）	摩托车（辆）	移动电话（部）	彩色电视机（台）	照相机（架）	计算机（台）
1986	48	18	4	6	—	27	10	—
1987	50	21	4	6	—	33	13	—

续表33-8

项目 年份	洗衣机（台）	电冰箱（台）	空调（台）	摩托车（辆）	移动电话（部）	彩色电视机（台）	照相机（架）	计算机（台）
1988	54	23	4	7	1	36	14	—
1989	61	28	5	7	2	42	14	—
1990	66	37	11	11	3	50	17	—
1991	69	37	11	12	4	54	18	—
1992	77	40	16	14	5	62	18	—
1993	77	45	19	16	7	66	20	—
1994	80	51	22	17	11	69	20	—
1995	85	59	22	20	16	75	21	—
1996	88	65	23	23	23	80	21	—
1997	89	66	25	26	25	84	22	1
1998	92	72	30	26	33	87	22	3
1999	92	73	34	27	39	91	23	5
2000	93	77	43	32	60	92	26	9
2001	94	79	48	34	66	95	27	10
2002	96	80	52	34	72	96	28	13
2003	97	84	61	34	75	97	28	18
2004	99	87	70	34	82	99	29	26
2005	101	93	78	34	99	107	30	33

三、城镇居民住房

1986年，全市城镇居民住房中，房产处公房占38.2%、单位自建房占14.3%、私有房屋占47.5%，人均住房面积为12平方米。同时，开始建设居民住宅小区，加大商品房建设速度。1993年，实行住房制度改革、取消福利分配住房后，购置房改房、商品房的城镇居民越来越多，人均住房面积稳步增加。1995年末，全市城镇居民人均住房面积23.63平方米。此后，住房配套设施逐步完善，装修房屋、美化室内环境成为居民消费的时尚。至2005年末，全市城镇居民人均住房面积增加到30.81平方米，居民住房成套率90%以上，燃气、空调、卫生设备等住宅配套设施也日臻完善。

第二章 民族 宗教

1986年，县内民族宗教工作由县政府民族宗教事务科负责。1988年，经省政府批准，在回民聚居地菱塘乡设立全省唯一的少数民族乡——菱塘回族乡。1992年，市政府民族宗教事务办公室成立。1997年5月，市民族宗教事务局成立，在市政府办公室挂牌。2002年，市民族宗教事务局列为市政府组成部门。2003年，市、乡镇均成立民族宗教工作领导小组。2004年，各乡镇政府设立民族宗教事务助理，一般由乡镇统战科科长兼任，部分乡镇设民族宗教事务办公室；各村设民族宗教工作联络员，各村民小组设民族宗教工作信息员。2005年，市民族宗教事务局始内设民族事务科、宗教事务科，分别具体负责民族工作和宗教工作。

第一节 少数民族

一、构成

据1982年第三次全国人口普查统计，全县共有少数民族7个、人口2860人，其中回族2814人、蒙古族38人、纳西族3人、瑶族2人和满族、苗族、壮族各1人，少数民族人口占全县总人口0.36%。80年代中后期后，随着社会主义市场经济发展与户籍人口管理制度改革，流动人口激增。因婚进、投亲靠友、经商务工和自然增长等多种因素，县内少数民族及其人口数量均有较大幅度增长。据1990年第四次全国人口普查统计，全县少数民族及人口分别增加到18个、4996人，少数民族人口占全县总人口0.61%。

据2000年第五次全国人口普查统计，全市少数民族及人口又分别增加到29个、6521人，少数民族人口占全市总人口0.82%。2005年，据市民族宗教事务局统计，全市共有定居的少数民族及人口分别为27个、8326人，少数民族人口占全市总人口1.01%。其中，外地婚进少数民族人口374人，外地到高邮从事清真拉面小吃、烧烤羊肉串、卖葡萄干等经商活动的少数民族人员40多人。定居和入境经商务工的少数民族人口分别来自云南、贵州、四川、重庆、湖南、湖北、黑龙江、吉林、辽宁、浙江、江西、河南、河北、安徽、陕西、青海、甘肃、广西、西藏、内蒙古、新疆等20多个省、市、自治区。

1982～2005年部分年份高邮市少数民族人口情况一览表

表33-9　　　　单位：人

年份 族别	1982	1990	2000	2005	年份 族别	1982	1990	2000	2005
回族	2814	4828	5482	7744	朝鲜族	—	—	61	3
蒙古族	38	32	251	47	侗族	—	—	27	16
壮族	1	33	60	49	哈尼族	—	—	4	2
苗族	1	30	173	166	哈萨克族	—	—	1	—
满族	1	5	62	16	傈僳族	—	—	4	1
瑶族	2	10	13	9	佤族	—	—	4	2
纳西族	3	2	2	1	仡佬族	—	—	6	2
土家族	—	25	106	123	土族	—	—	4	1
布依族	—	7	95	66	畲族	—	—	1	—
彝族	—	8	75	34	阿昌族	—	—	1	—
白族	—	4	12	4	塔吉克族	—	—	1	—
傣族	—	3	11	12	怒族	—	—	1	—
藏族	—	2	27	4	鄂温克族	—	—	1	—
黎族	—	2	6	14	裕固族	—	—	—	1
拉祜族	—	2	7	4	珞巴族	—	—	—	1
维吾尔族	—	—	23	—	水族	—	1	—	2

续表 33-9

年份 族别	1982	1990	2000	2005	年份 族别	1982	1990	2000	2005
德昂族	—	1	—	—	基诺族	—	—	—	1
京族	—	1	—	—	合计	2860	4996	6521	8326
柯尔克孜族	—	—	—	1	—	—	—	—	—

说明:1. 1982 年、1990 年、2000 年少数民族人口数分别为第三、四、五次全国人口普查统计数据;2. 2005 年少数民族人口数为市民族宗教事务局统计数据。

二、分布

唐代有回人在菱塘定居。至元代,聚居于菱塘的回民 300 多人,亦有蒙古族人随东征军迁居高邮城。1986～2005 年,随着改革开放的发展,因经商、务工、婚进和投亲靠友的其他少数民族人员逐渐增多,遍及全市城乡。据 2005 年少数民族人口分布情况统计,回族人口主要聚居于菱塘回族乡。该乡回族人口 7140 人,占全市回族人口总数 92.2%。其余分别居住于高邮镇、天山镇、送桥镇、郭集镇等地。蒙古族人口主要居住于高邮镇。该镇有蒙古族人口 44 人,占全市蒙古族人口总数 93.6%。苗族人口主要居住于马棚镇、卸甲镇,分别为 29 人、26 人,占全市苗族人口总数三分之一。土家族人口主要居住于马棚镇、界首镇,分别为 17 人、18 人,占全市土家族人口总数 28.5%。布依族人口主要居住于卸甲镇、周山镇,均为 18 人,占全市布依族人口总数一半以上。满族人口集中居住于高邮镇和车逻镇。其他少数民族人口散居于全市 20 个乡镇和高邮经济开发区。

2005 年高邮市城区少数民族人口分布情况一览表

表 33-10

社区	合计		少数民族人口(人)										
	人数(人)	户数(户)	回族	满族	蒙古族	苗族	土家族	黎族	朝鲜族	布依族	珞巴族	纳西族	瑶族
康华社区	8	4	6	1	—	—	—	1	—	—	—	—	—
奎楼社区	49	22	44	—	3	—	—	1	—	—	1	—	—
南海社区	19	7	14	2	—	—	—	2	—	—	—	—	1
琵琶社区	64	29	62	—	—	—	1	1	—	—	—	—	—
水部楼社区	71	38	53	1	17	—	—	—	—	—	—	—	—
西塔社区	9	6	8	—	1	—	—	—	—	—	—	—	—
北海社区	16	11	12	—	1	2	—	1	—	—	—	—	—
挡军社区	23	10	17	—	4	—	1	1	—	—	—	—	—
公园社区	73	32	71	—	—	2	—	—	—	—	—	—	—
金桥社区	13	7	11	—	—	—	—	—	—	2	—	—	—
水关社区	39	23	31	—	6	—	—	—	1	—	—	1	—
文游社区	7	4	6	—	1	—	—	—	—	—	—	—	—
御码社区	44	25	41	—	1	—	—	—	1	—	—	—	1
月塘社区	33	10	20	3	10	—	—	—	—	—	—	—	—
小桥社区	17	5	17	—	—	—	—	—	—	—	—	—	—
合计	485	233	413	7	44	4	2	7	2	2	1	1	2

三、民族事务

80年代起，县政府先后制定和采取加强少数民族人口聚居地建设、培养少数民族干部、发展少数民族教育、尊重少数民族习俗、协调民族关系、实施少数民族困难家庭帮扶等一系列举措，少数民族工作取得显著成效。1986年菱塘乡、1990年和2005年菱塘回族乡先后被省政府、国家民族事务委员会、国务院分别表彰为全省民族团结先进集体、全国民族团结进步集体、全国民族团结进步模范集体。90年代，市、乡政府投入资金，在菱塘回族乡菱塘集镇先后建成清真寺、穆林宾馆，并建成回民职中、初中、中心小学、中心幼儿园各1所。2000年后，全市组织实施《高邮市少数民族扶贫工作意见》《高邮市少数民族三年扶贫开发规划》，先后有435户少数民族贫困家庭实现脱贫致富；有36户列入城乡最低生活保障对象，享受低保待遇；尚有未脱贫的5户被列为市、乡镇重点帮扶对象。至2005年，全市培养少数民族副处级干部1人、科级干部8人、县以上人大代表5人、县以上政协委员7人。

第二节　宗　教

一、教派

佛教　1984年12月，县佛教协会成立，并召开第一次代表会议。会址设于高邮镇极乐庵。1986年，全县共有僧人87人、比丘尼139人、信教群众5000人。1997年、2002年，先后召开市佛教协会第二次、第三次代表会议。2005年，全市共有僧人86人、比丘尼15人、信教群众1.7万人。共复建和新建寺庙27座，其中城区3座（镇国寺、极乐庵、关帝庙）、乡镇24座。

道教　1993年，市道教协会筹备组成立，恢复位于临泽镇川青瓦仓村（今瓦港村）的道教宫观——福缘道院。是年，共有散居正一派道士8人、信教群众300人。1999年，市道教协会成立，并召开第一次代表会议。2005年，召开第二次代表会议，全市共有道教人员1200人。

伊斯兰教　1985年1月，县伊斯兰教协会成立，并召开第一次代表会议。会址设于菱塘回族乡清真寺。是年，全县共有教职人员2人、信教群众5230人。1996年、2000年，先后召开市伊斯兰教协会第二次、第三次代表会议。2005年，全市共有教职人员5人、信教群众7744人；清真寺3座，即菱塘回族乡集镇清真寺、菱塘回族乡清真村清真寺、高邮镇清真寺。

天主教　80年代，县天主教爱国会筹备组成立。聚会点设于马棚乡阳沟村，隶属于扬州教堂，每月派神甫到此传教。2005年，全市有信教群众210人。

基督教　1986年，全县共有基督教传道员15人、信教群众650人。1987年，位于县城的全县最大基督教教堂福音堂对外开放，同时开放聚会点5处。1997年12月，市基督教协会、"三自"（自治、自养、自传）爱国会成立，并召开第一次代表会议。2005年11月，召开第二次代表会议。是年，全市共有长老2人、传道员23人、信教群众2400人；活动场所13处，其中教堂2座，即高邮镇福音堂、八桥教堂，乡镇聚会点11处。

二、宗教活动

80年代，县内各项宗教活动延续不断。佛教活动主要有僧尼日常修持，民间佛教习俗，寺庙方丈升座和做佛七、焰口、拜忏等佛事。道教活动主要是做道场，超度亡灵。伊斯兰教活动主要有举办主麻日、开斋节、古尔邦节、圣纪节等。天主教活动主要是诵读圣经，共过"主日"，举行圣诞节、复活节、圣神降临节、圣母升天节等庆祝或纪念活动。基督教活动主要是做礼拜，聚会，举行圣诞节、复活节、受难节等庆祝或纪念活动。2003年10月，护国寺（界首）举行住持升座仪式。2005年9月，镇国寺（城区）举行普渡桥开通，露天观音像、天王殿佛像开光，天王殿、文殊殿、普贤殿落成庆典。

三、宗教场所修复与建设

90年代开始，全市宗教活动场所进入恢复重建和快速发展期。1995～1997年，市、乡政府拨款和募捐资金投入500万元，修复菱塘回族乡清真村清真寺、高邮镇清真寺、菱塘回族乡集镇清真寺。2001年，先后投入1200万元、800万元，修建城区镇国寺、汤庄镇吉祥寺。2003年，先后投入300万元、150万元、200万元，复建临泽镇安乐寺、界首镇护国寺、三垛镇光福寺。2004～2005年，又先后投入300万元、300万元、1000万元、500万元，复建天山镇神居山古悟空寺、八桥镇万寿寺、卸甲镇黄渡村如来庵和高邮镇基督教福音堂、八桥镇基督教教堂及11处乡镇基督教聚会点。至2005年，全市有宗教活动场所46处。

图33-1　1995年修建的菱塘回族乡古清真寺

2005年高邮市宗教场所情况一览表

表33-11

类别	名称	地址	教职人员（人）	占地面积（公顷）	建筑面积（平方米）	初建时间	重建年份
佛教寺院	镇国寺	京杭运河高邮城区段河心岛	10	2.50	1388	唐乾符至文德年间	2001
	护国寺	界首镇石巷6号	2	1.50	760	北宋初年	1986
	安乐寺	临泽镇安乐巷	14	1.65	2000	南宋乾道年间	2003
	吉祥寺	汤庄镇汤庄村	6	2.00	1270	明末清初	2001
	镇海寺	甘垛镇河口村	1	0.15	750	不详	1987
	古悟空寺	天山镇神居山	5	0.35	648	不详	2005
佛教固定处所	如来庵	卸甲镇黄渡村	3	2.00	1000	20世纪初	2005
	极乐庵	城区西后街4号	19	0.10	500	清光绪年间	1983
	东岳寺	汉留镇汉留村	1	0.20	500	清光绪年间	2002
	毗尼庵	送桥镇平牌村	1	0.05	200	不详	1982
	关帝庙	城区东台巷	1	0.02	160	不详	1985
	三官殿	郭集镇邵庄村	1	0.09	206	不详	1992
	地母庵	龙虬镇大树村	1	0.05	262	不详	1993
	光福寺	三垛镇光明路	3	1.90	280	不详	1994
	普济庵	车逻镇山广村	1	0.03	210	不详	1995
	三觉寺	龙虬镇强民村	2	0.06	362	不详	1998
	三圣庵	郭集镇	1	0.03	120	不详	1998
	慧园庵	高邮经济开发区昌农村	1	0.05	305	不详	1999
	福缘庵	临泽镇瓦港村	4	0.09	526	不详	1999
	普胤寺	菱塘回族乡通山路	2	0.50	2250	不详	2000

续表 33-11

类别	名称	地址	教职人员（人）	占地面积（公顷）	建筑面积（平方米）	初建时间	重建年份
佛教固定处所	真武庙	郭集镇老街	1	0.12	340	不详	2000
	龙王庙	三垛镇少游村	1	1.00	2000	不详	2001
	张墩寺	菱塘回族乡张墩村	2	0.12	195	不详	2004
	党城寺	卸甲镇三新村	1	0.05	216	不详	2004
	慈云庵	甘垛镇启南村	2	0.03	180	不详	2004
	万寿寺	八桥镇陈堡村	4	1.92	1383	不详	2005
	甘露寺	郭集镇孙巷村	1	1.90	300	不详	2005
道教宫观	福缘道院	临泽镇瓦港村	15	0.10	331	不详	1999
	三清宫	三垛镇斗坛村	4	0.03	200	不详	2003
伊斯兰教寺院	清真村清真寺	菱塘回族乡清真村	3	0.27	1774	1844年	1995
	高邮清真寺	城区西后街	1	0.07	170	1864年	1995
	菱塘清真寺	菱塘回族乡集镇	1	0.53	2500	不详	1996
天主教聚会点	阳沟聚会点	马棚镇阳沟村	1	0.08	187	不详	2001
基督教教堂	福音堂	城区中山路工商巷	8	0.15	860	20世纪初	1995
	八桥教堂	八桥镇	4	0.12	554	不详	1987
基督教聚会点	周巷聚会点	周巷镇周巷村	1	0.47	840	不详	1974
	郭集聚会点	郭集镇糟坊村	1	0.06	276	不详	1986
	天山聚会点	天山镇北茶村	1	0.08	500	不详	1989
	三垛聚会点	三垛镇	2	0.07	500	不详	1990
	汤庄聚会点	汤庄镇汤东村	3	0.02	147	不详	1991
	沙堰聚会点	汤庄镇西屏村	2	0.02	108	不详	1995
	送桥聚会点	送桥镇双墩村	1	0.06	199	不详	2000
	卸甲聚会点	卸甲镇卸甲村	1	0.02	96	不详	2001
	临泽聚会点	临泽镇	1	0.26	1600	不详	2005
	车逻聚会点	车逻镇师伙村	1	0.02	60	不详	2005
	司徒聚会点	司徒镇西城村	1	0.09	280	不详	2005

四、宗教事务管理

80年代，由县、乡镇政府、宗教事务管理部门、公安部门按照各自职能分工，共同管理域内宗教事务。90年代，市民族宗教事务局成立后，对全市宗教事务逐步实行规范化、制度化管理。90年代后期，全市构建成由市民族宗教事务专管部门、20个乡镇政府民族宗教事务助理、281名村联络员、2625名村民小组（社区）信息员组成的四级管理组织网络。2002年，全市建成宗教事务管理工作的三级责任制，即乡镇、村（社区）、村民（居民）小组层层签订宗教事务管理责任书，并明确各级主要负责人为第一责任人。2003年，在全市各宗教场所推行“五四三二一”管理模式和财务管理“四统一”制度。

"五四三二一"管理模式，即"五项制度"（人员管理制度、学习例会制度、消防安全制度、财务管理制度、教务活动制度）、"四个记录簿"（学习例会记录簿、消防安全记录簿、教务活动记录簿、教职人员记录簿）、"三个齐全"（入账票据的经手人、证明人、审准人签字要齐全）、"二本账"（现金收支账、固定资产账）、"一公开"（做到民主理财、财务公开）。财务管理"四统一"制度，即统一科目、统一账册、统一票据、统一报表。2004年，市民族宗教事务局制定《宗教团体年度百分考核制》《宗教活动场所负责人年度百分考核制》《"五好"（政策法规执行好、组织建设好、民主管理好、场所环境好、活动秩序好）宗教活动场所和"五好"（思想品德好、遵纪守法好、勤劳致富好、邻里团结好、服务社会好）信教群众评选办法》等制度。2005年，市民族宗教事务局制定《宗教活动场所负责人评荐办法》《高邮市宗教活动场所修建规划管理办法》。

第三章　关心下一代工作

1992年7月，市关心下一代工作委员会（简称市关工委）成立，并在基层单位相应建立关心下一代工作组织。1994年，市关工委设立学生教育研究会、青工教育研究会、农村青年教育研究会、社会青年教育研究会、法制教育研究会和关心下一代基金会。1995年，增设家庭教育研究会。1996年，增设科技教育研究会。2001年，市关工委组织开展创建关心下一代先进村活动。2004年，开展创建关心下一代"四有五好"（有组织、有队伍、有制度、有阵地，思想教育好、就业致富好、扶贫助学好、遵守法纪好、孝敬老人好）先进村。至2005年，全市共有关心下一代工作组织3455个，参加关心下一代组织和活动人数1.65万人，累计开展教育活动5000多场次，受教育青少年逾100万人次，帮扶特困学生近1万人次，帮助青少年就业、致富569人，帮教失足青少年114人，帮教、转化不孝子女68人。市关工委被省关心下一代工作委员会、中国关心下一代工作委员会表彰为省关心下一代工作先进集体、全国关心下一代工作先进集体。

第一节　主题教育

一、主题教育活动

1993年起，市关工委在全市青少年中开展每年一个主题的思想道德教育活动。组织开展中国近现代史、地方革命斗争史和国情主题教育，忆先烈、学英雄，做"四有"（有理想、有道德、有文化、有纪律）新人主题教育，纪念抗日战争胜利50周年主题教育，树立正确人生观、世界观、价值观主题教育，"我们爱祖国、我们爱香港"主题系列教育，纪念周恩来、刘少奇百年诞辰主题教育，纪念五四运动80周年和迎澳门回归主题教育，"迎接新世纪"主题教育，纪念建党80周年主题教育，践行公民道德建设实施纲要、争做合格小公民主题教育，爱祖国、爱人民、爱家乡主题教育，为全面建设小康社会而努力奋斗主题教育等活动。活动中，在组织专题报告的同时，配以影视教育和印发宣传教育资料。至2005年，共组织专题教育活动13次，组织观看专题影视466场，印发宣传教育资料8.52万份，受教育青少年78万多人次。

二、报告团队

1992年，市关工委成立以后，逐步建立一支以"五老"人员（老干部、老战士、老教师、老专家、老劳模）为主体的主题教育报告团队。1996年，在开展树立正确人生观、世界观、价值观主题教育活动中，特邀全国优秀校外辅导员、青少年的“大朋友”、中国人民解放军总参谋部离休干部王遐方到高邮市，为中小学生作专题报告17场，受教育学生1.4万人次。他走访中小学校10所，与青少年广交朋友，并被聘为市关工委名誉主任。至2005年，全市共组建专兼职专题报告团队509个、受聘报告团队成员2975人，其中“五老”人员1282人；累计作报告2436场次。

图33-2　2005年，王遐方（前排右一）和市有关领导与青少年学生一起植树

三、爱国主义教育基地

1996年，经市委批准，古文游台、盂城驿、革命烈士纪念馆、市图书馆等4家单位被命名为首批市关心下一代爱国主义教育基地。1997年，高邮影剧院、市制动件总厂、扬州升达集团、江苏预备役炮兵团等4家单位被命名为第二批市关心下一代爱国主义教育基地。1998年、2000年、2004年、2005年，龙虬庄遗址、三垛河口伏击战纪念地、市血防展览馆、侵华日军投降处旧址先后被命名为市关心下一代爱国主义教育基地。至2005年末，全市共有关心下一代爱国主义教育基地12个，其中文史教育类教育基地4个、革命传统类教育基地3个、国防类教育基地1个、改革开放类教育基地2个、读书、影视类教育基地2个。

1996～2005年高邮市关心下一代爱国主义教育基地一览表

表33-12

批设年份	名称	类别	地址
1996	古文游台	文史教育	城区文游北路
1996	盂城驿	文史教育	城区南门大街
1996	革命烈士纪念馆	革命传统教育	城区市人民公园内
1996	市图书馆	读书教育	城区府前街
1997	高邮影剧院	影视教育	城区北门大街
1997	市制动件总厂	改革开放教育	城区人民路、高邮经济开发区
1997	扬州升达集团	改革开放教育	城区通湖东路、高邮经济开发区
1997	江苏预备役炮兵团	国防教育	城区蝶园南路
1998	龙虬庄遗址	文史教育	龙虬镇
2000	三垛河口伏击战纪念地	革命传统教育	甘垛镇
2004	市血防展览馆	文史教育	城区府前街
2005	侵华日军投降处旧址	革命传统教育	城区公园礼堂

说明：表中所列市关心下一代爱国主义教育基地均为市委批准设立。

第二节　法制教育和家庭教育

一、法制教育

1992年8月，全市以市实验小学为试点，开展《中华人民共和国未成年人保护法》宣传教育活动。

1998年12月，市教委关工委、市政法关工委组织报告团到驻城学校和6个乡镇宣讲《中华人民共和国预防未成年人犯罪法》，受教育青少年5000多人。2002年，全市各中小学校聘配法制教育副校长，开设法制教育课。是年，全市各级关工委共组织法制教育报告团26个、报告员308人，受教育青少年8万多人次。2004年5月，市关工委、市综治办等5个部门联合召开全市青少年法制教育工作会议。全市各级关工委举行法制教育报告会253场，受教育青少年22.64万人次。是年，市人民法院少年庭和市关工委在19所学校举行现场庭审活动19次，以案释法受教育中学生1.2万多人次。至2005年，全市各级关工委累计组织法制教育报告团506个，组织法制教育报告员2354人，举行法制报告会2651场，受教育青少年100万多人次。

二、家庭教育和家长学校

1995年3月，市关工委、市教委、市妇联联合召开第一次全市家庭教育工作会议。1996年，全市首批开办家长学校150所。1997年2月，全市开展家庭教育征文评比活动。5月，市关工委、市委政法委、市妇联联合制定、学习、宣传《家长教育行为规范》，印发宣传材料10万多份，编印教材1100册。1998年，市关工委、市教委制定《家长学校管理规范》，全市创建成合格家长学校10所。1998年，市关工委和市教委等部门开展“万家优教”系列活动，1万多户家庭参加家庭教育知识学习和竞赛，300多名家长获奖。至2005年，全市累计开办家长学校1448所，经验收合格家长学校111所，其中省优秀家长学校3所、扬州市优秀家长学校17所；开展家长教育活动2151次，受教育家长77万多人次。

三、失足青少年帮教

1994年1月，市关工委首次组织由27人组成的探监团队到市看守所，以赠书寄语、题字作画、文艺演出等方法，启发教育在押青少年。1998年6月，市关工委、市委政法委等7个部门和高邮镇、东墩乡等6个乡镇关工委组队到镇江句容监狱，探视54名高邮籍服刑青少年，通过放映反映家乡变化、亲人规劝、刑释人员再创新生内容的专题片和捎去70多封家书，感化教育在押青少年。2003年1月，由市委副书记倪文才、副市长丁一领队，市关工委、市委政法委等6个部门负责人和高邮镇等5个乡镇关工委人员共20多人，赴南京金陵监狱探视，帮教高邮籍59名服刑青少年，召开探视帮教会议，组织服刑人员观看《家乡巨变，亲人寄语，新生之路》录像片，与服刑青少年交谈，并赠送学法书籍和生活用品。各乡镇关工委对失足青少年和有严重不良行为的青少年开展结对帮教活动，建立帮教档案。横泾镇关工委与镇团委设立鼓励刑释解教青年重新做人的“金不换奖”。该镇连续5年无青少年犯罪。卸甲镇关工委原常务副主任徐协先后帮教安置失足青少年61人，被省委、省政府表彰为全省社会治安综合治理先进工作者。汤庄镇关工委常务副主任杨天照先后7次自费到句容监狱探视一名沈姓失足青年，被省关心下一代工作委员会表彰为关心下一代先进工作者。至2005年，全市各级关工委共组织帮教工作小组2128个，参与帮教人员5709人，帮教失足青少年3148人次，帮助刑释解教人员就业1089人。

第三节　扶贫助学

一、扶贫助学基金会

1994年9月，八桥镇关工委建立全市首个扶贫助学基金会。1998年9月，全市关心下一代扶贫助学基金会会议召开，并制定《规范扶贫助学基金筹集、管理、使用办法》。至1999年末，全市33个乡镇有28个乡镇关工委和市直机关关工委均建立扶贫助学基金会，共筹集基金146.32万元，发放扶贫助学金31.17万元，接受资助1648人次。2000年乡镇机构改革以后，全市20个乡镇全部成立扶贫助学基金会。至2005年，全市共建有扶贫助学基金会20个，累计筹集基金844.04万元，累计发放扶贫助学金615.19万元，接受资助2.72万人（户）次。其中，帮扶特困学生9803人，帮助农村特困户脱贫致富和培训转移农村富余劳动力1.42万户（人），帮助孤残儿童1637人，资助外来务工困难人员子女700人、困难家庭留守儿童842人。

二、结对帮扶

90年代后期起，全市开始组织与特困学生的结对帮扶活动。2003年，全市共有98家市直机关、单位和47名私营业主，结对帮扶市区特困中小学生281人。2003～2004年，机关、单位和个人共资助特困中小学生就学费用38.2万元。2005年，继续实行结对帮扶，特困学生增至329人，资助就学费用18.92万元。至是年末，全市机关、单位和个人结对帮扶的特困学生累计9531人次，帮扶资金总额297.19万元。

第四章 老龄生活

1986年，县内老龄工作分别由各乡镇政府负责，未设专管机构。1987年，县、乡镇场均成立老龄工作委员会及办公室，600多个村和居民委员会成立老龄人口工作小组，11个乡镇的35个村成立老年人协会。1988年，县内举办首个“敬老日”活动，全县老龄工作从多方面展开，县、乡镇政府和部门、村组街道组织开展为老年人办实事活动。1990年后，全县人口老龄化发展趋势加速。是年，全县60岁以上老龄人口占总人口比例，开始突破国际老龄化10%的标准，达到10.26%。90年代起，随着全市经济和社会各项事业快速发展，全市老龄事业相应快速发展，老年人生活日益丰富，呈现老有所为、老有所依、老有所乐的喜人景象。2005年，高邮市成为老龄人口比例较高的老年社会市。

第一节 老龄人口

一、60周岁以上老龄人口

1987年3月，据县民政局和县老龄委办公室调查统计，全县60周岁以上老龄人口7.43万人，其中60～69岁4.84万人、70～79岁2.1万人、80～89岁4800人、90岁及以上134人，占总人口9.29%。1990年，据第四次全国人口普查统计，全县60周岁以上老龄人口8.48万人，其中60～69岁5.56万人、70～79岁2.42万人、80岁及以上5000人，占总人口10.26%。首次超过国际老龄化地区10%的标准，开始步入老年社会市行列。1998年，据市公安局户籍管理人口统计，至是年末全市有60周岁以上的人数8.95万人，占全市总人口的10.75%，高邮市被省公安厅认定为老龄化地区。2000年，据第五次全国人口普查统计，全市60周岁以上老龄人口11.31万人，其中60～69岁6.68万人、70～79岁3.74万人、80～89岁8500人、90岁及以上378人，占总人口14.18%。2005年5月，据市民政局和市老龄委办公室调查统计，全市60周岁以上老龄人口14.22万人，其中60～69岁7.59万人、70～79岁4.91万人、80～89岁1.58万人、90岁及以上1376人，占总人口17.2%，分别超过全国比例（11.3%）5.9个百分点、全省比例（10.86%）6.34个百分点、扬州市比例（15.71%）1.49个百分点。高邮市成为老龄人口比例较高的老年社会市。

二、百岁老人

1987年，据县民政局调查，全县100周岁以上人数3人。2000年，据市统计局调查，全市100周岁以上人数4人。至2005年末，据市民政局调查，全市100周岁以上健在的4人。

1997～2005年高邮市百岁老人情况一览表

表33-13

姓名	性别	出生年份	籍贯	住址	周岁	备注
居金氏	女	1895	高邮	车逻镇山广村	102	1997年11月去世
丁潘氏	女	1897	高邮	送桥镇	100	1997年3月去世
戚凤珠	女	1898	高邮	高邮镇百岁巷33号	103	2001年10月去世
温王氏	女	1899	高邮	菱塘回族乡高庙村	106	健在
张玉太	女	1900	高邮	郭集镇郭集村	101	2001年1月去世
朱德凤	女	1900	高邮	横泾镇三郎庙村	101	2001年5月去世
顾德英	女	1900	高邮	马棚镇金塘社区	101	2001年10月去世
耿冬粉	女	1901	高邮	甘垛镇新庄村	100	2001年10月去世
朱守成	女	1901	高邮	临泽镇金桥村	101	2002年1月去世
朱莲子	女	1901	高邮	三垛镇柳南村	101	2002年11月去世
金红銮	女	1901	高邮	三垛镇西二街35号	102	2003年1月去世
周业保	女	1901	江都	高邮镇水部楼社区	103	2004年10月去世
梅尔云	女	1902	高邮	马棚镇东湖村	101	2003年9月去世
俞周氏	女	1902	高邮	三垛镇潘岔村	101	2003年9月去世
师柏氏	女	1903	高邮	车逻镇湾桥村	100	2003年2月去世
曹慈武	女	1903	高邮	司徒镇龚张村	100	2003年4月去世
李延福	男	1903	高邮	郭集镇糟坊村	100	2003年10月去世
庞　沛	男	1904	高邮	高邮镇东后街	101	2005年5月去世
曹爱英	女	1904	海安	八桥镇金港村	101	2005年9月去世
胡安友	男	1904	高邮	卸甲镇虎头村	101	健在
凌必太	男	1904	高邮	横泾镇水产村	101	健在
雍凤英	女	1905	高邮	高邮镇湖滨社区	100	2005年6月去世
徐凤英	女	1905	高邮	卸甲镇北戴村	100	健在

第二节　老龄活动

一、“敬老日”活动

1988年10月19日，即农历九月初九重阳节，为江苏省第一个“敬老日”。全县开展第一个“敬老日”系列活动。先后举办老人忘年交座谈会，为振兴高邮献计献策；组织相关部门和单位，到百岁老人家中祝寿；举办老干部赏月活动，唱歌吟诗；组织慰问“五保”老人，送去党和政府与社会的关爱；组织学生、青少年、机关干部和乡村、社区干部开展为老人做好事活动等。此后，每年“敬老日”前后，由市老龄委牵头，组织敬老、爱老、助老系列活动。1999年，是联合国确定的“国际老年人年”。是年10月17日（农历九月初九重阳节），是江苏省第十二个“敬老日”，市政府办公室为此专门发文部署在全市开展“敬老日”活动。先后开展评选“模范金婚”和敬老新婚夫妇活动，共评出“模范金婚”夫妇14对、敬老新婚夫妇8对；举办老年书画展，展出40多名老人的50多幅作品；举办老年人免费品茶听书专场和“欢庆共和国50周年华诞”老年京剧演唱会；组织为老人送电影、送文艺表演、送医送药、送温暖等活动；举办古稀寿星集体祝寿活动，组织百名老干部集体旅游活动和评选健康老人活动等。2005年10月11日（农历九月初九重阳节），是江苏省第十八个“敬老日”。全市先后举办老年人门球赛、老年人露天表演舞会、老年人社会保障咨询、老年人健康咨询，为老年人送医药、送关爱、送温暖、做好事，上门慰问百岁老人、特困老人、“五保”老人等系列活动。

二、老年门球运动

1987年，由县委、县人大常委会、县政府、县政协的14名离退休老干部发起，组建成县内第一支老年门球队。1997年起，市委老干部局、市老龄委办公室、市人事局、市劳动和社会保障局、市体育局、市总工会等6个涉老部门和单位，在每年“敬老日”活动期间，轮流牵头举办全市老年门球比赛活动。同时，先后建成门球场、门球馆和老年人活动室。先后组织参加省内外门球赛事，在省以上比赛中获冠军9次、获亚军12次，市老年门球队成为全省老年门球队中的一支劲旅。至2005年，全市门球队发展到15支，参与门球活动人员150多人，基本上是60岁以上老年人，其中80岁以上老年人12人。

三、秋韵老年腰鼓队

1997年2月，由市联运公司退休女职工郭更新牵头，联络社区40名退休女职工和女老年居民，组建成市内首支老年舞蹈队——秋韵老年腰鼓队。该腰鼓队不仅活跃在社区，而且参加市里重要活动。先后参加邮文化节、体育运动会、“敬老日”活动、蝶园广场“周末大舞台”、农行“心连心”艺术团乡镇行、“三下乡”活动、重要节日庆典、重大项目落成庆典等，为市民排演《高邮之歌》《好日子》《祝福祖国》《爱我中华》《烟花三月》和中老年迪斯科等一大批歌舞节目。至2005年末，该队成员发展到112人，年龄最大的75岁，一般在55岁以上。

图33-3 1997年，老年腰鼓队队员排练节目

四、老年大学

1992年10月，由市委组织部、市委老干部局牵头，在市晚晴园建立市老年大学。初办时，设有保健、文史、书画等3个专业。1993年，增设花卉、摄影、裁剪等3个专业。1994年、1995年、1996年、1998年、2001年，先后增设歌舞、京剧、交谊舞、拳剑、戏曲等专业。2003年，增设计算机和英语两个专业。至2005年，正常开办的有文史、书画、歌舞、京剧、交谊舞、拳剑、计算机、英语等8个专业，春秋两季累计招生1.14万人。

五、老年合唱团

1994年，市老年合唱团由市工人文化宫创办，由市总工会主管。其成员主要是企事业单位和机关爱好唱歌的退休人员，最多时有100多人。他们主要通过集中学乐谱、练唱歌、编排合唱节目，既自娱自乐，亦参加部分大型节庆活动演出。至1997年，该合唱团因活动不正常而自行解体。

第三节　老龄工作

一、农村敬老院建设

详见第三十二篇《社会保障》第七章《社会福利》第二节《农村“五保”供养》(第1188页)。

二、城镇老年公寓建设

1998年7月，市物资局女职工戴素萍租用湖滨乡原敬老院房屋，自费投资，创办全市第一所民办老年公寓，设有床位114张，收住对象为老年人和残疾人。2001年4月，高邮儿童福利院将一幢面积1500平方米的大楼改建成市老年公寓，设有床位50张，专门收住寄养老人。至2005年末，两家城镇老年公寓共收住老人124人，其中湖滨老年公寓收住71人、市老年公寓收住53人。

三、老年优待证发放

2003年9月起，凡市内常住户口、年满60～69周岁的老年人给予发放老年人优待证，凡年满70周岁及以上的老年人给予发放敬老优待证，持证老人可凭证享受政府规定的各项优惠待遇。至2005年末，全市共发放老年人优待证5962本、敬老优待证3937本。

四、百岁老人长寿补贴

2004年3月，市政府规定，由政府给予年满100周岁老人每人每月发放100元的长寿生活补贴。2005年，市政府给予9名百岁老人(含虚龄百岁老人)共发放长寿生活补贴金1.08万元。

第四节　企业离退休人员管理

1986年，全县到达退休年龄的企业老弱病残人员，由企业主管部门给予办理退休(职)手续，并给予退休费和养老金。2001年，企业离退休人员养老金实行社会化发放。2003年，企业离退休人员管理工作由企业管理改为社会化管理。

一、企业离退休(职)人员工资福利

1986年，全县新中国成立后参加工作的企业职工退休(职)由各企业主管部门负责审批，其退休金以原工资为基数，按照规定的工作年限打折率确定，对独生子女父母、劳动模范、终身无子女者增加一定数额的发放比例；新中国成立前参加革命工作的企业工人退休由县劳动局审批，按照原工资100%发给退休金；企业离休人员由县委组织部和县人事局共同审批，按照原工资标准全额发给离休费。上述离退休金均由原企业从专项提取的福利费中发放。是年，全县办理企业离退休(职)手续人员309人，其中退休308人、离休1人。人均月离退休金约63元左右。

1987年起，企业离退休费实行社会统筹，离退休金仍由其所在企业发放。1992年起，企业职工退休(职)由市劳动局采取集体审核或局长办公会讨论等方法审批，企业离休人员仍由市委组织部和市人事局审批，离退休金仍由原企业发放。1993年，全市企业离退休人员普遍增加养老金。是年，全市新增企业离退休人员723人，其中退休(职)712人、离休11人。1994年7月，市政府建立离退休人员养老金正常调整制度，规定每年7月1日为调整期，调整幅度视当年地方经济增长情况决定，如遇负增长则不调整。1995年7月，全市企业离休人员参照行政机关相同级别人员套改为结构工资，其离休费按套改后

的标准全额发放，并与机关工作人员调整工资同步进行。是年，办理全市最后一名企业工作人员离休手续。1996年起，全市企业退休人员按照其参加养老保险的缴费年限和养老保险个人账户的结存额确定养老金。2001年，全市参加社会养老保险的企业离退休人员，其离退休金、死后的丧葬费和抚恤金及其生前供养的直系亲属定期生活补助费，均由社会保险经办机构实行社会化发放。是年，全市新增企业退休人员1495人，为历年最多。2002年起，市政府先后5次调整1999～2005年度企业退休人员养老金标准。2005年，全市新增企业退休人员1093人，企业退休（职）人员人均月养老金上升到628.42元。至是年末，全市共办理企业离退休（职）手续1.48万人。

二、企业退休（职）人员社会化管理

1986年，全县共有企业退休（职）人员4000人，由所在企业负责其退休（职）工资发放、医疗、福利等管理工作。1993年，市政府成立退休职工管理委员会，在市劳动局设退休职工管理委员会办公室，具体负责退休职工的管理工作，退休（职）人员日常管理仍由其所在企业负责。是年，全市共有企事业单位退休（职）人员8000人。1998年后，出现部分困难企业难以按时发放退休（职）人员退休金的现象。2000～2002年，在全面推行市属全民、集体所有制企业改制、重组情况下，原企业退休（职）人员管理工作处于无人问津状况。2003年2月，市政府成立退休人员社会化管理工作领导小组，在市劳动和社会保障局内设办公室。5月，市退休人员社会化管理服务中心建立。9月，高邮镇成立劳动和社会保障事务所，其他各乡镇在农经保障中心增挂“劳动和社会保障事务所”的牌子。高邮镇15个社区居民委员会和高邮经济开发区高沙园社区居民委员会设立劳动保障工作站，均配备专人负责企业退休（职）人员管理服务工作。是年1月起，退休人员到龄办理退休手续后，其管理服务工作即与原企业分离，移交至其户口所在地或常住地的社区居民委员会，由社区居民委员会劳动保障工作站具体负责；退休人员中的中共党员，其组织关系转至社区居民委员会党组织；养老金实行社会化发放。至年末，全市社区管理人员入户走访企业退休人员1.27万人，按一人一卡的要求建立退休人员管理卡片，退休（职）人员社会化管理面93%。2004年，全市所有企业和灵活就业人员退休后纳入社会化管理范畴。2005年，全市进入社会化管理的企业退休（职）人员共有1.68万人和遗属713人，退休人员档案入库1.34万份，退休（职）人员社会化管理率99.8%。

第五章 语言 风俗

80年代起，在改革开放的推动下，随着经济社会发展加速和对外交往需要，县内语言随之发生变化。市民的思想观念、生活习俗悄然发生变化。至2005年，市民们在对传统语言扬弃的同时，先后通过推广普通话、吸收和消化外来流行语、兴用网络新词等，不断发展和丰富市内语言。广大市民在沿袭、继承部分传统风俗的同时，逐步形成与现代生活相适应的新风俗。

第一节 语 言

一、语音

80年代及以前，城区及城郊周边地区居民语音、语调为较为纯正的“高邮腔”，车逻、八桥两镇南部兼有“渌洋腔”（“江都腔”）；临泽、周巷、界首3镇北部兼有“宝应腔”，三垛镇以东乡镇兼有“下河

腔”（“兴化腔”），高邮湖区西南部兼有“扬仪腔”，高邮湖区西北部兼有“金湖腔”。随着普通话推广与普及，特别是90年代后，由于流进流出人员逐渐增多，高邮地方语音、语调随之发生潜移默化的变化，出现“半土半‘洋’”“土‘洋’结合”“南腔北调”“蛮侉互兼”的语音、语调。跨入21世纪后，外地务工经商人员和流动人口较多地方的语音变化尤为明显。

二、普通话

80年代，全县一直提倡推广普通话，但总体上收效甚微。中小学校重视推广普通话。县文教局要求每个教师在讲课时，必须以普通话授课。同时，在公开场合下组织开展各种表演、演讲等活动，主讲人以普通话为主。90年代后，随着全市改革开放的深入和与市外交往的增多，市委、市政府要求机关干部带头学、带头讲普通话，并组织各种形式的普通话演讲比赛。进入21世纪，由于大批青少年步入社会生活，全市逐步形成一种普通话夹杂高邮本土话的语言现象。

三、新词与缩略语

80年代后，随着人们生活变化和网络语言发展，一些新生词、缩略语、外来语，逐步衍变成地方常用词语和公务用语，在全市经济社会发展、社会行政管理和市民日常生活中，产生一定影响。

附：常用新词与缩略语示例

横向经济联合 指企业、公司等经济实体单位之间生产经营等活动的联合。按其联合的紧密程度，分为紧密型、半紧密型、松散型三种类型。

开放型经济 指以多种形式和方法向市外乃至向国外发展的经济。亦称“外向型经济”。

招商引资 指把市外的企业、资金、项目、人才通过各种优惠措施招引到市内的活动。

小康社会 指达到省政府制定的经济发展、生活水平、社会发展、生态环境四大类共18项25个指标规定值的富裕地区，即为建成“全面小康”单位。

社区建设 指具有一定规模的居民聚居区的建设。

人才高地 指人才聚集地。

洼地效应 指相对落后地区利用自身条件和优势而获得快速发展的一种现象。

龙头 指喻用于经济发展中起带头、带动作用者，如龙头企业、龙头产业、龙型经济等。

基地 指相对集中、产销量大、经济效益好、科技含量高、专业性比较强并经相关机构认定的产品生产集中区，或规模生产单位。

大款 泛指有钱的人。称追靠或依赖有钱人的人为“傍大款”。

大手笔 指能够设计出有长远发展眼光规划，或完成有超前性、大体量工程建设，或组织有轰动效应活动，或做出、撰写有较强社会影响力报告与文章的人或事。

达人 泛指有超常技艺和能力的人。

老板 一般指个体私营企业负责人，后延伸为单位负责人和家长。

女强人 指妇女中带头创业、带头致富、在工作和事业中取得显著成效的人。

状元 泛指在考试、比赛和经济活动中排名第一者。

残废 泛指学无专长、不精于干事，在社会、单位、家庭中不起作用的人。

二线人员 一般指机关单位内因年龄偏大，或体质偏弱，或能力偏差等种种因素，从原有工作岗位上退下来，而尚未办理退休、退职手续的人员。

宅女 指婚后未参加工作，在家专事领养小孩和伺候丈夫的妇女，或长期足不出户的女性。

晨练族 原指常年于早晨坚持走路、跳舞、打太极拳、做保健操等体育活动的一群老人。后有中青年逐步加入这一人群。

光棍族 指到结婚年龄但因种种原因未结婚而过着单身生活的一群男女青年人。

追星族 指迷恋歌星、影星、舞星、体育明星等各类明星人物的人群。

啃老族 指靠父母供养、不想自食其力的一群青年人。

月光族 指不善计划生活、月月都花光收入而无积蓄的人群。

炒鱿鱼 一般指企业职工遭到企业强行辞退处理或在岗职工强行辞职的现象。

炒股 指买卖股票。

给力 指出力、尽力并起到一定作用的一种表现力。

下海 一般指党政群团机关工作人员辞掉公职工作，而从工经商干实业的现象。

下岗 一般指企业职工在企业改革中失去工作岗位的现象。

待岗 一般指单位工作人员在岗位竞争中暂时落聘而等待机会重新上岗的现象。

再就业 指下岗人员或失业人员重新就业。

“五讲四美三热爱” 即讲文明、讲礼貌、讲卫生、讲秩序、讲道德，心灵美、语言美、行为美、环境美，热爱祖国、热爱社会主义、热爱中国共产党。

“四个文明”建设 80年代，称“两个文明”建设，即物质文明建设、精神文明建设；90年代，称“三个文明”建设，即物质文明建设、政治文明建设、精神文明建设；进入21世纪后，称“四个文明”建设，即物质文明建设、政治文明建设、精神文明建设、生态文明建设。

三大合作组织 指农民专业合作组织、农村土地合作组织、农村社区股份合作组织。

“三公”经费 指行政机关公款招待、公费旅游、公车使用的三项费用支出。

“三高”人群 指患有高血压、高血糖、高血脂疾病的人群。亦称“富贵病一族”。

家用“三大件” 60年代，市民家用“三大件”为大床、大橱、缝纫机；70年代，“三大件”变成手表、收音机、自行车；80～90年代，变成彩色电视机、电冰箱、摩托车；进入21世纪，变成空调、计算机、小轿车。

“五小”企业 即小化工、小造纸、小水泥、小炼油、小钢铁。属国家明令淘汰的生产企业。

AA制 原指平均分摊会餐消费付费之意，后延伸泛指平均分摊工作、任务、责任等。

AB角 指担任同一角色、职务的两个人。

GDP 即地区生产总值。

KTV 狭义为提供卡拉OK影音设备与视唱空间的场所，广义为提供卡拉OK并提供酒水服务、主营业为夜间的娱乐场所。

QC小组 即质量管理小组。

UFO 即不明飞行物。

VCD 指激光视盘。简称“光盘”。

四、方言

1986～2005年，市内方言总体变化不大。其间，市政协原副主席朱延庆编著《江淮方言趣谈》《江淮方言趣话》，分别由南京出版社、大众文艺出版社出版发行。两书共收入方言词208个，均为市内常用流行词语。

附：流行方言示例

板扎 指做事有条理、实在、守信誉。

半吊子 指说话、办事、接人待物缺乏分寸的人。

波俏 指人的外表、容貌好，或指事物小巧玲珑、精细别致，或指文章短小精悍、写得恰到好处。

抽签 指办事、过日子不顺当、不如意，结结巴巴，褶褶皱皱，坎坎坷坷。

促狭 含刻薄、刁钻、爱捉弄人、阴谋损人之意。

大仙 指装模作样，会耍花招、糊弄人，滑头滑脑、不讲诚信的人。

点卯 一般指当事人仅到应约场合，或约定地点，或开会会场照个面，或报个到，尔后不辞而别的现象。

发物 原指会引发某种疾病的食物，后延伸指会捣蛋、捅纰漏、找麻烦、不安分守己的人。称其带头者或专寻机惹是生非者为“发物头子”。

拿乔 一般指有一定学识、本领、专长的人，在关键时刻或办事重要节点，有意识地拿一把、留一手，故意发难，借此抬高身价或要挟对方，以期达到自身目的。

离箍离调 指思想不统一、步调不一致、言语有分歧、团结不紧密、相互有距离之意。

佯如 含有假如、好似、当作之意。

二显 一般指当面高调应承、吹牛争抢，但实际不会干、又不愿干，最后敷衍推托了事、拿人作耍开玩笑的人。

细三刁 指在社会交往中，过分考虑自身利益而很少为他人着想的人。亦指在经济交往中，专擅讨价还价、挑三拣四的人。

洋盘 指不会算账、被愚弄干了蠢事，或做了亏本生意。称所干之事为“勺踱事”。

阴缺鬼 指不直率、缺德性，背后专搞别人小动作、暗地里专会把苦头给别人吃的人。亦称“阴缺寒”。

不潮如 指内心不高兴、不满意，但表面上还和平常一样。

五、谚语和俗语

市内谚语和俗语颇为流行，尤以农谚为甚。80～90年代，省作家协会会员、县曙光中学语文教师张鲁源先后编著、上海辞书出版社等出版社出版的《中国古谚语辞典》《常用谚语词典》《中华古谚语大辞典》，其中载入的词语多半饱含高邮农村水乡色彩。

附：流行谚语、俗语示例

一天一暴，连田埂上都是稻。指夏天雷雨多，稻子必丰收。

春雾雨，夏雾热，秋雾凉风，冬雾雪。指雾出现在不同季节，预示会有不同的天气与气温。

春雨贵如油，夏雨遍地流。揭示高邮常年春夏雨量变化的规律。

冬前打一棒，冬后没指望。如在冬至之前突然暴冷，预示在“九天”里不会很冷。

日出猫眯眼，今天天气好不到晚。

日落胭脂红，来日雨濛濛。

日落红霞布满天，来日必是大晴天。

日落水霞色，来日布鞋湿。如日落时天上出现淡黄色的水霞，一般预示第二天天气欠佳，不是阴天就是下雨。

晨时雷、午后雨，午后雷、即时雨。高邮农村气象谚语。

月晕而风，础润而雨。高邮农村气象谚语。

春打“五九”尾，家家有火腿；春打“六九”头，家家买耕牛。亦说，春打“五九”尾，家家活见鬼；春打“六九”头，家家卖耕牛。揭示“立春”时间对来年自然气候有一定影响。

穿不穷吃不穷，不会打算盘一世穷。高邮农村俗语。

家有金山银山，不抵日进分文。高邮农村俗语。

早起三光，迟起三慌。高邮农村俗语。

桑树条子自小扨。指人的教育应从小抓起，幼童的可塑性比较强。

从小定八十。指人的素质是从小培养而成的。

饭后百步走，活到九十九。高邮养生俗语。
喊破嗓子，不如甩开膀子。指当领导干部不应仅停留在口头指挥上，而应带头实干。
要得富，先修路。高邮农村致富俗语。
十万元不算富，百万元才起步。高邮农村致富俗语。

六、歇后语

市内歇后语广为流传。市民们从劳动、工作、生活的实践中，创造许多好记易传、生动活泼、寓意深刻、具有鲜明地方色彩的歇后语。

附：流行歇后语示例

航空信——高邮。
城墙头上跑马——高游（邮，邮游谐音）。
哑巴吃黄连——有苦说不出。
关公卖豆腐——人硬货不硬。
关公面前舞大刀——在内行面前逞能。
狗捉老鼠——多管闲事。
湖田里的庄稼——靠天收。
黄鼠狼给鸡拜年——没安好心。
和尚吃斋——肚里有素（数）。
瞎子点灯——白费蜡。即浪费之意。
瞎子看戏——人笑亦笑。
瞎子算命——胡大热说。即胡扯之意。
老母猪耕田——全仗嘴拱（功）。
老病鬼子开药铺——带吃带卖。
屙屎吃葵花——进账小出账大。指做生意、过日子不会打算盘。
家堂菩萨后面挂观音——多画（话）。
韭菜炖蛋——冒葱（充）。
卖铜勺的充军——跑到哪里响（想）到那里。
卖窑货的跌跟头——一个好的没有。
梦里娶媳妇——想得美。
泥菩萨过河——自身难保。
上河的虾子——白芒（忙）。
三条腿的驴子——忙得颠起来了。
四两棉花八把弓——细弹（谈）。
秃子头上的虱子——明摆着。
铁板上钉（dìng）钉——一说"全靠硬功"；一说"硬碰硬"。
兔子尾巴——长（cháng）不了
头顶上害疮，脚板下淌脓——坏透了。
王妈妈照应武大郎——假心假意。
王婆卖瓜——自卖自夸。
王西楼嫁女儿——画（话）多银子少。
王少堂说书——正题少，屑子话多。

外甥打灯笼——照舅（旧）。

歪嘴吹喇叭——走调。

西湖里的帆——攘足了。注：指人摆威风到了极点。

西瓜淌水——坏了。

下河的船——黑屁股。

小葱拌豆腐——一青（清）二白。

竹篮子打水——空忙。

七、鸭谚语（歇后语）

详见第十二篇《高邮鸭业》第四章《鸭文化》第三节《民俗、民谚》（第421页）。

第二节 风 俗

一、劳动习俗

80年代后，县内农业生产随着经济责任制的推行，机械化、电气化、规模化、科学化、现代化、产业化的推进，服务体系的逐步建立，农业劳动逐步摆脱“脚踩污泥背朝天，烂手烂脚过夏天，季季庄稼全靠天，累死累活只种几分田”的传统农业劳动习俗，农户可通过电话请农业服务公司提供各类田间作业服务，做到“不动手不动脚，粮食送到家”。县内工业劳动普遍实行计件工资制、计时工资制，取消级别工资制、平均工资制；部分企业生产实行承包制，采取灵活用工制度；夏季还实行“夏令时”生产。至2005年，在市内劳动人群中，逐步形成固定上班族、灵活打工族、在家揽活族、个人创业族等四类劳动群体，并形成各具特色的劳动习俗。

二、生活习俗

80年代以后，随着市场繁荣、物品供应丰富和市民收入水平提高，市民们衣、食、住、行、玩等生活发生很大变化。穿衣从拥有“四季衣”，发展到讲品牌、求新颖、追时尚，彻底改变昔日“新老大、旧老二、补补纳纳给老三”和“冬天做棉衣、春天抽去棉花当夹衣、夏天拆去一层做单衣”的状况。饮食从吃饱“两粥一饭”，发展到订菜谱、讲营养，彻底改变昔日“宁可潇里扩（指稀饭水多米少），不教米断勺”和“主粮不够，杂粮凑凑”的现象。住房从一居室，发展到住套房、建别墅，彻底改变昔日“茅草房、土坯墙，风扫地、月上灯、太阳晒到床”和“老大住东房，老二住西房，老父老母挤披房”的状况。短途出行从昔日的徒步、乘船、骑自行车，发展到乘公交车、打的、骑摩托车和电动车，部分市民还购置家用小轿车，远程外出和旅游普遍乘汽车、火车、飞机。休闲生活，从80年代前的“一壶茶一支烟，书场坐半天”“早上皮包水、晚上水包皮”比较单调的休闲方式，逐步变得丰富多彩。90年代后，跳健身舞、打门球、打牌成为高邮老年人休闲主要方式。青年人活动于健身房、运动场、歌舞厅、卡拉OK、网吧等现代娱乐场所。进入21世纪，越来越多的市民把外出旅游当作是一种休闲方式的最佳选择。2005年，市内市民外出旅游人数15万人次。

三、婚育习俗

80年代后，随着社会求职竞争的加剧、社会保障制度的逐步建立和子女抚养、教育、婚娶等费用的大幅度攀升，市民逐步形成“晚婚晚育”“只生一个孩子好”“生男生女都一样”的观念，改变“早生儿子早得力”“早养女儿坐上席”“多子多福”“多生个伢子多双筷子”的传统观念。晚婚现象和独生子女家庭遍布全市城乡。至2005年，全市出现多家婚庆服务公司，为市民办理婚庆提供全套服务；生育妇女选择进医院生养，生育后仍沿袭“坐月子”和婴儿剃胎毛、烧“三朝”、过“百露”、“抓周”等传统习俗。姑娘出嫁后，娘家在农历二月初二要带女儿、女婿回家吃饭；农历五月初六，要带女儿、女婿回家吃“馊粽子”。

四、丧葬习俗

80年代，县内丧事基本沿袭戴孝、祭奠、安葬、烧七、过百日、过周年等传统习俗，但戴孝形式多以黑孝袖、小白花替代披麻扎白；以火葬替代土葬。90年代起，市内出现为丧家办理丧事活动提供“一条龙”服务的专业民间组织，农村各村开始兴建公墓园地和骨灰塔。至2005年，全市各乡镇都有办理丧事活动的专业组织提供全套服务；各乡镇基本建成公墓园地。

五、节庆习俗

1986～2005年，市内在继承传统的春节、元宵节、清明节、端午节、中秋节、腊月二十三或二十四的“送灶”（俗称过小年）、元旦、“三八”妇女节、“五一”国际劳动节、“五四”青年节、“六一”国际儿童节、“八一”建军节、“十一”国庆节等节日外，按照国家和省统一规定，新增每年3月12日的全民植树节、9月10日的中国教师节、农历九月初九的敬老节（重阳节）。此外，在民间还有每年农历七月初七的七夕节（乞巧节），被视为中国情人节；每年11月11日的光棍节或购物节等，这些节日，一般仅为电话问候，有的则是商家进行商业炒作而已。1993～2005年，市委、市政府为提升招商引资的影响和效果，共举办3届中国双黄鸭蛋节、3届中国邮文化节，甚为隆重、热闹。此外，祭祀先人除清明节外，还有农历七月十五日的七月半（道教“中元节”、佛教“盂兰盆节”、民间“鬼节”）、冬至（大冬）和农历腊月二十六或二十八日的辞年祭祖等习俗。

第六章 精神文明建设

80年代，全县精神文明工作由县委宣传部兼管，组织开展“五讲四美三热爱”活动，在青少年中开展“四有”（有理想、有道德、有文化、有纪律）教育，在城乡居民中开展“三提倡、三反对”（提倡科学文明，反对封建迷信；提倡艰苦奋斗、勤俭节约，反对铺张浪费、大操大办；提倡民主法制，反对违法乱纪）活动。组织开展创建文明单位活动。1990年，县委成立县社会主义精神文明建设指导委员会，下设办公室（简称文明办），负责组织、协调、指导、检查全县社会主义精神文明建设工作。1996年，全市组织开展职业道德、社会公德、家庭美德和个人品德的“四德”教育。2001年起，市委、市政府先后组织实施现代农民教育工程和现代市民教育工程。2005年，在全市开展市民思想道德教育活动，并通过广泛传唱《高邮之歌》激发高邮精神。

第一节 爱国主义教育

1986年后，全县一直将爱国主义教育列为精神文明工作重点。1994年，按照中共中央印发的《爱国主义教育实施纲要》，市委宣传部、市文明办、市关工委联合召开青少年教育座谈会，提出在全市青少年中全面深入开展爱国主义教育的意见；编写《青少年爱国主义教育专辑》，介绍和推广高邮市中学、市第一中学、界首镇、一沟乡等单位和乡镇开展爱国主义教育的经验；组织青少年观看100部爱国主义教育影片，会唱100首爱国主义歌曲，会背100首爱国主义诗词。1996年10月，市委宣传部、市文明办按照具备“五个有”（富有教育意义的展出内容、有详细生动的讲解材料、有素质较好的讲解员队伍、有形式多样的教育活动、有较为完备的教育设施）要求，加强爱国主义教育基地建设。至2005年，先后建成新四军接受日军投降处遗址、革命烈士纪念馆、盂城驿等爱国主义教育基地12处，累计受教育中小学生和市民100多万人次。“爱国主义教育基地”详见第十五篇《商贸服务业　旅游业》第六章《旅游业》第一节《旅游资源》（第554页），第二十八篇《文化　体育》第五章《文物古迹与文化遗产保护》第二节《纪念地》（第1044页），本篇《社会生活　精神文明建设》第三章《关心下一代工作》第一节《主题教育》（第1205页）。

第二节　思想道德教育

1986年，全县各中小学校在师生中开展以爱国主义、集体主义和社会主义教育为主要内容的思想道德教育。1989年，全县思想道德教育工作逐步由学校向社会延伸。1990年，县委宣传部、县委组织部和县经委为克服“两个文明”建设“一手硬一手软”的状况，共同召开企业思想政治工作研讨会，驻城企业党、政、工、团400多名负责人就新形势下企业思想政治工作的情况、特点、方法和问题，以及如何加强对企业职工的思想道德教育开展研讨。1994年，全市根据不同对象分层次开展思想道德教育活动。对基层党员主要是加强信念教育，组织农村党员“三带头”（带头勤劳致富、带头发展集体经济、带头搞好精神文明建设）报告团；对企业职工和农民，主要是有计划开展“学知识、进市场、奔小康”主题教育；对青少年，重点开展爱国主义教育，组织他们读爱国主义书籍、看爱国主义影片，广泛开展“学知识、学科学、学技术”活动。1996年，市委宣传部、市文明办从最基本的做人道理和行为规范抓起，把提高青少年素质作为工作重点，开展职业道德、社会公德、家庭美德和个人品德的“四德”教育。1999年，全市按照“以科学的理论武装人，以正确的舆论引导人，以高尚的情操塑造人，以优秀的作品鼓舞人”的基本思路，开展新时期的思想道德教育。2001年，市委、市政府组织实施“现代农民教育工程”和“现代市民教育工程”。市文明办组织全市干部群众开展“新世纪高邮人新形象”大讨论，探讨新世纪高邮人应当具有的精神风貌、道德追求、价值取向和行为举止。2005年，市委宣传部、市文明办组织各文明行业、文明单位，采用多种形式，在全社会宣传中共中央《公民道德建设实施纲要》，全方位推进思想道德建设。市地税局联合金桥社区，开展“学习‘纲要’，做文明市民”演讲活动；市国税局将纲要基本知识印制成书签，到学校发放；市妇联将纲要主要内容编印成《公民道德宣传歌》；市邮政局将市文明办的《做文明市民倡议书》印制5000份，随报纸发放社会等，掀起新一轮精神文明建设热潮。

图33-4　2005年，市地税局一分局与金桥社区联合举办文明共建文艺晚会

第三节　破除陈规陋习

1986年，全县全面开展“三提倡、三反对”教育。1987年，县委在平胜乡树立“移风易俗、破陈规陋习”典型。各乡镇均建立移风易俗领导小组，共成立移风易俗理事会594个，成立红白事服务队

1121个。1990年，全县农村开展禁赌、禁娼、禁毒、严厉打击暴力犯罪等专项治理工作，为改革开放和发展农村经济创造良好的社会环境。1997年，集中整治群众厌恶的乱葬、迷信、赌博等突出问题。取缔非法宗教活动和假僧假道；查处参赌人员1200多人，没收赌款12万多元，罚款40多万元；组织集中扫黄行动5次，收缴非法音像光盘5000多张。2001年，市委针对封建迷信活动沉渣泛起的情况，开展大规模集中整治活动。周巷镇拆除非法建筑"仙太庵"；送桥镇公安派出所两次训诫教育"算命先生"赵瞎子；卸甲、界首、临泽、马棚、司徒等乡镇制订长效管理制度，加强对民间艺人和宗教人员管理。是年，全市共建公益性小公墓169座，取缔迷信职业者109人。500多名僧道人员和近400名民间艺人领取相关证件，无证者一律予以取缔。2005年3月，全市加大公益性公墓和骨灰堂建设力度，新建乡镇公益性墓园6座。

第四节 树立文明新风

1986年，全县为树立文明新风，在干部群众中开展"四有"教育。1989年，县委宣传部以"学雷锋、树新风"活动为龙头，带动各行各业开展"从我做起、从岗位做起"岗位奉献活动。1991年，突出行风建设，在城镇100家窗口行业开展行风竞赛活动，在高邮镇居民中开展评选"百佳文明新风户"活动，在农村突出评创"三户一村"（文明户、新风户、遵纪守法户，文明村）活动。1993年后，为弘扬正气，突出"主旋律"，市委宣传部、市文明办宣传舍己救人的横泾镇个体船民朱炳国、忠诚教育的车逻镇曹庄小学校长陈普山、"白衣圣人"吴登云、为民执法的市法院干部沈国民等先进人物的典型事迹。1995年，市委宣传部组织力量编写《文明市民读本》，印发到基层社区及广大市民手中，强化文明市民教育，并在市公安、税务、工商、城管、邮电、供电、卫生、交通、商业、建委等十大服务行业开展"四职一纠"（职业理想、职业道德、职业纪律、职业技能，纠正行业不正之风）的群众评议活动。1997年，市委宣传部结合开展"敬业创业精神"大讨论，在全体党员中开展"树形象、做表率、创新风"主题教育活动。1999年，市政府向全市"百佳文明新风户"颁发标牌，激发广大群众参与精神文明建设活动的热情。市供电、邮政、电信、卫生、国税等部门在建成文明行业的基础上，加强规范化服务，公开向社会承诺，接受社会监督。2001年9月，市文化、教育、卫生、科技等12个部门到周山镇吴堡村集中开展"三下乡"（送文化、科技、卫生下乡）活动，吸引上万名群众参加。是年末，市文艺工作者先后送文化、送演出到卸甲镇和高邮镇金墩村。2005年，市文明办组织市卫生、文化、公安等部门开展"三下乡"和"四进社区"（送科教、文体、法律、卫生进社区）活动，开展免费书写春联、文艺节目表演、健康义诊、科技普及、政策咨询、法律服务、有奖答题等各类活动60多次。

第五节 文明创建活动

1986年，县委宣传部制定各行业、各系统创建文明单位标准，评选出1985年度文明单位99家。1990年2月，县委、县政府印发《高邮县各类文明单位管理暂行条例》，推动和规范文明单位建设。1993年，市文明办对1991～1992年度全市创建成的3家省文明单位、53家扬州市文明单位、270家高邮市文明单位检查验收，对不符合条件的取消命名，以提高文明单位的水平、发挥各级文明单位的示范作用。1998年，全市以树行业新风为目标，广泛开展创建文明行业、文明单位活动，建成一批"文明班组""青年文明号""巾帼示范岗"。2004年，高邮文明网开通。该网站由市委宣传部、市文明办主办，设"首页""经验交流""文明创建""创建成果""未成年人教育""资料中心""秦邮文化"等7个板块。2005年，市文明办对全市的文明行业、文明村镇和文明社区开展调研式检查评比，以评促创。市委、市政府命名表彰2003～2004年度市文明单位223家、文明行业13个、文明乡镇2个、文明村8个、文明社区2个。经推荐申报，被命名为扬州市文明单位56家、文明行业16个、文明乡镇2个、文明村8个、社区2个；被命名为省文明单位10家、文明行业10个、文明村1个、文明单位标兵2个。

第六节　现代市民教育工程

2002年，市委宣传部开展以“四进社区”为主要内容的现代市民教育工程。5月，市文明办、市综治办、市文化局、市卫生局、市体育局、市科协、市总工会、团市委、市妇联等9家单位制定“四进社区”工作方案，启动现代市民教育工程第一轮教育活动。是年，市委宣传部、市文明办组织开展科普画廊、法律咨询、卫生和计生服务、群众健身舞蹈和体能测定等“四进社区”系列集中活动，吸引大量市民参与；市综治办和市各司法部门为维护城区社会治安，创建安全社区，开展“社区治安百日会战”活动；相关部门与各社区开展联手共建活动；团市委组织青年志愿者到社区开展便民服务活动；市级机关部分单位向市民宣传法律法规知识，为他们释疑解难。

2003年，市委宣传部启动现代市民教育工程第二轮教育活动。各部门开展各项教育和培训活动，先后开展计划生育、卫生、普法等各类培训2000多场次。预防“非典”期间，以现代市民教育工程为载体，加大卫生科普知识宣传力度，全市共发放各类宣传资料40多万份，引导和促进全市人民养成科学文明健康的生活方式。

2005年，市委宣传部把现代市民教育工程工作重点放到基层社区，共组织“四进社区”活动55项。其中，组织文艺工作者为群众书写春联、表演文艺节目，组织医务工作者为群众健康义诊，发放市委宣传部编印的《现代市民教育读本》，举办形势政策主题报告会、“我身边的变化”座谈会、纪念中国抗日战争暨世界反法西斯战争胜利60周年知识竞赛，开展“文明市民”评选活动等。该工程对提高全市市民整体素质、提升城市品位发挥积极作用。

第七节　现代农民教育工程

2000年，市委宣传部和市文明办在司徒镇开展现代农民教育工程试点。2001年，试点扩大到周山、菱塘、龙虬、汤庄等乡镇。7月，该项工程在全市农村全面展开，各乡镇利用冬训班、成人学校、人口学校、村农民学校等阵地开展集中学习和培训，利用广播、有线电视、橱窗、黑板报、公开栏、阅报栏、图书室等，多形式地实施现代农民教育工程。

2002年，市委宣传部印发《关于进一步组织实施现代农民教育工程的意见》，召开实施现代农民教育工程经验交流会。市委、市政府各部门利用各自的优势介入现代农民教育工程，乡镇与部门联动，形成教育合力，提高教育效果。至年末，首轮计划为期3年的现代农民教育工程结束。3年间，全市农村共举办各类培训班3500多期次，培训农民24.6万人次，其中60%的农民学到一至两门专业技术。

2003年，全市启动现代农民教育工程第二轮活动。各乡镇加大教育工程力度，相关部门之间形成教育合力，全年共开展农村党员“三个代表”重要思想和农村实用技术、计划生育、卫生、普法等各类培训班2000多场次，受教育农民近20万人次。

2005年初，市委宣传部印发《关于进一步做好现代农民教育工程工作的意见》。各乡镇利用基层党校、农民学校、成人教育中心校等阵地开办各种专业培训班，培养实用人才，着重开展外出务工人员转移前培训、就业技能培训，并提出“教你技能，给你就业，让你挣钱”的口号。至年末，各乡镇均完成年初制定的各项任务。

第八节　传唱《高邮之歌》

2005年1月，市第十二届人民代表大会第三次会议为提振和激发全市市民精神，做到爱祖国、爱家乡、爱高邮，做出《关于创作、设立〈高邮市市歌〉议案的决议》。经登报、上网征集，组织专家评选，由高邮中学语文教师周明雄创作，词作家、南京市玄武区委宣传部副部长、区文化局局长李朝润修改的歌词为《高邮之歌》歌词，并由南京演艺集团艺术创作室主任杜小甦为之作曲。是年7月，市第十二届人大常委会第十次会议通过，将《高邮之歌》确定为高邮市市歌。

是年8月，由市委、市政府主办，市委宣传部、市文化局承办，市国税局、市地税局协办的“干‘05’，冲‘百十’，同唱一首歌——《高邮之歌》”专场文艺晚会在高邮大剧院上演，市领导、机关干部、市民、农民、学生、文艺工作者同台合唱《高邮之歌》。此后，市委宣传部、市文化局通过培训专业教唱队伍、开展集体传唱、设置电话彩铃等方式，普及全市。

附：《高邮之歌》歌词（周明雄、李朝润词，杜小甦曲）

（一）你是江淮的明珠，灿若星斗；你是人间的福地，美不胜收。你神采飞扬，你魅力永久，你是我的家乡——高邮。高邮湖啊清悠悠，鱼米之乡织锦绣。麻鸭戏春水，芦苇摇轻舟。隋堤柳岸多少歌谣，唱不尽生活的富有，生活的富有。啊，跨越沧桑，雄心依旧，高邮儿女，激情追求，向着太阳，大步奔走，创新未来，辉煌春秋，辉煌春秋，辉煌春秋！

（二）你是江淮的明珠，灿若星斗；你是人间的福地，美不胜收。你神采飞扬，你魅力永久，你是我的家乡——高邮。高邮城啊梦悠悠，文明之源出龙虬。运河映唐塔，秦驿通九州。文游台上多少故事，说不完古今的风流，古今的风流。啊，跨越沧桑，雄心依旧，高邮儿女，激情追求，向着太阳，大步奔走，创新未来，辉煌春秋，辉煌春秋，辉煌春秋！

第三十四篇 乡镇概况

要 目

1986年初，全县设有乡镇33个，其中镇4个、乡29个。是年8月，八桥乡、送桥乡撤乡建镇。至年末，全县共有镇6个、乡27个，村668个、村民小组5688个，居民委员会34个、居民小组284个。1988年，菱塘回族乡建立。1990年，横泾乡、川青乡撤乡建镇。1992年，车逻乡、汉留乡撤乡建镇。1994年，甸垛乡、卸甲乡、郭集乡撤乡建镇。1995年，天山乡撤乡建镇。1996年，一沟乡、汤庄乡、沙堰乡撤乡建镇。2000年2月，伯勤乡、司徒乡撤乡建镇。至此，全市共有镇19个、乡13个和回族乡1个。

2000年5月，全市实施乡镇区划调整，撤销乡镇17个，其中镇4个、乡13个；设高邮镇、龙虬镇、马棚镇、汉留镇、汤庄镇、卸甲镇、三垛镇、甘垛镇、周山镇、周巷镇、临泽镇等镇11个，保留车逻镇、八桥镇、横泾镇、司徒镇、界首镇、郭集镇、送桥镇、天山镇和菱塘回族乡。至2005年，全市共有乡镇20个，其中镇19个、回族乡1个；村282个、村民小组2725个，社区53个、居民小组453个（市直属场圃、经济开发区分别见第一篇《建置区划　自然地理》第二章《区划》、第十篇《开放　开发》第三章《江苏省高邮经济开发区》与第四章《高邮鸭业园区》）。

第一章　高邮镇

第一节　基本概况

高邮镇为京杭大运河沿线上的一个千年古镇，历来为高邮政治、经济和文化中心。东接卸甲镇，南连车逻镇，西傍大运河、高邮湖并与郭集镇相通，北与高邮经济开发区相邻。1991年，被省建设委员会、省民政厅命名为省百家名镇。2005年，被国家统计局命名为全国千强镇。

该镇历史悠久，迄今有6000多年的人类文明史。秦王政二十四年（前223），秦王嬴政在此筑高台，置邮亭，故名高邮，史称秦邮。汉武帝元狩五年（前118）设高邮县时，为高邮县衙所在地。宋时，始筑城，称盂城。明清时，为高邮州城。民国时，为高邮县政府所在地。新中国成立后，为城区。1956年，更名为高邮镇。1958年，建立高邮人民公社。1959年，划设为高邮城镇人民公社。1981年，复称高邮镇。2000年5月，乡镇行政区划调整，撤销武安乡、湖滨乡，两个乡原辖区域并入高邮镇。

该镇属海退成陆的浅洼平原高地，南略高，北偏低。土壤主要为黏土，土层较厚。海拔2～3.3米。1986年，总面积9.77平方千米。2000年5月，总面积扩大至56.07平方千米，其中陆地面积47.84平方千米、水域面积8.23平方千米。

1986年，辖24个居民委员会和1个水泵厂家属委员会、191个居民小组，6个村、53个村民小组。2000年5月，辖26个社区、201个居民小组和20个村、156个村民小组。2000年9月、2004年10月，文游台村、新城村先后划归高邮经济开发区和高邮鸭业园区。2002年，社区由26个调整合并为17个。2005年，辖17个社区、201个居民小组，17个村、124个村民小组。在总人口中，农业人口1.81万人、非农业人口13.44万人，男性7.53万人、女性7.72万人，少数民族人口488人，人口密度2719人/平方千米。

1986～2005年部分年份高邮镇经济社会指标实绩一览表

表34-1

项目 年份	户数（户）	人口（万人）	劳动力人口（人）	耕地面积（公顷）	粮食产量（万吨）	农业产值（万元）	工业产值（万元）	建筑业产值（万元）	农民人均纯收入（元）
1986	23224	6.94	5990	173	0.02	220	3041	60	485
1990	30312	7.95	4559	164	0.02	664	6300	220	764

续表 34-1

项目 年份	户数 （户）	人口 （万人）	劳动力人口 （人）	耕地面积 （公顷）	粮食产量 （万吨）	农业产值 （万元）	工业产值 （万元）	建筑业产值 （万元）	农民人均 纯收入（元）
1995	39279	10.04	5263	101	0.001	762	17473	3028	2650
1999	41871	10.91	4727	146	—	716	24100	3600	3610
2000	57968	14.74	18330	1879	2.32	18383	24095	42400	3748
2005	58135	15.25	14388	1682	2.33	26373	303218	76000	6068

说明：农业产值1999年前为不变价，1999年后为当年价；工业、建筑业产值均为当年价。表中数据来源于《高邮统计资料》，下同。

2005年高邮镇各村基本情况一览表

表 34-2

村	村民小组（个）	常住人口（人）	耕地面积（公顷）	人均纯收入（元）	主要自然村庄
新联村	3	502	1	8090	交通、古塔、奎楼、德胜、幸福、宝圣
新华村	5	1799	14	5880	新华、戴庄、李庄、郑庄、王家、光明、运河、新庄
宝塔村	6	2042	—	6896	沿河、宝塔、宋庄、张庄、黄渡、金庄、杨庄、奎楼、南海
武安村	6	2949	—	8108	孙家厂、花湾、王庄、金桥、黄庄、张庄、北海、邓桥
丁庄村	10	1908	66	6699	丁庄、姜庄、聂庄、新河、郑庄、前进、同心、新圩、周庄、乔庄、南圩
高谢村	7	3326	84	6933	高谢、党庄、赵庄、赵家、严庄、杨庄、十里、张庄、吴庄、香沟
凤凰村	14	2410	161	6054	王庄、刘庄、戴庄、聂庄、新星、赵庄、俞庄、居庄、十里、谢庄、兴旺庄、郑庄、孙庄、钱大庄、姜大庄
浩芝村	8	1416	146	5554	顾家坝、夏庄、姚庄、杨桥、土桥、胜利、赵庄、袁庄
管伙村	11	2432	191	5897	杨庄、戴桥、太平庄、西庄、管家伙、东庄、老庄、谢大房、吉祥庄、庙桥、银桥、勤丰、赵尖
勤王村	12	1946	178	5925	李庄、西桥、中桥、连桥、后桥、唐庄、光明、姚巷、朱阜、周庄、陈庄、解放、下庄、赵庄、谢庄
渠南村	12	1988	169	5790	钱庄、邵家楼、屠大庄、大朱庄、周桥、嵇桥、谈赵、小朱庄、磨桥、渠北、周庄、渔业
大桥村	7	2178	68	4582	乔尖、吴庄、曹湾
珠湖村	4	1605	33	5061	红旗、秦庄、五一、兴镇
湖滨村	5	1704	67	4385	胡家、湖滨、跃进、卫东
新民村	7	2053	41	4703	新河、新龙、新民、南湖、红风、曙光、东升
金墩村	3	2017	—	6055	金墩、金盛、金旺
沙湖村	4	1256	18	4769	白马、大桥、湖中、沙湖

说明：表中数据来源于各乡镇自报统计数据，下同。

2005年高邮镇各社区基本情况一览表

表34-3

社区	居民小组（个）	户数（户）	常住人口（人）	社区	居民小组（个）	户数（户）	居住人口（人）	社区	居民小组（个）	户数（户）	常住人口（人）
沿河社区	3	191	781	水部楼社区	10	3376	9266	月塘社区	15	3047	8259
琵琶社区	25	3407	10950	水关社区	10	2160	9856	文游社区	10	2662	7954
奎楼社区	16	3500	8341	公园社区	13	4001	9890	康华社区	12	1900	5700
西塔社区	8	1654	4722	北海社区	12	2552	7743	金桥社区	12	2000	6000
小桥社区	12	2964	7033	挡军社区	16	2990	9024	湖滨社区	2	511	1286
南海社区	15	2515	6777	御码社区	10	1875	5423				

第二节　经济发展

一、农业

1986年起，该镇农业以蔬菜为主导，推广应用新技术、新品种、新设施，不断提高种植效益。2000年后，逐步由传统农业向规模化、产业化、特色化、科技化农业转变。2005年，种植业、林业、牧业、水产业产值占农业总产值比例分别由2000年的38.8%、0.4%、30.7%、30.1%调整为22.2%、0.9%、30.6%、46.3%。

种植业　1986年，蔬菜、粮食、油料总产量分别为1.09万吨、206吨、3.4吨。1987年，开始实施“菜篮子”工程，成立镇蔬菜专业合作社，先后在新华村、闸北村建成两个优质蔬菜基地，发展大棚种植，引进种植蔬菜新品种。至1999年，先后建成钢架大棚20个、竹架大棚340个，引进蔬菜新品种25个，蔬菜产量1.6万吨，基本满足城区居民生活需要。2000年后，实施“产业强农、科技兴农、品牌立农”战略，在高谢村建成占地101公顷省级现代化农业科技示范园，设有新品种育苗及生长展示区、花卉苗木种植区、蔬菜设施栽培区。2000年4月15日，国务院总理朱镕基视察该园区，称“是名副其实的吨粮田”。2002年，围绕发展“绿色五业”，调整优化种植业内部结构，初步形成无公害蔬菜、优质稻米、良种繁育等基地，实施节水示范园、农业现代化试点村等项目，被国家发展计划委员会列为优质稻米生产基地1333.3公顷。2003年，镇农技推广服务中心的宝塔牌青菜，获省无公害农产品证书。2004年，全镇获批为省无公害农产品生产产地1333公顷。2005年，粮食、油料作物和蔬菜种植面积分别由2000年的3617公顷、288公顷、450公顷调整为3891公顷、318公顷、437公顷，总产量分别由2000年的2.32万吨、906吨、1万吨增加到2.33万吨、1056吨、1.06万吨。

林业　1986年，城区有树木16.48万株，全镇果园8.3公顷、果树1.2万株。进入21世纪，以开展“绿色银行”大行动为契机，采取景观经济林与环保林相结合，建设苗木花卉生产基地。2005年，被扬州市绿化委员会表彰为绿化先进镇。至2005年，共成片造林273公顷，农田林网折实面积133公顷，累计植树38万株。

畜禽养殖　1986年，畜禽以农户散养为主，全镇饲养生猪2668头、家禽7.97万羽。2000年起，发展规模化、良种化、产业化畜禽养殖，组建镇生猪协会。2002年，建成新民滩高邮鸭、扬州鹅养殖基地，年饲养量70万羽以上。2005年，生猪、家禽饲养量分别由2000年的7.93万头、69.94万羽调整为6.61万头、84.98万羽。

水产业　80年代，水产业以太平渔业村的捕捞和水产品经营为主。1986年，新开鱼塘4.9公顷，改造老鱼塘11公顷，养殖成鱼64.5吨，捕捞产量234吨。90年代，年鱼塘养殖产量、捕捞产量分别稳定在70吨、300吨左右。2000年起，组建围网养殖协会，在高邮湖区实施以金墩村为中心区的水产品立体养殖模式和网箱养殖技术，建设围网养殖基地5000公顷，养殖品种为常规鱼类和螃蟹、加州鲈鱼、鳖、鳜鱼等。2002年，高邮湖牌大闸蟹获中国绿色食品发展中心颁发的绿色食品证书。2003年，获批为省无公害水产品生产基地333公顷。2005年，全镇水产品养殖面积6160公顷，水产品产量由2000年的5158吨增长到1.03万吨。

农业机械　1986年，农机总动力3404千瓦，主要从事农田耕翻、灌溉、排涝、脱粒等作业。1999年起，实施农机产权制度改革，鼓励农民自购或联合购置农机具。2005年，农机总动力1.90万千瓦，农业综合机械化水平85%。

农田水利　1986年，全镇有南关干渠、南澄子河、马饮塘河、大寨河、挡湾河等防洪圩，总长32.5千米。沿堤设有圩口闸2座。1994年，投资60多万元，在闸北村、新华村建成砖混结构灌溉水渠5千米。2001年，建成南关干渠高邮镇段衬砌渠道6.5千米。2003年，与市水利等部门实施高邮湖东岸堤防达标工程；完成省级高邮镇节水灌溉示范区工程建设，总面积240公顷。

二、工业

1986年，全镇实现产值3041万元，其中镇办厂2247万元、村（街道）办厂570万元、组户联办厂224万元。1987年起，以包装工业为镇属工业发展重点，加大投入，加强与外地大企业挂钩联合，并推行承包经营责任制。至1990年，全镇有包装企业6家，实现产值2990万元，占全镇工业总产值51%。市塑料编织厂生产的井字牌塑编袋获“部优产品”称号。1991年，扬州市华威新型装饰材料厂利用挪威政府贷款1505万元，引进彩色石英地砖生产线，该项目被列为省“星火”计划。1992年，全镇工业产值首超亿元。1993年，在市包装厂实施股份制改革试点，成立市包装制品有限公司；利用市红旗纱厂、镇眼镜厂原有厂房，实行联营与托管。次年，在3家企业中推行股份合作制，对微小企业实施切块承包和托管经营。1996年，全镇16家工业企业中，有6家企业改制为股份合作制。同时，抽调机关干部到6家困难企业，开展扭亏解困工作。1997年，扬州市华威新型装饰材料厂实行退二（第二产业）进三（第三产业），兴办华威金海洋休闲服务中心。1998年，对市塑料编织厂、工贸合营高邮纸箱厂、市造纸二厂、市红旗纱厂、兴邮纸盒厂等企业分别采取风险抵押承包、租赁承包和引进民资的方式，推进企业发展。市包装制品有限公司新型瓦楞纸板生产项目，被列为国家“星火”计划项目。2000年，累计完成工业技改投资6109万元，实施技改项目31项，其中4项被列为省“星火”“火炬”计划。2002年，启动规划建设高邮镇工业集中区，规划用地461公顷。至2005年末，工业集中区开发建设面积280公顷，基础设施建设累计投入3118万元；投入5.53亿元，建成标准化厂房3.31万平方米；入园企业累计有96家，其中产值1亿元以上企业7家、5000万元以上企业5家，实现产值10.02亿元，占全镇工业总产值33%。2005年，全镇形成电缆、化工、机械、包装、服装、箱包鞋、建材、通信器材、电光源、船舶制造等工业门类，工业企业、规模以上企业分别由2000年的247家、24家增加到296家、37家。

图34-1　2005年高邮镇工业集中区一角

三、建筑业

1986年，全镇有建筑企业1家，从业人员295人。1990年，镇建筑安装公司获省建工局颁发的三级企业资质证书。1993年起，开拓泰州、扬州、南京等地建筑市场。1999年，该公司改制为城区建筑安装工程有限公司。2000年后，全镇建筑业加强资源整合和要素集约，以江苏兴厦建筑安装集团公司为龙头，带动城区、湖滨建安公司和市建筑安装基础工程公司，形成企业集群，增强竞争合力。2000～2005年，全镇建筑企业先后获省优质工程奖11项、省市QC优秀成果奖5项。江苏兴厦建筑安装集团公司被省建筑行业协会表彰为省建筑业优秀企业。2005年，全镇有建筑企业6家，从业人员5000人。

四、商贸服务业

1986年，以镇（街道）、村为主体，发展粮食、农贸、建材、餐饮、服务、运输等经营项目，共有集体商业机构228个、个体商业门店614个，完成营销额674万元、利润22万元。进入90年代，通过实施优惠政策和市场引导，个体私营商贸服务业发展迅猛。至1999年，全镇有个体工商户3700户，注册资金1.2亿元，从业人员9100人，实现第三产业增加值1.19亿元。2000年后，坚持“建设大市场、搞活大流通、带动大发展”的思路，培育装饰、水产、砂石、农贸、建材、水果等专业市场，先后建成新世纪建材市场、港澳家具城、华泰物资交易市场、北海金店、凤祥银楼等市场。至2005年末，全镇有集贸市场12个、商贸服务企业210家、个体工商户6839户，从业人员8.92万人；实现第三产业增加值4.2亿元，比2000年增长144.2%。

第三节　社会事业

一、教育

1986年，全镇有幼儿园8所，班级36个，在园幼儿1110人，教师44人；小学8所，班级107个，在校学生5122人，教师300人；初级中学2所，班级19个，在校学生1089人，教师87人。1994年，基本扫除青壮年文盲，普及九年制义务教育。1995年，实施学校布局调整，初级中学由2所调减为1所，小学由8所调减为7所。1996年，城北小学被省教育厅批准为省电化教育实验学校。至1999年，共投资615万元，兴建教学楼6幢，建筑面积6090平方米。2000年，启动教育现代化工程。2002年，武安初级中学征地3公顷扩建校园，城南小学教学楼落成。2003年，湖滨初级中学整建制撤并至武安初级中学，城北小学创建成省实验小学。2004年，武安初级中学创建成省示范初中，城区5所镇属小学被扬州市教育局批准为扬州市合格学校。2005年，城北实验小学被国家环境保护总局和教育部表彰为全国绿色学校创建活动先进学校；全镇有各类幼儿园11所，班级124个，在园幼儿2751人，教师124人；小学11所，班级182个，在校学生8109人，教师421人；初级中学2所，班级50个，在校学生2786人，教师164人。学龄儿童入学率100%，小学、初中学生毕业率分别为98.5%、100%。

二、文化

1986年，城区有文化馆、图书馆、新华书店、剧场、电影院、歌舞厅、录像厅等文化场所37家。1992年，镇老年书茶社被省文化厅授予“省首届明星书场”称号。1993年，城区有线电视网开播，用户近7000户。1999年，成立京剧票友社。2003年，该镇举办首届社区艺术节，此后每年一届。至2005年，全镇有线电视入户率85%，有文化广场3个、文化娱乐场所7家、民间表演队14个。

全镇有保存完好的古迹59处，其中明盂城驿为全国重点文物保护单位，唐镇国寺塔、宋文游台、宋城墙及明奎楼、清当铺为省文物保护单位。

三、卫生

1986年，全镇有卫生院1所，科室9个，医技人员32人，病床41张；村卫生室6家，乡村医生6人。1988年5月，撤销高邮镇卫生院，在其原址建立城南医院，高邮镇卫生院城北门诊部改建成城北医院。1993年，城北医院创建成高邮市首批一级甲等医院。1994年，城北医院门诊大楼落成，建筑面积3700平方米。1996年，城南医院创建成一级甲等医院，设立市老年关怀康复中心。2000年5月，武安乡、湖滨乡卫生院分别更名为高邮镇武安卫生院、高邮镇湖滨卫生院。2005年，全镇有医院、卫生院4所，科室52个，医技人员194人，病床156张；村卫生室20家，乡村医生39人。

1992年，该镇被扬州市政府表彰为“七五”期间计划生育工作先进集体。2001年，镇计生协会获“扬州市计划生育协会先进乡镇”称号。

1988年，开展创建自来水普及乡镇活动。至1992年，城区自来水覆盖率100%。1994年，新华、闸北、新坝村建成三格式卫生户厕233座。1996年，实现村村通自来水。2000年，创建成自来水普及乡镇，湖滨水厂被表彰为省农村先进水厂，新华村创建成市卫生厕所普及村。2004年，新民村创建成扬州市改厕普及村。2005年，关停武安自来水厂，与市自来水公司并网供水；新建住宅卫生户厕普及率100%。

四、体育

1986年，有大型运动场1处。1993年起，先后建成体育馆、游泳池。1989年，高邮镇中心小学被命名为首批县级田径项目传统学校。1995年，镇门球协会承办省“邮城杯”老年门球赛，该镇代表队获第二名。2003年，市奎楼老年健身队被全国妇联、国家体育总局授予“全国亿万妇女健身活动巾帼文明健身队”称号。2004年，高邮镇举办首届体育运动会，共有63支代表队1310名运动员参赛，设有田径、球类、拔河等比赛项目。是年10月，该镇被扬州市政府表彰为扬州市群众体育先进单位。至2005年，全镇有全民健身活动场所12处。

第四节 村镇建设

一、基础建设

1986～1999年，该镇协助市城建局铺设城区水泥、沥青路293条，其中主干道5条、次干道及后街小巷288条，总长20.5千米，面积7.12万平方米。2000年5月，镇党委、政府办公地址迁驻高谢村（原武安乡党委、政府所在地）。2001年起，镇党委、政府加大集镇建设力度，实施集镇亮化、美化、绿化工程。2002～2003年，凤凰村、金墩村先后被授予“扬州市生态村”称号，琵琶社区于2003年创建成扬州市绿色人居社区。至2005年末，集镇面积从2000年的0.73平方千米扩大到2.1平方千米，初步形成行政、工业、商贸、仓储、文教、住宅六大功能区域；建成兴武路，改造武安路，主街道呈现“五纵三横”的网络骨架；改建府前广场，建成高谢路商贸一条街、富民路农贸市场；开发建设碧玉园住宅小区、高谢住宅小区，吸引进镇落户农村居民227户；集镇绿地面积34公顷，绿化覆盖率16.2%。全镇人均住房面积由2000年的18.91平方米提高到26平方米。

二、交通

1986年，全镇水路交通有京杭大运河、澄子河、沿河等，陆路交通有淮扬公路、高兴东公路等，设有市长途汽车客运站和轮船站。1998年、2002年，先后建成高邮运河大桥、运河二桥，沟通高邮运东地区和高邮湖西地区的陆路交通。1999年，城区开通公交线路7条。2000年，京沪高速公路高邮段建成通车，并在镇境设有出入口。2002年，建成丁庄桥、沿河口大桥。2003年起，实施农村通达工程。至2005年末，建成灰色通村道路151.5千米，全镇除金墩村外，其余16个村通上公路。

三、邮电

1989年，长途电话进入全国自动网。1994年，开通移动电话。2000年，城区安装公用电话453部。2001年，启动城区宽带网工程，当年发展宽带用户444户。至2005年，全镇居民安装固定电话6.07万部，电话入户率98%；拥有移动电话2.97万部，家庭普及率51%以上；有互联网用户4682户。

四、供电

1986年，城区居民户通电率100%；实施闸北、新华、新坝村电力线路改造工程，架设线路12.5千米。2003年，建成110千伏武安变电所。2004年，完成城区电网改造工程，新建或改造电力线路62千米。2005年，居民年人均生活用电量260千瓦。

第五节　特色村简介

一、高谢村

因地处原武安乡高庙圩和谢家圩之间而得名，系高邮镇党委、政府所在地。1986年，全村农田全部建成高产稳产的吨粮田，达到“田块方整化、灌排标准化、田间林网化、种植良种化、施肥科学化、操作机械化”目标，成为远近闻名的农业生产样板村，先后为全国、省、扬州市和高邮市提供农业生产现场50多次。泰国、美国、日本和苏联等国家农业专家先后到该村考察，给予好评。1993年、1997年，先后被列为扬州市现代农业示范村、省和扬州市农村现代化试验区先进示范单位。1994年5月19日、2000年4月15日，国务院总理李鹏、朱镕基先后到该村视察，对高效农业给予很高评价。2000年，由原高谢、沿河村合并而设，耕地面积84.4公顷。2002年起，该村抓住城区东扩机遇，调整产业结构，利用地域优势，在淮江公路绕城段西侧设置创业园，引进服装、汽配、五金、蓄电池等工业企业，兴办停车场、物流、餐饮等服务企业。2005年，有7个村民小组，615户、人口3326人；工业企业15家；实现社会总产值1.17亿元，农民人均纯收入6933元。先后被表彰为扬州市首批农业现代化建设先进村、扬州市文明村。

二、武安村

以原武安乡而得名。该村利用城郊区位优势，于八九十年代，开始兴办停车场等服务业，创办工厂，壮大集体经济，提高村民收入。进入21世纪，随着城市东扩战略的快速推进，该村土地全部被征用，融入新城区，成为城市中心地带。先后开发建设新世纪建材市场、卧龙家具城，引进华联制衣、贵宝制衣等22家工商企业，引导、鼓励村民自主创业，发展运输、商业等商贸服务业，劳动力全部就业。同时，组织实施现代农民教育工程，开展社会公德、职业道德、家庭美德教育和技能培训活动，增强村民法治意识和道德素质，促进村民从农民向市民、从务农向产业工人转变。2005年，有6个村民小组，486户、人口2949人；面积33.5公顷；工业企业21家；实现社会总产值2.83亿元，农民人均纯收入8108元。先后获“省法治示范村”“省文明村”“扬州市文明村”“扬州市民主法治示范村”“市文明村”称号。

第二章　武安乡

第一节　基本概况

武安乡位于高邮城区东郊，东接龙奔乡，西连高邮镇，南临车逻镇，北接东墩乡。1992年、1995年，先后获“省科技示范乡镇”“首届中国乡镇投资环境300佳”称号。

因地处宋代高邮城东门——武安门而得名。为明清时高邮农村5乡之一。1945年8月至1955年

4月，隶属城区。1955年5月，划属车逻乡。1956年6月，调整为县直属乡。1958年9月，划属高邮人民公社。1965年2月，与城镇分治，成立城东人民公社。1966年4月，沿河人民公社并入。1982年2月，更名为武安人民公社。1983年，撤社建乡，更名为武安乡。2000年5月，撤销武安乡，原所辖区域并入高邮镇。

该乡属里下河冲积平原，地势平坦，西南略高，东北偏低。乡内土壤主要由黏土、黄泥土、杂白土等组成。海拔2.6～4.5米。总面积31.9平方千米，其中陆地面积29.97平方千米、水域面积1.93平方千米。

1986年，辖12个村、181个村民小组。1999年，在总人口中，农业人口2.82万人、非农业人口540人，男性1.43万人、女性1.44万人，少数民族人口23人，人口密度901人/平方千米。

1986～1999年部分年份武安乡经济社会指标实绩一览表

表34-4

项目 年份	户数（户）	人口（万人）	劳动力人口（人）	耕地面积（公顷）	粮食产量（万吨）	农业产值（万元）	工业产值（万元）	建筑业产值（万元）	农民人均纯收入（元）
1986	5843	2.34	10237	1362	2.1	1256	1624	600	727
1990	7182	2.62	10374	1420	1.8	3336	4718	1640	920
1995	8326	2.89	9357	1318	1.7	4592	35900	20700	2902
1999	8154	2.87	8489	1710	2.1	8683	86181	32000	4200

第二节 经济建设

一、农业

1986年起，加强现代农业基础设施建设，调整优化农业结构，由传统农业逐步向现代农业转变，为全市农业发展的排头兵。1997年，全乡多种经营产值过亿元。1999年，种植业、林业、牧业、水产业产值占农业总产值比例分别由1986年的75%、0.6%、22.5%、1.9%变为54.5%、0.4%、39%、6.1%。

种植业　农作物生产实行麦稻两熟制，伴栽棉花、油菜等经济作物。1986年，经济作物种植面积扩大到167公顷。1989年，创建全国第一部农田档案，国家、省有关领导和专家以及数个国外农业代表团到该乡参观考察。高谢村被确定为扬州市农业现代化试验村，始建千亩丰产方（吨粮田）。1990年，在全国首家运用计算机指导农业生产。1993年，吨粮田栽培模式在全市推广。1994年5月19日、1995年6月21日，国务院总理李鹏、副总理姜春云先后视察该乡，肯定该乡围绕高效生态农业，实现群众整体富裕的发展道路。1995年，在高谢村兴建农业高新技术产业示范区，面积67.8公顷。1996年，该示范区被列为高邮市国家农业综合开发高新科技示范推广项目。1997年，被列为扬州市农村现代化建设试验乡。1999年，粮棉油作物种植面积分别由1986年的3097公顷、64公顷、227公顷调整为2500公顷、56公顷、193公顷，总产量分别由1986年的2.07万吨、58吨、420吨变为2.06万吨、61吨、529吨。

林业　1986年，全乡成片造林面积19.3公顷。1987年起，逐年开展植树造林活动。1997年，高谢村被表彰为全国造林绿化千佳村。至1999年，累计植树27.9万株，成片造林面积98公顷。

畜禽养殖　1986年，畜禽以农户散养为主。1990年起，发展规模化、良种化、产业化畜禽养殖。当年，培植养禽10万羽专业村2个、500羽以上大户466户，全乡饲养家禽63.19万羽。1999年，生猪、家禽饲养量分别由1986年的2.49万头、23.67万羽增加到8.53万头、90万羽。

水产业　1986～1994年，水产品大多为自然放养。1995年起，勤王、渠南等村兴建青虾、罗氏沼虾生产基地13公顷。1999年，水产品产量由1986年的380吨增加到505吨，其中特种水产品产量31吨。

农业机械　1986年，农机总动力5770千瓦，主要从事农田耕翻、灌溉、排涝、脱粒等作业。1999年起，实施农机产权制度改革，鼓励农民自购或联合购置农机具。是年，全乡农机总动力1.52万千瓦，农业综合机械化水平82%。

农田水利　1986年，全乡有沿河、南澄子河、八里尖河、备战河、香沟河等防洪圩，总长52千米。沿堤设有圩口闸4座。1986～1990年，先后实施南关灌区渠堤加高培厚工程，八里河、备战河、南澄子河、香沟河清淤疏浚工程，高标准实施田间水系配套工程等，累计完成土方205万立方米，全乡达到吨粮田建设标准的农田1400公顷。

二、工业

1986年，全乡实现产值1624万元，其中乡办厂766.7万元、村办厂769.85万元、组户联办厂87.45万元。1990年，调整产品结构，开拓市场，实施技改项目5项，实现工业产值4718万元，成为全县乡镇工业排头兵。1991年，调整工业结构，培植规模企业，企业由84家减少到38家，初步形成规模效益。1993年，实施"规模兴业、科技兴厂"策略，投入技改资金近2000万元，研制开发机械、化工、轻工、建材四大系列28种产品，全乡工业产值首超亿元，达19453万元。1995年，江苏日欣实业集团有限公司、扬州华达机械有限公司产值首超亿元。1996年6～10月，在全乡24家乡村办工业企业中，推行产权制度改革，其中实行股份制6家、股份合作制17家、风险抵押承包责任制1家。1998年，投入技改资金3000万元，开发一批有发展后劲的产品，其中3种产品被列为省"星火""火炬"计划。至1999年末，全乡形成机械、化工、轻工、电器、橡塑、建材、家具、包装等工业门类，共有工业企业22家，其中年产值1亿元以上企业2家、5000万元以上企业3家，实现工业销售收入7.76亿元、利税4465万元。

三、建筑业

1986年，全乡有建筑企业4家，从业人员800人；在高邮、南京、上海等地承建施工面积5.5万平方米。1993年后，开拓外埠建筑市场力度加大，先后在扬州、南京、上海、天津、重庆、青岛、西安等城市承建工程。1994年，全乡建筑业产值首次突破亿元，达1.04亿元。1995年，被市政府命名为首批"建筑之乡"。1996年，组建成全市首家省级建筑业集团——江苏兴厦建筑安装集团公司。该公司于1997年获中国建筑业协会授予的全面质量管理"金屋奖"，1998年被省建工局、省建筑业协会表彰为省建筑业最佳企业。1999年，全乡有建筑企业3家，其中一级资质企业1家、二级资质企业2家，从业人员4500多人。

四、商贸服务业

1986年，商贸以供销合作社、商业合作社为主体，在距集镇较远的村设立生产生活资料门市部和生活资料供应点。1991年起，以村为主体，发展小旅馆、小饭店、小商店、停车场、加油站和小货车、三轮车运输等"小而活"的便民服务项目。是年，实现运输业、商业、服务业营业额分别为140万元、33万元、12.6万元。1993年，武安供销社所属武安商场，在全市商业企业中率先试行抽本经营，当年盈利6.5万元，实现扭亏为盈的目标。1998年，通过制定优惠政策和培植专业村、户方式，推进商贸服务业迅猛发展，实现第三产业增加值1.03亿元。至1999年末，全乡有集贸市场2个、商贸服务企业15家、个体工商户3650户，从业人员5000多人，实现第三产业增加值1.6亿元。

第三节　社会事业

一、教育

1986年，全乡有幼儿园11所，班级15个，在园幼儿420人，教师15人；小学11所，班级62个，在校学生2428人，教师108人；初级中学2所，班级21个，在校学生1137人，教师65人。1987年起，实施学校布局调整，初级中学由2所调减为1所，小学由11所调减为8所。1996年，基本扫除青壮年文盲，普及九年制义务教育。1999年，全乡有幼儿园4所，在园幼儿725人，教师46人；小学9所，班级74个，在校学生2831人，教师162人；初级中学1所，班级19个，在校学生806人，教师70人。学龄儿童入学率100%，小学、初中学生毕业率分别为97.9%、99.1%。

二、文化

1986年，村村建有广播室，广播入户率70%。1989年，乡文化中心成立，开展春节文艺会演、农歌会、文艺进村头等群众性文化活动。1996年，有线电视覆盖8个村，总用户2100多户。至1999年，全乡有影剧院1座，歌舞厅、书社、网吧等场所9家；有线电视用户7340户，入户率90%。

三、卫生

1986年，乡卫生院1所，科室3个，医技人员18人，病床11张；村卫生室12家，乡村医生30人。1995年，乡卫生院门诊楼落成。1999年，乡卫生院设科室6个，医技人员42人，病床20张；该院被卫生部授予“爱婴医院”称号；村卫生室11家，乡村医生22人。

1991年3月，浩芝村计划生育协会被省计划生育协会授予“计划生育模范集体”称号。1999年，该乡被扬州市政府表彰为扬州市计划生育红旗乡镇。

1986年，武安、宝塔、凤凰、文游村共集资36万元，铺设自来水管道16.26千米，自来水用户2290户。1995年，建成乡自来水厂，日供水2000立方米，自来水覆盖率由1986年的39.2%提高到80%。1999年，自来水覆盖率98%。

1992年，启动农村改厕工作。1998年，沿河村、宝塔村被市爱国卫生运动委员会表彰为卫生厕所普及村。1999年3月，沿河村被省爱国卫生运动委员会表彰为省卫生村。至1999年末，全乡改厕率56%。

四、体育

1986年起，定期举办村企体育联谊赛，项目主要为象棋、扑克、乒乓球等。1994年起，陆续在新建居民小区添置体育健身器械。至1999年，全乡有全民健身点2个、农民健身队5支。

第四节 村镇建设

一、基础建设

1986年，集镇有1条街、2条路，总长5.4千米，居民大多傍沿河、香沟河居住，建筑大部分为平瓦房。1987年，乡政府大楼落成，建成富民街。1988年，按照“东西拓展，功能分区，四面辐射”的集镇总体规划要求，启动集镇开发建设。1993年，启动集镇商品房开发。当年，兴建太西饮服小区，共220户，建筑面积1.98万平方米。1996年，建成蓬莱路，改造富民街、甘雨街、武安西路和香沟路。1998年，被扬州市政府命名为新型小城镇。至1999年，集镇建成区面积0.73平方千米，有主要道路5条、16千米；累计公共建筑面积5.08万平方米、商品房面积3.15万平方米，吸引进镇落户农村居民340户；集镇绿地面积4.5公顷，绿化覆盖率16.2%；全乡人均住房面积由1986年的21平方米提高到34平方米。

二、交通

淮江公路、高邮船闸引河穿乡而过。1986年末，历时3年、总投资22万元、长15千米的环乡公路建成。1998年，以乡财政为主体，投资近400万元，将乡通村的18.77千米砂石路改建成水泥路；兴建沿河口大桥、城东桥，改造八里尖河、香沟河等5座危桥。1999年7月，高邮城区至凤凰村的城乡公交线路开通。至1999年末，共建乡通村水泥路46千米、村通组硬质路58千米。

三、邮电

1986年，有邮政代办所1所，电话进入市话网。1990年，自办汽车邮路。1992年9月，电话进入市话自动拨号网。1996年，实施“双电”（电视、电话）工程，安装程控电话3588部，占总农户的68%以上，成为全市第二个电话乡。1998年，建成移动通信基站1座。1999年，全乡固定电话入户率95%，移动电话家庭普及率31%。

四、供电

1987年，全乡实现户户通电目标。1994年，实施电力线路“两复三”工程，架设电力线路56千米。1998年，改架4条供电线路，整改低压线路45千米。

第三章　湖滨乡

第一节　基本概况

湖滨乡地处高邮湖畔，位于城区西南约4千米。东起京杭大运河高邮段西堤，南抵邵伯湖，西临新民滩杨庄河，北连高邮湖。

明清时即以湖滨称地名，又称新平滩，隶属武安乡。民国时期为新平乡。1949年5月，更名为新民乡，属车逻区。1956年6月，新民乡改为县直属乡。1958年12月，并入高邮人民公社，改称新民大队管理委员会。1959年4月，划入车逻人民公社。1960年3月，新民大队与湖区11个大队以及1个繁殖场联合组成高邮湖渔业公社；4月，改称湖滨人民公社。1983年，撤社建乡。2000年5月，撤销湖滨乡，原所辖区域并入高邮镇。

该乡地势低平，港汊纵横，滩涂广阔。乡内土壤主要有湖田土、冷土、马肝土、杂白土、湖淤土等。海拔5.5～6米。总面积11.57平方千米。

1986年，辖11个村、56个村民小组。1999年，在总人口中，农业人口9211人、非农业人口323人，男性4851人、女性4683人，少数民族人口15人，人口密度132人/平方千米。

1986～1999年部分年份湖滨乡经济社会指标实绩一览表

表34-5

项目 年份	户数（户）	人口（万人）	劳动力人口（人）	耕地面积（公顷）	粮食产量（万吨）	农业产值（万元）	工业产值（万元）	建筑业产值（万元）	农民人均纯收入（元）
1986	2048	0.91	4530	462	0.4	479	642	130	514
1990	2222	0.93	5100	423	0.5	1689	2750	85	790
1995	2377	0.95	5745	294	0.5	2010	19188	2838	2110
1999	2717	0.95	5853	80	0.9	3024	32594	1650	3118

第二节 经济建设

一、农业

该乡经济历史上以渔业、草业为主。80年代，实施围湖造田，全乡有近半数村弃渔从农。1991年起，逐步实施退耕还水，发展养殖业。1999年，种植业、水产业产值比例由1986年的1∶1.44调整为1∶2.45。

种植业　以种植麦稻、油菜、芝麻和蔬菜等农作物为主。由于淮河入江水道行洪，产量不稳定，灾年收成锐减。1993年起，鼓励规模种植，涌现种植百亩以上大户8户、2公顷以上大户53户。1999年，粮油作物种植面积（含湖滩临时种植面积）分别由1986年的874公顷、101公顷调整到1616公顷、994公顷，总产量分别由1986年的3920吨、109吨增加到8645吨、415吨。

林业　1986年，全乡有20多万株树木，初步形成堤路林网化。1991年，破圩分洪时，树木大部分被冲毁。1992年后，结合重建家园，在保安圩、南郊经济开发区开展植树造林活动。至1999年，完成成片造林49公顷，累计植树11.27万株。

畜禽养殖　利用湖滩、草荡散养畜禽。1993年，乡农业开发公司发展特珍禽养殖，年饲养珍禽1280羽。1994年，发展规模化、良种化、产业化畜禽养殖，培植养禽超万羽专业村1个、千羽以上大户41户。1999年，生猪、家禽饲养量分别由1986年的4468头、7.03万羽调整到3041头、15.78万羽，饲养山羊、绵羊622只。

水产业　实行捕捞、养殖并举，以捕捞为主。1986年，有人工鱼池60公顷。1992年，乡养殖场开挖鱼池6.42公顷，开办市特珍水产试验场，养殖、繁殖加州鲈鱼、鳖、蟹、罗氏沼虾等特种水产品。1993年，金墩村实施的高邮湖区万亩围网混养鱼蟹项目获得成功。1999年，金墩村推广网箱养殖技术近5000平方米，成为全省最大的村级围网养殖基地。全乡水产品产量由1986年的1571吨增加到3543吨，其中水产品养殖产量由325.2吨增加到1392吨。

农业机械　1986年，农机总动力6064千瓦，主要从事排灌、耕作、脱粒、运输、加工等作业。1995年，村组农田作业实现机械化。1999年，实施农机产权制度改革，鼓励农民自购或联合购置农机具。至年末，农机总动力2.34万千瓦，农业综合机械化水平91%。

农田水利　1986年，全乡有保安圩、老庄台圩、运河西堤、关头圩等防洪圩，总长59千米。沿堤设圩口闸127座。至1990年，拓宽浚深庄台内河3.4千米，兴建维修水利设施5处，砌筑南北圩护圩石坡1.3千米。1991年7月，实施破圩分洪。11月，实施淮河入江水道湖滨保安圩工程，建成南北长9.6千米、高12.5米的新大圩。1992年，在保安圩、沙湖和南郊经济开发区新建电力排灌站3座。

二、工业

1986年，全乡实现产值641.57万元，其中乡办厂218.5万元、村办厂423.07万元。1991年，为重振受到洪灾冲毁的乡村工业，在大运河高邮段东侧、八里松加油站西征地23公顷，兴建南郊经济开发区。1993年，实施“规模强业、科技兴厂、合资经营”发展战略，乡琼花丝绒厂创办成中美合资企业——扬州琼花丝绒织制有限公司。全乡实现工业产值1.05亿元，其中江苏华能电缆总厂、市助剂厂、扬州琼花丝绒织制有限公司共实现产值7020万元，占全乡工业总产值67%。1996年，推行乡村工业企业产权制度改革。至1997年，全乡18家乡村企业完成改制任务，其中实行股份制和股份合作制9家、风险抵押承包责任制6家、拍卖3家。是年，江苏华能电缆总厂产值首超1亿元。至1999年，全乡形成化工、橡胶、电缆、丝绒等工业门类，共有工业企业23家。

三、建筑业

1986年，全乡有建筑企业1家，从业人员110人。1992年，开拓上海建筑市场，参与外县建筑企业承包工程，亏损近万元。1993年，乡建筑安装公司组队再赴上海，自主承建3项工程，其中上海图书馆工程被杨浦区表彰为优良工程。1999年，建筑业从业人员320人。

四、商贸服务业

1986年，利用渔民船多优势，发展水上运输业，有运输户240户，年业务收入140万元。1993年起，陆续兴办供销商场、招商市场、停车场、加油站等，年营业额110万元。1995年，成立乡商业开发总公司，投资近500万元的乡招商大楼竣工。1998年，建成集镇农贸市场。1999年，全乡有集贸市场2个、个体工商户162户，从业人员1600人，实现第三产业增加值2652万元。

第三节　社会事业

一、教育

1986年，全乡有幼儿园10所，班级10个，在园幼儿170人，教师10人；小学11所，班级31个，在校学生929人，教师27人；初级中学1所，班级6个，在校学生311人，教师20人。1987～1989年，实施学校布局调整，小学由11所调减为5所，1996年又调减为3所。1991年8月、1993年3月，国家教委副主任邹时炎、滕藤先后到该乡考察教育工作。1994年，由香港爱国人士邵逸夫捐赠港币50万元、地方集资40万元，建成建筑面积1300平方米的乡中心小学逸夫楼。1995年，基本扫除青壮年文盲，普及九年制义务教育。1996年，湖滨初中迁址新圩区。1999年，全乡有幼儿园1所，班级10个，在园幼儿295人，教师16人；小学3所，班级22个，在校学生633人，教师39人；初级中学1所，班级4个，在校学生141人，教师33人。学龄儿童入学率100%，小学、初中学生毕业率分别为92.1%、100%。

二、文化

1986年，设有影剧院、广播站、文化站等文化场所。1987年起，每年组织文艺进村巡演。1988年，"湖滨乡民间文艺三套集成"采编完成。1991年，举办首届"贺新年大家乐"文艺演出，此后每年举办一届。1996年，开通有线电视。1997年，乡文化中心大楼建成开放，设有图书馆、阅览室、棋室、卡拉OK歌舞厅等。1998年，被省文化厅命名为全省群众文化先进乡镇。1999年，历时4年编纂的《湖滨乡志》出版。

三、卫生

1986年，乡卫生院1所，科室9个，医技人员11人，病床10张；村卫生室10家，乡村医生12人。1987年，村卫生室在全县率先实行以乡统管、乡村联办的管理机制。1994年，投资61.5万元，建成乡卫生院门诊楼。1995年9月，被市政府确定为基本消灭血吸虫单位。1997年，实施村办合作医疗制度。

1986年，乡办自来水厂1座。1990年，乡自来水二厂建成。全乡自来水普及率95%。1997年，建成新圩区自来水厂，日供水1000立方米。1998年，建成沙湖自来水厂，创建成自来水普及乡镇。

1992年起，实施改厕工程。曹湾和吴庄、五一村分别于1996年、1998年被市爱国卫生运动委员会评为卫生厕所普及村。1999年3月，曹湾村被省爱国卫生运动委员会表彰为省卫生村。至年末，全乡改厕率81%。

四、体育

1990年，举办首届渔民水上运动会，设龙舟、螃蟹舟、一支篙、机动船、水上拔河、水上射击项目，共有15支代表队657名运动员参加比赛。是年，湖滨乡被表彰为县体育先进乡镇。1991年，成立乡农民体育协会，被扬州市政府表彰为体育先进乡镇。

第四节　村镇建设

一、基础建设

1986年，集镇坐落在湖滨老庄台，南北长500多米、东西宽36米，面积1.8万平方米。1995年4月，集镇迁至湖滨村孙庄。1999年9月，湖滨小城镇总体规划通过评审。至1999年，集镇建成区面积0.2平方千米，人口511人，有漫水公路、穿乡路、东中心路、西中心路，公共建筑面积2.61万平方米，公共绿地面积4.3公顷，绿化覆盖率21.3%。全乡人均住房面积由1986年的18平方米提高到21平方米。

二、交通

1986年，该乡通过大运河高邮段上的西渡口、八里松渡口、车逻渡口与外界沟通。1987年秋，建成庄台水泥路8.35千米。1988年1月，车逻渡口建成汽渡码头，结束乡与县城不通汽车的历史。1989年，建成庄台内河圩4.5千米砂石路。1990～1995年，实施乡村通达工程，建成乡通村灰色道路31.2千米。1998年，高邮运河大桥建成。1999年9月，湖区漫水公路全线贯通，开通高邮城区至湖滨公交线路。

三、邮电

1986年，有邮政代办所1所，电话进入市话网。1993年，邮电大楼落成，电话进入市话自动拨号网，电话发展到195部。1995年1月，曹湾村建成全市第一个电话村。10月，全乡累计安装电话1213部，农户电话普及率67.8%，建成苏北第一个电话乡。1998年，新建移动通信基站1座。7月，开通汽车邮路。

四、供电

1986年，老庄台居民和企事业单位用电接上电网。1992～1995年，新架10千伏高压线路10.1千米、低压线路12千米。1995年，实现户户通电目标，乡机关、企事业单位和各村村部均购置自发电设备。至1999年，全乡有发电机24台，总容量2186千瓦。

第四章　车逻镇

第一节　基本概况

车逻镇位于高邮城区南7千米。东与卸甲镇、八桥镇接壤，南与江都市昭关镇毗邻，西临京杭大运河，北界高邮城南经济新区、高邮镇。

相传秦始皇东巡时，派巡逻车南巡至此而得名。南宋时名车乐。明称车逻镇市，隶属高邮州，车逻镇名自此一直沿袭至今。新中国建立初期，设车逻区，辖金桥、闸河、太丰、凌湖、车逻、特平等6个乡。1956年，撤区并乡，设新联（凌湖、金桥）、闸河、车逻等3个乡，直属高邮县。1958年春，3个乡合并为闸河、车逻两个县属乡。同年秋，又与城镇合并为高邮人民公社。1959年，从高邮人民公社划出成立车逻人民公社。1983年，撤社建乡，更名为车逻乡。1992年12月26日，撤销车逻乡，以原辖区域建立车逻镇，实行镇管村体制；1993年1月，举行撤乡建镇庆典活动。

该镇属里下河冲积平原，地势平坦，西部稍高，东部稍低。镇内土壤大部分为黏土，少数为黄土、杂白土和湖田土。海拔最高点4.7米，最低点1.8米。总面积56.43平方千米，其中陆地面积54.1平方千米、水域面积2.33平方千米。

1986年，辖27个村、298个村民小组。2000年3月，辖13个村、143个村民小组，1个居民委员会、3个居民小组。2005年，在总人口中，农业人口3万人、非农业人口3135人，男性1.66万人、女性1.65万人，少数民族人口19人，人口密度587人/平方千米。

1986～2005年部分年份车逻镇经济社会指标实绩一览表

表34-6

项目 年份	户数（户）	人口（万人）	劳动力人口（人）	耕地面积（公顷）	粮食产量（万吨）	农业产值（万元）	工业产值（万元）	建筑业产值（万元）	农民人均纯收入（元）
1986	8525	3.64	17709	2969	3.3	1968	2139	647	647
1990	9213	3.65	18065	2965	3.2	4680	4888	1860	806
1995	9254	3.52	17762	2739	2.9	7172	30827	2750	2432
1999	9125	3.43	15055	3528	3.4	13727	33041	5164	3144
2005	10359	3.31	13706	3472	3.2	9984	81251	14532	5450

2005年车逻镇各村、社区基本情况一览表

表34-7

村、社区	村（居）民小组（个）	常住人口（人）	耕地面积（公顷）	人均纯收入（元）	主要自然村庄
上庄村	12	2598	224	5265	居上庄、居下庄、西下庄、仓房庄、祁家庄、马家园、蒋桥、牌楼、马厍、陈汉庄、西平庄、王家庄、东平庄、梁家桥、金家庄
凌湖村	10	2367	225	4998	大龙庄、梁家庄、胡庄、钱庄、楼子庄、李家庄、居庄、戴家庄、新庄、新圩、新河、杨老庄、杜庄、苏庄、肖庄、三十里铺、楼庄、小龙庄、彭庄、包家庄
黄厍村	10	1897	217	5140	南滩、徐老庄、侉子厍、黄家厍、东大圩、金家沟、新村、春风庄台
闸河村	15	2848	242	5305	栀子庄、二十里铺、前朱庄、后朱庄、西石庄、花石庄、印庄、新庄、中金桥、方家庄、孔庄、戚家大桥、陈龙庄、下金桥、万沟、周家跳
砖场村	15	3315	243	5092	周庄、大李庄、白石庄、小李庄、砖头场、越河头、倪家庄、大雪庄、圩官庄、郭家桥、观音庵、王庄、太和庄、姜桥、赵庄、诸葛庄、周庄
特平村	9	1881	146	5013	张庄、周庄、包庄、俞家庄
太丰村	12	2174	200	5225	绪家庄、逊庄、王庄、袁家庄、小袁庄、马家滩、文昌宫
山广村	15	2469	242	5322	山广庄、杨庄、沈家庄、王庄、新河、龚家厍、姚家、同心、连沟、新村、沿河村、腰庄、张家厍、太平、柏杨庄
车逻村	10	2643	121	5327	车逻庄台、柏福庄
师伙村	6	1423	109	6507	清源庄、师伙庄、周庄、新村、夏庄
保丰村	9	1585	159	5353	陈家庄、公田庙、姜庄、柏庄、新村、曹庄、胡庄、小金庄、大管庄
新胜村	10	1788	141	5330	金桥头、金庄、端家庄、潘家湾、赵庄、张家圈、
湾桥村	10	1678	167	6454	和合庄、磨盘庄、新村、姜渡、孙庄、中心庄、王家庄、曹庄、李大桥、西杨庄、耿兴庄、许庄、张后庄、瓦屋庄、王庄、南大堆
朝阳社区	—	4459	—	5640	—

第二节　经济发展

一、农业

80年代，该镇被列为扬州市百万亩吨粮田建设示范区。1986年起，调整农业结构和作物种植布局，扩大果木、花卉等经济作物种植面积和水产品养殖面积，建设"一村一品"专业村。2005年，种植业、林业、牧业、水产业产值占农业总产值比例分别由1986年的69.2%、1.3%、27.1%、2.4%调整为36.5%、1.1%、50.2%、12.2%。

种植业　农作物生产实行麦稻两熟制，伴栽棉花、油菜等经济作物。1992年起，面向市场调整优化种植品种，推行轻型栽培技术，扩种经济作物，粮棉油品种逐步实现纯良化，农产品逐步市场化。2002年，车逻米厂生产的鸿运牌精制大米获中国绿色食品发展中心颁发的绿色食品证书。至2003年，累计发展绿色食品生产基地1400公顷。2005年，粮油作物种植面积分别由1986年的5351公顷、243公顷调整为4722公顷、439公顷，总产量分别由1986年的3.27万吨、408吨变为3.17万吨、1056吨。

林业　1986年，全乡有水杉等树木35万多株。1993～1994年，新拓桑园、果园267公顷。进入21世纪，以"绿色银行"大行动和林权制度改革为契机，加快林业发展步伐。2005年，植树造林面积由1986年645公顷增加到1065公顷。

畜禽养殖　1986年，畜禽以农户散养为主。1992年起，发展以畜禽养殖为主的多种经营生产。至1999年，先后组建镇养猪协会、镇白肉批销经济合作社、马元村养猪经济合作社、金桥村养鸽经济合作社、镇鸽业经济合作社，有养殖大户近200家，农村经纪人队伍发展到近200人。2000年，先后引进和饲养獭兔、鹧鸪、黑豚、海狸鼠等新品，养殖总量5.5万只。2002年，推行种草养鹅，种草面积16公顷。2005年，生猪、家禽饲养量分别由1986年的3.46万头、22.34万羽增加到5万头、101万羽（鸡74.2万羽、扬州鹅12万羽、高邮鸭14.8万羽）。

水产业　80年代初，利用河、沟、渠、塘进行水产品养殖。1986年，有鱼池面积45.2公顷、河面粗养面积68.13公顷，投放鱼苗115万尾。1992年起，逐步扩大鱼池面积。2000年，引进饲养蝎子、水蛭等品种。至2005年，增加养殖面积197.67公顷，累计311公顷，其中特种水产品养殖面积166.7公顷。2005年，水产品产量由1986年的1347吨增加到2585吨。

农业机械　1986年，农机总动力1.03万千瓦，主要从事农田耕翻、灌溉、排涝、脱粒等作业。1997年，村组农田作业实现机械化。1999年起，实施农机产权制度改革，鼓励农民自购或联合购置农机具。2005年，农机总动力1.30万千瓦，农业综合机械化水平82%。

农田水利　1986年，全乡有余庄圩、车北圩、车南圩、袁庄圩、太丰圩、开垦圩、一庄圩等7个防洪圩，圩堤总长103.98千米。沿堤设圩口闸2座。1995～2005年，实施车逻干渠渠首改建和洞、闸、斗改造工程26项，先后开挖、疏浚河道、沟渠83条，改造、修建、新建各种配套物165座，完成土方78.93万立方米。

二、工业

1986年，全乡实现产值2139.49万元，其中乡办厂702.81万元、村办厂1407.21万元、组户联办厂29.47万元。1990年，县花炮厂研制成功声、光同步的新型鞭炮——光华牌宫灯式电子鞭炮。1992年，新办两家合资企业，合同利用外资32万美元。1993年，镇办农机修造厂、镇蓄电池厂先后与美国客商合资，分别成立扬州市高格机械有限公司、扬州市高盛装饰材料有限公司。是年，工业产值首超1亿元，达1.26亿元。在镇村工业企业中试行产权制度改革。至1996年，全镇44家镇村企业中，实行股份制、股份合作制24家，先租后股4家，租赁承包14家，托管经营1家，公转民1家。1997年，湾桥村威力工程机械厂被农业部评为全面质量管理达标企业，扬州强力不锈钢集团生产的强力牌标准件获批省乡镇企业名牌产品。1998年，深化镇村企业产权制度改革，先后完善规范股份合作制企业16家，拍卖企业21家，实行风险抵押租赁承包7家。成立镇工商业联合会，引导个体私营经济发展。2002年，实施招商引资，启动建设占地14公顷的车逻工业集中区，制定优惠政策措施，引进域外资金，推进项目建设，促进工业经济发展。当年，新办工业企业2家，开发新产品10种。至2005年，全镇形成机械制造、不锈钢生产、园艺用品、健身器材、汽车配件、羽绒服装、玩具等为主的工业格局，共有工业企业298家。

三、建筑业

1986年，全乡有建筑企业2家，从业人员500人。1988年，乡建筑站、县古典园林建筑工程处分别更名为乡建筑公司、高邮古典建筑公司。1990年，两家公司合并，成立车逻乡建筑安装公司。1994年，凭借古典园林建筑特色优势，加入苏州香山古建集团公司，参加苏州工业园区建设。1995年起，由古典建筑向工业与民用建筑转变，建筑市场由内向外转移，先后在苏州、徐州、镇江、深圳、泰州、南京、邢台、西安、北京、上海等市开辟建筑市场。1998年、2000年承建的淮安市周恩来总理遗物陈列馆西华厅仿古工程和南京兴江公寓楼被表彰为省优工程。2005年，建筑企业完成竣工面积18.64万平方米，从业人员1500人。

四、商贸服务业

1986年，商贸以供销合作社、商业合作社为主体，乡供销社在距集镇偏远的山广、特平、上庄设3个生产生活资料门市部；商业社在春风、金桥、管庄、曹庄、师伙、太丰设6个生活资料供应点；乡财政拨款近1万元，在车逻集镇新大街建设农副产品贸易市场、生猪交易市场。1992年，全乡商贸服务业发展较快，有个体商户和运输户526户，年营销额1100多万元。投资30多万元，建成综合农贸市场和太丰、特平村小型农贸市场。1995年，实施“以路兴镇”战略，进一步推进商贸服务业发展。当年，个体商业户发展到286户，拥有运输船49艘、运输拖拉机480辆、中巴车3辆、卡车30辆、农用运输车71辆。1999年起，以集镇开发建设为龙头，吸引农户进镇经商择业、安家落户。2001～2005年，先后举办5届商品交易会，吸引民资新建集镇综合农贸市场、伊兴大酒店，在太丰村新建标准化屠宰场1座，原车逻供销社商场改建成润发超市，完成振兴超市、三春超市扩建工程。至2005年末，全镇有商业企业2家、服务企业1家、个体工商户1320户（商业372户、服务业103户、餐饮业154户、运输业327户、个体工业247户、其他经营户117户），集贸市场2个，第三产业从业人员3811人，实现第三产业增加值1.12亿元。

第三节 社会事业

一、教育

1986年，全乡有幼儿园27所，班级27个，在园幼儿810人，教师27人；小学27所，班级78个，在校学生4353人，教师161人；初级中学5所，班级30个，在校学生1421人，教师78人。1994年，实施学校布局调整，初级中学、小学分别调减为3所、22所。基本扫除青壮年文盲，普及九年制义务教育。2000年、2003年，先后实施学校布局调整，共撤并完全小学7所、初级小学4所、幼儿园8所。2001年，曹庄小学被表彰为扬州市素质教育优秀学校。2003年，全镇中小学均建有多媒体综合教室和校园网，教师现代教育信息技术培训率85%以上，镇中心初中和中心小学被批准为省现代教育技术实验学校。2005年，全镇有各类幼儿园7所，在园幼儿416人，教师42人；小学7所，班级49个，在校学生1967人，教师

121人；初级中学1所，班级28个，在校学生1491人，教师83人。学龄儿童入学率和小学、初中学生毕业率均为100%，镇中心初中创建成省示范初中，镇中心小学创建成省实验小学、扬州市教育现代化学校、绿色学校。

二、文化

1986年，装修改造建于70年代初期的乡影剧院。1994年，有线电视开通。1996年，集图书阅览、娱乐舞厅、成人教育等为一体的镇文化中心大楼建成开放。1997年，放装动圈喇叭1000多只；有线电视覆盖17个村，总用户2600多户。同年，车逻镇通过省群众文化先进乡镇验收。2000年，完成镇到村电视传输网络更新换代，全镇有线电视用户累计3700户。2005年，有线电视入户率55.5%。

三、卫生

1986年，车逻地段医院与乡卫生院合并为中心卫生院，设科室15个，医技人员62人，病床36张；村卫生室27家，乡村医生63人。1996年、1999年，中心卫生院门诊楼、住院病房楼先后建成。2001年，调整村卫生站设置，有村卫生站6家、卫生点4个，乡村医生50人。同年，车逻镇创建成市中医先进乡镇。2003年，推行新型农村合作医疗制度，参保率81%以上。

1986年起，计划生育率、人口出生率、一胎率保持在96%、9.78‰、94.5%的水平上。2005年，被扬州市政府表彰为计划生育红旗乡镇。

1986年，特平村集体与村民合资创办自来水厂。1988年，乡办自来水厂建成供水，全乡30%以上人口饮用上自来水。1995年，镇自来水厂第二期工程建成。1996年，师伙村自来水厂建成，全镇自来水受益人口1.43万人，占全镇总人口40.7%；建成无害化卫生户厕260多座。2000年，镇第二水厂主体工程竣工投产。2005年，全镇自来水厂5家，自来水普及率100%；卫生户厕普及率68%，其中无害化卫生户厕普及率22.7%。

四、体育

1988年，举办乡首届中国象棋赛。1996年，举办镇首届农民体育运动会。1999年，车逻镇被表彰为扬州市体育先进乡镇。2004年，举办镇第二届农民运动会、第十六届中国象棋赛，在集镇兴建全民健身点5个。

第四节　村镇建设

一、基础建设

1986年，集镇有1条街、3条路、8条巷，总长1.5千米，居民傍大运河东堤居住，房屋基本为平房。当年乡财政拨款7万元，铺设车逻新大街水泥路面；特平、北墩、闸河村自筹资金，铺设通村水泥路和砂石路。1995～2002年，实施集镇商品房开发及基础设施建设工程，先后开发建设人民路3期商品房、新大街商品房、沿街4期农民代建房、农民住宅小区，国税车逻分局纳税办公大厅、综合农贸市场建成投入使用，改造11条道路并实施绿化、亮化工程。2003年，启动实施集镇“东扩南进”战略。2003～2005年，

图34-2　2005年车逻镇建成的“腾飞”雕塑

镇行政中心办公大楼和村镇建设管理服务所、土地管理所、公安派出所、财政所办公楼等公共建筑先后落成投入使用，累计新建沿街商住楼23幢，建成朝阳苑别墅小区和车乐园广场，改造集镇道路6条，在车汉公路与淮江公路交会处、澄河北路与淮江公路交会处、车樊公路与淮江公路交会处分别新建一座牌坊、“腾飞”雕塑、龙门，新增绿地面积8000平方米，吸引进镇安家择业农民500多户。至2005年末，集镇面积由1986年的1.2平方千米扩大到3.85平方千米；有道路9条、7.5千米，其中主要道路5条（新建2条、改造3条）、3.8千米，街巷道路18条、4.8千米；有各类路灯292盏；集镇公共绿地面积14公顷，绿化覆盖率21%，人均公共绿地面积30平方米；共开发建设商品房3.4万平方米；全镇人均住房面积由1986年的19平方米扩大到26平方米。

二、交通

1986年，铺设扬八（扬州至八桥）公路车逻段近10千米，修筑从保丰村经山广村的连接公路，初步建成环乡交通网。1997～1998年，先后完成贯穿镇境的车汉（车逻至汉留）公路、扬八公路车逻段拓宽改造及黑色化建设工程，接通黄库至金桥的通村砖头路面。1999年，开通高邮城区至车逻集镇的公交线路，集镇大桥交付使用，27个村基本完成铺设通村到组砖头路面的任务。2003年，启动道路通达工程建设。至2005年，建成通村道路67千米、桥梁6座，实现村村通水泥路；京沪高速公路高邮段八桥出口车逻接线工程建成通车。

三、邮电

1988年，全乡电话进入市话网，实现全自动拨号。1992年，由自行车邮路改为自办汽车邮路。1996年，启动电话村建设。至1999年，完成10个村电话杆线建设工程，13个村全部建成百户电话村，共放装电话2115部。是年，建成移动通信基站1座。2003年，“集邮之乡”创建工作通过国家邮政局检查验收，开通中国电信“小灵通”网站。2005年，全镇固定电话入户率92.4%，移动电话家庭普及率39.5%，有互联网用户150多户。

四、供电

1988年，实现户户通电目标。1994～1995年，实施电力线路“两复三”工程，架设电力线路33千米。1998年，改架两条供电线路，整改低压线路10千米。1999～2005年，投入650万元，实施农村电网和集镇供电线路改造工程，改造和增加变压器35台，改架电力线路60千米。

第五节　特色村简介

一、师伙村

位于车逻镇中部偏北，以师姓在此世代繁衍聚居而得名。村办工业起步于60年代，产品以小五金、农机配件为主。1991年起，开办不锈钢拉丝厂、不锈钢轧钢厂，基本实现不锈钢冶炼—锻轧—拉丝系列标准件生产产业链，初步建成不锈钢村。1993年，投资500万元，兴建特钢厂，形成冶炼—锻铸—拉丝—标准件生产产业链。1994年，3家村办企业产值突破5000万元。1995年，强力标准件厂引进生产螺栓、螺母、螺钉三大系列产品的8条自动化生产线，特钢厂引进二次重熔新技术，共投资近1000万元。是年，村办企业实现工业产值6000多万元。2004年5月，该村成立全民创业服务站。2005年，有6个村民小组，386户、人口1423人，工业企业13家，实现社会总产值1.51亿元，农民人均纯收入6507元。该村于1988年获省政府嘉奖，党支部先后两次被省委表彰为先进基层党组织。

二、新胜村

位于车逻镇东北8千米处，京沪高速公路穿村而过。2000年，由原金胡村、赵庄村合并而设，耕地面积141公顷。该村发展高效农业，组建市新胜土地种养合作社，流转土地76.67公顷。招商引进扬州春色满园农业产业发展有限公司，兴建松林蔬果产业园，建成设施农业13.33公顷，种植西红柿、黄瓜、七彩山椒等品种。成立植保专业合作社，免费开展农田病虫防治。修建村通组、组通户道路，安装200盏路灯。2005年，有10个村民小组，485户、人口1788人，工业企业23家，实现社会总产值5419万元，农民人均纯收入5330元。该村先后获“省绿化合格村”“扬州市文明村”称号、村党支部获“市‘五好’党支部”称号。

第五章 龙虬镇

第一节 基本概况

龙虬镇位于高邮城东北12千米。东连三垛镇、司徒镇，南临北澄子河，西邻高邮经济开发区，北接周山镇。

南宋时，因韩世忠抗金在此筑第一道壕沟而名称一沟。明清时，地属德胜乡。民国初，设泽南市。新中国成立初期，设一沟乡、中心乡、四德乡、佛塔乡、中坚乡、白马乡、张轩乡，地属马棚区。1958年，一沟乡、中心乡、四德乡、佛塔乡合并，成立一沟人民公社。1983年，撤社建乡，更名为一沟乡。1996年5月14日，撤销一沟乡，以原辖区域建立龙虬镇，实行镇管村体制；12月8日，举行撤乡建镇庆典活动。2000年5月，撤销张轩乡，原辖区域并入龙虬镇。

该镇属里下河冲积平原，地势低洼，俗称“锅底洼”，汛期易涝易渍。镇内土壤大部分为黏土。海拔1.8～2.4米。1986年，总面积45.5平方千米。2000年5月，总面积扩大至91.81平方千米，其中陆地面积55.69平方千米、水域面积36.12平方千米。

1986年，辖25个村和1个农技站、235个村民小组。2000年5月，辖19个村、196个村民小组，2个居民委员会、7个居民小组，1个林渔场。2005年，辖18个村、190个村民小组；2个社区，7个居民小组。在总人口中，农业人口4.26万人、非农业人口840人，男性2.24万人、女性2.11万人，少数民族人口59人，人口密度473人/平方千米。

1986～2005年部分年份龙虬镇经济社会指标实绩一览表

表34-8

项目 年份	户数（户）	人口（万人）	劳动力人口（人）	耕地面积（公顷）	粮食产量（万吨）	农业产值（万元）	工业产值（万元）	建筑业产值（万元）	农民人均纯收入（元）
1986	6699	2.64	13944	2570	2.7	1543	1271	175	648
1990	7325	2.66	12228	2516	2.4	3087	3417	218	777
1995	7051	2.54	12867	2395	2.5	3504	11606	551	2257
1999	7072	2.54	11527	2452	2.9	7672	25796	4345	3490
2000	12082	4.42	21147	4779	4.1	25273	34723	8905	3721
2005	13500	4.35	23457	4743	3.7	32190	111300	11600	5606

2005年龙虬镇各村、社区基本情况一览表

表34-9

村、社区	村(居)民小组(个)	常住人口(人)	耕地面积(公顷)	人均纯收入(元)	主要自然村庄
陈总兵庄村	15	3948	289	5539	铁家庄、凤凰庄、周家庄、苏家庄、范家庄、师家庄、陈家庄、三顷庄、陈下庄、凤凰庄、老庄、连家湾、邹庄、李孟庄、居厍
大树庵村	12	2369	267	5548	陈五庄、大柳树、钱家厍、吴家庄、大树庵、王家厍、陈四庄、陈家厍、管家厍、侯家庄、戴庄
一沟村	13	2806	275	5482	一沟集镇、姚家庄、汤家圩、新南庄、龚家庄、顾家庄、曹家厍、张家庄、戴家庄、南朱庄、张家厍、张庄、曹家、冯家、朱甲厍、谢家庄、杨家庄、李家庄
奥林村	10	2509	156	8005	大仇庄、步庄、金庄、目连庄、吴庄、马家庄、罗庄、黄家厍、小仇庄、八里铺、朱家庄、徐家庄、罗家墩
双庙村	11	2095	192	6134	苏庄、徐家庄、冯庄、时家庄、苏家沟、唐庄、吴庄、赵庄、双庙、李庄、沈庄、白牛庄、腰庄、倪沟、陈家庄、毛家圩、黄谢庄、吴庄、秦庄、李家庄
龙潭村	11	2141	195	5349	王家庄、高家庄、赵庄、李后、徐庄、嵇家厍、裔庄、塘家厍、全家厍、苏家厍、养殖场
佛塔村	8	1662	171	5127	佛塔庄、张庄、闵家、徐庄、郑家庄、孙家庄、郭家庄、陈庄
龙澄村	13	2551	274	5484	王家厍、赖鹰庄、苏家庄、王家庄、辛家庄、谢庙、李家庄、黄家庄、徐凌庄、倪家庄、张家厍、谢家庄、袁家庄、瓦屋庄、夏家庄、婆婆庄、汤家庙
红马村	9	1777	197	5191	印子庄、居家庄、汤家庄、兴旺庄、杨家厍、居家厍、陈家庄、邹家庄、兴胜庄、姜家厍、小家垛、冯家庄
龙腾村	7	1415	144	5237	徐庄、居二房、倪庄、王家厍、三姓庄、马家垛、居家庄、何庄
兴南村	11	2255	283	5132	南角墩、黎家厍、居家厍、冯家厍、高家厍、刘家拐子、朱家庄、朱家新村、秦家厍、万家厍、周家厍、余家厍
东角村	8	1925	283	5437	东角墩、小庄、北角墩、印垛
强民村	11	1982	203	5424	周家厍、郭家垛、陆家厍、五里戴家厍、韩家厍、翟家厍、三姓庄、强民村、西角墩
兴北村	11	2338	250	5452	桑树头、吴家垛、通荡沟、第一沟、邵大驴、湾子沟
张轩村	10	2147	179	5938	马奔庄、张庄、十里庄台、前庄、郭庄、梅家厍、郭东厍、杨厍
白马村	10	2195	181	5301	白马庙、时家荡、高家庄、西厍、新河口、王垛子
友谊村	9	1748	180	5396	雍家厍、徐家尾、陈家厍、钱庄、赵家墩、小雍家厍、陆家厍、张家厍、王家垛
唐高墩村	11	2335	223	5179	何庄、周家厍、吴家厍、张家厍、唐墩、唐墩新村、高杨庄、宣家厍、卞家厍、刘家厍、卞杨村、圣家厍、王家垛、郭家垛、韩翟厍
龙虬庄社区	4	2654	170	5194	大横桥、小陈庄、龙虬庄、陆家圈、王家厍、徐家庄
张轩社区	3	621	77	—	—

第二节 经济发展

一、农业

1986年起，推广应用新技术、新品种、新设施，不断提高种植效益。2000年后，推进农业结构调整。2005年，种植业、林业、牧业、水产业产值占农业总产值比例分别由2000年的40.1%、0.9%、20.8%、38.2%调整为24.7%、0.6%、18%、56.7%。

种植业　农作物生产实行麦稻两熟制，伴栽棉花、油菜等经济作物。1986年，农田承包向种田大户倾斜，推广种植优良品种。90年代，实施种植业结构调整，推广优良品种和新型栽培技术，改造中低产田，建成市级吨粮田794公顷。2001年起，按照标准化、产业化、规模化、特色化要求，调整农业结构，推进以陈总兵庄村为主的农业示范园和万亩高产高效种养示范基地建设。2003年，全镇获批省无公害农产品生产产地面积2333公顷。2005年，粮油作物种植面积分别由2000年的5851公顷、1040公顷调整为5402公顷、867公顷，总产量分别由2000年的4.09万吨、2483吨变为3.68万吨、2614吨。

林业　1986年，全乡有树木30多万株，基本形成堤路林网化。1990年，被命名为省绿化合格单位。1996年，双庙村被表彰为扬州市最佳造林绿化村。1999年，建设高标准农田林网工程，面积100公顷。进入21世纪，以“绿色银行”大行动和林权制度改革为契机，加快林业发展步伐。至2005年，全镇累计成片造林面积600公顷。

畜禽养殖　1986年，畜禽以农户散养为主，全乡饲养生猪2.1万头、家禽34.6万羽。1993年起，发展以养殖山羊、鹌鹑等特色品种畜禽为主的多种经营生产，陈总兵庄村饲养鹌鹑产值占全村农业产值43%。1998年，组建各类农村专业合作经济组织12个，培育养殖大户140户、农村经纪人110人。1999年，引进饲养三元杂交猪、杂交山羊、隆昌鹅、落地王菜鸽等新品种，特种品种养殖总量13.2万羽（头）。2001年，发展规模养殖，培植千羽鸽场、千头猪场和万羽鹌鹑、万羽鸭饲养典型大户。2005年，生猪、家禽饲养量分别由2000年的5.52万头、135万羽调减为4万头、101万羽，鸽、鹌鹑、其他特禽饲养量分别由2000年的1.7万羽、5.8万羽、0.5万羽调整到1.2万羽、6.3万羽、3.6万羽。

水产业　1986年，全乡有精养鱼池127公顷，水产品产量330吨。1994年，以自然资源为依托，组建横桥、大树庵村两个股份合作制水产（特产）养殖场，开展鳖、乌龟养殖和河蚌育珠。1996年，推行稻田养蟹技术。1999年，发展罗氏沼虾养殖面积30公顷，培育长兴虾苗场、苏庄村王长万龟鳖养殖、徐王村罗氏沼虾养殖、陈庄村鱼鸭混养等养殖大户。2000年，开发466.7公顷低洼田养殖罗氏沼虾，罗氏沼虾养殖面积累计933.4公顷（含镇外承包养殖面积466.7公顷），其中稻田养殖虾133.3公顷。2001年，启动万亩特种水产品养殖带建设，基本形成以罗氏沼虾为重点，南美白对虾、青虾、龙虾齐发展格局。9月，注册龙虬庄牌罗氏沼虾。2002年，罗氏沼虾养殖基地被列为国家级农业标准化示范区，龙虬庄牌罗氏沼虾被批准为省无公害农产品。2003年，进一步发展虾业经济，镇内养虾面积1333.33公顷，养殖户跨镇、跨市、跨省租田养虾1333.33公顷，实现虾业综合经济效益6580万元。三荡河罗氏沼虾养殖高产示范区被国家标准化管理委员会确定为全国罗氏沼虾养殖标准化示范区。兴建苏州得月楼特水加工基地——西湖水产品加工厂。2004年，镇内养虾面积扩大至1666.67公顷，三荡河罗氏沼虾养殖高产示范区被省海洋与渔业局确定为省无公害罗氏沼虾生产基地，兴办立宏、雪浪两家水产品加工厂，初步形成虾业经济产加销一体化经营格局。2005年，龙虬庄牌罗氏沼虾被国家农产品质量安全中心认定为无公害食品。全镇域内外养虾面积3130公顷，水产品产量1.45万吨，其中虾产量5811吨，分别比2000年增加2196.7公顷、7319吨、3656吨。

农业机械　1986年，农机总动力8800千瓦，主要从事农田耕翻、灌溉、排涝、脱粒等作业。1997年，购置农用机械68台套，基本实现村组农田作业机械化。1999年起，实施农机产权制度改革，鼓励农民自购或联合购置农机具。2003年，奥林村建成省农机安全合格村。2005年，全镇农机总动力2.51万千瓦，农业综合机械化水平86%。

农田水利　1986年，全乡有澄潼河、双沟河、东平河、三荡河、唐柘河、横泾河等河道，总长23.2千米。1990年起，结合中低产田改造，加大水利基础设施建设。1998～1999年，实施老横泾河改造工程，完成土方33.5万立方米。2001年，实施京沪高速公路龙虬段两侧绿化带水系配套和农田水利建设，完成土方25万立方米。2005年，镇境疏浚河道、沟渠，完成土方90.5万立方米；改造中低产田900公顷。

二、工业

1986年，全乡实现产值1271万元，其中乡办厂585万元、村办厂458万元、组户联办厂228万元。1989年，乡防水材料厂被列为全省油毡生产行业主要企业之一。1993年，全乡工业技改投入740万元，由塑料三厂开发的波纹管通过省级专家鉴定。与港商合资成立的乡首家合资企业——扬州沙龙制衣有限公司挂牌运营，并获自营出口权。1994年，在乡村办工业企业中试行产权制度改革。至1996年，38家镇村企业中，组建股份制3家、股份合作制13家、租赁承包22家。1997～1999年，公开出售镇办企业的集体资产，农机配件厂、新力机械厂、轮窑厂、电缆厂改制为民营企业，村级所属集体企业转制为个体私营企业。2001年，服装产业发展迅速，全镇服装加工企业由17家发展到24家，规划建设用地216公顷的龙虬工业集中区。2003年，该区被表彰为扬州市乡镇工业示范园区。至2005年，该区开发建设面积97.2公顷，投入建设资金2.18亿元，建成标准化厂房6.85万平方米。2005年，全镇形成服装加工、塑料、机械、建材等为主的工业格局，共有工业企业277家，其中规模以上企业16家；拥有“沙龙”“冬之音”“处处随”“吉祥”等服装自主品牌，服装业实现产值3.5亿元，占全镇工业总产值31.5%。

三、建筑业

1986年，全乡有建筑企业1家，从业人员100多人，开始在南京、内蒙古等地承建工程。1996年，龙虬镇建安公司下设建筑工程队5个，建筑材料厂、钢模出租站各1个，有职工455人，固定资产117万元。1997年，承建的徐州金山桥小区9号住宅楼被表彰为市优质工程。2000年，全镇有建筑企业2家，外出施工人员550人。2005年，建筑业从业人员3369人。

四、商贸服务业

1986年，商贸以供销合作社、商业合作社为主体，拥有个体运输汽车3辆、拖拉机73辆、运输船81艘。1992年，建成一沟乡农贸综合市场。1994～1997年，推进商业、饮服和交通运输行业发展，商业、饮食业和运输业经营户1371户，其中汽车、拖拉机、三轮车、运输船等经营户505户，从业人员3231人。1998年，以淮江高速公路高邮段建设为契机，提供用工劳务，承揽运输业务，发展餐饮服务和休闲娱乐业，新建歌舞厅、休闲中心、广源大酒店、供销大厦。2001年，高邮禽蛋水产品批发交易市场建成开业，年交易额2亿元。2002年，围绕发展虾业经济，组建专业捕捞队86个950人，建成加水站16家，设螺蛳加工船67条，增加运输车20辆，累计150辆。2005年，全镇有集贸市场3个、商贸服务企业3家、个体工商户1640户，从业人员5399人，实现第三产业增加值1.72亿元。

第三节　社会事业

一、教育

1986年，全乡有幼儿园23所，班级26个，在园幼儿590人，教师26人；小学23所，班级87个，在校学生2864人，教师101人；初级中学3所，班级16个，在校学生741人，教师47人。1990年，实施学校布局调整，小学由20所调减为18所。1991年、1997年，分别调减为15所、7所。1993年，基本扫除青壮年文盲，普及九年制义务教育。1995年，建成镇中心小学、镇中心初中教学楼。2000年，镇中心幼儿园创建成全市首家省示范性实验幼儿园。是年，引入民资200万元，建成初级中学学生公寓3960平方米。2003年，小学由2000年12所调减为9所。2005年，全镇有幼儿园2所，班级22个，在园幼儿620人，教师33人；小学9所，班级59个，在校学生2077人，教师152人；初级中学1所，班级26个，在校学生1254人，教师91人。学龄儿童入学率96.8%，小学、初中学生毕业率均为100%。

二、文化

龙虬庄文化为该镇的地域文化、特色文化。1993年，新石器时代龙虬庄遗址被国家文物局公布为全国十大考古新发现之一。1995年，该遗址被公布为省文物保护单位；2001年6月，被公布为全国重点文物保护单位。2002年12月，开工建设龙虬庄遗址生态博物苑一期工程，2004年竣工开放。至2005年，龙虬庄遗址基本形成融古遗址保护、龙虬文化研究、文物陈列、文化娱乐、休闲观光为一体的综合性的自然生态环境旅游区。

1994年、2003年，该镇先后两次被表彰为省群众文化先进乡镇。

三、卫生

1986年，乡卫生院1所，科室5个，医技人员30人，病床17张；村卫生室26家，乡村医生28人。1996年，建成镇卫生院门诊楼。2000年，全镇有卫生院2所，医技人员59人，病床39张；村卫生站9家，乡村医生76人。2003年，推行新型农村合作医疗制度，参保率98%。

1986年，该乡被国家计生委表彰为全国计划生育工作先进单位。1992～2004年，先后4次被扬州市政府命名为扬州市计划生育红旗乡镇。

1991～1992年，先后新建汤北、红马、仇家自来水厂。1996年，全镇自来水普及率100%。1998年，投资28万元，实现集镇自来水二级供水。1999年，建成无害化卫生厕所31座，其中公厕2座。2004年，龙虬村创建成市改厕普及村。2005年，关停仇家自来水厂，与市自来水公司并网供水。至2005年，卫生户厕普及率64%，其中无害化卫生户厕普及率21%。

四、体育

1987年，举办乡首届农民运动会，至2002年共举办6届。1993年，一沟乡被国家体委表彰为全国体育先进乡镇。1996年，镇中心小学足球队获全市小学生足球比赛冠军，次年获扬州市“人寿保险杯”儿童乙组冠军。1999年，龙虬镇被省体育运动委员会授予“省群众体育先进乡镇”称号。

第四节 村镇建设

一、基础建设

1986年，集镇有街1条、巷4条，总长1.1千米，居民集中居住在老镇。1996年，以撤乡建镇为契机，建设商品一条街，改造迎街门楼，实施街道路面黑色化以及基础设施配套工程，开发建设商品房，在镇区设立龙虬遗址碑、龙虬雕塑。1998年，该镇被扬州市政府命名为新型小城镇。1999年，启动创建省文明卫生集镇工作。2000～2002年，重新修编《龙虬镇镇域规划》，改造、扩建龙虬路、泾河北路等主干道7条，完成农贸综合市场西迁建设工程，开发商品房68套、4300平方米，吸引进镇建房择业农民31户。2003年，实施集镇泾河北路、横桥路、中心路、龙虬路等主干道硬质化路面改造工程，人行道、巷道摊铺沥青，安装排水管道3千米，建成垃圾中转站、处理场，在澄营线集镇段新装路灯30盏。2004年，被省爱国卫生运动委员会办公室表彰为省卫生镇。2005年，实施中心街门面房改造、龙虬庄遗址生态大道、游憩场、龙虬文化广场建设等工程；集镇面积从2000年的0.4平方千米扩大到1.14平方千米，有龙虬路、中心街、泾河北路、凤凰路、横桥路、兴隆街、建设路等主、次干道各7条，巷道23条，总长3.2千米；公共建筑面积4万平方米；公共绿地面积21公顷，绿化覆盖率18.4%。全镇人均住房面积由2000年的16.1平方米提高到27.7平方米。

图34-3　2005年龙虬集镇一角

二、交通

北澄子河、澄潼河在镇境交汇，邮兴公路、淮江公路、马横公路、京沪高速公路高邮段穿镇而过。1990～1992年，筹资建造乡通村公路，铺设砂石路37.8千米，实现村村通公路。1999年12月，开通高邮城区至龙虬集镇公交线路。2003年，启动实施农村通达工程。至2005年，铺设乡通村水泥路72千米。

三、邮电

1986年，为自行车邮路；1990年，改为自办汽车邮路。1992年，开通自动电话。1994年，村村通程控电话，拥有电话270部。至2005年，全镇固定电话入户率96%，移动电话家庭普及率62%。

四、供电

1995年，实现户户通电目标。1996～2005年，先后改造10千伏线路32千米、低压配电线路66.7千米，整改4400多户照明用电线路和非标准低压电表1000多只。1998年，龙虬镇电力管理站被国家电网公司表彰为全国电力系统规范服务示范单位。

第五节　特色村简介

一、龙潭村

位于龙虬镇西侧，西与市经济开发区接壤，东临澄营线，交通便捷。2000年，由原裔家、徐王村合并而设，耕地面积195.2公顷。该村有扬州市银河制衣有限公司第四车间、市吉祥服饰有限公司等企业6家，户均有1人以上在村内外企业上班。在调整农业结构的同时，发展高效水产养殖业，全村水产品养殖面积120公顷，养殖品种以罗氏沼虾和鳜鱼为主。村通组、组通户道路全部实现硬质化，配套工程建设不断完善。2005年，有11个村民小组，497户、人口2141人，实现社会总产值3040万元，农民人均纯收入5349元。该村为市文明村，村党支部先后获得“市先进基层党组织”“‘五好’党支部”称号。

二、友谊村

位于龙虬镇东北角。1994年，村民吴圣良率先养殖罗氏沼虾，取得较好经济效益。后他带领农户进行罗氏沼虾养殖，不少村民走上致富道路。2000年，由原友谊、赵王村合并而设，耕地面积180.3公顷。该村共有村内外水产养殖面积467公顷，其中村内养殖面积180公顷，全村60%农户从事罗氏沼虾养殖。随着虾业经济的发展，该村投入200多万元，改造全村道路，实现路路畅通。2005年，有9个村民小组，491户、人口1748人，工业企业5家，实现社会总产值2563万元，农民人均纯收入5396元。该村先后获“全国科普惠农兴村先进单位”“省民主法治示范村”“市文明村”称号，村党支部获“市先进基层党组织”“‘五好’党支部”称号。

第六章　张轩乡

第一节　基本概况

张轩乡位于高邮城区东北15千米处，东与司徒镇、二沟乡隔河相望，南接龙虬镇，西连马棚镇、高邮经济开发区，北邻周山镇。

以1943年在马奔庄牺牲的革命烈士张轩命名。新中国成立初期，设张轩乡，属马棚区。1958年9月，并入东墩人民公社。1962年，从东墩人民公社划出18个大队，成立张轩人民公社。1983年，撤社建乡。2000年5月，乡镇区划调整，撤销张轩乡，原辖区域并入龙虬镇。

该乡属里下河冲积平原，地势低洼，俗称“锅底洼”，汛期易涝易渍。乡内土壤大部分为黏土。海拔1.6～2米。总面积46.18平方千米，其中陆地面积24.57平方千米、水域面积21.61平方千米。

1986年，辖19个村和1个农技站、151个村民小组。1999年，在总人口中，农业人口1.84万人、非农业人口599人，男性9549人、女性9500人，少数民族人口21人，人口密度412人/平方千米。

1986～1999年部分年份张轩乡经济社会指标实绩一览表

表34-10

项目/年份	户数（户）	人口（万人）	劳动力人口（人）	耕地面积（公顷）	粮食产量（万吨）	农业产值（万元）	工业产值（万元）	建筑业产值（万元）	农民人均纯收入（元）
1986	5151	1.94	7781	1986	0.38	1494	455	412	557
1990	5728	1.96	8398	1969	1.77	3135	1963	606	778
1995	5586	1.93	9781	1806	1.68	4563	10746	2632	2370
1999	5427	1.90	9717	2348	2.11	8842	5865	5438	3586

第二节　经济建设

一、农业

1986年起，推广立体种植模式，调整优化农业产业结构，加快由传统农业向现代农业转变步伐。1997年，形成267公顷罗氏沼虾养殖、233公顷成片林、67公顷稻田养殖和333公顷优质粳稻种植等四大基地。1999年，种植业、林业、牧业、水产业产值占农业总产值比例分别由1986年的76.2%、2.1%、15.7%、6%调整为29.2%、2.1%、12.4%、56.3%。

种植业　农作物生产实行麦稻两熟制，伴栽棉花、油菜、慈姑等经济作物。1986年，经济作物种植面积扩大到400公顷，主要品种有慈姑、荷藕、苗木等。1992年，郭庄村被列为扬州市农业现代化试验村。1993年，被市政府划定为棉花良种繁育基地，引种高产抗病新品种泗棉3号。1994年，进一步调整农业产业结构，棉花、水生经济作物面积分别扩大到335.8公顷、131公顷。1995年，友谊村40公顷棉花丰产方，被评定为扬州市第一方，获省农林厅棉花生产二等奖。1999年，粮棉油作物种植面积分别由1986年的3146公顷、246公顷、408公顷调整为2859公顷、129公顷、270公顷，总产量分别由1986年的1.91万吨、204吨、1055吨变为2.11万吨、151吨、1125吨。

林业 1987年，实施滩地造林项目，开发林地200公顷，其中池杉林基地171公顷。1989年，乡林业工作站建立。1990年，占地226公顷的林场被林业部列为长江中下游内河滩涂综合开发模式试验基地。1991年，张轩乡被省绿化委员会表彰为义务植树10周年先进单位。1996年，赵王村被表彰为扬州市最佳造林绿化村。至1999年，全乡成片造林面积350公顷。

畜禽养殖 1986年，畜禽以农户散养为主。1994年起，开始发展规模化、良种化畜禽养殖，培植养禽1000羽以上大户16户。1998年，引进饲养鸵鸟、眼镜蛇、白羽王鸽、三元杂交猪。1999年，生猪、家禽饲养量分别由1986年的1.46万头、27.56万羽增加到1.70万头、53.60万羽。

水产业 1986年，全乡新建、改造鱼池48公顷，其中乡养殖场23.9公顷。1993年，乡养殖场试养罗氏沼虾18.67公顷。全乡河蚌育珠水面166.7公顷。1994年，发展特种水产品养殖，养殖罗氏沼虾19.7公顷、螃蟹14公顷。至1996年，发展特种水产品养殖面积146.7公顷，其中罗氏沼虾80公顷。1997年，继续发展以罗氏沼虾养殖为龙头的特种水产品养殖，建成267公顷（含乡外养殖80公顷）的罗氏沼虾养殖基地，被列为扬州市特种水产品养殖重点乡。1998年，被列为省水产科技推广项目示范基地，罗氏沼虾养殖面积扩大到533.3公顷（含乡外养殖266.7公顷），稻田养蟹（虾）面积166.7公顷，试行淡水养殖基围虾。乡罗氏沼虾养殖协会建立。1999年，水产品产量由1986年的625吨增加到4500吨。

农业机械 1986年，农机总动力8824千瓦，主要从事农田耕翻、灌溉、排涝、脱粒等作业。1994～1997年，全乡购置中型收割机24台。1999年，农机总动力1.62万千瓦，农业综合机械化水平83%。

农田水利 1984～1986年，累计新开浚深农用河22千米，加固防涝大圩49千米，完成土方80万立方米；共开挖荡滩83.9公顷。1986年，全乡共有6条主要河流、9个防洪圩，沿堤设有圩口闸6座。1998年，投入20万元，建成圩口闸1座。至1999年，实施清淤疏浚工程，累计挖土90万立方米。

二、工业

1986年，全乡实现产值454.69万元，其中乡办厂130.61万元、村办厂301.98万元、组户联办厂22.1万元。1992年，扬州市亚光塑料造粒厂、市钢管厂（福利企业）产值过1000万元。友谊村办的承州钢管探伤机厂生产的四通道超声波钢管探伤机，通过省级鉴定。1993年，在扬州市亚光塑料造粒厂、承州钢管探伤机厂分别实行股份制、股份合作制试点。1994年，开发8种新产品。至1996年，11家乡村企业实行产权制度改革，其中实行股份制、股份合作制8家，其他改制形式3家，组建扬州市级企业集团——扬州市永富机械集团有限公司。1997～1999年，累计开发新品13种，其中通过省级鉴定产品2种，培育销售过200万元的产品5种，80%以上产品实现采标生产。1999年，新增私营企业4家，私营企业实现产值2985万元，占全乡工业总产值50.9%。全乡形成机械制造、摩托车配件、卫生用品、塑料、木器等为主的工业格局，共有工业企业25家。

三、建筑业

1986年，全乡有建筑企业1家，从业人员500多人，在内蒙古、常州等地承建工程。1994年，巩固内蒙古、常州、无锡等地建筑市场，开辟上海、扬州等地建筑市场，完成施工面积1.85万平方米。1997～1999年，业务范围由土建拓展为土建、装潢、市政、道路、桥闸等并实施建筑企业改制。1999年，完成施工面积2.8万平方米，建筑业从业人员700人。

四、商贸服务业

1986年，商贸以供销合作社、商业合作社为主体，在距集镇较远村设立代销点；有个体经商户58户、运输专业户16户。1989年，乡商业服务公司建成开业。1998年，全乡购置自卸翻斗车和拖拉机50

辆，参与建设淮江高速公路配套工程。1999年，全乡有集贸市场1个，个体工商户1113户，从业人员近1万人，实现第三产业增加值3856万元。

第三节 社会事业

一、教育

1986年，全乡有幼儿园19所，班级19个，在园幼儿373人，教师19人；小学18所，班级66个，在校学生2412人，教师81人；初级中学3所，班级15个，在校学生783人，教师52人。1994年，基本扫除青壮年文盲，普及九年制义务教育，乡中心初中教学楼落成。1996年，实施学校布局调整，小学由16所调减为9所，初级中学由3所调减为1所。1999年，全乡有幼儿园1所，班级16个，在园幼儿380人，教师21人；小学9所，班级74个，在校学生1452人，教师100人；初级中学1所，班级19个，在校学生471人，教师50人。学龄儿童入学率100%，小学、初中学生毕业率分别为100%、95.8%。

二、文化

1992年，乡影剧院建成开放。1994年，开通有线电视，乡文化站办公楼落成。1996年，张轩乡被省文化厅表彰为省群众文化先进乡镇。1999年，有线电视用户2100户，有线电视入户率46%。

三、卫生

1986年，乡卫生院1所，科室4个，医技人员15人，病床10张；村卫生室19家，乡村医生21人。1992年，乡卫生院病房楼落成。1995年，乡卫生院创建成一级甲等医院。1996年，推行大病医疗统筹和初级卫生保健制度。至1999年，乡卫生院医技人员29人，病床22张；村卫生站4家，乡村医生34人。

1992～1997年，先后建成张轩、东片、南片、北片自来水厂4家，实现村村通自来水，自来水受益人口占全乡总人口95%。1998年，创建成市农村改水普及乡镇。1998年、1999年，余万村、长金村先后被表彰为市卫生厕所普及村。至1999年，卫生户厕普及率46%，其中无害化卫生户厕普及率19%。

四、体育

1986～1999年，开展全民健身运动，每年举办中小学体育运动会，企事业单位不定期地举办乒乓球、象棋、拔河等单项比赛。

第四节 村镇建设

一、基础建设

1986年，集镇有街1条、路6条，总长1.4千米，居民大多傍澄潼河居住，建筑基本为平瓦房。1996年，乡人代会审议通过《张轩乡乡域规划》。1999年，铺设集镇水泥路面1.26万平方米，开发商品房5000平方米。是年，集镇建成区面积0.3平方千米，主要道路6条，累计开发建设商品房1.2万平方米，绿地面积8.1公顷，绿化覆盖率27%。全乡人均住房面积由1986年的14平方米提高到16.1平方米。

二、交通

横泾河、澄潼河在乡境交汇，澄潼公路、马横公路通过乡境。1986年，实施村村通大路工程，拓宽疏通通村道路16千米。1996年，完成澄潼公路张轩段拓宽改造及黑色化建设工程。1997年，实施乡村道路黑色化工程，投资40万元，建成通村黑色公路6千米。

三、邮电

1986年，为自行车邮路；1990年，改为自办汽车邮路。1994年，电话进入市话自动拨号网。1997年，建成百部电话村3个。1999年，全乡固定电话普及率26部/百人。

四、供电

1988年，实现户户通电目标。1995年，实施电力线路“两复三”工程，投资65万元，架设电力线路42.4千米。

第七章　马棚镇

第一节　基本概况

马棚镇位于高邮城北郊，距离城区12.5千米，东连龙虬镇、周山镇，南接高邮经济开发区，西倚京杭大运河，北临界首镇。

相传秦朝驿使途经此地，常拴马休息，故而得名。明清时，称马棚湾。民国初，地属德胜乡。新中国成立初期，为马棚乡、庆成乡、丰胜乡、永丰乡之地。1957年，合并为马棚乡。1958年9月，马棚乡划分后分别并入东墩、界首人民公社。1959年4月，从东墩人民公社分出，成立马棚人民公社。1960年3月，又并入东墩人民公社。1962年，再次从东墩人民公社划出。1983年，撤社建乡。2000年5月，乡镇区划调整，撤销东墩乡、马棚乡，两个乡原辖区域合并设立马棚镇，实行镇管村体制。是年9月，该镇9个村划入高邮经济开发区。

该镇属里下河冲积平原，地势西北高，东南低。南面水系交错，属低洼圩区。镇内土壤主要有马肝土、黄乌土、腰底黑、沙心黄杂土、腐泥心土等。海拔1.6～3.8米。总面积38.13平方千米，其中陆地面积25.04平方千米、水域面积13.09平方千米。

1986年，辖18个村、167个村民小组。2000年5月，辖14个村、186个村民小组，1个居民委员会；9月，辖5个村、69个村民小组，1个居民委员会、9个居民小组，1个林场、1个村民小组。2005年，在总人口中，农业人口1.45万人、非农业人口4269人，男性9379人、女性9356人，少数民族人口108人，人口密度491人/平方千米。

1986～2005年部分年份马棚镇经济社会指标实绩一览表

表34-11

项目 年份	户数（户）	人口（万人）	劳动力人口（人）	耕地面积（公顷）	粮食产量（万吨）	农业产值（万元）	工业产值（万元）	建筑业产值（万元）	农民人均纯收入（元）
1986	5114	2.02	9764	2018	1.7	1121	205	120	566
1990	5317	2.03	10326	1955	1.6	2438	914	133	740
1995	5346	1.91	9194	1889	1.7	3310	1722	1349	1944
1999	6072	1.90	8422	2217	1.8	10350	5792	3200	3258
2005	6075	1.87	8849	2152	1.8	14080	21900	13000	5182

2005 年马棚镇各村、社区、场基本情况一览表

表 34-12

村、社区、场	村（居）民小组（个）	常住人口（人）	耕地面积（公顷）	人均纯收入（元）	主要自然村庄
塔院村	17	3521	380	5256	张王桥、庆丰新村、老坝头、六安闸、新河拐子、陆沟帮、四百五、马家垛、雍家庄、朱龙河、塔院、王圩、瓦屋庄、张家沟、西尤庄、东尤庄、吴家庄、于家庄
十桥村	12	2639	249	5132	陈家桥、黄家庄、王家庄、南庵、前陈桥、孔家圩、上温家河、卜家庄、孔家庄、陶庄、大坝头、管家庄、宋家沟、下温河
东湖村	15	3373	357	5184	王家厍、普照庄、刘家厍、郭庙、陆家溜、庵庄、桥庄、大东庄、荡中间、张家汉、戴家湾、赵家湾、腰庄、王家厍、东大圩
钱库村	12	2317	260	5195	钱家厍、郭家庄、陶家厍、兴旺庄、周家垛、嵇家厍、谢家垛子、伏潜墩
阳沟村	13	2973	348	5215	转水墩、李庄、杨庄、严家圩、陆王沟、砚台口、棉花垛、天主堂、施庄、戴家庄、下陆王沟、郭圩拐子、夏家庄
金塘社区	9	3581	121	5050	—
林场	1	331	—	5450	—

第二节　经济发展

一、农业

1986年起，实施套间种植。90年代，逐步面向市场发展高效农业，调整优化农业结构。2005年，种植业、林业、牧业、水产业产值占农业总产值比例分别由1986年的83.2%、0.5%、14%、2.3%调整为30.9%、3.7%、19.2%、46.2%。

种植业　农作物生产实行麦稻两熟制，伴栽棉花、油菜、慈姑等经济作物。1986年，恢复慈姑、荸荠等种植面积233.3公顷，被称为“慈姑之乡”。1998年，建成以科技兴农和粮食自给工程相结合的陈桥示范区，并通过省级达标验收。1999年起，发展特色农业和旅游观光农业，实施统一茬口连片种植，初步建成百亩系圃、千亩良繁、万亩新品种种植推广体系。慈姑种植面积扩大至333.3公顷。2000年，省农科院、江苏里下河农科所在该乡设立定点良种示范基地。同时，建设以东湖路沿线为主的生态农业示范带。2002年，被国家发展计划委员会确定优质稻米生产基地1000公顷，清水潭牌慈姑被批准为省无公害农产品。2003年，建成优质稻米生产基地333.3公顷、生态示范园区10公顷，引进推广良种种植面积533.3公顷。2005年，粮油作物种植面积分别由1986年的2881公顷、520公顷调减为2444公顷、393公顷，总产量分别由1986年的1.7万吨、1013吨增加到1.8万吨、1268吨。

图 34-4　马棚省级森林公园内的池杉和荷藕

林业　1986年，共有池杉林基地70公顷。1988年、1989年，英国北威尔士大学农林学院院长、教授洛奇及其夫人和美国科罗拉多大学森林、木材科学系副教授、博士平克莱先后参观该乡林农复合生态系统。1990年，乡林业工作站成立，建成林木基

地130.8公顷。1997年，乡实验林场被评为全国造林绿化千佳村。2000年，完成京沪高速公路高邮马棚段3.5千米长的绿色通道。至2002年，配合农田改造，栽植经济林10公顷。2003年，启动实施“绿色银行”大行动。2004年，省林业局批准在马棚东湖度假村基础上建立省级森林公园，总面积1000公顷。2005年，新增植树造林面积166.67公顷，累计成片造林面积373公顷。

畜禽养殖　1986年，畜禽以农户散养为主，饲养生猪1.13万头、家禽14.4万羽。1994年，开始特种禽畜养殖，引进饲养美国绿头野鸭5300多羽、瑞士种羊98只，饲养野鸡4300羽。1996年，发展规模化、良种化畜禽养殖，培植饲养5万羽禽的村3个、1000只羊的村2个，创办村级育雏室12个。1997年，以东亚畜禽加工厂为主体的生猪龙头加工企业初具规模；陆高中珍禽公司的野鸡、野鸭、孔雀、鸵鸟饲养独具特色，蜚声国内外。1998年，组建生猪养殖协会，生猪产加销大户发展到35户，年销售2000头。2002年起，引进并扩大两元、三元杂交猪饲养量。2005年，生猪、家禽饲养量分别由2000年的2.32万头、59.9万羽分别下降到1万头、53万羽。

水产业　80年代初，利用“两湖一潭”（高邮湖、东湖、清水潭）发展水产养殖。1986年，全乡水产品放养面积167公顷，其中精养鱼池面积31公顷，投放鱼苗100多万尾。1989年，开挖精养鱼池面积29公顷。1994年，发展鳖、黄鳝和加州鲈鱼等特种水产品养殖项目。1999年，大口胭脂鱼、美国青蛙、基围虾养殖试验成功。2000年，建设以林场为重点的提水养殖示范带，增扩提水养殖200.5公顷；推广罗氏沼虾春夏季套养新技术；配合市水产局建设13.3公顷特种水产苗种基地。2001年，发展围湖养殖133.3公顷和稻田养殖鱼、青虾、龙虾示范基地6.67公顷。2005年，水产品养殖面积累计666.67公顷，其中提水养殖面积533.33公顷；发展围湖养殖166.67公顷，推广种养结合的稻田养鱼等新技术；水产品产量5224吨，比2000年增加2694吨。

农业机械　1986年，农机总动力4241千瓦，主要从事农田耕翻、灌溉、排涝、脱粒等作业。2005年，拥有中型收割机40台、插秧机15台、植保机械109台套，开沟机、条播机170台等，农机总动力1.32万千瓦，农业综合机械化水平82%。

农田水利　1986年，新建圩堤2条、支渠3条、排灌站1座，完成土方74.46万立方米。有8条防洪圩，圩堤总长39.48千米。1992～1997年，结合中低产田改造、防洪防汛，加固圩堤40千米，建成涵闸11座，创建成无坝乡。1998～2002年，先后完成横泾河马棚段整治、干渠疏浚、东湖度假区水系配套等工程，累计疏浚干渠12条、20.4千米，建成桥梁3座、抽水站4座、配套建筑物23座，完成土方41万立方米。2002年，完成总面积173.3公顷的省级马棚镇节水示范区建设，共建设防渗渠道6千米、衬砌排沟900米、暗式隔沟6千米，配套建筑物714座，完成土方38万立方米。

二、工业

1986年，全乡实现产值204.5万元，其中乡办厂152.3万元、村办厂52.2万元。1994年，在5家乡办企业中试行产权制度改革。1996年，扶持发展村办企业，建成轮窑、彩印、塑料等村办厂。1998年，乡村办39家企业中，改为民营、私营企业36家，占全乡工业企业总数92.3%。2000年，发展服装业，从业人员2500人，越洋制衣厂、鸿运制衣厂发挥支撑作用。马棚镇被称为服装纺缝之镇。2003年，规划建设用地33.3公顷的马棚工业集中区。至2005年，开发建设面积20公顷，建成标准化厂房2万多平方米，入园企业10家。同时，开展招商引资活动，实际利用民资1.4亿元，引进工业企业11家。2005年，全镇形成服装加工、化工、机械制造、箱包鞋、电线电缆等为主的工业格局，共有工业企业81家。

三、建筑业

1986年，全乡有建筑企业1家，从业人员近100人。1993年，成立金鹏建筑安装工程公司，组织350人外出施工，完成施工面积1.45万平方米，实现产值610万元、利润4.5万元，改变“办建筑18年亏损18万元”的局面。1994年起，先后开拓扬州、泰州、无锡、北京等地建筑市场，由做清包工程发展到全包工程。1998年，拆旧、装潢业渐成乡建筑业特色项目，全年拆旧、装潢产值分别为363万元、636万元。2001年，市飞马装潢有限公司在城区建成营业楼，向服务业发展，年产值近3000万元。2005年，金鹏建筑安装工程公司、市飞马装潢有限公司完成竣工面积6万平方米，建筑业从业人员1800人。

四、商贸服务业

1986年，商贸以供销合作社、商业合作社为主体，乡供销合作社在马棚、大东、郭家、六安村设4个生产生活资料门市部。1989年，乡供销合作社建成马棚商场。1993年，乡政府与乡供销合作社合资兴建朋发农贸市场。1995年，个体运输服务业有较大发展，农户新购运输车105辆、摩托车212辆。1998年11月，集农业观光、休闲度假、旅游为一体的东湖农林生态旅游度假区第一期工程建成开放，被省旅游局列为向全国推出的20个生态旅游精品之一。次年，占地166.7公顷的东湖度假区第二期工程竣工，接待游客1.6万人次。2005年，全乡有集贸市场1个、商贸服务企业1家、个体工商户396户，从业人员3850人，实现第三产业增加值5579万元。

第三节　社会事业

一、教育

1986年，全乡有幼儿园18所，班级21个，在园幼儿657人，教师19人；小学19所，班级70个，在校学生2477人，教师97人；初级中学3所，班级15个，在校学生727人，教师41人。1994年，乡中心初中教学楼落成。1996年，实施学校布局调整。至1998年，初级中学由3所调减为1所，小学由19所调减为8所。2000年起，启动教育现代化工程。2005年，全镇有幼儿园1所，班级8个，在园幼儿250人，教师24人；小学3所，班级26个，在校学生902人，教师62人；九年一贯制学校1所，班级10个，在校学生432人，教师39人。学龄儿童入学率100%，小学、初中学生毕业率均为100%。

二、文化

1986年，乡广播站、乡文化站建立。1995年，开通有线电视。1998年，开通加密电视，有线电视用户累计2500户，被表彰为扬州市广播电视先进乡镇。1999年，乡文化中心楼建成开放。2000年，启动广播电视光缆联网工程。2003年，重新改造装修大会堂。2005年，有线电视入户率80%。

三、卫生

1986年，乡卫生院1所，科室4个，医技人员15人，病床10张；村卫生室18家，乡村医生20人。1995年，乡卫生院创建成一级甲等卫生院。1999年，马棚卫生院门诊楼落成，村卫生室整合为6家中心卫生站。2003年，推行新型农村合作医疗制度，参保率80%以上。

1997年、2000年、2004年，先后被扬州市政府表彰为扬州市计划生育红旗乡镇。

1992年，乡自来水厂建成供水。1997年，乡自来水二厂竣工投产，自来水覆盖率53%。2000年，被扬州市政府表彰为改水改厕先进乡镇。2003年，十桥村被市爱国卫生运动委员会命名为农村改厕普及村。2005年，全镇有自来水厂2家，自来水普及率90%；卫生户厕普及率52%。

四、体育

1986年起，开展群众性体育活动和全民健身活动，举办中小学体育运动会，企事业单位不定期举办乒乓球、篮球、拔河单项比赛。1998年，举办乡首届农民运动会。1999年，马棚乡被表彰为扬州市体育先进乡镇。2002年，在集镇新建全民健身点1个。

第四节　村镇建设

一、基础建设

1986年，集镇共2条街，总长800米，其中当年新辟的新马路大街长600米，居民傍大运河东堤居住。1997～1999年，实施集镇商品房开发及基础设施建设工程，先后建成农村合作基金会、计划生育指导站、财政所、土地管理所办公楼等公共建筑2.27万平方米，开发建设商住楼1.5万平方米。2000～2004年，建成集镇新区中心大街——金塘街，吸引在集镇自建房或购买商住房农民213户；绿化、美化、亮化通运路，种植绿地草坪1700平方米，延伸金塘路南、北段水泥路面，实施农贸市场东移及其周边配套商住房建设工程和大会堂、供销社、商住房改造工程。至2005年，集镇建成区面积从1986年的0.36平方千米扩大到0.9平方千米，建成通运路、新马路、金塘路、新界路、环潭路和东外环等主干道、巷道11条，总长17.7千米。全镇人均住房面积由1986年的16平方米提高到22.5平方米。

二、交通

大运河、淮扬公路、京沪高速公路高邮段通过镇境。1993～1995年，实施村村通砖路工程，累计铺设村通组、组通户砖面路130千米。1999年，开通高邮城区至马棚集镇公交线路。2002～2003年，实施农村通达工程，建成清水潭北圩环潭道路、幸福河路、立新河路，拓宽东湖路路基；扬州军分区捐助39万元，在塔院村建成长2千米的“爱民路”。2004年，马横（马棚至横泾）公路开工建设。2005年，实现村村通水泥路目标，累计建成镇通村公路75千米。

三、邮电

1990年，为自办汽车邮路。1994年，电话进入市话自动拨号网。1997年，建成电话村4个。2003年，开通电信小灵通网站。2005年，全镇固定电话入户率74%，移动电话家庭普及率17%。

四、供电

1988年，实现户户通电目标。1998年，实施电力线路“两复三”工程。1999年，架设东湖度假村输电线路1.5千米，安装变压器1台。2003年，完成农村电网改造工程。2004年，镇农电所被国家电网公司授予“全国示范窗口站所”称号。

第五节　特色社区简介

金塘社区

系马棚镇党委、政府所在地。2000年，由原马棚、张赵村和马棚居民委员会合并而设，农业面积120.5公顷。2003年起，该社区实施土地流转，通过招商引资，先后吸引高邮鸭集团和在高邮投资的两位企业主到社区投资承包流转农田，分别建设种鸭基地和千亩经济林，栽植桃、梨、银杏等经济林果。投资人租用金塘社区农田，给付农民每公顷7500元保底租金，并参与分红，在项目建设用工方面优先招用流转土地的农民。该社区80%的农田实施流转后，成立市金塘林果土地股份合作社，有1000多名劳动力实现非农就业。同时，通过土地复垦，废沟、废塘、废耕地变“废”为“宝”，增加土地资源，整治并改善农村环境，推进农民集中居住。先后建成农贸市场、商品超市、农资超市、饭店、浴室，40多户农户使用上沼气。2005年，有9个居民小组，385户、人口3581人，实现社会总产值5349万元，农民人均纯收入5050元。该社区先后获“省绿化示范村”“扬州市民主法治社区”称号，社区党支部获“市先进基层党组织”称号。

第八章 东墩乡

第一节 基本概况

东墩乡位于高邮城北郊，东依张轩乡、龙虬镇，南连高邮镇，西倚京杭大运河，北接马棚乡。

因乡境有东、西两个土墩而得名。新中国成立初期，为东墩乡、昌农乡、九园乡、清潭乡之地。1958年2月，合并为东墩乡。1958年9月，东墩乡与马棚乡、张轩乡合并，成立东墩人民公社。1962年，东墩、马棚、张轩分设，分别成立人民公社。1983年，撤社设乡。2000年5月，乡镇区划调整，东墩乡与马棚乡合并，设马棚镇。9月，原东墩乡地域从马棚镇划出，并入高邮经济开发区。

该乡地势西部略高，东部较低。乡内土壤主要有马肝土、黄乌土、腰底黑、沙心黄杂土、腐泥心土。海拔1.6～2.8米。总面积44平方千米，其中陆地面积31.25平方千米、水域面积12.75平方千米。

1986年，辖20个村、220个村民小组。1999年，辖19个村、218个村民小组。在总人口中，农业人口2.86万人、非农业人口733人，男性1.48万人、女性1.45万人，少数民族人口58人，人口密度667人/平方千米。

1986～1999年部分年份东墩乡经济社会指标实绩一览表

表34-13

项目 年份	户数（户）	人口（万人）	劳动力人口（人）	耕地面积（公顷）	粮食产量（万吨）	农业产值（万元）	工业产值（万元）	建筑业产值（万元）	农民人均纯收入（元）
1986	6669	2.77	10893	1987	2.25	1445	684	1296	800
1990	7698	2.82	13548	1947	2.08	2574	2417	2027	809
1995	7581	2.89	14950	1872	2.21	4258	4907	12000	2148
1999	9157	2.93	13564	2478	2.41	5634	13066	17000	3102

第二节 经济建设

一、农业

1986年起，调整农业结构，推广新品种、新技术、新农艺，发展“一优两高”（优质，高产、高效）农业，提高农业产出率和经济效益。同时，抓住黄淮海农业综合开发契机，加快农田基础设施建设。1999年，种植业、林业、牧业、水产业产值占农业总产值的比例分别由1986年的80%、0.3%、17.6%、2.1%调整为55.9%、1%、28.3%、14.8%。

种植业　农作物生产实行麦稻两熟制，伴栽棉花、油菜、蔬菜等经济作物。1986年，粮棉油稳产高产，为吨粮田建设乡镇之一。1992年起，调整种植业结构，推广优良品种和轻型栽培技术。1994年，完成吨粮田建设任务，建成高标准农田示范区66.7公顷。1997～1998年，开发农田和改造中低产田1066.64公顷，复垦荒地29.33公顷，建成适应机械化作业的田间道路16.8千米。粮棉油丰产方在市内竞赛中均获奖。

1999年，粮棉油作物种植面积分别由1986年的3409公顷、141公顷、286公顷调整为3218公顷、10公顷、291公顷，总产量分别由1986年的2.25万吨、126吨、604吨变为2.41万吨、1吨、735吨。

1989年，九里村被确定为县定点蔬菜生产基地之一，种植蔬菜26.7公顷；腰圩村实行套种、复种等立体种植技术，生产“三大一水”（大葱、大蒜、大椒，水芹菜），每公顷产值1.5万元以上。1995年，九里村、腰圩村被市政府列为“菜篮子”工程基地，蔬菜种植面积86.67公顷，建成钢、竹架塑料大棚100多个。至1999年，蔬菜种植面积由1994年的298.87公顷增加到466.67公顷，其中大棚蔬菜面积133.33公顷，蔬菜种植大户25户；水芹菜面积由上年的15.3公顷扩大到20公顷；引进种植西洋芹、玻璃菜、荷仁豆、芦笋、迷你瓜、网纹瓜等新品种；年产蔬菜1.1万吨；九园牌水芹菜获绿色食品标志，13个蔬菜品种通过省无公害农产品认证，九园牌系列蔬菜产品成功注册。

林业　1986年，全乡有树木30多万株，基本形成堤路林网化。90年代，以黄淮海农业综合开发项目建设为契机，加快林业发展步伐。至1999年，成片造林面积280公顷。

畜禽养殖　1986年，畜禽饲养以农户散养为主。1994年，发挥城郊优势，各类专业户和经济联合体应运而生。甫平村6组养鸡专业户季茂清、太堡村2组养鱼专业户张强与台胞合资，办成小海养殖场，年存栏蛋鸡4000羽。1995年，发展食草畜禽养殖和规模养殖，培植养殖大户72户。1998年，发展特种畜禽养殖，引进肉鸽、蓝狐。1999年，生猪、家禽饲养量分别由1986年的2.22万头、31万羽增加到3.36万头、57.29万羽。

水产业　1986年，水产品养殖以河沟自然放养为主，养殖面积60公顷。1995年，发展特种水产品养殖，养殖面积发展到142公顷，水产品总量600吨。1998年，发展牛蛙、罗氏沼虾、螃蟹、鳖等特种水产品养殖。1999年，水产品产量930吨。

农业机械　1986年，以村为单位建立19个农机服务队，农机总动力5727千瓦，主要从事农田耕翻、灌溉、排涝、脱粒等作业。1999年，全乡农机总动力1.48万千瓦，农业综合机械化水平86%。

农田水利　1986年，有防洪圩7条，圩堤总长37.1千米；完成田间配套工程建设土方52万立方米，拓浚生产排涝河和灌溉河7.9千米，加固支渠7千米。1992～1994年，加固防洪圩堤25千米，累计完成土方34万立方米。1997年，完成农田水利建设土方28.7万立方米。1999年，加固防洪圩堤3.5千米，拓宽、浚深干支渠23.55千米。

二、工业

1986年，乡村办企业与苏州、上海、广西等地实行联合经营，实现总产值683.74万元，其中乡办厂400.39万元、村办厂186.65万元、组户联办厂96.7万元。1989年，乡办企业运河蓄电池厂被市政府命名为明星企业，有3种产品获批为省、市优质产品；扬州康耐尔蓄电池有限公司借助合资优势，出口产品占生产量的30%。1994年，在乡村办企业中推行产权制度改革。市电缆厂生产的热塑弹性耐曲挠扁干电缆被列入国家新产品试制计划。1996年，投入650万元，新上耐火系列电缆、电子器件、免维护蓄电池、邮电器材、联合收割机割台等项目；采取一厂一策、重点突破的方法，狠抓工业企业扭亏增盈工作。实行产权制度改革的29家乡村办企业中，改为股份制4家、股份合作制1家、租赁经营24家。创办市首家民营经济园，吸引进园民营企业4家。至1999年，民营经济园共吸纳企业16家。全乡形成机械、化工、电信电缆、建材家具、服装加工等为主的工业格局，共有工业企业53家。

三、建筑业

1986年，全乡有建筑企业3家，从业人员2136人，产值占农副工总产值40.1%。1989～1990年，开拓常州、南京、扬州、山东、连云港等地建筑市场，建筑业产值过2000万元，其中乡建筑安装公司驻南京施工的第二工程处产值突破1000万元。1994年，乡建筑安装公司组建为市第四建筑安装工程公司，当年实现产值8018万元。1995年，市第四建筑安装工程公司以3.8天完成一层楼的施工速度，创扬州市建筑行业施工速度之最。全乡实现建筑施工产值1.2亿元，建筑施工人数3400人，其中外出施工人数3100人；工程合格率100%，优良率38%以上；被市委、市政府命名为首批“建筑之乡”。1996～1997年，在宏观调控趋紧和部分企业出现亏损的情况下，开拓市内外市场，建立以南京、常州等地为主体，以上海、青岛等沿海城市为纽带的业务开发带，建筑施工产值仍超1亿元。1998～1999年，完成4家建筑企业改制工作，巩固扩大外埠建筑市场，承建高难度、高层次、大体量工程。至1999年，共创省优质工程4项、市优质工程7项。

四、商贸服务业

1986年，商贸以供销合作社、商业合作社为主体，供销合作社在吴韩、昌农、杨桥、花王村设立供销站，商业合作社开设7个代销点。1987年起，乡多种经营服务公司兴办农业公司，乡建筑安装公司开办农资、生资门市部，个体商业、餐饮业、加工服务业快速发展。1995年，从事商品流通和协作劳务约有5000人；拥有运输船32艘、总吨位2600吨，机动车360辆。1996年，建成集镇农贸市场、镇南商品房和钓鱼村设在高邮经济开发区内的饮服市场第二期工程。1997年，创办全市首家畜禽批发市场，发展装饰装潢、汽车修理等新兴行业。1998年，建成钓鱼饮服一条街和城北高邮鸭蛋一条街，培育各类专业市场11个。1999年，全乡有个体工商户369户，从业人员1014人；从事运输销售的机动车485辆，运输船15艘、总吨位186吨，从事客运的出租车、中巴车、三四轮机动车61辆；从事农副产品营销1200多人、劳务活动4000多人；实现第三产业增加值5208万元。

第三节　社会事业

一、教育

1986年，全乡有幼儿园17所，班级18个，在园幼儿660人，教师18人；小学18所，班级62个，在校学生1988人，教师105人；初级中学3所，班级11个，在校学生640人，教师40人。1988年，实施学校布局调整，小学减为8所，初中减为1所。1995年，扫除青壮年文盲，普及九年制义务教育。1999年，全乡有幼儿园8所，在园幼儿768人，教师40人；小学8所，班级87个，在校学生3334人，教师150人；初中1所，班级9个，在校学生900人，教师50人。学龄儿童入学率和小学、初中学生毕业率均为100%。

二、卫生

1986年，乡卫生院1所，科室3个，医技人员16人，病床10张；除渔业村外，设村卫生室18家，乡村医生36人。1994年，乡卫生院被评定为一级甲等医院。1996年，改建乡卫生院门诊楼、住院部，创办钓鱼分院。1999年，乡卫生院设置临床科室16个，其中气管炎专科、颈椎病专科等享誉市内外，有专业技术人员49人，病床10张；村卫生站7家，乡村医生43人。

1986年起，改水工作由集镇向农村推进。1990年，建有自来水厂4家，有6个村、48个组、1500多户的7000多人用上自来水。1994年，建成深井自来水厂3家，11个村近1.5万人饮用自来水。1999年，建成自来水供应泵站3座，铺设乡村自来水主管道78千米、支管道24千米，自来水普及率90%。

1992年，启动改厕工作。此后，每年新增三格式无害化厕所150座。1999年，改厕由建房户零星建设向村组集体推进方向发展，钓鱼、花王等村户户达标，全乡改厕率58%。

三、文化

1986年，组建文艺宣传队和5个亦工亦农的兴趣小组，每年元旦、春节、国庆节等重大节日均举办文艺宣传活动。1997年，建成乡文化中心楼。1998年，东墩乡被表彰为省群众文化先进乡。

1986年，村村有广播室，广播入户率70%。1996年，建成乡广电大楼，开通有线电视。1997年，广播入户率95%，有线电视用户发展到3000户。1998年，东墩乡被表彰为扬州市广播电视先进乡。1999年，有线电视市乡光纤联网，有线电视用户发展到3200户。

第四节　村镇建设

一、基础建设

1986年，集镇有1街、2路、6巷，计1.8千米，居民住宅大部分为砖瓦平房。1997年，编制《东墩乡村镇建设规划》，推进集镇基础设施建设和高邮经济开发区民营经济园建设，规划总面积1.37平方千米。1999年，集镇面积0.22平方千米，道路总长4.05千米；在钓鱼村建立工业园区、商贸服务区、仓储物流区和居民住宅区；建成政府办公楼、广电大楼、医院门诊楼、计生综合服务楼等公共建筑面积1.07万平方米；建成商品房4000平方米。全乡人均住房面积由1986年的16平方米提高到20平方米。

二、交通

1986年，实施村通组道路建设。至1988年，双龙、腰圩、花王、钓鱼等村共铺设混凝土、砂石、砖头等类型的庄台道路118千米。1997年，启动环乡道路改造工程。至1999年，拓宽改造一支渠、四支渠、五支渠、五号河北段等道路，将砂石路面浇筑成水泥路，在全市率先实现环乡公路白色化和三级公路网络化；共铺设乡通村水泥公路23千米、村通组水泥路46千米、组通庄台砖头路或水泥路82千米；改造东平河、五号河上4座危桥，建成东墩大桥、陆家溜大桥和“五七”桥。

三、邮电

1986年，有1个邮政代办所。1990年，自办汽车邮路。1994年，电话进入市话自动拨号网，电话用户发展到265户。1995年，东墩邮电支局易地重建，实施程控电话组组通、户户联工程。1999年，全乡固定电话入户率70%，移动电话家庭普及率30%。

四、供电

1987年，实现户户通电目标。1994年，实施电力线路“两复三”工程。1995年，全乡电力线路达到省初级农村电气化标准，乡电力管理站被列为扬州市一级电管站。1997年，采取乡规划、村统筹、站实施的方法，有70%的组完成电力线路改造任务。1999年，改造5个村低压电力线路20千米。

第九章　八桥镇

第一节　基本概况

八桥镇位于高邮市最南端，距离城区20千米。东、南与江都市真武镇、樊川镇隔河相望，西接车逻镇，北连卸甲镇。

明代以前，该地称关河集。清初，因集镇有八字桥、十字河，故称八字桥。民国初，地属高邮县樊永市。新中国成立初期，改名八桥，设八桥区，辖恒丰乡、金沟乡、中心乡、藕塘乡。1958年，建八桥人民公社。1962年，划设为八桥人民公社和伯勤人民公社。1983年，撤社建乡。1986年8月，撤乡建镇，实行镇管村体制。

该镇属里下河冲积平原，地势平坦，两面环水。镇境土壤主要为黄泥土。海拔1.5～3.8米。总面积46.23平方千米，其中陆地面积36.59平方千米、水域面积9.64平方千米。

1986年，辖21个村、204个村民小组。2000年5月，辖8个村、99个村民小组，1个居民委员会、6个居民小组。2005年，在总人口中，农业人口2.02万人、非农业人口2769人，男性1.17万人、女性1.13万人，少数民族人口20人，人口密度492人/平方千米。

1986～2005年部分年份八桥镇经济社会指标实绩一览表

表34-14

项目 年份	户数（户）	人口（万人）	劳动力人口（人）	耕地面积（公顷）	粮食产量（万吨）	农业产值（万元）	工业产值（万元）	建筑业产值（万元）	农民人均纯收入（元）
1986	6158	2.43	12087	2469	2.48	1282	2215	278	671
1990	6742	2.50	12899	2425	2.30	2803	5550	770	867
1995	6976	2.41	11668	2114	1.86	3038	9187	3500	1937
1999	6302	2.33	12606	2443	2.32	4068	19005	8220	2976
2005	7707	2.30	10374	2364	2.32	7674	49454	15800	5567

2005年八桥镇各村、社区基本情况一览表

表34-15

村、社区	村（居）民小组（个）	常住人口（人）	耕地面积（公顷）	人均纯收入（元）	主要自然村庄
李庄村	8	1733	241	4732	新李庄、李家庄、叶家庄、陈家庄、藕塘、东安、王家、谈家、厉家厍
张余村	10	2215	195	4686	庄台、张余庄、季家厍、斗坛庄、柏家厍、居家厍、方家厍、许家厍、厉家厍、柳家厍、雁家滩
关河村	10	2440	304	3951	浪波庄、下庄、长胜庄、姜家墩、万家厍、东仇庄、唐家厍、西仇庄、仇家厍、倪家厍、史家厍、施家厍、李家庄、南刘庄
陈堡村	12	2877	309	4758	花园庄、陈家庄、戴家厍、鲍家庄、居家厍、南厍、忠堡庄、刘家厍、孙家厍、渔业新村
恒丰村	14	2719	273	5763	龙家厍、潘家厍、韦家厍、何家厍、刘家厍、王家墩子、杨家厍、施家厍、李墩、居家厍、菖蒲浜、宗家厍、陈家厍、友爱、全家庄、祁家庄、孙家庄、武家庄、居庄、褚庄、邱墅阁、小全庄、高场、赵家厍、董家庄
金港村	15	3195	414	4707	桂家庄、新厍、西潘庄、东潘庄、李家墩、马家厍、黄家厍、赵庄、吴庄、何家、北刘庄、港西庄、姚家、吴家厍、薛家、颜家厍、卢家厍、徐家、新河
勤丰村	15	2732	226	4480	老虎庄、蔡庄、瓦屋庄、公庄、胡家厍、孔庄、年家厍、窦家厍、兴隆庄、嵇团庄、孔西厍、陆家厍、高家厍、俞家厍、欧阳庄、蒋家厍、陆家庄、贾家厍
金沟村	15	2078	307	4297	芦柴塘、叶家、兴隆庄、徐庄、高家庄、古塔、红桥、肖家、曹家、陆家、陆殷家庄、姜家、倪家庄、王家庄、罗家庄、吕家垛、黄厍、草鞋垛、萧家庄、北方庄、南方庄、后王庄
八桥社区	6	2969	27	5006	—

第二节　经济发展

一、农业

1986年起，逐步调整农业产业结构，扩种蚕桑、油料、蔬菜、果树、药材等经济作物，发展多种经营生产。2005年，种植业、林业、牧业、水产业产值占农业总产值比例分别由1986年的77.8%、1.5%、17.1%、3.6%调整为58.5%、1.1%、22.2%、18.2%。

种植业　农作物生产实行麦稻两熟制，伴栽棉花、油菜、湖桑等经济作物。1988年起，引导农民种植湖桑，发展养蚕业。1992年，李庄村被确定为扬州市农业现代化试验村。1993～1996年，以扩大湖桑种植面积为主，兼种其他经济作物，湖桑种植面积从200公顷扩至400公顷。1997年，在陈鲍、忠堡两村开垦荒地66.7公顷，组建桥发实验农场。1998年，桥发实验农场试验超高茬麦田套稻种植技术获成功。1999年，按照"压粮、扩油、扩桑、扩水、扩经"的思路，调整种植结构，粮经种植面积比例为6：4；蚕茧产量由1991年的116.5吨增长到152.4吨。后因价格因素，桑园面积、蚕茧产量逐年下降。2001年，成立大棚西瓜合作经济组织。2002年起，按照"特色＋规模＋科技"的思路，培育优质米、林木、花卉等特色产业。2004年，桥八牌西瓜获省无公害农产品证书。2005年，粮油桑种植面积分别由1986年的4007公顷、241公顷、33公顷调整为3600公顷、504公顷、80公顷，粮油茧总产量分别由1986年的2.48万吨、416吨、2.95吨变为2.32万吨、1366吨、12吨。

林业　1986年，全乡新栽水杉等良种树50多万株。1993年，开发林地99.3公顷。1997年，陈鲍村植树造林3.3公顷，被表彰为全国造林绿化千佳村。2002年，完成成片造林100公顷，新扩花卉苗圃面积10公顷。2003年，以"绿色银行"大行动和林权制度改革为契机，实施银杏树入户工程，栽植意杨等经济林木，新增造林面积280公顷。2004年，新增林木面积94.4公顷，种植银杏3.2万株。八桥镇被省林业局表彰为"绿色江苏建设先进乡镇"。2005年，累计造林面积856公顷，林木覆盖率18.5%。

畜禽养殖　1986年，畜禽以农户散养为主。1996年，引导发展多种经营专业户197户，其中专业大户20户。1998年，组建养猪、养鸡、养鸽、养兔、养鸭合作社，养殖七彩山鸡、鸽等特种畜禽。2001年、2004年，先后建成养鸽合作社、马鹿场。2005年，建成养兔场，组建兔业合作社，生猪、家禽饲养量分别由1986年的2.12万头、13.69万羽调整到2万头、19万羽。

水产业　1986年，精养鱼池66.7公顷，水产品产量164吨。1989年，开挖鱼池28.7公顷。1993年，鼓励开发河滩实行水产养殖，陈鲍村开挖精养鱼池36.9公顷。1998年，组建养虾合作社，养殖鳖、蟹等特种水产品。2005年，水产品养殖面积220公顷，其中内河养鱼面积43.3公顷，水产品产量1667吨。

农业机械　1986年，农机总动力8186千瓦，主要从事农田耕翻、灌溉、排涝、脱粒等作业。1995年，推广使用新式农机具。至1996年，拥有大型收割机40台、开墒机30台。1999年，实施农机产权制度改革，鼓励农民自购或联合购置农机具。2005年，农机总动力1.52万千瓦，农业综合机械化水平87%。

农田水利　1986年，防洪圩6条，圩堤总长59.8千米，沿堤设有引排闸洞68座。1993年，组织近万名民工加固车八干渠，拓宽6支渠，改造港西支渠并加固外大圩。1998年，维修、改建斗渠洞首47座、地下洞3座、节制闸2座、过水龙1座。1999～2005年，先后疏浚加固河道、干渠44条，修建排灌站6座，新建圩口洞、闸11座，改造或新建各种田间配套物308座，完成土方83.6万立方米。

二、工业

1986年，全乡实现产值2215万元，其中乡办厂产值占55.7%。1989～1993年，县针织内衣厂、县水泥二厂、县第二蓄电池厂产值占全镇工业产值的一半。1993年起，投入资金，对乡村企业实施技术改造。至1995年，共投入技改资金2350万元，引进外资折合人民币300万元，年出口供货额1500万元，组建股份合作制企业6家。1996年，对41家镇村工业企业实施改制，其中实行股份制2家、股份合作制13家、租赁经营23家、拍卖2家、兼并1家。1997～1999年，先后拍卖镇属水泥二厂、蓄电池厂、化学品厂、电缆料厂、五金厂金属容器生产线、兽药厂、自来水厂，盘活闲置资产500多万元。投入技改资金2000多万元，实施化工、服装、造船、造纸、活性炭等技改项目，开发新产品3种。2000年，继续深化企业产权制度改革，盘活李庄村、陈鲍村和八桥居民委员会等存量资产，扬州雄鹰鞋业有限公司兼并停产多年的原华宝鞋厂，恒丰花炮厂、造纸厂置换集体资产400多万元，镇针织厂实施破产。同时，开展招商引资，引进外地私营业主5人及资金近300万元，创办小李庄酒厂、凯良制衣厂、布绒厂；发展私营企业10家。2001年起，制定招商引资优惠政策，组织人员外出招商，鼓励发展个体私营经济；启动八桥工业集中区建设。2005年，全镇形成电子仪器、化工机械、制鞋、新型建材等为主的工业格局，共有工业企业140家。

三、建筑业

1986年，全乡有建筑企业1家，从业人员500多人。1988年，八桥建安公司更名为市第二建筑安装公司八桥分公司。1994年起，先后开辟常州、南京、北京、青岛等地建筑市场。2004年，该公司经改制更名为江苏弘盛集团八桥分公司。1995～2005年，共有承建的19项工程获扬州市以上优质工程奖，其中获北京市优质工程奖10项、“长城杯”结构工程奖7项。2005年，建筑业从业人员3500人。

四、商贸服务业

1986年，商贸以供销合作社、商业合作社为主体，乡供销社、商业社在距集镇较远的村设立供应点。1989年，建成占地2400平方米的农贸市场。1990年，举办首届秋季商品交易会。1992年，鼓励发展个体商业、服务业、运输业。至1994年，有各类个体商户302户。1995年、1996年，分别建成容纳70户经商、长225米的商业北街，傍车八（车逻至八桥）干渠集镇段长959米、建筑面积1.85万平方米的农民商贸街。1998年，个体商户累计1126户。1999年，八桥综合小商品市场建成开业。2001年，开展劳动力转移工作，共内转外输劳动力6200人，占劳动力总人数54%。2003年，八桥供销社通过盘活存量闲置资产，吸纳民资350万元，建成天桥商厦。2005年，全镇有集贸市场1个、商贸服务企业3家、个体工商户570户，从业人员6635人，实现第三产业增加值9225元。

第三节 社会事业

一、教育

1986年，全镇有幼儿园18所，班级23个，在园幼儿698人，教师24人；小学18所，班级72个，在校学生2602人，教师108人；初级中学2所、班级16个，在校学生706人，教师47人。1990年，八桥镇中心初中新校园落成。1992年，基本扫除青壮年文盲。1995年，普及九年制义务教育。同年，实施学校布局调整，初级中学由2所调减为1所，小学由17所调减为15所。1997年，小学调减为9所。2000年，启动教育现代化工程，小学撤并为3所。2002年，镇初级中学迁入原八桥中学校园；利用原镇初级中学校园，创办公办民助的九年一贯制学校。2005年，全镇有幼儿园1所，班级15个，在园幼儿440人，教师23人；小学3所，班级31个，在校学生1176人，教师77人；初级中学1所，班级19个，在校学生834人，教师73人。学龄儿童入学率和小学、初中学生毕业率均为100%。

图34-5 2002年改制为民办的八桥镇中心幼儿园

镇初级中学、镇中心小学、镇中心幼儿园分别创建成省示范初中、省实验小学、省示范幼儿园。

二、文化

1986年，改建有近1000个翻板座位的八桥影剧院，兴建文化馆。同年，举办乡首届金秋艺术节，此后每两年举办一届。1988年，镇农民文化中心楼落成，设有录像室、象棋室、球室、广播站、成人教育中心，图书馆藏书逾万册。1990年，镇文化中心被评为扬州市明星文化中心。1992年，八桥镇被省文化厅表彰为省群众文化先进乡镇。2004年12月，该镇73岁的老党员袁德纯创办光明乐队。2005年3月，该乐队在市第三届农民艺术节上，演奏的《茉莉花》夺得器乐表演最高奖。

1994年，开通有线电视，用户530户。1997年，开通加密电视，新增有线电视用户1000户。1999年，实现广播电视市乡光纤联网。2005年，架设有线电视传输光缆7.27千米，基本达到户户通有线电视。

三、卫生

1986年，八桥地段医院更名为八桥中心卫生院，科室15个，医技人员58人。1988年，八桥镇中心卫生院门诊楼建成。1994年，八桥中心卫生院创建成一级甲等医院，骨伤科、中医肝胆科被列为市重点科室。1996年，实施大病医疗统筹制度，规范村卫生室管理，创中医工作先进村5个，八桥中心卫生院被扬州市卫生局批准为爱婴医院。2000年，八桥镇获“市中医先进镇”称号。村卫生室整合为8家，乡村医生31人。2003年，全面推行新型大病合作医疗制度，参保农民1.89万人。2005年，八桥中心卫生院设科室9个，医技人员75人，病床36张。

1990年1月，镇自来水厂建成供水，日产自来水5000立方米，受益人口近1万人。1994年，全镇2/3的农户用上自来水，镇自来水厂通过扬州市合格水厂验收。1998年，增加自来水受益人口4200人。1999年，创建成自来水普及乡镇。2005年，恒丰村创建成扬州市改厕普及村，全镇卫生户厕普及率20%。

四、体育

1986年，八桥镇被省体育运动委员会表彰为体育先进集体。1987年，该镇发行体育奖券1万张，筹资1万元，为全省开创群众办体育的新路子。1988年，承办县第二届“丰收杯”篮球赛。1990年，举办第十一届镇农民运动会，至2005年共举办6届。1995年，镇象棋队参加扬州市第二届农民象棋赛，获中国象棋男子团体第四名。1999年，承办市农民运动会象棋赛。

第四节　村镇建设

一、基础建设

1986年，集镇有3条街、6条路、8条巷，总长8.5千米，居民大多居住在集镇老街。1990年12月，镇西大桥建成通车。1995～1996年，先后建成商业北街、农民商贸街，编修集镇规划。1997年，建成张叶沟集镇段西护坡，修筑商业街至镇西桥的砂石路，完成中心路商品房开发。1999年，启动恒丰、张余中心村建设。2000～2001年，农行高邮市支行八桥办事处营业大楼、供销社商住楼竣工，开发建设镇西李庄段、集镇中心地段商住楼，建成教师安居楼。2002～2005年，实施集镇“西进”战略，开工建设集镇东中心街北侧改造工程、集镇西水乡一条街、镇政府原办公所在地周边商住房、八卸（八桥至卸甲）路西侧别墅区等工程，完成集镇西雕塑、十支渠块石护坡、扬八线集镇段沥青摊铺工程和中心街绿化、亮化工程。2005年，集镇面积由1986年的0.29平方千米扩大到0.54平方千米，有中心路、镇西路、环镇南路等7条主要道路，总长12.3千米；公共绿地面积12.9公顷，绿化覆盖率13.4%，人均公共绿地面积28.67平方米。全镇人均住房面积由1986年的21平方米提高到34平方米。

二、交通

1985年起，筹资建造乡通村砂石路，至1995年共铺设46.1千米，初步形成环镇交通网。1997～1998年，铺设扬八（扬州至八桥）公路八桥段和环镇西路黑色路面6千米。2000年，京沪高速公路高邮段八桥出入口建成开通，周八（周山至八桥）公路建成通车。2001年，筹资145万元，建设恒丰玉溪桥至集镇长6596米、宽4米的水泥路。2002年，启动"三纵"（十五支路、八滨路、十六支路）"三横"（金堡路、中心路、环镇北路）道路建设。2003年，筹集资金1000万元，建成镇通村水泥路23.6千米和村通组水泥路10千米、砂石路80千米，开工建设车樊路、八卸路，十五支路、十六支路、金堡路、金星路等全线贯通。2004年，建成通村公路13.66千米。2005年，建成通村道路51.6千米，实现村村通水泥路，实施扬八公路集镇段黑色化建设工程。

三、邮电

1986年，开通八桥至高邮自办邮路。1992年，电话进入市话自动拨号网。1994年，改设自动交换机，安装程控电话750部，实现村村通电话。1998年，启动电话村建设，放装电话1400部。2005年，全镇固定电话入户率84%，移动电话家庭普及率79%，有互联网用户173户。

四、供电

1986年，实现户户通电目标，改造输电线路。1994年，镇内建成4条输变电线路。1999～2005年，投入资金275万元，实施农电网改造工程，改架电力线路96.13千米。

第五节　特色村简介

张余村

位于八桥镇西部、京沪高速公路高邮段八桥出入口处。该村坚持走"以工补农、以工兴村"之路，发展村办企业。1986年，有工业企业1家。1992年，投入40万元，新建摩托车配件厂；五金汽配厂投入技改资金33万元，添置设备，扩建厂房，加快汽车配件产品更新换代。此后，相继创办电瓶厂、轮窑厂。至1995年，村办企业发展到4家，组办企业和个体工商户25家，实现工业产值810万元；投入建农资金33万元，修筑路渠9千米，购置拖拉机、开墒机、大型收割机16台套，全村50%耕地实行机械化作业。2000年，由原张余、渌洋村合并而设，面积194.6公顷。该村调整种植业结构，实行扩粳、扩桑、扩油措施，引进新品种，发展"一优两高"农业；是年，全村有个体私营企业21家，从业人员103人。2005年，有10个村民小组，641户、人口2215人，工业企业24家，实现社会总产值5200万元，农民人均纯收入4686元。先后获"市文明村""市生态村"和"扬州市绿化示范村"称号。

第十章　卸甲镇

第一节　基本概况

卸甲镇位于高邮城东南，距离城区17.5千米。东邻汉留镇，南接八桥镇，西连高邮镇、车逻镇，北与三垛镇、龙虬镇隔北澄子河相望。

镇内周邶墩遗址表明，新石器时代晚期和商周时期就有人生息。因唐代名将薛仁贵征东时让将士在此卸甲休整的传说而得名。明清时，地属丰谷乡公田村。民国初年，属南吴乡和公田市。新中国成立前，分块划入汉留区、八桥区和龙奔区。新中国成立初期，卸甲乡隶属八桥区。1958年2月，撤销八桥区，设立卸甲乡。9月，改设卸甲人民公社。1960年3月，并入二沟人民公社。1962年6月，恢复卸甲人民公社。1968年5月，卸甲人民公社改名为东风人民公社。1982年2月，复名卸甲人民公社。1983年9月，撤社建乡。1994年12月15日，撤乡建镇，实行镇管村体制。2000年5月，撤销伯勤镇、龙奔乡，两个乡镇原辖区域并入卸甲镇。

该镇属里下河冲积平原，地势东低西高。镇内土壤主要为砂土、砂姜土、油沙土、黏土。海拔2.1～3.8米。1986年，总面积50.5平方千米。2000年5月，总面积扩大至136.84平方千米，其中陆地面积106.71平方千米、水域面积30.13平方千米。

1986年，辖21个村、197个村民小组。2000年5月，辖26个村、307个村民小组，3个居民委员会、18个居民小组。2005年，在总人口中，农业人口6.29万人、非农业人口4900人，男性3.43万人、女性3.35万人，少数民族人口31人，人口密度496人/平方千米。

1986～2005年部分年份卸甲镇经济社会指标实绩一览表

表34-16

项目 / 年份	户数（户）	人口（万人）	劳动力人口（万人）	耕地面积（公顷）	粮食产量（万吨）	农业产值（万元）	工业产值（万元）	建筑业产值（万元）	农民人均纯收入（元）
1986	5717	2.51	1.22	2540	2.64	1504	1066	316	609
1990	5638	2.53	1.23	2493	2.44	3100	1790	592	781
1995	6591	2.40	1.47	2093	2.26	4034	20122	1127	2087
1999	7047	2.31	1.35	2742	2.95	6199	33035	6209	3325
2000	20910	6.92	3.56	7202	7.54	28997	66464	28300	3301
2005	20888	6.78	3.55	7044	7.96	32502	185554	32097	5328

2005年卸甲镇各村、社区基本情况一览表

表34-17

村、社区	村（居）民小组（个）	常住人口（人）	耕地面积（公顷）	人均纯收入（元）	主要自然村庄
卸甲村	10	2469	314	5730	东风、卸甲庄、夏家厍、花园墩、南河西村、南河东村、陈家庄、夏家庄、南戴庄、吴沂庄
虎头村	10	2896	306	5161	胡家、董家、郃家、印家、石家厍、戴家、孔家、袁家、张家、南河、虎头拐、柏家、陈家、金家垛、赵家、罗家、冯家、金家、秦家
南龙村	12	2505	331	5216	龙奔河东、南圩、南龙奔、马家圩、顾家庄、张家厍、曹徐庄、发财庄、马家、小潘家、张家、南徐湾、东徐、冯家、陶家、北徐湾、何家、孙家、吴家、周家、黄家
郭楼村	12	2163	304	5324	西王庄、将家厍、黄家厍、胡家厍、许家、吕家、刘家厍、王家、龙沟、金庄、徐家、柏厍、王家厍、姚家厍、郭庄、孙家、郭楼庄、杨家厍、冯家厍、陈家厍、许家厍、拐子街

续表34-17

村、社区	村(居)民小组(个)	常住人口(人)	耕地面积(公顷)	人均纯收入(元)	主要自然村庄
一平村	17	3163	441	6003	王庄、李家、西唐、东唐、郭家、沈家库、龙家库、西邵库、姚家库、合兴庄、张家库、孙家库、南库、金家库、窦家库、高家库、朱家库、周家库、东邵库、得胜庄、刘家、张邵庄、吴家、倪家库、纪家、王家库、茅家垛、西库、曹家庄、刘家库、李家库、丁家库
北戴村	13	2669	265	5049	梁家库、北戴庄、金家库、陈家库、王家库、许家庄、汤家库、李家庄、从家、渔村
潘阳村	15	2676	407	4776	潘杨庄、师家、尤家、马家、倪家、邓家、陈家库、南尤庄、陆家、香店庄、刘家、西杨庄、潘家库、陈家、管家、杨家库、徐家库、张家库、朱家库、柏家库、大邵家库、太平庄、王家、刘家
大庵村	14	2792	355	5448	姚王、老圩、陶家库、孙龙庄、北尤庄、小杨庄、杨家库、汪家库、童家库、大庵、小庵、邵家庄、西赵庄、杨家、塔圩、俞家、陈家、北庄
在和村	11	1932	221	5239	姜家堆、姚家庄、朱家、邵家庄、盛家庄、后圩、郑家、钱家库、小王庄、太平、陆家
金家村	11	2247	228	5716	老家庄、大坝头、窑南庄、金家庄、南渡船、李姓庄、曹家庄、陶家庄、后金庄、前金庄、北风庄、管家庄
兴旺村	10	1734	167	5526	赫旺庄、赵家库、合兴庄、西沟、戚家库、凤凰头、曹杨庄、新庄、八支庄、南湖庄、北港庄
联盟村	7	1060	162	5602	郑家、袁家圩、吴家库、侯家库、陶家、周家圩、三元庄
三河村	10	1998	252	5816	西河、王家庄、甘家庵、马家、南河、三河庄、丁家库、管家库、杨家库、严家库
伯勤村	8	1334	204	5296	大吕库、戴家库、西庄、南庄、东楼头、殷家库、陈家库、大王庄、黄泥沟、西楼头、小龙港
孙陈村	9	1653	271	5468	施家库、胡家库、刘家沟、王瘌子摆渡、黄家、陆家、大孙家库、周冯、陈家库
花阳村	10	2214	273	5521	刘家库、侯家库、花家垛、孙家库、黄家库、北钱庄、叶李庄、新库、冯庄、杨家庄、袁圩、颜家库、渔业新村
钱满村	6	1111	210	5348	孙家庄、南钱庄、中钱庄、俞家库、满家库、李家墩、新林村
永富村	8	1863	300	5472	大王家库、张家库、小张家库、徐东尖、小王家库、竺家库、曹家庄、张庄、虎头拐子、徐西尖、马家库
周庄村	11	2577	202	4892	小林庄、周庄、运河、西楼庄、于庄、高家、许家
十里村	18	3776	256	4957	十里尖、曾庄、小李庄、宋庄、贾圩、东袁、柏墩、卞庄、陆玉庄、曹中、赵庄、宋大庄、管庄、黄庄、汤庄、小周庄
黄渡村	20	6489	298	6006	龙桥、大龙垛、小龙垛、柳庄、高庄、金桥、黄渡、杨庄、倪港、周玉、王桥、小梁山、高家村、牛庄、合兴庄、郑庄、前圩
龙奔村	14	2857	278	4764	龙奔镇、贺庄、乔沟、吴庄、刘庄、嵇庄、张家旺、焦山、郭庄、陈庄、郜庄、刘渡、渠南
口河村	14	3067	291	4632	沈庄、碗蛮库、小谢庄、新桥、张庄、太平、陈庄、口河、红丰、袁家、嵇庄、陈西、屠庄、顾庄、佘尖、袁庄、校箭垛、王庄、卢家

续表 34-17

村、社区	村(居)民小组(个)	常住人口(人)	耕地面积(公顷)	人均纯收入(元)	主要自然村庄
三新村	14	3334	313	5012	城乡新村、王庄、拐子街、倪庄、新庄、高庄、黄家厍、车庄、万庄、张家厍
华东村	13	2586	248	4695	许庄、张家厍、化庄、宋庄、东楼庄、仇庄、苏庄、戴庄、凌庄、郑庄、新华、小王庄、大王庄、彭庄、西王庄、邵庄、幸福
周邶墩村	10	2162	169	5320	保圩庵、焦圩、陈五大家、刘庄、龚庄、姜庄、许家、邵庄、杨家、尹家、兴隆镇、周邶墩
卸甲社区	11	1248	—	—	—
龙奔社区	3	386	—	—	—
伯勤社区	4	872	—	—	—

第二节　经济发展

一、农业

1986年起，调整农业结构和作物种植布局，走农副工协调发展、粮水桑综合经营的路子。2005年，种植业、林业、牧业、水产业产值占农业总产值比例分别由2000年的52%、1.6%、35.8%、10.6%调整为46.1%、1.4%、32.3%、20.2%。

种植业　农作物生产实行麦稻两熟制，伴栽油菜、湖桑等经济作物。1986年，粮食生产稳步发展，户户栽桑养蚕。至1989年，杂交稻种植面积占水稻种植面积70%，年水稻制种面积200公顷，栽桑养蚕形成适度规模经营。虎头村被列为扬州市农业现代化实验村，陶家村被列为县千亩低产田改造示范点。1990年，蚕桑生产渐成特色，全乡有桑园面积311公顷，养蚕1.37万张，蚕茧产量383.8吨，桑园面积、蚕茧产量居全县之首。1993年，实施“稳粮棉、扩桑园”战略，桑园面积扩大到667.7公顷，其中虎头、红英村桑园面积均超66.7公顷，有8个村桑园面积均占耕地面积的1/4以上，养蚕1.57万张，蚕茧产量526吨，建蚕茧收烘站3家。1994年起，实行“万亩桑、万担茧”计划，推广种植粮食新品种，运用新技术、新机具和立体种养模式，加快农业全面发展。至1999年，建成优质粳稻、“双低”油菜、稻麦良种繁育、蚕桑等4个生产基地，建立桑蚕茧、果品、花卉苗木等农村专业合作经济组织。2000～2002年，指导农民面向市场，调整种植业结构，粮油作物品种基本实现优良化，发展订单农业。2003年起，实施农业标准化建设，稳定蚕桑生产。至2005年，申报无公害粮油生产基地1667公顷，建立种子基地267公顷。市双庆面业有限公司的笑面虎牌面粉获“省绿色食品”称号。2005年，粮棉油桑种植面积分别由2000年的1.08万公顷、13.4公顷、1521公顷、470公顷调整为1.15万公顷、0.33公顷、1232公顷、227公顷，粮棉油茧产量分别由2000年的7.54万吨、11吨、3838吨、639吨变为7.96万吨、1吨、3485吨、328吨。

林业　1986年，全乡有成片造林面积21公顷。此后，利用“四旁”资源，开展植树造林活动。2002年，双沟村、三沟村被表彰为扬州市造林绿化最佳村。2003～2005年，以“绿色银行”大行动和林业产权制度改革为契机，实施林业工程建设、绿色通道建设，围庄林改造和退耕还林面积累计1233公顷，植树207万株。至2005年，全镇累计植树造林面积1586公顷，林木覆盖率11.6%。

畜禽养殖　1986年，畜禽以农户散养为主，全乡饲养生猪1.99万头、家禽12.08万羽。1998年，发展多种经营生产，建立农村专业合作经济组织，培育多种经营规模大户210户。1999年，养殖特种畜禽品种，饲养新太湖鹅1万羽、二元母猪1万头、美国青蛙10万只；投资4万多元，创办镇种猪场，年产优良种猪1000头；成立高志实业有限公司，年蛋鸡饲养量15万羽，产蛋1700吨；农村经纪人发展到170人。2000年，引进特种养殖项目8项，发展各类养殖大户250户。2002年，引进域外资金30万元，兴办野鸡、野鸭养殖加工厂。是年，利用民资，开办宝塔蛋品加工厂。2004年，志兴牌鸡蛋获“省绿色食品”称号。2005年，生猪、家禽饲养量分别由2000年的11.01万头、228.84万羽调整到7.2万头、125.2万羽。

水产业　1986年，水产品养殖大多利用河沟塘，全乡自然养殖水面76.1公顷，开挖精养鱼池47公顷，水产品产量122.3吨。1995年，启动特种水产品养殖。1997年、2000年，先后实施以禽鱼混养为特色的立体养殖模式和围田养殖技术。2001年，发展精养水产品面积544公顷。此后实施退耕还水，扩大水产品养殖面积。2005年，全镇水产品养殖面积1067公顷，产量由2000年的2640吨增长到4960吨。

农业机械　1986年，农机总动力7938千瓦，主要从事农田耕翻、灌溉、排涝和脱粒等作业。1997年，投资180多万元，购置大中小型农机108台套，累计254台套。1999年起，实施农机产权制度改革，鼓励农民自购或联合购置农机具，全镇农机总动力增至1.35万千瓦。2005年，全镇农机总动力6.97万千瓦，农业综合机械化水平82%。

农田水利　1986年，全乡有东南圩、虎头圩、西南圩、西北圩、东北圩、外圩等6个防洪圩，圩堤总长65千米，设有坝头25座、圩口闸61座。1991年起，实施灾后圩口、闸站重点改造工程，加高培厚防洪圩堤，疏通泄洪河道。1994年，疏浚张叶沟卸甲段工长9.8千米，完成土方46万立方米。1995～1996年，整治清理支渠和田间水系，改造易旱易涝低产田。1996年，创建成无坝镇。1997～2000年，建成和改造圩口闸、地下涵、支斗渠首、农用交通桥88座，建成排涝站5座和第二补水站，兴修中小型水利配套物73座；全面清理、疏浚农田“三沟”，挖土1.3万立方米，改造中低产田133.33公顷；整治河道、圩堤、支渠65千米，完成土方170万立方米。2001～2005年，实施南关干渠防渗衬砌改造工程，建成和改建电力排灌站34座，改造灌排闸站27座，加固圩堤100千米，完成河道、渠道清障土方30万立方米，建成北澄子河南岸块石护坡3千米。

二、工业

1986年，全乡实现产值1066.43万元，其中乡办厂555.99万元、村办厂449.84万元、组户联办厂60.6万元。1990年，东风电机仪表厂生产的微电机，出口到埃及、印尼等国家，填补全县乡镇企业无外贸产品的空白。1993年，飞达电机仪表公司发展4家村办配套生产企业，创办江苏三环机电设备有限公司，形成“一司四厂”（江苏三环机电设备有限公司、飞达电机厂、飞达台钻厂、飞达铸造厂、光辉金属制品厂）发展格局，被机电部确定为微电机出口扩权企业和基地。1994年，飞达电机仪表公司实施产品、技术、资金、人才、管理、销售扶持，辐射带动张邵、虎头、卸甲、南龙、西徐、大庵等6家村办企业。全镇产品生产采用国际标准的企业1家、采用国家标准的企业19家。对19家镇村企业试行产权制度改革。1995～1996年，外贸出口平稳发展，有10种新品分别获国际安全认证和国家生产许可证。1997年，全镇24家镇办企业中，组建有限责任公司3家、股份合作制15家，实行租赁承包经营6家；18家村办企业中，组建股份合作制7家，实行租赁经营2家，转为私营4家，保留福利企业性质3家，吊销营业执照2家。扬州飞达电机仪表公司通过ISO 9002质量管理体系认证，被农业部和全国乡镇企业协会确认为百家中国机械行业最大经营规模乡镇企业第62名、千家中国最大出口创汇乡镇企业第292名。电动工具厂获外贸出口权，扬州金马机电制造有限公司获进出口经营权。1998～1999年，全镇共投入资金2074万元，实施技改项目2项，开发新品30种，有5种产品通国际安全认证。2000年，按照“整体推进，重点突破”的思路，培植规模企业，江苏金飞达电动工具有限公司产值突破3亿元，有产值500万元以上企业10家。江苏金飞达电动工具有限公司投入800万元，引进设备，征地3.53公顷，启动金飞达工业园建设。采用拍卖等形式，完成8家企业改制工作。江苏金飞达集团撤出集体股，组建有限公司。2001～2005年，实施辐射联动工程、工业园区工程和招商引资、外向带动战略，共实施招商项目226项，引进域外资金或启用民资6.81亿元，引进外资489万美元；外贸出口值、自营出口额分别由2001年的3.95亿元、2018万美元增加到2005年的7.92亿元、5373万美元；累计技改投资9203万元，引进新技术，开发新产品近30种，实施“3＋1”科技支持工程项目28项，申报专利28件；江苏金飞达电动工具有限公司于2004年被批准为省高新技术企业；金飞达工业园、黄渡工业园建成开业，建成标准化厂房4.68万平方米、道路5.45千米，铺设给排水管道10.7千米，绿化1.3万平方米，累计开发使用土地20.9公顷，进园企业共32家。至2005年末，全镇形成机械制造、金属制品、有色金属冶炼、造纸及纸制品、纺织服装、工艺品制造、化工等为主的工业格局，工业企业由2000年的275家发展到422家。

三、建筑业

1986年，全乡有建筑企业1家，从业人员250人，施工面积1.26万平方米。1995年，镇建安公司开拓外埠市场，在无锡、南京、上海等城市承建建筑工程。1996年，推行承包责任制，承建的上海祥德路小学教学楼被虹口区政府表彰为样板工程。1997～1999年，承建工程获地市级优质工程4项、县（市）级优质工程5项，工程合格率100%、优良率50%。2000年，3家建筑企业抢抓机遇，加大设备投入，采用挂靠、联营等形式，拓展建筑市场。伯勤建安公司、卸甲建安公司被市政府命名为铁军企业，卸甲镇被市政府命名为“建筑之乡”。2001～2005年，工程合格率100%、优良率55%，承建的工程获北京市结构“长城杯”奖14项、上海市优质工程奖1项、扬州市“琼花杯”优质工程奖4项。2005年，全镇有建筑企业3家，从业人员3580人。

四、商贸服务业

1986年，商贸以供销合作社、商业合作社为主体，乡供销社分别在卸甲、潘阳、大庵、唐家村设立生产生活资料门市部。有运输船101艘、总吨位1650吨。1994～1995年，商贸运输业发展较快，运输船发展到150艘、总吨位2250吨，各种运输车280辆，从业人员434人。商业网点增至144个，农贸市场摊位逾100个，卸甲供销社进入扬州市供销系统百强行列。1996年，扩建农贸市场，创办建材市场、停车场，加快沿街店面建设，吸引农民进镇经营，商饮服务业日趋活跃。至1999年，商贸运输服务业单位发展到2023家，从业人员4702人。2000年起，制定优惠政策，引导居民投资创办各类服务实体。同时，推进供销、商业、运输企业实行经营性资产重组。至2005年，通过招商引资和利用民资，累计投入资金2.21亿元，先后建成休闲娱乐城、龙腾服务公司、水产超市、龙腾山庄、海潮加油站、龙门农贸市场、苏北钢材城、黄渡农贸市场，开设农工商、苏果、联华、好美家等4个超市分店；发展各类出租车30辆，增加运输车船115辆（艘），累计1354辆（艘）；各类商贸运输服务业实体单位由2001年的5433个、从业人员9718人发展到6570个、1.15万人；实现第三产业增加值2.4亿元。

第三节　社会事业

一、教育

1986年，全乡有幼儿园22所，班级22个，在园幼儿472人，教师23人；小学21所，班级81个，在校学生3119人，教师118人；初级中学3所，班级26个，在校学生1205人，教师66人。1987年，卸甲乡中心小学迁址新建。1992年，实施学校布局调整，小学由21所调减为19所，至1998年调减为5所。1994年，基本扫除青壮年文盲，普及九年制义务教育。1995年，镇初级中学迁入镇东新校园，原校园腾让给镇中心小学。1998年，镇中心小学毓秀教学楼落成。2000年，启动教育现代化工程建设，先后实施“六有”“三新一亮”等工程。镇初级中学实验楼落成。2001年，新建卸甲、龙奔幼儿园和龙奔初级中学实验楼。2002年，建成龙奔小学教学楼，撤并完全小学2所、初级小学2所、教学点3个，卸甲、伯勤两所幼儿园转制为民营。2003年，伯勤初级中学、龙奔初级中学分别更名为卸甲镇初级中学第一分校、第二分校，龙奔幼儿园转制为民营，撤并教学点7个、完全小学1所。2005年，全镇有幼儿园4所，班级37个，在园幼儿924人，教师72人；小学9所，班级86个，在校学生3497人，教师234人；初级中学1所，班级49个，在校学生2219人，教师175人。学龄儿童入学率99%，小学、初中学生毕业率分别为100%、98.8%。镇初级中学创建成省示范初中、教育现代化合格学校，镇中心小学、伯勤小学创建成扬州市素质教育先进学校。

二、文化

1986年，卸甲影剧院建成投入使用。1996年，镇广播电视楼落成。开通有线电视，有用户1800户。镇文化中心建成万册图书馆。1997年，镇文化中心配置歌舞、图书等10多个活动室（项目）。通过省群众文化先进乡镇验收，被表彰为扬州市广播电视工作先进单位。1999年，有线电视光纤联网开通。2000年，全镇有线电视用户9975户，占全镇总户数55%。2001年，承办市首届农民艺术节开幕式。2002年，镇舞龙队参加中国江都龙狮舞大赛、市双黄鸭蛋节和春节、灯节表演。2003年，成立镇业余扬剧团。2005年，镇农民文化公园项目获批立项，实施广播网络升级改造工程，有线电视用户1.42万户，入户率80%。

图34-6　2001年由卸甲镇承办的市首届农民艺术节开幕式

三、卫生

1986年，乡卫生院1所，科室5个，医技人员25人，病床12张；村卫生室20家，乡村医生71人。1994年，卸甲卫生院门诊楼落成，并购置B超等医疗设备。1996年，镇卫生院创建成一级甲等医院。1999年，全镇甲级卫生室覆盖率75%。2000年，推广乡村卫生组织一体化管理，建成卫生站15家、卫生点6个。全面推行大病合作医疗制度。2003年，推行新型农村合作医疗制度，创建成扬州市卫生镇。2005年，龙奔卫生院并入卸甲镇卫生院，更名为卸甲镇卫生院龙奔分院。全镇有卫生院2所，科室10个，医技人员103人，病床78张；村卫生站19家，乡村医生215人。

1997年，20个村计划生育服务室达标，建成镇计划生育服务楼。2000年、2004年，先后被表彰为扬州市计划生育红旗乡镇。

1997年，镇自来水厂建成供水，受益人口2.02万人。1998年，建成潘阳、虎头自来水厂，创建成市农村改水普及乡镇。1999年，增建无害化厕所80座。2000～2001年，开凿深水井1口，改造自来水管道7.72千米，增加自来水用户885户；增建无害化公厕8座、卫生户厕1283座。2002～2004年，增加自来水用户423户，自来水覆盖率93%；增建无害化卫生厕所1345座、公厕2座。2005年，建成镇南区小型自来水厂，关停黄渡自来水厂，全镇有自来水厂6家，自来水普及率100%；增建无害化卫生户厕694座，无害化卫生户厕普及率51%。

四、体育

1986年，乡代表队分别获县农民篮球赛冠军、乒乓球赛第三名。1992年，被表彰为扬州市体育先进乡镇。2002年，在集镇新建全民健身点1个。2003年，被省农林厅、省体育局、省农民体育协会联合表彰为省亿万农民健身活动先进乡镇。2004年，举办镇首届农民体育运动会，共有8支代表队1500名运动员参赛。此后，每年举办一届。

第四节　村镇建设

一、基础建设

1986年，集镇有2条街、4条路，长8.6千米。居民沿南干渠、东风街两侧而居，建筑基本为砖瓦平房。1994年，集镇道路铺设沥青、水泥路面，初步完成生产、生活、商业区划分。至2000年，先后开辟镇北路、沿河路，拓宽文卫路、农贸路，完善飞达路，整修街道黑色路面，建成农贸路旁、镇西三角区花池景点，实施干南路、张叶沟两侧绿化，设置集镇主街道路灯100盏，建成扬州飞达电机仪表公司综合仓库、教师安居楼、农业大楼、电力大楼、卫生院复合式病房，延伸自来水、地下排水管道，配套无害化污水处理池，吸引126户农民进镇落户。启动卸甲、张邵、北戴、虎头中心村建设工作。2001年，编制中心集镇建设规划。投入1953万元，建设集体建筑面积3.06万平方米，建设道路3.28千米，改建补水站桥和镇北路文卫桥，安装镇北路路灯40盏，添置垃圾房15座、公厕2座，吸引202户农民进镇建房。2002～2003年，铺筑飞龙路、飞云路，飞达大道建成通车，实施镇南路路基土方工程，开发建设康华苑小区，吸引246户农民进镇建房。同时，硬化伯勤集镇、龙奔集镇部分道路。2004年起，实施集镇"南迁西扩"工程，启动集镇南区建设。至2005年，先后建成地税分局、国土所、派出所、镇行政中心大楼和行政中心广场，硬化4条道路，引进南京客商开发建设飞龙路商贸一条街，先后建成黄渡住宅小区、飞翔路商住楼、飞龙路商住楼，吸引166户农民进镇建房。至2005年，集镇面积从2000年的0.7平方千米扩大到2.95平方千米，主要道路15条、总长8千米，路灯533盏；公共绿地面积10公顷，绿化覆盖率31%。全镇人均住房面积由2000年的24.24平方米增加到36平方米。

卸甲镇于2000年、2004年分别被扬州市政府、扬州市环保局命名为扬州市新型小城镇、扬州市环境优美镇。

二、交通

1986年，修筑主要交通道路39千米，架设桥梁20座。1988年起，建设通村公路。1999年，与市交通局等单位共同合作建造南澄子河大桥。至2000年，铺设镇通村砂石路9条，总长28千米。2002年，改造邮汉（高邮至汉留）公路卸甲镇段东风大桥、胜利桥、向阳桥、卸甲村三组桥、特平桥、伯勤桥。2003年，启动通村道路"通达工程"建设。2003～2004年，配合建设车樊公路（车逻至八桥）兴旺段，周八公路（周山至八桥）三河段、虎头村至一平村段，淮江公路高邮城区绕行段，海潮东路延伸段，邮汉公路黄渡大桥段、龙奔社区居民委员会段等，启动车汉公路（车逻至汉留）龙港桥、九支渠桥、张曹桥建设，整修南澄子河卫星桥。至2005年，累计投入5042万元，建成通村道路82.8千米，实现村村通水泥路目标；改造危桥6座；周八公路、邮汉公路卸甲段全线贯通。

三、邮电

1986年，开通卸甲至高邮的自办邮路。1989年，有电话85部。1993年，电话进入市话自动拨号网。1995年，开通1000门程控电话交换机。1996年，村村通上电话，累计电话用户1030户。1998年，许庄村率先建成电话村。1999年，新增电话用户1009户，累计2601户，建成电话乡。2000年，增加电话用户2787户，累计1.3万户。2005年，全镇固定电话入户率84%，移动电话家庭普及率73%。

四、供电

1994～1995年，实施电力线路“两复三”工程，架设电力线路43千米。1999～2005年，投入817万元，实施农村电网改造，更换和新增变压器63台，改架电力线路235千米。2004年，110千伏变电所开工建设，2005年建成并投入使用。

第五节　特色村简介

一、一平村

北依北澄子河，南邻卸甲镇，周八公路穿村而过。2000年，由原一平、红英、张邵村合并而设，耕地面积441公顷。该村以做强做特农业为目标，先后成立市恒盛农业发展有限公司、市恒泰蔬菜土地股份专业合作社，生产基地共46.78公顷；有66户承租围田养殖水产品面积100公顷，孙尔宏个人经营花卉苗木基地0.67公顷。以电动工具为主的工业企业12家，个体工商户17户。全村从事工业、第三产业的劳力1204人，占全部劳力的75%。建成村通组、组通户道路6千米，设置路灯100多盏，并实行路旁绿化、河流净化。新型农村合作医疗参保率100%。2005年，有17个村民小组，901户、人口3163人，实现社会总产值2.1亿元，农民人均纯收入6003元。该村先后获“省民主法治示范村”“省绿化示范村”“扬州市文明村”称号，村党支部获“市先进基层党组织”“‘五好’基层党组织”“‘双带’示范村党组织”称号。

二、黄渡村

地处高邮城东郊。2000年，由原黄家、临城、黄渡村合并而设，耕地面积298.3公顷。该村随着城区东扩，区位优势日益凸显。相继引进工业企业74家，其中用工300人以上的服装企业3家，村民开设餐饮、商店、旅馆100多家。2005年，有20个村民小组，1936户、人口6489人，工业企业78家，实现社会总产值1.91亿元，农民人均纯收入6006元。该村先后获“扬州市生态示范村”“扬州市科普文明村”“市文明单位”“市社会治安综合治理模范村”称号，村党支部获“市‘五好’基层党组织”称号。

三、花阳村

地处卸甲镇东南部，南与八桥镇接壤，东至小泾沟河与汉留镇京汉村相邻，车汉公路与车八公路呈丁字形穿村而过。2000年，由原花阳、渔业村合并而设，耕地面积273.3公顷。该村有工业企业14家，主要经营鞋帽、服装、五金加工和米业、木业。水产品养殖面积113.33公顷。村旁、田边、房前屋后种植白杨、水杉等树木2500多株。出外打工的村民占全村总人数的40%，其中在外从事渔业捕捞的村民500人。铺设村通组道路，并装有路灯。2005年，有10个村民小组，638户、人口2214人，实现社会总产值3140万元，农民人均纯收入5521元。该村先后获“省卫生村”“扬州市社会治安综合治理先进村”“扬州市文明村”称号。

四、金家村

位于卸甲镇西南，与车逻镇、八桥镇毗邻，处于3镇交界处，素有“三镇鸡鸣宝地”之称。2000年，由原金家、老家村合并而设，耕地面积228.1公顷。该村以打造中心集镇为切入点，吸引本村以及周边乡镇农民200多户安家落户，发展集市贸易。设有农贸市场、苗猪交易市场，商贸经营户62户，私营工业企业16家。种植花卉苗木1.3万株、意杨成片林6公顷。建成便民服务中心（内设图书室、娱乐室、警务室、多功能会议室、科技文化讲堂和事务代办点等）和村通组道路。2005年，有11个村民小组，

651户、人口2247人;实现社会总产值4506万元,农民人均纯收入5716元。该村被表彰为扬州市生态村,村党支部获“市先进基层党组织”称号。

第十一章　龙奔乡

第一节　基本概况

龙奔乡位于高邮城东5千米。东接卸甲镇,南邻伯勤乡、车逻镇、武安乡,西界高邮镇,北与龙虬镇隔河相望。

因清代有龙奔集镇(亦称“龙门庄”)而得名。新中国成立后,先后隶属车逻区、八桥区。1958年2月,贤良乡和龙奔乡合并为龙奔乡。是年9月,划属高邮人民公社。1959年4月,从高邮人民公社划出,设立龙奔人民公社。1960年,划属城镇人民公社。1962年6月,恢复龙奔人民公社。1983年,撤社建乡。2000年5月,撤销龙奔乡,原辖区域并入卸甲镇。

该乡属里下河冲积平原,地势平坦,南、西、北三面偏高,中间洼,东偏低。乡内土壤主要由黑黏土、黄泥土等组成。海拔2～3.7米。总面积38.95平方千米,其中陆地面积31.25平方千米、水域面积7.7平方千米。

1986年,辖17个村、245个村民小组。1999年,辖8个村、115个村民小组。在总人口中,农业人口2.73万人、非农业人口547人,男性1.44万人、女性1.35万人,少数民族人口18人,人口密度716人/平方千米。

1986～1999年部分年份龙奔乡经济社会指标实绩一览表

表34-18

项目 年份	户数(户)	人口(万人)	劳动力人口(人)	耕地面积(公顷)	粮食产量(万吨)	农业产值(万元)	工业产值(万元)	建筑业产值(万元)	农民人均纯收入(元)
1986	6583	2.73	12794	2437	2.71	1394	1234	132	597
1990	6832	2.77	13205	2351	2.44	2827	2813	224	760
1995	7447	2.77	16071	2274	2.45	3177	3424	2219	2016
1999	8154	2.79	13811	2682	2.80	5679	11214	3800	3153

第二节　经济建设

一、农业

80年代,该乡先后被农业部表彰为吨粮田建设示范乡、生态环境保护先进乡,获“省高科技农田示范区”称号。1989年起,按照“稳粮扩经”的工作思路,调整农业结构,推进农业产业化经营,建成稻麦良种繁育、鱼鸭混养生产、科学养殖示范、大棚蔬菜培育等基地。1999年,种植业、林业、牧业、水产业产值占农业总产值比例分别由1986年的82.6%、1%、14.3%、2.1%调整为57.8%、1.7%、36.4%、4.1%。

种植业　农作物生产实行麦稻两熟制,伴栽棉花、油菜等经济作物。1986年起,推广农业新技术、新品种、新机具，良种覆盖率100%。1989年，黄家村始建千亩丰产方（吨粮田）。1994年起，由以粮棉油为主向多元化经营转变，发展"一优两高"（优质，高产、高效）农业，狠抓吨粮田和百亩丰产方基地建设，推广优良品种和农业新型实用技术，发展新型栽培模式。1995年，水稻单产、总产创历史最高水平。西楼村133.3公顷丰产示范区被列入省高科技发展粮食生产综合示范区，被确定为省市农业领导工程。1996年、1997年，西楼示范方两次被省里下河农科所评为江苏省"淮南第一方"。1998年，全乡培育各类专业合作经济组织8个，黄渡村杨庄组发展各类蔬菜大棚15个。1999年，粮油作物种植面积分别由1986年的4389公顷、210公顷调整为3762公顷、159公顷，总产量分别由1986年的2.71万吨、384吨变为2.80万吨、504吨。

林业　1986年，全乡共植树19.5万株，被市政府表彰为绿化合格单位。进入90年代，先后组织5次植树造林大行动，主要栽种水杉、意杨等品种。1999年，全乡累计造林面积257公顷，植树69.8万株。

畜禽养殖　1986年，畜禽以农户散养为主。1992年起，发展以畜禽养殖为主的多种经营生产，有各类养殖大户96户。同时，开始养殖野鸡、野兔、鹌鹑、水貂、肉鸽、獭兔、七彩山鸡等特种畜禽。1997年，全乡有饲养千只禽大户21户、百头猪场6个，5万羽蛋禽村和10万羽特禽村各1个。1999年，生猪、家禽饲养量分别由1986年的2.3万头、56万羽增加到3.94万头、90万羽，饲养特禽13.6万羽、山绵羊4100只。

水产业　1986年，利用河沟渠塘养殖水产品，共有自然养殖水面121公顷，开挖精养鱼池43公顷。1990年起，将废沟、塘和洼地开挖成鱼塘，新增养殖水面43公顷。同时，发展虾、鳖、黄鳝等特种水产品养殖。1999年，全乡水产品产量由1986年的224吨增长到505吨，其中特种水产品31吨。

农业机械　1986年，农机总动力7696千瓦，主要从事农田耕翻、灌溉、排涝、脱粒等作业。1999年起，实施农机产权制度改革，鼓励农民自购或联合购置农机具。是年，全乡农机总动力1.38万千瓦，农业综合机械化水平80%。

农田水利　1984～1986年，建成田间水系配套建筑物2160座、排灌闸洞1050座、桥梁29座，完成土方188万立方米。至1986年，全乡共有6条河流和南关灌区干渠龙奔段、6条支渠等圩堤，总长79千米。1986年起，先后实施南关灌区大干渠龙奔段、6条支渠加高培厚工程，中市河、渌洋河、南澄子河、蒋马河等生产河和250条斗渠清淤疏浚工程，高标准建设田间水系配套工程，加固外大圩37.6千米，西楼村农田水利配套设施建设成为全市样板点。1995年，龙奔乡获"省农田水利基本建设先进乡"称号。至1996年，全乡达到吨粮田建设标准的农田2067公顷，累计完成土方260万立方米。1997年，基本创建成无坝乡。1997～1998年，疏浚骨干河道3条，新建、改建圩口闸站27座，完善配套建筑物2180座。

二、工业

1986年，全乡实现产值1234万元，其中乡办厂653.74万元、村办厂559.04万元、组户联办厂21.22万元。1990年起，调整产品结构，新上技改项目16项，其中电焊条、电解铜、玉雕工艺技改项目填补全县空白，其产品进入欧美市场。1994年，在乡村企业中转换经营机制，采取公开招标、抵押承包、股份合作制、租赁、兼并、拍卖等形式，建立健全约束机制、积累机制、风险机制和竞争机制。1995年起，全乡37家乡村办企业实施产权制度改革。至1998年，实行股份制1家、出售9家、租赁26家、其他改制形式1家。同时，累计投入技改资金336万元。1999年，引进项目6项、资金200多万元，盘活存量资产70万元。是年，全乡形成机械、化工、电器、橡塑、建材、包装等为主的工业格局，共有工业企业48家。

三、建筑业

1986年，全乡有建筑企业1家，从业人员256人，施工面积1.1万平方米。进入90年代，乡建筑企业先后开辟南京、上海、霍林河等地建筑市场。1995年，乡建筑企业转换经营机制，实行家庭财产抵押承包，加大设备投入，加强经营管理，建筑施工产值超过2000万元，被市政府命名为铁军企业。1996

年6月,乡建安公司挂靠江苏兴厦建筑安装集团公司,投入200多万元购置设备,所承建的2幢楼房被表彰为优良工程。1999年,建筑业从业人员1500人。

四、商贸服务业

1986年,以供销社、商业合作社为主体,乡供销社在距集镇较远的黄渡、三新、龙奔设3个生产生活资料门市部,商业社在黄家、临城、西楼、华东、三新、光荣、焦山设11个生活资料供应点。全乡有运输船54艘、总吨位1425吨,运输拖拉机58辆。1990年起,以兴建东楼集镇为契机,发展商业、餐饮业、服务业、运输业。至1995年,三新村和黄渡村发展成为运输专业村。1999年,全乡商贸服务企业(专业户)近1000家,从业人员占劳动力总数45%,实现第三产业增加值6200万元。

第三节 社会事业

一、教育

1986年,全乡有幼儿园18所,班级18个,在园幼儿402人,教师20人;小学17所,班级78个,在校学生3125人,教师124人;初级中学4所,班级25个,在校学生1104人,教师72人。1992年,实施学校布局调整,初级中学、小学分别由3所、16所调减为2所、12所,后又于1995年、1997年、1998年先后撤并初级中学1所、小学8所、幼儿园12所。1995年,基本扫除青壮年文盲,普及九年制义务教育。乡中心初中教学楼落成。1999年,全乡有幼儿园1所,班级22个,在园幼儿715人,教师23人;小学4所,班级71个,在校学生2403人,教师143人;初级中学1所,班级19个,在校学生651人,教师53人。学龄儿童入学率100%,小学、初中学生毕业率分别为99.9%、97.4%。乡中心初中创建成扬州市合格初中,黄家小学先后获"省家庭教育工作先进集体""扬州市素质教育先进学校"称号。

二、文化

1986年,有影剧院、文化站、图书室等文化活动场所。1989年,成立乡文化中心,开展文艺进村头、进企业、进校园等活动。1996年,开通有线电视。1997年,通过省群众文化先进乡镇验收。1998年,新增有线电视用户2100户,被扬州市政府表彰为广播电视先进乡镇。1999年,全乡有影剧院1家,歌舞厅、书社、录像厅、网吧等场所5家,有线电视入户率86.7%。

三、卫生

1986年,乡卫生院1所,科室3个,医技人员15人,病床10张;村卫生室17家,乡村医生32人。1996年,乡卫生院门诊楼落成。1997年,有17家村卫生室通过甲级卫生室验收。1999年,乡卫生院设科室13个,医技人员24人,病床15张;村卫生室6家,乡村医生38人。

1986年,被表彰为全国计划生育工作先进单位。1997～1999年,计划生育工作跻身全市先进乡镇行列,计划生育率100%,人口出现负增长。

1986年,黄渡、黄家、曹家等村70%以上农户用上自来水,临城、西楼、华东、周邶墩等村30%农户用上深井水。1994年、1995年,分别建成黄渡自来水厂、乡自来水厂。1998年,自来水受益人口2.25万人,占总人口85.6%,被扬州市表彰为改水合格乡镇。1999年,自来水普及率98%,卫生户厕普及率近30%。

四、体育

1994年、1997年,举办两届乡农民运动会,比赛项目分别为8项、13项。1997年,被表彰为扬州市体育先进乡镇。1998年,承办市"龙电杯"乡镇乒乓球比赛,乡两支代表队分获第一、二名。

第四节 村镇建设

一、基础建设

1987年起，按照《东楼集镇总体规划》，兴建乡中心集镇。至1995年，累计投入1000多万元，先后建成乡党委、政府办公房，乡中心初中教学楼、医院门诊楼，邮电、电力、国税、地税、派出所、法律服务所、计划生育指导站办公楼，水利技术培训楼和农贸市场。1999年，集镇初步形成行政、工业、商贸、文化教育、居民住宅等五大区域，面积0.15平方千米；人口约1200人；有道路5条、1.2千米；公共绿地面积4公顷，绿化覆盖率27.4%。全乡人均住房面积由1986年18.6平方米增加到30.8平方米。

二、交通

1986年，铺设环乡砂石公路6.5千米，初步形成环乡交通网。1990年，有8个村投资铺设村到组砖头路面11.28千米。1995年，政府投入800多万元，拓宽改造全乡6条支渠和中市河的主干道，兴建砖头路、砂石路。1999年9月，开通城乡公交线路。至是年末，建成乡通村硬质道路78.5千米，实现村村通简易公路目标。

三、邮电

1986年，有1个邮政代办所。1991年，自办汽车邮路。1993年，电话进入市话自动拨号网。1997年，实施“双电”（电视、电话）工程，安装程控电话3588部，占总农户58%以上。黄渡村建成百部电话村。1999年，全乡固定电话入户率68%，移动电话家庭普及率12.6%。

四、供电

1986年，基本实现户户通电目标。1991～1993年，实施电力线路“两复三”工程，架设电力线路112.6千米。1996～1999年，投入近2000万元，实施农村电网改造，更换和增加变压器136台，改架电力线路11.2千米。

第十二章 伯勤镇

第一节 基本概况

伯勤镇位于高邮城东南15千米，为纪念1944年在戴家库牺牲的革命烈士毛伯勤而命名。东接汉留镇、省立新农场，南依八桥镇，西邻车逻镇，北连卸甲镇。

新中国成立初期，伯勤乡隶属八桥区。1958年，撤区并乡，设伯勤乡人民委员会。是年9月，并入八桥人民公社。1962年6月，从八桥人民公社划出，成立伯勤人民公社。1983年，撤社建乡。2000年2月24日，撤乡建镇。2000年5月，撤销伯勤镇，原辖区域并入卸甲镇。

该镇属里下河冲积平原，地势平坦，西部稍高，东部稍低。镇内土壤主要有黑黏土、黄泥土等。海拔1.8～3.8米。总面积42.95平方千米，其中陆地面积32.77平方千米、水域面积10.18平方千米。

1986年，辖19个村、168个村民小组。1999年，辖18个村和1个种子场、165个村民小组。在总人口中，农业人口1.85万人、非农业人口447人，男性9547人、女性9359人，人口密度440人/平方千米。

1986～1999年部分年份伯勤乡经济社会指标实绩一览表

表34-19

项目 年份	户数（户）	人口（万人）	劳动力人口（人）	耕地面积（公顷）	粮食产量（万吨）	农业产值（万元）	工业产值（万元）	建筑业产值（万元）	农民人均纯收入（元）
1986	5088	2.08	12194	2426	2.25	1197	847	254	561
1990	5457	2.10	10790	2421	2.12	2409	1940	455	704
1995	5156	2.01	10257	1594	1.69	2827	3664	5306	1990
1999	5514	1.89	11669	1798	2.53	5556	12992	11100	3538

第二节　经济建设

一、农业

1986年起，调整农业结构，坚持稳粮扩经，推广农业新技术和新品种。1999年，种植业、林业、牧业、水产业产值占农业总产值比例分别由1986年的79.5%、1.3%、16.1%、3.1%调整为49.4%、1.1%、38.3%、11.2%。

种植业　农作物生产实行麦稻两熟制，伴栽湖桑、棉花、油菜等经济作物。1986年起，推广新品种、新技术、新农机，水稻优良品种种植面积扩大到667公顷。1993年起，发展“一优两高”农业，调整种植面积和结构。1994年，湖桑面积扩至573公顷，养蚕8722张，蚕茧产量263吨。至是年末，建立多种经营生产示范村2个、示范组17个、示范重点户130户。1995～1998年，组建6个乡级农业产业化经营示范工程。年养蚕6000多张，蚕茧产量200多吨。1999年，种子纯良率在95%以上，建成省丰产方666.7公顷；粮棉油和湖桑种植面积分别由1986年的3699公顷、310公顷、259公顷、51公顷调整为3095公顷、1.33公顷、250公顷、298公顷，总产量分别由1986年的2.25万吨、292吨、490吨、17吨变为2.53万吨、2吨、613吨、208吨。

林业　1986年，植树10万株；产杞柳350吨，有柳器编织厂11家，年产值约40万元。90年代初，杞柳逐步退出市场。1999年，全乡成片植树造林面积22公顷。

畜禽养殖　1986年，畜禽以散养为主。1993年起，发展畜禽规模养殖，培植年饲养生猪200头的大户7户、年饲养家禽6000羽的大户11户、年饲养鸭100羽以上大户17户。1995年，推进鱼鸭混养、鱼鹅混养等重点项目建设，扶持发展种养大户。1998年，发展肉鸽、七彩山鸡、牛蛙等特禽养殖。1999年，饲养家禽、牲畜等类大户由1995年的246户发展到286户，其中孙陈村发展年饲养500羽以上鸡的专业户9户。生猪、家禽饲养量分别由1986年的1.69万头、1.95万羽发展到2.56万头、80.1万羽，山羊饲养量1.42万只。

水产业　1986年，养殖水面23公顷。1993年，利用硬塘沟、龙港河、小泾沟、张叶沟等河道进行水面养殖，开挖精养鱼池153公顷。1994年，发展特种水产品养殖，实施围田养鱼技术和鱼禽混养模式。三河村青年农民苏兆贵自筹资金建设鱼鸭混养基地，年收入24万元。1999年，水产品产量由1986年的289吨增长到920吨。

农业机械　1986年，农机总动力4040千瓦，主要从事农田耕翻、灌溉、排涝、脱粒等作业。1999年，实施农机产权制度改革，鼓励农民自购或联合购置农机具。农机总动力6985千瓦，农业综合机械化水平70%。

农田水利　1986年，灌溉渠道4条，圩口12个，圩堤总长86.61千米，设有圩口闸34座。1991～1993年，实施圩口小改大工程，建设合兴、伯勤、三联、花阳、永丰等5个圩口，修筑圩堤72千米，完成土方154

万立方米。至1999年末，建成圩口闸27座，创建成无坝乡。

二、工业

1986年，全年实现产值847万元，其中乡办厂411万元、村办厂416万元、组户联办厂20万元。1988年，县仿古陶瓷厂与省陶瓷出口公司、县外贸公司联营，产品远销中国香港地区和日本、新加坡、美国等国家。联盟村与南京日用化工研究所联营生产的紫金牌系列乳化机和秦邮牌灌装机，畅销全国。1990年，县仿古陶瓷厂实现产值216万元，成为全省陶瓷出口重要企业。1994年，实施乡村工业企业产权制度改革。至1996年，全乡38家乡村企业中，组建股份制、股份合作制35家，租赁承包3家。1995年，乡春生工艺厂生产的毛绒玩具获出口经营权。1996年，乡焊割工具厂研发的氧气自控减压阀获国家专利局“兴华杯”创新金奖。1997年，该厂生产的BX系列焊割工具通过省级鉴定，并被列为省“星火”计划。1999年，全乡形成机械制造、羽绒服装、玩具、陶瓷工艺等为主的工业格局，共有工业企业38家。

三、建筑业

1986年，乡建筑管理站改为乡建筑安装公司，从业人员351人。1987年起，先后开拓北京、天津、内蒙古、湖北等地建筑市场。1994年，该乡建筑工程队承建的北京市平乐小区住宅楼、城乡贸易大厦第二期主体工程被表彰为北京市优质工程，乡建安公司被市政府授予“铁军企业”称号。1999年，该乡被市政府命名为“建筑之乡”，建筑业从业人员2280人。

四、商贸服务业

1986年，商贸以供销社、商业合作社为主体，供销社在赫旺、金家、戴家库设3个生产生活资料门市部，商业社在合兴、姜圩、在和、施胡、联合、联盟、三河、红旗、张曹、永丰设10个代销点。全乡有个体工商户167户，主要从事缝纫、修理、运输等行业，从业人员355人。1989年，乡农贸市场建成开业。1997年1月，举办首届商品交易会。此后每年一届。1999年，全乡有商业网点349个，第三产业从业人员2396人，实现第三产业增加值4372万元。

第三节　社会事业

一、教育

1986年，全乡有幼儿园17所，班级17个，在园幼儿414人，教师19人；小学16所，班级60个，在校学生2324人，教师93人；初级中学5所，班级22个，在校学生1080人，教师64人。1992年，实施学校布局调整，分别撤并初级中学、小学各2所。1994年，基本扫除青壮年文盲，普及九年制义务教育。1996年、1997年，先后撤并初级中学1所、小学4所。1998年，乡中心小学易地重建，新校园占地2.2公顷，建筑面积3775平方米。1999年，通过省教委组织的教育现代化先进乡镇验收。全乡有幼儿园1所，班级14个，在园幼儿380人，教师22人；小学9所，班级45个，在校学生1610人，教师106人；初级中学1所，班级11个，在校学生475人，教师53人。学龄儿童入学率100%，小学、初中学生毕业率均为100%。乡中心初中、乡中心小学分别创建成扬州市合格初中、素质教育先进学校。

二、文化

1986年，有影剧院1座，设有文化站。1989年，成立的乡文化中心被评为扬州市先进文化中心。1996年起，每年在乡商品交易会期间组织民间文艺表演。是年，集镇开通有线电视。1997年，集图书阅览、娱乐舞厅、成人教育等为一体的乡文化中心大楼建成开放。1998年，有线电视覆盖17个村，累计用户2300户。被表彰为全省群众文化先进乡、扬州市广播电视先进乡镇。1999年，实施广播电视市乡光纤联网工程，有线电视入户率63.6%。

三、卫生

1986年，乡卫生院1所，科室4个，医技人员18人，床位12张；村卫生室18家，乡村医生34人。1995年，乡卫生院迁至乡政府所在地，建成门诊楼。1996年，设立乡防保所。1998年，乡卫生院住院病房竣工交付使用。1999年，乡卫生院设科室11个，医技人员37人，病床16张；村卫生站6家，乡村医生28人。

1990年，乡自来水厂建成投入使用，受益人口4300人。1994年、1996年，分别建成金家、花阳自来水厂。1995年，建成无害化户厕150座。1997年、1998年，分别创建成市自来水普及乡镇、市农村改水普及乡镇。1999年，自来水普及率94%，卫生户厕普及率13.8%。

四、体育

1986年起，经常性开展群众性体育比赛，并组队参加市体育运动会。1992年，被表彰为扬州市体育先进乡镇。1999年，举办乡首届农民体育运动会，被市政府表彰为体育先进单位。

第四节　村镇建设

一、基础建设

1979年，集镇从戴家库迁至花阳大桥两侧，名花阳集镇。1986年，集镇有1条街，长约300米。居民沿街居住，建筑基本为平房。1995年起，加快集镇建设步伐，开辟南北商业街，筑建2条环集镇街道路基；开发商品住宅楼2幢，吸纳30多户农民进集镇从工经商。1996～1999年，乡财政共投入3000多万元，先后建成公共事业办公大楼15幢，铺设排水管道15千米，硬化集镇道路4.8千米，建成和修建公厕7座，设置垃圾箱16只，建成集镇雕塑1座，亮化、绿化集镇道路。1999年，集镇建成区面积0.8平方千米，人口3210人；有东汉路、镇北路、希望路等主要街道，总长3.8千米；累计开发建设商品房或农民自建房9.2万平方米；集镇绿地面积15.7公顷。全乡人均住房面积由1986年17.8平方米增加到30.2平方米；伯勤乡被扬州市政府命名为新型小城镇。

二、交通

张叶沟纵贯南北，车八公路、车汉公路穿越乡境。1992年，建成张叶沟公路二桥。1994年，各村自筹资金在3条支渠上铺筑砂石路，长14.5千米。1995年，铺筑兴伯（合兴至伯勤）砂石公路，长3.15千米。1996～1999年，先后改建八支渠交通桥，完成车汉公路黑色化建设，修建4.8千米长的十支渠路基。1999年，与卸甲镇合作兴建南澄子河大桥。撤除渡口3道。

三、邮电

1986年，有50门插入式交换机1台、电话35部，开通伯勤至高邮的自办邮路。1993年，电话进入市话自动拨号网。1997年，启动电话村建设，4个村建成电话村，共放装电话1308部。1999年，累计放装电话2950部，电话入户率60.5%，移动电话家庭普及率24%。

四、供电

1986年，设有50千伏变电所1座，居民用电户5078户，启动实施电力线路“两复三”工程。1999年，实现户户通电目标。

第十三章 汉留镇

第一节 基本概况

汉留镇位于高邮城东南28千米，东与汤庄镇隔河相望，南邻江都市樊川镇，西连卸甲镇，北接三垛镇。

汉留集镇距今有2000多年历史，相传是东汉末年战乱中留下来的古村庄。明代称“唤留”，清代称“焕留”，民国期间定名为汉留庄。新中国成立初期，为汉留乡、富南乡、贤北乡、曾钰乡、四异乡、三阳乡之地。1958年，撤乡建社，合并成立汉留人民公社。1983年，撤社建乡，南为汉留乡，北为甸垛乡。1992年12月26日，撤乡建镇，实行镇管村体制。2000年5月，乡镇区划调整，撤销甸垛镇，原辖区域并入汉留镇。

该镇属里下河冲积平原，地势平坦。镇境土壤以杂白土和黄泥土为主，少数为砂姜土。海拔2～3米。1986年，总面积36.26平方千米。2000年5月，总面积扩大至66.69平方千米，其中陆地面积49.16平方千米、水域面积17.53平方千米。

1986年，辖15个村、145个村民小组。2000年5月，辖12个村、122个村民小组，2个居民委员会、12个居民小组。2005年，在总人口中，农业人口2.96万人、非农业人口1260人，男性1.54万人、女性1.54万人，少数民族人口7人，人口密度463人/平方千米。

1986～2005年部分年份汉留镇经济社会指标实绩一览表

表34-20

项目 年份	户数（户）	人口（万人）	劳动力人口（人）	耕地面积（公顷）	粮食产量（万吨）	农业产值（万元）	工业产值（万元）	建筑业产值（万元）	农民人均纯收入（元）
1986	4407	1.72	8327	2100	2.02	1087	616	98	607
1990	4418	1.71	8714	2066	1.97	2175	1852	168	748
1995	4285	1.71	8577	1907	1.74	2366	8918	761	2100
1999	4742	1.67	8459	2291	2.12	4477	23370	3163	3364
2000	8931	3.06	17416	4075	3.39	12850	31686	5370	3325
2005	10009	3.08	14966	4075	3.75	13640	57846	11500	4798

2005年汉留镇各村、社区基本情况一览表

表34-21

村、社区	村（居）民小组（个）	常住人口（人）	耕地面积（公顷）	人均纯收入（元）	主要自然村庄
京汉村	17	2673	340	4658	官田庄、王彦厍、孙吴庄、刘家厍、詹庄、王堡庄、罗汉寺、蒋家厍、金家厍、潘网厍、贾家厍、野鸡厍、表家墩、戴家厍、夏家厍、余家厍、朱家墩、薛家厍、万家厍、南吴村、殷家厍、王校尉庄、魏庄、东厍

续表 34-21

村、社区	村（居）民小组（个）	常住人口（人）	耕地面积（公顷）	人均纯收入（元）	主要自然村庄
富南村	12	2428	275	4756	汪家厍、杨家厍、王家厍、孟家厍、张家庄、张家湾、东陈庄、潘三房、吴家厍、东寺庄、宗家厍、东坝头、宦家厍、林杨庄、西厍、林羊口、赵家湾、朱家厍、孙家厍、何家
年合村	7	1406	178	4930	太磨、席家垛、马家沟、东庄
兴汉村	9	2102	133	4621	新村桥、郭家垛、李家庄、樊家厍、高家、魏家厍、陈家厍、王家厍、甫家厍、李家厍、新樊村
曾钰村	9	1881	246	4670	韩家庄、孙家厍、徐家厍、姜家庄、陈家厍、吴陈庄、邱家厍、高家庄、于家庄
汉留村	8	1556	169	4855	汉留庄
姚费村	8	1394	198	4811	姚费庄、殷家厍、项家厍、许家厍、薛家墩、吴家墩、严家厍、朱家墩
跃进村	11	2046	260	4991	夏家厍、黄家厍、南逊庄、唐郁庄、胡家厍、下蔡庄、上蔡庄
甸垛村	11	2958	315	4644	甸垛、四吴厍、卞家厍、虞家厍、南郑庄、东史庄、小吴庄、小李庄、钟家厍、大吴庄、仲家庄、仲三庄
四异村	8	2343	235	5632	四异、东吴庄、林家厍、吉家厍
苏杨村	9	2395	231	4640	杨省庄、苏吴庄、尹家庄、薛家庄、合兴、龙王庙、李家厍、渔业新村
友好村	13	3256	242	4574	北吴村、汪家厍、翟家厍、西赵庄、北赵庄、南赵庄、钱八厍、赵庄、冈家厍、蔡家厍、小东吴庄、费家厍
汉留社区	7	2311	—	—	—
阳澄社区	5	2100	—	—	—

第二节　经济发展

一、农业

1986年起，实施稳粮扩经发展战略，加大农业基础建设，推广新品种、新技术、新机具。2005年，种植业、林业、牧业、水产业产值占农业总产值比例分别由2000年的41.3%、1.7%、24.1%、32.9%调整为51.8%、0.9%、24.2%、23.1%。

种植业　农作物生产实行麦稻两熟制，伴种油菜等经济作物。1986年起，实施农业结构调整，缩减常规中稻、薄荷、药材种植面积，扩大粳稻、杂交稻种植面积。当年立体种植面积从13公顷扩大到100公顷。至1993年，经济作物种植面积占农作物种植面积比重增长到35%，优质粳稻种植面积占水稻种植面积50%。1994年，改造低产田47公顷，开始推广肥床旱育稀植等新技术，发展以药材、瓜果、蔬菜为主的多种经营生产。1997年，小麦良种繁育基地被扬州市种子公司评为重要基地，培育3.33公顷以上的农场8个，形成姜家村丝瓜络、松竹村薄荷、姚费村棉花、郭李村蔬菜、富南村药材、南吴村西瓜的“一村一品”格局。1998年，优良品种覆盖率100%，成立薄荷协会、丝瓜络协会。2000年，实施“科技兴农”战略，小麦统一供种率95%以上，全面推广种植油菜新品种——“油研七号”，进一步扩大粳稻栽插面积。至2003年，建成慈姑示范园5.3公顷、大棚西瓜示范园2公顷、稻麦良种繁育基地100

公顷，粳稻良种繁育基地被扬州市种子公司定为无害化生产基地。2005年，粮油作物种植面积分别由2000年的5271公顷、784公顷调整为5359公顷、664公顷，总产量分别由2000年的3.39万吨、2272吨变为3.75万吨、1825吨。

林业　1986年，有成片造林面积131公顷。1994年，实施万株银杏致富项目，户均种植银杏2株，林业站、李浦村大田栽植银杏1.33公顷。至1997年，建成万株石榴、银杏基地。2001年，绿化南澄子河、长林沟大堤，拍卖苏杨、四异等村的部分镇村道路、沟渠的林业产权，建立树苗繁育基地3.33公顷。2002年，实施生态林项目，在联谊河两岸建成长5千米、宽各50米的生态林。2003年，建成三阳河防护林，完成"五旁"植树任务，共植树40万株，其中银杏3.6万株，新增成片造林面积133.33公顷。2004年，开展"绿色银行"大行动，通过改造围庄林，营造绿色通道，结合"以河养河"开展成片造林，共植树22万株。2005年，新增林地260公顷，累计植树造林面积854公顷，林木覆盖率12.8%。

畜禽养殖　1986年，畜禽以散养为主，全乡饲养生猪1.7万头、家禽10.8万羽。1996年，畜禽养殖实现规模化，先后建成年饲养生猪100头的猪场4个、年饲养鸭2000羽的鸭场1个。1998年，组建镇生猪、蛋鸭协会。1999年，培育各类专业大户300户，其中饲养生猪50头以上9户、养鹅200羽以上28户、养鸡200羽以上25户。2001年，以三湖蛋品厂为依托建立鸭业园区，进入园区的养鸭大户7户，养鸭总量3.5万羽。2002年，市三湖蛋品有限公司生产的三湖牌松花蛋、咸鸭蛋获中国绿色食品发展中心颁发的绿色食品证书。2003年，鸭业园区新增养鸭大户3户，养鸭量新增2万羽，累计饲养蛋鸭12万羽；养鹅近15万羽，其中早春鹅饲养量6万羽，种草面积20公顷。2005年，生猪、家禽饲养量分别由2000年的2.07万头、45.48万羽增长到4.2万头、81.4万羽。

水产业　1986年，水面放养面积121公顷，其中精养鱼池26.67公顷。1994年，结合低产田改造，新开挖鱼池33.3公顷，发展鱼蚌、鱼鸭混养；与省农林厅、省农业投资公司等单位合作，投资150万元，建成全市第一家温室养鳖场。1995年起，发展高新特优养殖项目，培植大户和基地。至2000年，水产品养殖面积发展至320公顷，其中特种水产品养殖面积66.7公顷。2001年，在三阳河、南澄子河沿线分别建成特种水产品养殖区66.7公顷。2003年，在小泾沟、三阳河沿线建成无公害水产品养殖基地66公顷。2005年，全镇有水产品养殖面积533.3公顷，水产品产量3700吨。

农业机械　1986年，农机总动力1.03万千瓦，主要从事农田耕翻、灌溉、排涝、脱粒等作业。1999年起，实施农机产权制度改革，鼓励农民自购或联合购置农机具。2005年，农机总动力2.17万千瓦，农业综合机械化水平83%。

农田水利　1986年，全乡有京汉圩、富南圩、李浦圩、姚费圩、松竹圩、爱联圩、曾钰圩等7个防洪圩，圩堤总长19千米。沿堤设有坝头3座、圩口闸4座。1991～1997年，先后实施灾后圩口闸改造重建、防洪圩堤增高培厚工程，累计新建圩口闸11座、排灌站2座、桥梁16座，创建成无坝镇。2000～2005年，共疏浚河道、沟渠36.5千米，完成土方34.5万立方米，新建排灌站12座、圩口闸10座、活口坝头涵洞5座、排涝闸7座、桥梁6座。2002年，在五号河进行"浚河加堤、流转土地、植树造林、以河养河"的水利建设投入模式获成功。2004年，"以河养河"模式在全市推广。

二、工业

1986年，恢复老工业企业11家（乡办2家、村办9家），增办工业企业16家（乡办6家、村办10家）。全乡实现工业产值616万元，其中乡办厂300万元、村办厂300万元、组户联办厂16万元。1990年，高邮环保设备制造厂与香港客商合资，创建扬州琼花环保工程设备有限公司，为全县首家合资企业。该公司被省政府授予"省明星企业"称号，生产的有机气体催化净化装置获批部优产品。1993年，市健身鞋厂与日本樱花株式会社合资，成立扬州樱花鞋业有限公司，实现外贸供货额1182万元。1993～1997年，投资3500万元，实施8项技术改造，开发新产品3种；完成22家镇村企业产权制度改革工作；长行牌雪地鞋于1997年获“省乡镇企业名牌产品”称号。1998～1999年，寻求新的增长点，投资2000万元，制定发展私营企业激励措施，在原卫生院旧址创立汉留镇个体私营经济园。2000年，采取切块承包和租赁等方法，盘活存量资产510万元；投资1500万元，实施技术改造项目；扬州三洋钢铁集团依法申请破产。2002年，规划建设工业集中区。至2005年，共招引项目74项，吸引镇外资金3.1亿元，盘活存量资产3500万元；申报国家发明专利2件、实用型专利3件；建成占地33.3公顷的汉留工业集中区，基础设施投入200万元，建成标准化厂房2.2万平方米。扬州琼花环保工程设备有限公司开发生产的吸附催化净化装置于2003年被列为省“火炬”计划项目。全镇形成环保设备、制鞋、蛋品和钢材等为主的工业格局，工业企业由2000年的90家发展到189家。

三、建筑业

1986年，全乡有建筑企业1家，从业人员近100人。1990年，成立汉留建安公司。1994年起，坚持本地市场和开拓外地市场并举，推进建筑业发展。至1999年，先后开拓南京、扬州、上海等地建筑市场，并加大设备投入，培养、引进人才，逐步向承建高层和向设计、建筑、装潢一条龙发展，共创优质工程4项，优良率12.5%。2000年，开辟乌鲁木齐、西宁建筑市场。2004年，镇建安公司改制为民营企业。至2005年，所承建的工程获省、市优质工程奖4项，工程优良率提高到40%。2005年，全镇有建筑企业2家，从业人员1370人。

四、商贸服务业

1986年，商贸以供销合作社、商业合作社为主体，乡供销社在距集镇边远的京汉村设罗汉寺供销生资门市部，商业社在姚费、曾钰、松竹、新河、车汉桥、林阳口设6个生活资料供应点；有交通运输船67艘、机动车22辆，个体商业服务网点40个。1995年，鼓励农民农闲务工和进镇建房，从事商贸服务业，增加商业服务网点12个、运输车船18艘（辆），外出劳务人员3000多人。1996年起，发展集镇商业、餐饮服务业。至2000年，增加商业服务网点145个，从业人员2250人，第三产业增加值占国内生产总值38.6%。2001年，利用“三月三”庙会，举办商品交易会。建成汉留老集镇区、车汉桥、甸垛农贸市场。2002年，盘活供销社闲置房屋，有偿转让生产资料经营权；鼓励富余劳动力外出从事建筑、装潢、家政服务。2005年，全镇有集贸市场3个、商贸服务企业42家、个体工商户2343户，第三产业从业人员4163人；实现第三产业增加值1.32亿元，比2000年增长36.2%。

图34-7　2001年汉留三月三庙会饰品展

第三节　社会事业

一、教育

1986年，全乡有幼儿园18所，班级18个，在园幼儿365人，教师18人；小学14所，班级58个，在校学生2098人，教师77人；初级中学2所，班级18个，在校学生982人，教师60人。迁址新建乡中心小学，新建乡中心幼儿园。1987年，汉留乡被省政府授予“基础教育先进乡”称号。1995年，基本扫除青壮年文盲，普及九年制义务教育。1997年，实施学校布局调整，小学由16所调减为9所。1998年，投资140多万元的汉留中学教学大楼交付使用。1999年，撤并初中1所、小学3所。2000年，启动教育现代化工程，实施“六有”“三新一亮”等工程。2003年，撤并小学3所、初级中学1所。2005年，镇中心小学创建成扬州市素质教育先进学校。2005年，全镇有幼儿园2所，班级17个，在园幼儿527人，幼师41人；小学5所，班级44个，在校学生1788人，教师108人；初级中学1所，班级22个，在校学生1085人，教师87人。学龄儿童入学率和小学、初中学生毕业率均为100%。

二、文化

1986年，装修改造建于70年代初期的乡大会堂。1990年，乡文化广播楼落成。1995年，开通有线电视，集成人教育、电影放映、娱乐舞厅、电视、广播于一体的乡文化中心落成。1996年、1998年，汉留镇先后被表彰为全省群众文化先进乡镇、扬州市广播电视先进乡镇。1999年，有线电视实现村村全覆盖。至2002年，有线电视普及率66%，镇文化广播电视中心获“省2002年度广播电视技术维护优秀乡镇站”称号。2005年，全镇有电影院2座，有线电视入户率98.8%。

三、卫生

1986年，乡卫生院1所，科室7个，医技人员38人，病床12张；村卫生室30家，乡村医生40人。1994年，创建村甲级卫生室8家、合格卫生室3家。1997年，实施村办合作医疗制度，镇卫生院门诊楼落成。1999年，实施乡村卫生组织一体化管理，15家村卫生室撤并为京汉、富南、汉西、松竹等4家卫生站。汉留镇创建成省初级卫生保健合格乡镇。2000年，汉留镇、甸垛镇卫生院分别更名为汉留镇卫生二院、汉留镇卫生院。2003年，推行新型农村合作医疗制度，参保率85%以上。2005年，有卫生院2所，科室10个，医技人员87人，病床30张；村卫生站8家，乡村医生32人。新型农村合作医疗制度参保率94%。

1986年，汉留乡被国家计划生育委员会表彰为全国计划生育工作先进单位。1992～2004年，先后4次被扬州市政府表彰为扬州市计划生育红旗乡镇。

1986年，全乡有自来水厂2家，30%的农村居民饮用自来水。1994年，增加供水主管道4千米，受益人口增至7500人。1995年，建成西片第二水厂。1997年，村村通自来水，自来水普及率94.8%，被扬州市爱国卫生运动委员会表彰为农村自来水普及乡镇。2002年，汉留自来水厂迁址扩容，停办村办自来水厂。2003年，甸垛自来水厂被表彰为省农村先进自来水厂。2005年，全镇有自来水厂2家，自来水普及率100%；卫生户厕普及率60.8%，其中无害化卫生户厕普及率22.6%。

四、体育

1992年，汉留乡被表彰为扬州市体育先进乡。1999年，举办镇首届农民体育运动会，被省体育运动委员会授予“省体育先进乡镇”称号。2002年，举办镇第二届农民体育运动会，比赛项目由首届的12个增加到26个。该镇被省农林厅、省体育局、省农民体育协会联合表彰为“亿万农民健身活动”先进乡镇。至2005年，全镇有全民健身活动点14个。

第四节 村镇建设

一、基础建设

1986年，集镇有十字形主街1条、东西巷3条。1988年，建成长1.6千米汉中路。1990年起，先后在汉中路开发建设乡行政中心办公楼、文化中心、企业办公楼、商住楼。1994年，建成汉中路第一期商品房、保险所办公楼、粮库办公楼、农贸市场。被表彰为扬州市村镇建设先进单位。1996年，投入800万元，开发西大街、第三期商品房。1998年，京汉村、郭李村被列为市现代化建设先行村。1999年，修筑排水管道900多米，建绿地5块、面积250平方米，增设垃圾房2座、路灯28盏。2000年，结合乡镇区划调整后的实际，制订新集镇规划方案，实施集镇“东扩南进”战略，以三樊公路为基轴，集镇东扩1千米，国税、地税、工商、土管、公安派出所办公楼等相继落成，建成金禾住宅小区；投资12.5万元，迁址重建胡曾钰烈士墓；群众自筹资金近60万元，修缮东岳寺；57户农村居民进镇购建房，面积7200平方米。2001年，启动“百户进镇工程”。2005年，集镇面积从2000年的0.76平方千米扩大到1.57平方千米，有汉留街、三阳路、汉中路、育才路、新村路等5条主要道路，总长13.16千米；路灯726盏；公共绿地面积3.4公顷，绿化覆盖率3.9%；累计开发建设商品房4万平方米。全镇人均住房面积由2000年的15.1平方米提高到20.3平方米。

二、交通

三阳河和车汉公路、三樊公路经过镇境。1994年，铺设通村砂石道路5千米。1997年、2000年，先后完成车汉公路、邮汤公路汉留段拓宽改造及黑色化路面建设工程。2003年，启动“通达工程”建设。2004年，募集通村公路建设资金280万元，建成硬质化道路28.66千米。至2005年，建成通村道路63千米，建成桥梁18座，实现村村通水泥路目标。

三、邮电

1986年，开通汉留至高邮的自办邮路。1989年，增加电话交换机2台，总容量800门。1993年，电话进入市话自动拨号网。1997年，全镇固定电话入户率63%，建成电话镇。2005年，全镇固定电话入户率82%，移动电话家庭普及率26.5%。

四、供电

1986～1988年，实施电力线路“两复三”工程，架设电力线路82千米。1995年，实现户户通电目标。1999～2005年，投入1900万元，实施农村电网改造，更换和增置变压器67台，改架电力线路14.8千米。

第五节　特色村简介

一、京汉村

位于汉留镇西南部。2000年，由原京汉、南吴村合并而设，耕地面积340公顷。1995年起，投入近100万元，修筑8千米长的环村公路，实现自然村庄均通砂石路。试行村组专业合作经济组织，调节转让土地使用权。2000年，组建农场2个、养殖场1个、果园1个、家庭农场（每个劳力承包土地10亩）35个。鼓励村民按规划到村中心街建房开店，全村有修理、理发、商业超市、缝纫、餐饮、浴室、粮食加工、粮油贸易等个体工商户18户，从事客货运输车38辆。2005年，该村有17个村民小组，816户、人口2673人，工业企业1家，实现社会总产值2470万元，农民人均纯收入4658元。

二、跃进村

位于汉留镇东北部。2000年，由原松林、南逊、蔡庄村合并而设，耕地面积260公顷。该村有工业企业6家，户均有1.5人在村内或镇办企业工作。调整调优种植业结构，实现统一供种、统一技术辅导，培育种养大户，并结合低产田改造，发展水产养殖业，全村有水产品养殖面积100公顷。有理发、商店、缝纫、餐饮、浴室、粮食加工、粮油贸易等个体工商户16户，从事客货运输车10辆。村通组、组通户道路实现硬质化。2005年，该村有11个村民小组，620户、人口2046人，工业企业6家，实现社会总产值4104万元，农民人均纯收入4991元。

第十四章　甸垛镇

第一节　基本概况

甸垛镇位于高邮城东南28千米，东接沙堰镇，南连汉留镇，西临卸甲镇，北界三垛镇。

该镇地域明代为四异东村，清代为甸垛或店垛。1983年10月，从汉留乡划出甸垛等10个村和1个农技站，设置甸垛乡。1994年12月15日，撤乡建镇，实行镇管村体制。2000年5月，撤销甸垛镇，原辖区域并入汉留镇。

该镇属里下河冲积平原，地势平坦。镇内土壤以杂白土和黄泥土为主，少数为砂姜土。海拔2～3米。总面积30.62平方千米，其中陆地面积20.68平方千米、水域面积9.94平方千米。

1986年，辖16个村、122个村民小组。1999年，辖14个村、126个村民小组，1个居民委员会。在总人口中，农业人口1.34万人、非农业人口565人，男性7027人、女性6894人，少数民族人口3人，人口密度455人/平方千米。

1986～1999年部分年份甸垛镇经济社会指标实绩一览表

表34-22

项目 年份	户数（户）	人口（万人）	劳动力人口（人）	耕地面积（公顷）	粮食产量（万吨）	农业产值（万元）	工业产值（万元）	建筑业产值（万元）	农民人均纯收入（元）
1986	3415	1.41	6953	1605	1.65	831	783	148	634
1990	3744	1.43	7508	1555	1.45	1644	3272	266	720
1995	3979	1.37	9318	1252	1.04	1974	8277	1450	2060
1999	4079	1.39	8495	1787	1.61	4172	10030	3011	3169

第二节　经济建设

一、农业

1986年起，推广农业实用技术，调整优化农业结构。1999年，种植业、林业、牧业、水产业产值占农业总产值比例分别由1986年的82.1%、1.8%、11.7%、4.4%调整为39.9%、5.9%、27.9%、26.3%。

种植业　农作物生产实行麦稻两熟制，伴栽棉花、湖桑、油菜等经济作物。1986年，改造低产田67公顷，水稻优良品种栽种面积67公顷，苗木、瓜类、萝卜、慈姑、荸荠等经济作物种植面积扩大至210公顷。1994年，麦稻良种覆盖率90%以上，开始推广水稻旱育稀植、三麦免耕机条播等新型实用技术，建成高效农田示范区33.33公顷，棉花、湖桑面积扩至266.67公顷。1995年，建成省丰产方666.7公顷。1998年，建成油菜基地333.3公顷，被列为扬州市十大油菜基地之一。1999年，粮油作物种植面积分别由1986年的3017公顷、219公顷调整为2353公顷、369公顷，总产量分别由1986年的1.65万吨、410吨变为1.61万吨、1029吨。

林业　1986年，全乡有成片造林面积12公顷。1987年起，逐年开展植树造林活动。至1999年，累计植树22万株，成片造林面积104公顷。

畜禽养殖　1986年，畜禽以农户散养为主。1995年起，开始发展规模化、良种化、产业化畜禽养殖，组建1万羽养鸭场，饲养绍兴鸭1.16万羽。1996年，培植养鸭大户40户，建成养鸭基地6个，养鸭总量增加到5.6万羽。至1998年，蛋鸭、生猪、肉鸽等基地初具规模，多种经营大户从1997年的220户发展到259户。1999年，生猪、家禽饲养量分别由1986年的5197头、10.1万羽增加到2.03万头、43.25万羽。

水产业　1986年，利用自然河塘养殖水产品。90年代初期，随着农业结构调整，水产品养殖面积逐步扩大。至1994年，养殖面积增至227公顷。1995年，开始养殖特种水产品。此后，结合低产田改造，逐步扩大水产品养殖面积。1999年，全镇水产品产量191吨。

农业机械　1986年，农机总动力5818千瓦，主要从事农田耕翻、灌溉、排涝、脱粒等作业。1996年，鼓励农民购置大型农机具，提高农业机械化程度。1999年，实施农机产权制度改革，鼓励农民自购或联合购置农机具。农机总动力1.32万千瓦，农业综合机械化水平80%。

农田水利　1986年，有主要河流5条，圩堤总长18.75千米；维修或新建水利配套设施28座、田间小型配套建筑物835座，疏通红旗河，开挖汪家荡河和大中圩生产河，完成土方142.3万立方米。1997年，投入60多万元，新建圩口闸6座、排灌站2座；水系整治面90%，达标率70%；创建成无坝镇。

二、工业

1986年，乡村办企业建立效益与报酬挂钩的承包责任制，与上海钢铁三厂、新沪钢铁厂进行松散型联合。全乡实现工业产值783万元，其中乡办厂466万元、村办厂221万元、组户联办厂96万元。1990年，乡异型无氧铜材厂建成投产。1992年，着力培植规模企业，"两钢一铜"（乡轧钢厂、型钢厂，铜材厂）企业初步形成规模，产值、销售收入、利税分别占全乡全部工业的71%、83%、85%。1993年，成立以乡轧钢厂为首的企业集团——市钢铁总厂。该厂当年完成销售收入1.03亿元，成为里下河地区首家销售过亿元的乡镇企业。启动建设6万吨型材生产线。1994年，市钢铁总厂组建扬州三洋钢铁集团公司。累计投资2300万元，建成6万吨型材生产线。在23家镇村工业企业中，推行产权制度改革。1996年，镇村办企业完成改制任务，组建成股份制、股份合作制15家，风险抵押承包4家，租赁经营3家，破产1家。1997年，有9家企业实施技改项目10项，累计投入资金477万元。成立以甸垛蛋品厂为核心企业的高邮金地集团。1999年，采取切块承包和租赁等方法，盘活存量资产420万元。轻工机械厂开发的电力金具产品，通过国家电力金具检测中心审查验收。三星线路器材厂开发生产的旋耕刀具系列产品，通过农业部农业机械试验鉴定总站、国家机械工业旋耕机械产品质量检测中心的质量鉴定。全镇形成轧钢、线路器材、铝压铸件、食品机械等为主的工业格局，共有工业企业52家。

三、建筑业

1986年，全乡有建筑企业1家，从业人员近100人，在高邮、无锡、南京等地承建施工面积6500平方米。1994年，乡建安公司获三级资质。1995年后，加大外埠建筑市场开拓力度和装备投入，先后在西宁、南京、北京、青海、新疆等地承建工程。1999年，建筑业从业人员400人。

四、商贸服务业

1986年，商贸以供销合作社、商业合作社为主体，在保证、北吴、四异、南逊等村设立生产生活物资供应点。有运输船37艘。1992年,三洋宾馆建成投入运营。1994年,推进商贸服务业发展,有商业网点143个,年营销额1000万元。1997年起,利用集镇交通优势和江苏油田在该镇开采石油的机遇,进一步推进交通运输、商业、饮服等传统行业发展,先后建成规模较大的餐饮、桑拿休闲等经营场所4家。至1999年,全镇有私营企业、个体工商户167户,第三产业从业人员327人,实现第三产业增加值3920万元。

第三节　社会事业

一、教育

1986年,全乡有幼儿园14所,班级14个,在园幼儿219人,教师15人;小学16所,班级50个,在校学生1809人,教师76人;初级中学2所,班级15个,在校学生707人,教师49人。乡中心初中新校园落成。1992年,基本扫除青壮年文盲。实施学校布局调整,小学由16所调减为9所,后又于1996年调减为6所。1993年,建成幼儿、小学、中学教育相配套、占地5.34公顷的乡中心教育区。乡中心初中被表彰为省德育先进单位。1994年,普及九年制义务教育。1999年,全镇有幼儿园1所,班级14个,在园幼儿333人,教师19人;小学5所,班级47个,在校学生1634人,教师84人;初级中学1所,班级10个,在校学生434人,教师46人。学龄儿童入学率和小学、初中学生毕业率均为100%。

二、文化

1989年,集资1万元为乡文化站落实活动用房,乡亦工亦艺宣传队自编自演文艺节目20多个,乡文化站被省政府表彰为为群众服务先进集体。1995年,开通有线电视。1996年,建成万册图书室,甸垛镇被省文化厅表彰为省群众文化先进乡镇。1998年,建成镇广播电视综合楼,集镇开通加密电视,村村通有线电视。1999年,有线电视入户率65%。

三、卫生

1986年,乡卫生院1所,科室8个,医技人员17人,病床12张;村卫生室13家,乡村医生30人。1995年,建成镇卫生院门诊楼。1996年,镇卫生院创建成一级甲等医院。1997年,实施村办合作医疗制度。1999年,13家村卫生室整合为4家卫生站,乡村医生16人。

1986年,有自来水厂1家。1991年、1993年,先后建成西赵村自来水厂、南逊村自来水厂。1995年,铺设自来水管道2千米,自来水普及率70.4%。1996年,创建成自来水普及乡镇。1997年,镇自来水厂创建成扬州市合格水厂。1998年,建成无害化户厕180多座。1999年,全镇有自来水厂3家,自来水普及率96%;卫生户厕普及率35%,其中无害化卫生户厕普及率13%。

四、体育

1986年起,经常性开展群众性体育比赛,并组队参加市体育运动会。1997年,举办镇首届农民运动会。同年,甸垛镇被表彰为省体育先进乡镇。1999年,举办第二届农民运动会。

第四节　村镇建设

一、基础建设

1986年,集镇有1条街、3条巷,总长600米,居民沿三阳河与南澄子河堤岸居住。1990年起,实施集镇商品房开发及基础设施建设工程。至1993年，先后开发建设商品一条街以及银行、邮电、教育、建安办公楼和农贸市场等，兴建农民住宅小区2个，改造道路2条并实施绿化、亮化工程。1994年起，实施"百户进镇"工程，配套和完善集镇水、电、路等基础设施。至1998年，吸纳400多户农村居民进集镇落户，形成商业、教育、娱乐、住宅和工业开发五大区域。1999年，集镇建成区面积0.81平方千米，主要道路6条、总长2.4千米，累计开发建设商品房2.97万平方米，集镇公共绿地面积3.1公顷，绿化覆盖率3.9%。全乡人均住房面积由1986年的13平方米增加到16平方米。

二、交通

三阳河纵贯南北，甸汤公路和三樊公路在镇境交会。1990年，启动环乡公路建设工程。1992年8月，全长17.1千米、连通16个村的环乡公路竣工，总投资100多万元。1994年，实现环镇公路和市、镇公路联网。1996年，完成三阳北路、三樊公路甸垛段路面改造及黑色化建设工程。

三、邮电

1986年，开通甸垛至高邮的自办邮路。1993年，电话进入市话自动拨号网。1995年，实现村村通电话。1996年，建成两个电话村。1999年，全镇固定电话入户率61%，移动电话家庭普及率30%。

四、供电

1986年，实施乡村电网改造工程，改造配电房18座，更换电线杆124根，80%以上农户用上电。甸垛、蔡庄、南逊、松林、小吴等村使用自发电。1995年，实施电力线路"两复三"工程，架设电力线路35千米，实行集镇统一自发电。

第十五章　汤庄镇

第一节　基本概况

汤庄镇位于高邮城东南40千米。东接兴化市，南连江都市，西邻汉留镇，北与甘垛镇隔河相望。

以汤姓居多而得名。清代称通户庄。民国初年，为东屏乡、丰谷乡、长林沟之地。新中国成立初，设海溪、陵溪、东屏、北屏等4个乡，隶属汉留区。1958年春，4个乡合并建成汤庄乡。9月，与沙堰乡合并成立汤庄人民公社。1959年5月，分设为汤庄人民公社、沙堰人民公社。1960年3月，沙堰人民公社并入汤庄人民公社。1961年10月，从汤庄人民公社中划出沙堰人民公社。1983年，撤社建乡，更名为汤庄乡。1996年9月10日，撤乡建镇，实行镇管村体制；11月28日，举行撤乡建镇庆典活动。2000年5月，撤销沙堰镇，原辖区域并入汤庄镇。

该镇属海退成陆的浅洼平原，地势低洼。镇内土壤主要由黄沙土、黏土、黑乌土组成。海拔1.8～3.5米。1986年，总面积31.5平方千米。2000年5月，总面积扩大至79.25平方千米，其中陆地面积54.99平方千米、水域面积24.26平方千米。

1986年，辖18个村、109个村民小组。2000年5月，辖17个村、138个村民小组，2个水产养殖场，2个居民委员会、17个居民小组。2005年，在总人口中，农业人口2.96万人、非农业人口4253人，男性1.71万人、女性1.68万人，少数民族人口120人，人口密度427人/平方千米。

1986～2005 年部分年份汤庄镇经济社会指标实绩一览表

表 34-23

项目 / 年份	户数（户）	人口（万人）	劳动力人口（人）	耕地面积（公顷）	粮食产量（万吨）	农业产值（万元）	工业产值（万元）	建筑业产值（万元）	农民人均纯收入（元）
1986	4247	1.62	7169	1809	1.55	1045	545	56	646
1990	4558	1.65	7616	1801	1.30	2148	1126	177	806
1995	4557	1.60	8389	1667	1.13	2751	8056	550	1978
1999	4789	1.58	7730	1891	1.72	5331	16572	2060	3151
2000	9723	3.46	16298	4633	3.51	16794	33600	4747	3267
2005	11173	3.39	15162	4603	4.18	17291	72466	18020	4852

2005 年汤庄镇各村、社区、场基本情况一览表

表 34-24

村、社区、场	村（居）民小组（个）	常住人口（人）	耕地面积（公顷）	人均纯收入（元）	主要自然村庄
潘季村	6	1185	163	4923	潘季庄、戴家厍、徐家厍、黄家垛
南屏村	9	1670	204	4880	俞家庄、任家庄、周家庄、张郑庄
中屏村	7	1450	220	4770	戚家庄、周家厍、甫家河、陈家垛、杨家厍、闻家厍、嵇家厍、杨家圩、东焦厍、楼王庄、蔡家厍、五顷厍、塌圩
西屏村	9	1671	263	5071	邓家厍、孙家厍、端家厍、姜卢厍、东卢厍、腾家厍、南卢厍、西卢厍、长沟头、西焦厍、孙家垛、郤家厍、刘家垛
东屏村	7	1714	296	4931	中厍、八顷、九顷、何家厍、鲍家圩、西蒋庄
沙堰村	11	1918	252	5025	沙堰、华家厍、吕家厍、杨家厍、王家厍、老圩、雁留庄、葛家墩、郭家庄、郭家厍
北屏村	6	1448	180	5054	许家庄、蔡家河、西沟头、丹阳河、蒋家厍、陆家厍、孙家厍、周家墩、李家厍
兴华村	8	1578	201	4564	朱家庄、冯家厍、宗家厍、严家厍、肖家厍、陈家厍
常新村	7	1692	238	4850	滕沟、殷家沟、周家庄、牛家庄、牛家厍、殷家厍、周家厍
陵溪村	8	1475	183	4770	大贡厍、小贡厍、五条沟
汤东村	8	1983	170	5217	汤庄、汤中村、吴家墩、钱家墩、高家庄、虾子沟
余富村	8	2021	157	4870	联合村、刘沟村、李家村、姜家沟、吴家村、六顷村、余富庄、千步沟、沈浦河、澄南村
联谊村	9	2053	204	4782	北邱厍、李家厍、解家厍、姚圩、顺利四队、顺利五队、毛家厍
兴业村	10	1944	278	5045	高鼻厍、蒋家厍、许家厍、郭家厍、居家厍、叶家厍、朱家厍、南刘厍
缪阳村	9	1592	215	5081	缪阳庄、中心圩、南东村、北东村、两顷圩、刘家墩、许家墩子、戴家厍、李家厍、张家墩
韩王村	8	1897	221	4491	韩家厍、新厍、东厍、安乐墩、李季厍、陶家墩、王家厍、周家墩、北刘厍
陵西村	7	1394	136	4574	草里庄、徐家厍、浦家舍、南邱厍

续表 34-24

村、社区、场	村(居)民小组(个)	常住人口(人)	耕地面积(公顷)	人　均纯收入(元)	主要自然村庄
金堰社区	8	3144	7	—	—
海陵社区	4	1590	—	—	—
沙堰养殖场	3	362	—	—	—
汤庄养殖场	2	160	—	—	—

第二节　经济发展

一、农业

1986年起，按照稳粮扩经兴农发展思路，调整农业结构，推广种植高产优质品种，运用新型栽培技术，提高农产品质量。2005年，种植业、林业、牧业、水产业产值占农业总产值比例分别由2000年44.5%、0.2%、31.5%、23.8%调整为48.6%、0.5%、20.7%、30.2%。

种植业　农作物生产实行麦稻两熟制，伴种棉花、油菜、大豆、番茄等经济作物。1986年，粮棉油推广高产优质品种，棉花单产居全县之首。1987年，调整作物种植布局，成立乡蔬菜专业生产合作社，种植番茄80公顷、棉花533.33公顷，推广立体种植200公顷。1990年，获扬州市棉花生产增产奖、百亩丰产方高产二等奖。1992年起，调整优化农业结构。至1995年，全乡基本形成湖桑、棉花、瓜果菜、粮食种植面积各占1/4的生产布局，粮经作物种植面积比例由1986年的9：1调整为4.5：5.5。1996年起，推广种植优良品种，实行水稻肥床旱育稀植、三麦免耕机条播、棉花补钾、地膜棉移栽等新技术和麦套棉、经套棉复种模式，粮棉油产量稳步提高。1999年，成立专业合作经济组织9个，其中合作社6个、协会2个、站办农场1个，吸纳会员389户。2000年起，调整优化种养结构，扩大优良品种种植面积，发展特色化、区域化、多元化、效益化农业，形成万亩粮、万亩油、万亩水、万亩棉的生产格局。2005年，通过省无公害农产品生产产地认证的农田3000公顷，粮棉油作物种植面积分别由2000年的5217公顷、746公顷、1123公顷调整为6252公顷、283公顷、474公顷，总产量分别由2000年的3.51万吨、985吨、2954吨变为4.18万吨、286吨、1272吨。

林业　1986年，全乡有造林面积56公顷。至1999年，造林面积增至115公顷。进入21世纪，以“绿色银行”大行动和林权制度改革为契机，加快林业发展步伐。2003年，植树50万株。2004年，建成绿色通道4条、长26千米，种植意杨50万株，并实施围庄林改造。2005年，种植意杨202.67公顷。至2005年末，累计造林面积317公顷，植树103.5万株。

畜禽养殖　1986年，畜禽以农户散养为主，全乡饲养生猪1.02万头、家禽9.89万羽。1994年，先后引进饲养罗氏蛋鸡、七彩山鸡、鹌鹑等特色新品，联谊村人均多种经营年纯收入过1000元。1996年起，发展规模养殖，培植各类专业大户320户。联谊村多种经营产值实现“双千”目标，成为全市多种经营10强村。至1999年，培植各类专业大户380户，引进饲养新品种蛋鸡，共饲养山羊、黄牛、水貂等特畜5400只(头)。2001年，改良养殖业传统品种，引进饲养优良鸡、鸭、鹅品种，实施规模化养殖。2005年，生猪、家禽饲养量分别由2000年的4.55万头、139.21万羽下降到2万头、112万羽。

水产业　1986年，水产品养殖大多利用河沟自然放养。季学孝承包精养鱼池1.2公顷，纯收益1.46万元。90年代起，运用混养技术发展特种水产品养殖。1994年，乡水产养殖场投资30多万元，建成占地0.67公顷的种鳖场，年产稚鳖1000多只。乡水产养殖场居民李长桂承包水面1.54公顷，实施鱼鳖混养技术，每公顷产值15.45万元。1997年，发展鱼蟹、鱼鳖混合精养鱼池43.33公顷，河沟粗养面积

66.67公顷。1998年，镇池塘鱼鳖混养基地被列为省水产科技推广项目示范基地，增加鱼鳖、鱼蟹混养和罗氏沼虾养殖面积110公顷。2000年，初步形成以特种水产品为主的养殖格局，退耕还水累计686.7公顷。2001年，引进饲养鳖、蟹、虾特种品种，海陵溪甲鱼养殖场被列为省淡水养殖示范基地。2002年，海陵溪牌甲鱼获批为省无公害农产品，发展稻田养殖特种水产品面积666.7公顷。2005年，共有精养鱼池800公顷，水产品产量由2000年的3518吨增长到7370吨。

农业机械 1986年，农机总动力5086千瓦，主要从事农田耕翻、灌溉、排涝、脱粒等作业。1999年起，实施农机产权制度改革，鼓励农民自购或联合购置农机具。至2005年，全镇农机总动力1.63万千瓦，农业综合机械化水平84%。

农田水利 1986年，防洪圩9条、长32.7千米。1996年起，加大水利设施建设力度。当年，建成和改建闸站5座，改造中低产田13.33公顷，完成水利建设土方10万立方米。1997～2000年，新建和改建闸站27座，维修4个村排灌电力设施，拓浚长林沟河。2003年，投入100万元，建成圩口闸站3座，创建成无坝镇。2004～2005年，投入224万元，维修固定排灌站24座、圩口闸9座、公路桥8座、涵洞3座，建成或改建桥梁4座、闸站17座，疏浚河道13条。

二、工业

1986年，全乡实现产值545万元，其中乡办厂152万元、村办厂273万元、组户联办厂120万元。东方动力机械厂生产的XDG、XDGB型电液推杆于1991年6月通过中国统配煤矿总公司鉴定，1992年3月获能源部科技进步三等奖，被指定为煤矿机械定型产品。1993年，乡农具厂与上海交通大学联合开发的空调配件——冷热交换器投入生产。乡紧固件厂在全市率先实行股份制改革试点，组建市标准件有限公司。12月，在乡村工业企业中试行产权制度改革。至1994年，有4家企业实行股份合作制，共吸纳股金125.66万元。建成高强度螺栓螺母生产流水线，开发塑料门窗、铝合金门窗和装饰板等新产品。1995年，市东方动力机械有限公司研制开发的XFQ-1型斜井防跑车器被列入省“星火”计划，机械液压推杆获国家专利。1996年，继续深化产权制度改革，全镇23家镇村企业中，组建股份制14家、股份合作制3家、租赁经营6家。1997年，以结构调整年为契机，开发新产品6种。1998年，10种新产品投产，当年新品产值占工业经济总量18%。1999年，成套设备公司开发的电液头、灰渣阀，获电力部产品进网证书和推广使用证书。市朝阳气动液压机械厂开发的浆液阀，被列入省级“星火”计划，并在第八届中国专利新技术新产品博览会上获金奖。增加个体私营工业企业10家，累计68家。2000年，9家企业实施新项目9项，其中项目投产6项。2002年，启动镇工业集中区建设。2001～2005年，共引进域外资金或民资5亿多元，新发展私营企业139家、外商独资企业1家；开发新产品8种，建成生产线3条；12家企业通过ISO 9000质量管理体系认证；成立标准件、绗缝被单、液压机械行业协会；工业集中区占地面积由2003年的13.33公顷扩大到2005年的38.67公顷，累计进区企业48家。2005年，液压机械行业成为工业支柱，全镇形成液压机械、标准件、纺机配件、精细化工、医疗器械、绗缝被单等为主的工业格局，共有工业企业274家，其中规模以上企业17家。

三、建筑业

1986年，全乡有建筑企业1家，从业人员近100人，主要从事民房砌建。1996年，镇建安公司实行横向联营，开拓外埠市场。1997年，镇建安公司完成竣工面积1.6万平方米。1998年，镇建安公司晋升为四级资质企业，所承建的镇农电办公楼、中心初中教学楼被表彰为市优工程。1999年，由镇建安公司承建的镇卫生院门诊楼被表彰为市优工程。2000年，沙堰高源安装公司获上海市经委颁发的上海市电力设备安装A二级资质证书。2003年，完成两家建筑企业改制工作，建筑业产值首次突破1亿元。2005年，汤庄建安公司和亚华安装工程公司累计投入1500万元，开发建设集镇商贸中心第二期工程、吉祥寺扩建工程、别墅区建设工程。建筑业从业人员1842人。

四、商贸服务业

1986年，商贸以供销合作社、商业合作社为主体，在边远村庄设17个生产生活资料供应点；从事商业、手工业、加工业、运输业人员超过1000人。1994年，东方商场、苗猪交易市场在集镇建成开业。至1999年，全镇拥有货物运输船116艘，客运车和货物运输农用车、卡车60辆，个体商户392户，第三产业从业人员1108人。2000年，镇财政拨款60万元，建成东、西两个农贸综合市场，第三产业从业人员增加到5190人。2001年，举办首届春季商品交易会，至2005年共举办4届。2004年，引进资金300万元，建成镇商贸中心。2005年，上海华联超市在集镇设华联连锁店。全镇有集体所有制供销社1家、集贸市场2个、个体工商户1314户，第三产业从业人员4885人，第三产业增加值由2000年的8214万元增加到9250万元。

第三节 社会事业

一、教育

1986年，全乡有幼儿园16所，班级17个，在园幼儿231人，教师17人；小学16所，班级51个，在校学生1728人，教师70人；初级中学3所，班级15个，在校学生696人，教师47人。1992年，实施学校布局调整，小学由15所调减为11所，后又于1998年调减为4所。1993年，基本扫除青壮年文盲，普及九年制义务教育。2000年，启动教育现代化工程。2001年，调整优化学校布局，撤销5所小学，建成沙堰中学教学楼，组建汤庄股份制幼儿园，兴办公办民助学校——新堰小学。2002～2005年，吸引民资600万元，兴建沙堰初中学生公寓、实验楼，沙堰职业高级中学学生浴室、学生食堂和学生公寓，中心幼儿园。沙堰职业高级中学、沙堰初级中学、汤庄镇中心小学分别创建成省重点中学、省示范初中、扬州市素质教育先进学校。2005年，全镇有幼儿园2所，班级21个，在园幼儿459人，教师44人；小学6所，班级47个，在校学生1528人，教师121人；初级中学1所，班级26个，在校学生1227人，教师83人。学龄儿童入学率和小学、初中学生毕业率均为100%。

二、文化

1986年，拥有1300个座位的汤庄影剧院落成。1993年，举办首届“五四”青年文化周活动。此后每年一届。1996年，集镇开通有线电视。1997年，高家、联谊等村开通有线电视。1998年，11个村开通有线电视，用户1250户。1999年，汤庄镇被表彰为扬州市广播电视先进乡镇。2002年，投资近1000万元，复建占地5000平方米的吉祥寺。2004～2005年，增加有线电视用户1360户，有线电视入户率60%。

三、卫生

1986年，乡卫生院1所，科室8个，病床12张，医技人员20人；村卫生室18家，乡村医生32人。1995年，乡卫生院创建成一级甲等医院。1999年，汤庄卫生院门诊楼落成。2001年，沙堰卫生院门诊楼落成。39家村卫生室整合为8家卫生站。2003年，推行新型农村合作医疗制度，参保率87%。2004年，市人民医院托管汤庄镇卫生院。2005年，全镇有卫生院2所，科室11个，医技人员32人，病床12张；村卫生站8家，乡村医生38人。

1992年、1997年，先后建成乡自来水厂、自来水二厂。1999年，投入11万元，新打深水井1口，实现村村通自来水目标。2000年，创建成市自来水普及乡镇，丹阳村被表彰为市卫生厕所普及村。2003年，投入101万元，实施沙堰水厂改造和村供水管网维修延伸工程。2005年，自来水覆盖率100%；卫生户厕普及率40%，其中无害化卫生户厕普及率18%。

四、体育

1992年，举办首届三县（市）四乡篮球友好邀请赛，汤庄代表队获第二名。1994年，举办乡首届农民运动会。

第四节　村镇建设

一、基础建设

1986年，集镇居民沿南澄子河北岸建房居住，有街2条，总长1千米。1990年起，实施集镇“北扩西进”战略。至1994年，乡政府办公楼、农贸市场、东方商场、乡影剧院等公共建筑落成使用。1995年，启动集镇商品房开发。1996年，实施“百户进镇”工程，扩大集镇规模，促进商业区形成。1997～1999年，改建集镇排水道、电力线路和路灯，新建水冲式公厕、绿化分隔带、移动式垃圾箱，兴建土地管理所办公楼、卫生院门诊楼，建成商住楼3幢、面积3000平方米。2000年，建成汤庄镇卫生院病房、镇中心初中综合楼、镇中心幼儿园、派出所西侧商住楼、财政所东侧商住楼和沙堰镇区农贸市场东侧商住楼、教育大楼。2003年，铺设集镇主要道路水泥路面和人行道彩砖，增置路灯250盏，新建集镇园林街景1处。2004年，实施工业集中区主干道硬质化、亮化、绿化工程建设；开发商住房9350平方米，吸引进镇农民85户。2005年，集镇增加绿化面积5200平方米、排水管道6.1千米、垃圾箱25只，新装路灯80盏；集镇面积从2000年的0.47平方千米扩大到1.37平方千米；开发商品房建筑面积2.1万平方米，累计开发建设商品房13.2万平方米，吸引1328户农村居民进镇落户择业；公共绿地面积9.8公顷，绿化覆盖率19%。全镇人均住房面积由2000年的18.1平方米提高到20.6平方米。

图34-8　2005年启动建设的汤庄镇农民集中居住区

二、交通

1986年，启动环乡主干道路基建设工程。1993年，集资20多万元，建成海陵公路，铺设集镇北段道路黑色路面。1995～1999年，先后铺设汤庄至缪阳、立新、高家村的砂石路，浇筑甸汤公路汤庄段、环镇公路汤庄至海陵段、东陵桥至河口段黑色路面，建成镇北大桥和通村公路3条。2000年，改造、维修沙堰集镇主干道、环村公路，铺设自来水厂西段黑色路面，开通滕沟至郭新段砂石路。2001年，实施汤（汤庄）武（武坚）接线公路工程，建成汤武接线公路工程北大桥。2002年，建设通村道路硬质化路面1.21千米，建成沙堰河大桥。2003年，建成汤武大桥，铺设沙俞路、汤高路和集镇主要道路水泥路面。2004年，启动通达工程建设，建成朝阳路、缪立路、沙中路、郭新路等4条硬质化公路，长25.56千米；铺设镇通村水泥路38千米。2005年，建成通村硬质化道路20.9千米，实现村村通水泥路目标；浇筑总长4.4千米的海陵路沥青路面。

三、邮电

1986年，开通汤庄至高邮的自办邮路。1989年，开通电报传真机。1993年，电话进入市话自动拨号网。1993年，汤庄邮电大楼落成。1998年，启动电话镇建设，新增电话用户500户。1999年，投入400多万元，完成高家、俞东、叶家等村电话杆线工程，增加电话用户583户。2000年，发展程控电话1210部。2005年，全镇固定电话入户率77%，移动电话家庭普及率20%。

四、供电

1995年，实现户户通电目标。1999～2002年，累计投资1000多万元，完成17个村农村电网改造任务。2005年，全镇有10千伏线路106千米、低压线路257千米，变压器241台，供电用户1.24万户。汤庄镇供电所被省电力公司表彰为一流农村供电所。

第五节　特色村简介

一、余富村

位于汤庄镇东部，海陵公路穿村而过，汤庄大道依村而行。2000年，由原余东、余西村和农技站合并而设，耕地面积157公顷。该村坚持农村工业化、村民城镇化发展目标，大力发展工业，推进新农村示范区建设。全村有民营企业17家，从业人员950人；共建农民别墅64套、民用住宅楼128套，入住192户；修筑村组水泥路20.5千米、砂石路5.5千米；道路、村旁植树1.8万多株，林木覆盖率25%；清理河道7.5千米，建成垃圾池78座。2005年，有8个村民小组，608户、人口2021人，实现社会总产值2640万元，农民人均纯收入4870元。该村先后获“市农民集中居住示范区”“省绿化合格村”等称号。

二、沙堰村

为汤庄镇镇政府所在地。2000年，由原郭家、雁留、沙堰村合并而设，耕地面积252公顷，水产品养殖面积133.33公顷，养殖品种主要是鱼、虾、蟹。全村在村内、镇工业集中区企业工作的人员近700人，其中有车工、焊工、钣金工、轮作工、机工、缝纫工等。2005年，有11个村民小组，534户、人口1918人，工业企业11家，实现社会总产值1130万元，农民人均纯收入5025元。该村先后获“省电话小康村”“扬州市科普村”“扬州市农民文化技术学校示范村”“市文明村”称号。

三、汤东村

位于汤庄镇东，高邮、兴化、江都3市交界处。2000年，由原汤庄、高家村合并而设，耕地面积170公顷。1969年4月，高家村依靠插队知青兴办第一家村办企业。1970年，高家村党支部做出发展工业的决策，并由大队会计刘满智领办工厂，“孵”出一批办企业的能人。1997年，镇村工业企业改制后，一批在镇村企业当技术员、跑供销的能人乘势而为，下海经商办企业，促发汤东工业一次大“裂变”。进入21世纪，汤东人开始投身新的创业大潮，共创办各类工业企业和家庭作坊近100家，近100人在全国各地从事营销工作，有60户家庭财产在100万元以上。2005年，有8个村民小组，595户、人口1983人，工业企业13家，家家户户有人在企业工作，实现社会总产值7013万元，农民人均纯收入5217元。

第十六章　沙堰镇

第一节　基本概况

沙堰镇位于高邮城东南32千米，东接汤庄镇，南临江都市富民镇、武坚镇，西连汉留镇、甸垛镇，北与甘垛镇隔河相望。

相传此地原系东海岸的一片沙滩，后筑堤堰防水，渐为陆地，故名。明清时称沙家堰。新中国成立初期，设有吉林、长林（后部分划入汉留镇）、南屏、西屏等4个乡。1958年春，4个乡合并为沙堰乡。9月，与汤庄乡合并成立汤庄人民公社。1959年5月，从汤庄人民公社划出，设立沙堰人民公社。1960年3月，再次并入汤庄人民公社；1961年10月，再次划出。1983年，撤社建乡。1996年9月10日，撤乡建镇，实行镇管村体制；12月30日，举行撤乡建镇庆典活动。2000年5月，撤销沙堰镇，原辖区域并入汤庄镇。

该镇属里下河冲积平原，地势平坦，西南略高，东北偏低。镇内土壤主要由黏土、黄泥土等组成。海拔1.8～2.5米。总面积47.59平方千米，其中陆地面积30.73平方千米、水域面积16.86平方千米。

1986年，辖22个村、171个村民小组。1999年，辖21个村、172个村民小组，1个居民委员会和1个水产养殖场。在总人口中，农业人口1.81万人、非农业人口903人，男性9506人、女性9461人，少数民族人口6人，人口密度399人/平方千米。

1986～1999年部分年份沙堰镇经济社会指标实绩一览表

表34-25

项目/年份	户数（户）	人口（万人）	劳动力人口（人）	耕地面积（公顷）	粮食产量（万吨）	农业产值（万元）	工业产值（万元）	建筑业产值（万元）	农民人均纯收入（元）
1986	4977	2.02	9813	2649	2.47	1335	855	46	635
1990	5315	2.01	10398	2617	2.10	2980	1621	97	733
1995	4793	1.95	11042	2293	1.74	3559	6998	900	1970
1999	4443	1.90	10534	2742	2.57	5451	16020	2835	3182

第二节 经济建设

一、农业

1986年起，加大农业基础设施投入，推广新品种、新技术。1999年，种植业、林业、牧业、水产业产值占农业总产值比例分别由1986年的80.3%、0.5%、16.9%、2.3%调整为51.5%、3.4%、27.6%、17.5%。

种植业 农作物生产实行麦稻两熟制，伴栽棉花、油菜、湖桑等经济作物。1986年，调整种植业结构，经济作物面积占种植面积的35%。1990年起，逐步推广优良品种和塑盘育秧等实用技术，粮棉油产量稳步提高。1996～1998年，水稻丰产方连续3年获市水稻生产一等奖，建立各种示范村、示范方、试验田、示范户，组建5个专业合作经济组织，初步形成粮经立体种植、产品加工等产供销一体化的格局。1999年，开展粮、棉、油、桑高产示范工程竞赛活动，建设"三高"农业现代化示范园13.3公顷；粮棉油作物种植面积分别由1986年的4194公顷、265公顷、302公顷调整为3790公顷、187公顷、452公顷，总产量分别由1986年的2.47万吨、279吨、588吨变为2.57万吨、225吨、963吨。

林业 1986年，全乡有成片造林面积54公顷。1987年起，逐年开展植树造林活动。至1999年，累计植树26.7万株，成片造林面积112公顷。

畜禽养殖 1986年，畜禽以农户散养为主。1988年起，发展规模化、良种化、产业化畜禽养殖。当年，龙华村被省商品猪基地办公室列为省商品猪基地村。1989年，龙华村获省商品猪基地村二等奖。1994年，发展以养殖畜禽为主的多种经营生产，有各类养殖专业组27个、专业户433户。1999年，生猪、家禽饲养量分别由1986年的2万头、20.8万羽增长到2.98万头、58.33万羽。

水产业 1986～1993年，水产品大多为自然放养。1994年起，结合低产田改造，开挖精养鱼池，培植养殖大户。1999年，水产品产量由1986年的220吨增长到1510吨。

农业机械 1986年，农机总动力8453千瓦，主要从事农田耕翻、灌排、脱粒等作业。1999年，实施农机产权制度改革，鼓励农民购置农机具。全乡农机总动力9070万千瓦，农业综合机械化水平80%。

农田水利　1986年，全乡共有骨干河道6条，总长24.8千米；拓浚河道6千米，清理农田沟渠2320条，累计完成土方35.5万立方米；维修闸站15座，建成闸站3座。1995～1999年，累计投资335万元，新建排涝站7座、圩口闸25座；拓浚沭沙河和张郑河，加固北澄子河险工患段。

二、工业

1986年，实现产值854.6万元，其中乡办厂304.39万元、村办厂410万元、组户联办厂140.21万元。1993年，工业企业实施横向联营，电器二厂与解放军上海3516工厂联营生产制鞋设备，水泥制品厂与上海佳丽绣花厂联营生产加工被单，探矿机械厂与同济大学合作兴办中邮基础工程公司。香料厂生产的香豆素创汇110万美元。1994年，香料厂生产的香兰素获全国香精香料展览订货暨技术交流会金奖。绗缝被单生产遍布全乡，形成2500户、3000多人的加工队伍，年产绗缝被单20万条，实现加工收入450万元。至1996年，全镇24家镇村企业中，组建股份制7家、股份合作制6家、租赁经营7家、租售结合1家、兼并2家、全员风险抵押承包1家。1998年，深化产权制度改革，香料厂、电器二厂、振阳化工厂改制为民营企业；加大技改资金投入，开发以化工产品、医疗器械为龙头的新产品。1999年，完善9家股份制企业、6家股份合作制企业、1家集体企业改制，出售探矿机械厂，16家村级集体企业与集体脱钩。全镇形成化工、机械、轻工、制鞋等为主的工业格局，共有工业企业33家。

三、建筑业

1986年，全乡有建筑企业1家，从业人员近100人。1994年起，建筑企业先后开辟北京、济南、上海、南京、西宁等地建筑市场，在济南市承建的住宅楼被表彰为济南市优质工程。1999年，镇建安公司成立工业设备安装公司，并获省建筑安装工程公司颁发的三级资质证书，为全市唯一以设备安装为主的专业性公司。建筑业从业人员约400人。

四、商贸服务业

1986年，商贸以供销合作社、商业合作社为主体，在距集镇较远的村设立10个生产生活资料门市部和生活资料供应点。1994年，集镇建成个体商铺1.5万平方米，吸引进镇经商农民136户。全乡有国有、集体商业网点21个，个体工商户网点45个，第三产业从业人员368人。1995年，扩建沙堰供销商场，柜组从19个增至25个；综合农贸市场建成开业。1998年，发展水上运输，拥有大型运输船12艘、运输挂桨船20艘。1999年，全乡有农贸市场1个、商贸服务企业12家、个体工商户365户，第三产业从业人员1200人，实现第三产业增加值4293万元。

第三节　社会事业

一、教育

1986年，全乡有幼儿园20所，班级20个，在园幼儿489人，教师22人；小学20所，班级63个，在校学生2168人，教师99人；初级中学4所，班级15个，在校学生642人，教师40人。1987年，沙堰小学教学楼落成。1988年，镇中心初中并入沙堰中学。1990年9月，乡中心初中从原潘季初中校园迁入集镇新建成的校园，撤并楼王、贡家两所初中。1992年，基本扫除青壮年文盲，普及九年制义务教育。是年，实施学校布局调整，小学由20所调减为14所，后又于1997年调减为9所。1997年，镇成人教育中心校创建成省重点成人教育中心校。1999年，镇中心初中、镇中心小学分别迁入原沙堰中学、原中心初中校园。沙堰职业中学、镇中心初中、镇成人教育中心校实行联合办学（三校合一），被扬州市确定为探索教育管理模式试点单位。是年，全镇有幼儿园1所，班级22个，在园幼儿357人，教师27人；小学9所，班级44个，在校学生1597人，教师106人；初级中学1所，班级14个，在校学生610人，教师35人。学龄儿童入学率和小学、初中学生毕业率均为100%。

二、文化

1986年，有线广播入户率97%。1993年，举办首届“五四”青年文化周活动，此后每年一届。1994年，建成乡文化中心，集镇开通有线电视。沙堰乡被省文化厅表彰为群众文化先进乡镇。1996年，镇广电楼落成，镇文化中心被表彰为明星文化中心。1998年，开通有线电视的村9个，用户3100户。1999年，沙堰镇被表彰为扬州市广播电视先进乡镇。

三、卫生

1986年，乡卫生院1所，科室7个，医技人员28人，病床10张；村卫生室21家，乡村医生35人。1992年，乡卫生院门诊楼建成。1995年，建立大病医疗费用统筹制度。1999年，启动卫生院迁建工程。是年，镇卫生院设科室8个，医技人员36人，病床12张。

1991年、1992年，先后建成贡庄自来水厂、沙堰第二自来水厂。1993年，全乡有1.4万人饮用自来水。1994年，安装自来水管道9.2千米，新增自来水用户533户。1996年，铺设供水管道15千米。1997年，改扩建自来水厂，实行联网供水。1998年，镇自来水厂创建成扬州市合格水厂。1999年，沙堰镇自来水普及率98%，被表彰为市农村自来水普及先进乡镇。

1998～1999年，俞任村、卢邓村、丹阳村先后被表彰为市卫生厕所普及村。至1999年，卫生户厕普及率38%，其中无害化卫生户厕普及率18%。

四、体育

1986年起，正常举办村企体育联谊赛。1993年，乡“五四”青年文化周设有篮球、自行车慢骑、100米负重跑、拔河等体育项目。1997年，沙堰镇被表彰为省体育先进乡镇。

第四节　村镇建设

一、基础建设

1986年，集镇居民傍南澄子河南岸堤居住，建筑基本为平房，有街巷3条、长1.8千米。1993年起，先后建成农贸市场、保险楼、银行楼、邮电楼、财政楼、镇政府办公楼、文化中心楼、广播电视楼、垃圾填埋场、集镇中心广场等公共建筑，开发建设商住楼1.5万平方米。至1999年，集镇建成区面积0.47平方千米，有甸汤公路沙堰段、招贤路、堰河路、通达路等4条主干道，街巷15条、长3.8千米；累计开发建设商品房3.2万平方米，吸纳378户农民进镇落户择业；集镇公共绿地面积2.2公顷，绿化覆盖率4.7%。全镇人均住房面积由1986年的18.2平方米增加到19.8平方米。沙堰镇被扬州市政府列为新型小城镇。

二、交通

南澄子河、北澄子河、甸汤公路穿境而过。1986～1993年，启动环乡公路路基工程建设。1994年，铺设环乡砂石道路14.51千米，有60%的村通公路。1995年，铺设环乡道路及村通组砂石路15.49千米、集镇黑色路面1.2万平方米，建桥9座，实现村村通公路、街道黑色化。1997年，完成环镇公路扫尾工程，铺设沙堰至汤庄黑色路面2.5千米，新建公路绿化带2千米。1999年，修建通村道路8条，基本完成通村到组砖头路面铺设工程。

三、邮电

1986年，开通沙堰至高邮的自办邮路。1989年，开通电报传真机。1993年，电话进入市话自动拨号网。1994年，启动电话村建设，完成20个村电话杆线工程。1995年，实现村村通程控电话。1998年，建成电话镇，电话用户2800户。1999年，全镇固定电话入户率80%，移动电话家庭普及率21%。

四、供电

1986年，建成沙堰变电所。1990年，沙堰农电站大楼落成。1994年，实施电力线路"两复三"工程。1997～1999年，实施农村电网和集镇供电线路改造工程，分3期改造22个村农村电网线路，改架电力线路170千米。

第十七章　三垛镇

第一节　基本概况

三垛镇系高邮三大古镇之一，为高邮东部地区政治、经济、文化、商贸中心，位于城区东20千米，东邻甘垛镇，南连汉留镇，西接龙虬镇，北界司徒镇、横泾镇。

商周时代，镇内有先民活动。吴王夫差在此开凿邗沟。南朝梁简文帝大宝元年（550），于镇境内置武宁郡，举封子大威为武宁郡王。南宋建炎四年（1130），金兵侵占高邮后，岳飞屯兵三墩（今三垛），三战三捷，故名。新中国成立后，设三垛区，辖剑鸣、二沟、联南、柳南、春生、司徒乡和三垛镇。1956年，合并为三垛乡。1958年9月，三垛、二沟、司徒乡合并为三垛镇，成立三垛人民公社。1959年4月，三垛人民公社划分为三垛、司徒人民公社；5月，从三垛人民公社划出原二沟乡。1962年6月，划出三阳人民公社；三垛镇与三垛人民公社分治。1973年4月，三垛镇并入三垛人民公社。1983年，撤社建乡。1985年7月，更名为三垛镇。2000年5月，撤销二沟乡、武宁乡，两个乡原辖区域并入三垛镇。

该镇属里下河平原核心地带，水网密布，地势西高东低。镇内土壤大部分为砂姜土，少数为黄乌土、乌沙土。海拔1.08～2.5米。1986年，总面积34.46平方千米。2000年5月，总面积扩大至113.66平方千米，其中陆地面积106.79平方千米、水域面积6.87平方千米。

1986年，辖18个村、129个村民小组，3个居民委员会、27个居民小组。2000年5月，辖26个村、198个村民小组，6个居民委员会、40个居民小组。2005年，辖27个村、198个村民小组，5个社区、41个居民小组。在总人口中，农业人口4.73万人、非农人口1.11万人，男性3.04万人、女性2.8万人，少数民族人口11人，人口密度514/平方千米。

1986～2005年部分年份三垛镇经济社会指标实绩一览表

表34-26

项目 年份	户数（户）	人口（万人）	劳动力人口（人）	耕地面积（公顷）	粮食产量（万吨）	农业产值（万元）	工业产值（万元）	建筑业产值（万元）	农民人均纯收入（元）
1986	6010	2.26	8299	1751	1.90	1161	1821	166	617
1990	7216	2.32	9776	1693	1.71	1890	7256	249	808

续表 34-26

项目 年份	户数（户）	人口（万人）	劳动力人口（人）	耕地面积（公顷）	粮食产量（万吨）	农业产值（万元）	工业产值（万元）	建筑业产值（万元）	农民人均纯收入（元）
1995	7753	2.25	9731	1420	1.46	2670	20666	806	2190
1999	7948	2.30	8961	2047	1.96	5821	48586	1930	3443
2000	19905	5.89	25099	6732	5.21	26142	73689	15500	3441
2005	19167	5.84	23450	6543	5.23	30357	132877	28796	4977

2005年三垛镇各村、社区基本情况一览表

表 34-27

村、社区	村（居）民小组（个）	常住人口（人）	耕地面积（公顷）	人均纯收入（元）	主要自然村庄
茆吴村	4	1191	97	5035	新家厍、胜家场、李家厍、戴家厍、范家墩、茆家厍、西吴厍、钱厍、汪家厍、翁家墩、郭薛庄、嵇家厍
五里村	4	1016	117	4875	五里铺、小五里、张家厍、邵家厍、俞家厍
春生村	7	1920	181	5110	夏家庄、西厍、东厍、后堆、西楼庄、大堆、院庄、汤家庄、南顾庄、西陆小厍、顾庄、楼子头、吴家厍、杨家厍
瓦庄村	8	2218	221	4986	东赵庄、倪家庄、北汉庄、孙家厍、张家厍、赵家厍、瓦庄、裴家厍
东楼村	6	1875	152	4986	余家厍、北郑庄、俞厍、赵家厍、周家厍、东楼、茆家厍、刘塘、翁墩
潘玙村	7	1044	135	5108	潘汉圩、后圩、张家墩、刘家墩、吴家墩、瓦屋厍、俞迁庄、王家墩
荡楼村	3	1171	123	4931	荡楼、黄家厍、杨家墩、庄台、东陆厍、张家厍、南荡
三百六村	10	3099	184	5094	东俞庄、俞家厍、老坝头、小张家厍、赵家厍、三百六、刘家、智家墩、解家厍、宝鼎庄、胡家厍、李家厍、智家厍、茆家厍、石家厍
林阳村	7	1363	202	5110	任家厍、长逊庄、庄河、小河南、大河南、长逊新村、北逊庄、王家厍
二沟村	10	2188	190	4766	二沟、戚家厍、张家厍、居家厍、时家厍、陈家厍、徐家厍、龚家厍
俞胡村	9	1679	184	5007	钱家厍、汤家厍、王家厍、潘陈庄、胡家庄、俞家庄、万家庄、花家厍、刘家厍、陈家厍、邵家厍、小卢厍
冯夏村	10	2106	231	4857	冯庄、柏家厍、冯家厍、唐王厍、高家厍、何家厍、王家厍、夏家庄、汪柏厍、东孙厍、西孙厍、曹陆厍
左卿村	10	1568	244	4825	姜褚厍、大卢厍、金家厍、左家庄、孙家厍、周家厍、曹家墩
中心村	14	2522	271	4856	范家厍、焦家厍、徐官庄、杨家厍、金家厍、季王庄、遗珠垛、冯家厍、李行庄、楼庄
南丰村	6	1731	163	4909	何吴庄、高徐庄、腰庄、周家厍、侯公庙、林家厍、赵家厍、周家厍、赵何庄
剑鸣村	7	1491	215	4906	西陆厍、北赵厍、东陆厍、田家厍、顾家厍、大顾庄、小顾庄、孙家甸、朱家厍、汪家厍、
永中村	11	2199	291	4736	崔家庄、印家庄、周家厍、佘家拐、花家厍、野庙头、唐家厍、陆家庄、祁家厍、谢家厍

续表 34-27

村、社区	村(居)民小组(个)	常住人口(人)	耕地面积(公顷)	人均纯收入(元)	主要自然村庄
保安村	11	1990	236	4952	姚家厍、花家厍、张家厍、杨柳、三搭桥、古庄湾、马嘶庄、盐家垛、五顷厍、花家庄、孙有厍、渔业村
武宁村	8	1677	162	5343	北余庄、北徐庄、尤家厍、王家庄
少游村	4	1724	208	5091	秦家垛、阮家厍、花家庄、闵家墩、赵家墩、陈家墩、阮家墩
柳北一村	5	1688	177	4726	南小濠、郑家湾、西团营、姜家厍
柳北二村	4	1331	149	5039	东村、荡沟头、双沟、西村
大卢村	7	1858	227	5099	大卢庄、张家厍、耿家圩、高厍、张一沟、夏家厍、卢家厍
联南村	6	1513	158	5083	小卢庄、东师家厍、师家厍、大高家厍、小高家厍、渔业村
柳南村	8	2689	284	4971	顾家庄、季阮庄、南厍、南余庄、曹子港、东家厍、西厍
联北村	4	1342	151	5149	南洋荡、九顷厍、徐家厍、陈家厍、苏家厍
港河村	8	2243	293	5032	藏铁庄，港南庄，管家伙、居家墩、环家庄、左家厍
东风社区	18	2870	—	—	—
光明社区	9	2928	—	—	—
前进社区	7	2436	—	—	—
二沟社区	4	957	—	—	—
武宁社区	3	817	—	—	—

第二节　经济发展

一、农业

1986年起，调整农业结构和作物布局，初步形成以特种水产养殖、良种禽畜繁育、商品粮种植为主的特色产业。2005年，种植业、林业、牧业、水产业产值占农业总产值比例分别由2000年的47.2%、4.7%、21.6%、26.5%调整为35.5%、0.4%、16.3%、47.8%。

种植业　农作物生产实行麦稻两熟制，伴栽棉花、油菜等经济作物。1993年起，调整优化种植品种，推行轻型栽培技术，经济作物面积扩大到533公顷。1994～1998年，实施农业综合开发工程，改造中低产田33.3公顷，建设吨粮田200公顷。三阳村22公顷油菜核心方单产于1996年居全省首位，并连续3年获“全省油菜第一方”称号。1998年起，培育专业合作经济组织，进一步调整农业结构。至2000年，培育龙头企业两家，形成以两个农贸市场、13个专业合作经济组织和124名农村各类经纪人为主体的农产品市场网络体系；种植百合、西瓜、玉米、土豆、花卉等小型特色经济作物233.3公顷，建成黑大豆生产基地400公顷、杂交稻制种基地150公顷。2001年起，实施产业化经营、规模化种养、标准化建设，经济作物种植面积占农业计税面积的55%。2003年，武宁农业公司种植的旋风牌黑大豆获绿色食品证书。2004年，833.33公顷黑大豆种植基地被批准为省无公害农产品产地。2005年，4000公顷粮油种植基地被认定为省无公害农产品产地，1333.33公顷农田被列为国家级良种繁育基地；粮棉油作物种植面积分别由2000年的7179公顷、359公顷、1801公顷调整为7707公顷、43.9公顷、766公顷，总产量分别由2000年的5.21万吨、426吨、4529吨变为5.23万吨、39吨、2302吨。

林业　1986年，成片造林面积40公顷。1987年起，逐年开展植树造林活动。进入21世纪，以“绿色银行”大行动和林权制度改革为契机，加快林业发展步伐。2005年，全镇植树造林面积由2000年的160公顷增加到325公顷。

畜禽养殖　农户素有饲养畜禽的传统。1986年，畜禽以农户散养为主，饲养生猪1.19万头、家禽18.5万羽。1994年，开展多种经营致富工程，逐步发展规模化、产业化畜禽养殖。至1996年，共培植产值5万元以上的多种经营规模点33个，饲养生猪20头以上、家禽500羽以上的养殖大户101户。1997年起，重点培植专业大户和规模基地，开发特种项目。2000年，全镇有千头猪场1个、百头以上猪场15个，饲养家禽过1000羽大户14户，成立苗猪产销、科学养猪等合作经济组织。2001年起，调整畜禽养殖品种和结构，生猪、家禽饲养量逐年下降。2005年，生猪、家禽饲养量分别由2000年的7.77万头、153.46万羽减少到1万头、25万羽。

水产业　1986～1993年，水产品大多利用河沟渠塘自然放养。1994年起，结合低产田改造，开挖精养鱼池，发展特种养殖品种，培植养殖大户。1999年，建成特种水产品养殖、稻田养殖等合作经济组织，水产品产量700吨。2000年，建成特种水产品养殖基地600公顷，水产品产值占全镇多种经营产值的50%。2003年，疏浚与三阳河相通的主河道，改善罗氏沼虾示范带水质，初步形成以少游村为核心的特种水产养殖业。2004年，1600公顷的罗氏沼虾无公害示范园、异育银鲫养殖基地被批准为省无公害水产品生产产地。2005年，组建镇罗氏沼虾协会，罗氏沼虾养殖面积1200公顷；罗氏沼虾被国家农产品质量安全中心认定为无公害食品，注册少游牌商标；水产品产量由2000年的7400吨增长到1.16万吨。

农业机械　1986年，农机总动力6340千瓦，主要从事农田耕翻、灌溉、排涝、脱粒等作业。1999年起，实施农机产权制度改革，鼓励农民自购或联合购置农机具。2003年，三百六村建成省农机安全合格村。2005年，农机总动力2.86万千瓦，农机综合机械化水平83%。

农田水利　1986年，主要骨干河道4条，圩堤总长20千米。1993年起，建成、维修排涝设施，改造中低产田。至1999年，建成或维修排涝闸、站9座，兴建各类水利配套建筑物64座，疏浚小泾沟三垛段，加固完善外大圩建设，改造中低产农田33.33公顷，累计完成土方82万立方米。2000年起，以防洪保安和农田水利建设为重点，推进农田水利建设。至2005年，建成或改建圩口闸11座、电力排灌站4座、灌溉工程39项、各种配套物481座，建设示范区43.33公顷，完成水利土方162万立方米。

二、工业

1986年，有6家镇办厂分别与上海、常州、扬州等地建立联营关系；采取以资带劳的方法，招工500人，筹集40多万元，兴建丝织、地毯、玩具等工业企业。全镇实现产值1821万元，其中镇办厂1571万元、村办厂222万元、组户联办厂28万元。1990年，三垛东方纱厂、农机厂、布厂和村办合金材料厂产值突破1000万元，三垛农机厂生产的条播机创省优产品。1993年，确立主攻工业目标，推行联绩、联质、联耗计酬的分配形式，实行定岗、定位、定任务、定奖惩的经营管理方式，镇属6家重点骨干企业实现产值占全镇工业总产值的70%。1994年起，加大技改投入，实施产权制度改革。是年，实行股份合作制企业9家、租赁承包经营企业20家。至1997年，累计投入技改资金6837万元。12家镇办企业中，改为股份制4家、股份合作制5家，实行全员风险抵押承包制3家。1998年，机电元件厂被农业部表彰为全面质量管理达标企业。依照厂情，对焊丝厂依法实施破产，售卖五金厂，市第二棉纺织厂兼并三垛布厂。建立占地7公顷的民营经济工业园，有近30家个体私营工业企业入园。与市水泥厂合作新办年产水泥10万吨的市水泥厂三垛分厂。1999年，镇毛巾厂盘活闲置资产374万元，被上海萃众毛巾集团承包经营。2000年，引进镇外资金800多万元，投入技改资金3240万元，实施项目建设7项。镇服装厂获自营出口权。是年，全镇有个体私营工业企业216家。2001年，投入技改资金3600万元，开发新产品15种，实施技改项目7项。引进外来项目6项，引资规模1870万元。建成规划面积181.7公顷的工业集中区首期工程。2002年，三垛工业集中区完成基础设施建设面积13.3公顷，进园企业12家，实现产值2.6亿元，被列为扬州市乡镇重点工业园。2003～2005年，共引进招商项目82项，引进资金5.98

亿元，盘活存量资产329万元。至2005年末，全镇形成精梳棉纺、机电元件、消防器材、咸皮蛋品、钢构建材、药用辅料、外墙涂料、服装加工等为主的工业格局，共有工业企业646家。

三、建筑业

1986年，全镇有建筑企业1家，从业人员不足100人。1993年起，开拓外埠建筑市场。至1998年，先后开辟上海、青岛建筑市场，外出施工人员80人。1999年，镇建筑工程管理站获“扬州市建筑业先进建管站”称号。2000年，依托外地一级资质建筑企业，先后开辟新疆、内蒙古、北京、天津、秦皇岛等地建筑市场。2001年，镇建安公司由国家房屋建筑工程总承包三级资质晋升为二级资质，承建工程15个。是年，三垛镇被市政府命名为“建筑之乡”。2002～2005年，采取借梯上楼、内外并举的措施，开拓建筑市场，承接超高层大体量工程3项。2005年，全镇有建筑企业3家，从业人员2195人。

四、商贸服务业

1986年，商贸以供销合作社、商业合作社为主体，在距集镇较远的村设立生产生活资料门市部和生活资料供应点。进入90年代，通过制定优惠政策和市场引导，第三产业发展加快。1992年，全镇有商业网点500多个，其中个体私营商业户300多户。1995年，利用集镇区位优势，鼓励全社会发展第三产业，初步形成以农用四轮运输车、卡车、拖拉机为主的交通运输业，以农贸市场为主的农副产品集散基地，以服装、布料、饮食为主的商业饮食服务业。1996年，建成占地2公顷的木材专业批发零售市场，扩建西停车场、农贸市场，建成沿街沿路商贸服务业门面房6600平方米。1997年起，加大商贸服务业经营场所建设力度。是年，在镇东“金三角”黄金地段建成占地0.28公顷、主体4层楼的小商品市场。至1999年末，累计建成经营门面房4770平方米，进镇经商户330户。2000年，建成占地0.35公顷的招商市场。2002年，三垛农贸市场和二沟农贸市场、二沟生猪集市实行民营化经营。2004年，建成镇西菜场、武宁菜场，举办首届小商品市场交易会。至2005年末，全镇有集贸市场6个、商贸服务企业3家、个体工商户3200户，第三产业从业人员3616人；实现第三产业增加值2.34亿元，比2000年增长41.9%。

第三节　社会事业

一、教育

1986年，全镇有幼儿园23所，班级24个，在园幼儿598人，教师26人；小学19所，班级78个，在校学生3044人，教师135人；初级中学5所，班级18个，在校学生836人，教师45人。1992年，实施学校布局调整，小学由17所调减为13所，至1998年调减为9所。1993年，基本扫除青壮年文盲，普及九年制义务教育。1996年，建成2500平方米的镇中心初中教学楼。1999年3月，启动三垛中学迁建工程。2000年，占地4.13公顷的三垛中学一期工程竣工并投入使用，镇中心小学迁入原三垛中学校址。是年，启动教育现代化工程。2001年，撤并4所村级小学，合并两所成人教育中心校，建成武宁中心小学教学楼、武宁幼儿园。2003年，加大学校布局调整力度，初级中学由3所调整为1所，小学由13所调整为9所。全镇中小学均建有多媒体综合教室和校园网。2005年，全面实施中小学教育现代化工程和三垛镇中心初中创省示范初中、三垛中学创省三星级高中工程。是年，全镇有幼儿园4所，班级39个，在园幼儿994人，教师59人；小学8所，班级80个，在校学生3172人，教师220人；初级中学1所，班级40个，在校学生1943人，教师132人。学龄儿童入学率和小学、初中学生毕业率均为100%。

二、文化

1989年，在集镇东首塑立岳飞纪念雕像。1993年，镇政府与中国人民解放军总参谋部第五十五研究所共同投入96万元，在全市首家开通有线电视，当年用户1300多户。1994年，三垛镇被省文化厅命名为全省群众文化先进乡镇。1997年，镇广播电视大楼建成，开通有线电视加密频道。1998年，建成镇文化站综合楼，有线电视主缆网全部贯通，入户率60%。1999年，实施市镇光纤联网工程，架设光纤线缆38千米，所有村组开通有线电视。2005年，全镇有线电视用户1.55万户，入户率81%。

三、卫生

1986年，设有三垛中心卫生院、三垛镇卫生院，科室12个，医技人员60人，病床55张；村卫生室20家，乡村医生24人。1992年，三垛中心卫生院2600平方米的病房楼落成。建立三垛中医骨伤科医院，与三垛中心卫生院实行两块牌子、一套班子。1993年6月，三垛镇卫生院并入三垛中心卫生院。1994年，三垛中心卫生院创建成一级甲等医院。1997年，实施村办合作医疗制度。2000年5月，二沟、武宁乡卫生院分别更名三垛镇二沟卫生院、武宁卫生院。2003年，推行新型农村合作医疗制度，参保率85%。2004年，被扬州市政府表彰为扬州市计划生育红旗乡镇。2005年，全镇有卫生院3所，科室44个，医技人员163人，病床137张；卫生站4家、卫生室35个，乡村医生77人。

1982年，建成三垛公社自来水厂，集镇居民用上自来水。至1994年，自来水受益人口1.5万人。1996年，在潘岔村建成镇第二自来水分厂，全镇自来水覆盖率97%，创建成自来水普及乡镇。1996年起，实施农村改厕工作。至1999年，建成无害化卫生户厕1014座。2000年起，加大改水改厕工作力度。至2005年，改造自来水主管道40千米，新增自来水受益人口3200人，自来水普及率100%。荡楼村创建成改厕合格村，增加无害化卫生户厕1713座，卫生户厕普及率36%，其中无害化卫生户厕普及率16%。

四、体育

1986年起，中小学校不定期地举办学生运动会，企事业单位举办乒乓球、篮球、拔河单项比赛。2002年，在集镇新建全民健身点1个。2004年，举办镇首届农民运动会。

第四节　村镇建设

一、基础建设

1986年，集镇主要街道6条、路巷10条，总长8.49千米。居民大多沿街道居住，建筑物基本为平房。1994年12月，三垛镇被列为全省百家小城镇建设试点之一，编制建设规划。1996年，投入1600万元，改造光明路东段，扩建农贸市场，新建建材市场、中心初中、广播电视站和第二水厂等。1997年，镇区建成水冲式厕所3座、封闭式垃圾房8座、垃圾箱12只和垃圾处理场1处，修筑长300米、宽10米的健康路水泥路面并铺设下水管道。10月，三垛镇被省政府确定为全省20个国家级小城镇户籍改革试点单位。12月，三垛镇被省体改委等11个部门列入全省16个省级小城镇综合改革试点镇，获“扬州市新型示范小城镇”称号。1998～1999年，《三垛镇镇区规划》经市政府批准施行，配套建设光明路，铺设下水主次管道1.1千米，新建商住楼、国土管理所办公楼、供销社商住楼共2.32万平方米。2000～2002年，建成毛巾厂地块商住楼，接通三垛中学路，建成春生路中段硬质化道路，拓宽改造少游路，完成高兴东公路绕镇区段

图34-9　2004年建设中的三垛集镇居民住宅区

公路征地、拆迁和路基土方任务，扩建集镇道路绿化、政府西侧办公商住楼、三垛水厂沉淀池，整修岳飞塑像、联南路、张陈支渠、北澄子河南岸东楼段块石护坡。2003年，以三阳河工程开工和高兴东公路开通为契机，修编《三阳河沿河风光带建设规划》。至2004年，建成长3千米的三阳河沿河风光带、占地4.67公顷的三阳河小区工程，开发商品房6000平方米。2005年，改造镇区骨干路道，完成一号河风景整治、希望小区配套工程，建成、改造公共绿地、镇西停车场、水冲式公厕，铺设排水管道。上海菁晨公司投资3500万元，开工建设占地2.86公顷文汇路商贸一条街。至2005年末，镇区面积从2000年的1.33平方千米扩大到3.2平方千米，共有中心路、光明路、丰收路等11条主要街道，总长30千米；公共绿地面积33.7公顷。全镇人均住房面积由2000年的18.43平方米增加到19.76平方米。

二、交通

北澄子河、三阳河、高兴东公路、三樊公路交会于镇区。1989年末，横跨北澄子河上的三垛东、西大桥建成通车。1995年，启动通村公路路面砂石化建设。至1996年，全面实现砂石化。2003年，启动道路"通达工程"建设，有3个村建成通村水泥路面近10千米，6个村完成15千米通村道路路基土方。至2005年，建成通村道路205千米，实现村村通水泥路目标。

三、邮电

1989年，开通电报传真机。1992年，电话进入市话自动拨号网。1993年，开通S-1240型2000门程控交换机，为东片乡镇自动电话汇接中心。1994年，完成电话杆线通村工程，累计放装电话1018部。1995年，村村通电话，新装电话401部。1996年，三阳村建成电话村。至1999年，共有13个村建成电话村，累计放装电话4000部。2005年，全镇固定电话入户率75.2%，移动电话家庭普及率67.8%。

四、供电

1994年，实施电力线路"两复三"工程。1995年，实现户户通电目标。1998～1999年，实施第一期农村电网和集镇供电线路改造工程。2001～2005年，实施第二期农村电网改造工程，改架电力线路160千米。2002年，三垛供电所被国家电网公司命名为优质服务示范窗口单位。

第五节　特色村简介

一、少游村

地处三垛镇北部，为北宋婉约派词人秦观（秦少游）故里。2000年，由原秦家、花家村合并而设，耕地面积208公顷。该村于90年代开始由外乡人承包养殖罗氏沼虾。进入21世纪，引进"公司＋基地＋农户"市场经营新模式，成为省农业产业化重点龙头企业——江苏戚伍水产公司的出口罗氏沼虾养殖基地。中央电视台第七频道两次对该村科学养殖及实施省渔业科技入户工程项目等取得的成果进行专题报道。该村有以罗氏沼虾为主要品种的水产品养殖面积133.33公顷，养殖户60多户。同时，该村通过盘活存量资产，开展招商引资，先后创办以家具生产、纸业包装、水带接扣、蛋品加工为主的工业企业，吸纳当地富余劳动力100多人进厂做工。2005年，有4个村民小组，382户、人口1724人，工业企业5家，实现社会总产值2086万元，农民人均纯收入5091元。先后获"省绿化合格村""扬州市民主法治村""扬州市文明村"称号。

二、武宁村

地处三垛镇北部，三（三垛）司（司徒）公路、三阳河穿越南北。2000年，由原北俞、北徐、王家村合并而设，耕地面积162公顷。罗氏沼虾养殖、消防器材生产及服装加工、第三产业（服务业）是该村多年重点培育而成的主要经济特色。全村有罗氏沼虾养殖大户80户、养殖面积101.33公顷，有近60户在村外承包塘口养殖面积66.67公顷。依据消防器材产业特色和基础，兴办规模企业3家，吸纳本村富余劳力500多人。在不足1千米长主商业街上，设有加油站、邮政储蓄银行网点、农资门市经营点、饭店、旅社、超市、鲜花专卖店、鱼需渔具门市经营点等商铺近200户。全村从事经纪人和捕捞的200人左右。2005年，有8个村民小组，488户、人口1677人，工业企业3家，实现社会总产值9021万元，农民人均纯收入5343元。

第十八章　二沟乡

第一节　基本概况

二沟乡位于高邮城东15千米，东接三垛镇、武宁乡，南与卸甲镇隔河相望，西邻龙虬镇，北连张轩乡、司徒镇。

相传南宋韩世忠抗金，在此筑成第二道壕沟，抗击金兵，故名。新中国成立初期，二沟乡隶属三垛区。1958年2月，撤区并乡，二沟设乡。9月，并入三垛人民公社。1959年5月，从三垛人民公社划出、与从一沟划出的原南丰、剑鸣乡区域合并建立二沟人民公社。1960年3月，卸甲人民公社并入。1962年6月，划出卸甲人民公社。1983年，撤社建乡。2000年5月，乡镇区划调整，二沟乡并入三垛镇。

该乡属里下河冲积平原，地势平坦，河流纵横。乡内土壤主要为黏土，少数为黄土、杂白土和砂姜土。海拔1.8～2.4米。总面积40.94平方千米，其中陆地面积23.4平方千米、水域面积17.54平方千米。

1986年，辖23个村、178个村民小组。1999年，在总人口中，农业人口1.82万人、非农业人口653人，男性9412人、女性9410人，少数民族人口5人，人口密度460人/平方千米。

1986～1999年部分年份二沟乡经济社会指标实绩一览表

表34-28

项目 年份	户数（户）	人口（万人）	劳动力人口（人）	耕地面积（公顷）	粮食产量（万吨）	农业产值（万元）	工业产值（万元）	建筑业产值（万元）	农民人均纯收入（元）
1986	4827	2.05	7604	2289	2.36	1343	650	158	599
1990	4912	2.04	8157	2284	2.15	2739	2681	303	742
1995	4606	1.92	9598	1900	1.98	3542	4774	748	2300
1999	5084	1.88	9699	2350	2.48	4961	7038	1776	3310

第二节　经济建设

一、农业

1986年起，调整农业产业结构，扩大棉花、蚕桑、果树等经济作物种植面积和水产品养殖面积，扩大畜禽饲养规模。1999年，种植业、林业、牧业、水产业产值占农业总产值比例分别由1986年的

76.5%、3.3%、16.1%、4.1%调整为42%、0.4%、20.6%、37%。

种植业　农作物生产以麦稻两熟制为主，伴栽棉花、油菜等经济作物。1986年起，推广先进农业生产技术，粮棉油生产稳定发展。1993年，发展“一优两高”农业，推动以“一点三线”（范家村1000亩为样板点，邮兴公路、南丰支公路、冯家支公路三线的4000亩为乡村组干部示范方）为重点的高效农业建设，粮经种植面积比例从8∶2调整为7.5∶2.5，并逐步发展适度规模经营。1994年，调整种植业结构，改造低产田133公顷，推广优良品种和实用农业技术，培育1.33公顷以上的种植大户100多家。1995年，启动黄淮海农业综合开发项目区项目建设。1996年起，全乡粮食生产统一供种率、良种覆盖率均为100%，村村建立高产示范方，推广水稻肥床旱育稀植技术，发展麦—瓜—稻等立体种植，农业效益不断增长。1999年，粮棉油作物种植面积分别由1986年的3785公顷、252公顷、368公顷调整为3234公顷、1.47公顷、407公顷，总产量分别由1986年的2.36万吨、209吨、767吨变为2.48万吨、2吨、1310吨。

林业　1986年，在东平河、人字河、老横泾河、戚关河等圩堤有成片造林97公顷。1987年起，逐年开展植树造林活动。至1999年，全乡累计植树26万株，成片造林面积120公顷。

畜禽养殖　1986年，畜禽以农户散养为主。1994年，发展规模化、良种化、产业化畜禽养殖，扶持养殖大户120户。1996年，建设猪—鱼—鸭混合饲养模式15.33公顷。1997年起，重点发展母猪饲养、家禽饲养与共育。1999年，生猪、家禽饲养量分别由1986年的1.66万头、12.8万羽增长到2.43万头、38.9万羽，饲养羊2980只、特禽2390羽。

水产业　1986年，开挖废塘沟河，建成鱼池38公顷。1994年，利用水面资源发展养殖业，水产品养殖面积扩大到427公顷。1996年，发展稻田养鱼23公顷，启动特种水产品基地建设。1998年，成立乡水产协会。1999年，水产品产量由1986年的449吨增长到3190吨，其中特种水产品282吨。乡水产协会在南京、常州等城市设立水产品直销点。

农业机械　1986年，农机总动力4984千瓦，主要从事农田耕翻、灌溉、排涝、脱粒等作业。1999年，实施农机产权制度改革，鼓励农民自购或联合购置农机具。全乡农机总动力1.02万千瓦，农业综合机械化水平78%。

农田水利　1986年，全乡共有5条骨干河道，圩堤总长21千米。沿堤设有坝头31座、圩口闸20座。1991年后，先后实施灾后圩口闸改造重建、防洪圩堤增高培厚、疏浚河道工程，累计完成土方103万立方米，建成或改造圩口闸11座、桥梁10座及各种配套物68座。

二、工业

1986年，全乡实现产值649.59万元，其中乡办厂180.15万元、村办厂379.44万元、组户联办厂90万元。1993年，二沟水带厂生产的水带获公安部质量许可证。俞胡村羽绒服装厂获得服装出口许可证，成为扬州市首家出口产品免检的村办企业。1995年，私营企业发展迅速，累计有私营企业78家。1996年，工业企业产权制度改革基本完成，全乡16家乡村企业中，组建股份制企业5家、股份合作制企业3家、租赁承包8家。乡畜产品加工厂恢复生产，新办运东塑料厂和亚星皮革化工厂。1997年，乡消防水带厂更名为扬州邮星消防器材厂。1999年，扬州邮星消防器材厂通过公安部ISO 9002质量管理体系认证，租赁原绳网厂、畜禽加工厂、农具厂和砖瓦厂闲置厂房及有关资产，新办沙龙制衣有限责任公司二沟分公司、虎跃制衣厂。至1999年，全乡形成消防器材、五金配件、服装加工、塑料制品等为主的工业格局，共有工业企业50家。

三、建筑业

1986年，成立二沟建筑安装公司，主要从事民房建设。1990年起，开拓外埠建筑市场。至1995年，先后在无锡、上海、浙江等地承建工程，从业人员扩大到600人，其中外出施工人员400人。1999年，有建筑企业1家，建筑业从业人员700人。

四、商贸服务业

1986年，以供销合作社、商业合作社为主体，在距集镇较远的村设立生产生活资料门市部和生活资料供应点。1994年，里下河地区最大的苗猪市场——二沟苗猪市场建成开业，年销售苗猪约14万头，成交额2000多万元。1995年，全乡从事商业、服务业、水陆运输和劳务输出人数约5000人，其中常年在外经营的1500人。1997年，娄庄、俞胡等村部分村民赴上海、无锡等地收购鸡毛。1999年，全乡第三产业从业人员6000人，其中常年在外经营的2200人，实现第三产业增加值3427万元。

第三节　社会事业

一、教育

1986年，全乡有幼儿园24所，班级24个，在园幼儿525人，教师24人；小学22所，班级86个，在校学生3015人，教师93人；初级中学3所，班级19个，在校学生1005人，教师50人。1987年，乡初级中学与乡中心小学完成校址互换工作。1990年，乡中心初中新校园落成。1994年，基本扫除青壮年文盲，普及九年制义务教育。1995年，乡中心初中教学楼落成。1996年，实施学校布局调整，小学由17所调减为4所。1999年，全乡有幼儿园1所，班级22个，在园幼儿332人，教师24人；小学4所，班级40个，在校学生1478人，教师93人；初级中学1所，班级11个，在校学生488人，教师43人。学龄儿童入学率100%，小学、初中学生毕业率分别为97.9%、93.6%。

二、文化

1994年，乡文化中心楼落成。1996年，投资50多万元的乡农民文化宫建成投入使用，开通有线电视。同年，二沟乡被省文化厅命名为省群众文化先进乡镇。1997年，架设光缆线路8千米，开通加密电视，建成冯家、俞胡村标准广播室。1998年，有19个村3000户开通有线电视，2200户实现广播电视光缆共通传输。1999年，实现市乡光纤联网，有线电视、有线广播入户率分别为72%、60%。

三、卫生

1986年，乡卫生院1所，科室4个，医技人员10人，病床6张；村卫生室23家，乡村医生28人。二沟乡被国家计划生育委员会命名为全国计划生育工作先进单位。1991年，冯家村计划生育协会被省计划生育协会表彰为省计划生育先进村协会。1994年，建设乡卫生院病房楼。1996年，创建成村文明卫生室3家、合格卫生室10家。是年，全乡计划生育率98.9%，计划生育工作在全市保持先进水平。1997年，乡卫生院门诊大楼落成。1999年，乡卫生院设8个科室，医技人员20人，病床12张；设俞胡、杨家、陆家、保安等卫生站4家，乡村医生25人。

1991年，建成日供水量1440立方米的乡自来水厂，7个村和集镇近万人受益。1995年、1996年，分别建成自来水二厂、三厂，全乡自来水入户率90%以上，创建成全市自来水普及乡镇。1997年，乡自来水厂创建成扬州市合格水厂。1999年，有4300多户饮用自来水，自来水普及率97%。

1997年，建成无害化厕所180座、集镇水冲式公厕1座。1998年，剑鸣村、范家村创建成市改厕普及村。1999年，兴建无害化卫生厕所200座。

四、体育

1986年后，开展群众性体育活动和全民健身活动。中小学校定期举办学生运动会，企事业单位常年举办乒乓球、篮球、拔河等单项比赛。

第四节　村镇建设

一、基础建设

1986年，集镇呈东西向带状格局，居民大多居住在北澄子河与邮兴公路之间区域，有道路1.5千米。1994年，投资60万元，建成商品房1054平方米，浇筑集镇中心街沥青路面。1995年，投入76万元，建成商品房40户、1490平方米。1996年，投入356万元，铺设街道水泥路面156米，埋设下水管道374米，建成公厕3所，吸引53户农户进镇安家。1997年，投资13万元，整修集镇排水管道；完成集镇总体规划编制工作；投资70万元，完成集镇主要道路水泥路面摊铺第一期工程。1998年，拓宽改造邮兴公路二沟集镇段。1999年，开发集镇商品房56户6200平方米；投入4.5万元，安装消防栓4个，设置垃圾房6座，兴建无害化粪池5座。至年末，集镇面积0.4平方千米，人口1536人；主要道路7条，总长5.7千米；绿地面积7.7公顷，绿化覆盖率19.3%。全乡人均住房面积由1986年的15.6平方米提高到18.2平方米。

二、交通

南有北澄子河，北有东平河，邮兴公路傍镇而过。1986年，铺设水泥路600米、砖头路2.8千米。1990年，完成全长约20千米环乡公路路基工程。1994年5月，铺设二沟集镇至盐垛、古庄砂石路6.6千米，完成俞家支、杨家支和东平河路基工程，二沟公路大桥建成通车。1996年，铺设砂石路11.2千米。1997年，铺设东平河砂石路2.5千米，实现环乡公路全面连通。1999年，铺设邮兴路至娄庄的砂石路3.5千米，修建、改建跃进、左家大桥。

三、邮电

1993年，电话进入市话自动拨号网。1995年，千门程控电话交换机开通。1996年，有电话用户732户，范家村创成全乡第一个电话村。1997年，俞胡、娄庄村建成电话村，全乡累计有电话用户1300户。1998年，建成邮电大楼。1999年，全乡固定电话入户率35.4%，移动电话家庭普及率29%。

四、供电

1986年，二沟乡由三垛变电所供电，成立乡电力管理站。1988年，实现户户通电目标。1994～1995年，实施电力线路“两复三”工程，架设电力线路39千米，配置变压器43台。1997年，实施农村电网和集镇供电线路改造工程。

第十九章　武宁乡

第一节　基本概况

武宁乡位于高邮城东25千米，东界甘垛乡、横泾镇，南接三垛镇，西邻二沟乡，北连司徒镇。

北宋婉约派词宗秦观故乡。1962年6月，由三垛人民公社划建三阳人民公社。1982年2月，更名为武宁人民公社。1983年，撤社建乡，更名为武宁乡。2000年5月，撤销武宁乡，原辖区域并入三垛镇。

该乡属里下河冲积平原，地势平坦，河流纵横，南部略高。乡内土壤主要为砂姜土，少数为黏土。海拔1.5～3.5米。总面积36平方千米，其中陆地面积19.08平方千米、水域面积16.92平方千米。

1986年，辖22个村、125个村民小组。1999年，在总人口中，农业人口1.66万人、非农业人口690人，男性8564人、女性8704人，少数民族人口10人，人口密度480人/平方千米。

1986～1999年部分年份武宁乡经济社会指标实绩一览表

表34-29

项目 年份	户数（户）	人口（万人）	劳动力人口（人）	耕地面积（公顷）	粮食产量（万吨）	农业产值（万元）	工业产值（万元）	建筑业产值（万元）	农民人均纯收入（元）
1986	4171	1.76	8001	2098	2.10	1174	635	127	645
1990	4408	1.78	8882	1967	1.93	2267	2392	215	813
1995	4412	1.75	7030	1578	1.43	3147	5129	1359	2188
1999	5196	1.73	7638	2375	2.12	5303	11700	8010	3368

第二节　经济建设

一、农业

1986年起，适时调整农业产业结构，扩大经济作物种植面积、特种水产品养殖面积，培育发展规模农业。1999年，种植业、林业、牧业、水产业产值占农业总产值比例分别由1986年的78.9%、2.6%、16.5%、2%调整为43.9%、9.2%、17.7%、29.2%。

种植业　农作物生产为麦稻两熟制，伴栽棉花、油菜、大豆、玉米等经济作物。1993年起，面向市场调整优化种植业结构和品种，初步形成以种植优质水稻、棉花为主的立体种植特色区域。1995年，优良品种覆盖率100%。在三柘（三垛至司徒柘垛）公路武宁段两边，建设近千亩油菜高产示范方，油菜方每公顷单产4098千克，创全省最高纪录。1997年，加快农业产业化经营步伐，采取“公司加农户、市场连基地”的运作形式，发展以优质粳稻、制种、油菜、黑大豆、葡萄、草莓为主的特色农业。1998年，进一步调整优化种植布局、结构，推广种植优良品种。全面运用水稻旱育稀植、地膜棉移栽等轻型栽培技术，统一供种率、良种覆盖率均为100%。1999年，组建乡级合作社3家、村级专业经济合作组织10家。粮棉油作物种植面积分别由1986年的3375公顷、358.6公顷、328.3公顷调整为2964公顷、99公顷、535公顷，总产量分别由1986年的2.10万吨、261吨、739吨变为2.12万吨、106吨、1322吨。

林业　1986年，利用河堤、道路进行绿化，累计植树13.15万株。进入90年代，逐年开展植树造林活动。至1999年，全乡累计植树26.5万株，成片造林面积94公顷。

畜禽养殖　1986年，畜禽以农户散养为主。1993年，以发展多种经营致富工程为突破口，开展珍禽养殖。1994年起，重点培植年饲养千羽鸡、10头猪养殖户，开发市场销路好、经济效益高的名特优项目。至1998年，初步形成村有规模、组有特色、户有专长的发展格局，培植年产值10万元以上、年收入2万元以上专业户51户。1999年，生猪、家禽饲养量分别由1986年的1.17万头、16.17万羽增加到1.92万头、22.82万羽。

水产业　1986年，全乡水面放养面积255公顷，精养鱼池18公顷。1993年，开展围田养鱼，推广养殖以罗氏沼虾为主的特种水产品。是年，水产品产值占农业总产值42%。1994年起，培育规模养殖。1999年，发展以稻田养殖虾、蟹为主体的混养模式66.7公顷，累计有特种水产品养殖面积200公顷；水产品产量894吨，其中特种水产品产量300吨。

农业机械　1986年，农机总动力5800千瓦，主要从事农田耕翻、灌溉、排涝、脱粒等作业。1997年，村组农田作业基本实现机械化。1999年起，实施农机产权制度改革，鼓励农民自购或联合购置农机具。

至年末，全乡农机总动力1.12万千瓦，农业综合机械化水平78%。

农田水利　1986年，全乡有骨干河道4条，圩堤总长26千米。1991～1999年，先后实施灾后圩口闸改造重建、防洪圩堤增高培厚、疏浚河道工程，累计完成土方88万立方米，建成或改造圩口闸8座、桥梁10座及各种配套物56座。

二、工业

1986年，全乡实现产值635万元，其中乡办厂371万元、村办厂264万元。1989年，消防器材获公安部消防厅颁发的生产许可证。1990年，武宁蛋品厂采用新工艺、新配方生产的无泥皮蛋，远销国外市场。1992年，消防器材厂生产的水花牌消防梭扣、水枪获公安部颁发的全国工业产品生产许可证。启动建设规划面积4公顷的武宁工业小区，是年入驻企业2家。1993年，投入114万元，建成乡羽绒厂、新材厂。由乡铸造厂、农具厂、铸件厂、五金厂联合组建武宁消防器材总厂，统一产品质量标准、生产工艺、销售价格。1994年，启动以产权制度改革为重点的企业改制工作，乡铸件厂、羽绒厂分别兼并东村塑料厂、双羽服装厂。至1996年，全乡8家乡村办企业完成改制任务，其中实行股份合作制6家、风险抵押承包责任制2家。针对消防产品生产销售的无序状况，按统一生产场地、质量监督、市场价格和分散进行销售的要求，组建工业民营区。是年，进区生产经营的个体工业户10户。1998年，发展个体工业户49户。1999年，铸造厂、电镀厂实行租赁经营，拍卖铸件厂、东方铝合金厂，出租蛋品厂生产车间、食品厂冷冻仓库、羽绒厂闲置设备，成立市消防器材行业协会。至1999年，全乡形成消防器材、服装加工、农产品加工等为主的工业格局，共有工业企业49家。

三、建筑业

1986年，全乡有建筑企业1家，从业人员近100人，主要在乡内从事民房建设。1993年后，开拓外埠建筑市场，先后在北京、济南、上海、无锡、沈阳等大中城市和内蒙古自治区承建工程。1994年，由该乡建筑工程队承建的济南市回民小区被表彰为济南市优质工程。1997年，首次承建18层建筑工程。1998年，建筑企业推行风险抵押承包制、建筑设备使用租赁制、分组划块承包制，灵活抢占市场，承接工程。1999年，建筑业从业人员820人，其中外出施工人员610人，施工面积6万平方米。

四、商贸服务业

1986年，商贸以供销合作社、商业合作社为主体，在距集镇较远的村设立生产生活资料门市部和生活资料供应点。1992年，启动集镇小商品一条街建设工程。1995年起，实施“以路兴商、以商聚人”战略，鼓励农村富余劳动力进镇经商办企业。建成白肉批发管理站。推进运输业发展，运输船舶总吨位从1986年的1000吨发展到4000吨。1999年，全乡商贸、餐饮、服务业从业人员2019人，实现第三产业增加值3649万元。

第三节　社会事业

一、教育

1986年，全乡有幼儿园21所，班级21个，在园幼儿327人，教师21人；小学20所，班级64个，在校学生2193人，教师68人；初级中学4所，班级17个，在校学生880人，教师44人。1992年，实施学校布局调整，小学由18所调减为9所，1997年调减为6所。1994年，基本扫除青壮年文盲，普及九年制义务教育。1997年、1999年，分别建成乡中心小学、乡中心初中教学楼。1999年，全乡有幼儿园1所，班级19个，在园幼儿436人，教师24人；小学5所，班级74个，在校学生1381人，教师80人；初级中学1所，班级19个，在校学生398人，教师40人。学龄儿童入学率100%，小学、初中毕业率分别为97.1%、100%。

二、文化

1986年，新建乡文化站。1994年，恢复电影巡回放映制度。1996年，开通有线电视。1997年，有线电视覆盖14个村，用户2100多户。1999年，完成市乡光纤联网第一期工程，有线电视入户率70%。

三、卫生

1986年，乡卫生院1所，科室4个，医技人员10人，病床6张；村卫生室20家，乡村医生31人。1992年，乡卫生院病房楼落成。1999年，乡卫生院设有8个科室，医技人员18人，病床15张；有村卫生站4家，乡村医生25人。

1990年，乡自来水厂建成供水。1995年、1996年，建成西团村、大卢村自来水厂。至1996年，全乡自来水受益人口增至1.5万人，占全乡总人口85%以上。1997年，乡自来水厂创建成扬州市合格水厂。1998年，实现村村通自来水，自来水受益人口占全乡总人口96%。1999年，改造南濠、花家、秦家村自来水主管道，全乡自来水覆盖率98%。

四、体育

1986年后，正常举办象棋、篮球、乒乓球等项目体育比赛。进入90年代，陆续在集镇添置体育健身器械。

第四节　村镇建设

一、基础建设

1986年，集镇有街1条、路3条，计1.5千米，居民大部分沿贯穿集镇的三柘公路两侧居住。1994年，铺设集镇联北路砂石路面、中心街沥青路面。1995年起，集镇基础设施建设步伐加快，银行商住楼、中心小学教学楼、农电楼、农经楼等工程陆续建成并投入使用，改造集镇道路3条。1996年起，完成村镇建设规划编制工作。启动集镇商品房开发，建成2700平方米的镇东商住楼。安装府西街两旁下水管道，铺设步行街路面，设置绿化带。至1999年，集镇建成区面积0.34平方千米，人口1139人；有主要道路4条，总长7.52千米；公共绿地面积7.8公顷，绿化覆盖率14.3%。全乡人均住房面积由1986年的15.3平方米增加到18.1平方米。

二、交通

1986年，开筑柳联路、联北路。9个村铺设通村砖路11千米。1990年，投资12万元，建成三阳河公路大桥。1994年起，实施环乡公路建设工程。至1997年，完成土方2.5万立方米，建成通村道路20千米，实现村村通公路目标。完成三柘公路武宁段改造及黑色化建设工程。

三、邮电

1990年，开通委办汽车邮路。1993年，电话进入市话自动拨号网。1994年，开通6个村程控电话。1995年，完成18个村电话杆架设工程。1996年，启动电话村建设。至1998年，17个村建成百户电话村，累计放装电话1878部。1999年，完成市乡光纤联网工程，全乡固定电话入户率35%，移动电话家庭普及率29%。

四、供电

1986年，全乡有10个村自行发电照明。1988年，实现户户通电目标。1995年，实施电力线路"两复三"工程，架设电力线路42.4千米。1999年，实施农村电网改造第一期工程。

第二十章　司徒镇

第一节　基本概况

司徒镇位于高邮城区东北30千米，东连横泾镇，南接三垛镇，西邻龙虬镇、周山镇，北界周巷镇、临泽镇。

以明代司徒庙和司徒潭（团）而得名。明清时，地属武宁乡义兴村。民国初，为延兴乡之地。新中国成立初，设有司徒乡、柘垛乡、大吉乡、东潭乡、米仓乡、官垛乡。1959年，成立司徒人民公社。1983年，撤社建乡，更名为司徒乡。2000年2月24日，撤乡建镇，实行镇管村体制。

该镇属里下河冲积平原，地势平坦，河流纵横交错。镇内土壤主要由黑黏土、白沙土等组成。海拔1.8～2.1米。总面积73.86平方千米，其中陆地面积46.39平方千米、水域面积27.47平方千米。

1986年，辖23个村、160个村民小组。2000年5月，辖11个村、74个村民小组，1个居民委员会、6个居民小组。2005年，在总人口中，农业人口2.14万人、非农业人口892人，男性1.15万人、女性1.08万人，少数民族人口9人，人口密度302人/平方千米。

1986～2005年部分年份司徒镇经济社会指标实绩一览表

表34-30

项目/年份	户数（户）	人口（万人）	劳动力人口（人）	耕地面积（公顷）	粮食产量（万吨）	农业产值（万元）	工业产值（万元）	建筑业产值（万元）	农民人均纯收入（元）
1986	5838	2.46	9906	2923	2.86	1875	584	204	612
1990	6400	2.46	9674	2919	2.38	3860	1248	378	825
1995	6182	2.36	12374	2368	1.92	10958	1219	2062	2664
1999	6172	2.32	12860	3668	2.64	12905	2211	11924	3406
2005	7212	2.23	12736	3652	2.17	33285	19253	15006	5731

2005年司徒镇各村、社区基本情况一览表

表34-31

村、社区	村（居）民小组（个）	常住人口（人）	耕地面积（公顷）	人均纯收入（元）	主要自然村庄
柘垛村	7	2239	244	5837	柘垛、湾址
曹张村	6	1717	346	5780	明理、张家庄、张家库、曹庄、殿堡、杨家库
西城村	6	1564	288	5721	孙垄庄、童家库、孙家墩、蒋家库、马家库、丁家库、胡家库、闵家墩

续表 34-31

村、社区	村(居)民小组(个)	常住人口(人)	耕地面积(公顷)	人均纯收入(元)	主要自然村庄
司徒村	6	2092	327	5709	司徒潭、印家厍、段东、孙家厍
米仓村	12	2960	659	5735	邵家厍、南徐厍、沈家墩、王家厍、陆家厍、杨家厍、傅家厍、陈家厍、邵南厍、北徐厍、倪墩、东湾、西湾、居家河口、庄家厍、胡家厍、居杨厍、崔家厍、徐家厍、刘家厍、何家厍
严吉村	7	1670	373	5800	大吉垛、徐家舍、高厍、郭家舍、小吉垛、严家庄、穆家庄、苏家厍、徐家厍
兴联村	6	1834	352	6183	兴庄、时家厍、小吴家厍、楼子头、吴家厍、杨家庄、横堑庄、仲家厍
邓家村	8	1841	307	5274	邓家庄、高家庄、柘家板、李家庄
官垛村	5	1699	400	5561	大葛庄、官垛庄
龚张村	5	1357	160	5645	龚张厍、东荡沟、陆家厍、水产养殖场
耿庭村	6	1571	264	5753	耿庭庄、陈家厍、王驼厍、张胡厍、王金厍、赵家厍、姜家墩
司徒社区	6	1730	—	—	—

第二节 经济发展

一、农业

1986年起，在稳定粮食生产的同时，优化品种布局，合理调整农业内部结构，扩大薄荷、慈姑、蔬菜、果木等经济作物种植面积和水产品养殖面积，发展猪、鱼、禽养殖和蛋品加工，走种养加齐发展的路子，建设“一村一品”的专业村。1994年，农业产值在全市率先超亿元。2005年，种植业、林业、牧业、水产业产值占农业总产值比例分别由1986年的77.7%、0.4%、13.3%、8.6%调整为21.4%、0.8%、8.1%、69.7%。

种植业　农作物实行麦稻两熟制，伴种棉花、油菜、大豆、薄荷、蔬菜、果木等经济作物。1989年起，该乡在江苏农学院帮助下，引进种植稻、麦、棉良种12个，推广应用轻型栽培技术2项。1993年，司徒乡被市政府划定为棉花良种繁育基地。1994年，柘垛村第六组8公顷“泗棉3号”棉花丰产方亩均单产154.6千克，被誉为全省棉花第一丰产方。1996年，湾址村第三组7公顷“籼优136”水稻丰产方亩均单产732千克，列全省1996年度籼稻生产单产榜首；全年棉花总产1589吨，连续4年保持全市第一。1998年，发展农业产业化经营，初步建成生产基地10个、加工流通龙头企业8家、专业合作经济组织11家，发展冬菜—马铃薯—棉花、玉米—豆类—棉花、瓜类—杂粮—棉花、马铃薯—花生—棉花等高效立体种植模式，建设省级实验区司徒乡农业综合开发项目区，提高农业比较效益。1999年，该乡333.3公顷农田被列为国家农业综合开发江苏高邮种养业高新科技示范项目核心示范区。2000年起，以国家农业高科技示范项目建设为突破口，改善种养品种，调整种植结构，推广多种立体种植模式。与扬州大学、江苏里下河农科所等院所结成紧密的产学研联合体，初步建成优质高效设施园艺、优质高产稻麦油棉新品种扩繁等示范基地。2002年，有2000公顷农田被国家发展计划委员会列为优质稻米生产基地，扩大稻麦良种繁育和棉花、蔬菜、饲料、瓜果等经济作物种植面积。2005年，粮棉油作物种植面积分别由1986年的4630公顷、798公顷、620公顷调整为2980公顷、305公顷、733公顷，总产量分别由1986年的2.86万吨、746吨、1328吨变为2.17万吨、416吨、2216吨。

林业　1987年起，逐年开展植树造林活动。1990年，开垦荡滩、垛田93.33公顷，建成林木基地。进入21世纪，以“绿色银行”大行动和林权制度改革为契机，引进市场机制进行植树造林，加快林业产业化进程。至2005年，全镇累计植树30万株，成片造林面积150公顷。

畜禽养殖　1986年，生猪、家禽以农户散养为主。1993年，兴楼村发展鱼鸭混养模式，饲养家禽6.5万羽。1994年，全国劳动模范、养鸭大户郭怀珠年饲养蛋鸭1.1万羽，兴办怀珠蛋品加工厂，加工、销售咸蛋和皮蛋各45万只，形成蛋鸭产加销一条龙。兴楼村2组郭树林、郭树坤等5户农民合股投资开发水面6.67公顷，实施鱼鸭混养，饲养蛋鸭1万羽。1995年起，传统畜禽饲养逐渐发展为规模养殖，形成"公司加农户、企业连基地"的生产格局，蛋鸭饲养、蛋品加工、销售实行一条龙。1997年，司徒乡被扬州市政府列为高邮鸭饲养基地，年饲养量10.45万羽。1999年，乡农技站依靠扬州大学农学院成立乳业有限公司，兴办奶牛场，引进优质高产的荷斯坦奶牛50头。建成良种苗猪繁殖场，由兽医站实行一元、二元种猪配套，生产瘦肉型三元杂交苗猪。2000年，启动建设国家农业高科技示范项目，初步建成良种苗猪繁殖、奶牛高效饲养、高邮鸭保种扩繁和高效立体养殖等示范基地。2001年，市兴联鸭业合作社被省农林厅确定为省示范专业合作社。2005年，生猪、家禽饲养量分别由1986年的1.57万头、36.56万羽增加到2万头、96万羽。

水产业　1986年，全乡有精养鱼池面积75.6公顷、河面粗养面积305公顷，水产品产量918吨。1990年，开发荡滩进行养鱼、植树造林。1992年，采取合股联营、承包经营、租赁经营等形式，建成养鱼育珠池166.67公顷，发展珍珠养殖、养鱼育珠。1994年，水产养殖面积扩大到1280公顷，其中鱼、育珠蚌混养800公顷，罗氏沼虾养殖面积13.33公顷。市虾苗厂建成投产。1995年起，发展立体、复合、链式经营模式，形成鱼、虾生产、销售一体化。至1999年，开发蟹套养青虾、罗氏沼虾下茬接养青虾、鱼种套养青虾、螃蟹与罗氏沼虾套养等特种水产品养殖项目，推行鱼鸭、鱼蚌、鱼虾、鱼猪混养模式，多层次合作开发珍珠养殖面积439公顷。2000年，全镇水产品养殖面积1333.3公顷，其中特种水产品养殖面积533.3公顷；水产品产量1.14万吨，其中特种水产品产量1150吨。2001年起，养殖业由粗放型向主体复合型转变，由传统养殖向精养高效养殖转变，罗氏沼虾养殖面积扩大到533.3公顷。2004年，全镇有1733公顷水产品养殖基地获批为省无公害水产品生产产地，主要生产品种有司徒潭牌罗氏沼虾、异育银鲫、鳜鱼。2005年，司徒潭牌罗氏沼虾被国家农产品质量安全中心认定为无公害食品。全镇水产养殖面积1926公顷，其中罗氏沼虾养殖面积1333.33公顷；水产品产量1.44万吨，其中罗氏沼虾产量7000吨。

农业机械　1986年，农机总动力1.35万千瓦，主要从事农田耕翻、灌溉、排涝、脱粒等作业。1999年，实施农机产权制度改革，鼓励农民自购或联合购置农机具。2005年，农机总动力3.11万千瓦，农业综合机械化水平86%。

农田水利　1986年，有骨干河道8条，圩堤总长41.7千米，沿堤设有圩口闸28座、活口坝头28道。1991年后，先后实施灾后圩口闸改造重建、防洪圩堤增高培厚、疏浚河道工程。至2005年，共建成圩口闸61座、防洪圩口13个；改造中低产田178公顷；疏浚河道、沟渠66条，完成土方104万立方米；架设桥梁10座，铺设U形灌水渠3.5千米、排水沟2.5千米，建成和改造田间配套物300座。

二、工业

1986年，全乡实现产值584万元，其中乡办厂276万元、村办厂244万元、组户联办厂64万元。1994年，完成4家乡村办企业改制工作。1995年，依托农副产品优势，兴办珍珠、蛋品、优质米等加工企业，成立融幼蚌繁育、插蚌育珠、珍珠加工及销售为一体的江苏富丽达珍珠集团。1996年，有3家乡办工业企业实行股份合作制。1997年起，放手发展个体民营工业，培育以摩托车电器配件、金属铸造、水泥制品、纸箱包装为主的民营工业企业。至2000年，出售、租赁乡村办企业。2001年，通过盘活闲置资产，兴办轧花厂、金凤制衣有限公司、友源制衣有限公司、丰盛饲料厂，成立个体私营经济工业协会，建设工业园区。至2005年，全镇共实施招商引资项目56项，发展私营企业、个体工业户150户；形成金属铸造、电器配件、服装加工、纸箱包装、食品加工等为主的工业格局，共有工业企业240家。

三、建筑业

1986年，全乡有建筑企业1家，从业人员近100人，除承建乡内民房外，始赴沈阳承接建筑工程。2001年，由该乡建筑企业承建的新华园住宅楼、镇中心初中实验楼被表彰为市优工程。2005年，该乡建筑企业开辟昆山、北京、南京、无锡、天津等地建筑市场，建筑业从业人员688人。

四、商贸服务业

1986年，商贸以供销合作社、商业合作社为主体，在距集镇较远的村设立生产生活资料门市部和生活资料供应点。进入90年代，商业、服务业、运输业发展速度加快。至1996年，全乡有商业、服务业、运输业经营户1284户，从业人员2753人。1997年，建成5000平方米招商市场。1998年，全乡有证商户270户，其中进镇经商150多户。娱乐、休闲、电脑、信息等新兴服务行业兴起。2002年，全镇拥有个体运输车290辆。2003年，迁建商品市场和农贸市场。2005年，全镇有个体工商户470户、集贸市场2个，第三产业从业人员3419人，实现第三产业增加值9480万元。

第三节　社会事业

一、教育

1986年，全乡有幼儿园27所，班级28个，在园幼儿658人，教师34人；小学25所，班级96个，在校学生3508人，教师110人；初级中学4所，班级23个，在校学生1145人，教师57人。1992年，实施学校布局调整，小学由23所调减为17所。1994年，基本扫除青壮年文盲，普及九年制义务教育。1997年，乡成人教育中心校与市属司徒职业中学建成办学联合体，实行两块牌子、一套班子。该校被省教委命名为省重点成人教育中心校。是年，初级中学调减为1所、小学调减为5所。1999年，建成乡中心幼儿园教学楼。2000年，启动教育现代化工程，兴建镇中心初中综合实验楼。2001年，司徒镇通过扬州市健康教育试点乡镇验收。2002年，完成中小学危房改造任务，镇初级中学通过扬州市合格初中验收，教育综合改革课题通过评估验收并获扬州市一等奖。2005年，全镇有幼儿园3所，班级17个，在园幼儿410人，教师24人；小学4所，班级29个，在校学生1221人，教师65人；初级中学1所，班级19个，在校学生909人，教师56人。学龄儿童入学率99.6%，小学、初中学生毕业率均为100%。

二、文化

1986年，有线广播普及到户，电视机普及率10%。1995年，开通有线电视。1997年，架设光缆13.5千米，新装广播电视共缆传输用户1100户，建成标准村广播室5家，开通加密电视。1998年，乡文化中心楼落成，添置图书5000多册。该乡通过省群众文化先进乡镇验收。2000年，重新装修改造影剧院。2005年，增加有线电视用户380户，累计4145户。

三、卫生

1986年，乡卫生院1所，科室9个，医技人员32人，病床11张；村卫生室23家，乡村医生45人。1994年，16家村级卫生室达到甲级标准。1997年，建成乡卫生院病房，改建23家村卫生室，该乡创建成省初级卫生保健合格乡。2000年，被扬州市政府命名为扬州市计划生育红旗乡镇。2001年，村卫生室整合为8所卫生站、3个卫生点。该镇创建成扬州市健康教育试点乡镇。2004年，米仓村计生协会被中国计划生育协会授予“全国计生协会先进单位”称号。2005年，镇卫生院设13个科室、医技人员41人，病床30张；乡村医生27人。

1990年，乡自来水厂建成供水，400多户受益。1995年、1998年、1999年，分别建成自来水二厂、三厂、四厂。1995年，启动农村改厕工作。1997年，该乡创建成自来水普及乡镇。1998年，乡自来水厂创建成扬州市合格水厂。2005年，自来水普及率100%，卫生户厕普及率69%，其中无害化卫生户厕普及率35.7%。

四、体育

1987年，成立乡体育运动委员会。此后，经常组织开展乒乓球、棋类、趣味运动等群众性体育活动。2003年，在三阳河绿化风光带安装健身器材，建成全民健身区。

第四节　村镇建设

一、基础建设

1986年，集镇有街1条、路6条、巷10条，总长1.37千米，居民多数居于北段老街。1995年，实施集镇商品房开发和镇容镇貌整治工程。1997年，按照“全面规划，以路带镇，综合发展”思路，开发建设集镇，铺设水泥路面道路1.2千米，建成停车场2个、水冲式公厕2座，配套设置垃圾接收房、果壳箱、路灯、灯箱。编制《司徒乡集镇建设总体规划》。1998年，被扬州市政府命名为新型小城镇。1999年，建成水冲式厕所2座，完善集镇主干道绿化，建成生活污水处理池。2001年，实施集镇扩容，铺设水泥路面道路6874平方米、排水管道1.2千米。2003年，修编《司徒镇集镇建设总体规划》，实施“行政区西移、居民区南迁、工业区北进”的集镇建设布局，铺设水泥路面道路1.2万平方米；新植花木2万多株，增加绿地面积2万平方米、成片绿化面积5500平方米；增设高杆路灯33盏，累计200盏；配套建设2个居民安置小区，建成占地0.5公顷的农民乐园，吸纳62户农村居民进镇落户择业。2005年，建成三阳河沿河风光带，该镇被扬州市环境保护局、省爱国卫生运动委员会办公室分别命名为扬州市环境优美镇、省卫生镇。至2005年，先后建成供销商场、卫生院、变电所、中心初中、中心小学、文化站、邮电所、信用社等公共建筑，形成工业、商业、文卫、民居等4个功能区；集镇面积由1986年的0.5平方千米扩大到0.76平方千米，人口约5000人；有交通路、商贸路、中心路、创业路、育才路等主要街道，总长4千米；集镇绿地面积38.3公顷，绿化覆盖率32.3%。全镇人均住房面积由2000年的14平方米增加到20平方米。

图34-10　2003年建成的司徒镇农民乐园

二、交通

横泾河、三阳河和马横（马棚至横泾）公路过境。1994年，开工建设环乡道路基础工程。1995年，建成两条砂石路，共6.3千米。1999年，铺设村级水泥路面道路1300平方米。2003年，启动乡村道路“通达工程”建设。2004年，完成马横公路建设工程清障拆迁工作。至2005年，建成通村灰色化道路821千米，实现村村通公路。

三、邮电

1986年，邮电所1所。1988年，升为邮电支局。1990年，委办汽车邮路。1992年，自办汽车邮路。

1993年，电话进入市话自动拨号网。1994年，启动电话村建设。1997年，建成电话村2个。至1999年，共放装电话2289部。2003年，开通中国电信“小灵通”网站。2005年，全镇固定电话入户率96%，移动电话家庭普及率60%。

四、供电

1988年，实现户户通电目标。1994～1995年，实施电力线路“两复三”工程，架设电力线路86千米。1999～2005年，投入1500万元，实施农村电网改造工程，改造或增置变压器82台，改架电力线路773千米。

第五节 特色村简介

一、官垛村

地处司徒镇北部，东依三阳河，南北连接安大公路和马横公路。2000年，由原官垛、大葛村合并而设，耕地面积400公顷。90年代起，该村开发草荡荒滩，养殖珍珠和常规鱼类。后因市场行情不稳定，养殖户亏损较大。2001年起，村党支部书记王汝梅带头示范承包水面2公顷，养殖罗氏沼虾，并动员村里党员养殖户一起养殖。是年，每公顷水面获纯利1.8万元。在党员养殖户带动下，全村水产品养殖面积增加到280公顷，养殖户发展到100多户，养殖效益提高到每公顷4.5万元以上。先后铺设原官垛村主街道和原大葛村水泥路面道路1.6千米，修建庄心桥5座，设置输变电变压器6台套，架设低压线路10千米。2005年，有村民小组5个，502户、人口1699人，工业企业18家，实现社会总产值3206万元，农民人均纯收入5561元。

二、司徒村

地处司徒镇西南，耕地面积327公顷。1999年起，该村把发展罗氏沼虾和特种水产品养殖作为调整农业结构的着力点，水产品养殖面积发展到140公顷。通过盘活闲置资产，兴办工业企业，安置富余劳力138人。常年在外务工村民580人。2005年，有村民小组6个，581户、人口2092人，工业企业19家，实现社会总产值3049万元，农民人均纯收入5709元。

第二十一章 横泾镇

第一节 基本概况

横泾镇位于高邮市东北部，距城区约40千米。东邻兴化市，南连甘垛镇，西接司徒镇，北界临泽镇。

相传镇政府所在地的三郎庙在宋朝时叫泗野村，明《水浒传》所记孙二娘开黑店就在此处。自武松制服孙二娘，泗野村先后改名为段家庄、三郎庙。建于宋朝年间的九十九间半的大庙——三郎庙，1941年被日军放火烧毁。明清时，该地称横京，地属武宁乡。民国初设带泾乡。抗日战争期间，为横泾区。1950年，设横泾区，下辖菱荡、北极、启东、官林、横泾、前进、廉正、保民、平王、胜利等10个小乡；1954年12月，北极、启东、菱荡3个乡划入兴化县；撤销廉正乡，新设林北、沙贯、志强等3个乡；从三垛区划入林溪、海溪2个乡。1956年2月，再次调整区划，横泾区下辖前进、横泾、沙贯、保民、平胜、林海6个乡。1958年2月，撤销横泾区，设横泾、甘垛、平胜3个乡；9月，将上述3个乡改为横泾、甘垛人民公社。1960年，横泾人民公社并入司徒人民公社。1962年6月，从司徒人民公社划出，恢复横泾人民公社。1983年，撤社建乡，更名为横泾乡。1990年10月13日，撤乡建镇，实行镇管村体制；11月，举行撤乡建镇庆典活动。

该镇属里下河冲积平原，地势西高东低，河流纵横，水网密布。镇内土壤主要由黑乌土、黄泥土、草渣土等组成。海拔1.2～2.7米。总面积61.32平方千米，其中陆地面积39.16平方千米、水域面积22.16平方千米。

1986年，辖27个村、154个村民小组。2000年3月，辖10个村、92个村民小组，1个居民委员会、3个居民小组，1个良种场。2005年，在总人口中，农业人口2.11万人、非农业人口2181人，男性1.17万人、女性1.15万人，少数民族人口12人，人口密度379人/平方千米。

1986～2005年部分年份横泾镇经济社会指标实绩一览表

表34-32

项目/年份	户数（户）	人口（万人）	劳动力人口（人）	耕地面积（公顷）	粮食产量（万吨）	农业产值（万元）	工业产值（万元）	建筑业产值（万元）	农民人均纯收入（元）
1986	6694	2.40	10840	2922	2.89	1714	847	150	603
1990	6696	2.43	11417	2852	2.33	3701	3227	365	809
1995	6741	2.38	11592	2841	1.74	7339	21688	2150	2582
1999	6956	2.36	11769	2834	2.23	20128	27648	11724	3646
2005	7559	2.32	11942	2805	2.16	26728	35960	13010	5116

2005年横泾镇各村、社区基本情况一览表

表34-33

村、社区	村（居）民小组（个）	常住人口（人）	耕地面积（公顷）	人均纯收入（元）	主要自然村庄
长街村	8	1616	195	5138	小张家厍、张家厍、韩家墩、葛家厍、谭家沟、姜陆厍、祁家厍、蔡家厍、杨家厍、黄家厍、三顷沟
永丰村	6	1440	186	4987	张贯庄、陈家厍、南汉庄、蔡家墩
镇北村	10	2315	280	4945	官庄、韩家庄、朱家庄、毛家厍
水产村	11	2401	266	5171	侍官庄、林家庄、张家庄、刘家厍、潘家厍
三联村	9	1920	287	4970	冯家厍、王家厍、管家墩、油蛮厍、南刘厍、吴家厍
中兴村	12	2310	268	5017	沐家庄、谭家厍、马家厍、殷家厍、邵刘厍、圈子
银河村	11	2215	266	4826	腰带程、张一沟、胡家庄、斜河边、张家沟
温姚村	6	1422	206	5100	温家庄、姚家庄
沿荡村	8	1921	194	5020	周罗厍、费家庄、明顾庄、三千亩
三郎庙村	11	3199	282	5233	三郎庙、王家庄、丁家庄、李家厍、唐家庄、耿家厍、周家厍
三郎庙社区	3	2489	—	5567	—

第二节　经济发展

一、农业

1986年起，调整农业结构，扩大棉花、黑大豆、青仁豆等经济作物种植面积和水产品养殖面积，打造“一村一品”专业村。1993年，实施多种经营“11”致富工程。1994年，农业产值首次实现1.1亿元，人均多种经营收入超1000元，为全市多种经营“11”致富工程唯一达标乡镇。1995年起，改变种养结构，实行多元化、复合式生产，推广特色品种种植和养殖，提高农业产值。2005年，种植业、林业、牧业、水产业产值占农业总产值比例分别由1986年的82.9%、0.5%、11.2%、5.4%调整为26.5%、0.5%、13.7%、59.3%。

种植业　农作物实行麦稻（棉）两熟制，伴种油菜、黄豆等经济作物，为全县棉花种植大乡。1988～1989年，唐家百亩棉花连片生产方获省、扬州市、县生产竞赛奖。1991年，全镇种植棉花1400公顷，约占耕地面积的一半。1992年起，调整优化种植品种，水稻籼改粳，棉花推广抗虫棉，油菜推广甘蓝型，推广轻型栽培技术。2000年起，按照“缩粮、稳棉、扩渔”的发展思路，实行退耕还水，发展经济作物。是年，棉花种植面积扩大到1600公顷。至2002年，累计扩种经济作物567公顷。是年，实施以稻鸭共作模式的有机稻米生产。至2003年，建成无公害稻鸭共作有机稻米生产示范基地和稻麦良种繁育“双千亩”示范基地。2005年，粮棉油作物种植面积分别由1986年的4575公顷、784公顷、545公顷调整为3227公顷、1108公顷、658公顷，总产量分别由1986年的2.89万吨、650吨、1187吨变为2.16万吨、1339吨、1992吨。

林业　1986年，全乡成片造林面积97.2公顷。至1999年，成片造林面积206公顷。进入21世纪，以“绿色银行”大行动和林权制度改革为契机，加快林业发展步伐。至2005年，全镇累计造林面积820公顷，森林覆盖率14.4%。胡家庄有一株200年左右树龄的银杏，温家庄有一株100年左右树龄的黄杨。

畜禽养殖　1986年，畜禽以农户散养为主。1993年后，以畜禽养殖为基础，推进多种经营“11”致富工程。至1997年，相继成立养鸽、养猪、蛋品加工等专业合作经济组织，推进畜禽规模养殖。2000年，由相关村和单位以租赁入股方式投资210万元，创办省内单个规模最大的鸭业科技示范园，占地3.33公顷，有标准化鸭舍13座。是年，入园规模养殖户10户，养鸭量5.3万羽。2005年，开工建设投资3000万元、占地70公顷、年养鸭50万羽的扬州大江鸭业科技发展股份有限公司。是年，全镇家禽、生猪饲养量分别由1986年的25.5万羽（鸭4.9万羽）、1.22万头，增长到99.6万羽（鸭38万羽）、1.6万头。

水产业　80年代初，利用荡滩、废沟塘、低洼田，采取乡、村、组、户、联的形式，发展水产品立体养殖。1986年，全乡有精养鱼池140公顷、河面粗养面积107公顷。1993年起，实行鱼经、鱼禽、鱼畜混合养殖模式，改变鱼种生产规格和成鱼放养模式，提高养殖效益。1996年，建立鱼种交易专业市场。1997年、1998年，先后成立青虾、鱼种协会，鱼种产业被扬州市政府列为里下河地区水产产业群项目。1999年，镇水产技术推广服务站被省水产局列为省示范站。2001年，水产养殖品种由养殖“四大家鱼”向养殖黄颡鱼、鳜鱼、罗氏沼虾、南美白对虾等特色品种转变，发展稻田养殖面积333.3公顷、鱼虾蟹养殖面积1200公顷，特种水产品养殖面积占水产养殖面积的70%。2003年，建成66.67公顷鱼种套养青虾和333.33公顷罗氏沼虾无公害示范基地，青虾、鱼种注册横泾河牌商标。2005年，全镇有精养鱼池面积1336公顷、河面粗养面积268公顷，水产品产量由1986年的758吨增加到1.41万吨。

农业机械　1986年，农机总动力1.45万千瓦，主要从事农田耕翻、灌溉、排涝、脱粒等作业。1999年起，实施农机产权制度改革，鼓励农民自购或联合购置农机具。2005年，农机总动力1.41万千瓦，农业综合机械化水平75%。

农田水利　1986年，有东南圩、东北圩、中心圩、西北圩、西南圩、凌家圩、开荒圩等防洪圩7条，总长70千米。沿堤设有坝头31座、圩口闸20座。1987年，疏浚第三沟北段5.76千米，挖土14.4万立方米。1991年，实施灾后圩口闸改造重建、防洪圩堤增高培厚、疏浚河道工程。1992年，加固防洪圩堤70千米，开凿第二沟。1993～1994年，疏浚第三沟南段4.74千米，挖土11.75万立方米。2005年，有圩口闸48座，创建成无坝镇。

二、工业

1986年，全乡实现产值874万元，其中乡办厂472万元、村办厂382万元、组户联办厂20万元。1988年，乡农具厂生产的省定点产品——农用防滑轮，创成市优产品。1989年，乡机械厂与合肥通用机械研究所合作研制的EYCCL12-N立式加压过滤机，通过机械电子工业部鉴定，为全县乡镇企业唯一通过部级鉴定的产品。1993年，镇机械厂生产的高浓稀释机、通用过滤机组在全国新产品博览会上获金奖，镇农具厂生产的内热交换干燥机获国家新技术开发金奖。1994年，全镇工业产值、销售额首超1亿元，被列为扬州市工业百强乡镇。镇机械厂被列入扬州市200强企业和省500强企业。对36家镇村工业企业实行不同形式的改制。1995年，镇机械厂更名为市通用过滤机厂，后于11月成立江苏邮达过滤机集团。是年，该企业实现产值超1亿元、利税800万元，被表彰为省最佳经济效益企业、高新技术企业。支持、鼓励私营经济发展，逐步形成以“小农机、小蛋品、小碳刷、小五金、小皮革”为代表的“五小”特色产品。至1995年，全镇有产值超100万元的个体私营工业企业60家。1996年初，启动企业产权制度改革。在29家镇村工业企业中，改为股份制1家、股份合作制4家，采取其他改制形式24家。1998年，镇酱醋厂、印刷厂、邮兴机械厂经拍卖改为私营企业，恒威丝印公司实施租赁经营，农具厂依法破产。至2000年，全镇共有私营企业98家，实现产值1.7亿元，占全镇工业产值的55.7%。2001年、2002年，镇合成化工厂、江苏邮达过滤机集团先后改制为民营企业。两家企业改制后，部分行管、供销、技术人员相继外出办厂，全镇工业经济发展速度减缓。2003年，启动工业集中区基础设施建设。2005年，引资3500万元，在工业集中区兴建扬州源泉饲料有限公司、高邮冠邦制衣有限公司。至2005年，全镇形成过滤机械、化工染料、无氧铜管、服装加工、农副产品加工等为特色的工业格局，共有工业企业102家。

三、建筑业

1986年，全乡有建筑企业1家，从业人员100人以上，在临汾、太原、济南、北京等大中城市承建工程。1997年，成立镇建筑管理站。2002年，镇建筑安装工程公司与中建八局苏州分公司挂靠联营，参与苏州、昆山、徐州等地厂房、服务区工程建设。2004年10月，镇建筑安装工程公司改制为民营企业。2005年，建筑业从业人员1176人。

四、商贸服务业

1986年，商贸以供销合作商业、商业合作社为主体，乡供销社在距集镇偏远的胡家村、沐家村、官林村各设1个生产生活资料门市部，商业社在带程村、永胜村、三庄村各设1个生活资料供应点。乡运输站拥有运输船91艘、2700吨位。官庄村有从事水上运输的专业户35户、运输船35艘、1945吨位，被誉为水上运输专业村。1988年，集镇有饭店12家、旅社5家。1992年，投入1500万元，在交通街两侧、集镇北侧兴建商住楼4幢，建筑面积3168平方米。开发建设集镇2000平方米的农贸市场。投资80万元，在高邮东部地区乡镇中率先建成宾馆。2000年，全镇拥有各种运输船只343艘、1.82万吨位，大小运输车210辆，农民经纪人193人，第三产业企业15家，个体工商户1691户，实现第三产业增加值4563万元。2004年，引进扬州、上海客商投资兴建海洲浴城、上海华联超市横泾连锁店，利用民资兴办江琴加油站和可供400人就餐的晓良酒家。2005年，全镇实现社会消费品零售额3170万元，第三产业从业人员2571人，实现第三产业增加值7778万元。

第三节　社会事业

一、教育

1986年，全乡有幼儿园25所，班级26个，在园幼儿610人，教师29人；小学25所，班级84个，在校学生3065人，教师85人；初级中学6所，班级21个，在校学生1094人，教师66人。1994年，实施学校布局调整，初级中学、小学分别调减为1所、19所，班级分别调减为18个、67个。1997年，再次调整小学布局，学校调减为9所，班级调整为58个。同年，基本扫除青壮年文盲，普及九年制义务教育。1998年、2001年，镇初级中学、镇中心小学先后获“扬州市合格中心初中”“扬州市合格中心小学”称号。2005年，全镇有幼儿园3所，在园幼儿287人，教师15人；小学3所，班级26个，在校学生943人，教师55人；初级中学1所，班级15个，在校学生740人，教师44人。学龄儿童入学率99.8%，小学、初中学生毕业率均为100%。

二、卫生

1986年，乡卫生院1所，科室10个，医技人员34人，病床15张；村卫生室27家，乡村医生48人。1997年，镇卫生院门诊大楼落成。2000年，村卫生室整合为10所卫生站，乡村医生39人。镇卫生院综合病房楼建成。2004年，被扬州市政府命名为2002～2003年度扬州市计划生育红旗乡镇。2005年，镇卫生院设科室15个，医技人员45人，病床26张。

1988年，建成乡办自来水厂，全乡有20%以上人口饮用自来水。1996年，建成集镇第二自来水厂、沐家村自来水厂，增加自来水受益人口3211人；增建无害化公厕3座、无害化户厕356座。2001年，投入105万元，建成日供水量4000立方米的自来水厂，自来水普及率95%。2005年，全镇有自来水厂4家，自来水普及率100%；卫生户厕普及率94.6%，其中无害化卫生户厕普及率24.6%。

三、文化

1986年，重新装修改造建于70年代初期的影剧院。1989年，全乡有歌舞厅2家。1995年，镇文化中心落成，镇区开通有线电视，建成万册图书馆。1996年，被省文化厅命名为群众文化先进乡镇。1997年，开通加密电视。1999年，被扬州市政府命名为广播电视先进乡镇。2005年，有线电视入户率90%。

四、体育

1983年，举办首届乡农民运动会。1990年，被命名为扬州市体育先进乡镇。至2005年，举办10届农民运动会，比赛项目由10项增加到20项。

第四节　村镇建设

一、基础建设

1986年，集镇呈带状，有2街、7路、8巷，总长1.5千米，居民沿横泾河两岸居住，建筑基本为平房。1987年起，按照“以横泾河为轴心，南北延伸、东进西扩”的集镇建设总体规划，启动集镇开发建设，建成三郎庙居民住宅示范小区。1992年起，实施集镇商品房开发及基础设施建设工程，建设镇南住宅区、交通街小区、镇北住宅区。1997年，开发建设横泾南路居民住宅区。2000年，启动集镇南“十字带”建设，开发横泾南路商品房8500平方米，改造集镇门面房7500平方米，建成工业集中区开发大道1千米；

被命名为扬州市新型小城镇。2001年、2003年，横泾二桥、横泾河南岸集镇段航道护坡第二期工程先后竣工。2005年，开发建设新市口小区、镇中河风光带、横泾河南岸护坡亮化工程，吸引563户村民进镇落户。至2005年，集镇建成区面积由1986年的0.2平方千米扩大到0.79平方千米，有街道17条（建成8条、改造9条）、7.78千米，街巷8条、1.53千米，有路灯262盏；集镇绿化面积4.1公顷，绿化覆盖率31.2%。全镇人均住房面积由2000年的17.36平方米增加到20平方米。

图34-11　2005年建成的横泾集镇风光带

二、交通

1988年起，建设通村公路。至2000年，全镇铺设横泾至司徒、三郎庙至官林、三郎庙至化工厂、南汉至姜陆、胡家至周罗、三郎庙至谭圈、横泾至兴化等12条砂石公路，总长40.3千米。2003年起，实施农村"通达工程"。是年，投资240万元，建设首条长9.2千米的通村灰色化公路——胡周公路。至2005年，建成镇通村水泥路面道路10条、27.5千米，村通组水泥路面道路5条、8.5千米，实现村村通水泥路。2005年，马横公路全线贯通。

三、邮电

1987年、1988年，分别增加1部电话三路载波机和1台电报传真机。1989年，全乡有电话交换机2台，总容量120门，电话线路总长30对千米，共有话机90部。1992年，投入18万元，开通400门程控电话。1994～1995年，建成光纤电缆主干线10千米，村村通程控电话。2005年，全镇固定电话入户率74%，移动电话家庭普及率80%。

四、供电

1988年，实现户户通电目标。1994～1995年，实施电力线路"两复三"工程，架设电力线路86千米。1999～2005年，投入1500万元，实施农村电网改造工程，改造或增置变压器82台，改架电力线路773千米。

第五节　特色村简介

一、水产村

位于横泾镇北部。2000年3月，由原官林、张刘村合并而设，耕地面积265.7公顷，鱼池403公顷，其中特种水产品养殖面积75公顷。该村为水产品养殖专业村，有水产品养殖户655户；农民经纪人35人；各类个体工商户27家，主要从事鱼药、饲料销售，水产品经营以及各种服务业。2005年，有11个村民小组，697户、人口2401人，工业企业2家，实现社会总产值5991万元，其中水产品养殖业产值3765万元，农民人均纯收入5171元。

二、永丰村

地处横泾镇南端。2000年3月，由原永胜、南汉村合并而设，耕地面积186公顷。该村农业以水产品养殖为主，养殖面积66.67公顷，养殖品种由常规家鱼向养殖罗氏沼虾等特种水产品转变，并推广鱼鸭混养模式。常年在外务工人员近500人。村民均住上砖瓦房，其中40%是楼房。户户通上有线电视、电话、自来水，农村合作医疗参保率95%以上。2005年，有6个村民小组，379户、人口1440人，工业企业6家，实现社会总产值2325万元，农民人均纯收入4987元。

三、三郎庙村

为横泾镇政府所在地。2000年3月，由原李家、唐家、周耿、三郎庙村合并而设，耕地面积281.8公顷。该村先后投资40万元，兴建苏排一号、苏排二号等排涝闸站。全村有水产品养殖面积120公顷、养殖大户80多户，推广鱼虾蟹混养新技术。修建村庄通往养殖塘口道路及桥梁，架设电力线路到养殖塘口。种植花木1.5公顷。外出务工人员1500人。有50多户购置车辆，从事货运；有18户在集镇开设店面，从事商业经营。2005年，有11个村民小组，974户、人口3199人，工业企业35家，实现社会总产值1.98亿元，农民人均纯收入5233元。

第二十二章 甘垛镇

第一节 基本概况

甘垛镇距离城区东25千米。东接兴化市，南临北澄子河，西邻三垛镇，北连横泾镇。

以驻地南甘垛得名。清代，该镇为茆垛（史称茅垛）、河口之地，地属武宁乡。民国初，为延兴乡之地。1958年2月，设立甘垛乡。9月，与平胜乡合并，成立甘垛人民公社。1959年5月，平胜乡从甘垛人民公社划出，成立平胜人民公社。1960年3月，平胜人民公社并入甘垛人民公社。1962年6月，平胜人民公社再次从甘垛人民公社划出。1983年，撤社建乡，更名为甘垛乡。2000年，撤销甘垛乡、平胜乡，两乡所辖区域合并成立甘垛镇，实行镇管村体制。

该镇属里下河冲积平原，地势平坦，水网密布。镇内土壤以黏土为主，少部分为沙土。海拔0.75～3.5米。1986年，总面积29.63平方千米。2000年，总面积扩大至88.07平方千米，其中陆地面积58.78平方千米、水域面积29.29平方千米。

1986年，辖20个村、108个村民小组。2000年5月，辖19个村、141个村民小组，2个居民委员会。2005年，辖18个村、131个村民小组，2个社区、14个居民小组。在总人口中，农业人口3.34万人、非农业人口5555人，男性1.99万人、女性1.9万人，少数民族人口4人，人口密度443人/平方千米。

1986～2005年部分年份甘垛镇经济社会指标实绩一览表

表34-34

项目 年份	户数（户）	人口（万人）	劳动力人口（人）	耕地面积（公顷）	粮食产量（万吨）	农业产值（万元）	工业产值（万元）	建筑业产值（万元）	农民人均纯收入（元）
1986	3347	1.44	6228	1661	1.52	1023	850	21	637
1990	3365	1.47	6172	1647	1.30	2196	2496	28	834
1995	3739	1.45	5582	1389	1.03	3070	7514	1204	2322
1999	3870	1.45	5997	1564	1.46	5689	16300	4320	3742
2000	11988	4.06	19866	5113	3.64	24635	22991	5060	3680
2005	12470	3.90	20870	5064	3.33	28501	56758	13100	5180

2005年甘垛镇各村、社区基本情况一览表

表34-35

村、社区	村(居)民小组(个)	常住人口(人)	耕地面积(公顷)	人均纯收入(元)	主要自然村庄
河口村	6	1367	135	4897	河口、北圩、三百六、河口二队、河口五队
子明村	7	1532	189	4637	袁家庄、陆王庄、袁家七队
启南村	7	2006	246	4636	墩子头、姚家庄、姚家二队、姚家三队
启北村	8	2014	258	4305	西葛庄、龙王庄、小耿家
北韩村	5	1845	250	4659	北韩、北宋庄、东坝头、北韩四队、北韩七队
联兴村	10	2282	283	4692	耿家庄、耿家七队、李家、花潘李、花李六队、潘家、戴家、野戴
兴盛村	8	1799	225	4681	野吴庄、小王庄、沙南
沙贯村	5	1419	177	4741	沙贯庄、俞家库、沙东、沙西
横铁村	8	2024	174	4682	横铁庄、渔业新村
沿河村	7	1909	243	4740	普团、野徐庄、汉城庄、汉城四队、腰家库、蒋家库
学忠村	6	1418	195	4637	北王庄、西钱庄、南王庄、义和四队
振兴村	7	1515	214	4391	太平庄、张家库
新庄村	9	2287	308	4668	宗家庄、范家库、于探花、贾家库、南袁库、新庄
甘泉村	7	2719	321	4957	南甘垛、甘前、渔民新村、张家库、果林
甘中村	8	1885	237	4873	东团营、沈家库、湾沟、刘家墩、抱婴沟、顾家桥、陆家库、周家库、顾周八队
荷花村	8	2135	262	4854	段垛、阮家库、王家墩、荷花荡、四顷库、东沟、西沟、九顷库、袁家库、陈家库、金家库
渔海村	7	1679	201	4712	发财库、渔海五队、杨家墩、俞家墩、戴家墩、顾家墩、姜家库、董家库、黄家库、戴家库、韩家库、刘家库、施家库、鲁家库
志强村	8	1502	177	4953	王家库、张家库、顾家沟头、南路家库、路家库、赵家库、秦家墩、任家墩、胡家墩、新家库、翁家墩、陈家浜
平胜社区	9	4182	284	4648	南宋、林家庄、窑东、新村、徐韩
甘垛社区	5	1463	—	4950	—

第二节　经济发展

一、农业

1986年起，稳定粮棉生产，调整优化农业产业结构，推动农业产业化经营，推广应用新技术、新品种、新设施，不断提高农业效益。2005年，种植业、林业、牧业、水产业产值占农业总产值比例分别由2000年的40.3%、0.3%、19.3%、40.1%调整为44.7%、0.3%、20%、35%。

种植业　农作物生产实行麦稻两熟制，伴栽棉花、油菜等经济作物。1986年，推广稻、麦新品种，番茄、萝卜、黄芽菜等经济作物种植面积扩大至591公顷。1989年，被列为里下河地区万亩推广免耕麦示范乡。1990年，棉花亩产100千克，单产名列全县第一，获扬州市政府颁发的棉花生产增产奖。1996

年，棉花生产获省农林厅授予的棉花高产示范方竞赛二等奖。1999年，实施科技兴农战略和农业结构调整，兴建稻麦良种生产基地、稻田养殖基地、良种棉花生产基地各333.3公顷；引进种植四季茭白、药材等10多个经济作物品种，种植面积66.7公顷。2000年起，调整农业结构，培育优质棉生产基地、蔬菜生产基地和“柏林庄园”“秋风花圃”等农业科技示范典型。2002年，启北村128.5公顷农田实行托管，甘垛镇棉花生产合作社先后获省农林厅和农业部表彰。2005年，优质棉花种植面积1800公顷、蔬菜生产基地666.67公顷、农业科技示范园66.67公顷，有1666.67公顷农田获批省无公害农产品生产产地，柏林种养场的柏林牌葡萄获省无公害农产品证书；粮棉油作物种植面积分别由2000年的5726公顷、1877公顷、970公顷调整为5630公顷、1807公顷、840公顷，总产量分别由2000年的3.64万吨、2524吨、2650吨变为3.33万吨、1870吨、2578吨。

林业　1986年起，逐年开展植树造林活动，形成东平河、前进河、甘横公路“两横一竖”林荫带。1992年，建成面积0.67公顷的无花果良种苗木基地，栽植种苗5000株。2002年起，以开展“绿色银行”大行动和林权制度改革为契机，引进市场机制进行植树造林。2004年，增加造林面积257.33公顷，被扬州市绿化委员会表彰为绿化先进单位。2005年，实施省林业项目甘垛镇农田防护林示范工程建设，增加造林折实面积220公顷，植树30万株。至2005年，累计植树造林折实面积600公顷。

畜禽养殖　1986年，畜禽以家庭散养为主。贾元村养鸭大户杨宏如养蛋鸭700羽左右，家庭年收入过万元。是年，饲养生猪2.49万头、家禽44.84万羽、毛兔1.33万只。1995年，推进畜禽规模化、良种化、产业化养殖，培育养殖专业大户。至1999年，发展饲养万头猪村1个，饲养千羽鸡、千羽鸭、千羽鹅、百只羊的专业大户近100户。2000年，启动建设10万羽家禽养殖基地，培育“志强牛蛙”农业科技示范典型。2001年，引进推广养殖隆昌鹅、三元杂交猪、荷斯坦奶牛、波尔山羊、獭兔等特种畜禽。2003年，扬州市华兴乳业有限公司生产的明智牌牛奶获省无公害农产品证书。2005年，生猪、家禽饲养量分别由2000年的5.92万头、100.11万羽变到6.61万头、84.98万羽，其中扬州鹅34万羽、高邮鸭32万羽。

水产业　1986年，自然水面放养与开挖鱼池饲养相结合，有鱼池153.3公顷，水产品产量150吨。进入90年代，结合低产田改造，实施退耕还水，发展水产养殖业。1995年，引进饲养特种水产品。渔业村43户渔民到邻村、邻乡、邻县市租田承包水面66.67公顷，养殖特种水产品。1996年，实施稻田养殖面积171公顷，被列为省稻田养殖示范区。1997年，稻田养殖面积发展到220公顷，获省农林厅授予的全省稻田养殖科技进步一等奖。1999年，精养鱼池面积扩大到333.33公顷。在里下河地区率先进行稻田养殖的渔业村党支部书记秦旭宝被表彰为扬州市“十大杰出青年农民”。2000年起，对海拔在1.7米以下的田块实施提水养殖或稻田养殖，引进网箱养殖黄鳝技术，培育启北村特种水产品养殖等农业科技示范典型。2001年，引进养殖鳜鱼、青虾、中华绒螯蟹等名特优新品。至2002年，发展特种水产品养殖面积666.67公顷。2004年，启北村、北韩村、荷花村共1067公顷的水产品养殖基地获批为省无公害水产品生产产地。2005年，水产品养殖面积1533.33公顷，其中特种水产品养殖面积1175公顷，水产品产量由2000年的9481吨增加到1.08万吨。

农业机械　1986年，农机总动力6652千瓦，主要从事农田耕翻、灌溉、排涝、脱粒等作业。1997年，购置农机具65台（套），基本实现村组农田作业机械化。1999年起，实施农机产权制度改革，鼓励农民自购或联合购置农机具。2005年，农机总动力1.39万千瓦，农业综合机械化水平86%。

农田水利　1986年，有骨干河道5条，总长22.42千米，沿堤设有圩口坝闸30座；整修加固外大圩44.84千米，建成水利配套设施10处，完成土方123万立方米。1987～1991年，建成或改造圩口闸30座、机电排灌站23座，防洪圩全部达标。为1991年唯一未受涝的乡。1992年，创建成无坝乡。1996年，改造中低产田226.67公顷，修建小沟级建筑物510座，疏浚拓宽3.7千米长的前进河，共完成土方29.5万立方米。1997年，宗家村第一、二组33.33公顷低产田改造工程被省水利厅列为省圩区农田水利建设示范区。1999年，加固外大圩44.81千米，在全市率先通过圩堤建设达标验收。2000～2005年，先后疏浚河道、沟渠48条，建成、维修各种配套物19座，完成土方82.2万立方米。

二、工业

1986年，工业放在主攻位置，通过企业横向联合，建成年产1000吨的麦芽厂。拉链厂与高邮造纸厂联营新建棉浆厂。兴办村办压铸、煤球、针织、钢窗、石棉瓦等生产企业。全年实现工业产值850.44万元，其中乡办厂350.6万元、村办厂364.84万元、组户联办厂135万元。1994年，启动工业企业改制工作，鼓励发展个体私营经济。1995年，关停并转小微亏企业，乡办粮油厂、涂料厂租赁给个人承包经营。村办工业占全乡工业产值的57%。至1996年，全乡19家乡村办企业中，组建股份合作制企业12家、租赁承包2家、拍卖5家。工业总产值首次超过1亿元，达1.15亿元。1997年，创办棉籽剥绒厂、浓缩饲料厂，改造粮油加工厂。1999年，引进7名外乡人投资办企业，盘活闲置资产300万元。累计发展工业个体户和私营企业56家，实现销售额1.05亿元，占全乡工业销售总额的95%。2000年，以项目建设为突破口，开展招商引资活动，推进个体私营经济发展，兴建由台商投资的蔬菜脱水厂，发展私营工业企业26家，技改投入1500万元。2001年起，加大招商引资力度，狠抓项目建设，培植工业经济新的增长点。2003年3月，在甘泉村、甘垛社区建设甘垛工业园。园区总面积200.47公顷，共有居民784户、3011人，建成区面积38公顷。是年，入园企业32家，其中私营企业14家、台资企业2家，主要生产化工、造纸、汽车摩托车铝压铸件、服装、乳品、饲料、绳缆、塑料泡沫包装等产品。至2005年，全镇共引进实施项目96项，实际引进域外资金3.4亿元；实施技改项目11项，投资3680万元；累计发展工业个体户、私营企业278户；全镇形成金属冶炼、精细化工、农药生产、奶业、饲料、泡沫包装、机械加工、羽绒服装等为主的工业格局，共有工业企业140家。

三、建筑业

1986年，全乡有建筑企业1家，从业人员100人，主要在乡内从事民房等建设。1995年，乡建安公司实行承包责任制，开拓外埠建筑市场。1996年，巩固甘垛、高邮城区、镇江等地建筑市场，开辟山西建筑市场，建筑工程规模逐步扩大，建筑质量有所提高。1998年、1999年，乡建安公司分别实施抵押承包、工程竞标承包制。2000年起，以小城镇建设为契机，开发建设集镇商品房和公共建筑，逐步开拓南京建筑市场。2005年，全镇有建筑企业2家，完成竣工面积3万平方米，建筑业从业人员1087人。

四、商贸服务业

1986年，商贸以供销合作社、商业合作社为主体，在距集镇较远的村设立生产生活资料门市部和生活资料供应点；有运输船52艘、1100吨位。1995年，该乡在北京投资近60万元，兴办以维扬风味为主要特色的少游酒家。个体水上运输业发展较快，拥有运输船1968艘、1.95万吨，其中顾周村有运输船84艘，常年在外从事废旧物资回收和酒糟贩卖等。1996年，渔业村黄狼皮市场渐成规模，为仅次于河北留史、江西文港的全国第三大黄狼皮交易市场。1998年，乡商贸中心建成开业。2000年起，发挥地域优势，因势利导，合理布局，扩大甘垛、南宋两个集镇规模，培育发展以水上运输为主的交通运输业，以加工鱼需渔具为主的个体手工业，以饭店、小吃店为主的饮食业。2001年，建成集镇机动车停车场、河口村建材市场、废品收购市场。2002年，劳务输出1万人。2005年，全镇有集贸市场2个、商贸服务企业4家、个体工商户500户，第三产业从业人员8197人，第三产业增加值由2000年的1亿元增加到1.57亿元。

第三节　社会事业

一、教育

1986年，全乡有幼儿园19所，班级19个，在园幼儿303人，教师19人；小学19所，班级56个，在校学生1787人，教师75人；初级中学2所，班级14个，在校学生694人，教师42人。1990年，实现“一无两有”（无危房，有合格桌、有合格椅）目标。1992年，实施学校布局调整，小学由18所调减为5所。1993年，基本扫除青壮年文盲，普及九年制义务教育。1994年，小学再次调减为3所。1997年，乡中心初中教学楼落成，建成乡中心幼儿园。1999年，乡中心初中创建成扬州市合格初中。2000年，易地重建姚家小学。2005年，全镇有幼儿园4所，班级30个，在园幼儿597人，教师49人；小学7所，班级54个，在校学生1999人，教师124人；初级中学2所，班级23个，在校学生1124人，教师81人。学龄儿童入学率100%，小学、初中学生毕业率分别为98.6%、98.4%。

二、文化

1986年，建有乡文化站、广播站。1988年，举办乡首届文化艺术节。此后，每年举办一届。1993年，建成乡影剧院。1995年，开通有线电视。1997年，集图书阅览、休闲娱乐、文化展示等为一体的乡文化中心楼和歌舞厅建成开放，通过省群众文化先进乡镇验收，广播电视工作被表彰为扬州市先进单位。1998～1999年，实施电视光纤线路改造工程，2810户开通有线电视，入户率72.6%。2000年，举办甘垛镇文化艺术节。此后，每两年举办一届。成立河口女子舞龙队，累计有男女舞龙队各3支。2004年，实现有线电视村村通。2005年，实施原平胜乡广电网络光缆改造工程，架设光缆30千米，新增接收点20个，全镇有线电视入户率70%。有民间文艺表演队3支、舞龙队10支。

图34-12　2000年成立的河口女子舞龙队

三、卫生

1986年，乡卫生院1所，科室4个，医技人员12人，病床9张；村卫生室18家，乡村医生20人。1990年，乡卫生院建成老年病房7间。18家村卫生室中，有4家经扬州市验收合格。15名乡村医生分别通过省、市考核。1993年，实施大病统筹方案。1994年，被市政府表彰为初级卫生保健工作基本达标乡镇。1996年，甘垛卫生院门诊楼落成。1997年，该乡被表彰为扬州市卫生工作先进单位。2000年，平胜乡、甘垛乡卫生院分别更名为甘垛镇卫生院、甘垛镇第二卫生院。2001年，建成甘垛镇卫生院住院部。2003年，推行新型农村合作医疗制度，参保率90%。2005年，全镇有卫生院2所，科室26个，医技人员29人，病床22张；村卫生站18家，乡村医生56人。

1990年、1992年先后建成乡自来水厂、自来水二厂，全乡自来水受益农户3325户，占全乡总户数的95%。1994年，实现自来水户户通目标，乡自来水厂通过扬州市合格水厂的验收。1996年，筹资40多万元，改造自来水供水管道。1997年，自来水普及率99.7%，乡自来水厂被省爱国卫生运动委员会表彰为省先进农村水厂。1998年，建成无害化卫生户厕197座。2005年，自来水普及率99.9%，改厕率50%。

四、体育

1990年，修建乡文化站水泥篮球场和可容纳400人的水泥露天看台。经常性举办象棋、扑克、乒乓球等群众体育健身活动。1991年，举办农民运动会。1992年，甘垛乡被命名为扬州市体育先进乡。1997年，乡乒乓球代表队获省第三届农运会乒乓球比赛第八名，建成水泥旱冰场。

第四节　村镇建设

一、基础建设

1979年，集镇由甘前村南迁至果林村，不足10户人家，集镇建筑均为简易人字头平房。1986年，集镇有街1条、巷道6条，总长2千米，居民大多沿甘横（甘垛至横泾）公路两侧居住。1990年，启动集镇开发建设，改造甘垛集镇中心街，铺设路牙，安装路灯；兴建农贸市场、农业公司服务大楼、乡工业公司办公楼。至1996年，先后建成农电站综合楼、政府办公楼、多种经营服务公司、工商所、税务所、邮电分局、农村信用社、财政所、农机站、运输站等办公楼和甘泉商厦，粮管所、供销社、建安公司等单位开发商品房，吸引进镇落户择业的农户81户。1997年，建成简易停车场，清理邮兴线甘垛集镇段34个临时棚点，开发建设活动板房24间。1999年，通过扬州市文明卫生集镇验收。2000年2月，被扬州市政府命名为扬州市新型小城镇。2001年，以小城镇建设为契机，加强南宋、甘垛集镇规划和建设，推进集镇商品房开发和建设。2005年，按照“一个镇区、一个片区和六十个村庄布点”的布局，修订镇村规划。至2005年，集镇面积从2000年的0.56平方千米扩大到1.06平方千米，主要街巷累计总长18千米；累计开发建设商品房3.32万平方米；集镇公共绿地面积6公顷，绿化覆盖率15%。全镇人均住房面积由2000年的18.9平方米增加到22平方米。

二、交通

邮兴公路、北澄子河、甘平（甘垛至平胜）公路穿镇而过。1986年，新庄村铺设沥青路700多米，宗家村、西张村浇筑水泥路，有6个村铺设通村砖路。1990年，村村庄台铺上石子、砖头路。1994年，基本实现村村通公路、集镇道路黑色化。1996年，完成甘横公路甘垛段拓宽改造工程，铺设集镇水泥路面。2000年，由甘垛籍在外乡贤朱明亮捐资40万元修筑的横穿甘垛镇腹部的甘平公路建成通车。2003年，启动道路“通达工程”建设。至2005年，累计投资1700万元，建成通村道路58千米，基本形成“三横四纵”的水泥道路交通网络。

三、邮电

1986年，有委办汽车邮路，村村通电话。1992年，开通装机容量400门的程控电话交换机。是年，装机250多部。1996年，新庄、黄戴两村建成电话村。1997年，建成电话村7个。2005年，全镇固定电话入户率74.3%，移动电话家庭普及率59.5%。

四、供电

1986年，实现户户通电目标。1999年、2003年，先后完成农村电网改造第一、二期工程。2000年5月，在北澄子河北侧、甘垛集镇西建成市内首座智能化、无人值班110千伏甘垛变电所。

第五节　特色村简介

一、子明村

为纪念在上甘岭战役中牺牲的烈士孙子明而命名。地处甘垛镇东南部，南接省道邮兴公路、北澄子河，县道和平路穿村而过。2000年，由原陆王、袁家村合并而设，耕地面积189公顷。该村抓住规划兴建甘垛镇工业集中区的发展机遇，规范运作流转土地26.67公顷，农民获得高于种田收入的补偿金，家家户户有人在工业集中区企业上班。有100公顷土地种植蔬菜、瓜果，进行小麦、水稻制种。修建村通组道路，安装路灯，配备垃圾箱。建设便民服务中心和粮食收购点。全村大病合作医疗参保率99%以上，农业保险参保率100%。2005年，有7个村民小组，435户、1532人，工业企业2家，实现社会总产值1670万元，农民人均纯收入4637元。先后获“扬州市安全合格村”“扬州市民主法治村”称号。

二、横铁村

地处甘垛镇区域中心，南接邮兴公路，西临甘横公路，东连和平路，东平河穿村而过。2000年，由原横铁、渔业村合并而设，耕地面积174公顷。水产品养殖业是该村的传统产业、支柱产业。成立市横铁渔业合作社，成员100多户，实行统一供苗，统一购进饲料、鱼药，统一技术服务，统一销售，变散养为统一管理、资源共享。全村特种水产品养殖面积66.67公顷，养殖品种有罗氏沼虾、鳜鱼、四大家鱼、鳖、蟹等，推行鱼鳖混养、鱼虾混养等养殖模式。有近100人从事水产品运输、经纪人、捕捞、劳务等。修建村通组水泥路，断头路全都架设连通桥。2005年，有8个村民小组，621户、人口2024人，工业企业7家，实现社会总产值697万元，农民人均纯收入4682元。

第二十三章　平胜乡

第一节　基本概况

平胜乡位于高邮市最东部，距离城区40千米。东接兴化市红星乡，南临北澄子河，西邻甘垛乡，北连横泾镇。

1956年2月，以横泾区所辖的平王、胜利两乡的首字命名组建平胜乡。1958年9月，平胜、甘垛两乡合并成立甘垛人民公社。1959年5月，原平胜乡从甘垛人民公社划出，成立平胜人民公社。1960年3月，平胜人民公社并入甘垛人民公社。1962年6月，从甘垛人民公社划出，设立平胜人民公社。1983年，撤社建乡，更名为平胜乡。2000年5月，撤销平胜乡，原辖区域并入新设的甘垛镇。

该乡属里下河冲积平原，水网密布，地势平坦，呈南高北低之势。乡内土壤以黏土为主，少部分沙土。海拔0.7～2.5米。总面积58.44平方千米，其中陆地面积39.75平方千米、水域面积18.69平方千米。

1986年，辖29个村、172个村民小组。1995年，辖31个村，村民小组数未变。1999年，辖30个村、1个林业站，村民小组数未变。在总人口中，农业人口2.54万人、非农业人口687人，男性1.33万人、女性1.28万人，少数民族人口12人，人口密度446人/平方千米。

1986～1999年部分年份平胜乡经济社会指标实绩一览表

表34-36

项目 年份	户数（户）	人口（万人）	劳动力人口（人）	耕地面积（公顷）	粮食产量（万吨）	农业产值（万元）	工业产值（万元）	建筑业产值（万元）	农民人均纯收入（元）
1986	6536	2.58	11205	3302	2.99	2173	813	229	600
1990	6946	2.68	12643	3212	2.45	4302	1118	439	847
1995	7470	2.67	14453	2923	2.33	6211	5066	1000	2902
1999	7946	2.61	14146	3640	3.00	8705	8201	4501	3499

第二节　经济建设

一、农业

1986年起，重视农田基本建设，推广新品种和新技术，调优产业结构，逐步推进农业规模化、高效化。1999年，种植业、林业、牧业、水产业产值占农业总产值比例分别由1986年的76.3%、1.3%、16.3%、6.1%调整为40.4%、0.2%、17.4%、42%。

种植业　农作物生产实行麦稻两熟制，伴栽棉花、油菜等经济作物。1986年，引进种植稻麦棉新品种，扩种蔬菜、瓜果类等经济作物592公顷。1990年，棉花种植面积发展到1213公顷。1994年，向国家缴售商品皮棉600吨，售棉总量全市第一。同时，按照“强化所有权、稳定承包权、放活使用权、明确发包权”的思路，全面推行“两田制”（口粮田、责任田），按人承包的口粮田1688公顷，按“能”承包的责任田1447公顷，初步形成农业适度规模经营，有47%的劳力走出农田，走向市场。1995年起，培育种植大户，推广轻型栽培技术和高产优良品种，建设农业高产示范方。1999年，平胜乡振兴村农民张柏林承包果林场7.87公顷土地，创办全市首个私营农庄——柏林庄园。全乡推进农业规模化、产业化，建成面积均为333.3公顷的稻麦良种生产、稻田养殖、良种棉花生产三大基地。粮棉油作物种植面积分别由1986年的4945公顷、989公顷、599公顷调整为4532公顷、1092公顷、558公顷，总产量分别由1986年的2.99万吨、1030吨、1426吨变为3万吨、1147吨、1461吨。

林业　1986年起，逐年开展植树造林活动。至1999年，全乡累计植树25万株，累计成片造林面积277公顷。

畜禽养殖　1986年，畜禽以农户散养为主。1990年起，发展规模化、良种化、产业化畜禽养殖。1993年，沙贯村村民全江通与亲戚合伙，投资4万元，饲养罗曼鸡2000羽，年获纯利4.4万元。1999年，培植饲养1万头生猪村1个，发展饲养千羽鸡、千羽鹅、千羽鸭、百头猪的专业大户72户，生猪、家禽饲养量分别由1986年的2.49万头、44.84万羽发展到3.8万头、52.6万羽。

水产业　1986年，开发荡滩发展渔业，建成精养鱼池153公顷。自然水面粗放养293公顷。1993年，耿家村通过公开招标开发低产田33.33公顷，其中开发洼地16.67公顷养殖螃蟹，全村水产品养殖面积累计67.33公顷。1998年，签订退耕还水合同112份，扩大水产品养殖面积267.8公顷。1999年，开挖鱼池170.5公顷，累计水产品养殖面积750公顷，水产品产量3057吨。

农业机械　1986年，农机总动力9545千瓦，主要从事农田耕翻、灌溉、排涝、脱粒等作业。1997年，推广使用割晒机、挖墒机、条翻机等新型农机具。1999年起，实施农机产权制度改革，鼓励农民自购或联合购置农机具。至年末，农机总动力1.12万千瓦，农业综合机械化水平79%。

农田水利　1986年，有骨干河道7条，总长36.4千米；开挖渠道3250条，长570千米。1987～1991年，建成圩口闸30座，新建或改造机电排灌站23座，防洪圩全部达标。1993年，投入40万元，新建和维修排涝电站，累计有电站43座、机组46台。1998年，完成市属水利工程——第二沟疏浚任务，加固第一沟北段圩堤，完成土方21万立方米。1999年，拓浚第一沟南段，完成土方22.5万立方米；建成、改造圩口闸3座，改造或维修排涝电站9座。

二、工业

1986年，创办羽毛加工厂、羽绒服装厂、纸盒厂，开发新产品6种。实现产值813.2万元，其中乡办厂415.6万元、村办厂387万元、组户联办厂10.6万元。1993年3月，首家与台商合资的企业——扬州中泰丝绸有限公司建成投产。1994年，乡党委安排3名副乡级干部到企业兼任厂长、经理，形成强攻工业的氛围。启动乡办企业改制工作。1995年，乡农药厂投资30万元，与省农业科学院联合研制开发新型农药——40%神磷乳油;为全乡首家产值过1000万元的企业。至是年末,参与改制的9家乡办企业中,改制为合资企业1家、股份合作制企业3家、租赁承包经营企业4家、要素承包企业1家。1997年,以经营石油液化气为主的乡中大精细化工厂建成投产。1999年,以招商为突破口,引资引智,盘活存量资产150万元,开办太平塑料泡沫包装厂等4家私营企业,累计有个体私营工业户242家。至年末,全乡形成服装加工、化工、塑料制品、羽毛加工等为主的工业格局,共有工业企业25家。

三、建筑业

1986年,全乡有建筑企业1家,从业人员近100人。1995年起,先后开辟镇江、山西等地建筑市场。1998年,推行工程竞标承包制,对乡内建设工程实行统一招标,开发建设集镇商品房。1999年,建筑业从业人员200多人。

四、商贸服务业

1986年,商贸业以供销合作社、商业合作社为主体,在距集镇较远的村设立生产生活资料门市部和生活资料供应点。1994年,发展特色商贸服务业,拥有运输船1968艘、1.95吨位,其中横铁村有20吨以上的运输船51艘、2500吨位。龙王村有83.7%的劳动力在外卖胡椒。至1997年,培育水运专业村5个和商业流通专业村、劳务输出专业村各3个。全乡从事商贸服务业人员5407人,其中运输业1300人、商饮业2005人、服务业1697人。1999年,全乡商贸服务业基本形成以水上运输为主的交通运输业,以服装布匹、小百货为主的个体商业,以饭店、小吃店为主的饮食业,以理发、修理、缝纫为主的服务业以及其他特色行业,培育年产值5万元以上的商贸服务业大户40多户,第三产业从业人员6104人,实现第三产业增加值6915万元。

第三节　社会事业

一、教育

1986年,全乡有幼儿园30所,班级30个,在园幼儿680人,教师32人;小学28所,班级79个,在校学生3131人,教师100人;初级中学3所,班级20个,在校学生1042人,教师50人。1986年、1987年,先后建成平南、横铁初级中学。1988年,建成平胜中学理化实验室。1991年,实施学校布局调整,小学由27所调减为23所,后又于1992年、1996年分别调减为19所、6所。1994～1997年,先后建成乡中心初中、乡中心小学、乡成人教育中心、乡中心幼儿园教学综合楼。1995年,通过扫除青壮年文盲验收,实施九年制义务教育。1999年,启动教育现代化工程。学龄儿童入学率100%,小学、初中学生毕业率分别为100%、98.50%。

二、文化

1986年,乡影剧院1座。乡广播站迁至乡政府大楼西侧,有24个村建立广播室,广播通响率95%,入户率85%。1987年,重建毁于1940年战火的镇海禅庵,并易名为镇海寺。1990年夏,集资筹款两万元,重建孙子明烈士纪念塔。1995年,建成乡文化综合楼,开通有线电视。1996年,被省文化厅命名为省群众文化先进乡镇。1998年,开通加密电视,开展送电影下村活动。1999年,实现市乡光纤联网,有线电视普及到27个村,入户率33%。

三、卫生

1986年,乡卫生院1所,科室4个,医技人员12人,病床8张;村卫生室30家,乡村医生32人。

1990年，乡卫生院获“扬州市文明卫生院”称号。1995年，乡卫生院创建成一级甲等医院。1996年，乡卫生院1200平方米的门诊大楼落成。1997年，有25家村卫生室为甲级卫生室，2家村卫生室为合格卫生室，平胜乡被表彰为省初级卫生保健合格乡。

1990年，乡自来水厂建成供水。至1995年，相继建成5家村办自来水厂，铺设自来水主管道63千米，覆盖30个村，自来水受益人口2.29万人，占总人口的94%。是年，平胜乡被扬州市政府命名为自来水普及乡。1999年，实施二次改水，关闭小水厂6家，投资260万元，建成扬州市乡镇中第二个日产5000立方米的自来水厂，全乡人民吃上安全放心的自来水。至1999年，自来水普及率99%，改厕率45%。

四、体育

1990年，平胜小学排球队获县小学生排球比赛冠军。1992年，承办市首届中国象棋赛。1997年，被命名为扬州市体育先进乡镇。1998年，乡中心初中足球队在市中学生足球比赛中夺冠。

第四节　村镇建设

一、基础建设

1986年，集镇有1条街、5条路，总长1.5千米，居民集中在东平河两岸居住，建筑基本为平房。1995年，投入500多万元，完成集镇房屋施工面积8000平方米。1996年，先后建成乡文化娱乐中心、乡政府办公大楼、乡卫生院门诊大楼、乡成教中心和乡中心幼儿园以及商住楼4幢，建筑面积2万平方米。1997年，完成集镇规划编制工作，开发商住楼4幢，铺设集镇中心路水泥路面，停车场建成使用。1998年，建成沿河南路商贸中心，改建政府门楼和食堂，农业合作基金会、土管所办公大楼和供销合作社、农机站商住楼建成使用。1999年，铺设集镇大桥南路，实施绿化、亮化工程，完成原扬州中泰丝绸有限公司门面房开发改造工程，集镇面积0.56平方千米，道路总长14.4千米。全乡人均住房面积由1986年的15.8平方米增加到18.9平方米。

二、交通

邮兴公路、北澄子河穿境而过。1986年，全乡筑土路74条、33.19千米，铺砖路127条、33.38千米，修建大小桥梁162座、用水码头71座。进入90年代，道路建设步伐加快。至1996年，兴建和改建公路桥40座，建成环乡公路路基36.1千米，铺设黑色公路、砂石公路18千米，有20个村通公路，占总村数的2/3。1998年，完成接通兴化泗洲公路的土方工程。1999年，修建南宋至花李、野代至沙南公路桥梁，接通平胜至兴化昭阳的市际公路，建成通村砂石公路22.9千米。

三、邮电

1986年，有委办汽车邮路，邮电大楼落成，每个村和单位有一部手摇式电话机。1995年，开通程控电话，31个村均通上程控电话，共放装电话600部。1997年，建成电话村2个，增装电话347部。1998年，建成移动通信基站1座，增加手机32部，增装电话871部。1999年，全乡累计拥有电话3800部，固定电话入户率49%，移动电话家庭普及率20%。

四、供电

1986年，乡境有高压输电线路56.3千米、农用电线路和居民照明线路149.4千米，变压器71台。1987年，实现户户通电目标。1994年，实施电力线路“两复三”工程。1999年，完成农村电网改造工程。

第二十四章 临泽镇

第一节 基本概况

临泽镇位于高邮市东北隅，地处高邮、宝应、兴化3县（市）交界处，为全省222个重点中心镇之一，距离城区52千米，东接兴化市舜生镇、周奋镇，南连横泾镇，西邻周巷镇，北界宝应县夏集镇。

因东部临近苇荡沼泽而得名。南北朝至隋初设临泽县，后为临泽镇。民国17年（1928）11月、民国18年，中共临泽支部、中共高邮县委先后诞生于此。1954年8月，设临泽区，辖临泽镇和12个乡。1958年2月，撤区设临泽镇；9月，与川青乡合并成立临泽人民公社。1960年3月，周巷人民公社并入。1962年6月，划出川青、周巷人民公社，临泽镇与临泽人民公社分治。1973年4月，镇社合并。1983年，撤社建乡。1985年7月，更名为临泽镇。2000年5月，撤销川青镇，其原辖区域并入临泽镇。

该镇属苏中里下河腹部低洼圩区，西部地势略高，东部湖荡相连。镇境土层较厚，土壤大部分为黏土。海拔0.8～3.3米。1986年，总面积55.68平方千米。2000年5月，总面积扩大至118.1平方千米，其中陆地面积99.4平方千米、水域面积18.7平方千米。

1986年，辖28个村、232个村民小组，2个居民委员会、25个居民小组。2000年5月，辖18个村、207个村民小组，3个居民委员会、41个居民小组，1个水产养殖场。2005年，辖18个村、194个村民小组，3个社区、41个居民小组。在总人口中，农业人口5.34万人、非农业人口1.01万人，男性3.23万人、女性3.12万人，少数民族人口26人，人口密度538人/平方千米。

1986～2005年部分年份临泽镇经济社会指标实绩一览表

表34-37

项目 年份	户数（户）	人口（万人）	劳动力人口（人）	耕地面积（公顷）	粮食产量（万吨）	农业产值（万元）	工业产值（万元）	建筑业产值（万元）	农民人均纯收入（元）
1986	10419	3.75	12450	2897	2.91	1989	3643	102	607
1990	12010	3.83	15134	2850	2.67	3779	7018	151	780
1995	12338	3.73	15894	2686	2.71	5532	14967	1142	2192
1999	11819	3.72	14888	2985	3.30	10780	25366	2400	3239
2000	19744	6.41	27687	5815	5.13	29613	32383	13900	3038
2005	21051	6.35	32294	5788	5.79	38695	86840	23250	4560

2005年临泽镇各村、社区基本情况一览表

表34-38

村、社区	村（居）民小组（个）	常住人口（人）	耕地面积（公顷）	人均纯收入（元）	主要自然村庄
临西村	10	2456	187	4665	前瓜垛、兴隆、郭塔、中瓜垛、塔院、南庄、冯家湾、牌楼、小临北、楼枝头、塘桥、头桥、谢家庄、港口、南庄、马家桥

续表34-38

村、社区	村(居)民小组(个)	常住人口(人)	耕地面积(公顷)	人均纯收入(元)	主要自然村庄
韩夏村	13	2450	325	4767	仲家庄、瓜垛、龙兴、单家庄、小花尖、老圩、夏庄、何家厍、韩庄、前庄、盘岔、杨港、马尖
合兴村	9	2110	241	5042	农兴、中心庄、邓家、二里桥、蔡家圩、一里庄、菱湖庄、谢庄、北沟口、西桥口、合心、茅圩、王圩、刘家尖、菱海、左家湾、黎园
蒋颜村	13	2619	300	4659	蒋沟、颜涵、中心沟、蒋家沟、高桥、一顷八、同心、三里、侯家、何家、谢家、刘庄、横沟、孙庄、西沟、东沟、
朱堆村	10	2380	246	4496	莲子巷、周家沟、王墩、朱家堆、朱涵、盘粮亭、李盘沟、小徐庄、太平庄、朱庄
洋汉村	15	3110	166	4655	洋汉、何家堡
临东村	13	2976	280	4351	汲水沟、赵家湾、耒中、耒东、耒西、朱丁垛、顾家墩、盛家湾
法青村	16	3676	289	4714	沈堡、小李庄、丁旺庄
金桥村	9	2435	247	4489	西沟、东沟、郭家厍、成垛、祝家墩、匡庄、占家桥、花家墩、盛家墩
川东村	11	2629	260	4447	五顷村、五顷沟、朱袁西庄、朱袁东庄、吴家湾、沙家庄、沙家洼
小葛村	7	2460	120	4777	东葛庄、小葛庄、渔民新村、王帮金、西蒋庄
董潭村	11	2955	324	4821	董家潭、董北村
东沟村	10	2283	234	4678	马岔沟、大庄房、殷圩、冯圩、东沟大庙
西河村	11	2796	282	3738	卞马庄、后王庄、吴家湾、三顷河、柒星村、薛家堆、大紧门、菱塘圩
西安村	7	1734	178	4414	东沟、南海、四里桥、五里桥、郭家庄、西安、西沟、三步两桥、三里桥、陆家厍
瓦港村	11	2933	258	4107	瓦仓、姜港、周家圩、瓦仓夹、姜圩、东紧门、北港
东荡村	9	2793	262	4343	南荡、鳅鱼港、北荡、邵家厍、丁沟
中华村	9	2147	211	4232	张家沟、老鼠沟、新河、丁家沟、崔家沟、棒沟、踏板桥、兴叶村
临泽社区	25	13308	—	—	—
泰山社区	12	2076	99	5109	—
川青社区	4	1192	—	4884	—

第二节 经济发展

一、农业

1986年起，不断调整农业产业结构和作物布局，逐步形成以农作物立体种植、特种水产品养殖、商品粮基地为主的特色产业。2005年，种植业、林业、牧业、水产业产值占农业总产值比例分别由2000年的38.7%、0.8%、25.5%、35%调整为32.8%、1%、28%、38.2%。

种植业 农作物生产实行麦稻两熟制，伴栽棉花、油菜等经济作物。1986年起，调整种植结构，推广免耕麦技术和油—稻—慈姑、麦—稻—菜、麦—瓜—经等立体种植模式，立体种植面积600公顷。引导农民发展庭院种植和一村一品的传统副业，经济作物种植面积80公顷。90年代，按照“稳粮、增棉、扩桑”的思路，优化布局、品种和熟制结构，推广复种模式，使用新技术、新品种，出现蚕桑村（徐平村）、薄荷村（高桥村）、棉花村（仲庄村、兴隆村）等一批农业特色村。改造低产田、低洼田块，开发水生经济作物生产，培育种植面积在1.33公顷以上的大户50多户。2001年起，以市场为导向，实施种植业、养殖业战略性结构调整，适度调减粮棉等传统作物种植面积。是年，发展经济作物面积2333.3公顷。2002年，启动农业标准化建设，建成农业科技示范园。2005年，粮棉油作物种植面积分别由2000年的6786.5公顷、360.3公顷、1710公顷调整为8154.7公顷、53.3公顷、1262公顷，总产量分别由2000年的5.13万吨、381吨、3949吨变为5.79万吨、59吨、3414吨。

林业　1986年，全镇有树木35万株，基本形成堤路林网化。2000年，林业产权制度改革经验在全市推广。2003年，启动实施“绿色银行”大行动，加快林业建设步伐。至2005年，全镇累计成片造林面积700公顷。

畜禽养殖　1986年，畜禽以农户散养为主，全镇饲养生猪2.69万头、家禽30.8万羽。1993年，引进饲养肉鸡、肉鸽和七彩山鸡等新品种。1994年起，发展多种经营生产，培育致富能手和规模经营大户，培植一村一品。至1997年，饲养生猪100头以上大户100户、家禽1000羽以上大户400户。此后，巩固和发展养殖规模大户。2001年，引进饲养果子狸新品，培植种草养鹅、养羊、养鸭大户20多户。2004年，投入民资150万元，建成生猪屠宰加工厂，年收购、加工生猪近1万头。2005年，生猪、羊、家禽饲养量分别由2000年的8.76万头、2.13万只、151.26万羽调整到7万头、3.29万只、150万羽。

水产业　1986年，水产品养殖面积287公顷，其中精养鱼池面积134公顷。1988年，洋汉村自筹资金开发沟河荡滩，开挖精养鱼池66.67公顷。1992年，开始养殖特种水产品，在东部荡滩地区形成水产养殖“黄金产业”。1994年，改造低产田、低洼田块，开发水产品养殖，发展稻田养殖，培育养鱼专业村洋汉村、沈堡村、小李村。1996年，发展果鱼、猪鱼、草鱼、鱼鳖混养等新型养殖模式，养殖鳜鱼、青虾、鳖等名特优品种，培育年收入20万元以上专业大户4户、15万元专业大户8户、5万元左右专业大户450多户。1998年，东部水网地区水产品养殖面积666.7公顷，被列入市运东水产品特色产业群。1999年，以洋汉村为核心的东部地区5村1场成为市水产品养殖基地，水产养殖场66.7公顷银鲫养殖基地被列为扬州市高产示范方，小李村的10户养殖水面被市水产局确定为高效塘。2000年起，改造开发低洼、低产、低效农田，发展水产业。2001年，退耕还水200公顷，水产品养殖面积累计2066.7公顷，其中特种水产品养殖面积533.3公顷、精养鱼池1200公顷、稻田养殖333.3公顷。加强川青水产品批发交易市场建设，建成临泽水产品批发交易市场第一期工程。2002年，金荡牌鲫鱼商标注册成功，获省无公害农产品证书。2003年，金荡牌成鱼生产基地被列为省无公害水产品生产产地。2004年，建成年加工能力5000吨的扬州建皇水产品加工厂。2005年，水产品产量1.81万吨，其中特种水产品产量2014吨。

农业机械　1986年，农机总动力1.18万千瓦，主要从事农田耕翻、灌溉、排涝、脱粒等作业。1999年，实施农机产权制度改革，鼓励农民自购或联合购置农机具。2005年，农机总动力1.83万千瓦，农业综合机械化水平86%。

农田水利　1986年，全镇共有骨干河流4条，总长23千米。投入劳力2.16万个，拓浚和加固骨干灌排河道，完成田间配套设施建设。1990～1995年，开展农业基础设施建设，实施干渠改建和洞、闸、斗改造工程。1996年，建成圩口闸8座，创建成无坝镇。1997～1999年，建成或维修圩口闸10座、排涝站2座，疏浚骨干河道3条、生产河道12条，完成水利工程建设土方50万立方米。2000年起，进一步加强水利工程建设。至2005年，建成或改造圩口闸37座、串水闸25座、桥梁32座，先后开挖、疏浚河道、沟渠48条，加固防涝圩堤25千米，完成土方80万立方米。

二、工业

1986年，发展具有地方特色的粮食、油料、酿酒、禽蛋、糕点等品种的食品工业，实现工业总产值3642.69万元，其中镇办厂2308万元、村办厂900.27万元、组户联办厂434.42万元。1989年，镇村企业

98家，主要产品为粮油加工、铝箔纸、运动鞋、汽酒、服装、面粉、羽绒、橡胶、砖瓦和水泥制品等，其中服装、运动鞋、柳器制品远销前苏联、日本、捷克、奥地利等国家。1992年，镇内首家合资企业扬州天高旅游用品有限公司开业。1993年，在镇办企业油脂轧花厂、橡胶厂和电器开关厂进行股份制改制试点。1994年，推进镇村工业企业改制，共建股份合作制企业12家，实行个人租赁、抵押承包等形式企业4家。是年，实现工业产值1.18亿元。外贸出口供货额3346万元，占工业产值的28.4%。1995～1999年，深化和完善产权制度改革，盘活存量资产，培植规模企业。镇村办企业中，改为股份合作制企业13家，其中增量扩股1家、先售后股3家、售股结合7家、租售股结合2家；实行租赁经营企业1家，推行风险抵押承包企业6家，共出售资产500多万元，租赁资产200多万元。完成技改投入1600多万元。发展外向型经济和个体私营经济，累计发展个体工业户、私营工业企业246家，鞋类、服装产品出口供货额占全镇出口供货额的一半以上。2000年，以项目建设为突破口，推进技术创新和结构调整，实施技改项目4项，以鞋业、服装为主的外贸企业发展订单外贸，市第二橡胶皮件厂出售给省轻工业品进出口集团公司。2001年起，开展招商引资活动。是年，启动规划建设用地183公顷的临泽工业集中区。至2005年，累计完成工业技改投资2.25亿元，完成技改项目23项；利用外资1114万美元，引进域外资金3.36亿元，吸引民资1.84亿元，共实施项目76项；工业集中区基础设施建设累计投入4342万元，开发建设面积107公顷，建成标准化厂房7.15万平方米，入园企业共11家；投入760万元，完成占地43.33公顷的鞋业集中区基础设施建设，入园企业4家；盘活闲置厂房3520平方米、闲置资产158万元。全镇形成鞋业、服装、橡胶、包装、墙体材料、照明器材等为主的工业格局，共有工业企业256家，其中规模以上企业6家。

三、建筑业

1986年，全镇有建筑企业1家，从业人员100人左右。1993年起，开拓外埠建筑市场。至1997年，先后开拓北京、镇江、昆山、天津等地建筑市场。1998～1999年，建筑企业推行项目承包、中层干部聘用制和公开招投标、工程监理制度，实施工程质量全程监管，添置更新设备，承建的临泽镇中心初中镂金楼、临泽中学安居工程获市优工程。2000年，原川青镇被市政府命名为“建筑之乡”。至2005年，先后开拓新疆、上海、南京、无锡、扬州、兰州、太原、重庆等地建筑市场，川青建安公司承建的天津嘉海工程被表彰为天津市优秀工程。是年，全镇有建筑企业2家，外出施工人员3000人。

四、商贸服务业

1986年，商贸服务业呈现供销合作商业、集体商业、个体商业并存局面，供销合作社、商业社在距集镇较远的村设立生产生活资料门市部和生活资料供应点，共有商业网点120多个。进入90年代，依靠商品集散地的区域优势，发展商业、饮食服务业、交通运输业。1993年，启动建设占地2公顷的临泽招商市场第一期工程。1994年，临泽招待所实行租赁承包经营。1995年，临泽农贸市场建成开业，成立集市贸易服务所。1996年起，由政府牵头，将传统的“十月朝”庙会与现代的商品交易会相结合，此后一年一度。至1999年，招商市场、农贸市场得到发展，商贸小区初步形成，商饮服务业、交通运输业初具特色，建成商铺1.42万平方米。2000年起，坚持依市建场、以场兴市、以商兴镇的发展战略。是年，建成中巴车客运服务市场、机动车停车场和川青水产品批发交易市场，完成临泽农贸市场扩容工程，启动建设临泽水产品批发交易市场。2003～2004年，通过招商引资新建临泽小商品综合市场，引进浙江客商盘活供销社闲置资产兴办如海超市，吸引民间资本兴办佳乐福超市和临泽宾馆。2005年，投资3000万元，兴建集旅游观光、休闲度假、健身疗养、生态教育为一体的临泽东沟生态度假村。“王四瘪子”汤羊获国家工商行政管理总局注册。2005年，全镇有集贸市场2个、商贸服务企业4家、个体工商户2665户，商贸服务业从业人员9292人，第三产业增加值由2000年的1.05亿元增长到1.94亿元。

第三节　社会事业

一、教育

1986年，全镇有幼儿园28所，班级33个，在园幼儿812人，教师33人；小学28所，班级137个，在校学生4769人，教师184人；初级中学5所，班级30个，在校学生1420人，教师87人。1993年，建成镇中心小学教学楼。1994年，临泽中学被省教委命名为省德育先进学校，办成成人教育经济管理大专班。1995年，基本扫除青壮年文盲，普及九年制义务教育。1996年，实施学校布局调整，小学由28所调减为16所，2000年调减9所。2000年，临泽镇中心小学建成公办民助实验学校，临泽中学、临泽镇中心初中、川青镇中心小学被评定为扬州市合格学校，临泽镇中心幼儿园升为二类园。同年，全镇启动教育现代化工程。2001年，川青中心小学被授予“省少儿诗创作实验基地”称号。撤并村级小学10所，改造薄弱学校8所。2003年，撤并小学4所，建成川青中心小学教学综合楼。已故台胞冯宪成生前向母校临泽小学捐赠10万元，设立冯宪成奖学金基金会。2005年，全镇有幼儿园4所，班级37个，在园幼儿917人，教师53人；小学11所，班级87个，在校学生3266人，教师208人；初级中学1所，班级49个，在校学生2444人，教师153人。学龄儿童入学率和小学、初中学生毕业率均为100%。

二、文化

1986年起，每年组织开展知识竞赛、书画赛、诗歌赛、歌唱比赛等群众文化活动。1994年，开通有线电视。临泽镇被省文化厅命名为省群众文化先进乡镇。1996年，镇文化中心被扬州市政府命名为明星文化中心。1997年，开通有线电视加密频道。1999年，完成有线电视光纤到村工程。2002年，启动实施川青片区有线电视光纤改造工程，芦花诗社被表彰为全国少儿诗创作先进单位。2003年，启动古安乐寺恢复重建工程。2004年，成立镇业余戏剧协会。2005年，有影剧院2个，有线电视入户率98%。

三、卫生

1986年，有临泽中心卫生院、镇卫生院，科室16个，医技人员90人，病床70张；村卫生室29家，乡村医生35人。1987年、1994年，临泽中心卫生院先后建成门诊楼、住院楼。1995年，临泽中心卫生院创建成一级甲等医院。1999年6月，镇卫生院被撤销，并入临泽中心卫生院。建立村级合作卫生站6家，乡村医生31人。2003年，推行新型农村合作医疗制度，参保率85%以上。建成全市首家乡镇计划生育中心服务站。完成川青卫生院改制工作。2004年，临泽镇被扬州市政府命名为扬州市计划生育红旗乡镇。2005年，投资7000多万元，重建临泽中心卫生院门诊楼。临泽中心卫生院设科室15个，医技人员130人，病床100张；卫生站11家，乡村医生64人。

1986年，有镇办自来水厂1家。1990～1997年，新建合心村、洋汊村、镇第二自来水厂。1996年，组建镇环卫所，改建三格式无害化厕所162座。1997年，镇自来水厂创建成扬州市合格水厂。1999年，创建成自来水普及乡镇，增建无害化厕所125座。2000年，增加自来水受益人口1540人，建成无害化户厕159座。2001年，合兴村被命名为省卫生村，实施川青自来水厂改造扩建工程，临泽自来水厂被省爱国卫生运动委员会命名为省先进农村水厂，增建无害化户厕150座。2002～2005年，增加自来水受益人口3000人，建成民营川青自来水厂和无害化户厕1047座、无害化公厕2座。2005年，自来水普及率99%，无害化卫生厕普及率65%，其中卫生户厕普及率16%。

四、体育

1986年起，常年开展群众性体育活动。1992年，被命名为扬州市体育先进镇。1997年，举办镇首届农民运动会，共有500多名运动员参赛。1999年，举办镇第二届农民运动会，被省体育运动委员会授予“省体育先进乡镇”称号。2001年，在集镇兴建全民健身点1个，新增健身器材9台套。2005年，通过扬州市先进体育乡镇合格验收。

第四节　村镇建设

一、基础建设

1986年，集镇有8条街巷，总长3.6千米，居民集中在古集镇居住。1994年起，启动集镇商品房开发。是年，建成商业用房2058平方米、住宅1250平方米。完善1个工业区、6个住宅区、1个招商市场、2条主街道的详细规划。1995年，建成镇政府办公楼、镇财政所办公楼、临泽中心卫生院住院楼、临泽中学实验楼，完成农贸市场兴建和商服企业搬迁工作，疏浚治理集镇前后河。1996年，编制镇域规划，整治街面摊点，落实机动车辆停放场地。1997～1998年，实施后河西段块石护坡工程和镇区主干道亮化工程，完善商贸中心和小商品市场建设，开发劳动服务公司商住楼，改善集镇道路、供电、邮电等基础设施。1999年，以被列入省重点中心镇为契机，实施集镇主街道亮化、美化工程，铺设集镇后大街、西大街等路面，开发影剧院商住楼。2000年，完成镇域规划修编。采取引用民资和政府投入相结合的办法，完成川青集镇丁沟路部分配套设施建设、川青工业区道路建设，实施临泽集镇建设路、临兴路部分路段、后河南北岸道路和政府院前道路建设，在临川河北岸、交通河西岸等路段栽植花草树木，建成汽车站综合楼、临泽中学教学楼，建成集镇居民住宅1.5万平方米。2001年，制定镇区建设总体规划及临南小区建设方案，实施镇区后河两岸、临川河边、川青片区丁沟路等绿化工程，修建镇区道路2.65万平方米，建成面粉厂、建安公司商住楼。2002年起，通过争取国资、引进外资、激活民资的办法，加大小城镇建设力度。至2005年，重建古安乐寺并推进周边环境改造工程建设，建成临泽小商品综合市场、临泽宾馆，重建临泽中心卫生院门诊楼、国土所办公楼和小红花幼儿园，开发建设食品站、园区周边地块住宅楼、临南小区及川青片区商住楼和小商品综合市场，铺设临中南路、卫生院北路、临小北路，延伸振兴路600米，实施镇南路、临兴路、振兴路硬化、亮化工程，砌建临川河集镇段驳岸护石坡，吸引300多户农民进镇落户。集镇面积从2000年的1.07平方千米扩大到1.78平方千米，有骨干道路、主要街巷20条，总长34千米，呈现“三纵三横”网络骨架。绿化覆盖率16.4%。全镇人均住房面积由2000年的18.2平方米增加到22平方米。

图34-13　2005年建成的临泽集镇风光带

二、交通

西接京沪高速公路，东连405国道、332省道，三阳河、子婴河穿境而过。1987年，临沙（临泽至兴化沙沟）公路建成通车。1994年，全镇27个村中，有24个村通公路，铺设镇村两级砖面道路13千米，合心村铺设全镇第一条长2.15千米的通村水泥路。1996年、1997年，先后建成仲庄大桥、丁旺庄村公路桥。1998年下半年，按二级路标准，开工建设界临沙（界首至临泽至兴化沙沟）公路高邮境内长12.5千米路段。2001年，启动道路“通达工程”建设。2003年，完成界临沙公路临泽段拓宽改造工程。至2005年，全镇累计建成通村灰色化道路89千米，建成或修建桥梁10座，实现村村通水泥路目标。

三、邮电

1986年，自办汽车邮路。1989年，开通电报传真机。1992年，电话进入市话自动拨号网。1994年，增置2000门程控电话交换机。1995～1996年，建设程控电话杆线到村工程，实现村村通电话。1997年，泰山、临北、三窑村建成电话村。2001年，安装电话2100部，累计1.12万部。2005年，全镇固定电话入户率66.6%，移动电话家庭普及率10%。

四、供电

1986年，实现户户通电目标。1999年，完成电力线路“两复三”工程。2001～2002年，实施农村电网第二期改造工程，增置变压器28台，改架10千伏电力线路59.5千米、低压电力线路305千米、400伏线路51.6千米。

第五节　特色村简介

一、金桥村

位于临泽镇东北角，地处高邮、宝应、兴化3县（市）交界处。2000年，由原子南、匡界、成官村合并而设，耕地面积246.8公顷。该村因地制宜地调整种植业结构，引进种植西瓜13.33公顷，试验开发麦套西瓜、西瓜套稻、西瓜套玉米等种植技术和模式。村民委员会主任邹庆堂与其他村民合伙购置12台小型插秧机，并在全市率先注册登记成立市金桥村插秧机服务队，为农户提供育秧、插秧等“一条龙”服务。全村在镇或村办企业工作400人，外出从事瓦工、木工、水电工等劳务800人。先后兴办商店、农资销售点，修筑水泥路、5座生产桥，户户吃上自来水，有线电视、固定电话入户率80%以上，农村大病合作医疗参保率100%、新型农村合作医疗参保率90%以上。2005年，有9个村民小组，757户、人口2435人，工业企业14家，实现社会总产值2213万元，农民人均纯收入4489元。先后获“扬州市文明村”“扬州市平安农机示范村”“扬州市水稻种植机械化十佳示范村”和“市信用村”称号。

二、临西村

位于临泽镇西侧，是镇工业集中区所在地。2000年，由原临西、临北、兴隆村合并而设，耕地面积187.3公顷。该村抢抓镇工业集中区落户村内的机遇，利用村集体闲置存量资产开展招商，引进企业3家。同时，在做好失地农民就业对接外，推进富余劳动力转移，全村1200人进厂工作。稻麦种植依托万嘉面粉有限公司等粮食加工龙头企业，实行龙头企业＋基地＋农户的生产销售模式，增加农民收入。推广农业机械化生产，稻麦机械收割率100%、机插率30%以上。建成沼气池40多座，修建村通组道路，农村大病合作医疗参保率100%。2005年，有10个村民小组，672户、人口2456人，工业企业11家，实现社会总产值2865万元，农民人均纯收入4665元。先后获“省绿化合格村”“扬州市文明单位”“扬州市生态村”“市林业示范村”“市民主法治村”等称号。

三、董潭村

地处高邮、宝应、兴化3县（市）交界处。宋代即建庄。2000年，由原川南、董潭村合并而设，耕地面积324公顷，水产品养殖面积466.67公顷。该村充分利用自然资源，做活水文章，实施鱼果荷稻林项目，形成千亩果园、千亩荷塘、双千亩鱼塘、三千亩大闸蟹养殖区，水生的菱角、天然的芦苇、茂密的林地和林间栖息的白鹭、天鹅、大雁，具有良好的生态环境和自然风光。古老的凤凰名沟、扣马神桩、渔歌唱晚、古庙神钟、溪潭映月、君王赐金、奉真乩笔、芦洲飞雪等“八景”传说与现代的乡村气息有机融合，原生态的锣鼓车、栽秧歌、劳动号子古今传唱。全村每条街道铺有立砖路面，地下埋设排水管道，设有影剧场、超市和菜场。2005年，有11个村民小组，913户、人口2955人，私营企业16家，实现社会总产值4833万元，农民人均纯收入4821元。先后获“省绿化先进村”“省生态村”“省民主法治示范村”“扬州市文明村”等称号。

第二十五章　川青镇

第一节　基本概况

川青镇位于高邮城东北50千米，东界兴化市舜生镇，西邻周巷镇，南临横泾镇，北连临泽镇。

以1944年在战斗中牺牲的徐川青烈士命名。1956年2月，设川青乡，属临泽区。1958年9月，临泽镇和川青乡合并成立临泽人民公社。1962年6月，从临泽人民公社划出，建立川青人民公社。1983年7月，撤社建乡，更名为川青乡。1990年10月13日，撤乡建镇，实行镇管村体制。2000年5月，撤销川青镇，原辖区域并入临泽镇。

该镇属苏中里下河腹部低洼圩区，三面环荡，河网交错，地势低洼。镇内土层较厚，土壤大部分为黏土。海拔0.8～3.3米。总面积63.03平方千米，其中陆地面积55.03平方千米、水域面积8平方千米。

1986年，辖25个村、165个村民小组。1999年，辖19个村、113个村民小组，1个居民委员会。在总人口中，农业人口2.63万人、非农业人口572人，男性1.37万人、女性1.32万人，少数民族人口9人，人口密度427人/平方千米。

1986～1999年部分年份川青镇经济社会发展实绩一览表

表34-39

项目 年份	户数（户）	人口（万人）	劳动力人口（人）	耕地面积（公顷）	粮食产量（万吨）	农业产值（万元）	工业产值（万元）	建筑业产值（万元）	农民人均纯收入（元）
1986	7410	2.79	13207	2516	2.42	1748	1566	115	602
1990	7699	2.84	13059	2457	2.25	3441	1508	138	684
1995	7770	2.69	14382	2120	2.16	5866	4321	3503	1860
1999	8466	2.69	13855	2829	2.86	9342	5616	11800	3054

第二节　经济建设

一、农业

1986年起，调整农业产业结构，扩大棉花、蚕桑、薄荷等经济作物种植面积和水产品养殖面积，扩大畜禽饲养规模。1999年，种植业、林业、牧业、水产业产值占农业总产值比例分别由1986年的76.4%、1.6%、16.4%、5.6%调整为37.3%、1.5%、24.3%、36.9%。

种植业　农作物生产实行麦稻两熟制，伴栽棉花、湖桑、薄荷、油菜等经济作物。1986年，实施稳粮扩经策略，推行粮—经—粮、粮—经—经、经—粮—经、粮—粮—经、油—粮—经等间套复种模式，提高土地产出率。1989年，开发建设万亩吨粮田。1990年，吨粮田、丰产方面积由1989年的640公顷扩大到

793.33公顷，棉花每亩最高单产94.5千克，获扬州市政府颁发的棉花生产增产奖。1992年，朱顷村被确定为扬州市农业现代化试验村。1993年，优化种植业布局，推广种植稻麦优良品种1333.33公顷，培植湖桑专业村、专业组和专业户。1994年，栽植湖桑43.7公顷，桑园面积累计200公顷。1996年，推进农业基本建设，创建小农场9个，建立丰产方27个、示范田165块，全面推广种植优良品种，使用水稻肥床旱育稀植、棉花地膜移栽、机条播等新技术。1999年，调整优化农业结构，推进农业产业化经营，粮棉油作物种植面积分别由1986年的3992公顷、232公顷、572公顷调整为3235公顷、201公顷、511公顷，总产量分别由1986年的2.42万吨、176吨、1394吨变为2.86万吨、208吨、1162吨。

林业　70年代，大兴植树造林活动。至1986年，建成长360千米的主副林带73条，共植树350万株，形成点片线相结合的防护林体系。该乡先后被命名为扬州市绿化先进乡、省绿化先进乡。1989年，建成育苗基地15公顷，植树18.6万株。1996年，该镇被表彰为扬州市最佳造林绿化乡。1999年3月，实行林业产权制度改革，西安村5号河3千米圩堤林木拍卖给个人，转换林木所有权和经营权，成为扬州市林权制度改革第一村。是年，造林面积从1986年的237公顷增长到290公顷，林木覆盖率24%。

畜禽养殖　1986年，畜禽以家庭散养为主。1993年，发展多种经营生产，培育规模养殖。是年，单项养殖纯收入过5万元的“状元户”9户，过1万元的60户，过5000元的490户，过2000元的1000户。1998年，组建养猪合作社。1999年，生猪、羊、家禽饲养量分别由1986年的2万头、1022只、25.67万羽增加到3.6万头、1.87万只、89.79万羽。

水产业　1986年，利用荡滩水面资源，发展水产品养殖面积374公顷，其中特种水产品养殖面积33.33公顷，初步形成育鱼苗、养成鱼、精粗养鱼和鱼蚌结合、鱼藕结合的生产方式。1987年，创办川青特种水产场，面积46.7公顷，饲养蟹、青虾等特种水产品。1994年，利用外资，发展养蚌育珠307公顷。开发特种水产品养殖面积77公顷。1997年，镇水产站被省水产局表彰为省十佳乡镇水产技术推广服务站。1995年，增加精粗养殖水面326.67公顷。1996年，水产品养殖面积发展到800公顷，其中特种水产品和珍珠养殖面积320公顷。1997年，发展稻田养殖133.33公顷。1998年，组建水产养殖合作社。1999年，小葛村养鱼合作社创办川青兴渔担保有限责任公司。水产养殖面积1000公顷，水产品产量6705吨。

农业机械　1986年，农机总动力9715千瓦，主要从事农田耕翻、灌溉、排涝、脱粒等作业。1999年，实行农机产权制度改革，公开竞价拍卖镇、村、组农机具1505台，资产中标总金额115万元。是年，农机总动力8765千瓦，农业综合机械化水平83%。

农田水利　1986年，全乡有骨干河道8条，圩堤总长40千米，建有圩口闸35座。1991年后，实施灾后圩口闸改造重建、防洪圩堤增高培厚、疏浚河道工程。1997～1999年，累计建成或改造圩口闸16座，完成土方105万立方米。

二、工业

1986年，利用畜禽、树木、粮食资源，发展加工业。是年，实现工业产值1566.07万元，其中乡办厂732.34万元、村办厂520万元、组户联办厂313.73万元。1993年，加强企业生产、技术、质量、财务等内部管理，促销压库，盘活现有资金。是年11月，市电子设备厂与美国客商合资，成立镇首家合资企业——扬州亚美电器有限公司。1994年，在市胶辊厂、市江海钢质船厂、川青粮油加工厂、川青塑料制品厂进行股份制试点。1995年，市电子设备厂开发电子系列节能灯，获准为中国照明学会团体会员。至1996年，镇村办企业完成产权制度改革任务。1997～1998年，做好企业改制后完善工作，建立健全劳动用工、科技有偿回报、价格公开、联质联耗计件工资等内部配套制度。1999年，全镇形成机械、化工、橡塑、电器、建材、服装等为重点的工业格局，共有工业企业112家。

三、建筑业

1986年，全乡有建筑企业1家，从业人员400多人，先后到内蒙古、上海、无锡等地承建建筑工程。

1994年起，采取“双包一联”（全包、清包，联营）并举策略，开拓外埠建筑市场，提高工程质量。至1997年，先后在无锡、南京、常州、上海、天津等大中城市和内蒙古承建工程，创省优工程1项、优良工程6项、无通病工程2项，其中承建的无锡上马墩5号工程被建设部表彰为质量无通病工程。1998年，完成建筑企业内部改革。1999年，建筑业从业人员2000人。

三、商贸服务业

1986年，以供销合作社、商业合作社为主体，个体经营为辅。90年代，个体运输业发展迅猛，商贸服务业尽显水乡特色。1997年，农贸综合市场建成开业。1999年，全镇有集贸市场1个、个体工商户800户，运输船209艘、总吨位9958吨，中巴客运车辆31辆，货车20辆，第三产业从业人员3500人，实现第三产业增加值4576万元。

第三节　社会事业

一、教育

1986年，全乡有幼儿园25所，班级25个，在园幼儿563人，教师25人；小学24所，班级103个，在校学生3343人，教师129人；初级中学4所，班级23个，在校学生1112人，教师79人。1991年10月，镇中心小学创办芦花文学社。至1999年，学生创作少儿诗3000多首，部分作品在《当代诗词》《北京词苑》《中州诗词》等20多种诗刊上发表。1992年，实施学校布局调整，小学由23所调减为19所，后又于1994年、1997年、1998年，先后撤并初级中学3所、小学9所。1994年，基本扫除青壮年文盲，普及九年制义务教育。1997年，镇成人教育中心校获批为扬州市示范成人教育中心校。1999年，启动教育现代化工程，镇中心初中教学楼落成。是年，全镇共有幼儿园1所，班级22个，在园幼儿560人，教师40人；小学10所，班级74个，在校学生2278人，教师127人；初级中学1所，班级19个，在校学生745人，教师70人。学龄儿童入学率、小学学生毕业率均为100%，初中学生毕业率98.76%。

二、文化

1986年，乡影剧院1座。1995年，镇文化广播电视楼建成，开通有线电视。1997年，装修改造镇影剧院，开通加密电视，被表彰为扬州市广播电视先进镇。1999年，实施广播电视市镇光纤联网工程，整治电视广播干线10千米，放装动圈喇叭260只。有线电视用户累计3650户，入户率44%。

三、卫生

1986年，川青乡获“全国计划生育工作先进单位”称号。是年，乡卫生院1所，科室4个，医技人员16人，病床8张；村卫生室25家，乡村医生28人。1997年，镇卫生院门诊楼落成。1999年，镇卫生院设科室7个，医技人员26人，病床15张；村卫生站5家，乡村医生33人。

1988年，乡自来水厂建成供水。1996年，建成镇第二自来水厂，自来水通户率由上年的44.5%提高到81.2%。1998年，建成无害化户厕330座，累计530座。创建成农村改水普及乡镇。1999年，自来水普及率100%，改厕率25%。

四、体育

1986年起，经常开展群众性体育活动，中小学不定期地举办学生运动会。1989年，川青乡中心小学被评定为首批县级田径传统校。1997年，被表彰为扬州市体育先进乡镇。1998年，举办镇首届农民运动会。1999年，被省体育运动委员会表彰为省体育先进镇。

第四节　村镇建设

一、基础建设

1986年，集镇有主要街道4条，总长1.2千米，居民傍五号河北岸（川青村南部）居住。1991年，以撤乡建镇为契机，加大集镇建设力度。1997年，修编镇区规划和中心村建设规划。至1998年，先后改造集镇道路2.55千米，铺设硬质路面5475平方米、排水管道2.7千米，建成桥梁3座，安装路灯76盏，镇农经综合楼、镇广电中心楼、镇运输公司综合楼、镇中心初中教学楼等公共建筑和教师安居楼、农民代建房落成使用。1999年，集镇面积0.91平方千米，有丁沟路、五里桥街等主要道路8条，总长5.6千米；公共绿地面积23.4公顷，绿化覆盖率25.7%。被扬州市政府命名为新型小城镇。全镇人均住房面积由1986年的19平方米提高到22.5平方米。

二、交通

1986年，有邮川（高邮至川青）、临川（临泽至川青）、川舜（川青至兴化舜生）公路。90年代，开始筹资建造乡村公路。1994年，铺设川横（川青至横泾）公路川青段、集镇通北荡村砂石路面，累计5千米。1997年，完成营川（营南至川青）、临川公路7.2千米、川舜公路4.2千米黑色路面铺设工程。1999年，实施道路拓宽工程建设，完成邮川、临川、川舜公路改造升级工程。

三、邮电

1992年，自办汽车邮路。1993年，开通程控电话。1994年，镇邮电大楼建成开业。1996年，实现村村通电话，电话用户876户。1997年，建成电话村2个、电话百户村1个，增加电话用户490户，累计1300户。1998年，拥有固定电话1600多部。1999年，全镇固定电话入户率20%，移动电话家庭普及率10%。

四、供电

1986年，基本实现户户通电目标。1994～1995年，实施电力线路"两复三"工程，架设10千伏线路56.6千米、380伏线路68.1千米、220伏线路117.1千米，配置变压器89台。1997～1999年，实施农村电网第二期改造工程，架设10千伏线路31.25千米，增置变压器12台。

第二十六章　周巷镇

第一节　基本概况

周巷镇位于高邮城东北，距城区50千米，东连临泽镇，南接司徒镇，西邻界首镇、周山镇，北界宝应县夏集镇。

以明清周家巷得名。明清时，为查家店、马奔庄一带。清末民初，设有武胜乡、萧陵乡。新中国成立初，地属陈桥乡、薛北乡、双沟乡、四安乡、营南乡。1958年2月，由陈桥乡、薛北乡、双沟乡合并建立周巷乡。9月，由周巷乡、官垛乡合并建立周巷人民公社。1959年4月，析出官垛人民公社。1960年

3月，周巷人民公社划入临泽人民公社。1962年6月，恢复周巷人民公社。1980年，公社驻地迁至松板桥。1983年，撤社建乡，更名为周巷乡。2000年5月，撤销营南乡、周巷乡，两个乡原辖区域合并设立周巷镇，实行镇管村体制。

该镇属里下河冲积平原，东南部荡滩连片。镇内土壤主要为黏土。海拔1.5～5米。1986年，总面积51.39平方千米。2000年5月，总面积扩大至79.05平方千米，其中陆地面积57.48平方千米、水域面积21.57平方千米。

1986年，辖23个村、130个村民小组。2000年5月，辖12个村、109个村民小组，2个居民委员会、9个居民小组，1个水产养殖场。2005年，村、村民小组和水产养殖场数未变，3个社区、13个居民小组。在总人口中，农业人口3.15万人、非农业人口911人，男性1.64万人、女性1.6万人，少数民族人口12人，人口密度410人/平方千米。

1986～2005年部分年份周巷镇经济社会指标实绩一览表

表34-40

项目 年份	户数（户）	人口（万人）	劳动力人口（人）	耕地面积（公顷）	粮食产量（万吨）	农业产值（万元）	工业产值（万元）	建筑业产值（万元）	农民人均纯收入（元）
1986	5480	2.04	8554	1880	2.04	1207	542	96	511
1990	5957	2.04	9275	1877	1.99	2749	1422	125	715
1995	5570	1.94	9904	1805	1.82	3732	3054	905	1819
1999	5406	1.89	9808	2464	2.30	5364	8020	3010	2948
2000	9192	3.24	14393	4105	3.80	14872	14550	14800	2899
2005	10155	3.24	15319	4027	4.44	18113	48000	37200	4450

2005年周巷镇各村、社区、场基本情况一览表

表34-41

村、社区、场	村（居）民小组（个）	常住人口（人）	耕地面积（公顷）	人均纯收入（元）	主要自然村庄
薛北村	9	2899	250	4450	薛家墩、孙家场、五郎庄、姚夏庄、薛北庄、孙家沟、后场、口河、小南庄、大南庄、八大家、邢家
陈甸村	9	2585	253	4459	查家甸、东北垛、陈家庄、西北垛、姚家厍、夏家厍、钱家巷、葛家庄、新沟集
周巷村	8	2708	270	4558	松板桥、周家巷、周大庄、周巷渔业、禹王庙、乔家庄、郁家庄、周庄、下家庄、太平庄、小张庄、朱庄、王西庄、刘西
钱镜村	11	2986	356	4517	野庙桥、杨家圩、韩陆沟、周家沟、风车沟、苗圃、大汪塘、新颜河、马家套、陆家厍、美人桥、三家厍、鸡毛庄、谢沟头
胡荡村	7	1798	206	4486	虾蟆沟、洋庄、乜子沟、胡荡、马家庄、张家庄、虹桥
新马村	8	2108	260	4587	楼场、房家庄、吕家桥、陶家河、土桥、港北
双沟村	8	2255	214	4314	沙后、孟家厍、圩家沟、秦家桥、万家桥、汤家湾、彭家邦、三陆村

续表34-41

村、社区、场	村(居)民小组(个)	常住人口(人)	耕地面积(公顷)	人均纯收入(元)	主要自然村庄
营东村	11	2623	327	4452	汪庄、何下中庄、何下南庄、何下北庄、仓屋头、陈家、谢桥、夏桥、薛厍、肖家庄、双马、邹庄、施沟、三官庄、东桥、马家、营东
营南村	10	2481	314	4413	周桥、杨庄、和平、李桥、安平、查桥、陈明、尤河、尤南、四群、花湾、徐圩、蒋圩、尤北、新沟
营西村	11	2717	297	4245	九圩、俞庄、杨庙、鲍鳝、新河、头群、丁家、胡沟、周尖、蔡桥、张庄、西庄、黎沟、陆沟、周沟、晏河
营北村	9	1883	191	4367	俞桥、渡船、邓庄、西胜、邓堂、南庵、陈桥、俞西、葛庄、祥梅、柴沟
营中村	8	2080	203	4481	市河、刘桥、沈庄、新桥、戴家坝、陈明沟头、徐家沟邦
周巷社区	5	1039	—	—	—
营南社区	4	696	—	—	—
果林社区	4	1019	117	4524	东园、沿河村、东风、王圈、东风桥
水产养殖场	4	518	7	4583	—

第二节 经济发展

一、农业

1986年起，调整农业内部结构，改造中低产田，扩大粳稻种植面积，建立种子基地，发展棉花和"南鱼林荷藕、中果树杞柳、北湖桑药材"的多种经营格局，逐步形成以米业、木业、蔬菜业和水产养殖业为支柱的农业。2005年，种植业、林业、牧业、水产业产值占农业总产值比例分别由2000年的50.1%、1.2%、22.5%、26.2%调整为50.1%、1.2%、23.5%、25.2%。

种植业 农作物生产实行麦稻两熟制，伴栽棉花、油菜等经济作物。1986年，推广种植麦稻优良品种。1989年，建成珠光米原料生产基地。1990年，粳稻种植面积占水稻面积的25%。1994年，发展"一优两高"农业，大面积推广种植稻麦良种。建成陈钱、葛家、左兴、谢美等村杂交稻制种基地，种植面积133.33公顷，每公顷创效益3.75万元以上，成为四川、湖北、安徽等地的特约供种基地。1996年，实行统一供种机制，实现亩产吨粮目标，被市政府表彰为"丰收杯"竞赛优胜乡镇。1998年，发挥传统产业、资源优势，培植优质粳稻基地1333.33公顷、荷藕种植带333.3公顷、良种繁殖基地200公顷，成立杂交稻制种合作社。2000年，确定"南渔、北经、东藕、西禽、中特粳"的农业种植结构调整思路，发展优质、高效现代生态农业。2002年，成功注册"周巷"大米商标，周巷牌大米、米河牌大米被评定为省无公害农产品。周巷镇无公害优质稻米标准化示范区被批准为扬州市农业标准化示范区。依托省里下河农科所开展的超高茬麦田套稻技术示范取得成功。南京神州种业有限公司在陈甸村投资80万元，兴办制种农场。2003年，周巷杂交稻良种被农业部定为国家免检产品，建立标准化农业示范园400公顷，注册"凤惠""龙凤"等大米商标。2004年，扬州朝晖农业产业发展有限公司在该镇落实大葱种植面积26.67公顷。通过"公司＋基地＋农户"发展模式，蔬菜面积扩大到133公顷。钱镜村薛连春被表彰为全国粮食生产大户。2005年，在镇区西部开辟蔬菜(大葱)种植基地134公顷，全镇1/3以上种植粮食作物的田块推广超高茬麦田套稻技术。粮棉油作物种植面积分别由2000年的4922公顷、50公顷、862公顷调整为5930公顷、1公顷、659公顷，总产量分别由2000年的3.80万吨、48吨、1711吨变为4.44万吨、1吨、1719吨。

林业　1986年起，在河渠、道路两旁和村庄，开展植树造林活动，全乡栽植树木30万株。1996年，推广种植银杏1万株。2001年起，实施退耕还林，扩大林业生产，在镇域西北部开辟建设林业生产基地。2002年，市农林局、周巷镇政府与浙江丽人集团合作，投资3000万元，成立高丽林场有限公司。周巷镇和双沟村分别被扬州市绿化委员会表彰为造林绿化先进乡镇和造林绿化最佳村。至2003年，累计种植意杨87万株，新增成片林342.2公顷。实施林权制度改革，鼓励个人投资造林。是年，非公有制造林面积34.21公顷。2004年，该镇被省林业局表彰为绿色江苏建设先进乡镇。2005年，全镇有银杏4.8万株、意杨95万株、速生林85万株，林木覆盖率20%。

畜禽养殖　1986年，畜禽养殖以农户散养为主，全乡饲养生猪1.74万头、家禽18.6万羽。1993年起，发展以畜禽养殖为主的多种经营生产，初步形成以片为单位的家禽、母猪饲养基地。至1998年，张平、湖荡、薛南等村建成养禽专业村，培植年均纯收入2万元以上养殖大户270户。2000年起，引进饲养特色品种，调整畜禽规模养殖数量。2005年，生猪、羊、家禽饲养量分别由2000年的3.38万头、1.35万只、103.92万羽调整到3万头、7474只、88万羽。

水产业　80年代，利用河塘、荡滩发展水产品养殖，养殖面积100公顷。1993年，水产品养殖面积扩大到473公顷，其中精养鱼池面积428公顷，发展鱼蚌混养和蟹、鳖等特种水产品养殖。1994年，张平村利用荡滩水面5.73公顷，创办股份合作制养殖场。1998年，规划建设水产养殖基地333.3公顷；投资100多万元，改造养殖场老鱼池，建立特种水产品养殖基地；培育年产值2万～50万元水产品养殖大户124户。2000年起，挖掘资源优势，实施围垦养殖。至2002年，开发荡滩1000公顷，其中水产养殖面积666.67公顷。2004年，陈甸、周巷村的533公顷水产品养殖基地获批为省无公害水产品生产产地。2005年，全镇有水产品养殖面积1333公顷，水产品产量5831吨。

农业机械　1986年，农机总动力4199千瓦，主要从事农田耕翻、灌溉、排涝、脱粒等作业。1996年，全乡有20户农民共同投资120多万元，购买16台上海50中型联合收割机，收割机累计23台。1999年起，实施农机产权制度改革，鼓励农民自购或联合购置农机具。2005年，农机总动力1.78万千瓦，农业综合机械化水平84%。

农田水利　1986年，骨干河道12条，总长37千米，沿堤设有圩口闸15座。1992～1997年，结合中低产田改造、防洪防汛，加固防涝圩堤40千米，建成或改建涵闸18座，创建成无坝乡。2000～2002年，实施二里大沟拓浚工程。2003～2005年，实施河道清淤工程和农田水利建设，共完成土方24.16万立方米，实施桥、涵、闸、站建设项目10项，兴建涵闸21座、电泵站15座。

二、工业

1986年，全乡有乡办厂10家、村办厂31家、组户联办厂74家，实现产值542万元，其中乡办厂238万元、村办厂198万元、组户联办厂106万元。1990年、1993年，乡电线厂先后获电子工业部、中国电子工业委员会颁发的生产许可证。1994年起，完善和规范企业资产滚动承包，推行租赁承包和股份合作制。至1996年，全乡参与产权制度改革的9家企业中，组建股份制、股份合作制企业4家，租赁承包4家，拍卖1家。1997年起，完善企业内部配套改革，加大技改投入，开发新品，推动以机械铸造、粮食加工、邮电挂

图34-14　2004年建成的周巷工业集中区一角

钩、再生造纸为代表的私营工业发展。2000年，以项目建设推进年为契机，成立招商引资发展委员会，制定优惠政策，促进个体私营经济发展，新上项目10项，投入资金625万元。2002年起，以招商引资为重点，推进资产重组、园区建设和项目建设。是年，在距京沪高速公路界首进出口5千米处建成木业工业园区，扬州市丽邮人造板有限公司建成开业，发展私营工业企业5家。2005年，启动建设规划用地34公顷的周巷工业集中区。至是年末，共引进工业项目74项，实际到账外资79万美元，实际利用域外资金2.3亿元、市内民资1.6亿元。木业工业园区和轻工制造业集中区累计开发面积分别为10公顷、8.5公顷，建设标准化厂房分别为1.27万平方米、2.69万平方米，进园企业分别为3家、6家。累计发展私营企业和个体工商户554户。全镇形成以木业制品、通信器材、电线电缆、机械铸造、化工制品、粮食加工、服装加工等为主的工业格局，共有工业企业140家，其中规模以上企业3家。

三、建筑业

1986年，全乡有建筑企业1家，从业人员100人。1992年，更名为周巷建筑安装工程公司，开始开拓外埠建筑市场。至1999年，在10多个大中城市承建建筑工程，成立外部市场工程项目部4个。2000年起，先后在上海、北京、南京、苏州、天津市开辟建筑市场，实施建筑企业改制，强化建筑工程质量管理。2002年，营南、周巷两建安公司合并成立周巷镇建筑安装工程总公司，下设南京207分公司、南京217分公司、上海分公司、苏州分公司、天津分公司、周巷分公司、营南分公司。2003年，承接1000万元以上建筑工程项目8项，镇建筑安装工程总公司被市政府表彰为建筑业最佳企业。2005年，成立拥有三级资质等级的扬州市天成建筑安装工程公司。至是年末，建筑企业承建的工程获省优质工程奖1项、市优质工程奖7项，建筑业从业人员3048人。

四、商贸服务业

1986年，商贸以供销合作社、商业合作社为主体，在距集镇较远村庄设有商业网点、代销点。90年代，发展多层次、多渠道、多形式的商贸服务业。1995年、1997年，先后建成集购物、餐饮、宾馆、浴室、娱乐为一体的供销社综合服务中心和周巷综合农贸市场。2000年，水陆交通运输业发展迅速，拥有客、货机动车316辆、运输船35艘，从事运输业人员500多人、废品收购人员近100人。2002年，由常熟市客商投资200万元兴建的周巷新世纪液化石油气站建成开业。2005年，全镇有集贸市场2个、商贸服务业网点484个，从业人员5246人，第三产业增加值由2000年的5503万元增长到9899万元。

第三节　社会事业

一、教育

1986年，全乡有幼儿园25所，班级25个，在园幼儿333人，教师25人；小学22所，班级77个，在校学生2510人，教师89人；初级中学3所，班级22个，在校学生1046人，教师68人。1987年，集资90万元，征地1.3公顷，建成周巷中心小学。1992年，实施学校布局调整，小学由21所调减为17所，后又于1992年、1996年分别调减为11所、5所。1993年，基本扫除青壮年文盲，普及九年制义务教育，乡中心初中教学楼落成。1997年，乡中心初中被扬州市教育委员会批准为合格初中，该乡被省政府表彰为教育“双基”达标先进乡镇。1998年，获“省实施教育现代化工程先进乡镇”称号，成为全市教育现代化先行乡镇。2001年，镇中心小学创建成省现代教育技术实验学校、扬州市素质教育优秀学校。2003年，周巷幼儿园实行股份制，营南幼儿园转为民营。2005年，全镇有幼儿园2所，班级18个，在园幼儿616人，教师39人；小学3所，班级34个，在校学生1630人，教师91人；初级中学1所，班级24个，在校学生1220人，教师79人。学龄儿童入学率和小学、初中学生毕业率均为100%。镇中心初中、南联小学分别被批准为省示范初中和扬州市合格学校。

二、文化

1996年，建成乡广播电视中心，开通有线电视。1997年，开通加密电视，有线电视用户累计1600户，被扬州市政府表彰为广播电视先进乡镇。2000年5月，周巷广播电视站与营南乡广播站、文化站合并更名为周巷镇文化广播电视中心。2005年，集图书阅览、体育健身、成人教育等为一体的镇文体活动中心大楼建成。有线电视入户率70%。

三、卫生

1986年，乡卫生院1所，科室4个，医技人员12人，病床8张；村卫生室23家，乡村医生26人。1998年，建成乡卫生院门诊楼。2000年11月，周巷卫生院托管营南卫生院。2002年11月，营南卫生院改制为民营医院，更名为营南医院。2003年，推行新型农村合作医疗制度，参保人数2.01万人，参保率62%。2004年，被扬州市政府表彰为扬州市计划生育红旗乡镇。2005年，镇卫生院、民营医院各1所，科室16个，医技人员40人，病床28张；村卫生站13家，乡村医生56人。

1993年、1995年，先后兴建乡自来水厂、乡第二自来水厂，全乡有40%以上人口饮用自来水。2001年，周巷自来水厂、第二自来水厂和营南自来水厂实行招标拍卖。2005年，全镇有自来水厂3座，自来水受益人口1.55万人，自来水普及率84%；无害化卫生厕所普及率35%。

四、体育

1986年起，经常举办群众性体育活动。90年代，结合集镇建设，陆续修建农民体育活动室、活动广场等场所，村、企事业单位经常开展单项体育竞赛活动，学校每年均组织开展中小学运动会。

第四节　村镇建设

一、基础建设

1980年，乡党政机关从老周巷集镇迁至二里大沟河畔的松板桥，机电站、供销社、粮管所、卫生院、邮电所等相继迁至新集镇。1986年，集镇有街巷3条，总长1.2千米，居民沿二里大沟河两岸居住。1993年起，实施集镇基础设施建设工程及商品房开发。至1999年，先后建成乡政府办公楼、财政所办公楼、广播电视楼、兽医站、派出所办公楼和信用社、农行分理处营业楼，开发建设集镇南北段商住房18幢，铺设乡供销社至乡布厂道路水泥路面。2000～2005年，加大集镇建设力度，拓浚二里大沟并绿化集镇段北岸，建成长1.2千米的集镇大道，实施镇区主干道硬化、绿化、亮化工程，规范镇内路、桥名标志。至2005年末，集镇镇区面积从2000年的0.15平方千米扩大到0.47平方千米；有新河南、北路，通邮东、西路，新周东、西路，刘西东路等主要道路7条，总长6.5千米；设置路灯120盏；公共绿地面积5.4公顷，绿化覆盖率20%。全镇人均住房面积由2000年的22平方米提高到26平方米。

二、交通

临界公路、邮川公路穿镇境而过。1990年起，逐步实施通村道路建设。至1998年，先后铺设范家支渠砖头路5千米、新河支渠黑色化路面10千米、立新支渠砂石路10千米，铺设市、乡公路12千米，全乡23个行政村通村到组道路全部铺设砖头路面，初步形成“三纵三横”环乡公路格局。2000～2002年，修缮主要交通道路和桥梁。2003年，启动道路“通达工程”建设。至2005年，建成通村灰色化道路55千米，实现村村通水泥路目标。周八公路（周巷至八桥）周巷段建成开通。

三、邮电

1986年，为自办汽车邮路。1994年，邮电大楼建成开业，开通400门程控电话。1996年，完成电话杆线到村工程，实现村村通电话。1997年，建成电话村3个。2005年，全镇固定电话入户率82%，移动电话家庭普及率40%。

四、供电

1986年，实现户户通电目标。1995年，实施扶贫通电工程，整改低压线路12.26千米。1996年，改造10千伏高压线路33千米。1999年，完成电力线路“两复三”工程。2001～2002年，实施农村电网第二期改造工程。2004年，省电力公司投资1300万元，在该镇中心区域建成35千伏变电所1座。至2005年，全镇有低压线路83千米，变压器105台、总容量7900千瓦。

第五节 特色村简介

一、薛北村

明末清初，薛姓始住该地，薛姓人丁兴旺，渐成千人大庄而称镇，有“九井十三巷”之说，号称里下河东部的“小扬州”，后因地处偏僻而不复。位于周巷镇西南，南与司徒镇、西与周山镇接壤。2000年，由原薛北、薛南、姚夏村合并而设，耕地面积250.3公顷，荡滩面积66.67公顷。该村利用耕地多、荡滩多的优势，采取吸引外资方式，引导鼓励村民发展种植和养殖。全村套养龙虾和养殖常规鱼、鱼种水面10公顷，荷藕种植水面6公顷，有10多公顷水面承包给司徒镇农民杨承春实行水产品养殖，其余农田种植粮食。同时，引导近1000人外出务工。修建村通组道路，整治老河道。2005年，有9个村民小组，703户、人口2899人，工业企业6家，实现社会总产值2720万元，农民人均纯收入4450元。

二、周巷村

位于周巷镇东部，东与临泽镇接壤，三阳河贯穿南北。2000年，由原张平、周巷村合并而设，耕地面积270.4公顷，荡滩面积295公顷。该村利用丰富的滩涂资源，配套建设田间砂石路、水泥路及部分硬质渠道，架设电力线路，水产品养殖面积发展到266.67公顷。扬州朝晖农业发展有限公司租赁该村土地11.2公顷，种植卷心菜、玉米等。村会计查永东从事生猪养殖，年出栏生猪1000多头。全村在镇工业集中区企业工作和外出务工的村民超1000人。修建禹王庙，建成村通组道路。2005年，有8个村民小组，847户、人口2708人，工业企业9家，实现社会总产值3899万元，农民人均纯收入4558元。先后获“扬州市农村集体财务规范化管理先进集体”“市民主法治示范村”称号。

三、陈甸村

位于周巷镇西南部，南与司徒镇接壤，东与临泽镇毗邻，周八公路、三阳河贯穿南北。2000年，由原陈钱、葛家、查甸村合并而设，耕地面积253.2公顷，荡滩面积346.67公顷。该村致力发展高效农业，成立三源水产养殖合作社，入股股东419户、股民524人，水产品养殖面积264.8公顷。有30多年制种历史的杂交稻制种合作社成为扬州市唯一的杂交稻制种生产基地。有高效景观林22公顷、荷藕基地100公顷。生产纯生态、无公害大米基地65公顷，年生产周巷大米40吨左右。修建村通组、组通户道路，安装路灯。2005年，有9个村民小组，662户、人口2585人，工业企业2家，实现社会总产值2819万元，农民人均纯收入4459元。先后获“省管理民主示范村”“扬州市民主法治村”“扬州市十强农村土地股份合作社”等称号。

第二十七章　营南乡

第一节　基本概况

营南乡位于高邮城东北35千米，东邻周巷乡，南接周山乡，西连界首镇，北与宝应县子婴河乡隔河相望。

以位于宝应县王营集镇河南而得名。1956年2月，设营南乡，属临泽区。1958年10月，隶属周山乡林苗场。1962年1月，林苗场更名为果林场；6月，以果林场划出一部分成立营南人民公社。1983年，撤社建乡，更名为营南乡。2000年5月，撤销营南乡，原辖区域并入周巷镇。

该乡属里下河冲积平原，乡内土壤主要为黏土。地势落差较大，海拔1.5～5米。总面积27.67平方千米，其中陆地面积23.96平方千米、水域面积3.71平方千米。

1986年，辖13个村、108个村民小组。1999年，辖12个村、108个村民小组。在总人口中，农业人口1.33万人、非农业人口442人，男性7164人、女性6554人，少数民族人口8人，人口密度496人/平方千米。

1986～1999年部分年份营南乡经济社会指标实绩一览表

表34-42

项目 年份	户数（户）	人口（万人）	劳动力人口（人）	耕地面积（公顷）	粮食产量（万吨）	农业产值（万元）	工业产值（万元）	建筑业产值（万元）	农民人均纯收入（元）
1986	4103	1.46	7171	1383	1.28	718	826	160	502
1990	4137	1.46	6801	1380	1.22	1507	1384	180	706
1995	4066	1.40	7065	1255	1.05	1910	1431	10300	1911
1999	3827	1.37	6358	1641	1.46	2479	4578	10000	2474

第二节　经济建设

一、农业

1986年起，坚持走因地制宜、多元化发展的道路，调整农业产业结构，不断壮大集体经济。1999年，种植业、林业、牧业、水产业产值占农业总产值比例分别由1986年的86.5%、1.8%、10.4%、1.3%调整为59.1%、4%、31.5%、5.4%。

种植业　农作物生产实行麦稻两熟制，伴栽棉花、油菜、薄荷等经济作物。1988年，推广种植薄荷200公顷。1989～1990年，推广水稻杂交制种小苗直栽技术成功。1992年，获市政府棉花丰收竞赛“百亩方”一等奖。1995年，确立“稳粮、增棉、拓桑、扩经”调整思路，推广新型栽培模式，实施配方施肥，棉花、湖桑种植面积分别扩大到267公顷、233公顷。1997年，统一供种率、水稻肥床旱育稀植技术推广率均为100%。1998年，乡政府向65户农业产业化经营专业户颁发优惠卡，凭卡可享受10项优惠待遇。1999年，粮棉油作物种植面积分别由1986年的2114公顷、151.3公顷、250公顷调整到2054公顷、14.7公顷、224公顷，总产量分别由1986年的1.28万吨、132吨、476吨变为1.46万吨、13吨、352吨。

林业　1986年起，在河渠、道路两旁和村庄四周栽植树木，全乡栽植树木20多万株。1994年起，启动“银杏工程”，先后开展“养老银杏树”“共青银杏林”“三八银杏带”等植树活动，培植银杏种植重点村、基地建设，创建“银杏之乡”。至1999年，累计栽植银杏树4万株、经济林木2万株，被扬州市绿化委员会表彰为绿化先进单位，林木覆盖率18%。

畜禽养殖　1986年，畜禽养殖以家庭散养为主，推行户养苗禽100羽，村组补助10元、解决50千克平价混合饲料的做法，扩大家禽饲养量。1990年，制定扶持政策，促进饲养母猪项目做大、做强。是年，户均饲养母猪1.5头，母猪饲养量居全县之首，被誉为“母猪之乡”。1996年起，发展规模养殖，培植专业大户，巩固母猪饲养量，逐步形成以苗猪市场挂连农户的贸工农一体化模式。1999年，改良生猪品种，初步形成母体杂交化、授精人工化、苗猪三元化。生猪、家禽饲养量分别由1986年的7833头、12.12万羽增长到1.51万头、23.11万羽。

水产业　1986年，利用河沟渠塘发展水产品养殖。90年代，随着农业结构调整，实施退耕还水，水产品养殖面积逐步扩大。1998年，开挖精养鱼池10公顷。1999年，发展特种水产品养殖面积20公顷。全乡水产品养殖面积140公顷，水产品产量625吨。

农业机械　1986年，农机总动力3382千瓦，主要从事农田耕翻、灌溉、排涝、脱粒等作业。1996～1997年，先后购进大中型收割机20台套和一批开墒机，实现村组农田作业机械化。1999年，实施农机产权制度改革，鼓励农民自购或联合购置农机具；农机总动力6500千瓦，农业综合机械化水平80%。

农田水利　1986年，骨干河道3条，总长9.52千米，沿堤设有圩口闸5座。90年代，重视农田水利建设，先后开挖浦塘河、花湾河，疏浚子婴河、二里大沟，建成或改造桥涵闸洞，形成土地方整、河渠纵横、水利配套成网的格局。

二、工业

1986年，实现产值826.47万元，其中乡办厂250.89万元、村办厂311.9万元、组户联办厂263.68万元。1989年，调整投资结构，实行倾斜政策，乡政府设立“振兴杯”工业生产奖，促进乡村工业发展。90年代，先后创办木业机械厂、畜禽机械厂、铜带厂和电磁材料厂。1995年，深化乡办企业改制，30%的村办企业实行抵押承包。至1996年，进行产权制度改革的6家乡办企业中，先售后股4家、租售结合1家、实施破产1家。1998年，突出发展个体私营经济，以林木为原料的木业生产和以家庭经营为主的制香业生产发展快速，有制香作坊60家，日产卫生香2吨以上，成为里下河地区最大的卫生香制作、批销地。至1999年，形成机械制造、木业生产、磁性材料等为主的工业格局，共有工业企业98家。

三、建筑业

1986年，全乡有建筑企业1家，在南京、常州、上海等地承建工程，从业人员500人，其中在外施工200多人。1993年，在上海浦东新区承建32层爵士大厦土建工程，成为全市建筑史上承建的最高楼房。是年，在南京市承建首座大跨度无梁厂房，《新华日报》给予报道。该工程经东南大学技术鉴定，合格率100%，被评定为全优工程。1995年，乡建筑公司狠抓人才建设和建筑设备的双投入，技术人员占职工总数的24%，实现垂直运输自动化、水平运输车辆化、混凝土浇筑钢模化、施工脚手钢管化，被命名为全市首批“建筑之乡”“铁军企业”。1996年，由乡建安公司于1995年承建、上海万乐房地产开发经营有限公司发包、高28层的莱克大厦工程，被列为上海市30强。是年，承建高层建筑工程的产值占全乡建筑业总产值的50%以上。1997年，开辟安徽滁州新工地，实施项目经理责任制、材料进出验收制、材料消耗定额领料制、质量优劣奖惩制、机械装备租赁制等制度，保证工程质量提高和固定资产保值增值。1999年，开辟扬州、镇江、徐州、连云港、天津等地建筑市场，工程优良品率39.2%。

四、商贸服务业

1986年，商贸业以供销合作社、商业合作社为主体，在距集镇较远村庄设有商业网点、代销点。90

年代，发展多层次、多渠道、多形式的商贸服务业。1992年，扶持个体运输业发展。是年，运输业实现产值60万元。1994年，由营南畜牧兽医站创办、占地2000平方米的市苗猪交易市场建成开业，为苏北地区较大的苗猪交易专业市场。1995年，年成交苗猪4万头，主要销往安徽、浙江、湖北、湖南等省和省内宝应、江都、金湖、兴化、东台、苏州等地。1999年，第三产业从业人员800人，实现第三产业增加值3000万元。

第三节　社会事业

一、教育

1986年，全乡有幼儿园15所，班级15个，在园幼儿352人，教师15人；小学14所，班级45个，在校学生1620人，教师68人；初级中学1所，班级15个，在校学生769人，教师47人。1994年，基本扫除青壮年文盲，普及九年制义务教育。乡中心小学教学楼落成，被表彰为市模范学校。1995年，实施学校布局调整，小学由13所调减为10所，次年调减为3所。1996年，营南乡中心初中被批准为扬州市合格初中。1999年，投资60万元，建成乡中心幼儿园；全乡有幼儿园8所，班级14个，在园幼儿323人，教师20人；小学3所，班级28个，在校学生1194人，教师73人；初级中学1所，班级10个，在校学生435人，教师48人。学龄儿童入学率和小学、初中学生毕业率均为100%。

二、文化

1996年，建成乡文化楼，开通有线电视，整改乡广播主干线路网，有线广播入户率96%。1997年，有线电视入户率80%，被表彰为“扬州市广播电视先进乡镇”。

三、卫生

1986年，乡卫生院1所，科室4个，医技人员12人，病床8张；村卫生室13家，乡村医生15人。1993年，被扬州市政府授予“‘七五’期间计划生育工作先进集体”称号。1999年，乡卫生院设科室8个，医技人员18人，病床12张；村卫生室12家，乡村医生20人。

1995年，投资45万元，建成乡自来水厂。1999年，自来水受益人口8500人。

四、体育

1986年起，开展群众性体育活动，村、企事业单位经常开展单项体育竞赛活动。学校体育运动成绩突出，为市、县体育部门输送优秀体育运动员3人。1996年，被市政府表彰为体育先进乡镇。

第四节　村镇建设

一、基础设施

1986年，集镇有街巷4条，总长1.5千米，居民沿二里大沟河畔居住。1992年，编制完成《营南乡集镇总体规划》。1993年起，实施占地2公顷的集镇综合小区第一期工程，新建住宅楼65户、服务业10家。1994年，建成农贸市场、游乐场所等。1996～1998年，开发建设集镇商品房8000平方米。1999年，新建食品楼和粮站向北路段门面经营房28间；集镇面积0.27平方千米，主要道路8条，总长2.6千米；累计开发商品房1.15万平方米；集镇公共绿地面积4.9公顷，绿化覆盖率18.2%。全乡人均住房面积由1986年的16平方米增加到18.6平方米。

二、交通

营舜、澄营公路贯穿全乡境。1994年，铺设子婴干渠石子路面。1996年，铺设营川公路营南段黑色化路面5.4千米和通村砖头路面4千米。

三、邮电

1986年，为自办汽车邮路。1994年，电话进入市话自动拨号网。1997年，建成电话村5个。1999年，全乡固定电话入户率55%，移动电话家庭普及率13%。

四、供电

1987年，全县最后一个无电村——祥梅村实现通电。1991年起，实行农村电网改造，乡农电站被批准为扬州市一级合格站。1998年，改造界首至营南10千伏线路，整改村组低压线路，乡电力站被表彰为扬州市规范服务示范站。1999年，完成电力线路“两复三”工程。

第二十八章　周山镇

第一节　基本概况

周山镇位于高邮城东北，距城区25千米，东接周巷镇、司徒镇，南界龙虬镇，西邻界首镇，北连营南乡。

明清时，为吴卢堡一带。清末民初，地属德胜乡。在中国共产党领导下的抗日战争和解放战争时期，隶属界首区。1949年2月，为纪念烈士周山，界首区更名为周山区。1958年2月，撤区并乡；9月，志光、狄奔、四美乡及原瞿墩乡部分村合并，成立周山人民公社；12月，界首人民公社并入。1959年4月，界首人民公社划出。1983年，撤社建乡，更名为周山乡。2000年5月，撤乡建镇，实行镇管村体制。

该镇属里下河冲积平原，地势西高东低。镇内土壤主要为黏土。海拔2～2.3米。总面积61.9平方千米，其中陆地面积41.4平方千米、水域面积20.5平方千米。

1986年，辖27个村、246个村民小组。2000年5月，辖11个村、118个村民小组，1个居民委员会、3个居民小组。2005年，在总人口中，农业人口2.68万人、非农业人口1404人，男性1.44万人、女性1.38万人，少数民族人口41人，人口密度455人/平方千米。

1986～2005年部分年份周山镇经济社会指标实绩一览表

表34-43

项目 / 年份	户数（户）	人口（万人）	劳动力人口（人）	耕地面积（公顷）	粮食产量（万吨）	农业产值（万元）	工业产值（万元）	建筑业产值（万元）	农民人均纯收入（元）
1986	8060	3.16	14714	3007	2.94	1915	1176	77	543
1990	8307	3.18	14633	2994	2.81	3783	2432	392	856
1995	7944	3.00	17740	2354	2.55	4707	2994	1400	1788
1999	9041	2.98	15766	3126	3.37	8885	9545	7600	3294
2005	8490	2.82	13506	3171	3.26	17298	46687	16000	4898

2005年周山镇各村、社区基本情况一览表

表34-44

村、社区	村（居）民小组（个）	常住人口（人）	耕地面积（公顷）	人　均纯收入（元）	主要自然村庄
龙华村	14	2888	294	5235	杨庙、王家庄、陈庄、马家庄、周庄、殷庄、陶家庄、李墩、塔沟头、徐庄、韩庄、郭庄、安河
志光村	11	3176	300	5266	黎下墩、杨家墩、秦垛、黎上墩、丁家沟头、张家、太平桥、杨庄、季墩、崔庄、邓沟、前黎河、周家垛子、中黎河、后黎河
狄奔村	13	2576	379	4345	居家沟、松板桥、丁家墩、果子园、时腰庄、时沟头、时大庄、刘庄、丁庄、观音庄、陈沐湾、袁家拐、段家沟
万福村	11	2204	270	4895	傅沟邦子、夏沟邦子、木沟邦、卢家沟、行马桥、吴沟头、花枝新庄、花枝庄、茅家垛、殷家沟、侍郎港、姬沟、孙沟
居河村	8	1608	179	5042	居家河、施庄、盐沉河、石家庄、唐家河、邵家河、北大河
吴堡村	9	1695	211	5269	吴家堡、卢家堡、汤沟邦子、王府墩、施家墩、杨树沟
联合村	6	1566	220	5309	周家庄、瞿家墩、刘墩、南洋荡、芦沟
龙胜村	10	2065	247	5194	练沟口、杨家墩、周沟头、北海口、解放桥、郭家厍、卞沟门、吕家垛、芦沟河，薛家厍、毛家垛
长宁村	11	1990	333	4247	杨垛、韩墩、北赦、杨沟、周家墩、潘家墩、孙家沟、芦邵尖、高鸭厍、芦家垛、官田、安乐沟、直嗓子、长车沟
龙河村	11	1973	334	4758	王桥、龙沟邦、新沟邦、大翟河、吴河、翟家垛、渔业新村、薛墩
双河村	14	3228	402	4475	东大庄、太平庄、邵家庄、叶家庄、晏前庄、晏小庄、晏大庄、后庄、仙人庙、马沟、马河、时坝、居家圈、孟庄、曹湾、晏庄、纪庄、张桥、丁大桥、叶沟邦、卜庄、苗圃
杨庙社区	3	3225	—	5265	—

第二节　经济发展

一、农业

1986年起，调整农业产业结构和作物种植布局，扩大瓜果、蔬菜、水生植物、苗木等经济作物种植面积和水产品养殖面积，建设“一村一品”的专业村，基本建成稻米、林业、养殖、家禽产业基地。2005年，种植业、林业、牧业、水产业产值占农业总产值比例分别由1986年的79.6%、1.3%、17.9%、1.2%调整为39%、3.7%、29.5%、27.8%。

种植业　农作物生产实行麦稻两熟制，伴栽棉花、油菜等经济作物。1986年，种植粮食优良品种333.33公顷，推广种植瓜类、萝卜、慈姑、番茄、水芹菜、蘑菇、湖桑等经济作物371公顷。1989年，联合村栽植湖桑33.33公顷，被列为蚕桑生产重点村、制种基地。1994年，适度调减粮食种植面积，扩大经济作物种植面积。桑园面积扩大至666.67公顷，养蚕1.03万张，产茧322吨。1996年，推广水稻肥床旱育稀植、棉花地膜移栽等新技术，农田无草害工程通过省、扬州市检查验收。1997年，建成乡村吨粮田、示范方54个。1998年，进一步调整农业结构，粮食复种面积3666.7公顷，蚕桑面积恢复到300公顷，棉花种植面积200公顷，经济作物种植面积494.5公顷。改造中低产田133.3公顷，建设高产高效农田33.3公顷，开发复垦土地20公顷。2000年，成立优质稻米合作社，累计有专业合作经济组织8个。合

理流转土地经营权333.3公顷。2003年起，依托市双兔米业有限公司，发展米业经济和订单农业。是年，建成绿色核心方基地333.33公顷。2005年，全镇累计建成优质稻米生产基地2533.33公顷，被列为扬州市优质稻米示范基地。粮油作物种植面积分别由1986年的4858公顷、420公顷调整为4527公顷、611公顷，总产量分别由1986年的2.94万吨、817吨变为3.26万吨、1788吨；棉花种植面积、总产量分别由1986年的163公顷、91.45吨变为2001年的85.2公顷、47.8吨。2002年起，停止棉花种植。

林业　1986年，在道路、河渠两侧和村庄四周栽植树木，共栽植树木30万株。1991年，成立乡林业工作站。1992年，由国家林业投资公司中闽分公司投资开发薛家村东部荡滩，建成林业基地200公顷，植树20.1万株，培育树苗45万株。1998年，建成国家远东林场、省生态公益林。2003年，开展“绿色银行”大行动，打造绿色屏障，新植树49万株，育苗22.33公顷，新增成片林面积107.33公顷，累计成片林面积462.99公顷。2005年，共有成片造林面积750公顷、林业生产基地400公顷，林木覆盖率24%。先后被表彰为扬州市绿化最佳乡镇、扬州市全民义务植树先进乡镇、省国土绿化最佳乡镇。

畜禽养殖　1986年，畜禽以农户散养为主，培植各种养殖专业户60户。1989年，晏河村饲养家禽4万羽，人均50羽，成为养禽专业村。1995年，实施多种经营“11”致富工程。果园村丁庄组每户饲养一头母猪。吴堡村10组村民吴开文采取多批量、勤出栏的流水养殖销售法，年饲养肉鸡2.5万羽。至1998年，发展多种经营专业大户234户。1999年起，发展特畜特禽养殖。是年，饲养山羊1.28万只、菜兔9837只。2001年起，发展养殖基地，培植各类专业组和专业户，推广饲养三元杂交猪、波尔山羊等新品种。2005年，生猪、家禽饲养量分别由1986年的2.9万头、26.5万羽增长到3万头、110万羽（扬州鹅10万羽、高邮鸭12万羽）。

水产业　1986年，利用河沟养殖水产品，水面放养面积57.3公顷。1988年，启动荡滩开发和低产田改造工程，扩大水产品养殖面积。1994年，推广鱼蚌、鱼蟹、鱼鸭、鱼猪混养等立体养殖模式，引进饲养罗氏沼虾、河蚌育珠等特种水产品。至1996年，累计建成鱼池200公顷，其中特种水产品养殖面积66.67公顷。1999年起，实施退耕还水。至2002年，累计发展水面养殖面积666.67公顷，其中精养鱼池355.33公顷、罗氏沼虾养殖213.33公顷。2004年，龙胜、联合两村400公顷水产品养殖基地获批为省无公害水产品生产产地，主要养殖品种为罗氏沼虾、异育银鲫。2005年，全镇水产品养殖面积600公顷，其中特种水产品养殖面积286.67公顷，水产品产量由1986年的220吨增加到4688吨。

农业机械　1986年，农机总动力7632千瓦，主要从事农田耕翻、灌溉、排涝、脱粒等作业。1999年起，实施农机产权制度改革，鼓励农民自购或联合购置农机具。2005年，农机总动力1.3万千瓦，农业综合机械化水平86%。

农田水利　1986年，有澄潼河、人字河、范家大沟、六安河等主要骨干河道，河堤总长67.45千米，沿堤设圩口闸31座；建成或维修农田水利配套设施，完成土方101万立方米。1996～2000年，以农田配套建设为重点，完成土方169.9万立方米，兴建或维修闸、站、桥59座和田间配套物540座。2005年，实施万亩土地整理项目第一期工程，共平整土地320公顷，修建硬质化渠道2万米、桥涵闸站15座，清理河塘5千米，完成土方34万立方米。

图34-15　2005年疏浚后的乡镇河道

二、工业

1986年，实现产值1175.8万元，其中乡办厂678.5万元、村办厂330.75万元、组户联办厂166.55万元。1990年，乡农具厂研制的5TD2F-72型稻麦双风扇脱粒机为注册专利产品，通过省机械厅检测鉴定，被列入1991年省新产品开发项目计划。1993年，与香港当益有限公司、金陵石化公司共同投资兴建的企业——扬州当益洗涤品有限公司建成投产，丰田农药厂与南京农业大学、中国农业科学院棉花研究所、省农业科学院等单位研制的“久灵”农药新品通过省鉴定。1994年，在乡村工业企业中实行改制和转换经营机制。至1996年，全乡11家乡办企业中，组建股份制、股份合作制企业4家、先租后股4家、租赁承包3家。1998年，开发新产品6种，兴建生产厂房950平方米，培植产值50万元以上私营企业13家。1999年，灯具厂研制生产的国内第一杆高杆灯在南昌火车站投入使用，丰田农药生产的久灵牌乳油农药产品获扬州市科技进步奖。2000年，工业产值首次实现1.1亿元。深化企业产权制度改革，12家镇办企业中，出售5家、租赁6家、改为股份合作制1家。市双兔米业有限公司入驻联合村，征地16.7公顷，建成年生产8万吨大米的生产线。累计发展私营企业112家，私营企业产值占工业总产值69.2%。2001年，盘活闲置资产，引进外地民资，兴办三鑫纸业有限公司、宏达刀具有限责任公司、翔龙制衣厂。2002年，双兔牌大米获中国“十大金奖大米”称号。2004年，启动建设规划用地53公顷的周山工业集中区。至2005年，引进域外民资3.11亿元，实施项目60项。工业集中区实现“四通一平”（路、电、水、电信通，土地平整），入园企业5家。全镇形成米业、灯具、玻钢、服装、农药、电力电器等为主的工业格局，共有工业企业234家。

三、建筑业

1986年，全乡有建筑企业1家，从业人员100人。1991年，实行经济承包责任制。1992年起，开拓外埠建筑市场。至2000年，先后在吉林、常州、南京、无锡、上海、北京、青岛、海南、山西、新疆等地开辟建筑市场。承建的北京西客站商服楼工程、北京职工大学装修工程分别被表彰为北京市优工程、宣武区优良工程，承建的南京月安小区被表彰为南京市“十佳”优质工程。王宝龙工程队（市建公司108处）被省驻京办事处、宣武区建委表彰为先进工程处队，被北京市建委表彰为劳务先进单位。至2005年，承建的工程获北京市“长城杯”优质结构工程奖2个、南京市优质工程奖1个，开拓昆明市、兰州市、重庆市等地建筑市场，建筑业从业人员3200人。

四、商贸服务业

1986年，商贸业以供销合作社、商业合作社为主体，在距集镇较远村庄设立销售点。1991年，建成杨庙农贸市场。1992年，成立周山经济开发总公司，下设物资供销、商业服务、林产品经营、粮油贸易、农副产品贸易、汽车运输分公司。1993年，组建商业服务公司、粮油贸易公司和农副产品收购公司，为全乡工农业生产提供产前、产中、产后服务，初步形成生产—流通“一条龙”服务格局。1996年，发展交通运输业，全乡运输船总吨位超过1000吨，卡车10辆，中巴、农用运输车35辆。1998年起，发展以商饮服务业、交通运输业为主的第三产业。至2000年，建成杨庙集镇、吴堡集贸市场规模较大的批发网点、特色经营区和以万福、居河、联合、龙华、龙河等中心村为主的小商品批发零售、农副产品购销网络，有商贸服务网点300多个。2001年，建成杨庙集镇门面房49间，吸纳进镇经商人员143人。2005年1月，占地7333平方米、总投资2000万元、于2003年开工建设的周山商贸中心第一期工程竣工开业。至是年末，全镇有集贸市场2个、商贸服务企业3家、个体工商户702户，第三产业从业人员4310人，实现第三产业增加值1.03亿元。

第三节　社会事业

一、教育

1986年，全乡有幼儿园35所，班级35个，在园幼儿715人，教师35人；小学24所，班级118个，在校学生3869人，教师149人；初级中学6所，班级27个，在校学生1403人，教师86人。1992年，实施学校布局调整，小学由24所调减为20所。1995年，初级中学调减为1所、小学调减为17所，基本扫除青壮年文盲，普及九年制义务教育，乡中心初中教学楼落成。1996年，周山烈士生前战友高敏、女儿高山捐资5万元，设立周山教育奖励基金。1997年，乡中心小学易地新建，教学楼落成。1998年，在原吴堡职中校址创建周山初中吴堡分部。2000年，启动教育现代化工程，撤并小学3所。2003年，撤并小学7所。2005年，全镇有幼儿园1所，班级18个，在园幼儿486人，教师27人；小学5所，班级36个，在校学生1352人，教师77人；初级中学1所（含吴堡分部），班级19个，在校学生887人，教师70人。学龄儿童入学率和小学、初中学生毕业率均为100%。镇中心初中创建成扬州市合格初中，镇中心小学创建成扬州市合格中心小学、扬州市素质教育先进校，镇成人教育中心校被表彰为扬州市成人教育示范校。

二、文化

1992年，兴建周庄战斗纪念碑，乡文化广播大楼落成，有线广播入户率90%。1993年，开通有线电视。1994年，集影剧、歌舞、录像、餐饮为一体的多功能乡文化中心建成开放。此后，每年举办春节文娱会演、"五四"文化周等群众文化活动。1995年，实现有线电视、有线广播同缆共转。1996年，被省文化厅表彰为省群众文化先进乡镇。1998年，实施光纤同输工程，获"扬州市广播电视先进乡镇站"称号。1999年，开通加密电视。2003年，投资20万元，建成文化广场。2005年，启动周山烈士陵园修缮工程。有线电视实现村村通目标，用户累计5000户，入户率70%。有民间表演队7支。

三、卫生

1986年，有乡卫生院、吴堡中心卫生院各1所，科室12个，医技人员50人，病床50张；村卫生室27家，乡村医生29人。1994年，消灭血吸虫病。1997年，完善农民大病合作医疗体系。1996年，撤销吴堡中心卫生院，在原址设立周山乡卫生院吴堡门诊部。1999年，继续实行大病合作医疗制度。是年，计划生育率99.18%。2003年，镇中心卫生院由市中医医院托管，更名为市中医医院周山分院，期限3年。推行新型农村合作医疗制度，参保率70%以上。2005年，镇卫生院设科室16个、医技人员35人，病床18张；村卫生站5家，乡村医生38人。

1992年、1998年、1999年，先后兴建周山、练沟、狄奔自来水厂，延伸管道到村到农户家中，自来水受益人口不断增加。1999年，被表彰为市改厕先进乡镇。是年起，集镇兴建公共厕所3座，累计改造户厕近2000座。2005年，自来水普及率90%，新建房改厕配套率90%以上。

四、体育

1986年起，经常性地开展体育活动，每年举办"五四杯"篮球比赛、中国象棋比赛，每4年举行一次农民运动会。2005年，有农民活动广场2个、健身房1个。

第四节 村镇建设

一、基础建设

1986年，集镇有街巷3条，总长1.2千米，居民沿中心街两旁居住。1987年起，先后编制《杨庙集镇1985～2000年建设规划报告》《高邮市周山镇镇域总体规划》。1990年后，先后开发杨庙集镇拓杨小区、悦杨小区、中心街小区、人民路小区。1994年，集镇建成区24.8公顷，初步形成"四路三街"格局。2000年起，以撤乡建镇为契机，加大集镇建设力度，实施集镇中奎路美化、亮化、绿色工程，建设文化广场。2003年，联合村被扬州市环保局命名为扬州市生态村。2004年，建成通衢大道、思源路、民生路、恒昌北路。2005年，推进集镇南进北扩发展战略，实施南北新区贯通工程，建成机关河桥、志光河桥和恒昌路。集镇镇区面积从2000年的0.34平方千米扩大到0.47平方千米，有中奎路、人民路、育才路、环乡北路、中心街等主干道10条，总长12千米。公共绿地面积14.4公顷，绿化覆盖率19%。全镇人均住房面积由2000年的16平方米增加到20平方米。

二、交通

澄营公路、六周公路、京沪高速公路穿越镇内。1986年，修建各村主干线公路及8座桥梁。1994年，投入劳动日10万个，完成长10千米、宽8米的环乡公路路基。1996～1999年，建成乡通村道路黑色路面7.1千米、砂石路面10千米，兴建红升、翟河公路桥和王庄大桥。2003年，实施澄营公路周山段拓宽改造工程。2004年，启动乡村公路灰色化建设。至2005年，建设乡通村灰色化公路94.3千米，实现村村通灰色化公路目标。建成长9.5千米的六周公路。

三、邮电

1986年，为自办汽车邮路。1992年，乡邮电大楼建成投入使用。1993年，电话进入市话自动拨号网。1995年，完成电话杆线工程，实现村村通电话。至1997年，安装程控电话2000部。2000年，实施邮电光缆入地工程。2005年，有移动通信基站3座、小灵通基站20个。全镇固定电话入户率76%，移动电话家庭普及率55%。

四、供电

1986年，有35千伏变电所1座，全乡4500户通电，用户覆盖率58.9%。1988年，实现户户通电目标。1994～1995年，完成电力线路“两复三”工程。2001～2002年，实施农村电网第二期改造工程。2001年，110千伏周山变电所建成投运。2002年，实施农村电网和集镇供电线路改造工程。

第五节　特色村简介

吴堡村

该村有百年历史，原名吴家堡，曾称吴堡镇。陆路交通直达扬州等城市，水路四通八达，万人集市闻名周边乡镇，有“小无锡”之誉。村内“丁”字型街道，设有卫生院、中学、变电所、信用社、供销社、粮站、兽医站、邮电所、食品站、蚕茧站、汽车站、旅馆和服装厂、五金电器厂、挂面厂等企事业单位。2005年，有9个村民小组，499户、人口1695人，耕地面积211公顷，工业企业12家，超市6家，农贸市场、苗猪市场各1个，个体工商户35户，实现社会总产值2263万元，农民人均收入5269元。该村先后被表彰为市文明单位、扬州市婚育新风进万户活动先进集体，村党支部被表彰为市先进基层党组织。

第二十九章　界首镇

第一节　基本概况

界首镇为高邮三大古镇之一，位于高邮城北25千米。东接周山镇、周巷镇，南邻马棚镇，西与金湖县隔湖相望，北界宝应县氾水镇、夏集镇。

该镇始建于北宋，古称永兴庄，别称盂陵。南宋时，因位于高邮、宝应交界之首，故名。元末置界首驿。明代设界首递运所，并设巡检司。民国元年（1912）更名为北安市，仍由高邮县管辖。新中国成立初，设界首区，辖六安、应龙、新安、紫英、泥甸、北安等6个乡。1956年，改区为界首乡。1958年9月，界首镇和马棚乡一部分合并，成立界首人民公社；12月，并入周山人民公社。1959年4月，恢复界首人民公社。1962年6月，划出界首镇，实行镇社分治。1973年4月，界首镇并入界首人民公社。1983年，撤社建乡，更名为界首乡。1985年7月，更名为界首镇，实行镇管村体制。

该镇属里下河冲积平原，地势呈西北高，东南低。镇内土壤主要由黄杂土、乌杂土、黄沙土、草渣土等组成。海拔2.2～3.9米。总面积54.33平方千米，其中陆地面积47.96平方千米、水域面积6.37平方千米。

1986年，辖27个村、266个村民小组，2个居民委员会、19个居民小组。1999年，增设甓湖居民委员会。2002年，向阳、四新、甓湖居民委员会合并为甓湖社区。2005年9月，市芦苇场划归界首镇政府管辖。该镇辖13个村、121个村民小组，1个社区、19个居民小组。在总人口中，农业人口2.99万人、非农业人口3431人，男性1.66万人、女性1.67万人，少数民族人口55人，人口密度613人/平方千米。

1986～2005年部分年份界首镇经济社会指标实绩一览表

表34-45

项目 年份	户数（户）	人口（万人）	劳动力人口（人）	耕地面积（公顷）	粮食产量（万吨）	农业产值（万元）	工业产值（万元）	建筑业产值（万元）	农民人均纯收入（元）
1986	9342	3.56	1.35	2799	2.76	1564	1553	160	535
1990	10207	3.62	1.37	2792	2.70	3403	4097	347	734
1995	10106	3.53	1.39	2637	2.60	3671	7555	482	1839
1999	10244	3.44	1.55	3183	2.93	6884	14240	7293	3023
2005	10921	3.33	1.63	3176	3.39	15146	41600	12380	4801

2005年界首镇各村、社区基本情况一览表

表34-46

村、社区	村（居）民小组（个）	常住人口（人）	耕地面积（公顷）	人均纯收入（元）	主要自然村庄
六安村	8	1633	136	4861	西沟浜、蛤蟆桥、西徐庄、陆家庄、新落庄、东沟浜、嵇兴集、麻雀庄、老坝头、吕海沟
品祚村	9	1766	184	4499	上塔沟、刘庄、嵇拐子、傅沟头、王三庙、徐官庄、小老圩、毛家庄、东岳庙、辉庄、后庄、徐仁拐、六漫沟
张任村	9	2071	165	4577	郭家河、前庄、钟应沟、杨家庄、上达沟、尖子圩、张庄
大昌村	12	2716	246	4650	郑家墩、仓房、看花洞、盛家、湾沟、三郎沟、小王庄、张小庵、卞庄、花园、张庄
德标村	8	1778	169	4219	后郭庄、朱家桥、永兴庄、薛家园、马家庄、邵家庄、陈家庄、冯家庄、前郭庄、黄泥桥、王家庄、赵家庄、徐家碾坊
应龙村	14	2434	349	4613	古庄沟、柏木桥、居庄、于家沟、大王庄、于沟头、居庄、蒲庄、三搭桥、冯庄、李庄、胡大桥、卞庵、甫庄沟、马桥、郭庄、黄泥沟

续表 34-46

村、社区	村(居)民小组(个)	常住人口(人)	耕地面积(公顷)	人均纯收入(元)	主要自然村庄
龙祥村	9	2224	212	4600	陈庄、二里新庄、界河、康家圩、花园沟、于家庵、一塔沟、袁河拐、尖子圩、湾沟子、顾庄、秦大庄
如祯村	11	2181	218	4460	吴庄、叶荒、戴家沟、朱大桥、丁家沟、时家桥、美人桥、曹家沟、茶庵、杜家沟、韩家沟、张补锅、卞庄、陈庄、施沟、胡桥、陈家庵、丁家沟、仇大沟头、晏庄
永安村	10	2049	190	3988	王庄、毛庄、张家庄、婴湾、傅庄、韩庄、梁庄、吴庄、张夏庄、葛庄、太平庄、杨庄、陆家庄、黄庄、伍庄、九金庄、八十圩
界北村	7	1750	137	4580	毛家涵、颜家涵、塘河、杨家涵、窦家涵、都家涵、黄沟头、金庄、曹家庄、姚家庄、王庄、伍桥、戴家庄、杨杜庄
维兴村	10	1630	209	4780	程家庄、张家庄、窑家沟庄、曹贤二庄、竹园沟、王庄、杨庙、塘河、仓基庄、曹家庄、金家庄、孙立沟、周桥、强桥、纪家沟、龙家湾、宋家沟
界首村	6	3638	64	4946	傅家沟、二里铺、宝塔松、陈庄、尖圩、邵庄、卢庄、凌庄、黄庄、界河、界首排
老人桥村	8	1600	180	4550	龙舌尖、斗龙汪、潘沟头、四汊河、倒树桥、柳家沟、菖蒲庄、花庙子、保善庵、老人桥、杨家庄、王家河、孙家湾、周兴沟
甓湖社区	19	5833	—	—	—

第二节　经济发展

一、农业

1986年起，调整农业产业结构，推行立体种植模式，逐步形成生产、加工、销售“一条龙”，促进农业经济持续发展。2005年，种植业、林业、牧业、水产业产值占农业总产值比例分别由1986年的81.8%、1%、15.5%、1.7%调整为55.7%、2.5%、25.3%、16.5%。

种植业　农作物生产实行麦稻两熟制，伴栽湖桑、油菜、棉花、大豆、薄荷等经济作物。1989年，调整种植业内部结构，扩大湖桑、薄荷生产面积，初步形成区域种植特色。在利民村开辟吨粮田建设示范区67公顷。其余26个村各有一个组作为丰产方，被列为扬州市吨粮田建设6个乡镇之一。进入90年代，调整优良品种种植布局，推广高产栽培模式，合理使用肥料，综合防治病虫草害，种植业生产稳步发展。1994年，六安村6名村干部联合投资承包9.4公顷低产偏远的抛荒田，组建六安村大尖股份合作制农场，为农业适度规模经营闯新路。老人桥村人均种植薄荷纯收入1410元。1995年起，培植专业大户，改造中低产田，推进丰产方建设。至1999年，培植各类专业大户1100户，改造中低产田300公顷，建成小麦丰产方11个、面积533公顷，水稻丰产方2个、面积133公顷，棉花丰产方2个、面积17公顷，油菜丰产方1个、面积7公顷，农业领导工程示范区31个。2000年起，实施品种、技术、知识更新工程，启动实施国家土地综合开发利用项目。至2002年，统一供种率95%以上，良种覆盖率100%。在京沪高速公路高邮界首段西侧建成高效农业示范区666.7公顷，扩种药材、花卉、南瓜等经济作物133.33公顷。2003年，建成绿色食品基地666.67公顷。界首茶干食品有限公司袁氏牌茶干获中国绿色食品发展中心颁发的绿色食品证书。2004年，启动实施国家农业综合开发界首、马棚土地治理(增量)项目。2005年，建立良种繁育基地133公顷，成为里下河地区优质粮生产基地，完成国家农业综合开发土地治理增量项目建设。粮油作物种植面积分别由1986年的4235公顷、453公顷调整为4839公顷、615公顷，总产量分别由1986年的2.76万吨、786吨变为3.39万吨、1698吨。棉花种植面积、总产量由1986年的227公顷、185吨，逐年减少，至2002年不再种植。

林业 1986年起，在河渠、道路两旁和村庄四周，开展植树造林活动。90年代中期，抓住京沪高速公路绿色通道建设契机，完成京沪高速公路高邮界首段两侧30米绿化带的土地流转工作。2000年，适度退耕还林，栽植意杨45.3公顷。2002年，以发展"绿色五业"为中心，成片造林66.67公顷。2003年，成片造林100公顷。以发展意杨、湖桑、杞柳等多种林业经济为特色的界北村，被扬州市环保局表彰为扬州市生态村。2005年，累计植树造林面积700公顷，林木覆盖率20.1%。

畜禽养殖 1986年，畜禽以农户散养为主。90年代，先后开办龙祥村千头养猪场、应龙村万羽养鸡场。1996年，成立养鸭、特种养殖、生猪养殖协会，培植年产值5万元以上专业大户140户，其中年产值20万元以上专业大户20户。2000年，种植牧草133.3公顷，推广饲养扬州鹅，引进饲养特种畜禽。2005年，建成生猪繁育场，引进父系杜洛克和母系长白山、约克夏等生猪优良品种。生猪、家禽饲养量分别由1986年的2.3万头、21.9万羽增加到2.4万头、61.4万羽。

水产业 1986～1999年，利用自然水面进行水产品养殖，市场销售的大部分鱼虾蟹等水产品为渔民在高邮湖所捕捞。2000年起，结合低产田改造，实施退耕还水。是年，发展提水养殖20.7公顷。2004年，界首村渔业组666.7公顷水面获批为省无公害水产品生产产地。2005年，水产品产量2560吨。

农业机械 1986年，农机总动力5420千瓦，主要从事农田翻耕、灌溉、排涝、脱粒等作业。1999年起，实施农机产权制度改革，鼓励农民自购或联合购置农机具。2000年，添置中型拖拉机20台、收割机17台，机械收割率95%。2003年，推广使用插秧机6台，建设机插秧水稻科技示范方13.34公顷。2004年，镇水稻生产服务合作社机插服务部完成机插秧面积1167公顷。2005年，农机总动力2.01万千瓦，农业综合机械化水平90%。

农田水利 1986年，骨干河道8条，圩堤总长43.62千米。1992年起，打造防涝保安体系。至1999年，完成6个圩口防汛达标建设，加固圩堤23千米；整修、配置涵桥闸洞80座，完成农田水利土方98.04万立方米；疏浚骨干河道、村生产河19条，完成土方23万立方米。2000年，建成地下灌排洞拦污栅5道，修建七里支渠南北河地下灌水洞，完成京沪高速公路绿色通道部分水系配套建设土方18.55万立方米。2001～2005年，建成灌排电站6座、提水灌溉站2座，维修排涝站4座；建成或维修渡槽、涵闸10座，桥梁17座。疏浚镇级骨干河道12条、57千米，村级河道22条、68千米，清理二里大沟界首段长6千米的河面水生植物。

二、工业

1986年，新上的电磁线、拉丝和液化钢瓶项目投产。全镇实现工业产值1552.87万元，其中镇办厂980.36万元、村办厂351.2万元、组户联办厂221.31万元。1990年，市阀门厂年产钢瓶10.73万只，实现产值1002.8万元，成为全镇首家产值超1000万元企业。1992年，市阀门厂发行企业融资债券200万元，用于液化气钢瓶生产流水线，此举为全市乡镇企业中首家。1993年，在镇压电元件厂、泡沫塑料厂、五金橡胶厂、印刷厂试行产权制度改革。至1996年，有12家企业进行产权制度改革，其中组建股份制、股份合作制6家，出售3家，完善租赁制3家。1998年，工业产值首次实现1.25亿元。1999年，发展私营企业，累计有私营企业81家，私营工业企业销售收入占工业销售总额的67%。2000年起，开展招商引资活动，推进项目建设。是年，利用闲置厂房、设备，吸引外来投资150万元，创办铭林、龙盛、友好等3家服装厂，创办私营企业5家。2003年，启动建设规划用地100公顷的界首工业集中区。至2005年，共引进镇外资金70万美元、域外资金3.45亿元，新办企业42家；工业集中区开发建设面积37公顷，铺设道路、供排水管道、宽带网络、有线电视线路、供电设施，建设标准化厂房7800平方米，入园企业累计15家，区内工业企业实现产值占工业总产值的41%。全镇形成服装鞋帽、机械加工、塑料、金属加工、玩具、农产品加工等工业生产经营格局。共有工业企业165家，其中规模以上工业企业6家。

三、建筑业

1986年，成立镇建筑安装工程公司，主要在镇内承建工程。1996年，该公司挂靠市第二建筑工程有限公司，建安装备投入8万元，开始开拓外埠建筑市场。1998年，挂靠北京城建集团，在重庆承建11层、9600平方米的商住楼和25层、6万平方米的商业姊妹楼。1999年，在外施工项目一次交付检验合格率100%。共创优良工程7项，承建的重庆市沙坪坝区都市花园B区11层、8000平方米的安居楼工程，被表彰为重庆市优质工程，获扬州市"琼花杯"优质工程奖。2004年，镇建安公司进行改制，成立扬州市盂城建筑安装工程公司。至2005年，先后承建重庆武警消防总队指挥大楼、沙坪坝区都市花园3号楼等7项大体量工程，其中所承建的沙坪坝区3号楼工程被表彰为重庆市优质结构工程，获"巴渝杯"奖。建筑业从业人员640人。

四、商贸服务业

1986年，供销合作商业、集体商业、个体商业并存，供销合作社占主导地位。1996年起，在发展传统商贸、餐饮服务业的同时，发展运输业，有运输卡车近100辆，从事鱼货等短途贩运510多人。1998年，建成面积3100平方米、80个摊位的小商品市场和日吞吐量2000吨的装卸码头。2001年，界首供销社实施以"盘活可变资产、兑付硬性债务、量化剩余资产、买断职工工龄"为主要内容的改革。2002年起，每年举办一次商品交易会，东方超市、农工商超市界首店相继建成开业。2003年，占地4000平方米的农贸市场建成开业。2004年，高邮湖渔家乐生态旅游有限公司开业，接待游客1万多人。2005年，全镇共有商业企业1家、个体工商户3105户，农贸市场和小商品市场各1个，郑墩、老人桥、曹塘集市3个，第三产业从业人员3968人，实现第三产业增加值9650万元。

第三节　社会事业

一、教育

1986年，全镇有幼儿园27所，班级29个，在园幼儿742人，教师30人；小学28所，班级110个，在校学生4133人，教师174人；初级中学4所，班级20个，在校学生931人，教师61人。1995年，基本扫除青壮年文盲，普及九年制义务教育。1996年，实施学校布局调整，小学由20所调减为13所。镇家长学校被表彰为省优秀学校。2000年，启动教育现代化工程，撤并小学4所，镇中心幼儿园改制为民营。2005年，全镇有幼儿园3所，班级31个，在园幼儿807人，教师41人；小学6所，班级42个，在校学生1951人，教师92人；初级中学1所，班级25个，在校学生1316人，教师67人。学龄儿童入学率和小学、初中学生毕业率均为100%。

二、文化

1986年，镇文化站1所、影剧院1座，每逢节庆日均举办各具特色的群众性文化活动。1991年，在界首中学春秋亭处竖立中共界首乡师支部纪念碑。1992年，界首镇被省政府表彰为群众文化先进乡镇，镇文化中心被表彰为扬州市明星文化中心。1993年，开通有线电视。是年，有线电视入户800户。1995年，寡妇圩死难同胞纪念碑在维兴村揭碑，镇广播电视站成立。1997年，界首镇文化乐园和广播电视楼建成。1998年，完成有线电视镇到村光缆建设任务。2003年，举办中国江苏·界首茶干节。2005年，图书馆（室）4个，藏书4.28万册；有线电视用户4250户，入户率31%。

三、卫生

1986年，镇卫生院1所，科室15个，医技人员40人，病床30张；村卫生室27家，乡村医生71人。1988年，增设界首镇中医院，与镇卫生院合署，为里下河地区首家乡镇中医院。1992年，镇卫生院1100平方米的康复病房楼落成。1993年、1996年，镇卫生院先后创建成一级甲等医院、爱婴医院。1997年，实施村办合作医疗制度。1998年，镇卫生院门诊大楼落成，创建成省文明卫生行业示范点。2003年，推行新型农村合作医疗制度，参保率73.3%。2005年，镇卫生院设科室20个，医技人员62人，病床65张；村卫生室13家，乡村医生60人。

1996年、2000年，先后被扬州市政府表彰为计划生育红旗乡镇。

1986年，在集镇建成首家自来水厂。此后，张任、永安村自来水厂相继建成供水。1996年，镇自来水厂被表彰为省“双十佳”水厂。2000年，镇自来水厂改制为民营企业。至2005年，全镇有自来水厂3家，自来水普及率100%；卫生户厕普及率50%，其中无害化卫生户厕普及率23.8%。

四、体育

1986年起，企事业单位经常举办乒乓球、篮球、拔河、象棋单项比赛，中小学每学年均举办学生运动会。2003年，建成全民健身点1个。此后，陆续在新建居民小区添置体育健身器械。

第四节　村镇建设

一、基础建设

1986年，集镇有13条街、4条路、9条巷，总长5.6千米，古集镇为居民主要居住区。1992年起，改造老集镇，开发建设商品房，兴建界首宾馆和小商品房36间，开发建设红旗、宝塔新村。1996年，先后建设甓湖路、人民路、下河路、盂陵路黑色路面1.5万平方米，铺设下水管道500米，配套路牙1500块。拆除各类违法、违章建筑和临时建筑1400平方米。拆迁主街道甓湖路中段北侧、下河路北段两侧居民住宅3000多平方米，综合开发、兴建建筑面积6000多平方米的商业住宅楼，建设中心街四角的商住楼。1997年，建成、改造南北古街、乡师街、文化巷、界牌巷等街（巷）道路24条。1998年，被扬州市政府命名为新型小城镇。2001年，《界首镇镇区总体规划》通过扬州市评审。2002年，建成占地2公顷的政府新大楼和市民广场，开发商住楼2400平方米。重庆八升房地产开发有限公司投资2000多万元，实施界首集镇运堤路危房拆迁改造工程，规划建设商品房1.5万平方米。2003年，扩建护国寺，改造沿运路，拓宽甓湖路，打通盂陵路，整治界东河。2005年，甓湖路南侧、盂陵路南段商品房开发工程竣工，国土资源所办公大楼、镇敬老院投入使用。至年末，集镇面积从1986年的0.35平方千米扩大到1平方千米，有甓湖路、人民路、下河路、建设路、运堤路等道路20条，总长27.9千米；集镇公共绿地面积8公顷，绿化覆盖率13%。全镇人均住房面积由1986年的16平方米增加到30平方米。

图34-16　2002年建成的界首集镇广场雕塑

二、交通

京杭大运河、淮扬公路、京沪高速公路贯穿镇境，并设有京沪高速公路界首出入口。1986年，集镇街道主要是砂石路和砖铺路，镇通村道路为砂石路。1993年，铺设农村公路13千米。1994～1997年，铺设农村砂石路面30千米，基本实现村村通公路。2003年，启动农村骨干道路灰色化工程。至2005年，建成通村灰色化道路71千米，实现村村通水泥路目标。

三、邮电

1986年，为自办汽车邮路。1993年，开通装机容量2000门的程控电话交换机。1995年、1996年，分别建成模拟移动、数字移动通信基站各1座。1997年，建成电话村3个、电话百部村2个。1998年，建成电话村8个。2005年，全镇固定电话入户率81.3%，移动电话家庭使用率60%。

四、供电

1995年，实施电力线路"两复三"工程，实现户户通电目标。2001年，基本完成农村电网第二期改造工程，增设10千伏供电线路9.56千米，改造低压线路276.7千米。

第五节　特色村简介

一、龙祥村

位于界首镇东，京沪高速公路穿村而过。2000年，由原龙翔、宏祥村合并而设，耕地面积212公顷。该村成立土地股份合作社，推进土地流转，发展高效农业，共流转土地113.33公顷，占全村耕地面积的53.46%。开展招商引资，共引进投资兴办企业9家。修筑村通组、组通户硬质化道路12条、总长7千米，建成或改建生产交通桥9座、灌排水涵洞25座，自来水、有线电视和新型农村合作医疗覆盖率均为100%，75%的村民住上楼房。2005年，有9个村民小组，625户、人口2224人，实现社会总产值2841万元，农民人均纯收入4600元。该村先后获"扬州市文明村""扬州市民主法制示范村""扬州市生态村"称号，村党支部获"市'五好'党支部"称号。

二、德标村

位于界首镇南，西临京杭大运河。2000年，由原德标、新安村合并而设，耕地面积169公顷。该村通过土地流转，发展高效农业，成立连标葡萄专业合作社，种植葡萄14.67公顷。通过盘活存量资产，招商创办市祥海金属制品厂。整治七里排、四新支、新安排等主要骨干河道，沿路、沿河、沿堤、沿庄均栽植树木，森林覆盖率31.5%，呈现出"人在绿廊走，仿佛画中游"的生态效果。2005年，有8个村民小组，518户、人口1778人，工业企业7家，实现社会总产值1640万元，农民人均纯收入4219元。村和村党支部先后获"省村庄绿化合格村""市'五好'党支部"称号。

第三十章　菱塘回族乡

第一节　基本概况

菱塘回族乡为江苏省唯一的少数民族乡，位于高邮城区西南40千米。东接送桥镇，西与安徽省天长市以天菱河为界，南连天山镇，北与金湖县隔湖相望。

元朝，因有回民在此定居，称为回回湾。明代，称凌塘桥。清代，因盛产菱角而更名为菱塘桥。民国19年（1930），始设菱塘镇。抗日战争、解放战争时期，先后属天长县、甘泉县、东南县、仪扬县、仪征县。民国38年（1949）6月，划属高邮县。1956年，始建菱塘乡。1958年9月，由菱塘区改建为菱塘人民公社。1959年5月，划分为菱塘、送桥、郭集、天山等4个公社。1960年3月，4个公社复并为菱塘人民公社。1962年6月，复划为上述4个公社。1983年，撤社恢复菱塘乡。1988年4月22日，撤销菱塘乡，以原辖区域建立菱塘回族乡；5月12日，举行设立菱塘回族乡庆典活动。

该乡地势中间高，东西两边低，三面环水，一面靠山，冈、冲、涧地形皆备，呈龟背形，俗称“瓠篓地”。海拔最高点19米，最低点4.3米，一般海拔10～15米。土壤主要由杂白土、白土、马肝土、黄泥土等组成。总面积51.49平方千米，其中陆地面积37.29平方千米、水域面积14.2平方千米。

1986年，辖17个村、184个村民小组，养殖场和居民委员会各1个。2000年，辖10个村、84个村民小组，1个水产养殖场；始设文昌、曙光2个居民委员会，11个居民小组。2005年，总人口中，回民7140人，占33%；农业人口1.59万人、非农业人口6173人，男性1.11万人、女性1.1万人；人口密度429人/平方千米。1990年、2005年，先后被国家民委、国务院分别授予“全国民族团结进步先进集体”“全国民族团结进步模范集体”称号。

1986～2005年部分年份菱塘回族乡经济社会指标实绩一览表

表34-47

项目 年份	户数（户）	人口（万人）	劳动力人口（人）	耕地面积（公顷）	粮食产量（万吨）	农业产值（万元）	工业产值（万元）	建筑业产值（万元）	农民人均纯收入（元）
1986	5895	2.24	11200	2529	2.75	1553	1040	353	608
1990	6510	2.27	10235	2243	2.21	3178	3056	151	673
1995	6650	2.25	9200	2653	2.55	5642	26004	1500	1919
1999	6874	2.21	8600	2878	1.99	13009	41038	5300	3108
2005	6754	2.21	7450	3034	2.21	19919	150339	15375	5896

2005年菱塘回族乡各村、社区、场基本情况一览表

表34-48

村、社区	村（居）民小组（个）	常住人口（人）	耕地面积（公顷）	人均纯收入（元）	主要自然村庄
北岗村	11	1533	186	5186	大林庄、张庄、薛庄、杨庄、邵庄、陆庄、路庄、胡家老庄、秦庄、桥头、花塘、冈板头、王庄、胡庄、大岸港、胡家下庄、胡庄、龙王庙、叶庄、王庄、盛庄、小岸港
王姚村	11	1506	216	5630	王庄、姚庄、老胡庄、杨庄、石羊庄、顾庄、薛庄、林庄、吴庄、张墩寺、沈庄、路庄、叶庄、曾庄、朱沟头、张庄
清真村	10	1603	175	5576	清真寺、杨庄、杨大庄、老曾庄、新曾庄、杨东庄、孟庄、胡庄、路庄、张庄、薛庄、备荒新村、翁庄、新庄、胡南庄、林业
菱塘村	11	2178	124	8102	吴庄、叶庄、周庄、桃树埂、赵庄、双墩、顾庄、东塘、乔大庄、洪庄、杨庄、张庄、蔡尖、备战新村、乔家窑
三里村	6	1233	138	5108	三里墩、胡庄、李大庄、翁尖、汤庄、花庄、乔庄、姚庄、下姚庄、钱庄、薛庄、李庄

续表 34-48

村、社区	村(居)民小组(个)	常住人口(人)	耕地面积(公顷)	人均纯收入(元)	主要自然村庄
龚家村	7	1258	105	5407	龚家涧、缪庄、何庄、龙庄、瞿庄、陈庄、乔庄、朱庄、柏庄、顾庄、周庄、姚庄、前进、后庄
夏桥村	7	1250	102	6700	沈庄、吴庄、韩庄、盛庄、张庄、徐庄、缪庄、王庄、张大田、万庄
骑龙村	6	1325	162	5404	长塘庄、梅庄、骑龙庵、张庄、牛庄、佟庄、王庄、唐桥、詹庄、吴庄、陈庄、嵇庄、红星
高庙村	7	1042	113	6675	高庙、大吴庄、阮庄、大徐庄、下朱庄、钱庄、缪庄、乔庄、塘怀
佟桥村	8	1165	139	5442	朱庄、王庄、佟庄、大牛庄、屠庄、万庄、杨塘庄、新民
养殖场	1	310	124	6032	沈庄、渔业新村
文昌社区	6	3023	2	3410	—
曙光社区	6	4676	2	4438	墩塘、稖耙塘庄

第二节 经济发展

一、农业

1986年起，调整农业产业结构，扩大桑、瓜、萝卜、慈姑、果树、苗木等经济作物种植面积和水产品养殖面积，建设“一村一品”的专业村。2005年，种植业、林业、牧业、水产业产值占农业总产值比例分别由1986年的74.1%、0.8%、21.5%、3.6%调整为18.3%、0.8%、55.3%、25.6%。

种植业　农作物生产实行麦稻两熟制，伴栽湖桑、油菜和经济作物。90年代中期起，调整优化种植品种，推行轻型栽培技术，农产品逐步市场化。实施退耕还水、退耕还草，发展经济作物，提高种田效益。2005年，粮油作物种植面积分别由1986年的4527公顷、317公顷调减为3125公顷、175公顷，总产量分别由1986年的2.75万吨、597吨减少到2.21万吨、440吨。

林蚕业　八九十年代，蚕桑生产稳步发展。1994年，桑园面积647公顷，蚕茧产量330吨，被定为省优质蚕桑基地。1999年，被省绿化委员会表彰为省国土绿化最佳乡镇。后受茧丝市场行情下滑的影响，农民植桑养蚕积极性受挫，桑园面积、蚕茧产量持续下降。进入21世纪，以“绿色银行”大行动为契机，林业建设步伐加快。2005年，全乡造林面积由1986年593.2公顷增加到1259.9公顷，森林覆盖率18.6%。至是年，桑园面积调减为161公顷，蚕茧产量下降到168吨。

畜禽养殖　素有饲养牛、羊、兔、禽的传统。加工的盐水鹅以色香味美，闻名遐迩，银月牌四香鹅获绿色食品标志。2005年，家禽饲养量由1986年的36.12万羽增加到171.3万羽。

水产业　80年代，开始改造和新开鱼池养鱼。1994年起，扩大精养鱼池面积和鳖、蟹、河蚌育珠、罗氏沼虾等特种水产品养殖面积。龚家村村民胡仕良与备战村村民胡灯刚合伙投资3.5万元，建设蟹池1.33公顷，放养大眼幼体蟹苗5千克，成为扬州市个体经营者成功培育蟹苗的先行者。1998年、2001年、2004年，乡养殖场先后被省水产局(省海洋与渔业局)批准为苏中地区唯一的省高效养殖示范区、省无公害水产品生产示范基地、省水产科技示范场；养殖的河蟹、异育银鲫、鲢鱼、鲫鱼注册碧湖牌商标。2005年，乡养殖场被农业部命名为生态健康养殖示范场。全乡有水产品养殖面积553公顷，其中被列为省无公害水产品生产产地的鱼池267公顷；水产品产量3571吨。

农业机械　1986年，农机总动力8894千瓦，主要从事农田翻耕和脱粒。90年代后期，开展农机产权制度改革，不少农民个人购置农机。2005年，农机总动力2.2万千瓦，农业综合机械化水平85%。

农田水利 1986年，防洪圩堤54.72千米，建有沿湖穿堤引排闸洞46座。1991～2005年，先后实施湖洼治理工程、灾后重建工程、农田水利工程，沿湖穿堤引排闸洞增至48座，完成农田水利建设800公顷，配套建设农田水利建筑物3600座。

二、工业

1986年，实现产值1040万元，其中乡办厂606万元、村办厂410万元、组户联办厂24万元。1990年，利用当地资源，建成毛兔饲养、兔毛收购、加工生产线，乳瓜菜瓜种植、初加工生产线，家禽羽绒收购、分拣、被服加工生产线。乡玩具厂、乡羽绒厂通过挂联单位将生产的系列长毛绒玩具、服装销往国外。1991年，创立于1985年的扬州曙光电缆厂成为全市首家产值超1000万元的村办企业，全乡初步形成以电线电缆为主导产品的工业体系。1993年，全乡工业产值、销售额突破亿元，跻身于全市工业亿元乡镇行列。1994年初，推行乡村工业企业产权制度改革。至1996年，全乡14家乡村办企业完成改制任务，其中实行股份制和股份合作制11家、拍卖2家、实行风险抵押承包责任制1家。累计投入5000多万元，新上生产线10条。电线电缆成为支柱产品，全乡有电线电缆生产企业10家，实现产值2.58亿元，产值、利税分别占全乡工业总量的70%、80%。1996年，扬州曙光电缆厂率先通过ISO 9000质量管理体系认证。1997年，全乡有4家电缆企业通过ISO 9000质量管理体系认证。2001年，推进私营经济发展和电线电缆企业进一步扩张。至是年末，全乡共有工业企业55家，其中村办企业1家、股份制企业14家、股份合作制企业2家、合资合作企业1家、私营企业37家，实现工业总产值5.33亿元、销售收入4.92亿元、利税2756万元，完成外贸供货额7076万元。7家企业销售收入超1000万元，其中扬州曙光电缆厂销售收入占全乡工业销售收入的48.9%。在镇北街西首和扬菱路两侧分别开辟占地20公顷的曙光工业园和占地100公顷的星月工业园。至2005年末，全乡形成电线电缆、服装、玩具、灯具、农副产品加工等五大主导工业行业格局，共有工业企业116家，其中电线电缆企业35家，实现产值15.03亿元、销售收入14.1亿元、利税7609万元。22家规模以上企业产、销、利分别占全乡工业总额的79.8%、79.1%、90.1%。扬州曙光电缆有限公司、扬州光明电缆有限公司销售收入分别超过6亿元和1亿元。电线电缆行业产值占全乡工业产值的78%。累计实施国家、省“星火”“火炬”计划项目27项，有省高新技术企业3家、国家重点新产品17种、省高新技术产品21种。

三、建筑业

1986年初，成立菱塘乡建筑公司，在洪泽县等地承建工程。1988年，成立乡建筑管理站。1993年后，开拓外埠建筑市场，先后在北京、扬州、南京、天津等大中城市承建工程。1999年，全乡建筑业从业人员500人。2000年4月，乡建筑公司实行改制，组建成华盛建安公司、穆菱建安公司。2003年，引进在外建筑能人建立扬州市联谊建筑安装工程公司。2005年，有建筑企业3家，从业人员1213人。

四、商贸服务业

1986年，供销合作商业、集体商业、全民商业与个体私营商业并存，供销合作商业占主导地位。90年代，个体私营商业发展速度加快，部分集镇居民和自然村庄居民利用沿街商住房和自住房开店经商，但规模不大。1990年，全乡有国有商业企业（粮油贸易站）1家、县属集体商业企业13家、乡办集体商业企业11家、私营商业企业（菱塘物资综合经营部）1家、个体商店38家、个体理发和缝纫店等服务性店（摊）141家。1992年，具有伊斯兰建筑风格的穆菱宾馆建成开业。1998年，引导集镇居民和村民发展交通运输业、批零贸易业、农副产品购销业和具有民族特色的饮服业。2001年起，着力培育第三产业大户。至2005年，先后引进扬州、浙江、安徽等地客商投资，建成建材贸易综合市场、上海如海超市菱塘连锁店、兴菱休闲浴业、菱塘大酒店、农贸市场第二期工程、扬州戎马物资公司，综合开发兴菱路房地产。利用民资兴办回乡阁大酒店和梅兰大酒店。是年，完成社会消费品零售额9650万元，第三产业从业人员4504人，实现第三产业增加值1.22亿元。

第三节　社会事业

一、教育

1986年，全乡有幼儿园16所，班级20个，在园幼儿470人，教师21人；小学12所，班级36个，在校学生1582人，教师86人；初级中学3所，班级28个，在校学生1448人，教师61人；职业高中1所，班级12个，在校学生552人。1994年，实施初级中学布局调整，学校由3所调减为1所；基本扫除青壮年文盲，普及九年制义务教育。1996年，实施小学布局调整，学校由12所调减为10所。1997年，菱塘职业高级中学更名为菱塘民族职业高级中学，实行职业教育和成人教育合一。2000年，实施学校布局调整，设完小3所、初小7所，教学班58个。2003年，乡中心初中被国家民委和国家体育总局表彰为全国民族体育先进集体；小学调整为完小2所、教学点2个，教学班39个。2005年，全乡有幼儿园3所，班级15个，在园幼儿610人，教师29人；小学1所，班级25个，在校学生1308人，教师105人；初级中学1所，班级20个，在校学生940人，教师63人。学龄儿童入学率99.3%，小学、初中学生毕业率均为100%。菱塘民族职业高级中学、乡中心初中、乡中心小学分别通过省级重点职业高中、省示范初中、省实验小学验收，建成教育现代化乡镇。

二、卫生

1986年，乡卫生院1所，科室11个，医技人员34人，病床30张；村卫生室17家，乡村医生38人。全乡计划生育工作被国家计划生育委员会表彰为全国计划生育先进单位。1997年、2002年、2004年，全乡先后被扬州市政府表彰为扬州市计划生育红旗乡镇。2005年，乡卫生院创建成一级甲等医院；村卫生室整合为10家，乡村医生31人；设个人诊所2家。

1986年，乡自来水厂建成供水。1989年、1993年，清真、王姚村先后建成自来水厂。1994年，全乡40%以上人口饮用自来水。1997年，推进改水改厕工作，重建乡自来水厂，增建无害化公厕3所、户厕214座。2005年，自来水普及率97%；卫生户厕普及率68%，其中无害化卫生户厕普及率36.8%。

三、文化

1985年10月，近1000个翻板座位的菱塘影剧院落成。1992年，该乡被省文化厅表彰为全省群众文化先进乡。此后，每年举办春节文艺会演、正月十三灯会、业余歌手大奖赛、农民艺术节等群众性文化活动。1994年，集镇开通有线电视。1995年，投资20多万元，修缮清真村古清真寺；投资180万元，在集镇南兴建新清真寺，并于年末竣工。新清真寺由三开拱形门、漏视栏杆、宣礼塔和主教堂构成，建筑面积2500平方米，可容纳800名穆斯林进行宗教活动，是华东地区一所较大的清真寺，也是江苏、安徽两省有关县市穆斯林宗教活动场所。2005年，有线电视入户率85%，建成万册图书馆，群众性文化活动丰富多彩，被省委宣传部、省文化厅表彰为省服务农民、服务基层文化工作先进集体。

四、体育

1985年，举办首届农民体育运动会。1989年，该乡被省体育运动委员会表彰为省体育先进乡。1991年，被国家民族宗教事务委员会、国家体育运动委员会表彰为全国民族体育先进集体。1994年，被省体育运动委员会表彰为省群众体育工作先进集体。1995年，被国家民族宗教事务委员会、国家体育运动委员会表彰为全国民族体育工作模范集体。是年7月，菱塘中心小学少年棒球队获全国少年软式棒球赛第八名，队长张伟获“全国优秀少年棒球队员”称号。至2005年，乡农民体育运动会举办10

届，比赛项目由10项增加到25项，参赛代表队由21支增加到34支，参赛运动员由100人增加到600人。

五、宗教

以回民（伊斯兰）文化为主要特征，信仰伊斯兰教。清朝后期，该乡建立穆斯林组织，各项宗教活动和回民节庆活动从未间断。其中，以伊斯兰教历3月12日举办的圣纪节（圣忌节）、10月1日举办的开斋节、12月10日举办的古尔邦节（宰牲节）为主的三大节日，最为热烈而隆重。回民文化教育、伊斯兰建筑风格和回民饮食、卫生、婚姻、丧葬、信仰等一系列习俗，受到尊重。至2005年，该乡在南京、镇江、常州、无锡、南通、扬州等地有菱塘籍阿訇10多人。1989～2005年，海湾五国（阿曼、卡塔尔、科威特、沙特阿拉伯、巴林）驻华使节和夫人一行，日本蚕茧蚕种专家、东京都少年棒球队，伊朗国家教育考察团，阿盟驻华代表处主任和科威特驻华大使，孟加拉教育考察、培训团，美国乔治亚州立大学考察团，先后到该乡参观考察。1997年5月25日，国务委员、国家民族宗教委员会主任司马义·艾买提视察该乡，并题词："团结奋斗，建设模范民族乡。"

2005年，全乡有佛教、伊斯兰教、基督教，建有集镇清真寺、古清真寺、古张墩寺、普胤禅寺和基督教临时集会点1处。

第四节　村镇建设

一、基础建设

1986年，集镇有5街、6路、10巷，总长1.37千米，居民大多居住在西段老街。按照"东西延伸，南北拓展，四面辐射"的总体规划要求，启动集镇开发建设。1996年起，按照《菱塘回族乡区域规划》《菱塘回族乡集镇总体规划》，加大集镇开发建设力度，完善基础设施建设。1997年，被扬州市政府表彰为扬州市新型示范小城镇。1998年，启动集镇商品房开发。2000年，先后被省建设厅、省爱国卫生运动委员会办公室表彰为省新型示范小城镇、省卫生镇。至2005年，集镇面积由1986年的0.26平方千米扩大到2.6平方千米；有道路33条、20.58千米，其中街道17条（建成8条、改造9条）、16.44千米，街巷16条、4.14千米；完善集镇自来水管道、下水道铺设和电力、通信、广播、照明线路布放及绿化等配套设施的建设；先后建成具有阿拉伯建筑风格的清真寺、街心花园、南北商业街、休闲区、信用社营业大楼、加油站和停车场、民族广场等标志性建筑和生产经营性建筑，改造扩建文化中心、垃圾中转站等社会公益性建筑；开发建设新东住宅区、灯塘别墅区、园丁小区、紫星花园住宅小区、康居新苑小区和回民住宅小区，吸引600户农村居民进镇落户择业；集镇绿地面积39.2公顷，绿化覆盖率30.7%。全乡人均住房面积由1986年的18.5平方米增加到2005年的38.2平方米。

图34-17　2005年建成的菱塘民族广场

二、交通

1984起，筹资修建乡通村公路。至1992年，先后铺设石子路面45.5千米，18个村、场均通公路。2000年12月28日，总投资额1555万元的天高公路大桥建成通车，结束天菱河两岸苏皖人民隔河相望的历史。2003年起，实施农村通达工程。至2005年，完成乡通村水泥路10条、30千米，村通组水泥路40千米、村通组砂石路35千米，实现村村通水泥路、组组通砂石路的目标。扬菱（扬州至菱塘）公路菱塘段建成通车。

三、邮电

1987年，增加电话三路载波机1部。1988年，增加电报传真机1台。1989年末，有电话交换机2席，总容量120门，全乡电话线路总长15对千米，共有话机96部。邮政班车通车。1994年，村村通程控电话。1998年，建成移动基站1座。2005年，全乡固定电话入户率89%，移动电话使用率34部/百人，驻集镇机关、企业和不少居民用上互联网。

四、供电

1995年，实现户户通电目标。1998年，由省计划经济委员会和省电力局拨款300万元，乡自筹150万元，开工建设菱塘回族乡15千伏变电所。1999年5月，该变电所投运。

第五节　特色村简介

一、菱塘村

地处菱塘集镇。1995年，该村实现社会总产值1.08亿元，其中工业产值1.02亿元，为全市3个亿元村之一。1996年，被市委、市政府命名为市首批小康村。1997年，被扬州市委、市政府命名为扬州市首批全面小康建设先行村。该村工业、商贸服务业发达，累计有各类个体工商户132户、私营企业21家，主要从事电缆、电缆材料加工、服装、玩具、农具维修、电脑刺绣等及各种服务业。扬州曙光电缆厂落户在该村。农业形成三大区域特色，西片水生植物栽植、特种水产品养殖和水禽养殖区（荷藕16.7公顷、特种水产品33.3公顷、水禽8万羽），中片优质粮生产区，东南片为无公害大棚蔬菜种植区。2001年、2003年，先后被扬州市委、市政府和省精神文明建设指导委员会分别表彰为扬州市文明村、省文明村。2005年，有11个村民小组，723户、2178人，总面积204.5公顷，其中耕地面积124.2公顷，实现工业产值7.07亿元、农业产值2000元、第三产业增加值3000万元，农民人均纯收入8102元。

二、清真村

位于菱塘回族乡北部，是江苏省回民聚居最多的村。全村有“两纵四横”硬质化道路11.2千米。1997年，被市委、市政府命名为全面小康建设先行村。2000年3月，由原清真、备荒村合并而设，总面积265.5公顷，其中耕地面积174.5公顷。2004年，被扬州市环保局表彰为扬州市生态村。2005年，有10个村民小组，520户、1603人，其中回族1430人；工业企业13家，实现社会总产值5401万元；农民人均纯收入5576元。

第三十一章　郭集镇

第一节　基本概况

郭集镇位于高邮城区西南14.5千米。三面环湖，即北面和东面有高邮湖，南面有邵伯湖；一面环水，即西面与送桥镇隔河相望。

相传明朝郭天官安葬于此，后形成集镇，故名郭集。明清时属高邮州武安乡，民国初年属高邮县西山市。抗日战争、解放战争时期，先后属天长县、甘泉县、东南县、仪扬县、仪征县。新中国成立后，属高邮县菱塘区。1949年10月，设有6个小乡。1958年2月，设有郭集、柳坝两乡。是年9月，并为菱塘人民公社。1959年5月，从菱塘人民公社划出，建立郭集人民公社。1960年3月，并入菱塘人民公社。1962年6月，再从菱塘人民公社划出。1983年，撤社建乡，更名为郭集乡。1994年12月15日，撤乡建镇，实行镇管村体制。

该镇地势南高北低，水资源丰富，滩涂广阔。镇境土壤主要是黏土。海拔4.5～7.5米。总面积53平方千米，其中陆地面积50.35平方千米、水域面积2.65平方千米。

1986年，辖17个村、204个村民小组。2000年5月，辖8个村、96个村民小组，1个居民委员会、5个居民小组。2005年，在总人口中，农业人口1.92万人、非农业人口2942人，男性1.13万人、女性1.08万人，少数民族人口11人，人口密度422人/平方千米。

1986～2005年部分年份郭集镇经济社会指标实绩一览表

表34-49

项目 / 年份	户数（户）	人口（万人）	劳动力人口（人）	耕地面积（公顷）	粮食产量（万吨）	农业产值（万元）	工业产值（万元）	建筑业产值（万元）	农民人均纯收入（元）
1986	5850	2.26	10917	2505	2.86	1835	1164	225	590
1990	6659	2.27	12441	2431	2.46	3538	3114	350	749
1995	6647	2.27	15489	1951	2.12	5220	15061	10300	2225
1999	6280	2.25	12172	2949	2.84	8421	36571	17200	3422
2005	6562	2.21	10661	2953	2.32	13833	100166	45090	5304

2005年郭集镇各村、社区基本情况一览表

表34-50

村、社区	村（居）民小组（个）	常住人口（人）	耕地面积（公顷）	人均纯收入（元）	主要自然村庄
盘塘村	10	2187	249	5622	新河、柏庄、王桥、姚庄、吕庄、江庄、丁庄、双车篷、柏河、李大房、唐庄、石桥、新桥、陈庄、高庄、盘塘、徐庄、聂庄、张庄、南曹、郑庄
大营村	8	1685	160	5805	金沟、郑庄、小吴庄、赵沟、胡庄、大吴庄、吴庄、大李庄、姚沟、赵庄、吕庄、王庄、李庄、冯庄、朝阳、贡庄、杨庄、万庄、林业队
郭集村	15	3026	291	5290	郭集、南庄、福寿庵、陶庄、潘庄、苏庄、长沟、唐庄、双柳树、丁嘴、蔡花港、刘庄、张公渡、丁庄、戚庄、王庄、谈桥、夹板庄、吴庄、苏庄、李庄、胡庄、北庄、张坝、傅庄
糟坊村	12	2616	269	4748	赵庄、王庄、李庄、侯家窑、刘庄、巴圩、叶庄、陈庄、潘庄、孙庄、沈圈、吕庄、吴庄、大胡庄、唐庄、刘桥、黄庄、宋庄、詹庄、高庄、王家糟坊、前胡庄、丁庄
德华村	14	2700	280	5341	柳坝、高庄、姚庄、丁庄、吴行、朱庄、胡庄、王庄、龚庄、朱马庄、张庄、周庄、詹庄、徐庄、冯庄、孙庄、黄庄、吴庄、乔庄、朱墩、杨庄、陈庄、乐庄、李庄、德华
邵庄村	11	2021	141	5424	郑庄、毛桥、丁桥、杨庄、码头庄、大尹庄、新闸、邵庄、张庄、吕庄、平安、朱庄、龙王、立新

续表 34-50

村、社区	村(居)民小组(个)	常住人口(人)	耕地面积(公顷)	人　均纯收入(元)	主要自然村庄
毛港村	13	2290	348	5006	万庄、王庄、冯庄、陈庄、吴庄、新桥、龙桥、周庄、中心、大圈、夏庄、梅庄、夏庄、大陆庄、林庄、牛庄、卜渡、石桥、张凹、张庄、李庄、徐庄、乔庄、韩庄、曾庄、联合
孙巷村	12	2453	278	5444	梅庄、张庄、牛庄、茆庄、万庄、冯庄、顾新庄、胡庄、王庄、赵庄、周庄、孙巷、高庄、顾庄、许王、李庄、乔庄、夏庄、邵庄、周庄
柳集社区	5	3105	—	—	—

第二节　经济发展

一、农业

1986年起，不断调整农业结构，实施退耕还草、退耕还水，发展经济作物，提高农业效益。2005年，种植业、林业、牧业、水产业产值占农业总产值比例分别由1986年的78.3%、0.8%、19.2%、1.7%调整为26.1%、2.7%、42.4%、28.8%。

种植业　农作物生产实行稻麦两熟制，伴栽湖桑、油菜等经济作物。1986年，调整农业结构，推广立体种植面积73.33公顷，油菜扩种至333.33公顷，种植瓜、萝卜等经济作物22.27公顷。1990年，自繁自育杂交稻“籼优63”获成功。1992年，大营村被定为扬州市农业现代化试验村。1999年，推广水稻肥床旱育稀植、三麦免少耕等新技术，种植麦子、水稻、油菜优良品种，改造低产田133.3公顷，复垦土地33.3公顷。2000年，进一步调整农业结构，引进种植甜玉米、糯玉米和黑麦草。2002年，实施“品种、技术、知识”三大更新工程，实施退耕还林、退耕还水。引进扬州里下河农科院鲜食玉米、上海沙家浜研究会美荷速生场、市腾发花卉园等项目3项，租赁土地140公顷。2003年，启动建设占地40公顷的花木示范园工程。2005年，粮油作物种植面积分别由1986年的4368公顷、241公顷调整为4065公顷、264公顷，总产量分别由1986年的2.86万吨、363吨变为2.32万吨、575吨。

林蚕业　1986年起，在河渠、道路两旁和村庄周围，开展植树造林活动，全乡栽植树木28万多株。1987年起，发展栽桑养蚕业。至1994年，拓植桑园630公顷。1993年，建成德华村成片造林基地、毛港村蚕桑基地。1997年，郭集镇、德华村分别被表彰为省国土绿化最佳乡镇、全国造林绿化千佳村。2002年，成片造林200公顷，完成植树40万株，发展苗木基地45公顷。2003年起，以“绿色银行”大行动为契机，转让圩堤林权20公顷。2004年，增加植树造林面积133.33公顷，被扬州市绿化委员会表彰为绿化先进单位。2005年，增加造林面积146.67公顷，累计造林面积1284公顷，林木覆盖率24.8%。桑园面积减至110公顷。

畜禽养殖　农户素有养猪、养禽的传统。1986年，畜禽以农户散养为主。1990年，建成大营村种鹅基地，年饲养种鹅1.2万羽，出售种蛋48万只。1993年，发展规模经营，形成大营村种鹅基地、沈圈村肉鸡饲养基地、甘露村特种珍禽饲养基地。1994年，新河、邵庄村村干部带头兴办股份合作制鸡场，孙巷村顾庄组村民顾万里饲养种鹅5400羽。1997年，多种经营专业基地从7个发展到9个，培植养鹅大户65户、养鸭大户21户、养羊大户105户，被扬州市政府列为山羊饲养基地。2000年起，引进饲养三元杂交猪、苏太猪、波尔山羊等特畜1.8万头，美国落地王鸽等特禽2.8万羽。2003年，地球牌肠衣被认定为省绿色食品。2004年，扩大种草面积26.67公顷。2005年，生猪、家禽饲养量分别由1986年的2.77

万头、32.37万羽增加到5万头、137万羽。

水产业　1986年，改造老鱼塘，开挖精养鱼池60.27公顷，累计水产品放养面积199公顷。1987～1989年，以乡养殖场为主开挖精养鱼池63公顷。1993年，引进养殖罗氏沼虾、螃蟹等特种水产品，养殖面积分别为100公顷、147公顷。建成乡养殖一场、养殖二场养鱼基地。1997年，培植特种水产品养殖大户11户。1998年，六桥村利用湖面资源，开发水产品养殖面积66.7公顷。龙桥村新增特种水产品养殖面积10公顷。2003年，清水牌螃蟹、湖光牌龙虾获注册，罗氏沼虾被认定为省无公害农产品。2004年，鲫鱼、螃蟹注册"双湖"商标。2005年，全镇水产品养殖面积586公顷，其中450公顷鱼池被认定为省无公害水产品生产产地，水产品产量3319吨。

农业机械　1986年，农机总动力1.33万千瓦，主要从事农田耕翻、灌溉、排涝、脱粒等作业。1999年起，实施农机产权制度改革，鼓励农民自购或联合购置农机具。2005年，农机总动力1.89万千瓦，农业综合机械化水平86%。

农田水利　1986年，骨干河道10条，总长63.6千米；村庄河塘105条，总长95.75千米；沿高邮湖国家三级堤防——郭集大圩长28.12千米，沿圩设有引排大闸3座、排涝大站6座、机泵29台套，总装机容量2485千瓦；建成郭集机排站，整修闸2座；加固郭集大圩7.3千米，完成土方85万立方米；整治农田一套沟，水系配套面积186.67公顷。1995年，投资354万元，建成流量10立方米/秒的毛港排涝站。1996年，运用水利机械实施圩堤和内河施工，加固圩堤、清理河道13.7千米，完成土方48万立方米。1999年，建成毛港闸，浆砌甘露杨荡段大堤块石护坡1.5千米，维修和改造甘露、码头、郭集等7座闸洞，29千米防洪大堤全部筑起二台坡。2001年，修建毛港闸、六桥洞、甘露洞、郭集洞，完成加固圩堤、清理河道土方80万立方米。2002～2005年，清淤骨干河道17.5千米，完成朝阳闸改建、郭集排涝洞拆除复堤、甘露洞维修加固、郭集洞翻建等工程建设任务。

二、工业

1986年，实现产值1164.18万元，其中乡办厂101.5万元、村办厂1007万元、组户联办厂55.68万元。1987年起，发展照明灯具制造业。1993年，市照明电器厂与外商合资建成全乡首家合资企业，主产品为高压钠灯。1994年，全镇灯具产值首超亿元，被誉为"灯具之乡"。对11家小微亏企业进行改制，其中租赁9家、拍卖2家。在大营村办厂进行股份合作制试点。至1996年，在进行产权制度改革的27家镇村工业企业中，组建股份制、股份合作制20家，拍卖5家，风险抵押承包2家。1997年，个体私营经济发展迅速，累计私营企业56家。大营红光电缆厂生产的计算机电缆在中国第六届专利新技术博览会上获特别金奖。1998～1999年，投入技改资金2580万元，更新设备，改造老产品，增建生产线，开发新产品。增加以生产灯具为主的私营企业17家，累计112家。2000年6月，启动建设规划用地200公顷的扬州灯具工业园区。2001年起，开展招商引资活动，加大项目建设力度。兴办独资企业2家，进入工业园区企业15家。组建股份合作制企业5家，17家挂靠集体的企业改为私营。2002年，启动扬州灯具工业园区南扩工程，开发面积累计80公顷，进区各类企业40家。2003年，被命名为扬州市乡镇工业示范园区。占地4公顷的灯具检测中心建成。是年，有8家企业通过ISO 9000质量管理体系认证，2家企业通过"3C"强制质量认证。市声光器材厂的苏发牌商标被批准为省著名商标。2005年，江苏赛德电气有限公司的"赛德"商标获"省著名商标"称号，市有机化工厂被命名为省高新技术企业。完成扬州灯具工业集中区二区内道路建设，新开发面积33.3公顷，新进区企业21家，建成标准化厂房4.6万平方米。至2005年底，共利用外资278万美元、域外资金3.02亿元，启用民间资金2.82亿元。扬州灯具工业集中区累计开发面积113.3公顷，累计投资6.43亿元，其中基础设施投入4600万元。进区企业有112家，其中灯具企业98家。全镇形成以道路照明为主导，电线电缆、服装、玩具、化工、农副产品加工等工业行业齐发展的格局，共有工业企业204家，其中灯具企业123家，道路照明行业产值占工业总产值79.8%。

三、建筑业

1986年，成立郭集建筑公司。1993年起，建筑市场由内向外转移，先后在南京、北京、徐州、马鞍山、扬州等地承建建筑工程。1995年，建筑业产值首超1亿元。1996年，镇建筑公司承建的南京金陵中学科学馆获省优工程，镇建筑公司被省建筑行业协会表彰为建筑质量管理先进企业。1998年，镇建筑公司改制更名为市建华建筑安装有限公司。1999年，被市政府命名为“建筑之乡”。2004年，市建华建筑安装有限公司更名为江苏润扬建筑安装有限公司，成功申报国家二级总承包资质。至2005年，全镇有建筑企业4家，从业人员近4000人，所承建的工程创南京市优质工程11项、省优质工程9项。

四、商贸服务业

1986年，供销合作商业、集体商业、个体商业并存，供销合作商业占主导地位。1993年，成立乡农工商总公司，集镇农贸市场竣工开业。1996年起，推进交通运输、商业、饮服、文体娱乐、仓储物流等行业发展。1999年，以高邮湖区漫水公路开通为契机，发展中巴车、卡车、轿车38辆。利用镇区老河道建筑商住房171间，吸引进镇落户农民148户，增建店面62间。2001年，吸引民资，建成农贸市场、建材贸易市场、上海华联超市郭集连锁店、天中超市郭集连锁店、金浪休闲浴室，开发珠湖别墅区等。2005年，建成灯具一条街，有灯具销售商店近50家；投入500万元的万德龙超市开业，实施商贸中心第二期工程。至是年末，全镇有集贸市场1个、商贸服务企业3家、个体工商户200户，第三产业从业人员3400人，实现第三产业增加值1.05亿元。

第三节　社会事业

一、教育

1986年，全乡有幼儿园19所，班级19个，在园幼儿413人，教师19人；小学16所，班级73个，在校学生2654人，教师101人；初级中学3所，班级19个，在校学生851人，教师56人。1992年，实施学校布局调整，小学由12所调减为10所。1993年，基本扫除青壮年文盲，普及九年制义务教育。1996年，小学又调减至5所。1997年，镇中心初中教学楼落成。1999年，启动教育现代化工程。镇中心小学新教学楼、镇中心初中学生公寓、教师安居工程等相继竣工。2001年，撤并农村小学4所，开办中小学实验班。镇中心幼儿园转制为民营，被批准为扬州市一类园。通过省教育厅基本实现教育现代化验收。2002年，完成校舍改危任务。2005年，全镇有幼儿园2所，班级17个，在园幼儿440人，教师27人；小学5所，班级36个，在校学生1390人，教师77人；初级中学1所，班级20个，在校学生956人，教师57人。学龄儿童入学率和小学、初中学生毕业率均为100%。镇中心初中创建成省示范初中、省示范家长学校。

二、文化

1991年，乡影剧院被表彰为全省文化系统先进单位。1994年，开通有线电视。1997年，通过省群众文化先进乡镇验收。2000年，实现镇村光缆联网，村村通上有线电视，有线电视用户累计2200户，被扬州市政府表彰为广播电视工作先进乡镇。2004年，镇文化站购置新书500册，举办文艺演出8场次。由美国加州圣峪中华文化协会健华图书社在江苏省首家捐赠建设的乡镇图书馆——郭集镇邹盛椿健华图书馆建成开馆。2005年，举办文艺演出8场次，有线电视入户率100%。

三、卫生

1986年，乡卫生院1所，科室8个，医技人员15人，病床22张；村卫生室16家，乡村医生36人。

1993年，乡卫生院迁至集镇平安路。1995年，镇卫生院创建成一级甲等医院。1997年，实施村办合作医疗制度。1998年，开展市乡村卫生机构一体化管理试点，在全市率先进行撤销村卫生室建片卫生站工作，撤销卫生室16家，按自然片设卫生站5家，精简乡村医生13人。2000年，该镇被扬州市政府表彰为扬州市计划生育红旗乡镇。镇卫生院被列为市卫生系统实行股份合作制试点单位。2004年，该镇再次被扬州市政府表彰为扬州市计划生育红旗乡镇。2005年，该镇创建成扬州市卫生镇。镇卫生院设科室16个，医技人员41人，病床30张，被批准为省社区卫生服务中心和社区卫生服务站规范示范点。社区卫生服务站5家，乡村医生25人。

1990年，建成日产自来水1440立方米的乡办自来水厂。至2005年，自来水厂1家，自来水普及率85%；卫生户厕普及率78%，其中无害化卫生户厕普及率56%。

四、体育

1988年，举办乡首届农民运动会。1992年，被表彰为扬州市体育先进镇。1997年，投资70万元，建成标准化篮球场、羽毛球场等体育设施，被表彰为江苏省体育先进乡镇。2002年，郭集籍、中国赛艇队运动员尹冬在第七届亚洲赛艇锦标赛中，与队友合作，以6分15秒的成绩，获2000米四人单桨无舵手赛金牌。至2005年，镇农民运动会共举办9届。

第四节　村镇建设

一、基础建设

1986年，集镇有2街、1路，总长1.5千米，居民大都集中在沿河街、邮天公路两侧居住。1994年，以撤乡建镇为契机，加大集镇建设力度，完成商品一条街扩建工程。1998年起，全面实施街道环境整治、绿化和门面装修工程，先后建成信用社、金柳广场、影剧院、文化中心等公共建筑。2000年，建成垃圾填埋场1座，开发农贸市场商住房。2002～2004年，开发建设邮仪路北侧3层80间商住楼，建成别墅区第一期工程别墅24幢和海云休闲中心、商贸中心及周边商住楼。2005年，创建成扬州市环境优美镇。集镇面积从1986年的0.16平方千米扩大到1.96平方千米，有郭集路、邮天路（高邮至天山）、平安路等主干道和沿河街、珠湖街、育才路等主街道，道路总长6千米；集镇公共绿地面积4公顷，绿化覆盖率15%。全镇人均住房面积由2000年的19平方米增加到27平方米。

图34-18　1999年建成的郭集镇金柳广场

二、交通

邮仪（高邮至仪征）公路穿越东西，湖区漫水公路通往高邮城区。1990年，自筹资金，建成8.8千米的抢险公路。北片6个村，村村通上公路。1992年，全乡有17个村通上石子公路，其中大营、盘塘、沈圈村实现组组通上砂石公路。1994年，横贯全镇的主干公路有6.65千米实现黑色化。1997年，启动邮天（高邮至天山）公路整治工程，通镇公路实现黑色化。2003年，启动农村道路“通达工程”建设。是年，完成大营线通村公路4.8千米、大圩线10.35千米灰色化路面建设，建成抢险公路14.6千米。至2005年，建成通村、组道路17条、60千米，实现村村通水泥路、组组通砂石路目标。

三、邮电

1989年，由扬州自办的邮路从送桥延伸至郭集。1990年，开通电报传真机。1993年，电话进入市话自动拨号网。1998年，建成移动通信基站1座。1999年，固定电话拥有量3000部。2005年，全镇固定电话入户率86%，移动电话家庭普及率61%。

四、供电

1986年，改造农村配电线路50千米，新增变压器5台。2000年，实施农村电网改造、户外移表工程。2004～2005年，投入350万元，实施农村电网改造工程，新架设10千伏线路27千米。

第五节　特色村简介

大营村

位于郭集镇南部。2000年3月，由原大营、徐坝村合并而设。该村主要工业产品有电线电缆、道路照明灯具、橡塑制品、远红外电加热元件等。实施两项国家农业综合开发土地治理项目，改善农业生产条件。沿朝阳河特种水产品养殖基地53公顷，集聚18户养殖大户，高邮鸭、扬州鹅年饲养量分别稳定在5万羽左右，启动规划建设中国高邮鸭养殖示范基地。第三产业有较快发展，从业人员360人，占全村劳力总数的35%，主要从事建筑装饰、货物运输、餐饮服务等行业。全村自来水入户率85%以上，有线电视、程控电话入户率90%以上。2005年，有8个村民小组，447户、人口1685人，耕地面积160.3公顷，工业企业17家，其中年销售额超1亿元企业1家、500万元企业3家，实现社会总产值1.62亿元，农民人均纯收入5805元。该村先后被表彰为扬州市生态村、省卫生村，村党支部被表彰为扬州市先进基层党组织。

第三十二章　送桥镇

第一节　基本概况

送桥镇位于高邮城西南30千米处，东与郭集镇隔河相望，南与邗江区公道镇、仪征市大仪镇接壤，西邻天山镇、菱塘回族乡，北濒高邮湖。

明称宋家桥。清嘉庆年间为宋家桥市，光绪年间始称送驾桥，属高邮州武安乡。民国初年，为高邮县西山市。抗日战争、解放战争时期，先后属天长县、甘泉县、东南县、仪扬县、仪征县。新中国成立后，属高邮县菱塘区。1958年2月，设有送桥、常集两乡。是年9月，合并为菱塘人民公社。1959年5月，从菱塘人民公社划出，建立送桥人民公社。1960年3月，并入菱塘人民公社。1962年6月，再从菱塘人民公社划出。1983年，撤社建乡，更名为送桥乡。1986年8月，撤乡建镇，实行镇管村体制。

该镇地势南高北低，镇内土壤以黄土、白土、马肝土为主。海拔2.4～3米。总面积50.72平方千米，其中陆地面积38平方千米、水域面积12.72平方千米。

1986年，辖17个村、209个村民小组。2000年5月，辖9个村、104个村民小组，1个居民委员会、10个居民小组。2005年，在总人口中，农业人口2.05万人、非农业人口5205人，男性1.27万人、女性1.3万人，少数民族人口104人，人口密度507人/平方千米。

1986～2005年部分年份送桥镇经济社会指标实绩一览表

表34-51

项目 年份	户数（户）	人口（万人）	劳动力人口（人）	耕地面积（公顷）	粮食产量（万吨）	农业产值（万元）	工业产值（万元）	建筑业产值（万元）	农民人均纯收入（元）
1986	6366	2.56	12532	2486	2.53	1539	1283	730	569
1990	7285	2.65	12854	2446	2.32	3232	3397	583	700
1995	6679	2.64	15489	2147	2.22	4409	7414	10020	2029
1999	7309	2.68	12989	2649	2.78	8342	18710	13900	3200
2005	8207	2.57	10552	2476	2.32	13507	60256	14100	3330

2005年送桥镇各村、社区基本情况一览表

表34-52

村、社区	村（居）民小组（个）	常住人口（人）	耕地面积（公顷）	人均纯收入（元）	主要自然村庄
黄圩村	11	2094	266	4752	朱庄、胡庄、乔庄、黄庄、王庄、赵庄、张庄、吕庄、大黄庄、斗坛庵、孙庄、吴庄、蒋庄、阮庄、小园、宋庄、胡庄、墩塘、洪庄、陈庄
常集村	13	2728	285	4784	常集、顾庄、陆庄、大阮庄、詹庄、马庄、潘庄、宋庄、大果园、佟庄、李庄、龚庄、陈庄、晏庄、尤家、全庄、吕庄、黄庄、徐庄、强庄、郝庄
官路村	15	2663	326	4309	王庄、夏家集、万庄、牛庄、大李庄、金庄、官路集、夏庄、晒牛庄、苗圃、龚庄、明庄、许庄、曹庄、胡庄
李古村	13	1998	178	3741	陈庄、郝庄、李古庄、新民、冯庄、苏庄、张庄、余庄、吕庄、夏庄、西庄、戴庄、吴庄、南庄、谈庄、景庄、徐庄、陈庄
送桥村	9	1951	166	5671	杨庄、张庄、夏庄、谢家坝、大徐庄、果园、陆庄、刘庄、磙桥、曹庄、黄庄、吴庄、司徒庙、王庄、徐庄、李庄、唐庄、陶庄、朱庄
双墩村	8	1756	152	5524	大丁庄、江庄、王庄、李庄、南郝庄、杨庄、朱庄、吴庄、夏庄、大潘庄、顾庄、殷庄
平牌村	10	2002	233	4476	陈庄、傅庄、王庄、朝阳、池庄、李庄、牌坊、张庄、西陈、池庄、杨庄、王庄、杨庄、孙庄、小丁庄、谭庄、南丁庄、摊扒沟
准堤村	11	2274	236	4141	毛庄、邵庄、周庄、鸳鸯树、徐庄、西马庄、丁庄、周王庄、陈庄、徐广桥、王庄、李庄、田庄、张庄、孙庄、赵庄、马庄、董家桥、陆庄、朱庄、吴庄、宰庄、李桥、陈庄、王庄
张公渡村	14	2705	206	7236	墩塘、徐坝、杨庄、东李、陈庄、潘庄、郑庄、赵庄、丁庄、大徐庄、金庄、张庄、张家庄、陈庄、刘庄、张庄、合兴、马庄、马桥、送北、送南
送桥社区	10	5535	14	6833	—

第二节 经济发展

一、农业

1986年起，推行科学种田，进行土壤改良，调整农业结构，由传统农业逐步发展和建立优质、高产、高效农业。2005年，种植业、林业、牧业、水产业产值占农业总产值比例分别由1986年的70.7%、0.3%、

26.6%、2.4%调整为36.9%、1.1%、51.3%、10.7%。

种植业　农作物生产实行稻麦两熟制，伴栽油菜、湖桑等经济作物。1986年，推广油—稻、麦—经—稻、麦—经—菜等立体种植面积33.33公顷，扩大西红柿、萝卜、黄瓜等经济作物面积。1991年，新拓湖桑80公顷。1996年起，推广优良品种和实用先进技术。至1998年，粮油统一供种率、实用技术成功率均为95%。1999年起，围绕市场化、高效化和特色化模式，调整种植结构。至2004年，油菜种植面积扩大到266.67公顷，葡萄、草莓、药材、大棚蔬菜等经济作物种植面积有所扩大，粮经作物种植面积比例为7∶3。2005年，粮油作物种植面积分别由1986年的4298公顷、171公顷调整为4074公顷、203公顷，总产量分别由1986年的2.53万吨、309吨变为2.32万吨、404吨。棉花种植面积、总产量由1986年的156公顷、129吨，逐年大幅度减少，90年代基本停止种植。

林业　1986年起，在河渠、道路两旁和村庄周围，开展植树造林活动，全镇栽植树木29万多株。1997年，被扬州市绿化委员会表彰为扬州市绿化先进乡镇。1998年，送桥速丰林建设工程被扬州市政府表彰为优秀绿化工程。2003年起，开展“绿色银行”大行动，实施退耕还林。至2005年，新增植树造林面积679.33公顷，累计800公顷，林木覆盖率20%。被扬州市绿化委员会表彰为扬州市绿化最佳乡镇。

畜禽养殖　1986年，畜禽以农户散养为主。进入90年代，畜禽养殖逐步向规模化、专业化、产业化方向发展。1993年，建设黄圩村山羊饲养基地和李古、尤家、常集等村肉鸡饲养基地。1996年，省商品猪基地——平牌村，有磨豆腐、养猪专业户492户，占全村总农户的92%，饲养生猪1.4万头，出栏8628头。1997年，全镇饲养生猪8.1万头，被扬州市政府列为商品猪饲养基地。1998年，引进饲养扬州大学畜牧兽医学院教授赵万里主持选育的杂交新品种——新太湖鹅500万羽。1999年，培育生猪、家禽生产基地，成立新太湖鹅种鹅场。2000年起，发展鹅业经济，种植牧草133.3公顷，推广饲养新品种——扬州鹅（由新太湖鹅更名）58万羽。新太湖鹅种鹅场改制为由扬州大学畜牧兽医学院、扬州市畜牧兽医站、市畜牧兽医站、送桥镇畜牧兽医站、送桥镇多种经营服务公司和养殖大户杨正良等投资入股的扬州鹅鹅业发展有限责任公司。2001年，扩大牧草种植面积和扬州鹅饲养量。2002年，在黄圩、常集、双墩、淮堤、张公渡等村实施丘陵山区种草养鹅项目建设，建成种草养鹅科技示范园、特禽养殖园，形成扬州鹅从品种培育、保种、炕孵、种草养鹅、饲料加工到仔鹅深加工一条比较完整的产业链，同时发展以“磨豆腐—养猪”模式为主的多种经营生产。2003年，推广扬州鹅秋孵冬养技术，饲养扬州鹅84万羽。2004年，建成养鹅基地6个、科技示范园33.33公顷，培植年饲养万羽鹅以上大户8户。2005年，全镇牧草种植面积486公顷，生猪、家禽饲养量分别由1986年的3.67万头、39.6万羽调整到3万头、270万羽（扬州鹅117万羽）。

图34－19　2004年建成的扬州鹅养殖基地

水产业　1986年，利用湖河塘发展水产品养殖，水产品养殖户123户。1994年，增加水产品养殖面积213公顷，其中特种水产品养殖面积19公顷。至1999年，水产品养殖面积扩大到300公顷，其中特种水产品养殖面积100公顷。2005年，全镇水产品养殖面积500公顷，水产品产量2025吨。

农业机械　1986年，农机总动力1.18万千瓦，主要从事农田耕翻、灌溉、排涝、脱粒等作业。1999年起，实施农机产权制度改革，鼓励农民自购或联合购置农机具。2005年，农机总动力2.21万千瓦，农业综合机械化水平86%。

农田水利　1986年，有引排河5条、冲4条，总长26.6千米。完成水利工程土方120万立方米。1987～2004年，加固圩堤2.6千米，建成排灌站2座，修建涵闸洞45座和滚水坝、储水坝18座；建成或改建田间配套建筑物90座，翻建操兵坝大闸；开挖排灌渠36条、总长61.5千米，铺设硬化沟渠5.8千米；累计完成水利工程土方350万立方米。2005年，推进碧水工程建设，疏浚河道8条、30千米。

二、工业

1986年，蜂乳厂、潜水电机厂、食品机械厂、油厂分别与上海、扬州相关单位实行联合。实现工业总产值1283.34万元，其中乡办厂847.55万元、村办厂382.57万元、组户联办厂53.32万元。1994年，投入技改资金400万元，开发农用面包车、电梯电机、灯具、电缆、化工等新产品。农用面包车通过省级评审鉴定。镇健饮蜂乳厂与美国客商合资，成立扬州市宝中宝营养保健品有限公司。4家镇办企业和3家村办企业实施产权制度改革。至1996年，共有14家镇村企业实行改制，其中实行股份合作制12家。1997年，长松化工厂挂靠南京伯乐集团，更名为伯乐集团高邮市长松化工分厂。1998～2001年，深化和完善产权制度改革，盘活存量资产130万元。培植个体私营工业企业56家，其中年销售400万元以上企业1家、300万元以上企业5家、200万元以上企业20家，个体私营经济产值占全镇工业总产值72.3%。2001年，启动建设规划总用地100公顷的送桥灯具工业集中区、食品加工工业集中区。至2005年，共利用外资237万美元、域外资金2.92亿元，启动民间资金7300万元。灯具工业集中区有灯具企业46家，产值占工业总产值65.2%。食品加工工业集中区以扬州天歌食品有限公司、扬州天湖食品有限公司为龙头，具备较完整的育雏、饲养、肉制品深加工、羽绒服装加工等一条龙产业链。全镇形成灯具、服装、鞋、玩具等为主导产品的工业格局，共有工业企业149家。

三、建筑业

1986年，全乡有建筑企业1家，从业人员1000人，在南京、扬州等地承建工程项目。1990年，组建成高邮二建二工区和高邮机械化施工工程公司，开拓北京、广东等地建筑市场。1995年，撤销高邮二建二工区直属队，组建高邮振华建筑安装公司。建成市广缘房地产开发公司。高邮机械化施工工程公司挂“建设部泛华工程有限公司江苏分公司”牌子，拥有工程勘察、建筑设计、建筑装饰、市政工程设计、工程监理、工程总承包6个甲级资质，建筑工程施工、建筑装饰施工两个一级资质，房地产综合开发二级资质。1997年，开拓广州、镇江等地建筑市场，承建工程验收合格率100%、优良品率40%。1999年，被市政府命名为“建筑之乡”，送桥建筑安装机械化有限公司改制为私营企业。2002年、2003年，先后组建市雄厦建筑安装股份有限公司、送桥建安分公司（市中源建筑安装有限公司）。至2005年，全镇有建筑企业5家，从业人员2250人，累计创省优质工程4项、市优质工程15项。

五、商贸服务业

1986年，集镇有供销社1家、合作商店2家，建成送桥供销商场，在偏远的村设立代办点，开始发展个体商业。1992年，先后成立通源油运公司、送桥通联农工商贸易总公司。至1994年，有个体商店200多家，其中田启祥、吴诗奎、丁恩松、李克帮、刘俊等创办的个体私营企业产值或营业额在100万元以上。1996年，通源油运公司投入500多万元，建成石油化工公司、液化气公司。1997年，建成三古月商场。1998年，运输业快速发展，拥有中巴车50辆、运输船舶5000吨位。年销售超100万元的商贸服务企业25家。1999年，建成面积5000平方米的砂石建材市场，启动建设商品一条街。2001年、2002年，送桥农贸市场、小商品市场、家禽交易市场相继建成开业。至2005年，全镇有集贸市场2个、商贸服务企业8家、个体工商户735户，第三产业从业人员1521人，实现第三产业增加值1.04亿元。

第三节　社会事业

一、教育

1986年，全镇有幼儿园21所，班级21个，在园幼儿413人，教师21人；小学17所，班级84个，在校学生3091人，教师101人；初级中学3所，班级16个，在校学生677人，教师49人。1994年，基本扫除青壮年文盲，普及九年制义务教育。1995年，实施学校布局调整，初级中学由3所调减为1所。1996年，小学由18所调减为5所。1999年，启动教育现代化工程。镇中心小学教学楼落成。2000年，镇中心小学被批准为省现代教育技术实验学校、扬州市实验小学。2004年，镇中心小学通过省实验小学验收。2005年，全镇有幼儿园1所，班级10个，在园幼儿300人，教师17人；小学5所，班级37个，在校学生1563人、教师76人；初级中学1所，班级23个，在校学生1212人，教师62人。学龄儿童入学率和小学、初中学生毕业率均为100%。

二、文化

1986年，有镇影剧院1座。1993年，开通有线电视。1997年，集图书、阅览、娱乐为一体的镇文化站大楼落成，通过省群众文化先进乡镇验收。1999年，实施有线电视市镇光纤联网工程。2001年，镇文化站与镇广播站合并，组建镇文化广播电视服务中心，建成万册图书馆。2004年4月，镇文化站与镇广播站分设。

三、卫生

1986年，送桥地段医院与镇卫生院合并为送桥中心卫生院，设科室10个，医技人员83人，病床18张；村卫生室17家，乡村医生20人。该镇被国家计划生育委员会表彰为全国计划生育工作先进单位。1994年，送桥中心卫生院创建成一级甲等医院。1995年，扩建病房楼，床位增至36张。2001年，送桥中心卫生院门诊楼落成。2003年，全镇有2.1万人参加新型农村合作医疗。2004年，整合村卫生室，建立社区卫生服务中心1家、社区卫生服务站9家，各服务站有乡村执业医生4～5人。2005年，送桥中心卫生院设科室15个，医技人员120人，病床36张。

1986年，镇办自来水厂1家。1988年，建成镇自来水二厂。2001年，官路村被市政府表彰为改厕先进村。2004年，增建自来水厂1家，完成9个村改水任务，增加自来水用户1100户；改造厕所180座。2005年，通过扬州市卫生镇检查验收。增加自来水受益用户1256户，自来水普及率80%。改造厕所200多座，卫生户厕普及率94%，其中无害化卫生户厕普及率52%。

四、体育

1986年起，企事业单位经常举办中国象棋、乒乓球、篮球等群众性小型体育竞赛活动。1992年，该镇被表彰为扬州市体育先进镇。

第四节　村镇建设

一、基础建设

1986年，集镇有街巷4条，总长1千多米，居民大多沿老街居住。是年，铺设向阳广场主街下水道，开发建设交易市场2300平方米，拓宽路面和街道，架设街道路灯。1994～1996年，兴建唐营桥、环镇桥，建成4条宽12～16米街道路基。1997年，由政府牵头、部门承建、群众投资，翻建蚕茧站、兽医站、泡沫厂等门面房，总建筑面积5000平方米。1998年，建成环镇公路1.8千米，启动吴平路、向阳路和马桥路沿路8万平方米门面房改造工程，开发建设唐营小区、送驾小区、财政小区商住楼。1999年，铺设水泥路面1000平方米，开发商品房8000平方米。2000年起，完善镇区总体规划，加强基础设施建设。是年，竣工商住楼8000平方米，镇政府、国税分局、送桥中学办公大楼落成。该镇被扬州市政府命名为新型小城镇。2003年，建成垃圾填埋场。2004年，完成集镇两个三角区绿化，建成西环、东环等居民小区和送驾路、迎驾中路、龙腾街，完善小商品市场建设，改造排水系统、人行道等配套设施。拍卖集镇道路冠名权，共有9条路、4条街、16条巷更名挂牌。至2005年，集镇镇区面积从1986年的0.11平方千米扩大到1.13平方千米；扬菱路、迎春路、吴平路、向阳路等主要街道18条，总长6千米；累计吸引进镇落户择业农民380户，集镇88%的居民住上楼房；公共绿地面积5公顷，绿化覆盖率33%；实施集镇、工业集中区道路亮化工程，安装路灯300多盏。全镇人均住房面积由2000年的17平方米增加到20平方米。

二、交通

扬菱公路、邮仪公路穿镇而过。1988年，开通直达南京、上海客运班车。1989年，建成长40米的送驾桥。1997年，铺设通村道路黑色化路面5.6千米。1998年，建成长1.8千米的环镇公路。2002年，铺设长1.2千米的环镇公路黑色路面。2003年，启动农村道路“通达工程”建设。至2005年，建成通村道路43千米，建成主干道桥梁4座，实现通村道路灰色化目标。

三、邮电

1986年，设有邮电支局1个，办理邮寄、通电话、收发电报业务。1989年，开通电报、传真，由扬州自办邮车递送邮件。1992年，电话进入市话自动拨号网。2005年，全镇固定电话入户率78%，移动电话家庭普及率87%。

四、供电

1994～1995年，实施电力线路“两复三”工程。1999年，实施集镇供电线路改造工程，改架电力线路1.6千米。

第五节　特色村简介

一、张公渡村

位于送桥集镇东首500米处，三面环水，属沿河圩区大村。2000年3月，由原张公渡、马桥村合并而设，耕地面积205.7公顷，水域面积57公顷。

70年代起，张公渡村村民有炕孵、养禽的传统。1986年，家禽养殖获利50万元。90年代起，该村利用沿河、圩区地域资源，走家禽养殖富民之路，有70%的农户规模饲养家禽。2001年起，推广种牧草养鹅新技术，规模养殖扬州鹅，成为扬州地区养鹅示范村和养鹅大村。至2005年，建立扬州鹅养殖基地3个，种黑牧草6.67公顷，养成鹅7万羽，获利276万元；炕苗鹅60万羽，获利300万元；鹅业经济收入占年人均收入的50%。2005年，有14个村民小组，737户、人口2705人，工业企业18家，实现社会总产值8672万元，农民人均纯收入7236元。

二、送桥村

该村距扬州35千米，南与邗江区隔河相望，北连送桥镇集镇，扬菱公路穿越村内。80年代，创办村办企业1家，年产值40万元。90年代，大力发展个体工业、商业饮食服务业，提高村民收入，改善村民生活。至2005年，共创办灯具、服装、箱包、制鞋、汽配、机械等工业企业6家，就地进厂务工人员有1000多人，年人均工资性收入1.2万元，人均务工收入占人均总收入的83%，是全镇实现劳动力转移数量最多、工资性收入最高的村。2005年，有9个村民小组，516户、人口1951人，耕地面积165.8公顷，工业企业5家，实现社会总产值6108万元，农民人均纯收入5671元。

第三十三章　天山镇

第一节　基本概况

天山镇位于高邮城区西南40千米，东接送桥镇，南连仪征市大仪镇，西邻安徽省天长市，北界菱塘回族乡。

因镇内天山（古称神居山）而得名。西汉广陵王黄肠题凑墓葬亦发掘于神居山。明清及其以前，为神居山一带。民国初，地属广沛乡。抗日战争、解放战争时期，先后属天长县、甘泉县、东南县、仪扬县、仪征县。新中国成立后，属高邮县菱塘区。1949年10月，设有南茶乡、黄楝乡、北茶乡、天山乡。1958年2月，设天山乡。9月，并入菱塘人民公社。1959年5月，从菱塘人民公社划出，建立天山人民公社。1960年3月，并入菱塘人民公社。1962年6月，再从菱塘人民公社划出。1983年，撤社建乡，更名为天山乡。1995年11月20日，撤乡建镇，实行镇管村体制；12月18日，举行撤乡建镇庆典活动。

该镇地势属低冈丘陵。镇内土壤主要由黏土、白土、马肝土、黄泥土等组成。海拔4～4.5米，神居山海拔49.5米。总面积46.67平方千米，其中陆地面积37.87平方千米、水域面积8.8平方千米。

1986年，辖17个村、182个村民小组。2000年5月，辖7个村、77个村民小组，1个居民委员会、7个居民小组。2005年，在总人口中，农业人口1.66万人、非农业人口3365人，男性9947人、女性1万人，少数民族人口11人，人口密度428人/平方千米。

1986～2005年部分年份天山镇经济社会指标实绩一览表

表34-53

项目 年份	户数（户）	人口（万人）	劳动力人口（人）	耕地面积（公顷）	粮食产量（万吨）	农业产值（万元）	工业产值（万元）	建筑业产值（万元）	农民人均纯收入（元）
1986	5009	1.98	10727	2301	2.35	1317	2127	54	597
1990	5713	2.04	11988	2230	2.06	2773	4416	430	681
1995	5541	2.02	12514	2125	2.10	4503	26190	778	1985
1999	5695	2.04	12460	2460	2.38	7837	48138	1250	3050
2005	6023	2.00	9497	2315	1.88	3285	105118	6538	5144

2005年天山镇各村、社区基本情况一览表

表34-54

村、社区	村（居）民小组（个）	常住人口（人）	耕地面积（公顷）	人均纯收入（元）	主要自然村庄
南茶村	13	3148	345	5500	南小街、圣庄、倪庄、宰庄、新庄、赵庄、万庄、井家庄、张庄、陈庄、吴庄、小吴庄、梁庄、王庄、大徐庄、葛家上庄、金庄、马庄、冯庄、蒋庄、葛庄、西庄、葛家下庄、高庄、潘庄、杨庄、胡庄、徐庄
黄楝村	10	1859	260	5104	池庄、胡庄、张庄、唐庄、马庄、陈庄、大谈庄、小高庄、王庄、冯庄、黄楝树、高庄、余庄、江庄、吴庄、朱庄、潘庄、那庄、葛庄、徐桥、顾集

续表 34-54

村、社区	村（居）民小组（个）	常住人口（人）	耕地面积（公顷）	人　均纯收入（元）	主要自然村庄
庙家村	10	2764	283	5215	大徐庄、王庄、吴庄、朱庄、马庄、屠庄、田禾、黄庄、李田庄、许庄、葛庄、田家胡、杨桥、张庄、潘庄、中心、杨庄、赵庄、宋庄、徐庄、郑庄、庙家、曹庄
殷河村	10	1725	226	5050	徐庄、马庄、胡庄、张庄、太平庄、陈庄、许巷、姜庄、王庄、李庄、周庄、吴庄、双墩、马庄、杂庄、殷家河、殷庄、那庄、瓦屋庄、吴家洼、常庄
肖祠村	10	2468	230	5300	肖祠、夏庄、田庄、田马庄、刘庄、冯庄、小陈庄、徐庄、周庄、辛庄、张庄、夏庄、傅庄、谈庄、叶庄、吴庄、曹桥、朱庄、金庄、胡庄、乔庄、李庄、卞庄、农技站、张柳行、李庄、清庵庄
北茶村	13	2640	293	5026	东塘庄、俞庄、唐庄、戴庄、北茶庵、夏庄、陈庄、袁庄、杨庄、明庄、朱庄、徐庄、李庄、沈庄、马庄、盛庄、下马圩、王庄、桥头、邰庄、张庄、郭庄、林庄、周庄、何庄、吴庄、刘庄、新圩、吴庄、殷庄、新桥
神居山村	11	2832	366	5200	查庄、小谈庄、陈庄、乔庄、姚庄、袁庄、大绪庄、张庄、朱庄、牛庄、王庄、大谈庄、谈庄、老胡庄、殷庄、何庄、刘家庄、沈庄、陈庄、罗庄、吴庄、盛庄、朱庄、花园庄、姚庄、顾庄、胡庄、柏庄、新圩、北庄、南庄、农场大队
天山社区	7	2559	22	5235	—

第二节　经济发展

一、农业

1986年起，调整农业结构，扩大经济作物种植面积和水产品养殖面积，建设“一村一品”的专业村。2005年，种植业、林业、牧业、水产业产值占农业总产值比例分别由1986年的78.6%、0.4%、20.1%、0.9%调整为35.6%、1.1%、52.4%、10.9%。

种植业　农作物生产实行麦稻两熟制，伴栽湖桑、油菜等经济作物。1986年，杂交稻种植面积1333.33公顷，番茄、瓜类、萝卜以及其他蔬菜等经济作物种植面积扩大到173公顷，推广立体种植模式。90年代起，面向市场，调整种植结构，推广优良品种和轻型栽培技术，发展经济作物。1993年，向阳村将6.67公顷水面和6公顷冲田租赁给台商经营，首开天山乡合资创办农业项目先河。1994年，高效优良品种种植面积占粮食面积50%以上。1996年，推进种植业适度规模经营，建成百亩农场6个。至2000年，统一供种率、轻型栽培技术推广率均为100%。共改造低产田210公顷，流转土地333.3公顷，落实订单农业300公顷。2001年起，进一步调整农业结构，实施“品种、技术、知识”三大更新工程，不断提高种植业效益。2005年，粮油作物种植面积分别由1986年的4070公顷、160公顷调减为3337公顷、96.8公顷，总产量分别由2.35万吨、292吨减至1.88万吨、202吨。棉花种植面积、产量由1986年的251公顷、186吨，逐年大幅度减少，90年代基本停止种植。

林业　1986年，在镇内公路两侧更新树种，种植水杉2.5万株。1993年，结合实施小流域治理工程，开发经济果林10公顷。进入21世纪，以“绿色银行”大行动为契机，创建高冈地带经济林木基地。2001年，栽植意杨等经济林木200公顷。黄楝村被表彰为扬州市绿化造林最佳村。2002年，该镇与扬州丽邮人造板有限公司等单位联合，种植意杨200公顷。2003年，鼓励个人投资造林，培植造林33.33公顷以上大户5户。神居山茶场生产的皓月牌茶叶，获中国绿色食品发展中心颁发的绿色食品证书。

2005年，实施省林业项目——恢复天山镇丘陵冈地森林植被，累计造林1050公顷，林木覆盖率27.8%。

畜禽养殖　农户素有饲养畜禽传统，有"养鹅之乡"之誉。1986年，畜禽饲养以农户散养为主。1988年，许巷村被财政部、商业部、农业部列为商品猪基地。1994年，发展畜禽规模经营，培植有规模、有效益的多种经营生产项目19项和各类专业大户567户，饲养肉鸡22万羽。1997年，南茶村井庄组村民赵加龙，自建集繁、养、加、销为一体的猪场，带动周边村600多家农户，形成年饲养万头猪的能力。1999年，组建以生猪、"三禽"（鸡、鸭、鹅）为重点的镇经济合作社7家，有养殖大户140户。2000年起，进一步发展畜禽规模养殖，培育神山风鹅加工厂、天助奶牛场、红旗炕房等龙头企业，开发猪血清加工项目，成立鹅业协会。至2002年，涌现饲养种鹅在2000羽以上的大户2户、饲养扬州鹅在1000羽以上的大户50户；有万头猪场1个、千头猪场2个、百头猪场10个；南茶生猪购销站年饲养生猪6000头，加工销售生猪近3万头。是年，中央电视台摄制组到天山镇拍摄该镇生猪产业化经营情况。2005年，培植北茶村种草养鹅示范区，建设标准化鹅舍50间，推广种植牧草33.33公顷。生猪、家禽饲养量分别由1986年的2.84万头、24.82万羽增加到5.2万头、90万羽。

水产业　1986年，开挖精养鱼池4.67公顷。1990年起，扩大水产品养殖面积。至1999年，水产品养殖面积扩大到133.3公顷。2001年，在圩区低洼地带开发特种水产品养殖面积66.7公顷。2005年，全镇水产品养殖面积260公顷，水产品产量由1986年的442吨增加到1007吨。

农业机械　1986年，农机总动力8126千瓦，主要从事农田耕翻、灌溉和脱粒。1999年，进行农机产权制度改革，鼓励农民个人购置农机。2005年，农机总动力1.26万千瓦，农业综合机械化水平85%。

农田水利　1986年，有防洪圩堤13.5千米，沿湖穿堤设引排闸洞13座。1991年特大洪涝灾害后，先后实施土地复垦工程、灾后重建工程、农田水利工程等。至2005年，改造、修建、建成各种配套水利建筑物3650座，改造低产田260公顷，完成水利工程土方200万立方米。

二、工业

1986年，实现产值2127.1万元，其中乡办企业757.3万元、村办企业1265.8万元、组户联办厂104万元。是年，南茶村村办工业实现产值1012万元，成为全县首个村办工业产值超1000万元的村。1987年，红星塑料制品厂与外商合资创办扬州主力皮革制品有限公司，成为全县第一家村办合资企业，该厂被县政府命名为乡镇工业明星企业。1989年，天山南茶运动鞋厂旅游鞋获"省优质产品"称号。1992年，乡兴华电缆厂光纤电缆被国家科学技术委员会列为长江沿江火炬带重点开发项目。1993年，兴办合资企业6家，5个系列近100个品种外贸产品远销美、英、法、韩等38个国家和地区。建成股份制企业1家、股份合作制企业2家、租赁承包制企业6家、公有私营制企业2家，全乡50%以上乡村企业转换经营机制。扬州市兴华光电线缆厂开发生产的GY型通信光缆系列产品、扬州市东方皮革化工厂开发生产的树脂系列产品通过省鉴定，乡兴华电缆厂的光纤线缆工程通过沿江火炬带高新技术重点开发项目评审验收，扬州市兴华光电线缆厂开发的OY型通信光缆获'93中国高新技术、新产品博览会新技术项目金奖，扬州市光华皮件总厂生产的软箱系列产品在'93"金鸡杯"全国国产最畅销商品评选活动中获"最畅销商品"称号。1994年，南茶村实现工业产值10036万元，成为全市首个工业产值超亿元的村。由天山乡政府、扬州市邮电局、香港粤发投资公司三方投资6000万元共同创办的扬州天虹光缆有限公司，在扬州市经济技术开发区成立，为高邮市首家进入该区的企业。

1996年，围绕传统的箱包产品上延下伸、裂变聚合，初步形成箱包鞋袋、邮电器材、精细化工、橡胶轮胎等四大系列产品，组建江苏茶花集团、江苏宏发通信集团两家省级企业集团，培植并形成产值1000万元以上的企业14家。在17家改制的镇村工业企业中，组建股份制、股份合作制15家、拍卖1家、租赁承包1家。江苏茶花集团神驰牌轮胎系列、茶字牌运动鞋及箱包系列被中国社会调查事务所、国家经贸委经济研究咨询中心批准为中国公认名牌产品，茶字牌运动鞋被确认为省名牌产品。1997年，实施技改项目8项。宏发牌镀锌钢绞线被批准为省乡镇企业名牌产品。采取先售后股、股权集中、租股结合、零资产出售后公转民等多种形式，对11家企业进行二次改制。扬州市主力皮革制品有限公司所有权、经营权，被省工艺品进出口公司收购。1998年，扬州市虹光着色剂厂的虹光牌丙纶色母粒获“省乡镇企业名牌产品”称号。2000年，深化企业产权制度改革，依法变更营业执照的企业29家，其中15家企业改为有限公司、10家企业实现公转民营。增办规模在100万元以上的私营企业4家，累计68家。2001年起，开展招商引资活动，规划建设占地33.3公顷的工业集中区（南园）。扬州宏发邮电器材公司的波形梁钢护栏被列入国家“星火”计划。2003年，天山工业集中区被命名为扬州市乡镇工业示范园。由江苏富鑫箱包实业有限公司、南京汇鸿集团和香港一家公司共同投资兴办的江苏顺大半导体发展有限公司落户建设，占地4.53公顷。第一期工程投资6000万元，共上单晶炉46台，其中6英寸单晶炉12台、8英寸单晶炉34台。2004年8月，该公司试产，年末正式投产，生产单晶硅棒75吨，实现销售收入2300万元。至2005年，共利用境外资金666万美元、域外资金1.69亿元，启动民间资金3.36亿元。工业集中区累计开发利用土地101.47公顷，进区企业84家。全镇形成光伏、箱包鞋、灯具、化工四大主导行业格局，共有工业企业154家，其中规模以上企业18家。

三、建筑业

1986年，全乡有建筑企业1家，从业人员100人，主要在乡内从事民房建筑。1993年起，开拓外埠建筑市场，先后在无锡、青岛、洪泽、新疆等地承建建筑工程。1998年，承接同三（同江至三亚）高速公路配套业务和徐连（徐州至连云港）高速公路路桥工程。2000年8月，天山建筑安装公司改制为市宏大建筑安装工程有限公司。2005年，建筑业从业人员1020人。

四、商贸服务业

1986年，供销合作商业、集体商业、个体商业并存，供销合作社占主导地位。1995年，农贸综合市场建成开业。1996年起，引导集镇居民和村民发展交通运输业、批零贸易业、农产品购销业和具有地方特色的餐饮服务业。1999年起，建成新市街，建成砂石堆放场、停车场和集镇小商品市场，扩大沐浴业和餐饮服务业的规模，中意大酒店、玉峰大酒店、红旗饭店、天中超市、东方超市、健康浴城、天泉池浴室等相继开业。2001年，批发商柏坤松出资136万元买断天山供销社营业大楼所有权，投资50多万元，建成中心超市。2004年，开发神居山旅游资源，恢复建设古悟空寺，举办三月三香会。至2005年，全镇有集贸市场1个、商贸服务企业4家、个体工商户535户，第三产业从业人员2340人，实现第三产业增加值9900万元。

第三节 社会事业

一、教育

1986年，全乡有幼儿园18所，班级18个，在园幼儿391人，教师18人；小学17所，班级69个，在校学生2379人，教师103人；初中3所，班级17个，在校学生803人，教师46人。1994年，实施小学布局调整，学校由16所调减为9所。基本扫除青壮年文盲，普及九年制义务教育。1995年，实施初级中学布局调整，学校由2所调减为1所。镇中心初中新校园落成。1999年，通过省教委组织的教育现代化先进乡镇验收。2003年，启动教育信息化工程和“三新一亮”工程。镇中心小学通过省实验小学评估验收，成为全市第二所省实验小学。2005年，全镇有幼儿园3所，班级20个，在园幼儿495人，教师29人；小学两所，班级28个，在校学生1402人，教师82人；初级中学1所，班级22个，在校学生829人，教师59人。镇中心初中创建成省示范初中、省模范学校、省德育工作先进学校，镇中心小学创建成省绿色学校、扬州市素质教育先进学校。学龄儿童入学率和小学、初中学生毕业率均为100%。

二、文化

1994年，举办首届镇“环山杯”新春文娱会演。开通有线电视。1997年，集图书阅览、娱乐舞厅、成人教育等为一体的镇文化综合楼建成开放。1998年，该镇被省文化厅表彰为省群众文化先进镇，被扬州市广播电视局表彰为广播电视先进乡镇。2000年，实施镇村光缆联网工程，村村通上有线电视。镇中心小学创建的小学生春草漫画社，先后在《儿童漫画》《素质教育》《哈哈画报》《家教周报》《成才导报》《中国少年报》等报刊发表漫画作品100多幅。2005年，有线电视入户率76%。至是年，镇“环山杯”新春文娱会演共举办7届。

三、卫生

1986年，乡卫生院1所，科室6个，医技人员18人，病床10张，建成卫生院门诊楼；村卫生室17家，乡村医生20人。1996年，镇卫生院创建成爱婴医院，实行妇幼保健制和儿童计划免疫保偿制，初级卫生保健工作通过市级验收。1997年，天山村谈庄组被列为国家计划生育委员会“人口与生殖健康”抽查样本点。2000年，该镇被扬州市政府表彰为扬州市计划生育红旗乡镇。2001年，镇卫生院成为扬州市第一人民医院协作定点医院。2003年，有1.67万人参加新型农村合作医疗保险。2005年，镇卫生院设科室10个，医技人员29人，病床23张；村卫生室16家，乡村医生30人。

1993年，建成乡自来水厂。1996年，完成市下达的农村改水改厕工作任务。2001年，该镇与省水利厅共同投入240万元，建成第二供水公司，改善南片3个村近6000人饮用水。2002年，被扬州市爱国卫生运动委员会表彰为扬州市卫生镇。2005年，多渠道筹集资金600多万元，共铺设自来水主支管道315千米，新增自来水受益人口1.23万人，自来水普及率由2004年的38.8%提高到95%。卫生户厕普及率81%，其中无害化卫生户厕普及率48%。

四、体育

1986年，举办乡首届农民运动会。1989年，乡中心小学被列为首批县级田径传统校。1993年、1999年，该镇先后被扬州市体育运动委员会、省体育运动委员会表彰为体育先进乡镇。至2005年，镇农民运动会共举办7届，比赛项目由12项增加到40项，运动员人数由165人增加到1200人。

第四节　村镇建设

一、基础建设

1986年，集镇有街巷3条、1.2千米，居民大多居住在中心街、肖祠街。1990年，南茶村被建设部村镇建设司、建设报社和农民日报社联合表彰为全国村镇建设文明村。1995年，该乡通过扬州市新型示范小城镇验收。1996年起，以撤乡建镇为契机，按照“东西延伸，南北拓展，四面辐射”的集镇总体规划，加大集镇开发建设力度，先后建成新市街商业街、信用社营业大楼、加油站和停车场、东门广场、南门广场等标志性建筑。1998年，启动集镇商品房开发，开发建设住宅小区7个，吸纳进镇务工经商农民1500多户。是年，被扬州市政府命名为新型

图34-20　1996年建成的天山集镇南门广场

小城镇。2000年起，加强集镇基础设施建设，铺设排水管道、黑色路面，实施绿化、美化、亮化工程。至2005年，集镇面积从1986年的0.6平方千米扩大到1.5平方千米；有天山街、红旗街、新市街等主要街巷23条，总长8千米；集镇公共绿地面积24.8公顷，绿化覆盖率29.52%。全镇人均住房面积由2000年的21平方米增加到31平方米。

二、交通

扬菱公路、邮仪公路通过镇区。1990～1992年，17个村自筹资金铺设乡通村道路石子路面，总长27千米。1995～2000年，建成通村石子道路30多千米，实现村村通公路。2003年，启动农村道路“通达工程”。至2005年，建成镇通村道路43.5千米、村通组道路45千米，实现村通水泥路、组通砂石路的目标。

三、邮电

1986年，有磁石电话交换机60门。由扬州自办的邮路从送桥延伸至镇内。1988年，南茶村开通100门磁石电话交换机。1990年，建成电信办公楼。1993年，电话进入市话自动拨号网。1996年，建成模拟移动、数字移动通信基站各1座。1997年，启动电话村建设。2003年，开通无线小灵通业务。2005年，全镇固定电话入户率95%，移动电话家庭普及率90%，互联网用户360户。

四、供电

1986年，实施电力线路“两复三”工程，架设电力线路3.91千米，实现户户通电目标。1996年，35千伏天山变电所建成投运。2000～2005年，投入301万元，实施农村电网和集镇供电线路改造工程，改造或新增变压器157台，改架电力线路10千米。天山供电所被省电力公司授予“一流供电所”称号。

第五节　特色村简介

南茶村

南茶村位于天山镇南首，南邻仪征市大仪镇，西接安徽省天长市秦栏镇。2000年3月，由原南茶、夏庄村合并而设，耕地面积344.7公顷。

1986年，该村为全县首个村办工业产值超千万元的村。1987年，创办全县第一家村办合资企业。1988年，陈德宝拿出市政府给他个人的3.4万元创业奖金，创办全镇第一座、占地0.8公顷的农民公园。1989年，天山南茶运动鞋厂旅游鞋获“省优质产品”称号。1994年，为全市首个工业产值超亿元的村。组建江苏茶花集团，其生产的神驰牌轮胎系列、茶字牌运动鞋及箱包系列被中国社会调查事务所、国家经贸委经济研究咨询中心评定为中国公认名牌产品，茶字牌运动鞋被确认为省名牌产品。改善交通环境，接通主要交通干道，铺设村区水泥路和通主要村庄砂石路，在村区先后建起综合办公楼、招待所、医务室、浴室、风味小吃店、理发室。21世纪初，在发展传统产业的基础上，引进和发展高新科技产业，促进经济快速发展。2005年，有13个村民小组，858户、人口3148人；工业企业42家，其中规模以上企业7家；实现社会总产值3.02亿元，其中工业产值2.62亿元，占总产值的86.8%；农民人均纯收入5500元。该村获“全国村镇建设文明村”称号，被扬州市政府表彰为扬州市全面小康先行村、扬州市文明村。

第三十五篇 人物

要　目

1986～2005年，在改革开放和经济社会发展中，全市各行各业英雄模范人物、改革开放优秀代表人物不断涌现，专业技术人员队伍快速成长，成为建设高邮的一支中坚、骨干力量。全篇设人物传略、人物简介与名录、人物简表，共收录各类人物1886人次。其中，人物传略17人（含革命烈士10人），先进代表人物241人，在外乡贤183人，能工巧匠、民间技艺和非遗传承人54人次，中青年专家、特级教师55人次，高级专业技术人员1311人，行政十四级和军队师职以上离休干部25人。

第一章　人物传略

载入革命烈士10人，选载各界代表人物7人。所载人物均以牺牲或去世时间先后为序。

第一节　革命烈士

1985～2005年，全市获军政机关批准的革命烈士共10人，其中因战事牺牲的革命烈士5人，因公牺牲的革命烈士2人，因抢救、保护他人生命而牺牲的革命烈士3人。

陈金培（1965年6月—1985年5月）　男，汉族，送桥乡送桥村（今送桥镇送桥村）人。1984年1月，应征入伍，先后任中国人民解放军陆军某炮连战士、电话兵等职。

1985年春，他随部队开赴中越边境，参加对越自卫反击战。5月27日，他所在的部队打响反击越军大规模反扑的战斗，并越打越激烈。5月31日，中国军队的前沿观察所通往炮兵阵地的两条电话线路连续4次被越军炮火炸断。为保证线路畅通，上级决定避开越军的炮火封锁区，增加一条新线路。刚执行任务回来的陈金培听说急需架设一条新线路，主动请缨。接受新的任务后，他冒着越军猛烈炮火和狂风暴雨，经过3个小时苦干，终于架通1700多米线路。当他返回工事内刚要拆看家信时，又发现洞口两条固定在石头上的电话线，快要被雨水冲下沟去。于是，他急忙放下手中的书信，再次冲出洞，对线路进行加固。就在这时，敌人一发重型炮弹落在他身边爆炸，不幸中弹牺牲。他牺牲后，被所在部队师党委追认为中共正式党员、革命烈士，并追记二等功。

郭步连（1964年10月—1985年9月）　男，汉族，界首镇德标村人。1984年1月，应征入伍，先后任中国人民解放军某师侦察连战士、副班长等职。

1985年9月8日，他在随部队参加对越自卫反击战中，知道连队接受收复211高地1、2号哨位的任务后，报名参加奇袭队。当日10时30分，他冒着小雨，手提冲锋枪第一个冲出阵地，从3号哨位摸向2号哨位。当副连长下达进入1号哨位的命令后，郭步连在炮火掩护下，冲向1号哨位。在奇袭队的猛烈攻击下，1号哨位守敌惊慌失措，弃阵逃跑。但1号哨位主洞守敌调集各种火力扫射并组织反攻，企图夺回失地。突然，一发炮弹在郭步连不远的地方爆炸，他身上多处中弹，仍坚持战斗。副连长命令他撤下阵地去医治，他拒绝战友护送，自己爬回3号哨位，身后拖出一条血路，直至昏迷。9日凌晨，昏迷的他被战友们送往后方医院抢救。在医院里，他不停地说，“我伤不算重，还可以去抓俘虏”！至15日，终因伤势过重，抢救无效而牺牲。他牺牲后，被所在部队师党委追认为中共正式党员、革命烈士，并追记一等功。

袁志平（1964年1月—1985年11月） 男，汉族，龙奔乡十里村（今卸甲镇龙奔村）人。1984年1月，应征入伍，任中国人民解放军陆军某通讯连战士。

1985年，他随部队参加对越自卫反击战。在前沿阵地，不管哪条通讯线路出现问题，不管环境多危险、多复杂，他都能按时高效地完成抢修任务。他所负责的通讯线路段创造60天无中断的好成绩，受到部队首长的表扬。他在阵地上坚守6个多月，几次以“情况熟悉”等理由，回绝到后方休整。10月27日，他和战友在老山前线阵地1072高地抢修好线路后，又架设4条备用线路。当他赶到第一试线点准备试线时，越军的炮弹在他头顶上空爆炸，头部被弹片击中。战友们迅速送他到医院抢救，终因伤势过重抢救无效而牺牲。他牺牲后，被所在部队团党委追认为中共正式党员、革命烈士，并追记二等功。

裔九凤（1965年6月—1985年12月） 男，汉族，一沟乡裔家村（今龙虬镇龙潭村）人。1984年1月，应征入伍，先后任中国人民解放军陆军某连战士、副班长等职。

1985年春，他随部队参加对越自卫反击战。部队进入阵地后，他参加“火线救护队”并担任第一救护组组长。5月31日，战斗打响后，他多次冒着越军炮火运送弹药，到最危险的岗位上执勤。12月2日，在对越军某阵地作战中，他不顾体单力薄，3次背运伤员到救护所后，便昏倒在战壕里。当他被炮声震醒后，又两次返回火线把伤员背送到救护所。当他背着被抢救下来的第6名伤员在敌人的炮火下爬行50多米时，突然越军一发炮弹打来，他毫不犹豫地将战友压在身下，弹片从背后穿进他的身体和头部，当场牺牲。他牺牲后，被所在部队师党委追认为中共正式党员、革命烈士，并追记一等功。

徐　庆（1965年9月—1986年4月） 男，汉族，送桥乡尤家村（今送桥镇常集村）人。1984年1月，应征入伍，先后任中国人民解放军陆军某连战士、副班长等职。

1985年6月，他随部队参加对越自卫反击战。在战斗中，多次出色地完成上级交给他的各项战斗任务，受到战友的好评。他每天往返两三千米路背水、领饭，并冒着被敌人炮弹、地雷炸伤的危险抬伤员、送弹药、修工事。1986年4月，他在老山主峰某阵地修工事时，不慎触发地雷，腰部被炸伤，后被抬到后方医院医治。终因伤势过重，经抢救无效而牺牲。他牺牲后，被所在部队团党委追认为革命烈士，并追记二等功。

徐　达（1963年10月—1986年8月）男，汉族，高邮镇人。中共党员。1980年11月，应征入伍，先后任中国人民解放军航空兵某独立团二大队学员、副区队长、机械员、机械师等职。1983年，改职空勤。1984年，先后18次执行任务。平时，关心集体，乐于助人，热爱工作，每次圆满完成机务保障任务，先后被表彰为优秀共青团员、先进个人，获得嘉奖。

1986年8月20日，他随5名机组驾乘人员驾驶飞机执行任务，在湖南省零陵县境内飞机失事，所有驾乘人员全部壮烈牺牲。他牺牲后，被所在部队军政治部追认为革命烈士。

赵 勇（1971年7月—1991年5月） 男，汉族，八桥镇李庄村人。1990年12月，应征入伍，任中国人民解放军步兵某团特务连侦察排四班战士。

在部队，他公差勤务抢着干，打扫饭堂、帮厨，帮战友洗衣服、叠被子，替战友站岗是常事。新兵集训考核时，他所有课目均为优秀，被评为新兵训练标兵。1991年5月5日，他随部队赴邢台集训。28日，他在与战友邓继宏进行接腿拌腿摔法训练时，邓在做后倒腾翻动作时因用力过猛，身体失去平衡，眼看其头部将撞到硬地上。瞬间，赵勇猛然跃起，飞身向前，将邓紧紧抱在自己怀中。邓安然无恙，而他后脑勺撞在坚硬的坎地上，当场昏迷。虽送医院抢救，但因伤势过重救治无效而牺牲。他牺牲后，被所在部队军政治部追认为革命烈士。

吴志平（1970年8月—1991年7月） 男，汉族，菱塘回族乡王姚村人。共青团员。

1990年8月，他从扬州水利专科学校毕业后，被分配到高邮县水利局入江水道管理所任技术员，后因工作需要被借调到高邮水利勘测设计室和高邮湖调度闸工程办事处工作。

1991年7月，全市遭受特大洪涝灾害。是月31日8时30分，他随测量组到高邮湖进行作业，抢先跳入水中立标杆。但因风大浪急，浪头将他打没在水中，卷进泄洪口，尽管测量组两名同事迅速跳入湖中却救护不及。他牺牲后，共青团高邮市委、共青团扬州市委、扬州市水利局党组、共青团江苏省委相继授予他“优秀共青团员”称号。1991年9月10日，省政府追认他为革命烈士。

朱炳国（1940年6月—1993年10月） 男，汉族，横泾镇李家村人。个体水上运输专业户。

1993年10月29日8时30分左右，他和妻子陈翠莲驾船通过邵伯船闸驶向邵伯湖三号船标处，湖面上突起8级大风，一时风急浪高。此时，湖面上东台市五烈镇三曹村5名农民驾驶满载货物的6吨水泥船被风浪掀翻，船上人员全部落水。他见状则迎着风浪驾船全速驶向落水者，夫妻俩奋力将5名落水者一一救上船，并急忙启航送落水船民到医院救治。可挂桨推进器被漂泊的编织袋、稻草等杂物缠住。精疲力竭的他迅速操刀，下到船后的小舢板上清除缠在挂浆机叶片上的杂物，突然一个浪头把小舢板掀翻，他被吞没在湖水中。他妻子在打捞无望的情况下，含着悲痛驾船将5名落水者送往医院治疗。他牺牲后，《人民日报》《光明日报》《新华日报》《扬州日报》《盐阜大众报》和江苏人民广播电台、扬州人民广播电台等新闻媒体报道他舍己救人的事迹，省委宣传部、省公安厅联合授予他“省见义勇为积极分子”称号。1994年1月13日，省政府追认他为革命烈士。

夏世祥（1991年2月—2002年7月） 男，汉族，高邮镇湖滨村人。湖滨逸夫小学五（1）班学生，中国少年先锋队队员。

2002年7月5日上午，他和同村的张春湖等4名同学在老庄台河桥西侧浅水滩中玩耍时，张春湖不慎滑入河里，很快被湍急的河水推向深处。他见状立即跳入河中，奋力以弱小的身体将张春湖托出水面。在同伴的救助下，张春湖获救，而他被淹没在河水深处。他牺牲后，市社会治安综合治理委员会和团市委、市少年先锋队工作委员会分别授予他“见义勇为好少年”“市优秀少先队员”称号，市委宣传部、市教育局、团市委、市关心下一代工作委员会、市精神文明建设指导委员会办公室联合印发《关于开展向夏世祥同学学习活动的通知》。2003年2月10日，省政府追认他为革命烈士。

第二节　各界代表人物

许钜材（1908—1987）　男，汉族，字栋臣，泰县（今姜堰市）人。中国农工民主党党员。历任高邮县中医院副主任医师、副院长、名誉院长，省名老中医，泰州市第三届人大代表、第二届政协委员、第三届政协常委，高邮县第四届政协副主席、第六届人大代表，扬州市第一届政协常委，省政协委员，省中医学会外科分会副主任委员。

他出身于中医骨伤科世家，祖父许宝忠为清末当地骨伤科名医。他幼承家学，并拜钱少宾为师，悉心钻研骨伤专科，得传世珍藏的《许氏伤科秘笈》，深谙《医家金鉴》《外科正宗》奥旨，学成后先后在家乡和泰州城行医。曾有外国人出重金收买其祖传秘方，遭严词拒绝。诊治时，对贫苦病人常分文不取，并解囊相助。新中国成立后，许氏诊所规定，凡军属看病一律不收诊金，烈属看病赠送药品，被评为省拥军优属模范。1953年，他带头创办泰州联合诊所，后与徐汉江等联手筹建泰州市中医院。建院初，将联合诊所的资金、房屋、器械、药品悉数献给医院。"文化大革命"后期，下放到高邮县三垛地段医院，后在当地创办中医骨伤科，慕名求医者不断。1978年，他参加筹建县中医医院，带领职工艰苦创业，住工棚、吃冷饭，医院规模逐渐扩大，许氏骨伤科成为医院主要特色专科之一。

他行医近60载，勤学古训，博采众长，骨伤科造诣尤深，被省内同行誉为"许氏流派"。其手法正复、小夹板固定、中医内外用药独具匠心。50年代后期至60年代初，以中医疗法为主，治疗开放性骨折疗效显著；以针刺为主，综合治疗急慢性腰腿痛亦为其独家之长。1977年，一名香港同胞患足疾年余，花去治疗费数万元港币，不见效果。经许钜材治疗后，只花几元钱即愈。这名同胞回港后，特制一面绣有"祖国万岁"的锦旗寄赠高邮县中医医院。按其秘方配制的"许氏膏药"、敷药、止血丹、青哈散等中药制剂，止痛、去瘀、清肿效果显著，沿用至今，其中"许氏膏药"被列为专利产品。撰有《五十一例开放性骨折临床报告》《治疗四十八例股骨干骨折的临床体会》《许钜材治疗急性腰扭伤经验》《许氏伤骨科》等多篇论文和著作。

他临床之余，悉心培养后人。受省卫生厅、扬州市卫生局委托，在县中医医院举办两期骨伤科培训班。他自编教材，亲授医技，广征博引，深入浅出。带教的50多名学生分布在扬州、泰州、南通等地，不少人成为当地中医骨伤科的骨干力量。其4位女儿均承父业。

鲍朝櫄（1910—1989）　男，汉族，八桥镇人。任台湾针织工业同业公会理事长、台湾人造纤维工业同业公会常务理事、台湾工业总会理事、台湾纺织业外销拓展会常务董事等职。

民国20年（1931），因家乡遭受洪灾，他被迫只身到上海，先当茂记码头运输公司服务生，后在黄浦码头负责煤运装卸、出纳等工作。抗日战争爆发后，负责收拾该公司残局，并自办大华煤球厂和大同煤油厂，渐成规模。民国38年，到台湾发展，创立中兴织造厂，生产三枪牌内衣。70年代前后，创立大兴化学纤维公司，下设聚胺丝厂、聚酯丝厂、聚酯棉厂、加工印染厂、印染整理厂等企业，公司产品品质优良，畅销世界各地。至1989年，拥有直属工厂17家，企业职工1.2万人，形成棉纺和化纤原料生产、纺织染整、成衣制造完整的生产链，内衣外销量居台湾同行业之首。同时，其投资涉及台湾的永汉证券公司、台富食品公司、台湾电路公司、亚历山大贸易公司和全台九大纺织公司等。

他一生辛劳，终成亿万富翁。建有鲍氏基金会，兴办多项慈善事业。去世前，叮嘱家人将他名下全部遗产转为慈善基金。80年代，向高邮捐赠中型客车一辆，委派夫人周音喜率企业高级管理人员赴高邮商谈经济技术合作事宜。去世后，遗属秉承其遗志，1991年向家乡捐赠救灾服装，1992年起在高邮市中学设立鲍朝樗奖学金，并捐资兴建市博物馆。

王绳祖（1905—1990） 男，汉族，高邮镇人。历史学家，中国国际关系史学科奠基人。民国28年（1939），任金陵大学教授、历史系主任、文学院院长。1952年，金陵大学和南京大学合并后，任南京大学历史系教授、副主任、世界近现代史教研室主任、近现代英美对外关系研究室主任、博士生导师。1980年，当选中国国际关系史研究会理事长。任省第二、第三、第四届政协委员。1982年，加入中国共产党。

他治学严谨，著述颇丰，学术造诣精深，为中国国际关系史学科的创立、建设和发展做出重要贡献，并为史学界培养许多专门人才。民国25年，其著作《欧洲近代史》入选商务印书馆“大学丛书”，一改高校教学由洋教本垄断的状况。民国27年，其英文文学硕士论文《马嘉里案和烟台条约》由牛津大学出版社出版。民国32年，在《世界政治》第八卷第二期发表论文《九龙租借地问题》，明确提出“英国政府应该将九龙租借地立即交还中国政府”。还就近代中外关系史、欧洲国际关系史、史学理论和方法，发表《近代欧洲外交史》《关于国际关系史研究的几个问题》《略论均势原则在近代欧洲史上的作用》《1898～1914年的欧洲国际关系》《关于克里米亚战争的起源问题》《1860年中法北京条约中文本私增条文问题》等一系列重要著述。80年代初，任《中国大百科全书·外国历史卷》和国际关系史分支编委会主编。主编全国高等学校法学教材《国际关系史（17世纪中叶至1945年）》和全国高等学校法学教学参考书《国际关系史资料选编（17世纪中叶至1945年）》。80年代中期，主编《国际关系史》。

董赞尧（1905—1993） 男，汉族，高邮镇人。日本大学经济系学士。民国26年（1937），从日本回国后，历任国民政府经济部专员、代理企业司司长等职。民国34年，先后任华东区特派员公署南京办事处主任、江苏省政府委员兼江苏省建设厅厅长。民国37年9月，卸任到上海定居。1950年，受聘为私营上海沪太长途汽车公司经理。1951年，被定为“历史反革命”判刑15年。1966年4月，获特赦后，任上海市普陀区政协专员。

民国26年，他在日本早稻田大学读博士时，惊悉国内卢沟桥事变，立即放弃即将到手的博士学位，毅然回国参加抗战。在任江苏省建设厅厅长期间，为恢复重建省建设行政体系、省会（镇江）建设和苏北各县建设做出贡献。虽任国民党高官，手握重权，但廉勤正直，困苦自守，两袖清风。民国37年，卸任到上海定居时，因付不起高额房租，栖身寡嫂家，夫妻二人每日打地铺睡厅堂。后朋友们出资替他购下两小间住房，并赠送一些简单家具，才算有个家。国民党撤离大陆到台湾时，可随同，但他选择留在大陆，拒绝到台湾。1951年起，虽在监狱中度过一生中最好的年华，但出狱后在任区政协专员期间，他仍努力为人民服务。

沈亦珍（1900—1993） 男，汉族，高邮镇人。先后获文学学士学位、教育学硕士学位、教育学博士学位。民国11年（1922）起，先后任国立暨南大学中学部主任、上海大学英文系教授、上海中学师范科主任和教务主任。民国26年，任省立镇江中学校长。抗战期间，先后任重庆复旦大学文学院教授、甘肃省教育厅主任秘书、国立西北师范学院外文系教授兼系主任、国立中央大学师范学院教授。抗

战胜利后，任上海中学校长。民国38年，任台湾大学、台湾师范大学教授、校长。1962年，应聘赴香港任苏浙公学校董兼校长。其间，参加创办香港中文大学新亚书院、新亚中学、新亚研究所，并出任校董、校长等职。1981年，调任景岭中学董事长兼职监。退休后受聘为香港中国文化协会主任委员。

他一生致力于教育文化事业，尤其是悉心研究中等教育。在中学聪颖儿童教育实验、社会中心教育实验、生活中心教育实验、四二制中学实验、四年制中学实验等方面取得一定成效。其教育思想、治学之道，具有独辟蹊径、超前脱俗的理念。其著作有《教育心理学》《中国聪颖儿童教育》《美国教育》《社会中心教育》《现代欧美中等教育》《教育论丛》等。1987年，他将11间祖产房捐赠给县红旗中学（今市第一中学），并在该校建立兴学亭，设立沈母王太夫人奖学助教金。

汪曾祺（1920年3月—1997年5月）　男，汉族，高邮镇人。中共党员。一级编剧，作家。自幼爱好文学、习字、绘画。民国21年（1932），考入县立初级中学。民国24年，考入江阴市南菁中学高中。民国26年，先后借读于淮安中学、省立第二临时中学（盐城）、私立扬州中学（高邮）。民国28年，考入西南联合大学中文系，师从朱自清、闻一多、沈从文等学者。民国30年，在校与同学创办《文聚》杂志。自此，开始漫长的文学创作生涯。民国32年，先后在昆明、上海当中学教师。民国37年，在北平（今北京）供职于历史博物馆。不久，参加中国人民解放军第四野战军南下工作团，接管武汉文教单位。1950年，调北京任《北京文艺》《民间文学》编辑。1958年，被补划为“右派”，下放到张家口农业研究所。1962年，调入北京京剧团，任编剧。1985年，当选中国作家协会第四届全国代表大会理事。1987年，被聘为北京市艺术系列高级技术职务任职资格评审委员会委员、北京京剧艺术院艺术咨询委员会委员。1996年，被推选为中国作家协会第五届全国代表大会顾问。

他一生辛勤耕耘，著作颇丰。先后出版文集25部，收编小说、散文、评论等作品共962篇。其中，《受戒》《大淖纪事》《汪曾祺文学集》等作品，分别获北京文学奖（1980年）、全国优秀短篇小说奖和北京文学奖（1981年）、第三届省文学艺术奖（1993年）。作品影响颇大，有的被翻译到国外。他创作京剧剧本《范进中举》《王昭君》《雪花飘》《裘盛戎》等，将沪剧《芦荡火种》改编成同名现代京剧，参加修改《沙家浜》。1981年、1986年、1991年，他三次回到故乡——高邮，访问、游览、考察和交流，并自豪地自诩：“双黄鸭蛋是高邮的第一，我则是高邮的第二”。其作品多以高邮为背景，洋溢着对故乡的眷恋之情和拳拳之心。2002年，市政府在市文游台名人园设立汪曾祺文学馆。

陈绍武（1938—1999）　男，汉族，车逻镇人。中共党员。中医主任医师，教授。

1957年，就读于上海中医学院。毕业后，被分配到中国中医研究院针灸研究所工作。1965年，参加援外医疗队，在坦桑尼亚工作3年。1968年，任中国中医研究院广安门医院主治医师，后兼任院科研处负责人。1972年，参加援藏医疗队，赴阿里地区医院工作。此后，参加救灾医疗队8次。1979年，奉调赴中国驻荷兰大使馆工作，先后任三等、二等、一等秘书。1984年，任国家教育委员会外事司副司长。1985年，任中国中医研究院院长。1986年起，兼任北京针灸骨伤学院院长、党委书记。1991年，任中日友好医院院长、党委书记。兼任中国医科大学教授、中国针灸学会副会长、中华全国中西医结合学会常务理事、中国中药学会常务理事、中华医院管理学会常务理事、中国对外文化交流协会理事、世界针灸学会联合会主席、第九届全国政协委员。

他有丰富的医疗、教学、科研经验。先后出访50多个国家，多次出席国际医学学术交流大会，发表《中医药发展的历史回顾及其展望》等论文10多篇，主编《中国大百科全书·传统医学》等，参与中西医结合诊治肿瘤的临床应用和基础研究等重大科研项目，研发的安氏化痔液获国际尤里卡发明奖，创建中日友好医院泰德制药厂。先后获“全国医院优秀院长”“卫生部优秀党员”等称号，获首都精神文明建设奖章。1993年起，享受国务院政府特殊津贴。他关心家乡卫生事业。经他牵线，市中医医院获日本尼博乐公司赠送的血透设备1套，建成血液净化中心；市人民医院引进日本产东芝TCT-80A CT机，并培训技术人员；为苏北人民医院延聘日本东京医院心脏外科专家、教授赖在，免费为一名患二尖瓣关闭不全女孩施行心脏瓣膜置换手术。

第二章　人物简介与名录

选载全国先进代表人物7人、市外乡贤44人、能工巧匠8人、民间技艺人员21人。所载人物均以出生时间先后为序。

第一节　先进代表人物

郭怀珠　男，汉族，司徒镇兴联村人，1936年出生。农民，农村养殖专业户。

1950年，他始在家放鸭，人称“鸭司令”。1983年冬，他自筹1万多元，承包集体一片荒滩，开挖1.1公顷精养鱼池，在鱼塘内既养鱼又养鸭，形成“饲料喂鸭，鸭粪肥水养鱼，鱼肥垩树，综合利用，科学经营，优质高产”的活性生物链和综合集约化经营模式。1985年，他破除只养春鸭、秋鸭的惯例，一年四季都养鸭，年养鸭量多达1.2万只。他先后被县政府、扬州市政府、省政府分别表彰为先进生产者、先进养禽专业户、省劳动模范。1988年，他出售菜鸭1万多只、鱼苗46万尾、成鱼6吨，还出售一批猪、鹅、鸡，实现年产值13.8万元，获纯利2.2万元。他首创的综合集约化经营模式，受到里下河地区养鸭、养鱼户的普遍效仿，得到国内外专家、学者的高度评价。他被养禽户们推选为乡养禽协会副理事长后，带领乡邻共同致富。他热心向乡邻传授育雏技术、防疫治病方法，传递市场信息，帮助协调产供销环节，向困难农户赠送苗鸭、垫支苗鸭款和无息提供资金支持。是年，全乡养殖专业户发展到654户，占总农户的11.5%，养鸭27万只，为全县之冠。1989年，他被国务院授予“全国劳动模范”称号。

冯祥华　男，汉族，高邮镇人，1947年出生。中共党员。工业企业行政管理干部。大专学历，高级经济师。

1964年，他参加工作，先后在县服装厂任缝纫维修工、机械模具工、金工维修车间主任等职。70年代，为该厂参与承担国家“五号工程”、试制和生产军用飞机火警自动控制盒任务做出积极贡献。1976年10月，该厂金工维修车间划出单独建立县电器厂后，始任厂长，使工厂从生产电器配件，发展到生产摩托车整机产品，工厂不断发展壮大。80年代，在县属企业中率先实行厂长负责制、承包经营责任制、政（行政）工（工会）共保合同制和企业内部“三项制度”（人事、用工、分配）

改革等试点，提前一年完成首轮承包任务，一举跨入省先进企业行列。1988年，被省政府授予"省劳动模范"称号。1989年，任县电子工业公司副经理、县电器厂厂长兼厂党总支书记。进入90年代后，在县电器厂率先进行全员风险抵押承包、股份制改制、组建企业集团和推行现代企业制度等改革试点，该厂被誉为"市属企业改革试验田"。1991年，再次被省政府授予"省劳动模范"称号，并获由中华全国总工会颁发的"全国五一劳动奖章"。1992年，被国家经济体制改革委员会、扬州市政府分别授予"中国改革功勋""扬州市优秀企业家"称号。1993年，当选省第八届人大代表。1995年4月，被国务院授予"全国先进工作者"称号。1998年，当选省第九届人大代表。

谈铁人 男，汉族，高邮镇人，1949年5月出生。中专文化，经济师。1991年任副市长，2003年任市人大常委会副主任。

他担任市领导分管民族宗教工作以后，贯彻落实党的民族宗教政策；帮助少数民族发展经济，向上级部门争取建设项目和资金，加快回族乡集镇建设，推动回族乡建筑业和个体私营经济发展；关心民族宗教界人士的生产、生活，通过交朋友、当知心人，了解他们的实际困难，解决清真饮食网点整顿、回民公墓建设等问题；提出"五个转变"的工作思路，即在扶贫方式上由重点帮助发展集体经济向重点扶持贫困户转变，在扶贫力量组织上由一级扶贫向多级扶贫转变，在扶贫资金使用上由投放式向滚动式转变，在扶贫范围上由个别向面上扩展转变，在扶贫目标上由救济资助向发展生产转变，为维护民族团结、确保社会稳定做出积极贡献。1999年9月，被国务院授予"民族团结进步模范"称号。

周长文 男，汉族，龙虬镇兴北村人，1956年1月出生。农民，农村水产养殖专业组织负责人。初中文化，水产工程师。

1982年，他开始从事水产养殖，从经营0.67公顷鱼塘起步，逐步扩大养殖规模。1990年，开始试养罗氏沼虾。饲养成功后，生产经营逐年发展，经济效益不断提高。同时，他从技术、资金、种苗、饲料、销售、加工、信息等方面，积极扶持养虾农户。1992年，当选为龙虬镇罗氏沼虾协会副会长。在他的带动下，他所在的乡村养虾农户逐年增多，养虾面积逐年扩大，由1994年的20～30公顷发展到800多公顷，成为全省最大的罗氏沼虾养殖基地。他先后被表彰为市农业技术推广年活动先进个人和市农业产业化经营十佳经纪人。1996年11月，被省政府授予"省劳动模范"称号。2000年4月，被国务院授予"全国劳动模范"称号。

金桃英 女，汉族，车逻镇山灯村（今山广村）人，1962年5月出生。农民。共青团员。初中文化。

1984年2月，她与中国人民解放军东海舰队潜艇部队现役军人居瑞坤结婚。婚后，迁至夫家伯勤乡合兴村（今卸甲镇兴旺村）。此后，她一人挑起全家生活的重担。种好责任田，发展家庭副业，勤俭持家，走勤劳合法致富道路；尊长爱幼，文明理家，孝敬公婆，关心叔姑，和睦邻里，正确处理家庭内外关系；珍惜军属荣誉，不向组织伸手要照顾，自尊自信自强自立自重；敢于向旧习俗挑战，婚事新办简办俭办，自觉抵制大操大办、铺张浪费的陈规陋习。1989年8月，在"为边海防军人妻子挂奖章"活动中，被民政部、中国人民解放军总政治部、全国妇女联合会联合表彰为全国边海防军人优秀妻子。1989年、1990年，先后当选县人大代表、扬州市人大代表。1991年12月，被省政府授予"省劳动模范"称号。

张天若　男，汉族，高邮镇人，1964年6月出生。中共党员。大学文化，中学高级教师。高邮市中学校长助理兼教育教学科学研究室主任。

他参加教育工作以后，敬业爱生，乐于奉献，治学严谨，甘为人梯。所辅导的学生多次在省及省以上化学竞赛中获大奖，获奖档次及人数名列全省同行之首。教学科研成果颇多，在省以上报刊发表论文20多篇。1995年，被评为扬州市青年拔尖人才。1996年11月，被省政府授予“省劳动模范”称号。1998年9月，被国务院授予“全国模范教师”称号。2003年1月，被省政府授予“2002年度全省有突出贡献的中青年专家”称号。

陆金龙　男，汉族，高邮镇人，1964年10月出生。中共党员。工程师。市市政建设工程处主任兼市市政建设开发公司经理。

他参加市政建设工作后，积极钻研业务，吸取其他城市经验，及时改进施工方案。他在北海广场街心花园彩色喷泉池兴建过程中，降低成本5%；敢于接收多家工程队不敢接收的盐业公司码头基槽建设工程，科学地提出分段施工方案；在通湖路改造工程中，以投资少、时间短、质量高，受到市委、市政府表彰；在城河建设上，提出土工布混凝土护坡方案，节约资金三分之二；在高邮经济开发区长兴路建设中，32天不回家，与职工吃住在工地；在府前街拆迁建设中，忍受着胃溃疡发作痛苦，带着一瓶止痛药，坚持奋战在工地上。他所领导的市政建设工程处为90年代初扬州市唯一获得市政二级资质的施工企业单位，工程合格率100%，优良率90%。1994年12月，他被建设部授予“全国建设系统劳动模范”称号。

第二节　东西南北高邮人

收录高邮市籍在各地工作和创业颇有建树的代表人物44人，其中科技界9人、教育界14人、党政军（外交）界13人、经济界2人、卫生界5人、文体演艺界1人。

1986～2005年东西南北高邮市籍代表人物名录

表35-1

姓名	性别	民族	出生时间	出生地	职称、职务	生平简介与业绩
孙云銮	男	汉族	1916年9月	高邮镇	机械工业部设计总院高级工程师、中国铸造协会顾问	民国28年（1939），他从上海交通大学机械工程学院机车系毕业后，先后在桂林良丰汽车制造公司、香港九龙南华铁工厂、美国铸造工厂工作。新中国成立初期，在上海华东工业部大鑫机器厂任总工程师。1950年，他被表彰为上海市劳动模范。1951年，因试制成功球墨铸铁，被表彰为全国工业劳动模范。1952年，当选上海市第三届人大代表。1953年起，在机械工业部第一设计研究院工作，先后任主任工程师、副总工程师、一级工程师。1964年，当选第三届全国人大代表。1978年，当选为安徽省人大代表。在第一机械部工业学大庆会议上，被授予“全国劳动模范”称号。1981年起，在机械工业部设计研究院任教授级高级工程师。1986年后，被聘为中国铸造协会顾问。1990年起，享受国务院政府特殊津贴

续表 35-1

姓名	性别	民族	出生时间	出生地	职称、职务	生平简介与业绩
沈晋	男	汉族	1916年11月	高邮镇	全国政协委员，中国民主同盟中央委员会常委，陕西省人大常委会副主任，陕西理工大学博士生导师	民国29年（1940），他毕业于国立武汉大学土木工程系，先后执教于武汉大学、山西大学、北洋工学院西京分院等高校，后又在四川省水利局、中央水利工程试验所、黄河水利委员会等单位从事水利研究工作。新中国成立后，先后任西北工学院、西安交通大学、陕西工业大学、西北农学院、陕西机械学院等高校水利系教授、系主任、副院长；全国政协委员，中国民主同盟中央委员会常委；陕西理工大学学位委员会主任、博士生导师；陕西省人大常委会副主任。他致力于水利工程教育和水文科学研究，先后完成国家科研课题102项，其中获奖项目28项，被称为国家西部水利工程高等教育和水文科学研究的开拓者与奠基人。1989年，被表彰为全国优秀教师、陕西省劳动模范。1990年，被表彰为有突出贡献的知识分子。1992年，获“全国科技精英”称号
李舜英	女	汉族	1916年12月	界首镇	中国人民银行参事室参事，教授	民国26年（1937），她考入清华大学。“七七”事变后，赴西北参加抗日救亡活动。民国28年夏，抗日军政大学第四期党训结业，是年冬到昆明西南联大经济系复学。民国31年，先后在云南清华大学国情普查研究所、贵州赤水大夏大学和沈阳东北中正大学任讲师、副教授和从事金融行政管理、政府统计设计等工作。新中国成立后，在中国人民银行总行工作，先后从事计划、监察、金融研究、银行学校行政，担任研究员、监察员、教研组组长、副校长和《中华民国货币史资料》分编与总编工作。改革开放以后，参与编著《中华民国货币史资料》，负责资料收集、分编和总编工作。后任中国人民银行总行参事室终身参事（司局级待遇）
夏书章	男	汉族	1919年1月	送桥镇	广州中山大学政治系主任，教授	民国19年（1930），他始入省立扬州中学就读。民国32年，获中央大学法学学士学位。民国35年，获美国哈佛大学行政系专业硕士学位。回国后，在江苏学院任教。民国36年秋起，受聘为中山大学教授，先后任教研室副主任、主任、系副主任、校副教务长、校学术委员会副秘书长、副校长、研究所所长、校务委员会副主任等职，并任中山大学法政学院政治学与行政学系教授、博士研究生导师；兼任中国政治学会第一至第三届副会长顾问，中国行政管理学会第一至第三届副会长，全国行政学教学研究会第一至第二届理事长顾问，中国高等教育自学考试指导委员会政治管理专业委员会首届主任委员，中国老教授协会、广东老教授协会会长，美国哈佛大学教育研究院客座教授，联合国文官制度改革国际研讨会顾问等20多个职务。他的主要专著有《管理·伦理·法理》《人事管理》《行政学新论》《高等教育管理学讲话》《香港行政管理》《新加坡行（市）政管理》《市政学引论》《三国智谋与现代行政管理》《孙子兵法与现代管理》。主编多种行政管理教科书，其中《行政管理学》一书于1985年获中国行政管理学会优秀著作一等奖、1991年获得国家教委优秀教材一等奖。在国内外刊物上发表论文300多篇，主编的论著多次被列入国际行政科学大会书目
孙云畴	男	汉族	1919年2月	高邮镇	华东师范大学图书情报学系副主任，教授，硕士生导师	民国28年（1939），他毕业于昆明西南联大（北大）政治系。民国31年，进金陵大学图书馆工作。民国36年，赴美国哥伦比亚大学研究院攻读硕士学位。1950年，回国后在北京大学图书馆学专修科任讲师。1952年，调到哈尔滨工业大学任图书馆馆长。1957年，调任河南郑州大学图书馆馆长。1981年，调到上海华东师范大学图书情报学系，先后任副主任、教授、硕士生导师，兼任河南省图书馆学会副会长、中国图书馆学会教育研究分委员会主任委员。他从事图书学研究50多年，长期致力于西方图书编目、高等学校图书馆管理和图书馆学教育研究工作，先后发表《主权与国际法》《图书馆的人才培养与图书馆学教育》《实现全面文献资源共享》（英文，参加国际会议）等论文20篇，主编全国图书馆学中专系列教材13种，编著出版《巴拿马运河的故事》，翻译出版《太平洋的故事》，译文总校《西南亚洲及其人文问题》《真纳传》和《英美编目条例第二版简介》

续表35-1

姓名	性别	民族	出生时间	出生地	职称、职务	生平简介与业绩
孟澍江	男	汉族	1921年7月	汉留镇	南京中医学院温病学教研室主任、图书馆馆长，教授，博士生导师	民国27年（1938），他师从苏北名医王少江，3年学成后回家乡行医。1956年，入省中医进修学校（南京中医药大学前身）学习，毕业后留校任教，历任学校诊断教研室教授、博士生导师和温病学教研室主任、图书馆馆长，国务院学位委员会专家组与学科评议组成员，全国中医高等院校教材编审委员会副主任等职。他从事中医工作50多年，撰有《温病纲要》《温病学概要》《温病学教学参考资料》《温热病专辑》《叶天士〈外感温热篇〉、薛生白〈湿热篇〉阐释》《温病的理论与临床》等10多部医学专著；主编《温病学新编》《温病学讲义》《温病学》等书，发表论文30多篇，培养医学博士9人、硕士20多人，获"省优秀研究生导师"称号，被表彰为省名中医，享受国务院政府特殊津贴
张国政	男	汉族	1924年9月	卸甲镇	天津大学副校长	民国29年（1940），他参加新四军，先后任营部书记、二旅五团四连副指导员、旅政治部锄奸科干事、短枪队指导员和队长等职。被誉为"忠于党、忠于人民、英勇善战、不怕困难、工作积极的好战士"。民国33年，任连指导员。民国34年，在战斗中负伤，被定为一等残废军人，任高邮苏北旅行社副经理。民国35年，调华东荣军学校，先后任组织干事、大队教导员、组织股股长等职。民国36年，调到东北解放区工作。1950年，任沈阳301厂厂长。1953年，任沈阳化工厂党委书记。1956年，被送入天津大学化工系学习。1961年，毕业后留校任教，后任天津大学化工系党总支书记。1974年，任天津大学教务处处长。1980年，任天津大学副校长。1983年，退居二线，任天津大学顾问
崔志农	男	汉族	1924年12月	高邮镇	国家建设委员会化轻局副局长，高级经济师	民国32年（1943），他参加新四军，先后任苏中二分区财经处会计、苏皖边区政府驻鲁办事处会计、华东财经委员会会计队成本会计教员、华东野战军济南军管会科长。新中国成立后，先后任上海市军管会军事联络员，华东纺织工业管理局科长，中央纺织工业部财务计划司处长，纺织工业部直属大型南京化纤厂、河北化纤厂指挥部副指挥、第一副厂长，国家建设委员会化轻局副局长，国家计划委员会重点项目一局、三局第一副局长。先后参与仪征化纤工程、扬子石化乙烯工程、齐鲁石化乙烯工程、大庆石化乙烯工程、上海金山石化第二期工程等国家重点项目工程建设规划和建设过程中协调工作。离休后，被聘为海南行署、宁波市政府、南通经济开发区、中信宁波集团公司等单位经济顾问
陈家驹	男	汉族	1925年4月	界首镇	中国农业科学院高粱糜谷研究室主任，研究员	民国35年（1946），他毕业于南京钟英中学，同年考入北京大学农学院。1950年，大学毕业，被分配到华北农业科学研究所工作。1957年，调中国农业科学院工作。1971年，下放到北京农业科学院。1978年，调回中国农业科学院作物品种资源研究所，先后任技术员、助理研究员、副研究员、研究员，并担任高粱糜谷研究室主任。1985年起，兼研究生导师。1986年起，经农业部批准担任国家攻关项目负责人，获科研成果10项，获部、省、市、院级科技成果奖7次。1989年，在国家攻关项目中，获国家科委、国家计委和财政部联合表彰。1991年起，被中国农业科学院品种资源研究所返聘，任研究员兼专题顾问，兼任中国作物学会粟类专业委员会副主任、中国农学会作物遗传资源委员会委员、国际小粟类研讨会程序委员会成员、联合国开发署中国政府项目作物育种和良种繁育任务1991～1996年项目立项顾问组成员等职。1993年起，享受国务院政府特殊津贴。他主编《中国谷子遗传资源目录（1986～1990）》《中国谷子及其他粟类作物遗传资源目录（1991～1995）》两书，发表论文、著述20多篇（章），翻译出版英、俄文献10多万字

续表35-1

姓名	性别	民族	出生时间	出生地	职称、职务	生平简介与业绩
冯白平	男	汉族	1926年1月	临泽镇	中校军衔，武汉军区军训部部长（正师职）	民国28年（1939）8月，他参加中共临泽地下党。民国31年12月，参加新四军，先后任政工队班长、敌工干事、情报站站长、参谋、连长、副营长、营长、团副参谋长、师科长等职。1952年，进入中央军委高级步兵学校学习，后任该校教员。1955年，被授予少校军衔，后晋升中校。1958年，调到中央军委军事科学院任研究员。1970年，调到湖北省荆州军分区任副司令员，后调到武汉军区军训部任副部长、部长（正师职）。1955年，他获国家三级独立功勋荣誉奖章。1983年，离休。1987年，被吸收为中国作家协会湖北省分会会员。先后发表文学作品近100万字
洪进先	男	汉族	1927年3月	高邮镇	大连海军舰艇学院研究员、教授	民国35年（1946）起，他赴英国留学。民国38年2月，回国后发起、策划和组织“重庆号”巡洋舰起义，加入中国人民解放军。是年末，进入大连海军舰艇学院深造。毕业后，留校任教。先后任海洋气象教研室主任、大连海军舰艇学院研究员、教授，兼任大连气象学会副理事长。1957年，被国防部授予二级解放勋章。1977年，他提出改进船舶单船天气预报方法，并在舰船上推广应用。1982年，研制成功航海气象导航技术，获气象科技进步二等奖。1987年，研制成功球幕投影视景系统，获军队科技进步二等奖
王颐桢	男	汉族	1927年6月	高邮镇	大连海军舰艇学院副院长（副军职）	民国35年（1946）起，他赴英国接受海军训练。民国38年2月，回国后策划和组织“重庆号”巡洋舰起义，被选为士兵解放委员会主席。加入中国人民解放军后，先后任人民海军院校队长、副科长、教研室主任、训练部副部长、系副主任，国家海洋局研究所研究室主任、副所长、所党委书记，大连海军舰艇学院训练部部长、副院长等职。1988年，离休
乔登江	男	回族	1928年3月	菱塘回族乡	中国工程院院士，中国人民解放军21基地科学技术委员会副主任，核武器试验研究所副所长	1952年，他毕业于金陵大学物理系，被分配到南京师范学院物理系工作。1954年起，在北京师范大学进修理论物理，后到江苏师范学院物理系任教。1963年3月，被调到国防科委某试验基地工作，历任研究所室副主任、主任，副所长，研究员，基地科技委员会副主任等职。1997年，当选为中国工程院院士。他在核爆炸现象学和核爆炸物理及核技术应用方面开展系统研究，参与制订核试验现场安全、防护和效应试验方案。中国核试验停止后，他在城市等战略目标核毁伤，电子系统抗核辐射加固技术，以及脉冲激光、动能武器等技术武器毁伤效应基础研究方面卓有成效，主要论著有《核爆炸物理概论》。他于1985年、1993年获国家科技进步三等奖各1项，1987年获国家自然科学三等奖1项，1988年获国家发明四等奖1项，1989年获国家科技进步一等奖1项。被称为中国“两弹一星（原子弹、导弹和人造卫星）功臣”
李起鸿	男	汉族	1928年7月	临泽镇	解放军第三军医大学（南京）骨科主任，教授，博士生导师	民国33年（1944），他参加革命，获一等功1次、二等功1次。1949年7月，从华东白求恩医学院（今山东医科大学）毕业，分配在21军卫生部工作。1951年，调到浙江军区卫生部接管教会医院工作组工作。1953年，入苏联列宁格勒骨科研究院学习。1954年10月至1957年10月，在莫斯科中央骨科研究所读研究生，获副博士学位。1958年5月起，在解放军第三军医大学第一附属医院从事骨科工作，先后任主治医师、讲师、副教授、骨科主任、教授、专家组成员。1991年，任博士生导师。他对四肢开放性骨折分类及治疗、颈椎病、电刺激促进骨愈合、小儿麻痹后遗症手术治疗与肢体延长、骨外固定生物力学原理及其在骨折不愈合与骨缺损等治疗有独特的研究。先后发表学术论文80多篇，指导研究生发表论文（以第二作者）40多篇。获国家级科技成果三等奖1项和部级科技二等奖7项、三等奖4项。主译出版或主编出版专著各2部，参加编写大型专著7部。1991年起，享受国务院政府特殊津贴

续表35-1

姓名	性别	民族	出生时间	出生地	职称、职务	生平简介与业绩
何俊华	男	汉族	1930年4月	高邮镇	浙江农学院（今浙江农业大学）系副主任，教授	民国38年（1949），他考入浙江农学院植物保护系学习。1953年，毕业后留校任教，先后任助教、讲师、副教授、教授、博士生导师。当选全国人大代表、浙江省人大常委会委员。他长期从事教育工作和害虫生物防治与寄生蜂分类研究工作。先后主编《浙江省水稻害虫天敌图册》《水稻害虫天敌图说》《中国水稻害虫天敌目录》《中国稻作害虫名录》《水稻害虫》《中国经济昆虫志·膜翅目·姬蜂科》等书籍，发表专业论文270多篇。其科研成果多次获农业部、国家教育委员会、浙江省政府授予的科技进步奖，并获全国优秀科技图书奖。1988年，获“国家有突出贡献的中青年专家”“浙江省劳动模范”称号。1989年，获“全国优秀归侨侨眷知识分子”称号
崔开明	男	汉族	1931年7月	高邮镇	山西省中医学院附属医院副院长，主任医师	1953年，他毕业于南京第五军医大学，后任北京公安军医学校教员。1954年，转业到山西省，任山西医学院第三附属医院住院医师、主治医师。1966年，在山西省忻州地区医院工作，先后任主任医师、外科主任、副院长，忻州地区肿瘤防治办公室副主任，行署科学技术委员会顾问，并受聘为山西医科大学外科系教授。1989年，调到山西省中医学院附属医院任副院长，兼任山西省抗癌协会常务理事、中华医学会山西分会理事。1993年，退休；享受国务院政府特殊津贴。他先后获省部级科技成果二等奖1项，地市级科技成果一、二、三等奖各1项，发表专业论文30多篇
赵汝嘉	男	汉族	1932年3月	高邮镇	西安交通大学机械工程学院CAD/CAM研究所所长，教授	1956年，他毕业于西安交通大学机械系，留校任教。1982年起，以高级顾问学者身份赴英国曼彻斯特理工学院从事CAD/CAM研究工作。后任西安交通大学机械工程学院CAD/CAM研究所所长、教授、博士生导师，兼任全国现代设计学会学术委员、CAD专业委员会顾问、全国CAD主要工程培训网络工作委员会委员、陕西省生产工程学会副理事长、陕西省CAD专业委员会副主任委员。他长期从事智能化、集成化、可视化和网络化CAD/CAM领域教学与科研工作，参与重型机械减速器系列CAD研究，获国家科技进步三等奖；所主持的圆齿轮减速器CAD/CAM系统研制，获国家教育委员会科技进步一等奖；研究成果先后获电子工业部科技进步三等奖、机械工业部科技进步二等奖、水利部水利水电规划设计总院科技进步一等奖。在教学方面，经过多年课程建设，形成CAD/CAM系列课程建设体系。1997年，获陕西省优秀教学成果一等奖。先后发表CAD/CAM、有限元分析及人工智能方面论文100多篇，编写专著9部
吴易风	男	汉族	1932年4月	临泽镇	中国人民大学经济学院教授、博士生导师	1950年，他从扬州师范毕业后，先后在扬州苏北机关干部学校和江苏转业干部速成中学任语文、历史教员。1955年，考入中国人民大学经济系政治经济学专业读书。1959年毕业后，留校任教。1974年至1978年，中国人民大学被撤销，他调至北京师范大学经济系任教。1978年，中国人民大学复校后，回校任中国人民大学经济学院教授、博士生导师，兼任教育部社会科学研究中心研究员、全国马克思主义经济学说史学会副会长、中华外国经济学说研究会会长、山东经济学院经济研究所特约顾问。1989年、1995年，先后赴美国、俄罗斯进行学术访问。他主要著作有《空想社会主义者的经济学说》《空想社会主义经济学说简史》《空想社会主义》《英国古典经济理论》，合著有《资产阶级政治经济学史》《西方福利经济学述评》《现代西方经济理论与学派》《现代西方经济学》《凯恩斯学派》《市场经济和政府干预——新古典宏观经济学和新凯恩斯主义经济研究》《马克思主义经济理论的形成和发展》《西方经济学》，译著有《数理经济学》，主编《研究生用西方经济学》。先后获全国高等学校首届人文社会科学研究优秀成果一等奖、北京优秀教学成果一等奖、全国城市报纸优秀论文一等奖等奖项

续表 35-1

姓名	性别	民族	出生时间	出生地	职称、职务	生平简介与业绩
郭惟信	男	汉族	1932年10月	高邮镇	福建省水资源管理中心总工程师，高级工程师	1953年，他毕业于扬州工业学校水利专业，被分配到福建省水利局工作。1957年，调到福建省水利水电专科学校任教。1963年，先后调到福建省水电厅九龙江流域规划队、福建省水利规划队任副队长、主任工程师、总工程师。1989年，调到福建省水资源管理中心任总工程师、高级工程师，兼任福建省水利学会第四、第五届理事，学会水利规划专业委员会主任。1992年起，享受国务院政府特殊津贴。1993年，退休后，受聘福建省水利水电工程顾问咨询中心任副主任。其研究成果先后获一等奖2项、二等奖1项、三等奖3项
陈桂生	男	汉族	1933年7月	高邮镇	华东师范大学教育系主任，教授	1952年，他毕业于高邮县初级中学。1955年，毕业于淮安师范学校。1959年，于华东师范大学教育系毕业后，留校任教，后任教育系教授，兼任全国马克思主义教育思想研究会副理事长。1990年起，享受国务院政府特殊津贴。他主编的文科教材有《马克思恩格斯论教育》《列宁论教育》等。编写的《人的全面发展理论与现时代》于1989年获全国首届教育理论著作奖；《教育原理》获上海市哲学社会科学优秀成果著作一等奖、高等学校优秀教材一等奖、1997年全国教学成果一等奖；《"教育学视界"辨析》获上海市第六届教育科学研究著作类一等奖、第七届全国教育图书展优秀专著图书奖；《现代中国的教育魂》获第三届全国优秀教育图书奖一等奖。发表论文200多篇
谢友柏	男	汉族	1933年9月	界首镇	西安交通大学教授、博士生导师	1955年，他毕业于上海交通大学内燃机制造专业。先后任中国机械工程学会摩擦学学会副理事长、理事长，西安交通大学润滑理论及轴承研究所所长，清华大学摩擦学国家重点实验室学术委员会主任，上海交通大学、西南交通大学兼职教授。他对润滑、磨损、形貌、流变、传热、振动、材料、工艺、监测、控制、可靠性、知识获取、数据库、专家系统等进行系统理论和实践研究，提出摩擦学系统工程基本思想和构造理论框架，并在大型汽轮发电机组和高速透平机械转子轴承系统及内燃机缸套活塞环系统的摩擦学、动力学设计上，获得重要和丰富的理论及应用成果，对现代设计提出许多重要观点。他从事机械设计及理论、摩擦学研究与教学工作40多年，主持完成国家重要科研项目数十项，先后获全国科学大会奖、国家自然科学奖、国家科技进步奖、国家教委科技进步奖、第一机械工业部科技成果奖、机电部科技进步奖、中国机械工程学会科技成就奖、首届"孺子牛金球奖"、全国教育系统劳动模范等10多项荣誉，发表论文50多篇，培养硕士研究生36人、博士研究生25人
夏训诚	男	汉族	1934年3月	临泽镇	中国科学院新疆生态与地理研究所学术顾问，研究员、博士生导师	1953年，他考入南京大学地理系自然地理专业学习。1957年，毕业后分配到中国科学院新疆生物土壤沙漠研究所，任沙漠室主任、所长，副研究员、研究员，罗布泊考察队队长，塔克拉玛干沙漠综合考察队队长。1992年，调到中国科学院兰州沙漠研究所工作，任所长、研究员、博士生导师。1998年末，调到中国科学院新疆生态与地理研究所工作，任学术顾问、研究员、博士生导师，兼任农业部科学技术所学术顾问、研究员、博士生导师和农业科学技术委员会、联合国开发署干旱地区开发委员会、国际沙漠工程委员会委员，《中国沙漠》《CHINESE JOURNAL OF ARID LAND RE-SEARCH》等刊物主编。著有《神秘的罗布泊》《马里沙漠考察与防治》《与彭加木同行》《中国的西北地区沙尘暴及防治》《罗布泊科学考察与研究》《塔克拉玛干沙漠系列专著》《神奇的塔克拉玛干》《新疆沙漠化与风沙灾害治理》等15部书，发表论文、报告近100篇。先后获联合国环境署奖1项、全国科学大会奖1项、新疆科学大会奖4项等

续表35-1

姓名	性别	民族	出生时间	出生地	职称、职务	生平简介与业绩
汪云	女	汉族	1935年9月	高邮镇	特级飞行员，空军某部副参谋长	1956年，她从扬州中学毕业后，被选拔为飞行员，进入中国人民解放军空军第五航空学校学习。1957年，转入空军第二航空学校学习。1958年12月，毕业后担任飞行员。1963年，被任命为机长。1968年，任飞行中队长。1974年7月，任飞行大队副大队长。后任团副参谋长和某部队副参谋长（副师级）。1990年，退休。她先后驾驶RK-18、C-46、里-2、伊尔-14、三叉戟大型运输机等5个机种，安全飞行31年、飞行总时5500多个小时，创造两项全国第一的女飞行员飞行纪录，成为四种气象的飞行员、教练员和飞行指挥员。多次为周恩来、李先念、宋庆龄、陈毅、王震、薄一波、聂荣臻、朱德等党和国家领导人出访、视察驾驶专机，为外国领导人金日成、蒙巴托、波波巴马等到中国访问驾驶专机，到昆明、成都、唐山等地地震灾区执行紧急飞行任务。先后被表彰为五好战士、一级技术能手、特级飞行员、精神文明建设个人标兵、三八红旗手，立二等功和三等功各1次
秦华孙	男	汉族	1935年9月	高邮镇	政协第九届全国委员会委员、外事委员会副主任	青少年时，他就读于高邮县初级中学（1948届校友）、上海市市北中学。1955年3月，加入中国共产党。1956年，从上海市市北中学高中毕业后，被保送到北京外交学院学习。1961年8月，大学毕业后，被分配到外交部新闻司工作，任科员。1971年9月起，先后任中国驻塞拉利昂使馆随员、三等秘书、二等秘书。1980年4月起，先后任外交部新闻司副处长、处长、参赞。1984年12月起，先后任中国常驻联合国日内瓦办事处和瑞士其他国际组织代表团参赞、副代表。1987年7月，任中国常驻联合国维也纳办事处和其他国际组织代表（大使级）、党委书记，兼驻联合国工业发展组织代表、国际原子能机构代表。1990年8月，任外交部国际司司长。1993年3月，任外交部部长助理、党委委员。1995年5月，任中国常驻联合国代表、特命全权大使。1996年5月，任联合国安理会（轮值）执行主席。1998年3月，当选全国政协第九届委员会委员、外事委员会委员。1999年10月，任全国政协第九届委员会委员、外事委员会副主任。2004年1月，退休。退休后，撰写出版回忆录《出使联合国》（新华出版社“新中国外交亲历”系列丛书的第11本）
宋文涛	男	汉族	1936年1月	高邮镇	上海交通大学电子信息学院副院长，教授	1953年，他从扬州中学毕业后，考入上海交通大学电机系。1957年8月，毕业后留校任教，先后任上海交通大学电子工程系主任，上海交通大学电子信息学院院长、学位评定委员会主席、教授、博士生导师，上海交通大学信息与通信工程博士后流动站站长，兼任中国通信学会理事、教育部工科电子课程教学指导委员会委员、全国高等教育自学考试指导委员会电子电工与信息类专业委员会委员、电子工业部全国工科电子类专业教学指导委员会委员、中国教育家协会理事、上海市电子学会副理事长、上海市通信学会副理事长等职。1960年起，他一直在通信与信息系统学科从事教学与科研工作，先后担任《通信基本电路》《移动通信》等6门课程教学工作；编著出版《移动通信》等5部专业书籍。1977年，被表彰为上海市教育系统先进工作者。1992年起，享受国务院政府特殊津贴。1997年，获上海交通大学教学成果特等奖、全国教学成果二等奖、上海市教学成果一等奖，《移动通信》获上海市高等学校优秀教材一等奖。他在国内外专业刊物和会议上发表论文50多篇，其中教学研究论文10多篇

续表 35-1

姓名	性别	民族	出生时间	出生地	职称、职务	生平简介与业绩
周治平	男	汉族	1936年4月	高邮镇	暨南大学（广州）教授	1953年，他毕业于扬州财政学校，留校工作。1954年，考入复旦大学经济系。1958年，毕业后分配到暨南大学工作。1960年，到中国人民大学经济系读研究生。1963年，毕业后回暨南大学工作，先后任讲师、副教授、教授。他长期从事《政治经济学》《资本论》《西方经济学流派》等课程教学与研究。1978年起，兼从事城市土地经济、房地产经济研究。主要论著有：《政治经济学·资本主义》《城市土地经济学》《城市土地经济运行》《中国房地产业透视》，参与撰写《政治经济学辞典》《〈资本论〉辞典》条目。在报刊上发表经济学、房地产经济论文100多篇。1998年，退休
戚建中	男	汉族	1936年4月	高邮镇	航空航天工业部六一三研究所副总设计师，研究员	1956年，他进入中国人民解放军军事工程学院学习。1962年，毕业后被分配到国防部第五研究院六一二研究所工作。1965年起，他作为总负责人主持国内首次自行设计歼击机火力控制系统研制工作。1970年，调到第七机械工业部（1982年更名为航天工业部，1988年更名为航空航天工业部，1993年更名为中国航天工业总公司）六一三研究所工作，任副总设计师。当选河南省洛阳市第七届人大代表，第五届、第六届河南省政协委员。1981年起，主持并实施引进的七号防御系统总精度核算与软件反设计。1985年，主持国内首次武装直升机火控系统研制，被部队装备使用。1989年，被表彰为河南省劳动模范。1992年起，享受国务院政府特殊津贴。他先后获航空航天工业部授予的直升机首飞一等功、国家科技进步二等奖、中国航天工业总公司授予的武装直升机火控系统设计定型一等功。发表《歼击机火控系统误差分析方法》《几种误差分析方法的评述及其在火控系统中的应用》等论文
华桐	男	汉族	1936年9月	高邮镇	江西省人大常委会副主任，高级经济师	1950年，他从高邮县初级中学毕业后，考入扬州财政学校工业会计核算专业学习。1956年，毕业后被分配到江西省财政预算处工作。1973年起，先后任江西省财政厅预算处副处长、处长，江西省政府财贸办公室二处（财政金融）处长。1983年，任江西省审计局副局长。1983年起，先后任江西省财政厅副厅长，党组成员、副书记；江西省工商行政管理局副局长，党组副书记，局长、党组书记；江西省财政厅厅长、党组书记。1994年8月，兼任江西省地方税务局局长、党组书记。先后当选为中共江西省第八届纪律检查委员会委员、中共江西省第九届省委委员，江西省第七、八、九届人大代表，第八届全国人大代表。1996年2月起，先后任第八、第九届江西省人大常委会财政经济委员会副主任委员、主任委员，江西省人大常委会副主任。2002年1月27日，辞去江西省人大常委会副主任及其兼任的省人大常委会财政经济委员会主任委员职务
赵仁扬	男	汉族	1937年11月	临泽镇	中国科学院北京天文台研究员，教授	1960年8月，他从南京大学数学天文系毕业后，主要从事射电天体物理学研究，任中国科学院北京天文台研究员，兼任中国科学院研究生院教授，编著有《宇宙射电》《中国大百科全书·射电天文学》等学术专著5部，发表学术论文近100篇。获科技成果奖6项（皆为前三名），其中包括国家科技进步二等奖、中国科学院科技成果奖一等奖和自然科学奖二等奖。1991年，获美国颁发的终生卓越成就国际勋章。享受国务院政府特殊津贴

续表 35-1

姓名	性别	民族	出生时间	出生地	职称、职务	生平简介与业绩
姜恩柱	男	汉族	1938年12月	三垛镇	中国共产党第十五届中央委员会委员，第九届、第十届全国人大常委会委员，全国人大外事委员会主任委员	1964年9月，他从北京外国语学院英语系毕业后留校，先后任政治辅导员、教员。是年10月，调入外交部工作，先后任中国驻英代办处随员和驻英大使馆三等秘书、二等秘书。1978年，回外交部后任西欧司一处副处长。1981年9月起，先后任美国哈佛大学国际问题研究所研究员、华盛顿布鲁金斯学会客座学者。1983年1月起，先后任外交部西欧司综合处处长、副司长和司长，外交部部长助理、副部长，香港特别行政区筹备委员会预备工作委员会副主任。1995年起，出任中国第七任驻英国大使。1997年7月起，先后任新华通讯社香港分社社长、中央人民政府驻香港特别行政区联络办公室主任。中国共产党第十五届中央委员会委员。2002年8月起，先后任第九届、第十届全国人大常委会委员，第九届全国人大外事委员会副主任委员，第十届全国人大外事委员会主任委员
董申	男	汉族	1939年5月	高邮镇	哈尔滨工业大学机电学院精密工程研究所所长，教授，博士生导师	1962年，他从哈尔滨工业大学机械制造系毕业后留校任教。先后任机械制造系刀具实验室副主任、主任，惯导测试设备研究中心副主任，机电学院精密工程研究所所长等职，兼任教育部国外派出人员评审专家组成员、中国自然科学基金委员会工程与材料学部基金申请评审专家等职。他先后承担“八五”重点课题“超精密加工系统中的理论与关键技术基础”和航天工业部“八五”工艺预研重点课题“亚微米超精密机床”“IC硅片的超精密加工”“硬脆材料的精密复合加工”等多项自然科学基金、国防预研等课题。先后获哈尔滨工业大学优秀教师奖、中国机械工程学会成果奖；研制成功的干簧管红外自动封结机、超精密恒温控制系统、亚微米超精密机床，分别获航天工业部科技进步三等奖（1983年）、二等奖（1984年）和中国航天工业总公司一等奖（1998年）；发表论文40多篇，合著出版学术著作有《金属切削原理》《先进制造中的智能监控技术》等。1995年，被授予“国家有突出贡献的中青年专家”称号，享受国务院政府特殊津贴
张利春	男	汉族	1939年9月	菱塘回族乡	北京大学计算机科学技术系教授、博士生导师，微电子学研究所副所长	1964年，他从北京大学物理系毕业后留校任教，先后任计算机科学技术系工程师、副教授、教授，微电子学研究所副所长等职。1985年至1986年，在美国加利福尼亚大学伯克利分校做访问学者。他先后承担国家自然科学基金项目、军事电子预研重大项目、国防电子预研基金和国家重点科技攻关等多项科研任务，其研究成果先后获全国科学大会奖、北京市科研成果三等奖、国家教育委员会科技进步二等奖、国家“八五”科技攻关重大科技成果奖、国家教育委员会科技进步三等奖、北京大学第三届和第四届科技成果二等奖、北京大学1995年和1997年科技成果一等奖。发表论文60多篇，获国家发明专利3件。被国家科学技术委员会、国家教育委员会和电子工业部表彰为先进个人，获电子工业部颁发的电子工业行业国家“八五”科技攻关荣誉证书
吴登云	男	汉族	1940年5月	郭集镇	新疆维吾尔自治区乌恰县人民医院院长、乌恰县政协副主席	1963年，他从扬州医学专科学校毕业后，在新疆维吾尔自治区乌恰县人民医院从事医务工作。他坚持骑马、背药箱到牧区巡诊和防疫30年，足迹踏遍全县9个乡30多个自然村。从1966年第一次给病人输血起，先后无偿为病人献血7000多毫升。在他的感召下，乌恰县1000多名机关干部职工参加“永恒血库”志愿活动。1971年12月，为抢救一名大面积烧伤的柯尔克孜族儿童，在用各种方法数次为婴儿试验植皮都未能成功的情况下，他从自己的腿上割下13块大小不等的皮肤植到那名儿童身上。把自己唯一的女儿献给柯尔克孜族的卫生事业。悉心培养一批柯尔克孜族医生。带领全院医务人员，艰苦创业，在戈壁滩上建成一座园林式的医院。先后获全国五一劳动奖章、白求恩奖章、“为民爱民模范”等称号，被乌恰县人民誉为“白衣圣人”。2002年，他当选为中共十六大代表

续表35-1

姓名	性别	民族	出生时间	出生地	职称、职务	生平简介与业绩
汤一鸣	男	汉族	1941年11月	高邮镇	轻工业部广州设计院副院长，高级工程师	1964年，他从无锡轻工学院食品机械专业毕业后，分配到轻工业部广州设计院工作。1988年3月起，任副院长。其研究成果先后获轻工业部科技三等奖、烟台市科技进步二等奖、轻工业部优秀设计一等奖、国家优秀设计银质奖。1988年，获“全国轻工业科技先进工作者”称号。1992年，获国务院颁发的工程技术突出贡献证书，享受国务院政府特殊津贴
王守仁	男	汉族	1942年3月	车逻镇	少将军衔，第二炮兵工程学院（西安）政治委员、党委书记（正军职）	1961年，他应征入伍。1964年，任扬州武装大队司务长、总队政治部新闻干事。1965年起，在兵种机关工作，先后任公安部队政治部干事，第二炮兵政治部干事、副科长、处长、研究员、研究室副主任、办公室秘书长。1994年起，任第二炮兵某基地政治部主任、副政治委员。1997年7月，被授予少将军衔。1998年3月，任第二炮兵工程学院政治委员。他撰写150多篇计120万字的研究论文、经验总结和调查报告，从理论与实践的结合上提出一系列加强部队政治建设的思想观点和对策措施。他带领机关干部深入基层、训练场，开展思想政治工作，所在部队涌现出被中央军委授予“导弹发射先锋连”称号的某部三连和“全国十大杰出青年”沈方泉等一批先进典型。他被第二炮兵部队党委通令嘉奖
王琦	男	汉族	1943年2月	高邮镇	全国著名老中医，中国中医研究院教授、博士生导师	1961年，他师从名医，专攻中医妇科、儿科和内科，先后就职于县人民医院中医科、县中医医院。1978年，就读于中国中医研究院，成为中国第一代中医硕士研究生。1981年，毕业后留北京从事中医内科医疗、教学、科研工作。1988年起，承担多项国家重大中医科研课题，并主编中国第一部中医男科系统专著《中医男科学》。发表学术文章500多篇，出版学术专著《中国体质学说》《中医男科学》《中华中医男科学丛书》《王琦男科学》等，参与撰写学术著作共34部。获国家中医药管理局基础研究奖、中国中医研究院优秀论文一等奖、中国中医研究院科技进步奖、中国人民解放军科技进步奖、卫生部“孙氏医学金杯”一等奖、首届世界人体科学研讨会金杯特等奖等奖项。多次应邀赴美、英、日等十多个国家和地区做学术访问。1994年，被认定为“北京名医”。1999年，被列为500名全国著名老中医。被国务院授予“有突出贡献的中青年专家”称号，享受国务院政府特殊津贴
王士松	男	汉族	1943年10月	三垛镇	空军大校军衔，空军电讯工程学院院长，副教授	1964年8月，他应征入伍，先后任兰州军区空军报务员、台长、分队长、参谋，空军通信学校教员、副主任、教务科科长、大队长，空军电讯工程学院副院长、院长，兼任中国军事教育学会副秘书长、军事基础教育学会副理事长。其科研成果先后获军队科技进步一等奖、军队教学成果二等奖、军事教育科学研究优秀成果二等奖、三等奖、空军军事学术成果二等奖、军事教育优秀论文一等奖。主编《孙子兵法与战争论导论》，发表学术论文58篇
李明清	男	汉族	1944年5月	高邮镇	国营6971厂副总工程师，高级工程师	1966年，他从南京工业学院无线电系水声工程专业毕业后，被分配到国营613厂工作。1977年起，调到国营6971厂工作，先后任设计师、主任设计师、设计所所长、副总工程师。他主持和参与设计、制造各种舰艇用声纳设备，并开展各类自动化设备、工程研制工作，先后参加西昌卫星发射基地、国家气象中心卫星地面站等重要工程建设。其研究成果先后获中国船舶工业总公司科技成果三等奖、中国航天工业总公司科技成果一等奖、海军052工程二等奖、国防科学技术工业委员会867-Ⅱ工程二等奖。多次被国营613厂、6971厂和沈阳市、北京市国防工业办公室表彰为先进工作（生产）者。1999年，被中国船舶工业总公司授予“劳动模范”称号。享受国务院政府特殊津贴

续表35-1

姓名	性别	民族	出生时间	出生地	职称、职务	生平简介与业绩
成德信	男	汉族	1946年11月	高邮镇	中国科学院自动化研究所微电子中心副主任，高级工程师	1970年，他从哈尔滨工业大学精密仪器系毕业后，到安徽省当涂县军垦农场劳动锻炼。1972年，被分配到中国科学院自动化研究所工作。他先后参加首都国际机场塔台集中控制系统、生物医学图像处理与识别、集成电路反向工程、高精度汉字图像图形工作站、32位超级微机系统及微机工作站、电子沙盘系统等项国家重点工程项目、科研课题研究、开发和建设。其研究成果先后获国家科技进步二等奖和中国科学院科技进步一等奖、二等奖。享受国务院政府特殊津贴
萧琛	男	汉族	1949年	高邮镇	北京大学国际经济系主任，教授，博士生导师	1978年，他考入北京大学经济学系世界经济专业。1985年，获美国经济方向硕士学位。1987年，以优异成绩获得世界银行全额奖学金，赴美国马里兰大学经济学系攻读财政学、公共选择和发展经济学等博士课程。回国后，在北京大学任教，任该校国际经济系主任、教授和博士生导师。先后著有《美国微观经济运行体制》《论中国经济改革:从世界经济看中国》《全球网络经济》等专著。1998年，编写出版《全球网络经济》一书，被誉为提出“网络经济”的第一人
赵厚麟	男	汉族	1950年3月	高邮镇	国际电信联盟电信标准化局局长	1975年，他从南京邮电学院毕业后，被分配到邮电部设计院工作，任工程师。1979年、1980年，作为中国政府首批公派访问学者赴瑞士进修。1984年、1985年，就读于英国埃塞克斯大学，获远程信息处理硕士学位。1986年，经邮电部选拔推荐，经国际电信联盟（JTU）公开招聘，被录用为国际电信联盟电信标准化局官员、国际电报电话咨询委员会顾问。1998年，当选国际电信联盟标准化局局长。1999年起，连任国际电信联盟电信标准化局局长。他是中国第一位进入国际电信联盟领导核心层的专家
陆永昌	男	汉族	1950年7月	界首镇	上海外国语大学俄语系理论教研室主任，教授，硕士生导师	1965年，他考入泰州师范学校。1968年，应征入伍。1975年，从上海外国语大学毕业后，留校任教。1982年，调到上海市政府教育卫生办公室工作。1986年起，调回上海外国语大学，任俄语系高年级教研室主任、系办公室主任、系党总支书记。他长期从事苏俄文学、名著选读、文学理论、俄译文、比较文学教学与研究，作为主要编写人编著的工具书有《苏联文学词典》《当代阿拉伯文学词典》《青年文学手册》《中西比较文学手册》，独立翻译的苏俄文学译著有《列宁的一生》《赌徒》《强盗老头们》《白夜》等，合译书籍有《阿勃拉莫夫中篇小说选》《大质女人阶梯》等，发表的文学评论、比较文学、翻译论文有《比较文学在苏联》《试论鲁迅在俄、苏的影响》《语言、文学与翻译》等近30篇
陈刚	男	汉族	1965年4月	卸甲镇	北京市朝阳区委副书记、区长，博士，教授级高级工程师	1980年，他从高邮县中学毕业后，考入扬州师范学院化学系学习。1984年，到哈尔滨工业大学应用化学系读硕士研究生。1987年，到北京大学化学系读博士研究生。1990年7月，毕业后分配到北京玻璃研究所，先后任室副主任、所副所长，负责光学晶体中试基地和晶体材料实验室开发、科研工作。1994年，调到北京第一轻工业集团任副总经理，兼任北京玻璃研究院副院长。1999年，到哈佛大学肯尼迪行政学院参加政府高级行政人员培训班学习。2000年7月，调到北京市对外经济贸易委员会，任副主任。2002年3月，调到中国贸易促进会北京市分会，任党组书记、主任。2003年1月，调到北京市朝阳区，任区委副书记、副区长、代区长、区长。 他先后获部、市（北京市）级科技进步奖2项，发表论文20多篇。1992年、1994年，两度获“北京市优秀青年工程师”称号。1994年，被国家科学技术委员会、共青团中央、中国科学技术协会命名为“全国青年科技标兵”。1996年，获共青团中央、中国企业家协会授予的“全国优秀青年科技创业奖”

续表 35-1

姓名	性别	民族	出生时间	出生地	职称、职务	生平简介与业绩
朱俊	男	汉族	1983年8月	高邮镇	国家击剑队男子花剑运动员，运动健将	1990年，他就读于城北小学。1991年，入选市少年业余体育学校，参加业余体育训练。1994年，被推荐到扬州市体育学校，师从扬州花剑运动名师严国庆，投入花剑专项训练。2001年，在波兰举行的世界青少年击剑锦标赛中，获男子花剑个人季军。2002年，入选国家击剑队。2003年，在意大利举行的世界青少年击剑锦标赛上，跻身男子花剑个人比赛前八名。2004年，在保加利亚举行的世界青年击剑锦标赛中，获男子花剑个人冠军。2005年，在意大利举行的第十八届“威尼斯城杯”男子花剑世界杯A级决赛中，获亚军

第三节　能工巧匠

收录高邮市能工巧匠代表人物共8人，其中木工3人、木雕工1人、瓦工2人、砖雕工1人、农机具发明者1人。

高邮市能工巧匠代表人物名录

表 35-2

姓名	性别	民族	生（卒）年	出生地	技艺类别	生平简介与业绩
张炳祥	男	汉族	1897—1984	高邮镇	木工	他出身木工世家。民国时期，先后参加高邮泰山庙（今文游台景区之地）、岳王庙、放生寺、善因寺等大型寺庙修建工程施工。其徒弟乔玉才（已故）、李魁（已故）、宫玉才（已故）、朱长生（已故）木工手艺均很出色，号称高邮木工名匠“四大家”
陈步全	男	汉族	1914—1989	高邮镇	砖雕工	他传统砖雕技艺娴熟，浮雕、圆雕、镂空雕兼善，尤擅长为寺庙、祠堂、神龛、亭台、门头等雕刻“八仙人”“三君子”“天王访贤”“文武状元”“渔樵耕读”“喜鹊登梅”“凤凰牡丹”“花蝶联媒”“东茶西菊”“蝙蝠如意”“龙凤呈祥”“狮子滚绣球”等民众喜爱的图形。凡刻人物，栩栩如生；刻鸟兽，千姿百态；刻花草，婀娜多姿。其工艺堪称高邮一绝
徐子生	男	汉族	1923—1994	高邮镇	木雕工	他精通木工技艺，擅长木雕。所雕鸟兽无正形、花草无雷同，以形传神、似真，随手雕刻皆成佳作。80年代，运用传统技艺，为高邮人民公园等处设计、建造景点景观，凡亭、台、楼、阁木雕部件，雕刻精细，刀法传神，纹饰清晰。重檐六方亭和荷塘水榭获得游人交口称赞，行家视为珍品。还先后设计、制作木质机械带锯、木质行车，首个设计、制作、安装25千瓦发电机组水轮木质构件
陈金高	男	汉族	1921	高邮镇	瓦工	他出身瓦工世家，系市建筑安装工程公司退休职工，擅长古建筑。先后为高邮人民公园烈士纪念馆、文游台修缮等工程掌作施工。1991年，高邮城宋城墙因大雨塌方，奎楼开始下沉倾斜，他主作抢救施工工程，获得成功。其子陈玉明亦擅长古建筑，在全国重点文物保护单位——盂城驿修复中担任主设计与施工，获得好评

续表35-2

姓名	性别	民族	生（卒）年	出生地	技艺类别	生平简介与业绩
张松山	男	汉族	1927	高邮镇	木工	他出身木工世家，系市建筑安装工程公司退休职工。他先后为县物资大厦、县化肥厂造气楼、县水泵厂大金工车间、人行高邮县支行大楼等建筑工程掌作施工。应省粮食厅邀请，先后参加徐州、连云港、邳县等多处大中型粮库建设
张松庭	男	汉族	1930	高邮镇	木工	他先后为县肉联厂冷库、中市口百货大楼、水电站、县委党校、县供销合作社食堂大饭厅、三垛百货大楼和一沟、二沟、周巷、天山、卸甲供销社营业楼等建筑工程掌作施工
陈炳喜	男	汉族	1934	高邮镇	瓦工	他出身瓦工世家，系市建筑安装工程公司退休职工，擅长水火设施瓦工建筑。先后为县水利局、县化肥厂锅炉房，县磷肥厂、县布厂高烟囱，龙奔轮窑厂窑炉，三星池浴室锅炉等水火设施工程掌作施工，受邀先后参加一河闸、二河闸、三河闸等和扬州湾头电厂、镇江谏壁发电厂等国家重点水利、电力工程施工建设
葛玉明	男	汉族	1951	川青镇	木工、农机具研发	他先后担任乡农具厂厂长、县农机推广站副站长、县政协委员、四届县人大代表、两届省人大代表。1986年，由他发明的化肥深施器在全县首获国家专利，被中国发明协会授予铜奖。1987年，被省总工会授予五一劳动奖章。90年代，发明棉花打穴机，获国家专利。2004年，他和儿子葛伟岸共同发明的农田高效开沟机，获国家专利。2005年，获第五届中国国际发明展览会金奖。至是年，他共发明农机具新产品6种，获发明专利7件、实用新型专利19件。先后被表彰为扬州市和省有突出贡献的中青年专家、省十大杰出专利发明人、全国农业科技先进工作者等

第四节　民间技艺人员

收录技艺传承人13人，中国摄影家协会会员、扬州市工艺美术大师、国家一级养禽技师、国家一级美术师等技艺人员8人。

高邮市民间技艺人员代表人物名录

表35-3

姓名	性别	民族	出生时间	出生地	文化程度	职务、职称或技艺类别	生平简介与业绩
王步荣	男	汉族	1927年6月	临泽镇	初识字	临泽汤羊制作技艺传承人	他从小利用祖传技艺制作、经营临泽汤羊，逐步成名。90年代，以绰号“王四瘪子”成功申请注册羊肉汤商标。“王四瘪子”汤羊（菜肴名为“三羊开泰”）为高邮十大名菜之一
周道宽	男	汉族	1933年	三垛镇	初识字	三垛方酥制作技艺传承人	1923年，三垛人姜庆宏取江都樊川、高邮三垛两地面点之优点，结合民众口味，创造出制作三垛方酥的独特技艺。其技艺传至周道宽伯父周宜春，改进后生产出远近闻名的三垛大方酥。周道宽传承伯父技艺，并不断改进提高，从业40多年，被称为生产三垛大方酥技艺第一人

续表35-3

姓名	性别	民族	出生时间	出生地	文化程度	职务、职称或技艺类别	生平简介与业绩
王兰英	女	汉族	1936年	高邮镇武安村	小学	非物质文化遗产——高邮民歌第二代传承人	从幼年起，她常常听着祖母张王氏哼的“催眠曲”——高邮民歌进入梦乡，喜欢、爱唱高邮民歌，久而久之成为一名“民歌篓子”，学会唱多首高邮民歌。1956年1月，她所唱的《鸭蛋号子》(后定名为《数鸭蛋》)等民歌经高邮县中学音乐教师索兴加工整理、填上新词后，风趣、活泼、动听、乡土味浓、易传唱，更富有高邮水乡民歌特色。是年3月，由她和高邮民歌手夏国珍、龙秀鸾等人组成的高邮民歌小合唱团在扬州专区农村青年文娱汇演中获一等奖。是年12月，在省农村文艺汇演中获优秀演出奖，她和夏国珍两人获优秀演员奖。1957年，在第二届全国民间音乐舞蹈汇演中，她和夏国珍、龙秀鸾等3人集体演唱的《数鸭蛋》《小小刘姐姐》《做忙号子》等高邮民歌，受到听众欢迎，并唱进中南海，受到国务院总理周恩来的赞誉、接见与合影。80年代，由南京市小红花艺术团把《数鸭蛋》唱到国外，得到国际友人赞赏。90年代，《数鸭蛋》被编入省九年制义务教育小学音乐教材，在校园中传唱
张元奇	男	汉族	1936年4月	高邮镇	高中	工艺美术师，中国摄影家协会、中国长城学会会员，省老年摄影学会理事	50年代起，他从事摄影工作，先后有数千幅作品在全国影展、上海国际影展、省影展和美国、加拿大、罗马尼亚、日本、韩国、新加坡等国发表、入选、获奖。1993年，他被编入《中国文艺家专集》。1997年，编辑出版《神州风采、水乡风光、异国风情摄影作品集》。1999年，他的摄影作品入选由上海三联书店出版的《中国摄影家》(CD-ROM光盘配书)。2005年，编辑出版《国风乡情摄影作品集》。他和他的儿子张晓萌、孙子张引均为中国摄影家协会会员。《中国摄影》《人民摄影》分别用整版刊登他家三代人的摄影联展部分作品
戴庆湖	男	汉族	1938年3月	高邮镇丁庄村	初中	高邮镇纸扎技艺传承人	他从小随父学艺，纸扎技艺精湛。1985年起，多次受训于县文化馆举办的美术培训班，其技艺不断提升与发展。作品有衣纸祭品、祈福用品、纸扎玩具、舞蹈导具、彩灯、风筝和水车、汽车、飞机、轮船、火箭、楼房等大型纸扎。尤以各种人物、动植物、用物、玩具造型逼真、形象生动、与时俱进而著称。其作品常在各种游艺、艺展活动中亮相，倍受市民欢迎
张栋才	男	汉族	1940年3月	横泾镇	小学	横泾张氏糖塑捏糖人传统技艺第三代传承人	张氏糖塑捏糖人传统技艺始于其祖父张桂廷，其父张朝佩为第二代传人。系赖以养家糊口手艺活。其手工捏制的代表性作品主要有神仙人物系列、家禽家畜系列、传统戏曲人物系列等。作品多为日常所见、想象丰富、造型简洁、线条流畅、色彩鲜艳、栩栩如生、趣味无穷，多供儿童观瞻、食用
杨达生	男	汉族	1943年7月	兴化市沙沟镇	大学	工程师，扬州市工艺美术大师	他祖传瓷刻技艺，从小随父习瓷刻。70年代在高邮参加工作后，利用业余时间，开始研习薄瓷刻技艺。其作品先后在杭州西湖博览会、扬州传统工艺展示会、义乌博古收藏迎春艺术品展销交流会上亮相。2000年，创作的《薄胎瓷刻字花瓶》被国务院总理朱镕基作为国礼，赠送给日本参议院议长斋藤十郎。创作的《薄胎盘刻字》获“天工艺苑·百花杯”中国工艺美术精品优秀奖。中国文联原主席周巍峙题词称他“精雕细刻，另有奇趣”。新华社将其作品照片载于新华社图片网

续表35-3

姓名	性别	民族	出生时间	出生地	文化程度	职务、职称或技艺类别	生平简介与业绩
李粉桂	女	汉族	1944年3月	汤庄镇联谊村	小学	汤庄老虎鞋制作技艺传承人	汤庄镇民间手工制作老虎鞋历史有500多年，流传于扬州地区，主要是由长辈用作礼品赠送给孙辈、重孙辈婴幼儿穿，寓言吉祥平安、健康成长。她在继承前辈制作技艺的基础上有所发展，配料（线、布）精当，做工精细，色彩鲜艳，人称“虎头虎脑，惟妙惟肖”。主要作品有“满堂红”等各式老虎鞋
唐汇生	男	汉族	1945年7月	高邮镇	高中	国家中式烹调技师，高邮传统名宴制作技艺传承人	1960年起，他学习高邮多种传统名宴制作技艺。1973年，被选为出国厨师，参加国宴制作，为党和国家领导人与柬埔寨国王西哈努克等外国元首制作菜肴。他从实践和理论上发展与创新高邮传统名宴制作技艺，先后在双黄蛋（菜肴名“璧合珠联”）、雪花豆腐（菜肴名“珠湖雪浪”）、砂锅天地鸭（菜肴名“天长地久”）、香酥麻鸭（菜肴名“金宝大发”）、钗烧野鸭踏（菜肴名“霞蔚凤仙”）、香卤桃花鹨（菜肴名“雏凤迎春”）、金丝鱼片（菜肴名“金裹银装”）、夹心鱼圆（菜肴名“玉珠藏丹”）、芙蓉瓜鱼（菜肴名“文游玉带”）、羊肉汤（菜肴名“三羊开泰”）制作技艺上独树一帜。1989年，编著出版《高邮十大名菜》
耿秋干	男	汉族	1949年12月	甘垛镇振兴村	初小	甘垛舞龙技艺传承人	1966年起，他随长辈师傅学习舞龙技艺，每逢春节参加和组织舞龙活动，基本未间断。在他倡导与指导下，全镇建成16支男女舞龙队。进入21世纪，该镇组织一支女子舞龙队参加扬州“烟花三月”经贸节文艺表演，受到好评，被誉为高邮特色表演团队。2002年，该队参加在江都举办的国际龙狮节比赛，获优秀表演奖
胡元德	男	汉族	1950年7月	界首镇	大专	界首陈西楼茶干制作技艺传承人	界首茶干于明嘉靖年间始产，初名“豆腐干子”。清乾隆帝南巡路经界首时，品尝后赐名“茶干”，并定为贡品。嘉庆年间，界首人陈锦堂始设锦记陈西楼五香茶干店。民国18年（1929），陈西楼五香茶干被选送杭州西湖博览会，获金奖。胡元德参加工作后，传承界首茶干制作技艺。2000年4月，国务院总理朱镕基在秦园宾馆午餐食用界首茶干时，赞其是“健康食品”。2001年，他任界首供销合作社主任，兼任界首茶干厂厂长、界首茶干协会副会长，从事界首茶干生产与经营，陈西楼茶干产品发展到6个系列28个品种。2003年，界首镇举办界首茶干节
仇顺才	男	汉族	1952年3月	周山镇志光村	初小	周山水车制作技艺传承人	水车是昔时境内用于农田提水灌溉的大型农具。其制作和使用历史可追溯到1700多年前的三国时期。他少时师从水车制作名师，先后制作风车、手摇车、脚踩车等不同类型的木制水车7部。至1978年，县内水车基本被抽水机械所取代，手工木制水车制作遂止
陈万明	男	汉族	1952年	高邮镇	初中	扬州市观赏石艺术鉴赏协会理事、市赏石协会副会长	90年代，他在企业改制中下岗后，开始迷上玩石、赏石，逐步钻研石艺。从刻石、磨石，发展到制作石艺盆景。制作的大型山石盆景妙趣横生，引起赏石界一片赞誉。进入21世纪，他的作品名扬市外，当选扬州市观赏石艺术鉴赏协会理事后，他的住宅被授予“扬州市观赏石艺术鉴赏协会艺术活动基地”称号

续表35-3

姓名	性别	民族	出生时间	出生地	文化程度	职务、职称或技艺类别	生平简介与业绩
陆高中	男	汉族	1953年	马棚镇庆成村	初中	国家一级养禽技师	他自1995年引进、饲养美国绿头野鸭起，开始仔细观察、研究、模仿野鸭各种叫声，逐步掌握其放飞、召唤、授食、嬉戏、归巢等一系列鸟鸣口技，并由此打造出野鸭放飞奇景。消息传出后，各地多家新闻媒体争相报道。中国中央电视台和美国中文电视台在其摄制并播放的节目中称其野鸭放飞为“东方奇观”，称他为“野鸭放飞奇人”
唐春林	男	汉族	1954年8月	菱塘回族乡	高中	卤菜制作技艺传承人	90年代，他从菱塘供销社内退后，继承其父卤菜制作技艺。利用地产优质菱塘鹅，专业制作盐水鹅。他所制的盐水鹅被称为菱塘盐水鹅、唐氏盐水鹅，口味纯正，浓香扑鼻，深得民众、大小饭店、商场喜爱，名扬市内外
江怀林	男	汉族	1957年3月	天山镇五星村	小学	天山草炉烧饼制作技艺传承人	他家世代以打烧饼为业，尤以草炉烧饼制作技艺而远近闻名。他少时承父业，婚后夫妻俩均以打烧饼为生，草炉烧饼制作技艺得到继承和发展，并可应顾客要求加入各种馅心。至21世纪初，在扬州市生产草炉烧饼已不多见，他家制作的烧饼独具特色与风味。扬州电视台“小清别宝”栏目对此作专门报道，称其烧饼为“金面铜底玉镶边，绵甜爽口草炉饼”“蟹壳黄烧饼”。草炉烧饼制作技艺被列入扬州市首批非物质文化遗产名录
赵万和	男	汉族	1959年	送桥镇	大学	国家一级美术师，中国书法家协会会员、中国楹联学会会员	80年代起，他的书法作品多次参加国内外大型书法展览，先后有多幅作品被全国政协、中央纪律检查委员会和中央党校、中国驻外总领事馆与各大博物馆、图书馆、园林名胜等永久珍藏或勒石。编辑出版《赵万和书法》《赵万和书古诗百首》《赵万和书法艺术鉴赏》等书籍。先后受聘担任中国书画研究院副院长、中国艺术家交流协会副会长、扬州大学客座教授
张国开	男	汉族	1960年	甘垛镇振兴村	高中	甘垛张氏吹糖传统技艺第三代传承人	张氏吹糖传统技艺始于其祖父，其父为第二代传人。他从13岁起，从父学艺。如今可用料糖吹制成50多种形态各异的动物、植物、玩具等，其中难度较大的近20种。多半应儿童购买所求，随意创作，现场完成
李峥嵘	男	汉族	1970年	高邮镇	大专	“蛋壳雕孔数量世界之最”创造人，市民间艺术家协会会员	2004年，他从在蛋壳上雕刻圣母玛利亚开始，步入蛋雕艺术。先后雕刻成毛泽东、孙中山、林肯、圣诞老人等人物肖像蛋雕作品和众多山水国画蛋雕作品，并将微型光电技术引入蛋雕作品中。他的蛋雕作品在中国南北绝技展上展出后，获称“中国绝技”。他用60个小时在一只双黄鸭蛋壳上雕刻成2180个孔，创造“蛋壳雕孔数量世界之最”的吉尼斯纪录，并获证书
邹祥	男	汉族	1982年8月	高邮镇	中专	烹饪师，面塑艺人	他因职业与面交好，通过自学面塑读物，始为人制作供祭祀用“面人”，如“五路财神”“送子观音”等，渐入面塑作品创作园地。后自办网站，与面塑网友互动交流，得网上面塑名师指点，其面塑技艺迅速提升，手艺日趋成熟，并兼向食雕技艺扩展，逐步形成自己的特色

续表 35-3

姓名	性别	民族	出生时间	出生地	文化程度	职务、职称或技艺类别	生平简介与业绩
谭伟海	男	汉族	1988 年	周山镇双河村	中专	竹笛 10 级，中国残疾人艺术团盲人笛手	他自幼双目失明。1999 年秋，进入扬州市特殊教育学校学竹笛。2004 年起，在全国大赛中多次获奖。2005 年，先后获 “省优秀残疾儿童少年” 等称号。入选中国残疾人艺术团成为一名盲人专业笛手后，笛艺迅速提升，并随团出访多个国家，受到国内外观众好评

第三章　人物简表

第一节　劳动模范

1986～2005 年，全市获扬州市级以上劳动模范称号的 128 人，其中全国劳动模范 4 人、全国系统劳动模范 34 人（含享受省、部级劳动模范待遇 30 人）、省劳动模范 26 人、省系统劳动模范 16 人（含享受扬州市劳动模范待遇 15 人）、扬州市劳动模范 48 人（含享受扬州市劳动模范待遇 3 人）。

1986～2005 年高邮市获扬州市以上劳动模范称号（含享受劳动模范待遇）人物一览表

表 35-4

授誉时间	姓名	工作单位	荣誉称号	授予机关
1989	郭怀珠	司徒镇兴联村	全国劳动模范	国务院
2000	周长文	龙虬镇兴北村	全国劳动模范	国务院
1996			省劳动模范	省政府
1995	冯祥华	县电子工业公司、县电器厂	全国先进工作者	国务院
1991			全国五一劳动奖章	中华全国总工会
1992			中国改革功勋	国家经济体制改革委员会
1988 1991			省劳动模范	省政府
1995			扬州市优秀企业家	扬州市政府
1998	张天若	高邮市中学	全国模范教师	国务院
1996			省劳动模范	省政府
2003			全省有突出贡献中青年专家	省政府
1999	谈铁人	市人大常委会	民族团结进步模范	国务院

续表35-4

授誉时间	姓名	工作单位	荣誉称号	授予机关
1989	金桃英（女）	车逻镇山灯村	全国边海防军人优秀妻子	民政部、中国人民解放军总政治部、全国妇女联合会
1991			省劳动模范	省政府
1993	陈普山	车逻镇曹庄小学	全国教育系统劳动模范	国家教育委员会
			省劳动模范	省政府
1994	陆金龙	市市政建设工程处	全国建设系统劳动模范	建设部
1989	严宜柔（女）	高邮镇教育办公室	全国优秀教育工作者	国家教育委员会、人事部、中华全国总工会
1991			省劳动模范	省政府
1989	蒋蕴山	东墩中心初中	全国优秀教师	国家教育委员会、人事部、中华全国总工会
1989	卞永隆	菱塘中心初中	全国优秀教师	国家教育委员会、人事部、中华全国总工会
			扬州市劳动模范	中共扬州市委、扬州市政府
1989	刘宏锁	汉留中心初中	全国优秀教师	国家教育委员会、人事部、中华全国总工会
1989	吴孝安	甸垛中心初中	全国优秀教师	国家教育委员会、人事部、中华全国总工会
1989	夏志祥	高邮实验小学	全国优秀教师	国家教育委员会、人事部、中华全国总工会
1989	陈世龙	高邮实验小学	全国优秀教师	国家教育委员会、人事部、中华全国总工会
1989	徐晓思	车逻乡中心小学	全国优秀教师	国家教育委员会、人事部、中华全国总工会
1989	李玉德（女）	界首镇中心小学	全国优秀教师	国家教育委员会、人事部、中华全国总工会
1989	张　瑜（女）	司徒乡中心小学	全国优秀教师	国家教育委员会、人事部、中华全国总工会
1989	周其金（女）	张轩乡中心幼儿园	全国优秀教师	国家教育委员会、人事部、中华全国总工会
1989	戎凤雨	周巷乡中心小学	全国优秀教师	国家教育委员会、人事部、中华全国总工会
1993	沈士钦	营南中心初中	全国优秀教师	国家教育委员会、人事部
1993	陶许成	一沟乡政府	全国优秀教育工作者	国家教育委员会、人事部
1995	周瑞祥	高邮实验小学	全国优秀教师	国家教育委员会、人事部
1995	戴万顺	甸垛中心初中	全国优秀教师	国家教育委员会、人事部
1995	胡兴来	卸甲镇成人教育中心	全国优秀教师	国家教育委员会、人事部
1995	周素湘（女）	周山乡幼儿园	全国优秀教师	国家教育委员会、人事部

续表35-4

授誉时间	姓名	工作单位	荣誉称号	授予机关
2002	赵加龙	天山镇南茶食品购销站	全国农村青年创业致富带头人	共青团中央委员会、农业部
2001			扬州市劳动模范	扬州市政府
1986	居继龙	市供电公司（军队转业干部）	一等功	中国人民解放军总政治部
1986	赵佑卿	市邮政局（军队转业干部）	一等功	中国人民解放军总政治部
1988	顾昌林	市皮肤病防治院	全国卫生文明建设先进工作者	卫生部
1988 1991			省劳动模范	省政府
1991	桂　杰	卸甲乡中心小学	全国优秀教师	国家教育委员会
1991	黄家宜（女）	武安乡中心小学	全国优秀教师	国家教育委员会
1991	晏玉炼	沙堰职业中学	全国优秀教育工作者	国家教育委员会
1993	胡兴仁	市公安局武安派出所	全国优秀人民警察	公安部
1996			省劳动模范	省政府
1994			扬州市劳动模范	扬州市政府
1998	徐国华	扬州高华化工有限公司	全国五一劳动奖章	中华全国总工会
1994			扬州市劳动模范	扬州市政府
1999	孙　铎	市地方志办公室	全国年鉴优秀工作者	中国年鉴研究会
1990			全国改革宣传工作先进工作者	国家经济体制改革委员会改革出版社
2001			省地方志系统先进工作者	省地方志办公室、省人事厅
2001	董玉海	高邮市中学	全国优秀教师	国家教育委员会
2004	黄桂君	高邮市中学	全国优秀教师	国家教育委员会
2005	徐鸿章	市经贸局	全国粮食系统先进个人	国家粮食局
1988	马根生（女）	县妇幼保健所	省劳动模范	省政府
1988	杨文华	县铝箔纸厂	省劳动模范	省政府
1987			乡镇企业家	省政府
1988	李加志	甘垛乡渔业村	省劳动模范	省政府
1988	陈景春	县照明电器厂	省劳动模范	省政府
1988	顾林国	菱塘回族乡政府	省劳动模范	省政府
1988	李凤英（女）	汤庄乡水产养殖场	省劳动模范	省政府
1988	吴荣春	县自行车零件厂	省劳动模范	省政府
1991			抗洪救灾先进个人	省委、省政府
1994			优秀党务工作者	省委
1988	师成明	车逻镇师伙村	省劳动模范	省政府
1991			优秀共产党员	省委

续表 35-4

授誉时间	姓名	工作单位	荣誉称号	授予机关
1989	万锡龙	市税务局直属税务所	扬州市劳动模范	扬州市政府
1991			省劳动模范	省政府
1991	吴中直	扬州琼花环保设备有限公司	省劳动模范	省政府
1991	陆士彤	三垛镇财政所	省劳动模范	省政府
1991	何春华（女）	高邮丝绸厂	省劳动模范	省政府
1996	王东升	高邮造纸厂	省劳动模范	省政府
2002		市政府	国家级生态示范区建设优秀领导	国家环境保护总局
1996	陆高中	马棚乡庆成村	省劳动模范	省政府
1996			优秀共产党员	省委
1996	刘长华	市制动件总厂	省劳动模范	省政府
1996	陈长江	天山镇南茶村	省劳动模范	省政府
1996	周　瑾（女）	江苏华能电缆总厂	省劳动模范	省政府
1996	钟志良	市无线电元件六厂	省劳动模范	省政府
1996	戚建国	市邮政局	省劳动模范	省政府
1999	郭树林	司徒镇兴联鸭业合作社	扬州市劳动模范	扬州市政府
2001			省劳动模范	省政府
2001	张庆奇	江苏金飞达集团	省劳动模范	省政府
1999	乔学凤（女）	市政建设工程处女子掏污队	扬州市劳动模范	扬州市政府
2001			省劳动模范	省政府
2001	周清荷（女）	高邮实验小学	省劳动模范	省政府
2001	吴盛良	龙虬镇政府	省劳动模范	省政府
2001	李金山	扬州市曙光电缆厂	省劳动模范	省政府
2001	郑连元	扬州市曙光电缆厂	有突出贡献的企业家	省委、省政府
			扬州市劳动模范	扬州市政府
2004	仲崇文	市地方税务局	省优秀共产党员	省委
2005			扬州市劳动模范	扬州市政府
1991	徐文山	高邮造纸厂	省轻工系统劳动模范	省轻工业厅、省产业工会
1987	葛玉明	县农机学校	省五一劳动奖章	省总工会
1992	左慧琴（女）	市纺织机械配件厂	省五一劳动奖章	省总工会
1999	童永平	高邮布厂	省五一劳动奖章	省总工会
2002	雷立群	市江淮铸业有限公司	省五一劳动奖章	省总工会
2003	董长清	江苏金飞达电动工具有限公司	省五一劳动奖章	省总工会
1994	赵文斌	高邮工商行政管理局	省工商系统先进工作者	省工商行政管理局、省人事厅
1999	吴俊发	市科学技术委员会	省科委系统先进工作者	省科学技术委员会、省人事厅
2001	姜文定	市文化局	省文化系统先进工作者	省文化厅、省人事厅

续表35-4

授誉时间	姓名	工作单位	荣誉称号	授予机关
2001	周　龙	市公安局	省同邪教组织斗争先进个人	省民政厅、省公安厅、省人事厅
2001	余孝姝（女）	市委保密委员会办公室	省保密系统先进工作者	省委保密委员会、省人事厅
2002	陈荣富	市民政局	省民政系统先进工作者	省民政厅、省人事厅
2003	茆　实	市农林局	省农林系统先进工作者	省农林厅、省人事厅
2003	李正安	市水务局	省淮河流域抗洪先进个人	省防汛防旱指挥部、省人事厅
2005	黄安良	市信访局	省信访系统先进工作者	省信访局、省人事厅
2005	王家斌	市委政法委员会	全省社会治安综合治理先进工作者	省委、省政府
2005	徐兴春	市城乡建设局	全省建设系统先进工作者	省政府
2005	张大潮	市国土资源局	省国土资源系统先进工作者	省国土资源厅、省人事厅
1988	孙玉明	市公安局	扬州市优秀公安派出所所长	中共扬州市委、扬州市政府
1989	李康熙	县服装厂	扬州市劳动模范	中共扬州市委、扬州市政府
1989	王洪才	县水泵厂	扬州市劳动模范	中共扬州市委、扬州市政府
1989	张椿年	县无线电元件六厂	扬州市劳动模范	中共扬州市委、扬州市政府
1989	徐国兴	县供电局三垛供电所	扬州市劳动模范	中共扬州市委、扬州市政府
1989	孙汝蓉（女）	高邮镇供销合作社	扬州市劳动模范	中共扬州市委、扬州市政府
1989	陈定高	县建筑安装工程公司	扬州市劳动模范	中共扬州市委、扬州市政府
1989	李朝珠（女）	高邮儿童福利院	扬州市劳动模范	中共扬州市委、扬州市政府
1994	孙志远	市油米化工总厂	扬州市劳动模范	扬州市政府
1994	汤立华	市殡仪馆	扬州市劳动模范	扬州市政府
1994	林桂珍（女）	市建筑安装工程公司	扬州市劳动模范	扬州市政府
1994	黄　钰（女）	市人民医院	扬州市劳动模范	扬州市政府
1994	钟凤英（女）	高邮镇玻璃厂	扬州市劳动模范	扬州市政府
1994	苏文亚	市饮食服务公司	扬州市劳动模范	扬州市政府
1994	周开俊	市供销合作总社	扬州市劳动模范	扬州市政府
1994	尤志坚	市无线电元件一厂	扬州市劳动模范	扬州市政府
1994	马　驯	市体育运动委员会	扬州市劳动模范	扬州市政府
1994	许正沧	卸甲镇政府	扬州市劳动模范	扬州市政府
1999	鲍新国	江苏精佳集团	扬州市劳动模范	扬州市政府
1999	李瑞红（女）	高邮水泵厂	扬州市劳动模范	扬州市政府
1999	王怀顺	江苏珠光食品有限公司	扬州市劳动模范	扬州市政府
1999	乔文云	扬州市曙光电缆厂	扬州市劳动模范	扬州市政府
1999	李　娟（女）	市人民商城	扬州市劳动模范	扬州市政府
1999	曹连标	界首镇果树合作社	扬州市劳动模范	扬州市政府
1999	何秋华（女）	市委党校	扬州市劳动模范	扬州市政府
1999	金　标	市律师事务所	扬州市劳动模范	扬州市政府

续表 35-4

授誉时间	姓名	工作单位	荣誉称号	授予机关
1999	陈景国	高邮师范学校	扬州市劳动模范	扬州市政府
1999	谈　华	三垛中心卫生院	扬州市劳动模范	扬州市政府
1999	芮和靖	市法院	扬州市劳动模范	扬州市政府
1999	赵有忠	市公安局	扬州市人民卫士	中共扬州市委、扬州市政府
2001	王守恭	扬州高华化工有限公司	扬州市劳动模范	扬州市政府
2001	吴华生	市第二建筑安装工程有限公司	扬州市劳动模范	扬州市政府
2001	王凤琴（女）	扬州升达电子有限公司	扬州市劳动模范	扬州市政府
2001	李建华（女）	市人民医院	扬州市劳动模范	扬州市政府
2001	张桂祥	市检察院	扬州市劳动模范	扬州市政府
2001	张柏林	甘垛镇柏林庄园	扬州市劳动模范	扬州市政府
2001	杨元庆	市检察院	扬州市优秀共产党员	中共扬州市委
2005	张贵南	市经纬纺织有限公司	扬州市劳动模范	扬州市政府
2005	居永华	市吉信工贸有限公司	扬州市劳动模范	扬州市政府
2005	黄素琴（女）	市儿童福利院	扬州市劳动模范	扬州市政府
2005	金传国	江苏金飞达电动工具有限公司	扬州市劳动模范	扬州市政府
2005	郭　斌	高邮中学	扬州市劳动模范	扬州市政府
2005	金传书	车逻镇山广村	扬州市劳动模范	扬州市政府
2005	吴长村	龙虬镇罗氏沼虾协会	扬州市劳动模范	扬州市政府

说明：1.根据1986～2005年《高邮年鉴·人物》所载劳动模范编入。2.各级系统自行表彰的劳动模范因资料欠缺，或有遗漏。3.表中所列人员与是否享受相关待遇无关。

第二节　先进工作者

收录1986～2005年全市获省、部级及以上机关表彰的先进工作者（个人）106人，其中获中央部委表彰的先进工作者（个人）66人，获省委、省政府联合表彰或分别表彰的先进工作者（个人）40人。

1986～2005年高邮市获省、部级机关表彰的先进工作者（个人）一览表

表35-5

授誉时间	姓名	工作单位	荣誉称号	授予机关
1986	朱熙元	县文教局	文物工作先进个人	文化部
1986	付　玉	县供电局	优质服务先进个人	水利电力部
1986	陆子玉（女）	县体育运动委员会	精神文明先进个人	国家体育运动委员会
1986	陆业仓	县计划生育委员会	计划生育工作先进个人	国家计划生育委员会
1986	朱仁云	县计划生育指导站	计划生育工作先进个人	国家计划生育委员会
1987	李遐祥	县农机局	农机统计工作先进个人	农牧渔业部

续表35-5

授誉时间	姓名	工作单位	荣誉称号	授予机关
1987	黄洪余	一沟乡电管站	全国优秀农村电工	水利电力部
1988	居明秋	县药品检验所	全国卫生文明建设先进工作者	卫生部
1988	王爱育（女）	县皮肤病防治院	全国模范护士	卫生部
1988	陆大金	一沟乡水利站	全国区乡优秀水利水保员	水利部
1991			抗洪救灾先进个人	省委、省政府
1990	张　愈	县地震办公室	全国地方地震工作先进工作者	国家地震局
1990	陆学仁	县体育运动委员会	体育工作先进工作者	国家体育运动委员会、中国毽球协会
1991	左　瑚	市检察院	抗洪救灾先进个人	最高人民检察院
1991	王　成	市公安局湖滨派出所	抗洪救灾先进个人	公安部
1991	邵正斌	市卫生局	全国抗洪救灾先进个人	中国红十字会总会
1991	张海银	市城乡建设委员会	抗洪救灾建设系统先进个人	建设部
1991	马文华	市血吸虫病防治站	全国血吸虫病防治先进个人	卫生部、水利部、农业部
1991	徐建生	市血吸虫病防治站	全国血吸虫病防治先进个人	卫生部、水利部、农业部
1992	钱道宏	市爱卫会办公室	全国农村改水先进工作者	全国爱国卫生运动委员会
1993	陈庆芳	车逻镇湾桥村卫生室	全国优秀乡村医生	卫生部、全国卫生协会
1993	张连坤	界首镇郭河村卫生室	全国优秀乡村医生	卫生部、全国卫生协会
1993	陈业军	市血吸虫病防治站	全国血吸虫病防治先进个人	卫生部、水利部、农业部
1994	陆明霞	张轩乡邮电所	全国百优乡递员	邮电部
1995	陈宝华	市检察院	打击代开、虚开增值税专用发票犯罪先进个人	最高人民法院、最高人民检察院、国家税务总局、公安部
1995	丁道娟（女）	市电子工业局	全国优秀工会积极分子	中华全国总工会
1995	佟道庆	市计划生育协会	全国计划生育协会先进个人	中国计划生育协会
1996	张俊华	市供电局	全国电力安全生产先进工作者	电力部
1996	宋友来	扬州高华集团	全国化工技术监督优秀厂长	化学工业部
			全国化工安全卫生先进个人	
1998			全国小氮肥行业先进工作者	
1996	张明才	张轩乡政府	全国林业工作站先进工作者	林业部
1996	孙达寅	市城乡建设委员会	城市市政公用设施普查先进个人	建设部、国家统计局
1996	徐信芳（女）	市妇幼保健所	全国妇幼卫生先进工作者	卫生部
1997	潘万宝	市公安局郭集派出所	全国优秀人民警察	公安部
1997	吴福龙	司徒乡团委	全国农村青年星火带头人	共青团中央委员会
1997	刘兰桂	市医药公司	全国技术能手	劳动部
1997	黄亚民	市卫生防疫站	全国计划免疫工作先进个人	卫生部
1998	王兆宏	扬州市江府啤酒有限公司	中国酒行业500强人金奖	中国轻工总会
1998	徐国宝	市国有资产管理局	全国城镇集体企业清产核资工作先进个人	财政部

续表 35-5

授誉时间	姓名	工作单位	荣誉称号	授予机关
1999	黄家洪	市绿化办公室	科技进步一等奖	国家林业局
1996			城乡绿化先进工作者	省政府
1999	杨学华	菱塘回族乡	全国村镇建设先进工作者	建设部
1999	路桂清	甘垛乡路家村	优秀调解员	司法部
1999	刘春龙	市地方志办公室	全国年鉴优秀工作者	中国年鉴研究会
2005			全国地方志先进工作者	中国地方志指导小组
2000	蒋德元	川青镇政府	全国农业技术推广先进工作者	农业部
2000	王春香（女）	马棚镇塔院村	全国优秀计划生育中心户组长、全国优秀计划生育工作者	国家计划生育委员会
2000	蒋延林	高邮地震台	地震监测预报工作先进个人、全国地震台站工作先进个人	国家地震局
2003			优秀个人、记一等功	
2001	徐庆年	市计划生育局	全国婚育新风进万家活动先进个人	中共中央宣传部、国家计划生育委员会
2002	谈嘉山	高邮工商行政管理局	十大杰出青年卫士	国家工商行政管理总局
2004			江苏省人民满意的公务员	省政府
2002	宦锦平	市环境保护局	国家级生态示范区建设先进工作者	国家环境保护总局
2002	蒋瑞林	江苏富裕达粮食制品有限责任公司	全国农村青年创业致富带头人	共青团中央委员会、农业部
2002	潘秀珍（女）	市计划生育局	全国计划生育系统优秀工作者	国家计划生育委员会
2003	陆顺林	郭集镇盘塘村卫生站	全国优秀乡村医生	卫生部、中国农村卫生协会
2003	陈春月	市包装制品有限公司	全国星火计划先进个人	科学技术部、农业部
2003	李兰珍（女）	市公安局	全国优秀人民警察	公安部
2003	唐金红（女）	送桥镇计划生育服务站	全国人口与计划生育科技工作先进个人	国家人口和计划生育委员会
2003	杨宝山	市供电局横泾供电所	优秀农村电工	国家电网公司
2004	顾增荣	界首镇计划生育协会	全国计划生育协会先进工作者	中国计划生育协会
2004	温义章	周巷镇政府	全国农牧渔业丰收奖二等奖	农业部
2004	陈维林	扬州市恒丰制衣有限公司	全国侨眷先进个人	国务院侨务办公室
2004	薛连春	周巷镇	全国种粮大户	农业部
2005	梁尚龙	高邮工商行政管理局	全国“3·15”奖章	中国消费者协会
2005	林正德	市关心下一代工作委员会	全国关心下一代先进工作者	中国关心下一代工作委员会、中央精神文明建设指导委员会办公室
2005	徐桂福	市教育局	全国关心下一代先进工作者	中国关心下一代工作委员会、中央精神文明建设指导委员会办公室

续表 35-5

授誉时间	姓名	工作单位	荣誉称号	授予机关
2005	马小平（女）	市计划生育指导站	药具工作先进个人	国家人口和计划生育委员会
2005	孙羊林	市林业站	全国农村科普工作先进个人	中国科学技术协会
2005	范习岭	市人口和计划生育委员会	全国婚育新风进万家活动先进个人	国家人口和计划生育委员会
2005	顾永华	市计划生育协会	全国计划生育协会先进工作者	中国计划生育协会
2005	谢德文	高邮镇金墩村	全国计划生育协会先进志愿者	中国计划生育协会
1986	薛中理	菱塘回族乡	民族团结先进个人	省政府
1986	张士华	菱塘回族乡	民族团结先进个人	省政府
1986	汪　泽（女）	县民族宗教事务办公室	民族团结先进个人	省政府
1986	曹巨学	县民族宗教事务办公室	民族团结先进个人	省政府
1986	王长春	县农村沼气办公室	沼气工作先进个人	省政府
1986	解履成	县卫生局	征兵招飞工作先进个人	省政府、省军区
1987	陈德宝	郭集乡	乡镇企业家	省政府
1989	马玉卓	平胜乡文化站	群众文化先进工作者	省政府
1989	薛　清	菱塘回族乡文化站	群众文化先进工作者	省政府
1989	孙俊松	临泽镇临北村	售粮模范	省政府
1989	束国旗	伯勤乡花阳村	售粮模范	省政府
1991	张金定	湖滨乡	抗洪救灾先进个人	省委、省政府
1991	史龙云	川青镇	抗洪救灾先进个人	省委、省政府
1991	赵远柏	东墩乡	抗洪救灾先进个人	省委、省政府
1991	毛玉江	送桥区	抗洪救灾先进个人	省委、省政府
1991	高日新	平胜乡	抗洪救灾先进个人	省委、省政府
1991	杨金葆	郭集乡平安村	抗洪救灾先进个人	省委、省政府
1991	管国文	八桥镇浪波村	抗洪救灾先进个人	省委、省政府
1991	郭如仪	马棚乡宋家村	抗洪救灾先进个人	省委、省政府
1991	陆大金	一沟乡水利站	抗洪救灾先进个人	省委、省政府
1991	夏永仑	送桥镇送桥村	抗洪救灾先进个人	省委、省政府
1991	居虎莲（女）	三垛食品站	抗洪救灾先进个人	省委、省政府
1991	华桂宏	市环境保护局	抗洪救灾先进个人	省委、省政府
1991	罗耀章	市农机局排灌所	抗洪救灾先进个人	省委、省政府
1991	韩恒富	高邮石油支公司	抗洪救灾先进个人	省委、省政府
1991	居宏华	市民政局	抗洪救灾先进个人	省委、省政府
1994	朱　震	市纪律检查委员会	优秀纪检监察干部	省委、省政府
1994	杨怀成	菱塘回族乡	优秀党务工作者	省委
1995	朱来元	市经济委员会	省企业技术进步优秀工作者	省政府
1995	张韶华	市经济委员会	省企业技术进步优秀工作者	省政府

续表 35-5

授誉时间	姓名	工作单位	荣誉称号	授予机关
1997	赵宏银	郭集镇政府	教育工作先进个人	省政府
1997	秦鸿娣（女）	市妇幼保健所	省少儿工作先进工作者	省政府
1999	王　云	市级机关纪委	优秀纪检监察干部	省委、省政府
2000	陈品山	伯勤镇个体木工	见义勇为先进分子	省政府
2001	秦兴龙	三垛镇党委	优秀党务工作者	省委
2001	陈满祥	市纪律检查委员会	全省纪检监察先进工作者	省委、省政府
2002	王玉明	市纪律检查委员会	治理公路、河道“三乱”先进个人	省政府
2003	陈然禄	市纪律检查委员会	土地批租专项治理工作先进个人	省政府
2004	卢金贵	市水务局	优秀党务工作者	省委
2005	詹　岭	市委统战部	民族团结进步模范工作者	省政府

说明：1.根据1986～2005年《高邮年鉴·人物》所载先进人物入编。2.收载先进人物以省、部级及以上党政领导机关（部门）表彰的先进个人（综合性或职能性）为主。3.各系统、群团与其他单位表彰的先进工作者和单项工作获表彰的先进个人因资料欠缺，尚未完全收入。

第三节　在外乡贤

1986～2005年，按照征集资料，收录高邮籍在外乡贤信息308人。其中，科学和教育领域专家、学者142人，党政军群机关领导干部70人，从事各项社会事业颇具成效人员96人；国内工作294人，国外工作14人。本节载入在外乡贤系行政级别厅局级以上、专业技术职务正高级以上、军职人员师职以上、获省部级以上荣誉的部分人员139人。所载人物不含第一章《人物传略》第二节《各界代表人物》、第二章《人物简介与名录》表35-1中所载人物。

1986～2005年高邮市籍在外部分乡贤一览表

表35-6

姓名	性别	出生年份	出生地	工作单位	职务、职称
孙云铸	男	1895	高邮镇	中国地质科学研究院	副院长、教授
李兆萱	女	1906	高邮镇	台湾大学	教授、会计学硕士
孙云雁	男	1908	高邮镇	南京工学院	系主任、教授
徐平羽	男	1909	高邮镇	文化部	副部长
孙云沛	男	1912	高邮镇	美国加州大学	教授、博士
孙本旺	男	1913	汉留镇	国防科技大学	副校长、博士
王宇清	男	1913	临泽镇	台湾辅仁大学	教授、博士
孙云焘	男	1913	高邮镇	亚洲药学会（台湾）	副会长、博士
李祖寿	男	1914	高邮镇	美国哥伦比亚大学	教授、博士
孙董静仪	女	1915	高邮镇	美国康乃尔大学	教授、博士

续表35-6

姓名	性别	出生年份	出生地	工作单位	职务、职称
王鸿儒	男	1916	龙虬镇	武汉水利电力学院	室主任、教授
孙　方	男	1916	高邮镇	云南省农业科学院	院长、高级农艺师
高　达	女	1916	高邮镇	南京医学院	室主任、教授
相钧之	男	1916	临泽镇	四川省建筑技术进修学院	副院长
萧维璋	男	1916	高邮镇	宁夏京剧团	一级编剧
汤国良	男	1917	汤庄镇	广州市人民政府	副市长
杨汝楫	男	1917	高邮镇	中国纺织大学（上海）	教授
赵鸿森	男	1917	高邮镇	中国畜牧兽医学会	理事长、总畜牧兽医师
曹祖忻	男	1918	界首镇	日本神户船舶研究中心	社长、工程师
孙长麟	男	1920	高邮镇	浙江医科大学	教授
汪曾炜	男	1922	高邮镇	沈阳军区总医院	科主任、主任医师
马家骥	男	1924	高邮镇	国家船舶检验局	所长
孙云寿	男	1924	高邮镇	大连医学院	教授
金道生	男	1924	车逻镇	新加坡华文学校	教授、华人牧师
曹祖庆	男	1924	界首镇	东南大学	教授
陈良洪	男	1925	临泽镇	镇江医学院	副主任、主任医师
陶锦淳	男	1925	高邮镇	中华医学会上海学组	组长、教授
黄文华	男	1925	高邮镇	江苏电力设计院	总工程师
汤　玺	男	1926	高邮镇	武汉市第七医院（武警）	主任医师、外科专家
李天培	男	1927	临泽镇	江西省财政厅	厅长
高　胡	男	1927	高邮县	政协福建省委员会	副主席
董保申	男	1927	高邮镇	机械工业部研究院	高级工程师
王　庶	男	1928	高邮镇	云南大学法律系	主任、教授
王永仁	男	1928	汤庄镇	徐州医学院	党委书记
孙云鹰	男	1928	高邮镇	中国音乐学院	主任、教授
张　茀	女	1928	高邮镇	邮电部设计院	主任、高级工程师
何正木	男	1929	高邮镇	南京日报社	总编办主任
王　超	男	1929	高邮镇	东北工学院	教授
王文勤	男	1929	高邮镇	铁道部计划司	高级工程师
杨汝湑	男	1929	高邮镇	南海石油勘探指挥部	高级地质工程师
张　思	男	1930	高邮镇	东南大学	教授
贾玉涛	男	1931	高邮镇	中国交通通信中心	高级工程师
曹祖宁	男	1931	界首镇	美国普渡大学食品研究所	副主任、教授
王定武	男	1932	高邮镇	冶金工业部北京设计总院	院长、高级工程师
秦万章	男	1932	高邮镇	上海医科大学中山医院	主任、教授
卞传恂	男	1933	三垛镇	安徽省水文总站	副总工程师、高级工程师

续表35-6

姓名	性别	出生年份	出生地	工作单位	职务、职称
王龙飞	男	1933	高邮镇	中国舰船研究院724所	总工程师、高级工程师
周起凤	男	1933	高邮县	国家经济信息中心	主任
夏 鼐	男	1933	高邮镇	扬州广播电视大学	主任
徐汝清	男	1933	汉留镇	海军八一体工队划船队	队长、体育二级
董嵩申	男	1933	高邮镇	北方工业大学	主任、教授
陆艾五	男	1933	高邮镇	安徽农学院(今安徽农业大学)	主任、副主编
李乃昌	男	1934	高邮镇	青海省水利厅	副厅长、高级工程师
邵奇峰	男	1934	临泽镇	省水产局	副主任、高级农经师
夏素琴	女	1934	高邮镇	四川省轻工业厅	副书记、副厅长
董 强	男	1934	高邮镇	重庆建筑工程学院	副主任、副教授
王石麟	男	1935	高邮镇	国防科工委江阴测量船基地	高级工程师、大校
刘浩江	男	1935	汤庄镇	南通市肿瘤医院	主任中医师
吴 琨	男	1935	高邮镇	沈阳市水利情报中心	主任、高级工程师
杨 建	男	1935	马棚镇	西安物资贸易中心	总经理
董 超	男	1935	高邮镇	上海工业大学	副主任、教授
薛振华	男	1935	高邮县	仪征市人民医院	主任医师
王 逊	男	1936	高邮镇	北京大学	教授
王 超	男	1936	高邮镇	重庆市政府驻珠海办事处	主任、高级工程师
朱文邦	男	1936	龙虬镇	淮阴师范学校	党委书记、校长
吴 潮	男	1936	高邮镇	扬州市人民医院	主任医师
俞 海	男	1936	高邮镇	重庆涂料研究所	所长、高级工程师
陶维本	男	1936	高邮镇	航空航天工业部	总设计师、高级工程师
马兆祓	男	1937	高邮镇	上海市市政工程管理局	总工程师、高级工程师
王兆春	男	1937	龙虬镇	中国军事科学院	研究员
孙 成	男	1937	高邮镇	清华大学、南京工学院	客座教授、博士
李遐昌	男	1937	界首镇	西北地质勘探局探矿队	副总工程师、高级工程师
陈茂林	男	1937	界首镇	中国工程物理研究院	研究员
张毓华	女	1937	高邮镇	中国科学院自动化研究所	总工程师、高级工程师
吴 玲	女	1937	高邮镇	中国药科大学	教授
罗金凤	女	1937	高邮县	苏北人民医院	主任医师
贾 复	男	1937	高邮镇	大连水产学院渔机系	主任、教授
徐殿儒	男	1937	高邮镇	中国科学院信通集团公司	高级工程师
臧超俊	男	1937	高邮镇	福州军区防化部	副部长、大校
王尔健	男	1938	高邮镇	浙江大学模具研究所	副所长、教授
刘荣生	男	1938	高邮镇	扬州市建筑工程局	总工程师、高级工程师
李起彤	男	1938	临泽镇	省地震局	研究员

续表35-6

姓名	性别	出生年份	出生地	工作单位	职务、职称
周海容	男	1938	周巷镇	第二机械工业部	高级工程师
张村生	男	1938	高邮镇	空军航空修理发展中心	所长、总工程师
景淦泉	男	1938	高邮镇	上海汽车研究所	高级工程师
张　荣	男	1939	车逻镇	教育部纪检组	组长
李明鸿	男	1939	高邮镇	北京航空航天大学无人机研究所	总设计师、高级工程师
杨福新	男	1939	高邮县	扬州大学师范学院	主任、教授
徐传莘	男	1939	高邮镇	维扬食品工业公司	总经理、高级工程师
马鸿增	男	1940	高邮镇	省美术馆	副馆长
王玉珍	女	1940	高邮县	苏北人民医院	主任医师
龙　虎	男	1940	二沟乡	广东省林业科学研究院	主任、高级工程师
李孝兰	女	1940	八桥镇	国防科工委西北核技术研究所	主任、研究员
陆家泰	男	1940	三垛镇	省化工设计院	总工程师、高级工程师
仲肇明	男	1941	高邮镇	沈阳市政府研究室	主任、党组书记、教授
华　镇	男	1941	高邮镇	甘肃省水利厅	副厅长、高级工程师
郑朝洲	男	1941	周山镇	中国科学院系统科学研究所	高级工程师
周　芳	女	1941	高邮县	扬州市第四人民医院	主任医师
李明瑶	女	1941	高邮镇	广播电影电视部无线电台管理局	高级工程师
居金魁	男	1942	二沟乡	厦门水警区	副司令员、海军大校
孙　汝	男	1942	高邮镇	南通市卫生防疫站	主任医师
杨基础	男	1943	高邮镇	清华大学	教授、博士生导师
王　钊	男	1945	高邮镇	武汉电力学院	教授
孙宝玉	男	1945	三垛镇	新华社国际部	副主任、主任记者
张才龙	男	1945	车逻镇	新华社广东分社新闻发展公司	记者、总经理
蒋守先	男	1945	界首镇	航空航天工业部35所	主任、高级工程师
陈安定	男	1946	八桥镇	中国石油天然气总公司长庆油田	副主任、高级工程师
杨鼎川	男	1946	高邮镇	广东佛山大学	主任、教授
金明国	男	1946	高邮县	苏北人民医院	主任医师
孙　鉴	男	1947	车逻镇	山西省计划委员会	总工程师、信息办负责人
张福余	男	1947	高邮镇	海军导弹驱逐舰133舰	副政委
吴广良	男	1948	车逻镇	省武警边防总队	党委书记、总队长
阮宗华	男	1949	高邮镇	文化部中国画研究院	主任
郭大斯	男	1951	界首镇	徐州市中医院	院长、教授
孙　云	女	1954	高邮县	扬州大学	研究员
吴康宁	男	1954	临泽镇	南京师范大学教育科学院	院长、教授
顾　健	女	1954	高邮县	苏北人民医院	主任医师
许运明	男	1955	高邮县	扬州市中医医院	主任医师

续表 35-6

姓名	性别	出生年份	出生地	工作单位	职务、职称
陈 平	女	1957	高邮县	苏北人民医院	主任医师
陈 健	男	1957	高邮镇	八一电影制片厂	导演
杨 华	女	1957	高邮县	扬州市第一人民医院	主任医师
袁 鹰	男	1957	高邮镇	日本东京JaPanSun计算机工程公司	博士
赵彦云	女	1958	高邮镇	美国俄勒冈州大学	教授、博士
江 帆	男	1960	高邮镇	中国航天电子基础技术研究院	院长、教授
马一民	男	1961	高邮镇	扬州大学	教授
李道明	男	1962	八桥镇	人民海军报社	副社长
颜 彪	男	1962	高邮镇	扬州大学	教授
王 辉	男	1963	八桥镇	美国哈佛大学附属研究院	教授、博士
许 虹	女	1963	高邮县	扬州市木偶剧团	一级演员
顾瑞遐	男	1963	高邮镇	扬州大学	教授
张建强	男	1964	临泽镇	澳大利亚悉尼新南威尔士大学	教授
焦富民	男	1964	高邮县	扬州大学	教授
陈辐宽	男	1965	卸甲镇	上海市公安局刑侦总队	副总队长
杨章平	男	1965	高邮县	扬州大学	教授
胡经国	男	1965	高邮县	扬州大学	教授
薛怀国	男	1967	高邮县	扬州大学	教授
钱 彬	男	1970	卸甲镇	美国南加利福尼亚州立大学	教授
薛伟辰	男	1970	周巷镇	上海同济大学	主任、教授
吕所明	男	1978	车逻镇	酒泉卫星发射中心测试站	总指挥

说明：1.表中所载人物根据1990年、1993年内部印行的第十辑、第十二辑《高邮文史资料·高邮当代人物》和1998～2006年出版的《高邮年鉴·人物》所载资料编制。2.所载人物先依出生年份、再按姓氏笔画为序排列。3.表内工作单位、职务和职称等项内容均遵从原载资料，一般为本人供稿时提供的所在单位及职务等，此前工作经历因表格所限而未列，此后升职、变动因下限时间所限和难以核实而未载。

第四节 中青年专家

1989～2005年，全市被批准为扬州市及以上有突出贡献的中青年专家共29人、37人次。其中，农业、水利专家9人，工业专家5人，教育专家7人，卫生专家6人，其他专家2人；享受国务院政府特殊津贴专家4人，省有突出贡献的中青年专家6人，扬州市有突出贡献的中青年专家27人。

1989～2005年高邮市有突出贡献的中青年专家一览表

表35-7

授誉时间	姓名	工作单位	荣誉称号	授予机关
1992	顾昌林	市皮肤病防治院	享受国务院政府特殊津贴专家	国务院
1995	金成梁	高邮师范学校	享受国务院政府特殊津贴专家	国务院
1998	辜伟节	高邮师范学校	享受国务院政府特殊津贴专家	国务院

续表35-7

授誉时间	姓名	工作单位	荣誉称号	授予机关
2000	张天若	高邮市中学	享受国务院政府特殊津贴专家	国务院
1990	金成梁	高邮师范学校	省有突出贡献的中青年专家	省政府
1992	顾昌林	市皮肤病防治院	省有突出贡献的中青年专家	省政府
1994	徐庆登	市水产局	省有突出贡献的中青年专家	省政府
1994	王之义	市水利局	省有突出贡献的中青年专家	省政府
2000	辜伟节	高邮师范学校	省有突出贡献的中青年专家	省政府
2003	张天若	高邮市中学	省有突出贡献的中青年专家	省政府
1989	吴进盛	县水泵厂	扬州市有突出贡献的中青年专家	扬州市政府
1989	金成梁	高邮师范学校	扬州市有突出贡献的中青年专家	扬州市政府
1989	顾昌林	县皮肤病防治院	扬州市有突出贡献的中青年专家	扬州市政府
1989	倪忠恕	县人民医院	扬州市有突出贡献的中青年专家	扬州市政府
1989	黄家洪	县多种经营管理局	扬州市有突出贡献的中青年专家	扬州市政府
1989	葛玉明	县农机推广站	扬州市有突出贡献的中青年专家	扬州市政府
1991	陈国斌	界首中学	扬州市有突出贡献的中青年专家	扬州市政府
1991	陈昭桂	市粮食局	扬州市有突出贡献的中青年专家	扬州市政府
1991	黄万尧	高邮市中学	扬州市有突出贡献的中青年专家	扬州市政府
1993	高祥勋	市农业委员会	扬州市有突出贡献的中青年专家	扬州市政府
1993	马根生（女）	市计划生育委员会	扬州市有突出贡献的中青年专家	扬州市政府
1993	陈　曦（女）	高邮市中学	扬州市有突出贡献的中青年专家	扬州市政府
1993	赵万和	市建筑设计院	扬州市有突出贡献的中青年专家	扬州市政府
1993	林旭东	市工业总公司	扬州市有突出贡献的中青年专家	扬州市政府
1993	徐庆登	市水产局	扬州市有突出贡献的中青年专家	扬州市政府
1993	孙龙泉	市农业局	扬州市有突出贡献的中青年专家	扬州市政府
1993	吴朝龙	市石油机械厂	扬州市有突出贡献的中青年专家	扬州市政府
1993	张增华	扬州市煤矿机械厂	扬州市有突出贡献的中青年专家	扬州市政府
1993	薛自强	界首卫生院	扬州市有突出贡献的中青年专家	扬州市政府
1997	辜伟节	高邮师范学校	扬州市有突出贡献的中青年专家	扬州市政府
1999	郭万胜	市农业局	扬州市有突出贡献的中青年专家	扬州市政府
2002	陈业军	市卫生防疫站	扬州市有突出贡献的中青年专家	扬州市政府
2002	施卫兵	市人民医院	扬州市有突出贡献的中青年专家	扬州市政府
2002	喻义珠	市经济作物管理站	扬州市有突出贡献的中青年专家	扬州市政府
2005	郑连元	扬州市曙光电缆厂	扬州市有突出贡献的中青年专家	扬州市政府
2005	倪兆朝	市畜牧兽医站	扬州市有突出贡献的中青年专家	扬州市政府
2005	黄桂君	高邮中学	扬州市有突出贡献的中青年专家	扬州市政府

说明：“工作单位”以获批时的单位名称载入。

第五节 特级教师

1990年，县教育系统始申报特级教师。至2005年，全市先后有7批18人被省教育厅（省教委）批准为特级教师。

1990～2005年高邮市特级教师一览表

表35-8

授誉时间	姓名	工作单位	获批批次	授誉时间	姓名	工作单位	获批批次
1990	金成梁	高邮师范学校	第三批	2000	卢有源	市教委教研室	第七批
1994	殷家骅	市实验小学	第四批	2000	陈世龙	市实验小学	第七批
1994	王锦树	市教育局教研室	第四批	2002	刘久成	扬州教育学院高邮校区	第八批
1996	陈中强	市教育局教研室	第五批	2002	丁筱青	扬州教育学院高邮校区	第八批
1996	辜伟节	高邮师范学校	第五批	2002	徐德兰	天山镇中心小学	第八批
1996	曹民光	高邮师范学校	第五批	2005	黄桂君	高邮市中学	第九批
1996	黄万尧	高邮市中学	第五批	2005	钱士宽	高邮市中学	第九批
1998	秦 晓	高邮市中学	第六批	2005	王兆银	市第一中学	第九批
2000	张天若	高邮市中学	第七批	2005	林 俊	城北小学	第九批

第六节 高级专业技术人员

1988年，县内启动申报各类专业技术人员任职资格工作，全县获批高级职称人员122人，其中正高级1人、副高级121人。1992年，经济、政工等系列高级职称开始申报，全市获批高级经济师24人、高级政工师41人，获批各类高级职称总人数175人，为获批高级职称人数最多年份。进入21世纪，每年获批高级职称人员在100人左右。至2005年，累计获批各类高级职称人员1311人，其中正高级41人、副高级1272人，分别占总数3.12%、96.88%；经济系列365人，政工系列42人，教育系列633人，卫生系列207人，文体系列11人，社会服务系列53人，分别占总数27.84%、3.21%、48.28%、15.79%、0.84%、4.04%。

1988～2005年高邮市高级专业技术职称人员名录

一、正高级职称人员（41人）

主任医（药）师（40人）

张廷猷 张本中 浦炳达 倪忠恕 龙善曾 丁宏村 吴声宏 王履凤 吴 萍 姜模英 胡以治
汪丽娟 徐忠良 杨承明 张湘文 张贻谷 周圣陶 史卓芝 王玉松 张 恭 姜传荣 钱璇玲
顾昌林 陈业军 黄家璜 张利华 柏基荣 耿献琳 钱嘉宏 李建华 金 铃 黄家珩 冯建新
丁国培 石庆培 吴增强 沈 哲 陆家武 周 宏 张晓春

研究员（1人）

郭万胜

二、副高级职称人员(1270人)

高级工程师(189人)

李兴月　张　愈　卜才龄　詹福宏　汤松熔　叶雄浩　韩福海　丁　元　杨友松　孙嘉祥　赵金煜
张元典　万　政　杨汝佑　周长华　王万义　张瑞玲　丁常森　韩　凯　丁德祥　叶继武　陆　皓
许可成　郑林根　涂加桂　朱　斌　朱元龙　杨士熙　张志钧　杨春淋　赵　松　张成安　印　勤
胡学仁　许树威　赵顺元　高庆美　林　海　吴进盛　江秉鋆　吴维松　曾敬东　张韶华　夏荣根
王琇琪　孙达寅　唐小蝶　陈　鸿　韦博友　潘必健　王明生　夏　明　嵇才宏　潘立新　赵忠华
龚士虎　张寿岗　陈昭桂　陆昌骥　吴俊杨　朱　强　常国新　耿　荣　张元农　徐　铭　周应庆
申春文　张锦楼　徐鹤书　姚　楠　吉世民　王学德　邵长泰　吴宝莲　徐庆登　胡汝宁　召笑明
王宝源　顾嘉乐　邓士元　陈永华　张恩驹　龚士乾　王信成　顾觉琰　李德宏　李安宏　刘亚夫
吴朝龙　贡成勇　唐庆喜　夏秀玉　李永祥　张　萍　吕志强　王根茂　于美峰　李荣耀　杨宏杰
林旭东　赵　杰　秦　力　罗耀章　周洪元　黄家洪　俞德宏　张　钺　姜庆都　陈福坤　钱士泉
李冬荣　赵万和　章鸿喜　刘金生　王春余　方爱华　于荣华　金长安　曹德富　王争鸣　葛卫平
卢德源　张　辉　王学海　赵宏才　陈庆功　戎　胜　王之义　王瑞峰　卢辉毕　谈　强　郭德祥
徐忠祥　任玉和　胡晓宁　蒋宝贵　周宜植　秦　波　孙羊林　吴才余　张定林　姚学田　魏玉秋
耿　越　刘志祥　吕才海　潘定国　王庆明　蒋德升　郜才宏　王　斌　刘长春　吴定松　吴　剑
胡福海　夏鹤富　张玉宝　孙　诚　何启生　沈庆邦　马建社　郭致华　卞红莲　吴正华　王富山
杨金葆　戴孝林　曹国顺　管启朝　张　峰　管在海　张维林　孟有权　李长虹　车　祥　刘兆勤
万德宏　乔长林　段晓群　张春虎　俞士和　邹建勇　居万海　王顶海　王　玫　绪　军　陈福定
李正安　徐锡华

高级农艺师(81人)

张剑玲　陈蕴瑶　张九高　相培芝　刘才甫　王宁生　孙龙泉　赵俊如　何国治　戴有斌　郑以阔
董开俊　江卓民　徐家骅　王晋育　冯全金　华炳兴　姜　新　吕苏云　李士昌　韦兴基　董广友
王生太　郑长森　姜云程　史善成　杨正山　胡信强　刘鹤松　李福康　汤志华　相国根　陈连青
赵玉智　施惠芳　王志根　侯敬民　沈正兰　周才清　赵仁臣　赵宏模　徐善美　房英菊　张梅生
夏芸荪　吴桂余　吴桂法　凌银峰　戴维新　张德明　解遐宝　宋应增　葛志磐　冯春生　丁祝成
李连庆　肖有余　相月琴　喻义珠　居增平　温春梅　谢孝瑜　问才干　王强勇　肖伯群　孙宜香
王乃镕　姜桂龙　高晓美　曹深泉　刘宝喜　姜文超　陈友斌　陈海新　林开武　吴家跃　姜顺权
张国林　严和平　张月鹏　韩文娟

高级畜牧师(13人)

李伯绍　宋文立　蔡仁源　朱有文　高祥勋　尤兆荣　张　胜　赵永高　潘国智　柏庆荣　张胜富
薛敏开　晏必清

高级兽医师(9人)

李增仁　夏祥荣　许文元　施启周　王一凡　高小平　柏坤桃　倪兆朝　万晓星

高级经济师(72人)

沈国湘　刘金鳌　李乃祥　王振严　王登元　王俊吾　薛连荣　戚志荣　吴克梅　金同清　戎文凤
詹岫琪　孙龙山　李成贤　李进先　王恩荣　张积德　张思云　柏士平　魏　东　王殿传　刘阳春
冯祥华　张椿年　吴荣春　朱耀先　俞志平　翟国保　朱福生　郑连元　吴中直　王　超　赵源盛
汪家仁　戚　军　吴树珍　徐汝安　聂厚宽　陶沂源　秦国柳　陈景春　李　青　张惟根　张庆奇
张维年　金凤林　朱庭俊　茆有平　曾道成　姚凤岗　王开林　赵　琛　钱文恩　徐　驰　胡恒春
殷仁启　孔祥明　袁福朝　蒋瑞林　雍本强　马在朝　王兆宏　任有毅　刘群信　姜　俊　陈友新
徐　杨　秦宏伟　杨福贵　何之兵　赵秋宸　杨方国

高级政工师（42人）

王守忠　王保才　沈学惠　杨定安　陈　平　刘云峰　陈其昌　刘宜炤　朱德源　金世杰　刘永珍
周伯林　陆安发　李春荣　达　人　杨济昌　朱跃先　王　梓　丁德和　林正德　李　瑞　陈德天
施炳龙　殷祥荣　周岐明　姜仁福　李汝芳　俞泽山　于　宇　朱德辉　徐正和　贾玉麟　沈国庆
胡农茂　居云保　徐桂福　王梅珍　陶友仁　徐国泰　朱绍武　居永昌　郑建平

高级国际商务师（2人）

张椿年　冯祥华

高级统计师（2人）

朱智圣　刘秀娟

高级会计师（26人）

周文彬　李文虎　李禄明　陈谷辛　赵宏国　李乃霞　郑学栋　陈树秋　李亚白　耿加贵　时玉康
张爱东　张益明　胡官华　林定标　周正仁　徐有明　张生坤　刘久彬　李家坦　卞洪益　陈　太
童一彬　徐　琳　王正荣　张长和

高级审计师（2人）

李遐源　吴　辛

副研究员（9人）

朱延庆　朱维宁　佟道庆　杨立本　方　仪　陈仲如　倪文才　周　惠　郭万胜

副研究馆员（11人）

李一技　陈　正　张征明　沈月琴　高明枢　戎经亚　召　展　王吉民　张德源　叶　芸　于怀洲

二级律师（1人）

戴道恩

高级讲师（26人）

李义松　杨福森　丁庆灼　孙建宜　金成梁　张廷林　陈克猷　金宝兴　陈孝镛　刘宗贽　王光亚
管为民　陈进权　杭　淦　丁伯荫　任俊梅　卢有源　卢善诚　钱应国　郑泽茂　何秋华　肖　后
居毅生　单国周　居　锦　汤有兆

中学高级教师（607人）

王剑舟　黄万尧　戎椿年　薛　飞　姜庆荣　魏曼琳　陶琴芳　朱　赤　郭荣春　杨金城　赵文鲸
张剑秋　沈赋娥　盛寿年　薛　健　陈其新　徐忠恕　李仲明　杨汝栩　孙大道　倪宏谷　蒋君涤
沈复安　蒯小棣　陈春啸　冯　翼　李舜洪　杨育湫　贾　镛　杨莲官　陈永勇　沈思平　居春江
朱光虹　吴宏仁　周顺昌　曹德华　徐盛基　张毓秀　胡永强　邓可权　李质钧　徐殿华　吴以侔
吴伯颜　张廷果　王祖宏　茆海华　徐　倩　戴正宏　郑自慧　张鲁源　许怀雄　胡朝植　徐攀龙
唐　鉴　张文辉　汪积斌　卜德训　孙子年　王承杰　夏良肱　吴达君　朱光甲　相金桂　王锦树
王裕民　姚　正　凌　龙　印以庆　宋成骝　戴有武　张棣泉　戴有文　李万祺　倪志英　卞永隆
戴珠科　高庆森　施忠义　黄学根　王振球　汪连生　张　壵　彭　浪　熊迪筠　李　钦　胡士龙
王郁文　李问琴　赵伟芳　李成铸　吴金晨　王迺孝　李英芳　戴树银　蒋　骥　丁阿兴　朱正云
沈厚真　陈国民　陆地和　汪景和　黄永璋　张　菁　冯家银　杨方忠　陆培艺　高　定　冯维林
袁有宝　秦　龙　翟庆喜　曹竟成　俞建章　陆正宏　刘奇棠　彭学明　庞　钰　严宜柔　秦　晓
张荷生　孙汝遂　殷凯平　苗若琴　张德珍　陈耀良　宋成中　肖仕裕　许建生　柯文法　李亚妹
张　泉　瞿正明　徐春强　虞　林　滕长荣　房先义　赵宏银　姜善海　周家厚　夏志强　叶　琴
刘石金　吴孝安　李家田　董必生　陆向东　陈　曦　薛乃武　曹德泉　朱永彰　姜恩培　薛乃良
吴顺华　聂永康　李顺和　蔡家永　贾怀景　王兆寿　王玉权　周明发　朱承明　许永焜　朱定宇
张福岗　李湘清　龚定煜　毛玉才　李寿葆　张　镇　徐加余　潘顺连　陈　森　陆寿彭　吴连宏

汪素珍 唐增祥 李宗尧 陈鸿章 王凤英 瞿永海 郭如松 晏玉炼 孙培华 顾汝中 朱云霞
曹　尚 王兆明 赵国怀 傅国银 郑泽权 陈元祖 高庆成 陈朝喜 杨　晔 颜志高 王训世
夏本炎 周荣昌 杨　鹏 徐伟民 赵　麟 胡二和 朱继荣 周冬余 王鸿宝 杨德宽 万雅芬
王　缮 陆玉华 郭德荣 凌国泰 王兆银 王有益 朱福臻 蒋凤祥 郑广华 沈士森 王子朝
王开荣 赵忠幸 郭　明 叶鸿玉 周增富 李恒泰 王珊宝 华龙翔 陶许成 刘如根 戴永健
殷家骅 宫兆春 周寿天 胡西云 徐茂玉 杜正九 赵明芳 陈立宏 殷介生 杨翰银 薛德枢
孙振荣 陈谷登 胡耀华 沈建中 张顺元 王祖槐 俞建林 杨雨喜 许　璇 邵正祥 胡宝平
党文杏 冯国媛 耿　松 吴华太 董玉海 孙景梅 徐长根 张天若 史有道 林　江 吉华龙
任广成 沙建中 邱谨根 翁瑞华 赵宏略 钟志安 孙其生 余　耕 姜庆宏 崔向东 刘艺谋
周明道 杨万林 王俊坤 王　瑞 朱继宣 韩增华 胡　荣 王鸿桂 林杏昌 翟登杰 刘桂英
费冬梅 刘宏锁 王　康 郭松寿 刘鸿林 姜　明 张庆生 蔡　明 戴万顺 王　和 李金松
高秉喜 朱导生 柏基银 郑朝平 沈赋岷 贡锡年 张广华 吴　涛 杨　玲 汪　兴 苏　征
王　纪 陈仁庆 曹荣年 陈生桃 赵玉平 周　勇 王凤霞 徐　桂 陈绍强 杨焕轮 张元龙
金其宝 卞宝林 顾立群 刘久胜 赵如国 顾西渔 郭如松 董晓波 钱士宽 王玉兴 薛世震
房先祥 王兰英 沈秀英 卞永孚 汪　泰 王　方 倪永源 任忠宝 徐宝平 刘玉仁 邹庆松
汤永祥 栾建华 郜才贵 张寿林 叶　锋 缪真义 孟宏锦 王国培 朱桂庆 吴家鼎 李乃荣
周文明 朱荣明 居鹤龄 许美嵩 沈庭栋 胡春宏 卢维荣 房汝惠 陈世龙 胡中林 倪永山
徐永良 王　辉 沈士钦 雍永宁 陈　昆 朱惠群 张丹彤 黄仁云 孔祥鹏 罗会翔 程俊伶
晏　斌 李宗山 郝崇德 汤立宏 丁筱燕 邹　青 孙　云 胡勤龙 刘永瑜 李一民 杨　光
周才山 徐兆山 郭　亮 薛恩祈 王小平 祝光义 周清荷 戴　晶 吴庆龙 胡开田 李家丽
薛　强 周明雄 王庆余 黄桂君 谢　军 翟永林 桂天翊 田有才 吴建华 潘梅耘 唐德桃
卢殿荣 徐益东 蔡玉华 戴荣林 吴安宝 黄昌宝 薛　忠 王少坤 葛　斌 李海英 王长太
周汝喜 曹　农 沈　伟 谭爱民 王永田 杨承询 王国峥 卢卫宁 周立鸣 李道智 陈兆森
管景华 田开象 姚立权 孙晓斌 李家和 陈公明 邵正良 钟志键 沈国林 盛儒鸿 陈志勇
吴永刚 林　俊 黎有忠 陶震远 丁兆华 徐有宝 杨嘉培 宰传楼 徐德兰 陈　玉 吴如渊
陆海明 刘秀兰 邵天淦 徐　坚 乔继华 嵇正华 纪荣淦 高　翔 朱林根 姜传太 张达年
丁　明 王学军 王　瑛 车　旭 孙东升 孙尔清 陈冬英 金长明 凌定海 徐国平 郭奉吾
朱大禹 孙宣峰 杨卡佳 蒋宝华 冯　辉 顾庆国 王三宝 杨国富 林　龙 陈　彪 孙尔松
夏存才 曹晓娟 费辉耀 夏有华 戴惟余 相　英 周瑞恩 戴孝文 赵海光 陈锡忠 林长元
陈玉坦 蔡玲娟 赵有明 董宏奎 卞益罡 陶文红 晏富朗 朱银铭 谢宏升 仲绘华 王　强
姜桂龙 王立顺 高　敏 李长青 王　勇 张爱仁 李　玮 金竹贵 居亚华 陆建国 吴水青
姜义松 王如祥 郑德忠 陈益海 郭锦山 于洪林 薛德楼 陈　玲 徐阿根 秦　谦 耿德举
任为民 葛金荣 郝炳林 全恩朝 徐德田 王晓明 卞文才 俞　平 陈梅英 陈为林 陆息珍
倪玉斌 孔祥麟 陈同清 张桂宏 张爱群 奚有富 师志良 周宝臻 施爱平 丁兆山 王裕富
卢淦英 张　杰 高厚朋 石青松 张少峰 王有忠 陈庆林 李正军 陶　权 贡新民 刘红娣
苏圣银 陈福琴 成际宝 徐安红 张道银 周汉平 冯长宏 李海燕 林翠芳 王长忠 徐晓思
陈国兵 匡游章 徐传新 周步兵 吴宏金 吴庆桃 赵为民 姚万定 钱海如 汤中美 吴洪泽
吴家树 徐家彪 马宝元 徐宏臻 李金发 丁国安 夏连宏 张文祥 龚永兴 孙志来 季静娟
王佩连 王新文 张高旺 周广春 薛彩华 周素湘 郭粉桂 李建军 陶香泉 王有明 吴卫东
吴永发 赵方祥

副主任医师（153人）

许钜材 薛　斌 张振隆 陈锦高 吴良健 崔鸿喜 倪子慎 薛琴芳 赵荫槐 华　惠 刘应干

周济群　许长生　郭建中　赵养生　朱天洪　王承杰　常建华　朱德兰　王　达　张耀生　李长斌
周昌言　邵正斌　李定国　陆华平　陆子遗　王伯钧　戴金如　王家声　刘恩寿　徐健生　缪桂正
倪克尔　江书福　李　昂　薛来生　林敖春　樊家驹　江石民　邱丽萍　张　涛　张德超　陈国丰
孙玉林　张振洲　王鹏翔　居明秋　谈增福　许世金　王庆松　孙广铨　卢世龙　谈　华　徐鸿章
唐子俊　周　坚　薛智谷　薛自强　闵　坚　吴长生　吴传荣　吕绍泉　唐子云　缪登山　陈炳稳
胡经元　张士华　姜玉琴　薛晓寒　王远玲　陈维开　方广元　高林正　钱　迅　施卫兵　吴耀明
沙军红　徐尔山　王　民　陈维忠　徐光明　杨旭明　姚　湘　张黎钟　周瑞祥　周苏江　黄亚民
杨和平　董庆童　金家宝　阎　勤　吴义隆　周文喜　戴荣祥　顾邦林　胡立琪　秦长忠　苏文明
王文松　张亚东　朱龙生　任为民　胡兴才　姚维儒　葛卫平　段晓群　黄　灿　解小成　倪　进
孙喜元　张　明　周　健　朱爱红　王桂平　曹　飞　郭　毅　蒋茂剑　李正明　翁中培　孙守林
蒋　斌　居　骏　李德斌　缪　彦　崇敬东　柏宏林　姚学仁　李大卓　任宏兵　张小平　刘桂英
吴卫中　薛豪平　姚瑞洲　卞立新　吴正英　许德军　丁汉香　吕健娟　孙宗进　夏风行　杨道俊
周明灯　蒋太生　徐　行　赵鹤余　李德祥　倪永玲　朱永泉　李德祥　黎业明　姚怀谨

副主任护师（11人）

杨德瑞　张敦昌　谢月秋　黄银娟　林　霞　吕祥梅　潘朝霞　张　慈　张　群　郭郡艾　薛敏芳

副主任药师（1人）

仇岐枢

副主任技师（2人）

黄　珏　王玉寅

副编审（2人）

朱　兵　王　鹤

主任编辑（2人）

李明洋　张亚华

主任记者（1人）

姚永明

二级编剧（1人）

胡永其

二级演员（3人）

张爱华　李正太　唐　云

高级教练（2人）

曹善亭　杨　政

说明：1.上述名单依照1988～2005年获批时间先后为序排列；2.升入正高级职称的副高级职称人员仅列正高级职称名单；3.名单中不含具有职称的外地调入人员；4.名单来源于市人力资源和社会保障局所存职称人员档案，按照批文名单载入。

第七节　“非遗”传承人

新中国成立前，县内民间艺人主要有四类，即为世代相传（祖传、师传、秘授）的技艺传承人、谋生得艺的手艺人、为“四时、八节”助兴助乐增添气氛的游艺人、个人兴趣与爱好自学成才的各类艺人。至21世纪初，全市民间技艺传承人所剩无几。据初步调查，全市有非物质文化遗产项目代表性传承人25人，其中传统面塑、糖塑制作技艺传承人3人，传统食品制作技艺传承人9人，传统器具手工制作技艺传承人3人，传统纸扎技艺传承人3人，传统游艺技艺传承人4人，其他技艺传承人3人。

2005年高邮市民间技艺传承人情况一览表

表35-9

乡镇	姓名	性别	出生年份	技艺	师承	作品、特长、获誉
一、塑艺						
横泾镇	张栋才	男	1940	捏糖人	祖传	糖捏人物、动物等
甘垛镇振兴村	张国开	男	1960	吹糖人	祖传	糖吹人物、动物、花草等
高邮镇金桥社区	邹　祥	男	1980	面塑	师传	人物、动物、花草等
二、食艺						
临泽镇	王步荣	男	1927	汤羊制作	祖传	"王四瘪子"羊肉汤
三垛镇	周道宽	男	1933	方酥制作	祖传	三垛大方酥
临泽镇	朱文荣	男	1935	水晶月饼	师传	临泽水晶月饼
市商贸总公司	唐汇生	男	1945	烹调技艺	师传	高邮传统名宴
界首镇后园街	胡元德	男	1950	茶干制作	师传	界首陈西楼茶干
菱塘回族乡集镇	唐春林	男	1954	盐水鹅	祖传	菱塘盐水鹅
天山镇五星村	江怀林	男	1957	草炉烧饼	祖传	天山草炉烧饼
高邮经济开发区	王一义	男	1964	浇头粉丝	祖传	浇头粉丝
车逻镇上庄村	杨其连	男	1964	茶食制作	祖传	车逻茶食
三、器艺						
甘垛镇高明村	高日新	男	1937	农具风车制作	祖传	风脚车、水旱犁等
周巷镇钱镜村	张兆安	男	1949	农具铸件制作	祖传	犁铧、铲、轴、砣等
周山镇志光村	仇顺才	男	1952	农具水车制作	师传	风车、脚车、手摇车
四、纸艺						
高邮镇丁庄村	戴庆湖	男	1938	纸扎	祖传	彩灯、风筝、玩具等
汤庄镇余富村	朱弟山	男	1946	纸扎	祖传	冥房等
界首镇老人桥村	张金海	男	1953	纸扎	祖传	彩灯、风筝、冥房等
五、游艺						
临泽镇三口宫巷	衡永新	男	1934	踩高跷	师传	临泽高跷
临泽镇	郭洪如	男	1938	舞狮子	师传	临泽狮盘犼
甘垛镇振兴村	耿秋干	男	1949	舞龙	师传	甘垛舞龙
汤庄镇联谊村	赵　红	女	1968	舞龙	师传	汤庄女子舞龙
六、其他技艺						
高邮镇武安村	王兰英	女	1936	民歌传唱	祖传	省优秀奖，参加全国汇演
市电子研究所	杨达生	男	1943	薄瓷刻	祖传	扬州市工艺美术大师
汤庄镇联谊村	李粉桂	女	1944	手工艺老虎鞋	祖传	"满堂红"老虎鞋

第八节　离休干部

1986～2005年，全市行政14级以上、军队师职以上离休干部共有25人，其中行政14级以上离休干部20人、军队师职以上离休干部5人。所载人员均以出生时间先后为序排列。

1986～2005年高邮市行政14级和军队师职以上离休干部一览表

表35-10

姓名	性别	出生年月	参加革命工作时间	级别	职务	工作单位	备注
相纯林	男	1910年1月	1944年3月	14	副主席	县政协	1988年去世
张　年	男	1913年7月	1942年7月	行政13级（副师级）	副主任	中国人民解放军总参谋部管理局	1994年5月去世
于福珍	男	1914年8月	1942年12月	14	副主任	县贫下中农协会	1999年去世
胡雨亭	男	1917年2月	1943年7月	14	副主任	县人大常委会	1995年去世
张桂芝	男	1918年10月	1941年5月	14	副主席	县政协	1998年去世
叶剑华	男	1919年6月	1940年7月	14	副主任	县供销合作总社	1999年去世
胡正元	男	1919年6月	1945年3月	14	副主任	县计划委员会	
居　宜	男	1920年7月	1944年6月	14	副主席	县政协	
周炳坤	男	1920年1月	1943年3月	14	副主任	县人大常委会	1996年去世
嵇　权	男	1921年7月	1943年7月	14	主　任	县人大常委会	
曹振邦	男	1921年9月	1942年10月	14	副主席	县政协	2001年6月去世
陈　军	男	1922年4月	1942年6月	14	行　长	工商银行县支行	
钱增时	男	1922年9月	1943年5月	14	主　席	县政协	
徐晓明	男	1922年10月	1941年7月	14	副主席	县政协	
朱成德	男	1924年1月	1943年5月	行政13级（副师级）	副政委	中国人民解放军65师613团	2001年5月去世
周亦华	男	1924年1月	1942年10月	行政13级（副师级）	政　委	县人民武装部	1998年2月去世
熊郑环	男	1924年7月	1944年5月	行政14级（副师级）	副部长	县人民武装部	2004年9月去世
周保桃	男	1924年8月	1945年9月	14	副书记	县委	2003年去世
查长银	男	1924年12月	1944年12月	14	书　记	县委	
葛玉明	男	1925年6月	1944年3月	14	副主席	县政协	
刘鹏远	男	1926年3月	1944年2月	14	副县长	县政府	
陈开斌	男	1926年4月	1944年8月	14	院　长	县法院	
夏维善	男	1926年7月	1943年4月	14	局　长	县供电局	2005年去世
林作华	男	1927年12月	1945年7月	行政14级（副师级）	副部长	县人民武装部	
施国栋	男	1930年1月	1945年8月	14	副主任	县人大常委会	

附录

要 目

一、《高邮县志》(1990年版)提要

《高邮县志》(1990年版)为本志前志。1984年始编,1990年12月由江苏人民出版社出版,16开本,印数4000册,定价40元。上限至事物发端,下限断至1985年。县编史修志领导小组组长任金富,副组长朱延庆、刘宜炤;总纂王鹤、杨杰。全志设有概述、大事记、专志26篇和附录,共130万字;卷首载有《明代高邮州境图》《清代高邮州境图》《民国18年(1929)高邮县行政区划图》《1950~1954年高邮县行政区划图》《1977年高邮县地域卫星照片》《1985年高邮县行政区划图》《1988年高邮县城区图》和12页48幅彩照。

概述 该志《概述》设有11个部分,以概述全志内容与特点。

自然地理、历史沿革和区划设置 高邮地处江苏省中部,隶属于扬州市。地势西南略高,为丘陵地带;东北略低,为浅洼泽地,全境多为水乡平原。土地总面积1962.58平方千米,其中水域面积498.76平方千米。新石器时代,境内有先民居住和劳作。秦王嬴政始筑台、置邮亭,故名高邮,别称秦邮。汉武帝时建高邮县。历经郡、军、路、府、州演变。至民国初年废州复为县。1984年,全县辖5个区,1个县属镇、3个建制镇、29个乡、6个场圃,总人口80.49万人,汉族人口占99.6%。菱塘乡为江苏省唯一的少数民族——回民聚居之乡。

反对外来侵略和阶级压迫 自宋以后,高邮人民多次参与和支持反对外来侵略和阶级压迫的斗争,先后有宋抗金高邮之战、元张士诚反元高邮之战、明抗倭高邮之战、清太平军反清之战等诸多战役和战斗。尤其是30年代起,高邮人民在中国共产党的领导下,经历艰苦的抗日战争和解放战争,表现出英勇顽强、前仆后继、悲壮卓绝、不屈不挠的精神,历经大小战斗71次,以牺牲5497人的沉痛代价,终于1949年1月19日获得高邮全境的解放,建立人民民主政权。

坚持走社会主义道路 新中国成立后,高邮人民坚定地走社会主义道路,忠实地执行党的一系列路线、方针、政策,先后开展和完成土改复查、农业集体化、城乡工商业改造、社会主义教育运动等项工作。中共十一届三中全会以后,高邮人民贯彻和实践实事求是的思想路线,积极探索城乡经济体制改革的新思路,从试行农业联产承包和土地承包制开始,在城乡企业大面积推行多种形式的承包经营责任制,逐步解放生产力,推进经济发展。

工农业 高邮为传统的农业县。虽有"鱼米之乡"的美称,但全县经济发展不快,处于经济欠发达地区。1949年,全县工农业总产值仅为8400万元,其中农业产值占86%。经过6个"五年计划"期的建设和发展,至1985年末,全县实现工农业总产值10.12亿元,其中工业产值占到58.1%。同时,工业跳出以农产品加工业为主的格局,呈现机械、电子、建材、化工、纺织、服装、食品、医药等多行业发展的新局面;农业亦跳出以经验耕作、以种粮为主的格局,逐步推广机械化作业、高产栽培、化学除草等先进农业技术,开创农、林、牧、渔全面发展的新局面。

交通、邮电 高邮因"邮"(邮亭)而设,依"运"(京杭大运河)而兴。交通、邮电事业成为全县历史发展的主脉。1949年以前,全县以水运为主,邮路多为传递官书军情而设。新中国建立后,全县水陆交通和邮电事业有较快发展。至1985年末,全县水路交通设施有内河航道61条、全长614.85千米,船闸2座,渡口31处,泊岸总长613米;陆路交通设施有干线公路78.88千米,农村公路277.82千米,桥梁4915座、总长43.59千米;邮电机构46个,邮路遍布城乡,总长4305千米,段道111个,电话3102部。全年完成客运量405.8万人次、客运周转量1.4亿人千米,货运量105.4万吨、货运周转量1.85亿吨千米,邮电业务总收入177.82万元。

城乡建设　1949年以前，城区面积仅3.8平方千米，街道少而狭，四边多为荒地；农村唯临泽、三垛、界首等集镇稍有生气，其余多为自然村庄。新中国成立后，全县城乡建设有较快发展。至1985年末，城区面积扩大到6.1平方千米，主要街道增加到18条、总长15千米，后街小巷陆续得到整治，城市建筑鳞次栉比，培建园林14.1公顷；农村32个乡镇均在乡镇政府驻地建成初具规模的新型集镇。

商贸业　1949年以前，全县商贸业因战争、灾荒而萧条。新中国成立后，全县商贸业逐步恢复和发展。特别是在1978年中共十一届三中全会以后，县内商贸业呈现快速发展的景象。至1985年末，全县拥有国有商业企业214家、供销合作企业654家、集体商业网点1952家、个体工商业户5338户，设立集贸市场和专业市场53个；实现社会商品零售总额4.52亿元，是1949年的23.8倍。

人民生活　古时，每遇灾荒、歉收或失收之年，高邮乡民常靠借债、乞讨度日，过着衣不蔽体、食不果腹的生活。新中国成立后，高邮人民生活逐步改善。50年代，实现“粗布衣服菜饭饱”；70年代，实现粮食自给有余；80年代，市民每日主食普遍做到“一稀两干”，并开始讲究饮食营养、衣着打扮、住房装潢，家用电器进入“寻常百姓家”。1985年，城乡居民年人均收入分别达到825.1元、493元。

科教文卫事业　新中国成立后，高邮城乡人民以重科学、重教育、讲卫生、讲文明的新风尚，逐步取代昔日封建迷信、愚昧落后的旧习俗。农业技术推广、工业科研开发、科普知识宣传在全县普遍推开。幼儿教育、学龄教育、成人教育全面展开。血吸虫病防治工作达到国家规定标准，创建成全国计划生育先进县。带有乡土气息的群众文化活动日益活跃。

人文与胜迹　清蒲松龄称“高邮文物，号称名区”。著名的有新石器时代龙虬庄遗址，商周时期周邶墩遗址，汉代天山墓葬、邵家沟遗址，唐镇国寺塔，宋文游台、城墙，明盂城驿、净土寺塔、奎楼，清当铺、王氏父子故居、菱塘清真寺等。古代帝王、名人在高邮留有不少足迹。临泽夏禹王庙记述大禹“排淮注江道出于邮（高邮）”；宋名将岳飞在三垛一带统兵抗金；在元朝廷任职的意大利人马可·波罗回国途经高邮时，称高邮“城市很大，很繁华”；清康熙帝六次南巡，皆经高邮，其中五次视察高邮水利工程。历代文人在高邮留下墨迹甚多。同时，高邮又是人才辈出之地。宋至清代，有进士175人（后补正为177人）。近现代，有专家、学者、作家和获博士学位的共130多人。从新中国成立后至80年代，全县逐步建立起一支拥有百名高级技术职称人员组成的社会科学和自然科学队伍，并涌现出数百名各行各业省以上的先进人物，他们是高邮经济社会进步的中坚力量。

问题与展望　主要问题有：社会主义精神文明建设不够有力，体制改革措施有待完善，物价上涨过快，产业结构不够合理，工业经济效益不高，粮食产量四年徘徊，市场秩序比较混乱，原材料、能源短缺，科技、教育仍为薄弱环节。在党和政府领导下，继续贯彻治理整顿和深化改革的方针，在保证政治和社会稳定的前提下，努力实现经济建设持续稳定、协调发展，夺取社会主义“两个文明”建设的新胜利。

大事记

从记述距今7000多年前（前志错载为5000多年前）新石器时代“境内有人生息”起，共收载境内发生的大事1723件。其中，清宣统三年（1911）及以前发生的大事306件；民国元年（1912）至高邮第二次全境解放（1949年1月）发生的大事432件；1949年1月至该志下限（1985年12月）发生的大事793件；该志下限以后，即1986～1988年发生的大事192件。

第一篇　建置区划　设4章8节。记载建置、区划、基层社区、乡镇等内容。

建置　春秋，境属吴邗沟地。战国，越灭吴属越，楚灭越属楚。秦灭楚属秦，置邮亭，故称高邮。汉始设县，属广陵国。后更名为平阿县，属广陵郡。东晋，又改名为三阿县，并侨置幽州，属南兖州。南北朝，境内置神农郡，境西置高沙郡，境东置海陵郡。南宋，析临泽县。南梁，又析竹塘、三归两县。宋，置高邮军，直属淮南东路。建炎三年（1129），升县为承州，属扬州府。元，置高邮路，属江北淮东道，后改为高邮府，辖高邮、兴化、宝应三县。至正十四年（1354），张士诚据高邮建大周国。明清，置高邮州，属扬州府。民国，复置高邮县。新中国成立后，仍设高邮县，直至1985年未变。

区划　北宋太祖开宝四年(971),始筑高邮城,自此高邮城一直为高邮政治、经济、文化中心。明清时期,高邮设有5乡23村,农村又称7总81里。民国元年(1912),全县设5市12乡;民国17年,改设为12区、302乡、65镇;民国20～38年,农村实行保甲制。新中国成立初期,全县设13区、146乡、7镇。20世纪60～70年代,人民公社化期间,全县设32个人民公社,下设628个生产大队、5758个生产队;4个县属镇,4个场,1个处。1983年,全县恢复区、乡、镇设置。1985年,全县共设5个区:临城区、汉留区、三垛区、临泽区、送桥区,4个镇:高邮镇、三垛镇、临泽镇、界首镇,29个乡:武安乡、车逻乡、龙奔乡、一沟乡、东墩乡、马棚乡、张轩乡、湖滨乡、汉留乡、甸垛乡、八桥乡、卸甲乡、伯勤乡、沙堰乡、汤庄乡、二沟乡、武宁乡、司徒乡、甘垛乡、平胜乡、横泾乡、川青乡、周巷乡、营南乡、周山乡、送桥乡、菱塘乡、郭集乡、天山乡,6个场:县蚕桑场、县种鸭场、县水产养殖场、县良种场、县果园场、县芦苇场。

第二篇　自然环境　设5章17节。记载地质地貌、气候、湖荡河流、自然资源、自然灾害、环境保护等内容。

自然地理　位于北纬32° 38′～33° 05′、东经119° 13′～119° 50′。县内地质构造位置处于高邮凹陷的主体部位。地层为泥质岩、砂岩多层次夹布。地表东部为海水多次浸、退而形成的泻湖相和湖相沉积类型,河网密布,一般海拔0.85～4.8米,最低处0.75米;西部有火山喷发的岩层,一般海拔15～20米,最高处天山(神居山)49.5米。高邮地处扬州—铜陵地震带上。自宋以来发生的最大地震为明万历十三年(1585)高邮湖4.8级地震。高邮属北亚热带季风气候区,四季分明,寒暑显著,阳光充足,雨水充沛。常年平均气温14.6℃,极端最低气温-18.5℃(1955年1月7日),极端最高气温38.5℃(1959年8月24日)。年平均日照时数2207.92小时。常年平均降水量1014.4毫米,蒸发量1322.7毫米。

自然资源　全县自然植物资源主要有树木类59科、108属、177种,草类60科、140属、200种,藻类3门、63属。动物资源主要有脊椎动物5类、85种,其中鱼类16科、46属、63种;节肢动物20种;软体动物22种;环节动物3种;水中浮游动物4类、59属。矿产资源主要有石油、天然气、地热、泥炭、黏土、石料等。高邮麻鸭、高邮双黄鸭蛋、高邮湖大闸蟹(中华绒螯蟹)、高邮湖银鱼和黄瓜鱼、高邮湖大青虾、高邮湖鳗、海陵甲鱼等列为高邮地方特产。至80年代,由于环境污染加剧和人为采捕量剧增,自然资源物种不断减少,尤其是一些高邮湖特产濒临灭绝。

自然灾害　高邮灾害性天气主要有台风、暴雨、冰雹、寒潮,其中水灾为最甚。据清《高邮州志》载,西晋咸宁四年(278)至清宣统二年(1910),境内发生大水灾181次,其中明清时发生的大水灾161次。民国20年(1931),境内发生特大水灾,里运河决堤46处,其中高邮段决堤口10处,运东地区一片汪洋,仅泰山庙一处就捞起浮尸2000多具,此为高邮历史上发生的最大惨剧。从新中国成立至1985年,境内发生涝、旱、风、雪、雹、冻等多种自然灾害35次。其中,1954年,降雨493.6毫米,造成全县受涝农田6.1万公顷,毁坏房屋6054间;1960～1962年连续3年发生9次大暴雨、强台风、大冰雹灾害,累计造成全县8.31万公顷农田受淹、15.75万间民房倒塌、451人受伤和16人死亡。在县委、县政府的领导和组织下,采取有力的对策,有效减轻灾害损失,最大限度保障人民生命和公私财产的安全。

第三篇　人口　设5章16节。记载人口规模、变动、构成、生育、人民生活等内容。

人口规模　明洪武二十四年(1391),境内有居民户9314户、总人口6.6万人;天顺七年(1463),居民户突破1万户,为1.1万户;正德七年(1512),总人口突破10万人,为11.48万人。清光绪五年(1879),总人口突破50万人,为50.77万人;清宣统二年(1910),居民户突破10万户,为10.16万户,总人口51.66万人。民国元年(1912),高邮县有居民户11.1万户、总人口58.34万人。后由于灾荒、战乱,总人口有所下降。1949年,全县有居民户12.89万户、总人口51.54万人。1959～1961年,因自然灾害等因素造成经济不景气、人体素质下降影响,连续3年全县总人口出现负增长,人口自然增长率分别为-19.4‰、-28.7‰、-8.3‰,人口死亡率分别高达39.87‰、41.73‰、20.6‰。但到70年代,总人口迅速突破70万人。1982年,全县居民户突破20万户、总人口突破80万人,分别为20.06万户、80.19万人。1985年,全县居民户20.56万户、总人口80.49万人,人口密度每平方千米410.13人,男女性别比

1.03∶1。

民族　明以前，就有回族人聚居境内回回湾（今菱塘乡地）。元时，有蒙古族人迁居高邮。后因婚入或工作迁居等因素，其他少数民族人口亦有入境。据1982年全国第三次人口普查统计，在全县总人口中，汉族79.56万人，回族2814人，蒙古族38人，纳西族3人，瑶族2人，满族、苗族、壮族各1人。

计划生育　70年代后，县内实施计划生育。1985年，全县实现人口计划生育率99.45%、女青年晚婚率64.68%、已婚育龄妇女节育率92.12%，人口自然增长率降至2‰，各项计划生育指标实绩均位列省、市前茅。

第四篇　农业　设4章16节，记载农业（种植业）发展情况。

农业经济体制　据1951年复查土改时统计，民国37年（1948），农民人数占总人口94.3%，其中贫雇农人口占到44.9%，仅占有耕地面积的20.6%，还遭沉重地租和苛捐杂税盘剥，封建土地私有制极大地束缚全县农村生产力和严重制约农业经济的发展。新中国成立前后，先后进行减租减息、土地改革、实行合作化和公社化，探索农业发展路径。1978年中共十一届三中全会后，全县通过农业经济体制改革，逐步走出一条从联产到组、联产到劳、包干到户，实行联产承包责任制发展农业的有效途径。1984年，全县农村全面实行土地承包责任制，一定15年不变，并实行以家庭经营为主的集体经营和家庭经营相结合的"双层经营"新体制。1985年，农村专业户发展到1484户、新经济联合体发展到39个。

农业　新中国成立前，农民种田基本靠天收。新中国成立后，逐步推广科学种田。全县划分为沿运高平田区、东部低洼圩区、沿湖圩区、低丘平冈区等4个农业区，实行差别化指导；改良土壤，针对不同土质分别进行沤改旱、旱改水、白土改良、砂姜土改良，提高土地利用率和肥力；推广新型农机具，先后推广耕作、排灌、播种、栽插、积施肥、植保、收获、加工等农机具，提高作业效率和质量；实施作物栽培和植保新措施，提高农作物抗病虫草灾害能力；改善农业布局和品种结构，提高产量和效益。1978～1984年，粮食单产实现"七连增"，总产量保持稳定增长态势。1984年，全县实现粮食单产每亩398千克、总产74.16万吨，均创历史最好水平。1985年，虽遭受自然灾害，仍实现粮食单产每亩379千克、总产67.76万吨，仅次于1984年。在粮食总产中，夏、秋粮产量分别为22.83万吨、44.93万吨。是年，全县实现油料、棉花总产分别为2.02万吨、9175吨，分别创历史最好水平和仅次于1984年。

第五篇　林牧副渔业　设5章15节，记载林牧副渔业发展情况。

水产业　历史上，境内水产业以捕捞自然水产资源为主。1950年为全县水产品捕捞量最高年份，达到7201吨。50年代，境内始有水产养殖业。进入80年代，采取利用天然水域、荡滩和人工开挖鱼塘相结合的办法，迅速发展成鱼养殖。1985年，全县实现水产品总产量1.09万吨，创历史最高水平，其中成鱼养殖产量6830吨，首次超过捕捞量。

畜禽业　境内农民有饲养家禽、家畜的传统。地方良种有高邮麻鸭、菱塘鸡、菱塘猪。鸡、鸭、猪为畜禽业三大宗饲养种群，饲养水牛主要用于农田耕作。还有饲养鹅、羊、兔和少量的养殖水貂、鹌鹑、獭、蜂、鸽、驴等。1985年，全县饲养猪59.12万头、家禽676.97万羽、兔13.76万只、耕牛3894头、羊3881只。

林业　境内传统的用材林木以乡土树种柳、槐、榆、桑、楝等为主，果树以桃、杏、梨、李、枣、柿、葡萄等为主，历史上以农户在宅前屋后、水边路旁、十边隙地栽植为主。50年代起，用材林木逐步被速生、丰产的树种所取代。50～60年代，倡导"四旁绿化"。70年代，推行农田林网化。1978年，张轩乡首开筑垛造林6.2公顷先河。至1985年，全县共有11个乡先后开发滩涂营造商品性池杉丰产林，总面积780.73公顷，其中建成千亩连片林场5个。1985年，全县共有"四旁绿化"树木2300万株，成片造林总面积4073公顷，森林覆盖率12.8%；建成果园143个，成片果园面积218.3公顷，散生果树8.4万株，收获果品总产量3812.25吨。

蚕桑业　境内植桑养蚕历史悠久，邑人秦观所著《蚕书》，为中国现存成书年代最早的蚕业专著。清光绪二十九年（1903）在州城设东、西课桑局。民国7年（1918），垦荒百余亩，建蚕桑试验场。后又建县蚕桑中心指导所、蚕业合作社。新中国成立后，县政府大力提倡植桑养蚕，桑园面积逐步扩大，蚕茧产量不断上升。1985年，全县桑园面积猛增至1146.6公顷，蚕茧总产量上升至407.29吨，均创历史记录。

副业　农民传统副业包括种植经济作物、编织和捕猎等。经济作物品种主要有蔬菜、芦苇、杞柳、薄荷、花卉等；编织业主要有芦席、窝莛等芦苇类编织，竹器编织，柳器编织，席草编织等；捕猎动物主要有野鸭、野兔、黄鼠狼和野生鸟类。随着科学技术的发展、自然环境的变化和市场行情的变动，副业生产的工艺和品种亦在不断推陈出新。

第六篇　水利　设5章15节。记载流域性工程、骨干河道工程和农田水利建设，并记载防汛、排涝、抗旱和水利设施管理。

高邮湖整治　高邮湖位于境西，属平原浅水型淡水湖泊，为江苏省第三大湖，水域总面积780平方千米（水位在8.5米以上），其中境内水域面积420.84平方千米；蓄水量10.8亿立方米。该湖为洪泽湖、淮河入江水道，加之与运河仅有一堤之隔，且湖底高于运东里下河地面高度，历史上每遇湖水盛涨时，经常冲破运河东、西堤防，造成严重水灾。50年代以后，除国家在流域上游实施多项整治、加固工程外，境内湖区实施清除行洪障碍、兴建新民滩漫水闸、加固沿湖防洪大圩等多项措施。至1985年，国家共投入整治资金866.38万元，动用劳力33.23万人，完成土石方3876万立方米，高邮湖主要堤防达到排洪1.2万立方米/秒的标准，一般堤防达到排洪0.8万立方米/秒的标准。

河道整治　古代，境内河流主要以自然河流为主，如西部地区的涧河、东部地区的大水冲刷河。新中国成立后，全县大兴水利建设，大规模实施河网整治工程，新开挖河道989条。国家在境内实施的重点河道整治工程有：京杭大运河高邮段整治工程，河道全长43千米，除进行6次大规模整治外，每年实行岁修养护，国家先后投资1518.48万元，累计完成土石方388.58万立方米；三阳河高邮段整治工程，河道全长70千米，国家先后投资1270.54万元，累计完成土石方1951.01万立方米。至1985年，全县共有县级骨干河道31条、乡镇骨干河道165条，总长1898.9千米。

农田水利建设　新中国成立前，境内东部平原地区农田灌溉主要靠人力车水，西部低丘平冈地区主要靠筑塘坝蓄水灌溉。新中国成立后，经过建、改、调，沿运一线东部地区建成“四闸五洞”的供水系统和渠、洞（涵）、闸配套成网的灌、排、降水系，实现农田自流灌溉；西部地区兴建蓄水、引水工程；里下河圩区和沿湖圩区实施圩区治理工程。同时，全县建成机电灌排站729座，形成自流灌溉、提引水灌溉和机电灌溉相结合的农田水利体系。至1985年，全县自流灌溉面积3.38万公顷，蓄提水灌溉面积0.74万公顷，机电灌溉面积2.29万公顷，确保全县农田“百日无雨保灌溉，日雨二百（200毫米）不成涝”。

第七篇　工业　设2章15节。记载工业经济体制变革和分行业工业发展情况。

工业经济体制　明清时，高邮工业以个体手工业和私营作坊形态存在与发展。清末民初，始有近代工业雏形，且多为外地人投资兴办，主要是与人民生活密切相关的轻工业，设备简单，生产规模很小。至1949年，全县共有私营工业企业75家、个体手工业户2590户，实现工业产值1062.79万元。是年初，县委兴办首家全民所有制工业企业——县福利米厂（后更名为地方国营高邮油厂）。1952年，开始对私营工业和个体手工业实行社会主义改造。1956年，全民所有制工业企业增加到10家，由私营工厂转变为公私合营企业16家、合作集体经营企业1家，由手工业户组成的手工业生产合作社（组）57家，实现工业产值2494.37万元。1958年，全县在“大办工业”的大背景下，兴建人民公社工业企业236家。60年代初期国民经济困难时期，全县工业发展受到影响。1964年起，全县工业全面回升。至60年代末70年代初，全县新建一批全民所有制和县属大集体的纺织、化工、机械、电子工业企业。1975年，全县工业产值突破1亿元。

1984年，县属企业从推行经济承包责任制开始，乡镇企业从推行无锡县堰桥乡“一包三改”（经济承包责任制，改干部任免制为选聘制，改工人固定录用制为合同制，改固定工资制为浮动工资制）开始,启动全县工业企业经济体制改革。1985年,全县共有乡镇以上工业企业435家,其中全民所有制企业44家、县属集体所有制企业65家、乡镇办集体企业326家;并出现一大批村、组、联户和户办工业,全县实现全部工业总产值5.88亿元。

食品工业　境内传统的食品加工为磨坊、油坊、糟坊、糖坊、酱园和前店后作的个体私营户。清末,朱畴创办的裕亨面粉厂为境内首家运用机器生产的粮食加工企业。至40年代,全县有米厂72家、油厂7家、面粉厂2家、酱醋厂2家。新中国成立后,通过新建、改造、划并和调整,全县食品工业发展较快。建成高邮油厂、高邮米厂、县食品加工厂、县酿酒总厂、高邮肉类联合加工厂、县面粉厂、县饲料厂等一批重点企业。在省以上获奖食品有高邮香醋(巴拿马赛会三等奖)、标二杂优米(商业部信得过产品)、秦邮董糖(省糖制食品评比一等奖)、鸳鸯太妃糖(省、市糖果业质量评比第一名)等。高邮咸鸭蛋(双黄蛋)、高邮皮蛋、秦邮董糖、界首茶干、临泽水晶月饼、三垛方酥、菱塘老鹅、菱塘乳猪等为高邮特色食品。1985年,全县有乡镇以上食品工业独立核算企业75家,其中粮油加工企业35家、饲料加工企业17家、饮料(酒类)生产企业10家、副食品和豆制品生产企业各5家、肉禽蛋加工企业2家、酱醋生产企业1家;村组、街道、校办企业遍布城乡。是年,全县食品工业独立核算企业实现产值1.19亿元,占全县工业总产值20.24%,实现利润346万元,职工年均人数5400人。

纺织工业　古代,境内民间兴捻纱织造土布。清光绪时,设劝工织布局,为纺织工业之始。40年代,全县经营棉纺织业的手工业个体户71户,主要生产民用棉线和编织裤带、毛巾等。1958年,由52户个体棉纺织店成立的棉针织生产合作社改为县棉织厂。1970年,县缫丝厂建成。1974年,县棉织厂更名为县布厂。1978年,由县农产品采购经理部兴办的轧花厂升格为县轧花厂。1979年,县焦化厂改为县毛纺厂。1985年,新建成县棉纺织厂。70～80年代,各乡镇兴办一批纱厂、丝厂、毛巾厂、织带厂、编织袋厂等纺织企业。至1985年末,全县有乡镇以上纺织工业独立核算企业23家,主要产品有布类(棉布、化纤布等)、棉纱、白厂丝、毛织物、被胎等产品。是年,全县纺织工业独立核算企业实现产值5695万元、利润136万元,职工年均人数4242人。

缝纫、皮革制品工业　清代以前,境内制作服装、鞋帽的裁缝店遍布城乡。1949年,全县有服装、鞋帽手工业户300多户。50年代,陆续成立缝纫合作社、组。1960年,首家县服装鞋帽厂在城区建立,次年承接外贸服装生产业务。1963年,该厂分解为县服装合作工厂和县鞋帽合作工厂。1973年,两厂分别定名为县服装厂、县鞋帽厂。70年代起,城乡兴建一批服装、鞋帽、皮革制品生产企业。1985年,全县有乡镇以上缝纫、皮革制品工业独立核算企业30家,其中缝纫企业24家、皮革制品企业6家,主产品有内外贸服装、鞋帽和皮革制品。全县缝纫、皮革制品工业独立核算企业实现产值2209万元、利润67万元,职工年均人数3101人。

印刷、造纸及纸制品工业　民国初年以前,境内印刷均采用木刻水印技艺。民国13年(1924),石印印刷技术传入。民国15年,建于清末的县贫民工厂首家引进活字铅印技术。1956年、1957年,县印刷厂、县造纸厂先后设立。1971年、1981年,高邮镇纸箱厂、临泽镇铝箔纸厂先后建成。1985年,全县有独立核算印刷企业13家、造纸及纸制品企业11家,印刷企业主要承接印刷各类书籍、课本、账册等,纸产品主要有各种纸张、纸包装等。全县印刷、造纸及纸制品工业独立核算企业实现产值363万元、利润98万元,职工年均人数2289人。

建材、木材加工工业　境内农村有建土窑、掼砖坯、用柴草烧制砖瓦的传统,木材加工多由个体木匠和木业店铺承担。1958年大办工业时,全县兴办小砖瓦厂37家、小水泥厂16家,各公社农具厂社均设有木业车间。后小砖瓦厂、小水泥厂陆续关闭。1964年,县木器厂建成。1970年,县水泥厂、县水泥制品厂、县砖瓦厂建成。1976年,县木材综合加工厂建成。其间,一批乡镇水泥制品厂、轮窑砖瓦厂、木器加工厂相继兴办。1977年,八桥水泥厂、周巷耐火器材厂建成。1981年,高邮平板玻璃厂建成。1985年,全县共有乡镇以上建材工业独立核算企业58家,主产品有砖、瓦、水泥、平板玻璃和水泥农船等水泥制品;乡镇以上木材加工企业5家,主产品有木制家具、木制农具和木质农船等。全县建材、木材加工工业独立核算企业实现产值3142.2万元、利润141.3万元，职工年均人数9645人。

机械工业　清代以前，境内由私人铜匠、铁匠铺打制小农具、小渔具和生活用具，卖给城乡居民。民国14年（1925），邑人李恒元创办全县首家机械企业——新邮机械修理厂。40年代，境内有铸造、锻工、冷作、机修厂、店、铺39家。1951年，车逻建成全县首家农具生产合作社。1956年，县城5家私营机修厂合并为公私合营高邮铁工厂（后更名高邮水泵厂）。1957年，县船厂建成。1958年，县拖拉机站建成。1959年，全县农具厂发展到128家，并建成县粮食机械修造厂。1966年以后，县锻铸厂（后更名为县纺织机械配件厂）、县农机修造厂、县农机修造二厂（后更名为扬州市煤矿机械厂）、县农机修造三厂（后更名为县石油机械厂）、县汽车配件厂、县建筑机械厂、县电镀五金厂、县轻工机械厂、县电机厂、县钢木家具厂、县自行车零件厂等一批重点机械企业建成。1985年，全县共有乡镇以上机械工业独立核算企业99家，产品涉及工农业机械、交通运输机械、建筑机械、电气机械、日用五金、医疗器械等10多类共300多种。XD3型不锈钢多级泵先后获省优秀新产品奖、国家经委“金龙奖”，$2\frac{1}{2}$PW污水泵和QY-25潜水泵被评为全国一等品，7种机械产品获省优质产品奖。是年，全县机械工业独立核算企业实现产值1.07亿元、利润754万元，职工年均人数1.26万人。

化学工业　1958年，境内始有化学工业。是年，城区及城郊建成化工厂、制药厂、盐酸厂；农村大办土化肥厂、土农药厂，后全部停办。1970年，县化肥厂、县制药厂建成。1972年，县磷肥厂建成。1976年，县染料化工厂建成。1981年，县生物化学制药厂建成。同时，一批乡镇化学工业企业陆续建成。1985年，全县共有乡镇以上化学工业独立核算企业34家，主产品有氮肥、磷肥、塑料制品、橡胶制品、染料、药品等。全县化学工业独立核算企业实现产值3233万元、利润67万元，职工年均人数3892人。

电子工业　1970年，境内电子工业起步。是年，建成县无线电元件一厂、二厂、三厂、四厂、五厂和县晶体管厂、县电讯器材厂。1979年，郭集建成全县首家乡镇电子元件厂。1980年，县无线电元件六厂建成。其中，县无线电元件二厂以生产军用飞机火警控制盒等军用产品为主，县电讯器材厂以生产送受话器等通信器材为主，其余企业分别以生产电位器（炭粒）、晶体管（锗管）、电容器（铝解）、电子管管座（大功率）等电子元器件为主。后由于技术条件等因素限制，部分企业关闭、转行。1985年，全县共有电子工业独立核算企业6家，实现产值1146万元、利润132万元，职工年均人数1274人。

电力工业　清光绪二十六年（1900），因军务需要，扬州电报局在界首北泥甸庄巡电房安装发电机，为境内发电之始。光绪三十三年（1907），裕亨面粉厂以蒸汽机发电，是境内工业用电之始。至50年代初，境内自备柴油机发电的工业企业增多。1957年，由省水利厅投资，在县城通湖桥附近建成全省首座县水电站，电力用于城区照明。1960～1961年，由省电力局投资，建成高邮电厂，始行火力发电。1965年，国家华东大电网开始向高邮供电。1976年，高邮电厂停止发电，机组拆迁至县化肥厂，利用生产余热发电。是时，全县用电主要由华东电网供电。至1985年，全县建成35千伏变电所9座、110千伏变电所和220千伏变电所各1座，安装变压器1570台、总容量21.57万千伏安，布设输电线路总长5447千米；全年供电量1.39亿千瓦时，用电量1.33亿千瓦时，其中工业用电6103万千瓦时、农业用电6556万千瓦时、市政生活用电617万千瓦时。同时，全县有400家单位自备发电机569台，装机容量1.28万千瓦。

第八章　交通邮电　设5章12节。记载县内交通设施、运输业务、交通管理、邮政、电信等内容。

交通　高邮自古以来为江淮间交通之要道。吴王夫差开邗沟过境高邮，以沟通江淮。元，始筑南北驿道，设有驿站。明，运河高邮段形成。从此，运河高邮段、运堤驿道分别成为高邮水陆南北交通之主动脉。境内交通长期以水运为主。至民国36年（1947），境内内河主要航道总长208千米（不含高邮湖航道，下同），重点航道有运河高邮段、三阳河、南澄子河、北澄子河、大泾沟，其中仅有运河航道和北澄子河航道可通小汽轮。新中国成立后，水陆交通齐发展。建成淮（淮阴）六（六合）公路高邮段、邮（高邮）兴（兴化）公路高邮段、界（界首）临（临泽）公路、扬（扬州）菱（菱塘）公路高邮段等公路和邮(高邮)临(临泽)河、东平河、横泾河、澄潼河、新六安河、第三沟、二里大沟等航道。1985年,全县共有公路33条356.7千米,内河航道61条614.85千米;运输车辆2858辆2260座2402吨位,运输船舶2732艘727座5.83万吨;完成客运量405.8万人次、客运周转量1.4亿人千米,货运量105.4万吨、货运周转量1.85亿吨千米。

邮政　秦,境内始筑台,置邮亭。元至元十四年(1277),置界首驿。明洪武八年(1375),置盂城驿。清光绪二十五年(1899),始建邮局。民国初年,城区有私人开办民信局。民国30年(1941),伪县政府设县邮政局,下设邮政代办所;新四军在抗日根据地设军事交通站。1949年,县邮电局建立。其后,县邮政局、县电信局数度分合。1985年,县邮电局下设8个邮电支局、10个邮电所、17个邮电代办所、9个邮政代办所、67个邮票代售处、115只自投信箱。是年,完成函件进出口量421.05万件、包件进出口量11.36万件、汇兑进出口量20.58万张、报刊发行量1434万份、机要通信进出口量3513件。

电信　清光绪年间,境内始有电话。宣统元年(1909),州电报房始办电报业务。民国10年(1921),高邮民营电话公司开办市话和农村部分地区农话业务。新中国成立后,境内电信业务发展很快。50年代初,县内电话用户仅有6户,电报业务量不足5000份。至1985年,全县电话用户发展到1412户、电话机3102部,其中市话用户996户、电话机1321部,农话用户416户、电话机1781部;完成长途电话业务量31.38万张,电报业务量14.85万份;实现电信业务总收入124.66万元。县邮电局还备有15瓦小型无线电台2部,以供应急备用。

第九篇　商业　设9章29节。记载县内商业经济体制、粮油购销、物资购销、生活消费品供应、医药用品购销、对外贸易、饮食服务、集市贸易等内容。

商业经济体制　清代以前,境内商贸以城镇开店设业者居多,农村则有逢集赶集习俗。民国20年(1931),国民党县党部发起合作社运动,此为境内供销合作经济之始。民国33年(1944),苏中一专署成立利民公司,后又设湖东贸易公司和大昌商店,此为境内全民所有制商业的前身。至民国36年(1947),县城个体私营商业店、铺、行逾1000家,涉及60多个行业。民国期间,县设有商会,下设各业同业公会。1949年,全县共有商业经营单位5147家,从业人员6459人,实现社会商品零售总额1445万元。其中,个体私营商业经营单位、从业人员、商品零售额分别占99.65%、97.55%、95.16%,国营、集体商业仅占0.35%、2.45%、4.84%。1950年,县合作总社成立。新中国成立后,一方面对个体私营商业实行利用、限制和改造政策,另一方面加大对国营商业、集体商业和合作商业的支持力度,全县逐步形成以国营、集体和供销合作商业为主、个体私营商业为补充的商业流通体制。至1985年,全县共有国营商业企业214家,从业人员4876人,实现商品零售额8710万元;集体商业经营单位1952家,从业人员1.12万人,实现商品零售额2.19亿元;供销合作经营机构654家,从业人员4962人,实现商品零售额1.15亿元;个体私营商业经营户5338户,从业人员6648人,实现商品零售额3148万元。

粮油购销　民国及以前,境内粮食经营多由私营"陆陈行"(旧时粮行俗称)控制。新中国成立初期,全县有粮食个体私营经营户345户,其中粮行103家。1950年,中国粮食公司泰州分公司在高邮设立支公司办事处,并下设城南、城东、城北3家粮食购销站和农村集镇粮食收购站。1953年,国家对粮食实行统购统销政策,境内个体私营粮食经营户全部停业。是年,建成33个粮油管理所和15个国营粮油零售商店。1955年,对城镇户口居民实行按月凭证凭券定量供应粮油,对粮油制品生产经营单位实行按计划供应粮油。70年代后期,县内逐步恢复粮食自由贸易,县粮食集市贸易管理所成立。1980年,建成10个粮食贸易市场。1985年,改向农民进行粮食统购、征购为实行合同定购。1953～1985年,全县累计收购粮食466.47万吨,其中征购269.86万吨;销售粮食115.67万吨,其中议价销售11.7万吨。

物资购销　清代,县内有木材经营店、行。民国初,始有煤炭、金属材料经营店、铺。新中国成立初期,境内生产资料由县商业、供销、工业、水利等部门设立的经理部或门市部负责经营;地方农副产品和工业品由县商业、供销、粮食、外贸、医疗等单位所设的基层站、所负责收购,由上一级经营单位按销售渠道统一进行销售。1961年,县物资局成立以后,并先后成立县物资公司、县金属机电化工公司、县煤炭石油公司、县木材建材公司、县生产资料服务公司、县农业机械公司等国营企业，对生产资料购、销、调、存实行统一管理；对其中国家规定计划供应的物资，如煤炭、木材、钢材、石油(成品油)等，实行计划调拨和计划供应；对国家允许进行区域协作的物资品种，如煤炭、化肥等，组织对外协作调进分配。1985年，全县主要大宗物资进销存量分别为：煤炭购进11.6万吨、销售12.39万吨、库存2.21万吨，木材购进2.88万立方米、销售3.38万立方米、库存0.62万立方米，钢材购进1.05万吨、销售1.07万吨、库存0.38万吨。

生活日用品供应　民国及以前，县内由个体经营的“土八鲜”行、鱼行、蛋行、盐行、布店、“五洋”店、杂货店、百货店等，分别控制和经营瓜果、蔬菜、水产品、蛋品、食盐、布料和日用百货等。新中国成立后，逐步对个体私营商业进行社会主义改造，县内生活日用品逐步由国营商业、集体商业、供销合作商业门市部、社、店、组为主经营。1954年9月起，对棉布和棉花制品实行计划供应、凭布票购买。1959年起，县内陆续实行凭券供应的有粮、油、肉、糖、烟、酒、茶、糕点、煤炭、煤油、肥皂、豆制品和棉、毛、丝织制品等20多种商品。六七十年代，凭证凭券供应的商品多达数十种。进入80年代，随着生产发展、市场放开，生活日用品货源日益充足，原凭券、证供应的商品逐步取消计划供应。同时，个体商户蓬勃发展，境内生活日用品出现多渠道经营的局面。至1985年，全县除粮、油、煤、酒和名牌电视机、自行车、缝纫机等仍实行计划供应外，其他生活日用品基本实行敞开供应。

医药用品购销　民国及以前，境内药店均为私人开设。1951年，全县有私营药店143家，其中中药店130家、西药店13家。1956年，县国营医药公司成立。1958年，县公私合营国新药商店成立，下设5家中药店和3家西药房。同时，临泽镇、三垛镇建立公私合营国新药商店。60年代，县城和临泽镇两家国新药商店划归县医药公司，三垛国新药商店划归三垛供销社。从此，全县医药用品由县医药公司实行统一进货、统一价格、统一分配销售，并按照国家规定药品品种实行计划管理。1985年，全县有医药公司1家、医药商店9家，经营药品、器械、试剂品种共3638种，实现年销售额814.87万元。

饮食服务业　民国年间，全县共有饭店、饼面店、理发店、浴室、茶馆、旅社、照相馆等饮食服务业个体私营经营户389户。新中国成立初期，全县饮食服务业经营户发展到1510户。50年代，全县对个体私营饮食服务业经营户进行社会主义改造，逐步成立各行各业合作商店或合作小组。1969年，县生活服务公司成立。1970年，饮食服务行业从中析出，单独成立县饮食服务公司。80年代，随着市场逐步放开，全县饮食服务业迅速发展。至1985年，全县饮食服务业经营单位发展到2472家，其中国营单位29家、集体单位253家、个体私营户2190家；饮食业808家、旅社业44家、理发业284家、浴业27家、照相业63家、日用品修理业1179家、洗染及其他服务业67家。是年，全县饮食服务业实现营业额813万元，五柳园蟹黄包子、洞天楼各式点心、焦家巷大饺子、陈大房大碗面等成为高邮人喜爱的特色面点。

集市贸易　40年代，全县有较大集市(场)11个，50年代初发展到23个，多设于农村集镇。在50年代对个体私营经济实行社会主义改造和60年代“文化大革命”“割资本主义尾巴”的大背景下，全县集市几乎消失殆尽，城区仅剩下城中、城南、城北等3个菜场。“文化大革命”结束后，集市有所增加。进入80年代，随着实行改革开放，农贸市场和专业市场迅速发展。1985年，全县设有市场53个，经营场地(含露天市场)总面积4.25万平方米，实现集市贸易额3913万元。

对外贸易　民国及以前，县内出口产品主要是少量的地方土特产品和农产品，出口地主要是东南亚一带。50年代，始有柳条制品、刺绣等手工艺品出口，通过省外贸公司和外地口岸外销，出口地扩大到西欧。六七十年代，始有服装、白厂丝等纺织品出口。70年代末期以后，“直接灰”染料、钢锯架、汽车轮胎螺母等化工、五金产品陆续销往国外。1983年，县水泵厂生产的小型不锈钢多节泵对外销售，实现全县机械整机产品出口零的突破。至1985年，全县出口产品有粮油食品类、土畜产品类、工艺品类、纺织品类、五金化工机械产品类五大类、39种产品，销往41个国家和地区。是年，全县实现外贸产品收购值3820.4万元、销售额2924.6万元、利润25.45万元。

第十篇 财税 金融 设5章21节。记载县境税务、财政、金融、保险、征集资金等内容。

税务 民国及以前，境内民间纳税以赋、捐向政府缴纳。其中，赋主要是田赋，捐名目繁多。宣统二年（1910）以后，始行纳税，各种杂项收费以附税缴纳。30年代，境内农民纳税税目主要有省正税、省专税、县正税、县附税。附税主要有11种，工商户缴纳的工商税主要有屠宰税、营业税、契税、房捐税、牙行牌照税等。日伪统治时期，境内各种捐税有100多种。新中国成立后，县政府不断减轻市民税费负担。几经税制改革，农民种田缴纳农业税以实物（公粮）形式缴纳，税率从18.4%逐步降至3.2%；工商税以货币形式缴纳，其中企业纳税税种有产品税、增值税、营业税、国营企业所得税、集体企业所得税，个体工商户按8级超额累进税率缴纳经营所得税。1985年，全县实征农业税公粮2.17万吨、工商税总额2788万元。

财政 新中国成立后，县财政实行高度集中的财政体制，先后实行统收统支，划税分成、固定比例、支出包干，固定分成、调剂分成、以收定支，总额分成、比例包干，定收定支、收支包干等办法。70年代后，县财政自主权逐步扩大。80年代初，重建乡镇财政所。1985年，县财政局对乡镇财政始行全面管理，并实行“收支两条线”的管理办法，即收入全额上解县财政，支出由县财政拨付，不结算财政分成。是年，县财政实现总收入3766万元，其中预算内收入3648万元、预算外收入118万元；总支出3585万元，其中预算内支出3484万元、预算外支出101万元。

金融 明清时期，县内设有钱庄、当铺（当典），为个人或合资开设，最盛时有数十家之多，遍布城乡。民国4年（1915），城内同兴钱庄改为中国银行扬州支行高邮代理店，为境内银行之始。此后，交通银行、中国农民银行、江淮银行、江苏银行、华中银行在县内设立分理机构。新中国成立后，中国人民银行高邮县支行、中国农业银行高邮县支行、中国工商银行高邮县支行、中国人民建设银行高邮县办事处、高邮县信用合作联社等银行业金融机构先后成立。1985年，全县共有银行业营业机构65个，年末存款余额1.69亿元、贷款余额3.18亿元，资金流动量收入4.45亿元、支出4.63亿元。

保险 1950年，县内始设保险代理处。1952年7月，中国人民保险公司高邮县支公司成立。1958～1980年，县内停办保险机构。1981年，中国人民银行高邮县支行兼办保险业务。1984年，恢复设立中国人民保险公司高邮县支公司。1985年，设有人身保险、养老保险、财产保险、养殖保险等11种险种，实现保费收入119.53万元，赔付支出16.73万元。

第十一篇 城乡建设 设4章12节。记载县城建设、村镇建设、房地产管理、建筑业等内容。

县城建设 高邮县始设于汉代，为江淮间要邑。宋，始筑城，呈方形，“周长11里316步，高2.5丈，面阔1.5丈”。明清时，高邮城不断向南北方向扩展。至民国初年，城区面积约为宋城的两倍。民国年间，随着县城私营手工业和商业的发展，城区面积扩大到3.8平方千米，人口3万人。新中国成立后，城区建设得到较快发展。进入70年代，城区不断向东扩展，主要工业企业向东迁移。老城区逐步形成以商业、饮食服务、文化、娱乐、教育、医疗卫生等为主的新型综合服务圈。城市道路、建筑、供电、供排水、绿化、通讯等公共设施相应配套发展。至1985年，城区面积扩大到6.1平方千米，其中建成区面积5.04平方千米；居住人口6.96万人，其中户籍人口6.78万人；城区主要道路16条，总长12.53千米；绿化面积77.5公顷，覆盖率15.38%。

村镇建设 县内村庄、集镇多为有史以来逐步自然形成。规模较大的称“垛”“庄”“潭”“集”，较小的称“墩”“甸”“厍”“团”，依水而设的称“浜”“圩”“沟”“拐”“湾”，还有一两户人家的单庄独厍，以居主姓名唤之。六七十年代，随着大规模农田水利建设的展开，全县农村掀起建庄台的热潮，许多自然村庄逐步消失，为建立新型村庄带来机遇。至1985年，除高邮镇和三垛、界首、临泽等3个建制镇外，全县较大的集镇有车逻、八桥、卸甲庄、龙奔、汉留、沙堰、汤家庄、一沟、二沟、十里尖、马棚湾、东墩、河口、三郎庙、柘垛、司徒潭、周家巷、薛北庄、白马庙、洋汊、吴家堡、东角墩、马奔庄、阮湾、送驾桥、菱塘桥、郭集、常集、南荼等29个。多数集镇道路由泥路改建为砖石路或水泥路，房屋由土墙茅草房改建为砖瓦房或水泥结构房，实现电灯照明和饮用自来水，少数富裕起来的农民建起小楼房。

建筑业　自古以来,民间就有"一张瓦刀、一把斧头闯天下"之说,城乡建筑均出自于瓦木匠之手。1949年,县瓦业工会和县木业工会成立。1958年,县城镇建筑器材厂建筑工程队成立,1960年改为城镇建筑站,1964年升格为县建筑站。1965年后,各乡镇(公社)亦相继建立建筑站。1984年,县建筑安装工程总公司成立。至1985年,该公司有子公司35个,工程队88个。是年,全县建筑职工总数9962人,其中外出施工人数4260人;施工面积46.31万平方米、竣工面积30.54万平方米,其中县外施工面积19.26万平方米、竣工面积12.35万平方米;实现建筑业总产值5578万元。

第十二篇　经济管理　设5章16节。记载全县计划、统计、工商行政、物价、标准计量等方面经济综合管理内容。

计划管理　50年代中期起,县政府对全县国民经济和社会事业发展实行高度集中的计划管理。1971年起,与国家第四个五年计划接轨,始编制高邮县国民经济发展五年计划,同时编制中长期和不定期的各种专项事业发展规划。进入80年代,实行指令性计划、指导性计划和市场调节相结合的管理机制。至1985年,国家指令性计划逐年减少,是年所占份额下降到20%左右。

统计管理　新中国成立后,县及基层单位始设统计机构和统计人员,逐步形成统计网络,统计范围逐步扩大。县政府统计部门除正常开展年度统计外,还通过全面统计、普遍调查、抽样调查等方法,完成各项调查统计。1950年、1985年,先后进行第一次、第二次全国工业普查。1953年、1964年、1982年,先后进行第一次、第二次、第三次全国人口普查。1955年、1980年、1985年,先后进行全县私营商业、县域地名、县城房屋普查。80年代起,县统计部门还先后开展多项统计分析和统计服务。

工商行政管理　民国年间,县商会负责全县工商经营管理。新中国成立后,县政府工商行政管理部门负责工商企业管理。同时,加强对个体私营经济的管理,严厉开展打击投机倒把活动和"地下"经商活动。1978年、1980年、1982年,先后增加商标管理、经济合同管理、广告管理等职能。1985年,全县登记发照的工商企业3217家,由工商部门立案受理的经济纠纷案件12件,结案8件。

物价管理　民国27年(1938)高邮水灾,次年又被日军侵占,由于天灾人祸,境内经济萎缩,市场萧条,通货膨胀,物价上涨。每百元法币,在民国26年能买两头牛,民国34年只能买到一条鱼,到民国37年仅可买到一只煤球。新中国成立后,国家对关系国计民生的主要商品实行国家统一定价,并实行计划供应,商品价格趋于稳定。1960～1962年三年自然灾害期间,由于物资严重短缺,引起物价上涨。国家规定1角1分4厘1市斤的大米,"黑市"卖到2元钱以上;原来1角钱1市斤的慈姑,市价卖到近1元6角。"文化大革命"期间,国家对物价采取冻结措施,物价虽然相对平稳,但出现有价无货的现象。70年代末期起,国家为缩小工农业产品"剪刀差",逐步提高农产品价格和降低工业品价格。1979年,全县先后提高18种重点农产品收购价和8种主要副食品销售价,并给职工和居民发放副食品补贴。80年代初,继续降低工业品价格,同时适当提高服务业价格。1984年,日用工业品执行国家定价、浮动价和工商双方协商价作价办法;工业生产资料执行国家定价、协作价和市场调节价作价办法;农业生产资料除国家定价的外,自行组织部分实行代理价;农副产品中的禽、蛋、水产品和蔬菜购销价格全部放开,实行市场调节。是年,县物价检查所成立,负责监督检查乱涨价、价格不当竞争和价格欺诈行为。1985年,国家改粮食统购为合同定购,允许定购外的多余粮食上市自由交易。至此,农副产品、日用工业品和服务业价格基本放开。

标准计量管理　新中国成立前,境内计量多沿袭传统市制,且计量器具制作和使用混乱。1957年,高邮、宝应、兴化、洪泽4县联合计量检定所(后更名为高邮县计量管理所)在高邮设立,始对计量实行统一管理和检定。1959年,16两制市制称重计量改为10两制。70年代,随着计量器具更新和计量规范推行,公制计量逐步推广应用。80年代,在企业中开始推行标准化工作,先后有9家企业设立计量室。1985年,县属工业、乡镇工业无标率分别降低为10.4%、7.19%。

第十三篇　政党社团　设4章18节。记载境内中国共产党、中国国民党、其他政党和社会团体内容。

中国共产党地方组织　民国17年（1928），中共临泽党支部、三垛党支部建立。民国18年，中共高邮县委建立。后中共党组织均遭国民党当局破坏。民国28年，中共高邮县工作委员会秘密成立。民国31年，中共高邮县委复建。在抗日战争和解放战争中，中共高邮县党组织为高邮人民解放做出巨大牺牲。新中国成立后，中共高邮县委带领全县人民进行社会主义经济建设。1966年末至1971年5月，因“文化大革命”，中共高邮县委陷入瘫痪状态。1971年5月末，中共高邮县委恢复。至1985年，先后召开4次党员代表会议和4届党员代表大会。是年，全县共有党组24个、基层党委40个、党总支部18个、党支部1299个，党员2.59万人。历任县委书记（主要负责人）有：郑洪、王为雄、陈干、杨浩庐、赵秀英（女）、刘烈人、张英、刘克刚、曾涛、李健、金求真、杜文白、冯坚、夏雨、洪坚、肖九成、任文彬、曹祝三、潘震球、刘少卿、周亦华、薛先洛、查长银、周治安。

中国国民党地方组织　民国16年（1927），国民党高邮县党部特别委员会建立。民国17年，国民党高邮县党务指导委员会成立，并设立县党部。民国18年，国民党高邮县第一次代表大会召开，选举产生第一届执监委员会。民国22年，全县共有国民党党员106人，设有10个区党部。至民国36年，又先后召开4次代表大会。民国37年，高邮县成立党（国民党）团（三青团）统一委员会，因党团矛盾终未并成。国民党高邮县地方组织成立之初，尚能宣传推翻反动军阀统治和参与抗战活动，然而后来却转向反人民、镇压共产党。尤其是民国28年至民国34年间的伪国民党高邮县党部，配合日伪军和伪政权大肆屠杀抗日军民。1949年1月，中国人民解放军解放高邮城，国民党高邮县地方组织即告终结。

其他政党　民国36年至民国37年（1947～1948），先后建有青年党高邮县党部、民主社会党高邮县支部、新社会革命党（原名知行学社）高邮县支部，活动时间均仅为一年左右，且参加人数仅有几十人不等。

工会　民国25年（1936），始设工会，为非共产党领导的工人团体。民国35年，县城42家米厂工人联合召开大会，成立机米业工会，为共产党领导下的首个行业工人团体。是年，在各行业工会相继成立的基础上，成立高邮市（后改为高邮镇）总工会。1949年5月，高邮县总工会成立。至1985年，县总工会先后举行工会会员代表大会10次。是年末，全县共有基层工会274个、工会会员3.27万人。

农会　民国10年（1921），始设县农会。抗日战争、解放战争期间，在共产党的领导下，先后成立县农民抗日协会、县农民协会。1965年，开展社会主义教育运动期间，县贫下中农协会成立。至1978年，全县共选举产生基层贫下中农协会组织1533个，其中公社贫下中农协会32个、生产大队贫下中农协会637个、生产队贫下中农协会小组864个。1984年，全县贫下中农协会停止活动。

青少年团体　民国15年（1926），国民党在境内学校设有童子军。民国18年，共产主义青年团高邮支部建立。民国31年，共产党在乡村始设儿童团。民国32年，国民党领导下的三民主义青年团宝应分团高邮组织建立，至民国38年1月高邮解放前夕瓦解。1949年，共产党领导下的中国新民主主义青年团（后更名为中国共产主义青年团）高邮县工作委员会成立，并在各学校建立少年儿童队（后更名为少年先锋队）。至1985年，全县先后举行7次团员代表大会。是年，全县共有共青团基层组织1538个，其中团总支部63个、团支部1475个，团员4.18万人；少先队员约10万人。

妇女团体　民国33年（1944），县妇女抗日协会成立，至民国35年停止活动。1951年，县民主妇女联合会成立，1958年更名为县妇女联合会。1979年、1983年，该会两次被表彰为全国“三八”红旗集体。至1985年，先后召开7次全县妇女代表大会。

经济团体　清宣统二年（1910），县商务分会成立，下设48个同业公会，至40年代末50年代初停止活动。1952年，县工商业联合会（筹）成立，先后召开3届会员代表大会。1984年，县个体劳动者协会成立，至1985年下设18个分会，共有会员4283人。

科技文体及其他团体　1956年，县科学技术普及协会成立，1959年更名为县科学技术协会，至1985年下辖专业学会20个。1981年、1982年、1985年，县信鸽协会、县田径协会、县武术协会等体育群众团体先后成立。其他社会团体有：中国红十字会高邮分会（民国14年建）、各界人民抗日协会（民国31年建)、县中苏友好协会和县抗美援朝分会(1951年建)、县集邮协会和县盲人聋哑人协会(1982年建)、县归国华侨联合会(1984年建)等。

第十四篇　政务　设5章14节。记载县政权、参政议政等机构的内容。

县人民代表大会　1950年,全县始设各界人民代表会议制度,至1953年共举行3届9次县人民代表会议。会议通过政府工作报告和对重大事项做出决议。1954年,实行县人民代表大会制度,至1985年先后举行7届13次县人民代表大会,会议通过政府工作报告等报告和对重大事项做出决议,选举产生县长、副县长、县人民法院院长、县人民检察院检察长等。其中,前5届还有选举县人民委员会委员议程;后两届改为选举县人大常务委员会委员议程,嵇权、查长银分别当选第六届、第七届县人民代表大会常委会主任。1985年,第七届县人大代表共395人。

县政府　高邮自汉代始设行政建置后,先后设有县衙、府衙、州衙等,分别设县令、知县、知军、府达鲁花赤(元代)、知府、县尹、知州等职。民国时,先后设县民政署、县公署、县政府,分别设民政长、知事、县长等职。新中国成立后,设县人民政府,先后由冯坚、吴越、郑东里(代理)、钱增时、董连庆、孙普、潘震球、顾逊礼任县长。"文化大革命"期间,实行军事管制,由驻高邮部队和县人民武装部接管,改设为县革命委员会,先后由刘少卿、周亦华、薛先洛、查长银任县革命委员会主任。1981年起,恢复县人民政府,至1985年先后由县人民代表大会选举任金富、陈立增为县长。

县政协　1956年,中国人民政治协商会议江苏省高邮县委员会成立。至1985年,先后召开5届10次全体政协委员会议。县政协主席先后由洪坚、曹祝三、夏雨、钱增时、任金富担任。1985年,第五届县政协委员共169人。

第十五篇　军事　设4章11节。记载兵役、武装、民兵、战事等内容。

兵役　清以前,军队为扩充兵源,实行摊派制,"三男抽其一"。清末至民初,实行募兵制。民国25年(1936),国民政府实行征兵制。民国30年至1954年,中国共产党领导下的新四军、人民解放军、抗美援朝志愿军,均实行志愿兵役制。1955年,实行义务兵役制。至1985年,全县累计征集义务兵新兵2.26万人。

武装　唐境内设镇遏使,宋设御营司,明设高邮卫,清设河营高邮守备署和高邮水师。民国期间,国民党高邮驻军先后有黄兴、孙传芳、唐君尧等部队和国民党军二十五师、五十一师、四十二师等所属部队。抗日战争期间,高邮日伪驻军主要有日本华中派遣军独立混成旅两个大队,并设"洪部"(司令部)、伪军和平忠义救国军所属部队。抗日部队有:新四军五十四团、五十二团、第五支队,"抗日义勇团"(陈文部队),共产党领导下的江高独立团和民兵组织。解放战争期间,主要有中国人民解放军华中野战军第七纵队所属部队、苏北军区二分区六团和地方武装东南支队等。1950年,始设县人民武装部。1958年起,实行全民皆兵,生产队(组)设民兵排,生产大队(村)设民兵营,公社(乡镇)设基干民兵营,县设基干民兵团。是年,全县民兵猛增至1个师、22个团、162个营、1200个连,总人数21.66万人。1959年起,海军航空兵某部分队在高邮城设导航站。1965～1968年,省军区所属独立师一团一营驻高邮师范学校和文游台。1984年,始建中国人民解放军高邮预备役炮兵团,隶属扬州陆军预备役师。

战事　高邮地处江淮南北交通之要地,历来为兵家必争之地。据史载,三国时,因境内连年发生魏吴战争,几无人烟。唐代,境内先后发生徐敬业与唐军的下阿溪之战、藩镇割据之战。宋代,先后发生岳飞军与金兵的三墩(三垛)之战、韩世忠军与金兵的高邮城之战。元代,发生张士诚反元的攻守高邮之战。明嘉靖年间,发生明军抵抗日倭犯境之战。清代,多次发生太平军反清之战。在抗日战争期间,即从民国26年(1937)12月日军飞机轰炸高邮城起,至民国34年12月26日伪军投降、高邮城解放,先后在境内发生与日军之间的联庄会战斗和新四军组织的周庄战斗、张家庄战斗、张家汉战斗、南甘垛战斗、北敕庄战斗、藏铁庄战斗、鲍鳝沟伏击战、三垛河口伏击战、高邮战役等大小战斗32次。据民国35年(1946)2月20日苏中一分区《人民报》载,日军侵占高邮期间,实施"三光"(杀光、烧光、抢光)暴行,制造多起惨案。"共杀死无辜同胞2058人,打伤致残1459人,烧毁房屋4.08万间,抓壮丁

3057人，造成1.15万人流离失所，使6165人成为孤老孤儿，抢劫猪羊驴牛1.11万头、农船风车1373条（部）、衣服蚊帐18.32万件，劫掠金子46.5斤、银子1068斤、现金（抗币）1525.6万元、稻子104.9万石、麦子138.9万石，绑架勒索1.23万人次，勒索稻子55.8万石”。一些村庄变成孤儿村、寡妇庄、无人库。解放战争期间，即从民国35年起，至1949年1月高邮城解放，先后发生共产党领导下的军民与国民党军队间的大小战斗39次。

第十六篇　公安司法　设4章23节。记载公安、审判、检察、司法行政等内容。

公安　清宣统二年（1910），始设巡警总局。民国21年（1932），始设公安局。民国35年，改设警察局。新中国成立后，仍设县公安局，先后开展镇压反革命、取缔反动会道门、禁毒肃娼、改造地富反坏分子、打击刑事犯罪等斗争与活动，并实施户籍管理等工作。至1985年，县公安局下设城区派出所2个、乡镇派出所31个、特定区域派出所3个（水上、芦苇场、石工头派出所）。是年，全县发生各类刑事案件267起，破获209起。

审判　清及清以前，境内发生民事、刑事案件均由地方行政长官审理。民国元年（1912），设县地方审检厅。民国36年，始设高邮地方法院。1949年9月，县人民法院设立。1985年，县人民法院内设刑事、民事、经济等3个审判庭，下设三垛、临泽、菱塘、汉留、临城等5个人民法庭。是年，县人民法院共审结刑事案件67件。

检察　1951年，县人民检察署成立。1954年，改为县人民检察院，负责侦查监督、法纪和经济监督、审判监督、监所监督和控告申诉检察。1985年，县人民检察院批捕犯罪嫌疑人75人，起诉犯罪嫌疑人60人。

司法行政　民国初年，境内始有律师。新中国成立初期，全县普遍建立人民调解委员会。1981年，始建县公证处、县法律顾问处，隶属于县司法局。是年起，整建全县调解组织。1985年，全县共有各级调解委员会771个，调解员3780人；县企事业单位调解小组27个，调解员153人；全年共调处民事纠纷6847件，为法院受理调解民事案件数的22倍。

第十七篇　民政　设6章16节。记载烈军属优抚、转业复员军人安置、民众救济福利、婚姻登记、殡葬管理、人民信访、地名管理等内容。

优抚安置　40年代起，县抗日民主政府组织开展对抗日军人及其家属优抚工作。1949年，设于城中的中山公园被命名为烈士公园。同年开始接收安置复员军人。1954年，县烈军属招待所建立。1985年，县、乡镇均成立军人家庭服务中心。同年县军队离退休干部休养所建立。至是年末，全县共接收安置复员、转业、退伍军人2.06万人，接收军队离退休干部休养9人；落实优抚对象2765人（户），发放优抚补助金376.88万元；建成革命烈士碑、塔、墓、园、馆等纪念性建筑38处，其中代表性建筑有高邮人民烈士陵园（1949年命名）、人民英雄纪念碑（1950年立）、人民烈士墓（1955年建）、县革命烈士纪念馆（1974年建）等。

社会救济与福利　明洪武年间，创办养济院。清乾隆年间创办育婴堂，道光年间设永保福寿红船，光绪年间设贞增广所、义仓。民国年间，设贫民施粥厂、救生义渡局、贫民工厂、慈善团、救济院等。抗日战争期间，共产党县政府建立救济委员会。新中国成立后，县人民政府改救济院为县安老院，后相继改为县生产教养院、县福利院和高邮儿童教养院、高邮儿童福利院，并办有玻璃五金厂、金属工艺品厂、民福商店等福利企业。1958年起，各乡村兴办敬老院，集中供养“五保”老人。1985年，全县有40所敬老院，集中供养“五保”老人221人，分散供养“五保”人员3958人，年支付保养金总额114.7万元；全县有福利工厂13家，吸纳社会残疾人234人，通过其他多种渠道实现就业的残疾人有2168人，全部就业残疾人占全县残疾人总数6168人的39%；对各种原因造成的困难群体和个人实施社会救助，年支付社会救济金70.73万元，其中自然灾害救济33.7万元、城乡社会救济30.64万元、精简退休职工等困难人员救济6.39万元。

婚姻登记、殡葬管理　50年代起，县民政局依法施行婚姻登记。1951年，全县结婚登记仅有50对、离婚登记40对。1961年，高邮火葬场建立，全县推行火葬。1962年，全县火化尸体150具，火化率仅1.91%。1978年，临泽火葬场建立。1984年，县殡葬管理所成立。1985年，全县办理结婚登记2961对，结婚登记领证率上升到76.09%；办理离婚登记95对，加上法院判决离婚71对，离婚共166对，离婚率0.91%。是年，全县火化尸体4481具，火化率上升到90%。

人民信访　1949～1966年，县政府年均信访量300～600件之间。1967～1976年，信访量增多，年均信访量逾1000件。其后，信访量陡增，1979年达到4025件次。以后又逐年下降。1977～1985年，共受理人民来信2.08万件，其中来信1.43万件、来访6511人次。

地名管理　1980年，全县首次进行地名普查。1982年，县地名委员会成立，对地名实行标准化管理。1983年10月，《高邮县地名录》内部印行。1985年，全县新命名、更名地名16处，设置和更换地名标志2.36万块，并编印《高邮县地名手册》，建立地名档案84卷。

第十八篇　劳动人事　设4章13节。记载干部管理、劳动管理、职工工资福利、精简下放等内容。

干部管理　新中国成立后，全县干部（含党政机关、群众团体中的工作人员，全民所有制事业单位工作人员、全民企业单位中担任领导管理工作的人员）编制、调配等工作一般由政府人事管理部门负责，各机关、企事业单位领导干部任免一般由党委决定。1985年，全县干部总数7847人，其中女干部、高中以上文化的干部分别为1558人、5311人。

劳动管理　新中国成立后，劳动管理工作由政府劳动部门负责，主要开展劳动计划管理、招工分配、职工调动、工资调整、劳动安全与保护等工作。用工制度中有固定工、临时工、季节工、亦工亦农工等用工性质之分。1979～1983年，实行离退休职工子女“顶替”招工政策，顶替录用人数3937人。1981年后，县劳动服务公司及各系统、各乡镇劳动服务公司成立，主要是为待业的职工子女提供就业指导与服务。1984年，首批招用劳动合同制职工1240人。1985年，全县共有职工总数6.03万人，其中全民职工2.78万人、大集体职工3.25万人（不含农村乡镇小集体职工）。

工资福利　新中国成立之初，县党政机关工作人员实行供给制和薪金制。1953年，实行行政定级工资。1954年，实行第一次工资改革，进行党政群机关人员定编，并将供给制改为包干制。1955年，全部实行工资制。1956年，实行第二次工资改革，对职工工资进行适当调整。1957～1977年，先后3次调整级别与小幅度调整工资。1978～1984年，数次区分不同对象实行工资调整。1985年，实行第三次工资改革，即实行结构工资制，全县217家机关事业单位、315家县属以上企业共6.03万人参加此次改革，年发放工资总额4841.41万元。是年，全县发放全民职工劳动保护福利费总额627.2万元。

精简下放　1958～1971年，全县下放到农村、工厂的干部2000多人。1960～1973年，全县下放的企业职工和城镇居民近3万人。1962～1978年，全县下放到农村插队劳动的城镇知识青年5813人，同时接收泰州和其他城市到高邮农村插队劳动的知识青年6230人。1971年后，对下放干部、下放知青分别按政策陆续回城安排工作，对下放的企业职工和城镇居民则区分不同情况给予部分照顾性解决。

第十九篇　文化　设9章22节。记载王氏高邮学、文学艺术、广播电视、电影戏曲、报刊图书、档案、文物古迹等内容。

王氏高邮学　清高邮王氏父子（父王念孙、子王引之）是乾嘉学派代表人物，清经学第一通儒，中国小学的集大成者。其代表作有《广雅疏证》《读书杂志》《经义述闻》《经传释词》，合称“高邮王氏四种”，被称为“高邮学”。王念孙治学著作共26种166卷，王引之治学著作有10种74卷。

文学艺术　高邮古代文学艺术方面代表人物有：南唐诗人乔匡舜；宋代文学家、诗人孙觉，文学家、婉约派词宗秦观，诗人崔公度、邵迎、陈造；明代诗人汪广洋，散曲家、诗画家王磐；清代诗人孙宗彝、王永吉等。清代高邮诗人还结建有文台诗社、玄灵诗社。著名作品有秦观的《淮海词》、王磐的《西楼乐府》、钱泳的《秦邮碑刻》等。南唐至清代，高邮诗人所著诗集有200多种400多卷。舞蹈、盆景、雕塑和民间文艺等源远流长、丰富多彩。近现代代表人物有小说家、剧作家汪曾祺等。汪曾祺小说《大淖记事》、高邮民歌《数鸭蛋》、戴春帆金石作品《戴春帆印谱》等一批文艺作品闻名全国。

广播电视　民国26年(1937),邑人杨谨之始设私人广播电台。1950年,高邮建成首座收音站。1966年,高邮县人民广播站建立。1970年,全县所有公社全部建成广播放大站。1978年,县电视转播台建立。1979年,建成全国首座拉线式电视发射塔。1983年,县广播站购进首台录像机,为全县首个录像放映点。1985年,县广播站用稿量6176篇,全天播音时间7小时15分钟。全县家用电视机拥有量1万多台。

电影戏曲　民国31年(1942),境内首家电影院——金城电影院开办。1952年,县人民剧场建成。1959年,县电影院建成。1981年,县文化宫建成。至1985年,全县有电影院10个、电影放映单位53家。是年,电影放映场次2.89万场次、观众1373.52万人次。全县有演出剧场4个、表演团体从原有的4个到仅剩县扬剧团1个。

报刊图书　民国7年(1918),教师龚瑞芝等始创《高邮日报》。民国10年,始建图书馆。民国35年,苏中二分区在高邮建立新华书店。1956年7月至1961年9月,中共高邮县委编印《高邮报》。至1985年,全县先后出版报刊26种。其中,新中国成立前19种、新中国成立后7种,中共办13种、非中共办13种。1985年,全县图书发行网点106个,销售发行图书408万册。县图书馆藏书量7.5万册,年借阅量5.9万人次、4万册次。

档案　明州衙始设书吏房,收存文书。民国年间,国民政府始设档案库房。1949年,中共高邮县委始设机要档案室,县政府始设档案室。1959年,两室合并为县档案馆。至1985年,共形成档案全宗号89个、2.06万卷,其中革命历史档案38卷、民国档案1160卷、明清档案61卷、新中国成立后档案1.93万卷;提供利用档案1.41万人次、5.41万卷次。

文物古迹　1956～1958年,县文物管理部门普查和征集一批文物。1979年,南京博物院、扬州博物馆和县文管会对天山汉墓进行考古发掘,发现黄肠题凑墓葬。是年,县政府公布首批6处文物保护单位:镇国寺塔、净土寺塔、魁楼(亦称奎楼)、文游台、铁牛、高邮州署头门。1982年,天山汉墓、镇国寺塔被省政府公布为省文物保护单位。1984～1985年,县政府组织力量对全县文物进行全面普查。经过普查,全县有文物单位59处,其中古遗址2处、古墓葬2处、古建筑40处、纪念性建筑15处;征集流散文物1208件,其中碑刻79件、石雕41件、古陶瓷421件、古铜器79件、钱币8件、书画15件、工艺品81件、古建筑构件235件、其他249件。

著作目录　收入南唐至1985年共464名作者、964种著作目录,其中清代及以前397名作者、824种著作目录,民国及以后67名作者、140种著作目录。

第二十篇　教育　设3章11节。记载教育、教师、设施内容。

高邮自汉代设县后即兴办教育。宋时,境内设有学宫、书院。明代设社学,洪武八年(1375)设社学222所。清代设义学,光绪时始建学堂。高邮古代私塾盛行,遍及城乡,著名塾师有乔竦等。民国元年(1912),国民政府创办县立初级中学。至民国35年,全县有私塾近1000所。新中国成立后,全县有400多所私塾逐步被改造为民办小学。1952年,大部分民办小学改为公办小学。至1985年,全县基本形成幼儿教育、初等教育、中等教育、成人教育和职业教育的教育体系。高邮籍现代教育家有沈亦珍等。1985年,全县共有幼儿园647所,幼儿教师955人,入园幼儿2.22万人,幼儿入园率58%;小学646所,小学教师4152人,在校学生9.51万人,学龄儿童入学率99.7%;普通中学125所,中学教师2882人,在校学生4.21万人。有县委党校、中等职业技术学校、职工业余学校、卫生学校、教师进修学校、江苏电视大学扬州分校高邮管理站各1所。是年,报名参加全国高等教育自学考试人数1094人。

第二十一篇　科技　设5章15节。记载科技机构、科技队伍、科技情报及科普工作、勘探测报与沼气利用等内容。

科学技术　自古以来,高邮不乏科技名人、科技著作、科技成果。宋秦观著《蚕书》、明王磐著《野菜谱》、民国孙云铸著《中国北部寒武纪动物化石》。1978～1985年,高邮县获省以上表彰的科技成果共53项,其中农业科技成果40项、工业科技成果9项、其他方面科技成果4项。

自然测报　清乾隆二十二年（1757），清政府在万家塘、五里坝置“海漫石”，是为境内水文测报之始。民国2年（1913）高邮正式建立水文站。民国20年（1931）前，高邮设四等测候所，开展气象测报。1976年，高邮地震台建成，对地震进行监测。至1985年，全县建成由县水文站、重点防区水文观测站、各乡镇内河观测站组成的水情水位监测网络，县气象站具备测报气温、晴雨天气、风力风向、空气湿度等气候变化情况能力，高邮地震台和多个地震观测点对境内及周边地区震情进行监测。

沼气利用　1973年，始在农村进行利用沼气替代燃料试点。1976年，全县全面推行沼气利用技术。至1978年，全县建成民用沼气池4950座，并在一沟公社建成全县首座猪场沼气发电站。1981年，县沼气利用推广办公室与一沟农机厂共同研制成功的G-79型沼气试压机获全国沼气工作会议表彰。至1985年，全县共建成沼气池3076座，其中正常使用的2898座；建有小型沼气发电站14座，总装机容量112千瓦。

第二十二篇　卫生　设8章22节。记载医疗事业、卫生防疫、中医中药等内容。

疾病诊疗　清及清以前，境内仅有中医诊疗疾病，均为私人设业。民国7年（1918），县内首家西医诊所开设。民国22年，邑人张厚铨开办私立西医医院——大同医院。民国38年，始设首所公立医院——县政府卫生院。至新中国成立前夕，全县私人开设的西医诊疗单位9所、私人设业的中医60多人，公立医院仅1所。50年代初，私立医院和诊所纷纷成立联合诊所。1952年，全县建立全民所有制性质的区卫生所（后更名农村中心卫生院）6所、血吸虫防治站1个。1956年，县政府卫生院更名为县人民医院。1958年，各公社所在地的联合诊所改建为公社卫生院。70年代，建成县中医医院、县精神病防治院、县第二人民医院（后更名为县皮肤病防治院）。50～80年代，厂、校医务室和村卫生室普遍兴办。至1985年，全县共有医疗单位96所、病房床位1363张、医务人员1831人，厂校医务室和村卫生室694所，保健人员1444人。是年，全县医疗单位完成总门诊量126.47万人次、住院治疗量3.5万人次。

卫生防疫　民国年间，境内相继暴发霍乱、猩红热、脑脊髓膜炎等流行性疾病。民国年间，境内血吸虫病严重流行，国民政府仅派医疗队到高邮新民滩进行调查，未能采取防治措施。新中国成立后，县政府设立卫生防疫站，采取预防接种、计划免疫、开展爱国卫生运动等措施，控制传染病发生与流行。1950年，新民滩洪水漫滩，造成急性血吸虫病暴发性流行，流行区域涉及17个乡镇，新民乡感染率高达76.45%、死亡率25.39%，引起中央人民政府高度重视。中央防疫大队、苏北防疫大队和防治站、泰州专署防疫队和血防所、华东血防十一中队等专业机构与人员先后到高邮，协同县防疫站进行查螺灭螺、查病治病。至1985年，全县累计灭螺面积1.63亿平方米，治愈血吸虫病人3.61万人次，投入血防资金2696万元。是年，全县未查到血吸虫寄生宿主钉螺，正在治疗的血吸虫病人仅有13人。同时，其他流行性疾病亦得到有效控制。

医疗福利　新中国成立前，市民看病吃药完全靠自费。1952年，建立企业职工劳保医疗制度。1953年，在行政机关、事业单位始建公费医疗预防保健制度。1955年，农村始行医疗保健合同制度，1969年，全县实行农村合作医疗制度。1979年以后，农村合作医疗制度有所变化，合作程度有所降低，农民看病吃药基本自己负责。1985年，全县享受机关事业公费医疗、企业劳保医疗人数分别为7345人、5.3万人。

中医中药　历代高邮中医名医辈出。明代至新中国成立前，有中医名医61人。历史上野生中草药多达数百种，其中常用药110多种，使用土方土药治病为传统习俗。新中国成立后，全县中医中药事业获得新的发展。涌现中医温病学教授孟澍江、省名老中医朱月桥和卫生部中医专家王琦等。1971年，全县人工种植中草药面积52.5公顷，采集量165吨。1977年，县中医院中医伤骨科医师许钜材被评为江苏省名老中医。1978年，县卫生局李定国、陈松、葛正开共同完成的青蒿抗疟研究课题，获全国科学大会奖。1982年，许钜材晋升为伤骨科副主任医师，郭建中、许长生、朱天洪、赵养生、许靖等5名中医晋升为中医主治医师，77名中医晋升为中医（药）师。1985年，全县各医疗单位共有中医师73人。

第二十三篇　体育　设4章8节。记载体育设施、队伍、活动与竞赛等内容。

明清时，高邮城内设射圃等市民公共体育活动场地；学堂设有操场，开设体育课；民间有耍刀枪剑棍、举石担石锁、踢毽、跳绳、游泳、划龙舟、弈棋等传统体育活动项目。民国6年（1917），县公署始设县立公共体育场。民国12年，首办全县运动会。

新中国成立后，全县体育事业得到较快发展。1956年，县政府在原大校场东北建成县体育场。是年，举办县首届工人运动会，并首次派代表队参加省第一届工人运动会、全国第一届青少年运动会相关比赛项目。1959年，县政府举办县第一届人民运动会，参赛运动员433人，比赛项目设有田径、自行车、篮球、射击、乒乓球、举重等。1972年，县少年儿童业余体校成立。1979年，八桥公社在全县首家举办首届农民运动会。至80年代，高邮县逐步形成乒乓球、毽球、竞走、举重等体育强项。至1985年，全县有主要体育活动场所11个，其中县体育场1个、游泳池1个、溜冰场3个、达标合规校办体育场6个；全县达到国家体育锻炼标准的学生人数比例为70.7%；破省竞走比赛项目纪录4人、4项，破扬州市纪录6人、7项；有国家一级运动员4人、二级运动员7人、三级运动员100人、少年级运动员130人，国家级裁判员1人、一级裁判员4人、二级裁判员18人、三级裁判员150人，二级教练员2人、三级教练员4人。

第二十四篇　风俗　设7章25节。记载经济习俗、生活方式、人生仪礼、家庭家族、岁时节令、宗教、俗信等内容。

习俗　经济习俗章，主要收载具有里下河水乡地域特色和传统农业生产特点的高邮习俗，包括生产习俗、商贸习俗。生活方式章，主要收载饮食、服饰、居住、生活用品、交通行旅、卫生与博戏等习俗。人生仪礼章，主要收载产育、生辰寿诞、婚礼、丧葬、人际仪礼等习俗。家庭家族章，主要收载婚姻家庭、家族、亲属及称谓等内容。岁时节令章，主要收载传统节令、新兴节庆等内容。俗信章，主要收载大自然崇拜、人物鬼神崇拜、俗信术等内容。

宗教　邵家沟东汉遗址出土符箓片和“天帝使者”封泥为道教遗物，反映东汉起道教已存于境内。唐代境内有不少佛教僧人，清乾隆年间为最多。以前，菱塘称回回湾，不少伊斯兰教（亦称回教）信教回民聚居此处。清咸丰年间，外籍天主教神甫进入境内传教。新中国成立前，庵堂寺庙遍布城乡。新中国成立后，宗教被视为封建迷信而遭破除被禁止。进入80年代后，随着国家宗教政策的落实，境内佛教、道教、基督教、伊斯兰教等宗教活动相继恢复，教派组织和活动场所亦相继建立与复建。1984年，县佛教协会成立。1985年，县伊斯兰教协会成立。至是年末，全县有宗教教职人员335人，活动场所和聚会点9处。

第二十五篇　方言　设4章6节。记载语音、字汇、词汇、语法例句和标音举例等内容。

县境方言，属江淮方言区范围。县境东部与兴化毗邻的汤庄、平胜、横泾、川青等4个乡和江都毗邻的汉留、八桥、车逻等3个乡，其部分地区的方言，俗统称“下河腔”。县境西部，地处高邮湖心湖滨乡金墩村的居民，大多来自苏鲁交界处的微山湖一带，至今仍使用近似原籍的方言。县境其他绝大部分地区的方言，均属洪（洪泽湖）巢（巢湖）片语音。

语音章，记载境内语言声母17个、韵母54个、声调5个、变调情况6种、语音特点13个和语音地域、年龄差异。同音字汇章，记载高邮地方同音字54类、384种、3423个。词汇章，记载高邮地方常用词315个。语法例句和标音举例章，载有语法例句48句、标音举例2例。

第二十六篇　人物　设3章10节。记载人物传略、人物简介、人物名录等内容。

高邮人文荟萃。宋至清代，共有进士177人、明清举人417人。北宋文学家、婉约派词宗秦观和文学家孙觉，南宋诗词家陈造，明代右丞相汪广洋、散曲家王磐和名诗词家张綖，清代训诂学家王念孙、王引之，民国以来的古生物学家孙云铸、棉花专家孙恩麟、蚕桑专家赵鸿基、黑热病防治专家孙志戎，均闻名于世。

人物传略章，记载27名革命烈士传略、21名军政界已故代表人物传略、32名科教文卫界已故代表人物传略、6名农工商界已故代表人物传略。人物简介章，记载30名革命烈士、7名军政界代表人物、23名科教文卫界代表人物、5名农工商界代表人物。人物名录章，记载1628名革命烈士、175名宋至清代进士（漏记2人，应为177人）。

附录 设3章9节。记载文献、诗文、传闻轶事等内容。

文献章，选载碑记4篇，即明嘉靖《高邮州公田记》、清嘉庆《禁派买官盐马草文》、清同治《地方官相验命案章程告示》、1950年高邮县党政军民立《高邮人民英雄纪念碑》碑文；诰命、奏议3篇，即清光绪诰命2道、王念孙《参和珅奏文》1篇；文告4篇，其中政告1篇、党告1篇、军告2篇，另附1949～1985年高邮县布告、通告目录93条；政令2篇，其中新四军军部嘉奖令、高邮县支前总队部紧急命令各1篇，另附1949～1983年高邮县部分政令目录26条。诗文辑存章，选载历代诗词50首、歌曲1首；历代楹联21副；其他文稿5篇。传闻轶事章，选载民间传说15篇、名人轶事10件。

历代修志记略

南宋至民国19年（1930），境内共纂修志书24种，今存15种。其中，宋高邮志书6种，均佚；明《高邮州志》3种，今存1种，即明隆庆《高邮州志》；清《高邮州志》等志书11种，今存10种，即清康熙《高邮州志》、雍正《高邮州志》、乾隆《高邮州志》、嘉庆《高邮州志》（十八年版本）、嘉庆《高邮州志》（二十年增修本）、道光《（续增）高邮州志》、光绪《（再续）高邮州志》、清末《高邮志余》、清末《高邮志余补》、清末《高邮州乡土志》；民国高邮志书4种，今存4种，即民国《（三续）高邮州志》《高邮乡土志》《高邮县志稿》《高邮县乡土表解》。

二、《高邮县志》（1990年版）补遗与勘误

补 遗

1.《高邮县志·大事记》（第18页）补遗：

应补："元至元十四年（1277），置高邮路，辖高邮、兴化二县"。

2.《高邮县志·大事记》（第81页）补遗：

应补："1982年1月21日，中共扬州地委做出《关于为夏雨、洪坚、申光华、董连庆同志彻底平反问题的请示报告》。3月11日，中共江苏省委做出《关于为夏雨、洪坚、申光华、董连庆同志彻底平反的批复》。"

资料链接 中共扬州地委《关于为夏雨、洪坚、申光华、董连庆同志彻底平反问题的请示报告》全文为："中共江苏省委：夏雨同志原地委常委、高邮县委第一书记，现任省民政厅副厅长、党组副书记。洪坚同志原高邮县委第二书记，现在扬州病休。申光华同志原高邮县委书记处书记，现任省委副秘书长。董连庆同志原高邮县委书记处书记、县长，已病故。一九五九年反右倾斗争中，省、地委认定：高邮县委以夏雨、洪坚两同志为首犯有'反党、反社会主义错误'。同年秋，省委在高邮召开的兴化、高邮、宝应三县县委书记会议上，责令夏雨同志检查；同年冬在省委召开的三届十一次扩大会上，对夏雨同志进行了批判；一九六〇年二月，地委召开的三级干部大会上，对夏雨、洪坚两同志进行了批判；一九六〇年春，高邮县委召开的三级干部大会，对夏雨、洪坚两同志又进行了批判；同年三月，扬州地委以《高邮县委以夏雨、洪坚两同志为首的反党、反社会主义错误》向省委报告，并经省委批准，给予夏雨、洪坚两同志撤销党内职务的处分。一九六四年冬，地委召开的地、县（市）、公社三级干部大会上，对夏雨同志所谓思想'右倾'等错误，又进行了批判。此后，撤销邗江县方巷公社'四清'工作团分团长职务。现在复查：夏雨、洪坚、申光华、董连庆同志一九五九年对'大跃进'、'五风'中的问题，进行了调查研究，坚持了实事求是的原则，反映了真实情况，抵制了错误倾向。在当时情况下，这

是难能可贵的。对发展农、副业生产、增加社员收入及采取的措施等，都是正确的。对夏雨同志原认定：'对大跃进抱着怀疑和否定的态度，与地委所制订的跃进计划和措施，有原则分歧'；'一九五九年不能继续跃进，人民公社步子跨大了'；所谓'拒不执行地委早稻征购任务'等等，这些定论都是错误的。夏雨同志狠抓农业生产是对的，绝不能以此作为'生产第一，运动第二'、'生产关系摆得不当'，并当作思想右倾来批判。撤销其'四清'工作团的分团长职务是错误的。也不能把坚持实事求是，敢于顶'五风'，作为'犯有组织态度的错误'来检查。原认定夏雨同志包庇坏人，这些同志都是县、社的领导干部，根本不是坏人，更不存在包庇的问题。原认定洪坚同志'与夏雨同志一样，犯有严重错误，更加发展了夏雨同志的错误'。认定申光华同志同夏雨同志在许多问题上'气味相投，一唱一和'。夏雨同志对申光华同志'言听计从'，申光华同志对夏雨同志'包庇掩护'。认定董连庆同志'对党的事业严重不负责任'等。以上这些都不符事实。因此，所谓高邮县委以夏雨、洪坚两同志为首的反党、反社会主义的错误，是根本不存在的。地委认为，对夏雨、洪坚、申光华、董连庆同志的批判和对夏雨、洪坚两同志的处理都是错误的。一九六一年省、地委虽已甄别，但不够彻底。而一九六四年对夏雨同志的批判又未平反，故决定：为夏雨、洪坚、申光华、董连庆同志彻底平反，恢复名誉，推倒一切诬蔑不实之词。撤销中共扬州地委一九六〇年三月二十四日《关于高邮县委以夏雨、洪坚两同志为首的反党、反社会主义错误的报告》。因批判、处理形成的有关材料，按中央规定处理。以上报告，如无不当，建议省委批转全省各地、市、县委，以彻底消除影响。"

中共江苏省委《关于为夏雨、洪坚、申光华、董连庆同志彻底平反的批复》全文为："一九八二年一月二十一日《关于为夏雨、洪坚、申光华、董连庆同志彻底平反问题的请示报告》悉。经研究，同意你们的意见。夏雨、洪坚、申光华、董连庆同志在一九五九年，对'大跃进'中出现的'五风'等问题，进行了调查研究，坚持了实事求是的原则，反映了真实情况，抵制了错误倾向，是正确的。过去对他们的批判和处理都是错误的，应予彻底平反，恢复名誉，推倒一切诬蔑不实之词。因批判、处理形成的有关材料，按中央规定处理。"

3.《高邮县志·第八篇　交通邮电·交通设施》（第310页）补遗：

应补："1921年，由邑人汪有谷在高邮县城中市口北（今向阳浴室地身）首家兴办高邮县电话股份有限公司，汪任经理。后由其妻弟杨谨之继任经理。具体营运业务由戴式孙主持。公司总股本2万元，总股份200股，每股100元（银元）。主要设备有50门磁石式电话交换机3台，实际投运2台。1938年，日军轰炸高邮城。公司为避免轰炸，迁至城北水关附近营业。1939年高邮城沦陷之日，该公司主要电话设备被高邮守军——国民党江苏省保安三旅撤走时带走。至此，公司关闭。"（编者注：供稿人戴道恩，系戴式孙之子）

4.《高邮县志·第十四篇　政务·县政府》（第464、465、468页）补遗：

应补：据清嘉庆《高邮州志·秩官志》（卷之八）"官制·文职"篇载："东晋，幽州刺史（在今北阿镇），田洛"。

据清道光《续增高邮州志·秩官志》（第三册）"文职"篇载："东晋，幽州刺史陈肜（见晋书明帝泰宁元年本纪嘉庆重修府志已补）"。

据清嘉庆《高邮州志·秩官志》（增修）"文职"篇载："宋，承州镇抚使，薛庆、解元"。"宋，知高邮军，乔惟岳"。"元，高邮路都管府，完者都"。

5.《高邮县志·第二十六篇　人物》（第763页、第817页）补遗：

应补：据清嘉庆《高邮州志·人物志》（卷之十）"列传"篇载："【三国】蒋济，字子通，平阿人。与刘华、胡质、陈娇、徐宣知名，一时号为扬州五士。仕郡计吏、州别驾。孙权围合肥，将军张喜帅千骑解围。济为喜作伪书，'白刺史云步骑四万，已到雩娄'。权闻之，据烧围走。魏王操欲徙淮南民。济曰，'昔徙白马，以兵弱敌强，恐不徙，则失之也。今明公威振天下，民无他志安土，惮迁徙之惧不安'。操不听。后十余万户皆惊走吴。操悔不用济言，拜济丹阳太守，旋辟为丞相主簿、西曹属，益亲信之。曹丕称帝，为散骑常侍。与大司马曹仁征吴，知仁必败，征为尚书，曹揸立赐爵关内侯、迁护军将军，后拜太尉。济才兼文武，佐魏功绩茂著。每军国大事，辄有奏议，忠诚奋发。历朝降敕褒美，位望尊重，一时无比。侍中高堂，隆论郊祀，以魏为舜，后欲推舜配天。济以为舜本姓妫，其苗曰田，非曹之先也。又尝言，中书专任之失，征役宫室之害。曹爽专政，丁谧、邓飏等轻改法度、会日食。济皆上疏，极言之其不阿如此。后随司马懿屯洛水，诛曹爽等，封都乡侯，济固辞不许。薨谥景侯，子秀嗣爵。”

应补记清代进士2人：李炳旦（清康熙五十四年）、陈鸿采（清同治七年）。

勘　误

1.《高邮县志·大事记》（第19页）纠错。

原文：“洪武八年（1375年），知州黄克明在南门外（今馆驿巷内）设盂城驿”。

应为：“洪武八年（1375年），始设盂城驿于南门外。”

资料链接　据清嘉庆《高邮州志》载：“盂城驿在南门外，明洪武八年开设，永乐元年知州王俊重修，正厅五间，后厅五间，库房三间，廊房十四间，神祠一间，马房二十间，前鼓楼三间，照壁牌楼一座。嘉靖三十六年毁于倭火。隆庆二年知州李来亨（编者注：应为“赵来亨”）重建，驿门三间；屏墙一座；驿北为驿丞宅一所，共房十二间；夫厂一所，六间，今并久废；驿马厂遂改设州署西偏矣”。“界首驿在城北六十里，明洪武六年知州李某开设，正厅五间，后厅五间，穿堂三间，库房三间，鼓楼二间，廊房十四间，马房二十间，今改为马神庙五间，上棚马房十间，下棚马房八间，门房三间，卷篷一间”。查高邮州州官任职表，黄克明于明洪武元年至二年任高邮州知州，洪武八年未在高邮任职，故作纠正。

2.《高邮县志·大事记》（第20页）纠错。

原文：“成祖永乐七年（1409年），平江伯陈瑄筑高邮诸湖长堤，以堵洪水，以便拉纤。后称西堤。”

“永乐十二年（1414年），停罢元代伯颜施行的海运，恢复河运，高邮段河运实为湖河间运。”

应为：“成祖永乐十二年（1414年），平江伯陈瑄建南关坝、车逻坝”。

“是年，停罢元代伯颜施行的海运。高邮段为湖河间运。”

“宣宗宣德七年（1432年），平江伯陈瑄董漕运事，‘筑（高邮）湖堤，于堤内凿渠四十里，避风涛之险’。‘筑诸湖长堤，每十里置一浅铺，植柳造梁，以便行人’。”

3.《高邮县志·大事记》（第20页）纠错。

原文：“武宗正德元年（1506年），南河廊署从徐州萧县迁驻高邮，主管全国建筑、水利等项。”

应为：“武宗正德元年（1506年），南河廊署从徐州萧县迁驻高邮城中市口桥西（今市府街西段，高邮市水利局之地），主管淮河及周边地区水利之事。”（见《高邮市水利志》）

4.《高邮县志·大事记》（第22页）纠错。

原文：“康熙十七年（1678年），撤销驻邮的南河分司（工部分司）”。

应为：“康熙十八年（1679年），工部南河分司奉裁为河营守备处，设址于高邮州州治东南长安桥北东营巷内（今高邮市蝶园路西）”。

5.《高邮县志·第十九篇　文化·文物古迹》（第593页）纠错：

原文：“净土寺塔，俗称东塔，位于县城东南。建于明万历四十至四十三年（1612～1615年），……1963年，高邮中学学生朱广荣等攀上塔顶，从宝刹中取出文物若干交文化馆。”

应为：“净土寺塔，亦称文塔，俗称东塔。明万历三十四年四月二十七日（1602年6月2日），知州闻金和为培风气、正人文，于城外东南始建文塔；万历四十年九月，由知州袁时章建竣。因该塔临近净土寺，故称净土寺塔；又因位于城东南，乃称东塔。”（见《重修文塔碑记》）

“1963年，高邮中学学生朱光荣等攀上塔顶，从塔顶铜葫芦中取出经书等文物，交给县文化馆”。

《高邮县志》(1990年版)勘误一览表

附录表-1

页	行	错	正
目录4 395	左22 倒4	建筑事业	建筑业
13	倒2	北澄子河	南澄子河
15	5	三垛桥口	三垛桥子口
15	8	开邗沟	重开、扩开邗沟
16	9	真宗大中祥符二年(1009年)	真宗景德元年至四年(1004~1007年)
17	倒6	郡守吴铸	知军吴铸
19	倒4	知州黄克明在南门外设盂城驿	南门外始设盂城驿
20	4	知府仪智	知州仪智
21	1	知州刘竣	知州刘峻
21	12	万历十一年(1583年)	万历十二年(1584年)
21	13	郡守毛泽民	知军毛渐
21	17	万历四十年(1612年)	万历三十四年(1606年)
21	18	至四十三年塔成	至四十年塔竣
21	倒9	总河杨芳	总河杨芳兴
22	21	秀才葛天祚	秀才葛天祥
23	18	康熙六十年(1721年)	康熙六十一年(1722年)
24	5	仁宗嘉庆六年(1801年)	仁宗嘉庆五年(1800年)
36	19	民国24年12月	民国21年12月
39	23	延用	沿用
54	8	造大扩大化	造成扩大化
55	1	粮油业	粮油店
55	3	劳动力	劳力
56	29	北平乡	北屏乡
56	29	双亩乡	双庙乡
62	3	帐目	账目
62	23	三垛公社大芦大队	三垛公社大卢大队
63	28	5~7%	5%~7%
67	5	县政府机关	县人委机关
68	25	《关于大、中、小学复课闹革命的通知精神》	《关于大、中、小学复课闹革命的通知》精神
77	3	电机局	农机局
77	22	屏弃	摒弃
78	倒11	今日回高邮	是日回高邮
78	倒1	国务院轻工业部	轻工业部
79	26	选择会议	选样订货会议
79	倒6	国务院水利部	水利部
81	21	国务院水利电力部	水利电力部
81	24	除树楠	徐树楠
84	13	国家交通部	交通部
84	14	秦新龙	秦兴龙

续附录表-1

页	行	错	正
84	26	十才龄	卜才龄
86	17	国务院林业部	林业部
90	28	碳酸氢氨	碳酸氢铵
97	20	天凤元年（公元前14年）	天凤元年（公元14年）
102	14	西成	西城
107	14	岗扳湖	冈坂湖
108	20	周邱墩	周邶墩
109	4	潘汉	潘汊
111	3	三墪	三墩
111	14	太豫	泰豫
113	9	茨菇	慈姑
115	4	耕地27.153亩	耕地27153亩
116	24	多苗	多亩
123	表17	黄海勿南沙	黄海至南沙
138	2	12000秒立米	1.2万立方米/秒
140	倒5	总河刘同星	总督河漕尚书刘东星
141	2	堤坝5869.30亩，水域中水面积14750亩）、交通用地	堤坝5869.30亩），交通用地……
141	3	其他用地1892、45亩	其他用地1892.45亩
170	倒5	解放初期	新中国成立初期
177	6	76：79万亩	76.79万亩
191	倒2	基本苗35万左右	基本苗35万株左右
208	2	自给自余	自给自足或自给有余
211	11	拉股网	拉罛网
213	4	《渔业许可证》、《捕捞证》	渔业许可证、捕捞证
234	22	动用灾工225.43万个	动用民工225.43万人次
234	倒9	二河三岸	两河三岸
266	倒2	老极陛	老极陞
274	1	浇铸	浇注
275	4	溶炉	熔炉
275	23	砂光机	抛光机
276	倒1	60匹马力	“60匹”或“60马力”
279	倒5	烘炉	红炉
280	12	中央“三十五条”	《中共中央关于城乡手工业若干政策问题的规定》
281	13	测深仪	测探仪
293	9	龙师河	龙狮河
308	26	元至正十四年（1227年）	元至元十四年（1277年）
325	表头	单位：吨	单位：万吨
331	10	折零供应	拆零供应
336	12	日本侵略者	侵占高邮县的日军
336	13	折270万升	折270万斤

续附录表-1

页	行	错	正
349	4	厂丝出口日本、法国、香港	厂丝出口日本、法国和销往中国香港
371	21	资本总额法币壹仟万元	资本总额法币1000万元
396	12	板金工	钣金工
412	倒7	作用	使用
412	18	装璜公司	装潢公司
413	倒6	截止年底	截至年底
431	7	县委书记沈学惠	县纪委书记沈学惠
445	倒9	人民解放军	新四军
465	9	狄棐棐	狄棐
465	倒7	薛庆，知军	薛庆，承州镇抚使
467	29	佘晦	余晦
468	5	张士杰	张世杰
468	倒4	王宣，知州，福建闽侯	王瑄，知州，福建省闽县人
469	2	王宣，知州，福建闽侯	王宣，知州，山西省阳曲县人
469	3	郝文杰，知州，河北曲阳	郝文杰，知州，山西省阳曲县人
469	19	邓洁	邓诰
470	5	林鼎铭	林铭鼎
470	8	杨天赐	胡天赐
470	29	乌云阶	马云阶
470	倒2	清世宗雍正九年	清高宗乾隆元年
470	倒1	友本固	支本固
471	2	沈光增	沈光曾
471	8	康永遇	康定遇
471	19	龙灿民	龙灿岷
472	25	季正鼎	李正鼎
472	28	吴浚为	吴浚
473	4	于醇儒	于醅儒
473	9	长庚	长康
476	9	熊振环	熊郑环
501	4	火简	火筒
506	1	韩念龙以中国人民解放军代表身分	韩念龙以新四军代表身份
506	19	高邮湖西沈全槽坊一带	高邮湖西沈圈、糟坊一带
507	15	三洋河	三阳河
512	27	汜水镇	氾水镇
529	16	余济霖	俞济霖
533	23	七、八十年代	七八十年代
540	15	磁砖	瓷砖
567	18	丰富多采	丰富多彩
581	9	宋加林	宋佳林
590	18	周邱墩遗址	周邶墩遗址
590	倒11	翁	瓮

续附录表-1

页	行	错	正
592	1	潘江楼	藩江楼
592	2	许松洁	许松佶
592	倒7	隆庆二年（1737年）	隆庆二年（1568年）
647	6	96个	45个
647	倒9	清末明初	清朝末年、民国初年
661	5	77.5%	77.7%
710	15	薛柏庄	薛北庄
710	22	第三节　基督教	第三节　天主教、基督教
743	12	盐老鼠	檐老鼠
779	23	审宫院	审官院
786	15	江韵樵（1908～1980）	江韵樵（1911～1980）
817		时萝琪、桑瑞、杨子固、夏历、王萝征	时梦珙、桑端、柏子固、夏律、王梦征
822	倒7	均系轻舆减从	均须轻舆减从
836	5	李逸会师出泗州	孝逸全师出泗州
836	8	当时分封重护军	当日分封重护军
860	26	李一枝	李一技

说明：1. 重复错误者仅载校订首错；2. 数据差错因无法查考未作全部校正。

三、城区和乡镇地名简况

（1986～2005年由市政府发文批准命名与更名的地名）

城区地名（含高邮镇、高邮经济开发区、原武安乡、原湖滨乡）

1989年1月6日，县政府发文批准命名

屏淮路	凌波路至文游中路
凌波路	沿运路至屏淮路
珠光路	沿运路至屏淮路（后改为华龙塑业有限公司至武安路）
泰山路	文游台至北关河
泰北路	文游北路至东头闸
前进路	方红组至挡湾组
花湾路	文游中路至姜桥路
通盐路	屏淮路至姜桥路
海潮路	县府街至黄渡大桥
长生路	蝶园路至环城南路
奎楼路	环城南路至文游中路
环城南路	东门广场至奎楼路
文游北路	高邮（泰山）大桥至沿运路
文游中路	高邮（泰山）大桥至盐塘桥
花王路	凌波路至横泾河
双龙路	凌波路至横泾河
北斗路	横泾河至泰北路
泰东路	泰北路至泰山路
金桥路	北澄子河至海潮路
佳醇路	海潮路至武安路
姜桥路	通湖路至海潮路
运堤路	北头闸至运东船闸

1990年12月11日，县政府发文批准命名

北海路	通湖路至海潮路
南海路	海潮路至奎楼路
孙厂北路	通湖路至拖拉机修理厂宿舍
孙厂南路	通湖路至花湾路
邓桥路	文游中路至11万伏变电所

万金路	盂城路至文游中路
南海路一至五巷	文游中路至南海路
北海路东一至六巷	北海路至棉纺厂西院墙
北海路西一巷	北海路至环城路
北海路西二至三巷	北海路至华康东院墙
北海路西四巷	北海路至电子公司宿舍
邓桥路南一巷	邓桥路至烟草宿舍
邓桥路南二至四巷	邓桥路至南河边
邓桥路北一至二巷	邓桥路至大中沟
邓桥巷	文游中路东侧
邓桥新巷	海潮路至11万伏变电所
孙厂南路西一至九巷	孙厂南路西侧至居民区
孙厂南路东一至十巷	孙厂南路至金桥路
孙厂北路一至六巷	孙厂北路至黄庄
堂子一至三巷	堂子巷至西塔街
千佛庵南巷	千佛庵巷至堂子巷
王庄巷	造纸厂草库至支农河
长生桥一至三巷	东后街至蝶园路
南菜园一至三巷	县府街至南菜园
南海新村一区	1至10幢楼房
南海新村二区	11至21幢楼房
南海新村三区	22至37幢楼房

1992年2月24日，市政府发文批准更名

府前街	由县府街更名，运河东堤至海潮路

1994年11月7日，市政府发文批准命名

黄庄北路	通湖路至饲料厂
黄庄南路	通湖路至花湾路
烟雨路	由文游中路沿烟雨园向东延伸
武安路	文游中路至武安大桥，2000年延伸至东外环
奎楼小区	奎楼80户居民住宅区
南海新村四区	南海新村38至55幢楼房
南海新村五区	南海新村55幢以后楼房
烟雨园一区	烟雨路北，宋庄1至17幢楼房
烟雨园二区	烟雨路南，宋庄1至15幢楼房
南海路六巷	文游中路至南海路
黄庄北路东一至三巷	黄庄北路至前进生产组

1996年1月13日，市政府发文批准命名

新华西路	运河东堤至淮扬公路
新华东路	淮扬公路至沿河
新闸北路	石灰窑至文游中路
振新西路	运河组至淮扬公路
振新东路	淮扬公路至市交通船厂
盐塘桥路	高邮油厂后身至盐塘桥
屏淮南路	石灰窑至沿河
闸北路	运河东堤至沿河
五里桥路	运河东堤至沿河
迎闸路	运河东堤至淮扬公路
新闸南路	新华村至五里组
闸南路	运河东堤至沿河
立新西路	淮江公路至运河堤
立新东路	淮江公路至武安
新坝北路	南关渠渠北，运河东堤至武安
新坝南路	南关渠南，运河东堤至武安
管家西路	淮江公路至运河东堤
管家东路	淮江公路至武安
珠湖三村古塔路	珠湖三村内
珠湖三村北窑庄东路	珠湖三村内
珠湖三村淮扬桥南路	珠湖三村内
珠湖三村一至七巷	珠湖三村内

1996年2月9日，市政府发文批准命名

赵庄路	前进路至生资公司仓库
张庄路	通湖路至花湾路
供销路	通湖路至前进路
前进一至三巷	屏淮路至支农河
孙庄一至三巷	前进路至通湖路
端庄北一至二巷	前进路至北澄子河
端庄南一至二巷	前进路向南100米
头闸巷	前进路至北澄子河
头闸西路	头闸巷向西70米
赵庄路一至七巷	赵庄路向西80米
花湾路南一至三巷	花湾路向南200米
姜桥西一至三巷	姜桥路向西180米
姜桥东一至三巷	姜桥路向东110米
金桥一至八巷	屏淮路至支农河
通湖路张庄一至三巷	通湖路至前进路
供销路张庄一至三巷	屏淮路至支农河
张庄路一至八巷	屏淮路至支农河
黄庄南路一至二巷	黄庄路至支农河
奎楼一至三巷	炮兵团至灌溉渠
团庄一至三巷	宋庄组至长庄组
长庄一至三巷	团庄组至黄渡组
沿河边	武安路至金庄

宋庄巷	文游中路至团庄
宋庄南巷	文游中路至团庄
金庄巷	宝塔五巷至沿河
长庄小区	长庄组及周围住宅

1997年6月23日，市政府发文批准命名

北运堤一至二巷	运河东堤至东墩钓鱼河边
北运堤三巷	运堤二巷至东墩钓鱼河边

2000年9月1日，市政府发文批准命名

蝶园南路	琵琶路至屏淮南路
佳禾路	种子公司至通湖路
珠湖南路	人民路至通湖路
文游南路	盐塘桥至运河东堤
盐河西路	黄渡大桥至盐河大桥
盐河东路	黄渡大桥至盐河大桥
盂城路	通湖路至琵琶路
东环路	北环路（高邮经济开发区）至南环路（高邮鸭业园区）
北环路	淮扬公路至东环路
民营路	淮扬公路至东环路
秦邮路	文游北路至高速公路出入口
馆驿路	馆驿巷至文游中路
南环路	运河东堤至东环路
蝶园路三巷	蝶园路至护城河
光明巷	蝶园南路至文游中路
文游新村中巷	文游新村北巷至南巷
文游新村北巷	窑巷口至文游北路
文游新村南巷	窑巷口至文游北路
南海路七至二十一巷	南海路至文游中路
北海路西五巷	盂城路至北海路
新华园	新华路北、蝶园南路东居民住宅区
通湖小区	煤球厂东、医药公司西、通湖路南居民住宅区
高公花苑	物资局西、高公桥路北居民住宅区
玉带园一区	蝶园路东、府前街南、图书馆西府一工程居民住宅区
玉带园二区	中山路东、府前街南、蝶园路西府二工程居民住宅区
富达新村	西后街19号（原纸箱厂内）居民住宅区
北海三村	北海二村以南居民住宅区
城河小区	图书馆东、盂城路西、府前街南、长生路北居民住宅区
水部楼小区	市卫生局西、运堤路东、府前街南、千佛庵巷西居民住宅区
高沙园一区	文游台北、灌溉渠西、文游北路东、秦邮路南居民住宅区
高沙园二区	泰北路北、秦邮路南、灌溉渠东原花园新村居民住宅区
高沙园三区	泰北路北、秦邮路南原花园新村东居民住宅区
高沙园四区	泰北路南、大桥组北原华雅新村居民住宅区
烟雨园三区	烟雨路北、宋庄路南教师住宅小区
保险大厦	文游中路东、海潮东路南
湖滨路	市助剂厂至新民村南
大桥路	运河大桥至保安圩桥
新民路	马头庄至保安桥
星光路	高邮湖大堤至助剂厂
吴庄路	湖滨路至大桥路
乔尖路	湖滨路至大桥路
迎桥路	湖滨路至大桥路
后湾路	湖滨路至大桥路
五一路	湖滨路至大桥路
前湾路	湖滨路至大桥路
创业路	湖滨路至大桥路
迎滨路	湖滨路至大桥路
卫东路	湖滨路至大桥路
新平路	湖滨路至大桥路
曙光路	高邮湖大堤至曙光村部
滨北路	星光路至迎桥路
滨中路	后湾路至迎滨路
滨南路	卫东路至新平路
通达路	运河东堤至文游南路
华达路	通达路至文游南路
兴隆街	湖滨路至邮电所
益民巷	湖滨路至卫生院
高谢路	高谢村部至沿河路
高发路	香沟路至广宇公司
十里尖路	十里组至新邮钢厂
高庙圩路	十里尖至沿河口
南澄子河路	曾庄组至张庄组

沿河路	丁庄桥至黄渡组
兴武路	徐庄组至红旗组
腾飞路	赵家组至党庄组
新苑路	赵庄组至王庄组
香沟路	香沟桥至党庄组
黄庄中路	花湾路至通湖路
土产路	通湖路至土产公司仓库
老电厂路	文游中路至老电厂
富民街	武安路至节能灯厂
谷阳街	新苑路至沿河路
甘雨街	新苑路至镇财政所
佳农街	武安路至市油米总厂
高谢一至五巷	武安路至庄台
赵庄一至四巷	武安路至庄台
徐庄一至六巷	武安路至庄台
赵家一至六巷	武安路至庄台
香沟一至四巷	武安路至庄台
张庄一至三巷	十里尖路至南澄子河路
黄家一至五巷	沿河路至华富蓄电池有限公司围墙
沿河一至二巷	武安路至沿河老庄台
沿河三巷	武安路至亿斤粮库围墙
沿河四巷	武安路至沿河老庄台
谷阳街北一至十巷	谷阳街至高谢路
谷阳街南一至二巷	谷阳街至电力站围墙
富民街一至二巷	富民街至沿河路
甘雨街南一至二巷	甘雨街至武安商场围墙
养老庄东路	泰北路至渠北路
养老庄中路	泰北路至渠北路
养老庄西路	泰北路至渠北路
渠北路	泰北桥至文游村头闸组
渠桥路	泰北路至渠北路
种子路	邮兴路至种子集团仓库
周庄路	渠北路至泰北路
花木场路	泰北路至泰山路
太平路	屏淮路至周庄界河
胜利路	泰北路至泰山路
头闸路	泰北路至泰山路
双庙南路	邮兴路至秦邮路
双庙北路	秦邮路至横桥路
横桥路	双庙北路至屏淮路
双牛路	屏淮北路至文游北路
澄河路	双牛路至泰北路
养老庄东路一至三巷	养老庄路至大桥路
养老庄中路东一至四巷	养老庄中路至养老庄东路
养老庄西路西一至三巷	养老庄中路至养老庄西路
周庄路东一至二巷	周庄路至周庄河
屏淮中路西一至五巷	屏淮中路至农田
头闸路西一至三巷	头闸路至胜利路
宋庄路	文游中路银山商城至黄渡组
塔沿路	文游中路紫竹园至沿河边巷
园丁路	武安路至泰东组团庄
黄渡中路	海潮路至万斤河
财宝一至二巷	财保大厦至司法局住宅楼
宋庄一至四巷	财宝一巷至宋庄路
黄渡一至二巷	宋庄路至长庄一巷
泰东巷	武安路至塔沿路
合兴巷	武安路至塔沿路
泰兴巷	合兴组至泰西组
宝塔六巷	文游中路至宝塔小学
沿河小区	沿河村沿河组居民住宅群
团庄小区	宝塔村团庄组居民住宅群
万庄小区	宝塔村万庄组居民住宅群

2001年4月4日，市政府发文批准命名

新世纪花园	文化宫路西、府前街北、公园新村南、人民公园东住宅区

2001年6月22日，市政府发文批准命名

赵庄东路	盐河至赵庄路
前端路	头闸口至黄庄北路
新河南路	傅公桥路至北门大街
姜桥路东一至十巷	赵庄路至姜桥路
姜桥路西一至十巷	姜桥路至高压线
金桥东区一至十一巷	屏淮路东
金桥路一至十六巷	屏淮路至支农河
黄庄北路西一至六巷	黄庄北路西
张庄路一至十巷	姜桥组至支农河
黄庄中路一至八巷	黄庄中路至张庄
黄庄北路东一至五巷	黄庄北路由西向东
土产路一至六巷	支农河至城郊小学校
团庄一至七巷	顺泰大酒店东院墙至长庄组
金盾小区	金桥路西公安住宅区
文通花苑	文游中路东、原制药厂厂址南
汪家小区	人民路南、俞家巷西、珠湖南路原汪家巷两侧住宅区

2001年12月15日，市政府发文批准命名

东塔花苑　南海路西、盂城路东，琵琶路南、馆驿路北住宅区

康华园　屏淮路西、烟雨路东，宋庄路南、宝塔村北村住宅区

2003年1月16日，市政府发文批准命名

邓桥商业城　海潮路北、文游中路东、邓桥路南商业区

2003年7月14日，市政府发文批准命名

蝶园香港商业城　玉带河南至长生路北商业区

蝶园新村　玉带河南、长生路北住宅区

2003年10月28日，市政府发文批准命名

南海花园　原红旗纱厂厂址新建的居民住宅区

2003年10月29日，市政府发文批准命名

蝶园市民广场　盂城路西、奎楼护城河北、蝶园路东、长生路南绿地广场

上海商城　盂城路西、蝶园广场北、蝶园路东、长生路南新建商业区

2003年12月4日，市政府发文批准命名

港汇商业中心　宝塔村西、万斤河北、文游中路东、烟雨路南沿街商业区

驿都花园　文游中路西、行政服务中心北、南海新村东、居民住宅区南新建商住区

2003年12月31日，市政府发文批准命名

海潮东路　文游中路至黄渡大桥，后延至东外环路

2004年3月4日，市政府发文批准命名

新加坡花园　支农河西、人武部仓库北、金桥路东、粮食器材库南住宅区

玉华园　府前街南、中山路西的府三工程住宅区

2004年5月8日，市政府发文批准命名

琵琶东路　文游中路至沿河

万金东路　文游中路至沿河

太西小区　盂城路东、盐塘河北、文游中路西、馆驿路南住宅区

瑞和·阳光城　文游中路东、武安路北、屏淮路西、万金东路南住宅区

2004年9月1日，市政府发文批准命名

国雄路　文游北路至运河东堤

滨河花园　水泵厂东、大漳河西、国雄路北、老横泾河南住宅区

2004年9月16日，市政府发文批准命名

邮兴北路　文游周庄组至头闸组

横泾河南路　文游村澄河组至双庙组

高沙园五区　文游周庄组至头闸干渠

高沙园六区　泰北路至北澄子河

花园一至三巷　秦邮路至北泰北路

高沙园三区一至三巷　秦邮路至北泰北路

棉麻巷　泰北路至头闸灌渠

捷通路　金桥北路至屏淮北路

兴园路　屏淮北路至兴业路

繁昌路　老横泾河至秦邮路

金桥北路　北外环至北澄子河

屏淮北路　北外环至北澄子河

兴业路　北外环至北澄子河

长兴路　文游北路至金桥北路

宝林国际商贸广场　秦邮路南、龙翔招商城北、文游北路东、头闸灌渠西商业区

新上海花园　文游村澄河组庄台南、秦邮路北、繁昌路东、扬州和益电动工具有限公司西新建住宅区

加洲豪庭　文游村丰收组庄台南、秦邮路北、扬州新奥燃气公司储气站东、屏淮北路西新建住宅区

2004年11月24日，市政府发文批准命名

盂城路步行街　盂城路至文化宫路商业区

苏州商业城　中山路东、通湖路南、老党校校址西、邮电局职工宿舍北新建商住区

北影巷　北海电影院东侧

月塘小区　傅公桥路东，原缫丝厂厂址新建住宅区

东方广场·水榭华庭　新河南路南、通湖路北、原棉麻公司围墙东、新河支河西新建商住区

金拇指广场　金桥路与海潮东路交会处商住区

邮安路　黄庄北路至赵庄北路

赵庄北路　通湖路东至磷肥厂

东闸巷　赵庄北路至北澄子河

友谊巷　邮安路至北澄子河

东安巷	友谊巷至东闸巷
端武巷	邮安路至北澄子河
康乐巷	邮安路至农田
平安巷	邮安路至农田
长青巷	邮安路至农田
富民巷	邮安路南与张庄一巷相交
兴旺巷	通湖路295号至农田
王庄一至二巷	孙厂北路北端,气象局东至农田

2005年3月21日,市政府发文批准命名

文馨苑	文游南路西、屏淮南路北、高邮中学东、新城村居民区南新建住宅区

2005年6月24日,市政府发文批准命名

新邮花苑	市编织厂西、振兴西路庄台北、盂城路东、新华村民庄台南新建住宅区

2005年7月14日,市政府发文批准命名

江南明珠苑	屏淮路西、花湾路北、新加坡花园东、金桥居民区南新建住宅区
金桥花园	支农河西、广电局北、金桥路东、孙厂南住宅区

2005年11月25日,市政府发文批准命名

通湖花园	市自来水公司排水河西、通湖路北、航运公司东、民生路南居民区

附:1986年前城区已命名地名与路名

奎楼新村	蝶园路南段西侧住宅区
奎楼二村	蝶园路西、军斤巷南、琵琶路北、东后街东
文游二村	文游新村北
珠湖三村	古塔路附近住宅区
公园新村	文化宫路西、广电局南住宅区
太平新村	中山路东、蝶园路西住宅群
北海新村	通湖路南、商品一条街东居民区
北海二村	北海新村南居民住宅区
珠湖新村	珠湖路中段东侧、新巷口小学北住宅区
珠湖二村	珠湖新村北住宅区
龙祥商业中心	原高邮造纸厂厂址新建商业区
文游新村	文游北路西、人民路北、育肥场南住宅区
水泵新村一至三区	国雄路南,水泵厂宿舍区
中山路	通湖路至琵琶闸
运河路	民生路至复兴街
珠湖路	繁荣路至人民路
文化宫路	通湖路至府前街
蝶园路	府前街至琵琶路
傅公桥路	人民路至通湖路
北门大街	运河东堤至通湖路
北门西后街	运河东堤至御码头路
菜市街	御码头至复兴街
承志桥南街	承志桥至民生路
承志桥北街	复兴街至承志桥
西后街	工商巷至西塔街
东后街	府前街至琵琶路
北海子河边	三元桥至北门大街
华严街	双人尽头至娘娘殿
凤凰桥	府前街至千佛庵巷
养丰闸	民生路至通湖路
鸿讯路	蚕桑路至鸭集团西门
顺达路	兴区路至南环路
荣华路	兴区路至南环路
繁荣路	运河东堤至珠湖路
人民路	北门大街至文游北路`
御码头路	御码头至北门大街
民生路	运河东堤至北门大街
新建路	北门大街至珠湖南路
新河北路	牛集桥南巷至傅公桥路
珠湖东路	珠湖路至草巷口
通湖路	运河东堤至外环路
高公桥路	运河东堤至中山路
城河路	中山路至蝶园路
琵琶路	南门大街至文游中路
蚕桑路	文游南路至蚕桑支渠
兴区路	环镇路至文游南路
康园路	文游南路至科技中心
兴城路	兴业路至屏淮北路
兴欣路	兴业路至屏淮北路
邮兴路	头闸组至文游台
西塔街	运河东堤至中山路
北窑庄	航运新村附近

姚家井巷	北门大街至土产公司仓库	谢家巷	东台巷至新河边
油坊巷	石油库至元钧子河边	大雄庵巷	东台巷至新河边
为农巷	元钧子河边向北至竹库	严氏阁	东台巷至新河边
郭家巷	人民路至窑巷口	丰富巷	新河南路至东台巷
窑巷口	人民路至牛缺嘴	滑石巷	人民路至月塘河边
永安巷	人民路至小淖河边	高丰巷	人民路至月塘河边
大淖巷	人民路至大淖河边	东井巷	府前街至人民公园南门
大淖河边（西巷）	大淖河西至牛缺嘴	文化宫路一巷	文化宫路东侧，由北向南第一
小淖河边（东巷）	大淖河东至牛缺嘴		条巷子
草巷口	人民路至繁荣路	北菜园	高邮中学西北面
冰房巷	人民路至珠湖新村	南菜园	高邮中学南面
大沟巷	人民路至锻铸厂	邮中一巷	高邮中学西面
曙光巷	人民路至曙光中学	邮中二巷	邮中一巷之西
珠湖巷	城北米厂至珠湖大桥	北仓桥	西后街至新华书店仓库
陈家巷	人民路至酿化厂后门	工商巷	西后街至新华书店仓库
新民巷	人民路至珠湖新一巷	桑园巷	高公桥路至建筑公司后门
利民巷	人民路至珠湖新一巷	为民巷	高公桥路至工商巷
吴家巷	人民路至珠湖新一巷	体育场巷	府前街至体育场南门
元钧子河边	猪草巷至食品公司猪库	凤凰桥	府前街至千佛庵巷
左家巷	御码头路至复兴街	西园巷	府前街至庵巷
坛坡巷	复兴街至半边桥尾	西园东巷	府前街至庵巷
杨家巷	复兴街至北小巷尾	红风一至二巷	府前街至玉带河
骡马巷	复兴街至民生路	清洁巷	府前街至玉带河
犁木巷	复兴街至北小巷	卫生巷	府前街至玉带河
天王巷	人民路至种子站北院墙	菊花巷	府前街至城河路
竺家巷	人民路至臭河边	察院桥	府前街至东营巷
炼阳巷	人民路至臭河边	虹　桥	虹桥至百岁巷
刘家巷	人民路至臭河边	西塔巷	西塔街至运河堤
俞家巷	人民路至臭河边	南仓桥	南仓桥至西塔街
汪家巷	人民路至臭河边	南水关	南仓桥至南水关
斗鸡场巷	人民路至东台巷	南海子河边	詹家巷至馆驿巷
太平巷	新建路至东台巷	马饮塘	盐塘巷至水产加工厂
三元桥巷	东台巷至三元桥	东台一至四巷	东台巷至新河边
健康巷	斗鸡场巷至东台巷	繁荣路一巷	水泵厂大门西边第一条巷
福慧庵巷	新建路至东台巷	繁荣路二巷	水泵厂大门西边第二条巷
铜井巷	东台巷至准堤庵巷	邓桥路北一至二巷	南起邓桥路，北至居民户
当典巷	东台巷内县服装厂宿舍西侧	大甫巷	杀猪塘至五路桥尾
达人巷	东台巷至准堤庵巷	公园西巷	通湖路至高邮镇玻璃厂南
牛集巷	新建路至北海子河边	熙和巷	梁逸湾至府前街
新河北路一至六巷	新河北路至东台巷	魏家巷	北门大街至食品公司蛋库
牛集桥南巷	新河饭店至牛集桥	庵巷	西后街至凤凰桥
牛集桥北巷	牛集桥至牛集居民委员会	柏家巷	北门大街至土产公司仓库

庙巷口	北门大街至搭沟桥
供销巷	北门大街至姚家井巷
搭沟桥	庙巷口至城北粮库
珠湖东一巷	珠湖路至新巷口小学
珠湖东二至六巷	珠湖路至珠湖新村
珠湖新一巷	珠湖路至陈家巷
珠湖新二至四巷	珠湖路至酿化厂院墙
猪草巷	北门大街至珠湖路
北门西后街一至三巷	北门大街至北门西后街
无神巷	北门大街至肉联厂猪库东院墙
北门西后街西一至三巷	北门西后街至运河堤
左家西一巷	左家巷至草站北库东门
左家西二至四巷	左家巷至运河堤
左家东一至二巷	左家巷至肉联厂冷库
半边桥	北门大街至左家东巷
承天寺	半边桥至左家巷
滨湖巷	北门大街至运河堤
咸宁庵巷	骡马巷至柳园巷西
柳园巷	咸宁庵巷至运河路
北小巷	骡马巷至杨家巷
通湖一至四巷	人民剧场至养丰闸
三星池巷	北门大街至承志桥南街
团结巷	天王巷内，新生的一条巷子
竺家小巷	竺家巷内，新生的另一小巷
一人巷	北门大街至三元桥
东台巷	北门大街至傅公桥路
工人巷	北门大街至斗鸡场巷
准堤庵巷	北大街至三元桥
耿家巷	北门大街至三元桥
傅公桥一至二巷	傅公桥路至月塘居民区
月塘河边	汪家巷至竺家巷
孙家巷	熙和巷至公园西巷
朱家巷	熙和巷至公园西巷
张家巷	熙和巷至公园西巷
禹家巷	熙和巷至公园西巷
全家巷	熙和巷至公园西巷
普贤巷	熙和巷至公园西巷
钱家巷	熙和巷至公园西巷
马棚巷	中山路至熙和巷
梁逸湾	中山路至熙和巷
姚家巷	中山路至梁逸湾

文化宫路二至三巷	文化宫路东侧，由北向南第二、三条巷子
光荣巷	中山路至熙和巷
西后街一巷	西后街至观音庵
西后街二巷	西后街至建筑公司院墙
西后街三巷	西后街至居民区
千佛庵巷	西后街至运河堤
宣家巷	西后街至凤凰桥
蝶园一巷	蝶园路至居民户
蝶园二巷	蝶园路至居民户
东营巷	东后街至得胜桥
得胜桥	焦家巷至蝶园路
焦家巷	中山路至东后街
百岁巷	中山路至东后街
前观巷	中山路至奎楼新村
小　巷	中山路至原文教局宿舍
合兴桥	中山路至西后街
堂子巷	西后街至运河堤
上真殿	中山路至高邮镇印花厂
顺城巷	南门大街北至太平庄
琵琶巷	琵琶闸下沿海子河边向东延伸至丁庄东
馆驿巷	南门大街至城南二库
三层楼巷	南门大街至南海子河边
运粮巷	南门大街至马饮巷
宝圣庵巷	东后街至奎楼新村
军斤巷	东后街至蝶园路
詹家巷	南门大街至盐塘河边
盐塘巷	南门大街至马饮塘
福海庵巷	南门大街至杀猪塘
大猪集巷	南门大街至五路桥
小猪集巷	大猪集巷北边
双人尽头	南门大街至巷尾
承志桥南河边	北门大街至承志桥
佳禾巷	佳禾路至傅公桥
草巷口一至四巷	草巷口至居民户
南古塔	草巷口西边小巷
北古塔	草巷口西边小巷
泰山桥北河边	泰山桥东侧、北澄子河北居民住宅
傅公巷	傅公桥路至兽医站东
泰山桥路	文游路至饲料厂

车逻镇

1992年7月25日，市政府发文批准命名

朝阳路	镇政府门前、环镇路西、淮扬路东
人民路	朝阳路至北墩村庄台
运东路	车逻村十一组至运河东堤
兴农路	变电所至运河东堤
澄河北路	通机厂至运河东堤
澄河南路	通机厂南宿舍至运河东堤边渠
车逻南路	车逻村十、十一组交界处至环镇路
车逻北路	车逻村七、八组交界处至供电路
振兴路	玩具厂至交警中队
环镇路	工业集中区至北墩村庄台
车镇街	粮管所至供销社门市部
商业街	运东路至北墩村
北墩南路	运河东堤至庄台尾
人民路东一巷	人民路至车逻九组场头
人民路东二巷	人民路至商业街
人民路西一巷	人民路至鱼塘
人民路西二巷	人民路至水塘
供电路	变电所至运东路

1999年12月13日，市政府发文批准命名

长兴路	环镇北路至南澄子河
永兴路	环镇北路至南澄子河
兴工路	人民路至环镇东路
环镇北路	环镇西路至环镇东路
环镇东路	环镇北路至南澄子河

2004年9月23日，市政府发文批准命名

飞达路	北墩河至车樊公路
朝阳大道	朝阳桥至师伙村
迅达路	北墩河至车樊公路
伊兴路	运东路至澄河北路
和宇路	北墩南路至运东路
润扬路	南澄子河至车樊公路
百仕德路	砖场排水河至润扬路
新世纪路	车逻南路至澄河南路
国安路	北墩河至南澄子河

龙虬镇（含原张轩乡）

1993年11月29日，市政府发文批准命名

龙虬路	朱庄河至龙塔路
镇北路	育才路至龙塔路
泾河北路	大横桥北至龙塔路
泾河南路	大横桥南至龙塔路
红胜路	龙塔路至德胜支渠
龙塔路	龙虬庄遗址至塔院村
建设路	镇北路至兴隆街
凤凰路	镇北路至泾河北路
横桥路	育才路至泾河北路
育才路	中塔路至镇北路
一沟路	大横桥至一沟集镇
中心街	镇北路至泾河北路
兴隆街	中心街至凤凰路
横桥一至二巷	凤凰路至中心街
农商巷	龙虬路至泾河北路
邮电巷	镇北路至龙虬路

2004年9月23日，市政府发文批准命名

文博路	龙塔路至龙虬庄遗址
横立路	德胜支至粮站桥
霓裳路	龙塔路至凤凰西路
镇南路	龙塔路至一沟路
苏庄路	镇北路至横泾河
幸福路	敬老院至粮站桥
邮电路	镇北路至龙虬路
龙腾路	泾河北路至龙虬路
文化路	龙虬路至镇北路
龙庄河西路	泾河北路至镇北路
龙庄河东路	泾河北路至龙虬路
凤凰支西路	镇北路至镇南路
凤凰支东路	镇北路至镇南路
马奔路	强民桥至张庄十里庄台
建兴路	沿河路至马奔路
沿河路	原炕坊至康平路
人民路	沿河路至人民桥
繁荣路	人民路至康平路
康平路	马奔路至沿河路
人民路一至五巷	由马奔路向南
龙虬小区	龙虬路北、龙庄路西住宅区
龙虬小区一至四巷	龙虬路向北顺序排列
横桥小区	泾河北路北、龙虬路南住宅区
横桥小区南一至三巷	兴隆街向南顺序排列
横桥小区北一至三巷	由龙虬路至兴隆街
凤凰小区	凤凰支渠东住宅区

凤凰小区一至六巷	由龙虬路向北顺序排列
龙澄新区	苏庄路东、幸福路西住宅区
龙澄新区一至五巷	由横立路第一排别墅向北顺序排列
邮电小区	邮电路东、文化路西住宅区
邮电小区一至三巷	由邮电所向北顺序排列
龙兴小区	龙虬路南、泾河北路北、中心街西、龙庄河路东住宅区
龙兴小区一至四巷	由龙虬路向南顺序排列
广源小区	龙虬路北住宅区
广源小区一至四巷	由龙虬路向北顺序排列

马棚镇

1998年5月24日，市政府发文批准命名

通运路	张赵村至运河堤
长寿路	张赵村至灌溉渠
太平路	马棚村至灌溉渠
横泾河路	永幸村至粮站
兴马路	通运路至横泾路
东苑路	兴马路至张赵村
西苑路	兴马路至灌溉渠
兴马路西一至三巷	兴马路至灌溉渠
兴马路东一至四巷	兴马路至农田
通运路北一巷	太平路至横泾路
通运路北二至三巷	通运路至永平渠
通运路南一巷	太平路至通运路
通运路南二至三巷	长寿路至通运路
东苑路一至二巷	广播站至横泾支渠

2004年9月16日，市政府发文批准命名

清水潭路	大运河至昌农村
外郎路	东墩集镇至清水潭路
杨桥路	大运河至原阮湾村
中心路	清水潭路至北外环路
昌平路	昌农村至东平河
阮湾路	东平河大桥至杨桥路
东太路	太保村至东平河
东墩路	开发区中学至化工厂
太平路	太平村至马棚度假村

八桥镇

1986年10月15日，县政府发文批准命名

中兴路	变电所至工艺厂
沿河路	牛市场至新桥村
环镇东路	工办大桥至蓄电池厂
环镇南路	镇政府大桥至蓄电池厂
河东街	建安公司至八桥米厂
河西街	中桥村厂至李庄制品厂
余家巷	余家组
谈家巷	谈家墩
健康巷	地段医院至蓄电池厂
桥东巷	桥东组
北刘巷	北刘组
赵庄巷	赵庄组
圈子巷	圈子组
利民巷	中兴路至八桥村一组
桥西巷	桥西组
叶家巷	叶家组
育才巷	镇政府至关河

卸甲镇（含原龙奔乡、伯勤乡）

1994年6月9日，市政府发文批准命名

镇南路	北荡巷至飞达路
飞达路	镇南路至镇北路
镇北路	新村路至飞达路
新村路	东风街至镇北路
张叶沟东路	镇南路至镇北路
张叶沟西路	镇南路至镇北路
干南路	新村路至飞达路
农贸路	镇南路至镇北路
富民路	镇南路至镇北路
文卫路	镇南路至镇北路
东风街	新村路至飞达路
董家碾巷	水利站至董家河
吴家南巷	中学至飞达路
吴家北巷	文卫路至飞达路
工商巷	张叶沟西路至文卫路
兴隆巷	张叶沟西路至农贸市场
长乐巷	北荡巷至富民路
祥和巷	邮汉公路至干南路
北荡巷	镇南路至干南路
陈家巷	富民路至张叶沟东路

1999年12月14日，市政府发文批准命名

镇南路	张叶沟河至镇西路
杨家路	光华花炮厂至镇西路

育才路	张叶沟河至腾飞路
兴农路	粮站河至腾飞路
富民路	张叶沟河至十支渠
镇北路	张叶沟河至腾飞路
镇东路	花阳村二组至渔业村河南
渔村路	中心街至渔业村北河
沿河东路	花阳村一组至乡环乡北路
沿河西路	镇南路至乡环乡北路
光华路	光华花炮厂至影剧院
华明路	中心街至育才路
新民路	镇南路至兴农路
希望路	中心街至育才路
腾飞路	镇南路至环乡北路
镇西路	镇南路至陆家河
中心街	镇东路至镇西路
商贸街	镇南路至镇北路
文化巷	中心街至伯勤中学
郑家巷	商贸街至水厂东侧
金融巷	中心街至育才路
李家巷	中心街至花阳一组河

2004年9月16日，市政府发文批准命名

飞天路	富达大道至飞达大道
飞龙路	富达大道至飞达大道
飞云路	富达大道至飞达大道
滨河西路	富达大道至飞达大道
滨河东路	富达大道至飞达大道
飞翔路	富达大道至飞达大道
飞跃路	富达大道至飞达大道
富达大道	飞跃路至飞天路
康达大道	飞跃路至飞天路
利达西路	滨河西路至飞天路
顺达西路	滨河西路至飞天路
飞达大道	飞跃路至飞天路
顺达东路	飞跃路至滨河东路
利达东路	飞跃路至滨河东路住宅区

汉留镇（含原甸垛镇）

1992年12月15日，市政府发文批准命名

汉中路	三阳路至汉留街
育才路	汉留街至倪家巷
新村路	三阳路至汉留街
汉西路	汉留街至五号河
汉东路	汉留街至汉东沟头
汉东北路	汉留街至汉东桥
镇南路	霍家巷至窑西巷
新联路	郭李桥至汉留港
三阳路	李庄至汉留港
汉留街	新村路至镇南路
李家巷	新联路至三阳路
兴农巷	汉留街至五号河
向阳巷	汉留街至大会堂
庙堂巷	汉西路至汉留港
芝麻巷	汉西路至兴农巷
王家巷	汉西路至兴农巷
西河巷	汉留港至兴农巷
颜家巷	汉留街至东沟头
倪家巷	育才路至五叉河
颜家二巷	育才路至汉东河
窑东巷	汉留港口至庄南
窑西巷	汉留港口至庄南
徐家巷	汉东北路至汉东路
朱家巷	汉东北路至汉东路
垛子巷	汉东路至汉留港
新潮巷	汉东路至汉留港
河东巷	西沟头至东河
东桥巷	汉东北路至汉留港
霍家巷	汉留港至镇南路
郭家巷	汉留港至汉中路
徐垛巷	汉留港至敬老院
联盟巷	汉东北路至颜家河

1994年5月18日，市政府发文批准命名

三阳南路	费家库至南澄子河
三阳北路	南澄子河至红旗桥
友好路	南庄至南澄子河
岗家路	钢铁总厂至岗家库
振兴路	三阳河至六号河
澄河南路	三阳河至六号河
澄河北路	三阳河至六号河
为民路	三阳河至六号河
甸西路	三阳河至东吴大桥
朝阳街	三阳河至六号河
文苑巷	三阳北路至六号河
公园巷	三阳南路至六号河
费家巷	三阳河至六号河

丰华园	三阳北路西、三阳河东、粮管所北、振兴路南住宅区
琴中园	三阳南路西、三阳河东、澄子南路北、南澄子河南住宅区
新泽园	农贸市场西、三阳河东、型钢厂北、朝阳街南住宅区

汤庄镇（含原沙堰镇）

1996年5月27日，市政府发文批准命名

人民路	汤庄粮站至余富庄西头
朝阳路	幸福路至海陵路
东屏路	汤庄粮站至汤庄浴室
兴农路	汤庄集镇中心河至于西东河
幸福路	人民路至朝阳路
建业路	澄子河至农技村桥
海陵路	人民路至于东村东陵桥
黄家巷	南澄子河至人民路
姚家巷	南澄子河至人民路
冯家巷	南澄子河至人民路
堂子巷	南澄子河至人民路
杨家巷	南澄子河至人民路
新民巷	南澄子河至人民路
丰登巷	人民路至汤庄后河
奉献巷	人民路至汤庄后河
新居园	人民路北、朝阳路南住宅区
沿河边	南澄子河至兴农路
余富一至四巷	南澄子河至人民路

1996年5月27日，市政府发文批准命名

招贤路	雁留村至郭家村一组闸
澄东路	许家村九组至沙堰河
澄西路	沿河路至林蚕站
镇中路	电器二厂至农贸市场
河南路	腰东路至沙堰乡老机电站
新华路	沿河路至沙埝村华家厦
幸福路	沿河路至郭家厦
通达路	沙堰镇中街至邮汤公路
堰河路	七仙塘至邮汤路
堰东路	沙堰村九组至招贤路
田园路	沙堰村十组至镇中街
兴业巷	招贤路至南澄子河
为民巷	招贤路至南澄子河
甘泉巷	招贤路至南澄子河
怡园巷	集镇庄沟河至招贤路

三垛镇（含原武宁乡、二沟乡）

1988年7月17日，县政府发文批准命名

光明路	电杆厂至油厂
前河路	木器厂至木材站
府前路	引江东路至丰收路
团结路	引江东路至府前二巷
三柘路	三垛光明桥至三阳河大桥
引江西路	光明路至北澄子河
引江东路	北澄子河至光明路
健康路	前河路至光明路
中心路	粮库桥至三百六村路
丰收路	光明路至三百六村
武宁路	光明路至武宁乡
西二街	木器厂至引江西路
东二街	引江东路至木材站
西三街	炕坊巷东北至引江西路
东三街	引江东路至光福巷
新建一至三巷	后库新村至光明路
新建四至五巷	老河道至光明路
东二街一巷	东二街至后库新村
东二街二巷	东二街至老河道
东二街三巷	东二街至居民住宅
光福巷	前河路至粮管所
东堂巷	东二街至东三街
卞家巷	东二街至东三街
万寿庵巷	东二街至东三街
居家巷	东二街至东三街
石头巷	东二街至东三街
一人巷	东三街至河道
文昌巷	东三街至河道
化解巷	东三街至河道
三元巷	前河路至西二街
斗坛巷	斗坛庙至前河路
陈家巷	西二街至西三街
炕坊巷	西二街至河道
姜家巷	西二街至河道
陆家巷	西二街至河道
北河新村一至五巷	古河道至光明路
交通巷	光明路至三百六村
浴室巷	光明路至招待所

书店巷	光明路至一号河
邮电巷	光明路至住宅区
友谊一至五巷	光明路至一号河
府前路东一至二巷	府前路至三百六村路
屠家巷	西三街至老河
邵家巷	西三街至老河
王家巷	西三街至老河

1996年1月13日，市政府发文批准命名

文警巷	邮兴路至一号河
东大桥(巷)	东大桥至邮兴路
邮兴一至四巷	邮兴路至一号河
丰收路东一至二巷	一号河至二号河
工商巷	光明路至医院住宅区
后厦	后河边至新建巷
新建六巷	后河边至文化站后巷
健康路东巷	健康路东至光明路
健康路西巷	健康路西至三阳河
中心路东一至五巷	中心路至少游路
中心路西一至五巷	中心路至光福寺路
米厂巷	米厂至澄子河边
水厂巷	北澄子河至前河边
武宁路东巷	武宁路至三百六村五组
武宁路西巷	武宁路至三阳河边
水利巷	水利站至棉绒厂
供电所前巷	光明路至茆吴一组
供电所后巷	三柘路至茆吴一组
北河新村六巷	光明路至北河路
西桥路	光明路至新联村
西园路	西河边至三阳河
兴发路	北澄子河至灌溉渠
粮库路	米厂巷至水厂巷
布厂巷	布厂东南
中学住宅区	学校内河东、水厂后住宅区
卫生巷	健康路西侧
光明巷	农机一厂东侧

2004年9月16日，市政府发文批准命名

通宝路	光明路至宝鼎庄
三中路	邮兴路至三垛中学
文汇路	通宝路至引江东路
园区路	邮兴路至黄淮海开发路
三阳路	光福寺路至文汇路
光福寺路	光明路至邮兴东路
少游路	光明路至邮兴东路
光福寺路东巷	光福寺路至三百六村五组
光福寺路西巷	光福寺路至三阳河边
少游路东一至二巷	一号河至二号河
三阳河小区	三阳路西北、光福寺路东、文汇路南住宅区
联北路	北俞至北徐
通秦路	北俞至秦家
育才路	北俞至小学
三司路	三垛至司徒
武宁街	三司路至北俞庄台
北俞街	东平河至南沙沟河
源泉路	冯家支路至人字河
左卿路	冯家路至康福路
邮兴路	麻袋厂至人字河桥
康福路	卫生院至邮兴路
求知路	源泉路至邮兴路
兴农街	左卿路至邮兴路
平安街	源泉路至邮兴路
二沟街	水厂至邮兴路

横泾镇

1990年11月3日，县政府发文批准命名

横泾南路	横泾大桥南端至唐家村北首
横泾北路	横泾大桥北端至横泾公路
三郎庙路	横泾大桥东侧至马路沟
工农路	三郎庙路北至王家新村
庙北路	工农路至三郎庙七组住宅区
陵园路	自来水厂至第三沟桥
镇北路	横泾北路至第三沟大桥
育才路	横泾南路至酱醋厂
建材路	横泾南路至水制厂
人民街	派出所至自来水厂
交通街	人民街北至横泾公路
新建街	王家桥至丁家东巷
马踏巷	马踏沟至庙东巷
庙东巷	三郎庙路至庙北桥
王家巷	工农路至王家桥
水厂巷	陵园路至镇中河
丁家东巷	陵园路至横泾公路
丁家西巷	陵园路至横泾公路
镇南东巷	横泾南路至刘家圩

镇南西巷	横泾南路至新鱼池
镇南新村	横泾南路六组庄台河南

司徒镇

2000年11月7日，市政府发文批准命名

朝阳路	中心路至创业路
创业路	塑料厂至湾址村转弯
小康路	湾址河北至法律事务所南
益民路	商贸街至三阳河
民生路	柘垛浴室至三阳河
中心路	职业中学至三阳河
商贸南街	停车场至供销社大桥
商贸北街	供销社大桥北停车场
益民路一至二巷	益民路至河边
朝阳路一巷	朝阳路至俞一飞住宅
朝阳路二巷	朝阳路至李寿坤住宅
朝阳路三巷	朝阳路至吴加乐住宅
朝阳路四巷	朝阳路至朱文华住宅
朝阳路五巷	朝阳路至杨如荣住宅
朝阳路六巷	朝阳路至吴生彪住宅
朝阳路七巷	朝阳路至禹宝兴住宅
朝阳路八巷	朝阳路至张伯林住宅
朝阳路九巷	朝阳路至郭献志住宅
小康路一巷	河边至郑宏玉住宅
小康路二巷	河边至钱伟民住宅
小康路三巷	吴寿瑛住宅至黄国庆住宅
小康路四巷	吴加佑住宅至吴加祥住宅
小康路五巷	张梅住宅至吴宏宽住宅
小康路六巷	于泽洋住宅至丁桂生住宅
小康路七巷	徐天松住宅至朱荣湖住宅
小康路八巷	吕立中住宅至左桂英住宅
小康路九巷	孙三民住宅至王永佑住宅
小康路十巷	吴加奎住宅至吕来安住宅

甘垛镇

1999年12月13日，市政府发文批准命名

开明路	新庄村至西张村
甘泉路	开明路至甘前桥
甘源路	开明路至幸福路
甘兴路	开明路至繁荣街
幸福路	甘源路至甘西路
甘招路	开明路至幸福路
甘平路	开明路至幸福路
甘西路	开明路至幸福路
繁荣街	甘泉路至甘兴路
中心街	甘泉路至甘西路
商贸街	甘源路至甘西路
建设巷	甘泉路至东大河
粮河巷	甘泉路至东大河
文化一至三巷	甘泉路至东大河
通兴东巷	甘泉路至东大河
通平巷	甘泉路至东大河
兴业一至四巷	甘泉路至东大河
兴农一至七巷	甘泉路至东大河
果林东一至六巷	甘泉路至东大河
健康一至五巷	甘泉路至东大河
利民巷	甘泉路至甘平路
府前巷	甘泉路至果林西河
通兴西巷	甘泉路至果林西河
新建南巷	甘泉路至果林西河
新建中巷	甘泉路至果林西河
新建北巷	甘泉路至果林西河
果林西一至二巷	甘泉路至甘平路
安居巷	甘泉路至果林西河
安康巷	甘泉路至粮站河
沿河巷	甘泉路至幸福路
新庄巷	甘泉路至繁荣路

临泽镇（含原川青镇）

1985年10月9日，县政府发文批准命名

安乐寺路	农技站至影剧院
临西路	临北路至临西桥
后大街	胜利桥至安乐寺路
前河西巷	临川河至临兴路
王家巷	西大街至常住庵巷
高家西巷	影剧院西侧至后河边
高家东巷	影剧院后侧至后河边
安乐巷	前河边至安乐寺路
万家东巷	后河南路至临北路
万家西巷	后河南路至临北路
泰山北村	安乐寺路至后河边
泰山南村	临川河至安乐寺路

1990年10月31日，县政府发文批准命名

园陵路	四号河至五号河

健康路	四号河至凤凰路
凤凰支路	四号河至凤凰路
油坊港东路	四号河至镇南新村
油坊港西路	四号河至园艺新村
东平路	四号河至五号河
瓦平路	东平路至健康路
凤凰路	油坊港东路至健康路
丁沟路	纵九号河至纵十二号河
五里桥街	油坊港东路至纵十二号河
五里桥西街	纵九号河至油坊港西路
镇中街	机关河至五号河
小河边	四号河至瓦仓路
庆丰路	四号河至瓦仓村
油坊巷	瓦仓路至凤凰路
新沟巷	瓦仓路至凤凰路
胡家巷	瓦仓路至凤凰路
幸福巷	瓦仓路至凤凰路
致富巷	瓦仓路至凤凰路
园艺新村	新建住宅区
镇南新村	新建住宅区
镇东新村	新建住宅区

界首镇

1987年8月18日，县政府发文批准命名

甓湖路	运堤路至环镇路
宝塔松路	下河路至环镇路
二里铺路	运堤路至环镇路
下河路	建设路至沿河街
盂陵路	建设路至二里铺路
永兴寺街	运堤路至下河
乡师街	杨家街至二里铺路
板桥街	下河路至林家街
状元桥街	界河西街至乡师街
后园街	建设路至编织厂
界东河东街	公园街至建设路
界东河西街	状元桥至甓湖路
沿河街	下河路至环镇路
中孚巷	南大街拐向南向东
南市巷口	运堤路至南大街
北市巷口	运堤路至南大街
文化巷	太平街至竹厂街
界牌巷	太平街至建设路
曹大场巷	太平街至下河路
井巷口	板桥街至下河路
健康巷	甓湖路至状元桥街
毛家巷	状元桥街至下河路

1988年5月12日，县政府发文批准更名

茆家巷	原毛家巷更名
南司巷口	原南市巷口更名
北司巷口	原北市巷口更名

1994年5月24日，市政府发文批准命名

兴驿巷	甓湖路至老界河
安乐巷	创业街至甓湖路
富家巷	创业街至定塔松路
泰和巷	人民路至盂陵路
人民路	甓湖路至二里大沟
三元街	界东河街至盂陵路

2002年1月28日，市政府发文批准命名

界河路	富达路至二里铺路
京杭路	界临公路至二里铺路
永翔路	富达路至运河街
环镇东路	环镇北路至二里铺路
环镇北路	淮江公路至环镇东路
永安路	子婴路至环镇东路
富达路	界河路至环镇东路
子婴路	环镇北路至环镇东路

2004年9月16日，市政府发文批准命名

创业路	运堤路至环镇东路

2004年11月16日，市政府发文批准命名

人民北路	甓湖路至护国寺街
人民北路一至五巷	盂陵路至界东河东街
曹大场二巷	曹大场巷至甓湖路
盂中东一至二巷	盂陵路至富民街
凤凰南街	界河路至富民街
凤凰南街一至五巷	界河路至富民街
凤凰北街	界河路至富民街
凤凰北街一至四巷	界河路至富民街
红旗街一至五巷	红旗小区南北巷至富民街
向阳巷	界河路至甓湖路

周山镇

1994年7月21日，市政府发文批准命名

中奎路	志光河至澄潼河
人民路	机关河至中奎路

育才路	中奎路至志光中学
潼杨路	北澄河至邮川公路
环镇北路	志光河至潼杨路
环镇南路	志光河至潼杨路
中兴街	机关河至周山河
恒昌街	机关河至周山河
田园巷	永红村庄台至周山河
怡园巷	中奎路至周山河
乐园巷	中奎路至周山河

2004年9月1日，市政府发文批准命名

杨庙新苑	机关河南、集体河北住宅区
悦杨新村	恒昌街西、中心街东住宅区
通衢大道	志光河至潼杨路
思源路	志光河至潼杨路
民生路	志光河至潼杨路

周巷镇（含原营南乡）

2001年5月24日，市政府发文批准命名

禹王南路	禹王桥至布厂东围墙向南
禹王北路	禹王桥至乜虾东路向北
新河南路	新河桥至新河排涝渠向南
新河北路	新河桥至新河排涝渠向北
松板桥南路	松板桥至刘西西路向南
松板桥北路	松板桥至卫生院西围墙向北
马庄南路	马庄桥至正南方向延伸
马庄北路	马庄桥至正北方向延伸
乜虾东路	乜虾桥至乜虾庄台向东
乜虾西路	乜虾桥至乜虾庄台向西
通邮东路	新河桥至二里大沟河南向东
通邮西路	新河桥至二里大沟河南向西
刘西东路	刘西桥至刘西庄台向东
刘西西路	刘西桥至刘西庄台向西
兴周路	二里大沟河北至松板桥处向东、向西延伸
刘西东路北一至四巷	刘西东路向北延伸
刘西东路南一至四巷	刘西东路向南延伸
禹王桥	禹王南、北路集合处的二里大沟河上
新河桥	新河南、北路集合处的二里大沟河上
松板桥	松板桥南、北路集合处的二里大沟河上
马庄桥	马庄南、北路集合处的二里大沟河上
乜虾桥	乜虾东西路集合处的新河排涝渠上
镇中北桥	二里大沟河北新河排涝渠上
镇中南桥	二里大沟河南新河排涝渠上
刘西桥	刘西东、西路集合处的新河排涝渠上

送桥镇

1986年10月15日，县政府发文批准命名

吴平路	向阳路至唐营街
向阳路	向阳桥至马桥路
扬菱路	唐营街至郭集路
迎春路	扬菱路至郭集路
郭集路	扬菱路至迎春路
马桥路	向阳路至马桥河
唐营街	扬菱路至马桥街
中心街	扬菱路至马桥街
马桥街	马桥路至唐营街
西大场	向阳路至东后街
东后街	送驾街至马桥路
送驾街	向阳路至东后街
圈门巷	西大场至北滩新村
中子巷	西大场至北滩新村
吴平路西一至二巷	吴平路西
吴平路东一至二巷	吴平路东
北滩新村	居民区

2004年9月23日，市政府发文批准命名

送驾路	五里桥至向阳广场
中兴东路	马桥河至送驾路
中兴西路	马桥河至唐营桥
迎驾东路	马家桥至向阳广场
迎驾中路	向阳广场至向阳桥
迎驾西路	向阳桥至邮仪路
通扬南路	唐营桥至李古湾
通扬北路	李古湾至大车地
伏特街	马桥河至新扬菱路
吴平街	迎驾东路至大埂街
大埂街	吴平街至向阳河
星慧街	中兴东路至迎驾东路
龙腾街	中兴西路至迎驾中路

西大场巷	向阳广场至吴平街
同心巷	迎驾东路至送驾路
送驾路东一至二巷	星慧街至送驾路
送驾路东三巷	送桥中学至送驾路
送驾路西一至五巷	送驾路至龙腾街
迎驾东路南一至三巷	送驾路东一巷至迎驾东路

郭集镇

1994年8月1日，市政府发文批准命名

郭集路	平安路至柳坝胡庄路
育才路	沿河街至柳坝胡庄路
柳坝路	平安路至通扬路
德华路	平安路至胡庄路
通扬路	珠湖街至粮管所大桥
平安路	郭集路至柳坝周庄桥
沿河街	郭集路至农具厂
荫柳街	郭集路南至柳坝路
珠湖街	沿河街至胡庄路
公园巷	郭集路至育才路
珠湖巷	珠湖路至郭集路
朝官庵巷	珠湖路至郭集路
太平巷	郭集路至柳坝路

2005年12月20日，市政府发文批准命名

鑫明路	升冠路至邮仪路
苏发路	升冠路至胡庄桥
润扬路	邮仪路转弯处至农林大厦
郭集路	邮仪路至胡庄路
柳坝路	周庄桥至粮站桥
德华路	东排河至张福清住宅
升冠路	东排河至道兴公司
连心街	邮仪路至升冠路
沿河街	邮仪路至升冠路
珠湖街	西排河至胡庄路
园丁街	生产河至中心幼儿园
育才街	镇中心初中至胡庄路
光明街	东排河至邮仪路
商贸一巷	邵士生住宅至农贸市场西院墙
商贸二巷	李启国住宅至农贸市场西院墙
朱庄一巷	朱士安住宅至鑫明路
朱庄二巷	朱有宝住宅至鑫明路
姚庄巷	柏学明住宅至丁国海住宅
信用巷	信用社向北至尹子康住宅
柳坝巷	徐如海住宅向东至商品街
富寿巷	吴恒山住宅向南
苏发一巷	蒋小林住宅至周霞云住宅
苏发二巷	潘万宝住宅至邮仪路
鑫明一巷	鑫明路丁国来住宅向西
鑫明二巷	鑫明路至柏玉贵住宅向西
鑫明三巷	鑫明路至万才林住宅向东
周庄巷	李正明住宅向南
邮电巷	万长远住宅向西
珠湖一巷	王付山住宅至西排河
珠湖二巷	王月田木器厂至西排河
苏发三巷	邵国田住宅至王宝坤住宅
胡庄巷	王福才住宅向西至胡庄路
永和巷	陈正朝住宅向西至胡庄路
农机巷	徐国真住宅向西至胡庄路
珠湖小区	西排河西、李永昌住宅东住宅区
润扬小区	鑫明路西、连心街东住宅区

天山镇

1994年8月15日，市政府发文批准命名

肖池路	团结桥至红旗街
曹桥路	环镇路至团结桥
北茶路	红旗街至北茶李庄
五星路	水渠至敬老院
马庄路	环镇路至红旗街
屠庄路	五星路至屠庄组
和平路	五星路至五星和平组
育才路	红旗街至红旗五组
天山街	北茶路至五星路
红旗街	北茶路至马庄路
冯家巷	红旗街至刘家水塘
刘家二巷	红旗街至刘家水塘
刘家一巷	红旗街至中心幼儿园
居民巷	肖祠路至皮件厂
田家巷	天山街至红旗街
田马巷	天山街至红旗街
金家一至二巷	天山街至收花站
肖池巷	天山街至光缆厂
王家巷	天山街至向阳河
向阳巷	天山街至向阳河
马家巷	天山街至马庄组
张家巷	天山街至红旗十二组

1998年5月24日，市政府发文批准命名

兴华路	供销社商场至府南路口
兴华南路	府南路口至五星村部
兴华北路	兴华路至北茶村李庄组
红旗路	育才路口至府南路
红旗北路	红旗路至北茶李庄组
镇北路	兴华北路至红旗北路
通河路	兴华路至向阳河
府北东路	兴华路至五星村马庄组
府北路	兴华路至红旗村十二组
府南东路	兴华路至五星村马庄组
府南路	兴华路至红旗路
肖祠街	兴华路至红旗路
新市街	兴华路至红旗路
马家一至二巷	府北东路至府南东路

菱塘回族乡

1988年6月10日，县政府发文批准命名

菱中路	扬菱公路至高邮湖边
育才路	团结街至扬菱公路
清真路	团结街至清真寺
通山路	团结街至神居山
镇北路	友谊街至文昌街
菱安路	菱塘桥街至高邮湖边
团结街	菱中路至清真路
菱塘桥街	清真路至沙湖村
教场街	清真路至教场
文昌街	教场街至双庆河
友谊街	团结街至镇北路
西竺庵巷	龚家村至教场街
教场巷	菱塘桥街至备战村
临湖巷	菱塘桥街至高邮湖
凤凰巷	教场街至菱塘桥街
向阳北巷	菱塘桥街至镇北路
向阳南巷	菱塘桥街至教场街
墩塘巷	团结街至墩塘组
卫生巷	团结街至龚新组
菱北巷	团结街至菱北组
新东巷	团结街至新东组

2004年9月1日，市政府发文批准命名

商业街	镇南路至镇北路
镇南路	育才路至凤凰地
菱新巷	商业街至清真路
汤家巷	商业街至清真路
扬菱路	龚家路至兴菱路
镇北路	东外环路至清真路
兴菱路	东外环路至天高大桥
曙光路	东外环路至商业街
东塘路	团结街至兴菱路
东外环路	佟桥路至骑龙路
蓓蕾路	曙光路至镇北路
文明路	中大路至商业街
广场路	蓓蕾路至商业街
新东北街	扬菱路东至育才路
新东一至七巷	扬菱路至育才路
新东南街	扬菱路东至育才路
新塘一至五巷	育才路至紫星花园
新塘路	育才路新塘组
菱北小区一至四巷	曙光厂至商业街
紫星花园	红旗电缆厂西、通山路东、镇南路北、农贸市场南住宅区
墩塘小区	凤凰巷西、红旗电缆厂东、镇南路北、农贸市场南住宅区
农贸小区	红旗电缆厂西、通山路东、墩塘小区北、团结街南住宅区
菱新小区	育才路西、清真路东、镇北街北、曙光路南住宅区
中大路	兴菱路至北冈
张灯路	张灯寺至中大路
骑龙路	骑龙嵇庄至东外环路
团结东路	扬菱路至东大路
龚家路	扬菱路至通山路
佟桥路	扬菱路至佟桥村
高庙路	扬菱路至高庙村
东大路	佟桥村至养殖场
王姚路	清真路至王姚村部

索 引

说 明

1.本志索引依照国家标准《索引编制规则(总则)》GB/22466-2008进行编制,由主题索引、人名索引、表格索引、图照索引四部分组成,全书自总述至附录所有内容,均可通过本索引进行检索。

2.索引款目按汉语拼音音序排列。

3.索引标目后的数字表示内容所在页码,加括号的页码为总述部分内容。

4.表示章、节名称的索引标目及出处以黑体字标识。

5.索引标目下设置副标目的,采用分行缩格形式区分。

主题词索引

A

B

D

E

F

G

H

K

M

W

Z

人名索引

A

B

C

D

Z

表格索引

A

B

S

T

W

X

Y

Z

图照索引

B

C

D

E

F

G

H

J

编　后　记

《高邮市志（1986～2005）》从启动编纂到印刷出版，走过11年的艰辛历程，历经6个阶段。

一是筹备启动阶段。2006年初，市地方志办公室根据国务院公布的《地方志工作条例》规定和江苏省、扬州市政府统一要求，在市地方志年鉴编纂委员会部署下，开始筹划《高邮市志（1986～2005）》编纂工作。3月，市政府常务会议研究讨论全市第二轮地方志编修方案。6月，市委、市政府调整市地方志年鉴编纂委员会。市地方志办公室随即开展认真细致的调查研究活动，组织人员于7月完成《高邮市志（1986～2005）》纲目（初稿）。7～8月，市地方志办公室通过召开由有关老干部、主要行业专业人员参加的不同类型座谈会，在《高邮信息》上刊登纲目（初稿），公开向全市征求纲目修改意见。8月下旬，扬州市地方志办公室邀请省内有关地方志专业人员和扬州市各县（市、区）地方志办公室主要负责人或修志主编，在高邮举行《高邮市志（1986～2005）》纲目评审研讨会。会后，市地方志办公室认真梳理和吸收各方面意见，修改与完善纲目，前后共四易其稿。10月，市地方志办公室组织分纂人员参加省、扬州市地方志办公室举办的第二轮地方志编纂业务培训班。11月20日，市委、市政府举行全市地方志工作会议，市委副书记、市长、市地方志年鉴编纂委员会主任范天恩和扬州市地方志办公室主任葛阳生做动员讲话，市委副书记倪文才做第二轮修志工作动员报告，副市长钱富强代表市政府与全市129家承编单位负责人代表签订第二轮修志目标责任书。同时，市委办公室、市政府办公室印发《高邮市第二轮地方志编纂工作实施方案》，市地方志年鉴编纂委员会印发《高邮市地方志行文通则》。12月22日，市地方志办公室举办第二轮地方志编纂业务培训班，邀请省、扬州市地方志办公室专业人员讲授资料搜集、志稿编写业务知识。至此，全市修志进入实质性工作阶段。

2006年11月，市委、市政府举行全市地方志工作会议。图为会议会场

二是资料征集与初稿编写阶段。2007年起，志稿分纂人员按照工作分工，依据《高邮市志（1986～2005）》纲目，主动上门与各承编单位一一对接，细化篇目，商讨资料搜集和初稿编写工作。同时，针对修志人员大多数是首次参加修志的新兵和资料征集及初稿编写中出现的问题，开展业务培训，以会代训，当面指导，印发修志参考资料，先后编印《地方志学习材料》4期，以提高各承编单位修志人员的业务水平。2007年5月，市委、市政府督查室和市地方志办公室联合举行4次督查会议，督查20个乡镇（园区）和79家市直属机关“一纳入、五到位”和资料搜集工作，并编发督查通报。但是，由于

2007年7月，中国地方志指导小组办公室处长张英聘（左四）等和省志办副主任蔡金良（左三）等到高邮调研地方志工作

部分单位缺乏足够重视，修志人员大多是兼职人员，且缺乏修志业务知识和经验，资料征集及初稿编写工作进度和质量参差不齐。至年末，完成资料搜集工作的单位不足40%。此后，又组织数次督查，分纂人员不间断地上门或打电话进行催促。至2009年末，基本完成资料征集与初稿编写工作。

三是分志稿编纂和单位自审阶段。2008年，市委、市政府为进一步推进修志工作开展，将第二轮地方志编纂工作列为年度重要工作事项。各承编单位落实编纂人员，开展分志稿编纂工作。市地方志办公室分纂人员认真审验各承编单位报送的零散且质量不高的志稿，着力把好志稿的政治关、体例关、资料关、内容关、文字关，严格把握志书质量。是年，初审8家承编单位报送的稿件，提出修改意见，并与编写人员进行对接。至2010年，初审41家承编单位报送的志稿，并分片分口召开会议对报送的志稿提出修改意见。2011年6月，市政府召开第二轮修志工作推进会，分管副市长逐一落实42家志稿编写相对滞后单位的编写进度。是年12月，《高邮市志（1986～2005）》纲目通过由扬州市地方志办公室组织的评审。至是年末，市地方志办公室完成《〈高邮县志〉（1990年版）提要》《特载》《大事记》自编工作。

2011年12月举行的《高邮市志（1986～2005）》纲目评审会会场

四是分纂和总纂阶段。2012年起，全市第二轮地方志编纂工作转入以篇为单位的分纂阶段。5名分纂人员按照中国地方志指导小组制定的《地方志书质量规定》，充分把握分纂工作承前启后的特点，从篇目设置、时限划定、内容记述、数据采用、资料取舍等方面着手，整合局部志稿内容，花大气力做好缺项补写、资料增补、史实考订、数据核实、记述实体微调等项工作。至2014年3月，完成分纂工作，共审核分志稿151篇（次），字数1600万多字。5月，邀请省、扬州市修志专业人员点评4篇样本分志稿。分纂人员按照样本分志稿及点评意见，修改完善已编志稿。7月起，开始志稿总纂工作。在总纂过程中，实行统分结合、分工协作、落实责任的方法。总纂在分纂的配合下，修改篇下概述、校正观点、微调结构、处理详略、厘清交叉、删繁就简、规范行文、修饰文字；分纂根据总纂修改意见，进一步细化、修改志稿，补充资料。同时，上门督促一些老大难承编单位做好分志稿修改和资料补充工作。至2015年8月，基本完成志稿的总纂工作。

2015年11月举行的《高邮市志（1986～2005）》终审会会场

2016年12月举行的《高邮市志（1986～2005）》验收会会场

五是初审、复审、终审阶段。2015年9月，组织完成初审，并对志稿进一步修改，形成复审稿。10月，约请有关熟悉高邮历史、了解相关行业、对高邮地情有一定研究的人员复审志稿，重点审查政治观点正确与否、史实是否准确、重大史实有无遗漏。复审后，各分纂认真梳理意见与建议，对志稿再次进行修改完善，并进一步统一语言表述及表式、版式要求，形成终审稿。11月，《高邮市志（1986～2005）》（终审稿）通过扬州市地方志办公室的终审。

图为参加《高邮市志（1986～2005）》终审会人员及部分编纂人员
前排左起：孙铎、谢连生、姚震、钱富强、宗金林、柏桂林、傅强、刘扣林、曹云飞
后排左起：王鼎良、王少春、孙兆民、余华锋、刘春龙、宝珍芳、赵群、吴文山、冯雪梅、王妮姗

六是修改完善与验收、审核阶段。2016年1月，市地方志办公室集中力量对终审会所提意见与建议，逐条进行分类整理，认真梳理，并请扬州市地方志办公室专业人员通审志稿。从2月起，调整总纂力量，由刘春龙、孙铎、孙兆民进行总纂，采取集中与分散相结合的方式，修改完善志稿。同时，征集照片资料，制作行政区划图、城区图和标识。10月，形成340万字验收稿，分别送交扬州市地方志办公室验收和方志出版社审稿。12月，验收稿通过扬州市地方志办公室验收，并通过出版社审稿。2017年上半年，吸纳方志出版社、扬州市地方志办公室和扬州市地方志办公室专业人员审稿意见，再次对全志进行全面修改完善，进一步打磨志稿质量。7月，聘请4名人员对志稿进行集中校对，制作志书专题插图初稿，选定随文插图。9月，将志稿反馈给各承编单位进行核校。10月，将志稿送交省地方志办公室审核。根据审核意见，着重在统一内容表述方式、文体风格和语言文字规范、行文严谨等方面进行完善。同时，提请市委、市政府主要负责人为志书作序，并提请市政府批准出版。11月，采取专项校对、互相校对、交叉校对相结合和校对与修订相促进的办法，继续组织分纂人员对志稿进行深度打磨，直至定稿付印。

《高邮市志（1986～2005）》编纂工作从酝酿发动到志书付印，得到各级领导的重视、各承编单位的支持配合。市委、市政府始终重视志书编纂工作，市委、市政府及市委办公室、市政府办公室先后为修志工作印发5次文件，并组织两次督查活动；市第十二届政府第四十九次常务会议研究讨论地方志工作，明确编纂机构、人员、经费和编纂时间；市委书记、市长为修志工作做过批示；市委、市政府分管负责人经常听取修志工作汇报，协调解决工作中遇到的困难和难题，分管副市长两次主持召开修志工作推进会议。全市各承编单位将修志工作摆上重要位置，分别成立编纂工作领导小组及工作班子，明确分管领导和撰稿人员，落实经费，制订工作计划，并认真做好资料征集、初稿编写和初稿自审工作。在志稿后续的完善和补充资料、返校阶段，也给予大力帮助。

市地方志办公室在修志过程中充分发挥职能部门作用，统筹安排党史、地方志、年鉴等3项主体工作，将修志工作列为阶段性年度工作的重中之重，由主要负责人挂帅，聘请4位退休或从领导岗位上退居二线的机关工作人员，组成编纂工作班子，实行分工负责制。其中，刘春龙主持修志全面工作，承担第一、二、十四、十六、十七、三十四篇编纂任务和地图制作、照片征集编排、版面设计工作，负责通审、终校全志稿；孙铎负责志稿总纂工作，具体承担第三、七、九、十、十八、三十三（第一至五章）、三十五篇编纂任务和《总述》《特载》《大事记》《附录一》《附录二》编写，参与全志稿审校等；孙兆民承担第十九、二十、二十一、二十二、二十三、二十四、二十五、三十一、三十二篇编纂任务和《附录三》编写等，负责志稿审校意见收集、汇总和全志稿核实、校订工作；薛序承担第四、五、二十六、二十七、二十八、二十九、三十、三十三篇（第六章）编纂任务，参与全志稿终校等；王承志承担第六、八、十一、十二、十三、十五篇编纂任务，参与全志稿终校等。在编纂过程中，编纂人员不辞辛劳，常态化地实行“白加黑”“五加二”工作制度，在资料搜集、组稿、编写、校对、协调服务等方面，做了大量而富有成效的工作。特别是聘请的老同志不顾年老体弱，反复认真核实志稿，潜心尽责地编纂志稿，自查自撰稿件百万字。其间，虽因编纂《中国共产党高邮历史（第一、二卷）》，先后建设抗日战争最后一役纪念馆和高邮革命斗争史纪念馆、高邮烈士纪念馆，牵扯不少精力和时间，耽搁志稿编纂进度，但在有效组织、科学安排、相互协调下，顺利完成编纂任务。薛咏翎、陈鉴清参与志书编纂前期诸多工作，后因一些客观原因退出修志班子，但对修志工作仍十分关心、牵挂。

《高邮市志（1986～2005）》编纂工作得到各方面关心和支持。省、扬州市地方志办公室领导蔡金良、葛阳生、宗金林、殷元松、柏桂林曾亲临高邮指导、督查修志工作，省、扬州市地方志办公室的处长陈华、刘扣林不辞辛劳地帮助修改、审核志稿，方志出版社、南京凯德印刷公司为提升志稿质量给予很大帮助。在修志过程中，直接或间接参与编纂工作的人员有300多人，但志书中仅收录有限的主要撰稿人员和主要摄影人员名单。值此志书出版之际，我们谨向所有参与和关心支持《高邮市志（1986～2005）》编纂出版的人们，致以由衷的感谢！

《高邮市志（1986～2005）》涵盖高邮自然、政治、经济、文化、社会等各个方面，加之机构、体制、人员多变造成史料缺失，亦因编纂人员学识、业务能力和水平所限，疏漏、讹错等不足之处或在所难免，恳请读志用志者给予包涵与谅解，并加以指正。

编　者

2017年12月

《高邮市志（1986～2005）》主要撰稿人员

（以篇章为序，一人撰写多篇章仅载一次）

孙 铎	刘春龙	赵金龙	殷 苏	薛 嵩	张 准	吕荣震	夏芸荪
吉苏扬	姚旭东	汤国桃	王 飞	熊 伟	时 斌	杨鹤松	陈如荣
柏庆荣	朱 杰	卢 飞	陈 荣	王士棋	马广杰	姚松强	范习岭
王鹤丽	王 珏	杨 铨	王玉宝	仓小丽	李天祥	潘秀兰	高文森
黄士民	张骥中	杨善发	赵 新	徐益根	孙文栋	史万全	吴建平
李同茂	薛 勇	袁良标	华继明	陆士平	魏 东	唐长钰	马金林
徐克祥	俞友基	黎 军	吴大祥	居瑞洲	雍有德	张椿榕	杨 龙
陶香潮	邱 昆	张国庆	帅 琪	路荣山	沐卫国	闵思桂	柏庆荣
吴志强	张爱礼	徐兴锋	程 芳	闵安仁	徐瑞杏	薛敏开	王承志
赵永高	吕庆煌	徐正怀	黄 强	李兴良	徐金鹏	林 祥	周 欢
唐俊林	邢桥玲	吴仲明	徐建军	吴军勇	薛朝勤	姚志江	周 巧
唐 越	高惠忠	卢晓祥	冯春松	杨 峰	肖 勇	姜庆云	杨卫萍
张建宏	房学志	陆化明	邵天平	杨从网	徐文松	濮国松	张振群
徐祥丰	朱正江	刘荣金	陈友林	金传捷	居明秋	陈 树	周明灯
卢辉毕	孙兆民	杨 鹏	高 敏	袁红星	高 明	陈业桃	周金珍
薛 序	张 新	周晓声	刘阳春	施海明	黎 鹏	葛 勇	韩建梅
陈广富	厉小平	王 勇	颜世权	夏恒荣	张 旭	杨 军	谢志艳
李秋萍	薛 超	卞家祥	周爱华	顾永华	王 民	陈鉴清	李乃祥
陈 树	吕长生	芮和靖	晏学文	周曰彪	罗世宁	余富祥	郁文硕
于 秋	周荣池	段国保	杨 琴	钟 秋	薛家富	张荣权	李国耀
詹 斌	顾爱品	谢 芳	杨 政	周明灯	赵鼎琨	叶志平	陈仁山
吴士年	夏鹤生	祁传玉	周道龙	万 钧	卢登玲	姜善东	苏 珍
李乃祥	陈 伟	沈德才	洪兴里	姚福炜	蒋步岭	赵荣坤	李生林
柏甫华	钱宗儒	刘金桃	李佛楼	沈鹤桂	李宗承	陆士荣	秦一义
黄仁昌	王德泉	唐向阳	黄桂良	袁同玉	董启岚	薛崇庆	史德元
杨代忠	管学忠	万元福	周瑞恩	戴顺阳	曹德存	郭德荣	谢金陵
陈 杰	阮中阳	周中喜	葛传宝	葛 航			

《高邮市志（1986～2005）》主要摄影人员

（按姓氏笔画排序）

王　卓	王卫兵	王平祥	王林山	王晓冬	仇开涛	朱劲松	朱炳能
李国耀	吴　强	吴同祥	张元奇	张长贵	张晓萌	张鸿超	陆学智
郑宏章	郑佳华	罗世宁	金　辉	金树林	赵德桃	姜文定	袁玉华
聂永康	贾毛翎	高金海	徐晓林	谢金陵	程建平	戴　亮	

《高邮市志（1986～2005）》终审单位及人员

终审单位　扬州市地方志办公室

组　　长　宗金林

组　　员（按姓氏笔画排序）

王妮姗　王鼎良　刘扣林　姚　震　黄　静　曹云飞
傅　强　谢连生

《高邮市志（1986～2005）》验收单位及人员

验收单位　扬州市地方志办公室

验收组组长　殷元松

副 组 长　柏桂林

组　　员（按姓氏笔画排序）

王妮姗　刘扣林　姚　震　黄　静　曹云飞　谢连生
薛晓军　戴淑敏

《高邮市志（1986～2005）》审核单位

江苏省地方志编纂委员会办公室

《高邮市志（1986～2005）》批准出版单位

高邮市人民政府